neu**kirche**ner

Historisch-Theologische Studien zum 19. und 20. Jahrhundert
(Quellen)

Band 1

Herausgegeben von
Gerhard Besier (Berlin), Robert P. Ericksen (Bremerton/USA),
Frédéric Hartweg (Paris) und Ingun Montgomery (Oslo)

Gerhard Besier / Stephan Wolf (Hg.)

›Pfarrer, Christen und Katholiken‹

Das Ministerium für Staatssicherheit
der ehemaligen DDR und die Kirchen

2., durchgesehene und um weitere Dokumente vermehrte
Auflage 1992

Neukirchener

© 1991 - 2., durchgesehene und um weitere Dokumente vermehrte Auflage 1992
Neukirchener Verlag des Erziehungsvereins GmbH,
Neukirchen-Vluyn
Alle Rechte vorbehalten
Umschlaggestaltung: Klaus Detjen
Satz und Druckvorlage: Olaf Lange, Hamburg
Gesamtherstellung: Breklumer Druckerei Manfred Siegel KG
Printed in Germany
ISBN 3-7887-1416-6

Die Deutsche Bibliothek – CIP-Einheitsaufnahme

»Pfarrer, Christen und Katholiken«: das Ministerium für
Staatssicherheit und die Kirchen / Gerhard Besier; Stephan
Wolf (Hg.). – 2., durchges. und um weitere Dokumente verm.
Aufl. – Neukirchen-Vluyn: Neukirchener, 1992
    (Historisch-theologische Studien zum 19. und 20. Jahrhundert:
    (Quellen); Bd. 1)
    ISBN 3-7887-1416-6
NE: Besier, Gerhard [Hrsg.]; Historisch-theologische Studien zum 19.
    und 20. Jahrhundert / (Quellen)

Vorwort zur ersten Auflage

„In Christi Wort ist die Kirche heilig und gewiß; außer Christi Wort ist sie gewiß eine irrige, arme Sünderin, doch unverdammt um Christi willen, an den sie glaubt. Das will ich gesagt haben wider die halsstarrigen Ruhmredner, die immer plärren: die Kirche, die Kirche, die Kirche! und wissen nicht, weder was Kirche noch [was] Heiligkeit der Kirche sei; fahren darüber zu und machen die Kirche so heilig, daß Christus darüber ein Lügner sein muß und sein Wort gar nichts gelte."   Martin Luther

Der Titel des Buches, Zitat aus einem Referat Mielkes vor der Zentralen Dienstkonferenz am 12. September 1984, zeigt in seiner kategorialen Verwirrtheit, wie wenig der Stasi-Minister in Wahrheit von den Kirchen wußte. Das galt freilich nicht für die Kirchenabteilung seines Ministeriums, die HA XX / 4. Diese war – im Vergleich zu den anderen mit Kirchenangelegenheiten befaßten Partei- und Staatsstellen – die qualitativ wie quantitativ am besten besetzte Behörde, was dazu führte, daß die HA XX/ 4 der SED in ständig steigendem Umfang mit kirchenpolitischen Konzeptionen und Redeentwürfen unter die Arme griff. Nichtsdestoweniger achtete das MfS unter Mielke selbst in der eingeschränkten Parteiöffentlichkeit strikt darauf, nur als ausführendes Organ in Erscheinung zu treten.

Die der Dokumentation vorangestellte *Einleitung* hat die Funktion, sowohl die Entscheidungs- und Verantwortungsstrukturen als auch die Arbeitsweise des MfS durchsichtig zu machen und die Querverbindungen zu den entsprechenden Einrichtungen in Partei und Staat aufzuzeigen. Darüber hinaus suchen die Herausgeber hier – zunächst aus der Perspektive von MfS und SED, dann aber auch unter kirchlich-theologischen Gesichtspunkten – die Interaktion zwischen Staat und Kirche nachzuvollziehen und zu erklären. Wie reagierten kirchenleitende Persönlichkeiten und Synoden auf bestimmte Vorgaben der SED-Kirchenpolitik, und was tat die SED ihrerseits – gegebenenfalls mit Hilfe des MfS –, um kirchliche Anliegen im Sinne der Partei zu modifizieren? Vor dem Hintergrund der diesem Verhalten zugrunde liegenden unterschiedlichen Motivationskomplexe entsteht ein Bild voller Ambiguitäten, das eindeutige Urteile – zumal auf dem Felde theologischer Ethik – außerordentlich erschwert, wenn nicht ganz unmöglich macht. Nicht zuletzt darum bestand auf seiten der Herausgeber kein Interesse daran, nach eher journalistischen Gesichtspunkten sensationelle Offenlegungen in Gestalt von „Enttarnungen" Inoffizieller MfS-Mitarbeiter in Ost und West vorzunehmen. Gleichwohl mußten im Zusammenhang mit bisher unbekannten, jedoch signifikanten Vorgängen auch Personen namentlich erwähnt werden, um die Auswirkungen der geheimdienstlichen MfS-Aktivitäten auf Kirche und Theologie konkret darzustellen. Wo immer es möglich war, wurde mit bereits bekannten „Fällen" bzw. typisierenden Verfremdungen gearbeitet. Um den Weg und die Umsetzung der Dienstanweisungen von der Berliner Normannenstraße bis zu den Bezirken zu verfolgen, lag es nahe, gerade für die letzten DDR-Jahre eine MfS-Bezirksverwaltung besonders aufmerksam zu betrachten. Aufgrund des vorliegenden Aktenmaterials und der großen Bedeutung der Stadt für die „Wende" bot sich den Herausgebern die BV Leipzig an. Wie der „Differenzierungsprozeß" innerhalb der Kirche funktionierte, auf welche Weise Pfarrer und andere kirchliche Mitarbeiter ihre Kolleginnen und Kollegen bespitzelten etc., soll am Beispiel dieser Stadt gezeigt werden. Die hohe Anzahl der kirchlichen IMs allein im Bezirk Leipzig – das Dresdener „Forschungszentrum zu den Verbrechen des Stalinismus in der DDR" zählte allein hier 120 IMs, von denen erst ca. 40 enttarnt sind – dürfte durchaus keine Ausnahme darstellen. Im Gegenteil: Nach Auskunft des ehemaligen Leiters der HA XX / 4, Joachim Wiegand, lag die BV Leipzig „unter dem Mittelwert". Für Hypothesen etwa der Art, daß dieser Bezirk oder gar die Sächsische Landeskirche insgesamt stärker affiziert gewesen seien als andere, gibt es also keinerlei Hinweise. Vielmehr scheint das bislang vorliegende Material aus den verschiedenen Kirchen nur das Urteil von Saß und Suchodoletz zu bestätigen, nämlich „daß die Realisierung der durch das MfS konzipierten Maßnahmen in erschreckendem Maße möglich war"[1].

Die *Dokumentation* gibt nahezu alle zentralen Entscheidungen und Dienstanweisungen des MfS für den Bereich der Kirchen von den 50er Jahren bis zur „Wende" wieder. Darüber hinaus wird die Entwicklung der binnenkirchlichen Diskussion über die Behandlung der von den Bürgerkomitees offengelegten Stasi-Fälle – wiederum am Beispiel Leipzig – bis Anfang September 1991 skizziert. Fußnoten geben die zum Verständnis des Gesamtzusammenhangs nötigen Informationen bzw. verweisen auf weitere Quellen und Literatur. Zur Gestaltung der Dokumentation sei im einzelnen auf den Abschnitt „Zur Einrichtung der Ausgabe" hingewiesen. Die zahlreichen Abkürzungen – ein Signum des SED-Regimes – sind im Abkürzungsverzeichnis aufgelöst. Trotz aller Interpretationen und Hinweise ist kein Buch gegen Mißbrauch gefeit; so können z.B. aus dem Zusammenhang gerissene Zitate oder ganze Abschnitte politisch instrumentalisiert werden. Ein Buch wie dieses kann alten Gegnern der christlichen Kirche neue Munition liefern und sie in ihren Vorurteilen bestätigen. Auch von kirchlicher Seite freilich läßt sich diese Dokumentation für eine politische „Katharsis" mißbrauchen. Anstatt die bedrückende Sprachlosigkeit über den in Rede stehenden Problemkomplex in theologisch angemessener Weise zu überwinden, böte eine geschlossene Empörungsattitüde über die Veröffentlichung die Chance einer Ost und West verbindenden Solidaritätscour. Danach fiele es dann um so leichter, aufgrund der vorliegenden Erkenntnisse pragmatisch das Nötige zu tun. Obwohl die Herausgeber weder das eine noch das andere verhindern können, erklären sie ihre Unabhängigkeit auch von diesen Strategien. Für ein politisches Spiel mit verteilten Rollen fehlt es ihnen an Zynismus. Darüber hinaus wäre es auch grundsätzlich falsch, die Probleme der DDR-Kirchengeschichte auf den MfS-Komplex zu beschränken. Im Antrag Nr. 116 des Sozial-Ethischen Ausschusses der Synode der Sächsischen Landeskir-

---

1   *Saß / Suchodoletz*, „Feindlich-Negativ". Zur politisch-operativen Arbeit einer Sta-
    si-Zentrale [scil. Bezirk Neubrandenburg], 51. Die Bemühungen der Bürgerkomi-
    tees zur Auflösung des MfS / AfNS auf Bezirksebene sind dokumentiert in: *Un-
    abhängiger Untersuchungsausschuß Rostock* (Hg.), Arbeitsberichte [...] Rostocker
    Bezirksverwaltung; *Leipziger Bürgerkomitee* (Hg.), Stasi intern; *Sélitrenny / Wei-
    chert*, Das unheimliche Erbe [Schwerpunkt Leipzig]; *Meinel / Wernicke* (Hgg.),
    „Mit tschekistischem Gruß" [Bezirk Potsdam]; *Redaktion Das Andere Blatt* (Hg.),
    „Keine Überraschung zulassen" [Bezirk Halle]; *Werdin* (Hg.), Unter uns [Bezirk
    Frankfurt / Oder]. Vgl. auch allgemein: *Worst*, Das Ende eines Geheimdienstes.

che vom 7. Oktober 1991 heißt es richtig: „Dabei ist uns bewußt, daß mit der MfS-Problematik nur ein Teil unserer Verflochtenheit in die hinter uns liegende Geschichte zur Sprache kommt." Ohne die Hilfe vieler Kollegen und Freunde aus dem Raum der Kirche und von den Bürgerkomitees, die zum ganz überwiegenden Teil ungenannt bleiben wollten, hätte die im wesentlichen bis zum 3. Oktober 1990 fertiggestellte Dokumentation nicht zustande kommen können. Im Interesse einer Offenlegung der Strukturen und Verantwortlichkeiten haben sie uns – allen voran Hans-Ulrich Langner und Michael Turek – in selbstloser Weise unterstützt, obwohl ihrem Anliegen wie unserem Vorhaben von kirchenleitender Seite kaum Verständnis entgegengebracht wurde – um das wenigste zu sagen. Hin- und hergerissen zwischen Frustration und Aggression, Resignation und Selbstbehauptungswillen, in ohnmächtiger Wut gegenüber der als übermächtig und bösartig erlebten (West-)Presse, entlädt sich nun über die um Aufklärung und Interpretation Bemühten der aufgestaute Zorn einiger Kirchenleitungen und ehemaliger theologischer Sektionen. Weder behindert noch bedroht wurden die Herausgeber dagegen von früheren SED-Funktionären und MfS-Offizieren. Unter Wahrung einer beiderseitigen, selbstgesetzten Zurückhaltung erhielten die Herausgeber von dieser Seite sogar einige unterstützende Hinweise und wichtige Auskünfte.

Für alle Unterstützung, die man uns direkt oder indirekt hat zukommen lassen, möchten wir Dank sagen. Dieser gilt insbesondere dem Dresdener „Forschungszentrum zu den Verbrechen des Stalinismus in der DDR" und seinem Initiator, Thomas Rudolph.

Sehr zu danken haben wir auch unseren Mitarbeitern – vor allem Stefan Grotefeld, Gerhard Lindemann, Kim Strübind, Diemut Cramer und Michael Glatter für die Bearbeitung der Dokumente und die Vervollständigung des Personenregisters. Ohne ihre Hilfe wäre das Buch so nicht zum Abschluß gekommen.

Berlin, im Oktober 1991   Gerhard Besier / Stephan Wolf

Vorwort zur zweiten Auflage

„Die Kirche bekennt, schuldig geworden zu sein an den Unzähligen, deren Leben durch Verleumdung, Denunziation, Ehrabschneidung vernichtet worden ist. Sie hat den Verleumder nicht seines Unrechtes überführt und hat so den Verleumdeten seinem Geschick überlassen. Die Kirche bekennt, begehrt zu haben nach Sicherheit, Ruhe, Friede, Besitz, Ehre, auf die sie keinen Anspruch hatte, und so die Begierden der Menschen nicht gezügelt, sondern gefördert zu haben [...]. Ist das zu viel gesagt? Sollten hier einige ganz Gerechte sich erheben und beweisen wollen, daß nicht die Kirche, sondern gerade die anderen die Schuld träfe? Wollten etwa einige Kirchenmänner dies alles als grobe Beschimpfung von sich weisen und in der Anmaßung, berufener Richter der Welt zu sein, das Maß der Schuld hier und da wägen und zuteilen? War denn die Kirche nicht nach allen Seiten gehindert und gebunden? Stand nicht die ganze weltliche Gewalt gegen sie? Durfte denn die Kirche ihr Letztes, ihre Gottesdienste, ihr Gemeindeleben gefährden, indem sie den Kampf mit den antichristlichen Gewalten aufnahm? So spricht der Unglaube, der im Bekenntnis der Schuld nicht die Wiedergewinnung der Gestalt Jesu Christi, der die Sünde der Welt trug, sondern nur eine gefährliche moralische Degradierung erkennt. Das freie Schuldbekenntnis ist ja nicht etwas, das man tun oder auch lassen könnte, sondern es ist der Durchbruch der Gestalt Jesu Christi in der Kirche, den die Kirche an sich geschehen läßt, oder sie hört auf, Kirche Christi zu sein. Wer das Schuldbekenntnis der Kirche erstickt oder verdirbt, der wird in hoffnungsloser Weise schuldig an Christus."
Dietrich Bonhoeffer

Die Reaktionen auf das Buch haben die schlimmsten Befürchtungen übertroffen. Noch am selben Tag, an dem die Dokumentation erschien, stimmte einer der Präsidenten im Kirchenamt der EKD die Melodie an, nach der alsbald ein sehr gemischter Kirchenchor in immer neuen Variationen sang: „Die wissenschaftliche Seriosität ist dort nicht mehr gegeben, wo Quellen vermischt und beim Lesen die Unterscheidung zwischen Fakten und Vermutungen unnötig schwer gemacht werden." Das ist, so suggerierte die kirchendiplomatische Bemerkung, bei dem vorliegenden „Machwerk" der Fall. Schon nach wenigen Tagen erhielt die 877 Seiten umfassende Arbeit das Prädikat „umstritten"; gegen die Herausgeber setzte eine kirchliche Verurteilungswelle ein, die mitunter „Züge einer Rufmordkampagne" (Udo Hahn) trug. Der Präses der EKD-Synode und SPD-Politiker Jürgen Schmude, dessen deutschlandpolitische Voten und Initiativen sich als historisch wenig weitsichtig erwiesen haben, sprach gar von „Gemeinheit" und „Geschichtsklitterei". Voller Eifer suchte man nach Fehlern, ward fündig und fand damit aufatmend das schon vor der Lektüre gefaßte Vorurteil bestätigt: Das Buch taugt nichts. Doch kaum glaubte man die leidige Angelegenheit publizistisch „erledigt" zu haben, da sorgten immer neue „Fälle" und „Bekenntnisse" für öffentliche Verunsicherung. Kommt das „schreckliche Buch" (Schorlemmer) der Wahrheit am Ende doch ziemlich nahe?

Entgegen ihren ersten Reaktionen bestätigten nach und nach einzelne kirchenleitende Persönlichkeiten Wendungen und Interpretationen, die die Presse zu Schlagzeilen verarbeitet hatte und die von seiten der Kirche zunächst als üble Diffamierung scharf zurückgewiesen worden waren. Der thüringische Landesbischof *Leich* wollte sich beispielsweise Mitte Januar schon nicht mehr gegen die Feststellung des Buches verwahren, zu lange an einer „*Doppelstrategie*" im Verhältnis zum SED-Regime festgehalten zu haben; man habe sich in Gesprächen mit SED-

Funktionären „viel zu ängstlich und rücksichtsvoll" verhalten; dies sei der Fall gewesen, wenn „Unrecht einfach und hart als solches zu benennen" gewesen wäre. Der kirchenpolitische Kurs der evangelischen Kirchen habe sich stabilisierend auf den DDR-Staat ausgewirkt. Ende Januar schließlich gebrauchte der Bischof der Kirchenprovinz Sachsen, *Demke*, gar den am meisten inkriminierten Begriff des Buches: *Kumpanei*. Er räumte in der „Magdeburger Volksstimme" eine „gesellschaftliche Kumpanei" der Kirche mit dem DDR-System ein; die angewöhnte „Überlebensstrategie", das Beste aus „diesem widrigen System" zu machen, habe „die moralische Genauigkeit und Klarheit verwischt" (siehe unten S. 42, Anm. 205). Nach einer Meldung des „Archivs der Leipziger Bürgerbewegungen" sollen die dortigen Superintendenten *Magirius* und *Richter* noch Anfang 1989 in einem vertraulichen Gespräch mit hochrangigen Staatsvertretern ihre Bereitschaft erklärt haben, die Friedensgebete in der Nikolaikirche zu verhindern, falls sich auch in Zukunft deren rein religiöser Charakter nicht gewährleisten ließe. Zur Sensation der zweiten Januarhälfte des Jahres 1992 wurde schließlich das Eingeständnis des heutigen brandenburgischen Ministerpräsidenten *Manfred Stolpe*, als Konsistorialpräsident und stellvertretender Vorsitzender des Kirchenbundes der evangelischen Kirchen in der DDR zahlreiche *offizielle Kontakte* mit dem Ministerium für Staatssicherheit gehabt zu haben – und mit ihm neun weitere kirchenleitende Persönlichkeiten. Inzwischen hat Stolpe einen der Herausgeber (G. Besier) gebeten, „im Interesse der historischen Wahrheit die beim Zentralkomitee der SED und dem Staatssekretär für Kirchenfragen im Zusammenhang mit [ihm] vorhandenen Akten (Gesprächsprotokolle etc.) wissenschaftlich aufzuarbeiten". Dies wurde ihm zugesagt. Wenig später richtete auch der Präsident des Kirchenamtes der EKD, *Otto v. Campenhausen*, die offizielle Bitte an Besier, der Evangelischen Kirche in Deutschland „aufgrund Ihrer kirchengeschichtlichen Forschung" bei der Aufklärung der West-IMs im Bereich der Kirche „behilflich zu sein" – ein schwieriges Unterfangen, da für das „nichtsozialistische Ausland" nicht die HA XX / 4, sondern die HVA zuständig war und diese ihre Unterlagen Ende 1989 nahezu vollständig vernichten konnte.

Spätestens seit Bekanntwerden der neuen Fakten – weitere werden folgen – dürfte dem einigermaßen unvoreingenommenen Beobachter deutlich geworden sein, daß wir in unserer Dokumentation eher zurückhaltend und nicht auf Sensationen aus, eher distanziert Strukturen beschreibend und nicht Personen diskreditierend verfahren sind. Worin also liegen die Gründe für die spontane und bis heute anhaltende Ablehnung des Buches auf seiten kirchlicher Amtsträger, aber auch einzelner Pfarrer und Laien? U.E. handelt es sich im wesentlichen um psychosoziale und (kirchen)politische Motivationskomplexe, deren Erhellung nicht zuletzt einiges über das Verhältnis der Institution Volkskirche zu ihren eigenen theologischen Grundlagen einerseits und zu ihrer Rolle als gesellschaftlichem Einflußfaktor andererseits aussagt.

Einige Kirchenleitungen im östlichen Deutschland spielten – unter Verschweigen des Sachverhalts, daß ein ost- und ein westdeutscher Theologe gemeinsam das Buch herausgegeben haben – die Karte des häßlichen Wessi aus. In einem Brief des Evangelisch-Lutherischen Landeskirchenamtes Sachsens an „alle Pfarrämter, Superintendenturen" etc. heißt es beispielsweise, „daß ein Kirchenhistoriker, der keinen Meter in

unseren Schuhen gelaufen ist […], mit dem Begriff ‚Kumpanei' operiert". Die Ausnutzung dieses schon vorhandenen Wir-Gefühls gegenüber den „anderen" im Westen mag manche Pfarrer und Gemeindeglieder, denen der Weg ihrer Kirchenoberen im real existierenden Sozialismus durchaus problematisch erschienen war, heute dazu veranlassen, mit den Sich-angegriffen-Fühlenden gegen den Westler einen
Schulterschluß zu praktizieren und somit die Menschen im östlichen
Deutschland vor weiteren „Demütigungen" zu bewahren. Das heißt
aber: Ein böses Vorurteil wird zur inneren Konsolidierung und Immunisierung der bedrohten Institution mißbraucht. Selbst Theologen, die
in Opposition zum DDR-Regime standen, empfinden die Beschäftigung von Westdeutschen mit ihrer Vergangenheit als Raub. Haben
nicht sie alles miterlebt und sind darum viel besser geeignet, ihre Geschichte zu schreiben? Will ihnen einer von draußen gar noch den Erfolg an ihrer Mißerfolgs- und Leidensgeschichte wegnehmen? Und
nicht einmal ihre wertvollen Vorschläge zur Bewältigung der Stasi-
Problematik („Tribunal") wurden hinreichend gewürdigt – ganz davon
zu schweigen, daß die eine oder andere ihrer wirklich oder vermeintlich zentralen Wende-Reden etc. unerwähnt blieb. Auf seiten mancher
„Sozialismus-Verbesserer" mag auch der Verdacht aufkommen, ein
Kommunistenfresser aus dem Westen schlage die Stasi, meine aber in
Wirklichkeit die in ihren Herzen und Köpfen noch lebendige Gesellschaftsutopie. Solcher Argwohn wird von den Frustrierten im Westen
genährt, deren komfortable Sozialismus-Koketterien vorerst aus der
Mode gekommen sind und die nun hinter allem, was das SED-Regime
weiter in Mißkredit bringt, die Fortsetzung einer reaktionären, antisozialistischen Verschwörung wittern. Wirkliche oder selbsternannte
Kenner der DDR-Kirchenhistorie in Ost und West klagen tief beleidigt ihr Erstgeburtsrecht ein.
Es ist schwer, vernünftig gegen solche Irrationalismen zu argumentieren – etwa mit dem Hinweis, es bliebe jedem unbenommen, selbst ein
Buch zu veröffentlichen, oder durch eine weitere Verstärkung der
Selbsteinschränkung, indem man den begrenzten Wert der vorgelegten
Arbeit wiederholt betont. Sie untersucht und veröffentlicht – und dies
noch auf den Staatssicherheitsdienst beschränkt – in erster Linie *staatliche* unveröffentlichte Dokumente, die Untersuchung, Darstellung
und Veröffentlichung der entsprechenden *kirchlichen* Quellen war zum
jetzigen Zeitpunkt aus mannigfachen Gründen nicht möglich und steht
deshalb noch aus; die Arbeit beansprucht nicht, eine umfassende kirchengeschichtliche Darstellung der Entwicklung von Theologie und
Kirche auf dem Gebiet der ehemaligen DDR zu sein, sondern dokumentiert und untersucht einen signifikanten Bereich des Staat-Kirche-
Verhältnisses in der ehemaligen DDR in den letzten rund vierzig Jahren in strukturgeschichtlicher und nur insofern auch in ereignisgeschichtlicher und personenbezogener Hinsicht …
Eberhard Natho, Kirchenpräsident der anhaltinischen Kirche und Träger eines DDR-Verdienstordens, klagte jüngst in einer Talk-Show über
den leidvollen Weg der Kirche und ihrer Gläubigen unter der „kommunistischen Schreckensherrschaft". Darauf hingewiesen, daß er nach
einem Bericht des Rates der Stadt Dessau noch vor wenigen Jahren
„ein klares Bekenntnis für unsere sozialistische Gesellschaftsordnung"
abgelegt und erklärt habe: „Es gibt keine Trennung von Marxisten und
Christen, sondern die Trennungslinie verläuft zwischen engagierten

und nichtengagierten Christen. Für jeden Christen gilt es aber, sich entsprechend des Evangeliums [sic!] für den Aufbau der sozialistischen Gesellschaftsordnung zu engagieren" (siehe unten S. 28), da konnte er sich an seine früheren Ausführungen nicht mehr erinnern. Es wäre völlig verfehlt, ihn deshalb der Unwahrhaftigkeit bezichtigen zu wollen. Vielmehr ist es ihm bemerkenswert rasch gelungen, entsprechend seiner Position in dem neuen Gesellschaftssystem eine wohl akzeptierte, dem Sprachgebrauch nach hochkonservative politische Überzeugung zu rezipieren, die er für sich in die Vergangenheit zurückprojizierte und darum als ungespaltene Persönlichkeit völlig glaubwürdig auftreten kann. Wird er mit früheren Aussagen konfrontiert, vermag er sich selbst nicht mehr zu erkennen. Gleichwohl gibt es, was die Totalität der Aussagen anlangt, strukturelle Entsprechungen, die die situationsadäquate Fähigkeit zu außerordentlich hohen Identifikationsleistungen mit ganz unterschiedlichen Systemen nur unterstreicht.

Eine besondere Gegnerschaft erwuchs uns in der Person des Altbischofs *Werner Krusche*, der publizistisch einiges aufbot, um das Buch als rechtslastiges und wissenschaftlich unseriöses Pamphlet zu dikreditieren. Obwohl seine theologischen Überlegungen zur Situation vom Februar 1991 von uns positiv aufgenommen wurden (siehe unten S. 101), konnte er offenbar die ebenfalls zitierte SED-Einschätzung seines Entwicklungsganges nicht verwinden: „ein exemplarisches Beispiel für den Lernprozeß von evangelischer Theologie und Kirche unter Bedingungen des realen Sozialismus" (siehe unten S. 28; 85). Auf den ersten Blick kaum vorteilhafter erscheint Krusches Beurteilung durch Stolpe, der Anfang 1982 in einem Gespräch mit dem Leiter der Arbeitsgruppe Kirchenfragen beim ZK der SED, Rudi Bellmann, gesagt haben soll, „daß der jetzige BEK-Vorsitzende Bischof Krusche eindeutig und endgültig erklärt habe, daß er dieses Amt nur bis zu seinem 65. Geburtstag im November 1982 ausüben werde. Krusche sei in seiner Haltung zwar unberechenbar, aber er ließe sich beraten und sei von jeder Seite her beeinflußbar. Gegenwärtig sei Krusche die stärkste Autorität. Es komme immer darauf an, daß ihn ‚die richtigen Leute in die Mitte nehmen'; und dafür seien durch die Wahl der Bischöfe Gienke und Hempel als seine Stellvertreter günstige Voraussetzungen geschaffen worden." Was den Gesprächspartner Bellmanns anlangt, so dürfte dessen Intention, was immer er im einzelnen wirklich gesagt haben mag, eindeutig gewesen sein: Stolpe wollte die Staatsmacht im Blick auf einen im Vergleich mit Schönherr eher unbequem erscheinenden Kirchenmann lediglich beruhigen.

Das Ministerium für Staatssicherheit war ein integraler Bestandteil des SED-Regimes. In der breiten Bevölkerung, aus der Perspektive „von unten", bildete diese Institution das abscheuliche Signum der die Menschenrechte verachtenden Diktatur. Auch im Westen dachte man ganz überwiegend so. Doch wer in kirchenleitender Position offizielle oder als Pfarrer inoffizielle Kontakte zum MfS pflegte, gewann bald ein anderes Bild von dieser Behörde. Anders als viele SED-Funktionäre zeigten sich MfS-Offiziere verständnisvoll und hilfsbereit. Das, was sie zusagten, hielten sie auch prompt ein; es handelte sich eben um ein „leistungsfähiges Unternehmen", für DDR-Verhältnisse eine Seltenheit. Diese Vorzüge wußte gerade derjenige zu schätzen, der etwa auf Bezirks- oder Kreisebene eine Reihe unliebsamer Erfahrungen gesammelt hatte. Und half man mit diesen Gesprächskontakten nicht wirklich nur den Menschen in der DDR und der Institution Kirche? Vor dem Hintergrund regelmäßiger Begegnungen wuchs auch so etwas wie ein partnerschaftliches Verhältnis, das manche freie Meinungsäußerung in der Öffentlichkeit ermöglichte. Damit trug man gestaltend zur Reform des sozialistischen Systems bei, ja veranlaßte den Gesprächspartner vom MfS gar zu SED-kritischen Reflexionen. Wer beeinflußte hier schließlich wen? Gewiß gab man Auskünfte über kirchliche Persönlichkeiten und Interna der Kirche. Aber das waren doch durchweg keine Geheimnisse und dem Staat durch Abhöranlagen etc. ohnehin längst bekannt. Bei Lichte betrachtet überwogen also die Vorteile bei weitem. Mitunter entwickelte sich zwischen dem Führungsoffizier und dem Geistlichen sogar ein enges Vertrauensverhältnis. Einsamkeit an der gesellschaftlichen Peripherie, im Grunde unnütz und von dem Gefühl einer umfassenden Vergeblichkeit der eigenen Existenz geplagt, war nicht selten der Mann von der Stasi der einzige, der Zeit hatte, zuhörte, tröstete, ermutigte und in konkreten Fällen auch half. Doch die Branche, aus der er kam, erlaubte keine offenen Dankbarkeitsbezeugungen oder gar öffentliche Ehrenrettungen. Schon gar nicht nach der „Wende", als die Bürgerkomitees und die Presse aus dem Westen über die Stasi herfielen. Die „Firma" aber blieb mit wenigen Ausnahmen und trotz der stillen Distanzierung ihrer ehemaligen Kooperateure den alten Grundsätzen treu. Oberst *Joachim Wiegand*, Leiter der ehemaligen HA XX / 4, gab zu Protokoll:

„Im nachhinein bin ich mit meiner Auffassung, die Quellen zu schützen, bestätigt worden: Es gibt pauschal und undifferenziert eine Volksverhetzung gegen ehemalige Inoffizielle Mitarbeiter, eine Vorverurteilung und üble, unbegründete Nachrede. Die Betroffenen können sich nicht wehren – sie sind ungefragt verdammt, sie sind ungeschützt Schimpf und Schande ausgesetzt. Als Atheist sage ich: Gott sei Dank – ich konnte helfen, Menschen zu schützen, menschliches Leid, familiäre Tragödien, öffentliche Herabwürdigungen, ja sogar Suizid abzuwenden. Gott sei Dank" (vgl. unten S. 88).

Über die Begegnungen nach der „Wende" stehen Berichte noch aus. Eine realitätsadäquate Reformulierung des Verhältnisses zur Stasi liegt ebenfalls noch nicht vor. Hier ist der Mut gefragt, gegen vorgefaßte Meinungen eine in der Tat fremde politische (Un-)Kultur beschreibend offenzulegen.
Der jüngst zurückgetretene Bevollmächtigte des Rates der EKD am Sitz der Regierung der Bundesrepublik Deutschland, Bischof *Binder*, sagte im Januar dieses Jahres, die politische Bedeutung der Kirche habe abgenommen, wiewohl noch viele einflußreiche Politiker aus allen Parteien das Gespräch mit den Kirchen suchten. Angesichts der hohen Kirchenaustrittszahlen im Westen Deutschlands und des dramatischen Schwundes im Osten (dort gehören nur noch ca. 22,5% der Bürger der evangelischen Kirche an), fürchtet die EKD das Ende der Volkskirche. Es scheint gelegentlich so, als lasse sie sich von dieser kirchenpolitischen Situation das Gesetz des Handelns diktieren. Ängstlich besorgt, keine negativen Nachrichten an die Öffentlichkeit dringen zu lassen, weil diese einen neuen Austrittsschub bewirken könnten, verlegt man sich auf Strategien, die aus dem Raum politischer Parteien wohlbekannt sind, aber der Kirche Jesu Christi nicht gut anstehen. „Nur keine Schuldbekenntnisse", sagte ein westdeutscher Landesbischof zu einem der Herausgeber, „das ist Wasser auf die Mühlen der Gottlosen." Aus einer bestimmten politischen Perspektive hat er vielleicht recht,

aber eine theologische Perspektive ist das nicht und kann es niemals sein.

Solange nur die Presse Kirchenkritisches zur Sprache bringt, übt man sich in Gelassenheit, denn der mediengesättigte Westdeutsche hört von dieser Seite viel und vergißt über der ständig neu auf ihn einstürmenden Nachrichtenflut das meiste auch wieder. Anders verhält es sich, wenn Theologen sich unabgesprochen kritisch zu Wort melden und gar noch Gehör finden. Das ist ein wirklicher Betriebsunfall, denn dann haben die Einbindungen vielfältiger Art (z.B. in Kirchenkommissionen etc.) nichts gefruchtet. Man ist als Theologe auch an staatlichen Fakultäten auf die Gewogenheit kirchenleitender Persönlichkeiten durchaus angewiesen; so liegt etwa eine Drucklegung vieler theologischer Bücher nur dann im Bereich des Möglichen, wenn die Kirchen z.T. erhebliche Druckkostenzuschüsse bereitstellen. Nur noch wenige Leser interessieren sich für theologische Veröffentlichungen. Auch eine kirchliche Publizistik gäbe es in dem bekannten Ausmaß nicht mehr, wenn sie nicht durch kirchliche Zuschüsse in Millionenhöhe am Leben erhalten würde. Berichtet das Fernsehen kritisch über die Kirchen (z.B. „Wanzen im Talar"), dann kann eine Rüge im Fernsehrat beantragt werden, die den betroffenen Redakteur in der Regel vorsichtiger werden läßt, weil er einen Karriere-Knick befürchten muß. Die immer kleiner werdende „Volkskirche" verfügt also über einen noch immer großen gesellschaftlichen Einfluß. Die Versuchung auf seiten der Verantwortlichen ist groß, auf diese Machtmittel zu setzen anstatt auf das, was Kirche konstituiert und was für unsere Zeit in der dritten These der Barmer Theologischen Erklärung vom Mai 1934 so formuliert wurde:

„Die christliche Kirche ist die Gemeinde von Brüdern, in der Jesus Christus in Wort und Sakrament durch den Heiligen Geist als der Herr gegenwärtig handelt. Sie hat mit ihrem Glauben wie mit ihrem Gehorsam, mit ihrer Botschaft wie mit ihrer Ordnung mitten in der Welt der Sünde als die Kirche der begnadeten Sünder zu bezeugen, daß sie allein sein Eigentum ist, allein von seinem Trost und von seiner Weisung in Erwartung seiner Erscheinung lebt und leben möchte. Wir verwerfen die falsche Lehre, als dürfe die Kirche die Gestalt ihrer Botschaft und ihrer Ordnung ihrem Belieben oder dem Wechsel der jeweils herrschenden weltanschaulichen und politischen Überzeugungen überlassen."

In dieser Erklärung ist die grundsätzliche Abkehr von einer *Bedürfniskirche* formuliert, die sich allzu eilfertig an den religiösen Sehnsüchten der Zeitgenossen ausrichtet. Eine mächtige, mit den maßgeblichen gesellschaftlichen Institutionen im Bunde stehende Großkirchenzentrale, die den Deutschen einen bunten Markt religiöser Möglichkeiten offeriert, auf dem jeder nach Belieben seine Bedürfnisse befriedigen kann, wird keinen Bestand haben, weil sie theologisch unbestimmt bleibt. In der Kirche Jesu Christi ist vielmehr nach *der* theologischen Erkenntnis zu fragen, die zum Bekennen führt, und nicht danach, welche – wie auch immer theoretisch begründete – Strategie einzuschlagen sei, um der Kirche weiterhin eine öffentliche Bedeutung – etwa durch die Behauptung ihrer gesellschaftlichen Nützlichkeit – zu sichern.

Neben den schon bewährten Mitarbeitern, allen voran Gerhard Lindemann, haben wir vielen Kollegen aus Kirche und Theologie zu danken, die durch ihre konstruktive Kritik an der ersten Auflage mitgeholfen haben, in der zweiten Auflage formale und sachliche Mängel zu beheben. Darüber hinaus waren wir bemüht, durch Vorlage weiterer Materialien strittige Fragen zu klären. Dies betrifft zum einen die Einleitung, zum anderen die Ergänzungen im Dokumentationsteil.

Damit verbinden wir die Hoffnung auf eine eingehendere Verständigung auch mit den entschiedenen Gegnern dieses Buches sowie auf die Erweiterung des Diskursfeldes. Neben Ergänzungen des sächsischen Exempels werden nordostdeutsche Vorgänge vorgelegt sowie weitere Hinweise auf die weitreichende Durchdringung der Kirche durch das MfS gegeben. Schließlich zeigt das Protokoll des streng vertraulichen Gesprächs zwischen *Günter Gaus* und *Albrecht Schönherr* exemplarisch, daß zentrale politische Konsultationen zwischen beiden deutschen Regierungen offenbar auch von den Kirchen mit vorbereitet wurden und daß das MfS darüber bestens Bescheid wußte.

Berlin, im Februar 1992   Gerhard Besier / Stephan Wolf

Inhalt

I
Einleitung

1
Das Selbstverständnis des Ministeriums für Staatssicherheit, seine Stellung im Machtgefüge der ehemaligen DDR und seine Zuständigkeit für die Kirchen[1]

Das Ministerium für Staatssicherheit (MfS) hatte eine einzigartige Stellung unter den Ministerien der DDR inne. Nominell unterstand es zwar – wie alle anderen Ressorts – dem Ministerrat der DDR. Tatsächlich aber erhielt es seine Anweisungen von der SED-Spitze direkt und konnte andere Ministerien bevormunden. Die Bezirksverwaltungen (BV) des MfS unterstanden nicht den Räten der Bezirke wie die Dependancen der anderen Ministerien, sondern unmittelbar dem Minister; der BV-Chef gehörte als Mitglied der jeweiligen SED-Bezirksleitung an und war formal in der Bezirkseinsatzleitung (BEL) dem 1. Sekretär untergeordnet. Alle Mitarbeiter der MfS-Zentrale waren einer eigenen Kreisleitung der SED unterstellt. Kurzum, das Ministerium war – wie es der Stellvertreter des Ministerpräsidenten, Otto Nuschke, 1952 während einer Pressekonferenz in Bonn einmal formulierte – „eine Behörde eigener Verantwortung" und nur „gegenüber sich selbst verantwortlich"[2].

Das MfS verstand sich selbst als Ausführungsorgan der SED – nach Artikel 1 der DDR-Verfassung von 1968 die führende politische Kraft im Land – und wußte sich an deren Beschlüsse gebunden. Erich Mielke, von 1950 bis 1953 und von 1955 bis 1957 Stellvertreter des Ministers für Staatssicherheit und danach bis 1989 selbst Minister des MfS, brachte 1987 die in den Anfangsjahren der DDR nicht immer problemlose Beziehung von SED und MfS auf die klare Kurzformel: *„Die Beschlüsse der Partei sind für uns Gesetz."*[3] Diese Beschlüsse wurden lediglich für die Arbeitsbereiche des Ministeriums spezifiziert. Insbesondere seit Anfang der 80er Jahre wurde nahezu immer Bezug auf das jeweils gültige SED-Papier genommen bzw. eine gerade neu erschienene SED-Verlautbarung für die Arbeitsbereiche des MfS umgesetzt. Daher kann die Arbeitsweise des MfS auch im Blick auf die Kirchen nicht losgelöst von der „Politik der Partei in Kirchenfragen" betrachtet werden[4].

---

1   Dem Manuskript für diese Einleitung liegt z.T. ein schriftlicher Bericht an den Sonderausschuß zur Kontrolle der Auflösung des ehemaligen MfS / AfNS der letzten Volkskammer der DDR zugrunde, der dann wegen des vorgezogenen Vereinigungstermins nicht mehr beendet wurde. Daraus resultiert, daß im folgenden eine Reihe von Zitaten aus MfS-Dokumenten angeführt wird, die in der Dokumentation nicht enthalten sind, da es nach dem 3. Oktober 1990 aufgrund der Bestimmungen des Einigungsvertrages nicht möglich war, diese Dokumente erneut heranzuziehen.
2   SBZ-Archiv Nr. 18 / 1952, 275, zit. nach: *Fricke*, Staatssicherheit, 48.
3   Ausführungen des Genossen Minister auf der erweiterten Kollegiumssitzung am 27.8.1987, B / 194, 61; Hervorhebungen durch Mielke. Vgl. zur Geschichte des MfS und seinem Verhältnis zur SED *Fricke*, Staatssicherheit, 17 ff.; 47 ff.; 71 ff. sowie *Gill / Schröter*, Das Ministerium für Staatssicherheit, 17 ff.
4   Siehe hierzu *Dohle / Heise / Onnasch* (Hgg.), SED und Kirche.

In bezug auf diesen Komplex sah das MfS sich selbst „als einzige Einrichtung, die aussagekräftig über die internen Vorgänge in den Kirchen und die Absichten, Pläne und Aktivitäten der feindlich-negativen Kräfte in- und außerhalb der Kirchen informieren kann [...]"[5].
Trotz dieser eindeutigen Verhältnisbestimmung von SED und MfS und einer ebenso klaren Kompetenzverteilung ist freilich zu beachten, daß das Zusammenspiel zwischen den unterschiedlichen Regierungs- und Parteistellen bezüglich der Kirchen keineswegs problemlos verlief; vielmehr kollidierten zuweilen verschiedene Interessen miteinander. Nicht zuletzt darum ist die Entscheidungsfindung innerhalb der Hierarchien – auch weil oft lediglich mündliche Absprachen erfolgten – nur unzureichend nachvollziehbar.
Folgende Einrichtungen nahmen Einfluß auf die Kirchenpolitik:
a) Auf Regierungsebene:
– bis 1957 das Amt für Kirchenfragen beim Stellvertreter des Ministerpräsidenten und danach der Staatssekretär für Kirchenfragen beim Vorsitzenden des Ministerrates (auf Bezirksebene wurde diese Aufgabe durch die Stellvertreter Inneres, Sektor Kirchenfragen übernommen).
b) Auf Parteiebene:
– die Arbeitsgruppe Kirchenfragen beim ZK der SED[6],
– der 1. Sekretär bzw. der Generalsekretär des ZK der SED,
– das für Kirchenfragen zuständige Mitglied des Sekretariats des ZK der SED.
c) Auf MfS-Ebene:
– der Minister selbst,
– der entsprechende Ministerstellvertreter,
– der Leiter der für den sog. gesellschaftlichen Überbau zuständigen Hauptabteilung,
– der Chef der Landesverwaltung bzw. Bezirksverwaltung.
Mitarbeiter der sog. *„Kirchenlinie"*[7] des MfS wurden teilweise auch in den oben genannten und anderen Einrichtungen untergebracht und konnten so Einfluß auf deren Vorgehen im Sinne des MfS nehmen. Beispielsweise wechselte der ehemalige Leiter der BV Leipzig / XX / 4 in den Rat des Bezirkes Leipzig zum Sektor Kirchenfragen über. Außerdem besaß das MfS in der Behörde des Staatssekretärs für Kirchenfragen noch Offiziere im besonderen Einsatz (OibE).
Obwohl sie die „führende Rolle" der SED auch auf dem Felde der Kirchenpolitik akzeptierte, darf der Einfluß der Ost-CDU auf die Geschicke der Kirche nicht unterschätzt werden. Abgesehen davon, daß dem CDU-Vorsitzenden, Otto Nuschke, bis 1957 die Hauptabteilung „Verbindung zu den Kirchen" unterstand[8], hatte die SED der ihr verbündeten Partei Aufgaben zugewiesen, deren Ergebnisse in die Analy-

---

5   *Tronicke / Weißleder u.a.,* Grundorientierungen, 573.
6   Die Arbeitsgruppe Kirchenfragen beim ZK der SED trat öffentlich nicht in Erscheinung. Sie bereitete die kirchenpolitischen Entscheidungen des Sekretariats und des Politbüros der SED vor, in dem u.a. der Altkommunist Willi Barth für Kirchenfragen zuständig war.
7   Der Begriff „Linie" verband alle Ebenen des MfS, die mit dem gleichen Sachgebiet beschäftigt waren. Über die „Linie" konnten jedoch keine Befehle weitergegeben werden. Dies ging nur über die zuständigen Stellvertreter von Minister und BV-Chef.
8   Zur Struktur der Hauptabteilung „Verbindung zu den Kirchen" sowie zur Besetzung der Behörde siehe Bundesarchiv, Abt. Potsdam, Büro des Präsidiums des MR, Nr. 956, 2 ff.

se von SED und MfS unmittelbar eingingen. Um Pfarrer, kirchliche Mitarbeiter und kirchenleitende Persönlichkeiten zu beeinflussen, unternahm die CDU Briefaktionen, fertigte Stimmungsbilder etc. und gab das Material an die Staatspartei und deren Geheimdienst weiter. „Die CDU war somit [...] zu einem Informationsbeschaffungs- und Beeinflussungsinstrument der SED und des MfS degeneriert."[9]

2
Einwirkungen und Reaktionen von SED und MfS auf den „Weg der Kirchen"[10] in der DDR

Es gab im Laufe der 45jährigen SBZ / DDR-Geschichte keine kontinuierliche Entwicklung in der Kirchenpolitik. Die im folgenden gebrauchte Phaseneinteilung orientiert sich meist an den „Grundsatzgesprächen", die in längeren, unregelmäßigen Zeitabständen zwischen den evangelischen Kirchen und dem Staat stattfanden und nach der Wahrnehmung der am Gespräch Beteiligten jeweils Zäsuren in einem Entwicklungsprozeß des wachsenden beiderseitigen Verständnisses markieren sollten. Darüber hinaus fanden die politischen Zäsuren der Jahre 1949, 1961, 1985 und 1989 Berücksichtigung.

2.1
Vom Kriegsende bis zur Gründung der DDR im Jahre 1949
Schon bald nach der deutschen Kapitulation wurden in den Ländern der sowjetischen Besatzungszone Polizeidienststellen für politische Verbrechen geschaffen – zunächst, um das Strandgut des Weltkrieges (geflohene und untergetauchte Kriegsverbrecher, Spekulanten und Schieber) exekutiv zu bewältigen; diesen Stellen oblag aber auch die Überwachung der kirchlichen Aktivitäten[11]. Unter sowjetischer Anleitung entstanden dann innerhalb der 1946 neu geschaffenen Deutschen Verwaltung des Inneren (DVdI) die sog. Kommissariate 5; diese befaßten sich auf mittlerer und höherer Ebene – zwar noch nicht systematisch und, wie die Quellen zeigen, oft mit mehrwöchiger Verspätung – auch mit kirchlichen Verlautbarungen und Beschlüssen. Ein nicht zu unterschätzender Grund für die polizeiliche Überwachung der Kirchen lag nicht zum mindesten in der dominant erscheinenden antikommunistischen Haltung der Evangelischen Kirche in Deutschland (EKD)[12]. Da die evangelischen Kirchen auf dem Territorium der SBZ / DDR bis 1969 zugleich Gliedkirchen der 1948 definitiv gegründeten, gesamtdeutschen EKD (und je nach Bekenntnis auch der Vereinigten Evangelisch-Lutherischen Kirche [VELKD] bzw. der Evangelischen Kirche

9   *Richter*, Die Ost-CDU, bes. 328-330, Zitat: 329; siehe auch *Ditfurth*, Blockflöten. Zur Rolle der Ost-CDU aus DDR-Perspektive siehe *Wirth*, Beteiligung der CDU.
10   „Kirche" wurde im MfS oft als synonymer Begriff für die evangelischen Landeskirchen gebraucht, obwohl das MfS seine Tätigkeit keineswegs auf die evangelischen Kirchen beschränkte. Vgl. zum Gebrauch des Terminus „Weg" z.B. *Schönherr*, Zum Weg der evangelischen Kirchen in der DDR; *Bransch*, Kirche auf dem Wege.
11   Beispiele bei *Seidel*, „Neubeginn" in der Kirche?, 83; Junge Kirche 10 (1949), 509.
12   Vgl. *Fenzel*, Zu einigen Aspekten der Kirchenpolitik der KPD / SED, 41-65. Zu Berichten der K 5 aus den einzelnen Ländern der SBZ / DDR für den Zeitraum 1947-1950 vgl. Bundesarchiv, Abt. Potsdam, Best. O-1, Abt. Nr. 7 die Akten 437-447.

der Union [EKU]) waren[13], bildeten sie in den Augen der östlichen
Machthaber ein beständiges Einfallstor für den „westlichen Imperialismus". Tatsächlich wußten sich die östlichen Gliedkirchen an die Beschlüsse der EKD gebunden und suchten die enge Beziehung zu den
westlichen Schwesterkirchen – über alle Beschwernisse hinweg – aufrechtzuerhalten. Da das Potsdamer Abkommen die Möglichkeit einer
deutschen Wiedervereinigung bot[14], nahmen die Kirchen außerdem
eine gesamtdeutsche Klammerfunktion wahr, deren gesellschaftspolitische Bedeutung kaum überschätzt werden kann.
Die katholische Kirche, eingebunden in den römischen Weltkatholizis-
mus, blieb für die SBZ / DDR ein schwer einzuschätzender Faktor[15],
zumal Papst Pius XII. am 28. Juni 1949 ein Dekret erließ, das es den
„Gläubigen untersagt[e], kommunistische Parteien zu wählen oder sie
zu fördern, ihre Druckerzeugnisse zu lesen oder in ihnen zu publizie-
ren; bei wissentlicher und freier Zuwiderhandlung wurde der Ausschluß von den Sakramenten verfügt"[16].
Ein das künftige Staat-Kirche-Verhältnis stark beeinflussender Vorgang
war die wiederholte Brüskierung der SBZ / DDR durch den Berlin-
Brandenburgischen Bischof Otto Dibelius, der seit Anfang 1949
gleichzeitig auch den EKD-Ratsvorsitz innehatte. Aus der Perspektive
der Herrschenden in der SBZ / DDR stand er an der Spitze derjenigen
kirchlichen Persönlichkeiten, die die positive Entwicklung der SBZ /
DDR leugneten und die Regierenden des östlichen Deutschlands verleumdeten. So ließ Dibelius zu Pfingsten 1949 in seiner Kirchenprovinz eine Kanzelabkündigung verlesen, die u.a. die K 5, die politischen
Gerichtsurteile und die Wahlmodalitäten in der SBZ anprangerte[17].

2.2
Von der Gründung der DDR bis zum ersten Grundsatzgespräch am 10. Juni 1953

Auf Beschluß der Provisorischen Volkskammer wurde am 8. Februar
1950 das MfS gegründet[18]. Es vereinigte eine Verfügungstruppe, eigene
Haftanstalten und Ermittlungsorgane, war politische Geheimpolizei
und „technischer Überwachungsverein" in einem und brauchte nicht
einmal die geringfügigste parlamentarische Kontrolle zu fürchten. Das
Personal rekrutierte sich größtenteils aus der ehemaligen K 5[19].
Innerhalb weniger Jahre wurde die Struktur des MfS so aufgebaut, wie
sie bis zuletzt war, auch wenn man Abteilungen umbenannte, neue
Aufgaben hinzukamen oder alte hinfällig wurden[20].
Da die Landes- (später Bezirks-) Verwaltungen und die wichtigsten
Abteilungen dem Minister selbst unterstanden, konnte auch nur er
selbst die wesentlichen Befehle geben. Die Fachabteilungen besaßen le-
diglich die Funktion, die analogen Struktureinheiten in den Ländern
bzw. Bezirken anzuleiten. Ebenso verhielt es sich mit dem Berichtswe-

---

13   Vgl. *Besier*, Die evangelischen Landeskirchen, 146-157.
14   Zum Potsdamer Abkommen vgl. *Benz*, Potsdam 1945, bes. 182 ff.
15   Vgl. insgesamt *Knauft*, Katholische Kirche in der DDR.
16   *Feiereis*, Kirche und Marxismus, 176 f., vgl. DS 3865.
17   Text des Hirtenbriefes: *Dittmann / Zimmermann* (Hgg.), Otto Dibelius, 265-270.
18   Vgl. *Fricke*, Staatssicherheit, 24 f.
19   Ebd., 21 ff. Chef der K 5 war von 1946 bis 1949 Inspektor Erich Jamin, sein
     Stellvertreter Kommissar W. Gertich.
20   Vgl. dazu im einzelnen ebd., bes. 52 ff.

sen an die jeweilige Parteiführung. Sie war von den Fachabteilungen losgelöst und bedurfte der Unterschrift des Ministers bzw. des Landes-(BV-) Chefs.

Am 28. April 1950 fand die erste große Gesprächsrunde zwischen dem SED-Staat und den Kirchen statt, an der damals noch beide große Konfessionen beteiligt waren. Bereits zu diesem frühen Zeitpunkt nahm der kurz zuvor, am 20. Februar 1950, ernannte erste Minister für Staatssicherheit, Wilhelm Zaisser, an dem Treffen teil[21].

Als Probe aufs Exempel für die Einstellung der Kirchen gegenüber der DDR galt deren Haltung zu den ersten Volkskammerwahlen am 15.10.1950[22]. Diese bildeten einen tiefen Einschnitt in der Entwicklung des Parteiensystems, denn Ost-CDU und LDPD hatten im Mai des Jahres einer Einheitsliste der „Nationalen Front" zugestimmt und damit die Abkehr vom herkömmlichen Parteienstaat sanktioniert und mitgetragen[23].

Daraufhin richteten die Zeugen Jehovas am 10. Juli 1950 eine Petition an die Regierung der DDR. Um die weitere öffentliche Wirksamkeit dieser Sekte zu verhindern, wurde am 30. August eine Großaktion unter Leitung des MfS gegen sie eingeleitet, sehr viele Leitungsmitglieder verhaftet und Hausdurchsuchungen durchgeführt. Am 4. September folgte dann ein Verbot durch den Minister des Inneren, Karl Steinhoff[24]. Schon eine Woche später konnte die Abt. VI der Verwaltung Thüringen über die Wahlvorbereitungen melden, daß „mit dem Verbot der ‚Zeugen Jehovas' [...] der größte ‚religiöse' Gegner der gemeinsamen Wahllisten aus dem öffentlichen Leben ausgeschaltet"[25] worden sei.

Richard Reuscher, Leiter der Stasi-Abt. VI, forderte am 29.9.1950 in einem Fernschreiben, das dann von Mielke unterzeichnet wurde, die Verwaltungen der Länder sollten die Einreise von westlichen Kirchenvertretern unter Kontrolle halten[26]. Offenbar befürchtete das MfS, daß sie bei der Agitation gegen die Wahlen Unterstützung leisten könnten. Ein MfS-Bericht zur Analyse der Wahlergebnisse stellte mit unverhohlener Freude fest, „daß in denjenigen Kreisen, wo die Kirche einen dominierenden Einfluß hat, das gleiche günstige Wahlergebnis zu verzeichnen ist, als in anderen Kreisen. In vielen Orten erschien der Pfarrer als erster zur Wahl und gab seine Stimme offen ab"[27].

---

21 Zu Zaisser vgl. ebd., 204 ff.
22 Vgl. zum Folgenden auch *Heise*, Staatskampagne zur Spaltung der Kirche.
23 Vgl. *Weber*, Die DDR, 28 f. Berichte der Abteilung Politische Verwaltung der Hauptverwaltung Deutsche Volkspolizei im Ministerium des Innern zur politischen Lage in der DDR, den Bezirken sowie Ost-Berlin finden sich für die Jahre 1950 bis z.T. 1962 im Bundesarchiv, Best. O-1, Abt. Nr. 11 in den Akten 191-206. Vgl. auch im selben Bestand die Akte 353 (Wöchentliche und monatliche Informationsberichte an das ZK 1961-1962). Informationsberichte der Abteilung Operativstab der Hauptverwaltung Deutsche Volkspolizei im MdI enthalten die Akten 1144, die auch einen Bericht zum Kirchentag 1951 aufweist, 1147-1149 (Analytische Tätigkeit — Monatsanalysen der polizeil. Lage 1952 [bis] April 1953) sowie die Akten 1150-1365 (Rapporte 15.9.50-31.3.62). Für weitere Informationsberichte aus den Jahren 1953-1961 vgl. die Akten 1366-1370, ebd.
24 Vgl. dazu auch *Fricke*, Opposition und Widerstand, 80 f. Siehe auch Bundesarchiv, Abt. Potsdam, Best. O-4, 267 (auf dem Gebiet der DDR nicht anerkannte Kirchen / Zeugen Jehovas, 1950-1954).
25 Verw. Thüringen, Abt. VI, vom 11.9.1950, 1, in: AS 221 / 66.
26 MfS, Abt. VI, FS 104, in: AS 363 / 66, 1 (Dok. 4).
27 MfS ZA, Allg.S 11 / 51, Bd. 1, 33. Daß mindestens in der thüringischen Kirche der

Die erste allgemeingültige Dienstanweisung für das Sachgebiet Kirchen und Sekten wurde im September 1952 durch den damaligen Staatssekretär Mielke erlassen. Sie bestimmte eine Übergabe der Aufgaben von der Abteilung VI an die Abteilung V / E (Leiter: Bruno Beater). Ein genauer Strukturplan legte die Tätigkeitsfelder fest, wobei Mielke dem Kirchen-Referat die Festnahme von Geistlichen vorbehielt.

Im Jahre 1952 fielen mehrere wichtige Entscheidungen für die Entwicklung der DDR, die sich auch auf die Tätigkeit des MfS hinsichtlich der Kirchen auswirkten. Auf der II. Parteikonferenz der SED im Juli 1952 wurde der planmäßige „Aufbau des Sozialismus" proklamiert[28], drei Monate später tagte der XIX. Parteitag der KPdSU, auf dem insbesondere Stalin, ausgehend von seiner These des sich permanent verschärfenden Klassenkampfes, den Eindruck erweckte, eine militärische Auseinandersetzung zwischen den beiden Blöcken sei unvermeidlich[29]. Zur Auswertung dieses Parteitages versammelte sich das Zentralkomitee der SED in der Zeit vom 20. bis 22. November zu seiner 10. Tagung; hier hielt Ulbricht eine offensive „Stalinisierungsrede"[30]. Tags darauf traten zwei Dienstanweisungen zu den Kirchen in Kraft, eine längere und sicher vorbereitete und eine kürzere, wohl aus diesem Anlaß verfaßte[31].

Unter dem Decknamen „*Kappe*" hatte man alle „Vorkommnisse" im Zusammenhang mit den „Jungen Gemeinden", die konsequent als „Organisation" begriffen wurden, zusammenzutragen[32]. Wie in anderen Bereichen auch, war im Juli 1952 auf administrativer Ebene der Zentralisierungsprozeß vorangetrieben worden, indem die DDR-Regierung durch eine Verwaltungsreform die fünf Länder aufgelöst und eine territoriale Gliederung nach 14 Bezirken und 217 Kreisen eingeführt hatte. Dieser Neugliederung folgte auch das MfS, das seine Landesverwaltungen – analog der übrigen Verwaltungsgliederung – durch

Bischof Einfluß auf das Wahlverhalten seiner Pfarrer nahm, geht aus einem Gedächtnisprotokoll hervor, das Hanns-Ulrich Nagel (damals Pfarrer in Ober- und Niederspier bei Sondershausen) über ein Gespräch mit Moritz Mitzenheim am 22.5.1970 in Eisenach führte. Zur Rede gestellt, warum er nicht gewählt habe, antwortete der Pfarrer, es handele sich nicht um echte Wahlen und er könne keiner Diktatur zustimmen, die die Kirche abschaffen wolle. Danach habe Mitzenheim u.a. gesagt: „Ihre Worte sollten Sie sorgfältig wählen, es könnte Ihnen womöglich Schlimmeres passieren. Die Kirche wird von keiner Partei abgeschafft, das sollten Sie wissen. Was sagt denn Ihre Gemeinde dazu, daß Sie nicht zur Wahl gehen? Sie isolieren sich in bedenklicher Weise [...]. Sie sollten Ihre Gemeinde nicht irritieren durch Ihre Verweigerung, beim Aufbau der DDR durch Teilnahme an Wahlen einen positiven Beitrag zu leisten" (zit. nach: Der Weg vom 8.4.1990). Für die Jahre 1961 bis 1967 liegen Statistiken über das Wahlverhalten der evangelischen und katholischen Pfarrer in der DDR, aufgeschlüsselt nach Bezirken, vor. 1963 beteiligten sich 57,53%, 1965 66,27% und 1967 56,52% der evangelischen Pfarrer an den Wahlen. Die Anzahl der Wähler unter den katholischen Kollegen war bis 1965 geringer. Die höchsten Ergebnisse wurden im Bereich der Ev. Landeskirche in Thüringen erzielt. Dort lagen die Zahlen regelmäßig über 85%, im Bezirk Suhl gingen 1965 sogar 96,85% der evangelischen Pfarrer zu den Wahlurnen (Bundesarchiv, Abt. Potsdam, Best. O-4, 255).

28 Vgl. *Weber*, Die DDR, 32 ff.; *Kleßmann*, Die doppelte Staatsgründung, 262 ff.; *Seidel*, „Neubeginn" in der Kirche?, 58 f.
29 *Diedrich*, Der 17. Juni 1953, 15 f.
30 Ebd., 17; 29-31.
31 Siehe unten Dok. 20 und 21.
32 Zum Kampf gegen die Jungen Gemeinden siehe im Überblick *Maser*, Glauben im Sozialismus, 50 f. sowie im einzelnen Bundesarchiv, Abt. Potsdam, Büro des Präsidiums des MR, Nr. 1688.

15 Bezirksverwaltungen (einschl. der Verwaltung Groß-Berlin) ersetzte[33].
Zu Beginn des Jahres 1953 schlug das MfS vor, die staatliche Kirchenpolitik anders zu organisieren. Dabei fielen konkrete Personalvorschläge, bis hin zur Führung einer eigenen Zeitschrift[34].
Übten Kirchenleitungen der ostdeutschen Kirchen Kritik an den Maßnahmen der DDR-Regierung, waren sie in der Sicht der Machthaber schlicht „reaktionär" – ein Verdikt, das den Einsatz des MfS erforderte.
Walter Ulbricht, Stellvertretender Ministerpräsident und Generalsekretär der SED, machte vor leitenden Parteikadern des MfS daraus auch kein Hehl: „Wir führen keinen Kirchenkampf. Das stimmt. Wir suchen nur gewisse Stützpunkte des Feindes. Wir interessieren uns für die gegnerische Tätigkeit [...]. Und wenn die Kirche sich solidarisiert mit solchen Leuten, dann ist es schlecht für die Kirche [...]. Nun gut, wenn sie einmal das Bedürfnis hat, die Mitverantwortung für gegnerische Tätigkeit zu übernehmen, das ist dann schließlich ihre Angelegenheit."[35]
Die Verfolgung der „Jungen Gemeinden" und der Studentengemeinden nahm immer schärfere Formen an, wobei sich vor allem das Organ des Zentralrates der „Freien Deutschen Jugend" (FDJ), die „Junge Welt", durch öffentliche Verurteilungen und scharfe Angriffe besonders hervortat[36].

---

33 Vgl. dazu *Fricke*, Staatssicherheit, 61 f.
34 Vgl. den Bericht über die Verschärfung des Klassenkampfes nach der II. Parteikonferenz, AS 185 / 56, 114 f. Auskunft über die polizeiliche Einschätzung der Kirchen geben auch die Akten der HA Erlaubniswesen der Volkspolizei (Bundesarchiv, Abt. Potsdam, Best. O-1, Abt. Nr. 11) 835 (Religionsgemeinschaften – u.a. Studentenangelegenheiten), 836 (Religionsgemeinschaften – Synoden 1951-1962) und 837 (Religionsgemeinschaften – Persönlichkeiten der Kirche – Dr. Dibelius-Predigten 1950-1960) sowie für die früheren Jahre im Bundesarchiv, Abt. Potsdam, Best. O-1, Abt. Nr. 7 die Akte 71 (Vereine, Organisationen und Kirchen).
35 Protokoll des Referates des Gen. Walter Ulbricht anläßlich der Parteiaktivtagung am 28. Mai 1953 im Klub Orankesee, Hefter 393, 249 f. (Dok. 22).
36 Vgl. *Kleßmann*, die doppelte Staatsgründung, 267 f.; *Stupperich*, Otto Dibelius, 427 ff. Siehe zu den Presseartikeln wie zu den Auseinandersetzungen insgesamt *Noack*, Die evangelischen Studentengemeinden in der DDR, 224 f. bzw. 220-279. Siebenundzwanzig Studenten und Doktoranden, die sich auch in den Folgezeit zumeist als sehr regierungskonform erweisen bzw. sogar vom MfS als Mitarbeiter anwerben lassen sollten – darunter Hanfried Müller, Rosemarie Müller-Streisand, Herbert Trebs, Bernt Satlow, Helmut Brauer, Joachim Rohde, Günter Wirth, Christoph Haufe, Kurt Meier und Hans-Hinrich Jenssen – starteten im Mai 1953 den – allerdings erfolglosen – Versuch, in Martin Niemöller einen Fürsprecher für die SED-Kirchenpolitik zu gewinnen. In dem Brief vom 11. Mai 1953 heißt es u.a., die Kirche stünde „in der Versuchung, einen Kirchenkampf mit falscher Front zu beginnen [...]. Sie [scil. M. Niemöller] haben unüberhörbar dagegen protestiert, daß sich in Westdeutschland die Reorganisatoren einer vergangenen Zeit unter christlicher Flagge sammelten und den Namen Gottes mißbrauchten, um die Spaltung Deutschlands zu besiegeln, halb Deutschland den alten und neuen Faschisten auszuliefern und unter dem Vorwand einer ‚Verteidigung Europas' die bewaffnete Intervention gegen den Teil Deutschlands vorzubereiten, in dem der Faschismus von der Staatsführung ausgeschlossen und konsequent beseitigt wurde [...]. Die Kirche in der DDR ist weithin in der Gefahr, zu einem Sammelbecken der Unzufriedenen und zur Heimstätte des politischen Ressentiments zu werden [...]. Dazu mußte es [...] deshalb kommen, [...] weil viele Pfarrer nach 1945 die unter dem Faschismus besonders schuldig Gewordenen nicht nach Gottes Gnade zur Buße riefen, sondern sie einfach als nunmehr ‚Verfolgte' und ‚Entrechtete' zu einem bestimmenden Teil ihrer Gemeinden werden ließen. In der DDR ist es innerhalb der Gemeinden weithin nicht zu einer freien Umkehr gekommen, sondern es wuchs jene Psychose, in der sich die Verfolger von gestern als die Verfolgten von heute

Die Kirchen antworteten mit Kanzelabkündigungen, Protesten sowie
einem Schreiben an den Generalstaatsanwalt der DDR[37].

verstehen, die nun in der Gemeinde weniger die Vergebung Gottes suchten als
vielmehr den Schutz vor der irdischen Gerechtigkeit, den sie auch ohne wirklich
zu Taten drängende Buße bei fast allen Pfarrern fanden [...]. Insbesondere auch
die ‚Studentengemeinden' und die ‚Jungen Gemeinden' stehen in der Versuchung,
all denjenigen den Weg zu Jesus Christus zu verschließen, die gewillt sind, ehrlich
an der neuen politischen Ordnung mitzuarbeiten. In der Tat besteht für viele ein
unerträglicher seelischer Druck. Aber wir müssen öffentlich bezeugen: Urheber
dieses Druckes ist nicht der Staat, sondern es sind diejenigen, die bedenkenlos die
Freiheit eines Christenmenschen verraten, die die evangelische Kirche einer
schlechthin mittelalterlichen Buß- und Beichtpraxis des Selbstmordes ausgeliefert
haben. Es ist die totalitäre Kirche, die jenen Druck und jene Gewissensnot erzeugt, die dort entstehen müssen, wo mit der geraubten Autorität des Wortes Gottes jungen Menschen die Freiheit genommen wird, Seite an Seite mit ihren nichtchristlichen Brüdern für den Frieden dieser Welt und für eine neue, bessere Ordnung einzutreten und zu arbeiten. Nicht die Staatsmacht der DDR hat die Freiheit
der Christenmenschen systematisch bedroht – das vermag sie gar nicht, selbst
wenn sie es wollte –, sondern eine falsche Kirche ist es gewesen und ist es noch
heute, die die Gewissen tyrannisiert. Die Kirche in ihrer Gesamtheit hat niemals
ihren Gliedern die Freiheit zugesprochen, mitzuarbeiten an der gesellschaftlichen
Neuordnung. Wer es dennoch tut, wurde und wird weiterhin als Verräter der Gemeinde, als Verräter Jesu Christi verleumdet. *Das* ist der Druck und die Not, unter der wir stehen!" (FDJ-Zentralarchiv Berlin, IZJ A 3661 II); M. Niemöllers Zurückweisung an H. Müller vom 29.5.1953, ebd.

37 Vgl. *G. Heidtmann* (Hg.), Kirche im Kampf, 337-344. Die thüringische Landeskir-
che zeigte sich allerdings bereit, den staatlichen Weg zu gehen. Sie verabschiedete
am 10.4.1953 eine „Dienstanweisung für den Studentenpfarrer" (Amtsbl. der
Evgl.-Luth. Kirche in Thüringen 1953, 75), über deren Zustandekommen ein vertrauliches Gespräch zwischen Oberkirchenrat Lotz (IM „Karl"), Studentenpfarrer
Wiesner (Jena), Wirth und Heinz-Wolfram Mascher vom 12.4.1953 im Hause Lotz
Auskunft gibt (FDJ-Zentralarchiv Berlin, IZJ A 3661 II, ESG Jena). In dem von
Wirth und Mascher verfaßten Protokoll über die Unterhaltung heißt es nach einer
ausführlichen Darstellung des Gesprächsganges zusammenfassend: „Als Ergebnis
ist also festzuhalten, daß die Studentengemeinde an der Universität Jena nicht
mehr existiert und daß von seiten der Thüringischen Kirche alles unternommen
wird, was dazu dient, daß nicht wieder eine Studentengemeinde oder irgendeine
andere ähnliche organisatorische Einrichtung entsteht. Oberkirchenrat Lotz versicherte, daß der Beschluß des Landeskirchenrates in dieser Frage einstimmig gefaßt
worden ist; der vorliegende Beschluß ist eine zweite Fassung, eine erste, von uns
aus gesehen schwächere, wurde zurückgewiesen." Auch im Blick auf die Zukunft
der „Jungen Gemeinde" gab Lotz seinen Gesprächspartnern weitreichende Zusagen: „Im Ergebnis der Aussprache über diese Frage erklärte Oberkirchenrat Lotz,
die thüringische Kirche sei bereit, unter Berücksichtigung der Aufnahme ihres Beschlusses über die Auflösung der Studentengemeinde Jena bei den staatlichen Stellen eine Beschränkung der Arbeit der sogenannten Jungen Gemeinde herbeizuführen, in dem Sinne, daß eigentlich gar nicht mehr von einer ‚Jungen Gemeinde'
gesprochen werden könnte. Er schlägt vor, daß a) sämtliche Werke, also auch die
‚Junge Gemeinde', ihre ökonomische Selbständigkeit verlieren, d.h., daß es keinen
Apparat dieser Werke quer durch die Landeskirche mehr gibt. Diese Werke sollen
dann in der Tat an die Kirchengemeinden der Orte gebunden werden; b) Nach
dem Modell der Dienstanweisung an den Studentenpfarrer eine Dienstanweisung
an alle Pfarrer über die Arbeit an der Jugend zu geben und drittens die Stellung
der sogenannten Jugendpfarrer neu zu umreißen." Das Protokoll schließt mit einer
aparten Charakteristik der häuslichen Verhältnisse von Lotz: „Es war interessant,
die private Atmosphäre von Oberkirchenrat Lotz zu studieren. Er ist persönlich
ein angenehmer Gesellschafter, wohnt bescheiden, aber trotzdem sehr behaglich,
sein Arbeitszimmer wird beherrscht von einer großen Bibliothek, in der marxistische und sowjetische Literatur einen großen Raum einnimmt. Seine Frau hat Sla-
wistik und Anglistik studiert, sie ist sehr klug, belesen und charmant, wohl auch
fortschrittlich. Die älteste Tochter (14 Jahre) gehört den jungen Pionieren an, der
jüngere Sohn (8 Jahre) noch nicht." In einer Aktennotiz Kurt Turbas an Erich
Honecker „*Betr.*: Auflösung der Evangelischen Studentengemeinde Jena" wird
über die thüringische „Dienstanweisung für den Studentenpfarrer" u.a. folgendes

Auf dem Höhepunkt der Verfolgungen und vermutlich infolge des von der Sowjetunion nach Stalins Tod angeordneten „Neuen Kurses" für die DDR kam es dann am 10. Juni 1953 zu einem kurzfristig anberaumten Spitzengespräch, an dem neben Ministerpräsident Grotewohl wiederum der Staatssicherheitsminister Zaisser teilnahm[38]. Zaisser wurde allerdings kurz darauf, auf dem 15. Plenum des ZK der SED, als Minister und Politbüro-Mitglied abgelöst, weil durch den Aufstand vom 17. Juni das Versagen des MfS in eklatanter Weise zutage getreten war und die Zaisser-Herrnstadt-Fraktion die Generallinie der Partei hatte revidieren wollen[39]. Die Staatssicherheit wurde als Staatssekretariat dem MdI unterstellt, das seit Mai 1952 unter der Leitung von Willi Stoph stand; Staatssekretär wurde Ernst Wollweber.

Die gegen die jungen Christen eingeleiteten Maßnahmen wurden aufgehoben, Studenten durften weiterstudieren, Oberschüler ihre Prüfungen ablegen, und die Verhafteten kamen frei. Erleichtert schrieb Ober-

---

berichtet: „Es gibt einen Beschluß des Synodal-Ausschusses der Landeskirche Thüringen vom Donnerstag, dem 2.4., der unter der Leitung von Landesbischof Mitzenheim und seinem politischen Berater, Oberkirchenrat Lotz, gefaßt wurde. Anwesend zu dieser Tagung waren u.a. der jetzige Studentenpfarrer Wiesner, Prof. Hertzsch von der Theologischen Fakultät und der ehemalige Studentenpfarrer Pabst. Gegen die Stimme von Pabst wurde beschlossen: die Evangelische Studentengemeinde aufzulösen und ihren gesamten bisherigen organisatorischen Apparat (Vertrauensstudenten, Kleinkreise) abzubauen. Der Synodalausschuß verhängte eine Einreise-Sperre in den Bereich der Landeskirche Thüringen für die Mitarbeiter der Jugendkammer und des Pädagogischen Ausschusses der evangelischen Kirchenleitung Deutschlands (beide Sitz Westberlin). Weiterhin wurde beschlossen, daß folgendes bestehenbleibt bzw. durchgeführt wird: der Studentenpfarrer mit folgenden Aufgaben: einmal wöchentlich Akademischen Gottesdienst für die Studenten abzuhalten, Bibelstunden unter Leitung des Studentenpfarrers in den Sprengelgemeinden (Wohngruppen) durchzuführen und nicht mehr wie bisher zentral für Studenten. Weiterhin bleibt bestehen die Kurrende. Was die Abzeichen anbelangt, wurde vom Landesbischof Mitzenheim folgendes festgelegt: Abzeichen sind nicht mehr als Abzeichen zu tragen, sondern lediglich als Ausdruck des religiösen Bekenntnisses (die Parteileitung der Universität Jena bereitet einen Beschluß vor, nach dem die Universitätsverwaltung keinen Studenten mehr abfertigen darf, der das Abzeichen trägt, da er sich als Mitglied einer illegalen, aufgelösten Organisation bekennt). Nach Meinung des Genossen Wagenhaus, Parteisekretär der Universität Jena, sind zwei Faktoren als Ursache für das Zustandekommen dieses Beschlusses zu betrachten: 1. der Druck, der an der Universität ausgeübt wurde; 2. Tendenzen einer fortschrittlichen Haltung in Thüringer Kirchenkreisen. Es ist unwahrscheinlich, daß in anderen Kirchenkreisen solche ähnlichen Beschlüsse gefaßt werden" (ebd.). Trotz der Thüringer Zugeständnisse ging die Agitation der Jenaer FDJ-Hochschulgruppe gegen die Studentengemeinde weiter, so daß Mitzenheim am 2.5.1953 an die FDJ-Hochschulgruppe einen Brief richtete, der ausdrücklich auf die „Dienstanweisung" vom 10.4.1953 hinwies (ebd.). Vgl. zu dem ganzen Komplex auch *Noack*, Die evangelischen Studentengemeinden in der DDR, 238-240. Über den Inhalt der Aktennotiz für Honecker berichtete am 16.4.1953 auch die „Junge Welt". *Noack* (ebd.) bezweifelt die Richtigkeit dieser Meldung – zu Unrecht, wie wir jetzt wissen. Durch das Staat-Kirche-Gespräch vom 10.6.1953 verlor die „Dienstanweisung" einen Teil ihrer zerstörerischen Kraft.

38 Das staatliche Protokoll der Begegnung findet sich in der Akte IfGA / ZPA / IV / 2 / 14 / 6, 165-181. Vgl. auch *Maser*, Glauben im Sozialismus, 54 f.; *Onnasch*, Konflikt und Kompromiß, 159 ff.

39 Vgl. *Fricke*, Staatssicherheit, 27 ff.; *Stulz-Herrnstadt* (Hg.), Das Herrnstadt-Dokument; *Müller-Enbergs*, Der Fall Rudolf Herrnstadt; *Diedrich*, Der 17. Juni 1953; *Neumann*, Die Maßnahmen, bes. 61 ff. Zur Einschätzung des 17. Juni 1953 durch die Volkspolizei vgl. Bundesarchiv, Abt. Potsdam, Best. O-1, Abt. Nr. 11 die Akten 304 (Putschversuch des Klassengegners 1953) und 305 / 306 sowie in der Abteilung Operativstab die Akte 1126 (Faschistischer Putschversuch am 17.6.1953). Aufschlußreich ist auch die Akte 361 im Bundesarchiv, Abt. Potsdam, Best. O-1, Abt. Nr. 8.

kirchenrat Karnatz von der Berliner Stelle der Kirchenkanzlei der
EKD in einem Memorandum an die zuvor alarmierte „Kommission
der Kirchen für Internationale Angelegenheiten" in Genf, daß unter
den im Sommer 1952 begonnenen „Kirchenkampf [...] in der ersten
Junihälfte 1953 vorerst [sic!] ein Schlußstrich gezogen sein dürfte"[40].

2.3
Von 1953 bis zu den Staat-Kirche-Gesprächen im Juni /Juli 1958
1954 wurde die Hauptabteilung V gegründet, der für ein Jahr Bruno
Beater vorstand. Im Zuge dieser Reorganisation wurden die Abteilun-
gen V und VI zusammengelegt. Als Beater 1955 zum Stellvertreter des
Ministers avancierte, rückte Fritz Schröder als Leiter der HA V nach[41].
Einen neuen Einschnitt in der SED-Kirchenpolitik stellte der Jugend-
weihe-Aufruf vom 12.11.1954 dar[42]. Er war fortan Streitgegenstand so-
wohl innerhalb der Kirchen als auch zwischen den Kirchen und dem
Staat. Am 26. Dezember 1954 veröffentlichten die katholischen Bi-
schöfe ein Hirtenwort gegen die Jugendweihe[43]. In den Berichten des
MfS-Informationsdienstes über die „Stimmung zur Jugendweihe" heißt
es dazu lakonisch: „Die Kirche bzw. die reaktionären Pfarrer treten
noch immer gegen die Jugendweihe auf [...]"[44].
Unter Berufung auf angebliche Verletzungen der Absprachen vom 10.
Juni 1953 durch die Kirchen leitete Wollweber im Dezember 1954 eine
Reihe von repressiven Maßnahmen gegen die Kirchen ein. Um die
MfS-Aktivitäten effizienter zu gestalten, wurde zunächst das Referat
„Kirchen" in der HA V zu einer eigenen Abteilung HA V / 6 ausgebaut. Systematisch sollten hinfort die kirchlichen Einrichtungen (Klöster usw.) in Objektakten erfaßt werden. Darüber hinaus verfügte Otto
Last, seit 1955 Stellvertreter des Ministers, Anfang 1956 die Schließung
der Bahnhofsmissionen[45]. Das Bild, das im MfS von der Kirche bestand und das den massierten Einsatz der Kräfte erforderte, war ganz
von der Vorstellung bestimmt, es handele sich um eine konterrevolu-

---

40 Schreiben Karnatz an Nolde vom 16.12.1953 nebst Bericht über die Entwicklung
    der kirchlichen Lage in der DDR bis Mitte Dezember 1953 (WCC, Geneva,
    Country Files Europe, Germany 1950-1953, East German Situation). Allerdings
    stellte die SED bald fest: „Die Kirche hat die von ihren Vertretern abgegebene
    Erklärung, daß sie auf verfassungswidrige Eingriffe und Einwirkungen in das poli-
    tische und wirtschaftliche Leben verzichtet, nicht eingehalten. Nach wie vor wird
    eine üble Hetze betrieben". (Vgl. Analyse über die Tätigkeit der evangelischen und
    der katholischen Kirche nach dem Kommuniqué vom 10.6.1953, IfGA / ZPA /
    IV / 2 / 14 / 1, 222-240. Die Analyse ist undatiert, dürfte aber zeitlich nah an dem
    Staat-Kirche-Gespräch vom 10.6.1953 liegen, da die Akte den Zeitraum bis 1954
    umfaßt.)
41 Ein charakteristisches Merkmal der MfS-Kaderpolitik bestand in einem hohen
    Maß an personeller Kontinuität auf höchster Ebene. Siehe dazu *Fricke*, Staatssi-
    cherheit, 52 ff.
42 Vgl. dazu *Urban / Weinzen*, Jugend ohne Bekenntnis, 22 ff. Zur Geschichte der
    Jugendweihe siehe auch *Hallberg*, Die Jugendweihe. Zur Auseinandersetzung über
    das Verhältnis Konfirmation-Jugendweihe befindet sich im Bundesarchiv, Abt.
    Potsdam, Best. O-4, Abt. Ev. Kirchen / AZ Kirchliche Arbeitsformen und Ein-
    richtungen / Volksbildung-Jugendweihe, Nr. 261 ein reicher Quellenbestand. Wäh-
    rend des Konfliktes stand Bassarak stramm auf der Seite des SED-Regimes und
    versorgte das Ministerium für Volksbildung mit internen Informationen aus der
    innerkirchlichen Diskussion (ebd., 268 f.).
43 *Knauft*, Katholische Kirche in der DDR, 77 ff.
44 Informationsdienst im MfS, AS 39 / 58, Bd. 8 vom 8.2.1955, 1.
45 *Last*, Schreiben vom 4.1.1956, GVS 39 / 56 101 567.

tionäre Organisation. Trotz des 1953 erfolgten Gesprächs zwischen Staat und evangelischer Kirche, an dem, wie erwähnt, auch Stasi-Minister Zaisser teilgenommen hatte, griff Mielke 1956 auf die Dienstanweisungen vom Herbst 1952 zurück und machte damit die kirchenpolitische Kontinuität, in der er das Handeln seiner Behörde sah, deutlich: Die Dienstanweisung 9 / 56 bezeichnete die Kirchen als „eine legale Position der feindlichen Kräfte innerhalb der DDR"[46]. Darum sollte die innerkirchliche Opposition von Pfarrern ermutigt bzw. ausgenutzt werden.
Wiederholt mußten sich die Kirchen den Vorwurf gefallen lassen, sie seien der Hort imperialistischer Agenten – ein Argument, das auch in der Dienstanweisung zu den Bahnhofsmissionen gebraucht wurde[47]. Als Hauptindiz für diese Interpretation galt bald der Militärseelsorgevertrag, den die EKD am 22. Februar 1957 mit der Bundesregierung abschloß und der zu einer weiteren Verschlechterung des ohnedies gespannten Staat-Kirche-Verhältnisses in der DDR beitrug[48]. Aus der Sicht des MfS war „der Militärseelsorge-Vertrag der entscheidende Keil, die Spaltungsurkunde der kirchenpolitischen Einheit"[49]. Fortan wurde Dibelius, der sich stets offen zu seiner CDU(West)-Mitgliedschaft bekannte[50], beschuldigt, „eine NATO-Konzeption"[51] zu vertreten. Auch in der Folgezeit blieb der Berliner Bischof für die DDR-Regierung der „Initiator der westdeutschen evangelischen Militärkirche"[52], der den Berliner Pfarrern in seinen monatlichen Predigten „politische Richtlinien"[53] an die Hand gab. Sein Auftreten „gegen die Beschlüsse des Politbüros"[54] des ZK der SED, der eigentlichen Machtinstanz in der DDR, bildete eine Provokation erster Ordnung und ließ ihn als Feind Nr. 1 aus dem Bereich der Kirchen erscheinen.
Als die Finanzämter aufgrund einer Verfügung des DDR-Justizministers vom 2. Februar 1956 den Einzug der Kirchensteuer nicht mehr vornahmen und gleichzeitig die vertraglich zugesicherte staatliche Unterstützung von 20 Millionen Mark pro Jahr auf die Hälfte gekürzt wurde, entstand für die evangelische Kirche eine finanziell äußerst prekäre Situation. Um der Schwesterkirche zu helfen, begann die EKD – mit Wissen und finanzieller Unterstützung der Bundesregierung – nun Transaktionsgeschäfte mit dem Ministerium für Außenhandel und innerdeutschen Handel der DDR, die bereits im Jahr 1957 ein Handelsvolumen im Wert von 23,5 Millionen DM erreichten[55]. Das kirchliche „Ostgeschäft" funktionierte, indem die westdeutschen Kirchen der DDR außerhalb des Interzonenabkommens Produkte lieferten, die auf

46 *Mielke,* Dienstanweisung 9 / 56 vom 2.3.1956, GVS 477 / 56 100 969, 1 (Dok. 26).
47 Ebd., 2.
48 Vgl. *Vogel,* Kirche und Wiederbewaffnung, 185 ff.; *Herbert,* Kirche zwischen Aufbruch und Tradition, 253 ff.; *Stupperich,* Otto Dibelius, 498 ff.
49 *Schlippes / Weißleder,* Kirche und Politik in der BRD, 254.
50 Vgl. dazu *Schwarz,* Adenauer, Bd. 2, 603.
51 Einschätzung vom 21.6.1958, #370, 340.
52 *Tronicke / Weißleder u.a.,* Grundorientierungen, 198. Vgl. auch Bundesarchiv, Abt. Potsdam, Best. O-4, 55-60 (Akten Dibelius 1957-1961).
53 Einschätzung der Lage im demokratischen Sektor von Groß-Berlin vom 21.6.1958, #370, 336.
54 MfS, *Beater,* Informationsmaterial der Linie V / 4 (ev. und kath. Kirche) vom 4.7.1958, BdL 789 / 58 101 608, 2. (Dok. 31).
55 Vgl. hierzu und zum Folgenden *Geißel,* Unterhändler der Menschlichkeit, 249 ff.; 437.

anderen Wegen schwer oder gar nicht zu beschaffen waren. Dafür erhielten die DDR-Kirchen den Gegenwert der Waren plus einen Bonus
in Mark der DDR.
Auf westlicher Seite tätigte von 1957 bis 1982 Ludwig Geißel, Direktor
im Diakonischen Werk der EKD, die Geschäfte[56].
Durch illegalen Umtausch hatte die EKD zwischen Februar 1956 und
Oktober 1957 überdies mehrstellige Millionenbeträge via Berlin in die
DDR geschafft. Als das SED-Regime am 13. Oktober überraschend
eine Geldumtauschaktion anordnete und im gleichen Zuge Hausdurchsuchungen vornehmen ließ, fanden – aufgrund eines Hinweises des
MfS – Mitglieder der Volkspolizei auf dem Dachboden des Magdeburger Konsistorialpräsidenten Kurt Grünbaum einen Pappkarton mit
400 000 Mark in der alten DDR-Währung[57]. Grünbaum und sein Finanzdezernent Klewitz wurden sofort verhaftet und wegen „staatsfeindlichen und staatszersetzenden Verhaltens" angeklagt. In die „Affä-
re Grünbaum" waren auch Präses Kurt Scharf und der Bevollmächtigte
der EKD bei der Regierung der DDR, Heinrich Grüber, verwickelt.
Ersterem wurde vorgeworfen, er habe sich an dem illegalen Geldtrans-
port von West-Berlin in die DDR beteiligt, letzterer bezichtigte sich
selbst, von der Aktion gewußt zu haben. Offenbar daran interessiert,
Weiterungen – insbesondere einen internationalen Skandal – zu vermeiden, verfuhr die DDR-Justiz unerwartet milde. Das Verfahren gegen Scharf wurde niedergeschlagen, gegen Grüber erst gar keines angestrengt und Grünbaum und Klewitz mit einer Geldstrafe belegt.
Erstmals im November 1956 erfuhren die Kirchen von der Absicht des
SED-Regimes, die staatliche Verbindungsstelle zu den Kirchen, die bei
Nuschke ressortierte, durch einen Staatssekretär für Kirchenfragen zu
ersetzen. Im April 1957 wurde Werner Eggerath, zuvor Botschafter in
Rumänien und Heinrich Grüber aus gemeinsamer Lagerhaft bekannt,
in dieses Amt eingesetzt[58].

56   Der von Geißel und seinem Nachfolger Norbert Helmes organisierte Kirchen-
      transfer belief sich zwischen 1957 und 1990 auf ein Volumen von 2,2 Milliarden
      DM. Im gleichen Zeitraum erhielt die DDR von der Bundesrepublik 19,1 Milliar-
      den DM (ebd., 439). Vgl. zu Details *Volze*, Kirchliche Transferleistungen in die
      DDR, 55-66. Ein Teil der Warenlieferungen für den Freikauf von Menschen ging
      direkt an die DDR-Kirchen, wie aus einem BND-Aktenvermerk vom 4.5.1990
      über Erkenntnisse aus der Befragung Schalck-Golodkowskis zum Häftlingsfrei-
      kauf betr. Nachbereiten Gespräch Pr [des BND] – Bischof Binder vom 17.4.1990
      hervorgeht (FZ Stalinismus, Dresden, Akte BND). Siehe insgesamt auch *Seiffert /
      Treutwein*, Die Schalck-Papiere.
57   Vgl. hierzu *Geißel*, Unterhändler der Menschlichkeit, 257 ff. Siehe auch den Brief-
      wechsel zwischen Nuschke und Grünbaum vom Sommer 1956 über das Wort der
      EKD-Synode „Zur gegenwärtigen Lage der Evangelischen Kirche in der Deut-
      schen Demokratischen Republik" (Bundesarchiv, Abt. Potsdam, C-20, Nr. 1233,
      125-140). Vgl. auch die Akte 1117 (Geldumtauschaktion 1957) im Bundesarchiv,
      Abt. Potsdam, Best. O-1, Abt. Nr. 11.
58   Vgl. *Besier*, Heinrich Grüber. In einer „Ordnung über die Aufgaben und die Ar-
      beitsweise des Verantwortungsbereichs des Staatssekretärs für Kirchenfragen" aus
      dem Jahr 1962 heißt es: „Die staatliche Politik in Kirchenfragen dient als Bestand-
      teil der gesamten staatlichen Politik der Verwirklichung der Hauptaufgabe der
      Staatsmacht der Arbeiter und Bauern – der Organisierung des Weges des Sozialis-
      mus in der Deutschen Demokratischen Republik unter Führung der Sozialisti-
      schen Einheitspartei Deutschlands. Der Staatssekretär für Kirchenfragen hat ge-
      mäß dem Beschluß des Präsidiums des Ministerrates über die Arbeitsordnung des
      Staatssekretärs für Kirchenfragen vom 30. April 1959 in seinem Verantwortungs-
      bereich die Aufgabe, in schöpferischer Verwirklichung der Beschlüsse des Zentral-
      komitees der Sozialistischen Einheitspartei Deutschlands, der Gesetze und Be-

Im Herbst 1957 fand eine MfS-Dienstkonferenz „mit allen Mitarbeitern der Kirchenlinie" statt, in der diese Entwicklung ausführlich diskutiert wurde. Als Ergebnis der Besprechung wurde festgehalten, daß hinfort andere Diensteinheiten des MfS und zivile Kräfte verstärkt für die Überwachung der Kirchen hinzugezogen werden sollten[59]. Ebenfalls im Herbst 1957 trat Erich Mielke die Nachfolge Ernst Wollwebers als Stasi-Minister an[60]. Eines seiner ersten Fernschreiben galt der Tätigkeit der Studentengemeinden und theologischen Fakultäten an den Hochschulen[61].

2.4
Von 1958 bis zum Mauerbau am 13. August 1961

Am 17. Mai 1958 ließ DDR-Ministerpräsident Grotewohl den EKD-Bevollmächtigten Grüber wissen, daß eine Vertretung der EKD nicht mehr anerkannt würde. Dagegen sei er bereit, eine Delegation der evangelischen Kirche in der DDR zu empfangen, deren Teilnehmer freilich Bürger dieses Staates sein müßten[62]. Daraufhin entsandten die DDR-Kirchen am 2. Juni 1958 eine Delegation in der gewünschten Zusammensetzung. Das Gespräch wurde von Bischof Mitzenheim als „ein guter Neuanfang"[63] qualifiziert, was auch dadurch zum Ausdruck kam, daß – nach verschiedenen Verhandlungen auf unterer Ebene – schon drei Wochen später – eine weitere Begegnung mit Grotewohl stattfand[64]. Nach einer dritten Gesprächsrunde am 27. Juni 1958 wurde ein Kommuniqué verabschiedet, das am 21. Juli veröffentlicht wurde und das man später, nämlich im Umfeld des sogenannten „Wartburggesprächs" zwischen Ulbricht und Mitzenheim (1964), zur entscheidenden Grundlage für das Staat-Kirche-Verhältnis in der DDR hochstilisierte[65].

schlüsse der Volkskammer, des Staatsrates und des Ministerrates, die Durchsetzung der staatlichen Politik in Kirchenfragen zu gewährleisten [...]. gez. Seigewasser". Anfang 1970 heißt es in einer Konzeption, daß „die Staatspolitik in Kirchenfragen als ein Teilbereich in das umfassende System der gesamten ideologischen Tätigkeit einzuordnen ist [...]. [Es geht um die] Zurückdrängung des klerikalen Einflusses insgesamt [...]. Aufgabenbereich der Staatspolitik in Kirchenfragen ist eine kontinuierliche, planmäßige Einflußnahme im Interesse der gesamten sozialistischen Entwicklung vor allem auf die Kirchenleitungen und ihre politische Konzeption, auf die Geistlichen und kirchl. Amtsträger, d.h. auf den Kreis von Staatsbürgern, die am aktivsten die klerikale Ideologie produzieren, erhalten und vorantreiben. Es sind dies die Kreise, die maßgebend sind für die Entwicklung der auf die Bewußtseinsbildung herüber Schichten von Staatsbürgern einwirkenden Politik der Kirche [...]" (Bundesarchiv, Abt. Potsdam, Best. O-4, 255).

59 Vgl. Dok. 29.
60 Über die Gründe für die Ablösung Wollwebers vgl. *Fricke*, Staatssicherheit, 75 f.
61 Mielke, FS 297 vom 14.12.1957, #14 rot.
62 Vgl. *Besier*, Heinrich Grüber.
63 *Köhler*, Pontifex, nicht Partisan, 175. Zum staatlichen Protokoll dieser Begegnung vgl. IfGA / ZPA / IV / 2 / 14 / 8, 138-167. Mitzenheim machte dort die folgende, für sein kirchenpolitisches Denken durchaus als charakteristisch anzusehende Aussage: „Wir evangelischen Christen in der Deutschen Demokratischen Republik, die wir überwiegend vom lutherischen Bekenntnis sind, wissen uns verpflichtet, der Obrigkeit untertan zu sein. [...] Lassen Sie mich betonen: Auch im sozialistischen Staat sind die Kirche und jeder einzelne Christ zur Legalität und Loyalität verpflichtet. Die Christen und die Kirche haben an den Staat und seine Vertreter nur die eine Bitte: Lassen Sie uns unseres Glaubens leben".
64 *Köhler*, Pontifex, nicht Partisan, 184.
65 Ebd., 192 f. Über den Zusammenhang zwischen dem 58er Kommuniqué und dem V. Parteitag der SED vgl. *Seidel*, Christen in der DDR, 47. Vgl. auch *Kaiser*, Die

Kurz darauf, am 27. August 1958, beschloß die sog. „Ostkirchenkonferenz"[66], in Berlin eine EKD-Kirchenkanzlei für ihre Gliedkirchen zu schaffen. Hierauf reagierte die SED (Arbeitsgruppe Kirchenfragen, mit ihr Mielke und Ulbricht) äußerst skeptisch und faßte den Beschluß, man wolle „[...] die neue Stelle als Verhandlungspartner solange nicht anerkennen und keine Vertreter dieser Stelle empfangen, *bis sie in ihrer Struktur und personellen Besetzung die Gewähr bietet, unabhängig von den Westberliner Kirchenstellen als Zentralstelle für die Landeskirchen in der DDR zu wirken*"[67].

Nach den Juli-Gesprächen kam es zu einer leichten Entspannung zwischen Staat und Kirche. Jedenfalls drang Beater nun darauf, daß von seiten des MfS keine Maßnahme gegen die Kirchen durchgeführt werden dürfe, „die sich nicht positiv auf die Politik unserer Partei auswirkt"[68].

Im November-Heft der vom ZK der SED herausgegebenen Zeitschrift „Einheit" veröffentlichten Willi Barth und Rudi Bellmann, der spätere Leiter der Arbeitsgruppe Kirchenfragen beim ZK der SED, einen der wenigen Grundsatzartikel zur SED-Kirchenpolitik: „Die Rechtfertigung der imperialistischen Atomkriegspläne durch den politischen Klerikalismus"[69].

In den Grundkonzeptionen zweier Kommandostabsübungen 1958 und 1959 dagegen wurden wie selbstverständlich die Kirchen auf der Seite des politischen Gegners gesehen[70].

Wahrscheinlich angeregt durch eine Aufsatzsammlung Martin Fischers, die dieser 1959 unter dem Titel „Obrigkeit" zusammengestellt hatte und die schwere Vorwürfe gegen die Kirche im Westen enthielt[71],

---

Beratungen zwischen Staat und Kirche 1958, 54-60; hier heißt es: „Darin [scil. in der ‚Gemeinsamen Erklärung' vom 21.7.1958] distanzierten sich die evangelischen Kirchen in der DDR rückwirkend von dem mit ihrer Zustimmung abgeschlossenen Militärseelsorgevertrag und erklärten, daß dieser für die Gliedkirchen in der DDR und ihre Geistlichen *nicht* verbindlich sei. Damit wurde de facto der vermeintlich größte Triumph des politischen Klerikalismus dibelianischer Prägung zu einem auslösenden Moment für den 1958 einsetzenden Verselbständigungsprozeß der evangelischen Kirchen in der DDR" (ebd., 59). Diese Darstellung ist in der Sache falsch, weil die EKD-Synode schon im April 1958 eindeutig erklärt hatte, daß der Militärseelsorgevertrag für die Gliedkirchen in der DDR keine Gültigkeit habe. Vgl. auch Bundesarchiv, Abt. Potsdam, Best. O-4, 93; 281; 388 f. (Gespräch mit Kirchenvertretern in Auswertung der gemeinsamen Erklärung vom 21. Juli 1958).

66 Die „Ostkirchenkonferenz" wurde bereits 1945 – noch vor Gründung der EKD – von Dibelius ins Leben gerufen und nahm 1950 die Bezeichnung „Konferenz der Evangelischen Kirchenleitungen im Gebiet der DDR" (KKL) an. Eine Darstellung und Dokumentation ihrer frühen Geschichte gibt *Michael Kühne* in seiner bei Martin Onnasch (Naumburg) eingereichten Dissertation mit dem Titel „Die Protokolle der Ostkirchenkonferenz von 1945-1950".

67 ZK der SED, Schreiben der Arbeitsgruppe Kirchenfragen (W. Barth) vom 22.9.1958 an W. Ulbricht, #370, 284 (Dok. 32); Hervorhebungen durch Ulbricht persönlich. Erst im November 1958 teilte der Staatssekretär den Vertretern der Kirche mit, daß die EKD-Stelle nicht akzeptabel sei. Seither rückte Grotewohl von fast allen Zusagen ab, die er zuvor gemacht hatte.

68 *Beater*, Schreiben vom 27.10.1958, aaO. (Dok. 33).

69 Einheit, 1958, 1564 ff. Im Bestand O-1, Abt. Nr. 11 des Bundesarchivs, Abt. Potsdam ist in der Akte 352 (Informationen zu besonderen Ereignissen 1955-1962) auch eine Lektion zum Verhältnis Staat-Kirche überliefert.

70 Grundkonzeptionen einer Gruppenübung mit den Bezirkseinsatzleitungen am 27. / 28.11.1958 und Grundkonzeption zur Kommandostabsübung 1959 (GVS b 3 / 33-740 / 59), #749, 429; 609.

71 *Fischer*, Obrigkeit. Siehe insgesamt *Stupperich*, Otto Dibelius, 539 ff.

nutzte Dibelius den bevorstehenden 60. Geburtstag Hanns Liljes[72] zu einem Offenen Gratulationsbrief unter der Überschrift „Obrigkeit?". Darin interpretierte er das *„exusia"* in Röm 13 als „rechtmäßige Staatsgewalt"; mit Luthers Wort „Obrigkeit" könne *„exusia"* heute nicht mehr übersetzt werden, denn weder die modernen demokratischen Staaten noch der totalitäre Staat seien „Obrigkeit" im Sinne dieses Wortes. „Es steht also nicht so, wie immer wieder behauptet wird, daß auch in einem widerchristlichen Machtbereich ein Minimum von Recht geschützt werde. In einem totalitären Bereich gibt es überhaupt kein Recht im christlichen Sinn des Wortes. Weder ein Maximum noch ein Minimum, sondern überhaupt kein Recht. Es ist doch kein Zufall, daß in der DDR das Wort Recht mehr und mehr in Fortfall kommt. Es gibt nur noch eine ‚Gesetzlichkeit', d.h. also eine Anzahl von Bestimmungen, die die Machthaber im Interesse ihrer Macht erlassen und nun mit ihren Machtmitteln durchsetzen."[73] Den in diesem und anderen Absätzen des Briefes enthaltenen Affront des Bischofs gegenüber der DDR-Regierung schwächte Dibelius in dem nun folgenden innerkirchlichen „Obrigkeitsstreit" zwar ab, ließ aber keinen Zweifel daran, daß für ihn die Regierung der DDR nicht unter Röm 13 fiel. Auch die EKD-Synode vom Februar 1960 in Berlin-Spandau befaßte sich mit der umstrittenen Frage und stellte nach harten Debatten zur Sache fest, daß die Erklärung der EKD-Synode von 1956 in Kraft bleibe[74]. Darin hatte es geheißen: „Das Evangelium widerstreitet jedem Versuch, eine bestimmte menschliche Gesellschaftsordnung als absolut zu behaupten und sie mit Gewalt als letztes Ziel der Menschheit durchzusetzen [...]. Das Evangelium rückt uns den Staat unter die gnädige Anordnung Gottes, die wir in Geltung wissen unabhängig von Zustandekommen der staatlichen Gewalt oder ihrer politischen Gestalt. Das Evangelium befreit uns dazu, im Glauben Nein zu sagen zu jedem Totalitätsanspruch menschlicher Macht, für die von ihr Entrechteten und Versuchten einzutreten und lieber zu leiden, als gottwidrigen Gesetzen und Anordnungen zu gehorchen [...]. Das Evangelium ist die große Hoffnung von Gott her, daß der kommende Herr das letzte Wort behalten wird im Himmel und auf Erden."[75] Obwohl die EKD-Synode also deutlich von der Position ihres Ratsvorsitzenden abrückte, beurteilte die SED-Regierung die Synodalverhandlungen außerordentlich skeptisch und zeigte sich insbesondere entsetzt über „das provokatorische Auftreten von Lemmer und Brandt anläßlich des Eröffnungsgottesdienstes in der Marienkirche"[76]. Es habe sich dabei „nicht um einen Gottesdienst, sondern um eine Kundgebung des kalten Krieges" gehandelt, heißt es in einem Brief Mielkes an Beater vom 22. Februar 1960, die eine Reaktion von seiten der DDR-Regierung erfordere mache[77]. Diese ließ durch den Generalstaatsan-

72 Zu Lilje vgl. *Besier*, Art. Lilje, in: Staatslexikon der Görres-Gesellschaft, Bd. 3, 1987, 923–925.
73 *Dibelius*, Obrigkeit? Eine Frage an den 60jährigen Landesbischof [Lilje], zit. nach: *Stupperich*, Otto Dibelius, 546.
74 Entschließung „Zur Frage der Obrigkeit", in: Protokolle der EKD-Synode in Spandau, Februar 1960, 426.
75 Kirchliches Jahrbuch, 1956, 18; vgl. Kirchliches Jahrbuch, 1959, 135.
76 MfS-Bericht über die gesamtdeutsche Synode der EKD vom 5.3.1960, siehe Dok. 36.
77 Schreiben Mielkes an Beater vom 22.2.1960, #407, 81 (Dok. 35).

walt von Berlin ein Ermittlungsverfahren gegen Dibelius eröffnen; die
Staat-Kirche-Beziehungen waren wieder einmal nachhaltig gestört.
Aus der Perspektive des SED-Regimes mußte der Eindruck entstehen,
die DDR-Kirchen unterstützten – trotz mancher Zugeständnisse an die
DDR-Regierung – insgesamt doch den Kurs der nach Westen hin
orientierten EKD und gefährdeten damit die politische Entwicklung in
der DDR[78]. Wer sich aber als Werkzeug in der Hand des Feindes ge-
brauchen ließ, gegen den schien die Anwendung jedes Mittels recht.
In Abwehr der wirklich oder vermeintlich DDR-feindlichen EKD-
Kirchenpolitik schenkte man darum jenen Kräften besondere Aufmerksamkeit, die in Opposition zur Mehrheit der Synodalen standen.
So berichtete das MfS voller Genugtuung, daß während der Atomde-
batte der EKD-Synode 1958, die als „Hauptangriffspunkt gegen die
DDR betrachtet wurde"[79], erstmals oppositionelle Strömungen „stark
in Erscheinung"[80] traten. Die tatsächlich bestehenden politischen
Spannungen innerhalb der EKD-Synode[81] vermochte das MfS jedoch
nicht zugunsten des SED-Regimes zu nutzen. Gleichwohl wurde
durch das MfS eine materielle und finanzielle Unterstützung der oppositionellen Kreise in der Kirche befürwortet[82].
Immerhin zeitigte die SED-Kirchenpolitik in diesen Jahren zwei Erfolge: Am 1.7.1958 kam es zur Gründung des „Bundes Evangelischer
Pfarrer in der DDR"[83], und im gleichen Jahr etablierte sich auf ökumenischer Ebene die als Gegengründung zum westlich orientierten
„Ökumenischen Rat der Kirchen" (ÖRK) verstandene Prager „Christliche Friedenskonferenz" (CFK)[84].
Da es dem SED-Regime aber nicht gelang, entscheidenden Einfluß auf
die Gesamt-EKD zu nehmen, kristallisierte sich als politisches Ziel aller Bemühungen seitens des Staates zunehmend eine völlige Unabhängigkeit der DDR-Kirchen von allen westlichen Einrichtungen heraus.
Nur so konnte man – unter den herrschenden politischen Bedingungen – zu einer Normalisierung der Beziehungen zwischen Staat und
Kirche in der DDR gelangen, an der man durchaus Interesse hatte. So
stellte Ulbricht, nach dem Tod des DDR-Staatspräsidenten Wilhelm
Pieck im September 1960 auch Staatsratsvorsitzender und 1. Sekretär
des ZK der SED, Mielke die Aufgabe, nach einem Weg zu suchen, um
die aufgrund von Gerüchten über den geplanten Abriß der Leipziger
Universitätskirche aufgewühlten „kirchlichen Kreise zu beruhigen"[85].

---

78   Vgl. dazu *Heise*, Das Ringen der SED, 59 ff.
79   *Beater*, Informationsmaterial der Linie V / 4 (ev. und kath. Kirche) vom 4.7.1958
     (BdL 789 / 58 101 608), 1 f. (Dok. 31).
80   Einschätzung der Lage im Demokratischen Sektor von Groß-Berlin vom
     21.6.1958, in: 370, 340.
81   Vgl. *Herbert*, Kirche zwischen Aufbruch und Tradition, 267 ff.
82   MfS, Bericht über die Gesamtdeutsche Synode Nr. 188 / 60 vom 5.3.1960, #372,
     1548.
83   Siehe Kirchliches Jahrbuch, 1958, 172. Vgl. auch *Dohle*, Grundzüge der Kirchen-
     politik der SED, 14, bes. Anm. 32. Hier wird die erhebliche finanzielle Unterstüt-
     zung dieser Organisation durch das Sekretariat des ZK der SED erwähnt. Im
     Herbst 1974 veranlaßte die SED dann den einer total unkritischen politischen Kol-
     laboration verpflichteten evangelischen Pfarrerbund zur Selbstauflösung. Vgl. Bun-
     desarchiv, Abt. Potsdam, Best. O-4, 27 (Bund Ev. Pfarrer in der DDR, 1966-1971).
84   Vgl. *Neumärker*, Josef L. Hromádka, bes. 144; *Gerstenberger*, Das Friedensenga-
     gement der CFK. Siehe auch Bundesarchiv, Abt. Potsdam, Best. O-4, 92; 166-169;
     173; 175 f.; 221; 233; 236; 249; 286-288; 295; 366; 378; 390 (CFK).
85   Schreiben Ulbrichts an Mielke vom 2.11.1960, #373, 2354 (Dok. 39). Vgl. auch

Im November 1960 löste Hans Seigewasser Eggerath als Staatssekretär für Kirchenfragen ab[86].

2.5
Von 1961 bis zur Gründung des Bundes der Evangelischen Kirchen in der DDR im Jahre 1969

Der Mauerbau am 13. August 1961 isolierte die DDR-Kirchen einerseits vom Westen, brachte ihnen aber andererseits in vielen Bereichen ein hohes Maß an Selbständigkeit. Gleichzeitig wuchs die Erkenntnis, daß der ungeliebte SED-Staat doch eine höhere Lebenserwartung besaß, als bis dahin angenommen[87]. Die neuen Verhältnisse begründeten nun auch ein „Staat-Kirche-Verhältnis"[88] von anderer Qualität. Fortan galten die Vorbehalte der SED nicht mehr der Gesamtkirche, sondern nur noch den „negativen Kräften" in ihr – also den Christen, die sich in der DDR nicht einrichten wollten bzw. weiterhin öffentlich Kritik an dem System übten. Dazu zählten u.a. die Mitglieder der Bekennenden Kirche in Sachsen, im MfS-Jargon die „reaktionäre Bekenntnisfront"[89].

Andererseits blieb die seit der 3. Parteikonferenz der SED im März 1956 immer weiter entwickelte „Doppelstrategie" – „Konsequenz und Unnachgiebigkeit auf der einen und Gesprächsbereitschaft und Entgegenkommen auf der anderen Seite" – „nicht ohne Wirkung auf führen-

---

Ulbrichts Erklärung vor der Volkskammer der DDR am 4.10.1960, wiedergegeben bei *Henkys*, Bund der Evangelischen Kirchen in der DDR, 51 f.

86   Der Nachlaß Seigewasser befindet sich im Bundesarchiv, Abt. Potsdam.

87   „Ein bereits am Ende der 50er Jahre zögernd einsetzender Prozeß der Neubesinnung in den Kirchen wurde kräftig gefördert sowohl durch dieses Gespräch [scil. zwischen Ulbricht und Fuchs] wie durch die Grenzsicherungsmaßnahmen vom 13. August 1961, weil dieses Datum völlig richtig als Zeichen der Endgültigkeit der Existenz der DDR verstanden wurde" (*Dohle*, Grundzüge der Kirchenpolitik der SED, 14). Über die Vorgänge am 13.8.1961 informieren die Akten 321, 322, 1129 und 1130 des Bestandes O-1, Abt. Nr. 11 des Bundesarchivs, Abt. Potsdam. Von der Lage an der Grenze in den Jahren 1952-1961 handelt die Akte 1128, ebd.

88   BV Leipzig, Fernschreiben vom 28.5.1968, #415, 321 ff. (Dok. 49).

89   *Albinus / Heilsberg / Bendel*, Die Entwicklung der Evangelisch-Lutherischen Landeskirche Sachsens, 60. Ein Schwerpunkt der staatlichen Kirchenpolitik nach dem Mauerbau war die Provinzialsynode Berlin-Brandenburg. 1963 versuchte man, über die neuen Synodalen Clemens de Maizière und Schottstädt die Opposition zu stärken (vgl. Entwurf einer Einschätzung der Synode der evangelischen Kirche Berlin-Brandenburg vom 3.-8. Februar 1963 in Berlin-Weißensee durch das Arbeitsgebiet Evangelische Kirche im Staatssekretariat für Kirchenfragen vom 14.2.1963, Bundesarchiv, Abt. Potsdam, Best. O-4, 327). In einem Gespräch vor der Synode erklärte de Maizière, Mitglied der CDU und Rechtsanwalt in Berlin (Ost), seine Präferenz für einen „DDR-Bürger" als Bischof und sprach sich gegen Jacob aus (Stand der Vorbereitung auf die Synode der Kirche Berlin-Brandenburg im Bezirk Potsdam vom 25.1.1963, ebd.). Zudem hatte de Maizière Anfang Januar im Staatssekretariat für Kirchenfragen die Tagesordnung der Synode mit dem Kommentar vorgelegt: „Die Einladung erscheint mir sehr verdächtig, es ist notwendig, darüber zu sprechen". Im weiteren Verlauf des Gespräches äußerte er „den entschiedenen Verdacht, daß man versuchen wird, eine Bischofswahl durchzuführen. Ich bin davon überzeugt, daß es dabei um Scharf gehen wird [...]. Die neue Synode ist reaktionärer zusammengesetzt als die frühere. Ich fürchte, daß es zu Komplikationen kommen wird. Notfalls würde ich auf der Synode dann gegen die Wahl von Scharf auftreten, wenn sich kein anderer findet" (Streng vertraulicher Aktenvermerk, Berlin, den 12. Januar 1963, gez. Rösner, ebd.). Über Hanfried Müller ließ Schönherr verlauten, daß er bei einer tatsächlichen Wahl Scharfs zum Bischof „diese als unrechtmäßig erklären und eine Gegensynode entwickeln" wolle (Bericht über ein Gespräch mit Dr. Hanfried Müller am 24.10.1962 zu Fragen der Wahlsynode Berlin-Brandenburg vom 29.10.62, ebd.).

de Persönlichkeiten der evangelischen Kirche in der DDR"[90]. Insbesondere bei den Bischöfen Beste (Schwerin), Krummacher (Greifswald) und Mitzenheim (Eisenach) beobachtete das Regime ein Suchen „nach neuen Ansatzpunkten"[91]. Einen Höhepunkt der hierauf gründenden programmatischen „Gesprächs"-Politik der SED, deren Ergebnisse dann als Interpretament des Kommuniqués von 1958 betrachtet wurden, bildete die Begegnung zwischen Ulbricht und Emil Fuchs am 9. Februar 1961[92], Krummachers Interview mit dem „Evangelischen Nachrichtendienst Ost" vom 11. Februar 1963[93] und vor allem das „Wartburggespräch" zwischen Ulbricht und Mitzenheim am 18. August 1964[94].

90   So *Heise*, Das Ringen der SED, 43.
91   Ebd.
92   Siehe *Henkys*, Bund der Evangelischen Kirchen in der DDR, 55-65.
93   Diese in obiger Aufzählung deutlich gemachte Parallelisierung so unterschiedlicher Persönlichkeiten durch die SED unterstreicht einmal mehr, daß die SED zwischen ihnen kaum differenzierte (vgl. auch u. S. 76, bes. Anm. 347). In diesem Interview plädierte Krummacher für „einen entschlossenen Abbau mancher starr gewordenen politischen Doktrinen und illusionärer Vorurteile [...]. [Er] denke beispielsweise an Illusionen hinsichtlich des Faktums der nun einmal bestehenden deutschen Staaten und ihrer Grenzen [...]. [Er] glaube, daß es in der Tat kein guter Dienst am Menschen ist, wenn man im politischen Raum Fakten, sie mögen einem gefallen oder nicht, übersieht und statt dessen Illusionen nachhängt, die keinen realen Boden haben." Darum habe er die Aufmerksamkeit der Ökumene „auf die Frage gerichtet, ob es nicht an der Zeit wäre, auf der Grundlage ‚der Vernunft und des guten Willens', wie es der Vorsitzende des Staatsrates der DDR ausgedrückt hat, den von ihm entwickelten Sieben-Punkte-Vorschlag für ein sachliches Näherkommen der Menschen in beiden deutschen Staaten ernster zu nehmen, als das offensichtlich unsere westdeutschen Brüder z.Zt. tun" (Evangelischer Nachrichtendienst Ost [eno] XVI / 7 vom 11.2.1963).
94   Vgl. *Henkys*, Bund der Evangelischen Kirchen in der DDR, 69-83. Siehe auch Bundesarchiv, Abt. Potsdam, Best. O-4, 76 (Evang. Landeskirche Thüringens – Landesbischof Mitzenheim, 3 Bde., 1956-1971). Der Kurs Mitzenheims wurde durchweg positiv eingeschätzt. So hieß es in einem Bericht des Staatssekretariats für Kirchenfragen über die Situation in Thüringen vom 24.12.1959: „[...] Der größte Teil der Kirchenleitung steht hinter ihm [...]. OKR Braecklein und Lotz unterstützen seine Haltung unbedingt [...]. Mitzenheim selbst ist sehr aktiv und nutzt jede Gelegenheit, um seine Politik und Haltung zu unserem Staat zu propagieren. Bei Kircheneinweihungen, Glockenweihen und auf Pfarrkonventen tritt er offen für unseren Staat ein [...], es wird eingeschätzt, daß zwei Drittel der Geistlichen hinter ihm stehen [...]. Die Leiter der Ausbildungsstätten der Thür. Kirche", darunter auch Walter Grundmann, „haben ein gutes Verhältnis zum Staatsapparat und leisten gesellschaftliche Arbeit im NSW [...]" (Bundesarchiv, Abt. Potsdam, Best. O-4, 46). Mitzenheim genoß deshalb unter den DDR-Bischöfen eine Sonderstellung: „[...]. Unter Berücksichtigung der sich immer mehr verbessernden Beziehungen der Thüringer Landeskirche zum Staat der Arbeiter und Bauern und der vom Vertrauen in die Staatsmacht geleiteten Haltung wurde Landesbischof D. Mitzenheim als einziger Sprecher für Fragen aller Landeskirchen in der DDR durch die Regierung der Deutschen Demokratischen Republik anerkannt [...]." Weiter wurde in dem gleichen Dokument „die positive[n] Klärung der thüringischen Landeskirche zum Staat der Arbeiter und Bauern" hervorgehoben. „Sowohl er [Mitzenheim] als auch die Kirchenleitung, vor allem die Oberkirchenräte Lotz und Braecklein, stehen klar zu unserer Republik [...]. Die Herauswahl Bischof Mitzenheims aus leitenden Gremien der EKD, die anfänglich zu einer gewissen Resignation führte, hat einer noch zielstrebigeren Haltung Platz gemacht [...]" (Information über die Situation in den evangelischen Landeskirchen der Deutschen Demokratischen Republik im Staatssekretariat für Kirchenfragen vom 28.11.1962, Bundesarchiv, Abt. Potsdam, Best. O-4, 368). Lotz hatte in der NS-Zeit den damaligen Machthabern ebenfalls sehr loyal gegenübergestanden. In einem Brief an den Union-Pressedienst in Ost-Berlin schrieb der Vorsitzende der Kirchlichen Bruderschaft in Württemberg, Pfarrer Dr. Herbert Werner, am 15.6.1961: „Dieser Herr Lotz ist seinerzeit ein geharnischter Deutscher Christ thü-

Trotz dieser Anmerkungen blieb das Staat-Kirche-Verhältnis in der DDR instabil[95]. So hielt man es beispielsweise für nötig, die Veranstaltungen zum Reformationsjubiläum 1967 vor einem „Mißbrauch […] im Sinne reaktionärer Kirchenführer"[96] zu schützen. Im Gefolge einer Kollegiumssitzung wurde 1964 eine Reihe von Diensteinheiten des MfS umbenannt, u.a. auch die HA V in HA XX, die fortan Paul Kienberg leitete[97]. Seit diesem Zeitpunkt hieß die Kirchenabteilung des MfS HA XX / 4. Dieser Bereich der HA XX wurde zunächst von Hans Ludwig geleitet, der 1969 als Stellvertreter Kienbergs aufrückte, anschließend von Franz Sgraja und seit 1977 schließlich von Joachim Wiegand. Dem Leiter bzw. seinen beiden Stellvertretern unterstanden sechs Referate. Die Arbeit im westlichen Ausland wurde insbesondere vom Referat 4 der HA XX / 4 und der Abteilung II der HVA betrieben. Diese Referate waren von besonderer Bedeutung, denn nach Auffassung des MfS stellten „maßgebliche imperialistische Politiker, Staatsfunktionäre und Ideologen für den Kampf gegen den realen Sozialismus ihr gesamtes kirchliches Potential zur Verfügung, insbesondere ihre spezifischen Möglichkeiten zur Einflußnahme auf Kirchen und Gläubige in der DDR"[98].
Die Regionaltagungen der EKD-Synode in Fürstenwalde und Berlin (West) wählten 1967[99] einen Rat der EKD. Die Synodalen in Fürstenwalde beschlossen, trotz des Kirchengesetzes über Tagungen der Synode vom 4.4.67 und der Änderung der Geschäftsordnung der Synode vom 3.4.67, an der Einheit der EKD festzuhalten, was die Synodalen in Berlin-Spandau in gleicher Weise bekräftigten[100]. Diese Entscheidung,

ringischer Richtung gewesen und ein brachialer Verfechter des Nationalsozialismus innerhalb der Thüringer Kirche. […]" Werner schildert, daß Lotz, damals stellvertretender Vorsitzender des Kreiskirchenamtes Gera, maßgebliche Verantwortung dafür trug, daß Werner wegen seiner Unterstützung der Gebetsliturgie der 2. VKL anläßlich der Tschechenkrise „bei Androhung des Konzentrationslagers" aus Mitteldeutschland ausgewiesen wurde und zugleich noch Reichsrede- und Reichsschreibeverbot erhielt. „Herr Lotz hat es dahin gebracht, daß die Gewalttätigkeiten der Thüringer Landeskirche unter Zuhilfenahme der Gestapo gegen mich geführt und im Prozeß gegen mich rechtsgültig gemacht werden konnten. Die besten Juristen der Bekennenden Kirche vermochten bei dem damaligen Gewaltregime gegen den Prozeßbevollmächtigten Lotz nichts auszurichten." Er bescheinigte Lotz, dieser habe „in Zusammenarbeit mit der Gestapo die Kirche von den bekennenden Pfarrern gesäubert. Wendig und ungeniert" sei er 1946 Mitglied der CDU-Ost geworden (Bundesarchiv, Abt. Potsdam, O-4, Nr. 390).
95   BV Leipzig, Postbuch als 5215 / 65 registriert.
96   Mielke, Befehl 34 / 67 vom 12.10.1967, VVS MfS 008-639 / 67 100 529, 2. Vgl. hierzu auch die Ankündigung von Einreisebeschränkungen vom 28.8.1967 und die kirchliche Reaktion hierauf vom 4.9.1967 (Kirchliches Jahrbuch, 1967, 190 f.) sowie den Austritt von Bischof J. Jänicke aus dem staatlichen Vorbereitungsausschuß (vgl. *ders.*, Ich konnte dabeisein, 226-228).
97   Mielke, Befehl 211 / 64 vom 9.3.1964, 100 408.
98   *Tronicke / Weißleder u.a.*, Grundorientierungen, 212.
99   Die Forschungsstelle für Kirchliche Zeitgeschichte in Naumburg (Leiter: Martin Onnasch) plant eine Studie über die Vorgeschichte der Gründung des Bundes von der EKD-Synode in Fürstenwalde bis zur ersten Bundessynode 1969 unter Einschluß der Verfassungsdiskussion 1968, der Gründung der VELK / DDR und der Zusammenarbeit mit den Freikirchen. Diese Arbeit verspricht genaueren Aufschluß über die Vorgänge, deren Einzelheiten bis heute im dunkeln liegen. Aus SED-Perspektive orientiert *Dohle*, Grundzüge der Kirchenpolitik der SED, 23-37 im einzelnen über den Vorgang. Vgl. zum Folgenden auch *Dähn*, Konfrontation oder Kooperation?, 101 ff.; *Maser*, Glauben im Sozialismus, 79 ff. Siehe auch Bundesarchiv, Abt. Potsdam, Best. O-4, 31; 33; 158; 216 (Herausbildung bzw. Gründung des Bundes der Ev. Kirchen in der DDR, 1967-1972).

der ein Vortrag Krummachers in Fürstenwalde vorausgegangen war,
nahm die SED zum Anlaß, die EKD aus der DDR auszuschließen.
Diesem Zweck dienten dann auch die einschlägigen Artikel des Verfas-
sungsentwurfs, der im Januar 1968 veröffentlicht wurde.
Hinzu kam, daß mit der neuen DDR-Verfassung von 1968 auch eine
völlig veränderte staatskirchenrechtliche Situation entstanden war, die
nach Auffassung der DDR-Regierung aus kirchlichen Vertretern beider deutscher Staaten zusammengesetzte Leitungsorgane nicht mehr
zuließ. Offenbar aufgrund sorgfältiger Vorabsprachen[101] formulierte
Mitzenheim am 29. Februar 1968 bei einer Bürgervertreterkonferenz in
Weimar, an der auch Ulbricht teilnahm, den entscheidenden Satz, der
die Trennung besiegeln sollte: „Die Staatsgrenzen der Deutschen Demokratischen Republik bilden auch die Grenze für die kirchlichen Organisationsmöglichkeiten."[102] Der Art. 39.2 der neuen DDR-Verfassung, der vorsah, daß die Kirchen ihre Angelegenheiten „in Übereinstimmung mit der Verfassung und den gesetzlichen Bestimmungen der
DDR" zu ordnen hätten[103], bedeutete das endgültige Ende der EKD
in ihrer Funktion als Vertreterin der Gesamtinteressen der Landeskirchen gegenüber dem Staat. Die Folge hiervon wären gesonderte Verhandlungen der DDR-Führung mit den einzelnen Landeskirchen gewesen[104]. Weil die einzelnen DDR-Landeskirchen sich nicht untereinander ausspielen lassen wollten, aber die Thüringer Landeskirche ge-
neigt war, diese Chance zu nutzen, gerieten sie unter Zeitdruck. Darum kam es überraschend schnell und – jedenfalls nach außen hin –
ohne Konflikte zur Gründung des *„Bundes der Evangelischen Kirchen
in der DDR" (BEK)*, dessen Ordnung innerkirchlich wie auf seiten des
Staates als „Kompromiß" gewertet wurde.
Wie groß die Angst der DDR-Kirchen vor einer Distanzierung von

100 Vgl. Bericht über die Tagung der IV. Synode der EKD vom 2.-7.4.1967, 375-382.
101 „In enger Absprache mit der CDU und der Nationalen Front orientierte Hans
     Seigewasser darauf, jene Geistlichen zu öffentlichem Auftreten in Bürgervertreter-
     konferenzen zu veranlassen, die den sozialistischen Grundcharakter des Verfas-
     sungsentwurfes verstanden hatten und ihm zustimmten" (*Dohle*, Grundzüge der
     Kirchenpolitik der SED, 27). Zur Rolle von Mitzenheim und Lotz im Zusammen-
     hang der Trennung der DDR-Kirchen von der EKD vgl. auch *Geißel*, Unterhänd-
     ler der Menschlichkeit, 360 ff.
102 Zit. nach: *Henkys*, Bund der Evangelischen Kirchen in der DDR, 116; Ulbrichts
     Antwort ebd., 117. Vgl. auch das Interview, das Mitzenheim am 3.2.1968 der
     „Neuen Zeit" gab und das einen Tag später erschien; hier wird erstmalig der Ge-
     danke einer „Kirche im Sozialismus" ausgesprochen. Mitzenheims Kernaussage
     lautete: „Wir wollen nicht gegen den Sozialismus sein, sondern Kirche für die Bür-
     ger in der DDR, die in der sozialistischen Gesellschaft mit ungekränktem Gewis-
     sen Christ sein und bleiben wollen" (ebd.). Am 26.4.1967 berichtete der Referent
     für Inneres dem Vorsitzenden des Rates des Bezirks Leipzig, Grützner, daß ein
     Großteil der Pfarrer im Bezirk Leipzig die Losung „Staatsgrenzen seien Kirchen-
     grenzen" ablehne (Bundesarchiv, Abt. Potsdam, Best. O-4, 365). Während eines
     Treffens in Lehnin, zu dem Mitzenheim nicht erschienen war, hatten die DDR-Bi-
     schöfe in einem Brief an Ulbricht vom 15.2.1969 u.a. schon formuliert: „Als Staats-
     bürger der Deutschen Demokratischen Republik und als Christen gehen wir da-
     von aus, daß nach dem durch deutsche Schuld begonnenen Krieg nun auf dem
     Boden der deutschen Nation zwei deutsche Staaten bestehen [...]. Als Staatsbürger
     eines sozialistischen Staates sehen wir uns vor die Aufgabe gestellt, den Sozialis-
     mus als eine Gestalt gerechteren Zusammenlebens zu verwirklichen" (Kirchliches
     Jahrbuch, 1968, 181 f.).
103 Vgl. ebd., 191.
104 Vgl. dazu *Dohle*, Grundzüge der Kirchenpolitik der SED, 48 ff., bes. 58 f. (Ge-
     spräch zwischen Seigewasser, Schönherr und Stolpe am 21.1.1969).

dem SED-Staat auf internationaler Ebene bereits war, wird daran deutlich, daß vier Landeskirchen auf eine Aufforderung des ÖRK in Genf vom August 1968, gegen die Okkupation der CSSR durch die Truppen der Warschauer-Pakt-Staaten zu protestieren, nur mit Schweigen reagierten, obwohl die Stimmung an der kirchlichen Basis durchaus anders gelagert war[105]; die vier anderen wiesen das Ansinnen des ÖRK-Generalsekretärs Carson Blake sogar dezidiert zurück[106].

105 ÖPD Nr. 30 / 68, 12. Der Einmarsch in die CSSR wurde z.b. im Bezirk Leipzig von der Mehrzahl der Pfarrer abgelehnt (vgl. Bericht des Stellvertreters des Vorsitzenden für Inneres im Rat des Bezirkes Leipzig „über die politisch-ideologische Situation unter den geistlichen Amtsträgern" vom 12.9.1968, Bundesarchiv, Abt. Potsdam, Best. O-4, 365). Über die thüringische Landeskirche hieß es im gleichen Bericht: „Ausgehend von der Haltung des Landesbischofs Mitzenheim verhalten sich die meisten Superintendenten und Pfarrer [...] zu den Ereignissen in der CSSR reserviert." Aus Merseburg schickten drei katholische und sieben evangelische Pfarrer, darunter auch Martin Ziegler, der spätere Leiter des Sekretariats des BEK, an den Vorsitzenden des Ministerrats, Willi Stoph, ein Telegramm mit folgendem Inhalt: „Wir sind bestürzt über den Einmarsch unserer Nationalen Volksarmee in die CSSR" (Bundesarchiv, Abt. Potsdam, Best. O-4, 329). An dem auf den Einmarsch folgenden Sonntag wurde in den Gottesdiensten, für die – gewiß nicht nur – im Bezirk Halle ein „außergewöhnlich starker" Kirchenbesuch zu verzeichnen war (Auszug aus dem Fernschreiben des Rates des Bezirks Halle vom 26.8.68, Bundesarchiv, Abt. Potsdam, Best. O-4, 329), auf die jüngsten Ereignisse eingegangen. Trotz eines staatlichen Verbots wurde der Brief Schönherrs (vgl. unten Anm. 106) z.B. von 105 der 144 brandenburgischen Pfarrer im Bezirk Cottbus von den Kanzeln verlesen (vgl. Brief des Stellvertreters des Vorsitzenden für Inneres im Rat des Bezirkes Cottbus an Seigewasser vom 14.11.1968, Bundesarchiv, Abt. Potsdam, Best. O-4, 328).
106 Vgl. dazu Dohle, Grundzüge der Kirchenpolitik der SED, 37-46. Siehe aber auch Schönherrs kritische Briefe vom September 1968, in: Kirchliches Jahrbuch, 1968, 266 ff. Auf einer außerordentlichen Sitzung der DDR-Bischöfe Ende August 1968 in Berlin (Ost) brachte der Bischof der Kirchenprovinz Sachsen, Jänicke, ein Wort ein, das von den Kanzeln verlesen werden und in ein Fürbittegebet münden sollte. Jänickes Entwurf, der an den Kriegsausbruch 1939 anknüpfte, sich gegen Gewalt in der Außenpolitik wandte und die Beteiligung der NVA an der Okkupation problematisierte, verfiel jedoch der Ablehnung durch das Bischofskollegium. Auch Jänickes Versuch, den Text wenigstens in den Gottesdiensten seiner eigenen Landeskirche verlesen zu lassen, scheiterte an massiven Drohungen staatlicher Stellen (vgl. Jänicke, Ich konnte dabeisein, 219-224; die staatliche Parallelüberlieferung zu den Schilderungen Jänickes findet sich im Bundesarchiv, Abt. Potsdam, Best. O-4, 325, die staatliche Charakterisierung Jänickes vom 15.1.1967 ebd., 310). Ein Entwurf des Görlitzer Bischofs Fränkel wurde ebenfalls verworfen (ebd.). Am 12.12.1968 schrieb Fränkel an Ulbricht: „Erlauben Sie, daß ich Ihnen und den anderen Mitgliedern des Staatsrates eine mich sehr bedrängende Angelegenheit vortrage. Im Zusammenhang mit dem Eingreifen von Teilnehmerstaaten des Warschauer Vertrages angesichts der politischen Entwicklung in der Tschechoslowakischen Sozialistischen Republik ist es zu gerichtlichen Verfahren, aber auch administrativen Maßnahmen gegenüber Bürgern unseres Staates gekommen, die aus innerer Gewissensverpflichtung eine der Regierung widersprechende Auffassung bekundet haben. Daß ein solcher Widerspruch eine für den Staat schwerwiegende Sache bedeutet, ist mir verständlich, aber ich habe ernste Bedenken gegenüber der Weise, wie diesem Widerspruch begegnet wurde. Wie immer die Entwicklung, die sich in der CSSR vollzogen hatte, politisch zu beurteilen ist, so kann ich doch nicht davon absehen, daß die Weltchristenheit in weitgehender Übereinstimmung wiederholt öffentlich den Einsatz militärischer Mittel als keinen geeigneten Weg zur Lösung politischer Konflikte bezeichnet hat. Wir haben als Kirche diese Erkenntnis in unserem Zeugnis für den Frieden vor unseren Gemeinden immer wieder verkündet und dem in der Geschichte unseres Volkes so verhängnisvollen Vertrauen auf Gewalt entgegengewirkt. Damit aber haben wir eine Mitverantwortung für alle übernommen, die aus dieser Erkenntnis heraus freimütig ihren Widerspruch zu den Ereignissen des 21. August bekundet haben. Es mag manches an der Art und Weise, wie sich solcher Widerspruch geäußert hat, zu beanstanden sein, aber ich bitte ganz dringend, nicht so sehr auf die Form zu sehen, sondern

Dem Ablösungsprozeß von der EKD suchten die DDR-Kirchen auch insofern zu entsprechen, als sie auch theologische Gründe für den politisch erzwungenen Schritt namhaft machten[107]. Ausgehend von der Formulierung Bischof Schönherrs während der 3. Tagung der 1. Synode des Bundes der Evangelischen Kirchen in der DDR in Eisenach 1971 – „Eine Zeugnis- und Dienstgemeinschaft von Kirchen in der Deutschen Demokratischen Republik wird ihren Ort genau zu bedenken haben: in dieser so geprägten Gesellschaft, nicht neben ihr, nicht gegen sie"[108] –, erfuhr die Mitzenheimsche Formel „Kirche im Sozialismus" zahlreiche Deutungen und blieb eigentlich bis zuletzt schillernd. Sie schloß jedenfalls die Bereitschaft ein, „an den Problemen und Errungenschaften der Gesellschaft" teilzunehmen und „verantwortlich beizutragen zu deren Entwicklung", wie Bischof Schönherr im April 1971 ausführte[109].

auf die innere Nötigung der Gewissen, die gerade auch angesichts der Mitwirkung unserer Nationalen Volksarmee nicht schweigen konnten. Es gehört unabdingbar zur ausdrücklich auch in die neue Verfassung aufgenommenen Gewissensfreiheit, daß sich die Gewissen äußern dürfen, besonders in für Volk und Staat so ernsten Fragen, wie sie hier vorliegen. Der Freimut, seiner gewissensmäßigen Überzeugung auch dann Ausdruck zu verleihen, wenn solche Überzeugung mit der der Regierung nicht in Einklang steht, stellt einen sittlichen Wert auch für unseren Staat dar und hilft zu einem vertrauensvollen Miteinanderleben in unserer Gesellschaft. Ich spreche daher folgende dringende Bitten aus: Es möchte von weiteren Gerichtsverfahren oder anderen Maßnahmen gegenüber solchen Bürgern abgesehen werden, die aus innerer Nötigung des Gewissens ihre Bedenken gegenüber den militärischen Maßnahmen bekundet haben, soweit rechtskräftige Urteile ergangen sind, möchte auf eine Vollstreckung verzichtet werden, wie das bereits in einigen Fällen geschehen ist, soweit Dienstentlassungen erfolgt sind, möchten diese rückgängig gemacht werden" (Pressearchiv, Berlin, Bachstraße, PA Fränkel). Nicht zuletzt dieser Brief wird der Grund für eine staatliche „Verleumdungskampagne" gegen Fränkel gewesen sein, die 1969 mit dem Ziel einsetzte, „ihn mürbe zu machen und zum Rücktritt zu veranlassen" (Vertrauliche Mitteilung über ein Beschwerdeschreiben der Görlitzer Synode an Seigewasser vom 5.4.1969, ebd.). So wurde beispielsweise behauptet, Fränkel sei führend am Juni-Aufstand 1953 in der Stadt Görlitz beteiligt gewesen (ebd.).

107   Vgl. dazu *Maser,* Glauben im Sozialismus, 83. Daß auch die SED durchaus eine Differenziertheit der kirchlichen Positionen zu dieser Thematik wahrnahm, zeigt ein Grundsatzreferat Verners aus dem Jahr 1969: „Es gibt unter den kirchlichen Amtsträgern drei wesentliche Gruppen: 1. eine relativ kleine Gruppe progressiver Kräfte, besonders der thüringischen Landeskirche, die von der Realität der sozialistischen Verfassung ausgeht und für eine konsequente Trennung von der EKD eintritt; 2. größte Gruppe, unter Führung des Bischofs Schönherr, will aus der organisatorischen Einheit Vorteile für sich ziehen, nur pro forma eine Trennung von der EKD herbeiführen, in Wirklichkeit aber die Verbindung zur EKD aufrechterhalten. 3. Gruppe, reaktionärste Gruppe, unter Bischof Krummacher und Fränkel, war zunächst konsequent gegen die Schaffung des Bundes. Erst nachdem sie in Isolierung gerieten, schwenkten sie um und versuchen seitdem ihre reaktionäre Konzeption im Bund zur Geltung zu bringen. Ihr Ziel, fortschrittliche Kräfte bremsen und kompakt dem Staat gegenübertreten" (Referat vor der Kreisleitung der SED [Dessau], Mitarbeiter für staatliche Organe, Sekretariatsinformation über den Kurzlehrgang des ZK vom 7. bis 12.4.1969 in Brandenburg über kirchen-politische Fragen; Dessau, den 18.4.1969; LPA Halle, KL Dessau, IV / B-4 / 06 / 205).
108   Zit. nach: *Seidel,* Christen in der DDR, 55. Vgl. auch Bundesarchiv, Abt. Potsdam, Best. O-4, 82 (Landeskirche Berlin-Brandenburg / Bischof Albrecht Schönherr, 1969-1979).
109   Vgl. *Seidel,* Christen in der DDR, 57. Siehe zur weiteren Entwicklung der Formel: *Theologische Studienabteilung beim BEK in der DDR, Referat Weltanschauungsfragen* (Hg.), Zum Gebrauch des Begriffs „Kirche im Sozialismus", 1988; *Stolpe,* Kirche im Sozialismus; *Schröder,* Denken im Zwielicht, 49-54; 149-159. 1976 kritisierte Hans-Jochen Tschiche auf der Provinzsächsischen Synode diese Formel (vgl. *Dohle,* Grundzüge der Kirchenpolitik der SED, 163). Friedrich Schorlemmer bi-

2.6
Von 1969 bis zum Grundsatzgespräch 1978

Trotz der organisatorischen Trennung zwischen EKD und Kirchenbund blieb die „besondere Gemeinschaft" zwischen den Bünden wie auch zwischen den einzelnen Partnerkirchen auf regionaler Ebene erhalten. Gegen den massiven politischen Widerspruch seitens der DDR-Regierung hielt Artikel 4.4 der Bundes-Ordnung an dieser „besonderen Gemeinschaft der evangelischen Christenheit in Deutschland"[110] fest.

lanzierte 1987 vor der Bundessynode in Görlitz: „Ich sehe uns zuerst vor den Trümmern des Konzepts der ‚Kirche im Sozialismus', die es nicht vermocht hat, Tausenden Mitchristen Mut zu machen, hier in diesem Lande zu leben, und denen, die in diesem Lande bleiben, Mut zu machen, *aktiv* in dieser Gesellschaft mitzuwirken" (vgl. *ders.*, Träume und Alpträume, 40). *Kandler*, Die Kirchen und das Ende des Sozialismus, 70; vgl. 72 f., zieht das überwiegend negative Resümee: „Die Formel ‚Kirche im Sozialismus' ist eine Kurzformel und darum zutiefst unglücklich. Aber die Kirchenleitungen in der DDR haben sie zum Unglück zwei Jahrzehnte gebraucht. Das ist ihre Schuld. Sie haben um ihre Mißverständlichkeit gewußt, aber sie haben mit dieser Mißverständlichkeit kokettiert." Außerordentlich kühn und mehr vor dem Hintergrund des Ereignisses – Schönherrs 80. Geburtstag am 11. September 1991 – denn durch den historischen Kontext zu verstehen, ist folgende Interpretation: „Diese Kirche im Sozialismus trug dazu bei, dank der Freiräume, die sie oppositionellen Gruppen nunmehr bieten konnte, das Volk aus dem Sozialismus herauszuführen. Damit dürften diejenigen Kritiker, die Schönherr seine ‚Anbiederung mit dem Staat' vorgeworfen haben, widerlegt sein. Eine Kirche, die mit dem SED-Regime in permanenter Feindschaft und in Isolierung gelebt hätte, wäre niemals imstande gewesen, der Opposition Obdach zu gewähren, um ihre Kräfte zu sammeln und sie in entscheidenden Moment zur Gewaltfreiheit zu verpflichten" (*Usko*, in: Berliner Sonntagsblatt Nr. 36 vom 8.9.1991, 6). Vgl. auch *Geißel*, Unterhändler der Menschlichkeit, 380 ff. Siehe hierzu und zum Folgenden auch *Reitinger*, Die Rolle der Kirche im politischen Prozeß der DDR 1970-1990.

110 Vgl. *Henkys*, Die Evangelischen Kirchen in der DDR, 183 f. Gerhard Lotz, thüringischer Oberkirchenrat, hatte sich heftig gegen die Aufnahme von Art. 4.4 in die Bundesverfassung ausgesprochen (vgl. dazu auch *Geißel*, Unterhändler der Menschlichkeit, 366). Lt. Protokoll der KKL-Sitzung vom 5.3.1969 (Pressearchiv Berlin, Bachstraße, Pers.akte Bes-Bn) meldete sich Lotz (IM „Karl") zum 4. Absatz des Artikels 4 zu Wort; mit seinen Ausführungen löste er eine heftige Debatte aus: „Er [scil. Lotz] wisse, daß er hier ein heißes Eisen anspreche. Aber er fühle sich dazu legitimiert, da die Formel von der spezifischen Gemeinschaft von ihm stamme. Er habe sie auf dem Parteitag der CDU nicht zur Freude der Partei verwendet. Er, Lotz, verstehe unter dieser speziellen Gemeinschaft einen vorgegebenen geistig-geistlichen Sachverhalt, jedoch keinen juristischen. Dieser Sachverhalt könne nicht durch ein Kirchengesetz oder eine Bundesordnung beschrieben oder begründet werden, es handele sich bei der ‚besonderen Gemeinschaft der ganzen evangelischen Christenheit in Deutschland' einen meta-juristischen Begriff. Seinem juristischen Gehalt nach sei der gesamte Absatz 4.4 überflüssig [...]. Lotz spielt auf die Fürstenwalder Erklärung vom April 1967 an und meint, das Banner von Fürstenwalde sei zerfetzt, mit diesem Artikel 4.4 habe man aus dem zerfetzten Banner ein Wimpelchen zusammengenäht, das man an versteckter Stelle hineingezogen werden solle [...]. Aufgrund seiner Ausführungen stellt Lotz den *Antrag*, den Absatz 4 des Artikels 4 ersatzlos zu streichen. Er begründet das noch einmal mit dem Hinweis, mit Hilfe der Streichung solle vermieden werden, daß in die Bundesordnung etwas hineinkommt, was bundesfeindlich interpretiert werden kann. Mit 4.4 würden die außerkirchlichen Geschäfte derer besorgt, die den Bund zerschlagen wollen, aber auch die innerkirchlichen Geschäfte derer, die in einer Camouflage die EKD in der Bundesordnung unterbringen wollen. Für den Fall, daß die KKL zu einer ersatzlosen Streichung nicht bereit ist, trägt Lotz einen *Alternativ-Vorschlag* vor. Er begründet: Wenn von 4.4 etwas erhalten bleiben soll, dann gehört es der Sache nach nicht in das Kapitel der Ordnung, das die Aufgaben des Bundes beschreibt. Deshalb solle der von ihm alternativ vorgeschlagene Artikel an den Schluß der Bundesordnung unter die Überleitungsbestimmungen gesetzt werden. Der Vorschlag von Lotz lautet: ‚Durch das Inkrafttreten dieser Ordnung er-

Dem MfS, das mittlerweile viele „Inoffizielle Mitarbeiter" (IM) unter kirchenleitenden Persönlichkeiten in Schlüsselfunktionen gewonnen hatte, war es – „trotz intensiver politischer Arbeit vor der Tagung"[111]

löschen Aufgaben und Zuständigkeit der Organe und Amtsstellen der EKD für den Bereich der Gliedkirchen in der DDR. Unbeschadet der vollen kirchenrechtlichen Selbständigkeit in Organisation, Rechtsetzung und Verwaltung bejahen der Bund und seine Gliedkirchen die vorgegebene besondere Gemeinschaft mit allen evangelischen Kirchen in beiden deutschen Staaten und wissen sich unbeschadet der juristisch-organisatorischen Trennung ihnen insbesondere in der theologischen Arbeit, in Forschung und Lehre, in Verkündigung und Gebet verbunden.' Daraufhin entsteht eine allgemeine Debatte, in der sich die Vertreter aller Kirchenleitungen mit Ausnahme von Greifswald und Mecklenburg zu Wort melden. Bischof *Mitzenheim* bittet zunächst, ernsthaft über den Vorschlag von Lotz nachzudenken. Ohne inhaltlich Stellung zu nehmen, sagt später auch Bischof *Fränkel*, Lotz habe aus tiefer Sorge geredet, daß hier die Stelle der Bundesordnung liegt, von der aus der Staat den ganzen Bundesplan anfechten kann. Die übrigen Sprecher äußern sich inhaltlich ablehnend [...]. Konsistorialrat *Stolpe* argumentiert, Artikel 4.4 enthalte neben dem Bekenntnis zu der besonderen Gemeinschaft auch einen Anspruch auf Mitsprache in gesamtkirchlichen Dingen. Von daher müsse man dem Staat gegenüber diesen Artikel verteidigen. Stolpe teilt mit, daß er allerdings bisher die Erfahrung gemacht habe, daß politische Stellen den Artikel 4.4 nicht richtig verstehen wollen, sondern darin eine versteckte Fortsetzung der EKD erblicken. Stolpe ist gegen die Streichung des Artikels, hält aber Veränderungen des Wortlauts für möglich [...]. Es wird über den 1. Antrag von Lotz (ersatzlose Streichung) abgestimmt. Mitzenheim stimmt im Namen Thüringens für Streichung, die übrigen sieben Kirchenleitungen stimmen dagegen [...]. Oberkirchenrat *Pabst* [...] fordert die Konferenzteilnehmer auf, sich klarzumachen, was die thüringischen Vertreter gesagt haben. Das müsse so verstanden werden, daß Thüringen dem Bund nicht beitreten werde, wenn der Artikel 4.4 stehenbleibe. Pabst stellt die Frage, was man denn machen wolle, wenn sich herausstellt, daß Thüringen sich an dem Kirchenbund nicht beteiligt. Nach diesem Votum wird die Beratung über Artikel 4.4 auf die Zeit nach der Mittagspause vertagt [...]. Anschließend wird noch einmal über den Antrag von Lotz diskutiert, den Artikel 4.4 durch eine andere Formulierung zu ersetzen. Alle, die das Wort nehmen, widersprechen. Darauf zieht *Lotz* zunächst den ersten Satz seiner Formulierung über die Beendigung der EKD-Zugehörigkeit zurück und erklärt sich auch damit einverstanden, daß der verbleibende Text nicht unter die Übergangsbestimmungen gerückt wird, sondern als neue Fassung des Artikels 4.4 unter die Aufgaben des Bundes kommt. Jedoch vertreten alle anderen Sprecher durchweg die Meinung, der ursprüngliche Text sei besser als der Vorschlag von Lotz. In der folgenden Abstimmung wird der Alternativ-Vorschlag mit 7 Stimmen gegen die Stimme Thüringens verworfen." Zum 70. Geburtstag „von Unionsfreund [...] Lotz" am 22.4.1981 würdigte Stolpe in der „Neuen Zeit" (22.4.1981) dessen Wirken. Es heißt da: „Es gibt gute Gründe, ihn zu diesem Tage in Dankbarkeit zu grüßen! [...] Bis zu seinem Ruhestand im Jahre 1976 hat Gerhard Lotz für die Thüringer Kirche und die Gemeinschaft unserer Kirchen über drei Jahrzehnte die stabilisierende und helfende Funktion eines eigenständigen Kirchenrechts erkannt, formuliert und gehandhabt. In der Öffentlichkeit wurde er bekannt, indem er seit den fünfziger Jahren konsequent die Realität einer sozialistischen Deutschen Demokratischen Republik annahm, für gesellschaftliche Mitverantwortung der Kirche eintrat und den Auftrag zum Frieden auf Erden als Verpflichtung der Christen praktizierte [...]. In den Anfangsjahren des gemeinsamen Lernprozesses von Christen und Marxisten zur Suche nach einem modus vivendi im Interesse der Menschen unseres Landes empfand Lotz, daß nur mit eindeutiger Parteinahme Vertrauen der gesellschaftlichen Partner zu gewinnen war." Johannes Hempel, heute stellvertretender Ratsvorsitzender der EKD, war 1969 1. Stellvertreter des Bundessynodalen Kühn. In einem Gespräch mit einem Vertreter des Referats Kirchenfragen im Rat des Bezirks Leipzig im Spätsommer 1969 „bestätigte [...] [Hempel] die Bedenken des Staatsapparates [gegen Artikel 4.4] und sagte, daß er hier voll und ganz mit dem Staatsapparat einer Meinung sei. Als 1. Stellvertreter sei er momentan nicht in der Lage, in die Geschehnisse aktiv einzugreifen, versprach aber, diese Probleme mit Dr. Kühn intensiv zu besprechen" (Bundesarchiv, Abt. Potsdam, Best. O-4, 365, Bericht vom 10.9.1969).

111 *Albinus / Heilsberg / Bendel*, Die Entwicklung der Evangelisch-Lutherischen Landeskirche Sachsens, 58.

der jeweiligen Landessynoden – nicht gelungen, diesen Passus zu Fall zu bringen. Diese besondere Gemeinschaft brachte – wie das MfS während der Bundessynode 1972 in Dresden beobachtete – eine „merkliche Orientierung kirchenleitender Kräfte in der DDR an dem Sozialdemokratismus in sichtbarer Parallele zur EKD"[112] mit sich. Das Anliegen des MfS bestand darin, „mit geeigneten politisch-operativen Mitteln durchzusetzen, daß die Beziehungen zu den Kirchen in der BRD wie Beziehungen zu Dritten als echte ökumenische Kontakte gestaltet werden"[113].

In der ersten Hälfte der 70er Jahre setzte – vorbereitet auch durch die Ostdenkschrift der EKD von 1965 und die Friedensdenkschrift vom 1. März 1968[114] – eine außenpolitische Entwicklung ein, während sich die DDR gegenüber dem Westen öffnete, was dem MfS wiederum zahlreiche neue Probleme und Aufgaben bescherte[115]. Das Ministerium war für die Absicherung dieser Öffnung nach außen zuständig und tat das mit den im Kalten Krieg gesammelten Erfahrungen. Nicht nur die Kontakte sog. bevorrechteter Personen (Diplomaten u.ä.) wurden beobachtet. Alle deutsch-deutschen Beziehungen überhaupt, die sich nach dem Inkrafttreten des Grundlagenvertrages 1973 natürlich vervielfachten, sollten mit unvorstellbar hohem Aufwand unter Kontrolle gebracht werden. Das MfS schien – wohl nicht zu Unrecht – von dem Alptraum geplagt, daß sich Kontakte schließlich verselbständigen und die Bürger der DDR sich von ihrer Staatsführung sowie deren Ideologie emanzipieren könnten. Daß dabei wiederum die Kirchen eine Schlüsselstellung einnahmen, wird im Studienmaterial zur Geschichte des MfS klar zum Ausdruck gebracht: „Das MfS deckte auf, daß der Gegner als besondere Zielgruppen der gegnerischen Kontaktpolitik in den sozialistischen Staaten vor allem [...] Christen [...] ausgewählt hat."[116] Die Zielgruppen des MfS bestimmten „bekannte reaktionäre Persönlichkeiten und Gruppierungen"[117].

Wie in anderen Arbeitsbereichen des MfS änderte sich die Zielrichtung der Arbeit. Nicht mehr der Schutz des Gemeinwesens vor äußeren Feinden spielte die Hauptrolle, sondern der – natürlich von außen gesteuerte – Feind befand sich jetzt zunehmend im Inneren der DDR-

112 *Schlippes / Weißleder*, Kirche und Politik in der BRD, 111.
113 *Hermann*, Die Kenntnis der Ev.-Luth. Kirche in Thüringen, 157. In diesem Zusammenhang ist auch der Beschluß des Politbüros der SED vom 11.12.1965 zu sehen, einer Durchführung der Vollversammlung des Lutherischen Weltbundes 1969 in Weimar zuzustimmen. Doch die „Kirchen verspielten aus gesamtdeutschen Rücksichten diese erstmalige Chance, sich als Gastgeber einer Weltversammlung eines konfessionellen Weltbundes zu profilieren: Indem sie sich dem Anspruch der gesamtdeutschen VELKD, deren Mitglieder die drei lutherischen Landeskirchen Sachsen, Thüringen und Mecklenburg zu diesem Zeitpunkt noch waren, beugten, auf den Territorium der DDR als Gastgeber aufzutreten (!), statt diese Rolle selbst zu übernehmen, zwangen sie die SED, den genannten Beschluß am 12. Juli 1966 wieder aufzugeben" (*Dohle*, Grundzüge der Kirchenpolitik der SED, 15).
114 „Die Lage der Vertriebenen und das Verhältnis des deutschen Volkes zu seinen östlichen Nachbarn" und „Friedensaufgaben der Deutschen" (Die Denkschriften der EKD, 1 / 1, 77-126 und 1 / 2, 15-33). Siehe auch, die letztgenannte Denkschrift korrigierend, *Adler / Gutsch / Punge / Romberg*, Friedensaufgaben der Deutschen in der DDR.
115 Vgl. Dok. 48; Bundesarchiv, Abt. Potsdam, Best. O-4, 300 (Ev. Kirche in Deutschland / EKD-Denkschrift zur Vertriebenenfrage aus Polen, 1965).
116 *JHS* (Hg.), Studienmaterial zur Geschichte des MfS, Teil VII, 103.
117 Mielke, Zentrale Planvorgabe 1976 (-1980) vom Dezember 1975, GVS 1130 / 75 102 260, 84.

Gesellschaft und blieb oft unterhalb der Schwelle strafbarer Handlungen, so daß es – unter rechtsstaatlichen Aspekten – eigentlich keine juristische Handhabe gegen ihn gab. Darüber hinaus wandelte sich auch in der DDR selbst die Kritik an der SED und ihrer Führung von ideologischen Argumenten weg zu fachimmanenten hin. Die Beobachtung, daß es trotz aller Schulungen selbst unter Kadern immer wieder auch Fehler und abweichende Meinungen gab, wurde mit der Existenz und dem Einfluß eines imaginären Feindes im „Operationsgebiet" erklärt, den man – im MfS-Jargon – mit den „Bonner Ultras" gleichsetzte. In dieser Situation beauftragte die SED-Führung das MfS, alle strategischen Ziele der Staatspartei auf innen- und außenpolitischem Gebiet als Initiator mit vorzubereiten und bei der organisatorischen Durchführung rücksichtslos zu unterstützen. Alle politischen Erklärungen des MfS – ob in den Einführungen zu Befehlen oder auf den Dienstkonferenzen – kulminierten nun in dem Satz: „Dem Feinde keine Chance!"

Die mit der – so wahrgenommenen – veränderten innenpolitischen Situation gegebenen latenten Gefahren für die SED-Politik und ihren alleinigen Führungsanspruch brachten es mit sich, daß das MfS den Staat jetzt mit einem flächendeckenden Netz von Informanten überzog und an den Schaltstellen der Gesellschaft – auch in den Kirchenleitungen – dem MfS willfährige DDR-Bürger unterbrachte.

Diesem breiten Zuwachs des MfS an Einfluß auf alle gesellschaftlich relevanten Gruppen korrespondierte der Aufstieg Mielkes in den engsten Führungszirkel der Partei. Sechs Wochen, nachdem das 16. Plenum des ZK der SED Ulbricht durch Erich Honecker ersetzt hatte (16. Mai 1971), wurde der Staatssicherheitsminister als Kandidat des Politbüros gewählt und avancierte 1976 zum Vollmitglied[118]. Gleichzeitig überhäufte der DDR-Staat Mielke mit Auszeichnungen und Anerkennungen, was zweifellos einer politischen Aufwertung der Staatssicherheit gleichkam. Am 1. Dezember 1975 erhielt der Minister den Ehrentitel „Held der Deutschen Demokratischen Republik", und aus Anlaß des 30jährigen Bestehens des MfS wurde er zum Armee-(Vier-Sterne-)General befördert[119]. Mielke besaß nun unmittelbare Mitsprache in jener Einrichtung, die allein darüber entschied, was als politisches Wohlverhalten galt und welche Auslegung der marxistischen Ideologie richtig war. In bezug auf den Handlungsspielraum des MfS konnte nach dieser Aufwertung „politisch-operativ" heißen, daß etwas zwar legal, aber unerwünscht war, oder auch umgekehrt, daß eine Maßnahme zwar politisch notwendig erschien, aber durchaus nicht von den Gesetzen des Landes abgedeckt war. Den ideologischen Gegner vor Augen, formulierte Mielke diesen Sachverhalt mit den Worten: „Wir werden nicht zögern, wenn es die Situation zweckmäßig erscheinen läßt bzw. erfordert, gegen diese Kräfte kompromißlos zuzuschlagen."[120] Nun häufte sich in den MfS-Dokumenten die Aussage, daß etwas auf „zentrale Anweisung" hin geschehen sei bzw. geschehen sollte.

---

118 Zum Verhältnis Honecker – Mielke vgl. *Schabowski*, Der Absturz, 269 f.; vgl. auch
     ders., Das Politbüro, 74 ff.
119 Vgl. dazu *Fricke*, Staatssicherheit, 76 f.
120 Referat des Ministers auf der Zentralen Dienstkonferenz am 12.9.1984, B / 163,
     A / 31, 76 (Dok. 81).

Während des Verselbständigungsprozesses der DDR-Kirchen von der EKD hatte die SED erfolgreich die Taktik angewandt, alle „innerkirchlichen Auseinandersetzungen mit dem Ziel der Differenzierung zu fördern und zu vertiefen"[121].

121 *Dohle*, Grundzüge der Kirchenpolitik der SED, 52; 54. – Daß der Staat fortwährend versuchte, aktiv in kirchliche Personalentscheidungen einzugreifen, zeigt die Einschätzung der Dienststelle des Staatssekretärs für Kirchenfragen vom 29.12.1970, in der es heißt: „[...] 3.1. Auf drei Synoden standen Personalentscheidungen zur Diskussion. In nur einem Fall gelang es, unsere Konzeption durchzusetzen, den reaktionären Kräften im Bund und in den Kirchenleitungen gelang es andererseits aber auch nicht, ihre Ziele voll zu realisieren. 3.2. Auf der Synode der Kirche in Anhalt wurde entgegen dem Plan der negativen Kräfte, die den reaktionären Leiter des Brandenburger Predigerseminars Dr. Forck als Kandidaten nominiert hatten, der langjährige Stadtverordnete und als progressiv bekannte Pfarrer Natho zum Kirchenpräsidenten gewählt" (Bundesarchiv, Abt. Potsdam, Best O-4, 50; vgl. auch *Goeckel*, The Lutheran Church, 139 f., Anm. 148). Natho hatte in den vorangegangenen Jahren neben seiner Tätigkeit als Stadtverordneter in Güsten seine Loyalität zum DDR-Staat mehrfach offen bekundet. So berichtete die „Neue Zeit" am 28.1.1970 von einer Tagung der Arbeitsgruppe „Christliche Kreise" beim Bezirksausschuß Magdeburg der Nationalen Front, an der auch Hans Seigewasser teilnahm: „Pfarrer Eberhard *Natho* aus Güsten motivierte sein aktives Engagement damit, daß der Sozialismus als die für ihn humanistischste Gesellschaftsordnung ,so gut ist, wie wir ihn machen' [...]." So dürfte auch verständlich sein, warum Nathos Wahl zum Kirchenpräsidenten den staatlichen Stellen so willkommen war. Im Vorfeld der Wahl urteilte der Stellvertreter des Vorsitzenden für Inneres beim Rat der Stadt Dessau: „Dies ist ein progressiver Mann, der nach seiner Wahl als Kirchenpräsident durchaus in der Lage ist, eine reale Kirchenpolitik in der Anh. Landeskirche zu gestalten" (Information und erste Schlußfolgerung zur Lage auf kirchenpolitischem Gebiet im Stadtkreis Dessau vom 11.11.1970, LPA Halle, KL Dessau, IV / B-4 / 06 / 205). Der Evangelische Pressedienst kommentierte Nathos Wahl: „Er gehört zu jenen Geistlichen, die sich in der politischen Öffentlichkeit positiv zur sozialistischen Entwicklung in der DDR geäußert haben" (vgl. epd-Zentralausgabe Nr. 225 vom 16.11.1970). Mit euphorischen Worten gratulierte Seigewasser dem neugewählten Kirchenpräsidenten: „Ich darf mit Sicherheit annehmen, daß Sie, wie Sie es durch Ihr vorbildliches gesellschaftliches Engagement seit langem bewiesen haben, auf dem beschrittenen Wege der Gemeinsamkeit aus humanistischer Verantwortung entschlossen vorwärtsschreiten und vor allem zum Nutzen der nunmehr von Ihnen repräsentierten Evangelischen Landeskirche Anhalts an dem begonnenen Werk weiterbauen werden" (zit. nach: „Neue Zeit" vom 18.11.1970). Über Nathos Antrittsbesuch bei Seigewasser berichtete das „Neue Deutschland" am 17.12.1970: „[...] Kirchenpräsident Natho, der auf sein bewußtes Engagement für den sozialistischen Aufbau und den Frieden verwies, betonte, er empfinde Genugtuung, daß er als langjähriger Volksvertreter aktiv an der Entwicklung des Arbeiter- und Bauern-Staates teilnehmen konnte [...]" (vgl. auch die „Berliner Zeitung" und die „Neue Zeit" vom gleichen Tage). Sein Engagement für den realsozialistischen Staat setzte Natho auch als Kirchenpräsident fort. So veröffentlichte die „Neue Zeit" am 7.11.1971 unter der Überschrift „Gute Bilanz – richtiger Kurs" einen von Natho verfaßten Aufruf zur bevorstehenden Volkskammerwahl. Natho beendete seine Ausführungen mit der Hoffnung: „Möge die neue Legislaturperiode eine Periode des Friedens und des echten Fortschritts sein." Dies führte in Berlin zu der Einschätzung: „Mit der Wahl [Nathos] als Vorsitzenden [...] hat der Landeskirchenrat zweifellos eine positive Veränderung erfahren" (*Abteilung II*, Plan zur Fortführung der Arbeit mit der Landeskirche Anhalts, Berlin, den 25.8.1972, LPA Halle, LVI / C-4 / 06 / 155). 1975 bezeichnete Natho die DDR als eine „Gesellschaft [...], die in der einer des anderen Freund sein kann [...]" (vgl. „Neue Zeit" Nr. 48 vom 26.2.1975). Zu Nathos Haltung zur „Neuen Zeit" berichtete Paul Verner in einer „Ersten Information über den Verlauf des evangelischen Kirchentages in Magdeburg zum 23. bis 26.6.1983" u.a. an Honecker: „Kirchenpräsident Natho, Dessau, antwortete auf die Frage nach Informations- und Kommunikationsmöglichkeiten in der DDR, daß die ,Neue Zeit' die beste Zeitung sei. Während seines Studiums hätte sie gegen die Kirche geschrieben. Heute informiert sie für und über die Kirchen" (IfGA / ZPA / IV / B2 / 14 / 18). Zu einem Vortrag Nathos, den er am 10.11.1977 über das Thema „Der ideologi-

Das Protegieren der „realistischen" und „progressiven kirchlichen Kräfte" sowie die Favorisierung des „Thüringer Weges"[122] erlaubte es dem MfS in der Folgezeit nicht mehr, die Kirche pauschal nur als „Schlupfwinkel von Agenten" zu diskreditieren und entsprechend zu behandeln. Die Kirchen – so heißt es in einer Schulungsbroschüre des MfS – seien „nicht von vornherein als Störfaktor der sozialistischen Entwicklung einzuordnen. Die Evangelische und Katholische Kirche sind keine feindlichen Einrichtungen."[123] Als unübersehbare Erfolge wertete die SED-Kirchenpolitik: die Wahl Schönherrs zum Vorsitzenden der KKL und Ingo Braeckleins zum Präses der Synode des BEK; als beinahe sensationell galt der Entwicklungsweg Werner Krusches, den Horst Dohle – von 1979 bis 1988 Persönlicher Referent bzw. Leiter des Büros des Staatssekretärs für Kirchenfragen – als „ein exemplarisches Beispiel für den Lernprozeß von evangelischer Theologie und Kirche unter Bedingungen des realen Sozialismus" hervorhebt[124]; und Günter Krusche erklärte während der fünften Vollversammlung des Lutherischen Weltbundes in Evian im Juli 1970: „Viele von uns waren im August 1968 zutiefst betroffen,

sche Anspruch des Marxismus-Leninismus und der christliche Glaube" in Dessau hielt, heißt es in der staatlichen Einschätzung: „Kirchenpräsident Natho legte in seinem Vortrag ein klares Bekenntnis für unsere sozialistische Gesellschaftsordnung ab. Er erklärte: Es gibt keine Trennung von Marxisten und Christen, sondern die Trennungslinie verläuft zwischen engagierten und nichtengagierten Christen. Für jeden Christen gilt es aber, sich entsprechend des Evangeliums für den Aufbau der sozialistischen Gesellschaftsordnung zu engagieren" (Bericht des Rates der Stadt Dessau, Abt. Inneres an die SED-Kreisleitung und an den Stellvertreter des Vorsitzenden für Inneres im Rat des Bezirkes Halle vom 17.11.1977, LPA Halle, KL Dessau, IV / D-4 / 06 / 113). An der kirchlichen Basis wurden diese Äußerungen Nathos kritisch aufgenommen. So berichtete er 1975 vor der Frühjahrssynode Anhalts über eine kirchliche Veranstaltung in Weißwasser (Görlitzer Kirchengebiet): „[Natho] stellte fest, daß er sich wie vor der ‚Inquisition' gefühlt habe. Die anwesenden Pfarrer und kirchlichen Mitarbeiter hatten Zeitungsausschnitte mit Äußerungen von ihm gesammelt und fielen mit provokatorischen Fragen über ihn her. [...] Natho verwahrte sich gegen diese Art und Weise [...]" (Rat der Stadt Dessau, Stellvertreter des OB für Inneres, Sachgebiet Staatspolitik für Kirchenfragen, Information vom 31.3.1975 über die Frühjahrssynode der Ev. Landeskirche Anhalts, LPA Halle, KL Dessau, IV / C-4 / 06 / 155). – In Mecklenburg mißlang eine analoge Besetzung, da bei der dortigen Bischofswahl der „relativ progressive Kandidat Dr. Wiebering, Rostock, [...] erklärte, das lutherische Glaubensbekenntnis nicht ablegen zu können [...]" (Bundesarchiv, Abt. Potsdam, Best. O-4, 50).

122 Bei einem Treffen mit der Thüringer Kirchenleitung in Eisenach Anfang 1969 sagte Hans Seigewasser: „Die Beziehungen der evangelischen Kirchen in der DDR zu unserem sozialistischen Staat werden sich um so vertrauensvoller entwickeln, wenn sie sich, wie bei der Thüringer Kirche, auf eine umfassende Bejahung unserer sozialistischen Verfassung gründen und von dem glaubwürdigen Bestreben begleitet sind, jegliche kirchlichen Bevormundungsversuche aus dem westdeutschen Staat zurückzuweisen" (zit. nach: „Neue Zeit" vom 11.1.1969, 1). Die Stellung der Lutheraner im DDR-Staat untersucht *Goeckel*, The Lutheran Church.

123 HA KuSch, Bereich Schulung, Lektion für die zentrale fachliche Schulung, Thema: „Versuche des Gegners, unter Mißbrauch der Kirchen eine politische Untergrundtätigkeit zu inspirieren und zu organisieren", VVS MfS o016-905 / 85, 11.

124 *Dohle*, Grundzüge der Kirchenpolitik der SED, 64. Eine Einschätzung W. Krusches als „aggressiv und reaktionär" findet sich in: Niederschrift des Referats Kirchenfragen beim Rat des Bezirks Leipzig vom 23.6.1966, Bundesarchiv, Abt. Potsdam, Best. O-4, 365; vgl. auch: Staatssekretär für Kirchenfragen, Konzeption für die politisch-ideologische Arbeit der staatlichen Organe gegenüber der evangelischen Kirche der Kirchenprovinz Sachsen, der Kirchenleitung und ihres Bischofs, VD-Sache [d.h. Vertrauliche Dienstsache], Berlin, November 1970, ebd., 50, wonach W. Krusche „die Rechtmäßigkeit der Regierung und der Staatsmacht der DDR" angezweifelt habe.

weil wir gemeint hatten, daß die dynamische Entwicklung des Sozialismus in der CSSR ein Modell auch für andere Länder abgeben könnte. Inzwischen aber haben wir mehr Informationen. Jetzt kann ich nicht mehr sagen, daß damals der Einmarsch der Truppen völlig unbegründet war."[125] Ebenfalls in Evian traten die DDR-Delegierten Michael Kinze, Rüdiger Kiesow, Peter Zimmermann[126] und Ingo Braecklein entschieden gegen eine „gesamtdeutsche" Interpretation des für die SED anstößigen Artikels 4.4 der BEK-Ordnung auf[127]. Ulrich v. Brück[128] und Braecklein wurden ins Exekutivkomitee des Lutherischen Weltbundes gewählt. Es gelang Paul Verner im Februar 1970 freilich nicht, den 78jährigen Mitzenheim umzustimmen, daß er noch im Amt bleibe, um „die Wahl von Braecklein [als seinem Nachfolger] zu sichern"[129]. Trotzdem vermochten es die SED und ihre MfS-Helfer offensichtlich, die Wahl des – nach damaliger Einschätzung – „reaktionären Superintendenten"[130] Werner Leich zu verhindern[131] und Braecklein durchzusetzen. Für Seigewasser war Braecklein freilich nur der Kompromißkandidat. Er hatte Walter Saft, damals Rektor des Katechetischen Seminars in Eisenach, favorisiert. Von der SED begrüßt wurde auch die Empfehlung der DDR-Kirchen, anläßlich des 20. Jahrestages der DDR in den Gottesdiensten am 5.10.1969 ein Fürbittegebet zu sprechen[132]. Auf der anderen Seite wirkte sich die nach wie vor gültige „Doppelstrategie" der SED-Kirchenpolitik – „Einbeziehung der Gläubigen bei gleichzeitiger Zurückdrängung des kirchlichen Einflusses"[133] – irritierend auf führende kirchliche Persönlichkeiten wie

---

125 Zit. nach: *Dohle,* Grundzüge der Kirchenpolitik der SED, 86.
126 Seit 1973 IMB „Karl Erb", vgl. taz vom 25.2.1991.
127 *Dohle,* Grundzüge der Kirchenpolitik der SED, 86.
128 Seit 1971 – dem Jahr der Wahl Hempels zum sächsischen Landesbischof – im MfS als IM „Zwinger" geführt. Von Brück hatte bereits in den sechziger Jahren verschiedentlich im Sinne des Staates agiert. Auf der sächsischen Herbstsynode vom 23. bis zum 26.10.1961 lieferte er als einziger einen „Diskussionsbeitrag mit positiven Ansätzen" (Einschätzung der Synode der evang. Landeskirche Sachsens, Berlin, den 15. Dezember 1961, Bundesarchiv, Abt. Potsdam, Best. O-4, 239). Während der ÖRK-Vollversammlung 1968 in Uppsala stimmte von Brück zunächst dem Antrag des norwegischen Bischofs Stöylen zu, die Versammlung möge ihr „Bedauern über das Fehlen" der DDR-Delegierten Noth und Krummacher, denen die DDR auf Grund ihrer Zugehörigkeit zum Rat der EKD die Ausreisegenehmigung nicht erteilt hatte, aussprechen. Dem sowjetischen Vertreter Nikodim gelang es jedoch, die Abstimmung zu unterbrechen. In dem Bericht des CDU-Ost-Journalisten Klages heißt es weiter: „Brück allerdings hatte anschließend ein schlechtes Gewissen [...]. Er trat in der nächsten Pause auf mich zu [...] [und] versprach [...], Bischof Stöylen zu bitten, noch einmal auf einer Behandlung im Plenum zu bestehen [...]. Wie mir Brück später mitteilte, habe Stöylen versprochen, von sich aus nicht mehr auf seinen Antrag zurückzukommen." Ein weiterer Teil des Berichts befaßt sich mit dem Verhalten Albrecht Schönherrs: „[...] In Sektion IV trat Bischof D. Schönherr bei einer der letzten Sitzungen für [die] Streichung eines sehr fragwürdigen Satzes im Abschnitt des Sektionsberichtes über Flüchtlingsprobleme ein: ‚Obwohl in Europa die Flüchtlingslager leer sind, sind Elemente der Unsicherheit und der Verbitterung geblieben'" (Eberhard Klages, Zur Vierten Vollversammlung des ÖRK in Uppsala. Ergänzung zur Einschätzung von Carl Ordnung, Bundesarchiv, Abt. Potsdam, Best. O-4, 239).
129 Brief von Paul Verner an Ulbricht vom 7.2.1970, zit. nach: *Dohle,* Grundzüge der Kirchenpolitik der SED, Anm. 215.
130 Ebd.
131 Vgl. auch unten S. 77 und S. 92, Anm. 410.
132 Text: Kirchliches Jahrbuch, 1969, 165.
133 *Dohle,* Grundzüge der Kirchenpolitik der SED, 79. „Erst allmählich bis 1978 ist die Doppelstrategie unter dem Eindruck sich stabilisierender realistischer Mehrhei-

auf das breite Kirchenvolk aus und bremste den kirchenpolitischen Erfolg der Staatspartei immer wieder. 1970 berief die EKU einen elfköpfigen Ausschuß, der bis Frühjahr 1971 Vorschläge zur regionalisierten Weiterarbeit unterbreiten sollte. „Die Führung der SED war über jede Sitzung des Ausschusses genau informiert."[134] Als die Gruppe sich mehrheitlich für das Konzept „Regionalisierung unter einem gesamtdeutschen Dach" entschied, erhielten die vier Teilnehmer aus dem Westen keine Einreisegenehmigung mehr, und der Ausschuß durfte nicht mehr tagen[135]. Nicht zuletzt dank der „intensiven politische[n] Arbeit mit Schönherr"[136] verabschiedete die 2. Synode des BEK dagegen die „überfällige Klarstellung"[137]: „Mit der Annahme der Ordnung des Bundes der Landeskirchen und der Konstituierung der Organe des Bundes sind die evangelischen Kirchen der DDR nicht mehr Gliedkirchen der EKD."[138] Obwohl die SED-Kirchenpolitik nach wie vor unter „mangelnde[r] Einschätzungsfähigkeit innerkirchlicher Prozesse [und] analytische[n] Defizite[n]"[139] litt, entschloß sich die DDR am 24. Februar 1971 zur Anerkennung des BEK als offizieller Zentralvertretung der mitteldeutschen Kirchen dem Staat gegenüber. Die beiden Hauptziele der SED-Kirchenpolitik bestanden nun darin, die Kirchen zu veranlassen, sich zugunsten der „Friedens"-Politik der DDR zu engagieren und die Mitarbeit der Gläubigen an der weiteren Entwicklung des Sozialismus zu mobilisieren.

Trotz mancher Fehlgriffe wie z.B. der im November 1970 veröffentlichten Veranstaltungsverordnung, die u.a. auch Bibelrüstzeiten zu anmeldepflichtigen Veranstaltungen erklärte, oder der Benachteiligung von Christen im Ausbildungssystem der DDR, was vorübergehend immer wieder auch zu Spannungen im Staat-Kirche-Verhältnis führte, machte die SED doch beachtliche Fortschritte und konstatierte bei den Kirchen „eine deutliche Zunahme an DDR-Verbundenheit"[140]. Zunehmend mehr Bischöfe, Kirchenpräsidenten und Oberkirchenräte konnten für eine „realistische" Politik gegenüber ihrem Staat gewonnen werden. Neben Schönherr konnte sich die SED nach eigener Einschätzung auch auf die Bischöfe Braecklein, Rathke und Gienke stützen. Kirchenpräsident Eberhard Natho, BEK-Generalsekretär Manfred Stolpe, Günter Krusche, Ulrich v. Brück und Christa Lewek galten in dieser Phase ebenfalls als unbedingt zuverlässig[141].

ten im BEK zugunsten eines größeren Verständnisses für legitime kirchliche Belange aufgelöst und durch eine größere Einheitlichkeit der kirchenpolitischen Linie der Partei ergänzt worden – ein Prozeß, der sich nach dem 6. März 1978 beschleunigte und bis heute [scil. 1988] noch nicht gänzlich abgeschlossen ist" (ebd., 80).

134 So *Dohle*, ebd., 91. Dem Ausschuß gehörten an: Ingeborg Becker, Alfred Boehme, Bernhard Brinksmeier, Hans-Joachim Bormeister, Johannes Hamel, Willi Kupas, Hanfried Müller, Reinhold Pietz, Martin Reimer, Siegfried Schulze und Hans-Joachim Wollstadt.

135 *Dohle*, ebd., 91.

136 Ebd., 92.

137 Ebd., 91.

138 Vgl. Kirchliches Jahrbuch, 1970, 248 f. sowie „Neue Zeit" vom 26.6.1970, 1 f.

139 *Dohle*, Grundzüge der Kirchenpolitik der SED, 96.

140 Ebd., 123.

141 Ebd., 145-147. Zur Einschätzung der 3. Tagung der 1. Synode des Bundes der Evangelischen Kirchen in der DDR vom 9.8.1971 durch die Dienststelle des Staatssekretärs für Kirchenfragen heißt es: „Um der gesellschaftlichen Isolierung zu entgehen, wurde auf der 3. Tagung der Bundessynode verstärkt der Kurs der

Im August 1971 wurde Braecklein – wie schon Moritz Mitzenheim 1966 – mit dem Vaterländischen Verdienstorden in Gold ausgezeichnet. Mit Genugtuung beobachteten Paul Verner – nach MfS-Erkenntnissen häufiger Gast im Hause Schönherr –, aber auch andere, wie sich das Kräfteverhältnis im ÖRK zugunsten der „jungen Nationalstaaten und [...] sozialistischen Staaten" verschob[142]. Wie schwach die Mehrheit für Schönherrs Kurs an der Basis noch war, zeigte seine Bischofswahl am 4. November 1972. Erst im dritten Wahlgang konnte er knapp die erforderliche Zwei-Drittel-Mehrheit erreichen; immer noch über 40 Synodale stimmten gegen ihn. In der Erklärung nach seiner Wahl bekräftigte Schönherr zur Freude der SED noch einmal den von der Partei so geschätzten „realistischen" politischen Standpunkt: „Es wäre unrealistisch, aus der Tatsache der Entspannung und dem Programm der friedlichen Koexistenz, die ein gewisses Maß an Kooperation und gutnachbarlichen Beziehungen einschließt, die Folgerung zu ziehen, daß es nunmehr zu einem unkontrollierten Hin und Her, ja, zum Überspielen staatlicher Grenzen kommen könnte. Nach Lage der Dinge entspricht der Entspannung die politische und ideologische Abgrenzung."[143]

Eine spürbare Opposition aus dem Raum der Kirche erfuhr das Regime während dieser Zeit von dem Görlitzer Bischof Hans-Joachim Fränkel, von Heino Falcke (Erfurt) und Johannes Hamel (Naumburg). Insbesondere Fränkel machte der Arbeitsgruppe Kirchenfragen im ZK der SED schwer zu schaffen. Immerhin erreichte es – nach Dohle – der Vorsitzende des Rates des Bezirks Dresden am 21. November 1973, daß Landesbischof Hempel sich von Fränkels Vortrag vom 8. November 1973 „Was haben wir aus dem Kirchenkampf gelernt?" distanzierte[144]. Am 23. November erklärte Albrecht Schönherr gegenüber Seigewasser, „daß Fränkel zur Belastung für den BEK geworden sei", und auch Bischof Gienke gab Seigewasser gegenüber zu erkennen, daß er Fränkels Rede für eine Provokation halte[145]. „Es entsprach den festgelegten Maßnahmen zur Isolierung Fränkels, daß ökumenische Ein- und Ausreisen der Görlitzer Kirche nicht bearbeitet wurden und daß Gläubige aus diesem Bereich auf Veranstaltungen der Nationalen Front ihr eigenes Engagement in der sozialistischen Gesellschaft in deutlicher

---

Anpassung der Kirche an die gesellschaftlichen und politischen Bedingungen in der DDR eingeschlagen." Bei der Realisierung dieses Prozesses zählte man zu den „progressiven Kräften" u.a. Braecklein, v. Brück, Hartmut Mitzenheim und Ingenieur Kinze (Dresden). Diese seien durch Gienke und Rektor Dr. Kühn unterstützt worden. Auch Schönherr galt nach dieser Einschätzung als „vernünftige[n] realistische[n] Kraft. Daß Braecklein den in ihn gesetzten Erwartungen des Staates aus dessen Perspektive gerecht wurde, zeigt die folgende Einschätzung: Zur Zurückdrängung der „reaktionären Kräfte [...] hat auch wesentlich die straffe, zielgerichtete Leitung des Bischofs Braecklein als Präses der Synode beigetragen, der bemüht war, Positionen abzubauen, die das Verhältnis Staat-Kirche belasten würden [...]. Sein Auftreten und Wirken in Eisenach zeigen, daß er sich nicht nur verstärkt auf die sozialistische Entwicklung und die progressiven Kräfte in den DDR-Kirchen orientiert, sondern selbst beginnt, diese Positionen in den Kirchen mit durchsetzen zu helfen [...]" (Bundesarchiv, Abt. Potsdam, Best. O-4, 50).
142 So *Dohle*, Grundzüge der Kirchenpolitik der SED, 119.
143 Vgl. *Dohle*, ebd., 123; 155.
144 *Dohle*, ebd., 137. Vgl. dagegen „Der Sonntag" Nr. 6, 1992, 4. Wortlaut des Vortrags: Kirchliches Jahrbuch, 1973, 161 f.
145 *Dohle*, Grundzüge der Kirchenpolitik der SED, 137.

Distanz zu ihrem Bischof benannten."[146] Die Strategie zeigte offenbar
Wirkung. In seinem Bericht vor der EKU-Synode im Juni 1976 signalisierte Fränkel „ein deutliches Umdenken" und gab in einem Gespräch mit dem Hauptabteilungsleiter des Staatssekretariats für Kirchenfragen, Hans Weise, „unter vier Augen zu verstehen, daß er damit
unter erheblichen Druck aus seiner eigenen und der Provinzsächsischen Landeskirche geraten sei"[147].
Die stärkere Einbeziehung der Kirchen in den Friedens- und KSZE-
Prozeß sowie Schönherrs ausdrückliche Unterstützung dieses Weges
sollten sich für das SED-Regime freilich auch nachteilig auswirken.
Spätestens seit Abschluß der KSZE-Schlußakte im August 1975 erhielten die DDR-Bürger eine unabhängige Berufungsgrundlage hinsichtlich grundlegender Menschenrechte, an der sich Partei und Regierung,
aber auch die Kirchen messen lassen mußten. Da die Kirchen offenbar
ernster nahmen, was sie mittrugen, als die SED, sah sich die Diktatur
erneut gezwungen, mit repressiven Mitteln den Menschenrechtsforderungen aus dem Raum der Kirche zu begegnen. Dabei bestimmte Prag-
matik das Vorgehen im „Differenzierungsprozeß"; „Realitätssinn"
wurde belohnt und „reaktionäres" Verhalten attackiert – wenn möglich
innerhalb der Kirche selbst und unter Beteiligung der Inoffiziellen
Mitarbeiter in den Kirchenleitungen. Selbstdisziplinierungen und vor-
auseilender Gehorsam sollten eine fehlende verfassungsrechtliche wie
auch juristische Interpretation über den Standort der Kirchen innerhalb der sozialistischen Gesellschaft ersetzen. Denn eine angemessene
rechtsstaatliche Berücksichtigung der Kirchen kam schon aus ideologischen Gründen nicht in Frage. In den Augen der DDR-Machthaber
waren die Kirchen nach wie vor überlebte Einrichtungen, deren man
sich zwar noch eine Zeitlang bedienen wollte und mußte, die aber keine Zukunft mehr hatten. Diesen Sachverhalt brachte Paul Verner in
einer Rede am 22.7.1976 unzweideutig zum Ausdruck: „Niemand von
uns nimmt an, daß die Religion im nächsten Planjahrfünft oder in al-
lernächster Zukunft absterben wird oder auf unnatürliche Weise überwunden werden kann. Wir gehen davon aus, daß im Sozialismus die
wichtigsten sozialen Ursachen für die Reproduktion religiöser Ideologie beseitigt sind. Demzufolge nimmt die Religiosität unter unseren
Bedingungen gesetzmäßig ab. Aber das ist ein langwieriger und wider-
spruchsvoller Prozeß. In der vom Parteiprogramm abgesteckten Etappe der gesellschaftlichen Entwicklung werden jedenfalls Kirchen noch
existieren und tätig sein. Wir beziehen diese Tatsache in unsere Politik
und in unsere praktische Arbeit ein."[148] Und in der Dissertation des
späteren Sektorenleiters Kirchenfragen beim Rat des Bezirks Dresden,
G. Lewerenz, heißt es: „Die Kirche ist die einzige Institution im Sozialismus, die nicht dem *Wesen* der sozialistischen Gesellschaftsordnung
entspricht, aus ihr nicht erwächst und für den Sozialismus und seine
Entwicklung überflüssig ist."[149] Auch das MfS hatte mit dem ungeklärten Status der Kirchen Mühe: „Das Fehlen verbindlicher, juristischer Interpretationen der verfassungsmäßigen Rechte und Pflichten
der Kirche in der DDR und der damit verbundenen Festlegungen wird

---

146   Ebd.
147   Ebd., 160 und Anm. 473.
148   Zit. nach: ebd., 158 f.
149   *Lewerenz*, Das Selbstverständnis evangelischer Landeskirchen, 31.

von feindlich-negativen Kräften in den Kirchen konsequent genutzt, um für sich durch Eigeninterpretation, Gewohnheitsrecht, in Verbindung mit dem nicht durchschaubaren Wust von Kirchenrecht ‚besondere' Rechte abzuleiten. Das betrifft insbesondere die Anmaßung feindlich-negativer kirchlicher Kräfte, sich nicht an die Verfassung der DDR und an die Gesetze halten zu müssen und sie nur zu ihrem Vorteil und zur Auseinandersetzung mit dem Staat zu nutzen."[150] Die Neuorientierung der Arbeit im MfS war noch nicht abgeschlossen, als im August 1976 der evangelische Pfarrer Oskar Brüsewitz – nach dem Versuch, sich vor der Michaeliskirche in Zeitz selbst zu verbrennen – seinen schweren Verletzungen erlag. Sein Fall und vor allem dessen Behandlung in den Medien der DDR[151] erregte internationales Aufsehen. Brüsewitz' Tod war Anlaß, die Christen in der DDR international ins Gespräch zu bringen, was dem außenpolitischen Ruf der DDR sehr schadete. Genau das aber hatte die DDR-Regierung im Verein mit dem BEK verhindern wollen. Noch am Tag der Tat führte Seigewasser in Anwesenheit von Stolpe ein Gespräch mit der Magdeburger Kirchenleitung, das auf seiten der SED als „Zeugnis politischer, kirchlicher und menschlicher Entschlossenheit, Schaden abzuwenden" bewertet wurde; Brüsewitz, so machte die Magdeburger Kirchenleitung in dem Gespräch wohl deutlich, sei auch für sie „wegen seiner ‚extravaganten' Arbeitsmethoden so problematisch" gewesen, „daß man ihm zwei Wochen vor der Tat den Wechsel der Pfarrstelle nahegelegt" habe[152]. In einem Wort an die Gemeinden vom 21.8.1976 stellte sich die Magdeburger Kirchenleitung allerdings zu Brüsewitz, erklärte aber auch, sie könne die Tat – wahrscheinlich aus theologisch-ethischen Gründen – nicht billigen und müsse jeden Versuch zurückweisen, den Selbstmord von Brüsewitz gegen die DDR zu mißbrauchen[153]. Doch die Gegenoffensive der SED-Presse bewirkte einen Solidarisierungseffekt von zahlreichen Pfarrern und Gläubigen mit Brüsewitz, so daß die KKL unter Druck geriet und am 11.9.1976 einen „Brief an die Gemeinden" verabschiedete, der auch Anklagen gegen den real existierenden sozialistischen Staat enthielt und die DDR-Medien der Unwahrhaftigkeit bezichtigte[154]. Schönherr versuchte diesen Brief in der KKL nicht nur zu verhindern, sondern teilte seine diesbezüglichen Bemühungen am 11.10.1976 auch der Arbeitsgruppe Kirchenfragen im ZK der SED mit[155]. Auf den Hirtenbrief reagierte das

150　*Tronicke / Weißleder u.a.*, Grundorientierungen, 110.
151　Vgl. „Neues Deutschland" vom 31.8.1976 und „Neue Zeit" vom 30.8.1976.
152　*Dohle*, Grundzüge der Kirchenpolitik der SED, 161.
153　Schnellinformation des Sekretariats des BEK vom 30.8.1976, zit. nach: *Dohle*, ebd. Zum „Fall Brüsewitz" vgl. aus kirchlicher Sicht: *Desel*, Das Leben und Sterben des Oskar Brüsewitz.
154　Kirchliches Jahrbuch, 1976, 403. „Ungern griff die SED in diesen Tagen zu einem selbst in Zeiten härtester Auseinandersetzung nur äußerst selten genutzten Machtmittel, indem sie die Veröffentlichung des Briefes an die Gemeinden in den Kirchenzeitungen untersagte. Ausgerechnet Albrecht Schönherr mußte diese Entscheidung entgegennehmen" (*Dohle*, Grundzüge der Kirchenpolitik der SED, 162).
155　*Dohle*, ebd. und Anm. 484. Kirchenpräsident Natho äußerte gegenüber dem 1. Stellvertreter des Vorsitzenden für Inneres beim Rat des Bezirks Halle, Theo Pöhner, am 26.10.1976, „für die Kirche würden einige Pfarrer und Amtsträger gefährlich werden, die den Freitod von Oskar Brüsewitz zu einer Belastung des Staat-Kirche-Verhältnisses mißbrauchen wollten. Mit leiser Kritik ließ der anhaltinische Kirchenpräsident seine staatlichen Gesprächspartner wissen, der Staat möge doch

MfS entsprechend einem Fernschreiben Honeckers vom 15. September 1976 an die Ersten Sekretäre der Bezirksleitungen der SED. Darin bezeichnete der Staatsratsvorsitzende den Hirtenbrief als einen „der größten konterrevolutionären Akte" gegen die DDR und regte an, nach den Volkskammerwahlen am 17.10.1976 die „vernünftigen Kräfte in den Kirchen" gegenüber den „negativen" in der KKL zu stärken[156].

Auf einer der Zentralen Dienstkonferenzen, die immer auch der Befehlsentgegennahme durch die Untergebenen dienten, erklärte Mielke daraufhin, daß das von der Kirche verabschiedete „Wort [...] von der Partei [ignoriert werde] [...], denn diese Provokation ist als eine Herausforderung zu verstehen, die wir nicht annehmen werden"[157]. „Wir lassen uns von den reaktionären Kirchenkräften nicht ihre Linie aufzwingen. Wir laufen nicht gegen die Lanze [...]. Unsere Partei orientiert dahingehend, daß nach den Wahlen ein Plan wirksam werden muß, wie die progressiven Kräfte in der Kirche gestärkt werden können."[158] Dazu seien „spezifische Maßnahmen im Zusammenwirken mit der Partei und den staatlichen Organen festzulegen"[159]. Das MfS habe „mit operativen Möglichkeiten die Entscheidungen kirchenleitender Gremien zu beeinflussen"[160]. Selbst wenn diese Anweisung die tatsächlichen Möglichkeiten der „Kirchenlinie" verkannt haben sollte, war die Richtung vorgegeben und der Entschluß des MfS, auf die Entscheidungen innerhalb der Kirchen noch stärker Einfluß zu nehmen, klar ausgesprochen worden. Als gar noch im Juni 1977 in der Bundesrepublik ein Brüsewitz-Zentrum gebildet wurde, zu dessen Gründungsmitgliedern namhafte CDU / CSU-Politiker wie Strauß, Albrecht und Stoltenberg gehörten, mußten die führenden DDR-Politiker befürchten, daß die Kampagne gegen ihren Staat noch lange anhalten werde, zumal auch die Ausbürgerung Wolf Biermanns im selben Jahr von der Westpresse weidlich ausgeschlachtet wurde.

Im nachhinein markiert Dohle hier die entscheidende Zäsur in der DDR-Geschichte: „[...] Seit dieser Zeit begann der Versuch nichtchristlicher, sozialismuskritischer und sozialismusfeindlicher Kräfte aus der DDR, die Kirchen für ihre Ziele zu mißbrauchen."[161]

Das Brüsewitz-Zentrum befaßte sich mit sehr sensiblen Themen wie

---

bitte intensiver politisch mit den Geistlichen sprechen und niveauvoll Zusammenhänge erläutern. Das werde von kirchenleitender Seite durchaus als Hilfe empfunden". Über diese Begegnung informierte der Erste Sekretär der Bezirksleitung Halle der SED, Werner Felfe, das für Kirchenfragen zuständige Mitglied des Politbüros, Verner (*Dohle*, Grundzüge der Kirchenpolitik der SED, 163). Die Haltung Nathos zu Brüsewitz wird auch daran deutlich, daß er dem Kreisoberpfarrer in Dessau das Magdeburger „Wort an die Gemeinden" zwar übergab, aber zugleich „erläutert[e], was B. für eine Person war. Auch die anderen Pfarrer wurden durch den Kirchenpräsidenten darüber informiert, so daß die Tatsachen aus dem Kommentar im ND v. 31.8.1976 [wo Brüsewitz in denunziatorischer Weise für schwachsinnig erklärt wurde] den Pfarrern praktisch bekannt waren. Es gab daraufhin in den Gottesdiensten keine Reaktion" (Sachgebiet Staatspolitik in Kirchenfragen, Dessau, an den Rat des Bezirkes Halle, Sektor Kirchenfragen, LPA Halle, KL Dessau, IV / C-4 / 06 / 155).

156 *Dohle*, Grundzüge der Kirchenpolitik der SED, 162.
157 Referat des Ministers auf der Zentralen Dienstkonferenz am 27.9.1976, B 10 / 107, 5 (Dok. 54).
158 Ebd., 4 f.
159 Ebd., 5.
160 Ebd., 7.
161 *Dohle*, Grundzüge der Kirchenpolitik der SED, 160.

Strafvollzug, Kirchen- und Friedenspolitik in der DDR. Darum wurde bald ein festgelegter Personenkreis aus der unmittelbaren Umgebung des Zentrums in einem Zentralen Operativvorgang der HA XX / 4 (ZOV „Tarantel") bearbeitet.

1977 wies Mielke in einem Schreiben die Diensteinheiten jedoch an, daß „das gute Verhältnis Staat-Kirche in der DDR nicht diskreditiert"[162] werden dürfe. Zu dieser Feststellung hatte er allen Grund, denn die „realistischen Kräfte" suchten ihre Loyalität dem Staat gegenüber zu unterstreichen. So soll Stolpe am 10.12.1976 Seigewasser „von gefährlichen Versuchen kirchlicher Kräfte", informiert haben „nach dem ‚Fall Brüsewitz' und der Ausbürgerung Wolf Biermanns nun endlich laut gegen die Politik des Staates aufzutreten". Dabei soll er auch die ausdrückliche Bitte ausgesprochen haben, „die Tätigkeit des akkreditierten ARD-Korrespondenten Lothar Löwe [sic!] bei der Organisierung dieser Kampagne zu unterbinden"[163].

Bald wurde es stiller um die Brüsewitz-Affäre, der man auch in der SED-Führung fälschlicherweise nur noch die Bedeutung einer Episode beimaß und die man nicht als Ankündigung für weit schwerere Konflikte begriff. Letztlich wurde der SED zum Verhängnis, daß sie – gegen ihre eigene Ideologie – die Macht der „Massen" unterschätzte, deren Einfluß in Gestalt von Volksaufläufen die oppositionellen „Gruppen" für sich gewannen, weil sie artikulierten, was die schweigende Mehrheit – im Gegensatz zu dem, was ihr verordnet war – wirklich fühlte und dachte. Die SED hielt die Manipulierbarkeit des Volkes durch dessen Führungskräfte in Staat und Kirche offenbar für selbstverständlich und beachtete nicht, daß gerade kirchenleitende Persönlichkeiten, wenn sie nicht alle Glaubwürdigkeit verlieren wollten, letztlich dem Druck „von unten" stärker nachgeben mußten als dem des Politbüros.

Im ZK der SED hatte sich 1976 eher unbeobachtet der Führungswechsel in der Arbeitsgruppe Kirchenfragen vollzogen: Willi Barth wurde durch seinen langjährigen Mitarbeiter Rudi Bellmann abgelöst. Im Dezember 1976 bekräftigte das Politbüro des ZK der SED seine bisherige Kirchenpolitik und verabschiedete darüber hinaus einen Maßnahmenkatalog, der u.a. vorsah, „besondere Aufmerksamkeit der Herstellung eines ständigen Kontaktes und eines vertrauensvollen Verhältnisses" zu den „realistischen Führungskräften" des BEK zu widmen, um ihnen „bei der Verwirklichung eines realistischen Kurses zu helfen"[164]. Das bedeutete u.a. eine weitere Zunahme der „vertraulichen Gespräche", über die selbstverständlich auch Protokolle angefertigt wurden. Zahlreiche solcher „vertraulichen Gespräche" zwischen Schönherr, der 1977 zum drittenmal Vorsitzender der KKL wurde[165], sowie Stolpe und ho-

---

162 Schreiben des Ministers vom 28.5.1977, VVS MfS 008 58 / 77 102 358, 2.
163 *Dohle*, Grundzüge der Kirchenpolitik der SED, 165. Nachdem die ARD schon im Herbst um die Abberufung Loewes gebeten worden war, entzog man dem Journalisten am 22.12.1976 wegen grober Einmischung in die inneren Angelegenheiten der DDR Akkreditierung und Aufenthaltserlaubnis (vgl. auch FAZ vom 17.8.1991).
164 Zit. nach: *Dohle*, Grundzüge der Kirchenpolitik der SED, 166.
165 Gegenüber Bellmann berichtete Stolpe hierüber: „Er wies auf die Schwierigkeiten hin, die sich bei der Wiederwahl Schönherrs ergeben haben, und äußerte Genugtuung, daß dies noch gelungen sei. In der Konferenz der Kirchenleitungen hätte sich jedoch das Kräfteverhältnis zugunsten jener Kirchenvertreter verändert, die dem bisherigen Kurs des Kirchenbundes kritisch gegenüberstehen. Es würde für Bi-

hen SED-Funktionären bereiteten die Begegnung der Kirchenvertreter
mit Honecker am 6. März 1978 vor. In deren Verlauf erklärte der Vorstand der KKL „seine prinzipielle Zustimmung zur Politik der SED
und die Bereitschaft zu kirchlicher Mitwirkung", denn der „SED ging
es mit diesem Treffen darum, eine klare, öffentlich zitierbare und verbindliche Position des BEK zur Innen- und Außenpolitik der DDR zu
erreichen"[166].

Das Gespräch zwischen Honecker und dem Vorstand der KKL – von
seiten des MfS maßgeblich mit vorbereitet[167] – verlief nach Einschät-
zung der SED zur vollsten Zufriedenheit beider Seiten. „Die erklärte
Bereitschaft der evangelischen Kirchen, an der Gestaltung der sozialistischen Gesellschaft mitzuwirken, war das prinzipiell Neue an diesem
Treffen. Es markierte den Abschluß eines oft schmerzlichen Lern- und
Umdenkungsprozesses auf kirchlicher Seite"[168]. Aus den Gemeinden,
aber auch von seiten kirchlicher Mitarbeiter erhob sich allerdings auch
Kritik gegen den Vorstand der KKL; man warf den Repräsentanten des
BEK vor, sie seien der SED zu weit entgegengekommen und hätten
sich von ihr vereinnahmen lassen[169].

Jedenfalls war dieses Gespräch von grundsätzlicher Bedeutung für das
Staat-Kirche-Verhältnis in der DDR und galt bis zum Jahr 1989 als
zitierfähige Berufungsgrundlage in Konfliktfällen. Daneben wurden
eine Reihe von Sachfragen erörtert und den Kirchen konkrete Zusagen
gemacht. Ob sich die Situation der Gläubigen in der DDR infolge die-

schof Schönherr künftig nicht einfacher werden, seine Positionen zur Geltung zu
bringen" (Arbeitsgruppe Kirchenfragen, Information über weitere Fragen im Gespräch mit dem Bundes der Evangelischer Kirchen in der DDR, Oberkonsistorialrat Stolpe, am 8.11.1977, IfGA / ZPA / IV / B2 / 14 / 7).

166   *Dohle*, Grundzüge der Kirchenpolitik der SED, 167 f.
167   Mitteilung J. Wiegand vom 7.8.1991. Angesichts der kümmerlichen Ausstattung
      aller anderen mit Kirchenfragen befaßten Partei- und Staatsstellen geriet die HA
      XX / 4 je länger, je mehr in die Rolle eines, allerdings geheimen, konzeptionellen
      Zuarbeiters. So stammten beispielsweise die Reden Kraußers (s.u. S. 62) aus der
      Werkstatt des MfS, und zwar so deutlich, daß auffiel, wo er denken und schreiben
      ließ (Mitteilung W. Weißleder, Dozent an der JHS des MfS, vom 17.9.1991).
168   *Dohle*, Grundzüge der Kirchenpolitik der SED, 173. Vgl. auch *Henkys*, Eine neue
      Qualität, in: KiS, 2 / 1978, 9-16. Verner bewertete das Gespräch als „eine Markie-
      rung in der kirchenpolitischen Entwicklung". Zugleich hatte das Gespräch eine
      Verstärkung des angestrebten innerkirchlichen Differenzierungsprozesses zur Fol-
      ge: „Die Resultate des Gesprächs werden andererseits zur Zurückdrängung jener
      Kreise führen, die eine harte und reaktionäre Position verfechten und die Linie der
      Konfrontation von Staat und Kirche betreiben, wie z.B. bestimmte Kräfte in den
      kirchlichen Ausbildungsstätten und aus der mittleren Leitungsebene der Kirchen"
      (Referat des Genossen Paul Verner zur Auswertung des Gesprächs vom 6. März
      1978 [Entwurf], IfGA / ZPA / IV / B2 / 14 / 7).
169   Vgl dazu das Gespräch mit Bischof Rathke, in: KiS, 3 / 1978, 11-14. Im Vorfeld
      des Gesprächs soll Stolpe Bellmann zugesichert haben, daß „nur lösbare Probleme
      behandelt werden [sollten], über die man sich vorher einig geworden [sei]" (Infor-
      mation der Arbeitsgruppe Kirchenfragen vom 26.11.1977 über zwei Gespräche mit
      dem Generalsekretär des Bundes der Evangelischen Kirchen in der DDR, Ober-
      konsistorialrat Stolpe, am 8.11. und 25.11.1977, IfGA / ZPA / IV / B2 / 14 / 7).
      Kirchliche Amtsträger kritisierten später, „daß die Kirchenvertreter bei dem Ge-
      spräch zu allem ja gesagt hätten; ihrer Meinung nach wäre es angebrachter gewe-
      sen, daß von seiten der Kirche einige wichtige Absätze hätten angesprochen wer-
      den müssen: zum Einfluß der Kirche im Bereich der Volksbildung oder Durchfüh-
      rung der Christenlehre in den Schulen, da es der Wunsch vieler christlich gesinnter
      Bürger wäre" (Erste Meinungsäußerungen von kirchlichen Amtsträgern zum vom
      Generalsekretär Gen. Erich Honecker erstatteten Bericht des Politbüros auf der 8.
      Tagung des ZK der SED, Berlin, den 29. Mai 1978, IfGA / ZPA / IV / B2 / 14 /
      7).

ser kirchenpolitischen Rahmenvereinbarung essentiell wirklich besserte, blieb im Raum der Kirche umstritten[170].
Zur Auswertung dieses Gespräches ging die MfS-Kirchenlinie vom 12. bis 14.4.1978 zunächst einmal in Klausur[171]. Erst danach, am 19. April 1978, informierte Mielke in einem Schreiben die Diensteinheiten, die nun ihrerseits dieses Schreiben als Grundlage benutzten[172]. Von da an bekamen bei der Berichterstattung durch das MfS die Projekte der Kirche neue Priorität. So unterrichtete etwa die Abt. XVIII (Sicherung der Volkswirtschaft) der BV Dresden am 20.7.1978 die BV Leipzig „über Anlaufprobleme des kath. Gemeindezentrums Leipzig-Grünau"[173].

2.7
Von 1978 bis zur ersten Ausreise-Flut 1985

Auch nach dem Grundsatzgespräch vom März 1978 behielt das MfS gegenüber den Kirchen ein hohes Maß an mißtrauischer Wachsamkeit bei und achtete in der eigenen Behörde auf strenge Ausgrenzung kirchlich beeinflußter Personen. Weiterhin wurde in den Kaderakten hauptamtlicher Mitarbeiter vermerkt: „Keine Kirchen- und Sektentätigkeit". Gleichzeitig galt es als „kaderpolitisch zu beachtender Punkt", wenn die Schwiegereltern Kirchgänger waren. Nicht einmal die HA XX / 4 durfte einen Theologen als Mitarbeiter beschäftigen.
1979 wurden die Beziehungen zur entsprechenden Struktureinheit im Komitee für Staatssicherheit der UdSSR (KfS), der 4. Abteilung der V. Verwaltung[174], durch eine Vereinbarung institutionalisiert. Auch zu den anderen Sicherheitsdiensten im sozialistischen Lager unterhielt das MfS enge Beziehungen und setzte, wenn nötig – wie aus Anlaß des Lutherjahres 1983 –, multilaterale Konferenzen zu speziellen Themen an[175].
Gleichfalls im Jahr 1979 nahmen die Sicherheitsdienste ein alle Ostblockstaaten (mit Ausnahme Rumäniens) umfassendes Datenaustauschprogramm (SOUD) in Betrieb. Mit diesem Datenträger erfaßten die Diensteinheiten – in zunächst 10, später in 15 Kategorien – Personendaten und tauschten diese untereinander aus. Die Personenkategorien 4 und 5 umfaßten Teilnehmer bzw. Auftragsausführende, die für eine „subversive Organisation (z.B. Mitglieder zionistischer, [...] klerikaler und anderer Organisationen, die eine direkte subversive Tätigkeit gegen die Staaten der sozialistischen Gemeinschaft betreiben)"[176] tätig waren. Allein der Verdacht genügte für die Einspeicherung.
Wie eigenständig die SED-Linie gegenüber den Kirchen innerhalb des Ostblocks handelte, läßt sich u.a. daran erkennen, daß ein Befehl Mielkes über den Einsatz von DDR-Arbeitern in der Sowjetunion als Aus-

170 Siehe z.B. *Seidel*, Christen in der DDR, 115 ff.; *Geißel*, Unterhändler der Menschlichkeit, 426 ff.
171 BV Leipzig, Postbuch, reg. als 248 / 78.
172 Vgl. BV Leipzig, Jahresplan des Leiters der BV Leipzig 1979, GVS Lpz 006-1 / 79 400 066, 40.
173 BV Leipzig, Postbuch, reg. als 2578 / 78.
174 Vgl. *Barron*, KGB, 113 f. *Ginsburg*, Wem droht sein Schwert?, 7 schreibt, daß mit dem Erlöschen der ideologischen Funktion des KGB auch die „Abteilung 5" (gemeint ist wahrscheinlich die 5. Verwaltung) aufgelöst worden ist.
175 Zuarbeit der HA XX zur Irmler-Rede 14.-18.11.1983 in Sofia, H / soz. Länder 11, 5.
176 BV Leipzig, Arbeitshinweise zum Befehl 11 / 79 des Ministers vom 21.5.1982, VVS Lpz 006-48 / 82 400 384 (Dok. 69).

schließungsgründe u.a. „Personen mit aktiven kirchlichen Verbindungen"[177] nannte.
Mitunter nahm die Bearbeitung der Kirchen durch das MfS und die durchaus ernsthafte Behandlung von nur vagen Gerüchten und Übertreibungen geradezu groteske Züge an. So versandte der Ministerstellvertreter Neiber am 2. November 1981 ein Schreiben an die Diensteinheiten seiner Linie, in dessen Folge die Leiter der Bezirkskoordinierungsgruppen (BKG), die für die Bearbeitung von Ausreisen und Schleusungen ins westliche Ausland zuständig waren, tätig wurden. Seine Aktivitäten führten innerhalb der BV Leipzig zu der skurrilen Warnung an die Diensteinheiten: „Die auszuschleusenden 50 DDR-Bürger sollen *alle einer* kirchlichen Gemeinde oder religiösen Sekte angehören. Der inhaftierte Kurier schlußfolgerte aus dem Gespräch, daß die 50 DDR-Bürger aus *einem Dorf in der DDR* stammen. Als Kurier zwischen den schleusungswilligen Bürgern der DDR und Berlin (West) ist eine bisher nicht identifizierte Nonne eingesetzt."[178]
Etwa im September 1981 sprach sich Mielke für zwei „Hauptkomplexe der Arbeit" im Blick auf die Kirchen aus – für:
– „[...] spezifische operative Maßnahmen zur rechtzeitigen Aufklärung, vorbeugende Verhinderung und konsequente Bekämpfung jeglicher feindlicher Aktivitäten;
– „[...] die Nutzung aller [...] Mittel und Möglichkeiten zur Förderung des Differenzierungsprozesses in kirchenleitenden Gremien und unter Angehörigen kirchlicher Einrichtungen – die Unterstützung progressiver Kräfte, die Zurückdrängung des Einflusses feindlich-negativer Kräfte, ihre Entlarvung und Zerschlagung."[179]
Doch die loyale Zusammenarbeit zahlreicher kirchenleitender Persönlichkeiten mit dem SED-Staat ließ die Gefahr einer Opposition von dieser Seite immer mehr in den Hintergrund treten. Vielmehr schien es Anfang der 80er Jahre so, als unterwandere eine überwiegend nichtchristliche, staatsunabhängige Friedens- und Ökologiebewegung mit Hilfe einiger weniger Pfarrer und mit westlicher Unterstützung die DDR-Kirchen und mißbrauche ihren Handlungsspielraum „zur Inspirierung und Organisierung politischer Untergrundtätigkeit und zur Schaffung einer antisozialistischen ‚inneren Opposition'"[180]. Freilich mußte sich das MfS auch eingestehen, daß der „Erkenntnisstand kirchenleitender Organe [...] von einer Vielzahl kirchlicher Kräfte nicht mitgetragen"[181] werde. Die kirchliche „Kräftekonstellation" reiche „vom aktiven Engagement und Loyalität über die mit dem Begriff

---

177   Mielke, Befehl 17 / 84 vom 9.10.1984, Die politisch-operative Sicherung des DDR-Anteils am Bau von Objekten der Gasindustrie in der UdSSR, VVS o008-73 / 84 103 069, 13.
178   BV Leipzig, BKG vom 6.11.1981, VVS o049 BVfS Lpz 283 / 81 400 251, 1.
179   Grundlagenmaterial für eine zentrale Dienstbesprechung, geplant Oktober 1981, nicht stattgefunden, in: B 143, 10 (Dok. 62).
180   *Tronicke / Weißleder u.a.*, Grundorientierungen, 451. An dieser umfangreichen Studie aus dem Jahr 1983 beteiligten sich Angestellte aus der Juristischen Hochschule des MfS (JHS), der HVA / II und den Bezirken wie die Zentrale. Die Arbeit konnte freilich nie in eine Dienstanweisung umgeformt werden, sondern bildete lediglich die Grundlage für „Lesematerial", das den Diensteinheiten des MfS übergeben wurde. Gerade weil die Autoren erstmals umfangreiche und interdisziplinäre Studien betrieben hatten, war die Studie zu brisant, um sie unmittelbar den MfS-Einheiten zugänglich zu machen; sie legte allzu viele Mittel und Methoden bei der Bearbeitung der Kirchen offen.
181   Ebd., 355.

‚Kirche im Sozialismus' bezogene Kompromißformel bis zur ‚politischen Abstinenz' der katholischen Kirche"[182]. Darum seien alle „Möglichkeiten des MfS auszuschöpfen, um mit den Kirchenleitungen eine noch differenziertere Arbeit leisten zu können [...]. Die Qualität und Quantität der dazu vorhandenen inoffiziellen Kräfte, besonders in der Katholischen Kirche sowie in kirchlichen Einrichtungen und Werken auf unterer Ebene, entspricht noch nicht voll den Erfordernissen"[183].

Unter dem „Deckmantel" eines vorgeblich christlichen Pazifismus, so analysierte eine Gruppe von Stasi-Offizieren Anfang der 80er Jahre in einer 700 Seiten starken Forschungsarbeit, verberge „der Gegner ein Programm, mit dem er alle feindlich-negativen Kräfte in der DDR zu einigen und konterrevolutionäre Prozesse in Gang zu setzen" hoffe[184]. Gemünzt war dieses Urteil auf die Auswirkungen der „Friedensdekade" der evangelischen Kirche in der DDR vom November 1981 – ein zehntätiger Block verschiedener Veranstaltungen und Aktivitäten zum Themenkreis „Gerechtigkeit, Abrüstung, Frieden". Die Veranstaltung löste vor allem unter jungen Menschen eine friedensbegeisterte Bewegung aus, die sich bald ein weit über die DDR hinaus verbreitetes Symbol schuf: einen Aufnäher, der die New Yorker UN-Plastik des sowjetischen Bildhauers J.W. Wutschetitsch zeigte und die Aufschrift „Schwerter zu Pflugscharen" (Micha 4) trug. Ohne Zutun, ja z.T. gegen den erklärten Willen der Kirchenleitungen führte die Basisgruppen-Bewegung zu einer innenpolitischen Konfrontation. Im Auftrag der 3. Tagung des ZK der SED vom März 1982 propagierte die FDJ zwar: „Der Frieden muß verteidigt werden – der Frieden muß bewaffnet sein!" Doch ihre Kampagne vermochte gegen die spontane Friedensbewegung nichts auszurichten[185].

Nun erhielten die Kirchen, die man in den 70er Jahren unaufhörlich gedrängt hatte, sich stärker für die Friedenspolitik der DDR zu engagieren, von der SED den definitiven „Rat", sich von der „staatsunabhängigen Friedensbewegung" innerhalb und außerhalb der Kirchen zu distanzieren. Mit wenigen Ausnahmen leisteten die Kirchen dem in einem Gespräch mit Klaus Gysi, seit 1979 neuer Staatssekretär für Kirchenfragen[186], auch Folge. Das schloß „[...] ihre Verpflichtung ein, das Symbol ‚Schwerter zu Pflugscharen' nicht mehr als Aufnäher oder Abzeichen herzustellen und außerhalb der Kirche zu verwenden. Namhafte Vertreter des Bundes und der Landeskirchen" – so beurteilte man 1983 seitens der Stasi die Lage – „begreifen [...] immer mehr, daß die Tätigkeit von ‚Friedenskreisen' sowohl eine Belastung des Verhältnisses zwischen Staat und Kirche als auch eine innerkirchliche Belastung darstellt. Dementsprechend zeigt sich gegenwärtig eine äußerst differenzierte Haltung der Kirchenleitungen gegenüber diesen sogenannten ‚Friedenskreisen'. Sie reicht von der offenen Distanzierung, z.B. durch

---

182 Ebd., 346.
183 Ebd., 45; 47.
184 Ebd., 25.
185 Vgl. hierzu und zum Folgenden *Maser*, Glauben im Sozialismus, 114 ff. Siehe auch *Ehring / Dallwitz*, Friedensbewegung in der DDR; *Zander*, Die Christen und die Friedensbewegung; *Israel* (Hg.), Zur Freiheit berufen.
186 Vgl. epd-Dokumentation 19 / 1982, 46. Zu Gysi vgl. KZG 3 (1990), 321 f.; 440-468; *Geißel*, Unterhändler der Menschlichkeit, 431. Für die Position des Staatssekretärs für Kirchenfragen hatte Seigewasser 1979 auch Rolf Opitz, den Ratsvorsitzenden des DDR-Bezirks Leipzig, ins Gespräch gebracht. Vermutlich gab Honekkers Votum zugunsten Gysis den Ausschlag.

die Evangelisch-lutherische Landeskirche in Thüringen, bis hin zur politisch-negativen Haltung der Mehrheit der Leitung der Evangelischen Landeskirche Berlin-Brandenburg. Diese insgesamt positive Entwicklung darf aber nicht darüber hinwegtäuschen, daß dort, wo feindlich-negative Bestrebungen durch die Kirchenleitungen zurückgewiesen wurden, seitens der feindlich-negativen Kräfte (auch der feindlich-negativen Kräfte aus der kirchlichen Basis) versucht wird, sich außerhalb und innerhalb kirchlicher Strukturen zu organisieren. Das wird sogar unter Einbeziehung westlicher Massenmedien mit öffentlichen Verleumdungen und provokatorischen Angriffen gegen die jeweiligen Kirchenleitungen oder einzelne Bischöfe verbunden."[187]
Diese Beurteilung erwies sich durchaus als richtig. Die Menschen in der DDR verstanden die Bitten und Mahnungen der Kirchenleitungen[188] als eine Absage an die unabhängige Friedensbewegung, was freilich nicht deren Ende bedeutete, sondern ihre zumindest teilweise Entlassung in den unkontrollierten Freiraum von Untergrund und Konspiration. Insofern hatte sich die SED einen Bärendienst erwiesen.
Trotz ihrer z.T. resistenten Haltung veröffentlichte die Evangelische Kirche in Berlin-Brandenburg eine distanzierende Stellungnahme zum „Berliner Appell – Frieden schaffen ohne Waffen" ihres Pfarrers Rainer Eppelmann[189]. Darin bezeichnete sie Eppelmanns Brief als „Zerrbild der politisch Verantwortlichen" und riet „nachdrücklich von einer Beteiligung an der Sammlung von Unterschriften ab, weil dadurch Mißverständnisse und Gefährdungen hervorgerufen" würden, „die das notwendige sachliche Gespräch nicht" förderten[190]. Indem sie diesen Weg beschritt, folgte die brandenburgische Kirchenleitung – vielleicht unbewußt – der vorgeschriebenen Stasi-Strategie, den „Differenzierungsprozeß innerhalb der Kirche" zu fördern und „wichtige Auseinandersetzungen in den Kirchen selbst" führen zu lassen[191]. Auch in ihrem weiteren Vorgehen entsprach sie ganz den Überlegungen der Stasi, sich „auf Möglichkeiten der Nutzung [...] innerkirchlicher Disziplinierungsmaßnahmen gegenüber einzelnen Mitarbeitern der Kirchen wegen von ihnen begangener rechtswidriger Handlungen"[192] zu konzentrieren. So „gelang es z.B. im Oktober 1982", schreiben wohlinformierte Stasi-Offiziere, „zuständige kirchenleitende Persönlichkeiten der Evangelischen Kirche in Berlin-Brandenburg zu veranlassen [sic!], innerkirchlich gegen rechtswidrige Aktivitäten des Pfarrers Eppelmann vorzugehen. Obwohl die Kirchenleitung ihre Möglichkeiten keinesfalls ausschöpfte (die Forderungen an Eppelmann sind in die Form einer Bitte gekleidet), ist die Argumentation aus der Sicht der Nutzung innerkirchlicher Regelungen interessant. So heißt es in dem Schreiben [...] u.a.: ‚Sie haben unter Nutzung Ihrer Stellung als Pfarrer und der westlichen Medien erneut die Öffentlichkeit in einer Weise angesprochen, die die nach § 34 Pfarrerdienstgesetz gebotene Zurückhaltung vermissen läßt.'"[193]

---

187 *Tronicke / Weißleder u.a.*, Grundorientierungen, 42.
188 Vgl. *Ehring / Dallwitz*, Friedensbewegung in der DDR, 65-67; 69-86.
189 Ebd., 227-229.
190 *Büscher / Wensierski / Wolschner* (Hgg.), Friedensbewegung in der DDR, 283 f.; vgl. auch ebd., 285-289.
191 *Tronicke / Weißleder u.a.*, Grundorientierungen, 41.
192 Ebd., 671.
193 Ebd., 672.

Neben Eppelmann zählten die Stasi-Offiziere 1983 zu den herausragenden „feindlich-negativen" Kräften in der Kirche, denen mit disziplinarischen Maßnahmen begegnet werden müsse, den Magdeburger Pfarrer Tschiche und den Dresdener Pfarrer Wonneberger[194]. Während die Genannten als vom „Sozialdemokratismus" infizierte „bürgerliche Sozialismusüberwinterer"[195] galten, rechnete man den Erfurter Propst Heino Falcke zur Gruppe der „gegen den realen Sozialismus opponierenden ‚Sozialismusverbesserer'"[196]. Diese innerkirchlichen Opponenten organisierten, unter Ausnutzung der kirchlichen Möglichkeiten, Zusammenschlüsse mit „feindlich-negative[n] Kulturschaffende[n] wie z.B. Liedermacher[n]"[197] und sammelten in sog. „Basisgruppen, Friedenskreisen, Arbeitskreisen, Hauskreisen u.ä."[198] „Renegaten" wie Robert Havemann um sich[199].

Als einzige kirchenleitende Persönlichkeit, die versucht habe, „gegen den sozialistischen Staat gerichtete Aussagen (über eine angebliche Militarisierung der DDR) in die öffentliche Diskussion zu bringen", wird Bischof Forck genannt[200]. Ansonsten werden nur kollektive Verlautbarungen mit dem Argument angeprangert, diese weckten „Vorbehalte und Zweifel gegenüber dem Sozialismus" und förderten „distanzierende und ablehnende Haltungen zum Wehrdienst"[201]. Zu diesen Dokumenten gehörten der Beschluß der Synode der Evangelischen Kirche der Kirchenprovinz Sachsen in Halle vom November 1979, das Rahmenkonzept Erziehung zum Frieden vom September 1980, die Handreichung zur Seelsorge an Wehrpflichtigen von 1980, das Diskussionspapier für die Gemeinden zum Pazifismus vom November 1981 sowie der Hirtenbrief der katholischen Bischöfe in der DDR vom Januar 1983[202].

Die beschwichtigende Haltung der Kirchenleitungen während des Jahres 1982 ließ in der DDR den Verdacht aufkommen, es gebe eine „ordnungspolitische Arbeitsteilung zwischen Staat und Kirche [...]. Funktionale Beziehungen [...] also, die sich die klerikale Bürokratie ebensowenig wie die Parteibürokratie eingestehen will und darf, weil sonst das kirchen- und parteipolitische Handeln nicht mehr glaubhaft motivierbar wären [...]. Es ist naturgemäß keine andere bürokratische Organisation besser geeignet, den radikalen Humanismus der Bergpredigt

---

194 Ebd., 456; 467.
195 Ebd., 474.
196 Ebd., 418; 474.
197 Ebd., 462.
198 Ebd., 634.
199 Ebd., 456.
200 Ebd.
201 Ebd., 455.
202 Was können wir jetzt wirklich für den Frieden tun? Beschluß der Synode der Ev. Kirche der Kirchenprovinz Sachsen in Halle (18.11.1979), in: *Büscher / Wensierski / Wolschner*, Friedensbewegung in der DDR, 106-110; Rahmenkonzept „Erziehung zum Frieden", erarbeitet von der Ad-hoc-Gruppe „Friedenserziehung" im Sekretariat des Bundes im Auftrag der Konferenz der Evangelischen Kirchenleitungen (hektographierter Text), September 1990, in: epd-Dokumentation 35 / 1981, 8-18; Zum Friedensdienst der Kirche. Handreichung der Konferenz der Evangelischen Kirchenleitungen in der DDR vom 1.11.1965, Seelsorge an Wehrpflichtigen, in: Kirchliches Jahrbuch, 1966, 249 ff.; Die Aktualität des Pazifismus. Ein Diskussionspapier für die Gemeinden (November 1981), in: *Büscher / Wensierski / Wolschner*, Friedensbewegung in der DDR, 245-263; Wortlaut des Hirtenbriefes, der am 2.1.1983 von allen katholischen Kanzeln verlesen wurde, in: FAZ vom 4.1.1983.

als Orientierungsgröße praktischen Handelns zu relativieren, als die Kirche selbst. Und genau das macht die ‚Kirche im Sozialismus' als Bündnispartner für Partei- und Staatsmacht unersetzlich."[203] Henrichs Deutung erfaßt freilich nur sehr unvollständig das in Wahrheit außerordentlich komplexe Beziehungsgeflecht zwischen SED- und Kirchenoberen. Es trifft wohl zu, daß es in beiden „Führungskadern" einen Konservativismus gab, der gleichsinnige „ordnungspolitische Vorstellungen" beförderte. Auch ist gar nicht zu leugnen, daß die Pufferfunktion der Kirchen in der ansonsten monolithisch geordneten Diktatur systemstabilisierend wirkte und oft genaue Absprachen zwischen Staat und Kirche erfolgten. Wenn der letzte Leiter der Stasi-Abteilung XX / 4, Wiegand, mitteilt, daß er zu seinen 106 Inoffiziellen Mitarbeitern in den acht Landeskirchen „gute Kontakte und mitunter sogar Freundschaften gepflegt habe"[204], so beruht diese Einschätzung gewiß nicht nur auf verzerrter Wahrnehmung. Vielfach herrschten zwischen kirchenleitenden Persönlichkeiten und SED-Funktionären Beziehungen, die man anderwärts als Kumpanei charakterisiert hätte[205]. Aber nur in den seltensten Fällen erreichte das sachliche wie persönliche Einverständnis eine Dimension, die es rechtfertigte, von einer vollständigen Vereinnahmung der Kirchenleitungen durch den SED-Staat zu sprechen. Etwa die Taktik, vorher abgesprochene Konflikte zu provozieren, um sich die Glaubwürdigkeit an der Basis zu erhalten, läßt sich nur in ganz wenigen Fällen rekonstruieren. Wirkliche Differenzen zwischen Staat und Kirche brachen zumeist dann auf, wenn die SED von den Kirchen den gleichen Zynismus und Opportunismus erwartete, den sie gegenüber ihrer eigenen Ideologie an den Tag legte. Nicht nur, weil sie unter „Erwartungsdruck" standen, sondern auch, weil sie ihren eigenen „Weg" ernster nahmen als der SED-„Partner" den seinen, vermochte die Kirche beispielsweise in der Friedensfrage keine Kehrtwendung um 180 Grad vorzunehmen.

1961 hatten die Kirchen gegen die aggressive Werbung zugunsten der NVA protestiert, 1962 für die Gewährleistung der Glaubensfreiheit für Soldaten, die Möglichkeit der Kriegsdienstverweigerung und die Aufstellung von waffenlosen Baueinheiten gestritten; 1965 hatte die KKL eine Handreichung über die Seelsorge an Wehrpflichtigen verabschiedet, 1978 gegen die Einführung des Wehrkundeunterrichts protestiert und damit ein Aktionsprogramm „Erziehung zum Frieden" verbunden; 1979 legten die Kirchen eine Handreichung „Was macht uns sicher?" vor; Anfang 1980 gab der BEK eine Erklärung zur „weltpolitischen Situation" nach dem Nachrüstungsbeschluß der NATO und der sowjetischen Okkupation Afghanistans ab. Im selben Jahr dankte

203 Henrich, Der vormundschaftliche Staat, 238; 224; 234.
204 Zit. nach: „Berliner Sonntagsblatt" vom 7.7.1991, 2.
205 Vgl. auch die Resolution „Berechnende Kirche? Betrifft: Stasi-Überprüfung auf
      der Synode der Evangelischen Kirche Berlin-Brandenburg" der Teilnehmer der
      Veranstaltung „Recht und Versöhnung" in der Gethsemanekirche Berlin (Ost), wo
      es u.a. heißt: „Sie [die Kirche] verwechselt Kumpanei mit Vertrauen und überfordert die Menschen, die sich mit der Wirklichkeit des Staatssicherheitsdienstes konfrontiert wissen" (in: Bündnis 2000, 1. Jg., Nr. 26 / 13.12.91, 1). Am 24.1.1992
      räumte der Magdeburger Bischof Demke laut „Frankfurter Rundschau" in einem
      Interview mit der „Magdeburger Volksstimme" „‚gesellschaftliche Kumpanei' der
      Kirche mit dem DDR-System" ein. „Die angewöhnte ‚Überlebensstrategie', das
      Beste aus ‚diesem widrigen System' zu machen, habe ‚die moralische Genauigkeit
      und Klarheit verwischt' [...]" (vgl. „Frankfurter Rundschau" vom 25.1.1992).

DDR-Ministerpräsident Stoph den Kirchen ausdrücklich für ihr Friedensengagement und ermunterte zur weiteren Unterstützung der
„konsequente[n] und konstruktive[n] Friedenspolitik der DDR"[206].
Nach dieser Vorgeschichte konnte die Kirche das Engagement junger
Menschen für den Frieden nicht mehr konsequent verurteilen, sondern
mußte sich selbst treu bleiben.
Das an sich gute Verhältnis zwischen den Kirchenleitungen und der
SED-Führungsspitze erfuhr auch dadurch immer wieder neue Erschüt-
terungen, daß ideologische „Betonköpfe" in der Partei das Existenz-
recht der Kirche in Frage stellten und deren tatsächlich hohe funktionale Bedeutung für die Stabilisierung des Systems leugneten. Hinzu
kam das alle Bindungen wieder zersetzende, permanente Mißtrauen
und Kontrollbedürfnis der Staatspartei. Sie ließ auch jene Kirchenmänner auf Schritt und Tritt bespitzeln, die sie für absolut zuverlässig hielt.
Über jedes Treffen kirchenleitender Persönlichkeiten mit Politikern aus
der Bundesrepublik war die Stasi genauestens unterrichtet; inhaltlich
konnte sie sich dabei nicht nur auf „die Auswertung der Begegnungen
seitens der DDR-Personen in ‚sehr internem Kreis'"[207] stützen, sondern auch auf andere Quellen, mit deren Existenz die Bischöfe und
Konsistorialpräsidenten wohl rechneten und ihr Verhalten darauf ab-
stimmten. Insbesondere die Unter-Vier-Augen-Gespräche zwischen
Günter Gaus und DDR-Bischöfen dienten dem „Wer-ist-Wer?"-Diffe-
renzierungsprozeß. Diese Umstände erschwerten die Einschätzung der
Voten kirchenleitender Persönlichkeiten ganz außerordentlich. Auf der
Metaebene der summarischen strategischen Analyse solcher Berichte
durch die Stasi verloren sich die extrahierten Ergebnisse jedenfalls im
Banalen und gaben kaum mehr als das Faktum der Begegnung zu erkennen:

„So weilte z.B. der damalige Leiter der Ständigen Vertretung der BRD in der DDR,
Günter Gaus, am 22.10.1979 zu einem vertraulichen Gespräch in der Privatwohnung
von Bischof Schönherr. Der u.a. von ihm vorgetragenen Bitte des SPD-Vorsitzenden
Brandt zu einem baldigen Zusammentreffen wurde von Schönherr bereits am 26.11.1979
in Bonn, unter Teilnahme von Prälat Binder und dem Beauftragten des Parteivorstandes
der SPD für Kirchenfragen, Reitz, nachgekommen. Im Mittelpunkt des Treffens stand
die Raketenstationierung in Westeuropa und die Abrüstungsproblematik. Am 16.7.1981
waren Bischof Schönherr und Oberkonsistorialrat Stolpe Gast beim Bundeskanzler Helmut Schmidt und besuchten Außenminister Genscher in dessen Privatwohnung. Im Gespräch äußerte sich Genscher zu Bekanntschaften mit kirchlichen Würdenträgern aus
der DDR und erklärte, daß er mit Konsistorialpräsident Krause (Magdeburg) zusammen
studiert hat. Der jetzige Leiter der Ständigen Vertretung der BRD in der DDR und
jahrelange Mitarbeiter im Bundeskanzleramt der SPD / FDP-Regierung, Dr. Bräutigam,
pflegt ständige Kontakte zu Kirchenkreisen in der DDR. Bei Empfängen der Ständigen Vertretung sind stets die Vertreter der Kirchen präsent, wie z.B. am 26.5.1982 anläßlich des Jahrestages der Verkündung des Grundgesetzes der BRD [sic!] durch den Präsidenten der EKU, Dr. Joachim Rogge, und den Kirchenpräsidenten der Landeskirche
Anhalt, Eberhard Natho."[208]

Was von den Vorgängen der friedensbewegten frühen 80er Jahre zu-
rückblieb und was das MfS hinfort bis zur „Wende" beschäftigen sollte, wurde in der dienstlichen Korrespondenz mit der Formulierung

---

206 Vgl. hierzu *Maser*, Glauben im Sozialismus, 116 f.
207 *Tronicke / Weißleder u.a.*, Grundorientierungen, 324.
208 Ebd., 322.

„politische Untergrundtätigkeit unter dem Dach der Kirche" umschrieben. Dazu gehörten:
„– Herstellung bzw. Übernahme und Verbreitung antisozialistischer Konzeptionen und Plattformen, insbesondere Schriften, Gegenstände und Symbole durch feindlich-negative Kräfte innerhalb und außerhalb der Kirchen,
– Sammlung und Zusammenführung von feindlich-negativen Personen in der DDR unter Ausnutzung der kirchlichen Möglichkeiten, Versuche zur Formierung einer scheinlegalen, oppositionellen Bewegung und Um- und Neubildung feindlicher Zusammenschlüsse,
– Organisierung und Durchführung öffentlichkeitswirksamer, antisozialistischer Aktionen und Maßnahmen"[209] sowie
– „das Zusammenwirken mit feindlichen Stellen und Kräften im nichtsozialistischen Ausland"[210].
In seinem Referat auf der Zentralen Dienstkonferenz 1984 machte Mielke programmatische Aussagen zur Arbeit mit den Kirchen: „Wir haben es [...] nicht zu der vom Gegner angestrebten Konfrontation von Staat und Kirche kommen lassen. Im Ergebnis der konsequent fortgeführten Politik der Partei in Kirchenfragen sowie umfassender gesamtgesellschaftlicher Tätigkeit – darin eingeschlossen auch die aktive Mitwirkung unseres Ministeriums – entwickelte sich das Verhältnis Staat-Kirche entsprechend dem Grundsatzgespräch von 1978 stabil weiter."[211]
Mit der Befürchtung einer „langfristigen Unterwanderung der sozialistischen Staats- und Gesellschaftsordnung"[212] löste Mielke freilich bald eine sicherheitspolitische Entwicklung aus, die nicht mehr korrigierbar war und jeden Versuch des Einlenkens gegenüber oppositionellen Kräften ausschloß. In diesem Zusammenhang hielt der Minister die Kirchen für fremdgesteuert, machte sie für den Unmut in der Bevölkerung dem real existierenden Sozialismus gegenüber verantwortlich und warf ihnen vor, sie ließen sich vom „Gegner" politisch mißbrauchen. Dabei stand nach Auffassung des MfS „die Friedens-, Sicherheits- und Verteidigungspolitik der sozialistischen Staaten [...] im Mittelpunkt der Angriffe"[213]. Durch das Eingebundensein in den Warschauer Vertrag, die außenpolitischen Friedensbemühungen und die gleichzeitige innere Militarisierung mußte die SED-Führung an diesem Punkt besonders sensibel reagieren. Vor den Spezialisten für die innere Führung von Polizei und MdI führte Mielke aus, „eine Reihe reaktionärer kirchenleitender Kräfte [habe sich] offiziell zum Sprecher dieser vom Gegner und feindlich-negativen Kräften unter ihrem Schutz organisierten Aktivitäten gemacht und von der Partei- und Staatsführung die Tolerierung einer staatlich unabhängigen Friedensbewegung, die Änderung der Verfassung und die Zulassung eines sogenannten sozialen Friedensdienstes gefordert"[214]. Diese Sicht der Dinge trug auch der Leiter der

---

209 Ebd., 452.
210 MfS, HA KuSch, Bereich Schulung, Lektion für die zentrale fachliche Schulung, Thema: „Versuche des Gegners, unter Mißbrauch der Kirchen eine politische Untergrundtätigkeit zu inspirieren und zu organisieren", VVS MfS o016-905 / 85, 25; 29.
211 Langfassung des Referats auf der ZDK vom 12.9.1984, GVS 16 / 84, B 163 in: A / 31, 146 (Dok. 81).
212 Kollegiumssitzung vom 1.7.1982, in: B / 146, 27.
213 *Tronicke / Weißleder u.a.*, Grundorientierungen, 455.

ZAIG, des Stabsorgans des Ministers, General Werner Irmler, auf einer
Tagung mit den Vertretern der anderen sozialistischen Geheimdienste
vor[215].
Wie groß die Unsicherheit war, wird an der Zuarbeit der „Zentralen
Auswertungs- und Informationsgruppe" (ZAIG) zu dieser Rede deutlich. Eines der Ziele sollte nämlich nach ihrer Überzeugung darin bestehen, die „weitere Verstärkung der gemeinsamen Arbeit zur Zurückdrängung der Versuche, die Kirche als Sammelbecken zur Formierung
feindlicher Kräfte und oppositioneller Bewegungen zu mißbrauchen,
ihren politischen Einfluß zu erweitern und religiöse Anschauungen zu
verbreiten," voranzutreiben[216]. Die HA XX, zu der die Kirchenabteilung gehörte, wenngleich sie nicht federführend die Zuarbeit dirigierte,
wollte zum Erreichen dieses und weiterer Ziele sogar eine Gruppe bilden, die „Empfehlungen für das einheitliche Handeln der Bruderorgane erarbeitet, wie [...] Begrenzung des Handlungsraumes von Kirchen
und Religionsgemeinschaften [...]." Unter „Federführung des KfS der
UdSSR" sollte eine „gemeinsame Konzeption" erarbeitet werden, „um
den aggressiven ideologischen Alleinvertretungsanspruch des Vatikan[s] zurückzuweisen und die entsprechende Position des Papstes Johannes Paul II. sowie der katholischen Kirche offensiv zu bekämpfen"[217]. Auf der Zentralen Dienstkonferenz der Linie VII (abwehr-
mäßige Sicherung des MdI und seiner Struktureinheiten) wurde der
grassierende Pazifismus als „Erscheinung der politisch-ideolgischen
Diversion"[218] aufgefaßt.
Der DDR-Bevölkerung blieb auch nach der Krise der Friedensbewegung die Erfahrung, welchen Einfluß frei organisierte, unabhängige
Basisbewegungen entfalten können und welches Protestpotential in der
emotionalen Mobilisierung von „Betroffenheiten" steckt. Am Rande
von Kirche und DDR-Gesellschaft bildeten sich immer mehr „Neue
soziale Bewegungen"[219], die sich zwar von einzelnen Kirchengemeinden noch unterstützen, aber von der „Kirche im Sozialismus" nicht
mehr gesellschaftlich integrieren ließen: Friedens-, Umwelt-, Dritte-
Welt-, Menschenrechts-, „Ausreiser"-, Schwulen- und Lesben-Grup-
pen, um nur einige wichtige zu nennen. Soweit kirchliche Mitarbeiter
oder Kirchenräume in deren Aktivitäten einbezogen waren und Konflikte mit der Staatsmacht entstanden, gelang es Kirche und Staat noch
einige Zeit, im „‚symphonischen' Zusammenwirken" diese „Konflikte
in aller Härte als Teilkonflikte auszutragen, ohne daß darüber die generell vereinbarte Zusammenarbeit Schaden" nahm[220].

214 MfS, Mielke, Vortrag auf der Konferenz der Politorgane der DVP und anderer
     Organe des MdI, VVS o008-99 / 82 102 894, 37.
215 Irmler auf einer multilateralen Beratung der Bruderorgane zu Problemen der Be-
     kämpfung der ideologischen Diversion, H / soz. Länder 11, 12a.
216 Zuarbeit der HA XX zur Irmler-Rede, 14.-18.11.1983 in Sofia, H / soz. Länder 11,
     5.
217 Ebd., 2 f.
218 Arbeitsmaterial zur Auswertung der Zentralen Dienstkonferenz der Linie VII
     (VVS MfS o008-113 / 85 103 133), 13.
219 Vgl. dazu *Knabe*, Neue soziale Bewegungen, in: KiS, 1989, 14-16. Nur im Bezirk
     Gera gab es keine einzige Basisgruppe. „Dies lag nicht nur an der sozialen Struk-
     tur dieser Stadt, sondern wohl vor allem an der bei evangelischen ‚Würdenträgern'
     Geras ausgeprägten Bereitschaft zur Kollaboration mit den Staatsorganen" (*Belei-
     tes*, Untergrund, 34).
220 Zit. nach: *Maser*, Glauben im Sozialismus, 120.

Sowohl das SED-Regime – mit Ausnahme des MfS! – als auch die Kirche unterschätzten lange Zeit die „Gruppen", indem sie in ihnen lediglich
den Ausdruck für die objektive Existenz sachlicher Probleme sahen. Tatsächlich aber stellten diese Gruppen das System fundamental
in Frage; ihre „Befriedung" auf dem Wege der Symptomkurierung
wäre wohl niemals gelungen.

Ausgerechnet im *Lutherjahr* 1983 – einem der letzten Höhepunkte ge-
lungener Arbeitsteilung zwischen Staat und Kirche, der gleichzeitig
diese Phase der SED-Kirchenpolitik in Nähe und Distanz unnachahm-
lich spiegelte[221] – begann das MfS, die bis dahin 21 Mitarbeiter umfassende HA XX / 4 auf fast das Doppelte aufzustocken – zunächst natürlich zur Sicherung der Feierlichkeiten; 1989 arbeiteten in dieser Abteilung schließlich 41 hauptamtliche und 110 Inoffizielle Mitarbeiter.

Den immer wieder sowohl von staatlicher wie kirchlicher Seite unternommenen „Normalisierungsanstrengungen" eher abträglich war das
Ausscheiden des seit 1959 für Kirchenfragen zuständigen Politbüro-
Mitglieds Paul Verner Ende des Jahres 1984. Das „Gespann" Verner-
Schönherr – letzterer von 1969 bis 1981 Vorsitzender des BEK – hatte
für eine beachtliche, nicht nur personelle Kontinuität im Staat-Kirche-
Verhältnis Sorge getragen, die nun abbrach. Die Zuständigkeit im Politbüro war neu zu klären. Nach einem Interregnum, in dem Honecker
aufgrund seines guten Verhältnisses zu Gysi und weil er seit dem Lutherjubiläum selbst Interesse an kirchenpolitischen Vorgängen gewonnen hatte, diese Aufgabe persönlich wahrnahm, wurde Werner Jarowinsky – gegen das Votum Gysis, Verners und Wiegands – das Amt
übertragen. Damit hatte diese Funktion nicht mehr, wie bisher, der
gewissermaßen 2. Sekretär des Politbüros wahr, sondern ein in der
Parteihierarchie weiter unten Plazierter, der über entsprechend weniger
Einfluß verfügte. Nachteilig wirkte sich auch die völlige Unerfahren-
heit Jarowinskys, der sich bisher nur mit „Handel und Versorgung"
beschäftigt hatte, auf dem Feld der Kirchenpolitik aus. Die vor allem
aus pragmatischen Gründen erfolgte Beauftragung – Jarowinsky erhielt
den Geschäftsbereich Kirchen zusätzlich hinzu, weil seine bisherige
Arbeitsbelastung geringer war als die der anderen Politbüromitglie-
der – wirkte sich alsbald negativ auf die unmittelbare Kommunikation
zwischen Honecker und Gysi aus, da Jarowinsky darauf bestand, daß
der Dienstweg eingehalten würde. Daraufhin überließ Gysi Peter
Heinrich, einem der OibE im Amt des Staatssekretärs für Kirchenfragen, die Abstimmung seines Hauses mit Jarowinsky[222].

2.8
Der wachsende Kontrollverlust von 1985 bis zur „Wende" 1989

Am 11. Februar 1985 empfing Honecker den Dresdener Landesbischof
Johannes Hempel in dessen Eigenschaft als Kirchenbund-Vorsitzenden
zu einem etwa einstündigen Meinungsaustausch. An der Begegnung

221   Vgl. dazu *Thadden*, Luther in der DDR, 86-93; *Bräuer*, Martin Luther in marxisti-
      scher Sicht; *Rogge*, Luther heute; *Süssmuth*, Luther-Erbe in Deutschland; *Kuhrt /
      Löwis*, Griff nach der deutschen Geschichte, 104-128, bes. 114; *Fischer / Heyde-
      mann*, Geschichtswissenschaft in der DDR, Bd. 2. Schönherr hob „die gute Zu-
      sammenarbeit nicht nur auf technischem, sondern auch auf wissenschaftlichem
      Gebiet im Lutherjahr" hervor (*ders.*, Abenteuer der Nachfolge, 326).
222   Die vorangegangene Darstellung stützt sich auf Mitteilungen Horst Dohles vom
      8.9.1991.

nahmen auch der seit 1984 im Amt befindliche Leiter des Sekretariats des BEK, Martin Ziegler, Klaus Gysi sowie der Sekretär des Staatsrates, Heinz Eichler, teil. Das Gespräch diente der „Bestätigung des Prozesses sachlicher, offener, konstruktiver und verfassungsrechtlicher Beziehungen zwischen Staat und Kirche, wie sie in der Begegnung vom 6. März 1978 einen besonderen Ausdruck gefunden haben"[223]. Neben der Betonung der Kontinuität der Kirchenpolitik in der DDR stand im Mittelpunkt des Gesprächs „die je eigene Verantwortung von Staat und Kirche für die Bewahrung des Friedens", wobei von beiden Seiten zum Ausdruck gebracht wurde, daß diese „gemeinsame[n] Schwerpunktaufgabe" auch durch „pazifistisch geprägte Christen" keine Störung erfahre[224].

Daß die SED nun offenbar mehr Bereitschaft zeigte, gegenüber den kirchlichen Randgruppen Toleranz walten zu lassen, notierte auch die evangelische Kirchenprovinz Sachsen auf ihrer Synode im Juni 1985, und zwar im Blick auf das ökologische Engagement solcher Gruppen[225].

Die Hauptsorge der Staatspartei galt jetzt der seit 1984 wieder rasant steigenden Ausreisewelle. Ihre Erwartung, der Strom werde versiegen, wenn man nur die Ausreisewilligen ziehen ließe, hatte sich nicht erfüllt. Vor diesem politischen Hintergrund veröffentlichte im Juli 1985 die Theologische Studienabteilung beim BEK eine Materialsammlung unter dem Titel „Leben und Bleiben in der DDR", in der sie die Bemühungen der DDR um die Entwicklung einer „Liebe zur sozialistischen Heimat" unter inhaltlichen Gesichtspunkten außerordentlich kritisch reflektierte – und doch unterstützte. Es gehe darum, „zu lernen und zu üben, dieses unser Land DDR, mit all seinen Unzulänglichkeiten und Beschränkungen, die uns ärgern und bedrücken, lähmen und zum Verzweifeln bringen können, als den ‚normalen' Raum unseres Lebens anzunehmen"[226]. Kurz darauf, während der BEK-Synode vom September 1985, appellierte Stolpe im Namen der KKL an die SED-Führung, eine Erweiterung der Reisemöglichkeiten für DDR-

223 Zit. nach: KiS, 1985, 82; vgl. *Seidel,* Christen in der DDR, 122 f.
224 KiS, 1985, 82.
225 Ebd., 183.
226 Leben und Bleiben in der DDR, in: epd-Dokumentation 41a / 1985, hier: 3. Am 20.10.1985 erinnerte der frühere mecklenburgische Bischof, Heinrich Rathke, an das „Wort an die Gemeinden" der EKU-Synode von 1960, wo zum Bleiben in der DDR aufgefordert worden sei (KiS, 1985, 273); der thüringische Landesbischof Werner Leich führte zehn Tage später im Interesse der Bleibe-Kampagne aus, die Freiheit in der Bundesrepublik sei nicht größer als die in der DDR, nur unterschiedlich begrenzt, und zahlreiche Übersiedler seien von den Verhältnissen in dem westdeutschen Staat bitter enttäuscht (KiS, 1985, 274). Kirchenpräsident Natho äußerte bereits 1977 gegenüber staatlichen Vertretern: „Wir als Kirche verurteilen mit aller Entschiedenheit die Antragstellungen von Bürgern der DDR zur Übersiedlung in die BRD und nach Westberlin, und wir werden dem mit den uns gebotenen Möglichkeiten entgegentreten. [...] Jeder Bürger hat in unserem Staat eine gesicherte Gegenwart und Zukunft. Dies wissen wir, und dafür treten wir ein. [...]" Der Dessauer Oberkirchenrat Schulze fügte sogar hinzu: „Ich habe die Erkenntnis machen dürfen, daß sich unsere staatlichen Organe und besonders auch die Betriebe sehr um diese Bürger sorgen, was doch ein sehr humanes Handeln und Ringen um jeden Menschen ist. Auch daran ist zu erkennen, daß in der DDR der Mensch im Mittelpunkt aller Tätigkeit steht" (Gedächtnisprotokoll über das Gespräch des OB und Vorsitzenden des Rates der Stadt Dessau, Genossin Thea Hauschild, mit dem Kirchenpräsidenten der Ev. Landeskirche Anhalt am 25.2.1977, LPA Halle, KL Dessau, IV / D-4 / 06 / 113).

Bürger zuzulassen; während derselben Tagung betonte Hempel die Existenz zweier souveräner deutscher Staaten und fügte hinzu, wer „dies substantiell anders" sage, riskiere „mindestens indirekt den Frieden"[227].

Ende Dezember 1985 bedauerte der Ost-Berliner Generalsuperintendent Günter Krusche in einem „Lagebericht", daß es trotz einiger „Ansätze zu vernünftigen Gesprächen" im Lutherjahr nicht zu einem Dialog zwischen Christen und Marxisten gekommen sei. Die Zurückziehung der Einberufungsbescheide (deren Ausstellung die HA XX / 4 nie beeinflussen konnte) von 40 Totalverweigerern durch DDR-Verteidigungsminister Heinz Hoffmann Anfang November des Jahres und die anschließende Aufhebung der Haftbefehle gegen die jungen Männer deutete Krusche als „Gnadenakt der Regierung aufgrund kirchlicher Bemühungen"[228].

In einem offenbar abgestimmten Vorgehen begrüßten im Januar 1986 der noch amtierende BEK-Vorsitzende Hempel gegenüber dem Ratsvorsitzenden des DDR-Bezirks Dresden, Günther Witteck, und der designierte BEK-Vorsitzende Leich gegenüber dem Ratsvorsitzenden des DDR-Bezirks Erfurt, Arthur Swatek, die Abrüstungsvorschläge des sowjetischen Parteichefs Michail Gorbatschow. Damit verbanden sie Informationen über kirchlicherseits geplante Friedensaktivitäten und Erwartungen hinsichtlich der Lebensbedingungen in der DDR[229]. Den Aspekt der friedenspolitischen Stellungnahme zugunsten des Ostblocks vertiefte der Dessauer Kirchenpräsident Eberhard Natho anläßlich einer Begegnung mit dem Vorsitzenden des Rates des Bezirks Halle, Alfred Kolodniak, zwei Monate später, indem er sich über den Atomtest der USA von Ende März „besorgt" äußerte[230].

Nach der Wahl Leichs zum neuen BEK-Vorsitzenden Anfang Februar 1986 übermittelte Honecker dem Thüringer Bischof „herzliche Grüße und Glückwünsche". In dem von mehreren Tageszeitungen abgedruckten Telegramm würdigte der Parteichef Leichs Wirken als eines international geachteten Repräsentanten der evangelischen Kirche, als des Thüringer Landesbischofs und nicht zuletzt als des ehemaligen Vorsitzenden des Kirchlichen Lutherkomitees. Leichs Handeln sei stets „vom Vertrauen zur Politik unseres Staats geprägt" gewesen; er trage daher einen großen persönlichen Anteil an der positiven und konstruktiven Entwicklung des Staat-Kirche-Verhältnisses in der DDR[231]. Daß es sich bei diesem Telegramm um mehr handelte als um einen puren Akt staatsmännischer Höflichkeit, kommt durch die Erinnerung an Leichs Wirksamkeit während des Lutherjahrs zum Ausdruck. Den Höhepunkt seines damaligen Einsatzes bildete ein Dienst an der DDR-Außenpolitik, der kaum hoch genug eingeschätzt werden kann. Als sich die Hoffnungen der DDR-Politiker nicht zu erfüllen drohten, daß es am Rande der Luther-Feierlichkeiten zu deutsch-deutschen Spitzengesprächen kommen würde, ergriff der thüringische Landesbischof die Initiative und durchbrach die Wand des Schweigens, indem er für den

227 KiS, 1985, 270.
228 KiS, 1986, 48; vgl. ebd., 138.
229 Ebd., 87.
230 Ebd., 135; vgl. auch 137.
231 „Neues Deutschland" vom 4.2.1986.

Abend des 4. Mai 1983 Horst Sindermann und Richard von Weizsäkker in sein Haus einlud.

Während des Jahres 1986 schien es so, als nehme die „gesellschaftliche Mitverantwortung" der Kirchen in der DDR weiter zu. Bischöfe und Ratsvorsitzende der DDR-Bezirke bekundeten sich gegenseitig ihre vertrauensvolle Zusammenarbeit und das wachsende Verständnis für die Anliegen des Partners[232]. Allerdings fiel auf, daß über den Antrittsbesuch des neugewählten BEK-Vorstandes bei Gysi im März des Jahres nicht die übliche Meldung in der DDR-Presse erschien[233]. Freilich hob Gysi schon zehn Tage später „die Kontinuität in den Beziehungen zwischen Staat und Kirche"[234] hervor und empfing vier Wochen darauf, am 6. Mai 1986, den Ratsvorsitzenden der EKD, Bischof Martin Kruse (Berlin-West)[235], und den BEK-Vorsitzenden, Landesbischof Leich, gemeinsam. Damit signalisierte der Staatssekretär für Kirchenfragen eine Duldung der wieder massiv zunehmenden Erklärungen beider Kirchenbünde über ihre „Gemeinsamkeiten in Zeugnis und Dienst" in beiden deutschen Staaten. Auch die fortwährenden Treffen zwischen kirchenleitenden Persönlichkeiten aus der DDR und Politikern aus der Bundesrepublik, insbesondere von der Grünen Partei, wurden offenbar hingenommen.

Zufrieden konstatierte die SED-Zeitschrift „Einheit" in ihrer Juni-Ausgabe, bei „kirchlichen Amtsträgern und christlichen Kreisen" habe sich das „loyale staatsbürgerliche Bewußtsein weiter ausgeprägt"; inzwischen seien bereits 1315 Pfarrer – 30 Prozent aller Pastoren in der DDR – Mitglieder in den Arbeitsgruppen „Christliche Kreise" der „Nationalen Front"[236].

In einem Glückwunschschreiben an Honecker vom 21. Juni 1986 anläßlich dessen Wiederwahl zum Staatsratsvorsitzenden äußerte Leich im Namen des BEK die Gewißheit, daß die Staatspolitik der DDR gegenüber den Kirchen „auf der Basis der Offenheit und des Vertrauens konstruktiv weiterentwickelt" wird [...]. „Unser gemeinsames Ziel kann es im Sinn des Gesprächs vom 6. März 1978 bleiben, daß für jeden christlichen Bürger in allen Bereichen des gesellschaftlichen Lebens diese Politik erfahrbar ist"[237].

Nicht weniger artig betonte Honecker in einem Brief anläßlich des 75. Geburtstags von Schönherr am 11. September 1986, der Berlin-Brandenburgische Altbischof habe in hohen kirchlichen Ämtern „schon frühzeitig Schritte des Neubeginns getan und die ausgestreckte Hand zum gedeihlichen Miteinander in Staat und Gesellschaft der DDR ergriffen"[238]. Dabei hob der Staatsratsvorsitzende das Spitzengespräch zwischen Kirche und Staat vom 6. März 1978 besonders hervor.

Während der Generalaussprache auf der Bundessynode im September

---

232 So Leich im Gespräch mit Swatek am 30.1.1986 (KiS, 1986, 87); Hempel am 22.1.1986 im Gespräch mit Witteck (ebd.); Gespräch Natho – Kolodniak vom 4.4.1986 (ebd., 135); Gespräch Leich – Opitz (ebd., 137); Gespräch Demke mit dem Vorsitzenden des Bezirks Suhl am 20.12.1986 (KiS, 1987, 35).

233 KiS, 1986, 134.

234 Ebd., 135.

235 Wie aus der Arbeit von *Tronicke / Weißleder u.a.* (Grundorientierungen, 299) hervorgeht, stand Kruse unter ständiger Überwachung durch das MfS, das über jeden seiner Schritte bestens informiert war.

236 *Kirchhoff*, Im Bündnis mit allen Kräften des Volkes, in: Einheit 41 (1986), 531-536.

237 „Neues Deutschland" vom 21.6.1986.

238 KiS, 1986, 231.

1986 wies der spätere Superintendent Günter Pilz[239] (Mittelherwigsdorf / Bezirk Dresden) darauf hin, daß die Übersiedlungsanträge „in
erschreckender und deprimierender Weise" zugenommen hätten; er
„forderte die Kirche auf, das ‚offene Gespräch' mit den Verantwortlichen der DDR-Führung über die Gründe der Ausreiseanträge zu suchen". Auf der Synode wurden dafür – von Pfarrer Roland Adolph
aus Struppen in Sachsen – niederschmetternde Erfahrungen bei Konflikten in der Schule und am Arbeitsplatz genannt sowie die Nötigung
zu unwahrhaftigen Meinungsäußerungen[240]. Die Synodalaussprache
mündete in die seit 1985 von der BEK-Leitung offen vorgetragene
Klage über die Reisebeschränkungen der DDR-Bürger und die dro-
hende Gefahr, daß inzwischen gewährte Reiseerleichterungen die
DDR-Gesellschaft spalten, da nur diejenigen reisen dürften, die Verwandte oder Bekannte in der Bundesrepublik hätten.
Verglichen mit der Kritik von Basisgruppen, die weiter am kirchlichen
Rand siedelten, sich ausbreiteten und immer stärkeren Zulauf erhielten,
waren die Monita von Kirchenleitungen und Synodalen freilich außerordentlich moderat. Im Januar 1986 richteten Angehörige kirchlicher
Friedenskreise in Ost-Berlin einen „Appell zum UNO-Jahr des Friedens" an die DDR-Regierung, in dem sie volle Reisefreiheit, demokratische Mitbestimmung, uneingeschränkte Versammlungs-, Kundge-
bungs- und Vereinigungsfreiheit, die Aufstellung unabhängiger Kandidaten zu Kommunal- und Volkskammerwahlen, die Abschaffung des
politischen Strafrechts sowie die Legalisierung der Wehrdienstverweigerung forderten[241]. Außerdem sprachen sie die Erwartung aus, „daß
die Regierung der DDR auf Stellungnahmen, Kritiken, Vorstellungen
und Vorschläge auch von Andersdenkenden – möglichst auch öffentlich – eingeht und sachlich reagiert"[242].
Zu den Unterzeichnern des Appells gehörten Rainer Eppelmann, der
Lagerarbeiter Peter Grimm, der kirchliche Angestellte Ralf Hirsch und
der Philosoph Wolfgang Templin. Aus Anlaß des 25. Jahrestages des
Mauerbaus am 13. August 1986 wandten sich die vier in einem Brief an
die DDR-Volkskammer und erklärten: „Was Menschen in der DDR
quält, darf nicht mit Schweigen übergangen werden", nämlich „25 Jahre Mauer und Sperranlagen durch Berlin und zwischen den beiden
deutschen Staaten [...], 25 Jahre Trennung bzw. erschwerte Kontakte
zwischen Menschen in der DDR und der BRD [...], 25 Jahre Einschränkung der Reise- und Bewegungsfreiheit für viele Millionen
DDR-Bürger"[243].
Im Juni 1986 nahmen weit über 1 000 Menschen an einer Blues-Messe
in der (Ost-)Berliner Erlöserkirche teil, zu der das Stadtjugendpfarramt eingeladen hatte[244]. Auch hier kamen öffentlich die Reisebeschrän-

---

239 Pilz galt in der sächsischen Landessynode, in der Bundessynode und in seinem
       Superintendentenamt als ebenso unbestechlich wie schwer beeinflußbar hinsicht-
       lich seiner Stellungnahmen zu innerkirchlichen und kirchenpolitischen Fragen.
240 Zit. nach: KiS, 1986, 232.
241 Vgl. dazu auch *Pollack* (Hg.), Die Legitimität der Freiheit.
242 *Grün / Hirsch / Eppelmann / Templin*, Appell zum UNO-Jahr des Friedens, abge-
       druckt in: *Hirsch*, Die Initiative Frieden, 214-217.
243 KiS, 1986, 229.
244 Vgl. zur Entwicklung der Blues-Messen aus MfS-Sicht auch: Zuarbeit zur Pla-
       nungsvorgabe des Leiters der BV Berlin, Abteilung XX vom 24.10.1986; darin
       heißt es: „Mit dem Ziel der Aufklärung und vorbeugenden Verhinderung der
       feindlich-negativen Pläne und Absichten, der Verhinderung des Ausbaus der expo-

kungen für DDR-Bürger, die schulische Erziehung zum Wohlverhalten, Probleme bei der staatlich reglementierten Wohnungsvermittlung und das Verhalten von Erwachsenen gegenüber Jugendlichen zur Sprache. Ende Juni 1986 versuchte die Ost-Berliner Kirchenleitung eine für 1987 geplante „Friedenswerkstatt" abzusagen. In dem Offenen Brief Günter Krusches an die Friedenskreise und Friedensgruppen heißt es: „Festzustellen ist lediglich, daß die Vertrauensbasis zwischen Kirchenleitung und Friedensgruppen derzeitig nicht gegeben ist."[245]. Doch die Betroffenen wehrten sich. Der Ost-Berliner Pfarrer Rudi Pahnke vom Sprecher- und Vorbereitungskreis der „Friedenswerkstatt" spiegelte das Verhalten der Kirchenleitung in einem Offenen Brief, indem er an die Aufgaben der Kirche erinnerte und die wahren Motive kirchenleitenden Handelns zur Sprache brachte:

„Unter der Voraussetzung, daß die Arbeit der Friedens-, Umwelt-, Dritte-Welt- u.a. Gruppen eine Herausforderung und auch ein wichtiges Anliegen der Kirche ist (auch wenn sie z.T. von Nichtchristen geleistet wird), kann die Frage der Zuständigkeiten allerdings nicht autoritär entschieden, sondern nur im Dialog geklärt werden. Es ist geradezu bedrückend, daß das Basisdemokratische der Friedens- u.a. Gruppen nur im Ton der Klage, als Hindernis verstanden wird."[246]

Angesichts dieser Entwicklung drohte für das Jahr 1987 eine innerkirchliche Konfrontation zwischen einer klaren Mehrheit in den Kirchenleitungen, die aufgrund guter Erfahrungen in der Vergangenheit etwa auftretende Konflikte mit dem SED-Regime auf diplomatische Weise – in vertraulichen Gesprächen und durch diskrete Absprachen – regeln wollte, und den radikalen Basisbewegungen, die das gelegentlich demonstrative Einvernehmen ihrer Bischöfe mit den Ratsvorsitzenden der Bezirke und dem Staatssekretär für Kirchenfragen angesichts der psychisch bedrängten Lage vieler Menschen in der DDR kaum noch ertragen konnten. Als sich Anfang Mai in Ost-Berlin ein „Arbeitskreis Solidarische Kirche" konstituierte, der es sich zur Aufgabe gemacht hatte, den Weg der evangelischen Kirchen in der DDR kritisch zu begleiten und zu solidarischer Gemeinschaft beizutragen[247], suchten die

nierten Stellung Eppelmanns innerhalb der sogenannten staatlich unabhängigen Friedenbewegung und der Zurückdrängung seines Einflusses, der Aufklärung und operativen Kontrolle der Verbindungen ins Operationsgebiet, des Beweises der landesverräterischen Agententätigkeit ist der koordinierte und differenzierte Einsatz der IM zu gewährleisten. Im Zusammenwirken mit gesellschaftlichen Kräften sowie unter Nutzung von realistischen kirchenleitenden Kräften [sic!] sind Maßnahmen der Zersetzung zur Forcierung des gegen Eppelmann gerichteten innerkirchlichen Differenzierungsprozesses umzusetzen" (FZ Stalinismus, Dresden, Ordner BV Berlin). Siehe ebenfalls: Aktuelle Erfahrungen und Erkenntnisse bei der Bekämpfung feindlich-negativer Kräfte und Gruppierungen politischer Untergrundtätigkeit in der Hauptstadt Berlin vom 15.9.1986, BV Berlin, Abt XX sowie den Rapport über die Ergebnisse der politisch-operativen Arbeit bei der Erfüllung der Plan- und Kampfaufgaben im Jahr 1988 vom 5.1.1989, ebd.

245 KiS, 1986, 238 f. Dieses kirchenleitende Verhalten veranlaßte Gerhard Rein am 4.12.1987 zu folgendem Kommentar: „Es gibt in der Kirche nicht wenige, die die autonomen Gruppen und ihre Publikationen lieber nicht bei sich sehen. An dieser Stelle wünschte man sich eine DDR-Kirche, die eindeutiger sich vor diese Gruppen stellt, die ihre Anwesenheit unter dem Dach der Kirche nicht als Gesellschafts-Diakonie darstellt, sondern eine Kirche, die sich mit den Themen, die diese Gruppen aufwerfen, identifiziert und ihre öffentliche Behandlung für unabdingbar hält, wenn die Gesellschaft der DDR sich verändern soll" (vgl. *ders.*, Revolution, 48).
246 KiS, 1986, 240.
247 KiS, 1987, 125.

Kirchenleitungen den schwelenden Konflikt mit Teilen ihrer Basis abzumildern, indem sie sich mit ihren Voten zwischen den Erwartungen der „Kirche von unten"[248] und denen der Staatspartei von oben vorsichtig hin und her bewegten. Damit schwächten sie aber die der Kirche gegenüber offenen, reformwilligen Kräfte in der SED und stärkten die Position der Hardliner, für die es vor dem Hintergrund der eigenen Parteidisziplin ganz unverständlich blieb, warum es der Kirchenleitung – Entschlossenheit vorausgesetzt – nicht gelingen sollte, ihre eigenen Leute zu domestizieren. In einem Schreiben Mielkes an die Diensteinheiten Ende 1987 kommt diese Einschätzung deutlich zum Ausdruck:

„Die überwiegende Mehrheit kirchenleitender Kräfte und Amtsträger sieht die durchgeführten Maßnahmen [scil. gegen die kirchennahe Opposition] als Reaktion des Staates zur Unterbindung ungesetzlicher Handlungen außerhalb der Kirche stehender Personen an. Das Verhalten dieser kirchlichen Personen ist jedoch weiter durch Tendenzen der Toleranz und Inkonsequenz bei der Disziplinierung feindlich-negativer Kräfte geprägt. Teilweise führte taktierendes Verhalten und die Nichtausübung ihrer Verantwortung in Wahrnehmung ihres Hausrechts zu einer regelrechten Unterstützung des Vorgehens dieser Elemente."[249]

Vordergründig war bis Anfang November das „Staat-Kirche-Verhältnis" in den bewährten Bahnen verlaufen. Allerdings fiel auf, daß sich die Bischöfe häufiger als sonst mit den Ratsvorsitzenden der Bezirke trafen und die Informationen über den Meinungsaustausch spärlicher flossen[250]. Leich erhielt zu seinem sechzigsten Geburtstag am 31. Januar 1987 eine Grußadresse Honeckers, in der ihm der Staats- und Parteichef für sein Wirken „im Sinne einer gedeihlichen und konstruktiven Zusammenarbeit und Verständigung von Staat und Kirche dankte"[251]. Mit einem unüberhörbaren Mißklang endete dann das Gespräch zwischen dem Vorstand des BEK und Gysi am 21. Mai 1987. In einer Pressemitteilung des Kirchenbundes wurde betont, „daß das Gespräch keine unmittelbar greifbaren Ergebnisse erbracht[e]" habe[252]. Auf der anderen Seite richteten die Basisgruppen immer wieder bohrende Fragen an die Kirchenleitungen und kündigten für Juni 1987 im Rahmen des offiziell geplanten Kirchentages einen „Kirchentag von unten" an:

„Die Kirche hat durch die Friedensbewegung noch einmal ihre Eigenständigkeit und Stärke erfahren. Jetzt jedoch ist – bedingt durch den guten Dialog mit dem Staat – ein Prozeß im Gange, um uns verstärkt zu zensieren, zu korrigieren und zu begrenzen [...]. Wir machen einen Kirchentag von unten, weil wir unsere Anliegen und uns nicht mehr in Kirchen / Gemeinden erfahren und vorfinden."[253].

248 Vgl ebd.
249 Mitteilung Mielkes an die Leiter der Diensteinheiten vom 10.12.1987, siehe Dok. 75.
250 Vgl. KiS, 1987, 35; 80; 124.
251 Ebd., 35.
252 Ebd., 169.
253 Zit. nach: *Maser*, Glauben im Sozialismus, 127 f. In einem MfS-Dokument der BV Berlin vom 22.7.1987 über die „politisch-operative Lage im politischen Untergrund, aktuelle Ergebnisse bei der Durchsetzung der Federführung der Abteilung XX, gemäß der DA 2 / 85 und Wirksamkeit der Koordinierungstätigkeit" heißt es: „Bereits im Vorfeld des Kirchentages waren realistische Kräfte der Kirchenleitung zu einer konstruktiven Zusammenarbeit mit den staatlichen Organen bemüht und versuchten, den staatlichen Forderungen nachzukommen, u.a. die bekannten feindlichen Kräfte, die den Kirchentag in ihrem Sinne mißbrauchen wollten, zu disziplinieren, obgleich es immer wieder Tendenzen des Ausweichens und der In-

Doch die beachtlichen außenpolitischen Erfolge der Staatspartei und ihres Vorsitzenden – die „Gemeinsame Erklärung der Grundwerte-kommission der SPD und der Akademie für Gesellschaftswissenschaften beim ZK der SED"[254] vom 27. August und Honeckers Besuch in Bonn Anfang September – ließen die Differenzen zwischen dem Staat, der Kirche und den Basisbewegungen in der DDR zunächst noch in den Hintergrund treten.

In der vierten Augustwoche führte der SPD-Politiker und Präses der EKD-Synode, Jürgen Schmude, Gespräche mit der Berlin-brandenbur-gischen Kirchenleitung, Klaus Gysi und anderen führenden Funktions-trägern im DDR-Staatsapparat[255].

konsequenz bei einem Teil der Kirchenleitung gab [...]. In der Auseinandersetzung zwischen Kirchenleitung und der Initiative ‚Kirchentag von unten' wurden Kom-promisse eingegangen und letztlich den Forderungen der Organisatoren und In-spiratoren nachgegeben. Die Aktivitäten des ‚Kirchentags von unten' wurden ge-duldet und ihnen Räumlichkeiten zur Verfügung gestellt. Damit wurde jedoch er-reicht, daß die geplante Besetzung eines Gemeindezentrums nicht erfolgte und die Organisatoren des ‚Kirchentags von unten' im innerkirchlichen Raum und ohne größere Öffentlichkeitswirksamkeit agierten" (FZ Stalinismus, Dresden, Ordner BV Berlin). Im Rückblick erklärte die Initiative „Kirche von unten": „Die Kir-chenleitung habe Angst gehabt, die Oppositionsgruppen könnten mit ihren kir-chen- und staatskritischen Veranstaltungen das Verhältnis der evangelischen Kirche zum Staat gefährden" (vgl. epd-Landesdienst Ost Nr. 242 vom 18.12.1991, 7). Zum Verhältnis zwischen Basisgruppen und Kirchenleitung vgl. die kritische Wertung Schorlemmers: „Friedenspolitische Aktivitäten von einzelnen und Gruppen wer-den außerdem durch entmutigende Erfahrungssätze der Experten im Keim er-stickt. Kirchenleitende Persönlichkeiten beginnen immer schon mit dem dritten Ohr zu hören: Was wird dazu der staatliche Gesprächspartner sagen, wie wird das die Westpresse aufgreifen, was wird das wieder für Rückwirkungen haben [...]?" (vgl. *ders.,* Träume und Alpträume, 20). In diesem Sinne wurde von Bischof Leich auf der Bundessynode im Jahr 1987 der mit berechtigten politischen Forderungen aufwartende Antrag „Absage an Praxis und Prinzip der Abgrenzung" ablehnend beschieden: „Uns ist deutlich geworden, daß die Zumutbarkeit ein ganz wesentli-cher Punkt ist im Umgang mit den Andersdenkenden" (vgl. *Rein,* Revolution, 31). Rein kommentierte damals im Süddeutschen Rundfunk: „Die Rücksichtnahme auf den Staat schien hier größer als die sonst so oft betonte kritische Solidarität mit der DDR. Was den ausgegrenzten, benachteiligten Menschen nach wie vor in der DDR zugemutet wird, muß den Kirchen doch wichtiger sein als die vom staatli-chen Gegenüber signalisierte Grenze des Zumutbaren" (ebd., 35).

254   In: Kultur des Streits. Die gemeinsame Erklärung von SPD und SED, 8-21.
255   Auf einen Bericht des SPIEGEL (12 / 91) über den Verdacht, Lothar de Maizière sei der IM „Czerni" des MfS gewesen, reagierte Schmude mit einem Leserbrief, in dem es am Schluß heißt: „Wenn fehlendes Aktenmaterial, also Mangel an Bewei-sen, bereits zur Begründung von Schuldvorwürfen ausreicht, dürfen wir uns wohl noch auf häufige und abenteuerliche Kampagnen einstellen" (Der SPIEGEL 15 / 91 vom 8.4.1991, 7.). Was immer Schmudes Motiv für diesen Leserbrief gewesen sein mag – Anfang August 1991 fanden sich in der Gauck-Behörde neue Unterla-gen, die früher gefundenes Archivmaterial über den IM „Czerni" alias de Maizière bestätigten (vgl. Der SPIEGEL 37 / 91 vom 9.9.1991). Sie erhärteten auch die Aus-sage von „Czernis" Führungsoffizier, den der SPIEGEL (50 / 90) gegenüber klipp und klar zu Protokoll gab: „De Maizière ist mit Wissen und freiwillig zu Gesprä-chen mit dem MfS bereit gewesen" (vgl. auch Der SPIEGEL 38 / 91). Schmude war einer der Vorsitzenden der Bundestagsausschüsse, die im 2. Halbjahr 1991 über den Entwurf des Stasi-Aktengesetzes berieten. Der Gesetzentwurf sah eine Sonderregelung für die Kirchen vor (vgl. „Berliner Sonntagsblatt" vom 3.11.1991). Schmude forderte 1984 die Abschaffung der „Erfassungsstelle für Gewalttaten" an der deutsch-deutschen Grenze in Salzgitter, die er in einem Interview als „institu-tionalisierte Drohung" gegenüber DDR-Bürgern bezeichnete, die die Vorschriften und Befehle der DDR-Regierung befolgten. „Die Verhinderung von Grenzüber-tritten auch mit Waffengewalt sei aus der Sicht der DDR-Bediensteten eine Amts-pflicht, die durch bundesdeutsches Recht und bundesdeutsche Institutionen nicht in Schuld und Unrecht verwandelt werden dürften. Die Erfassungsstelle stehe da-

Am 5. September eröffnete Gysi dem BEK-Vorsitzenden Leich, der
Staat biete der Kirche „Sachgespräche" mit Vertretern des Verteidi-
gungsministeriums an und sei auch bereit, über Fragen der Volksbildung, der Schulbücher, der Erziehung in den Kindergärten und über
den staatlichen Umgang mit Eingaben der Bürger zu reden. Damit
schien ein Tabu gebrochen, denn „Fragen des Wehrdienstes oder der
Volksbildung gehör[t]en in die alleinige Zuständigkeit des sozialistischen Staates und seiner Organe"[256]. In der ersten Septemberhälfte
1987 fand der in der DDR veranstaltete offizielle „Olof-Palme-Friedensmarsch für einen atomwaffenfreien Korridor" statt[257]. Dabei arbeitete erstmals der staatliche DDR-Friedensrat mit dem Kirchenbund
und seinen Friedensgruppen zusammen. Der Einbringer des Olof-Pal-
me-Friedensmarsch-Beschlusses im Politbüro des ZK, Manfred Feist –
Leiter der Abteilung Auslandsinformation im ZK und Schwager Honeckers –, wollte mit dieser „Aktionseinheit" von Staat und Kirche offensichtlich das gemeinsame Sachanliegen unterstreichen und die Kirche, trotz zugesagter Eigenständigkeit, veranlassen, die ihr nahestehen-
den Gruppen einzubinden und gleichzeitig mäßigend auf sie einzuwirken. Obwohl das „Neue Deutschland" die Aktion positiv bewertete[258]
und allgemein die Respektierung der Interessen der anderen hervorgehoben wurde, blieben im Politbüro die Meinungen geteilt. Über dem
Abschlußbericht Ende September 1987 kam es im Politbüro des ZK
zwischen Feist und Mielke gar zu einer heftigen Kontroverse, denn mit
der Veranstaltung hatte die SED wiederum von ihr selbst formulierte
politische Grundregeln verletzt: Sie hatte dem ideologischen Gegner
nicht nur ein Forum geöffnet, auf dem er unter den Augen der Sicherheitsorgane mit Transparenten und Sprechchören öffentlich Kritik an
den Verhältnissen in der DDR üben konnte, sondern sich sogar auf
einen Dialog mit diesen Kräften eingelassen[259].
Die weitere Entwicklung schien den Skeptikern im Politbüro recht zu
geben, denn die Akte kirchlicher „Illoyalität" dem Staat gegenüber

---

her im Widerspruch zum Grundlagenvertrag mit der DDR, der von der Souveränität beider deutscher Staaten ausgehe" (ppp Nr. 51 vom 13.3.1984). Inzwischen
wurde diese Rechtsauffassung durch einschlägige Urteile gründlich korrigiert (sog.
„Mauerschützenprozesse"). – Kritik erfuhr auch Schmudes Verhalten im Zusammenhang mit den staatlichen Übergriffen gegen die „Umwelt-Bibliothek" 1987.
Gerhard Rein kommentierte: „Da gab es gleich nach den Festnahmen, nach der
Aktion der Staatssicherheit beschämende Distanzierungen. Schmude hier und Stolpe dort hielten sich sichtbar zurück. Der Präses der westlichen EKD-Synode, Jürgen Schmude, mit der Begründung, die DDR-Kirche sei Manns genug, selbst was
zu sagen." Hierzu merkte Rein an: „Das ist so richtig, wie es falsch ist. Eine Kirche, die sich in alles einmischt, Gott sei Dank in unserem Land und anderswo,
darf sich, aus welch taktisch-diplomatischen Gründen auch immer, hier nicht zurückhalten" (vgl. *Rein,* Revolution, 47).
256 So wieder in einem Informationsschreiben des Sekretariats des ZK der SED vom
     20.10.1987 „Zur weiteren Arbeit mit den evangelischen Kirchen in der DDR",
     Dok. 99.
257 Vgl. dazu Mittig an die Leiter der Diensteinheiten vom 6.8.1987: Politisch-operati-
     ve Maßnahmen zur Sicherung des „Olof-Palme-Friedensmarsches für einen atom-
     waffenfreien Korridor" vom 1.9. bis 19.9.1987 sowie den Aktionsplan zur Durch-
     führung des Olof-Palme-Friedensmarsches für einen atomwaffenfreien Korri-
     dor [...] des Nationalen Komitees der DDR zur Vorbereitung des Friedensmar-
     sches (FZ Stalinismus, Dresden, Ordner Büro der Leitung [BdL] des MfS).
258 „Neues Deutschland" vom 5. / 6. September 1987.
259 Vgl. auch MfS, HA XX / 4, Abschlußbericht zum Olof-Palme-Friedensmarsch
     vom 1.-18.9.1987 vom 29.9.1987, 103 400. Vgl. auch die Dok. 96 und 97.

häuften sich nun. Am 12. September richteten die Teilnehmer eines „Werkstatt-Treffens" der „Offenen Arbeit" in der Ost-Berliner Sophiengemeinde einen Offenen Brief an Honecker, in dem sie unter anderem die Abschaffung des Schießbefehls an der Grenze forderten[260]. Gehörte dieser Protest noch in den Bereich der von den Kirchenleitungen schwer kontrollierbaren Randzone, so konnte man dieses Argument nicht für die vom 18. bis 22. September tagende Synode des Kirchenbundes geltend machen.

Hier rüttelte der Wittenberger Pfarrer Friedrich Schorlemmer[261] an den 69er Grundfesten des „Staat-Kirche-Verhältnisses", indem er von den „Trümmern des Konzepts der ‚Kirche im Sozialismus'" sprach, das es nicht vermocht habe, „tausenden Mitchristen" Mut zum Bleiben zu machen oder gar die Gebliebenen zum gesellschaftlichen Engagement zu ermutigen; der Wolfener Pfarrer Axel Noack äußerte Zweifel, ob es angesichts der ideologischen Unterschiede zwischen Christen und Marxisten überhaupt möglich sei, bestimmte Grundsatzprobleme zu lösen; Heino Falcke brachte den von 200 Eingaben unterstützten Antrag ein, die „Absage an Praxis und Prinzip der Abgrenzung" zu erklären[262].

Auch wenn dieser Antrag nicht angenommen wurde, war Jarowinsky entsetzt über den Verlauf der Bundessynode, über deren Eröffnung das „Neue Deutschland" und das DDR-Fernsehen noch freundlich berichtet hatten. Gestärkt durch die außenpolitischen Erfolge Honeckers, beschloß das Politbüro am 22. September und 14. Oktober 1987 eine vorsichtige kirchenpolitische Kurskorrektur in Gestalt einer neuen „Doppelstrategie": Einerseits wurde die Kontinuität der SED-Kirchenpolitik unterstrichen und die gesellschaftliche Mitverantwortung der Kirchen sowie ihre Arbeit im sozialen und kulturellen Bereich gewürdigt, wie Honecker am 13. Oktober in einem Interview mit belgischen Journalisten ungefragt ausführte[263]; andererseits sollte durch eine Absage aller „Informationsgespräche" den Kirchenleitungen die Abwehrbereitschaft des Staates gegenüber kirchlichen Übergriffen verdeutlicht und mit Hilfe der Sicherheitsorgane konkret bekräftigt werden. Folgerichtig sagte Gysi die zuvor angebotenen Staat-Kirche-Gespräche am 6. November wieder ab. Als er diese Entscheidung tags darauf Leich

---

260 KiS, 1987, 218.
261 Zur Haltung Schorlemmers in den achtziger Jahren vgl. dessen Sammelband mit Reden und Aufsätzen: Träume und Alpträume.
262 Der Synodalantrag „Absage an Praxis und Prinzip der Abgrenzung" ist abgedruckt bei *Bickhardt* (Hg.), Recht ströme wie Wasser, 16 f. Die viele Stimmen aus dem Umkreis der Antragsteller umfassende Dokumentation enthält auch die Rede *Falckes*, ebd., 117-122 und eine Zusammenfassung der Reaktion der Synode, ebd., 123-125. Gegenüber dem Staat erklärte Schorlemmer, er habe trotz vieler berechtigter Forderungen, die dieser Antrag enthalte, diesem seine Zustimmung versagt. „Andererseits müsse Wahrheit und Wirkung gegenübergestellt werden, und deshalb auch seine Ablehnung, auch wegen der kontraproduktiven Wirkung, die diese Frage erziele. Des weiteren sei er dagegen, da sie mit dem Begriff der Eigenständigkeit korrespondiere und der nicht als Abgrenzung verstanden werden dürfe. [...] Warum Propst Falcke sich dieser Sache angenommen habe, verstünde er auch nicht. Mit Pf. Noack sähe er sich z.B. in völliger Übereinstimmung [...]. Mit Falcke sei er sich einig, keine neuerliche Radikalisierung des Mißbrauchs der Kirche zuzulassen" (Aktenvermerk vom 6.11.1987 zum Gespräch mit dem Bundessynodalen Schorlemmer am 5.11.1987, LPA Halle, IV / F-2 / 14 / 370).
263 KiS, 1987, 260.

und Ziegler erläuterte, entgegnete der BEK-Vorsitzende, er wisse nicht,
wie er das der KKL mitteilen solle. Aufgrund weiterer „Provokationen" kirchlicherseits und ungewöhn-
lich harter Gegenreaktionen auf seiten der Staatsmacht eskalierte der
Konflikt immer mehr. Mit Empörung registrierte Jarowinsky, daß sich
Eppelmann, Hirsch und Gerd Poppe am 12. Oktober in Ost-Berlin
mit drei Mitgliedern der CDU / CSU-Bundestagsfraktion zu einem
„privaten Informationsaustausch" trafen[264]. Als Gysi zwischen dem
23. und 26. November das Ökumenische Zentrum des Weltkirchenrats
in Genf besuchte, weigerte sich der sächsische Landesbischof Hempel,
einer der ÖRK-Präsidenten, den Staatssekretär für Kirchenfragen zu
begrüßen[265]. Als der kritische Liedermacher Stephan Krawczyk am 9.
November 1987 in einem Offenen Brief an SED-Politbüromitglied
Kurt Hager, verantwortlich für Ideologiefragen und Kulturpolitik, die
offizielle DDR-Kulturpolitik heftig kritisierte und auch für die DDR
„Glasnost" forderte, suchte die Staatsmacht das faktisch schon bestehende staatliche Auftrittsverbot gegen ihn und seine Frau Freya Klier
auch auf den kirchlichen Bereich auszudehnen. Mitglieder von Gemeindekirchenräten wurden – unter Hinweis auf berufliche Nachteile
und durch die Verhängung hoher Geldstrafen über die Kirchengemeinden – massiv unter Druck gesetzt, die Konzerte wieder abzusagen bzw.
keine neuen zu vereinbaren[266]. Ende November 1987 erfolgte dann die
nächtliche Durchsuchungsaktion der Ost-Berliner Zionskirche[267]. Der
durch die Stasi geführte Schlag „Aktion Falle" richtete sich mittelbar
gegen die dort im September 1986 eingerichtete „Umwelt-Biblio-

---

264 Ebd.
265 Ebd., 262.
266 Besonders in Anhalt wurden Pfarrer, die Krawczyk in ihren Kirchen auftreten
     ließen, isoliert und diszipliniert (vgl. *Rat des Bezirkes Halle, Arbeitsbereich Kir-
     chenfragen*, Zusammenfassende Informationen über politische Tendenzen in den
     Kirchen und Religionsgemeinschaften im Bezirk Halle 1988 vom 3.1.1989, LPA
     Halle, IV / F-2 / 14 / 368). So konnte Kirchenpräsident Natho auch hervorheben,
     „man habe die Situation in Anhalt unter Kontrolle, und der Mißbrauch kirchlichen
     Raumes zu Provokationen gegen den Staat sei ausgeschlossen" (ebd.).
267 Joachim Heise, bis zur „Wende" stellvertretender Direktor des Instituts für Ge-
     schichte der deutschen Arbeiterbewegung der Akademie für Gesellschaftswissen-
     schaften beim Zentralkomitee der SED, schrieb im Frühjahr 1989: „Die Monate
     seit den Ereignissen im November 1987 in und um die Berliner Zionskirche gehö-
     ren sicherlich zur schwierigsten, konfliktreichsten Phase im Staat-Kirche-Verhält-
     nis der letzten mehr als zehn Jahre." Gleichzeitig übte er herbe Kritik an der „pro-
     pagandistischen Arbeit" seiner Partei: „Daß es Religion und Kirche in der soziali-
     stischen Gesellschaft ‚noch' gibt und – wie wir heute wissen – noch lange geben
     wird, wird nicht als Normalfall begriffen, sondern mitunter immer noch als Man-
     ko des Sozialismus, als Defizit unserer Entwicklung betrachtet. Häufig wird staat-
     liches Entgegenkommen gegenüber kirchlichen Belangen als Zurückweichen und
     Opportunismus mißverstanden. Zu wenig gesehen wird, daß dies stets ein Mittel
     war, um den innerkirchlichen Differenzierungsprozeß ohne Einmischung in inner-
     kirchliche Angelegenheiten zu fördern und den Einfluß vernünftiger, realistischer
     Kräfte in den Kirchen zu stärken" (Das Gespräch vom 6. März 1978 um den
     Perspektiven, in: Beiträge zur Theorie und Geschichte der Religion und des Athe-
     ismus, Heft 5, 1989, 71-75; Zitate: 71; 73). Daß es umgekehrt einen systemüber-
     greifenden Konservatismus gab, der Personen wie Krawczyk und sein Umfeld
     zutiefst verabscheute, belegen Äußerungen von Franz-Josef Strauß gegenüber
     Erich Honecker. Der bayerische Ministerpräsident soll nach einem IM-Bericht
     dem Staatsratsvorsitzenden am Telefon u.a. gesagt haben, man solle ‚sich doch
     endlich andere Mittel und Methoden einfallen lassen, um solche ‚irre[n] Typen
     [scil. wie Krawczyk] ins rechte Gleis zu bringen'" (*Sélitrenny / Weichert*, Das un-
     heimliche Erbe, 138).

thek"[268], weil man vermutete, die hektographierte Kleinzeitschrift „Grenzfall" der kirchenunabhängigen „Initiative für Frieden und Menschenrechte" würde von der „Umwelt"-Mannschaft auf kircheneigenen Maschinen gedruckt werden. Obwohl sich dieser Verdacht nicht bestätigte, beschlagnahmten die Durchsucher die Vervielfältigungsgeräte, die im Druck befindlichen „Umweltblätter" sowie weitere Papiere und verhafteten die Mitarbeiter der „Umwelt-Bibliothek". Gleichzeitig kam es auch in anderen Städten der DDR zu Durchsuchungen, Verhören und kurzfristigen Festnahmen von Mitgliedern verschiedener Basisgruppen.
Auf Intervention der Kirchen wurden die festgenommenen Bert Schlegel und Wolfgang Rüddenklau zwar wieder auf freien Fuß gesetzt, aber auch Ermittlungsverfahren wegen „Zusammenschlusses zur Verfolgung gesetzeswidriger Ziele"[269] angestrengt. Am 1. Februar 1988 verurteilte das Ost-Berliner Stadtbezirksgericht Lichtenberg Till Bötcher, Andreas Kalk und Bert Schlegel dann wegen versuchter „Zusammenrottung" zu Freiheitsstrafen zu je sechs Monaten, weil sie auch am Rande der Luxemburg / Liebknecht-Demonstration am 17. Januar 1988 wieder angetroffen wurden. Die Maßnahmen des Staates, seit der Ulbricht-Ära ohne Parallele, führten zu Mahnwachen und Protestversammlungen, förderten also insgesamt nur eine weitere Mobilisierung der Massen gegen das Gewaltregime[270].

268 Vgl. zur Aktion „Falle" die Operativen Informationen der BV für Staatssicherheit Berlin, Abt. XX vom 27.11.1987; 28.11.1987; 29.11.1987; 30.11.1987; 1.12.1987; 4.12.1987; 5.12.1987; 7.12.1987; 9.12.1987 und 13.12.1987. Im Bericht vom 30.11.1987 heißt es: „Durch zuverlässige inoffizielle Kräfte wird eingeschätzt, daß in der etwa einstündigen Diskussion [scil. am 29.11. in der Zionskirche] durch die Kirchenleitung weitgehende Kompromisse angeboten wurden, um eine weitere Eskalation in der Zionskirche zu vermeiden. Auffallend war das hochschichtige Auftreten führender Kräfte der ‚Kirche von unten'. Es wurde die Vermutung geäußert, daß diese Haltung, die den sonstigen Gepflogenheiten der ‚Kirche von unten' widerspricht, mit dem Ziel erfolgte, eigene Forderungen, besonders hinsichtlich eigener Räumlichkeiten, künftig besser mit der Kirchenleitung verhandeln zu können." Und über eine Vollversammlung in der Zionskirche am 4.12.1987 wird berichtet: „Die kirchenleitenden Personen und Rechtsanwalt Schnur, die an der Zusammenkunft in der Zionskirche teilnahmen, wirkten beruhigend auf die Teilnehmer ein, mahnten zur Besonnenheit und zur Einhaltung der Gesetze. Dabei hielten sie sich an die dem Staat gegebenen Zusicherungen" (FZ Stalinismus Dresden, Ordner BV Berlin).
269 § 218 des DDR-Strafgesetzbuches.
270 Die Auswertungs- und Kontrollgruppe der BV für Staatssicherheit Berlin berichtete unter dem 12.2.1988 über eine Beratung der „Koordinierungsgruppe" für verschiedene Friedensgruppen am 11.2.1988 in der Andreas-Markus-Gemeinde. Ihr gehörten u.a. an: Stolpe, Wolfram Hülsemann (Stadtjugendpfarrer), Wolfgang Schnur, Pfarrer Peter Schneider (Andreas-Markus-Gemeinde), Pfarrer Walter Schilling (Rudolstadt), Marianne Birthler (Mitarbeiterin Stadtjugendpfarramt), Reinhard Schult, Wolfgang Wolf, Dietmar Wolf, Marion Seelig, Roland Seelig, Ibrahim Böhme, Ulrich Bandt, Ullrich Stockmann und Martin Schramm. U.a. heißt es in dem Bericht: „Konsistorialpräsident Stolpe und Rechtsanwalt Schnur legten zusammenfassend die Entwicklung und den Inhalt ihrer Gespräche mit staatlichen Stellen und Institutionen seit dem 17.1.1988 dar. Beide beurteilten den Charakter der Gespräche positiv und bezeichneten die Freilassung der Inhaftierten unter den gegebenen Umständen als ‚günstige Lösung'. Im Gegensatz zu der von Stolpe und Schnur gegebenen Einschätzung kritisierten die Vertreter der ‚Basis' in der ‚Koodinierungsgruppe' die Haltung der Kirchenleitung, die für sie enttäuschend sei und auf sie frustrierend wirke. Nach ihrer Ansicht hatten die staatlichen Organe von vornherein diese ‚Lösung' so geplant. Der Kirchenleitung kam dabei nur die ‚Puppenspielerrolle' zu. Im weiteren Verlauf der Beratung wurde kontrovers darüber diskutiert, wie die Arbeit der ‚Basisgruppen' fortgesetzt und wie das

Die der „Aktion Falle" vorausgegangenen und die ihr nachfolgenden
Kontroversen innerhalb des MfS selbst belegen das Ausmaß an Verunsicherung, das inzwischen selbst in dieser Behörde herrschte. Völlig
überraschend beorderte Mielke Oberst Wiegand – dieser befand sich
gerade auf einer Tagung aller Kirchenspezialisten der sozialistischen
Geheimdienste in Moskau – Ende Oktober in die Normannenstraße.
Dort fertigte Wiegand mehrere Handlungsentwürfe an, um die Drucklegung des „Grenzfall" zu verhindern. Sämtliche Varianten wurden
von General Kienberg, einem sturen, mit einer gewissen Bauernschläue
ausgestatteten Haudegen, abgelehnt bzw. außerordentlich verschärft.
Insbesondere ging der Streit zwischen beiden darum, ob Verhaftungen
vorgenommen werden sollten oder nicht. Kienberg setzte sich, entsprechend den Mielke-Vorgaben, durch. Dies kam einer persönlichen
Niederlage Wiegands gleich, der stets danach trachtete, ein gewaltsa-
mes Vorgehen zu vermeiden. Als die Opposition auf die MfS-Aktion
mit Mahnwachen reagierte und die öffentliche Meinung im Ausland
mobilisierte, bestellte Mielke seine Spezialisten Wiegand, Mittig,
Schwanitz und Achim Kopf zu sich, um eine Entscheidung vorzubereiten, die geeignet erschien, das außenpolitische Ansehen der DDR zu
retten und gleichzeitig das Gesicht des MfS zu wahren. Bereits im Vorfeld dieser Krisensitzung hatten Wiegand und Kopf, Stellvertretender
Hauptabteilungsleiter der HA IX, vereinbart, Mielke zu überreden, die
Inhaftierten wieder auf freien Fuß zu setzen, was dann auch geschah.
Welche Bedeutung dabei den intensiven Verhandlungen zwischen der
Ost-Berliner Kirchenleitung und staatlichen Behörden zukommt, in
die der als IM enttarnte Rechtsanwalt Wolfgang Schnur einbezogen
war, muß vorerst offenbleiben. Als weitere Maßnahme zur Befriedung

Verhältnis zur Kirchenleitung zukünftig gestaltet werden soll. Ein einheitlicher
Standpunkt wurde in diesen Fragen nicht erreicht. Ebenfalls unschlüssig zeigte
man sich in der Frage, wie viele Informationen man den in das NSW übergesiedel-
ten Personen in Zukunft übergeben konnte. Festgelegt wurde, daß die ‚Koordinierungsgruppe' weiter bestehen bleibt und mit Stolpe über die Einrichtung eines
sogenannten Kontaktbüros zu verhandeln ist" (FZ Stalinismus, Dresden, Ordner
BV Berlin). Zur weiteren Entwicklung siehe den Bericht der BV des MfS Berlin,
Abt. XX vom 16.2.1988 und 27.5.1988, ebd. In einer „Information über Aktivitäten feindlich-negativer Personenkreise am 25.2.1988" der Auswertungs- und Kontrollgruppe der BV für Staatssicherheit Berlin vom 26.2.1988 wird Stolpes Darstellung in der Koordinierungsgruppe zu den Ereignissen seit dem 17.1.1988 wiedergegeben: „Zur Problematik der Entlassung der Inhaftierten in die BRD bemerkte
er, daß diese Personen vor die Wahl gestellt wurden – diese Information stammt
laut Stolpe von Rechtsanwalt Vogel –, sich für eine Entlassung in die BRD oder
DDR zu entscheiden. Die meisten entschieden sich für eine Entlassung in die
DDR, und dies hat Vogel Stolpe und der Generalstaatsanwaltschaft mitgeteilt. Danach sei es auf direkte Intervention des Genossen Honecker zu der Entscheidung
gekommen, daß nur die Alternative BRD in Frage käme. Vogel und die Kirchenleitung fühlten sich durch diese Maßgabe hintergangen, was letztlich dazu führte,
daß Vogel sein Mandat niederlegte und Rechtsanwalt Schnur eingesprungen ist.
Stolpe vertrat weiterhin die Auffassung, daß dies keine strafrechtlich getragene,
sondern eine politische Entscheidung war, die beweist, daß auch 1988 das Strafrecht nicht mehr so global in Anwendung gebracht wird wie noch vor Jahren. Die
außenpolitische Dialogbereitschaft der DDR, das friedensfördernde Engagement
des Staates haben vermutlich ihren Niederschlag in der Entscheidung gefunden,
auch im Innern der DDR nicht mehr so ‚kleinkariert' zu handeln wie bisher [...].
Auf die Frage, warum die Kirchenleitung erst so spät auf die Mandatsniederlegung
durch Vogel reagiert hat, wurde durch Stolpe erklärt, daß die politische Situation
eine solche Entscheidung der Kirchenleitung erforderlich machte und er dies ver-
antwortet" (ebd.). Zu Stolpe vgl. jetzt auch Der SPIEGEL v. 20.1. / 17.2.1992.

des Staat-Kirche-Verhältnisses regte der Kreis um Mielke weitere Gespräche zwischen staatlichen und kirchlichen Vertretern auf allen Ebenen an – u.a. auch das am 19. Februar 1988 mit Leich und Ziegler. Am 5. November hatte die opponierende „Kirche von unten" ein öffentliches Gespräch mit der Ost-Berliner Kirchenleitung abgesagt, weil die Kirchenleitung die vereinbarten Rahmenbedingungen im Ablauf der Veranstaltung nicht einhalten wollte[271]. Fast auf den Tag genau ein Jahr später sagte die Ost-Berliner Kirchenleitung aus ähnlichen Gründen ein vereinbartes Gespräch ab. Der Druck von der Basis und das Ende der SED-Politik einer vorsichtigen und kontrollierten Öffnung nötigten die Kirchen zu einer Neuorientierung. Die SED-Kirchenpolitik des Jahres 1988 war äußerlich gekennzeichnet durch fortwährende Eingriffe staatlicher Zensurbehörden in die Arbeit der DDR-Kirchenpresse[272]; an vielen Orten in der DDR kam es auch zur Behinderung von Gottesdienstbesuchern durch die DDR-Staatsorgane und zu Warnungen an Ausreisewillige, sich von kirchlichen Veranstaltungen fernzuhalten.

Mitte Januar 1988 traf der nordrhein-westfälische Ministerpräsident Johannes Rau mit Honecker und Stolpe zusammen – u.a., um sich über das kritische Staat-Kirche-Verhältnis informieren zu lassen. Zwei Tage nach dem Treffen sprang die brandenburgische Kirchenleitung noch einmal ihrem Staat bei, indem sie erklärte, sie könne die Demonstrationen von Krawczyk, Vera Wollenberger und den drei Mitarbeitern der Umwelt-Bibliothek am Rande der Gedenkkundgebung für Rosa Luxemburg und Karl Liebknecht „nicht gutheißen" und habe „von einer Beteiligung abgeraten"[273]. Gleichzeitig bekräftigte sie allerdings, daß sie für die Freilassung der Inhaftierten eintrete.

Als einen Akt der Loyalität gegenüber dem SED-Staat, gleichzeitig verbunden mit erheblichen Vorbehalten gegen das demokratische Staatswesen Bundesrepublik, kann man auch Bischof Forcks hartnäckige Vorwürfe vom April 1988 an die Adresse Bonns ansehen, die Bundesregierung trage „indirekte Mitverantwortung" an der Ausbürgerungsproblematik[274]. Die dadurch verursachten Irritationen konnten teilweise in einem Gespräch zwischen Bundesaußenminister Hans-Dietrich Genscher, Präses Manfred Becker, Stolpe und Forck, das am 11. Juni 1988 in Potsdam stattfand, ausgeräumt werden[275].

Am 19. Februar 1988 erklärte Jarowinsky dem BEK-Vorsitzenden Leich[276], daß aus der Sicht der SED nicht der Staat, sondern die Kir-

---

271 KiS, 1987, 262.
272 Chronologie der Zensurmaßnahmen: KiS, 1988, 218.
273 Vgl. *Rein*, Die protestantische Revolution, 63-65, Zitat: 64.
274 Vgl. dazu KiS, 1988, 81-83.
275 Ebd., 165. Ungeachtet seiner kritischen Haltung gegenüber der Deutschlandpolitik der Bundesrepublik zählte das MfS Forck zu den „feindlich-negativen Kräften" innerhalb der Kirche. Die BV Potsdam des MfS urteilte im Mai 1989: „Vorliegende Einschätzungen bestätigen, daß maßgebliche kirchenleitende Kräfte der Evangelischen Kirche Berlin-Brandenburg, insbesondere Bischof Forck, Präses Becker und Propst Furian, den Mißbrauch der Kirche tolerieren, einschließlich der Teilnahme kirchlicher Amtsträger, Angestellter und Laien an feindlich-negativen Aktivitäten" (zit. nach: *Meinel / Wernicke*, Mit tschekistischem Gruß, 54). Der Jahresarbeitsplan der BV Berlin / Abt. XX für das Jahr 1986, 29 zeigt darüber hinaus, daß – wenigstens zeitweise – die Berlin-brandenburgische Synode schwer gegen Forck zu mobilisieren war: „Die derzeitige inoffizielle Basis in der neuen Synode [...] ist in Folge der Herauswahl progressiver Kandidaten verändert worden und entspricht nicht mehr dem operativen Erfordernis."

che die gemeinsame Plattform vom 6. März verlassen habe, indem sie versuchte, diese ständig in den staatlichen Bereich hinein auszuweiten. Unmittelbarer Anlaß für diese Vorladung Leichs war die Erste Session der Ökumenischen Versammlung, die vom 12. bis zum 15.2.1988 in Dresden stattfand und auf der die vor Ort arbeitenden Friedens-, Ökologie-, Umwelt- und Menschenrechtsgruppen „in eindrucksvoller Dichte die Wirklichkeit der DDR und nicht de[n] schönen Schein davon zu[r] Sprache" brachten[277]. Jarowinsky verband diese Erklärung mit schweren Vorwürfen und gab unmißverständlich zu verstehen, daß die SED dieses so nicht zulasse. Den Wortlaut der harschen Abmahnung erhielt die Kirche zunächt offiziell nicht[278], wohl aber alle partei-

276 Über das Ziel dieses Gesprächs hatte Honecker den Parteiapparat am 18.2.1988 informiert: „Werte Genossen! In der letzten Zeit wurde in einigen Bezirken und Kreisen verstärkt versucht, unter dem Dach der Kirche konterrevolutionäre Aktionen gegen Staat und Gesellschaft zu provozieren. [...] In jedem Fall steht vor uns die Aufgabe, die feindliche Tätigkeit gegen die DDR zu unterbinden. Aus diesem Grunde findet in den nächsten Tagen eine Aussprache mit der Leitung der Evangelischen Kirche statt, in der klargestellt wird, daß die Evangelische Kirche sich selbst einen schlechten Dienst erweist, wenn sie denen entgegenkommt, die die Kirche für ihre staatsfeindliche Tätigkeit mißbrauchen wollen. Es ist also Ziel des Gesprächs, dem Abgleiten von Teilen der evangelischen Kirche von den Vereinbarungen des Treffens vom 6. März entgegenzuwirken" (LPA Halle, IV / F-2 / 3 / 159).

277 Vgl. *Rein*, Revolution, 73. Rein kommentierte: „So kritisch und gleichzeitig verantwortlich habe ich in der DDR eine kirchliche Versammlung noch nicht sprechen hören. [...] Dies war, auch wenn die besorgten Kirchendiplomaten es gern abstreiten, [...] die Gegen-Öffentlichkeit der DDR. [...] Es soll, so wurde uns versichert, keine Anklage gewesen sein und keine Sozialismus-Kritik [...]. Aber wie wir den Staatsapparat der DDR kennen, wird er beleidigt sein und sich verstimmt fühlen" (ebd.)

278 Vgl. epd-Dokumentation 43 / 1988, 60-68; *Rein*, Revolution, 87. Inoffiziell besaß die Kirche jedoch alsbald das Papier, da Gysi, der mit Jarowinskys Vorgehen nicht einverstanden war, Ziegler den Wortlaut des Schriftstücks abschreiben ließ. Auf diesem Wege gelangte die Abmahnung dann auch an die Presse. Überdies hatte Ziegler unmittelbar nach der Unterredung mit Jarowinsky ein Gedächtnisprotokoll angefertigt. Schon am 23.2.1988 fand in Dresden eine „Beratung leitender kirchlicher Amtsträger der Kirchenbezirke Leipzig-Ost und West beim stellvertretenden Bischof der Landeskirche Sachsens", Folkert Ihmels, statt. „Die Beratung hatte streng internen Charakter und diente der Auswertung des am 18.2.1988 stattgefundenen Spitzengespräches [...]." Über die Beratungen ging dem MfS ein ausführliches Protokoll zu. Darin heißt es: „Generell vertritt die Kirche die Auffassung, daß sie nicht zur Untergrundbewegung oder politischen Organisation gegen den Staat werden darf. Ein Mißbrauch der Kirche durch bestimmte Personen, die nur ihr persönliches Anliegen unter Nutzung der Kirche durchsetzen wollen, darf nicht zugelassen werden. Die Kirche versteht sich nicht als Sprachrohr dieser Personen in der Öffentlichkeit. Für den Bereich der Landeskirche Sachsens wurde festgelegt, daß es im innerkirchlichen Bereich keine Etablierung von sog. ‚Staatsbürgerschaftsrechtsgruppen' geben wird. In Berlin, so wertet man, sei diese Frage gegen den Willen der Kirche durch andere Umstände anders entschieden worden [...]. Für die praktische Umsetzung dieser Orientierung wurde durch die Vertreter der Landeskirchenleitung Sachsens betont, daß man die gespannte Lage stets realistisch einschätzen müsse und man auch Verständnis dafür aufbringt, daß es für den Staat in der gegenwärtigen Situation sehr belastend ist, wenn kirchliche Großveranstaltungen durchgeführt werden sollen. Diese staatliche Sorge will man dahingehend respektieren, indem man in nächster Zeit auf derartige Großveranstaltungen im kirchlichen Bereich verzichten will. Gleichfalls sollen keine kirchlichen Veranstaltungen unter dem Thema der Ausreiseproblematik durchgeführt werden. Als vorrangig wird das Einzelgespräch mit Antragstellern angesehen. Es wurde angekündigt, daß in diesem Zusammenhang eine Orientierung an alle Pfarrer der Landeskirche gegeben wird. Bei in den Gemeinden stattfindenden Gesprächskreisen, wo Ausreisewillige mit anwesend sind, sollen die Gesprächskreise nicht über 40 Personen ausgedehnt werden, und das Gesprächsthema ist auf religiöse Bezugs-

internen Stellen bis zu den Kreisleitungen der SED. Daraufhin führten staatliche Vertreter in den meisten Bezirken und auf allen Ebenen Gespräche mit kirchlichen Mitarbeitern, in denen u.a. von einer Verletzung der verfassungsmäßigen Trennung von Staat und Kirche die Rede war. Diese eindeutigen Veränderungen in der SED-Kirchenpolitik beantwortete Leich in einem „Spitzengespräch" mit Honecker am 3. März 1988 so, daß er die Aufgabe des stellvertretenden Sichkümmerns der Kirche um die Probleme der Bürger an den eigentlich zuständigen gesellschaftlichen Dialogpartner, der sich jedoch bislang verweigert habe, zurückgab[279]. Kurt Hager formulierte im Bericht des SED-Politbüros an das Zentralkomitee vom Juni 1988: „In einem Gespräch mit Bischof Leich kam klar zum Ausdruck, daß in der Kirche kein Platz für staatsfeindliche Aktivitäten sein darf. Staat und Kirche erfüllen die ihnen obliegenden Aufgaben; ihre gemeinsame Aufgabe besteht darin, unsere sozialistische Heimat in einer friedlichen Welt immer besser zu gestalten."[280] Indem er weiterhin „Kontinuität" imaginierte, kaschierte er jedoch die schwerste Krise der SED-Kirchenpolitik seit zwanzig Jahren.

Ein weiterer Bruch in den „entwickelten Beziehungen" zwischen Staat und Kirche trat durch die unerwartete Ablösung des allerdings schon 76jährigen Staatssekretärs für Kirchenfragen, Klaus Gysi, Mitte Juli 1988 ein – auf eigenen Wunsch und ausschließlich aus gesundheitlichen Gründen, wie der Betroffene ausdrücklich versicherte[281]. Als äußeren Anlaß wählte man eine angebliche Nachlässigkeit des weltläufigen Mannes, der für seine etwas chaotische Amtsführung freilich bekannt war. Am Rande der Milleniums-Feierlichkeiten der Russisch-Orthodoxen Kirche in Moskau bat Leich den ebenfalls anwesenden Gysi dringend um einen Gesprächstermin wegen der fortwährenden Indizierung von Kirchenzeitungen durch die Staatsorgane. Gysi sagte zu, „vergaß" aber – nach Berlin zurückgekehrt – die Einlösung seines Versprechens[282]. Daraufhin wandte sich Leich beschwerdeführend an DDR-Ministerpräsident Willi Stoph, der Gysis sofortige Ablösung verfügte.

---

punkte zu begrenzen. Möglichst sind nicht die Kirchen zur Durchführung von derartigen Gesprächskreisen zu nutzen, sondern die Gemeinderäume, um den Personenkreis überschaubar zu halten" (BV für Staatssicherheit Leipzig, KD Leipzig-Stadt, 4.3.1988, FZ Stalinismus, Dresden, Ordner BV Leipzig).

279 Vgl. epd-Dokumentation 12 / 88.
280 Zit. nach: KiS, 1988, 217. Ähnlich wie Leich äußerte sich Werner Krusche anläßlich der an ihn ergangenen Verleihung der theologischen Ehendoktorwürde in Halle. „Bischof Krusche legte in seinem Vortrag ‚Die Kirche in der Spannung zwischen Charisma und Institution' Positionen zur gegenwärtigen innerkirchlichen Diskussion dar, die praktisch eine Absage an die ‚Kirche von unten' darstellten. Die Kirche müsse bei aktuellen Auseinandersetzungen Kirche bleiben und dürfe sich nicht auf Gebiete abdrängen lassen, die nichts mit dem Auftrag aus dem Evangelium zu tun hätten" (*Abteilung Wissenschaft und Volksbildung*, Zuarbeit für den Brief an den Genossen Erich Honecker im April 1988 – Halle, 25. April 1988, LPA Halle, IV / F-2 / 3 / 159). Das Prorektorat für Gesellschaftswissenschaften der Universität Halle gab am 14.4.1988 die folgende Einschätzung: „Die Ehrenpromotion war eine gelungene Veranstaltung, in der die Kirchenpolitik der Partei der Arbeiterklasse und des sozialistischen Staates deutlich und eindrucksvoll demonstriert wurde" (ebd.).
281 Vgl. KiS, 1988, 146 f. An der Ablösung des Staatssekretärs war auch Günter Mittag maßgeblich beteiligt, der im Politbüro als Gysis „Intimfeind" galt.
282 Nach einer Mitteilung Wiegands vom 27.10.1991 durfte Gysi keinen Gesprächstermin mit Leich vereinbaren und mußte gleichzeitig die Lesart vertreten, er habe den Wunsch des Vorsitzenden der KKL „vergessen".

Daß dies nicht der wirkliche Grund war, sondern die Nomenklatura meinte, sich von dem eher unkonventionellen, wendigen und weltläufigen Genossen trennen zu sollen, belegt die nahezu parallele Ablösung des Gesundheitsministers Ludwig Mecklinger aus geringfügigem Anlaß – eines Mannes, der ebenfalls als vergleichsweise offen und kirchenfreundlich galt[283]. Nachfolger Gysis wurde der damals 58jährige Kurt Löffler, zuvor Staatssekretär im Kulturministerium – ein altgedienter Apparatschik ohne abweichlerische Ambitionen von der offiziellen Parteidoktrin, der allerdings schon seit dem Lutherjahr für dieses Amt gehandelt wurde. Im Kultusministerium verantwortlich für alle kulturpolitischen Großveranstaltungen, war Löffler Sekretär des staatlichen Lutherkomitees geworden und hatte es während der mehrjährigen Vorbereitungszeit auf das Ereignis verstanden, sich in dieser Funktion sowohl das Vertrauen von Leich und Zeddies zu erwerben, als auch das von Götting und Honecker zu erhalten.

Das Gespräch über die staatlichen Eingriffe gegen die kircheneigenen Wochenzeitungen, um das Leich in seinem Protestschreiben so dringlich gebeten hatte, kam nach mancherlei Verzögerungen schließlich am 10. August 1988 zustande, verlief aber ohne konkrete Ergebnisse. Die staatliche Seite war durch den Staatssekretär im Sekretariat des Ministerrates, Kurt Kleinert, und Löffler vertreten.

Am Ende des personellen Revirements im Bereich der SED-Kirchenpolitik stand die Ablösung des 69jährigen Leiters der Arbeitsgruppe Kirchenfragen beim ZK der SED, Rudi Bellmann, Anfang 1989. Sein Nachfolger, Peter Krauβer, kam vom Zentralrat der FDJ und galt zunächst als agiler, reformfreudiger SED-Funktionär; während der „Wende" entpuppte er sich dann freilich als harter, unbeweglicher Kommunist, der bis zuletzt eisern darauf bestand, den „Konterrevolutionären" keinesfalls die DDR-Sicherheitsorgane auszuliefern.

Auf der Synode des evangelischen Kirchenbundes in Dessau vom 16. bis 20. September 1988 überwand die Kirche viele im Laufe der Jahre offenbarte „Schwächezeichen"[284] und vollzog ihrerseits auf der Ebene der synodalen und öffentlichen Verlautbarungen eine entschlossene Kursänderung, indem die bereits zuvor in internen Gesprächen mit den staatlichen Vertretern vermehrt artikulierten Beschwerden nunmehr weniger diplomatisch ausgesprochen wurden. Im Mittelpunkt der Beratungen standen grundsätzliche Forderungen nach einer demokratischen Reform der DDR-Gesellschaft. Bischof Leich formulierte vor der Bundessynode:

> „Wir brauchen eine Gesellschaft, die im täglichen Erleben ein menschliches Angesicht hat. Man könnte fast sagen, die sozialistische Gesellschaft ist so gut, wie sie das einzelne Mitglied der Gesellschaft im täglichen Erleben der gesellschaftlichen Vorgänge wahrnehmen kann, und zwar in seinen persönlichen Schicksalen. Wir brauchen die Vielfalt der Entfaltungsmöglichkeiten des Menschen."[285]

Vier Tage nach Abschluß der Synode, am 24. September 1988, äußerte

---

283 Am 11.12.1985 gab Mecklinger der „Neuen Zeit" ein Interview, in dem er die Aktivitäten der konfessionellen Einrichtungen des Diakonischen Werkes und des Caritasverbandes hervorhob und ihnen insbesondere für die Betreuung älterer Bürger „Dank und Anerkennung" der DDR aussprach; vgl. auch KiS, 1986, 138.
284 *Henkys*, in: KiS, 1988, 169.
285 epd-Dokumentation 43 / 88, 21. Siehe auch KiS, 1988, 171 ff.

sich Honecker anläßlich einer bewaffneten Parade der „Kampfgruppen der Arbeiterklasse" empört über die Forderungen der Kirche:

„[...] ich möchte im Gegensatz zu manchem verantwortungslosen Gerede von Leuten, die es besser wissen müßten, sagen, daß das Antlitz des Sozialismus auf deutschem Boden noch nie so menschlich war wie heute [...]. Die Tatsache, daß alle Kinder des Volkes ohne Unterschied der Weltanschauung und der Religion gleiche Bildungschancen haben, sichert unserer Republik trotz aller Anfeindungen für immer einen guten Platz in der Geschichte der Völker, die nach Frieden und Wohlstand streben [...]. Die weitere Gestaltung der entwickelten sozialistischen Gesellschaft in der Deutschen Demokratischen Republik, die im Gegensatz zur kapitalistischen Gesellschaft allen Bürgern ein würdiges Leben ermöglicht, trägt das Gütezeichen einer Gesellschaft, in der ein Mensch ein Mensch sein kann. Sie ist, das möchte ich gerade auf diesem Kampfappell sagen, kein Tummelplatz für Leute, die uns in die alte Zeit, in das alte Unglück zurückzerren wollen [...]."[286]

Damit war in Wort und Tat der Entwicklungsprozeß des Verhältnisses von Staat und Kirche weit hinter den 6. März 1978 zurückgeworfen; auch die Kirchenführung hatte sich nun – vom Staat wie von ihrer Basis gleichermaßen unter Druck gesetzt – mehrheitlich für die oppositionellen Kräfte entschieden, was eine weitere massive Konzentration der Stasi-Organe auf ihren Raum zur Folge haben sollte[287]. Die kirchliche Kursänderung implizierte allerdings keine Absage an ein reformiertes, sozialistisches Staatswesen DDR, an dem die meisten kirchenleitenden Persönlichkeiten bis weit in das Jahr 1990 unbedingt festhalten wollten[288]. Am 10. Januar 1989 plädierte beispielsweise Stolpe in einem Interview mit der „Welt" dafür, die Präambel des Grundgesetzes der Bundesrepublik neu zu interpretieren und auf den Begriff „Wiedervereinigung" darin zu verzichten[289].

286 „Neues Deutschland" vom 26.9.1988.
287 Auf einer „Stützpunktberatung" mit den für die Kirchenpolitik zuständigen SED-Funktionären gestand Krauße große Versäumnisse der gegenwärtigen SED-Kirchenpolitik ein: „Vom Genossen Krauße wurde eingeschätzt, daß unser kirchenpolitisches Ziel von Partei und Staat, den Differenzierungsprozeß im kirchlichen Raum fortzusetzen [...], bisher nicht erreicht worden ist. Statt dessen sind starke Solidarisierungseffekte im kirchlichen Raum gegen staatliche Entscheidungen und Vorgehensweisen nachzuweisen. [...] Zur Zeit gibt es einen starken innerkirchlichen Konsens, der vom Standpunkt getragen ist, sich in der gegenwärtigen Lage ,nicht auseinanderdividieren' [sic!] zu lassen. [...] In der Thüringischen Landeskirche ist ein solcher Stand eingetreten, daß eine realistische Kraft nach der anderen aus leitenden kirchlichen Ämtern entfernt wird und Kräfte ihre Positionen einnehmen, die den Thüringer Weg (Mitzenheim) und damit den Weg des 6. März 1978 verlassen. [...] Viele kirchenleitende Kräfte halten sich zurück und überlassen damit den wenigen, aber sehr aktiven negativen Kräften das Aktionsfeld und die politische Ausstrahlung" (Schreiben des Mitarbeiters für Kirchenfragen an den Ersten Sekretär der SED-Bezirksleitung Halle, Böhme, vom 28.2.1989, LPA Halle, IV / F-2 / 14 / 367).
288 Vgl. z.B. *Stolpe*, in: KiS, 1988, 237; *ders.*, in: KZG 3 (1990), 328-335. Noch Anfang Januar 1989 vertrat Konsistorialpräsident Kramer, Magdeburg, im Zusammenhang mit dem staatlichen Vorgehen gegen ein Umweltblatt in Halle / S. die Position, die „Kirche habe Verständnis dafür, daß der Staat nicht immer nur reden, sondern gegebenenfalls auch handeln müsse". Leider stünde die Kirche fast immer zwischen den Fronten (Rückflußinformation zur Entwicklung der politisch-operativen Lage in ausgewählten Schwerpunktbereichen auf der Linie XX, Schwerin, 13.3.1989, FZ Stalinismus, Dresden, Ordner BV Schwerin u.a.; s.u. Dok. 176).
289 KiS, 1989, 36. Zur Kontroverse um dieses Interview vgl. den ADN-Kommentar „Herr Stolpe und der Idealfall" im ND vom 11.1.1989, 2 und die Entgegnung des Konsistoriums Berlin-Brandenburg (Ost), die auch den Interviewer im Wortlaut zitiert. Ziegler hob auf der 121. Tagung der KKL, die am 13. / 14.1.1989 in Berlin stattfand, hervor, daß Staatssekretär Löffler „das von Stolpe gegebene Interview

Mit dieser Forderung im Sinne der DDR-Außenpolitik verquickte er –
typisch für das taktische Vorgehen kirchenleitender Persönlichkeiten in
der DDR – kritisch zu verstehende Bemerkungen zur neuen staatlichen Reiseverordnung, die den Kirchen nicht weitgehend genug erschien[290]. Am 11. Juni 1989 wiederholte Stolpe noch einmal seine außenpolitische Anregung, das Wiedervereinigungsgebot des Grundgesetzes im Sinne einer „partnerschaftlichen Zweistaatlichkeit neu zu interpretieren"[291]. Zwei Monate später forderte er – angesichts der

sehr gelobt habe". Im weiteren Verlauf der Sitzung betonte Konsistorialrat Harder
(Greifswald) „die Verdienste Stolpes um die Anerkennung der DDR und die
Schaffung eines positiven Bildes von ihr im Ausland" (Rückflußinformation zur
Entwicklung der politisch-operativen Lage in ausgewählten Schwerpunktbereichen
auf der Linie XX, Schwerin, 13.3.1989, FZ Stalinismus, Dresden, Ordner BV
Schwerin u.a., hier abgedruckt als Dok. 176).

290   Das MfS durchschaute freilich Stolpes „Doppelstrategie". In einer streng vertraulichen „Information [des MfS] über Tendenzen im Bereich der Evangelischen Kirche Berlin-Brandenburg, unter besonderer Brücksichtigung der Entwicklung im
Sprengel Potsdam" vom Mai 1989 heißt es: „Hinzuweisen ist in diesem Zusammenhang auch auf die zwiespältige Haltung von Konsistorialpräsident Stolpe. Bei
offiziellen Auftritten, wie Synoden, Sitzungen der Konferenz der Kirchenleitungen
und in Interviews für westliche Massenmedien, tritt er oftmals beschwichtigend
und im Sinne des Verhältnisses Staat-Kirche ausgleichend auf. Demgegenüber stehen streng interne Erkenntnisse [sic!], denen zufolge er Vertreter der ‚Basisgruppen‘ in ihrem das Verhältnis Staat-Kirche belastenden Wirken bestärkt und ermuntert" (zit. nach: *Meinel / Wernicke*, Mit tschekistischem Gruß, 56 f.). Im Zusammenhang mit den Maßnahmen gegen eine geplante „Sitzdemonstration", die an die
nunmehr zwei Monate zurückliegende Fälschung der Kommunalwahlen erinnern
sollte, auf dem Alexanderplatz am 7. Juli 1989 heißt es dann wieder: „Die vorbeugend durchgeführten Maßnahmen waren insbesondere darauf ausgerichtet, kirchenleitenden Amtsträgern erneut unmißverständlich die staatliche Erwartungshaltung zur Unterbindung der geplanten Provokation zu unterbreiten. So wurden
abgestimmte Gespräche verantwortlicher Mitarbeiter zuständiger staatlicher Organe mit kirchenleitenden Personen geführt, u.a. zwei Gespräche durch den Stellvertreter des Oberbürgermeisters der Hauptstadt Berlin für Inneres, Genossen Hoffmann, mit Konsistorialpräsident Stolpe. Dieses Vorgehen erzielte Wirkung. Von
Bedeutung ist in diesem Zusammenhang die Haltung der Konferenz der Evangelischen Kirchenleitungen (KKL) in der DDR, die auf ihrer jüngsten Tagung (30.
Juni / 1. Juli 1989) die Evangelische Kirche in Berlin-Brandenburg aufforderte, ihren Einfluß auf oppositionelle Kräfte und Gruppen zu verstärken und mit diesen
Gespräche zu führen, um die geplante Provokation vorbeugend zu verhindern.
Streng intern wurde bekannt, daß Stolpe mit dem Initiator der ‚Sitzdemonstra-
tion‘, Schatta, ein diesbezügliches Gespräch persönlich führte. Analog reagierten
Propst Furian und Oberkonsistorialrat Pettelkau gegenüber weiteren Organisato-
ren" (FZ Stalinismus, Dresden, Ordner BV Leipzig). In einer Erklärung hatte die
KKL am 3.6.1989 zwar die Wahlmanipulation kritisiert und eine Erweiterung des
Wahlrechts gefordert, andererseits aber auch den folgenden Hinweis gegeben:
„Übertriebene Aktionen und Demonstrationen sind kein Mittel der Kirche" (abgedruckt bei *Rein*, Revolution, 141 f.). Diese Aussage wurde von Falcke scharf kritisiert (ebd., 142-144). Gegenüber dem gerade frisch gekürten SED-Generalsekretär
Krenz erwähnte Stolpe während des Gesprächs zwischen Krenz und Leich am
19.10.1989 in Hubertusstock: „Zu den Kommunalwahlen meinte er, es nutze nie-
mandem, in der Vergangenheit herumzukramen. Unter Hinweis auf M. Gorbatschow empfahl er zu prüfen, ob in der Vorbereitung der Wahlen wirklich alle
Bürger entscheiden könnten. Am Wahltag selbst müsse die Möglichkeit einer
wirklichen Auswahl bestehen. Das Wahlgesetz brauche dazu nicht geändert zu
werden. E. Krenz bekräftigte diese letzte Feststellung" (Persönliche Verschlußsache, von Krenz am 20.10.1989 versandtes Protokoll des Gesprächs an die Mitglieder und Kandidaten des Politbüros, LPA Halle, IV / F-2 / 14 / 370).

291   KiS, 1989, 174. Etwa gleichzeitig fanden die Müntzer-Feierlichkeiten statt, über die
der sächsische Kirchenrat Karl-Hermann Kandler vernichtend urteilte: „Ich sehe
den Thomas-Müntzer-Kongreß des Bundes Evangelischer Kirchen in der DDR
vom 8. bis 10. Juni 1989 als einen Tiefpunkt theologisch-kirchlicher Eigenständig-

Fluchtwelle von DDR-Bürgern über Ungarn – die Bereitschaft der Bundesregierung zu weitreichenden Wirtschaftshilfen an die DDR, verband dieses Anliegen allerdings wiederum mit einem Appell an das SED-Regime, gesellschaftspolitische Reformen einzuleiten[292]. Als verschiedene Oppositionsgruppen Mitte Oktober 1989 eine Pressekonferenz einberufen wollten, um politische Konsequenzen aus den polizeilichen Übergriffen gegen friedliche Demonstranten und Massenverhaftungen in mehreren Städten der DDR Anfang des Monats zu fordern, versuchte Stolpe – freilich vergeblich – eine Verschiebung der Pressekonferenz zu erreichen[293]. Der Ost-Berliner SED-Bezirkschef, Günter Schabowski, behauptete gar, Stolpe habe ihm zugesagt, die geplante Veranstaltung ganz zu unterbinden[294].

Am 28. November 1989 appellierten namhafte DDR-Bürger, unter ihnen auch der Magdeburger Bischof Christoph Demke, in einem Aufruf an die DDR-Bevölkerung, allen westlichen Vereinnahmungsversuchen zum Trotz eine demokratisch-sozialistische Alternative zur Bundesrepublik zu entwickeln. Diesem Aufruf schlossen sich SED-Generalsekretär Egon Krenz[295] und die DDR-Regierung unter Hans Modrow an[296]. Auch die Synode des evangelischen Kirchenbundes reagierte im Februar 1990 mit Zurückhaltung auf die angestrebte Vereinigung der evangelischen Kirchen in beiden deutschen Staaten[297]. Am Rande der Synode wählte die KKL Demke zum neuen Vorsitzenden des Kirchenbundes.

Für Hans-Joachim Maaz „ist unbestritten, daß die evangelische Kirche der DDR für den Schutz und die Formierung der oppositionellen Kräfte sehr viel getan hat, und doch", fährt er fort, „war auch häufig eine andere Art von Ordnung und Disziplinierung dabei im Spiel [...]. Die depotenzierende Ventilfunktion [...] hat lange Zeit das anwachsende Unruhe- und Protestpotential gedämpft und der Auseinandersetzung in der Gesellschaft entzogen. Während der Oktoberereignisse gab es deshalb auch widersprüchliche Positionen, inwieweit die Kirche Tendenzen hatte, die ‚Revolution' von der Straße fernzuhalten."[298] Der „tatsächliche oder vermeintliche Schutz vor der staatlichen Gewalt [sei] zum Vorwand genommen" worden, „um die ‚Kirche im Sozialismus' durch ein ehrenwertes Protestpotential zu stärken und an Inhalten aufzufüllen, was an religiöser Kraft verlorengegangen war, und auch um eine mögliche Kollaboration mit dem sozialistischen System zu ver-

---

keit und kann nur bestätigen, was dort H. Zeddies sagte: ‚Am Ende bleibt, daß andere und vielleicht auch wir selber uns eines Tages darüber wundern, daß wir diesen Kongreß veranstaltet haben'" (Die Kirchen und das Ende des Sozialismus, 46).

292 KiS, 1989, 218.
293 Ebd., 272.
294 Ebd. Vgl. auch *Schabowski*, Der Absturz, bes. 292 f. Aus Anlaß seiner Ehrenpromotion bekannte Stolpe am 14.11.1989 in der Greifswalder Universitätsaula öffentlich sein Schuld: „Wo haben wir als Christen versagt? Wo wurden wir mitschuldig? Wir nahmen falsche Rücksichten, indem wir die Wahrheit zu freundlich verpackt haben. Wir haben zu lange Geduld gepredigt, statt entschlossener Gerechtigkeit und Gleichheit zu fordern. Wir haben Unruhige beschwichtigt, wo es richtiger gewesen wäre, sich ihren Protest zu eigen zu machen [...]" (*Stolpe*, Den Menschen Verantwortung geben, 215).
295 Vgl. *Krenz*, Wenn Mauern fallen, bes. 238-240.
296 KiS, 1989, 276.
297 Vgl. epd-Dokumentation 12 / 90.
298 *Maaz*, Der Gefühlsstau, 50.

schleiern"[299]. Erst „mit dem wachsenden Protest in der Gesellschaft [...] [habe] sich auch die Kirche zunehmend der neuen Linie ‚kritischer Mündigkeit' geöffnet [...] [und] die ehemalige Positionsbestimmung der ‚Kirche im Sozialismus' zuletzt zur ‚Kirche in der DDR' abgemildert [...]."[300]
Wie sensibel dabei die Kirche der Stimmung im Volk Rechnung trug, zeigt der Fall des Greifswalder Bischofs Horst Gienke (IM „Orion"), der den angesagten Kurswechsel nicht so schnell mitvollziehen wollte oder konnte. Ungeachtet aller Massenproteste z.B. gegen den Wahlbetrug bei den Kommunalwahlen am 7. Mai 1989[301] und trotz einer Strafanzeige der Berliner Kirchenleitung wegen „Lauschangriffen" auf einen ihrer Pfarrer (Eppelmann hatte Abhöreinrichtungen in seinen Wohn- und Amtsräumen entdeckt)[302], praktizierte Gienke erfolgreich das 1978 vereinbarte „vertrauensvolle Miteinander" im Staat-Kirche-Verhältnis weiter wie bisher. Ohne Absprache mit dem Kirchenbund hatte er Honecker zur Wiedereinweihung des restaurierten Doms Mitte Juni 1989 nach Greifswald eingeladen[303] und offenbar auch hingenommen, daß sein Kollege Forck von der sich an den Festakt anschließenden Begegnung kirchenleitender Persönlichkeiten mit dem Staatsratsvorsitzenden ausgeschlossen wurde. Über den gesamten Vorgang drückte die KKL Anfang Juli zwar ihr Befremden aus, begrüßte allerdings ausdrücklich Honeckers Besuch in Greifswald als „deutliches öffentliches Zeichen" dafür, daß die seit dem 6. März 1978 verfolgte SED-Kirchenpolitik unverändert fortgesetzt werden solle. Als Kirchenzeitungen in Ost und West die Begleitumstände der Domeinweihung mit herber Kritik bedachten, ging Gienke sogar noch einen Schritt weiter und dankte Honecker in einem Brief vom 3. Juli 1989 für seinen Gottesdienstbesuch und die Berichterstattung „unserer" DDR-Medien, während er die Kommentare der Kirchenpresse heftig schalt[304]. Honecker antwortete vierzehn Tage später mit einem ausführlichen Dankschreiben und verband damit den Wunsch, den Briefwechsel über die staatliche Nachrichtenagentur ADN zu verbreiten.

299 Ebd.
300 Ebd., 52.
301 Vgl. hierzu die „Ausgangsinformationen zur Verbreitung von Materialien schriftlicher Angriffe gegen die Ergebnisse der Kommunalwahlen", BV für Staatssicherheit, Berlin, Abt. XX vom 15.5.1989, FZ Stalinismus, Dresden, Ordner BV Berlin. Im Vergleich zu den Wahlen im Jahr 1984 ging die „Wahlbeteiligung kirchlicher Amtsträger" um neun Prozent zurück. Hiervon waren besonders Thüringen und Sachsen betroffen, während „die Evangelische Landeskirche Anhalts als einzige einen geringen Anstieg hatte" (Schreiben des Mitarbeiters für Kirchenfragen an den 1. Sekretär der SED-Bezirksleitung Halle, Böhme, vom 24.5.1989, LPA Halle, IV / F-2 / 14 / 367).
302 KiS, 1989, 176.
303 Nach einer Mitteilung J. Wiegands vom 7.11.1991 erfolgte die Einladung Honeckers durch Gienke nicht ganz spontan, sondern stand im Zusammenhang mit einer bereits an Ministerpräsident Engholm ergangenen Einladung. Der Vorsitzende des Rates des Bezirks Rostock bestand überdies auf einer vertraulichen Behandlung des Sachverhalts, daß der Staatsratsvorsitzende geladen war. Den kurzzeitigen Eindruck einer Stabilisierung des Staat-Kirche-Verhältnisses vermittelte auch der Evangelische Kirchentag, der vom 6. bis zum 9.7.1989 in Leipzig stattfand. Ungeachtet der sich immens verschärfenden gesellschaftlichen Probleme mahnte Landesbischof Hempel auf der Schlußversammlung die Menschen zur Ruhe („Ein bißchen mehr Ruhe ist keine Sünde"; zit. nach: Rein, Revolution, 188).
304 Gienkes Brief wie auch Honeckers Antwortschreiben als Faksimile aus dem „Neuen Deutschland" vom 19.7.1989 in: Rein, Revolution, 189, vgl. auch 190 f.

Dem stimmte Gienke zu. Daraufhin distanzierte sich die Greifswalder Kirchenleitung von ihrem Bischof – ein einmaliger Vorgang in der DDR-Kirchengeschichte. Obwohl Gienke versprach, künftig einen „veränderten Leitungsstil" praktizieren zu wollen[305], entzog die Synode der Evangelischen Landeskirche Greifswald dem seit 1972 [!] amtierenden Bischof Anfang November 1989 mit knapper Mehrheit das Vertrauen[306]. Anfang September 1989 erfolgte die staatliche Absage eines für den 12. des Monats bereits zugesagten Staat-Kirche-Gesprächs. Die KKL reagierte darauf mit Unverständnis[307]; die BEK-Synode in Eisenach verabschiedete Mitte September eine Entschließung, die sich für „demokratische Parteienvielfalt", ein neues Wahlverfahren, Reisefreiheit für alle Bürger, das Recht zu friedlichen Demonstrationen und eine „verantwortliche pluralistische Medienpolitik" einsetzte[308]. Mit diesen Forderungen hatten sich die Kirchen – unmittelbar vor dem 40. Jahrestag der DDR – von Honeckers Staat verabschiedet.

---

305 KiS, 1989, 220.
306 Ebd., 274. Während der Synodaltagung sprach Gienke eine Art Schuldbekenntnis: „Ich war mir des Weges, der ja durch Jahre hindurch im Bund und in der Landeskirche gemeinsam gegangen worden ist, so sicher, daß ich andere Stimmen nicht in der Weise ernst genommen habe, wie es notwendig gewesen wäre. Das ist meine Schuld, die ich Ihnen hier offen und betroffen eingestehe [...]. Das hat die schwerwiegenden Belastungen ausgelöst, die für mein Denken und Handeln einen vorher nicht bekannten Schock ausgelöst haben. Ich habe mir nachträglich [...] deutlich gemacht, daß ich auch elementare Fehler im Umgang mit publizistischen Gesetzen gemacht habe" (8. Tagung der VIII. Landessynode, Bericht des Bischofs am 2.11.1989, 3 f.).
307 Einem von der KKL am 4.9.1989 verabschiedeten „Brief an die Gemeinden" stimmte Kirchenpräsident Natho nicht zu und verhinderte die „Verbreitung des Briefes" in seiner eigenen Landeskirche. Dies berichtete die Abteilung Kirchenfragen des Rates des Bezirkes Halle am 17.10.1989 über die Lage in der Evangelischen Landeskirche Anhalts und fügte hinzu: „Natho [...] hat, besonders in den letzten beiden Jahren [...], zu den unterschiedlichsten Anlässen politische Positionen bezogen, die sich deutlich in positiver Weise gegenüber Stellungnahmen aus anderen Landeskirchen hervorhoben." Lobend wurde nochmals die „straffe[n] innerkirchliche[n] Disziplinierung" der beiden Pfarrer, die 1987 Krawczyk in ihren Kirchen hatten auftreten lassen, erwähnt. Über die Landeskirche hieß es: „Wie gegenwärtig in wohl keiner anderen Landeskirche der DDR ist die überwiegende Mehrheit der Amtsträger zielgerichtet darum bemüht, einen Standort der Kirche in unserer Gesellschaft auszufüllen, der sich positiv zu den sozialistischen Idealen bekennt [und] politischen Belastungen im Verhältnis zu staatlichen Organen ausweicht" (LPA Halle, IV / F-2 / 14 / 368).
308 epd-Dokumentation 43 / 89. Während die Synode in Eisenach tagte, hielt sich auch der MfS-Führungsoffizier Kurt Dohmeier in der Stadt auf. Er verfügte über eine Liste sämtlicher Synodalen – drei Namen waren angekreuzt, darunter der Lothar de Maizières. Außerdem rechnete Dohmeier für den Zeitraum, in dem die Synode tagte, ein Abendessen in Eisenach mit „Czerni" ab (Der SPIEGEL 37 / 91 vom 9.9.1991, 20). Vgl. dagegen die einfühlsame Artikelserie Nina *Grunenbergs* über de Maizières Weg nach dessen Aufgabe aller politischen Ämter und Mandate (Die ZEIT 38 / 91 vom 12.9.1991, 39 / 91 vom 19.9.1991 und 40 / 91 vom 26.9.1991). Siehe auch *Stammler*, Meister der Verdrängung. Von der Geschichte überrundet, in: Ev. Komm. 1991, 576. In einem Gespräch mit der Mitarbeiterin für Kirchenfragen des Rates des Kreises Bitterfeld, Abteilung Inneres, am 11.9.1989 erklärte der Wolfener Pfarrer Axel Noack, der zugleich Mitglied der Bundessynode und der KKL war, daß es auf der Synode zu, von ihm allerdings für berechtigt gehaltenen, sehr grundsätzlichen Äußerungen zum DDR-System kommen werde. Noack hob hervor: „Die Kirche sei deshalb für eine oppositionelle Vereinigung, damit die oppositionellen Kräfte, die es in der DDR gibt, nicht mehr das Dach der Kirche nutzen" (Hausmitteilung der Bezirksleitung der SED, Halle, vom 19.9.1989, LPA Halle, IV / F-2 / 14 / 368).

Während der turbulenten Monate vor der „Wende" entfaltete das MfS noch einmal hektische Aktivitäten[309] – besonders auch im Bereich der Kirchen. Nichts blieb unversucht, den seit Jahren betriebenen innerkirchlichen Zersetzungsprozeß noch zu beschleunigen und die verschiedenen Gruppen in der Kirche derart zu beeinflussen, daß sie sich gegenseitig neutralisieren sollten[310]. Doch trotz durchaus erfolgreicher Einzelmaßnahmen vermochte der mächtige Apparat den lange angestauten Unmut der breiten Massen nicht mehr einzudämmen, wie die Leipziger Montagsdemonstrationen exemplarisch belegten[311].

Die Anzahl der Teilnehmer an der Montagsdemonstration in Leipzig[312]

Datum	niedr. Schätzung	höchste Schätzung	mittl. Schätzung
25. 9.1989	5.000	8.000	6.500
2.10.1989	15.000	25.000	20.000
9.10.1989	70.000	70.000	70.000
16.10.1989	>100.000	120.000	>110.000
23.10.1989	150.000	300.000	225.000
30.10.1989	200.000	500.000	350.000
6.11.1989	400.000	500.000	450.000
13.11.1989	150.000	200.000	175.000
20.11.1989	>100.000	200.000	>150.000
27.11.1989	200.000	200.000	200.000
4.12.1989	150.000	150.000	150.000
11.12.1989	100.000	150.000	125.000
18.12.1989	150.000	150.000	150.000

Kaum hatte das MfS der Hydra „Das Volk" einen Kopf abgeschlagen, wuchsen viele neue nach[313]. Nur ein Blutbad nach chinesischem Vor-

---

309 Vgl. hierzu *Mitter / Wolle* (Hgg.), Ich liebe euch doch alle!
310 Vgl. z.B. BV für Staatssicherheit Berlin vom 2.6.1989 über die „Einleitung politisch-operativer Sicherungsmaßnahmen zur Verhinderung einer Provokation im Stadtzentrum" (FZ Stalinismus, Dresden, Ordner BV Berlin). Der Einsatzplan und Berichte über die Aktion „Störenfried" vom 7.6.1989 zur Unterbindung eines „Schweigemarsches", ebd.
311 Zu den Leipziger Ereignissen vom 25.9. bis zum 18.11.1989 vgl. die breite, auf Zeitzeugenaussagen und Pressemeldungen basierende Darstellung in: *Neues Forum Leipzig* (Hg.), Jetzt oder nie – Demokratie; *Schneider* (Hg.), Leipziger Demontagebuch; *Tetzner*, Leipziger Ring. Aus kirchlicher Sicht: *Zwahr*, Ende einer Selbstzerstörung; *Harnisch / Hänisch / Magirius / Richter* (Hgg.), Dona nobis pacem. Wie aus einer internen Hausmitteilung der Bezirksleitung Halle der SED vom 17.10.1989 hervorgeht, „distanziert[e] sich die Kirchenleitung [Anhalts] von den Aktivitäten des ‚Neuen Forums'". Man versprach sogar, auf einen Jugenddiakon, der am 13.10.1989 während einer kirchlichen Veranstaltung Material des „Neuen Forums" verbreitet hatte, „disziplinarisch ein[zu]wirken, um weitere Aktivitäten zu verhindern" (LPA Halle, IV / F-2 / 14 / 367). In einem Protokoll über ein Gespräch zwischen dem Politbüromitglied und 1. Sekretär der Bezirksleitung Halle, Böhme, und Natho am 23.10.1989 „zum Problem ‚Neues Forum'" wurde festgehalten: „Natho hat Sorge über das Potential, was dahintersteckt. Er stelle sich die Frage, sind es Spinner oder was sind das für Leute. Der Aufruf des ‚Neuen Forums' sei unrealistisch. Ihre Verfasser stünden auf Kriegsfuß mit der Realität. [Natho] äußerte […], daß er unglücklich darüber wäre, daß in Dessau die Kirche ihre Türen aufgemacht hätte für die Leute des ‚Neuen Forums'. Er hält das für sehr gefährlich" (LPA Halle, IV / F-2 / 14 / 370).
312 Quelle: *Opp*, DDR '89, 303.
313 Dokumente zur DDR-Revolution bieten: *Bohley u.a.* (Hgg.), 40 Jahre DDR; *Schüddekopf* (Hg.), „Wir sind das Volk!". Zur Chronologie dieses letzten Abschnitts der DDR-Geschichte vgl. *Bahrmann / Links* (Hgg.), Wir sind das Volk. Chronik der Ereignisse; *Zimmerling* (Hg.), Neue Chronik DDR (bisher acht Hef-

bild hätte die Bewegung womöglich noch ersticken können. Aus einer
isoliert gesellschaftspolitischen Betrachtungsweise nicht einmal zu Unrecht, sprach Mielke Ende Juni 1989 vom „Sozialdemokratismus im
Konzept des Gegners"[314]. Das von SED und SPD gemeinsam erarbeitete Dokument über den „Streit der Ideologien und die Gemeinsame
Sicherheit" vom Sommer 1987 hatte – gegen die Intentionen des totalitären Regimes – einen innenpolitischen Dialog in der DDR befördert,
den insbesondere auch Theologen vorantrieben. Sätze wie „Die offene
Diskussion über den Wettbewerb der Systeme, ihre Erfolge und Mißerfolge, Vorzüge und Nachteile muß innerhalb jedes Systems möglich
sein"[315] dienten als Berufungsgrundlage für das System weiter destabi-
lisierende Diskussionen und führten gar zu der Forderung nach einer
„sozialistischen Reformpartei". Im März 1989 zog die SPD unter Zugrundelegung des gemeinsamen Papiers eine kritische Bilanz und warf
der SED in einer vernichtenden Kritik zahlreiche Verstöße gegen Geist
und Inhalt des „Dokuments" vor. Die während der kurzen Liberalisie-
rungsphase vor dem Honecker-Besuch in Bonn 1987 zustande gekommene Dialogpolitik der beiden Parteien – seinerzeit als außenpolitischer Erfolg gewertet – erwies sich so, je länger, je mehr, als ideologisch verhängnisvoll für das geschlossene gesellschaftliche Leben in der
DDR. Verschiedene Basisgruppen, Synoden und Kirchenleitungen begrüßten das „Dokument" als „historisches Ereignis", da es eine Ver-
zichtserklärung auf den „Alleinvertretungsanspruch der Wahrheit"
darstelle[316]; sie sorgten für seine Verbreitung und klagten eine „Kultur
des politischen Streites" ein. Durch die öffentliche Diskussion wurden
das politische Bewußtsein der DDR-Bürger weiter sensibilisiert und –
im Vergleich mit der tristen Wirklichkeit – Zweifel an der Reformier-
barkeit des real existierenden Sozialismus genährt. Vor diesem Hintergrund mußte das MfS alle informellen Kontakte zwischen SPD-Politi-
kern und Kirchenmännern – auch wenn es über deren Inhalte genauestens informiert war – mit äußerstem Argwohn betrachten. Das galt
1989 insbesondere für das Gespräch zwischen dem SPD-Parteivorsit-
zenden Hans-Jochen Vogel mit Landesbischof Leich vom 25. Mai und
die einen Monat darauf erfolgende Ankündigung, die Sozialdemokraten hielten, neben den bestehenden Kontakten zur SED, auch den kritischen Dialog mit „kirchlichen Gruppen, Vertretern abweichender
Meinungen, mit Einzelbürgerinnen und -bürgern"[317] für wünschenswert und nötig.
Als das MfS dann unter der Regierung Modrow[318] zu einem Amt für
Nationale Sicherheit (AfNS) umgewandelt werden sollte, wurde auch
über das Weiterbestehen einer analogen Struktureinheit zur Linie XX /
4 nachgedacht, die folgende Aufgaben haben sollte: „Nutzung der operativen Möglichkeiten zur Eingrenzung bzw. Verhinderung des Miß-

---

te); *Heber / Lehmann* (Hgg.), Keine Gewalt (mit vielen zeitgenössischen Photos
und Dokumenten). Vgl. auch die Analysen von *Habermas*, Revolution und *Pollack*, Das Ende. Aus kirchlicher Perspektive: *Grabner / Heinze / Pollack* (Hgg.),
Leipzig im Oktober. Eher erfahrungsbezogen: *Sievers*, Vom Friedensgebet zur Revolution; *Menge*, „Ohne uns läuft nichts mehr" (journalistisch).
314 MfS, Mielke, Referat auf der Sitzung der Kreisleitung vom 29.6.1989, A / 175, 33
      (Dok. 125).
315 Kultur des Streites. Die gemeinsame Erklärung von SPD und SED, 12.
316 *Rosenthal*, Bilanz des Dialogs, 101-104.
317 KiS, 1989, 175 f.
318 Vgl. hierzu autobiographisch *Modrow*, Aufbruch und Ende.

70

brauchs der Kirchen zur Durchführung verfassungsfeindlicher Aktivitäten durch feindliche Kräfte in Sammlungsbewegungen / Vereinigungen [...]"[319]. Auch wenn dieser Plan teilweise als allerdings „untaugliche[r] Versuch, Mitarbeiter in Strukturen (es gab Zahlenvorgaben) [...] retten" zu wollen[320], angesehen werden kann, zeigt er doch deutlich, daß sich bis zur ersten frei gewählten Regierung de Maizière im März 1990 an der Einschätzung der Kirchen nichts änderte.

3
Zielpersonen und Zielgruppen der Tätigkeit des MfS

Pfarrer und Bischöfe – je nach Ebene im MfS – wurden als exponierte Vertreter der Kirchen bearbeitet. Dabei existierte im MfS das Bild vom „kirchlichen Amtsträger mit seiner den Marxismus-Leninismus ablehnenden Grundhaltung und seinen für die Partei und staatlichen Organe nicht ohne weiteres zugänglichen Räumlichkeiten"[321]. Unterschieden wurde zwischen „progressiven" Pfarrern[322], bei denen das MfS eine Bereitschaft zur Zusammenarbeit mit der Regierung der DDR erwartete, deren Autorität gestärkt wurde, und „reaktionären" Pfarrern, die sich gegen die jeweilige Politik der SED stellten. Die Spannungen zwischen diesen Gruppen wurden genau beobachtet und ausgenutzt. Bereits 1960 hieß es in einem Bericht:

„In der Vergangenheit [...] hat sich gezeigt, daß die klerikalen Kreise am wirksamsten durch eine organisierte innerkirchliche Opposition bei der Verwirklichung ihrer Pläne gestört werden können [...]. Auch die besser zu organisierende Tätigkeit der Prager Christlichen Friedenskonferenz müßte dieser vorgesehenen Entwicklung der oppositionellen Kräfte in der DDR Rechnung tragen und stärker für deren Forderungen eingesetzt werden."[323]

Da die kirchlichen Mitarbeiter viel weniger in verbindliche Entscheidungshierarchien und überhaupt nicht in den demokratischen Zentralismus eingebunden waren und zudem ihre Freiheiten zu nutzen verstanden, wurden sie für das MfS zum Problem: „Der zunehmenden negativ-feindlichen und oppositionellen Einstellung und dementsprechenden Motivation für eine Tätigkeitsaufnahme im kirchlichen Bereich ist verstärkt Beachtung zu schenken."[324] Noch 1988 wurde von Mielkes Stellvertreter Mittig auf „auf antikommunistischen Positionen stehende Amtsträger"[325] hingewiesen.
Auch Gespräche, die staatliche Stellen mit kirchlichen Vertretern führten, wurden durch die vielfältigen Zugriffsmöglichkeiten des MfS veranlaßt, vorbereitet und später ausgewertet. Zuweilen benötigte das MfS auch die Hilfe der Kirchen, etwa beim Problem der Ausreiseantragsteller, da sich die Kirchen für ein Dableiben ausgesprochen hatten und in diesem Sinne auf die Menschen einwirken sollten.

319   Vorläufige Grundsätze für Aufgaben und Strukturen des AfNS vom 4.12.1989, 14 (Dok. 132). Vgl. auch *Gill / Schröter*, Das Ministerium für Staatssicherheit, 177 ff.
320   Mitteilung J. Wiegand vom 27.10.1991.
321   *Tronicke / Weißleder u.a.*, Grundorientierungen, 349.
322   Siehe z.B. Mielkes Schreiben an Ulbricht vom 1.11.1959, #371, 747.
323   MfS, Bericht über die Gesamtdeutsche Synode der EKD vom 21.-26.2.1960 vom 5.3.1960, Nr. 188 / 60, #372, 15481 (Dok. 36).
324   *Hermann*, Die Kenntnis der Ev.-Luth. Kirche in Thüringen, 119.
325   MfS, Mittig, Referat vom 20.5.1988, #715, 589 (Dok. 110).

Alle Entscheidungsgremien innerhalb der Kirchen – Kirchenleitungen, Synoden und deren Apparat – waren natürlich Objekt des besonderen MfS-Interesses. Es wurden Inoffizielle Mitarbeiter geworben, die nicht nur Interna hinterbrachten; sie wurden gleichzeitig eingesetzt, um Fraktionen zu schaffen und Entscheidungen herbeizuführen, die dem MfS mißliebige Personen isolierten und in ihren Aktivitäten hemmten.

Der kirchliche „Nachwuchs", also vornehmlich Theologiestudenten, wurde als besonders wichtige Gruppe, innerhalb derer Inoffizielle Mitarbeiter zu gewinnen seien, eingeschätzt[326]. Für die Theologischen Sektionen an den Universitäten gab es dafür eigene Konzeptionen; die schwerer zugänglichen Hochschulen im Bereich der Kirche galten gar als „operative Schwerpunkte".

Insbesondere in den Anfangsjahren des MfS wurden alle Einrichtungen genauestens beobachtet, die sich der Jugend zuwandten, allen voran die Jungen Gemeinden und die Studentengemeinden.

Im Zuge dieser Überwachung verhaftete man auch Studentenpfarrer: Johannes Hamel (Halle) 1953, Martin Giersch (Weimar) 1957, Siegfried Schmutzler (Leipzig)[327] ebenfalls 1957 und andere (Theologiestuden-

---

326 MfS, Mielke, Dienstanweisung 2 / 85 vom 20.2.1985, VVS o008 MfS 6 / 85 Leipzig, 100 182, 14 (Dok. 87).

327 Schmutzler, geb. 1915, wurde 1957 in einem stalinistischen Schauprozeß wegen „Boykotthetze" zu fünf Jahren Zuchthaus verurteilt, von denen er viereinhalb Jahre abbüßte. Landesbischof Noth, dessen Telefongespräche 1957 / 58 vom MfS abgehört und aufgezeichnet wurden (*Fricke*, Staatssicherheit, 117), kritisierte Schmutzler, weil er „nicht in allen Stücken die Haltung eingenommen [habe], die wir von Pfarrern in politischen Dingen erwarten". Ein Pfarrer habe „keine konterrevolutionäre Tätigkeit zu entfalten" (zit. nach: Ev. Komm. 24 [1991], 529). Der Synodaltagung war am 5.12.1957 ein Gespräch des Vorsitzenden des Rates des Bezirks Dresden, Jahn, mit Vertretern der sächsischen Landeskirche, darunter auch Bischof Noth, vorausgegangen. Im Verlauf des Gesprächs äußerte die staatliche Seite den Wunsch, daß „die Synode [...] vor allem über die politische Tätigkeit [Schmutzlers] ein Wort sagen" sollte, „um sich davon zu distanzieren". Aus dem Protokoll geht auch hervor, daß Schmutzler auf Anraten Grübers gleich nach seiner Verhaftung aus Leipzig abberufen worden war. Auf Noths Entgegnung, daß er sowieso vorgehabt hätte, „auf der Synode zum Fall Schm. zu sprechen, da er auch eine Richtigstellung der gegen ihn und die Landeskirche erhobenen Beschuldigung vornehmen müsse", bekräftigte der Vorsitzende die Bitte, „daß man vor allem zu der politischen Tätigkeit Schm. etwas sagen muß. Noth antwortete darauf, er wisse nicht, ob die Synode etwas sagen wird [...]. Abschließend sagte der Vorsitzende noch, daß wir von der Kirche erwarten, daß sie die Pfarrer, die dauernd eine Stellungnahme gegen unseren Staat beziehen, abberuft, da wir ein Interesse daran haben, das Verhältnis zwischen Kirchenleitung und Staat weiter zu verbessern. Hier sprach Mager die einzigen Worte in der dreistündigen Unterredung: man müsse dabei natürlich prüfen, wie der Pfarrer seine Worte gemeint habe [...]" (Rat des Bezirks Dresden, Beauftragter für Kirchenfragen, Bericht über das Gespräch mit den Vertretern der evangel.-luth. Landeskirche Sachsen am 30.11.1957 beim Rat des Bezirks Dresden vom 5.12.1957, Bundesarchiv, Abt. Potsdam, Best. O-4, 331). Drei Jahre später betonte Pfarrer Gottfried Forck in einem Gespräch mit der Abteilung Kirchenfragen des Rates des Bezirks Cottbus, daß Schmutzler „Opfer" einer „gelenkten Verleumdungskampagne" geworden sei, und bekundete seine Solidarität mit diesem (Bericht an den Rat des Bezirks Cottbus, Gen. Kappelt, vom 14.10.60, Bundesarchiv, Abt. Potsdam, Best. O-4, 328). Am 9. Juli 1991 wurde Schmutzler vor dem Leipziger Bezirksgericht rehabilitiert. Zu dem Rehabilitationsverfahren war von der Sächsischen Kirchenleitung niemand erschienen. Der Beschluß des Oberlandesgerichts Stuttgart in der „Rehabilitierungssache des Dr. Siegfried Ernst Schmutzler" ist abgedruckt in: Handreichungen für den kirchlichen Dienst. Amtsblatt der Evangelisch-Lutherischen Landeskirche Sachsens 17 / 18 vom 30.9.1991, B 57-B 60. Geradezu apologetisch wirkt in diesem Zusammenhang die Bemerkung der Herausgeber des Amtsblattes, daß „Schmutzler für die Landeskirche auf der Anklagebank" gesessen habe (ebd., B 57). Vgl. jetzt auch *Schmutz-*

ten)[328]. Erschwerend trat bei den Studentengemeinden hinzu, daß sich
hier nicht nur angehende Theologen, sondern auch ein Teil des wissenschaftlichen Nachwuchses traf, der später in den Führungsetagen des
sozialistischen Staates Platz nehmen sollte. Die Besorgnis, daß Akademiker, also meist Führungskader, unter kirchlichen Einfluß geraten
könnten, war auch ein wichtiger Grund dafür, etwa Hauskreise[329] und
evangelische Akademien[330] unter ständiger Beobachtung des MfS zu
halten.
Die Darstellung und Dokumentation der Verfolgung bzw. Bespitze-
lung Junger Gemeinden durch das MfS, insbesondere zu Beginn der
50er Jahre, erforderte einen eigenen Band[331]. Bis zum Ende der SED-
Herrschaft blieb das Spektrum der kirchlichen Jugendarbeit unter permanenter MfS-Kontrolle, ohne daß freilich die Repressionen gegen
junge praktizierende Christen eine so brutale Gestalt annahmen wie
1952 / 53. Die MfS-Dienstanweisung 4 / 66, die sich speziell mit der
„politisch-operativen Bekämpfung der politisch-ideologischen Diversion und Untergrundtätigkeit unter jugendlichen Personenkreisen" beschäftigte, erwähnte ausdrücklich die Bearbeitung „kirchlich gebundener Jugendlicher"[332]. In den 80er Jahren nahm das MfS die sog. „Offene Jugendarbeit" mit Jugendlichen aus den Randgruppen der Gesellschaft besonders ernst, da sie „die Position des ‚Aussteigens', des ‚Ver-
weigerns' gegenüber der ‚vorfindlichen Gesellschaft', d.h. nichts anderes als Opposition zum realen Sozialismus"[333] verkörpere. Durch von
Mielke persönlich unterzeichnete Schreiben erhielten auch die Blues-
Messen, die Pfarrer Rainer Eppelmann zweimal im Jahr in Berlin veranstaltete, den Rang „operativer Höhepunkte", in die viele verschiedene Diensteinheiten mit einbezogen wurden. Diese sollten bereits die
Eisenbahnzüge, mit denen die Jugendlichen potentiell anreisen konnten, kontrollieren. Die Teilnehmer wurden namentlich ermittelt und an
ihre Heimatorte gemeldet. Allein zu diesem Komplex existierten Aufzeichnungen über 1 500 Personen. Die VSH-Kartei (s.u.) der Abt. XX
in der BV Leipzig enthielt beispielsweise eine 1983 von der KD Leip-

---

ler, Gegen den Strom.
328 Vgl. hierzu auch *Noack*, Die evangelischen Studentengemeinden in der DDR, 49 f.
     Hierbei handelte es sich um die Leipziger Theologiestudenten Andreas Jentsch
     und Wolfgang Wohllebe, die am 3.6.1957 verhaftet und später wegen „Boykotthet-
     ze gegen demokratische Einrichtungen" und ihrer „Verbindung" zu Schmutzler zu
     einer Zuchthausstrafe von anderthalb bzw. zweieinhalb Jahren verurteilt wurden
     (vgl. den Bericht „Zuchthaus für Leipziger Theologiestudenten", in: Junge Kirche
     19 [1958], 32). Dieses harte Vorgehen gegen kirchliche Amtsträger und Theologie-
     studenten in der DDR hatte eine „Orientierungslosigkeit" der Kirchlichen Bruder-
     schaften in der Bundesrepublik zufolge, der man wie folgt begegnen wollte: „Wir
     haben deshalb veranlaßt, daß ein Vertreter der CDU [Ost] zu den unklaren Pro-
     blemen für die in Westdeutschland erscheinende ‚Stimme der Gemeinde' schreibt.
     Pastor Mochalski hat sich bereit erklärt, daß dieser Beitrag unter seinem Namen
     erscheint, um die Wirkung in der westdeutschen Öffentlichkeit zu erhöhen" (Ar-
     beitsgruppe Kirchenfragen, Kirchenpolitische Information an die Mitglieder des
     Politbüros und des Sekretariats vom 22.1.1958, IfGA / ZPA / IV / 2 / 14 / 3, Bl.
     138-154).
329 *Hermann*, Die Kenntnis der Ev.-Luth. Kirche in Thüringen, 101 f.
330 *Tronicke / Weißleder u.a.*, Grundorientierungen, 501.
331 Vgl. *Maser*, Glauben im Sozialismus, 50 f.; 103-109.
332 MfS, Mielke, Dienstanweisung 4 / 66 vom 15.5.1966 zur Bekämpfung der poli-
     tisch-ideologischen Diversion und Untergrundtätigkeit unter jugendlichen Perso-
     nenkreisen, VVS 008-365 / 66 100 483, 24.
333 *Tronicke / Weißleder u.a.*, Grundorientierungen, 460.

zig-Stadt angelegte Karte eines 1966 geborenen Jugendlichen – nur weil er „an kirchlichen Zusammenkünften teil[nahm]"[334]. Auch wer seinen Wehrdienst verweigerte oder die Ableistung mit der Waffe ablehnte, wurde in Karteien der Linie XX / 4 erfaßt.
Seit Anfang der 80er Jahre zogen die mit der Kirche meist nur locker verbundenen verschiedenen Basisgruppen die besondere Aufmerksamkeit des MfS auf sich. Diese sich mit der Friedens-, Umwelt- und Menschenrechtspolitik in der DDR befassenden Gruppen versuchten bald, sich überregional zusammenzuschließen[335]. Zum Alptraum für SED und MfS schien sich die – durchaus realistische – Vorstellung entwikkelt zu haben, daß es den „Exponenten der politischen Untergrundtätigkeit" gelingen könnte, „in einen provokativen Dialog mit dem Ziel einer politischen Druckausübung mit der Regierung der DDR zu kommen"[336]. So kam es in der DDR nie zu sachlichen Auseinandersetzungen über die Probleme, für deren Existenz die Gruppen nur Ausdruck waren. Mielke vertrat konsequent den Standpunkt, die Bewegungen handelten „als verschworene Feinde des Sozialismus"[337]; darum seien allein polizeiliche Maßnahmen zur Bewältigung der Probleme angebracht und genügten – zusammen mit den MfS-Maßnahmen – vollauf, die Dinge im Griff zu behalten.
Erst im Frühjahr 1989 änderte der Minister die bis dahin gültige Sprachregelung: Jetzt belegte er die Gruppen mit dem Begriff „oppositionell". Aber wirksame Konzepte, ihnen effektiv zu begegnen, hatte das MfS noch immer nicht gefunden. Ende April 1989 klagte Mielke auf der zentralen Dienstkonferenz:

„Wir machen doch täglich die Erfahrung, daß vieles von dem, was wir tun, insbesondere zur Verhinderung von Aktivitäten feindlicher oppositioneller Kräfte, vom Gegner, von seinen Massenmedien, von reaktionären Kirchenkräften und Kräften politischer Untergrundtätigkeit aufgegriffen und hochgespielt wird, um die Partei und unser Organ zu diffamieren und der Verletzung der Menschenrechte zu bezichtigen."[338]

Lange Zeit rechnete das MfS die Basisbewegungen den Kirchen zu, weil die Gruppenaktivitäten meist – wenigstens nominell – unter deren Dach stattfanden. Außerdem ergab sich bei dieser Zuordnung die Möglichkeit, Kirchenleitungen und Gemeindepfarrer unter Druck zu setzen, ihrerseits die Gruppen zu disziplinieren. Aus diesem Grunde wurde auch die Kirchenlinie mit der Bearbeitung der Gruppen beauftragt; erst in den letzten Jahren, und auch da nur in einigen Bezirken, übernahm die Linie XX / 9 (Opposition) ein paar wenige „Fälle". Da sich die Kirchenabteilung über die Jahrzehnte hinweg freilich ein subtileres Instrumentarium zugelegt hatte als das bloße Erteilen von Verboten, arbeitete sie in den Augen von Mielke wenig erfolgreich auf dem Felde der Eindämmung von spontanen Basisbewegungen.
Die besonders enge Verbindung zu den Kirchen in der Bundesrepublik

---

334 BV Leipzig, Abt. XX, VSH-Kartei, in: Zelle 70, zu K.S. Siehe als Beispiel *Beleites,* Untergrund, 71 f.
335 So z.B. das Grüne Netzwerk „arche"; vgl. dazu *Maser,* Glauben im Sozialismus, 129 ff.
336 MfS, Mittig, Schreiben vom 14.10.1986 zur Friedensdekade, VVS o008 MfS 55 / 86 103 322, 2 (Dok. 93).
337 MfS, Mielke, Referat auf der Dienstbesprechung vom 12.2.1988, GVS MfS o008-11 / 88 103 462, 50.
338 MfS, Mielke, Ausführungen des Gen. Minister auf der zentralen Dienstkonferenz am 28.4.1989, B / 211, 29.

bedeutete natürlich auch, daß das MfS dort Inoffizielle Mitarbeiter gewann, um über Planungen und Aktivitäten der einzelnen Landeskirchen wie der EKD im Bilde zu sein[339]. 1989 besaß das MfS nach eigenen Angaben in den Kirchenleitungen und Synoden des EKD-Bereichs
mindestens vierzig IMs[340], die – im Unterschied zu ihren östlichen
Kollegen – ein ordentliches Honorar für ihre Bemühungen erhielten,
was neben dem friedenspolitischen Engagement jüngerer kirchlicher
Bediensteter in den meisten Fällen wohl auch ein entscheidendes Motiv
für den Spionagedienst bildete. Dieser Personenkreis muß künftig freilich mit einer Enttarnung rechnen, da der ehemalige Leiter des Kir-
chenreferats in der HVA / 2, bis zur Auflösung im Stab der HVA tätig, inzwischen seine Dienste dem Verfassungsschutz angeboten hat.
Nicht nur die verfaßten Kirchen, auch der westdeutsche Verbandspro-
testantismus war betroffen. Als der Leiter der BV Leipzig am
15.6.1972 eine Dienstanweisung „über die Zusammenarbeit der Diensteinheiten der BV Leipzig zur Lösung der Aufgaben der Aufklärung
und äußeren Abwehr" erließ, nannte er unter den „operativ-interessan-
ten Objekte[n], Städte[n] und Personengruppen im Operationsgebiet
[gemeint ist das westliche Ausland]"[341] neben der Zentrale des Gustav-
Adolf-Werks in Kassel[342] auch „Einrichtungen der westdeutschen ESG
und KSG". Neben den Großkirchen richtete sich das MfS-Interesse
besonders auf die sog. „Ostmissionen", die die DDR als Transitland
und Zwischenlager verwendeten.
Schließlich wurden auch die „Zeugen Jehovas" durch das MfS bearbeitet. Die anderen kleinen Religionsgemeinschaften standen unter Kontrolle des jeweiligen Arbeitsgebietes 1 der Kriminalpolizei, der sog.
K 1. Obwohl die „Zeugen Jehovas" seit 1950 verboten waren, erschienen sie dem Staat wegen ihrer durch nichts zu unterbindenden Mis-
sionstätigkeit als ein permanenter Unsicherheitsfaktor. So forderte beispielsweise der Jahresplan des Leiters der BV Leipzig noch 1978 die
„politisch-operative Bearbeitung der Zeugen Jehovas mit dem vorran-
gigen Ziel des Eindringens in die Konspiration der Sekte und ihre Verunsicherung"[343]. Umfangreiche Fotoalben ermöglichten es zudem, die
von Haus zu Haus gehenden Sektenmitglieder zu identifizieren.

339   Am 22.1.1988 schrieb der Stellvertreter des Ministers und Leiter der Hauptverwal-
      tung A an den Leiter der Abt. XV der BV Leipzig: „Die verstärkten Angriffe des
      Feindes auf ideologischem Gebiet, insbesondere solche, die ihren Ausgangspunkt
      in Objekten der PID haben, sind mit Nachdruck aufzuklären. Die in den Anlage
      aufgeführten IM und KP Ihrer Diensteinheit sind laut den statistischen Unterlagen
      der HVA in Objekten der PID tätig bzw. haben zu ihnen operative Verbindungen
      und Abschöpfungsmöglichkeiten." Für die EKD wird der IM „Wanda" genannt
      (FZ Stalinismus, Dresden, Ordner HVA / Freunde).
340   Vertr. Mitteilung ehemaliger MfS-Offiziere. – Enttarnt wurde bislang nur der Ju-
      gendbildungsreferent der Oldenburgischen Landeskirche, Arnd Sensenschmidt.
      Anfang Februar 1992 wurde ein zweiter IM des MfS im Westen bekannt. Es han-
      delt sich möglicherweise um Frank Rudolph, zuletzt in der Frankfurter Zentrale
      des Evangelischen Pressedienstes beschäftigt („Die Welt" vom 7.2.1992). Vgl. auch
      den Bericht über die Folgen der Tätigkeit von Frank Rudolph für Pfr. Matthias
      Storck und seine Frau in: DS Nr. 7 vom 14.2.1992, 20.
341   BV Leipzig, Leiter DA 1 / 72 über die Zusammenarbeit der Diensteinheiten der
      BV Leipzig zur Lösung der Aufgaben der Aufklärung und äußeren Abwehr vom
      15.6.1972, Anlage, VVS Lei 02-22 / 72 400 146, 1.
342   Ebd., 4.
343   BV Leipzig, Leiter, Jahresarbeitsplan 1978 vom 28.1.1978, GVS Lpz 050-1 / 78 400
      066, 28.

4
Arbeitsweise des MfS

Die Linie XX / 4 benutzte die in ihrem Bereich üblichen Arbeitsweisen und spezifizierte sie für das besondere Arbeitsfeld „Kirche". Mielke ging zwar in seinen Reden fast immer auf das Geschehen in den Kirchen ein; eine zentrale Dienstanweisung blieb seit den 60er Jahren jedoch aus.

Das oft benutzte Wort „operativ" weist auf die vielfältigen Möglichkeiten hin, die dem MfS zur Verfügung standen, um auch durch sog. „operative Kombinationen" – ein enges Zusammenwirken mit K 1, OibEs, VP und Zoll (die beiden letztgenannten Einrichtungen übernahmen seit 1977 die Exekutive) – Entscheidungen zu beeinflussen, herbeizuführen oder zu verhindern, Menschen zu fördern oder zu hemmen, ohne daß der Betreffende die Zusammenhänge erkennen und schon gar nicht das MfS dahinter vermuten konnte.

Im folgenden soll der Versuch unternommen werden, das geheimdienstliche Repertoire für den Bereich der Kirche ein wenig zu explizieren.

Wer einer bestimmten sozialen Schicht angehörte, in bestimmten Gruppen und Gremien mitarbeitete oder sich sonst exponierte, wurde zunächst registriert. D.h. ein Mitarbeiter, der für den betreffenden Bereich im MfS zuständig war, nahm seine Anwesenheit zur Kenntnis. Dies geschah zum einen in eigenen Karteien – z.B. der Vorverdichtungs-, Such- und Hinweis [VSH]-Kartei, in sog. Handakten, in OPKs, OVs oder in anderen Vorgängen (hierzu gehören die selteneren Objektvorgänge). Die ersten beiden Arten der Unterlagen waren nach vielfältigen Gesichtspunkten geordnet und hatten die Funktion, in möglichst kurzer Zeit eine Grobeinschätzung der Person zu liefern. Der Schwellenwert für eine Erfassung war u.U. außerordentlich gering; es genügte oft schon, ein Lebensmittelpaket nach Rumänien abgeschickt oder sein Auto in der Nähe des „Kirchentages von unten" geparkt zu haben. Die Einteilung der Vorgänge – und damit deren Bezeichnungen – änderte sich zwar gelegentlich, aber die zuletzt im MfS gültige Einteilung zeigt die Arbeitsweise deutlich. Wer in einem Vorgang bearbeitet wurde, war für den betreffenden Mitarbeiter in der Abt. XII im MfS „erfaßt"[344] und konnte nicht ohne weiteres gleichzeitig von anderen „Struktureinheiten" im MfS bearbeitet werden. Zumindest war für einen solchen Fall die Erlaubnis einzuholen. Nach Beendigung der Bearbeitung wurde der Vorgang im Zentralarchiv des MfS abgelegt.

4.1
Die Inoffiziellen Mitarbeiter
In der Regel waren die Inoffiziellen Mitarbeiter als IM-Vorgang erfaßt.

---

344 Im gut informierten „telegraph" Nr. 7 vom 25. Juli 1991, 10 heißt es: „Ein Hinweis in der Findmitteldatei auf eine IM-Akte bedeutet nicht automatisch, daß eine IM-Akte vorliegt. Ebenso kann es sich um eine Vorlaufakte handeln, d.h. um die Überprüfung, ob jemand als IM geeignet sein könnte, oder eine gescheiterte Werbung. Deshalb sind die zur Zeit grassierenden Gerüchte, daß der derzeitige Thüringer Landesbischof und seinerzeitige Chef des Bundes der Evangelischen Kirchen der DDR, Leich, seit 1979 Inoffizieller Mitarbeiter der Staatssicherheit gewesen sei, ohne nähere Überprüfung nicht verantwortbar."

Hierfür gab es allgemeine Richtlinien, die in regelmäßigen Abständen aktualisiert wurden (RL 1 / 58, 1 / 68, 1 / 79)[345]. In den Anfangsjahren des MfS war die Farbe der Karteikarten und Aktendeckel der IM-Akten blau; darum wurde ein IM im Jargon auch oft als „Blauer" bezeichnet[346].

Die Hauptverwaltung Aufklärung (HVA) für Auslandsspionage und die HA XX / 4 verzichteten allerdings zuweilen darauf, die Kandidaten eine förmliche Verpflichtungserklärung unterzeichnen zu lassen, um sie wegen möglicher Skrupel nicht zu überfordern. Ihr Wert als Informationsquelle sollte nicht an der bloßen Formalität der Verpflichtungserklärung scheitern.

Für die Entscheidung, IM zu werden, gab es im wesentlichen drei Motivationskomplexe, die freilich auch in gemischter bzw. kombinierter Form auftreten konnten:

a) IMs aus Überzeugung. Dieser Grund mußte nicht zwingend bedeuten, eine positive Einstellung zur SED zu haben; vielmehr genügte oft eine bestimmte Art von „Realitätssinn", nämlich das Sich-Abfinden mit einer gesellschaftlichen Realität, zu der die Anwesenheit des MfS gehörte.

b) IMs aus materiellem Interesse. Diese Motivation konnte, gerade auch für Christen und kirchliche Mitarbeiter in der DDR-Mangelgesellschaft, vielfältige Formen annehmen und bei einer bestimmten psychosozialen Disposition als Tauschgeschäft angelegt sein. So ging es oft um die eigene Karriere, Studienplätze für die Kinder, Reisemöglichkeiten, Hilfe bei der Besorgung von Baumaterial, einen Telefonanschluß oder einfach um einen materiellen Zuschuß.

c) IMs, die erpreßt wurden. Dazu gehörten begangene Straftaten oder irgendeine Information, deren Veröffentlichung den Betreffenden kompromittiert hätte. Das hatte freilich den Nachteil, daß ein solches Wissen nach einer bestimmten Zeit ohnehin bekannt wurde oder aber nicht mehr wirksam war. Wegen der außerordentlich langfristigen Planung, wie sie gerade auch bei der Kirchenlinie nötig war, gebrauchte man diese Methode der Anwerbung regelmäßig nur in den Anfangsjahren des MfS, später sehr selten.

War jemand schließlich geworben – meistens ging dem ein längerer sog. IM-Vorlauf voraus – und noch nicht am Bestimmungsort, wurde er über die bereits genannte „operative Kombination" in die das MfS interessierende Umgebung eingeschleust. Durch einseitige Dekonspiration wußte z.B. ein anderer IM, wer noch Inoffizieller Mitarbeiter war, und konnte so, etwa bei Gruppeneinteilungen, seine Kollegen gleichmäßig verteilen. Durch Inoffizielle Mitarbeiter wurden andere inoffiziell gewonnene Informationen überprüft und genutzt, so daß sich der IM, z.B. bei Diskussionen, im Vorteil befand oder in Auseinandersetzungen andere kirchenleitende Persönlichkeiten bloßstellen konnte[347]. Mit Hilfe von IMs in Schlüsselpositionen gelang es, bei Ernennungen

---

345 Die RL Nr. 1 / 79 ist abgedruckt bei *Gill / Schröter*, Das Ministerium für Staatssicherheit, 414-477.

346 Vgl. dazu das ausgezeichnete Psychogramm von *Wawrzyn*, Der Blaue.

347 So erhielt z.B. Bischof Mitzenheim Material über die Vergangenheit Bischof Krummachers während des „Dritten Reiches", vgl. E.I. 162 / 62 vom 17.3.1962, #373, 1866 (Dok. 43). Da sehr viele Angehörige des „Nationalkomitees Freies Deutschland", zu dem auch Krummacher gehörte, für den NKWD arbeiteten, könnte dadurch das Gestapo-Material freilich auch neutralisiert worden sein.

und Berufungen den Wunschkandidaten in den engeren Kreis aufrük-
ken zu lassen, um später sich selbst oder einen anderen IM in eine
Schlüsselfunktion zu bringen. „IM in Schlüsselpositionen in den Kirchen müssen über tatsächliche Entscheidungsbefugnisse auf internationaler und landeskirchlicher Ebene in den Kirchen, ihren Einrichtungen, Werken und Organisationen verfügen."[348] Die interessierenden
Positionen waren im MfS genau erfaßt. So heißt es beispielsweise in
einer Arbeit über die thüringische Landeskirche:

> „Aus *operativer Sicht* erscheinen im LKA die Positionen interessant, durch die Einblicke
> in die Vermögens- und Finanzlage der Landeskirche gewonnen werden können (Zuwen-
> dungen aus der Partnerkirche Württemberg, Verschleierung von Transaktionen u.ä.).
> Weiterhin erscheinen Stellen bedeutsam, die sich mit Personalangelegenheiten befassen
> bzw. diese beeinflussen können, und Stellen wie die des Persönlichen Referenten des
> Landesbischofs und des Leiters des Gemeindedienstes."[349]

Da verhältnismäßig viele Inoffizielle Mitarbeiter in den Kirchendienst
traten und die Arbeit sehr langfristig angelegt war, wirkten viele personelle Konstellationen, von außen betrachtet, als rein zufällig. Hinzu
kam in DDR-Kirchenbehörden oft das Problem, daß man Posten neu
besetzen mußte, ohne über kompetente Kandidaten zu verfügen; in
diesen Fällen wurde jeder Hinweis als Hilfe empfunden. Dieses Verfahren, IMs einzuschleusen, betraf besonders Juristen und Verwal-
tungsfachleute, mit denen das MfS grundsätzlich lieber zusammenar-
beitete als mit Theologen. Nicht nur die Anwerbung eines IM aus dieser Zielgruppe bereitete in der Regel weniger Mühe als die eines Theologen; jene schienen – in der Wahrnehmung des MfS! – „rationalen"
bzw. pragmatischen Argumenten auch eher zugänglich zu sein als diese. Natürlich arbeiteten IMs auch in den staatlichen Einrichtungen, die
mit der Kirche befaßt waren, etwa beim Staatssekretär für Kirchenfragen. Dort beschäftigte man überdies Offiziere im besonderen Einsatz
(OibE). Dabei handelte es sich um hochqualifizierte Stasi-Mitarbeiter
mit langer Diensterfahrung, die in Führungspositionen der Ministerien,
der Wirtschaft oder Kultur einem zivilen Beruf nachgingen und dort
im Auftrag des MfS wichtige Entscheidungen treffen bzw. Informationen einholen konnten. Die HA XX / 4 verfügte beispielsweise über

---

348 *Tronicke / Weißleder u.a.*, Grundorientierungen, 556. Als am 29.6.1985 die Wahl
des Nachfolgers von Bischof Wollstadt (Görlitz) durch die Synode anstand, versuchte das MfS auf die Wahl Einfluß zu nehmen. Einer der Kandidaten sollte der
Dresdener Superintendent Ziemer sein, der sich jedoch nicht aufstellen ließ. Von
den drei Kandidaten, zwischen denen die Synode entscheiden sollte, war einer
Heino Falcke, der im OV „Milan" bearbeitet wurde. Ihn galt es aus MfS-Sicht zu
verhindern. Unmittelbar vor der Wahl zog Falcke seine Kandidatur zurück. Joachim Rogge, Präsident der Kirchenkanzlei der EKU (Ost), setzte sich in vier
Wahlgängen gegen Harald Schultze, Oberkonsistorialrat in Magdeburg, durch
(Mitteilung J. Wiegand vom 7.11.1991).
349 *Hermann*, Die Kenntnis der Ev.-Luth. Kirche in Thüringen, 62. In sogenannten
„Bearbeitungskonzeptionen" plante das MfS langfristig die Besetzung von Stellen
in den Landeskirchenämtern: „Durch zielgerichtete Maßnahmen sind für die bis
1990 ausscheidenden Kirchenleitungsmitglieder, Mitglieder und Referenten des
Oberkirchenrats […] geeignete Nachfolgekandidaten auszuwählen und zu profilieren, welche einen realistischen politischen Kurs […] anstreben und gewährleisten.
Für diesen Personenkreis sind IM ins Blickfeld zu bringen bzw. progressive und
loyale kirchenleitende Amtsträger für eine Kandidatur zu unterbreiten" (zit. nach:
Saß / Suchodoletz, „Feindlich-Negativ", 49). Nach Angaben des ehemaligen Leiters der HA XX / 4 des MfS Berlin, J. Wiegand, hatte die Stasi „eine hohe Anzahl
von inoffiziellen Mitarbeitern aus den Kirchen" (*Beleites*, Untergrund, 217).

acht OibE. Davon waren zwei im Ministerium des Innern, das sich mit
den kleinen Religionsgemeinschaften beschäftigte, einer beim Staatssekretär für Kirchenfragen und einer im Ministerium für Hoch- und
Fachschulwesen, Bereich Sektionen Theologie, eingesetzt.
Ebenso bestand natürlich die Möglichkeit, daß ein Kandidat nach umfangreicher Aufklärung direkt in seinem Amt geworben wurde.
Man benötigte schon deshalb zahlreiche IMs, um regelmäßig Stim-
mungsberichte und Einschätzungen zu liefern und, wenn notwendig,
unter Anleitung des MfS eine bestimmte Stimmung an der Basis herbeizuführen. 1984 trug Mielke den Kreisdienststellen, die offiziell nicht
in die Linienarbeit eingebunden waren, auf, für die „Erweiterung stabiler inoffizieller Positionen in kirchlichen Kreisen" zu sorgen, also Inoffizielle Mitarbeiter „unter den Mitgliedern der Gemeindekirchenräte,
den Angestellten der Kirchen, kirchlichen Laien, Mitgliedern kirchlicher Hauskreise und religiös gebundenen Jugendlichen [...], besonders
von Mitgliedern der Jungen Gemeinde und der Studentengemeinden,
zu schaffen"[350].
Außerdem wurden – unter dem Gesichtspunkt der Langfristigkeit, der
besonderen Mobilität und der vielfältigen Kontakte – zahlreiche Studenten der Theologie geworben. Diese Maßnahme sah z.B. die Dienstanweisung 2 / 85 zur Bekämpfung der politischen Untergrundtätigkeit
(PUT) vor[351]. 1983 schlug die HA XX auch eine internationale Zusammenarbeit „bei der inoffiziellen Nutzung des zunehmenden Austausches von Studenten kirchlicher Bildungseinrichtungen zwischen
den sozialistischen Ländern"[352] vor.
Aus dieser Charakteristik geht klar hervor, daß Inoffizielle Mitarbeiter
keineswegs nur kleine Spitzel waren. Sie wurden vielmehr aktiv zur
Bewältigung bestimmter Aufgaben eingesetzt, die teilweise hohe intel-
lektuelle und konspirative Fähigkeiten voraussetzten. Allerdings
durchschaute der IM nicht immer, warum dem MfS an einer bestimmten Operation, die er durchführen sollte, gelegen war.
Wie komplex der Einsatz von IMs war, belegt eine „Konzeption zur
Erhöhung der Wirksamkeit der CFK [...]", die 1988 in der BV Rostock / XX / 4 erstellt wurde. Folgende Maßnahmen waren vorgesehen:
„– Einsatz des IM [...] zur Organisierung einer Veranstaltung mit leitenden Vertretern der CFK in der Kirchengemeinde
– Einsatz von IM der HA XX / 4, die dem Pastorenehepaar konkrete
Unterstützung hinsichtlich ihrer Aktivitäten und Bemühungen zur
Gründung einer CFK-Gemeindegruppe anbieten [...]
– Einsatz kirchenleitender IM der Abt. XX / 4, BV Rostock, zur
vorbeugenden Verhinderung jeglicher Handlungen und Maßnahmen,
die der Bildung der CFK-Gemeindegruppe entgegenwirken könn-
ten."[353]
Die Inoffiziellen Mitarbeiter waren in verschiedene Kategorien unter-

---

350   MfS, Mielke, Rede auf der zentralen Dienstkonferenz vom 12.9.1984, B / 163,
       105 f. (Dok. 81).
351   Vgl. dazu Mielke, Dienstanweisung 2 / 85 vom 20.2.1985, VVS o008 MfS 6 / 85
       Leipzig: 100 182, 14 (Dok. 87).
352   Zuarbeit der HA XX zur Irmler-Rede 14.-18.11.1983 in Sofia, H / soz. Länder 11,
       5.
353   BV Rostock, Konzeption zur Erhöhung der Wirksamkeit der Christlichen Frie-
       denskonferenz (CFK) im Verantwortungsbereich der BV Rostock, 2.

teilt[354]. Es gab „Inoffizielle Mitarbeiter Sicherheit" (IMS), die vor allem Personeneinschätzungen vornahmen und darüber mündlich wie schriftlich Bericht erstatteten. Eine etwas höher eingestufte Gruppe bildeten die „Inoffiziellen Mitarbeiter für besonderen Einsatz" (IME). Sie hatten die Aufgabe, Expertisen zu erstellen, andere operativ tätige IMs abzudecken und ausgewählte Personen in bestimmte Positionen zu lancieren. Die dritte Kategorie, „Inoffizielle Mitarbeiter Bearbeitung" (IMB), arbeitete mit „konkreter Feindberührung" im Bereich der sogenannten „politischen Untergrundtätigkeit" (PUT) oder der „politisch-ideologischen Diversion" (PID); diese IMs bewegten sich konzentriert in kirchlichen Kreisen und Basisgruppen und besaßen das Vertrauen derjenigen, die sie bespitzelten. Eine vierte Gruppe bestand aus den „Führungs-Inoffiziellen Mitarbeitern" (FIM), die gewöhnliche IMs anleiteten und über sie berichteten. Die Kategorie „Inoffizielle Mitarbeiter zur Sicherung der Konspiration" (IMK) schließlich hatte den konspirativen Charakter der Stasi-Überwachung zu sichern, indem sie konspirative Treffpunkte, Wohnungen, Telefone, Deckadressen etc. zur Verfügung stellte. Die „Hauptamtlichen Inoffiziellen Mitarbeiter" (HIM) gingen keinem zivilen Beruf nach, sondern waren beispielsweise hauptamtlich mit der Führung anderer Informanten beschäftigt. Eine spezielle Gruppe waren die sogenannten „Gesellschaftlichen Mitarbeiter Sicherheit" (GMS), Vertrauenspersonen des MfS, die z.B. als Kaderleiter für Auskünfte aller Art sowie Personalentscheidungen zur Verfügung standen, selbst aber nicht direkt konspirativ arbeiteten. Dabei handelte es sich meist um Vertreter der „Intelligenz", die ihre hochrangige Position (Betriebsdirektoren, Hochschullehrer etc.) einer Partei- oder MfS-Intervention verdankten.

4.2
Operative Personenkontrollen (OPK)
Die OPK sollte dem MfS über die Einstellung einer Person Klarheit verschaffen, sie kontrollieren bzw. unter Kontrolle halten, ohne daß sie sich zuvor in den Augen des MfS negativ exponiert haben mußte. Dienstliche Grundlagen waren die Richtlinien 1 / 71 und 1 / 81. Aus OPKs konnten sowohl Operative Vorgänge (OVs, vgl. 4.3) als auch IM-Vorgänge werden. Wie IMs erhielten auch OPKs Decknamen. Inoffizielle Mitarbeiter, die die betreffende Person einzuschätzen hatten, wurden ebenso in deren Freizeitbereich eingeführt wie an ihrem Arbeitsplatz. Daneben konnten Post- und Telefonkontrolle angeordnet werden, seltener auch der Einbau von „Wanzen". Alle Bischöfe in der DDR wurden – soweit sie nicht selbst IMs waren – in OPKs erfaßt. Als 1959 in einem – der OPK ähnlichen – Überprüfungsvorgang „ein Pfarrer wegen Hetze gegen die DDR und Argumentation im Sinne der NATO-Konzeption bearbeitet" wurde, lautete eine der Maßnahmen: „Ein G.M. [entspricht dem späteren IM], welcher sich als westdeutscher Journalist ausgibt, wird den Beschuldigten aufsuchen, unter dem Vorwand der Sammlung von Informationen über ‚Christenverfolgung und Kirchenkampf in der DDR'."[355]
Als die Abt. XX der BV Leipzig 1986 eine OPK zu einem Pfarrer

---

354 Vgl. hierzu und zum Folgenden *Gauck*, Die Stasi-Akten, 64-68; *Gill / Schröter*, Das Ministerium für Staatssicherheit, 95-122.
355 BV Leipzig, Einsatzplan für die Aktion „Fortschritt" vom 13.8.1959, #59 rot.

unter dem Decknamen „Turm" einleitete (die sie 1987 in einen OV
umwandelte), heißt es beispielsweise im zusammenfassenden Einleitungsbericht, der der Auswertungs- und Kontrollgruppe (AKG) der
BV vorlag: „B.Z. besitzt eine feindl. Stellung zur DDR, forciert ,Patenarbeit', kirchl. Hauskreis und Junge Gemeinde, wobei er nur im jeweils ,harten Kern' seine echte Meinung äußert. Nach außen hin gibt
er sich loyal und vermeidet Konfrontationen mit den staatl. Organen.
Er duldet keinen Widerspruch zu der von ihm vertretenen Linie und
hat auf eine Reihe von Personen aktiven negativen Einfluß."[356]
Um bei hochrangigen IMs die Gefahr der Dekonspiration zu verringern, wurden sie manchmal als OPK geführt.

4.3
Operative Vorgänge (OV)

Um einen Operativen Vorgang anzulegen, mußte der begründete Verdacht gegeben sein, eine Person habe bereits strafbare Handlungen begangen oder aber die Absicht, eine strafbare Handlung zu begehen.
Die verletzten Paragraphen waren bei der Anlage des OV anzugeben.
Der OV konnte in einen von der Linie IX geführten Untersuchungsvorgang münden; bis dahin erfuhr der Betreffende in der Regel offiziell
nichts von den Aktivitäten des MfS gegen ihn, die denen der OPK
entsprachen. In den OV bezog man gewöhnlich auch die nächsten Familienangehörigen mit ein; namentlich der Ehepartner wurde zuregistriert, d.h. in gleicher Weise bearbeitet wie der OV selbst. Ein OV
konnte mit einem Gespräch abgeschlossen werden, wenn der begründete Verdacht sich nicht bestätigt hatte, oder aber der Betroffene wurde als IM geworben.
Aus der Sicht des MfS waren Observationen nicht immer politisch opportun und unterlagen darum meist äußerster Diskretion. Besonders
OVs wurden nach streng konspirativen Grundsätzen behandelt. OV-
Personen konnten auch in anderen Ländern leben und das Territorium
der DDR nie betreten haben. Mancher wurde jahrelang im OV bearbeitet (z.B. Rainer Eppelmann im OV „Blues"). Auch ganze Personengruppen konnten als OV behandelt werden, z.B. der OV „Kreise".
Dieser Vorgang der BV Leipzig beschäftigte sich mit der Aufklärung
von Akademikerkreisen[357]. Dienstliche Grundlage war die OV-Richtlinie 1 / 76[358]. Es gab auch Zentrale Operative Vorgänge (ZOV), zu denen mehrere Teilvorgänge geführt wurden, beispielsweise die Bearbeitung der deutschen Zentrale der Wachturmgesellschaft in Selters / Taunus im ZOV „Sumpf". Zum Zweck der Koordination fand dazu erstmals am 25.3.1965 eine Besprechung der Mitarbeiter der Linie XX / 4
statt[359].
Eine weitere Maßnahme, die insbesondere auf der Kirchenlinie angewandt wurde, war die forcierte Herausgabe bestimmter Literatur,
durch die die Linie ihre Anliegen unterstützt sah. Nicht nur für die
„Weißenseer Blätter" des Weißenseer Arbeitskreises[360], auch für die

---

356 BV Leipzig / AKG, F 404, UHA, Zelle 70.
357 BV Leipzig, Jahresarbeitsplan des Leiters 1977 vom 26.1.1977, GVS Lpz 050-1 / 77
     400 066, 35.
358 Abgedruckt bei *Gill / Schröter*, Das Ministerium für Staatssicherheit, 346-402.
359 BV Leipzig, Postbuch, als 322 / 65 registriert.
360 Der „Weißenseer Arbeitskreis" unterstützte seit dem Austritt Schönherrs und der
     Übernahme der theologischen Führung durch den Ost-Berliner Theologen Han-

„Christliche Verantwortung", eine DDR-Abspaltung der „Zeugen Jehovas", setzte sich das MfS bei der Druckgenehmigung ein. Weiterhin druckte man auch Bücher im Eigenverlag nach und brachte sie unters Volk. So wurde der Bericht des aus dem obersten Leitungsgremium der Wachturmgesellschaft – ihrer leitenden Körperschaft – ausgeschiedenen Raymond Franz (USA) durch das MfS in 1 000 Exemplaren nachgedruckt, weil man hoffte, durch die Verbreitung der Schrift unter den Zeugen Jehovas Zweifel an ihrer Lehre zu säen[361].

4.4
Differenzierungs- und Zersetzungsmaßnahmen

Die OV-Richtlinie forderte unter dem Punkt 2.6[362] die Durchführung sog. Zersetzungsmaßnahmen – eine besonders heimtückische Maßnahme, bei der die bearbeiteten Personen an den vom MfS mißbilligten Aktivitäten gehindert und isoliert werden sollten, indem Streit in Gruppen getragen, berufliche Mißerfolge organisiert und die Betroffenen in ihrer Mobilität eingeschränkt wurden. In einer Zusammenfassung der BV Leipzig / AKG heißt es zu einem OV im II. Quartal 1989: „Dokumentierung / Zusammenführung aller offiziell auswertbaren Faktoren zur Diskreditierung des M. und anderer PUT-Exponenten."[363]

In den 80er Jahren galten nach einem MfS-Katalog folgende Maßnahmen als „politisch-operativ": „Diskreditierung, Kompromittierung,

fried Müller seit dem Ende der 60er Jahre zunehmend konsequent und vorbehaltlos die SED-Kirchenpolitik. Entstanden war der „WAK" zunächst aus der Unzufriedenheit einiger jüngerer, politisch unterschiedlich agierender Berlin-brandenburgischer Theologen mit der Kirchenpolitik ihres Bischofs Dibelius. Am 26.11.1963 stellten sie „Sieben Sätze von der Freiheit der Kirche zum Dienen" den von der KKL einmütig formulierten „Zehn Artikel[n] über Freiheit und Dienst der Kirche" vom 8.3.1963 entgegen, die zwar der Taktik des SED-Regimes entgegenkamen, die Kirche durch innere Auseinandersetzungen zu schwächen, aber doch im Gegensatz zu späteren Verlautbarungen des „WAK" ein durchaus eigenständiges theologisches Profil aufwiesen; vgl. Kirchliches Jahrbuch, 1963, 194-198 (In einer „Einschätzung der ,10 Artikel über Freiheit und Dienst der Kirche'" durch das Arbeitsgebiet Evangelische Kirche im Staatssekretariat für Kirchenfragen vom 29.5.1963 hieß es: „Die von den Kirchenleitungen vorgelegten Artikel sind der eindeutige Versuch, der vom VI. Parteitag der SED gegebenen Linie zum umfassenden Aufbau des Sozialismus in der DDR entgegenzutreten [...]. Es ergeben sich folgende Schlußfolgerungen: [...] Von den theologischen Fakultäten sind geeignete Kräfte wie die Professoren Bandt, Schmauch, Jenssen, Hertzsch, Fascher, Haufe und Dozenten wie Dr. Müller, Kurt Meier, Hans Moritz zu gewinnen," theologisch gut fundiert gegen dieses Pamphlet vorzugehen." Weiter wurde darüber informiert, daß in den EKU-Kirchen „rege" Diskussionen über die Thesen geführt wurden, während die Landeskirchen Thüringen und Mecklenburg „die Artikel ohne Kommentar [...] nur an die Superintendenten" weiterreichten [Bundesarchiv, Abt. Potsdam, Best. O-4, 368]). Nach der „Wende" schrieb Hanfried *Müller* in den „Weißenseer Blättern" (5 [1989], 25; 38) in einem „Offenen Brief an meine Freunde in der SED": „Keine Reue! Keine Buße! Keine Schuldbekenntnisse! All das heißt hier und heute nur allzuleicht an der Stelle zu kapitulieren, wo es nur auf eines ankommt: Widerstand! [...] Klagt euch an, wo ihr selbst sie [scil. die Sache] ruiniert habt! Aber tut das so, daß durch das Aussprechen eures Unrechts das Recht eurer Sache nur deutlicher wird! Das schlimmste ist Reue, mit der man sich selbst in Sicherheit bringen möchte, indem man seine gute Sache verrät [...]. Wahrt Würde!" Vgl. auch *Prolingheuer*, Die Begegnung Evangelischer Theologie mit dem Historisch-Dialektischen Materialismus, 3-14.

361 *Franz*, Krise des Gewissens.
362 MfS, Mielke, Richtlinie 1 / 76 vom Januar 1976, GVS MfS 008-100 / 76, 46 ff.
363 BV Leipzig / AKG, F 404, UHA, Zelle 85.

Bloßstellung, Basisentzug vor Ort, innerkirchliche Auseinandersetzungen, Entlarvung ihrer Zusammenarbeit mit anderen feindlich-negativen Kräften."[364] Teilweise außerhalb der Vorgangsarbeit liefen die sog. Differenzierungsprozesse. So sah die Zentrale Planvorgabe von 1976 vor, im Rahmen von „politisch-operativen Differenzierungs- und Zersetzungsmaßnahmen seitens der HA XX und der BV / V die Zurückdrängung bekannter reaktionärer Persönlichkeiten und Gruppierungen zu verstärken"[365].
Nach Einschätzung des MfS gestattete es das Grundlagengespräch vom 6.3.1978, „zwischen Feinden, mißbrauchten und irregeleiteten Personen und realistischen / loyalen Kräften [...] zu unterscheiden [...] und den Differenzierungsprozeß [...] voranzutreiben"[366]. Meinungsverschiedenheiten wurden selbst zwischen Landeskirchen organisiert, wie etwa zwischen der pommerschen und der mecklenburgischen. So sah es jedenfalls ein Beschluß des Sekretariats der Bezirksleitung der SED Rostock vom 21.6.1988 vor[367].
Differenzierungsprozesse wurden – u.a. mit Hilfe der CFK – bis in internationale Gremien hineingetragen. Nach dem 1986 verabschiedeten „Plan für die Zusammenarbeit zwischen der Hauptabteilung XX des Ministeriums für Staatssicherheit der Deutschen Demokratischen Republik und der V. Verwaltung des Komitees für Staatssicherheit der Union der Sozialistischen Sowjetrepubliken für den Zeitraum 1986-1990"[368] beabsichtigte man darüber hinaus eine „Verstärkung der inoffiziellen Einflußnahme auf die Besetzung leitender Funktionen sowie die inhaltliche Ausrichtung der Tätigkeit und von Veranstaltungen internationaler kirchlicher Gremien auf der Grundlage der multilateral abgestimmten Linie mit den Schwerpunkten ‚Ökumenischer Rat der Kirchen‘, ‚Lutherischer Weltbund‘, ‚Konferenz Europäischer Kirchen‘, ‚Ökumenischer Jugendrat Europas‘"[369]. Folgerichtig forderte der Leiter der Leipziger Bezirksverwaltung für Staatssicherheit der Abteilung XX in seinem Jahresplan für 1989:

„Angesichts operativ zu beachtender Wirkungsmöglichkeiten im Ausland ist die Einflußnahme auf kirchliche Reisekader und deren Mitarbeit in internationalen Gremien zu erhöhen. Schwerpunkt bildet die Einflußnahme auf die Auswahl geeigneter Vertreter der

364 *Tronicke / Weißleder u.a.*, Grundorientierungen, 537.
365 Mielke, Zentrale Planvorgabe 1976 (-1980) vom Dezember 1975, GVS 1130 / 75 102 260, 84.
      Die Methoden des Vorgehens lassen sich am Fall des Zittauer Studentenpfarrers Heinz Eggert aufzeigen, der durch die Behandlung eines als IM tätigen Psychiaters an der weiteren Ausübung dieser Tätigkeit gehindert werden sollte, vgl. Der SPIEGEL Nr. 3 / 1992 vom 13.1.1992, 28 f. Eggert ist seit 1991 Innenminister des Landes Sachsen.
366 MfS, KL, Erfahrungen und Aufgaben der politisch-ideologischen Befähigung und Mobilisierung der Genossen zur Bekämpfung der politischen Untergrundtätigkeit, VVS MfS o044-1072 / 82, 5.
367 Arbeitsberichte über die Auflösung der Rostocker Bezirksverwaltung des Ministeriums für Staatssicherheit: Unabhängiger Untersuchungsausschuß Rostock, Rostock 1990, 176.
368 Vgl. Dok. 92. Zur Zusammenarbeit des MfS mit dem sowjetischen KGB und Geheimdiensten anderer Länder vgl. *Gill / Schröter*, Das Ministerium für Staatssicherheit, 76-79. Siehe auch das Protokoll über die gegenseitigen Verpflichtungen des MfS und des Komitees für Staatssicherheit der UdSSR bei der materiell-technischen und anderweitigen Sicherstellung der Tätigkeit der Vertretung des KfS der UdSSR beim MfS der DDR vom 10.9.1982 (FZ Stalinismus, Ordner HVA / Freunde).
369 Dok. 92.

Kirchen der DDR für die ,Europäische Versammlung' der Konferenz Europäischer Kirchen (15.-21.5.1989 Basel / Schweiz) in Vorbereitung der ökumenischen Weltversammlung 1990."[370]

Einzelne Personen bzw. ganze Gruppierungen, die man für Differenzierungsprozesse einsetzen wollte, konnten mit einer umfassenden Vorbereitung durch das MfS rechnen: „Mit dem Ziel der weiteren Differenzierung und Polarisierung der Kräfte um das sog. Friedensseminar ,Konkret für den Frieden' sind die progressiv aufgetretenen Kräfte weiter zu unterstützen und gezielt und langfristig auf derartige bzw. analoge Veranstaltungen vorzubereiten und entsprechend zu befähigen."[371]

Nach Einschätzung eines Mitarbeiters der HA XX / 4 selbst erschienen dem MfS Zersetzungsmaßnahmen notwendig, „um das sich weiter positiv entwickelnde Verhältnis Staat-Kirche nicht durch unnötige strafprozessuale Maßnahmen zu stören und vermeidbare Spannungen zu erzeugen"[372]. Andererseits wurden strafprozessuale Maßnahmen gezielt eingesetzt, um „die Prozesse der Zersetzung, Isolierung und Diskreditierung" zu fördern. Dazu eigneten „sich z.B. Zuführungen, Befragungs- und Zeugenvernehmungen, mit denen der Eindruck einer Anwerbung oder des ,Verrates' erzeugt werden kann. Auch das Absehen von strafrechtlichen Verantwortlichkeiten bzw. die Einstellung eines Ermittlungsverfahrens kann geeignet sein, die feindlich-negativen Kräfte zu verunsichern."[373]

Mit Hilfe einer vorbereiteten „Gesprächspolitik" sollten Disziplinierungen möglichst innerkirchlich vorgenommen werden; die in diesen „Gesprächen" gegebenen „Empfehlungen" reichten bis hin zu ultimativen Forderungen bzw. Drohungen: Es „[...] wurde unmißverständlich [...] erklärt, daß bei Nichteinhaltung der staatlichen Auflagen keine Gesprächsbereitschaft zur weiteren Vorbereitung des im Jahre 1989 geplanten Kirchentages in Leipzig erwartet werden kann"[374].

4.5
Das abgestimmte Vorgehen mit anderen staatlichen Organen

Bereits die Dienstanweisung 6 / 52 enthielt die Aufforderung, „offizielle Verbindung zu halten: [zu] Landes- und Kreisleitungen der Sozialistischen Einheitspartei, dem Friedenskomitee, der Nationalen Front, [dem] FDJ-Org.-Leiter sowie Kreis- und Bezirksräten, wo eine Stelle für Kirchenfragen vorhanden ist. Abteilung PM bei der Volkspolizei."[375]

---

370   Zit. nach: *Besier*, Staatssicherheit in Kirche und Theologie, 308. Zu den Namen der DDR-Teilnehmer vgl. *KEK / REB* (Hg.), Frieden in Gerechtigkeit. Die offiziellen Dokumente der Europäischen Ökumenischen Versammlung 1989 in Basel, 355 ff. Siehe auch „Information über bemerkenswerte Aspekte zum Verlauf der ,Europäischen Ökumenischen Versammlung' (EÖV) vom 15. bis 21.5.1989 in Basel / Schweiz", MfS ZAIG Nr. 310-89 vom 28.6.1989 bzw. 30.6.1989 (Lang- bzw. Kurzversion, letztere mit Paraphe Honecker).
371   Information vom 4.3.1989, in: Schreiben Mittigs vom 10.3.1989, VVS MfS o0008-24 / 89 103 574, 13.
372   *Kullik*, Zur Anwendung von Maßnahmen der Zersetzung, 20.
373   *Tronicke / Weißleder u.a.*, Grundorientierungen, 594 f.
374   Information Nr. 143 / 88 über ein sog. Friedensgebet in der Nikolaikirche in Leipzig am 14.3. mit anschließender Personenbewegung im Stadtzentrum vom 17.3.1988, 5.
375   MfS, Mielke, Dienstanweisung 6 / 52 / V / E, GVS 1082 / 52 100 848, 8 (Dok. 18).

Das MfS pflegte nahezu mit allen Einrichtungen und staatlichen Organen Kontakte bzw. wies sie in spezifische, der Staatssicherheit dienende Aufgaben ein:
– Die *Transportpolizei* hatte die Anreise mißliebiger Bürger zu überregionalen Veranstaltungen zu verhindern (die Namen der zu Behindernden lieferte teilweise das MfS).
– Der *HA Kriminalpolizei*, insbesondere ihrer Arbeitsrichtung I, der sog. K 1, war mit der Richtlinie 00202 / 82 seit 1982 „die differenzierte kriminalpolizeilich-operative Bearbeitung von Personen und Personengruppen in Religionsgemeinschaften und Vereinigungen"[376] aufgetragen. Die Polizei hatte natürlich auch die Ordnungsstrafverfahren durchzuführen, beispielsweise bei Verstößen gegen die Vervielfältigungsordnung, sofern es im Interesse des MfS lag.
– *Schuldirektoren* lieferten zuweilen die Namen kirchlich gebundener Eltern und Schüler.[377]
– Sog. *gesellschaftliche Kräfte* (hauptamtliche Mitarbeiter von SED und FDJ, Kursanten der Parteischulen u.v.a.m.) sollten in kirchlichen Gruppen, Diskussionsrunden, Friedensgebeten etc. aktiv werden, um sie in ihrer Wirksamkeit zu beeinträchtigen.
– Ebenso kooperierte das MfS mit dem *Staatssekretär für Kirchenfragen*, den *Stellvertretern Inneres* und den *Sektorenleitern in den Räten der Bezirke und Kreise*, die sich ihre Gesprächskonzeptionen für die Unterhaltung mit kirchlichen Amtsträgern z.t. sogar vom MfS ausarbeiten ließen. Von deren Aktennotizen über die Gespräche mit Vertretern der Kirche bekam das MfS einen Durchschlag.[378]
Die genannten Einrichtungen stellten dem MfS auch ihre Speicher zur Verfügung, wie die Speichernutzungsordnung von 1989 zeigt[379]. Neben der genannten Zusammenarbeit lieferte das MfS auch von ihm erarbeitetes Material an die DDR-Medien. So unterstützte die HA XX / 4 z.B. die Erarbeitung einer Dokumentation über die Wachturmgesellschaft, die im Urania-Verlag erschien[380]. Dieser Verlag war damit betraut, „zur Verbreitung wissenschaftlicher Kenntnisse" beizutragen.

5
Kirche – SED – Staatssicherheit. Versuch einer Einschätzung und Überlegungen zum aktuellen Umgang mit Schuld

Sowohl die SED-Kirchenpolitik als auch – in noch höherem Maße –

376   MdI, HA Kriminalpolizei, Abt. I, Richtlinie 00202 / 82 vom 30.7.1982.
377   Zur DDR-„Regelung" des Verhältnisses Kirche, Staat und Schule befindet sich Archivmaterial im Bundesarchiv, Abt. Potsdam, R-2, Nr. 257-259; 647; 731; 1134; 1154. Zur Rolle der FDJ an den Schulen: ebd., Nr. 349; 350; 1301.
378   BV Leipzig, Postbuch, „Beratung mit Vertretern für Kirchenfragen" als 3361 / 68, „Niederschrift Beratung mit Vertretern der Theol. Fakultät" als 3706 / 68 und „Protokoll über Aussprache mit Vertretern der Kirche" als VD 64 / 69.
379   MfS, Mielke, Ordnung 4 / 89 zur Nutzung ausgewählter Informationsspeicher staatlicher und wirtschaftsleitender Organe, Kombinate, Betriebe und Einrichtungen sowie gesellschaftlicher Organisationen durch die operativen Diensteinheiten des MfS vom 16.8.1989, VVS MfS 0008-6 / 89, AO 5. Zur Speichernutzungsordnung und zur Nutzung der Personendatenbank der DDR durch die Diensteinheiten des MfS vgl. auch die Unterlagen im FZ Stalinismus, Dresden, Ordner HVA / Freunde.
380   *Gebhard* (Hg.), Die Zeugen Jehovas.

die Interventionen des MfS erscheinen in den Plänen und Berichten des Staatsapparates einliniger und effektiver, als sie es tatsächlich waren. Das lag nur in geringem Umfang an der Intention der Berichterstatter, ihre „Leistungen" zu schönen, um sich bei ihren Vorgesetzten ins rechte Licht zu setzen, zumal es im Bereich der Hauptabteilung Kader und Schulung sowie der ZAIG spezielle Auskunfts- und Kontrollinstanzen gab, die die Arbeit der Stasi-Mitarbeiter genau überprüften[381]; Personen, die mit der Überwachung der Planerfüllung und der Kontrolle des Geleisteten beauftragt waren, hießen im MfS-Jargon „Scharfrichter"! Eine große Rolle für die Machart der Erfolgsmeldungen spielte offenkundig auch die kommunistische Ideologie. Unter der expliziten Voraussetzung, die Partei und ihre marxistisch-leninistische Doktrin habe immer recht, mußte sich der Blickwinkel eines treuen SED-Mitglieds arg verengen; die Wahrnehmung des „Gegners" aus dessen eigenen Motivationskomplexen schien kaum noch möglich, was mitunter zu fatalen Fehleinschätzungen führen konnte. Willigte beispielsweise ein Bischof in größere Kooperationsbereitschaft mit dem Staat ein, so sah man darin nicht selten eine Art zumindest partieller Konversion: Nicht der tatsächlich ausgeübte Druck auf den Amtsträger oder dessen potentielles Kalkül, noch bestehende Freiräume für seine Kirche zu retten, wurden in den Einschätzungen als mögliche Motive in Rechnung gestellt, sondern man sprach dann für gewöhnlich von einem beachtlichen „Lernprozeß [...] unter Bedingungen des realen Sozialismus"[382]. Diese Interpretation enthielt zweifellos auch Wahrheitsmomente, erfaßte jedoch kaum die für eine urteilsbildende Analyse notwendigen, viel komplexeren politisch-psychologischen Abläufe und theologischen Überlegungen im Prozeß kirchenleitenden Handelns. So rechtfertigten etwa kirchenleitende Persönlichkeiten ihre Kompromißbereitschaft dem SED-Regime gegenüber – und zwar vor der eingeschränkten innerkirchlichen Öffentlichkeit wie vor sich selbst! – mit dem Bemühen, nur den Menschen in der DDR helfen zu wollen, was partiell natürlich auch zutraf. Als beispielsweise die Kirchenleitungen durch das Protestpotential der Gruppen ihren Handlungsspielraum gefährdet sahen, suchten sie deren Aktivitäten einzudämmen und schreckten auch nicht davor zurück, sich öffentlich vom Verhalten ihrer Pfarrer – siehe Eppelmann – zu distanzieren. Auf der anderen Seite setzten sie in internen Verhandlungen mit dem Staat alles daran, Eppelmanns Freilassung zu erwirken. Mit dieser nicht immer transparenten „Doppelstrategie" kopierten die Kirchenleitungen nicht nur die Taktik der SED, sondern traten auch in die nahezu alle Lebensbereiche der DDR umfassende Atmosphäre des Undurchsichtigen, Zwielichtigen, ja Konspirativen ein.

Anders als in den MfS-Berichten sowie in Mielkes proklamatorischen Dienstanweisungen an und den Reden vor Mitarbeitern verfuhren die einschlägigen wissenschaftlichen Studien, die vor allem an der Akademie für Gesellschaftswissenschaften beim ZK der SED und an der Juristischen Hochschule des MfS in Potsdam angefertigt wurden[383]. Diese meist als „Verschlußsache" gekennzeichneten, in nur wenigen nume-

---

381 Vgl. dazu *Gauck*, Die Stasi-Akten, 94 f.; *Wolle*, Die Akten der DDR-Archive.
382 So *Dohle*, Grundzüge der Kirchenpolitik der SED, 64; vgl. oben S. XI; 28.
383 Zur Juristischen Hochschule des MfS in Potsdam vgl. *Gill / Schröter*, Das Ministerium für Staatssicherheit, 66 f.

rierten Exemplaren kursierenden Forschungsarbeiten rüttelten natürlich ebenfalls nicht am Marxismus-Leninismus, übten aber unterhalb
der Schwelle dieser reinen Lehre und, oft unter Berufung auf diese,
herbe Kritik an konkreten Maßnahmen des SED-Staates. Dies galt
sowohl für umfassende Strategien wie für kleinste Aktionseinheiten.
So ließ beispielsweise Horst Dohle unzweideutig erkennen, daß er die
immer wieder geübte „Doppelstrategie" der SED gegenüber den
Kirchen für falsch hielt, weil sie mühsam gewonnenes Vertrauenspo-
tential auf seiten kirchenleitender Kräfte wieder zerstöre und distanzie-
rendes Mißtrauen gegenüber den lauteren Absichten der Partei schü-
re[384].
Daß die kritische Betrachtungsweise bis in einzelne Bereiche behörd-li-
chen Handelns ging, belegt z.B. eine an der Juristischen Hochschule
Potsdam entstandene Diplomarbeit über „Schlußfolgerungen und
Konsequenzen für erfolgreiche Entwicklung von IM-Vorläufen auf der
Linie XX / 4 an der Ursachenanalyse eingestellter IM-Vorläufe"[385]. In
beinahe schonungslos zu nennender Offenheit wird hier die viel zu
hohe „Anzahl der nicht zur Werbung gebrachten IM-Vorläufe der Linie XX / 4"[386] auf die Unfähigkeit bzw. Faulheit der Werber zurückgeführt. Dabei lag die Erfolgsquote nach dieser für die Bezirksverwaltung Dresden vorgenommenen Untersuchung bei 80 Prozent der evangelischen und 75 Prozent der katholischen IM-Kandidaten[387]!
Die Werber – so lauteten die Vorwürfe – ignorierten meist die längst
gespeicherten politisch-operativen Hinweise zur Überprüfung und
Verdichtung der Persönlichkeitsmerkmale des IM-Kandidaten[388],
nutzten nur unzureichend „das breite Reservat" der politisch-operativen Diensteinheiten des MfS und seiner Partner (Abteilung I der K
und der Abteilung Inneres)[389], begingen bei ersten „Kontaktierungsge-
sprächen" elementare psychologische Fehler, indem sie die Empfin-
dungen des „religiös gebundenen IM-Kandidaten" verletzten, und gefährdeten durch sorglose Terminplanung die Gewährleistung der Konspiration[390]; insgesamt werde „zu schablonenhaft verfahren"[391]. Der
„IM-Kandidat [müsse] das Gefühl des ‚Gebrauchtwerdens'" erhalten[392]. „Zur weiteren Qualifizierung von Gewinnungsprozessen von
IM ist es erforderlich, daß Erscheinungen abgebaut werden, wo durch
die Aneinanderfügung einzelner Fakten sogenannte ‚hochtrabende' Ge-

---

384 Vgl. *Dohle*, Grundzüge der Kirchenpolitik der SED, 179 ff.
385 Die Verf. der 1986 abgeschlossenen Arbeit sind die Hptm. *Günter Schultze* und
     Frank Schmelhaus.
386 Ebd., 7.
387 Ebd., 18. Lt. Übersichtsblatt über die Vorgangsbearbeitung der BV Leipzig, Abt.
     AKG vom 18.10.1989 war im 3. Quartal des Jahres die Planerfüllung bei IM-Wer-
     bungen auf 69,2 Prozent gesunken. Zwischen 1982 und 1984 lag die Erfolgsquote
     bei IM-Werbungen in Leipzig zwischen 93,7 und 100,7 Prozent; für das Jahr 1981
     verzeichnete die Auswertungs- und Kontrollgruppe eine Erfolgsquote von nur
     83,7 Prozent. 1985 gab es im Bezirk Leipzig insgesamt 5735 IMs, der Frauenanteil
     betrug 10,1 Prozent (BV Leipzig, Auswertungs- und Kontrollgruppe, periodische
     Bestandsaufnahme über die Wirksamkeit der Arbeit mit den IM in der BV Leipzig
     im Zeitraum 30.6.1980 bis 30.6.1985, FZ Stalinismus, Dresden, Ordner BV Leip-
     zig).
388 *Schultze / Schmelhaus*, Schlußfolgerungen, 15.
389 Ebd., 18.
390 Ebd., 22.
391 Ebd., 18; 51.
392 Ebd., 51.

sprächslegenden ,zusammengezimmert' werden. Es kommt viel stärker darauf an, Gesprächslegenden zu verwenden, deren Inhalte, bedingt durch das christliche Glaubensbekenntnis des IM-Kandidaten, diesen ansprechen und ihn nach entsprechend differenzierter Aufforderung zu ersten eigenständigen Aktivitäten motivieren und veranlassen [...]. Die konkrete Auftretensweise des operativen Mitarbeiters, von seiner Kleidung ausgehend bis hin zur Anwendung des Wortschatzes, ist auf die Persönlichkeit des IM-Kandidaten auszurichten, wobei aber jegliche Übertreibung sich nachteilig auswirken kann [...]. Es ist aber in jedem Fall zu vermeiden, daß sich der Mitarbeiter auf fruchtlose Gespräche theologischen Inhaltes einläßt, da diese keinen Wert für die politisch-operative Arbeit haben."[393] Wie schwer es den MfS-Mitarbeitern fallen mußte, angesichts der monolithischen Gesellschaftsstruktur in der DDR die zugunsten ihrer Tätigkeit geforderte plurale Flexibilität an den Tag zu legen, leuchtet unmittelbar ein.

Arbeitsweise und psychologisches Reflexionsniveau belegen einmal mehr, daß es für eine vorurteilslose historische Analyse wenig hilfreich ist, die Aussagekraft der MfS-Akten einfach zu leugnen bzw. zu diskreditieren, wie es im Bereich der evangelischen Kirchen vielfach geschieht[394]. Ein wichtiger Grund für diese spontane Abwehrreaktion liegt in der Tatsache, daß von DDR-Bürgerrechtlern und dem westdeutschen „Sieger" eine „Entstalinisierung" in Gang gesetzt wurde, deren Argumentationsfiguren denen der „Entnazifizierung" beinahe aufs Haar gleichen – mit dem einen Unterschied freilich, daß nicht bloße Parteizugehörigkeit, sondern MfS-Mitarbeit zum formalen Kriterium der pauschalen Verurteilung gemacht wird[395]. Die Gefahr der Bildung einer „Verschweigensgemeinschaft"[396] ehemaliger DDR-Bürger, ähnlich der gesamtdeutschen in der Nachkriegszeit, wächst in dem Maße, wie die Fiktion aufrechterhalten wird, man könne zumeist die Täter von den Opfern scharf trennen, und maßgebliches Diskriminierungsinstrument dafür sei die Stasi-Tätigkeit. Aber je intensiver sich das Spektrum der DDR-Gesellschaft dem historischen Beobachter erschließt, um so deutlicher muß festgestellt werden, daß mit dem Nachweis der Tätigkeit für die Staatssicherheit nicht schon automatisch die Inkriminierung dieser Personen verbunden sein kann[397]. Ebenso unzulässig ist

---

393 Ebd., 52 f.
394 Vgl. dazu *Besier*, Soll die Schuld im Erfolg vernarben?
395 Vgl. *v. Plato*, Eine zweite „Entnazifizierung"?
396 Ebd., 424.
397 *Schröter* schreibt: „Wie hat man sich nun einen kirchlichen Mitarbeiter vorzustellen, der früh geworben wurde und schließlich etwa als Offizier im besonderen Einsatz in führender kirchenleitender Stellung tätig war? Ein eingeschleuster Antichrist, als Atheist vom MfS auf den langen Weg durch die kirchliche Institution geschickt? Ein ausgesprochener Spion? Mir scheint dem nicht so zu sein. Ich gehe von einem echten kirchlichen Engagement des Betreffenden aus. Dieser Mitarbeiter versteht sich als Christ, ist zum Beispiel in der Jungen Gemeinde aktiv, geht – wie selten war das (!) – zur Erweiterten Oberschule, ja studiert. Leistungsstarke, christliche Oberschüler oder Studenten wurden häufig angesprochen. Sie konnten über ihre Umgebung berichten. Wichtiger aber war ihre Zukunftsperspektive. Es bestand die Hoffnung, daß sie ihrer Begabung entsprechend später in einflußreiche Stellungen kamen und dort – so war die Zielsetzung – parteifreundliche Positionen vertreten würden. Dabei räume ich ein, daß die Betreffenden zunächst nicht sahen, daß sich ihr Verständnis des Christlichen mit den Gesprächen, die man mit ihnen führte, nicht vereinbaren ließen, zumal sich das MfS keineswegs sogleich mit besonderen Aufgaben zu erkennen gab. Auch eine spätere Verpflichtung schien sich noch mit ihrem Christsein zu vereinbaren, ging es doch auch darum, Schlimmeres

natürlich der oft wie selbstverständlich gezogene Umkehrschluß, alle von der Stasi-Tätigkeit entlasteten Personen seien in unlautere oder gar kriminelle Vorgänge nicht verwickelt und rundum integre Persönlichkeiten gewesen. In vielen Fällen beispielsweise ließen sich auch kirchliche Mitarbeiter bereitwillig „abschöpfen", gaben also die gewünschten Informationen und mehr, erhielten dafür selbstverständlich Vergünstigungen, unterzeichneten aber nie irgendeine Verpflichtungserklärung, was angesichts der Sachlage auch völlig überflüssig gewesen wäre. Auch eine Dämme brechende Redelust, verbunden mit einem starken, unter den konkreten gesellschaftlichen Bedingungen aber nicht zu stillenden Geltungsbedürfnis, waren oft die Ursache für die große Mitteilsamkeit kirchenleitender Persönlichkeiten[398]. Andere wiederum ließen sich – angeblich sogar mit Wissen kirchlicher Amtsträger und des Direktors der Sektion Theologie – über viele Jahre hinweg auf Gespräche mit dem MfS ein, um den Bewegungsspielraum für ihre Arbeit und den ihrer Institution zu erweitern[399]. Sie unterschrieben keine Verpflichtungserklärung und informierten sowohl Verantwortungsträger in Sektion und Kirche als auch die Betroffenen über die Gesprächsinhalte. Wie schließlich ist das Verhalten derjenigen Nachwuchskräfte einzuschätzen, die nicht nur insgeheim für die HVA tätig waren, sondern sich auch wissentlich von IM-Kollegen ideell wie finanziell fördern ließen, ihnen durch einschlägige Berichte zuarbeiteten, sich nach der „Wende" empört von ihren einstigen Gönnern abwandten und nach deren Positionen strebten? Welche Beurteilungskriterien schließlich soll man an das Verhalten derjenigen anlegen, die als IM oder GMS dem Regime jahrelang treu dienten, sich dann aber – durchaus nicht aus opportunistischen Gründen! – während der „Wende" für die

---

im Verhältnis Staat und Kirche zu verhindern, das Vorhaben der Kirche rechtzeitig zu interpretieren, um Mißverständnisse auszuräumen" (Zwie-Gespräch Nr. 4, 15). J. Wiegand vertritt die Auffassung, IMs hätten „oftmals viel mehr für die Kirche und für die Menschen getan, als die vielen Wendehälse, die das jetzt von sich behaupten". Daß es ihm – entgegen anderslautenden Bekundungen – gelang, IM-Akten beiseite zu schaffen, geht aus seinen weiteren Ausführungen hervor: „Im nachhinein bin ich mit meiner Auffassung, die Quellen zu schützen, bestätigt worden: Es gibt pauschal und undifferenziert eine Volksverhetzung gegen ehemalige Inoffizielle Mitarbeiter, eine Vorverurteilung und üble, unbegründete Nachreden. Die Betroffenen können sich nicht wehren – sie sind ungefragt verdammt, sie sind ungeschützt Schimpf und Schande ausgesetzt. Als Atheist sage ich: Gott sei Dank – ich konnte helfen, Menschen zu schützen, menschliches Leid, familiäre Tragödien, öffentliche Herabwürdigungen, ja sogar Suizid abzuwenden. Gott sei Dank" (*Beleites*, Untergrund, 219 f.).

398 *Winter* (Staatssicherheit und Kirche) schreibt: „Viele haben, ohne es zu wissen, durch ein unvorsichtiges Gerede und Schwatzhaftigkeit ihren Mitmenschen genutzt oder geschadet. Sie haben, ohne es zu ahnen, IM Dinge anvertraut, die sich für andere hilfreich oder auch äußerst negativ ausgewirkt haben." Ein Indiz für die Loyalität der DDR-Bischöfe ihrem Staat gegenüber ist die Tatsache, daß seit 1985 kein Bischof mehr im Operativ-Vorgang bearbeitet wurde (Mitteilung J. Wiegand vom 7.11.1991).

399 Vgl. z.B. epd-Landesdienst Ost Nr. 164 vom 28.8.1991, 2: „Hallenser Theologieprofessor erklärt sich zu Stasi-Kontakten"; epd-Landesdienst Ost Nr. 174 vom 11.9.1991, 2: „Protest gegen Entlassung des Hallenser Theologieprofessors Holtz"; *Heusinger*, Im Zwielicht der Stasi-Vergangenheit, in: LuMo 11 / 91, 6 f. Allerdings war Holtz mitverantwortlich für den zwangsweisen Wechsel der Theologiestudenten Läßig (OV „Trompete") und Rudolph (OV „Juris") an das Theologische Seminar Leipzig, der nach einem Disziplinarverfahren unvermeidlich geworden war. Anlaß des Verfahrens war die Verweigerung einiger Dienste durch beide Studenten im obligatorischen Zivilverteidigungslager gewesen.

demokratische Erneuerung entschieden und für diese in vorderster Reihe arbeiteten? Sie hatten ihre eigene Vergangenheit so perfekt verdrängt, daß sie – mit ihr konfrontiert – sich selbst nur mit erheblicher Mühe von außen wiederzuerkennen vermochten. Allein diese „Fälle" bzw. kaum typisierten Verhaltensmuster aus einem natürlich viel weiteren Spektrum mögen veranschaulichen, daß eine bipolare Unterscheidung aufgrund des IM-Kriteriums vollkommen untauglich erscheint.

Dringt man in tiefere Strukturen menschlichen Verhaltens ein, erhebt sich sofort die Frage, was gerade Christen bewogen haben könnte, mit dem SED-Regime zu kooperieren. Ein wichtiges Movens gerade im protestantischen Raum scheint der Wunsch gewesen zu sein, gestaltend an den gesellschaftlichen Verhältnissen mitwirken zu wollen und für das „eigene" Land Förderliches zu tun. Das vor der Folie westdeutschen Hochmuts in seiner Eigenart sich immer klarer profilierende „DDR-Bewußtsein", der Wunsch nach ethischer Abgrenzung von dem menschenverachtenden „Kapitalismus" des Westens und die immerhin möglich erscheinende Verwirklichung eines „humanen Sozialismus" auf dem Territorium des östlichen Teilstaates bildeten wichtige Antriebsfedern kirchlichen Handelns. Die relative Stabilisierung des Regimes nach dem Mauerbau führte überdies dazu, daß man sich auf ein dauerndes Miteinander einrichtete. Allmählich schuf der theoretische Sozialismusgedanke als die „gerechtere Form menschlichen Zusammenlebens" die gemeinsame Plattform für eine gegenseitige „kritische Solidarität". Dabei spielte die gesellschaftliche Umorientierung des Ökumenischen Rates der Kirchen nach 1961[400] eine nicht zu unterschätzende Rolle im Blick auf die Verstärkung eines bestimmten Bildes der DDR-Kirchen: Sie seien den schwereren Weg der Trennung von Staat und Kirche und damit in die Armut gegangen, könnten sich nur am Rande der sozialistischen Gesellschaft behaupten, träten vorbehaltlos für die Ausgebeuteten und rassisch Verfolgten in aller Welt ein und seien bekennende Gemeindekirche vor Ort[401]. Wie sehr dieses Bild trog, geht allein aus der ökonomischen Abhängigkeit der DDR-Kirchen von der EKD hervor sowie aus dem Unwillen des BEK, strukturelle Konsequenzen aus der drastisch sinkenden Mitgliederzahl und den ständig zurückgehenden Einnahmen zu ziehen: Mit Hilfe gewaltiger finanzieller Zuschüsse aus dem reichen Westen hielt die Minderheitenkirche über drei Jahrzehnte die Fiktion aufrecht, sie sei nach wie vor eine große Volkskirche[402]. Das hinderte sie freilich nicht, sich zu-

---

400 Vgl. dazu *Besier*, Die Haltung des ÖRK zur Deutschen Frage.
401 *Kandler* urteilt selbstkritisch: „Wir haben – wider besseres Wissen – das Antirassismusprogramm des Ökumenischen Rates weithin unterstützt, obwohl wir wußten, daß damit Bewegungen unterstützt werden, die offen marxistisch, sozialistisch geprägt waren und Mittel der Gewalt in ihrem Befreiungskampf nicht ausschlossen. Es ist uns nicht wirklich gelungen, aktiv der sozialistischen Ideologie zu begegnen" (Die Kirchen und das Ende des Sozialismus, 116). Vgl. dazu auch *Henkys*, Die Evangelischen Kirchen in der DDR, 172-212.
402 Vgl. *Besier*, Die evangelischen Landeskirchen, 152-154. Der für die Geldbeschaffung im Westen Zuständige, Ludwig *Geißel*, schrieb über die Haltung der KKL im Jahr 1967: „Abgesehen von dieser mehr oder minder deutlich formulierten Forderung [scil. der KKL] an die EKD, konnte ich auch sonst ein wachsendes Anspruchsdenken in den Reihen der versammelten Delegierten erkennen, das mich etwas befremdete [...]. Was mich störte, war ihre Weigerung, sich durch strukturelle und organisatorische Änderungen auf die neue Situation einzustellen" (Unterhändler der Menschlichkeit, 356).

weilen dennoch das von der Ökumene auf sie projizierte Bild zu eigen zu machen: eine in ihrer selbstbewußten Demut wahrhaft christliche Kirche, die das Martyrium schon geschmeckt hatte und die sich so wohltuend von der satten, oberflächlichen Westkirche abhob, deren vermeintlich inniges Bündnis mit dem kapitalistischen System und dessen Hochrüstung sie jeglichen geistlichen Charismas entkleidete[403]. Zahlreiche Mitglieder östlicher Kirchenleitungen verinnerlichten während der vergangenen vierzig Jahre die sozialistische Standortbestimmung der DDR-Gesellschaft und ihrer Kirche. Gerade nach dem November 1989 wurde dies erst richtig deutlich[404]. Unverkennbare Romantisierungstendenzen über den „Weg der Kirche im Sozialismus", Warnungen im Blick auf den Westen, sich nicht durch eine allzu enge Anlehnung an den demokratischen Staat „korrumpieren" zu lassen, und eindeutige Voten, den – allerdings substantiell veränderten – DDR-Staat „als eine Alternative [...] zur westlichen Industriegesellschaft [...], die mehr auf Gerechtigkeit aus ist"[405] als die Bundesrepublik, zu erhalten, bestimmten den Tenor kirchlicher Äußerungen. Der staatliche wie der kirchliche Zusammenschluß waren schließlich das Ergebnis einer rationalen Lageeinschätzung oder auch nur der hastige Nachvollzug der öffentlichen Meinung – jedenfalls keine Entscheidung des Herzens. Da auch die Begleitumstände der Integration in die „BRD" und EKD[406] kaum Identifikationsmöglichkeiten eröffneten, sondern im Gegenteil mit schweren Demütigungen verbunden waren,

---

403 *Kandler* schreibt in seinen „Betrachtungen eines Betroffenen": „Eine gewisse Distanz gegenüber Politikern, gegen Machthaber in Staat und Wirtschaft bleibt nötig – in jeder Gesellschaft, aber das war auch nötig für die Kirchen in der DDR. Oft ist auf die Diskrepanz aufmerksam gemacht worden, daß Bischöfe zum Staatsempfang erschienen (etwa zum Jahrestag der DDR), während christliche Kinder nicht zu weiterführenden Bildungseinrichtungen zugelassen wurden. Erst 1989 wurde allgemein eine Beteiligung der Kirchen am 40. Jahrestag der DDR abgelehnt. Oder warum haben sich die Bischöfe und Kirchenleitungen vom Staatssekretär für Kirchenfragen bzw. von den Abteilungen für Kirchenfragen bei den Räten der Bezirke ‚zitieren‘ lassen? Es ist – gegen W. Krusche – doch nicht immer gelungen, den ‚schmalen Weg zwischen Opposition und Opportunismen‘ zu gehen [...]. Es bleibt zu fragen, ob es gegenwärtig nicht so etwas wie eine Arroganz in den ostdeutschen Kirchen gibt. Haben wir ‚uns nie überschätzt und die *besseren* Christen gefühlt‘?" (Die Kirchen und das Ende des Sozialismus, 110).

404 Zu kirchlich-theologischen Überlegungen über die Situation des Kirchenbundes in der „Nach-Wende-Zeit" vgl. *Schulze* (Hg.), Nach der Wende; *Sekretariat des Bundes* (Hg.), Bleibender Auftrag.

405 Günter Krusche in einem Interview vom 7.12.1990 mit den Evangelischen Kommentaren (Ev. Komm., 1990, 28-32, Zitat: 29). *Kandler* (Die Kirchen und das Ende des Sozialismus, 121) kommentiert u.a. G. Krusches Haltung: „Unbegreiflich ist, wenn Repräsentanten der Kirche sich [...] geradezu gegen die Öffnung der Mauer und die Einheit Deutschlands aussprachen. Welche Arroganz klingt aus dem Satz von G. Krusche, daß die DDR-Deutschen nun den Kommunismus mit dem Konsumismus vertauscht hätten. Er und andere, die so sprachen, hatten vor der Öffnung der Mauer die Möglichkeit zu Dienstreisen in die Bundesrepublik oder in das westliche Ausland, eine Möglichkeit, die die große Mehrheit nicht hatte."

406 Mit der kirchlichen Vereinigung befassen sich: *Heckel*, Die Vereinigung der evangelischen Kirchen in Deutschland; *v. Campenhausen*, Die rechtliche Trennung; *Falcke*, Die unvollendete Befreiung; *Girock*, Operation geglückt; *Hannemann / Francke*, Kirchenmitglieder wollen schnelle Einheit; *Heidingsfeld*, Rücksichtnahme; *Henkys*, Weg zu einem neuen Miteinander; *Ihmels*, An der Schwelle; *Lindemann*, Antwort auf ein elementares Verlangen; *Löwe*, Einheit oder besondere Gemeinschaft?; *Schloz*, Von der Angst, überrollt zu werden; *Schweitzer*, Kircheneinigung; *Weiß*, Wer hat Angst vor der EKD?; *Zeddies*, Welche Kirche wollen wir?

bestehen außerordentlich ungünstige Ausgangsbedingungen für ein rückhaltloses Bedenken der Vergangenheit.
Was die westdeutsche Regierungspartei von den ostdeutschen Kirchen hielt, kommt in einer internen Informationsschrift des Evangelischen Arbeitskreises der CDU / CSU vom September 1990 ohne alle diplomatischen Schnörkel zum Ausdruck:

„Der Protestantismus in der DDR ist sehr stark von einer links und grün-alternativ orientierten Friedensdiskussion geprägt. Diese ‚Friedensethik' hat mit der bisherigen außen- und sicherheitpolitischen Linie des Westens und der CDU / CSU nahezu gar nichts gemein. Da aber die Oppositionsgruppen und die Kirche gerade in diesen Fragen zu ihrer eigenen Identität und darüber hinaus zum Widerstand gegen das SED-Regime gefunden haben, werden sie von dieser friedenspolitischen Richtung nur schwer abzubringen sein. Hier scheint auch der breiteste Konsens zwischen gemäßigt-konservativen und linken Kräften in der evangelischen Kirche zu bestehen."[407]

Unterstellt man dieser Charakterisierung auch nur einen partiellen Wahrheitsgehalt, dann wird deutlich, welchen geringen Einfluß die Kirchen auf das Wahlverhalten der DDR-Bürger besaßen[408]. Der überwältigende Wahlsieg der CDU im Dezember 1990 stellte nicht nur eine verheerende Niederlage der SPD dar, sondern kam auch einer Absage an die gesellschaftspolitischen Vorstellungen der DDR-Kirchen gleich. Was dem MfS im Blick auf die Stabilität des SED-Regimes in den letzten Jahren so große Sorgen bereitet hatte – der „Sozialdemokratismus" in den evangelischen Kirchen –, konnte der konservativen Mehrheit nichts anhaben, denn für eine sozialdemokratische Alternative fehlte – wie sich zeigen sollte – die Massenbasis. Der Wahlausgang vom Dezember 1990 sowie die sich gleichzeitig wieder leerenden Kirchen mußten eine bittere Ernüchterung für die geistlichen Würdenträger gewesen sein und ihr Selbstbewußtsein, insbesondere ihren gesellschaftspolitischen Impetus, empfindlich getroffen haben.
Vor diesem Hintergrund erscheint es nur zu verständlich, daß einige Kirchenleitungen – nun zu allem Überfluß auch noch mit dem „Stasiproblem der Kirchen"[409] konfrontiert – sich darauf versteiften, diese

---

407   *EAK* (Hg.), Evangelische Kirche in der DDR. Personen, Daten, Perspektiven. Information des Evangelischen Arbeitskreises der CDU / CSU, Bonn, im September 1990 (hektographiert), 16. In einer „biographischen Charakterskizze des DDR-Protestantismus" werden Rosemarie Cynkiewicz, Christoph Demke, Heino Falcke, Gottfried Forck, Günter Krusche, Manfred Stolpe und Martin Ziegler den „linken Kräften" zugerechnet; Werner Leich, Joachim Rogge, Johannes Hempel und Christoph Stier gelten als „gemäßigte" bzw. „konservative" Kirchenführer.
408   Vgl. zur Volkskammerwahl im Frühjahr 1990 *Meckel*, Die Wahl ist kurz. Erste Erklärungsversuche für das Wahlverhalten der DDR-Bevölkerung geben *Förster / Roski*, DDR zwischen Wende und Wahl. Während des Leipziger Kirchentags Anfang Juli 1989 vertrat „Stolpe [...] die Meinung, daß die Mehrheit der [DDR-]Bevölkerung keinen Anschluß an die BRD wolle, sondern eine bessere DDR. Die Kirchenleitung sei für eine offene und friedliche Zusammenarbeit mit dem Staat (ähnliche Äußerungen von Forck und Hempel)", Information zum Verlauf des Kirchentagskongresses und Kirchentag der Evangelisch-Lutherischen Landeskirche Sachsens vom 6.–9.7. 1989 in Leipzig, Bericht der BV Leipzig, Operativer Einsatzstab vom 9.7.1989 (FZ Stalinismus, Dresden, Ordner BV Leipzig). Vgl. zum Leipziger Kirchentag auch *Rein*, Revolution, 186 f.
409   So *Neubert*, Recht, Verantwortung und Versöhnung. Daß es dieses Stasi-Problem schon vorher gab und man davon auch wußte, scheint vergessen worden zu sein. „Es ist tatsächlich nicht zu bestreiten", schreibt Ulrich Schröter, „daß innerhalb der Kirche heute sehr viel betroffener über die Verflechtung der Mitarbeiter in das Netz des MfS gesprochen wird, als dies zu Zeiten der DDR der Fall war. Allerdings ist erst jetzt deutlicher geworden, wie stark die Verstrickung einzelner leiten-

offenbar gewordene Last der Vergangenheit – jedenfalls zunächst –
auch dann ignorieren zu wollen, wenn erdrückende Beweise vorgelegt
wurden[410].

Hier bedarf es des ausdrücklichen Hinweises, daß die bisher bekannt
gewordenen Fälle – entgegen dem äußeren Anschein – durchaus nicht
den Rückschluß zulassen, die in Rede stehende Problematik konzen-
triere sich nur auf einige Landeskirchen – etwa auf Sachsen und Thüringen. Da, wo Bürgerkomitees, Synodale und einzelne Pfarrer – wie
etwa in Leipzig – trotz heftiger Gegenwehr, auch von seiten der Kirchenleitung, beharrlich an der Aufdeckung von Stasi-Fällen weiterarbeiten und dabei das Licht der Öffentlichkeit nicht scheuen, liegen lediglich erste Ergebnisse vor. Weitere werden folgen. An diesen Orten
funktioniert der innere Selbstreinigungsprozeß der Kirchen und läßt
die Gemeinden auf das Geschenk des Neuwerdens hoffen. Mit Recht
stellte demgegenüber der Chefredakteur der kirchlichen Wochenzeitung „Potsdamer Kirche", Lutz Borgmann, Anfang September 1991
fest, in der Berlin-brandenburgischen Kirche sei es „fast beängstigend
ruhig"; er hält es für „undenkbar", daß unter den kirchlichen Mitarbeitern keine IMs gewesen seien, und plädiert für eine „Aufarbeitung der
DDR-Vergangenheit"[411]. Borgmann erhebt dann freilich schwere Vor-

---

der kirchlicher Mitarbeiter war. Erwiesen sind Verstrickungen in Sachsen, Anhalt,
Mecklenburg. Verdächtigungen wurden in Thüringen, Kirchenprovinz Sachsen,
Berlin-Brandenburg ausgesprochen" (Zwie-Gespräch Nr. 4, 16).

410 Vgl. *Besier*, Soll die Schuld im Erfolg vernarben? sowie die Dok. 156-161. Während eines Podiumsgesprächs aus Anlaß des 100. Geburtstags von Moritz Mitzenheim in der Eisenacher Johanneskirche am 17. August 1991 lehnte es Thüringens
Landesbischof Leich ab, der evangelischen Kirche besondere Stasi-Vorwürfe zu
machen. Wie die Gesellschaft insgesamt sei auch die Kirche in die Machenschaften
des ehemaligen DDR-Geheimdienstes verstrickt gewesen. „Wir haben Anteil an
einer Erscheinung, die das ganze Volk betrifft", führte der Landesbischof aus und
fügte hinzu, er habe bei der Gauck-Behörde die Überprüfung aller Pfarrer und
Synodalen beantragt (Berliner Sonntagsblatt vom 25.8.1991, 2). Zum Verhalten der
Thüringer Kirchenleitung während der 80er Jahre vgl. *Beleites*, Untergrund, 38.

411 Berliner Sonntagsblatt vom 8.9.1991. Zum Fall des kurz darauf bekannt gewordenen Berliner Pfarrers Gottfried Gartenschläger (IMB „Barth") vgl. Berliner Sonntagsblatt vom 20.10.1991; Deutsches Allgemeines Sonntagsblatt Nr. 42 vom
18.10.1991; Die ZEIT 44 / 91 vom 25.10.1991, 12. Vor der „Wende" zählte Gartenschläger zu den profiliertesten Oppositionellen und leitete in Friedrichsfelde einen
bekannten Friedenskreis. Daneben arbeitete er 15 Jahre lang für die Stasi. Wie
Gartenschläger bei öffentlichen Versammlungen agierte, geht aus einem Bericht
der MfS-Bezirksverwaltung Berlin vom 3.2.1988 über einen Fürbitten- und An-
dachtsgottesdienst in der Kirche Alt-Friedrichsfelde hervor (FZ Stalinismus, Dresden, Ordner BV Berlin). Zur innergemeindlichen Auseinandersetzung um die von
der Kirchenleitung 1989 angeordnete Versetzung Gartenschlägers vgl. die Operativinformation der Kreisdienststelle Lichtenberg vom 10.8.1989, ebd. Nachdem
Gartenschläger seine Zusammenarbeit mit der Stasi zugegeben hatte, „ermunterte"
ihn der Gemeindekirchenrat, dennoch im Amt zu bleiben (Wortlaut der Erklärung: Deutsches Allgemeines Sonntagsblatt Nr. 43 vom 25.10.1991). Die „Lutherischen Nachrichten" (Nr. 3 vom 31.10.1991, 6) meldeten, daß das „Berliner Landesamt für Verfassungsschutz [...] jetzt dem Innensenator der Stadt, Erich Pätzold
(SPD), einen Kurzbericht über Erkenntnisse vorgelegt [habe], die belegen, daß der
Staatssicherheitsdienst seit 1957 Kirchen ausgeforscht und unterwandert hat. Der
Innensenator sagte zu diesem Bericht: ‚Es sei erschreckend, daß die Stasi noch
nicht einmal Respekt vor dem Beichtgeheimnis hatte [...]. Der Stasi [habe] [...]
jahrzehntelang seine Opfer mit abscheulich kriminellen Methoden unterdrückt, erpreßt und teilweise für eigene Machenschaften mißbraucht [...]. Über die Intensität, mit der die Aktivitäten gegen die Kirchen geführt wurden, gibt die Aussage
eines Überläufers aus der damaligen Abteilung V im Jahre 1959 Aufschluß. Nach
dessen Angaben habe allein das mit der Bearbeitung der Kirchen in Dresden be-

würfe gegen die „unheilige Allianz" von „rachsüchtigen Stasi-Mitarbeitern und gewissenlose[n] Zeitungsmachern"; diese Anschuldigungen verschleiern jedoch eher den wahren Sachverhalt der „Berliner Ruhe". Die kirchlichen IMs dieser Region waren nicht „zu unbedeutend, als daß man jetzt mit ihnen Geld machen könnte", wie Borgmann vermutet, sondern in der Hauptstadt der ehemaligen DDR sind die alten Strukturen noch einigermaßen intakt und die vormaligen Führungsoffiziere – hier arbeitete die MfS-Elite! – auch weiterhin zu loyal, um sich vom „Klassenfeind" für schnöden Mammon „abschöpfen" zu lassen. Das wird noch einige Zeit so bleiben, zumal man immerhin annehmen darf, daß die so Geschützten sich erkenntlich zeigen werden, indem sie den arbeitslosen MfS-Offizieren – oft eben qualifizierte Leute! – zu einem neuen Start in der freien Wirtschaft verhelfen. Mit dem Vertrauen der IMs und anderer Getreuer auf die Verschwiegenheit ihrer ehemaligen Führungsoffiziere und SED-Funkionäre läßt sich auch die erstaunliche Kaltblütigkeit erklären, mit der bisher unentdeckte Kollaborateure des alten Regimes unter den neuen Verhältnissen reüssierten, anstatt unauffällig ins zweite Glied zurückzutreten[412]. Daß von dieser Situationsbeschreibung auch Persönlichkeiten aus dem Westen betroffen sind, belegt der Fall Schalck-Golodkowski[413].

Aus dem Raum der kirchlichen Theologie gibt es erste Versuche, in der

---

faßte Referat der Bezirksverwaltung circa 30 bis 40 geheime Mitarbeiter (aktuelle Bezeichnung: IM[...]), überwiegend Theologen und aktive Laien, geführt.'" Vgl. zur Berliner Situation im Öffentlichen Dienst Die ZEIT 45 / 91 vom 1.11.1991, 23. Die Synode der Ev. Kirche in Berlin-Brandenburg lehnte auf ihrer Tagung vom 13.-17.11.1991 in Berlin-Spandau den Antrag ab, daß alle kirchlichen Mitarbeiter in Leitungsfunktionen, die Ordinierten sowie die Mitglieder der Kreiskirchenräte sich einer „Regelüberprüfung" auf eine eventuelle Mitarbeit im MfS unterziehen sollten. Vgl. Die Kirche 47 / 91 vom 24.11.1991, 2. Vgl. auch Berliner Sonntagsblatt 47 / 91 vom 24.11.1991.

412 Als Beispiele sei auf die „Fälle" Kirchner, Schnur, Böhme, de Maizière und Fink (zu Letztgenanntem vgl. FAZ vom 18.9.1990; 29.10.1991; Die Welt vom 22.7.1991; Die ZEIT 48 /91 vom 22.11.1991, 9) verwiesen. Über das Interesse des MfS im Jahre 1978, Fink mit einer ordentlichen Professur an der Humboldt-Universität zu betrauen und ihn darüber hinaus als Sektionsdirektor einzusetzen, geben zwei Informationen der BV Berlin des MfS, Abteilung XX / 4, vom 5.5.1978 und 1.8.1978 Auskunft (FZ Stalinismus, Dresden, Ordner BV Berlin). Das am 25.11.1991 an die Berliner Senatsverwaltung für Wissenschaft und Forschung gerichtete Auskunftsschreiben der Behörde Gauck ist jetzt abgedruckt im „telegraph", Nr. 12, 1991, 12 f. Dort heißt es: „Herr Prof. Fink ist seit 1969 als Inoffizieller Mitarbeiter des MfS unter dem Decknamen ‚Heiner' tätig gewesen. Der Leiter der Kirchenabteilung des MfS, der HA (Hauptabteilung) XX / IV, bestätigte am 4.12.1989 eine Löschung des IM-Vorganges ‚Heiner', so daß z.Z. weiteres Beweismaterial nur durch Rückschlüsse und auf der Grundlage eines ebenfalls aufgefundenen Jahresarbeitsplanes geliefert werden kann [...]".

413 Der SPIEGEL 34 / 91 vom 19.8.1991. Zu den Geschäftsbeziehungen, die die Kirche mit Schalck-Golodkowski unterhielt, vgl. *Geißel*, Unterhändler der Menschlichkeit, 346 f.; 357 f.; 372 ff.; 378; 390; 395; 406; 413; 419; 423 f.; 430; 442; 457; 462. Bei seiner Anhörung vor dem Untersuchungsausschuß des Bundestages am 25.9.1991 sagte Schalck: „Ein wichtiger Teil meiner Arbeit betrifft die Beziehungen zum Diakonischen Werk und zur Evangelischen Kirche und zu allen anderen Religionsgemeinschaften, die in der DDR zugelassen waren. Ich möchte hier die wichtigsten Personen herausstellen, die mit mir oder mit meinem Stellvertreter Manfred Seidel diesen Komplex verhandelt haben: Herrn Ludwig Geißel, damals Vizepräsident des Diakonischen Werkes, Beauftragter der EKD bei der Regierung der DDR, Herrn Präsidenten Schober des Diakonischen Werks, Herrn Präsidenten Pfarrer Neukamm, der jetzt noch Präsident des Diakonischen Werkes Stuttgart ist, Herrn Konsistorialpräsident Manfred Stolpe, Herrn Oberkirchenrat Pätzold und Altbischof Schönherr" (Die ZEIT 41 / 91 vom 3.10.1991, 18).

Stasiproblematik klärende Worte zu finden. Erhart Neubert, Ost-Berliner Theologe und Soziologe, jetzt Mitarbeiter der Theologischen Studienabteilung bei der EKD, veröffentlichte im August / September 1991 eine Artikelserie, die in einem Dreischritt das Stasiproblem unter kirchenrechtlichen, sozialethischen und soteriologischen Gesichtspunkten in seinen Ursachen und Konsequenzen auch kategorial transparent darzustellen sucht. Das Kirchenrecht ist nach seiner Ansicht eindeutig:

„Die Tätigkeit als IM ist kirchenrechtlich nicht mit einer politischen Tätigkeit in einem gesellschaftlichen legislativen Amt (Volksvertretung) zu vergleichen, die dienstrechtlich überdies genehmigungspflichtig war und ist. Die IM-Tätigkeit ist eine exekutive Funktion, die selbst in einem Rechtsstaat zu Loyalitätskonflikten führen würde und darum für einen kirchlichen Mitarbeiter ausgeschlossen ist [...]. Aufgrund dieser Rechtslage müssen die Synoden, Kirchenleitungen und Gemeindekirchenräte jetzt handeln [...]. Die Unterlassung, Behinderung und Umgehung der Prüfung, Untersuchung und Beurteilung ist wiederum selbst ein Bruch geltenden Kirchenrechts. Wenn einzelne Kirchenleitungen sich auf Dauer gegen die Abklärung wehren, muß geprüft werden, ob sie nicht mit EKD-Recht dazu veranlaßt werden können [...]. Die disziplinarischen Folgen einer aufgedeckten Stasimitarbeit werden in der Regel eine Entfernung aus dem kirchlichen Dienst beinhalten."[414]

Auch aus sozialethischen Erwägungen hält Neubert es im Interesse von „Frieden, Gerechtigkeit und Wahrheit" für notwendig, daß die Kirche der ostdeutschen Gesellschaft eine Orientierung gibt.

„Von der Art und Weise, wie die Kirchen und Gemeinden ihre Stasiprobleme lösen, wird eine normierende Wirkung für die Gesellschaft ausgehen [...]. Die Stasi darf nicht als mirakulöses Untier, als eine Art anonymer Ersatzteufel mystifiziert werden, dem wir hilflos ausgeliefert sind und der sich bestens eignet zur Verschiebung von Verantwortung auf unzulängliche Gefilde. Die Stasi ist ein von Menschen verursachtes Problem, dessen Ursachen und Wirkungen aufgeklärt werden können, wenn es nur wirklich gewollt wird [...]. Wenn uns am inneren Frieden in Kirche und Gesellschaft ernsthaft gelegen ist, darf es keine Vertuschung, keine pax stasi, kein Eiapopeia ‚als sei nichts gewesen' geben."[415]

Aus dem, was Christen vom Menschen und von der Versöhnungstat Gottes wissen, kann – so Neubert –

„nicht abgeleitet werden, daß Versöhnung gleichsam automatisch zu haben ist. Sie kann nicht herbeidefiniert werden, nicht erhandelt und in irgendeinem Abrechnungsverfahren erzwungen werden. Durch kirchenamtliche Beschlüsse kann Versöhnung nicht angeordnet werden und durch richtige theologische Sätze nicht proklamiert werden. Die Hoffnung auf Versöhnung ist nicht schon sie selbst, und billige Gnade ist überhaupt keine [...]. Darum ist es wichtig, daß wir benennen, was uns in einen unversöhnten Zustand gebracht hat, was wir zu beklagen haben. Stasimitarbeiter haben sich vom dritten Artikel unseres Glaubensbekenntnisses losgesagt [...]. Sie haben sich getrennt von der Kirche, der ‚Mutter, so jeglichen Christen zeuget und trägt' (M. Luther), und haben sich bei Vater Staat dienstlich rückversichert. Wer sich von ihnen nicht offenbart, dekonspiriert, Schuld einräumt, der verweigert [...] noch zusätzlich den Wohlmeinenden jede Möglichkeit, Schuld zu vergeben und Versöhnung zu wagen. Bislang verstricken sich diese Menschen immer mehr. Sie verlassen sich weiterhin auf die Sicherheit der Lüge. Wer ihnen pauschal und voreilig Versöhnungsgarantien erteilt, verbaut ihnen auch noch den letzten Ausweg. IMs brauchen, wie alle anderen Menschen, dringend die Seelsorge, nicht aber den Ablaß auf Garantieschein."[416]

414 *Neubert*, Recht, Verantwortung und Versöhnung, Teil 1.
415 Ebd., Teil 2.
416 Ebd., Teil 3. Vgl. auch die als „Ergänzung" zu Neuberts Artikelserie gedachte Po-

Neubert versucht mit seinen Überlegungen eine längst überfällige theologische Klarheit in die Diskussion zu bringen, vernachlässigt im Bereich des „Vorletzten" allerdings die oben schon erwähnte mangelnde Trennschärfe des IM-Kriteriums. Soll nur, was juristisch eindeutig kodifizierbar ist, moralisch geahndet werden? Außerdem tritt auf der praktischen Ebene die Schwierigkeit hinzu, daß in der HVA und in der HA XX / 4 Inoffizielle Mitarbeiter nicht immer als IM-Vorgang erfaßt wurden, um ihre Dekonspiration über eine undichte Stelle im Apparat zu verhindern[417]. Waren sie aber doch erfaßt, muß damit gerechnet werden, daß sie noch 1989 aus den Karteien entfernt und ihre Akten vernichtet wurden. Was bislang auftauchte, waren oft Zufallsfunde oder gezielt lancierte „Fälle". Daß man bei den Aktenvernichtungsmaßnahmen überdies nicht mit den „kleinen Fischen" begann, dürfte allgemein einleuchten. Das Beispiel der „Gesellschaftlichen Mitarbeiter für Sicherheit" (GMS) zeigt überdies, daß etwa Betriebsdirektoren oder Hochschullehrer im Auftrag des MfS Schlüsselpositionen in ihrem Bereich besetzten und personenbezogene Informationen an den Geheimdienst weitergaben, ohne direkt konspirativ tätig oder als IM geführt worden zu sein.

Es scheint demnach so, als habe das MfS die DDR-Gesellschaft derart durchdrungen, daß es heute außerordentlich schwierig sein dürfte, mit rechtsstaatlichen Mitteln Gerechtigkeit walten zu lassen, obwohl gerade aus sozialethischen Gründen die dringende Notwendigkeit besteht, genau das möglichst überzeugend zu praktizieren. Diese verzweifelte Aporie kann gar nicht deutlich genug zum Ausdruck gebracht werden[418]. Sie darf andererseits aber – aus den von Neubert genannten

sition von Dietrich *Mendt*, Im Dilemma von Gerechtigkeit, Diskriminierung, Schuld und Vertuschung, in: Die Kirche 39 / 91 vom 29.9.1991; außerdem: *Winter*, Staatssicherheit und Kirche. Zusammen mit Rudi Pahnke und Wolfram Hülsemann rief Neubert Mitte Oktober 1991 eine kirchliche Initiative „Recht und Versöhnung" ins Leben. Im Gründungsaufruf wird dazu aufgefordert, „alle rechtlichen Möglichkeiten zur Überprüfung aller kirchlichen Mitarbeiter zu nutzen, allen Mitarbeitern vorher zur freiwilligen Dekonspiration zu raten, darauf zu dringen, daß auch alle EKD-West-Mitarbeiter überprüft werden, die Ergebnisse der Überprüfung sorgfältig nach dem Grad der Verstrickung zu bewerten, im Zweifelsfall und bei unsicherer Aktenlage immer zu Gunsten des Belasteten zu urteilen, dienstrechtliche Konsequenzen zu ziehen und gemäß den Verfassungen und dem Dienstrecht disziplinarisch vorzugehen, im Falle strafrechtlicher Relevanz den Beschuldigten nicht gegen gültige Rechtsgrundsätze zu helfen, dazu beizutragen, daß Führungsoffiziere und Befehlsträger der Stasi ebenfalls zur Verantwortung gezogen werden, im Falle notwendiger, zeitweiser oder vollständiger Entfernung aus bestimmten Dienstbereichen der Kirche sich intensiv um eine berufliche Weiterbeschäftigung zu bemühen, die Fürsorgepflicht auf betroffene Familienmitglieder auszudehnen, in allen kirchlichen Arbeitsbereichen, auf Tagungen, Gottesdiensten, Gemeindeseminaren u.a. im Zusammenhang mit der Offenlegung von Stasiaktivitäten Versöhnung zu thematisieren und zu praktizieren, für Belastete Gesprächsmöglichkeiten einzuräumen und [dazu] beizutragen, daß Unbelastete sich nicht überheblich und anmaßend gebärden, die Öffentlichkeit über Disziplinarmaßnahmen und über Resozialisierungshilfen zu unterrichten, mögliche Opfer von Stasiaktivitäten öffentlich zu rehabilitieren und ihnen behilflich zu sein, selbst Schritte der Versöhnung zu gehen" (Pressearchiv Berlin, Bachstraße, Stasi 10 / 91; vgl. Frankfurter Rundschau vom 16.10.1991).

417 Mitteilung J. Wiegand vom 7.8.1991. Wie wenig zuverlässig im übrigen eine „Überprüfung" durch die Gauck-Behörde gegenwärtig noch ist, zeigt beispielsweise der Fall des Mitbegründers der West-Berliner Alternativen Liste, Dirk Schneider. Anfang September 1991 stellte sie dem überzeugten IM einen „Persilschein" aus; vier Wochen später wurde er durch die Presse enttarnt (Frankfurter Rundschau vom 18.10.1991, 6).

theologischen wie ethischen Gründen – nicht dazu führen, daß man
sofort auf eine Ebene der Versöhnung zueilt und die individuelle
Schuld dahingestellt sein bzw. in dem Meer aller menschlichen Schuld
ununterscheidbar versinken läßt.

In seinem Buch über „Die Schuldfrage" (1946) unterscheidet Karl Jaspers zwischen der *„kriminellen Schuld"* der NS-Verbrecher, der *„politischen Schuld"* eines ganzen Volkes und der ethischen Kategorie einer
„moralischen Schuld", die in der Freiheit und daher Verantwortlichkeit
des einzelnen wurzelt[419]. Unabhängig von der Frage der Verursachung
weiß sich der einzelne Mensch verantwortlich für das überindividuelle
Versagen des Kollektiven, denn er hat teil an dem zwischenpersönli-
chen Gemeingut der Freiheit zur politischen Gestaltung des Gemeinwesens, in dem er als eines seiner Glieder lebt. Insofern haftet er im
politischen Sinne auch für die von seiner Regierung begangenen Verbrechen. Leugnen die Deutschen als Volk ihre moralische Schuldver-
haftung, verfallen sie erneut der Unfreiheit. Die Kategorie der *„meta-
physischen Schuld"* schließlich umgreift in der Definition von Jaspers
alle Menschen in ihrer Verantwortung für ihr Dasein vor Gott. Hier
kann der einzelne vor der Instanz seines Gewissens, nicht vor dem
Forum der Öffentlichkeit Rechenschaft über seine Schuld ablegen, die
freilich nur selten ihn allein betreffen wird, sondern auch die, die mit
ihm leben.

Hannah Arendt – die 1946 im Briefwechsel mit Jaspers zum Ausdruck
bringt, daß die NS-Verbrechen, das radikal Böse, in ihrer Ungeheuer-
lichkeit alle Rechtsordnungen unzureichend erscheinen lassen und sich
somit jeder juristischen Ahndung entziehen[420], während der Heidel-
berger Philosoph an der Banalität des Bösen festhalten möchte[421], um
seiner „ganz nüchternen Nichtigkeit" gewärtig zu bleiben[422] – entfaltet
fünfzehn Jahre später ihre Gedanken zur „Unwiderruflichkeit des Ge-
tanen" und zur „Macht zu verzeihen"[423]. „Könnten wir einander nicht
vergeben, d.h. uns gegenseitig von den Folgen unserer Taten entbinden,
so beschränkte sich unsere Fähigkeit zu handeln gewissermaßen auf
eine einzige Tat, deren Folgen uns bis an unser Lebensende im wahrsten Sinne des Wortes verfolgen würden, im Guten wie im Bö-

---

418   Die aporetische Situation vor Augen („Das Dilemma besteht darin, zu bewerten,
      ohne zu verurteilen. Bewerten heißt Beteiligung oder Schuld in unterschiedlichem
      Maße feststellen"), hat Friedrich Schorlemmer vorgeschlagen, ein politisches „Tri-
      bunal" zur Vergangenheitsbewältigung nach Weimar einzuberufen. Diesem sollen
      bekannte Mitglieder von Bundesrat und Bundestag, Verfassungsrichter, Völker-
      rechtler, Friedensforscher, Sozialpsychologen, Historiker und Schriftsteller ange-
      hören. Als Aufgabenstellung dieses Gremiums formuliert er: „Aufarbeitung der
      sittlichen Entleerung, Feststellung der Verantwortlichkeit und der Strukturen für
      die gesamte Gesetzgebung, die Zerstörung des Rechtsbewußtseins, das Vorgehen
      der Justizorgane, politische Prozesse, Staatsverbrechen, Umweltzerstörung" (vgl.
      Der SPIEGEL 39 / 91 vom 23.9.1991, 82-87; Zitate: 84; 87). Da die Vorstellungen
      Schorlemmers merkwürdig vage bleiben, sind sie gegen Kritik zwar immun, tragen
      allerdings – zumindest in ihrem gegenwärtigen Stadium – auch kaum zur Bereini-
      gung der mißlichen Lage bei. Vgl. auch *Henkys*, Tribunal ohne Urteil und Strafe.
      Unserer Nachkriegsgeschichte müssen sich alle Deutschen stellen, in: Ev. Komm.,
      1991, 582-585; FAZ vom 13.11.1991, 33.
419   *Jaspers*, Die Schuldfrage, bes. 40 f.; 65-72; 102-104.
420   Siehe dazu auch *Arendt*, Organisierte Schuld.
421   Vgl. *dies.*, Eichmann in Jerusalem. Ein Bericht von der Banalität des Bösen (1961).
422   *Köhler / Saner* (Hgg.), Hannah Arendt – Karl Jaspers, 90 f.; 98 f.; vgl. auch 68 f.;
      70 f.; 79 f.; 82 f.; 88 f.; 90 ff. u.ö.
423   *Arendt*, Vita Activa, 231-238.

sen [...]"[424]. Vergeben-Können setzt die Erfahrung voraus, daß einem selbst schon einmal vergeben wurde. Mit dem Akt der Verzeihung befreit der Verzeihende sich selbst und den Täter von den bösen Folgen der Vergangenheit; er sucht etwas zu beenden, „was ohne diesen Eingriff endlos weitergehen würde"[425]. Auch der Vorgang der Bestrafung setzt dem Vergangenen ein Ende und will dem Täter einen Neuanfang ermöglichen. Natürlich können weder Vergebung noch Bestrafung geschehenes Unrecht ungeschehen machen oder es in seiner negativen Qualität verändern. Während jedoch im Mittelpunkt der Bestrafung die Tat steht, bezieht sich die Vergebung des Verzeihenden auf die Person des Schuldigen, nicht auf dessen Untat; daher kann Vergeben „auch objektiv ungerecht sein [...]"[426].

Tendenzen, um einer raschen Aussöhnung willen möglichst wenig Unterscheidungen gelten zu lassen, weist bislang eine kleine Schriftenreihe auf, die den Titel „Zwiegespräch. Beiträge zur Bewältigung der Stasi-Vergangenheit" trägt und von Dieter Mechtel und Ulrich Schröter herausgegeben wird. Im Ton sind die Aufsätze ganz auf gegenseitiges Verstehen[427] gestimmt, auf eine DDR-interne gesellschaftliche Schuld-Egalisierung im Interesse der angestrebten Gesprächsplattform für Opfer und Täter.

„Wir wollen [...] das ehrliche Gespräch über unsere vergangene Gesellschaftsform führen, über die verschiedenartige Verflechtung eines jeden in dieser Gesellschaft, besonders aber der ehemaligen Mitarbeiter der Staatssicherheit. Es müssen Gespräche sein, die von beiderseitiger Betroffenheit ausgehen und nicht von einseitig geprägter Gerechtigkeitspose."[428]

Neben der Artikulation „echter Betroffenheit"[429] scheint es den Herausgebern wichtig, die alten gesellschaftspolitischen Ideale nicht untergehen zu lassen, sondern ihren historischen Rang an der Seite anderer zu behaupten.

„Die Menschheit hat unvergängliche Werte hervorgebracht. Das Ethos des Christentums, die Ideen des klassischen bürgerlichen Humanismus und die sozialistischen Ideale von einer Welt, in der die Befriedigung der menschlichen Bedürfnisse nicht nur vom Geld abhängig ist. Ich stehe dafür, diesen geistigen Dreiklang in seiner Einheit zu verteidigen, denn der Mensch verbindet sie alle. Es ist die Ringparabel unserer Gegenwart."[430]

Diese Absicht verbindet sich gelegentlich mit latenten Schuldzuschreibungen an die alte Bundesrepublik („Spätestens seit der Währungsunion hatte die Zerstörung des DDR-Staates einen solchen Zustand

---

424 Ebd., 232.
425 Ebd., 236.
426 Ebd., 237.
427 Das Vorgehen der sächsischen Landeskirche dokumentiert ein Schreiben des Präsidenten des Dresdner LKA, Hofmann, an die drei sächsischen Räte der Bezirke, das er im April 1990 versandte: „Wir bitten die Dienststelle des Rates des Bezirkes, dafür Sorge zu tragen, daß Akten, die unter dem Blickwinkel des Datenschutzes kirchliche Mitarbeiter belasten, sichergestellt und archiviert werden" (Tagb.-Nr. 1018, enthalten im Privatarchiv Hollitzer).
428 *Schröter*, in: Zwiegespräch 2 / 91, 13.
429 Ebd., 12.
430 Ebd., 9. Vgl. dagegen sehr viel eindeutiger Günter Krusche: „Wenn auch das sang- und klanglose Ende des SED-Regimes in der ehemaligen DDR nicht die Rechtfertigung der westlichen Industriegesellschaft als solcher bedeutet, sollte doch zugegeben werden, daß der Sozialismus als Ideologie und Weltsystem nicht länger Hoffnungsträger für die Menschheit sein kann" (Die evangelische Kirche nach der „Wende", 167).

erreicht, daß nach den wirtschaftlichen und politischen Prämissen der BRD verfahren werden konnte."[431]) und dem Bedauern über den Untergang der DDR.

Die oft vom Vokabular der pastoralpsychologischen Bewegung gesättigten Beiträge zielen seelsorgerlich auf einen unabsehbaren Dialog zwischen Opfern und Tätern, die sich im grauen Nebel der von den Autoren hergestellten kommunikativen Atmosphäre einander in größerer Ähnlichkeit wahrnehmen sollen, als sie bislang selbst geglaubt hatten. Juristisch wünschen die Verfasser eine Belebung der Amnestiedebatte zunächst im Bereich der Auslandsspionage[432]. Doch ihre Zielvorstellungen reichen weiter:

„Durch ein unsensibles Herangehen an die Thematik Staatssicherheit werden Entwicklungschancen ostdeutscher Bürger beschnitten. Demgegenüber ist festzuhalten: Auch wenn der belastende Anteil einzelner unbestreitbar ist, so wäre dringend erforderlich, eine verfassungsgerichtliche Entscheidung über folgende Problemkreise herbeizuführen: War das MfS insgesamt verfassungswidrig? Waren bestimmte Abteilungen des MfS verfassungswidrig? Welche speziellen Tätigkeiten sind strafwürdig? Hier müssen klare Maßstäbe für die Beurteilung festgelegt werden."[433]

Politisch enthalten manche Aufsätze – vielleicht ungewollt – Passagen, die einer Ehrenrettung des Staates DDR und der Verwischung von Grenzen zwischen einer Demokratie und einer Diktatur dienen. Es ist wohl richtig, daß manches in der alten Bundesrepublik verbesserungswürdig war und in der neuen noch ist. Aber es machte und macht eben doch einen Unterschied, ob man sich bereit erklärte, für den Geheimdienst des SED-Unterdrückungsregimes oder den der freiheitlich und rechtsstaatlich verfaßten Bundesrepublik tätig zu werden – so häßlich solche Einrichtungen insgesamt auch sein mögen[434]. Gutgemeinte, weil in tröstlicher Absicht formulierte Sätze müssen auch historisch haltbar sein. Ob das für die folgenden gilt, darf wohl bezweifelt werden:

„Die sozialen Leistungen der DDR haben auf die BRD zweifellos einen Druck ausgeübt, ihrerseits dem Ausbau des sozialen Netzes die gebührende Aufmerksamkeit zu widmen. Die kritische Auseinandersetzung mit der deutschen Vergangenheit vor 1945, mit Nationalismus und Chauvinismus in der BRD ist durch den Einfluß der DDR befördert worden. Die neue Ostpolitik der SPD Ende der sechziger, Anfang der siebziger Jahre, der Helsinki-Prozeß sind ohne die DDR und ihre Beiträge nicht denkbar. Und es bleibt dabei, daß es Zukunftsangst in der DDR aus sozialen Gründen nicht gegeben hat. Nicht zuletzt haben auch sportliche, kulturelle, wissenschaftliche und andere Leistungen der DDR die Menschheitsentwicklung befördert."[435]

431 *Brenner*, in: Zwiegespräch 2 / 91, 15. Vgl. dagegen *Mittag*, Um jeden Preis, passim und 355 f. sowie Der SPIEGEL 37 / 91 vom 9.9.1991. Hier gibt Mittag zu Protokoll, daß sich der „ökonomische Kollaps" der DDR bereits 1981 andeutete und zwei Jahre später „offensichtlich" war. „Ohne Wiedervereinigung wäre die DDR einer ökonomischen Katastrophe mit unabsehbaren sozialen Folgen entgegengegangen, weil sie allein nicht überlebensfähig war." Eine neue Legendenbildung über den Untergang der DDR scheint sich hier anzubahnen! Siehe auch *Janson*, Totengräber der DDR.
432 *Schröter*, in: Zwiegespräch 3 / 91, 5.
433 Ebd., 11.
434 Vgl. dazu den BGH-Beschluß vom 29.5.1991, Aktenzeichen 3 StE 4 / 91-3, abgedruckt in der Neuen Zeitschrift für Strafrecht, 1991, 429-431. Zur an sich zwiespältigen Haltung des BGH in dieser Frage vgl. Der SPIEGEL 43 / 91 vom 21.10.1991, 52; 54 f.
435 *Mechtel*, in: Zwiegespräch 3 / 91, 21; vgl. *Schröter*, ebd., 2. Zu den Doping-Praktiken im DDR-Leistungssport vgl. Der SPIEGEL 38 / 91 vom 16.9.1991, 298 ff.

Bemerkenswert sind auch Sätze, die das geistige Aufrechterhaltenwollen zumindest eines Teils der Mauer zu intendieren scheinen, wenn es um die Vergangenheit und ihre Aufklärung geht: „Bürger der alten Bundesländer haben nicht in der DDR gelebt. Das disqualifiziert sie nicht als Gesprächspartner schlechthin [sic!], sollte sie aber daran erinnern, daß zunächst einmal das intensive Hinhören auf das Erleben ihrer östlichen Landsleute angezeigt ist."[436]
Dem im wesentlichen von Mechtel und Schröter inszenierten „Zwiegespräch" mangelt es – und das ist das eigentlich Entscheidende! – an der expliziten Artikulation der theologischen Voraussetzungen eines solchen Dialogs im Raum der Kirche Jesu Christi. Mit dem bloßen Hinweis auf Joh 8,7 („Wer von euch ohne Schuld ist, der werfe den ersten Stein auf diese Frau")[437] ist der nach christlichem Verständnis konstitutive Zusammenhang von Gottes Barmherzigkeit, Schuldbekenntnis und Vergebung[438] nicht derart entfaltet, daß gleichzeitig vermeidbaren Mißverständnissen gewehrt würde. Die Botschaft vom Kreuz ist mitnichten die *stillschweigende* Voraussetzung einer Annäherung zwischen ehemaligen Tätern und ihren Opfern, hinlänglich bekannt und darum nicht weiter erwähnenswert. Für das offene und öffentliche Sich-seiner-Schuld-Stellen gehört vielmehr die existentielle Wahrnehmung des Schuldiggewordenen, mit dieser seiner Schuld und denen, die ihn nun dafür zur Rechenschaft ziehen wollen, nicht alleine zu sein. „Die in sich tödliche Auseinandersetzung zwischen Tätern und Opfern, ihre Rede und Gegenrede, die einem beiderseitigen Selbstgespräch gleichkommt, sie haben nicht mehr das letzte Wort. Denn Täter und Opfer sind nicht mehr miteinander allein – zwischen ihnen steht Jesus Christus."[439] Nur er ist es, der aus dem Selbstgespräch ein Zwiegespräch machen kann!
Auffällig an den gegenwärtigen theologischen Schuld-Reflexionen ist auch die Tatsache, daß man sich – ebenfalls stillschweigend – jeglicher historischen „Konkretionen" enthält, obwohl – erinnert sei an die ausdrückliche Rezeption des „Darmstädter Wortes" bei der Gründung des Kirchenbundes in der DDR – vom BEK bis zuletzt eine explizite Übernahme der „Verantwortung für den falschen politischen Weg"[440] während der NS-Zeit – unter Angabe der politischen Irrtümer – gefordert wurde. 1985 schrieb Werner Krusche: „Diese notwendige Konkretion der Schuld wird im ‚Darmstädter Wort' des Bruderrates der Evangelischen Kirche in Deutschland vom 8. August 1947 vollzogen, das sich freilich der Rat der EKD nicht zu eigen gemacht hat"[441] – mit gutem Grund! Denn im „Darmstädter Wort" unternahmen evangeli-

436 *Schröter*, in: Zwiegespräch 3 / 91, 10. Eine entsprechende Erklärung verabschiedete jetzt sogar die EKU. Darin heißt es, Personen mit öffentlichem Einfluß in den westlichen Bundesländern seien in der Regel kaum in der Lage, „diesen komplexen Sachverhalt zu beurteilen"; es wird darauf verwiesen, „daß Frauen und Männer der Kirche auf allen Ebenen die Auseinandersetzung mit den Staatsorganen der DDR zu führen hatten". Wie schwer es gewesen sei, diese Gratwanderung ohne Schaden für die Kirche, die ihnen anvertrauten Menschen und ihr persönliches Gewissen zu gehen, wüßten nur die Betroffenen (zit. nach: Berliner Sonntagsblatt vom 13.10.1991; vgl. auch epd-Landesdienst Ost Nr. 190 vom 4.10.1991).
437 Vgl. *Schröter*, in: Zwiegespräch 1 / 91, 1 ff.
438 Siehe hierzu *Beintker*, Schuldfrage im östlichen Deutschland, 458.
439 So *Sauter*, Bekannte Schuld, 509.
440 *Krusche*, Schuld und Vergebung, 95.
441 Ebd.

sche Christen den Versuch, historische Abläufe zu rekonstruieren und zu analysieren[442]. Durch die Aufdeckung vermeintlich eindeutiger Ursachen-Wirkungs-Zusammenhänge suchte man alternative Beweggründe namhaft zu machen, deren Beachtung Leid und Schuld hätte vermeiden helfen können. Indem man so komplexe Wirkungszusammenhänge auf wenige, leicht bewertbare Ursachen reduzierte, gelang zwar eine vordergründig plausible Interpretation von Realität, die aber über den eigenen Kreis hinaus kaum zu überzeugen vermochte und darum nur neuen Konfliktstoff in sich trug. Es kann für die Kirchen auch heute nicht darum gehen, politische Fehler einzugestehen und mit Hilfe einer theologischen „Kurskorrektur" nun den „richtigen" Weg, die alternative politische Option, zu wählen. Wohl aber sollte über die offen geduldete, wenn nicht gar geförderte theopolitische Instrumentalisierung auch kirchenhistorischer Vorgänge während der vergangenen vierzig Jahre nachgedacht werden[443], wobei die wenig rühmliche Rolle der CFK und ihrer Protagonisten wohl ganz besondere Aufmerksamkeit verdiente.

Es stünde der christlichen Kirche – in Ost und West – gut an, zuallererst nach ihrer *ureigenen*, nämlich der theologischen Schuld zu fragen, danach, ob sie „die Botschaft von der freien Gnade Gottes" in der DDR wie in der Bundesrepublik so ausgerichtet hat, daß „alles Volk" wirklich hören konnte[444].

Als einzige Institution in der DDR, die – in relativer Selbständigkeit vom SED-Regime – sich zu informieren, zu urteilen, zu reden und zu handeln vermochte, besaß die Kirche ein hohes Maß an Verantwortlichkeit im gesellschaftlichen Systemzusammenhang, eine Verantwortlichkeit, die durch den gewiß zutreffenden Sachverhalt einer allgemeinen Schuldverflochtenheit nicht abstrahiert werden kann. Denn auch für die Institution Kirche gilt – wie Michael Beintker mit Eilert Herms feststellt –, daß „Schuld in der Geschichte" als „jeweils positionsspezifische Schuld" zu identifizieren ist[445]: Schuld „hat stets den Charakter des Versagens im Amt; und zwar genau eines Versagens in denjenigen Funktionen des Amtes, die vorhersehbar regelmäßige Folgen für die Entwicklung des sozialen Systems im ganzen haben"[446]. Kirchliche Leitungsgremien in der DDR haben – wie Friedrich Winter zeigt – während der letzten zehn Jahre vielfach Schuld und Versagen ihrer Kirche gegenüber der Ökumene, den kleinen protestantischen Denominationen, der Russisch-Orthodoxen Kirche, dem Jüdischen Volk und der Friedensbewegung eingestanden[447]. Auch nach der „Wende" haben kirchliche Amtsträger und Synodale eigenes Versagen ausgesprochen und Schuld bekannt[448]. Der wirklich frei machende, weil

442 Vgl. *Sauter*, Versäumnis und Schuld der Vergangenheit; *Besier*, Zur ekklesiologischen Problematik von „Dahlem" (1934) und „Darmstadt" (1947).
443 Siehe z.B. *Köhler*, 40 Jahre Ringen um Befreiung; *Müller-Streisand / Müller*, Stuttgart 1945 und 1975; *Klatt*, Das Darmstädter Wort 1947, 1977 und 1987.
444 These VI der Barmer Theologischen Erklärung zur gegenwärtigen Lage der Deutschen Evangelischen Kirche (1934), zit. nach: *Burgsmüller / Weth* (Hgg.), Die Barmer Theologische Erklärung, 39.
445 *Beintker*, Schuldfrage im östlichen Deutschland, 453; *Herms*, Schuld in der Geschichte, 362.
446 *Herms*, ebd.
447 *Winter*, Öffentlich Schuld bekennen, 427.
448 *Winter*, ebd., 435 ff.; *Besier*, Soll die Schuld im Erfolg vernarben?, 507 ff.; siehe auch: Recht und Versöhnung. Texte aus den Kirchen zum Stand der Aufarbeitung

rückhaltlose Ruf ohne alle Sicherungen – von Gemeinden und einzelnen Synodalen wiederholt gefordert und formuliert – verfiel freilich in den Synoden der Ablehnung bzw. wurde zur Weiterbearbeitung an die Kirchenleitungen überwiesen[449]. Daher darf es nicht wundern, wenn es „bei abstrakten und allgemeinen Aussagen" bleibt und „eigentümlich still" wird[450], wenn von unserer spezifischen Schuld vor Gott und den Menschen die Rede sein sollte. „Ein Schuldbekenntnis der Kirche kann nicht dabei stehenbleiben, Versagen festzustellen oder Schuldgefühle zu äußern. Es spricht vielmehr wie jedes wahrhaft persönliche Schuldbekenntnis von der Schuld vor Gott, die der *Sünde* entstammt."[451] Friedrich Winter beobachtet eine signifikante Verkürzung der Schulderklärungen auf die ‚Zweite Tafel' der Zehn Gebote (z.B. Schutz des Lebens, Eigentum, Wahrhaftigkeit, Umgang mit Autoritäten und Mächten), während der Bezug auf die Sünden im Bereich der ‚Ersten Tafel' dahinter völlig zurücktrete[452]. Angesichts dieses Sachverhalts warnt der Berliner Theologe vor einer ethizistischen Verflachung von Schuldbekenntnissen. In der Tat: Christliches Bekennen – gerade von Schuld – bedarf „theologischer Tiefe". Völlig zu Recht formuliert Winter daher vor dem Hintergrund des Ersten Gebots: „Wir haben Gott nichts zugetraut und sind schuldig, daß sein Wort nicht beachtet und die Kirche durch die Mächte des Atheismus und Säkularismus so kräftig reduziert wurde. Wir waren schlechte Zeugen des Evangeliums."[453] Auch Altbischof Werner Krusche ging in seinem Vortrag vor der letzten BEK-Synode im Februar 1991 auf die theologisch defizitäre, weil ethizistisch und moralistisch verkürzte Betrachtungsweise christlichen Schuldverständnisses ein. Er sagte:

„Es ist im letzten Jahr viel von dem schuldhaften Verhalten auch der Kirchen gesprochen worden. Bischöfe und Synoden haben das ängstliche Schweigen, die Scheu vor Auseinandersetzungen, die Verflochtenheit mit dem System usw. als Schuld bekannt, was angesichts des grandiosen Versuchs der Selbsabsolution in unserem Land wohlgetan hat. Freilich war nur selten von der Schuld Gott gegenüber die Rede – von unserem Kleinglauben, unserem mangelnden Vertrauen, unserem geringen Zeugenmut [...]. Die Bußfrage an uns ist [...] nicht, ob wir uns darin getäuscht haben, daß der Sozialismus reformabel sei, sondern ob er uns in einer Kirche begegnet ist, die sich von Christus hat reformieren lassen zur grenzüberschreitenden Liebe, zur Solidarität mit den Schwachen und Ohnmächtigen, zur Stätte des freien Wortes und des radikalen Fragens, zur Bereitschaft, sich um des Menschen willen aufs Spiel zu setzen [...]. Im übrigen wird zu bedenken sein, daß nicht jeder Irrtum auch schon Schuld ist [...]. Wir werden immer mit dem Beter des 19. Psalms zu beten haben: ‚Sprich uns frei von Schuld, die mir nicht bewußt ist.'"[454]

---

der Vergangenheit. Staatssicherheitproblematik, hg. von der Theologischen Studienabteilung, Referat Information und Texte, Nr. 5 vom September 1991.
449 Siehe z.B. *Winter*, Öffentlich Schuld bekennen, 438 f.
450 *Winter*, ebd., 442.
451 *Besier / Sauter*, Wie Christen ihre Schuld bekennen, 120.
452 *Winter*, Öffentlich Schuld bekennen, 440.
453 Ebd., 444.
454 epd-Dokumentation 14 / 91, 1-38; Zitate: 37; 7; 37. *Kandler* (Die Kirchen und das Ende des Sozialismus, 98) urteilt über W. Krusches Rede: „Der Vortrag wurde mit lebhaftem Beifall bedacht, hinterließ aber bei mir den faden Geschmack einer nostalgischen Verklärung." 1985 schrieb W. *Krusche* im Rückblick auf 1945: „Die evangelische Kirche [...] hat in falsch verstandener Seelsorge und aus Angst vor nationalem Kreditverlust, indem sie den Blick von der eigenen Schuld auf die Schuld der anderen ablenkte, sich selbst und damit unser Volk um die Chance eines wirklichen Neuanfangs gebracht" (Schuld und Vergebung, 93).

In dieser Lage werden sich viele Menschen befinden, die an verantwortlicher Stelle in Kirche, Partei und Geheimdienst standen: Ihnen ist
vielleicht nicht einmal ihr Irrtum, geschweige denn dessen Schuldcha-
rakter bewußt, und sie erfahren nichts von Gottes Barmherzigkeit,
statt dessen aber um so mehr von einem sich oft auch christlich firmie-
renden Moralismus, der durch falsche Eindeutigkeit besticht, weil er
die Wirklichkeit auf wenige Alternativen reduziert: Es müssen – schon
wegen der Gesellschaftshygiene – um jeden Preis Schuldige her, und
für die Unterscheidung in Gute und Böse eignen sich am besten einfache, jedermann plausible Kategorien. „Für das durchschnittliche
Bewußtsein erfüllt vor allem der entmachtete Staatssicherheitsdienst
mit seinen Verästelungen bis in den Bereich der eigenen Verwandt-
schaft die Funktion des Sündenbocks. Wer der Stasi-Mitarbeit überführt ist, gilt faktisch als ein Geächteter. Die Sprengkraft der wohl mie-
sesten Hinterlassenschaft der SED wird wahrscheinlich noch über viele
Jahre Menschen in den moralischen Abgrund stürzen."[455] Diesen
Sturz haben wir mitzuverantworten, wenn wir diese Menschen in die
Verleugnung ihrer Schuld, ja zu einer völlig verzerrten Wahrnehmung
ihrer selbst treiben – bis hin zu der Extremvariante, daß sie sich geradezu als Märtyrer sehen.
Ein gerade einundvierzigjähriger ehemaliger Dozent der Juristischen
Hochschule des MfS, der nach heutiger Einschätzung niemals wieder
im Öffentlichen Dienst eine Anstellung finden wird, konnte sich im
persönlichen Gespräch gar zu dem gleichmütig-heroisch vorgetragenen
Satz versteigen, er habe sich damit abgefunden, zeit seines Lebens den
inneren Judenstern tragen zu müssen. Welchen Frevel er allein damit
an den jüdischen Opfern des NS-Regimes beging, war ihm offenbar
gar nicht bewußt! Ein Täter in der Pose des Opfers und ohne Einsicht
in das Verwerfliche der Institution, der er einmal diente!
Daß die Botschaft vom Kreuz nicht nur den Opfern, sondern auch den
Tätern gilt – das ist Christen so zu sagen und zu leben aufgetragen,
daß es keine abstrakte Formel bleibt, sondern den Schuldigen seine
Schuld vor dem Angesicht Gottes erkennen läßt.

„Die Kirche kann und muß ihren Gliedern Mut machen, konkrete, auch politische
Schuld vor Gott einzugestehen, und darauf hat sie die Vergebung zuzusprechen. Würde
sie auf diese Ausübung ihres doppelten Auftrags verzichten, machte sie sich selbst be-
langlos. Hier darf es nicht beim Verschweigen oder der Sprachlosigkeit bleiben. Dies
würde den einzelnen seiner Not überlassen und die gemeinschaftliche Atmosphäre ver-
giften."[456]

Die christliche Botschaft für den unter der Last seiner Schuld Verzwei-
felnden lautet: Gott will deinen Tod nicht! Du darfst auf Vergebung
und einen neuen Anfang hoffen! Im Horizont der so auf ihn zukom-
menden und ihn mit umfassenden Barmherzigkeit Gottes wird dann
alles, was den Schuldiggewordenen belastet, aus ihm hervorbrechen,
und er wird vielleicht in die Vaterunser-Bitte einstimmen können:
„Vergib uns unsere Schuld, wie wir unseren Schuldnern vergeben".
Dies bedeutet keine Absage an rechtsstaatliche Möglichkeiten, nach-
weisbare Verbrechen zu ahnden und eindeutig identifizierte Straftäter

---

455 *Beintker*, Schuldfrage im östlichen Deutschland, 455.
456 So *Brecht*, Luthers Umgang mit der Schuld, 474.

zu verfolgen. Aber für Christen bewegt sich diese Form menschlicher Mühe um Gerechtigkeit immer nur im Bereich des Vorletzten.

„Was immer auch als Versagen und Verschulden wahrgenommen, benannt, beklagt und angeklagt wird – muß dies nicht stets ein Verweis bleiben auf das, was die Kirche zu sagen hat, und das heißt: was sie allein als Kirche sagen kann, als Gemeinde Jesu Christi, der die Sünden der Welt trägt, und zwar zu sagen hat, indem sie sich zu Gott als ihrem Richter und Retter bekennt?"[457]

Vergißt evangelische Theologie ihre Mitte – nämlich daß sie in der Weise „Erkenntnis Gottes und des Menschen" ist, daß „sie bezogen wird auf den rechtfertigenden Gott und den sündigen Menschen", wobei „eigentlich das Subjekt der Theologie der angeklagte und verlorene Mensch und der rechtfertigende Gott oder Heiland ist"[458] –, dann verkommt sie zu einer religiösen Ideologie, die sich für die „Zwecke der Kirche und ihrer politischen Lagebeurteilung"[459] instrumentalisieren läßt. Insofern stellt sich die Frage nach der Schuld von Kirche und Theologie gewiß für die Zeit vor der „Wende", aber auch – ja vielleicht noch brennender – für die Art und Weise, in der Kirchenmänner und Theologen, und zwar in ganz Deutschland, seither die „Schuldfrage" handhaben[460].

457 *Sauter*, Verhängnis der Theologie?, 485 f.
458 *Martin Luther*, WA 40 / II; 327,11-328,3.
459 *Sauter*, Verhängnis der Theologie?, 491.
460 Auf der EKD-Synode in Bad Wildungen im November 1991 wurde die Einsetzung eines Ausschusses zur Ermittlung von Vorwürfen gegenüber kirchlichen Mitarbeitern beschlossen, denen eine „nicht mit ihren Pflichten und Aufgaben in Einklang stehende[n] Zusammenarbeit mit dem Ministerium für Staatssicherheit" vorgeworfen wird (FAZ vom 5.11.1991); vgl. auch epd-Dokumentation vom 11.11.1991, 27-30.

II
Hinweis zur Einrichtung der Ausgabe

Die in die Dokumentation aufgenommenen Quellen sind in chronologischer Reihenfolge abgedruckt. Es handelt sich, von wenigen Ausnahmen abgesehen, ausschließlich um bisher unveröffentlichte Dokumente.

Orthographie und Interpunktion wurden den heute gültigen Regeln vorsichtig angeglichen und offensichtliche Fehler stillschweigend verbessert. In den Fällen, wo die Abweichung von der richtigen Schreibweise besonders groß oder signifikant war, wird in eckigen Klammern darauf aufmerksam gemacht. Von den Herausgebern eingefügte Zusätze, wie z.B. der Hinweis auf den Beginn einer neuen Seite, stehen ebenfalls stets in eckigen Klammern.

In den Kopfregesten finden sich Angaben über den Verfasser und den Adressaten sowie alle übrigen Angaben zur Form des Dokuments.

Begriffe und Themen, die den Herausgebern erläuterungsbedüftig erschienen, werden in den Anmerkungen kurz erklärt, oder es wird dort auf weiterführende Literatur hingewiesen. Dabei wurde so verfahren, daß in den Fußnoten nur der Name des Verfassers und ggf. ein Kurztitel erscheint. Der vollständige Titel kann über das Literaturverzeichnis erschlossen werden. Um den Anmerkungsapparat zu entlasten, werden Abkürzungen in den Anmerkungen nur dann erklärt, wenn auch eine Erläuterung notwendig erscheint. In der Regel werden Abkürzungen jedoch nur durch das Abkürzungsverzeichnis aufgelöst. Das gleiche gilt für die im Text genannten Abteilungen des Staatssicherheitsdienstes. Hierzu sind jeweils die am Ende des Werkes abgedruckten Schemata zu vergleichen.

III
Dokumentenverzeichnis

14   9. Januar 1951   Mielkes Dienstanweisung Nr. 1 / 51 / V
     Berlin   *Betr.: Vorgehen gegen Zeugen Jehovas*

15   16. Januar 1951   Verhandlungsbericht Winters
     Dresden   *Betr.: Verurteilung des katholischen*
                               Geistlichen Langer

16   8. Februar 1951   Mielkes Dienstanweisung Nr. 3 / 51 / V
     Berlin   *Betr.: Versammlung der Zeugen Jehovas*

17   29. Februar 1952   Mielkes Dienstanweisung Nr. 5 / 52
     Berlin   V / D
                               Betr.: „Allgemeine-Bibel-Lehrvereini-
                               gung"

18   17. September 1952   Mielkes Dienstanweisung Nr. 6 / 52
     Berlin   V / E
                               Betr.: Eingliederung der Sachgebiete
                               CDU, LDP, Kirchen und Sekten in die
                               Abt. V

19   3. Oktober 1952   Weidauers Dienstanweisung Nr. 2 /
     Leipzig   52 / V
                               Betr.: Eingliederung der Sachgebiete
                               CDU, LDP, Kirchen und Sekten in die
                               Abt. V

20   23. November 1952   Mielkes Dienstanweisung Nr. 22 / 52
     Berlin   V / E
                               Betr.: Bekämpfung der Jungen Gemeinde

21   23. November 1952   Mielkes Dienstanweisung Nr. 23 / 52
     Berlin   5 / E
                               Betr.: Bekämpfung der Jungen Gemeinde

22   28. Mai 1953   Aus einem Referat von Walter Ulbricht
     Orankesee   im Club Orankesee
                               Betr.: Bekämpfung der Jungen Gemeinde

23   23. Juli 1953   Reich an das MfS, Abt. VI
     Erfurt   *Betr.: Verurteilung des evangelischen*
                               Pfarrers Edgar Mitzenheim

24   10. Juni 1954   Aus einem Bericht des MfS
     Berlin   *Betr.: Stimmung in kirchlichen Kreisen*
                               zur Volksbefragung

25   21. Dezember 1954   Befehl Wollwebers
     Berlin   *Betr.: Bildung der Abt. V / 6*

26   2. März 1956   Mielkes Dienstanweisung Nr. 9 / 56
     Berlin   *Betr.: Künftige Arbeit auf der Linie V / 6*

40	17. Januar 1961 Berlin	Mielke an Ulbricht *Betr.: Austausch Esterle / Schmutzler*
41	12. Februar 1961 Berlin	Aus der Information Nr. 2 / 61 vom 12.2.1961 über eine Sitzung des Kirchentagspräsidiums *Betr.: Gesamtdeutscher Kirchentag in Leipzig*
42	14. Februar 1961 Berlin	Aus der Information 8 / 61 des MfS *Betr.: Wahl des Ratsvorsitzenden*
43	17. März 1962 Berlin	Aus der Einzelinformation Nr. 162 / 62 über Differenzen zwischen Krummacher und Mitzenheim *Betr.: Krummachers Verhalten in der NS-Zeit*
44	20. März 1962 Berlin	Aus der Einzelinformation Nr. 155 / 62 über eine Bischofskonferenz der ev. Kirchen *Betr.: Krummachers Verhalten in der NS-Zeit*
45	31. März 1962	Aus der Einzelinformation Nr. 504 / 62 über die Kreuzschule in Dresden *Betr.: „Feindtätigkeit" an der Kreuzschule in Dresden*
46	12. August 1964 Berlin	Beschlußvorlage Hoffmanns zur Aufstellung von Baueinheiten *Betr.: Anordnung des Nationalen Verteidigungsrates über die Aufstellung von Baueinheiten im Bereich des Ministeriums für Nationale Verteidigung*
47	4. September 1964 Berlin	Einzelinformation Nr. 723 / 64 über das Gespräch Ulbricht - Mitzenheim *Betr.: Differenzen innerhalb der KKL über die Kanzelabkündigung Krummachers zum Jahrestag des Ausbruchs der Weltkriege*
48	30. November 1966 Berlin	Aus einer Rede Mielkes *Betr.: „Mißbrauch der Kirchen"*
49	28. Mai 1968 Leipzig	Hummitzsch an Mielke *Betr.: Abriß der Univ.-Kirche in Leipzig*
50	11. Februar 1969 Karl-Marx-Stadt	Aus einem Lagebericht der BV Karl-Marx-Stadt *Betr.: Lageeinschätzung der „Feindtätigkeit" im Bezirk Karl-Marx-Stadt*

51	10. Februar 1969 Berlin	Werbungs- und Qualifizierungsplan der HA XX / 4 *Betr.: Erweiterung und Qualifizierung* *des IM-Netzes*
52	Oktober 1969 Berlin	Bericht der Hauptabteilung XX / 4 *Betr.: Bericht über die Erfüllung der* *Verpflichtungen der HA XX / 4*
53	3. September 1976 Berlin	Rundschreiben Mittigs *Betr.: Selbstverbrennung des Pfarrers* *Oskar Brüsewitz*
54	27. September 1976 Berlin	Aus einer Rede Mielkes *Betr.: Selbstverbrennung des Pfarrers* *Oskar Brüsewitz und die Gründung des* *Brüsewitz-Zentrums*
55	3. April 1978 Leipzig	Bericht der BV Leipzig, Abt. XX *Betr.: Erfahrungen bei der „operativen* *Kontrolle" Jugendlicher und Jung-* *erwachsener*
56	19. April 1978 Berlin	Rundschreiben Mielkes *Betr.: Gespräch Honecker – Schönherr* *vom 6. März 1978*
57	17. April 1979 Berlin	Rundschreiben Mielkes *Betr.: Besuch Johannes Paul II. in Polen*
58	7. November 1979 Berlin	Rundschreiben Mielkes *Betr.: Wort des BEK an die Gemeinden* *zur „Willenserklärung der DDR"*
59	10. Dezember 1980 Leipzig	Aus der Planvorgabe der BV Leipzig *Betr.: Planung der „politisch-operativen* *Arbeit" für 1981*
60	22. Juni 1981 Berlin	Rundschreiben Mielkes *Betr.: Bluesmessen*
61	28. Juli 1981 Leipzig	Eppisch an den Leiter der Abteilung XV *Betr.: Initiative SoFD*
62	Oktober 1981 Berlin	Aus dem Grundlagenmaterial für eine Dienstbesprechung *Betr.: Gewerkschaftsbewegung* *„Solidarität" in Polen*
63	8. Dezember 1981 Leipzig	Aus einer Planvorgabe der BV Leipzig *Betr.: „Planung der politisch-operativen* *Arbeit und ihre Leitung"*

64 10. Februar 1982   Rundschreiben von Hummitzsch
    Leipzig   *Betr.: Festnahme von Pfarrer Eppelmann*

65 12. Februar 1982   Rundschreiben von Hummitzsch
    Leipzig   *Betr.: Einstellung des Ermittlungsver-*
                             fahrens gegen Pfarrer Eppelmann

66 19. Februar 1982   Aus einer Rede Mielkes
    Berlin   *Betr.: SoFD und „Berliner Appell"*

67 17. März 1982   Rundschreiben Mielkes
    Berlin   *Betr.: SoFD, „Berliner Appell" und der*
                             Aufnäher „Schwerter zu Pflugscharen"

68 8. April 1982   Information Nr. 173 / 82
    Berlin   *Betr.: „Bekämpfung" der unabhängigen*
                             Friedensbewegung und Gespräch Gysis
                             mit kirchlichen Amtsträgern

69 21. Mai 1982   Rundschreiben Knappes
    Leipzig   *Betr.: Arbeitshinweise zur weiteren*
                             Durchsetzung des Befehls 11 / 79

70 Juli 1982   Aus einer Rede Mielkes
    Berlin   *Betr.: Kirchliche Friedensbewegung*
                             und Jugendarbeit

71 Oktober 1982   Aus derRededisposition eines Stasi-
                             Offiziers
                             Betr.: „Rolle des politischen Kleri-
                             kalismus"

72 1982   Arbeitshilfe zur Bekämpfung des
                             politischen Untergrundes
                             Betr.: Unabhängige Ökologie- und
                             Friedensbewegung bzw. offene Jugend-
                             arbeit

73 8. Dezember 1982   Aus einer Planvorgabe der BV Leipzig
    Leipzig   *Betr.: Lutherjubiläum und Kirchentag*
                             in Dresden

74 Januar 1983   Aus einer an der Juristischen Hochschule
    Potsdam   in Potsdam angefertigten Diplomarbeit
                             Betr.: „Mißbrauch der Kirchen für poli-
                             tische Untergrundtätigkeit" in der
                             Kirchenprovinz Sachsen

75 19. Januar 1983   Mittigs Rundschreiben Nr. 12 / 83
    Berlin   *Betr.: Martin-Luther-Ehrung*

76 Februar 1983   Aus einer an der Juristischen Hochschule
    Potsdam   in Potsdam angefertigten Diplomarbeit

89   Oktober 1985   Aus einer an der Juristischen Hochschule
        Potsdam   Potsdam angefertigten Diplomarbeit
                                Betr.: Entwicklungen in der Evangelisch-
                                Lutherischen Kirche in Sachsen und deren
                                „Bearbeitung"

90   9. Dezember 1985   Aus einer Planvorgabe der BV Leipzig
        Leipzig   *Betr.: Politisch-operative Arbeit der*
                                Abt. XX im Jahre 1986

91   21. Mai 1985   Aus der Zentralen Planvorgabe für
        Berlin   1986-1990
                                Betr.: Bekämpfung des „politischen Miß-
                                brauchs" der Kirchen

92   1986   Vereinbarung zwischen MfS und KGB
        Berlin /   *Betr.: Plan für die Zusammenarbeit*
        Moskau   *zwischen der HA XX des MfS und der*
                                V. Verw. des KGB

93   14. Oktober 1986   Mittig an Leiter der BV
        Berlin   *Betr.: Friedensdekade und Menschen-*
                                rechtsseminar 1986

94   28. November 1986   Befehl des Leiters der Abteilung XX der
        Leipzig   BV Leipzig
                                Betr.: Auszeichnung eines Hauptmanns

95   Mai 1987   Informationsmaterial der ZAIG zu
        Berlin   Kirchenfragen
                                Betr.: Entwicklung des Verhältnisses von
                                Kirche und Staat in der DDR

96   6. August 1987   Rundschreiben Mittigs
        Berlin   *Betr.: Olof-Palme-Friedensmarsch*

97   14. Oktober 1987   Rundschreiben Mittigs
        Berlin   *Betr.: Olof-Palme-Friedensmarsch und*
                                Synode des BEK in Görlitz

98   19. Oktober 1987   Geyer an die Leiter der Abteilungen XV
        Berlin   in den BV
                                Betr.: Ausbau des IM-Netzes

99   20. Oktober 1987   Mittig an die BV für Staatssicherheit
        Berlin   *Betr.: Besuch Honeckers in der Bundes-*
                                republik und das Positionspapier von
                                SED und SPD

100   21. Oktober 1987   Mittigs Schreiben Nr. 58 / 87 an die BV
        Berlin   *Betr.: Friedensdekade 1987*

101	25. November 1987 Berlin	Mielkes Rundschreiben Nr. 71 / 87 *Betr.: „Grenzfall" / Umweltbibliothek*
102	30. November 1987 Berlin	Information 454 / 87 *Betr.: „Grenzfall"*
103	30. November 1987 Berlin	Interne Hinweise des MfS *Betr.: Die Evangelische Kirche in Berlin-Brandenburg und die Aktion gegen die Umweltbibliothek*
104	10. Dezember 1987 Berlin	Mielkes Rundschreiben Nr. 78 / 87 *Betr.: „Grenzfall" / Umweltbibliothek*
105	30. Januar 1988 Berlin	Mittigs Rundschreiben Nr. 11 / 88 *Betr.: Die Luxemburg / Liebknecht-Demonstration*
106	19. Februar 1988 Berlin	Mielkes Rundschreiben: Nr. 18 / 88 *Betr.: Gespräche Jarowinsky / Gysi mit Leich / Ziegler*
107	25. Februar 1988	Aus Hinweisen Mielkes *Betr.: Gespräche Staat-Kirche*
108	2. März 1988 Berlin	Information Nr. 113 / 88 *Betr.: Die Evangelische Kirche in Berlin-Brandenburg und die Entwicklung im Gefolge der Luxemburg / Liebknecht-Demonstration*
109	9. März 1988 Berlin	Aus einem Referat Mielkes *Betr.: Auswertung einer Rede Honeckers*
110	20. Mai 1988 Berlin	Referat Mittigs *Betr.: Entwicklungen im Umfeld des Gespräches Honecker – Leich*
111	Juni 1988 Leipzig	Eine Lageeinschätzung aus Leipzig *Betr.: Friedensgebete*
112	10. August 1988 Berlin	Vorschlag der Hauptabteilung XX *Betr.: Übernahme des Sachgebietes Religionsgemeinschaften durch das MfS*
113	17. Oktober 1988 Berlin	Rundschreiben Nieblings *Betr.: Übersiedlungsersuchende*
114	20. Oktober 1988 Berlin	Mielkes Rundschreiben Nr. 69 / 88 *Betr.: Schweigemarsch von Lesern der Zeitschrift „Die Kirche" am 24. Oktober 1988*

Anhang: Ergänzende Dokumente zu den Jahren 1980-1989

165   9. Juni 1987   Operativinformation Nr. 149 / 87
      Leipzig   *Betr.: Stellung der sächsischen Kirchen-*
                               leitung zu dem Auftritt Krawczyks in
                               der Lukaskirche zu Leipzig

166   (Datum unleserlich)   Operativinformation Nr. 194 / 87
      Leipzig   *Betr.: Gespräche des Rates der Stadt*
                               Leipzig mit den Superintendenten
                               Magirius und Richter

167   29. Oktober 1987   Operativinformation Nr. 247 / 87
      Leipzig   *Betr.: Auftritte Krawczyks in der*
                               Leipziger Lukaskirche

168   14. November 1987   Operativinformation Nr. 260 / 87
      Leipzig   *Betr.: Verlauf der Friedensdekade 1987*
                               in Leipzig

169   21. November 1987   Operativinformation Nr. 268 / 87
      Leipzig   *Betr.: Friedensveranstaltung in der*
                               Reformierten Kirche in Leipzig am
                               17. November 1987

170   10. März 1987   Ausarbeitung der BV Berlin
      Berlin   *Betr.: „Bekämpfung und Zurück-*
                               drängung der PUT"

171   (ohne Datum)   Information der BV Dresden
      Dresden   *Betr.: Lageeinschätzung*

172   8. Dezember 1987   Information der BV Dresden
      Dresden   *Betr.: Aktivitäten der Friedensgruppe*
                               „Wolfspelz"

173   13. Dezember 1987   Information der BV Dresden
      Dresden   *Betr.: Verbindungen der Gruppe*
                               „Wolfspelz" zu Oppositionellen in Berlin

174   14. Dezember 1987   Information Nr. 191 / 87 der
      Dresden   BV Dresden
                               Betr.: Zuarbeit für eine Lageeinschätzung

175   19. Dezember 1987   Aus einem Arbeitsplan der BV Berlin
      Berlin   *Betr.: Maßnahmen im Jahre 1989*

176   13. März 1989   Rückflußinformation der BV Schwerin
      Schwerin   *Betr.: „Entwicklung der politisch-*
                               operativen Lage"

177   11. April 1989   Rückflußinformation der BV Schwerin
      Schwerin   *Betr.: „Entwicklung der politisch-*
                               operativen Lage"

IV
Dokumente

1
Von 1949 bis zum ersten Grundsatzgespräch vom 10.6.1953

Dok. 1
Leiter des Landeskriminalpolizeilichen Amtes Sachsen-Anhalt an das Referat K 5[1], Berlin

Halle (Saale), 8. Februar 1949

Schreiben mit eigenhändiger Unterschrift, unleserlich. Kopf: Land Sachsen-Anhalt, Landespolizeibehörde, Abt. K – Dez. K 5. – VP-Tgb.Nr. 17 / 49 – Az. C 3e. Anschrift: An die Deutsche Verwaltung des Innern in der sowjetischen Besatzungszone, Hauptabteilung K – Ref. K 5. – in Berlin / Wilhelmsruh, Kurzestr. 5 / 6. Betreff-Vermerk: Christliche Jugendorganisationen. Mit Anlage.

In der Anlage überstellen wir Ihnen einen Bericht über die im Betreff genannte Jugendorganisation mit der Bitte um Kenntnisnahme.
I. A.
[gez. unleserlich]
Leiter d. Landeskriminalpol. Amtes
– Anlage –
1 Blatt

Halle / Saale, den 4. Februar 1949

Betr.: Christliche Jugendorganisationen
Seit längerer Zeit macht sich im Kreise Osterburg eine steigernde Aktivität der kirchlichen Jugend bemerkbar. Weitgehendste Unterstützung wird von den CDU[2]-Mitgliedern gewährt. Von Magdeburg und Halle besuchen Vikare und Instrukteure die Kirchengemeinden und sprechen mit den Jugendlichen über Religion und über politische Tagesfragen.

---

1   Bei dem Referat Kommissariat 5 (K 5) handelt es sich um einen Vorläufer des späteren Ministeriums für Staatssicherheit (MfS). Das K 5 wurde aufgrund des Befehls Nr. 201 der Sowjetischen Militäradministration (SMAD) vom 16.8.1947 mit Dienststellen in den Ländern und Kreisen gebildet. Formal war das K 5 zwar ein Bestandteil der Kriminalpolizei, doch nahm es schon bald eine Sonderstellung innerhalb der Polizei ein. Seine Aufgabe bestand vornehmlich in der politischen Überwachung der Bevölkerung. Vgl. *Fricke*, Staatssicherheit, 22 f. sowie Einleitung, 3 f.

2   Die Christlich Demokratische Union (CDU) war am 26.6.1945 gegründet worden und wurde seit 1948 von Otto Nuschke geführt. Zuvor waren Jakob Kaiser und Ernst Lemmer von der SMAD abgesetzt worden. Im Parteisystem der DDR hatte die CDU die Funktion, die Christinnen und Christen in die sozialistische Gesellschaft zu integrieren. Zur Entwicklung der CDU in dieser Zeit vgl. *Suckut*. Kurz orientiert auch *Fricke*, Opposition, 47-70.

Dabei werden Gleichnisse aus der Bibel, beliebig der jeweiligen Lage und Situation, im negativen Sinne den Jugendlichen vorgetragen. In Krüden / Krs. Osterburg versuchte ein Pastor die Jugendlichen damit zu gewinnen, indem er ihnen einen kostenlosen Erholungslehrgang auf Schloß Huysburg / Harz versprach.

In Lückstedt berief ein Instrukteur der evangelischen Gemeinde, welcher aus Magdeburg kam, eine Zusammenkunft der dortigen Jugend ein. In seinen Reden erklärte er, daß es nicht richtig wäre, sich politisch zu betätigen. Die politischen Parteien hätten heute keine Macht und auch kein Vertrauen bei der Bevölkerung, dagegen hat die Kirche durch Entsendung von zwei deutschen Vetretern zur Olympiade nach London[3] bewiesen, daß die Kirche in der Welt Vertrauen besitzt.

Auf einen Einspruch bezüglich der Wahlvorgänge in Italien[4] und des Hirtenbriefes des Papstes[5], der keine Lossprechung erteilt, wenn jemand die fortschrittlichen Kräfte wählt, erwiderte er, daß die Zeitungen in der Ostzone gelogen hätten, weil sie einseitig auf Grund von Beschlüssen des Informationsbüros der kommunistischen Parteien ausgerichtet wären.

Die Situation in Italien wäre friedlich, und man hätte sie bewußt aufgebauscht, um die Wahlniederlage der Arbeiterklasse nicht so kraß herauszustellen.

In Seehausen besteht eine starke Vereinigung der kirchlichen Jugend. Die Zusammenkünfte finden regelmäßig statt. Man befaßt sich nicht nur mit religiösen, sondern auch mit politischen Fragen. Es finden Ausflüge der Jugend statt und werden dann mit Kaffee und Kuchen bewirtet. Im Walde, in der Nähe von Loose, wurden Gesellschaftsspiele (Kriegsspiele) veranstaltet. Die Teilnahme ist sehr stark. Gäste werden nur eingeführt, wenn 2 Bürgen dafür gutsagen, daß die Betreffenden religiös einwandfrei sind.

Aus den Gemeinden Krewese und Goldbeck liegen ebenfalls Meldungen vor, daß sich dort die kirchliche Jugend regt.

In Geestgottberg besteht eine religiöse Sekte, welche sich die Gemeinde Gottes betitelt. Die Sekte zählt ca. 60-80 Mitglieder. Vorsitzender dieser Vereinigung ist ein Herr *Adameit*, Funktionär der SED[6], außerdem der Bürgermeister Andreas sowie der frühere Vorsitzende der VdgB[7], Genosse Kupsch. Bevor sie zu ihren Veranstaltungen gehen,

---

3   Gemeint sind die Olympischen Sommerspiele 1948 in London. Deutschland war zur Teilnahme an den Spielen nicht zugelassen.

4   Hier wird vermutlich auf die Wahlen, die in Italien ein Jahr zuvor stattgefunden hatten, und die damalige Niederlage der Kommunisten angespielt. Die katholische Kirche hatte mehr oder weniger deutlich gegen die Wahl kommunistischer Kandidaten Stellung bezogen. Vgl. Keesing's Archiv der Gegenwart, 1473 vom 22. April 1948 und Einleitung, 4.

5   Pius XII. hatte am 11.3.1948 in einer Ansprache vor römischen Geistlichen davon abgeraten, „eine Partei zu wählen, die vom Standpunkt des Glaubens und der Kirche keine genügenden Garantien biete" (zit. nach: Keesing's Archiv der Gegenwart, 1415 vom 11.3.1948).

6   Die Sozialistische Einheitspartei Deutschlands (SED) wurde am 21.4.1946 durch den Zusammenschluß von KPD und SPD in der Sowjetischen Besatzungszone (SBZ) gegründet. Die Gründung der SED kam unter starkem Druck der SMAD zustande. Vgl. *Cariacciolo* sowie zur SED allgemein den von *Spittmann* herausgegebenen Sammelband „Die SED in Geschichte und Gegenwart".

7   1946 entstandene Massenorganisation der Genossenschaftsbauern, Gärtner und Winzer in der DDR. 1950 schloß sich die VdgB mit den landwirtschaftlichen Genossenschaften zusammen. Zur VdgB vgl. *Wernet*.

waschen sie sich gegenseitig die Füße. Der Vorsitzende ist gleichzeitig
Gott der Gemeinde.
Von der 45 Mitglieder zählenden Ortsgruppe der FDJ[8] sind in den
letzten Monaten 12 Jugendliche ausgetreten, weil sie die Weisheit Gottes in sich aufgenommen haben. Es konnte festgestellt werden, daß von
seiten der Eltern ein gewisser Zwang ausgeübt wird.

Dok. 2
Aus einem Bericht des Dezernates K 5, Sachsen-Anhalt

Halle (Saale), 12. September 1949

Auszug aus einem Bericht des Dezernates K 5 in Sachsen-Anhalt. Absender: Landesregierung Sachsen-Anhalt, Ministerium des Innern, Landespolizeibehörde, Abteilung K
Dez. K 5[9]. Anschrift: An die Deutsche Verwaltung des Innern in d. Sowjetischen Besatzungszone – Abteilung K 5 –, Berlin-Niederschönhausen, Seckendorffstr. 31, Haus 5.
Tgb.Nr. 4311 / 49 Az. C 3 g. Betreff: Hirtenbrief des Doktor Dibelius[10]. Bezug: Schreiben des VPA Stendal, K 5 v. 11.8.1949. Ohne Anlage.

In der Anlage wird ein Hirtenbrief des Dr. Dibelius übersandt. Dieser
Brief ist gerichtet an die evangelische Gemeinde in Berlin und Brandenburg, wurde aber im Besitz des Bürgermeisters [...],[11] Bismark /
Krs. Stendal, bei seiner Festnahme vorgefunden, als er im Begriff war,
diesen Brief zu zerreißen. K. gab an, diesen Brief von dem Pfarrer [...][12] aus Bismark erhalten zu haben. Er will ihn jedoch nicht gelesen haben, da er bereits schon aus den ersten Zeilen entnehmen konnte, daß es sich um eine rein kirchliche Angelegenheit handelte.
Trotzdem hat er diesen Hirtenbrief bis zu seiner Festnahme bei sich
getragen. Er bestreitet, einen Dritten von diesem Brief in Kenntnis gesetzt zu haben.
Wie aus der beigefügten Abschrift ersichtlich ist, handelt es sich bei
diesem Schreiben um eine Hetzschrift übelster Art, die einen schweren
Verstoß gegen unsere antifaschistisch-demokratische Ordnung bedeutet und besonders eine Diffamierung der Abteilung – K 5 – gegenüber
darstellt[13]. Da dieser Hirtenbrief zonalen Charakter besitzt, wird eine
Abschrift an die DVdI, Abteilung K übersandt.
Die vorgenommene Wohnungsdurchsuchung bei dem Pfarrer Fuchs in
Bismark / Krs. Stendal ergab außer dem vorgefundenen Hirtenbrief
kein weiteres belastendes Material. Bei der durchgeführten Vernehmung gab Fuchs an, daß er den Hirtenbrief über die Superintendentur

8   Die Freie Deutsche Jugend (FDJ) war die staatliche Massenorganisation der Ju-
     gendlichen vom 14. Lebensjahr an. Sie wurde am 7.5.1946 in der SBZ gegründet
     und gehörte zur „Nationalen Front" (s. Dok. 1, Anm. 1). Zur FDJ vgl. *Freiburg /
     Mahrad* und *Vogt.*
9   Zum Dezernat K 5 vgl. Dok. 1, Anm. 1.
10   Der Hirtenbrief von Otto Dibelius, dem Bischof von Berlin-Brandenburg, ist ab-
     gedruckt in: *Seidel,* 274-276.
11   Die Namen in diesem Dokument sind von der Staatlichen Archivverwaltung der
     DDR, Zwischenarchiv Normannenstraße geschwärzt worden.
12   Es handelt sich um Pfarrer Axel Fuchs.
13   Dibelius hatte in seinem Hirtenbrief das K 5 als Wiederauferstehung der Gestapo
     bezeichnet. Vgl. *Seidel,* 275.

Stendal mit der Weisung erhielt, diesen nicht von der Kanzel zu lesen, sondern in einem kleinen Kreise (Männerwerk, Frauenhilfe) zu besprechen. Die Verlesung von der Kanzel sollte angeblich unterbleiben, da der Hirtenbrief eine Pfingstbotschaft darstellt.
Fuchs gibt weiterhin zu, daß er diesen Brief selbst vervielfältigt und an drei Kirchenälteste und den Bürgermeister K[...] weitergegeben hat. Der Brief wurde von Fuchs bisher in der evangelischen Frauenhilfe besprochen. Die Besprechung im Männerwerk sollte noch stattfinden, jedoch wurde ihm dies von dem VPKA Stendal untersagt.
Fuchs gab bei seiner Vernehmung an, daß er bedenkenlos die Abschriften gefertigt und weitergegeben hat und ebenfalls bedenkenlos in der Frauenhilfe darüber gesprochen hatte, da er die Anweisung von seiner vorgesetzten Kirchenbehörde erhielt. Ihm war außerdem nicht bekannt, daß dieser Brief verboten sei. Fuchs betonte, daß man dem Bischof anhand des Hirtenbriefes nachweisen solle, daß er unwahre Behauptungen aufgestellt habe. Wenn dieses nachzuweisen ist, so würde er, Fuchs, der erste sein, welcher sich von dem Bischof lossagen würde.

Dok. 3
Schulz an Zaisser

Berlin W 8, den 2.9.1950

Schreiben mit eigenhändiger Unterschrift. Kopf: Friedenspost, Das Wochenblatt für Jedermann, Redaktion. Anschrift: An den Minister für Staatssicherheit der DDR, Herrn Wilhelm Zaisser[14], Berlin W. 8, Leipziger Straße 5-7. Eingangsstempel: Deutsche Demokratische Republik, Ministerium für Staatssicherheit, Eing. 5. Sept. 1950, Eingangs-Nr.: 942, H.-Abt. L-16 Z.

Sehr geehrter Herr Minister!
Durch unseren Leser, Herrn G.J. Reimann, Berlin NO 55, Saarbrücker Straße 12, werden wir darauf aufmerksam gemacht, daß auch in der Deutschen Demokratischen Republik ein katholisches Sonntagsblatt für [die] Diözese Berlin vorbereitet wird, das sogenannte „Petrusblatt"[15] des Kardinals Preysing[16]. Nach Mitteilung unseres Lesers betreibt dieses Blatt eine ausgesprochene Hetze gegen die Sowjetunion, die Volksdemokratien und die Deutsche Demokratische Republik. Wir halten es daher für angebracht, Ihnen diese Angaben zur Kenntnis zu bringen.
Mit bestem Gruß
[gez.] Ihr Dr. Ed. Schulz

14   Die Volkskammer der DDR hatte am 8.2.1950 einstimmig die Bildung des MfS beschlossen. Am 20.2.1950 wurde Wilhelm Zaisser zum Minister und Erich Mielke als sein Stellvertreter zum Staatssekretär für Staatssicherheit berufen. Vgl. Staatssicherheitsdienst, 17 f. und *Fricke*, Staatssicherheit, 24 f. Das Gesetz ist abgedruckt in: Staatssicherheitsdienst, 63.
15   Das 1945 erstmals erschienene „Petrusblatt", das katholische Kirchenblatt für das Bistum Berlin, war am 1.4.1949 in der SBZ verboten worden. Es wurde fortan in West-Berlin gedruckt.
16   Preysing war seit 1935 Bischof von Berlin. Er hat sich sowohl während der Zeit des Nationalsozialismus als auch danach in der SBZ offen für Verfolgte eingesetzt.

Dok. 4
Mielke an Länderchefs

Berlin, den 29.9.1950

Fernschreiben mit eigenhändiger Unterschrift. Absender: M.f.St. Berlin, Abt. VI.[17] An:
Alle Länder, z.Hd. der Länderchefs. Betreff: Wahlvorbereitungen. FS. NR. 104.

Das Ministerium des Innern hat für die Ministerien der Länder ihres
Sachgebietes Besprechungen angesetzt, welche die Durchführungsbestimmungen und Sonderanweisungen zur Wahl behandeln.
Im Ministerium des Innern Ihres Landes findet die Rücksprache mit
den verantwortlichen Personen am Montag, dem 2.10.1950, statt.
Wir ersuchen Sie zu veranlassen, daß ein Vertreter unseres Ministeriums (möglichst aus der Abt. VI) an der Sitzung teilnimmt. Den Beginn
der Sitzung erfahren Sie im dortigen M.d.I.
Ob eine Teilnahme Ihrerseits erfolgte, wollen Sie uns mitteilen.

Betr.: Einreise von Kirchenvertretern in die DDR[18]
Am Dienstag, dem 3.10.50, ist ein Bericht zu erstatten, aus dem zu
ersehen ist, welche Missionare, Pfarrer oder andere[n] Kirchenvertreter
in der letzten Zeit aus dem Westsektor bzw. der Westzone in die DDR
einreisten bzw. als Seelsorger nach hier versetzt wurden.
Aus dem Bericht muß zu ersehen sein:
a) wer sind diese Personen
b) woher sind sie gekommen
c) in welchen Kreisen halten sie sich z.Zt. auf.
Einreise bzw. Veränderung unter dieser Kategorie ist ständig zu beobachten und nach hier zu berichten.
[gez.] Mielke

Dok. 5
Aus einem Schreiben der Verwaltung Sachsen an das MfS

Dresden, den 12.10.1950

Auszug aus einem Schreiben der Verwaltung Sachsen an das MfS. Absender: Verwaltung

---

17 Bis zum 17.9.1952 war das Sachgebiet Kirchen der Hauptabteilung bzw. den Ab-
    teilungen VI des MfS zugeordnet. Leiter der für den „gesellschaftlichen Überbau"
    zuständigen Hauptverwaltung VI war von 1950 bis 1964 Richard Reuscher. Vgl.
    dazu auch Dok. 18. Das MfS war vertikal entsprechend der allgemeinen Gliede-
    rung in Länder, Bezirke und Kreise aufgebaut. Dabei entsprach die Struktur auf
    den einzelnen Ebenen jeweils der horizontalen Struktur der Zentrale, so daß sog.
    Linien – in diesem Fall also die „Linie VI" – entstanden. Vgl. *Fricke*, Staatssicher-
    heit, 60-65 und Einleitung, 4.
18 In der Vergangenheit hatte die DDR verschiedentlich die Einreise von Geistlichen
    und kirchlichen Mitarbeitern in die DDR bzw. deren Ausreise in die Bundesrepu-
    blik verweigert. Einen Tag zuvor, am 28.9.1950, hatte sich Propst Grüber bei dem
    Stellvertretenden Ministerpräsidenten Otto Nuschke über diese, wie er sagte, „ent-
    würdigende Behandlung" beschwert. Das Schreiben Grübers ist abgedruckt in:
    Köhler, 73-78, vgl. bes. 74 f.

Sachsen. Anschrift: Für Berlin. Betreff: Sachgebiet Kirche – Bericht über die jüngsten negativen Ergebnisse. Bezug: Ihr Fernschreiben v. 12.10.50. Tgb.Nr.: 7109 / 50. Eingangsstempel: Deutsche Demokratische Republik, Ministerium für Staatssicherheit. Eing. 13. Okt. 1950. Eingangs-Nr.: 7521.

Monat Juli:
Aue: Betr.: Bergdiakon Klassen, Siegfried, Oberschlema, Krs. Aue, Pfarrhaus b. / Pfarrer Dr. Römer
Klassen ist als Diakon am 9.5.50 von Westberlin nach Oberschlema gekommen, um die seelische Betreuung der jungen Bergarbeiter zu übernehmen. Er hält wöchentlich Zusammenkünfte im Pfarrsaal ab. Durch Bericht eines Informators konnte folgendes ermittelt werden: Das Ziel Klassens sei die seelische Aufklärung der Bergarbeiter-Jugend. Er will das besonders mit Tanz erreichen und befürwortete deshalb Nächte mit durchgehendem Tanz. Klassen habe in einer Zusammenkunft ausgeführt, daß er eine Gemeinschaft aufziehen will, die sich [mit] Musik, Spiel und Witz beschäftigen soll. Es würde der Aufbau einer Baracke in Aussicht stehen, die in Niederschlema aufgebaut werden soll und aus der Schweiz geliefert würde. Klassen war Dolmetscher in französischer Gefangenschaft und hatte die Leitung über 1 500 Gefangene.
In Diskussionen habe Klassen erwähnt, daß er auch vor einem FDJler, der klar seinen Weg geht, den Hut zieht, aber offiziell würde er einer kommunistischen Jugend nicht zustimmen.
Klassen würde sich besonders in seiner Arbeit auf Jugendliche und Heimatlose stützen, die er versucht zu gewinnen. Er hat erklärt, daß er die Zusammenkünfte in seiner Wohnung abhalten will. Klassen führt auch Hausbesuche durch. Seine Kleidung besteht aus denselben Sachen, wie sie die Tango-Jünglinge in Berlin tragen.
In Verbindung [mit] dieser Angelegenheit wurde festgestellt, daß auch in Eibenstock, Krs. Aue gleichfalls ein Bergdiakon mit dem Namen Hinze aufgetaucht ist. Dieser Hinze war bei dem Kreisrat Aue vorstellig und versuchte, eine Druckgenehmigung für 1 000 Plakate mit der aufreizenden Überschrift „Hat das Leben noch einen Zweck?" zu erhalten. Nähere Personalien über Hinze sowie seinen Wohnsitz und der Ort seiner Herkunft [sind] z.Z. nicht bekannt. Wird von uns in kurzer Frist ermittelt.

Monat August:
Pirna: Betr.: Auszüge aus dem Mitteilungsblatt der ev.-luth. Kirchgemeinde „Der Sonntag" Nr. 38 v. 13.8.50
Herausgeber: Ev.-luth. Kirchenamt Dresden
Hauptschriftleiter: Oberlandeskirchenrat Knospe
Pirna teilt uns mit, daß dieses Mitteilungsblatt durch die Pfarrämter verteilt wird. Der Auszug dieses Mitteilungsblattes hat folgenden Wortlaut: „Christen als Brückenbauer und Brücke" / „Dibelius und Niemöller im Kreuzfeuer" / Brief Grübers an Robertson.[19] (S. Abschrift.) [2]

---

19   Hier geht es zum einen um den Angriff, den Ministerpräsident Otto Grotewohl auf dem III. Parteikongreß im Juli 1950 gegen Dibelius gerichtet hatte. Grotewohl warf Dibelius vor, er betreibe die „Errichtung des ‚monopolistischen Glaubenszwanges'" und störe „den Frieden in Deutschland'". Insbesondere hielt er Dibelius seinen Besuch bei US-Präsident Truman vor und beschuldigte ihn, von Truman „Richtlinien zur Steigerung der Auseinandersetzungen zwischen Kirche und so-

Chemnitz: Bericht v. 18.8.50 – Betr.: Pfarrer Schwabe aus Freiberg.
Pfarrer Schwabe hielt vom 11.-17.6.50 in der St. Pauli Kreuzgemeinde
eine Vortragsreihe mit folgenden Themen:
1.) Dein gefährlichster Feind
2.) Helfer oder Verbrecher
3.) Vorsicht Starkstrom
4.) Mit den Wölfen heulen
5.) Giftsaat
6.) Sinnloses Opfer
7.) Und Gott nimmt das Wort
In der gesamten Vortragsreihe machte er u.a. folgende Äußerungen, die
als reaktionär und antidemokratisch zu bezeichnen sind: „Die DDR sei
für die nachfolgende Generation der Teufel. Wenn die nachfolgende
Generation die Bilder unserer jetzigen führenden Männer Deutschlands betrachtet, dann können diese um so leichter feststellen, daß dies
der Teufel sei." Viele Menschen laufen z.Zt. bei uns ohne Heimat herum, ihre Sorge zwecks Wiedererlangung ihrer alten Heimat sei berechtigt, ebenso ihre Verbitterung über den Verlust derselben. Es ist deshalb die Aufgabe der Kirche, diesen Menschen den Trost Gottes zu
übermitteln und sie bei der Wiedererlangung ihrer alten Heimat zu unterstützen. Er forderte konsequent von allen Christen, sich in bezug
auf Wahlen, Volksentscheide usw. unbedingt an die Grundsätze der
Kirche zu halten, die von allem politischen Geschehen Abstand nehmen will. Er sagte weiter, daß es die Kirche jetzt ablehne, irgendwelche
Fürbitten für die Obrigkeit einzulegen. Das käme nur in einer Zeit in
Frage, in der die Regierungsvertreter mit den Zielen der Kirche über-
einstimmten. Die Aufgabe der Kanzel sei es nicht, politische Meinungen oder Überzeugungen den Brüdern und Schwestern der Kirche
mitzuteilen. Genausowenig, wie es die Aufgabe sei, nationale Belange
eines Staates zu vertreten, genausowenig könne sie gegenwärtig politische Aktionen unterstützen.
In dem Vortrag „Giftsaat" machte er z.B. folgende Ausführung: „Mit
Entsetzen sehen wir, wie die Macht und die Wirkung des Bösen an-
schwellen kann, in einem von uns selbst nicht entfernt geahnten und
vorausgesehenem Maße. Die Saat geht auf. Ehe wir uns versehen, ist
daraus eine Frucht gewachsen, die uns gallebitter schmeckt und tod-

---

wjetzonaler Regierung empfangen zu haben." Dibelius habe schon 1928 gegen die
Sowjetunion gehetzt und sei auch heute noch ein „Reaktionär'" und „ein blinder
Eiferer'" (KJ 77, 1950, 120). Zu diesen Vorwürfen nahm Bischof Dibelius in einer
Erklärung, die am 29.7.1950 der Öffentlichkeit übergeben wurde, Stellung (abgedruckt in: ebd., 121-123). Zu den Angriffen auf Dibelius vgl. auch *Solberg*, 100 f.
sowie die Berichte der „Berliner Zeitung" vom 9.7.1950 („Handelte Dibelius als
Christ?") und vom 22.7.1950 („Kirchenführer als Störenfried. Grotewohl nimmt
Dibelius beim Wort. Stellungnahme zur Kirchenfrage") und der „Täglichen Rundschau" vom 11.7.1950 („Dibelius zum Befehlsempfang in Washington"). Zum anderen wurde zur selben Zeit Niemöller von West-Berliner politischen Kreisen angegriffen. Zu den Angriffen auf ihn sowie zu der Antwort Grübers an den schei-
denden britischen Hochkommissar Robertson vgl. auch den Bericht des Berliner
„Sonntag" vom 13.8.1950 („Christen als Brückenbauer und Brücke. Dibelius und
Niemöller im Kreuzfeuer"). Robertson hatte in seiner Abschiedsrede u.a. behauptet, „Gleichgewichtspolitiker und Brückenbauer suchen zum größten Teil ein Alibi
für ihre eigene moralische und physische Feigheit." Grüber, der seine Aufgabe
gerade als die eines Pontifex zwischen Ost und West begriff, hielt dem entgegen:
„Ich habe als Christ immer eine Verpflichtung gefühlt, Spannungen in der Welt zu
beseitigen und dadurch der Wahrheit und dem Frieden zu dienen."

bringend wirkt." Wenn es gelingen soll, die Pestluft der Lüge und Bosheit, in der heute eine ganze Menschheit lebt, wirklich zu entgiften,
müßten wir eigentlich das scheinbar Unmögliche durchführen. Wegen
jedem einzelnen Körnlein mit seiner Saat, mit seiner gefährlichen
Keimkraft, seinem Nachspiel. Das wäre ein ganz mühsame Arbeit im
kleinen und kleinsten. Wir dürfen uns nicht die Mühe verdrießen lassen, in unserer Familie sowie in den privaten Beziehungen von Mensch
zu Mensch dieses so notwendige Werk der Entgiftung der Atmosphäre
in Angriff zu nehmen.

Wir bringen Jahre zu bei einem Geschwätz. Man merkt gar nicht, wie
uns der Teufel harmlos auflauert, Stück für Stück um unsere schöne
Zeit betrügt, die Zeit, die man so viel besser und richtiger ausfüllen
könnte in schweigender Pflichterfüllung. Wenn einer anders denkt als
man selbst, dann ist dieser entweder in seinen Augen ein hoffnungsloser Dummkopf oder Gegner. Man kommt aber nicht auf den naheliegenden Gedanken, daß der andere sich auch etwas denkt und einen
gesunden, normalen Kopf haben könnte wie wir selbst. Was dabei herauskommt, erleben wir Tag für Tag. Man stempelt den einen zum Verbrecher, Verräter, Doppelzüngler, ehrlosen Menschen. Aber es ist Giftsaat, dieses Gezänk der Zeitungen, die bösen Verunglimpfungen von
Mensch zu Mensch, von Volk zu Volk. [3] Er machte noch weitere
Ausführungen: „Man sollte sich Gedanken machen, wenn heute ein
Mann vom Arbeitsplatz weggeholt wird und nicht wiederkommt.["]
Die Menschen würden sich leicht vom Einfluß der Massen mitreißen
lassen. Alle Christen sollten sich Gedanken machen, wenn sie eine Liste unterschreiben oder eine Resolution annehmen. Diese Menschen,
die ihre Unterschrift geben, müssen sich auch darüber im klaren sein,
daß sie mitschuldig sind an dem, was geschieht.

Pirna:
Betr.: Riebold, Fritz, geb. 13.3.88, wohnhaft Dr. – A 20, Kerstingstr. 29
Der Genannte ist Landesjugendwart der ev.-luth. Landeskirche und
trat in einer Versammlung am 26.8.50 in Sebnitz vor aktiven Kirchenmitarbeitern und der Jungen Gemeinde auf und machte dort u.a. folgende Ausführungen: „Man muß schon wieder an einem Aktenstück
von mir arbeiten, denn die Kripo in Dresden fragt die in meiner Nähe
wohnenden Leute schon seit längerer Zeit nach mir aus."

„Die Dinge, die über unseren Dibelius in der SED-Presse standen,[20]
waren weiter nichts als knüppeldicke Lügen. Es gab früher einen König, der vor seinen Augen die Kinder abschlachten ließ. Man hat ihm
später selbst dafür die Augen ausgebrannt. Damals nannte man diese
Maßnahme *blenden.* Heute bezeichnet man diese Dinge mit ‚Sühnemaßnahmen' und nennt es entsprechend: Entnazifizierung! Ihr als
Christen solltet nicht hinter dem Rücken meckern. Ihr solltet offen
Eure Meinung sagen, auch wenn heute wieder das Schicksal drohen
sollte, im Gefängnis oder KZ zu landen, damit müssen wir heute alle
wieder rechnen."

„Zwischen der SED und der Kirche ist es genauso wie in der Fabel
‚Das Lamm und der Wolf'. Der Wolf trinkt oberhalb des Baches und

---

20 Vgl. dazu zunächst Anm. 19. Die Angriffe gegen Dibelius in der SED-Presse gingen auch in den folgenden Wochen und Monaten weiter. Vgl. dazu einen im KJ 77,
    1950, 146 f. abgedruckten Artikel des ND, der vermutlich von Anfang November
    1950 stammt.

das Lamm unterhalb des Baches, um es später sowieso aufzufressen. Die Zeitungen sind heute so voller Lügen, daß sich die Beine biegen. Ich warte schon wieder jeden Tag darauf, daß mir verboten wird, vor der Jugend zu sprechen, wie es schon einmal durch die Nazis bei mir erzwungen wurde. Es ist eben immer das Los der Christen, verfolgt zu werden."

An Riebold wurde die Frage gestellt, was er unter den fortschrittlichen Pfarrern[21] versteht. Darauf antwortete er: „Ich möchte hier folgende Pfarrer aufzählen: Troop, Thomas, Mehnert usw. Von Thomas habe ich selbst Vorträge gehört, Troop ist ein Antisemit und hält Vorträge gegen die Juden. Solche Leute treiben sich jetzt als SED-Pfarrer herum. Ihrer 6 oder 7 sollen in Dresden ein Dokument unterschrieben haben, wodurch sie sich für irgend etwas verpflichtet haben. Sie sollen im Auftrage der SED eine Gruppe innerhalb der Kirche bilden, also eine sogenannte Organisation, die sich gegen die Kirche richten soll. Dieser Gruppe von sogenannten fortschrittlichen Pfarrern steht keiner zur Seite. Die ev. Pfarrer und Bischöfe stehen fest hinter Dibelius."

Riebold führte weiter aus: [„]In Leipzig war vor ca. 4 Wochen ein großer Aufmarsch der Jungen Gemeinde vorgesehen, der aber plötzlich verboten wurde.[22] Zu diesem Verbot hätte selbst der stellv. Ministerpräsident Nuschke geäußert, sehr erschüttert gewesen zu sein, daß dieses Treffen so schnell abgesagt wurde[23]. Wir haben jedoch durch unseren Nachrichtendienst erfahren, daß dieses Verbot auf einen geheimen Kabinettsbeschluß der Regierung zurückzuführen gewesen sei. Später erfuhren wir bzw. wurde festgestellt, daß Propst *Krüger*[24] einen Brief von *Warnke*[25] erhalten hat, in dem Warnke dem Krüger mitteilt, daß dieses Treffen ausfallen muß. Zu diesem Brief war aus Versehen ein Brief mit in den Umschlag gesteckt, der an den Staatssicherheitsdienst gerichtet war, in dem die Überprüfung und Überwachung dieser Angelegenheit angeordnet wurde bzw. mit einer Bitte [4] gefordert wurde.

„Wenn wir heute diese Freiheiten hätten, die wir früher in der ‚bösen imperialistischen' Zeit hatten, könnten wir vor Freude an die Decke springen. Das war damals eine goldene Zeit. Aber heute wird mit dem Wort ‚Frieden' viel Theater gemacht. Damit will man die Menschen heutzutage einschläfern, aber gerade damit wird der Krieg mehr als bisher vorbereitet."

„Ihr als Junge-Gemeinde-Mitglieder solltet immer bereit sein, in Gefängnisse zu wandern, wenn Ihr einmal ein unbedachtes Wort sagt."

Im zweiten Teil der Rede zum Thema „Über den Wert des Menschen" machte er u.a. folgende Ausführungen: „Der Mensch ist heute nichts wert. Der Mensch ist heute ein Rädchen in der Produktionsmaschine, das ist der einzige Wert des Menschen heute. Wir danken heute nicht

---

21 Seit 1950 wendete die SED eine „neue Taktik" gegenüber der Kirche an, indem sie sog. „fortschrittliche Pfarrer" unterstützte (*Solberg*, 100). Diese standen den Kirchenleitungen – mit Ausnahme Thüringens – meist kritisch gegenüber und unterstützten die Politik der CDU.

22 Zu diesem Vorspiel zu den Auseinandersetzungen um die Junge Gemeinde, die eigentlich erst 1952 ihren ersten Höhepunkt erreichten (vgl. Dok. 20 und 21), vgl. auch *Köhler*, Pontifex, 80-83.

23 Nuschke nahm auch sonst die Junge Gemeinde in Schutz. Vgl. *Köhler*, 81.

24 Gemeint ist offensichtlich Propst Heinrich Grüber, der Bevollmächtigte der EKD bei der Regierung der DDR.

25 Johannes Warnke war von 1949-1952 Staatssekretär im Innenministerium.

mehr Gott, sondern dem Stalin, den Aktivisten, den Bauern und den Arbeitern."

„Man will, wie es Hitler getan hat, die Kirche verwässern, und uns verbietet man die Kirchenfreiheit im gewissen Sinne. Denn in die Nationale Front[26] zu gehen, wird uns nicht verboten. Aber wehe, es wagt ein SED-Funktionär, in die Kirche zu gehen."

Monat September:
Döbeln: Betr.: *Krökert,* Hans, geb. 18.3.16, wohnhaft Aue / Erzgeb., Amtsgerichtsstr. 3
Dieser Krökert hielt einen Evangelisationsvortrag am 9.9.50 in der Stadtkirche zu Hartha. In dem Vortrag machte er u.a. folgende Ausführungen: Er käme aus einer Stadt mit internationalem Ruf. Diese Stadt wäre nicht nur in der DDR, sondern in der ganzen Welt bekannt. Der Ruf der Stadt wäre der denkbar schlechteste, er käme nämlich aus Aue. Dort in Aue liefe alles das an Schmutz zusammen, was in der DDR verstreut sei, und würde dort in Aue zu einer Schlammpfütze. Dort würden die Frauen mit entblößtem Oberkörper neben 17- und 18jährigen Jungen arbeiten. Er habe in Aue einen Bergarbeiter begraben, der sein ganzes Geld vertrunken hätte. Es waren mehrere Hundert DM. Und aus diesem Rausch ist er nicht wieder erwacht. Seine herbeigerufene Ehefrau aus Berlin war sofort erschienen, und hinter dem Sarg des Bergarbeiters entspann sich ein heftiger Streit zwischen der Kameradin in Aue und seiner angetrauten Frau. Wer wohl das Recht hätte, als 1. dem Sarg zu folgen. Ferner äußerte er, daß es jetzt gesetzlich verankert ist, daß ein Mann außer seiner Ehefrau an seinem 2. Wohnsitz eine Kameradin haben kann, deren Kinder mit versorgungs- und erbberechtigt wären.

Dresden: Bericht vom 24.9.50 des VPP. – Betr. *Rasch,* Martin, geb. 15.4.01, wohn. Dr. – N 23 Markusstr. 2
Pfarrer Rasch trat in Adorf / Vogtl. anläßlich einer Volksmissionswoche als Prediger auf und machte u.a. folgende Ausführungen: „Die heutige Jugend sei verdorben, da die Menschen heute eine andere Aufklärung erhalten. Arbeit wäre eine Last, man soll auf Gott vertrauen."
„Wenn der Mensch im Kriege fällt, dann hat Gott ihn liebgehabt."

Dok. 6
Verwaltung Thüringen an das MfS

Weimar, den 12.10.1950

Schreiben mit eigenhändiger Unterschrift. Absender: Deutsche Demokratische Republik, Ministerium für Staatssicherheit – Verwaltung Thüringen –. Anschrift: An das Ministerium für Staatssicherheit, Berlin. Betreff: Negative Ereignisse im Sachgebiet Kirche. Bezug: Ihr Fernschreiben vom 12.10.1950 VI. Tgb.Nr. 3513 / 50. Eingangsstempel: Deutsche Demokratische Republik, Ministerium für Staatssicherheit, Eing. 16. Okt. 1950, Eingangs-Nr.: 7606.

Die negativen Ereignisse im Sachgebiet Kirche in der letzten Zeit kon-

---

26 Vgl. Dok. 6, Anm. 27.

zentrierten sich mehr oder minder auf die Vorbereitungen der Volkswahlen[27] und wurden von uns unter diesem Gesichtspunkt in unseren
Berichten über die Wahlvorbereitungen im Lande Thüringen unter der
speziellen Rubrik „Stellung der Kirchen und Pfarrer" bereits nach Berlin berichtet. Diese Rubrik ist in unseren Berichten vom 28.9., 2.10.,
9.10. und 12.10.1950 enthalten.
Nachstehend bringen wir einen Fall, der nicht unter die Wahlvorbereitungen fällt und uns heute zuging:
Die FDJ-Schulgruppe, die SGL und die „Freunde der neuen Schule"
an der Debschwitzer Schule in Gera fordern in einer Resolution die
Zurückziehung des Pfarrers *Goes* von seinen Aufgaben als Lehrer für
Christenlehre und Konfirmandenunterricht[28], da er die Arbeit der FDJ
an dieser Schule sabotiert.
An der Schule besteht ein aus Jungen Pionieren[29] und Mitgliedern der
FDJ zusammengesetzter Mädchenchor, an dessen Arbeit sich zu beteiligen der Pfarrer die zu ihm in den Konfirmandenunterricht usw. kommenden Mädchen laufend hindert. Als ihm auf Grund dessen seitens
des Kultur-Amtes und der Schulbehörde Vorwürfe gemacht wurden,
verstärkte er nur noch seine ablehnende Haltung dem FDJ-Chor gegenüber und äußerte sich unter anderem zu seinen Schülern im Konfirmandenunterricht: „Der Staat will die Kirche kaputtmachen [...] für
unseren Glauben lassen wir uns anschimpfen [...] Es ist eine Unver-
schämtheit der Kirche gegenüber, die schon seit 1900 Jahren besteht,
während eure Schule erst seit 5 Jahren besteht [...] Ich werde dem
Herrn Landesbischof[30] melden, daß man vom Schulamt fordert, daß
heute einige Schülerinnen wegen des Chores eine Stunde eher fortge-
hen wollen, und der geht damit zum General."[31]
Daraufhin forderte er die Mädchen auf, sich durch ihr Erheben von
den Plätzen mit seiner Erklärung solidarisch zu erklären, daß das Ansinnen der FDJ, einigen Mädchen zu einem Auftritt des FDJ-Chores
zur Umrahmung einer DFD[32]-Feier eine Stunde freizugeben, eine Un-
verschämtheit gegenüber der Kirche sei.

27   Gemeint sind die Wahlen zur Volkskammer, die am 15.10.1950 stattfanden. Die am
      7.10.1949 gegründete Nationale Front des Demokratischen Deutschland (seit 1973
      Nationale Front der DDR), in der alle Parteien und Massenorganisationen unter
      der Führung der SED zusammengeschlossen waren, trat mit einer Einheitsliste an,
      in der die Parlamentssitze schon vor den Wahlen nach einem festen Schlüssel auf-
      geteilt waren. Zu der aus der Volkskongreßbewegung hervorgegangenen Nationa-
      len Front vgl. *Neef*, 101-141, bes. 138 f., zur Stellung der Kirchen zu diesen Wah-
      len dagegen KJ 77, 1950, 125-131.
28   Einen Religionsunterricht gab es in der SBZ / DDR bereits seit 1945 nicht mehr.
      Anstelle des Religionsunterrichtes erteilten die Kirchen und Gemeinden daher in
      eigener Verantwortung und mehr und mehr auch in ihren eigenen Räumen die
      „Christenlehre". In der „Christenlehre" wurden die 7-12jährigen Kinder vor dem
      Konfirmandenunterricht erfaßt. Zu den Konflikten zwischen Staat und Kirche in
      Erziehungsfragen bis 1953 vgl. *Dähn*, 29-46.
29   Die Jungen Pioniere faßten als Vorstufe der FDJ die Kinder zwischen dem 6. und
      14. Lebensjahr zusammen.
30   Der damalige thüringische Landesbischof war Moritz Mitzenheim.
31   Hier ist vermutlich General W. J. Tschuikow gemeint. Dieser wurde, nachdem er
      zuvor Chef der sowjetischen Militärverwaltung für Thüringen gewesen war, am
      29.3.1949 Chef der SMAD. Tschuikow blieb auch nach der Gründung der DDR
      Leiter der Sowjetischen Kontrollkommission in Deutschland. Kurz vor den hier ge-
      schilderten Ereignissen, am 13.9.1950, hatte Tschuikow einen Empfang für die
      Ost-CDU gegeben. Vgl. SBZ 1945-1954, 138.
32   Der Demokratische Frauenbund Deutschlands wurde auf dem Demokratischen

Die Lehrerschaft der Schule vermutet, daß Goes die Schülerinnen von den für den Vormittag des 15. Oktobers geplanten Wahleinsätzen [2] durch Einlegen irgendeiner kirchlichen Veranstaltung abzuhalten versucht.
Nachgewiesenerweise hat Goes mindestens dreimal die Prügelstrafe angewandt.
[gez.] Menzel
Chefinspekteur der Volkspolizei

Dok. 7
Verwaltung Mecklenburg an die Abt. VI des MfS

Schwerin, den 12. Okt. 1950

Schreiben mit eigenhändiger Unterschrift. Absender: Verwaltung für Staatssicherheit, Land Mecklenburg. Anschrift: An das Ministerium für Staatssicherheit, Abteilung VI, Schwerin. Betreff: Sachgebiet *Kirche*. Bezug: Fernschreiben vom 12. Oktober 1950, gez. Plasch, Tgb.Nr. S 2595 / 50. Eingangsstempel: Deutsche Demokratische Republik, Ministerium für Staatssicherheit. Eing. 13. Okt. 1950. Eingangs-Nr.: 7569. Mit Anlage: Schwerin, den 12. Okt. 1950. Betr.: Sachgebiet Kirche, Bezug: Fernschreiben vom 12.10.1950 (gez. Plasch).

In der Anlage überreichen wir einen Bericht über aktuelle negative Ereignisse auf dem Gebiet der Kirche im Lande Mecklenburg mit der Bitte um Kenntnisnahme.
Anlage:
1 Bericht (4 Bl.)
[gez.] Last
Chefinspekteur

Schwerin, den 12. Okt. 1950.

Betr.: Sachgebiet *Kirche*
Bezug: Fernschreiben vom 12.10.1950 (gez. Plasch)
1.) Am 8. Mai 1950, am Tag der Befreiung[33], wurde vom Oberkirchenrat (Landesbischof Dr. *Beste*) eine Pastorenkonferenz für das Kreisgebiet Parchim angesetzt. Der Landesbischof äußerte hier, uns geht dieser Tag nichts an. Der Staat kann machen, was er will.
2.) Der Landessuperintendent – Richard *Haack* aus Ludwigslust – brachte in einem Rundschreiben Nr. 12 vom Juli 1950 zum Ausdruck: Ziffer 5, Leistungen an die Kirche
Observanzmäßige Leistungen[34] (nicht Meßkorn[35]), deren pflichtmäßi-

---

Frauenkongreß für den Frieden vom 7. bis 9.3.1947 gegründet. Die Aufgabe des DFD als „Transmissionsorganisation der SED im Parteiensystem der DDR" läßt sich wie folgt charakterisieren: „Neben der ideologisch-politischen Arbeit unter den Hausfrauen, den Frauen der Selbständigen und Gewerbetreibenden sowie den Werktätigen, ist vor allem die Familienpolitik, die Organisationsarbeit und nicht zuletzt die Mitarbeit im Rahmen der Nationalen Front, also des Parteiensystems, und der Einsatz für die Politik der SED" (*Weber*, Vorgeschichte, 429).
33 Am 8. Mai 1950 wurde der fünfte Jahrestag des Kriegsendes gefeiert.
34 Als juristischer Terminus ist der Begriff Observanz eher in der katholischen als in

ge Erbringung durch Artikel 88 der Landesverfassung weggefallen ist
und deren Einziehung deshalb nicht mehr erfolgen darf, brauchen und
dürfen nicht zurückgewiesen werden, wenn diese Leistungen trotzdem
in bisheriger Weise entweder ohne weiteres gebracht oder bei Vorfrage
stillschweigend bzw. ausdrücklich willensmäßig gegeben werden. Es
darf in diesem Fall angenommen werden, daß man der Kirche die bislang verpflichtungsmäßig zu erbringende Leistung nunmehr als freiwillige Gabe zuwenden wird. Dagegen gehört das Meßkorn zu den Leistungen, die bis zur Ablösung auf Grund eines noch zu erlassenden
Gesetzes weiterhin zu erbringen sind.
3.) Entschließung vom 16. Juli 1950
„Die zu einem Konvent versammelten Glieder der bekennenden Kirche haben am 25. Juli 1950 folgende Entschließung gefaßt:

1. Angesichts aller die Kirche bedrohenden Irrungen der Gegenwart
bekennen wir uns zu dem Evangelium von Jesus Christus, der allein
der Weg, die Wahrheit und das Leben ist, und durch den Gottes Liebe
uns allen aus der Verlorenheit der Welt zum Leben und zum Frieden
helfen will.
2. Wir fordern, daß Kirche Kirche bleibt, und verwerfen mit der Bekenntnissynode von 1934[36] die falsche Lehre, als gäbe es Bereiche unseres Lebens, in denen wir nicht Jesus Christus, sondern anderen Herren zu eigen wären, und als dürfe die Kirche die Gestalt ihrer Botschaft und ihrer Ordnung, ihrem Bleiben oder dem Wechsel der jeweils herrschenden weltanschaulichen und politischen Überzeugung
überlassen.
3. Wir fordern darum alle Pastoren und Gemeindemitglieder auf, die
Verkündigung und das kirchliche Verhalten ständig daraufhin zu prüfen, ob sie mit dem Worte [2] Gottes ernst machen können. Zugleich
warnen wir, solche außerkirchlichen Anordnungen, die in die Verkündigung und den praktischen Dienst der Kirche eingreifen, zu befolgen.
4. Wir fordern die Gemeindemitglieder auf, sich von denjenigen Predigern zu scheiden, die nicht die Rechtfertigung des Sünders allein durch
Christus verkündigen, sondern unbiblische Heilslehren vertreten, die
nicht Versöhnung, sondern Haß anderen gegenüber predigen, die verleugnen, daß der Friede mit Gott und zwischen den Menschen allein

der evangelischen Kirche beheimatet. Er bezeichnet dann eine Unterart des Gewohnheitsrechtes, von dem er gleichwohl sorgfältig unterschieden werden muß:
„Von der Gewohnheit unterscheidet sich die Observanz dadurch, daß sie bloßes
Herkommen ist und bleibt, weil die zur Bildung eines Gewohnheitsrechtes erforderliche Gemeinschaft entweder zu klein oder nicht beständig genug ist (z.B. Klerus einer Pfarrei). Die Observanz ist beachtlich, hat aber nicht den Rang eines
Gesetzes" (*Erdmann-Mörsdorf I*, 135).
35   Wie die Observanz, so ist auch der Begriff des Meßkorns bzw. des Meßstipendi-
ums im kirchenrechtlichen Sinn traditionell eher im katholischen Raum beheimatet. Das Meßstipendium trat im 8. Jh. an „die Stelle der freiwill[igen] Gaben in
Naturalien, die in den ersten beiden Jahrhunderten bei der hl. Messe zum Lebensunterhalt der Geistlichkeit gereicht wurden" (*Birnbaum*, 131). „Das Meßstipendium wird außerhalb der Messe gegeben [...] und fällt dem Priester erst zu, nachdem die Gabe durch die Zuordnung zu einem heiligen Opfer durch das Opferge-
schehen hindurchgegangen ist. Der Hinfall an den Priester geschieht vom Altare,
d.h. von Gott her, dem die Gabe im heiligen Opfer dargebracht worden ist" (*Erdmann-Mörsdorf II*, 44 f.).
36   Gemeint ist die Barmer Bekenntnissynode von 1934. Im folgenden wird die zweite
und die dritte Barmer These paraphrasiert.

aus der Vergebung kommt, die die Kirche zu einem Organ des Staates machen wollen.
Wir bitten Kirchenleitung und Landessynode, gegen solche Geistliche Maßnahmen zu ergreifen.
5. Wir schließen uns mit dem Landesbischof und den Brüdern in der Kirchenleitung zu ständiger Fürbitte für alle zusammen, die um des Evangeliums willen in der Welt Bedrückung erleiden, wie wir auch für die Irrenden bitten wollen, daß Gott zurechthelfe.["]

4.) In Demmin hängen Schreiben in den Mitteilungskästen aus, mit dem Satz: „Es gibt einen Weg zum Frieden, wohl steht nicht in unserer Hand, die Sünde, den Krieg und den Tod, von der Erde zu verbannen."
5.) Pastor Franz *Krause*, Spantekow, Kreis Anklam, kandidiert für die Gemeindevertretung von der CDU[37] und ist gleichzeitig Vorsitzender des Ortsverbandes. Er wurde vom Wahlleiter schriftlich aufgefordert, am Sonntag, dem 10.9.50, von 9.00-12.00 Uhr eine Aufsichtsperson der CDU zu stellen[38]. Das Schreiben wurde urschriftlich zurückgegeben mit der Bemerkung, daß er keinem CDU-Mitglied zumuten könne, an einem kirchlichen Feiertag (während der Kirchzeit) die Aufsicht bei den Wahllisten zu übernehmen.
6.) Am 26.8.1950 sprach im Grimmen der kriegsblinde Pastor Ernst *Giese* aus Marburg an der Lahn. Er weilte hier auf einer Predigerreise in Mecklenburg. In seinem Referat hetzte er gegen die Sowjetunion und gegen das volksdemokratische Polen. Er schilderte Szenen von Vergewaltigungen, die er in Stolp[39] erlebt haben will.
7.) Pastor Otto *Schmidt* aus Kladrum, Kreis Parchim, äußerte am 18.9.1950 in der Versammlung der Nationalen Front, daß er die Oder-Neiße als Friedensgrenze[40] nicht anerkennen kann, weil 12 Millionen ihre Heimat verlassen mußten.
Durch seinen Diskussionsbeitrag haben nur 70 Personen die vorgelegte Resolution unterschrieben.
8.) Die erste Rate des Zuschusses für das Stift Bethlehem im Monat September in Höhe von DM 12 000,- war am 15.9.50 fällig. Trotz frühzeitiger und mehrmaliger Aufforderung ist dieser Betrag nicht überwiesen worden. Von den im [3] Haushaltsplan festgelegten DM 200 000,- für das Jahr 1950 hat das Stift erst DM 92 200,- erhalten. Das Stift Bethlehem ist dadurch in eine schwierige Lage gekommen. Es gilt, 400 Kranke und 200 Angestellte des Stiftes zu unterhalten. Der Ministerpräsident *Höcker* hat am 28.9.1950 dem Ministerrat eine Vorlage zugeleitet, die die Kürzung des staatlichen Zuschusses für die mecklenburgische Landeskirche um den Betrag vorsieht, der zur Weiterführung des Stiftes notwendig ist.
Wie schon durch Fernschreiben berichtet, hat Pastor *Schwartze* vom Oberkirchenratspräsidenten Spangenberg ein Schreiben erhalten, in dem er aufgefordert wird, am 12.10.1950 um 10.00 Uhr die geistliche

---

37   Vgl. Dok. 1, Anm. 2.
38   Hier wird auf die für den 15.10.1950 festgesetzten Volkskammerwahlen Bezug genommen. Vgl. Dok. 6, Anm. 27.
39   Stolp (Pommern) war am 9.3.1945 von sowjetischen Truppen besetzt worden.
40   Im Görlitzer Vertrag vom 6.7.1950 mit Polen erkannte die DDR die Oder-Neiße-Grenze als „unantastbare Friedens- und Freundschaftsgrenze" an (zit. nach: *Lehmann*, 55).

und verwaltungsmäßige Leitung des Stiftes zu übergeben. Es soll ein neuer Pastor und gleichfalls eine neue Oberin vom Oberkirchenrat Schwerin eingesetzt werden.

9.) Am 3.10.1950 äußerte Pastor *Thulke* aus Woserin, Kreis Güstrow in der Gastwirtschaft Schaeffer in Dabel folgendes: Präsident Wilhelm Pieck hätte keine deutsche Staatsangehörigkeit, sondern die russische[41]. Der Ministerpräsident hätte die Wahlergebnisse geklaut, die Wahl stünde bereits zu 96% fest. Alle Wähler, die für die Regierung stimmen, wären blöde und würden dieses nur unter Zwang tun.

Zu den Instrukteuren der DDR äußerte er:

„Ihr seid alle Verräter, Ihr verratet Deutschland, und es dauert nur noch ein Jahr, dann käme es anders, und Ihr werdet alle aufgehängt."

D. erklärte weiter, daß in der Gemeinde Woserin kein Mensch zur Wahl gehe. Dafür werde er schon sorgen.

Jetzt befindet sich D. in Westberlin.

10.) Am 2.10.1950 wurde auf Veranlassung des Landesbischofs, Dr. *Beste*, das Zimmer des BGL-Vorsitzenden im Oberkirchenrat geräumt für den Amtsrat *Wamt*. Der BGL-Vorsitzende teilt jetzt sein Zimmer mit noch einem Kollegen.

11.) Der Kreisausschuß der Nationalen Front ist beim Oberkirchenrat in Schwerin vorstellig geworden, zu der am 15.10.1950 stattfindenden Wahl Transparente für den Frieden herauszuhängen. Dieses hat der Präsident des Oberkirchenrates *Spangenberg* mit der Begründung abgelehnt, daß die Ost-Kirchenleitungen Transparente nicht aufhängen.

12.) Wie schon berichtet, fand am 3.10.50 in Schwerin die Ost-Kirchenkonferenz[42] unter der Leitung von Bischof *Dibelius* statt. Anwesend waren Landesbischof Dr. Beste, Oberkirchenrat *Merker*, Präsident Spangenberg, Oberkirchenrat Lic. de Boor sowie alle Oberkirchenräte der DDR. Von den Angestellten hatte keiner während der Konferenz Zutritt. Ebenso ist [4] über die Tagung bis jetzt bei den Angestellten im Oberkirchenrat nichts bekannt geworden.

Anwesend waren ca. 23 bis 25 Personen.

Betr.: Kath. Kirche

Am 27.8.1950 fand ein Heimattreffen der katholischen Kirche in Teterow statt. Es waren Teilnehmer aus dem Isergebirge und Jeschken anwesend. Es sprach der kath. Pfarrer Wirschemeier aus Westdeutschland. Er brachte zum Ausdruck, daß die Teilnehmer den Willen und das Recht auf die Heimat niemals aufgeben.

Am 13.8.1950 fand in Neu-Kahlen ein Elternabend der slowakisch-katholischen Kirchenjugend statt. Auch hier wurde das Recht der Umsiedler auf ihre alte Heimat gesprochen.

[gez.] Kluth
Kommandeur

---

41   Pieck war 1933 zunächst nach Frankreich und dann in die UdSSR emigriert. 1945 kehrte er mit der Roten Armee nach Deutschland zurück. Pieck war nicht, wie es hier versehentlich heißt, Ministerpräsident, sondern Staatspräsident der DDR von 1949 bis zu seinem Tod im Jahr 1960.

42   Bei der Ostkirchenkonferenz handelte es sich um den Zusammenschluß der evangelischen Kirchen auf dem Gebiet der „Ostzone" bzw. der DDR. Zu deren Anfängen vgl. *Seidel*, 189-195.

Dok. 8
Verwaltung Brandenburg an das MfS

Potsdam, den 13.10.1950

Schreiben mit eigenhändiger Unterschrift. Absender: Ministerium für Staatssicherheit, Verwaltung Brandenburg. Anschrift: An das Ministerium für Staatssicherheit, Berlin. Betreff: Sachgebiet Kirchen. Bezug: Fernschreiben vom 12.10.1950, Nr. 70. Tgb.Nr. 3533 – VI-81 / 50. Mit Anlage: Ministerium für Staatssicherheit, Verwaltung Brandenburg VI. Potsdam, den 13.10.1950. Bericht. Betr.: Sachgebiet Kirchen. Bezug: Fernschreiben vom 12.10.1950 Nr. 70. Auszug.

Anliegend übersenden wir Ihnen einen zusammenfassenden Bericht über die neuesten Ereignisse im Sachgebiet Kirchen und negative Äußerungen der Pfarrer im Hinblick auf die Wahlen.
[gez.] Gartmann
(VP.-Chef.-Insp.)
1 Anlage

Ministerium für Staatssicherheit
Verwaltung Brandenburg – VI –

Potsdam, den 13.10.1950

Bericht
Betr.: Sachgebiet Kirchen
Bezug: Fernschreiben vom 12.10.1950 Nr. 70
1. Festnahme des Superintendenten *Ringhandt*
Am 17.9.1950 wurde der Superintendent Siegfried Ringhandt, geb. am 23.5.1906 in Berlin, wohnhaft Seelow, an der Sektorengrenze Dahlewitz-Neuenhagen festgenommen. Er führte eine Rededisposition bei sich, die eine üble Hetze gegen die DDR enthielt. Weiterhin 4 Zeitungen, worin gegen die Wahlen am 15. Oktober[43] gehetzt wird. Dieses Material bekam Ringhandt vom Konsistorium der ev. Kirche ausgehändigt. Ringhandt ist einer der engsten Verbündeten von Dibelius und muß als stockreaktionär bezeichnet werden.[44] Seine Einstellung zeigt sich darin, daß in seinem Kirchenkreis jeder Pfarrer gegen die DDR hetzt. Der Pfarrer Dressler[45], der sich in fortschrittlicher Weise äußert, wird von Ringhandt auf die verwerflichste Art und Weise intrigiert.
Seine Einstellung drückt sich vor allen Dingen darin aus, daß er kurz vor seiner Verhaftung äußerte, daß er einer der ersten sein würde, der nach den durchgeführten Wahlen von der politischen Polizei verhaftet werden würde.
2. Festnahme des Pfarrers *Gnetner*[46]
Am 5. August 1950 wurde Pfarrer Gnetner wegen Spionage verhaftet.

---

43 Vgl. Dok. 6, Anm. 27.
44 Ringhandt hat später einen Sinneswandel durchgemacht und wurde Mitglied und Leiter des Weißenseer Arbeitskreises. Vgl. dazu auch Dok. 38.
45 Dressler, „der schon vor 30 Jahren aus dem Amt entlassen worden war" (*Solberg*, 104), war in der Zeit des Nationalsozialismus Mitglied der „Deutschen Christen" gewesen.
46 Richtig: Gnettner.

Ein Bericht darüber wurde bereits am 2.10.1950 an Berlin weitergeleitet.

3. Festnahme des Kaufmanns *Born*, Cottbus

Am 15. September 1950 wurde bei dem Kaufmann Karl *Born*, geb. am 16.9.1891 in Schönbrunn, Krs. Schweidnitz / Schl., wohnhaft Cottbus, Moskauer Platz 9, eine Durchsuchung seiner eigenen Person, seines Gepäcks sowie seiner Wohnung vorgenommen. Born führte Kurierfahrten für den Superintendenten Schüler und Generalsuperintendenten Jacob nach dem Konsistorium Berlin durch. Er bekam dort westlich lizenzierte Zeitungen mit antidemokratischem und antisowjetischem Inhalt ausgehändigt. In seinem Besitz befanden sich über 1 000 Broschüren, in denen eine üble Hetze enthalten ist. Außerdem wurden 24 Personalausweise von in Cottbus wohnenden Personen gefunden. Diese Personalausweise wurden von Born gestohlen, als er beim Einwohnermeldeamt schriftliche Arbeiten ausführte.

Born befindet sich z.Zt. bei der Cottbusser Dienststelle in Haft.

Es folgen nun negative Aussprüche von Pfarrern.

Pfarrer Braune[47], Lobetal, Kreis Bernau

Pfarrer Braune, Lobetal, [ist] Präsident der Inneren Mission und 23 Jahre Bürgermeister im Ort. Das Dorf Lobetal besteht aus Erziehungs- und Altersheimen. Über Braune wurden schon mehrere Male Beschwerden eingereicht, über schlechte Behandlung der zu betreuenden Menschen. [...] [3]

Weiter sagte er [Braune], daß der Kirchenbesuch der einzelnen Gemeinden sehr schlecht ist, daß dieses aber nur darauf zurückzuführen ist, daß die Menschen von der heutigen Arbeit so stark in Anspruch genommen werden, daß sie nach ihrem vollbrachten Tagewerk lechzend nach Hause kommen. Das Töten von keimendem Leben stehe heute auf der Tagesordnung, und der § 218[48] geht kraß gegen die Gebote Gottes vor; auch wurde die heutige Jugend von Braun[e] kritisiert, daß sie den Respekt verloren hätte. Abschließend äußerte er: Das ist das deutsche Volk, das einst so stolz, so treu und so fromm war. Er endete mit den Worten: Fürchtet euch nicht vor kommenden schweren Zeiten.

Im Bezug auf die Wahlen äußerte sich der Pfarrer *Müller*, Rehbrücke (Potsdam) zu dem FDJler Manfred Petzold, Potsdam: „Was ich über die Wahlen denke, geht Sie gar nichts an, danach haben Sie überhaupt kein Recht zu fragen, ich gehe wählen wie jeder andere, erfülle meine Pflicht, und damit basta. Die Wahlen dienen vor allem dazu, etwas zu legalisieren, mit dem die Massen nicht einverstanden sein können, da es mit Zwang verbunden ist."

Pfarrer *Heidtmann*, Potsdam, Mangerstr., äußert sich über die Wahlen folgendermaßen:

---

47 Paul Gerhard Braune war während des Dritten Reiches als entschiedener Gegner des nationalsozialistischen Euthanasie-Programmes hervorgetreten, hatte diesbezüglich Denkschriften an die Regierung gerichtet und war 1940 für drei Monate von der Gestapo verhaftet worden. Seit 1945 war Braune Präsident der Inneren Mission für das östliche Deutschland und Mitglied der Berlin-Brandenburgischen Kirchenleitung. Zu den hier geschilderten Vorgängen vgl. *Solberg*, 142-145.

48 Das damals noch in der DDR geltende alte Strafgesetzbuch stellte im § 218 die Abtreibung zwar prinzipiell unter Strafe, ließ jedoch gewisse Indikationsgründe gelten. Die Ostkirchenkonferenz schaltete sich am 23.5.1950 in die Diskussion um den § 218 ein und mahnte, „nicht Menschenleben zu töten" (zit. nach: *Seidel*, 416-420, hier: 416).

Ich sehe am 15. Oktober nur eine Wahl, bei welcher es darum geht, die Mitglieder für die Volks- und Länderkammer zu wählen. Durch die gemeinsame Liste wird erreicht, daß z.b. einer, welcher LDP[49] wählen will, genötigt wird, die übrigen Kandidaten auch anzuerkennen. Alle Versuche, herauszustreichen, daß es bei dieser Wahl zugleich um Krieg oder Frieden, Einheit Deutschlands und Aufbau usw. geht, stellt eine Überschätzung des eigentlichen Charakters dieser Wahl dar und ist lediglich Sache der Propaganda. Die Menschen sind durchaus in der Lage, durch geeignete Maßnahmen Kriege und vor allem den Gebrauch der Atombombe zu verhüten. Das Verhältnis zwischen Marxismus und der Kirche wird sich in der DDR genauso entwickeln wie in der SU. Es ist daher am bequemsten, wenn man aus der Geschichte der SU lernen würde, alle Zwischenstadien überspringen und gleich das Endresultat übernehmen würde.

In einer vollkommen freien Diskussion dieser Frage kann man leider nicht unbelastet herangehen, da durch die herrschende materialistische Umwelt von vornherein bestimmte Bahnen gewiesen werden. Dies ist jedoch in allen Staaten so, daß die herrschende Ideologie eine feste, starre Form vorschreibt, innerhalb derer alles verlaufen muß. Allerdings bestehen erhebliche Unterschiede darin, wie man Übertretungen dieser Formen bestraft.

Superintendent *Stolte*, Potsdam, Grünes Gitter, verweigerte die Unterzeichnung anläßlich der Zustimmungserklärung, die von den Sonderinstrukteuren *Kasert* und *Matuschkewitz*, Potsdam durchgeführt wurde, mit dem Hinweis, daß diese Handlung sich nicht mit der kirchlichen Würde vereinbaren läßt.

Über die Äußerungen des Generalsuperintendenten *Jacob*, Cottbus wurde am 10.10.1950 bereits an das Ministerium Berlin berichtet. [4]

In der kath. Kirche in Potsdam, Babelsberg wurde am 17.9.1950 jedem Kirchgänger eine Tüte mit Eierpulver, Gebäck und anderen Kleinigkeiten ausgehändigt.

Am 12.10.1950 wurde den Kirchgängern ebenfalls in Potsdam-Babelsberg Kürbis überreicht.

Es ist dies eine Methode, um die Menschen fester an die Kirche zu binden.

Der kath. Pfarrer *Horn* aus Friesack, Westhavelland, erklärte anläßlich einer Aussprache mit Vertretern des Friedenskomitees[50], daß die ev. Kirche im Landesmaßstab ein kirchliches Friedenskomitee gebildet hat, und daß die kath. Kirche nach gleichem Muster Friedenskomitees bilden will.

Das gleiche sagte Pfarrer *Wolff* aus Strohdehne, als man ihn aufforderte, dem Friedenskomitee beizutreten. Er sagte unter anderem, die ev. Kirchenleitung Berlin-Brandenburg hat empfohlen, in den einzelnen Kirchengemeinden „eigene kirchliche Friedenskomitees" ins Leben zu rufen.

Bisher wurde eine Arbeit von kirchlichen Friedenskomtees nicht festgestellt. Außer den negativen Stellungnahmen der Pfarrer gaben inner-

---

49 Die Liberal-Demokratische Partei (LDP) war am 5.7.1945 gegründet worden. Sie war lange Zeit die kritischste der Parteien in der SBZ. Unter Druck trat auch sie im Mai 1950 der Nationalen Front bei und gehörte somit ebenfalls zur Einheitsliste. Zur LDP vgl. *Krippendorff* und *Itzerott* bzw. *Fricke*, Opposition, 47-70.
50 Zum Friedenskomitee vgl. Dok. 9, Anm. 55.

halb Potsdams der kath. Geistliche *Allendorff* sowie der Pfarrer *Manouri*, Potsdam, positive Stellungnahmen.
Die Stellungnahme des Pfarrers *Kalkowsky* aus Groß-Kreuz, Krs. Zauch-Belzig, an dem ich schon ca. 4 Wochen arbeite, füge [ich] dem Bericht bei. Ebenso eine Abschrift über ein Schreiben von Dibelius vom 1. Juni 1949[51].
Am 13.10.1950 ging folgende telefonische Meldung ein:
Der Pfarrer *Peterseil*, Wilmersdorf, Krs. Seelow, wurde vom Bürgermeister aufgefordert, den Gottesdienst auf den Abend des 15. Oktober zu verlegen. Dieses lehnte er mit der Begründung ab, daß die Pfarrer des Kreises Seelow beschlossen haben, nicht an der Wahl teilzunehmen.
Grund: Da der Superintendent *Ringhandt* aus unerklärlichen Gründen verhaftet worden sei.
[gez.] Zabel

Dok. 9
Verwaltung Groß-Berlin an das MfS

Berlin, den 14.10.1950

Schreiben mit eigenhändiger Unterschrift. Absender: Verwaltung für Staatssicherheit, Groß-Berlin, Abt. VI. Anschrift: An das Ministerium für Staatssicherheit, Abt. VI, Berlin. Betreff: Kirchen und Sekten. Bezug: Dortiges Schreiben vom 12.10.50. Termin: 14.10.1950 – 12.00 Uhr.

Der genaue Strukturplan der Evangelischen Kirche ist dem Ministerium für Staatssicherheit bereits vor einigen Wochen zugegangen. Aus diesem ist die Lage der Kirchen, die Besetzung der Kirchenleitung und der Pfarrstellen bei den einzelnen Kirchen zu ersehen.
Über die Tätigkeit der Kirche ist durch Berichte folgendes bekannt geworden:
Der Evangelische Nachrichtendienst Ost veröffentlichte am 5.8.50 unter der Überschrift „Die Wahrheit eindeutig und unmißverständlich bezeugt" die Antwort des Bischofs D.D. Dibelius auf die von Ministerpräsident Otto Grotewohl auf dem Dritten Parteitag der SED an ihn gerichteten Fragen[52]. S. Anlage 1.
Am 28.9.1950 versammelte sich der Freie Konvent[53]. Dieser Freie Konvent steht mit der jetzigen Kirchenleitung in Opposition. Leiter und Führer des Kreises ist der Pfarrer Dilschneider aus Berlin-Zehlendorf. Weiter sind folgende Pfarrer aus dem Demokratischen Sektor bekannt, die diesem Kreis angehören: Pfarrer König, Kracht, Moll, Kögel, Sasse und Plath. Aus dem Westsektor: Dorow, Beschoren und Dilschneider.
Es wurde scharfe Kritik geübt an der jetzigen Kirchenleitung. Auszüge aus der Rede des Pfarrers Kögel s. Anlage 2.
Aus einem Bericht eines Pfarrers geht weiter hervor, daß der Freie

51   Abgedruckt in: *Seidel*, 274-277.
52   Vgl. Dok. 6, Anm. 27.
53   Zum Freien Konvent s.u. Dok. 38.

Konvent mit der Personalpolitik, die von Oberkons.-Rat Dr. Böhm, der bis 1938 Pg. gewesen ist, betrieben wird, unzufrieden ist. In dem Bericht heißt es, daß eine Personalpolitik getrieben wird, die sehr viel Geld kostet, indem sie nur den einen Zweck hat, Männer, die der Kirchenleitung hörig sind, durch Gründung neuer Posten zu Amt und Würden zu verhelfen. Es wurde die rücksichtslose Art der Kirchenvisitation beklagt. Von ganz jungen Geistlichen, die erst kürzlich durch die Gunst der Kirchenleitung nach Berlin berufen worden sind, werden alte Geistliche der Opposition kontrolliert. Bei der Kritisierung der Finanzgebaren wurde beklagt, daß die Pfarrer des Ostens gegenüber den Pfarrern des Westens so viel schlechter gestellt sind. Bischof Dibelius hat vor kurzem in der Kirchenleitung geäußert: „Wir können den Unterschied zwischen Ost und West nicht mehr übersehen, wie wir wollten." [2]

Aus seinem Bericht geht weiter hervor, daß auf einer kürzlich stattgefundenen Ostkonferenz von dem der Kirchenleitung angehörenden Pfarrer von der Gablentz dem Oberkons.-Rat Dr. Böhm und einigen anderen Herren der Antrag gestellt wurde, die Kirche soll zu der politischen Lage das Wort ergreifen. Trotzdem diese Herren den Bischof Dibelius überreden wollten, hat der Bischof abgelehnt, weil der Zeitpunkt vor der Wahl ungeeignet sei, und man es als „Wahlsabotage" auslegen könnte. Ob die Kirche beabsichtigt, nach der Wahl ein Wort zu der politischen Lage von der Kanzel zu verkünden, wird noch ermittelt.

Am 4.10.50 fand in der Friedenskirche der Adolf-Stöcker-Stiftung Berlin-Weißensee ein Generalkonvent unter der Leitung des Herrn Generalsuperintendenten Dr. Krummacher statt. Dieser Konvent war von ca. 120 Pfarrern besucht. Nach einer Andacht hielt der Alttestamentler Prof. D. Gerhard von Rad aus Heidelberg einen Vortrag über das Thema „Wort Gottes und Geschichte im Alten Testament"[54]. In diesem Sinne bewegte sich auch die anschließende Aussprache und war nur von rein religiösem Inhalt. Irgendwelche Gegenwartsprobleme wurden auf dem Generalkonvent nicht berührt.

Betr.: Einstellung der Pfarrer zu der gegenwärtigen politischen Lage
Aus Berichten geht hervor, daß eine Reihe von Pfarrern gern in den Friedenskomitees und der Nationalen Front mitarbeiten würde, wenn sie von „oben" nicht daran gehindert würden. Pfarrer Sasse sagt: „Natürlich sagt man uns nicht – es ist verboten, sondern man sagt – es ist unerwünscht, was natürlich dasselbe ist. Alle jene Pfarrer, die sich dennoch in der Friedensbewegung aktiv betätigen, werden als ‚Abtrünnige' betrachtet. Man sagt nicht – sie sind Kommunisten, aber denken tut man es schon lange. Früher oder später wird man unter irgendeinem Vorwand den betreffenden Pfarrer maßregeln."

Pfarrer Conrad aus Rosenthal lehnte erst die Unterschrift zur Ächtung der Atombombe[55] ab. Jetzt liegen Berichte vor, daß er in der Nationa-

---

54 Abgedruckt in: *von Rad*, 191-212.
55 Im März 1950 trat der kurz zuvor gegründete Weltfriedensrat mit dem sog. Stockholmer Appell an die Öffentlichkeit. Im Sinne der sowjetischen Politik wurde darin die Ächtung der Atombombe gefordert. Mit großem propagandistischen Aufwand warb die DDR für die Unterzeichnung des Aufrufs. In zahlreichen Orten entstanden Friedenskomitees. Während eine entsprechende Volksbefragung in der Bundesrepublik verboten wurde, ergab eine „Volksbefragung gegen die Remilitari-

len Front mitarbeitet. Er sagt folgendes: „Wenn einer der verantwortlichen Herren aus der Kirchenleitung ein Wort der Zustimmung zu der Nationalen Front sagen würde, sie sollen sehen, daß viele Pfarrer gern und freudig mitarbeiten. Das Verhalten der Kirchenleitung hat uns sehr in Gewissensnot gebracht."
Pfarrer Rose von der Adventskirche Prenzlauer Berg erklärte sich am 30.8.50 offen und freimütig für den Kampf um die Erhaltung des Friedens und sagte am Schluß seiner Rede: „Wenn wir für eine Sache stehen und sie als richtig erkannt haben, dann dürfen wir nicht danach fragen: Werde ich dafür gerichtet oder belohnt werden?"
Neben diesen fortschrittlich eingestellten Pfarrern gibt es eine Reihe Geistliche, die immer wieder in versteckter Form Angriffe auf die bestehende Ordnung in der DDR und im demokratischen Sektor Berlins unternehmen. Zu diesen Pfarrern gehören u.a. der Pfarrer Preuß aus Blankenburg, der die Jugend versucht von der FDJ und den Pionieren fernzuhalten. Die Pfarrer Höhne und Goßmann[56], Berlin-Adlershof (Verklärungskirche), erklärten: „Wer einer Partei oder [3] Jugendorganisation angehört, soll von dieser Sünde ablassen." Es wäre ja doch nur alles Lüge. Der Betreffende, der einer dieser Organisationen angehört, müsse aus dieser austreten und Buße tun.
Der Pfarrer Lange erklärte am 6.8.50 von der Kanzel, daß der Kampf um die Ächtung der Atombombe nur Lüge sei.
Der Pfarrer Rasenberger, Berlin-Oberschöneweide, und der an derselben Kirche tätige Pfarrer Klein zeigen durch ihre Aussprüche, daß sie ebenfalls als reaktionär zu bezeichnen sind. Pfarrer Rasenberger erklärte in einer Predigt am 16.7.50 folgendes: „Denkt einmal an den unverdienten Vorzug, den ihr Oberschöneweider habt: Karlshorst hat keine Kirche zur Verfügung, denn die steht im Sperrgebiet. Ist beschädigt, geplündert und muß allmählich verfallen." Dann sagte er weiter: „Ich bat Euch, am Denkmal vor der Kirche eine Blume zum Andenken an einen lieben Menschen niederzulegen. Warum sind so viele unter Euch so zaghaft? Vor wem fürchtet Ihr Euch zu zeigen, daß Ihr Eure Gefallenen liebt und ehrt? Laßt Euch doch nicht verwirren und bange machen."
Zu dem Denkmal, was vor der Christuskirche in Oberschöneweide steht, muß folgendes gesagt werden: Das Denkmal hatte die Inschrift „Dem geschändeten Menschen 1949". Im Dezember 1949 faßte das Bezirksamt Köpenick den Beschluß, daß die Inschrift auf dem Denkmalmassiv in folgende abzuändern ist: „Den geschändeten Menschen 1933 bis 1945". Falls diese Änderung nicht durchgeführt würde, sollte die ganze Inschrift beseitigt werden. Trotz dieses Beschlusses und auch der Bemühungen von seiten des Bürgermeisters Gohr wurde die Inschrift nicht entfernt, und Pfarrer Rasenberger erklärte, daß der Gemeindekir-

---

sierung und für den Abschluß eines Friedensvertrages" (SBZ 1945-1954, 158), die vom 3. bis 5.6.1951 in der DDR durchgeführt wurde, – wie nicht anders zu erwarten – eine Zustimmung von 97%. Vgl. Geschichte der Deutschen Demokratischen Republik, 146 (SBZ 1945-1954, 158 gibt dagegen eine Wahlbeteiligung von 99,42%, 4,11% Neinstimmen und 36 838 ungültige Stimmen an). Die Stellung der Landeskirchen zu der Volksbefragung und zum Weltfriedensrat war unterschiedlich. Vgl. dazu KJ 77, 1950, 131-145; KJ 78, 1951, 125-138 bzw. *Heidtmann*, 70-81, 91 f. und *Köhler*, 56-61.
56   Richtig: Goosmann.

chenrat eine Beseitigung bisher abgelehnt hat. Durch das Eingreifen der Verwaltung für Staatssicherheit wurde diese Inschrift entfernt. Bei einer Grabpredigt im Mai 1950 sagte Pfarrer Rasenberger folgendes: „Hier schläft ein Sohn, ein Sänger von einem der hervorragendsten Vereine von Groß-Berlin. Dieser Sänger war in einem Werk beschäftigt, wo noch die Kabel täglich nach dem Osten rollen." Davon, daß wir hierfür Getreide und Lebensmittel bekommen, hat der Pfarrer Rasenberger wohlweislich nichts gesagt.

Katholische Kirche
Berichte über die Katholische Kirche sind immer noch sehr mangelhaft. Lediglich der Pfarrer Brinkmann, Fehrbelliner Str. 100, leitender Amtspfarrer der Herzjesu-Gemeinde Prenzlauer Berg, sagt einiges über die Lage innerhalb der Katholischen Kirche. Er erklärte in einer Diskussion am 23.9.50, daß der in Passau stattgefundene Katholikentag[57] eine sehr starke politische Note hatte, was für einen Seelsorger befremdend wirken muß. Er ist der Meinung, daß das Wort Gottes, das er zu verkünden habe, nicht im leisesten Sinne den Verdrehungen zugunsten einer Parteipolitik verfälscht werden darf. Befragt über seine Mitarbeit in den Friedenskomitees, sagte er folgendes: „Bereit zu jeder Zeit, aber meine Zeit ist noch nicht gekommen. Sie müssen bedenken, daß ich ein geweihter Priester der Katholischen Kirche bin. Es ist ein wesentlicher Unterschied zwischen Pfarrer Rose und mir. Nach unserer Lehre bin ich dem Papst untertan, und er ist in geistlichen Dingen unfehlbar. Das ist unser Glaube. Schrecklich genug sind schon die Zweifel, aber noch schlimmer, wenn wir alle Seelsorger und Lehrer der Menschen unserer eigenen Lehre untreu werden." [4]
Pfarrer Brinkmann weigerte sich erst, die Unterschrift zur Ächtung der Atombombe zu geben, und bat um Zeit zur Überlegung. Einige Tage später übergab Pfarrer Brinkmann die Unterschriftslisten mit 203 Unterschriften von Kaplänen und Schwestern an den Vorsitzenden des Friedenskomitees Prenzlauer Berg.
Anläßlich des Katholikentages in Passau wurde eine Deklaration mit der Überschrift „Brüder in Not", die sich vornehmlich mit der Lage der katholischen Menschen in der DDR beschäftigte, herausgegeben[58]. Diese Schrift enthält wüste Hetze gegen die Deutsche Demokratische Republik.
Außerdem wurde festgestellt, daß in Berlin-Weißensee eine Kolpingsfamilie besteht, die eng an die katholische Kirche angelehnt ist. Innerhalb dieser Kolpingsfamilie, die von Pfarrer Klein geleitet wird, werden westlich lizenzierte Zeitungen vertrieben. Reden, die der Pfarrer Klein hält, haben unfreundlichen Charakter gegenüber der DDR. Ein Mitglied dieser Familie wurde vor einigen Monaten wegen Verbreitung antidemokratischer Hetzschriften festgenommen.
[gez.] Görz

---

57   Vgl. den Bericht: Der 74. deutsche Katholikentag.
58   Vgl. ebd., 104 f.

Dok. 10
Lust an das MfS

18. Oktober 1950

Schreiben mit eigenhändiger Unterschrift. Absender: Deutsche Demokratische Republik, Ministerium des Innern, Hauptverwaltung Deutsche Volkspolizei, Hauptabteilung VA 3, Berlin-Niederschönhausen, Seckendorffstraße 31, Fernruf 480111, Hausapparat. Anschrift: An das Ministerium für Staatssicherhei., Berlin-Lichtenberg, Normannenstr. Betr.: Reaktionäre Tätigkeit verschiedener Pfarrer der evangelischen Kirche. Aktenzeichen: 211393 / 50. Mit Anlage: Lust an Warnke. Abschrift mit eigenhändiger Unterschrift. Absender VA 3. Anschrift: An das Ministerium des Innern, Herrn Staatssekretär Warnke, Berlin W 8, Mauerstraße 25. Betr.: Reaktionäre Tätigkeit verschiedener Pfarrer der evangelischen Kirche.

Anliegende Abschrift eines Schreibens an das Min. d. Innern wird mit der Bitte um Kenntnisnahme übersandt.
Leiter der Hauptabteilung VA
(Lust)
Chefinspekteur der Volkspolizei
1 Anlage

VA

18. Oktober 1950

211393 / 50
VA 3 – Hü.

An das
Ministerium des Innern
Herrn Staatssekretär Warnke
Berlin W 8
Mauerstraße 25

Betr.: Reaktionäre Tätigkeit verschiedener Pfarrer der evangelischen Kirche
Nachstehend aufgeführte Beispiele der Tätigkeit verschiedener Pfarrer geben einen Einblick in die reaktionäre staatsfeindliche Arbeit gewisser Kreise der evangelischen Kirche.
Durch die Landesbehörde der Volkspolizei Sachsen-Anhalt wurde mitgeteilt, daß im Kreisgebiet Genthin laufend Veranstaltungen unter dem Deckmantel „Hosianna-Feiern" des Halleschen Posaunenquartetts von der evangelischen Kirche durchgeführt werden. Träger dieser Veranstaltungen ist die Stadtmission Halle / S.
Am 10.10.1950 fand in Beendorf, Krs. Genthin, eine dieser Veranstaltungen statt, zu der 200 Personen erschienen waren. Die Veranstaltung stand unter dem Motto: „Sei die Nacht auf der Wacht". Nach der Predigt referierte der Pastor *Finke*[59] aus Halle / S., Weidenplan 5. Er sprach nur von dunkler Nacht und Elend. In seinen weiteren Ausführungen sagte er: „Vor nicht allzulanger Zeit kam eine völlig erschöpfte Frau in ein Heim der evangelischen Kirche, ihren Sohn hatten sie abge-

---

59   Richtig: Finck.

holt. Sie erhielt bei uns Pflege und Hilfe. Ja, ihr Christen müßt Wächter[60] sein. Hört ihr nicht die Gespräche der Feinde, die dauernd rufen: ‚Du läufst noch dem Pastor nach, du glaubst noch das?' Ja, ja, sie singen sogar: ‚Es rettet uns kein höheres Wesen, kein Gott, kein Kaiser noch Tribun, uns von dem Elend zu erlösen, müssen wir schon selber tun'[61]. Und weiter: „Wie viele hatten Beten und Glauben verlernt, ja, wie viele Frauen und Mädel haben nach Kriegsschluß, als ihre Verzweiflungsrufe durch die Nacht schallten, wieder an Gott glauben gelernt."

Des weiteren fand in Genthin, in der dortigen evangelischen Kirche, eine Feierstunde der ev. Stadtmission Halle / S. statt. Bei dieser Veranstaltung handelt es sich ebenfalls um eine der laufend durchgeführten Veranstaltungen dieser Mission. Anwesend waren ca. 200 Personen. Der Leiter dieser Veranstaltung war ebenfalls Pastor Finke aus Halle / S. Seine Predigt war wiederum mit abfälligen Äußerungen gegen die DDR ausgefüllt. Die Anwesenden wurden durch die Ausführungen des Pastors F. stark beeindruckt, so daß festgestellt werden mußte, daß die geleistete Arbeit der Agitationsgruppen der Nationalen Front[62] keinen Widerhall gefunden hat. Einige Personen äußerten sich, daß sie nicht mehr wüßten, was überhaupt nun das richtige sei.

Der Pfarrer Finke benutzt seine Stellung bei der ev. Stadtmission Halle und die in diesem Rahmen stattfindenden kirchlichen Veranstaltungen dazu, laufend durch staatsfeindliche Äußerungen die Versammlungsteilnehmer zu beeinflussen.

Im Kreise Kölleda / Sa.-Anh. wurden in der Zeit vor den Wahlen eine Reihe kirchlicher Veranstaltungen durchgeführt. Der Leiter dieser Veranstaltungen war der Propst Müller, Naumburg, Burgstr. 4 [b.w.]

In den in Oberheldrungen und Lossa, Krs. Kölleda, durchgeführten Versammlungen nahm er mehr oder weniger versteckt gegen die Politik der DDR Stellung. Er führte aus, daß die Menschen, die nicht an Gott glauben, Unmenschen seien und sprach davon, daß Mächte am Werk sind, die uns von Gott abbringen wollen und daß dies das Werk des Teufels sei.

Trotz einer Unterredung mit einem Vertreter der Nationalen Front und dem Landrat von Kölleda, in welcher M. aufgefordert wurde, von den geplanten Veranstaltungen vorerst Abstand zu nehmen, da diese Woche für die Wahlvorbereitungen der Nationalen Front vorbehalten werden soll, weigerte dieser sich, der Aufforderung nachzukommen.

Während eines in Alsleben, Krs. Bernburg, am 8.10.1950 stattgefundenen Gottesdienstes führte der amtierende Pfarrer Kobeld[63], Alsleben, Markt Nr. 23, in seiner Predigt in ziemlich offener bzw. mitunter versteckter Form eine Hetze gegen unsere DDR und unseren Friedenskampf. Er führte aus, daß durch die jetzige Friedenspropaganda die Menschen aus der Friedensverkündung Gottes gerissen werden, und bezeichnete unsere Wahlplakate wörtlich als Einwickelpapier. Des weiteren sagte er, daß unsere Friedensbestrebungen nicht ernstgenommen werden können, da nur Gott allein über Frieden und Krieg entscheide und er allein uns zum Frieden verhelfen könne.

---

60 Vgl. Dok. 79.
61 Es handelt sich um ein Zitat aus der zweiten Strophe der Internationale.
62 Vgl. Dok. 6, Anm. 27.
63 Richtig: Kobold.

Diese Ausführungen machten auf die Anwesenden einen tiefen Eindruck.

Aus einer weiteren Meldung der LBdVP Sachsen-Anhalt geht hervor, daß durch den Pfarrer Meier[64], Bundorf b. Osterwieck eine Gedenkfeier für die Gefallenen des letzten Weltkrieges abgehalten wurde. In seiner Predigt führte er sinngemäß folgendes aus:

Nachdem unsere Wohnstätten und Arbeitsstätten in Trümmer gelegt wurden, ist der heilige Wunsch eines jeden einzelnen, daß der Frieden in der Welt erhalten bleibt. Die Zeitungen berichten täglich vom Frieden, aber die Panzer rollen über die Saatfelder. Ob dies mit dem Frieden gemeint ist? 5 Jahre nach Kriegsende, und es gibt immer noch Kriegsgefangene. In Rußland befinden sich noch 15 000 Gefangene und die vielen Verschleppten, die in den Lagern sitzen. Er sprach weiter von den Soldaten in Indonesien[65] und von einem Schulfreund, auch Pastor, der bei den Nazis Major wurde und heute in Sibirien in Gefangenschaft sitzt. Er sagte wörtlich: „Ich will nicht zu viel sagen, wegen der Amtsleute, die unter uns sitzen." [„]Ich weiß noch, wie mitten aus uns heraus die 2 Jakobs geholt wurden, ob das gerecht ist, weiß ich nicht. Die Gefangenen werden jetzt bestimmt etwas merken, weil wir ja für sie beten."

Die Landesbehörde der Volkspolizei Mecklenburg teilt mit, daß der Prediger Geitebrügge, Waren, Am Herrensee 5, Leiter des „Christlichen Gemeinschaftswerkes innerhalb der evangelischen Landeskirche" äußerte, daß er die Unterschrift zur Ächtung der Atombombe[66] abgelehnt hätte, weil er sich mit weltlichen Dingen nicht befasse. G. ist außerdem der Betreuer der ev. Jugend in seinem Gemeinschaftswerk.

Von der Landesbehörde der Volkspolizei Brandenburg wurde mitgeteilt, daß der Superintendent *Freibe*[67], Lübben, am 14.10.1950 bei der Nationalen Front in Lübben erschien mit der Forderung, das an dem kircheneigenen Bodelschwinghhaus [sic!] befestigte Plakat „An alle Christen" bis um 16.00 Uhr zu entfernen, andernfalls er das Plakat selbst entfernen würde. In einer Rücksprache über seine Handlungsweise gab er als Begründung an, daß das Ankleben dieser Plakate eine Irreführung für die christliche Gemeinde ist, da nicht 800, sondern nur 1 1/2 Dutzend diesen Beschluß gefaßt hätten.

Nach einer Mitteilung der Landesbehörde der Volkspolizei Sachsen wurde festgestellt, daß der Pfarrer *Mirle*, Hermsdorf, Krs. Hoyerswerda, am 15.10.1950 Bewohner der Ortschaft von den Wahlen abhielt. Wähler, die M. fragten, ob sie an der Wahl teilnehmen sollten, erhielten die Antwort: „Die Wahl ist nicht für den Frieden, sondern [2] für den Krieg". Nach Bekanntwerden dieser Tatsache sprachen der Kreisrat Ebelt und der Amtsrichter Teuber bei ihm vor und erhielten die gleiche Antwort.

Des weiteren wird von der LBdVP Sachsen mitgeteilt, daß in Oelsnitz / V. eine Volksmissionswoche der evangelischen Kirche durchgeführt wurde. Der Pfarrer *Meinel*, Schönheide / Erzgeb., führte über

---

64 Richtig: Meyer.
65 Hier handelt es sich vermutlich um eine Verwechslung, denn tatsächlich dürfte der erste Indochinakrieg gemeint sein, in dem sich die Kolonialmacht Frankreich und die kommunistischen Vietminh unter Ho Chi Minh von 1946 bis 1954 gegenüberstanden.
66 Vgl. Dok. 9, Anm. 55.
67 Richtig: Freybe.

das Thema „Leben, aber wie?" u.a. folgendes aus. „In Afrika goß man um einen Skorpion Benzin und entzündete dies. Als das Tier keinen Ausweg mehr fand, hat es sich selbst umgebracht." Es sollte dabei zum Ausdruck kommen, daß die Lage heute bei uns ebenso wäre, und die Bevölkerung zu derselben Maßnahme greifen müsse. Weiterhin erwähnte er den Rückzug der Umsiedler aus den ehemaligen deutschen Ostgebieten und schilderte, wie die Umsiedler damals zu Hunderten umgekommen sind. Dieser Vortrag rief eine gedrückte Stimmung unter den Anwesenden hervor.

Im Zuge der Volksmissionswoche führte der Pfarrer *Rasch*, Dresden N 23, Marktstr. 2, zu dem Thema „Suchet die Stille" aus, daß die Jugend heute verdorben wäre, da heute die Menschen eine andere Aufklärung erhalten. Arbeit wäre eine Last, man soll nur Gott vertrauen.

Der Pfarrer Meinel, Schönheide, führte in der evangelischen Kirche in Brambach ein Gleichnis an, wo Jesus ans Meer ging und Petrus traf, der von einer erfolgreichen Fahrt zurückkam. Jesus hieß ihn noch einmal ausfahren und Petrus wurde mit einem reichen Fang belohnt[68]. Auf diese Handlung hin verließen viele Fischer ihre Heimat freiwillig und gingen mit Jesus. M. zog dann einen Vergleich mit unserer Zeit und zeigte auf, daß es auch bei uns Leute gab, die ihre Heimat verließen, aber nicht freiwillig, sondern weil es einige Siegermächte wollten.[69]

Über seine Gefangenschaft an der Wolga teilte der den Leuten mit, daß er so heruntergekommen war und es ihm so schlecht ging, daß er sich schämte weiterzuleben, weil es kein menschenwürdiges Dasein war.

Der Pfarrer *Rasch*, Dresden, brachte in der evang. Kirche in Adorf am 21.9.1950 zum Ausdruck, daß es kein sozialer Fortschritt wäre, wenn man heute so viele Kindergärten baut, um dort die Kinder der Werktätigen unterzubringen. Die Kinder gehören in das Haus der Eltern. Durch die Gleichberechtigung wäre heute alles anders. Es braucht nicht zu sein, daß die Frau freitags soviel nach Hause bringt wie der Mann. In einer weiteren Predigt führte der Pfarrer Rasch in der Johanniskirche in Adorf aus: „Wenn ein Mensch im Kriege fällt, den hat Gott liebgehabt."

Am 23.9.1950 erklärte der Pfarrer Kircheis in der evangelischen Kirche zu Ölsnitz / V.: „Der Krieg im Osten wurde nicht durch die Menschen beendet, sondern durch die kalten Winterjahre. Er würde jedem 100,- DM aus seiner Tasche geben, wenn man ihm einen Pfarrer namhaft machen könnte, der irgendwelche Waffen für den Krieg gesegnet hat.[70] Natürlich hätte es Pfarrer gegeben, die gesagt haben: ‚Der Herr segne Dich', damit waren aber niemals die Waffen, sondern die Personen gemeint."

Leiter der Hauptabteilung VA
[gez.] Lust
Chefinspekteur der Volkspolizei

---

68   Luk 5,1-11. Danach kam Petrus allerdings von einem erfolglosen Fang zurück (5).
69   Gemeint ist hier offenbar vor allem die Vertreibung von Deutschen aus den ehemaligen deutschen Ostgebieten durch die sowjetische Armee.
70   Im Unterschied zum Ersten Weltkrieg ist es im Zweiten Weltkrieg vermutlich nicht zu regelrechten Waffensegnungen gekommen. Wohl aber hat der Geistliche Vertrauensrat in einem Wort zum Erntedankfest 1939 um den Segen für „unsere Wehrmacht" (zit. nach: *Brakelmann*, 129) gebeten.

Dok. 11
Aktenvermerk Kienbergs

Berlin, den 7.11.50

Aktenvermerk Kienbergs. Tgb.Nr. 4659 / 934. Mit Anlagen: 1: Schreiben Lusts an das
MfS vom 13. Oktober 1950. Absender: Deutsche Demokratische Republik, Ministerium
des Innern, Hauptverwaltung Deutsche Volkspolizei, Hauptabteilung: VA 3, Berlin-Nie-
derschönhausen, Seckendorffstraße 31, Fernruf 480111, Hausapparat. Anschrift: An das
Ministerium für Staatssicherheit, Berlin-Lichtenberg, Normannenstraße. Aktenzeichen:
139005 / 50. Betr.: Kreisjugendtag der Jungen Gemeinde der ev.-luth. Kirche in Greiz. 2:
Überprüfungsbericht, Greiz, den 18.9.1950. Verfasser: Volkspolizeikreisamt Greiz, VA-
VA 3. Abschrift.

Anliegender Vorgang wurde von uns zur Kenntnis genommen und
ausgewertet. Die anfallenden Personen werden karteimäßig erfaßt.
Nach erfolgter Auswertung gelangt daher dieser Vorgang zur Ablage
in das Sekretariat.

1. Tgb.Nr. austragen
2. Zur Ablage
[gez.] Reuscher, Abt. Leiter
[gez.] Kienberg

An das
Ministerium für Staatssicherheit
Berlin-Lichtenberg
Normannenstraße

Betr.: Kreisjugendtag der Jungen Gemeinde der ev.-luth. Kirche in
Greiz
Anliegende Abschrift eines von der Landesbehörde der Volkspolizei
Thüringen übersandten Berichts über die obige Tagung, wird mit der
Bitte um Kenntnisnahme überreicht.
Dem Min. des Innern sowie ZK wurden ebenfalls Abschriften zuge-
stellt.
Leiter der Hauptabteilung VA
[gez.] Lust
Chefinspekteur der Volkspolizei
1 Anlage

Abschrift
Volkspolizeikreisamt Greiz

Greiz, den 18.9.1950

VA / VA 3
Überprüfungsbericht
Die Veranstaltungen zum Kreisjugendtag der Jungen Gemeinde[71] der
ev.-luth. Kirche in Greiz.
Sonntag, den 17.9.1950, Jugendgottesdienst in der Stadtkirche mit einer
Predigt von Herrn Pfarrer *Schumann* aus Zwickau
Anwesend waren ca. 500 Personen, davon der größte Teil Jugendliche.

---

71   Vgl. schon Dok. 9, Anm. 4.

Herr Pfarrer Schumann begann, daß wir heute in einer großartigen Welt leben, in einer Welt der Erfolge, in einer Welt des Tempos, in einer Welt, in der man für den Frieden demonstriert. Doch, so brachte er weiter zum Ausdruck, entfernen sich in dieser Welt die Menschen immer mehr von Gott. Gott liebt alle seine Kinder und hat die Welt für alle seine Kinder geschaffen.

Hunderttausende Menschen sind in den vergangenen Jahren keines natürlichen Todes gestorben, so sagte er. Viele sind umgekommen durch Bomben, sind meuchlings ermordet worden und sind umgekommen in den Gaskammern. Und heute fallen wieder Bomben – in Korea[72] – auf Frauen, Kinder und Greise.

Die Alten hört man heute oft fragen: „Was soll ich noch auf dieser Welt?" Und die Jungen fragen, was ihnen die Welt zu bieten hat. Herr Pfarrer Schumann meinte, sie sollten sich von dem äußerlichen Glanz der Welt nicht locken lassen. Denn die Welt blendet sie und kann viel bieten, z.B. ein leichtes und gutes berufliches Fortkommen, berufliche Erfolge usw. Aber sie sollten immer darauf bedacht sein, auf den Wegen Gottes zu wandeln zum ewigen Leben und immer daran zu denken, daß ihnen sonst die ewige Verdammnis drohe. Sie sollten sich auf ihrem Wege zum ewigen Heil nicht abbringen lassen, auch nicht, wenn sie verspottet, verlacht oder auch verfolgt würden.

Weiter führte er aus, daß es so viele Schätze auf dieser Erde gäbe, die ja für alle da sind. Es gibt genügend Lebensmittel, die richtig verteilt für alle ausreichen würden. Und doch hungert immer ein Teil der Menschheit. Erst hungerten wir in Deutschland, dann in Indien und heute hungert China. Und genauso hat die Welt Erdölquellen, Erze und Minerale in ausreichendem Maße, aber die Beherrscher dieser Schätze bekämpfen sich um ihretwillen gegenseitig.

Er sprach davon, daß die Menschen sich den Frieden wünschen, aber dabei Gott vergessen, der den Frieden geben kann. Sie glauben nicht mehr an Gott und beten eine Welt an. Hier flocht er folgende kleine Geschichte ein: Ein Missionar war mit dem Auto auf der Fahrt durch das Himalajagebirge. Sein Fahrer war ein Hindu. Den Tag zuvor hatten sie einen Unfall gehabt und der Hindu war verängstigt, betet am nächsten Tag seinen Motor an, ihn sicher ans Ziel zu bringen. Dabei muß gesagt werden, daß der Kühler ohne Wasser war und der Benzintank nur halbvoll. Nach einer kurzen Strecke blieb der Wagen stehen, da ja der Kraftstoff fehlte. Und wie dieser Hindu, so beten die Menschen heute eine umstrahlte Menschlichkeit an. [b.w.]

Er sprach davon, daß heute viele Menschen Angst vor der Welt haben, und diese Angst versuchen sie durch Lärm zu übertönen. Ihnen genügt nicht der Lärm der Maschine, sie gehen auf den Sportplatz, ins Theater und auf den Tanzboden und demonstrieren, um diese Angst zu übertönen.

Es lebt die Angst in den Menschen, Angst darum, ob ich meinen Arbeitsplatz behalte, ob ich überhaupt Arbeit bekomme, ob ich zum Studium zugelassen werde, wenn ich mich nicht politisch betätige.

---

72 Hier wird auf den Koreakrieg angespielt, der 1950 mit dem Angriff des kommunistischen Nordkorea auf Südkorea begonnen hatte. Südkorea bat um Hilfe der USA, und nachdem die UNO Nordkorea wegen des Angriffs verurteilt hatte, kämpften UNO-Truppen unter der Führung des US-amerikanischen Generals MacArthur gegen das v.a. von China unterstützte Nordkorea.

Weiter meinte er, daß zuwenig gebetet würde. Er sprach da besonders
die Jugendlichen an, daß sie zuwenig beten. Es genügt nicht, so sagte
er, wenn sie einmal in der Woche in der Bibelstunde andächtig beten
würden, sie müßten vielmehr die ganze Woche über beten. Und es
müßte auf alle hinausstrahlen, in der Schule und in ihren Betrieben an
den Arbeitsplätzen.
Es kam in der Predigt zum Ausdruck, daß keiner verloren ist, wenn er
den Weg zurückfindet zu Gott. Die ganze Ansprache war so gehalten,
daß man die Jugendlichen möglichst von der FDJ[73] abhalten will und
in die Junge Gemeinde hineinziehen will.
Zum Schluß sprach er noch ein Gebet, worin er für alle Heimatlosen,
Vertriebenen und Entwurzelten bittet, ferner bittet er darum, daß noch
alle Vermißten und Gefangenen, die noch in den Lagern fremder Länder sind oder in Lagern der Heimat, bald heimzuschicken zu ihren
Angehörigen, und ferner bittet er für die Herrscher, die die Macht besitzen, sie auf den Weg des Friedens zu leiten.
Am Nachmittag um 14.00 Uhr sprach ebenfalls Pfarrer Schumann in
der Gottesackerkirche in Greiz über das Thema
Ist Reinheit Unsinn?
Muß man seine Jugend genießen?
Hier sprach er ausführlich über die Enthaltsamkeit des Jungen und des
Mädels bis zur Ehe. Er sprach davon, daß, wenn der junge Mensch
schon keinen körperlichen Schaden erleidet, so leidet doch bestimmt
seine Seele, wenn er sich nicht in Enthaltsamkeit übt. Er sprach davon,
daß es keine Freundschaft zwischen Jungen und Mädel im Alter von
14-20 Jahren gibt, daß mit jedem Erlebnis, das der Junge oder das Mädel hatte, die Seele Schaden erleidet. Der ganze Vortrag ging davon aus,
alle jungen Menschen aufzurufen, in die Junge Gemeinde zu kommen,
die ihnen über diese Zeit der Enthaltsamkeit hinweghelfen will. Denn
allein kann es der junge Mensch nicht schaffen, so betonte er, aber die
Gemeinschaft der Jungen Gemeinde hilft ihm dazu.
Zum Abschluß wurden zwei Schriften, das Stück zu 20 Pfennig, zum
Verkauf angeboten.
[gez.] Hausmann
VP-Meister

Dok. 12
Verwaltung Sachsen an das MfS

Dresden, den 13. November 1950

Schreiben mit eigenhändiger Unterschrift. Absender: Verwaltung Sachsen, Tgb.Nr.
7229 / 50. Anschrift: Für Berlin. Betreff: Abschlußbericht über die Bischofstagung der
„Vereinigten ev.-luth. Kirche"[74] in Dresden am 26.10.50. Bezug: Unser Bericht vom

73   Vgl. Dok. 1, Anm. 8.
74   Die Vereinigte Evangelisch-Lutherische Kirche Deutschlands (VELKD) war 1948
     in Eisenach gegründet worden. Sie „sollte ursprünglich der lutherische Block in-
     nerhalb der EKD werden" (*Hauschild*, 42). Bis zur Gründung der VELK in der
     DDR im Jahr 1969 gehörten die lutherischen Landeskirchen in der DDR ebenfalls
     zur VELKD.

2.11.50, Tgb.Nr. C 7186 / 50. Eingangsstempel: Deutsche Demokratische Republik, Ministerium für Staatssicherheit, Eing. 14. Nov. 1950, Eingangs-Nr. 9659, Abt. VI.

Wie wir durch die persönliche Referentin Genn. *Pape* beim sächs. Ministerpräsidenten *Seydewitz* erfahren konnten, wurden den westdeutschen Bischöfen die Predigten vom Innenministerium des Landes Sachsen nicht gestattet.
Jedoch haben wir lt. Berichten unserer Dienststellen festgestellt, daß Landesbischof Dr. *Halfemann*[75] aus Kiel und Ob.-Kirch.-Rat *Hübner* aus Hannover am Freitag, dem 27.10.50, in der Kirche zu Dippoldiswalde gepredigt haben. Ebenfalls hielt am 27.10.50 der Kirchenpräsident von Hannover[76] *D. Brunotte* in der Frauenkirche zu Meißen einen Vortrag.
In Dresden sprach in der Hoffnungskirche der Ob.-Kirch.-Rat. Lic. *Herntrich* aus Hamburg bereits am 26.10.50.
Den Predigten können, wie aus den Berichten hervorgeht, keine antidemokratischen Tendenzen nachgewiesen werden.
Uns ist es noch nicht gelungen, konkrete Informationen über den Inhalt der Bischofstagung zu bekommen, da das Ansetzen eines Informators nicht möglich gewesen ist.
[gez.] Glaser
Abtlg.-Leiter

Dok. 13
Mielke an Weikert, Verwaltung Sachsen-Anhalt

Berlin, den 7. Dezember 1950

Schreiben mit eigenhändiger Unterschrift. Absender: Deutsche Demokratische Republik, Ministerium für Staatssicherheit – Der Staatssekretär –. Anschrift: An das Ministerium für Staatssicherheit, Verwaltung Sachsen-Anhalt, Herrn Chef-Insp. Weikert, Halle / S. VVS – 213 / 50. Eingangsstempel: Eingegangen am 9.12.50, Tgb.Nr. 246 / 50. Stempel-Vermerk: „Vertrauliche Verschlußsache".

Die Sekte Jehovas Zeugen[77] wird vom 15. bis 17.12.50 in Berlin-Charlottenburg im Funkturm, Masurenallee, Halle II eine Kreisversammlung durchführen. Da in dieser Versammlung *Frost* sprechen wird, ist ersichtlich, daß der Charakter einer Kreisversammlung überschritten wird und vermutet werden muß, daß auch Vertreter der Sekte aus den Ländern der DDR zugegen sein werden.
Eine öffentliche Propagierung dieser Versammlung wurde bisher von der Sekte nicht betrieben, sondern [es] ist in den Gruppenversammlungen in Westberlin bis jetzt noch nicht einmal der Zeitpunkt und der Ort bekanntgegeben worden, woraus ersichtlich ist, daß diese Versammlung geheimgehalten und einem besonderen Zweck dienen soll.
Es wird daher angewiesen, die GM zu instruieren, daß sie äußerst kon-

---

75 Richtig: Halfmann.
76 Heinz Brunotte war Präsident der Kirchenkanzlei der EKD mit Sitz in Hannover. Die Formulierung „Kirchenpräsident von Hannover" ist daher mißverständlich.
77 Die Zeugen Jehovas waren durch einen Erlaß des Innenministers vom 4.9.1950 verboten worden. Vgl. *Fricke*, Opposition, 80 f. und Einleitung, 6.

spirativ feststellen, wer von der Sekte Kenntnis von der Versammlung hat und wer in den einzelnen Gruppen beauftragt wird, daran teilzunehmen. Bei der Feststellung solcher Personen sind uns diese umgehend nach hier zu charakterisieren, und [es] wird von hier aus bestimmt, ob man diese an der Versammlung teilnehmen läßt oder sie an der Fahrt gehindert werden müssen.

Bei Erörterung in den Gruppen über den Besuch der Versammlung sollen die GM Interesse zeigen, selbst hinzufahren und sich delegieren lassen.

Ohne Auftrag der Gruppe können die GM von unseren Dienststellen nicht aufgefordert werden, an dieser Versammlung teilzunehmen. Ihr Besuch würde sofort auffallen und unsere Maßnahmen dekonspirieren. Weiterhin haben die Sachbearbeiter streng darauf zu achten, daß solche GM, die schon einmal in Haft waren, nicht ange- [2] setzt werden können, da diese von der Brunnenstraße in Berlin generell als Polizei-Spitzel betrachtet werden.

Da erforderliche Maßnahmen in der Zeit vom 15.12. bis 17.12. von hier aus eingeleitet wurden, sind bis zum *14.12.50* die zur Versammlung fahrenden GM unter ihren Decknamen nach hier zu melden, ebenfalls ist ein Foto und eine kurze Personenbeschreibung erforderlich.

Sie sind zu instruieren, daß sie sich in Westberlin möglichst in Massenquartieren oder in solche Quartiere einweisen lassen, wo mehrere Mitglieder der Sekte gleichfalls wohnen werden.

Der Termin der vorstehenden Anweisung ist unbedingt einzuhalten, da vorgesehen ist, die GM während ihrer Teilnahme an der Kreisversammlung von hier aus laufend zu instruieren, so daß sie noch vor ihrer Abfahrt nach Berlin über Treffpunkt, Kennwort usw. von hier benachrichtigt werden müssen.

[gez.] Mielke
– Staatssekretär –

Dok. 14
Mielkes Dienstanweisung Nr. 1 / 51 / V

Berlin, den 9. Januar 1951

Schreiben mit eigenhändiger Unterschrift. Absender: Deutsche Demokratische Republik, Ministerium für Staatssicherheit – Der Staatssekretär –. Tgb. Nr. 106 / 51 – V / D. Anschrift: An das Ministerium für Staatssicherheit, Verwaltung Sachsen, Herrn Chef-Insp. Gutsche, Dresden. GVS 4 / 51. Dienstanweisung Nr. 1 / 51 / V.

Von einzelnen Ländern sind, ohne entsprechende Absprache, Aktionen gegen die „Zeugen Jehovas"[78] geführt worden. Auf Grund ungenügender Vorbereitungen sind keine wesentlichen Erfolge zu verzeichnen.

In einigen Fällen haben Kreisdienststellen von sich aus Inhaftierungen durchgeführt, ohne diese vorher mit dem Chef der Landesverwaltung abzusprechen.

Durch solche Maßnahmen wird nur erreicht, daß die Sekte ihre Schäd-

78 Vgl. Dok. 13, Anm. 77.

lingsarbeit besser getarnt weiterführt, die Aufdeckung dadurch für unsere Organe nur schwieriger wird.
Die führendsten Funktionäre u. gefährlichsten Agenten der Sekte zu entdecken ist nur möglich, wenn das Schwergewicht der Arbeit auf das Anwerben von GM u. Informatoren, bei denen entsprechende Perspektiven vorhanden sind, gelegt wird. Hierbei muß beachtet werden, daß einmal in Haft gewesene Personen bei der Sekte nicht mehr das notwendige Vertrauen finden, – von der Zentrale in der Brunnenstrasse sogar eine Anweisung vorliegt, worin verboten wird, solche Personen mit wichtigen Arbeiten zu betrauen u. an wichtigen Besprechungen teilnehmen zu lassen – eine Anwerbung daher von geringer Bedeutung ist.
Inhaftierungen können nur von den Kreisdienststellen selbständig durchgeführt werden, wenn es sich um Kuriere, Wanderprediger, Mitglieder aus Westberlin oder Westdeutschland und um ausgesprochene Agenten u. Spione handelt.
In allen anderen Fällen ist eine Rücksprache mit dem Chef der Landesverwaltung und mit der zuständigen Abteilung des Ministeriums unbedingt erforderlich.
[gez.] Mielke
– Staatssekretär –

Dok. 15
Verhandlungsbericht Winters

Dresden, den 16.1.51

Verhandlungsbericht von Kommandeur Winter über die Verhandlung gegen den katholischen Pfarrer Arthur Langer am 11.1.1951 – 12.00 Uhr vor der Großen Strafkammer nach Befehl 201[79] – Landgericht Dresden.

Verhandlungsbeginn: 12.00 Uhr – Ende: 19.30 Uhr
Verhandlungsort: Kleiner Saal des Landgerichtes Dresden
Das Gericht setzte sich aus folgenden Personen zusammen:
Vorsitzender: Oberrichter *Hartlich* – SED
Beisitzer: Landrichterin *Taubert* – SED
Schöffen: Otto *Müller* – SED – (BGL.-Vorsitzender), Kurt *Werner* – SED – Schlosser, Konrad *Schossig* – SED – Angestellter
Staatsanwalt: KA. *Neubert*
Verteidiger: Rechtsanwalt Dr. *Hemmann*
Anwesend waren ca. 30 Zuschauer.
Die Verhandlung gegen Pfarrer *Langer* nahm einen ruhigen Verlauf.
Die Vernehmung durch den Vorsitzenden *Hartlich* wurde sehr geschickt geführt, so daß Pfarrer Langer keine Gelegenheit fand, theologische Abhandlungen zu halten.

---

79 Der Befehl 201 der SMAD vom 16.8.1947 übertrug die Ermittlungen für Entnazifizierungsverfahren den Deutschen Verwaltungen für Inneres und für Justiz und den Länderregierungen (Zentralverordnungsblatt 1947, 185: „Richtlinien zur Anwendung der Direktiven Nr. 24 und Nr. 38 des Kontrollrates"). Vgl. *Fricke*, Politik, 33-35. Zugleich diente der Befehl als Grundlage für die Entwicklung der politischen Polizei (K 5). Vgl. Dok. 1, Anm. 1.

Die Vernehmungen des Angeklagten sowie die Beweisaufnahme erbrachte[n] eindeutig den Beweis, daß sich Pfarrer Langer nach Artikel 6 der Verfassung der Deutschen Demokratischen Republik und der Kontrollratsdirektive 38 – Abschnitt II – Artikel III A III vergangen hatte.[80]

In einem prägnanten und kurzen, aber gut politisch untermauerten Plädoyer ging Staatsanwalt *Neubert* nochmals auf die Verbrechen des Langer ein und beantragte eine Zuchthausstrafe von 10 Jahren mit den obligatorischen Sühnemaßnahmen.

Nach ca. 45 Minuten langer Beratung erschien das Gericht und verkündete das Urteil von 8 Jahren Zuchthaus für den Angeklagten *Langer*.

Oberrichter Hartlich legte in seiner Urteilsbegründung nochmals die politischen Motive und den daraus entstandenen gesellschaftlichen Schaden des Verbrechens des Langer dar.

Die aufgeworfene Zuchthausstrafe stützte sich strafrechtlich auf die bereits schon angeführten Gesetze.

Die im Saal anwesenden Zuhörer bestanden vorwiegend aus Anhängern des Pfarrer Langer sowie einigen Sensationslüsternen.

Bei dem Antrag des Staatsanwaltes sowie beim Urteilsspruch des Vorsitzenden ging ein merkliches Raunen und anschließendes Schluchzen durch die Zuhörerschaft.

Irgendwelche Zwischenfälle sind bei der Verhandlung nicht aufgetreten. [*b.w.*]

Über die Auswirkung des Urteils in der Bevölkerung Olbernhaus wird uns die Dienststelle Marienberg noch berichten.

[gez.] Winter
Kdr

Dok. 16
Mielkes Dienstanweisung Nr. 3 / 51 / V

Berlin, den 8. Februar 1951

Schreiben mit eigenhändiger Unterschrift. Absender: Deutsche Demokratische Republik, Ministerium für Staatssicherheit, – Der Staatssekretär –. Tgb.Nr. 190 / 51 – V / D. Anschrift: An das Ministerium für Staatssicherheit, Verwaltung Sachsen, Herrn Chef-Insp. Gutsche, Dresden. VVS 172 / 51. Dienstanweisung Nr. 3 / 51 – V –. Betreff: Kreisversammlung der „Zeugen Jehovas".

---

80 Bei Art. 6 der DDR-Verfassung handelte es sich um den berüchtigten „Boykotthetze"-Artikel. Im zweiten Absatz dieses Artikels heißt es: „Boykotthetze gegen demokratische Einrichtungen und Organisationen, Mordhetze gegen demokratische Politiker, Bekundung von Glaubens-, Rassen-, Völkerhaß, militaristische Propaganda sowie Kriegshetze und alle sonstigen Handlungen, die sich gegen die Gleichberechtigung richten, sind Verbrechen im Sinne des Strafgesetzbuches" (zit. nach: *Mampel*, 41). Zusammen mit der Kontrollratsdirektive 38 „über Verhaftung und Bestrafung von Kriegsverbrechern, Nationalsozialisten und Militaristen sowie die Internierung, Kontrolle und Überwachung von möglicherweise gefährlichen Deutschen" vom 12.10.1946 (in: Amtsblatt des Kontrollrates in Deutschland, Nr. 11, 184 ff.; vgl. *Fricke*, Politik, 22-25) bildete Art. 6 die „Grundlage des politischen Strafrechts" (*Mampel*, 42) in der DDR.

Die nächste Versammlung für die „Z. J." in der DDR u. dem demokratischen Sektor von Berlin findet nach vorliegenden Informationen zwischen Mitte und Ende des Monats Februar in Westberlin statt.
Es wird angewiesen, durch GM in den Kreisen festzustellen, wer in den Gruppen der „Z. J." Kenntnis von der Versammlung hat und wer sie besuchen will.
Da zu dieser Kreistagung jeder Anhänger Zutritt hat, besteht die Möglichkeit, mehr GM, als dies im Dezember 1950[81] der Fall war, zur Teilnahme zu veranlassen.
Es muß angestrebt werden, daß von allen Kreisen GM fahren.
Als zentrale Aufgabe ist jedem zu stellen:
1.) Zahlenmäßige Stärke der Versammlung, aufgeschlüsselt nach Männern, Frauen u. Jugendlichen, feststellen.
2.) Programmatischer Verlauf der Versammlung.
3.) Nach Möglichkeit Personen aus der DDR feststellen.
4.) Wo finden vor oder nach der Tagung Sonderbesprechungen statt (nach Möglichkeit Personen feststellen u. was besprochen wird).
5.) Die Quartiere in Berlin genau ermitteln, wobei besonders zu beachten ist, daß auch im demokratischen Sektor Versammlungsteilnehmer Quartiere erhalten sollen.
Alle Vorbereitungen zur Teilnahme sind in äußerst konspirativer Form durchzuführen. Näheres über Ort und Zeit wird, sobald es feststeht, noch bekanntgegeben, u. [es] haben die Sachbearbeiter der Länder alles, was hierüber in Erfahrung gebracht werden kann, sofort nach hier zu melden.
Da auch dieses Mal Maßnahmen von hier aus eingeleitet werden, ist von allen Ländern nach dem vorletzten Absatz des VVS-213 / 50 vom 7.12.50 zu verfahren.
Bei allem diesbezüglichen Schriftverkehr ist unter Betreff das Kennwort „Theater" zu setzen, bei evtl. Telefongesprächen ist das Wort ebenfalls anzugeben.
[gez.] Mielke
– Staatssekretär –

Dok. 17
Mielkes Dienstanweisung Nr. 5 / 52 V / D[82]

Berlin, den 29.2.1952

Schreiben mit eigenhändiger Unterschrift. Absender: Regierung der Deutschen Demokratischen Republik, Ministerium für Staatssicherheit – Der Staatssekretär –. Tgb.Nr. 541 / 52 V / D. Anschrift: An das Ministerium für Staatssicherheit, Verwaltung Brandenburg, Herrn Inspekteur Markert, Potsdam. GVS 325 / 52. Dienstanweisung Nr. 5 / 52 V / D. Betreff: „Allgemeine Bibel-Lehrvereinigung" (ABL).

Dem Ministerium ist bekannt, daß im Gebiet der Deutschen Demo-

---

81 Vgl. Dok. 13.
82 An dieser Stelle läßt sich gut zeigen, wie die Registratur der Dienstanweisungen zur damaligen Zeit funktionierte: 5 ist hier das individuelle Kennzeichen dieser Dienstanweisung, 52 bezeichnet das Jahr 1952, V die Abteilung und D das betroffene Referat.

kratischen Republik eine Sekte, die sich „Allgemeine Bibel-Lehrvereinigung" oder auch „Freie Christen" nennt, besteht.
Sie stellt eine Gruppe von „Gläubigen" dar, die sich im Jahre 1924/25
von den „Internationalen Bibelforschern" (Zeugen Jehova) abgespalten
haben und seit dieser Zeit selbständig existieren.
Die Hauptgründe der Spaltung 1924/25 traten nach der Zerschlagung
Hitlerdeutschlands 1945 noch krasser hervor und bestehen in Meinungsverschiedenheiten religiöser und materieller Art.
Die Mehrzahl der Angehörigen dieser Sekte sind der Deutschen Demokratischen Republik loyal gesinnt. Verschiedene Mitglieder beteiligen sich sogar am Wiederaufbau.
Die Sekte gruppiert sich in einzelnen halb illegal bestehenden „Gemeinden" unter der Bezeichnung „Allgemeine Bibel-Lehrvereinigung"
und, wie z.b. in Oberlungwitz bei Chemnitz, „Freie Christen".
Zusammenkünfte dieser Gruppen wurden festgestellt in:
Magdeburg, Halle, Leipzig, Chemnitz, Dresden und anderen Städten.
[2] In diesen Zusammenkünften brachten die Sektenmitglieder ihre
Ablehnung den „Zeugen Jehova" gegenüber zum Ausdruck. Diese
Sekte erkannte die antifaschistisch demokratische Umgestaltung, die
seit 1945 in der Deutschen Demokratischen Republik von den führenden demokratischen Parteien durchgeführt wurde, an und stellte Antrag auf Legalisierung ihrer Vereinigung.
Der Antrag auf Zulassung der ABL wurde von dem Leiter dieser Sekte
Balzareit, Paul, geb. 25.11.1885 in Magdeburg, wohnhaft in Magdeburg, Eschenweg 20, beim Innenministerium Halle gestellt.
Balzareit, gehörte schon vor 1933 den „Zeugen Jehova[s]" an, wurde
beim Verbot der Sekte durch die Hitler-Regierung inhaftiert. Bis zu
dieser Zeit war er leitender Funktionär im Bibelhaus Magdeburg. Nach
1945 trennte er sich von den „Zeugen Jehova[s]" und schloß sich der
ABL an. Einzelne reaktionär eingestellte Sektierer, zum Besipiel *Dek-
ker*, Alfred, Leipzig N 22, Nitzschestr. 31 und ein *Brathuhn*, Karl,
Halle, Herdenstr. 13 versuchen die Zusammenkünfte der Sekte, der sie
noch angehören, zur Ausübung von antidemokratischer Propaganda
zu benutzen und die Gruppen einer in Westberlin befindlichen Zentrale zu unterstellen.
Diese Zentrale wurde durch den *Krecker*, Kurt, geb. am 8.12.1897 in
Baumgarten / Schles., wohnhaft Berlin Friedenau, Menzelstr. 2, im Jahre 1950 nach Westberlin geflüchtet, gegründet. [3] Die Zentrale dieser
Sekte in Westberlin befindet sich in Berlin – Friedenau, Menzelstrasse
2. *Krecker* hat bis 1950 in Erfurt gewohnt und war zuletzt im Ministerium für Wirtschaft in Erfurt tätig. Schon vor 1933 gehörte er zuerst
den „Zeugen Jehova[s]" und später der ABL an. Als Leiter der ABL in
Westberlin hat er enge Verbindung mit dem Vizepräsidenten der
Hauptzentrale der ABL in Amerika. Als Stellvertreter des *Krecker* fun-
giert:
Severt, Reinhold, geb. 17.10.1928 in Berlin, wohnhaft in Berlin, Men-
zelstraße 2. Er entstammt einer bürgerlichen Familie, sein Vater war
Polizeihauptmann in Neubrandenburg. Er spricht mehrere Sprachen.
Schon seit seiner frühesten Jugend gehört er zur ABL. *Severt* hat die
Aufgabe, infolge seiner Sprachkenntnisse die aus Amerika in englischer
Sprache herausgegebene Literatur der Sekte ins Deutsche und andere
Sprachen zu übersetzen. Es ist bekannt, daß die Zentrale in Westberlin
von Amerika aus finanziert und mit Sachspenden versehen wird.

Die Zentrale in Westberlin gibt zur Orientierung der Mitglieder der Sekte folgendes schriftliche Material heraus:
„Der Tagesanbruch"
„Die brennende Lampe"
„Das Evangelium"
„Die christliche Warte"
„Die Morgendämmerung". [4]
Die Zentrale in Westberlin erhält ein Agentennetz in der Deutschen Demokratischen Republik, im demokratischen Sektor von Berlin und in einer Reihe europäischer Staaten sowie Volksdemokratischen Ländern (Polen, Rumänien) aufrecht.
Die Agententätigkeit in der DDR läßt *Krecker* durch Personen, die der Sekte „Allgemeine Bibel-Lehrvereinigung" angehören und mit der politischen Entwicklung im Gebiet der DDR nicht einverstanden sind, ausführen.
In der Zentrale in Westberlin wird eine Kartei der Agenten geführt. Die bisherigen Ermittlungen des Ministeriums haben ergeben, daß die Zentrale sich bei ihrer feindlichen Tätigkeit gegen die DDR auf eine Anzahl Personen stützt, die sich auf alle Länder der DDR verteilen, zum Beispiel:
im Lande Sachsen 54 Personen
im Lande Sachsen-Anhalt 20 Personen
im Lande Brandenburg 38 Personen
im Lande Thüringen 38 Personen
im Lande Mecklenburg 12 Personen
demokr. Sektor v. Berlin 25 Personen
(namentliche Listen über diese Personen liegen der Anweisung bei).
Folgende Maßnahmen zur Aufdeckung und Bekämpfung der von der Zentrale in Westberlin beauftragten Agenten sind einzuleiten:
1.) Alle reaktionären Gruppen der „Allgemeinen Bibel-Lehrvereinigung", auch wenn sie sich „Freie Christen" nennen, sind nach Ort und Charakter ihrer Zusammenkünfte aufzuklären. Die Leiter der Gruppen, Kuriere und aktive „Verkünder" sind zu ermitteln, die Verbindungen mit der Westberliner Zentrale und anderen feindlichen Büros festzustellen.
2.) In der Sekte ist ein GM-Apparat zu schaffen, der den Dienststellen des Ministeriums für Staatssicherheit [5] hilft, die Tätigkeit dieser illegalen Gruppen zu kontrollieren und die von dieser Sekte ausgehende Untergrundbewegung gegen die Deutsche Demokratische Republik und Volksdemokratien aufzudecken und diese verbrecherische Arbeit zu bekämpfen. Die Anwerbung von GM und Informatoren sind in den Reihen der Sekte durchzuführen, in erster Linie aus den Reihen leitender Funktionäre, die sich der Regierung gegenüber loyal verhalten.
3.) Das Verhältnis zwischen den Angehörigen der ABL und den Zeugen Jehovas ist genau zu studieren, und die zwischen ihnen bestehenden Widersprüche sind für die operative Arbeit auszuwerten.
4.) Verhaftungen von Angehörigen der ABL sind ohne meine Genehmigung nicht durchzuführen.
5.) Die Anträge der Sekte auf Zulassung bei den Innenministerien der Länder sind abzufordern und hierher zu geben. Diese Dienstanweisung ist mit den Leitern der Abt. V, ihren Sachbearbeitern und mit den in den Kreisdienststellen für diese Arbeit zuständigen Mitarbeitern durchzusprechen.

Bis zum 30. März 1952 ist ein Bericht über die Ergebnisse der eingeleiteten Maßnahmen nach hier zu senden.
[gez.] Mielke
– Staatssekretär –

Dok. 18
Mielkes Dienstanweisung Nr. 6 / 52 V / E

Berlin, den 17.9.1952

Schreiben mit eigenhändiger Unterschrift. Absender: Regierung der Deutschen Demokratischen Republik, Ministerium für Staatssicherheit, – Der Staatssekretär –. Tgb.Nr. 2095 / 52 V / E. Anschrift: An das Ministerium für Staatssicherheit, Bezirksverwaltung, Herrn ..., alle Bezirksverwaltungen, Berlin und W.[83] GVS 1082 / 52. Dienstanweisung Nr. 6 / 52 V / E.

Ich weise an, die Sachgebiete
CDU, LDP, Kirchen und Sekten, die bisher zum Aufgabengebiet der Abteilung VI gehörten, sofort an die Abteilung V zu übergeben[84].
Für protokollarische Übergabe der Materialien, Vorgänge, GM und Informatoren sowie die Einrichtung der [...] Weiterbearbeitung dieser Sachgebiete in der Abteilung V mache ich den Leiter der Bezirksverwaltung persönlich verantwortlich.
Um die Übergabe sowie die Weiterbearbeitung dieser Sachgebiete zu erleichtern, sind die Sachbearbeiter, die bisher in der Abteilung VI auf dieser Linie gearbeitet haben, in die Abteilung V zu versetzen.
Falls die Versetzung in einzelnen Fällen nicht durchgeführt werden kann, sind die Gründe in dem Bericht, wozu [2] auf Seite 12 nähere Erläuterungen gegeben werden, zu nennen.
Bei der Übergabe sind u.a. folgende Prinzipien zu beachten:
Unter I. für die Abteilung VI.
Unter II. für die Abteilung V.

I. Übergabe der Materialien:
a) Alles vorhandene Material, z.B. Schriftstücke, Informationen, Meldungen, sontige Dokumente, Fotoaufnahmen, Skizzen, Aufzeichnungen, Zeitungsartikel, Flugschriften, Hetzmaterial, sogenannte „Hirtenbriefe", Bücher, Broschüren, die von der Kirche selbst herausgegeben wurden und die die Entstehung und Entwicklung sowie Sinn und Zweck der Kirche oder deren angeschlossener Organisationen aufzeigen.
Einsatzplätze sowie alle Materialien über abgeschlossene Vorgänge,

---

83 Durch ein Gesetz wurden die Länder am 23.7.1952 aufgelöst und das Gebiet der DDR in vierzehn Bezirke eingeteilt. Das MfS setzte dementsprechend fünfzehn Bezirksverwaltungen (einschließlich Berlin) ein. Vgl. *Fricke*, Staatssicherheit, 60-65. Abt. W. bezeichnet die „Objektverwaltung Wismut". Diese war „in besonders enger Zusammenarbeit mit den sowjetischen Abwehrorganen für die Abschirmung und Sicherung des Uranerzbergbaus in Sachsen und Thüringen zuständig" (ebd., 62).
84 Diese Aufgabengebiete wurden damit an die Abteilung übergeben, die zuvor bereits für die Zeugen Jehovas und andere „Oppositionsgruppen" zuständig war. Vgl. Einleitung, 6.

Aktionen, Monats- und andere Berichte, Fernschreiben, Dienstanweisungen, Charakteristiken usw. über die evangelische Kirche sowie „Junge Gemeinde"[85], evangelische Studentengemeinde, innere und äußere Mission, evangelische vereinigte Kirchenverbände, sogenannte Pfarrvereine, sowie das evangelische Frauenwerk, über katholische Kirche und die zu ihr gehörenden Organisationen wie Kolping-Werk[86], katholische Studentengemeinschaft, Caritas, katholische Presseorgane, katholische Jungmänner- und Frauenvereinigungen usw., über die Partei der Christlich-Demokratischen Union[87] sowie Ostbüro der CDU und der dazugehörenden Agenturen wie Exil-CDU, sogenannte Landsmannschaften, Vereinigte politische Flüchtlinge usw., Liberal-Demokratische Partei[88], Ostbüro der FDP, FDP-Hilfsdienst Ost [3] und legale und illegale Sekten.
Es ist auf jedem Schriftstück, Dokument usw. zu vermerken, woher, wann und von wem an welchen Sachbearbeiter dies übergeben wurde.
b) Übergabe der *Vorgänge*:
Die Vorgänge sind gemäß den Richtlinien des Ministeriums, GVS 418 / 52 [zu übergeben], wobei besonders auf den letzten Absatz dieser Richtlinie hingewiesen wird, in dem es wörtlich heißt:
„Die Notwendigkeit, Zwischenberichte bei Operativ- und Untersuchungsvorgängen zu fertigen, ergibt sich aus der jeweiligen Lage. Bei der Übergabe von Vorgängen an eine andere Abteilung oder Landesverwaltung ist in jedem Fall ein Bericht bis zum Stand der Bearbeitung erforderlich."
c) Übergabe der *GM und Informatoren-Akten*:
Die Übergabe der GM und Informatoren – sowie der zu diesen Personen gehörenden Akten ist mit besonderer Sorgfalt durchzuführen.
Personalakten:
Jede Personalakte muß vor Übergabe ergänzt werden, z.B. Inhaltsverzeichnis und Formblatt mit folgenden Angaben:
1. Alle administrativen Angaben des GM oder Informators, einschließlich Personenbeschreibung.
2. Lichtbild (wenn vorhanden).
3. Wann und von welchem Sachbearbeiter mit welchem Ziel zur Anwerbung vorgeschlagen?
4. Datum der Bestätigung, Datum der Anwerbung, durch wen angeworben.
5. Deckname.
6. Losungswort.
7. Deckname des Mitarbeiters.
Ebenso muß die Akte einen Bericht nach folgenden Punkten enthalten:
1. Wann und wo wurde der Kandidat in welcher Art angesprochen?
2. Wie erfolgte die Anwerbung?
3. Wie hat er sich zur Anwerbung verhalten, welche Bedenken hat er geäußert, welche Forderungen hat er gestellt, welche Vorschläge für die Zusammenarbeit hat er selbst gemacht?
4. Was wurde vereinbart?

---

85   Zur Jungen Gemeinde vgl. schon Dok. 5, Anm. 22 und bes. die Dok. 20 und 21.
86   Nach Adolf Kolping benannte Organisation katholischer Gesellen.
87   Zur CDU vgl. schon Dok. 1, Anm. 2: zur Entwicklung der CDU in den fünfziger Jahren den Aufsatz von *Wirth.*
88   Vgl. Dok. 8, Anm. 49.

5. Ist er schriftlich verpflichtet worden, wenn nicht, muß der Grund dafür angegeben werden.
6. Welcher Deckname wurde vereinbart, hat er sich diesen selbst gewählt?
7. Was wurde abgesprochen, um die Verbindung nicht abreißen zu lassen, bekam er Telefonnummer, Nummer eines Postschließfaches, welche usw.?
8. Wann und wo ist der nächste Treff vereinbart worden, was wurde über die Durchführung von Kontrolltreffs festgelegt?
9. Wie ist er angewiesen worden, um die Schweigepflicht nicht zu brechen. Ist er z.b. darüber belehrt worden, [daß er] wenn er den Sachbearbeiter zufällig trifft, diesen nicht ansprechen darf, sondern sich so verhält, als würde er ihn nicht kennen?
Der Akte ist ebenfalls ein Schlußvermerk, worin angeführt sein muß, wann, wie und von wem der GM oder Informator[s] übergeben wurde, [beizuheften]. Falls besondere Bemerkungen zur Übergabe oder der Person des GM oder Informator zu machen sind, sind diese ebenfalls schriftlich festzuhalten.
Übergabe der *Arbeitsakte des GM oder Informator*:
Die Arbeitsakte muß enthalten:
1. Inhaltsverzeichnis,
2. Abschrift des Vorschlages zur Anwerbung, [5]
3. Abschrift des Berichtes über die erfolgte Anwerbung,
4. Laufende Treffberichte (numeriert),
besonders wichtig ist der Vermerk zum letzten Treffbericht, weil darin der z.Zt. laufende Auftrag des GM enthalten sein muß.
Außerdem ist dieser Arbeitsakte ein Bericht beizuheften, in dem die bisherige Arbeit des GM oder Informators beurteilt wird.
Übergabe der *Akten über konspirative Wohnungen:*
Über die Inhaber konspirativer Wohnungen werden die gleichen Akten wie bei einem GM und Informatoren geführt. Diese Akten müssen noch Skizzen mit der Ansicht des Hauses sowie der Umgebung mit Straßenbild und die Lage der Zimmer enthalten.
Ebenfalls muß eine Liste enthalten sein, wann bisher mit wem Treffs in dieser Wohnung durchgeführt wurden, sowie Charakterisierung der Personen, die über und unter dieser konspirativen Wohnung wohnen.
Die GM- und Informatoren-Akten sowie alle registrierten Vorgänge sind über die Abteilung XII der Abteilung V zuzustellen.
d) Übergabe der *Informatoren und GM*:
Der Sachbearbeiter der Abteilung VI, der bis jetzt die Verbindung mit dem GM oder Informator hatte, ist verpflichtet, den für die Übergabe bestimmten Sachbearbeiter dem GM oder Informator persönlich beim Treff vorzustellen so wie auch dem GM oder Informator der neue Sachbearbeiter vorzustellen ist. Über den Grund des Wechsels der Verbindungen darf dem GM nicht mehr gesagt werden, als gerade erforderlich ist. [6]

II. Einrichtung des Referates E in der Abteilung V:
In der Abteilung V ist aufgrund der Übernahme der neuen Sachgebiete zu den bisher bestehenden 4 Referaten A, B, C und D ein weiteres Referat mit der Bezeichnung E einzurichten.
In diesem Referat werden die Sachgebiete
evangelische Kirche und katholische Kirche, Partei der Christlich-De-

mokratischen-Union, Ostbüro der CDU und dazugehörige Agenturen
nach folgendem *Strukturplan* bearbeitet:
E / I Evangelische Kirchen und dazugehörige Organisationen:
E / I / 1 Evangelische Kirche
E / I / 2 Junge Gemeinde
E / I / 3 Evangelische Studentengemeinde
E / I / 4 Innere und Äußere Mission
E / I / 5 Evangelische vereinigte Kirchenverbände
E / I / 6 sogenannte Pfarrvereine
E / I / 7 Evangelisches Frauenwerk
E / II Katholische Kirchen und dazugehörige Organisationen:
E / II / 1 Katholische Kirche
E / II / 2 Kolping-Werk
E / II / 3 Katholische Studentengemeinschaft
E / II / 4 Caritas
E / II / 5 Katholische Presseorgane
E / II / 6 Katholische Jungmänner- und Frauenvereinigungen
E / III Partei der Christlich-Demokratischen Union:
E / III / 1 CDU
E / III / 2 Ostbüro der CDU
E / III / 3 sogenannte Exil-CDU und Landsmannschaften
E / III / 4 Vereinigung sogenannter politischer Ostflüchtlinge (VPO)
[7]

a) *Personelle Besetzung:*
Der Leiter der Abteilung V ist dafür verantwortlich, daß die Aufgaben,
die das Referat E hat, bearbeitet werden.
Für die Besetzung des Referates E sind in dem Stellenplan für das
kommende Jahr mehrere Planstellen vorgesehen. Über die Höhe sind
von dem Leiter der Abteilung V entsprechende Vorschläge zu machen.
Zur Zeit kann der Abteilungsleiter der Abt. V nur entsprechend des
festgesetzten Solls Sachbearbeiter einsetzen.

b) *Aufgabe des Referates E:*
Die Erfahrung lehrt, daß der Gegner unserer neuen Ordnung alles unternimmt, um durch Entsendung und Anwerbung von Spionen, Agenten und Terroristen unseren sozialistischen Aufbau zu schädigen.
In der Vergangenheit wurde die Notwendigkeit der Abwehr feindlicher Tätigkeit reaktionärer Personengruppen, die zu Kreisen der Kirche und CDU gehören, oft unterschätzt.
Die Aufgabe des Referatsleiters und der Sachbearbeiter besteht darin,
die Bemühungen der amerikanischen Imperialisten und ihrer Bonner
Vasallen, durch die Tätigkeit von Spionen, Agenten und Terroristen
unseren sozialistischen Aufbau zu schädigen, durch intensive Arbeit
und Erkennen der Schwerpunkte zu durchkreuzen und zunichte zu
machen. Dieser verantwortlichen Aufgabe gerecht zu werden, ist nur
möglich, wenn alle Arbeiten im Referat darauf konzentriert werden,
ständig wertvolle GM und Informatoren zu erhalten.
Der Schwerpunkt der Arbeit ist das Finden, Anwerbungen und das
qualifizierte Arbeiten mit den GM und Informatoren. [8]
Nur wenn diese wichtige Aufgabe erfüllt wird, werden solche operativen Vorgänge im Referat entstehen, die bei entsprechender Bearbeitung
die Möglichkeit schaffen, den feindlichen Personenkreis beobachten zu

lassen, feindliche Tätigkeit aufzudecken und die entlarvten Agenten festzunehmen.

Um die Tätigkeit der Kirche und dazugehörenden Organisation[en] sowie CDU im gesamten Gebiet der Bezirksverwaltung zu beobachten, ist mit folgenden Organisationen und Dienststellen offizielle Verbindung zu halten:
Landes- und Kreisleitungen der Sozialistischen Einheitspartei, dem Friedenskomitee,[89] der Nationalen Front, FDJ-Org.-Leiter sowie Kreis- und Bezirksräten, wo eine Stelle für Kirchenfragen vorhanden ist.
Abteilung PM bei der Volkspolizei.
Bei all diesen Stellen ist das dort lagernde Material einzusehen, wenn notwendig, wegzunehmen oder zu fotokopieren.

c) *Berichtswesen:*
Die rechtzeitige und ständige Informierung über Vorkommnisse in dem Gebiet der Bezirksverwaltung ist für die Einschätzung der Lage und Einleitung von Maßnahmen für das Ministerium erforderlich.
Termine, die vom Ministerium gestellt werden, sind grundsätzlich einzuhalten.
Falls der Auftrag nicht fristgemäß erledigt werden kann, ist rechtzeitig Terminverlängerung zu beantragen.
Kandidaten, die zur Anwerbung geeignet sind, sind vor Beginn der Bearbeitung unbedingt dem Ministerium für Staatssicherheit, Abteilung V vorzulegen.
Anwerbungen von Geistlichen sind nur nach Genehmigung des Ministeriums für Staatssicherheit, Abteilung V durchzuführen. [9]
Spitzenmeldungen:
Besondere Vorkommnisse auf der Linie des Referates E, wie z.B. Festnahmen von Pfarrern oder Mitgliedern der Kirchenleitungen, Korruptions- und sonstige kriminelle oder moralische Vergehen von Geistlichen oder Angestellten der Kirche, leitenden CDU-Funktionären, hetzerische Kanzelabkündigungen, Auftauchen von Hetzschriften, sogenannte Hirtenbriefe mit diffamierendem Inhalt gegen die Deutsche Demokratische Republik, illegale Treffen und Veranstaltungen, Überfälle und Attentate auf Geistliche oder deren Familienangehörige, Angehörige des Kirchenrates, Mitglieder und Angestellte der CDU, Verunglimpfung und Beschädigung von Friedhöfen, Denkmälern und Kirchen, Büroräumen der Kirche oder CDU, Versammlungslokalen usw.
Geplante Festnahmen von Geistlichen sowie leitenden Angestellten der Kirche und [der] CDU sind der Abteilung V des Ministeriums rechtzeitig zu melden. Ohne Bestätigung des Ministeriums für Staatssicherheit können in der Regel keine Festnahmen getätigt werden.
Die Spitzenmeldungen sind nach den „8 W's"[90] zu fertigen und sofort durchzugeben, wobei kurz die eingeleiteten Maßnahmen anzudeuten sind.
Zwischenberichte:
Zwischenberichte sind ebenfalls unter Anwendung der „8 W's" zu fertigen, wobei bei der Angabe „wann" nicht nur das Datum, sondern die

---

89   Gemeint sind die örtlichen Komitees des Friedensrates in der DDR. Diese wurden
      1962 nach dem Bau der Mauer aufgelöst. Vgl. *Kroh*, Havemanns Erben, 19.
90   Mit den „8 W's" sind acht W-Fragen gemeint, die Mielke wenig später in seiner
      Dienstanweisung selbst aufzählt. Vgl. auch Dok. 135.

genaue Uhrzeit, bei „wo" nicht nur der Ort, sondern die genaue Stelle angegeben werden muß.

Der Zwischenbericht ist chronologisch aufzubauen. Zuerst ist alles über die Tat oder das Vorkommnis zu berichten, die eingeleiteten Maßnahmen sind zu beschreiben, die Ergebnisse zusammenzufassen und die laufenden Arbeiten sind zu nennen. [10]

Monatsberichte:

Bis zum 10. jeden Monats ist dem Ministerium, Abteilung V ein Monatsbericht des Referates E zu übersenden, der folgende Punkte enthalten muß:

1. Neuanwerbungen von GM und Informatoren nach folgendem Muster:

Deckname:

Alter:

Nationalität:

jetzige Tätigkeit:

Parteizugehörigkeit:

früher und jetzt:

soziale Herkunft:

wo wohnhaft (nur der Ort):

angeworben wann:

auf welcher Linie angesetzt:

in welchem Vorgang tätig:

2. Mit welchem GM oder Informator wurde die Verbindung abgebrochen? Zahl der eingereichten Neuanwerbungen.

3. Welche Vorgänge wurden eröffnet, nach folgendem Muster:

Deckname:

Vorgangsnummer:

angelegt am:

gegen wen richtet sich der Vorgang:

dabei kurze Charakterisierung der Personen.

Richtung des Vorganges: z.B. VPO oder Studentengemeinschaft.

Welcher GM arbeitet z.Zt. an diesem Vorgang,

wer ist der Sachbearbeiter des Vorganges?

4. Welche Festnahmen wurden im Berichtsmonat durchgeführt, welche Gründe lagen hierfür vor und wie ist der Stand der Vernehmung? Welche festgenommenen Personen wurden im Berichtsmonat abgeurteilt, wie lautet das Urteil? [11]

5. Vorkommnisse innerhalb der Kirche:

a) Personelle Veränderungen in der Kirchenleitung, wobei Zu- und Abgänge von Pfarrern genannt werden müssen.

b) Zahl der Kirchenaustritte sowie Anmeldungen zur Aufnahme in die Kirche (zahlenmäßig).

c) Gegnerische Tätigkeit:

Z.B. wann wurden von wem hetzerische Kanzelabkündigungen gegeben, kurze konkrete Wiedergabe der Hetze, kurze Charakterisierung des Pfarrers mit den von ihm bisher bekannten Hetzreden und sonstige feindliche Tätigkeit. Welche Maßnahmen wurden eingeleitet?

d) Auftauchen von Hetzschriften, wann, wo, wieviel, welcher Art, von wem und wie vorbereitet? Wie reagierte die Bevölkerung auf den Inhalt der Hetzschriften, was wurde von seiten der Volkspolizei, der Kreisverwaltung, Bezirksverwaltung oder anderen Dienststellen unternommen?

e) Illegale Treffen und Veranstaltungen:
Wann, wo und von wem wurden sie organisiert, wie war der Verlauf,
wieviel Teilnehmer, und welche Gegenmaßnahmen wurden von wem
eingeleitet?
f) Attentate auf Geistliche, deren Familienangehörige, Angehörige des
Kirchenrates oder Mitglieder und Angestellte der CDU.
Wenn im Berichtsmonat solche Verbrechen erfolgten, ist nur auf die
Spitzenmeldung und Zwischenbericht hinzuweisen.
6. Verunglimpfungen und Beschädigungen:
Wann, wo, was wurde beschädigt, durch wen, wie, womit, warum,
welche Maßnahmen wurden eingeleitet, welche Vorschläge werden zur
Einleitung von Vorbeugungsmaßnahmen gegeben? [12]
Nach oben genannten Punkten ist nach Sachgebieten unterteilt zu be-
richten.
Falls verschiedene Sachgebiete aufgrund [von] Personalmangel nicht
bearbeitet werden, muß dies ebenfalls im Monatsbericht gemeldet wer-
den.
Im Monatsbericht über Tätigkeit der CDU ist noch hinzuzufügen, al-
les über organisatorische Veränderungen, Neugründung von Orts- und
Betriebsgruppen sowie Auflösungen unter Anführung der Gründe,
Mitgliederstand, Fluchtaktion[en] sowie deren Ursachen, Absetzen
nach Westdeutschland oder Westberlin unter Anführung der Gründe,
Fraktionsbildungen.
Am Schluß des Monatsberichtes sind noch Vorschläge zur Verbesserung der Arbeit und kritische Beurteilungen zu geben.
d) *Innere Ordnung:*
Sämtliches Material, vor allen Dingen GM- und Informatorenakten, ist
nur in Panzerschränken aufzubewahren.
Die Aktenhaltung wird nach einem von der Abteilung V des Ministeriums ausgearbeiteten Aktenplan durchgeführt.
Dieser Aktenplan geht der Abteilung V in den nächsten Tagen zu.
Nach erfolgter Übergabe und Einrichtung des Referates E ist ein Bericht zu fertigen und dem Ministerium, Abteilung V bis spätestens
10.10.1952 zu übersenden.
Der Bericht muß folgende Punkte enthalten:
1. Wieviel und welche Sachbearbeiter wurden für die Arbeit im Referat
eingesetzt? Welche Sachbearbeiter wurden von der Abteilung VI übernommen, und warum wurden die bisher in der Abteilung VI für diese
Sachgebiete zuständigen Sachbearbeiter nicht in die Abteilung V versetzt? [13]
2. Wieviel GM und Informatoren wurden übernommen? Dabei ist
über jeden GM und Informator nach dem im Monatsbericht aufgeführten Muster zu berichten.
3. Wieviel registrierte Vorgänge wurden übergeben. Über jeden Vorgang ist nach dem im Monatsbericht aufgeführten Muster zu berichten.
4. Wieviel konspirative Wohnungen wurden übergeben?
5. Traten besondere Schwierigkeiten bei der Übergabe auf?
6. Mit wieviel und welchen GM oder Informatoren mußte die Verbindung abgebrochen werden, warum?
7. Welche Schwierigkeiten bestehen in der Bearbeitung des Referates E
noch, welche Vorschläge zur Behebung der Schwierigkeiten werden
gemacht?
Das Sachgebiet der LDP ist ab sofort von dem Referat C zu bearbei-

ten, und [es] gelten für die Übernahme die gleichen Prinzipien der Dienstanweisung. Das Sachgebiet Sekten wird vom Referat D, wo bisher ebenfalls schon die Sekte „Zeugen Jehova[s]" u.a. bearbeitet werden, übernommen. Auch hier gelten die gleichen Prinzipien dieser Dienstanweisung.
[gez.] Mielke
– Staatssekretär –

Dok. 19
Weidauers Dienstanweisung Nr. 2 / 52 / V

Leipzig, den 3.10.1952

Schreiben mit eigenhändiger Unterschrift. Absender: Regierung der Deutschen Demokratischen Republik, Ministerium für Staatssicherheit, Bezirksverwaltung Leipzig, – Leitung –. Tgb.Nr. 136 / 52 / V / E / C. Anschrift: An das Ministerium für Staatssicherheit, Bezirksverwaltung Leipzig, Kreisdienststelle, z. Hd. des Dienststellenleiters. GVS 143 / 52. Dienstanweisung Nr. 2 / 52 / V. Betreff: Die Sachgebiete CDU, LDP, Kirchen und Sekten.

Betr.: Die Sachgebiete CDU, LDP, Kirchen und Sekten.
Es wird angewiesen, ab sofort die Sachgebiete
CDU, LDP, Kirchen und Sekten, welche bisher zum Aufgabenbereich der Abteilung VI gehörten, in den Aufgabenbereich der Abteilung V zu übergeben.
Um die weitere Arbeit auf diesem Gebiete beschleunigter und besser durchführen zu können, ist es erforderlich, den bisherigen Sachbearbeiter für diese Sachgebiete zu belassen und in den Verantwortungsbereich der Abteilung V einzubeziehen.
Falls sich durch besondere Umstände eine Übergabe von Materialien an einen anderen Mitarbeiter erforderlich macht, so hat diese Übergabe protokollarisch zu erfolgen.
I. Bei der Übergabe von Materialien (Vorgänge, GM und Informatoren) sind u.a. folgende Punkte zu beachten:
a.) Alles vorhandene Material, z.B. Schriftstücke, Informationen, Meldungen, Fotoaufnahmen, Zeitungsartikel, Flugschriften, Hirtenbriefe sowie Bücher und Broschüren sowie alle Einsatzpläne, Monats- und andere Berichte, Dienstanweisungen usw., welche auf der Linie der Kirchen und angeschlossenen Organisationen, der LDP und CDU liegen, sind an den verantwortlichen Sachbearbeiter zu übergeben.
b.) Übergabe von *Vorgängen*
Bei der Übergabe der Vorgänge ist besonders darauf Wert zu legen, daß Zwischenberichte in den Vorgängen vorhanden sind. Des weiteren müssen sämtliche Unterlagen, die zu einem registrierten oder nicht registrierten Vorgang notwendig sind, darin enthalten sein. [2]
c.) Übergabe der *GM- und Informatorenakten*
Bei der Übergabe dieser Akten ist ebenfalls darauf zu sehen, daß in jedem Falle die Akte vollständig ist. In den Informatorenakten muß ein Schlußvermerk vorhanden sein, wo angeführt wird, wann, wie und von wem der Informator oder GM übergeben wurde.

d.) Übergabe der *Akten über konspirative Wohnungen*
Über die Inhaber konspirativer Wohnungen werden die gleichen Akten wie bei GM und Informatoren geführt. In jedem Falle muß in diesen Akten eine Skizze über die Ansicht des Hauses sowie der Umgebung mit Straßenbild und die Lage der Zimmer enthalten sein.
Ebenfalls muß eine Liste enthalten sein, wann bisher mit wem Treffs in dieser Wohnung durchgeführt wurden. Weiterhin ein Bericht über eine in letzter Zeit durchgeführte Überprüfung der Konspirativität dieser Wohnung.

e.) Übergabe der *Informatoren und GM*
Der Sachbearbeiter, der bis zum Zeitpunkt der Übergabe die Verbindung mit dem GM oder Informator hatte, ist verpflichtet, den für die Übergabe bestimmten Sachbearbeiter dem Informator oder GM persönlich beim Treff vorzustellen. Auf Grund des Wechsels der Verbindungen darf dem GM oder IM nicht mehr gesagt werden, als gerade erforderlich ist.

II. In der Bezirksverwaltung *Leipzig*, Abteilung V ist auf Grund der Übernahme der neuen Sachgebiete zu den bisher bestehenden Referaten A, B, C und D noch ein weiteres Referat mit der Bezeichnung E eingerichtet worden. In diesem Referat werden die Sachgebiete nach folgendem Strukturplan bearbeitet:
E / I Evangelische Kirchen und dazugehörige Organisationen
Evangelische Kirche,
Junge Gemeinde,
Evangelische Studentengemeinde,
Innere und Äußere Mission,
Ev.-Vereinigte Kirchverbände,
sog. Pfarrvereine,
Ev. Frauenwerk
E / II Katholische Kirche und dazugehörige Organisationen
Katholische Kirche,
Kolpingwerk,
Katholische Studentengemeinschaft,
Caritas,
Katholische Presseorgane,
Katholische Jungmänner und Frauenvereinigungen
E / III Partei der Christlich-Demokratischen-Union
CDU [3] Ost-Büro der CDU
sog. Exil-CDU und Landsmannschaften der CDU
Vereinigung sog. politischer Ost-Flüchtlinge (VPO)
Aufgaben des Referats „E":
Die Erfahrung lehrt, daß der Gegner alles unternimmt, um durch Entsendung und Anwerbung von Spionen, Agenten und Terroristen unseren sozialistischen Aufbau zu schädigen.
In der Vergangenheit wurde die Notwendigkeit der Abwehr feindlicher Tätigkeit reaktionärer Personengruppen, die zu Kreisen der Kirche und *CDU* gehören, oft unterschätzt. Um dieser verantwortlichen Aufgabe der Unschädlichmachung dieser Agenturen des amerikanischen Imperialismus gerecht zu werden, muß der zuständige Sachbearbeiter der Kreisdienststelle ständig bemüht sein, wertvolle GM und Informatoren zu erhalten. Der Schwerpunkt der Arbeit ist das Finden, Anwerben und das qualifizierte Arbeiten mit den GM und Informatoren.

Nur wenn diese wichtige Aufgabe erfüllt wird, werden solche operativen Vorgänge im Referat entstehen, die bei entsprechender Bearbeitung zur Aufdeckung, Entlarvung und Festnahme dieser Agenten führen. Um die Tätigkeit der Kirche und der dazugehörenden Organisationen sowie der CDU im gesamten Kreisgebiet beobachten zu können, ist mit folgenden Stellen offizielle Verbindung zu halten: Kreisleitung der SED, Friedenskomitee, der Nationalen Front, FDJ-Org.leiter, Abteilung PM bei der Volkspolizei. Bei all diesen Stellen ist das dort lagernde Material einzusehen, wenn notwendig zu übernehmen oder zu fotokopieren.

Berichterstattung:
Termine, die von seiten der Bezirksverwaltung gestellt werden, sind unbedingt einzuhalten.
Falls der Auftrag nicht fristgemäß durchgeführt werden kann, ist rechtzeitig Terminverlängerung zu beantragen.
Kandidaten, die zur Anwerbung geeignet sind, sind vor der Anwerbung unbedingt der Bezirksverwaltung *Leipzig*, Abteilung V unterlagenmäßig einzureichen.
Anwerbungen von Geistlichen sind nur nach Genehmigung durch das Ministerium f. Staatssicherheit, *Berlin*, Abteilung V durchzuführen. Bei besonderen Vorkommnissen auf der Linie des Referats „E", z.B. Korruptions- oder sonstigen kriminellen oder sonstigen Vergehen von Geistlichen oder Angestellten der Kirche, hetzerische[n] Kanzelankündigungen, Auftauchen von Hetzschriften, sog. Hirtenbriefe mit diffamierendem Inhalt gegen die DDR, illegale[n] Treffen oder Veranstaltungen, Überfälle[n] oder [4] Attentate[n] auf Geistliche oder deren Familienangehörige ist Spitzenmeldung an die Abteilung V der Bezirksverwaltung Leipzig unter Anwendung der 8 Goldenen „W" durchzugeben.
In den einzelnen Vorgängen sind der Abteilung V der Bezirksverwaltung Zwischenberichte ebenfalls unter Anwendung der 8 Goldenen „W" zu fertigen.

Monatsberichte:
Bis zum 7. eines jeden Monats ist der Bezirksverwaltung, Abteilung V ein Monatsbericht für dieses Sachgebiet zu übersenden. Dieser soll folgende Punkte enthalten:
1. Neuanwerbung von GM und Informatoren nach folgendem Muster: Deckname, Alter, Nationalität, jetzige Tätigkeit, Parteizugehörigkeit früher und jetzt, soziale Herkunft, wo wohnhaft, angeworben wann, auf welcher Linie angesetzt, in welchem Vorgang tätig.
2. Mit welchem GM oder Informator wurde die Verbindung abgebrochen, Zahl der eingereichten Neuanwerbungen.
3. Welche Vorgänge wurden eröffnet, nach folgendem Muster: Deckname, Vorgangsnummer, angelegt am, gegen wen richtet sich der Vorgang, dabei kurze Charakterisierung der Personen, Richtung des Vorganges. z.B. VPO oder Studentengemeinschaft
welcher GM arbeitet z.Zt. in diesem Vorgang, wer ist der Sachbearbeiter des Vorganges.
4. Welche Festnahmen wurden im Berichtsmonat durchgeführt, welche Gründe lagen hierfür vor und wie ist der Stand der Vernehmungen? Welche Personen wurden im Berichtsmonat abgeurteilt, wie lautet das Urteil?

5. Vorkommnisse innerhalb der Kirche
a. Personelle Veränderungen in der Kirchenleitung, wobei Zu- u. Abgänge von Pfarrern genannt werden müssen.
b. Zahl der Kirchenaustritte sowie Anmeldungen zur Aufnahme in die Kirche (zahlenmäßig).
c. Gegnerische Tätigkeit
d. Auftauchen von Hetzschriften, wann, wo, wieviel, welcher Art, von wem und wie verbreitet? Wie reagierte die Bevölkerung auf den Inhalt der Hetzschriften, [5] was wurde dagegen unternommen?
e. Illegale Treffen und Veranstaltungen, wann und wo, von wem wurden sie organisiert, wie war der Verlauf, wieviel Teilnehmer und welche Gegenmaßnahmen wurden von wem eingeleitet?
f. Attentate auf Geistliche, deren Familienangehörige, Angestellte der *CDU*. Hier ist nur auf die Spitzenmeldung hinzuweisen.
6. *Verunglimpfungen und Beschädigungen*
Wann und wo wurde welches Kircheneigentum geschädigt, welche Maßnahmen wurden eingeleitet?
Im Monatsbericht über die Tätigkeit der *CDU* ist noch hinzuzufügen alles über organisatorische Veränderungen, Neugründungen von Ortsgruppen sowie Auflösung unter Anführung der Gründe, Mitgliederstand, Fluchtaktion[en] sowie deren Ursachen, Absetzen nach Westdeutschland oder Westberlin unter Aufführung der Gründe, Fraktionsbildungen.
Innere Ordnung:
Sämtliches Material, vor allen Dingen GM- und Informatorenakten, ist unter Verschluß aufzubewahren.
Nach erfolgter Einrichtung dieses Sachgebietes in jeder Kreisdienststelle ist an die Bezirksverwaltung Leipzig, Abteilung V, bis zum 13.10.52 ein Bericht zu fertigen, welcher folgende Punkte enthalten soll:
1. Wieviel und welche Sachbearbeiter wurden für diese Arbeit eingesetzt, wurde der Sachbearbeiter mit seinem Material übernommen, wenn nicht, aus welchen zwingenden Gründen?
2. Wieviel GM und Informatoren sind vorhanden? Dabei ist über jeden GM und Informator nach dem in der Dienstanweisung unter „Monatsberichte" angeführten Muster zu berichten.
3. Wieviel registrierte Vorgänge sind vorhanden?
4. Wieviel konspirative Wohnungen sind vorhanden?
5. Traten besondere Schwierigkeiten bei der Übergabe auf?
6. Mit wieviel und welchen GM und Informatoren mußte die Verbindung abgebrochen werden?
7. Welche Schwierigkeiten bestehen in der Bearbeitung noch, welche Vorschläge zur Behebung der Schwierigkeiten werden gemacht?
III. Des weiteren ist in der Bezirksverwaltung, Abteilung V, ein neues Hauptsachgebiet C / III eingerichtet worden. Nach folgendem Strukturplan wird gearbeitet:
C / III Liberal-Demokratische-Partei Deutschlands und die Hochschulgruppen in der Studentengemeinschaft, Hilfsdienst der Ost-LDP, Exil-LDP, Ost-Büro der FDP, Amt f. gesamtdeutsche Studentenfragen und die dazugehörigen Agenturen [6]
Für die Übernahme, die weitere Arbeit und Berichterstattung gelten die gleichen Prinzipien der Dienstanweisung unter Punkt I und II.
IV. Alle Sekten, welche ebenfalls in den Arbeitsbereich der Abteilung

V übernommen werden, sind in der Bezirksverwaltung im Referat „D / III" in Bearbeitung. Die Bearbeitung und Berichterstattung erfolgt ebenfalls in den bekannten Punkten.
[gez.] Weidauer
stellvertr. Leiter d. Bez. Verw. Leipzig (Oberrat)

Dok. 20
Mielkes Dienstanweisung Nr. 22 / 52 V / E

Berlin, den 23.11.52

Schreiben mit eigenhändiger Unterschrift. Absender: Regierung der Deutschen Demokratischen Republik, Ministerium für Staatssicherheit, – Abteilung V –. Anschrift: An alle Bezirksverwaltungen, Verwaltung Groß-Berlin und Wismut[91], z. Hd. d. Leitung. GVS 1904 / 52. Dienstanweisung Nr.: 22 / 52 / V / E zur Sachakte „Kappe"[92].

Zur erfolgreichen Bekämpfung der von reaktionären Kreisen der Evangelischen Kirche geleiteten und von den westlichen imperialistischen Staaten finanzierten Organisation[93] „Junge Gemeinde" gebe ich folgende Anweisung[94]:
Ab sofort sind alle Vorkommnisse auf dieser Linie unter Betreff „Kappe" und unter Verwendung der „Goldenen W's" mit genauen Angaben der bisher eingeleiteten Maßnahmen an mich zu melden.
Von jedem Bericht ist eine Abschrift bereitzuhalten und erst auf meine Anweisung der Sachakte beizuheften.
Da alle Bezirksverwaltungen eine Sachakte erhalten und angewiesen sind, diese Maßnahmen durchzuführen, ist in Zukunft eine ständige Auswertung sämtlicher Vorkommnisse gewährleistet.
Die Leiter der Bezirksverwaltungen und die mit der Bearbeitung auf dieser Linie beauftragten Sachbearbeiter sind ständig über alle erkannten Bewegungen innerhalb der „Jungen Gemeinde" informiert und daher in der Lage, entsprechende Maßnahmen einzuleiten.
Vom Ministerium werden den Bezirksverwaltungen laufend Vervollständigungen gegeben.
Auf dieser Linie bereits schon eröffnete Vorgänge sind unter der Zentralnummer [...] – dortige Nummer zu führen. [2]

91 Vgl. Dok. 18, Anm. 83.
92 „Kappe" ist der Deckname für die gegen die Junge Gemeinde gesammelten Informationen.
93 In den ersten Nachkriegsjahren gab es verschiedene Bezeichnungen für die evangelischen Jugendgruppen. Der Begriff „Junge Gemeinde" setzte sich erst in den fünfziger Jahren allgemein durch. Bei der Jungen Gemeinde handelte es sich entgegen der DDR-Propaganda nicht um eine eigenständige, hierarchisch gegliederte Organisation. Zum Wesen der Jungen Gemeinde vgl. *Köhler*, 100-102 und *Wensierski*, Evangelische Jugendarbeit, 253 f.
94 Diese und die folgende Dienstanweisung Mielkes dokumentieren den Auftakt zu der gezielten Bekämpfung der Jungen Gemeinde durch die Staatssicherheit. Zum Druck auf die Junge Gemeinde durch den Staat seit 1952 vgl. *Köhler*, 83-94; KJ 79, 1952, 196-211; KJ 80, 1953, 144-149; *Nitsche*, 102-113; *Dähn*, 42-46; *Onnasch*, 158-165 und die 1985 an der zur Staatssicherheit gehörenden Juristischen Hochschule Potsdam angefertigte Diplomarbeit von *Haß* (VVS JHS o001 279 / 85) sowie Einleitung, 6-10.

Ferner ist bei den bereits eröffneten Vorgängen vor dem jetzigen
Decknamen die Zentralbezeichnung „Kappe" zu setzen.
Aus der Sachakte dürfen keine Abschriften gemacht werden. Es be-
steht jedoch die Möglichkeit, wenn erforderlich, Auszüge für die Ar-
beitsakte oder für Vorgänge anzufertigen.
Die Sachakte bleibt als GVS bei der Abteilung V. Die zuständigen Mit-
arbeiter der Kreisdienststellen sind an den von den Leitern der Bezirksverwaltungen zu bestimmenden Terminen laufend zu unterweisen.
Die Unterweisung hat so zu erfolgen, daß die Geheimhaltung der Vorgänge der einzelnen Dienststellen gewahrt bleibt.
Nach jeder erfolgten Unterweisung ist dem Ministerium nach dem
Formblatt 1 ([...] Blatt) Bericht zu erstatten.
Sollten in anderen Abteilungen über die Organisation „Junge Gemeinde" oder über einzelne Mitglieder derselben operative Vorgänge angelegt sein, sind diese Abteilungen durch den Leiter der Bezirksverwaltung anzuweisen, daß über diese Vorgänge laufend der Abteilung V
berichtet wird, da diese für die Bekämpfung dieser feindlichen Organisation insgesamt verantwortlich und daher federführend ist.
[gez.] Mielke
– Staatssekretär –

Dok. 21
Mielkes Dienstanweisung Nr. 23 / 52 / 5 / E

Berlin, den 23.11.1952

Schreiben mit eigenständiger Unterschrift. Absender: Regierung der Deutschen Demokratischen Republik, Ministerium für Staatssicherheit, – Der Staatssekretär –. Anschrift:
An das Ministerium für Staatssicherheit, Bezirksverwaltung Groß-Berlin. Dienstanweisung Nr. 23. Tgb.Nr. 3130 / 52 / 5 / E.

Die „Junge Gemeinde" ist eine Jugendorganisation innerhalb der
Evangelischen Kirche in Deutschland.
Ihre oberste Leitung[95] für die DDR und für Berlin ist die Jugendkammer Ost, Berlin-Charlottenburg, Jebensstr. 3. Zur obersten Leitung gehören u.a. Oberkonsistorialrat Dr. *Andler*, Berlin-Lichterfelde, Unter
den Eichen 115 und der Oberkirchenrat Dr. Manfred *Müller*, Stutt-
gart-S., Danneckerstr. 19. Dieser Dr. Müller ist der Leiter der Jugendkammer der EKD Gesamtdeutschlands und gleichzeitig stellvertretender Vorsitzender des Bundesjugendringes in Westdeutschland. Der
Bundesjugendring vereinigt in sich alle in Westdeutschland und Westberlin zugelassenen Jugendorganisationen wie z.B. den. faschistischen
BDJ[96], den Pfadfinderbund, die Falken[97], DAG[98]-Jugend Berlin
(Deutsche Angestellte), DGB[99] (Gewerkschaftsjugend) usw.

95 Wie bereits erwähnt wurde (Dok. 20, Anm. 93), handelte es sich bei der Jungen
    Gemeinde nicht um eine eigenständige, hierachisch gegliederte Organisation. Inso-
    fern kann auch keine Rede davon sein, daß es eine „oberste Leitung" gegeben
    hätte. Selbst in der schon genannten Diplomarbeit des Stasi-Mitarbeiters *Haß*, 8 f.
    (vgl. Dok. 20, Anm. 94) wird dieses kirchliche Selbstverständnis akzeptiert.
96 Der Bund Deutscher Jugend (BDJ) ist ein 1946 gegründeter, aus der bündischen
    Jugend hervorgegangener Pfadfinder- und Pfadfinderinnenbund. Es handelt sich

Die gegnerische Einstellung des M. geht aus seinen Worten hervor, die er auf dem Deutschen Evangelischen Studententag[100] in Berlin sprach. In seinen Ausführungen bezeichnete er die Führer der Arbeiterklasse und die Mitglieder der Regierung der Deutschen Demokratischen Republik als „Götzen", die von der Menschheit verlangen, daß man sie anbetet. Diese „Götzen" würden mit Hilfe der „Jungen Gemeinde" und der gesamten „zivilisierten Welt" vernichtet. [2]

Dann forderte M. die Anwesenden zum offenen Kampf gegen die Regierung der Deutschen Demokratischen Republik auf.

Die „Junge Gemeinde" ist trotz gegenteiliger Behauptung der Kirchenleitung eine selbständige Jugendorganisation innerhalb der Deutschen Demokratischen Republik. Dies kommt besonders darin zum Ausdruck, daß die religiösen Handlungen in dieser Organisation nur zum Schein durchgeführt werden und vorwiegend einen politischen Charakter tragen. Dies geschieht zu dem Zweck, die Jugend ideologisch zu beeinflussen und sie im Haß gegen die Deutsche Demokratische Republik, die Volksdemokratien und die Sowjetunion zu erziehen.

Daß die „Junge Gemeinde" eine selbständige Organisation ist, geht auch daraus hervor, daß auf der Provinzial-Synode Berlin-Brandenburg am 5. Februar 1952[101] über die Bildung eines Dauerausschusses „Junge Gemeinde" beraten wurde. Im Laufe dieser Beratung äußerte sich der Synodale Augustin, daß die Arbeit der „Jungen Gemeinde" seitens der Kirche bisher sehr unterschätzt wurde. Es wurde nicht erkannt, daß die „Junge Gemeinde" mit der Erziehung der Jugend im Sinne des Evangeliums nichts zu tun habe, sondern eine ganz andere Funktion zu erfüllen habe, die von ganz bestimmten Personen in einem ganz bestimmten Kreis ausgeübt werden muß.

Auf dieser Synode wurde dann der Dauerausschuß zur Intensivierung der Arbeit der „Jungen Gemeinde" gebildet, dem folgende Personen angehören:

Vorsitzender: Zahnarzt Dr. Karl Strache, Bln.-Lichtenrade, Prinzessinnenstr. 13a, Landesjugendwart Ernst Höver, Babelsberg, Schulstr. 8a, Pfarrer Martin Litta, Forst / Lausitz, Sacro, Molkereileiter Mohrmann, Pernitz Post, Golzow, Zauch-Belzig, Pfarrer Heinz Schreiber, Havelberg / Mark, Ritterplatz 4, Pfarrer Dr. Alfred Schmidt, Dissen / Cottbus, [3] Pfarrer Gerhard Stappenbeck, Friedland N / L, Pestalozzistr. 112, Superintendent Johannes Steffani, Frankfurt / Oder, Luckauer Str. 15-19, Oberin Luise von Werdeck, Teltow b. Berlin, Lichterfelder Str. 45-50, Elektromonteur Werner Schulz, Bln.-Niederschöneweide, Rudower Str. 3a, Vikarin Ingeborg Becker, Berlin-Dahlem, Rude-

---

bei ihm also um einen partei- und konfessionslosen Jugendverband.

97 Die genaue Bezeichnung lautet: Die Falken, Sozialistische Jugend Deutschlands. Die Falken sind eine 1946 gegründete politische Jugendorganisation, die aus der sozialistischen Arbeiterjugend hervorgegangen ist.

98 Die Deutsche Angestellten-Gewerkschaft (DAG) wurde 1945 gegründet.

99 Der Deutsche Gewerkschaftsbund ist 1949 in Münster als Dachverband der westdeutschen Einzelgewerkschaften gegründet worden.

100 Der vermutlich gemeinte Studententag fand vom 31.4. bis 3.5.1952 in Berlin statt. Vgl. den Tagungsbericht unter dem Titel: Zweiter Deutscher Studententag.

101 Tatsächlich hatte die hier gemeinte Tagung der Provinzialsynode bereits ein Jahr zuvor, nämlich vom 5. bis 8.2.1951, in Oberschöneweide stattgefunden. Der Synodale Augustin aus Königs-Wusterhausen hatte damals die Bildung eines Dauerausschusses „Junge Gemeinde" angeregt. Vgl. Verhandlungen der Provinzialsynode 1951, 222.

loffweg 27, Pfarrer und Kreisjugendpfarrer Dr. Wilhelm Dittmann,
Berlin-Lichterfelde, Goltz Str. 33, Landesjugendpfarrer Alfred Schröder, Berlin-Licherfelde, Tietzenweg 132

Zur Tätigkeit:
Die „Junge „Gemeinde" ist in letzter Zeit stark in Erscheinung getreten und zeigt eine rege Aktivität. Sie versucht, möglichst große Teile
Jugendlicher an sich zu ziehen, und bildet zu diesem Zweck sogenannte Interessengemeinschaften, in welchen die Jugendlichen Sport, Spiel
und Tanz betreiben können. So werden z.b. von Pfarrer X[102] in Altenhain, Krs. Grimma Sportver-
anstaltungen durchgeführt, wobei er sich an Fußballspielen selbst aktiv
beteiligt.
Es werden Laienspiele mit starken reaktionären Tendenzen zur Ver-
ächtlichmachung der Deutschen Demokratischen Republik, der Sozialistischen Einheitspartei Deutschlands und anderer fortschrittlicher
Organisationen aufgeführt.
In Mecklenburg veranstaltet die „Junge Gemeinde" in Wohnungen von
Großbauern Faschingsfeste, Tanzveranstaltungen und gemütliche
Abende.
Besonders aktive Gruppen der „Jungen Gemeinde" führen Vortragsrei-
sen durch, die das Ziel verfolgen, möglichst große Kreise unter den
Jugendlichen anzusprechen und für eine reaktionäre Tätigkeit zu ge-
winnen. Diese Vortragsreisen werden mit einem religiösen Mäntelchen
umgeben und als Rüstzeiten, Rüst- und Evangelisationswochen usw.
bzeichnet, die angeblich dem Zwecke dienen, daß Evangelium zu verkünden. [4]
Es ist der „Jungen Gemeinde" gelungen, innerhalb eines Jahres einen
Zuwachs von 50% Mitgliedern zu erhalten.[103] Am stärksten ist ihr
Einfluß in den Ländern Brandenburg und Sachsen. So stieg z.B. die
Mitgliederzahl in Brandenburg
von 8 300 auf 15 500 = 87%, und in Sachsen
von 29 800 auf 45 900 = 54%.
Das ständige Anwachsen der Mitgliederzahl beweist, daß sich hieraus
eine ernste Gefahr für die Einheit der Jugendbewegung in der Deutschen Demokratischen Republik ergibt, die von Tag zu Tag größer
wird, da die Mitgliederzahl der „Jungen Gemeinde" durch individuelle
Werbung neuer Mitglieder sich weiter erhöht.
Es machen sich schon jetzt, vorwiegend in Landgemeinden, wo schwa-
che FDJ-Gruppen vorhanden sind, Zersetzungserscheinungen in der
Freien Deutschen Jugend bemerkbar.
In einigen Orten ist es Pfarrern oder anderen Leitern der „Jungen Gemeinde" gelungen, ganze FDJ-Gruppen für sich zu gewinnen, so daß
dort die FDJ-Arbeit vollkommen zum Erliegen kam.
Eines der Ziele der „Jungen Gemeinde" besteht also darin, die FDJ-
Arbeit zu hemmen. In einigen Fällen wurde bewiesen, daß leitende
Führer der „Jungen Gemeinde" Jugendliche auffordern, Mitglied der
Freien Deutschen Jugend zu werden oder, wenn sie dies bereits sind,
zu bleiben, um dort eine stärkere Einflußnahme auf die FDJ-Mitglie-
der ausüben zu können.

102 Gemeint ist Pfarrer Hartmut Bock.
103 Vgl. hierzu auch die Zahlen in KJ 82, 1955, 440-446.

Meistens handelt es sich bei den Jugendlichen, die mit solchen Aufträgen versehen werden, um Söhne und Töchter reaktionärer Familien, Großbauern usw.

Diese Jugendlichen sind den anderen Mitgliedern der FDJ in kleineren Ortschaften geistig oft überlegen und erreichen dadurch schnell Funktionen, die sie dazu ausnützen, die Beschlüsse des Zentralrates der Freien Deutschen Jugend zu sabotieren und Zersetzungsarbeit zu leisten. [5]

Während der Sommermonate wurden von der „Jungen Gemeinde" sogen. „Ferienlager" durchgeführt, die unter der Bezeichnung „Sommerfreizeiten" liefen. Damit wurde der Zweck verfolgt, die Jugendlichen von einer Teilnahme an Ferienlagern der Freien Deutschen Jugend und den Jungen Pionieren abzuhalten, sie in eigenen Lagern zusammenzufassen und sie im Sinne reaktionärer Kreise der Kirche zu schulen.

Als diese „Ferienlager" von der Volkspolizei verboten wurden, haben verschiedene Pfarrer mit ihren Gruppen solche Lager in Westberlin durchgeführt.

Einen besonders starken Einfluß besitzt die „Junge Gemeinde" an den Oberschulen. Es gibt Schulen, wo 70-80% der Schüler Mitglieder dieser Organisation sind und dort auch aktiv mitarbeiten.

Es wurde festgestellt, daß gerade diese Oberschüler offene und versteckte Diskussionen in die Schulen hineintragen, die sich gegen Maßnahmen der Regierung richten, wie z.B. Aufrechterhaltung der Sicherheit an der Demarkationslinie sowie Aufstellung von nationalen Streitkräften usw.

Dagegen werden die anglo-amerikanischen Kriegsbestrebungen und die Politik des nationalen Verrats an Deutschland durch Adenauer und seine Handlanger verherrlicht. Es geht sogar soweit, daß RIAS-Propaganda während des Unterrichts verbreitet wird.

Reaktionäre Pfarrer, die Leiter von Gruppen der „Jungen Gemeinde" sind, nützen ihr Amt dazu aus, um während der Gottesdienste in den Kirchen Propaganda für die „Junge Gemeinde" zu treiben und fortschrittliche Organisationen zu verleumden.

Die Gläubigen werden z.B. oft mit Worten aufgefordert, ihre Kinder nicht der Freien Deutschen Jugend beitreten zu lassen, da sie dort „moralisch und sittlich verkommen". Die „Junge Gemeinde" aber, so wird weiter behauptet, erzieht die Jugendlichen zu „guten Christen und ehrlichen Menschen". [6]

Es wird weiter versucht, durch Verbreitung von Hetzmaterial die Mitglieder der „Jungen Gemeinde" und ihnen nahestehende Bevölkerungskreise ideologisch zu beeinflussen.

Dieses Hetzmaterial wird aus Westdeutschland und Westberlin durch Kuriere in die DDR geschleust.

Die meistverbreitete Literatur ist eine Zeitschrift mit dem Titel „Jugendwacht", die in Oldenburg hergestellt wird, sowie die Zeitschrift „Die Glocke", ebenfalls in Westdeutschland hergestellt.

Diese Zeitschriften sind so aufgemacht, daß man bei flüchtiger Betrachtung annehmen kann, daß sie sich nur mit kirchlichen und religiösen Problemen befassen. In Wirklichkeit aber enthalten sie regelmäßig gemeine Hetzartikel, die sich gegen die Deutsche Demokratische Republik, die Freie Deutsche Jugend und andere fortschrittliche Organisationen richten.

Diese und andere Zeitschriften werden zum überwiegenden Teil von dem Geschäftsführer der Evgl.-Jugend, Zahnarzt Dr. *Strache*, Berlin-Lichtenrade, Prinzessinnen Str. 13a, an die Kuriere zur illegalen Einschleusung in die DDR ausgehändigt.

Die Personen, die das Material in der DDR aufbewahren und weiterverbreiten, werden als „Schlüsselpersonen" bezeichnet.

Es werden von der Kirche Ausbildungsstätten unterhalten, die Katechetenschulen (Schulen zur Ausbildung von Religionslehrern) genannt werden.

Zur Ausbildung sucht man reaktionär eingestellte Elemente, z.B. ehem. Lehrer, die der Nazipartei angehört haben und auf Grund Verbreitung nazistischer Ideologie aus dem Schuldienst entlassen wurden, oder Theologiestudenten, die in Westdeutschland oder Westberlin studiert haben, und ähnliche Personen, die eine systematische Ausbildung als Religionslehrer und Leiter der „Jungen Gemeinde" erhalten und dann in der DDR eingesetzt werden. [7]

Die Mitglieder der „Jungen Gemeinde" werden von der Kirche materiell unterstützt. Sie erhalten Bekleidungsstücke, Schuhe, Lebensmittel usw. Diese Sachen werden vom Evgl. Hilfswerk[104] an die Leiter der „JG" zur Verteilung an die Mitglieder geliefert und stammen meist aus Westdeutschland. Weiterhin werden durch die sogen. „Osthilfe" der Evgl. Jugend in Westdeutschland Paketsendungen organisiert, die direkt an die Mitglieder der „Jungen Gemeinde" gehen. Hiermit will die Kirchenleitung die Jugendlichen für ihre Ziele einfangen.

Die Kirchenleitung ist stark interessiert an dem Bestehen und der Weiterentwicklung der „Jungen Gemeinde" im Gebiet der Deutschen Demokratischen Republik. Sie leitet deren feindliche Handlung heimlich an und bestärkt sie offen bei dieser Tätigkeit.

Der Bischof *Dibelius* führte auf der Synode Berlin-Brandenburg am 10.8.1952 u.a. auf Grund der Stellungnahme der Regierung der Deutschen Demokratischen Republik, daß die „Junge Gemeinde" keine Berechtigung zum Bestehen als selbständige Organisation hat[105], an:

(Auszug aus dem Bericht der Synode der Evgl. Kirche von Berlin-Brandenburg v. 10.8.1952, erstattet von Bischof Dr. Dr. Dibelius, unter: Entschließungen und Beschlüsse, 2. Teil)[106]

„Die Synode bekennt sich erneut zu ihrer Verpflichtung, der jungen

---

104 Das Evangelische Hilfswerk wurde auf der Kirchenkonferenz in Treysa 1945 gegründet, um der katastrophalen Lage der Menschen in dem durch den Krieg zerstörten Deutschland mit praktisch-diakonischer Hilfstätigkeit, nicht zuletzt mit Hilfe von Sach- und Geldspenden aus der Ökumene, zu begegnen. Das Hilfswerk bemühte sich auch um die Integration der Vertriebenen aus den ehemaligen deutschen Ostgebieten und der Flüchtlinge aus der SBZ / DDR. Über Entstehung und Tätigkeit des Hilfswerkes informiert *Krimm*.

105 Tatsächlich hatte es bis zu diesem Zeitpunkt noch keine derartige Stellungnahme von seiten der Regierung gegeben. 1952 kam es v.a. zu polizeilichen Maßnahmen gegen verschiedene Veranstaltungen der Jungen Gemeinde. Als „illegal" wurde die Junge Gemeinde erst im April 1953 bezeichnet (Dok. 22, Anm. 115). Vgl. hierzu bes. die Rede der Unterrichtsministerin Else Zaisser auf der zentralen Konferenz der FDJ-Sekretäre an den Oberschulen im Mai 1953. Darin bezeichnete sie die Junge Gemeinde als „unter religiöser Maske getarnte illegale Agenten- und Spionageorganisation" (abgedruckt in: *Köhler*, 88 f., hier: 88).

106 Tatsächlich handelt es sich bei dem Folgenden nicht um einen Auszug aus dem Bericht von Dibelius, sondern um einen Teil der Beschlüsse der Synode. Vgl. KJ 79, 1952, 227-229. In eckigen Klammern sind im folgenden die Fehler korrigiert. Im Original steht der Begriff Junge Gemeinde darüber hinaus jeweils ohne Anführungszeichen.

Generation das Evangelium zu verkünden und sie zur Nachfolge Jesu Christi zu rufen.

Sie bezeugt, daß die ‚Junge Gemeinde' keine Organisation, sondern die Jugend der Kirche ist. Wer die ‚Junge Gemeinde' antastet, tastet die Kirche an. Für diese ‚Junge Gemeinde' tritt die Kirche mit Fürbitte und brüderlicher Hilfe ein [...]. Die Synode beauftragt die Kirchenleitung, zur Abstellung der entstandenen Nöte der ‚Jungen Gemeinde' bei der Regierung der Deutschen Demokratischen Republik die notwendigen Schritte zu unternehmen, um gemäß der Verfassung sicherzustellen: Schutz der ‚Jungen Gemeinde', Schutz der Zusammenkünfte der „Jungen Gemeinde", Schutz der Rüsttage und Rüstzeiten (Anmeldepflicht, Eingriffe in Veranstaltungen auf kircheneigenem Boden), [8] Schutz des Bekenntniszeichens der Evangelischen Jugend."

Die Kirche versucht sich also auf die Verfassung der Deutschen Demokratischen Republik zu stützen, obwohl sie sich vollkommen bewußt ist, daß sie dazu überhaupt keine Berechtigung hat.

Der Artikel 41 der Verfassung der Deutschen Demokratischen Republik besagt, daß jeder Bürger volle Glaubens- und Gewissensfreiheit genießt. Er besagt jedoch weiter, daß Einrichtungen von Religionsgemeinschaften, religiöse Handlungen und der Religionsunterricht nicht für verfassungswidrige Zwecke mißbraucht werden dürfen.

Es ist aber erwiesen, daß die „Junge Gemeinde" fortgesetzt gegen die Verfassung verstößt und ihre staatsfeindliche Tätigkeit als religiöse Handlung tarnt.

Im Artikel 11 der Verfassung der Freien Deutschen Jugend ist verankert, daß sie für die Einheit der Jugend kämpft und die Spaltung der Jugend in konfessionelle und andere Jugendorganisationen ablehnt.

Durch ihre bisherige Tätigkeit wurde ebenfalls erwiesen, daß die „Junge Gemeinde" sich ständig bemüht, die Arbeit der Freien Deutschen Jugend zu sabotieren und die Einheit der Jugend zu sprengen. Damit stempelt sie sich ganz klar als eine reaktionäre Organisation.

Dem Ministerium für Staatssicherheit wurde bekannt, daß die „Junge Gemeinde" Vorbereitungen trifft, zur illegalen Arbeit überzugehen.

Dazu stellt sie sich folgende Hauptaufgaben:

1. Schwerpunkt der gesamten Tätigkeit ist die Jugendarbeit zur weiteren Anwerbung neuer Mitglieder.

2. Stärkere Vorbereitung der „Aufklärungsarbeit"

3. Übergang zur illegalen Jugendarbeit unter Benützung von Brieftauben zur illegalen Nachrichtenübermittlung und Durchführung illegaler Zusammenkünfte. [9]

Wie diese Punkte schon verwirklicht werden, geht aus nachfolgenden Beispielen hervor:

Zu 1:

In Uftrungen hängt die „Junge Gemeinde" in ihren Schaukästen Bilder [aus], die die Jugendlichen zur Teilnahme [an] der Mitarbeit in der „Jungen Gemeinde" auffordern, die Betätigung in der demokratischen Sportbewegung und in der FDJ ablehnen, aber gleichzeitig für eine sportliche Betätigung innerhalb der „Jungen Gemeinde" propagieren (siehe Anlage).

Im Stadtbezirk 1, Klein-Wittenberg, wurde eine Gruppe der „Jungen Gemeinde" mit Musikinstrumenten ausgerüstet.

In Kemberg, Kreis Wittenberg, erhielt die „Junge Gemeinde" einen Filmvorführapparat, der von dem Propst N. bedient wird.
In Brandenburg-Havel werden Schach- und Tennisspiele gruppenweise durchgeführt.
Aus den Kreisen Neubrandenburg, Roppin / Turgau [Torgau?] wird berichtet, daß Mitglieder der „Jungen Gemeinde", mit Fahrrädern, an denen Wimpel der „JG" befestigt sind, in den Kreisen herumfahren und Vorträge mit vielversprechenden Titeln, wie z.b. „Kirche und Ehescheidung", „Kann denn Liebe Sünde sein?", „Zwischen Gott und den Teufeln" usw. halten.
Im Kreis Bautzen wird die Werbung von Mitgliedern für die „Junge Gemeinde" durch Verschicken von Postkarten vorgenommen. Darin heißt es u.a. „Mit dieser Karte sollst Du an Deine Konfirmation erinnert werden und an das Versprechen, was Du uns dabei gegeben hast. Ich lade Dich herzlichst zu unseren Versammlungen ein. Komm, wir warten auf Dich, und bringe noch andere mit." [10]
Dem Pfarrer G. in Karbe[107], Kreis Ruppin, ist es gelungen, die gesamte FDJ-Gruppe für die „Junge Gemeinde" zu gewinnen. Große Zugkraft besitzt hier der Sänger- und Bläserchor (siehe Anlage).
Zu 2:
Eine Angehörige der Freien Deutschen Jugend, die dort die Funktion als Leiterin einer Laienspielgruppe ausübte und die Mitglied der „Jungen Gemeinde" ist, versuchte, [mit] der Laienspielgruppe der FDJ kirchliche Stücke, wie z.B. „Das Klosterstüble", einzustudieren.
In Potsdam wurde ein Laienspiel aufgeführt, worin fortschrittliche Menschen als Trunkenbolde und Taugenichtse hingestellt werden.
Der Pfarrer G.[108] in Mittweida sagte zu einer Einwohnerin, sie solle ihren Jungen, der den Jungen Pionieren angehört, durch Schläge und Züchtigungen zwingen, an den Bibelstunden der „Jungen Gemeinde" teilzunehmen.
In Badrina versuchte der Sekretär der Grundeinheit der FDJ, die Jugendstunde in Bibelstunde umzugestalten. Als dies durch die Wachsamkeit der FDJler nicht gelang, versuchte er die Jungen für sich zu gewinnen, indem er mit ihnen zechte und sie freihielt.
In der Oberschule Templin sind 6 Funktionäre der FDJ Mitglied der „Jungen Gemeinde". Diese sabotieren mit Hilfe ihrer Funktionen die Arbeit der FDJ zu Gunsten der „Jungen Gemeinde". Das geht sogar soweit, daß eine MAS LKW für Veranstaltungen der „Jungen Gemeinde" zur Verfügung stellt.
Der Oberschüler B., der der „Jungen Gemeinde" angehört, fährt öfters nach Westberlin und hat dort Verbindungen zu Angehörigen des Landesjugendringes. In der Schule verbreitet er jetzt RIAS-Nachrichten. [11]
Der Pfarrer H.[109] aus Bitterfeld erklärte den Jugendlichen, wenn sie in seiner Jugendgruppe mitarbeiten wollen, müßten sie erst aus der FDJ austreten. Die FDJ sei ein moralisch und sittlich verkommener Haufen, in dem sich ein guter Christ nicht organisieren dürfe.
In der Anklamer Oberschule wurde das westliche Kirchenblatt „Die Glocke" verbreitet, worin ein Artikel die Fremdenlegion verherrlicht.

---

107   Richtig: Karwe. Gemeint ist Pfarrer Werner Griesbach.
108   Gemeint ist Pfarrer Dr. phil. Wolf Goetze.
109   Gemeint ist Pfarrer Martin Haberland (Mühlbeck über Bitterfeld).

Der Oberschüler K. aus Stendal äußerte sich, daß die Schüler gegen politische allgemeine Fragen abgestumpft sind und sich damit überhaupt nicht befassen. Er selbst gebe aber in engerem Kreise oft Kommentare zum RIAS.

Ein anderer Oberschüler sagte, daß die Angehörigen der „Jungen Gemeinde" alle vom christlichen Standpunkt überzeugt wären, einen Kampf führen und positiven Widerstand leisten. Sie hüten sich aber, etwas zu unternehmen, und warten lieber ab.

Zu 3:

Es ist dem Ministerium bekannt geworden, daß die „Junge Gemeinde" versucht, ihre jetzige Tätigkeit auf illegale Arbeit unter einem anderen Namen umzustellen. So wurde von einem Landesjugendwart der „JG" in M. eine Herbst-Mitarbeiter-Tagung nach Berlin einberufen, an der verschiedene Landesjugendpfarrer aus den einzelnen Ländern teilnehmen und dort referieren, wobei diese Tagung aber als Veranstaltung des Ev. Jungmännerwerkes getarnt wird.

Während der Ferien wurden von der „JG" illegale „Ferienlager" im Gebiet der Deutschen Demokratischen Republik durchgeführt, die nach Verbot durch die Volkspolizei in Westberlin und Westdeutschland fortgesetzt wurden.

Im Sommer 1952 sollte in Görlitz ein sogenannter „Landesjugendtag der Jungen Gemeinde" stattfinden, an dem Jugendliche aus dem ganzen Land Sachsen teilnehmen sollten. Dieser „Landesjugendtag" wurde verboten, weil er illegal stattfinden sollte (s. Anlage). [12]

Ein[en] Beweis, daß die „Junge Gemeinde" zur illegalen Arbeit übergehen will, brachte ein „Missionstag", auf welchem die Ausführungen Walter Ulbrichts, die er auf dem IV. Parlament der FDJ in Leipzig über die feindliche Tätigkeit der „Jungen Gemeinde" machte, als „gemeine Lüge" hingestellt wurden. Es wurde der Vorschlag gemacht, da von seiten des Staates mit Verfolgungen der „Jungen Gemeinde" zu rechnen sei, illegale Maßnahmen zu treffen, z.B. Brieftauben zur Nachrichtenübermittlung zu benutzen. „Aber keine Friedenstauben", wurde zu diesem Vorschlag höhnisch aus dem Zuhörerkreis gerufen. Weiterhin beschloß man auf diesem Missionstag, zur finanziellen Hilfe der „Jungen Gemeinde" illegale Sammlungen durchzuführen. Zur illegalen Arbeit gehört auch die Änderung des Namens. So gingen verschiedene Gruppen im Erzgebirge bereits dazu über, ihren Namen zu ändern. Sie treten jetzt unter der Bezeichnung „Junge Schar", „Spatzen", in Mecklenburg als „Die schwarze Hand" und „Hölle I und II" und anderen Bezeichnungen auf.

Zur feindlichen Tätigkeit der „Jungen Gemeinde" muß noch festgestellt werden, daß sie zu faschistischen Methoden übergeht. Dies zeigt sich im Kreis Zwickau, wo die Fensterscheiben eines FDJ-Heimes zertrümmert und das Mobiliar mit einem Hammer zerschlagen wurde. Weiterhin wurden Freunde der Kreisleitung der FDJ, als sie im Kreise eine Versammlung durchgeführt hatten, von Mitgliedern der „Jungen Gemeinde" mit Steinen beworfen.

Ein Mitglied der FDJ, das vorher in der „JG" aktiv mitgearbeitet hat, wurde bei dem Besuch einer Veranstaltung der „JG" von dem Pfarrer H. beschimpft und tätlich aus dem Raume entfernt.

In einigen Gruppen der „Jungen Gemeinde" wurden unter Beteiligung des Pfarrers faschistische Lieder gesungen, wie z.B. das „Horst-Wessel" und „Deutschlandlied". Außerdem wurden gemeinsam die Diens-

tagssendungen des RIAS „Wir sprechen für die Oberschüler der Zone"
gehört und dann unter der gesamten Schülerschaft verbreitet.
Der Pfarrer V. aus Weida äußerte sich, daß in Moskau Lenin [13] in
einem gläsernen Sarg liege. Viele Menschen sähen in ihm ihren Gott.
Dies sei ein Verbrechen, denn es gibt nur einen Gott auf Erden, und
das ist Jesus Christus.
Im Kreise Ludwigslust hat die „Junge Gemeinde" unter den Jugendlichen großen Einfluß. Sie entfaltet hier eine besonders aktive feindliche
Tätigkeit. Es wurden Mitglieder der FDJ, die bereit waren, der Volkspolizei beizutreten, von Angehörigen der „Jungen Gemeinde" durch
Drohbriefe dazu gebracht, daß sie ihre Meldung zur VP wieder zu-
rückzogen.
Weiterhin wurden FDJler von diesen Banditen nachts aus dem Hause
gelockt unter dem Vorwand, sie sollten zur Volkspolizei kommen, um
sie dann zu verprügeln.
Pfarrer D.[110] aus Stützengrün erklärte, die Eltern sollten ihre Kinder
von den Machthabern fernhalten und sie an Gott heranführen, denn
der Weg, der jetzt gegangen wurde, führt dorthin, wo Hitler endete.
Pfarrer T.[111] aus Rodewisch, Leiter der „JG", drohte 2 Pionierleitern,
die der VP angehören, er wolle ihnen einen Mühlstein um den Hals
hängen und sie in einen Teich stürzen, wenn sie den Kindern fortschrittliche Lieder beibringen.
Ein Leiter der „JG" in Dresden sagte zu einer Friedensfreundin, daß
man für einen Volkspolizisten, der seinen Offizier erschlagen hätte, beten muß, damit seine Tat vergeben wird.
Im Kreis Niederbarnim vermittelt der Pfarrer R.[112], Leiter der „JG",
regelmäßig Adressen und Care-Pakete aus Amerika an Umsiedler. Besonders werden hierbei Frauen berücksichtigt, deren Männer aus dem
Hitlerkrieg als vermißt gemeldet wurden und die nach Ansicht des R.
noch in sowjetischer Gefangenschaft sind. R. ist einer der Initiatoren
der sogenannten „Heimattreffen" in Westberlin.
Verschiedene Leiter der „JG" stehen mit ehemaligen in der DDR ent-
eigneten Gutsbesitzern und anderen kapitalistischen Elementen in Verbindung und [haben] von diesen wahrscheinlich Aufträge erhalten, die
sie an die Mitglieder weitergeben. Ein Zeichen für die Richtigkeit dieser Annahme ist, daß viele Mitglieder nach Westberlin fahren. [14]
Aufgaben des Sachgebietes E / I / 2:
Die Übernahme aller Materialien, die bei der Abteilung VI über die
„Junge Gemeinde" vorhanden sind, ist nach der Dienstanweisung Nr.
6 / 52 V / E vom 17.9.1952 durchzuführen.
Hierin sind auch Richtlinien über die Einrichtung des Referates E in
der Abteilung V gegeben. Danach wird die „Junge Gemeinde" im
Sachgebiet E / I / 2 bearbeitet.
In der Vergangenheit wurde auf dieser Linie der Arbeit des Ministeriums für Staatssicherheit sehr oft die Notwendigkeit, die „Junge Gemeinde" in ihrer Entwicklung und Betätigung zu beobachten, unterschätzt. Die Abwehr feindlicher Tätigkeit reaktionärer Personengruppen, die zu diesen Kreisen gehören, ist darum nicht immer mit dem
notwendigen Ernst durchgeführt worden.

---

110   Gemeint ist Pfarrer Walther Dittrich.
111   Gemeint ist Pfarrer Walter Taut.
112   Gemeint ist Pfarrer Karljulius Richnow (Zepernick, Kirchenkreis Bernau).

Die Hauptaufgabe des Leiters und der Sachbearbeiter besteht darin, die Bemühungen reaktionärer Personengruppen der Kirche und der „Jungen Gemeinde", die für die Interessen imperialistischer Geheimdienste durchgeführt werden, [um] den sozialistischen Aufbau zu schädigen, den Friedenskampf zu sabotieren und die Einheit Deutschlands zu verhindern, zu durchkreuzen und zunichte zu machen. Dieser verantwortlichen Aufgabe gerecht zu werden ist nur dann möglich, wenn der Schwerpunkt der Arbeit auf die ständige Suche nach geeigneten GM und Informatoren gelegt, zielerreichende Anwerbungen durchgeführt und qualifizierte Zusammenarbeit mit denselben geleistet wird.

Nur wenn diese, von all den anderen Aufgaben wichtigste Arbeit erfüllt wird, werden im Sachgebiet E / I / 2 solche operativen Vorgänge entstehen, mit denen die feindliche Tätigkeit aufgedeckt und die Agenten der gerechten Bestrafung zugeführt werden können. [15]

Maßnahmen zur Abwehr der feindlichen Tätigkeit der „JG"
1. Beobachtung:
Um eine genaue Beobachtung der feindlichen Tätigkeit der „Jungen Gemeinde" zu erreichen, ist mit folgenden Dienststellen und öffentlichen Einrichtungen offiziell, jedoch vertraulich, Verbindung zu halten:
a) mit den Bezirks- und Kreisräten,
b) mit den VP-Dienststellen, Abt. PM,
c) mit den Bezirks-, Kreis- und Ortsleitungen der Sozialistischen Einheitspartei Deutschlands,
d) mit den Bezirks-, Kreis- und Ortsleitungen der Freien Deutschen Jugend, sowie zu den Leitungen der FDJ in den Betrieben, MAS und Produktionsgenossenschaften,
e) mit den Sekretariaten der Nationalen Front und des Deutschen Friedenskomitees, wobei so zu verfahren ist, daß im Referat E jeweils ein Mitarbeiter eingesetzt wird, mit den obengenannten Stellen Verbindung zu halten und die Aufträge der anderen Sachbearbeiter des Referates mit zu erledigen.
Da die genannten offiziellen Stellen Objekte anderer Abteilungen sind, wie z.B. der Abteilung VI oder VII, muß eine Kontaktierung mit diesen Abteilungen erfolgen. Bei all diesen Stellen ist das dort lagernde Material einzusehen, wenn notwendig zu fotokopieren oder abzunehmen.

2. Erfassung von Schwerpunkten:
Alle vorhandenen Gruppen der „Jungen Gemeinde" im Bezirk mit den leitenden Funktionären und den aktivsten Mitgliedern sind zu registrieren und, falls erforderlich (bei starker gegnerischer Tätigkeit), Handakten anzulegen und laufend zu ergänzen. Durch diese Unterlagen sind die Schwerpunktbildungen in den Kreisen und Orten festzustellen. [16]

3. Suchen geeigneter GM und Informatoren:
Schon um die oben angeführten Punkte zu erfüllen, ist es erforderlich, GM und Informatoren zu gewinnen, wobei die Werbungen in den Schwerpunktgebieten besonders intensiv betrieben werden müssen.
Die Erfahrungen haben gezeigt, daß bei der Werbung von IM und GM auf kirchlicher Linie von unseren Sachbearbeitern schwerwiegende Fehler gemacht wurden. Sie ließen sich dabei ausschließlich von dem Gedanken leiten, nur irgend jemanden zu werben, ohne zu bedenken, was für Folgen solche unüberlegten Werbungen haben können.

Auf verschiedene für Werbungen vorgesehene Personen wurde seitens unserer Mitarbeiter ein Druck ausgeübt, dem die Kandidaten im ersten Moment aus Angst nachgaben und auf die Verpflichtung zur Zusammenarbeit mit dem Ministerium für Staatssicherheit eingingen.

Diese Angeworbenen hatten oft nichts Eiligeres zu tun, als ihrer vorgesetzten Kirchenbehörde von dem Vorgefallenen Mitteilung zu machen[113] und beim nächsten Treff in Begleitung eines Geistlichen oder einer anderen kirchlichen Person zu erscheinen. Es ging sogar so weit, daß ein Bischof mit seinem Rechtsberater in der Verwaltung des MfS erschien, um mit dem Leiter über diese Vorkommnisse zu sprechen.

Die Folge dieser unqualifizierten Werbungen war, daß von der Kirchenleitung Anweisungen an sämtliche Gemeindekirchenräte, Geistliche usw. gegeben wurden, worin auf Anwerbungen von Geistlichen oder im Dienst der Kirche stehenden anderen Personen hingewiesen wurde. Weiter waren in diesen Anweisungen Verhaltungsmaßregeln enthalten, wie sich die Betreffenden bei derartigen Vorkommnissen in Zukunft zu verhalten hätten. Die Folge davon ist, daß Anwerbungen von Geistlichen unter noch schwierigeren Umständen durchgeführt werden müssen als vorher.

Ziel aller Werbungen ist, in die Leitungen der „Jungen Gemeinde" und reaktionärer Personenkreise der Kirche einzudringen. [17]

Die Werbung kann einmal in den Reihen der „Jungen Gemeinde" selbst und zum anderen durch Einschleusen von Nichtmitgliedern, sowie unter Jugendpfarrern, Kirchenräten, Kurieren und Personen, in deren Wohnungen Zusammenkünfte der „Jungen Gemeinde" stattfinden, wie überhaupt allen Personen, die zu den Zentralen Verbindung haben, erfolgen.

Die Werbung darf nur dann durchgeführt werden, wenn überprüft ist, ob Voraussetzungen für gute und qualitative Arbeit vorhanden sind oder entstehen können.

Um Kandidaten für die Anwerbung zu entdecken, sind besonders die Verhältnisse innerhalb der „Jungen Gemeinde" zu studieren. Es ist bekannt, daß dort oft große Widersprüche, Intrigen usw. unter den einzelnen Mitgliedern und vor allem unter den Funktionären bestehen. Diese Widersprüche sind bei der Werbung auszunutzen.

Da vorwiegend in den Landgemeinden, wo zahlreiche Umsiedler wohnen, die „Junge Gemeinde" Einfluß besitzt, können dort Jugendliche, deren Eltern Umsiedler sind, oft mit Erfolg angeworben oder in unserem Auftrag Mitglied der „Jungen Gemeinde" werden.

Solche Personen gewinnen meist schnell das Vertrauen leitender Funktionäre, erhalten dann selbst bald Funktionen und dringen dann dadurch tiefer in diese Organisation ein.

Ebenso kommen für Abwerbungen Mitglieder der Freien Deutschen Jugend in Frage. Jedoch darf es sich bei den Betreffenden nur um Mitglieder handeln, die nach außen hin nicht so bekannt sind, damit es ihnen schneller gelingt, in die „Junge Gemeinde" einzudringen und durch aktive Betätigung das Vertrauen der leitenden Funktionäre zu

---

113 Die Kirchenleitungen hatten ihrerseits „Anweisung gegeben, daß jeder, der im kirchlichen Dienst steht und solchen Zumutungen [d.h. der Werbung durch die Staatssicherheit] ausgesetzt ist, dies unverzüglich seiner vorgesetzten Dienststelle mitzuteilen hat" (zit. aus einer kirchlichen Stellungnahme vom 3.3.1956 zu Vorwürfen von seiten des Staates; abgedruckt in: KJ 83, 1956, 155-169, hier: 165).

erhalten. Werden diese Informatoren richtig angeleitet, werden die Erfolge in der operativen Arbeit nicht ausbleiben. Die Erfahrungen haben gezeigt, daß gerade durch das Einschleusen von FDJ-Mitgliedern in die „JG" gute Erfolge zu verzeichnen waren.
Bei den Anwerbungen leitender Funktionäre ist besonders auf Personen Wert zu legen, die Charakterschwächen besitzen, wie z.B. Vergnügungssüchtige, die dadurch verschuldet sind und [18] ständig nach Nebenverdiensten Umschau halten, sowie Trinker, moralisch, sittlich und kriminell belastete Personen.
Besonders wichtig sind Werbungen in den Oberschulen, da dort der Einfluß der „Jungen Gemeinde" zur Zeit stark in Erscheinung tritt und die Mitglieder nach abgelegtem Abitur meist zum Studium an Universitäten gehen, wo sie dann sofort von der Evangelischen Studentengemeinde übernommen werden.

4. Werbungen:
Voraussetzung jeder Werbung ist, daß jeder Kandidat so ermittelt wird, daß eine genaue Charakteristik gegeben und die Person genau ermittelt werden kann.
Für jede Werbung ist ein Plan auszuarbeiten, worin über die zur Werbung vorgesehenen Personen aufgeführt wird:
a) alles über die Funktionen und Eigenschaften.
b) Was für ein Ziel diese Werbung verfolgt und welche Möglichkeiten sich ergeben, dieses Ziel zu erreichen.
c) Wann diese Werbung durchzuführen am günstigsten erscheint, z.B. abends, auf dem Wege von der Arbeit, morgens, auf dem Wege zur Arbeit, oder während der Arbeit usw.
d) Wo die Werbung durchgeführt werden soll, d.h. in einem konspirativen Zimmer, im Betrieb, auf einem VP-Revier, in der Wohnung des Betreffenden usw.
e) Wie mit dem Kandidaten gesprochen werden soll, entweder als VP-Angehöriger, als Vertreter der Nationalen Front, des Friedenskomitees, des MfS usw., ob ein besonderer Anlaß benutzt wird, auf welche Art soll der Kandidat für die Mitarbeit gewonnen werden, überzeugt durch Versprechen, durch Druck usw.
f) Wie und zu was soll er verpflichtet werden, wobei in manchen Fällen erst mit allgemeinen Aufgaben begonnen wird, so daß der Kandidat gar nicht merkt, zu welchen [19] Aufträgen er benutzt werden soll, z.B. kann der Kandidat durch Zufall bei der Entdeckung einer kriminellen Tat in Erscheinung getreten sein, wird nun auf dieser Linie benutzt, und dann, wenn der günstige Moment gekommen ist und genügend Faustpfänder durch von ihm gegebene Berichte vorhanden sind, kann er mit dem wirklichen Auftrag versehen werden.
Dieser schriftliche Vorschlag ist dem Referatsleiter und dem Abteilungsleiter vorzulegen, und erst nach deren Bestätigung kann die Werbung erfolgen. Dieser Vorschlag ist gleichzeitig der Plan, nach dem die Werbung durchgeführt wird.
g) Bei konspirativen Festnahmen, die zur Anwerbung führen sollen, ist es erforderlich, erst den Grund für die Festnahme gut zu überlegen. Für die Festnahme ist ebenfalls ein genauer Plan, wann, wo und wie, mit wem zusammen die Festnahme durchgeführt werden soll, wo die Vernehmung stattzufinden hat und wieviel Zeit für die Vernehmung bleibt, auszuarbeiten.

In diesem Plan sind schon Varianten enthalten, die benutzt werden
können, um die Festnahme [gegenüber] Außenstehenden und Angehörigen als nichts Besonderes hinzustellen oder glaubhaft zu machen
oder die Abwesenheit zu tarnen. Bei Anwerbungen solcher Art, die
Erfolg haben sollen, ist auch manchmal schon vorher für Eßwaren und
Genußmittel zu sorgen, um den richtigen Kontakt mit dem Kandidaten zu bekommen.

h) Für diese Fälle ist immer vorher ein Plan, der den Verlauf der Vernehmung absteckt, als sogenannter Vernehmungsspiegel auszuarbeiten.
Hierin ist kurz die Person zu beschreiben, das Ziel der Vernehmung
festzulegen und der Fragenkomplex zu unterteilen, wobei Zeiten festzulegen sind, einmal darüber, wie lange die Vernehmung überhaupt
dauern kann und wann sie das erstemal unterbrochen werden muß, um
die Ergebnisse einzuschätzen und Beschlüsse herbeizuführen, wie weiter zu verfahren ist. [20]

i) Anwerbungen von Personen, von denen bekannt ist, daß sie besonders religiös eingestellt sind und sonst gegen sie keine Belastung vorliegt, sind nur dann erfolgversprechend, wenn diese Personen der
Deutschen Demokratischen Republik loyal gesonnen sind, ihre Heimat
lieben und gewillt sind, sich für die Erhaltung des Friedens einzusetzen, die Einheit Deutschlands ersehnen und schon aus diesen oder anderen Gründen gegen den reaktionären Personenkreis der Kirche und
der „Jungen Gemeinde" Stellung nehmen sowie die Maßnahmen der
Kirchenleitung nicht gutheißen. Bei Werbung solcher Personen ist auf
deren besondere Mentalität einzugehen. Sie sind am besten für die Mitarbeit zu gewinnen, wenn man sie überzeugt, daß sie ihrem Gott nur
wirklich dienen können, wenn sie mit der Deutschen Demokratischen
Republik für die Erfüllung der oben aufgeführten Ziele kämpfen. Diese Personen werden nur zu einer Mitarbeit zu gewinnen sein, wenn sie
das Gefühl haben, sich für ein ihrem Gott gefälliges Werk einzusetzen.
Dabei muß diesen Leuten ganz konkret aufgezeigt werden, daß die
Deutsche Demokratische Republik der Kirche nicht feindlich gesonnen
ist, daß gemäß der Verfassung der Deutschen Demokratischen Republik jeder Bürger das Recht hat, seinem Glauben ungehindert nachgehen zu können. Weiter ist ihnen aufzuzeigen, in welch großem Maße
die Kirche seit 1945 von der Regierung der Deutschen Demokratischen
Republik bei der Wiedererrichtung und Wiederinstandsetzung der von
anglo-amerikanischen Bomben zerstörten Kirchen und anderer heiliger
Kulturstätten unterstützt wurde.
Als Beispiel sei nur folgendes angeführt:
Für die Dome in Magdeburg, Schwerin, Doberan, Halberstadt, Naumburg und Stendal wurden im Jahre 1951 vom Staat DM 242 000 zur
Verfügung gestellt, für die Johanneskirche in Plauen DM 100 000, für
die Hofkirche in Dresden DM 250 000. Allein für das erste Halbjahr
1951 [21] wurden aus staatlichen Mitteln für kirchliche Bauten DM
1 854 048 bewilligt.
Man muß diese Personen vom christlichen Standpunkt aus ansprechen,
z.B.: Was wissen sie über den Bericht des Dekans von Canterbury,
Howlett Johnson, über den Bakterienkrieg in Korea[114], dessentwegen
man ihn um sein hohes geistiges [geistliches] Amt zu bringen versucht,

---

114 Vgl. dazu das Buch von *Johnson*, bes. das Kapitel „Germ War and Genocide",
     110-120 sowie Dok. 11, Anm. 72.

nur weil er die Wahrheit verkündet? Auf welch verhängnisvollen Weg gerät die Kirche, wenn ihre Glieder Augen und Ohren vor der Wahrheit verschließen? Wer den Frieden verteidigen will, muß der Wahrheit dienen, und gerade die Kirche als Verkündigerin des Evangeliums, die für den Frieden auf Erden und den Menschen ein Wohlgefallen eintritt, in erster Linie.

Wenn so mit den religiös eingestellten Personen gesprochen wird, ohne sie von ihrem christlichen Glauben abzubringen, wenn man es wirklich versteht, diese Personen von der gotteslästerlichen Handlung verschiedener reaktionärer Kreise der Kirche und der „Jungen Gemeinde" zu überzeugen, wird der Erfolg nicht ausbleiben.

k) Über das Suchen und Anwerben von GM und Informatoren sowie die Zusammenarbeit mit denselben. Diese Arbeit ist nach der Richtlinie des Ministeriums durchzuführen.

5. Anlegen von Vorgängen:
Der Aufbau von operativen Vorgängen ist ebenfalls nach der Richtlinie des MfS durchzuführen.

Vorgänge müßten, wenn das Sachgebiet E / I / 2 gut arbeitet, auf Grund von Treffberichten der GM und Informatoren, die sich dann zu einer Handakte entwickeln, eröffnet werden. Dem Sachgebiet wird z.B. durch einen Informator bekannt, daß ein Mitglied der „Jungen Gemeinde" besonders reaktionäre Äußerungen in einer Oberschule verbreitet. Die laufenden Treffberichte verstärken den Verdacht, daß es sich hier um [22] eine planmäßige Zersetzungsarbeit handelt. In diesem Falle wird es angebracht sein, daß der Sachbearbeiter den Personenkreis um die feindliche Person herum ermittelt und die Anwerbung einer Person durchführt, die das Vertrauen des feindlichen Objektes hat.

Durch gute Zusammenarbeit mit dieser neugeworbenen [Person] kann jetzt die Tätigkeit des feindlichen Objektes ständig beobachtet werden, wobei eine Kontrolle der Berichte des ersten Informators zur weiteren Einschätzung möglich ist.

Es darf nun diese Arbeit nicht nur das Ziel haben, das feindliche Objekt der systematischen Hetze gegen die Deutsche Demokratische Republik zu überführen und dafür zu bestrafen oder von der Schule zu verweisen, sondern diese Personen als Sprungbrett zu benutzen, d.h. der GM bekommt einen solch guten Kontakt mit dem feindlichen Objekt, daß er zur feindlichen Zentrale mitgenommen wird, dadurch sämtliche Verbindungen und Auftraggeber kennenlernt und alle Mitglieder dieser Untergruppe sowie die Ziele und Pläne ebenfalls bekannt werden, uns diese Feststellungen mitteilt und somit die Grundlage für die Aufklärung und Liquidierung dieser feindlichen Untergrundbewegung schafft.

6. Berichtswesen:
Hierzu ist nach der Dienstanweisung Nr. 6 / 52 / V / E v. 17.9.52 zu verfahren.

7. Andere Arten der Bekämpfung der feindlichen Tätigkeit:
Wenn das Sachgebiet E / I / 2 festgestellt hat, daß die Tätigkeit der „Jungen Gemeinde" so stark geworden ist, daß die FDJ-Arbeit in dem betreffenden Ort zum Erliegen zu kommen droht, so ist hierüber ein ausführlicher Bericht an das Ministerium zu geben, damit von hier aus entscheidende Maßnahmen eingeleitet werden können, z.B. Instrukteurgruppen der FDJ werden zur Arbeit in diesen Ort geschickt, wen-

den sich an die Jugend, bilden Interessengemeinschaften für Sport und
Spiel, führen Wanderungen, Kulturveranstaltungen usw. durch, beseitigen bestehende Mißstände, decken die Mängel und Schwächen auf,
wenden sich an die [23] Eltern und erreichen auch durch individuelle
Absprache mit dem fortschrittlichen Teil der „Jungen Gemeinde", daß
die FDJ-Arbeit wieder belebt wird. Durch die dort arbeitende Instruk-
teurgruppe der Freien Deutschen Jugend wird es auch dann oft viel
einfacher sein, die Inspiratoren der Zersetzungsarbeit zu entdecken.
Um eine weitere Entwicklung und das Anwachsen der Mitgliederzahl
der „Jungen Gemeinde" zu verhindern, ist es auch in manchen Fällen
nötig, die Bevölkerung gegen die Tätigkeit zu mobilisieren, wobei
dann die Partei die notwendigen Schritte unternehmen wird. In diesem
Falle ist ebenfalls ein ausführlicher Vorschlag nach hier zu geben und
alles weitere erst nach Absprache zu unternehmen.
Laienspiele und andere Veranstaltungen der „Jungen Gemeinde" sind
in Kirchen und kircheneigenen Räumen durchzuführen, soweit sie
nicht staatsfeindlichen Charakter haben.
Bei Ausführung in der Öffentlichkeit sind diese Laienspiele zu verbieten und die Manuskripte, soweit sie einen antidemokratischen Charak-
ter tragen, einzuziehen.
Vortragsreisen, die in der Öffentlichkeit stattfinden, sowie öffentliche
Einladungen für gesellige Abende usw. sind zu verbieten.
Für die Durchführung dieser Maßnahmen ist nur die Volkspolizei zu-
ständig. Die Sachbearbeiter des Ministeriums haben sich bei solchen
Maßnahmen im Hintergrund zu halten und dürfen dabei nicht selbst
in Erscheinung treten.
Diese Dienstanweisung ist von den zuständigen Abteilungsleitern und
Sachbearbeitern eingehend zu studieren. Die notwendigen Maßnahmen
sind von dort sofort einzuleiten.
Dem Ministerium ist gemäß der Dienstanweisung Nr. 6 über sämtliche
Vorkommnisse Bericht zu erstatten.
[gez.] Mielke
– Staatssekretär –

Dok. 22
Aus einem Referat von Walter Ulbricht

Auszug aus dem Protokoll eines Referates von Walter Ulbricht anläßlich der Parteiaktivtagung am 28.5.1953 im Club Orankesee.

Die Genossen der Staatssicherheit haben eine besonders hohe Verantwortung in bezug auf die Überprüfung der Arbeit leitender Ingenieure, Techniker oder Wissenschaftler.
Das ist das Schwerste für sie. Warum ist das so schwer? Weil wir daran
interessiert sind, die alten Wissenschaftler, die alten Ingenieure – die
alte Intelligenz – zu halten, sie zu fördern, ihre wissenschaftlichen
Kenntnisse auszunutzen. Das sind keine Marxisten-Leninisten, die reden manchen Stuß. Sie werden eine gute Konstruktion fertigbringen,
aber sonst werden sie manchmal grausames Zeug zusammenreden. Das
kommt vor.
Jetzt besteht die Aufgabe darin, zu sehen, wer arbeitet ehrlich, hat aber

bestimmte ernste ideologische Fehler. Es kann sein, daß ein solcher Angehöriger der alten Intelligenz 2-3, ja 4-5 Jahre braucht, bis er im Prozeß seiner eigenen Arbeit versteht, daß unser Weg der richtige ist. Der Mann soll ehrlich arbeiten, nicht mehr, daß sie sozusagen Fanatiker ihres Faches sind.

Wenn ich selbstverständlich davon ausgehe, von dem, was sie zusammenreden, auf einer Schreibmaschine kann ich sofort beweisen, daß es ein Feind ist. So viel Zitate werden wir schon rausbringen. Aber wir wollen also von Euch nicht die Zitate haben, sondern wir wollen eine ernste Analyse. Mir scheint, das ist eine der schwersten Fragen, vor denen wir stehen. Wir haben jetzt einen solchen Fall in Leipzig gehabt, wo ein großer Spezialist, der Leiter einer chemisch-physikalischen Fakultät war, als Fachmann gut gearbeitet hat, aber einen solchen religiösen Stuß zusammengeredet hat, daß die Parteiorganisation und die FDJ gesagt haben, diesen Mann müssen wir entfernen. Wir haben ihnen gesagt, wißt Ihr, da Ihr von der Chemie nicht viel versteht, ist es besser, der Mann arbeitet weiter, und inzwischen lernt ihr erst etwas verstehen von dieser Wissenschaft, dann können wir uns in einigen Jahren unterhalten, wie die Sache weitergeht.

Aber deshalb, weil der Mann in religiöser Beziehung einen großen Stuß erzählt, das können wir nicht als Ausgangspunkt nehmen, den Mann zu entfernen. D.h. Eure Arbeit ist eine sehr verantwortungsvolle. Wir wollen von Euch nicht einfach Zitate darüber haben, was irgendein [7a] Angehöriger der Intelligenz für dummes Zeug redet. In politischer Beziehung oder sonst was. Sondern wir wollen eine exakte, umfassende Einschätzung des Menschen haben. Arbeitet der Mann ehrlich, wie ist seine Arbeit zu beurteilen, welche Gefahren sind bei ihm vorhanden, haben wir die Möglichkeit, im Verlaufe einiger Jahre mit dem Mann zu arbeiten, um ihn soweit zu bringen, daß er von den größten ideologischen Dummheiten abkommt? Wir können nicht von diesen Leuten verlangen, daß sie das in zwei bis drei Monaten lernen, denn es gibt nicht nur Angehörige der Intelligenz, sondern auch andere Leute haben es nicht in 2-3 Monaten begriffen.

Bei manchen Angehörigen der Intelligenz stellen wir Bedingungen, die einfach zu hoch sind. Die Leute sind ein ganzes Leben unter kapitalistischen Bedingungen erzogen worden, haben sich dort entwickelt, haben bestimmte Lebensgewohnheiten, haben eine ideologische Auffassung, die nicht richtig ist, hören außerdem noch feindlichen Rundfunk. Und wir müssen in jedem Fall prüfen, was können wir tun, um diese Menschen zu beeinflussen und sie zu gewinnen, und wir müssen erkennen, wer sind die Agenten? Das bringen wir noch nicht fertig. Wir bringen noch nicht fertig, zu unterscheiden zwischen wirklichen Agenten und solchen, die dummes Zeug reden. Das ist der Unterschied.

Das ist so wie in Leipzig an der Universität, wo die Parteiorganisation beschlossen hat, eine Reihe Jugendlicher von der Universität zu entfernen, mit der Begründung, daß die Betreffenden der Agentenorganisation „Junge Gemeinde"[115] angehören.

115 Inzwischen war die „Junge Gemeinde" in einer amtlichen Verlautbarung vom 27.4.1953 als „illegale Organisation" bezeichnet worden. Vgl. *Fricke*, Opposition, 76 f.; *Köhler*, 107 f.; *Nitsche*, 112 und ferner den in KJ 80, 1953, 141-144 abgedruckten Briefwechsel zwischen Dibelius und Scharf auf der einen und dem Generalstaatsanwalt der DDR, der die Junge Gemeinde ebenfalls „als eine nicht erlaubte Organisation" (143) bezeichnet hatte, auf der anderen Seite. Kurz zuvor hatte sich

Als ich den Beschluß las, haben wir Anweisungen gegeben, daß die Parteiorganisation in Leipzig die Untersuchungen sofort einzustellen hat und daß die Organe des Zentralkomitees der Partei diese selbst übernehmen, mit der Begründung:
Selbstverständlich ist die Führung der „Jungen Gemeinde" als Agenten zu bezeichnen. Aber die Jugendlichen, die irregeführt worden sind, sind dem nicht gleichzustellen. Das ist unmöglich. Das ist der Unterschied zwischen der Führung dieser „Jungen Gemeinde", die Agenten sind, und den Jugendlichen, die sich dieser angeschlossen haben. Es gibt auch einige, die direkt im Auftrage von Westberlin arbeiten, die ebenfalls Agenten sind. Aber Genossen, das müssen wir schon beweisen. Wir können uns nicht damit abfinden und sagen, weil der Jugendliche erklärt hat, daß nach der Bibel die Jungen die Strafe bekommen haben dafür, daß sie etwas nicht gut gemacht haben. Das ist doch kein Beweis, daß er mit Westberlin Verbindung hat, sondern wir [8] hatten nur den Beweis, daß er mit dem Studentenpfarrer Verbindung hatte, und der war ein Agent. Aber der Jugendliche hat sich verführen lassen, und der hatte mit Westberlin keine Verbindung. Diesen Unterschied müssen wir machen. Wir müssen lernen, zu unterscheiden zwischen Agenten und zwischen Leuten, die irregeführt worden sind und die nicht eine Verbindung mit Westberlin haben. Die die Erklärung abgegeben haben, daß sie aus der „Jungen Gemeinde" austreten, von denen wünschen wir, daß sie jetzt gut lernen und mit diesen Dummheiten aufhören. Man muß unterscheiden. Man muß die soziale Herkunft berücksichtigen. Wenn das ein Kulakensohn sagt, werfen wir ihn runter, aber wenn ein Sohn eines Angehörigen der Intelligenz, eines Professors, das sagt, überlegen wir uns das dreimal.
Ich führe diese Beispiele an, um Ihnen zu zeigen, wie kompliziert Ihre Aufgabe ist, daß man vom Schematismus abkommt, weil wir auch verpflichtet sind, wenn wir solche ernsten Tatsachen der Agententätigkeit haben, die betreffenden Leute in dem Betrieb oder in dem betreffenden Gebiet zu informieren, aus dem und dem Grunde sind wir gezwungen, diese Maßnahmen durchzuführen. Wir brauchen ja keine geheimen Verbindungen aufzudecken, aber wir sind meistens in der Lage, zu beweisen, welche feindliche Tätigkeit die Ursache ist, warum Verhaftungen durchgeführt wurden usw. Wir haben die Tatsache zu verzeichnen, daß die Feinde eine sehr systematische Arbeit durchführen, um unser Transportwesen zu stören. Es gibt bei uns eine große Anzahl Unfälle, und es ist uns nicht immer gelungen, die Ursachen aufzudecken und die Feinde, die Sabotagetätigkeit durchzuführen haben, ausfindig zu machen. Das zeigt, daß die Organe der Transportpolizei besser arbeiten müssen, das zeigt aber auch, daß wir im Eisenbahnwesen die Organe der Staatssicherheit systematisch organisieren müssen und daß diese dort strenger, systematischer arbeiten, als das bisher der Fall gewesen ist. Es ist für uns unerträglich, daß so viel Eisenbahnunfälle erfolgen, ohne daß es uns gelingt, die Feinde, die die Sabotagetätigkeit durchgeführt haben, aufzudecken. Die Maßnahmen, die eingeleitet worden

auch der thüringische Landesbischof Moritz Mitzenheim mit einem Beitrag für die Zeitschrift „Glaube und Heimat" (Nr. 13 vom 29.3.1953) ohne Abstriche hinter die Junge Gemeinde stellen wollen. Die gesamte Auflage wurde jedoch „aus der Druckerei abgeholt und tauchte erst wieder am 17.6.1953 auf, als die Zeitungen aus einem Haus auf die Straße geworfen wurden" (Haß, D 52).

sind, sind richtig. Man muß in dieser Beziehung die Arbeit bedeutend verbessern.

Eine andere Frage, die von großer Bedeutung ist, das ist die Frage der Beeinflussung der patriotischen Bevölkerung in Westdeutschland von der DDR aus. [...]
Der Genosse Ministerpräsident Otto Grotewohl hat gesagt: Wir führen keinen Kirchenkampf und kennen keinen Kirchenkampf[116]. Das stimmt. Wir suchen nur gewisse Stützpunkte des Feindes. Ob sie sind in einem Be- [12a] trieb oder in einem Waisenhaus, oder wem das gehört, das ist eine untergeordnete Frage zunächst. Wir interessieren uns für die gegnerische Tätigkeit, und in dem Schloß bei Mansfeld[117] haben wir eben das Zentrum der gegnerischen Tätigkeit gefunden. Und wenn die Kirche [sich] solidarisiert mit solchen Leuten, dann ist es schlecht für die Kirche. Aber an der Tatsache, daß dort ein feindlicher Stützpunkt war, können sie gar nichts ändern. Besser wäre es für die Kirche, wenn sie sich nicht mit solchen Leuten solidarisieren würde. Das wäre für sie viel besser. Nun gut, wenn sie einmal das Bedürfnis hat, die Mitverantwortung für gegnerische Tätigkeit zu übernehmen, das ist dann schließlich ihre Angelegenheit.

116 Vgl. SBZ 1945-1954, 241.
117 Das Schloß Mansfeld wurde beschlagnahmt und diente dem Kombinat Mansfeld „als Kulturhaus und Erholungsheim für Bergarbeiter" (*Köhler*, 116). Am 10.6.1953 vereinbarten Staat und Kirche zunächst, daß das Schloß im Besitz des Kombinats bleiben sollte, doch wurde es später dennoch an die Kirche zurückgegeben. Vgl. *Köhler*, 116; *Koch*, Staat, 52 sowie Dok. 23, Anm. 5.

2
Von 1953 bis zu den Staat-Kirche-Gesprächen im Juni / Juli 1958

Dok. 23
Reich an das MfS, Abt. VI

Erfurt, den 23.7.1953

Schreiben mit eigenhändiger Unterschrift. Absender: Regierung der Deutschen Demokratischen Republik, Ministerium für Staatssicherheit, Bezirksverwaltung Erfurt, Abteilung VI. Tgb.Nr. VI / 556 / 53. Anschrift: An das Ministerium für Staatssicherheit, – Abteilung VI –, Berlin. Betreff: Brief an den Landesbischof Mitzenheim, Eisenach, Pflugensberg. Bezug: Unser Bericht vom 20.7.1953 – Tgb.Nr. VI / 550 / 53. Mit Anlage: Brief Reicharts an Mitzenheim. Empfänger: Herrn Landesbischof D. M. Mitzenheim, Eisenach, Pflugensberg. Absender: Reichart, Frössen üb. Schleiz / Thür. Frössen, den 20.7.1953 (Abschrift).

Von der Abt. M der Kreisverwaltung Eisenach wurde uns anliegende Abschrift übermittelt.
Da der Inhalt des Briefes interessant ist, geben wir Ihnen denselben zur Kenntnisnahme.
[gez.] Reich
Oberleutnant[1]
Leiter der Abt. VI
1 Anlage

Abschrift

Empfänger: Herrn Landesbischof D. M. Mitzenheim, Eisenach, Pflugensberg
Absender: Reichart, Frössen üb. Schleiz / Thür.

Frössen, den 20.7.1953

Sehr geehrter Herr Landesbischof!
Soeben brachte Berlin II die Meldung von der Verurteilung Ihres Bruders.[2] Mit mir werden alle Pfarrer der Thüringer Kirche über dieses Urteil empört sein, über die Begründung und über die Höhe des Strafmaßes. Wird doch damit dem Pfarrer ganz grundsätzlich ein Maulkorb umgehängt und ihm das Recht bestritten, zu den Lebensfragen des Volkes Stellung zu nehmen. Art. 9[3] und 41[4] der Verfassung sind in flagranter Weise verletzt. Der Pfarrer wird, was in keinem Rechtsstaat

---

1   Nach *Fricke*, Staatssicherheit, 51 wurden vermutlich zum 1.10.1952 beim MfS „die bis dahin üblichen Polizeigrade in militärische Dienstgrade umgewandelt".
2   Der Pfarrer Edgar Mitzenheim, Eckolstädt, wurde am 19.7.1953 vom Bezirksgericht Erfurt wegen Beteiligung am Juni-Aufstand zu sechs Jahren Zuchthaus verurteilt. Drei weitere Angeklagte erhielten Gefängnisstrafen bis zu zwei Jahren. Vgl. *Fricke*, Politik, 590.
3   Art. 9 schützte die freie Meinungsäußerung aller Bürger. Vgl. dazu *Mampel*, 49-55.
4   Art. 41 garantierte Glaubens- und Gewissensfreiheit. Vgl. dazu *Mampel*, 165-167.

möglich wäre, für die Geschehnisse in seiner Pfarrei verantwortlich gemacht. Damit wird die Linie vor dem 9.6.[5] fortgesetzt, die dem Pfarrer
z.b. für mangelhafte FDJ-Arbeit die Schuld aufbürden wollte, während
doch allein die mangelhafte Leitung die Ursache war. Und seelsorgli-
che Tätigkeit als Boykotthetze zu bezeichnen, können wir uns alle als
Kampf gegen die Religionsfreiheit betrachten.
Wenn Sie, sehr geehrter Herr Landesbischof, ganz privat durch das
Schicksal Ihres Bruders in doppeltem Sinne belastet werden, so müssen
wir Sie unseres unerschütterten Vertrauens versichern und zugleich der
Teilnahme in der persönlichen Sache. Da dies also nicht lediglich eine
Privatangelegenheit ist, sondern die ganze Thür. Kirche betrifft, möch-
te ich Sie im Namen der Gemeinde und auch in meinem eigenen Na-
men darum bitten, sich mit dem ganzen Gewicht Ihrer Stellung für
eine Revision dieses Urteils einzusetzen.
Verzeihen Sie, sehr geehrter Herr Landesbischof, den persönlichen
Brief. Unter solchen Umständen erscheint mir das notwendig. Mit kei-
nem der Amtsbrüder konnte ich jetzt sprechen, bin aber von Ihrer
sachlichen Übereinstimmung überzeugt.
Ich verbleibe in herzlicher Fürbitte
Ihr sehr ergebener
Reichart
FdRdA.
gez. Fleschl

---

5   Nach dem Tode Stalins am 5.3.1953 hatten in Moskau Malenkow, Molotow und
Berija zunächst gemeinsam seine Nachfolge angetreten. Im Zeichen des nun folgenden „Tauwetters" betrieben Wilhelm Zaisser und Rudolf Herrnstadt den Sturz
Ulbrichts. In dieser Situation proklamierte das Politbüro am 9.6.1953 einen „Neu-
en Kurs" und leitete wirtschaftliche Reformen ein. Vgl. dazu *Weber*, Geschichte,
232-236. Einen Tag später, am 10.6.1953, fand ein Spitzengespräch zwischen Vertretern von Staat und Kirche statt. Von staatlicher Seite nahmen u.a. Ministerpräsident Otto Grotewohl und sein Stellvertreter, der CDU-Vorsitzende Otto Nuschke, sowie der Minister für Staatssicherheit, Wilhelm Zaisser, teil, von kirchlicher
Seite mehrere Bischöfe und kirchenleitende Persönlichkeiten, unter ihnen Otto Dibelius und Propst Heinrich Grüber in seiner Eigenschaft als Bevollmächtigter des
Rates der EKD bei der Regierung der DDR. Beide Seiten kamen überein, daß das
Verhältnis zwischen Staat und Kirche nach den Konflikten um die Junge Gemeinde nun wieder normalisiert werden müsse. In einem Kommuniqué, das das Datum
des 11.7.1953 trägt, sicherte der Staat u.a. zu, „keinerlei weitere Maßnahmen gegen
die sogenannte Junge Gemeinde und sonstige kirchliche Einrichtungen einzuleiten" (zit. nach: *Köhler*, 116). Später wurde das Kommuniqué, an dessen Formulierung von staatlicher Seite Otto Nuschke beteiligt war, von beiden Seiten unterschiedlich ausgelegt. Zu dem Gespräch vgl. *Köhler*, 116-121; KJ 80, 1953, 178-182;
Koch, Staat, 48-53 und die Erinnerungen von *Grüber*, 338-347.

Dok. 24
Aus einem Bericht zur Volksbefragung[6]

Berlin, den 10.6.1954

Auszug aus einem Bericht des Staatssicherheitsdienstes. Betr.: Stimmung in kirchlichen
Kreisen zur Volksbefragung.

Allgemein ist zu verzeichnen, daß sich ein großer Teil der Pfarrer zurückhaltend zeigt. Die Pfarrer warten erst auf die Meinung der höheren Kirchenbehörde. Dies kam ganz klar auf dem Pfarrkonvent in
Senftenberg zum Ausdruck, wo ein Pfarrer dem General-Sup. *Jacob*,
Cottbus, die Frage stellte, „wie sich die Pfarrer zur Volksbefragung
verhalten sollten".
Jacob antwortete darauf, daß er dazu auch noch nichts Konkretes sagen könne, aber die Kirchleitung würde hierüber noch etwas bekannt-
geben. Bisher ist uns noch nichts bekannt geworden, daß von seiten
der Kirchenleitungen etwas an die Pfarrer gegeben wurde.[7]
Aus den Berichten der Bezirksverwaltungen geht hervor, daß sich der
größte Teil der angesprochenen Pfarrer positiv geäußert hat. Es gibt
auch einige Beispiele, wo die Pfarrer ihre negative Einstellung klar zum
Ausdruck brachten.
Positive Beispiele:
1) Der Pfarrer Giese in Plötzkau[8], Bez. Halle sagte:
„Die Tagung des Weltfriedensrates[9] hat einen tiefen Eindruck bei mir
hinterlassen." Er habe jetzt erkannt, daß die EVG[10] das Haupthinder-
nis zur Wiedervereinigung Deutschlands ist. Er wird am Tage der
Volksbefragung noch vor dem Gottesdienst seine Stimme abgeben und
auch seine Gemeinde dazu auffordern.
2) Der Pfarrer Hiller aus Streetz-Natho, Kreis Roßlau, hat sich verpflichtet, am Sonntag nach dem Gottesdienst geschlossen mit seiner
Gemeinde zur Wahlurne zu gehen und offen seine Stimme für den
Frieden abzugeben.
3) Der Pfarrer Müller aus Köthen hat auf einer Einladung zu einer
kirchlichen Veranstaltung drucken lassen:
„Alle wahrhaften Christen gehen am 27.6. zur Volksabstimmung und
geben ihre Stimme für den Frieden ab."

---

6   Vom 27. bis 29.6.1954 wurde in der DDR eine Volksbefragung über die Frage
    „Europäische Verteidigungsgemeinschaft (EVG) oder Friedensvertrag?" durchge-
    führt. An der Abstimmung nahmen 98,6% der Stimmberechtigten teil, 93,5%
    stimmten für „Friedensvertrag". Vgl. Geschichte der DDR, 170 und demgegen-
    über SBZ 1945-1954, 315-319.
7   Tatsächlich veröffentlichte nur die Kirchenleitung der Kirchenprovinz Sachsen am
    14.6.1954 eine Stellungnahme, nachdem sich die Ostkirchenkonferenz nicht über
    ein gemeinsames Vorgehen hatte einigen können. Die Stellungnahme der provinz-
    sächsischen Kirchenleitung ist abgedruckt in: KJ 81, 1954, 123-125.
8   Alle Namen sind im folgenden (ursprünglich) geschwärzt.
9   Vom 24. bis zum 28.5.1954 hatte eine außerordentliche internationale Tagung des
    Weltfriedensrates in Berlin stattgefunden.
10 Die Europäische Verteidigungsgemeinschaft (EVG) wurde am 27.5.1952 von sechs
    westeuropäischen Staaten (Belgien, Bundesrepublik Deutschland, Frankreich, Ita-
    lien, Luxemburg, Niederlande) nach einem Plan des französischen Ministerpräsi-
    denten Pleven zur Aufstellung einer gemeinsamen Verteidigungsstreitmacht mit
    Bindung an die NATO gegründet. Als das französische Parlament den Vertrag am
    30.8.1954 ablehnte, war die EVG faktisch gescheitert.

4) Propst Jänicke, Halle sagte zur Volksbefragung:
Er wird als Staatsbürger selbstverständlich seiner Verpflichtung nachkommen. Er verspricht sich allerdings sehr wenig Änderung durch eine erfolgreiche Volksbefragung, weil die Menschen im Westen nicht die Gefahr eines neuen Krieges durch die EVG erkennen, da sie zu stark von Presse und Funk beeinflußt werden.
5) Propst Bor[r]mann, Angermünde, Bez. Frankfurt / O. will mit den Pfarrern seines Kreises Rücksprache führen und sie darauf hinweisen, daß sie sich positiv für die Volksbefragung einsetzen sollen.
Diese Beispiele könnten noch erweitert werden.

Negative Beispiele:
Der Pfarrer Siegert aus Boddin, Krs. Teterow, antwortete Vertretern der DSF[11] in bezug auf die Volksbefragung:
Er lehne es konsequent ab, die Volksbefragung zu unterstützen, er könne es nicht mit seinem Gewissen vereinbaren, denn wenn er sich hierfür einsetzen würde, wäre die Spaltung Deutschlands noch größer. Er ist der Ansicht, daß unsere Regierung nicht gewählt, sondern lediglich von Moskau eingesetzt wurde. Er führte weiter an, daß er für die Regierung der DDR nichts übrig hat, da diese die Kirche bekämpft, und somit werde er sich nicht an der Volksbefragung beteiligen.
Als übler Hetzer ist in der letzten Zeit der Pfarrer Hecht aus Frauensee, Bez. Suhl hervorgetreten. Seine Diskussionen sind gegen die Volksbefragung gerichtet. Er verherrlicht den 17. Juni[12], indem er ihn als Kirchenkampf hinstellt. Hecht verherrlicht weiter die Stärke der USA und versucht den Menschen klarzumachen: Wenn sie wüßten, was kommt, würden sie aus der Partei und nicht aus der Kirche austreten. [3]
Von Schwerin wurde weiter gemeldet, daß im Pfarramt Perleberg davon gesprochen wurde, eine Hauptpropaganda gegen das Volkbegehren durchzuführen.

Dok. 25
Befehl Wollwebers

Berlin, den 21. Dezember 1954

Schreiben ohne eigenständige Unterschrift. Absender: Regierung der Deutschen Demokratischen Republik, Ministerium des Innern, Staatssekretariat für Staatssicherheit[13] – Der Staatssekretär – GVS 2490 / 54.

11 Die Gesellschaft für Deutsch-Sowjetische Freundschaft (GDSF oder DSF) wurde 1947 als Gesellschaft zum Studium der Kultur der Sowjetunion gegründet und 1949 in GDSF umbenannt. Als Massenorganisation propagierte sie die Vorbildlichkeit der Sowjetunion in allen Bereichen des gesellschaftlichen und staatlichen Lebens.
12 Gemeint ist der Arbeiteraufstand vom 17. Juni 1953. Aus der umfangreichen Literatur über den Arbeiteraufstand vgl. v.a. *Baring; Spittmann / Fricke* und den Literaturüberblick bei *Kellermann.*
13 Der Ministerrat der DDR hatte bereits am 23.7.1953 den Beschluß gefaßt, das MfS in ein Staatssekretariat für Staatssicherheit (SfS) umzuwandeln. Der Hintergrund für diese Maßnahme war der Sturz des bisherigen Ministers Wilhelm Zaisser, der zusammen mit Rudolf Herrnstadt die Ablösung Ulbrichts betrieben hatte. Vgl.

Die reaktionären Kirchenleitungen der evangelischen und katholischen Kirche verletzen fortwährend die Beschlüsse der Regierung über die Beziehungen zwischen Staat und Kirche vom 1[0]. Juni 1953 und führen eine direkte feindliche Tätigkeit zur Untergrabung der von der Regierung beschlossenen Maßnahmen durch.
Es ist bewiesen, daß in vielen Fällen, besonders in der letzten Zeit, die Agentenzentralen und Geheimdienste die Kirchen und Sekten für ihre verbrecherische Tätigkeit gegen die DDR, UdSSR und Länder der Volksdemokratien benutzen.
Demgegenüber ist die operative Arbeit der Organe des Staatssekretariats für Staatssicherheit zur Durchkreuzung der Feindtätigkeit der Kirchen und Sekten noch unzulänglich.
Um die feindliche Tätigkeit zur Untergrabung der von der Regierung beschlossenen Maßnahmen erfolgreich zu bekämpfen, *befehle ich:* [2]
1. Innerhalb der Hauptabteilung V des Staatssekretariats für Staatssicherheit ist aus dem bisherigen Referat Kirchen und Sekten eine Abteilung (V / 6) zu bilden. Die Abteilung gliedert sich in 3 Referate, und zwar:
a) Katholische Kirche
b) Evangelische Kirche
c) Sekten.
2. In jeder Bezirksverwaltung ist ein entsprechendes Referat mit folgender Besetzung zu schaffen:
Bezirksverwaltung Suhl: 4 Mitarbeiter.
3. Für die Schaffung der Abteilung im SfS innerhalb von zwei Wochen sind die Genossen: Oberst *Wichert* und Oberst *Beater*, für den Aufbau der Referate in den Bezirken die Chefs der Bezirksverwaltungen verantwortlich.
Die Abteilung und Referate sind mit qualifizierten und erfahrenen Mitarbeitern zu besetzen.
Die Parteiorganisation muß bei der politischen Auswahl der für diese Arbeit geeigneten Genossen mit eingeschaltet werden.
4. In den Kreisen, in denen die Kirchen und die Sekten großen Einfluß auf die Bevölkerung ausüben, ist nach Ermessen des Leiters der Bezirksverwaltung ein Mitarbeiter in der Kreisdienststelle zur Bearbeitung dieses Sachgebietes zu bestimmen.
5. Die Chefs der Bezirksverwaltungen und Leiter der Abteilungen V sind verpflichtet, die systematische Anleitung und Kontrolle der Arbeit der operativen Mitarbeiter zu gewährleisten.
Um diese Aufgabe durchführen zu können, ist es erforderlich, daß die Leiter der jeweiligen Bezirksverwaltung sowie deren Stellvertreter und die Leiter der Abteilungen V persönlich qualifizierte Werbungen von Geistlichen [3] vorbereiten und durchführen und mit besonders wertvollen GM oder GI zusammenarbeiten.
Werbungen von Geistlichen sind nur mit Sanktion der Hauptabteilung V des SfS durchzuführen.
Bei der Durchführung schwieriger Werbungen sind die Mitarbeiter der

---

Dok. 23, Anm. 5. Zaisser wurde nun für das Versagen des MfS vor dem 17. Juni 1953 verantwortlich gemacht. An seiner Stelle wurde nun Ernst Wollweber Staatssekretär im SfS. Vgl. zu diesen Vorgängen *Fricke*, Staatssicherheit, 27-30 und Staatssicherheitsdienst, 18-22 sowie Einleitung, 3.

HA V / 6 verpflichtet, den Bezirksverwaltungen sowie Kreisdienststellen Hilfe zu gewähren.

6. Über der feindlichen Tätigkeit verdächtige Pfarrer, Kirchenangestellte und fanatische Anhänger der katholischen und evangelischen, reaktionären Kirchenleitungen sind Überprüfungsvorgänge anzulegen, die durch aktive Bearbeitung in kurzer Zeit zu Operativ-Vorgängen entwickelt werden.

Bevor Festnahmen von Pfarrern durchgeführt werden, sind die Bezirksverwaltungen sowie Kreisdienststellen verpflichtet, dem Staatssekretariat für Staatssicherheit, HA V / 6 einen ausführlichen Sachstandsbericht zu übersenden.

Der Leiter der HA V hat die Berichte über bevorstehende Festnahmen dem Leiter der HA IX vorzulegen, zwecks Einholung des Standpunktes der HA IX, der zur Bestätigung oder Ablehnung für den Haftbeschluß dient.

Die Chefs der Bezirksverwaltungen haben Dienstbesprechungen mit den Leitern der Abteilungen II, III, VII, IX und XIII durchzuführen, in denen sie auf die Notwendigkeit der verstärkten operativen Bearbeitung feindlicher Personen in Kirchenstellungen hinweisen.

Die Abteilungen II, III, VII, IX und XIII haben alles vorhandene oder noch anfallende Material über die Kirchen und Sekten den Abteilungen V der Bezirksverwaltungen zu übergeben.

Es sind Objektakten über Klöster, Priesterseminare, Schulen, theologische Fakultäten, Krankenhäuser, Kinder- und Altersheime, evangelische Akademien, Jungmännerwerk und Kolpingwerk usw. anzulegen. Die operative Arbeit in diesen Objekten ist voranzutreiben. [4]

7. Die Bearbeitung der evangelischen und katholischen Studentengemeinden sowie Jungmännerwerk und Junge Gemeinde ist zu verstärken, um Maßnahmen zur Entlarvung ihrer feindlichen und antidemokratischen Tätigkeit zu ergreifen.

8. In dem Auskunftsbericht Nr. 1433 / 54 vom 9. August 1954 und Nachtrag vom 1.12.54 wird darauf hingewiesen, daß es einige Gruppen von Pfarrern gibt, die gegen die reaktionäre Kirchenleitung eingestellt sind.

Außerdem gibt es Gruppierungen von Pfarrern, die in dem Freien Konvent die Vertreter ihrer Interessen sehen. Es ist weiter bekannt, daß eine ganze Reihe von Pfarrern und Kirchenangestellten aktiv in der Friedensbewegung mitarbeitet.

Die eben genannten Personengruppen sind mit dem Ziel aufzuklären, um

a) Werbungen durchzuführen,

b) den Kreis der Gegner der reaktionären Kirchenleitungen zu erweitern,

c) den Kreis der Sympathisierenden für den Freien Konvent zu erweitern.

9. Die Leiter der Abteilungen V der Bezirksverwaltungen sind verpflichtet, vierteljährlich – erstmalig am 31. Jan. 1955 – der HA V / 6 des SfS konkrete Berichte über die durchgeführte Arbeit auf dem Gebiet der Kirche zu übersenden.

Diese Berichte sind vom Leiter der Bezirksverwaltung abzuzeichnen.

Außer diesen Meldungen ist dem SfS über durchgeführte Werbungen sowie über wertvolles Material aus GM- und GI-Mitteilungen und anderen Quellen zu berichten.

10. Die Hauptabteilung Kader und Schulung ist für die Durchführung
von Lektionen über feindliche Tätigkeit der Kirchen in den Fachschulen und in Schulungen des Staatssekretariats für Staatssicherheit verantwortlich.
Die dazu benötigten Materialien hat die HA V zu stellen.
Außerdem sind kurzfristig Spezialkurse für die Mitarbeiter auf der Linie V / 6 zu organisieren.
Der erste Kurs für die neu in dieser Richtung tätigen Mitarbeiter hat
am 6.1.55 zu beginnen.
11. Vollzugsmeldung über die befohlene Organisierung der Referate ist
14 Tage nach Erhalt des Befehls zu geben.
[gez.] *Wollweber*
– Staatssekretär –
F.d.R.d.A.:
gez. *Harm*
Oberstleutnant

Dok. 26
Mielkes Dienstanweisung Nr. 9 / 56

Berlin, den 2.3.1956

Schreiben ohne eigenhändige Unterschrift. Absender: Regierung der Deutschen Demokratischen Republik, Ministerium für Staatssicherheit[14], 1. Stellvertreter des Ministers.
Tgb.Nr.: VM / GVS 114 / 56. GVS 477 / 56. Dienstanweisung Nr. 9 / 56. Bes. Kennzeichnung: persönlich!

Eine starke Stütze der Bourgeoisie ist die Kirche verschiedener Konfessionen. Die bestehenden Kirchen in der DDR sind durch die Trennung von Staat und Kirche um ein [be]achtliches in ihrem Einfluß auf
die Menschen zurückgedrängt und werden mehr und mehr gezwungen, sich den rein kirchlichen Angelegenheiten zu widmen.
Die Kirchen in der DDR werden aber von den Kirchenleitungen, die
ihren Sitz in Westberlin und Westdeutschland haben, angeleitet. Da der
größte Teil der Kirchenfunktionäre, Pfarrer, Angestellten usw. Anhänger der westdeutschen Kirchenleitungen sind, stellen die verschiedenar-
tigen kirchlichen Einrichtungen, einschließlich Innere Mission, Bahnhofsmission[15], Junge Gemeinde usw., eine legale Position der feindlichen Kräfte innerhalb der DDR dar.
Die reaktionären Kirchenleitungen, wie z.B. Dibelius, beeinflussen und
nutzen diese bestehenden kirchlichen Einrichtungen in der DDR zur

14 Am 24.11.1955 war die Staatssicherheit wieder in ein eigenes Ministerium unter
    der Leitung Wollwebers umgewandelt worden. Mielke wurde wie schon unter
    Zaisser Staatssekretär und 1. Stellvertreter des Ministers. Vgl. dazu *Fricke*, Staatssi-
    cherheit, 32 und Staatssicherheitsdienst, 20.
15 Anfang 1956 wurde „die Kirche von einer umfassenden Aktion der Polizei gegen
    die Bahnhofsmission überrascht" (KJ 83, 1956, 144). Eine Reihe von Mitarbeitern
    und Mitarbeiterinnen der Bahnhofsmission in verschiedenen Städten der DDR
    wurde verhaftet und verschiedene Bahnhofsmissionen geschlossen. Vgl. ebd., 144-
    149 und *Solberg*, 192-194.

Durchsetzung der Politik der Bourgeoisie und einer Politik, die sich gegen den Frieden richtet, aus. [2]
In Westdeutschland setzen sich diese reaktionären Führer für die Schaffung einer Söldner-Armee[16] ein – in der DDR hetzen sie gegen die Schaffung einer nationalen Volksarmee.[17]
In Westdeutschland rufen sie die Bevölkerung zur Duldsamkeit und Achtung der Obrigkeit auf, der Regierung, die gegen eine friedliche Verständigung ist – in der DDR versuchen sie die Gläubigen in Gegensatz zur Regierung des Friedens zu bringen.
Der reaktionäre Bischof Dibelius erklärte vor kurzem in London, daß der Standpunkt der evangelischen Kirche sich gegen die Koexistenz richtet[18]. Am 23.1.1956 trat der gleiche Bischof mit Papst Pius XII. zwecks gemeinsamen Vorgehens gegen die fortschrittliche Entwicklung in der DDR in Verbindung[19].
Die Untersuchungen gegen die Tätigkeit der Bahnhofsmission erbrachten eindeutig den Beweis, daß sie für Spionage und andere Zwecke von der reaktionären Kirchenleitung mißbraucht wird.
Die reaktionäre Tätigkeit steht im Gegensatz zu dem größten Teil der gläubigen Menschen, die für den Frieden sind, jedoch sich nicht den feindlichen Einflüssen der kirchenamtlichen Personen entziehen können, da sie in Überzeugung der Richtigkeit der kirchlichen Lehre die Bindung zur Kirche halten.
Fortschrittliche Kräfte innerhalb der Kirche sammeln sich im „Freien Konvent". Es gibt Kirchengemeinden, die getrennt von der Kirchenleitung Westberlins und Westdeutschlands ihren Kult pflegen. Da jedoch die reaktionäre Kirchenleitung ihren feindlichen Einfluß gegenüber der DDR unter Ausnutzung aller legal bestehenden Möglichkeiten der Kirche in der DDR aktiviert, ist es notwendig, eine Reihe konkreter Maßnahmen gegen diese Feindtätigkeit einzuleiten.
Es wird daher angewiesen:
1.) Bezirksverwaltungen, die im Gebiet der jeweiligen Landeskirche liegen, arbeiten zusammen, tauschen ihre Erfahrungen aus und legen gemeinsame operative Maßnahmen zur Durchführung fest.
2.) Die Bezirksverwaltungen, in denen der Sitz der jeweiligen Landeskirchenleitung liegt, sind federführend in der Zusammenarbeit.
3.) Die Zusammenarbeit der einzelnen Bezirksverwaltungen ist wie folgt durchzuführen:

„Pommersche Kirche – Greifswald"
Bez.-Verw. *Rostock*
Bez.-Verw. *Neubrandenburg*

---

16 Hier wird auf die 1954 einsetzenden Bemühungen der „Dienststelle Blank" der Regierung Adenauer angespielt, den Aufbau einer bundesdeutschen Freiwilligenarmee voranzutreiben. An ca. 130 000 Freiwillige wurden zu dieser Zeit Bewerbungsbögen versandt. Vgl. *Borkenhagen*, 61.

17 Das Gesetz zur Schaffung der Nationalen Volksarmee (NVA) wurde am 18.1.1956 verabschiedet. Am 28.1.1956 wurde die NVA in den Warschauer Pakt aufgenommen.

18 Dibelius hatte im Jahr zuvor in einer Predigt einmal mehr die Verhältnisse in der DDR kritisiert. Vgl. den polemischen Bericht im ND vom 18.6.1955.

19 Am 23.1.1956 besuchte Otto Dibelius Pius XII. auf der Durchreise nach Australien im Vatikan. „Vor allem ging es um die Frage, wie die Kirche unter kommunistischer Herrschaft existieren könne" (*Stupperich*, 582; vgl. auch *Dibelius*, Christ, 329 f.).

„Ev.-luth. Landeskirche Mecklenburg"
Bez.-Verw. *Schwerin*
Bez.-Verw. *Rostock*
Bez.-Verw. *Neubrandenburg*

„Ev. Kirche Berlin-Brandenburg"
Verw. *Groß-Berlin*
Bez.-Verw. *Potsdam*
Bez.-Verw. *Frankfurt*
Bez.-Verw. *Cottbus*
KD Perleberg (BV Schwerin)
KD Prenzlau (BV Neubrandenburg)
KD Templin (BV Neubrandenburg) [4]

„Ev. Kirchenprovinz Sachsen, Sitz Magdeburg"
Bez.-Verw. *Magdeburg*
Bez.-Verw. *Halle*
KD Bad Liebenwerda (BV Cottbus)
KD Herzberg (BV Cottbus)
KD Jessen (BV Cottbus)
KD Torgau (BV Leipzig)
KD Eilenburg (BV Leipzig)
KD Delitzsch (BV Leipzig)
KD Worbis (BV Erfurt)
KD Heiligenstadt (BV Erfurt)
KD Mühlhausen (BV Erfurt)
KD Sömmerda (BV Erfurt)
KD Erfurt (BV Erfurt)
KD Suhl (BV Erfurt)

„Ev.-luth. Kirche Thüringen"
Bez.-Verw. *Erfurt*
Bez.-Verw. *Suhl*
Bez.-Verw. *Gera*
KD Altenburg (BV Leipzig)
KD Schmölln (BV Leipzig)

„Ev.-luth. Landeskirche Sachsen"
Bez.-Verw. *Dresden*
Bez.-Verw. *Leipzig*
Bez.-Verw. *Karl-Marx-Stadt*

„Ev. Kirche von Schlesien, Sitz Görlitz"
KD Görlitz (BV Dresden)
KD Weißwasser (BV Cottbus)
KD Hoyerswerda (BV Cottbus) [5]
Der Sachbearbeiter der Linie V / 4 der KD Görlitz ist verantwortlich
für die Zusammenarbeit.

„Ev. Landeskirche Anhalt, Sitz Dessau"
Zur Bearbeitung dieser Kirche zieht sich der Referatsleiter der Bez.-
Verw. Halle (V / 4) den Sachbearbeiter der Linie V der Kreisdienststel-
le Dessau und Zerbst heran.

Da die Grenzen der verschiedenen Landeskirchen noch außerhalb der
genannten Bezirke liegen und bereits genannte Kreisgebiete anderer

Bezirke umfassen, sind die Kreisdienststellen bzw. Sachbearbeiter der Linie V verpflichtet, wichtige Vorkommnisse auf diesem Gebiet der Bezirksverwaltung zu berichten, die verantwortlich für die Bearbeitung der Kirchenleitung ist.
4.) Es sind in der Regel alle 2 Monate Zusammenkünfte in der 1. bzw. 2. Woche des Monats durchzuführen.
Die Termine sind rechtzeitig der Hauptabteilung V / 4 des Ministeriums zu melden. [6]
5.) *Bearbeitung der Landeskirchenleitungen:*
Im Vordergrund der Bearbeitung der Kirchenleitungen steht die Schaffung und Ausnutzung der Opposition von Pfarrern gegen die reaktionären Kirchenleitungen.
a) Verstärkte Bearbeitung des „Freien Konvents", Schaffung von Stützpunkten in den jeweiligen Landeskirchenleitungen entsprechend den auf der Arbeitstagung festgelegten Maßnahmen, wobei die Bezirksverwaltung, in der der Sitz der Landeskirchenleitung ist, verantwortlich für die Schaffung der Stützpunkte ist.
b) Schaffung von qualifizierten Agenturen und Eindringen in die reaktionären Kirchenleitungen.
Die Bezirksverwaltungen, in deren Bereich die Landeskirchenleitung ihren Sitz hat, sind verantwortlich für das Anlegen und Bearbeiten der Objektvorgänge.
c) Mit dem Referat für Kulturfragen beim Rat des Bezirkes bzw. Kreises, der VP – besonders Abteilung K[20] –, der Bezirksleitung der Partei und der FDJ, – dem Bezirks-, Kreis- und Ortsausschuß der Jugendweihe sowie den Referaten V / 1, V / 3 und den Abteilungen XIII ist zusammenzuarbeiten mit dem Ziel, daß von diesen Stellen keine Maßnahmen eingeleitet werden, für die das MfS zuständig ist und ohne daß das MfS davon Kenntnis hat. [7]
Die Zusammenarbeit ist so zu gestalten, daß alle Möglichkeiten der
a) Anwerbung
b) Popularisierung
ausgenutzt werden.
Strengste Konspiration ist einzuhalten.
d) Eingehender Erfahrungsaustausch in der operativen Bearbeitung aller Fragen, die mit der Jugendweihe, den reaktionären Pfarrern usw. zusammenhängen.
6.) Die Junge Gemeinde und die Evangelische Studentengemeinde treten besonders in der Zersetzungstätigkeit der Freien Deutschen Jugend in Erscheinung[21]. Hinweise der Planung und Lenkung dieser Feindtätigkeit durch Westberliner und westdeutsche Agentenzentralen sind gegeben.
In diesem Zusammenhang wird auf die Dienstanweisung Nr. 23 / 52[22], den Auskunftsbericht und den Maßnahmeplan hingewiesen, aus denen die Notwendigkeit der Bearbeitung dieser kirchlichen Jugendorganisationen hervorgeht.

---

20 Gemeint ist die Kriminalpolizei.
21 Nach dem 17.6.1953 war der Kampf des Staates gegen die kirchlichen Jugendorganisationen nach und nach wieder verschärft worden. Vgl. dazu *Köhler*, 127-143; KJ 81, 1954, 135-137; KJ 82, 1955, 151-154; KJ 83, 1956, 179 und 189-191.
22 S.o. Dok. 21.

7.) Über die Ergebnisse der Bearbeitung, über auftretende positive und negative Erscheinungen, ist laufend Bericht zu erstatten.

8.) Zur Ausnutzung aller vorhandenen Möglichkeiten zur Bekämpfung der reaktionären Kirchenführer und ihrer feindlichen Tätigkeit haben die Leiter der Hauptabteilungen und selbständigen Abteilungen von I bis IX, [8], XIII und XV im Rahmen einer Dienstversammlung ihre Mitarbeiter anzuweisen, ihre vorhandenen Agenturen nach folgenden Punkten zu überprüfen:

a) Welche Agentur unterhält zu welchen führenden Personen der Kirchen und Sekten engere Verbindungen, und welche Möglichkeiten der Verbindung zu diesem Personenkreis können hergestellt werden.

b) Sind in den operativen Abteilungen operative Vorgänge, Materialien, Hinweise vorhanden, die Aufschluß über feindliche Tätigkeit von Kirchenführern und sonstigen Kirchenangestellten geben, wie z.B. Verbindungen zu Agentenzentralen oder westdeutschen Regierungsstellen sowie höheren Angestellten der Besatzungsmacht, Feindtätigkeit im Gebiet der DDR, Beihilfe zur Republikflucht[23], Abwerbung von Spezialisten und Jugendlichen.

c) Gibt es Hinweise der Agenturen über Widersprüche und Oppositionserscheinungen in den Kirchenleitungen und Leitungen der Sekten, z.B. innerhalb der Glaubensrichtungen der Ev. Kirchen, zwischen der ev. Kirche, kath. Kirche und den Sekten?

9.) Federführend in der Bearbeitung der Kirchen und Sekten ist die Hauptabteilung V / Abt. 4 sowie in den Bezirksverwaltungen die Abteilung V / Referat 4.

Alles überprüfte Material, was auf diesem Gebiet anfällt, wie z.B. Hinweise über moralische, sittliche und kriminelle Vergehen von Pfarrern und Kirchenangestellten sowie Predigern und leitenden [9] Funktionären der Sekten, ist dieser Abteilung bzw. diesem Referat zu übergeben bzw. die Koordinierung in der Bearbeitung sicherzustellen.

Über die Abgabe einer Agentur entscheidet die Leitung des Ministeriums.

10.) Geplante Festnahmen von kirchlichen Angestellten oder Angehörigen der Sekten sind nur nach vorheriger Absprache mit obengenannter Abteilung durchzuführen.

Bei den Vernehmungen von inhaftierten Personen ist streng auf die Glaubenszugehörigkeit und Verbindungen zu höheren Kirchenkreisen sowie Zugehörigkeit zu Sekten zu achten.

[gez.] *Mielke*
Generalleutnant
F.d.R.
[gez.] [...][24]
Hauptmann

---

23   Nach 8 des Paßgesetzes vom 15.9.1954 wurde die Republikflucht verboten (GBl. I, 1954, 786). Ein Änderungsgesetz wurde am 11.12.1957 verabschiedet (GBl. I, 1957, 650). Vgl. auch *Mampel*, 48 f. und *Fricke*, Politik, 417-423.
24   Der Name ist unleserlich.

Dok. 27
Mielke an Ulbricht

Berlin, den 12.6.1956

Schreiben mit Paraphe Mielkes. Absender: Regierung der Deutschen Demokratischen Republik, Ministerium für Staatssicherheit, 1. Stellvertreter des Ministers. Anschrift: An den 1. Sekretär des ZK der SED, Genossen Walter Ulbricht. Tgb.Nr.: VM 309 / 56. Ohne Anlage.

Lieber Walter!
Beiliegend empfängst Du eine Übersicht[25], wie der Deutsche Evangelische Kirchentag vom 8.-12.8.1956 in Frankfurt / Main[26] durchgeführt werden soll.
Ich schlage vor, eine Aussprache mit den dafür zuständigen Genossen vom ZK der Partei unter Beiwohnen von Mitarbeitern des MfS, die für diese Arbeit verantwortlich sind, unter meiner Leitung durchzuführen. In dieser Aussprache müßten gleichzeitig einige grundsätzliche Fragen zur Arbeit in den Kirchenfragen behandelt werden, z.B. wie groß der Kreis der progressiven evangelischen Pfarrer zur DDR ist und wie mit diesen Pfarrern weiter gearbeitet werden soll, um – falls es einmal in der Zukunft notwendig werden sollte – diese Pfarrer als entscheidende Kraft gegen die reaktionäre Kirchenleitung auch in organisatorischer Hinsicht zu einer Zusammenarbeit mit der Regierung der DDR zu bringen. Ich bitte um Deine Meinung.
Auf Linie unserer Informations-Abteilung ist die Information zu dem Deutschen Evangelischen Kirchentag an die Genossen *Grotewohl*[27] und *Wandel*[28] gegangen.
– Anlage –
Mit sozialistischem Gruß
[gez.] Mi[elke]

Dok. 28
Mielke an die übrigen Stellvertreter des Ministers und die Leiter verschiedener Hauptabteilungen

Berlin, den 15.6.1957

Schreiben mit eigenhändiger Unterschrift. Absender: 1. Stellvertreter des Ministers. Tgb.Nr.: VM 146 / 57. Anschrift: An die Stellvertreter des Ministers, Genossen Generalmajor Walter, Last, Oberst Beater, Generalmajor Weikert. Leiter der Haupt-Abt.: I, II, III, V, VI, VII, VIII, IX und XIII. Bezug: Schr. v. 15.6.57 / Tgb.Nr. VM 144 / 57.

FS an die Leiter aller Bezirksverwaltungen:

25 Es handelt sich um eine Hektographie des offiziellen Kirchentagsprogramms.
26 Zum Frankfurter Kirchentag vgl. auch den Berichtsband unter dem Titel „Erlebter Kirchentag" sowie KJ 83, 1956, 118-138.
27 Ministerpräsident.
28 Sekretär für Kultur und Erziehung im ZK der SED.

Die reaktionären Kreise der Kirchenleitungen haben ein staatsfeindliches Schreiben zu den Wahlen[29] herausgegeben[30].
Die Superintendenten haben am 14.6. in Westberlin auf einer Konferenz Anweisungen entgegengenommen zur Vorlesung einer Stellungnahme gegen die Wahlen von der Kanzel am Sonntag, dem 16.6.
Folgende Gegenmaßnahmen sind durch Partei und Regierung einleitet:
I.
1.) Fernsehgespräch progressiver Pfarrer von der Wartburger Konferenz.[31]
2.) Auftreten vor Rundfunk und Presse von progressiven Pfarrern.
3.) Vertreter der Nationalen Front sprechen mit allen Pfarrern.
4.) Falls staatsfeindliche Reden von der Kanzel gehalten werden, sollen die progressiven religiösen Menschen demonstrativ die Kirche verlassen.
5.) Der Innenminister der DDR macht die reaktionären Kirchenleitungen darauf aufmerksam, daß
a.) die Verbreitung solcher Dokumente gegen die Gesetze verstößt, [2]
b.) diese Dokumente die Gleichheit mit der Kriegsseelsorge in der Bonner Armee und Unterstützung der NATO-Politik[32] beweisen,
c.) die Gesetze und Verordnungen zur Wahl von der Volkskammer angenommen sind und ein Verstoß gegen diese eine Verletzung der Verfassung bedeutet.
6.) Die Bezirksleitungen der Partei wurden entsprechend informiert.
II.
Die Organe der Staatssicherheit treffen Maßnahmen zur Unterstützung der Durchsetzung der von Partei und Regierung getroffenen Anweisungen.
1.) Einsatzstab bilden ab 22.6. 8.00 Uhr bis 25.6. 8.00 Uhr.
2.) Melden, welche Maßnahmen gegen die reaktionären Kirchenkreise in der DDR wie auch woanders vorgeschlagen werden (auch Festnahmen).
3.) Meldung über jedes feindliche Auftreten der Pfarrer.

---

29 Am 23.6.1957 fanden in der DDR Kommunalwahlen statt. Nach der offiziellen Zählung entfielen 99,52% der Stimmen auf die Kandidaten der Nationalen Front. Vgl. die Angaben in: Unser Staat, 47 f.
30 Vgl. die Rundverfügung des Evangelischen Konsistoriums Berlin-Brandenburg an die Pfarrer vom 12.6.1957 (abgedruckt in: KJ 84, 1957, 173f) und das Rechtsgutachten zu den Wahlen, das die Kirchenkanzlei der EKD am 4.6.1957 an alle Kirchenleitungen versandte (ebd., 174 f).
31 Bei der Wartburger Konferenz handelte es sich um ein Treffen von „progressiven" Pfarrern, zu dem die Nationale Front eingeladen hatte. Nachdem u.a. der Stellvertretende Ministerpräsident und CDU-Vorsitzende Otto Nuschke zu den Teilnehmern gesprochen hatte, unterzeichneten 110 evangelische Pfarrer ein „Wort von der Wartburg", in dem zur Wahl von Kandidaten der Nationalen Front bei den Kommunalwahlen am 23.6.1957 aufgerufen wurde. Der Text ist abgedruckt in: Glaube & Gewissen – Eine protestantische Monatsschrift 3 / 7, 1957, 121.
32 Vier Monate zuvor, am 30.7.1957, war der Militärseelsorgevertrag zwischen der EKD und der Bundesrepublik Deutschland in Kraft getreten. Vgl. *Huber*, Kirche und Öffentlichkeit, 247-294, hier bes.: 258. Der Abschluß des Militärseelsorgevertrages führte zu einer erneuten Verschlechterung des Verhältnisses zwischen Staat und Kirche in der DDR. Vgl. *Dähn*, 64-67; *Dahlgren*, 114-126 und KJ 84, 1957, 136-147. Staatlicherseits warf man der Kirche vor, sie binde sich durch den Vertrag einseitig an die NATO und sei so zu einer Militär- oder gar zu einer NATO-Kirche geworden. Dieser Vorwurf wurde juristisch von dem Staatsrechtler Krüger begründet. Vgl. dazu *Dähn*, 65.

III.
1.) Achtung auf:
Einschleusung von Hetzschriften durch Ballons und Personen,
2.) Störungsversuche der Agenten des Ostbüros[33] am 16.6. beim Fest des Rundfunks in Berlin wie auch am Tage des 17.6.
3.) Reiseverkehr von Westberlin und Westdeutschland. Ausflugsorte unter Kontrolle halten. [3]
4.) Sektorengrenze, Ring um Berlin, Demarkationslinie wie angewiesen mit allen zuständigen Organen sichern.
5.) Reise-Agenturen[34] auf den Zügen einsetzen.
IV.
1.) Alle Schwerpunkte unter Kontrolle halten, besonders Universitäten.
2.) Alle Störungen der Wahlen durch vorbeugende Tätigkeit verhindern, auch durch Festnahmen.
3.) Besondere Vorkommnisse unter Einhaltung der Konspiration sofort telefonisch, sonst über Linie XI oder Kurier an Unterzeichneten melden.
[gez.] Mielke
Generalleutnant

Dok. 29
Beschluß der Dienstkonferenz

Berlin, den 5.11.1957

Beschluß der Dienstkonferenz am 1.11.1957[35], ohne Unterschrift. Bereich: Hauptabteilung V / 4. GVS 1993 / 57.

Beschluß der Dienstkonferenz am 1.11.1957
Nach Beendigung der am 1.11.1957 durchgeführten Dienstkonferenz wurden, nach Beratung mit allen anwesenden Abteilungsleitern V sowie Referatsleitern und Mitarbeitern der Linie V / 4, folgende Maßnahmen und Aufgaben beschlossen, die sofort in Angriff genommen werden:
1. Entsprechend der Wichtigkeit der vor uns stehenden Hauptaufgaben macht es sich erforderlich, nach folgenden Schwerpunkten die Arbeit zu organisieren:
Bezirksverwaltung Groß-Berlin
Objektvorgang Ev. Kirchenleitung Berlin-Brandenburg
Objektvorgang Evangelische Akademien
Objektvorgang Evangelische Studentengemeinde
Objektvorgang Katholische Kirchenleitung
Objektvorgang Jesuitenniederlassungen Berlin-Biesdorf und Dahlem

---

33   Gemeint ist hier vermutlich das Ostbüro der SPD.
34   Bei den Reise-Agenturen handelt es sich vermutlich um die später sog. „Hauptamtlichen Inoffiziellen Mitarbeiter" (HIM).
35   Am selben Tag hatte Wollweber als Minister zurücktreten müssen, weil er sich „einer Anti-Ulbricht-Opposition um Politbüro-Mitglied und ZK-Sekretär Karl Schirdewan zugewandt hatte" (*Fricke*, Staatssicherheit, 33). An seiner Stelle wurde nun Erich Mielke zum Minister für Staatssicherheit ernannt. Vgl. auch Staatssicherheitsdienst, 20 f.

Objektvorgang Katholische Studentengemeinde
Objektvorgang Kolpingorganisation
Bezirksverwaltung Rostock
Objektvorgang Evangelische Kirchenleitung Greifswald
Objektvorgang Evangelische Studentengemeinde
Objektvorgang Kolpingorganisation
Objektvorgang Katholische Studentengemeinde
Objektvorgang Jesuitenniederlassungen Rostock
Objektvorgang Theologische Fakultät Greifswald [2]
Bezirksverwaltung Schwerin
Objektvorgang Evangelische Kirchenleitung
Objektvorgang Katholische Kirchenleitung
Bezirksverwaltung Neubrandenburg
Gemeinsame Bearbeitung der Kirchenleitung Greifswald und Schwerin
mit den Bezirksverwaltungen Rostock und Schwerin; Unterstützung
der Bearbeitung der Evangelischen Studentengemeinde
Kirchliche Konzentrationen an der Grenze und unter den Umsiedlern
Bezirksverwaltung Potsdam
Objektvorgang Ev. Kirchenleitung Berlin-Brandenburg
Objektvorgang Evangelische Studentengemeinde
Katholische Konzentration in Hennigsdorf
Westberlin
Objektvorgang Predigerseminar in Hermannswerder[35a]
Bezirksverwaltung Cottbus
Hauskreise der Evangelischen Akademie von Berlin
Objektvorgang Kolpingorganisation
Kirchliche Konzentration unter den Sorben
Mitbearbeitung der „Restschlesischen Kirchenleitung Görlitz"
Bezirksverwaltung Frankfurt / Oder
Objektvorgang Evangelische Studentengemeinde Forstakademie Eberswalde
Hauskreise der Evangelischen Akademien von Berlin sowie die Tagungsstätte der Evangelischen Kirche in Bad Saarow
Unterstützung der Bearbeitung des Restbistums „Breslau" der Bezirksverwaltung Dresden.
Objektvorgang Priesterseminar in Neuzelle [3]
Bezirksverwaltung Dresden
Objektvorgang Evangelische Kirchenleitung Dresden, Sachsen
Objektvorgang Evangelische Kirchenleitung Görlitz
Objektvorgang Evangelische Akademie Meissen
Objektvorgang Evangelische Studentengemeinde
Objektvorgang Katholische Kirchenleitung Bistum Meissen
Objektvorgang Kath. Kirchenleitung „Restbistum Breslau"
Objektvorgang Kolpingorganisation
Objektvorgang Jesuitenniederlassungen
Objektvorgang Katholische Studentengemeinde
Kirchliche Konzentration unter den Sorben
Bezirksverwaltung Leipzig
Objektvorgang Evangelische Studentengemeinde mit aktiven Kleinkreisen

---

35a   Gemeint ist das Kirchliche Oberseminar Potsdam-Hermannswerder.

Objektvorgang Theologische Fakultät
Objektvorgang Kolpingorganisation
Objektvorgang Katholische Studentengemeinde
Objektvorgang Jesuitenniederlassungen
Bezirksverwaltung Karl-Marx-Stadt
Objektvorgang Evangelische Studentengemeinde Bergakademie Freiberg
Koordinierung der Bearbeitung des Bistums Meißen und der Landeskirche Sachsen (Ev. KL) mit der BV Dresden
Objektvorgang Kolpingorganisation
Objektvorgang Jesuitenniederlassung
Bezirksverwaltung Magdeburg
Objektvorgang Evangelische Kirchenleitung Magdeburg
Objektvorgang Evangelische Akademien
Objektvorgang Evangelische Studentengemeinden
Objektvorgang Katholische Kirchenleitung
Objektvorgang Kolpingorganisation
Objektvorgang Jesuitenniederlassungen
Objektvorgang Priesterseminar in Huyburg [4]
Bezirksverwaltung Halle
Objektvorgang Evangelische Kirchenleitung Dessau
Objektvorgang Evangelische Akademien
Objektvorgang Theologische Fakultät
Objektvorgang Kolpingorganisation
Objektvorgang Katholische Studentengemeinde
Objektvorgang Predigerseminar Wittenberg und Katholisches [sic! Katechetisches] Oberseminar Naumburg
Bezirksverwaltung Erfurt
Objektvorgang Evangelische Kirchenleitung Thüringen / Eisenach
Objektvorgang Evangelische Akademien
Objektvorgang Evangelische Studentengemeinden
Objektvorgang Katholische Kirchenleitung
Objektvorgang Kolpingorganisation
Objektvorgang Katholische Studentengemeinde
Objektvorgang Jesuitenniederlassungen
Objektvorgang Priesterseminar Erfurt
Bezirksverwaltung Suhl
Objektvorgang Katholische Kirchenleitung Meiningen
Jesuit in Oberhof
Bezirksverwaltung Gera
Objektvorgang Evangelische Studentengemeinde
Objektvorgang Theologische Fakultät Jena
Objektvorgang Katholische Studentengemeinde
Objektvorgang Jesuitenniederlassungen [5]

2. Um die großen Aufgaben, die jetzt auf dem Gebiet der Abwehr feindlicher Handlungen der reaktionären Kirchenleitungen sich ergeben, durchführen zu können, sind alle Möglichkeiten und Mittel – praktisch aus der Reserve – mit in den Kampf einzubeziehen.
Zu diesem Zweck ist die Arbeit auf breitere Schultern zu legen und dafür auch bei anderen Abteilungen und auf allen Linien die notwendige Interessiertheit zu erwecken. Deshalb sind [für] die bei der Dienstkonferenz am 1.11.1957 gemeinsam beratenen Einzelmaßnahmen bei

der Durchführung von wichtigen Parteiversammlungen Diskussions-
beiträge vorzubereiten und keine Parteiveranstaltung in dieser Hinsicht, keine Dienstbesprechungen in den Bezirksverwaltungen und
Kreisdienststellen vorübergehen zu lassen, ohne auf die notwendige
Arbeit, besonders in den Kreisgebieten zur Erreichung geeigneter Abwehrmaßnahmen gegen die reaktionären Kirchenleitungen hinzuweisen.
In jedem Quartal ist ein Auskunftsbericht zu erarbeiten mit dem Ziel,
andere Abteilungen mit in die Abwehrmaßnahmen gegen die reaktionären Kirchenleitungen und deren Einrichtungen einzubeziehen und
Verständnis dafür zu erwecken.
Um die allgemeine Interessiertheit zu erreichen, sind diese Auskunftsberichte an die Abteilungen II, III, VI, VII, VIII, IX, XIII und XV zu
übergeben.
3. Zur rationellen Ausnutzung aller Möglichkeiten sind solche Einrichtungen, wie zum Beispiel Rat des Bezirkes und Kreises, Volkspolizei,
Massenorganisationen, bürgerliche Parteien, Nationale Front u.ä. voll
auszunutzen; das gilt auch für die Bezirks- und Kreisleitungen unserer
Partei, für die Betriebsparteiorganisationen (Industrie und Landwirtschaft) sowie für die Parteiorganisationen der öffentlichen Verwaltungen und Wohngebiete. [6]
4. Zur Entlastung der operativen Mitarbeiter sind solche Maßnahmen
einzuleiten wie das Besetzen wichtiger Schlüsselpositionen, die Verwendung von inoffiziellen Mitarbeitern überörtlichen Charakters und
die Einschaltung besoldeter GHI[36].
5. Zur Erweiterung des Kampfes gegen die reaktionären Kirchenleitungen ist eine bessere Koordinierung in der Abteilung V selbst durchzuführen. Darüber hinaus muß ein ständiger, enger Kontakt mit den Abteilungen IX und XIV gehalten werden.
Für die Ausnutzung aller Möglichkeiten in anderen Abteilungen haben
die zuständigen Stellvertreter Operativ[37] die volle Verantwortung.
6. Die Erfahrung zeigt, daß die reaktionären Kirchenleitungen immer
neue, raffinierte und versteckte Methoden gegen den sozialistischen
Aufbau ersinnen; daher ist eine ständige Übersicht zur Verfolgung der
feindlichen Bewegungen dringend erforderlich und ist nur durch eine
allseitige Verbesserung des Berichtswesens und der Meldepflicht über
wichtige Vorkommnisse möglich.
7. [Hinsichtlich der] Bearbeitung von feindlichen Kräften unter den
Umsiedlern ist wie [bei dem] bei der Dienstkonferenz am 1.11.57 geschilderten Beispiel Henningsdorf in allen Bezirken – besonders in den
Grenzgebieten – zu verfahren.
8. Die Bearbeitung von Operativvorgängen ist dahingehend zu qualifizieren, daß die Beweismaterialien schon bei Anlegung eines Vorganges
vorliegen. In der operativen Bearbeitung der registrierten und neu an-
zulegenden Vorgänge sind mit der Hauptabteilung V / 4 sofort gemeinsame Maßnahmepläne mit konkreter Terminstellung und festgelegter Verantwortlichkeit auszuarbeiten. [7]

36   Vermutlich handelt es sich hier um flexibel eingesetzte, hauptamtliche IMs. Gehei-
      me Hauptinformatoren hatten die Aufgabe, weitere IMs zu führen.
37   Bei den Stellvertretern Operativ handelt es sich um zwei Stellvertreter des Leiters
      einer Bezirksverwaltung – neben den Stellvertretern Aufklärung und Sicherstel-
      lung –, denen eine Reihe operativer Abteilungen unterstand.

Über die Durchführung der zur Dienstkonferenz am 1.11.1957 festgelegten und gemeinsam beratenen Maßnahmen werden die Referatsleiter V / 4 im Januar 1958 zur Tagung im Ministerium für Staatssicherheit berichten. Im März 1958 findet eine Tagung aller Abteilungsleiter V, Referatsleiter und Mitarbeiter der Linie V / 4 der Bezirksverwaltungen im MfS statt, bei der ebenfalls Rechenschaft über die geleistete Arbeit anhand dieses Beschlusses abgelegt wird.

Dok. 30
Auszüge aus Lageberichten

Auszüge aus Lageberichten des Staatssicherheitsdienstes über die „Feindtätigkeit" im Berliner Stadtbezirk Köpenick, in Magdeburg und im „demokratischen Sektor von Groß-Berlin".

Betrifft: Stadtbezirk Köpenick, 9.5.1958
IV. Kirchen
Der größte Teil der Pfarrer ist negativ zu unserer Regierung und zur SED eingestellt. Dies geht aus vielen Predigten hervor, indem eine offene Hetze von der Kanzel betrieben wird. Besonders reaktionär treten in Köpenick der Superintendent *Figur* und der Pfarrer *Brix* in Erscheinung. Von seiten der Kirche wird versucht, durch eine aktive Tätigkeit der Jungen Gemeinde Einfluß vor allen Dingen unter der Jugend zu gewinnen. Besonders kommt ihre feindliche Haltung darin zum Ausdruck, daß sie gegen die Durchführung der Jugendweihe[38] arbeiten.

Magdeburg, 14.5.1958

In der folgenden Zeit machte sich immer mehr ein Zustand der Unsicherheit bemerkbar. In dieser Situation wurde bekannt, daß der Oberkonsistorialrat *Anz* und die Oberkonsistorialrätin *Zippel* seit langer Zeit ein intimes Verhältnis hatten. Sie mußten deshalb aus dem Konsistorium ausscheiden. *Anz* war der Leiter der politischen Abteilung und in dieser Position eine der Hauptstützen der Reaktion. Der Nachfolger für *Anz* wurde Oberkonsistorialrat *Ammer*. Nachdem auf diese Weise die Spitzen der Reaktion ausgeschaltet waren, versuchte Oberkonsistorialrat *Hemprich* die Führung an sich zu reißen. Im Verlaufe der weiteren Untersuchungen wurde der Oberkonsistorialrat *Harder* und der Kraftfahrer des Bischofs, *Heidecke* republikflüchtig.

---

38   Die Auseinandersetzungen zwischen Kirche und Staat um die Jugendweihe hatten schon 1954 begonnen. Die Kirche verstand die Einführung der Jugendweihe als eine gegen die Konfirmation gerichtete Aktion und erklärte die Jugendweihe für unvereinbar mit der Konfirmation, weil sie auf der sozialistisch-atheistischen Weltanschauung basiere. Vgl. dazu *Köhler*, 134-142; KJ 81, 1954, 141-147; KJ 82, 1955, 113-146; KJ 83, 1956, 184-188; KJ 84, 1957, 151-159 und *Dähn*, 52-64. 1958 erlebte die Jugendweihe ihren endgültigen „Durchbruch". „Das Bekenntnis bei der Jugendweihe erhielt den Rang eines Bekenntnisses sowohl zum Sozialismus als auch zum Staat und zur Staatstreue. Schlagartig gehen die Anmeldungen zur Konfirmation zurück. Im gleichen Maße steigen die Anmeldungen bei der Jugendweihe" (*Köhler*, 142 f., hier: 142; vgl. auch KJ 85, 1958, 182-198). Zur Tradition der Jugendweihe als solcher vgl. *Hallberg*, zur Jugendweihe in der DDR bes. 139-145.

Durch die Gesamtheit aller durchgeführten Maßnahmen wurde erreicht, daß der Einfluß der reaktionären Kräfte in der Kirchenleitung Magdeburg zurückgedrängt wurde. Es konnte festgestellt werden, daß Bischof *Jänicke* bemüht ist, nach und nach die Führung im Konsistorium zu übernehmen.
Damals gingen von seiner Seite Bestrebungen aus, ein besseres Verhältnis zum Staat herzustellen. Ende Dezember 1957 trat *Jänicke* mit einem Plan zur Änderung der Situation in Fragen Jugendweihe-Konfirmation auf. Er forderte die Verlegung der Konfirmation auf das 18. Lebensjahr; im 14. Lebensjahr sollte nur noch eine einfache Einsegnung, deren Vereinbarung mit der Jugendweihe zugestimmt werden könnte, durchgeführt werden. Dieser Plan wurde von der Kirchenleitung Magdeburg und auch auf der Bischofskonferenz am 13.1.1958 abgelehnt[39]. Lediglich der Oberkonsisitorialrat *Hemprich* hat die Auffassungen Bischof *Jänickes* unterstützt. In einer Diskussion hat H. wörtlich erklärt: „Aber seien Sie davon überzeugt, hier werden, wenn nicht heute, dann in einem Jahr oder in einem halben Jahr Konzessionen gemacht, noch ganz anderer Art."
Auf der Bischofskonferenz im Januar 1958 und in einem persönlichen Gespräch ist es zu Meinungsverschiedenheiten zwischen *Jänicke* und *Dibelius* gekommen. J. hat sich geweigert, weiterhin unbesehen Anweisungen von *Dibelius* entgegenzunehmen[40].

Groß-Berlin, 21.6.1958

V. Lage in den Blockparteien.
1. CDU
Die CDU im demokratischen Sektor hat die Aufgabe, die Menschen aus den christlichen Kreisen für den Aufbau des Sozialismus zu gewinnen. Zu diesem Punkt ist zu sagen, daß der Bezirksvorstand der CDU in Berlin dieser Aufgabe nicht gerecht wird. Der Einfluß auf die christlichen Kreise, sogar auf die eigenen Mitglieder, ist sehr gering. Ausdruck dafür ist, daß die Mitgliederzahl des Bezirksverbandes, die 1953 1789 betrug, bis zum jetzigen Zeitpunkt auf 1073 gesunken ist. Die Mitgliederzahl geht laufend zurück. Die Neuwerbungen sind sehr gering. Bei den Mitgliedern der CDU selbst ist eine große Inaktivität zu spüren. Ein Grund dafür ist mit, daß die meisten Mitglieder der CDU beitraten, wo diese im Gegensatz zu jetzt einen rein kleinbürgerlichen Charakter trug und damals nicht die Frage der Unterstützung des Aufbaues des Sozialismus [be]stand. Das Parteileben in der CDU ist äußerst müde. Die Interessenlosigkeit der Mitglieder wirkt sich auf die Funktionäre oftmals so aus, daß sie lustlos und gezwungenermaßen

---

39 Auch Jänicke hat seinen Kurs wenig später wieder korrigiert. Jedenfalls heißt es in dem Bericht der „Jungen Kirche" von Juli 1958 über die Landessynode der Kirchenprovinz Sachsen, Jänicke habe die Konfirmation für „mit der Jugendweihe unvereinbar" erklärt, „da der atheistische Charakter der Jugendweihe von den Anhängern des Marxismus-Leninismus immer stärker betont werde" (JK 19, 1958, 365).
40 Gemeint ist eine Besprechung der Bischöfe der östlichen Landeskirchen am 13.1.1958 in Berlin-Charlottenburg. Die Besprechung, in der v.a. um die Frage der Unvereinbarkeit von Jugendweihe und Konfirmation ging, war von der thüringischen Landeskirche angeregt worden. Vgl. EZA 4 / KB I 4411 Bd. III (Jugendweihe 1.1957-2.1958).

ihre Aufgaben erfüllen. Bei diesen Funktionären handelt es sich zum großen Teil um die hauptamtlichen Kreissekretäre.

Bei der Einschätzung der Tätigkeit der CDU ist sehr wichtig zu beachten, daß sich gerade in Berlin die schädlichen Einflüsse der West-CDU stark bemerkbar machen.

Z.B. bestehen im demokratischen Sektor 8 illegale Kreisverbände (genannt „Ortsverbände") der West-CDU und 8 illegale Kreisverbände der „Jungen Union"[41], die sehr aktiv tätig sind. [31]

Der Personenkreis, aus dem sich diese illegalen Kreisverbände der West-CDU zusammensetzen, [besteht] größtenteils [aus] religiös stark gebundenen Menschen, ausgetretenen und ausgeschlossenen Mitgliedern aus der CDU im demokratischen Sektor, die mit deren Zielen nicht mehr einverstanden sind, sowie Republikflüchtigen.

Diese Zusammensetzung zeigt, daß es sich hier um Konzentrationen von Gegnern unseres Staates und unserer sozialistischen Ordnung handelt. Zum Landesparteitag der CDU in Westberlin waren die 8 illegalen Kreisverbände mit 48 Delegierten vertreten, die 40% der Gesamtdelegierten ausmachten.

Festgestellt wurde, daß die Delegierten der illegalen Kreisverbände, die sich als Vertreter der CDU im demokratischen Sektor aufspielen, auf die West-CDU einen Druck ausüben, dem diese nicht widerstehen kann.

So hatten die sogenannten „Vertreter der Ost-CDU" auf dem letzten Landesparteitag der West-CDU den Vorschlag gemacht, Anton *Weber*, den Verantwortlichen für die sogenannte „Ostarbeit", wieder als stellvertretenden Landesvorsitzenden der West-CDU kandidieren zu lassen, wogegen schon im vorigen Jahr die West-Kreisverbände protestiert hatten. Die „Ostverbände" setzten ihren Vorschlag durch, weil sie androhten, eine Gegenmaßnahme als Provokation aufzufassen und aus Protest den Saal zu verlassen.

Zur Charakterisierung der illegalen Kreisverbände der „Jungen Union" sei gesagt, daß diese als Kaderreserve der West-CDU für die schnelle Besetzung von wichtigen Funktionen im sogenannten „Ernstfall" vorgesehen sind.

Die bekanntgewordenen Mitglieder verhalten sich zur Zeit in ihrer Wohngegend ruhig und anständig, oftmals sogar fortschrittlich. Zum überwiegenden Teil haben sie im demokratischen Sektor die Oberschule besucht.

Zum Beispiel ist ein Mitglied in einer verantwortlichen Funktion eines volkseigenen Großbetriebes tätig und wird von dort sehr positiv beurteilt. Ein Mitglied arbeitet im Verlag der „Jungen Welt" und wird als aktives FDJ-Mitglied charakterisiert (wird operativ bearbeitet). [32]

Die Mitgliederzahl der „Jungen Union" wird auf ca. 80 geschätzt, wovon ca. 50% im demokratischen Sektor wohnen. Die Zusammenkünfte der Mitglieder erfolgen, ebenfalls wie bei den illegalen Kreisverbänden der West-CDU, in Westberlin, wo die einzelnen Kreisverbände gesondert zusammenkommen und die Mitglieder sich nur mit dem Vornamen ansprechen, um die Konspiration zu wahren. Die Funktionäre wohnen fast alle in Westberlin. Es handelt sich hierbei zum überwiegenden Teil um Republikflüchtlinge.

---

41 Die Junge Union ist die satzungsmäßig unabhängige Nachwuchsorganisation der CDU.

Über die Tätigkeit der „Ostbüros der CDU" ist [...]⁴² als Spionage-
zentrale bereits mehrmals entlarvt worden.
Wichtig ist jedoch anzuführen, daß das „Ostbüro der CDU" bei der
Lenkung der illegalen Kreisverbände der West-CDU und der illegalen
Kreisverbände der „Jungen Union" eine entscheidende Rolle spielt.
Während die illegalen Kreisverbände im demokratischen Sektor aktiv
feindlich arbeiten, befaßt sich das „Ostbüro der CDU" speziell mit
dem Gebiet der DDR.
Im Gegensatz zu dem mangelnden Interesse der Mitglieder der CDU
im demokratischen Sektor stehen die Mitglieder der illegalen Kreisverbände der West-CDU fest zur Politik Adenauers. Eine entscheidende
Rolle in dieser Frage spielt wahrscheinlich die Kirche, die Adenauer
zum Verfechter des Christentums propagiert.
Die sichtbare politische Wirksamkeit der CDU im demokratischen
Sektor, die in einigen Fällen als befriedigend bezeichnet werden kann,
ist auf die Aktivität der Funktionäre zurückzuführen, die wichtige Positionen im Staatsapparat oder in der Wirtschaft innehaben und sich
dazu verpflichtet fühlen. Bei diesem politischen Wirken wird die inner-
parteiliche Arbeit auf der untersten Ebene, nämlich in den einzelnen
Ortsgruppen, vernachlässigt. [...]

VI. Einflüsse der reaktionären Kirchenleitungen
Die evangelische Kirchenleitung Berlin-Brandenburg ist besonders bemüht, reaktionäre Kräfte nach Berlin zu holen.
Von den 7 Superintendenturen des Sprengels II⁴³, der im wesentlichen
den demokratischen Sektor von Berlin umfaßt, kann gesagt werden,
daß sie zu den reaktionärsten Kräften der Kirchenleitung in Berlin-
Brandenburg gehören.
Ihr Einfluß erklärt auch die überwiegend negative Haltung der Pfarrerschaft.
Als erstes tritt die Feindtätigkeit vorwiegend in Form von Kanzelhetze
in Erscheinung. Dazu bedienen sich die reaktionären Kirchenkreise der
im demokratischen Sektor von Berlin bestehenden ca. 100 Predigerstätten der evangelischen Kirche und der ca. 57 Predigerstätten der katholischen Kirche.
Die politischen Richtlinien für ihre Predigten erhalten die evangelischen Pfarrer zu Beginn jeden Monats durch den Bischof Dibelius in
der Marienkirche im demokratischen Sektor.
In diesen Predigten betreibt Dibelius eine ständige Hetze gegen die
DDR, spricht unter anderem von der Vergewaltigung elementarster
Menschenrechte und daß alle Anwesenden es noch erleben werden,
daß die Befreiung kommt. Im Frühjahr 1957 betonte Dibelius in der
Marienkirche⁴⁴, daß dem System der DDR das immerwährende Nein
der Christen gelten müsse.
Die Kanzelhetze ist jedoch nicht die einzige Form der Feindtätigkeit.
Die eigentliche Wühlarbeit wird von den einzelnen Organisationen der

---

42   Die folgenden Worte sind geschwärzt.
43   Dies waren: Ernst Pätzold (Stadt I), Erich Schöning (Stadt III, Verw.), Hermann
     Himmel (Berlin-Land), Dietrich Jungklaus (Friedrichshain), Herbert Kriwath
     (Friedrichswerder, Verw.), Fritz Figur (Oberspree), Friedrich Krahnert (Pankow)
     und Otto Berendts (Reinickendorf).
44   Dibelius bezog sich in seiner Ansprache auf die Behinderung der freien Meinungs-
     äußerung in der DDR. Vgl. den Bericht in „Der Kurier" vom 8.4.1957.

Kirche betrieben, mit denen versucht wird, alle Bevölkerungsschichten zu gewinnen. Besonderes Interesse zeigen die reaktionären Kirchenkreise für die Gewinnung unserer zukünftigen sozialistischen Intelligenz. [35]
Die Evangelische Studentengemeinde umfaßt ca. 300 Studenten im demokratischen Sektor. Wöchentlich finden Bibelstunden und Kleinkreise statt, wo der Marxismus verleumdet und entstellt wird. Die Resultate der ständigen negativen Beeinflussung dieser Studenten kamen kraß auf dem Nordgemeindetreffen im November 1957 zum Vorschein.
Folgende Diskussionen kamen auf:
„Jedes gute Arbeitsstück in der DDR hilft die Spaltung Deutschlands vertiefen."
„Durch schlechte Produktion führen wir um so eher das Chaos herbei."
„Kartoffelaktionen sind eine wirtschaftliche Sache. Wenn wir keine Kartoffeln sammeln, führen wir die nötige Unruhe herbei, die uns hilft, den Staat zu beseitigen."
„Unser Staat ist ein Auto; wir mißtrauen dem Fahrer, weil wir wissen, daß er uns in den Graben fährt. Wenn wir das Wasser entdecken, müssen wir ihm das Steuer aus den Händen reißen."
„Durch Republikfluchten gelangen wir schneller zur Einheit Deutschlands."
Das sind keine nur ideologischen Auseinandersetzungen zwischen Materialismus und Religion mehr, das sind Vorbereitungen zur Konterrevolution.
Die Tätigkeit der Evangelischen Studentengemeinde ist weiterhin darauf gerichtet, eine Massenbasis unter den Studenten zu schaffen. Dazu dienen die sogenannten offenen Abende und Großveranstaltungen mit Tanz.
Um einen recht großen Kreis der Studenten anzusprechen und diese Abende interessant zu gestalten, werden Persönlichkeiten des öffentlichen Lebens zu Vorträgen und Aussprachen eingeladen.
Nicht weniger aktiv arbeitet die etwas zahlenmäßig schwächere Katholische Studentengemeinde.
Anfang Februar fand eine Tagung der Katholischen Studentengemeinde mit Jesuitenpater Wetter in Westberlin statt, wobei dieser folgendes zum Ausdruck brachte:
Die katholische Kirche müsse den Menschen im sozialistischen Lager den Weg weisen, da ein ideologisches Vakuum entstanden sei, welches von der Kirche sofort ausgefüllt werden müsse. Ein Herr Müller von der evangelischen Kirche sagte dazu, daß eine gemeinsame Front zwischen Katholiken und Protestanten geschaffen werden müsse, um die DDR erfolgreich zu bekämpfen, was von den Teilnehmern begrüßt wurde. Auch SPD-Professoren von Westberlin waren zu dieser Tagung anwesend. Es kommt den reaktionären Kirchenführern aber nicht nur darauf an, unsere Jugend für ihre schmutzigen Ziele zu gewinnen.
In diesem Zusammenhang muß auch die Kolpingorganisation[45] genannt werden.
In ihrer Tätigkeit, die zum überwiegenden Teil staatsfeindlichen Charakter trägt, bedienen sich die örtlichen Kolpingfamilien im demokrati-

---

45   Vgl. Dok. 18, Anm. 86.

schen Sektor konspirativer Methoden, um die Aufmerksamkeit der
Staatsorgane von sich zu lenken und sie zu täuschen.
Auf Anweisung der Westberliner Kolpingzentrale tarnt sich die Mehr-
zahl der Gruppen mit der Deckbezeichnung „Männerwerk".
Man verleugnet die Existenz der Gruppen und sagt, daß es Kolpingfamilien einmal vor dem Kriege hier gegeben hat. Jetzt gäbe es keine.
Man streitet auch eine Zugehörigkeit zur Westberliner Zentrale und
jegliche Verbindung mit ihr ab.
In Wirklichkeit wird schriftliches Material durch Kuriere aus den einzelnen Gruppen in der Zentrale abgeholt. Auch werden die Bezeichnungen für die ernannten und gewählten Funktionäre, wie Präses
(Geistlicher), Vizepräses, Senior, Altsenior, Schriftführer, Kassierer u.a.,
seitens der Funktionäre und von den Mitgliedern zum größten Teil abgestritten und verleugnet.
Die Tarnbezeichnung „Männerwerk" für die Kolpingfamilie benutzen
die Gruppen in den Pfarreien St. Georg in Pankow, Hl. Familie in der
Wichertstraße und Corpus Christi in der Thornerstraße. Die Tarnbezeichnung „Männerkreis im Geiste Kolpings" benutzt die Kolpingfamilie in der Pfarrei St. Pius in der Palisadenstraße (wird operativ bearbeitet). [37]
Von dieser Organisation wurden 1957 in Westberlin Fragebogen an die
Funktionäre verteilt.
Unter der Bezeichnung „Zur Verbesserung des Betriebsklimas" stand
derselbe in seiner Ausführung einem umfassenden Spionagebericht
nicht nach.
Darin sollten die Mitglieder alle Daten usw. des Betriebes mitteilen
und selbst Vorschläge machen, wie eine Konzentration der Kolping-
söhne in den Betrieben geschaffen werden kann.
An der Spitze der Kolpingorganisation in Berlin steht ein Jesuitenpater.
Auch Adenauer ist Mitglied dieser Organisation. Die Mitglieder der
Organisation sind überall in den VEB und Institutionen verstreut, wo
sie eine umfangreiche Spionagetätigkeit durchführen können.
So war zum Beispiel der Anfang des Jahres flüchtig gewordene Betriebsleiter von VEB Farben und Lacke in Pankow ein fanatischer Anhänger der Kolpingfamilie.
Nicht unwesentlich sind die Versuche der evangelischen Kirche, in der
Arbeiterklasse und Kreisen der Intelligenz stärker Fuß zu fassen, wobei die reaktionären Kirchenkreise sehr wohl erkannt haben, daß sie
den Kampf mit religiösen Phrasen heute nicht mehr gewinnen können.
Zu diesem Zweck wurden die sogenannten Evangelischen Akademien
gebildet, die nicht so streng religiös an die Fragen herangehen, weil das
marxistische Gedankengut schon zu tief in unseren arbeitenden Menschen verwurzelt ist.
Der Marxismus wird nicht mehr grundlegend abgelehnt, sondern entstellt und zurechtgestutzt, wie ihn diese Kreise wünschen, wobei
Schriften von Leonhard[46] und anderen Revisionisten mitverteilt werden.
In dieser Richtung liegt auch die Bildung eines sogenannten Arbeits-

---

46   Gemeint ist vermutlich Wolfgang Leonhard, der zusammen mit der Gruppe Ulb-
     richt aus der Sowjetunion in die DDR zurückgekommen war und später über Ju-
     goslawien in den Westen flüchtete. Bekannt geworden ist er v.a. durch sein Buch
     „Die Revolution entläßt ihre Kinder", Köln / Berlin 1955.

kreises für Soziologie, dessen ideologischer Kopf ein Pfarrer Schremm, Prenzlauer Berg, ist.
Die monatlichen Vortragsabende finden meist im Gemeindehaus der Eliasgemeinde, Göhrenerstraße, Stadtbezirk Prenzlauer Berg, statt. [38] Die Themenstellung wird vom Generalsuperintendenten Führ gestellt, und dieser läßt sich auch über die geleistete Arbeit berichten.
Einschleusung von Theologen unter der Tarnung als Hilfsarbeiter in die Betriebe ist eine weitere Methode, wie es das Beispiel im VEB Transformatorenwerk Oberschöneweide zeigt. Durch Hinweise des MfS in Zusammenarbeit mit der Betriebsparteiorganisation konnten hier drei dieser Vertrauensmänner der Kirche wieder aus dem Betrieb entfernt werden.
Doch auch an den Christen und am Klerus geht die gesellschaftliche Entwicklung in unserem Staat und die Massenbewegung gegen die Atomgefahr nicht spurlos vorüber.
Auf der Ende April dieses Jahres stattgefundenen Generalsynode der EKiD trat erstmalig die Opposition der Synodalen gegen den NATO-Flügel der Synode dermaßen stark in Erscheinung[47], daß es Bischof Dibelius nur mit Hilfe demagogischer Machenschaften gelang, seine NATO-Konzeption durchzusetzen. Unter dem Vorwand, die Kirche könne gespalten werden, gelang es Dibelius[48], die Oppositionellen, die durchaus keine Revolutionäre und besondere Freunde unseres Staates sind, zu betören.
Erstmalig in der Geschichte der Synoden mußte aufgrund der Volksbewegung, des Drucks von außen, ein Tagesordnungspunkt in die Beratungen aufgenommen werden, der nicht vorgesehen und der reaktionären Kirchenleitung nicht genehm war.
Es traten derartig tiefe Widersprüche auf der Synode auf, die die Synode an den Rand der Spaltung führten. Auf der darauf erfolgten Provinzialsynode von Berlin-Brandenburg wurde Dibelius erneut und noch in schärferer Form angegriffen[49].
Als erste Reaktion der katholischen Kirche auf die Generalsynode der EKiD gab Bischof Döpfner einen Hirtenbrief[50] heraus, der von allen katholischen Kanzeln verlesen wurde und eine wüste Hetze gegen die sozialistische Erziehung der Jugend in der DDR beinhaltete.

---

47 Vgl. die in KJ 85, 1958, 46-66 bzw. 75 abgedruckten Redebeiträge.
48 Vgl. dazu die Entschließungen der Synode, abgedruckt in: KJ 85, 1958, 66.
49 Besonders Heinrich Vogel setzte sich in seinem Votum einmal mehr kritisch mit der Haltung von Bischof Dibelius auseinander. Vgl. den Berichtsband: Verhandlungen der Provinzialsynode 1957, 68-73.
50 Gemeint ist vermutlich ein Fastenhirtenbrief Döpfners zum Thema „Christliche Familie heute", teilweise veröffentlicht in: St. Hedwigsblatt, 16.2.1958 (Ost-Berlin). Döpfner beklagte das Auseinanderbrechen der Familie und bezog sich dabei v.a. auf die zunehmende Berufstätigkeit von Frauen, die ganztägige Betreuung der Kinder in „Kindergärten und [...] Tagesstätten" und beklagte, daß viele Familien in zu kleinen Wohnungen leben müßten. Die Verbreitung dieser Ausgabe wurde vom Presseamt beim Ministerpräsidenten der DDR verboten (Herder-Korrespondenz 9 / 12, 1957 / 58, 422-427).

Dok. 31
Beater[51] an die Leiter der BV / Verwaltungen

Berlin, den 4.7.1958

Beglaubigte Abschrift ohne eigenhändige Unterschrift. Absender: Regierung der Deutschen Demokratischen Republik, Ministerium für Staatssicherheit, Stellvertreter des Ministers. Anschrift: An das Ministerium für Staatssicherheit, Bezirksverwaltung / Verwaltung, – Leiter –. Betreff: Besprechung der Referatsleiter der Linie V / 4 am 13.6.1958 im MfS Berlin. Tgb.Nr.: BdL 789 / 58. Mit Anlage: Informationen über die ev. und kath. Kirche. Betr.: a) Verlauf der Generalsynode der EKD, die vom 26. - 30. April in Berlin stattfand und die sich daraus ergebenden operativen Aufgaben. b) Vorbereitungen zum 78. Katholikentag vom 13. - 17. August 1958.

Am 13.6.1958 fand im MfS Berlin eine Besprechung der Referatsleiter auf der Linie V / 4 statt, auf der im wesentlichen die im beiliegenden Informationsmaterial enthaltenen Punkte behandelt wurden und als Grundlage für weitere operative Bearbeitung anzusehen sind.
Diese Materialien bitte ich zu studieren und bei der Anleitung der Genossen auf der Linie V / 4 zu berücksichtigen.
In diesem Zusammenhang weise ich nochmals darauf hin, daß eine bessere Zusammenarbeit zwischen der Abteilung V und der Abteilung VII erfolgen muß, um besonders bei Festnahmen von Pfarrern oder anderen höheren Kirchenangestellten durch die VP vorher Rücksprache mit der Abteilung V bzw. Hauptabteilung V / 4 zu nehmen. Es geht nicht mehr an, daß die VP Pfarrer oder andere Angestellte der Kirchen inhaftiert, ohne daß die zuständige Abteilung in den Bezirksverwaltungen bzw. die Hauptabteilung V / 4 davon Kenntnis hat. Mehrere Beispiele wurden von den Genossen Referatsleitern bei der Besprechung am 13.6.1958 in dieser Richtung gebracht.
Anlagen
Beater
Oberst

F.d.R.
[gez.] Bär
Oberstleutnant

[Anlagen]
Hauptabteilung V / 4

Berlin, den 18.6.1958

Information
Betr.: a) Verlauf der Generalsynode der EKD, die vom 26.-30.4.1958 in Berlin stattfand, und die sich daraus ergebenden operativen Aufgaben.
b) Vorbereitungen zum 78. Katholikentag vom 13. - 17. August 1958.

a) Die Periode vor der Generalsynode der EKD war gekennzeichnet von den Absichten der Reaktion, diese Synode mit dem Hauptthema „Kirche und Erziehung" zum Hauptangriffspunkt gegen die DDR zu starten.

---

51 Beater war von 1955 bis 1982 Stellvertreter des Ministers im MfS. Zu seiner Laufbahn vgl. die Angaben von *Fricke*, Staatssicherheit, 73.

Gegen unsere Regierung sollte der „statuskonfessionus"[52] [sic!] ausgerufen werden, der als ein Mißtrauensantrag zu bewerten ist. Insbesondere sollte die Frage hervorgehoben werden, ob ein Christ in der DDR unter den Bedingungen eines atheistischen Staates noch leben könnte. Wie die Generalsynode im Sinne der Reaktion verlaufen sollte, beweist die Äußerung von Bischof *Dibelius* vom 20. und 21. März dieses Jahres bei der Ratstagung der EKD, wo er gegen die DDR und gegen die Führung der DDR hetzte.

Es wurde alles darauf angelegt, daß keine Angriffe gegen den Militärseelsorgevertrag erhoben werden und nichts gegen die atomare Bewaffnung der Bundeswehr gesagt wird.

Der Zeitplan wurde bewußt so aufgestellt, daß kaum eine Möglichkeit vorhanden war, über diese Fragen zu beraten.

Erreicht werden sollte, die organisatorische Bindung der EKD an die NATO in Form der Militärseelsorge unter allen Umständen zu erhalten.

Demgegenüber sollte eine breite Kampagne gegen unsere sozialistische Ideologie gestartet werden. Die innerkirchliche Opposition sollte der „Schwärmerei" überführt werden und durch das Gerede von der drohenden Spaltung der EKD durch die DDR erledigt werden. [2] Dementsprechend baute sich der von Bischof *Dibelius* gehaltene Rechenschaftsbericht[53] auf, in dem er in erster Linie gegen die Beschlüsse des Politbüros auftrat und sich dagegen wandte, daß an unseren Schulen und Universitäten die atheistische Weltanschauung propagiert wird.

Um die Arbeit des Ausschusses, der sich mit der atomaren Bewaffnung der Bundeswehr und dem Militärseelsorgevertrag beschäftigen sollte, von vornherein abzuschwächen, wurde durch die EKD der westdeutsche Atomwissenschaftler *Weizsäcker* herangezogen. W. erklärte in dem Ausschuß, daß die USA zur Zeit eine Atombombe entwickeln, die nicht ganz die Wirkung besäße wie die Atombombe, die auf Hiroshima abgeworfen wurde und darüber hinaus frei von radioaktiven Strahlungen sei. Mit dem Auftreten *von Weizsäckers* sollte die Gefährlichkeit der atomaren Aufrüstung der Bundeswehr mit Atomwaffen vor den Augen der Ausschußmitglieder vermindert werden.

Entgegen dem Vorhaben der reaktionären Kräfte innerhalb der EKD hat sich gezeigt, daß sich ihre Bestrebungen nicht verwirklichten und sie gezwungen waren, dem Auftreten der gesamtdeutschen innerkirchlichen Opposition Rechnung zu tragen, ausgehend von den 10 Thesen, die durch die Bruderschaften als Anfrage an die Generalsynode gerichtet wurden,[54] worin man sich eindeutig gegen die atomare Bewaffnung und gegen die Beibehaltung des Militärseelsorgevertrages unter diesen Bedingungen aussprach.

Ebenfalls konnte die Reaktion die ca. 6 000 Eingaben an die Synode,

---

52   Status confessionis heißt wörtlich übersetzt Bekenntnisstand und bezeichnet jene Glaubensentscheidungen, die als unmittelbar zum Bekenntnis zugehörig angesehen werden. Besonders Dietrich Bonhoeffer hatte den Begriff 1933 gegen den Ausschluß getaufter Juden aus der Kirche durch den sog. Arierparagraphen ins Feld geführt. Vgl. dazu *Tödt*; *Scharffenorth*. In der Nachkriegszeit wurde der Begriff v.a. in der Debatte um die atomare Bewaffnung der Bundeswehr in den fünfziger Jahren, gegenüber der südafrikanischen Apartheidspolitik und in der Kontroverse um die Nachrüstung in den achtziger Jahren diskutiert.

53   Abgedruckt in: Berlin 1958, 17–43.

54   Abgedruckt in: KJ 85, 1958, 31–33.

hervorgegangen aus christlichen Kreisen und auch Geistlichen, nicht ignorieren und mußte sich damit beschäftigen[55].
Das Ergebnis des Verlaufs der Generalsynode kann wie folgt zusammengefaßt werden:

1. Neben dem Thema „Kirche und Erziehung" wurde gleichwertig die Frage der „atomaren Bewaffnung der Bundeswehr und die Frage des Militärseelsorgevertrages" behandelt. [3]
2. Die Behandlung des „Erziehungsproblems" mußte unter Protest in der Tagesordnung abgesetzt werden und kam nur in dem dafür zuständigen Ausschuß zur Behandlung und nicht vor dem Plenum der Synode[56].
3. Die Reaktion wagte nicht, einen Mißtrauensantrag gegen unsere Regierung auszusprechen.
4. Der vor einem Jahr erst mit übergroßer Mehrheit von der Generalsynode angenommene Militärseelsorgevertrag unterlag einer breiten Kritik und soll in den westdeutschen Landeskirchen einer nochmaligen Überprüfung unterzogen werden. Die Gliedkirchen in der DDR sollen von diesem Militärseelsorgevertrag entlastet werden.
5. Die innerkirchlichen Widersprüche verschärfen sich, und es kann nicht mehr von einer Einheit der EKD die Rede sein.
6. Die innerkirchliche Opposition ging nicht mutlos aus der Synode heraus und ist bereit, weiterzukämpfen. Sie ist mit dem Ergebnis der Synode unzufrieden, und die Leiter der Bruderschaften haben am 10. und 11.6.58 in Frankfurt / Main beschlossen, die 10 Thesen der Bruderschaften, die an die Generalsynode als Anfrage gerichtet waren, zur Forderung zu erheben.[57]
7. Erstmals wurde erreicht, daß der Leiter einer außerkirchlichen Delegation zu Wort kam und die Forderung breitester Bevölkerungskreise zu den gegenwärtigen nationalen Fragen darlegen konnte[58].
8. Die Sympathien der Bevölkerung waren durch gute propagandistische Arbeit seitens der Partei und der Massenorganisationen vollkommen auf unserer Seite, und die Synodalen fanden kaum Beachtung und Zuneigung durch die Bevölkerung. [4]
9. Propst *Grüber* entlarvte sich auf dieser Synode öffentlich als Doppelzüngler, und er wurde auf den Platz verwiesen, auf den er gehört, da er sich schützend vor *Dibelius* stellte[59] und damit klar wurde, daß er zu dieser Clique gehört.

---

55 Vgl. den Bericht in KJ 85, 1958, 75, wo davon die Rede ist, daß die Synode „angesichts" eines „massiven Druckes von außen" tagen mußte.
56 Tatsächlich wurde die Behandlung des Erziehungsproblems nicht von der Tagesordnung abgesetzt, sondern nur unter Zeitdruck eingeschränkt. Vgl. Berlin 1958, 57-87, 203-210, 444-455 bzw. die im KJ 85, 1958, 76-92 abgedruckten Redebeiträge und Entschließungen zur Erziehungsfrage.
57 Die Erklärung der Bruderschaften ist abgedruckt in: KJ 85, 1958, 72.
58 Auf Antrag Heinrich Vogels entschloß sich die Synode zu einem außergewöhnlichen Schritt und erlaubte Horst Preckel, einem Abgeordneten der Volksvertretung von Groß-Berlin, der nicht der Synode angehörte, außerhalb der Tagesordnung das Wort zu ergreifen. Preckel sprach als Vertreter verschiedener Delegationen, die von der Synode forderten, sie solle das Erziehungsproblem von der Tagesordnung absetzen, weil „die Erziehung unserer Kinder in der Deutschen Demokratischen Republik in den Händen des Staates in besten Händen liegt", und statt dessen über die Frage der atomaren Bewaffnung der Bundeswehr debattieren. Vgl. Berlin 1958, 45-51; *Solberg*, 237 f. und die Schilderung von *Grüber*, 396.
59 Grüber solidarisierte sich angesichts der DDR-Publikation „Hier spricht Dibelius"

10. Die Mitglieder der Generalsynode aus der DDR, mit Ausnahme von Oberkirchenrat *Fränkel*, verhielten sich ruhig, und teilweise traten sie fortschrittlich auf.
Folgende Synodale aus der DDR traten offen gegen die atomare Bewaffnung der Bundeswehr auf:
OKR *Schröder* [sic!] aus Dresden[60]
Generalsuperintendent *Jacob* aus Cottbus[61]
Bischof *Noth* aus Dresden[62]
Oberkirchenrat *Lotz* aus Eisenach[63]
Probst *Bormann* [sic!] aus Angermünde[64]
Superintendent *Ringhand* [sic!] aus Seelow[65] und
Professor *Vogel* aus Berlin[66].
Wie sich die Widersprüche innerhalb der ev. Kirche nach der Generalsynode verschärft haben, zeigen folgende Beispiele:
Vom 30. April bis 5. Mai hielt der „Versöhnungsbund" in ganz Berlin Versammlungen ab[67], in denen die einseitige Politik von *Dibelius* verurteilt wurde. Diesbezüglich traten Pfarrer *Hamel*[68] aus Naumburg und Pfarrer *Schottstedt* [sic!][69] aus Berlin in den Vordergrund.
Auf der Konferenz der Superintendenten von Berlin-Brandenburg am 8.5.1958 mußte *Dibelius* in Fragen Konfirmation und Jugendweihe Zugeständnisse machen und einsehen, daß er mit seiner Haltung, dem „Entweder-Oder-Kurs", nicht weiterkommt und große Teile der Geistlichen nicht mehr mitmachen[70]. Dies zeigt sich konkret in Dessau[71], Wittenberg[72] und in Thüringen[73].

mit dem Bischof, ohne jedoch sachliche Differenzen zu verschweigen. Seine Erklärung ist abgedruckt in: Berlin 1958, 221-223 und KJ 85, 1958, 101 f. Die DDR-Regierung nahm die Erklärung Grübers zum Anlaß, dessen Stellung als Bevollmächtigter der EKD bei der Regierung der DDR aufzukündigen. Vgl. dazu den Brief Grotewohls an Grüber vom 17.5.1958, abgedruckt in: KJ 85, 1958, 138 sowie *Grüber*, 396-401 und *Köhler*, 172.

60   Gemeint ist vermutlich Kirchenpräsident Schröter von der anhaltinischen Landeskirche. Sein Votum ist abgedruckt in: Berlin 1958, 266-268.
61   Abgedruckt in: Berlin 1958, 283-285 und KJ 85, 1958, 93 f.
62   Abgedruckt in: Berlin 1958, 275.
63   Sein Votum ist abgedruckt in: Berlin 1958, 53.
64   Richtig: Borrmann. Sein Votum findet sich in: Berlin 1958, 271 f.
65   Richtig: Ringhandt. Sein Redebeitrag ist abgedruckt in: Berlin 1958, 269-271. Zu Ringhandt vgl. Dok. 8, Anm. 44 sowie Dok. 38.
66   Abgedruckt in: Berlin 1958, 225-234 sowie in: KJ 85, 1958, 50-55.
67   Der Internationale Versöhnungsbund, eine 1914 gegründete religiös-pazifistische Vereinigung, hielt seine Jahresversammlung unter dem Motto „Dienst am Frieden" vom 30.4. bis 4.5.1958 in Ost- und West-Berlin ab. Die Erklärung „der Synode zur atomaren Bewaffnung wurde z.T. heftig angegriffen" (*Gressel*, 21-23, hier: 22).
68   Johannes Hamel hielt einen Vortrag über die Frage „Wie sollen wir den Marxisten recht begegnen?". Er plädierte für eine offene Begegnung mit Marxisten. Vgl. ebd., 21 f. sowie ergänzend zu Hamels Stellung zum Kommunismus *Solberg*, 268 f.
69   Richtig: Bruno Schottstädt. Dieser leitete einen Diskussionsabend in der Gossnermission in Ost-Berlin. Vgl. *Gressel*, 22.
70   Dennoch hielt auch die Kirchenleitung von Berlin-Brandenburg prinzipiell an der Unvereinbarkeit von Konfirmation und Jugendweihe fest und forderte ein Jahr Abstand zwischen der Jugendweihe und einer möglichen Konfirmation. Vgl. KJ 85, 1958, 195. Die gleiche Linie vertrat im wesentlichen auch Dibelius. Vgl. dessen Rundfunkinterview, abgedruckt: ebd., 192 f.
71   Vgl. dazu die ebd., 197 f. abgedruckte Ordnung der anhaltinischen Landeskirche.
72   Das Stichwort „Wittenberg" bezieht sich vermutlich auf die provinzsächsische Landeskirche. Diese hatte sich auf ihrer Synode in Halle zu einer „Übergangsregelung" entschlossen, die faktisch den Jugendlichen den Weg zu einer Teilnahme an Jugendweihe und Abendmahl eröffnete. Vgl. die Meldung der FAZ vom 13.6.1958.

Auf der Tagung der Pfarrer und Katecheten am 16.5.1958 in Berlin-Spandau[74] mußte *Dibelius* abermals Zugeständnisse machen und gestehen, daß die Veröffentlichungen im „Neuen Deutschland" vom 26.4.1958[75] und die dort gebrachten Zitate[76] über ihn der Wahrheit entsprachen.

Er gestand ferner, seit 1945 Mitglied der Adenauer-CDU zu sein, das Bundesverdienstkreuz von *Heuß* erhalten zu haben und 1933 die Predigt beim Machtantritt von Hitler in Potsdam gehalten zu haben.

Entgegen der Politik von *Dibelius*, keine Verhandlungen mit dem Ministerpräsidenten Otto Grotewohl aufzunehmen, fand am 2.6.1958 trotzdem eine Aussprache beim Genossen Grotewohl statt, und Bischof *Mitzenheim* setzte sich dafür ein, daß diese Gespräche, entgegen dem Willen von *Dibelius*, fortgesetzt werden[77].

Zeigt sich einerseits, daß die Zeit angebrochen ist, wo die „Alleinherrschaft" von *Dibelius* zu Ende geht, so ist aber auch zu verzeichnen, daß die reaktionären, klerikalen Kräfte einen verstärkten Kampf führen, um die Einflußnahme auf unsere Bevölkerung zu erweitern. Dies zeigen insbesondere die zahlreichen Tagungen der Evangelischen Akademien und der kirchlichen Jugendorganisationen. Dabei spielen diese Organisationen bei der ideologischen Diversion die Hauptrolle, und die Akademien versuchen besonders stark, unter der Intelligenz aus allen Berufszweigen zu arbeiten und Boden zu gewinnen.

Besonders wird darauf hingewiesen, daß das Ministerium für gesamtdeutsche Fragen unter der Leitung von *Lemmer* zahlreiche Anhänger in kirchlichen Kreisen hat, und selbst Bischof *Dibelius* und Propst *Grüber* zählen zu den engsten Vertrauten. Zu beachten ist, daß der ehemalige Finanzdezernent, Dr. *Gefaeller*, bis 1956 / 57 in der Kir-

---

73   Vgl. die im KJ 85, 1958, 195-197 abgedruckte Ordnung der Thüringischen Landeskirche. Thüringen, die Kirchenprovinz Sachsen und die anhaltinische Landeskirche vertraten eine gemäßigtere Linie, indem sie den Abstand zwischen Jugendweihe und möglicher Konfirmation verkürzen wollten. Diese Landeskirchen hielten jedoch ebenso wie Berlin-Brandenburg an der prinzipiellen Unvereinbarkeit von Jugendweihe und Konfirmation fest.

74   Gemeint ist wahrscheinlich der Generalkonvent der Berliner Pfarrer, „zu dem Bischof Dibelius 700 Pfarrer der Berlin-Brandenburgischen Kirche" aus Anlaß der Hundertjahrfeier des Johannesstiftes „nach Spandau eingeladen hatte" („Morgenpost", 17.5.1958).

75   Verfaßt wurde dieser gegen Dibelius gerichtete Artikel mit dem Titel „Herr der Christen – Diener der Vernichtung" von dem damaligen ZK-Sekretär für Propagandafragen, Albert Norden.

76   Vgl. hierzu auch die bereits erwähnte DDR-Propaganda-Schrift „Hier spricht Dibelius".

77   Auf Wunsch Grotewohls gehörten dieser Delegation nur kirchliche Vertreter aus der DDR an. Nach Dibelius hatte die Regierung im Mai auch Grüber zur persona non grata erklärt (s.o. Anm. 59). Zum Gespräch selbst vgl. *Köhler*, 174-177 und *Dähn*, 71. Im Anschluß an diese Unterredung kam es zu einer Reihe von Gesprächen zwischen Staat und Kirche in den Monaten Juni und Juli. Vgl. dazu *Köhler*, 177-187 und *Dähn*, 71-73. Diese gipfelten in einem neuerlichen Spitzengespräch am 21.7.1958. Vgl. *Köhler*, 187-192. Anschließend wurde ein Kommuniqué (abgedruckt in: *Köhler*, 192 f.; KJ 85, 1958, 144 f.) veröffentlicht, das Anlaß der Hoffnung gab, daß es zu einer Entspannung zwischen Staat und Kirche kommen würde. Denn der Staat bekannte sich in dem Kommuniqué ausdrücklich zur Glaubens- und Gewissensfreiheit des einzelnen Bürgers. Diese Hoffnung erfüllte sich jedoch nicht. Vgl. *Dähn*, 73-75. Auch kirchlicherseits fand das Kommuniqué keine ungeteilte Zustimmung. Besonders Otto Dibelius brachte sein Mißtrauen gegenüber der Aufrichtigkeit der staatlichen Zusagen in einem Rundfunkinterview zum Ausdruck. Vgl. *Köhler*, 193-198. Zum Ganzen vgl. ferner KJ 85, 1958, 140-147; *Dahlgren*, 153-159 und *Koch*, Staat, 56-65.

chenleitung in Westberlin tätig, jetzt die Zweigstelle dieses Ministeriums in Berlin in der Bundesallee leitet, und wie aus Informationsmaterialien aus diesem Ministerium ersichtlich ist, daß zahlreiche Veröffentlichungen zurückzuführen sind auf Informationen aus kirchlichen Kreisen.

Unsere Hauptaufgabe besteht darin:
1. In die kirchlichen Zentralen eindringen und mehrere GI schaffen, die in der Lage sind, Aktionen in unserem Sinne einzuleiten. [6]
2. Die Arbeit auf dem Gebiet der innerkirchlichen Opposition zu verstärken und unter diesen Kräften unseren Einfluß mehr geltend zu machen. Dabei ist zu beachten, unter den oppositionellen Gruppen die dort vorhandenen reaktionären Elemente zurückzudrängen.
3. Intensivste Bearbeitung der Vorgänge.
4. Schnellere und bessere Information über Absichten und Pläne sowie Situationen der Landeskirchen.

b) Wie Ihnen bereits mitgeteilt wurde, findet der *78. Katholikentag* in der Zeit vom 13. - 17. August 1958 in beiden Teilen Berlins statt[78].
Ziel der katholischen Kirche ist es, den Katholikentag als eine Wallfahrt nach Berlin durchzuführen und die Katholiken Mitteldeutschlands auf den Widerstand vorzubereiten.
Zur Zeit ist die katholische Kirche bemüht, eine möglichst breite Erfassung aller Katholiken und besonders der weniger interessierten in kath. Organisationen und besonders in der Kolping[79]-Familie durchzuführen. Wie uns von einer vertraulichen Quelle aus einer Zentrale in Westdeutschland mitgeteilt wurde, soll vorerst nur rein kirchlich vorgegangen werden, um die Personen ganz suggestiv wieder an die kath. Kirche heranzuführen und um sie allmählich in die Ziele der katholischen Expansion einzuspannen.
Sie verfolgen dabei vor allem die Absicht, eine Infiltrierung in Kreisen der Handwerker, Angestellten und Arbeiter vorzunehmen.
In der Tätigkeit der katholischen Kirche zeigte sich in der letzten Zeit, daß besonders der höhere Klerus aktiver gegen die Politik der DDR Stellung nimmt und weitere massive Angriffe vorbereitet. [7] So wurde z.B. bekannt, daß von den einzelnen bischöflichen Ordinariaten und Kommissariaten Materialien über angebliche Glaubenseinschränkung[en], Bedrängnis der Kirche, Verfassungsbruch durch die Organe der DDR usw. gesammelt werden. Dieses Material will man zu einem sogenannten Weißbuch zusammenstellen, in Westdeutschland drucken lassen und dann illegal in die DDR einschleusen.
Viele Anzeichen deuten darauf hin, daß von seiten der kath. Kirche die Absicht vorliegt, uns einen Kirchenkampf aufzuzwingen, wozu der Katholikentag den Auftakt geben soll.
Besonders bedient sich die kath. Kirche der Methode der ideologischen Diversion. Durch die Ausführungen des höheren Klerus wie auch teilweise einfacher Geistlicher zieht sich wie ein roter Faden, daß die Katholiken fest zur Kirche stehen sollen und Widerstand gegen die atheistische Weltanschauung zu leisten haben.
Um das Gesamtausmaß der ideologischen Diversion und besonders die ideologische Vorbereitung für den Katholikentag besser erfassen zu

---

78 Vgl. *Knauft*, 103-105.
79 Vgl. Dok. 18, Anm. 86.

können, ist es erforderlich, mit Hilfe der GIs katholischer Konfession eine ständige Überwachung der Gottesdienste durchzuführen.
Im April 1958 wurde in Saarbrücken die Tagung des Zentralkomitees der kath. Kirche durchgeführt[80]. Es tagten dort 17 Arbeitskreise, u.a. der Arbeitskreis für staatspolitische Fragen; der Arbeitskreis für Fragen der Eigentumsbildung; Arbeitskreis für Schule und Erziehung; Arbeitskreis für Fragen des Mittelstandes und des Landvolkes; Arbeitskreis für Fragen der Ostkirche, usw.
In den internen Beratungen dieser Arbeitskreise wurde besonders die Lage der kath. Kirche in der DDR und in den sozialistischen Ländern besprochen. Es wurden Beschlüsse gefaßt, die es ermöglichen sollen, die kath. Gläubigen fester um die kath. Kirche gegen den atheistischen Staat zu scharen. Die von diesen Arbeitskreisen gefaßten Beschlüsse, Resolutionen, Ratschläge und Empfehlungen wurden auf internem Wege den jeweiligen kath. Organisationen, d.h. den Bundesführungen, übergeben, die sich in Westdeutschland befinden. [8]
Das Vorbereitungskomitee, das sog. Lokalkomitee des 78. Katholikentages, befindet sich in Berlin W 30, Kleiststr. 10-12. Es ist vorgesehen, ca. 60 000 Katholiken aus der DDR und ca. 70 000 aus Westdeutschland nach Berlin zu holen. Die Teilnahmegebühren pro Person betragen 13,- bis 15,- DM. Fahrtkosten und Verpflegung muß jeder Teilnehmer selbst tragen.
Wie uns inoffiziell bekannt wurde, haben sich bisher noch nicht in dem Maße Katholiken für den Katholikentag gemeldet, wie es von der Kirche erwartet wurde. Die kath. Kirche führt aus diesem Grunde zur Zeit eine verstärkte Werbung für den Katholikentag durch. Für die Entsendung von inoffiziellen Mitarbeitern ist diese Tatsache mit auszunutzen.
Als Programm für den Katholikentag ist bisher folgendes vorgesehen:
13.8.: Großer Kindergottesdienst im Westsektor und im demokratischen Sektor
19.00 Uhr Eröffnungskundgebung
14.8.: Finden in beiden Teilen Berlins fünf große Veranstaltungen unter dem Motto „Unsere Sorge der Mensch – unser Heil der Herr" statt.
Am Abend feierliches Pontifikalamt im Olympiastadion. Am Abend gleichfalls Hauptkundgebung der Jugend an der Hinrichtungsstätte in Berlin-Plötzensee.
15.8.: Pontifikalmesse für Frauen vor der St. Hedwigs-Kathedrale im demokratischen Sektor von Berlin.
Des weiteren finden an fünf Kundgebungsstätten in beiden Teilen Berlins Versammlungen mit einer Forumsaussprache über die bisherigen Veranstaltungen statt.
16.8.: Tag der Begegnung
An diesem Tag ist vorgesehen, Katholiken aus Westdeutschland und der DDR zu einem „gemeinsamen Gespräch" zusammenzuführen. Umsiedlertreffen werden durchgeführt.

80　Die Tagung hatte vom 16. bis 19.4.1958 in Saarbrücken stattgefunden. Vgl. den Berichtsband: Arbeitstagung Saarbrücken und zu den Beratungen über die Lage in der DDR bes. die Berichte der Arbeitskreise „Schule und Erziehung" (36-54) und „Staatspolitische Arbeit" (233-260), in denen der mangelnde politische Einfluß und die Unterdrückung von Christen in der DDR nachdrücklich beklagt wurden. Der Bericht des MfS ist allerdings insofern ungenau, als er nicht siebzehn, sondern sechzehn Arbeitskreise bei dieser Tagung gab.

Am Abend Großkundgebung im Olympiastadion [9]
17.8.: Vormittag große Pontifikalmesse, gehalten vom Nuntius in
Deutschland, Münch. Die Predigt hält Bischof Döpfner. Am Nachmittag Schlußkundgebung im Olympiastadion und im Maifeld.
Auf Grund des bisher Angeführten ist es erforderlich, von unserer Seite aus eine intensive Überwachung der katholischen Kirche durchzuführen, um ihre Pläne und Absichten in Erfahrung zu bringen. Um
einen ständigen Überblick zu haben, ist besonders eine gute Koordinierung der operativen Arbeit erforderlich, und von seiten der jeweiligen Bezirksverwaltungen ist die Berichterstattung über die Vorbereitung und Durchführung des 78. Katholikentages zu verbessern.
An operativen Aufgaben ergeben sich:
1. Ausnutzung aller inoffiziellen Mitarbeiter kath. Konfession zur
Überwachung der Gottesdienste und Veranstaltungen kath. Organisationen, um das Ausmaß der ideologischen Diversion zu erfassen und
um die Pläne und Absichten des kath. Klerus hinsichtlich des Katholikentages in Erfahrung zu bringen.
2. Bekanntgewordene Personen, die zu Arbeitsgruppen gehören bzw.
besondere Funktionen beim Katholikentag mit einnehmen, sind operativ aufzuklären, wenn möglich zu werben bzw. an diese Personen inoffizielle Mitarbeiter anzusetzen.
3. Überprüfung aller inoffiziellen Mitarbeiter kath. Konfession, die
zum 78. Katholikentag eine Teilnehmerkarte von seiten der kath. Kirche erhalten haben und daran teilnehmen.
Diesen sind konkrete Aufträge in Richtung Katholikentag zu geben,
um ständig über die Vorbereitung des Katholikentages und der angewandten Methoden von seiten des kath. Klerus informiert zu sein. [10]
4. Bis zum 15.7.1958 ist zusätzlich zu unserem Schreiben vom 24.2. zu
berichten, wieviel operative Mitarbeiter zur Steuerung der GI zum 78.
Katholikentag nach Berlin kommen, um Unterkunft und Verpflegung
sicherstellen zu können.
5. Anregung aller Abteilungen in den Bezirksverwaltungen und Kreisdienststellen zur Unterstützung unserer Arbeit in Richtung Katholikentag.[81]

---

81 Wie ernst der Staat zu dieser Zeit die katholische Kirche als Gegner nahm, zeigt
ein Brief Mielkes, den dieser gut zwei Monate später, am 11.9.1958, an Ulbricht
schrieb (Tgb.Nr. VM A 258 / 58). Unter Berufung auf „einen Bericht über feindliche Handlungen der katholischen Kirche gegen die Deutsche Demokratische Republik" schlug Mielke dem 1. Sekretär des ZK der SED vor, verschiedene katholische Amtsträger zu disziplinierenden Gesprächen „durch den Rat des [jeweiligen]
Bezirks einzuladen, und zwar die Bischöfe, bischöfliche Kommissare, Generalvikare, Erzpriester und Pröpste".

3
Von 1958 bis zum Mauerbau am 13.8.1961

Dok. 32
Barth[1] an Ulbricht

Berlin, den 22.9.1958

Auszug aus einem Bericht der Arbeitsgruppe Kirchenfragen beim ZK der SED (W. Barth) an Ulbricht wegen der Schaffung einer Kirchenkanzlei für die evangelischen Kirchen in der DDR.

4. Schaffung einer Kanzlei für die evangelischen Kirchen der DDR
Auf der am 27.8.58 in Westberlin stattgefundenen Tagung der Ostkirchenkonferenz wurde beschlossen, unter der Bezeichnung „EKD-Kirchenkanzlei der Gliedkirchen in der DDR" eine Zentralstelle für die evangelischen Kirchenleitungen in unserer Republik zu schaffen[2]. Diese Kanzlei soll ab 1.10.58 in Berlin C 2, Bischofstr. 6 / 8 ihre Tätigkeit mit folgender Besetzung aufnehmen:
– Leiter: Oberkonsistorialrat *Pettelkau*
– Juristischer Dezernent: Oberkonsistorialrat Dr. Kracker von Schwartzenfeldt[3]
– Theologischer Dezernent: Frl. Lewek (früher persönlicher Referent bei Nuschke)
– Mitarbeiter: Pfarrer Schade, Berlin.
Bereits die personelle Besetzung macht deutlich, daß es sich nicht um eine von den westlichen Kirchengremien unabhängige Zentralstelle für die Landeskirchen in der DDR, sondern lediglich um eine Umgruppierung der Kräfte, um ein Täuschungsmanöver handelt. Die beiden Oberkonsistorialräte Pettelkau und Dr. Kracker von Schwartzenfeldt sind bisherige hauptamtliche Mitglieder des Rates der EKD-Kirchenkanzlei Berliner Stelle und Pfarrer Schade ist Mitarbeiter im Büro Grüber. [7]
Generalsuperintendent Führ hat bereits den Auftrag erhalten, dem Staatssekretär für Kirchenfragen die Bildung dieser Dienststelle bekanntzugeben und den Leiter vorzustellen.
Dieses Vorhaben entspricht auch nicht der von Bischof Mitzenheim beim Staatssekretär für Kirchenfragen angekündigten Regelung. Genosse Eggerath wird in Fragen, die außerhalb des Bereiches der örtlichen Organe des Staates liegen, weiter unmittelbar mit Bischof Mitzenheim korrespondieren und die neue Stelle als Verhandlungspartner solange nicht anerkennen und keine Vertreter dieser Stelle empfangen, bis sie in ihrer Struktur und personellen Besetzung die Gewähr bietet,

---

1 Willi Barth leitete von 1957 bis 1976 die Arbeitsgruppe Kirchenfragen beim ZK der SED.
2 Bereits seit 1945 hatte eine Zweigstelle der EKD-Kirchenkanzlei in Berlin als Koordinationsstelle der Ostkirchenkonferenz bestanden. Vgl. *Seidel*, 183.193 f. Daher handelt sich hier eher um eine Reorganisation als um eine Neugründung. Vgl. dazu auch Einleitung, 13 f.
3 Bisweilen fälschlich als „von Schwarzenfeldt" angeführt.

unabhängig von den Westberliner Kirchenstellen als Zentralstelle für die Landeskirchen in der DDR zu wirken.[4]

Dok. 33
Rundschreiben Beaters an alle BV

Berlin, den 27.10.1958

Schreiben mit eigenhändiger Unterschrift. Absender: Regierung der Deutschen Demokratischen Republik, Ministerium für Staatssicherheit, – Stellvertreter des Ministers –. Anschrift: An alle Bezirksverwaltungen einschließlich Verwaltung Groß-Berlin, z. Hd. d. Gen. Stellvertreter Operativ. Betr.: Bearbeitung von Pfarrern und anderen leitenden Angestellten der Kirche beider Konfessionen. VVS 445 / 58.

Es ist in der operativen Arbeit erforderlich, zur Person und Tätigkeit jedes im Bezirks- und Kreisgebiet tätigen Pfarrers und leitenden Angestellten der Kirche (beider Konfessionen) im Laufe der Zeit so gründliche Aufklärungsergebnisse zu erhalten, daß damit ein ständiger Gesamtüberblick gegeben ist und es dadurch nicht mehr vorkommen kann, daß in einzelnen Bezirken selbständig Maßnahmen durchgeführt werden, die sich nicht positiv auf die Politik unserer Partei auswirkten und sogar den Erfordernissen der jeweiligen politischen Situation vollkommen widersprachen.
So sind von einigen Abteilungen wiederholt Maßnahmen eingeleitet worden, bei denen Vorgänge über Pfarrer mit einer Festnahme abgeschlossen wurden, obwohl das bisher erarbeitete Belastungsmaterial einen solchen Abschluß nicht rechtfer- [2] tigte.
Für die Festnahme von Pfarrern und anderen höheren Angestellten der Kirche sind bestimmte Voraussetzungen, wie
– Erarbeitung konkreter Beweismaterialien über ihre Feindtätigkeit,
– Beschaffung eventuellen Materials über ihre reaktionäre Vergangenheit,
– Wahl eines politisch günstigen Zeitpunktes für ihre Festnahme usw.,
erforderlich.
Nach wie vor gilt für die operative Bearbeitung auf der Linie Kirchen und Sekten die Dienstanweisung 9 / 56 vom 2.3.1956[5], auf deren Einhaltung nochmals hingewiesen wird und wo auch im Punkt 10 festgelegt ist, daß vor der Festnahme dieser Personen die Genehmigung der Hauptabteilung V / 4 einzuholen ist.
Als Beispiel einer gut vorbereiteten Festnahme ist die am 15.11.1957 erfolgte Verhaftung des damals 67-jährigen evangelischen Pfarrers *Kohl* aus Nossen, Bezirk Dresden, anzusehen.
Kohl betrieb seit 1956 unter Ausnutzung seiner kirchlichen Tätigkeit antidemokratische Propaganda und Hetze gegen die Deutsche Demokratische Republik und den Aufbau des Sozialismus. Er verfaßte u.a.

---

4 Tatsächlich hat der Staat seit 1958 nicht mehr mit Vertretern der EKD, sondern nur noch mit Vertretern der Landeskirchen aus der DDR verhandelt. Vgl. Dok. 31, Anm. 59 und Anm. 77.
5 S.o. Dok. 26.

Hetzbriefe, die er an westdeutsche Redaktionen und Bürger versandte.
Als Beweismaterial lagen Originalbriefe vor.
Weiter nahm er 1957 Verbindung zur Agentenzentrale UFJ auf.
Seine reaktionäre Vergangenheit zeigte sich wie folgt:
Er entstammt einer christlich-bürgerlichen Familie und studierte von
1910-1914 in Zürich und Leipzig Theologie. [3]
1914 wurde er zum Militär eingezogen und avancierte im I. Weltkrieg
zum Leutnant und Kompanieführer.
An Auszeichnungen erhielt er das EK II, die St.-Heinrich-Medaille in
Silber, das österreichische Tapferkeitskreuz und das preußische Ver-
dienstkreuz. 1919 wurde er dann erstmals als Pfarrer eingesetzt.
Im Jahre 1939 begrüßte er den Faschismus als eine „Rettung vor dem
Materialismus".
Diese Einstellung hat er in dieser Zeit in zahlreichen Predigten und
Presseveröffentlichungen vertreten.
Auch dafür lagen Originalartikel als Beweismaterialien vor.
1941 wurde er als Hauptmann zur faschistischen Armee eingezogen
und in den Balkanländern und der Sowjetunion eingesetzt.
Der Vorgang *Kohl* kann als beispielhafte Aufklärung der Person und
deren
Tätigkeit angesehen werden.
[gez.] Beater
Oberst

Dok. 34
Ranke[6] an Barth[7]

Berlin W 8, den 2.2.60

Schreiben mit eigenhändiger Unterschrift. Absender: Regierung der Deutschen Demo-
kratischen Republik, Ministerium der Justiz, Der Stellvertreter des Ministers. Anschrift:
An das Zentralkomitee der SED, Abt. Kirchenfragen, Genossen Willi Barth, Berlin W 8,
Werderscher Markt. Ohne Anlage.

Sehr geehrter Genosse Barth!
In der Anlage übersende ich Ihnen den Brief des Herrn Professor Emil
Fuchs[8] aus Leipzig an die Genossin Benjamin[9]. In dem Brief wird die
Genossin informiert, daß einige Theologen auch mit seinem Einver-
ständnis ein Gesuch um Aussetzung der Strafe für den verurteilten

6   Hans Ranke war seit 1957 stellvertretender Minister für Justiz, seit 1965 dann
     Staatssekretär.
7   Vgl. Dok. 32, Anm. 1.
8   Emil Fuchs war vor dem Zweiten Weltkrieg eines der führenden Mitglieder des
     Bundes Religiöser Sozialisten gewesen und lehrte von 1950 bis 1958 als Professor
     für Religionssoziologie und Systematische Theologie an der Universität Leipzig.
     Fuchs war Ehrenmitglied der Ost-CDU und wurde 1959 mit dem Vaterländischen
     Verdienstorden in Gold ausgezeichnet. Fuchs war damals die Leitfigur jener Chri-
     stinnen und Christen in der DDR, die die Existenz dieses Staates und die Politik
     seiner Regierung im wesentlichen bejahten. Vgl. zu Fuchs auch unten Dok. 41,
     Anm. 72.
9   Hilde Benjamin war von 1953 bis 1967 Ministerin für Justiz.

Pfarrer Schmutzler[10] abgesandt haben. Besonders im Hinblick auf die von Professor Fuchs gemachten Ausführungen hinsichtlich der Entwicklung der evangelischen Synode ist die Genossin Benjamin sehr daran interessiert, Ihre Stellungnahme zu den im Brief aufgeworfenen Fragen zu erhalten.
Mit sozialistischem Gruß
[gez.] Ranke
Anlage

Dok. 35
Mielke an Beater

Berlin, am 22.2.1960

Schreiben ohne Unterschrift. Absender: Sekretariat Minister. Anschrift: An den Stellvertreter des Ministers, Genossen Generalmajor Beater, – persönlich –.

Zu den Vorkommnissen in der Marienkirche[11] anläßlich der Eröffnung der Tagung der Evangelischen Synode hat das Politbüro am 22.2.1960 sinngemäß folgenden Beschluß gefaßt:
1. Daß veranlaßt wird, daß kirchliche Persönlichkeiten gegen den Mißbrauch der Kirche, wie z.b. die obengenannte Veranstaltung, Stellung nehmen.
Der Genosse Eggerath[12] wurde beauftragt, mit den Synodalen aus der DDR Einzelbesprechungen zu führen, um mit ihnen darüber zu sprechen und gleichzeitig darauf aufmerksam zu machen, daß durch solche provokatorischen Veranstaltungen das Verhältnis zwischen DDR und Kirche gestört wird.
2. Der Superintendent *Fuhr*[13] wird sofort zu Genossen Waldemar

10 Der Studentenpfarrer Dr. Siegfried Schmutzler war 1957 verhaftet und zu fünf Jahren Gefängnis wegen „Boykotthetze" verurteilt worden. Das Urteil gegen Schmutzler hatte damals für großes Aufsehen gesorgt. Zum Prozeß gegen Schmutzler vgl. KJ 84, 1957, 168-171 und *Solberg*, 222-225. Das Urteil ist auszugsweise abgedruckt in: *Fricke*, Politik, 348-351 und *Nitsche*, 164-169. Die Intervention von Fuchs blieb erfolglos, nachdem sich u.a. Erich Honecker, damals Sekretär des ZK der SED, gegen die Begnadigung Schmutzlers ausgesprochen hatte. Vgl. sein Schreiben an Walter Ulbricht vom 4.2.1960 (SED-Hausmitteilung). Ein Jahr später wurde Ulbricht erneut mit der Frage der Freilassung Schmutzlers konfrontiert. Vgl. Dok. 40. – Bezeichnend für das Rechtsverständnis der SED und als Hintergrund für das hier abgedruckte Dokument von Interesse ist ein schon mehrfach veröffentlichtes Schreiben von Mielke an Ulbricht vom 1.11.1959 (Tgb.Nr. VMA 217 / 59; abgedruckt in: *Gill / Schröter*, 20 f.). Mielke schickte Ulbricht einen Abschlußbericht über die Untersuchung gegen den thüringischen Superintendenten Otto Pokojewski und den Geschäftsführer des Evangelischen Hilfswerkes, Wilhelm Prenzler, und bat ihn dann „um Mitteilung, in welcher Höhe die Strafe ausgesprochen werden soll oder ob die Stellung der Strafanträge und die Verurteilung dem Staatsanwalt und dem Gericht überlassen werden sollen".
11 Gemeint ist damit die Teilnahme des Regierenden Bürgermeisters Brandt (SPD) und des Bundesministers für Gesamtdeutsche Fragen, Lemmer (CDU), an dem Eröffnungsgottesdienst. Bürgermeister Ebert aus Ost-Berlin, der ebenfalls eingeladen worden war, war nicht erschienen. Vgl. KJ 87, 1960, 50 f. sowie Dok. 36. Die DDR-Presse entfaltete während der gesamten Tagung eine Kampagne gegen den „Nato-Flügel" der EKD.
12 Von 1957 bis 1960 Staatssekretär für Kirchenfragen.

Schmidt, Magistrat von Großberlin, bestellt. In der Aussprache soll ihm dargelegt werden, daß Kirchen keine Stätten der Propaganda des kalten Krieges sind. Er wird verwarnt, mit dem Hinweis auf die möglichen Folgen im Wiederholungsfalle.

3. Die Pressestelle des Generalstaatsanwaltes von Berlin wird eine Mitteilung veröffentlichen, wonach ein Ermittlungsverfahren gegen Dr. *Dibelius* eröffnet worden ist.[14] Dr. Dibelius wird gleichzeitig aufgefordert, zur Vernehmung beim Generalstaatsanwalt zu erscheinen.

4. Die Kirchenzeitungen, die mit Berichten über die Veranstaltung in der Marienkirche erscheinen, sind einzuziehen, da es sich nicht um einen Gottesdienst, sondern um eine Kundgebung des kalten Krieges handelte. Diese Weisung wurde mündlich erteilt. [2]

5. Die Genossen Barth und Eggerath haben gemeinsam mit dem MfS und MdI zu prüfen, wie die Kontrolle bei Einreisen von westlichen Kirchenvertretern in die DDR und den demokratischen Sektor von Berlin verbessert werden kann. Dazu ist eine Vorlage mit entsprechenden Schlußfolgerungen zu erarbeiten und dem Politbüro zu unterbreiten.

6. Der Genosse Eggerath wurde beauftragt, den westdeutschen Synodalen *Kloppenburg* entsprechend seinem Ersuchen zu empfangen und ihm zu sagen, wie wir die provokatorische Veranstaltung in der Marienkirche einschätzen[15].

F.d.R.
Major

Dok. 36
Aus einem Bericht des MfS

Auszug aus einem Bericht über die Tagung der Gesamtdeutschen Synode der EKD vom 21. bis 26.2.1960 in Berlin[16] vom 5.3.1960. Kennzeichnung: Streng geheim! Um Rückgabe wird gebeten! Nr. 188 / 60.

Aus der Einschätzung der Synode durch oppositionelle Kräfte ist ersichtlich, daß auch sie die Auffassung vertreten, daß es noch nie eine Synode gegeben hat, die sich so wenig mit innerkirchlichen Fragen und so ausschließlich mit allgemein politischen Fragen beschäftigt hat, wie diese.

III. *Auftreten der innerkirchlichen Opposition*
Die oppositionellen Kräfte innerhalb und außerhalb der Synode der EKD, besonders in Westdeutschland, waren durch den starken innerkirchlichen Druck und die Einflußnahme durch die Adenauer-Regierung, die für diese Synode getroffen worden war, überrascht.

---

13 Richtig: Führ. Dieser war seit 1956 Generalsuperintendent von Berlin und zuständig für den Sprengel II.

14 Unter den Synodalen wurde diese Mitteilung kurz nach Beginn der Tagung bekannt.

15 Dieses Gespräch fand am 13.10.1961 statt. Der vertrauliche Bericht Kloppenburgs über diese Unterredung, in der es u.a. um das gegen den neuen EKD-Ratsvorsitzenden, Kurt Scharf, ausgesprochene Einreiseverbot in die DDR ging, ist jetzt veröffentlicht in: *Prolingheuer*, Kirchenwende, 129-134.

16 Zur Synode vgl. den Berichtband: Berlin 1960.

Obgleich bekannt war, daß Vorabsprachen zwischen Dibelius und Adenauer in Westberlin über die Synode der EKD stattgefunden hatten, erwartete man trotzdem nicht ein derart massives Auftreten.
Die oppositionellen Kräfte hatten im wesentlichen mit einer Auseinandersetzung der innerkirchlichen politisch-klerikalen Kräfte gerechnet.
Dabei wirkte sich besonders aus, daß die linken Bruderschaftsvertreter keine maßgeblichen innerkirchlichen Positionen in Westdeutschland mehr innehaben; außerdem über fast keine Beziehungen zu mittleren oder leitenden Funktionen des westdeutschen Staatsapparates mehr verfügen.
Selbst die Vertreter der Landeskirche *Thüringen* in der Synode der EKD, die gegenwärtig unter den oppositionellen Kräften die einflußreichsten innerkirchlichen Positionen besitzen, wurden durch das Auftreten der Vertreter der Adenauer-Regierung überrascht.
Weiterhin wirkte sich aus, daß es zwar Absprachen zwischen den Vertretern der Opposition – etwa den Bruderschaften Westdeutschlands, des Weißenseer Arbeitskreises[17] und anderer Gruppierungen – gegeben hatte, diese aber im Verhältnis ungenügend waren.
Dabei muß berücksichtigt werden, daß die bisher aktivsten Vertreter der Opposition in der Synode der EKD als westdeut- [8] sche Staatsbürger förmlich unter Druck gesetzt wurden und von einer offenen Entscheidung zurückschreckten.
Es ist bekannt, daß in Ausschußberatungen der Synode der EKD und in Tagungen des sog. Atomausschusses, die vorausgingen[18], Vertreter der oppositionellen Kräfte klare abgrenzende Äußerungen gegenüber der Position von *Dibelius* abgegeben hatten.
Allerdings spiegelte sich das in den Berichten vor der Synode der EKD deshalb nicht wider, weil die Verfasser dieser Berichte kein Interesse daran hatten, Formulierungen zu verwenden, die in Widerspruch zu den politischen Auffassungen der Bundesregierung standen.
Die oppositionellen Kräfte innerhalb der Evangelischen Kirche in Deutschland sind zahlenmäßig relativ umfangreich.
Allerdings muß man dabei sehen, daß die Beweggründe für das oppositionelle Auftreten sowohl theologisch als auch politisch unterschiedlich sind. Einige Gruppen, wie z.B. der Weimarer Arbeitskreis[19] und der Weißenseer Arbeitskreis, haben politische und theologische Standpunkte, die sich einigermaßen annähern. Währenddessen andere Gruppierungen, wie etwa Pfarrerbund[20] u.a. Kräfte, in ihren theologischen und politischen Standpunkten bedeutend weiter nach links orientiert sind. Auch in den westdeutschen Bruderschaften gibt es sehr starke unterschiedliche theologische und politische Ansichten.
Diese unterschiedlichen Positionen sind so stark ausgeprägt, daß es zu Hindernissen für ein gemeinsames politisches Vorgehen gegenüber den politisch-klerikalen Kräften innerhalb der Evangelischen Kirche in Deutschland kommt.
Die oppositionellen Kräfte, zumindest in ihrem Führungskern, sind bisher nicht in der Lage gewesen, zu differenzieren zwischen Kreisen,

---

17 Zum Weißenseer Arbeitskreis vgl. Dok. 38.
18 Vgl. KJ 87, 1960, 87-97 (Zwischenbericht des Atomausschusses und die dazugehörigen Erläuterungen von Raiser).
19 Vgl. Dok. 38.
20 Vgl. Dok. 38.

die leitende kirchliche Funktionen inne haben, und solchen Personengruppen, die unmittelbar Repräsentanten der Adenauer-Regierung sind und für ein gemeinsames politisches Vorgehen nicht gewonnen werden können. [9] Dabei wirkt sich besonders aus, daß die oppositionellen Kräfte zum Teil Repräsentanten der Bewegung der Bekennenden Kirche in Deutschland sind, zum anderen Teil ehemalige Deutsche Christen, d.h. Vertreter der kirchlichen Strömungen, die während der Nazizeit mit der Hitler-Regierung zusammengearbeitet haben.
Aus diesem Grund kommt es innerhalb der oppositionellen Kräfte zwischen BK-Leuten und den ehem. Deutschen Christen zu Auseinandersetzungen, zu Isolierungen untereinander, die bis zur persönlichen Borniertheit reichen.
Diese Differenzen wirkten sich besonders zwischen den Vertretern der Bruderschaften und dem Weißenseer Arbeitskreis auf der einen Seite und etwa dem Weimarer Arbeitskreis der Thüringer Landeskirche aus[21].
So gibt es unterschiedliche Auffassungen darüber, welche kirchenpolitische Entwicklung forciert werden soll nach einem etwaigen Übergewicht der oppositionellen Kräfte gegenüber dem politisch-klerikalen Flügel. Diese Differenzen wirken sich z.b. so aus, daß es zwischen den Vertretern des Weißenseer Arbeitskreises und den oppositionellen Kräften im Bereich der Generalsuperintendentur von D. Günter *Jacob* (Cottbus)[22] Auseinandersetzungen darüber gibt, entweder die Entwicklung einer Volkskirche als Massenkirche zu forcieren – wie durch den Weimarer Arbeitskreis vertreten wird – oder eine Kirche im anglikanischen Stil, d.h. eine sogenannte Kern- oder Elitekirche, die sich auf streng organisatorisch gefestigte Gruppen orientieren soll.
Hemmend für ein gemeinsames Vorgehen oppositioneller Kräfte wirkt sich auch die Tatsache aus, daß die bisher führenden Persönlichkeiten der Bruderschaften, wie *Niemöller, Heinemann, Metzger* u.a., die bisher allein durch ihre Vergangenheit und ihre kirchenpolitische Tradition ausgleichend und vereinigend für die oppositionellen Kräfte wirken konnten, in der letzten Zeit durch Lavieren und durch wahltaktische und parteipolitische Rücksichtnahme auf die innenpolitische Situation Westdeutschlands stark an Einfluß verloren haben. [10]
Eine gleichwertige Persönlichkeit, wie etwa Landesbischof *Mitzenheim* – Thüringen –, hat bisher diesen Aspekt einer gesamtdeutschen Wirksamkeit zur Führung der oppositionellen Kräfte weder wahrgenommen noch in dieser Richtung irgendwie Aktivität entfaltet.
Diese ausgeführten Hemmnisse für das politische gemeinsame Auftreten der oppositionellen Kräfte waren bisher bekannt und wirkten sich im begrenzten Rahmen in den einzelnen Landeskirchen aus.
Durch den Umstand, daß die Adenauer-Regierung auf dieser Synode gewillt war, eine eindeutige Entscheidung zur Unterstützung der Adenauer-Politik herbeizuführen, wirkten sich diese hemmenden Faktoren besonders schwerwiegend für das Auftreten der oppositionellen Kräfte auf der Synode der EKD aus.
Die Zersplitterung der Kräfte, der Mangel einer Führungspersönlichkeit für die oppositionellen Kräfte, die mangelnden taktischen Absprachen für ein gemeinsames Vorgehen und die mangelnde langfristige

21   Vgl. dazu auch Dok. 38.
22   Auch zum hier offensichtlich gemeinten Cottbusser Arbeitskreis vgl. Dok. 38.

Konzeption wirkten sich derartig aus, daß die Vertreter der oppositionellen Kräfte durch das massive Auftreten der Clique *Gerstenmaier,
Kunst, Wilkins*[23] u.a. keinen Boden mehr für ein Auftreten hatten.

Das notwendige Reagieren der Regierung der DDR auf das provokatorische Auftreten von *Lemmer* und *Brandt* anläßlich des Eröffnungsgottesdienstes in der Marienkirche durch die Eröffnung eines Ermittlungsverfahrens gegen *Dibelius* löste auf Grund der Konzeptionslosigkeit einen Schock aus, der zur Verwirrung in bestimmten Kreisen der
oppositionellen Kräfte führte.

Oppositionelle Kräfte erklärten, daß das Ermittlungsverfahren auch
Dibelius-Gegner zwinge, sich schützend vor Dibelius zu stellen, um
nicht in den Verdacht zu kommen, dem Ermittlungsverfahren Vorschub zu leisten. [11]

Außerdem wurde erklärt, daß die Einleitung eines solchen Verfahrens
zwar prinzipiell richtig wäre, aber der Zeitpunkt ungünstig war.

Die Verwirrung unter den oppositionellen Kräften konnte von der
Gerstenmaier-Gruppe für die Begründung und Annahme eines Vertrauensvotums für Bischof *Dibelius* durch die Synode der EKD ausgenutzt werden[24].

IV. *Das Ergebnis der Gesamtdeutschen Synode der EKD*

Wenn diese labile Opposition bereits in der Lage war, die direkten Vertreter der Adenauer-Regierung zu zwingen, in die innerkirchlichen
Auseinandersetzungen einzugreifen, so ist von einer geeinten und mit
einer Konzeption versehenen Opposition, die planmäßig auftritt, ein
bedeutend wirkungsvolleres Ergebnis auf den innerkirchlichen Differenzierungsprozeß zu erwarten.

Durch den Verlauf der Synode wurde im wesentlichen die politische
Spaltung der EKD vorangetrieben.

Die Befürchtungen der Bischöfe der DDR, daß der Ausgang der Synode staatlich administrative Maßnahmen der Regierung der DDR zur
Folge haben wird, wirkten sich so aus, daß sie sich auf der Synode
stark zurückhielten, um für deren Verlauf nicht die Verantwortung tragen zu müssen.

Die Bedingungen für gesamtdeutsche Veranstaltungen auf der Bruderschaftsebene, wie etwa Begegnungen zwischen den Bruderschaften und
dem Weißenseer Arbeitskreis, werden durch diese unmittelbar staatliche Einflußnahme der Adenauer-Regierung bedeutend erschwert werden.

V. *Schlußfolgerungen*

1. Die Absicht des Adenauer-Flügels und das Auftreten auf der Synode, die Regierung der DDR vor der Gipfelkonferenz[25] zu staatlich-

---

23 Richtig: Wilkens.
24 In der Erklärung, die mit 97 Ja-Stimmen gegen zwei Nein-Stimmen und bei elf
    Enthaltungen angenommen wurde, solidarisierte sich die Synode mit Dibelius,
    ohne daß sie sich seine Thesen zur Frage der Obrigkeit sachlich zu eigen gemacht
    hätte: „Unbeschadet der in ihr bestehenden sachlichen Meinungsverschiedenheiten
    weist die Synode die fortgesetzten Angriffe einer politischen Propaganda zurück,
    durch die die Person des Bischofs und die Beweggründe seines Handelns verleumdet werden" (KJ 87, 1960, 57). Die Vorlage war zuvor von Eugen Gerstenmaier
    begründet worden (ebd., 56f). Zur Debatte um die Obrigkeitsfrage vgl. Dok. 38.
25 Gemeint ist hier die Pariser Gipfelkonferenz, zu der die Regierungschefs der USA,
    Großbritanniens, Frankreichs und der Bundesrepublik Chruschtschow im Dezember 1959 eingeladen hatten. Dieser ließ dann die Gipfelkonferenz im Mai unter
    dem Vorwand des U-2-Luftzwischenfalls – ein US-Aufklärungsflugzeug hatte den

administrativen Maßnahmen gegen die Kirchen in der DDR zu provozieren, ist vor allen kirchlichen Kreisen bloßzustellen.
2. Mit der Hoffnung, die Regierung der DDR vor der Gipfelkonferenz
zu provozieren, ist der Wunsch verbunden, weiteste Teile der Evangelischen Kirche (auch der DDR) zu einer Bonner Staatskirche auszurichten.
Die Entlarvung dieser Versuche muß mit allen Mitteln durchgeführt
werden.
3. Durch das Ergebnis der Gesamtdeutschen Synode wurde das Argument der reaktionären Kirchenkreise, die gesamtdeutschen Institutionen wie Synode, Rat der EKD, Kirchenkanzlei usw. seien nur Institutionen für die religiöse und theologische gesamtdeutsche Arbeit, restlos
widerlegt. Das bisher in der Praxis angewandte Prinzip der Nichtaner-
kennung dieser gesamtdeutschen Gremien muß unter Betonung der
Existenz zweier deutscher Staaten noch stärker durchgesetzt werden.
4. Das Verhalten der Bischöfe der DDR auf dieser Synode, aus den
verschiedensten Beweggründen sich zurückzuhalten und im Vergleich
zu früher nicht bzw. nicht offen für die Adenauer-Dibelius-Gruppe
einzutreten zeigt, wie sie, wenn auch zögernd, die Existenz der DDR
in Rechnung stellen. Das bewiesen auch ein großer Teil der in ihren
Landeskirchen durchgeführten Landes- bzw. Provinzialsynoden.
Diese Tatsache muß in dem weiteren Verhalten der staatlichen Organe
gegenüber den Bischöfen in der DDR berücksichtigt werden.
Als Grundlage für alle weiteren Gespräche mit den Bischöfen in der
DDR muß das gemeinsame Kommuniqué vom 21.7.1958 dienen. [2]
5. In der Vergangenheit und auch besonders auf der Synode hat sich
gezeigt, daß die reaktionären klerikalen Kreise am wirksamsten durch
eine organisierte innerkirchliche Opposition bei der Verwirklichung
ihrer Pläne gestört werden können.
Der jetzt zu erwartende verstärkt einsetzende Terror der klerikalen
Kräfte, unterstützt durch den Bonner Staatsapparat, gegen die kirchliche Opposition, vor allem gegen die westdeutsche Opposition, muß
von denselben mit allen Mitteln abgewehrt werden.
Dabei ist zu beachten, daß die reaktionären Kräfte die Opposition vor
allem mit wirtschaftlichen Mitteln unter Druck setzen können.
Das trifft auch auf solche starken oppositionellen Bewegungen wie die
in der Thüringer Landeskirche zu.
Aus diesem Grunde werden folgende Maßnahmen vorgeschlagen:
a) Die Organisierung von gemeinsamen Beratungen und Tagungen der
verschiedensten oppositionellen Gruppen zu bestimmen gesellschaftlichen und religiösen Anlässen.
Dabei muß die Zielstellung dieser gemeinsamen Beratungen so festgelegt sein, daß sie den komplizierten und differnzierten Eigenarten dieser Oppositionsgruppen Rechnung trägt.
b) Zur Verstärkung des Einflusses auf die mittleren Geistlichen und
Synodalen müssen alle gesellschaftlichen und staatlichen Organe ihre
Möglichkeiten in dieser Richtung voll ausschöpfen.
c) Eine Überprüfung und Neuregelung der materiellen und finanziellen Unterstützung der oppositionellen kirchl. Kreise, differenziert nach

---

sowjetischen Luftraum verletzt und war über Swerdlowsk abgeschossen worden –
scheitern.

deren Einstellung und unseren Einfluß darin, muß durchgeführt werden.

d) Die leitenden Bonner Staatsangestellten besitzen wichtige innerkirchliche Funktionen.

Auf der letzten Synode zeigte sich, daß diese ihren Einfluß entscheidend benutzen, um den klerikalen Flügel zu stärken. Daß unsere staatlichen und gesellschaftlichen Organe keine gewählten Vertreter in Synoden und anderen kirchlichen Institutionen besitzen, erwies sich auch auf dieser Synode als besondere Schwäche. Darum müssen Vertreter staatlicher und gesellschaftlicher Organe in Provinzial-, Landes- und Gesamtdeutsche Synoden entsandt werden.

e) Die jetzt bereits bestehenden Verbindungen der Ev. Kirche in der DDR mit der russ.-orth. Kirche müssen so organisiert werden, daß sie der vorgesehenen Förderung und stärkeren Zusammenführung der Opposition dienen.

(So könnten z.B. bei bestimmten religiösen Anlässen Delegationen der verschiedensten oppositionellen Gruppierungen gemeinsam von der russ.-orth. Kirche eingeladen werden, Gegenbesuche organisiert usw., um somit bei dieser Gelegenheit sich besser persönlich kennenzulernen.)

Auch die besser zu organisierende Tätigkeit der Prager Christlichen Friedenskonferenz[26] müßte dieser vorgesehenen Entwicklung der oppositionellen Kräfte in der DDR Rechnung tragen und stärker für deren Förderung eingesetzt werden.

Dok. 37
Mielke an Ulbricht

Berlin, den 14.4.1960

Schreiben mit eigenhändiger Unterschrift. Absender: Regierung der Deutschen Demokratischen Republik, Ministerium für Staatssicherheit, – Der Minister –. Anschrift: An den 1. Sekretär des ZK der SED, Genossen Walter Ulbricht. Berlin. VMA 62 / 60. Einstufung: Persönlich! Ohne Anlage.

Lieber Walter!
Beiliegend ein Schreiben des katholischen Bischofs von Berlin an die Regierung der DDR, datiert vom 6. April 1960[27], das jedoch erst jetzt

26 Die Prager Christliche Friedenskonferenz war zwei Jahre zuvor in Prag zum erstenmal zusammengekommen. An dieser Konferenz hatte auch eine Gruppe von Vertretern der westdeutschen Bruderschaften teilgenommen. Zur CFK, die in der DDR schon bald zu den regimetreuen, „politisch-realistischen" Kräften gehörte, vgl. *Roer.*

27 Das Schreiben richtete sich insbesondere gegen die Zwangskollektivierung der Landwirtschaft, die im Frühjahr 1960 ihren Höhepunkt erreichte. U.a. heißt es darin: „Wir legen aber auch gegen die gewaltsame Einschränkung und Verfügungsgewalt über das Eigentum Protest ein, [...] ja, wir können uns der schweren Sorge nicht verschliessen, daß hinter den jetzigen Maßnahmen als Fernziel die Absicht steht, durch die Umgestaltung der Produktionsverhältnisse dem religiösen Leben mehr und mehr die Grundlage zu entziehen." Den Inhalt des Schreibens gab Julius Kardinal Döpfner, der damalige Vorsitzende der Berliner Ordinarienkonferenz, in seiner Osterpredigt 1960 bekannt. Vgl. *Knauft,* 119 sowie Dok. 38, Anm. 67.

zur Absendung gelangte und heute oder morgen in der Kanzlei des Ministerpräsidenten eintreffen wird.
Der Brief befaßt sich mit der sozialistischen Umgestaltung auf dem Lande. Das Schreiben ist in einem unerhörten, aggressiven Tone abgefaßt und bedeutet eine ziemlich offene Kampfansage der reaktionären katholischen Bischöfe.
Von seiten des MfS wurden alle Maßnahmen eingeleitet, falls in den Ostertagen – auch von der evangelischen Kirche – Hetze gegen die LPG betrieben werden sollte, diese Hetze einzuengen oder zu registrieren, wo die katholischen und evangelischen Pfarrer besonders reaktionär und aggressiv auftreten.

Es wird besonders unter Kontrolle gehalten, daß keine besonderen Vorkommnisse dabei entstehen können. Eine Auswertung erfolgt nach den Ostertagen.
Die jetzt erst vorgenommene Zustellung des Briefes erfolgte aus dem Grunde, um damit die Verlesung des bereits bekannten Hirtenbriefes[28] abzudecken, in der Annahme, daß der Staatsapparat jetzt schon nicht mehr arbeitet.
Mit sozialistischem Gruß!
[gez.] E. Mielke
1 Anlage

Dok. 38
Bericht Mielkes

Berlin, den 12. Aug. 1960

Bericht über „Rolle und Aufbau oppositioneller Gruppierungen in den evangelischen Kirchen Westdeutschlands und der Deutschen Demokratischen Republik". Verfasser: Regierung der Deutschen Demokratischen Republik, Ministerium für Staatssicherheit, – Minister – ohne eigenhändige Unterschrift. BdL 1230 / 60.

I. Rolle und Aufbau oppositioneller Gruppierungen in den evangelischen Kirchen Westdeutschlands und der Deutschen Demokratischen Republik
a) Entstehung oppositioneller Strömungen und Gruppierungen innerhalb der EKiD
b) Der unterschiedliche Charakter und die neuen Formen der oppositionellen Gruppierungen in Westdeutschland und im Gebiet der DDR
II. Aufbau, Grundlagen und Ziele der Oppositionsgruppen in der DDR
III. Allgemeine operative Aufgaben für die Bearbeitung des Differenzierungsprozesses innerhalb der Evangelischen Kirche
[I. Rolle und Aufbau oppositioneller Gruppierungen in den evangelischen Kirchen Westdeutschlands und der Deutschen Demokratischen Republik]

---

28   Gemeint ist der Fastenbrief der Berliner Ordinarienkonferenz aus demselben Jahr. Darin wurde die Benachteiligung und Unterdrückung von Christinnen und Christen katholischerseits deutlicher als je zuvor beklagt. Vgl. *Knauft*, 117 f.

[a] Entstehung oppositioneller Strömungen und Gruppierungen innerhalb der EKiD]

Seit ihrer Neugründung 1945 stellt die Evangelische Kirche in Deutschland (EKiD) zwar eine organisatorische Einheit dar, ist aber theologisch und politisch differenziert.

In der EKiD widerspiegelt sich die Differenziertheit der politisch unterschiedlichen Kräfte, die nach 1945 sich in der EKiD zusammenfanden.

Ohne eindeutige politische Abgrenzung untereinander existierten im wesentlichen 2 politische Richtungen, die beide sich auf ihre angeblich antifaschistischen Traditionen in der Nazizeit berufen. Diese Traditionen des reaktionären Flügels (*Dibelius, Lilje,* Eberhard *Müller, Künneth*) bestehen in Wirklichkeit im wesentlichen darin, daß sie im Kampf gegen die faschistische Kirchenpolitik sich gegen den damaligen von Hitler eingesetzten Reichsbischof *Müller* gewandt hatten; nicht aus antifaschistischen Motiven, sondern weil das faschistische Regime die Zusammenarbeit mit dem Dibelius-Flügel abgelehnt hatte, weil dieser keine Machtteilung mit den vom Faschismus organisierten Deutschen Christen wollte.

Der oppositionelle Flügel, *Niemöller, Heinemann* u.a., leistete politischen Widerstand gegen das faschistische Regime, unterhielt Kontakte zur 20. Juli-Bewegung und war der Verfolgung ausgesetzt.

Auf Initiative dieser Kräfte bildeten sich Organisationen – Bruderschaften – in allen evangelischen Landeskirchen.

Während der Nazizeit waren die Kontakte zwischen den beiden Flügeln gering.

Nach 1945 waren es die Vertreter des reaktionären Flügels, die ihre Vergangenheit als von den Nazis zurückgewiesene Kollaborateure in eine antifaschistische Tradition umfälschten und sich der EKiD als Organisation durch Besetzung der führenden Funktionen bemächtigten.

So wurde *Dibelius* Ratsvorsitzender und Bischof von Berlin-Brandenburg; *Brunotte* Leiter der Kirchenkanzlei in Hannover; Bischof *Wester* übernahm die Flüchtlingsarbeit; Eberhard *Müller* übernahm die Evangelischen Akademien, usw.

Den oppositionellen Kräften wurden damals noch Positionen überlassen, so z.B. *Niemöller* das Außenamt der EKiD, und *Heinemann* wurde Präses der Synode der EKiD. Deutlich wurde, daß diese beiden Flügel auch durch die Schaffung der EKiD nicht aufhörten zu existieren, lediglich veränderte sich ihre politische Zielstellung.

So zeigte es sich besonders 1955 anläßlich der Synode der EKiD zum Thema: „Die Kirche und die Welt der industriellen Arbeit" in Espelkamp / Westdeutschland[29], daß der Dibelius-Flügel nun mit allen Mitteln die reaktionäre Adenauer-Politik unterstützte, während der Niemöller-Heinemann-Flügel sich gegen die Unterordnung der EKiD unter den Bonner Staatsapparat wandte.

Entsprechend dem allgemeinen Terror der Bonner Regierung gegen alle demokratischen Kräfte Westdeutschlands begann auch der reaktionäre Flügel der EKiD die Vertreter der Bruderschaften aus den kirchenleitenden Funktionen zu entfernen, so z.B. *Niemöller*[30] und *Hei-*

29 Vgl. den Berichtband: Espelkamp 1955.
30 Der Rat der EKD hatte Niemöller am 8.6.1956 als Leiter des Kirchlichen Außenamtes abberufen. Bereits im Januar 1956 hatte Niemöller seinen Sitz im Rat der

nemann[31]. Sie stießen dabei auf keinen größeren Widerstand, da die oppositionellen Kräfte sich als „Männer der Gemeinden" und nicht als „Männer der Kirche" sahen.

Dieser Standpunkt als „Männer der Gemeinde" birgt in sich die Möglichkeit, daß diese Personen in ihrer Haltung entscheidend durch Kräfte aus der Gemeinde beeinflußt werden können. Die Ausnutzung dieser Möglichkeit ist eine Hauptaufgabe in der Arbeit des MfS auf der Linie V / 4. [3]

Der Kampf gegen die oppositionellen Kräfte in der EKiD wurde deshalb geführt, weil sie innerkirchlich einen konsequenten Kampf gegen die Verflechtung der EKiD mit dem Bonner Staat führten und dabei den Dibelius-Flügel angriffen.

Die Situation in der EKiD, von den Geistlichen bis zu den höheren Gremien, hat Kirchenpräsident *Niemöller* in seinem „Offenen Brief" vom 6.5.50 an Bischof *Dibelius* sehr deutlich zum Ausdruck gebracht[32].

Er schreibt darin von „unerträglichen Quertreibereien des Dibeliusflügels, die die Ursache der widersprüchlichen Entwicklung in der EKiD sind".

Dieser innerkirchliche Kampf verschärfte sich dadurch, daß die Angehörigen des konsequent oppositionellen Flügels – in Bruderschaften organisiert – offen den Kampf gegen die Remilitarisierung, besonders Schaffung der Bundeswehr, Ratifizierung der Pariser Verträge, EVG-Vertrag, NATO, gegen den Faschisierungsprozeß, gegen die atomare Aufrüstung und gegen den Militärseelsorgevertrag aufzunehmen begannen.

Durch zahllose Dokumente, z.B. Stellung zur Atomfrage in 10 Thesen von 1958[33], stellten sie sich in offene Opposition gegen die Adenauer-Politik und verließen den bisher nur innerkirchlichen Raum der Auseinandersetzungen.

Die Dibelius-Gruppe, d.h. nunmehr der NATO-Flügel der EKiD, versuchte zuerst die Bruderschaften zu paralysieren bzw. zu unterdrükken. Als das nicht gelang, versuchte der NATO-Flügel auch mit Unterstützung reaktionärer Bruderschaftsangehöriger, z.B. des ehemaligen Bundesgerichts- und jetzigen Landesgerichtsrates *Simon* (Düsseldorf) die Bruderschaften in den antikommunistischen Kampf einzubeziehen. [4]

Dabei muß berücksichtigt werden, daß die leitenden Personen der Bruderschaften zwar gegen die Adenauer-Politik sind, deshalb aber noch nicht die Regierung der DDR anerkennen. Zwar bejahen sie die

---

EKD niedergelegt. Vgl. KJ 83, 1956, 4-8.

31   1955 war anstelle von Gustav Heinemann der Freiburger Professor von Dietze zum Präses der Synode der EKD gewählt worden. Zu den Vorgängen, die zur Abwahl Heinemanns führten, vgl. KJ 82, 1955, 26-39.

32   Vermutlich ist hier der Brief Niemöllers an Dibelius vom 6.5.1955 gemeint. Niemöller beschwerte sich in diesem Schreiben über Äußerungen des Oberkirchenrates Prof. Dr. Herntrich, der das von Niemöller geleitete Kirchliche Außenamt scharf kritisiert hatte. Niemöller erklärte in dem Brief, er werde seine weitere Mitarbeit im Rat der EKD bis zur Zurücknahme dieser Vorwürfe einstellen. - Die hier zit. Stelle müßte richtig lauten: „Falls Sie nicht Ihrerseits dahinführende Schritte unternehmen wollen, halte ich es ... für an der Zeit, meinerseits die Hintergründe dieser im Raum der Kirche unerträglichen Quertreibereien aufzudecken" (KJ 82, 1955, 107 f.).

33   Vgl. Dok. 31, Anm. 54.

Außenpolitik der DDR, auch bestimmte Teile der Innenpolitik, z.B. Gesundheitswesen, soziale Gesetzgebung usw., lehnen aber die Schulpolitik, die Jugendweihe und bestimmte Maßnahmen der Justiz ab. Wie der Verlauf der Gesamtdeutschen Bruderschaftstagung vom 15.-17.6.60 im demokratischen Sektor von Berlin zeigte, gelang dieser Versuch bisher nicht[34].

Als Schwäche der bruderschaftlichen Bewegung wurde deutlich, daß sich diese Kräfte zwar in der Gegnerschaft zur Adenauer-Politik einig sind, aber über keine eigene konstruktive Konzeption verfügen.

Die Schärfe der Gegnerschaft zur Adenauer-Politik brachte mit sich, daß ehemals führende Bruderschaftsvertreter, die staatliche Funktionen innehaben, z.B. *Heinemann* (Mitglied des Bundestages, SPD), teilweise auch *Niemöller*, in den Hintergrund traten. [...]

Als erste Bruderschaften nach 1945 bildeten sich die „Baden-Württembergische", die „Rheinisch-Westfälische" und später die „Hessen-Nassauische". Diese Oppositionsgruppen traten vorwiegend nur in „Unierten Landeskirchen" in Erscheinung.

Die einzelnen landeskirchlichen Bruderschaften besitzen eine Anhängerschaft von etwa 300 bis 1 000 Mitgliedern, Geistliche und Laien. [5] In der Öffentlichkeit wurden diese Bruderschaften etwa 1954/55 außerkirchlich politisch aktiv.

Besonders in der Frage der atomaren Bewaffnung sind sie bestrebt, auf bürgerliche Kreise einzuwirken. Dabei reichen ihre Verbindungen bis zum „Deutschen Club 1954", dem führende bürgerlich-katholische Kreise angehören und in das kapitalistische Ausland.

In Westdeutschland verfügen sie über verhältnismäßig starke Beziehungen zur SPD.

Einige ihrer Mitglieder sind selbst in der SPD organisiert, wie z.B. Dr. Dr. *Heinemann*, Essen, SPD-Bundestagsabgeordneter, *Metzger*, Darmstadt, Staatsminister a.D. Sie versuchen, SPD-Mitgliedern ihre Haltung gegen die Militarisierung Westdeutschlands nahezubringen und sie in diese Richtung zu drängen. Andererseits nehmen jedoch auch Kreise der rechten SPD-Führung auf reaktionäre Kreise innerhalb der Bruderschaften Einfluß. Die Bruderschaften haben in Zusammenwirken mit anderen Bevölkerungsschichten in Versammlungen und Kundgebungen durch öffentliche Stellungnahmen, Atommahnwachen, der Aktion des „Pauls-Kirchen-Manifestes"[35], der Aktion „Kampf dem Atomtod"[36], innerkirchliche Aktionen wie gegen den Militärseelsorge-

---

34 Gemeint ist hier eine Tagung, die die Bruderschaften gemeinsam mit dem Weißenseer Kreis abgehalten hatten. Vgl. den Bericht von Heinz *Kloppenburg*, Kirchliche Bruderschaft in Weißensee. Tagung der Kirchlichen Bruderschaften und des Weißenseer Kreises in Berlin-Weißensee vom 15. bis 18. Juni 1960, in: JK 21, 1960, 354-358. Dieser Bericht enthält noch kurze Zusammenfassungen der dort gehaltenen Referate.

35 Nach dem Scheitern der EVG (vgl. Dok. 24, Anm. 10) wurde im Herbst 1954 in London erneut über die Aufnahme der Bundesrepublik in die westliche Verteidigungsallianz verhandelt. Diesmal waren die Verhandlungen erfolgreich, und in den Pariser Verträgen wurde die Aufnahme der BRD in den Brüsseler Pakt und die NATO vereinbart. Gegen die Pariser Verträge richtete sich in Westdeutschland eine breite Protestbewegung, die „in der Paulskirchenkundgebung vom 29. Januar 1955 ihren öffentlichen Höhepunkt fand" (*Vogel*, 192). Die Paulskirchenbewegung forderte in der Hauptsache, „daß die Wiedervereinigung vor einer militärischen Blockbindung Priorität haben müsse" (ebd., 193). Vgl. darüber hinaus ebd., 192-197 sowie *Koch*, Heinemann, 438-452.

36 Mit diesem Aufruf vom 23.3.1958 wurden die Bundesregierung und der Bundestag

vertrag, die „Obrigkeitsbroschüre" von Bischof *Dibelius*[37] aktiven Widerstand geleistet. [6]
[b) Der unterschiedliche Charakter und die neuen Formen der oppositionellen Gruppierungen in Westdeutschland und im Gebiet der DDR]
Trotz dieser gesunden Bestrebungen und ihrem konsequenten Handeln sind diese Bruderschaften in sich differenziert. Es gibt einen links orientierten Flügel, einen rechts orientierten Flügel, leitende Gremien dieser Oppositionsbewegung sind oft zentristisch eingestellt.

Der konsequent oppositionelle Flügel wird durch Oberkirchenrat *Kloppenburg*, Dortmund, Pastor Martin *Niemöller*, Wiesbaden, Studentenpfarrer *Mochalski*, Darmstadt, Pfarrer Dr. *Werner*, Stuttgart-Zuffenhausen, repräsentiert.

Der rechte Flügel ist besonders durch Landgerichtsrat Dr. *Simon*, Düsseldorf vertreten. *Simon* versucht, wie bereits angeführt, die Tätigkeit der Bruderschaft zu hemmen.

Einer der führenden Köpfe der Bruderschaft ist Prof. Ernst *Wolff* [sic!] Göttingen.

Während Prof. *Wolff* noch vor ca. 2 Jahren mit den linken Kräften sympathisierte, hat sich besonders auf der Bruderschaftstagung vom 15.-17.6.60 gezeigt, daß er, zum Teil aus Existenzgründen, zur Gruppe *Simon* übergeschwenkt ist. Er war maßgeblich an der Erarbeitung eines antikommunistischen Arbeitsmaterials für diese Bruderschaft beteiligt.

Vor ca. 2 Jahren wurden die Bruderschaften in einem gemeinsamen Leiterkreis zusammengefaßt, der sich anfangs ausschließlich in den Händen der Simon-Gruppe befand.

Erst seit der Leiterkreistagung im April 1960 in Düsseldorf und am 18.6.60 in Berlin hat der linke Flügel den entscheidenden Einfluß im Leiterkreis bekommen. [7]

Als Vertreter der Oppositionsgruppen aus der DDR gehören dem Leiterkreis *Ringhandt*, Rüdersdorf b. Berlin, und *Bassarak* – Berlin – an.

Bemerkenswert ist, daß *Ringhandt* mit dem reaktionär eingestellten Dr. *Simon* – Düsseldorf – befreundet ist.

Ringhandt ist der Verbindungsmann zur „Rheinischen Bruderschaft", die von *Simon* geleitet wird. Der Haltung *Simons* ist es zuzuschreiben, daß sich in der Rheinischen und Westfälischen Landeskirche unter der Bezeichnung „Rheinischer Konvent" ein starker Gegenpol gebildet hat, der in diesen Landeskirchen die leitenden Kirchenpositionen und Funktionen innehat und die Opposition in diesen Landeskirchen zu unterdrücken sucht.

Gegen *Simon* tritt am konsequentesten die Kloppenburg-Gruppe auf, unterstützt von der „Hessischen Bruderschaft", besonders durch Pfarrer *Treblin* und Pfarrer *Dignath*.

Die Kloppenburg-Gruppe unterstützt den „Deutschlandplan der

---

aufgefordert, „den Rüstungswettlauf mit atomaren Waffen nicht mitzumachen, sondern als Beitrag zur Entspannung alle Bemühungen um eine atomwaffenfreie Zone in Europa zu unterstützen" (KJ 85, 1958, 21f: hier: 21).

37 In seiner Schrift „Obrigkeit" hatte Otto Dibelius die Auffassung vertreten, daß ein totalitärer Staat wie die DDR nicht als Obrigkeit im Sinne von Röm 13 gelten könne. Dibelius' Schrift traf vielfach auf Widerspruch und löste eine breite öffentliche Auseinandersetzung aus. Vgl. KJ 86, 1959, 123-135; KJ 87, 1960, 65-85; Dokumente zur Frage der Obrigkeit und die Darstellung von *Stupperich*, 539-567.

SPD"[38], wogegen *Simon* die Bruderschaften der derzeitigen Politik der Bonner Regierung unterordnen möchte.

Der prinzipielle Fehler der Bruderschaften in der Vergangenheit war, daß sie fast sämtliche leitende Kirchenfunktionen kampflos aufgaben, die sofort die reaktionären Kreise an sich rissen, so z.B. die Leitung des kirchlichen Außenamtes in Frankfurt und einen Sitz im Rat der EKiD, die von *Niemöller* besetzt waren.

Die Gründe dafür lagen in der Regel in einer falschen Situationseinschätzung und in einer inkonsequenten subjektiven Haltung. Es hatte sich allgemein die Ansicht verbreitet, daß die reaktionären Kräfte innerhalb der Kirche schärfer bekämpft werden könnten, wenn die oppositionellen Kräfte nicht durch kirchliche Funktionen zu einer bestimmten Zurückhaltung verurteilt seien. Die Pressearbeit, verkörpert durch die Zeitschriften „Stimme der Gemeinde" und „Junge Kirche" trägt gut zur Publizierung der Opposition bei. Beide Zeitschriften besitzen ein aus progressiven kirchlichen Personen bestehendes Redaktionskollegium. [8] Sie haben in beiden deutschen Staaten unter den Geistlichen einen umfangreichen Leserkreis.

Vorwärtsgetrieben und ausgerichtet wurden und werden diese oppositionellen Kräfte in Ost und West vor allem durch die seit langem bestehende oppositionelle kirchliche Zeitschrift „Stimme der Gemeinde", die von Studentenpfarrer Herbert *Mochalski*, Darmstadt, monatlich herausgegeben wird. In Westdeutschland bestehen nachfolgend aufgeführte Oppositionsgruppen, die alle entsprechend den Theorien Prof. Karl *Barth*s, Schweiz, handeln.

Barth hat in allen seinen Veröffentlichungen und Stellungnahmen die Bruderschaften unterstützt, besonders in deren Haltung zur Atomfrage[39]. Gerade bei diesem Problem drängte er sie, politisch konkret zu sprechen. So hat er auf einer Bruderschaftstagung 1956 in Wuppertal erklärt: „Die Antisowjethetze bedeutet einen neuen Keim für einen dritten Weltkrieg"[40].

Es gibt folgende westdeutsche Bruderschaften:

„Bruderschaft von Westfalen", Leiter: OKR Kloppenburg, Heinrich, geb. am 10.5.1909, wohn.: Dortmund

„Rheinische Bruderschaft", Landgerichtsrat Dr. Simon, Helmut, wohn.: Düsseldorf

„Bruderschaft Württembergs", Pf. Dr. Werner, Herbert, wohn.: Stuttgart-Zuffenhausen

„Bruderschaft Hessen-Nassau", Pf. Treblin, Heinrich, wohn.: Heppenheim; Pf. Hunzinger, Walter, wohn.: Wiesbaden [9]

---

38 In ihrem Deutschland-Plan von 1958 (auszugsweise abgedruckt in: *Hirsch,* Deutschlandpläne, 279-283) legte die SPD ein Konzept zur Wiedervereinigung Deutschlands im Zusammenhang mit dem Aufbau eines europäischen Sicherheitssystems vor.

39 Vgl. Barths ermutigenden Brief an die Kirchlichen Bruderschaften vom 25.9.1958, abgedruckt in: *Kupisch* (Hg.), 177 f.

40 Barth äußerte sich im Rahmen einer Tagung der Gesellschaft für evangelische Theologie vom 6. bis 9.3.1956 zur Debatte um die Wiedereinführung des Wehrdienstes in der Bundesrepublik. In diesem Zusammenhang sprach Barth auch über den „Kampf" gegen den Antikommunismus und sagte: „Wenn die Christen hier im Westen ihr Heil im Anti-Kommunismus sehen, fallen sie den Brüdern drüben in den Rücken" (zit. nach dem Bericht „Wehrdienstdebatte in der Bundesrepublik. Karl Barth in Wuppertal-Elberfeld", Ev. Welt 7 / 11 vom 1.4.1956, 180 f., hier: 180).

„Bruderschaft von Hannover", Leiter: Kube, Frucht
„Bruderschaft Nord-West-Deutschland", Pf. Immer, Theodor, wohn.:
Hinte über Emden
„Theologische Sozietät Baden", Pf. Güsse, E. Th., wohn.: Karlsruhe
„Kirchlich-theologische Arbeitsgemeinschaft von Kurhessen und
Waldeck", Pf. Zimmermann, Hans, wohn.: Kirchhain / Kassel
„Kirchlich-theologische Arbeitsgemeinschaft der Pfalz", Pf. Kaffka,
Rudolf, wohn.: Annweiler
„Gesellschaft für Evangelische Theologie", Prof. Wolff[41], Ernst, wohn.:
Göttingen
Im Entstehen begriffen sind die „Bayrische Bruderschaft", „Norddeut-
sche Bruderschaft" und „Kirchlich-theologische Arbeitskreise in Göt-
tingen", die mit den anderen, bereits bestehenden Oppositionsgruppen
in Übereinstimmung stehen.

*II. Aufbau, Grundlagen und Ziele der Oppositionsgruppen in der
DDR*
Unmittelbar nach 1945 fand im Gebiet der DDR keine Neugründung
bruderschaftlicher Organisationen statt. Es existieren lediglich aus der
Nazizeit die kirchliche Bruderschaft Sachsens und die kirchliche theo-
logische Arbeitsgemeinschaft. Dabei muß beachtet werden, daß die un-
terschiedliche gesellschaftliche Entwicklung in den beiden deutschen
Staaten diesen Gruppierungen auch einen völlig anderen Charakter geben mußte.
In Westdeutschland stehen diese Gruppierungen in Opposition gegen
die Adenauer-Regierung und den Nato-Flügel in der EKiD; in der
DDR mußte sich diese Gegnerschaft durch eine positive Haltung zum
Aufbau des Sozialismus ergänzen.
Oppositionsgruppen in der DDR entstanden deshalb bedeutend später
als in Westdeutschland. Sie sind sich im wesentlichen in der Gegnerschaft zum Nato-Flügel in der EKiD einig, aber nur die fortschrittlich-
sten Kräfte in den einzelnen Gruppierungen verfügen schon über eine
eindeutige positive Haltung auf der Grundlage der gemeinsamen Erklärung vom 21.7.1958 zum sozialistischen Staat in der DDR[42].
Die Differenzierung in den oppositionellen Gruppierungen in der
DDR reicht deshalb von der Bejahung der DDR und Ablehnung der
Dibelius-Politik, z.B. im Weißenseer Arbeitskreis, bis zu solchen Kräften, die noch keine positive Haltung zur DDR haben, z.B. „Bischofswerdaer Arbeitskreis". Diese Gruppierungen umfassen hauptsächlich
Amtsträger, die in der Mehrzahl keine kirchenleitenden Funktionen innehaben und deshalb auch in der Mehrzahl in Opposition zu ihrer
jeweiligen Kirchenleitung stehen.
Die konsequentesten Kräfte in der DDR stehen in Kontakt mit dem
linken Flügel in Westdeutschland und führen zum Teil bereits gemeinsame Aktionen durch, z.B. zur Synode Berlin-Brandenburg im Januar
1960[43], Synode der EKiD im Februar 1960[44], und andere.

41 Richtig: Wolf.
42 Vgl. Dok. 31, Anm. 77.
43 Vgl. hierzu die Diskussion um die Obrigkeitsschrift von Dibelius auf der Synode,
    dokumentiert in: KJ 87, 1960, 65-74, bes. die kritische Erklärung eines Kreises von
    Synodalen: ebd., 72 sowie Dok. 36.
44 Vgl. hierzu ebenfalls v.a. die Diskussion um die Obrigkeitsschrift von Dibelius
    während der Synode, ebd., 74-83, zur Haltung der Bruderschaften bes. 74-76.

Zum Teil haben diese Kräfte am antifaschistischen Kampf der „Bekennenden Kirche" teilgenommen. Daraus erklären sich sektiererische Momente, wodurch die einzelnen oppositionellen Gruppierungen in der DDR bisher ungenügend bzw. keinen Kontakt untereinander gefunden haben.

Hervorgehoben werden muß außerdem, daß eine oppositionelle Gruppierung, der sog. Weimarer Arbeitskreis, die Kirchenleitung Thüringen in der Hand hat, wodurch eine loyale Verhaltenslinie dieser Kirche zum Staat hergestellt wurde.

Die Opposition richtet sich nicht mehr gegen die Kirchenleitung, sondern gegen die Politik der EKiD bzw. gegen die reaktionären Kräfte in anderen Kirchenleitungen der DDR.

Charakterisierung der einzelnen Oppositionsgruppen

In der DDR existieren folgende Oppositionsgruppen:

„Weißenseer Arbeitskreis" – Kirchenleitung Berlin
„Weimarer Arbeitskreis" – Kirchenleitung Thüringen
„Freier Konvent" – Gesamtes Gebiet der DDR
„Cottbusser Arbeitskreis" – Kirchenleitung Sachsen.

Ferner existiert der „Bund Evangelischer Pfarrer in der DDR".

1. Der „Weißenseer Arbeitskreis"

a) *Struktur:*

Der „Weißenseer Arbeitskreis" (WAK) gründete sich am 17. Januar 1958 auf einer Pfarrertagung im Adolf-Stöcker-Stift, Berlin-Weißensee. Leiter dieses Arbeitskreises wurde Superintendent *Ringhandt*, Siegfried, geb. am 23.3.1906 in Berlin, wohnhaft: Seelow, Stalinstr. 5.

Es wurde ein 1. Vorstand gebildet, dem angehörten: Pfarrer *Bertheau*, Dahme, Pfarrer *Weckerling*, Berlin-Spandau (St. Pf. an der TU), Pfarrer *Bassarak*, Berlin N 4.

Später wurde ein „6-er Ausschuß" gebildet, der bis zur Neuwahl am 28. / 29.3.1960 bestand. Dieser setzte sich wie folgt zusammen: Superintendent *Ringhandt* – Leiter des WAK, Superintendent *Schönherr* – stellv. Leiter, Frl. Dr. *Grell* – Schriftführer [12], Pfarrer *Bassarak* – Leiter der Ev. Akademie Berlin-Ost, Pfarrer *Kanitz* – Berlin-Zehlendorf, Vikarin *Biedermann* – Letschin / Oderbruch

b) *Ursachen der Bildung des „Weißenseer Arbeitskreises":*

Die wesentlichsten Gründe der Bildung des „WAK" waren:

1. die Unzufriedenheit eines Teiles der Pfarrer, vor allem jüngerer, mit der Kirchenpolitik von Bischof *Dibelius*, sie suchen nach neuen theologischen Wegen;

2. das einseitige und sture Festhalten des Bischofs an der Bonner Politik, wodurch die EKiD in diese, nach ihrer Meinung verfahrene Situation geraten ist.

c) *Pläne und Ziele des „WAK":*

Die Bildung der Oppositionsgruppe in der Landeskirche Berlin-Brandenburg geschah sehr konspirativ. Sie setzt sich vorwiegend aus jüngeren Theologen zusammen, die mit der kirchenpolitischen und theologischen Haltung von Bischof *Dibelius* nicht einverstanden waren. Initiator und Organisator war Superintendent *Funke*, Dahme.

Dazu hatte man sich folgende Plattform erarbeitet:

1. Lösung aller kirchenpolitischen Fragen in der gegenwärtigen politischen Situation vom Standpunkt: Regelung des Verhältnisses zwischen Kirche und Staat;

2. Organisierung des Kampfes innerkirchlicher Kräfte gegen die Atom-
aufrüstung und Unterstützung der Kriegsdienstverweigerer;
3. Bischof *Dibelius* zum Abtreten zu veranlassen und seinen Nachfolger aus den Reihen der Opposition zu stellen. [13]
d) *Charakterisierung der Oppositionsgruppe und der Mitglieder:*
Zur Charakterisierung dieser oppositionellen Bewegung und zur richtigen Einschätzung muß bemerkt werden, daß es innerhalb des
„WAK" Widersprüche gibt, die vom eigentlichen Beweggrund der Bildung dieser Oppositionsgruppe abgehen. Ein sehr großer Teil dieser
Kräfte will die Veränderung lediglich innerkirchlicher Verhältnisse und
damit im Zusammenhang die Erringung der Macht in der EKiD. Ausgehend von der Basis der Landeskirche soll eine gesamtkirchliche Einheit geschaffen werden.
Unter den progressiven Kräften sind vielfach Zweifel darüber verbreitet, ob eine Änderung im Kirchenregime bereits eine Änderung im
Verhältnis zwischen Staat und Kirche mit sich bringen wird.
Diese bestehenden Widersprüche und Unklarheiten wurden jedoch
vom Leiter des „WAK", Superintendent *Ringhandt*, bisher nicht geklärt.
Die Ursache dafür ist in seiner Inkonsequenz und dem Paktieren mit
seinem persönlichen Freund Präses *Scharf*, Kurt, zu suchen.
Scharf nimmt über *Ringhandt* Einfluß auf die Tätigkeit des „WAK".
Dabei tritt er nicht offiziell in Erscheinung, sondern versteht es, sich
im Hintergrund zu halten.
Inoffiziell wurde bekannt, daß *Scharf*, der vorgibt, ebenfalls in Opposition zu Bischof *Dibelius* zu stehen, bei der Bildung der Oppositionsbewegung die jungen und unzufriedenen oppositionellen Pfarrer und
Theologen auf Superintendent *Ringhandt* orientierte und somit diese
Oppositionsgruppe unter seine Kontrolle bekam.
Dies geschah offiziell mit der Begründung, *Ringhandt* sei alt und erfahren, die jungen Pfarrer kennen viele Zusammenhänge nicht, würden
zu spontan sein, zu weit vorprellen und dabei viel zerschlagen. [14]
In Wirklichkeit gehört *Scharf* jedoch eindeutig zum „Dibelius-Ade-
nauer-Flügel". Aus diesem Grunde muß er diese oder jene Gruppe, die
diesem Flügel zu gefährlich werden könnte, zu zügeln versuchen.
Eine solche Haltung nahm *Scharf* bereits während verschiedener Synoden ein.
Richtungsgebend für die weitere Tätigkeit und Haltung der Opposition war die interne Tagung der leitenden oppositionellen Kräfte aus
Ost und West, unter Beteiligung von Vertretern des „WAK", am
1.12.58 in der Privatwohnung von Propst *Grüber* in Westberlin.
Anwesend waren dort: Prof. *Fischer*, Sup.Int. *Ringhandt*, Sup.Int. *Funke*, Präses *Scharf*, Sup.Int. *Schönherr*, Prof. *Gollwitzer*, Propst *Grüber*,
seine Frau, Pfr. *Hamel*, J., Prof. *Vogel*, Gen.Sup.Int. *Jacob*, Dr. Dr.
Heinemann, Pfarrer *Liebert*, Pastor *Esser* (Protokollführer).
Hier wurde die politische Haltung, die die „Bruderschaften" und der
„Weißenseer Arbeitskreis" einnehmen sollen, debattiert. Dabei konnte
festgestellt werden, daß die reaktionären Kräfte, die in der Mehrzahl
waren, sich auf die Politik der SPD stützen und den sogenannten 3.
Weg zu gehen versuchen.
Direkte Verfechter dieser Politik sind in erster Linie:
Präses *Scharf* und Generalsup. *Jacob*,
Pfarrer *Hamel* und Propst *Grüber*.

z.T. Sup.Int. *Ringhandt*, Prof. *Gollwitzer*
und auch *Heinemann*. [15]
Gegenstand dieser internen Beratung war im wesentlichen die Festlegung einer gemeisamen Haltung zur:
a) Beteiligung an der Bewegung gegen die atomare Aufrüstung
b) Erziehungsfrage, da auf der Synode der EKiD die Frage Jugendweihe und Konfirmation behandelt werden sollte.
Scharf hat dabei vorgeschlagen, die Streitfrage „Erziehung" gegenüber dem Staat für „beigelegt" zu erklären, um damit die Proteste im voraus abzufangen, die während der Synode zu erwarten waren.
Zum Problem der atomaren Aufrüstung Westdeutschlands kam es zu Meinungsverschiedenheiten. Der reaktionäre Flügel war für eine allgemeine Formulierung mit der Begründung, man dürfe dabei kein „politisches Terrain" betreten. Die oppositionellen Kräfte wollten die Formulierung „Mitverantwortung der Politiker" in einer Erklärung mit aufgenommen wissen. *Scharf* agitierte besonders gegen die Formulierung: „In einer atomar bewaffneten Armee kann ein Christ keinen Wehrdienst tun".
Er stellte dabei die Frage, was das für die USA-Armee bedeute. Auch *Gollwitzer* stand auf der Seite von *Scharf*. Er erklärte, obwohl bei einer solchen Formulierung Vernunftsgründe mitspielen, die die Bejahung dieses Satzes erforderten, könne er in seiner Konsequenz für die USA „die politische Kapitulation vor den Russen" bedeuten. Außerdem dürfe nicht der Eindruck entstehen, als wende sich die Opposition ausschließlich gegen den Westen.
Diese Besprechung der oppositionellen kirchlichen Kreise bestimmte weitgehend die Haltung *Ringhandt*s für die Leitung des „Weißenseer Arbeitskreises", wobei er durch *Hamel* stark unterstützt wurde. *Ringhandt* wirkte in der Folgezeit mehr und mehr hemmend auf die Weiterentwicklung des WAK ein. [16]
Darüber hinaus trat er während Tagungen provozierend und abweisend unserem Staat gegenüber auf.
So äußerte *Ringhandt* auf einer Bruderschaftstagung unter Teilnahme von positiven Kräften (vom 2.-3.4.59 in Brandenburg / Havel), daß die Menschen in der DDR „unter seelischem Druck zu leiden haben" und gestattete es, daß Pfr. *Heinemann-Grüder*, der persönliche Referent von Generalsuperintendent *Braun* – Potsdam – provokatorisch und verleumderisch auftreten konnte.
Während dieser Tagung zeigte sich jedoch erstmals, daß im „WAK" die fortschrittlichen und real denkenden Kräfte nicht alles hinnehmen.
Ringhandt wurde wegen diesem Verhalten durch die Superintendenten *Funke* und *Schönherr*, Pfr. *Bassarak* und Frl. *Grell*, öffentlich kritisiert. Sein Verhalten wurde auch von anderen Teilnehmern, die sich nicht zu Wort meldeten, nicht gebilligt.
In der weiteren Tätigkeit des „Weißenseer Arbeitskreises" zeichneten sich immer deutlicher 2 Kräftegruppen ab
a) Kräfte um *Ringhandt*
b) Kräfte um *Bassarak*
In der 2. Gruppe befinden sich die Teile der oppositionellen kirchlichen Kräfte, die bemüht sind, zur DDR ein loyales Verhältnis zu gestalten.
Charakterisierung der Kräfte um Ringhandt:

Er schart um sich solche Personen, die von vornherein die Gewähr
geben
a) aus innerkirchlichen Machtbestrebungen heraus zu handeln
b) die Politik der SPD vom „3. Weg" aktiv zu unterstützen,
c) eine Zusammenarbeit mit staatlichen Stellen zu ignorieren. [17]
Ringhandt selbst tritt bei jeder sich bietenden Gelegenheit gegen unsere Republik auf.
So verwarf er z.B. auf der 2. Tagung des „WAK" das positive Referat
von Prof. Dr. *Bandt*, Greifswald, zum Thema Jugendweihe. Er verurteilte den darin enthaltenen sog. Bandtschen Entwurf, der zur Jugendweihe Stellung nimmt, und erklärte, daß darin die Jugendweihe als eine
„Verpflichtung auf den totalen Staat" deklariert sei, die von der Kirche
unannehmbar sei.
Ringhandts politische Haltung zur DDR wird außerdem deutlich
durch seine Mitgliedschaft im „Ausschuß für Weltanschauungsfragen",
in den er laut Beschluß der Ostkonferenz vom 27.1.59 entsandt wurde.
Von diesem Ausschuß wurde eine „Handreichung" (64 Seiten) heraus-
gegeben unter der Überschrift „Das Evangelium und das christliche
Leben in der DDR"[45]. Diese Handreichung stellt einen Angriff auf das
zwischen Staat und Kirche am 21.7.58 veröffentlichte gemeinsame
Kommuniqué dar.
Außer *Ringhandt* arbeitet in diesem „Ausschuß" auch Pfarrer *Hamel*,
Predigerseminar Naumburg[45a].
Zu dieser Gruppe gehören außerdem:
Studentenpfarrer *Hinz*, Halle –, bekannt durch seine DDR-feindliche
Einstellung
Studentenpfarrer *Mendt* – Leipzig –, aktiver Förderer der ESG an der
Karl-Marx-Universität Leipzig. Er bemüht sich um Voraussetzungen
und Vorbereitungen für die Illegalität der ESG bei einem evtl. Verbot
dieser Organisation.
Studentenpfarrer *Forck* – ehem. Verantwortlicher für die ESG der
Humboldt-Universität Berlin, z.Zt. Gemeindepfarrer in der Lausitz.
Pfarrer *Feurich* – Dresden –, Kirchliche Bruderschaft in Sachsen
Superintendent *Stappenbeck* – Forst –, wegen seines ablehnenden Ver-
haltens und Auftretens gegen Maßnahmen der DDR bekannt.
Superintendent *Rahmel*, Calau –, engster Freund von Präses Scharf, ist
aktiv gegen die sozialistische Umgestaltung der Landwirtschaft aufgetreten.
Die Hintermänner *Ringhandts* auf kirchlicher und politischer Ebene
sind:
Generalsuperintendent *Jacob* – Cottbus –, Propst *Grüber* – Westberlin –, Präses *Scharf* – Westberlin –, Superintendent und Präses *Figur* –
Berlin-Köpenick –, Dr. *Suchan* – Westberlin –, Mitglied der SPD
(rechter Flügel), Mitglied der Kirchenleitung, Bankdirektor, Vorsitzender des Verwaltungsrates des „Senders Freies Berlin".
Diese Kräfte haben einflußreiche Kirchenämter inne und gestalten
maßgeblich die Kirchenpolitik, zum Teil auch über den Bereich der
Landeskirche Berlin-Brandenburg hinaus.

---

45 Es handelt sich um die Schrift: Das Evangelium und das christliche Leben in der
    DDR. Nur für den innerkirchlichen Gebrauch. Handreichung, entgegengenom-
    men durch die Synode der EKU im Februar 1959, Witten o.J.
45a Gemeint ist das Katechetische Oberseminar Naumburg.

Charakterisierung der Kräfte um Pfarrer Bassarak:
Diese Kräftegruppe des „Weißenseer Arbeitskreises" hat im wesentlichen folgende Konzeption:
a) offene Gegnerschaft zu *Dibelius* in theologischen und politischen Fragen;
b) konsequenter Kampf gegen die atomare Aufrüstung und Bewaffnung der Bundeswehr, gegen Militarismus und Faschismus sowie den Militärseelsorgevertrag;
c) Anerkennung der DDR als „Obrigkeit", Schaffung eines loyalen Verhältnisses zum Staat. [19]
Diese Gruppe ist im „Weißenseer Arbeitskreis" der aktive positive Teil und zwingt, besonders seit dem letzten halben Jahr, *Ringhandt* zu kirchenpolitischen Problemen Stellung zu nehmen. Er gestattet R. kein Vertagen oder Abwürgen der Behandlung aktueller Fragen.
Es ist zu beobachten, daß sich diese Kräfte allmählich durchsetzen. Dies bewiesen z.B. die Bruderschaftstagungen vom 26.10.59 und 2.8.1959, in denen Ablenkungsversuche *Ringhandts* zur Broschüre „Obrigkeit" von *Dibelius* nicht zugelassen und konkrete Beschlüsse gefaßt wurden, die darin gipfelten
a) *Dibelius* der Irrlehre zu bezichtigen
b) Festzustellen, daß diese Broschüre zur Schürung des „Kalten Krieges" dient
c) *Dibelius* zum Abtreten zu veranlassen[46].
In diese Tätigkeit wurde der „Unterwegskreis"[47] einbezogen, der sich aus Theologen der „Kirchlichen Hochschule" Westberlin zusammensetzt. In Absprachen mit Vertretern der westdeutschen „Bruderschaften" und des „Weißenseer Arbeitskreises" gab der „Unterwegskreis" das sog. Violettbuch[48] heraus, das eine Dokumentation gegen die Obrigkeitsbroschüre von Bischof *Dibelius* beinhaltet.
In diesem Zusammenhang ist der Brief von Pf. *Bassarak* an seine Freunde vom 9.1.60 von Bedeutung. *Bassarak* berichtet darin über eine interne Unterredung mit *Dibelius*, der durch seinen Inhalt wesentlich zur Kompromittierung des Bischofs in der Öffentlichkeit beitrug.
Ausdruck der Stärke der progressiven Kräfte im „WAK" war die Neuwahl des Vorstandes (auch Leiterkreis genannt) am 28. / 29.3.60, bei der die Leitung eine neue Zusammensetzung erfuhr und *Ringhandt* nicht mehr zum Vorsitzenden gewählt wurde. [20]
Als neuer Leiter wurde Superintendent *Schönherr*, Albrecht, geb. am 11.9.1911, wohnh.: Brandenburg / Havel, St.-Petri Nr. 6, als Stellv. Leiter wurde Pfarrer *Bassarak*, Gerhard, wohnh.: Berlin N 4, Elisabethstr. 21 gewählt.
Die entscheidenden positiven Kräfte des „WAK" um Pfarrer *Bassarak* sind:
Superintendent *Schönherr*, Brandenburg / Havel, Superintendent *Stachat*, Müncheberg, Superintendent *Funke*, Dahme / Mark, Superinten-

---

46 Vgl. KJ 86, 1959, 228 f. sowie Dokumente zur Frage der Obrigkeit, 47 (Eingabe des Weißenseer Arbeitskreises an die Berlin-Brandenburgische Synode vom 26.10.1959).
47 Der „Unterwegskreis" stand den Bruderschaften nahe und gab seit 1947 bis 1954 eine Zeitschrift mit dem Titel „Unterwegs" (Chefredakteur Wolf Dieter Zimmermann) heraus. Von 1957 bis 1964 erschien auch eine Zeitbuchreihe unter demselben Titel (hg. v. *Bleibtreu, Fischer u.a.*).
48 Gemeint ist der Sammelband: Dokumente zur Frage der Obrigkeit.

dent *Genetzke*, Spremberg, Superintendent *Weber*, Rüstenwalde[49] /
Spree, Professor *Fischer*, Westberlin, Professor *Vogel*, Westberlin, Studentenpfarrer *Weckerling*, Westberlin, Pfarrer *Schönfeld*, Petershagen
b. Berlin, Pfarrer *Kanitz*, Westberlin, Dr. Hanfried *Müller*, Berlin,
Chefredakteurin Dr. *Grell*, Potsdam.
Diese Kräfte bilden den mittleren und teils unteren Stand der Geistlichen. Sie kommen hauptsächlich von der Basis, ohne leitende Funktionen innerhalb der Kirchenleitung inne zu haben. Dies steht im Gegensatz zu den Kräften um Superintendent *Ringhandt*.
Trotz ihrer progressiven Haltung besteht bei dieser Gruppe vielfach
der Mangel, daß sie die eigentliche Rolle des Präses *Scharf* nicht erkennen und das Doppelspiel von Superintendent *Ringhandt* nicht durchschauen. Oft einigte man sich ohne jegliche Auseinandersetzungen.
e) *Theologischer Standpunkt des „Weißenseer Arbeitskreises:*
Der „WAK" hat sich auf der Plattform der Theologie von Prof. Karl
Barth, Basel / Schweiz, zusammengefunden, der die ideologische Führung der „Bekennenden Kirche" während der Zeit des Faschismus hatte.
Barth wird heute von den Kreisen des „WAK" anerkannt und als ihr
„geistiger Vater" betrachtet.
Im konkreten fußt der „WAK" auf der „Barmer Theologischen Erklärung"[50] von 1934 und dem „Darmstädter Wort des Reichsbruderrates
von 1947"[51] zum politischen Weg unseres Volkes.
f) *Die nächsten Aufgaben des „Weißenseer Arbeitskreises":*
Bereits auf seiner 8. Tagung, im Juni 1959, hat der „WAK" seine Zugehörigkeit zu den westdeutschen Bruderschaften auch organisatorisch
festgestellt und sich als „DDR-Bruderschaft" zum Teil der gesamtdeutschen Bruderschaft und als führende Bruderschaft in der DDR bezeichnet.
Daraufhin hat der „WAK" auf der Plenartagung am 11. / 12.1.60 beschlossen, in allen Landeskirchen der DDR Oppositionsgruppen zu
bilden, bestehend aus Geistlichen, Vikaren und Katecheten, die nach
der Methode und Konzeption des „WAK" arbeiten sollen.
Im Protokoll dieser Plenartagung heißt es dazu:
„[...] Am 11. und 12. Januar 1960 kamen Pfarrer aus fast allen Glied-
kirchen der Evangelischen Kirchen in Deutschland im Bereich der
DDR in Berlin-Niederschönhausen zu einem Gedankenaustausch über
Fragen der kirchlichen Verkündigung in der gegenwärtigen Situation
zusammen. Die Arbeit an diesem vielschichtigen Problem soll in den
Landeskirchen verstärkt fortgesetzt werden und ihre Ergenisse sollen
zu einem späteren Zeitpunkt gemeinsam beraten werden."
Die Koordinierung dieser Ergebnisse liegt in den Händen von Pfarrer
Mendt, Taucha. [22]
Bei der Sammlung und Gruppenbildung konzentriert sich der „WAK"
besonders auf jüngere Pfarrer, auf die theologischen Ausbildungsstät-
ten – wie Predigerseminare – und auf den theologischen Nachwuchs –
mit wissenschaftlicher Laufbahn – der Theologischen Fakultäten.
In der Zeit vom 15.-17. Juni 1960 fand in Berlin eine Tagung statt, zu

49   Richtig: Fürstenwalde.
50   Abgedruckt in: *Burgsmüller / Weth*, 30-40.
51   Abgedruckt in: *Seidel*, 317 f.

der Vertreter aller Landeskirchen der DDR erschienen waren; außerdem Teilnehmer der Bruderschaften Westdeutschlands.
Bei dieser Tagung wurden u.a. die letzten beiden Synoden ausgewertet und die Ergebnisse, die die Opposition dabei erreichte (Provinzialsynode von Berlin-Brandenburg, Januar 1960, Generalsynode der EKD, Februar 1960, beide in Berlin).
Die konsequent oppositionellen Kräfte haben auf dieser Bruderschaftstagung folgendes Ziel erreicht:
a) Schaffung einer theoretischen bzw. theologischen Plattform als eigenes Moment für den linken Flügel der Bruderschaft;
b) organisatorisches Mitbestimmungsrecht der bruderschaftlichen Kräfte der DDR in den deutschen Bruderschaften;
c) den rechten Flügel mit den verschiedensten Methoden organisatorisch und konzeptionell in die Defensive zu drängen.
Der „Bischofswerdaer Arbeitskreis"
a) Struktur
Ausgehend von der Absicht des „Weißenseer Arbeitskreises", sich in allen Landeskirchen der DDR Oppositionsgruppen zu schaffen, wurde bereits im November 1959 unter der Leitung von [23] Studentenpfarrer *Mendt*, Dietrich, geb. am 4.11.1926, wh. Tauchau b. Leipzig, An den Höfen 12, innerhalb der sächsischen Landeskirche der „Bischofswerdaer Arbeitskreis" gebildet.
Mendt ist der Nachfolger *Schmutzlers*, der auch dessen Arbeit innerhalb der „ESG" an der Karl-Marx-Universität Leipzig fortsetzt.
Mendt wurde bei der Rechenschaftslegung und Neuwahl des „Weißenseer Arbeitskreises" in Sachsen benannt und den Anwesenden vorgestellt.
Als Mitglieder dieser Oppositionsgruppe sind bisher u.a. bekannt:
Kohl, Freiberg / Sa., *Beer*, Plauen, H.G. *Birkner*, Dresden, Sup.Int. *Fehlberg*, Karl-Marx-Stadt, U. *Flemming*, Espenhain, U. *Führer*, Altmügeln, *Gähler*, Bannewitz, *Goebel*, Olbersdorf, *Haustein*, Weissenborn, Dr. W. *Krusche*, Lückendorf, H. *Wallmann*, Dresden
H. *Kühn*, Leipzig, Dr. *Mendt*, Leipzig, *Merz*, Leipzig, H. *Rosenthal*, Leipzig, Dr. G. *Voigt*, Leipzig, Lina *Scholz*, Dresden, *Waldsgott*[52], Schirgiswalde, *Wohlgemuth*, Plauen, *Wonneberger*, Karl-Marx-Stadt [24].
b) Charakterisierung des Arbeitskreises und seiner Funktionäre
Der „Bischofswerdaer Arbeitskreis" ist eine Zweigorganisation des „Weißenseer Arbeitskreises" und geht dabei von der Konzeption *Ringhandts* aus.
In seiner jetzigen Zusammensetzung ist er ein aus reaktionären Personen bestehendes Gremium.
Er bietet keine Gewähr für eine loyale Haltung der DDR [gegenüber].
Mendt, der nicht offen wie *Schmutzler* gegen die DDR auftritt, konzentriert seine Arbeit in der „ESG" auf die Bildung von Kleinkreisen und der Vorbereitung der illegalen Arbeit.
Auch in dieser Hinsicht steht *Mendt* in enger Fühlungnahme mit *Ringhandt*, der Studentenpfarrer an der Humboldt-Universität in Berlin ist.
Im Hintergrund dieses Arbeitskreises wirkt Oberlandeskirchenrat

---

52 Richtig: Waltsgott.

Knospe, Dresden, der vor diesem Gremium am 2.1.1959 auf einer Superintendentenkonferenz in Freiberg sprach.

c) *Aufgabenstellung des „Bischofswerdaer Arbeitskreises"*
Gegenwärtig sammelt diese Oppositionsgruppe ihre Kräfte aus reaktionären Kreisen.
Zunächst befaßte sich dieser Arbeitskreis mit theologischen Problemen und entsprechenden Ausarbeitungen, die jedoch alle politische Ziele hatten.
Eine der wichtigsten Ausarbeitungen erfolgte zu dem Thema: „Der Christ in der DDR". Darin wird erklärt, daß die DDR ein Weltanschauungsstaat sei, der den Atheismus zur Staatssache mache und diesen als ethischen Maßstab proklamiere. [25] Wörtlich heißt es: „[...] Die Not, in die der Christ in der DDR gerät, liegt nicht in der neuen gesellschaftlichen und wirtschaftlichen Konzeption, sondern darin, daß diktatorisch und allumfassend die atheistische Weltanschauung zur Staatsgrundlage gemacht wird und das ganze Schul- und Erziehungswesen atheistisch ausgerichtet wird und ist.
Für Christen ist aber diese Haltung nicht möglich. Darin liegt die Konfliktsituation. Sie drängt zu der Frage: „Ob die Christen in der DDR noch leben können".
Die christliche Haltung zur gesellschaftlichen Mitarbeit wird folgendermaßen dargelegt:
„Über die allgemeine Pflichterfüllung hinaus wird es dem Christen in der DDR nicht möglich sein, sich zu seiner aktiven politischen Mitarbeit zu bekennen und sich damit am Gesamtaufbau der sozialistischen Gesellschaft zu beteiligen. Deshalb nicht, weil die DDR die atheistische Weltanschauung von der Verwirklichung ihrer gesellschaftlich-politischen Ziele nicht trennt, sondern zugleich auch und eben damit den atheistischen Materialismus durchsetzen und die Menschen zu Gottesleugnern erziehen will. Der Christ kann die Tatsache, in einem atheistisch-materialistischen Weltanschauungsstaat zu leben, nur hinnehmen und erleiden, aber nicht durch eigene politische Aktivität anerkennen und fördern."
Die Stellung zum Staat der DDR steht unter der Losung: „Man muß Gott mehr gehorchen als den Menschen"[53].
Durch eine solche Konzeption bestehen kaum Voraussetzungen, mit dieser Personengruppe erfolgreiche innerkirchliche Aktionen gegen die Kirchenleitung durchzuführen.
Widersprüche gegen ihre Kirchenleitung wurden keine festgestellt.
3. *Der „Weimarer Arbeitskreis":*
a) *Struktur:*
Dieser Arbeitskreis innerhalb der Landeskirche Thüringen hat sich Anfang 1958 gebildet.
In ihm fanden sich ca. 40 leitende Geistliche und Mitglieder der Landeskirchenleitung zusammen, die eine einheitliche Konzeption hatten.
Das leitende Gremium setzt sich aus folgenden Personen zusammen:
Oberkirchenrat *Lotz*, Eisenach
Oberkirchenrat *Braecklein*.
b) *Charakterisierung der Gruppe und ihrer Funktionäre:*
Der „Weimarer Arbeitskreis" besteht aus einer Gruppe von Theologen, die zwar nicht alle fortschrittlich sind, auf alle Fälle jedoch so

---

53 Apg 5,29.

reagieren, daß sie den Kurs von Bischof *Dibelius* – die Landeskirchen in der DDR zu bevormunden und als Anhängsel der NATO-Kirche Westdeutschlands zu benutzen – nicht mitmachen.
Sie fordern in erster Linie Selbständigkeit.
Durch seine bisherige Tätigkeit wurde der „Weimarer Arbeitskreis" die Hauptstütze Bischof *Mitzenheims* in seiner kirchenpolitischen Haltung.
Die Gründe, die zur Bildung des „Weimarer Arbeitskreises" führten, sind folgende:
a) Ablehnung der Kirchenpolitik des Bischofs *Dibelius*;
b) Schaffung eines loyalen Verhältnisses zur DDR.
Da dieser „Arbeitskreis" kaum innere Auseinandersetzungen zu befürchten hatte, war es rasch möglich, Aktionen einzuleiten, die von Bedeutung für alle Landeskirchen in der DDR waren und der Zielstellung der EKD zuwiderliefen.
Solche Aktionen waren z.B.:
1. Die Landeskirche Thüringen durchbrach als erste Kirchenleitung der DDR den sturen „Entweder-Oder-Standpunkt" von Bischof *Dibelius* in der Frage Konfirmation und Jugendweihe[54].
2. Das Kommuniqué vom 21.7.1958, das zwischen der Regierung der DDR und der Ev. Kirche in der DDR abgeschlossen und kirchlicherseits auf Initiative von [27] Bischof *Mitzenheim* zustande kam – in indirekter Unterstützung durch den Arbeitskreis, erlangte dadurch, daß die KL Thüringen es zur Grundlage ihres Handelns machte, staatspolitische Bedeutung[55].
3. Der „Offene Brief" Bischof *Mitzenheims* vom 13.4.1959 an Ministerpräsidenten *Grotewohl*, in dem er dessen erneute Initiative für Wiedervereinigung und einen Friedensvertrag begrüßt[56].
4. Die Rede Bischof *Mitzenheims* anläßlich des Festaktes zum 10. Jahrestag der DDR in der Werner-Seelenbinder-Halle, in der er die Unterstützung der Christen beim Aufbau des Sozialismus in der DDR zusicherte[57].
Das Auftreten *Mitzenheims* kann nicht als Einzelaktion betrachtet werden, sondern ist nur möglich durch die Unterstützung des „Weimarer Arbeitskreises"[58].
Neben diesen Aktionen bestimmte der Arbeitskreis das innerkirchliche Leben der Landeskirche.
Das zeigte sich bisher besonders an dem Verlauf der letzten Landessynoden, in denen sie es verstanden, sich gegenüber der reaktionären Gruppe von Oberkirchenrat *Köhler*, Meiningen [und] Superintendent *Papst*[59], Gotha, durchzusetzen, und deren DDR-feindliches Verhalten entlarvten.
Umfaßt der „Arbeitskreis" auch nur 40 aktive Mitglieder, so ist sein Einfluß so stark gewesen, daß Superintendent *Braecklein* aus Weimar in den Landeskirchenrat gewählt werden konnte. *Braecklein* zählt, der auf *Mitzenheim* einen starken Einfluß besitzt, zu den leitendsten Mit-

54   Vgl. Dok. 31, Anm. 73.
55   Vgl. Dok. 31, Anm. 77.
56   Abgedruckt in: KJ 86, 1959, 229.
57   Ebenfalls abgedruckt: ebd., 229.
58   Vgl. dazu z.B. die Erklärung der Weimarer Konferenz für eine „vernünftige" Friedenspolitik, abgedruckt: ebd., 227 f.
59   Richtig: Pabst.

gliedern der Opposition. Gleichzeitig ist er für den Bischof die stärkste theologische Stütze wie auch die einflußreichste Person gegenüber der Pfarrerschaft. [28]

c) *Absichten und Pläne des „Weimarer Arbeitskreises"*

1. Der „Arbeitskreis" soll durch die Gewinnung jüngerer Kräfte auf ca. 60 aktive Mitglieder erweitert werden.

2. Schaffung eines Wahlmodus der Landeskirche, der den Teilnehmerkreis der Synodalen vergrößert.

Damit sollen neue und positive Kräfte aus den Kirchengemeinden zusätzlich in die Landessynode kommen, um einerseits eine feste Stütze in der Kirchenpolitik zu haben und zum anderen bei der kommenden Bischofsneuwahl einen genehmen Kandidaten aufstellen und wählen zu können (*Mitzenheim* ist bereits 68 Jahre).

3. Fühlungnahme mit dem „Weißenseer Arbeitskreis".

Prof. *Vogel* soll zu einer Tagung nach Thüringen eingeladen werden. [29]

4. Verbindungsaufnahme mit dem noch jungen und unerfahrenen „Cottbusser Arbeitskreis", der kaum 10 Theologen umfaßt. Damit soll dieser Kreis unterstützt werden.

d) *Theologischer Standpunkt des „Weimarer Arbeitskreises":*

Der „Weimarer Arbeitskreis" verficht die Erhaltung einer „Volkskirche" als Massenkirche.

Demzufolge fußt er nicht auf der „Barmer Erklärung" oder anderen Bekenntnisschriften dieser Art.

Den anglikanischen Kirchenstil einer sogenannten Kern- oder Elitekirche, die sich auf streng organisatorisch gefestigte Gruppen orientiert, lehnt er ab.

Bemerkenswert ist, daß im „Weimarer Arbeitskreis" auch Geistliche mitarbeiten, die vor 1945 „Deutsche Christen" waren. Voraussetzung ihrer Aufnahme ist jedoch, daß sie entsprechend der Grundsätze des Arbeitskreises mitarbeiten. Das steht im Gegensatz zum „Weißenseer Arbeitskreis", der keine ehemaligen „Deutschen Christen" aufnimmt.

4. *Der „Cottbusser theologische Arbeitskreis":*

a) *Struktur:*

Dieser Arbeitskreis besteht seit November 1959 und wurde durch Pfarrer Dr. *Möbius,* Kurt, geb. am 21.8.1902, wohnhaft: Neu-Petershain, Niederlausitz, gegründet.

Er setzt sich aus ca. 10-15 Pfarrern, vorwiegend aus dem Kreis Senftenberg zusammen.

b) *Charakterisierung, Pläne und Ziele der Oppositionsgruppe:*

Der Arbeitskreis setzt sich zu einem Teil aus Friedenspfarrern, „Religiösen Sozialisten" und zur Kirchenleitung in Opposition stehenden Pfarrern zusammen.

Ihre theologische Grundlage ist. z.T. die „Barmer Erklärung von 1934".

Sie sind bemüht, ein loyales Verhältnis zum Staat anzustreben. Die anderen Oppositionsgruppen wie „Freier Konvent", „Bund Evangelischer Pfarrer", „Weimarer Arbeitskreis" werden von ihnen anerkannt. Sie beabsichtigen mit diesen Verbindung aufzunehmen.

In diesem Zusammenhang ist geplant, für eine Versammlung dieses Arbeitskreises Oberkirchenrat *Lotz,* Eisenach, als Referenten zu gewinnen.

Ziel dieser Versammlung soll sein, sich mit theologischen Problemen

auseinanderzusetzen und damit den Pfarrern Ansporn zu geben, sich gegen den Willen von Generalsuperintendent *Jacob*, Cottbus, zu stellen und sich zu diesem Arbeitskreis zu bekennen. [30]
Gegenwärtig besteht jedoch im leitenden Gremium noch keine restlose Klarheit über den zu begehenden Weg.
Es sind Ansichten vorhanden, nach denen der Rat des Bezirkes die organisatorische Leitung des Arbeitskreises übernehmen soll. Das würde jedoch einen Teil der Pfarrer von der Mitarbeit abhalten. Sie befürchten einen zu „staatlichen Anstrich" – ähnlich wie beim „Bund Ev. Pfarrer", der von vielen abgelehnt wird.
Bereits das Anfangsstadium dieses Arbeitskreises läßt den Schluß zu, daß bei gut organisierter Leitung gegen die reaktionären Kräfte um Generalsuperintendent *Jacob*[60] erfolgreiche Aktionen durchgeführt werden können.
5. *Der „Freie Konvent"*
a) *Struktur:*
Der „Freie Konvent" ist eine Interessengemeinschaft von Gemeindepfarrern in innerkirchlicher Opposition. In ihm sind keine Pfarrer, die in der Öffentlichkeit politisch in Erscheinung treten, organisiert.
Der „Freie Konvent" besteht seit 1950 und ist eine der ersten organisierten Oppositionsbewegungen innerhalb der DDR. In ihm schlossen sich zunächst Pfarrer der Berlin-Brandenburger Kirche zusammen.
Leiter des „Freien Konvent" ist Pfarrer *Kögel*, Joachim, geb. am 11.10.1905, wohnh.: Berlin-Treptow, Plesserstr. 3
Der „Freie Konvent" schuf sich einen „Ältestenrat", bestehend aus 8 Pfarrern – 5 aus der DDR, 3 aus Westberlin. [31]
Als publizistisches Organ wird seit Oktober 1953 die Zeitschrift „Umkehr"[61] herausgegeben, die vierteljährlich erscheint.
Altersmäßig setzt sich der FK aus Mitgliedern zusammen, die weit über 50 Jahre alt sind.
b) *Charakterisierung und Ziele des „Freien Konvent"*
Zu den Kräften des „Freien Konvent" gehören Geistliche, die sich aus folgenden Motiven zusammengeschlossen haben: aus kirchenrechtlichen Gründen; aus theologischen Gründen; aus persönlichen Gründen.
Viele Mitglieder sehen im „Freien Konvent" lediglich ihren Interessenvertreter in pfarrerrechtlichen Fragen, z.B. Pfarrerbesoldungsgesetz usw.
Die Ziele des „Freien Konvent" wurden in einem „10-Punkte-Programm" festgehalten, das in der 1. Ausgabe ihrer Zeitschrift „Umkehr" (Oktober 1953) veröffentlicht wurde.
In diesem Programm werden nur innerkirchliche Fragen behandelt, die von der Verfassung des Evangelischen Kirche der „Altpreussischen Union" aus dem Jahre 1922 ausgehen[62]. In dieser Verfassung ist erklärt, daß sich die Kirche aus der Gemeinde aufbaut. Ihr steht die Grundordnung der Kirche [von] Berlin-Brandenburg von 1948 entge-

---

60 Tatsächlich gehörte Jacob zu den gemäßigten Kirchenführern, die sich um ein konstruktives und zugleich kritisches Verhältnis zum Staat bemühten. Vgl. die Einschätzungen von *Dähn*, 62 f. und *Solberg*, 205-207.
61 Die „Umkehr. Zeitschrift für kirchliche Besinnung" wurde vom Freien Konvent Berlin-Brandenburg vierteljährlich herausgegeben. Die erste Nummer erschien im Oktober 1953, die letzte 1960.
62 Zur Verfassung vom 29.9.1922 vgl. *Wright*, 23-36.

gen, in der demokratische Freiheiten der Pfarrer weggelassen wurden[63].

Diese innerkirchlichen Fragen, bei denen das kirchliche Wahl- und
Synodalrecht eine entscheidende Rolle spielt, waren die eigentliche Ursache für die Bildung des „Freien Konvent". [32]

Mängel des „Freien Konvent" bestehen in folgendem:

1. Obwohl durch die Vielzahl der Mitglieder Voraussetzungen für gewisse erfolgreiche kirchenpolitische Aktionen vorhanden waren, beschränkt man sich lediglich auf die Forderung gewisser Reformen, die
jedoch auch nicht konsequent verfochten werden.

2. Es bestehen Tendenzen, nur dann aktiv zu werden, wenn alle Mitglieder zum entsprechenden Komplex einig sind. Die versöhnlerische
Behandlung aller Fragen bewirkte bisher, daß kaum wirksame Beschlüsse zustandegekommen sind.

3. Die vorhandene labile Situation ist zurückzuführen auf fehlende
Konzeption und ungenügende Anleitung, angefangen beim Leiter bis
zum Ältestenrat.

4. Sein publizistisches Organ, die „Umkehr", beschäftigt sich im wesentlichen nur mit Pfarrerrechtsfragen, ohne die Hierarchie bedeutsam
anzugreifen oder Forderungen zu stellen.

Deshalb wird der „Freie Konvent" von der Kirchenleitung auch als ein
nicht ernst zu nehmender Faktor eingeschätzt.

5. Die altersmäßige Zusammensetzung bedingt eine gewisse Unbeweg-
lichkeit. Auf Grund ihres hohen Alters stehen die Geistlichen meist
kurz vor der Pensionierung. Sie bringen nicht genügend Mut auf, die
Kirchenleitung entscheidend anzugreifen, weil sie Repressalien fürchten, die sich materiell auswirken können.

Das sind die Ursachen dafür, daß der „Freie Konvent" zu Synoden
kaum mit Eingaben oder Erklärungen, in denen kirchenpolitische Forderungen erhoben werden, in Erscheinung tritt. [33] Obwohl er in der
Anfangszeit erfolgversprechend war, viele Mitglieder und Sympathisie-
rende hatte, in der DDR sich Gruppen bildeten, verlor er ebenso rasch
an Ansehen und Autorität, da viele Pfarrer die erhofften Erfolge nicht
sahen.

Der „Freie Konvent" hat zu anderen Oppositionsgruppen keinerlei
Bindungen. Ein Teil seiner Mitglieder ist zum „Evangelischen Pfarrerbund" übergewechselt.

Es ist notwendig, daß sich der „Freie Konvent", angefangen beim Ältestenrat, von den inkonsequenten Mitgliedern löst, durch die Gewinnung jüngerer Pfarrer aktiviert wird und evtl. mit anderen Oppositionsgruppen, wie dem Cottbusser und Weimarer Arbeitskreis, zusammenarbeitet.

6. Der „Bund Evangelischer Pfarrer in der DDR" (e.V.)

a) Struktur:

Diese Oppositionsgruppe wurde Mitte des Jahres 1957[64] unter der
Leitung von

---

63 Vgl. dazu Seidel, 94-101, zur Haltung des Freien Konvents bes. 99 f.
64 Tatsächlich wurde der Bund evangelischer Pfarrer in der DDR erst ein Jahr später,
    am 1.7.1958, in Leipzig gegründet. Vgl. KJ 85, 1958, 172 f. und Solberg, 260 f. Der
    Bund evangelischer Pfarrer gab das „Evangelische Pfarrerblatt" heraus, das später
    in der Zeitschrift „Standpunkt" aufging. Trotz erheblicher Zuwendungen von sei-
    ten des Staates blieb die Organisation ohne größeren Einfluß und löste sich 1974
    selbst auf.

Pfarrer *Caffier*, Wolfgang, wohn.: Dresden-Weixdorf, gegründet.
Das Organisationsbüro und der ständige Sitz ist in Leipzig N 22,
Springerstr. 16.
Ihr publizistisches Organ ist die kirchliche Zeitschrift „Evangelisches
Pfarrerblatt". Es erscheint monatlich 1 mal.
Der Pfarrerbund setzt sich in der Hauptsache aus solchen Personen
zusammen, die bereits Pfarrer a.D. sind, die in der Friedensbewegung
und der Nationalen Front mitarbeiten bzw. in Verbindung stehen.
Die gesamte Mitgliederzahl beträgt ca. 150-200 Geistliche. [34]
b) *Charakterisierung des „Bundes Ev. Pfarrer"*:
Der „Bund Evangelischer Pfarrer" wird von allen Kirchenleitungen,
von den bestehenden Oppositionsgruppen – außer dem „Weimarer Arbeitskreis" – ignoriert.
Innerkirchliche Aktionen mit sichtbarer oder spürbarer Wirkung hat
diese Organisation bisher kaum zu verzeichnen gehabt[65].
Die Ursachen dazu sind:
Pfarrer *Caffier*, der Leiter des Pfarrerbundes, ist charakterlich sehr
schwankend und weichlich. Mit der Kirchenleitung in Dresden hat er
engen Kontakt und offenbarte dort interne Abmachungen, die lediglich
den Pfarrerbund betreffen. Er gab Bischof *Noth* das Versprechen,
nichts zu unternehmen, was sich gegen die Kirchenleitung Sachsen
richtet. Dieses Versprechen hielt er.
Mitglieder dieses Bundes sind u.a. solche Geistliche wie Pfarrer *Kleinschmidt*, Pfarrer *Theek*, Prof. *Kehnscherper*, Pfarrer *Rauch*, die bei fast
allen Geistlichen und der christlichen Bevölkerung keinen Anklang haben. Einige Mitglieder des Bundes, die nach außen eine fortschrittliche
Haltung wahren, bieten keine Gewähr der Ehrlichkeit.
Andere Mitglieder suchen durch ihre Mitgliedschaft im Pfarrerbund
lediglich ihren eigenen Vorteil.
Diese Oppositionsgruppe erhält als einzige staatliche Unterstützung.
c) *Theologische Grundlage des Bundes:*
Die Mitglieder kommen aus den Reihen der „Deutschen Christen", der
„Religiösen Sozialisten", usw. [35]
In seinen Satzungen erklärt der „Bund Evangelischer Pfarrer" für seine
Grundlage die theologische Erklärung von Barmen von 1934, bekennt
sich für den Frieden der Welt und für die friedliche und demokratische
Wiedervereinigung Deutschlands. Er stellt die Arbeit und Teilnahme
an der gesellschaftlichen Entwicklung in der DDR nicht in Abrede
und bekennt sich zur Mitarbeit und ist entsprechend seiner Satzung,
§ 2, bemüht, für die Pflichten, Rechte und Anliegen der Pfarrerschaft
in der DDR einzutreten.
Mitglieder können nur Bürger der DDR werden.
Es zeigte sich, daß zwar ein gutes Programm vorhanden ist, jedoch
wenig Anstrengungen gemacht wurden, es zu erfüllen.
d) Gegenwärtige Situation im „Bund Evangelischer Pfarrer"
Bereits vor der letzten Neuwahl des Vorstandes, am 22.5.59 in Erfurt,
zeigte *Caffier* eine kapitulantenhafte Einstellung. Er wollte nicht mehr
die Leitung übernehmen. In einem Brief an alle Vorstandsmitglieder
vom 27.8.59 erklärte *Caffier*, daß er seinen Vorsitz niederzulegen beab-

---

65   Vgl. dazu etwa das „Wort zur Konfirmationsfrage", das der Bund im September
     1958 beschloß, und die scharfe Ablehnung von seiten des Landesbischofs Noth:
     KJ 85, 1958, 187-190.

sichtigt. Er begründete dies damit, gesundheitlich, seelisch und gewissensmäßig diese Funktion nicht länger tragen zu können.
Charakteristisch für die Leitung des Pfarrerbundes ist, daß es auf dieser Versammlung am 22.5.1959 trotz Anregung einiger Mitglieder nicht gelang, ein Grußwort an die Tagung der Außenminister in Genf[66] zu entsenden. Dieses Versagen hing im wesentlichen von der Haltung *Caffiers* ab.
Hierbei spielt jedoch eine nicht unwesentliche Rolle der Druck, den er von seiner Landeskirchenleitung über sich ergehen läßt, seine eigene Inkonsequenz, mangelnde Zusammenarbeit und Unterstützung des Vorstandes.
In der Leitung des Pfarrerbundes wird intrigiert, es herrscht ungenügende Arbeitsorganisation. [36]
Im Büro des Bundes, Leipzig N 22, Springerstr. 16, herrscht eine ungünstige Atmosphäre.
Buchhalter *Barsch* und die Angestellte *Büttner* haben eine negative Einstellung zur DDR.
Nicht selten wird gegen die DDR gesprochen, wobei das Vorstandsmitglied Pfarrer *Theek* besonders hervortritt.
Auch nachdem 8 führende Mitglieder des Bundes im November 1959 zu einer 3-wöchigen Studienreise in der SU weilten, hat sich in deren Aktivität nichts verändert.
Es gibt Hinweise, daß man sich bei der Gewinnung neuer Mitglieder vor allem auf solche stützt, die von ihrer Kirchenleitung auf irgendeine Art gemaßregelt wurden. Von diesen Pfarrern wird jedoch der Bund als finanzielle Versorgungsbasis betrachtet.
Unter anderem aus diesem Grund rückt der Kampf gegen die Hierarchie immer mehr in den Hintergrund.
Intern wurde bekannt, daß *Caffier* den Bund in 2 Gruppen teilen will, und zwar:
a) ein Bund sozialistischer Pfarrer
b) ein Bund gewerkschaftlicher Pfarrer.
Er beabsichtigt, diesen Vorschlag dem MdI zu unterbreiten.
Interessant ist in diesem Zusammenhang, daß die Westpresse verhältnismäßig schnell über interne Angelegenheiten des Bundes berichtet, wie z.B. über finanzielle Zuwendungen an den Bund, Ergebnisse von Vorstandswahlen, usw.
Aus einer Bilanz des Vorstandsmitgliedes *Meinecke* vom April 1960 geht hervor, daß folgender Finanzplan lt. 15.9.1959 vorlag:
Einnahmen (Soll 1960) 9 140,- DM
Ausgaben (Soll 1960) 235 623,- DM
Zuwendungen des Staates (1960) 226 483,- DM
Diesen Finanzplan hat außer *Meinecke* der Buchhalter *Barsch* aufgestellt, dessen negative Einstellung bereits angedeutet wurde. [37]
Insgesamt betrachtet sind alle oppositionellen Kräfte innerhalb der EKD zahlenmäßig relativ stark. Sie bilden einen durchaus ernst zu nehmenden Faktor.
Bemerkenswert ist dabei, daß bisher die Initiative zu innerkirchlichen Aktionen überwiegend von den in Westdeutschland befindlichen lei-

---

66   Von Mai bis August 1959 fand in Genf eine Außenministerkonferenz der Großmächte zur Deutschland- und Berlin-Frage statt. Erstmals nahmen auch Delegationen aus der Bundesrepublik und der DDR an einer solchen Konferenz teil.

tenden oppositionellen Persönlichkeiten ausging, obwohl dazu der Anstoß durch das Einwirken progressiver Kräfte aus der DDR gegeben wurde, jedoch geht die Gesamtinitiative zur Arbeit der Bruderschaften noch nicht von ihren Vertretern der DDR aus. Ursache dafür ist u.a., daß der „Leiterkreis der Bruderschaften" mit Ausnahme von 2 Geistlichen aus der DDR, die seit 3 Monaten herangezogen werden, nur aus westdeutschen Bruderschaftsvertretern besteht. In der vergangenen Zeit war nur 1 Vertreter aus der DDR als Gast Teilnehmer an „Leiterkreis-Besprechungen".

Der Mangel der gesamten Oppositionsbewegung ist der, daß sie untereinander nicht einheitlich und geschlossen handeln. Hinderlich hierfür wirken sich u.a. ihre unterschiedlichen politischen und theologischen Standpunkte aus, trotz bestimmter Berührungspunkte. So kam z.B. noch kein einheitliches Vorgehen der Bruderschaften und des „Weißenseer Arbeitskreises" einerseits mit dem „Weimarer Arbeitskreis", dem „Freien Konvent" und dem „Bund Evangelischer Pfarrer" andererseits zustande, obwohl sie alle in der Frage „Obrigkeit" gegen *Dibelius* in irgendeiner Form Stellung nahmen.

Weiter wirkt sich aus, daß die Repräsentanten der oppositionellen Kräfte aus der ehemaligen „Bekennenden Kirche" kommen und andere aus den Reihen der ehemaligen „Deutschen Christen".

Das führte innerhalb der Opposition zu Auseinandersetzungen, zu Isolierungen untereinander, die bis zur persönlichen Borniertheit reichen. [38]

Trotz der Mängel kann jedoch festgestellt werden, daß alle Oppositionsgruppen für die Hierarchie und damit für die Ziele des Bonner Staates eine Gefahr darstellen, da sie in der Lage sind, deren Machenschaften in der Öffentlichkeit bloßzustellen.

Aus diesem Grunde versucht der reaktionäre Teil der Ev. Kirche im Bunde mit der Adenauer-Regierung die Opposition in ihrer Aktionsfähigkeit zu hemmen bzw. zu zerschlagen.

So sind z.B. die Angriffe und Verleumdungen gegen Kirchenpräsident *Niemöller* nicht abgerissen, sei es durch Angriffe in der Westpresse oder durch andere publizistische Veröffentlichungen.

III. Allgemeine operative Aufgaben für die Bearbeitung des Differenzierungsprozesses innerhalb der Evangelischen Kirche

Aus dem vorliegenden Auskunftsbericht über den Differenzierungsprozeß innerhalb der Evangelischen Kirche ergeben sich für alle Bezirksverwaltungen des MfS eine Reihe allgemeiner Aufgaben mit dem Ziel, die oppositionellen Kräfte zu stärken und ständig zu beeinflussen.

Dabei kommt es in erster Linie darauf an, Grundlagenmaterial zu erarbeiten, auf dessen Basis dann in Zusammenarbeit mit der Hauptabteilung V / 4 spezielle Aktionen eingeleitet werden können.

Im einzelnen handelt es sich dabei um folgende Maßnahmen:

1. Jede Bezirksverwaltung muß sich einen genauen Überblick über alle kirchlichen Amtsträger auf dem Gebiet ihres Bezirkes erarbeiten. Dabei ist eine genaue Differenzierung der Kräfte im Sinne der vorliegenden Ausarbeitung vorzunehmen.

2. Jede Bezirksverwaltung muß sich einen genauen Überblick über bereits aktive oppositionelle Kräfte in ihrem Bezirk schaffen über ihre theologische, innerkirchliche und politische Aktivität. [39]

3. Es ist eine eingehende Sichtung aller im jeweiligen Bezirk auf der

Linie V / 4 vorhandenen inoffiziellen Mitarbeiter vorzunehmen mit dem Ziel festzustellen, welche GI auf dem Gebiet Opposition Perspektive haben und eingesetzt werden können.

Über die ausgewählten GI müssen umfassende Einschätzungen ausgearbeitet werden. Dabei ist nach folgenden Punkten zu differenzieren:

a) Grad und Zuverlässigkeit des GI – kann er zu vertraulichsten Arbeiten herangezogen werden?

b) Ist der GI für den Einsatz in der Leitung der oppositionellen Bewegung qualifiziert genug und brauchbar?

c) Über welche Verbindungen verfügt der GI, die für die Beeinflussung der oppositionellen Bewegung eine besondere Bedeutung haben können.

4. Nach Abschluß der Maßnahmen 1-3 muß sich die jeweilige Bezirksverwaltung an das MfS, HA V / 4, wenden und gemeinsam diese und andere sich daraus ergebenden Maßnahmen zur aktiven Einflußnahme auf die Schaffung und Entwicklung einer innerkirchlichen Oppositionsbewegung im Bezirk vereinbaren und durchführen.

5. Bei der Durchführung aller Maßnahmen ist eine enge Zusammenarbeit und Ausnutzung der zuständigen Organe des Staatsapparates im Bezirk, die sich mit Kirchenfragen befassen, erforderlich. Diese Zusammenarbeit muß ebenfalls in erster Linie der Realisierung folgender Aufgaben dienen:

a) Erarbeitung der Einschätzungen über die kirchlichen Amtsträger des Bezirkes

b) Die Durchsetzung einer verstärkten differenzierten Politik gegenüber den verschiedenen kirchlichen Kräften. [40]

6. Die differenzierte Einschätzung der kirchlichen Kräfte im Bezirk und vor allem die verstärkte differenzierte Politik ihnen gegenüber ist besonders für die Zurückdrängung der reaktionären kirchlichen Kräfte notwendig, die in der gegenwärtigen Periode versuchen, den Prozeß der Festigung der sozialistischen Produktionsverhältnisse in der Landwirtschaft aufzuhalten und rückgängig zu machen[67].

Es muß eine verstärkte Beeinflussung derartiger Geistlicher durch Mitglieder ihres Gemeindekirchenrates und durch unsere inoffiziellen Verbindungen in ihren Gemeinden durchgeführt werden.

gez. Mielke
(Generaloberst)
F.d.R.: [gez.] Schlag
Major

Dok. 39
Ulbricht an Mielke

2. November 1960

Schreiben mit eigenhändiger Unterschrift. Ohne Absender. Anschrift: An den Minister

---

67 1959 / 1960 wurde die Kollektivierung der Landwirtschaft stärker forciert. Viele Bauern wurden gezwungen, den LPGs beizutreten. Vgl. *Weber*, Geschichte, 314-318. Die Stellung der evangelischen Kirchen zur Kollektivierung der Landwirtschaft ist dokumentiert in: KJ 87, 1960, 173-201.

für Staatssicherheit, Genossen Erich Mielke. Zum Bericht Nr. 751 / 60 vom 29.10. über Leipzig.

Werter Genosse Mielke!
Die Meinung Deines Berichterstatters ist falsch. Die Frage des Abrisses der Universitätskirche[68] wurde nicht gestellt, sondern erklärt, daß die Kirche verschoben werden soll, mit Hinsicht auf den Universitätsneubau. Die Veröffentlichung der Drohungen von Propst Pfeifer in der „Leipziger Volkszeitung" war nicht richtig. Wozu müssen wir in der „Leipziger Volkszeitung" eine Diskussion eröffnen, noch dazu, ohne daß in dem betreffenden Leitartikel überzeugende Argumente angeführt wurden.
Es ist notwendig, daß ein Weg gesucht wird, um die kirchlichen Kreise zu beruhigen.
Mit sozialistischem Gruß
[gez.] W. Ulbricht
Anlage

Dok. 40
Mielke an Ulbricht

Berlin, den 17.1.1961

Auszug aus einem Schreiben Mielkes an Ulbricht. Absender: Regierung der Deutschen Demokratischen Republik, Ministerium für Staatssicherheit. Anschrift: An den 1. Sekretär des ZK der SED, Genossen Walter Ulbricht. VM / A 4 / 61. Einstufung: persönlich. Mit handschriftlicher Paraphe Ulbrichts: Einverstanden mit Austausch Esterle gegen Schmutzler[69], WU.

Lieber Walter!
Es war beabsichtigt, den evangelischen Studentenpfarrer und Pfarrer der „Jungen Gemeinde" aus Leipzig – Siegfried *Schmutzler* –, dessen Strafe am 4. April 1962 abläuft, gegen eine von den Bonner Justizbehörden verurteilte Person, die sich für die DDR eingesetzt hat, auszutauschen.
Genosse Prof. Dr. Kaul, der über offizielle Verbindungen zu den Bonner Justizbehörden verfügt, wurde gebeten zu sondieren, inwieweit Bonner Justizbehörden an einem solchen Austausch interessiert seien. Genosse Kaul hat daraufhin den Vorschlag unterbreitet, gegen Rudolf *Esterle* auszutauschen.
Genosse Kaul begründet seinen Vorschlag so:
Genosse *Esterle* wurde trotz Antrag des Bundesanwaltes Lösdau als Vertreter des Bundesanwaltes Güde, der nur 1 Jahr und 6 Monate Gefängnis beantragte, zu 3 1/2 Jahren und 6 Monaten Untersuchungshaft, die nicht angerechnet wurde, also zu insgesamt 4 Jahren verurteilt. Die Verurteilung erfolgte als Rädelsführer einer staatsgefährdenden Vereinigung, wegen Geheimbündelei und Fortsetzung der Kommunisti-

---

68 Vgl. Dok. 49, Anm. 38.
69 Zum Fall Schmutzler vgl. Dok. 34, bes. Anm. 10. Schmutzler kam 1961 nach viereinhalb Jahren Haft frei. Vgl. Einleitung, 71, Anm. 327.

schen Partei und auf „staatsgefährdenen Nachrichtendienst" am 27. /
28. September 1960.
Das sind dieselben Strafbestimmungen, die regelmäßig bei allen gesamtdeutschen Kontaktgesprächen angewandt werden. Ein Austausch
würde daher den Bundesgerichtshof desavouieren und Möglichkeiten
der weiteren Einflußnahme bei dem Bundesanwalt Güde und anderen
Stellen der Bonner Staatsanwaltschaft geben.

Dok. 41

Aus der Information Nr. 2 / 61 vom 12.2.1961 über eine Sitzung des Kirchentagspräsidiums

Auszug aus der Information 2 / 61 des Staatssicherheitsdienstes über eine Sitzung des
Präsidiums des Kirchentages. Tgb.-Nr:VM 24 / 61. Einstufung: Streng geheim. Mit Anhang.

Präses *Scharf* wurde aufgefordert über den derzeitigen Stand der Verhandlungen über *Götting*[70] mit der Regierung der DDR zu berichten.
Anfänglich, führte *Scharf* aus, ließ das Gespräch mit *Götting* Hoffnungen zu, daß doch noch eine Einigung über einen „gesamtdeutschen
Kirchentag" in Leipzig möglich wäre. In den letzten Gesprächen, besonders nachdem *Scharf* am 7.2.61 die Präzisierung der Vorstellungen
über diesen Kirchentag übergeben hatte, wurde eine Reserviertheit bei
Götting spürbar. *Scharf* bezeichnete die bisher einzige Äußerung von
Seigewasser[71], daß die Antwort der Regierung der DDR „zu gegebener
Zeit" erfolgen würde, als ein taktisches Manöver. Nach *Scharf*s Meinung müßte sich die Konferenz die Frage vorlegen, ob nicht im Gespräch Walter *Ulbrichts* mit den Christen der DDR[72] die Antwort bereits enthalten wäre. Nach Aufforderung durch Bischof *Krummacher*,
sich konkreter zu äußern, führte *Scharf* weiter aus, daß es unbedingt
notwendig ist, am Kirchentag 1961 festzuhalten. Sinn der Vorgespräche
mit *Götting* bestand darin, die Meinung und Bereitschaft der Regierung der DDR, entsprechend den gestellten Bedingungen, eingehend
zu testen. In diesem Zusammenhang betonte *Scharf*, daß in den Gesprächen und im Briefwechsel mit der Regierung der DDR kein Antrag gestellt worden wäre, sondern es sich lediglich um Anfragen gehandelt habe. Dabei hat sich ergeben, daß die Regierung der DDR
nicht gewillt ist, die gestellten Forderungen mit einem eindeutigen Ja

70 Einer Meldung des „SPIEGEL" zufolge war Gerald Götting – Götting war von
    1949 bis 1966 Generalsekretär der CDU und danach deren Vorsitzender – unter
    dem Decknamen „Göbel" seit 1953 Mitarbeiter des MfS. Nach Informationen des
    „SPIEGEL" hatte Götting darüber hinaus bereits seit 1951 für den KGB gearbei-
    tet. Vgl. „Der SPIEGEL" 36 / 1991, 16 f.
71 Hans Seigewasser trat im November 1960 die Nachfolge Eggeraths als Staatssekre-
    tär für Kirchenfragen an.
72 Gemeint ist hier das Gespräch Ulbrichts mit einer Delegation von Christen unter
    der Leitung des früheren Leipziger Theologieprofessors Emil Fuchs. Ulbricht ver-
    trat in diesem Gespräch die Auffassung, Sozialismus und Christentum seien keine
    Gegensätze, sondern berufen, gemeinsam an der Lösung gesellschaftlicher Proble-
    me zu arbeiten. Staatlicherseits wurde das Gespräch Ulbricht / Fuchs als Leitlinie
    der Kirchenpolitik in den sechziger Jahren bezeichnet. Zum Gespräch vgl. *Henkys*,
    Bund, 55-65; *Koch*, Staat, 69-74 und *Dähn*, 75 f.

zu beantworten, wir haben bisher eine negative Antwort. Die Regierung der DDR ist offensichtlich überhaupt nicht gewillt, einen „gesamtdeutschen Kirchentag" zuzulassen, zumal Walter *Ulbricht* in dem Gespräch erneut eine Klassifizierung der Christen in eine 1. und 2. Sorte vorgenommen hat. *Scharf* schlug vor, mit der endgültigen Beschlußfassung noch 2 bis 3 Tage zu warten. [4]

Anhang zur Information Nr. 2 / 61

Nach dieser Sitzung des Präsidiums des Kirchentages beauftragte der Bischof *Mitzenheim* eines seiner Kirchenleitungsmitglieder, sofort in das demokratische Berlin zu fahren, um mit einem verantwortlichen Funktionär der Regierung der DDR oder des Staatssekretariats für Kirchenfragen zu sprechen. *Mitzenheim* wollte dadurch anfragen lassen, ob nicht noch vor Abschluß der Synode, d.h. in zwei bis drei Tagen, ein positiver Bescheid für die Durchführung eines gesamtdeutschen Kirchentages in Leipzig durch die Regierung der DDR gegeben werden könnte. Dadurch würden die Argumente der reaktionären kirchlichen Kräfte – die DDR wolle mit der Kirchentagsfrage eine Spaltung der EKD perfekt machen – entkräftet und die westliche Konzeption zu dem Problem des Kirchentages zum Scheitern gebracht werden. Außerdem würde eine solche Verlautbarung der Regierung eine Stärkung der Autorität des Landesbischof *Mitzenheim* gegenüber den Bischöfen der DDR und den reaktionären Bischöfen überhaupt bedeuten[73].

---

73 Der Kirchentag konnte trotz der Bemühungen Mitzenheims 1961 nicht in der DDR stattfinden, und zwar weder in Leipzig noch, wie später geplant, in Berlin. Vgl. *Koch*, Staat, 76.

4
Von 1961 bis zur Gründung des BEK am 10.6.1969

Dok. 42
Aus der Information Nr. 8 / 61

Berlin, den 14.2.1961

Auszug aus der Information Nr. 8 / 61 des Ministeriums für Staatssicherheit. Betreff: Synode der EKD. Besprechung der Fraktion der führenden Vertreter der Vereinigten Evangelisch-Lutherischen Kirche Deutschlands[1]. Mit Stempel-Vermerk: Rückgabe erbeten. Streng geheim. VM 26 / 61.

Nach der Durchführung des Eröffnungsgottesdienstes der Synode in der Marienkirche und des Parallelgottesdienstes im Johannesstift traten am Abend des 12.2.1961 im Johannesstift Berlin-Spandau die Vertreter der lutherischen Kirchen zu einer Besprechung über die Wahl des Ratsvorsitzenden der EKD zusammen.
Bischof *Mitzenheim* (Eisenach) unterbreitete aus den bekannten taktischen Gründen den Vorschlag, Bischof *Lilje* (Hannover) als Kandidaten aufzustellen. Der Vorschlag wurde von einem Teil der anwesenden kirchlichen Persönlichkeiten aus Westdeutschland zustimmend aufgenommen, da er durch einen Bischof der DDR gemacht wurde.
In der weiteren Diskussion wurden auch Präses *Scharf* und Bischof *Krummacher* mehrfach als geeignete Kandidaten erörtert. Dabei wurde deutlich spürbar, daß die rechtsstehenden Vertreter der Bruderschaften in Westdeutschland die Kandidatur von Präses *Scharf* (Berlin) unterstützen werden[2].

Dok. 43
Aus der Einzelinformation Nr. 162 / 62 über Differenzen zwischen Krummacher und Mitzenheim

Berlin, den 17.3.62

Einzelinformation Nr. 162 / 62 des MfS über Differenzen zwischen Bischof Krummacher und Bischof Mitzenheim im Zusammenhang mit einem Gespräch mit dem amtierenden Ministerpräsidenten, Gen. Willi Stoph[3], mit eigenhändiger Unterschrift. Mit Druck-Vermerk: Streng geheim! Um Rückgabe wird gebeten!

1   Zur VELKD vgl. Dok. 12, Anm. 74.
2   Zum Vorsitzenden des Rates wurde schließlich Präses Kurt Scharf mit 109 von 138 Stimmen gewählt. Bischof Lilje wurde zu seinem Stellvertreter bestimmt. Vgl. Berlin 1961, 199.
3   Dieses Gespräch, an dem neben Stoph auch dessen Stellvertreter Sefrin (CDU) und Staatssekretär Seigewasser teilnahmen, behandelte v.a. die Frage des Wehrdienstes. Vgl. dazu den Rundbrief Mitzenheims über das Gespräch vom 26.3.1962, abgedruckt in: *Eisenfeld*, Kriegsdienstverweigerung, Dok. 8. Vgl. ferner die Darstel-

Auf einer internen Besprechung zwischen den Bischöfen Krumma-
cher – Greifswald, Mitzenheim – Eisenach, Noth – Dresden und Jänik-
ke – Magdeburg am 9.3.1962 in Berlin über das einheitliche Auftreten
der Bischöfe beim amtierenden Ministerpräsidenten kam es zu ernsten
Differenzen.
Sowohl Bischof Krummacher als auch Bischof Mitzenheim hatten in
Vorbereitung des Gesprächs eine Konzeption ausgearbeitet.
Krummacher wandte sich in dieser internen Besprechung gegen die
Ausarbeitung Mitzenheims, weil „zu viele politische Formulierungen
darin seien", denen er nicht zustimmen könne. Mit Unterstützung
Noths und Jänickes wurde Mitzenheims Ausarbeitung verworfen und
die Krummachers dann auch am 12.3.62 dem amtierenden Ministerprä-
sidenten bei der Besprechung übergeben. [2]
Nach der Besprechung zwischen dem amtierenden Ministerpräsidenten, Gen. Stoph, und den Bischöfen Krummacher, als Vorsitzenden der
Bischofskonferenz, und Bischof Mitzenheim am 12.3.1962 ließ Bischof
Krummacher die Bischöfe Noth und Jänicke sofort nach Berlin kommen. Zu den Bischöfen gewandt, stellte er die Vertrauensfrage in bezug
auf seine Person und auf seine Stellung als Vorsitzender der Bischofskonferenz. Mitzenheim forderte in diesem Zusammenhang von Krummacher, daß er volle Klarheit über seine Vergangenheit schafft, insbesondere über seine Tätigkeit im kirchlichen Außenamt während der
Nazizeit und im Zusammenhang mit seiner Tätigkeit für die Gestapo.
Bischof Krummacher versuchte bei dieser Besprechung, seine Tätigkeit
im kirchlichen Außenamt mit der sinngemäßen Äußerung abzutun, es
sei schon möglich gewesen, daß er über den einen oder anderen Pfarrer
schriftliche Berichte gefertigt, aber von deren Verwendung er keine
Kenntnis hätte.
Auch über die Abfassung der Stellungnahme zu dem von der Regierung übergebenen Kommuniqué[4], das am 13.3.62 beim Staatssekretär
Seigewasser unterschrieben zurückgegeben werden sollte, entstanden
scharfe Auseinandersetzungen.
Bischof Mitzenheim erzwang von den anderen Bischöfen die Annahme
einer von ihm vorbereiteten Stellungnahme, indem er erklärte, nach Eisenach zurückzufahren, falls sie nicht sofort angenommen werde.
Bischof Krummacher erklärte in diesem Zusammenhang, daß er nicht
mehr zum Staatssekretär hinfahren werde.
Bischof Mitzenheim war dagegen bereit, eine Einigung mit dem Staatssekretär herbeizuführen, und fuhr allein zu ihm.
Bischof Krummacher verließ daraufhin Berlin und hinterlegte für Bischof Mitzenheim ein Schreiben folgenden Inhalts:

„An den stellv. Vorsitzenden der Bischofskonferenz D. Mitzenheim!
In Abschrift an die Bischöfe Noth und Jänicke.
1) Es ist sofort eine Bischofskonferenz einzuberufen. Für die Einberufung kann ich nicht mehr verantwortlich zeichnen. In dieser Bischofskonferenz muß die Frage nach einem „Sprecher" geklärt werden, da
mir von seiten der [3] Regierung Vorwürfe gemacht werden, daß ich
mich öffentlich nicht distanziere.

---

lungen ebd., 45 f.; *Koch*, Staat, 77-79 und *Dähn*, 93.
4   Die Erklärung Stophs ist abgedruckt in dem CDU-Blatt „Neue Zeit" vom
    18.3.1962.

Aus diesen Gründen kann ich den Vorsitz dieser Konferenz nicht
übernehmen.
2) Die Funktion des Vorsitzenden ruht so lange, bis alle Bischöfe dazu
Stellung genommen haben.
3) In der Bischofskonferenz ist sofort zu klären, ob das Gespräch zwischen Walter Ulbricht und Prof. Fuchs[5] weiterhin die Perspektive in
der Ev. Kirche sein soll.
4) Auf der Bischofskonferenz muß geklärt werden, welche Bischöfe,
möglichst 2, einen Antrag zur Ausreise nach Westdeutschland zur Einweihung einer Patenkirche in Stuttgart stellen sollen. Ich werde das
nicht tun.
D. Krummacher"

Zu bemerken ist, daß Krummacher die Absicht hatte , mit Bischof Beste zur Einweihung der Patenkirche nach Stuttgart zu fahren und dabei
Mitzenheim, um dessen Patenkirche es sich in Stuttgart handelt, auszuschalten. Die Einweihung dieser Kirche soll am 30.3.1962 stattfinden.
Krummacher hinterließ außerdem eine schriftliche Aufforderung an
Bischof Mitzenheim, in welcher Form die Pfarrer über das Gespräch
mit dem amtierenden Ministerpräsidenten Stoph informiert werden
sollen.
Die Mitteilung sollte demnach sinngemäß folgende Punkte enthalten:
1) Von seiten der Bischöfe ist der Regierung der DDR das Memorandum von Neu Delhi[6] überreicht worden. [4]
2) Die Regierung hat ihre Prinzipien in der Wehrpflichtfrage dargelegt
und die Glaubens- und Gewissensfreiheit garantiert.
3) Die Bischöfe haben der Regierung die Frage nach der Wehrdienstverweigerung aus Gewissensgründen dargelegt.
4) Der Fahneneid der NVA ist keine Bindung an eine Ideologie.
Auf Grund dieser Vorgänge hat Bischof Mitzenheim für den 19.3.62 zu
einer großen Bischofskonferenz in Berlin eingeladen[7]. Dabei trägt er
sich mit der Absicht, die Bischöfe der DDR aufzufordern, zu dem
Verhalten und zu der Vergangenheit von Bischof Krummacher Stellung
zu nehmen. Dadurch will er erreichen, daß sich die Bischöfe vom Verhalten Bischof Krummachers distanzieren und er gezwungen wird,
sein Amt als Vorsitzender der Bischofskonferenz niederzulegen.
Bischof Mitzenheim schätzt seine Absicht als äußerst schwierig ein, da
Bischof Krummacher bereits mit anderen Bischöfen Aussprachen geführt hat, so daß zu erwarten ist, daß sie versuchen werden, Bischof
Krummacher ihr Vertrauen auszusprechen.
Bischof Mitzenheim bittet deshalb, ihm die Unterlagen über die faschistische Vergangenheit des Krummacher zur Auswertung auf dieser

5   Vgl. Dok. 41, Anm. 72.
6   Nachdem einigen Delegierten, unter ihnen Günter Jacob, von der Regierung der
     DDR die Ausreise zur Vollversammlung des ÖRK nach Neu Delhi (1961) verweigert worden war, beschloß die Vollversammlung auf Antrag des Erzbischofs von
     York, eine Botschaft an die abwesenden Delegierten zu senden und sie der Solidarität der Vollversammlung zu versichern. Darin heißt es: „Die Botschaft versichert
     ihren Empfängern, daß die Mitglieder der Vollversammlung durch ihre Abwesenheit bekümmert sind, beständig für sie beten und sich darüber freuen, daß wir
     über alle Schranken vereint sind in dem, der das Licht der Welt ist" (zit. nach:
     Visser't Hooft, Neu Delhi, 348).
7   Vgl. dazu das folgende Dok. 44.

Konferenz zur Verfügung zu stellen. Vom MfS wurden zu diesem Zweck die entsprechenden Dokumente dem Gen. Barth übergeben. Zur Sicherung der Quelle ist diese Information nur zur persönlichen Kenntnisnahme bestimmt und darf auf keinen Fall ausgewertet werden.
[gez.] Mielke

Dok. 44
Aus der Einzelinformation Nr. 155 / 62 über eine Bischofskonferenz der ev. Kirchen

Berlin, den 20.3.1962

Einzelinformation Nr. 155 / 62 des Staatssicherheitsdienstes über eine interne Bischofskonferenz der Bischöfe der ev. Kirche der DDR am 19.3.62 im demokratischen Berlin, mit eigenhändiger Unterschrift. Mit Stempel-Vermerk: Streng geheim! Um Rückgabe wird gebeten!

Am 19.3.62 kamen alle Bischöfe der ev. Kirche in der DDR zu der bereits in unserer Information Nr. 162 / 62 vom 17.3. erwähnten internen Besprechung zwecks Festlegung eines einheitlichen Auftretens in Auswertung des Gesprächs mit der Regierung der DDR vom 12.3.62 zusammen.
Nachdem Landesbischof Mitzenheim beim Staatssekretär für Kirchenfragen, Hans Seigewasser, Einsicht in die Fotokopien der Krummacher-Akte genommen und daraufhin Bischof Krummacher zu einer Aussprache „unter vier Augen" für den 18.3.62 telegrafisch eingeladen hatte, Krummacher dies aber wegen Arbeitsüberlastung ablehnte, forderte Bischof Mitzenheim auf der Bischofskonferenz am 19.3.62 von Bischof Krummacher Aufklärung über seine Tätigkeit während der faschistischen Zeit im Kirchlichen Außenamt und damit im Zusammenhang über seine Verbindung zur Gestapo. [2]
Bischof Krummacher leugnete seine Verbindung und Tätigkeit für die Gestapo nicht, versuchte aber beides mit der Erklärung abzuschwächen, daß seine Tätigkeit dem „allgemeinen Arbeitsstil" des Kirchlichen Außenamtes unterlag. Er hätte aber am Grabe der toten Soldaten in Kiwel 1944 seine Schuld bekannt und einen Teil seiner Schuld im „Nationalkomitee Freies Deutschland"[8] wiedergutgemacht.
Bischof Krummacher wurde dabei von den Bischöfen Hornig / Görlitz und Jänicke / Magdeburg unterstützt.
Bei der Festlegung, wer von den Bischöfen gegenüber der Regierung der DDR als Sprecher fungieren soll, wurde Bischof Hornig vorgeschlagen. Bischof Mitzenheim machte deshalb Anstalten, die Konferenz sofort zu verlassen. Daraufhin vereinbarte man, daß Bischof

8   Das Nationalkomitee Freies Deutschland wurde 1943 nach der deutschen Niederlage bei Stalingrad von deutschen kommunistischen Emigranten, unter ihnen Pieck und Ulbricht, und Kriegsgefangenen gegründet. Ziel des Nationalkomitees war die Beseitigung des NS-Regimes und ein rascher Friedensschluß. Krummacher, der an der Ostfront in Kriegsgefangenschaft geraten war, hatte sich ebenfalls dem Nationalkomitee angeschlossen. Vgl. dazu auch den 1965 von *Krummacher* herausgegebenen Sammelband „Ruf zur Entscheidung".

Krummacher weiterhin als Vorsitzender der Bischofskonferenz tätig
sein und als Sprecher gegenüber der Regierung der DDR Bischof Mitzenheim auftreten soll, der auch weiterhin stellv. Vorsitzender der Bischofskonferenz sein wird.
Bischof Mitzenheim hat sich mit dieser Regelung einverstanden erklärt,
u.a. auch deshalb, weil Bischof Krummacher im Juli 1962 entsprechend
der Geschäftsordnung als Vorsitzender sowieso abtreten muß.
Bischof Hornig und Bischof Krummacher versuchten dann noch, einen Beschluß zu erwirken, daß das Memorandum, welches der Regierung übergeben werden sollte, allen Pfarrern zur Informierung zugeleitet werden sollte.
Bischof Mitzenheim nahm gegen diese Versuche mit der Begründung
Stellung, daß es doch jedem Bischof selbst überlassen sei, welche Informierung er für die geeignetste halte.
Über die näheren Einzelheiten und Umstände auf dieser Bischofskonferenz wird sofort nach Bekanntwerden in einer weiteren Information
eingegangen. Zur Sicherung der Quelle ist diese Information nur zur
persönlichen Kenntnisnahme bestimmt und darf auf keinen Fall ausgewertet werden.
[gez.] Mielke

Dok. 45
Aus Einzelinformation Nr. 504 / 62 über die Kreuzschule in Dresden

Auszüge aus der Einzel-Information Nr. 504 / 62 des Staatssicherheitsdienstes über
Feindtätigkeit an der Kreuzschule (Erweiterte Oberschule) in Dresden vom 31.3.1962.

Bei den vom MfS geführten Untersuchungen wurde ferner festgestellt,
daß die politisch-ideologische Situation an der Kreuzschule als äußerst
ungenügend einzuschätzen ist und die Durchführung der feindlichen
Handlungen dadurch begünstigt wurde. Beim größten Teil der Schüler
zeigen sich starke westliche Einflüsse (ständiges Abhören der NATO-
Sender, westliche Kleidung, westliche Schlager und Tanzmusik, Durchführung sogen. Parties in den Wohnungen bürgerlicher Eltern, negatives Auftreten usw.).
Als Ursache ist in erster Linie eine starke kirchliche Einflußnahme auf
die Schule zu sehen. Ein großer Teil der Schüler und der überwiegende
Teil der Mitglieder des Kreuzchores gehören der „Jungen Gemeinde"[9]
an. Der Chor wird gegenwärtig noch zu 1/3 von der Kirche finanziert.
Durch führende kirchliche Amtsträger der Landeskirche Sachsen wird
in den 5. bis 8. Klassen Religionsunterricht zum Teil in den Schulräu-
men abgehalten. Landesbischof Noth unterrichtet selbst in der 7. Klasse. Die kirchlichen Elemente unter den Eltern der Schüler haben einen
starken Einfluß in den Elternbeiräten.
Es wurden bereits einige Maßnahmen ergriffen, um den kirchlichen
Einfluß an der Schule zurückzudrängen. So wurde z.B. Oberkirchenrat

9   Zur Jungen Gemeinde vgl. die Dok. 20-23.

Brück wegen Nichtteilnahme an der Volkswahl im vergangenen Jahr[10] als Vorsitzender des Elternbeirates abgelöst.

An der Kreuzschule kommen über 50% der Schüler (von 650 Schülern insgesamt) aus bürgerlichen Kreisen (Professoren, Geistliche, Ärzte, techn. Intelligenz, Selbständige usw.). Der bürgerliche Einfluß kommt auch durch bestimmte alte Begriffe zum Ausdruck. So heißt z.b. das Internat Alumnat[11]. Im Alumnat gibt es Hauspräfekten (Ordnungsschüler) und im Chor Chorpräfekten. Diese Funktionen sind nicht von der FDJ besetzt, sondern meistens von den reaktionären Schülern. [...] [14]

Zur Auswertung der Vorkommnisse an der Kreuzschule in Dresden wird vorgeschlagen, nach Abschluß der Untersuchungen einen Prozeß vor erweiterter Öffentlichkeit durchzuführen.

Dabei sollten u.a. die Umstände, die derartige feindliche Handlungen an der Schule ermöglichten (ungenügende Pionier-, FDJ- und Parteiarbeit, mangelndes Erzieherkollektiv, mangelnde Sicherheitsvorkehrungen – Chemikaliendiebstahl – u.ä.), herausgearbeitet werden.

Besonders müßte dabei nachgewiesen werden, daß das Anhören von Westsendern und andere westliche Beeinflussungen zusammen mit dem ideologischen Einfluß reaktionärer kirchlicher Personen und Einrichtungen Ausgangspunkt für solche feindlichen Handlungen ist.

Zum Prozeß sollten alle Bezirksschulräte sowie Direktoren von erweiterten Oberschulen, Partei- und FDJ-Sekretäre, Pionierleiter sowie Mitglieder der Elternbeiräte vor allem von solchen Oberschulen eingeladen werden, von denen bekannt ist, daß es ebenfalls Schwierigkeiten bei der sozialistischen Erziehung der Schüler gab und gibt. Weiterhin müßten progressive Lehrer und FDJler der Thomas-Oberschule Leipzig eingeladen werden, da es sich um eine gleichgeartete Oberschule (Thomanerchor[12]) handelt.

Es wird weiter vorgeschlagen, durch das Ministerium für Volksbildung und evtl. auch durch das Staatssekretariat für Hochschulwesen eine gründliche Auswertung dieser Vorkommnisse über den Prozeß hinausgehend mit den Lehrern anderer Schulen im DDR-Maßstab vorzunehmen, besonders unter dem Gesichtspunkt, die Notwendigkeit der sozialistischen Erziehung an der Schule durch Lehrer, Elternhaus und gesellschaftliche Organisationen grundsätzlich zu erläutern und an Beispielen herauszuarbeiten.

Für diese Auswertung würde an die vom ZK der SED zu benennende verantwortliche Stelle ausführliches und konkretes Material vom MfS übergeben, wie Fotos, Tonbänder u.a. Aussagematerial, das z.B. die zersetzende Rolle der NATO-Sender als Motiv feindlicher Handlungen aufzeigt. [...][16]

Mit diesen Maßnahmen muß gleichzeitig die Erhöhung der Wachsamkeit unter den Schülern, Schulleitungen und Funktionären erreicht werden, um frühzeitig schädliche Einflüsse und feindliche Elemente

---

10   Gemeint sind die Kommunalwahlen vom 17.9.1961, die von der Regierung der DDR als Zustimmung zu dem Bau der Mauer am 13.8.1961 gewertet wurden (Wahlbeteiligung: 98,89%; 95,95% für den Wahlvorschlag der Nationalen Front; Angaben nach: Unser Staat, 68).

11   Alumnate waren im Mittelalter Erziehungsanstalten kirchlicher Organisationen.

12   Der traditionsreiche Thomanerchor ist ein Knaben- und Männerchor, der von den Internatsschülern der Thomasschule in Leipzig gebildet wird.

unter den Oberschülern zu erkennen und sofort die notwendigen Maßnahmen einzuleiten.
Um besonders den Einfluß der Kirche zu unterbinden, wäre es notwendig
– den Religionsunterricht[13] nicht mehr an der Schule durchzuführen (wie das bereits an der Mehrzahl der Oberschulen der DDR durchgesetzt wurde), bzw. den Religionsunterricht nur kirchlichen Vertretern zu gestatten, deren loyale Haltung zur DDR die Gewähr für eine humanistische Erziehung der Jugendlichen bietet;
– der Landeskirche Sachsen die Möglichkeit zu entziehen, sich an der Finanzierung des Kreuzchores zu beteiligen, weil sie davon das Recht ableitet, auch erzieherischen Einfluß auf die Schüler zu nehmen;
– daß man Landesbischof Noth bei der im August 1962 geplanten Aussprache beim Staatssekretär für Kirchenfragen (über die faschistische Vergangenheit Bischof Krummachers) den Einfluß reaktionärer kirchlicher Personen auf die Erziehung der Oberschüler konkret anhand der Ereignisse an der Kreuzschule aufzeigt und ihn auf die Folgen aufmerksam macht.
Um zu verhindern, daß Schüler selbstgefertigte Sprengkörper herstellen, sollte der Lehrstoff in Chemie in der Richtung überprüft werden, ob bereits hier bestimmte Anleitung zur Herstellung derartiger Sprengkörper indirekt gegeben wird.

Dok. 46
Beschlußvorlage Hoffmanns[14] zur Aufstellung von Baueinheiten

Beschlußvorlage für den Nationalen Verteidigungsrat[15] der Deutschen Demokratischen Republik. Eingereicht von: Minister für Nationale Verteidigung. Inhalt: Anordnung des Nationalen Verteidigungsrates über die Aufstellung von Baueinheiten im Bereich des Ministeriums für Nationale Verteidigung. Erarbeitet von: Stellvertreter des Ministers für Nationale Verteidigung und Chef der Rückwärtigen Dienste[16]. Zugestimmt haben: gez. Hoffmann, Armeegeneral. GKS 27 (persönlich) 33 / 64. GKS / E / 46 / 64. 12.8.64. Bemerkungen: einverstanden, gez. Mielke, 12.VIII.64. Original an Hoffmann zurück.

Beschluß Nr. [...] / 64 des Nationalen Verteidigungsrates der Deutschen Demokratischen Republik

13   Einen Religionsunterricht im eigentlichen Sinne des Wortes gab es in der SBZ / DDR schon seit 1945 nicht mehr. Vgl. Dok. 6, Anm. 28. Nach und nach verdrängte der Staat die von den Kirchen erteilte „Christenlehre" aus dem Stundenplan und aus den Räumen der Schule. Der sog. „Lange-Erlaß" vom 12.2.1958 (vgl. *Koch*, Staat, 55 f.; *Dähn*, 72-74) sah vor, daß der Religionsunterricht für ältere Schüler nur noch außerhalb der Schule erfolgen durfte. Die Verhandlungen „um eine flexible Handhabung des Lange-Erlasses" führten „nur zu partiellen Erfolgen" (*Dähn*, 78 f.).
14   Heinz Hoffmann war von 1960 bis 1985 Minister für nationale Verteidigung. Am 1.3.1961 wurde er zum Armeegeneral ernannt.
15   Der Nationale Verteidigungsrat (NVR) war im Februar 1960 durch einen Beschluß der Volkskammer gebildet worden. Dem NVR wurden für den Fall einer äußeren Gefahr oder eines inneren Notstandes alle Vollmachten zum Schutz der DDR übertragen. Vorsitzender des NVR wurde Walter Ulbricht, „der damit seine Kompetenzen bedeutend erweitern konnte" (*Weber*, Geschichte, 318).
16   Stellvertreter für Rückwärtiges war 1964 W. Allenstein.

Der Nationale Verteidigungsrat der Deutschen Demokratischen Republik beschließt:

1. (1) Die Anordnung des Nationalen Verteidigungsrates der Deutschen Demokratischen Republik über die Aufstellung von Baueinheiten im Bereich des Ministeriums für Nationale Verteidigung wird in der beigefügten Neufassung erlassen.
(2) Die Anordnung ist im Gesetzblatt der Deutschen Demokratischen Republik, Teil I, zu veröffentlichen.[17]
2. Die Aufstellung der Baueinheiten hat so zu erfolgen, daß im Herbst 1964 Wehrpflichtige in diese einberufen werden können.
3. Die Gesamtzahl der in die Baueinheiten und die Bau-Pioniereinheiten der NVA einzurufenen Wehrpflichtigen darf 1 500 nicht übersteigen. Die gemäß § 8 der Anordnung in die Baueinheiten als Ersatz für den Reservistenwehrdienst einberufenen Reservisten sind in dieser Zahl nicht enthalten. Der Minister für Nationale Verteidigung bestätigt den Struktur- und Stellenplan.
4. (1) Die Finanzierung der Ausgaben für die Baueinheiten erfolgt aus dem Haushalt des Ministeriums für Nationale Verteidigung.
(2) Der Einsatz der Baueinheiten hat nach dem Grundsatz der Rentabilität zu erfolgen. Die dabei entstehenden Überschüsse sind in die jährlichen Haushaltsplanvorschläge aufzunehmen.
5. Der Beschluß und die Anordnung des Nationalen Verteidigungsrates der Deutschen Demokratischen Republik vom 20. Sept. 1963 über die Aufstellung von Arbeitsbataillonen im Bereich des Ministeriums für Nationale Verteidigung wird mit sofortiger Wirkung aufgehoben.

Beschlossen am: [3]

Begründung
In der am 20. 9. 1963 beschlossenen Fassung der Anordnung war geregelt, nicht nur solche Wehrpflichtige in das neu zu schaffende Organ des Wehrersatzdienstes zum Dienst ohne Waffe einzuberufen, die aus religiösen Anschauungen oder ähnlichen Gründen den Wehrdienst mit der Waffe *ablehnen*, sondern auch solche, die aus bestimmten Gründen (vor allem kaderpolitischen) für den Dienst in der Nationalen Volksarmee oder in anderen Organen des Wehrersatzdienstes *nicht geeignet* sind. Eine nochmalige Prüfung hat ergeben, daß es zweckmäßiger ist, nur die den Waffendienst ablehnenden Wehrpflichtigen zum Wehrersatzdienst ohne Waffe einzuberufen, während diejenigen, die bisher aus anderen Gründen nicht einberufen wurden, in besonderen Einheiten der Nationalen Volksarmee (Bau-Pioniereinheiten) ihren Dienst mit der Waffe verrichten sollen. Dadurch wird das Recht, Dienst mit der Waffe leisten zu können, gewahrt.
Beide Kategorien haben die Aufgabe – wie bereits vorgesehen –, Arbeitsleistungen im Interesse der Republik zu erfüllen. An der bereis beschlossenen Gesamtzahl von 1 500 in diese Einheiten einzuberufenden Wehrpflichtigen ändert sich dabei nichts.
Darüber hinaus ist es zweckmäßig, statt der ursprünglich vorgesehenen

17   Die Anordnung wurde vom NVR am 7.9.1964 beschlossen. Vgl. dazu *Eisenfeld*, Kriegsdienstverweigerung, 61-70. Eisenfeld interpretiert die Anordnung als Kompromiß, der zwar einerseits die Möglichkeit eines waffenlosen Dienstes einräumt, dessen Durchführung aber andererseits ganz der NVA unterstellt. Veröffentlicht wurde die Anordnung am 16.9.1964 (GBl I, 1964, 139 f.).

Bezeichnung „Arbeitsbataillone" den Begriff „Baueinheiten" zu verwenden sowie die Uniform mit Effekten zu versehen. [4]

Anordnung
des Nationalen Verteidigungsrates der Deutschen Demokratischen Republik über die Aufstellung von Baueinheiten im Bereich des Ministeriums für Nationale Verteidigung. Vom [...] 1964

§ 1
(1) Im Bereich des Ministeriums für Nationale Verteidigung sind Baueinheiten aufzustellen.
(2) Der Dienst in den Baueinheiten ist Wehrersatzdienst gemäß § 25 des Wehrpflichtgesetzes vom 24. Jan. 1962 (GBl. I, S. 3)[18]. Er wird ohne Waffe durchgeführt.

§ 2
(1) Die Baueinheiten haben die Aufgabe, Arbeitsleistungen im Interesse der Deutschen Demokratischen Republik zu erfüllen.
Dazu gehören insbesondere:
a) Mitarbeit bei Straßen- und Verkehrsbauten sowie Ausbau von Verteidigungs- und sonstigen militärischen Anlagen;
b) Beseitigung von Übungsschäden;
c) Einsatz bei Katastrophen.
(2) Der Einsatz der Baueinheiten erfolgt durch den Minister für Nationale Verteidigung oder die vom ihm dazu Beauftragten.

§ 3
Für die Angehörigen der Bauarbeiten gelten die gesetzlichen und militärischen Bestimmungen, die den Grundwehrdienst bzw. den Reservistenwehrdienst in der NVA regeln, soweit nicht in dieser Anordnung etwas anderes festgelegt ist. [2]

§ 4
(1) Zum Dienst in den Baueinheiten werden solche Wehrpflichtigen herangezogen, die aus religiösen Anschauungen oder aus ähnlichen Gründen den Wehrdienst mit der Waffe ablehnen.
(2) Die Angehörigen der Baueinheiten tragen den Dienstgrad „Bausoldat".

§ 5
(1) Die Angehörigen der Baueinheiten leisten keinen Fahneneid nach § 3 der Dienstlaufbahnordnung vom 24. Jan. 1962 (GBl. I, S. 6).
(2) Die Angehörigen der Baueinheiten legen ein Gelöbnis ab (Anlage 1).

§ 6
Neben der Heranziehung zu Arbeitsleistungen gemäß § 2 Abs. 1 ist mit den Angehörigen der Baueinheiten folgende Ausbildung durchzuführen:
a) politische Schulung,
b) Schulung über gesetzliche und militärische Bestimmungen,
c) Exerzierausbildung ohne Waffe,
d) militärische Körperertüchtigung,
e) Pionierdienst und spezialfachliche Ausbildung,
f) Schutzausbildung,
g) Ausbildung in der ersten Hilfe.

---

18   Danach bestimmt der NVR, „welcher Dienst in den anderen *bewaffneten* Organen als Ersatz für den aktiven Wehrdienst oder Reservistendienst anerkannt wird" (zit. nach: *Eisenfeld*, Kriegsdienstverweigerung, 175, Anm. 134).

§ 7
Die Bausoldaten der Baueinheiten tragen eine steingraue Uniform mit Effekten und der Waffenfarbe „oliv". Als besonderes Kennzeichen tragen sie das Symbol eines Spatens auf den Schulterklappen. [3]

§ 8
Ungediente Reservisten, bei denen die Voraussetzungen des § 4 Abs. 1 zutreffen sowie gediente Reservisten, die Dienst in den Baueinheiten geleistet haben, können als Ersatz für den Reservistenwehrdienst zur Ausbildung oder zu Übungen in den Baueinheiten einberufen werden.

§ 9
Die Vorgesetzten der Angehörigen der Baueinheiten (Ausbildungspersonal) sind bewährte Soldaten, Unteroffiziere und Offiziere der Nationalen Volksarmee.

§ 10
Im Interesse der Steigerung der Arbeitsproduktivität können den Angehörigen der Baueinheiten als materieller Anreiz zusätzlich zum Wehrsold Zuschläge gezahlt werden. Voraussetzung für die Zahlung von Zuschlägen ist die Übererfüllung der geforderten Arbeitsleistungen.

§ 11
Der Minister für Nationale Verteidigung erläßt zur Durchführung dieser Anordnung die erforderlichen Durchführungs- und militärischen Bestimmungen.

§ 12
Diese Anordnung tritt am 1. September 1964 in Kraft.

Berlin, den [?]

Der Vorsitzende des Nationalen Verteidigungsrates [7]

Anlage 1
(zu § 5, Abs. 2 der Anordnung)

Gelöbnis
Ich gelobe:
Der Deutschen Demokratischen Republik, meinem Vaterland, allzeit treu zu dienen und meine Kraft für die Erhöhung ihrer Verteidigungsbereitschaft einzusetzen.
Ich gelobe:
Als Angehöriger der Baueinheiten durch gute Arbeitsleistungen aktiv dazu beizutragen, daß die Nationale Volksarmee an der Seite der Sowjetarmee und der Armeen der mit uns verbündeten sozialistischen Länder den Sozialismus gegen alle Feinde verteidigen und den Sieg erringen kann.
Ich gelobe:
Ehrlich, tapfer, diszipliniert und wachsam zu sein, den Vorgesetzten unbedingten Gehorsam zu leisten, ihre Befehle mit aller Entschlossenheit zu erfüllen und die militärischen und staatlichen Geheimnisse immer streng zu wahren.
Ich gelobe:
Gewissenhaft die zur Erfüllung meiner Aufgaben erforderlichen Kenntnisse zu erwerben, die gesetzlichen und militärischen Bestimmungen zu erfüllen und überall die Ehre unserer Republik und meiner Einheit zu wahren.

Dok. 47
Einzelinformation Nr. 723 / 64 über das Gespräch Ulbricht – Mitzenheim[19]

4.9.64

Einzel-Information Nr. 723 / 64 des Staatssicherheitsdienstes über die innerkirchliche Situation nach dem Gespräch des Vorsitzenden des Staatsrates der DDR, Gen. Walter Ulbricht, mit dem ev. Landesbischof von Thüringen, Mitzenheim, auf der Wartburg. Verteiler: Führende Funktionäre von Partei und Staat sowie Mitarbeiter des Staatssicherheitsdienstes[20].

Nach vorliegenden Informationen zuverlässiger Quellen haben das Gespräch zwischen dem Vorsitzenden des Staatsrates, Gen. Walter Ulbricht, und dem evangelischen Landesbischof von Thüringen, Mitzenheim, am 18. August 1964 auf der Wartburg und die Verbreitung und Veröffentlichung der Kanzelabkündigung des Landesbischofs Mitzenheim anläßlich des 50. bzw. des 25. Jahrestages des Beginns des I. und II. Weltkrieges vom 6.8.1964[21] zu folgender Situation innerhalb der evangelischen Kirchenleitungen der DDR geführt:
Die in der „Konferenz der evangelischen Kirchenleitungen in der DDR" bisher führenden Personen, der Vorsitzende der Konferenz Landesbischof Krummacher / Greifswald, sein Stellvertreter Bischof Noth / Dresden, und der Verwalter des Bischofsamtes der Landeskirche Berlin-Brandenburg, Jacob / Cottbus[22], wurden durch das Gespräch auf der Wartburg und die Kanzelabkündigung von Bischof Mitzenheim völlig überrascht. Obwohl Bischof Krummacher sofort nach Bekannt- [2] werden dieser Tatsachen mit allen Bischöfen in der DDR telefonisch in Verbindung trat, gelang es ihm nicht, eine einheitliche Position und ein einheitliches Handeln der übrigen Bischöfe in der DDR zu erreichen. (Bischof Krummacher schätzte auf der internen Besprechung seines Konsistoriums am 25.8.64 ein, daß nur Landesbischof Noth / Dresden fest auf seiner Seite stehe. Bischof Mitzenheim dagegen wäre es gelungen, Bischof Jänicke / Magdeburg, auf seine Position zu ziehen.)
Alle Bischöfe wären sich bei der gegenseitigen Konsultation darin einig gewesen, daß die theologische und politische Aussage der Kanzelab-

19   Der Wortlaut des Gespräches ist in gekürzter From abgedruckt in: *Henkys*, Bund, 69-83. An dem Gespräch, das am 18.8.1964 stattfand und das in seiner Bedeutung dem Gespräch Ulbricht / Fuchs zumindest gleichkommt, nahmen neben Ulbricht und Mitzenheim der Sekretär des Staatsrates der DDR, Otto Gotsche, der Stellvertreter des Staatssekretärs für Kirchenfragen, Fritz Flint, sowie von kirchlicher Seite Oberkirchenrat Gerhard Lotz teil.
20   Laut handschriftlicher Notiz waren die Exemplare dieser Einzel-Information bestimmt für: „1. Gen. Ulbr, 2. Gen. Sto, 3. Gen. Vern, 4. Gen. Hon, 5. Gen. Schrö / XX / 4"; ein sechstes Exemplar ging in die Ablage.
21   Abgedruckt in: *Henkys*, Bund, 68 f. (dort versehentlich auf Juli 1961 datiert) und KJ 91, 1964, 138 f.
22   Generalsuperintendent Jacob war im Februar 1962 zum Verwalter des Berlin-Brandenburgischen Bischofsamtes bestimmt worden, nachdem Bischof Scharf seit August 1961 die Einreise in die DDR verwehrt wurde. Vgl. KJ 90, 1963, 176-178. 1962 waren entsprechende Versuche zunächst gescheitert. Vgl. KJ 89, 1962, 179-193.

kündigung von Landesbischof Mitzenheim sowie der Inhalt des Gesprächs auf der Wartburg nicht anzufechten seien.
(Selbst in der Leitung der katholischen Kirche wurde eingeschätzt, daß Landesbischof Mitzenheim einen Blick für die Perspektive besitze, was aber bisher unterschätzt wurde.)
Die internen Erklärungen von Bischof Krummacher und vom Verwalter des Bischofsamtes der Kirchenleitung Berlin-Brandenburg, Jacob, daß sie einer gemeinsamen Kanzelabkündigung in Form der von Landesbischof Mitzenheim veröffentlichten zugestimmt hätten, wenn er sich vorher mit ihnen beraten hätte, werden jedoch selbst in diesen beiden Kirchenleitungen als unglaubwürdig angesehen.
Die Auswirkungen des Auftretens von Bischof Mitzenheim auf die Kirchenleitungen in der DDR finden sichtbaren Ausdruck auch in den unterschiedlichen kirchlichen Verlautbarungen der Bischöfe Krummacher[23], Jänicke[24], Noth[25] und Jacob[26] nach der Kanzelabkündigung von Bischof Mitzenheim.
Bischof Krummacher und Bischof Noth gaben zur Wiederkehr des Jahrestages des Ausbruchs des I. und II. Weltkrieges lediglich theologische Anweisungen an ihre Geistlichen, ohne auf die politische Aussage der Kanzelabkündigungen der Bischöfe Mitzenheim und Jänicke einzugehen. Bischofsverwalter Jacob gab in einer Kirchenleitungssitzung am 27.8.1964 nur eine mündliche Weisung, anläßlich des Jahrestages in Predigten die Notwendigkeit zur Buße herauszustellen. [3]
Nach dem Gespräch auf der Wartburg ist in den führenden Kirchenkreisen der DDR allgemein die Tendenz erkennbar, Überlegungen darüber anzustellen, wie der „Vorsprung" von Bischof Mitzenheim wieder eingeholt bzw. die eigene Position aufgewertet werden kann.
Im Konsistorium Greifswald wurde im Zusammenhang mit solchen Überlegungen eingeschätzt, daß Bischof Krummacher durch seine ständige zögernde Politik den Anschluß an die durch Bischof Mitzenheim ausgelöste Bewegung verpaßt habe.
Bischof Krummacher will aber trotzdem versuchen, evtl. anläßlich der bevorstehenden Einweihung der Erdölförderung in Grimmen ein Gespräch mit dem Vorsitzenden des Staatsrates[27] zu führen.
Bischof Jacob führte im internen Kreis ebenfalls Beratungen durch, wie er den „Vorsprung Mitzenheims ausgleichen" könne. Jacob äußerte sich im internen Kreis, daß auch er einem Gespräch mit dem Vorsitzenden des Staatsrates zustimmen würde und dafür nach einer passenden Gelegenheit suche. Er schätzte sich in diesem Zusammenhang als viel geeigneter für ein solches Gespräch ein. Er habe zwar nicht die Absicht, sich „einkaufen" zu lassen, mit ihm könne man jedoch über

---

23 Abgedruckt in: KJ 91, 1964, 141 f.
24 Abgedruckt: ebd., 138 f.
25 Vgl. die ebd., 143 f. abgedruckten Ausführungen Noths.
26 Daß sich auch die Erklärung Jacobs von der Mitzenheims unterschied, geht indirekt aus einer Meldung der epd hervor, in der es heißt: „In ähnlicher Weise [wie Jänicke, Beste und Krummacher] haben sich die Leitungen anderer Landeskirchen geäußert. Alle diese Voten unterscheiden sich in ihrer geistlichen Begründung von einem Kanzelwort des Thüringischen Landesbischofs D. Moritz Mitzenheim" (epd ZA Nr. 199 vom 31.8.1964).
27 Walter Ulbricht war seit 1960 Vorsitzender des Staatsrates. Nach dem Tode Piecks hatte die DDR damals das Amt des Präsidenten abgeschafft und stattdessen einen Staatsrat analog zum Präsidium des Obersten Sowjet gebildet. Vgl. *Weber*, Geschichte, 318 f.

alle Fragen real sprechen und verhandeln. So würde er auch bei einem solchen Gespräch seine Meinung offen darüber darlegen, daß die Normalisierung des Reiseverkehrs zwischen beiden deutschen Staaten nicht nur von der Anerkennung der DDR durch Bonn abhänge[28], sondern daß dazu vielmehr z.B. die Erhöhung des Lebensstandards in der DDR notwendig sei, um das jetzt noch vorhandene Gefälle zwischen Ost und West auszugleichen. Das wäre nach seiner Ansicht auch die wichtigste Voraussetzung zur Beseitigung der Gefahr von Republikfluchten.

Wie Bischof Jacob bei dieser Gelegenheit weiter erklärte, habe er schon seit Anfang des Jahres 1964 ernsthafte Bemühungen unternommen, um mit Bischof Mitzenheim in zweiseitige Verhandlungen zu kommen. Es hätten bereits auch Aussprachen stattgefunden, aber diese müßten nun forciert werden. Er, Jacob, habe auch sofort [4] nach Erhalt der Kanzelabkündigung von Bischof Mitzenheim diesem einen sehr positiven und zustimmenden Brief geschrieben. Er hätte sich jedoch gezwungen gesehen, nach der Veröffentlichung des Schreibens von Bischof Mitzenheim an die übrigen Bischöfe der DDR in der Presse diesem in einem zweiten Brief sein Befremden auszudrücken. Bischof Jacob brachte dabei zum Ausdruck, Mitzenheim könne sich nicht vorstellen, in welche Lage die anderen Bischöfe durch diese Veröffentlichung gekommen seien. Alle Verlautbarungen der anderen Bischöfe nach der Veröffentlichung des internen Schreibens von Bischof Mitzenheim an die Bischöfe[29] müßten von der Öffentlichkeit als ein Nachtrab hinter Bischof Mitzenheim gewertet werden. Jacob gab dabei zu verstehen, daß er sich zur Zeit überlege, welche Initiative er entwickeln könne, ohne in den Verruf zu kommen, Bischof Mitzenheim zu kopieren.

Jacob erwägt aus diesem Grunde, in der westdeutschen Zeitschrift „Stern" einen Artikel zu veröffentlichen, in dem er
– die Legende vom Kirchenkampf in der DDR[30] zerstören,
– die positiven Wandlungen innerhalb der evangelischen Kirche in Berlin-Brandenburg darlegen und
– als Bischof der DDR die staatliche Anerkennung der DDR von Westdeutschland fordern will.

(Jacob steht in entsprechenden Verhandlungen mit dem Mitarbeiter der Zeitschrift „Stern", Leo.)

Seine Hauptsorge ist dabei, daß dieser Artikel nicht als Nachtrab des Wartburg-Gesprächs gewertet wird, sondern die organischen Veränderungen in der DDR erkennen lasse. Dieser Schritt wäre nicht ganz originell, aber weil er öffentlich erfolgt, sicherlich von großer Wirkung.

Jacob erklärte weiter, er werde sich auch von den westlichen kirchli-

---

28 Die Bundesregierung hatte der DDR von Beginn an die Anerkennung verweigert und den Anspruch erhoben, sie allein sei berechtigt, für das deutsche Volk zu sprechen. Daraus wurde 1956 die sog. Hallstein-Doktrin abgeleitet, die den Alleinvertretungsanspruch der Bundesrepublik bekräftigte und denjenigen Staaten, die diplomatische Kontakte zur DDR unterhielten, mit dem Abbruch der Beziehungen drohte.

29 Abgedruckt in: KJ 91, 1964, 138 f.

30 Die Auffassung, daß es sich bei den Auseinadersetzungen zwischen Kirche und Staat in der DDR um einen „Kirchenkampf" analog zu dem der Bekennenden Kirche gegenüber dem nationalsozialistischen Staat handele, wurde in den fünfziger und sechziger Jahren in kirchlichen Kreisen häufig vertreten. Vgl. auch den entsprechenden Tenor in den Publikationen von *Klausener, Hermann* und noch bei *Nitsche*.

chen Stellen nicht davon abhalten lassen, Gespräche mit Bischof Mitzenheim und Bischof Jänicke zu suchen. Das wäre schon deshalb notwendig, weil seine Lage in Berlin-Brandenburg viel komplizerter als die eines anderen Bischofs sei und für ihn 1965 die Frage seiner Wiederwahl als Bischof stehe[31]. [5]
Offensichtlich aus diesen Erwägungen heraus nahm Jacob auch gegen die Predigt von Bischof Dibelius in Westberlin anläßlich des Jahrestages des Beginns der Weltkriege[32] Stellung. Jacob bezeichnete diese Rede als eine schamlose Kriegspredigt.
Zur Haltung von Landesbischof Mitzenheim wurde dem MfS bekannt, daß dieser in engerem Kreis seiner Mitarbeiter zum Ausdruck gebracht hat, die Reaktion der anderen Bischöfe der DDR und vor allen Dingen die Reaktion von Bischof Jänicke in Magdeburg habe ihm die Bestätigung gegeben, daß sein Weg der richtige ist. Mitzenheim ist der Meinung, daß er einen großen Durchbruch innerhalb der evangelischen Kirche in der DDR erreicht habe. Davon zeugten auch die vielen zustimmenden Erklärungen, die er im Ergebnis der Veröffentlichung des Wartburg-Gespräches von Geistlichen erhalten habe. Die vereinzelten anonymen Schriften, in denen er wegen des Wartburg-Gespräches verleumdet werde, könnten deshalb keineswegs seine positive Haltung beeinflussen.
Am 25.8.1964 kam es zu einem Treffen von Mitzenheim und Jänicke. Bischof Jänicke informierte dabei Mitzenheim über den Brief, den er an Bundeskanzler Erhard gesandt hat (siehe unsere Einzelinformation Nr. 709 / 64 vom 30.8.64). Bischof Mitzenheim war mit dem Inhalt des Briefes voll einverstanden. Beide Bischöfe legten an diesem Tag ihr gemeinsames Auftreten am 30.8.64 zum Friedensgottesdienst in der Herderkirche in Weimar fest.
Während dieses Gespräches machte Bischof Jänicke Bischof Mitzenheim Vorhaltung darüber, daß er den internen Brief an die Bischöfe habe veröffentlichen lassen. Bischof Mitzenheim erklärte daraufhin, daß diese Veröffentlichung ohne sein Wissen geschehen sei.
Im weiteren Verlauf der Zusammenkunft informierte Bischof Mitzenheim Bischof Jänicke über das Gespräch mit dem Vorsitzenden des Staatsrates auf der Wartburg und schilderte dabei besonders seine eigenen Eindrücke. Besondere Bedeutung haben für ihn, Mitzenheim, die Darlegungen gehabt, daß alle Menschen zum Sozialismus kommen, auch die christlichen Menschen aufgrund [6] ihrer humanischen Ideale und ihrer Friedensliebe. Das habe ihm das wichtigste Moment des Gespräches gegeben. Nach seiner Meinung ist damit ausgesprochen worden, daß die christlichen Bürger nicht Menschen zweiter Klasse seien, sondern in die große Bewegung der sozialistischen Gesellschaft in der DDR eingereiht wurden.

---

31 Jacob war nicht Bischof, sondern Generalsuperintendent und als solcher Verwalter des Bischofsamtes in der Ostregion der Landeskirche von Berlin-Brandenburg. Nachdem Scharf 1966 von beiden Regionalsynoden erneut zum Bischof gewählt wurde, trat Jacob – ohne daß ein ursächlicher Zusammenhang bestanden hätte – von seinem Amt als Verwalter des Bischofsamtes zurück. Vgl. KJ 93, 1966, 296. Seine Nachfolge trat 1967 Albrecht Schönherr an. Vgl. KJ 94, 1967, 240-256.
32 Gemeint ist wahrscheinlich ein Vortrag, den Dibelius am 6.8.1964 im Berliner Radiosender RIAS unter dem Titel „Kriegsausbruch 1914" gehalten hat. Der Vortrag ist abgedruckt in einer Reihe des „Berliner Sonntagsblattes" mit der Überschrift „Die Kirche bringt einen Vortrag des Bischofs", Folge 8, 1964.

Die Anregung des Staatsratsvorsitzenden, ein hoher kirchlicher Würdenträger müßte auch im Präsidium des Nationalrates der Nationalen Front[33] die Gleichstellung der Christen in unserer Gesellschaft repräsentieren, hat bei Bischof Mitzenheim ein sehr positives Echo ausgelöst. Er hat jedoch Bedenken, daß dann, wenn er Mitglied des Präsidiums des Nationalrates wäre, seine weiteren öffentlichen kirchlichen Verlautbarungen als „politisch abgestempelt" gelten könnten.
In der Auswertung des Wartburg-Gespräches mit seinen engsten Mitarbeitern ist Bischof Mitzenheim auf die von ihm selbst vorgetragenen Wünsche der Kirche – Reisewünsche älterer DDR-Bürger, die nicht nach Westdeutschland übersiedeln wollen und die sogenannten Ost-West-Heiraten – nur am Rande eingegangen. Er erwähnte lediglich, beim gemeinsamen Mittagessen diese beiden Fragen vorgetragen zu haben. Bischof Mitzenheim war mit der vom Vorsitzenden des Staatsrates gegebenen Antwort zufrieden und machte das nicht zu einem besonderen Punkt der Auswertung. Auch in den anderen Kirchenleitungen wurden diese Fragen in Auswertung des Wartburg-Gespräches bisher nicht behandelt.
Dagegen hob Bischof Mitzenheim in der Auswertung des Wartburg-Gespräches hervor, daß die Vermittlung dieses Gespräches nicht über die CDU, sondern über die Kanzlei des Staatsratsvorsitzenden direkt erfolgt sei. Nach seiner Meinung wäre ein Gespräch auf dieser Ebene wirkungsvoller.
Generalsuperintendent Jacob schätzte diese Lösung – Zustandekommen des Gespräches ohne Mitwirkung der CDU – als sehr wichtig ein. [7] Nach seiner Meinung löse man sich damit offensichtlich langsam von der Vorstellung, daß die CDU auch für die Kirche spreche[34]. Darin sehe er einen wesentlichen Unterschied zwischen dem Gespräch auf der Wartburg und dem Gespräch mit Prof. Emil Fuchs[35], das von der CDU arrangiert und durch Unterschriftensammlung vorbereitet worden sei.

Die Information darf im Interesse der Sicherheit der Quelle nicht publizistisch ausgewertet werden.

Dok. 48
Aus einer Rede Mielkes

Auszug aus einer Rede Mielkes aus Anlaß einer Dienstkonferenz am 30.11.1966. BdL 1460 / 66.

Wenn ich jetzt etwas näher über die Tätigkeit – vor allem der evangelischen Kirche – in diesem Sinne [d.h. deren feindliches Vorgehen betreffend] spreche, will ich damit gleichzeitig zum Ausdruck bringen, daß ein Teil dieser Ausführungen in abgewandelter Form auch auf die Tätigkeit der katholischen Kirche zutreffen. Bekanntlich besteht in ei-

33   Zur Nationalen Front vgl. schon Dok. 6, Anm. 27.
34   Vgl. Dok. 1, Anm. 2.
35   Vgl. Dok. 41, Anm. 72.

nigen Punkten der Haltung beider Kirchen gegenüber unserer Ordnung und unserem Staat eine gewisse Übereinstimmung. Die größere Wirksamkeit in der DDR geht jedoch von der evangelischen Kirche aus.

Z.B. lassen die Ergebnisse der Beratungen der Leitungsgremien der evangelischen Kirche in der DDR erkennen, daß verstärkte Anstrengungen unternommen werden, die sogen. Gemeinsamkeit mit der westdeutschen evangelischen Kirche weitgehend zu erhalten und eine eigenstaatliche Entwicklung der evangelischen Kirche in der DDR zu verhindern bzw. zu hemmen.

In diesem Bereich ist die sogen. EKiD, die unter Führung der reaktionären Kirchenkräfte in Westdeutschland steht[36], bemüht, sich festere Positionen in der DDR zu schaffen, den Druck auf die Landeskirchen in der DDR zu verstärken und den Einfluß reaktionärer Kräfte auszudehnen.

Diesen Zwecken sowie den Bestrebungen zur Wahrung der sogen. einheitlichen kirchlichen Organisation soll u.a. auch die von der evangelischen Kirche forcierte sogen. Kontaktpolitik dienen; dabei konnten besonders folgende Methoden festgestellt werden: [101]

– Seit dem 13.8.1961[37] wurden in ständig steigenden Maße zentrale Tagungen und Veranstaltungen der Kirchen in der Hauptstadt der DDR durchgeführt, auf denen jeweils westdeutsche Teilnehmer als Referenten bzw. Beobachter auftreten.

– Die kirchlichen Dienststellen in der Hauptstadt der DDR und in verschiedenen Bezirken werden ständig durch westdeutsche Kuriere aufgesucht, wobei es sich häufig um hochqualifizierte Fachleute auf kirchlichem und wissenschaftlichem Gebiet handelt, die gleichzeitig in der Lage sind, Nachrichten abzuschöpfen und die in der DDR vorhandenen kirchlichen Dienststellen unter westlichem Einfluß zu halten.

– Darüber hinaus werden in großer Anzahl kirchlich gebundene Personen aus Westdeutschland, die im Rahmen des Westberlin-Besuchsprogramms nach Westberlin reisen, zur Herstellung bzw. Aufrechterhaltung von Kontakten ausgenutzt.

– Ferner unterhalten alle kirchlichen Organisationen Westdeutschlands sogen. Patenschaften in die DDR.

Die evangelischen Kirchen der DDR lassen eine immer stärker werdende Aktivität zur Erhöhung ihrer Massenwirksamkeit erkennen. Mit raffinierten Formen und Methoden wird versucht, eine Beeinflussung besonders jugendlicher Kreise zu erreichen, wobei diese Formen und Methoden bis zur versteckten und offenen Hetze gegen die DDR reichen.

Trotz staatlicher Unterweisungen zur Einstellung solcher religiös verbrämter politischer Veranstaltungen – besonders „Gottesdienst einmal anders" –, bei denen zur „Anlockung" des Publikums auch Jazz-Gruppen eingesetzt, Filme vorgeführt wurden usw., werden diese Veranstaltungen weitergeführt. An diesen Veranstaltungen nehmen teilweise bis zu 1 200 Jugendliche teil, unter ihnen vor allem Oberschüler und Angehörige der Intelligenz. [102]

---

36 Seit 1961 war Kurt Scharf als Nachfolger von Otto Dibelius Ratsvorsitzender der EKD. Scharf wurde seit dem 31.8.1961 die Einreise nach Ost-Berlin und in die DDR untersagt. Vgl. *Henkys*, Bund, 65-67.

37 Dies ist das Datum des Mauerbaus.

Die Beeinflussung der jugendlichen Intelligenz erfolgt weiter vor allem im Rahmen der evangelischen und katholischen Studentengemeinden an den Universitäten, Hoch- und Fachschulen. An den regelmäßigen Veranstaltungen der Studentengemeinden nehmen häufig zahlreiche jugendliche Gäste teil, so daß der Hörerkreis bei interessanten Veranstaltungen bis zu 500 Personen umfaßt.

Ich erinnere in diesem Zusammenhang noch einmal an meine Ausführungen über die Maßnahmepläne, wo ich besonders auf die Bearbeitung dieser ideologisch zersetzend wirkenden Konzentration hinwies.

Die reaktionärsten Mitglieder dieser studentischen Organisation sind in „Kernkreisen" zusammengefaßt, von denen maßgeblich die negative Beeinflussung und Organisierung der Tätigkeit der evangelischen und katholischen Studentengemeinde ausgeht.

Ebenfalls mit dem Ziel, die Massenwirksamkeit zu erhöhen, unternimmt die Kirche stärkere Anstrengungen zu Schaffung von Stützpunkten in Aufbauschwerpunkten bzw. ökonomischen Schwerpunkten überhaupt. Hierzu gehört die Bildung sogen. Interessengruppen, Hauskreise, Teamkreise und kirchlicher Zellen der evangelischen Akademien. Unter Anleitung der Zentrale, der evangelischen Akademie in Bad Boll / Westdeutschland, konzentrieren sich diese Gruppen besonders auf eine Einflußnahme in den ökonomischen Schwerpunkten, wobei auch eine solche Methode angewandt wird, Pfarrer und dergleichen als Produktionsarbeiter u.a. in den Betrieben arbeiten zu lassen. Entsprechend vorliegender Hinweise konzentriert die evangelische Akademie ihre feindliche Tätigkeit dabei auf die Zentren der chemischen Industrie und der Grundlagenforschung, in denen in letzter Zeit zahlreiche derartige „Interessengruppen", besonders unter Angehörigen der Intelligenz und unter Wissenschaftlern, gebildet wurden.

Die in diesem Bereich liegenden Pfarrstellen werden mit für diese Aufgaben qualifizierten Geistlichen besetzt. [103]

Mit verstärkten Anstrengungen zur Gewinnung von Kindern für den Religionsunterricht, für die Eröffnung sogen. kirchlicher Kindergärten und -krippen und mit weiteren Maßnahmen wird versucht, den insgesamt zurückgegangenen Einfluß der evangelischen Kirche zu stärken, wobei teilweise nicht zu unterschätzende Ergebnisse erzielt werden.

Es ist natürlich klar, daß die Bekämpfung des Mißbrauchs der Kirche und ihrer Einrichtungen durch den Gegner nicht nur Aufgabe des MfS ist. Wir müssen jedoch einen bedeutenden Beitrag dazu leisten.

So müssen wir z.B. dazu beitragen, daß vor der Synode der Kirchenleitung Berlin-Brandenburg im Januar 1967[38] alle vorhandenen loyalen Kräfte anhand einer einheitlichen Konzeption so vorbereitet werden, daß den progressiven Synodalen eine starke einheitliche Position verschafft wird. Diese Konzeption muß das Ziel haben, eine von westlichen Einflüssen unabhängige Kirchenleitung Berlin-Brandenburg zu wählen. Das erfordert ein besonders gut abgestimmtes und koordiniertes Vorgehen der zuständigen Bezirksverwaltung unter Federführung der HA XX / 4[39].

Außerdem ergibt sich die Notwendigkeit, die besonders in den Uni-

---

38   Die Regionalsynode (Ost) tagte vom 13. bis 17. Januar 1967. Albrecht Schönherr wurde zum Verweser des Bischofsamtes in der Ostregion der Ev. Kirche in Berlin-Brandenburg gewählt. Vgl. Dok. 47, Anm. 29.

39   1964 wurde die HA V in HA XX umbenannt. Vgl. Einleitung, 10-19.

versitäts- und Hochschulstädten vorhandenen relativ starken Gruppierungen der ESG und KSG sowie die an ökonomischen Schwerpunkten vorhandenen Hauskreise gründlicher zu bearbeiten und unter Kontrolle zu bekommen.
Darüber hinaus muß in den Schwerpunkten des sozialistischen Aufbaus die Tätigkeit der evangelischen Kirche aufgeklärt und das eventuelle Vorhandensein solcher Hauskreise ermittelt werden.
Die immer häufiger werdenden Einreisen internationaler kirchlicher Persönlichkeiten in die DDR, besonders in unsere Hauptstadt, die zur legalen Informationsabschöpfung und ideologischen Zersetzungstätigkeit benutzt werden, müssen wir noch besser unter Kontrolle bekommen. [104]
Wir müssen es verstehen, die Möglichkeiten und Anknüpfungspunkte z.B. zur Zersetzung und Zurückdrängung des Einflusses solcher Kreise und Sekten, u.a. der Zeugen Jehovas, zur Verschärfung vorhandener Widersprüche und Meinungsverschiedenheiten usw. klüger und wirkungsvoller ausnutzen. Gleichzeitig ist es erforderlich, auf allen Ebenen die Verbindungen der führenden Kräfte nach Westdeutschland und Westberlin gründlicher aufzuklären und unter unsere Kontrolle zu bringen, um ihren Mißbrauch im Sinne der reaktionären Kirchenführer weitgehend zu verhindern.

Dok. 49
Hummitzsch[40] an Mielke

Fernschreiben Hummitzschs an Mielke vom 28.5.1968, ohne eigenhändige Unterschrift. Absender: Bez.-Verw. Leipzig, der Leiter. Anschrift: An MfS Bln. zu Hd. des Gen. Minister Mielke. Betreff: Situation im Stadtgebiet Leipzig im Zusammenhang mit dem Abbruch der Universitätskirche[41]. Nr. 408 / 68.

Seit März 1968, verstärkt jedoch in der 2. Aprilhälfte, versuchten klerikale oder kirchlich gebundene Personenkreise unter Mißbrauch der Eingabenordnung des Staatsrates, die staatlichen Organe zu beeinflussen, den Abbruch der Universitätskirche nicht durchzuführen.
Im Ergebnis dieser Orientierung wurden 240 Schreiben an den Rat der Stadt und andere staatliche Organe gesandt, darunter befanden sich 13 schreiben mit Unterschriftensammlungen, so daß in diese Aktion insgesamt 506 Personen einbezogen wurden.
Schwerpunkt dabei war die theologische Fakultät mit 102 Unterschriften sowie je eine Unterschriftensammlung in Leipzig-Stadt und [-]Land mit 65 bzw. 34 Unterschriften.
Der Inhalt dieser Schreiben war, zusammengefaßt, Angriffe gegen die Kulturpolitik, Architekturpolitik und die Kirchenpolitik, wobei bei letzteren eine Trübung des Verhältnisses von Staat und Kirche als Folge des Abbruchs in den Mittelpunkt gestellt wurde.

40 Manfred Hummitzsch war seit 1969 Leiter der Bezirksverwaltung Leipzig. Zu Hummitzsch und besonders zu seinem Verhältnis zu Erich Mielke vgl. das Interview mit ihm in: *Riecker / Schwarz / Schneider*, 206-221.
41 Vgl. auch Dok. 39. Die Leipziger Universitätskirche wurde zwei Tage später, am 30.5.1968 auf Beschluß des Leipziger Stadtparlaments gesprengt. Vgl. *Langmaack*, 357.

Bei den bisher aufgeklärten 241 Briefschreibern bzw. Unterschreibenden handelt es sich um 7 Professoren, 12 Doktoren, 2 Nationalpreisträger, 7 Personen mit Diplom, 2 Abgeordnete, 4 Studenten verschiedener Fakultäten, 102 Theologiestudenten und 105 Hausfrauen.
Nach der Stadtverordnetensitzung am 23.5.68 und der Veröffentlichung der gefaßten Beschlüsse am 24.5.68 kam es am eingezäunten Abbruchgelände zu zeitweiligen Personenkonzentrationen bis zu 200 Personen, wobei insbesondere kirchlich gebundene Studenten (Theologen / Mediziner / Kunsthistoriker) und andere Jugendliche die anwesenden Neugierigen gegen die Entscheidung des Rates der Stadt zu beeinflussen suchten.
(Inhalt der Diskussionen im wesentlichen identisch mit den angeführten Schreiben.)
Inoffizielle Hinweise über die Veranstaltung von Schweigemärschen bzw. Sitzstreiks bestätigten sich nicht. Der Ansatz einer „Sitzdemonstration" durch ca. 20 Studenten wurde sofort aufgelöst.
Bis zum 26.5.68 konnten alle Personenkonzentrationen durch gezielte Maßnahmen ohne Einsatz polizeilicher Mittel [unleserlich] werden.
Am 27.5.68 kam es in stärkerem Maße (ca. 50 Fälle) zur demonstrativen Ablegung von Blumen am Abbruchgelände durch Angehörige der Jungen Gemeinde sowie in den späten Nachmittag- und Abendstunden zu stärkeren diskutierenden Personenkonzentrationen zwischen 300 und 400 Personen.
Ein Teil dieser Personen leistete der Aufforderung der VP, den Platz zu räumen, keine Folge, so daß dieselben durch Einsatz von Polizeikräften zerstreut werden mußten.
Da sich ein Teil dieser Personen, vorwiegend Jugendliche, trotz wiederholten Aufforderungen immer wieder an verschiedenen Punkten des Karl-Marx-Platzes sammelten, wurden durch die VP und Mitarbeiter des MfS insgesamt 37 Personen zugeführt (darunter MfS 3 Personen, 1 Person wurde nach Hause entlassen, 2 an Dezernat Röm. zwei übergeben.)
Das Verhalten der meisten den Aufforderungen nicht nachkommenden Personen war dadurch gekennzeichnet, daß diese keine Gewalt gegen VP-Angehörige anwandten, sondern vor allem durch Pfiffe, Gröhlen, sowie Pfui-Rufen ihr Nichtverständnis mit den polizeilichen Maßnahmen zur Räumung des Platzes ausdrückten. Nur vereinzelt kam es zum passiven Widerstand (Niedersetzen) bzw. zur Bildung einer Gegenkette.
Von den 37 Personen wurden
– 2 Personen sofort entlassen
– 21 nach eingehender Belehrung ohne Einleitung des EV [Ermittlungsverfahrens] in den Vormittagsstunden des 28.5.68 entlassen (2 davon erhalten einen Strafbescheid),
– 2 Personen inhaftiert, nachdem Ermittlungsverfahren nach Paragr. 110[42] und 116[43] StGB eingeleitet wurden, während bei

---

42   Vermutlich sind hier bereits die Paragraphen des neuen, von der Volkskammer am 12.1.1968 beschlossenen Strafgesetzbuches (StGB) gemeint, das am 1.7.1968 in Kraft trat. § 110 des neuen StGB zählte zu den besonders schweren Fällen der Verbrechen gegen die DDR jene, die „die sozialistische Staats- und Gesellschaftsordnung" gefährden. Darunter fielen besonders solche Verbrechen, die mit Waffengewalt oder unter Androhung von Waffengewalt begangen wurden.

43   § 116 des neuen StGB stellte die schwere Körperverletzung unter Strafe.

– 12 Personen Ermittlungsverfahren eingeleitet wurden, aber zur Stunde noch nicht entschieden ist, ob mit oder ohne Haft.
Bei den zugeführten Personen handelt es sich sowohl um Neugierige, die teilweise annahmen, daß am 27.5.68 schon die Sprengung erfolgt, und um solche Personen, die mit ihrem Aufenthalt am Abbruchgelände gegen den Abriß protestieren wollten.
In einem Fall wurde von einer 19jährigen weiblichen Person (evangelisch) gegenüber 10 Personen zur Bildung einer lebenden Mauer aufgefordert, um die Sprengung der Kirche zu verhindern.
Bei dem zugeführten Personenkreis handelt es sich um 30 männliche und 7 weibliche Personen, von denen 32 im Stadtgebiet Leipzig wohnhaft sind, während 2 in Leipzig-Land, 1 in Eilenburg und 2 in Reichenbach (Vogtland), Letztgenannte sind Neugierige, wohnen.
Vom Glaubensbekenntnis her untergliedern sich diese Personen in:
– 23 Evangelische (darunter 3 Kinder von kirchl. Angestellten: 2 Pfarrer, 1 Superintendent)
– 2 Katholische und
– 12 konfessionell nicht Gebundene.
Der sozialen Herkunft nach handelte es sich um 15 Arbeiter, 10 Intelligenzler, 8 Angestellte, 2 Selbständige und 2 Genossenschaftsbauern.
Der sozialen Stellung nach handelt es sich um 10 Angestellte, 15 Arbeiter, 6 Intelligenzler, 1 Hausfrau, 5 Studenten, von denen 15 in Volkseigenen Betrieben, 11 in Privatbetrieben, 3 in wissenschaftlichen Instituten, 6 an der Karl-Marx-Universität, 1 in einer PgH beschäftigt bzw. tätig sind.
Hinsichtlich der Zugehörigkeit zu Partei- und Massenorganisationen ergibt sich folgendes Bild: 1 Kandidat der SED, 1 Mitglied der LDPD, 11 Jugendliche gehören der FDJ an, 10 nicht, 25 Personen FDGB, 7 DTSB, 4 DSF, 4 DRK, 1 DFD, 5 Personen sind nirgends organisiert.

Dok. 50
Aus einem Lagebericht der BV Karl-Marx-Stadt

Auszug aus einem Lagebericht der Bezirksverwaltung Karl-Marx-Stadt vom 11.2.1969. Betreff: Lageeinschätzung der Feindtätigkeit im Bezirk Karl-Marx-Stadt. Bezug auf Weisung vom 23.1.1969.

Die Beeinflussung der Jugend im Sinne des Gegners erfolgt in nicht zu unterstützendem Maße auch seitens reaktionärer Kirchenkräfte beider Konfessionen.
Mit verstärkter Aktivität versuchen sie, die Jugendlichen zu gewinnen, indem sie Veranstaltungen wie „Jazz-Gottesdienste", „Gottesdienst einmal anders" und Vortragsreihen für die Jugend über Wissenschaft, Kunst, Kultur und Liebe organisieren. Ihr Ziel besteht nicht zuletzt darin, die Jugendlichen von der gesellschaftlichen Arbeit abzuhalten.
Ferner zeichnet sich ab, daß die Kirche Bestrebungen unternimmt, den Jugendlichen die Konvergenztheorie nahezubringen. Anfang Dezember vergangenen Jahres fand z.B. in der Pauli-Kreuz-Kirche in Karl-Marx-Stadt ein sogenanntes Schülertreffen der Landeskirche Sachsen statt. Hier wurden solche Vorstellungen entwickelt wie:

– Die Staaten werden ineinanderwachsen und sich noch bestehende
Gegensätze abschleifen;
– Die Staatsform der Zukunft habe ein anderes Gesicht als die heute
existierende, da auf Grund der wissenschaftlich-technischen Revolution alles ineinander verschmelzen werde.
Seitens der Kirchenkräfte wurde zur politischen Situation in der CSSR
im Sommer vergangenen Jahres vorerst eine abwartende Haltung eingenommen. Jedoch mit Beginn der Maßnahmen vom 21.8.1968[44] nutzten reaktionäre Pfarrer beider Konfessionen alle Möglichkeiten, wie
z.B. Predigten von der Kanzel, Aussprachen, Diskussionen usw., um in
offener oder versteckter Form gegen die Maßnahmen aufzutreten[45].
Sie versuchen, eine differenzierte, auf die jeweiligen Bevölkerungsschichten abzielende Aufweichung und Zersetzungsarbeit zu betreiben.

Dok. 51

Werbungs- und Qualifizierungsplan der HA XX / 4

Berlin, den 10. Februar 1969

Werbungs- und Qualifizierungsplan der Hauptabteilung XX / 4 für die Jahre 1969 und
1970 über die Erweiterung und Qualifizierung des IM-Netzes, Verteiler: 1. Ex. Leiter
der HA XX, 2. Ex. Leiter der HA XX / 4, 3.-5. Referatsleiter. Vermerk: Streng vertraulich.

Die Planung der Erweiterung und Qualifizierung des IM-Netzes der
Hauptabteilung XX / 4 erfolgt auf der Grundlage des Rahmenplanes
der HA XX / 4 für den Zeitraum bis zum 7. Februar 1970.
Er konzentriert sich vor allem auf die Schaffung neuer IM für die Gebiete
– westliche Zentralen und Verbindungswege in die DDR
– Kirchenleitungen
– kirchliche Orden und Werke
– kirchliche Ausbildungsstätten und Jugendorganisationen
– reaktionäre Gruppierungen [2]

---

44   Am 21.8.1968 intervenierten Truppen von fünf verbündeten Staaten des Warschau-
      er Paktes, unter ihnen auch Soldaten aus der DDR, in der Tschechoslowakei und
      beendeten so den „Prager Frühling". Die tschechoslowakische KP unter Alexander
      Dubček hatte eine Reform des Kommunismus („Kommunismus mit menschli-
      chem Gesicht") angestrebt. Die SED hatte den liberalen Prager Kurs von Anfang
      an abgelehnt. Vgl. dazu *Weber*, Geschichte, 388-393.
45   Über ablehnende Äußerungen in den verschiedenen Landeskirchen berichtete die
      Einzelinformation Nr. 1031 / 68 des MfS vom 12.9.1968 über „die Haltung ver-
      schiedener Landeskirchen der evangelischen Kirche der DDR zu den Ereignissen
      in der CSSR". In dem zusammenfassenden Passagen am Beginn und am Schluß
      der Einzel-Information heißt es: „Im Zeitraum nach dem 21.8.1968 – nach Einlei-
      tung der Hilfsmaßnahmen durch die Warschauer Vertragsstaaten in der CSSR –
      traten die Landeskirchen der evangelischen Kirchen Kirchenprovinz Sachsen /
      Magdeburg unter Bischof *Jänicke*, Evangelisch-Lutherische Landeskirche Sach-
      sen / Dresden unter Bischof *Noth* und die Evangelische Kirche in Berlin-Branden-
      burg unter Bischof *Schönherr* mit offiziellen Stellungnahmen, die sich inhaltlich
      gegen die Maßnahmen der fünf Warschauer Vertragsstaaten richteten, in die Öf-
      fentlichkeit [...]. In den meisten Gottesdiensten wurden Vietnam und die CSSR in
      der Fürbitte gleichzeitig genannt und in Zusammenhang gebracht." Andere Lan-
      deskirchen verhielten sich dagegen still. Vgl. Einleitung, 21.

Referat I – Evangelische Kirche
Geplante Werbungen
1. „Walter"[46]. Der Kandidat ist ökumenischer Beauftragter der evangelischen Landeskirchen in der DDR. Unter seiner Leitung liegt die Organisation aller internationalen kirchlichen Beziehungen dieser Landeskirchen.
Aus vorhandenem op. Material ist ersichtlich, daß W. Kenntnisse von der konspirativen Tätigkeit politisch-klerikaler Kräfte hat.
Termin: 1. Halbjahr 1969. *Verantw.:* Major Sgraja
2. „Fritz". Der Kandidat ist der Leiter des Lutherischen Kirchenamtes für die lutherischen Kirchen in der DDR (Sachsen, Thüringen, Mecklenburg). Er unterhält enge Beziehungen zu leitenden Kräften in der „EKD".
F. ist Mitglied internationaler kirchlicher Gremien, wie z.b. des Exekutivkomitees des Lutherischen Weltbundes[47].
Durch eine Legende wurde der direkte Kontakt über eine zuverlässige 3. Person hergestellt. *Termin:* 1. Halbjahr 1969. *Verantw.:* Hptm. Kullik
3. „Rang". R. ist Theologe und gewähltes Mitglied der Kirchenleitung von Berlin-Brandenburg. Innerhalb der Kirchenleitung arbeitet er eng mit den reaktionären Kräften zusammen. Durch op. Legende wurde der Kontakt über einen IM zu ihm aufgenommen. *Termin:* 1. Halbjahr 1969. *Verantw.:* Oltn. Roßberg
4. „Dr. Metzig"[48]. Der Kandidat ist von Beruf Arzt. Er ist gewähltes Laienmitglied der Kirchenleitung von Berlin-Brandenburg. Die Kontaktaufnahme soll über eine operative Legende erfolgen. *Termin:* 2. Halbjahr 1969. *Verantw.:* Major Sgraja
5. „Anwalt"[49]. A. ist Mitglied der Kirchenleitung Dessau. Er soll in diesem Jahr die juristische Leitung des Landeskirchenamtes von Anhalt übernehmen. Diese Funktion befähigt ihn, in Schlüsselpositionen der EKU einzudringen. Die Kontaktaufnahme erfolgt mit Hilfe einer Legende. *Termin:* 2. Halbjahr 1969. *Verantw.:* Oltn. Roßberg

---

46 Ökumenischer Beauftragter der evangelischen Kirchen in der DDR war seit 1964 Oberkirchenrat Pabst. 1969 wurde er Referent für ökumenische Beziehungen beim Sekretariat des BEK.
47 Leiter des Lutherischen Kirchenamtes war seit 1961 OKR Fritz Heidler, vgl. Dok. 52, Anm. 15. Der 1947 im schwedischen Lund gegründete Lutherische Weltbund (LWB) umfaßt heute fast alle lutherischen Kirchen der Welt (104 Mitgliedskirchen mit 54 Millionen Mitgliedern). Aus der DDR gehören die Landeskirchen von Greifswald, Mecklenburg, Sachsen und Thüringen dem LWB an.
48 Dr. med. Joachim Matz, Facharzt für Hals, Nasen und Ohren in Bergfelde bei Berlin, gehörte 1969 der Kirchenleitung Berlin-Brandenburg / Ost an.
49 Die Ev. Landeskirche Anhalts hat mit Schreiben vom 18.12.1991 den Autoren gegenüber die falsche Auflösung dieser Angabe (siehe 1. Aufl., 266) moniert, zur Aufklärung dieser Frage aber nicht weitergeholfen, obwohl ihr bekannt sein dürfte, wer die leitende juristische Verantwortung in Anhalt trug. Als geradezu grotesk ist daher der durch Kirchenpräsident Natho am 20.1.1992 während einer Fernsehsendung erhobene Vorwurf zu werten, daß die Autoren in diesem Fall über „Herrschaftswissen" verfügten. Deutliche Worte („ein klassisches Beispiel für Öffentlichkeit ohne Offenheit" findet auch R. *Henkys* in Ev. Komm. 1992, H. 2, 75 („Daß das MfS in der Leitung der anhaltischen Landeskirche offenbar ständig mit mindestens einem IM vertreten gewesen ist, schien dem Landeskirchenrat weder gegenüber der Öffentlichkeit noch gegenüber den Gemeinden einer Erörterung wert."). – Jedenfalls ist OKR W. Gerhard mit IM „Anwalt" nicht identisch. Bei dieser in der 1. Aufl. vermutungsweise geäußerten Auflösung ist den Herausgebern ein Irrtum unterlaufen.

6. „Udo"[50]. Die KP „Udo" ist seit 1.12.1968 Leiter der Geschäftsstelle der Evangelischen Studentengemeinden in der DDR. Durch seine Funktion hat „Udo" objektiv die Möglichkeit, konspirative Westverbindungen und negative Gruppierungen innerhalb der ESG in der DDR unter Kontrolle zu nehmen. Mit „Udo" wurde bereits der Kontakt hergestellt. Er ist auf der Basis der Überzeugung weiter auszubauen. *Termin:* 1. Halbjahr 1969. *Verantw.:* Ltn. Laux [4]

7. „Mühle". M. ist Mitarbeiter der Geschäftsstelle der Evangelischen Akademie in Westberlin. Er hat engen Kontakt zu einflußreichen kirchlichen Persönlichkeiten in Westberlin. M. hat in der DDR Vermögenswerte. Über Probleme seiner privaten Besitztümer in der DDR wird zu ihm der Kontakt hergestellt. *Termin:* 2. Halbjahr 1969. *Verantw.:* Oltn. Nordt

8. „Eva Kramer". Sie ist ebenfalls leitende Mitarbeiterin bei der Evangelischen Akademie Westberlin. Sie unterhält Kontakt zu positiven Theologen in der DDR und zu oppositionellen Gruppierungen in Westberlin. Zur Kontaktaufnahme ist eine Legende zu erarbeiten. *Termin:* 1. Halbjahr 1970. *Verantw.:* Oltn. Nordt

Qualifizierung vorhandener IM

1. IMV „Jurist"[51]. Der IM ist Oberkirchenrat und als Jurist in der Kirchenleitung der ev. Landeskirche Mecklenburg tätig. Er hat die Möglichkeit, Nachfolger des aus Altersgründen ausscheidenden Präsidenten des Landeskirchenamtes Schwerin zu werden. Aus dieser Funktion ergibt sich eine enge Zusammenarbeit mit dem Vorsitzenden der evangelischen Bischofskonferenz der DDR, Bischof *Beste*. Der IM ist noch sehr zurückhaltend. Die Verbesserung der Verbindung zu ihm ist nur über die Schaffung eines guten persönlichen Verhältnisses durch 4-6 wöchentliche Treffen möglich. *Verantw.:* Oltn. Roßberg [5]

2. IMV „Rat". Der IM ist leitender Mitarbeiter der evangelischen Kirchenkanzlei der Union. Er berichtet noch nicht über alle internen kirchlichen Vorgänge und zeigt ein sehr zurückhaltendes Wesen. Die Zusammenarbeit ist so auszurichten, daß der IM internes Material und politisch-operativ wertvolle Informationen aus der Umgebung reaktionärer Kräfte in der Kirche beschafft. Diese Zielstellung ist durch eine weitere Verbesserung des Inhalts und der Form der Treffs sowie über eine weitere intensive politisch-ideologische Arbeit zu erreichen. *Verantw.:* Hptm. Kullik

3. IMF „Wolf-Dietrich". Als Verantwortlicher für Ökumene innerhalb der sogenannten Jugendkammer Ost verfügt der IM über sehr wertvolle Verbindungen in das Ausland. Er berichtet bereits über internationale Veranstaltungen und über das Auftreten reaktionärer kirchlicher Kräfte. Sein internationales Wirken ist durch Intensivierung der Zusammenarbeit noch mehr auszunutzen. *Verantw.:* Hptm. Kullik

4. IMF „Heiner"[52]. Heiner zählt mit zu den profilierten Vertretern der

---

50   Vgl. Dok. 52, Anm. 17.
51   Siegfried Rossmann war seit 1966 als juristischer Referent im Oberkirchenrat
      Schwerin tätig und wurde 1970 dessen Präsident.
52   Sollte es sich um einen jungen Theologen an der ehemaligen Sektion der Humboldt-Universität in Berlin handeln, so dürfte Heinrich Fink, CFK-Mitglied seit
      1960, gemeint sein. Er war der einzige, der sich zu dieser Zeit besonders mit ökumenischen Fragen befaßte und mit der Kurzform des Vornamens Heinrich, Heiner, angesprochen wurde. Vor kurzem hat die Gauck-Behörde in einem Bericht an
      den Berliner Wissenschaftssenator Erhardt bestätigt, daß Heinrich Fink, der nach

jüngeren Theologen in der DDR. Er ist sehr kontaktstark und verfügt über sehr viel wertvolle Verbindungen nach dem Ausland, Westdeutschland und Westberlin. Es hat sich schon eine gute Zusammenarbeit entwickelt. Bei dem IM kann zielstrebig damit begonnen werden, ihn im Auftrag des MfS in wichtigen internationalen Gremien tätig werden zu lassen. *Verantw.:* Ltn. Laux [6]

5. IMV „Rudolf". Der IM hat große Erfahrungen in der kirchlichen Kontaktpolitik nach den sozialistischen Ländern gesammelt. Aus persönlichen Gründen mußte er vorübergehend die Tätigkeit wechseln. Der IM ist wieder in ein kirchliches Schwerpunktobjekt einzubauen. Dabei ist seine materielle Interessiertheit zu berücksichtigen. *Verantw.:* Hptm. Kullik. *Termin:* 1. Halbjahr 1969

6. IMV „Ingo"[53]. Er ist leitender Mitarbeiter in der Kirchenleitung der evangelischen Landeskirche Thüringen und der Vereinigten Evangelisch-Lutherischen Kirchen in der DDR[54]. Seine Kenntnisse und Verbindungen werden zur Zeit noch nicht genügend ausgenutzt. In der Perspektive erfolgt ein kontinuierlicher Einbau in internationale Verbindungen und in eine Schlüsselposition des geplanten Bundes der Evangelischen Kirchen in der DDR. *Termin:* 1. Halbjahr 1970. *Verantw.:* Major Sgraja

7. IMV „Fröhlich". Der Wert des IM besteht darin, daß er als Pfarrer aktiv innerhalb des sogenannten Gustav-Adolf-Werkes[55] (Landeskirche Berlin-Brandenburg) tätig ist. Bei ihm ist zu erreichen, daß er sich mehr in die zentrale Arbeit des GAW einbauen läßt. *Termin:* 2. Halbjahr 1969. *Verantw.:* Hptm. Kullik [7]

8. IMV „Manfred"[56]. Er ist leitender Mitarbeiter der Evangelischen Akademie von Berlin-Brandenburg. Seine objektiv vorhandenen Möglichkeiten zur Aufklärung feindlicher westlicher Verbindungen sowie der Pläne und Absichten der Akademie innerhalb der DDR konnten

---

der „Wende" in der DDR zum Rektor der Humboldt-Universität avancierte, seit 1969 unter dem Decknamen „Heiner" als IM für das MfS gearbeitet habe. Fink, der daraufhin von Erhardt mit sofortiger Wirkung vom Dienst suspendiert wurde, weist jedoch alle Vorwürfe „als Versuch eines Rufmordes" zurück. Vgl. dazu die Artikel von *Joachim Nawrocki* („Erneuern oder Überleben? Von der Kaderschmiede zur demokratischen Hochschule"), in: „Die ZEIT" 48 vom 22.11.1991, 9; *Ralf Georg Reuth* („Die Gremien der Humboldt-Universität unterstützen ihren Rektor. Heinrich Fink und die Stasi-Akte"), in: FAZ vom 28.11.1991, 3; „Die Welt" vom 27.11.1991, 14; „Frankfurter Rundschau" vom 29.11.1991, 6

53   Ingo Braecklein war seit 1959 Oberkirchenrat in Eisenach und wurde 1963 geistlicher Stellvertreter des thüringischen Landesbischofs Mitzenheim. 1968 wurde Braecklein auch Präsident der Generalsynode der VELK in der DDR. 1969 übernahm er außerdem das Amt des Präses der Bundessynode und wurde Mitglied des Exekutivkomitees des LWB. Braecklein ist heute Vorsitzender des Vertrauensrates seiner Kirche zur Aufarbeitung der Stasi-Vergangenheit. Er tritt dafür ein, daß die Aufarbeitung der Vergangenheit wie nach der Nazi-Zeit „auch heute vor allem innerkirchlich geschehen" solle („Unsere Kirche" Nr. 36 vom 1.9.1991).

54   In der VELK der DDR haben sich 1968 die drei lutherischen Landeskirchen Sachsens, Thüringens und Mecklenburgs zusammengeschlossen. Sie schieden damit aus der 1948 gegründeten, die lutherischen Kirchen in allen Besatzungszonen verbindenden VELKD (vgl. Dok. 12, Anm. 74) aus. Zur VELK in der DDR bzw. VELK vgl. *Henkys*, Volkskirche, 451-462, zu ihrer Gründung auch *ders.*, Bund, 40 f. und 125-127.

55   Das Gustav-Adolf-Werk (GAW) wurde 1832 als Gustav-Adolf-Verein zur materiellen und geistlichen Unterstützung evangelischer Diaspora-Gemeinden gegründet. Die Zentrale des GAW in der DDR befand sich in Leipzig.

56   Einschlägigen kirchlichen Verzeichnissen zufolge handelt es sich um Dr. Manfred Punge.

bisher wegen zu großer Zurückhaltung nicht genutzt werden. Zur Verbesserung der Zusammenarbeit ist ein wesentlich besseres Vertrauensverhältnis zum Mitarbeiter zu schaffen. *Termin:* halbjährlich. *Verantw.:* Oltn. Nordt

9. IMV „Fritz". Der IM ist ein international anerkannter Theologe. Von seiten westdeutscher Theologen wird der Versuch unternommen, für den IM eine Berufung an die Theologische Fakultät der Universität Kiel auszusprechen. Fritz ist ein langjähriger IM und war bisher zuverlässig. Bei einem solchen Einsatz könnte er mit dazu beitragen, Initiatoren der feindlichen Kontaktpolitik gegenüber der DDR aufzuklären. *Termin:* 2. Halbjahr 1969. *Verantw.:* Oltn. Nordt

10. „Eva" IMV. Der IM war bisher an zentraler Stelle innerhalb der kirchlichen Jugendarbeit für die DDR tätig. Demnächst wird ein legaler Verzug nach Westberlin erfolgen. Da der IM bisher zuverlässig gearbeitet hat, besteht die Aussicht, ihn in eine zentrale kirchliche Dienststelle in Westberlin einzuschleusen. *Termin:* im 2. Halbjahr 1969. *Verantw.:* Major Sgraja [8]

Referat II – Katholische Kirche
Geplante Werbungen

1. „Römer". Der Kandidat ist katholischer Bischof der DDR und demzufolge Mitglied der Berliner Ordinarienkonferenz. Auf Grund dieser Tätigkeit ist er in alle internen Fragen und Vorhaben der katholischen Kirche eingeweiht. Er besitzt umfangreiche Kontakte zu vatikanischen Dienststellen und Würdenträgern.
Der Kandidat unterhält nach bisherigen Feststellungen intime Beziehungen zu einer verheirateten weiblichen Person. Gegen ihn wird kompromittierendes Material erarbeitet, das für die Werbung ausgenutzt werden soll. *Termin:* 1. Halbjahr 1970. *Verantw.:* Oberstltn. Ludwig / Hptm. Wegener

2. „Präfekt". Bei dem Kandidaten handelt es sich um einen einflußreichen Prälaten in einem Bistum der DDR. Auf Grund seiner Tätigkeit und Funktion verfügt er über einen guten Einblick in interne Vorgänge innerhalb der katholischen Kirche der DDR. Außerdem besitzt er umfangreiche Verbindungen zu katholischen leitenden Personen in einem wichtigen westdeutschen Bistum.
Der Kandidat ist sehr arrogant, von sich eingenommen und besitzt auf Grund seiner Funktion einen Lebensstandard und Komfort, der dem eines Bischofs gleichkommt. Da in naher Zukunft mit einem Wechsel seines Bischofs zu rechnen ist, kann die Ausübung seiner jetzigen Funktion von einer Zusammenarbeit mit dem MfS abhängig gemacht werden. *Termin:* 2. Halbjahr 1970. *Verantw.:* Hptm. Wegener [9]

3. „Schwester". Bei der Kandidatin handelt es sich um eine Katholikin, die intime Beziehungen zu einem katholischen Geistlichen unterhielt und darüber hinaus von intimen Beziehungen höherer Geistlicher Kenntnis hat. Mit der Kandidatin wird unter einem Vorwand Kontakt aufgenommen. Sie soll auf der Grundlage der persönlichen und materiellen Interessiertheit für eine Zusammenarbeit mit dem MfS gewonnen werden. *Termin:* 2. Halbjahr 1969. *Verantw.:* Oltn. Leutloff

4. „Jochen". Der Kandidat ist Student am Priesterseminar Erfurt. Wegen der Bedeutung dieser katholischen Ausbildungsstätte ist es dringend notwendig, dort inoffizielle Mitarbeiter zu schaffen. Der Kandidat ist mit einem IMV befreundet, über den der Kontakt zu diesem

aufgenommen werden soll. Jochen soll auf der Grundlage der Überzeugung für eine Zusammenarbeit mit dem MfS geworben werden. *Termin:* 1. Halbjahr 1970. *Verantw.:* Hptm. Buhl
5. „Peter". Der Kandidat ist Student am Priesterseminar in Erfurt. Bei „Peter" handelt es sich um den Bruder eines IM. Über diesen soll die Verbindung zu dem Kandidaten aufgenommen werden, und er soll auf der Grundlage der persönlichen Interessiertheit für eine Zusammenarbeit mit dem MfS geworben werden. *Termin:* 2. Halbjahr 1969. *Verantw.:* Hptm. Buhl [10]
6. „Joachim". Bei dem Kandidaten handelt es sich um einen katholischen Studentenpfarrer der DDR. Auf Grund dieser Funktion ist der Kandidat mit allen Beschlüssen der Studentenpfarrerkonferenzen vertraut, kennt alle Studentenpfarrer der DDR persönlich und besitzt umfangreiche Verbindungen zu westdeutschen Studentenpfarrern. Über „Joachim" wurde bereits Material in einer Vorlaufakte erarbeitet. Der Kandidat soll auf der Grundlage der Förderung des Wiedergutmachenswillens geworben werden. *Termin:* 2. Halbjahr 1969. *Verantw.:* Hptm. Buhl
7. „Detlef". Der Kandidat ist Mitglied der Katholischen Studentengemeinde Berlin und hat besonderen Einblick in die Westverbindungen dieser äußerst aktiven Studentengemeinde. Mit dem Kandidaten wird unter einem Vorwand der Kontakt aufgenommen, und er soll auf der Basis der Grundlage der Überzeugung geworben werden. *Termin:* 2. Halbjahr 1969. *Verantw.:* Hptm. Buhl
8. „Erika". Die Kandidatin ist langjähriges Mitglied der Katholischen Studentengemeinde Berlin. Sie hat Einblick in die gesamte Tätigkeit der KSG und besitzt umfangreiche Westverbindungen. Die Kandidatin wird unter einem Vorwand auf Kontakt genommen und soll auf der Basis der Überzeugung geworben werden. *Termin:* 1. Halbjahr 1970. *Verantw.:* Hptm. Buhl [11]
10. „Gunter". Der Kandidat ist Chef einer der größten Ordensniederlassungen in der DDR. In dieser Funktion besitzt er Kontakte zu allen Ordensniederlassungen in der DDR und ist somit über Ziele und Aufgaben des Ordens allseitig informiert. Zum Kandidaten wird unter einem Vorwand Kontakt aufgenommen, und er soll auf der Grundlage der Überzeugung geworben werden. *Termin:* 1. Halbjahr 1970. *Verantw.:* Hptm. Wegener / Oltn. Leutloff
11. „Hans". Der Kandidat ist Propst und Leiter einer größeren Ordensniederlassung, die innerhalb der katholischen Kirche vor allem in den letzten Jahren an Wert gewonnen hat. Mit dem Kandidaten soll unter einem Vorwand Kontakt aufgenommen werden. Die Werbung erfolgt dann auf der Grundlage der Überzeugung. *Termin:* 2. Halbjahr 1969. *Verantw.:* Oltn. Leutloff [12]

Qualifizierungsmaßnahmen
1. IMF „Berger". Durch eine Qualifizierung auf wissenschaftlichem Gebiet, die der IMF 1969 abschließt, sind von der Ausbildung her die Voraussetzungen gegeben, daß er in einer wichtigen westdeutschen Dienststelle eingesetzt werden kann. Das Qualifizierungsziel besteht darin, den IMF zu befähigen, alle operativen Möglichkeiten auszuschöpfen, um in diese wichtige Funktion zu gelangen. *Termin:* 1. Halbjahr 1970. *Verantw.:* Hptm. Wegener
2. IMF „Dietrich". Durch eine intensive Trefftätigkeit und Anleitung

muß der IMF befähigt werden, entsprechende Kontakte in Westberlin aufzunehmen, um umfangreich über die Tätigkeit des Westberliner Ordinariats berichten zu können. *Verantw.:* Hptm. Wegener

3. IMF „Otto". Der IMF „Otto", der bisher eine gute Arbeit leistete, aber seine Möglichkeiten in der Zusammenarbeit bisher noch nicht voll ausschöpft, wird durch die Erarbeitung von kompromittierendem Material noch fester an das MfS gebunden, so daß er jeden Auftrag vorbehaltlos für das MfS durchführt. *Termin:* 1. Halbjahr 1970. *Verantw.:* Hptm. Wegener [13]

4. IMV „Horst". Der IMV „Horst" besitzt umfangreiche Kenntnisse über interne Vorgänge innerhalb der katholischen Kirche sowie umfangreiche Verbindungen innerhalb der DDR und nach Westdeutschland, über die er bisher noch nicht seinen Kenntnissen entsprechend berichtet. Da der IMV von seiner Funktion abgelöst und in eine niedere Position eingesetzt wurde, haben sich seine materiellen Verhältnisse verschlechtert. Aus diesem Grunde wird versucht, ihn durch materielle Zuwendungen fester an das MFS zu binden und so eine Ausschöpfung seiner Möglichkeiten zu erreichen. *Verantw.:* Hptm. Wegener

5. IMV „Franz". Der IMV „Franz" ist Leiter einer Ordensniederlassung, besitzt umfangreiche Verbindungen zu Ordensmitgliedern und katholischen Laien sowohl innerhalb der DDR als auch nach Westdeutschland. Diese Möglichkeiten der Berichterstattung stehen noch in keinem Verhältnis zu den Ergebnissen in der Zusammenarbeit. Durch eine intensive und regelmäßige Trefftätigkeit, zu der der IMV erzogen werden muß, sowie durch Ausnutzung der materiellen Interessiertheit des IM muß dieser für eine vorbehaltlose Mitarbeit gewonnen werden. *Verantw.:* Oltn. Baethge

6. IMV „Peter". „Peter" gehört zu den Initiatoren einer Oppositionsbewegung innerhalb der katholischen Kirche der DDR. Er besitzt auf diesem Gebiet umfangreiche Kenntnisse und Verbindungen. Bisher ist es nicht gelungen, den IMV zu einer umfassenden Berichterstattung über diese Fakten zu bewegen. [14] Es muß versucht werden, mit dem IMV „Peter" in kürzeren Abständen Treffs zu organisieren, die zu einer politischen Beeinflussung und Erziehung führen. Da der IMV sehr an Auslandsreisen interessiert ist, wird gleichzeitig versucht, ihn durch Unterstützung bei solchen Anträgen fester an das MfS zu binden. *Verantw.:* Oltn. Baethge

7. IMV „Clemens". Der IMV „Clemens" muß durch eine regelmäßige Erziehungsarbeit bei den Treffs befähigt werden, die verwaltungsmäßige Leitung eines größeren katholischen Objektes zu übernehmen. Dadurch würde der IMV in die Lage versetzt, Einblick in finanzielle Manipulationen und andere kircheninterne Vorgänge zu erhalten. Bei einer Übernahme einer solchen Funktion würde der Wert des IMV wesentlich erhöht werden. Zur Erreichung dieses Ziels wird neben der erzieherischen Arbeit auch die persönliche materielle Interessiertheit des IM ausgenutzt. *Termin:* (Übernahme der Funktion) 2. Halbjahr 1970. *Verantw.:* Hptm. Buhl [15]

Referat III – „Zeugen Jehovas"[57]

---

57   Zu den Zeugen Jehovas, die in der DDR verboten waren, vgl. schon die Dok. 13, 14 und 16. Seit 1966 galten sie allerdings als nicht mehr als „verboten", sondern als „nicht registriert". „Von einer Strafverfolgung wurde meist abgesehen, mit wenigen Ausnahmen, etwa Verurteilung wegen totaler Verweigerung des Wehrdienstes.

Geplante Werbungen
1. „Konrad". Der Kandidat ist der Leiter der Sekte „Zeugen Jehovas" für die DDR. Er steht in ständiger Verbindung mit der Zentrale Wiesbaden und ist verantwortlich für die Anleitung und Kontrolle der sogenannten „Bezirksdiener". Die Werbung wird im Zusammenhang mit der Liquidierung der Materialschleuse durchgeführt. *Termin:* 2. Halbjahr 1969. *Verantw.:* Major Meffert
2. „Reinhardt". Der Kandidat ist „Bezirksdiener". Sein Anleitungs- und Kontrollbereich umfaßt den gesamten Berliner Raum sowie die Bezirke Neubrandenburg, Schwerin und Rostock. Mit R. wurden schon Kontaktgespräche geführt, als er noch nicht die Funktion des „Bezirksdieners" hatte. *Termin:* 1. Halbjahr 1969. *Verantw.:* Hptm. Herbrich
3. „Otto". Der Kandidat ist „Kreisdiener" und Stellvertreter des „Bezirksdieners". Er wurde von der Zentrale für die Verteilung der eingeschleusten Originalliteratur für die gesamte DDR eingesetzt. Die Werbung erfolgt mit der Liquidierung der Materialschleuse. *Termin:* 2. Halbjahr 1969. *Verantw.:* Hptm. Herbrich [16]
4. „Fritz". Der Kandidat ist der Stellvertreter des „Bezirksdieners" für die Bezirke Leipzig, Halle, Erfurt, Gera und Suhl. Durch operative Maßnahmen wurde der „Bezirksdiener" weitgehend ausgeschaltet, so daß F. die gesamte Tätigkeit durchführt. F. ist in systematischer Überzeugungsarbeit für die Zusammenarbeit zu gewinnen. *Termin:* 2. Halbjahr 1969. *Verantw.:* Hptm. Herbrich

Qualifizierungsmaßnahmen
1. „Jan" IMF. „Jan" war Kurier der Zentrale und stand mit dem verantwortlichen Mitarbeiter der Zentrale für die Organisierung der „ZJ"-Tätigkeit in der DDR, *Pohl,* in persönlicher Verbindung. Das Ziel ist, „Jan" arbeitsmäßig in die Zentrale einzuschleusen. Dazu ist ein finanzieller Ausgleich erforderlich. *Termin:* 2. Halbjahr 1969. *Verantw.:* Major Meffert
2. „Christa" IMV. Von „Christa" wohnt eine Schwester direkt neben der Zentrale in Wiesbaden. Die Qualifizierung von „Christa" besteht darin, ihre Schwester für die ständige Außenaufklärung der Zentrale zu gewinnen. *Termin:* 1. Halbjahr 1969. *Verantw.:* Major Meffert [17]
3. IMF „Karper". Die Qualifizierung von „Karper" besteht in der Vermittlung von Grundkenntnissen über die Sekte „ZJ", damit er zeitweilig für die Aufklärung der Zentrale und für Kontaktaufnahmen zu Personen der Zentrale eingesetzt werden kann. *Termin:* 1. Halbjahr 1969. *Verantw.:* Major Seltmann
4. IMV „Bernd Koch". K. ist „Bezirksdiener" der Sekte „ZJ". In systematischer Erziehungsarbeit ist zu erreichen, daß er offen und ehrlich über alle internen Probleme berichtet. Dabei ist das vorliegende operative Material stärker auf seine Person auszuwerten und zu nutzen. *Termin:* 1. Halbjahr 1969. *Verantw.:* Hptm. Herbrich
5. IMV „Karl". K. ist „Kreisdiener" der Sekte „ZJ". In einer regelmäßigen und kurzfristigen Trefftätigkeit ist zu erreichen, daß er seine noch vorhandene Zurückhaltung überwindet und offen über interne

Dennoch wurde die Zugehörigkeit zu den Zeugen Jehovas oft als Druckmittel benutzt" (*Worst,* 247, Anm. 33).

„ZJ"-Probleme berichtet. *Termin:* 1. Halbjahr 1969. *Verantw.:* Major Meffert [18]

Referat IV – Westarbeit
Geplante Werbungen
1. „Redakteur". Der Kandidat ist verantwortlicher Redakteur für konfessionell gebundene Jugend- und Studentenarbeit eines westdeutschen Rundfunksenders. Zu ihm besteht über dritte Personen bereits Verbindung. Es wurden operative Maßnahmen erarbeitet und eingeleitet, um mit dem Kandidaten unter Legende persönlich zusammenzutreffen. *Termin:* 2. Halbjahr 1969. *Verantw.:* Hptm. Stodtmeister
2. „Gerhard". Der Kandidat ist hauptamtlicher Mitarbeiter einer Evangelischen Akademie in Westdeutschland. Gegenwärtig führt er diese Tätigkeit noch nebenamtlich aus und ist gleichzeitig als Journalist tätig. Durch ihn besteht die Möglichkeit der aktiven Aufklärung der Tätigkeit Evangelischer Akademien. Die bisherige Aufklärung wurde sowohl durch andere Diensteinheiten als auch über IM durchgeführt. Es werden operative Maßnahmen zum persönlichen Kennenlernen eingeleitet. *Termin:* 1. Halbjahr 1970. *Verantw.:* Hptm. Stodtmeister [19]
3. „Ziegel". Der Kandidat ist hauptamtlicher Mitarbeiter einer evangelischen kirchlichen Dienststelle in Westberlin. Er verfügt über familiäre Beziehungen auch über Verbindungen zu leitenden kirchlichen Personen in Westberlin. Der Kandidat wurde bei einer Überprüfung durch die HPF bereits persönlich kennengelernt. Für eine Werbung sind jedoch noch mehrere Aufklärungs- und Überprüfungsmaßnahmen erforderlich. *Termin:* 1. Halbjahr 1970. *Verantw.:* Hptm. Stodtmeister
4. „Priester". Der Kandidat ist westdeutscher Geistlicher und kirchenpolitischer Journalist. Durch IM wurde ermittelt, daß der Kandidat an persönlichen Kontakten in die DDR interessiert ist. Die ersten Überprüfungsmaßnahmen wurden sowohl über IM als auch über andere operative Diensteinheiten eingeleitet. Nach Abschluß der Überprüfungen wird ein Plan zur Werbung des Kandidaten erarbeitet. *Termin:* 2. Halbjahr 1970. *Verantw.:* Hptm. Stodtmeister
5. „Bartelmann". Der Kandidat ist italienischer Staatsangehöriger und wohnt z.Z. in Berlin. Er ist Student an der Humboldt-Universität. Es ist vorgesehen, diesen Kandidaten nach seiner Werbung für einen Einsatz in Richtung Vatikan auszubilden. Die eingeleiteten Aufklärungs- und Überprüfungsmaßnahmen stehen vor dem Abschluß. Danach wird die Variante der Werbung festgelegt. *Termin:* 2. Halbjahr 1969. *Verantw.:* Hptm. Bartosch [20]
6. „Samson". Der Kandidat ist italienischer Staatsangehöriger und hat seinen Wohnsitz in Rom. Er ist von Beruf Journalist und war in den letzten Jahren mehrfach für DDR-Zeitungen tätig. Seine bisher bekannt gewordene positive Einstellung zur sozialistischen Entwicklung in der DDR bietet Ansatzpunkte für eine Werbung. Operative Maßnahmen zur Aufklärung wurden eingeleitet. *Termin:* 2. Halbjahr 1970. *Verantw.:* Hptm. Bartosch
7. „Ossi". Der Kandidat ist italienischer Staatsangehöriger. Er studiert zur Zeit in Leipzig. Werbung auf Perspektive vorgesehen. Überprüfungsmaßnahmen wurden eingeleitet. Während der Frühjahrsmesse 1969 ist vorgesehen, ihn persönlich kennenzulernen. *Termin:* 2. Halbjahr 1969. *Verantw.:* Hptm. Bartosch
8. „Christa". Die Kandidatin ist italienische Staatsangehörige. Sie stu-

diert zur Zeit am Dolmetscherinstitut in Leipzig. Werbung auf Perspektive geplant. *Termin:* 1. Halbjahr 1970. *Verantw.:* Hptm. Bartosch
9. „Helmut". Der Kandidat ist österreichischer Staatsangehöriger. Er wohnt zur Zeit in Westberlin. Er ist katholischer Konfession und unterhält Verbindungen zu führenden kirchlichen Personen in Westberlin. Überprüfungsmaßnahmen wurden eingeleitet. Es ist geplant, ihn während der Messe 1969 in Leipzig auf Kontakt zu nehmen. *Termin:* 1. Halbjahr 1969. *Verantw.:* Hptm. Mosiek [21]
10. „Werner". Der Kandidat ist Leiter eines katholischen Jugendamtes eines westdeutschen Bistums. Er besuchte mehrfach die DDR. Überprüfungsmaßnahmen wurden eingeleitet. Der Kandidat wird unter Legende angesprochen. *Termin:* 1. Halbjahr 1970. *Verantw.:* Hptm. Mosiek
11. „Lorenz". Westdeutscher katholischer Geistlicher. Vermutlich Mitarbeiter des „Bonifatius-Werkes"[58]. Der Kandidat hält sich fast ständig in Westberlin auf. Einige seiner Verwandten sind in der DDR wohnhaft. Es ist geplant, über diese mit dem Kandidaten Kontakt aufzunehmen. *Termin:* 2. Halbjahr 1969. *Verantw.:* Hptm. Mosiek
12. „Anwalt". Der Kandidat ist in Westdeutschland wohnhaft und aktives Mitglied in katholischen Laienorganisationen. Über IM besteht bereits Kontakt zu dem Kandidaten. Weitere operative Überprüfungsmaßnahmen sind eingeleitet. Mit ihm soll unter Legende Kontakt aufgenommen werden. *Termin:* 1. Halbjahr 1970. *Verantw.:* Hptm. Mosiek

Qualifizierungsmaßnahmen
1. IMF „Verleger". Der IMF ist westdeutscher Geistlicher und hauptamtlicher Mitarbeiter einer kirchlichen Organisation. Es ist geplant, ihn zur Überwachung von Tagungen ev. Akademien in Westdeutschland auszubilden. Hierzu werden regelmäßig Treffs in Berlin und Leipzig durchgeführt. *Verantw.:* Hptm. Stodtmeister [22]
2. IMV „Scheune". Der IMV ist DDR-Geistlicher in leitender Stellung. Seine umfangreichen Beziehungen werden noch nicht ausgenutzt. Mit dem IM werden kurzfristige ausführliche Treffs durchgeführt, um die bei dem IM noch vorhandenen Vorbehalte zu überwinden. *Verantw.:* Hptm. Mosiek
3. IMF „Rep". Der IMF ist Leiter einer Religionsgemeinschaft in Westberlin. Der bisherige Kontakt ist noch zu lose. Die Treffs erfolgen in zu großen Abständen. Durch operative Maßnahmen müssen kurzfristige und ständige Treffs in Berlin organisiert werden. *Verantw.:* Hptm. Wiegand / Hptm. Stodtmeister
4. IMF „Brückner". Der IMF ist Leiter einer Evangelischen Akademie in Westdeutschland und evangelischer Geistlicher. Mit dem IM wurde vorübergehend die Verbindung durch die Abkommandierung des op. Mitarbeiters abgebrochen. Es ist notwendig, diese Verbindung wieder herzustellen und regelmäßige Treffs durchzuführen. *Verantw.:* Hptm. Wiegand

---

58 Das Bonifatiuswerk, früher Bonifatiusverein, hat sich die Förderung der katholischen Kirche in der Diaspora zur Aufgabe gemacht. Der 1849 gegründete Verein (umbenannt 1967) hat seinen Sitz in Paderborn.

5
Von 1969 bis zum Grundsatzgespräch vom 6.3.1978

Dok. 52
Verpflichtungen der Hauptabteilung XX / 4

Berlin, im Oktober 1969

Bericht über Erfüllung der Verpflichtungen der Mitarbeiter der Hauptabteilung XX / 4 zu Ehren des 20. Jahrestages der Deutschen Demokratischen Republik[1].

In der Verpflichtungsbewegung zu Ehren des 20. Jahrestages der DDR wurden in der HA XX / 4 folgende Ergebnisse erreicht:

Kampf gegen feindliche Zentralen, Gruppierungen und Personen

Referat I (evangelische Linie)
– Durch die Schaffung des Bundes der Evangelischen Kirchen in der DDR[2] und die auf der Ersten Synode des Bundes vom 10. bis 15. September 1969 in Potsdam beschlossene Auflösung der Dienststellen der „Evangelischen Kirchen in Deutschland" (EKD) in der DDR, Niederlegung der Mandate der Ratsmitglieder der „EKD" in der DDR usw., wurde die Alleinvertretungsanmaßung der Bonner Regierung[3] auf kirchlichem Gebiet, wie sie in der „EKD" ihren Ausdruck fand, zerschlagen.
– Die kirchliche Organisation „Gossner Mission"[4], die eine intensive Tätigkeit in den ökonomischen Schwerpunkten der DDR durchführt, wurde durch eine Aktion so geschwächt, daß sich der Weltkirchenrat mit der Ablösung des Leiters der Geschäftsstelle der „Gossner Mission" in der DDR[5] beschäftigen mußte.
– In Zusammenarbeit mit der Verwaltung Groß-Berlin wurde eine Zersetzungsaktion gegen die revisionistische kirchliche Organisation „Aktion Sühnezeichen"[6] durchgeführt und diese in ihrer Tätigkeit gegen die sozialistischen Staaten wesentlich gehindert.

1   Am 7.10.1969.
2   Der Bund der Evangelischen Kirchen war 1969 als Zusammenschluß der acht evangelischen Landeskirchen in der DDR gegründet worden, weil man glaubte, daß die neue DDR-Verfassung ein Festhalten an der EKD als einer Gemeinschaft, die über die Grenzen der DDR hinausreicht, unmöglich machen würde. Zugleich hielten die acht Landeskirchen jedoch an der „besonderen Gemeinschaft" zu den Kirchen in der Bundesrepublik fest, eine Formulierung, die immer wieder Kritik von seiten des Staates hervorrief. Die Gründung des Kirchenbundes ist sehr häufig kommentiert und untersucht worden. Vgl. zunächst *Henkys*, Kirche-Staat-Gesellschaft, 34-37; *ders.*, Bund, 106-173; *Koch*, Staat, 121-145; *Dähn*, 101-107, zuletzt *Schönherr*, Entstehung sowie oben in der Einleitung, 19-23.
3   Vgl. Dok. 47, Anm. 26.
4   Die Goßner Missionsgesellschaft wurde 1838 von Julius Goßner gegründet, einem früheren katholischen Geistlichen, der zur evangelischen Kirche übergetreten war.
5   Es handelt sich um den Pfarrer Bruno Schottstädt.
6   Die Aktion Sühnezeichen / Friedensdienste (ASF oder AS) wurde 1958 von Lothar Kreyssig, dem Präses der Synode der Kirchenprovinz Sachsen, gegründet. Schwerpunkt der Arbeit lag besonders in den ersten beiden Jahrzehnten auf dem

– Im Operativ-Vorlauf „Skorpion" wurde eine Gruppierung von Studenten an theologischen Ausbildungsstätten bearbeitet, die in der Vergangenheit feindliche Aktionen gegen die DDR organisierte und einen Ausgangspunkt ständiger ideologischer Diversion und Hetze bildete. [2] Der in Frage kommende Personenkreis, die Pläne und Absichten für feindliche Aktivitäten konnten in Erfahrung gebracht werden. In Verbindung damit erfolgte die Festnahme von 20 Theologiestudenten. Im Verlauf der Untersuchungen wurden 17 der Inhaftierten entlassen. Die Hauptschuldigen wurden wie folgt verurteilt:

– *Krug*, Peter, geb. am 12. 1.45 in Weißenfels, z.Zt. Berlin, Sophienstr. 2, Student der Theologischen Fakultät der Humboldt-Universität Berlin, 4 Jahre Freiheitsstrafe beantragt. Das Urteil durch das Oberste Gericht steht noch aus.
– *Brama*, Martin, geb. am 12.12.43 in Alt Landsberg, wohnh.: Berlin-Wilhelmsruh, Goethestr. 34, Student der Theologischen Fakultät der Humboldt-Universität Berlin, 2 Jahre, 6 Monate Freiheitsstrafe.
– *Schütze*, Olaf, geb. am 28.1.40 in Halle, wohnh.: z.Zt. Berlin-Lichtenberg, Scheffelstr. 32, Student der Theologischen Fakultät der Humboldt-Universität Berlin, befindet sich noch in U-Haft. Die Untersuchungen laufen noch.

Diese Maßnahmen hatten zur Folge, daß ein Rückgang der feindlichen Tätigkeit und Beeinflussung an den Theologischen Fakultäten festzustellen war.
Die Verbindungen nach Westdeutschland und Westberlin wurden gestört.
Im Ergebnis dieser gezielten und konkreten Bearbeitung der Gruppierung wurden 4 Kontaktaufnahmen durchgeführt.
– Es wurde eine gezielte Aktion zur Isolierung besonders reaktionärer Personen und Anhänger der „EKD" eingeleitet. Dabei wurden besonders Maßnahmen gegen den juristischen Leiter des Landeskirchenamtes Dessau entwickelt. [3]

Referat II (katholische Linie)
– Durch eine Aktion gegen die Leitung des katholischen Klerus in der DDR wurde die „Katholische Studentengemeinde" (KSG) in ihrer Tätigkeit weitestgehend eingeschränkt. So sollen ihre „Sprecher" (Vertrauensstudenten) gegenwärtig überprüft und abgeschafft werden. Damit wird der „KSG" jede politische Tätigkeit untersagt.
– Im Zusammenhang mit der Defregger-Affäre[7] wurden 150 Briefe an Geistliche und Laien verschickt. Durch diese Aktion soll innerhalb der katholischen Geistlichkeit zersetzt werden und außerdem bei der Kirchenleitung der Eindruck entstehen, daß diese Briefe von katholischen Studenten aus Magdeburg und Halle versandt worden sind. In

---

Versöhnungsdienst durch Freiwillige in Ländern, die unter dem Nationalsozialismus gelitten hatten. Seit Mitte der siebziger Jahre hat ASF ihre Arbeit im Friedensbereich verstärkt. Aktion Sühnezeichen unterhielt sowohl in der Bundesrepublik als auch in der DDR (Ost-Berlin) eine Geschäftsstelle. Zur Geschichte der Organisation vgl. *Rabe* und zur Aktion Sühnezeichen in der DDR *Zander*, Christen, 298 f.

7   „Der SPIEGEL" hatte aufgedeckt, daß der 1968 zum Weihbischof ernannte Defregger 1944 an der Erschießung italienischer Bauern beteiligt gewesen war. Vgl. „Der SPIEGEL" 28 / 69 vom 7.7.1969, 67-69.

beiden Städten bestehen Studentengemeinden, die sowohl in Opposition zur Kirchenleitung als auch zum sozialistischen Staat stehen.
Die Kirchenleitung soll durch diese Briefaktion veranlaßt werden, Maßnahmen gegenüber den Studenten durchzuführen.
– Durch Arbeit von IM ist es gelungen, die Bischöfe der DDR in bezug auf die Jugendweihe zu einer toleranteren Haltung zu veranlassen[8]. Mit einem entsprechenden Erlaß wurden alle Sanktionen gegenüber den Teilnehmern an der Jugendweihe und deren Eltern aufgehoben.
– Durch einen gezielten Einsatz des IM „Otto" konnte die Leitung der katholischen Kirche in der DDR veranlaßt werden, eine postive Stellungnahme zum 20. Jahrestag der DDR abzugeben[9]. Diese Stellungnahme wird auf breite katholische Kreise in der DDR ihre Auswirkungen haben.

Referat III (Linie Sekten, kleine Religionsgemeinschaften)
– Die von der Zentrale der „Zeugen Jehovas" in Wiesbaden organisierte Materialschleuse über Westberlin in die DDR wurde allseitig aufgeklärt und unterbunden. Die beteiligten Personen, Mittel und Methoden sind operativ aufgeklärt.[10] [4]

Referat V (Auswertung)
– In Zusammenhang mit der Mord-Affäre des Weihbischofs Defregger, München, wurde ein Zersetzungsbrief erarbeitet und in 30 Exemplaren an den Klerus der katholischen Kirche in der DDR und Westdeutschland versandt.
– Auf der Grundlage inoffiziell beschaffter belastender Beweisdokumente aus der Nazizeit wurde gegen Bischof Krummacher, Greifswald, ein kompromittierender Brief, Auflage 50, erarbeitet.[11]

IM-Arbeit
Werbungen

Referat I: geplant 5, erfüllt 7
1. IMV „Walter"[12], Oberkirchenrat, leitender Angestellter im Generalsekretariat des Bundes der Evangelischen Kirchen in der DDR, Leiter des Sekretariats für Ökumene. Perspektive: Information über innere Entwicklung des Bundes und über ökumenische Kontakte, insbesondere nach kapitalistischen Ländern. Teilnahme an internationalen Kongressen.
2. IMV „Rang", Pfarrer, Mitglied der Kirchenleitung Berlin-Brandenburg. Perspektive: Berichterstattung über Sitzungen der Kirchenleitung

---

8   Die katholische Kirche hat ihre Ablehnung der atheistischen Jugendweihe nie zurückgenommen, so auch nicht in einem Pastoralbrief aus dem Jahr 1972. Allerdings hatte sie in den Jahren davor den Jugendlichen gewisse Erleichterungen gewährt. Vgl. *Knauft*, 77-81, bes. 80.
9   Tatsächlich war die Erklärung von Alfred Bengsch, dem Vorsitzenden der Berliner Ordinarienkonferenz (vgl. Dok. 52, Anm. 21) nicht nur positiv für den Staat. Der Kardinal sagte u.a.: „Und wenn wir zurückdenken an die 20 Jahre kirchlichen Lebens hier, werden wir nicht wegwischen können die Spannungen und die manchmal schweren Belastungen. Aber wir werden auch mit Dank gegen Gott sagen können: die Kirche konnte seelsorglich arbeiten; und wenn wir ganz ehrlich sind, sie hatte noch mehr Chancen, als sie oft genutzt hat" (zit. nach: *Knauft*, 134).
10   Vgl. dazu Dok. 51.
11   Vgl. dazu auch die Dok. 43 und 44.
12   Vgl. Dok. 51, Anm. 46

und über feindliche Aktionen reaktionärer Kräfte in Berlin-Brandenburg [5]
3. IMV „Präses"[13], Präses der Synode der Landeskirche Anhalt, Mitglied der Ersten Synode des Bundes der Ev. Kirchen in der DDR. Perspektive: Berichterstattung über Pläne und Absichten reaktionärer
Kräfte in der Landeskirche Anhalt und innerhalb der „EKU". Einbeziehung in die Aktion zur Zerschlagung der „EKU"[14]. Übernahme
von Funktionen im Bund der Ev. Kirchen in der DDR.
4. IMV „Luther"[15], Oberkirchenrat, Leiter des Lutherischen Kirchenamtes. Perspektive: Kontrolle über die Entwicklung in den lutherischen Landeskirchen der DDR, Teilnahme an internationalen Kongressen. Ausbau seiner vorhandenen Funktion im Lutherischen Weltbund[16], um Ziele und Absichten dieser internationalen Zentrale gegenüber den sozialistischen Ländern in Erfahrung zu bringen.
5. IMV-Vorlauf „Möve", westdeutscher Theologiestudent und Vorstandsmitglied der „Aktion Sühnezeichen" in Westdeutschland. Perspektive: Berichterstattung über Vorgänge in der „Aktion Sühnezeichen" in Westdeutschland und Westberlin und über illegale Maßnahmen zur Ausnutzung der „AS" in der DDR zu antisozialistischen Aktionen. Berichterstattung über Kontaktpolitik nach den sozialistischen
Ländern.
6. IMV „Udo"[17], Leiter der Zentrale für die evangelische Studentenarbeit (Geschäftsstelle der „ESG"). Perspektive: Ausbau als Schlüsselpo-

---

13 Bis zu Beginn des Jahres 1970 war der Bücherrevisor Gerhard Rudolph Kootz
    Präses der anhaltinischen Landessynode. Kootz gehörte auch der ersten Bundes-
    synode an.
14 Diesen Plan hat das MfS nicht verwirklichen können, denn die EKU hat an ihrer
    Einheit in den folgenden Jahren prinzipiell festgehalten. Allerdings wurden 1972
    zwei organisatorisch und rechtlich getrennte Bereiche geschaffen. Beide Bereiche
    kamen jedoch monatlich zu gemeinsamen Sitzungen zusammen. Vgl. *Henkys*,
    DDR-Kirchen, 187 f.
15 OKR Fritz Heidler leitete seit 1961 das Lutherische Kirchenamt in Berlin.
16 Vgl. Dok. 51, Anm. 47.
17 Leiter der Geschäftsstelle der Evangelischen Studentengemeinden in der DDR mit
    der Amtsbezeichnung „Generalsekretär" war in den Jahren 1969-1973 Udo Skladn-
    ny. Vgl. *Noack*, XIV. Tatsächlich gelang es Skladny, einen Keil zwischen Ge-
    schäftsstelle und Gemeinden in der DDR zu treiben (vgl. *Noack*, 64), indem er
    hervorhob, daß nicht die Studentengemeinde als kirchliche Gruppe, sondern nur
    deren einzelne Glieder in den bestehenden „gesellschaftlichen Strukturen" (z.B. in
    der FDJ) politisch wirksam werden könnten („kontakt", Juli / August 1970, 8 f.;
    wiedergegeben nach *Noack*, 85 f.). Für das politische Handeln der jungen Christen
    gab Skladny die Parole „Einsatz für den Sozialismus" aus (*Noack*, 112). „Romanti-
    schen[n] Sozialismusvorstellungen" wurde der Kampf angesagt (*Noack*, 114). Die-
    se Position stieß auf scharfe Kritik der Gemeinden vor Ort. Als Beispiel sei hier
    eine Dresdner Stellungnahme angeführt: „[...] Ist es verwerflich, den christlichen
    Glauben als Grundlage für das gesellschaftliche Engagement zu betrachten, oder
    ist erst ein gesellschaftlich-politischer Ansatzpunkt *die* Voraussetzung für *kritische*
    Auseinandersetzung mit der Kirche und der Gesellschaft?" (Beitrag aus der ESG
    Dresden, in „kontakt", Dezember 1972, 11; zit. nach: *Noack*, 118). Die Position
    der Geschäftsstelle sollte auch die bisherige Form der intensiven Partnerarbeit mit
    der ESG in der Bundesrepublik in Frage stellen. Hier stellte man die These auf,
    daß aus dem Westen nur diejenigen, die für eine „revolutionäre Veränderung" des
    „Kapitalismus" eintraten, berechtigt sein sollten, an Begegnungstreffen teilzuneh-
    men, während aus der DDR nur diejenigen, die „am Aufbau" des real existieren-
    den Sozialismus mitarbeiteten, delegiert werden dürften. Vgl. *Noack*, 118. Auch
    diese Position der Geschäftsstelle fand in den Gemeinden keine Zustimmung. Vgl.
    Noack, 209. Da in den Gemeinden basisdemokratische Elemente immer lebendiger
    wurden (*Noack*, 89), konnte Skladny sich mit seiner Politik nicht durchsetzen.

sition zur operativen Kontrolle aller aktiv arbeitenden „ESG"-Gruppen in der DDR. Ausbau seiner Verbindungen zum Christlichen Weltstudentenbund[18] in Genf, Kontrolle von negativen Gruppierungen und ihre Isolierung. [6]

7. IMV „Werner", Dozent an einer kirchlichen Ausbildungsstätte in Potsdam-Hermannswerder. Perspektive: Erarbeitung von Analysen über Lehrpläne, Lehrmaterial, Lehrkörper usw. aller kirchlichen Ausbildungsstätten in der DDR. Aufklärung von jugendlichen Kandidaten, die für eine Kontaktaufnahme in Frage kommen. Pläne und Absichten reaktionärer Kräfte wie Pfarrer Dr. Hamel[19], Naumburg, usw. Darüber hinaus erfolgten Kontaktaufnahmen zu 4 Theologiestudenten, die einer feindlichen Gruppierung angehören. Registrierung als IM kann noch nicht erfolgen.

Referat II geplant 3, erfüllt 4

1. IMV „Theodor", Prälat und Leiter der Caritas[20] der DDR. Perspektive: Information über Pläne und Absichten der Ordinarienkonferenz[21] in bezug auf diese Organisation. Information über Kontakte dieser Organisation nach Westdeutschland und in das sozialistische Ausland, Beeinflussung der Caritas, um bei internationalen Konferenzen das Ansehen der DDR zu stärken.

2. IMV „Pater", Propst und Leiter der größten Ordensniederlassung in der DDR (Zisterzienser)[22]. Perspektive: Information über den Orden, Information über die Vorhaben des Vatikans in bezug auf die Regelung der Bistumsgrenzen der DDR[23]. Beeinflussung vatikanischer Stellen, um im Gebiet der DDR selbständige Ordensleitungen einzusetzen.

3. IMV „Clemens", Studentenpfarrer. Perspektive: Information über Studentenpfarrerkonferenz und „KSG", [7] Beeinflussung der Studentenpfarrerkonferenz und Zurückdrängung des negativen Einflusses.

4. IMV „Pavel", katholischer Geistlicher im Bistum Berlin. Perspekti-

---

18   Der Christliche Studentenweltbund wurde 1895 in Schweden als eine der erste ökumenischen Organisationen überhaupt gegründet. Für das Wachstum der ökumenischen Bewegung bis zur Gründung des Ökumenischen Rates im Jahre 1948 ist der Studentenweltbund von entscheidender Bedeutung gewesen.

19   Johannes Hamel, der von 1946 bis 1954 Studentenpfarrer in Halle war, wurde 1953 im Zusammenhang mit den Angriffen auf die Junge Gemeinde verhaftet. Vgl. *Köhler*, 99. Tatsächlich gehörte Hamel wie Günter Jacob zu jenen Theologen in der DDR, die versuchten, „aus der weitverbreiteten Anti-Haltung herauszuführen zu einem konstruktiven Verhältnis gegenüber Staat und Kirche" (*Röder*, Kirche im Sozialismus, 65). Vgl. auch *Solberg*, 268 f. (trotz unterschiedlicher Bewertung eine ganz ähnliche Einschätzung) sowie Dok. 31, Anm. 68.

20   Die Caritas ist ein katholischer Sozialverband, dem evangelischen Diakonischen Werk vergleichbar.

21   Die Berliner Ordinarienkonferenz (BOK), ein Zusammenschluß der ostdeutschen Bischöfe, hatte sich 1950 unter dem Vorsitz von Kardinal Preysing konstituiert. Pius XII. reagierte damit auf die Gründung der Bundesrepublik und der DDR im Jahr zuvor. Vgl. *Knauft*, 39-41.

22   Der Zisterzienser-Orden gehört zu den bedeutendsten katholischen Orden. Er entstand im 10. Jahrhundert und erlebte seinen Höhepunkt im 12. und 13. Jahrhundert, besonders durch die Wirksamkeit von Bernhard von Clairvaux. An der Spitze des Ordens steht ein Generalabt mit Sitz in Rom.

23   Teile der DDR (Schwerin, Magdeburg, Erfurt und Meiningen) gehörten zu Bistümern, deren Sitz in der Bundesrepublik lag. Die DDR-Regierung drängte auf eine Verselbständigung dieser Gebiete nach dem Grundsatz „Staatsgrenzen sind Kirchengrenzen". Der Papst beendete diesen Konflikt 1973, indem er Apostolische Administratoren für die genannten Gebiete einsetzte. Vgl. *Knauft*, 168-171.

ve: Informationsbeschaffung zur Vorbereitung und Durchführung weiterer Zersetzungsmaßnahmen.

Referat III geplant –, erfüllt 3
1. IMV „Utah", Mitglied der Religionsgemeinschaft „Mormonen"[24]. Perspektive: in der Zentrale Frankfurt / Main zu arbeiten.
2. IMV „Johannes", Geschäftsführer der Religionsgemeinschaft „Evangelisch-Johannische Kirche"[25] für die gesamte DDR. Perspektive: Auf Grund seiner Funktion steht er in laufender Verbindung mit der Zentrale der Religionsgemeinschaft in Westberlin. Informationen über Pläne und Absichten, Absicherung der Religionsgemeinschaft.
3. IMK „Gerd".

Referat IV geplant 2, erfüllt 3
1. IMF „Doktor", verantwortlicher Redakteur einer kirchenpolitischen Redaktion beim westdeutschen Fernsehen, Mitglied katholischer Oppositionsgruppen in Westdeutschland. Perspektive: Information über Pläne und Absichten reaktionärer katholischer Kräfte in Westberlin und über Tätigkeit katholischer Oppositionsgruppen und Einfluß auf deren geplante Maßnahmen. [8]
2. IMV „Ugo", wissenschaftlicher Mitarbeiter an der Humboldt-Universität Berlin, italienischer Staatsangehöriger. Perspektive: Information über Tätigkeit vatikanischer Kreise in bezug auf die DDR. Späterer Einsatz unter beruflicher Abdeckung in Rom.
3. IMF-Vorlauf „Melder", Mitarbeiter im Gesamtkirchenverband Hamburg, Angestellter des Hamburger Senats und tätig im Einwohnermeldeamt Hamburg. Perspektive: Information über Kontakte der Hamburger Landeskirche in die DDR und über geplante Reisen von Jugendgruppen zu Patenschaftstreffen nach Berlin. Information über kirchliche Veranstaltungen der Landeskirche Hamburg.
Darüber hinaus:
1 Kontaktperson, belgischer Staatsangehöriger, Student am Katechetenseminar in Westberlin.
Perspektive: Information über die Situation und die Tätigkeit an kirchlichen Ausbildungsstätten in Westberlin.

Qualifizierung bzw. Entwicklung von IM

Referat I
1. IMV „Jurist"[26], am 17.9.1969 erfolgte seine Wahl zum Präsidenten einer Landeskirche als Nachfolger für den IMV „Konrad"[27].
2. IMV „Wolf", Einschleusung in die Zentrale des „Gustav-Adolf-Werkes"[28] erfolgt noch bis Ende dieses Jahres. [9]

---

24 Die Religionsgemeinschaft der Mormonen wurde 1830 von M.J. Smith als „Kirche Jesu Christi der Heiligen der Letzten Tage" gegründet. Die Mormonen berufen sich neben der Bibel auf das Buch „Mormon" als neue Offenbarungsquelle.
25 Die Gründung der Johannischen Kirche geht auf Joseph Weissenberg zurück, der seit 1900 mit Heilungen und spiritistischen Handlungen Anhänger um sich sammelte. Die Evangelisch-Johannische Kirche, so benannt nach der Offenbarung des Johannes, wurde 1926 von Weissenberg gegründet. In der DDR entwickelte sich nach 1961 eine selbständige Organisation. Sie bestand aus 34 Gemeinden mit dreitausend Mitgliedern. Vgl. *Eggenberger*, 157.
26 Vgl. Dok. 51, Anm. 51.
27 Konrad Müller war bis 1969 Präsident des Schweriner Oberkirchenrates.
28 Vgl. Dok. 51, Anm. 55.

3. IMF „Heiner"[29], Einbau in eine internationale Arbeitsgruppe des Christlichen Weltstudentenbundes in Genf.

Referat II
IMF „Berger"
Einbau in eine staatliche Institution der Bundesrepublik, die sich mit der ideologischen Diversion gegen die DDR befaßt, erfolgt noch 1969.

Referat III
1. IMF „Jan"
Wiedereinsatz als Kurier der Zentrale der „Zeugen Jehovas" in Wiesbaden nach der DDR.
2. IMF „Hans Voß"
Konzentrierung des Kuriermaterials der Zentrale der „Zeugen Jehovas" in Wiesbaden an die Leitung der Sekte in der DDR und Übergabe zur Einsichtnahme an das MfS.

Analysen und Dokumentationen
Referat II
Analyse über eine Gruppe von Geistlichen und Laien, die unter dem Deckmantel oppositioneller kirchlicher Tätigkeit aktiv gegen die sozialistische Gesellschaftsordnung auftritt. Die Analyse ist Grundlage für einen konkreten Maßnahmeplan.

Referat III
Analyse über eine von der Zentrale neu organisierte Kurierverbindung in die DDR. Die Analyse dient der Aufklärung der Verbindungen der Zentrale der Sekte „Zeugen Jehovas" nach der DDR und damit der Kontrolle des Kurierweges. [10]
– Bilddokumentation über die von der Zentrale der „Zeugen Jehovas" in Wiesbaden nach der DDR organisierten Materialschleuse.
– Bilddokumentation über alle bisher bekanntgewordenen Mittel und Methoden der Organisierung der Feindtätigkeit der Zentrale der „Zeugen Jehovas" in Wiesbaden gegen die DDR.
Diese Dokumentationen wurden vor allem zur weiteren Ermittlungstätigkeit und zur Einschränkung der Tätigkeit der „Zeugen Jehovas" erarbeitet.

Referat IV
Analyse über die Kontakttätigkeit westlicher kirchlicher Vertreter anläßlich der Leipziger Messen im Zeitraum von 1967 bis 1969.
Die Analyse zeigt die Schwerpunkte der feindlichen Tätigkeit und ist Voraussetzung für das Eindringen in die Verbindungswege und das Zurückdrängen des feindlichen Einflusses klerikaler Zentren.

Referat V
– Dokumentation über die Zentrale der politisch-klerikalen Organisation „Aktion Sühnezeichen" mit Sitz in Westberlin und ihre organisierte Feindtätigkeit gegen die DDR und andere sozialistische Länder.
Die Dokumentation enthält drei spezifische Teile über die Feindtätigkeit dieser Organisation in der Sowjetunion, der VR Polen und der CSSR. (150 Blatt, 150 Anlagen.)
Die Dokumentation ist Grundlage für die vorgangsmäßige Bearbeitung der Zentrale, der Koordinierung der politisch-operativen Arbeit mit

---

29   Vgl. Dok. 51, Anm. 52.

den Sicherheitsorganen der sozialistischen Länder mit dem Ziel der Zurückdrängung und Liquidierung ihres Einflusses. [11]
– Zur Klärung der Frage: Wer ist wer? auf der Linie XX / 4 wurden ca. 400 Personen in den verschiedensten Archiven überprüft und Material beschafft. Über 20 dieser Personen, die ehemals V-Männer der faschistischen und imperialistischen Geheimdienste waren, wurden Biographien angefertigt.
– Aufarbeitung und Verkartung von P-Akten[30] und umfangreichen nicht bearbeiteten Aktenmaterials aus den Jahren 1965, 1966 und 1967 mit entsprechender Ablage in der Organisations- und Personen-Ablage. (ca. 900 P.-Akten bis zum Buchstaben P.)

Schlußfolgerungen und Erfahrungen aus der Verpflichtungsbewegung
Referat I
In Zusammenhang mit dem Abschluß der ersten Etappe der Verpflichtungsbewegung kann eingeschätzt werden, daß eine fruchtbare und schöpferische Wettbewerbsatmosphäre entstanden ist. Die in der Verpflichtung jedes Genossen konkretisierten und präzisierten politisch-operativen Aufgaben zur Lösung operativer Schwerpunkte hat zu wesentlich höheren Leistungen angespornt, als im Jahresplan der politisch-operativen Arbeit des Referats vorgesehen waren. Qualitativ hohe Arbeitsergebnisse, wie im Falle der Schaffung einiger guter Informationsquellen, haben dazu geführt, daß in der Planung der Arbeit von jedem Genossen eine höhere Qualität und ebenfalls gute Einzelleistungen angestrebt wurden.
Durch die Verpflichtungsbewegung erfolgte eine sehr konzentrierte Bearbeitung von operativen Schwerpunkten. Im Ergebnis dessen können eine Reihe politisch-operativer Aufgaben für die zweite Etappe des Wettbewerbs, des Jahresplans und für die Planung der Arbeit im Jahre 1970 ergänzt bzw. überhaupt neu in Angriff genommen werden, wie z.B.:
– Zerschlagung der EKU in Fortführung der Aktion zur Schaffung des Bundes der Evangelischen Kirchen in der DDR und der Liquidierung der EKD in der DDR; [12]
– Lostrennung der Landeskirche Berlin-Brandenburg von ihrem Westberliner Teil[31];
– Durchführung von weiteren Werbungen;
– Fortführung von Aktionen zur Differenzierung und Zersetzung.
Daraus ergibt sich auch die Möglichkeit, einige Verpflichtungen in Vorbereitung des 20. Jahrestages des MfS noch zu ergänzen.
Für die Leitungstätigkeit bedeutete die Verpflichtungsbewegung die Organisierung einer qualifizierten Anleitung und ständigen Kontrolle. Insgesamt konnte die Leitungstätigkeit weiter verbessert werden. In der neuen Etappe des Wettbewerbs kommt es darauf an, die Aufgaben zielstrebig fortzuführen und noch offenstehende Probleme zu lösen, wie z.B. die Schaffung von zuverlässigen Informationsquellen in zwei wichtigen kirchlichen Zentralen mit Hilfe der Abt. 26. Die Vorberei-

---

30 Personen-bezogene Akten.
31 Nachdem Kurt Scharf 1966 noch von beiden Synoden zum Bischof der Berlin-Brandenburgischen Kirche gewählt worden war, wurde 1972 ein eigenes Bischofsamt für die Ostregion geschaffen. Beide Kirchenverfassungen wurden in der Folgezeit unabhänig voneinander gründlich revidiert. Vgl. *Henkys*, DDR-Kirchen, 188 f.

tungen dazu sind abgeschlossen. Die Realisierung war bisher objektiv
nicht möglich.

Referat II
Die Verpflichtungsbewegung hat alle Genossen beflügelt, ihre Kräfte
anzuspannen, sie zu Leistungen angeregt und die Qualität der kollektiven Arbeit im Referat wesentlich erhöht. Bereits die Vorbereitung der
persönlichen Verpflichtungen war für jeden Genossen Anlaß intensiver
Überlegungen, da Aufgaben gestellt wurden, die über das übliche Maß
hinausgingen.
Es kann eingeschätzt werden, daß die übernommenen Verpflichtungen
im wesentlichen erfüllt wurden. Das kann als gute Leistung jedes einzelnen Genossen, aber auch als kollektive Leistung angesehen werden.
Eine Verpflichtung des Gen. Wegener in bezug auf die Schaffung von
Administratoren für die Bistümer, die kirchenjuristisch westdeutschen
Bistümern unterstehen, wurde nicht realisiert. Diese Aufgabenstellung
muß weiterhin mit besonderer Aufmerksamkeit behandelt und durch-
gesetzt werden. [13]
Als Schlußfolgerungen haben sich ergeben:
– Bei entsprechender konkreter Aufgabenstellung sind die Genossen
zu großen Leistungen fähig;
– Die aktive Parteiarbeit in Mitgliederversammlungen und in den
Gruppen hat die Initiative der Genossen wesentlich erhöht und ihr
Verantwortungsbewußtsein gestärkt.
– Eine konkrete Leitungstätigkeit und Hilfe des Referatsleiters sowie
eine enge Zusammenarbeit des Referatsleiters mit dem Gruppenorgani-
sator kann die Genossen anspornen und die Effektivität der Arbeit er-
höhen.
– Um allen Anforderungen gerecht zu werden, muß die Leitungstätigkeit des Referatsleiters weiter verbessert werden.
Es kann eingeschätzt werden, daß jeder Genosse bereit ist, sein Bestes
zu geben.

Referat III
In Auswertung der Verpflichtungen anläßlich des 20. Jahrestages der
DDR, die sich auf die politisch-operative Bearbeitung des ZOV
„Sumpf" (illegale Organisation der Sekte „Zeugen Jehovas" in der
DDR) konzentrierte, kann eingeschätzt werden, daß die Zielstellung
von den Genossen des Ref. III erfüllt wurde. So wurde durch den
konzentrierten Einsatz vorhandener IM u.a. folgende Zielstellung ge-
löst:
– Umfassende Aufklärung und Dokumentierung der Material- und
Informationsschleuse der Zentrale in Wiesbaden über Westberlin in die
DDR sowie deren Unterbindung;
– Fortsetzung der Aufklärung der Zentrale in Wiesbaden;
– Erarbeitung einer Dokumentation über die von der Sekte „Zeugen
Jehovas" bisher angewandten Mittel und Methoden der illegalen Tätig-
keit. [14]
In Weiterführung des Wettbewerbs zum 20. Jahrestag des MfS[32] ist,
auf das bisher Erreichte aufbauend, die operative Bearbeitung der Or-

---

32   Vgl. hierzu auch Mielkes Artikel zum 20. Jahrestag des MfS am 8.2.1970 unter
      dem Titel „Kompromißloser Kampf gegen die Feinde des Friedens und des Sozia-
      lismus".

ganisation der Sekte „Zeugen Jehovas" zielstrebig in bezug auf die festgelegten Schwerpunkte fortzusetzen.

Referat IV
Der Wettbewerb anläßlich des 20. Jahrestages der DDR führte innerhalb des Kollektivs des Ref. IV insgesamt zu einer Erhöhung der Effektivität in der operativen Arbeit. Das wurde besonders daran sichtbar, daß sich alle Genossen bemühten, sich auf die gestellten Hauptaufgaben zu konzentrieren. Gleichzeitig brachte der Wettbewerb die Kraft des Kollektivs dadurch wesentlich stärker zur Geltung, weil alle Genossen versuchen, sich gegenseitig zu unterstützen, um die gestellten Gesamtaufgaben des Referates zu erfüllen. Das führte innerhalb des Kollektivs zu kritischen Auseinandersetzungen sowohl über die s.o. einzelnen Genossen als auch über die Verstärkung und Verbesserung der Leitungstätigkeit des Referatsleiters. Durch diese kritische und kämpferische Atmosphäre war es möglich, die gestellten Aufgaben im wesentlichen zu erfüllen.
Trotzdem war es in einem Falle nicht möglich, die gestellte Aufgabe – Kontaktaufnahme mit einem in einer einer westeuropäischen Organisation tätigen westdeutschen Bürger – voll zu erfüllen. Als Ursache dafür wurde herausgearbeitet, daß bei der Aufgabenstellung der Stand der Vorbereitung und der gegebenen Möglichkeiten durch den operativen Mitarbeiter objektiv falsch eingeschätzt wurden, was zu einem negativen Ergebnis führte. Auch hierüber wurde innerhalb des Referates eine kritische Auseinandersetzung geführt.
Der Wettbewerb hatte zum Ergebnis, daß das Referat IV in der operativen Arbeit wesentlich weiter vorankam. [15]

Referat V
Die Verpflichtungen des Kollektivs des Referats V anläßlich des 20. Jahrestages der DDR waren in ihrer Aufgabenstellung so angelegt, daß sie eine reale Ergänzung unseres Arbeitsplanes darstellten.
Die Verpflichtungen wurden von politisch-operativen Schwerpunkten unserer DE abgeleitet. Ihr Nutzeffekt liegt in der Hilfe für die politisch-operative Arbeit und in der ständigen Klärung der Frage: Wer ist wer? auf der Linie XX / 4.
Im Prozeß der Realisierung dieser einzelnen Verpflichtungen wuchs das Verantwortungsbewußtsein und bildete sich eine gute Kampfatmosphäre. Qualität und Quantität der Arbeit standen in einem richtigen Verhältnis und alle Genossinnen arbeiteten oft in ihrer Freizeit an der zusätzlichen Aufgabenstellung. Dabei haben wir im Kollektiv Reserven aufgedeckt, wertvolle Erfahrungen auf dem Gebiet der Auswertung und Analytik gesammelt und in sozialistischer Gemeinschaftsarbeit alle laufenden Aufgaben des täglichen Arbeitsprozesses erfüllt.
Die Erfahrungswerte dieser Bewegung müssen in guter Kontinuität durch eine zielstrebige Leitungstätigkeit für die Verpflichtungen zum 20. Jahrestag des MfS ausgenutzt und berücksichtigt werden.

Übersicht über den Stand der Verpflichtungsbewegung zum 20. Jahrestag der deutschen Demokratischen Republik

Referat Werbungen	geplant		erfüllt	nicht erfüllt	zusätzlich
I	5		7	–	2
II	3		4	–	1

III	*–*	*3*	*–*	*3*
IV	*2*	*3*	*–*	*1*
V	*10*	*17*	*–*	*7*

Qualifizierung von IM

I	*3*	*3*	*–*	*–*
II	*1*	*1*	*–*	*–*
III	*2*	*2*	*–*	*–*
IV	*–*	*–*	*–*	*–*
V	*6*	*6*	*–*	*–*

[2]

Referat *Aktionen*	*geplant*	*erfüllt*	*nicht erfüllt*	*zusätzlich*
I	*Schaffung des Bundes der Ev. Kirchen in der DDR und seine Trennung von der EKD*	*erfüllt*	*–*	*–*
	Isolierung des Leiters der Geschäftsstelle der Gossner Mission	*erfüllt*	*–*	*–*
	Zersetzungsaktion in der „Aktion Sühnezeichen"	*erfüllt*	*–*	*–*
	Schaffung einer außerordentlichen Informationsquelle in der Zentrale des Ev. Jungmännerwerkes	*–*	*nicht erfüllt*	*–*
	Maßnahmen gegen den juristischen Leiter des Landeskirchenamtes Dessau [3]			
Referat *II*	*geplant* *Aktion zur Aufhebung des Verbots zur Teilnahme an der Jugendweihe*	*erfüllt* *erfüllt*	*nicht erfüllt* *–*	*zusätzlich* *–*
	Zersetzungsaktion zur Defregger-Affäre (150 Briefe)	*erfüllt*	*–*	*–*
	Aktion zur Festlegung neuer Bistumsgrenzen	*–*	*nicht erfüllt*	*–*
	Neuinkardinierung der Geistlichen fremder Bistümer	*–*	*nicht erfüllt*	*–*

Durch gezielten IM-Einsatz konnte die Leitung der kath. Kirche in der DDR veranlaßt werden, eine positive Stellungnahme zum 20. Jahrestag der DDR abzugeben.

	Zersetzungsaktion gegen die KSG Berlin (Brief an Kardinal Bengsch zu dessen Geburtstag) [4]			
Referat *III*	*geplant* *Allseitige Aufklärung der von der Zentrale der „ZJ" in Wiesbaden organisier-*	*erfüllt* *erfüllt*	*nicht erfüllt* *–*	*zusätzlich* *–*

ten Materialschleuse
über Westberlin in die DDR

IV	–		–	–
V	*Überprüfung von 400 Personen* *zur Klärung der Frage:* *Wer ist wer?* *Anfertigung von 20* *Biographien*	*erfüllt*	–	–
	Aufarbeitung und Verkartung *von P.-Akten und umfang-* *reichen Aktenmaterials aus* *den Jahren 1965, 1966, 1967* *(ca. 900 P.-Akten)*	*erfüllt*	–	–
	Zersetzungsbrief *in der Defregger-Affäre* *(30 Exemplare)*			
	Zersetzungsbrief *gegen Bischof Krummacher* *(50 Exemplare)* [5]			
Referat *Analysen und Dokumentationen*	*geplant*	*erfüllt*	*nicht erfüllt*	*zusätzlich*
I	–		–	–
II	*Analyse über eine Gruppe* *von Geistlichen und Laien,* *die aktiv gegen die soz.* *Gesellschaftsordnung* *auftritt*	*erfüllt*	–	–
III	*Materialschleuse der „ZJ"* *Bilddokumentation über* *Mittel und Methoden der* *Organisierung der* *Feindtätigkeit der* *Zentrale der „ZJ"* *in Wiesbaden*	*erfüllt*	–	–
	Analyse über eine *von der Zentrale* *der „ZJ" in Wiesbaden* *neu organisierte Kurierver-* *bindung in die DDR* [6]			
Referat *IV*	*geplant* *Analyse über Kontakt-* *tätigkeit westlicher* *kirchlicher Vertreter* *anläßlich der Leip-* *ziger Messen*	*erfüllt* *erfüllt*	*nicht erfüllt* –	*zusätzlich* –
V	*Dokumentation über die* *Zentrale der „Aktion* *Sühnezeichen" in West-* *berlin*	*erfüllt*	–	–

Dok. 53
Rundschreiben Mittigs[33]

Berlin, den 3. Sept. 1976

Rundschreiben ohne eigenhändige Unterschrift, jedoch bestätigt. Absender: Stellvertreter des Ministers. Anschrift: Diensteinheiten, Leiter. Nr. 232 / 76. BdL / 2544 / 76.

Der Gegner verstärkt im Zusammenhang mit dem provokatorischen Selbstmord des evangelischen „Pfarrers" *Brüsewitz*[34] seine Hetze gegen das geordnete Verhältnis von Staat und Kirche in der DDR[35].
Ich verweise in diesem Zusammenhang auf den redaktionellen Artikel des Neuen Deutschland vom 31.8.1976[36].
Der Genosse Minister hat zur Unterstützung der offensiven politischen Auseinandersetzung mit den reaktionären Kräften im In- und Ausland angewiesen:
1. Mobilisierung aller progressiven Kräfte (Theologen und Laien) besonders innerhalb der Kirche und unter den Gläubigen mit dem Ziel, die Politik der Partei- und der Staatsführung zur offensiven Auseinandersetzung und Zurückdrängung reaktionärer Elemente zu unterstützen. (In jedem Fall ist die Konspiration der Quellen zu wahren.)
2. Spezielle politisch-operative Aktivitäten sind mit der Hauptabteilung XX / 4 abzustimmen.
3. Über die eingeleiteten Maßnahmen und dabei erzielte Wirkungen ist an den Leiter der ZAIG zu berichten.
[gez.] Mittig
Generalmajor
F.d.R. [gez.] Köhler
Major

---

33 Rudi Mittig war 1975 (nach *Riecker / Schwarz / Schneider*, 164 seit 1974) zu einem der Stellvertreter Mielkes aufgestiegen und wurde 1976 zum Kandidaten des ZK gewählt. Vgl. *Fricke*, Staatssicherheit, 52 und 73. Zum Aufgabenbereich Mittigs gehörte u.a. die Anleitung der HA XX. Zu Mittig vgl. auch das Interview mit ihm über seine Tätigkeit für die Staatssicherheit in: *Riecker / Schwarz / Schneider*, 163-194.
34 Der Pfarrer Oskar Brüsewitz hatte sich am 18.8.1976 in Zeitz selbst verbrannt. Sein Freitod wurde zumeist als Protest gegen die Benachteiligung von Christinnen und Christen in der DDR verstanden, auch wenn das Zeichen, das Brüsewitz hatte setzen wollen, „mehrdeutig" blieb. Vgl. epd-Dok. 41a / 76 („Ein Pfarrer verbrannte sich selbst"); *Fricke*, Opposition, 192 f.; *Dähn*, 201; KJ 103 / 104, 1976 / 1977, 397-418 sowie Einleitung, 33-35.
35 Während die DDR-Medien versuchten, Brüsewitz als einen geisteskranken oder zumindest nicht normalen Menschen hinzustellen, wurde er von konservativen Kreisen in der Bundesrepublik für die Propaganda gegen die DDR vereinnahmt. In Bad Oeynhausen wurde 1977 ein Brüsewitz-Zentrum gegründet, das später nach Bonn übersiedelte. Vgl. auch epd-Dok. 38 / 77 („„Das Zeichen von Zeitz' bleibt mehrdeutig: Mißbrauch mit dem Namen Brüsewitz?").
36 In dem Kommentar versuchte das ND den Freitod von Brüsewitz als Tat eines Geisteskranken zu erklären, der in der „sich gesund entwickelnden Gesellschaft" der DDR keinen Platz gefunden habe (ND, 31.8.1976).

Dok. 54
Aus einer Rede Mielkes

Auszug aus einer Rede Mielkes, gehalten aus Anlaß der Zentralen Dienstkonferenz am 27.9.1976. B 10 / 107.

Genossen!
Abschließend – über das Hauptanliegen der heutigen Besprechung hinausgehend – noch einige kurze Bemerkungen zu politisch-operativen Problemen, deren Bewältigung besonders in den nächsten Tagen und Wochen eine große Bedeutung erlangt.
Bekanntlich haben feindliche Kräfte aller Schattierungen im Lager des Gegners und antisozialistische, feindlich-negative Kräfte im Innern die Selbstverbrennung des Pfarrers Brüsewitz zum Anlaß für vielfältige, gegen die DDR und ihr internationales Ansehen gerichtete Aktivitäten genommen[37].
Wir wurden und sind konfrontiert mit verstärkten Bestrebungen reaktionärer Kreise der evangelischen Kirche in der DDR, evangelischer Kirchenkreise der BRD und Westberlins und der hinter ihnen stehenden entspannungsfeindlichen politischen Kräfte, nicht zuletzt auch der gegnerischen Massenmedien, das Verhältnis zwischen Staat und Kirche ernsthaft zu beeinträchtigen, daraus politisches Kapital für das Vorgehen gegen die DDR zu schlagen und darüber hinaus insgesamt die politische Situation anzuheizen und zu verschärfen. [2]
Es ist offensichtlich – und jüngste Vorgänge beweisen es eindeutig –, daß es diesen Kräften gar nicht um Brüsewitz und seinen Tod geht, Brüsewitz war für sie nur deshalb interessant, weil er ihnen einen Ansatzpunkt und eine Handhabe für eine großangelegte Kampagne bot, die darauf gerichtet ist, die Basis im Lager des Gegners für die Forcierung des Kampfes gegen die DDR zu verbreitern und feindlich-negative Kräfte im Innern der DDR zu mobilisieren, die sogenannte innere Opposition zu stärken und zu entsprechenden Handlungen zu inspirieren.
Diese Zielsetzung zeigt sich besonders deutlich, wenn die „Argumentation" und die Handlungen der genannten Kräfte politisch richtig, auf ihren Kern reduziert, gesehen werden. Dabei kristallisiert sich eindeutig heraus:
Die Hetzkampagne um die angebliche Verschärfung des Kirchenkampfes in der DDR, um den angeblich gerechtfertigten „Widerstand" der Kirche, ist Bestandteil der in der jüngsten Zeit insgesamt forcierten Aktivitäten zur Verleumdung und Diskreditierung der DDR im internationalen Maßstab, zur Torpedierung der Politik der Entspannung und der Normalisierung der Beziehungen. Hier zeigen sich vielfältige Parallelen und Zusammenhänge zu anderen Kampagnen großen Stils, wie z.B. gegen die Maßnahmen der DDR zur Sicherung ihrer Staatsgrenzen.
Die Angriffe der gegnerischen Kräfte von außen und der feindlich-negativen Kräfte im Innern stimmen dabei weitgehend überein.
Die offenen Angriffe waren vorrangig gerichtet
– gegen angebliche Einschränkungen der Glaubens- und Gewissens-

37 Vgl. Dok. 53, bes. Anm. 35.

freiheit, der Freiheit der Religionsausübung, der allseitigen Entwicklung der Persönlichkeit christlicher Bürger, insbesondere jugendlicher
Gläubiger;
– gegen die Volksbildung und das gesamte Bildungswesen in der
DDR, das Kinder christlicher Bürger benachteiligen würde;
– gegen angebliche Behinderungen der kirchlichen Tätigkeit, die im
Widerspruch zur Verfassung und Gesetzlichkeit stünden u.a.m.
Alle diese Aktivitäten zielen aber in Wirklichkeit darauf ab, die vertrauensvolle Zusammenarbeit von Bürgern unseres Staates ohne Unterschied ihres weltanschaulichen oder religiösen Bekenntnisses zu stören,
Teile der Bevölkerung gegen unsere staatliche Ordnung aufzuwiegeln
und zu feindlich-negativem Verhalten und Handeln zu inspirieren. [4]
Alle diese Aktivitäten sind eingeordnet in die langfristig angelegten Bestrebungen zur Forcierung und Aktivierung der Untergrundtätigkeit
im Inneren der DDR.
Die grundsätzliche Linie unserer Partei und unseres Staates ist klar
und eindeutig.
Sie ist in der Verfassung verankert und kommt – um auf jüngste Dokumente zu verweisen – in der Rede des Genossen Honecker auf der 2.
Tagung des ZK der SED, im Wahlaufruf und, sehr ausführlich dargelegt, in der vor einigen Tagen herausgegebenen Information der Partei
an die Grundorganisationen zum Ausdruck, die ich als bekannt vor-
aussetze. Alle Christen in der DDR haben gleiche Chancen und Möglichkeiten in ihrer gesamten Entwicklung wie alle Bürger, haben gleiche Rechte, gleiche Pflichten, sind gleichgeachtet.
Unser Staat, unsere Partei sichert, daß die Kirchen und andere Religionsgemeinschaften auf der Grundlage der für alle geltenden Rechtsordnung und Gesetzlichkeit in voller Freiheit ihre Tätigkeit ausüben.
Unsere politische Linie ist und bleibt auch angesichts der feindlichen
Aktivitäten unverändert.
Wir lassen uns von reaktionären Kirchenkräften nicht ihre Linie aufzwingen. [5]
Wir laufen nicht gegen die Lanze; wir lassen uns nicht provozieren.
Das sogenannte „Wort an die Gemeinden" des obersten Gremiums der
Evangelischen Kirche in der DDR[38], das in vielen kirchlichen Gemeinden verlesen wurde, und das sich – ausgehend vom Fall Brüsewitz –
mit Verleumdungen gegen die sozialistische Ordnung richtet, wird von
der Partei ignoriert. Dazu wird nicht offiziell Stellung genommen;
denn diese Provokation ist als eine Herausforderung zu verstehen, die
wir nicht annehmen werden.
Orientierung für die nächste Zeit ist auch auf dieser Linie der Wahlaufruf der Nationalen Front. Natürlich werden wir einige Nichtwähler
haben – in Auswirkung der Kampagne um Brüsewitz. Aber das wirft
uns nicht um.
Es gilt, die kleine Gruppe ausgesprochen reaktionärer Kräfte der Kirchenleitungen zu isolieren, ihre Wirksamkeit einzuengen, ihr Wirksamwerden zu unterbinden.
Unsere Partei orientiert dahingehend, daß nach den Wahlen ein Plan
wirksam werden muß, wie die progressiven Kräfte in der Kirche gestärkt werden können. Dazu sind auch von uns spezifische Maßnah-

---

38   Vgl. hierzu die Einleitung, 33 f.

men im Zusammenwirken mit der Partei und den staatlichen Organen festzulegen.

Es ist selbstverständlich, daß die Linie für unsere politisch-operative Arbeit auf der grundsätzlichen Linie und Orientierung basiert. [6]

Die Anstrengungen unserer Partei und unseres Staates, progressive kirchliche Kreise und Kräfte zu stärken, den Differenzierungsprozeß voranzutreiben, auf kirchliche Kreise im Sinne eines besonnenen Handelns einzuwirken und reaktionäre Kräfte zurückzudrängen, sind mit unseren tschekistischen Mitteln und Methoden wirksam zu unterstützen.

Die von den reaktionären Kräften verfolgten Bestrebungen, eine offene Konfrontation zu erreichen, waren und sind zum Scheitern verurteilt. Aber diese Kräfte wühlen weiter, werden weitere Provokationen versuchen, werden sich teilweise anpassen und neue Wege suchen.

Wir müssen entsprechend darauf eingestellt sein, um alle diesbezüglichen Pläne und Aktivitäten rechtzeitig zu erkennen und mit geeigneten Mitteln darauf zu reagieren.

Das bedeutet auch – aus aktuellem Anlaß hebe ich das besonders hervor – dabei zu beachten, daß nicht nur kirchlich gebundene, sondern auch andere feindlich-negative Kräfte, Aufgeweichte, Schwankende usw. die von reaktionären Kirchenkräften angeheizte Situation auszunutzen versuchen, um im Sinne ihrer Ziele und Absichten wirksam zu werden. So ist es auch z.B. - wie den Leitern schon mitgeteilt – der Auftritt Biermanns in einer Kirche zu werten[39]. Hier gibt es ohne Zweifel Wechselwirkungen und gegenseitige Inspirationen. [7]

Angesichts dieser Bestrebungen ist es besonders wichtig, die Wirkungsmöglichkeiten reaktionärer kirchlicher Kreise weiter zurückzudrängen und ihr Zusammenwirken mit anderen feindlich-negativen Kräften außerhalb der Kirche konsequent zu unterbinden. Wir dürfen nicht zulassen, daß derartigen Kräften im Rahmen der Kirche Möglichkeiten des Wirksamwerdens geboten werden. Wir haben zu verhindern, daß die Kirche als Untergrundorganisation dienen kann.

Wichtige Faktoren zur Unterstützung der Kirchenpolitik durch unser Ministerium und wesentliche Voraussetzungen zur Erhöhung der Wirksamkeit unserer Arbeit auf diesem Gebiet sind:

– Unsere Mittel und Möglichkeiten gilt es stärker dafür einzusetzen, den Differenzierungsprozeß innerhalb der Kirchen und Religionsgemeinschaften zu beschleunigen und mit operativen Möglichkeiten die Entscheidungen kirchenleitender Gremien zu beeinflussen.

Ziel muß es sein, die Basis für progressive kirchliche Kräfte zu erweitern, sie in ihrem Auftreten wirksam zu unterstützen und durch ihre Aktivitäten die Wirkungsmöglichkeiten reaktionärer Kräfte immer weiter einzuschränken. Es ist notwendig, daß die Partei – natürlich unter Wahrung der Konspiration – über bestimmte Pläne und Absichten negativer Kräfte in kirchlichen Kreisen rechtzeitig informiert wird, um ihrerseits die erforderlichen Maßnahmen veranlassen zu können.

– Auf der Grundlage des gegenwärtigen Entwicklungsprozesses innerhalb der Kirchen ist zielgerichtet an der weiteren Klärung der Frage „Wer ist wer?" zu arbeiten.

39　Hier ist vermutlich Biermanns letzter Auftritt vor seiner Ausbürgerung im November 1976 in der Berliner Nikolai-Kirche gemeint. Vgl. *Henkys*, Kirche-Staat-Gesellschaft, 52.

Die Beantwortung dieser Frage bildet die entscheidende Grundlage, um die anstehenden Aufgaben richtig realisieren zu können.

Dazu muß auch die Behandlung und Interpretierung des erwähnten „Wortes an die Gemeinden" durch jeden einzelnen Pfarrer, seine Stellung zu den jüngsten Entwicklungen und Vorgängen insgesamt gründlich mit genutzt werden.

– Es sind alle erforderlichen operativen Maßnahmen einzuleiten, um weitere Provokationen der reaktionären Kirchenkräfte abzuwehren.

6
Von 1978 bis zum „Spitzengespräch" Honecker – Leich am 11.2.1985

Dok. 55
Bericht der BV Leipzig, Abt. XX

Leipzig, den 3.4.1978

Bericht der Bezirksverwaltung Leipzig, Abteilung XX, über Erfahrungen bei der Aufklärung, Bearbeitung und der Organisierung der operativen Kontrolle kirchlich gebundener und negativ-feindlich eingestellter Jugendlicher und Jungerwachsener mit dem Ziel der Zurückdrängung der Tendenzen der politischen Untergrundtätigkeit seitens dieser Kreise.

Die Themenstellung wird im wesentlichen beispielhaft im Operativ-Vorgang „Spinne" der Abt. XX der BV Leipzig behandelt, da die im OV erarbeiteten Ergebnisse charakteristisch für die Untergrunderscheinungen im genannten Bereich sind. In der Bearbeitung des OV „Spinne" wurde bisher folgender Sachverhalt herausgearbeitet.
6 der im OV erfaßten Personen unternahmen in den letzten Monaten Aktivitäten zur Bildung einer staatsfeindlichen Gruppe mit konspirativen Arbeitsmethoden mit dem Ziel des systematischen Austausches feindlich-negativer Literatur, der politischen Bildung und Diskussion und der Organisierung einer sogenannten Reformbewegung von unten und der Auslösung von politischen Aktivitäten. Bei 5 der Mitglieder dieser Gruppe handelt es sich um Studenten bzw. ehemalige Studenten des Theologischen Seminars in Leipzig, ein Mitglied der Gruppe ist exmatrikulierter Physik-Student und gegenwärtig Arbeiter in einem graphischen Großbetrieb in Leipzig.
Zum Verbindungskreis, der mehrere 100 Personen umfaßt, gehören solche Personenkreise wie:
– negativ-dekadente Jugendliche (Tramper), wobei bei diesen Personen die Musikrichtungen „Free Jazz" und „Blues" im Vordergrund des Interesses stehen;
– Jugendliche und Jungerwachsene, die in Schwerpunktgaststätten wie Moderna, Burgkeller, Corso usw. verkehren mit teilweise asozialen Lebensweisen;
– negativ-feindlich eingestellte Studenten besonders der Fachrichtung Bibliothekare;
– Angehörige der ESG / KSG sowie Theologiestudenten;
– Antragsteller auf Legalverzug.
Die politischen Einstellungen und Zielstellungen dieser Personenkreise sind äußerst vielschichtig. [2] Sie reichen vom Antikommunismus über den feindlichen Klerikalismus bis hin zu revisionistischen, sozialdemokratischen, trotzkistischen, linkssektiererischen und sogar anarchistisch / terroristischen Ideologien. Einig sind sich jedoch alle in der Ablehnung des real existierenden Sozialismus.
Im Bearbeitungsprozeß wurden eine Reihe operativ-relevanter Kontakte zu Personen festgestellt, die in anderen Operativ-Vorgängen bzw.

OPK der eigenen DE sowie anderen Bezirksverwaltungen wegen Delikten nach §§ 106[1] und 107[2] StGB bearbeitet werden. Die feindlichen Aktivitäten dieser Personen gehen konzeptionell in folgende Richtung:
– illegale Einschleusung, Vervielfältigung und Verbreitung von Materialien mit hetzerischem Inhalt, wie der Charta 77[3] aus der CSSR, Materialien des sog. Komitees zur Verteidigung der polnischen Arbeiter[4], Materialien von Biermann[5], Havemann[6], Fuchs[7], Reiner Kunze[8], wie auch von Literatur von Renegaten, von Revisionisten, Trotzkisten usw. westeuropäischer kapitalistischer Länder;
– Durchführung von Geldsammlungen für Inhaftierte in der DDR, wie z.B. für Angehörige einer Gruppe in Jena sowie zur Unterstützung des Komitees zur Verteidigung der polnischen Arbeiter in der VR Polen;
– Bestrebungen einer Vereinigung und des organisierten Zusammenwirkens feindlicher Kräfte in der DDR mit feindlichen Personen der VR Polen, der CSSR sowie Kontakte zum sog. Komitee zum Schutz von Frieden und Sozialismus und zur Organisation Amnesty International[9];
– Bestrebungen zur gezielten Meinungsbildung und Beeinflussung

1   „Staatsfeindliche Hetze".
2   „Staatsfeindliche Gruppenbildung".
3   Charta 77 ist die Bezeichnung für die tschechoslowakische Bürgerrechtsbewegung. Diese veröffentlichte am 1.1.1977 ein Manifest, in der sie die Verwirklichung der in der Schlußakte von Helsinki 1975 garantierten Menschen- und Bürgerrechte forderte (abgedruckt in: *Riese*, 45-49). Als Sprecher der Bewegung traten die ehemalige Außenminister Hajek, der Schriftsteller Havel und der Philosoph Patočka auf. Zum Charta 77 vgl. auch *Skilling*.
4   Das Komitee zur Verteidigung der Arbeiter (KOR) bildete sich nach den Arbeiterunruhen und den darauffolgenden Verhaftungen 1976. Zu den bekanntesten Mitgliedern der Gruppe, die ihre Hauptaufgabe in der Hilfe für die verhafteten Arbeiter sah, gehörten Adam Michnik und Jacek Kuron. Zum KOR vgl. *Mackenbach*.
5   Der Liedermacher und Lyriker Wolf Biermann, ein Freund Robert Havemanns, war wenige Monate zuvor, am 16.11.1976, während einer Tournee durch die Bundesrepublik ausgebürgert worden, obwohl er eine befristete Ausreisegenehmigung erhalten hatte. Vgl. die von *Roos* herausgegebene Dokumentation und *Fricke*, Opposition, 158-161.
6   Der Physiker und Chemiker Robert Havemann war bis zu seinem Tod 1982 eine Symbolfigur der Dissidenten in der DDR. Havemann kritisierte den real existierenden Sozialismus in der DDR mit humanistisch-marxistischen Argumenten und wurde deshalb 1964 aus der SED ausgeschlossen und von seinem Lehrstuhl an der Humboldt-Universität vertrieben. Nach der Ausbürgerung seines Freundes Biermann wurde Havemann vorübergehend unter Hausarrest gestellt. Vgl. Havemanns autobiographische Aufzeichnungen: *Havemann*, Fragen; ders., Kommunist und *Fricke*, Opposition 178-180.
7   Der Schriftsteller Jürgen Fuchs, der in enger Verbindung zu Robert Havemann stand, war am 19.11.1976 von der Staatssicherheit verhaftet worden. Er wurde rund neun Monate in Haft gehalten. Vgl. dazu *Fuchs*, Vernehmungsprotokolle. Fuchs wurde später ausgewiesen. Vgl. *Fricke*, Opposition, 178 f.
8   Der Lyriker und Schriftsteller Reiner Kunze war am 29.10.1976 wegen seines in der Bundesrepublik veröffentlichten Gedichtbandes „Die wunderbaren Jahre" aus dem DDR-Schriftstellerverband entlassen worden. Danach wurde Kunze von der Staatssicherheit monatelang durch einen Psychoterror unter Druck gesetzt. Vgl. dazu die von *Kunze* 1990 herausgegebene Dokumentation, die den späteren SPD-Vorsitzenden in der DDR, Ibrahim Böhme, schwer belastete. Kunze verließ am 13.4.1977 die DDR.
9   Amnesty international ist eine 1961 gegründete, internationale Menschenrechtsorganisation.

außenstehender Personen, um einen Massencharakter zu erreichen, wobei im Mittelpunkt Diskussionen über die bereits genannten Bücher, Materialien und Veröffentlichungen stehen;
– nach den bisherigen Kenntnissen existieren Kontakte der Leipziger Gruppe zu negativ-feindlichen Personen in Rostock, Berlin, Jena und Bezirk Dresden, wobei entsprechend den bisherigen Erkenntnissen wiederum der Verdacht naheliegt, daß es sich bei den Verbindungen um weitere illegal arbeitende Gruppen handelt. In Leipzig liegen konkrete Beziehungen vor zu der staatsfeindlichen Gruppe, die im OV „Taucher" unserer Abt. bearbeitet wurde. [3]
Diese Beziehungen wurden im Ergebnis der bisherigen bzw. bisher durchgeführten Vernehmungen aufgeklärt.
Ausgehend vom dargelegten Sachverhalt und der Auswertung von anderen operativen Materialien auf dem Gebiet der politischen Untergrundtätigkeit zeichnen sich folgende Tendenzen ab.
– Ausgangspunkt der politischen Untergrundtätigkeit auf diesem Gebiet ist immer die Aneignung und Verarbeitung der feindlichen Ideologie, wobei im starken Maße die westlichen Massenkommunikationsmittel und nichtlizenzierte Schriften aus dem KA sowie auch Veröffentlichungen von DDR-Autoren mit negativ-feindlichem Inhalt genutzt werden.
Veröffentlichungen von Dissidenten der CSSR, der VR Polen und der SU werden ebenfalls einbezogen. Zum Austausch und zur Weiterverarbeitung wird der in der Regel große Bekanntenkreis gleichgesinnter Personen genutzt.
Einfache Mittel der Vervielfältigung (Schreibmaschinenabschriften) werden genutzt. Es gibt Überlegungen, effektivere Vervielfältigungsmethoden anzuwenden und derartige Mittel aus der BRD zu beschaffen. Die negativ-feindliche Ideologie dieses Personenkreises richtet sich gegen den realen Sozialismus, wobei in der Regel als Zielstellung ein anderes Sozialismusmodell gewählt wird. Dieses andere Sozialismusmodell reicht entsprechend der individuellen Einstellung der betreffenden Personen vom sogenannten demokratischen Sozialismus über den Sozialdemokratismus bis hin zu ultra-linken und maoistischen Auffassungen von Sozialismus.
In der ideologischen Arbeit dieser Personen wird sogen. linke Literatur wie z.B. von Trotzki[10], Medwedjew und Rosana Rosandra und anderen Autoren bevorzugt.
– In den negativ-feindlichen und kirchlich gebundenen Personenkreisen verstärkt sich die Tendenz zur Bildung staatsfeindlicher Gruppen. Im Ergebnis der bisherigen Untersuchungen im OV „Spinne" wurden bei mehreren, auch nicht zur Gruppe gehörenden Personen Bestrebungen zur Bildung konspirativer Gruppen festgestellt. Ausgangspunkt für die Bildung derartiger Gruppen sind in der Regel gleichartige persönliche Interessen, wie z.B. das Interesse an Jazz und Popmusik, am Plattenaustausch, das Interesse an der Literatur. Im Ergebnis dieser gemeinsamen Interessenlage wird über eine Reihe […] persönlicher, all-

---

10   Leo Trotzki war 1924 der wichtigste Rivale Stalins um die Nachfolge Lenins gewesen. Er wurde von Stalin nach und nach aus allen seinen Positionen verdrängt und 1929 schließlich aus der Sowjetunion ausgewiesen. 1940 wurde er vermutlich im Auftrag Stalins in Mexiko ermordet. Kommunistische Oppositionelle wurden in der DDR häufig als Trotzkisten bezeichnet.

gemein menschlicher und politischer Probleme diskutiert, in deren Ergebnis oftmals gemeinsame negative Einstellungen zum real existierenden Sozialismus festgestellt werden. [4]
Anläßlich bestimmter politischer Ereignisse, wie z.b. der Ausbürgerung von Biermann kommt es dann zu zwei- und mehrseitigen Absprachen hinsichtlich gemeinsamer Aktivitäten, wie das Schreiben von Protestresolutionen, die Durchführung von Geldsammlungen usw. und zu Diskussionen über die Aktivierung der konspirativen Gruppenarbeit mit dem Ziel der Organisierung des systematischen Literaturaustausches, der Systematisierung der politischen Diskussion und der Organisierung einer Reformbewegung von unten.

– Es finden in immer stärkerem Maße Mittel und Methoden der Konspiration Anwendung, so z.b. Verbot der Übermittlung von Sachverhalten, die der Konspiration unterliegen, mittels Telefon oder Post, Nutzung von Kurieren für Nachrichtenübermittlung und Literaturverbreitung, Anwendung von Erkennungszeichen, Festlegung von Warnsystemen und Decknamen für die Mitglieder der staatsfeindlichen Gruppen usw. Derartige konspirative Verhaltensweisen werden teilweise bereits im Stadium vor der eigentlichen Bildung der staatsfeindlichen Gruppe angewendet.

– Es besteht ein ausgeprägtes System von Verbindungen und Kontakten gleichgesinnter negativ-feindlich eingestellter Personen; derartige Kontakte wurden aufgebaut zum großen Teil über gleichartige Interessengebiete, wie Musik und Literatur, darüber hinaus durch Studium, Schulbesuch sowie über die gemeinsame Freizeitgestaltung im Rahmen der sog. Tramper. Diese ausgeprägten Verbindungen werden für vielfältige negativ-feindliche Aktivitäten, insbesondere für Literaturverbreitung und Vervielfältigung sowie Beschaffung ausgenutzt. Des weiteren ist charakteristisch für die Erscheinungen der Untergrundtätigkeit, die im OV „Spinne" bearbeitet werden, daß sich die verschiedensten Bereiche der traditionellen Untergrundtätigkeit in sehr starkem Maße verflechten, d.h. es gibt Verbindungen zwischen rein kirchlichen Untergrunderscheinungen, zu Untergrunderscheinungen unter negativ-dekadenten Jugendlichen, zu Untergrunderscheinungen im künstlerischen Bereich, zu Untergrunderscheinungen unter Personenkreisen der wissenschaftlich-technischen Intelligenz, Hochschulkadern usw. Dem entspricht auch die Verbindung zu vermutlich existierenden Untergrundgruppen in unserem eigenen Territorium wie auch im Territorium anderer Bezirke.

– Neben der Auswertung, Vervielfältigung und Verbreitung von Schriften oppositioneller Gruppen in der VR Polen und in der ČSSR, z.B. der Arbeiterkomitees und der Charta 77, gibt es Bemühungen, ständige Kontakte zu derartigen Gruppen herzustellen. Hierzu dienten beispielsweise Geldsammlungen und persönliche Kontaktaufnahme zu Mitgliedern derartiger oppositioneller Gruppen in sozialistischen Ländern.

– Im Rahmen der Bearbeitung gibt es eine Reihe von Hinweisen auf bestehende Kontakte zu derartigen Organisationen, wie Komitee zum Schutz von Freiheit und Sozialismus und zu Amnesty International. Es gibt Hinweise, daß derartigen Organisationen die Namen und Adressen von Verhafteten mitgeteilt werden bzw. die Betreuung der Ehefrauen von Inhaftierten organisiert wird. Bereits kurz nach der Inhaftierung eines Hauptverdächtigen wurde dieser offiziell in die Betreuung des Komitees zum Schutz von Freiheit und Sozialismus aufgenommen.

Im Ergebnis der erarbeiteten Fakten in diesem Operativ-Vorgang sowie in anderen Untergrundmaterialen erscheint es wichtig, auf folgende notwendige politisch-operative Aufgaben- und Maßnahmenkomplexe aufmerksam zu machen. Entsprechend der unserem Organ gegebenen politischen Aufgabenstellung stand von vornherein fest, daß Festnahmen, Ermittlungsverfahren und sonstige strafprozessuale Maßnahmen die Ausnahme darstellen, sondern daß im Vordergrund des Abschlusses des Vorganges Zersetzungsmaßnahmen stehen müssen. Dabei war zu berücksichtigen, daß die Mehrzahl der Verdächtigen in einer innerkirchlichen Ausbildungsstätte studieren und alle politisch-operativen Maßnahmen in der Richtung durchdacht werden mußten, daß daraus keine negativen kirchenpolitischen Aspekte entstanden. Im Prozeß der Bearbeitung und des Abschlusses des Vorganges standen folgende Probleme im Vordergrund:

– Politisch-operativ richtige Auswahl der Personen, die zuerst einer Befragung bzw. Vernehmung unterzogen werden sollten, wobei bei der Befragung taktisch so vorgegangen werden mußte, daß keine negativen Auswirkungen auf die Kirchenpolitik eintraten.

– Beim Abschluß derartiger Vorgänge ist es wichtig, in den Kreisen der Hauptverdächtigen bzw. in zentralen kirchlichen Leitungen über IM zu verfügen, die sofort über die Reaktionen und beabsichtigen Maßnahmen kirchlicher Kreise berichten.

– Durch den Einsatz aller Möglichkeiten der Abt. 26, der Abt. M, der Abt. PZF sowie der Abt. VIII ist es erforderlich, vor Beginn und nach durchgeführten Vernehmungs- und Befragungsmaßnahmen die Kontrolle über derartige Personenkreise auszuüben, um deren Reaktion in Erfahrung zu bringen und das System der konspirativen Verbindungen aufzudecken. [6]

– Unter Ausnutzung der erarbeiteten belasteten Faktoren ist anzustreben, eine Reihe von Kontakten zu schaffen und Werbungen von IM zu realisieren mit dem Ziel, langfristig in die politisch-relevanten Personenkreise einzudringen, da abzusehen ist, daß derartige Personenkreise mit der Durchführung einmalig politisch-operativer Zersetzungsmaßnahmen nicht restlos von ihren negativ-feindlichen Aktivitäten abrücken werden.

– Alle erarbeiteten Verbindungen zu negativ-feindlichen Personenkreisen sind exakt festzustellen, aufzuarbeiten, das Material zusammenzustellen und nach Abschluß der Bearbeitung des Operativ-Vorganges den jeweils zuständigen operativen Diensteinheiten zur Verfügung zu stellen, damit derartige Personenkreise langfristig unter operativer Kontrolle gehalten werden können.

– Auf Grund der Verflechtung der verschiedensten Untergrundbereiche erscheint es erforderlich, eine enge Koordinierung aller beteiligten operativen Diensteinheiten durchzusetzen. Auf Grund des Umfangs der zu bearbeitenden Problematik und der zahlreichen operativ-relevanten Verbindungen ist es erforderlich, derartige Operativ-Vorgänge durch zeitweilige Vorgangsgruppen zu bearbeiten.

– Neben solchen Zersetzungsmaßnahmen wie Befragungen und Vernehmungen wurden weitere erfolgreich angewendet, wie Scheinkontaktierungen, die anderen Mitgliedern der Gruppe zu Kenntnis gelangten, demonstrative Scheinbeobachtungen von Zusammenkünften,

Durchführung von anonymen Anrufen zur weiteren Verunsicherung, Entwicklung von Mißtrauen, indem Personen in den Verdacht der Zusammenarbeit mit dem MfS gebracht werden usw.

Hinsichtlich der Organisierung des IM-Einsatzes und der Zersetzungsmaßnahmen unter den genannten Personenkreisen ergeben sich nachstehende Schlußfolgerungen:

In Auswertung der Erfahrungen bei der Bearbeitung des OV „Taucher" und „Spinne" ist davon auszugehen, daß diese Untergrundgruppen sich konspirativer Verhaltensregeln bedienen und diese beachten. Das bedingt, daß IM nur äußerst schwer einzuführen sind. Andererseits sind auf Grund der verfestigten negativ-feindlichen Einstellungen kaum erfolgreich IM aus dem Kreis der Verdächtigen herauszubrechen. Nach den bisherigen Erfahrungen erfordert selbst das Herausbrechen mit schwerwiegenden Druckmitteln einen längeren Gewinnungsprozeß, der auf Grund der Erfordernisse der Einhaltung der Konspiration meist erst in Zusammenhang mit dem Abschluß des Vorganges möglich ist. [7]

Die Einführung von IM wird dadurch erschwert, daß die maßgeblichen Organisationen der staatsfeindlichen Gruppen neue Mitglieder selbst auswählen, wobei als Auswahlkriterien solche Gesichtspunkte eine Rolle spielen wie:
– langjährige gemeinsame Bekanntschaft
– gemeinsame Freizeitinteressen
– exakte Kenntnis über eine tatsächliche negativ-feindliche Einstellung.

Personen, die zu Alkoholgenuß neigen, sowie Frauenbekanntschaften werden als Risikofaktoren angesehen.

Schlußfolgernd sollten nachstehende Gesichtspunkte beachtet werden:
– Nach wie vor sind Einführungen von IM in den Kreis der Verdächtigen sowie das Herausbrechen von IM bei entsprechenden Voraussetzungen möglich, wobei dabei, wie oben dargelegt, erhebliche Schwierigkeiten und Gefahren für die Konspiration entstehen.

Derartige Maßnahmen sollten durch operativ-technische Mittel und Möglichkeiten unterstützt werden, um jederzeit die Reaktion feststellen zu können.

– Es ist verstärkt erforderlich, um unter den jetzt personifizierten negativ-feindlichen Kräften langfristig zu gewinnen, unter denen gegenwärtig der IM-Bestand sehr schwach ist. Gleichzeitig sind die IM so zu instruieren, daß sie über längere Zeit mit einer bestimmten Grundlegende sich als negativ-feindliche Personen zu erkennen geben, bei kleineren negativ-feindlichen Aktivitäten (z.B. Verbreiten und Austausch nichtlizenzierter Literatur) mitwirken.

Bei der Entwicklung des IM-Systems sind entsprechend den gegenwärtigen Erkenntnissen folgende Personenkreise vorrangig zu durchdringen:
– negativ-feindlich eingestellte jugendliche kirchliche Kreise, insbesondere aus dem Theologischen Seminar, ESG, KSG sowie Junge Gemeinde;
– negativ-feindliche Personenkreise unter den negativ-dekadenten Jugendlichen (Tramper) mit bestimmten Interessen wie Literatur, Jazz, Beat, Pop usw., also mit intellektuellen Interessen; [8]
– Hochschulabsolventen, Studenten und junge wissenschaftliche Nachwuchskader mit differenzierten negativen Auffassungen zu be-

stimmten Seiten des gesellschaftlichen Lebens im real existierenden Sozialismus. Die ideologischen Auffassungen sind meist breit gefächert
und reichen vom Revisionismus sozialdemokratischer Färbung bis hin
zu linksradikalen Auffassungen des Trotzkismus, Maoismus und Anarchismus;
– jugendliche Personenkreise, die von einer anarchistischen, linksradikalen oder maoistischen Auffassung her den real existierenden Sozialismus ablehnen.
Charakteristisch ist, daß alle Personenkreise trotz unterschiedlicher
ideologischer Auffassungen bemüht sind, sehr enge und vertrauliche
Beziehungen zu unterhalten. Gemeinsam ist allen die Ablehnung des
real existierenden Sozialismus. Alle diese unterschiedlichen Personenkreise treten nicht für eine Restauration des Imperialismus ein, sondern für eine „demokratische" Umwandlung des Sozialismus.
Zur Realisierung dieser Ziele wird eng mit gleichgerichteten Gruppen
der Organisationen in der BRD zusammengearbeitet.

Erfahrungswerte – Zusammenarbeit
– Maßnahmen der Zersetzung mittels Befragung in Kombination mit
anderen politisch-operativen Zersetzungsmaßnahmen (Entwicklung
von Widersprüchen in der Gruppe, Kontaktierung und Scheinkontaktierungen usw.) sind recht wirksam, führen zu einer Lähmung und
Unterbindung feindlich-negativer Aktivitäten. Teilweise gibt es auch
ein Umdenken hinsichtlich der Tätigkeit der Machtorgane unseres
Staates, inbesondere des MfS.
– Zersetzungsarbeit darf nicht ein einmaliger Akt sein, sonst verliert
sie an Wirksamkeit. Sie muß zielstrebig weitergeführt werden. Das erfordert, inoffiziell bzw. durch operativ-technische Mittel ständig gut
informiert zu sein.
– Zersetzungsarbeit darf nicht zur Selbstzufriedenheit führen und
zum Abschluß der politisch-operativen Maßnahmen insgesamt führen.
Die operativ-relevanten Personenkreise sind langfristig unter operativer Kontrolle zu halten.
– Es zeigen sich Tendenzen, daß auf Grund der Durchführung von
nur parteierzieherischer bzw. disziplinarischer Maßnahmen teilweise
die eigenen feindlichen Aktivitäten bagatellisiert bzw. die Nachsicht
der Organe des MfS als Schwäche ausgelegt werden.
– Nach Durchführung von partei- und disziplinarischer bzw. Befragungsmaßnahmen versuchen sich einige operativ bearbeitete Personen
gegenüber einem größeren Bekanntenkreis, der nicht unmittelbar mit
den feindlich-nagtiven Aktivitäten im Zusammenhang stand, als politisch verfolgte Personen hochzustilisieren bzw. sich interessant zu machen.
– Es sollten weitere Varianten und Maßnahmen für die Zersetzungsarbeit entwickelt werden, insbesondere solche im persönlich-individuellen Bereich. Dabei sollte das Hauptziel darin bestehen, Widersprüche
zu entwickeln, ohne daß dabei vordergründig das Interesse des MfS
erkennbar ist.
– Hohe Anforderungen werden bei Zersetzungsmaßnahmen mit laufenden Vernehmungen und Befragungen an das Zusammenwirken der
operativen Abteilung mit der Untersuchungsabteilung gestellt.
Über besondere Vorkommnisse ist sofort zu berichten.
[gez.] [?]

Dok. 56
Rundschreiben Mielkes

Berlin, den 19.4.1978

Schreiben mit eigenhändiger Unterschrift. Absender: Ministerrat der Deutschen Demokratischen Republik, Ministerium für Staatssicherheit, Der Minister. Anschrift: Diensteinheiten, Leiter. Information über das Gespräch des Generalsekretärs des ZK der SED
und Vorsitzenden des Staatsrates der DDR, Genossen Erich Honecker, mit dem Vorstand der Konferenz der Evangelischen Kirchenleitungen in der DDR am 6.3.1978[11] und
einigen sich daraus ergebenden politisch-operativen Problemen. Vermerk: Persönlich
VVS MfS o008 Nr.: 30 / 78. Ohne Anlagen.

Am 6.3.1978 empfing Genosse Erich Honecker den Vorstand der Konferenz der Evangelischen Kirchenleitungen in der DDR unter Leitung
seines Vorsitzenden, Bischof D. Dr. Albrecht *Schönherr*, zu seinem
Antrittsbesuch als Vorsitzender der Konferenz.
Während der Zusammenkunft sprach zunächst Genosse Honecker zu
den Teilnehmern. Die Erwiderung darauf erfolgte durch den Vorsitzenden der Konferenz der Evangelischen Kirchenleitungen der DDR,
Bischof D. Dr. *Schönherr*. Daran schloß sich eine Diskussion zu Sachfragen zwischen Genossen Honecker und den Teilnehmern seitens der
evangelischen Kirche an, an der sich alle Anwesenden der evangelischen Kirche mit ausführlichen Beiträgen beteiligten. Zum Abschluß
des Gesprächs gab Genosse Honecker zusammenfassend Erläuterungen zu aufgeworfenen und interessierenden Fragen.
Die Ausführungen des Genossen Honecker waren von grundsätzlicher
Bedeutung für das Verhältnis Staat-Kirche, wobei insbesondere folgende Aussagen in ihrer Bedeutsamkeit herausragen:
(siehe auch „ND" vom 7.3.1978[12].)
–   Hervorhebung der auf Frieden, Sicherheit und Entspannung gerichteten Politik der DDR. In diesem Sinne vollziehe sich auch die
brüderliche Zusammenarbeit mit der Sowjetunion und den anderen
Staaten der sozialistischen Gemeinschaft, wobei besondere Bedeutung
der Verwirklichung der Schlußakte von Helsinki als Ganzes beigemes-
sen werde. [2]
–   Betonung darauf, daß die Arbeit der Kirchen nur im Frieden erfüllt
werden kann; darin bestehe die gemeinsame Basis der Zusammenarbeit
Staat-Kirche.
Dieses Verhältnis wirke besonders in der gemeinsamen Verantwortung
für den Menschen und seine Zukunft, für die Lösung der Hauptfrage
der Gegenwart – der Festigung und Sicherung des Friedens.
–   Würdigung des Friedensengagements der Kirchen, ihres Eintretens
für Entspannung und Völkerverständigung, zur Beendigung des Wett-

---

11   Der 6.3.1978 war das entscheidende Datum für die Beziehung zwischen dem Staat
     und den Kirchen in der Honecker-Ära. An diesem Tag empfing der Staatsratsvor-
     sitzende erstmals Bischof Schönherr zusammen mit den übrigen Mitgliedern des
     Vorstandes des Kirchenbundes. Das Gespräch ist weniger wegen der damals be-
     handelten Sachfragen, als vielmehr wegen des dieses Gespräch prägenden Atmo-
     sphäre der Offenheit und des Vertrauens wegweisend gewesen. Vgl. hierzu zu-
     nächst die Einleitung, 35-37, dann aber auch *Henkys*, Kirche-Staat-Gesellschaft,
     19-29; *Luchterhandt*, Gegenwartslage, 40-57 und *Dähn*, 193-197.
12   Abgedruckt in: Kirche als Lerngemeinschaft, 218-221.

rüstens, zum Verbot der Massenvernichtungsmittel, vor allem der Herstellung der Neutronenwaffe.

– Hinweise darauf, daß es für die Kirchen im Zusammenhang mit aktuellen Fragen des Kampfes um die Festigung des Friedens ein breites Feld aktiver Mitwirkung gibt, daß Frieden und Sozialismus den Kirchen große Möglichkeiten für ein fruchtbares Wirken bieten. Dabei ist eine Kooperation zwischen Staat und Kirche möglich und notwendig, was sich aus der gleichberechtigten Mitwirkung aller Bürger der DDR für das Wohl der Menschen im Sozialismus ohne Unterschied der Weltanschauung und des religiösen Bekenntnisses ergibt[13].

Diese Grundaussage – und dabei verwies Gen. Honecker auf seinen auf die Verfassung geleisteten Eid – müsse in einem Prozeß konstruktiver Gestaltung des Zusammenlebens von Bürgern verschiedener Weltanschauung und Gewissensbindung immer stärker mit Leben erfüllt werden. In jedem Fall sei in der Praxis von Bedeutung, daß das religiöse Bekenntnis grundsätzlich kein Widerspruch zum staatsbürgerlichen Bewußtsein eines DDR-Bürgers ist.

– Betonung der Wertschätzung für die humanitäre Hilfe der Kirchen in der DDR für um ihre Befreiung kämpfende Völker sowie der umfangreichen diakonischen Arbeit der Kirchen.

– Hervorhebung der Arbeit, die in kirchlichen Einrichtungen des Gesundheits- und Sozialwesens im Sinne gesamtgesellschaftlicher Interessen geleistet wird.

– Hervorhebung, daß unsere sozialistische Gesellschaft jedem Bürger ohne Unterschied eine klare Perspektive und Möglichkeiten bietet, seine Fähigkeiten und Talente, seine Persönlichkeit voll zu entfalten. An dem Verständnis, das der Staat der Kirche gegenüber aufbringe, ändere sich nichts; die Freiheit der Religionsausübung[14] bei klarer Trennung von Staat und Kirche[15] sei verfassungsmäßig garantiert und in der Praxis gesichert. Das Klima zwischen Staat und Kirche müsse auf allen Ebenen gut, sachlich und freimütig gestaltet werden. Auftretende Probleme sollten im Geist der Toleranz und der gegenseitigen Verständigungsbereitschaft gelöst werden.

Der Vorsitzende der Konferenz der Evangelischen Kirchenleitungen in der DDR, Bischof D. Dr. Albrecht *Schönherr*, bekräftigte die Ausführungen des Genossen Honecker über die Mitverantwortung aller Bürger für die Erhaltung des Friedens. Mit dem Gespräch sei ein wichtiger Punkt in den Beziehungen Staat-Kirche markiert, der dem Prinzip der Trennung von Staat und Kirche nicht [3] widerspräche. Ideologische Gegensätze könnten weder verwischt noch verharmlost werden. Das vom Genossen Honecker gegebene Stichwort „Kirche im Sozialismus" finde Zustimmung und müsse entsprechend ausgestaltet werden.

Bischof *Schönherr* betonte gleichzeitig „die Hoffnung und den sehnlichsten Wunsch vieler Menschen, leichter über Grenzen hinweg zusammenzukommen" sowie die Notwendigkeit im Zusammenleben von Christen und Nichtchristen in der DDR, „der Zusicherung der freien

---

13   Hier werden die Art. 20 und 21 der Verfassung paraphrasiert.
14   Die Freiheit der Religionsausübung wird von Art. 39 der Verfassung garantiert.
15   Die Trennung von Staat und Kirche ist eine alte kommunistische Forderung, die aber auch von den Kirchen in der DDR stets bejaht wurde. Vgl. *Henkys*, Kirche-Staat-Gesellschaft, 37-42.

Religionsausübung und Glaubens- und Gewissensfreiheit Achtung zu zollen".

Er bedankte sich für Verständnis und Lob, das von staatlicher Seite der Arbeit der diakonischen Einrichtungen und Anstalten entgegengebracht wurde. Weiter hob Bischof *Schönherr* hervor, Begegnungen dieser Art würden sich als „Marksteine der Beziehungen zwischen Staat und Kirche" erweisen, wobei er die Hoffnung ausdrückte, „diese gute Entwicklung" sollte sich fortsetzen. (siehe auch „ND" vom 7.3.1978.) Die nachfolgende Diskussion zu Sachfragen ist als konstruktiv und freimütig einzuschätzen. Alle Diskussionsredner begrüßten Zustandekommen, Atmosphäre und Verlauf des Gesprächs und bedankten sich dafür beim Genossen Honecker.

Zu Sachfragen sprachen alle anwesenden Vertreter der evangelischen Kirche, wobei durchweg das Bemühen um Sachlichkeit und gegenseitige Verständigung deutlich wurde.

(In der Anlage 1 wird eine Kurzfassung der im Gespräch des Genossen Honecker mit leitenden Vertretern der evangelischen Kirche am 6.3.1978 getroffenen sachbezogenen Festlegungen beigefügt. Dieser „Zehner-Katalog"[16] (kirchlicher Ausdruck) – der in einer Reihe [von] Vorgesprächen auf zuständiger Ebene vorbereitet worden war – diente als Ausgangspunkt der Diskussionen.)

Bei der politisch-operativen Wertung des Gesprächs des Genossen Honecker mit leitenden Vertretern der evangelischen Kirche sind insbesondere folgende Gesichtspunkte von Bedeutung:

– Es war das erste Treffen zwischen einem Staatsoberhaupt der DDR mit der Leitung der evangelischen Kirche. Die politischen Grundaussagen sind richtungweisend für das weitere Verhältnis Staat-Kirche und für die kirchenpolitische Arbeit.

– Voraussetzung für dieses Gespräch war, daß sich in leitenden Kirchengremien ein Prozeß des Umdenkens vollzogen hat und weiter vollzieht, die DDR als stabile sozialistische Staatsmacht anzuerkennen. Konkreter Ausdruck dieses Umdenkens war die juristische Verselbständigung der evangelischen Kirchen in der DDR und Trennung von der „Evangelischen Kirche in Deutschland"[17]. [4]

Zur konsequenten Verwirklichung der durch den Genossen Erich Honecker im Gespräch mit dem Vorstand der Konferenz der evangelischen Kirchenleitungen der DDR getroffenen Festlegungen sind die politisch-operativen Kräfte, Mittel und Möglichkeiten zielgerichtet und differenziert einzusetzen. Es ist mit hoher politischer Verantwortlichkeit und tschekistischer Klugheit mitzuhelfen, die Politik von Partei und Regierung in Kirchenfragen durchzusetzen. Über sektiererische Hemmnisse und liberalistische Auffassungen ist zu informieren.

Auf der Grundlage der „Bearbeitungskonzeption zur weiteren politisch-operativen Bearbeitung politisch-klerikaler Kräfte in der DDR für den Sicherungsbereich der Linie XX / 4" vom 4.3.1975 sind verstärkt qualifizierte inoffizielle Mitarbeiter in Spitzenpositionen (leitende und mittlere Ebene) sowie in theologischen Ausbildungsstätten zu schaffen. Durch eine qualifizierte politisch-operative Arbeit ist zu gewährleisten, daß der Differenzierungsprozeß in den Kirchen und Reli-

---

16   Abgedruckt in: Kirche als Lerngemeinschaft, 212 f. (enthalten in der Information des Sekretariates des Kirchenbundes an die Gemeinden, ebd., 211-213).
17   Vgl. Dok. 52, Anm. 2.

gionsgemeinschaften so vorangetrieben wird, damit die realistisch denkenden Kräfte noch stärker an die humanistische Politik unserer Partei herangeführt, die Schwankenden gefestigt und feindlich-negative Personen bzw. Gruppen gespalten, zersetzt und paralysiert werden. Schwerpunkte bilden dabei die Leitungen der Landeskirchen, besonders die Landeskirche der Kirchenprovinz Sachsen (Verantwortungsbereich der BV Magdeburg, BV Halle und BV Erfurt) und die Landeskirche Sachsen (Verantwortungsbereich der BV Dresden, BV Leipzig und BV Karl-Marx-Stadt).

Es sind rechtzeitig solche Bestrebungen aufzudecken und operativ aufzuklären, deren Ziel darin besteht, die Kirchen in der DDR durch feindlich-negative Personen bzw. Personengruppen zu mißbrauchen oder zur Tarnung feindlich-negativer Aktivitäten zu nutzen.

Feindlich-negative Kräfte sind verstärkt in operativen Vorgängen zu bearbeiten mit dem Ziel, mögliche Erscheinungen der Untergrundtätigkeit vorbeugend aufzuklären und zu bekämpfen.

Der Widerstand negativer, insbesondere auf politisch-klerikale Zentren der BRD orientierter Personen, gegen den von fortschrittlich-demokratischen Kirchenkräften angestrebten Kurs, ist auszuschalten und die Herausbildung eines koordinierten offensiven Vorgehens realistischer und loyal denkender Kräfte zu beschleunigen.

Über Reaktionen zum Gespräch und daraus resultierende Aktivitäten sowie Probleme, die bei der Realisierung der im Gespräch getroffenen Festlegungen auftreten (siehe dazu auch Anlagen 1 bis 3) ist ein ständiger Informationsfluß zu gewährleisten. Das betrifft sowohl positive Entwicklungstendenzen als auch feindlich-negative Aktivitäten.

Über besondere Vorkommnisse ist sofort zu berichten.

[gez.] Mielke
Generaloberst

Dok. 57
Rundschreiben Mielkes

Berlin, 17.4.1979

Schreiben mit eigenhändiger Unterschrift. Absender: Ministerrat der Deutschen Demokratischen Republik, Ministerium für Staatssicherheit, Der Minister. Anschrift: Stellvertreter des Ministers, Diensteinheiten, Leiter. Rücksendetermin[18]: 21.6.1979, BdL[19] / Dokumentenverwaltung. VVS MfS o008 Nr. 20 / 79.

Das Oberhaupt der katholischen Kirche, Papst Johannes Paul II. wird aufgrund einer Vereinbarung zwischen der Regierung der VR Polen und dem Vatikan in der Zeit vom 2. bis 10. Juni 1979 in die VR Polen

18 Alle dienstlichen Bestimmungen wurden zentral ausgegeben. Nach Gebrauch mußten die Dokumente an diese Stelle zurückgeschickt werden, wo sie bis auf wenige Exemplare vernichtet wurden.

19 Das Büro der Leitung (BdL) war einst für Sonderaufgaben des Ministers bzw. des BV-Leiters gegründet worden. Nach und nach bestand seine Aufgabe v.a. in der Herstellung, Verteilung und Verwaltung von Schriftstücken bzw. in der Sicherung der Kurierverbindungen.

reisen und die Städte Warschau, Czestochowa und Krakow besuchen.[20]
Die katholische Kirche in der VR Polen begeht in diesem Jahr den 900.
Todestag des „Heiligen Stanislaus". Dieser Heilige wird von ihnen als
Nationalheld gefeiert, da er sich bereits in früher Zeit für die „Menschenrechte" einsetzte.
Nach jetzt veröffentlichten Meldungen beabsichtigt die katholische
Kirche der VR Polen, wie alljährlich die Gedenkfeier für den „Heiligen
Stanislaus" am 13. Mai 1979 stattfinden zu lassen, die „Nationalfeier"
jedoch auf den 10. Juni 1979, den Tag des Aufenthaltes des Papstes in
Krakow, zu verschieben.
Nach inoffiziellen Hinweisen legte die Berliner Bischofskonferenz fest,
daß an den Höhepunkten der Feierlichkeiten zum 900. Todestag des
„Heiligen Stanislaus" (13.5.1979) eine Delegation der katholischen Kirche der DDR teilnehmen soll. Kardinal Bengsch[21] sowie weitere Bischöfe haben die Absicht, am 10.6.1979 nach Krakow zu fahren.
Die Deutsche Bischofskonferenz der BRD beabsichtigt, ihren Vorsitzenden, Kardinal Höffner, und weitere kirchliche Würdenträger zu
den Feierlichkeiten am 13.5.1979 und während des Papstbesuches in
die VR Polen zu entsenden.
Nach weiteren vorliegenden operativen Informationen beabsichtigt
eine größere Anzahl von Gläubigen aus der DDR (Einzelpersonen und
Gruppen, insbesondere katholische Studenten, in geringem Maße
Geistliche) an den Feierlichkeiten mit dem Papst teilzunehmen. Des
weiteren liegen Hinweise aus dem Operationsgebiet[22] vor, welche besagen, daß klerikale Kreise in der BRD gezielte Aktivitäten zur Forcierung der feindlichen Kontaktpolitik während der Zeit des Papstbesuches in der VR Polen entwickeln. [2]
Zur Aufklärung und Verhinderung feindlich-negativer Aktivitäten sind
durch die Leiter aller operativen Diensteinheiten, insbesondere durch
den Einsatz qualifizierter IM / GMS[23] und anderer politisch-operativer Möglichkeiten, folgende Aufgaben zu gewährleisten:
– Ermittlung der Personen, inbesondere katholischen Glaubens, der
Kirche nahestehender sowie angefallener negativ-dekadenter Personen
aus dem Verantwortungsbereich, welche beabsichtigen, aus Anlaß der
Feierlichkeiten und des Papstbesuches unter Ausnutzung der Pfingstfeiertage in die VR Polen zu reisen;
– Erarbeitung von operativen Hinweisen, inwieweit die Reisen für
feindlich-negative Zwecke, wie provokatorisches und demonstratives

---

20   Der Papst verteidigte bei seinem Besuch nachdrücklich das gesellschaftliche Engagement der katholischen Kirche in Polen. Vgl. *Hammel*, 21-25.
21   Alfred Bengsch wurde 1961 als Nachfolger von Kardinal Döpfner zum Bischof
     von Berlin ernannt. Bengsch, der Vorsitzender der Berliner Ordinarienkonferenz
     und dann der Berliner Bischofskonferenz war, starb wenige Monate später, am
     13.12.1979.
22   Operationsgebiet ist die im MfS gebräuchliche Bezeichnung für das westliche Ausland, insbesondere die Bundesrepublik.
23   Unter dem Eindruck der von Walter Ulbricht Ende der sechziger Jahre propagierten Vorstellung der DDR als einer „sozialistischen Menschengemeinschaft" wurde
     mit der Richtlinie 1 / 68 die Kategorie des Gesellschaftlichen Mitarbeiters Sicherheit (GMS) in die IM-Arbeit des MfS eingeführt. Der GMS war zumeist ein loyaler DDR-Bürger, der – zumeist an seinem normalen Arbeitsplatz – im Sinne des
     MfS wirkte. Faktisch handelte es sich bei den GMS um eine niedrigere IM-Kategorie.

Auftreten, Verleumdung der Politik der DDR sowie Herstellung bzw. Ausbau von Kontakten zu Besuchern aus dem nicht-sozialistischen Ausland mißbraucht werden sollen;
– Erarbeitung von operativen Informationen zu Plänen und Absichten vorgenannter Personenkreise, dem Papst Petitionen, die gegen die Politik der Partei und Regierung der DDR gerichtet sind, zu übergeben.

IM / GMS aus dem Verantwortungsbereich, welche im Zusammenhang mit den Feierlichkeiten und dem Papstbesuch die Volksrepublik Polen besuchen, sind bis zum 25.4.1979 an den Leiter der Hauptabteilung XX zur möglichen Koordinierung des Einsatzes der operativen Kräfte zu melden.

Der Leiter der Hauptabteilung VI hat die konsequente Durchsetzung der von mir erlassenen dienstlichen Bestimmungen und Weisungen zur politisch-operativen Sicherung des Reise- und Transitverkehrs zu gewährleisten. Die einzuleitenden operativen Maßnahmen dürfen die Kirchenpolitik unserer Partei und das gute Verhältnis Staat-Kirche in der DDR nicht diskreditieren.

Alle Informationen, die mit den Feierlichkeiten und dem Papstbesuch im Zusammenhang stehen können, sind durch die Leiter aller Diensteinheiten umgehend dem Leiter der Hauptabteilung XX zu übermitteln.

Der Leiter der Hauptabteilung XX hat bei operativer Notwendigkeit den Leiter der Abteilung X über geplante Feindtätigkeit im Zusammenhang mit den Feierlichkeiten und dem Papstbesuch zu informieren. Durch diesen hat die Koordinierung der Zusammenarbeit mit den Sicherheitsorganen der VR Polen zu erfolgen.

Besonders bedeutsame operative Informationen, die einer zentralen Entscheidung bedürfen, sind sofort mir bzw. meinem Stellvertreter, Genossen Major Mittig[24], mitzuteilen.
[gez.] Mielke
Generaloberst

Dok. 58
Rundschreiben Mielkes

Berlin, den 7.11.1979

Rundschreiben Mielkes mit eigenhändiger Unterschrift. Absender: Ministerrat der Deutschen Demokratischen Republik, Ministerium für Staatssicherheit, Der Minister. Anschrift: Stellvertreter des Ministers, Diensteinheiten, Leiter. VVS MfS 0008 Nr.: 50 / 79.

Der Vorstand der Konferenz der Evangelischen Kirchenleitungen und der Konvent der Bischöfe der DDR haben sich in mehreren Klausurtagungen vom 30. Oktober bis 1. November 1979 mit der Willenserklärung der DDR[25] beschäftigt.

24   Zu Mittig vgl. Dok. 53, Anm. 33.
25   Während der Feierlichkeiten zum 30. Jahrestag der DDR am 7.10.1979 hatte der sowjetische Staats- und Parteichef Leonid Breschnew den einseitigen Abzug sowjetischer Truppen aus Mitteleuropa angekündigt. In der DDR begann daraufhin

In deren Ergebnis wurde ein „Wort des Bundes der Evangelischen Kirchen in der DDR an die Gemeinden verabschiedet[26], das unmittelbar nach Verabschiedung den Gemeinden der evangelischen Kirchen in der DDR zugestellt wurde mit der Maßgabe, es, beginnend ab 4. November 1979, in den Gottesdiensten zu verlesen. Dies ist inzwischen in einer Vielzahl von Gemeinden erfolgt.

Der Inhalt des „Wortes" ist teilweise geeignet, das erreichte Verhältnis Staat-Kirche zu belasten. Es ist eine verbrämte Distanzierung von der Unterschriftenaktion, und die darin bezogene Stellung ist geeignet, Gläubige mit einer indifferenten bis negativen Haltung zur DDR zur Nichtleistung der Unterschrift zu veranlassen.

Es ist offensichtlich, daß negative Kräfte der evangelischen Kirche der DDR mit dem „Wort" Zweifel darüber erzeugen wollen, ob mit der Unterschriftenleistung unter die Willenserklärung der DDR tatsächlich der Frieden gesichert werden kann. Damit schwenken diese Kräfte offen auf westliche Positionen ein.

Um diesen gegnerischen Bestrebungen negativer Kräfte der evangelischen Kirchenleitung der DDR entgegenzuwirken, reaktionäre Bestrebungen zurückzudrängen, die positiven Kräfte innerhalb der Kirche zu stärken und damit die größtmögliche Anzahl von Unterschriften unter die Willenserklärung der DDR aus dem kirchlichen Bereich zu erzielen, haben Sie unverzüglich alle erforderlichen politisch-operativen Maßnahmen einzuleiten, die geeignet sind, seitens kirchenleitender Kräfte und kirchlich gebundener Personen ein klares Bekenntnis zur Willenserklärung der DDR zu erreichen. [2]

Durch den Einsatz insbesondere inoffizieller Kräfte, Mittel und Methoden sind kirchlich gebundene Personen – einschließlich kirchenleitende Kräfte – dahingehend zu beeinflussen, daß sie entgegen der zwiespältigen Haltung der Leitung der evangelischen Kirchen in der DDR persönlich eine uneingeschränkte Zustimmung der Friedensinitiative der Sowjetunion und ihre Unterstützung durch die Unterschrift unter die Willenerklärung der DDR bekunden.

Im Zusammenhang damit ist auf kirchenleitende Kräfte dahingehend einzuwirken, die Gläubigen bzw. kirchlich gebundene Personen aufzufordern, durch ihre Unterschrift unter die Willenserklärung der DDR einen geeigneten Beitrag zur Sicherung des Friedens zu leisten.

Dabei ist davon auszugehen, daß eine Vielzahl von kirchenleitenden Kräften nach der Verlesung des „Wortes" zur Unterschriftenleistung unter die Willenserklärung der DDR auffordern. Diese Ansätze sind bei der Stärkung der positiven Kräfte umfassend zu nutzen.

Die im Schreiben des Leiters der Hauptabteilung XX an die Stellvertreter Operativ vom 3. und 6. November 1979 festgelegten Maßnahmen sind konsequent durchzusetzen.

[gez.] Mielke
Generaloberst

---

eine groß angelegte Propanganda-Aktion. Alle Bürgerinnen und Bürger vom 14. Lebensjahr an wurden aufgefordert, eine „Willenserklärung der DDR" über die Friedensinitiative Breschnews zu unterschreiben. Die Zustimmung betrug schließlich 96%. Die Willenserklärung ist abgedruckt in: *Büscher / Wensierski / Wolschner*, Friedensbewegung, 100 f.

26 Der Kirchenbund kritisierte v.a. die propagandistische Art und Weise, in der in der DDR für die „Willenserklärung" geworben wurde. Das „Wort an die Gemeinden" ist abgedruckt: ebd., 101-103.

Dok. 59
Aus der Planvorgabe der BV Leipzig

Leipzig, 10.12.1980

Auszug aus der Planvorgabe des Leiters der BV Leipzig, Hummitzsch, für die Planung der politisch-operativen Arbeit der BV Leipzig für das Planjahr 1981. GVS Lpz o006 – 381 / 80.

Die politisch-operative *Abwehrarbeit unter Kirchen und Sekten* ist grundsätzlich unter dem Gesichtspunkt zu organisieren, die Politik von Partei und Regierung wirksam zu unterstützen, den Differenzierungsprozeß unter leitenden kirchlichen Amtsträgern forcieren zu helfen, die feindlich-negativen Aktivitäten reaktionärer kirchlicher Kräfte bzw. solcher Personen, die unter dem Deckmantel der Kirche in diesem Sinne wirksam werden, zurückzudrängen und zu bekämpfen sowie alle Versuche rechtzeitig aufzudecken und zu bekämpfen, die Kirche zur Schaffung einer „inneren Opposition" zu mißbrauchen. Folgende Aufgaben stehen im Mittelpunkt der politisch-operativen Arbeit:
– Umfassende Aufklärung und operative Kontrolle der Tätigkeit des „Regionalkreises der Bausoldaten / Wehrdienstverweigerer"[27] sowie Organisierung der operativen Kontrolle des am 28.2. und 1.3.1981 stattfindenden illegalen Zusammentreffens der Bausoldaten / Wehrdienstverweigerer in Leipzig und Einleitung weiterführender Maßnahmen zur Verunsicherung dieses Personenkreises. [21]
– Politisch-operative Aufklärung und Zurückdrängung von politischnegativen Aktivitäten politisch-klerikaler Kräfte aus der BRD und aus Westberlin sowie reaktionärer kirchlicher Kräfte in der DDR im Rahmen der sogenannten Paten- und Partnerschaftsarbeit, die dem Ziel des Unterlaufens der Abgrenzung der DDR von der BRD dient. Vorrangig sind diesbezüglich Aktivitäten im Rahmen der KSG / ESG aufzuklären und zurückzudrängen.
– Organisierung der operativen Kontrolle kirchlicher Veranstaltungen, insbesondere kirchlicher Jugendveranstaltungen durch operative Kräfte und Mittel zur Erkundung, Dokumentierung und Zurückdrängung / Verhinderung eines feindlich-negativen Auftretens reaktionärer, kirchlich gebundener Personenkreise, insbesondere zu politischen und gesellschaftlichen Höhepunkten.
– Zielstrebige Aufklärung der Tätigkeit der sogenannten Haus- und Akademikerkreise sowie Zurückdrängung diesbezüglicher Aktivitäten im Rahmen der ESG / KSG.
– Aufbereitung und Analysierung der vorliegenden Informationen über die Sekte Jehova[28] mit der Zielstellung der Erarbeitung von Aus-

---

27 Im Herbst 1967 hatten sich aufgrund einer Anregung des Mitarbeiterkreises ehemaliger Bausoldaten Regionalkreise ehemaliger Bausoldaten und Wehrdienstverweigerer unter dem Dach der Kirche gebildet. Der Staatssicherheitsdienst hatte im selben Jahr eine eigenständige Tätigkeit des Arbeitskreises, der sich als eine zentrale Organisation zur Vertretung der Interessen der Bausoldaten und Wehrdienstverweigerer verstand, verboten. Vgl. *Eisenfeld,* Kriegsdienstverweigerung, 103-107 und *Ehring / Dallwitz ,* 134-137.
28 Zu den Zeugen Jehovas vgl. zuletzt Dok. 51, Anm. 55.

gangsmaterial für die Anlage von Operativvorgängen, Aufbereitung
und Analysierung des operativen Materials *bis 20.5.1981.*

Dok. 60
Rundschreiben Mielkes

Berlin, den 22.6.1981

Schreiben mit eigenhändiger Unterschrift. Absender: Ministerrat der Deutschen Demokratischen Republik, Ministerium für Staatssicherheit, Der Minister. Anschrift: Diensteinheiten, Leiter. Betreff: Einleitung politisch-operativer Maßnahmen zur Verhinderung
der Anreise negativ-dekadenter und feindlicher Jugendlicher zu „Bluesmessen" in der
Erlöserkirche in Berlin, Hauptstadt der DDR. Rücksendetermin: 16.7.1981. BdL / Dokumentenverwaltung VVS – o008 MfS-Nr. 98 / 81.

Am 26.6.1981, 17.00 Uhr, 19.00 Uhr, 21.00 Uhr und am 27.6.1981
finden in der Erlöserkirche in 1134 Berlin-Lichtenberg, Nöldnerstraße
43 sogenannte Bluesmessen[29] statt, welche vom Stadtjugendpfarramt
Berlin der Evangelischen Landeskiche Berlin-Brandenburg organisiert
wurden.
Die Kirchenleitung der Evangelischen Landeskiche Berlin-Brandenburg hat gegenüber staatlichen Vertretern versichert, daß diese „Blues-
messen" zu keinen feindlichen Provokationen mißbraucht werden.
Durch den Veranstalter wurde mitgeteilt, daß solche Maßnahmen eingeleitet werden, die auf eine Reduzierung der organisierten Anreise gerichtet sind.
Da nicht auszuschließen ist, daß von negativ-dekadenten und feindlichen Personenkreisen Versuche unternommen werden, in diesem Zusammenhang nach Berlin anzureisen, um die genannten Veranstaltungen für feindliche Provokationen zu nutzen *weise ich an:* [2]
1. Die Leiter der Bezirksverwaltungen / Verwaltung haben in enger
Zusammenarbeit und Koordination mit den Leitern der zuständigen
Diensteinheiten und im operativen Zusammenwirken mit der Deutschen Volkspolizei und der Transportpolizei alle erforderlichen politisch-operativen Maßnahmen einzuleiten, die eine Anreise und [ein]
Wirksamwerden negativ-dekadenter und feindlicher Personenkreise in
der Hauptstadt der DDR, Berlin, vorbeugend verhindern.
Insbesondere sind folgende Maßnahmen zu realisieren:
– Umgehende Erarbeitung von Informationen aus Kreisen negativ-
dekadenter und feindlicher Jugendlicher über Pläne und Absichten zur
Teilnahme an den genannten Veranstaltungen, über Quartiergeber in
Berlin und seinen Randgebieten sowie über Art und Weise der Organisierung. Die Informationen und eventuell vorliegende schriftliche Einladungen sind sofort dem Leiter der Hauptabteilung XX zu übersenden.

29 Die ersten Bluesmessen hatten Ende 1979 mit sechs- bis siebenhundert Jugendli-
    chen stattgefunden. Schon bald stießen die Bluesmessen auf großen Anklang, so
    daß im Sommer 1982 sogar siebentausend Menschen an einer Bluesmesse in der
    Erlöserkirche teilnehmen wollten. Vgl. *Wensierski,* Jugendarbeit, 270 f. Zu dem
    Kreis der Organisatoren gehörte u.a. der Berliner Kreisjugendpfarrer Rainer Ep-
    pelmann. Vgl. *Zander,* Christen, 325.

– Durchführung von differenzierten Vorbeugungsgesprächen mit den bekannten negativ-dekadenten und feindlichen Jugendlichen, die an den Veranstaltungen teilzunehmen beabsichtigen. Die Gespräche sind mit Beauflagungen zur Bindung an den Wohnort zu verbinden. Die Kontrolle über deren Einhaltung ist zu gewährleisten.
– Operative Kontrolle von Schwerpunktbahnhöfen der DDR sowie Einflußnahme auf den Einsatz von Zugbegleitkommandos in allen in Richtung Berlin fahrenden Reisezügen.
Durch die Leiter der Bezirksverwaltungen Berlin, Potsdam und Frankfurt / Oder sind die erforderlichen Maßnahmen zur Verhinderung von Zusammenrottungen, Provokationen und anderen die Sicherheit und Ordnung störenden Aktivitäten der negativ-dekadenten und feindlichen Jugendlichen einzuleiten.
An den Zugängen (Schiene und Straße) zur Hauptstadt der DDR, Berlin, sowie auf den Umsteigebahnhöfen und Fernbahnhöfen sind gezielte Kontroll- und Filtrierungsmaßnahmen einzuleiten.
Der Leiter der Bezirksverwaltung Berlin hat in enger Zusammenarbeit mit dem Leiter der Hauptabteilung XX alle politisch-operativen Maßnahmen einzuleiten, die die ständige operative Kontrolle der genannten Veranstaltugen sowie die Verhinderung jeglicher Zusammenrottungen und anderer feindlich-negativer Aktivitäten in der Hauptstadt der DDR, Berlin, gewährleisten.
2. Durch die Leiter der Hauptabteilungen VII und XIX ist auf das MdI politisch-operativ dahingehend Einfluß zu nehmen, daß durch die DVP und die Transportpolizei alle notwendigen Kontroll-, Überwachungs- und Filtrierungsmaßnahmen eingeleitet und in Abstimmung mit den zuständigen Diensteinheiten des MfS konsequent durchgesetzt werden. [3]
3. Durch die Leiter der Diensteineiten ist zu gewährleisten bzw. auf die Organe des Zusammenwirkens Einfluß zu nehmen, daß alle Maßnahmen gedeckt und differenziert durchgeführt werden mit dem Ziel, deren Öffentlichkeitswirksamkeit so gering als möglich zu halten.
4. Über den Stand der eingeleiteten vorbeugenden Maßnahmen zur Verhinderung der Anreise negativ-dekadenter und feindlicher Jugendlicher zu den genannten Veranstaltungen in Berlin, über erarbeitete Erkenntnisse zu Plänen und Absichten dieser Personen sowie zur Organisierung, den angewandten Methoden der Popularisierung und Einladung zu diesen Veranstaltungen ist bis zum 25. Juni 1981 fernschriftlich an den Leiter der Hauptabteilung XX zu berichten.
[gez.] Mielke
Armeegeneral

Dok. 61
Eppisch an den Leiter der Abteilung XV

Leipzig, den 28. Juli 1981

Schreiben mit eigenhändiger Unterschrift. Absender: BV für Staatssicherheit, Leipzig, Stellvertreter Operativ. Anschrift: Leiter der Diensteinheit, Abtlg. XV. Betreff: Einleitung politisch-operativer Maßnahmen zur Zurückdrängung und Unterbindung des Versuches politisch-negativer kirchlicher Kreise in der DDR, eine Massenbewegung zu organisieren, welche eine erneute Einmischung in die staatlichen Angelegenheiten der DDR darstellt. Nr. 164 / 81.

Politisch-negative kirchliche Kreise in der DDR unternehmen erneut den Versuch, sich massiv in die staatlichen Angelegenheiten der DDR einzumischen.
Durch die sogenannte Initiativgruppe Sozialer Friedensdienst (SOFD)[30] innerhalb der evangelisch-lutherischen Landeskirche Sachsen / Dresden wurde ein Alternativvorschlag zum Wehr- und Wehrersatzdienst erarbeitet[31].
Die Verfasser verfolgen u.a. das Ziel, die Volkskammer der DDR und die UNO mit dieser Problematik zu konfrontieren, um im Endergebnis eine Veränderung des Gesetzes über die Wehrpflicht vom 24.01.1962[32] herbeizuführen. Die Forderung der Initiatoren nach Einrichtung eines „Sozialen Friedensdienstes" soll durch die Sammlung von 300 000 Unterschriften[33] bis zum 01.09.1981 (Weltfriedenstag) bekräftigt und durch die bevorstehenden Synoden der Landeskirchen und des Bundes der Evangelischen Kirchen in der DDR sanktioniert werden.
Unter den gegenwärtigen Bedingungen der imperialistischen Konfrontationspolitik ist die Forderung nach einem „Sozialen Friedensdienst" eindeutig auf die Schwächung der Verteidigungsbereitschaft der DDR gerichtet. [2]
Nach vorliegenden Erkenntnissen kann eingeschätzt werden, daß die Aktionen den innerkirchlichen Raum überschritten haben und öffentlichkeitswirksam gegen die sozialistische Landesverteidigung gerichtet sind. Es ist ein Versuch feindlicher Kräfte der Kirche, eine organisierte Bewegung mit jugendlichen Wehrpflichtigen gegen die Verfassung der DDR und das Verteidigungsgesetz zu initiieren.
Zur wirksamen Zurückdrängung und vorbeugenden Verhinderung des durch politisch-negative kirchliche Kreise entwickelten Versuchs der Einmischung in staatliche Angelegenheiten sind in Ihrem Verantwortungsbereich folgende politisch-operative Maßnahmen einzuleiten:
1. Durch den Einsatz qualifizierter IM in den verschiedenen gesellschaftlichen Bereichen ist wirksam die kirchliche Aktion „Sozialer Friedensdienst" zurückzudrängen und zu unterbinden.
Es ist verstärkt der Einsatz von IM in kirchlichen Schlüsselpositionen dahingehend zu organisieren, daß kirchenleitende Gremien und Personen die Aktion nicht sanktionieren und sich mit den Initiatoren innerkirchlich auseinandersetzen[34].

30   Zur Initiative Sozialer Friedensdienst (SoFD) vgl. über die in diesem Text selbst gegebenen Informationen hinaus *Ehring / Dallwitz*, 184-204 und *Zander*, Christen, 250-252.
31   Abgedruckt in: *Büscher / Wensierski / Wolschner*, Friedensbewegung, 169-171.
32   Mit dem Wehrpflichtgesetz vom 24.1.1962 wurde der Wehrdienst in der DDR obligatorisch; eine Verweigerung des Wehrdienstes erlaubte das damalige Gesetz nicht. Vgl. *Eisenfeld*, Kriegsdienstverweigerung, 39. Nicht zuletzt „aufgrund des Einspruchs der christlichen Kirchen in der DDR" (*Zander*, Christen, 245) ordnete der Nationale Verteidigungsrat am 7.9.1964 die Aufstellung von Baueinheiten im Zuständigkeitsbereich des Verteidigungsministerium an. Vgl. Dok. 46. Zur Entwicklung der Kriegsdienstverweigerung von 1964 bis Ende 1977 vgl. hingegen *Eisenfeld*, Kriegsdienstverweigerung, 71-101.
33   Tatsächlich konnten 1981 nur ca. fünftausend Unterschriften gesammelt werden. Zu den leicht divergierenden Zahlenangaben vgl. *Zander*, Christen, 251.
34   Dieses Ziel hat der Staatssicherheitsdienst nicht erreicht. Vielmehr wurde der Auf-

2. Der Einsatz inoffizieller Mittel ist auf die politisch-negativen Kräfte zu konzentrieren, die als Hintermänner, Organisatoren, Verbreiter und Verfechter des „Sozialen Friedensdienstes" in Erscheinung treten.
Das Ziel der politisch-operativen Bearbeitung besteht in der Nachweisführung einer beabsichtigten bzw. verfolgten staatsfeindlichen Zielstellung. Insbesondere ist zu konkretisieren, welcher engere Personenkreis an der Endfassung, Vervielfältigung und Verbreitung des Papiers „SOFD" beteiligt ist.
Bereits durchgeführte Unterschriftensammlungen zur Aktion sind als offiziell auswertbare Beweise zu sichern.
Durch spezifische IM ist auch darauf Einfluß zu nehmen, daß in kirchlichen Massenmedien keine Publikation des sogenannten Alternativvorschlages erfolgt.
3. Bei der Durchführung aller offensiven Maßnahmen ist der Differenzierungsprozeß innerhalb der Evangelischen Kirche in der DDR weiter zu forcieren. Schwankende, loyale und den „Sozialen Friedensdienst" ablehnende kirchliche Kräfte sind zu unterstützen und in die Zurückdrängung und vorbeugende Verhinderung weiterer negativer Aktivitäten einzubeziehen. [3]
Die vom Staatssekretär für Kirchenfragen, Genossen Gysi[35], über die Räte der Bezirke veranlaßten staatlichen Maßnahmen sind politisch-operativ zu unterstützen.
4. Alle geplanten offensiven politisch-operativen Maßnahmen sind mit der Abteilung XX / 4 abzustimmen. Es ist jederzeit ein koordiniertes Vorgehen zu gewährleisten.
5. Zur Analysierung des aktuellen Standes der Zurückdrängung und Unterbindung der kirchlichen Aktion ist durch Ihre Diensteinheit ein ständiger Informationsfluß an die Abteilung XX / 4 zu garantieren.
[gez.] Eppisch
Oberstleutnant

Dok. 62
Aus dem Grundlagenmaterial für eine Dienstbesprechung

Auszug aus Grundlagenmaterial für eine zentrale Dienstbesprechung, geplant für Oktober 1981; diese Sitzung fand nicht statt, doch wurde das Material z.T. für eine erweiterte Kollegiumssitzung am 19.2.1982 verwendet[36]. B 143.

Wir haben in diesem Sinne in der letzten Zeit vieles getan, gute Ergeb-

ruf bei den Herbstsynoden der verschiedenen Landeskirchen diskutiert und durchweg positiv aufgenommen. Vgl. *Ehring / Dallwitz*, 192-199.
35   Klaus Gysi, von Ende 1979 bis Juli 1988 Staatssekretär für Kirchenfragen, äußerte sich offiziell erst am 12.9.1981 vor Theologiestudenten der Humboldt-Universität zu dem Aufruf. Seine ablehnende Stellungnahme zur SoFD begründete Gysi v.a. damit, daß eine Annahme des Vorschlages „die Aufhebung der allgemeinen Wehrpflicht" bedeuten würde. Wem sein Gewissen den Dienst mit der Waffe verbiete, so Gysi, der könne Bausoldat werden. Eine Änderug der geltenden Gesetze käme nicht in Frage. Gysis Votum ist abgedruckt in: *Büscher / Wensierski / Wolschner*, Friedensbewegung, 174 f., hier: 174.
36   Vgl. Dok. 66.

nisse erzielt, vieles vorbeugend verhindert. Aber wir wissen auch, daß die Initiatoren und Organisatoren – von außen und im Innern – weitere Aktivitäten planen und vorbereiten und bestrebt sind, eine größere Öffentlichkeitswirksamkeit zu erreichen und damit zugleich dem Gegner geeignete Munition für sein Vorgehen zu liefern. Dazu darf es nicht kommen. Im wesentlichen geht es dabei um zwei Hauptkomplexe unserer Arbeit,

– um spezifisch operative Maßnahmen zur rechtzeitigen Aufklärung, vorbeugenden Verhinderung und konsequenten Bekämpfung jeglicher feindlicher Aktivitäten;

– um die Nutzung aller unserer Mittel und Möglichkeiten zu Förderung des Differenzierungsprozesses in kirchenleitenden Gremien und unter Angehörigen kirchlicher Einrichtungen – die Unterstützung progressiver Kräfte, die Zurückdrängung des Einflusses feindlich-negativer Kräfte, ihre Entlarvung und Zerschlagung.

Dazu ist erforderlich, die politisch-operative Arbeit auf folgende schwerpunktmäßig zu realisierende Aufgaben zu konzentrieren:

Erstens muß gewährleistet sein, daß die Initiatoren und Organisatoren der Jugendveranstaltungen kirchlicher Einrichtungen mit feindlich-negativer Zielsetzung, vor allem die Initiatoren, Organisatoren und aktiven Verfechter des sogenannten Sozialen Friedensdienstes in Operativvorgängen bearbeitet bzw. unter operative Personenkontrolle gestellt werden. Aufzuklären sind ihre Pläne und Absichten, von ihnen angestrebte Ziele bzw. Auswirkungen. Aufzuklären und unter Kontrolle zu halten sind ihre Verbindungen zu anderen feindlich-negativen Kräften, wie z.B. bestimmten Schriftstellern oder sogenannten Nachwuchsautoren, negativ wirkenden Musikformationen, Liedermachern usw., aber auch mögliche Verbindungen ins Operationsgebiet und Kontakte zu westlichen Korrespondenten.

Es sind auch jeweils alle Möglichkeiten zu prüfen und sorgfältig abzuwägen, wie gegen solche Leute wirksam – ohne Porzellan zu zerschlagen – vorgegangen werden kann. Die ganze breite Palette ist hier in die Erwägungen einzubeziehen, angefangen von der Herausarbeitung von Straftatbeständen nach dem Strafgesetzbuch bis hin zu Ordnungswidrigkeiten, Verstößen gegen staatliche Auflagen, Zoll- und Devisenverstöße usw.

Zweitens sind verstärkte Anstrengungen zu unternehmen, umfassend in kirchenleitende Gremien, in Schlüsselpositionen sowie in solche kirchliche Einrichtungen / Gremien einzudringen, die Veranstaltungen u.a. Aktivitäten feindlich-negativen Charakters planen und vorbereiten, mit der Zielsetzung, alles rechtzeitig in Erfahrung zu bringen, unter Kontrolle zu halten, im Sinne der Verhinderung Einfluß zu nehmen, zersetzend zu wirken usw. Dabei gewinnt angesichts der Tatsache, daß wir es mit bestimmten reaktionären kirchlichen Kreisen und Kräften zu tun haben, die nicht von allein aufgeben und ständig nach wirksamen Formen und Methoden suchen, auch das perspektivische Vorgehen immer größere Bedeutung. D.h. es sind alle Möglichkeiten zu nutzen, um auch langfristig IM zu gewinnen, zu entwickeln und an die richtigen Stellen, in richtige Positionen zu bringen, die uns die erforderlichen Informationen bringen, die in unserem Sinne wirksam werden und Einfluß nehmen, die bestimmte Entwicklungen mit steuern und uns bei der Entlarvung feindlicher Kräfte helfen. Gute Erfahrungen, die gerade in dieser Richtung einige Bezirksverwaltungen gewonnen haben, die es auch auf zentraler Ebenen gibt, sind – in erster Linie unter Verantwortung der Hauptabteilung XX – stärker zu nutzen und anzuwenden.

Drittens ist – gewissermaßen republikweit – zu organisieren und zu sichern, daß kirchliche Veranstaltungen und ihre Vorbereitung, besonders die auf jugendliche Teilnehmer zugeschnittenen, unter Kontrolle gehalten werden.

Dabei ist noch zielstrebiger darauf hinzuwirken, bereits vor der Durchführung von Veranstaltungen – in Abstimmung mit der Partei, den zuständigen staatlichen Organen und der Volkspolizei – energisch auf die jeweils kirchlicherseits Verantwortlichen einzuwirken, mit dem Ziel, politischen Mißbrauch auszuschließen und die Veranstaltungsordnung konsequent einzuhalten. Im erforderlichen Fall sind prinzipielle und unmißverständliche Auseinandersetzungen zu führen, wenn notwendig auch mit der jeweils vorgesetzten kirchenleitenden Stelle.

Viertens sind größere Anstrengungen dahingehend erforderlich, alle von außen, besonders von BRD-Seite unternommenen Versuche der Einmischung sowie der Beeinflussung, Förderung und Unterstützung feindlich-negativer Kräfte und Aktivitäten energisch zu bekämpfen und vor allem auch zu entlarven. Dazu sind eindeutige und überzeugende Beweismittel zu erarbeiten, besonders auch die Handlungen westlicher Korrespondenten und Institutionen betreffend, einschließlich der Einschleusung von Materialien.

Das gilt ebenso in anderer Richtung, wenn Personen in der DDR versuchen, mit gleichgesinnten Kräften in anderen sozialistischen Ländern gemeinsame Sache zu machen oder Vorgänge in anderen Ländern, sowohl in sozialistischen als auch kapitalistischen, zu kopieren.

Wir müssen in diesem Zusammenhang z.B. auch beachten, daß manche glauben, durch die konterrevolutionären Ereignisse in der VR Polen[37] Oberwasser zu bekommen, sich aus Polen Materialien beschaffen, sich mit dortigen konterrevolutionären Kräften solidarisieren, um bei uns Diskussionen in diesem Sinne entfachen zu können. Das alles gilt es, mit größter Konsequenz zu unterbinden.

Fünftens gilt es – im engen Zusammenwirken mit der Partei und den zuständigen staatlichen Organen –, unter Nutzung unserer Kenntnisse und Erfahrungen und unter Anwendung unserer Kenntnisse und Erfahrungen und unter Anwendung unserer spezifischen Mittel und Möglichkeiten, einschließlich des zielstrebigen Einsatzes geeigneter IM, den Differenzierungsprozeß innerhalb der Kirchen – gemeint sind in erster Linie die evangelischen – und ihrer Einrichtungen weiter voranzutreiben. Es ist unser Einfluß dahingehend zu verstärken, progressive Kräfte zu fördern, zu unterstützen, ihnen geeignete Möglichkeiten zu schaffen, im Sinne der weiteren positiven Gestaltung des Verhältnisses Staat-Kirche und gegen den politischen Mißbrauch der Kirchen stärker wirksam zu werden. Darin eingeschlossen ist auch die differenzierte

---

37 Nach Proteststreiks im Sommer 1980 wurde im September unter der Führung Lech Walesas der unabhängige Gewerkschaftsverband „Solidarität" gegründet. Die Regierung sah sich gezwungen, sie anzuerkennen und im Jahr darauf auch die Gründung der „Land-Solidarität" zuzulassen. Im Februar 1981 hatte bereits Verteidigungsminister Jaruzelski das Amt des Ministerpräsidenten übernommen. Er verhängte am 13.12.1981 den Kriegszustand über das Land. Die „Solidarität" wurde verboten. Zur Beziehung der Gewerkschaft „Solidarität" zur katholischen Kirche in Polen vgl. *Micewski.*

Behandlung kirchlicher Amtsträger, denen es z.B. um Reisegenehmigungen, um Baumaßnahmen, um Druckgenehmigungen, um die Genehmigung von Veranstaltungen u.ä. geht.

In anderer Richtung ist unser Einfluß dahingehend zu verstärken, feindlich-negative Kräfte zu isolieren, ihren Handlungsspielraum systematisch einzuschränken, sie zu kompromittieren und zu entlarven.

Natürlich kann man Vertretern kirchlicher Einrichtungen nicht verbieten, in solchen Gesprächen auch ihrerseits Probleme aufzuwerfen. Was vernünftigen, sachlichen Beziehungen zwischen Staat und Kirche dient, wird aufgegriffen und erörtert; was diesen Beziehungen schadet – das muß ihnen jeweils am konkreten Fall erläutert werden, darf nicht öffentlichkeitswirksam werden.

Sechstens – um noch einmal auf den sogenannten Sozialen Friedensdienst zurückzukommen, dieses Problem kann nicht einfach von uns aus kirchlichen Diskussionen herauskatapultiert werden – muß alles getan werden, damit Kirchenleitungen ihre Zusicherung, wonach dieses Problem als innerkirchliche Angelegenheit behandelt wird, auch einlösen; [es] muß alles getan werden, damit innerkirchliche Auseinandersetzungen letztlich dazu führen, daß solche Aktivitäten durch Kräfte der Kirche selbst systematisch zurückgedrängt werden. Die Möglichkeit der Absolvierung des Wehrdienstes in Baueinheiten ist schon ein Entgegenkommen.

Weitere Zugeständnisse gibt es nicht.

Siebentens gilt es, stärker durchzusetzen, daß besonders auch auf Bezirks- und Kreisebene systematisch und gezielt das Gespräch der Vertreter zuständiger staatlicher Organe mit kirchlichen Amtsträgern gesucht wird.

Zielsetzung und Inhalt solcher Gespräche müssen wir beeinflussen. Den kirchlichen Amtsträgern muß dabei auch auch klargemacht werden:

– daß sie sich von feindlich-negativen Kräften und Handlungen distanzieren und ihren Einfluß zu ihrer Unterbindung geltend machen;

– daß durch die Handlungen bestimmter kirchlicher Kräfte zur Zusammenfassung und Lenkung Jugendlicher die Kirchen und ihr eigentliches Anliegen in Mißkredit gebracht werden; sie müssen begreifen, daß es dabei in erster Linie um negativ-dekadente Jugendliche geht, die außerdem größtenteils gar nicht religiöse Bindungen einzugehen beabsichtigen;

– daß ihnen klar wird, daß eine Entwicklung der Kirchen bei uns als sogenannte Freiräume für Andersdenkende nicht geduldet wird, daß sie begreifen, wer Interesse an einer solchen Entwicklung hat, und ihr entgegentreten.

Wenn ich vorhin auf die von Kreisen um Havemann[38] und deren Verbindungen ausgehenden Aktivitäten verwiesen habe, ergeben sich daraus – neben bereits genannten – auch einige spezifische operative Erfordernisse. Das muß damit beginnen, das Verhalten dieser Kräfte, ihr Zusammenwirken, ihre Querverbindungen, ihre Zusammentreffen, Absichten usw. aufzuklären und unter Kontrolle zu halten.

Jeder operative Hinweis ist ernst zu nehmen, muß Anlaß für die Einleitung von Überprüfungsmaßnahmen und ein abgestimmtes operatives Vorgehen gegen diese Kräfte sein.

38   Zu Havemann vgl. Dok. 55, Anm. 6.

Notwendige politisch-operative Maßnahmen besonders gegen öffentlichkeitswirksame Aktionen feindlich-negativer Kräfte und gegen Aktivitäten im Vorfeld politischer Untergrundtätigkeit sind vor allem auf die Zurückdrängung, Isolierung und Zerschlagung der feindlichen Zusammenschlüsse und Querverbindungen zu richten.

Sorgfältig sind alle sich bietenden Möglichkeiten der Einbeziehung progressiver Kräfte zu nutzen, damit im politisch-negativen Sinne verfaßte „Schriften" gar nicht erst verbreitet oder diskutiert werden und auch akkreditierten Korrespondenten gar nicht erst in die Hände fallen.

Bereits vom Gegner publizierte „Offene Briefe", „Schriften" und Thesen sind mit operativen und legalen Möglichkeiten und unter Einsatz entsprechender progressiver Personen in ihrer Wirksamkeit weitgehendst zurückzudrängen.

Aufzuklären, operativ zu bearbeiten und zu unterbinden sind Erscheinungen, die auf die Entwicklung, Sammlung, Organisierung und Stärkung oppositioneller Kräfte hinauslaufen.

Erforderlich sind weiterhin verstärkte operative Maßnahmen zur Beseitigung und Zurückdrängung gegnerischer Wirkungserscheinungen unter dem Personenkreis der Nachwuchsschriftsteller der sogenannten „Freischaffenden", der „Literaten" der 2. Reihe und solcher Personen, die sich an „Lesungen", sogenannten künstlerischen Zusammentreffen usw. beteiligen, und dabei in feindlich-negativem Sinne in Erscheinung treten.

Grundsätzlich sind alle Anzeichen auf die Herstellung von Schriften, Pamphleten und literarischen Manuskripten politisch unklaren, negativen und feindlichen Inhalts dahingehend zu prüfen, inwieweit sich der Feind dahinter verbirgt oder Möglichkeiten der Ausnutzung hat.

Dabei in Erscheinung getretene Personen sind aufzuklären und in geeigneter Weise an weiteren diesbezüglichen Aktivitäten zu hindern. Verstärkt geht es darum, inoffizielle Mitarbeiter in solchen Kreisen zu gewinnen bzw. in solche Kreise hineinzubringen.

Wir brauchen darüber hinaus geeignete Kräfte, die uns helfen, feindlich-negative Gruppierungen zu verunsichern, zu zersetzen.

Dok. 63
Aus einer Planvorgabe der BV Leipzig

Leipzig, den 8.12.1981

Auszug aus einer längerfristigen Vorgabe des Leiters der BV Leipzig, Hummitzsch, für die Planung der politisch-operativen Arbeit und ihre Leitung. GVS o006 BVfS Lpz 403 / 81.

Die pol.-op. *Abwehrarbeit unter Kirchenkreisen und Angehörigen von Sekten* hat insbesondere zur zielgerichteten und zielstrebigen Aufdeckung und Verhinderung von Erscheinungen des politischen Untergrundes einschließlich der wirksamen Zurückdrängung des Einflusses negativ-klerikaler Kräfte aus dem Operationsgebiet zu erfolgen. [21]

Zur weiteren Forcierung des Differenzierungsprozesses ist die pol.-op. Bearbeitung der Kirchenleitung der Landeskirche Sachsen sowie kir-

chenleitender Amtsträger – unter Einbeziehung ausgewählter Kreis-dienststellen – gezielt und kontinuierlich zu organisieren. Folgende Aufgaben sind 1982 zielgerichtet in den Mittelpunkt der pol.-op. Arbeit zu stellen:
– Weitere Fortführung und Qualifizierung der pol.-op. Kontrolle aller kirchlichen Aktivitäten unter jugendlichen Personenkreisen mit dem Ziel der Verhinderung feindlich-negativen Auftretens reaktionärer, kirchlich gebundener Kräfte. Durch alle Kreisdienststellen sind zu den im jeweiligen Verantwortungsbereich tätigen Jugendpfarrern sowie zu anderen Verantwortlichen für Jugendarbeit im Bereich der Kirchen Einschätzungen zu erarbeiten und bis *15.5.1982* an die Abt. XX zu senden.
– Konzentrierte Weiterführung der op. Kontrolle und Bearbeitung der KSG / ESG durch zielgerichteten, qualifizierten IM / GMS-Einsatz mit dem Ziel der Aufklärung der Pläne und Absichten, insbesondere zu gesellschaftspolitischen Höhepunkten und der Feststellung von personellen Konzentrationspunkten von KSG / ESG-Mitgliedern an Hoch- und Fachschulen.
– Zielstrebige Durchsetzung der zur Zersetzung des illegalen Regionalkreises Leipzig, ehem. Bausoldaten / Wehrdienstverweigerer[39] festgelegten op. Maßnahmen sowie der op. Kontrolle des überörtlichen Zentraltreffens *im März 1982*.
– Weitere op. Aufklärung und Bearbeitung führender Funktionäre der illegalen Sekte „Zeugen Jehovas"[40] mit dem Ziel der Dokumentierung feindlicher Aktivitäten, des Eindringens in die Konspiration der Sekte sowie – in Abstimmung mit der Hauptabteilung XX – Realisierung offensiver Maßnahmen gegen Kuriere und Stützpunkte dieser feindlichen Organisation.
– Einleitung pol.-op. Kontrollprozesse mit dem Ziel der Verhinderung politischen Schadens für die DDR zu folgenden gesellschaftspolitischen bzw. kirchlichen Höhepunkten:
– 300. Jahrestag der Schlacht bei Lützen, 1982;[41]
– die „Friedensdekade" der evangelischen Kirchen, 1982[42];
– die durch staatliche und kirchliche Einrichtungen getragenen Aktivitäten zum Luther-Jubiläum, 1983[43].

---

39 Vgl. Dok. 59, Anm. 27.
40 Vgl. zuletzt Dok. 51, Anm. 55.
41 Tatsächlich handelt es sich um den 350. Jahrestag der Schlacht bei Lützen, in der die Schweden am 16.11.1632 die Truppen Wallensteins besiegten. Dieser Gedenktag wurde zusammen mit dem 150jährigen Jubiläum des Gustav-Adolf-Werkes in der DDR am 6.11.1982 mit staatlichen und kirchlichen Gedenkfeiern begangen, an denen viele Gäste aus der Ökumene teilnahmen. Die Feiern standen unter dem Thema „Vom Glaubenskrieg zur ökumenischen Gemeinschaft 1632-1982". Vgl. die Meldung in: KiS 6 / 8, 1982, 72.
42 Die Friedensdekade fand vom 7. bis 17.11.1982 unter dem Thema „Angst – Vertrauen – Frieden" statt. Vgl. *Zander*, Christen, 281 f.
43 Vgl. hierzu Dok. 77.

Dok. 64
Rundschreiben von Hummitzsch

Leipzig, 10.2.1982

Internes Schreiben der BV Leipzig mit Unterschrift. Absender: Bezirksverwaltung für Staatssicherheit Leipzig, Der Leiter. Anschrift: Leiter der Diensteinheit, Abt. II. Betreff: Durchführung von operativen Maßnahmen im Zusammenhang mit der Festnahme von Pfarrer Eppelmann (Ergänzung zum Fernschreiben Nr. 150 bzw. Schreiben des Stellvertreters Operativ, Oberst Eppisch, vom 5.2.82. Dieses FS haben nicht alle DE erhalten). VVS – o002 BVfS Lpz-Nr.: 16 / 82.

In der Westpresse vom 9.2.1982 wird ein Aufruf von einigen DDR-Bürgern veröffentlicht, in dem versucht wird, unter dem Deckmantel einer Friedensbewegung in der DDR unter Umgehung von Gesetzen der DDR eine illegale Organisation zu entwickeln. Inzwischen wurde der Rädelsführer, ein gewisser Eppelmann, Pfarrer in der Samaritergemeinde Berlin-Friedrichshain, festgenommen[44] wegen:
1. Organisierung einer Unterschriftensammlung ohne Genehmigung
2. Schaffung einer illegalen Organisation
3. Zusammenarbeit mit DDR-feindlichen Kräften im Ausland
4. DDR-feindlicher Hetze im Ausland
5. antisowjetischer Hetze im Ausland
Durch den Genossen Minister wurde folgendes angewiesen:
1. Durch die Diensteinheiten sind unverzüglich alle operativen Mittel und Möglichkeiten zu nutzen, um die Reaktion kirchenleitender Personen, reaktionärer, kirchlich gebundener und mit diesen sympathiesierenden oder zusammenwirkenden feindlich-negativen Kräften – auch aus anderen gesellschaftlichen Bereichen, insbesondere aus Kreisen der Kunst und Kultur und aus Studentenkreisen – auf die getroffenen Maßnahmen festzustellen. [2] Darüber ist ständig an die AKG zu berichten. Die im obengenannten FS im Punkt 1 getroffene Festlegung einer sofortigen Information an die Abteilung XX wird aufgehoben.
2. Bei Bekanntwerden von Plänen und Aktivitäten zur „Solidarisierung" mit Eppelmann zur Unterstützung der Positionen anderer reaktionärer kirchlicher Kräfte (z.B. SOFD[45]-Kreise) sind unverzüglich und in ständiger Abstimmung mit mir bzw. Genossen Oberst Eppisch und dem Leiter der Abteilung XX die erforderlichen Maßnahmen zur Verhinderung und zur Unterbindung des Wirksamwerdens solcher Kräfte durchzusetzen.
3. Mit den Unterzeichnern des Aufrufes von Eppelmann (sogenannter Berliner Appell) sind durch die Abteilung IX in Zusammenarbeit mit den zuständigen Diensteinheiten des MfS Aussprachen durchzuführen, in denen sie aufgefordert werden, sich von diesem Aufruf zu distanzie-

---

44   Eppelmann war einen Tag zuvor als Initiator des „Berliner Appells" festgenommen worden. In dem Aufruf wurde u.a. der Abzug von Atomwaffen aus Europa und der Abzug ausländischer Truppen aus Deutschland gefordert. Zu den Erstunterzeichnern gehörten Robert Havemann, Lutz Rathenow und der Leiter der Evangelischen Akademie Magdeburg, Hans-Jochen Tschiche. Vgl. Dok. 65 sowie *Ehring / Dallwitz*, 206-230; *Zander*, Christen, 326 f. und *Fricke*, Opposition, 198 f. Der „Berliner Appell" ist abgedruckt in: *Büscher / Wensierski / Wolschner*, Friedensbewegung, 242-244.
45   Vgl. Dok. 61.

ren und von ihrer Unterschriftsleistung zurückzutreten. Zu solchen Personen, die sich weigern, diesen Aufforderungen nachzukommen, sind Auskunftsberichte zu erarbeiten und mir Vorschläge über das weitere Vorgehen zu unterbreiten.

4. Alle Aktivitäten von Personen, zu dem Aufruf auch weiterhin Unterschriften zu sammeln, sind durch konzentrierten Einsatz inoffizieller und geeigneter offizieller Kräfte, insbesondere im Bereich der evangelischen Kirche, unter religiös gebundenen Personen und feindlich-negativen Kräften unverzüglich aufzuklären, diese Personen zu identifizieren und in Abstimmung mit dem Leiter der Abteilung XX Maßnahmen zur Verhinderung durchzuführen.

Über operativ besonders bedeutsame Erkenntnisse und Vorkommnisse bin ich persönlich sofort zu informieren.

[gez.] Hummitzsch
Generalmajor

Dok. 65
Rundschreiben von Hummitzsch

Leipzig, 12. Februar 1982

Internes Schreiben der BV Leipzig mit Unterschrift. Absender: Bezirksverwaltung für Staatssicherheit Leipzig, Der Leiter. Anschrift: Leiter der Diensteinheit, Abt. II. Betreff: Maßnahmen im Zusammenhang mit der Einstellung des Ermittlungsverfahrens gegen Pfarrer Eppelmann. VVS o002 BVfS Lpz.-Nr.: 18 / 82.

Das gegen Pfarrer Eppelmann am 9.2.1982 wegen des dringenden Tatverdachtes der ungesetzlichen Verbindungsaufnahme und der öffentlichen Herabwürdigung gemäß §§ 219[46], § 220[47] StGB eingeleitete Ermittlungsverfahren wurde gemäß § 25, Abs. 1[48] StGB in Erwartung, daß er grundlegende Schlußfolgerungen für ein verantwortungsbewußtes Verhalten gezogen hat, und deshalb zu erwarten ist, daß er die sozialistische Gesetzlichkeit einhalten wird, eingestellt. Sollte Eppelmann erneut mit feindlich-negativen Handlungen in Erscheinung treten, werden seitens der zuständigen staatlichen Organe die entsprechenden Gesetze in Anwendung gebracht. Eppelmann wurde am 11.2.1982 aus der Haft entlassen.

Bischof Forck und einflußreiche Mitglieder der Kirchenleitung von Berlin-Brandenburg haben sich von allen Aktivitäten Eppelmanns, die dieser im Zusammenhang mit der Verbreitung des sogenannten Berli-

---

46   Der § 219 StGB stellte eine „ungesetzliche Verbindungsaufnahme" zu „Organisationen, Einrichtungen oder Personen, die sich eine gegen die staatliche Ordnung der Deutschen Demokratischen Republik gerichtete Tätigkeit zum Ziele setzen", unter Strafe.

47   § 220 StGB betraf die „öffentliche Herabwürdigung" der staatlichen Ordnung oder staatlicher Institutionen der DDR.

48   Danach ist „von Maßnahmen der strafrechtlichen Verantwortlichkeit [...] abzusehen", wenn, so heißt es in Absatz 1, „der Täter durch ernsthafte, der Schwere der Straftat entsprechende Anstrengungen zur Beseitigung und Wiedergutmachung ihrer schädlichen Auswirkungen oder durch andere positive Leistungen beweist, daß er grundlegende Schlußfolgerungen für ein verantwortungsbewußtes Verhalten gezogen hat und deshalb zu erwarten ist, daß er die sozialistische Gesetzlichkeit einhalten wird".

ner Appells unternommen hat, distanziert[49]. Sie werten diesen „Appell" als Privatangelegenheit Eppelmanns, die keinerlei Unterstützung der Kirchenleitung erfahre.

Die Kirchenleitung von Berlin-Brandenburg beabsichtigt, gegen Eppelmann ein innerkirchliches Verfahren durchzuführen und hat ihm untersagt, sich vor Abschluß dieses Verfahrens zu den anstehenden Fragen in der Öffentlichkeit zu äußern[50].

Bischof Forck hat festgelegt, mit geeigneten Mitteln auf Unterzeichner des sogenannten Berliner Appells mit dem Ziel einer Zurücknahme ihrer Unterschriften einzuwirken.

Die Gliedkirchen des Bundes der evangelischen Kirchen in der DDR wurden durch den Sekretär des Bundes, Demke, auf ein gleiches Vorgehen orientiert.

Die in meinem Schreiben vom 10.2.1982[51] zur Durchführung von operativen Maßnahmen im Zusammenhang mit der Festnahme von Pfarrer Eppelmann festgelegten Maßnahmen sind differenziert unter Beachtung der vorgenannten Hinweise konsequent weiterzuführen.

[gez.] Hummitzsch
Generalmajor

Dok. 66
Aus einer Rede Mielkes

Auszug aus einer Rede Mielkes auf der erweiterten Kollegiumssitzung vom 19.2.1982. B 143.

Unsere vorrangige Aufmerksamkeit verlangen einige Entwicklungen im Zusammenhang mit der Tätigkeit der Kirchen und Religionsgemeinschaften, besonders der evangelischen Kirche der DDR, wie sie in der letzten Zeit immer deutlicher zutage getreten sind.

Es ist die Absicht des Gegners und reaktionärer kirchlicher Kräfte in der DDR, die im Ergebnis des Gesprächs des Genossen Honecker mit dem Vorstand der „Konferenz der evangelischen Kirchenleitungen in der DDR" im März 1978[52] erreichte positive Entwicklung des Verhältnisses zwischen Staat und Kirche rückgängig zu machen und die Kirche als politischen Faktor in der sozialistischen Gesellschaft zu etablieren. [55]

Sie wollen diesen Kräften im Rahmen der Kirche die Möglichkeit ver-

---

49 Zwar distanzierte sich die Kirchenleitung in einer Stellungnahme (abgedruckt in: *Büscher / Wensierski / Wolschner*, Friedensbewegung, 283 f.) von dem „Berliner Appell", doch als Eppelmann am 9.2.1982 festgenommen wurde, ließ man ihn zwei Tage später nach einer Intervention der Kirchenleitung von Berlin-Brandenburg wieder frei. Vgl. dazu auch *Zander*, Christen, 327 und *Mechtenberg*, Friedensverantwortung, 391.

50 Dazu heißt es in einem Bericht der Kirchenleitung unter Bezug auf die bereits erwähnte Stellungnahme vom 12. / 13.2.1982: „Im Nachgang zu dieser Stellungnahme hat ein intensives Gespräch mit Bruder Eppelmann von einem von der Kirchenleitung dazu bestimmten kleinen Kreis stattgefunden. Im Abschluß dieses Gespräches ist Bruder Eppelmann noch einmal u.a. gebeten worden, keine Unterschriftensammlungen mehr vorzunehmen" (epd-Dok. 19 / 82, 14-37, hier: 34 f.).

51 Vgl. Dok. 64.

52 Vgl. Dok. 56.

schaffen, öffentlich und ungehindert gegen die sozialistische Staats-
und Gesellschaftsordnung bzw. bestimmte Teilbereiche aufzutreten,
oder, wie sie sagen, „Kritik" zu üben. Die Kirche soll gewissermaßen
eine Schutzfunktion im Interesse des ungehinderten Wirkens oppositioneller Kräfte übernehmen.
Offenkundig geht der Gegner davon aus, daß ihm die Kirche unter den
gegenwärtigen Bedingungen in der DDR die günstigsten und breite-
sten legalen Möglichkeiten zur Sammlung der verschiedenartigsten
feindlich-negativen Kräfte, ihrer Inspirierung zu antisozialistischen
Aktivitäten, zu deren Organisierung und Tarnung bietet.
Von besonderer Bedeutung für die politisch-operative Arbeit sind in
diesem Zusammenhang die Pläne, Absichten und Aktivitäten des Gegners, im Zusammenwirken mit klerikalen und feindlich-negativen
Kräften, besonders aus den Bereichen Kunst und Kultur, unter dem
Deckmantel des Eintretens für Frieden und Abrüstung eine sogenannte
eigenständige pazifistische Friedensbewegung in der DDR zu etablieren. Diese Bewegung soll als politische und organisatorische Basis für
die Schaffung einer sogenannten inneren Opposition sowie zur Inspirierung und Organisierung politischer Untergrundtätigkeit fungieren.
[56]
Die Bestrebungen zur Initiierung dieser „Friedensbewegung" in der
DDR widerspiegelten sich bisher besonders in den Aktionen zur
Schaffung des „Sozialen Friedensdienstes"[53] und in dem von Havemann gemeinsam mit Pfarrer Eppelmann erarbeiteten sogenannten
Berliner Appell: „Frieden schaffen ohne Waffen"[54], der von Massenmedien der BRD und Westberlins, verbunden mit einer erneuten Hetz-
und Verleumdungskampagne gegen die DDR, veröffentlicht wurde.
Die Initiatoren beabsichtigten, diesen Appell in der DDR zu verbreiten, verbunden mit einer Unterschriftensammlung nach dem Muster
des „Krefelder Appells"[55].
Die maßgeblich von kirchlichen Kreisen inspirierten Aktivitäten zur
Einrichtung eines sogenannten „Sozialen Friedensdienstes" haben sich
zwischenzeitlich – wenn auch in unterschiedlichem Ausmaß – auf alle
Bezirke der DDR ausgedehnt. Obwohl die Absicht der Initiatoren und
ihrer Hintermänner, mit dieser Aktion die Partei- und Staatsführung
unter Druck zu setzen, von Anbeginn illusorisch war und auch bleiben
wird, dürfen wir nicht außer acht lassen, daß dazu bisher über 1 500
Eingaben, Appelle und Petitionen mit rund 4 000 Unterschriften organisiert wurden.
Bestimmte Wirkungen dieser gesamten Aktivitäten widerspiegeln sich
u.a. auch
– in der Zunahme der Versuche, sich unter Berufung auf diesen angeblichen Friedensdienst dem gesetzlichen Wehrdienst zu entziehen,
[57]

---

53   Vgl. Dok. 61.
54   Vgl. Dok. 64 und 65.
55   Der Krefelder Appell war „eine Initiative, die, am 15. / 16 November 1980 ge-
     gründet, die Bundesregierung aufforderte, die Zustimmung zur Stationierung ame-
     rikanischer Mittelstreckenwaffen (die Sowjetunion wurde in dem Aufruf nicht er-
     wähnt) zurückzunehmen und für dieses Anliegen Unterschriften sammelte:
     800 000 im ersten halben Jahr, ca. zwei Millionen bis 1983" (*Zander*, Christen,
     42).

– in Versuchen zur Organisierung von sogenannten Friedensmär-
schen sowie
– einer gewissen Zunahme des Verbreitens von Flugblättern und des
Anschmierens von Losungen pazifistischen Inhalts.
Wenn sich die letzte Bundessynode der evangelischen Kirche offiziell
für Zurückhaltung aussprach[56], müssen wir dennoch die anhaltenden
Versuche rechtzeitig erkennen, aufklären und vereiteln, die sogenannte
Initiative „Sozialer Friedensdienst" zu institutionalisieren, eine politische und organisatorische Plattform in Gestalt einer Koordinierungs-
stelle oder in anderer Form mit festgefügten Organisationsstrukturen
zu schaffen. Deren Wirkungskreis sollen neben kirchlichen Organisationen auch Lehrlingswohnheime und Schulen sein.
Unter diesem Blickwinkel sind auch die sehr vielfältigen und differenzierten Bestrebungen und Maßnahmen der Kirche zur Erweiterung des
Einflusses auf die Jugend zu sehen. Gerade in der verstärkten Jugendarbeit der Kirche sieht der Gegner eine günstige Möglichkeit, in der
Perspektive den von ihm angestrebten Einbruch in die Arbeiterklasse
zu erzielen.
Erhöhte Aufmerksamkeit verlangt auch die Zunahme von Lesungen,
Auftritten und Ausstellungen feindlich-negativer Kräfte aus den Bereichen Kunst und Kultur unter dem Schutz der Kirche und unter Mißbrauch kircheneigener Räume, aber auch das enge Zusammenwirken
zwischen solchen personellen Stützpunkten des Gegners wie Havemann mit solchen reaktionären Kirchenkräften wie Pfarrer Eppelmann.
[58]
Gerade in deren gemeinsamer Aktion hat sich erneut bestätigt: Von
beiden Seiten gibt es zahlreiche Querverbindungen zwischen Personen
und Personenkreisen der Kirche und dem kulturellen Bereich, besonders zu solchen Personengruppen, die uns als oppositionelle Kräfte,
Vertreter der sogenannten 2. Reihe, als angeblicher künstlerischer
Nachwuchs bekannt sind. Operativ bedeutsam ist dabei die immer
deutlicher werdende Tendenz, unter Ausnutzung dieser Querverbindungen gemeinsame Aktivitäten zu entwickeln. Ziel ist es, sich verstärkt Öffentlichkeitswirkung zu verschaffen, den Kreis derer, die zum
offenen Auftreten gegen den sozialistischen Staat bereit sind, zu ver-
größern und diese Personen öffentlich aufzuwerten.
Wir haben zur Verhinderung des Mißbrauchs kirchlicher Einrichtungen durch den Gegner und feindlich-negative Kräfte bereits vieles getan und gute Ergebnisse erzielt. Die jüngsten Maßnahmen gegen Eppelmann haben erneut deutlich gemacht, daß wir keine Einmischung in
staatliche Angelegenheiten, keine Straftaten im Schutze der Kirche dulden. Wie sich zeigt, haben wir mit diesem Vorgehen bei den kirchenleitenden Gremien „Wirkung" erzielt. Deshalb die Entscheidung über die
vorläufige Einstellung des Ermittlungsverfahrens, verbunden mit entsprechenden Zusagen der Kirchenleitung und Auflagen gegenüber Eppelmann[57].
Wir entziehen damit jenen reaktionären kirchlichen Kräften den Bo-

---

56 Die Bundessynode, die vom 18. bis 22.9.1981 in Güstrow stattfand, machte sich
    die Forderungen der SoFD-Initiative nicht im einzelnen zu eigen, bejahte aber de-
    ren Wunsch nach Einführung eines zivilen Wehrersatzdienstes grundsätzlich. Vgl.
    epd-Dok. 43 / 81, 75-79.
57 Vgl. Dok. 65.

den, die auf eine Konfrontation mit dem Staat hinarbeiten, und fördern
den Differenzierungsprozeß innerhalb der kirchlichen Gremien.

Dok. 67
Rundschreiben Mielkes

Berlin, den 17.3.1982

Schreiben mit eigenhändiger Unterschrift. Absender: Ministerrat der deutschen Demokratischen Republik, Ministerium für Staatssicherheit, Der Minister. Anschrift: Diensteinheit, Leiter. GVS o008 MfS-Nr. 4 / 82. Mit vier Anlagen und einem Anhang: 1. Empfehlungen für ein Gespräch des Staatssekretärs für Kirchenfragen, Genossen Gysi, mit
den Bischöfen der evangelischen Landeskirchen in der DDR, 2. Politisch-rechtliche
Maßnahmen gegen Personen, die hartnäckig auf ihren gegen die staatliche Ordnung gerichteten Positionen beharren sowie feindlich-negative Aktivitäten beabsichtigen, 3.
Maßnahmen zur Unterbindung des öffentlichen Tragens und des Verbreitens von Abzeichen, Aufnähern, sonstigen Gegenständen, Symbolen und Texten mit pazifistischer Aussage, 4. Maßnahmen zur Unterbindung der Herstellung von Abzeichen, Aufnähern,
Aufklebern, sonstigen Gegenständen und Symbolen mit pazifistischer Aussage und Anhang: Bisher festgestellte Symbole und andere Gegenstände mit pazifistischer Aussage.

Die Bestrebungen äußerer und innerer feindlich-negativer Kräfte, unter
dem Deckmantel des Eintretens für Frieden und Abrüstung in der
DDR eine sogenannte staatlich unabhängige pazifistische Friedensbewegung zu etablieren, haben sich weiter verstärkt. Diese Bewegung
soll als politische und organisatorische Basis für die Schaffung einer
„inneren Opposition" sowie zur Inspirierung und Organisierung politischer Untergrundtätigkeit fungieren. Die Angriffe reaktionärer kirchlicher und anderer feindlich-negativer Kräfte richten sich insbesondere
gegen die Friedens-, Verteidigungs- und Sicherheitspolitik der DDR.
Bestrebungen zur Initiierung dieser sogenannten Friedensbewegung
sind vor allem von Kräften in den Bereichen Kirchen / Religionsgemeinschaften und Kunst / Kultur unter verstärkter Einbeziehung Jugendlicher / Jungerwachsener festzustellen und widerspiegeln sich besonders in solchen Aktivitäten, wie:
– Popularisierung des sogenannten Berliner Appells „Frieden schaffen ohne Waffen"[58];
– Forderungen zur Einrichtung eines „Sozialen Friedensdienstes"
(SOFD)[59];
– Versuche zur Organisierung einer pazifistischen Friedensbewegung
und darauf ausgerichteter öffentlichkeitswirksamer Aktionen im Zeitraum Ostern 1982 (Friedensseminare, Friedenswanderungen, Schwei-
ge- und Sternmärsche, Friedensdienst-Fahrten, Friedensmahnwachen
u.ä.);
– Herstellung und Verbreitung von Symbolen mit pazifistischem Inhalt[60]. [2]

58   Vgl. Dok. 64 und 65.
59   Vgl. v.a. Dok. 61.
60   Gemeint ist hier v.a. der Aufnäher „Schwerter zu Pflugscharen", der seit Ende
      Januar 1982 „in weiten Kreisen" (Zander, Christen, 259) kursierte. Das vorliegen-
      de Rundschreiben ist Teil einer umfassenden Gegenaktion, die Mitte März 1982

Zur vorbeugenden Zurückdrängung und konsequenten Unterbindung der von reaktionären kirchlichen und anderen feindlich-negativen Kräften ausgehenden Versuche zur Organisierung von Aktivitäten gegen die sozialistische Staats- und Gesellschaftsordnung sind unter Beachtung der dazu bereits gegebenen Befehle, Weisungen und Orientierungen folgende Maßnahmen einzuleiten:
1. Mit den Bischöfen der evangelischen Kirchen in der DDR werden durch den Staatssekretär für Kirchenfragen der DDR Gespräche geführt, in denen ihnen der grundsätzliche Standpunkt der Staatsführung der DDR zu rechtswidrigen Aktivitäten bestimmter reaktionärer kirchlicher und anderer feindlich-negativer Kräfte, die unter dem Deckmantel der Kirchen und unter Ausnutzung kirchlicher Möglichkeiten gegen den Staat – insbesondere gegen eine Friedens-, Verteidigungs- und Bündnispolitik – gerichtete Aktivitäten planen, organisieren und durchführen können, mitgeteilt wird[61]. Diese Gespräche werden mit der Forderung verbunden, daß die genannten kirchlichen Würdenträger mit der erforderlichen Konsequenz darauf Einfluß nehmen, keine gegen die staatliche Ordnung der DDR gerichteten Handlungen unter Mißbrauch kirchlicher Einrichtungen und Veranstaltungen zuzulassen.
Durch die Leiter der Bezirksverwaltungen ist zu sichern, daß die Stellvertreter für Inneres der Vorsitzenden der Räte der Bezirke[62] nach Durchführung des Gespräches des Staatssekretärs für Kirchenfragen der DDR gegenüber dem zuständigen Landesbischof in Abstimmung mit dem Leiter der Hauptabteilung XX festzulegenden kirchenleitenden Persönlichkeiten des Verantwortungsbereiches auf der Grundlage der in der Anlage zu diesem Schreiben befindlichen Gesprächskonzeption des Staatssekretärs für Kirchenfragen der DDR differenziert unter Beachtung der Lage und Situation wirksam werden. Die geführten Gespräche sind zu dokumentieren.
2. Durch den Leiter der Hauptabteilung XX ist in Zusammenarbeit mit den Leitern der Bezirksverwaltungen zu gewährleisten, daß Personen, die hartnäckig auf ihren gegen die staatliche Ordnung gerichteten Positionen beharren sowie feindlich-negative Aktivitäten beabsichtigen, zeitlich differenziert und unter Beachtung der konkreten territorialen Bedingungen (Zeitpunkt von geplanten kirchlichen Veranstaltungen im Zeitraum Ostern 1982) Befragungen zugeführt werden. In diesen Befragungen haben unter Zugrundelegung des Sachverhaltes und unter Beachtung der ordnungs- und strafrechtlichen Normen Belehrungen und Verwarnungen zu erfolgen, über rein religiösen Charakter hinausgehende Aktivitäten zu unterlassen. [3]
Sie sind ausdrücklich auf die Konsequenzen im Falle der Fortsetzung ihrer rechtswidrigen Aktivitäten hinzuweisen.
Durch den Einsatz inoffizieller Kräfte sind diese Personen mit dem Ziel der vorbeugenden Zurückdrängung und konsequenten Unterbindung von ihnen ausgehender rechtswidriger Aktivitäten unter ständi-

---

einsetzte. Vgl. dazu *Zander*, Christen, 259-262; *Fricke*, Opposition, 199; *Mechtenberg*, Friedensverantwortung, 359-361 sowie die Einleitung, 39 f. und den Anhang zu diesem Dok.
61 Vgl. dazu die Anlage 1 zu diesem Dok. sowie Dok. 68.
62 Den Stellvertretern für Inneres der Vorsitzenden der Räte der Bezirke unterstand der Arbeitsbereich Kirchenfragen. Dieser Sektor wurde durch den Staatssekretär für Kirchenfragen angeleitet.

ger operativer Kontrolle zu halten, und erforderlichenfalls erneute Befragungen zuzuführen.

Setzen derartige Personen hartnäckig ihre rechtswidrigen Aktivitäten fort, sind meinem Stellvertreter, Genossen Generalleutnant Mittig, geeignete Vorschläge für die Einleitung strafrechtlicher bzw. strafprozessualer Maßnahmen zu unterbreiten.

(Die Verantwortlichkeit für die Durchführung der Befragungen namentlich genannter Personen ist aus der Anlage 2 ersichtlich.)

3. Die Leiter der Bezirksverwaltungen haben zu sichern, daß durch den konzentrierten Einsatz inoffizieller und geeigneter offizieller Kräfte rechtzeitig Pläne und Absichten feindlich-negativer Personen, insbesondere zur Durchführung von öffentlichkeitswirksamen sogenannten Friedensaktivitäten im Zeitraum Ostern 1982, aufgeklärt und wirksame Maßnahmen zu deren vorbeugenden Verhinderung durchgesetzt werden.

Zielgerichtet sind Inspiratoren und Organisatoren derartiger Aktivitäten zu identifizieren.

Gegen bereits bekannte Personen, die in diesem Zusammenhang Aktivitäten durchzuführen beabsichtigen (siehe Anlage 3) sowie gegen weiter erkannte Personen sind ebenfalls, unter Beachtung notwendiger Abstimmungen mit der Hauptabteilung XX, die unter Punkt 2 genannten Maßnahmen anzuwenden.

Es ist weiter zu gewährleisten, daß Veranstaltungen, die unter Nichtwahrung des ausschließlich religiösen Charakters organisiert oder durchgeführt werden sollen, unter Anwendung von Sanktionen der Verordnung über die Durchführung von Veranstaltungen (VAVO) vom 15. August 1980[63] durch die territorial zuständigen Stellvertreter für Inneres der Vorsitzenden der Räte der Kreise unterbunden werden.

Gegen Personen, die sich den getroffenen staatlichen Entscheidungen widersetzen bzw. diesen nicht Folge leisten, sind gemäß § 9 der VAVO[64] Ordnungsverfahren durchzuführen.

Alle diesbezüglichen Maßnahmen sind mit dem Leiter der Hauptabteilung XX rechtzeitig abzustimmen.

4. Die Leiter der Bezirksverwaltungen haben zu gewährleisten, daß das Tragen von Abzeichen, textilen Aufnähern und anderen Gegenständen mit pazifistischer Aussage, durch die eine oppositionelle Haltung zur Verteidigungs- und Friedenspolitik des sozialistischen Staates dokumentiert wird, [4] unter Nutzung der vorhandenen gesetzlichen Bestimmungen und Anwendung tschekistischer[65] Mittel konsequent unterbrochen wird.

---

63   Die Veranstaltungsverordnung vom 30.6.1980 (abgedruckt in: GBl. I, 235) schränkte die Versammlungsfreiheit insofern ein, als sie diese aufs engste an den sozialistischen Charakter der Gesellschaft band. Vgl. *Randelzhofer*, 85-88. Allerdings waren Veranstaltungen mit rein religiösem Charakter nach § 3 Abs. 5 und 6 von der Anmeldepflicht ausgenommen Vgl. ebd., 86. Dieser Umstand führte dazu, daß viele der Gruppen bestrebt waren, ihre Aktionen als „religiöse" Veranstaltungen unter dem Schutz der Kirche durchzuführen.

64   Danach wurden „vorsätzliche oder fahrlässige Verstöße gegen die VAVO [...] mit Verweis oder Ordnungsstrafe" geahndet" (ebd., 87).

65   Tscheka ist der Name der sowjetischen politischen Polizei in den Jahren 1917-1922. Ihr Leiter war Feliks Demundowitsch Dzerzynski. Für Mielke, der einige Jahre im sowjetischen Exil gelebt hatte und dort in Kontakt mit dem sowjetischen Geheimdienst gekommen war, war die Tscheka das Vorbild des Staatssicherheitsdienstes. Vgl. *Fricke*, Staatssicherheit, 37 f.

Die in diesem Zusammenhang durch staatliche Organe – insbesondere die Ministerien für Volksbildung und für Hoch- und Fachschulwesen und deren nachgeordnete Einrichtungen sowie Ausbildungsstätten der volkseigenen Industrie – und gesellschaftliche Organisationen – unter anderem FDJ[66], GST und DTSB – in deren Verantwortungsbereichen sowie durch die Deutsche Volkspolizei zur Aufrechterhaltung der öffentlichen Ordnung durchzuführenden Maßnahmen sind in geeigneter Form zu unterstützen. Die Herstellung derartiger Gegenstände mit pazifistischer Aussage in Produktionsstätten und durch Einzelpersonen ist unter Anwendung der gesetzlichen Möglichkeiten der „Anordnung über das Genehmigungsverfahren für die Herstellung von Druck- und Vervielfältigungserzeugnissen"[67] zu unterbinden. Die einzuleitenden Maßnahmen sind in Abstimmung mit der Hauptabteilung XX und der Hauptabteilung IX durchzuführen.
Die Leiter der Bezirksverwaltungen haben die 1. Sekretäre der Bezirksleitung der SED über den Inhalt der Gesprächskonzeption des Staatssekretärs für Kirchenfragen der DDR mit den Bischöfen der evangelischen Landeskirchen sowie über den wesentlichen Inhalt der in meinem Schreiben angewiesenen Maßnahmen zu informieren.
Weiterhin sind die 1. Sekretäre der Bezirksleitungen der SED über sich aus der Realisierung der Maßnahmen ergebende Konsequenzen und Reaktionen ständig zu unterrichten.
Über die Wirksamkeit der von Ihnen eingeleiteten politisch-operativen Maßnahmen ist der Leiter der Hauptabteilung XX fortlaufend zu informieren. Operative und besonders bedeutsame Vorkommnisse und Erkenntnisse sind meinem Stellvertreter, Genossen Generalleutnant Mittig, unverzüglich mitzuteilen.
[gez.] Mielke
Armeegeneral
Anlagen

Anlage 1
GVS-o008 MfS-Nr. 5 / 82

Empfehlungen für ein Gespräch des Staatssekretärs für Kirchenfragen, Genossen Gysi, mit den Bischöfen der evangelischen Landeskirchen in der DDR[68]
Aus gegebenem Anlaß macht sich erneut ein Grundsatzgespräch notwendig. Das erforderliche Zusammentreffen reiht sich ein in die bereits kontinuierlich geführten Gespräche zu Grundsatzfragen und zur Klärung von Sachproblemen.
Das Verhältnis zwischen Staat und Kirche entwickelt sich entsprechend den Grundsätzen vom 6. März 1978[69] dynamisch weiter. Der Staat ist in der Entwicklung dieses Verhältnisses zwischen Staat und Kirche stets seinen Verpflichtungen nachgekommen.
Es ist erfreulich festzustellen, daß bei den Kontakten zwischen Staat und Kirche die Tendenz weit überwiegt, alle anstehenden Fragen, Pro-

---

66 Die FDJ begann im März 1982 eine Offensive unter dem Schlagwort „Der Frieden muß verteidigt werden – der Frieden muß bewaffnet sein", die sich insbesondere gegen den Aufnäher „Schwerter zu Pflugscharen" richtete. Vgl. dazu *Mechtenberg*, Friedensverantwortung, 390 und *Zander*, Christen, 260.
67 Veröffentlicht in: GBl. I, 1959, 640.
68 Vgl. hierzu Dok. 68.
69 Vgl. Dok. 56.

bleme und Unklarheiten offen anzusprechen und nach Lösungen zu suchen, die im beiderseitigen Interesse liegen.
Zu unterstreichen ist die auf dem X. Parteitag[70] der SED getroffene Einschätzung, daß sich in der Zeit zwischen dem IX.[71] und X. Parteitag der SED „[...] das Verhältnis des sozialistischen Staates zu den Kirchen weiter auf der Grundlage des Prinzips der Trennung von Staat und Kirche entwickelte. Die Beziehungen gewannen an Offenheit, Verständnis und Bereitschaft zu konstruktiven Regelungen [...]". Das klare Bekenntnis kirchlicher Würdenträger und Gremien, „Kirche in der DDR" und „Kirche im Sozialismus"[72] sein zu wollen, wird auch als Orientierung für die staatlichen Organe bei ihren Kontakten zu Vertretern der Kirchen verstanden. [2]
Diese Orientierung erleichtert auch die Klärung von Ereignissen, die nicht in den Rahmen kirchlicher Standortbestimmungen in der DDR und der kirchenpolitischen Orientierung des Staates eingeordnet werden können. Gegen die staatliche und öffentliche Ordnung gerichtete Aktivitäten, Straftaten und andere schwerwiegende Vorkommnisse kirchlich gebundener Personen machten in der letzten Zeit wiederholt Gespräche mit Bischöfen und leitenden kirchlichen Mitarbeitern erforderlich. In diesen Gesprächen wurden Erwartungshaltungen des Staates zum Ausdruck gebracht. Es wurde gleichzeitig unmißverständlich darauf hingewiesen, daß es nicht im Interesse der evangelischen Kirchenleitungen sein kann, wenn kirchliche Mitarbeiter statt Ausübung ihrer seelsorgerischen Tätigkeit rechtswidrige Handlungen begehen bzw. unter Mißbrauch religiöser Bindungen und Gefühle Bürger dazu inspirieren. In diesen Gesprächen wurde seitens kirchenleitender Persönlichkeiten Verständnis zum Ausdruck gebracht und versichert, in ihren Verantwortungsbereichen für die Einhaltung der Rechtsordnung Sorge zu tragen.
Es hat sich jedoch gezeigt, daß durch die Bischöfe, kirchenleitenden Personen und Gremien sehr unterschiedlich die Durchsetzung ihrer Zusicherungen und Erklärungen praktiziert wird. Es fehlt mitunter die notwendige Konsequenz bei der Verwirklichung von Standpunkten,

---

70 Der zehnte Parteitag, der knapp ein Jahr zuvor vom 11. bis 16. April 1981 in Berlin zusammengekommen war, hatte v.a. wirtschaftliche Fragen behandelt und Erich Honecker einstimmig als Generalsekretär wiedergewählt. Vgl. auch Dok. 70, Anm. 122. Honecker hatte am 11.4.1981 vor dem Parteitag eine positive Bilanz des Verhältnisses von Staat und Kirche gezogen. Mit dem Gespräch zwischen ihm und Bischof Schönherr am 6.3.1978 sei eine Grundlage gelegt worden, die sich bewährt habe. Vgl. die Meldung in: epd ZA 72 vom 13.4.1981.
71 Der neunte Parteitag der SED hatte vom 18. bis 22.5.1976 ebenfalls in Berlin stattgefunden. Die Partei hatte sich ein neues Programm gegeben und zugleich ihren gesellschaftlichen Führungsanspruch bekräftigt.
72 Diese nicht unumstrittene Formel bezeichnete den Ort der Kirchen in der DDR. Sie geht auf die Eisenacher Synode des Kirchenbundes 1971 zurück. In ihrem Bericht an die Synode erklärte die Kirchenleitung damals: „Eine Zeugnis- und Dienstgemeinschaft von Kirchen in der Deutschen Demokratischen Republik wird ihren Ort genau zu bedenken haben: *In* dieser so geprägten Gesellschaft, nicht neben ihr, nicht gegen sie" (zit. nach: Kirche als Lerngemeinschaft, 172). „Die Kurzformel ‚Kirche im Sozialismus‘ zur Umschreibung des kirchlichen Selbstverständnisses wird heute allerdings in den evangelischen Gemeinden in der DDR weithin akzeptiert, auch wenn die Vorstellungen, die jeweils damit verbunden werden, nicht immer sehr einhellig sind", urteilte 1982 Hans-Jürgen *Röder*, Kirche im Sozialismus, 71. Vgl. Einleitung, 22 und aus der umfangreichen Literatur zunächst *Röder*, Kirche im Sozialismus; Kirche als Lerngemeinschaft, 161-221 und *Dähn*, 125-131.

die im Ergebnis von Gesprächen zwischen Staat und Kirche gemeinsam erarbeitet wurden.

Unerfreulich ist festzustellen, daß durch diese Inkonsequenz feindlich-negativen Kräften durch die Kirche selbst die Möglichkeit gegeben wird, die Kirche für ihre gegen die Verfassung der DDR gerichteten Aktivitäten zu mißbrauchen. Es besteht die Gefahr, daß die Kirche in eine Konfrontationsstellung gegen den Staat hineinmanövriert wird, wenn sie weiterhin duldet, daß derartige Kräfte unter kirchlichem Deckmantel und unter Ausnutzung kirchlicher Möglichkeiten gegen den Staat – insbesondere gegen seine Verteidigungs- und Bündnispolitik – gerichtete Aktivitäten planen, organisieren und durchführen können. [3]

Energisch ist erneut darauf zu verweisen, daß die im sogenannten Berliner Appell und in der „Initiative zur Errichtung eines Sozialen Friedensdienstes" genannten Forderungen gegenstandslos sind. Es wurde bereits eine klare Antwort dazu gegeben, daß keinerlei Beeinträchtigung der konsequenten Friedenspolitik der DDR und der anderen sozialistischen Staaten bzw. eine Schwächung der Verteidigungskraft des sozialistischen Staates zugelassen wird, wie [die] Wehrpflicht auf der Grundlage der Verfassung der DDR – auch die Ableistung des Wehrdienstes als Bausoldat – eindeutig gesetzlich geregelt ist, keinerlei Einmischung in staatliche Angelegenheiten geduldet und es nicht gestattet wird, daß unter Mißbrauch kirchlicher Einrichtungen feindlich-negative Kräfte gegen unseren Staat wühlen und die Geschäfte des Imperialismus besorgen können.

Die genannten und weitere unter der Schirmherrschaft der Kirche durchgeführte Aktivitäten, insbesondere die als „Friedensinitiativen" ausgegebenen, beeinträchtigen in starkem Maße die staatliche Ordnung und Sicherheit und stellen eine Herabwürdigung der Tätigkeit staatlicher Organe dar, indem der Regierung der DDR eine mangelnde Bereitschaft zur Friedenspolitik unterstellt wird. Sie stellen weiter einen Versuch dar, von der aggressiven Hochrüstungspolitik der USA und der NATO abzulenken und insbesondere junge Menschen in einen Widerspruch zu ihrem sozialistischen Vaterland zu bringen.

Mit allem Nachdruck wird gefordert, daß die Bischöfe und kirchenleitenden Amtsträger unbedingt mit der erforderlichen Konsequenz Einfluß darauf nehmen, daß bei kirchlich engagierten Personenkreisen Verhaltensweisen geprägt werden, die nicht im Widerspruch zur Rechtsordnung der DDR stehen. In diesem Zusammenhang wird mit aller Konsequenz darauf hingewiesen, daß [4]
– die Durchführung von Veranstaltungen unter Nichtwahrung eines ausschließlich religiösen Charakters der Anmelde- bzw. Erlaubnispflicht unterliegt, und eine Verletzung dieser Pflichten ordnungsrechtliche Konsequenzen zur Folge hat;
– die Herstellung, Verbreitung oder Verwendung in der Öffentlichkeit von Aufklebern, Abzeichen, sonstigen Gegenständen und Symbolen sowie Texten, durch die die Friedenspolitik der DDR in Zweifel gezogen, mißachtet oder herabgewürdigt wird, eine Beeinträchtigung staatlicher Tätigkeit darstellt und strafrechtliche Konsequenzen gemäß § 214 Abs. 1 StGB[73] nach sich ziehen kann.

---

73 Dort heißt es: „Wer die Tätigkeit staatlicher Organe durch Gewalt oder Drohungen beeinträchtigt oder in einer die öffentliche Ordnung gefährdenden Weise eine

Die Grundsätze vom 6. März 1978, wie sie im Gespräch des Generalsekretärs des ZK der SED und Vorsitzenden des Staatsrates der DDR,
Genossen Erich Honecker, mit dem Vorstand der Konferenz der Evangelischen Kirchenleitungen in der DDR fixiert wurden, und die Beschlüsse des X. Parteitages der SED sind und bleiben staatlicherseits
bestimmend für die weitere Entwicklung des Verhältnisses zwischen
Staat und Kirche.

Anlage 2
GVS-o008 MfS-Nr. 6 / 82

*Politisch-rechtliche Maßnahmen gegen Personen, die hartnäckig auf ih-
ren gegen die staatliche Ordnung gerichteten Positionen beharren sowie
feindlich-negative Aktivitäten beabsichtigen*
Im Interesse einer wirksamen Vorbeugung von Rechtsverletzungen
durch Personen, die bestrebt sind, feindlich-negative Aktivitäten im
Sinne
– der „Initiative zur Errichtung eines „Sozialen Friedensdienstes",
– des „Berliner Appells" sowie
– einer sogenannten staatlichen unabhängigen Friedensbewegung
fortzusetzen bzw. zu entwickeln, sind folgende politisch-operative
Maßnahmen durchzuführen:
1. Die im Anhang namentlich aufgeführten und in diesem Zusammenhang neu erkannten Personen sind durch die Hauptabteilung XX in
Zusammenarbeit mit der Hauptabteilung IX bzw. durch die Abteilungen XX und Abteilungen IX der Bezirksverwaltungen auf der Grundlage der §§ 12 (2), 20 (2) des VP-Gesetzes[74] Befragungen zu unterziehen. Dabei sind ausgehend vom jeweiligen vorliegenden Sachverhalt
und der konkreten politisch-operativen Situation die zweckmäßigsten
Formen der Vorladung bzw. der Zuführung und der Dokumentierung
des Verlaufes der Befragung festzulegen.
2. Ausgehend vom festgestellten Sachverhalt hat eine an den entsprechenden ordnungs- oder strafrechtlichen Normen orientierte Belehr-
rung und Verwarnung zu erfolgen mit dem ausdrücklichen Hinweis
auf die rechtlichen Konsequenzen im Falle der Fortsetzung ihrer
rechtswidrigen Aktivitäten.
3. Die genannten Personen sind durch den Einsatz inoffizieller Kräfte
unter operativer Kontrolle zu halten und bei Fortsetzung ihrer Aktivitäten einer erneuten Befragung zuzuführen.
4. Sind diese Personen uneinsichtig und setzen sie hartnäckig ihre
rechtswidrigen Aktivitäten fort, sind Vorschläge für die Einleitung
strafrechtlicher bzw. strafprozessualer Maßnahmen zu unterbreiten.

Anlage 3
GVS o008 MfS-Nr. 7 / 82

Mißachtung der Gesetze bekundet oder zur Mißachtung der Gesetze auffordert,
wird mit Freiheitsstrafe bis zu drei Jahren oder mit Verurteilung auf Bewährung,
Haftstrafe, Geldstrafe oder mit öffentlichem Tadel bestraft."
74 Das von der Volkskammer am 9.6.1968 beschlossene Gesetz über die Aufgaben
und Befugnisse der Deutschen Volkspolizei ist im GBl. I, 1968, 232-237 veröffentlicht. Nach § 12, Absatz 2 ist die Zuführung von Personen erlaubt, wenn die Feststellung von Personalien „an Ort und Stelle" nicht möglich ist. Durch § 20, Absatz
2 des Gesetzes wird die Staatssicherheit ermächtigt, „die in diesem Gesetz geregel-
ten Befugnisse" der Volkspolizei wahrzunehmen. Vgl. dazu auch: Geschichte der
Deutschen Volkspolizei, Bd. 2, 144-152.

Maßnahmen zur Unterbindung des öffentlichen Tragens und des Verbreitens von Abzeichen, Aufnähern, sonstigen Gegenständen, Symbolen und Texten mit pazifistischer Aussage
Im Zusammenhang mit der „Basisinitiative" zur Entwicklung eines „Sozialen Friedensdienstes" und anderen sogenannten Friedensinitiativen der evangelischen Kirche werden besonders von auf oppositionellen Positionen stehenden oder politisch schwankenden und teilweise auch negativ-dekadenten Jugendlichen / Jungerwachsenen demonstrativ Abzeichen, textile Aufnäher u.ä. mit pazifistischer Aussage sichtbar an Bekleidungsgegenständen angebracht. Sie verfolgen das Ziel, sich mit der von bestimmtem reaktionären kirchlichen Kräften popularisierten Idee von einer sogenannten staatlich unabhängigen Friedensbewegung in der DDR zu solidarisieren und ihre oppositionelle und ablehnende Haltung, insbesondere zur sozialistischen Verteidigungspolitik, damit offen zum Ausdruck zu bringen.
Zur wirksamen Unterbindung dieser Aktivitäten sind folgende Maßnahmen durchzuführen:
1. Die zuständigen zentralen staatlichen Organe, insbesondere die Ministerien für Volksbildung und für das Hoch- und Fachschulwesen und das Staatssekretariat für Berufsausbildung sowie die gesellschaftlichen Organisationen, unter anderem die FDJ, die GST und der DTSB, haben zu gewährleisten, daß in ihren Verantwortungsbereichen das Tragen und Verbreiten derartiger Symbole unterbunden wird und zu diesem Zweck die bestimmenden Disziplin-, Schul-, Internats- und anderen Ordnungen konsequent durchgesetzt werden.
2. Das Ministerium des Innern hat zu gewährleisten, daß die Deutsche Volkspolizei das Tragen derartiger Gegenstände in der Öffentlichkeit, ausgehend von der Rechtswidrigkeit der Herstellung gemäß § 8 Abs. 3 der „Anordnung über das Genehmigungsverfahren für die Herstellung von Druck- und Vervielfältigungserzeugnissen"[75] unterbindet, indem Träger derselben zur Entfernung und Herausgabe aufgefordert werden, in deren Ergebnis die entschädigungslose Einziehung erfolgt.
Im Weigerungsfalle erfolgt die Zuführung der entsprechenden Person gemäß § 12 Abs. 2 des VP-Gesetzes und die anschließende Durchsetzung der vorgenannten Maßnahmen.
Diese Maßnahmen beziehen sich auch auf gleichartige Symbole, die rechtswidrig unter Umgehung der Zollbestimmungen in die DDR eingeführt oder selbst hergestellt wurden.
Personen, die wiederholt und entgegen den ihnen erteilten Belehrungen durch das Tragen derartiger Gegenstände in Erscheinung treten, werden durch die territorial zuständigen Dienststellen der Deutschen Volkspolizei wegen Störung des sozialistischen Zusammenlebens gemäß § 4 Abs. 1 der Verordnung über Ordnungswidrigkeiten[76] mit Ordnungsstrafverfahren belegt.
Zur Durchsetzung der vorgenannten Maßnahmen wird der Minister

---

75 Vgl. „Anordnung über das Genehmigungsverfahren für die Herstellung von Druck- und Vervielfältigungserzeugnissen" vom 20.7.1959 (GBl. I, 640) sowie die Erläuterungen von *Blumenwitz*, 60-67. Nach § 8 Abs. 3 der konnten die Gegenstände, die zur Verletzung der Verordnung dienten, „eingezogen werden".
76 Die „Verordnung über Ordnungswidrigkeiten" stammt vom 16.5.1968 (GBl. II, 359). Nach § 4, Absatz 1 konnte die „Störung des sozialistischen Zusammenlebens" mit einem Verweis oder einer Ordnungsstrafe geahndet werden.

des Innern und Chef der Deutschen Volkspolizei zum Zwecke des Erlasses einer entsprechenden Weisung informiert.
3. Durch die Leiter der Bezirksverwaltungen des MfS ist zu gewährleisten, daß die vorgenannten Maßnahmen in geeigneter Form mit tschekistischen Mitteln wirksam unterstützt und durch kluges, differenziertes politisches Handeln Konfrontationen vermieden werden.

Anlage 4
GVS o008 MfS-Nr. 8 / 82

Maßnahmen zur Unterbindung der Herstellung von Abzeichen, Aufnähern, Aufklebern, sonstigen Gegenständen und Symbolen mit pazifistischer Aussage
Im Ergebnis politisch-operativer Maßnahmen wurde nachgewiesen, daß die Evangelische Brüder-Unität Herrnhut / Löbau / Dresden und die Dürninger Stiftung in Herrnhut (Betrieb der Evangelischen Brüder-Unität) in üblichem Umfang in ihren Produktionsstätten die vorgenannten Gegenstände mit pazifistischer Aussage im Druck- und Vervielfältigungsverfahren herstellen.
Über den Produktionsumfang der genannten Gegenstände liegen keine umfassenden offiziellen Angaben vor. Operativen Hinweisen zufolge lieferten die vorgenannten Einrichtungen allein dem Landesjugendpfarrer Brettschneider[77] (Dresden) in Realisierung seiner Bestellung innerhalb eines Monates 110 000 Aufnäher und 52 000 Lesezeichen.
Zur Unterbindung der Herstellung und des Vertriebes der genannten Gegenstände mit pazifistischem Inhalt sind folgende Maßnahmen durchzuführen:
1. Die für die Leitung der genannten Produktionsstätten Verantwortlichen werden zur Vorsprache beim Leiter der Abteilung Kultur des Rates des Kreises Löbau aufgefordert[78]. Ihnen ist mitzuteilen, daß in den von ihnen geleiteten Produktionsstätten ohne Vorliegen einer Druckgenehmigung gemäß § 2 Abs. 1 Buchstabe c der „Anordnung über das Genehmigungsverfahren über die Herstellung von Druck- und Vervielfältigungserzeugnissen" Aufkleber und sonstige Gegenstände hergestellt werden, durch die eine Mißachtung von Gesetzen bekundet bzw. zur Mißachtung von Gesetzen aufgefordert wird.
Sie richten sich insbesondere gegen die verfassungsmäßige Verteidigungspolitik der DDR.
Davon ausgehend wird ihnen mitgeteilt, daß eine weitere Herstellung derartiger Gegenstände untersagt wird und gemäß § 8 Abs. 3 der genannten Anordnung die Einziehung vorhandener Bestände, zur Herstellung verwendete Matrizen, Schablonen und dergleichen erfolgt.
2. Ausgehend von der getroffenen Entscheidung des Rates des Kreises Löbau erfolgt anschließend durch beauftragte Mitarbeiter des Rates des Kreises Löbau gemäß § 7 Buchstabe b der genannten Anordnung eine Kontrolle in den Produktionsstätten. Festgestellte Aufkleber und sonstige Gegenstände pazifistischen Inhalts und im Zusammenhang mit deren Herstellung stehende Matrizen, Schablonen und dergleichen werden eingezogen.
3. Durch den Stellvertreter für Inneres des Vorsitzenden des Rates des Bezirkes Dresden ist der für die oben genannten Produktionsstätten

---

77   Richtig: Bretschneider.
78   Vgl. zur Durchführung dieser Maßnahme Dok. 68.

zuständige kirchliche Amtsträger zum gleichen Zeitpunkt über die getroffene Entscheidung des Rates des Kreises Löbau und die in diesem Zusammenhang erfolgenden Maßnahmen zu informieren.
4. Die Durchführung der vorgenannten Maßnahmen ist durch die Bezirksverwaltung für Staatssicherheit Dresden in Zusammenarbeit mit der Hauptabteilung IX und der Hauptabteilung XX vorzubereiten, durch erforderliche politisch-operative Maßnahmen abzusichern und unter Kontrolle zu halten.
5. Gegen weitere Einrichtungen oder Personen, die derartige Gegenstände ohne die erforderliche Druckgenehmigung herstellen, ist in territorialer Zuständigkeit in Abstimmung mit der Hauptabteilung IX und der Hauptabteilung XX auf der genannten Rechtsgrundlage zu verfahren. [3]

GVS MfS o008-7 / 82
Anhang
Bisher festgestellte Symbole und andere Gegenstände mit pazifistischer Aussage
1. Aufnäher für Bekleidungsgegenstände
(7x7 cm, Vlies, weiß-roter Kreis, Symbolfigur blau mit schwarzer Inschrift „Schwerter zu Pflugscharen")
2. Aufklebesymbole
(2-5 cm im Durchmesser, Friedenstaube mit den Losungen „Spiel Frieden nicht Krieg" und „Kopfarbeit statt Kriegsarbeit")
3. Lesezeichen
(7x20 cm, Vlies, Aufschrift „Gerechtigkeit – Abrüstung – Frieden; Friedensdekade der Evangelischen Kirchen in der DDR", blaue Symbolfigur mit dem Text „Schwerter zu Pflugscharen")
4. Tücher
(40x40 cm, Batiktechnik, Symbolfigur mit dem Text „Schwerter zu Pflugscharen")

Dok. 68
Information Nr. 173 / 82

Berlin, den 8. April 1982

Information Nr. 173 / 82 über vorbeugend eingeleitete Maßnahmen zur Zurückdrängung und Unterbindung der von reaktionären kirchlichen und anderen feindlich-negativen Kräften ausgehenden Versuche zur Schaffung einer sogenannten staatlich unabhängigen Friedensbewegung in der DDR einschließlich erster Erkenntnisse über deren Durchsetzung sowie über den Verlauf des Gesprächs des Gen. Gysi mit leitenden kirchlichen Amtsträgern der evangelischen Kirchen der DDR am 7.4.1982, ohne Unterschrift.
Absender: Ministerium für Staatssicherheit. Verteiler: Führende Funktionäre von Partei und Staat sowie Mitarbeiter des MfS.[79] Vermerk: Streng geheim! Um Rückgabe wird gebeten! Mit zwei Anlagen: 1. Übersicht über die von den staatlichen Organen realisierten Maßnahmen in der Hauptstadt Berlin und in den Bezirken der DDR zur vorbeugenden Zurückdrängung und konsequenten Unterbindung der von reaktionären kirchli-

---

79 Einer handschriftlichen Notiz zufolge ging diese Information folgenden Personen zu: „Ho. / über Minister, Min., Bellmann, Gysi, Mittig, Ltr. XX (1 Expl. Gen. Wiegand; 1 Expl. Gen. Schorm, vorher Gen. Fischer z. Kts.)".

chen und anderen feindlich-negativen Kräften ausgehenden Versuche zur Organisierung von Aktivitäten gegen die sozialistische Staats- und Gesellschaftsordnung. 2. Mitglieder der Konferenz der Evangelischen Kirchenleitungen in der DDR, welche am Gespräch mit dem Staatssekretär für Kirchenfragen, Genossen Gysi, am 7.4.1982 in Berlin teilgenommen haben.

Nach dem MfS vorliegenden Erkenntnissen haben sich die Bestrebungen äußerer und innerer feindlich-negativer Kräfte, unter dem Deckmantel des Eintretens für Frieden und Abrüstung in der DDR eine sogenannte staatlich unabhängige pazifistische Friedensbewegung zu etablieren, weiter verstärkt.
Diese Bewegung soll – langfristig angelegt – als politische und organisatorische Basis für die Schaffung einer „inneren Opposition" sowie zur Inspirierung und Organisierung politischer Untergrundtätigkeit fungieren. [2]
Die in diesem Sinne durch eine verstärkte Hetz- und Propagandatätigkeit insbesondere der westlichen Funkmedien unterstützten Angriffe reaktionärer kirchlicher und anderer feindlich-negativer Kräfte in der DDR richten sich insbesondere gegen die Friedens-, Verteidigungs- und Sicherheitspolitik der DDR.
Bestrebungen zur Initiierung dieser sogenannten Friedensbewegung sind vor allem von Kräften im Bereich der Kirchen und Religionsgemeinschaften unter verstärkter Einbeziehung Jugendlicher festzustellen und widerspiegeln sich besonders in solchen Aktivitäten, wie
– der weiteren Popularisierung des sogenannten Berliner Appells „Frieden schaffen ohne Waffen"[80],
– der fortgesetzten Forderung nach Errichtung eines „Sozialen Friedensdienstes" (SOFD)[81],
– den Versuchen zur Organisierung einer pazifistischen Friedensbewegung und darauf ausgerichteter öffentlichkeitswirksamer Aktionen im Zeitraum Ostern 1982 (Friedensseminare, Friedenswanderungen, Schweige- und Sternmärsche, Friedensdienst-Fahrten, Friedensmahnwachen u.ä.)[82],
– den wiederholten Versuchen zur Herstellung und zur Verbreitung von Symbolen mit pazifistischem Inhalt [und] der ständigen Beeinflussung von Jugendlichen durch klerikale Kräfte zum Tragen derartiger Symbole[83]. [3]
Zur vorbeugenden Zurückdrängung und konsequenten Unterbindung dieser von reaktionären kirchlichen und anderen feindlich-negativen Kräften ausgehenden Versuche zur Organisierung von Aktivitäten gegen die sozialistische Staats- und Gesellschaftsordnung wurden durch das MfS im engen Zusammenwirken mit anderen Schutz- und Sicherheitsorganen sowie mit staatlichen Organen und Einrichtungen sowie gesellschaftlichen Organisationen und Kräften differenzierte Maßnahmen eingeleitet:
Durch den Staatssekretär für Kirchenfragen der DDR, Gen. *Gysi*, wurden Unterredungen mit den evangelischen Bischöfen Hempel (Dresden), Forck (Berlin), Wollstadt (Görlitz), Krusche (Magdeburg), Gien-

---

80 Vgl. Dok. 64 und 65.
81 Vgl. Dok. 61.
82 Zu diesen verschiedenen Aktionsformen und Aktivitäten vgl. auch *Zander*, Christen, 277-300.
83 Vgl. Dok. 67.

ke (Greifswald) und Natho (Dessau) geführt. Ihnen wurde u.a. mitgeteilt, daß durch die Inkonsequenz der Kirchenleitungen feindlich-negativen Kräften durch die Kirche die Möglichkeit gegeben wird, die Kirche für ihre gegen die Verfassung der DDR gerichteten Aktivitäten zu mißbrauchen. Dadurch bestehe die Gefahr, daß die Kirche in eine Konfrontationsstellung gegen den Staat hineinmanövriert werde. Insbesondere die als sogenannte Friedensinitiativen ausgegebenen Aktivitäten beeinträchtigen in erheblichem Maße die staatliche Ordnung und Sicherheit und stellen eine Herabwürdigung der Tätigkeit staatlicher Organe dar, indem der Regierung der DDR eine mangelnde Bereitschaft zur Friedenspolitik unterstellt werde. Mit allem Nachdruck forderte der Staatssekretär für Kirchenfragen, daß die Bischöfe unbedingt mit der erforderlichen Konsequenz Einfluß darauf nehmen, Aktivitäten nicht ausschließlich religiösen Charakters in ihren Landeskirchen zu verhindern.

Im gleichen Sinne wurden seitens beauftragter Mitarbeiter staatlicher Organe auf der Bezirks- und Kreisebene Unterredungen mit kirchlichen Amtsträgern geführt[84].

[4]
Mit dem Ziel der Unterbindung der Produktion pazifistischer Symbole wurde am 23. März 1982 durch den stellvertretenden Vorsitzenden des Rates des Bezirkes Dresden mit den Vertretern der Brüderunität Herrnhut[85], Bischof Gill und Direktor Müller eine Aussprache geführt[86]. Beide akzeptierten den staatlichen Standpunkt und betonten ihre Bereitschaft zur vertrauensvollen Zusammenarbeit mit den staatlichen Organen. Am gleichen Tage führte der 1. Stellvertreter des Vorsitzenden des Rates des Kreises Löbau eine Aussprache mit dem Geschäftsführer der „Abraham-Dürninger-Stiftung" und wies ihn auf die Gesetzeswidrigkeit des Druckes von pazifistischen Symbolen in seinem, der Brüderunität angegliederten Betrieb hin. Das im Betrieb vorhandene Druck-Klischee wurde ohne Einwände eingezogen.

Auf der Grundlage einer durch den Minister des Innern und Chef der DVP erlassenen Weisung an die Chefs der Bezirksbehörden und Kreisämter der DVP wurden differenzierte rechtliche Maßnahmen eingeleitet, um das Tragen und Verbreiten pazifistischer Symbole in der Öffentlichkeit zu verhindern sowie den Mißbrauch religiöser Veranstaltungen zu unterbinden.

Durch die Ministerien für Volksbildung und für das Hochschul- und Fachschulwesen wurde im Zusammenwirken mit gesellschaftlichen Kräften die ideologische Auseinandersetzung mit Trägern pazifistischer Symbole begonnen. Gegenüber uneinsichtigen, sich jeder politischen Argumentation verschließenden Schülern und Studenten kommen die bestehenden Disziplinar-, Schul-, Internats- und anderen Ordnungen zur Anwendung. [5]
Nach dem MfS vorliegenden Hinweisen führten die eingeleiteten Maßnahmen zu folgenden Ergebnissen:
Am 12. März 1982 begann der Staatssekretär für Kirchenfragen der DDR mit der Unterredung mit Bischof *Hempel* (Dresden) seine ge-

---

84 Vgl. dazu Dok. 67, Anlage 1. Eberhard Natho war übrigens Kirchenpräsident, nicht Bischof der Evangelischen Landeskirche Anhalts.
85 Zur Situation der Brüdergemeinde in der DDR im allgemeinen vgl. *Hickel.*
86 Vgl. Dok. 67, Anlage 4.

plante Gesprächsfolge[87]. Bereits einen Tag danach kam es während der turnusmäßigen Tagung der Konferenz der Kirchenleitungen der evangelischen Kirchen in der DDR in Buckow zu einer Abstimmung zu den dieses Gespräch beinhaltenden Problemen. Im Ergebnis dessen wurde am 14. März eine Erklärung dieser Konferenz bekanntgegeben[88], in der hervorgehoben wird, daß

– die evangelischen Kirchen in der DDR hinter der Symbolik „Schwerter zu Pflugscharen" stehen, weil diese sich aus der Bibel ableite und

– „[...] die Friedensbemühungen unseres Staates den christlichen Abrüstungsimpuls nicht erübrigen", womit der Anspruch auf eine eigene kirchliche Friedensbewegung aufrechterhalten werde.

In den folgenden Gesprächen war erkennbar, daß die Bischöfe den auf der Tagung der Konferenz der Kirchenleitungen der evangelischen Kirchen abgestimmten Standpunkt vertreten,

– sich hinter das Symbol „Schwerter zu Pflugscharen" stellen und keine Maßnahmen gegen dessen Tragen und Verbreiten zu ergreifen beabsichtigen,

– mögliche Konfrontationen dem Staat anlasten wollen,

– an der These von der Berechtigung einer alternativen kirchlichen Friedensbewegung in der DDR festhalten, jedoch bei differenzierten persönlichen Unterredungen ihre weitere Gesprächsbereitschaft mit staatlichen Organen bekundeten. [6]

Während der im Zeitraum vom 20. bis 29. März 1982 durchgeführten Frühjahrssynoden der evangelischen Landeskirchen Sachsens, der Kirchenprovinz Sachsen, Mecklenburgs, des Görlitzer Kirchengebietes und in Thüringen wurde der Standpunkt der Konferenz der Kirchenleitungen der evangelischen Kirchen – bezogen auf die Aussage zur Symbolik „Schwerter zu Pflugscharen" – zustimmend aufgenommen[89]. Mit Ausnahme der Evangelisch-Lutherischen Kirche in Thüringen, wo gewisse realistischere Positionen erkennbar wurden, trugen die Frühjahrssynoden zu einer Verhärtung und Verschärfung klerikaler Positionen bei.

Besonders gravierend zeigte sich das in der von der Synode der Evangelisch-Lutherischen Landeskirche Sachsens (Dresden) beschlossenen Kanzelabkündigung[90]. Die in dieser Kanzelabkündigung enthaltenen Aussagen, wonach man die Haltung staatlicher Stellen zum Verbot des Tragens von Aufnähern pazifistischen Inhalts „mit tiefer Betroffenheit zur Kenntnis" genommen habe, das als „schwerwiegenden Fehler" empfinde und deshalb „weiterhin für alle eintreten werde, die um dieser Friedenszeichen willen bedrängt werden"[91], spiegeln sich in öffent-

87 Vgl. hierzu den Brief der sächsischen Landessynode an die Jugendlichen vom 24.3.1982, abgedruckt in: *Büscher / Wensierski / Wolschner*, Friedensbewegung, 290-292. Danach fand das entscheidende Gespräch zwischen Gysi, Hempel und Domsch aber am 22.3.1982 statt.

88 Diese „Stellungnahme zum Friedensdienst für Christen" ist abgedruckt in: epd-Dok. 19 / 82, 45.

89 Vgl. *Mechtenberg*, Friedensverantwortung, 390.

90 Abgedruckt in: *Büscher / Wensierski / Wolschner*, Friedensbewegung, 293-296. Wenige Tage zuvor, am 24.3.1982, hatte die Synode in dem bereits erwähnten Brief an die Jugendlichen (Anm. 87) bereits erklärt: „Wir müssen euch aber sagen, daß wir nicht mehr in der Lage sind, euch vor Konsequenzen, die das Tragen des Aufnähers mit sich bringen kann, zu schützen" (zit. nach: ebd., 290-292, hier: 291).

91 Die zuletzt zitierten Worte lassen sich so nicht in der Kanzelabkündigung verifi-

lichen Stellungnahmen, „Briefen an die Gemeinden" u.ä. Dokumenten der übrigen Landessynoden wider. Die Synode der Evangelischen Kirche des Görlitzer Kirchengebietes hat die genannte Kanzelabkündigung vollinhaltlich übernommen.
Wie dem MfS zuverlässig bekannt wurde, hat die im Ergebnis der Frühjahrssynoden und der eingeleiteten staatlichen Maßnahmen entstandene Situation zu einer breiten Reaktion unter kirchlichen Amtsträgern und Laien geführt. Der überwiegende Teil dieser Kräfte vertritt eindeutig die auf den Synoden abgestimmten und beschlossenen Standpunkte und bedient sich dieser in der öffentlichen Argumentation. [7] Zur Unterstützung werden von diesen Personen vielfach „Argumentationshilfen" aus Publikationen der DDR zur Symbolik „Schwerter zu Pflugscharen" herangezogen (Buch für Jugendweiheteilnehmer, Veröffentlichungen in der Zeitschrift „Horizont" sowie in der „Deutschen Zeitschrift für Philosophie", Heft 1 / 82). Ferner wird dem sozialistischen Staat unterstellt, mit ungeeigneten und deshalb abzulehnenden Mitteln auf die Jugend einzuwirken. Bischof *Natho* äußerte gegenüber dem Staatssekretär für Kirchenfragen der DDR, in dieser Frage eine „selbstkritischere Haltung zu zeigen und ehrlich zum Ausdruck zu bringen, daß die DDR gegenwärtig einen Teil der Jugend nicht mehr in der Hand habe."
Internen Hinweisen zufolge schätzen eine Anzahl kirchlicher Amtsträger ein, daß bei einer Reihe von Trägern pazifistischer Symbole nicht Friedenswillen, sondern Opposition und Haß gegen den sozialistischen Staat Motiv ihres Handelns sind. Jene Einsichten werden von diesen Personen jedoch nicht in klare öffentliche Haltungen umgesetzt. Statt dessen mehren sich Hinweise, daß sich die Positionen bestimmter kirchlicher Kräfte weiter verhärten.
Nach streng intern vorliegenden Informationen beabsichtigt Bischof *Krusche* (Magdeburg) in einer Predigt auf der Tagung des Ökumenischen Jugendrates von Europa in Burgscheidungen „zur tatsächlichen politischen Situation in der DDR" Stellung zu nehmen und den ausländischen Tagungsteilnehmern Stellungnahmen von Gremien der evangelischen Kirchen in der DDR zum Tragen pazifistischer Symbole in englischer und französischer Sprache zu übergeben.[92]
Der Bischof der Evangelischen Kirche von Berlin-Brandenburg, *Forck*, dokumentiert seine verhärtete Haltung in diesem Zusammenhang durch das demonstrative Tragen von pazifistischen Aufnähern. [8]
Während eine Reihe kirchlicher Amtsträger bereit ist zu akzeptieren, daß ein Tragen pazifistischer Aufnäher an Einrichtungen der Volksbildung und des Hoch- und Fachschulwesens nicht gestattet ist, werden Jugendliche von ihnen darin bestärkt, dem „staatlichen Druck" nicht nachzugeben und die pazifistischen Symbole außerhalb der Schulen und Universitäten öffentlich zu tragen. In diesem Sinne nutzen diese Kräfte Gottesdienste sowie verstärkt Diskussionsrunden nach Gottesdiensten, Foren und die religiöse Sichtagitation. Teilweise kam es zu einer Zuspitzung der Auseinandersetzung, vor allem in der Frage des Tragens pazifistischer Symbole in der Öffentlichkeit.

zieren. Dem Sinn nach treffen sie gleichwohl den Tenor der Erklärung.
92   Krusche kritisierte in seiner Predigt die Haltung des Staates gegenüber den kirchlichen Friedensaufnähern und deutete sie als ein Zeichen der Angst. Vgl. die Meldung in: KiS 3 / 8, 1982, 49.

In mehreren Fällen versuchten kirchliche Amtsträger gegenüber Dienststellen der DVP „Proteste und Beschwerden" zum Einziehen pazifistischer Symbole vorzubringen. Verschiedentlich äußerten sie, derartige Vorkommnisse zu dokumentieren und forderten Jugendliche dazu auf, ihnen alle darauf bezogenen Handlungen staatlicher Organe mitzuteilen.

Zu beachten ist weiterhin die inkonsequente und auf stillschweigende Duldung abzielende Haltung verschiedener Leitungen von evangelischen Landeskirchen zu kirchlichen Amtsträgern ihrer Bereiche, die feindlich-negative Aktivitäten u.a. im Sinne des „Berliner Appells" und der „Initiative zur Errichtung eines Sozialen Friedensdienstes" unternommen haben und trotz bereits gegen sie eingeleiteter politisch-rechtlicher Maßnahmen hartnäckig auf ihren gegen die staatliche Ordnung gerichteten Positionen beharren sowie weitergehende feindlich-negative Aktivitäten organisieren.

Das wurde deutlich im Zusammenhang mit einer staatsanwaltschaftlichen Befragung von Pfarrer *Eppelmann* (Berlin) am 5. April 1982. Entgegen den Zusicherungen, die er im Zusammenhang mit dem gegen ihn im Februar 1982 geführten Ermittlungsverfahren gegeben hatte, übergab er keine zu damaliger Zeit im Besitz seiner Freunde befindlichen Exemplare des „Berliner Appells" an den Staatsanwalt. [9]

Statt dessen hat er eigenen Einlassungen zufolge Unterschriftenlisten mit ca. 400 bis 500 Unterschriften[93] „an einem sicheren Ort" deponiert. Er beabsichtigt, diese Unterschriftenaktion fortzuführen und nach deren Beendigung die Gesamtzahl der Unterschriften bekanntzugeben. *Eppelmann* weigerte sich, Namen von Verteilern und Unterzeichnern des „Berliner Appells" zu nennen. Er beharrt uneinsichtig auf seinen feindlich-negativen Positionen.

Eppelmann wurde von der Evangelisch-Lutherischen [sic!] Kirche in Berlin-Brandenburg bisher disziplinarisch nicht zur Verantwortung gezogen. [94]

Vorliegenden Hinweisen zufolge kann eingeschätzt werden, daß die Kirchenleitungen der evangelischen Kirchen der DDR und maßgebliche kirchliche Amtsträger trotz der Zuspitzung der Auseinandersetzungen in der Problematik „pazifistische Symbole" weiterhin daran interessiert bleiben, Sachgespräche mit Vertretern der staatlichen Organe zu führen. In Einzelfragen sind sie bereit, staatlichen Forderungen nachzukommen, z.B. hinsichtlich des Absetzens von Veranstaltungen, bei denen der religiöse Charakter nicht gewahrt wird, der Veränderung kirchlicher Sichtagitation sowie teilweise auch der Disziplinierung ihrer Mitarbeiter. Jedoch wurden auch hier insgesamt Inkonsequenz, Kompromißbereitschaft, Beschwichtigung und Tendenzen des Taktierens erkennbar.

(Im Unterschied zur evangelischen Kirche hält der leitende katholische Klerus an der Konzeption seiner politischen „Neutralität" fest. Zu beachten sind jedoch gegenwärtig zunehmende Aktivitäten der Zentren der ideologischen Diversion, die katholische Kirche in der DDR im Sinne des politischen Pazifismus zu beeinflussen und zu Handlungen analog denen der evangelischen Kirche zu inspirieren.) [10]

---

93   Die Angaben in der Literatur schwanken zwischen zweihundert und tausend für den Appell gesammelten Unterschriften in der DDR. Vgl. *Zander*, Christen, 326.

94   Vgl. Dok. 65, Anm. 49 und 50.

Von Mitte März 1982 bis zum gegenwärtigen Zeitpunkt wurden durch Kräfte der DVP *über 1 000* Feststellungen zu pazifistischen Aufnähern, Aufklebern, Abzeichen u.ä. Gegenständen getroffen. Sie wurden überwiegend ohne wesentliche Vorkommnisse eingezogen. In diesem Zusammenhang wurden über 200 Personen zugeführt, darunter 9 Personen wiederholt. Gegen eine Person wurde ein Ermittlungsverfahren wegen öffentlicher Herabwürdigung gemäß § 220 StGB[95] eingeleitet, gegen 3 Personen Ordnungsstrafverfahren durchgeführt.

Die bisher durchgeführten politisch-offensiven Maßnahmen im Bereich der Ministerien für Volksbildung und für das Hoch- und Fachschulwesen führten zu einem erheblichen Rückgang des öffentlichen Tragens von pazifistischen Symbolen an diesen Einrichtungen.

Die Abstandnahme vom Tragen dieser Symbole ist nach vorliegenden Hinweisen jedoch in vielen Fällen nicht mit einer Änderung der politisch-ideologischen Haltung der Betreffenden verbunden. Zugenommen haben in diesen Bereichen allgemein Diskussionen zu Fragen des Friedenskampfes. In beachtenswertem Umfang wurden dabei pazifistische, klassenneutrale und objektivistische Positionen deutlich, die sich u.a. in Forderungen nach einem „Sozialen Friedensdienst", nach „mehr Spielraum für die Kirche zur Propagierung ihres Friedenskonzepts" und in der Übernahme pazifistischer Losungen, wie „Frieden schaffen ohne Waffen", zeigten. Als hartnäckige Verfechter derartiger politisch-ideologischer Positionen sowie als Träger pazifistischer Symbole wurden vorwiegend Kinder kirchlicher Amtsträger sowie [Kinder] aus stark religiös gebundenen Elternhäusern und Mitglieder der Jungen Gemeinde festgestellt. [11]

Im Osterzeitraum 1982 finden wie in jedem Jahr zahlreiche traditionelle Veranstaltungen religiösen Charakters statt. Nach dem MfS vorliegenden internen Hinweisen beabsichtigen jedoch reaktionäre kirchliche und andere feindlich-negative Kräfte unter Mißbrauch kirchlicher Einrichtungen und religiöser Veranstaltungen im Zeitraum Ostern 1982 die Durchführung von öffentlichkeitswirksamen sogenannten Friedensinitiativen. Dabei sind vor allem nachfolgend genannte kirchliche Veranstaltungen unter dem Gesichtspunkt eines möglichen politischen Mißbrauchs besonders zu beachten:

Berlin – Hauptstadt der DDR

– Die „Feier der Osternacht" am 10.4.1982 – Beginn 22.00 Uhr – in der Erlöserkirche in Berlin-Lichtenberg unter aktiver Mitwirkung des hinlänglich bekannten Personenkreises um Pfarrer Eppelmann. Im Rahmen dieser Veranstaltung unter dem Motto „Aus dem Dunkel ins Leben" sind u.a. Lesungen biblischer Texte, Gebete, eine Predigt, Spielszenen (z.B. der von Pfarrer Wesenberg ausgearbeitete Sketch zum Thema „Wir sind aufgerüstet und engen unser Leben ein"), Jazz-Rock-Musik sowie Gesprächsrunden vorgesehen. Des weiteren ist vorgesehen, bei der Darstellung des biblischen Abhandlung des Leidensweges von Jesus Christus in der Kirche ein Holzkreuz aufzustellen. Die Initiatoren der Osternacht beabsichtigen damit, den Teilnehmern dieser Veranstaltung die Möglichkeit zu geben, ihre auf einem Zettel geschriebenen „persönlichen Leiden" an dem Kreuz anzubringen.

Vor der Kirche auf kircheneigenem Gelände soll ein kleines Osterfeuer

---

95   Den Angeklagten drohte danach eine Haftstrafe bis zu drei Jahren.

abgebrannt werden (Belehrung über Brandschutzbestimmungen ist erfolgt).
Zur Publizierung dieser Veranstaltung wurden ca. 1 000 Einladungen hergestellt, die vorwiegend in den „Jungen Gemeinden" der Kirchenkreise der Hauptstadt verteilt wurden. [12]
– Die Geschäftsstelle der Evangelischen Studentengemeinden in der DDR (Sitz Berlin) führt in der Zeit vom 9.4. bis 11.4.1982 ihre alljährlich stattfindende Ökumenische Osterkonferenz in der Stephanusstiftung Berlin-Weißensee diesmal zum Thema „Die Friedensbewegung in den 50er Jahren" durch.
Bezirk Dresden
– Auf Beschluß der Synode der Evangelischen Kirche des Görlitzer Kirchengebietes vom 28.3.1982 wird am 11.4.1982 die „Kanzelabkündigung" der Evangelisch-Lutherischen Landeskirche Sachsens in allen Kirchengemeinden des Görlitzer Kirchengebietes in Gottesdiensten verlesen. (In dieser „Kanzelabkündigung" bekennt sich die Evangelisch-Lutherische Landeskirche Sachsens u.a. zu dem Symbol „Schwerter zu Pflugscharen".)
– Der Kreisjugendpfarrer in Kamenz, *Heisse*[96], plant in der Nacht vom 10.4. zum 11. 4.1982 die Durchführung eines sogenannten Ostermarsches in Kamenz und will dafür über 100 Jugendliche gewinnen.
Bezirk Karl-Marx-Stadt
– Der Jugendwart Heisse, Kreis Marienberg, plant in der Nacht vom 10.4. zum 11.4. die Durchführung eines sogenannten Ostermarsches von Marienberg nach Drebach (beide Bezirk Karl-Marx-Stadt) mit Jugendlichen. An dem Marsch will sich auch eine kleine Gruppe religiös gebundener Jugendlicher aus Annaberg beteiligen. [13]
– Der dem MfS bekannte Diakon *Rossbach* (Jocketa, Kreis Plauen) beabsichtigt, in der Zeit vom 8.4. bis 12.4.1982 ein Treffen junger Christen aus Jocketa und Umgebung mit Bürgern aus der BRD durchzuführen. Er stellte deshalb neun Anträge auf Einreisen von BRD-Bürgern in die DDR. Die Anträge werden nicht bearbeitet.
Bezirk Halle
Am 10.4. bzw. 11.4.1982 soll in der Paulskirche und in der Marienkirche (beide in Halle) je eine kirchliche Veranstaltung, hauptsächlich mit Jugendlichen, stattfinden, an deren Vorbereitung der dem MfS hinlänglich bekannte Personenkreis um Diakon *Rochau* (Mitunterzeichner des „Berliner Appells") beteiligt ist. Die Veranstaltungen sollen sich u.a. auch mit der „SOFD"-Problematik und dem Inhalt des „Berliner Appells" befassen.
Durch das MfS wurden im engen Zusammenwirken mit den anderen staatlichen Organen sowie gesellschaftlichen Organisationen und Kräften differenzierte politische und rechtliche Maßnahmen eingeleitet, um ein Wirksamwerden der geplanten feindlichen Aktivitäten und politische Provokationen unter Mißbrauch religiöser Veranstaltungen konsequent zu unterbinden und darauf Einfluß zu nehmen, daß die Veranstaltungen der Kirchen ausschließlich religiösen Charakter tragen.
Die Inspiratoren und Organisatoren derartiger Vorhaben wurden bzw. werden unter Zugrundelegung des Sachverhalts und unter Beachtung der Rechtsnormen belehrt und verwarnt. Sie werden dabei ausdrück-

96   Richtig: Heidig.

lich auf die strafrechtlichen Konsequenzen im Falle der Fortsetzung ihrer rechtswidrigen Aktivitäten hingewiesen. [14] (Durch das prinzipielle und konsequente Vorgehen der zuständigen staatlichen Organe wurde u.a. erreicht, daß der Bischof der Evangelisch-Lutherischen Landeskirche Sachsens, *Hempel*, die vom Arbeitskreis „Sozialer Friedensdienst" – Initiator: Pfarrer Wonneberger[97], Dresden – längerfristig für Ostern geplante republikweite „Friedenssternfahrt" mit Endziel in Dresden untersagte.) Durch rechtzeitig eingeleitete zielgerichtete und komplexe Maßnahmen ist es bisher gelungen, die Formierung reaktionärer kirchlicher und anderer feindlich-negativer Kräfte zu einer sogenannten unabhängigen pazifistischen Friedensbewegung und ein von diesen Personenkreisen ausgehendes organisiertes und öffentlichkeitswirksames Auftreten zu unterbinden. Vorliegenden Erkenntnissen zufolge sind jedoch nach wie vor maßgebliche Kräfte bestrebt, die von ihnen verfolgte Zielstellung, vor allem mittels Versuchen zur verstärkten Einflußnahme unter der Jugend, zu realisieren. In diesem Vorgehen werden sie durch gegnerische Kräfte von außen, insbesondere durch die Zentren der ideologischen Diversion, aktiv unterstützt. Die entschiedene Zurückweisung aller diesbezüglichen Aktivitäten erfordert eine zielgerichtete Fortsetzung und Vertiefung der offensiven politisch-ideologischen Auseinandersetzung mit jeglichen Erscheinungsformen des politischen Pazifismus und klassenneutralen Positionen in Grundfragen des Kampfes um die Erhaltung und Verteidigung des Friedens in allen gesellschaftlichen Bereichen, besonders unter jugendlichen Personenkreisen. [15] Streng internen Hinweisen zufolge hatte das Gespräch des Staatssekretärs für Kirchenfragen, Gen. Gysi, mit Mitgliedern der Konferenz der Evangelischen Kirchenleitungen in der DDR am 7.4.1982 in der Hauptstadt der DDR, *Berlin*, folgenden Verlauf[98]: Am Gespräch nahmen kirchlicherseits alle Bischöfe der evangelischen Landeskirchen, außer Dr. *Hempel*, Dresden (wegen Erkrankung entschuldigt), teil. (Eine vollständige Teilnehmerliste des Gesprächs wird als Anlage 2 beigefügt.) Durch Gen. Gysi wurden zu Beginn des Gesprächs grundsätzliche Positionen der Politik von Partei und Regierung zu kirchlicherseits interessierenden Problemen und Fragen vorgetragen und im Zusammenhang damit über das von der Volkskammer beschlossene Wehrdienst- und Grenzgesetz[99] informiert. Seine Ausführungen beinhalteten weiterhin generelle Standpunkte von Partei und Regierung zur Friedenspolitik der DDR (in bezug auf die beschlossenen Gesetze), zur kirchlichen Kampagne „Schwerter zu Pflugscharen" sowie zur Interpretation kirchlicher „Friedensaktivitäten" in der DDR, insbesondere auch während der Frühjahrssynoden

97   Zu Christoph Wonneberger, der von 1977 bis 1984 Pfarrer in Dresden war, vgl. auch die unten abgedruckten Akten zum OV „Lukas" der BV Leipzig (Dok. 142-150).
98   Vgl. zum folgenden auch epd-Dok. 19 / 82, 46 sowie *Mechtenberg*, Friedensverantwortung, 391.
99   Das Wehrdienstgesetz vom 25.3.1982 (GBl. I, 221-230) ließ eine weitere Militarisierung der DDR-Gesellschaft befürchten. Vgl. dazu auch *Fricke*, Volkskammer, 458.

der evangelischen Landeskirchen in der DDR. Er betonte den Willen
des Staates, die Linie des 6.3.1978[100] fortzusetzen.
Nach den Ausführungen des Genossen Gysi verständigten sich die kirchenleitenden Vertreter in einer kurzen Pause hinsichtlich ihres weiteren Auftretens und beauftragten Bischof *Leich*, Eisenach, und Oberkonsistorialrat Kramer, Magdeburg, die Standpunkte der Konferenz
der Evangelischen Kirchenleitungen in der DDR vorzutragen.
Bischof Dr. *Krusche*, Magdeburg, trat nach der Pause als erster Diskussionsredner auf und betonte, daß der Staatssekretär „den anwesenden
Vertretern der Kirchen in den letzten 105 Minuten viel zugemutet
habe". [16]
Durch das Vorgehen staatlicher Organe gegenüber Jugendlichen, die
sich den „Friedensgedanken zu eigen gemacht haben", seien diese Jugendlichen und auch die anwesenden Vertreter der Kirche „schwer ir-
ritiert, bestürzt und verletzt worden". Bischof *Krusche* wies die prinzipiellen Aussagen des Staatssekretärs zur sogenannten Friedensarbeit
der Kirchen als „Unterstellungen" zurück. Der Bund und seine Gliedkirchen hätten sich bereits mehrfach zu den Friedensbemühungen der
DDR geäußert [101]. Krusche bat darum, daß anschließend die „vorbereiteten Meinungen" von Vertretern des Bundes zur Kenntnis gegeben
werden.
Oberkonsistorialrat *Kramer*, Magdeburg äußerte sich zu Fragen, die
sich nach Meinung der Leitung des Bundes aus dem neuen Wehrdienstgesetz ergeben, wobei folgende Aussagen und Fragen bemerkenswert sind:
– Gibt es eine Veränderung hinsichtlich der Baueinheiten? Werden
Reservisten, die ihren Dienst vorher in Baueinheiten abgeleistet haben,
jetzt in reguläre Einheiten eingegliedert?
– Was ist unter der Formulierung [„]Reservedienst gibt es nur in Einheiten der NVA["] zu verstehen?
– Können Kirchen Rückstellungsanträge für in kirchlicher Ausbildung Stehende beantragen? (Verweis auf § 14)
– Wird die vormilitärische Ausbildung für alle Jugendlichen angestrebt oder ist sie Pflicht?
– Wenn Frauen im Mobilmachungsfall eingezogen werden, werden
sie dann auch schon bei Mobilmachungsübungen mit einbezogen?
– Ist einem Reservisten, der bisher den Grundwehrdienst absolviert
hat, auch die Gewissensentscheidung „Dienst ohne Waffe" möglich?
[17]
– Unterliegt ein Reservist, der bisher keinen Grundwehrdienst abgeleistet hat, ebenfalls der Militärgesetzbarkeit? (Verweis auf § 38, Abs.
3 / G)
– Das Wehrgesetz beinhaltet die Formulierung „treu und ergeben der
SED dienen". Können Bürger, die aus Gewissensgründen die führende
Rolle der SED ablehnen, zur Erfüllung dieser Forderung genötigt werden?
Anschließend äußerte sich Bischof *Leich*, Eisenach, zur Position der
Konferenz der Evangelischen Kirchenleitungen in der DDR hinsichtlich der Maßnahmen der Ordnungskräfte gegenüber Jugendlichen, „die
ein Friedenszeugnis geben wollen".

100 Vgl. Dok. 56.
101 Vgl. dazu den Überblick von *Mechtenberg*, Friedensverantwortung.

Sein Diskussionsbeitrag beinhaltete im wesentlichen die Aussagen:
– Diese Maßnahmen stellen eine „Einschränkung des öffentlichen Zeugnisses" der Kirchen dar. Sie beeinträchtigen die Glaubens- und Gewissensfreiheit und die Entwicklung der Jugend. Das mühsam entstandene Vertrauen wird angetastet, der innere Frieden dieser Jugendlichen wird in Frage gestellt.
– Die Maßnahmen der Ordnungskräfte gingen nicht auf schriftlich fixierte Verordnungen bzw. Gesetze zurück[102]. Für die Kirchenleitung sei es schwer gewesen, Argumente zu finden, da keine entsprechenden Veröffentlichungen vorlagen.
– Das Gesagte sollte vom Staat unter dem Begriff des „evangelischen Protestes" verstanden werden.
– Zur Friedensfrage seien 3 Stichworte zu nennen:
1. Unbestritten sei die notwendige eigenständige Friedensverantwortung bzw. Friedensarbeit der Kirchen. Vom Vorwurf der „unabhängigen Friedensbewegung" grenze sich die Kirche ab. [18]
2. Das Symbol „Schwerter zu Pflugscharen" formuliere die „christliche Hoffnung auf eine Endzeit, ein Endziel", aber auch die Verantwortung für die gewaltlose Lösung von Konflikten heute. Das Symbol stelle ein Zeichen für die Abrüstung in Übereinstimmung mit der Friedenspolitik der DDR dar.
3. Das „Schlagwort" Pazifismus sollte differenzierter ausgelegt werden; nationale und staatliche Sicherheitsbedürfnisse müßten selbstverständlich gewahrt bleiben. Aber es sollte Möglichkeiten geben, daß der Pazifismus auch im politisch wirksamen Sinne eventuelle Muster entwerfe.
Konsistorialpräsident *Stolpe*, Berlin, bekannte sich ausdrücklich zur Politik des 6. März 1978. Allerdings seien Leute innerhalb der Kirche durch staatliche Maßnahmen „erschreckt" worden, und das erschwere die Fortführung dieser Politik. „Viele wußten nichts von Eppelmann, sie sind erst durch staatliche Reaktionen mit dieser Frage konfrontiert worden". Er sei in Sorge über die offensichtlich jetzt an die Transportpolizei ergangene Orientierung, „die Gefährdung der öffentlichen Sicherheit und Ordnung" zu unterbinden. „Sind die staatlichen Maßnahmen auf innerkirchliche Entwicklungen angemessen? Hier wird nicht mit Kanonen auf Spatzen geschossen, sondern mit Haubitzen auf Schmetterlinge". Es solle möglich sein, zur Realisierung des Bedürfnisses nach Frieden verschiedene Meinungen zu haben.
Stolpe sprach die Erwartung aus, daß der Staatssekretär für Kirchenfragen auf andere staatliche Organe einwirken könne, um „Ruhe in die ganze Angelegenheit zu bringen".
Präsident *Domsch*, Dresden, wandte sich gegen eine „Verleumdung des Symbols ‚Schwerter zu Pflugscharen'". Versuche, mit Mitteln der Überzeugung auf junge Menschen einzuwirken, gingen offensichtlich zurück. In der Mehrzahl der Fälle werde jetzt von den Sicherheitsorganen „gehandelt". [19]
Von einer Zusammenarbeit zwischen Staat und Kirche zur Bereinigung der schwierigen Situation könne in vielen Fällen nicht mehr die Rede sein. *Domsch* führte als „Beispiel" an, in Pirna sei den staatlichen Erwartungen zur Absetzung einer von der Kirche vorgesehenen Veranstaltung entsprochen worden. Dennoch habe die Polizei im Anschluß

---

102 Vgl. hierzu auch die Feststellung der Evangelischen Kirche von Berlin-Brandenburg zur Rechtslage um den Aufnäher, in: epd-Dok. 19 / 82, 10 f.

an einen Gottesdienst Verhöre durchgeführt und weitere Polizeimaßnahmen praktiziert. (Sofortige Überprüfungen ergaben, daß dieser Sachverhalt nicht den Tatsachen entspricht.)
Domsch führte weiter aus, die Kirchenleitung habe für Vertrauen in staatliche Entscheidungen geworben; aber durch die z. Z. praktizierten Maßnahmen werde dieses Vertrauen wieder zerstört. Er äußerte die Befürchtung, daß nach den sich jetzt vollziehenden Maßnahmen die Entwicklung der Beziehungen zwischen Staat und Kirche langsamer als bisher vorangehe.
Sich anschließende Diskusionen beinhalteten weiter:
Pastor Christoph *Stier*, Rostock:
– Die derzeitige Praxis der staatlichen Organe gegenüber der Jugend ließe keine Differenzierung zu. Das staatliche Vorgehen bezichtige die betreffenden Jugendlichen ohne Ausnahme als Staatsfeinde.
– Das staatliche Vorgehen würde Ursache und Wirkung umkehren. Erwachendes Bewußtsein für den Frieden werde verboten.
Bischof *Krusche*, Magdeburg:
– Der 6.3.1978 wird als Grundlage der Entwicklung unserer Beziehungen beiderseits bejaht. Aber es scheint so, als wollten „bestimmte Leute in den staatlichen Organen den 6.3. nicht mehr".
– Auf seiten der Kirche besteht Sorge, daß bei staatlichen Organen „Verhaltensmuster in fast neurotischer Atmosphäre zutage treten". [20]
– Es gibt eine verhängnisvolle Entwicklung, die Kirche kann staatliches Verhalten gegenüber Jugendlichen nicht mehr verständlich machen.
– Die Kirche ist bereit, mit zu überlegen, wie es zu einer Normalisierung der Beziehungen zwischen Staat und Kirche kommen kann.
Bischof *Forck*, Berlin, ergänzte mit der Bemerkung, daß „eine schlimme Lage" entstanden sei. Der Staat solle öffentlich erklären, daß es „Übergriffe" gegeben hat. Gegebenenfalls sei eine solche Erklärung im ND zu veröffentlichen.
Nach der prinzipiellen Antwort von Staatssekretär Gysi zu den aufgeworfenen Fragen betonten einige der Anwesenden nochmals die „Verschlechterung der Beziehungen" zwischen Staat und Kirche.
Bischof *Leich* fragte, ob das Tragen des Symbols „Schwerter zu Pflugscharen" in Schule und in der Öffentlichkeit verboten sei.
Bischof *Wollstadt*, Görlitz, meinte, daß die „Rechtsunsicherheit" für die Argumentation gegen das Abzeichen ein großes Problem wäre.
Oberkirchenrat *Müller*, Schwerin, verwies auf § 214 [103] und stellte fest, „daß nur beim Nachweis des Mißbrauchs des Symbols gegen die Träger vorgegangen werden kann".
Konsistorialpräsident *Stolpe* äußerte seine persönliche Bereitschaft für die Gestaltung einer „ruhigen Phase" der Beziehungen zwischen Staat und Kirche. Er habe die Erwartungshaltung des Staates „weg mit dem Symbol" verstanden.

Bischof Dr. Gienke, Greifswald, bedankte sich im Auftrag der Gesprächsteilnehmer für diese Zusammenkunft. Er nahm Entscheidungen staatlicher Organe des Bezirkes Rostock zur Weiterführung des kirchlichen Lebens trotz der Maul- und Klauenseuche zum Anlaß, [21] dem

103 Vgl. Dok. 67, Anm. 73.

Vorsitzenden des Ministerrates, Genossen Stoph, ausdrücklich für die getroffenen Entscheidungen zu danken. Die Zusammenkunft mit den kirchenleitenden Kräften verlief in einer sehr ernsten Form. Es erfolgte eine beiderseitige klare Bestimmung der Positionen. Seitens der kirchenleitenden Kräfte waren Bemühungen erkennbar, keine weitere Eskalation vorzunehmen, wobei gleichzeitig eine differenzierte Haltung zum Ausdruck kam (Bischöfe *Gienke*, teilweise Leich, Oberkonsistorialrat Stolpe) und die Polarisierung der Kräfte erfolgte. Zusammenfassend ist jedoch keine Einsicht der kirchenleitenden Kräfte deutlich geworden. Über Lösungswege wurde nicht konkret gesprochen. Beiderseits wurde das Interesse an weiteren Gesprächen bekundet[104]. Die Information ist wegen Quellengefährdung nur zur persönlichen Kenntnisnahme bestimmt.

Anlage 1 zur Information 173 / 82
Übersicht über die von den staatlichen Organen realisierten Maßnahmen in der Hauptstadt Berlin und in den Bezirken der DDR zur vorbeugenden Zurückdrängung und konsequenten Unterbindung der von reaktionären kirchlichen und anderen feindlich-negativen Kräften ausgehenden Versuche zur Organisierung von Aktivitäten gegen die sozialistische Staats- und Gesellschaftsordnung

Berlin – Hauptstadt der DDR
– 1.4.1982 Gespräch des Sektorenleiters für Kirchenfragen des Magistrats von Berlin mit Generalsuperintendent Grünbaum. (Aufforderung, Pfarrer Linke, Neuenhagen, Krs. Strausberg, zu veranlassen, von ihm angebrachte pazifistische Losung zu entfernen.)
– Geplantes Friedensseminar der Evangelischen Studentengemeinde Berlin am 10.4.1982 unter Beteiligung von 20 aktiven Mitgliedern der Evangelischen Studentengemeinden der DDR (Arbeitskreise Frieden) nach Einspruch Bischof *Forcks* abgesetzt. An [den] vorgesehenen Teilnehmerkreis wurde Empfehlung gegeben, an der „Feier der Osternacht" (10.4.82, Erlöserkirche Berlin-Lichtenberg) teilzunehmen.
– Geschäftsstelle der Evangelischen Studentengemeinden in der DDR führt vom 9.4.1982 bis 11.4.1982 ökumenische Osterkonferenz in der Stephanusstiftung Berlin-Weißensee durch.
Beide Veranstaltungen stehen unter operativer Kontrolle.
Durch Kräfte der DVP wurden insgesamt 122 Aufnäher und 6 Losungen mit pazifistischem Inhalt festgestellt. 28 Personen wurden zugeführt. [2]
An Einrichtungen der Volksbildung bzw. des Hoch- und Fachschulwesens wurden 6 Studenten als Träger pazifistischer Symbole festgestellt (5 Studenten der Humboldt-Universität, 1 Student Ingenieurhochschule Wartenberg).
– Der am 2.4.1982 von der DVP zugeführte *Krüger*, Thomas (22),

---

104 Eine „Lösung" fand die Auseinandersetzung um das Symbol Schwerter zu Pflugscharen im September 1982 insofern, als die Bundessynode der evangelischen Kirchen in der DDR auf ihrer Tagung in Halle formell auf den Aufnäher verzichtete. Vgl. dazu den Bericht der Kirchenleitungen an die Synode, abgedruckt in: epd-Dok. 47 / 82, 1-29, hier: Punkt 1.1. Den Kirchen wurde jedoch „das Recht zugesichert, das Symbol weiterhin auf Plakaten und Handzetteln für Friedensdekaden zu verwenden" (*Zander*, Christen, 261).

Theologiestudent am Sprachenkonvikt Berlin, weigerte sich, den Aufnäher „Schwerter zu Pflugscharen" zu entfernen. In einem am 5.4.1982
erneut geführten Gespräch verwies er darauf, daß auch Bischof *Forck*
den Aufnäher „Schwerter zu Pflugscharen" trage.
– Die Tochter des als Verbindungsperson *Havemanns*[105] feindlich-
negativ bekannten Pfarrers Meinel, Meinel, Katharina (16), Schülerin
der EOS Berlin-Friedrichhagen, weigerte sich trotz mehrmaliger Aussprachen, den Aufnäher „Schwerter zu Pflugscharen" in der Schule
nicht zu tragen.
Vom 26.3. bis 2.4.1982 blieb sie dem Schulunterricht unentschuldigt
fern. Sie wurde darüber informiert, daß sie nur bis zum Abschluß der
10. Klasse an der Schule verbleiben kann.
Einem Antrag der Direktorin der Schule und dem Vorschlag der Leitung der FDJ-Grundorganisation, sie nicht zur Abiturstufe zu delegieren, hat der Stadtbezirksschulrat von Berlin-Köpenick zugestimmt.
Bischof *Forck*, Berlin, hatte sich bereits am 29.3.1982 in einer Eingabe
an den Stellvertreter für Inneres beim Magistrat von Berlin gegen diese
Entscheidung gewandt. [3]

Bezirk Dresden
– 23.3.1982 Gespräch des Stellvertreters des Vorsitzenden des Rates
des Bezirkes für Inneres mit den Verantwortlichen für die Brüder-Unität Herrnhut, Gill, Theodor (54), Bischof der Brüder-Unität und Müller, Christian (46), Direktor der Brüder-Unität.
– 23.3.1982 Gespräch des 1. Stellvertreters des Vorsitzenden des Rates des Kreises Löbau mit dem Geschäftsführer der Fa. Abraham-Dürninger-Stiftung (Herrnhut).
– 25.3.1982 Gespräch des Abteilungsleiters für Inneres beim Rat des
Kreises Riesa mit Pfarrer *Pech.*
– 30.3.1982 Gespräch des Stellvertreters des Oberbürgermeisters des
Rates der Stadt Dresden für Inneres mit Kirchenreferent *Schulze* sowie
mit den Pfarrern Berger und Wonneberger.
– 2.4.1982 Gespräch des Stellvertreters des Vorsitzenden des Rates
des Bezirkes mit Kirchenpräsident *Domsch.*
– Plan des Jugendwartes Uhlig (Bauda, Krs. Großenhain) zur Durchführung eines sogenannten Ostermarsches für „Frieden, Freiheit und
Abrüstung".
– Plan der Pfarrer *Biskopski*[106] und Pech (Riesa) zur Durchführung
eines Marsches zu drei Kirchen in der Kreisstadt Riesa.
Beide Vorhaben wurden verhindert. [4]
– Pfarrer *Wonneberger* (Dresden) sagte bei seiner Zusammenkunft
von Mitgliedern der Arbeitskreise „Sozialer Friedensdienst" am 20.2.82
die ursprünglich für Ostern geplante „Friedensdienstfahrt" (Fahrrad-
sternfahrt aus verschiedenen Orten der DDR mit Endziel Dresden am
10.4.1982) ab.
– Auf Beschluß der Synode der Evangelischen Kirche des Görlitzer
Kirchengebietes wird am 11.4.1982 die „Kanzelabkündigung" der
Evangelisch-Lutherischen Landeskirche Sachsens (Dresden) in allen
evangelischen Kirchgemeinden des Görlitzer Kirchengebietes in den
Gottesdiensten verlesen. Kontrollmaßnahmen sind eingeleitet.

---

105   Zu Havemann Dok. 50.
106   Richtig: *Biskupsky.*

– Kreisjugendpfarrer *Heissig* (Kamenz) plant in der Nacht vom 10.4. zum 11.4.1982 die Durchführung eines sogenannten Ostermarsches in Kamenz. Maßnahmen zur Verhinderung bzw. zur Überwachung sind eingeleitet.
Durch Kräfte der DVP wurden insgesamt 218 Aufnäher und 15 Losungen mit pazifistischem Inhalt festgestellt. 34 Personen wurden zugeführt.
An Einrichtungen der Volksbildung wurden 591 Schüler als Träger pazifistischer Symbole festgestellt. [5]

Bezirk Potsdam
– 25.3.1982 Gespräch des Stellvertreters für Inneres des Rates des Kreises Jüterborg mit Superintendent *Köbel* [107] (Jüterborg).
– 26.3.1982 Gespräch des Stellvertreters für Inneres des Rates des Kreises Brandenburg mit Superintendent *Koopmann* (Brandenburg).
– 30.3.1982 Gespräch des Stellvertreters für Inneres des Rates des Kreises Oranienburg mit Superintendent *Koll* (Oranienburg).
– 1.4.1982 Gespräch des Referenten für Kirchenfragen Königs Wusterhausen mit Pfarrer *Ritter* (Königs Wusterhausen).
– 2.4.1982 Gespräch des Stellvertreters für Inneres des Rates des Kreises Neuruppin mit Superintendent *Esselbach* (Neuruppin).
– 2.4.1982 Gespräch des Stellvertreters für Inneres des Rates des Kreises Nauen mit Superintendent *Steinlein* (Nauen).
– Am 1.4.1982 wurde durch das MfS eine Befragung des *Esselbach*, Leopold (51), Superintendent (Schwiegersohn des Bischof i.R. Schönherr) durchgeführt. Die Befragung verlief sachlich. [6]
– Am 2.4.1982 erfolgte eine Befragung des Freimark, Hans-Peter (36), Pfarrer.
F. trat uneinsichtig und provokatorisch auf und lehnte die Unterschrift zum Protokoll ab.
Durch Kräfte der DVP wurden insgesamt 96 Aufnäher und 5 Losungen mit pazifistischem Inhalt festgestellt. 39 Personen wurden zugeführt. An Einrichtungen der Volksbildung wurden 56 Schüler als Träger pazifistischer Symbole festgestellt.
– Generalsuperintendent *Bransch* orientierte, pazifistische Aufnäher nicht demonstrativ an Schulen und Hochschulen, jedoch in der Öffentlichkeit weiterhin zu tragen. [7]

Bezirk Erfurt
– 1.4.1982 Gespräch des Stellvertreters für Inneres des Rates der Stadt Erfurt mit Superintendent Lauszath (Erfurt).
– 2.4.1982 Gespräch des Stellvertreters für Inneres des Rates des Kreises Nordhausen mit Superintendent *Jaeger* (Nordhausen).
Durch die Kräfte der DVP wurden insgesamt 40 Aufnäher und 4 Losungen mit pazifistischem Inhalt festgestellt. 7 Personen wurden zugeführt. 3 Studenten der Hochschule für Architektur und Bauwesen, Weimar, wurden als Träger pazifistischer Symbole festgestellt. [8]

Bezirk Frankfurt / Oder
– 29.3.1982 Gespräch des Referenten für Kirchenfragen beim Rat des Kreises Strausberg mit Pfarrer Linke (Neuenhagen).
– 30.3.1982 Gespräche des Referenten für Kirchenfragen beim Rat

---

107 Richtig: Göbel.

des Kreises Fürstenwalde mit den Pfarrern *Matzke* und *Nike*[108] sowie
mit Jugenddiakon *Bunzel.*
- 31.3.1982 Gespräch des Referenten für Kirchenfragen beim Rat des
Kreises Eberswalde mit Superintendent *Scheel.*
Durch den Stellvertreter des Vorsitzenden des Rates des Bezirkes für
Inneres wurde mit *Bräuer*, Heinz (66), Pfarrer, eine Aussprache zum
Entfernen pazifistischer Losungen aus einem Schaukasten geführt.
- Durch das MfS wurden am 29.3.1982 mit den Personen *Hückstedt*,
Eberhard (46), Hänsel, Klaus (39), Görke, Johanna (39) (alle Personen
sind als freischaffende Grafiker tätig) Befragungen im Zusammenhang
mit der Unterzeichnung des „Berliner Appells" durchgeführt. [9]
Durch Kräfte der DVP wurden insgesamt 48 Aufnäher und 3 Losungen mit pazifistischem Inhalt festgestellt. 2 Personen wurden zugeführt. An Einrichtungen der Volksbildung wurden 78 Schüler als Träger pazifistischer Symbole festgestellt.

Bezirk Leipzig
- Durch Kräfte der DVP wurden insgesamt 23 Aufnäher und 11 Losungen mit pazifistischem Inhalt festgestellt. 7 Personen wurden zugeführt. [10]

Bezirk Cottbus
- 26.3.1982 Gespräch des Stellvertretenden Vorsitzenden des Rates
des Kreises Herzberg mit Superintendent Nehrkorn (Herzberg).
- 27.3.1982 Gespräch des Stellvertreters für Inneres des Rates der
Stadt Cottbus mit Superintendent *Koch* (Cottbus).
- 30.3.1982 Gespräch des stellvertretenden Vorsitzenden des Rates
der Stadt Lübben mit Superintendent *Herbruch*[109] (Lübben).
- 1.4.1982 Gespräch des Stellvertreters für Inneres des Rates des
Kreises Luckau mit Superintendent *Vogel* (Luckau).
- 1.4.1982 Gespräch des Stellvertreters des Vorsitzenden des Rates
des Bezirkes für Inneres mit Superintendent Sein[110] (Senftenberg).
Durch Kräfte der DVP wurden insgesamt 121 Aufnäher mit pazifistischem Inhalt festgestellt. 24 Personen wurden zugeführt.
- Im Stadtgebiet Cottbus wurde am 26.3.1982 in 10 Fällen pazifisti-
sches Material in Hausbriefkästen eingeworfen. (Darunter auch beim
Kandidaten des Politbüros und 1. Sekretär der Bezirksleitung der SED,
Gen. Walde[111].) Der Täter wurde ermittelt. [11]

Bezirk Magdeburg
- 30.3.1982 Gespräch des Stellvertreters für Inneres des Rates des
Kreises Salzwedel mit Superintendent Hempel (Salzwedel).

---

108   Richtig: Mieke.
109   Richtig: Herrbruck.
110   Richtig: Stein.
111   Werner Walde hatte sich einige Monate zuvor als entschiedener Gegner der SoFD-
      Initiative profiliert und diese als verfassungsfeindlich bezeichnet: „Bei den Bürgern
      tat die imperialistische Lüge von der ‚Bedrohung aus dem Osten' keine Wirkung,
      und der Feind hat auch keine Chance, mit der Phrase des sogenannten sozialen
      ‚Friedensdienstes' Front zu machen gegen die notwendige militärische Stärkung
      des Sozialismus, wer auch zu solchen friedens-, sozialismus- und verfassungsfeind-
      lichen Aktionen aufrufen möge. Dabei vergessen diese Leute, daß unsere ganze
      Republik sozialer Friedensdienst ist" (zit. nach: *Büscher / Wensierski / Wolschner*,
      Friedensbewegung, 230).

– 1.4.1982 Gespräch des Stellvertreters für Inneres des Rates des Kreises Klötze mit Superintendent *Rugge* (Klötze).
– 2.4.1982 Gespräch des Stellvertreters für Inneres des Rates des Kreises Halberstadt mit Pfarrer Dr. *Gabriel* (Halberstadt).
– 5.4.1982 Gespräche des Stellvertreters des Vorsitzenden des Rates des Bezirkes für Inneres mit den Oberkonsistorialräten Dr. *Schütze* und Müller. Durch Kräfte der DVP wurden insgesamt 90 Aufnäher und 9 Losungen mit pazifistischem Inhalt festgestellt. 27 Personen wurden zugeführt. [12]

Bezirk Halle
– 31.3.1982 Gespräche des Stellvertreters des Vorsitzenden des Rates des Bezirkes für Inneres mit Propst Abel und Superintendent Hartmann.
– 31.3.1982 Gespräch des Stellvertreters für Inneres des Rates des Kreises Bernburg mit Kreisoberpfarrer *Birkner*.
Durch das MfS wurde am 5.4.1982 eine Befragung mit Pfarrer Dr. *Neher* durchgeführt.
Am 10.4.1982 bzw. 11.4.1982 soll in der Paulskirche und in der Marienkirche (Halle) je eine kirchliche Veranstaltung, hauptsächlich mit Jugendlichen, stattfinden, an deren Vorbereitung der dem MfS hinlänglich bekannte Personenkreis um Diakon *Rochau* beteiligt ist. Maßnahmen zur Verhinderung bzw. Überwachung sind eingeleitet.
Durch Kräfte der DVP wurden insgesamt 136 Aufnäher mit pazifistischem Inhalt festgestellt. 30 Personen wurden zugeführt.
An Einrichtungen der Volksbildung wurden 24 Schüler als Träger pazifistischer Symbole festgestellt. [13]

Bezirk Karl-Marx-Stadt
– 2.4.1982 Gespräch des Stellvertreters für Inneres des Rates des Kreises Marienberg mit Superintendent Fritz (Marienberg).
– 3.4.1982 Gespräche des Sektorenleiters für Kirchenfragen beim Rat des Bezirkes Karl-Marx-Stadt mit Kirchenpräsident *Domsch* und Oberkirchenrat Rau (Karl-Marx-Stadt).
Am 31.3.1982 wurden der Jugendwart *Heisse* (Marienberg) und Pfarrer Burghardt (Pfaffroda) einer Befragung durch das MfS unterzogen.
– Jugendwart *Heisse* (Marienberg) plant für die Nacht vom 10.4. zum 11.4.1982 einen sogenannten Ostermarsch von Marienberg nach Drebach mit Jugendlichen.
– Der Diakon *Rossbach* (Jocketa) plant für die Zeit vom 8.4. bis 12.4.1982 ein Treffen junger Christen aus Jocketa, Kreis Plauen, und Umgebung mit Bürgern aus der BRD und stellte hierzu 9 Einreiseanträge.
Maßnahmen zur Verhinderung bzw. zur Überwachung wurden eingeleitet.
Durch Kräfte der DVP wurden insgesamt 15 Aufnäher und 3 Losungen mit pazifistischem Inhalt festgestellt.
An Einrichtungen der Volksbildung wurden 12 Schüler als Träger pazifistischer Symbole festgestellt. [14]

Bezirk Gera
– 1.4.1982 Gespräch des Stellvertreters für Inneres des Rates des Kreises Zeulenroda mit Kreisjugendpfarrer Wagner (Zeulenroda).

– 2.4.1982 Gespräch des Kirchenreferenten des Rates des Bezirkes Gera mit Superintendent *Herden*.
Durch Kräfte der DVP wurden insgesamt 80 Aufnäher und 5 Losungen mit pazifistischem Inhalt festgestellt. 8 Personen wurden zugeführt.
– Am 30.3.1982 wandten sich insgesamt 3 Pfarrer mit „Anfragen und Beschwerden" an örtliche Dienststellen der DVP im Zusammenhang mit den Aufnähern „Schwerter zu Pflugscharen". Unter diesen Personen befand sich auch der feindlich-negativ bekannte Superintendent *Große* (Saalfeld, Bezirk Gera). G. ersuchte um Auskunft, auf welcher rechtlichen Grundlage die DVP das Abtrennen der Aufnäher vornehme. [15]

Bezirk Suhl
– 31.3.1982 Gespräch des Stellvertreters für Inneres des Rates des Kreises Suhl mit Superintendent Koch.
– 31.3.1982 Gespräch des Stellvertreters für Inneres des Rates des Kreises Schmalkalden mit Dekan *Schreiber*.
– 1.4.1982 Gespräch des Stellvertreters für Inneres des Rates des Kreises Meiningen mit Superintendent Dr. *Viktor*.[112]
– 2.4.1982 Gespräch des Stellvertreters des Vorsitzenden des Rates des Bezirkes für Inneres mit Oberkirchenrat von *Frommannshausen*.[113]
Durch Kräfte der DVP wurden insgesamt 32 Aufnäher mit pazifistischem Inhalt festgestellt. [16]

Bezirk Schwerin
– 31.3.1982 Gespräch des Bürgermeisters der Stadt Schwaan mit Pastor Kruse (Schwaan).
– 1.4.1982 Gespräch des Stellvertreters für Inneres des Rates der Stadt Schwerin mit Jugendpfarrer *Wergin* (Schwerin).
– 2.4.1982 Gespräch des Leiters der Abteilung für Kirchenfragen beim Rat des Bezirkes mit Superintendent *Sagert* (Güstrow).
Durch Kräfte der DVP wurden insgesamt 12 Aufnäher festgestellt. 3 Personen wurden zugeführt.
An Einrichtungen der Volksbildung wurden 11 Schüler als Träger pazifistischer Symbole festgestellt. [17]

Bezirk Rostock
– 1.4.1982 Gespräche des Stellvertreters des Vorsitzenden des Rates des Bezirkes mit Bischof Gienke (Greifswald) und mit den Oberkirchenräten Plath und Horter.
– Am 29.3.1982 fand in der Evangelischen Studentengemeinde Greifswald unter Leitung von Studentenpfarrer *Lucht* ein sogenannter offener Abend mit ca. 60 Teilnehmern statt.
Von den Teilnehmern wurden dabei zum Teil neuartige pazifistische Aufnäher
– Panzer, gekreuzt durchgestrichen
– Dinosaurier mit der Unterschrift: „Warum die Dinosaurier? Zuviel Panzer, zuwenig Gehirn!" getragen. 10 Personen hatten den Aufnäher „Schwerter zu Pflugscharen" demonstrativ mit weißem Stoff übernäht.

112 Richtig: Victor.
113 Richtig: Vogel von Frommanshausen-Schubart.

Durch Kräfte der DVP wurden insgesamt 32 Aufnäher mit pazifistischem Inhalt festgestellt. 6 Personen wurden zugeführt.
An Einrichtungen der Volksbildung wurden 9 Schüler als Träger pazifistischer Symbole festgestellt. [18]

Bezirk Neubrandenburg
– 2.4.1982 Gespräche des Stellvertreters für Inneres des Rates des Kreises Ueckermünde mit den Pfarrern Gürtler und Gastner (Ueckermünde).
Durch Kräfte der DVP wurden insgesamt 21 Aufnäher und 1 Losung mit pazifistischem Inhalt festgestellt. 8 Personen wurden zugeführt.
An Einrichtungen der Volksbildung wurden 6 Schüler als Träger pazifistischer Symbole festgestellt.

Anlage 2 zur Information Nr. 173 / 82
Mitglieder der Konferenz der Evangelischen Kirchenleitungen in der DDR, welche am Gespräch mit dem Staatssekretär für Kirchenfragen, Genossen *Gysi*, am 7.4.1982 in Berlin teilgenommen haben.
Bischof Dr. *Krusche*, Werner – Magdeburg, Bischof Dr. *Gienke*, Horst – Greifswald, Bischof Dr. *Rathke*, Heinrich – Schwerin, Bischof Dr. *Wollstadt*, Hans-Joachim – Görlitz, Kirchenpräsident *Natho*, Eberhard – Dessau, Bischof Dr. *Forck*, Gottfried – Berlin, Landesbischof *Leich*, Werner – Eisenach, Präsident *Domsch*, Kurt – Dresden, OKR Dr. *Schulze*, Siegfried – Dessau, OKR *Völz*, Eberhard – Görlitz, OKR *Kramer*, Martin – Magdeburg, OKR *Mitzenheim*, Hartmut – Eisenach, OKR *Stolpe*, Manfred – Berlin, OKR *Müller*, Peter – Schwerin, OKR Dr. *Plath*, Siegfried – Greifswald, Superintendent *Grosse*, Ludwig – Saalfeld, Superintendent *Jaeger*, Joachim – Nordhausen, Frau *Kahl*, Hanna – Oberfrauendorf, Herr *Böttcher*, Rolf – Grünhain, Pastor *Stier*, Christoph – Rostock, Frau *Schultheiss*, Christina – Stadtroda, OKR *Lewek*, Christa – Berlin, OKR Dr. *Demke*, Christoph – Berlin, OKR Dr. *Zeddies*, Helmut – Berlin, Präsident Dr. *Rogge*, Joachim – Berlin

Dok. 69
Rundschreiben Knappes

Leipzig, den 21. Mai 1982

Schreiben mit eigenhändiger Unterschrift. Absender: Auswertungs- und Kontrollgruppe, Leiter. Anschrift: Diensteinheit, Leiter, Messe. Betreff: Arbeitshinweise zur weiteren Durchsetzung des Befehls 11 / 79 des Ministers[114]. Vermerk: Persönlich! VVS-o006 BVfS Lpz-Nr.: 48 / 82.

Zur weiteren konsequenten Durchsetzung des Befehls 11 / 79 des Ministers im Verantwortungsbereich der BV Leipzig wurden vom Leiter der BV bestätigte Festlegungen getroffen.
Mit dem Ziel der weiteren Unterstützung der op. DE bei der Lösung

---

114 Der Befehl 11 / 79 bezog sich auf die Zusammenarbeit des Staatssicherheitsdienstes mit den befreundeten Geheimdiensten unter der Führung des KGB bei der Speicherung von Daten.

der Aufgabenstellungen wurde festgelegt, zu einigen notwendigen, in der täglichen operativen Arbeit zu beachtenden Details diese Arbeitshinweise an die Leiter der DE zu übergeben.
Im Befehl Nr. 11 / 79 des Ministers ist die Erfassung von politisch-operativ bedeutsamen Informationen in einem multilateralen Speicher der sozialistischen Staaten geregelt.
Damit wurden weitere Voraussetzungen geschaffen, die Wirksamkeit des abgestimmten Kampfes gegen die subversive Tätigkeit des Gegners zu erhöhen. Durch die Zusammenführung und den Austausch operativ bedeutsamer Informationen über den Gegner ergeben sich für die operativen Diensteinheiten des MfS neue Möglichkeiten zur weiteren Qualifizierung der politisch-operativen Arbeit, zur zielstrebigen vorbeugenden Verhinderung, Aufdeckung und Bekämpfung der subversiven Angriffe des Gegners.
Es ist notwendig, alle neu gewonnen operativ bedeutsamen Informationen aus dem Operationsgebiet sowie alle weiteren aus den zurückliegenden Zeiträumen zu erfassenden Informationen auf der Grundlage dieser Arbeitshinweise aufzubereiten und zu erfassen bzw. über in der operativen Tätigkeit bekanntgewordene diesbezügliche Personen Auskunftsersuchen (F 431) zu stellen. Zur Gewährleistung und Wahrung der Konspiration sind diese Arbeitshinweise nur für den Leiter des Ref. / AG Auswertung und Information bestimmt. [2]

1. Voraussetzungen für eine Erfassung im System
– Zu erfassen sind Personen, die nicht die Staatsbürgerschaft eines der Staaten besitzen, die Teilnehmer des Abkommens sind (Teilnehmer des Abkommens sind die Staatssicherheitsorgane der VR Bulgarien, Ungarische VR, DDR, Republik Kuba, Mongolische VR, UdSSR und CSSR).
– Es muß eine aktive bzw. VSH / West-Erfassung in der Abt. XII vorliegen.
– Die Zuordnung zu einer bzw. mehreren Personenkategorien muß gegeben sein (Personenkategorien siehe 4.).
– Grunddaten zur Person (möglichst vollständig):
– Name, Vorname(n), Geburtsname
– Deckname, Pseudonym, Spitzname
– akademischer Grad / Titel
– Geburtsdatum (wenn genaues nicht bekannt, dann ungefähres)
– Geburtsland, adm.-terr. Einheit, Geburtsort (z.B. BRD, Land Bayern, München)
– Geschlecht
– Nationalität
– Staatsbürgerschaft / Staatsangehörigkeit (bei Personen, die nach 1972 die DDR ungesetzlich verlassen haben, ist als Staatsbürgerschaft – DDR – anzugeben).

2. Informationsbedarf zur Erfassung im System (außer Grunddaten)
2.1. Angaben über die Beziehungen zu Geheimdiensten und Zentren der politisch-ideologischen Diversion bzw. über die Beteiligung an der Tätigkeit terroristischer und anderer subversiver Organisationen und Einrichtungen, wie:
– Bezeichnung des Geheimdienstes, der Zentren der politisch-ideologischen Diversion und subversiven Organisationen (im folgenden Objekt);

- Typ des Objektes;
- Lage des Objektes;
- zu welchem Staat gehört das Objekt;
- Art der Beziehung zum Objekt bzw. welche Beteiligung am Objekt;
- Zeitraum der Beziehung / Beteiligung (Schreibweise zum Zeitraum siehe 5.);
2.2. Angaben zur Arbeitsstelle, Dienststelle, Studieneinrichtung, wie:
- Typ der Arbeitsstelle (z.b. Fuhrunternehmen, Handelseinrichtung u.a.); [3]
- Lage der Arbeitsstelle (Staat, adm.-terr. Einheit, Ort);
- Zugehörigkeit (zu welchem Staat);
- Tätigkeit / Dienststellung;
- Diensttelefon;
- Zeitraum der Tätigkeit;
2.3. Angaben zur Mitgliedschaft in Parteien oder anderen Organisationen (Angaben analog Pkt. 2.2.)
2.4. Angaben zum Wohnort:
- Staat, adm.-terr. Einheit, Wohnort, Straße, Nr.
- Telefon;
- Zeitraum des Aufenthaltes;
2.5. Verbindung in andere Staaten:
- Staat;
- Charakter der Verbindung;
- Zeitraum der Verbindung;
2.6. Personenbeschreibung, Hinweise auf besondere Kennzeichen / Merkmale, Jahr der Personenbeschreibung, Sprachkenntnisse, Glaubensbekenntnis
2.7. Angaben zu Kfz:
- Typ, Pol.-Kennzeichen, Zulassungsland, Zeitraum der Benutzung des Kfz;
2.8. Welche Maßnahmen wurden gegen die Person(en) eingeleitet:
- Haft (von / bis);
- wann, durch welches Gericht, wegen was verurteilt;
- Einreisesperre / Fahndung (von / bis, durch welche DE / Dienststelle eingeleitet);
(Bearbeitung in OV, OPK oder anderen op. Materialien sind *nicht* anzugeben.)
2.9. Mitteilung, auf welches Jahr sich die Information bezieht (letzte Information zur Grundlage nehmen)
2.10. Angaben zur Ausgabeverfahrensweise (siehe 6.)
2.11. Mitteilung, ob Abstimmung zur Nutzung erforderlich oder nicht erforderlich [4]

3. Informationsflüsse zur AKG
3.1. Neugewonnene gem. Befehl 11 / 79 zu erfassende politisch-operativ bedeutsame Informationen sind auf dem entsprechend der DA 1 / 80[115] des Ministers bzw. der DA 2 / 80[116] des Leiters der BV an die AKG zu übergebenden F 460 mit „11 / 79" zu kennzeichnen.

---

115 Die DA 1 / 80 vom 20.5.1980 (VVS 28 / 80) regelte Fragen der operativen Auswertung.
116 Die DA 2 / 80 vom 20.6.1980 (GVS 5 / 80) betraf die Tätigkeit des MfS im Ausland.

3.2. Alle weiteren gem. Befehl 11 / 79 des Ministers zu erfassenden Informationen (Informationen aus den zurückliegenden Zeiträumen und zu den Personenkategorien 6 und 7 sowie Ergänzungen / Korrekturen zu diesen) sind direkt an den Beauftragten der AKG zu übersenden.

3.3. Ferner sind folgende spezifische Informationsflüsse zu realisieren: keine

4. Hinweise zu den einzelnen Personenkategorien
PK: 1 – Mitarbeiter und Agenten des Geheimdienstes;
– wird der Zugehörigkeit bzw. der Verbindung zum Geheimdienst verdächtigt;
PK: 2 – leitende, hauptamtliche und ehrenamtliche Mitarbeiter eines Zentrums der politisch-ideologischen Diversion;
– im Sinne der politisch-ideologischen Diversion wirkende Einzelpersonen;
PK: 3 – Mitglieder einer Terrororganisation;
– Einzelterroristen; [5]
– Geiselnehmer;
– Flugzeug- und Schiffsentführer;
– Diversanten;
(In dieser Personenkategorie sind auch Sympathisanten sowie an der Verfassung bzw. Herausgabe von Publikationen terroristischer Organisationen beteiligte Personen zu erfassen.)
PK: 4 – Teilnehmer an der Tätigkeit einer subversiven Organisation;
(Dazu gehören Mitglieder zionistischer, feindlicher Emigranten, klerikaler und anderer Organisationen, die eine direkte subversive Tätigkeit gegen die Staaten der sozialistischen Gemeinschaft betreiben, auch Mitglieder von KMHB sowie einzelne kriminelle Menschenhändler.)
PK: 5 – Auftragsausführende eines Geheimdienstes oder eines Zentrums der politisch-ideologischen Diversion;
– Auftragsausführende einer unter PK 4 aufgeführten Feindorganisation oder auch unbekannten subversiven Organisation;
PK: 6 – festgestellte bzw. Verdacht der Ausschleusung;
– Personen, bei denen es aus ungeklärten Gründen in der Zusammenarbeit zu Mißerfolgen gekommen ist;
PK: 7 – Desinformanten und Personen, die nicht der Realität entsprechende Informationen anbieten bzw. aus Gewinnsucht ein und dieselben Materialien an einige Staaten der sozialistischen Gemeinschaft verkaufen;
PK: 8 – Personen, die provokatorische Aktionen auf dem Territorium der Staaten der sozialistischen Gemeinschaft sowie gegen Vertretungen oder Bürger dieser Staaten im Ausland durchführen;
PK: 9 – ausgewiesene Personen und Personen, gegen die aus Gründen der staatlichen Sicherheit [eine] Einreisesperre eingeleitet wurde;
PK: 10 – Personen, die besonders gefährliche Staatsverbrechen begangen haben, sich im Ausland verbergen und nach denen von den Teilnehmern des Abkommens gefahndet wird.

5. Regeln für die Schreibweise der Zeiträume
Zeitraum der Beziehung / Beteiligung: Schreibweise:
Bekannt ist nur der Beginn der 1972 – [6]
Beziehung / Beteiligung (z.B. 1972)
Zeitraum der Beziehung / Beteiligung: Schreibweise:

Bekannt ist nur das Endjahr der – 1978
Beziehung / Beteiligung (z.b. 1978)
Bekannt sind Anfangs- und Endjahr der – 1972 – 1978
Beziehung / Beteiligung (z.b. 1972 bis 1978)
Die Beziehung / Beteiligung hat in einem – 1975 – bestimmten Jahr
bestanden, unbekannt sind Anfang und Ende (z.b. 1975) [...]

6. Hinweise zur Ausgabeverfahrensweise
A – Der Teilnehmer, der sie erfaßt hat, wird über das eingegangene
Auskunftsersuchen nicht unterrichtet; es werden alle vorhandenen Informationen ausgegeben.
B – Über das eingegangene Auskunftsersuchen wird der Teilnehmer,
der sie erfaßt hat, unterrichtet; alle vorhandenen Informationen werden
ausgegeben.
C – Der Teilnehmer, der die Information erfaßt hat, wird über das eingegangene Auskunftsersuchen unterrichtet. Die Informationen werden
ohne Angabe des Teilnehmers, der sie erfaßt hat, ausgegeben.
D – Es wird der Teilnehmer angegeben, der sie erfaßt hat. Informationen werden nicht ausgegeben. Der Teilnehmer, der die Information erfaßt hat, wird über das eingegangene Auskunftsersuchen unterrichtet.
E – Es ergeht nur eine Antwort mit dem Hinweis, daß das Auskunftsersuchen dem Teilnehmer, der diese Information erfaßt hat, zugeleitet
wurde.

7. Hinweise zur Nutzung von Informationen aus dem System (F 430)
– Voraussetzungen für eine Überprüfung im System sind, daß die zu
überprüfende Person nicht die Staatsbürgerschaft eines der Teilnehmerstaaten des Abkommens besitzt; Angaben zur Person vorliegen, die
eine Identifizierung ermöglichen; eine Erfassung für die überprüfende
Diensteinheit in der Abt. XII vorliegt bzw. auf dem F 10[117] der Vermerk – nicht erfaßt – vorhanden ist; [7]
– Auskunftsersuchen sind über den Beauftragten der AKG an die
ZAIG / 5 zu übergeben. In dringenden Fällen können Auskunftsersuchen, nach Bestätigung durch den Leiter der BV, direkt fernschriftlich
(chiffriert) an die ZAIG / 5 – Leiter persönlich – gesandt werden.
– Aus dem System erhaltene Informationen sind ausschließlich für
die politisch-operative Arbeit zu nutzen. Sie dürfen nicht an andere
Sicherheitsorgane bzw. andere Organe / Einrichtungen übergeben werden. Informationen aus dem System sind nachweispflichtig und unter
Wahrung und Einhaltung der Konspiration entsprechend der DA 1 /
80 des Ministers und der DA 2 / 80 des Leiters der BV aufzubereiten
und zu erfassen.
– Alle sich im Zusammenhang mit der Informationsübermittlung aus
dem System ergebenden Maßnahmen der Zusammenarbeit mit anderen
Teilnehmern des Abkommens sind über die Abt. X des MfS unter Bezugnahme der angegebenen Erfassungsnummer im System zu realisieren.
i. V.
[gez.] Knappe
Oberstleutnant

---

117 Um Informationen darüber zu erhalten, ob über eine Bürgerin oder einen Bürger
irgendwo in DDR bereits Material der Staatssicherheit gesammelt war, mußte ein
Mitarbeiter zunächst dieses Formblatt F 10 ausfüllen. Vgl. *Wawrzyn*, 38.

Dok. 70
Aus einer Rede Mielkes

Auszüge aus einer Rede Mielkes aus Anlaß der Kollegiumssitzung zur Auswertung der
4. ZK-Tagung[118] am 1. / 2.7.1982. Überarbeitete Fassung, am 7.7.1982 an die Leiter der
Bezirksverwaltungen verschickt. B / 146.

Auf der erweiterten Kollegiumssitzung im Februar[119] habe ich bereits
zur sogenannten unabhängigen Friedensbewegung und den sich daraus
ergebenden prinzipiellen Aufgaben gesprochen.
Seit dieser Zeit wurden die Grundrichtungen des gegnerischen Vorgehens immer sichtbarer. [25]
1. Durchführung gezielter öffentlichkeitswirksamer Aktionen im Operationsgebiet mit dem Ziel, die Existenz und das Wirken einer sogenannten alternativen Friedensbewegung in der DDR nachzuweisen; die
Initiatoren / Organisatoren dieser Bewegung bei uns unter den Schutz
der internationalen Öffentlichkeit zu stellen; politisch engagierte Personen der westeuropäischen Friedensbewegung zur Unterstützung oppositioneller Kräfte in der DDR zu veranlassen.
2. Verstärkte Versuche des unmittelbaren Hineinwirkens in die DDR,
des engen Zusammenwirkens mit reaktionären kirchlichen und anderen feindlich-negativen Kräften bei uns.
Im Vorgehen der feindlich-negativen Kräfte zeigen sich folgende Tendenzen und Erscheinungen:
1. Widersprüchliche Haltung kirchenleitender Gremien und Kräfte der
evangelischen Kirche. Einerseits Betonung, keine Konfrontation mit
dem Staat zulassen und die Linie vom März 1978[120] beibehalten zu
wollen. Andererseits keine Bereitschaft, konsequente Maßnahmen gegen reaktionäre kirchliche Kräfte durchzuführen. [26] Fortgesetzt wird
die Verbreitung pazifistischen Gedankengutes. Inspiratoren / Organisatoren antisozialistischer Aktionen werden zur Fortsetzung ihrer Aktivitäten ermuntert.
2. Reaktionäre kirchliche und andere feindlich-negative Kräfte in der
DDR versuchen, sich auf die im Ergebnis der eingeleiteten offensiven
Maßnahmen für sie veränderten Lagebedingungen einzustellen, ihr taktisches Vorgehen, ihre Mittel und Methoden unter Beibehaltung der
alten Zielstellung anzupassen. [27]
Die bisher insgesamt erzielten Ergebnisse in Verwirklichung der offensiven Politik der Partei sowie in Durchsetzung meiner Weisung vom
17.3.1982[121] und in Realisierung der Aufgabenstellung auf der erweiterten Kollegiumssitzung vom Februar 1982 zeigen:
– Dem Gegner und feindlich-negativen Kräften im Innern ist es nicht
gelungen, in der DDR eine sogenannte staatlich unabhängige Friedensordnung unter Nutzung kirchlicher Freiräume und unter Einbeziehung operativ bedeutsamer Einzelpersonen und Personengruppen zu
formieren;
– der Differenzierungsprozeß unter kirchenleitenden Kräften wurde

---

118 Das ZK der SED war am 23. und 24.6.1982 zu seiner 4. Tagung zusammengetrof-
     fen.
119 Mielkes damals gehaltenes Referat ist hier in Auszügen abgedruckt als Dok. 66.
120 Vgl. Dok. 56.
121 Hier abgedruckt als Dok. 67.

verstärkt, die konsequente Zurückweisung des politischen Mißbrauchs kirchlicher Tätigkeit hinterläßt bei derartigen Kräften Wirkung;
– personelle Stützpunkte und Inspiratoren / Organisatoren pazifistischer Aktivitäten konnten in ihrem feindlich-negativen Wirken paralysiert werden.
Die erreichten Ergebnisse dürfen jedoch in keiner Diensteinheit Anlaß zur Selbstzufriedenheit sein. Die operative Praxis beweist, daß der Gegner an seinen Plänen und Absichten zur Schaffung eines legal und konspirativ wirkenden breiten Oppositionspotentials zur langfristigen Unterwanderung der sozialistischen Staats-und Gesellschaftsordnung festhält. [28]
Die von mir auf der erweiterten Kollegiumssitzung im Februar 1982 gestellten Aufgaben sind weiterhin konsequent durchzusetzen.
Das ist in die Lösung der vom Generalsekretär auf einer Beratung mit den 1. Sekretären der Bezirksverwaltungen anläßlich der 4. Tagung des ZK gestellten Aufgaben einzuordnen. [...] [39]
1. Die immer engere Verbindung der massiven ökonomischen Angriffe (Embargo- und Boykottpolitik; Kredit-, Zins- und Valutakrieg) und der ökonomischen Störtätigkeit mit der politisch-ideologischen Diversion, mit Versuchen, unter unserer Bevölkerung Unglaube an die Richtigkeit und Realisierbarkeit der Parteibeschlüsse[122] zu erzeugen, insbesondere ideologischen Einfluß und Einbrüche in die Arbeiterklasse zu erzielen.
2. Fester Bestandteil und Ausdruck der Forcierung des Konfrontationskurses ist vor allem auch die fortgesetzte und verstärkte Verfolgung der langfristig angelegten Ziele, in der DDR eine sogenannte staatlich unabhängige Friedensbewegung zu etablieren, die unter dem Deckmantel des Kampfes für Frieden und Abrüstung und unter Nutzung der Freiräume der Kirche agieren und [die] politische und organisatorische Basis für [das] Wirken einer inneren Opposition bilden soll.
Auf der erweiterten Kollegiumssitzung im Februar habe ich bereits zur sogenannten unabhängigen Friedensbewegung und den sich daraus ergebenden prinzipiellen Aufgaben gesprochen.
Zwischenzeitlich habt ihr weitere Orientierungen und Weisungen erhalten. Ihr habt auch Kenntnis davon, daß die 1. Sekretäre der Bezirksleitungen angewiesen wurden, die [40] ideologische Arbeit an der Basis zu verstärken, in geeigneter Weise Einfluß auf die Kirchengemeinden, die Pfarrer, Laien und Synodalen zu verstärken, um den Mißbrauch der Kirchen für feindlich-negative Aktivitäten zu verhindern.
Es kommt darauf an, durch entsprechende vorbeugende Maßnahmen weitestgehend auszuschließen, daß Personen aus der Republik zu kirchlichen Veranstaltungen, zu Blues-Messen usw. in die Hauptstadt bzw. von einem Bezirk in den anderen reisen. Konsequent ist auch weiterhin der Mißbrauch solcher Embleme wie Schwerter zu Pflugscharen, des Emblems – die Weltkugel und der Mann mit dem zerbro-

---

122 Der zehnte Parteitag der SED (vgl. auch Dok. 57) hatte 1981 einmal mehr den wirtschaftlichen Fortschritt in den Mittelpunkt der künftigen Arbeit von Partei und Regierung gestellt. Auf diese Weise hoffte man, die Verhältnisse in der DDR stabilisieren zu können. Vgl. *Weber*, Geschichte, 462. Im neuen Fünfjahresplan strebte die DDR hohe Steigerungsraten in allen Bereichen der Wirtschaft an. Wie kaum anders zu erwarten, erwiesen sich diese Planziele als unrealistisch. Vgl. ebd., 464 f.

chenen Gewehr – zu unterbinden, da bekanntlich feindlich-negative Kirchenkräfte unverändert derartige Embleme als Deckmantel zur Sammlung feindlicher Elemente nutzen. Zur Verstärkung unseres Differenzierungsprozesses in Kirchenkreisen sollten der Weißenseer Arbeitskreis[123], der positiv auf Pfarrer einzuwirken versucht, u.a. positive Gruppierungen und Kräfte stärker genutzt werden. [...][124]
Das [d.h. die Anpassung der kirchlichen Kräfte an die veränderte Lage] zeigt sich u.a.
– im fortgesetzten Unterlaufen staatlicher Festlegungen und Maßnahmen sowie in Versuchen der Druckausübung auf staatliche Organe (Eingaben, Beschwerden, Petitionen);
– in verstärkten Versuchen, unter Ausnutzung der kirchlichen Jugendorganisationen (Junge Gemeinde, ESG, KSG) und verschiedener Formen kirchlicher Tätigkeit (Haus- und Akademikerkreise) den Einfluß auf unterschiedlichste Bevölkerungskreise und Personengruppen zu erhöhen; [43]
– in den Bestrebungen zum Ausbau der personellen Basis, besonders unter der Jugend, durch Erweiterung jugendspezifischer Veranstaltungen im Rahmen der sogenannten offenen Jugendarbeit (Blues-Messen, kirchliche Friedensgottesdienste, Jugendtreffen) sowie durch Versuche des Eindringens in Bereiche der Volksbildung, des Hoch- und Fachschulwesens, der Berufsausbildung;
– in den Versuchen der Schaffung bestimmter fester Organisationsstrukturen, z.B. in Gestalt sogenannter Aktionskreise und damit verbundener überregionaler Zusammenarbeit;
– in den Bestrebungen, pazifistische Aktivitäten bei uns durch eine „Internationalisierung" aufzuwerten und zu schützen, z.B. durch die Teilnahme von teilweise in der Öffentlichkeit bekannten kirchlichen und anderen Personen aus dem Operationsgebiet, einschließlich in der DDR akkreditierten Korrespondenten nicht-sozialistischer Staaten, an Veranstaltungen, durch die Organisierung von „Partnerschaftsbeziehungen" und Informationsaustausche.
Darüber hinaus liegen unserem Ministerium Erkenntnisse vor, wonach feindlich-negative Kräfte bestrebt sind, nach neuen Freiräumen zu suchen, wie beispielsweise im Zusammenhang mit der Umweltschutzproblematik. [44]
[...][125] [45]
In der weiteren Arbeit kommt es vor allem darauf an, verstärkte Anstrengungen zu unternehmen, um:
– die diesbezüglichen Pläne, Absichten und Machenschaften des Gegners und feindlich-negativer Kräfte im Innern umfassend und rechtzeitig aufzuklären und zu vereiteln;
– die im Operationsgebiet wirkenden feindlich-negativen Kräfte, ihre Initiatoren und Hintermänner zu entlarven, die unter Ausnutzung bzw. Mißbrauch der westeuropäischen Friedensbewegung subversive Aktivitäten gegen die DDR entwickeln;
– die Ausnutzung und den Mißbrauch bestehender Rückverbindungen ehemaliger DDR-Bürger, insbesondere auch solcher, denen wir

123 Zu den Anfängen des Weißenseer Arbeitskreises vgl. Dok. 38.
124 Hier wurden die vorherigen Ausführungen – versehentlich – noch einmal wiederholt.
125 Hier wurde der Abschnitt – ebenfalls versehentlich – nochmals wiederholt.

jetzt die Staatsbürgerschaft der DDR aberkannt und die prinzipielle Möglichkeit der Einreise eingeräumt haben, für die Verwirklichung dieser Pläne wirksam zu unterbinden;

– qualifizierte Informationen über den Inhalt operativ bedeutsamer Kontakte, besonders auf der Ebene kirchenleitender Organe, zu beschaffen; [46]

– die Suche, Auswahl und Gewinnung inoffizieller Mitarbeiter bzw. die Instruierung vorhandener Kräfte noch stärker unter dem Gesichtspunkt vorzunehmen, in die Personenkreise einzudringen, die als Inspiratoren / Organisatoren politischer Untergrundtätigkeit zu wirken versuchen, die feindlich-negative Handlungen planen, vorbereiten und durchführen sowie Verbindungen zu gegnerischen Kräften unterhalten. Die Zusammenarbeit der operativen Diensteinheiten ist weiter zu qualifizieren, um den Zusammenschluß reaktionärer kirchlicher und anderer feindlich-negativer Kräfte sowie ein überregionales Wirksamwerden zu verhindern.

Die im Zusammenhang mit der vorbeugenden Bekämpfung von Handlungen im Sinne politischer Untergrundtätigkeit – insbesondere pazifistischer Aktivitäten – gewonnenen Erkenntnisse zu Personen sind konsequent zur weiteren Klärung der Frage „Wer ist wer?" sowie zur Qualifizierung der operativen Vorgangsarbeit und der OPK zu nutzen. Zur Unterstützung der politisch offensiven Arbeit der Partei, der staatlichen Organe, der anderen gesellschaftlichen Organisationen und Kräfte, die in den Maßnahmekomplex zur Unterbindung pazifistischer Aktivitäten einbezogen sind, ist es erforderlich, in noch stärkerem Maße beweiskräftiges, offiziell auswertbares Material über die Verletzung von Rechtsvorschriften, staatlichen Festlegungen und Maßnahmen seitens der im operativen Blickfeld stehenden klerikalen und feindlich-negativen Kreise zu erarbeiten. [47]

Dazu hat der Generalsekretär auf einer Beratung mit den 1. Sekretären der Bezirksleitungen anläßlich der 4. Tagung des ZK weitere konkrete Aufgaben gestellt.

Dok. 71

Aus der Rede-Disposition eines Stasi-Offiziers

Auszug aus der Rede-Disposition eines Führungsoffiziers der Abt. XX zur Rolle des politischen Klerikalismus[126].

Sowohl in der Vergangenheit als auch in der Gegenwart dient der politische Klerikalismus dazu, die Rolle der Kirche und die Religion für die Machterhaltung des Imperialismus sowie der Restaurierung seiner Macht zu mißbrauchen. Bereits die Klassiker des Marxismus-Leninis-

126 Der Entwurf wurde vermutlich im Oktober 1982 verfaßt. Terminus a quo ist die Bundessynode in Halle (24.-28.9.1982), auf die im Text Bezug genommen wird, terminus ad quem die Friedensdekade 1982 (7.-17.11.1982), die, wie der Text zeigt, bei der Abfassung des Manuskriptes noch bevorstand.

mus weisen den politischen Klerikalismus als Mißbrauch der Kirche und Religion aus.

Sie zeigten eindeutig auf, daß der politische Klerikalismus in erster Linie den revolutionären Fortschritt und die internationale Arbeiterbewegung zu hemmen und im Sinne des Kapitalismus bzw. Imperialismus zu beeinflussen versucht.

Den Vertretern des politischen Klerikalismus geht es dabei nicht um religiöse Probleme, sondern um die Verteidigung imperialistischer Machtinteressen, wobei der religiöse Glaube nur als Mittel zum Zweck benutzt wird.

Als Interessenvertreter des Weltimperialismus dient der politische Klerikalismus in der gegenwärtigen Situation insbesondere der ideologischen Rechtfertigung und der Verschleierung imperialistischer Aggressionspläne und dem Abbau demokratischer Rechte und Freiheiten in den kapitalistischen Staaten.

Gleichzeitig stellt der politische Klerikalismus heute seinem Wesen nach eines der Angriffszentren des Imperialismus dar, welches sich politisch und ideologisch [2] gegen den realen Sozialismus richtet.

Der Imperialismus mißt unter den gegenwärtigen neuen Lagebedingungen dem politischen Klerikalismus im Kampf gegen den realen Sozialismus eine führende Stellung zu. In diesem Kampf besteht die Zielstellung des politischen Klerikalismus unter

– Mißbrauch der Kirche und Religion
– der Ausnutzung religiöser Gefühle und Anschauungen
– des Mißbrauches kirchlicher Organisationen und Einrichtungen
– der Unterordnung von Kirche und Religion zu deren Einbeziehung in die antikommunistische Front als politische Waffe im Kampf gegen den realen Sozialismus

in der Verteidigung der Interessen des Imperialismus und der Restauratuion des Kapitalismus in den sozialistischen Ländern.

In seinem Kampf gegen die Deutsche Demokratische Republik unternimmt der politische Klerikalismus im Rahmen der Globalstrategie des Gegners und seines Langzeitprogrammes über die politisch-ideologische Diversion und der feindlichen Kontaktpolitik und Kontakttätigkeit von außen verstärkt Versuche zur politisch-ideologischen Unterwanderung und Aufweichung unter kirchlich gebundenen Personenkreisen. Er verfolgt damit insbesondere die Zielstellung, ausgehend von [3] der Kirche der DDR als legalem Stützpunkt und Position, solche Verhältnisse zu schaffen, daß die Kirche immer mehr als Störfaktor in Erscheinung treten soll, immer stärker in Konfrontation mit dem sozialistischen Staat gerät und [es] zu einem „Kirchenkampf" in der DDR kommt. Dabei stützt sich der politische Klerikalismus in der DDR insbesondere auf reaktionäre kirchlich gebundene bzw. klerikale Personen, die „Politik mit der Religion" machen bzw. als Multiplikatoren der politisch-ideologischen Diversion wirken. Gegnerische Zentren, Organisationen, Einrichtungen und Institutionen stützen sich im Innern der DDR insbesondere bei der Verbreitung der PID und der Durchsetzung der gegnerischen Kontaktpolitik / Kontakttätigkeit auf die reaktionären klerikalen Kräfte der evangelischen Kirche in der DDR.

Dabei werden verstärkt Versuche unternommen, die Angriffe offen oder religiös verbrämt unter Ausnutzung der garantierten Rechte der

Religionsausübung gemäß Artikel 39 der Verfassung der DDR[127] zu legalisieren. Die Grundhaltung dieser reaktionären klerikalen Kräfte wird in der Haltung deutlich, „daß die Kirche eine Konzeption für die Zukunft brauche, wo auf der Grundlage einer eingehenden Analyse der derzeitigen Situation der Wirklichkeit erkannt werden soll, wann und wie der sozialistische Staat den Druck auf die Kirchen verstärkt und mit welcher Strategie und Taktik sich die Kirche darauf einstellen muß". [4] Politisch-klerikale Kräfte in der BRD betrachten die reaktionären Kräfte in den evangelischen Kirchen der DDR als ihre legale Position zur organisierten Schaffung einer „inneren Opposition", insbesondere unter Jugendlichen und Jungerwachsenen. Im Zusammenhang damit spielt die Landeskirche Sachsen als größte und mit zu den reaktionärsten zählenden Landeskirchen, deren Vertreter in der Mehrzahl der gesellschaftlichen Entwicklung in der DDR passiv bzw. ablehnend gegenüberstehen, eine bedeutende Rolle. Der sozialistischen Gesellschaft positiv gegenüberstehende klerikale Kräfte werden reglementiert, teilweise unter massiven Druck gesetzt bzw. innerkirchlich diskreditiert. Reaktionäre kirchliche Kräfte fordern eindeutig einen Rückzug aus der sozialistischen Gesellschaft, raten nach wie vor dem gesellschaftlichen Engagement eines Geistlichen ab oder versuchen in den Fällen, in denen sie es nicht verhindern können, dies wenigstens zu kontrollieren bzw. auf Entscheidungsfindungen Einfluß zu nehmen. Am stärksten ausgeprägt sind Bedenken, Vorbehalte, prinzipiell ablehnende Haltungen und zahlreiche Angriffe reaktionärer kirchlicher Kräfte in der DDR gegenüber Bildungsinhalt und -ziel der Jugend und gegenüber der im neuen Parteiprogramm der SED postulierten Durchdringung aller Bereiche unserer Gesellschaft mit der Weltanschauung der Arbeiterklasse, weil klar erkannt wird, daß von da aus die stärkste Zurückdrängung religiösen Gedankengutes erfolgt. Daraus resultiert auch die verstärkte Hetze politisch-klerikaler und reaktionärer kirchlicher Kräfte solcherart: [5] „Mit einer Doppelstartegie versucht die SED den Kirchen in der DDR die Existenzgrundlage zu entziehen. Unter Anwendung von Druckmitteln soll die Jugend atheistisch erzogen werden, gleichzeitig wird der Wirkungsraum der Kirchen eingeengt. Das Endziel der SED ist der an den Marxismus glaubende neue sozialistische Mensch. Dieses Ziel, oft kunstvoll getarnt, steuert die SED seit Gründung der DDR geschickt und unter Vermeidung der offenen Konfrontation an."
Im Zusammenhang mit der Schaffung einer „inneren Opposition" bzw. eines politischen Untergrundes in der DDR, insbesondere unter Jugendlichen und Jungerwachsenen, muß eingeschätzt werden, daß im Ergebnis der verstärkten Einflußnahme politisch-klerikaler und reaktionärer kirchlicher Kräfte, der Anwendung attraktiver jugendgemäßer Mittel und Methoden in der kirchlichen Jugendarbeit durch pädagogisch und psychologisch geschulte Kräfte und auch auf der Grundlage

---

127 Der für das Verhältnis von Staat und Kirche in der DDR zentrale Artikel 39 der Verfassung lautet vollständig: „1. Jeder Bürger der Deutschen Demokratischen Republik hat das Recht, sich zu einem religiösen Glauben zu bekennen und religiöse Handlungen auszuüben. 2. Die Kirchen und anderen Religionsgemeinschaften ordnen ihre Angelegenheiten und üben ihre Tätigkeit aus in Übereinstimmung mit der Verfassung und den gesetzlichen Bestimmungen der Deutschen Demokratischen Republik. Näheres kann durch Vereinbarungen geregelt werden" (zit. nach: Neue Verfassung, 93).

vorhandener oppositioneller Einstellungen, Haltungen und Verhaltensweisen sich sowohl kirchlich gebundene als auch der Kirche bisher
fern gestandene Jugendliche und Jungerwachsene sich mehr als bisher
zur Kirche hingewandt haben. Diese verfügen jedoch in der Regel über
eine politisch-labile oder politisch-schwankende Haltung. Das stellt
eine nicht zu unterschätzende politisch-operative Größe dar, da diese
Zielgruppe des Gegners für ihn ein potentielles Reservoir für die
Durchsetzung seiner imperialistischen Interessen darstellt.[6]
Diese Tendenz der Hinwendung von Jugendlichen und Jungerwachse-
nen zur Kirche wird durch politisch-klerikale Kräfte in der BRD u.a.
dadurch unterstützt, indem die Kirchen der DDR finanzielle und ma-
terielle Unterstützung finden, die insbesondere die kirchliche Jugend-
arbeit aktivieren helfen.
Im Zusammenhang damit finden von diesen Kräften im Rahmen der
PID solche Formulierungen wie:
– „Religiöse Erweckungsbewegung in der DDR"
– „Riskantes Interesse der Jugend der DDR am Christsein"
– „Versuche der DDR-Jugend, sich kritisch mit der sozialistischen
Gesellschaft auseinanderzusetzen und Protest gegen den Zwiespalt von
Ideologie und Wirklichkeit"
Anwendung.
Der politische Klerikalismus findet gegenwärtig im Kampf gegen den
realen Sozialismus im Mißbrauch kirchlicher Kräfte und ihrer Möglichkeiten zur Schaffung eines politischen Untergrundes seinen Ausdruck, indem reaktionäre kirchliche und kirchlich gebundene Kräfte
– entweder selbst politische Untergrundtätigkeit durchführen,
– den Mißbrauch kirchlicher Einrichtungen dafür dulden,
– feindliche Konzeptionen erarbeiten und sie in bzw. außerhalb
kirchlicher Veranstaltungen propagieren, [7]
– kirchliche Einrichtungen feindlichen Kräften in Übereinstimmung
mit deren Zielen und Propagieruung feindlicher Ideen bereitstellen,
– politisch-negativen und politisch-feindlichen Jungerwachsenen Hilfe und Unterstützung im kirchlichen Raum zuteil werden lassen (Konzentration von Haftentlassenen, Antragstellern) sowie
– religiöse Interessengruppen und -kreise der Tarnung für feindliche
Gruppierungen dienen.
Als reaktionäre politisch-ideologische Erscheinung der imperialistischen Gesellschaftsordnung verfolgt der politische Klerikalismus keine
religiösen Ziele, sondern er ist und bleibt unter Mißbrauch von Kirche
und Religion Interessenvertreter des Imperialismus.
Kirche heute
Rolle der Kirche in der sozialistischen Gesellschaft
– soz. Länder – loyales Verhalten zur Staatsmacht – keine politischen
Gegner
– Hauptfunktion: Propagierung der religiösen WA [Weltanschauung]
Religion vermag reaktionäre Rolle nicht völlig zu überwinden.
– Klarheit – schneller Aufbau der sozialistischen Gesellschaft,
aber: Religion hindert, Bewußtheit und Selbständigkeit zu entwickeln,
indem sie Bewußtsein durch phantastische Vorstellungen vernebelt;
orientiert auf passive Haltung zum Leben. [8]
– Einfluß, ob Kirche will oder nicht – hilft objektiv, dazu zu erziehen, daß sich Gläubige gegenüber Politik gleichgültig verhalten und
sich von aktiver Teilnahme am Leben der Gesellschaft zurückziehen.

– Unter Bedingung des Sozialismus – Entwicklung einer nichtreligiösen Einstellung zum Leben; von Unhaltbarkeit der Religion überzeugen.
– Anerkennung der politischen Macht und führenden Rolle der Arbeiterklasse;
– sogenannte Partnerschaft und „Kritisches Korrektiv" steht im Gegensatz zum Trennungsprinzip Staat-Kirche;
Wir sind für Kirchen in anderen Ländern interessant, nämlich unter der Sicht: „Kann Kirche im Sozialismus existent sein und wirken, geht es oder geht es nicht?"

Positionen der Kirche, die wir nicht akzeptieren können:
1. Kirche als Freiraum für „Andersdenkende", Propagierung von Ideen, Anschauungen, die dem Sozialismus gegenüberstehen.
2. Kirche als Sammelbecken und Interessenvertreter von Personen, die gegen unseren Staat sind.
3. Kirchliche Äußerungen, die bewußt die falsche Stellung der Christen zu ihrer Gesellschaft zum Ausdruck bringen. [9]
4. Kirchliche Situationsschilderungen über die Situation unter den Menschen (Fehleinschätzungen, Mißtrauen, Angst, Leistungsdruck u.a.).

Beachte!
– Kirche läßt sich nicht total in Sozialismus integrieren;
– Kirche bleibt Kirche, es gibt keine „sozialistische" Kirche;
– Kirche steht Marxismus-Leninismus diametral gegenüber und propagiert ihre Anschauungen.

Was heißt für uns: „Kirche im Sozialismus"[128]?
1. Kirche, die die sozialistische Gesellschaftsordnung und den sozialistischen Staat bejaht und ihre Funktion in sozialistischer Gesellschaft zum Wohle der Menschen ausfüllt.
2. Kirche, die mit ihren Mitteln zur Stärkung der DDR und Mehrung ihres Ansehens beiträgt und ihre Glieder zu hohen Leistungen und guter Arbeit ermutigt zum Wohle der Gesellschaft und des einzelnen.
3. Kirche unterstützt Friedenspolitik des sozialistischen Staates und leistet wirksamen Beitrag im Kampf gegen Wettrüsten und für den Entspannungsprozeß. Sie bekennt sich zur Verteidigung der Errungenschaften des Sozialismus. [10]
4. Kirche weist alle Versuche des Mißbrauches eines „Offenhaltens der deutschen Frage" sowie Angriffe auf ihre Selbständigkeit zurück.
5. Kirche festigt die Beziehungen zu Kirchen der SU und anderen sozialistischen Staaten.
6. Kirche respektiert den Grundsatz der Trennung Staat-Kirche[129] und mischt sich nicht in die Kompetenzen des sozialistischen Staates ein.

Rechtsstellung
– Entwickelt sich kirchliches Leben auf Grundlage der Trennung von Staat und Kirche und der vollen Glaubens- und Gewissensfreiheit:
– Die Kirche u.a. Religionsgemeinschaften ordnen und verwalten ihre Angelegenheiten selbständig nach Maßgabe der für alle geltenden Gesetze;

---

128 Vgl. zu dieser Formel Dok. 67, Anm. 72.
129 Vgl. Dok. 56, Anm. 15.

- dabei genießt keine Kirche Vorrechte vor anderen;
- durch religiöses Bekenntnis werden staatsbürgerliche Rechte weder bedingt noch eingeschränkt bzw. beschränkt;
- ungestörte Religionsausübung ist gewährleistet[130];
- die Kirchen erhalten vom Staat bedeutende materielle und finanzielle Unterstützung[131];
- Religiöse Bindungen können nicht als unvereinbar mit dem Status eines DDR-Bürgers gefaßt werden;
- Religiöse Bindungen können nicht mit mangelndem Staatsbewußtsein identifiziert werden. [11]
Die derzeitige KK-Situation erfordert zwingend, daß auf der Grundlage des Gespräches vom 6.3.78[132] zwischen dem Gen. Honecker und dem Vorstand der Konferenz der Kirchenleitung unbedingt jegliche politische Konfrontation Staat-Kirche vorbeugend bereits in den ersten Ansätzen verhindert und die noch vorhandenen / bestehenden Spannungen Staat-Kirche abgebaut werden müssen.
Komplizierter Prozeß
- Seit 6.3.78 Verhältnis Staat-Kirche positiv entwickelt;
- Aussagen auf X. Parteitag[133] und 3. Tagung des ZK Ausgangspunkte für ständigen, kontinuierlichen Prozeß für Durchsetzung der Staatspolitik in Kirchenfragen; diesbezüglich keine spektakulären Änderungen zu erwarten; loyale und progessive Kräfte sind wahrnehmbar stärker geworden; andererseits will Kirche Eigenständigkeit verteidigen und ihre Wirkungsmöglichkeiten erhöhen.
- Im Zusammenhang damit sind ausgeprägt gegnerische Aktivitäten, Kräfte zu suchen und zu finden, um sie im antisozialistischen Sinne zu mißbrauchen.
Aktivitäten führten u.a. dazu, daß Gen. Honecker am 10.11.81 ein Fernschreiben an alle 1. Sekretäre der Bezirks- und Kreisleitungen der SED richtete. [12]
Die Angriffe gingen dabei in folgende Richtungen:
- organisierte Kampagne zur Einführung eines „Sozialen Friedensdienstes"[134]
- Änderung des Bausoldatendienstes
- gegen Maßnahmen und Übungen der Zivilverteidigung
- einseitige Abrüstungsvorleistungen durch die SU[135]
- sozialistische Bildungspolitik, insbesondere kommunistische Erziehung
- Informationspolitik in bezug auf die Berichterstattung über die Entwicklung in der VR Polen
- Reaktionäre kirchliche Kräfte wollen:
Kirche auf Konfrontationskurs drängen, zu antisozialistischen Haltungen, Einstellungen und Aktivitäten animieren; Kirche soll als Träger

---

130 Neben Art. 39 (vgl. Anm. 127) garantierte auch Art. 21 Absatz 1 die Glaubensfreiheit in der DDR.
131 Die DDR-Kirchen haben vom Staat jährlich einen Zuschuß in Höhe von 12 Millionen Mark erhalten. Ein Drittel des Haushalts wurde durch Geld aus dem Westen bestritten. Vgl. *Büscher*, Unterwegs, 441 sowie Einleitung, 11 f., bes. Anm. 56.
132 Vgl. Dok. 56.
133 Vgl. Dok. 67, Anm. 70.
134 Vgl. bes. Dok. 61.
135 Vgl. auch Dok. 74, Anm. 170.

bürgerlicher Ideen weiter ausgebaut werden für antisozialistische Ziele;
Kirche als Sammelpunkt und Freiraum für Andersdenkende

Beachten: Kirche in der DDR ist die einzige legale Organisation, die
unmittelbar für oppositionelle Kräfte geeignet ist und zwar:
von ihrer Weltanschauung her;
von ihrer Organisationsstruktur [her.] [13]
– Einordnung der Staatspolitik in Kirchenfragen
Durchsetzung ist KK, ist Kampf gegen die Versuche, die DDR-Kirche
für BRD-Interessen zu mißbrauchen; ist Kampf gegen Mißbrauch der
Kirche
– Unsere Verantwortung
Generell steht die Frage:
Inwieweit gelingt es reaktionären kirchlichen Kräften, die Kirche der
DDR zu einer Basis der Konterrevolution zu machen?
In einer Studie über die psychologische Kriegsführung, die in der
BRD-Zeitschrift „Außenpolitik" veröffentlicht wurde[136], waren u.a.
folgende Leitsätze enthalten:
„Unser Gedankengut ist in das öffentliche Leben der kommunistischen
Staaten mit allen Mitteln und moderner Propaganda auf psychologisch
geschickte Weise einzuschleusen [...]. Die Menschen in den kommunistischen Staaten werden auf diese Weise zu bewußten oder unbewuß-
ten Trägern westlicher Ideen, es wird das Gefühl allgemeinen Unbeha-
gens geschaffen, das Voraussetzung ist für die sich ohne Gewaltanwendung abwickelnde innere Veränderung und Umwälzung in diesen
Staatswesen [...]. Hier in Europa sprechen entscheidende Umstände
für die Möglichkeit einer erfolgreichen psychologischen Kriegsführung
des Westens." [14]

Kirchliche Friedensarbeit / gegenwärtige Aktivitäten / Erscheinungs-
formen
– Friedensdekaden (gemeinsames Gebet / Glocken)
– Friedensmärsche
– Plakat- und Unterschriftenaktionen
– Friedensdemonstrationen
– Friedensgottesdienste
– Friedens-Rad-Corso
Friedensgottesdienst „Michaeliskirche"
Friedensmärsche – Waffe
Friedensdemonstrationen Clara-Zetkin-Park
Schmierereien – Hakenkreuz – Dresden 13.2.[137]
„Frieden schaffen ohne Waffen"[138] – Losung / Hakenkreuz
„Schwerter zu Pflugscharen"[139] – Eppelmann

---

136 Gemeint ist der Aufsatz von *Ahard von Schack* mit dem Titel „Der geistige Kampf
in der Koexistenz", der allerdings schon 1962 in: Außenpolitik. Zeitschrift für internationale Fragen, 11 / 13, 765-775 erschien. Das Zitat findet sich dort 773 f.
137 Am 13. Februar wird in Dresden jeweils der Bombardierung der Stadt am
13./14.2.1945 gedacht. Im Jahr 1982 fand zum ersten Mal ein „Friedensforum"
statt, an dem sich mehr als fünftausend Menschen beteiligten. U.a. hielt auch Landesbischof Hempel eine Ansprache. Vgl. dazu *Ehring / Dallwitz*, 70-87 und *Zander*, Christen, 288-290.
138 Die Friedensdekade hatte 1980 erstmals unter dem Titel „Frieden schaffen ohne
Waffen" stattgefunden. Vgl. *Zander*, Christen, 279 f. Etwas mehr als ein Jahr später hatten Rainer Eppelmann und andere dieses Motto in dem „Berliner Appell"
wieder aufgenommen. Vgl. Dok. 64 und 65.

Erkenntnis:
- Schaffung einer unabhängigen Friedensbewegung in der DDR als feste Größe des Gegners;
- neue Welle der Organisierung einer politischen Opposition im Freiraum der Kirche, unter Schutz der Kirche;
- politischer Pazifismus zur Schaffung einer inneren Opposition;
- Pazifismus als strategisches Rezept des Gegners (Manipulation, Angst) [15] *SOFD*
- Erstarken der Friedensbewegung
Friedensengagement der Kirchen;

Analoge Bewegungen im Zusammenhang mit Friedenskampf, aber ausgerichtet gegen die gesellschaftlichen Verhältnisse in der DDR
Entstehen und Verbreiten, Ziel
Inhalt:
- Schaffung eines sozialistischen Friedensdienstes
- Reformierung Wehrpflichtgesetz / Wehrdienstgesetz[140]
- Negierung der Ausnahmeregelung der Aufstellung von BS-Einheiten
- inhaltliche Punkte: *Material*
- kategorisches Nein des Staates
- Stellungnahme des Ministeriums für Verteidigung:
Artikel 23, Absatz 1 der Verfassung[141], dient ein solcher „Friedensdienst" nicht der Verteidigung (Es ist Recht und Ehrenpflicht eines jeden Bürgers der DDR, diese zu verteidigen).
Rücknahme der Relativierung des Fahneneides ist *nicht* möglich.
Die schon vorhandene Tendenz der Zunahme von Wehrdienstverweigerung wird eine weitere Steigerung erfahren.
Der personelle Bedarf bei der Armee würde in Zukunft nicht mehr gewährleistet (60%). [16]
Würde dazu führen, daß bei Mobilmachung diese Personen dieser auf legale Art nicht nachkommen brauchten.
- Wir dürfen und können nicht dem internationalen Friedenskampf in den Rücken fallen.
- Gesamtgesellschaftliches Anliegen: enges Zusammenwirken mit Staatsapparat, eine zielgerichtete Einflußnahme gewährleisten, politisch-ideologische Auseinandersetzung führen, aber auch Anwendung des soz. Rechts
eindeutig klarmachen:
- Schutz und Verteidigung ist Ehrenpflicht eines jeden Staatsbürger der DDR (Art. 23 / 1);
- Organisierung des Wehrdienstes ist Aufgabe und Pflicht des sozialistischen Staates und unterliegt keinerlei Einfluß der Kirche;
- DDR betreibt seit Gründung aktive Friedenspolitik, braucht von diesen Leuten keinen Nachhilfeunterricht;
„Frieden schaffen ohne Waffen" in DDR [17]
Im Bezirk auf dem Gebiet der Kirchenpolitik eine saubere Arbeit geleistet wird.

---

139   Zum Konflikt um den Aufnäher „Schwerter zu Pflugscharen" vgl. v.a. Dok. 67.
140   Vgl. auch Dok. 68, Anm. 99.
141   Artikel 23, Absatz 1 der DDR-Verfassung verpflichtete jeden Bürger der DDR „zum Dienst und zu Leistungen für die Verteidigung" der DDR (zit. nach: Neue Verfassung, 88).

Die jüngste dramatische Entwicklung der Kirchenpolitik weist im Bezirk keine Fehlentscheidungen auf. Das spricht für die Arbeit der Leitungen der Partei und des Staates im Bezirk. Augenblicklich befinden wir uns in einer kirchenpolitischen Konfliktsituation. Jedoch keine Situation der Konfrontation. Die Situation befindet sich noch unter der Schwelle der Konfrontation. Es gilt jetzt, in großer Konsequenz darauf zu achten, welche Tendenzen zeichnen sich ab. Zum Beispiel findet in der Zeit vom 7.-17.11.82 die dritte Friedensdekade der Kirchen der DDR statt[142]. Wenn im Vorfeld nicht alle Tendenzen genau beachtet werden, ist der nächste Konflikt schon vorprogrammiert.

Einige Kräfte aus Kreisen der Evangelischen Kirchen der DDR wollen vorsätzlich das Verhältnis zwischen Staat und Kirche, wie es seit dem 6. März 1978 besteht, stören (Formulierung beachten: einige Kräfte). Die Kirchen sind ebenfalls bereit, den Weg des 6. März 1978 fortzusetzen, trotz aller Differenzierungen, die nicht zu übersehen sind. So z.B. gibt es Kräfte in den Kirchen, die unter Nutzung der Friedenspolitik der DDR eine eigene unabhängige Friedensbewegung in der DDR aufbauen wollen. Das ist verfassungswidrig. Damit sollen opportunistische und reaktionäre Kräfte organisiert werden, z.T. auch Kräfte, die von außerhalb der Kirchen kommen. Dazu erhalten sie Flankenschutz durch westliche Medien. Der Gegner nutzt bewußt und brutal die politische Naivität der [18] Kirchen der DDR aus. Wir müssen bei der Einschätzung dieses Prozesses genau beachten, was sind gegnerische Absichten und diese von den politischen Naivitäten der Kirche sorgfältig trennen.

Aus der mißbräuchlichen Verwendung des Aufnähers „Schwerter zu Pflugscharen" sollte das Abzeichen einer neuen illegalen Organisation in der DDR entstehen. Viele Gruppen dieser im Aufbau sich befindenden illegalen Organisation gab und gibt es in der DDR. Es ist der Prozeß im Gange, diese Gruppen zu vereinen. Alle nutzen die Kirche, um ihre antisozialistische Zielstellung nach Möglichkeit durchzusetzen. Vor allem sind es Kräfte, die von außerhalb der Kirche kommen und die kirchliche Bewegung als Plattform nutzen. Hervorzuheben ist die perfekte Organisation dieser Bewegung.

Diese Kräfte gehen nach dem Motto vor: „Wenn schon keine Solidarnosc[143] in der DDR, dann die Bewegung Schwerter zu Pflugscharen". Organisatoren dieser illegalen antisozialistischen Bewegung:
– *Eppelmann, Meinel, Wonneberger, Ziesche, Rochau*[144].
Diesen Kräften geht es darum, mit einer unabhängigen Friedensbewegung den Grundstein für eine antisozialistische Bewegung in der DDR zu legen. [19]

Zum Beispiel aber hat [sich] Krusche auf der Synode in Halle dahingehend geäußert, daß die Kirchen der DDR gegen den NATO-Raketenbeschluß, aber auch gegen die Stationierung von SS 20 Raketen sind[145]. Wir haben aber auch zu beachten, daß alle Überreaktionen und jedes

142 Vgl. Dok. 63, Anm. 42.
143 Vgl. Dok. 62, Anm. 36.
144 Zu Wonneberger vgl. bereits Dok. 68, bes. die Hinweise in Anm. 97; mit Ziesche ist vermutlich Hans-Jochen Tschiche gemeint.
145 Hier ist vermutlich der Bericht der KKL gemeint, den Krusche am 24.9.1982 vortrug. Er ist abgedruckt in: epd-Dok. 47 / 82, 1-28, vgl. hier bes. 10 f.

Sektierertum uns schadet. Die meisten Jugendlichen, die Aufnäher getragen haben, sind Mitläufer. Unsere Linie muß sein: Verführte dürfen wir uns nicht zu Feinden machen.
Erwartet wurde, daß nach den staatlichen Maßnahmen z.B. die Zahl der Wehrdienstverweigerungen zunimmt. Das ist nicht eingetreten. Zum Beispiel gibt es augenblicklich in der gesamten DDR 121 Antragsteller auf Bausoldaten des Musterungsjahrganges 1982.
Aufgabe: Wir wollen die feindliche Ideologie mit der Kirche zurückdrängen, nicht gegen sie. Augenblicklich sind die besten Verbündeten für uns bei der Durchsetzung der Kirchenpolitik der Partei die sächsischen Pfarrer.
Beispielsweise Landesbischof Dr. Hempel und Präsident Domsch[146]. Sie handeln sich mit ihrer realistischen Politik viele Feinde in der eigenen Kirche ein, gehen aber weiter konsequent mit. Deshalb müssen wir mit Ehrlichkeit und Klugheit das Verhältnis zu diesen progressiven Kräften hegen und pflegen.
Wie wichtig das ist, zeigen weitere Fakten. [20]
Objektiv ist eine illegale Organisation im Entstehen begriffen. Viele wissen es nicht, sind aber doch dabei, Schützenhilfe für diese illegale Organisation zu leisten. Wir müssen genau differenzieren. Differenzieren wir nicht, schaffen wir die Organisation, die wir nicht wollen. Die Organisatoren dieser illegalen Gruppe haben auch ein Programm bereits festgelegt. Grundlage des Programms sind 10 Thesen über Gewaltlosigkeit, aufgeschrieben von Theodor Ebert[147] (Politologe aus der BRD, hervorgegangen aus der Studentenbewegung 1968 in Paris).
Der Standpunkt unseres Staates gegenüber der Kirche ist klar und deutlich. Wir sind gewillt, mit allen progressiven Kräften der Kirchen der DDR gemeinsam an der Lösung unserer Aufgaben zu wirken. Die Plattform des 6. März 1978 bietet dafür ausreichend Gewähr. Wir haben auch in der Vergangenheit Zeichen gesetzt, um das deutlich und mit Nachdruck zu demonstrieren. (Zum Beispiel Eppelmann saß 48 Stunden in Haft.[148]) Viele in den Kirchen der DDR sind nicht glücklich über die jetzige Bewegung. Viele haben es nicht gewollt. Wir müssen aber oft sagen (und sagen es auch), daß die Kirche die alleinige Schuld dafür trägt, wenn der Staat handeln mußte (Maßnahmen der staatlichen Organe, VP u.a.). [21]
Die Mehrheit der Pfarrer und kirchlichen Würdenträger will raus aus der jetzigen Situation. Sie wollen beim 6.3.78 bleiben, aus staatlicher Räson und aus praktischen Erwägungen.
Aber: Viele, ja die meisten, sind politisch völlig hilflos. Allein kommen sie nicht raus. Deshalb müssen wir überlegen, wie wir ihnen helfen können, wie wir Zeichen setzen. Deshalb wird in nächster Zeit es zentrale Maßnahmen geben, die uns nicht überraschen sollten. Wir werden Kompromisse machen. Wir wissen auch, daß die Kirchenleitungen

---

146 Vgl. auch Dok. 68, Anm. 87.
147 Theodor Ebert ist Professor für Politologie an der Freien Universität in Berlin und gehört zu den bekanntesten Vertetern des Konzeptes der Sozialen Verteidigung im deutschsprachigen Raum. Seine zehn Thesen zur Gewaltlosigkeit sind zusammen mit einem Vortrag, den er am 16 / 17.5.1980 in Frankfurt a.M. über „Soziale Bewegungen in der etablierten Demokratie" gehalten hat, abgedruckt in: Gewaltfreie Aktion 3,4 / 12, 1980 (Heft 45 / 46), 1-8 (Thesen: 1 f.).
148 Vgl. Dok. 65.

Überlegungen anstellen, welchen Beitrag die dazu leisten können. Auch sie werden Zugeständnisse machen.
Gysi: Lassen Sie keine Eskalation zu, sonst könnten wir für die Folgen nicht absehen!
Paul *Verner*[149] (Nov. 1981): Wenn einige Vertreter der Kirche so weiterarbeiten, werden wir überprüfen, ob beispielsweise das Bauprogramm für die Kirche oder die großzügigen kirchlichen Dienstreisen in westliche Staaten noch tragbar sind.
Zur Beratung der Kirchenleitungen der DDR mit dem Staatssekretariat für Kirchenfragen waren die Vertreter der Kirche mit einem Protest an die Regierung der DDR erschienen (gegen die Aufnäher). Dieser Protest sollte offiziell an den Generalsekretär und Vorsitzenden des Staats-[22]rates während dieser Beratung übergeben werden. Wenn es so gekommen wäre, würde das eine sehr, sehr ernste Belastung der Beziehungen heißen.
Der Protest trug eindeutig antisozialistischen Charakter. Er wurde jedoch nicht übergeben. Das spricht für die Beratung zwischen Staatssekretariat und Leitungen der Kirchen der DDR.
Prinzipiell gibt es ein gutes Verhältnis zur katholischen Kirche in der DDR. Die Führung der katholischen Kirche in der DDR ist klug genug, um zu wissen, wenn sie am kürzeren Hebel sitzen, dann werden sie keine politischen Aktivitäten entfalten (Klugheit aus 2000 Jahre Geschichte).
Deshalb beteiligt sich die katholische Kirche überhaupt nicht an der Aufnäher-Diskussion und zur Pazifismus-Diskussion.
Der katholische Christ beispielsweise war zu allen Zeiten ein guter Soldat, auch jetzt in der NVA. Nur wenige sind als Bausoldat tätig.
Grundidee der katholischen Kirche: Abwarten, wir überdauern auch den Kommunismus, wir müssen nur zusammenhalten. Wir haben schon ganz andere überlebt (siehe Erfahrungen der Geschichte). In der DDR gibt es etwa 2 Millionen Katholiken. Diese Haltung der katholischen Kirche erspart uns einen „Zwei-Fronten-Krieg".
Es gibt auch keinerlei Probleme der katholischen Kirche der DDR zur Polenproblematik. Die katholische Kirche der DDR vertritt prinzipiell nicht [23] den Standpunkt der katholischen Kirche Polens[150]. (Das gilt übrigens auch für die evangelischen Kirchen der DDR). Die katholische Kirche Polens ist völlig zurückgeblieben. Reaktionär in ihrem Inhalt und aggressiv nach außen. Sie vertritt eine Politik, die zur Zeit vor dem Konzil[151] Linie des Vatikans war.

---

149 Verner war damals Sekretär des ZK der SED und als solcher zuständig für Sicherheitsfragen.
150 Die katholische Kirche hatte sich spätestens in den achtziger Jahren in Polen zu einer der entscheidenden politischen Kräfte entwickelt. Sie spielte als Vermittlerin zwischen der Gewerkschaftsbewegung „Solidarität" und der Regierung eine wichtige Rolle. Vgl. dazu die bereits erwähnte Untersuchung von *Micewski*.
151 Gemeint ist das Zweite Vatikanische Konzil, 1962-1965.

Dok. 72
Arbeitshilfe zur Bekämpfung des politischen Untergrundes

Arbeitshilfe: Erfahrungen und Aufgaben der politisch-ideologischen Befähigung und Mobilisierung der Genossen zur Bekämpfung des politischen Untergrundes. Der Rückgabetermin an die Poststelle der SED-Kreisleitung ist der 30.6.1983. VVS o044 MfS-Nr. 1072 / 82[152].

Die Problemdiskussion behandelte eine Kernfrage der Klassenauseinandersetzung zwischen Sozialismus und Imperialismus, die Frage der Macht. Die Versuche des Feindes zur Organisierung eines politischen Untergrundes, einer „inneren Opposition" in den sozialistischen Staaten, sind ein wesentlicher Teil des „Kreuzzuges" des Imperialismus gegen die sozialistische Gemeinschaft, seiner ideologischen Diversion und seines „psychologischen Krieges". Sie sind auf die Unterminierung der politischen und wirtschaftlichen Stabilität, im Endziel auf die Beseitigung der sozialistischen Gesellschaftsordnung gerichtet. Der Feind organisiert dazu weltweite und gezielte Kampagnen, um Einfluß auf größere Teile der Bevölkerung in den sozialistischen Staaten zu nehmen und die eigenen inneren Schwierigkeiten zu kaschieren. In den 70er Jahren dienten dazu vor allem die sogenannten Menschenrechtsfragen. Gegenwärtig sind das – besonders gegenüber der DDR – Versuche, die „polnischen Erfahrungen"[153] zu übertragen sowie eine „staatlich unabhängige", eine oppositionelle Friedensbewegung, insbesondere unter Einbeziehung und Mißbrauch der Kirche, zu organisieren.

Die Genossen müssen erkennen und sich darauf einstellen, daß der Imperialismus ständig neue Kampagnen gegen den realen Sozialismus organisieren und dazu alle sich bietenden Möglichkeiten ausnutzen wird. Gegenwärtig versucht der Feind, mittels der Probleme des Umweltschutzes auch in der DDR eine oppositionelle „grüne" Bewegung ins Leben zu rufen[154]. Zu beachten ist, daß der Feind bemüht ist, diese oppositionellen Bewegungen von der Sache her und auch personell zu internationalisieren.

Im Zusammenhang mit dem von den Verfechtern des Konfrontationskurses auch gegen die DDR verstärkt organisierten Wirtschaftskrieg versucht der Feind zunehmend, die sich daraus wie auch aus der Wirtschaftskrise im Kapitalismus und notwendigen Umstellungen in der Volkswirtschaft der DDR ergebenden ökonomischen Belastungen und

---

152 Die Arbeitshilfe wurde 1982 von der Kreisparteiorganisation des MfS herausgegeben. Bei dieser Kreisparteiorganisation handelte es sich um die Parteiorganisation der SED-Angehörigen im MfS. Formal entsprach diese einer Kreisparteiorganisation, doch kann man sagen, „daß die Parteiorganisation der SED im MfS ihrem politischen Stellenwert nach über dem Status einer ‚normalen' Kreisparteiorganisation" rangierte (*Fricke*, Staatssicherheit, 81). „Über die Parteiorganisation der SED im MfS übt[e] das Sekretariat des Zentralkomitees seine Anleitung und Kontrolle zur politsch-ideologischen Disziplinierung der Staatssicherheit aus" (ebd., 82).
153 Hier wird auf die Gründung der Gewerkschaft „Solidarität" angespielt. Vgl. Dok. 62, Anm. 37.
154 Zu ersten Umweltaktivitäten kirchlicher Gruppierungen kam es gegen Ende der siebziger Jahre. 1980 war daraufhin eine staatliche Umweltorganisation gegründet worden. Zum Entstehen der Ökologiebewegung in der DDR vgl. *Wensierski / Büscher*, Beton; *Wensierski*, Von oben.

Erschwernisse zur Schürung von Zweifeln, Unzufriedenheit und oppositionellen Haltungen, insbesondere von Teilen der Arbeiterklasse, der Jugend und der Intelligenz gegenüber der Wirtschafts- und Sozialpolitik unserer Partei, mit dem Ziel der Organisierung von Arbeitsniederlegungen, Protestaktionen und anderen antisozialistischen Handlungen zu nutzen. Er spekuliert darauf, auf diesem Wege evtl. jene konterrevolutionäre Basis, jene oppositionelle Bewegung in der DDR ins Leben zu rufen, die zu schaffen ihm bei seinen bisherigen Versuchen zur Organisierung einer staatlich unabhängigen Friedensbewegung dank dem offensiven, konsequenten, aber auch differenzierten Vorgehen der Partei- und Staatsführung der DDR, der staatlichen und gesellschaftlichen Organe und nicht zuletzt des [2] MfS nicht gelungen ist.

Der Feind versucht dabei, insbesondere Versorgungsprobleme auszunutzen. Wir müssen aber darauf eingestellt sein, daß er auch jegliche andere Entwicklungsprobleme, zeitweilige Schwierigkeiten, subjektive Fehler und Schwächen für seine feindlichen Absichten und Aktivitäten nutzen wird. Deshalb kommt es darauf an, immer rechtzeitig auf neue Tendenzen im feindlichen Vorgehen zu achten, rechtzeitig zu analysieren, wo ideologische und psychologische Rückwirkungen bestimmter Probleme zu erwarten sind und bereits ersten Anzeichen offensiv entgegenzuwirken. Wir dürfen uns vom Feind weder von außen noch im Inneren der DDR überraschen lassen.

Der Feind stützt sich bei seinen Versuchen zur Organisierung eines politischen Untergrundes besonders auf feindlich-negative und oppositionelle Kräfte in der DDR. Er unternimmt große Anstrengungen, diese Kräfte ausfindig zu machen, sie zu aktivieren und zusammenzuführen und eine geeignete organisatorische Basis für sie zu finden bzw. zu schaffen. Gleichzeitig ist er bemüht, einen möglichst großen Kreis Unzufriedener und politisch Schwankender um diese feindlichen Kräfte zu scharen. Er nutzt und fördert dazu mit allen Mitteln politische Unwissenheit, noch vorhandene kleinbürgerliche Lebensauffassungen und Lebensweisen wie auch zeitweilige Mißstimmungen und Unzufriedenheiten und mißbraucht zunehmend humanistische und selbst sozialistische sowie Friedenslosungen und -begriffe zur Beeinflussung und Manipulierung dieser Personen gegen die Politik von Partei und Regierung.

Als organisatorische Basis wie auch zur Verstärkung seines ideologischen Einflusses versucht der Feind verstärkt, die Kirchen und Religionsgemeinschaften in den sozialistischen Staaten zu nutzen, wobei er sich in bestimmtem Maße auf die in den kirchlichen Organisationen in gewisser Anzahl vorhandenen reaktionären Kirchenführer und -funktionäre stützen kann.

Gegenwärtig zu beachten sind vor allem Versuche,
– leitende Kirchenvertreter der DDR in „blockübergreifende" Friedensinitiativen zu integrieren, die sich gleichermaßen an die Regierungen der kapitalistischen und der sozialistischen Länder richten,
– das Symbol „Schwerter zu Pflugscharen"[155] und das von Prof. *Voigt* (Halle) zur UNO-Abrüstungstagung geschaffene Symbol (vor der Weltkugel stehender Mann, der ein Gewehr über seinem Kopf zerbricht) international aufzuwerten und dazu zum Beispiel die 1983 in

---

155 Vgl. Dok. 67.

Kanada stattfindene Tagung des Weltkirchenrates[156] zu mißbrauchen
sowie innerhalb der DDR im Rahmen der „Friedensdekade" der evangelischen Kirchen im November dieses Jahres das Festhalten der Kirchen an solchen Symbolen zu demonstrieren[157]; [3]
–   Organisationsstrukturen für kirchliche „Friedenskreise" zu finden,
durch die deren überregionale Koordinierung ermöglicht werden soll;
–   Druck auf die katholische Kirche in der DDR auszuüben, damit
diese ihre bisherige Zurückhaltung in der „Friedensproblematik" auf-
gibt;
–   Materialien mit Orientierungscharakter zu erarbeiten, einzuschleusen und zu verbreiten, darunter zwei in der BRD erschienene Bücher
über die „staatlich unabhängige ‚Friedensbewegung' in der DDR[158];
–   das sogenannte *Havemann*-Erbe in der BRD vor allem aus der
Sicht der Darstellung Havemanns als geistigen Vater der „staatlich unabhängigen Friedensbewegung" in der DDR aufzuarbeiten;
–   nach dem Tod von *Havemann*[159] neue geeignete feindliche Elemente ausfindig zu machen und diese als „DDR-Dissidenten" aufzubauen.
Zur Bekämpfung dieser Angriffe des Feindes werden die Hauptan-
strengungen darauf gerichtet,
–   Zusammenschlüsse feindlich-negativer Elemente im Inneren der
DDR rechtzeitig aufzudecken und zu zerschlagen, bevor sie sich als
Basisgruppen einer inneren Opposition profilieren können;
–   die Herausbildung einer staatlich unabhängigen Friedensbewegung
in der DDR als politische und organisatorische Basis einer inneren
Opposition zu verhindern;
–   die von reaktionären klerikalen Kräften ausgehenden Aktivitäten
der Verbreitung von pazifistischen Auffassungen zur Untergrabung
der Verteidigungsbereitschaft, zur Diskriminierung der Friedenspolitik
der sozialistischen Staaten sowie zur Erweiterung ihres Einflusses unter jugendlichen Personenkreisen zurückzudrängen;
–   Bestrebungen zur Zusammenführung oppositioneller und negativer
Kräfte aus verschiedenen gesellschaftlichen Bereichen (Kultur, Intelligenz, Jugend) unter maßgeblichem Einfluß reaktionärer kirchlicher
Kreise zu vereiteln und damit auch angesichts der massiven ökonomischen Störtätigkeit und ihrer Auswirkungen dazu beizutragen, daß der
Gegner keine Basis für die Unterminierung der inneren Sicherheit der
DDR findet.
Die verantwortlichen Kollektive sind bemüht, diese Aufgaben erfolgreich zu lösen und zugleich eine neue Qualität in der Feindbekämp-
fung zu erreichen. Dem Gegner ist es nicht gelungen, eine sogenannte
staatlich unabhängige Friedensbewegung in der DDR unter Nutzung
kirchlicher „Freiräume" und Einbeziehung operativ bedeutsamer Personen zu formieren.
Der Differenzierungsprozeß unter kirchenleitenden Personen wurde

---

156   Gemeint ist die Vollversammlung des ÖRK 1983 in Vancouver.
157   Der Staat erteilte kurz vor Beginn der Friedensdekade wieder die Genehmigung,
      das Symbol „Schwerter zu Pflugscharen" zu drucken; allerdings verzichtete „der
      Kirchenbund als Gegenleistung auf die Herstellung von Aufnähern" (*Zander*,
      Christen, 280). Vgl. auch Dok. 63, Anm. 42.
158   Gemeint sind *Ehring / Dallwitz*, Schwerter; *Büscher / Wensierski / Wolschner*,
      Friedensbewegung.
159   Havemann starb am 9.4.1982. Zu Havemann vgl. Dok. 55, Anm. 6.

verstärkt. Die konsequente Zurückweisung des politischen Mißbrauchs der kirchlichen Tätigkeiten hinterläßt bei derartigen Personen ihre Wirkung.

Personelle Stützpunkte, Inspiratoren und Organisatoren pazifistischer Aktivitäten konnten in ihrem feindlich-negativen Wirken zurückgedrängt werden.

Der Gegner hatte geglaubt, die sozialistische Staatsmacht werde eine unter der Flagge des Kampfes um den Frieden und Abrüstung auftretende Bewegung hinnehmen müssen. Dabei hat er sich verrechnet. Es wurde eindeutig klargestellt, daß in der DDR *keine* oppositionelle Bewegung geduldet wird, daß alle Versuche, pluralistische Gesellschaftsstrukturen zu entwickeln, im Ansatz vereitelt werden.

Es gelang, den antisozialistischen Kern der vom Gegner inszenierten pazifistischen Aktivitäten bloßzulegen durch die Herausarbeitung
– der objektiven, auf Schwächung der Verteidigungskraft des Sozialismus gerichteten Wirkungen pazifistischer Forderungen,
– des Charakters der Hauptvertreter dieser pazifistischen Forderungen als langjährige Feinde des Sozialismus,
– der Einschätzung der Zusammensetzung ihrer Anhängerschaft aus zum Teil kriminellen und asozialen Elementen, vor allem aber
– der geradezu stabsmäßig geführten Aufwertung und Unterstützung der beteiligten feindlichen Kräfte in der DDR durch feindliche Stellen und Personen aus dem Operationsgebiet,
– der Ziele von reaktionären Kräften, die – wie z. B. Personenkreise des Interkirchlichen Friedensrates der Niederlande – ihre Tätigkeit in der internationalen Friedensbewegung zur Entfaltung antisowjetischer und antisozialistischer Kampagnen zu nutzen versuchen.

In der ideologischen Arbeit ist es notwendig, die Demagogie gegnerischer Argumentationen, die in letzter Zeit immer häufiger gebrauchte gegnerische Methode, Werte und Ideale des Sozialismus in antisozialistische Stoßrichtungen umzufunktionieren, zu entlarven, wie das bereits mit den sogenannten Menschenrechtskampagnen oder dem Mißbrauch der Arbeitersolidarität durch die Konterrevolution in der Volksrepublik Polen geschehen ist. Mit besonderer Wachsamkeit muß auch verfolgt werden, daß operativ bekannte feindliche Kräfte Methoden des antifaschistischen Widerstandskampfes und sogenannte gewaltfreie Aktionen studieren, um sie gegen uns einsetzen zu können.

Daraus ergeben sich neue Anforderungen an die politische Wachsamkeit, an das Einschätzungs- und Differenzierungsvermögen jedes Genossen.

Besonders bedeutsam ist die Schaffung richtiger ideologischer Positionen zur Rolle der Kirche in unserer Gesellschaft.

Die Linie des Grundsatzgespräches des Generalsekretärs unserer Partei mit dem Vorstand des Bundes Evangelischer Kirchen in der DDR vom 6.3.1978 hat dafür besondere Bedeutung und weiterhin volle Gültigkeit. Auf dieser Grundlage ist es möglich, zwischen Feinden, mißbrauchten und irregeleiteten Personen und realistischen / loyalen Kräften in den Religionsgemeinschaften und unter religiös gebundenen Personen zu unterscheiden und neue Wege und Methoden zu finden, den Differenzierungsprozeß in den Kirchen und Religionsgemeinschaften voranzutreiben.

Den reaktionären Kirchenkräften wurde verdeutlicht, daß die überwiegende Mehrheit der Gläubigen einen Kurs der Konfrontation zwischen

Staat und Kirche nicht unterstützt. Neben der Eindeutigkeit und Konsequenz der staatlichen Maßnahmen liegt hierin die Garantie dafür, daß die gegnerischen Pläne zum Mißbrauch der Kirchen und Religionsgemeinschaften nicht aufgehen werden.

Betrachten wir den zurückliegenden Zeitraum, so stellen wir fest, daß in einer in den letzten 20 Jahren beispiellosen Intensität durch äußere feindliche Kräfte versucht wird, Unruheherde in der DDR festzustellen, ideologische Stützpunkte unter DDR-Bürgern zu schaffen und diese um jeden Preis, unter Nutzung aller sich bietenden Möglichkeiten, zu einer politischen Opposition zusammenzuschließen.

Abgeschlossene Vorgänge zeigen, daß Geheimdienste und andere Feindorganisationen DDR-Bürger beauftragen, politische Untergrundgruppen zu bilden.

Immer offenkundiger wird auch, daß die gegen die DDR gerichtete subversive Tätigkeit, insbesondere trotzkistischer Kräfte aus dem Operationsgebiet und solcher ehemaliger DDR-Bürger, die bereits vor ihrer Übersiedlung in die BRD bzw. nach Westberlin versucht hatten, politische Untergrundtätigkeit in der DDR durchzuführen, wie z.B. solche Banditen wie *Fuchs*[160] u.a., geheimdienstlich koordiniert und gesteuert wird.

Das gleiche trifft für das Wirksamwerden der legalen Basen des Gegners – westliche Diplomaten und Journalisten – in der DDR zu.

Solche Erkenntnisse sind von besonderer Wichtigkeit, weil sie zeigen, wo die haupsächlichsten Ausgangspunkte der Organisierung politischer Untergrundtätigkeit in der DDR zu suchen sind und wo demzufolge die vorbeugende Aufklärung und Abwehr verstärkt werden muß.

Es ist nachgewiesen, daß es sich sowohl bei dem *Havemann*-Brief an den Genossen Breschnew[161] vom September 1981 als auch bei dem sogenannten „Berliner Appell"[162] von Havemann und Eppelmann vom Februar dieses Jahres um Dokumente handelt, deren Zustandekommen auf die Inspiration durch äußere Feinde zurückzuführen ist.

Mit diesen Pamphleten sollte ein Gegengewicht zum „Krefelder Appell" in der BRD geschaffen und auf dem Wege von Unterschriftensammlungen im Gebiet der DDR die Erkundung und Zusammenführung oppositioneller Kräfte erfolgen.

Komplizierte politisch-ideologische und parteierzieherische Aufgaben ergeben sich auch aus der Einschätzung der Entwicklung der Friedensbewegung in den kapitalistischen Ländern. Im Ergebnis der Tätigkeit der imperialistischen Geheimdienste und des Einflusses opportunistischer und trotzkistischer Kräfte wachsen die Versuche zur Spaltung, Zersetzung und Umfunktionierung dieser Bewegung.

Es häufen sich Angebote, die in der hinterhältigen Absicht unterbreitet werden, die sozialistischen Staaten unter dem Aspekt des Friedenskampfes zu veranlassen, öffentliche Auftritte umd Demonstrationen gegen ihre eigenen Verteidigungsanstrengungen zuzulassen oder sogenannte blockübergreifende Bündnisse mit oppositionellen Kräften in

---

160 Zu Fuchs vgl. Dok. 55, Anm. 7.
161 In dem offenen Brief an Breschnew forderten Havemann und 27 weitere Erstunterzeichner aus der DDR und über tausend aus Westdeutschland die Neutralisierung Deutschlands und den Abzug fremder Truppen als Auftakt zu weiteren Abrüstungsschritten. Der Aufruf ist abgedruckt in: *Büscher / Wensierski / Wolschner*, Friedensbewegung, 181-184.
162 Vgl. v.a. die Dok. 64 und 65.

den sozialistischen Ländern einzugehen. Oftmals sind es sogar im Westen sehr erfolgreiche und populäre Friedensbewegungen – wie der holländische Interkirchliche Friedensrat – die im feindlichen Sinne wirksam werden.

Es war und ist deshalb notwendig, durch unsere ideologische Arbeit zu klären, welche Probleme sich aus der Breite der westlichen Friedensbewegung ergeben, daß nicht jede Friedensbewegung automatisch auch im Sinne des Sozialismus wirkt und daß gegenwärtig ein harter Kampf um die weitere Orientierung der Friedensbewegung und die Erhaltung ihres im Prinzip gegen die NATO-Hochrüstungspolitik gerichteten Charakters im Gange ist.

Es wird eingeschätzt, daß reaktionäre kirchliche Amtsträger und von diesen beeinflußte Personenkreise, speziell Jugendliche und Studenten, aber auch andere feindlich-negative Kräfte, zum Beispiel unter Kulturschaffenden, die den Schutz der Kirche suchen, gegenwärtig noch eine bedeutsame potentielle Basis bei der Inspirierung, Organisierung und Unterstützung staatsfeindlicher Handlungen darstellen. [7]

Die Kirchen selbst verfügen über beachtliche Möglichkeiten zur Verbreitung der ihnen wesenseigenen bürgerlichen Ideale und können sich auf einen funktionstüchtigen, durchorganisierten Apparat stützen. Äußere Feinde versuchen, unter Mißbrauch der Kirchen Einfluß unter der Arbeiterjugend und in Kreisen der wissenschaftlich-technischen Intelligenz zu gewinnen.

Der politisch-operativen Kontrolle der Tätigkeit der „Jungen Gemeinde", der sogenannten „offenen Jugendarbeit" der evangelischen Kirchen, der kirchlichen Haus- und Akademikerkreise sowie neuer Feindkonzentrationen zum Aufgreifen von Umweltschutzproblemen, von klassenneutralen wissenschaftsethischen Betrachtungen oder der Ablehnung des angeblichen Leistungsdruckes in der sozialistischen Gesellschaft kommt dabei eine wachsende Bedeutung zu.

Die Aufdeckung, vorbeugende Einschränkung und Verhinderung des Wirksamwerdens des Gegners stellt einen wichtigen Beitrag zur Sicherung der komplizierten volkswirtschaftlichen Aufgabenstellungen dar.

Besonders die im November '82 bevorstehende erneute „Friedensdekade" der evangelischen Kirchen in der DDR verdeutlicht wiederum die Kompliziertheit der zu führenden Auseinandersetzungen und die hohen Anforderungen, die an politisches und operatives Denken der zuständigen Genossen gestellt werden.

Mit der politisch-operativen Arbeit muß ein wirksamer Beitrag zur Durchsetzung der Politik der Partei geleistet werden, die darauf gerichtet ist,

– die innerkirchliche Auseinandersetzung um die Ehrlichkeit des kirchlichen Friedensengagements und gegen den politischen Mißbrauch der Kirchen voranzutreiben;

– zu betonen, daß unser Kampf nicht gegen die Aussage „Schwerter zu Pflugscharen" gerichtet ist, die sowohl der christlichen als auch unserer kommunistischen Friedenssehnsucht entspricht, sondern gegen deren der politischen Realität widersprechenden Übertragung auf die Gegenwart;

– reaktionäre Kirchenvertreter daran zu hindern, neue Anlässe für Konfrontationen mit dem sozialistischen Staat zu finden;

– die Verantwortung der Kirchen für die Verhinderung des Mißbrauchs von ihnen ausgelöster Aktivitäten zu unterstreichen;

– zu dokumentieren, daß der sozialistische Staat nach wie vor ein breites Bündnis mit allen Kräften anstrebt, die ehrlich den Frieden wünschen und dafür eintreten, und zwar unabhängig von ihren Motiven und, in Einzelfragen, auch abweichenden Detailvorstellungen. [8] Bei der Einschätzung der kirchlichen Reaktionen ist immer zu beachten, daß die Kirchen ihrem Wesen nach Vertreter der bürgerlichen Ideologie sind und damit ideologische Gegner bleiben, die selbst gegebene Zusagen oft nur inkonsequent und halbherzig erfüllen. Reaktionäre Kräfte in den Kirchen versuchen, vorsichtig zu taktieren, um mit neuen Mitteln und Methoden unter Beibehaltung ihrer Ziele dem sozialistischen Staat Zugeständnisse abzuringen, die sogenannten Freiräume der Kirchen zu erhalten und möglichst auszubauen. Bei der Zurückweisung dieser Versuche ist Eindeutigkeit und Konsequenz ebenso erforderlich wie die Vermeidung von Dogmatismus und sektiererischer Enge.
Bei der Zurückweisung des langfristigen Planes des Feindes zur Unterminierung unserer Gesellschaftsordnung kommt es jetzt darauf an, die eingeleiteten umfangreichen Maßnahmen konsequent fortzuführen und hierbei weiter nach noch höherer Qualität und Effektivität zu streben. Im Mittelpunkt der Anstrengungen stehen dabei solche auf der Kollegiumssitzung vom 1.7.1982[163] besonders hervorgehobene Aufgaben, wie:
– die rechtzeitige und umfassende Aufklärung der Pläne, Absichten und Machenschaften des Gegners und feindlich-negativer Kräfte im Innern und die Verhinderung ihres Wirksamwerdens;
– der Ausbau und die Qualifizierung der inoffiziellen Basis sowie der Mittel und Methoden der Vorgangsarbeit zur Lösung dieser Aufgabe;
– die Einleitung langfristiger, perspektivischer Maßnahmen auf allen Gebieten der tschekistischen Arbeit sowie im engen Zusammenwirken mit der Partei, staatlichen und gesellschaftlichen Kräften;
– die Entlarvung der im Operationsgebiet gegen uns wirkenden feindlichen Kräfte, unabhängig davon, unter welchen demagogischen Losungen oder Tarnungen sie uns entgegentreten;
– die tiefgründigere Aufklärung der vom Gegner genutzten und mißbrauchten Kontakte, vor allem der Rückverbindungen ehemaliger DDR-Bürger und der zunehmenden Kontakte im Bereich der Kirchen;
– die Verhinderung aller Versuche der überregionalen Koordinierung und Zusammenführung oppositioneller Kräfte;
– die weitere systematische Klärung der Frage „Wer ist wer?" unter bedeutsamen Personen im Prozeß der Ausübung der politischen Macht und der bewußtseinsbildenden Bereiche; [9]
– die Unterstützung der offensiven Arbeit der Partei, staatlicher Organe und gesellschaftlicher Organisationen, vor allem durch die Schaffung und Bereitstellung auswertbaren Materials für die Festigung der sozialistischen Staatsmacht und die Durchsetzung der sozialistischen Gesetzlichkeit;
– die weitere Qualifizierung der Zusammenarbeit bzw. des Zusammenwirkens mit den Bezirksverwaltungen und den Kreisdienststellen, mit den anderen Diensteinheiten des MfS, der Partei, staatlichen Institutionen und gesellschaftlichen Organisationen.

---

163 Die bei der Kollegiumssitzung gehaltene Rede Mielkes ist hier abgedruckt als Dok. 70.

Aus der Stellung und der Rolle der Kirchen und Religionsgemeinschaften im Sozialismus sowie aus dem vielfach an der Grenze strafrechtlicher Relevanz liegenden feindlich-negativen Wirken eines Teils ihrer Funktionäre wie der unter ihrem Schutz wirkenden feindlichen Kräfte ergibt sich die Kompliziertheit der Bekämpfung dieser feindlichen Aktivitäten. Es kommt darauf an, durch vielfältige, differenzierte und verschiedenartige Maßnahmen zu verhindern, daß der Feind unter dem Schutz der Kirchen und unter Mißbrauch der diesen gewährten Freiräume die feindlich-negativen Kräfte, den politischen Untergrund zusammenführen und organisieren kann. Hohe Anforderungen sind an die analytische Arbeit zu stellen. Der Erfolg unseres Kampfes, vor allem der vorbeugenden Arbeit, wird immer mehr davon bestimmt, wie es gelingt, vorausschauend zu bestimmen, wo, wie und mit welchen Mitteln der Gegner angreifen wird und eine entsprechende perspektivische Abwehrarbeit zu organisieren.

Durch einen klugen Differenzierungsprozeß müssen die feindlich-negativen Kräfte isoliert, neutralisiert und entlarvt werden. Durch beweiskräftige Dokumentationen muß dabei noch stärker herausgearbeitet und aufgedeckt werden, wo und wie der Feind kirchliche Organisationen und Einrichtungen zu staatsfeindlichen Handlungen mißbraucht. Die vom Feind irregeführten und mißbrauchten Personen müssen durch verstärkte und qualifizierte ideologische Einwirkung überzeugt werden, daß unsere Partei es mit ihrer Politik ehrlich meint.

Das alles erfordert, in der politisch-operativen Arbeit noch gründlicher zu prüfen und herauszuarbeiten, wer die aktiven Feinde sind, die politisch-feindliche Stimmungen schüren, die den politischen Untergrund zu organisieren versuchen und die zu feindlichen Aktionen aufhetzen, und wer ihre Mitläufer sind, die sich nur aus zeitweiligen Stimmungen und Verärgerungen, aus dem Nichtverstehen dieser oder jener Schwierigkeit oder Situation bzw. dieser oder jener politischen oder wirtschaftlichen Maßnahmen oder auf Grund kleinbürgerlicher Denk- und Lebensgewohnheiten vom Feind beeinflussen lassen.

Ein solches Herangehen trifft auf die Versuche des Feindes, die durch die wirtschaftlichen Belastungen entstehenden Probleme auszunutzen, ebenso zu wie auf seine Versuche zum Mißbrauch der Kirchen und des kirchlichen Friedensgedankens. [10]

Alle Diensteinheiten des MfS, alle Genossen haben dabei entsprechend ihren konkreten Möglichkeiten einen noch umfassenderen Beitrag zu leisten.

Die inoffizielle Basis und die anderen operativen Möglichkeiten sind durch eine uneigennützige und noch effektivere Zusammenarbeit zwischen den Kollektiven und Diensteinheiten noch allseitiger und gezielter zu nutzen, das Zusammenwirken mit den zuständigen staatlichen und gesellschaftlichen Organen, insbesondere mit den verantwortlichen Parteikräften im Sicherungsbereich, ist entsprechend zu qualifizieren, und die gesamte Informationstätigkeit sowie die „Wer ist wer?"-Aufklärung ist noch stärker auf das rechtzeitige Erkennen neuer Schwerpunkte und Angriffsrichtungen bei den Versuchen des Feindes zur Organisierung eines politisches Untergrundes sowie zur noch besseren Differenzierung in den Reihen der feindlich-negativen Kräfte auszurichten.

Die Bekämpfung der Versuche des Feindes zur Organisierung eines politischen Untergrundes, die Kompliziertheit des dazu erforderlichen differenzierten Vorgehens erfordert von den unmittelbar an diesem Kampfabschnitt tätigen Tschekisten klare tschekistische Kampfpositionen, ein fundiertes marxistisch-leninistisches und Allgemeinwissen, exakte Kenntnisse über die Strategie und Taktik unserer Partei sowie über die politische und operative Lage an diesem Kampfabschnitt, ein stets aktuelles Feindbild, spezifische Kenntnisse zum konkreten Arbeitsgegenstand und eine hohe politisch-moralische und charakterliche Reife.

Die differenzierte Bekämpfung dieser feindlichen Versuche erfordert eine auf langfristige Wirkungen gerichtete, nicht immer konkret sofort meßbare und deshalb besonders aufopferungsvolle und gewissenhafte tägliche, qualifizierte operative Arbeit, die höchsten persönlichen Einsatz der Genossen an dieser Front des tschekistischen Kampfes verlangt. Immer wieder ist darauf zu achten, daß an diesem Kampfabschnitt keine Routine und keine Oberflächlichkeit zugelassen werden.

Für die Leiter und Parteileitungen in diesen Kampfkollektiven erwächst aus diesen hohen Anforderungen die Verantwortung, durch eine qualifizierte und zielgerichtete tägliche politisch-ideologische und erzieherische Arbeit die Genossen immer wieder aufs neue für diese komplizierten Aufgaben zu befähigen und zu mobilisieren und neue Aufgabenstellungen, neue taktische Varianten im Vorgehen gegen den Feind stets gründlich politisch zu erläutern. Dazu gehört, die Genossen schnell mit den neuesten Erkenntnissen, Erfahrungen und Informationen, die diesen Kampfabschnitt betreffen, vertraut zu machen, bei allen Genossen volle Klarheit über die Parteibeschlüsse und alle Nuancen des Kampfes an dieser Front zu erreichen und die Genossen mit noch überzeugenderen und mobilisierenderen Argumenten für die Arbeit mit den inoffiziellen Kräften auszurüsten. Der schöpferische Meinungsstreit in den Mitglieder- und Gruppenversammlungen, im Parteilehrjahr und in [11] der individuellen Arbeit um die besten Argumente ist dabei eine wesentliche Grundlage.

Für die Dienstkollektive der Linie XX, die federführend z.B. für die Abwehrarbeit gegen die Versuche des Feindes, den politischen Untergrund in der DDR unter Mißbrauch der Kirchen und kirchlicher Einrichtungen zu organisieren, verantwortlich sind, gelten die genannten Anforderungen besonders. Hier ist auch noch stärker zu prüfen, wie z.B. die Möglichkeiten der Hochschule des MfS und anderer Diensteinheiten noch effektiver und wirkungsvoller zur spezifischen Qualifizierung der an solchen Kampfabschnitten tätigen Genossen genutzt werden können. Es ist auch noch mehr zu tun, um den tschekistischen Nachwuchs für diese speziellen Kampfabschnitte unter stärkerer Beachtung der zu stellenden hohen Anforderungen noch langfristiger zu sichern. Dazu hat auch die HA Kader und Schulung einen noch größeren Beitrag zu leisten.

Den Versuchen des Feindes, unter dem Schutz der Kirchen und unter Mißbrauch kirchlicher Einrichtungen sowie unter Ausnutzung der ökonomischen Belastungen oppositionelle Kräfte und Bewegungen in der DDR zu aktivieren und zu organisieren, ist in der gesamten politisch-ideologischen und erzieherischen Arbeit noch stärker Rechnung zu tragen.

Das exakte marxistisch-leninistische Wissen, die Grundüberzeugungen zu solchen wichtigen Fragen wie der Frage der Macht, zur marxistisch-leninistischen Revolutionstheorie usw. sind weiter zu festigen und zu vertiefen. Die Ausprägung solcher Haltungen, die die Genossen dazu befähigen und mobilisieren, noch offensiver feindlich-ideologischen Angriffen entgegenzutreten, ist zu verstärken. Die offene parteiliche Aussprache in den Parteikollektiven zu den Problemen, die die Genossen in diesem Zusammenhang bewegen, das Vertrauensverhältnis der Genossen zu den Leitern und Parteifunktionären ist dazu eine wichtige Voraussetzung.

Indem wir alle Genossen noch besser befähigen, rechtzeitig, d.h. bereits erste Ansätze von Angriffen und Versuchen des Feindes zur Inspirierung und Organisierung eines politischen Untergrundes, zur Schürung von Unzufriedenheit und feindlich-negative Handlungen, von neuen Nuancen im Vorgehen des Feindes zu erkennen, schaffen wir eine wichtige Voraussetzung, um die Aufgabenstellung des Genossen Minister zur vorbeugenden Verhinderung und Bekämpfung politischer Untergrundtätigkeit und zur zuverlässigen Gewährleistung der inneren Stabilität der DDR noch qualifizierter zu erfüllen.

Dazu gehört z.B. auch, den Genossen die Rolle und Stellung der Kirchen im Sozialismus, die Haltung unseres Staates und der Staatsorgane gegenüber den Kirchen, die den Kirchen im sozialistischen Staat gewährten Rechte und auferlegten Pflichten, die Einflußmöglichkeiten der Kirchen und die sich daraus ergebenden Gefahren, Wesen und Rolle des Pazi- [12] fismus, die Versuche der reaktionären Kirchenkreise zur Nutzung von Freiräumen, zur Verletzung und Überschreitung der ihnen gewährten Rechte sowie der Möglichkeiten, dagegen wirksam vorzugehen, noch gründlicher zu erläutern, die Genossen zu befähigen, dem Mißbrauch von Friedenssymbolen durch den Feind noch offensiver entgegenzutreten.

Das trägt gleichzeitig auch dazu bei, besonders die jungen, im ideologischen Kampf auf diesem Gebiet noch wenig erfahrenen Genossen gegen feindliche Angriffe dieser Art zu wappnen, womit die innere Sicherheit unseres Organs weiter erhöht wird, und befähigt die Genossen, auch in der ideologischen Arbeit mit den inoffiziellen Mitarbeitern, in der massenpolitischen Arbeit und bei ihren persönlichen Kontakten im Familien- und Umgangskreis noch besser als Kommunisten gegen solche Einflüsse der bürgerlichen Ideologie wirksam zu werden.

F.d.R.
[gez.] Österreich

Dok. 73
Aus einer Planvorgabe der BV Leipzig

Leipzig, 8.12.1982

Auszug aus der Planvorgabe des Leiters der BV Leipzig, Hummitzsch, für das Jahr 1983. GVS o006 BVfS Lpz 334 / 82.

Bei der weiteren *Organisierung und Durchführung der pol.-op. Abwehrarbeit unter Kirchenkreisen* besteht in Ergänzung der LPV die Aufgabe, die Bestrebungen reaktionärer kirchlicher Kräfte in der DDR, unter Nutzung der Freiräume der Kirche, eine sogenannte vom Staat unabhängige pazifistische Friedensbewegung zu organisieren und damit eine innere Opposition zu schaffen, durch den konzentrierten Einsatz inoffizieller und geeigeneter offizieller Kräfte aufzuklären und zu unterbinden.

Inspiratoren und Organisatoren derartiger Aktivitäten sind zielgerichtet aufzuspüren und unter operative Kontrolle zu nehmen. Auf der Grundlage des Mininsterbefehls vom 17.3.1982 (GVS 4 / 82)[164] sind unter Federführung der Abt. XX die erforderlichen rechtlichen und offensiven Maßnahmen einzuleiten.

Einen op. Schwerpunkt bilden 1983 die Veranstaltungen zum Lutherjubiläum[165] sowie zum zentralen Kirchentag im Monat Juli in Dresden[166].

Durch den Leiter der Abt. XX ist zu sichern, daß im I. Quartal *1983* der Maßnahmeplan zur Bearbeitung der reaktionären Kräfte der Landeskirche Sachsen und zur Zurückdrängung ihres Einflusses überarbeitet und die Bearbeitungskonzeption zur Verhinderung und Bekämpfung feindlich-negativer Aktivitäten im Bereich der kirchlichen „Friedensdienstarbeit", der kirchlichen Jugendarbeit sowie an den theologischen Ausbildungsstätten neu erarbeitet wird.

Die Hauptzielsetzungen sind dabei vor allem:

– Erhöhung des pol.-op. Einflusses auf kirchenleitende Kader und andere kirchlich gebundene, aktiv tätige Personen;

– Forcierung des Differenzierungsprozesses durch noch wirksameren IM / GMS-Einsatz;

– Verhinderung des Mißbrauchs legaler kirchlicher Tätigkeit für antisozialistische Aktivitäten;

– Zurückdrängung reaktionärer kirchlicher Aktivitäten im Rahmen kirchlicher Jugendarbeit;

– Zurückdrängung des Einflusses politisch-klerikaler Kräfte aus der BRD.

---

164 Das Schreiben Mielkes ist hier abgedruckt als Dok. 67.
165 Vgl. Dok. 75 und v.a. Dok. 77.
166 Der Dresdener Kirchentag, der vom 7. bis 10.7.1983 unter dem Motto „Vertrauen wagen – damit wir leben können" stattfand, war der größte der 1983 in der DDR stattfindenden regionalen Kirchentage. Vgl. die Meldung in: KiS 4 / 9, 1983, 72.

Dok. 74
Aus einer an der Juristischen Hochschule in Potsdam[167] angefertigten Diplomarbeit.

Verfasser: Major Jonak, BV Halle, Abt. XX, Mitarbeiter der Forschungsgruppe „Mißbrauch der Kirchen für politische Untergrundtätigkeit". Titel: Die Kenntnis der Evangelischen Kirche der Kirchenprovinz Sachsen – Voraussetzung für eine wirksame politisch-operative Arbeit, Potsdam, Januar 1983. VVS – o001 MfS JHS – Nr.: 230 / 83 Auszug.

Ausgehend von diesen erkannten Hauptangriffsrichtungen feindlich-negativer klerikaler Kräfte ist einzuschätzen, daß sich die Evangelische Kirche der Kirchenprovinz Sachsen dabei als Hauptschwerpunkt abzeichnet, da innerhalb dieser Landeskirche die herausgearbeiteten Angriffe verstärkt wirken, eine Reihe feindlich-negativer Kräfte erkannt wurden und politisch-operativ bearbeitet werden.
Die Evangelische Kirche der Kirchenprovinz Sachsen unter der Führung von Bischof Krusche[168] hat sich in ihrer kirchenpolitischen Ausrichtung zu einer der negativsten evangelischen Kirchen innerhalb des Bundes der Evangelischen Kirchen in der DDR entwickelt. Diese Entwicklung resultiert u.a. aus einer Sammlung und Stärkung der feindlich-negativen Kräfte um Bischof Krusche und seiner Kirchenleitung. Begünstigend für das Wirksamwerden dieser bekannten feindlich-negativen Kräfte wirkt sich dabei aus, daß Bischof Krusche selbst als Feind unserer sozialistischen Staats- und Gesellschaftsordnung zu betrachten ist. Mit seiner Wahl zum Vorsitzenden der Konferenz der Evangelischen Kirchenleitungen[169] in der DDR änderte sich an dieser Position Krusches nichts. Es muß vielmehr eingeschätzt werden, daß diese Wahl ein Ausdruck seiner Position ist und darin m.E. auch eine gewisse Erwartungshaltung feindlich-negativ klerikaler Kräfte erfüllt wurde. Als deutlichen Ausdruck dessen ist der Verlauf und Inhalt der Synode vom 04.-08.11.1981 in Halle zu werten, wo feindlich-negative Kräfte offen den Versuch unternommen haben, den kirchlichen Einfluß tiefer in Bereiche des gesellschaftlichen Lebens auszuweiten[170].

---

167 Die Juristische Hochschule Potsdam (JHS) war eine MfS-eigene Hochschule und unterstand der Hauptabteilung Kader und Schulung. An der Hochschule, deren Existenz möglichst geheimgehalten wurde, durften nur Mitglieder des MfS studieren, die „mindestens eine dreijährige operative Arbeit in den Organen des MfS geleistet haben" (*Fricke*, Staatssicherheit, 196). Am Ende eines solchen Studiums stand die Abfassung einer Diplomarbeit. Vgl. neben *Fricke*, Staatssicherheit, 195-197 auch *Gill / Schröter*, 66 f.
168 Werner Krusche wurde im März 1968 als Nachfolger von Johannes Jänicke Bischof der Kirchenprovinz Sachsen. Er wurde 1983 von Christoph Demke abgelöst.
169 Krusche war von 1981 bis Ende 1982 Vorsitzender der Konferenz der Evangelischen Kirchenleitungen.
170 Die Herbstsynode der provinzsächsischen Landeskirche hatte sich ausführlich mit der Friedensthematik befaßt und nicht nur einen verständnisvollen Brief an die SoFD-Initiative verabschiedet, sondern auch die einseitige Abrüstung der SS 20 gefordert. Vgl. dazu *Büscher / Wensierski / Wolschner*, Friedensbewegung, 196-210.

Dok. 75
Mittigs Rundschreiben Nr. 12 / 83

Berlin, 19.1.1983

Rundschreiben mit eigenhändiger Unterschrift. Absender: Ministerrat der Deutschen
Demokratischen Republik, Ministerium für Staatssicherheit, Stellvertreter des Ministers.
Anschrift: Diensteinheiten, Leiter. Einleitung von Maßnahmen zur politisch-operativen
Sicherung der Veranstaltungen zur Martin-Luther-Ehrung 1983 in der DDR. Rücksen-
determin: 26.1.1984, BdL / Dokumentenverwaltung. VVS o008 MfS-Nr. 12 / 83. Ohne
Anlage.

Anläßlich des 500. Geburtstages Martin Luthers am 10. November
1983 finden in der DDR im Rahmen der Martin-Luther-Ehrung der
DDR vielfältige politische, wissenschaftliche, kulturelle und religiöse
Veranstaltungen statt.[171]
Zur einheitlichen und zentralen Leitung der Vorbereitung und Durchführung der Martin-Luther-Ehrung der DDR 1983 wurde am
13.6.1980 das Martin-Luther-Komitee der DDR unter Vorsitz des Generalsekretärs des ZK der SED und Vorsitzenden des Staatsrates der
DDR, Genossen Erich Honecker, gebildet[172].
Die kirchlichen Veranstaltungen im Rahmen der Martin-Luther-Ehrung werden eigenverantwortlich vom Luther-Komitee der evangelischen Kirchen in der DDR unter Vorsitz des Landesbischofs der evangelisch-lutherischen Kirche in Thüringen, Werner Leich, vorbereitet.
Zur Vorbereitung an den Veranstaltungen werden zahlreiche ausländische Besucher, darunter führende Persönlichkeiten des öffentlichen Lebens, kirchenleitende Persönlichkeiten, Journalisten und, nach bisher
vorliegenden Angaben, über 1 200 Reisegruppen mit ca. 60 000 Touristen, insbesondere aus der BRD, den USA, den skandinavischen Staaten und Kanada, erwartet, deren Anmeldungen sich ständig erhöhen.
Außerdem ist mit einer Verstärkung individueller Einreisen auf der Basis bestehender kirchlicher Kontakte und im Rahmen sogenannter
kirchlicher Partnerschaftsbeziehungen zu rechnen.
Zur rechtzeitigen Vorbereitung und Garantierung einer hohen Wirksamkeit der politisch-operativen Sicherung der Veranstaltungen und
weiterer staatlicher und kirchlicher Aktivitäten zur Martin-Luther-Ehrung sind, ausgehend von den im Beschluß des Sekretariats des ZK der
SED vom 9.12.1981 getroffenen Festlegungen und weiterführender
Maßnahmen des Ministerrates der DDR sowie des Martin-Luther-Komitees der DDR[173], auf der Grundlage der geltenden dienstlichen Bestimmungen und Weisungen sowie des Materials „Politisch-operative
Sicherung von Veranstaltungen" vom 12.5.1979, VVS MfS o008-28 /
79[174], nachstehende Maßnahmen einzuleiten und durchzusetzen:
1. Die Leiter aller operativen Diensteinheiten haben entsprechend ihrer
Verantwortung insbesondere zu gewährleisten:
– die ständige aktuelle Einschätzung der politisch-operativen Lage im

171 Vgl. dazu den Rückblick von *Zeddies.*
172 Vgl. dazu den Bericht unter dem Titel „Martin Luther und unsere Zeit".
173 Vgl. dazu auch den Bericht „Martin-Luther-Ehrung 1983".
174 Bei der VVS 28 / 79 handelte es sich um eine formale Dienstanweisung, die die
     Verantwortlichkeiten und Zuständigkeiten der einzelnen Diensteinheiten bei Ver-
     anstaltungen regelte.

Verantwortungsbereich, insbesondere unter kirchenleitenden Persönlichkeiten und Anhängern der Kirchen und Religionsgemeinschaften;
– die konsequente Durchsetzung der im Schreiben des Genossen Ministers vom 17.3.1982, GVS MfS o008-4 / 82[175], angewiesenen Maßnahmen zur Verhinderung des öffentlichen Wirksamwerdens der genannten Personenkreise im engen Zusammenwirken mit den Kräften der DVP;
– den zielgerichteten und differenzierten Einsatz von IM / GMS zur Aufklärung der Pläne, Absichten, Maßnahmen sowie Mittel und Methoden imperialistischer Geheimdienste, feindlicher Zentren, Organisationen und Gruppen, insbesondere politisch-klerikaler Kräfte, die sich gegen die vorgesehenen Veranstaltungen richten bzw. den Mißbrauch der Martin-Luther-Ehrung für feindlich-negative Aktivitäten anstreben;
– die politisch-operative Sicherung der Veranstaltungen zur Martin-Luther-Ehrung, vor allem der kirchlichen Veranstaltungen, und Verhinderung von Versuchen, die kirchlichen Martin-Luther-Ehrungen in der DDR als sogenannte „gesamtdeutsche Veranstaltungen" durchzuführen bzw. zu propagieren;
– die Einleitung und Durchsetzung differenzierter Maßnahmen zur politisch-operativen Sicherung operativ bedeutsamer Personen aus dem nichtsozialistischen Ausland, vor allem kirchenleitender Persönlichkeiten und Journalisten, die zu den Veranstaltungen der Luther-Ehrung 1983 in die DDR einreisen; Schwerpunkt bildet dabei die politisch-operative Sicherung der zu erwartenden großen Anzahl von Touristengruppen, insbesondere aus der BRD und den USA, deren Reiseziele sich überwiegend auf die Bezirke Erfurt, Halle, Leipzig und Magdeburg sowie auf die Hauptstadt Berlin konzentrieren[176];
– die vorbeugende Verhinderung und konzentrierte politisch-operative Bearbeitung von Delikten der staatsfeindlichen schriftlichen und mündlichen Hetze, vor allem öffentlichkeitswirksame feindliche Aktivitäten, wie Flugblattverteilungen oder Anbringen bzw. Zeigen feindlicher Losungen, [3] Terror- und anderen operativ bedeutsamen Gewaltakten, provokatorischen und anderen feindlich-negativen Handlungen, Hinweisen zur Nichteinhaltung der Veranstaltungsordnung[177], des Druckes und der Vervielfältigung sowie der Verbreitung staatlich nicht genehmigter Druckerzeugnisse, Aufnäher, Abzeichen usw.[178];
– den umfassenden, zuverlässigen Schutz der führenden Repräsentanten der DDR und den der als Gäste zu erwartenden führenden ausländischen Repräsentanten anläßlich ihrer Teilnahme an Veranstaltungen;
– die Organisierung des umfassenden, politisch-operativen Zusammenwirkens mit der DVP sowie den staatlichen und gesellschaftlichen Institutionen, insbesondere den Räten der Bezirke und Kreise, die eine enge Verbindung zu den Kirchenleitungen haben und Mitverantwortung für die Einhaltung der Ordnung und Sicherheit und den störungsfreien Verlauf geplanter Veranstaltungen sowie die Einhaltung ge-

---

175 Hier abgedruckt als Dok. 67.
176 Vgl. den Bericht in: epd-Dok. 52a / 83 über die „Veranstaltungen der Luther-Komitees Anfang November '83 in Berlin (Ost), in Eisleben und Leipzig".
177 Vgl. Dok. 67, Anm. 63.
178 Vgl. Dok. 67, Anm. 75.

setzlicher Bestimmungen tragen; dabei sind die Gesamtinteressen des
MfS ständig durchzusetzen;
– die Einleitung von politisch-operativen Maßnahmen zur Sicherstellung des reibungslosen Transportes von Touristengruppen und Kirchenanhängern in der DDR;
– die Verhinderung feindlich-negativer Aktivitäten von Korrespondenten und bevorrechteten Personen aus nichtsozialistischen Staaten
und Westberlin.
2. Der Leiter der Hauptabteilung XX ist insbesondere verantwortlich
für die:
– Aufrechterhaltung der Verbindung zum Martin-Luther-Komitee
der DDR zur Wahrnehmung und Durchsetzung der politisch-operativen Interessen des MfS; unter Nutzung der Arbeitskontakte des Orga-
nisationsbüros des Martin-Luther-Komitees der DDR und der Dienststelle des Staatssekretärs für Kirchenfragen zum Luther-Komitee der
evangelischen Kirchen ist auf die Vorbereitung und Durchführung der
kirchlichen Veranstaltungen zur Durchsetzung der Staatspolitik in Kirchenfragen sowie zur strikten Einhaltung von Ordnung und Sicherheit
Einfluß zu nehmen;
– Erarbeitung bedeutsamer Informationen über interne Pläne, Absichten und Maßnahmen leitender Kirchengremien der DDR, die im
Zusammenhang mit der Vorbereitung und Durchführung der Martin-
Luther-Ehrung stehen, mit dem Ziel, feindlich-negative Handlungen,
Vorkommnisse und andere Störungen im Zusammenhang mit den Veranstaltungen zu verhindern; [4]
– politisch-operative Zusammenarbeit und Koordinierung der erforderlichen Maßnahmen mit den Leitern der verantwortlichen Diensteinheiten des MfS Berlin sowie der Bezirksverwaltungen;
– kontinuierliche Anleitung und Unterstützung der Leiter der Abteilungen XX der Bezirksverwaltungen, in deren Verantwortungsbereichen Großveranstaltungen zur Martin-Luther-Ehrung stattfinden, insbesondere bei der Erarbeitung der Maßnahmepläne; dazu hat er eine
operative Einsatzgruppe zu bilden;
– Informierung der zuständigen Diensteinheiten und Abstimmung
differenzierter politisch-operativer Maßnahmen zur Sicherung operativ
bedeutsamer Personen, vor allem kirchenleitender Persönlichkeiten, die
zu den Veranstaltungen in die DDR einreisen.
Zur Gewährleistung der langfristigen Vorbereitung aller politisch-operativen Maßnahmen ist vom Leiter der Hauptabteilung XX ein zentraler Maßnahmeplan zu erarbeiten.
3. Der Leiter der Hauptabteilung VI ist verantwortlich für die:
– Gewährleistung einer ordnungsgemäßen Grenzpassage der anläßlich der Martin-Luther-Ehrung einreisenden Persönlichkeiten, Touristen und -gruppen und Einleitung von erforderlichen politisch-operativen Maßnahmen gemäß der 2. Durchführungsbestimmung zur Dienstanweisung 3 / 75 vom 16.2.1981, VVS MfS o0008-9 / 81, in enger Zusammenarbeit mit den anderen zuständigen operativen Diensteinheiten;
– Gewährleistung einer ständigen Auskunftsbereitschaft zu den aus
Anlaß der Martin-Luther-Ehrung 1983 in der DDR aufhältigen ausländischen Personen.
4. Zur politisch-operativen Sicherung der Vorbereitung und Durchführung der
Martin-Luther-Ehrung haben die Leiter der Bezirksverwaltungen, in

deren Verantwortungsbereich kirchliche Großveranstaltungen sowie andere bedeutsame Veranstaltungen stattfinden (siehe Anlage[179]), operative Einsatzgruppen zu bilden und Maßnahmepläne zu erarbeiten.
5. Alle in der Aufklärungs- und Abwehrarbeit bekanntgewordenen Informationen zu Handlungen, Vorkommnissen und Erscheinungen sowie zu Personen und Einrichtungen, die in Vorbereitung und Durchführung der Martin-Luther-Ehrung der DDR 1983 zur Bestimmung und wirksamen Durchsetzung konkreter politisch-operativer Sicherungsmaßnahmen beitragen, sind an den Leiter der Hauptabteilung XX zu übermitteln. [5]
Gleichzeitig ist über alle operativ bedeutsamen Handlungen, Vorkommnisse und Erscheinungen, die im Zusammenhang mit der Vorbereitung und Durchführung der Martin-Luther-Ehrung der DDR 1983 stehen, der Leiter des Zentralen Operativstabes in Form von Sofort- und Ergänzungsmeldungen zu informieren.
Unabhängig davon sind alle besonders bedeutsamen Handlungen, Vorkommnisse und Erscheinungen mir sofort zu melden.
[gez.] Mittig
Generalleutnant
Anlage

Dok. 76
Aus einer an der Juristischen Hochschule in Potsdam angefertigten Diplomarbeit

Verfasser: Major Artur Hermann, BV Gera, Abt. XX, Mitarbeiter der Forschungsgruppe „Mißbrauch der Kirchen für politische Untergrundtätigkeit". Titel: Die Kenntnis der Evangelisch-Lutherischen Kirche in Thüringen, Voraussetzung für eine wirksame politisch-operative Arbeit, Potsdam Februar 1983 (181 S. und 123 S. Material). VVS o001 MfS JHS-Nr.: 236 / 83. Auszug.

8. Der Stand des Differenzierungsprozesses in der ELKT und bedeutsame Erscheinungsformen feindlicher Aktivitäten
Ausgangspunkt der Einschätzung bilden die Erkenntnisse über die bekenntnismäßigen Grundlagen und die bisherige geschichtliche Entwicklung der Thüringer Landeskirche. Sie hat grundsätzlich ein positives Verhältnis zur staatlichen Obrigkeit. Diese Anerkennung des Staates DDR, wie sie vom früheren Bischof *Mitzenheim*[180] engagiert erfolgte, wurde als „Thüringer Weg" von den Amtsnachfolgern *Braecklein*[181] und *Leich*[182] weitergeführt. Diese im wesentlichen staatsbeja-

---

179 In der Anlage werden die Höhepunkte der staatlichen Luther-Ehrung im Jahr 1983 aufgelistet.
180 Zu Mitzenheim vgl. schon die Dok. 42-44. Zum kirchenpolitischen Kurs Mitzenheims, der sich um ein einvernehmliches Verhältnis von Kirche und Staat in der DDR bemühte, vgl. die vorsichtige Bewertung von *Henkys*, Kirche-Staat-Gesellschaft, 32 f. Vgl. ferner den wohlwollenden biographischen Abriß von *Lotz* sowie *Mitzenheims* Buch über „Politische Diakonie".
181 Ingo Braecklein war Thüringischer Landesbischof von April 1970 bis April 1978. Zu seiner Wahl 1970 vgl. auch Einleitung, 27 und zu Braecklein selbst Dok. 51 sowie die dazugehörige Anm. 53.
182 Werner Leich war von Mai 1978 bis März 1992 Bischof der thüringischen Landeskirche.

hende und loyale Position wird von einem großen Teil der Leitungskader der „mittleren Ebene", den Kreiskirchenräten und Superintendenten vertreten.
Die gegenwärtige politisch-operative Lage im Bereich der Evangelisch-
Lutherischen Kirche in Thüringen ist dadurch gekennzeichnet, daß
durch die Mehrheit der kirchlichen Amtsträger und Mitarbeiter ein
sachliches Verhältnis zum Staat angestrebt wird.
Diese Haltung wird durch sich ständig verbessernde konstruktive
Staat-Kirche-Beziehungen sowie durch Kontinuität und Stabilität auf
kirchenpolitischem Gebiet innerhalb der Bezirke Erfurt – Gera – Suhl
sowie gegenüber der Regierung der DDR charakterisiert. Das zeigt
sich insbesondere durch solche Einstellungen und Haltungen der überwiegenden Mehrheit kirchlicher Amtsträger der Evangelisch-Lutherischen Kirche in Thüringen, wie:
– in einer durchgängigen staatsbejahenden Haltung, die u.a. auch in
einer hohen Wahlbeteiligung zum Ausdruck kommt;
– in der Respektierung und Anerkennung der Trennung von Kirche
und Staat;
– in der Respektierung der in der sozialistischen Gesellschaft geltenden Gesetze und grundlegenden gesellschaftlichen Normen;
– in der Bereitschaft für die Mitwirkung zur Sicherung des Friedens
und der weiteren Gestaltung unserer entwickelten [172] sozialistischen
Gesellschaft in der DDR.
Dabei ist in den letzten Jahren unter den *Superintendenten* eine stärkere Kräftepolarisierung erkennbar. Reaktionäre klerikale Vertreter, wie
beispielsweise Küfner / Scheibe-Alsbach, von Thaler / Eisenberg, Tit-
telbach-Helmrich / Arnstadt treten zunehmend provokatorisch in Erscheinung. Superintendent Große / Saalfeld ist schon seit längerer Zeit
Wortführer oppositioneller Kräfte, insbesondere in der Synode. Dabei
versuchen diese Kräfte, einen Teil unentschlossener und schwankender
Personen in ihre teilweise demagogisch vorgetragenen Angriffe einzubeziehen. Sie werden bestärkt und unterstützt durch eine Reihe jüngerer Pfarrer und insbesondere durch Vertreter der kirchlichen Jugendarbeit.
Die Angriffe gegenüber progressiven Kräften haben zugenommen. Offenkundig ist das in der *Landessynode*, in der immer wieder Versuche
unternommen werden, gegen die Positionen der Kirchenleitung Widerstand zu organisieren. Dabei kann eingeschätzt werden, daß sich die
progressiven Vertreter nicht immer mit entsprechender Konsequenz
diesen Angriffen entgegenstellen.
Die Mehrzahl der Pfarrer und kirchlichen Angestellten verhält sich
loyal. Es sind jedoch nur wenige bereit, sich öffentlich für die Belange
des Staates zu engagieren.
Die negativen Kräfte versuchen, den sich bietenden kirchlichen „Freiraum" in jeder Hinsicht voll zu nutzen und zum Teil bis an die
Schwelle der Konfrontation zu testen. Diese Einschätzung trifft insbesondere auf die meisten *Jugendpfarrer* und Jugendmitarbeiter zu. Deren Haltung wird, beginnend beim bisherigen Landesjugendpfarrer
Spengler, Eisenach, über die Mitarbeiter des Jungmännerwerkes, die
Kreisjugendpfarrer bis zu den Jugenddiakonen in den Gemeinden zu
einem beträchtlichen Teil von oppositionellen Einstellungen charakterisiert. [173]
Wobei ein Teil ihrer Aktivitäten eindeutig antisozialistische Stoßrich-

tung haben. Diese Kräfte erkennen die Kirchenleitung nicht als Autorität an, suchen Verbündete außerhalb der Thüringer Landeskirche und mißbrauchen vorhandene Strukturen und Möglichkeiten. Sie versuchen, insbesondere im Bereich der kirchlichen Jugendarbeit eine Massenbasis zu schaffen. Hierzu gehören u.a. der Jugendpfarrer Schilling / Braunsdorf, Studentenpfarrer Bräutigam / Ilmenau, der bisherige Landesjugendpfarrer Spengler / Eisenach sowie die Diakone Elste / Weimar, Christ / Jena bzw. Rudolstadt und Töpfer / Meiningen.

Während sich reaktionäre und oppositionelle Kräfte unter den Amtsträgern vorhandener Organisationsformen bedienen, um ihre Kräfte zu sammeln und zu orientieren, wie dies beispielsweise Superintendent Große als 1. Vorsitzender der *„Lutherischen Bekenntnisgemeinschaft"* praktiziert, nutzen die positiven Vertreter ihre Möglichkeiten, wie sie mit dem „Weimarer Arbeitskreis"[183] (WAK) bestehen, entschieden zu wenig. Hieraus ergeben sich konkrete Aufgabenstellungen für die Förderung, Unterstützung und Profilierung dieser „freien" theologischen Arbeitsgemeinschaft.

Die bisherige loyale bzw. staatsbejahende Position der Landeskirche wurde in den letzten Jahren wesentlich von der Haltung der Kirchenleitung geprägt.

Das Auftreten von Bischof Leich, seine von Sachlichkeit getragenen und auf die gesellschaftspolitischen Realitäten begründeten Ausführungen bei kirchlichen Veranstaltungen bewirkten, daß negativen Kräften im wesentlichen ihre Wirksamkeit genommen wurde.

Diese Haltung des Landesbischofs Leich wurde durch die gezielte politisch-operative Einflußnahme durch IM in Schlüsselpositionen sowie durch das abgestimmte Zusammenwirken mit Organen [174] des Staatsapparates bei ihren Gesprächen mit Amtsträgern der Evangelisch-Lutherischen Kirche in Thüringen gefördert.

Landesbischof Leich bekannte sich wiederholt vor kirchlichen Amtsträgern offen zu aktuellen politischen Fragen, indem er zum Ausdruck brachte,

– daß nach seiner Meinung die Regierung der DDR, die Sowjetunion und andere sozialistische Staaten ernsthaft um die Erhaltung des Friedens bemüht sind,

– daß der christliche Glaube gebiete, für den Frieden einzutreten; es in der gegenwärtigen Situation sogar besser sei, den Frieden durch den Dienst mit der Waffe in der Hand zu erhalten.

Diese Haltung wird von der *Mehrzahl der Kirchenleitungsmitglieder* gestützt. Gewisse Vorbehalte gibt es noch bei den Oberkirchenräten Höser / Eisenach und Vogel von Frommannshausen-Schubart / Meiningen.

Diesen Positionen setzen negative Kräfte zunehmend Widerstand entgegen. Die innerhalb der ELKT wirkenden negativ-feindlichen klerikalen Kräfte organisieren Angriffe gegen elementare Grundlagen des Staates und der Gesellschaft, dabei konzentrieren sie sich zunehmend auf die Jugend- und Bildungspolitik und auf die Verteidigungs- und Friedenspolitik der DDR. Dies erfolgt unter dem Vorwand religiöser Kulthandlungen, Zusammenkünfte und Organisationsformen und des Mißbrauchs der Eigenständigkeit der Kirche. Diese Kräfte versuchen u.a. mit der sogenannten „offenen Jugendarbeit" die Kirche zu einem

---

183 Zu den Anfängen des Weimarer Arbeitskreises vgl. Dok. 38.

„Sammelbecken" für feindliche oppositionelle, politisch-ideologisch schwankende Personen sowie von Personen mit einem gestörten Verhältnis zu Staat und Gesellschaft zu machen. Dabei verfügen diese Kräfte auch im Bereich der Thüringer Landeskirche über nicht zu unterschätzende objektive Möglichkeiten und begünstigende Bedingungen für ihre Pläne und [175] Absichten, andererseits wirken feindliche Kräfte aus dem Operationsgebiet auf entsprechende Kreise bei uns ein, die realen Möglichkeiten der Kirche politisch zu mißbrauchen.
Bedeutsame Erscheinungsformen negativ-feindlicher und antisozialistischer Aktivitäten sind u.a.:
– Die Umprofilierung der traditionellen zur „offenen" Jugendarbeit[184] durch inhaltliche und formale „Entkirchlichung". Dieser Prozeß ist relativ weit fortgeschritten und hat beträchtliche Teile der Jugendarbeit erfaßt. Entsprechende innerkirchliche Auseinandersetzungen konnten durch operative Einflüsse ausgelöst, jedoch noch nicht voll wirksam werden.
– Die Weiterführung und Forcierung von Aktivitäten gegen die Friedens- und Verteidigungspolitik (Widerstand gegen das Unterrichtsfach „Wehrerziehung" an den Schulen[185], Umtauschaktionen „Kriegs"- gegen „Friedensspielzeug", Unterstützung und Ausweitung des Bausoldatendienstes und der Wehrdienstverweigerer, Betreuung von jungen Christen in der NVA u.a.).
– Die Unterstützung und Förderung der Bewegung zur Einführung des „Sozialen Friedensdienstes" (SOFD)[186] durch Unterschriftensammlungen und Eingaben an Kirchenleitungen und Synode unter maßgeblicher Initiative der Evangelischen Studentengemeinden (Jena, Weimar, Ilmenau) und Schwerpunkt-Junger Gemeinden.
– Die Unterstützung und Verbreitung der pazifistischen Aktivitäten im Zusammenhang mit dem Aufnäher „Schwerter zu Pflugscharen"[187] im ersten Halbjahr 1982 sowie die Herstellung und Verbreitung ähnlicher Symbole.
– Die Organisierung pazifistischer Appelle, Friedensgottesdienste, Friedensgebete, Podiumsgespräche, Sternmärsche, Wanderungen, Schweigeveranstaltungen u.ä. mit angestrebter *Massenwirksamkeit*.
[176]
– Durchführung von Schriftstellerlesungen (Stefan Heym, Martin Stade u.a.), Ausstellungen, Auftritten von Liedermachern und Sängern, Einbeziehung von bildenden Künstlern und Fotografen in die Schaukastengestaltung, Plakatfertigung u.ä., um mit der Einbeziehung von Personen aus dem Kunst- und Kulturbereich eine größere Resonanz zu erzielen.[188]

184   Zur offenen Jugendarbeit in der DDR vgl. *Wensierski*, Jugendarbeit, 268-271 und *Büscher / Wensierski*, Null Bock, 165-176.
185   Die Einführung des obligatorischen Wehrkundeunterrichtes in den neunten und zehnten Klassen zum 1.9.1979 hatte zum ersten größeren Zusammenstoß zwischen Staat und Kirche nach dem 6.3.1978 geführt. Zwar konnten die Kirchen den Wehrkundeunterricht nicht verhindern, doch hatte diese Auseinandersetzung zur Folge, daß sie sich nun ihrer Friedensverantwortung stärker als bisher bewußt waren. Die Kirchen in der DDR äußerten sich fortan verschiedentlich zur Friedensfrage und äußerten auch Kritik an der Politik der DDR-Regierung. Vgl. *Mechtenberg*, Friedensverantwortung, 365-368 und *Zander*, Christen, 252-255.
186   Vgl. Dok. 61.
187   Vgl. Dok. 64 und 65.
188   Da Veranstaltungen mit ausschließlich religiösem Charakter von der Anmel-

– Die Zusammenführung negativ-feindlicher „Führungs"kräfte und deren Profilierung auf der Grundlage konzeptioneller Vorstellungen (z.b. „Dokumentationen" von Pfarrer Schilling, Braunsdorf von 1981 mit Forderungen nach öffentlicher Kontrolle der Sicherheitsorgane und „Thesen zur offenen Jugendarbeit" vom Mai 1982 mit Forderungen an die Bischofskonferenz, negative Aktivitäten zu decken).
– Die Organisierung von Großveranstaltungen (wie „June" u.ä. in Rudolstadt, Werkstattveranstaltungen in Jena, Erfurt, Meiningen u.a.) zur demonstrativen Zusammenführung einer Vielzahl oppositioneller Personen und „Randsiedler" der Gesellschaft.
– Die Organisierung und Konstituierung sogenannter „Friedenskreise" in einer Reihe von Orten mit antisozialistischer Stoßrichtung.
Derartige Aktivitäten werden von westlichen Medien aufgegriffen und zur Hetze gegen die DDR genutzt.
Durch langfristige, koordinierte politisch-operative Einflußnahme auf die Kirchenleitung und die anderen Entscheidungsgremien konnte in den letzten Jahren ein bedeutender Teil der beispielhaft angeführten antisozialistischen Aktivitäten zurückgedrängt, entschärft oder verhindert werden. [177]
Die durch geeignete politisch-operative Einflußnahme unterstützten verstärkten innerkirchlichen Auseinandersetzungen führten jedoch zu einer zunehmenden Konspirierung der negativ-feindlichen Aktivitäten und zu Versuchen, sich anderer Möglichkeiten außerhalb der eigenen Landeskirche zu bedienen (Nutzung von Kommissionen des Bundes Evangelischer Kirchen, Auftreten vor dem Bischofskonvent im Mai 1982)[189].
Dies ist in der operativen Arbeit unbedingt zu beachten.
Nach bisher erarbeiteten inoffiziellen Erkenntnissen beabsichtigen die feindlich-negativen Kräfte im Jahre 1983, unter Nutzung der Lutherfeierlichkeiten[190] ihre Aktivitäten verstärkt weiterzuführen, um eine größere Öffentlichkeitswirksamkeit zu erreichen. Hierzu gehören die Aktivitäten des „Altendorfer Friedenskreises", der Jenaer Jungen Gemeinde und des Evangelischen Jungmännerwerkes[191].
Weitere bedeutsame Erscheinungsformen und Tendenzen negativ-feindlicher Aktivitäten zeichnen sich in folgenden Bereichen ab:
– Eine Forcierung der *Kontakttätigkeit* in allen Gemeinden der Evangelisch-Lutherischen Kirche in Thüringen. Diese Kontakte zeigten sich in Form von privaten Einreisen, organisierten Gruppenreisen sowie auch als sogenannter Polittourismus aus der BRD zu Partnergemeinden, kirchlichen Amtsträgern u.ä. der Evangelisch-Lutherischen Kirche in Thüringen.

depflicht ausgenommen waren, wurden Kirchen und Gemeinden in der DDR in den siebziger Jahren mehr und mehr zum Freiraum für kulturelle Aktivitäten. Vgl. *Henkys*, Kirche-Staat-Gesellschaft, 40 f.; 52. Charakteristisch ist in diesem Zusammenhang Wolf Biermanns Äußerung, in der DDR habe es nur drei Fluchtwege gegeben: „über die Grenze, in den Selbstmord und in die Kirche" (zit. nach: *Wensierski*, Von oben, 179).
189 Vgl. die Meldung in: KiS 3 / 8, 1982, 53 über die Mai-Tagung der KKL (7. / 8.5.) und den Bericht in epd ZA 98 vom 21.5.1982, 7. Schwerpunkt der Beratungen war die Friedensverantwortung der Kirchen.
190 Vgl. Dok. 75, aber auch Dok. 77.
191 Vgl. an dieser Stelle auch den Bericht von Irmgard *Lent* über die DDR-Kirchentage im Lutherjahr, in dem allerdings die hier im Text genannten Gruppen nicht erwähnt werden.

– Es erfolgte eine Zunahme der Aktivitäten zur *Unterwanderung* der sozialistischen Intelligenz, insbesondere in Form von Haus-, Gesprächs- und Friedenskreisen. Dabei erfolgt ein enges Zusammenwirken mit oppositionellen Kräften der Kunst- und Kulturschaffenden, der Medizin, der Volksbildung u.a. [178]
– Im Jahre 1982 besuchten zahlreiche *Journalisten* aus westlichen Ländern den Raum Thüringen, um größere journalistische Vorhaben zu den Luther-Ehrungen 1983 vorzubereiten. Des weiteren ist 1983 mit der Einreise bedeutender kirchlicher und staatlicher Repräsentanten aus nichtsozialistischen Ländern ins Territorium zu rechnen. Innerhalb des Territoriums werden hauptsächlich die Städte Erfurt, Gotha, Eisenach, Weimar, Mühlhausen und Arnstadt erfaßt. Darüber hinaus sind umfangreiche individuelle und Gruppenreisen in die verschiedensten Orte Thüringens geplant, die außerhalb der Reisebürovermittlung laufen.
In diese Aktivitäten sind die bereits umfangreich erfolgten Vorbereitungen zu den Kirchentagen in Erfurt u.a. Orten einzuordnen, wo eine Beteiligung von bis zu 50 000 Teilnehmern (Abschlußtag) angestrebt wird. [179]
9. Politisch-operative Abwehraufgaben
In der „Konzeption zur planmäßigen Durchdringung, operativen Kontrolle und Verhinderung des Mißbrauchs kirchlicher Organisationsformen und Einrichtungen bei gleichzeitiger Unterstützung der staatsbejahenden Haltung kirchenleitender Einzelpersönlichkeiten und leitender Gremien der EKLT" der Bezirksverwaltungen Erfurt, Gera und Suhl für den Zeitraum 1980-1985 (vom Dezember 1979) sind konkrete Abwehraufgaben festgelegt.
Die *politisch-operative Zielstellung* beinhaltet:
– die Gewährleistung der weiteren positiven Entwicklung und Festigung der „staatsbejahenden" Haltung der Thüringer Landeskirche;
– die planmäßige Weiterführung des Differenzierungsprozesses zur Stärkung progressiver Kräfte und zum Erkennen und Zurückdrängen des Einflusses negativ-feindlicher Einzelpersonen und Gruppierungen;
– die planmäßige Qualifizierung und Erweiterung der inoffiziellen Basis zur Verstärkung des Einflusses auf kirchenleitende Gremien und Einzelpersonen;
– die operative Bearbeitung negativ-feindlicher Kräfte und die Verhinderung des Mißbrauchs kirchlicher Möglichkeiten;
– die Schaffung weiterer Voraussetzungen zum Aufdecken und Zurückdrängen politisch-klerikaler Einflüsse aus dem Operationsgebiet.
In diesem Dokument werden weiterhin die Schwerpunktbereiche bestimmt, in denen koordiniert und abgestimmt gemeinsam und auch bezirksanteilig politisch-operativ gearbeitet wird. [180]
Im Januar 1983 erfolgte im Rahmen einer Koordinierungsberatung der Hauptabteilung XX und der Abteilungen XX der Bezirksverwaltungen Erfurt, Gera und Suhl eine operative Bestandaufnahme und Einschätzung sowie die Festlegung weiterer Maßnahmen insbesondere für die politisch-operative Arbeit im Jahre 1983.
Durch die gegenwärtig laufende *Forschungsarbeit* an der Juristischen Hochschule des Ministeriums für Staatssicherheit zum Thema „Grundfragen und Lösungswege zur Aufklärung und vorbeugenden Verhinderung von Erscheinungen der politisch-ideologischen Diversion sowie anderer Formen subversiver Tätigkeit durch reaktionäre

klerikale Kräfte der Kirchen und Religionsgemeinschaften in der DDR und des Operationsgebietes"
werden grundlegende Erkenntnisse zum Verantwortungsbereich zusammengefaßt dargestellt. Damit werden generelle Orientierungen für die weitere Organisierung der Abwehrarbeit im Bereich der Kirchen und Religionsgemeinschaften gegeben.
Auf der Grundlage dieser Forschungsergebnisse und Gesamtorientierungen sowie der vorgelegten Darstellung der Evangelisch-Lutherischen Kirche in Thüringen können konkrete politisch-operative Schlußfolgerungen abgeleitet werden, die in einer aktualisierten längerfristigen *Bearbeitungskonzeption* für die ELKT ihren Niederschlag finden.

Dok. 77
Aus einem Maßnahmeplan der BV Leipzig

Leipzig, 17. Oktober 1983

Auszug aus Hummitzschs Maßnahmeplan zur politisch-operativen Sicherung der Veranstaltungen zur Martin-Luther-Ehrung 1983 im Bezirk Leipzig. Absender: Bezirksverwaltung für Staatssicherheit Leipzig, Der Leiter. VVS o006 BVfS Lpz 114 / 83. Ohne Anlagen.

Aus Anlaß des 500. Geburtstages Martin Luthers am 10.11.1983 finden in Leipzig im Rahmen der Martin-Luther-Ehrung im Zeitraum vom 10.-13.11.1983 die „Tage der ökumenischen Begegnung" statt[192].
Die internationale Bedeutung dieses Ereignisses wird dadurch unterstrichen, daß an diesen Veranstaltungen zahlreiche ausländische Besucher, darunter führende Persönlichkeiten des öffentlichen Lebens sowie kirchenleitende Persönlichkeiten, teilnehmen werden.
Die Zielstellung der politisch-operativen Sicherung der Vorbereitung und Durchführung der „Tage der ökumenischen Begegnung" (nachfolgend nur noch ökumenische Tage genannt) besteht in der Gewährleistung eines störungsfreien Verlaufes der Veranstaltungen, insbesondere der:
– rechtzeitigen Erkennung und Verhinderung von politischen Provokationen gegen die sozialistische Staats- und Gesellschaftsordnung sowie die Staatspolitik der Partei und Regierung der DDR in Kirchenfragen;
– weiteren Forcierung des Differenzierungsprozesses unter leitenden kirchlichen Amtsträgern sowie [der] Verbesserung des Verhältnisses Staat-Kirche;
– operativen Sicherung und Kontrolle des Wirkens der im genannten Zeitraum anwesenden ausländischen Journalisten und bevorrechteten Personen. [2]
Zur rechtzeitigen Vorbereitung und Durchführung der politisch-operativen Sicherungsmaßnahmen anläßlich der ökumenischen Tage werden entsprechend der politsch-operativen Lage im Verantwortungsbereich, den gewonnenen Erkenntnissen bei der Durchsetzung der Staatspolitik

192 Vgl. *Zeddies*, 207-211.

in Kirchenfragen auf der Grundlage der geltenden dienstlichen Bestimmungen und Weisungen, insbesondere unter Beachtung des Schreibens
des Stellvertreter des Ministers, Genossen Generalleutnant Mittig, vom
19.1.1983 (VVS o008-12 / 83)[193] sowie des Materials „Politisch-operative Sicherung von Veranstaltungen" in der Bezirksverwaltung Leipzig
nachstehende Maßnahmen eingeleitet und durchgesetzt.
1. *Grundsätzliche Aufgaben der Führung und Leitung*
Mit der Leitung und Organisation aller im Zusammenhang mit den
ökumenischen Tagen stehenden politisch-operativen Maßnahmen wird
mein Stellvertreter Operativ, Genosse Oberst Eppisch, beauftragt, der
zur einheitlichen Führung derselben einen zeitweiligen Operativen
Einsatzstab bildet; als Stellvertreter fungiert der Leiter der Abteilung
XX, Genosse Oberstleutnant Wallner (Zusammensetzung siehe Anlage). Der Zentrale Operative Einsatzstab gewährleistet
– die stabile Verbindung zur Abteilung Staat und Recht der SED-Bezirksleitung, zur BDVP und zum Rat des Bezirkes sowie dem Rat der
Stadt Leipzig zur Herbeiführung von Grundsatzberatungen über ein
abgestimmtes, zielgerichtetes Vorgehen der staatlichen Organe und
Einrichtungen unter Wahrung der Interessen des MfS;
– die Einrichtung eines Führungspunktes der Einsatzgruppe in der
Bezirksverwaltung, Objekt I (Zimmer 249 – Telefon: 2460 / 2463) und
die durchgehende Besetzung mit 2 operativ erfahrenen Mitarbeitern;
– die durchgehende Führung des Lagefilmes durch die Lagegruppe
sowie die ständige exakte Dokumentation und analytische Verarbeitung aller politisch-operativen Informationen sowie [die] Aufrechterhaltung der Informationsbeziehungen zur HA XX, AKG und ZOS.
[3]
Die Leiter der Abteilung XX, der Kreisdienststellen Leipzig-Stadt und
-Land sowie Borna, in deren Verantwortungsbereich ökumenische Begegnungen (siehe Anlage 2) vorgesehen sind, legen in eigener Zuständigkeit die erforderlichen Maßnahmen zur Sicherung ständiger Einsatzbereitschaft fest.
2. *Grundsätzliche Aufgaben für alle operativen Diensteinheiten*
Die Leiter der operativen Diensteinheiten sichern, daß in eigener Zuständigkeit, entsprechend der politisch-operativen Lage und unter Beachtung der gewonnenen Erfahrungen und Erkenntnisse bei der Organisation der politisch-operativen Arbeit in dieser Richtung, die notwendigen Sicherungsmaßnahmen zur Gewährleistung des störungsfrei-
en Verlaufs der Veranstaltungen eingeleitet und durchgesetzt werden.
Die festzulegenden politisch-operativen Sicherungsmaßnahmen sind
auf die Lösung folgender Hauptaufgaben auszurichten:
Rechtzeitiger, zielgerichteter Einsatz der inoffiziellen Kräfte und Kräfte des Zusammenwirkens, vorrangig zur
– Aufklärung und Verhinderung von Plänen, Absichten, Aktivitäten,
Mittel und Methoden gegnerischer, reaktionärer, kirchlicher und poli-
tisch-negativer Kräfte, die „Tage der ökumenischen Begegnung" als
Plattform für antisozialistische Angriffe und andere feindlich-negative
Handlungen zu mißbrauchen;
– Gewährleistung einer ständigen operativen Einflußnahme durch ge-
eignete inoffizielle und offizielle Kräfte auf bekanntwerdende Teilneh-
mer an den Veranstaltungen, um deren Pläne und Absichten in Erfah-

---

193   Das Rundschreiben Mittigs ist hier abgedruckt als Dok. 75.

rung zu bringen und offensiv einen störungsfreien Ablauf der Veranstaltungen zu sichern;
– Politisch-operative Kontrolle von Veranstaltungen mit dem Ziel der Feststellung und Dokumentierung vom negativen und feindlichen Auftreten reaktionärer klerikaler und kirchlich gebundener Kräfte zur Beeinflussung von Teilnehmern bzw. weiteren geplanten Aktivitäten;
– Erarbeitung von Hinweisen auf geplante demonstrativ-provokatorische Handlungen reaktionärer kirchlicher oder anderer Kräfte unter Ausnutzung von Veranstaltungen, deren rechtzeitige Aufdeckung und zielstrebige Verhinderung;
– operativen Kontrolle kirchlich gebundener Kräfte im Aktionszeitraum, die bereits in der Vergangenheit mit negativen oder feindlichen Aktivitäten in Erscheinung traten; [4]
– Verhinderung der Anreise von bekannten bzw. operativ angefallenen negativ-dekadenten Jugendlichen, Trampern und anderer Personen mit demonstrativer Kulturlosigkeit, die einen störungsfreien Ablauf der Veranstaltungen gefährden könnten, durch geeignete politisch-operative Maßnahmen;
– laufenden Informationsgewinnung über den Verlauf der kirchlichen Veranstaltungen sowie operativen Kontrolle der kirchlichen Schaukästen, um deren Mißbrauch für politisch-negative Einflußnahme auf Gläubige auszuschließen;
– zielgerichteten operativen Kontrolle der im Zusammenhang mit der „kirchlich unabhängigen Friedensbewegung" sowie „kirchliche Umweltschutzarbeit" angefallenen Personenkreise sowie der mit reaktionären Kräften der Kirche verbundenen Personen mit Übersiedlungsabsichten in nichtsozialistische Staaten und Westberlin.
Die Einweisung aller operativen Mitarbeiter der anderen Diensteinheiten, deren IM aus dem klerikalen Bereich zum Einsatz kommen, erfolgt bis 9.11.83 durch die Abteilung XX.
Zur Gewährleistung einer konspirativen Treffdurchführung und der Gewährleistung des Informationsflusses sind für IM, die während des Aktionszeitraumes in Leipzig überörtlich zum Einsatz kommen, durch die Abteilung XX geeignete Treffmöglichkeiten zu schaffen. Diese IM sind durch verantwortliche operative Mitarbeiter der jeweiligen Diensteinheit zu steuern. Durch diese Mitarbeiter ist eine zielgerichtete tägliche Trefftätigkeit und Auswertung von Veranstaltungen oder bei Vorlage operativ-bedeutsamer Hinweise zu gewährleisten.
Für IM, die telefonisch Informationen übermitteln, stehen die *Telefonnummern*
794 2486 zur Verfügung.

Organisierung der vorbeugenden operativen Sicherungsarbeit sowie die Einleitung umfassender Kontrollmaßnahmen mit dem Ziel der rechtzeitigen Erkennung, vorbeugenden Verhinderung und wirksamen Bekämpfung aller feindlich-negativen Absichten und Aktivitäten [5]
Gewährleistung schwerpunktmäßiger Bearbeitung und Kontrolle von in OV / OPK erfaßten Personen, die zu den ökumenischen Tagen durch politische Provokationen und andere feindlich-negative und anderweitig störende Handlungen in Erscheinung treten können, insbesondere solcher, die Terror- und andere Gewalthandlungen begehen könnten bzw. im Zusammenhang mit anonymen und pseudonymen Gewaltandrohungen anfallen bzw. angefallen sind;

– zur Begehung von Delikten der staatsfeindlichen Hetze neigen sowie die Verbreitung und Bekundung feindlich-negativer und pazifistischer Grundhaltungen mit der Zielstellung planen, vorbereiten und beabsichtigen, das Verhältnis zwischen Kirche und Staat zu stören
(Nichteinhaltung der Veranstaltungsordnung, Druck, Vervielfältigung
staatlich nicht genehmigter Druckerzeugnisse, Aufnäher, Abzeichen);
– im Zusammenhang mit der Schaffung einer „unabhängigen Frie-
dens- und Umweltbewegung" sowie im Interesse der Durchsetzung
von Übersiedlungsabsichten in nichtsozialistische Staaten und Westberlin zu öffentlichkeitswirksamen, provokativ-demonstrativen Aktionen neigen bzw. die zu den Inspiratoren und Organisatoren derartiger
Aktivitäten zu zählen sind.
Auf der Grundlage der bisherigen Aufklärungsergebnisse sind insbesondere aktive Anhänger und Initiatoren der
– kirchlichen Friedensarbeit
– SOFD-Bewegung[194]
– kirchlichen Umweltschutzarbeit
und andere kirchlich gebundene politisch-negative Kräfte aktiv zu bearbeiten und geeignete Maßnahmen zur Zurückdrängung zu realisieren.
Unter Beachtung dessen, daß im Aktionszeitraum die kirchliche „Friedensdekade 1983"[195] stattfindet und nicht auszuschließen ist, daß in
Anwesenheit kirchlicher Repräsentanten politsch-negative Aktivitäten
durchgeführt werden sollen, ist zur Verhinderung feindlicher Zielstellungen die gesamte Breite der politisch-operativen Kontroll- und Bearbeitungsmaßnahmen zu nutzen, insbesondere:
– Realisierung von Vorbeugungsgesprächen; [6]
– Einflußnahme auf die rechtzeitige Erteilung der Genehmigung zur
Übersiedlung von Personen mit Übersiedlungsabsichten, bei denen
vorgesehen ist, die Übersiedlung zu genehmigen;
– Einleitung von Maßnahmen zur Disziplinierung reaktionärer kirchlicher bzw. kirchlich gebundener Kräfte.

Dok. 78

Aus einem Referat von Hummitzsch

Auszug aus einem Referat des Leiters der BV Leipzig, Hummitzsch, bei einer Dienstbesprechung am 8.12.1983. GVS o006 BVfS Lpz 395 / 83.

*Die 2 Hauptrichtungen der Qualifizierung der Bekämpfung der politi-
schen Untergrundtätigkeit*
Die erste Richtung besteht darin, ausgehend von einer tiefgründigen
Lageeinschätzung auf diesem Gebiet, der richtigen politisch-operativen
Bewertung vorliegender Hinweise und Erscheinungen zu Entscheidungen hinsichtlich der Rang- und Reihenfolge der Bearbeitung – also der
schwerpunktmäßigen Arbeit – zu kommen. Das erfordert auch, die
politisch-operative Arbeit zielstrebiger auf die Personifizierung, Er-

194 Vgl. Dok. 61.
195 Die Friedensdekade fand 1983 vom 6. bis 16. November unter dem Leitwort
„Frieden schaffen aus der Kraft der Schwachen" statt. Vgl. *Zander*, Christen, 281.

kennung und Aufklärung derartiger Personenkreise auszurichten – eine Grundvoraussetzung für die Lagebeherrschung.

Trotz guter Ergebnisse in der politisch-operativen Arbeit unter diesen Personenkreisen kann, ausgehend von den erhöhten Sicherheitsanforderungen, der gegenwärtige Stand und die Wirksamkeit der politisch-operativen Abwehrarbeit im Verantwortungsbereich insgesamt noch nicht befriedigen.

Das findet u.a. seinen Ausdruck in der zu geringen Anzahl von in OV / OPK bearbeiteten Personen, die im Zusammenhang mit der Schaffung einer sogenannten „staatlich unabhängigen Friedensbewegung" in Erscheinung treten.

Die inoffizielle Basis, insbesondere unter kirchlichen bzw. kirchlich gebundenen Jugendlichen und Jungerwachsenen muß zielstrebiger verbreitert werden, um die Qualität der politisch-operativen Lageeinschätzung zu erhöhen und politisch-negative Aktivitäten schneller und wirkungsvoller zurückzudrängen.

Die zweite Richtung besteht darin, die objekt-, personen- und vorgangsbezogene Arbeit im und nach dem Operationsgebiet zwischen den zuständigen Diensteinheiten zu koordinieren und wesentlich zu qualifizieren. Ziel muß es sein, noch stärker diejenigen Zentren, Organisationen und Kräfte aufzuspüren, aufzuklären und in ihrem Wirksamwerden einzuschränken, die im subversiven Vorgehen eine inspirierende und organisierende Rolle spielen.

Besondere Anstrengungen sind erforderlich zur Erarbeitung qualifizierter Informationen und Beweismittel über die Aktivitäten feindlicher Kräfte im Ausland zur Formierung einer „inneren Opposition" und zur Inspirierung und Organisierung politischer Untergrundtätigkeit. Das betrifft vor allem das konzeptionelle und praktische Vorgehen des Vatikans, kirchenleitender Gremien und Kräfte bzw. kirchlicher Einrichtungen und Organisationen in der BRD u.a. nicht-sozialistischen Staaten, von Medien und Verlagen, den Einrichtungen der DDR- und Ostforschung, Emigrantenvereinigungen sowie solchen Feindzentren wie der „IGfM"[196], „Hilferufe von drüben"[197], insbesondere hinsichtlich der von ihnen ausgehenden ideologischen Angriffe und geplanten subversiven Handlungen gegen die DDR und andere Staaten der sozialistischen Gemeinschaft.

Zunehmende Beachtung finden müssen in diesem Zusammenhang die im Operationsgebiet lebenden und aus der DDR wegen der Inspirierung / Organisierung politischer Untergrundtätigkeit sowie anderer schwerwiegender subversiver Aktivitäten ausgewiesenen oder übersiedelten Personen, die von ihnen ausgehenden feindlich-negativen Handlungen und die gezielte Nutzung ihrer Rückverbindungen in der DDR.

---

196 Die Internationale Gesellschaft für Menschenrechte (IGfM) ist eine Menschenrechtsorganisation, die sich ausschließlich oder in erster Linie mit Menschenrechtsverletzungen in sozialistischen Staaten befaßt.

197 „Hilferufe von drüben" war der Titel einer Rubrik in dem von Gerhard Löwenthal moderierten ZDF-Magazin. Darin baten verfolgte und ausreisewillige DDR-Bürgerinnen und Bürger um öffentliche Unterstützung. Vgl. dazu *Ahrens*, der in seinem Buch verschiedene „Fälle" dokumentiert. Ein Periodikum gleichen Namens gab die Arbeitsgemeinschaft ehemaliger politischer Häftlinge in Deutschland seit 1977 heraus.

402   IV Dokumente

Dok. 79
Mittig an die Stellvertreter Operativ in den Bezirksver-
waltungen

Berlin, den 4.1.1984

Rundschreiben mit eigenhändiger Unterschrift. Absender: Ministerium für Staatssicherheit, Stellvertreter des Ministers. Anschrift: Bezirksverwaltung für Staatssicherheit, Stellvertreter Operativ. Betreff: Einleitung politisch-operativer Maßnahmen zur Verhinderung von geplanten Provokationen im Zusammenhang mit einer vom 4. bis 5.3.1984
geplanten zentralen Zusammenkunft sogenannter kirchlicher Friedenskreise in Eisenach.
VVS – o008 MfS-Nr. 1 / 84. Ohne Anlagen.

In Fortsetzung einer vom 5. bis 6.3.1983 in Berlin stattgefundenen ersten zentralen Zusammenkunft von sogenannten kirchlichen Friedenskreisen[198] soll vom 4. bis 5.3.1984 ein weiteres derartiges Treffen in
Eisenach[199] durchgeführt werden. Auf der Grundlage beiliegender Information[200] der Hauptabteilung XX sind zur Gewährleistung der
vorbeugenden Verhinderung von Provokationen, zur operativen Kontrolle und rechtzeitigen Einflußnahme folgende Maßnahmen durchzuführen:
1. Aufklärung von Plänen und Absichten feindlicher Kräfte, dieses
Treffen für feindliche Aktionen zu mißbrauchen;
2. Ermittlung der Teilnehmer (Personen, die geladen sind oder die beabsichtigen, von sich aus teilzunehmen);
3. Organisierung der Teilnahme von inoffiziellen Mitarbeitern sowie
positiven und realistischen Kräften;
4. Verhinderung der Teilnahme feindlich-negativer Kräfte durch operative Einflußnahme auf den Veranstalter;
5. Einflußnahme auf loyale kirchliche Kräfte mit dem Ziel, daß nur
kirchliche bzw. theologische Probleme behandelt werden. Verhinderung von überörtlichen Zusammenschlüssen. [2] Durch den Einsatz
der operativen Kräfte und Mittel sowie der Potenzen der staatlichen
und gesellschaftlichen Organe ist zu erreichen, daß dieses Treffen nicht
gegen die sozialistische Gesellschaftsordnung mißbraucht wird.
Zur Gewährleistung der Koordinierung und Einflußnahme sind dem
Leiter der Hauptabteilung XX am 16.1.1984 und 27.2.1984 die vorliegenden operativen Erkenntnisse sowie die eingeleiteten Maßnahmen
mitzuteilen.
[gez.] Mittig
Generalleutnant
Anlagen

198 Gemeint ist das Seminar „Konkret für den Frieden", das am 5. und 6.3.1983 erst-
     mals in Berlin-Oberschöneweide stattfand. Zu der Veranstaltung, zu der 125 Teil-
     nehmer gekommen waren, hatte das Präsidium der Berlin-brandenburgischen Syn-
     ode eingeladen. Vgl. den Bericht des ena 10 / 36 vom 10.3.1983.
199 Das Treffen fand am 3. / 4.3.1984 statt. Vgl. die Meldung des epd-Landesdienstes
     Berlin 49 vom 9.3.1984.
200 Die beiden ersten Anlagen betrafen den „Stand der Vorbereitung des sogenannten
     Friedensseminars von ‚Friedensarbeitskreisen' der evangelischen Kirchen in der
     DDR am 3. / 4. März 1984 in Eisenach" (Anlage 1 vom 29.12.1983) und den ge-
     planten „Ablauf des ‚Friedensseminars'" (Anlage 2). Weiterhin lag dem Schreiben
     eine Liste über „Bekanntgewordene Teilnehmer des Friedensseminars am 5. und 6.
     März 1983 in Berlin" bei (Anlage 3).

Dok. 80
Lektion zur Bekämpfung des Mißbrauchs der Kirchen an der Juristischen Hochschule Potsdam

Verfasser: Hauptmann Dr. Ehrhardt. Lektion: Zentrale politisch-operative Fachschulung. Thema: Grundorientierungen für die politisch-operative Arbeit zur Aufdeckung, vorbeugenden Verhinderung und Bekämpfung des Mißbrauchs der Kirchen in der DDR, Potsdam Mai 1984. VVS – o001 MfS JHS-Nr.: 89 / 84.

Hinweis
Ziel dieser Lektion ist es, aufbauend auf den Erkenntnissen aus der politisch-operativen Fachschulung zur weiteren Ausprägung des feindlichen Vorgehens zur Inspirierung und Organisierung politischer Untergrundtätigkeit und der Schaffung einer antisozialistischen oppositionellen Bewegung, Grundorientierungen für die politisch-operative Arbeit zur Aufdeckung, vorbeugenden Verhinderung und Bekämpfung des Mißbrauchs der Kirchen in der DDR für subversive Ziele des Feindes darzulegen. Bei der Darstellung der einzelnen Abschnitte werden rechtliche Aspekte weitestgehend nicht berücksichtigt, da sie Inhalt der dritten und letzten politisch-operativen Fachschulung zu diesem Zyklus bilden. An die Spitze der politisch-operativen Grundorientierungen werden einige Aspekte der Politik von Partei und Regierung in Kirchenfragen gestellt, weil von ihrer Kenntnis und ihrem Verständnis entscheidend die politisch-richtige und tschekistisch kluge Ausgestaltung der politisch-operativen Arbeit bestimmt wird.
Unsere politisch-operative Arbeit zur Bekämpfung des Mißbrauchs der Kirchen durch den Feind und feindlich-negative Kräfte aus den Kirchen in der DDR muß generell die Politik in Kirchenfragen unterstützen. Die Politik in Kirchenfragen ist somit Grundlage und verdeutlicht zugleich Richtung und Schwerpunkt unserer politisch-operativen Arbeit unter den gegenwärtigen Lagebedingungen.
Bei der Behandlung dieser Thematik muß davon ausgegangen werden, daß die Kirchen in der DDR noch einen beachtlichen Faktor darstellen und noch für längere Zeit in der sozialistischen Gesellschaft präsent sein werden. Mittels dieser Lektion sollen die politisch-operativen Erfahrungswerte über den Kampf gegen den Mißbrauch der Kirchen für die Inspirierung und Organisierung politischer Untergrundtätigkeit und der Schaffung oppositioneller Bewegungen dargestellt werden. Damit sollen alle operativen Diensteinhei- [3] ten noch besser in die Lage versetzt werden, die politisch-operative Arbeit auf diesem spezifischen Gebiet weiter zu qualifizieren, die Politik von Partei und Regierung in Kirchenfragen durchsetzen zu helfen und alle Versuche des Mißbrauchs der Kirchen in der DDR für subversive Ziele rechtzeitig aufzudecken, vorbeugend zu verhindern und mit hoher gesellschaftlicher Wirksamkeit zu bekämpfen. [4]
Gliederung
1. Einige Aspekte der Politik von Partei und Regierung in Kirchenfragen
2. Die Charakterisierung des Mißbrauchs der Kirchen in der DDR
3. Erfordernisse und Aufgaben des MfS bei der Aufdeckung, vorbeugenden Verhinderung und Bekämpfung des Mißbrauchs der Kirchen in der DDR
4. Die Aufgaben aller operativen Diensteinheiten bei der Aufdeckung,

vorbeugenden Verhinderung und Bekämpfung des Mißbrauchs der
Kirchen in der DDR und die daraus erwachsenden Anforderungen an
die IM-Arbeit sowie das Zusammenwirken mit anderen staatlichen
Organen und gesellschaftlichen Kräften
4.1 Die Aufgaben aller operativen Diensteinheiten bei der Aufdeckung,
vorbeugenden Verhinderung und Bekämpfung des Mißbrauchs der
Kirchen in der DDR
4.2 Die weitere Qualifizierung der Arbeit mit den inoffiziellen Mitarbeitern
4.3 Das Zusammenwirken mit anderen staatlichen Organen und gesellschaftlichen Kräften [5]
*1. Einige Aspekte der Politik von Partei und Regierung in Kirchenfra-
gen*
Ausgehend von den Kenntnissen über die weitere Ausprägung des
feindlichen Vorgehens zur Inspirierung und Organisierung politischer
Untergrundtätigkeit unter den Bedingungen der sich gefährlich zuspit-
zenden internationalen Lage in den 80er Jahren sowie der damit verbundenen komplizierteren politisch-operativen Probleme vermittelt
diese Lektion die aus unserer Friedenspolitik und der Politik in Kirchenfragen erwachsenden Erfordernisse für den offensiven politisch-
operativen Kampf gegen den Mißbrauch der Kirchen und Grundorientierungen für die weitere Qualifizierung der politisch-operativen Arbeit des MfS zur Aufdeckung, vorbeugenden Verhinderung und Bekämpfung des Mißbrauchs der Kirchen in der DDR für subversive
Ziele.
Der Mißbrauch der Kirchen für die Inspirierung und Organisierung
politischer Untergrundtätigkeit wird besonders dadurch gekennzeichnet, daß der Gegner versucht, die für die Kirchen bestehenden, verfassungsrechtlich garantierten Handlungsmöglichkeiten für seine konterrevolutionären Zielstellungen auszunutzen.
Bei derartigen Möglichkeiten der Kirchen in der DDR handelt es sich
insbesondere um:
– die im Gegensatz zum Marxismus-Leninismus stehenden, eigenständigen und institutionalisierten weltanschaulichen und ideologischen Positionen und ihre Verbreitung;
– die vorhandenen Strukturen und Organisationsformen der Kirchen;
– den gut ausgebildeten, umfangreichen und differenzierten Kaderbestand;
– Einflußmöglichkeiten auf breite Bevölkerungsschichten; [6]
– das gut funktionierende Informationssystem sowie die vorhandenen Publikationsmöglichkeiten;
– die Partnerschaftsbeziehungen zu den BRD-Kirchen und die internationalen ökumenischen Beziehungen;
– die bestehenden Möglichkeiten, in differenzierter Weise öffentlichkeitswirksam zu werden.
Nicht unerwähnt darf in diesem Zusammenhang die materielle und finanzielle Selbständigkeit der Kirchen in der sozialistischen Gesellschaft
einerseits sowie ihre materielle und finanzielle Abhängigkeit von den
Kirchen in der BRD andererseits bleiben.[201] Diese Möglichkeiten führen natürlich nicht zwangsläufig zu einer feindlichen Wirksamkeit der
Kirchen. Erst ihr Mißbrauch durch äußere und innere feindliche Kräf-

201 Vgl. Dok. 71, Anm. 131.

te, einschließlich feindlich-negativer kirchlicher Kreise, ist für das MfS von politisch-operativer Relevanz. Das politisch richtige und tschekistisch kluge Reagieren auf diese Versuche des Feindes zum Mißbrauch der Kirchen erfordert die Kenntnis von Grundpositionen des Marxismus-Leninismus zur Religion und den Kirchen, aber auch Kenntnisse über die Grundlinie der Politik von Partei und Regierung in Kirchenfragen. Wir müssen dabei immer von dem Grundsatz ausgehen, daß unsere politisch-operative Arbeit zur vorbeugenden Verhinderung und Bekämpfung des feindlichen Mißbrauchs der Handlungsmöglichkeiten der Kirchen die bewährte Politik unserer Partei und Regierung in Kirchenfragen zu unterstützen und zu sichern hat. Eine notwendige ideologische Voraussetzung dafür ist das marxistisch-leninistische Wissen um die Probleme der Überwindung der Religion. In seinem Werk: „Das Verhälnis der Arbeiterpartei zur Religion" schrieb Lenin (Bd. 15, S. 407–409):

„Marxismus ist Materialismus. Als solcher steht er der Religion schonungslos feindlich gegenüber. Wir müssen die Religion bekämpfen. [7] Das ist das ABC des Materialismus und folglich auch des Marxismus. Aber der Marxismus ist kein Materialismus, der beim ABC stehengeblieben ist. Der Marxismus geht weiter. Er sagt: Man muß verstehen, die Religion zu bekämpfen. Der Kampf gegen die Religion muß in Zusammenhang gebracht werden mit der konkreten Klassenbewegung, die auf die Beseitigung der sozialen Wurzel der Religion abzielt. Atheistische Propaganda kann unter bestimmten Umständen ganz überflüssig, ja sogar schädlich sein."

Lenin sagt aber auch in seinem Entwurf zum neuen Parteiprogramm der KPR(B) im Jahre 1921: „Die Partei erstrebt die vollständige Zerstörung der Verbindung zwischen den Ausbeuterklassen und der Organisation der religiösen Propaganda, wie auch die faktische Befreiung der werktätigen Massen von den religiösen Vorurteilen, wozu sie die umfassendste wissenschaftliche, aufklärende und antireligiöse Propaganda organisiert. Dabei ist sorgfältig jede Verletzung der Gefühle der Gläubigen zu vermeiden, da sie lediglich zur Stärkung des religiösen Fanatismus führt." (Lenin Bd. 29, S. 118.)

Was bedeuten diese Grundorientierungen Lenins in der gegenwärtigen Situation für uns? Sie bedeuten zunächst, daß der Kampf um die Zurückdrängung des Einflusses der Religion und der Kirche nicht losgelöst von den Grundaufgaben des Klassenkampfes betrachtet und geführt werden darf. Er muß dem Kampf um die Erhaltung des Friedens, um die weitere Gestaltung der entwickelten sozialistischen Gesellschaft und die Durchsetzung des sozialen Fortschrittes untergeordnet sein. In diesem Kampf geht es darum, die religiös gebundenen Werktätigen einzubeziehen oder als Bündnispartner zu gewinnen.

Dabei unterscheiden wir bewußt zwischen Bürger mit christlichem Glauben und der Kirche als Institution. Bei der Gewinnung von Bürgern christlichen Glaubens ist anzuknüpfen an den objektiv gemeinsamen Lebens- [8] interessen der Arbeiterklasse und aller Werktätigen, die natürlich am eindeutigsten von den Marxisten / Leninisten widergespiegelt und am konsequentesten vertreten, durchgesetzt und verteidigt werden. Wenn Lenin in seiner Arbeit „Sozialismus und Religion" (Werke Bd. 10, S. 74) darauf orientiert, „daß man die religiöse Frage nicht an die erste Stelle rücken soll, daß man eine Zersplitterung der Kräfte des revolutionären Kampfes um drittrangiger Meinungen willen

nicht zulassen soll", so heißt das heute vor allem konkret auch, daß der
gemeinsame Kampf um die Sicherung des Friedens, um die Erhaltung
des Lebens, der Frage danach, ob Gott das Leben geschaffen hat oder
nicht, übergeordnet ist.
Von diesen Grundpositionen Lenins ließ und läßt sich unsere Partei in
ihrer Politik in Kirchenfragen stets in schöpferischer Weise leiten. Beharrlich und erfolgreich wurde und wird vor allem darum gerungen,
die Bürger christlichen Glaubens immer stärker in die Lösung der
Aufgaben bei der Gestaltung der sozialistischen Gesellschaft einzugliedern. Konsequent wird auch darauf hingewirkt, den von der BRD ausgehenden feindlichen Einfluß auf die Kirchen zurückzudrängen, bis
hin zur konsequenten Trennung und zur Konstituierung der Kirchen
in der DDR als Kirchen im Sozialismus. Unter diesem Gesichtspunkt
ist auf die historische Bedeutung des Grundsatzgespräches zwischen
dem Vorsitzenden des Staatsrates der DDR, Genossen Erich Honecker,
mit dem Vorstand der Konferenz der Kirchenleitungen des Bundes der
Evangelischen Kirchen in der DDR am 6. März 1978[202] zu verweisen.
Genosse Erich Honecker umriß das Anliegen dieses Gespräches mit
den Worten: „Den Kirchen als Kirchen im Sozialismus eröffnen sich
heute und künftig viele Möglichkeiten des Mitwirkens an diesen zutiefst humanistischen Zielen. Wir gehen von der Beteiligung aller Bürger am Werk des Sozialismus aus, das im gesellschaftlichen wie im individuellen Interesse liegt."
Bischof Schönherr führte namens der Leitung der Konferenz der
Evangelischen Kirchenleitungen in der DDR aus: „Es gehe[n] beide[n]
Seiten [, je] von ihren Voraussetzungen aus, um die Verantwortung für
die gleiche Welt [und] für den gleichen Menschen. Und dieser Mensch
ist nun einmal [immer] zugleich Staatsbürger und Träger einer Grund-
überzeugung. Weil man den Mensch[en] nicht [9] zerteilen kann, sind
solche Begegnungen aller Art nicht nur nützlich, sondern lebensnotwendig."[203] Diese Erwiderung seitens der Vertreter der Evangelischen
Kirchen sollte für die nächsten Jahre als verbindliche Erklärung betrachtet werden und als Richtschnur des Umganges mit kirchlichen
Vertretern gelten.
Zu den wichtigsten Grundsätzen der Politik unserer Partei und Regierung in Kirchenfragen gehören:
1) Die Politik gegenüber den Kirchen wird stets in die Gesamtpolitik
der Partei eingeordnet. Sie wird der Lösung der Hauptaufgabe untergeordnet. Sie wird so angelegt, daß sie den Kampf der Partei an den
entschiedensten Fronten der Klassenauseinandersetzungen unterstützt
und der Störfaktor Kirche so gering wie möglich zur Wirkung kommt.
Gegenwärtig bedeutet dies, daß in Verwirklichung der Linie des X.
Parteitages[204] im Hinblick auf die außen- und friedenspolitischen Erfordernisse und unter Berücksichtigung der gegenwärtigen Klassen-
kampfsituation die Politik in Kirchenfragen vor allem darauf gerichtet
ist, das Engagement der Kirchen und ihrer Amtsträger für die Friedenssicherung, für die Abrüstung und gegen die NATO-Hochrüstung
zu erhöhen und entschiedener zu gestalten.
2) Die Politik in Kirchenfragen ist so gestaltet, daß sich die Bürger

---

202   Vgl. Dok. 56.
203   Korrigiert nach: Kirche als Lerngemeinschaft, 214.
204   Vgl. Dok. 67, Anm. 70.

christlichen Glaubens immer enger mit unseren politischen und ökonomischen Zielsetzungen verbunden fühlen und ihren Beitrag bei der
Erhöhung des erforderlichen Leistungszuwachses und bei der allseitigen Stärkung der DDR leisten. In einer Zeit, in der wir erhöhten Anforderungen an die Leistungsbereitschaft und den Leistungswillen all
unserer Bürger stellen, gilt es für die Verwirklichung der hochgesteck-
ten Ziele alle Potenzen zu erschließen. Auch der Bürger christlichen
Glaubens soll mit seinem Kopf begreifen und in seinen Gefühlen bejahen, was seine Hände tun.

3) Ein weiterer Grundsatz der Politik in Kirchenfragen ist die gleichberechtigte und gleichverpflichtende Einbeziehung auch der christlichen Bürger in die Lösung gesellschaftlicher Ziel- [10] setzungen. Wir
beeinflussen die Haltung der Kirchen gegenüber dem Staat und seiner
Politik wesentlich dadurch, daß wir niemand wegen seines Glaubens
von der Mitarbeit in Politik und Gesellschaft ausschließen. Im Gegenteil, es ist und bleibt ein Grundsatz unserer Politik, alle Bürger einzubeziehen in unser humanes Aufbauwerk zum Wohle aller.

4) Ein Grundsatz war und bleibt die Beachtung der Differenziertheit
in der politischen Haltung kirchlicher Amtsträger. Wir haben es bei
ihnen nicht mit einer homogenen, reaktionären Größe zu tun. Vor uns
steht die Aufgabe, genau zu differenzieren und diesen Differenzierungsprozeß in unserem Interesse politisch-operativ zu beeinflussen.
Das heißt, loyal gegenüber unserem Staat handelnde, im Friedenskampf engagierte kirchliche Kräfte in ihrem Tun zu ermuntern, reaktionäre Kräfte zu zügeln und zu isolieren. Unentschiedene, schwankende, zeitweilig verwirrte und irritierte Kirchenleute und christlich
gläubige Bürger sind auf politisch vernünftige Positionen zu ziehen.

5) Auf die Kirche als Institution bezogen gehört zu den Grundsätzen
der Politik von Partei und Regierung in Kirchenfragen die strikte Verwirklichung des Prinzips der Trennung von Staat und Kirche. Die Anerkennung der politischen Macht der Arbeiterklasse und ihrer führenden Rolle ist eine Grundbedingung für geordnete verfassungsgerechte
Beziehungen der Kirche zum Staat. Es war deshalb von großer Wichtigkeit, daß dieses Prinzip im Gespräch vom 6. März 1978 auch kirchlicherseits ausdrücklich anerkannt und hervorgehoben worden ist. Die
in diesem Gespräch bekräftigten Grundsätze haben sich seither als
tragfähige Grundlage für die Beziehungen von Staat und Kirche erwiesen. Dadurch, daß unsere Staatsorgane in der zurückliegenden Zeit die
Vertreter der Kirchen ständig auf deren eigene Verantwortung für einen geordneten Verlauf kirchlicher Veranstaltungen hingewiesen und
diese Verantwortung erforderlichenfalls auch eingefordert haben, wurde ein weiteres Mal kirchlicherseits die Erkenntnis vertieft, daß die im
Gespräch vom 6. März 1978 bekräftigten Grundsätze und der damit
beschrittene Weg keine Einbahnstraße markiert. [11] Nach dem
Grundsatzgespräch vom 6. März 1978 hat sich, wie vom X. Parteitag
unserer Partei ausdrücklich betont wurde, im Ergebnis der kontinuierlichen und stabilen Fortführung der bewährten Politik in Kirchenfragen, das Verhältnis zwischen dem sozialistischen Staat und den Kirchen in der DDR weiter positiv entwickelt und zu einem geordneten
Leben nebeneinander geführt.

In diesem Prozeß hat vor allem die Anzahl jener kirchlichen Amtsträger zugenommen, die verstanden haben, daß den Interessen der Kirchen am besten gedient ist, wenn sie die von ihnen selbst gewählte

Formel „Kirche im Sozialismus" zum Leitmotiv ihres Handelns nehmen.
Die sich damit innerhalb der Kirchen vollziehenden Differenzierungsprozesse sind von großem politisch-operativen Interesse. Wir müssen dabei realistisch einschätzen, daß es den kirchlichen Amtsträgern und aktiven Laienchristen nicht primär um den realen Sozialismus, sondern vielmehr um das weitere Wohlergehen der Kirchen in der sozialistischen Gesellschaft geht.
Die Kräftepolarisierung hat aber auch bei einer Reihe kirchlicher Amtsträger und Laienchristen zu einer Position geführt, aus der zu erkennen ist, daß sie die Formel „Kirche im Sozialismus" vor allem mit der sogenannten Wächterrolle[205] zu identifizieren versuchen. Sie erheben Anspruch auf gesellschaftliche Verantwortung und dünken sich als kritisches Korrektiv (kritische, berichtigende Kräfte) gegenüber dem sozialistischen Staat. Das bedeutet nichts anderes, als daß Vertreter der Kirche weiterhin sich anmaßen wollen, die Politik des sozialistischen Staates kirchlicherseits öffentlich abzusegnen oder zu verdammen. Ein solches Auftreten eines Teiles kirchlicher Amtsträger bewirkt, daß politisch-ideologisch indifferente, oppositionelle und feindlich-negative Kräfte, zumeist nicht aus religiösen Gründen, sondern aufgrund ihres gestörten Verhältnisses zur Arbeiter-und Bauern-Macht, glauben, unter der in der Verfassung garantierten Glaubens- und Gewissensfreiheit, ihre feindlich-negativen Pläne und Absichten verwirklichen zu können. Durch eine solche von bestimmten kirchlichen Kreisen geduldete, teilweise bewußt gewollte Einbeziehung dieser Personen, wie z.B. nichtchristlich gebundene Schriftsteller, Künstler, Liedermacher, aber [12] auch politisch-ideologisch zweifelhafte Naturwissenschaftler im Zusammenhang mit ökologischen Plänen und Absichten, werden die Kirchen bzw. Einrichtungen der Kirchen mißbraucht als Sammelbecken für „Andersdenkende", was auch zu Erscheinungen der Überfremdung und Entfremdung kirchlicher Tätigkeit führt. Diese Positionen kirchlicher Amtsträger widersprechen dem verfassungsrechtlichen Grundsatz der Trennung von Staat und Kirche.
Bei der Fortführung der bewährten Politik in Kirchenfragen in den 80er Jahren geht die Partei und Regierung von dem im positiven Sinne veränderten Kräfteverhältnis innerhalb der Kreise kirchlicher Amtsträger und christlicher Bürger in der DDR aus.
2. *Die Charakterisierung des Mißbrauchs der Kirchen in der DDR*
Der Mißbrauch der Kirchen in der DDR ist eine Erscheinungsform der Feindtätigkeit. Er ist auf die Inspirierung, Organisierung und Durchführung politischer Untergrundtätigkeit sowie auf die Schaffung innerer antisozialistischer oppositioneller Bewegungen gerichtet. Charakterisiert wird er durch die Versuche feindlicher Stellen und kirchlicher Einrichtungen im Operationsgebiet im Zusammenwirken mit feindlich-negativen Kräften innerhalb und außerhalb der Kirchen in der DDR, den rechtlich gesicherten Handlungsraum der Kirchen in der DDR auszuweiten bzw. zu überschreiten und die legalen kirchli-

---

205 Die Vorstellung vom Wächteramt der Kirche geht auf Ez 3 zurück. „Insofern als
     die Kirche in Ausübung ihres Verkündigungsauftrages in jener mittelbaren Weise
     Fragen des politischen Bereichs ihrer Beurteilung unterziehen muß, hält sie sich
     für befugt, ein *Wächteramt* hinsichtlich der öffentlichen Ordnung auszuüben [...],
     und von ihrer Einsicht in das Ziel der Welt her berufen, bestimmte Grenzen des
     staatlichen Ermessens bei der Machtausübung aufzuzeigen" (*Pirson*, 2279).

chen Handlungsmöglichkeiten für antisozialistische Ziele zu mißbrauchen.

Die Praxis zeigt, daß gerade die Bestrebungen, unter Mißbrauch der Kirchen die Zielgruppen des Gegners in der DDR antisozialistisch zu mobilisieren, [13] ein auffälliges Zusammenspiel zwischen feindlich-negativen Kräften inner- und außerhalb der Kirchen zeigen.

Es ist in der Gegenwart angesichts der Eskalation, der Komplexität und Vielgestaltigkeit der antisozialistischen Aktivitäten, die unter Mißbrauch der Kirchen in der DDR realisiert werden, nicht leicht, ein hinreichend differenziertes, anschauliches Erscheinungsbild des gegnerischen Vorgehens verallgemeinernd darzustellen. Die Erfahrungen aus der politisch-operativen Arbeit unseres Ministeriums besagen, daß es dringend notwendig ist, noch klarer zwischen Mißbrauchshandlungen zu antisozialistischen Zwecken und anderen vielgestaltigen kirchlichen Aktivitäten zu unterscheiden. Ausgehend von der vorn bereits dargelegten Strategie und Taktik der Politik der Partei und Regierung in Kirchenfragen als Grundlage des Differenzierungsprozesses müssen folgende Handlungsgruppen unterschieden werden:

1) Kirchliche Aktivitäten innerhalb des rechtlich gesicherten Handlungsraumes für die Religionsausübung;

2) Kirchliche Aktivitäten, die den rechtlich gesicherten Handlungsraum für die Religionsausübung ausweiten bzw. überschreiten, jedoch eine verfassungsgemäße Wahrnehmung staatsbürgerlicher Grundrechte und Freiheiten durch kirchliche Amtsträger und Gläubige darstellen und ihrem Wesen nach eine fortschrittliche gesellschaftspolitische Tendenz beinhalten;

3) Kirchliche Aktivitäten, die den rechtlich gesicherten Handlungsraum für die Religionsausübung zur Realisierung spezifischer kirchlicher Interessen überschreiten. Derartige Aktivitäten mit zum Teil indifferenter politischer Tendenz werden vom sozialistischen Staat weitgehend toleriert, da sie in der Regel nicht im Widerspruch zu den Grundsätzen und Zielen der Verfassung stehen;

4) Mißbrauchshandlungen reaktionärer und feindlich-negativer Kräfte und Gruppierungen innerhalb und außerhalb der Kirchen zur Realisierung antisozialistischer Ziele und Absichten. [14]

Darüber hinaus erweist es sich unbedingt als notwendig, auch innerhalb objektiv eindeutig nachgewiesener Mißbrauchshandlungen genauer zu differenzieren. Das trifft hinsichtlich der möglichen oder tatsächlichen Folgen, Gefährdungen und Schäden ebenso zu wie für die subjektive Seite, den Motivationen, Absichten, Zielvorstellungen.

Alle Aktivitäten, Handlungen von Kräften innerhalb und außerhalb der Kirchen sind, entsprechend den im ersten Teil der politisch-operativen Fachschulung in diesem Zyklus vermittelten Kenntnissen, politisch-operativ zu werten. Handelt es sich um tolerierte Ausweitungsversuche, sind es Erscheinungen, die dem Vorfeld politischer Untergrundtätigkeit zuzurechnen sind, oder muß von politischer Untergrundtätigkeit gesprochen werden? Eine derartige Entwicklung ist für die Durchführung politisch-operativer Maßnahmen von außerordentlicher Bedeutung. Unter diesen Gesichtspunkten sind die nachfolgenden Darlegungen zum Erscheinungsbild des Mißbrauchs der Kirchen in seiner ganzen Breite und Vielfalt zu betrachten. Bei der Darstellung des Erscheinungsbildes des Mißbrauchs der Kirche sind unter Zugrun-

delegung inhaltlicher Gesichtspunkte vor allem 4 Gruppen zu unterscheiden:
1) Das Zusammenwirken mit feindlichen Stellen und Kräften im Operationsgebiet
Gegenwärtig besteht ein ganzes System von Verbindungen seitens einer Vielzahl von Organisationen, Einrichtungen und Kräften imperialistischer Staaten, insbesondere der BRD, zu den Kirchen in der DDR.
So verschieden die Art der Verbindung, die angewandten Mittel und
Methoden auch sind, haben doch fast alle Stellen das Ziel, auf die Kirchen in der DDR im Sinne imperialistischer Politik Einfluß zu nehmen
und sie gegen den real existierenden Sozialismus zu mißbrauchen. Sehr
enge Kontakte und daraus resultierende Einflüsse auf die Kirchen der
DDR sind durch die BRD-Kirchen gegeben.
Trotz formaler Trennung im Jahre 1969 lassen sich die Evangelischen
Kirchen in der BRD und in der DDR nicht von der zwischen Kirchen
verschiedener Staaten bzw. Konfessionen üblichen ökumenischen Arbeit leiten. Sie betonen stets eine „besondere Gemeinschaft der ganzen
Evangelischen Christenheit in Deutschland"[206] und von [15] dieser
Position aus gestalten sie ihre Beziehungen.
Bei der katholischen Kirche ist die Situation folgende: Sie ist zum ei-
nen Weltkirche, d.h. von Rom zentral gelenkt, und zum anderen erfolgte dabei zum gegenwärtigen Zeitpunkt noch keine kirchenrechtli-
che Trennung zwischen der Katholischen Kirche der BRD und der Katholischen Kirche in der DDR[207].
Ein entscheidendes Moment in den Beziehungen zwischen den Kir-
chen sind die ständigen Treffen der führenden Repräsentanten der
„Evangelischen Kirche in Deutschland" mit denen des „Bundes der
Evangelischen Kirchen in der DDR" sowie Vertretern der „Deutschen
Bischofskonferenz" mit denen der „Berliner Bischofskonferenz". Sie
stellen Foren der Abstimmung der Grundpositionen der Kirchen in
jeder Beziehung dar.
Von größter politisch-operativer Bedeutung ist die Partnerschaftsarbeit, die in den Evangelischen Kirchen besonders stark ausgeprägt ist.
Jede der evangelischen Landeskirchen in der DDR hat eine oder zwei
Partnerkirchen in der BRD. Zwischen diesen werden getreu der „besonderen Gemeinschaft" sowie der Fiktion der Regierung der BRD
von der Kirche als „Gesamtdeutsche Klammer" eine Vielzahl von Partnerschaftstreffen organisiert und durchgeführt[208].
Dies betrifft die Leitungen der Landeskirchen ebenso wie die Superintendenturen und Kirchengemeinden. Besonderer Wert wird von beiden
Seiten auf massenhafte Kontakte an der Basis, in den Gemeinden gelegt. Zunehmende (auch politisch-operative) Bedeutung erlangen auch
die Partnerschaften zwischen den „Evangelischen Studentengemeinden"[209] und den „Jungen Gemeinden", wobei die Aktivitäten überwie-

206   Diese Formulierung ist der Ordnung des Bundes der evangelischen Kirche in der
      DDR entnommen. Im Art. 4.4 heißt es: „Der Bund bekennt sich zu der besonde-
      ren Gemeinschaft der ganzen evangelischen Christenheit in Deutschland" (zit.
      nach: Henkys, Bund, 39-40, hier: 35; vgl. dazu auch Dok. 52, Anm. 2 sowie Hen-
      kys, Kirche-Staat-Gesellschaft, 34 f.).
207   Vgl. dazu Knauft, 167-177.
208   Diese gehen auf Verabredungen zurück, die z.T. bis in die vierziger und fünfziger
      Jahre zurückreichen. Vgl. Henkys, DDR-Kirchen, 190.
209   Zu den „Freiräumen", die die evangelischen Studentengemeinden in der DDR

gend vom BRD-Partner ausgehen. Fast alle „ESG" in der DDR verfügen bereits über stabile Beziehungen zu entsprechenden Kreisen der BRD und Westberlin, während bei der „JG" ein Anstieg und Ausbau der Zahl bzw. Intensität der Partnerschaftsbeziehungen zu verzeichnen ist. Neben religiösen Themen stehen bei den Partnerschaftstreffen auf allen Ebenen in verstärktem Maße politisch brisante Probleme im Mittelpunkt der Veranstaltungen. Zu ihnen gehören z.b. Fragen der Kirchenpolitik in der DDR und das Verhältnis Staat-Kirche oder die Abgrenzung der Kirchen in der [16] DDR von denen in der BRD. Ferner sind diesbezüglich die Themen „Erhaltung des Friedens aus kirchlicher Sicht", „Die Erziehung zum Frieden", aber auch Diskussionen über Wehrerziehung, Wehrdienst, sozialen Friedensdienst und Ökologiefragen zu nennen.

Wenn auch nicht in so ausgeprägtem Maße wie bei den Evangelischen Kirchen werden doch auch in der katholischen Kirche Partnerschaften, speziell in den Bereichen der Akademiker-, Studenten- und Pfarrgemeindekreise, angestrebt.

Neben den Spitzenkontakten und Begegnungen im Rahmen der Partnerschaftsarbeit ist es tägliche Praxis, daß Treffen im Rahmen der verschiedensten Arbeitskreise, Gemeinschaften u.a. auf allen kirchlichen Ebenen, aber auch private oder als Touristenreisen getarnte Zusammenkünfte realisiert werden. In der politisch-operativen Arbeit müssen wir davon ausgehen, daß in den Kirchen der BRD in überaus reichlichem Maß feindlich-negative Kräfte tätig sind. Ihr erklärtes Ziel ist es, in der DDR unter Mißbrauch der Kirchen eine vom Staat unabhängige Friedensbewegung zu installieren, die politisch-ideologische Diversion zu forcieren sowie politische Untergrundtätigkeit zu inspirieren und zu organisieren. Unter diesen Gesichtspunkten gilt es, alle Kirche-Kirche-Kontakte zu analysieren und politisch-operativ zu werten.

Neben diesen ausführlich dargestellten Beziehungen der Kirchen der BRD zu den Kirchen in der DDR ist es notwendig, auf weitere Organisationen, Einrichtungen und Kräfte des Operationsgebietes hinzuweisen, die zielgerichtet Kontakte zu den Kirchen in der DDR aufbauen und im feindlich-negativen Sinne Einfluß ausüben.

Angefangen von der Regierung, den systemtragenden Parteien und der Ständigen Vertretung der BRD in der DDR, den diplomatischen Vertretungen imperialistischer Staaten in der DDR reicht die Spanne bis zu den verschiedensten Geheimdiensten der westlichen Welt. Auf Grund ihrer diesbezüglichen Bedeutung müssen an dieser Stelle die Journalisten / Korrespondenten imperialistischer Massenmedien, ehemalige bzw. sich mit staatlicher Genehmigung in der BRD und Westberlin längerfristig aufhaltende Bürger der DDR sowie internationale kirchliche Organisationen und Einrichtungen genannt werden. [17]

2) Die Herstellung bzw. Übernahme und Verbreitung antisozialistischer Konzeptionen und Plattformen

Die Kirchen in der DDR verfügen über ausgezeichnete Möglichkeiten für die Herstellung bzw. Übernahme und Verbreitung antisozialistischer Konzeptionen und Plattformen.

So besitzen sie, angefangen von Büro-, Schreib- und Rechentechnik bis zu kircheneigenen Druck- und Vervielfältigungsanlagen, die zumeist modernste Technik westlicher Staaten darstellen, alle notwendigen ma-

„Minderheiten" gaben, vgl. den Artikel von *Bayer*.

teriell-technischen Voraussetzungen. Auch zur Verbreitung der gefertigten Erzeugnisse benutzen sie außer Möglichkeiten der Deutschen Post eigene Vertriebs- bzw. Verteilformen. Dazu gehören Ausleihstellen, Materialien zum Mitnehmen, das Überbringen von Unterlagen durch Boten, aber auch Schaukästen, Aushänge und Informationstafeln.

Hinsichtlich der eigenen Herstellung von feindlich-negativen Konzeptionen und Plattformen treten die Ausbildungs- und Forschungseinrichtungen der Kirchen besonders in Erscheinung. Spezielle Studien- und Arbeitsgruppen bzw. Arbeitskreise auf den verschiedensten Organisationsebenen sind als weitere diesbezügliche Bereiche zu nennen. Solche, aus dem kirchlichen Bereich heraus erarbeiteten antisozialistischen Konzeptionen und Plattformen sind meistens durch das Vorhandensein von theologischen und politischen Argumenten geprägt. Am deutlichsten sichtbar wird der antisozialistische Inhalt derartiger Dokumente, Losungen und Symbole dann, wenn sie auf der unteren kirchlichen Ebene oder außerhalb der Kirchen gefertigt wurden. In ihnen werden unverblümt, ohne wesentliche Verschleierungsbemühungen, die staatsfeindlichen Grundeinstellungen ihrer Schöpfer und Inspiratoren erkennbar. Ein Beispiel hierfür ist die ursprünglich als Eingabe gedachte Initiative des Dresdener Pfarrers Wonneberger zur Einführung eines „Sozialen Friedensdienstes" (SOFD)[210]. Unverkennbar steht hier das Modell des Wehrersatz- und Zivildienstes der BRD für eine geforderte „Alternative" zur allgemeinen Wehrpflicht für DDR-Bürger Pate. Viele derartige Konzeptionen werden zunächst [18] nicht schriftlich fixiert bzw. danach streng konspiriert und mit der Bildung konspirativer Gruppierungen verknüpft. Ihre erstmalige Veröffentlichung erfahren sie gelegentlich in bestimmten westdeutschen Medien wie z.b. in Löwenthals ZDF-Magazin oder der Westberliner Zeitschrift L 80.

Kirchenoffizielle Dokumente enthalten im Gegensatz zu den bisher genannten „Produktionen" in der Regel nur Bruchstücke der ursprünglichen antisozialistischen Konzeptionen, Plattformen. Wie mehr oder weniger geschickt die eingeflochtenen feindlich-negativen Passagen in derartigen Materialien sein können, dafür gibt es viele Beispiele. Die überwiegende Zahl der Formen derartigen Mißbrauchs der Kirchen in der DDR muß dem Vorfeld der politischen Untergrundtätigkeit zugeordnet werden.

3) Die Suche, Sammlung und Zusammenführung feindlich-negativer Kräfte und irregeleiteter Personen

Die Kirchen in der DDR besitzen in der Gestalt von Kirchen, Klöstern, innerkirchlichen Ausbildungsstätten, Kapellen, Gemeindehäusern und anderen Gebäuden in fast jeder Ortschaft Räumlichkeiten zur Durchführung ihrer religiösen Veranstaltungen. Hinzu kommt, daß sie in den letzten Jahren angesichts des fortschreitenden Verweltlichungsprozesses große Anstrengungen unternehmen, attraktive Veranstaltungen für alle Alters- und Interessenbereiche zu bieten, um so verstärkt dem Einflußschwund zu begegnen. Auf Grund ihrer bereits seit längerer Zeit laufenden Bemühungen, entsprechende Ausbildungen und Schulungen durchzuführen, verfügen sie über einen umfangreichen, qualifizierten Kaderbestand. Als Beispiele, die die neuen Formen und

210 Vgl. Dok. 61.

Wege der kirchlichen Arbeit charakterisieren, seien hier nur die sogenannte „offene Jugendarbeit" sowie die Akademiker- und Hauskreisar-
beit genannt. Gegenüber herkömmlichen kirchlichen Veranstaltungen
ist das religiöse Moment in der „offenen Jugendarbeit" verhältnismäßig
gering. Vielmehr dominieren Musik und Tanz, Ausflüge, Wanderungen
sowie Diskussionen zu weltlichen Themen. [19]
Es muß ferner gesehen werden, daß sich die Kirchen in der DDR seit
einigen Jahren verstärkt der Betreuung von sogenannten gesellschaftlichen „Randgruppen" widmen. Zu derartigen Kreisen gehören Asoziale, Alkohol- und Suchtkranke, Haftentlassene, Homosexuelle, Punker
und andere „Aussteiger".
Wie in der „offenen Jugendarbeit" und den anderen genannten Bereichen zeigen sich auch hier Bestrebungen zur Ausweitung des rechtlich
gesicherten Handlungsraumes der Kirchen. Diese liegen zwar in ihrer
Mehrheit nicht im Bereich der Mißbrauchshandlungen, wirken aber
dafür begünstigend. Und gerade hinter diesen, bis zu einem gewissen
Grad staatlich-rechtlich tolerierten Aktionsformen der Kirchen in der
DDR versuchen sich in verstärktem Maße feindlich-negative Kräfte zu
verbergen. Hier sehen sie eine reale Chance, ungehindert die Suche,
Sammlung und Zusammenführung oppositioneller Kräfte zu realisieren. Unter diesem „Schutzschild" Kirche wollen sie die Schaffung einer
antisozialistichen Bewegung erreichen und selbst unerkannt bleiben.
Gegenwärtig konzentrieren sich derartige gefährliche Bestrebungen zur
Schaffung antisozialistischer Gruppierungen unter Mißbrauch der Kirchen in der DDR insbesondere auf die Bildung sogenannter als „Friedenskreise" bezeichnete Basisgruppen. Feindlich-negative Kreise inner-
und außerhalb der evangelischen Kirchen sind eifrig bemüht, oppositionelle junge Christen, Wehrdienstverweigerer, Bausoldaten, Pazifisten
u.a. zu suchen und in solchen Basisgruppen zu sammeln und zusammenzuführen. Hierbei nehmen sie bewußt die Konfrontation mit dem
Staat, aber auch zum Teil die entschiedene Ablehnung derartiger Aktivitäten durch die entsprechende Kirchenleitung in Kauf. Die Drahtzieher dieser Maßnahmen wollen eine möglichst große Breite an weltanschaulicher, beruflicher und politischer Zusammensetzung erreichen.
Für die Vielzahl der Basisgruppen wird zur Zeit zum einen versucht,
speziell für den harten Kern der Gruppen, ein Koordinierungszentrum
zu schaffen, zum anderen sollen aber über die föderalistischen kirchlichen
Strukturen erhalten bleiben. Damit soll der Zugriff durch staatliche
Organe erschwert werden. Die Inspiratoren und Organisatoren derartiger „Friedenskreise" treten in ihrer Mehrheit mit ab- [20] solut feindlich-negativen Positionen auf und sind in der Regel bereits politisch-
operativ bekannte Größen. Sie nutzen jede sich bietende Möglichkeit
zur Vergrößerung ihrer Mitläuferschar, aber auch dazu, die Stoßrichtung ihrer Aktionen wirksam zu verschleiern. In diesem Zusammenhang dürfen aus politisch-operativer Sicht auch nicht die verstärkt auftretenden Aktivitäten zur Schaffung von Arbeitsgruppen Ökologie /
Umweltschutz sowohl in den „Jungen Gemeinden", den ESGen als
auch [in] Haus- und Familienkreisen außer acht gelassen werden. Dies
ist Ausdruck dafür, daß feindlich-negative Kräfte bestrebt sind, die
Friedensproblematik mit weiteren Themen zu verbinden.
4) Die Vorbereitung und Durchführung antisozialistischer Aktionen
und Maßnahmen
Die Kirchen in der DDR haben ständig die Möglichkeit, durch unter-

schiedlichste Veranstaltungen massenwirksam zu werden. Angefangen von Gottesdiensten über gemeinsames Singen und Beten bis zu kirchlichen Großveranstaltungen, wie Kirchentagen, Wallfahrten u.ä., reicht die traditionelle kirchliche Arbeit.

In den letzten Jahren treten sie aber auch in verstärktem Maße mit „modernen Verkündigungsformen" in Erscheinung, wo neue Wege der Öffentlichkeitsarbeit erprobt und praktiziert werden. Eine von ihnen ist die bereits mehrfach genannte „offene Jugendarbeit". Dazu gehören auch die politisch-operativ bekannten „Blues-Messen", „Friedensgottesdienste" und „Friedensseminare" sowie „Umweltschutzaktionen". Charakteristisch für derartige Veranstaltungen ist das faktische Zurücktreten bzw. das völlige Verschwinden religiöser Elemente. Zur Abrundung des Bildes der diesbezüglichen kirchlichen Möglichkeiten sei noch an die Gegebenheiten der modernen Öffentlichkeitsarbeit erinnert, die in Form der kirchlichen Verlage, Buchhandlungen, Antiquariate, kirchlichen Presse-, Rundfunk- und Fernseharbeit existiert. Gerade die kirchlichen Möglichkeiten, Menschen aller Klassen und [21] Schichten, aller Alters- und Interessengruppen zu erreichen, scheinen ihnen derzeit die geeignetsten zu sein.

Auf Grund dessen sind sie intensiv bestrebt, auf unterschiedlichste Art und Weise die vielgestaltigen Formen kirchlichen Lebens zu unterlaufen und für ihre Zwecke umzuprofilieren. So werden die verschiedenen Formen legitimer bzw. tolerierter Öffentlichkeitsarbeit für Handlungen, die den religiösen Anliegen und Inhalten zuwiderlaufen, mißbraucht. Charakteristisch für die öffentlichkeitsorientierten, antisozialistischen Aktionen ist die enge Verbindung zu westlichen, insbesondere BRD-Medien. Diese sind sowohl politisch als auch professionell daran interessiert, die jeweiligen Aktivitäten zu dokumentieren und publizistisch auszuschlachten. Unter Mißbrauch der Kirchen in der DDR werden gegenwärtig folgende öffentlichkeitswirksame, antisozialistische Aktionen und Maßnahmen realisiert:

– Das Organisieren und Durchführen von Veranstaltungen inner- und außerhalb der Kirchen, die angereichert sind mit antisozialistischen Inhalten.

– Die Organisierung von Meinungsumfragen, Eingaben, offenen und persönlichen Briefen an Spitzenfunktionäre des Parteiapparates mit antisozialistischer Stoßrichtung.

– Provokativ-demonstrative Handlungen in der Öffentlichkeit.

Analysiert man die Vielzahl der angeführten Mißbrauchshandlungen, werden folgende charakteristische rechtliche Merkmale deutlich:

1. Sie stellen keine ausschließlich religiöse Tätigkeit im Sinne des verfassungsmäßigen Grundrechts auf freie Religionausübung dar.

2. Sie verstoßen gegen Grundsätze und Ziele der Verfassung der DDR.

3. Sie verletzen in der Regel konkrete Rechtsvorschriften der DDR.

4. Sie gehen von Kräften aus oder werden von Kräften durchgeführt, die mit feindlichen Zielstellungen handeln. [22]

Diese rechtliche Charakterisierung ermöglicht in Verbindung mit der richtigen politischen und politisch-operativen Bewertung der vielgestaltigen Aktivitäten im kirchlichen Bereich das rechtzeitige Erkennen von Mißbrauchshandlungen und deren Abgrenzung von Handlungen, die keine Feindtätigkeit darstellen.

Sie bildet zugleich die Grundlage für zielgerichtete Beweisführungsmaßnahmen bei der Aufdeckung, vorbeugenden Verhinderung und Bekämpfung des Mißbrauchs der Kirchen.

Mißbrauchshandlungen mit hoher Gesellschaftsgefährlichkeit, die sich gegen die politischen, ideologischen, militärischen und ökologischen Grundlagen der sozialistischen Staats- und Rechtsordnung in ihrer Gesamtheit richten, sind Bestandteil der politischen Untergrundtätigkeit. Sie sind nicht selten durch eine Verquickung konspirativer Mittel und Methoden mit öffentlichkeitswirksamem und scheinlegalem Vorgehen gekennzeichnet.

Mißbrauchshandlungen, die diese hohe Gesellschaftsgefährlichkeit nicht aufweisen, jedoch als gesellschaftswidrige, oppositionelle bzw. feindlich-negative Verhaltensweisen in ihren praktisch-politischen Konsequenzen und Entwicklungstendenzen eine reale Bezogenheit zur politischen Untergrundtätigkeit haben und in diese umschlagen können, sind der politischen Untergrundtätigkeit vorgelagerte Erscheinungen. [23]

3. Erfordernisse und Aufgaben des MfS bei der Aufdeckung, vorbeugenden Verhinderung und Bekämpfung des Mißbrauchs der Kirchen in der DDR

Die Erkenntnisse aus der politisch-operativen Arbeit bestätigen, daß der Mißbrauch der Kirchen für das subversive Vorgehen zu einer bestimmenden Komponente der antisozialistischen Strategie und Taktik des Feindes wurde. Auf Grund dessen stehen in den kommenden Jahren auf diesem spezifischen Gebiet folgende Hauptanforderungen vor dem MfS:

1) Der Einsatz der spezifischen Mittel und Methoden des MfS zur Gewährleistung der Durchsetzung und Weiterführung der bewährten Politik von Partei und Regierung in Kirchenfragen

Das bedeutet, dahingehend zu wirken, daß das Verhältnis zwischen Staat und Kirche entsprechend den Vereinbarungen des Genossen Honecker mit führenden Repräsentanten der Evangelischen Kirchen in der DDR vom 6. März 1978 weiter entwickelt wird. Das gleiche gilt für das Gespräch mit dem Vorsitzenden der Berliner Bischofskonferenz vom 15. Januar 1981[211]. Die Gewährleistung geordneter Beziehungen zwischen Staat und Kirche auf einer sachlichen, verständnisvollen und verfassungsgerechten Basis tragen wesentlich zur inneren Ruhe und Stabilität in der DDR bei.

2) Die Verhinderung des Mißbrauchs der Kirchen für feindliche Pläne, Absichten und Aktivitäten zur Unterbindung der politischen Untergrundtätigkeit und der Versuche zur Schaffung einer „inneren Opposition"

Das stellt eine Aufgabe dar, die für alle operativen Linien und Diensteinheiten zutrifft und die konsequente Bekämpfung aller diesbezüglichen Angriffe des Feindes erfordert.

So verlangt sie u.a. die rechtzeitige Aufdeckung und Zerschlagung aller Zusammenschlüsse feindlich-negativer Kräfte vor ihrer Profilierung, vor ihrem überregionalen Zusammenschluß als Basisgruppe zu einer inneren Opposition. Sie verlangt aber auch die weitere Zurückdrängung [24] des Einflusses feindlich-negativer Kreise auf Teile der Jugend

---

211   Das Gespräch zwischen Bischof Schaffran und Erich Honecker „blieb jedoch eine Episode" (*Zander*, Christen, 305), da der Nachfolger Schaffrans, Kardinal Meisner, an Gesprächen mit Honecker kein Interesse zeigte.

der DDR sowie die strikte Verhinderung der Bestrebungen zur Zusammenführung feindlich-negativer Kreise aus den Bereichen der
Kunst, der Kultur und der Intelligenz.

3) Unter Nutzung aller Möglichkeiten – nicht nur der tschekistischen – ist der Differenzierungsprozeß in den Kirchen, insbesondere in
den kirchenleitenden Gremien, unter den kirchlichen Amtsträgern und
aktiven Laien zu fördern

Das bedeutet zum einen die Unterstützung der progressiven kirchlichen Kräfte und zum anderen die Entlarvung der feindlich-negativen
Kreise in den Kirchen sowie die Verhinderung ihres Wirksamwerdens
in der Öffentlichkeit. Stets ist in der politisch-operativen Arbeit davon
auszugehen, daß die weitere politische Einbeziehung der kirchlichen
Amtsträger und kirchlich gebundenen Bürger ein langwieriger und
komplizierter Prozeß ist, der nicht durch unüberlegte oder überhastete
Maßnahmen gehemmt werden darf.

Es ist unter allen Umständen zu verhindern, daß die Realisierung politisch-operativer Maßnahmen als „Kirchenkampf" interpretiert werden
kann. Das gleiche trifft für Aktivitäten und Handlungen anderer staatlicher und gesellschaftlicher Organe zu. Sie dürfen keinesfalls die mühsam hergestellten Vertrauensverhältnisse zu progressiven sowie loyalen
kirchlichen Amtsträgern leichtfertig aufs Spiel setzen.

Ziel der weiteren Vertiefung des Differenzierungsprozesses muß es
auch sein, daß alle erforderlichen Auseinandersetzungen nicht zu einer
Konfrontation zwischen Staat und Kirche eskalieren, sondern innerkirchlich ausgetragen werden. Von außerordentlicher Bedeutung hinsichtlich der wirksamen Durchsetzung des Differenzierungsprozesses,
bei gleichzeitiger Konzentration auf die Verhinderung des Mißbrauchs
der Kirchen in der DDR, ist die noch eindeutigere Unterscheidung
zwischen Mißbrauchshandlungen zu antisozialistischen Zwecken und
anderen vielgestaltigen kirchlichen Aktivitäten. [25]

4) Die weitere Zurückdrängung bzw. Ausschaltung des Einflusses
feindlich-negativer Kreise innerhalb und außerhalb der Kirchen auf
Teile der Jugend der DDR

Hierbei geht es insbesondere darum, den Bestrebungen dieser feindlich-negativen Kräfte, möglichst viele Jugendliche an sich zu binden,
sie von unserer Ideologie und Politik zu lösen, zu feindlich-negativen
Aktivitäten zu inspirieren und als zukünftiges Potential oppositioneller
Bewegungen zu formieren, entschieden durch eine offensive gesellschaftspolitische Arbeit entgegenzuwirken.

5) Die weitere Qualifizierung des Zusammenwirkens mit den anderen
staatlichen Organen und gesellschaftlichen Kräften

6) Die noch wirksamere Entlarvung der aus dem Operationsgebiet gegen die DDR wirkenden feindlich-negativen Kreise

Es gilt, ihre verstärkten Bestrebungen, sich noch enger mit feindlich-
negativen Kräften in der DDR, darunter insbesondere derartigen
kirchlichen Kreisen, zusammenzuschließen, aufzudecken, vorbeugend
zu verhindern und zu bekämpfen. Besondere Beachtung müssen die
kirchlichen Partnerschaftsbeziehungen sowie die Aktivitäten von Mitarbeitern westlicher diplomatischer Vertretungen und akkreditierte
westliche Korrespondenten finden.

7) Die Verbesserung der konsequenten, differenzierten und flexiblen
Durchsetzung der sozialistischen Gesetzlichkeit

Das trifft für die gesamte Breite bei der Vorbeugung und Bekämpfung des Mißbrauchs des rechtlich gesicherten Handlungsraumes der Kirchen in der DDR für antisozialistische Aktivitäten zu. Es gilt die Einhaltung der sozialistischen Gesetzlichkeit durchgängig zu verbessern und noch stärker als Mittel der Disziplinierung in Anwendung zu bringen. Durch eine offensive Nutzung muß die sozialistische Gesetzlichkeit noch wirkungsvoller zur Durchsetzung der Politik von Partei und Regierung in Kirchenfragen beitragen. [26] Großer Wert ist auf eine umfassende und überzeugende Beweisführung zu allen diesbezüglichen Rechtsverletzungen zu legen. In diesem Zusammenhang ist es auch wichtig, offiziell verwertbare Dokumentierungen zu erarbeiten, die als Voraussetzung für differenzierte offizielle Maßnahmen mit hoher sicherheitspolitischer Wirksamkeit dienen.

8) Die weitere Qualifizierung der ideologischen Arbeit

Sie ist die Voraussetzung dafür, daß alle operativen Mitarbeiter noch besser in die Lage versetzt werden, bereits die ersten Ansätze von Versuchen des Feindes zum Mißbrauch der Kirchen zu erkennen und richtig operativ zu werten.

4. Die Aufgaben aller operativen Diensteinheiten bei der Aufdeckung, vorbeugenden Verhinderung und Bekämpfung des Mißbrauchs der Kirchen in der DDR und die daraus erwachsenden Anforderungen an die IM-Arbeit sowie das Zusammenwirken mit anderen staatlichen Organen und gesellschaftlichen Kräften

Alle operativen Linien und Diensteinheiten haben im Rahmen der ihnen übertragenen Verantwortung einen noch wirksameren Beitrag zur Aufdeckung, vorbeugenden Verhinderung und Bekämpfung des Mißbrauchs der Kirchen in der DDR zu leisten. Besonders deutlich wird dies, wenn man in Betracht zieht, daß es um den Kampf gegen politische Untergrundtätigkeit geht, die gegenwärtig im Mittelpunkt des subversiven Vorgehens des Gegners steht und die er zunehmend unter Mißbrauch der Kirchen in der DDR zu realisieren versucht. Dabei steht außer Frage, daß dieser Mißbrauch der Kirchen mit einer Vielzahl anderer politisch-operativer Probleme in den verschiedensten Verantwortungsbereichen verbunden ist – also keinesfalls auf den Bereich der Kirchen beschränkt bleibt.

Deshalb ist es erforderlich, die diesbezüglich zu lösenden Aufgaben in die politisch-operative Arbeit der jeweiligen Diensteinheit einzuordnen und entsprechend dem Schwerpunktprinzip differenziert zu lösen, wobei eine ständige Konsultation, Kooperation [27] und Abstimmung mit der Abteilung XX / 4 notwendig ist.

4.1 Die Aufgaben aller operativen Diensteinheiten bei der Aufdeckung, vorbeugenden Verhinderung und Bekämpfung des Mißbrauchs der Kirchen in der DDR

Ausgehend von der aktuellen politisch-operativen Lage sowie den Forderungen des Genossen Minister in der zentralen Planvorgabe für 1984 zur *Bekämpfung politischer Untergrundtätigkeit*[212] stehen insbesondere folgende Aufgaben vor allen operativen Linien und Diensteinheiten:

1) Die Aufklärung der Ausgangspunkte und die rechtzeitige Aufdeckung der Pläne, Absichten und Maßnahmen der äußeren sowie inneren feindlich-negativen Kräfte zum Mißbrauch der Kirchen in der DDR

Das bedeutet: Durch eine qualifizierte politisch-operative Arbeit sind

---

212 Gemeint ist die Zentrale Planvorgabe Mielkes vom 26.10.1983 (GVS MfS o008-12 / 83), 61-67 (B / 160).

alle Pläne, Absichten und Maßnahmen des Gegners rechtzeitig und umfassend aufzuklären. Das betrifft vor allem das konzeptionelle und praktische Vorgehen des Vatikans, kirchenleitender Gremien und Kräfte bzw. kirchlicher Einrichtungen und Organisationen, von Medien und Verlagen sowie den Einrichtungen der DDR- und Ostforschung. Gleiches gilt für die Emigrantenvereinigungen und solchen Feindzentren, wie der „IGFM"[213], „Hilferufe[214] von drüben", insbesondere hinsichtlich der von ihnen ausgehenden ideologischen Angriffe und geplanten subversiven Handlungen.

Das Zusammenwirken dieser Zentren, Kräfte mit inneren Feinden ist zu unterbinden. Im Innern der DDR gilt es, die von feindlich-negativen Kräften beabsichtigten, geplanten, vorbereiteten und versuchten feindlich-negativen Handlungen frühzeitig zu erkennen. Mittels entsprechender politisch-operativer Maßnahmen ist zu gewährleisten, daß diese Kräfte an der Realisierung derartiger Handlungen gehindert und öffentlichkeitswirksame Auswirkungen unterbunden bzw. eingeschränkt werden. Von hoher Aktualität und Bedeutung ist auch eine wirksame Mitarbeit aller operativen Linien und Diensteinheiten an der Aufklärung westlicher Diplomaten, Journalisten und Korrespondenten, die im Zusammenhang mit dem Mißbrauch der Kirchen in der DDR erkannt werden.

Hierbei ist eine enge Zusammenarbeit mit der HA II, den Abteilungen II der BV sowie der HA XX und den Abteilungen XX der BV zu praktizieren. Auf Grund ihrer operativen Relevanz sind [ist] den Partnerschaftsbeziehungen zwischen den Kirchen in der DDR und der BRD verstärkte Aufmerksamkeit zu schenken. Dies gilt insbesondere für die Kontakte an der Basis, in den Gemeinden. Von steigendem Interesse für die politisch-operative Arbeit sind auch die Rückverbindungen ehemaliger DDR-Bürger.

Das trifft besonders für jene Kreise zu, die in kirchlichen Institutionen und Organisationen in der DDR arbeiten und gegen den Staat wirken.

2) Die konsequente Führung des tschekistischen Kampfes gegen die äußeren und inneren feindlich-negativen Kräfte und ihre Handlungen

Zur Erfüllung dieser Aufgabenstellung gilt es unter Nutzung der spezifischen Möglichkeiten in den jeweiligen operativen Diensteinheiten einen wirksamen Beitrag zur Entlarvung der aus dem Operationsgebiet gegen die DDR wirkenden Kräfte zu leisten. Dabei ist insbesondere den kirchlichen Institutionen und Organisationen in der BRD und Westberlin verstärkte Aufmerksamkeit zu schenken.

In der DDR ist vor allem durch den Einsatz der tschekistischen Kräfte, Mittel und Methoden die Sammlung und Zusammenführung der verschiedenartigsten oppositionellen bzw. feindlich-negativen Kräfte unter Ausnutzung der kirchlichen Handlungsmöglichkeiten zu verhindern. In diesem Zusammenhang ist die Bearbeitung von Operativen Vorgängen bzw. die Realisierung Operativer Personenkontrollen noch stärker auf die Inspiratoren und Organisatoren des Mißbrauchs der [29] Kirchen zu konzentrieren. Die Klärung der Frage „Wer ist wer?" unter den feindlich-negativen Kreisen, die im Zusammenhang mit dem Mißbrauch der Kirchen in der DDR erkannt werden, ist systematisch weiterzuführen. Hierbei ist es vor allem notwendig, noch gründlicher

213	Vgl. Dok. 78, Anm. 196.
214	Vgl. Dok. 78, Anm. 197.

zu prüfen und herauszuarbeiten, wer die Inspiratoren, die Organisatoren des Mißbrauchs der Kirchen, wer die aktiven feindlich-negativen Kräfte und wer Irregeleitete, Schwankende, Mitläufer oder Sympathisanten sind.

Es gilt, auch die spezifischen Potenzen aller operativen Linien und Diensteinheiten für die Fortsetzung des Differenzierungsprozesses in den Kirchen in der DDR zu nutzen. Es ist ein mit der Linie XX abgestimmter, differenzierter Beitrag zur Realisierung langfristig angelegter, perspektivischer Maßnahmen zur Zurückdrängung und Paralysierung feindlich-negativer Kräfte bzw. zur Unterstützung positiver und loyaler Kräfte in den Kirchen in der DDR zu leisten.

3) Die noch wirksamere Gestaltung der spezifisch vorbeugenden politisch-operativen Arbeit und ihre enge Verbindung mit dem offensiven politischen Kampf unter Ausschöpfung der gesellschaftlichen Potenzen In diesem Zusammenhang gilt es insbesondere durch das qualifizierte Zusammenwirken mit den zuständigen Organen und Einrichtungen, den Einfluß feindlich-negativer Kräfte aus den Kirchen auf jugendliche Kreise entschiedener zurückzudrängen. Dazu sind alle zur Verfügung stehenden Mittel und Möglichkeiten, speziell durch die verstärkte Ausrichtung der operativen Grundlagenarbeit, zu nutzen. Der Einsatz der IM / GMS ist in den jugendlichen Personenkreisen zu verstärken, die unter dem Einfluß bzw. im Blickfeld feindlich-negativer Kräfte aus den Kirchen stehen.

Das betrifft besonders kirchliche Jugendgemeinschaften und deren Arbeitskreise / Arbeitsgruppen, vor allem die sogenannten „Basisgruppen", ehemalige Bausoldaten, Jugendliche mit negativer Haltung zur Wehrerziehung sowie [30] Wehrdienstverweigerer. Ferner sind aber auch solche Kreise, wie religiös orientierte Schüler und Lehrlinge, Teilnehmer kirchlicher Jugendveranstaltungen und Jugendliche mit gesellschaftswidrigen Verhaltensweisen, einzubeziehen.

Durch die Nutzung gesamtgesellschaftlicher Potenzen ist ferner das Entstehen und Wirken feindlich-negativer „Basisgruppen", insbesondere in Form der „Friedenskreise", aktiv zu unterbinden bzw. zurückzudrängen. Das gleiche trifft auf die Versuche zu, über die Umweltschutzproblematik, verknüpft mit den Versuchen zur Schaffung einer „staatsunabhängigen Friedensbewegung" scheinlegale Wirkungsmöglichkeiten für feindlich-negative Kräfte zu schaffen. Die Versuche des Mißbrauchs kirchlicher und anderer Veranstaltungen zur Verbreitung feindlich-negativer Auffassungen und Konzeptionen sind ebenfalls mit aller Entschiedenheit zu verhindern. Das gilt insbesondere für die dabei immer wieder festzustellenden Versuche des Unterlaufens staatlicher Feststellungen, wie z.B. der Veranstaltungsordnung oder der Druck- und Vervielfältigungsgenehmigungen für demonstrativ-provokatorische, erpresserische und feindlich-negative Handlungen. In diesem Zusammenhang ist auch die Aufgabe zu sehen, die bestehenden technischen Möglichkeiten der Kirchen zur Herstellung von Druckerzeugnissen zu erfassen.

Damit müssen zugleich Voraussetzungen geschaffen werden, um vorbeugend ihren Mißbrauch zur Herstellung von Flugblättern, antisozialistischen Schriften u.a. zu vereiteln.

Ein weiteres Aufgabengebiet des Zusammenwirkens ist die Sicherung kirchlicher Großveranstaltungen. So ist z.B. durch abgestimmte Maßnahmen mit der Deutschen Volkspolizei öffentlichkeitswirksamen

Handlungen reaktionärer kirchlicher u.a. feindlich-negativer Kräfte
entgegenzuwirken. Über die Abteilungen Inneres kann und muß z.B.
Einfluß darauf genommen werden, daß kirchenleitende Gremien oder
kirchliche Amtsträger ihrer Verantwortung zur Gewährleistung von
Ordnung und Sicherheit während kirchlicher Veran- [31] staltungen
nachkommen.

4) Die Qualifizierung der Leitungsprozesse
Unter Berücksichtigung der behandelten Problematik sollen besonders
folgende Faktoren hervorgehoben werden:
Die Qualifizierung und der Ausbau des IM / GMS-Bestandes. Entsprechend den Erfordernissen der jeweiligen operativen Diensttätigkeit
ist der Bestand an inoffiziellen Mitarbeitern durch perspektivische
Werbung zu erweitern. In Abstimmung mit der Linie XX / 4 ist eine
Erweiterung sowie ein abgestimmter Einsatz der inoffiziellen Potenzen, besonders in kirchlichen Gremien der mittleren und unteren Ebene, in den kirchlichen Werken und Einrichtungen, unter Laien und der
kirchlichen Jugend erforderlich. An dieser Stelle sei auch an die Einholung der Genehmigung vom Leiter der Abteilung XX bei Werbungen
im kirchlichen Bereich erinnert. Eine Qualifizierung muß ebenfalls die
mit der HA XX abgestimmte Bearbeitung von Inspiratoren, Organisatoren und Hintermännern des Mißbrauchs der Kirchen in ZOV, OV
und OPK erfahren.
Eine weitere Qualifizierung ist auch auf dem Gebiet der Informationstätigkeit im MfS zu erreichen. Es besteht das Erfordernis, unverzüglich
die erarbeiteten, operativ bedeutsamen Informationen an die Auswer-
tungsorgane zu übermitteln. Werden Informationen genereller Bedeutung erarbeitet, sind diese zusammenzuführen, auszuwerten und für
die politisch-operative Arbeit aller operativen Diensteinheiten nutzbar
zu machen. [32]

4.2 Die weitere Qualifizierung der Arbeit mit den inoffiziellen Mitar-
beitern
Eine entscheidende Aufgabe aller operativen Linien und Diensteinhei-
ten bei der weiteren Vervollkommnung der operativen Kräfte und der
Erhöhung ihrer Wirksamkeit ist die Qualifizierung der Arbeit mit den
IM und die aufgabenbezogene Suche, Auswahl und Gewinnung neuer
IM entsprechend den erkannten und zu erwartenden Vorgehensweisen
des Feindes bei der Inspirierung und Organisierung politischer Untergrundtätigkeit.
Auf Grund dessen kann die Qualifizierung der IM-Arbeit sowie die
aufgabenbezogene Suche, Auswahl und Gewinnung neuer geeigneter
IM zur Unterbindung des Mißbrauchs der Kirchen in der DDR, der
Zurückdrängung feindlich-negativer Kräfte und der Stärkung der Positionen progressiver oder loyaler kirchlicher Kräfte keine nur linienspe-
zifische Aufgabe der Linie XX / 4 sein. Den neuen Sicherheitsanforderungen entsprechend muß sie, insbesondere an der kirchlichen Basis,
als notwendige Aufgabenstellung aller Linien und Diensteinheiten begriffen werden. Sie ist in die politisch-operative Arbeit zur Bekämpfung politischer Untergrundtätigkeit einzubeziehen und mit der Linie
XX / 4 abzustimmen.
Konzentrieren die HA XX / 4 und die Abteilungen XX / 4 der BV
ihre Arbeit zur Verhinderung des Mißbrauchs der Kirchen insbesondere auf zentrale Dienststellen der Kirchen, deren internationale Aktivitäten und auf die landeskirchliche Ebene, kommt es für die anderen

operativen Linien und Diensteinheiten darauf an, die kirchliche Basis, die sich in fast allen Verantwortungsbereichen zeigt, stärker in den Mittelpunkt der Aufmerksamkeit zu rücken.

Das bedeutet, daß sie die inoffizielle Arbeit in diesem Bereich entsprechend den Anforderungen zu qualifizieren haben. Schwerpunkte bilden hier die Personenkreise der kirchlichen Laien, der christlich gebundenen Jugendlichen sowie kirchliche [33] Laienfunktionäre, wie Kreissynodale, Mitglieder der Gemeindekirchenräte und Mitarbeiter der Superintendenturen. Ferner müssen Vertreter der Intelligenz, insbesondere Anhänger der sogenannten klassenneutralen Wissenschaftsethik, der Kunst- und Kulturschaffenden mit „alternativen Kunst- und Kulturauffassungen" zur Politik von Partei und Regierung, aber auch Angehörige der sogenannten gesellschaftlichen Randgruppen genannt werden. Angehörige oder Sympathisanten der „Jungen Gemeinde", der „Evangelischen" bzw. „Katholischen Studentengemeinden", des „Jungmännerwerkes", insbesondere die in diesen Bereichen tätigen „Friedenskreise" und andere „Basisgruppen" seien zur Komplettierung genannt.

Auf Grund der völlig unzureichenden IM-Basis im Bereich der kirchlichen Partnerschaftsarbeit gilt es auch hier, mit der Kraft aller operativen Potenzen voranzukommen. Gerade auf diesem Gebiet laufen die Hauptangriffe des Gegners zur feindlich-negativen Beeinflussung der kirchlich gebundenen Jugend.

Alle operativen Linien und Diensteinheiten haben auch einen konkreten Beitrag zur Entwicklung inoffizieller Positionen mit Perspektive, d.h. die konzeptionelle Entwicklung von IM im kirchlichen Bereich zu leisten. Ziel eines derartigen Vorgehens ist das „Hineinwachsen" der IM in die uns politisch-operativ interessierenden Personenkreise, um dort als „Gleicher" unter „Gleichen" anerkannt zu werden.

Die Aufnahme einer theologischen Ausbildung und Laufbahn (in Abstimmung mit der Abteilung XX), um perspektivisch eine hauptamtliche Funktion im Apparat der Kirche aufzunehmen, ist ein weiteres diesbezügliches Kriterium.

Neben derartigen Zielstellungen macht es sich erforderlich, auch IM zu entwickeln und vorzubereiten, die relativ kurzfristig aus der politisch-operativen Situation heraus in der Lage sind, bestimmte Sicherungsaufgaben zu lösen. Auftreten können solche Erfordernisse z.B. im Rahmen der „offenen Jugendarbeit", bei kirchlichen Veranstaltungen, geplanten Umweltschutzaktionen oder sogenannten Friedensmanifestationen kirchlicher Kreise. [34]

Es muß jedoch darauf verwiesen werden, daß auf Grund der politischen Brisanz der Arbeit auf diesem Gebiet vor allem auch geeignete IM zum Einsatz kommen sollten, die eine positive Grundeinstellung zur sozialistischen Gesellschaftsordnung in der DDR haben. Sie sollten aus ihrer ehrlichen, christlichen Überzeugung heraus bereit sein, zur Verhinderung des Mißbrauchs der Kirchen durch feindlich-negative Kräfte beizutragen, und in der bisherigen Zusammenarbeit mit dem MfS ihre Zuverlässigkeit, Ehrlichkeit bewiesen haben.

Wenn der Einsatz der IM sich auch vorrangig auf die untere Ebene der kirchlichen Basis, also die Gemeinden bis hin zu Superintendenturen konzentriert, muß die Aufgabenstellung an die IM in Übereinstimmung mit den grundsätzlichen Aufgaben und Einsatzrichtungen der IM der Linie XX / 4 stehen.

Abschließend zu diesem Problemkreis sei nochmals darauf verwiesen, daß kirchliche Amtsträger, Synodale, aktive Laienchristen nur in engster Zusammenarbeit und in Zustimmung mit den Abteilungen XX bzw. in besonderen Fällen mit der HA XX / 4 geworben werden sollten, insofern nicht andere Regelungen getroffen wurden.

4.3 *Das Zusammenwirken mit anderen staatlichen Organen und gesellschaftlichen Kräften*

Die allseitige Durchsetzung der Politik von Partei und Regierung in Kirchenfragen erfordert ein noch besseres und umfassenderes Zusammenwirken zwischen den Staatsorganen sowie den gesellschaftlichen Kräften und Einrichtungen unter Führung der SED. Für das MfS kommt es dabei besonders darauf an, die Wirksamkeit der politisch-operativen Arbeit im Rahmen des politischen Kampfes unter Führung der Partei zu erhöhen.

Durch ein gut funktionierendes Zusammenwirken mit den anderen Staatsorganen und gesellschaftlichen Kräften muß es zu einer noch wirksameren, offen- [35] siven, massenpolitischen Arbeit kommen. Sie muß dazu führen, dem Mißbrauch der Kirchen in der DDR sowie den Versuchen zur Ausweitung des rechtlich gesicherten Handlungsraumes der Kirchen für die Realisierung kirchlicher Interessen, die nicht in Übereinstimmung mit der Verfassung stehen, vorzubeugen, ihn einzuschränken bzw. auszuschließen.

Ausgehend von den grundsätzlichen Zielen und Aufgaben der Politik von Partei und Regierung in Kirchenfragen, hat die weitere Qualifizierung des Zusammenwirkens insbesondere in folgenden vier Richtungen ein Beitrag zu leisten:

1. Die Festigung des Verhältnisses mit den positiven und loyal eingestellten Kräften in den Kirchen in der DDR
Es gilt diesen Kreisen unsere politische Position nahezubringen und sie in progressive Maßnahmen einzubeziehen.

2. Die Verhinderung des Mißbrauchs der Kirchen in der DDR für feindlich-negative Pläne und Absichten

3. Die Erhöhung der Staatsautorität gegenüber den Kirchen, insbesondere gegenüber den feindlich-negativen Kräften in den Kirchen in der DDR

4. Die wirkungsvollere, qualifizierte und differenzierte Gestaltung der massenpolitischen Arbeit, besonders auf der Ebene der Gemeinden und Städte

Es geht hierbei um die Verhinderung bzw. Unterbindung des Einflusses feindlich-negativer Kräfte unmittelbar an der Basis. Zugleich soll ein positiver Einfluß auf die kirchlichen Amtsträger ausgeübt werden. An dieser Stelle soll auch auf die Pflicht des MfS hingewiesen werden, eine jederzeit qualitativ hochstehende Informationstätigkeit an leitende Partei- und Staatsfunktionäre zu gewährleisten. [36]

Zur Verdeutlichung der umfassenden Möglichkeiten, die verstärkt durch das MfS nutzbar zu machen sind, werden abschließend zu diesem Komplex und der Lektion die wesentlichsten Partner des Zusammenwirkens aufgeführt. Zu ihnen gehören vor allem:

– die Dienststellen des Staatssekretärs für Kirchenfragen – in den Bezirken und Kreisen ist der Stellvertreter für Inneres für diesen Aufgabenbereich zuständig. Ihnen unterstehen die jeweiligen Referenten für Kirchenfragen direkt;

– das Ministerium des Innern / die Deutsche Volkspolizei einschließlich der BdVP / VPKA mit den zuständigen Dienstzweigen;
– das Ministerium für nationale Verteidigung und seine nachgeordneten Einrichtungen;
– das Ministerium für Auswärtige Angelegenheiten;
– das Ministerium für Gesundheitswesen und seine nachgeordneten
Einrichtungen;
– das Ministerium für Volksbildung;
– das Ministerium für Hoch- und Fachschulwesen;
– das Ministerium für Kultur;
– die befreundeten Parteien und Massenorganisationen – besonders
die Nationale Front mit ihren Arbeitsgruppen „Christliche Kreise"[215]
auf zentraler, bezirklicher und Kreisebene, wie auch das Wirken der
CDU[216] und des Friedensrates[217] der DDR beachtet werden muß.

Dok. 81
Aus einer Rede Mielkes

*Auszüge aus einer Rede Mielkes, gehalten bei der Zentralen Dienstkonferenz am
12.9.1984. B / 163.*

Unsere operativen Arbeitsergebnisse lassen klar erkennen:
Die wesentlichste Ebene für das Zusammenführen und den Zusammenschluß feindlich-negativer, oppositioneller Kräfte, für die Schaffung einer sogenannten staatlich unabhängigen Friedensbewegung, einer „Umweltschutzbewegung" und anderer sogenannter alternativer
Initiativen und Gruppierungen, für das Wirken sogenannter Friedenskreise sowie Umwelt- und Frauengruppen wird auch in der absehbaren Zukunft bei uns vor allem die Evangelische Kirche in der DDR
sein.
Die Haltung kirchenleitender Personen und Gremien zu derartigen
Bestrebungen reaktionärer kirchlicher u.a. feindlich-negativer Kräfte ist
trotz des fortschreitenden Differenzierungs- und Polarisierungsprozesses in diesen Kreisen nach wie vor durch unterschiedliche, in bestimmten Fragen z.T. konträre Auffassungen und Verhaltensweisen gekennzeichnet.
Dem Bemühen realistischer und loyaler kirchenleitender Kräfte, die
konstruktiven Beziehungen zwischen Staat und Kirche fortzuführen
und den politischen Mißbrauch der Kirchen weitestgehend einzuschränken und zu verhindern, stehen Positionen reaktionärer Kräfte
gegenüber, die sich in ihren Forderungen nach einer „kritischen Haltung" der Kirche zum Staat, einer Profilierung der Kirche als „gesellschaftspolitische Kraft" widerspiegeln. [78]
Derartige Forderungen werden verbunden mit fortgesetzten massiven

215 Die Arbeitsgruppen „Christliche Kreise" der Nationalen Front (vgl. Dok. 6, Anm.
     27) hatten wie die CDU die Funktion, Christinnen und Christen in die Blockpoli-
     tik der SED einzubinden. „Christliche Kreise" gab es sowohl auf Staats- als auch
     auf Bezirks- und Kreisebene.
216 Die CDU war auch in den achtziger Jahren die größte und wichtigste der sich eng
     an die SED anschließenden Blockparteien. Vgl. *Lapp,* hier bes. 148.
217 Vgl. Dok. 18, Anm. 89.

Einmischungsversuchen in die Friedens-, Verteidigungs- und Sicherheitspolitik von Partei und Regierung, in die Aufgaben zur Entwicklung und Vervollkommnung der sozialistischen Demokratie, in unser
sozialistisches Bildungs- und Erziehungswesen, in die Jugendpolitik
sowie die staatlichen Aufgaben auf dem Gebiet des Umweltschutzes.
Weiter fortgesetzt werden die sogenannten Basisaktivitäten der Kirchen in der DDR, vor allem bezogen auf die Probleme Frieden und
Umweltschutz.
Unter dem Aspekt, daß äußere und innere feindliche Kräfte systematisch bestrebt sind, die gegenwärtigen Einflußmöglichkeiten und Positionen der Kirche voll für antisozialistische Ziele auszuschöpfen und
noch zu erweitern, gewinnt vor allem die Konzeption einer sogenannten offenen Kirche im Bereich der evangelischen Kirchen in der DDR
weiter an Bedeutung.
Gegenwärtig werden kirchliche Konzeptionen entwickelt, das UNO-
Jahr der Jugend 1985 zur weiteren Aktivierung der Jugendarbeit zu
nutzen, um den bisher erzielten gewissen Zulauf Jugendlicher weiter
auszubauen[218]. [79]
Noch einige Bemerkungen zur katholischen Kirche:
Die Bekundungen des katholischen Klerus in der DDR, den bisherigen
Kurs hinsichtlich der Gestaltung der Beziehungen zum Staat beibehalten zu wollen, dürfen nicht darüber hinwegtäuschen, daß bedingt
durch Einflüsse von außen und durch zunehmenden Druck seitens der
kirchlichen Basis auf längere Sicht eine bestimmte Kurswende mit negativen Auswirkungen eintreten kann.
Ich verweise in diesem Zusammenhang auf einige sich abzeichnende
Entwicklungstendenzen, die von uns mit großer Aufmerksamkeit verfolgt und unter Kontrolle gehalten werden müssen. Der leitende katholische Klerus in der DDR hat vor allem im Zusammenhang mit den
Höhepunkten der evangelischen Kirchen zum Lutherjubiläum im Jahre
1983[219] einen Nachholbedarf „entdeckt". Deshalb werden Vorbereitungen für öffentlichkeitswirksame Vorhaben in den kommenden Jahren getroffen, deren langfristige Planung und Durchführung vor allem
eine wesentliche Aktivierung der katholischen Organisationen, Kleri-
ker und Laien zum Ziel haben.
An der Basis der katholischen Kirche, insbesondere in den katholischen Studentengemeinden und in der Jugendarbeit, nehmen die Bestrebungen für ein engeres Zusammenwirken mit analogen Kräften der
evangelischen Kirche bis hin zur Teilnahme an entsprechenden Veranstaltungen zu. [80]
Die aus zurückliegender Zeit bekannte Einheitlichkeit der in der „Berliner Bischofskonferenz"[220] zusammengeschlossenen Bischöfe hat

---

218 Die MfS-Terminologie ist an dieser Stelle irreführend, denn eine bis ins einzelne
     ausgearbeitete „Konzeption" der Kirchen für das UNO-Jahr gab es vermutlich
     nicht.
219 Vgl. Dok. 75, aber auch Dok. 77.
220 1976 erhielt die Berliner Ordinarienkonferenz den Status einer „eigenständigen
     territorialen Bischofskonferenz" (*Knauft*, 174). Die katholische Kirche hatte sich
     damit für denselben Weg entschieden, den sieben Jahre zuvor bereits die evangeli-
     sche Kirche mit der Gründung des Kirchenbundes eingeschlagen hatte. Auch die
     Begründung für diesen Schritt, den die Ost-Berliner Regierung natürlich als Aner-
     kennung der DDR interpretierte, lautete ähnlich: „Die immer deutlicher erkennba-
     re Verschiedenheit der kirchlichen Lage und seelsorgerlichen Aufgaben in den bei-
     den Teilen Deutschlands und die sich hieraus für die Bischöfe in der DDR erge-

nachgelassen und einzelne Bischöfe und andere kirchenleitende Personen dulden bzw. unterstützen indirekt die von der kirchlichen Basis[221]
ausgehenden Aktivitäten der verstärkten ökumenischen Zusammenarbeit. [...]
Genossen! Die Einschätzung der gegenwärtigen und absehbaren Entwicklung der politisch-operativen Lage unterstreicht nachhaltig die
von mir bereits auf vorgegangenen Dienstkonferenzen gegebene
Orientierung, daß die vorbeugende Verhinderung, Aufdeckung und
Bekämpfung politischer Untergrundtätigkeit eine gesamtgesellschaftliche Aufgabe ist, die offensiv und vor allem mit politischen Mitteln realisiert werden muß. Auf der Grundlage der Orientierungen der Partei
sind alle Potenzen der sozialistischen Gesellschaft zu mobilisieren und
einzusetzen, um ein Wirksamwerden feindlicher Kräfte im Sinne politischer Untergrundtätigkeit zu verhindern und zu unterbinden.
Dabei trägt das MfS auch weiterhin eine hohe Verantwortung. Dieser
noch besser gerecht zu werden, dazu haben alle operativen Diensteinheiten entsprechend ihren Möglichkeiten einen konkreten Beitrag zu
leisten. [...] [92]
Genossen! Zu einem *dritten* Aufgabenkomplex der Qualifizierung der
vorbeugenden Verhinderung, Aufdeckung und Bekämpfung politischer
Untergrundtätigkeit:
Konsequent sind alle Versuche des politischen Mißbrauchs der Kirchen
und Religionsgemeinschaften zu unterbinden. Die nach wie vor von
reaktionären kirchlichen und anderen feindlich-negativen Kräften angestrebte Profilierung kirchlicher Einrichtungen und Organisationsformen als sogenannten Freiraum, als Sammelbecken oppositioneller
Kräfte und als „Schutzschild" für antisozialistische Aktivitäten ist mit
allen gebotenen Mitteln zu verhindern. Wir haben mit unseren spezifischen Mitteln und Möglichkeiten auch weiterhin dazu beizutragen, daß
sich die Kirchen in der DDR ausschließlich im Rahmen der in der
Verfassung der DDR festgelegten Grundsätze und im Rahmen des
Grundsatzgesprächs vom 6. März 1978[222] des Genossen Erich Honek-
ker mit leitenden Kräften des Bundes der Evangelischen Kirchen in der
DDR bewegen.
Das ist eine zutiefst politische Aufgabe, die nicht allein durch die zuständige Linie XX zu bewältigen ist. Hauptanliegen aller operativen
Diensteinheiten muß es auch weiterhin sein – und die bisher erreichten
Ergebnisse unterstreichen diese Forderung –, durch vielfältige Maßnahmen die Positionen und Haltungen progressiver und politisch-
loyaler Kräfte in den Kirchenleitungen aller Ebenen zu stärken, um sie
in aktive Maßnahmen zur Zurückdrängung des Einflusses feindlich-negativer Kräfte einzubeziehen und den Polarisierungsprozeß in den Kirchenleitungen und zwischen den kirchenleitenden Kräften weiter zu
vertiefen. [93]
Durch den gezielten Einsatz und die umfassende Nutzung unserer in-

---

bende Notwendigkeit, sich ihren kirchlichen Problemen mit eigener, kirchenrechtlich bindender Autorität zu widmen, hat den Heiligen Stuhl veranlaßt, in diesem
Gebiet eine selbständige Bischofskonferenz anzuerkennen" (zit. nach: *Knauft*,
174).
221 Gemeint sind hier solche Gruppen, wie z.B. der Aktionskreis Halle, der bereits
      seit 1969 bestand und sich für die Verwirklichung der Ziele des Zweiten Vatika-
      nums einsetzte. Vgl. *Zander*, Christen, 318-321.
222 Vgl. Dok. 56.

offiziellen Basis sind vor allem auch solche Bestrebungen reaktionärer kirchenleitender Kräfte und Amtsträger aufzudecken und zu bekämpfen, wie die Erarbeitung und Bearbeitung von Dokumenten – Hirtenbriefen, Predigten u.a. – mit der Zielsetzung, unter dem Deckmantel des kirchlichen Glaubensbekenntnisses eine Plattform für öffentliche Kritik an Beschlüssen von Partei und Regierung zu schaffen, bestimmte Seiten der gesellschaftlichen Entwicklung der DDR in Frage zu stellen, die Innen- und Außenpolitik der DDR als Ganzes oder auf Teilgebieten zu verunglimpfen, teils offene, teils religiös verbrämte Angriffe gegen die marxistisch-leninistische Weltanschauung zu führen, pluralistisches Gedankengut unter der Bevölkerung zu verbreiten und die Position der Kirche in der DDR so zu bestimmen, als ob sie der legale Platz für „Andersdenkende" – oppositionelle Kräfte – sei.

Das betrifft auch ihre Versuche, ein Mitsprache- und Entscheidungsrecht auf wichtigen Teilgebieten der Gesellschaftspolitik – z.B. Volksbildung, Wehrerziehung, Umweltschutz, Kultur, Reiseverkehr ins nichtsozialistische Ausland – zu erzwingen und diesbezügliche Beschlüsse in kirchenleitenden Gremien durchzusetzen. [94]

Und das betrifft nicht zuletzt die Aktivitäten reaktionärer kirchlicher Kräfte, mittels vielfältiger Formen pseudopazifistisches und neutralistisches Gedankengut zu propagieren – häufig emotional angelegt – mit dem Ziel, die Wehrbereitschaft und Wehrmotivation vorrangig jugendlicher Personenkreise zu untergraben und bei ihnen oppositionelle Haltungen zum sozialistischen Staat und seiner Politik zu erzeugen bzw. weiter auszuprägen. Daraus erwächst vor allem für die Kreisdienststellen die Notwendigkeit, die politisch-operative Abwehrarbeit an der kirchlichen Basis, insbesondere unter den Kreis- und Gemeindekirchenräten, den Kreissynoden und Superintendenturen, den Gruppen der „Jungen Gemeinde" und den Evangelischen und Katholischen Studentengemeinden weiter zu intensivieren.

Auch der politisch-operativen Arbeit unter den Laiensynodalen ist größere Beachtung zu schenken. Gerade in jüngster Zeit hat eine Reihe dieser Personen auf kirchlichen Zusammenkünften wiederholt politisch-negative Positionen vertreten und damit reaktionären kirchlichen Kräften Vorschub geleistet. [95] Deshalb müssen wir verstärkt dafür Sorge tragen, daß eine gezieltere gesellschaftliche Einflußnahme auf diese Personen unter Anleitung und Kontrolle der zuständigen staatlichen Organe bis hinein in die Arbeitskollektive und den Freizeitbereich erfolgt, um sie – unter Beachtung ihrer religiösen Bindung – zu gesellschaftsgemäßem Verhalten zu veranlassen.

Grundsätzlich sind alle politisch-operativen Maßnahmen auf diesem Gebiet, besonders geplante Maßnahmen gegen kirchenleitende Personen und kirchliche Amtsträger, mit der Hauptabteilung XX bzw. mit den Abteilungen XX der Bezirksverwaltungen abzustimmen und zu koordinieren.

Die Wirksamkeit der Arbeit zur Verhinderung des politischen Mißbrauchs der Kirchen und Religionsgemeinschaften wird weitgehend davon bestimmt, wie es gelingt, die politisch-operative Arbeit und die gesellschaftliche Einflußnahme und Kontrolle als einheitlichen, aufeinander abgestimmten und langfristig angelegten Prozeß durchzusetzen. Wesentliche Voraussetzung hierfür ist, daß insbesondere die Bezirksverwaltungen und Kreisdienststellen die Lage in ihrem Verantwortungsbereich kennen und real einschätzen, die Informationstätigkeit an

leitende Partei- und Staatsfunktionäre auf diesem Gebiet weiter qualifizieren und eng mit den zuständigen staatlichen Organen und gesellschaftlichen Organisationen zusammenwirken. [96]
Die Praxis beweist, daß der unter Führung der Partei erfolgte Einsatz
gesellschaftlicher Kräfte bereits wesentlich dazu beitrug, den Einfluß
reaktionärer kirchlicher Kräfte zurückzudrängen und von derartigen
Personen ausgehende Aktivitäten zum politischen Mißbrauch der Kirche und damit zur Belastung des Verhältnisses Staat-Kirche zu unterbinden. In den Prozeß der offensiven Auseinandersetzung zur Zurückdrängung gegen die sozialistische Staats- und Gesellschaftordnung gerichteter Aktivitäten sind künftig noch stärker Mitglieder befreundeter
Parteien, insbesondere der CDU[223], der Kammer der Technik[224] und
der *Urania*[225] sowie befähigte Mitarbeiter aus den Bereichen des
Hoch- und Fachschulwesens, des Gesundheitswesens und der Volksbildung sowie aus Forschungseinrichtungen, besonders aus den Bereichen der Gesellschafts- und Naturwissenschaften einzubeziehen. [...]
[105]
Genossen! Immer größere Bedeutung für die weitere Qualifizierung
der vorbeugenden Verhinderung, Aufdeckung und Bekämpfung politischer Untergrundtätigkeit erlangt für uns die Erweiterung stabiler inoffizieller Positionen in kirchlichen Kreisen. Was ich in meinen bisherigen Ausführungen über die spezifischen Anforderungen an die IM,
an ihre ideologische Erziehung und tschekistische Befähigung, an ihren
zielgerichteten Einsatz gesagt habe, gilt vollinhaltlich auch für die Arbeit unter kirchlichen Kreisen.
Grundlage und Ansatzpunkt für die Arbeit unter diesen Kreisen – einschließlich der Gewinnung von Personen für die Zusammenarbeit mit
unserem Organ – muß dabei noch stärker das Verhalten und Handeln
vieler Geistlicher und anderer kirchlich gebundener Personen nach den
Idealen des Humanismus und des Friedens sein. Aus humanitären, patriotischen, rein menschlichen, dem Frieden verbundenen Beweggründen nahmen bekanntlich viele Pfarrer und andere streng Gläubige am
antifaschistischen Widerstandskampf an der Seite von Kommunisten,
Sozialdemokraten und anderen Hitlergegnern aktiv teil. Heute kämpfen in Nikaragua, El Salvador, Chile und anderen Ländern geistliche
Würdenträger an der Seite der patriotischen Kräfte. In der BRD sind
Pfarrer, Christen und Katholiken fest in der Friedensbewegung engagiert. [105a]
Auch in unserer Republik gibt es in den kirchlich gebundenen Kreisen
nicht wenige, die aus echter Überzeugung für Humanismus und Frieden eintreten und im Rahmen der Kirche wirken. An diese Einstellung
und Motive gilt es anzuknüpfen, um sie – wie gesagt – für eine Zusammenarbeit mit dem MfS, für eine Unterstützung unserer Arbeit zu gewinnen. [106]
Die Kreisdienststellen tragen in diesem ganzen Prozeß eine besondere
Verantwortung. Sie haben sich vor allem darauf zu konzentrieren, IM
unter den Mitgliedern der Gemeindekirchenräte, den Angestellten der

---

223 Vgl. Dok. 80, Anm. 216.
224 Die Kammer der Technik sollte in der DDR die technische Intelligenz gesellschaftlich organisieren.
225 URANIA hieß in der DDR die 1954 gegründete Gesellschaft zur Verbreitung wissenschaftlicher Kenntnisse.

Kirchen, kirchlichen Laien, Mitgliedern kirchlicher Hauskreise und religiös gebundenen Jugendlichen – und wie bereits gesagt – besonders von Mitgliedern der Jungen Gemeinde und der Studentengemeinden zu schaffen. Das müssen möglichst solche IM sein, die zugleich erfolgreich zur Aufklärung, vorbeugenden Verhinderung und Bekämpfung feindlich-negativer Aktivitäten im örtlichen Bereich, aber auch überörtlich eingesetzt werden können.

Die operative Praxis lehrt uns zugleich, bei der Werbung solcher Personen die Wirkung der politisch-ideologischen Diversion, insbesondere die Diffamierungen des MfS, und das verstärkte Einstellen feindlich-negativer und reaktionärer kirchlich gebundener Kräfte auf die Arbeitsmethoden unseres Organs mehr als bisher zu beachten. Zunehmende Bedeutung erlangt auch die Legendierung von Kontaktaufnahmen, die allmähliche Heranführung an die inoffizielle Zusammenarbeit mit dem MfS und vor allem die perspektivische Entwicklung von IM, bei denen an positive Grundhaltungen angeknüpft werden kann. Und das bezieht sich nicht nur auf Personen aus kirchlichen Kreisen, sondern auf alle von mir bereits genannten Personenkreise.

Insbesondere im kirchlichen Bereich sind jedoch auch neue Überlegungen erforderlich, auf welche Weise ohne direkte Werbung bzw. ohne das Sichtbarwerden unseres Organs interne Informationen gewonnen werden können. [107] Die vorbeugende Verhinderung, Aufdeckung und Bekämpfung politischer Untergrundtätigkeit, vor allem die Realisierung von vorbeugenden Maßnahmen zur Ausräumung begünstigender Bedingungen und Umstände, von offensiven Maßnahmen zur Disziplinierung feindlich-negativer Kräfte und zur Ausschöpfung der gesamtgesellschaftlichen Möglichkeiten setzt geeignete IM in Schlüsselpositionen entsprechend der konkreten Verantwortung der jeweiligen Diensteinheit voraus. Davon ausgehend sollten die Kreisdienststellen über zuverlässige IM bzw. GMS vor allem in solchen Schlüsselpositionen verfügen, wie in den Referaten für Kirchenfragen der Abteilungen Inneres und in den Abteilungen Kultur, Jugend und Sport, Gesundheitswesen der Räte der Kreise und Städte, aber auch in den führenden kulturellen Einrichtungen sowie den leitenden Gremien des Kulturbundes[226], des Friedensrates[227] oder der Nationalen Front[228] im Kreis.

Die wirksamere Bekämpfung politischer Untergrundtätigkeit erfordert darüber hinaus, im weitaus stärkerem Maße die vorhandenen Möglichkeiten und Potenzen der IM aller Diensteinheiten, vor allem auch die der Kreisdienststellen, für eine qualifizierte personen- und vorgangsbezogene Arbeit im und nach dem Operationsgebiet zu erschließen. Von besonderer Bedeutung ist die operative Nutzung vorhandener Rückverbindungen. [108] Aufgabe der Referate 5 der Abteilungen XX und der Abteilung 5 der Hauptabteilung XX muß es deshalb sein, die Kreisdienststellen bei der Erschließung ihrer Reserven für die perso-

---

226 Der zunächst überparteiliche „Kulturbund zur demokratischen Erneuerung" wurde am 3.7.1945 unter dem Vorsitz Johannes R. Bechers gegründet. Sein Hauptziel sah der Kulturbund damals in der Überwindung der nationalsozialistischen Ideologie. 1958 wurde der Kulturbund in „Deutscher Kulturbund", 1974 in „Kulturbund der DDR" umbenannt.
227 Vgl. Dok. 18, Anm. 89.
228 Vgl. Dok. 6, Anm. 27, aber auch Dok. 80, Anm. 215.

nen- und vorgangsbezogene Arbeit im und nach dem Operationsgebiet künftig noch wirksamer zu unterstützen. Dabei ist auch weiterhin der Grundsatz strikt durchzusetzen, daß es den Kreisdienststellen nicht gestattet ist, eigenständig Aufgaben der personen- und vorgangsbezogenen Arbeit im und nach dem Operationsgebiet zu realisieren. Bei allen Maßnahmen des Einsatzes von IM im Operationsgebiet sind die diesbezüglichen Festlegungen der Richtlinien Nr. 1 / 79[229] und Nr. 2 / 79[230] konsequent einzuhalten.

Gesichert werden muß auf jeden Fall, daß alle Maßnahmen im Rahmen der personen- und vorgangsbezogenen Arbeit im und nach dem Operationsgebiet zur Bekämpfung politischer Untergrundtätigkeit mit den Abteilungen XX bzw. der Hauptabteilung XX abgestimmt werden. So hat der Einsatz von IM im Operationsgebiet grundsätzlich nur auf der Grundlage von mit den Abteilungen XX bzw. der Hauptabteilung XX abgestimmten und durch den Leiter der Bezirksverwaltung bzw. den zuständigen Stellvertreter Operativ auf Linie bestätigten schriftlichen Einsatzplänen zu erfolgen.

Soweit zu einigen spezifischen Anforderungen an die IM-Arbeit und den Hauptrichtungen ihrer weiteren Qualifizierung, zur noch wirksameren vorbeugenden Verhinderung, Aufdeckung und Bekämpfung politischer Untergrundtätigkeit.

Dok. 82

Operativinformation Nr. 189 / 84 der KD Leipzig-Stadt

Leipzig, Oktober 1984

Operativinformation Nr. 189 / 84 der KD Leipzig-Stadt. Verfasser: Norbert Schmidt, Oberst, Leiter der Diensteinheit. Anlage, Abschrift.

Durch den IMB „Carl"[231] wurde nachfolgende Einschätzung zum Verhältnis kirchenleitender Personen hinsichtlich Organisationsbestrebungen und Verantwortlichkeiten zu sogenannten Alternativgruppen bekannt. Die Einschätzung des IMB basiert auf *vertraulichen* Gesprächen mit Superintendent *Magirius*[232] und dem Leiter des Jugendpfarr-

---

229 Die Richtlinie 1 / 79 regelte die Arbeit mit IM und GMS. Sie ist abgedruckt in: *Gill / Schröter*, 414-477.

230 Die Richtlinie 2 / 79 regelte die IM-Tätigkeit im „Operationsgebiet", d.h. im westlichen Ausland. Sie ist abgedruckt in: *Gill / Schröter*, 478-523.

231 Bei dem IMB „Carl" handelt es sich um den Pfarrer der Leipziger Thonberg-Gemeinde, Matthias Berger. Dieser arbeitete, wie es in dem „Auskunftsbericht" seiner IM-Akte bei der KD Leipzig-Stadt heißt, seit 1978 mit der Staatssicherheit „auf der Grundlage humanistischer Auffassungen" zusammen. In seiner „Beurteilung" heißt es: „Es kann eingeschätzt werden, daß er zuverlässig, ehrlich und immer einsatzbereit zur Lösung ihm übertragener Aufgaben arbeitet." Vgl. hierzu auch den Bericht von Klaus *Wolschner* „Kirche in den Armen der Krake Stasi. Leipzig zum Beispiel" in der taz vom 25.2.1991. – Nach der „Wende" im Jahr 1989 versuchte Berger sich selbst als Widerstandskämpfer hinzustellen, der „schon seit Jahren von der Kanzel herunter und hinter den Kulissen für Bürgerrechte gekämpft" habe (zit. nach einem Bericht von Andreas *Rinke* mit dem Titel „Zu Gast in Hannover: Der DDR-Pastor", der offensichtlich auf einem Gespräch mit Berger basiert, in der Hannoverschen Allgemeinen Zeitung vom 14.12.1989). – Zur IM-Kategorie IMB vgl. *Gill / Schröter*, 102-104 bzw. hier in der Einleitung, 79.

amtes Gröger. Als generelle Tendenz ist festzustellen, daß Superintendent Magirius in letzter Zeit verstärkt bemüht ist, sowohl die Initiativgruppe „Hoffnung Nikaragua"[233], wie auch den Arbeitskreis „Frauen
für den Frieden"[234] unter seine Verantwortung zu nehmen und entsprechende Arbeitsmöglichkeiten zu schaffen. Bei einem Großteil der
Pfarrerschaft, insbesondere seiner Ephorie, stößt dieses Engagement
von Superintendent Magirius auf Unverständnis, zumal die Einschätzung unter der Pfarrerschaft vorherrscht, daß Superintendent Magirius
seine dienstlichen Leitungsaufgaben im innerkirchlichen Bereich nicht
im Griff hat. Der IM schätzt ein, daß insbesondere die noch bestehenden Verbindungen des Superintendenten Magirius zur Aktion Sühnezeichen als Gründe für das verstärkte Engagement anzusehen sind.
Aus Erkenntnissen des IMB „Carl", die er während seines Einsatzes
im Operationsgebiet sammeln konnte, ist abzuleiten, daß die Aktion
Sühnezeichen in der BRD in letzter Zeit als sogenannter Teil der Friedensbewegung angesehen werden kann. In dieser Aktionsgruppe sammeln sich alternative Friedensgruppen verschiedener Schattierungen,
die stark zum Aktionismus neigen. Der IM konnte bei einem Aufenthalt in Hannover 1984 z.B. feststellen, daß dort sämtliche Aktionen,
personelle Zusammensetzungen sowie bestehende Schwierigkeiten der
Initiativgruppe „Hoffnung Nikaragua" bis ins Detail bekannt sind.
Der IM sieht im länderübergreifenden Wirken der Aktion Sühnezeichen auch einen Grund für das verstärkte Engagement von Superintendent Magirius in der Arbeit mit diesen Alternativgruppen. Superintendent Magirius äußerte gegenüber dem IM, daß er beabsichtigt, die Initiativgruppe „Hoffnung Nikaragua" an die Bezirkssynode der Ephorie anzubinden. Zu diesem Zweck soll in der Bezirkssynode ein Aktionsausschuß „Dritte Welt" gegründet werden, in dem die Initiativgruppe „Hoffnung Nikaragua" tonangebend wirken soll. Der IM
schätzt ein, daß diese Anbindung im Synodalbereich die Initiativgruppe aufwertet, ihr mehr Arbeitsmöglichkeiten gibt, zugleich aber keine
Kontroll- und Einflußnahme im innerkirchlichen Bereich vorhanden
ist, da die Bezirkssynode jährlich höchstens dreimal zusammentritt,
um über bestimmte schon festgelegte organisatorische Problemstellungen abzustimmen. [2]
Während des Gespräches konnte der IM auch feststellen, daß Superintendent Magirius bei angebrachter Kritik über die organisatorische Anbindung der Initiativgruppe und an seinem verstärkten Engagement für
diesen Personenkreis sehr heftig und abweisend reagierte und keine
Kritik duldete.
Analog verhält sich die Entwicklung im sogenannten Arbeitskreis
„Frauen für den Frieden". Nach Erkenntnissen des IM entstand dieser
Arbeitskreis erst nach heftiger Kritik aus Berlin durch analog existierende Frauenkreise. Es wurde bemängelt, daß die Ephorie erst so spät

232 Friedrich Magirius, der von 1974 bis 1982 die Aktion Sühnezeichen (s.o. Dok. 52,
     Anm. 6) in der DDR geleitet hatte, war seit März 1982 Pfarrer an der Nikolai-Kirche und Superintendent des Bezirkes Leipzig-Ost.
233 Ursprünglich stand anstelle von „Hoffnung Nikaragua" in diesem Text jeweils
     „Frieden und Menschenrechte". Zur Initiativgruppe „Hoffnung Nikaragua", die
     zu dem Kreis der Leipziger 2 / 3-Welt-Gruppen zählt, vgl. auch die Akte des IMS
     „Physiker" (Dok. 154).
234 Der Arbeitskreis „Frauen für den Frieden" wurde von der Staatssicherheit als OV
     „Wespen" bearbeitet.

mit dieser Frauenbewegung begonnen hat. Geplant war ursprünglich, den Arbeitskreis an das Amt für Gemeindedienst anzugliedern, was abgelehnt wurde. Danach gab es Bestrebungen, den Arbeitskreis an das Jugendpfarramt organisatorisch anzugliedern. Hier soll sich nach Äußerungen des IM insbesondere der Jugendwart Sengewald[235] stark dafür eingesetzt haben. Pfarrer Gröger nimmt nach Einschätzung des IM zu dieser Angliederung eine zurückhaltende Position ein.
Es ist nun geplant, den Arbeitskreis nicht an das Jugendpfarramt anzugliedern, sondern an die Frauenarbeit der Ephorie. Der IM schätzt ein, daß die dort verantwortlichen Mitarbeiter der Kirche keinesfalls der Leitung des Arbeitskreises „Frauen für den Frieden" gewachsen sind. Zur Zeit soll sich der Arbeitskreis noch in der Phase der Konstituierung befinden. Aktivitäten werden gegenwärtig noch sehr zerstreut vorgenommen. Nach Äußerungen des IMB „Carl" besteht noch keine feste Zielrichtung und kein festgelegtes Programm des Arbeitskreises.
In Leipzig sollen alle Pastorinnen durch Vertreter des Arbeitskreises angesprochen worden sein, in diesem Arbeitskreis mitzuarbeiten, was von diesen abgelehnt worden sein soll.
Als Leiterin dieses Arbeitskreises profiliert sich nach Einschätzung des IM die Pastorin (?)[236]
Ab November 1984 steht dem Arbeitskreis nach Vermittlung von Superintendent Magirius und Zustimmung des Kirchenvorstandes der Nikolaigemeinde[237] jeden Montagabend die Nikolaikirche zur Verfügung für Zusammenkünfte.
Bei Auswertung dieser Information muß auf *unbedingten* Quellenschutz geachtet werden, da die Einschätzung zum größten Teil auf Einzelgesprächen mit Superintendent Magirius und Pfarrer Gröger beruht.
Der Leiter der Diensteinheit
(gez.) Norbert Schmidt
Oberst

Dok. 83
Operativinformation Nr. 209 / 84 der KD Leipzig Stadt

Leipzig, 10. November 1984

Operativinformation Nr. 209 / 84 der KD Leipzig-Stadt. Verfasser: Norbert Schmidt, Oberst, Leiter der Diensteinheit. Betreff: Lageeinschätzung in Vorbereitung der Friedensdekade[238] 10.11.1984. Abschrift.

Durch den IMB „Carl"[239] wurden inoffiziell nachfolgende Informatio-

---

235 Der Name ist nachträglich von Hand eingesetzt.
236 Das Fragezeichen ist ebenfalls nachträglich von Hand hinzugefügt worden.
237 Superintendent Magirius war, wie erwähnt (Anm. 232), zugleich Pfarrer an der St. Nikolai-Kirche in Leipzig.
238 Die Friedensdekade, die am 11.11. begann und am 21.11. zu Ende ging, stand unter dem Motto „Leben gegen den Tod". Zum Verlauf der Friedensdekade vgl. die kurzen Berichte von *Thomas*, Friedensdekade 1984 und *Müller*, Friedensdekade 1984.
239 Vgl. Dok. 82, Anm. 231.

nen über Veranstaltungstermine während der Friedensdekade 1984 und
die entsprechenden Verantwortlichen bekannt:
Friedensgebet[240] in der Nikolaikirche täglich 18 Uhr
12.11.84 – verantwortlich Initiativgruppe „Hoffnung Nikaragua"[241]
13.11.84 – Jugendpfarramt
14.11.84 – usw. bis 21.11.84
Weiterhin wurde bekannt, daß in den Kirchgemeinden (namentlich genannt vier Kirchen mit Adressen) jeweils täglich 18 Uhr ein Friedensgebet und in der Michaeliskirche (mit Adresse) täglich 19.30 Uhr
gleichfalls ein Friedensgebet stattfindet. Weiterhin informierte der IMB
„Carl", daß der vorgesehene Abend „Frauen für den Frieden"[242] am
16.11.1984 aus nicht bekannten Gründen ausfällt. Der Arbeitskreis
„Frauen für den Frieden" hat die Möglichkeit, sich im Rahmen der
Veranstaltung am 17.11.84 „Kerzen für den Frieden" in der Michaeliskirche vorzustellen.
Der IM informierte darüber, daß am Freitag, dem 9.11.84, persönliche
Aussprachen der Superintendenten[243] mit allen für die Jugendarbeit
verantwortlichen hauptamtlichen Mitarbeitern geführt wurden. So u.a.
auch mit den Pfarrern Gröger und Führer[244]. Die Gespräche sind unter vier Augen geführt worden. Der Grund dieser Aktivitäten, den der
IM durch eine Vertrauensperson des Superintendenten mitgeteilt bekam, liegt in der Tatsache, daß der Superintendent nach dem Gespräch
beim Rat des Bezirkes in Vorbereitung der Veranstaltung der Initiativgruppe „Hoffnung Nikaragua" auf Grund der vorgelegten Materialien,
insbesondere der sogenannten Veröffentlichung „Kontakte"[245] und der
Tatsache der Kenntnis staatlicher Organe über Veranstaltungen im innerkirchlichen Bereich überzeugt ist, daß im Kreis der Pfarrerschaft
ein „Informant" der Staatssicherheit bzw. der staatlichen Organe ist,
der sehr kurzfristig Veranstaltungstermine und inhaltliche Planungen
weitergibt.
Als Sofortmaßnahme zur Einschränkung eines Informationsabflusses
wurden in der Superintendentur sämtliche für die Pfarrer ausliegenden
Veranstaltungshinweise durch den Superintendenten eingezogen. Ver-
anstaltungsinformationen werden zukünftig nur noch persönlich den
Mitarbeitern mitgeteilt, die für die Veranstaltung verantwortlich sind.
Das Informationsblatt „Kontakte" erscheint nicht mehr. Hier werden
Einzelinformationen mit Schreibmaschine an die jeweiligen Leiter der
Arbeitskreise gegeben, die nachweispflichtig sind, um ein unkon- [4]
trolliertes Abfließen von Informationen zu verhindern.
Seitens der Kirche sollen Maßnahmen zur Ermittlung der sogenannten
„undichten" Stelle eingeleitet werden, die im hauptamtlichen Apparat
der örtlichen Pfarrerschaft gesucht wird.

---

240   Die berühmten Friedensgebete in der Leipziger Nikolai-Kirche gab es bereits seit
      1982. Vgl. *Magirius*, „Selig sind", 92 f. und *Sievers*, 14. Viele der bei den Friedens-
      gebeten gehaltenen Predigten und Fürbitten sind abgedruckt in: *Hanisch / Hä-
      nisch / Magirius / Richter*.
241   Wie schon bei dem vorigen Dokument sind die ursprünglich im Text stehenden
      Worte „Frieden und Menschenrechte" nachträglich durch „Hoffnung Nikaragua"
      ersetzt worden.
242   Zum Arbeitskreis „Frauen für den Frieden" vgl. ebenfalls Dok. 82.
243   Friedrich Magirius (Ost) und Johannes Richter (West).
244   Die Namen Gröger und Führer sind handschriftlich nachgetragen.
245   Der Name „Kontakte" ist hier und im folgenden jeweils von Hand nachgetragen
      worden.

Entsprechende Maßnahmen zur Wahrung der Konspiration des IMB „Carl" wurden getroffen. Die durch den IM erarbeitete Information darf unter keinen Umständen ausgewertet werden, da Dekonspirationsgefahr[246] besteht. Im Zusammenhang mit dem Gedenkgottesdienst am 9.11.84 in der Thomaskirche[247] wurden keine operativ-relevanten Hinweise bekannt. An dem Gottesdienst nahmen ca. 100 Personen teil. An dem Gedenkstein kam es gleichfalls zu keinerlei Vorkommnissen.
Der Leiter der Diensteinheit
(gez.) Norbert Schmidt
Oberst

Dok. 84
Aus einer Planvorgabe der BV Leipzig

Leipzig, 10.12.1984

Auszug aus der Planvorgabe des Leiters der BV Leipzig, Hummitzsch, für 1985. GVS o006 BVfS Lpz 306 / 84.

– Unter Beachtung aktueller Lageveränderungen ist die pol.-op. Arbeit vorrangig auf die feindlich-negativen Kräfte im Innern zu konzentrieren, die längerfristige strategische und taktische Konzeptionen für das weitere Vorgehen erarbeiten und propagieren sowie ein System von Abwehrmaßnahmen gegenüber den Sicherheitsorganen entwikkeln, [10] in der DDR eine „Umweltbewegung" organisieren wollen, in entsprechende gesellschaftliche Organisationen (z.B. Kulturbund[248]) einzudringen versuchen, verstärkt Angehörige der wissenschaftlich-technischen Intelligenz sowie aus Bereichen des Gesundheitswesens und Kunst + Kultur in die Arbeit sog. Friedenskreise, Ökologiegruppen u.ä. einzubeziehen beabsichtigen, von ihnen geheimzuhaltende Informationen über bedeutsame Umweltdaten, grenzübergreifende Umweltprobleme, Gefährdungsanalysen usw. abzuschöpfen versuchen und diese für feindliche Aktivitäten ausnutzen bzw. mißbrauchen, unter Ausnutzung der sog. Offenen Jugendarbeit[249] im kirchlichen Bereich versuchen, den Einfluß unter Teilen der Jugend, insbesondere an EOS / POS, an der KMU und Hoch- und Fachschulen, an Lehrausbildungsstätten zu erhöhen, unter Mißbrauch begründeter Interessen von Bürgern im Wohn- und Arbeitsbereich sog. Bürgerinitiativen inspirieren, Druck auf kirchenleitende Gremien und Kräfte ausüben, um sie zu veranlassen, sich massiv in innerstaatliche Angelegenheiten einzumischen bzw. ein Mitsprache- und Entscheidungsrecht auf gesellschaftlichen Teilgebieten zu erzwingen, verstärkt auf die Durchführung von Aktivitäten im Sinne des sog. gewaltfreien Widerstandes und die An-

---

246 Bereits seit 1980 hegten einzelne Kirchenglieder den Verdacht, Berger arbeite mit der Staatssicherheit zusammen (taz, 25.2.1991). Landesbischof Hempel teilte diesen Verdacht nach eigenen Angaben seit 1985. Vgl. dazu Dok. 156, Anm. 2.
247 Zum Gedenken an die Reichspogromnacht 1938.
248 Vgl. Dok. 81, Anm. 226.
249 Vgl. Dok. 76, Anm. 184.

wendung anderer Mittel und Kampfmethoden westlicher Bewegungen
und Kräfte orientieren.
In Zusammenarbeit von Abt. XX und AKG sowie allen op. Diensteinheiten ist die differenzierte Informierung der 1. Sekretäre der Bezirks-, Stadt- und Kreisleitungen über Erscheinungen der PUT und ihres Vorfeldes sowie über deren Bekämpfung zu gewährleisten, um damit den Prozeß der offensiven politisch-ideologischen Auseinandersetzungen mit feindlich-negativen Kräften zu unterstützen.
– Weitere Intensivierung der pol.-op. Arbeit an der kirchlichen Basis, insbesondere zur konsequenten Unterbindung jeglichen Mißbrauchs der Kirchen bzw. Religionsgemeinschaften und [11] der Schaffung von sogenannten Anlauf- und Koordinierungszentren.
Auf der Grundlage der Koordinierungsvereinbarung zur Bearbeitung der Mitglieder der Kirchenleitung, kirchenleitender Amtsträger und Laiensynodaler zwischen den BV Dresden, Karl-Marx-Stadt und Leipzig vom 19.12.1982 sind unter Federführung der Abt.XX der Bezirksverwaltung Maßnahmen durchzusetzen, die die kontinuierliche Durchführung des Klärungsprozesses „Wer ist wer?" zu genannten Personenkreisen sichern, die zur wirksamen, differenzierten politischen Einflußnahme auf Laiensynodale beitragen, die die Erweiterung und Qualifizierung des staatlichen und gesellschaftlichen Einflusses auf die kirchliche Basis gewährleisten.
Analoge Ziel- und Aufgabenstellungen sind für die Aufklärung und Bearbeitung kirchlicher Amtsträger und Laiensynodaler der im Bezirk wirkenden Kirchenprovinz Sachsen (KD Eilenbug, Delitzsch, Torgau) und der ev.-luth. Landeskirche Thüringen (KD Altenburg, Schmölln) festzulegen und zu realisieren.
Die auf Öffentlichkeitswirksamkeit ausgerichteten Aktivitäten alternativer kirchlicher Gruppierungen wie Friedensseminar (2.-3.3.1985)[250], Aktion ‚Mobil ohne Auto' (7.-9.6.1985)[251], Friedensdekade (10.-20.11.1985)[252] sowie die kirchliche Umweltdekade[253], sind durch konsequente Anwendung der gesetzlichen Möglichkeiten und Einleitung differenzierter pol.-op. Zersetzungsmaßnahmen bedeutend einzuschränken bzw. zu unterbinden.
– Zielstrebige qualitative Erweiterung der inoffiziellen Basis, vorrangig unter kirchlich gebundenen Personen, einschließlich studentischer und jugendlicher Kreise, Angehörigen der wissenschaftlich-technischen und medizinischen Intelligenz, Künstlern und Kulturschaffenden, Verlagsmitarbeitern sowie Personen mit Ambitionen zu Natur- und Umweltschutz.

250 Vgl. die Meldung zu diesem Friedensseminar in der Chronik von KiS 2 / 11, 1985, 83 f.
251 Die Aktion „Mobil ohne Auto" fand erstmals 1981 statt. Damals waren landesweit einige tausend Radler dem Aufruf der Kirchlichen Forschungsheims Wittenberg gefolgt. 1983 hatten in Leipzig über vierhundert Radler an der von der Ökologie-Gruppe als religiöse Veranstaltung angemeldeten Fahrt ins Grüne teilgenommen. Vgl. *Büscher / Wensierski*, Null Bock, 64 f.
252 1985 fand die Friedensdekade unter dem Motto „Frieden wächst aus Gerechtigkeit" statt. Vgl. *Zander*, Christen, 282 f.
253 Die sächsische Landeskirche hat 1985 erstmals eine Umweltdekade angeregt. Diese sollte, dem Vorbild der Friedensdekaden entsprechend, dazu dienen, in der Ökologiefrage „vom ‚Reden' zum ‚Tun' zu kommen" (zit. nach: *Wensierski*, Von oben, 190 f.).

Dok. 85
Aus Material zur Auswertung der Dienstkonferenz der Linie VII

Auszug aus dem Material zur Auswertung der Zentralen Dienstkonferenz Linie VII am 13. / 14.12.1984. VVS MfS o008 113 / 85.

Das gleiche [d.h. bessere Zusammenarbeit] gilt für das politisch-operative Zusammenwirken mit den Mitarbeitern der Kriminalpolizei auf der Linie Religionsgemeinschaften. In einigen Bezirken wurden mit ihrer Arbeit bereits gute Erfahrungen gesammelt. Das Zusammenwirken der Linie XX mit ihnen wird weiter qualifiziert. Die Stellvertreter Operativ und die Leiter der Abteilungen VII müssen ihren Einfluß darauf verstärken, daß in den Dezernaten I der BDVP[254] wirklich geeignete Kader für diese Linie zur Verfügung stehen. Die aktuelle Vorgehensweise feindlich-negativer Kräfte unter Mißbrauch der Kirche zeigt, daß es nicht ausreicht, wenn die auf der Linie Religionsgemeinschaften zu bewältigenden Aufgaben der Kriminalpolizei nebenbei von einem Offizier der AG Allgemeine Kriminalität wahrgenommen wird. In der Mehrzahl der Bezirke ist das aber noch der Fall.
Drittens ergeben sich neue Anforderungen an die politisch-operative Arbeit und ihre Führung und Leitung auf der Linie VII daraus, daß die Geheimdienste der USA und der BRD einen erheblichen Teil ihrer Anstrengungen und ihres Potentials auf die Schutz- und Sicherheitsorgane in der DDR konzentrieren.

Dok. 86
Aus einem Referat von Hummitzsch

Auszug aus einem Referat des Leiters der BV Leipzig, Hummitzsch, auf einer Dienstbesprechung am 14.12.1984. GVS o006 BVfS 402 / 84.

Die dabei[255] gewonnenen Erkenntnisse besagen, daß die bereits seit mehreren Jahren bekannten Institutionen, Organisationen, Einrichtungen und Kräfte sowie Einzelpersonen aus der BRD und Westberlin, darunter die Hörfunk- und Fernsehsender, in Übereinstimmung mit dem gesamt-strategischen Vorgehen des Gegners, ihre feindlich-negative Einflußnahme auf Jugendliche / Jungerwachsene forciert haben.
Bei der Festlegung der Planaufgaben für 1985 ist von meiner Planvorgabe auszugehen und die weiterführenden Einschätzungen und Orientierungen, wie sie in der NSAG Jugend am 6. Dezember 1984 vorgenommen wurden, mit zugrunde zu legen.
Ich verzichte auf Wiederholungen.
Schwerpunkte kirchlicher Jugendarbeit, in denen auch eine z.T. umfangreiche Partnerschaftsarbeit betrieben wird, sind vor allem im Stadt-

---

254 Zu den Aufgaben der Dezernate I der Volkspolizei vgl. Dok. 112.
255 Zuvor hatte Hummitzsch über den verstärkten Einsatz von IM und eine engere Zusammenarbeit den sog. „Partnern des operativen Zusammenwirkens" referiert.

gebiet von *Leipzig* die Michaelis-, Nikolai-, Stephanus-, Laurentius-, Philippus-, Emmaus,- Marien- und Pauluskirche.
Ich möchte die konsequente, qualitative Erweiterung des IM-Bestandes unter Jugendlichen / Jungerwachsenen, vor allem unter klerikal beeinflußten Personen hervorheben und dabei noch einmal auf die unbedingte Abstimmung mit der Abt. XX hinweisen. Alle dazu erforderlichen Begründungen wurden in der NSAG behandelt.

7
Von 1985 bis zur Öffnung der Mauer am 9./10.11.1989

Dok. 87
Aus Mielkes Dienstanweisung Nr. 2 / 85

Auszüge aus der Dienstanweisung Nr. 2 / 85 Mielkes vom 20.2.1985. VVS-o008 MfS 6 / 85.

2.3 Die Lösung der grundsätzlichen politisch-operativen Aufgaben erfordert vor allem:
– Ständige Erhöhung der Wirksamkeit der Arbeit mit IM entsprechend den Erfordernissen der politisch-operativen Lage im Verantwortungsbereich auf der Grundlage der Richtlinie Nr. 1 / 79[1].
Zur wirksamen Bekämpfung politischer Untergrundtätigkeit sind vor allem IM einzusetzen und zu gewinnen, die in Kenntnis der von den feindlichen Stellen und Kräften sowie von den feindlich-negativen Kräften im Innern der DDR angewandten, oft konspirativen Mittel und Methoden und ihrer Lebensgewohnheiten in der Lage sind,
– vertrauliche Beziehungen zu diesen herzustellen;
– in die Konspiration des Feindes bzw. feindlich-negativer Gruppierungen einzudringen;
– rechtzeitig Informationen über feindliche Pläne und Absichten äußerer Feinde und feindlich-negativer Kräfte im Innern der DDR zu beschaffen.
Vorrangig sind IM aus solchen Personenkreisen einzusetzen bzw. zu gewinnen, wie [14]
– kirchlich gebundene bzw. aktiv tätige Personen, einschließlich Jugendlicher oder Studenten, die in der evangelischen oder katholischen Studentengemeinde, in der offenen Jugendarbeit, in den Jungen Gemeinden wirken;
– Studenten der Fachrichtungen Kunst / Kultur und Literatur sowie der Theologie;
– Angehörige der wissenschaftlich-technischen, gesellschaftswissenschaftlichen und medizinischen Intelligenz;
– Künstler und Kulturschaffende, besonders aus dem Nachwuchsbereich;
– Personen, die sich beruflich mit Fragen des Natur- und Umweltschutzes beschäftigen;
– Personen mit ausgeprägten Interessen und Neigungen für den Natur- und Umweltschutz oder für sogenannte alternative Lebensformen.
Die langfristige Entwicklung von IM zur Einschleusung in feindlich-negative Gruppierungen hat auf der Grundlage von mit der Hauptabteilung XX bzw. den Abteilungen XX der Bezirksverwaltungen abgestimmten Konzeptionen, die von den Leitern der Hauptabteilungen /

---

1   Vgl. Dok. 81, Anm. 229.

selbständigen Abteilungen bzw. Bezirksverwaltungen oder deren Stellvertretern zu bestätigen sind, zu erfolgen[2]. [...] [17]
Politisch-operative Maßnahmen von grundsätzlicher Bedeutung, wie
– Werbung von Führungskräften feindlich-negativer Gruppierungen;
– Einleitung von Ermittlungsverfahren zu in der Öffentlichkeit bekannten und anderen operativ bedeutsamen Personen;
– inhaltlich und zeitlich konzentrierte Maßnahmen gegenüber mehreren im Sinne der politischen Untergrundtätigkeit wirksam gewordenen
Personen,
sind erst nach Zustimmung durch den Leiter der Hauptabteilung XX[3]
durchzuführen. Bei strafrechtlichen, strafprozessualen oder anderen
rechtlichen Maßnahmen hat er die notwendige Abstimmung mit dem
Leiter der Hauptabteilung IX[4] herbeizuführen und bei besonders bedeutsamen Maßnahmen die Bestätigung durch meinen Stellvertreter,
Genossen Generalleutnant Mittig[5], einzuholen.
2.4 Die Kreisdienststellen haben sich bei der Lösung vorgenannter politisch-operativer Aufgaben zu konzentrieren auf
– die Herausarbeitung und differenzierte, zielgerichtete operative
Kontrolle jener Personen, insbesondere der Träger und Verbreiter der
politisch-ideologischen Diversion, von denen Aktivitäten im Sinne politischer Untergrundtätigkeit ausgehen können, sowie die Gewährleistung einer aktuellen Übersicht zu diesen Personen; [18]
– die zielgerichtete operative Bearbeitung und das konsequente Klären erster Hinweise auf die beabsichtigte Bildung von sogenannten
Friedenskreisen, Ökologiegruppen und anderen sogenannten alternativen Gruppierungen sowie die Existenz nichtöffentlicher politischer
Diskussionskreise oder die Herstellung, Auswertung und Verbreitung
von Materialien antisozialistischen Inhalts in Abstimmung mit der Abteilung XX;
– die Verstärkung der Abwehrarbeit an der kirchlichen Basis, insbesondere unter den Kreis- und Gemeindekirchenräten, den Kreissynoden und Superintendenten, den Gruppen der „Jungen Gemeinde"
und den evangelischen und katholischen Studentengemeinden, einschließlich von Werbungen unter diesen Personenkreisen, u.a. auf der
Basis vorhandener echter Überzeugungen für Humanismus und Frieden, in Zusammenarbeit mit der Abteilung XX;
– die Erarbeitung von Hinweisen, insbesondere für die Abteilungen
XX der Bezirksverwaltungen bzw. die Hauptabteilung XX, zu kirchlich gebundenen Personen, die für eine inoffizielle Zusammenarbeit,
vor allem über eine langfristige Entwicklung mit perspektivischem
Charakter, geeignet sind;
– den Einsatz bzw. die Schaffung zuverlässiger IM und GMS in
Schlüsselpositionen, wie im Arbeitsgebiet bzw. Arbeitsbereich Kirchenfragen der Abteilungen Innere Angelegenheiten, in den Abteilungen Umweltschutz, Kultur, Jugend und Sport sowie Gesundheitswesen

2   Vgl. dazu auch die an der JHS entstandene Diplomarbeit von *Schulze* (GVS JHS
     o001 80 / 85). In dieser Arbeit werden sowohl das Anforderungsprofil für IM im
     kirchlichen Bereich als auch Pläne für ihren operativen Einsatz in kirchlichen
     Gruppen oder sogar als Bausoldaten entwickelt.
3   Der Leiter der für die Bekämpfung der inneren Opposition zuständigen Hauptab-
     teilung XX war Generalleutnant Kienberg. Vgl. *Wawrzyn*, 30 f.
4   Leiter der Untersuchungsabteilung IX war Generalmajor Fister. Vgl. ebd.
5   Zu Mittig vgl. Dok. 53, Anm. 33.

der Räte der Kreise und Städte, in führenden kulturellen Einrichtungen sowie in leitenden Gremien des Kulturbundes, des Friedensrates und der Nationalen Front auf Kreisebene, vor allem für die Realisierung vorbeugender Maßnahmen zur Ausräumung begünstigender Bedingungen, Umstände sowie zur Durchführung von Maßnahmen der Disziplinierung feindlich-negativer Kräfte. [25] [...]

4. Spezielle Aufgaben operativer Diensteinheiten bei der Bekämpfung politischer Untergrundtätigkeit

4.1 Die nachstehend genannten Diensteinheiten haben folgende spezifische Aufgaben zu lösen:

Hauptverwaltung A

– Rechtzeitige Aufklärung und beweiskräftige Dokumentierung der Pläne, Absichten und Maßnahmen feindlicher Führungszentren und -kräfte zur Inspirierung und Organisierung politischer Untergrundtätigkeit in der DDR, insbesondere hinsichtlich der Strategie und Taktik, der angewandten Mittel und Methoden sowie der wirksam werdenden Kräfte der Steuerung von im Sinne politischer Untergrundtätigkeit in der DDR und anderen sozialistischen Staaten wirkenden Kräfte durch Geheimdienste, Zentren der politisch-ideologischen Diversion und andere feindliche Zentren;

– Erarbeitung von Hinweisen auf im Sinne politischer Untergrundtätigkeit in der DDR wirksame personelle Stützpunkte bzw. Führungskräfte, den vorgesehenen Aufbau solcher Kräfte sowie auf deren Verbindungssystem; [26]

– Beschaffung bzw. Erarbeitung offiziell verwertbarer beweiskräftiger Informationen bzw. Dokumentationen über die Verletzung internationaler Verträge und Vereinbarungen, die Einmischung in innere Angelegenheiten der DDR und den Mißbrauch legaler Positionen nichtsozialistischer Staaten und deren Möglichkeiten durch feindliche Stellen und Kräfte zur Inspirierung bzw. Organisierung politischer Untergrundtätigkeit in der DDR, vor allem mit dem Ziel, offensive Maßnahmen der Partei- und Staatsführung zu unterstützen;

– Durchführung aktiver Maßnahmen zur Zersetzung bzw. Einschränkung der Wirksamkeit feindlicher Stellen und Kräfte;

– operative Bearbeitung feindlicher Stellen und Kräfte, die, bezogen auf die Inspirierung bzw. Organisierung politischer Untergrundtätigkeit, eine Schlüsselstellung einnehmen, gemäß zentralen Festlegungen.

Hauptabteilung I

– Vorbeugende Verhinderung, Aufdeckung und Bekämpfung von Angriffen im Sinne politischer Untergrundtätigkeit auf die Streitkräfte, vor allem auf den politisch-moralischen Zustand, die Kampfkraft und Gefechtsbereitschaft der Nationalen Volksarmee und der Grenztruppen der DDR, insbesondere durch:

[a] Zerschlagung jeglicher Bestrebungen zur Sammlung, Formierung und Organisierung politisch-negativer Kräfte bereits in den ersten Ansätzen;

[b] politisch-operative Einflußnahme auf den Einsatz, die Umsetzung bzw. die Herauslösung von Angehörigen der NVA und der Grenztruppen der DDR, die bereits mit Aktivitäten im Sinne politischer Untergrundtätigkeit angefallen sind; [27]

[c] konsequente Verwirklichung der angewiesenen Maßnahmen zur politisch-operativen Sicherung des Einsatzes der Bausoldaten einschließlich der Bekämpfung bzw. Zurückdrängung von Bestrebungen

der Kirche zur Einmischung in die Angelegenheiten der Streitkräfte
sowie der Einschränkung der Wirkungsmöglichkeiten der Kirchen auf
Angehörige der NVA und der Grenztruppen der DDR in enger Zusammenarbeit mit der Hauptabteilung XX;
– vorbeugende Verhinderung, Aufdeckung und Bekämpfung des Pro-
pagierens von pazifistischem und pseudopazifistischem Gedankengut
in den Streitkräften, des passiven Widerstandes gegen Befehle sowie
der Versuche zur Rücknahme eingegangener Verpflichtungen zum
Dienst in der NVA und den Grenztruppen der DDR;
– vorbeugende Verhinderung, Aufdeckung und Bekämpfung von Aktivitäten im Sinne politischer Untergrundtätigkeit, die im Zusammenhang mit Manövern und Übungen, dem Neu- und Ausbau militärischer Anlagen und Einrichtungen, der Ausstattung mit neuer Kampf-
technik und dem Auftreten der Streitkräfte in der Öffentlichkeit besonders unter dem Deckmantel des Umweltschutzes und des Pazifismus geführt werden, in enger Zusammenarbeit mit den zuständigen
operativen Diensteinheiten;
– Gewährleistung der Weiterführung der operativen Kontrolle und
Bearbeitung von Angehörigen der NVA, die bereits vor dem Wehrdienst bzw. Reservistenwehrdienst mit Aktivitäten im Sinne politischer
Untergrundtätigkeit angefallen sind;
– Anleitung und Unterstützung der Leiter der selbständigen Referate
Abwehr Wehrkommando der Bezirksverwaltungen und der Abwehr-
offiziere Wehrkreiskommando der Kreisdienststellen; [28]
[a] zum Erkennen von Wehrpflichtigen bei den Musterungen und Ein-
berufungsüberprüfungen, die bereits mit Aktivitäten im Sinne politischer Untergrundtätigkeit angefallen sind, und zur Einflußnahme auf
deren Einberufung zu Truppen gemäß der Auffüllungsordnung der
NVA, Teil B / Anhang 4 / 19.
[b] zur politisch klugen Durchsetzung der zentralen Festlegungen hinsichtlich der Einberufung von Wehrpflichtigen, die den Wehrdienst
bzw. Reservistendienst vollständig oder mit der Waffe ablehnen.

Dok. 88
Aus dem Wörterbuch der Staatssicherheit

Auszüge aus dem Wörterbuch der politisch-operativen Arbeit, April 1985. GVS-o001
JHS 400 / 81.

Kirchen, Mißbrauch der Kirchen
Eine Erscheinungsform der Feindtätigkeit, die auf die Inspirierung,
Organisierung und Durchführung politischer Untergrundtätigkeit sowie die Schaffung innerer antisozialistischer oppositioneller Bewegungen gerichtet ist. Der M. der Kirchen in der DDR wird charakterisiert
durch Versuche feindlicher Stellen und kirchlicher Einrichtungen im
Operationsgebiet im Zusammenwirken mit feindlich-negativen Kräften
innerhalb und außerhalb der Kirchen, den rechtlich gesicherten Handlungsraum der Kirchen in der DDR auszuweiten bzw. zu überschreiten und die legalen kirchlichen Handlungsmöglichkeiten für antisozialistische Ziele zu mißbrauchen.
Der Feind und feindlich-negative Kräfte versuchen dabei insbesondere,

die im Widerspruch zum Marxismus-Leninismus stehenden ideologischen Positionen der Kirchen, ihre engen Verbindungen zu den Kirchen in der BRD, Westberlin und anderen kapitalistischen Staaten, ihre relative materielle Selbständigkeit, die vorhandenen kirchlichen Strukturen, Organisationsformen und materiell-technischen Möglichkeiten, den gut ausgebildeten und in der ideologischen Beeinflussung geübten Personalbestand der Kirchen auf große Bevölkerungskreise für die Realisierung und Tarnung ihrer antisozialistischen Aktivitäten auszunutzen.

Handlungen, die einen M. der Kirchen in der DDR darstellen, (Mißbrauchshandlungen) haben vor allem die Verbindungsaufnahme und das Zusammenwirken mit feindlichen Stellen und Kräften sowie kirchlichen Einrichtungen im Operationsgebiet, die Herstellung bzw. Übernahme und Verbreitung antisozialistischer Konzeptionen und Plattformen, die Suche, Sammlung und Zusammenführung feindlich-negativer Kräfte und irregeleiteter Personen sowie die Vorbereitung und Durchführung antisozialistischer Aktionen und Maßnahmen zum Inhalt.

Diese Mißbrauchshandlungen werden durch folgende rechtliche Merkmale charakterisiert:

1. Sie stellen keine ausschließlich religiöse Tätigkeit i.S.d. verfassungsmäßigen Grundrechts auf freie Religionsausbildung dar.
2. Sie verstoßen gegen Grundsätze und Ziele der Verfassung der DDR.
3. Sie verletzen i.d.R. konkrete Rechtspflichten aus anderen Rechtsvorschriften der DDR.
4. Sie gehen von Kräften aus oder werden von Kräften durchgeführt, die mit feindlichen Zielvorstellungen handeln.

Diese rechtliche Charakterisierung ermöglicht in Verbindung mit der richtigen politischen und politisch-operativen Bewertung der vielgestaltigen Aktivitäten im kirchlichen Bereich das rechtzeitige Erkennen von Mißbrauchshandlungen und deren Abgrenzung von Handlungen, die keine Feindtätigkeit darstellen. Sie bildet zugleich die Grundlage für zielgerichtete Beweisführungsmaßnahmen der Aufdeckung, vorbeugenden Verhinderung und Bekämpfung des M. der Kirchen. Mißbrauchshandlungen mit hoher Gesellschaftsgefährlichkeit, die sich gegen die politischen, ideologischen, militärischen und ökonomischen Grundlagen der sozialistischen Staats- und Rechtsordnung in ihrer Gesamtheit richten, sind Bestandteil der politischen Untergrundtätigkeit. Sie sind nicht selten durch eine Verquickung konspirativer Mittel und Methoden mit öffentlichkeitswirksamem und scheinlegalem Vorgehen gekennzeichnet.

[215 / 2]

Mißbrauchshandlungen, die diese hohe Gesellschaftsgefährlichkeit nicht aufweisen, jedoch als gesellschaftswidrige, oppositionelle bzw. feindlich-negative Verhaltensweisen in ihren praktisch-politischen Konsequenzen und Entwicklungstendenzen eine reale Bezogenheit zur politischen Untergrundtätigkeit haben und in diese umschlagen können, sind dem Vorfeld politischer Untergrundtätigkeit zuzuordnen.

[409]

Untergrundtätigkeit, politische; Vorfeld
Gesamtheit negativer politisch-ideologischer Grundhaltungen, gesellschaftswidriger, oppositioneller sowie feindlich-negativer Verhaltensweisen und Handlungen, die in ihren praktisch-politischen Konse-

quenzen und Entwicklungstendenzen eine reale Bezogenheit zur politischen Untergrundtätigkeit haben und in diese umschlagen können.
Zum V. der politischen Untergrundtätigkeit gehören vor allem:
Diskussionen negativen und feindlichen Inhalts über längere Zeit in bestimmten Personenkreisen und Gruppierungen, die zu den Zielgruppen des Gegners gehören, bei denen prinzipienlos Mängel, Mißstände sowie Entwicklungsprobleme im Sozialismus zum ständigen Diskussionsgegenstand gemacht werden, Grundprobleme der Politik von Partei und Regierung in Frage gestellt und Argumente, die der Gegner ständig in der politisch-ideologischen Diversion gebraucht, übernommen und verbreitet werden sowie ständige negative politische Diskussionen auf der Grundlage von sozialismusfeindlicher, in der DDR nicht zugelassener Literatur in solchen Personenkreisen und Gruppierungen, das Verfassen und Verbreiten von Schriften politisch-ideologisch unklaren, vom Marxismus-Leninismus und den Grundfragen der Politik der Partei abweichenden oder sie entstellenden Inhalts, besonders, wenn der Verdacht besteht, daß es sich um Anfänge einer feindlichen Plattform handelt, Versuche von Personen, durch Ausnutzung und Mißbrauch legaler Möglichkeiten, z.B. im Rahmen des Kulturbundes[6], der Urania[7] oder unter dem Deckmantel der Religion, in Diskussionsabenden, Bücherlesungen u.a. die Ideologie des Gegners zu verbreiten, Mängel, Schwierigkeiten und Entwicklungsprobleme unserer Gesellschaft aufzubauschen und zu einer negierenden Kritik an Grundfragen der Politik von Partei- und Staatsführung und unserer gesellschaftlichen Entwicklung insgesamt auszudehnen sowie die Organisierung von Lesungen oder von Ausstellungen im privaten Bereich, in denen negative Literatur bzw. negative Werke der bildenden Kunst publiziert oder verbreitet werden, besonders dann, wenn dazu negative oder feindlich eingestellte Personen bevorzugt hinzugezogen werden, das häufige Auftreten von rechtswidrigen Ersuchen und Übersiedlung in die BRD und nach Westberlin in bestimmten Bereichen, Territorien, besonders dann, wenn diese Ersuchen überwiegend politisch motiviert werden, ihrem Inhalt nach provokatorisch und mit Drohungen verbunden sind, wenn wiederholt die gleichen feindlichnegativen Argumente auftreten und die Art und Weise der Begründungen darauf schließen läßt, daß die [410] Antragsteller nicht selbst die Verfasser sein können, sondern von anderen Personen dazu inspiriert wurden und Unterstützung erhielten, negative Gruppierungen Jugendlicher, bei denen sich Auswirkungen der neonazistischen Welle in der BRD zeigen oder die wiederholt mit Krawallen, Rowdytum, Bedrohung von positiven Jugendlichen und Widerstandshandlungen gegenüber Vertretern der Staatsmacht in Erscheinung traten, vor allem dann, wenn Verbindungen zu feindlich eingestellten Personen bestehen bzw. wenn solche Personen zu diesen Gruppierungen hinzustoßen.
Für die operativen Diensteinheiten kommt es darauf an, frühzeitig derartige Erscheinungen zu erkennen, sie richtig einzuordnen und schnell politisch-operative und im Zusammenwirken mit staatlichen Organen und gesellschaftlichen Organisationen wirksame Maßnahmen einzuleiten, um ein Umschlagen in die politische Untergrundtätigkeit vorbeugend zu verhindern.

6   Vgl. Dok. 81, Anm. 226.
7   Vgl. Dok. 81, Anm. 225.

Dok. 89
Aus einer an der Juristischen Hochschule Potsdam angefertigten Diplomarbeit

Verfasser: W. Albinus / P.-J. Heilsberg / A. Bendel. Titel: Die Entwicklung der Evangelisch-Lutherischen Kirche Sachsens und ihre Stellung im kirchenpolitischen Bereich sowie politisch-operative Schlußfolgerungen für die schwerpunktmäßige Bearbeitung, Potsdam Oktober 1985. VVS JHS 0001-325 / 85. Auszug.

8. Ausgewählte Probleme der politischen und rechtlichen Einordnung der Evangelisch-Lutherischen Landeskirche Sachsens in die politisch-operative Abwehrarbeit

Der Staatspolitik in Kirchenfragen hat die Partei- und Staatsführung stets größte Aufmerksamkeit geschenkt. Das Prinzip der Trennung von Staat und Kirche bringt es bei konsequenter Durchsetzung zwangsläufig mit sich, daß die Kirchen nicht mit anderen gesellschaftlichen Bereichen gleichgesetzt werden können. Sie entwickeln auch in der entwickelten sozialistischen Gesellschaft ein „Eigenleben", das von außen durch die Staats- und Sicherungsorgane nur mittelbar beeinflußbar ist. Es steht aber gerade deshalb die ständige politische Aufgabe, die Kirchen soweit wie möglich an die sozialistische Gesellschaft, an ihre Normen und Wertvorstellungen zu binden.
Mit einem Anteil von 35 Prozent an der Gesamtbevölkerung der Bezirke Dresden, Karl-Marx-Stadt und Leipzig stellt die LKS eine nicht zu unterschätzende politische Größe dar. Oder anders ausgedrückt: Die Gesamtbevölkerung des Bezirkes Dresden entspricht zahlenmäßig der Anzahl der Gemeindeglieder der LKS. /1/ Deshalb müssen alle politischen und politisch-operativen Aufgaben besonders darauf ausgerichtet sein, Teile der LKS, gleichgültig, ob es sich um Amtsträger, Angestellte oder aktive Laien handelt, nicht zu einem Störfaktor bei der weiteren Ausprägung der entwickelten sozialistischen Gesellschaft werden zu lassen. Kirchliche Kreise unterliegen schneller der politisch-ideologischen Diversion; sie können auch leichter von negativ-feindlichen Kräften politisch mißbraucht werden. Warum das so ist, wird deutlich, wenn man sich die Stellung der Kirchen und Christen in den Basis-Überbau-Beziehungen vergegenwärtigt. [178]
Religion und Kirche werden unter sozialistischen Produktionsverhältnissen nicht zur Sicherung der Klasseninteressen der herrschenden Arbeiterklasse in der DDR benötigt. Religion und Kirche sind im Sozialismus entbehrlich. Sie sind „Überbleibsel" aus der vorausgegangenen kapitalistischen Gesellschaftsformation und stehen der herrschenden Ideologie der Arbeiterklasse unversöhnlich gegenüber. Aber: Religion und Kirche bleiben über einen langen Zeitraum in der ersten Phase der kommunistischen Gesellschaftsformation Bestandteil des Überbaus mit entsprechender Wechselwirkung zur sozialökonomischen Basis. Religion und Kirche sind „nicht die einzigen ‚Überbleibsel' aus der vorangegangenen Gesellschaftsformation, die im Sozialismus noch vorhanden sind. Im Unterschied zu anderen sozialismusfremden oder –feindlichen Formen verfügt die Religion jedoch über eine ihr entsprechende Institution. Religiöser Glaube wäre ohne Institution Kirche ohne Belang. Die Gläubigen ‚bedienen' sich nicht schlechthin ihrer Institution, letztere hat sich relativ verselbständigt, so daß in gewisser Weise die Umkehrung gilt." /2/ Je weiter sich die sozialistischen Produktionsver-

hältnisse ausprägen, desto geringer wird die dialektische Wechselwirkung zwischen Basis und Überbau sein. /3/ Das Absterben der Religion und der Kirche ist somit objektiv begründet. Daraus schlußfolgerte Altbischof Fränkel[8] nicht unberechtigt: „Je gewisser die Erwartung des Absterbens der Religion in einem objektiven Gesellschaftsprozeß ist, um so weniger wird die Neigung bestehen, das Ende eines offenbar zählebigen Todeskandidaten durch administrative Mittel zu beschleunigen." /4/
„Wenn die Religion auch unter den Bedingungen des Sozialismus keine Klasseninteressen einer Ausbeuterklasse komprimiert zur Geltung bringen und wahrnehmen kann, weil diese als Klasse nicht mehr existiert, so kann sie aber sehr wohl jenen Kräften ideologisch Ausdruck verleihen, die die Restauration [179] der gestürzten Ordnung anstreben, wie auch bestimmten Schichten und Gruppen, die man ihrer sozialen Lage nach als kleinbürgerlich bezeichnen kann." /5/ So ist das innerkirchliche Rechtsverständnis der LKS mit der entsprechenden Wirkung nach außen eindeutig bürgerlich-parlamentarisch geprägt. Die Verfassung der LKS bestimmt: „Die Mitglieder der Landessynode sind an Aufträge und Weisungen ihrer Wähler nicht gebunden. Sie sind bei Abstimmungen frei." /6/ Das gleiche gilt für die Mitglieder der Kirchenleitung. Staatliches Befremden muß es deshalb hervorrufen, wenn das „Friedensseminar Meißen"[9] junge Christen auffordert, mit „Wähleraufträgen" zur Durchsetzung kirchlicher Vorstellungen oder Forderungen gegenüber Abgeordneten der verschiedenen Ebenen der Volksvertretung zu arbeiten. /7/ Auch die Mehrzahl landeskirchlicher Gesetze und Verordnungen beruhen auf bürgerlicher Rechtsauffassung. Änderungen sind dort erkennbar, wo Gesetze der DDR, zum Beispiel im sozial-politischen Bereich, entsprechende Modifizierungen erfordern.
Aus überholten Rechtspositionen heraus ist auch das noch oft anzutreffende Unverständnis der Amtsträger der LKS gegenüber verschiedensten staatlichen Maßnahmen und Rechtsfragen erklärbar. Diese unterschiedlichen Rechtsauffassungen müssen sowohl den Repräsentanten der LKS stärker ins Bewußtsein gerufen werden als auch bei der Bewertung kirchlicher Aktivitäten entsprechende Berücksichtigung finden. Hier ergeben sich Ansatzpunkte zur offensiven Beeinflussung der LKS.
Es muß auch stärker der Grundsatz durchgesetzt werden, Aktivitäten und Verlautbarungen der LKS unter verfassungsrechtlichen Gesichtspunkten zu bewerten und der Kirchenleitung der LKS entsprechend zu begründen. Zum Beispiel forderten die Initiatoren von „SoFD"[10] zur Unterschriftensammlung auf, um eine Gesetzesänderung zu erzwingen. [180] Die LKS hätte sofort die „Initiative" unterbinden müssen, weil sie sich an alle und nicht ausschließlich an Christen wendete. Sie konnte auch von nichtchristlichen negativ-feindlichen Personen organisiert sein, denn aus der Aufforderung, sich „an die Synode der

---

8　　Hans-Joachim Fränkel war von 1964 bis 1979 Bischof der Evangelischen Kirche von Schlesien bzw. des Görlitzer Kirchengebietes.
9　　Die Friedensseminare in Meißen (Bezirk Dresden) gehörten zu den bedeutendsten Friedensseminaren in der DDR. Es fand, „inzwischen zweimal jährlich veranstaltet, 1983 schon zum 18. Mal statt (mit 350 Besuchern) und zog 1985 400 Teilnehmer an." (*Zander*, Christen, 295).
10　Vgl. Dok. 61.

Kirche" /8/ zu wenden, folgt nicht zwingend, daß die Autoren Christen sind. Mit der Formulierung „Die Volkskammer der DDR möge beschließen" /9/ ist gesagt, daß eine Gesetzesänderung beabsichtigt ist, das aber verstößt gegen Artikel 65 (1) der Verfassung[11]. /10/ Auch die negativ-feindliche Haltung eines Pfarrers aus dem Kreis Löbau, der Jugendliche aufforderte, ihre Jugendweiheurkunden in seinem Beisein zu verbrennen, verstößt gegen „Würde und Freiheit der Persönlichkeit" und widerspricht dem Artikel 19 (2) der Verfassung[12]. /11/ Die Kirche kann sich bei diesen Zusammenhängen auch nicht auf die Artikel 20 oder 39 der Verfassung[13] berufen.
Der LKS ist es insgesamt nicht gestattet, /12/
1. die Verfassung und Gesetze zu verletzen, nur wahlweise zu akzeptieren oder subjektiv zu interpretieren,
2. die imperialistische Ideologie in ihren Spielarten (Antikommunismus, Antisowjetismus, Nationalismus usw.) zu verbreiten und den Marxismus-Leninismus in Theorie und Praxis zu diffamieren,
3. die Gläubigen politisch negativ zu beeinflussen und gegen den realen Sozialismus zu aktivieren,
4. innenpolitische Widersprüche politisch auszunutzen und Alternativen gegen die Politik der SED zu formulieren,
5. eine „besondere Gemeinschaft der deutschen Christenheit" zu propagieren. [181]
Gleichberechtigung und verfassungsgemäßes Handeln zwischen Staat und Kirche können nicht nur Grundsatz des Staates gegenüber der Kirche sein, sondern müssen umgekehrt genauso gehandhabt werden.
Bei der LKS handelt es sich um die größte Landeskirche in der DDR. Sie gehört dem Bund der Evangelischen Kirchen der DDR an und ist Gliedkirche der Vereinigten Ev.-Luth. Kirche in der DDR[14]. Sie ist ferner unmittelbares Mitglied des Lutherischen Weltbundes[15] und des Ökumenischen Rates der Kirchen[16], in dem Landesbischof Dr. Hempel einer der Präsidenten ist. 1981 war die LKS Gastgeber der Zentralausschußtagung des ÖRK in Dresden[17]. Die LKS verfügt über 1 120 Pfarrstellen, von denen 1 015 besetzt sind. /13/ Sie ist finanziell stabil, ihr Haushaltsvolumen beträgt für das Rechnungsjahr 1985 knapp 23 Millionen Mark mit einem erwarteten Fehlbetrag von nur 0,7 Prozent. /14/ Der LKS kommt internationales Gewicht durch vielfältige ökumenische Aufgaben und Beziehungen zu. Sie hat intensive Kontak-

---

11   Dort heißt es: „Das Recht zur Einbringung von Gesetzesvorlagen haben die Abgeordneten der in der Volkskammer vertretenen Parteien und Massenorganisationen, die Ausschüsse der Volkskammer, der Ministerrat und der Freie Deutsche Gewerkschaftsbund" (zit. nach: Neue Verfassung, 100).
12   Dieser Passus des Artikels 19 lautet: „Achtung und Schutz der Würde und Freiheit der Persönlichkeit sind Gebot für alle staatlichen Organe, alle gesellschaftlichen Kräfte und jeden einzelnen Bürger" (zit. nach: Neue Verfassung, 86).
13   Die Artikel 20 und 39 (vgl. Dok. 71, Anm. 127) der Verfassung von 1968 / 1974 garantierten die Freiheit des religiösen Bekenntnisses. Vgl. ebd., 86 bzw. 93.
14   Vgl. Dok. 51, Anm. 54.
15   Vgl. Dok. 51, Anm. 47.
16   Zum 1948 in Amsterdam gegründeten Ökumenischen Rat der Kirchen (ÖRK) gehörten 1985 303 Mitgliedskirchen und 30 „angeschlossene Kirchen" mit insgesamt etwa 400 Millionen Mitgliedern. Die Katholische Kirche gehört dem ÖRK nicht an. Hempel war von 1983 bis 1991 einer der sieben Präsidenten des ÖRK.
17   Die Zentralausschußtagung fand vom 16. bis 27.9.1981 in Dresden statt. Damals kursierte auch der Appell der SoFD-Initiative auf der Veranstaltung und wurde so der westlichen Öffentlichkeit bekannt. Vgl. *Ehring / Dallwitz*, 189.

te zur Evangelischen Kirche in Deutschland und zur Landeskirche Hannover als Ausdruck der „Gemeinschaft mit den anderen deutschen evangelischen Kirchen". /15/ Insbesondere übt sie erheblichen personellen und finanziellen Einfluß auf den Bund der Evangelischen Kirchen in der DDR aus. Die leitenden Organe der LKS berufen sich darauf, im Namen einer großen Kirche von 1,75 Millionen Gliedern zu sprechen und zu handeln. Statistisch ist die Zahl nicht anfechtbar, aber sie ist nur als eine potentielle Größe zu verstehen. Die Auswertung entsprechender Informationen ergibt ein reales Bild. Nur etwa 10 Prozent der nominellen Gemeindeglieder in Großstadtgemeinden und bis 25 Prozent in Ortsgemeinden – vor allem im Erzgebirge und in der Lausitz – nehmen aktiv am kirchlichen Leben teil. /16/ [182] In Dresden sind ca. 35 Prozent der Bevölkerung evangelischen Glaubens, davon wiederum nur 73 Prozent Kirchensteuerzahler. Aktiv in den Gemeinden, Gottesdienstbesucher eingerechnet, arbeiten weniger als 5 000 Personen. /17/ Dieses Gefälle ist den kirchlichen Organen bekannt, wird aber ignoriert, weil die LKS an organisatorischen und strukturellen Formen aus volkskirchlicher Zeit im institutionellen Bereich bewußt festhält, um damit nach innen und nach außen Stabilität und Präsenz zu demonstrieren. /18/

Beachtenswert ist auch, daß die LKS teil hat an den wachsenden Einnahmen der Werktätigen, an Rentenerhöhungen und anderen sozialpolitischen Maßnahmen. Das drückt sich nicht allein an der jährlichen Zunahme des Kirchensteueraufkommens aus, sondern auch in steigenden Kollekteneinnahmen. Durch den Rat des Bezirkes Dresden erhält die LKS jährlich 1,2 Millionen Mark. /19/ Weiterhin werden Staatszuschüsse gezahlt für Krankenhäuser, diakonische Einrichtungen, Friedhofsarbeiten sowie Ausgleichszahlungen geleistet auf Grund von Industriepreisreformen.

Eine wesentliche politische Aufgabe besteht in der Verhinderung von Einflußnahme der LKS auf Teile der Arbeiterklsse. Es liegt dazu kein Vergleichsmaterial vor. Aber wenn 28,1 Prozent der Teilnehmer am Kirchentagskongreß 1983 Arbeiter waren und der Anteil von Arbeitern in der Landessynode von bisher zwei bis drei auf 7 stieg, so ist das ein deutliches Achtungszeichen. /20/ Es ist eine unbestreitbare Tatsache, daß die LKS ein gesellschaftlich wirksamer Faktor ist, der Einfluß auf Teile der Bevölkerung hat, entsprechende Traditionen pflegt, soziale Wirkungsmöglichkeiten besitzt oder über internationale Verbindungen verfügt. Das muß in der politischen Arbeit aller Ebenen bewußt genutzt werden. [183]

Die Mitwirkung der LKS ist erwünscht, nützlich und möglich
1. im Kampf um Frieden, Abrüstung, Entspannung und Völkerverständigung,
2. im Rahmen der Gesundheits- und Sozialpolitik,
3. im Sinne der politischen Einflußnahme auf die Gläubigen zur bewußten Mitwirkung an der Ausgestaltung der entwickelten sozialistischen Gesellschaft,
4. bei der solidarischen Hilfe für Notleidende und um ihre Befreiung kämpfende Völker im Kampf gegen Imperialismus, Rassismus und Neokolonialismus. /21/

Um die kirchenleitenden Organe dazu immer wieder zu bewegen, bedarf es weiterer intensiver und kontinuierlicher politischer Arbeit. Es sollte nach neuen Formen und Wegen gesucht und Bewährtes vervollkommnet werden. Die bisherigen Aktivitäten staatlicher Organe, der Nationalen Front[18] und der CDU[19] scheinen nicht ausreichend zu sein, obwohl viel getan und erreicht wurde. Der Staatsapparat, die Nationale Front und die CDU erreichen nur einen kleinen Teil der Amtsträger. Mit diesen in bewährter Weise weiterzuarbeiten, ist notwendig. Aber es muß der Kontakt zu einem Personenkreis aus kirchenleitenden Organen aller Ebenen ausgebaut werden. Es war vor Jahren zum Beispiel üblich, daß die Stellvertreter Inneres der drei zuständigen Bezirke in größeren Abständen mit der gesamten Kirchenleitung zu Beratungen zusammentrafen. Der ehemalige OLKR von Brück schlug auf der Herbsttagung der Synode 1962 vor, bei Gesprächen mit dem Staatsapparat auch Synodale mit hinzuzuziehen. /22/ Solche und andere Vorschläge sollten auf ihre Durchführbarkeit und hinsichtlich möglicher Differenzierungseffekte geprüft werden. [184] Zu erwägen ist auch, ob Vertreter kirchenleitender Institutionen nicht stärker die Möglichkeit erhalten sollten, Einblick in bestimmte gesellschaftliche Prozesse und Probleme zu erhalten, aber nicht nur per Gespräch, sondern durch praktische Anschauung. „Arbeitsessen" im größeren Kreis können ebenfalls helfen, die Basis für persönliches Vertrauen und engere Zusammenarbeit zu legen. Auch mit dem Chefredakteur des „Sonntag"[20] und anderen Verantwortlichen relativ selbständiger Bereiche der Kirche ist eine regelmäßige politische Arbeit notwendig. Die Realisierung solcher Vorschläge setzt voraus, daß besonders die zuständigen Mitarbeiter für die Staatspolitik in Kirchenfragen weitestgehend von administrativer Arbeit und anderen Aufgaben entlastet werden.

1962 trug der Stellvertreter für Inneres des Rates des Bezirkes Dresden an den Präsidenten der Synode, Reiner Mager, den Wunsch heran, zu den Tagungen der Landessynode eine Einladung zu erhalten. Im Antwortschreiben des Synodalpräsidenten heißt es: „Eine solche Einladung ist seit der Trennung von Staat und Kirche in der sächsischen Landessynode nicht üblich. Die sächsische Landessynode hält an diesem Brauch fest." /23/ Abgesehen davon, daß bis 1945 solche Einladungen nicht zu ergehen brauchten, weil die Staatsvertreter in Personalunion in der Synode präsent waren, haben sich doch die kirchenpolitischen Bedingungen in den letzten 20 Jahren derart geändert, daß erneut nachgefragt werden kann, zumal die Verfassung der LKS im Paragraphen 26 (3) festlegt, daß die Sitzungen der Synode öffentlich sind.

Die Praxis setzt die Genossen der Staats- und Sicherheitsorgane bei kirchenpolitischen Ereignissen vor die komplizierte Aufgabe, in kürzester Zeit Aussagen der LKS zu analysieren und zu werten. Die Erfahrungen zeigen, daß auch nach Aktionen nur selten Zeit bleibt für eine tiefgründige komplexe Analyse. [185] Ich schlage vor, eine aus nicht mehr als fünf Genossen bestehende Arbeitsgruppe bei der Bezirksleitung der SED zu bilden, die bei Bedarf kirchliche Verlautbarungen unter ideologischen, kirchenpolitischen, sicherheitspolitischen und staatsrechtlichen Gesichtspunkten wertet und Vorschläge für das einheitliche Reagieren erarbeitet. Das würde nicht nur der Verbesserung der Effek-

---

18 Vgl. Dok. 6, Anm. 27.
19 Vgl. auch Dok. 80, Anm. 216.
20 Chefredakteur des „Sonntag" war seit dem 30.11.1980 Pfarrer Friedbert Stöcker.

tivität und Synchronität der kirchenpolitischen Arbeit dienen, sondern auch die Basis für eine ständige offensive Auseinandersetzung mit kirchenleitenden Persönlichkeiten bilden. Die natürlichen Verbündeten bei der Durchsetzung langfristiger Maßnahmen der Staatspolitik in Kirchenfragen sind neben den Arbeitsgruppen „Christliche Kreise" der Nationalen Front[21] vor allem die Kirchliche Bruderschaft Sachsens[22] und die Basisgruppe der Christlichen Friedenskonferenz[23] in Königswartha. Besonders die KBS und die CFK haben den Vorzug, im Innern der LKS zu wirken, dort bekannt und auch immer mehr anerkannt zu sein. Die KBS hat seit ihrer Gründung 1961 intensiv politisch gewirkt. Ihr Grundsatz ist es, kirchliche und politische Arbeit auf der Basis theologisch begründeter Positionen zu leisten. Die KBS hat persönliche Kontakte zum Landeskirchenamt aufgebaut, war und ist mit Synodalen im Gespräch und macht durch Veröffentlichungen bekannter politisch-engagierter Theologen auf sich genauso aufmerksam wie durch entsprechende Tagungen. Die KBS nahm zu politischen Grundfragen öffentlich Stellung, ihre Vertreter äußerten öffentlich ihren Standpunkt zu Beschlüssen der Synode, und sie traten mit Eingaben an die Synode und an andere kirchliche Leitungsgremien heran. Besonders dem verstorbenen ehemaligen Vorsitzenden, Dr. Walter Feurich, ist es zu verdanken, daß die KBS kämpfte und innerkirchlich Wirkungen hinterließ, auch wenn sich das nicht sofort in Änderungen politischer Haltungen umschlug. [186] Die KBS wird politisch ermutigt und unterstützt durch die Bezirksleitung der SED Dresden und den Sektor Staatspolitik in Kirchenfragen Dresden. Leider ist nach dem Ableben Dr. Walter Feurichs unter dem jetzigen Vorsitzenden Christoph Körner (Mittweida) ein Nachlassen des Suchens der offensiven theologischen und politischen Auseinandersetzungen mit Positionen der LKS festzustellen. Der „Motor" der KBS ist gegenwärtig deren Sekretärin, Annelies Feurich. Gemeinsam mit der Bruderschaft sollte nach Wegen für eine weitere Aktivierung gesucht werden. Auch die CFK-Basisgruppe Königswartha mit den Pfarrern Laser und Pietsch wirkt in der LKS von innen heraus. Auch hier gilt es, Formen einer intensiveren Einflußnahme zu finden, um ihre Wirksamkeit zu erhöhen und sie gegebenenfalls mit solchen Informationen auszustatten, die es ihr noch besser gestatten, die öffentliche Auseinandersetzung zu führen. Auch die Förderung des Entstehens weiterer Basisgruppen in Abstimmung mit Königswartha könnte die Ausstrahlung erhöhen. Die CFK hat 1984 / 85 beigetragen, anderen Christen zu helfen, ihren politischen Standpunkt zu finden, oder wenigstens zum Nachdenken angeregt. Das geschah in öffentlicher Auseinandersetz-

---

21 Vgl. Dok. 80, Anm. 215.
22 „Die Kirchliche Bruderschaft Sachsens wurde", wie es in einem Faltblatt der Organisation aus dem Jahr 1983 heißt, „gegründet, um unter veränderten gesellschaftlichen Verhältnissen die Traditionen der Bekennenden Kirche im Sozialismus fruchtbar zu machen." Für die Kirchliche Bruderschaft Sachsens bedeutete dies, daß sie „die führende Rolle der Arbeiterklasse" und ihre „feste Position im Sozialismus" bejahte. Weiter heißt es zum Selbstverständnis der Gruppe in dieser Erklärung zum 25jährigen Jubiläum der DDR: „Unser Beitrag auf diesem verheißungsvollen Weg wird auch künftig darin bestehen, die sozialistischen Staatsbürger christlichen Glaubens in ihrer persönlichen Parteinahme für Frieden und Sozialismus zu bestärken und neue positive Tendenzen zu unterstützen" (zit. nach: „Neue Zeit" vom 8.6.1974).
23 Zur CFK vgl. schon Dok. 36, Anm. 26.

zung, der sich auch der „Sonntag" nicht verschließen konnte, gegen Positionen des Landesjugendpfarrers Bretschneider und in der Synode durch eine Eingabe, in der junge Wehrpflichtige begründeten, warum sie ihren Friedensdienst mit der Waffe 3 Jahre leisten. Damit wurden für negativ-feindliche Kräfte der LKS, die in Friedensgruppen arbeiten, deutliche Achtungszeichen gesetzt. Bei politisch behutsamer Führung der CFK ist eine weitere Profilierung möglich, die unmittelbar der Differenzierung in der LKS dienen kann.

Zu wenig öffentlichkeitswirksame Impulse gehen von der Sektion Theologie der Karl-Marx-Universität Leipzig aus. Gerade diese Wissenschaftler und Hochschullehrer haben nicht nur [187] Verantwortung dafür, Theologiestudenten auf einen Einsatz in einer Kirche im Sozialismus vorzubereiten, sondern müßten durch Kontakte zu kirchenleitenden Personen stärker direkten Einfluß auf die LKS ausüben. Die Tatsache, daß in der Landessynode die Karl-Marx-Universität mit einem berufenen Synodalen präsent ist, hat kirchenpolitisch keinerlei Wirkung.

Dort, wo politisch progressive Pfarrer engagiert wirken, kommt es im allgemeinen auch zu einem Aufschwung in der Gemeindearbeit. Die Kirchgemeinde kann für bis dahin abseits stehende Christen wieder attraktiver werden, weil sie sich auch in ihrer politischen Haltung als Christen in der DDR bestätigt fühlen. Dabei können unerwünschte Nebeneffekte auftreten, die um der Sache willen hingenommen werden müssen. Zum Beispiel bemüht sich der Bezirkstagsabgeordnete Pfarrer Melzer aus Bärenstein um eine intensive Beeinflussung christlicher Kinder und Jugendlicher, ohne sie dabei negativ zu beeinflussen. Ausdruck dessen ist aber auch, daß 1985 nur 65,2 Prozent der Schüler in Bärenstein an der Jugendweihe teilnahmen, dagegen 34,8 Prozent konfirmiert worden sind. Auch in den Orten Reinhardsgrimma, Lauenstein und Obergarsdorf liegt der Anteil derer, die an der Jugendweihe teilnehmen, ebenfalls nur zwischen 68 und 74 Prozent, ohne daß die Ursachen dafür bekannt sind. /24/ Die Jugendweihestatistik sollte exakt unter kirchenpolitischen Gesichtspunkten ausgewertet werden, um konkrete Schlußfolgerungen für die politische Arbeit an bestimmten Schulen oder in bestimmten kommunalen Gemeinden für die Führung der politischen Arbeit ziehen zu können.
Die Landessynode „trägt die Verantwortung für alle Angelegenheiten der Landeskirche und kann darüber beraten und beschließen. Sie kann Kundgebungen erlassen." /25/ Damit kommt der Synode ein hoher politischer Stellenwert zu. [188] Allein deren derzeitige soziale Zusammensetzung zeigt, daß Synodale mit kleinbürgerlicher Haltung überwiegen. Der Anteil von Amtsträgern und kirchlichen Angestellten beträgt 46,9 Prozent. Angestellte aus unterschiedlichen wirtschaftlichen und gesellschaftlichen Bereichen stellen 42 Prozent der Synodalen; dabei überwiegen besonders Vertreter aus der medizinischen und der naturwissenschaftlich-technischen Intelligenz. /26/ Es ist immer damit zu rechnen, daß von Synodaltagungen politische Störungen und Belastungen des Staat-Kirche-Verhältnisses ausgehen können. Die Vergangenheit hat das hinlänglich bewiesen. Deshalb gibt es gegenwärtig keine Alternative, als mit den Synodalen unter Hinzuziehung anderer gesellschaftlicher Bereiche intensiv politisch zu arbeiten und sie nach Möglichkeit noch anderweitig gesellschaftlich zu binden. Das kann nicht die alleinige Aufgabe der Kirchenreferenten sein. Aber von ihnen müs-

sen die Impulse dazu ausgehen, und sie müssen die erforderlichen
Maßnahmen koordinieren. Besonderes Augenmaß muß dabei den Laiensynodalen gelten, die im Rechtsausschuß und im Sozial-Ethischen
Ausschuß mitarbeiten. Die politische Einflußnahme auf die Laiensynodalen erfordert viel Kleinarbeit, ist aber für die Durchsetzung der
Staatspolitik in Kirchenfragen unerläßlich. Nicht weniger aufwendig,
jedoch effektiver erscheint deshalb der Weg, selbst aktive und staatstreue Christen zu suchen und für die Landessynode /27/ kandidieren
zu lassen. Das könnten vor allem solche Laien sein, die der CDU angehören, aktiv in der Partei arbeiten und gleichzeitig fest in ihren Gemeinden verankert sind. Aber auch die CFK und die KBS sollten ein
natürliches Interesse haben, in der Landessynode präsent zu sein, um
sich besser artikulieren zu können. Solche Vorstellungen können nur
langfristig in die Praxis umgesetzt werden. Diese Maßnahmen bedürfen
gründlichster Vorbereitung und Abstimmung. [189] Deshalb muß 1986
damit angefangen werden, auch wenn die Wahlen zur 23. Landessynode erst 1990 stattfinden. /28/
Negativ-feindlichen Kräften ist es seit 1983 und 1984 zweimal gelungen, Beschlußentwürfe in die Bezirkssynode ein- und durchzubringen,
die sich gegen die Verteidigungsbereitschaft der DDR und gegen die
Erfüllung ihrer Bündnisverpflichtungen richteten. „Die Kirche ist die
einzige Institution im Sozialismus, die nicht dem Wesen der sozialistischen Gesellschaftsordnung entspricht, aus ihr nicht erwächst und für
den Sozialismus und seine Entwicklung überflüssig ist." /29/ Deshalb
besteht die wesentlichste politische Aufgabe der Partner des Zusammenwirkens bei Wahrung ihrer spezifischen Verantwortung, kirchenpolitisch solche Bedingungen zu schaffen bzw. zu stabilisieren, daß
von negativ-feindlichen Kräften der LKS keine Wirkungen ausgehen
können und progressive Kräfte in ihren Bemühungen um die Herstellung vertrauensvoller Beziehungen zum sozialistischen Staat unterstützt werden. [190]

Anmerkungen zum Kapitel 8
/1/ Vgl. Statistisches Taschenbuch der DDR, Berlin 1984, S. 13, Be-
rechnungsgrundlage bildete die Zahl von 1,75 Mio. Gliedern der LKS.
/2/ Gerhard Lewerenz, a.a.O. [Das Selbstverständnis ev. Landeskirchen in der DDR von „Kirche im Sozialismus", vor allem untersucht
und dargestellt am Bund der Ev. Kirchen in der DDR und an der Ev.
Luth. Landeskirche Sachsens – eine kritische Analyse, Phil. Diss., Güstrow 1983], Teil 1, Bl. 11.
/3/ Vgl. Karl Marx / Friedrich Engels, Über Religion, Berlin 1984, S.
9 f.
/4/ Eberhard Kuhrt, a.a.O. [Wider die Militarisierung der Gesellschaft:
Friedensbewegung und Kirche in der DDR, Melle 1984], S. 111.
/5/ Gerhard Lewerenz, a.a.O., Teil 1, Bl. 17.
/6/ Verfassung der Ev.-Luth. Landeskirche Sachsens unter Einbeziehung aller Änderungen bis Ende 1980 – Dresden 1981, § 22 (2) und §
37 (5).
/7/ Friedensseminar Meißen 20./24.4.1985, Fragen und Antworten
zum Thema Wahl – Für Interessenten des Friedensseminars Meißen, 1
Blatt.
/8/ Vgl. Gerhard Lewerenz, a.a.O., Teil 2, Bl. 41 f.
/9/ Ebenda.
/10/ Vgl. Verfassung der DDR, a.a.O., S. 51.

/11/ Vgl. ebenda, S. 25.
/12/ Nach Gerhard Lewerenz, a.a.O., Teil 1, Bl. 30 ff.
/13/ OLKR Fritz vor Pfarrern der LKS 1985.
/14/ Vgl. Amtsblatt der Ev.-Luth. Landeskirche Sachsens, Nr. 23 / 84, A 99.
/15/ Verfassung der Ev.-Luth. Landeskirche Sachsens, a.a.O., § 2 (2).
/16/ Vgl. AI der Abteilung XX – Information Juni 1985.
/17/ Vgl. ebenda.
/18/ Die Evangelische Kirche in der DDR, a.a.O., S. 443 f.
/19/ Angabe vom Sektor Staatspolitik in Kirchenfragen beim Rat des Bezirkes Dresden.
/20/ Amtskalender 1985, Berlin 1984, S. 275 ff. [191]
/21/ Nach Gerhard Lewerenz, a.a.O., Teil 1, Bl. 30 f.
/22/ Vgl. R.d.B., A.: AZ. 29 702, Bericht über die Herbsttagung der Synode 1962, Bl. 6.
/23/ R.d.B., A.: Az. 33031.
/24/ Vgl. AI der Abteilung XX.
/25/ Verfassung der Evangelisch-Lutherischen Landeskirche Sachsens, a.a.O., § 27.
/26/ Die Landessynode setzt sich aus 60 gewählten und 21 berufenen Mitgliedern zusammen. In der 22. Landessynode sind vertreten: 38 Theologen und kirchliche Mitarbeiter (46,9%), 34 Angestellte (42%), 7 Arbeiter (8,7%), 1 Bauer (1,2%), 1 Selbständiger (1,2%)
/27/ Vgl. Amtsblatt, a.a.O., 1983, A 66.
/28/ Vgl. ebenda, 1984, A 91.
/29/ Gerhard Lewerenz, a.a.O., Teil 1. [192]

9. Schlußfolgerungen für die Organisierung der politisch-operativen Abwehraufgaben

Die LKS stellt durch ihr Selbstverständnis, ihre Tradition und nicht zuletzt durch ihren Einfluß auf Teile der Bevölkerung dreier Bezirke einen potentiellen Störfaktor für die gesellschaftliche Entwicklung dar, der in der politisch-operativen Arbeit ständig beachtet werden muß. Auch der Einfluß der LKS auf den Bund der Evangelischen Kirchen in der DDR, seine vielfältigen ökumenischen Beziehungen und „partnerschaftlichen Kontakte" zu evangelischen Kirchen in der BRD sind darin eingeschlossen.

Unter Berücksichtigung der politisch-operativen Lage hat das MfS drei Hauptaufgaben zu erfüllen, die eng miteinander verknüpft sind.

1. Die politisch-operativen Maßnahmen sind darauf auszurichten, daß durch die LKS die Verfassung und die Gesetze nicht verletzt werden. Besonders sind negativ-feindliche klerikale Kräfte unter ständige operative Kontrolle zu nehmen, um kurz- oder langfristig angelegte Absichten und Pläne zur Störung der Staat-Kirche-Beziehungen in Erfahrung zu bringen und deren Realisierung in geeigneter Weise zu unterbinden. Vor allem ist zu gewährleisten, daß [es] der LKS nicht gelingt, in Teile der Arbeiterklasse und der Arbeiterjugend einzudringen.

2. Allen derartigen Versuchen ist so zu begegnen, daß es nicht zur offenen Konfrontation zwischen Kirche und Staat kommen kann; das schließt strafrechtliche Maßnahmen gegen einzelne oder andere wirksame disziplinierende Maßnahmen nicht aus. [193]

3. Es sind mit politisch-operativen Mitteln alle Bestrebungen der loyalen und progressiven Kräfte der LKS zu fördern, die objektiv geeignet

sind zur Durchsetzung der Differenzierungspolitik auf der Grundlage
der Formel „Kirche im Sozialismus".

Diese Aufgaben können nur komplex und einheitlich mit den beteiligten Diensteinheiten und im exakten abgestimmten Zusammenwirken
mit den Partnern unter der politischen Führung der Bezirksleitung der
SED gelöst werden.

Die Durchsetzung der Maßnahmen erfordert eine straffe Federführung
durch die Abteilung XX auf der Grundlage der bestehenden Befehle
und Weisungen.

Die Federführung muß folgende Komplexe und Bereiche umfassen:

1. Die Anleitung und Unterstützung der Kreisdienststellen zur Durchsetzung politisch-operativer Maßnahmen im jeweiligen Territorium.

2. Anleitung, Unterstützung und Kontrolle bei der Durchführung solcher politisch-operativen Maßnahmen, die vom operativen Sachverhalt
oder vom Personenkreis her über die Möglichkeiten der Kreisdienststellen hinausgehen.

3. Abgestimmtes und gemeinsames Vorgehen bei der Suche, Auswahl
und Gewinnung perspektivvoller IM-Kandidaten.

4. Überbezirklich sind die notwendigen Maßnahmen der Koordinierung – vor allem mit der Hauptabteilung XX und den Bezirksverwaltungen Karl-Marx-Stadt und Leipzig – zu gewährleisten.

5. Es ist der erforderliche Informationsfluß zur politisch-operativen
Lageeinschätzung zu garantieren. [194]

Zur Durchsetzung dieser Maßnahmekomplexe wurde die vom Leiter
der Bezirksverwaltung Dresden, Genossen Generalmajor Böhm, bestätigte „Bearbeitungskonzeption zur Organisierung einer komplexen politisch-operativen Bearbeitung negativ-feindlicher klerikaler Kräfte der
Evangelisch-Lutherischen Landeskirche Sachsens auf dem Territorium
des Bezirkes Dresden" entwickelt. Die Konzeption wird ständig aktualisiert. Die Richtigkeit der Ziel- und Aufgabenstellung hat sich in
der politisch-operativen Praxis bestätigt. Besonders den Kreisdienststellen wird ständig Anleitung und Unterstützung gegeben. Zweimal
jährlich wird mit allen operativen Sachbearbeitern auf Linie[24] eine
Schulung durchgeführt. Neben aktuellen Lageeinschätzungen dienen
diese Maßnahmen vor allem dem abgestimmten und einheitlichen Vorgehen auf Linie. Mit der gleichen Zielstellung erfolgen regelmäßig Öf-
fentlichkeitsarbeiten bei den Partnern des Zusammenwirkens. Überbezirklich erfolgt die Federführung auf der Grundlage einer Koordinierungsvereinbarung zwischen dem Leiter der Hauptabteilung XX und
den Stellvertretern Operativ der Bezirksverwaltungen Dresden, Karl-
Marx-Stadt und Leipzig.

---

24   D.h. in diesem Fall die Mitarbeiter der Linie XX / 4.

Dok. 90
Aus einer Planvorgabe der BV Leipzig

Leipzig, den 9.12.1985

Auszug aus der Planvorgabe des Leiters der BV Leipzig, Hummitzsch, für das Jahr 1986. GVS-o006 BVfS Lpz 279 / 85.

Qualifiziert weiterzuführen sind die in meiner Planvorgabe 1985 (Blatt 10 / 11) angewiesenen Aufgaben und Maßnahmen im Bereich Kirchen und Religionsgemeinschaften. Die Bearbeitung der Mitglieder der Kirchenleitung, kirchenleitender Amtsträger und Laiensynodalen erfolgt auf der Grundlage der Koordinierungsvereinbarung zwischen den BV Dresden, Karl-Marx-Stadt und Leipzig vom Oktober 1985. *Bis 20.2.1986* sind durch die Abt. XX Maßnahmen mitzuteilen. Zu den im Verantwortungsbereich der BV tätigen Synodalen sowie den 1986 erstmals zu wählenden Synodalen sind *bis 30.9.1986* an die HA XX aktuelle Auskunftsberichte zu übersenden sowie die getroffenen Festlegungen für eine politische Einflußnahme und Betreuung zu übermitteln. In der pol.-op. Abwehrarbeit gegen die Aktivitäten alternativer kirchlicher Gruppierungen 1986 besonders zu beachtende Veranstaltungen im Rahmen der Kirche sind
– das Friedensseminar im März[25];
– die kirchliche Umweltdekade[26], eingeschlossen die Aktion „Mobil ohne Auto" im Juni[27];
– die regionalen Kirchentagskongresse im Verantwortungsbereich von 7 KD im Juni[28];
– die Friedensdekade der evangelischen Kirchen im November[29].
Zur Gewährleistung der qualifizierten Anleitung der Kreisdienststellen und Durchsetzung der festgelegten Maßnahmen ist durch die Abteilung XX *bis 30.3.1986* eine Arbeitsberatung mit den verantwortlichen operativen Mitarbeitern ausgewählter Kreisdienststellen durchzuführen.

---

25 Zieht man die Zeitschrift KiS (1 / 12, 1986, Rubrik „Termine 1986") zu Rate, so könnten hier v.a. drei Friedensseminare gemeint sein, die jedoch alle nicht im Bezirk Leipzig stattfanden. Vom 11. bis 14. März fand ein Friedensseminar in Neudietendorf (Bezirk Erfurt) statt, vom 14. bis 16. März eines in Kollm (Bezirk Dresden) und schließlich ein Friedensseminar in Meißen, vom 14. bis 16. März 1986. Eventuell käme auch das Treffen „Frieden konkret" in Stendal (Bezirk Magdeburg) vom 28.2. bis 2.3. in Frage (vgl. KiS 2 / 12, 1986, 90).
26 Vgl. auch Dok. 84, Anm. 253.
27 Vgl. oben Dok. 84, Anm. 251.
28 Vgl. dazu den Bericht der ena über die sechs regionalen Kirchentage in der sächsischen Landeskirche, die zwischen Ende Mai und Anfang Juli 1986 stattfanden (ena 29 / 39 vom 17.7.1986).
29 1986 fand die Friedensdekade vom 9. bis 19. November unter dem Leitwort „Friede sei mit euch" statt. Vgl. *Zander*, Christen, 283 f. und die Meldung in KiS 6 / 12, 1986, 275.

Dok. 91
Aus der Zentralen Planvorgabe für 1986-1990

Auszug aus der Zentralen Planvorgabe Mielkes für die Jahre 1986-1990 vom 21.5.1986.
GVS MfS o008-41 / 86.

4.4 Sicherung und Unterstützung der Jugendpolitik der Partei [117]
Die Interessen- und Freizeitbereiche Jugendlicher, vorrangig Jugend-
klubhäuser und Studentenklubs sowie im Sinne der offenen Jugendarbeit[30] wirkende innerkirchliche Vereinigungen und Zusammenschlüsse,
sind unter dem Gesichtspunkt politisch-operativ zu durchdringen,
operativ bedeutsame feindlich-negative Entwicklungstendenzen und
Aktivitäten rechtzeitig zu erkennen und diesen wirksam zu begegnen.
Zielgerichtet fortzusetzen ist die schwerpunktorientierte politisch-operative Arbeit unter kirchlich gebundenen Jugendlichen.
Die Kräfte des Zusammenwirkens, insbesondere die DVP, sind durch
verstärkte Einflußnahme und Unterstützung seitens der operativen
Diensteinheiten noch besser zu befähigen, das Entstehen von losen
Gruppierungen negativ-dekadenter Jugendlicher und eine Konzentration derartiger jugendlicher Personenkreise und ihr gegen die öffentliche Ordnung und Sicherheit gerichtetes Auftreten in der DDR und
anderen sozialistischen Staaten weitestgehend vorbeugend zu verhindern bzw. mit dem Ziel der Zersetzung und Auflösung im Zusammenwirken mit den operativen Diensteinheiten entsprechend zu bearbeiten. Öffentlichkeitswirksame nichtgesellschaftsgemäße Verhaltensweisen Jugendlicher, besonders solche, die in feindlich-negative Handlungen und Aktivitäten umschlagen bzw. politisch mißbraucht werden
können, sind rechtzeitiger und nachhaltiger zu vereiteln. Mit geeigneten Öffentlichkeitsmaßnahmen ist zur Entlarvung von gegnerischen
Angriffen auf die Jugend und auf die Zurückdrängung von Bedingungen und Umständen beizutragen, die Fehlentwicklungen von Jugendlichen begünstigen.
Im Zusammenwirken mit den zuständigen Organen und Kräften sind
alle operativ-bedeutsamen gesellschaftlichen, kulturellen und sportlichen Höhepunkte mit einem hohen Anteil Jugendlicher durch geeignete Maßnahmen zur Gewährleistung einer hohen öffentlichen Sicherheit
und Ordnung und zur Verhinderung des Wirksamwerdens feindlich-
negativer Kräfte vorbeugend abzusichern.
(siehe auch Punkt 9. der ZPV) [...]
*4.5 Vorbeugende Verhinderung, Aufdeckung und Bekämpfung politi-
scher Untergrundtätigkeit* [...]
Die vorbeugende Verhinderung und Bekämpfung politischer Untergrundtätigkeit ist noch stärker unter Beachtung der Erfordernisse zur
Sicherung der Politik von Partei und Staat in Kirchenfragen zu organisieren. Insbesondere ist die politisch-operative Arbeit darauf auszurichten, den politischen Mißbrauch der Kirchen und Religionsgemeinschaften durch im Sinne politischer Untergrundtätigkeit wirkende
Kräfte weiter kontinuierlich zurückzudrängen sowie die moralische,
materielle und anderweitige Hilfe und Unterstützung seitens der Kirchen für derartige oppositionelle und feindlich-negative Kräfte zu un-

---

30   Vgl. Dok. 76, Anm. 184.

terbinden. Unter konsequenter Nutzung politischer, gesellschaftlicher und rechtlicher Mittel und Möglichkeiten, einschließlich der differenzierten Nutzung der im Prozeß der vorbeugenden Bekämpfung politischer Untergrundtätigkeit gewonnen Erkenntnisse, ist vor allem darauf Einfluß zu nehmen, den Differenzierungsprozeß zwischen bestimmten, sich trotz gezielter staatlicher und gesellschaftlicher Einwirkungen weiter im feindlichen Sinne profilierenden kirchlichen Kräften und realistischen kirchlichen Personen und Gremien durch politisch kluges und flexibleres Vorgehen zu unterstützen. Für die erforderliche politisch offensive Auseinandersetzung und die Zurückdrängung von im Sinne politischer Untergrundtätigkeit wirksam werdenden Kräften und die gezielte politische Einflußnahme auf diese, auch in Richtung [auf] gesellschaftlich nützliche Mitwirkung, sind durch alle operativen Diensteinheiten weitere Möglichkeiten zur noch breiteren Nutzung gesellschaftlicher Potenzen zu prüfen und unter Führung der Partei, im engen Zusammenwirken mit staatlichen Organen und Einrichtungen sowie gesellschaftlichen Organisationen und Kräften zu erschließen. Durch eine systematische analytische Arbeit sind die gewonnen politisch-operativen Erkenntnisse verstärkt zu nutzen für die Herausarbeitung von Bedingungen und Umständen, die die Herausbildung oppositioneller Haltungen und sich daraus entwickelnde feindlich-negative Aktivitäten bis hin zum Entstehen feindlich-negativer Gruppierungen begünstigen. [122] [...]

4.6 Sicherung und Unterstützung der Politik der Partei in Kirchenfragen

Im Interesse der zuverlässigen Sicherung und maximalen Unterstützung der Politik der Partei in Kirchenfragen ist die politisch-operative Arbeit auf folgende Schwerpunkte zu konzentrieren:

Der Differenzierungs- und Polarisierungsprozeß unter den kirchenleitenden Kräften und Amtsträgern ist weiter voranzutreiben mit dem Ziel, die Positionen und Einflußmöglichkeiten realistischer Kräfte in den Kirchen in der DDR zu stabilisieren und auszubauen, eine zunehmende Übereinstimmung mit den Kirchen in den Grundfragen unserer Zeit zu erreichen und die Bereitschaft der Christen zur aktiven Mitarbeit bei der weiteren Gestaltung der entwickelten sozialistischen Gesellschaft zu fördern.

Die praktizierte Linie der Gestaltung der Beziehungen Staat-Kirche ist durch aktive Einflußnahme auf die Zurückdrängung und Beseitigung der von kirchlichen Kreisen in nichtsozialistischen Staaten und reaktionären kirchlichen Kräften in der DDR ausgehenden Störfaktoren wirksam zu unterstützen.

Durch geeignete politische und politisch-operative Maßnahmen sind unter Führung der Partei und im engen Zusammenwirken mit staatlichen Organen und gesellschaftlichen Kräften alle Versuche bestimmter kirchlicher Kreise entschieden zurückzuweisen,

– den verfassungsrechtlich garantierten Handlungsraum der Kirchen zu erweitern bzw. politisch zu mißbrauchen;

– sich in innerstaatliche Angelegenheiten einzumischen, ein Mitspracherecht in gesellschaftlichen Entwicklungsprozessen zu erreichen und daraus entsprechende Forderungen abzuleiten sowie den Staat unter Druck setzen zu wollen; [123]

– im Sinne politischer Untergrundtätigkeit agierende Kräfte zu unterstützen;

– negativ dekadenten, kriminellen bzw. kriminell gefährdeten Personen in den Kirchen und Religionsgemeinschaften Wirkungsmöglichkeiten zu geben und sie damit der staatlichen sowie gesellschaftlichen Einflußnahme zu entziehen.

Versuche des subversiven Mißbrauchs der Kirchen in der DDR sind auch mit geeigneten Maßnahmen der Öffentlichkeitsarbeit offensiv zu bekämpfen.

Unter Beachtung der bereits gewonnen Erkenntnisse und Erfahrungen sowie der erreichten Ergebnisse der politisch-operativen Arbeit auf dem Gebiet Kirchen und Religionsgemeinschaften stehen insbesondere folgende Aufgaben im Mittelpunkt:

– Qualifizierung der vorbeugenden Arbeit zur konsequenten rechtzeitigen Unterbindung des politischen Mißbrauchs der Kirchen und Religionsgemeinschaften in der DDR durch äußere und innere reaktionäre kirchliche Kräfte und deren Versuche, die durch Sachlichkeit geprägten Beziehungen Staat-Kirche zu stören, gläubige Bürger zu täuschen und zu antisozialistischen Handlungen zu inspirieren;

– konkrete und beweiskräftige Herausarbeitung von Verhaltensweisen solcher kirchlichen Amtsträger, hauptamtlich im kirchlichen Bereich Tätigen sowie kirchlichen Laien, die das Wirken reaktionärer und anderer feindlich-negativer Kräfte und Gruppen im kirchlichen Bereich tolerieren und fördern bzw. materiell / finanziell unterstützen, zunehmend politische Inhalte in die Arbeit innerkirchlicher Vereinigungen und Zusammenschlüsse hineinzutragen versuchen und besonders im Rahmen der sogenannten offenen Jugendarbeit bestrebt sind, politisch-negativen Einfluß auf nichtreligiös gebundene Jugendliche zu erlangen (siehe auch Punkt 4.3. und 4.4.[31] der ZPV); [124]

– verstärkte und gezielte Nutzung diesbezüglich gewonnener Erkenntnisse für die Einflußnahme auf kirchenleitende Personen, um zu erreichen, daß sie ihre Möglichkeiten zur Disziplinierung vorstehend genannter Personen voll ausschöpfen.

Versuche, die bestehenden Beziehungen zwischen den Kirchen in der DDR und der BRD für subversive Zwecke zu mißbrauchen, sind konsequent aufzudecken und durch differenzierte Maßnahmen zu unterbinden.

Allen Bestrebungen kirchenleitender Kräfte in der BRD und in der DDR, diesen Beziehungen durch Intensivierung der Zusammenarbeit, Ausweitung der Kontakttätigkeit und fortgesetzte Propagierung von vorhandenem „einheitlichen Verständnis"[32] einen „gesamtdeutschen" Charakter zu verleihen, ist entschieden entgegenzuwirken. Erforderlich ist insbesondere die Gewinnung entsprechender Erkenntnisse über nichttheologische Zielstellungen und Inhalte der sogenannten kirchlichen Partnerschaftsarbeit zur Umsetzung politischer Konzeptionen auf allen kirchlichen Ebenen.

Weiter zu intensivieren ist die Aufklärung der Pläne, Absichten und Aktivitäten klerikaler Zentren und Einrichtungen sowie gegnerischer Kräfte,

– in die Leitungsstrukturen bedeutsamer internationaler kirchlicher

---

31 S.o. 454.
32 Damit soll vermutlich auf das Bekenntnis zur „besonderen Gemeinschaft der ganzen evangelischen Christenheit in Deutschland" angespielt werden, das der Kirchenbund in seiner Grundordnung bekräftigt hat. Vgl. Dok. 52, Anm. 2.

Gremien und progressiver internationaler kirchlicher Organisationen im Sinne gegnerischer Zielstellungen wirkende Personen zu lancieren;
– über solche Kräfte in diese Einrichtungen antikommunistische und antisozialistische Positionen hineinzutragen;
– Teilnehmer von internationalen Kirchenkongressen und -tagungen zu gegen die DDR und andere sozialistische Staaten gerichtete Aktivitäten und Handlungen zu inspirieren bzw. sie anderweitig zu mißbrauchen. [125]
In diesem Zusammenhang ist verstärkt darauf Einfluß zu nehmen, daß nur solche Vertreter der Kirchen in der DDR zur Mitarbeit in internationalen kirchlichen Gremien bzw. als Teilnehmer an internationalen kirchlichen Kongressen ausgewählt werden, die politisch realistische Positionen vertreten.
Die spezifischen Kräfte, Mittel und Methoden des MfS sind in Fortführung der bisher erreichten Ergebnisse auf diesem Gebiet konsequenter darauf auszurichten, subversiv wirkende kirchenleitende Kräfte sowie klerikale Zentren, Organisationen, Einrichtungen und Sekten Westeuropas sowie im feindlich-negativen Sinne agierende personelle und institutionelle Kräfte und Ausgangspunkte im Inneren der DDR schwerpunktmäßig zu bearbeiten bzw. unter ständiger operativer Kontrolle zu halten.
Die Realisierung dieser Aufgaben verlangt insbesondere,
– die in allen operativen Diensteinheiten vorhandenen IM auf ihre diesbezügliche Eignung gewissenhaft zu prüfen und noch umfassender und gezielter zu nutzen;
– die inoffizielle Durchdringung des Bereiches Kirchen / Religionsgemeinschaften entsprechend den Sicherheitserfordernissen in den jeweiligen Verantwortungsbereichen zielstrebig fortzusetzen;
– die Gewinnung von IM, vor allem in den Führungszentren der kirchlichen Arbeit sowie in kirchlichen Ausbildungsstätten und an den Sektionen Theologie der Universitäten der DDR, unter dem Aspekt der perspektivischen Entwicklung der inoffiziellen Basis wesentlich zu forcieren;
– der Werbung kirchlicher Laien, insbesondere von Synodalen, und der gesellschaftlichen Einflußnahme auf diese Personenkreise noch größere Aufmerksamkeit zu widmen; [126]
– die aktuelle politisch-operative Lageeinschätzung auf diesem Gebiet weiter zu qualifizieren, noch exakter und differenzierter die Wirksamkeit politisch-operativer, politischer und gesellschaftlicher Maßnahmen einzuschätzen.
Unter Führung der Partei und im engen, abgestimmten Zusammenwirken mit den zuständigen staatlichen Kräften sind rechtzeitig die erforderlichen Maßnahmen einzuleiten, um einen politischen Mißbrauch der geplanten kirchlichen Großveranstaltungen der evangelischen und katholischen Kirchen in der DDR (u.a. Katholikentreffen 1987[33], regionale evangelische Kirchentage, insbesondere Kirchentag der Evangelischen Kirche in Berlin-Brandenburg im Jahre 1987 in der Hauptstadt der DDR, Berlin[34]) zu verhindern, das Auftreten feindlich-nega-

---

33 Das Katholikentreffen fand vom 10. bis 12.7.1987 in Dresden statt. An der Abschlußveranstaltung nahmen ca. 100 000 Menschen teil. Vgl. KiS 4 / 13, 1987, 170 (Chronik).
34 In Ost-Berlin fand zum ersten Mal seit 1961 vom 24. bis 28.6.1987 wieder ein

tiver und im Sinne politischer Untergrundtätigkeit wirkender Kräfte
im Rahmen dieser Veranstaltungen zu unterbinden und die öffentliche
Ordnung und Sicherheit in den betreffenden Handlungsräumen voll zu
gewährleisten.

Dok. 92
Vereinbarung zwischen MfS und KGB

Plan für die Zusammenarbeit zwischen der Hauptabteilung XX des Ministeriums für
Staatssicherheit der Deutschen Demokratischen Republik und der V. Verwaltung des
Komitees für Staatssicherheit der Union der Sozialistischen Sowjetrepubliken für den
Zeitraum 1986-1990[35]. Mit eigenhändigen Unterschriften. Bestätigt: Minister für Staatssi-
cherheit der Deutschen Demokratischen Republik, Mielke, 1988. Bestätigt: Vorsitzender
des Komitees für Staatssicherheit der Union der Sozialistischen Sowjetrepubliken,
Tschebrikow[36], 1986. Einstufung: Streng geheim!

Ausgehend von den Beschlüssen des XI. Parteitages der Sozialistischen
Einheitspartei Deutschlands[37] und des XXVII. Parteitages der Kommunistischen Partei der Sowjetunion[38] konzentrieren sich die Hauptabteilung XX und die V. Verwaltung bei der Abwehr der imperialistischen Konfrontationspolitik, der rechtzeitigen Aufdeckung und Verei-
telung der subversiven Pläne, Absichten und Aktivitäten der Organe
auf die gemeinsame Lösung folgender Hauptaufgaben: [2]
*1. Bearbeitung subversiver und anderer operativ bedeutsamer ideologi-
scher Zentren und Organisationen des Gegners sowie bestimmter antisozialistischer Elemente im Operationsgebiet*
1.1 Aufklärung und Bekämpfung von Organisationen und Einzelpersonen im Operationsgebiet, die unter dem Deckmantel der Schaffung
einer „blockübergreifenden" Friedensbewegung die Spaltung der westlichen Friedensbewegung betreiben und in sozialistischen Staaten antisozialistische Aktivitäten initiieren sowie in diesen Ländern Bestrebungen zur Etablierung sogenannter Friedens-, Ökologie-, Menschen-
rechts- u.a. alternativer Gruppen entwickeln, insbesondere die Träger
der „Konvent-Bewegung":
– Innerkirchlicher Friedensrat der Niederlande (IKV)

---

evangelischer Kirchentag statt, zu dem fünftausend Dauerteilnehmer kamen. Vgl.
dazu den Bericht von *Dieckmann*. Parallel zu dem offiziellen Kirchentag fand
trotz der Bemühungen der Staatssicherheit auch ein Kirchentag von unten statt.
Vgl. dazu den Bericht von *Hermanns* sowie Dok. 95, Anm. 113 und Dok. 100,
Anm. 176.

35   Vgl. auch den Bericht der Illustrierten „Stern" vom 27.3.1991 unter dem Titel
„Operation Turnschuh" über diese Vereinbarung. Zur Zusammenarbeit zwischen
MfS und KGB in früheren Jahren vgl. *Fricke*, Staatssicherheit, 37-46 sowie *Gill /
Schröter*, 76-79.

36   Viktor Tschebrikow war von 1982 bis 1988 Chef des KGB. Er galt als ein Vertrau-
ter seines Vorgängers Juri Andropow. Vgl. *Yost*, 139 f.

37   Der XI. Parteitag der SED tagte vom 17. bis 21.4.1986, womit ein terminus post
quem für das Entstehen dieses Dokumentes gegeben ist.

38   Der XXVII. Parteitag der KPdSU (25.2.-6.3.1986) war der erste der Partei unter
ihrem neuen Generalsekretär Gorbatschow. Der Parteitag stand im Zeichen ge-
mäßigter Reformen, da Gorbatschow Rücksicht auf die Konservativen in der Partei nehmen mußte und seine Stellung noch nicht unangefochten war. Vgl. Sowjetunion 1986 / 87, 25-27.

- „Europäische Nukleare Abrüstung" (END)
- „Liaison-Komitee"
- Internationales Friedenskoordinations- und -kommunikationszentrum (IPCCC)
- Netzwerk für den Ost-West-Dialog

1.2 Nutzung und Erweiterung operativer Möglichkeiten zur abgestimmten Aufklärung und Bearbeitung antisozialistischer Emigranten und ehemaliger DDR-Bürger, die versuchen, subversiv gegen sozialistische Staaten wirksam zu werden.

1.3 Informationsaustausch zum „Weltbund für Psychiatrie" und Einsatz des IM „Lotos" der Hauptabteilung XX zur Aufklärung und Verhinderung von dieser Organisation ausgehender antisowjetischer Pläne, Absichten und Aktivitäten. [3]

1.4 Durchführung abgestimmter Maßnahmen zur Aufklärung und vorbeugenden Verhinderung des politischen Mißbrauchs des Internationalen Schriftstellerverbandes „PEN-Club" und Bearbeitung eines Komitees „Schriftsteller in Haft", den Koordinierungskomitees „Help and Action" und solcher nationaler PEN-Zentren, die oppositionelle Schriftsteller der UdSSR als Ehrenmitglieder führen bzw. die antisowjetische Tätigkeit von Emigranten unterstützen.

1.5 Nutzung der Möglichkeiten der Hauptabteilung XX im Rahmen ihrer strukturell festgelegten Aufgaben und Verantwortlichkeiten zur Beschaffung von Informationen über Pläne, Absichten und Aktivitäten

- der Sender „Radio Liberty" und „Radio Free Europe";
- von „Amnesty International"[39];
- der Funktionäre des „Hilfsausschusses" und der sogenannten „Internationale des Widerstandes" von *Staufenberg*, Ludwig; *Gerstenmaier*, Cornelia; *Lobkowitz*[40], Nikolaus; *Löwental*[41], Gerhard sowie der Redakteure der feindlichen Schriftensammlungen „Nachrichten aus der UdSSR", „Land und Welt" und des Objektes „Hork";
- des NTS;
- der „Internationalen Gesellschaft für Menschenrechte" (IGFM)[42];
- des „Zentrums zur Erforschung der Sowjetunion und der Länder Osteuropas" an der Universität Süd-Illinois / USA (Leiter: G. *Marshal*) [4];
- des USA-Instituts für moderne russische Kultur (Leiter: D. *Bowlt*);
- der „Forschungsstelle für unabhängige Literatur und gesellschaftliche Bewegungen in Osteuropa", Universität Bremen;
- des „Internationalen Zentrums zum Studium der russischen Kunst des 20. Jahrhunderts" an der Universität Bochum / BRD;
- von OUN-Zentren;
- der „Landsmannschaft Deutscher aus Rußland".

1.6 Nutzung vorhandener und Prüfung weiterer operativer Möglichkeiten zur Informationsbeschaffung über subversive Pläne, Absichten und Aktivitäten der Westberliner Zeitschriften bzw. Verlage:

- Zeitschrift „L 80";
- Oberbaum-Verlag;
- „Berliner Handpresse";

---

39 Vgl. Dok. 55, Anm. 9.
40 Richtig: Lobkowicz.
41 Vgl. Dok. 78, Anm. 197.
42 Vgl. Dok. 78, Anm. 196.

- Edition Mariannenpresse;
- Zeitschrift „Litfass";
- Cyrano-Verlag;
- Stadtillustrierte „Zitty".

2. *Bekämpfung der unter religiösen Deckmantel subversiv gegen sozialistische Staaten wirkenden gegnerischen Organisationen, Einrichtungen und Kräfte*

2.1 Mit dem Ziel der wirksamen Entlarvung ihres subversiven Charakters, speziell der Beweisführung für die Zusammenarbeit mit Geheimdiensten der NATO-Staaten sowie der Aufdeckung und Ausschaltung ihrer Verbindungskanäle und Stützpunkte in der DDR und UdSSR sind die Aufklärung und Bearbeitung der nachstehenden Organisationen gemeinsam fortzuführen und vorrangig Voraussetzungen für ein inoffizielles Eindringen zu schaffen bzw. auszubauen: [5]
- „Glaube in der 2. Welt" (Zollikon – Zürich / Schweiz);
- „Christlich paneuropäisches Studienwerk" (Brüsewitz-Zentrum – Bonn / BRD)[43];
- „Christliche Ostmission" (Bad Nauheim – Schwalheim / BRD);
- „Vision Verlag GmbH" (Frankfurt / M. / BRD);
- „Missionsbund zur Ausbreitung des Evangeliums – Licht im Osten" (Korntal-Münchingen / BRD);
- „Zentrum zum Studium von Religion und Kommunismus"(Großbritannien);
- „Missionswerk Evangelica" (Amberg / BRD);
- „open doors" (Ermelo / Holland);
- „Schwedische Slawische Mission" (Bromma / Schweden);
- „Christliche Osthilfe" (Friedberg-Ockstadt / BRD);
- „Evangeliums-Rundfunk-International" (Wetzlar / BRD);
- „Aktionskomitee für verfolgte Christen" (Rheinbach / BRD);
- „Mission für Süd-Ost-Europa" (Siegen / BRD); [6]
- „Osteuropa-Mission Deutschland" (Hüttenberg / BRD);
- „Missionswerk Friedensstimme der Vereinigung heimgekehrter Baptisten-Brüdergemeinden" (Gummersbach / BRD);
- „Missionswerk Operation Mobilisation Deutschland" (Heilbronn / BRD).

Schwerpunkte der Bearbeitung bilden:
- die Kontrolle und operative Einflußnahme bezüglich des geschaffenen Literaturschleusungskanals zu den bekannten Zielpersonen in der UdSSR bei gleichzeitiger Unterbindung der Übersendung religiöser Literatur, Durchführung abgestimmter Maßnahmen zu den Vorgängen „Container", „Ökonom", „Roman" und „Konkurrent";
- die weitere Qualifizierung des Einsatzes der IM „Verleger", „Titus", „Walter", „Otto", „Heinz Wendland", „Kurbelwelle", „Paul", „Kristall", „Gerstenberger" und „Christoph" der Hauptabteilung XX sowie der IM „Emmerid", „Gottfried Richter", „Conny", „Marco", „Volker", „Urban" und „Heinz Müller" von Bezirksverwaltungen des MfS;
- abgestimmte Fahndungs-, Kontroll- und Überwachungsmaßnahmen sowie die Anfertigung von Dokumenten, die Verstöße gegen geltende Rechtsvorschriften und anerkannte Moralnormen belegen.

2.2 Gemeinsame Durchführung weiterer Maßnahmen zum Einsatz von

---

43 Vgl. Dok. 53, Anm. 35.

Agenturen der V. Verwaltung mit dem Ziel der Aktivierung der Bearbeitung der subversiven klerikalen Organisationen „Friedensstimme" und „Deutscher Hilfsbund". [7]

2.3 Abgestimmte Aufklärung und Bearbeitung des Ostbüros der Sekte „Zeugen Jehovas" und deren Europazentrale in Selters / Taunus (BRD) mit dem Ziel der Erschließung neuer Möglichkeiten des inoffiziellen Eindringens und der Erarbeitung von Erkenntnissen zu Plänen, Absichten, Mitteln und Methoden, Kurierverbindungen und dazu eingesetzten Personen sowie Reaktionen der Hauptleitung der Sekte „Zeugen Jehovas" in Brooklyn / USA auf Maßnahmen der offensiven Bekämpfung.

2.4 Operative Sicherung und Unterstützung des Ausbaus der ökumenischen Beziehungen zwischen der Russisch-Orthodoxen Kirche (ROK) und dem Bund evangelischer Kirchen (BEK) in der DDR sowie der katholischen Kirche in der DDR durch

– Schaffung von Möglichkeiten der positiven politischen Beeinflussung durch Unterstützung der Einladung von Kardinal *Meisner* sowie evangelischer und katholischer Würdenträger in die UdSSR (Schwerpunkte: Bischöfe *Leich* (Eisenach), *Demke* (Magdeburg), *Hempel* (Dresden), *Gienke* (Greifswald), *Rogge* (Görlitz), *Natho* (Dessau) sowie Konsistorialpräsident *Stolpe* (Berlin)).

– Teilnahme von Vertretern der ROK als Gäste an kirchlichen Veranstaltungen in der DDR (Schwerpunkte: Evangelischer Kirchentag anläßlich der 750-Jahr-Feier Berlins 1987 sowie „Katholikentreffen" 1987 in Dresden) sowie Übermittlung von Grußworten und Pflege persönlicher ökumenischer Kontakte; [8]

– Ausbau der operativen Möglichkeiten der Hauptabteilung XX in der Delegation des BEK in der DDR zu den kontinuierlichen „Sagorsker Gesprächen"⁴⁴ mit dem Ziel der Zurückdrängung politisch-operativer Pläne und Absichten und der Gewährleistung einer effektiven positiven Beeinflussung der DDR-Vertreter;

– Fortsetzung der bewährten Methode der Entsendung von Bürgern der UdSSR an innerkirchliche und staatliche (theologische) Ausbildungsstätten der DDR und entsprechender Ausbau der Verbindungen zwischen katholischen Ausbildungsstätten in der DDR und der UdSSR, verbunden mit der zeitweiligen Übernahme der inoffiziellen Mitarbeiter des Komitees für Staatssicherheit, die sich zu einem theologischen Studium in der DDR befinden, durch die Hauptabteilung XX.

2.5 Einleitung zielgerichteter politisch-operativer Maßnahmen durch die Hauptabteilung XX zur Unterstützung der V. Verwaltung bei der Aufklärung und Unterbindung feindlich-negativer Pläne, Absichten und Aktivitäten im Zusammenhang mit der Vorbereitung und Durchführung der Tausendjahrfeierlichkeiten der „Einführung des Christentums" in Rußland (1988) sowie der 600-Jahr-Feier der „Taufe Litauens" (1987), insbesondere durch operative Einflußnahme auf die Zusammensetzung und bezüglich des Auftretens von entsprechenden Delegationen der Kirchen und Religionsgemeinschaften der DDR, zielgerichtete Informationsbeschaffung aus internationalen und westlichen natio-

---

44 Bei den Sagorsker Gesprächen handelt es sich um regelmäßige theologischen Gespräche zwischen dem Kirchenbund und der Russisch-Orthodoxen Kirche. Vgl. *Henkys*, DDR-Kirchen, 177.

nalen kirchlichen Gremien und subversiv tätigen kirchlichen Organisationen, abgestimmte Maßnahmen der operativen Fahndung und Personenkontrolle (Schwerpunkt: Verhinderung der geplanten verstärkten Einschleusung antikommunistischer religiöser Literatur in die UdSSR). [9]
2.6 Durchsetzung der 1984 multilateral festgelegten operativen Maßnahmen zur Organisierung der Abwehrtätigkeit gegen die subversive Tätigkeit des Vatikans, vorrangig zur
– Deckung des abgestimmten Informationsbedarfs;
– Vertiefung der Widersprüche im Vatikan vor allem hinsichtlich einer zu starken Betonung der „Ostpolitik";
– Aufdeckung und Dokumentierung kompromittierender Fakten zur Politik des Vatikans in der Vergangenheit und Gegenwart (Beziehungen zu faschistischen Regimes, zu Geheimdiensten der NATO-Staaten u.a.);
– Beeinflussung internationaler religiöser Organisationen zur Verstärkung antikatholischer Stimmungen;
– Unterstützung realistischer Kräfte und Äußerungen des Vatikans;
– verstärkte Bearbeitung von Emissären, Kurieren und Missionaren des Vatikans und anderer katholischer Zentren;
– inoffizielles Eindringen bzw. Ausbau inoffizieller Möglichkeiten zur Aufklärung und Bearbeitung von „Radio Vatikan"; „Ostpriesterhilfe" (BRD); „Königsteiner Anstalten" (BRD); „Kirche in Not" (BRD); „ZK der Katholiken der BRD"; „Opus dei"[45]. [10]
2.7 Verstärkung der inoffiziellen Einflußnahme auf die Besetzung leitender Funktionen sowie die inhaltliche Ausrichtung der Tätigkeit und von Veranstaltungen internationaler kirchlicher Gremien auf der Grundlage der multilateral abgestimmten Linie mit den Schwerpunkten „Ökumenischer Rat der Kirchen" (ÖRK); „Lutherischer Weltbund" (LWB); „Konferenz Europäischer Kirchen" (KEK); „Ökumenischer Jugendrat Europas" (EYCE).
2.8 Fortsetzung operativer Maßnahmen zur Unterbindung bzw. Kontrolle politisch-negativer Aktivitäten des „Gustav-Adolf-Werkes" (GAW) gegen die UdSSR sowie zur Disziplinierung seines Generalsekretärs[46].
2.9 Realisierung gemeinsamer Maßnahmen zur Bearbeitung der von zionistischen Zentren zu feindlichen Zwecken genutzten jüdischen Gemeinde von Westberlin, insbesondere ihres Führers *Galinski*.
2.10 Planmäßige Verwirklichung der Konzeptionen zur Festigung der Positionen der progressiven christlichen Bewegungen „Prager Christliche Friedenskonferenz" (CFK)[47] und „Berliner Konferenz europäischer Katholiken"[48] zur Stärkung ihrer Rolle im Friedenskampf und bei der Auseinandersetzung mit reaktionären klerikalen Kräften, vor allem in der BRD, Frankreich, Großbritannien und Italien. [11]

---

45   Beim „Opus Dei" handelt es sich um eine Vereinigung katholischer Christen, zu der sowohl Laien als auch Priester gehören. Das „Opus Dei" steht in dem Ruf, extrem konservativ zu sein.
46   Generalsekretär des Gustav-Adolf-Werkes war seit dem 1.4.1968 Propst Eberhard Schröder.
47   Vgl. Dok. 36, Anm. 26.
48   Bei der Berliner Konferenz europäischer Katholiken handelt es sich um eine 1964 gegründete, systemtreue Organisation von katholischen Christen, die von der katholischen Kirche allerdings nicht anerkannt wird. Vgl. *Zander*, Christen, 303.

2.11 Ständige Übermittlung von Hinweisen der V. Verwaltung zu solchen Personen an die Hauptabteilung XX, die aus der UdSSR in die DDR bzw. die BRD übergesiedelt sind oder übersiedeln sollen und aus der Sicht der Bekämpfung feindlich-negativer klerikaler Aktivitäten von Bedeutung sind.
3. *Bekämpfung innerer feindlicher Kräfte*
3.1 Die Hauptabteilung XX und V. Verwaltung gewährleisten die unverzügliche gegenseitige Informierung und Abstimmung operativer Maßnahmen bei vorliegenden Hinweisen auf Bestrebungen im Sinne der Inspirierung / Organisierung politischer Untergrundtätigkeit wirkender feindlich-negativer Kräfte, sich international zusammenzuschließen, gemeinsame Aktionen abzustimmen und durchzuführen mit dem Ziel ihrer kurzfristigen Zerschlagung bzw. inoffiziellen Durchdringung und Zersetzung.
3.2 Die Hauptabteilung XX und die V. Verwaltung prüfen fortlaufend operative Möglichkeiten des gegenseitigen Einsatzes von IM an bedeutsamen Vorgängen, vor allem solcher IM, die als Autoritäten auf ihren Fachgebieten akzeptiert werden und über Reisemöglichkeiten einschließlich Reisen in das NSW verfügen. Schwerpunkt bildet dabei der kulturelle Bereich.
3.3 Die abgestimmten Maßnahmen zur Kontrolle und Beeinflussung des DDR-Schriftstellers Stephan *Hermlin*[49] durch IM der V. Verwaltung werden fortgeführt. Die V. Verwaltung prüft, ob Möglichkeiten der inoffiziellen Kontrolle und positiven Beeinflussung des freischaffenden DDR-Künstlers Ekkehard *Maass* geschaffen werden können, der die Lieder von Bulat *Okudshawa*[50] vorträgt. [12]
3.4 Auf Anforderung organisieren die Hauptabteilung XX und die V. Verwaltung auch kurzfristige operative Kontroll- und Überwachungsmaßnahmen beim Aufenthalt operativ bedeutsamer Personen, vor allem solcher, zu denen Hinweise auf Zusammenarbeit mit feindlichen Zentren vorliegen, im jeweils anderen Land, im Zusammenhang mit Grenzpassagen oder bei postalischen und anderen Verbindungen.
4. *Politisch-operative Abwehrarbeit im Zusammenhang mit bedeutsamen internationalen Veranstaltungen und Organisationen*
4.1 Abstimmung des Einsatzes von inoffiziellen Mitarbeitern auf internationalen Konferenzen und Beratungen der Friedensbewegung zur Durchsetzung der politischen Strategie der sozialistischen Staaten unter besonderer Beachtung des 1986 geplanten internationalen Kongresses der Friedenskräfte in Kopenhagen.
4.2 Rechtzeitige gegenseitige Informierung über von Kräften der westlichen Friedensbewegung geplante Friedensmärsche durch Territorien sozialistischer Staaten: Austausch von Erkenntnissen über politische Zielsetzungen, Organisatoren, Versuche des politischen Mißbrauchs, aktueller Informationsaustausch über getroffene politische / staatliche Entscheidungen im Zusammenhang mit derartigen Vorhaben.
4.3 Austausch von Informationen über die operative Lage in der Verei-

---

49 Der 1915 geborene Stephan Hermlin ist einer der bekanntesten älteren, sozialistischen DDR-Schriftsteller. Er gehörte 1978 zu den Initiatoren und Unterzeichnern des Offenen Briefes an Erich Honecker, in dem dieser aufgefordert wurde, die Ausbürgerung von Wolf Biermann rückgängig zu machen. Hermlin war ein guter Bekannter von Staats- und Parteichef Erich Honecker. Zu seinem Verhältnis zum DDR-Sozialismus vgl. Hermlins Gespräch mit *Villain*, 69-83.
50 Kritischer sowjetischer Schriftsteller und Liedermacher.

nigung „Internationale Ärzte zur Verhütung eines Nuklearkrieges"[51] sowie Einleitung abgestimmter Maßnahmen zur vorbeugenden Verhinderung des Wirksamwerdens antisozialistischer Kräfte in dieser Vereinigung. [13]

4.4 Weitere gemeinsame Aufklärung der Aktivitäten der Firma „adidas" und anderer westlicher Sportartikelfirmen, Werbeagenturen und Fernsehgesellschaften zur Kommerzialisierung des internationalen Sports mit dem Ziel der

– Zurückdrängung ihres Einflusses im Internationalen Olympischen Komitee (IOC) und in internationalen Sportverbänden;

– Aufdeckung der Hintergründe, Absichten und inhaltlichen Details des Vertrages zwischen dem IOC und der Marketing-Gesellschaft ISL („adidas" und Dentzes / Japan) im Rahmen der „Erschließung neuer Finanzquellen" für das IOC;

– Aufdeckung, Bekämpfung und Verhinderung subversiver Aktivitäten gegenüber Leistungssportlern, Trainern, Sportwissenschaftlern und -medizinern sowie Sportfunktionären, insbesondere bezogen auf gegnerische Versuche der Inspirierung zum Geheimnisverrat und zum ungesetzlichen Verlassen.

4.5 Sicherung des politischen Einflusses der Sportleitungen der sozialistischen Länder in der olympischen Bewegung und den internationalen Sportverbänden, insbesondere durch

– Überwindung von Hemmnissen für eine aktivere Koordinierung der Sportleitungen der sozialistischen Länder;

– Informationsaustausch über feindliche Kräfte, deren Mittel und Methoden sowie Zielpersonen. [14]

4.6 Politisch-operative Sicherung der Olympischen Spiele 1988 in Calgary und Seoul sowie der „Spiele des guten Willens" 1990, insbesondere

– ständiger aktueller Informationsaustausch zu politisch-strategischen Erwägungen sowie zu Erkenntnissen über die Lage und Regimeverhältnisse in den Olympiastädten;

– rechtzeitige Abstimmung zu Fragen der Sicherung der Mannschaftsteile und Delegationen der Sportorganisationen der DDR und der UdSSR und zum operativ-taktischen Verhalten in diesen Fragen.

4.7 Gemeinsame Sicherung des VII. Festivals der Freundschaft zwischen der Jugend der DDR und der UdSSR in Gera 1987.

5. Informationsaustausch

Regelmäßiger und rechtzeitiger Austausch analytischer Materialien und Informationen

– zu Entwicklungstendenzen, neuen Plänen, Absichten, Mitteln und Methoden der politisch-ideologischen Diversion und der politischen Untergrundtätigkeit;

– zur Lage unter jugendlichen und studentischen Personenkreisen und zur Wirksamkeit der vorbeugenden politisch-operativen Maßnahmen in diesem Bereich;

---

51 Die Vereinigung „Internationale Ärzte für die Verhütung des Atomkrieges" (engl. International Physicans for the Prevention of Nuclear War – IPPNW) wurde 1980 von amerikanischen und sowjetischen Ärzten gegründet. 1985 erhielt die IPPNW den Friedensnobelpreis. Zur Geschichte und den Zielsetzungen der Organisation vgl. Friedensnobelpreis für 140 000 Ärzte, 7-24.

– zu Lageentwicklungen und bedeutsamen Erscheinungen unter ausländischen Studierenden.

6. Abschließende Festlegungen

6.1 Der vorliegende Perspektivplan der Zusammenarbeit zwischen der Hauptabteilung XX und der V. Verwaltung kann nach entsprechender Vereinbarung zwischen den Leitern der Hauptabteilung XX und der V. Verwaltung präzisiert und erweitert werden. Beide Seiten orientieren auf den Abschluß weiterer operativer Arbeitsvereinbarungen.

6.2 Zur Einschätzung der Wirksamkeit, Aktualisierung und Ergänzung der in diesem Plan festgelegten Maßnahmen werden alle zwei Jahre Arbeitstreffen auf der Ebene der Leiter der Diensteinheiten und entsprechend der operativen Notwendigkeit auf der Ebene Leiter der Abteilungen zu Vorgängen und anderen operativen Materialien Beratungen durchgeführt.

6.3 Der vorliegende Plan wurde in zwei gleichlautenden Exemplaren gefertigt, jedes in deutscher und russischer Sprache, wobei beide Exemplare gleichermaßen gültig sind.

Leiter der Hauptabteilung XX des Ministeriums für Staatssicherheit der Deutschen Demokratischen Republik

[gez.] Kienberg

Generalmajor

Leiter der V. Verwaltung des Komitees für Staatssicherheit der Union der Sozialistischen Sowjetrepubliken

[gez.] Abramow

Generalleutnant

Dok. 93

Mittig an Leiter der BV

Berlin, 14.10.1986

Rundschreiben mit eigenhändiger Unterschrift. Absender: Ministerrat der Deutschen Demokratischen Republik, Ministerium für Staatssicherheit, Stellvertreter des Ministers. Anschrift: Bezirksverwaltung für Staatssicherheit, Leiter. Betreff: Politisch-operative Maßnahmen im Zusammenhang mit der Durchführung der kirchlichen „Friedensdekade 1986"[52] und eines für den 22. / 23.11.1986 geplanten sogenannten Menschenrechtsseminars in Berlin[53]. VVS-0008 MfS-Nr. 55 / 86. Ohne Anlagen.

Die evangelischen Kirchen in der DDR führen im Zeitraum vom 09. bis 19. November 1986 die kirchliche „Friedensdekade 1986" unter dem Thema „Friede sei mit Euch" durch. Der Bund der Evangelischen Kirchen in der DDR erhielt für die „Friedensdekade" die Genehmigung, Druckerzeugnisse herzustellen (Anlage 1)[54].

Es ist analog vorangegangener Jahre damit zu rechnen, daß feindlich-

---

52 Vgl. Dok. 90, Anm. 29.
53 An dem Treffen beteiligten sich ca. 125 Mitglieder kirchlicher Basisgruppen aus der DDR. Eine Teilnahme an dem Seminar, das unter dem Titel „Menschenrechte – der Einzelne und die Gemeinschaft" stattfand, war nur auf Einladung möglich. Ein Jahr zuvor hatte ein geplantes Menschenrechtsseminar noch kurzfristig abgesagt werden müssen. Vgl. die Meldung in KiS 6 / 12, 1986, 276.
54 In der Anlage 1 werden die genehmigten Druckerzeugnisse aufgezählt.

negative und andere reaktionäre Personen versuchen werden, kirchliche Veranstaltungen für ihre gegen die Friedens-, Verteidigungs- und Umweltpolitik der DDR gerichteten Ziele politisch zu mißbrauchen. In diesem Sinne ist auch ein für den 22./23.11.1986 geplantes sogenanntes Menschenrechtsseminar zum Thema „Menschenrechte – Der Einzelne und die Gesellschaft" in der evangelischen Kirchgemeinde Berlin-Friedrichsfelde einzuschätzen. [2] Die Organisatoren planen, unter Verantwortung des Kirchengemeinderates, ca. 120 Personen aus verschiedenen kirchlichen Gruppen in der DDR einzuladen. Die bisher intern vorliegenden Erkenntnisse machen deutlich, daß Exponenten der politischen Untergrundtätigkeit bestrebt sind, der DDR und anderen sozialistischen Staaten angebliche Verletzungen der Menschenrechte nachzuweisen und bestrebt sind, in einem provokativen Dialog mit dem Ziel einer politischen Druckausübung mit der Regierung der DDR zu kommen.

Zur Aufklärung feindlicher Pläne und Absichten und vorbeugenden Verhinderung des politischen Mißbrauchs der kirchlichen Veranstaltungen sind folgende Aufgaben einzuleiten und durchzuführen:

I. Friedensdekade 1986

1. Unter Ausnutzung aller operativen Möglichkeiten sind Pläne und Absichten feindlich-negativer Kräfte zum politischen Mißbrauch der „Friedensdekade 1986" aufzuklären. Es ist eine Übersicht über geplante Veranstaltungen in Ihrem Verantwortungsbereich zu übersenden, die einen operativen Schwerpunkt bilden. Auf der Grundlage des Informationsbedarfes (Anlage 2)[55] ist bis zum 27.10.1986 an den Leiter der Hauptabteilung XX zu berichten. Weitere Feststellungen sind danach fortlaufend mitzuteilen.

2. Die im Verantwortungsbereich stattfindenden Schwerpunktveranstaltungen, bei denen nicht auszuschließen ist, daß sie über den Rahmen rein religiöser Veranstaltungen hinausgehen und Provokationen Vorschub leisten könnten, sind durch zielgerichtete politisch-operative Maßnahmen unter Kontrolle zu halten. Die dazu erforderlichen Maßnahmen sind rechtzeitig konspirativ einzuleiten und durchzuführen.

3. Zur Feststellung überregionaler Zusammenkünfte und zur operativen Einflußnahme auf diese sind vor allem die feindlich-negativen Kräfte unter operative Kontrolle zu stellen, die in der sogenannten staatlich unabhängigen Friedens- und Menschenrechtsbewegung aktiv feindlich-negativ in Erscheinung treten.

[4.] Durch differenzierte politisch-operative Maßnahmen ist eventuell beabsichtigten Provokationen bzw. dem politischen Mißbrauch der „Friedensdekade 1986" rechtzeitig entgegenzuwirken. Die dazu vorgesehenen Maßnahmen sind entsprechend der Dienstanweisung 2 / 85 des Genossen Minister[56] rechtzeitig zu melden und mit dem Leiter der Hauptabteilung XX abzustimmen. [3]

5. Über die Lage im Verantwortungsbereich zur Vorbereitung der „Friedensdekade 1986" ist bis zum 03. November 1986 auf der Grundlage des Informationsbedarfs (Anlage 2) eine Einschätzung zu übersenden, in der insbesondere auf die bisher erreichte Wirksamkeit eingelei-

---

55 Der „Informationsbedarf" umfaßte sieben Punkte, darunter an erster Stelle „Erkenntnisse zum politischen Mißbrauch [...] geplanter Schwerpunktveranstaltungen durch feindlich-negative Kräfte".

56 Vgl. die oben abgedruckten Auszüge aus dieser Dienstanweisung in Dok. 87.

teter politisch-operativer Maßnahmen zur Verhinderung des politischen Mißbrauches der „Friedensdekade 1986" eingegangen wird.
6. Auf der Grundlage der aufgeführten Schwerpunkte (Anlage 3)[57] ist ab 9. November 1986 täglich bis 13.00 Uhr zu berichten. Vorausmeldungen zu Schwerpunktveranstaltungen sind unter Beachtung der Konspiration telefonisch an die Hauptabteilung XX / 4, Telefon 22800, zu geben. Operativ bedeutsame Vorkommnisse sind dem Leiter der Hauptabteilung XX sofort zu melden. Es ist zu gewährleisten, daß die Abteilungen XX [der einzelnen BV] während des Zeitraumes der stattfindenen „Friedensdekade 1986" auch nach Dienstschluß besetzt sind.
II. Menschenrechtsseminar in Berlin-Friedrichsfelde
1. Durch die BV Berlin, Abteilung XX, sind die Voraussetzungen für die Identifizierung der sich anmeldenden Teilnehmer zu schaffen und die Hauptabteilung XX / 4 sowie die territorial zuständige Bezirksverwaltung, Abteilung XX, entsprechend zu informieren.
2. Durch den Einsatz staatlicher und gesellschaftlicher Kräfte ist differenziert auf kirchenleitende Personen mit dem Ziel der Einflußnahme zur Verhinderung möglicher politischer Provokationen einzuwirken.
3. Bis zum 10.11.1986 sind dem Leiter der Hauptabteilung XX die vorliegenden Informationen unter Angaben von eingesetzten Kräften (Deckname) während des Menschenrechtsseminars zu übersenden.
4. Mit den Diensteinheiten, die in bezug auf Einflußnahme und Kontrolle der Veranstaltung über reale Möglichkeiten verfügen, findet beim Leiter der Hauptabteilung XX eine spezielle Instruierung statt.
5. Unter Federführung der Hauptabteilung XX / 4 wird in Zusammenarbeit mit der BV Berlin und weiteren Diensteinheiten ein operativer Sicherungseinsatz durchgeführt.
[gez.] Mittig
Generalleutnant
Anlage

Dok. 94
Befehl des Leiters der Abteilung XX der BV Leipzig

Leipzig, 28. November 1986

Schreiben mit Unterschrift[58]. Verfasser: BV für Staatssicherheit, Abteilung XX. Befehl K 478 / 86.

Der Genosse [...][59] wird mit einer Prämie in Höhe von 250,- Mark (zweihundertfünfzig) ausgezeichnet.

---

57 In Anlage 3 werden sieben „Schwerpunkte der Berichterstattung zum Verlauf der ‚Friedensdekade 1986'", darunter die folgenden, genannt: „1. Einschätzung des Charakters der durchgeführten Veranstaltungen und des Verhaltens kirchenleitend der Personen sowie die feindlich-negativen Kräfte [...] 3. Festgestellte Angriffsrichtungen und politische Mißbrauchshandlungen feindlich-negativer Kräfte bei Veranstaltungen der ‚Friedensdekade 1986' [...] 4. Einschätzung des Auftretens von Teilnehmern aus dem kapitalistischen Ausland."
58 Die Unterschrift ist unleserlich bzw. geschwärzt.
59 Der Name ist geschwärzt.

Begründung
Genosse Hptm. [...] leistete im Jahre 1986 eine gute politisch-operative
Arbeit. Im Ergebnis eines zielgerichteten IM-Einsatzes konnten insbe-
sondere operativ-bedeutsame Informationen erarbeitet werden, die so-
wohl der operativen Lageeinschätzung als auch dem Differenzierungs-
prozeß unter kirchlichen Funktionsträgern und kirchlich gebundenen
Personen dienten. Weitere Informationen waren bedeutungsvoll für die
Einleitung weiterführender Maßnahmen im Zusammenwirken mit
staatlichen Organen.
Durch den Einsatz einer inoffiziellen Quelle konnte weiterhin die
Ausstrahlungskraft des Regionalkreises der Christlichen Friedenskon-
ferenz (CFK)[60] DDR maßgeblich mit unterstützt werden.
Bei der Lösung politisch-operativer Aufgabenstellungen zeigt Genosse
Hptm. [...] stets eine vorbildliche Einsatzbereitschaft.
Leiter der Abteilung
[...]
Oberstleutnant

Dok. 95
Informationsmaterial der ZAIG zu Kirchenfragen

Verfasser: Zentrale Auswertungs- und Informationsgruppe, Leiter (Irmler). Anschrift:
Diensteinheiten / Bezirksverwaltungen, Leiter. Titel: Informationsmaterial zu Kirchenfragen, Berlin Mai 1987. VVS-o028 MfS-Nr. 1932 / 87.

Hiermit reiche ich Ihnen ein mit dem Leiter der HA XX abgestimmtes
Informationsmaterial *„Angriffe auf die Politik der SED gegenüber den
Kirchen der DDR und Versuche ihres Mißbrauchs durch den Gegner"*.
Es handelt sich dabei um ein VVS-Material zur Information der Offi-
ziere für Öffentlichkeitsarbeit, auf dessen Grundlage die Öffentlich-
keitsarbeit vor ausgewählten Personenkreisen – Mitarbeitern des
Staatsapparates, die mit der Durchsetzung der Kirchenpolitik der Par-
tei direkt befaßt sind – zu gestalten ist. Derartige Veranstaltungen sind
nicht vor August 1987 (Abschluß der Kirchentage)[61] durchzuführen.
Das vorliegende Material ist vor Genossen, die nicht Mitarbeiter des
MfS sind, nicht als Ganzes vorzutragen, sondern im Sinne der Ausfüh-
rungen erläuternd darzulegen. Dies bezieht sich insbesondere auf die
Abschnitte zum Mißbrauch der Kirchen. Darüber hinaus ist das Infor-
mationsmaterial für die Schulung operativer Mitarbeiter verwendbar.
Irmler
Generalmajor [...] [5]
Kirchen im Sozialismus – Christen in der DDR
Wurzeln und Entwicklung
Die christliche Religion hat wie alle Religionen dieser Welt ihre Wur-
zeln in den konkreten ökonomischen und sozialen Verhältnissen der
Zeit, in der sie entstand, trägt also historischen Charakter. Die Unwis-
senheit und Ohnmacht der Menschen gegenüber den natürlichen und
gesellschaftlichen Verhältnissen, unter denen sie lebten, drängten sie zu
religiösen Reflexionen, die einerseits die Sehnsucht nach einem besse-

---

60   Zur CFK vgl. Dok. 36, Anm. 26.
61   Vgl. auch Dok. 90, Anm. 28 und Dok. 91, Anm. 34.

ren Leben widerspiegelten, andererseits aber auch immer wieder von den jeweils Herrschenden zur Festigung ihrer Macht genutzt wurden. Der idealistische Charakter religiöser Weltanschauungen bot und bietet Raum für progressive wie für reaktionäre Auslegungen, Ziele und Bestrebungen. Die Entwicklung der Christenheit und ihrer Kirchen war Jahrhunderte hindurch von zwei unterschiedlichen, ja gegensätzlichen Linien bestimmt. Christen gehörten, sozial gesehen, entweder zu den herrschenden Gesellschaftsschichten oder zu denen, die beherrscht wurden. So sprachen sie zwar in der Kirche das gleiche Glaubensbekenntnis, hatten aber entgegengesetzte Interessen. Die deutsche Geschichte zeigt, daß die offizielle Kirche sich immer wieder mit den Ausbeutern des Volkes verband. So sind jene Widersprüche zu klären, die auch die Geschichte der heute in der DDR wirkenden Kirchen prägen. Einerseits wirken die evangelischen Kirchen bei uns im Mutterland der Reformation, andererseits waren sie jahrhundertelang mit dem Staat so eng verbunden, daß vom „Bündnis von Thron und Altar"[62] gesprochen wurde. Einerseits waren die Kirchen stets Sammelbecken sozialen Protestes gegen die Ungerechtigkeiten der Ausbeuterordnung, andererseits wurde die Religion gerade von den Ausbeutern zur Verschleierung der Klassengegensätze und zur Sicherung der Ausbeutungsverhältnisse mißbraucht. Einerseits begründeten besonders im 19. Jahrhundert aufrechte Christen bedeutende und weltweit bekannte diakonische Werke und setzten den Auftrag des Evangeliums an den Ärmsten der Armen nach Kräften in helfende Taten um, andererseits brachten die auf deutschem Boden wirkenden Kirchen kaum Verständnis für die Not und den Kampf der Arbeiterklasse auf. Schließlich war es soweit gekommen, daß die Kirchen beider Konfessionen nach der Befreiung vom Faschismus bekennen mußten, sie und viele Christen [6] wären an dem unendlichen Leid, das über Menschen, Völker und Länder gebracht worden war, mitschuldig geworden[63]. Der Vatikan hatte das Konkordat, den Vertrag, in dem die Katholische Kirche ihre loyale Haltung zu Hitlerdeutschland bekräftigte, abgeschlossen[64]. Die in den evangelischen Kirchen des Reiches tonangebenden „Deutschen Christen" hatten ebenfalls mit der Nazipartei kollaboriert. Gering nur war die Zahl derer, die, vereinzelt oder lose in der „Bekennenden Kirche" vereint, ihre christliche Gewissenspflicht darin gesehen hatten, sich dem Faschismus entgegenzustellen.

Neubeginn zur Stunde Null

Nach der Befreiung von der faschistischen Barbarei durch die Rote Armee, durch Kommunisten also, standen die Christen im Osten

---

62 Bis 1918 war in Preußen der König zugleich oberster Herr der Kirche.

63 Die katholische Kirche in Deutschland äußerte sich in dem Fuldaer Hirtenbrief vom 23.8.1945 zur Schuldfrage. Vgl. *Besier / Sauter*, 22 f. Der Rat der Evangelischen in Deutschland verabschiedete am 18 / 19.10.1945 die Stuttgarter Schulderklärung, abgedruckt: ebd., 62. Zum historischen Hintergrund vgl. die Erläuterungen von Besier ebd., 9-61.

64 Das Reichskonkordat zwischen dem Deutschen Reich und dem Heiligen Stuhl wurde am 20.7.1933 abgeschlossen. In dem Vertrag wurden verschiedene Bereiche, die das Verhältnis von Staat und katholischer Kirche betrafen, geregelt, so z.B. die Rechtsstellung des Klerus, die Besetzung kirchlicher Ämter und theologischer Fakultäten, die Frage des Religionsunterrichtes, die Stellung der Konfessionsschulen und das Problem der politischen Betätigung des Klerus. Für Hitler bedeutete das Konkordat eine erste wichtige internationale Anerkennung seines Regimes. Zu den historischen Hintergründen vgl. *Scholder*, Kirchen, 482-524.

Deutschlands vor einem Neubeginn. Aus der Erfahrung gemeinsamen
Leidens mit Kommunisten, Sozialdemokraten und anderen Antifaschi-
sten in den Konzentrationslagern, aus dem Schmerz über die erkannte
Mitschuld und aus der erfahrenen Vergebung wuchs die Bereitschaft
zum Umdenken. Allerdings bedeutete das späte Bekenntnis gegen den
Faschismus nicht zugleich auch Klarheit über die einzuschlagende
Richtung in eine bessere Zukunft. Die Einsicht in eigenes Versagen allein macht noch nicht fähig, die Zeichen der Zeit richtig zu deuten. Für
die Mehrheit der Christen war die Ausweitung ihrer antifaschistischen
Haltung zur Bereitschaft, den Weg in den Sozialismus mitzugehen, gar
die neue Gesellschaftsordnung mitzugestalten, durchaus keine Selbstverständlichkeit. Meist kamen sie aus sozialen Verhältnissen, die es ihnen schwer machten, die Ideen, nach denen das Neue entstand, zu verstehen. Manch einer wußte nicht mehr darüber, als daß diese Ideen von
Marxisten-Leninisten stammten und somit eine Konzeption sein müßten, der Christen doch wohl nicht zustimmen könnten. Je nach sozialer Herkunft, Erfahrung und Kenntnis gingen die Christen von sehr
unterschiedlichen Positionen aus auf den neuen Weg. Da wirkten sowohl fortschrittliche als auch überlebte Auffassungen. Da gab es Vorstellungen, die sich an progressiven christlichen Traditionen orientierten, aber auch solche, die von antikommunistischen Vorbehalten geprägt waren. Aus bestimmten Frömmigkeitsmodellen leiteten die einen
ihre Verpflichtung zum Engagement für die neue Gesellschaft ab, andere wieder begründeten von daher ihre Zurückhaltung, ihre Ablehnung, und so mancher Christ sah sich in den schweren Jahren des
Neubeginns in seiner kirchlichen [7] Umwelt wegen seines Engagements zunächst isoliert.

Nicht unerwähnt bleiben soll auch, daß in den ersten Nachkriegsjahren nicht wenige ehemalige faschistische Offiziere in den Kirchen un-
tertauchten und dort ein neues Wirkungsfeld suchten und daß bis in
die 50er Jahre hinein in der BRD ausgebildete Pfarrer in die DDR entsandt wurden, die sich als antikommunistische Frontkämpfer verstanden und betätigten.

Die Gründung der Deutschen Demokratischen Republik im Jahre
1949 zwang die hier lebenden Christen, ihre Positionen zu diesem
Staat zu bestimmen. Nicht um ein vorschnelles Bekenntnis dafür oder
dagegen ging es, sondern um nicht geringe Vorbehalte und Einwände
und um den Abbau derselben. Der vollzog sich bei immer mehr christlichen Mitbürgern sowohl im Arbeitsprozeß an der Seite anderer als
auch dadurch, daß manche Aussagen des Evangeliums, die unter kapitalistischen Verhältnissen verschüttet waren, unter den neuen gesellschaftlichen Bedingungen neu erschlossen werden konnten.

Die Bestimmung der Christen, für den anderen dazusein, wuchs aus
der privaten Sphäre hinein in eine gesellschaftliche Dimension. Wichtig
war die Erkenntnis, daß es für die Möglichkeit christlicher Selbstver-
wirklichung in einer Gesellschaft nicht entscheidend ist, ob sich diese
Gesellschaft als christlich bezeichnet. Christlicher Glaube ist nicht an
Gesellschaftsordnungen gebunden, sondern lebt in den Menschen, die
sich zu Christus bekennen und den christlichen Glauben zu erfüllen
trachten. Die Beurteilung einer gesellschaftlichen Ordnung durch
Christen hängt zunehmend von der Beantwortung der Frage ab, wie
die christlichen Grundforderungen nach Frieden auf Erden und nach
Nächstenliebe in dieser Gesellschaft erfüllt werden können. Heute se-

hen immer mehr Christen in der DDR die gesellschaftlichen Garantien
dafür gegeben, daß Bürgerpflicht und Christenpflicht da zusammentreffen, wo es um gesicherten Frieden und menschliches Miteinander,
wo es um das Wohl des Menschen geht. Zunächst waren es allerdings
nicht so sehr die Kirchenleitungen, sondern Laienchristen, also die einfachen Gemeindemitglieder, die die Frage nach der Gestaltung christlichen Daseins in der neuen Gesellschaft aufwarfen und darauf mit ihrer
Arbeit eine Antwort gaben. Diese Christen stellten sich bewußt in die
gesellschaftliche Wirklichkeit und beteiligten sich an jenen Wandlungs-
prozessen, denen weite kirchenleitende und theologische Kreise anfangs noch zögernd gegenüberstanden. Viele dieser Laienchristen hatten sich in der 1945 auf dem Boden der damaligen sowjetischen Besat-
[8] zungszone entstandenen Christlich-Demokratischen Union
Deutschlands (CDU)[65] zusammengeschlossen. Mit ihr gab es zum ersten Mal in der deutschen Geschichte eine Partei, die demokratisch ge-
sinnten Christen aller Konfessionen die Möglichkeit bot, organisiert
und in Zusammenarbeit mit allen anderen demokratischen Parteien
und Kräften, insbesondere mit der Partei der Arbeiterklasse, politisch
im Sinne des Friedens und der Nächstenliebe tätig zu werden. Sie unterscheidet sich grundsätzlich von der Partei gleichen Namens, die auf
dem heutigen Gebiet der BRD unter Führung Adenauers gegründet
und gestützt vom Großkapital einen anderen Weg ging und sich immer
mehr von ihren ursprünglich proklamierten Zielen entfernt hat. Die
demokratischen Christen der DDR sahen in der neuen Gesellschaft,
wie es in einer Erklärung ihrer Partei aus dem Jahre 1950, also aus dem
ersten Jahr unserer Republik, formuliert wurde, die Möglichkeit, eine
Grundforderung des Christentums zu erfüllen: Ein glückliches, friedli-
ches und sozial gerechtes Leben für alle Menschen zu schaffen, die
einander Brüder und Schwestern sein sollen.
Meilenstein 6. März 1978
Knapp die Hälfte der Bevölkerung der DDR ist heute noch – in großer
Differenziertheit und sehr unterschiedlicher Intensität – dem christlichen Glauben verbunden. Da die Lutherische Reformation auf dem
Gebiet der heutigen DDR ihren Ursprung hatte, ist es kein Zufall, daß
der überwiegende Teil der Christen, etwa 6 Millionen, Protestanten
sind. Etwas mehr als eine Million sind Katholiken. Hinzu kommen ca.
200 000 Mitglieder der in der DDR zugelassenen Religionsgemeinschaften /1/[66]
Die Zahl der wirklich aktiven Kirchgänger ist allerdings bedeutend
kleiner. Nach Schätzungen von kirchlicher Seite liegt sie z.B. für den
Berliner Raum bei etwa 7 Prozent der Bevölkerung. Die christlichen
Bürger unseres Landes leben und arbeiten inmitten unserer sozialistischen Gesellschaft, leisten wertvolle Beiträge zu ihrer Entwicklung und
Vervollkommnung, sind an ihren Problemen und deren Lösung unmit-
telbar und vielseitig beteiligt. Das galt und gilt für die kirchliche Basis,
für die einfachen Christen und die in den Gemeinden und kirchlichen
Gremien tätigen Laien noch uneingeschränkter als für die kirchlichen
Amtsträger und hauptamtlichen Mitarbeiter. Aber auch letztere, die die
Kirchen als [9] Institution vertreten, konnten sich den umfassenden ge-

---

65 Vgl. Dok. 1, Anm. 2.
66 Die Kirchen und Religionsgemeinschaften gingen dagegen 1981 in einer Selbstein-
    schätzung von ca. 9 Millionen Mitgliedern aus. Vgl. *Büscher*, Unterwegs, 438.

sellschaftlichen Wandlungen in unserem Staat nicht entziehen. Sie waren und sind gezwungen, in widerspruchsvollem und nicht konfliktlosem Anpassungs- und Lernprozeß den realen gesellschaftlichen Verhältnissen mehr oder weniger Rechnung zu tragen. Ein Meilenstein der gesellschaftlichen Entwicklung war zweifellos der VII. Parteitag der SED, auf dem die Einheit von Wirtschafts- und Sozialpolitik zur Maxime für Jahrzehnte erhoben wurde[67]. Die von dieser Politk ausgehenden Impulse hatten Auswirkungen auf alle gesellschaftlichen Sphären, auf das Leben der gesamten Bevölkerung der DDR, also auch der Masse der Christen. Ihre Entscheidung für ein Leben im Sozialismus, ja für den Sozialismus, darf durchaus auch als ein Ergebnis dieser Politik angesehen werden /2/. Ein wichtiger, wenn nicht der wichtigste Schritt auf dem Wege der Identifikation mit ihrem Staat war für die Christen der DDR das Treffen des Staatsratsvorsitzenden Erich Honecker mit dem Vorstand der Konferenz der Evangelischen Kirchenleitungen in der DDR unter der Leitung seines damaligen Vorsitzenden, Bischof Albrecht Schönherr. In dem Gespräch, das am 6. März 1978 stattfand[68], ging es um grundsätzliche Fragen des Verhältnisses von Staat und Kirche in der DDR, um Berührungspunkte zwischen Gesellschaftspolitik und kirchlichem Engagement in so wichtigen Fragen wie der Sicherung des Friedens und der Sorge um soziales Wohlergehen aller Bürger. Genosse Honecker unterstrich die verfassungsmäßige Garantie und die praktische Sicherung der Freiheit der Religionsausübung bei klarer Trennung von Staat und Kirche. Der Bischof erklärte, es gehe beiden Seiten, je von ihren Voraussetzungen aus, um die Verantwortung für die gleiche Welt und die gleichen Menschen. Kirche im Sozialismus wäre eine Kirche, die bereit ist, dort, wo in unserer Gesellschaft menschliches Leben erhalten und gebessert wird, mit vollem Einsatz mitzutun. Im Ergebnis der Begegnung stellten beide Seiten fest, daß die Beziehungen der Kirchen zum Staat in den letzten Jahren zunehmend von Sachlichkeit, Vertrauen und Freimütigkeit geprägt werden. Dies ist eine Tendenz, die sich in den Folgejahren – wenn auch nicht ohne Widersprüche, auf die noch zurückzukommen sein wird – gefestigt hat. Grundsätzlich aber sind die Stellung und die Art und Weise der Ausgestaltung des kirchlichen Wirkens in der DDR in beiderseitigem Einverständnis geregelt.

Selbständigkeit der Kirchen

In der DDR ordnen die Kirchen und die anderen Religionsgemeinschaften ihre Angelegenheiten in Übereinstimmung mit der Verfassung und der [10] sozialistischen Gesetzlichkeit eigenständig /3/. Gottesdienst, religiöse Lehre und Verkündigung sind ausschließlich Sache der Kirchen, ebenso die Kirchenverfassung und die Wahl oder Berufung von Gemeindepfarrern, geistlichen Behörden, Synodalen, Kirchenleitungsmitgliedern und Bischöfen. Sie erfolgt – in deutlichem Unterschied zur Praxis in vielen kapitalistischen Ländern – völlig ohne staatlichen Einfluß. Weder gibt es eine Vereidigung von Geistlichen auf die Verfassung, noch unterliegen kirchliche Verlautbarungen einer staatlichen Zensur. Die Erhebung von Kirchensteuern obliegt ausschließlich den Kirchen selbst. Der sozialistische Staat regiert nicht in die Kirche

---

67   Auf dem VII. Parteitag (17.-22.4.1967) hatte die SED die Weiterentwicklung des
      Neuen Ökonomischen Systems proklamiert. Vgl. *Weber*, Geschichte, 376-385.
68   Vgl. Dok. 56.

hinein, aber er bedarf für die Ausgestaltung seiner Politik auch nicht des kirchlichen Segens. Das Prinzip der Trennung von Staat und Kirche wird von den Kirchen ebenfalls bejaht – wenn auch von einzelnen kirchlichen Würdenträgern nicht immer beachtet –, weil es den Kirchen ermöglicht, sich auf ihren spezifisch geistlichen Auftrag zu orientieren und damit ganz Kirche zu sein. Mit der Bildung des Bundes der Evangelischen Kirchen in der DDR (1969)[69] haben die acht evangelischen Landeskirchen der DDR der Tatsache Rechnung getragen, daß die Staatsgrenzen der DDR auch die Grenzen für die kirchlichen Organisationsmöglichkeiten bilden, wie es der inzwischen verstorbene thüringische Landesbischof Moritz Mitzenheim einmal formulierte[70]. Mit der damals vollzogenen Verselbständigung der evangelischen Kirchen in der DDR gegenüber denen in der BRD, die allerdings Prozeßcharakter trug und auch heute noch Raum für nicht zu unterschätzende Bindungen und Kontakte läßt, wurde den historischen Realitäten entsprochen. Der Bund der Evangelischen Kirchen in der DDR brachte seine Position auf die bisher mehrfach bestätigte Formel: „Wir wollen Kirche nicht neben, nicht gegen, sondern wir wollen Kirche im Sozialismus sein"[71]. Diese für das heutige Verhältnis von Staat und Kirche in der DDR gültige Formel von der „Kirche im Sozialismus" bedeutet selbstverständlich nicht unbedingt: Kirche für den Sozialismus, und schon gar nicht: Kirche des Sozialismus. Es muß im Gegenteil auch weiterhin in Rechnung gestellt werden, daß es nicht wenige kirchliche Amtsträger gibt, die unter dieser Formulierung lediglich das Überleben der „Kirche im Sozialismus", also unter vorübergehend sozialistischen Bedingungen verstehen. Vor allem aber an der Basis ist eine wachsende Identifizierung der Christen mit ihrem sozialistischen Staat zu verzeichnen. So betrug z.B. die Wahlbeteiligung der Pfarrer der DDR im Durchschnitt der Jahre 1957 bis 1967 [11] nur 57 Prozent. 1984 waren es bereits 78 Prozent und an den Volkswahlen von 1986 beteiligten sich 80 Prozent der evangelischen Geistlichen. Auch angesichts dieser positiven Entwicklung ist der erreichte Grad der Verselbständigung der DDR-Kirchen von denen der BRD und ihre Einbindung in unsere sozialistische Gesellschaft als beachtlicher Erfolg unserer Politik anzusehen.

Nach der Trennung der evangelischen Kirchen der DDR von der vorher einheitlichen „Evangelischen Kirche in Deutschland" (EKD) war 1973 für die Katholische Kirche in der DDR die Ernennung Apostolischer Administratoren durch den Vatikan für jene Kirchengebiete der DDR, deren Leitung bisher Bischöfen in der BRD unterstellt war, ein Schritt zur Selbständigkeit. Die päpstliche Anerkennung der 1976 gebildeten Berliner Bischofskonferenz als Zusammenschluß der katholischen Bischöfe in der DDR war ein weiterer Schritt in diese Richtung[72]. Dennoch ist die Verselbständigung der Katholischen Kirche in der DDR auf halbem Wege stehengeblieben. Neben den Bistümern Berlin und Meißen existieren noch vier katholische Jurisdiktionsbezirke, die nach wie vor Teile westdeutscher Bistümer bzw. von Bistümern

69 Vgl. Dok. 52, Anm. 2.
70 Dies bezieht sich auf eine Formulierung, die Mitzenheim auf einer Bürgervertreterversammlung in Weimar am 29.2.1968 gebrauchte. Seine Stellungnahme ist abgedruckt in: *Henkys*, Bund, 115-117, hier: 116.
71 Vgl. Dok. 67, Anm. 72.
72 Vgl. Dok. 52, Anm. 23 bzw. Dok. 81, Anm. 220.

ehemaliger deutscher Ostgebiete einschließen. Die Angleichung der
Bistumsgrenzen der Katholischen Kirche in der DDR an die Staatsgrenzen der DDR wäre ein längst fälliger, weiterer wichtiger Schritt.

Mitverantwortung ohne Sonderrechte

Das Prinzip der Trennung von Staat und Kirche bedeutet in Erweiterung des oben Dargelegten auch, daß Kirchen und Religionsgemeinschaften selbstverständlich auch keine politischen Organisationen sind.
Zwar hat jeder Bürger der DDR – ganz gleich, ob Atheist oder
Christ – in der Verfassung festgelegte politische Rechte und Pflichten,
doch leiten sich aus dem Glauben und aus der Zugehörigkeit zu einer
Kirche keinerlei Sonderrechte ab. Den Kirchen kommt kein politisches
Mitspracherecht in den weltlichen Angelegenheiten unserer Gesellschaft zu. So gibt es in unseren Schulen keinen Religionsunterricht und
in der NVA keine Militärseelsorge. Kontakte, Absprachen und Verhandlungen mit kirchlichen Amtsträgern werden von seiten des Staates
allein über die Dienststelle des Staatssekretärs für Kirchenfragen der
DDR bzw. die ihr nachgeordneten Referate oder [12] Arbeitsgruppen
in den Bereichen Inneres der örtlichen Räte organisiert und durchgeführt. Auf dieser klaren und bewährten Grundlage hat sich in unserem
Land eine alltägliche und unspektakuläre Praxis des Miteinanders von
Nichtchristen und Christen herausgebildet, die fraglos auch die Mitverantwortung von Christen für staatliche Belange einschließt. Zehn-
tausende evangelischer und katholischer Bürger, darunter rund 22 500
CDU-Mitglieder und etwa 100 kirchliche Amtsträger und Universi-
tätstheologen, beteiligen sich als demokratisch gewählte Abgeordnete
des Volkes an der Arbeit der Volkskammer, der Bezirks- und Kreista-
ge, der Stadtverordneten- und Stadtbezirksversammlungen sowie der
Gemeindevertretungen. Darüber hinaus sind Christen in den verschiedenen Organen der Rechtspflege, vornehmlich als gewählte Richter
oder Schöffen, tätig. Den Schiedskommissionen, die sich als gesellschaftliche Gerichte in den Wohngebieten mit Vergehen, Verfehlungen
und Ordnungswidrigkeiten befassen, wie auch den Konfliktkommis-
sionen der Betriebe, gehören Tausende christlicher Bürger als gewählte
Mitglieder an. Insgesamt wirken rund 6 000 christliche Demokraten in
Rechtspflegeorganen mit. Nicht unerwähnt bleiben sollen auch die vielen Direktoren volkseigner Betriebe, die Leiter landwirtschaftlicher
und handwerklicher Produktionsgenossenschaften, die Angehörigen
der technischen und wissenschaftlichen Intelligenz, die als Christen bedeutende Verantwortung für große Produktionskapazitäten und letztendlich für die Verwirklichung der weitreichenden ökonomischen und
sozialpolitischen Ziele unseres Staates tragen. Des weiteren sind nicht
wenige Christen in Kindergärten, allgemeinbildenden Schulen sowie
Fach- und Hochschulen unseres Landes als Erzieher, Lehrer und Direktoren tätig. Sie setzen tagtäglich ihre Kraft, ihre Fähigkeiten, ihr
pädagogisches Wissen und ihre Lebenserfahrung ein, um ihren Beitrag
zur Erziehung junger Menschen zu allseitig gebildeten sozialistischen
Persönlichkeiten zu leisten. Unterstüzt werden sie u.a. von ungezählten christlichen Eltern in den gewählten Elternbeiräten und Elternak-
tivs der Schulen. Insgesamt sind rund 11 500 CDU-Mitglieder in der
Volksbildung haupt- und ehrenamtlich tätig. [13]

Entfaltung zum Nutzen aller

Die Aufzählung der staatlichen und gesellschaftlichen Bereiche, in denen engagierte Christen unseres Landes verantwortungsvoll an der

weiteren Gestaltung des Sozialismus mitwirken, ließe sich fortsetzen. Doch nicht nur der einzelne Christ, auch die Kirchen und Religionsgemeinschaften verfügen in der DDR über umfangreiche Möglichkeiten zur Entfaltung einer Tätigkeit, die dem christlichen Auftrag der Nächstenliebe und der Barmherzigkeit folgend, von hoher gesamtgesellschaftlicher Bedeutung ist. Gemeint ist vor allem die diakonische bzw. caritative Tätigkeit der Kirchen. Die Regierung der DDR würdigte wiederholt das aufopferungsvolle und uneigennützige Wirken der Mitarbeiter von kirchlichen Einrichtungen, die sich besonders der Pflege und Betreuung alter und hilfsbedürftiger Bürger sowie physisch und psychisch Geschädigter – vor allem Kinder – widmen. So verfügen die evangelische und die katholische Kirche zusammen über 92 Krankenhäuser mit etwa 12 000 Betten.

Zu den bekanntesten Einrichtungen gehören die Berliner Stephanus-Stiftung, die Diakonieanstalten in Züssow, die Hoffnungstaler-Anstalten in Lobetal, das Oberlin-Haus in Potsdam, die Pfeifferschen Stiftungen in Magdeburg-Cracau, die Nienstedter Anstalten, das Marienstift in Arnstadt, der Michaelshof in Rostock sowie das St.-Hedwig-Krankenhaus in Berlin. Dazu kommen allein von der evanglischen Kirche 272 Feierabend- und Altenpflegeheime mit 11 000 Plätzen, 105 Heime für geistig und körperlich Behinderte mit 5 400 Plätzen, 279 Kindertagesstätten und -krippen mit 11 800 Plätzen sowie 19 Kinderheime mit 670 Plätzen. Die katholische Kirche verfügt über 11 Pflegeheime, 100 Altersheime, 80 Kindergärten und 34 Kinderheime. Der sozialistische Staat stützt diese Einrichtungen durch Zuwendungen für kostendeckende Pflegesätze in Höhe von jährlich 200 Millionen Mark. Darüber hinaus führen die Kirchen selbst zur Unterstützung dieser Arbeit jährliche Straßensammlungen des Diakonischen Werkes und der Caritas durch. Daß die Kirchen im Sozialismus einen anerkannten Platz haben, zeigt auch ihre vom Staat zunehmend unterstützte Öffentlichkeitsarbeit. So überträgt der staatliche Rundfunk der DDR jeden Sonntag einen Gottesdienst im Wechsel für alle Kirchen. Einmal monatlich wird eine kirchliche Nachrichtensendung ausgestrahlt. Auch das DDR-Fernsehen sendet im zweimonatlichen Abstand jährlich sechs kirchliche Beiträge. [14] Des weiteren erscheinen zumeist wöchentlich, aber auch monatlich oder halbmonatlich insgesamt 33 kirchliche Zeitungen, Zeitschriften und Amtsblätter mit einer Gesamtauflage von etwa 400 000 Exemplaren. 12 Prozent der in der DDR erscheinenden Buchtitel sind kirchlichen oder religiösen Inhalts.

Woher die Gelder kommen
Wie bereits erwähnt, unterhalten sich die Kirchen in der DDR durch Kirchensteuern und Kollekten, die proportional zum wachsenden Wohlstand der Bevölkerung angestiegen sind und weiter steigen. Eine weitere Einnahmequelle der Kirchen ist die Verpachtung ihres umfangreichen Grundbesitzes an den Staat. Allein die evangelischen Kirchen verfügen in der DDR über etwa 200 000 Hektar Land und besitzen etwa 1% des Waldes. Darüber hinaus erhalten die Kirchen nicht unerhebliche Zuschüsse aus dem Staatshaushalt. Neben den bereits genannten Geldern für kostendeckende Pflegesätze an die caritativen Einrichtungen sind dies allein jährlich etwa zwölf Millionen Mark für die Besoldung der Pfarrer. Evangelische Theologen werden ebenfalls auf Staatskosten an den Universitäten in Berlin, Leipzig, Halle, Jena, Rostock und Greifswald ausgebildet. Für die etwa 500 Studenten der Sek-

tionen Theologie an den staatlichen Hochschulen werden jährlich etwa vier Millionen Mark zur Verfügung gestellt. Zum großen Teil auch mit staatlichen Mitteln wird die Erhaltung und Restaurierung kirchlicher Baudenkmäler finanziert. Einschließlich der Mittel, die auch die Räte der Bezirke bereitstellen, werden dafür jährlich etwa 2,5 Millionen Mark ausgegeben. Beispiele sind u.a. der Wiederaufbau und die Erhaltung der Dome in Brandenburg, Freiberg und Erfurt, die St.-Hedwigs-Kathedrale in Berlin und die katholische Propsteikirche in Dresden, das Doberaner Münster, die Marienkirche in Berlin und die Nikolaikirche in Potsdam. Die Kirchen, die die Eigentümer von etwa 7 000 Gotteshäusern, mehreren tausend weiteren Gebäuden, umfangreicher Forst-, Landwirtschafts-, Bau-, Medizin- und Bürotechnik sowie unschätzbarer Kulturgüter sind, werden jedoch auch noch von anderer Seite unterstützt. Schließt man die Aufwendungen für Kirchenneubauten ein, so stammen etwa 75 Prozent (!) der Einkünfte der Kirchen der DDR aus Spenden, die vorwiegend von den Kirchen der BRD aufgebracht werden[73]. [15] Es liegt auf der Hand, daß diese erhebliche materielle Unterstützung der Kirchen im Sozialismus durch die Kirchen des kapitalistischen deutschen Staates nicht allein aus purer Nächstenliebe erfolgt. [16]

Störversuche – Mißbrauch der Kirchen im Sinne des Gegners
Von Außen und von Innen

Wie bereits dargelegt wurde, war und ist die Suche der Kirchen in der DDR nach ihrem Standort in der Gesellschaft, nach ihrem Beitrag zur Mitgestaltung des Sozialismus kein abgeschlossener und erst recht kein von Widersprüchen freier Prozeß. Wenn erfreulicherweise festgestellt werden konnte, daß 80 Prozent der evangelischen Geistlichen durch die Teilnahme an den jüngsten Volkswahlen[74] ihr prinzipielles Einverständnis mit den gesellschaftlichen Entwicklungen unseres Landes deutlich werden ließen, so sagt dies auch etwas über die anderen 20 Prozent aus. Wenn die engagierte Mitwirkung der überwiegenden Mehrheit unserer christlichen Mitbürger in den verschiedensten Bereichen unserer Gesellschaft konstatiert werden kann, darf das doch nicht darüber hinwegtäuschen, daß es nach wie vor auch Kräfte in den Kirchen gibt, die den Sozialismus keineswegs für die „gottgewollte" Ordnung halten und seine Überwindung auf deutschem Boden lieber heute als morgen sähen bzw. dazu bereit sind, zu dieser Überwindung ihr Scherflein beizutragen. Bestärkt werden jene darin in erster Linie durch die Kirchen auf dem Territorium der BRD. Die BRD-Kirchen beider Konfessionen, die zu keinem Zeitpunkt ihrer Entwicklung in Frage stellten, daß sie sich als staatstragende Stützen im politischen System der BRD verstehen, entfalteten und entfalten umfangreiche Aktivitäten, um möglichst enge Beziehungen zu den Kirchen in der DDR aufrechtzuerhalten und über diese ihren Einfluß geltend zu machen. Am augenfälligsten sind in diesem Zusammenhang die ausgebauten Partnerschaftsbeziehungen zwischen Kirchengemeinden, Jugend- und Studentenorganisationen der Kirchen sowie auf unterschiedlichsten kirchlichen Ebenen. Im Rahmen dieser Beziehungen reisen regelmäßig

---

73 Vgl. dagegen Dok. 71, Anm. 131.
74 Die letzten Volkskammerwahlen hatten ein Jahr zuvor, am 8.6.1986, stattgefunden. Bei einer Wahlbeteiligung von 99,74% stimmten 99,94% für die Einheitsliste (Angaben nach: Chronik der DDR, 99).

kirchliche Angestellte und christliche Laien aus der BRD in die DDR ein, nehmen hier an Veranstaltungen teil, führen gemeinsame Diskussionen durch, schleusen Literatur ein und vieles mehr. Partnerschaftstreffen zwischen „Jungen Gemeinden", „Evangelischen und Katholischen Studentengemeinden", „Akademiker-Kreisen", aktiven Kirchenanhängern und kirchlichen Amtsträgern beider deutscher Staaten und [17] Westberlins sind in fast allen Fällen bestimmt von der Verbreitung der bürgerlichen Ideologie bis zu offenen antikommunistischen Thesen und Auffassungen, der Verherrlichung des Lebens in der westlichen Welt und der gegenseitigen Bestärkung in ablehnenden oder zumindest skeptischen, abwartenden Haltungen zur sozialistischen Gesellschaft. Auch westliche Politiker, vor allem der in der BRD etablierten politischen Parteien sehen es als eines der wichtigsten Zieles ihres weiter ansteigenden Polittourismus an, Kontakte zu kirchlichen Amtsträgern der DDR herzustellen bzw. zu festigen, deren Auffassungen zu erkunden und zu beeinflussen und vor kirchlichen Gremien bzw. in Veranstaltungen der Kirchen aufzutreten. Bei bedeutsamen kirchlichen Veranstaltungen bildet die Ständige Vertretung der BRD in der DDR regelrechte Einsatzstäbe. Mitarbeiter dieser Vertretung und andere westliche Diplomaten sind ständige Gäste auch örtlicher kirchlicher Veranstaltungen, von denen sie negative politische Aussagen erwarten, z.B. sogenannten Bluesmessen in Berlin-Lichtenberg[75], deren Initiator der reaktionäre Jugendpfarrer E.[76] ist. Der von westlichen Massenmedien seit Jahren wegen seiner vielfältigen antisozialistischen Provokationen hochgespielte Jugendpfarrer ist keineswegs ein typischer Vertreter seiner Zunft. Als Sohn nichtreligiöser Eltern wurde er 1943 geboren, hatte zunächst den Beruf eines Maurers erlernt und als Grenzgänger in Westberlin gearbeitet, bis der 13.8.1961[77] dem ein Ende setzte. Aus einer feindlichen Einstellung zu den Verhältnissen in der DDR heraus entschloß er sich 1966, zunächst den Wehrdienst mit der Waffe und später auch den Fahneneid der NVA zu verweigern. Daraufhin wurde er mit Militärhaft bestraft. In einer kirchlichen Laufbahn, die E. nach seinem Bausoldatendienst antrat, sah er die beste Möglichkeit, langfristig im Sinne einer konterrevolutionären Veränderung der gesellschaftlichen Verhältnisse in der DDR zu wirken. Aus dieser Motivation war und ist er bemüht, vor allem außerhalb der Kirche stehende politisch-negative und feindliche Personen in seine Aktivitäten zu integrieren, sie auch überörtlich zusammenzuführen und ihnen unter dem Dach der Kirche sowie durch ständige Aufwertung in westlichen Medien und Presseorganen Schutz zu bieten. Zu den von E. und anderen reaktionären kirchlichen Amtsträgern geförderten und mit Möglichkeiten des Auftretens und Wirkens in kirchlichen Veranstaltungen und Organisationsformen ausgestatteten Personen zählen nicht wenige, die nicht einmal nominell der Kirche angehören, darunter z.B. auch ausgeschlossene SED-Mitglieder, die ihre atheistische Weltanschauung keineswegs verleugnen. [18]
Beistand für wen?
Es ist auch, aber keineswegs ausschließlich ein Ausdruck der weltweiten Krise, in der sich Religion und Theologie befinden, daß sich die

---

75 Vgl. Dok. 60, Anm. 29.
76 Gemeint ist Rainer Eppelmann, der vom MfS im OV „Blues" bearbeitet wurde.
77 Dies ist das Datum des Mauerbaus.

Kirchen in einem Zeitalter stürmischen wissenschaftlich-technischen
und gesellschaftlichen Fortschritts, in der ihr Einfluß eher zurückzuge-
hen droht, auch weltlichen Fragen, auch nichtreligiösen Themen und
Menschen zuwenden. Es war, wenn auch auf unterschiedliche Weise,
zu allen Zeiten so, daß sich die Kirche selbstlos an die Seite der Verfolgten und Bedrängten, der Armen, Kranken und Schwachen stellte
und ihnen beistand. Auch heute unterstützt beispielsweise in Chile die
Kirche aus solchen Motiven heraus den Kampf der Antifaschisten, der
Freiheitskämpfer, der Verfolgten. Doch welche Veranlassung sollte es
in der DDR geben, auf solche Weise in Aktion zu treten? Das Problem
besteht gar nicht so sehr darin, daß sich die Kirchen und Religionsgemeinschaften in der DDR bestimmten, in unserer sozialistischen Gesellschaft gescheiterten oder am Rande stehenden, mit unseren sozialistischen Auffassungen nicht einverstandenen Personen zuwenden und
diese bei sich aufnehmen. Der Landesbischof der Evangelischen Kirche
von Thüringen und jetzige Vorsitzende des Vorstandes der Konferenz
der Kirchenleitungen des „Bundes Evangelischer Kirchen in der
DDR", Leich, formulierte einmal zutreffend: „Die Kirche ist für alle,
aber nicht für alles da"[78]. Es ist durchaus ein legitimes Betätigungsfeld
der Kirchen und Religionsgemeinschaften, Personen, die aus den unterschiedlichsten Motiven zu ihnen kommen, Trost zu spenden oder zu
versuchen, sie in die „Herde der Schäflein des Herrn" einzureihen. Vor
allem die evangelischen Kirchen versuchen, durch moderne Formen
kirchlicher Jugendarbeit, durch Auftritte von Rockgruppen in den Kirchen, Kabarettveranstaltungen, Gottesdienste mit weltlichen Themen
und andere, unter dem Begriff einer „offenen Jugendarbeit"[79] zusam-
mengefaßten Formen, dem Schwinden ihres Einflusses unter jugendlichen Personen zu begegnen und damit ihre künftige Existenz zu sichern. Sie erreichen damit vor allem weniger mit unserer sozialistischen Gesellschaft verbundene Teile der Jugend der DDR, darunter
kriminell gefährdete Jugendliche bis hin zu den Punkern und Skinheads, zum Teil asoziale Elemente, aber auch politisch Unzufriedene
und andere Angehörige sogenannter Randgruppen der Gesellschaft. /4/
Zum wirklichen Problem für die Gesellschaft werden jedoch solche
Bestrebungen erst dann, wenn kirchliche Einrichtungen, Organisationen und [19] Veranstaltungen dazu mißbraucht werden, um feindlich-
negative Auffassungen und Forderungen zu artikulieren und öffentlichkeitswirksam zu verbreiten, wenn der Versuch unternommen wird,
unter dem Dach der Kirche oppositionelle Kräfte zu formieren bzw.
unter dem Druck solcher von reaktionären Amtsträgern bewußt geför-
derter und unterstützter feindlich-negativer Kräfte, kirchliche Gremien
versuchen, Angriffe auf Teilbereiche der Politik unserer Partei zu formulieren. So wurde z.B. im Kirchenleitungsbericht an die Frühjahrssynode der Evangelischen Landeskirche Berlin-Brandenburg 1985[80]
u.a. auf (angebliche) „krasse Fälle von Benachteiligung und Druckausübung", die christliche Bürger im Bereich der Volksbildung betreffen,
verwiesen und die Forderung wiederholt, ein „Grundsatzgespräch" zu

---

78   Ähnlich wie Leich hat auch Günter Krusche das Wächteramt der Kirche im sozia-
     listischen Staat und ihr Verhältnis zu den Gruppen interpretiert. Krusche zit. daher
     diesen Satz des Thüringer Bischofs zustimmend in: *Krusche*, Wächteramt, 103.
79   Vgl. Dok. 76, Anm. 184.
80   Der Bericht ist auszugsweise abgedruckt in: epd-Dok. 20 / 85, 1-14.

Fragen der Volksbildung herbeizuführen. Gleichzeitig wurde ein Beschluß angenommen, wonach die Synode „mit Besorgnis" zur Kenntnis nehme, daß die Vergabe von Lehrstellen und Fachschulplätzen im zunehmenden Maße von der Bereitschaft zur Teilnahme an Schießübungen im Rahmen der vormilitärischen Ausbildung abhängig gemacht werde und daß vielfach Ausbildungs- und Studienplätze an die Verpflichtung zum Soldaten auf Zeit gebunden würden.

Aktionen für den Frieden?

Mit Beginn der 80er Jahre hatten die gegnerischen Versuche des Mißbrauchs der Kirchen und Religionsgemeinschaften in der DDR eine neue Qualität angenommen. Ausdruck hierfür sind vor allem die feindlichen Bestrebungen, weitgehend unter dem Dach der evangelischen Kirchen oppositionelle Elemente zusammenzuschließen und ihnen unter dem demagogischen Etikett einer staatsunabhängigen Friedens- und Ökologiebewegung einen legalen Handlungsraum zu verschaffen. Diese Versuche begannen 1981 mit Forderungen nach Einführung eines sogenannten Sozialen Friedensdienstes[81] in der DDR, das heißt nach Schaffung von Möglichkeiten, den Wehrdienst beispielsweise in Kranken- und Pflegeanstalten oder der Behindertenfürsorge ableisten zu können. Nicht außer acht gelassen werden sollte, daß die DDR seit 1964 für Bürger, die den Wehrdienst mit der Waffe aus religiösen Gründen ablehnen, die Möglichkeit des Bausoldatendienstes geschaffen hat[82] – eine sehr großzügige Regelung, wie sie in dieser Form in anderen sozialistischen Ländern nicht [20] existiert und die auch nicht, wie zum Beispiel in der BRD, an eine sogenannte Gewissensprüfung gebunden ist. Die Forderung nach Einführung eines sogenannten sozialen Friedensdienstes, der zwischenzeitlich auch als ziviler Ersatzdienst (ZED) bezeichnet wird, wurde in der Folgezeit durch pseudo-pazifistische Forderungen erweitert.

Diese Forderungen beinhalten unter anderem:

– Schaffung von Möglichkeiten für gediente Reservisten, den Reservistendienst als Bausoldaten abzuleisten;

– Abschaffung des Wehrunterrichtes an den Schulen;

– Verzicht auf Übungen der Zivilverteidigung, da diese angeblich die Führbarkeit eines Atomkrieges suggerieren würden;

– Verzicht auf Militärparaden;

– Korrigierung des neuen Wehrdienstgesetzes der DDR hinsichtlich der Einberufung von Frauen im Falle des Verteidigungszustandes;

– Verbot von Spielzeug militärischen Charakters;

– einseitige Abrüstung der DDR und anderer sozialistischer Länder.

Derartige Forderungen wurden u.a. in einem sogenannten Berliner Appell[83] des schon vorgestellten Pfarrers E. erhoben. Der Appell wurde Anfang 1982 von den westlichen Massenmedien breit kolportiert und sollte den Ausgangspunkt einer DDR-weiten Unterschriftenkampagne bilden. Diese jenseits der sozialistischen Gesetzlichkeit und fernab der biblischen Verkündigung stehende Aktion wurde von den Sicherheitsorganen der DDR unterbunden. Einen Höhepunkt derartiger Bestrebungen sozialismusfeindlicher Kräfte bildeten vor allem im Jahre 1983 Versuche, mit pseudopazifistischen Losungen in der Öffentlichkeit

81 Vgl. Dok. 61.
82 Vgl. bes. Dok. 64.
83 Vgl. Dok. 64 und 65.

aufzutreten, Fahrradkorsos, Friedensketten, Schweigekreise und ähnliche Aktionen demonstrativen Charakters durchzuführen sowie das Symbol „Schwerter zu Pflugscharen" als Abzeichen und Aufnäher im Sinne eines pseudopazifistischen Bekenntnissymbols öffentlich zu tragen[84]. Gerade die Verwendung des Symbols „Schwerter zu Pflugscharen" kennzeichnet die Demagogie der Initiatoren pseudopazifistischer [21] Aktivitäten in der DDR. Dieses der Bibel entlehnte Symbol entspricht der gemeinsamen Zukunftsvision von Kommunisten und Christen, wonach die Menschheit auf dem Wege der allgemeinen und totalen Abrüstung den Zustand erreichen möge, in dem Schwerter zu Pflugscharen umgeschmiedet werden können. Diese Zukunftsvision als aktuelle Tagesaufgabe in der DDR zu proklamieren heißt aber, die Dialektik der Friedensbemühungen des sozialistischen Staates und der angesichts äußerer Bedrohung notwendigen Verteidigungsfähigkeit zu negieren, eine Entwaffnung des Sozialismus zu fordern und die aktive Friedenspolitik der sozialistischen Staaten, die auf dem einzig möglichen Prinzip der gleichen Sicherheit beruht, in Frage zu stellen. Im Ergebnis umfangreicher Maßnahmen, vorwiegend ordnungsrechtlichen Charakters, und durch offensive politische Arbeit an den Schulen und Lehrausbildungseinrichtungen wurden solche politischen Provokationen in der Öffentlichkeit wirksam unterbunden und letztlich auch bei den Kirchenleitungen Verständnis für diese Maßnahmen erreicht. Das heißt jedoch nicht, daß die Kräfte innerhalb und außerhalb der Kirche, die unter Mißbrauch der Kirche eine Opposition zur Friedenspolitik der SED aufbauen wollen, ihre Ziele aufgegeben hätten. Ende Januar / Anfang Februar 1986 fand in Stendal ein mittlerweile viertes zentrales Seminar von „Friedenskreisen" aus evangelischen Kirchen in der DDR statt, an dem ca. 170 geladene Personen aus insgesamt 58 „Friedenskreisen" teilnahmen[85]. Dieses Seminar bestätigte die Differenziertheit der Auffassungen zur inhaltlichen Ausrichtung der „kirchlichen Friedenskreise" bei Anerkennung einer in diesen Kreisen verbreiteten „Resignation". In seinem Ergebnis wurden im Gegensatz zu den Absichten daran teilnehmender antisozialistischer Kräfte weder eine einheitliche verbindliche Orientierung für die weitere Tätigkeit der „Friedenskreise" noch wesentliche Fortschritte zu ihrer organisatorischen Zusammenführung erreicht. Die Gründe für das Scheitern solcher Bestrebungen sind objektiver Natur. Es besteht kein echtes gesellschaftliches Bedürfnis, der konstruktiven Friedenspolitik der sozialistischen Länder, die in den letzten Monaten durch zahlreiche weitere Aktivitäten und Vorschläge an Ausstrahlungs- und Überzeugungskraft noch gewonnen hat und auf die Schaffung einer Koalition der Vernunft gerichtet ist, eine Alternative entgegenzusetzen. [22]

Im Interesse des Waldes?

In den letzten Jahren ist in vielen Ländern, auch in der DDR, ein gewachsenes Problembewußtsein gegenüber den Belastungen und Schädigungen der natürlichen Umwelt zu verzeichnen. Fragen des Gewässerschutzes, der Luftreinhaltung und der Erhaltung der Wälder bewegen viele Bürger und werden von der Regierung der DDR mit steigen-

84   Vgl. bes. Dok. 67.
85   Laut KiS 2 / 12, 1986, 90 fand das Seminar vom 28.2-2.3.1986 in Stendal statt. An dem Treffen nahmen, wie es dort heißt, zweihundert Vertreter von ca. 120 kirchlichen Basisgruppen teil.

dem finanziellen und wissenschaftlich-technischen Aufwand in praktische Politik umgesetzt. Das spiegelt sich in vielfältigen Maßnahmen vor Ort und in international abgestimmten langfristigen Projekten wider. Die Tatsache, daß Erfolge auf dem Gebiet des Umweltschutzes nicht von heute auf morgen eintreten können, haben sich antisozialistische Kräfte in der DDR zunutze gemacht, um den Versuch zu unternehmen, unter dem Deckmantel der Ökologie unzufriedene und oppositionelle Personen und Gruppen zusammenzuschließen. Die Organisatoren derartiger Bemühungen, die wiederum vorwiegend unter dem Dach der Kirchen vorgenommen werden, sind nicht zufällig z.T. mit denen identisch, die mit pseudopazifistischen Losungen bestrebt sind, eine vom sozialistischen Staat nicht nur unabhängige, sondern auch gegen ihn wirkende „Friedensbewegung" zu etablieren. Vor dem Hintergrund des von westlichen Ökologiegruppen prophezeiten und von westlichen Massenmedien hysterisch aufgebauschten sogenannten Waldsterbens wurden z.B. Fahrradwanderungen unter der Losung „Mobil ohne Auto"[86], demonstrative Baumpflanzaktionen sowie eine umfangreiche Eingabentätigkeit an staatliche Stellen der DDR organisiert. Dabei wurden und werden z.T. mit Unterschriftenaktionen verbundene destruktive Forderungen erhoben wie: Verzicht auf den Autobahn-Neubau Schwerin – Wismar, Einstellung der Lagerung von Industrieabfällen auf der Mülldeponie Schönberg[87] u.v.a.m. Inspiriert durch feindliche Kräfte aus der BRD wurden auch berechtigte Besorgnisse im Zusammenhang mit der Havarie des Kernreaktors von Tschernobyl mit dem Ziel der Untergrabung des Vertrauens in die Energiepolitik der DDR mißbraucht. So werden Unterschriften unter einen Appell „Tschenobyl wirkt überall" gesammelt, der in der Forderung gipfelt, die DDR möge auf die friedliche Nutzung von Kernenergie verzichten[88]. Im Zusammenhang mit dem Erheben pseudopazifistischer und pseudoökologischer Forderungen entstanden im Rahmen der Tätigkeit der evangeli- [23] schen Jugend- und Studentenorganisationen „Junge Gemeinde" und der Evangelischen Studentengemeinde sowie in einzelnen Kirchengemeinden, teilweise unter Leitung kirchlicher Amtsträger, sogenannte Friedens- und Umweltkreise. Diese Kreise umfassen in der Regel 10 bis 30 Mitglieder und unterliegen ständigen Prozessen der Auflösung, Neubildung und der Fluktuation. Nicht zuletzt im Ergebnis staatlicher und gesellschaftlicher Einflußnahme scheiterten bisher alle Versuche, diese kirchlichen Friedens- und Umweltkreise einheitlich zu organisieren, ihnen eine gemeinsame Plattform zu geben und damit ihre starke Differenziertheit zu überwinden. Überregionale Treffen, Zusammenkünfte, Seminare und dergleichen, die auch weiterhin stattfinden, blieben bisher ohne verbindliche Aussagen und zeigten die Unfähigkeit der Organisatoren, tragfähige politische Konzeptionen zu entwickeln. Das liegt auch daran, daß, wer versucht, unter dem Dach einer nicht politischen Institution – der Kirche – Politik gegen den Staat zu betreiben, in dem diese Institution ihr Zuhause hat und obendrein noch gezwungen ist, so zu tun, als ginge es

---

86   Vgl. Dok. 84, Anm. 251.
87   Zu den Mülldeponien in der DDR vgl. darüber hinaus *Wensierski*, Von oben, 148-152. Zu den Aktionen gegen die Mülldeponie Schöneiche vgl. auch *Maser*, 130 f.
88   Bei dem Appell „Tschernobyl wirkt überall" handelt es sich um eine Eingabe unabhängiger Gruppen zum Weltumwelttag am 5.6.1986. Der Appell ist abgedruckt in: *Wensierski*, Von oben, 95-98.

allein um Bäume – daß so jemand nicht nur mit dem Widerstand des
Staates, sondern auch mit Widerwillen in den Kirchen selbst zu rechnen hat. Das vorliegende Aufgreifen von Umweltproblemen ist letztlich ebenfalls nicht geeignet, eine Konfrontation der Kirchen mit dem
sozialistischen Staat herbeizuführen, was offensichtlich all denen zupaß
käme, denen der Standpunkt der „Kirche im Sozialismus" ein Dorn im
Auge ist. Die DDR hat im Gegensatz zur BRD den Umweltschutz als
gesellschaftliche Aufgabe in ihrer Verfassung verankert, besitzt eine
beispielgebende Umweltschutzgesetzgebung und kann auf zahlreiche
überzeugende Leistungen der Erhaltung und des Schutzes der natürlichen Umwelt in Vergangenheit und Gegenwart verweisen. Für noch
offene komplizierte Probleme wurden und werden Lösungen erarbeitet, bei aktiver Mitarbeit und Einbeziehung aller Bürger. Aktivitäten
und Initiativen zur Verbesserung unserer Umwelt sind keine Grenzen
gesetzt, und auch christliche Mitbürger sind aufgerufen, hieran Anteil
zu nehmen. Wo es um die Frage der aktiven Mitwirkung an der Erhaltung und am Schutz der natürlichen Umwelt geht, scheiden sich also
die Geister: Scheiden sich in ehrlich um die Umwelt besorgte und solche, die diese Probleme nur aufgreifen, um Konflikte mit dem sozialistischen Staat herbeizuführen, das Vertrauen in die Politik der Partei
zu untergraben und Unzufriedenheit zu schüren. [24]
Für Menschenrechte in der DDR?
Die Tatsache, daß die Bemühungen, in der DDR unter dem Dach der
Kirche eine „innere Opposition" auf der Grundlage von Friedens- und
Umweltschutzdemagogie zusammenzuzimmern, zum Scheitern verurteilt sind, weil die Erhaltung des Friedens und der Schutz der natürlichen Umwelt doch Grundziele unserer Politik darstellen, hat den Gegner veranlaßt, nach neuen Varianten zur Erreichung des gleichen Zieles
zu suchen. Eine davon ist der Versuch, die bereits bestehenden kirchlichen Friedens- und Umweltkreise auszubauen und in eine sogenannte
Bürger- und Menschenrechtsbewegung umzufunktionieren. Die Konstruktion und das Hochspielen angeblicher Menschenrechtsprobleme
und Menschenrechtsverletzungen in den sozialistischen Ländern ist direkter Ausdruck des Strebens des Imperialismus, von den dringendsten
Problemen der Menschheit abzulenken, wirklichen Abrüstungsver-
handlungen auszuweichen und den Konfrontationskurs gegen die sozialistischen Länder zu rechtfertigen. Das sogenannte Menschen-
rechtsthema scheint seinen Erfindern darüber hinaus besser als pseudopazifistische und pseudoökologische Forderung geeignet, Angriffe gegen die klassenmäßigen Grundlagen der sozialistischen Staats- und Gesellschaftsordnung zu formulieren und zum Beispiel mit Forderungen
nach uneingeschränkter Versammlungs-, Organisations- und Informationsfreiheit den konterrevolutionären Charakter des Auftretens oppositioneller Kräfte auszuprägen. Ganz im Sinne dieser gegnerischen
Strategie liegen Versuche, in der DDR ein überregionales Menschenrechtsseminar zu organisieren, was bisher verhindert[89] werden konnte,
liegt auch die Abfassung diverser offener Briefe, Eingaben, Appelle
und Erklärungen durch eine kleine Zahl im wesentlichen immer wieder
gleicher Unterzeichner, die von westlichen Massenmedien begierig aufgegriffen und verbreitet wurden.

---

89   Mehrfach hatte z.B. die Berliner Kirchenleitung auf staatlichen Druck hin Men-
     schenrechtsseminare absagen müssen. Vgl. *Zander*, Chrisen, 287 f.

Zur Illustration, um was für Leute es sich dabei handelt, sei stellvertretend einer von denen genannt: H.[90] verließ die Schule nach der 7. Klasse, fiel schon bald wegen seines asozialen Verhaltens auf und mußte in einen Jugendwerkhof eingewiesen werden. Dort erlangte er einen Berufsabschluß als Schlosser und bewältigte die 9. Klasse. Derart mit Bildung und Intelligenz versehen, ist er z.Z. als Friedhofsarbeiter tätig. Davon geistig offensichtlich nicht ausgelastet, betätigt er sich als Autor und „Erstunterzeichner" einer Vielzahl von Eingaben, „Offenen Briefen" und ähnlichen Pamphleten, [25] organisierte beispielsweise eine Unterschriftensammlung für einen „Volksentscheid zur Zukunft der Kernenergie"[91] und unterzeichnete – gemeinsam mit weiteren „Persönlichkeiten" – einen „Appell zum UNO-Jahr des Friedens"[92], der an die DDR-Regierung adressiert war und am 27.1.1986 von den westlichen Massenmedien verbreitet wurde.

Dieser Appell ordnet sich nahtlos in die imperialistische Menschenrechtskampagne ein. Er wird bezeichnenderweise mit dem Satz [begonnen]: „Solange die international anerkannten Menschenrechte verletzt werden, kann kaum von Frieden gesprochen werden, denn jegliche Beeinträchtigung der Menschenrechte, gleich in welcher Gesellschaft, gefährdet den Frieden." Damit wird zunächst die Menschenrechtsfrage der Friedensfrage übergeordnet, um dann offene Angriffe gegen die Staats- und Gesellschaftsordnung der DDR vorzutragen und u.a. zu fordern:
– uneingeschränkte Reisefreiheit aller Bürger;
– Aufhebung solcher Paragraphen des StGB, wie §§ 99 (landesverräterische Nachrichtenübermittlung), 107 (verfassungsfeindlicher Zusammenschluß) und 218 (Vereinsbildung zur Verfolgung gesetzwidriger Ziele);
– Aufstellung „unabhängiger" Kandidaten zu den Volkswahlen;
– Aufhebung der Genehmigungspflicht für Versammlungen, Kundgebungen und die Gründung von Vereinigungen;
– Legalisierung der Wehrdienstverweigerung.
Deutlicher können Forderungen nach Gestaltung verfassungsfeindlicher Aktivitäten antisozialistischer Elemente kaum erhoben werden.
Ein weiteres Beispiel: Anfang Mai 1986 wurde in westlichen Presseorganen ein als Parteitagseingabe deklariertes Pamphlet veröffentlicht[93], in dem Grundfragen der Politik der SED auf den verschiedensten Gebieten sowie die führende Rolle der Partei insgesamt angegriffen wurden. In diesem Pamphlet heißt es u.a.: „[...] ‚Die Partei, die Partei, die

---

90 Gemeint ist Ralf Hirsch. Zu *Hirsch*, der vom MfS als OV „Blauvogel" bearbeitet wurde, vgl. auch Dok. 102 sowie seinen eigenen Bericht über die Initiative Frieden und Menschenrechte.

91 Diese „Willenserklärung", in der eine Volksabstimmung über die künftige Nutzung der Kernenergie gefordert wird, ist abgedruckt in: *Hirsch*, 229.

92 In dem Appell, zu dessen Unterzeichnern neben Hirsch und Eppelmann Peter Grimm und Wolfgang Templin gehörten, wurde die Gewährung bürgerlicher Freiheiten, insbesondere die Gewährung der Reisefreiheit, gefordert. In der Bundesrepublik wurde der Appell vermutlich erst Anfang März bekannt. Vgl. KiS 2 / 12, 1986, 91. Der Appell ist abgedruckt in: *Hirsch*, 214-217 sowie epd-Dok. 18 / 86, 62-64.

93 Das Schreiben, in dem grundlegende Reformen in Staat und Gesellschaft und ein konstruktiver Dialog zwischen der Staatsführung und den Bürgern gefordert wird, ist abgedruckt in: *Hirsch*, 217-224. Zu den Erstunterzeichnern gehörten Bärbel Bohley, Annedore (Katja) Havemann, Hans-Jochen Tschiche, Werner Fischer, Peter Grimm, Ulrike Poppe und Regina Templin.

hat immer Recht!' Dieses gegenwärtig zu Ehren des XI. Parteitages[94]
so häufig von FDJ-Singegruppen dargebrachte Lied zeigt eindeutig den
Anspruch der Partei, alle Bereiche des staatlichen, [26] gesellschaftlichen und öffentlichen Lebens allein zu beherrschen [...]" Allein eine
Gegenüberstellung zu Artikel 1 der Verfassung der DDR zeigt, wie
damit Verfassungsrecht und Verfassungswirklichkeit in der DDR diffa-
miert und die demokratische Entscheidung der überwiegenden Mehrheit der Bevölkerung von 1968 für die sozialistische Verfassung[95] in-
frage gestellt werden. Der Artikel 1 der Verfassung der DDR beginnt
mit dem Satz: „Die DDR ist ein sozialistischer Staat der Arbeiter und
Bauern. Sie ist die politische Organisation der Werktätigen in Stadt
und Land unter Führung der Arbeiterklasse und ihrer marxistisch-leninistischen Partei". Nicht Anspruch auf Alleinherrschaft der Partei,
sondern Verwirklichung von Sinn und Wesen der sozialistischen Demokratie, das breite Bündnis mit allen Klassen und Schichten und die
demokratische Mitgestaltung des gesellschaftlichen Lebens durch Millionen Werktätige – das ist die gesellschaftliche Realität in der DDR.
Das als Parteitagseingabe deklarierte Pamphlet wurde in den westlichen Massenmedien als Äußerung der „inneren Opposition" der DDR
und Aufforderung an die Partei zu einem Dialog mit dieser Opposition charakterisiert. Obwohl die 21 Unterzeichner sich als Vertreter
der kirchlichen Friedens- und Umweltkreise bezeichnen, gibt es kaum
jemand, den sie – außer sich selbst – vertreten. Unter ihnen findet sich
niemand mit einem ernst zu nehmenden politischen oder wissenschaftlichen Profil. Nur 4 der Unterzeichner waren es der westlichen Propaganda wert, überhaupt namentlich genannt zu werden; darunter eine
technische Mitarbeiterin im Museum für Deutsche Geschichte, die in
der westlichen Propaganda zur „Historikerin" befördert wurde und
die Witwe des „Regimekritikers" Havemann[96] – dessen dritte, mehr als
30 Jahre jüngere Frau, die den Abstieg dieses Renegaten zu Senilität
und Alkoholismus begleitet hatte.
Mißbrauch ohne Grenzen?
Die Versuche antisozialistischer Kräfte, innerhalb der Kirchen politisch
wirksam zu werden, ist nicht auf die Tätigkeit von Friedens- und
Ökologiegruppen beschränkt und läßt sich auch thematisch nicht auf
damit verbundene Fragen oder auf „Fragen der Menschenrechte" ein-
grenzen. [27] Das Bemühen gewisser Kreise der evangelischen Kirche,
besonders unter nicht gefestigten Jugendlichen und Angehörigen sogenannter Randgruppen ihren Einfluß zu verstärken /4/, sollte ebenfalls
nicht zu der Annahme verleiten, der politische Mißbrauch der Kirche
sei ausschließlich auf diese Zielgruppen gerichtet. So wie die Kirche
allgemein bestrebt ist, alle und jeden zu ereichen und dem „Wort Gottes" überall Gehör zu verschaffen, tragen auch die Versuche, eine Opposition gegen den sozialistischen Staat unter dem Schutz der Kirche
zu organisieren, umfassenden Charkter. Solche Versuche des politischen Mißbrauchs der Kirche liegen immer nur dann vor, wenn mit
den krichlichen Aktivitäten einhergehend eine negative politische Be-

---

94 Vgl. auch Dok. 92, Anm. 37.
95 In einem Volksentscheid billigten am 6.4.1968 94% der Bürgerinnen und Bürger
    (bei einer Wahlbeteiligung von 98%) die Verfassung (Angaben nach: Chronik der
    DDR, 47).
96 Gemeint ist Annedore (Katja) Havemann. Zu Robert Havemann vgl. schon Dok.
    55, Anm. 6.

einflussung der Menschen und ihre systematische Entfremdung von den Inhalten des Sozialismus erfolgt oder angestrebt wird bzw. wenn sie in bereits vorhandenen feindlichen Ansichten bestärkt werden. Dies geschieht nicht allein mit religiös verbrämten Veranstaltungen und Argumenten, sondern immer häufiger – zwar in der Kirche, aber – mit kirchenfremder Hilfe. Da ist es z.B. schon beinahe üblich geworden, einer gewissen Gruppe von Künstlern und Kulturschaffenden oder Personen, die sich dafür halten bzw. vom Gegner und seinen Medien dazu erklärt werden, die Möglichkeit zu Auftritten in kirchlichen Veranstaltungen zu geben. Schriftstellerlesungen, Liederabende, Auftritte von Rockformationen, Ausstellungen von Werken der bildenen Kunst und der Fotografie, Kabarettaufführungen und ähnliches dienen dann eben nicht mehr in erster Linie der Erhöhung der Attraktivität der kirchlichen Veranstaltung, sondern werden zu Formen des Mißbrauchs der Kirche. Antisozialistische oder sozialismusfremde Inhalte, Aussagen und Betrachtungsweisen erhalten auf diese Weise ein Publikum, das ihnen in unserer Gesellschaft ohne diese Möglichkeit verschlossen bliebe. So traten z.B. in einer Veranstaltung vor 250 Zuschauern in der Berliner Erlöserkirche am 29.6.1986[97] die „Liedermacher" und „Lyriker" Freya Klier, Stefan Krawzyk und Sascha Anderson[98] auf. In ihren Liedern und Gedichten zogen sie über die Solidarität der DDR-Bevölkerung mit Nikaragua und die gerade durchgeführten Volkswahlen her. Anderson ließ sich für seine Prophezeiung, daß „1999 die Mauer fällt", Beifall spenden. Derartige Auftritte in Kirchen sind nicht die Regel, leider aber auch nicht die absolute Ausnahme. Wo diese und ähnliche Aktivitäten von reaktionären kirchenleitenden Kräften gefördert oder geduldet werden, überschreitet die Kirche die Grenzen des ihr gesetzlich zugestandenen Handlungsspielrau- [28] mes, läßt sie sich politisch mißbrauchen. Bleibt die Frage, wie der sozialistische Staat auf diesen Mißbrauch reagiert. Wie überhaupt treten wir der Religion, den Kirchen, den Christen gegenüber? [29]
Ohne doppelten Boden – Die Politik der SED in Kirchenfragen
Geschichtliche Erfahrungen
Wenn Religion und Christentum eingangs dieses Materials als historische Erscheinungen beschrieben wurden, so deutet das auf einen Anfang und ein Ende, also auch auf die Vergänglichkeit der Kirchen hin. Die Klassiker unserer wissenschaftlichen Weltanschauung gingen da-

---

97   Bei der Veranstaltung handelt es sich um die fünfte Friedenswerkstatt, die sich 1986 v.a. mit der Katastrophe von Tschernobyl befaßte. Vgl. die Meldung in: KiS 4 / 12, 1986, 187.

98   Sascha Anderson wird gegenwärtig von Wolf Biermann und anderen beschuldigt, als IM für das MfS gearbeitet zu haben. Aus der Vielzahl von Artikeln zu dieser Kontroverse vgl. v.a. Wolf Biermanns Rede aus Anlaß der Verleihung des Büchnerpreises, abgedruckt in: „Die ZEIT" 44 vom 25.10.1991, 73 f., in der Biermann seinen Verdacht zum ersten Mal publik machte, den Bericht im Nachrichtenmagazin „Der SPIEGEL" 43 / 1991, 336 f., das aufschlußreiche Gespräch mit Sascha Anderson in: „Die ZEIT" 45 vom 1.11.1991, 65 f. sowie die Gegenrede von Jürgen Fuchs in: „Die Welt" 257 vom 4.11.1991, 8. Ihren vorläufigen Höhepunkt erreichte die Kontroverse um Sascha Anderson, als Jürgen Fuchs in einer „SPIEGEL"-Serie („Landschaften der Lüge. Jürgen Fuchs über Schriftsteller im Stasi-Netz II: Pegasus, Spinne, Quelle, Apostel", in: „Der SPIEGEL" 48 / 45 vom 28.11.1991, 72-92) aus der 7 Bde. umfassenden IM-Akte Andersons zitierte bzw. einen Teil von dessen Kartei-Karte abdruckte. Danach hat Anderson seit 1975 und selbst noch nach seiner Übersiedlung nach West-Berlin im Jahr 1985 als IM (IM „David Menzer", „Fritz Müller", IMB „Peters") für das MfS gearbeitet.

von aus, daß die Religion in dem Maße verschwinden wird, wie sich die Menschen ihrer gesellschaftlichen Stellung bewußt werden und zu wahren Beherrschern der Gesetzmäßigkeiten von Natur und Gesellschaft erheben. Wir wissen heute, daß dieser Prozeß relativ länger und kompliziert ist und durch das zählebige Wirken von Traditionen und Gewohnheiten erschwert wird. Glockenläuten und Gebete werden somit auch die sozialistische Entwicklung unseres Landes noch auf lange Zeit begleiten. Es gibt keinen Grund, dies in Frage zu stellen. Die Tatsache, daß Religion – also idealistische Weltanschauung – und Marxismus-Leninismus die Grundfrage der Philosophie entgegengesetzt beantworten, bedeutet nicht, daß sie miteinander im Streit liegen oder sich gar bekämpfen müssen. Die Jahrhunderte, in denen das Christentum in Glaubenskriege zog, um Völker zu bekehren, gehören endgültig der Vergangenheit an, und der Kampf der Sozialisten und Kommunisten hat sich in der Geschichte nie gegen die Religion gerichtet. Bereits im Erfurter Programm der deutschen Sozialdemokratie wurde die Religion zur Privatsache erklärt. Friedrich Engels schätzte 1874 ein, daß „Verfolgungen das beste Mittel sind, um mißliebige Überzeugungen zu befördern" /5/. Engels hatte dabei das anschauliche Beispiel der Bismarckschen Kirchenkulturkampfgesetze vor Augen, mit denen Bismarck den katholischen Glauben in Deutschland vernichten wollte und in deren Ergebnis sich die katholische Kirche in Deutschland nur enger zusammengeschlossen und ein regelrechtes Märtyrertum entwikkelt hatte[99]. In seinem berühmten Werk „Anti-Dühring"[100] wirft Friedrich Engels Dühring vor, daß er nicht abwarten könne, bis die Religion ihres natürlichen Todes verstirbt. Er hetze seine Zukunftsgendarmen auf die Religon und verhelfe ihr damit zum Märtyrertum und zu einer verlängerten Lebensfrist. [30] Als nach der siegreichen Oktoberrevolution 1917 erstmals ein Staat aufgebaut wurde, der seine Politik aus einer wissenschaftlichen, also atheistischen Weltanschauung ableitete, stand auch erstmals die Frage nach dem Verhältnis dieses Staates zu seinen zahlenmäßig nicht wenigen Bürgern, die diese Weltanschauung ablehnten. Und die Bolschewiki, die erste Arbeiterpartei der Welt, die die Macht der Arbeiterklasse erkämpft hatte, mußte sich nach ihrem Verhältnis zu den gläubigen Arbeitern befragen. Sollten die religiösen Teile des Proletariats von einer Mitgestaltung der Gesellschaft ausgeschlossen, sollte, ja konnte überhaupt auf ihren Beitrag verzichtet werden? In einer Zeit dazu, als ausländische Interventen, innere Konterrevolutionäre und nicht zuletzt der Hunger gegen das Neue zu Felde zogen? War es damals nötig oder sinnvoll, die Grundfrage der Zeit – das Überleben des ersten sozialistischen Landes auf der Erde – der Grundfrage der Philosophie unterzuordnen? Lenin bemerkte dazu in seiner Schrift „Sozialismus und Religion": „Durch keine Broschüre, durch keine Propaganda kann man das Proletariat aufklären, wenn es nicht durch seinen eigenen Kampf gegen die finsteren Mächte des Kapitalismus aufgeklärt wird. Die Einheit dieses wirklichen revolutionären Kampfes der unterdrückten Klasse für ein Paradies auf Erden ist uns wichtiger als die Einheit der Meinungen der Proletarier über das Paradies im Himmel" /6/.

---

99 Vgl. *Besier*, Kulturkampf, 215-217.
100 In seiner 1878 verfaßten Schrift versuchte Engels die marxistische Dialektik auch auf die Naturwissenschaft zu übertragen.

Für Frieden auf Erden

Wichtiger als jede andere Frage ist heute die Frage der Erhaltung des Friedens. In einer Zeit, die als Alternative zur Bewahrung des Weltfriedens nur die Vernichtung der Menschheit durch die Auswirkungen eines thermonuklearen Weltkrieges bereithält, richten die Völker und Regierungen der sozialistischen Staatengemeinschaft alle nur denkbaren Anstrengungen darauf, die Phase der Konfrontation zu überwinden, der Entspannung neue Impulse und ein solides Fundament zu verleihen, von der Hochrüstung über die Rüstungsbegrenzung zur Abrüstung zu gelangen und dabei ein militärstrategisches Ungleichgewicht nicht zuzulassen. Um der Kriegsgefahr eine weltweite Koalition der Vernunft entgegenzustellen, die nicht vor Gesellschaftssystemen oder Ideologien haltmacht, die möglichst alle politischen Kräfte des Friedens einbezieht, hat auch die DDR vielfältige Initiativen ergriffen. Im Vordergrund steht dabei die Dialogpolitik gegenüber den Regierungen, Parlamenten, Parteien, Politikern und anderen [31] bedeutenden Kräften und Persönlichkeiten in verschiedenen Teilen der Welt, besonders aber auf dem europäischen Kontinent. Das Ziel unserer Politik besteht darin, ein Bündnis für den Frieden zu schaffen, das letztendlich zu einem für die Kräfte der Konfrontation und den Krieges unüberwindlichen Bollwerk wird. Die etwa 1,4 Milliarden Christen dieser Erde als gewaltiges Potential für den Frieden in diesem Kampf nicht mit einzubeziehen, wäre blind, töricht, ja gefährlich. Wenn es um das Schicksal der Menschheit geht, ist es absolut unerheblich, ob die, die für ihr Überleben kämpfen, sie als Ergebnis der Evolution oder eines göttlichen Schöpfungsaktes betrachten. Während sich die Katholische Kirche in der DDR – anders als beispielsweise die stark in der Friedensbewegung engagierten Katholiken der USA – politisch mehr oder weniger abstinent verhält, leisten die evangelischen Kirchen unseres Landes einen beachtlichen eigenständigen Beitrag zur Friedenssicherung. Dies findet seinen Niederschlag in der immer engeren Zusammenarbeit der evangelischen Kirchen der DDR mit anderen evangelischen Kirchen und innerhalb internationaler Gremien, z.B. im Ökumenischen Rat der Kirchen[101], dem sogenannten Weltkirchenrat, als repräsentativstem Zusammenschluß reformierter und protestantischer, orthodoxer und anglikanischer Kirchen, in dem die DDR mit Bischof Dr. Johannes Hempel aus Dresden einen der Vizepräsidenten stellt. Außenpolitisch außerordentlich bedeutsam sind die von den evangelischen Kirchen der DDR unterstützten Anstrengungen, bis 1990 ein Konzil – eine Versammlung von Bischöfen und anderen hohen Würdenträgern – aller christlichen Kirchen in der Welt vorzubereiten, das eine eindeutige Haltung der Christen im Kampf für den Frieden artikulieren und manifestieren soll[102]. In diese Bemühungen läßt sich auch

---

101 Vgl. Dok. 89, Anm. 16.
102 Die Bemühungen um ein Konzil des Friedens gingen auf einen Aufruf Carl Friedrich von Weizsäckers beim Kirchentag in Düsseldorf 1985 zurück. Vgl. *Zander*, Christen, 172-174. Später sprach man, kirchenrechtlichen, besonders von katholischer Seite vorgetragenen Bedenken Rechnung tragend, von einem „konziliaren Prozeß" für Gerechtigkeit, Frieden und Bewahrung der Schöpfung. Damit kam man unter Beteiligung DDR-Delegierter auch einem Anliegen nach, das die Vollversammlung des ÖRK 1983 in Vancouver formuliert hatten. Dort hatte besonders die Christen aus sog. Dritten Welt deutlich gemacht, daß der Frieden nicht unabhängig von der Gerechtigkeit behandelt werden dürfe. Vom 6. bis 12.3.1990 fand in Seoul die Weltkonvokation für Gerechtigkeit, Frieden und Bewahrung der

die Tagung des Exekutivausschusses des Reformierten Weltbundes einordnen, die Mitte Oktober 1986 in Buckow bei Strausberg erstmals in einem sozialistischen Land stattfand[103]. Der Reformierte Weltbund ist die Dachorganisation von 161 Kirchen mit 70 Millionen Christen in Ländern aller Kontinente. Auf einem Empfang für den Exekutivausschuß verwies Klaus Gysi, der Staatssekretär für Kirchenfragen der DDR, auf die nukleare Gefahr, die keinen Unterschied zwischen Weltanschauungen, Religionen, Rassen, Geschlecht und Ländergrenzen mache und stellte das Marxisten und Christen Verbindende im Kampf gegen diese Gefahr heraus. „Wir sind dankbar, daß sich der Reformierte Weltbund so entschlossen den zentralen Herausforderungen unserer Zeit stellt", sagte er. [32] Der Präsident des Reformierten Weltbundes, Dr. Allan Boesak, unterstrich in seiner Erwiderung, das Evangelium gebiete den Kirchen, angesichts der nuklearen Gefahr ein klares Bekenntnis für den Frieden abzulegen. Die Christen wüßten sehr wohl, daß die Verhinderung einer nuklearen Vernichtung der Welt eine der wichtigsten Aufgaben ist, an denen Christen und Marxisten gemeinsam arbeiten müssen /7/. Dieser Haltung entspricht auch der Beschluß der Synode der Evangelischen Kirche Berlin-Brandenburg vom 28. April 1987[104], in dem die Regierenden beider deutschen Staaten und die Christen in Europa aufgerufen werden, die sowjetischen Vorschläge zur Schaffung eines atomwaffenfreien Europa zu unterstützen und ihnen zur baldigen Realisierung zu verhelfen. Die SED unterstützt das Friedensengagement der Christen unseres Landes vorbehaltlos. Diese prinzipielle, keinesfalls aus taktischen Erwägungen heraus betriebene Politik ist darauf gerichtet, alles zu vermeiden, was der Einbeziehung religiös gebundener Bürger in unseren Kampf für Frieden und sozialen Fortschritt entgegenstehen könnte. Im Bericht des Zentralkomitees an den XI. Parteitag der SED heißt es dementsprechend: „Jeden Bürger, unabhängig von seiner sozialen Herkunft, seiner Weltanschauung und seinem religiösen Bekenntnis in die Lösung der gesellschaftlichen Belange einzubeziehen, wird auch künftig unser Handeln bestimmen" /8/.

Einerseits und andererseits

Unter den weltweiten Kontakten und Verbindungen der Kirchen der DDR sind die zu den Kirchen der BRD von besonderer Bedeutung. Zum einen, weil sie, historisch gewachsen, besonders intensiv sind, zum anderen, weil sie, obwohl an der Nahtstelle zwischen Sozialismus und Imperialismus wirkend, ein großes Maß an gegenseitiger Beeinflussung möglich machen und in der Tat auch mit sich bringen. Unsere Partei trägt diesen Faktoren Rechnung. Sie bringt den daraus resultierenden Prozessen und Aktivitäten große Aufmerksamkeit entgegen. Das betrifft einerseits die Haltung der Kirchen im Kampf für Frieden, Verständigung und Entspannung, andererseits aber auch die Einmischungsversuche der Kirchen der BRD in die inneren Angelegenheiten der DDR. Was das erste betrifft, hat sich gezeigt, daß die Kirchen der DDR über durchaus beachtliche Potenzen und Kräfte verfügen, um die

---

Schöpfung statt. Vgl. dazu epd-Dok. 16 / 90.

103 Die Tagung fand vom 13. bis 19.10.1986 statt. Boesak wurde auch von Volkskammerpräsident Horst Sindermann empfangen. Vgl. die Meldung in KiS 6 / 12, 1986, 273.

104 Abgedruckt in: epd-Dok. 25 / 87, 33 f.

im allgemeinen [33] eher reaktionären Kirchen der BRD zu realistischeren Positionen zu veranlassen. Wenn auch nicht übersehen werden darf, daß vor allem die evangelischen Kirchen der BRD besonders in Folge innenpolitischer Prozesse wie der Formierung einer breiten Friedensbewegung „in Bewegung geraten" sind, so spielt doch in diesem Zusammenhang die Haltung der Kirchen der DDR eine nicht zu unterschätzende Rolle. Immerhin ist man auf westlicher Seite unbedingt daran interessiert, mit den Glaubensbrüdern in der DDR in möglichst engem Kontakt zu bleiben und den vorhandenen Einfluß auf sie nicht durch eine zu eindeutige Identifikation mit der derzeitigen Politik in Bonn aufs Spiel zu setzen. Diese Haltung fand ihren Ausdruck in den seit 1980 jährlich stattfindenden Friedensdekaden der evangelischen Kirchen beider deutschen Staaten. Die Friedensdekade 1986[105] vom 9. bis 19. November 1986 unter dem Leitwort „Friede sei mit Euch" wurde mit einem „Bittgottesdienst für Frieden in der Welt" eröffnet, dem ein gemeinsamer Text zugrunde lag. Der Einfluß der evangelischen Kirchen in der DDR auf die der BRD fand auch seinen Niederschlag in der Einschätzung des 40. Jahrestages der Befreiung vom Faschismus[106] oder in Erklärungen zur Friedensfrage. So heißt es z.B. in der gemeinsamen Erklärung des „Rates der Evangelischen Kirchen in Deutschland" und der „Konferenz der Evangelischen Kirchenleitungen in der DDR" vom April 1986[107]: „[...] Wir zweifeln daran, daß durch die Entwicklung weltraumgestützter Abwehrwaffen ein Mehr an Sicherheit erreicht wird. Wir fürchten, daß dadurch das Wettrüsten mit allen seine Nachteilen und Gefahren fortgesetzt wird. Die wechselseitigen Vorschläge der Weltmächte vom Januar / Februar 1986[108] fordern eine ernsthafte Antwort und die gemeinsame Anstrengung aller Völker und Menschen guten Willens. Wichtige nächste Schritte dazu sollten sein: Ein umfassendes Moratorium für Kernwaffentests, das Verbot aller chemischen und biologischen Waffen, die Verminderung konventioneller Waffen. Das unverrückbare Ziel in allem: Kriege dürfen nicht mehr geführt werden, Kriege sind kein Mittel politischer Konfliktlösungen mehr [...]" Solch klaren Worten steht im gleichen Dokument eine der imperialistischen Menschenrechtsdemagogie entlehnte Passage gegenüber, die einerseits die Einmischungsversuche reaktionärer Kräfte illustriert, andererseits aber auch als Zugeständnis – wenn nicht gar als Einverständnis – von kirchlichen Amtsträgern der DDR an jene bzw. mit jenen in der BRD gewertet werden muß: [34] „[...] die Vertrauenswürdigkeit der Staaten nach außen wird auch dadurch gefördert, daß die in der KSZE-Schlußakte beschriebenen Menschenrechte und Grundfreiheiten im Innern gestärkt werden. Die schöpferischen Kräfte der Bürger blühen auf, Leistungskraft und Stabilität wachsen, wo Ver-

---

105 Vgl. Dok. 90, Anm. 29.
106 Abgedruckt in: KJ 112, 1985, 110-115. Vgl. dazu auch *Henkys*, Gemeinsames Wort.
107 Diese Erklärung vom 27.3.1986 ist unter dem Titel „Hoffnung auf Frieden" abgedruckt in: epd-Dok. 18 / 86, 65.
108 Am 1.1.1986 hatten sich die Präsidenten der USA und der Sowjetunion, Reagan und Gorbatschow, in Neujahrsansprachen an die Bevölkerung beider Länder gewandt und sich darin optimistisch über weitere Abrüstungsschritte geäußert. Gorbatschow schlug am 15.1.1986 darüber hinaus ein Programm zur vollständigen Vernichtung der Kernwaffen bis zum Jahr 2000 in drei Phasen vor. Seine Erklärung ist abgedruckt in: Archiv der Gegenwart 1986, 29513-29516. Die USA reagierten auf die neuen Vorschläge des sowjetischen Präsidenten zurückhaltend.

trauen gewagt und Toleranz geübt wird [...]" Welchen Kräften und
Aktivitäten gegenüber der sozialistische Staat aufgefordert wird, Toleranz zu üben, bleibt hierbei offen. Daß es sich dabei in der Regel aber
um sozialismusfremde, ja antisozialistische Gruppierungen und Bestrebungen handelt, die vor allem von Seiten staatlicher Organe der BRD
über dem Umweg der BRD-Kirchen und unter Mißbrauch der Kirchen in der DDR unterstützt werden, zeigt die Praxis. An anderer
Stelle wurde bereits angedeutet, daß die Kirchen in der DDR in be-
trächtlichem Umfang aus der BRD finanziert werden. Dies geschieht
über verschiedene Wege:
– Im Sinne angeblicher „besonderer" Beziehungen zwischen den
Christen in beiden deutschen Staaten bzw. vom Standpunkt einer „besonderen Gemeinschaft der ganzen evangelischen Christenheit in
Deutschland"[109] aus sehen sich die „Evangelischen Kirchen in
Deutschland" (EKD) veranlaßt, jährlich Zuschüsse an den Haushalt
des „Bundes der Evangelischen Kirchen der DDR" (BEK) zu zahlen.
– Jede evangelische Landeskirche hat ein oder zwei Partnerkichen in
der BRD. Die BRD-Landeskirchen unterstützen ihre Partner in der
DDR projektbezogen.
– Darüber hinaus fließen regelmäßig Gelder von Kirchengemienden
der BRD an Gemeinden in der DDR.
– Das Diakonische Werk der EKD unterstützt das Diakonische Werk
in der DDR.
– Im Rahmen von Touristik, Reise und Begegnung werden persönliche Verbindungen zu Kirchenvertretern der DDR gepflegt und mit
teilweise illegal eingeführten Devisen „gefestigt". Auf diese Weise wird
besonders „Wohlverhalten" honoriert.
– Im Rahmen der sogenannten Bruderhilfe erhält jeder Mitarbeiter
einer evangelischen Kirche, der länger als 2 Jahre hauptsächlich für die
Kirche [35] tätig war, jährliche persönliche Zuwendungen aus der
BRD. Dazu kommt in vielen Fällen noch Urlaubs- oder Weihnachts-
geld.
Ein großer Teil dieser Gelder stammt aus dem Haushalt der Bundesregierung. So stellt die BRD-Regierung der EKD zweckgebundene Zuschüsse für die „Ostpfarrerversorgung" zu Verfügung und plant darüber hinaus Mittel für die Landeskirchen der DDR ein, die dann ebenfalls über die EKD in die DDR fließen. Auf ähnliche Weise unterstützt
auch die Katholische Kirche in der BRD ihre Glaubensbrüder in der
DDR. So werden umfangreich Zuwendungen für Baumaßnahmen gewährt und monatliche bzw. jährliche „Betriebsmittel" für Einrichtungen der Katholischen Kirche in der DDR gezahlt. Des weiteren werden in nicht unbedeutendem Ausmaß Kleider, Lebens- und Genußmittel zur Verfügung gestellt. Darüber hinaus sei darauf verwiesen, daß
das BRD-Ministerium für „innerdeutsche Beziehungen" eine Vielzahl
von kirchlichen Partnerschaftstreffen „großzügig" subventioniert. Es
soll nicht in Abrede gestellt werden, daß der überwiegende Teil dieser
Mittel von den Kirchen der DDR nicht nur mittlerweile fest einge-
plant, sondern auch sinnvoll ausgegeben wird und letztendlich im
Staatshaushalt positiv zu Buche schlägt. Insofern sehen Partei und Regierung der DDR auch keine Veranlassung, diese Praxis in Frage zu
stellen oder zu unterbinden. Nicht außer acht gelassen werden darf

109 Vgl. Dok. 52, Anm. 2.

dabei jedoch die Tatsache, daß derartige Zahlungen natürlich auch Abhängigkeiten schaffen, die dazu geeignet sind, die Kirchen der DDR unter Druck zu setzen, sie „empfänglich" auch für ideologische Beeinflussung zu machen.

Einmischungsversuche
Die ideologische und somit politische Beeinflussung erfolgt durch eine fast unüberschaubare, überaus vielfältige Kontakttätigkeit seitens der Kirchenvertreter aller Ebenen selbst, aber auch durch staatliche Stellen der BRD und anderer NATO-Staaten. In erster Linie handelt es sich dabei um die Ständige Vertretung der BRD in der DDR, die ihre Verbindungen besonders zu Vertretern der evangelischen Kirchen in der letzten Jahren ausgebaut und intensiviert hat. Dabei sind immer wieder Versuche zu registrieren, kirchliche Amtsträger politisch im Sinne der BRD zu beeinflussen und sie [36] zur Konfrontation gegenüber der Kirchenpolitik der SED zu bewegen bzw. zu veranlassen, den ihr zugesicherten Handlungsspielraum in der DDR zu überschreiten und die Toleranz der Staatsorgane auf „Belastbarkeit zu testen". Ähnlich gelagert sind auch die Bestrebungen von Vertretern imperialistischer Massenmedien, sich in innere Angelegenheiten der DDR und der Kirchen der DDR einzumischen. Um ihren Auftrag, z.B. auch das Verhältnis Staat-Kirche in der DDR verzerrt darzustellen und zu diffamieren, nachkommen zu können, sammeln sie diesbezügliche Informationen, knüpfen und pflegen sie Kontakte zu Kirchenvertretern wie zu exponierten Feinden des Sozialismus, die das Ziel verfolgen, die DDR politisch zu destabilisieren. Gar nicht so selten übrigens sind die einen mit den anderen identisch. Neben der Sammlung von Informationen dienen diese Kontakte dann der Inspirierung und Unterstützung staatsfeindlicher Aktivitäten und deren Publizierung im Rahmen der ideologischen Diversion durch die Medien der BRD. Dem Ziel, die gedeihliche Entwicklung des Verhältnisses zwischen Staat und Kirche, zwischen Marxisten und Christen in der DDR zu stören, bzw. die Kirchen zu staatsfeindlichen Aktionen zu mißbrauchen, dienen auch die Machenschaften verschiedener offen antikommunistischer, reaktionärer und klerikaler Zentren insbesondere in der BRD. Einige davon seien genannt. So: das „Brüsewitz-Zentrum"[110], die „Christliche Ostmission", das „Missionswerk Evangelica", der „Missionsbund Licht im Osten" und die „Königsteiner Anstalten"[111].
Diese und ähnliche Einrichtungen, oft von imperialistischen Geheimdiensten gesteuert, führen einen bedingungslosen subversiven Kampf nicht nur gegen die DDR, sondern gegen den Sozialismus überhaupt, versuchen, illegale Stützpunkte in den Kirchen der sozialistischen Länder aufzubauen, schleusen religiös verbrämte antikommunistische Schriften ein usw. – all dies unter Mißbrauch religiöser Bindungen und Gefühle. Es bedarf wohl kaum einer Begründung dafür, daß die Partei der Arbeiterklasse, daß die Organe der sozialistischen Staatsmacht derartigen Einmischungsversuchen und konterrevolutionären Bestrebungen nicht tatenlos [37] zusehen. Es liegt im Interesse der friedlichen Entwicklung der Gesellschaft und der Sicherheit unseres Staates, diesen feindlichen Gruppierungen und ihren Stützpunkten innerhalb der Kir-

---

110 Vgl. Dok. 53, Anm. 35.
111 Bei den Königsteiner Anstalten handelt es sich um Institute der katholischen Vertriebenenhilfe, die ihren Sitz in Königstein im Taunus haben.

chen unmißverständlich entgegenzutreten. Daß dies ebenso im Sinne
der Kirchen selbst liegt, wird mehr und mehr auch von führenden
Amtsträgern der Kirchen der DDR erkannt.

Im Sinne auch der Kirche selbst
Dem politischen Mißbrauch der „Kirche im Sozialismus" durch die
Feinde des Sozialismus entgegenzutreten, ist, da er sich gegen die ganze Gesellschaft richtet, eine gesamtgesellschaftliche Aufgabe, in erster
Linie aber eine Herausforderung, die vor den Kirchen selbst steht. Je
mehr sie selbst sich dagegen verwahren, von Kräften vereinnahmt zu
werden, denen es letztendlich nicht um humanistische Ziele des Christentums, sondern um die Konfrontation mit einem Staat geht, der
grundsätzlich doch gleiche und ähnliche Ziele verfolgt, desto weniger
brauchen die Kirchen befürchten, von diesem Staat „bevormundet" zu
werden, desto mehr Entfaltungsmöglichkeiten eröffnen sich den Kirchen in diesem Staat. Die Mehrzahl der kirchlichen Amtsträger in der
DDR verschließt sich dieser Logik nicht. Innerhalb der Kirchen ist ein
Differenzierungsprozeß in Gang gekommen, der deutlich werden läßt,
daß auch die kirchenleitenden Organe, die zu manchen Fragen der gesellschaftlichen Entwicklungen „eigene Meinungen" vertreten, nicht
bereit sind, sich mit denen zu identifizieren bzw. uneingeschränkt die
zu unterstützen, die immer wieder versuchen, den sozialistischen Staat
mit dem Segen der Kirche zu provozieren. Als z.B. gewisse Vertreter
kirchlicher Friedens- und Umweltkreise Anfang Mai 1986 mit Hilfe
westlicher Massenmedien versuchten, die führende Rolle der Partei zu
diffamieren, indem sie das bereits charakterisierte, als Parteitagseingabe
getarnte Pamphlet im Umlauf brachten, mußten sich die verantwortlichen evangelischen Amtsträger entscheiden, ob sie selbst eine offensive
Auseinandersetzung mit der Politik der SED wünschen oder die den
Kirchen zum Nutzen gereichende vertauensvolle Zusammenarbeit mit
dem sozialistischen Staat fortzusetzen beabsichtigen. Dabei zeichnete
sich ab, daß die Kirchenleitungen nicht bereit sind, einen konfrontativen Kurs, einen Kurs ständiger politischer Provokationen und offener
Angriffe auf die sozialistische Verfassung der DDR mitzutragen. Sie
unterbanden die Vervielfältigung des besagten Papiers durch kircheni-
gene Kopiertechnik und führten disziplinierende Auseinandersetzungen mit den Vertretern der [38] Kirche, die als Unterzeichner des
Pamphlets auftraten oder an seiner weiteren Verbreitung mitwirken
wollten. Im wohlverstandenen eigenen Interesse gehen kirchliche
Amtsträger und Kirchenleitungen auch zunehmend dazu über, die Pro-
grammgestaltung bestimmter Veranstaltungen in den Kirchen zu kontrollieren, Auflagen zu erteilen, Beanstandungen staatlicher Organe
ernst zu nehmen, ihrer eigenen Aufsichtpflicht nachzukommen und die
Verbreitung antisozialistischer Materialien in und vor den Kirchen zu
untersagen. Oftmals ist ihr Vorgehen von Halbherzigkeit und Taktieren bestimmt. Immer dann jedoch, wenn eindeutige Rechtsverletzungen vorlagen und nachgewiesen werden konnten, gab es auch die Bereitschaft zu kirchlichen Reaktionen. Das betrifft u.a. auch die Dekla-
rierung staatsfeindlichen Hetzmaterials als nur „zum innerkirchlichen
Gebrauch" bestimmtes Material. Man ist sich an den verantwortlichen
Stellen der Kirchen durchaus darüber im klaren, daß auch im „innerkichlichen Gebrauch" Rechtsvorschriften der DDR nicht verletzt werden dürfen und daß der sozialistische Staat jederzeit in der Lage ist, die
Kontrolle über innerkirchliche Vervielfältigungstechnik zu verstärken

bzw. den Gebrauch dieser Technik erforderlichenfalls auch zu unterbinden. Bei einer sogenannten Friedenswerkstatt in der Erlöserkirche Berlin-Lichtenberg wurde z.b. kirchlicherseits die Verteilung eines „Informationsblattes" mit dem provokatorischen Titel „Grenzfall" unterbunden, obwohl dies von den Verfassern als „innerkirchliches Material" deklariert, aber außerhalb der Kirche vervielfältigt worden war. Dieses „Informationsblatt" enthielt eine Zusammenstellung der verschiedensten Pamphlete, einschließlich der schon erwähnten „Parteitagseingabe" und war zusätzlich durch eine Solidarisierungserklärung mit in der VR Polen inhaftierten Staatsfeinden „angereichert". Darüber hinaus wurden im Rahmen derartiger „Friedenswerkstätten" im Juni 1986 „Tschernobyl-Diskussionen" in der Erlöserkirche geführt und „Eingaben" öffentlich ausgelegt, in denen dem Staat Fälschungen bei der Volkskammerwahl unterstellt wurden[112]. Um das sozialismusfeindliche Wirken der dabei in Aktion getretenen „Friedenskreise und Friedensgruppen in Berlin" nicht zum Hindernis für die Fortsetzung des grundsätzlichen Vertrauensverhältnisses zwischen Staat und Kirche werden zu lassen, trat die Kirchenleitung von Berlin-Brandenburg diesen Kräften entgegen. In einem anläßlich der Eröffnung der Friedendekade am 9.11.1986 bekannt gewordenen Offenen Brief des Superintendenten Günter Krusche werden die sog. Friedens- und Umweltgruppen darauf orientiert, „im Jahr 1987 keine ‚Friedenswerkstatt' durchzuführen"[113]. Zu Recht konstatiert die evangelische Kirchenführung den „fehlenden theologischen Gehalt" derartiger Veranstaltungen und fordert von ihren Initiatoren eine „Denkpause", wie es in dem Schreiben heißt. Mit derartigen, wenn auch noch nicht überall und immer konsequent praktizierten Bemühungen der Kirchenleitungen, ihre Kirchen vor Mißbrauch zu schützen, bestehen und entstehen günstige Voraussetzungen für das weitere Fortschreiten des Differenzierungsprozesses in den Kirchen und Religionsgemeinschaften der DDR und für die weitere Isolierung sozialismusfeindlicher Kräfte. Die Bekämpfung des politischen Mißbrauchs der Kirchen und Religionsgemeinschaften, ihre Begrenzung auf den gesetzlich fixierten Handlungsraum und die gezielte Förderung progressiver Tendenzen in den Kirchen und Religionsgemeinschaften sind Aufgaben, die ein tiefes politisches Verständnis, hohe Sachkenntnis, mit Prinzipienfestigkeit gepaarte Flexibilität, Geduld und Umsicht erfordern. Es sind Aufgaben, die sich einer kurzfristigen kampagnenhaften Lösung entziehen und die ein gesamtgesellschaftliches, alle staatlichen und gesellschaftlichen Potenzen einbeziehendes Vorgehen erfordern. Zur Mitwirkung aufgefordert sind dabei alle in der Nationalen Front zusammengeschlossenen Parteien und Massenorganisationen[114], letztendlich all die forschrittlichen Bürger unseres Landes, die im Rahmen ihrer beruflichen und gesellschaftlichen Arbeit Kontakte zu Kirchen und kirchlichen Kräften haben und

---

112 Am 15.6.1986 hatte Ralf Hirsch in einem Brief an Egon Krenz, den Vorsitzenden der Wahlkommission, Einspruch gegen die Gültigkeit der Volkskammerwahlen erhoben und eine Wiederholung der Wahl in seinem Wahlbezirk gefordert. Vgl. *Kroh*, 46.
113 Krusche begründete in seinem Brief den Beschluß der Berlin-Brandenburgischen Kirche vom 29.6.1986, 1987 keine Friedenswerkstatt durchzuführen. Der Brief ist zusammen mit der Antwort des Ost-Berliner Pfarrers Rudi Pahnke abgedruckt in: KiS 6 / 12, 1986, 238-240.
114 Vgl. Dok. 6, Anm. 27.

in der Lage sind, auf diese im Sinne der o.g. Ziele politisch klug und
behutsam Einfluß zu nehmen.
In diesem Zusammenhang ist zu betonen, daß ein mitunter anzu-
treffendes engstirniges oder dogmatisches Herangehen an den Umgang
mit den Kirchen und christlichen Mitbürgern dem Anliegen, auch sie
für unsere zutiefst humanistischen Ziele zu gewinnen, eher schadet.
Gebraucht werden politische Übersicht und Kenntnis der Probleme
und Flexibilität bei ihrer Lösung. Das bedeutet durchaus keine Aufgabe politischer Grundpositionen, erfordert aber sehr wohl die Fähigkeit,
Wichtiges von Unwichtigem zu unterscheiden und Kompromisse da
einzugehen, wo sie vertretbar sind und der Durchsetzung der Politik
unserer Partei dienen.

Die klare Linie der Partei
Die Politik der SED in Kirchenfragen ist und bleibt darauf gerichtet,
die christlichen Bürger unseres Landes – immerhin etwa die Hälfte der
Bevöl- [40] kerung – gleichgeachtet und gleichberechtigt in die Gestal-
tung der entwickelten sozialistischen Gesellschaft einzubeziehen. Der
Sozialismus bietet allen eine Zukunft, unabhängig vom Bekenntnis zu
einem bestimmten Glauben. Gegenüber den Kirchen als Vertreter des
Glaubens – nicht als politische Interessenvertreter der Gläubigen – be-
treibt die SED eine Politik des Bündnisses unter Beachtung der Tatsache, daß Christen und Marxisten nicht durch Welten, wohl aber durch
Weltanschauungen getrennt sind. Das kann sich im unterschiedlichen
Herangehen an die Lösung gesamtgesellschaftlicher Aufgaben niederschlagen, muß und darf jedoch nicht zu störenden Konflikten führen.
Verfassung und Gesetzlichkeit der DDR sind so ausgestaltet, daß die
Kirchen ihre Verantwortung wahrnehmen können, ohne mit den Interessen der Gesellschaft, ohne mit dem sozialistischen Staat in Kollision
zu geraten. Die Partei der Arbeiterklasse respektiert das Wirken der
Kirchen innerhalb ihres gesetzlichen Handlungsspielraumes und erwartet von den Kirchen den gleichen Respekt in bezug auf die politische Verantwortung des Staates. Sie weist Einmischungsversuche
kirchlicher Kräfte in staatliche Angelegenheiten ebenso zurück wie
Aktivitäten des Mißbrauchs der Kirchen der DDR durch sozialismusfeindliche Elemente innerhalb und außerhalb der Kirchen, innerhalb
und außerhalb der DDR. Unsere Partei wendet sich gegen die Einmischungsversuche der Kirchen der BRD in die Angelegenheiten der
Kirchen der DDR und unterstützt die Betonung der nationalen Eigenständigkeit unserer Kirchen. Sie begrüßt ihr nationales und internationales Engagement für die Erhaltung des Friedens und sieht in den Kirchen einen wichtigen Teil der vom ganzen Volk getragenen Friedensbewegung. Versuche, diese Friedensbewegung zu spalten, unter dem
Dach der Kirchen eine eigene, vom Staat unabhängige, ja gegen ihn
wirkende pseudopazifistische Friedensbewegung zu formieren, können
ebensowenig toleriert werden wie ähnliche gegnerische Bestrebungen
unter dem thematischen Deckmantel anderer Begriffe, wie Ökologie
und Menschenrechte. Die Entfaltungsmöglichkeiten der Kirchen in der
DDR sind beträchtlich, aber nicht grenzenlos. Das liegt, wie an anderer Stelle schon ausgeführt, an dem von beiden Seiten anerkannten und
bewährten Prinzip der Trennung von Staat und Kirche im Sozialismus,
aber natürlich auch daran, daß die Kirchen als Träger einer Ideologie
im Sozialismus wirken, die nicht die der herrschenden Klasse ist. So
kann es in verschieden Fragen zwischen den politischen Kräften wie

[41] Partei und Staat sowie den Kräften der Religion auch keine Kompromisse geben: Die Kirchen werden nicht – auch nicht „ein wenig" oder „in bestimmten Fragen" – in die staatliche Machtausübung einbezogen. Von ihnen wiederholt aufgestellte Forderungen und Bitten nach Veränderungen im Bildungswesen (Wehrkunde-Unterricht[115]) oder in der Militärpolitik (einseitige Abrüstung, Abschaffung der allgemeinen Wehrpflicht, Einführung von Militärseelsorge und „sozialem Friedensdienst"[116]) müssen zurückgewiesen werden. Am Rande sei erwähnt, daß die deutschen Kirchen historisch eigentlich keinerlei pazifistische Traditionen besitzen und die sich häufende Artikulation derartiger Vorstellungen in jüngerer Zeit durchaus politisch zu werten sind. Kein Kompromiß mit den Kirchen kann es auch in ideologischen Fragen geben. So wie die Kirchen und Religionsgemeinschaften das Recht haben, die Lehre Christi zu verkünden, werden wir mit allen uns zur Verfügung stehenden Mittel dafür sorgen, daß die wissenschaftliche Weltanschauung des Marxismus-Leninismus in unserer Gesellschaft Verbreitung findet und zum geistigen Gut möglichst vieler Menschen wird. Das heißt jedoch nicht, daß es angebracht und sinnvoll wäre, darüber mit den Christen in Streit zu geraten, gar in die Kirchen zu gehen, um über Sein oder Nichtsein eines gnädigen Gottes im Himmel zu debattieren. Was für Kompromisse sollten da herauskommen und von welchem praktischen Wert wären sie? Die Gemeinschaft des Handelns von Marxisten und Christen, die wir auf vielen Gebieten wünschen und vielerorts erreicht haben, ist auf eine sowieso nicht denkbare Gemeinsamkeit in ideologischen und religiösen Fragen nicht angewiesen. Lenin war es, der in diesem Zusammenhang ganz treffend formulierte: „Die wissenschaftliche Weltanschauung werden wir immer propagieren und die Inkonsequenz irgendwelcher Christen müssen wir bekämpfen; das bedeutet aber durchaus nicht, daß man die religiöse Frage an die erste Stelle rücken soll, die ihr keineswegs zukommt [...]" /9/. [42]

Quellen und Anmerkungen

/1/ S. Dokumentenanhang: Kirchen und Religionsgemeinschaften in der DDR.

/2/ S. Dokumentenanhang: Auszug aus einer Rede des Altbischofs Albrecht Schönherr, gehalten am 10.2.1986 in Berlin[117].

/3/ S. Dokumentenanhang: Verfassungsmäßige und gesetzliche Grundlagen des Wirkens der Kirchen und Religionsgemeinschaften in der DDR[118].

/4/ S. „Angriffe gegen die Jugend", Informationsmaterial der Pressestelle des MfS Nr. 1 / 1986.

/5/ Engels, F.: „Flüchtlingsliteratur", in: MEW, Bd. 19, S. 31.

/6/ Lenin, W.I.: „Sozialismus und Religion", in LW, Bd. 10, S. 73.

/7/ Vgl. „Neues Deutschland", 20.10.1986.

---

115 Zum Wehrkundeunterricht vgl. Dok. 76, Anm. 185.
116 Vgl. z.B. Dok. 74, Anm. 170. Hier ist jedoch zu bemerken, daß von den Kirchen in der DDR nie die Einführung eines Militärseelsorgevertrag nach westdeutschem Muster gefordert worden ist, sondern lediglich die Möglichkeit zu einer seelsorgerlichen Betreuung durch die jeweilige Gemeinde.
117 Schönherr hielt seine Rede, in der er zu mehr Toleranz gegenüber Christen in der DDR aufrief, bei einer Veranstaltung der DDR-CDU. Vgl. KiS 2 / 12, 1986, 89 f.
118 Hier werden die Art. 6.20 und 39 der Verfassung der DDR zitiert.

/8/ Bericht des ZK an den XI. Parteitag der SED, Dietz Verlag 1986, S.
77.
/9/ Lenin, W.I.: „Sozialismus und Religion", a.a.O., S. 75. [...]

Dok. 96
Rundschreiben Mittigs

Berlin, 6.8.1987

Rundschreiben mit eigenhändiger Unterschrift. Absender: Ministerium für Staatssicherheit, Stellvertreter des Ministers. Anschrift: Diensteinheiten, Leiter. BdL / 208 / 87.
Rücksendetermin: 15.10.87 an die Dokumentenverwaltung. Ohne Anlage[119].

Auf Beschluß des Sekretariats des ZK der SED vom 16.6.1987 beteiligt
sich die DDR an einem von der „Deutschen Friedensgesellschaft / Vereinigte Kriegsdienstgegner" der BRD vorgeschlagenen „Olof-Palme-
Friedensmarsch für einen atomwaffenfreien Korridor", dem sich die
Friedensbewegungen Schwedens, Österreichs und der CSSR angeschlossen haben. Nach dem vereinbarten Prinzip, daß die Friedensbewegung jedes Landes über die Veranstaltungen auf dem Territorium
des jeweiligen Staates allein und ohne jegliche Einmischung entscheidet, wird der „Olof-Palme-Friedensmarsch für einen atomwaffenfreien
Korridor" (im folgenden: OPFM) in der DDR von einem zeitweiligen
nationalen Komitee unter Vorsitz des Präsidenten des Friedensrates der
DDR[120] vorbereitet und organisiert, zeitgleich mit analogen Aktionen
in der BRD, Schweden, Österreich und der CSSR. (Vorläufiges Programm siehe Anlage) [2] Der OPFM erhält seine besondere politische
und operative Bedeutung durch
– den im Zeitraum seines Stattfindens erfolgenden Besuch des Generalsekretärs des ZK der SED und Vorsitzenden des Staatsrates der
DDR, Genossen Erich Honecker, in der BRD[121];
– die ausdrückliche Orientierung auf die Unterstützung des gemeinsamen Vorschlages von SED und SPD hinsichtlich eines atomwaffenfreien Korridors[122];
– die eigenständige Mitarbeit des Bundes der Evangelischen Kirchen
in der DDR im zeitweiligen nationalen Komitee der DDR für den
OPFM, die selbständige Organisierung kirchlicher Veranstaltungen[123]
sowie separate kirchliche Teilnahme am OPFM von Ravensbrück nach
Sachsenhausen;
– vorliegende Hinweise auf feindlich-negative Pläne und Absichten

119   In der achtzehn Seiten umfassenden Anlage werden die einzelnen Stationen des
      Olof-Palme-Friedensmarsches in der CSSR, der Bundesrepublik, in Österreich
      und Schweden aufgezählt. Dann folgt eine detaillierte Beschreibung des Pro-
      gramms in der DDR.
120   Dieses Amt hatte seit dem 23.1.1969 der Chemiker Prof. Dr. Dr. h.c. Günther
      Drefahl inne. Der Friedensrat war die Sammelbewegung der gegenüber der Regie-
      rung loyalen Friedensbewegung in der DDR.
121   Vgl. Dok. 99, Anm. 170.
122   Vgl. Dok. 99, Anm. 171.
123   So z.B., wie aus der Anlage hervorgeht, am 18.9.1987 in Dresden, wo ein Forum
      des Kirchenbundes mit Gästen aus der Ökumene stattfand. Außerdem fanden
      Friedensgebete an allen Stationen des Friedensmarsches statt.

im Sinne politischer Untergrundtätigkeit wirkender Personen zum politischen Mißbrauch des OPFM für ein öffentliches Auftreten[124];
– die Beteiligung von insgesamt 150 Gästen aus der CSSR, der BRD, Österreichs und Schwedens an den Veranstaltungen des OPFM in der DDR.
Zur politisch-operativen Sicherung des OPFM und zur Verhinderung seines Mißbrauchs für feindlich-negative Aktivitäten sind:
1. Die vorhandenen politisch-operativen Mittel und Möglichkeiten zielstrebig einzusetzen, um feindlich-negative Aktivitäten zur Störung bzw. den [3] politischen Mißbrauch des OPFM rechtzeitig zu erkennen, aufzuklären und einzuschränken, Gewährleistung einer wirksamen politisch-operativen Kontrolle solcher Personen, von denen derartige Aktivitäten ausgehen oder ausgehen können. (Schwerpunkte: Organisatoren politischer Untergrundtätigkeit, reaktionäre klerikale Kreise, Antragsteller auf Übersiedlung in die BRD).
2. Alle politisch-operativ bedeutsamen Informationen, die im Zusammenhang mit dem OPFM erarbeitet werden, unverzüglich dem Leiter der Hauptabteilung XX[125] und gleichzeitig dem jeweils territorial zuständigen Leiter der Bezirksverwaltung zuzuleiten und sich daraus ergebende politisch-operative Maßnahmen administrativer Art nur nach Abstimmung mit dem Leiter der Hauptabteilung XX mit meiner Zustimmung zu realisieren.
3. Zur Unterbindung feindlich-negativer Aktivitäten in Vorbereitung und Durchführung des OPFM, ausschließlich politische Mittel und Methoden anzuwenden und dafür geeignete staatliche und gesellschaftliche Kräfte vorzubereiten und einzusetzen. Alle erforderlichen politischen Entscheidungen sind durch die Parteikommissionen der jeweiligen Bezirks- und Kreisleitungen der SED zu treffen. Die Mitarbeit eines Offiziers des MfS in diesen Kommissionen ist zu gewährleisten.
4. Gegen Organisatoren und Inspiratoren politischer Untergrundtätigkeit, über die bereits verfügten längerfristigen Ausreisesperren hinaus, im Zeitraum vom 24.8. bis 20.9.1987 aktionsbezogene Ausreisesperren in das NSA und in die CSSR durchzusetzen. [4]
Nachstehende Diensteinheiten haben folgende spezifische Aufgaben zu realisieren:
Hauptverwaltung A
Informationsbeschaffung über Pläne und Absichten der aus dem NSA am OPFM teilnehmenden Gäste sowie zu Inhalt und Verlauf des OPFM in der BRD, Österreich und Schweden;
Hauptabteilung I
Verstärkte Sicherung militärischer Objekte im Bereich des OPFM zur vorbeugenden Verhinderung politischer Provokationen an militärischen Objekten;
Hauptabteilung II
Kontrolle und Überwachung der Aktivitäten von Diplomaten und Korrespondenten aus dem NSA im Zusammenhang mit dem OPFM

---

124   An dem Olof-Palme-Friedensmarsch hatten erstmals nichtkommunistische Friedensgruppen aus der DDR teilnehmen und ihre eigene Anschauungen auf Plakaten zum Ausdruck bringen können, ohne größeren Repressionen von seiten des Staates ausgesetzt zu sein. Vgl. *Rein*, Revolution, 19-23; *Maser*, 118 f.; *Herrmann*, Ein Stück „Glasnost" und v.a. den Bericht des MfS über den Friedensmarsch im folgenden Dokument.
125   Vgl. Dok. 87, Anm. 3.

und Sicherung des Pressebüros zum OPFM in Zusammenarbeit mit
der Hauptabteilung XX;
Hauptabteilung VI
Sicherung der reibungslosen Ein- und Ausreise der ausländischen Gä-
ste zum OPFM und Gewährleistung von Zollkontrollen zur Verhinde-
rung der Einschleusung von Materialien, die nicht dem Anliegen des
OPFM entsprechen. Dazu sind Grundsätze in Zusammenarbeit mit
der Hauptabteilung XX zu erarbeiten [5];
Hauptabteilung VII
Sicherung des operativen Zusammenwirkens mit der Deutschen Volks-
polizei zur Durchsetzung der sich aus dem politischen Anliegen des
OPFM ergebenden Anforderungen an die Maßnahmen zur Gewährlei-
stung der öffentlichen Ordnung und Sicherheit;
Hauptabteilung VIII
Bereitstellung von Beobachtungsgruppen zur Unterstützung der poli-
tisch-operativen Kontrolle ausgewählter ausländischer Gäste des
OPFM sowie von Organisatoren politischer Untergrundtätigkeit in
der DDR;
Hauptabteilung XX
Operatives Zusammenwirken mit den zentralen Organen der Partei
und dem zeitweiligen nationalen Komitee der DDR für den OPFM;
Koordinierung der politisch-operativen Maßnahmen der beteiligten
Bezirksverwaltungen;
Sicherung einer ständigen politisch-operativen Lageeinschätzung;
Politisch-operative Einflußnahme auf die Aktivitäten des Bundes der
Evangelischen Kirchen in der DDR;
Politisch-operative Sicherung der Aktivitäten der Massenmedien und
Presseorgane der DDR und des Pressebüros zum OPFM in Zusam-
menarbeit mit der Hauptabteilung II;
Abteilung X
Koordinierung der politisch-operativen Maßnahmen mit den Siche-
rungsorganen der CSSR in enger Zusammenarbeit mit den Hauptabtei-
lungen VI und XX;
ZAIG
Zielgerichtete Auswertung der Meldungen westlicher Medien und
Presseorgane zum OPFM, Gewährleistung der Information an die
zentralen Parteiorgane;
*Bezirksverwaltungen Rostock, Neubrandenburg, Potsdam, Berlin, Hal-
le, Leipzig, Karl-Marx-Stadt und Dresden*
Einleitung politisch-operativer Sicherungsmaßnahmen zu den im Terri-
torium stattfindenden Veranstaltungen des OPFM;
Tägliche Berichterstattung über den Verlauf der Veranstaltungen und
die Wirksamkeit der eingeleiteten Maßnahmen an den Leiter der
Hauptabteilung XX.
[gez.] Mittig
Generaloberst
Anlagen. [9] [...]

Dok. 97
Rundschreiben Mittigs

Berlin, 14.10.1987

Rundschreiben mit eigenhändiger Unterschrift. Absender: Ministerium für Staatssicherheit, Stellvertreter des Ministers. Anschrift: Diensteinheiten, Leiter. Rücksendetermin der Dokumente: 31.12.1987 an HA XX. Zusatz: Dieses Schreiben ist in eigener Zuständigkeit zu vernichten. BdL / 260 / 87. Mit Anlagen: 1: Abschlußbericht zum „Olof-Palme-Friedensmarsch für einen atomwaffenfreien Korridor" (OPFM) vom 1.9.1987 bis 18.9.1987; Hauptabteilung XX; Berlin, 29. September 1987. 2: Information über beachtenswerte Aspekte der 3. ordentlichen Tagung der V. Synode des Bundes Evangelischer Kirchen (BEK) in der DDR vom 18. bis 22. September 1987 in Görlitz; Berlin, den 14.10.87. Kennzeichnung: Streng geheim! Um Rückgabe wird gebeten!

Anliegend wird
– eine Information zur Görlitzer Synode des Bundes Evangelischer Kirchen in der DDR, die die zuständigen Genossen der Partei- und Staatsführung der DDR erhalten haben sowie
– der Abschlußbericht der Hauptabteilung XX zur politisch-operativen Sicherung des „Olof-Palme-Friedensmarsches für einen atomwaffenfreien Korridor" in der DDR[126] übersandt.
Diese Materialien sind mit der Abteilung XX der Bezirksverwaltung und den zuständigen territorialen Diensteinheiten auszuwerten. Es sind Schlußfolgerungen für die weitere politisch-operative Arbeit zu ziehen und in den Gesamtprozeß der politisch-ideologischen Führungs- und Leitungstätigkeit einfließen zu lassen. Der Leiter der Bezirksverwaltung ist vom Inhalt beider Dokumente in Kenntnis zu setzen. Der Leiter der Abteilung XX ist zu beauftragen, an der Erarbeitung der Konzeption zur Führung der Gespräche mit kirchenleitenden Mitarbeitern durch die Beauftragten der Räte der Bezirke mitzuarbeiten.
Die Termine über das Stattfinden der Gespräche sind mitzuteilen und über die Ergebnisse und die Reaktionen kirchenleitender Mitarbeiter ist der Leiter der Hauptabteilung XX zu informieren.
[gez.] Mittig
Generaloberst

[Anlage 1]
Der parallel zu analogen Veranstaltungen in der BRD, der CSSR, Schweden und Österreich auf dem Territorium der DDR durchgeführte „Olof-Palme-Friedensmarsch für einen atomwaffenfreien Korridor" (OPFM) verlief entsprechend der im Beschluß des Sekretariats des ZK der SED vom 18.6.1987 herausgearbeiteten politischen Zielstellung. Er dokumentierte überzeugend den Friedenswillen und das Friedensengagement von Partei, Regierung und Bevölkerung der DDR und stellte unter Beweis, daß die DDR bereit ist, mit allen ehrlich friedenswilligen Kräften der DDR zusammenzugehen.
Dazu trugen bei

---

126 Von dem vorliegenden Schreiben Mittigs existieren zwei unterschiedliche Versionen mit derselben Signatur. Im folgenden ist die längere abgedruckt; in kürzeren Version heißt es an dieser Stelle nur: „[...] mit der Bitte um Kenntnisnahme und Beachtung übersandt."

– die gleichberechtigte Mitarbeit von Vertretern des Bundes der
Evangelischen Kirchen in der DDR (BEK) im zeitweiligen nationalen
Komitee der DDR (diese Zusammenarbeit erwies sich als tragfähige
Grundlage für ein konstruktives Zusammenwirken bei Wahrung der
Eigenständigkeit des Auftretens der kirchlichen Kräfte);
– die ungehinderte Teilnahme religiös gebundener Personen;
– die selbständige Organisierung und Durchführung kirchlicher Veranstaltungen im Rahmen des OPFM;
– die aktive Teilnahme ausländischer Gäste.
Durch konsequente Verwirklichung der im Schreiben des Stellvertreters des Ministers, Genossen Generaloberst Mittig[127], vom 6.8.1987 sowie im Maßnahmeplan des Leiters der Hauptabteilung XX festgelegten
Aufgabenstellungen, insbesondere rechtzeitige Vorbereitung erforderlicher politisch-operativer Sicherungs-, Kontroll- und Beeinflussungs-
maßnahmen, gezielte disziplinierende Einflußnahme auf kirchenleitende Personenkreise sowie Mobilisierung und Unterstützung staatlicher
und gesellschaftlicher Kräfte für ein offensives Wirksamwerden, wurde
ein wesentlicher Beitrag zum Erfolg des OPFM geleistet. Maßgebliche
Initiatoren des OPFM aus der „Deutschen Friedensgesellschaft / Verei-
nigung der Kriegsdienstgegner" (DFG / VK) wie Gerd *Greune* und
Kay *Raasch* betrachteten den OPFM vor allem als ein Mittel, den
Spielraum und das Wirkungsfeld sogenannter [2] Basisgruppen, die im
Sinne politischer Untergrundtätigkeit agieren, zu erweitern und die
Idee der Wehrdienstverweigerung in der DDR öffentlich zu propagieren.
So erklärte der *Greune* während einer Podiumsdiskussion der DFG /
VK am 11.9.1987 in Westberlin, er sehe im OPFM ein Mittel, in der
DDR und in der BRD Menschen sichtbar zu Aktionen zu bewegen,
den „Kriegsdienst öffentlich abzulehnen bzw. ihn zu verweigern". Besonders aktiv im vorgenannten Sinne wirkte der *Raasch*. Er nutzte seinen DDR-Aufenthalt zur Teilnahme an der sog. Mecklenburger Frie-
denswanderung bzw. des „VI. mobilen Friedensseminars"[128] (August
1987), nahm gezielt Kontakt zu anwesenden Inspiratoren / Organisatoren politischer Untergrundtätigkeit auf und wirkte auf diese inspirierend ein, während des OPFM mit eigenständigen Aktionen in Erscheinung zu treten. Im Ergebnis dieser Einflußnahme wandten sich die
Teilnehmer des „VI. mobilen Friedensseminars" schriftlich an den
Friedensrat der DDR und an die Oberbürgermeister / Bürgermeister
von Berlin, Torgau, Stralsund, Dresden und Wittenberg und bekundeten darin ihre Absicht, eigenständig an OPFM-Veranstaltungen mit
Redebeiträgen und Aktionen in Erscheinung zu treten. Darüber hinaus
nahm *Raasch* an einer Beratung von Inspiratoren / Organisatoren politischer Untergrundtätigkeit in der Hauptstadt der DDR teil, die der
Vorbereitung zielgerichteter Aktionen dieser Personen diente.
Raasch war zugleich maßgeblicher Initiator der Einladung feindlich-
negativer Kräfte zur Teilnahme an OPFM-Veranstaltungen außerhalb

---

127	Mittigs Schreiben ist hier abgedruckt als Dok. 96.
128	Über das Seminar, das in Mecklenburg stattgefunden hatte, heißt es in der Chro-
nik der Zeitschrift KiS 5 / 13, 1987, 216: „Die Teilnehmer der einwöchigen Veranstaltung beschäftigten sich mit der Verantwortung für die Umwelt, für Menschen
in der Dritten Welt, für ethnische Minderheiten in Osteuropa, mit Fragen der
Atomenergie, mit Menschenrechten, Bildungsfragen und dem Vorschlag eines
atomwaffenfreien Korridors."

der DDR; wodurch hinlänglich bekannte Personen wie *Lietz*, Heiko (Güstrow) und *Böttger*, Martin (Berlin) die Möglichkeit erhielten, auf der Grundlage eines Vorschlages des BEK als Mitglied der DDR-Delegation in die BRD (*Lietz*) bzw. CSSR (*Böttger*) zu reisen und dadurch längerfristig wirksame Ausreisesperrmaßnahmen zu unterlaufen. Im Ergebnis operativer Kontrollmaßnahmen wurde festgestellt, daß *Böttger* seinen Aufenthalt in der CSSR dazu mißbrauchte, sich von der Delegation zu entfernen und Gespräche mit Mitgliedern der „Charta 77"[129], *Uhl* und *Havel*, zu führen. Der ebenfalls als Mitglied der DDR-Delegation in der CSSR weilende Pfarrer *Schorlemmer* / Wittenberg trat ohne Abstimmung mit den Organisatoren in der CSSR mit einer Predigt auf, in der er sich für eine Verbindung des Friedenskampfes mit dem „Kampf um Menschenrechte" aussprach.

Durch den sog. Fortsetzungsausschuß „Konkret für den Frieden VI"[130] wurde die vom Bund der Evangelischen Kirchen in der DDR in Vorbereitung des OPFM herausgegebene schriftliche Orientierung (Ermutigung der Gemeinden, die Aktivitäten des Olof-Palme-Friedensmarsches im Rahmen ihrer Möglichkeiten zu begleiten und das Anliegen gegebenenfalls in eigenständigen Aktivitäten aufzunehmen[131]) zum Anlaß genommen, an die sog. „Basisgruppen" der „Friedens- und Ökologiekreisarbeit" (einschließlich sog. Menschenrechtsgruppen) schriftlich die im Widerspruch zum Dokument des BEK stehende Aufforderung zu versenden, in „eigener Entscheidung und Verantwortung öffentlich und gemeinsam mit den Aktionen des Friedensrates" Aktivitäten zu entwickeln. [3] (Bei den im sog. „Fortsetzungsausschuß" vertretenen Personen handelt es sich vorwiegend um hinlänglich als Inspiratoren / Organisatoren politischer Untergrundtätigkeit operativ bekannte feindlich-negative Kräfte, die in Abstimmung mit gegnerischen Personenkreisen agieren).

In der unmittelbaren Vorbereitungsphase des OPFM wirkte auch der hinlänglich als Feind der DDR bekannte *Jahn*, Roland / Westberlin massiv auf Inspiratoren / Organisatoren politischer Untergrundtätigkeit in der Hauptstadt der DDR. Er orientierte vorrangig auf die Vorbereitung und Durchführung öffentlichkeitswirksamer provokativer Aktionen, besonders dem öffentlichen Bekunden von Forderungen im Sinne der gegnerischen Freiheits- und Menschenrechtsdemagogie, instruierte seine Verbindungspersonen, die besondere Situation im Zeitraum des Staatsbesuches des Genossen Erich Honecker in der BRD zu beachten und ließ sich kontinuierlich zum Stand der Vorbereitung sowie über die Realisierung von Aktivitäten dieser Personen informieren. (Die Verbindungspersonen des *Jahn* in der Hauptstadt der DDR waren bestrebt, dessen Instruktionen sowohl durch Teilnahme an Veranstaltungen des OPFM in den Bezirken, besonders jedoch durch aktive Einflußnahme auf die Vorbereitung und Durchführung des unabhängig vom Programm des OPFM am 5./6.9.1987 in der Hauptstadt der DDR

---

129 Zur „Charta 77" vgl. Dok. 55, Anm. 3.
130 Vgl. die Erläuterungen in Dok. 110, Anm. 266. An dem sechsten Seminar, das vom 27.2. bis 1.3.1987 stattfand, hatten sich ca. zweihundert Menschen beteiligt. Vgl. *Zander*, Christen, 198.
131 Die KKL hatte zu einer „Beteiligung an Friedensgebeten auf der ganzen Strecke des Marsches, zur Teilnahme am Pilgerweg von Ravensbrück nach Sachsenhausen und zu einem Friedensforum in Dresden aufgerufen" (zit. nach dem KKL-Bericht an die Görlitzer Synode, abgedruckt in: epd-Dok. 44 / 87, 1-14, hier: 3).

durchgeführten „Pilgerweges"[132] umzusetzen.) Auch in die Vorbereitung der verschiedensten sog. kirchlichen Basisgruppen in den Bezirken der DDR zur Beteiligung am OPFM schalteten sich Organisatoren politischer Untergrundtätigkeit einschließlich reaktionärer kirchlicher Amtsträger ein. Im Ergebnis ihres in Übereinstimmung mit den Zielen gegnerischer Kräfte stehenden Wirkens inspirierten und organisierten sie die Anfertigung und das Mitführen von Sichtelementen feindlich-negativen Inhalts sowie die Vorbereitung und Durchführung in Widerspruch zum Anliegen des OPFM stehender Veranstaltungen und Aktionen. Im Vorgehen der genannten gegnerischen Personen *Jahn* und *Raasch* sowie der als Inspiratoren / Organisatoren politischer Untergrundtätigkeit im Innern der DDR agierenden Personenkreise zeigt sich, daß sie bei ihren dem Anliegen des OPFM widersprechenden Aktivitäten bewußt die besondere politische Situation einkalkulierten, die sich aus dem Besuch des Generalsekretärs des ZK der SED und Vorsitzenden des Staatsrates der DDR, Genossen Erich Honecker, in der BRD vom 7. bis 11. September 1987 ergab. Sowohl die erpresserischen Forderungen zur Aufnahme von Vertretern sogenannter Basisgruppen in Delegationen des Nationalen Komitees für den OPFM in die BRD bzw. die CSSR als auch das provokative Zeigen solcher die gegnerischen Hauptstoßrichtungen des Angriffs gegen die DDR widerspiegelnden Transparente wie: [4]
„Wir brauchen Demokratie wie Luft zum Atmen – Reisefreiheit – Informationsfreiheit – Rede- und Versammlungsfreiheit";
„Eine vertauensbildende Maßnahme – ziviler Ersatzdienst auch in der DDR. UNO 1987 Wehrdienstverweigerung ist Menschenrecht";
„Frieden in Europa heißt auch keine Schüsse an unserer Grenze".
Zur Eröffnungsveranstaltung des OPFM in Stralsund (1.9.1987) waren eindeutig darauf gerichtet, die staatlichen Organe der DDR zu repressiven Maßnahmen zu provozieren, die dann zur Verleumdung der Friedenspolitik der DDR und zur Diskreditierung des Generalsekretärs des ZK des SED bei seinem Auftreten in der BRD genutzt werden sollten. So hatte z.B., wie streng intern bekannt wurde, der *Raasch* erklärt, er wolle die Veranstalter des OPFM in der BRD zu Überlegungen anregen, „wie sie reagieren, wenn in der DDR Friedensfreunde wegen eigenständiger gewaltfreier Aktivitäten im Sinne der Zielsetzung dieses Marsches verhaftet bzw. schikaniert werden. Der Abbruch des gesamten Marsches sollte nicht ausgeschlossen sein." Nachdem offenkundig wurde, daß die Staatsorgane der DDR bestimmte Handlungen tolerieren, waren ihre folgenden Aktivitäten zunehmend darauf ausgerichtet, den erreichten Spielraum für ein öffentliches Auftreten voll zu nutzen und gleichzeitig „Präzendenzfälle" für künftige Aktionen zu schaffen. Das zeigt sich insbesondere in einer in der Tendenz ständigen Zunahme des öffentlichen Zeigens von Losungen, die im krassen Widerspruch zum Anliegen des OPFM standen und deren Inhalte von pseudopazifistischen Bekenntnissen bis hin zu offenen feindlich-negativen Forderungen reichten.
Wiederkehrende Losungsinhalte waren z.B.:
„Kein Kriegsspielzeug für unsere Kinder";
„Keine Feindbilder in Familien, Schulen und Kindergarten";

---

132   Vgl. neben den weiteren Erläuterungen weiter unten im Text auch *Herrmann*, Ein Stück „Glasnost" 182 f. sowie *Maser*, 118 f.

„Für einen zivilen Ersatzdienst";

„Für das Recht auf Wehrdienstverweigerung";

sowie die Forderungen nach „freien Kontakten und Begegnungen nach Ost und West", nach „Reise-, Informations- und Versammlungsfreiheit".

Waren zur Eröffnungsveranstaltung am 1.9.1987 in Stralsund acht Losungen festzustellen, so erhöhte sich die Anzahl mitgeführter Sichtelemente entsprechenen Inhalts im Verlauf der Programmveranstaltungen Pilgerweg (2.9. bis 4.9.1987) täglich auf bis zu 34. [5] Bei anschließenden Veranstaltungen des OPFM wurden zwischen 6 bis 45 Sichtelemente mitgeführt. Zur Abschlußveranstaltung am 18.9.1987 traten ca. 300 Personen, die sich vor Beginn der Abschlußkundgebung formiert hatten, mit insgesamt ca. 80 Sichtelementen in Erscheinung, deren Inhalt die Gesamtheit der Stoßrichtungen konfessionell gebundener, pseudopazifistisch orientierter sowie feindlich-negativer Kräfte deutlich machte, die bereits in vorangegangenen Veranstaltungen des OPFM sichtbar wurden. Bei den Trägern derartiger Sichtelemente handelte es sich überwiegend um Angehörige sogenannter Basisgruppen der evangelischen Kirche (sog. Friedens- und Ökologiekreise und Frauengruppen) aus den verschiedensten Orten der DDR, darunter hinlänglich als Inspiratoren / Organisatoren politischer Untergrundtätigkeit operativ bekannte Personen. Die Taktik dieser Kräfte bestand darin, zunächst ihren Handlungsspielraum auszuloten (hinsichtlich des möglichen Umfangs mitzuführender Sichtelemente, der dadurch erreichbaren Öffentlichkeitswirksamkeit sowie hinsichtlich der Losungsinhalte). In dem Maße, wie sie erkannten, daß seitens der staatlichen Organe keine repressiven Maßnahmen durchgesetzt wurden, waren sie zunehmend mit flexiblen Mitteln bemüht, eingeleitete Maßnahmen zur Verdeckung feindlich-negativer Losungen / Sichtelemente zu unterlaufen. So wurde auf die Verstärkung der Anzahl progressiver Losungen mit einer Erhöhung der Zahl negativer Sichtelemente, auf erfolgreiches Verdecken negativer Sichtelemente zunächst mit Vergrößerung derartiger Elemente (die Obergrenze aus Bettlakenstoff gefertigter Sichtelemente lag bei ca. 1,50 m x 2,00 m) und mit dem Übergang zu „Ein-Mann-Plakaten" bzw. Beschriften von Kleidungsstücken und dem ständigen Wechsel der Standorte reagiert. Zur Abschlußkundgebung am 18.9.1987 wurde eine vorherige Formierung der Träger solcher Sichtelemente im Rahmen einer ca. 300 Personen umfassenden Ansammlung praktiziert. Versuche, Träger von Sichtelementen feindlich-negativen Inhalts zum Verzicht auf das Zeigen dieser Plakate durch Überzeugung zu veranlassen, blieben im wesentlichen erfolglos, was maßgeblich begünstigt wurde durch das überwiegend taktierende Verhalten kirchlicher Amtsträger.

Am 17.9.1987 mißbrauchten Inspiratoren / Organisatoren politischer Untergrundtätigkeit (an deren Identifizierung wird gearbeitet) das Podiumsgespräch in der Dresdener Kreuzkirche für die Vorbereitung von Hetzblättern. In diesen mit „Dresdener Aktive" gekennzeichneten Blättern sind bekannte politische Auffassungen und Forderungen von im Sinne politischer Untergrundtätigkeit in der DDR wirkenden Kräften als ihre Zielstellung im Rahmen des OPFM formuliert. So wurden u.a. die aktive Dialog- und Entspannungspolitik der sozialistischen Staaten als „Ausdruck der wirtschaftlichen Schwäche des Ostblocks", „Taktik der Herrschaftssicherung" [6] diskriminiert und gefordert,

Frieden auf Dauer durch „permanenten Druck der Bevölkerung auf die Regierungen" zu verwirklichen. Forderungen wurden ferner erhoben nach einem zivilen Wehrersatzdienst, nach Gewissens-, Rede-, Versammlungs- und Pressefreiheit sowie nach Schaffung eines unabhängigen Verwaltungsgerichtes.

Durch sofortige Verbreitung vorbereiteter Handzettel progressiven Inhalts wurde die von den Initiatoren dieser provokativen Aktion beabsichtigte Wirksamkeit stark eingeschränkt.

Entsprechend den Orientierungen durch Inspiratoren / Organisatoren politischer Untergrundtätigkeit wurden gezielt Versuche unternommen, Märsche und Wanderungen außerhalb des vereinbarten Programms des OPFM durchzuführen. Eine Reihe derartiger Vorhaben wurden im Ergebnis zielgerichteter Maßnahmen im Zusammenwirken mit dem Nationalen Komitee unterbunden, so u.a. eine beabsichtigt gewesene „Friedensstafette" von Dresen nach Pirna unmittelbar nach Beendigung der Abschlußkundgebung am 18.9.1987. Realisiert wurden:

– ein sogenannter Pilgerweg in der Hauptstadt der DDR (5.9.1987 20.00 Uhr bis 6.9.1987, 0.30 Uhr) von der Zionskirche in Berlin-Mitte über die Segenskirche und Eliaskirche zur Gethsemanekirche (alle Berlin-Prenzlauer Berg). Der „Pilgerweg" wurde in Verantwortung des Stadtjugendpfarramtes der Evangelischen Kirche in Berlin-Brandenburg durchgeführt. Bereits in der Vorbereitungsphase hatten Inspiratoren / Organisatoren politischer Untergrundtätigkeit aus der Hauptstadt der DDR in Abstimmung mit dem *Jahn* / Westberlin sowie mit Journalisten des NSA versucht, dieser Veranstaltung ausschließlich den Charakter einer Demonstration der Existenz einer „Oppositionsbewegung" zu verleihen. Im Ergebnis gezielter politisch-operativer Maßnahmen, insbesondere der disziplinierenden Einflußnahme auf verantwortliche kirchenleitende Kräfte, des offensiven politischen Auftretens gesellschaftlicher Kräfte unter Führung der Bezirksleitung der SED Berlin sowie der eingeleiteten Sicherungs- und Kontrollmaßnahmen wurden die mit dem Ziel der Herbeiführung offener Provokationen agierenden Kräfte in ihrer Wirksamkeit wesentlich eingeschränkt und die öffentliche Ordnung und Sicherheit zu jeder Zeit gewährleistet. Am „Pilgerweg" beteiligten sich zu Beginn ca. 750 Personen, darunter hinlänglich als Inspiratoren / Organisatoren politischer Untergrundtätigkeit operativ bekannte Personen (die Teilnehmerzahl verringerte sich im letzten Abschnitt auf ca. 350 Personen). [7] Es wurden ca. 25 Losungen, deren Inhalt zum Teil bereits anläßlich anderer Veranstaltungen des OPFM gezeigt wurden, mitgeführt. Des weiteren kamen einzelne Handzettel mit Aufforderungen zur Zulassung eines „Sozialen Friedensdienstes"[133] zur Verteilung. Hervorzuheben ist, daß dem hinlänglich operativ bekannten *Templin*[134] die Möglichkeit geboten wurde, in der Gethsemanekirche im Namen der „Initiative Frieden und Menschenrechte"[135] einen Redebeitrag zu halten, in dem er u.a. forderte, eine „Verbesserung der Ost-West-Beziehung" müsse mit der „Verbesserung der Menschenrechte auch in der DDR" verbunden werden.

---

133 Vgl. Dok. 61.
134 Zu der Beurteilung Templins durch die Staatssicherheit vgl. Dok. 103.
135 Zu dieser Gruppe im Umfeld der Umweltbibliothek vgl. den schon erwähnten Bericht von *Hirsch* sowie *Rein*, Revolution, 51-55.

(Über den Verlauf des „Pilgerweges" liegt eine gesonderte Information vor.)
– ein Marsch von Torgau nach Riesa (12.9. bis 13.9.1987). An dem Marsch nahmen bis zu ca. 70 Personen teil. Die Mehrzahl der Teilnehmer führte als Sichtelement das Symbol eines zerbrochenen Schwertes mit. Der Marsch wurde auf Initiative von Pfarrer *Wonneberger*[136] / Leipzig organisiert.
– Podiumsgespräch in der Lutherischen St.-Petri-Kirche in Freiberg mit anschließendem Marsch zur katholischen Johanniskirche in Freiberg, in der ein gemeinsames Friedensgebet durchgeführt wurde (16.9.1987). An der Veranstaltung nahmen ca. 130 Personen teil. Es wurde ein Plakat „Christen für einen atomwaffenfreien Korridor" mitgeführt.
– sogenannte touristische Wanderung von der Johanniskirche in Saalfeld zur Gedenkstätte für die Opfer der Bombardierung in Saalfeld (19.9.1987). An dieser auf Initiative von Superintendent *Grosse* / Saalfeld organisierten Wanderung (*Grosse* nahm selbst nicht teil, da er zur Synode in Görlitz weilte, und beauftragte Pfarrer *Weber* / Saalfeld mit der unmittelbaren Durchführung) nahmen ca. 150 Personen teil. Entgegen der Zusicherung des *Grosse*, dem Anliegen des OPFM widersprechende Plakate nicht zuzulassen, wurden ca. 25 Plakate mitgeführt, die u.a. die Aussagen „Mündigkeit erfordert Mitbestimmung" sowie „Glasnost" enthielten.
– Marsch von Buchenwald nach Kapellendorf (19.9.1987). Dieser Marsch mit insgesamt ca. 320 Personen, darunter ca. 40 operativ bekannte Personen aus Jena, wurde durch die Arbeitsgruppe „Thüringen" der Christlichen Friedenskonferenz (CFK[137]) organisiert. Insbesondere die am Marsch teilnehmenden Personen aus Jena führten ca. 20 Transparente mit Forderungen wie „Sozialer Friedensdienst", „Rüstung aus Schule und Kindergarten", „Friedensbewegung – Kontakte in Ost und West" mit. Versuche dieser Personen, beim Passieren des Stadtzentrums von Weimar von der festgelegten Marschstrecke abzuweichen, wurden durch teilnehmende kirchliche Amtsträger unterbunden. [8]
Alle vorgenannten Aktivitäten einschließlich des sog. Pilgerweges in der Hauptstadt der DDR erreichten keine bzw. nur geringfügige Öffentlichkeitswirksamkeit. Ein Zuspruch der Bevölkerung für diese Veranstaltungen war in keinem Fall zu verzeichnen.
Zum Auftreten und Verhalten der zum OPFM anwesenden Journalisten des NSA ist einzuschätzen, daß sich diese vorrangig darauf konzentrierten, Bild- bzw. Filmaufnahmen zu mitgeführten Sichtelementen feindlich-negativen Inhalts anzufertigen. Entsprechend dieser Linie traten sie vorwiegend zu Veranstaltungen in Erscheinung, von denen sie sich Berichte im vorgenannten Sinne erhofften. Stark präsent waren sie zum sog. Pilgerweg vom 5./6.9.1987 in der Hauptstadt der DDR (entsprechend vorheriger Absprachen mit feindlich-negativen Kräften in der Hauptstadt der DDR) sowie zur Abschlußveranstaltung am 18.9.1987 in Dresden.
Vertreter des Bundes der Evangelischen Kirchen in der DDR im zeit-

---

136 Zu Wonneberger, der von der Staatssicherheit im OV „Lukas" bearbeitet wurde, vgl. die Dok. 142-150.
137 Zur CFK vgl. Dok. 36, Anm. 26.

weiligen Nationalen Komitee für den OPFM und zahlreiche weitere kirchliche Amtsträger waren insgesamt bemüht, eine konstruktive Zusammenarbeit mit den staatlichen und gesellschaftlichen Kräften der DDR zu gewährleisten. Sie äußerten sich anerkennend zum großzügigen Verhalten der Staatsorgane der DDR und betonten vielfach, daß den staatlichen Organen „viel zugemutet" worden sei. Als Vertreter des BEK im zeitweiligen Nationalen Komitee wirkte insbesondere *Liedke*[138] / Aktion Sühnezeichen aktiv im Sinne der Durchsetzung des Anliegens des OPFM. Er trat gegenüber Personen, die Sichtelemente feindlich-negativen Inhalts mit sich führten, disziplinierend auf und äußerte sich in seinen Predigten während des Pilgerweges (2.-4.9.1987) mehrfach ablehnend zu derartigen Losungsinhalten. So z.B. am 3.9.1987 in Falkenthal mit dem Hinweis, er wisse aus eigener Erfahrung, daß es in staatlichen Kindergärten keine Feindbildvermittlung gibt, bzw. am 4.9.1987 in Teschendorf, indem er erklärte, die mitgeführte Losung „Friedenserziehung statt Wehrunterricht" widerspreche dem Anliegen des OPFM. Zu Pfarrer *Passauer* / Berlin ist einzuschätzen, daß er zwar gegenüber Mitgliedern des Friedensrates sowie Vertretern staatlicher Organe stets betonte, sich aktiv gegen Versuche, dem Anliegen des OPFM widersprechende Aktivitäten zu inszenieren, wenden zu wollen, diesem Versprechen jedoch nur unzureichend nachkam. Sein taktierendes Verhalten begünstigte z.B., daß Inspiratoren / Organisatoren politischer Untergrundtätigkeit in massiver Weise Einfluß auf die Vorbereitung und Durchführung des sog. Pilgerweges (5./6.9.1987) in der Hauptstadt der DDR nehmen konnten, und er wirkte auch während der Programmveranstaltungen des OPFM nicht disziplinierend auf Träger von Sichtelementen mit feindlich-negativer Aussage ein. [9] Hinzuweisen ist, daß *Passauer* gegenüber der als Sekretärin des Friedensrates der DDR tätigen *Wieynk*, Christine (CDU) sein Befremden darüber äußerte, daß diese den hinlänglich operativ bekannten *Böttger* / Berlin angesprochen hatte, auf die Mitführung des Plakates „keine Militärparaden – es geht auch ohne [...]" während des Pilgerweges zu verzichten (*Böttger* kam dieser Aufforderung nach). *Passauer* wies Christine *Wieynk* darauf hin, daß er die Verantwortung für die von Teilnehmern gezeigten Losungen trage und Einsprüche gegen Losungstexte über ihn zu klären wären. Zahlreiche kirchliche Amtsträger, sowohl Mitglieder von Kirchenleitungen als auch Gemeindepfarrer, wirkten in Vorbereitung des OPFM sowie im Verlaufe der Veranstaltungen mäßigend und disziplinierend auf die sich beteiligenden Personenkreise ein und trugen mit dazu bei, daß offen feindliche Losungen und pseudopazifistische Bekundungen in der Minderzahl blieben. In diesem Zusammenhang verstärkte sich der innerkirchliche Differenzierungsprozeß, und es kam zum Teil zu offenen Konfrontationen mit im Sinne politischer Untergrundtätigkeit agierenden Personen.

Des weiteren wurden mit der Teilnahme kirchenleitender Personen an Veranstaltungen des OPFM, insbesondere auch des Vorsitzenden der Konferenz der Evangelischen Kirchenleitungen in der DDR, Landesbischof *Leich*, am Pilgerweg, Bestrebungen zur immer stärkeren Betonung der Eigenständigkeit der evangelischen Kirchen relativiert. Nicht zu übersehen ist jedoch, daß bei einigen der an diesen Auseinanderset-

---

138 Gemeint ist Werner Liedtke, der Leiter der Aktion Sühnezeichen in der DDR.

zungen beteiligten kirchlichen Amtsträger, u.a. Stadtjugendpfarrer *Hülsemann* / Berlin (verantwortlich für die Durchführung des sog. Pilgerweges in der Hauptstadt der DDR) auch die Überlegung eine Rolle spielte, den gewonnenen größeren Handlungsraum in der Öffentlichkeit nicht durch extreme Aktionen in Frage zu stellen.

Weitere Beispiele für die zutagegetretenen differenzierten Handlungen und Verhaltensweisen kirchlicher Amtsträger sind u.a.:

– Dr. *Domke*, Bundessynodaler / Potsdam sowie Superintendent *Schmiechen* sorgten im Ergebnis mit ihnen geführter Gespräche durch staatliche Vertreter für eine Entfernung des Plakates „Sozialer Friedensdienst im Krankenhaus für Wehrdienstverweigerer" von einem Stand des BEK zum Friedensfest in Potsdam (10.9.1987);

– Generalsuperintendent *Bransch* / Potsdam äußerte laut inoffiziellen Hinweisen gegenüber *Liedke* / Aktion Sühnezeichen mit Bezugnahme auf dessen offensives Auftreten gegen negative Losungsinhalte, man solle „keine kontroversen Probleme herausstellen" und den „Experimentcharakter des Pilgerweges" beachten;

– auf reaktionären Positionen stehende kirchliche Amtsträger waren zum Teil aktiv in die Vorbereitung und Durchführung im Widerspruch zum Anliegen des OPFM stehender Aktivitäten einbezogen bzw. initiierten und organisierten derartige Aktivitäten. [10]

Hinzuweisen ist z.B. auf die im sog. Fortsetzungsausschuß „Konkret für den Frieden VI" verankerten kirchlichen Kräfte mit ihrer Einflußnahme zur Aufnahme von Vertretern der sog. unabhängigen Friedensbewegung in Delegationen des Nationalen Komitees in die BRD bzw. in die CSSR bzw. die aktive Rolle von Personen wie Superintendent *Grosse* / Saalfeld, Pfarrer *Schorlemmer* / Wittenberg, Pfarrer *Wonneberger* / Leipzig u.a. zur Organisierung sog. eigenständiger Aktivitäten unter Einbeziehung operativ bekannter feindlich-negativer Kräfte.

Für die Einschränkung und Zurückdrängung feindlich-negativer Aktivitäten hat sich erneut der Einsatz staatlicher und gesellschaftlicher Kräfte bewährt. In der für deren Einsatz zum Teil neuartigen Situation wurden wichtige Erfahrungen für die Anwendung politischer Mittel und Methoden gewonnen. Das betrifft z.B. das Verdecken feindlich-negativer Sichtelemente, die offensive mündliche Agitation, die respektvolle, sachliche Auseinandersetzung mit kirchlichen und pazifistischen Kreisen sowie die rechtzeitige Vorbereitung und schnelle Verbreitung von Handzetteln progressiven Inhalts. Es wurden jedoch auch Mängel bei der Auswahl, Vorbereitung und im Auftreten der gesellschaftlichen Kräfte sichtbar. Nicht in allen Fällen gelang es, flexibel auf Aktionen zum politischen Mißbrauch des OPFM zu reagieren, zumal sich bestimmte feindlich-negative Elemente – wie bereits dargestellt – sehr schnell auf Maßnahmen progressiver Kräfte einstellten. Auch in der Argumentation gegenüber kirchlichen Personen bzw. Inspiratoren / Organisatoren politischer Untergrundtätigkeit zeigten sich gesellschaftliche Kräfte mitunter hilflos und ungenügend auf deren Auffassungen vorbereitet, obwohl es sich dabei im allgemeinen um Probleme und Forderungen handelte, die von diesen Personenkreisen bereits seit mehreren Jahren erhoben werden. Auch die zum Teil offen erkennbaren Unsicherheiten von Trägern bestimmter Sichtelemente feindlich-negativen Inhalts wurden nur unzureichend für ein offensives und entschiedenes Entgegentreten genutzt. Das Auftreten dieser feindlich-negativen Kräfte und deren Losungsinhalte stießen bei den teil-

nehmenden ausländischen Gästen sowie bei der Bevölkerung auf Ablehnung. Vielfach wurde von anwesenden DDR-Bürgern Unverständnis darüber zum Ausdruck gebracht, daß die Schutz- und Sicherheitsorgane nicht gegen das Mitführen feindlich-negativer Sichtelemente einschritten. Die Notwendigkeit und Möglichkeit eines eigenständigen Handelns, z.B. das aktive Einschalten in offensive Diskussionen bzw. des gezielten Zurückweisens derartiger Losungen wurde jedoch nicht erkannt und nicht praktiziert. [11]
Gezielte selbständige Handlungen zur Beseitigung bestimmter Losungen gab es in zwei Fällen (am 15.9.1987 in Meißen):
– ein VP-Angehöriger in Zivil nahm den zwei Trägern das Sichtelement „Vertrauen heißt auch Rede – Informations- und Reisefreiheit" weg;
– ein Teilnehmer zerstörte das Sichtelement „Politiker wollen Frieden, Kinder spielen Krieg, weg mit dem Kriegsspielzeug in der DDR".
In Auswertung der vielfach neuartigen politischen und operativen Erfahrungen, die bei der politisch-operativen Sicherung des „Olof-Palme-Friedensmarsches für einen atomwaffenfreien Korridor" gewonnen wurde, wird vorgeschlagen:
1. In Vorbereitung und Durchführung analoger Veranstaltungen sowie bei der Festlegung von offensiven Maßnahmen zur Unterbindung bzw. Zurückweisung politischer Mißbrauchshandlungen durch kirchliche Personenkreise sollte künftig der Staatssekretär für Kirchenfragen grundsätzlich mit einbezogen werden. Besonderer Wert ist darauf zu legen, in den Programmabsprachen mit Vertretern des Bundes Evangelischer Kirchen deren eigenständigen Beitrag und die jeweiligen Verantwortlichkeiten exakt zu bestimmen, um nicht vereinbartem Aktionismus vorzubeugen.
2. Die zum Einsatz kommenden gesellschaftlichen Kräfte sind unter Verantwortung der Bezirks- und Kreisleitungen der Partei und Hinzuziehung erfahrener Mitarbeiter der Bereiche Inneres der örtlichen Räte mit Unterstützung durch das MfS noch gründlicher auszuwählen und auf ihren Einsatz vorzubereiten. Das betrifft insbesondere ihre Fähigkeit, auf zu erwartende Diskussionen argumentativ eingestellt zu sein (z.B. zur Notwendigkeit der Wehrerziehung der Jugend; zum Verhältnis Wehrbereitschaft und Friedenssicherung und anderen bereits seit mehreren Jahren bekannten Forderungen bestimmter Kräfte). Das betrifft aber auch ihr taktisches Vorgehen einer stärkeren Differenzierung zur Isolierung negativ-feindlicher Kräfte und der sachlichen respektvollen Auseinandersetzung mit kirchlichen und pazifistischen Kräften. In jedem Fall ist eine deutliche zahlenmäßige Überlegenheit vorbereitender gesellschaftlicher Kräfte zu sichern, um auch Unsicherheiten im Verhalten bei anderen progressiven Veranstaltungsteilnehmern zu beseitigen. Dabei ist ihr Charakter als vorbereitete Agitationsgruppen nicht deutlich werden zu lassen. [12]
3. Es erscheint zweckmäßig, beim erwarteten Auftreten religiös motivierter, pazifistischer und pseudopazifistischer Kräfte verstärkt Mitglieder der CDU, der Christlichen Friedenskonferenz (CFK), der von der Arbeitsgruppe Christliche Kreise beim Nationalrat der Nationalen Front erfaßten christlich motivierten Staatsbürger der DDR vorzubereiten und in die Auseinandersetzung einzuführen. Diesen Kräften gelingt es erfahrungsgemäß besser, mit ökumenisch und theologisch fundierter Argumentation antisozialistische Kräfte, die unter dem Deck-

mantel der Kirche operieren, zu isolieren und ihre provokatorischen
Absichten zu entlarven.
4. Zur Zurückdrängung der Öffentlichkeitswirksamkeit von Gestal-
tungselementen mit pazifistischem Charakter ist der massenhafte Einsatz von Losungen und Sichtelementen mit progressivem, dem jeweiligen politischen Anliegen der Veranstaltung entsprechendem Inhalt und
Charakter zu gewährleisten. Dabei ist besonderer Wert auf eine individuelle, originelle und phantasievolle Gestaltung derartiger Elemente zu
legen, die das persönliche Engagement des Trägers zum Ausdruck
bringen. Dazu sind die Massenorganisationen der DDR verstärkt aufzufordern.
5. Die Arbeit der Massenmedien und Presseorgane und die mündliche
Agitation sind in differenzierter Form darauf einzustellen, feindlich-
negative, pseudopazifistische und pazifistische Forderungen, wie sie bei
OPFM erhoben wurden, offensiv zurückzuweisen.
Das betrifft vor allem:
– Forderungen nach einem Zivilen Ersatzdienst,
– Forderungen nach Abschaffung der Wehrerziehung,
– Angriffe gegen die Staatsgrenze der DDR.
6. Im Interesse der positiven Weiterentwicklung der Staat-Kirche-Beziehungen und zur Unterstützung des innerkirchlichen Differenzierungsprozesses ist auf allen Ebenen die Gesprächsbereitschaft mit
kirchlichen Amtsträgern und christlichen Bürgern, einschließlich der
sog. kirchlichen Basisgruppen zu bekunden. Durch progressive Kräfte
in den Kirchen („Weißenseer Arbeitskreis"[139], „Sächsische Bruderschaft"[140] u.ä.) und loyale kirchliche Amtsträger ist die innerkirchliche
theologische Auseinandersetzung zu forcieren. [13]
7. Zur Gewährleistung eines einheitlichen staatlichen Vorgehens in
Vorbereitung der geplanten Friedensdekade der evangelischen Kirchen
in der DDR vom 8. bis 18.11.1987[141] ist eine Grundsatzentscheidung
in bezug auf die Gestaltung bzw. Unterbindung möglicher Märsche /
Pilgerwege kirchlicher Personenkreise herbeizuführen.
8. Alle Personen, die während des OPFM oder damit im Zusammenhang stehenden analogen öffentlichen Aktivitäten mit feindlich-negativen, pseudopazifistischen und pazifistischen Losungen, Flugblättern
und anderen Bekundungen in Erscheinung getreten sind, sind weiter
zu identifizieren und in differenzierter Form politisch-operativ aufzuklären, unter OPK zu stellen oder in OV bzw. ZOV zu bearbeiten.
Die operative Aufklärung, Kontrolle und Bearbeitung ist noch stärker
darauf auszurichten, offiziell auswertbare Beweise für Rechtsverletzungen, politische Mißbrauchshandlungen, Steuerung durch Westjournali-
sten, moralisch verwerfliches Auftreten u.ä. in der offensiven ideologischen Auseinandersetzung verwertbare Fakten zu erarbeiten. Derartige
Materialien und Dokumentationen sind den Bezirks- und Kreisleitungen der SED zu übergeben und sowohl für die Instruierung gesellschaftlicher Kräfte als auch für die Auseinandersetzung mit verantwortlichen kirchlichen Amtsträgern zu nutzen.

[Anlage 2]

---

139   Zur Entstehungsgeschichte des Weißenseer Arbeitskreises vgl. Dok. 38.
140   Zur Sächsischen Bruderschaft vgl. Dok. 89, Anm. 22.
141   Zur Friedensdekade 1987 vgl. Dok. 100.

Im Mittelpunkt der 3. ordentlichen Tagung der V. Synode des BEK[142] standen – wie bereits in der Vorbereitungsphase erkennbar – aktuelle kirchen- und gesellschaftspolitische Fragen und Problemfelder. Die Synode stand objektiv vor der Aufgabe, Stellung zu nehmen zur aktuellen Interpretation der Formel „Kirche im Sozialismus"[143] in Reflexion aktueller gesellschaftlicher Ereignisse / Belange (Staatsbesuch des Vorsitzenden des Staatsrates der DDR in der BRD[144]; der Olof-Palme-Friedensmarsch; das gemeinsame Dokument SED-SPD „Der Streit der Ideologien und die gemeinsame Sicherheit"[145]) sowie in innerkirchlicher Hinsicht zum konziliaren Prozeß[146].

Einen wesentlichen Beratungskomplex bildete die im Zusammenhang mit einem Antrag von Propst Heino *Falcke* / Erfurt an die Synode stehende Problemstellung „Absage an Praxis und Prinzip der Abgrenzung"[147]. [2] Innerkirchliche und theologische Problemstellungen hatten in den Beratungen keine Dominanz. Der Verlauf der Synode war insgesamt durch kontroverse Auffassungen der Teilnehmer zu fast allen Themen- und Problemkreisen gekennzeichnet, was seitens westlicher Medien zum Anlaß intensiver einseitiger und tendenziöser Berichterstattungen unter solchen Schlagworten wie „Kirche streitet über Forderungen an den Staat"[148], „Synode der DDR führt heiße Debatte [...]"[149] genommen wurde.

Nach dem MfS streng intern vorliegenden Hinweisen wurde auf der Synode unter Beachtung des anstehenden 10. Jahrestages des Gespräches des Vorsitzenden des Staatsrates der DDR mit dem Vorstand der Konferenz der Evangelischen Kirchenleitungen (KKL) vom 6. März 1978[150] nur ungenügend der Versuch unternommen, eine realistische Positionsbestimmung der Beziehungen Staat-Kirche vorzunehmen und den künftigen Weg einer „Kirche im Sozialismus" deutlicher zu bestimmen. Die Beratungen auf der Synode trugen des weiteren nicht dazu bei, den konkreten Beitrag der evangelischen Kirchen in der DDR an der Politik des aktiven Dialogs zur Unterstützung der Friedens- und Abrüstungspolitik der DDR eindeutig festzulegen – es wur-

---

142 Zur Synode vgl. Einleitung, 51 sowie die Berichterstattung in epd-Dok. 44 / 87, 1-55 sowie den Kommentar von *Röder*, Hoffnungszeichen.
143 Vgl. Dok. 67, Anm. 72.
144 Vgl. Dok. 99, Anm. 170.
145 Vgl. Dok. 99, Anm. 171, aber auch in dem Bericht der KKL die Passage, wonach die KKL das Papier als eine „Absichtserklärung", „Streitfragen friedlich auszutragen" begrüßt (epd-Dok. 44 / 87, 1-55, hier: 11).
146 Vgl. Dok. 95, Anm. 102. und die entsprechende Passage aus dem Bericht der KKL (vgl. ebd., 9-11) sowie Falckes „Sachbericht" zum konziliaren Prozeß, abgedruckt: ebd., 36-42 und den Beschluß der Synode zu diesem Thema, abgedruckt: ebd., 44.
147 Der Antrag selbst ist abgedruckt: ebd., 47. Vgl. auch die Mitteilung des Pressebüros der Synode dazu (ebd., 45 f.) sowie die Erläuterungen Falckes zu dem Antrag (ebd., 48-51). In seinem Antrag bat Falcke die Synode darum, öffentlich für uneingeschränkte Reisefreiheit für DDR-Bürger auch in das westliche Ausland einzutreten. Die Menschen in der DDR dürften nicht länger bevormundet werden, so forderte Falcke, sondern seien „als freie und mündige Bürger [zu] betrachten" (47).
148 Gemeint ist der Artikel von Albrecht *Heinze*, „Kirche streitet über Forderungen an den Staat. Antrag auf rechtlich garantierte Reisefreiheit geht vielen Synodalen in Görlitz zu weit", in: „Süddeutsche Zeitung", 21.9.1987.
149 Hier ist der Artikel von Karl-Heinz *Baum* in der „Frankfurter Rundschau" vom 21.9.1987 unter dem Titel „Synode der DDR führt heiße Debatte über mehr Freizügigkeit. Propst: Gesellschaft an den Folgen der Abgrenzung schwer erkrankt. Antrag verlangt uneingeschränkte Reisemöglichkeit" gemeint.
150 Vgl. Dok. 56.

den weder klare Stellungnahmen abgegeben noch konstruktive, den eigenen Anteil verbindlich definierende Vorschläge über das künftige eigene Vorgehen unterbreitet bzw. Beschlüsse gefaßt, die auch kirchlicherseits der aktuellen politischen Lageentwicklung Rechnung tragen. Ursache dafür sind die nach wie vor vorhandenen und sich besonders hinsichtlich der Bestimmung der künftigen strategischen Linie des Handelns der evangelischen Kirchen in der DDR z.T. weiter vergrößernden Differenzen sowohl unter kirchenleitenden Kreisen als auch zur und an der Basis. Von den 60 an der Tagung teilnehmenden Synodalen vertraten ca. 25 Personen konstant politisch realistische Positionen. Ihr Auftreten war – wesentlich zurückzuführen auf eine gezielte abgestimmte [3] gesamtgesellschaftliche Einflußnahme auf diese Personen vor der Synodaltagung und unterstützt durch in jüngster Zeit durch den Staat praktizierte Formen des Zusammenwirkens mit der Kirche (u.a. Olof-Palme-Friedensmarsch) – durch eine neue Qualität gekennzeichnet. Diese Synodalen gaben sich im Plenum offen zu erkennen, führten die Auseinandersetzung mit politisch-negativ auftretenden Personen und versuchten energischer als zu gleichartigen Anlässen, ihren Einfluß auf Inhalt und Verlauf der Synode bis hin zur Abfassung der Abschlußdokumente geltend zu machen. Die gegenwärtige Kräftekonstellation, vor allem in den Ausschüssen der Synode, verhinderte jedoch einen bestimmenden Einfluß dieser politisch-realistischen Synodalen bezogen auf das Gesamtergebnis der Beratungen. Dazu konnten auch nicht die von auf realistischen Positionen stehenden profilierten Theologen und kirchlichen Laien an die Synode und ihr Präsidium gerichteten Eingaben und Stellungnahmen politisch positiven Inhalts beitragen. Auf Konstruktivität und Ergebnisbezogenheit orientierende und drängende kirchenleitende Amtsträger wie die Bischöfe *Leich* und *Demke* bzw. Konsistorialpräsident *Stolpe* fanden nicht die notwendige Unterstützung bzw. behielten ihre von Realismus geprägte Konzeption nicht durchgängig bei. Reaktionäre kirchliche und auf politisch-negativen Positionen stehende Synodale haben demgegenüber ihre politischen Zielstellungen zwar nicht wie geplant umfassend realisieren, jedoch auf bestimmten Gebieten weitgehend umsetzen können. Sie profitierten dabei u.a.
– von den Ergebnissen ihrer in Vorbereitung der Synode langfristig organisierten politischen Beeinflussungstätigkeit und „Meinungsmacherei" (so wurden im Ergebnis einer vor allem auch durch Organisatoren und Sympathisanten der sogen. Kirche von unten[151] im innerkirchlichen Bereich inszenierten Kampagne zum Papier „Absage an Praxis und Prinzip der Abgrenzung" – es geht auf eine Eingabe einer Kirchengemeinde an die Frühjahrssynode [4] 1987 der Evangelischen Kirche in Berlin-Brandenburg zurück und beinhaltet Forderungen nach „rechtlich garantierten Reisefreiheiten für DDR-Bürger nach westlichen Ländern", nach „voller Wiederherstellung der Reisemöglichkeiten zwischen der DDR und der VR Polen", nach „Aufhebung politisch begründeter Reiseverbote" sowie nach „unverzüglicher Einführung von Begründungen im Falle der Ablehnung von Reiseanträgen" usw. – insgesamt 194 dieses Papier unterstützende Eingaben / Zuschriften beim Präsidenten der Synode[152] eingereicht. Der auf poli-

---

151 Vgl. Dok. 100, Anm. 176.
152 Präses der Bundessynode war von 1986 bis 1990 Dr. Rainer Gaebler.

tisch-negativen Positionen stehende Propst *Falcke* / Erfurt leitete daraus für sich die Legitimation ab, dieses Papier als Antrag in die Beratung einzubringen.);
– von der durch den Bericht der KKL an die Synode[153] geschaffenen
Ausgangslage (Der mehrfach überarbeitete Bericht zeugt nach vorliegenden internen Einschätzungen von einer gegenwärtigen Konzeptionslosigkeit bzw. vom Unvermögen oder der Nichtbereitschaft auch
innerhalb der KKL, sich den aktuellen Kirchen- und staatspolitischen
Fragen mit der notwendigen Konsequenz zu stellen. Er orientiert auf
die Praktizierung einer vorsichtigen Distanz zu Staat und Gesellschaft
sowie auf eine Abwartetaktik zur Vermeidung voreiliger und grundsätzlicher Unterstützung staatlicher Positionen. Er ist darauf angelegt,
Konfrontationen mit dem Staat zu vermeiden – damit sollen auch
künftig günstigste äußere Bedingungen für die Entwicklung kirchlicher
Wirkungsmöglichkeiten erhalten bleiben. In diesem Sinne ist die Aus-
sparung einer Reihe kritischer Aussagen zu im staatlichen Verantwortungsbereich liegenden Problemen im Bericht der KKL an die Synode
des BEK zu sehen, die noch auf der vorbereitenden 113. Tagung der
KKL zur Diskussion standen. Dazu zählen besonders Hinweise über
Verzögerungen im kirchlichen Baugeschehen. Durch Abzug von Bau-
kapazitäten, Nichtzurverfügungstellung erforderlicher Baubilanzen
usw. seien z.T. nicht mehr zumutbare Situationen besonders im Evangelischen Diakoniewerk Königin Elisabeth / Berlin [5] sowie in einer
diakonischen Einrichtung in Rothenburg und in einem Heim für Epileptiker in Ligau-Augustusbad / beide Bezirk Dresden entstanden.
Ungeachtet der Tatsache, solche Problemstellung bewußt ausgeklam-
mert zu haben, werden jedoch Positionen bezogen wie, als Kirche für
alle Bürger Sprecher zu sein, eine überzogene Eigenständigkeit zu propagieren, verbunden mit übersteigertem kirchlichen Geltungsbedürfnis
und Selbstbewußtsein, „gleichberechtigter" Partner in der Gesellschaft
sein zu wollen, weiteres Festhalten an anmaßenden Auffassungen wie
„Wächteramt"[154], kritische Solidarität usw.);
– von ihrer personellen Überlegenheit in den Ausschüssen der Synode (Trotz harter Auseinandersetzungen und der Demonstration klarer
politischer Standpunkte aus christlicher Motivation seitens realistischer
Synodalen konnten sich die politisch-negativen Kräfte durchsetzen und
die von ihnen vertretenen negativen Positionen in die Inhalte der Beschlußvorlagen einbringen. Sechs der insgesamt neun von der Synode
bestätigten Vorlagen beinhalteten politische Problemstellungen: [In
der] Vorlage des Ausschusses „Bekennen in der Friedensfrage" wird
undifferenziert, im politisch-negativen Sinne behauptet, daß die Praxis
der Abschreckung zu einer „Militarisierung des Lebens [...]" führe
und die Kirche in der Entscheidung von Christen, den Waffendienst
oder den Wehrdienst überhaupt zu verweigern, einen „Ausdruck des
Glaubensgehorsams" sehe. Christen hätten zu bedenken, ob sie mit der
Ableistung des Wehrdienstes mit der Waffe dem Aufbau einer internationalen Friedensordnung dienen würden. Darüber hinaus werden in
dieser Beschlußvorlage hinlänglich bekannte negative Positionen und
Forderungen [6] zur Reiseproblematik, Friedenserziehung sowie zur
Informationspolitik formuliert und deren ausdrückliche Gültigkeit be-

153 Der Bericht der KKL an die Synode ist abgedruckt in: epd-Dok. 44 / 87, 1-14.
154 Vgl. zur „Wächteramt"-Vorstellung Dok. 80, Anm. 205.

stätigt[155]. Mit den Beschlußvorlagen zur Problematik „Absage an Praxis und Prinzip der Abgrenzung" bestätigte die Synode trotz Ablehnung des betreffenden Antrages von Propst *Falcke*[156] ihre indifferente
Haltung. So soll im Jahre 1988 durch die Synode ein Seminar zum
Thema „Abgrenzung und Öffnung" durchgeführt werden, zu dem alle
Absender solcher Eingaben / Stellungnahmen eingeladen werden sollen. In einem Brief an die Verfasser[157] – bestätigte Beschlußvorlage –
werden politisch-negative Kräfte in ihren Auffassungen ermutigt. So
u.a. durch Aussagen wie: „Die erfahrene Verwirklichung von Menschenrechten im gesellschaftlichen Bereich unseres Staates ermutigt uns
deshalb dazu, im Bereich der Rechte des Einzelnen Gebiete anzusprechen, in denen die Praktizierung der Menschenrechte erweitert oder
deutlicher wahrgenommen werden sollte: Gleichberechtigung und
Gleichbeachtung aller Bürger in allen Bereichen und auf allen Ebenen,
Erweiterung der Reisemöglichkeiten, Umgang mit den Bürgern bei
Eingaben und Beschwerden und Pflicht zur Begründung bei ablehnenden Bescheiden." Die vom „Berichtsausschuß zur Vereinbarung über
Mittelstreckenraketen" erarbeitete Vorlage[158] beinhaltet gesellschaftsin-
differente und neutralistisch geprägte allgemeine Aussagen.) sowie
– vom neutralen, unschlüssigen und politisch schwankenden Verhal-
ten weiterer Teilnehmer der Synodaltagung sowie der Arbeitsweise des
Leitungsgremiums (Nach vorliegenden Hinweisen wurde durch das
Präsidium der Synode eine Reihe positiver Aktivitäten nicht entsprechend gewürdigt und z.T. behindert; Präsidiumsmitglieder artikulieren
sich selbst politisch-negativ. Die Bischöfe *Forck* und *Stier* sowie Kirchenpräsident *Natho* traten während der Synode überhaupt nicht in
Erscheinung. Nach streng intern vorliegenden Hinweisen wich Bischof
Gienke durch Nichtteilnahme – er beteiligte sich letztmalig im Jahre
1983 an einer Synode des BEK – erneut der zu erwartenden innerkirchlichen Auseinandersetzung aus.). [7]
Von allen im Vorfeld der Synode und in deren Verlauf politisch-negativ
in Erscheinung getretenen Personen muß besonders Propst *Falcke* hervorgehoben werden. Er versuchte – in Fortführung derartiger Bestrebungen – sich als Exponent, als Wortführer solcher Kräfte und gleichzeitig als kirchlicher Amtsträger weiter zu profilieren. In demagogi-

---

155 Alle hier genannten Aussagen und Formeln finden sich auch in dem Beschluß der
Synode zum Thema „Bekennen in der Friedensfrage", abgedruckt in : epd-Dok.
44 / 87, 33-35. Zum einen heißt es dort, die „Praxis der Abschreckung" stehe in
„Widerspruch zur Gerechtigkeit Gottes" und führe „zu einer Militarisierung des
Lebens und Denkens von Kindergarten und Schule bis hin zur Weltwirtschaft und
Wissenschaft." (34) Zum anderen votierte die Synode für ein Konzept „Gemeinsamer Sicherheit"', die „Entwicklung struktureller Nichtangriffsfähigkeit" und erklärte: „Die Synode sieht in der Entscheidung von Christen, den Waffendienst
oder den Wehrdienst überhaupt zu verweigern, einen Ausdruck des Glaubensgehorsams, der auf den Weg des Friedens führt." (34) Und schließlich erklärte sie in
einem dritten Abschnitt: „Weil alle Abgrenzung zwischen Menschen das Entstehen
von Feindbildern fördert, wollen wir uns für mehr Begegnungsmöglichkeiten zwischen Menschen einsetzen und dazu beitragen, daß viele Menschen unseres Landes
die Bürger anderer Staaten in ihrer Umgebung und mit ihren Problemen kennenlernen und besser verstehen." (25).
156 Der Antrag Falckes wurde an einen Ausschuß überwiesen. Vgl. ebd., 46.
157 Zu dem Antrag waren 211 Eingaben eingegangen. Vgl. ebd., 46. Der Brief an die
Verfasser ist abgedruckt: ebd., 51 f.
158 In ihrem Beschluß begrüßte die Synode die Übereinkunft der Supermächte „zum
Abbau der Mittelstreckenraketen" und forderte die „vollständige Beendigung aller
Kernwaffentests" (ebd., 32).

scher Art und Weise nutzte er u.a. Aussagen und Formulierungen aus
dem gemeinsamen Dokument von SED und SPD „Der Streit der Ideologien und die gemeinsame Sicherheit" zur Begründung hinlänglich bekannter Positionen und Forderungen im kirchlichen Bereich agierender politisch-negativer Kräfte. Er formulierte u.a.
– „[...] unsere Gesellschaft (ist) an den Folgen einer früheren, aber
auch noch fortdauernden Praxis und Ideologie der Abgrenzung schwer
krank [...]";
– Notwendigkeit der „kritischen Assistenz" (Mitwirkung) der Kirche
für eine „Politik der Öffnung"; einer „Öffnung nach außen" muß eine
„Offenheit nach innen" entsprechen;
– „[...] was zwischen Ost und West gilt, muß [...] erst recht in der
sozialistischen Gesellschaft gelten, auch wenn es sich um die scharfe
und zugespitzte Kritik eines Liedermachers handelt" (Anspielung auf
den „Liedermacher" *Krawczyk*[159] und damit im Zusammenhang stehende Probleme / Auseinandersetzungen);
– „Die Politik der Öffnung selbst verschärft auch Widersprüche. Je
weiter die Entspannung fortschreitet, [...] desto monströser steht die
Mauer in der politischen Landschaft";
– in der DDR sei „Abgrenzung" gegenüber Antragstellern auf Übersiedlung und in Form eines „latenten Rassismus gegenüber farbigen
Menschen" feststellbar. [8]
Insgesamt ist zum Auftreten und Verhalten politisch-negativer Kräfte
auf der Synodaltagung festzustellen, daß sie
– gründlich auf die zu erwartende politische Auseinandersetzung
vorbereitet waren und weitergehende „Unterstützungsmaßnahmen"
organisiert hatten (So wurde u.a. zur Unterstützung des Vorgehens
von *Falcke* durch Gäste der Synode und Jugenddelegierte – alles DDR-
Bürger – ein 76 Seiten umfassendes Pamphlet „Aufrisse" zur Problematik Abgrenzung verteilt, an dessen Ausarbeitung solche hinlänglich
bekannten feindlich-negativen Personen beteiligt waren wie die Pfarrer
Tschiche / Magdeburg, Edelbert *Richter* / Weimar und Vikar *Bickhardt* / Berlin);
– mit ihrer immer offenkundiger werdenden „Strategie" der gezielten
demagogischen Anknüpfung / Auslegung bezüglich bestimmter
Grundfragen der Politik der Partei zu agieren versuchten und dabei
gewisse Wirkungen erzielten;
– sich als relativ geschlossene Opposition darzustellen versuchten.
Seitens westlicher Korrespondenten war ein erhöhtes, spekulatives In-
formationsinteresse bereits im Vorfeld der Synode erkennbar. Darin
eingeordnet ist auch die vom Korrespondenten des „Evangelischen
Pressedienstes" / Westberlin (epd), *Röder*[160], erfolgte tendenziöse Vor-
veröffentlichung am 17. September 1987 über den genannten Antrag
von Propst *Falcke*. Nach streng internen Hinweisen beabsichtigte *Röder* damit, das Interesse der Synodalen für diese Thematik zu vergrö-
ßern und dem „*Falcke-Antrag*" moralische und politische Unterstützung zu geben. Ferner verfolgte er die Absicht, dieses Thema in die
Öffentlichkeit zu bringen. [9] Die insgesamt 13 zeitweilig die Synode
verfolgenden Korrespondenten westlicher Medien (bis auf 2 Personen

---

159 Zu dem Liedermacher Stephan Krawczyk vgl. auch Dok. 105, Anm. 211.
160 Hans-Jürgen Röder war seit 1979 akkreditierter Korrespondent des epd in der
     DDR.

alle aus der BRD) sowie als Gäste der Synode zeitweilig beiwohnende, in der DDR akkreditierte Diplomaten (Ständige Vertretung der BRD in der DDR – 3; USA – 2; Großbritannien – 1) konzentrierten sich hinsichtlich ihrer Aktivitäten zur Informationsbeschaffung usw. vorrangig auf politisch-negative Synodale. Vorliegenden Hinweisen zufolge versuchten sie darüber hinaus, Teilnehmer der Synode gezielt zu Aktivitäten gegen positive und realistische Aussagen und Tendenzen der Synode zu inspirieren, von politisch realistischen Kräften bewußt zurückgedrängte Problemkreise wie die Auftrittsproblematik von *Krawczyk* in kirchlichen Einrichtungen, „Kirche von unten", „Solidarische Kirche"[161] usw. zu schüren und Kirchenjournalisten der DDR politisch-negativ so zu beeinflussen, daß sich diese u.a. „kritisch" mit der Kirchenleitung auseinandersetzen. Festgestellt wurde ein Zusammenwirken zwischen Korrespondenten und anwesenden Diplomaten, so zwischen *Röder* und dem Kulturreferenten an der Ständigen Vertretung der BRD in der DDR, *Kolitzus*. Zu beachten ist, daß allen anwesenden westlichen Diplomaten durch den Leiter des Synodalbüros die wichtigsten Materialien der Synode schriftlich zur Verfügung gestellt wurden. Von den sieben ökumenischen Gästen der Synode wurden Grußworte gehalten: Superintendent *Radatz* / Westberlin, Mitglied der Synode der Evangelischen Kirche in Deutschland / BRD, dankte für den Besuch des Vorsitzenden des Staatsrates der DDR in der BRD sowie für das Dokument „Streit der Ideologien und gemeinsame Sicherheit" und würdigte dies als Zeichen eines „neuen Denkens" und gemeinsamen Friedenshandelns. [10] Reverend *Dumper* / Großbritannien, Exarch der Generalsynode der Kirche von England, bezeichnete seine Teilnahme am Olof-Palme-Friedensmarsch als großes, bewegendes Erlebnis. Erzbischof *German* / UdSSR, Exarch der Russisch-Orthodoxen Kirche in Berlin und Mitteleuropa, wies in seinem theologisch gehaltenen Grußwort u.a. kritisch auf angebliche Einschränkungen des kirchlichen Lebens in der UdSSR hin und erklärte, daß sich das Amt für religiöse Angelegenheiten der UdSSR in innerkirchliche Belange „eingemischt" habe. Bezug nehmend auf einen Artikel von *Lichatschow* in der Zeitschrift „Literaturnaja Gaseta" sprach *German* von „Geistlosigkeit, Lüge und Korruption in der Moral und menschlichen Kultur". (Das MfS verfügt über weitergehende umfassende und konkrete Hinweise zu Inhalt und Verlauf der Synode, einschließlich zum differenzierten Verhalten von einzelnen Synodalen. Grundsatzdokumente und bestätigte Beschlußvorlagen liegen im Wortlaut vor und können bei Bedarf angefordert werden.)
Es wird vorgeschlagen, auf der Grundlage des Beschlusses des Politbüros vom 22.9.1987[162] unter Führung der Partei und im engen Zusammenwirken mit dem Staatssekretär für Kirchenfragen auf Arbeitsebene die konkrete Umsetzung von nachfolgenden, aus Erkenntnissen zur 3. ordentlichen Tagung der V. Synode des BEK resultierenden Schlußfolgerungen zu beraten und sich daraus ergebende Festlegungen für das

---

161 Zur solidarischen Kirche vgl. Dok. 100, Anm. 175.
162 Am 22.9.1987 hatte das Politbüro eine Verschärfung des Kurses gegenüber der Opposition beschlossen. Die Folgen zeigten sich schon bald bei dem Vorgehen des Staates gegen die Umweltbibliothek im November 1987 und bei den Festnahmen am Rande der offiziellen Demonstration zu Ehren von Karl Liebknecht und Rosa Luxemburg im Januar 1988 (vgl. die Dok. 101-109).

Vorgehen der einzubeziehenden staatlichen und gesellschaftlichen
Kräfte verbindlich zu fixieren:
1. Der gegenwärtige innerkirchliche Differenzierungs- und Polarisierungsprozeß sollte durch gezielte kontinuierliche differenzierte Einflußnahme auf kirchliche Amtsträger und Synodale in deren kirchlichen Wirkungsbereichen bzw. gesellschaftlichen und beruflichen Um-
feldern beeinflußt und in die Richtung kanalisiert werden, [11]
– politisch realistische Kräfte weiter zu mobilisieren, konzeptionell
auszurichten und zu einem noch einheitlicheren Auftreten und Handeln zu befähigen;
– auf politisch schwankende Synodale politisch und gesellschaftlich
derart Einfluß zu nehmen, damit diese künftig realistische, politisch
eindeutige Positionen einnehmen und somit das Gewicht progressiver
Kräfte besonders in kirchenleitenden Gremien stärken helfen;
– reaktionäre und politisch-negative Kräfte energischer als bisher zu
disziplinieren und in ihren Handlungsmöglichkeiten wesentlich einzuengen.
Zu diesem Zwecke sollten komplexe Maßnahmen der ständigen personellen Betreuung und Einflußnahme gegenüber diesen Personen zentral festgelegt und im jeweiligen territorialen Verantwortungsbereich
realisiert werden.
2. Mit direkter Bezugnahme auf Verlauf und Ergebnisse der 3. ordentlichen Tagung der V. Synode des BEK sollte der Staatssekretär für Kirchenfragen der DDR, Gen. *Gysi*, mit den Bischöfen *Leich* und *Demke*
sowie Konsistorialpräsident *Stolpe* als leitenden Vertretern des BEK in
der DDR differenzierte Aussprachen führen. Dabei sollten das politisch-negative Auftreten von Synodalen wie Propst *Falcke* sowie politisch-negative und gesellschaftspolitisch anmaßende Aussagen in Syn-
odendokumenten als Diffamierung der Politik der DDR, als Einmischung in die innerstaatlichen Angelegenheiten und das Verhältnis
Staat-Kirche belastend energisch zurückgewiesen werden. [12] Mit
Nachdruck sollte erneut die staatliche Erwartungshaltung zum Ausdruck gebracht werden, wonach kirchliche Amtsträger persönlich noch
konsequenter darauf Einfluß nehmen sollten, daß sich die Kirche ihrer
eigentlichen religiösen Tätigkeit zuwendet und Möglichkeiten des politischen Mißbrauchs unterbunden werden. Dazu zählt auch die sofortige und deutliche Distanzierung von tendenziösen und verfälschten Berichterstattungen über Tagungen kirchlicher Gremien durch Korrespondenten westlicher Medien. Auf Bezirks- und Kreisebene sollten
ebenfalls differenzierte Gespräche mit der gleichen Zielstellung geführt
werden, um auf politisch-negativen Positionen stehende kirchliche
Amtsträger und Laien zu disziplinieren sowie politisch-realistische
Kräfte weiter zu stärken.
3. Zur unmittelbaren und über die Tagung kirchlicher Gremien hinaus-
gehenden öffentlichkeitswirksamen Unterstützung politisch realistischer Kräfte und Disziplinierung politisch-negativer Elemente, zur au-
thentischen Dokumentation vor allem wesentlicher Inhalte derartiger
Veranstaltungen sowie zur Einschränkung des Wirksamwerdens westlicher Korrespondenten und zum Brechen ihrer alleinigen Präsenz
wird die Anwesenheit von Korrespondenten für Rundfunk und Fernsehen der DDR mit entsprechender Ton- und Filmtechnik als immer
notwendiger angesehen. Auf der Grundlage derartig gewonnener Informationen sollte, in Fortsetzung des bewährten Vorgehens anläßlich

des „Kirchentages '87" der Evangelischen Kirche in Berlin-Brandenburg[163] und des Katholikentreffens in Dresden[164], auch künftig in den
Medien der DDR über bedeutsame kirchliche Veranstaltungen aktuell
informiert werden, um das Informationsbedürfnis religiös [13] gebundener Kreise in der DDR nicht ausschließlich über westliche elektronische Medien mit tendenziösen Inhalten zu realisieren. Darüber hinaus
könnten diese Informationen zur differenzierten Auseinandersetzung
mit der gesellschafts- und kirchenpolitischen Konzeption von Partei
und Regierung der DDR zuwiderlaufenden Auffassungen und Aktivitäten in ausgewählten Presseorganen der DDR genutzt werden. Die
Information ist wegen Quellengefährdung nur zur persönlichen
Kenntnisnahme bestimmt.

Dok. 98
Geyer an die Leiter der Abteilungen XV in den BV

Berlin, 19.10.1987

Rundschreiben mit eigenhändiger Unterschrift. Absender: Ministerium für Staatssicherheit. Hauptverwaltung A, Stellvertreter des Leiters. Anschrift: Bezirksverwaltung für
Staatssicherheit, Abteilung XV, Leiter. AG XV / 862 / 87.

Im Zusammenhang mit der Leiterinformation vom 13.10.1987 über
Pläne und Aktivitäten gegnerischer Kreise zur Schaffung einer inneren
Opposition in der DDR ergeben sich auch für die Abteilungen XV
Konsequenzen, die in der weiteren Planung der politisch-operativen
Arbeit unbedingt zu berücksichtigen sind.
Um den verstärkten politisch-ideologischen Angriffen erfolgreich entgegenzuwirken, sind die Absichten, Pläne und Aktivitäten noch zielgerichteter aufzuklären und Kräfte und Mittel verstärkt darauf zu konzentrieren. Neben den in der Leiterinformation dargelegten Aufgaben
gewinnt die Bearbeitung der Zentren der politisch-ideologischen Diversion sowie deren Verbindungen mit Geheimdiensten und ihrer Verflechtung mit staatlichen Institutionen, Parteien und Organisationen
zunehmend an Bedeutung.
Stärkere operative Beachtung verlangt zukünftig auch der Polittourismus, als eine Form und Methode der Einwirkungsmöglichkeit des
Gegners auf negative Personen und Gruppierungen in der DDR. Hier
gilt es, im Zusammenhang mit den Diensteinheiten der Abwehr die
Aktivitäten dieser Kräfte sowie ihre Kontaktarbeit unter Kontrolle zu
bringen und die Verbindungslinien im Operationsgebiet aufzuklären.
Weiterhin erfordern die vereinbarten Städtepartnerschaften und die
sich daraus entwickelnden Kontakte und Verbindungen die entsprechende Einordnung in die politisch-operative Arbeit. Zur Erhöhung
der inneren Sicherheit und zur Unterstützung der Abwehr ist es erforderlich, die sich hier für den Feind ergebenden Möglichkeiten zu erfassen und mit inoffiziellen Kräften Absichten und Aktivitäten aufzuklären. Im Interesse der Aufklärung und Vereitlung der gegnerischen Ab-

163 Vgl. Dok. 91, Anm. 34.
164 Vgl. Dok. 91, Anm. 33.

sichten und Pläne gilt es, noch zielgerichteter das DDR-IM-Netz auf diese Problematik zu orientieren und die „wer ist wer"-Aufklärung im Territorium qualitativ zu erweitern. [2]

Zur Schaffung einer Übersicht sind an den Leiter meiner Arbeitsgruppe XV / BV zu melden:

− IM des Operationsgebietes, die zur Realisierung der in der Leiterinformation gestellten Aufgabenstellung reale Möglichkeiten haben (Deckname, Möglichkeiten);

− IM-DDR, die Verbindungen zur sogenannten unabhängigen Friedensbewegung besitzen bzw. zu deren Bekämpfung genutzt werden können (Deckname, Möglichkeiten).

Termin der Meldung: 30.10.1987

Fehlmeldung ist erforderlich.

Gleichzeitig ist von den Informationen zu dieser Problematik (auch Abwehrinformationen) ein Durchschlag an den Leiter der AG XV / BV zu senden.

Alle weiteren operativen Maßnahmen, die sich aus der Leiterinformation und meinem Schreiben ergeben, sind im Arbeitsplan für 1988 aufzunehmen.

[gez.] Geyer
Generalmajor

Dok. 99
Mittig an die BV für Staatssicherheit

Berlin, 20.10.1987

Rundschreiben mit eigenhändiger Unterschrift. Absender: Ministerium für Staatssicherheit, Stellvertreter des Ministers. Anschrift: Bezirksverwaltung für Staatssicherheit. Mit Anlage: Zur weiteren Arbeit mit der evangelischen Kirchen in der DDR. BdL / 265 / 87.

In Ergänzung meines Schreibens vom 14.10.1987 (BdL / 260 / 87)[165] übersende ich Ihnen eine Information, die das Sekretariat des ZK der SED an die Bezirksleitungen der SED gegeben hat.

Diese Information ist zur persönlichen Auswertung bestimmt und nachweispflichtig.

[gez.] Mittig
Generaloberst
Anlage

Zur weiteren Arbeit mit den evangelischen Kirchen in der DDR:
In Anbetracht der aktuellen Entwicklung, der Verstärkung unserer Friedensoffensive, der wachsenden Autorität und zunehmenden Wirkung unserer Politik in der internationalen Arena, der erfolgreichen Verwirklichung der Wirtschafts- und Sozialpolitik, überhaupt der Beschlüsse des XI. Parteitages[166], kommt auch der konsequenten Weiter-

---

165 Dieses Schreiben ist hier abgedruckt als Dok. 97.
166 Vgl. Dok. 92, Anm. 37. Auf ihrem XI. Parteitag hatte die SED die Direktive für den neuen Fünfjahresplan verabschiedet, der wiederum eine deutliche Steigerung von Einkommen und Produktion vorsah. Schwerpunkt der Sozialpolitik sollte der Wohnungsbau bleiben. Vgl. Chronik der DDR, 113.

führung unserer bewährten Politik gegenüber den Kirchen größere Bedeutung zu. Je stärker kirchliche Kreise international für die Unterstützung der Friedenspolitik, für Dialog und Verständigung eintreten – und das kann weltweit festgestellt werden –, desto größer wird auch der Widerstand bestimmter reaktionärer Kräfte. Nicht zu übersehen sind dabei Tendenzen, in die DDR hineinzuwirken, die positive Gesamtentwicklung zu stören. Es besteht deshalb Veranlassung, unseren Standpunkt zur weiteren Arbeit mit den Kirchen erneut deutlich zu machen und daraus die aktuellen Aufgaben für die politische Arbeit abzuleiten.

In voller Übereinstimmung mit den Interessen, Anliegen und dem Wirken der Bürger christlichen Glaubens, gilt der im Programm der SED und in der Verfassung der DDR festgelegte Grundsatz der Gleichberechtigung und Gleichachtung aller Bürger. Alles spricht dafür, daß der prinzipielle Standpunkt, der in der bedeutsamen Begegnung[167] des Vorsitzenden des Staatsrates und Generalsekretärs des ZK der SED, Genossen Erich Honecker, mit den führenden Repräsentanten der evangelischen Kirchen in der DDR erarbeitet wurde, sich als verläßliche Grundlage des Zusammenwirkens erwiesen hat, voll gültig bleibt und auch künftig unser Handeln bestimmen wird. Den Bürgern christlichen Glaubens sind breite Möglichkeiten gegeben, aktiv bei der weiteren Gestaltung der sozialistischen Gesellschaft mitzuwirken. Gerade jetzt ist es wichtig, daß sich die realistischen, mit der DDR verbundenen Kräfte in den Kirchenleitungen und an der kirchlichen Basis nicht von diesem Weg des 6. März 1978 abbringen lassen. [2]

Die zurückliegenden Jahre und besonders auch das Jahr 1987 bestätigen und beweisen überzeugend, daß unsere Politik gegenüber den Kirchen langfristig auf Zusammenwirken, auf Kooperation und auf Verständigung, auch in schwierigen Fragen, ausgerichtet war und ist. Das Grundprinzip unserer Kirchenpolitik ist und bleibt die Trennung von Staat und Kirche[168]. „Der Kirche, was der Kirche, dem Staat, was des Staates ist". So, wie wir die Religionsfreiheit garantieren und uns nicht in die religiösen Angelegenheiten in der Kirche einmischen, kann und darf die Kirche weder dem Staat obliegende Funktionen wahrnehmen, noch sich in staatliche Angelegenheiten einmischen. Vorstellungen und Konzeptionen von der Kirche als Staat im Staate oder einer Kirche gegen den Staat stehen im Gegensatz zur Verfassung, zur erprobten und bewährten Praxis langjähriger gedeihlicher Zusammenarbeit. Wer versucht, in die kirchliche Tätigkeit Fragen einzubeziehen, die mit der Kirche nichts zu tun haben, stört das gute Verhältnis zwischen Staat und Kirche, handelt gegen die Interessen der Gläubigen und untergräbt die eigene Basis. Klar war, ist und muß auch bleiben: Fragen des Wehrdienstes oder der Volksbildung gehören in die alleinige Zuständigkeit des sozialistischen Staates und seiner Organe. Das ist bei uns unverändert gültiger Verfassungsgrundsatz.

Eine Kirche, die sich als Kirche im Sozialismus[169] versteht, kann ihr Wirken in Übereinstimmung mit der Verfassung, mit den humanistischen Grundsätzen des sozialistischen Staates gestalten und staatsbürgerlich loyales Verhalten unter den kirchlichen Amtsträgern fördern

---

167 Vgl. Dok. 56.
168 Vgl. Dok. 56, Anm. 15.
169 Vgl. Dok. 67, Anm. 72.

und fordern. Wie nie zuvor wissen wir uns dabei in Übereinstimmung mit maßgeblichen Amtsträgern der evangelischen Kirche. Nicht wenige Stellungnahmen machen das überzeugend deutlich und finden auch international beträchtlichen Widerhall.

Entschieden und gemeinsam mit christlich gebundenen Bürgern und realistischen Kirchenvertretern sind jene Versuche zurückzuweisen, die darauf hinauslaufen, die gute Entwicklung zu stören, das Vertrauensverhältnis zwischen Staat und Kirche zu untergraben, Bewährtes und Erreichtes zu gefährden. [3]

Man kann nicht übersehen, daß es bestimmte Kräfte gibt, denen die ganze Richtung einer „Kirche im Sozialismus", die Integration christlicher Bürger und kirchlicher Institutionen in die Gesellschaft, nicht paßt. Sie möchten das längst überholte und gescheiterte Konzept der Kirche als politische Opposition gegen den Sozialismus, der Kirche als „trojanisches Pferd", wiederbeleben. Auch künftig gilt: Für staatsfeindliche Losungen oder Aktionen, in welchem Gewande auch immer, gibt es bei uns keinen Raum.

Nach dem historisch bedeutsamen Besuch des Generalsekretärs des ZK der SED und Vorsitzenden des Staatsrates der DDR, Genossen Erich Honecker, in der BRD[170] muß auch dem Letzten klar werden, so wie es weltweit verstanden wird, daß ein endgültiger Schlußpunkt unter gesamtdeutsche Spekulationen gesetzt wird, daß Träumereien an deutschen Kaminen keinen Sinn haben, daß sich Sozialismus und Kapitalismus ebensowenig vereinigen lassen wie Feuer und Wasser. Was die bewußt in Umlauf gesetzten Mißdeutungen und absichtlichen Entstellungen des gemeinsamen Dokuments von SED und SPD[171] betrifft, die jetzt offensichtlich auch in bestimmte kirchliche Kreise[172] hineingesteuert werden sollen, so kann nur das wiederholt werden, was in der dazu übermittelten Information zum Dokument „Der Streit der Ideologien und die gemeinsame Sicherheit" eindeutig dargelegt ist.

Für die weitere politische Arbeit mit den Kirchen gilt der bewährte Grundsatz, daß die Politik in Kirchenfragen Bestandteil der Gesamtpolitik ist und entsprechend verwirklicht wird. Mit Vernunft und gutem Willen, mit Dialogbereitschaft und Konstruktivität ist vieles lösbar. In voller Übereinstimmung mit unserer vom XI. Parteitag beschlossenen Politik ist die Festigung des Vertrauensverhältnisses zu den Bürgern christlichen Glaubens, die als treue Staatsbürger ihre Pflicht erfüllen, eine entscheidende tagtägliche Aufgabe. Dazu gehört selbstverständlich wie bisher, in Ordnung zu bringen, was noch nicht in Ordnung ist. Das sind Grundfragen unserer Politik, für die die staatlichen Leitungsorgane in ihrer Gesamtheit, nicht nur einzelne

---

170 Der Besuch Honeckers hatte wenige Wochen zuvor, vom 7. bis 11. September, stattgefunden, nachdem die Reise im September 1984 zunächst auf unbestimmte Zeit verschoben worden war. Honecker stand damit im Herbst 1987 auf dem Höhepunkt seiner politischen Karriere, und es schien nur noch eine Frage der Zeit zu sein, bis die Bundesrepublik die DDR völkerrechtlich endgültig anerkennen würde.

171 Das Papier wurde am 27.8.1987 veröffentlicht. Der Text ist abgedruckt in *Brinkel / Rodejohann*, 11-21. Vielfach wurde darüber diskutiert, ob das Papier auch der Auftakt für eine Liberalisierung im Innern der DDR sein würde. Vgl. die dort abgedruckten Beiträge und den Kommentar von *Henkys*, Realutopie. Zur Rezeption des Papieres in der DDR-Kirchen vgl. *Rosenthal*, Bilanz.

172 Vgl. Dok. 80, Anm. 215.

Fachbereiche oder lediglich die Mitarbeiter für Kirchenfragen zuständig sind. [4]
Die Bezirks- und Kreisleitungen der SED sollten die kirchenpolitische Lage im Territorium systematischer und gründlicher einschätzen und daraus Schlußfolgerungen für die Führungstätigkeit ableiten. Das gilt vor allem auch für die qualifizierte Vorbereitung und Einflußnahme auf wichtige kirchliche Veranstaltungen. Das Hauptaugenmerk sollte dabei auf die Sicherung einer kontinuierlichen Gesprächsführung mit kirchlichen Kreisen gerichtet werden. Die staatlichen Organe sind noch wirksamer bei der Ausarbeitung einer offensiven Argumentation zu unterstützen. Für die Weiterführung unserer bewährten Politik gegenüber den Kirchen ist es unerläßlich, das politische Gespräch in der ganzen Breite und auf allen Ebenen kontinuierlich zu führen und entsprechende Gesprächspartner sorgfältig auszuwählen und vorzubereiten. Bedeutsamer wird das Gespräch mit den Führungsgremien des Evangelischen Kirchenbundes, mit den Mitgliedern der Konferenz der Evangelischen Kirchenleitungen und mit den Bischöfen. Dabei ist erforderlich, daß die Räte der Bezirke noch weitaus aktiver werden. Notwendig ist auch, daß auf der Grundlage entsprechender Konzeptionen regelmäßig Gespräche mit den Mitgliedern der Landeskirchenleitung, den Superintendenten, Pröpsten und Kreisoberpfarrern geführt werden. Das ist deshalb besonders wichtig, weil von diesen kirchlichen Amtsträgern der größte Einfluß auf die evangelischen Kirchen vor Ort ausgeübt wird. Zur Vorbereitung der Landessynoden kommt es darauf an, daß zu allen Synodalen, vor allem den Laiensynodalen, d.h. zu jenen, die im gesellschaftlichen und beruflichen Leben stehen, in unseren Betrieben, Genossenschaften und wissenschaftlichen Einrichtungen tätig sind, feste Gesprächskontakte hergestellt bzw. weitergeführt werden. Noch mehr sollte die Erfahrung Beachtung finden, daß dauerhafte Fortschritte nur erzielt werden können, wenn die Arbeit an der Basis, in den Kirchgemeinden, vor allem mit den Kirchgemeinderäten und den Gemeindepfarrern aktiver gestaltet wird. Die Arbeitsgruppen „Christliche Kreise" bei den Bezirks- und Kreisausschüssen der Nationalen Front der DDR, die Leitungen der Bezirks- und Kreisverbände der CDU und der anderen befreundeten Parteien sind dabei noch umfassender einzubeziehen. [5]
Alles in allem gilt für diesen wichtigen Bereich unserer politischen Arbeit, des gesellschaftlichen Lebens, die in den Beschlüssen des XI. Parteitages und in der Rede des Genossen Erich Honecker vor den Kreissekretären entwickelte Linie:
„Unsere gemeinsame Erfahrung besagt, daß die dem Wohle des Volkes und dem Frieden dienende Politik um so erfolgreicher ist, je mehr die Angehörigen aller Klassen und Schichten bewußt an ihrer Realisierung mitwirken [...] Indem wir auch künftig die Bedingungen dafür schaffen, daß sich jedem Bürger, unabhängig von sozialer Herkunft, weltanschaulichem oder religiösem Bekenntnis, breite Möglichkeiten für aktives Mitwirken an der Lösung gesellschaftlicher Belange erschließen, verwirklichen wir dieses grundlegende Prinzip unserer Politik und erbringen damit einen auch über die Grenzen unseres Landes hinaus anerkannten Beitrag zur Bereicherung des Erfahrungsschatzes des Marxismus-Leninismus."

Dok. 100
Mittigs Schreiben Nr. 58 / 87 an die BV

Berlin, 21.10.1987

Rundschreiben Mittigs mit eigenhändiger Unterschrift. Absender: Ministerrat der deutschen Demokratischen Republik, Ministerium für Staatssicherheit, Stellvertreter des Ministers. Anschrift: Bezirksverwaltung für Staatssicherheit. Betreff: Politisch-operative Maßnahmen im Zusammenhang mit der Durchführung der kirchlichen „Friedensdekade 1987". VVS-o008 MfS-Nr. 58 / 87. Rücksendetermin: 30.12.1987 an die Dokumentenverwaltung / Dokumentenstelle der BV. Ohne Anlagen.

Die evangelischen Kirchen in der DDR führen im Zeitraum vom 8. bis 18. November 1987 die kirchliche „Friedensdekade 1987" unter dem Thema „*Miteinander leben*" durch[173].
Der Bund der Evangelischen Kirchen in der DDR erhielt die staatliche Genehmigung, für die „Friedensdekade" Druckerzeugnisse herzustellen (Anlage 1). Es ist analog vergangener Jahre und insbesondere im Zusammenhang mit den während des „Olof-Palme-Friedensmarsches"[174] durchgeführten Aktivitäten feindlich-negativer Kräfte damit zu rechnen, daß diese Personen versuchen werden, kirchliche Veranstaltungen für ihre gegen die Friedens-, Verteidigungs- und Umweltpolitik der DDR gerichteten Ziele politisch zu mißbrauchen. [2]
Zur Aufklärung feindlicher Pläne und Absichten und zur vorbeugenden Verhinderung des politischen Mißbrauchs der kirchlichen Veranstaltungen sind folgende Aufgaben sofort einzuleiten und durchzuführen:
1. Unter Ausnutzung aller operativen Möglichkeiten sind Pläne und Absichten feindlich-negativer Kräfte zum politischen Mißbrauch der „Friedensdekade 1987" aufzuklären. Es ist eine Übersicht über geplante Veranstaltungen in Ihrem Verantwortungsbereich zu übersenden, die einen operativen Schwerpunkt bilden.
Auf der Grundlage des Informationsbedarfes (Anlage 2) ist bis zum 24.10.1987 an den Leiter der Hauptabteilung XX ein Bericht einzureichen, in dem auch die bisher erreichte Wirksamkeit eingeleiteter politisch-operativer Maßnahmen zur Verhinderung des politischen Mißbrauchs der „Friedensdekade 1987" eingeschätzt wird. Weitere Feststellungen sind danach fortlaufend zu melden.
2. Die im Verantwortungsbereich stattfindenden Schwerpunktveranstaltungen, bei denen nicht auszuschließen ist, daß sie über den Rahmen rein religiöser Veranstaltungen hinausgehen und Provokationen Vorschub leisten könnten, sind durch zielgerichtete politisch-operative Maßnahmen unter Kontrolle zu halten. Die dazu erforderlichen Maßnahmen sind rechtzeitig konspirativ einzuleiten und durchzuführen.
3. Zur Feststellung überregionaler Zusammenkünfte und zur operativen Einflußnahme auf diese sind vor allem die feindlich-negativen Kräfte unter operative Kontrolle zu stellen, die in der sogenannten staatlich unabhängigen Friedens-, Ökologie- und Menschenrechtsbewegung sowie in innerkirchlichen Zusammenschlüssen, wie zum Bei-

---

173 Vgl. die Meldung in: KiS 6 / 13, 1987, 262.
174 Vgl. Dok. 96 und 97.

spiel „Solidarische Kirche"[175] und „Kirche von unten"[176], aktiv feindlich-negativ in Erscheinung treten. [3]
4. Durch differenzierte politisch-operative Maßnahmen ist evtl. beabsichtigten Provokationen bzw. dem politischen Mißbrauch der „Friedensdekade 1987" rechtzeitig entgegenzuwirken. Die dazu vorgesehenen Maßnahmen sind entsprechend der DA 2 / 85 des Genossen Minister[177] rechtzeitig zu melden und mit dem Leiter der Hauptabteilung
XX abzustimmen.
Die im Schreiben genannten Termine wurden bereits auf Arbeitsebene
abgestimmt.
[gez.] Mittig
Generaloberst

Dok. 101
Mielkes Rundschreiben Nr. 71 / 87

Berlin, 25.11.1987

Rundschreiben Mielkes mit eigenhändiger Unterschrift. Absender: Ministerrat der Deutschen Demokratischen Republik, Ministerium für Staatssicherheit, Der Minister. Anschrift: Diensteinheiten, Leiter. VVS-o008 MfS-Nr. 71 / 87.

In der Nacht vom 24.11. zum 25.11.1987 wurden in den Kellerräumen
auf dem Gelände der Zionskirchgemeinde, 1054 Berlin, Griebenowstr.
15, insgesamt 7 Personen auf frischer Tat vorläufig festgenommen, als
sie auf dort vorhandenen Vervielfältigungsmaschinen, die unter Umgehung der Zollbestimmungen in die DDR illegal eingeführt wurden, die
feindlich-negative Schrift „Grenzfall" vervielfältigten[178].

175 Bei dem Arbeitskreis „Solidarische Kirche" handelt es sich um einen 1986 gebilde-
     ten, überregionalen Zusammenschluß von zumeist kirchlichen Mitarbeitern, deren
     Ziel in der Demokratisierung von Kirche und Gesellschaft (im Sinne eines demo-
     kratischen Sozialismus) besteht. Wie in der Bundesrepublik so gab es auch in der
     DDR verschiedene Arbeitskreise der „Solidarischen Kirche". Zur Einschätzung
     von seiten der Staatssicherheit vgl. die Anlage zur Information Nr. 150 / 89 des
     MfS, abgedruckt in: *Mitter / Wolle*, 56-71, hier: 64 f.
176 Die „Kirche von unten" ist, ähnlich der Solidarischen Kirche, eine Basisbewegung
     innerhalb der evangelischen Kirche. Sie entstand im Zusammenhang mit dem Ost-
     Berliner Kirchentag 1987. Als es zu Auseinandersetzungen mit dem Staat und der
     Kirchenleitung um die „Friedenswerkstatt" kam (vgl. Dok. 95, bes. Anm. 113),
     beschlossen die Gruppen einen „Kirchentag von unten" durchzuführen. Im An-
     schluß daran bildete sich dann in der Berliner Kirche eine Regionalgruppe „Kirche
     von unten". Vgl. hierzu den ausführlichen Bericht von *Buntrock*, dazu *Maser*, 126-
     129 sowie zur Einschätzung der „Kirche von unten" durch die Staatssicherheit:
     Mitter / Wolle, 65 f. (Anlage zur Information Nr. 150 / 89).
177 Die DA 2 / 85 ist oben abgedruckt als Dok. 87.
178 Mit dieser Aktion, „für die es seit der Ulbricht-Ära keine Parallele gibt", „begann
     ein Konflikt zwischen Staatsorganen der DDR und Angehörigen von Umwelt-,
     Friedens- und Menschenrechtsgruppen sowie der Berlin-Brandenburgischen Kir-
     che" (*Rein*, Revolution, 37). Die Aktion richtete sich gegen die in den Räumen des
     Pfarrhauses der Zionskirchengemeinde untergebrachte Umweltbibliothek. Die von
     einer kirchlichen Initiative getragene Umweltbibliothek gab in unregelmäßigen
     Abständen hektographierte Blätter unter dem Titel „Grenzfall" heraus. Der
     „Grenzfall" befaßte sich mit Fragen der Ökologie, des Friedens und der Men-
     schenrechte. Vgl. ebd., 43-45. Die Initiative zu dieser Aktion, die unter dem Deck-
     namen „Falle" durchgeführt wurde, ging offenbar von der Parteiführung aus. Der

Die Tatwerkzeuge und -mittel, u.a. 6 Vervielfältigungsgeräte, wurden beschlagnahmt.
Gegen 2 Täter wurden Ermittlungsverfahren mit Haft, gegen 2 Täter[179] Ermittlungsverfahren ohne Haft gemäß § 218, Abs. 1 StGB[180], eingeleitet. Gegen 2 Täter laufen weitere Prüfungshandlungen und ein Jugendlicher wurde nach Verwarnung entlassen.
Kräfte des politischen Untergrundes versuchen, mit Unterstützung westlicher Medienvertreter, mit dem Ziel der Erzwingung der Freilassung der Täter und Herausgabe der beschlagnahmten Gegenstände auf verschiedene Art und Weise gegen die Maßnahmen der staatlichen Organe vorzugehen. Dabei ist man bestrebt, auch feindliche Kräfte aus anderen Bezirken in derartige Aktivitäten einzubeziehen.
In den Räumlichkeiten der Zionskirchgemeinde wird vom 27.11. bis 29.11.1987 das sogenannte „4. Ökoseminar" durchgeführt[181].
Am 27.11.1987, 18.00 Uhr, soll ebenfalls in der Zionskirchgemeinde eine DDR-offene Protesterklärung abgegeben werden[182]. Am 28.11.1987 findet in der Kirche Alt-Friedrichsfelde die sogenannte „Vollversammlung der ‚Kirche von unten'"[183] statt.
Sie haben umgehend alle erforderlichen Maßnahmen einzuleiten und durchzuführen, um rechtzeitig Pläne und Absichten feindlicher Kräfte im Zusammenhang mit dieser Lage und den erwähnten provokatorischen Aktivitäten aufzuklären und vorbeugend zu verhindern. Unter Ausnutzung aller gesetzlichen Möglichkeiten ist die Anreise bekannter feindlicher Personen in die Hauptstadt der DDR zu verhindern.
Die umgehende Information über relevante politisch-operative Feststellungen an die HA XX ist zu sichern.
[gez.] Mielke
Armeegeneral

Dok. 102
Information Nr. 454 / 87

Information Nr. 454 / 87 über die aktuelle Situation im Zusammenhang mit der Durchführung rechtlicher Maßnahmen zur Verhinderung der weiteren Herstellung des sogennannten Informationsblattes „Grenzfall". Berlin, den 30.11.87. Druckvermerk: Streng

zuständige Stellvertreter der HA IX, Oberst Achim Kopf, und der Leiter der HA XX / 4 hatten sich gegen die Aktion ausgesprochen, weil sie befürchteten, daß man die Herausgeber der Zeitung strafrechtlich kaum würde belangen können und daß die Aktion internationales Aufsehen erregen würde. Vgl. auch Einleitung, 52 f.
179 Es handelte sich um Bert Schlegel und Wolfgang Rüddenklau. Vgl. ebd., 37.
180 Im § 218 StGB (Zusammenschluß zur Verfolgung gesetzwidriger Ziele) heißt es in Absatz 1: „Wer eine Vereinigung oder Organisation bildet oder gründet oder einen sonstigen Zusammenschluß von Personen herbeiführt, fördert oder in sonstiger Weise unterstützt oder darin tätig wird, um gesetzwidrige Ziele zu verfolgen, wird, sofern nicht nach anderen Bestimmungen eine schwere Strafe vorgesehen ist, mit Freiheitsstrafe bis zu fünf Jahren, Verurteilung auf Bewährung, mit Haftstrafe oder mit Geldstrafe bestraft."
181 Dieses Seminar wurde nach einem Beschluß des Gemeindekirchenrates der Zionskirchengemeinde abgesagt (epd Landesdienst Berlin 227 / 1987 vom 27.11.1987) und fand daraufhin in der Elisabethgemeinde statt (epd Landesdienst Berlin 228 / 1987 vom 30.11.1987).
182 An der Veranstaltung nahmen ca. 500 Menschen teil. Vgl. epd-Dok. 9 / 88, 11.
183 Zur „Kirche von unten" vgl. Dok. 100, Anm. 176.

geheim! Um Rückgabe wird gebeten! Verteiler: Führende Funktionäre in Staat und Partei sowie leitende Mitarbeiter des MfS[184].

Die auf zentralen Entscheid im abgestimmten Zusammenwirken der einbezogenen staatlichen Organe und gesellschaftlichen Kräfte festgelegten Maßnahmen wurden entsprechend der vorgegebenen politischen Zielstellung und im vorgesehenen Umfang realisiert.
Im Ergebnis dessen ist festzustellen:
1. Als Inspiratoren / Organisatoren politischer Untergrundtätigkeit und sogen. Schaltstellen des Zusammenwirkens mit im Innern der DDR agierenden feindlich-negativen Personen wirkende äußere Feinde – darunter der hinlänglich bekannte ehemalige DDR-Bürger *Jahn*[185] sowie der stellvertretende Chefredakteur von „Radio 100,6"[186], Thomas *Schwarz* / beide Westberlin, – und weitere in diesem Sinne [2] bekannte Führungskräfte in politischen Parteien der BRD und Westberlins haben, entsprechend für solche Situationen beiderseitig langfristig im voraus abgestimmten Vorgehensweisen, ihre gegen die DDR gerichteten Handlungen hinsichtlich Umfang und Intensität schlagartig massiv erhöht. Im Mittelpunkt stehen die fortgesetzte Instruierung und Steuerung des sogen. harten Kerns der im Sinne politischer Untergrundtätigkeit wirkenden inneren Kräfte und die Inszenierung einer gegen die DDR gerichteten umfassenden Hetz- und Verleumdungskampagne.
2. Dem sogen. harten Kern feindlich-negativer Kräftegruppierungen in der Hauptstadt der DDR, Berlin, zuzuordnende Personen, darunter die hinlänglich bekannten fanatischen Feinde Wolfgang *Templin*, Ralf *Hirsch*, Bärbel *Bohley*, Uwe *Kulisch*, Frank-Herbert *Mißlitz* und Reinhard *Schult*[187], gelangten zu der Erkenntnis, daß der Staat nicht bereit ist, Verletzungen der sozialistischen Gesetzlichkeit zu dulden und mit seinen Maßnahmen beabsichtigt, Gesetzesverletzungen konsequent zu ahnden sowie den von ihnen geschaffenen – und entsprechend ihrer Absicht weiter auszudehnenden – Handlungsspielraum für feindlich-negative Aktivitäten mit aller Deutlichkeit einzuengen. Ausgehend davon reagieren sie spontan mit konfrontativen Gegenmaßnahmen, um die Lage nicht zu ihren Ungunsten entwickeln zu lassen und weitergehende Forderungen durchsetzen zu können. Bedingungslos folgen sie dabei der von äußeren Feinden vorgegebenen Linie und deren konkreten Aufgabenstellungen und wirken dabei eng mit in der DDR akkreditierten Korrespondenten westlicher Medien sowie extra in diesem Zusammenhang in die DDR eingereisten politischen Kräften aus der BRD und Westberlin zusammen. (Es liegen gesicherte Erkenntnisse vor, wonach seitens einiger, dem harten Kern zuzuordnenden Perso-

---

184 Einem handschriftlichen Vermerk zufolge erhielten diese Information folgende Personen bzw. Dienststellen: „1. Hon, 2. Sto, 3. Herr, 4. Jaro, 5. Kre, 6. Mittag, 7. Schab, 8. Bell, 9. Gysi, 10. Mittig, 11. Schw, 12. II / Ltr., 13. IX / Ltr., 14. XX / Ltr., 15. Bln / Ltr., 16. XX / 4, 17. AG, 18. Min, 19. Ca, 20. XX / AKG, 21. Nei, 22. Großm, 23. Irmler".

185 Roland Jahn gehörte zu den Wortführern der „Jenaer Friedensgemeinschaft", die 1982 / 83 durch Schweigeminuten von sich Reden gemacht hatte. Einige der etwa achtzig Personen umfassenden Gruppe waren am 24.12.1983 verhaftet worden und Roland Jahn wurde einige Monate später in die Bundesrepublik abgeschoben. Vgl. *Zander*, Christen, 324 f.

186 West-Berliner Privatsender.

187 Vgl. zu diesen sechs Personen die „Auskünfte" am Ende dieses Dokumentes.

nen, Verbindungen zu Mitarbeitern imperialistischer Geheimdienste bestehen.) Den inneren feindlich-negativen Kräften geht es besonders darum, unter Nutzung der gegen *Rüddenklau* und weitere Personen eingeleiteten Ermittlungsverfahren einen übergreifenden, republikweiten Solidarisierungseffekt unter sogen. alternativen Gruppierungen zu erzielen, Gleichgesinnte und Sympathisanten zusammenzuführen und ihr Wirkungsfeld im kirchlichen Bereich bestätigen zu lassen. [3] Die Gesamtheit der durchgeführten Maßnahmen und die sie begleitenden Umstände haben trotz divergierender Auffassungen derzeitig zu einem gewissen Solidarisierungseffekt unter feindlich-negativen Kräften und deren Sympathisanten geführt.
3. Die überwiegende Mehrheit kirchenleitender Kräfte und Amtsträger sieht nach vorliegenden Hinweisen die durchgeführten Maßnahmen als Reaktion des Staates zur Unterbindung ungesetzlicher Handlungen außerhalb der Kirche stehender Personen an, die keinesfalls gegen die Kirche gerichtet sind. In diesem Sinne werden klare Stellungnahmen seitens kirchenleitender Kräfte und Gremien abgegeben, u.a. von den Rechtsausschüssen der Konferenz Evangelischer Kirchenleitungen (KKL)[188] in der DDR sowie der Vereinigten Evangelisch-Lutherischen Kirche (VELK).
Auf politisch realistischen Positionen stehende kirchliche Kräfte sind bemüht, auf hartnäckige Inspiratoren / Organisatoren, die weitergehende Aktivitäten verfolgen, disziplinierend und mäßigend einzuwirken. Nach wie vor zeigen sich jedoch Tendenzen der Toleranz und Inkonsequenz. Weiter wurde deutlich, daß den der Kirche zur Verfügung stehenden seelsorgerischen Mitteln zur Einflußnahme objektive Grenzen gesetzt bzw. diese, bedingt durch den Stand der Profilierung feindlich-negativer Kräfte unter dem Dach der Kirche, wenig wirksam sind.
Der Differenzierungsprozeß unter kirchlichen Amtsträgern im Bereich der Evangelischen Kirche in Berlin-Brandenburg wurde durch die realisierten Maßnahmen weiter fortgeführt – eine Reihe von Pfarrern vertritt eindeutig die Positionen realistischer Kräfte in der Kirchenleitung[189]. [4]
Nachfolgend ausgewählte wesentliche Erkenntnisse zur aktuellen Lage: Streng internen Hinweisen zufolge hat insbesondere der Roland *Jahn* / Westberlin maßgeblichen Anteil an der Steuerung und Koordinierung der Vorgänge in und um die Zionskirche und bei der Koordinierung diesbezüglich wirksam werdender gegnerischer Kräfte, insbesondere westlicher Korrespondenten. Über Kurierverbindungen und telefonische Kontakte lenkt und steuert er die Organisatoren politischer Untergrundtätigkeit in der Hauptstadt der DDR, Berlin, nimmt er unmittelbar Einfluß auf Inhalte ihres weiteren Vorgehens mit der Zielstellung, die Situation weiter anzuheizen und zu verschärfen. *Jahn* orientiert dabei auf offene Konfrontation mit dem Staat und gegenüber den realistischen Kräften in den Kirchenleitungen der evangelischen Kir-

---

188   Die KKL formulierte keine Stellungnahme. Vgl. dazu KiS 1 / 13, 1987, 7 und die vom Kirchenbund verbreitete Information zu den Ereignissen, in: epd-Dok. 9 / 88, 13.
189   Vgl. dagegen auch die Kanzelabkündigung der Berliner Kirchenleitung für den 29.11.1987 (abgedruckt in: *Rein*, Revolution, 42 f.). Darin wird die „unverzügliche Freilassung aller Inhaftierten" gefordert, und die Gemeinden und Gruppen werden „ermutigt", ihr Friedensengagement fortzusetzen.

chen in der DDR. Seine Forderungen gegenüber den Kontaktpartnern in der DDR konzentrieren sich hauptsächlich darauf,

– durch permanente öffentlichkeitswirksame provokatorisch-demonstrative Aktionen die staatlichen Organe unter Druck zu setzen und dahingehend zu wirken, eine Konfrontation zwischen Staat und Kirche zu provozieren;

– mittels verzerrter und verfälschter Darstellungen die Vorgänge um die Zionskirche in entsprechenden Erklärungen, Stellungnahmen, sogen. offenen Briefen und Interviews mit westlichen Korrespondenten hochzuspielen, das Vorgehen des Staates, insbesondere die Justiz- und Sicherheitsorgane der DDR zu verleumden und das Ansehen der auf realistischen Positionen stehenden kirchlichen Amtsträger in Mißkredit zu bringen;

– die Führungskräfte feindlich-negativer Gruppierungen dahingehend zu beeinflussen, ihren „Forderungskatalog" gegenüber dem Staat unter Ausnutzung der Situation weiter auszudehnen und dabei insbesondere solche Probleme wie die Bildung unabhängiger Verlage, die Pressefreiheit und die Änderung der DDR-Strafgesetzgebung stärker in den Mittelpunkt zu rücken. [5] Darüber hinaus beweisen weitere, nachfolgend genannte Erkenntnisse das enge Zusammenwirken äußerer und innerer Feinde.

Am Nachmittag des 28. November 1987 besuchte das ehemalige Mitglied der Bundestagsfraktion der Partei „Die Grünen", Rechtsanwalt *Ströbele* / Westberlin (Mitglied der Alternativen Liste / Westberlin), die „Umweltbibliothek" der Zionskirche. Er informierte in dort geführten Gesprächen über einen internen Beschluß der „Alternativen Liste", wonach ein Personalcomputer mit allem notwendigen Zubehör zur Verfügung gestellt werde. Außerdem stellte er den Druck der Zeitschrift „Grenzfall" in einer Auflagenhöhe von mehreren tausend Exemplaren in Westberlin und deren postalischen Versand in die Hauptstadt an willkürlich aus dem Telefonbuch ausgewählte Adressen in Aussicht.

Am gleichen Tage besuchte der in die Hauptstadt der DDR eingereiste BRD-Bürger *Simon*, Helmut, Richter beim Bundesverfassungsgericht und Vorstandsmitglied des Deutschen Evangelischen Kirchentages, in Begleitung des Vorsitzenden des Präsidiums des Evangelischen Kirchentages in der DDR, *Opitz*, ebenfalls die „Umweltbibliothek" und übergab eine Spende von mehreren Hundert DM. Durch sein gesamtes Auftreten und Verhalten bestärkte er die Anwesenden in ihren gegen den sozialistischen Staat gerichteten Aktivitäten.

Eine maßgebliche Rolle bei der Inszenierung einer gegen die DDR, insbesondere gegen die Justiz-, Schutz- und Sicherheitsorgane, gerichteten Verleumdungskampagne spielen der stellvertretende Chefredakteur des Westberliner Privatsenders „Radio 100,6", Thomas *Schwarz*, sowie dessen Bruder Stefan *Schwarz*, Landesvorsitzender der „Jungen Union" in Rheinland Pfalz. (Beide Personen sind enge Kontaktpersonen von Pfarrer *Eppelmann* sowie Ralf *Hirsch* / Berlin.) Im engen Zusammenwirken mit Roland *Jahn* / Westberlin beschaffen sie sich Informationen über die Vorgänge in der Zionskirche und versuchen, Führungskräfte der politischen Parteien in der BRD zu beeinflussen, entsprechende offizielle Schritte gegen die Maßnahmen der staatlichen Organe der DDR zu unternehmen, die vor allem darauf

abzielen sollen, in der internationalen Öffentlichkeit die Glaubwürdigkeit der Dialogpolitik der DDR in Frage zu stellen. [6]
So gibt es massive Versuche der Einmischung in innere Angelegenheiten der DDR unter Bezugnahme auf eine angebliche Verletzung der Menschenrechte in der DDR seitens solcher führender Vertreter der Bonner Regierung, wie z.B. D. *Wilms*, Bundesminister für „innerdeutsche Beziehungen", N. *Blüm*, Bundesminister für Arbeit und Sozialordnung, P. *Jenninger*, Bundestagspräsident, F. *Ost*, Sprecher der Bundesregierung. Auch führende Vertreter der SPD (Vorsitzender H.J. *Vogel*, O. *Lafontaine* und A. *Renger*) bezeichneten die staatlichen Maßnahmen der DDR als „krasse Mißachtung der Menschenrechte und Grundfreiheiten" bzw. als „Gefährdung" des Dialogprozesses SED-SPD[190].
Unmittelbar beginnend nach Realisierung der staatlichen Maßnahmen bis zur Gegenwart sind die in der DDR akkreditierten westlichen Korrespondenten, insbesondere *Baum* („Frankfurter Rundschau"), *Roeder* (epd), *Jennerjahn* (dpa), *Schwelz* (AP), *Heber* und *Börner* (ARD) sowie *Brüssau* (ZDF), mit ihren Aufnahmeteams an der Organisierung von Provokationen in der Zionskirche beteiligt. Ihre Aktivitäten lassen eine stabsmäßig organisierte Informationsgewinnung und -weitergabe erkennen.
Unter dem Aspekt des Verhältnisses Staat-Kirche interessieren sie sich zunehmend für Stellungnahmen kirchenleitender Kräfte zu Vorgängen in der Zionskirche.
Nach vorliegenden internen Hinweisen ermunterte insbesondere der BRD-Korrespondent *Baum* in der Zionskirche anwesende Personen zu öffentlichkeitswirksamen Aktionen mit dem Versprechen, durch persönliche Einflußnahme für entsprechende Veröffentlichungen in westlichen Medien sorgen zu wollen.
Wiederholt wurden leitende Mitarbeiter der Botschaft der USA und Großbritanniens sowie der Ständigen Vertretung der BRD in der DDR im Bereich der Zionskirche festgestellt, die dort z.T. mit westlichen Korrespondenten Kontakt hielten. [7]
Für die am 28. November 1987 aus der Untersuchungshaft entlassenen *Rüddenklau* und *Schlegel* organisierten Personen aus dem Umfeld der sogen. Umweltbibliothek und andere feindlich-negative Kräfte eine regelrechte Siegesfeier, womit sie ihr auf Konfrontation und Provokation angelegtes Verhalten fortsetzten. *Rüddenklau* sowie die 3 weiteren Personen, gegen die Ermittlungsverfahren weitergeführt werden, gaben eine Erklärung[191] ab, die keine offenen Angriffe enthält.
Ungeachtet dessen wurde von hartnäckigen Feinden eine sogen. Pressemitteilung formuliert, in der Forderungen nach Einstellung der laufenden Ermittlungsverfahren, nach Rückgabe der beschlagnahmten

---

190   Die drei SPD-Spitzenpolitiker hatten die SED nach den Verhaftungen aufgefordert, die Menschenrechte zu respektieren. Der SPD-Vorsitzende Vogel hatte jedoch zugleich deutlich gemacht, daß die SPD trotz aller Kritik an der Bereitschaft zu Gesprächen mit der SED festhalten werde. Vgl. dazu die Berichte der „Süddeutschen Zeitung" vom 27. und 28.11.1987.
191   Rüddenklau und Schlegel hatten nach ihrer Freilassung erklärt, daß das gegen sie eingeleitete Ermittlungsverfahren nicht eingestellt wurde, sondern daß gegen sie weiterhin ein Verfahren wegen Verletzung des § 218 StGB laufe. Vgl. die Meldung des West-Berliner „Tagesspiegel" vom 29.11.1987.

Technik und nach Wiederherstellung der vollen Arbeitsfähigkeit der „Umweltbibliothek" erhoben werden[192].
Am Abend des 28. November 1987 wurde in der Eliaskirche (Stadtbezirk Berlin-Prenzlauer Berg) eine „Vollversammlung" durchgeführt (eine analoge Veranstaltung fand bereits am Vormittag in der Zionskirche statt), an der ca. 500 Personen teilnahmen. (Ein geplanter Kerzenmarsch von der Zions- zur Eliaskirche wurde verhindert.)
Im Ergebnis geführter Beratungen und dem sachlichen Auftreten insbesondere von Pfarrer *Simon* (Zionskirche) und Rechtsanwalt *Schnur*[193] konnten sich die Kräfte des sog. harten Kerns nicht durchsetzen, so daß lediglich die Fortsetzung von „Mahnwachen"[194] bis zum 4. Dezember 1987 beschlossen wurde. Diese Entscheidung akzeptierten die auf ein weiteres Anheizen der Situation orientierenden Kräfte wie *Templin* und *Mißlitz* nicht. Auf einer von ihnen initiierten Fortsetzung der Beratung bekräftigten sie die gegenüber dem Staat erhobenen Forderungen und verlangten, ständig weiter Druck auf den Staat auszuüben und „Signalwirkung" zu erreichen. Ihrer Auffassung nach gehe es darum, erreichte Zugeständnisse des Staates weiter auszubauen. Insbesondere zurückzuführen auf ihre Einflußnahme dauerten die öffentlichkeitswirksamen „Mahnwachen" in und an der Zionskirche bis zum 29. November 1987 an. (Die von ihnen inspirierte Einrichtung einer weiteren „Mahnwache" vor dem Gebäude des Bundes der Evangelischen Kirchen (BEK) in der DDR wurde nicht realisiert.)
[8]
In den späten Abendstunden des 29. November 1987 begaben sich im Anschluß an einen Gottesdienst ca. 150 Personen in kleinen Gruppen – teilweise mit brennenden Kerzen und begleitet durch Konsistorialpräsident *Stolpe* – von der Eliaskirche zur Zionskirche. Durch unverzüglich eingeleitete Maßnahmen wurden die Teilnehmer veranlaßt, ihre Kerzen zu löschen. Nach Angaben von *Stolpe* wurde damit das Ziel verfolgt, die „Mahnwachen" einzustellen, was auch kurze Zeit nach Eintreffen dieser Personen in der Zionskirche erfolgte. Danach wurde die Kirche verschlossen.
Im Verlaufe des 28. November 1987 wurde eine Reihe von Kontaktaufnahmen von Inspiratoren / Organisatoren politischer Untergrundtätigkeit aus der Hauptstdt der DDR, Berlin, mit Verbindungspersonen aus den Bezirken der DDR festgestellt, deren Zielsetzung u.a. darin bestand, in den Territorien außerhalb von Berlin Solidarisierungsaktionen mit analogen Forderungen durchzuführen (Solidaritätsgottesdienste, Protesttelegramme) sowie Gleichgesinnte und Sympathisanten zu veranlassen, an Aktivitäten in der Hauptstadt teilzunehmen[195].
Darüber hinaus wurden bestehende Kontakte zu antisozialistischen Kräften in der VR Polen genutzt, um diese über die Vorgänge um die

---

192   Vgl. hierzu ebenfalls die eben erwähnte Meldung des „Tagesspiegel" vom 29.11.1987.
193   Der Rechtsanwalt Wolfgang Schnur arbeitete, wie Mitte März 1990 bekannt wurde, als inoffizieller Mitarbeiter für das MfS. Vgl. *Worst*, 258 und den Bericht des „Stern" vom 5.4.1990, 10-14 unter dem Titel „Für Gott und Stasi".
194   Mit den Mahnwachen am Eingang der Zionskirche war die Freilassung Schlegels und Rüddenklaus gefordert worden. Vgl. *Rein*, Revolution, 37 und *Kroh*, 50 f.
195   Auch in anderen Städten der DDR kam es zu Vernehmungen und Festnahmen. Mehreren Freunden der Umweltbibliothek „wurde verboten, nach Berlin zu reisen" (*Rein*, Revolution, 37).

Zionskirche zu informieren und sie zu Solidaritätsaktionen zu inspirieren.

Es wird vorgeschlagen,
– die unter Führung der Partei seitens zuständiger staatlicher Organe erfolgte Einflußnahme gegenüber realistischen kirchenleitenden Kräften kontinuierlich und differenziert fortzusetzen mit dem Ziel, sie in ihrer Position zur Festigung des Verhältnisses Staat-Kirche zu bestärken und gegen Aktivitäten feindlich-negativer Kräfte zu mobilisieren,
[9]
– in verstärktem Maße befähigte und gut vorzubereitende gesellschaftliche Kräfte, vor allem des Jugendverbandes der DDR, in den Prozeß der offensiven ideologischen Auseinandersetzung mit im Sinne politischer Untergrundtätigkeit wirkenden Kräften und deren Sympathisanten einzusetzen,
– durch die Dokumentierung von Aktivitäten feindlich-negativer Kräfte seitens ausgewählter DDR-Journalisten weitere Möglichkeiten zu erschließen für eine offensive politische Auseinandersetzung.
Durch das MfS wurden im Zusammenwirken mit der DVP und den zuständigen staatlichen Organen die entsprechenden Maßnahmen abgestimmt und eingeleitet, um mögliche neue Personenkonzentrationen in und um die Zionskirche aufzulösen bzw. weitere öffentlichkeitswirksame provokatorisch-demonstrative Aktionen konsequent zu unterbinden.
Weitere staatliche Maßnahmen werden auf Weisung durchgeführt.
Die Information ist wegen Quellengefährdung nur zur persönlichen Kenntnisnahme bestimmt[196].

Anlage zur Information Nr. 454 / 87 [1]
Auskunft
Templin, Wolfgang (39), geb. 25.11.1948 in Jena, wohnh. 1100 Berlin, Neue Schönholzer Str. 12, Beruf: Diplom-Philosoph, Tätigkeit: ohne Arbeitsrechtsverhältnis
Bei *Templin* handelt es sich um einen langjährig tätigen, fanatischen Feind der DDR, der bereits in den 70er Jahren einem Kreis trotzkistisch orientierter Personen angehörte und seinen mehrjährigen Studienaufenthalt in Warschau für die Aufrechterhaltung feindlicher Verbindungen zu einem Kurier der sogenannten IV. Internationale mißbrauchte. Wegen seiner parteifeindlichen Haltung wurde er 1983 aus der SED ausgeschlossen und 1984 aus dem Institut für Philosophie der Akademie der Wissenschaften entfernt.
Er profilierte sich in den letzten Jahren zu einem der bedeutsamsten Organisatoren politischer Untergrundtätigkeit, der in hektischer Betriebsamkeit feindliche öffentlichkeitswirksame Aktivitäten in Folge auslöste.
Mit dem Ziel der Etablierung einer politischen Opposition als Voraussetzung von „Systemveränderungen" in der DDR ist er bemüht, sich als theoretischer Vordenker zu profilieren, überregional in der DDR und darüber hinaus abgestimmt mit antisozialistischen Gruppierungen in anderen sozialistischen Ländern wirksam zu werden und jeden ihm von dem DDR-Feind *Jahn* (Westberlin) sowie einer Reihe in der DDR

---

196   Der gefährdete Informant könnte Rechtsanwalt Wolfgang Schnur gewesen sein. Vgl. dazu Anm. 193.

tätiger westlicher Journalisten in der DDR erteilten Auftrag zu realisieren.
Zahlreiche von ihm verfaßte Erklärungen, Stellungnahmen, Artikel und Kommentare wurden durch westliche Medien, insbesondere die Westberliner „tageszeitung" und den „Sender 100,6", aber auch durch die Zeitschriften „Stern" und „Der Spiegel" breit publiziert. [2]

Auskunft
Hirsch, Ralph (27), geb. 25.7.1960, wohnh. 1017 Berlin, Leninallee 38, Beruf: Schlosser, Tätigkeit: Friedhofsarbeiter, Auferstehungsgemeinde Berlin
Der wegen asozialem Verhalten vorbestrafte *Hirsch* entwickelte sich unter dem Einfluß des hinlänglich bekannten Pfarrers *Eppelmann* zu einem willfährigen Subjekt jeder Art politischer Provokationen und zu einem durch westliche Medien und Presseorgane unablässig aufgewerteten „Repräsentanten" der „unabhängigen Friedens-, Ökologie- und Menschenrechtsbewegung" der DDR. Als einer der bedeutendsten Informanten, Materiallieferanten und Befehlsempfänger des DDR-Feindes *Jahn* (Westberlin) und Gewährsmann einer Vielzahl westlicher Diplomaten und Journalisten in der DDR nimmt er bei der Organisierung politischer Untergrundtätigkeit und deren Zusammenspiel mit ihren Inspiratoren und Organisatoren in der BRD und Westberlin eine Schlüsselstellung ein. Er ist dabei bemüht, vor allem sogenannte Menschenrechtsforderungen und andere imperialistische Hetzkampagnen gegen die DDR stehende Aktivitäten zu entfalten und zur Etablierung einer politischen Opposition in der DDR beizutragen.
Eine von Fanatismus geprägte feindliche politische Grundeinstellung brachte er u.a. durch die Unterzeichnung einer entsprechenden Erklärung zum 30. Jahrestag der ungarischen Konterrevolution[197] zum Ausdruck.
Es liegen Erkenntnisse vor, daß *Hirsch* Verbindungen zu Mitarbeitern imperialistischer Geheimdienste hat. [3]

Auskunft
Bohley, Bärbel (42), geb. 24.5.1945, wohnh. 1054 Berlin, Fehrbelliner Str. 91, freischaffende Malerin
Bohley, Bärbel gehört seit mehreren Jahren zu den maßgeblichen Organisatoren politischer Untergrundtätigkeit in der DDR.
Mit großer Hartnäckigkeit bemühte sie sich um die Bildung und den Zusammenschluß von Frauengruppen auf der Basis einer pseudopazifistischen Grundposition und engagiert sich nach dem Abflachen derartiger Bestrebungen verstärkt in der sogenannten Initiative für Frieden und Menschenrechte in Berlin.
Als eine der wichtigsten Verbindungspersonen von Spalterkräften der westlichen Friedensbewegung, von militanten Kräften aus der BRD-Partei „Die Grünen" (speziell *Bastian / Kelly*), der Feindpersonen *Fuchs* und *Jahn* (Westberlin) und anderer subversiv wirkender Kräfte nimmt sie eine Schlüsselstellung bei den anhaltenden Versuchen der

---

197 Aus Anlaß des 30. Jahrestages des ungarischen Volksaufstandes von 1986 hatten 122 Regimekritiker aus Ungarn, der Tschechoslowakei, Polen und der DDR eine Resolution verfaßt, in der sie Demokratie und Pluralismus forderten. Die Erklärung ist abgedruckt in: *Hirsch*, 226 f.

Eskalierung und Legalisierung politischer Untergrundtätigkeit in der DDR ein.
Ihre von Fanatismus geprägte feindliche politische Grundposition machte die *Bohley* u.a. durch Unterzeichnung einer entsprechenden Erklärung zum 30. Jahrestag der ungarischen Konterrevolution deutlich.
Eine kurzzeitige Inhaftierung im Jahre 1983 und mit der Entlassung verknüpfte Auflagen sowie mehrere vorbeugende Zuführungen hatten auf sie keine disziplinierende Wirkung. [4]

Auskunft
Kulisch, Uwe (30), geb. 19.2.1957, wohnh. 1034 Berlin, Grünberger Str. 42, Beruf: Diakon, tätig: Volkssolidarität Berlin-Friedrichshain, Hauswirtschaftspfleger
Unter dem Einfluß und als Erfüllungsgehilfe des DDR-Feindes Roland *Jahn* (Westberlin) gehört *Kulisch* zu den maßgeblichen Organisatoren politischer Untergrundtätigkeit.
Seine pazifistisch verbrämte feindliche Grundhaltung findet ihren Ausdruck in permanenten provokatorischen Aktivitäten gegen die gesellschaftlichen Verhältnisse in der DDR, die von ihm mit zunehmender Aggressivität vorgetragen werden. Der *Kulisch* zählt seit 1983 zu den Verfechtern einer „offenen Kirchenarbeit" mit dem Ziel der Profilierung der sogenannten kirchlichen Basisgruppen und ihrer Einbindung in eine „Friedens- und Menschenrechtsbewegung".
Gemeinsam mit *Mißlitz* u.a. war *Kulisch* Initiator des „Kirchentages von unten". Dabei wirkte er eng mit in der DDR akkreditierten Korrespondenten aus der BRD und Westberlin sowie der Westberliner „tageszeitung" zusammen. *Kulisch* beteiligte sich aktiv an der Vorbereitung und Durchführung provokatorischer „gewaltfreier" Aktionen sowie an der Abfassung, Unterschriftsleistung und Verbreitung feindlichnegativer Pamphlete (Forderung nach Schaffung eines „zivilen Wehrersatzdienstes"[198]; Pamphlet „Tschernobyl wirkt überall"[199]). [5]

Auskunft
Mißlitz, Frank-Herbert (27), geb. 21.6.1960, wohnh. 1034 Berlin, Boxhagener Str. 17, Beruf: Stukkateur, tätig: Volkssolidarität Berlin-Friedrichshain, Hauswirtschaftspfleger
Der *Mißlitz* entwickelte sich seit 1980, beginnend mit der Organisierung einer sogenannten Offenen Jugendarbeit unter dem Deckmantel der evangelischen Kirche, der versuchten Durchführung öffentlichkeitswirksamer provokatorischer Aktionen in Berlin und insbesondere nach seiner Entlassung aus der Untersuchungshaft wegen Wehrdienstverweigerung im November 1985 zu einem führenden Organisator politischer Untergrundtätigkeit im Raum Berlin. In enger Abstimmung mit dem DDR-Feind Roland *Jahn* (Westberlin) war er gemeinsam mit den hinlänglich bekannten feindlich-negativen DDR-Bürgern wie Ralph *Hirsch*, Reinhard *Schult*, Wolfgang *Templin* u.a. an der Inszenierung und Organisierung verschiedener provokatorischer Aktivitäten beteiligt. Von seinen sozialismusfeindlichen Grundpositionen getragen ist sein Vorgehen vor allem auch darauf gerichtet, über den Berliner Raum hinausgehend die sogenannten kirchlichen „Randgruppen" poli-

198 Vgl. Dok. 61.
199 Vgl. Dok. 95, Anm. 88.

tisch organisatorisch zusammenzuführen und sie in eine „DDR-weite Friedens- und Menschenrechtsbewegung" zu integrieren. Die feindliche Haltung des *Mißlitz* manifestiert sich insbesondere als Mitinitiator des provokatorischen Appells „Tschernobyl wirkt überall" und in der Mitunterzeichnung einer Erklärung zum 30. Jahrestag der ungarischen Konterrevolution. [6]
Mißlitz gehört zu den Initiatoren der „Kirche von unten".

Auskunft
Schult, Reinhard (36), geb. 23.9.1951, wohnh. 1058 Berlin, Kantzowstr. 8, Beruf: Baufacharbeiter, Tätigkeit: Heizer im VEB KWV Berlin-Prenzlauer Berg.
Schult ist wegen öffentlicher Herabwürdigung gemäß § 220 StGB[200] vorbestraft. Seit Ende der 70er Jahre ist er aktiv in verschiedenen feindlich-negativen Gruppierungen wirksam und gehört als Leiter des kirchlichen „Friedenskreises" Berlin-Friedrichfelde zu den maßgeblichen Organisatoren zahlreicher, darunter auch einer Reihe überörtlich wirksamer Aktivitäten im Sinne politischer Untergrundtätigkeit (Organisierung sogenannter Ost-West-Seminare, von „Fahrradkorsos" und anderen „Umweltschutzaktionen", Organisierung von überregionalen „Menschenrechtsseminaren", Mitgestaltung von „Bluesmessen" und „Friedenswerkstätten", Verfassung und Unterzeichnung von zahlreichen politisch provokatorischen Schreiben u.a.).
Schult ist Mitglied der Redaktionsgruppe des illegal hergestellten und verbreiteten Informationsblattes „Friedrichsfelder Feuermelder"[201]. Er fungiert als Informant und Gewährsmann von in der DDR tätigen westlichen Journalisten und anderen feindlich-negativen Kräften in der BRD und Westberlin.
Besondere Aktivitäten entwickelte und entwickelt *Schult* bei der Organisierung des „Kirchentages von unten" bzw. der Bewegung „Kirche von unten".

Dok. 103
Interne Hinweise des MfS

30.11.87

Hinweise aus führenden Kirchenkreisen der Evangelischen Kirche in Berlin-Brandenburg zu weiteren geplanten Aktivitäten. Verteiler: Führende Mitarbeiter des MfS[202].

200 Vgl. Dok. 68, Anm. 95.
201 Der bekannte „Friedrichsfelder Feuermelder" wurde vom Friedenskreis der Gemeinde Berlin-Friedrichsfelde, der zu den ältesten in der DDR gehörte, herausgegeben. Ihre Informationen über den Friedrichsfelder Friedenskreis und den „Friedrichsfelder Feuermelder" bezog das MfS direkt durch den Friedrichsfelder Pfarrer Gottfried Gartenschläger (Deckname: „Barth"). Zum „Fall Gottfried Gartenschläger", der jüngst in der Öffentlichkeit bekannt wurde, vgl. den einfühlsamen Artikel von Christoph *Dieckmann* in: „Die ZEIT" 44 vom 25.10.1991, 12 („Missionar der Stasi. Ein Ostberliner Pfarrer stellt sich seiner Gemeinde und seiner Vergangenheit." Vgl. dazu auch Einleitung, 85, Anm. 402.).
202 Diese Hinweise erhielten einer handschriftlichen Notiz zufolge: „Gen. Minister, Mittig, Schwanitz, Ltr. HA XX, Ltr. BV Bln".

Intern wurde dem MfS bekannt, daß sich Bischof *Forck* dahingehend äußerte, daß die Kirchenleitung mit den „Mahnwachen" und der erzielten Wirkung neue Erfahrungen gesammelt habe. Da damit wesentliche Ergebnisse erreicht wurden, sei er für eine zeitweilige Einstellung der „Mahnwachen". Bei einem Mißerfolg weiterer vorgesehener Verhandlungen sollte über eine entsprechende Fortführung neu beraten werden.

Durch Konsistorialpräsident *Stolpe* wurde geäußert, daß aus den vergangenen Tagen der Entschluß entstanden sei, die Problematik der „Umweltbibliothek" zukünftig in die Gesamtkirchenpolitik einzuordnen. Deshalb sollten auch die „Mahnwachen" nur zeitweilig eingestellt werden, vorerst bis zum 4. Dezember 1987, um bei weiteren „Repressivmaßnahmen" staatlicher Organe eine modifizierte Fortführung zu organisieren.

Rechtsanwalt *Schnur* erklärte, daß die Durchsuchung auf gesetzlicher Grundlage erfolgt sei. Eine Eskalation der Konfrontation mit den Sicherheitskräften könnte zu einer Gefährdung seines Einsatzes für seine Mandanten führen.

Im Ergebnis entsprechender Beratungen wurden folgende Festlegungen getroffen:

1. Zeitweiliger Abbruch der „Mahnwachen" bis Freitag, den 4. Dezember 1987. [2]
2. Einrichtung eines Informationsbüros in den Räumen der „Umweltbibliothek".
3. Wiederherstellung der Arbeitsfähigkeit der „Umweltbibliothek", hauptsächlich durch die Bereitstellung entsprechender Technik seitens der Kirchenleitung.
4. Durchführung täglicher „Vollversammlungen" in verschiedenen Berliner Kirchengemeinden (für den 30. November 1987, 18.00 Uhr wurde die Gethsemanekirche festgelegt).
5. Für Freitag, den 4. Dezember 1987, 20.00 Uhr ist eine „Vollversammlung" in der Zionskirche geplant[203]. Dort soll u.a. Rechtsanwalt *Schnur* über den Stand der Ermittlungsverfahren, die Rückgabe der beschlagnahmten Geräte und die Erfüllung der weiteren Forderungen berichten.

Dok. 104
Mielkes Rundschreiben Nr. 78 / 87

Berlin, 10.12.1987

Rundschreiben mit eigenhändiger Unterschrift. Absender: Ministerrat der Deutschen Demokratischen Republik, Ministerium für Staatssicherheit, Der Minister. Anschrift: Diensteinheiten, Leiter. Betreff: 2. Ergänzung zum Schreiben vom 25. November 1987 (VVS MfS o008-71 / 87)[204] VVS-o008 MfS-Nr. 78 / 87.

Die Gesamtheit aller auf zentralen Entscheid im Zusammenhang mit der Verhinderung der weiteren Herstellung der staatsfeindlichen

---

203 Vgl. dazu auch Dok. 104.
204 Hier abgedruckt als Dok. 101.

Schrift „Grenzfall" und den Ereignissen um die Zionskirche und deren „Umweltbibliothek" bisher realisierten Maßnahmen, das dabei praktizierte politisch verantwortungsbewußte und besonnene Verhalten sowie das in Aussicht gestellte weitere staatliche Entgegenkommen haben zu einer gewissen Normalisierung der Lage geführt. Während einer am 4. Dezember 1987 in der Zionskirche durchgeführten sogenannten Vollversammlung wurde, dieser Tatsache Rechnung tragend, auf eine unmittelbare Fortführung insbesondere öffentlichkeitswirksamer provokatorisch-demonstrativer Aktivitäten verzichtet. Der sogenannte harte Kern feindlich-negativer Kräftegruppierungen, insbesondere Mitglieder der „Initiative Frieden und Menschenrechte"[205] in der Hauptstadt der DDR, Berlin, sind jedoch nach wie vor nicht an einer generellen Normalisierung der Lage interessiert und folgen weiter bedingungslos der von äußeren Feinden vorgegebenen Linie und deren konkreten Orientierungen. Ihnen geht es – in konfrontativer Absicht gegenüber dem Staat – vor allem darum, weiterführende provokatorisch-demonstrative Handlungen mit dem Ziel des „Ausbaus erreichter Zugeständnisse" zu inszenieren und zu organisieren, einen übergreifenden republikweiten Solidarisierungseffekt unter sogenannten alternativen Gruppierungen zu erzielen sowie Gleichgesinnte und Sympathisanten zusammenzuführen. Hartnäckig versuchen sie, Druck auf kirchenleitende Kräfte auszuüben, um ihre Forderungen durchzusetzen und ihr Wirkungsfeld im kirchlichen Bereich bestätigen zu lassen. [2] Diesem Zweck soll u.a. das in der „Umweltbibliothek" eingerichtete ständige „Informationsbüro" dienen, dessen Aufgabe insbesondere darin bestehen soll, den kontinuierlichen und schnellen fernmündlichen Informationsaustausch zwischen den einzelnen feindlich-negativen Gruppierungen und Kräften im Innern der DDR sowie zu gegnerischen Kräften im Operationsgebiet zu gewährleisten. Um darüber hinaus Kontaktpartner im In- und Ausland aus eigener Sicht über die Ereignisse um die Zionskirche / „Umweltbibliothek" zu informieren, wurde von diesen Personen eine 51seitige „Dokumentation"[206] hergestellt und vervielfältigt. Mit ihrer Verbreitung wurde am 5. Dezember 1987 begonnen.
Die überwiegende Mehrheit kirchenleitender Kräfte und Amtsträger sieht die durchgeführten staatlichen Maßnahmen als Reaktion des Staates zur Unterbindung ungesetzlicher Handlungen außerhalb der Kirche stehender Personen an. Das Verhalten dieser kirchlichen Personen ist jedoch weiter durch Tendenzen der Toleranz und Inkonsequenz bei der Disziplinierung feindlich-negativer Kräfte geprägt. Teilweise führte taktierendes Verhalten und die Nichtausübung ihrer Verantwortung in Wahrnehmung ihres Hausrechts zu einer regelrechten Unterstützung des Vorgehens dieser Elemente.In diesem Zusammenhang wird auch auf eine „Schnellinformation" des Sekretariats des Bundes der Evangelischen Kirchen in der DDR vom 4.12.1987 an alle Landeskirchen[207] verwiesen, in welcher u.a. gefordert wird, die Arbeit der Gemeinden und ihrer Gruppen müsse ungehindert fortgeführt werden. (Es ist da-

205 Vgl. Dok. 97, Anm. 135.
206 Gemeint ist vermutlich das 45 Seiten umfassende Heft „Dokumenta Zion", auszugsweise abgedruckt in: epd-Dok. 9 / 88, 5-12.
207 Abgedruckt in: epd-Dok. 9 / 1988 vom 22.2.1988.

von auszugehen, daß diese „Schnellinformation" von den Landeskirchen vervielfältigt und weiterverbreitet wird.)
Zum weiteren Vorgehen wurde zentral entschieden:
Die am 25.11.1987 gemäß § 218 StGB eingeleiteten Ermittlungsverfahren gegen *Rüddenklau, Schlegel, Böttcher* und *Kalk* werden – entgegen den aus kirchlichen Kreisen erfolgten und von den Westmedien breit provozierten Verlautbarungen – weitergeführt[208]. Über einen evtl. differenzierten Abschluß dieser Ermittlungsverfahren wird zum gegebenen Zeitpunkt entschieden – unter Beachtung der weiteren Entwicklung der Lage, insbesondere der von solchen feindlich-negativen Kräften ausgehenden bzw. von ihnen beabsichtigten weiteren Aktivitäten sowie der von zuständigen kirchlichen bzw. kirchenleitenden Kräften dazu bezogenen Positionen. Das Ziel dieser Maßnahmen besteht darin, nachdrücklich zu verdeutlichen, daß Entscheidungen über die Weiterführung bzw. den Abschluß der Ermittlungsverfahren in Abhängigkeit vom entsprechenden Stand der Untersuchungen getroffen werden, wobei auch das weitere Verhalten der betreffenden Personen eine bestimmte Rolle spielt. Gleichzeitig wird damit das Ziel verfolgt, die Positionen realistischer kirchenleitender und anderer Einflußpersonen zu stärken, sie zu veranlassen, sich klarer von feindlich-negativen Kräften, besonders dem sogenannten Kern, sowie den von ihnen durchgeführten bzw. beabsichtigten staatsfeindlichen Handlungen abzugrenzen und damit insgesamt den innerkirchlichen Differenzierungsprozeß zu unterstützen. [3] Gleichzeitig wird das gegen Unbekannt eingeleitete Ermittlungsverfahren weitergeführt, mit der Zielstellung der umfassenden Aufklärung aller mit der Herstellung und Verbreitung der staatsfeindlichen Schrift „Grenzfall" im Zusammenhang stehenden Fakten und der umfassenden Nachweisführung der durch die Hersteller und Beteiligten verfolgten staatsfeindlichen Zielstellung. Es geht vor allem darum, im Rahmen dieses Ermittlungsverfahrens und unter Nutzung aller operativen Möglichkeiten die Organisatoren politischer Untergrundtätigkeit, vor allem den sogenannten harten Kern, verstärkt operativ zu bearbeiten und weitere Beweise ihrer staatsfeindlichen Tätigkeit zu gewinnen, um auf dieser Grundlage auf diese Personen bezogene weitere Entscheidungen zum entsprechenden Zeitpunkt treffen zu können.
Nach vorliegenden Hinweisen beabsichtigen die als Herausgeber des „Grenzfall" hinlänglich bekannten hartnäckigen Feinde, unter allen Umständen die Ausgaben Nr. 11 / 87 und Nr. 12 / 87 dieser staatsfeindlichen Schrift herzustellen und zu verbreiten. Es sind alle geeigneten politisch-operativen Maßnahmen, Mittel und Kräfte zu nutzen, um festzustellen, wo im Bereich der Hauptstadt der DDR, Berlin, und darüber hinaus entsprechende Bedingungen und Technik zur Realisierung dieses Vorhabens vorhanden sind, die eventuell für diesen Zweck genutzt werden sollen. Über konkrete Hinweise und Verdachtsmomente ist sofort die Hauptabteilung XX zu informieren. Es sind unverzüglich alle Maßnahmen zur Aufklärung und Kontrolle einzuleiten, um rechtzeitig das erforderliche abgestimmte Vorgehen zur Unterbindung einleiten zu können.
Das weitere differenzierte Vorgehen gegen feindlich-negative Kräfte im

---

208 Vgl. dazu Dok. 102, bes. Anm. 191. Eingestellt wurden die Verfahren erst am 7.1.1988. Vgl. *Rein*, Revolution, 39.

Zusammenhang mit den genannten Maßnahmen und Ereignissen ist in jedem Fall zentral abzustimmen. Für Festnahmen und Maßnahmen in kircheneigenen Objekten sind zentrale Entscheidungen einzuholen. Das gilt auch für erforderliche Untersuchungshandlungen durch die DVP und die Zollverwaltung.

Im Prozeß der politisch-operativen Aufklärung, Kontrolle und Bearbeitung von im Sinne politischer Untergrundtätigkeit wirkenden Inspiratoren / Organisatoren bzw. bei der Klärung diesbezüglicher Sachverhalte gewonnene Erkenntnisse sind auswertbar und abrufbereit zu dokumentieren. Unter Nutzung aller gegebenen Möglichkeiten ist eine exakte Beweisführung über Rechtsverletzungen zu sichern, besonders auch bezogen auf gesetzeswidrige Handlungen in kirchlichen Objekten und Verantwortungsbereichen. Von feindlich-negativen Elementen mit dem Ziel der Eskalierung der Situation inspirierte provokatorisch-demonstrative Aktivitäten in der Öffentlichkeit, wie sogenannte Mahnwachen außerhalb kirchlicher Einrichtungen und Grundstücke, Kerzen-, Plakat- und weitere mögliche Solidarisierungsaktionen auf Straßen u. dgl., sind vorbeugend zu verhindern bzw. konsequent zu unterbinden. [4]

Nach vorliegenden Hinweisen beabsichtigen feindlich-negative Kräfte am 10. Dezember 1987 anläßlich des „Internationalen Tages der Menschenrechte" vor dem Sitz der Liga für Völkerfreundschaft in Berlin, Otto-Grotewohl-Straße, eine provokatorische Veranstaltung unter Mitführung einer Reihe von Transparenten mit Losungen feindlichen Inhalts und den Mißbrauch einer kirchlichen Veranstaltung in der Gethsemanekirche in Berlin für weitere Angriffe gegen den Staat. Aufgrund dessen, daß es sich um eine nicht beantragte und nicht genehmigte Veranstaltung handelt, ist ihre Durchführung untersagt worden, es wurden entsprechende Auflagen erteilt. Provozierende und den Anordnungen der Schutz- und Sicherheitsorgane nicht folgeleistende Tatbeteiligte sind zuzuführen und nur nach Weisung zu entlassen.

Die Kirchenleitungen der evangelischen Kirchen, kirchliche Amtsträger, Gemeindekirchenräte und Synodale sind seitens der zuständigen staatlichen Organe fortgesetzt auf ihre Verantwortung für alles, was in kirchlichen Einrichtungen geschieht, hinzuweisen und aufzufordern, entsprechend ihrem Hausrecht jegliche Aktionen gegen den Staat in diesen Bereichen zu unterbinden. Mit aller Entschiedenheit ist zu fordern, daß derartige, mit dem Artikel 39 der Verfassung der DDR[209], anderen Gesetzen und Rechtsvorschriften nicht übereinstimmende Handlungen in kircheneigenen Räumen durch die zuständigen kirchlichen Leitungsgremien und Amtsträger mit aller gebotenen Konsequenz unterbunden werden. Jegliche öffentlichkeitswirksame provokatorisch-demonstrativen Aktivitäten aus kirchlichen Räumen heraus sind zu verhindern. Die Teilnehmer an Zusammenkünften und provokatorisch-demonstrativen Handlungen im Zusammenhang mit Reaktionen auf die staatlichen Maßnahmen zur Verhinderung der Herstellung von „Grenzfall" sind mit dem Ziel der weiteren Differenzierung im Vorgehen gegen solche Personen gewissenhaft zu analysieren. Gemäß dem Verfassungsgrundsatz „Recht auf Arbeit und Pflicht zur Arbeit bilden eine Einheit" ist zu veranlassen, daß bei Personen, die in keinem Arbeitsrechtsverhältnis stehen, Prüfungshandlungen durch die

209 Vgl. Dok. 71, Anm. 127.

Abt. Inneres bei den Räten der Kreise und Stadtbezirke im Zusammenwirken mit den Ämtern für Arbeit durchgeführt und diesen Personen freie Arbeitsplätze nachgewiesen werden. Bei solchen Personen, die keine ihnen nachgewiesene Arbeit aufnehmen und bei denen Anzeichen arbeitsscheuen Verhaltens erkennbar sind, ist zu prüfen, inwieweit bei diesen eine kriminelle Gefährdung vorliegt. In differenzierter Art und Weise sind insbesondere auf der Basis des Arbeitsgesetzbuches der DDR, der Anordnung zur Erhöhung der Wirksamkeit des gesellschaftlichen Arbeitsvermögens vom 25.5.1979 (GBl. I Nr. 15 S. 115) und der Verordnung über die Aufgaben der örtlichen Räte und der Betriebe bei der Erziehung kriminell gefährdeter Bürger vom 19.12.1974 (GBl. I 1975 Nr. 6 S. 130) in der Fassung der 2. Verordnung vom 6. Juli 1979 (GBl. I Nr. 21 S. 195) konkrete Maßnahmen festzulegen und deren Realisierung zu kontrollieren. Verstärkt sind gesellschaftliche Kräfte unterstützend in diesen Prozeß einzubeziehen. [5]
Das in jüngster Zeit praktizierte Zusammenwirken äußerer und innerer Feinde und die dabei erzielten Wirkungen erfordern eine Intensivierung der Bekämpfung äußerer Feinde. Alle Pläne, Absichten, Maßnahmen und Orientierungen des Gegners zur Inspirierung / Organisierung politischer Untergrundtätigkeit in der DDR sind umfassend aufzuklären, zu dokumentieren und zur zentralen Auswertung zur Verfügung zu stellen. Beweiskräftige Hinweise sind über das aktuelle und künftige Vorgehen der imperialistischen Geheimdienste und anderer feindlicher Zentren im Operationsgebiet zur Steuerung der feindlich-negativen Aktivitäten gegen die DDR zu erarbeiten. Das gilt auch für die Erarbeitung konkreter und personifizierter Beweise über die Inspiratoren / Organisatoren, die Hintermänner, die einbezogenen und anderweitig genutzten Kräfte. Alle Personen aus der BRD und Westberlin, die mit dem Ziel in die DDR einzureisen beabsichtigen, im Sinne politischer Untergrundtätigkeit wirkende Kräfte unmittelbar zu unterstützen und das gemeinsame weitere Vorgehen bzw. mögliche Aktionen abzustimmen, sind nach zentraler Abstimmung in Einreisesperre[210] zu stellen.
Die erforderlichen Maßnahmen sind im engen Zusammenwirken mit der BdVP und weiter einzubeziehenden staatlichen und gesellschaftlichen Kräften durchzusetzen.
Die 1. Sekretäre der Bezirksleitungen der SED sind in geeigneter Form über die genannten Festlegungen und Vorgehensweisen zu unterrichten.
[gez.] Mielke
Armeegeneral

Dok. 105
Mittigs Rundschreiben Nr. 11 / 88

Rundschreiben mit eigenhändiger Unterschrift. Absender: Ministerrat der Deutschen

---

210 Fünf Tage zuvor war bereits dem SPD-Parlamentarier Gert Weißkirchen die Einreise in die DDR verweigert worden. Weißkirchen hatte sich zusammen mit seinen Parteifreunden Jürgen Schmude und Horst Sielaff über die Aktionen gegen die Umweltbibliothek informieren wollen. Vgl. *Rein*, Revolution, 38.

Demokratischen Republik. Ministerium für Staatssicherheit. Stellvertreter des Ministers. Anschrift: Diensteinheiten, Leiter. VVS-o008 MfS-Nr. 11 / 88.

Berlin, 30.1.1988

Gemäß zentraler Festlegung fand am 28.1.1988 eine Beratung mit den stellvertretenden Vorsitzenden der Räte der Bezirke für Inneres in Berlin statt, dabei wurde ihnen anhand der aktuellen Fakten der Auftrag übermittelt, die Verantwortung vor Ort konsequent wahrzunehmen, die Einwirkung auf kirchenleitende Persönlichkeiten und die Gemeindekirchenräte zu verstärken.

Mit dem Ziel der weiteren Zurückdrängung feindlich-negativer Aktivitäten klerikaler und anderer antisozialistischer Kräfte wird eine Gesprächskonzeption übersandt. Diese Gesprächskonzeption ist den Stellvertretern der Vorsitzenden der Räte der Bezirke und Kreise für Inneres sowie den Sektorenleitern für Kirchenfragen zu übergeben. Sie ist als Grundlage zu nehmen für Gespräche mit den zuständigen kirchenleitenden Kräften im Bereich der Evangelischen Kirche in Berlin-Brandenburg sowie – in Abhängigkeit von geplanten bzw. durchgeführten politischen Mißbrauchshandlungen in kirchlichen Räumlichkeiten im Zusammenhang mit strafprozessualen Maßnahmen gegen feindlich-negative Kräfte – auch mit kirchenleitenden Kräften der anderen evangelischen Landeskirchen. Dabei sollte konkreter Bezug genommen werden auf entsprechende Vorkommnisse im jeweiligen Territorium. Wo derartige rechtswidrige Aktivitäten und Verstöße bekannt werden, sind in Abstimmung mit der Partei unverzüglich die notwendigen Maßnahmen einzuleiten.

Die kirchlichen Amtsträger sind zu den staatlichen Organen vorzuladen. Dabei sind die Rechtsverstöße darzulegen und Auflagen für die unverzügliche Unterlassung derartiger Handlungen zu erteilen.

[gez.] Mittig
Generaloberst

Anlage

Gesprächskonzeption
Wie aus Veröffentlichungen der Presse bekannt ist, wurden durch die zuständigen Organe der DDR mehrere Personen wegen des begründeten Verdachts landesverräterischer Beziehungen und im Zusammenhang mit geplanten Provokationen anläßlich der Kampfdemonstration der Werktätigen für die ermordeten Märtyrer der kommunistischen Bewegung Rosa Luxemburg und Karl Liebknecht am 17. Januar 1988 festgenommen[211]. Es besteht der dringende Verdacht, daß einige dieser Personen im engen Zusammenwirken mit Personen und Einrichtungen außerhalb der DDR Handlungen gegen die verfassungsmäßige Ord-

---

211 Es waren mehr als einhundert Menschen festgenomen worden. Viele Demonstrantinnen und Demonstranten hatte damit erreichen wollen, daß ihre Ausreiseanträge schneller bearbeitet würden. Zu den Festgenommenen gehörten „aber auch Mitglieder kirchlicher und unabhängiger Friedens- und Menschenrechtsgruppen, die für Veränderungen in der DDR demonstrieren wollten, unter ihnen der Liedermacher Stephan Krawczyk, Vera Wollenberger und drei Mitarbeiter der Umwelt-Bibliothek" (*Rein*, Revolution, 39). Am 25.1.1988 wurden außerdem Freya Klier, die Ehefrau Krawczyks, Bärbel Bohley, Werner Fischer, Ralf Hirsch und Wolfgang Templin unter dem Vorwurf des Landesverrates festgenommen. Sie alle gehörten ebenfalls zur Initiative Frieden und Menschenrechte. Vgl. ebd., 40.

nung der DDR begangen haben, die über das mutwillige Entweihen
der Gedenkveranstaltung hinausgehen. Im Interesse des Schutzes unserer sozialistischen Gesellschaft und der Sicherheit und Geborgenheit
ihrer Bürger ist es erforderlich, den Verdacht dieser Straftaten unverzüglich und umfassend aufzuklären. Die laufenden Untersuchungen
werden entsprechend den gesetzlichen Anforderungen geführt. Den
Beschuldigten werden alle in der Strafprozeßordnung vorgesehenen
Rechte einschließlich dem der Verteidigung eingeräumt. Die bisherigen
gerichtlichen Entscheidungen machen deutlich, daß für derartige Provokationen und Handlungen in unserer Gesellschaft kein Platz ist[212].
Es ist offenkundig, daß die Täter bewußt und planmäßig mit feindlichen und antisozialistischen Kräften in der BRD und in Westberlin
vorgegangen sind. So handelt es sich bei den Zusammenrottungen am
17.1.1988 um von langer Hand vorbereitete Provokationen, zu denen
wie bei nachfolgenden Handlungen eine Schar westlicher Korrespondenten und Aufnahmeteams auf „Bestellung" rechtzeitig vor Ort erschienen, um die Hetzkampagne gegen die DDR zu führen. [2] Es
wird deutlich, daß die Beschuldigten ideell und materiell von Personen
außerhalb der DDR massiv unterstützt wurden (siehe Presseveröffentlichungen vom 25.1.1988[213]).
Aus gegebenem Anlaß besteht die Notwendigkeit, den Vertretern der
Kirchen deutlich zu machen, daß im Gegensatz zu den fortgesetzten
Bemühungen des Staates und verantwortungsbewußter kirchlicher
Amtsträger Aktivitäten erkennbar sind, kirchliche Räume und Zusammenkünfte als politische Veranstaltungen umzufunktionieren und die
Kirchen zu mißbrauchen. Mit allem Nachdruck muß darauf verwiesen
werden, daß dies eine Einmischung in innerstaatliche Angelegenheiten
darstellt.
Es ist bekannt, daß reaktionäre Kräfte – inspiriert durch entspannungs-
feindliche Kräfte außerhalb der DDR – die Absicht verfolgen, Unruhe
zu stiften. Zu diesen Aktivitäten gehören die Durchführung besonderer sogenannter Solidaritätsveranstaltungen in kirchlichen Räumen und
das Organisieren von Protesten und Resolutionen. Es gibt Erscheinungen, daß in derartigen Veranstaltungen Unterschriften gesammelt [wer-
den] und rechtswidrig zu Geldspenden aufgefordert wird.
Gegen die Bildung sogenannter Informations- und Kontaktbüros ist
entschieden Einspruch zu erheben und energisch die Einstellung derartiger Tätigkeiten zu fordern. Derartige Aktivitäten stehen im krassen
Widerspruch zu der in der Verfassung der DDR Artikel 39 Absatz 2[214]
garantierten Religionsfreiheit und dem eigentlichen Auftrag der Kirchen. Es steht den Kirchen nicht zu, gemeinsam mit Feinden des Staates Forderungen nach der Freilassung von Straftätern zu erheben und
die Staatsorgane damit unter Druck zu setzen. Das bedeutet, die ausge-

---

212 Am 25.1.1988 war Vera Wollenberger zu einer Freiheitsstrafe von sechs Monaten
     wegen „versuchter Zusammenrottung" nach § 217 StGB verurteilt worden. Vgl.
     Rein, Revolution, 40.
213 Vgl. den Artikel von Hubert Reichel im ND vom 26.1.1988 („Leute, mit denen
     wir in engem Kontakt stehen ...". „Friedensstreiter" Jahn organisiert von West-
     Berlin aus den Nachschub für die heiß ersehnte „DDR-Opposition"). Vgl. ferner
     den Kommentar von Heinz Kamnitzer, dem damaligen Präsidenten des PEN-Zen-
     trums in der DDR, am 28.1.1988 im „Neuen Deutschland". Darin bezeichnete er
     Aktionen der Demonstranten und Demonstrantinnen als „verwerflich wie eine
     Gotteslästerung" (abgedruckt in: *Rein*, Revolution, 61 f.).
214 Vgl. Dok. 71, Anm. 127.

sprochenen staatlichen Erwartungshaltungen zu ignorieren. Die Situation erfordert, die kirchlichen Vertreter mit Nachdruck darauf hinzuweisen, sich auf ihren eigentlichen Auftrag zu besinnen und in ihren Räumen keine politischen Abenteurer mit antisozialistischen Interessen wirksam werden zu lassen. Die kirchlichen Amtsträger sind aufzufordern, staatliche Fest- [3] legungen nicht in kirchlichen Veranstaltungen und gegenüber Vertretern westlicher Massenmedien zu kommentieren und in ihrem Sinne auszulegen.

Es wird erwartet, daß mit gebotenem Ernst besonders auf die Mitarbeiter im Bereich der kirchlichen Jugendarbeit (Stadtjugendpfarrer[215], ESG usw.) eingewirkt wird, um eine Eskalation der Ereignisse auszuschließen. Es sollte eine klare Standortbestimmung und Einflußnahme der in den Kirchen wirkenden Gruppen erfolgen. Die kirchlichen Amtsträger sollten sich diese Personen besser ansehen, denen sie Möglichkeiten des Wirkens in kirchlichen Räumen [geben]. Der tendenziösen Berichterstattung und Einmischung der Westmedien ist kein Platz zu geben. Das alles steht auch im Widerspruch zur Haltung der Mehrzahl der christlichen Bürger unseres Staates[216], die sich in täglicher, zuverlässiger Arbeit für die weitere Entwicklung unserer Gesellschaft, für das Wohl aller Bürger einsetzen.

Seitens des Staates wird erwartet, daß auch die kirchliche Seite zu den Zusagen des Grundsatzgespräches vom 6. März 1978[217] steht, da es zu den dort getroffenen Vereinbarungen keine vernünftige Alternative gibt. Dazu gehört das verantwortungsbewußte Verhalten gegenüber den Gliedern der eigenen Kirche[218].

Dok. 106
Mielkes Rundschreiben Nr. 18 / 88

Berlin, 19.2.1988

Rundschreiben mit eigenhändiger Unterschrift. Absender: Ministerrat der Deutschen

---

215 Bischof Forck hatte am 21.1.1988 erklärt, das Stadtjugendpfarramt sei aufgefordert worden, zu Fürbittenandachten einzuladen. Vgl. *Rein*, Revolution, 40.
216 Gemeint sind hier solche Gruppierungen wie der Weißenseer Arbeitskreis, der am 7.2.1988 einen offenen Brief an Bischof Forck richtete. Darin wird die Erklärung der Kirchenleitung vom 30.1.1988 (vgl. Anm. 218) kritisiert und die Gefahr eines neuen, „vom Boden der Berlin-Brandenburgischen Kirche" ausgehenden Kalten Krieges beschworen. An anderer Stelle in der Erklärung, zu deren Unterzeichnern auch einige Dozenten der Humboldt-Universität gehörten, heißt es: „Wenn sich die Kirche als eigenständige gesellschaftliche Kraft, als Forum für Aussteiger und Auswanderer zu profilieren sucht, müssen wir widersprechen" (abgedruckt in: *Rein*, Revolution, 68-71, Zitate: 70 bzw. 68). Zur Haltung der Weißenseer Arbeitskreises nach der „Wende" vgl. Einleitung, 80, Anm. 360.
217 Vgl. Dok. 56.
218 Die Kirchenleitung der Berlin-brandenburgischen Kirche veröffentlichte nach dem 30.1.1988 eine Stellungnahme, in der sie erklärte, man könne „die Aktivitäten am Rande der Demonstration" vom 17.1.1988 „nicht gutheißen" (abgedruckt in: *Rein*, Revolution, 63-65, hier: 64). Und an die Adresse der Regierung gerichtet, heißt es in der Stellungnahme: „Die Staatsführung und die Rechtspflegeorgane bitten wir, solche Entscheidungen zu treffen, die jetzt Vertrauen schaffen und Mitwirkungsbereitschaft fördern, um damit Resignation und Staatsverdrossenheit abzubauen" (ebd., 64). Zugleich setzte sich Bischof Forck weiter für eine gerechte Behandlung der Inhaftierten ein.

Demokratischen Republik, Ministerium für Staatssicherheit, Der Minister. Anschrift:
Diensteinheiten, Leiter. VVS-o008 MfS-Nr. 18 / 88. Ohne Anlage.

Anliegend wird Ihnen die Konzeption „Zu prinzipiellen Fragen der
Beziehungen zwischen Staat und Kirche" übersandt[219]. Diese diente
als Grundlage für eine am 19. Februar 1988 durchgeführte Aussprache
des Mitglieds des Politbüros und Sekretärs des ZK der SED, Genossen
Jarowinsky, und des Staatssekretärs für Kirchenfragen, Genossen Dr.
Gysi, mit dem Vorsitzenden der Konferenz der Evangelischen Kirchenleitungen in der DDR, Bischof Dr. Leich, an der der Leiter des
Sekretariats des Bundes der Evangelischen Kirchen in der DDR, Oberkirchenrat Ziegler, teilnahm. Seitens der Vertreter der Evangelischen
Kirche in der DDR wurde besonnen auf die vorgetragenen Standpunkte reagiert und ein bestimmtes Verständnis für die aufgeworfenen Probleme sowie die Bereitschaft zur sorgfältigen Prüfung und Auswertung
signalisiert. Der Generalsekretär des ZK der SED, Genosse Erich Honecker, hat diese Konzeption am 18.2.1988 den 1. Sekretären der Be-
zirks- und Kreisleitungen übermittelt und gleichzeitig die Festlegung
mitgeteilt, daß entsprechend dieser Konzeption auch Gespräche der
zuständigen staatlichen Organe mit allen Bischöfen und kirchenleitenden Kräften aller Ebenen, unter Berücksichtigung der Situation des jeweiligen Bezirkes bzw. Kreises stattfinden.
Ausgehend von den in der letzten Zeit in einigen Bezirken und Kreisen unter dem Dach der Kirche durchgeführten Aktionen gegen Staat
und Gesellschaft, deren Hintermänner zum Teil in Westberlin sitzen,
stellt Genosse Erich Honecker die Aufgabe, die feindliche Tätigkeit
gegen die DDR zu unterbinden. Die geplanten Gespräche sind mit
dem Ziel zu führen, einem Abgleiten von Teilen der Evangelischen
Kirche von den Vereinbarungen des Treffens des Genossen E. Honek-
ker mit der Konferenz Evangelischer Kirchenleitungen in der DDR
vom 6.3.1978[220] entgegenzuwirken und den Mißbrauch der Kirchen
für weitere staatsfeindliche Tätigkeiten zu verhindern. Dabei wird verdeutlicht werden, daß der Staat – ausgehend vom verfassungsrechtlichen Grundsatz der Gleichheit aller Bürger vor dem Gesetz – die religiöse Tätigkeit der Kirche schützt, aber auch gleichzeitig in keinem
Augenblick zulassen wird, daß unter dem Schirm der Kirche staatsfeindliche Aktivitäten organisiert und durchgeführt werden. [2]
Die 1. Sekretäre der Bezirks- und Kreisleitungen wurden beauftragt,
über die Ergebnisse der Gespräche mit den zuständigen kirchlichen
Amtsträgern sowie über eingeleitete Maßnahmen zur Unterbindung
rechtswidriger Handlungen zu informieren.
Die politisch-operative Arbeit der Diensteinheiten ist darauf auszurichten, unter Nutzung aller geeigneten politisch-operativen Möglichkeiten, insbesondere durch den gezielten Einsatz der IM und GMS, die
offensiven Maßnahmen in Durchsetzung der Politik der Partei in Kirchenfragen wirksam zu unterstützen. Insbesondere sind folgende Maßnahmen durchzuführen:
1. Die Leiter der Bezirksverwaltungen und Kreisdienststellen haben

219   Die Erklärung, in der ein wesentlich schärferer Ton gegenüber den Kirchen ange-
      schlagen wurde, als dies in den vergangenen Jahren üblich war, ist einige Monate
      später in der Öffentlichkeit bekannt geworden. Sie ist vollständig abgedruckt in:
      epd-Dok. 43 / 88, 61-65, auszugsweise in: *Rein*, Revolution, 88-90.
220   Vgl. Dok. 56.

durch Übergabe auswertbarer Erkenntnisse aus ihrem Verantwortungsbereich an die 1. Sekretäre der Bezirks- und Kreisleitungen der SED beizutragen, daß die geplanten Gespräche mit den kirchenleitenden Kräften sach- und lagebezogen vorbereitet und durchgeführt werden können.

In Abstimmung mit den 1. Sekretären der Bezirks- und Kreisleitungen der SED sind gemeinsame Maßnahmen zur vorbeugenden Verhinderung des Wirksamwerdens feindlich-negativer Kräfte unter Mißbrauch der Kirchen festzulegen.

2. Die Leiter der operativen Diensteinheiten haben unter Nutzung ihrer Möglichkeiten Informationen zu erarbeiten über

– Inhalt und Verlauf des Gesprächs mit den Bischöfen und anderen kirchenleitenden Kräften aller Ebenen sowie über deren Verhalten, einschließlich vorgetragener Argumente und Probleme;

– interne und offizielle Reaktionen kirchenleitender Kräfte, insbesondere der Bischöfe, auf diese Gespräche sowie Inhalte der erfolgten Auswertungen in den Kirchenleitungen, auf kirchlichen Veranstaltungen bzw. gegenüber Kontaktpartnern aus nichtsozialistischen Staaten bzw. aus Westberlin;

– Orientierungen der Bischöfe und der Kirchenleitungen hinsichtlich der Einflußnahme kirchlicher Amtsträger auf eine Verhinderung des politischen Mißbrauchs der Kirchen und kirchlichen Veranstaltungen und dabei aufgetretene Differenzen, Widersprüche, Probleme;

– Wirkungen der Gespräche auf kirchliche Basisgruppen, wie sogenannte Friedens-, Ökologie- und Menschenrechtsgruppen, sowie auf innerkirchliche Zusammenschlüsse, wie „Kirche von unten"[221] und „Solidarische Kirche"[222].

Die Leiter der Bezirksverwaltungen haben den Leiter der Hauptabteilung XX über Verlauf und Ergebnisse der Gespräche mit den Bischöfen unverzüglich zu informieren.

Zu den übrigen in Ziffer 2. genannten Problemen ist jeweils am 1. und am 15. des Monats an den Leiter der Hauptabteilung XX zu berichten.

[gez.] Mielke
Armeegeneral
Anlage

Dok. 107
Aus Hinweisen Mielkes

Auszug aus Hinweisen Mielkes für die Dienstbesprechung am 25.2.1988. B / 199.

Genossen!
Noch einige Bemerkungen zum Verhältnis Staat-Kirche.
Der Brief des Generalsekretärs des ZK der SED, Genossen *Honecker*, an die 1. Sekretäre der Bezirks- und Kreisleitungen vom 18. Februar 1988[223] und die dort beigefügte Gesprächskonzeption „Zu prinzipiel-

---

221 Zur „Kirche von unten" vgl. Dok. 100, Anm. 176.
222 Zur „Solidarischen Kirche" vgl. Dok. 100, Anm. 175.
223 Es handelt sich vermutlich um die Rede, die Honecker am 12.2.1988 aus Anlaß einer Beratung des Sekretariates des ZK der SED mit den ersten Sekretären der Kreisleitungen gehalten hat. Vgl. dazu auch Dok. 109.

len Fragen der Beziehungen zwischen Staat und Kirche"[224] sind Euch bekannt. Bekanntlich enthält dieser Brief die Festlegung, Gespräche mit der Leitung der evangelischen Kirchen sowie mit allen Bischöfen und weiteren kirchenleitenden Kräften aller Ebenen zu führen. In meiner Weisung vom 19. Februar 1988[225] habe ich Euch beauftragt, durch Übergabe auswertbarer Erkenntnisse aus dem jeweiligen Verantwortungsbereich an die 1. Sekretäre der Bezirks- und Kreisleitungen maßgeblich dazu beizutragen, daß die geplanten Gespräche mit den kirchenleitenden Kräften sach- und lagebezogen durchgeführt werden können. Die Praxis zeigt, daß bei der Vorbereitung der Gespräche seitens der zuständigen staatlichen Organe nicht überall im Sinne der kirchenpolitischen Linie der Partei gehandelt wird. Das widerspiegelt sich vor allem in einer undifferenzierten Vorgehensweise gegenüber den kirchenleitenden Personen, [51] ungeachtet dessen, ob es sich um reaktionäre kirchliche Amtsträger oder um Personen handelt, die realistische Positionen einnehmen. Mit einem derartigen Vorgehen wird die mit den Gesprächen verfolgte Zielstellung nicht erreicht. Ich fordere deshalb die Leiter der Bezirksverwaltungen auf, ihren Einfluß gegenüber den Partnern des Zusammenwirkens geltend zu machen, auch durch die Übergabe entsprechender Erkenntnisse ein differenziertes Vorgehen gegenüber den kirchenleitenden Kräften aller Ebenen zu ermöglichen. Dabei ist von besonderer Bedeutung, daß es sich nicht um eine einmalige Sache, um keine Kampagne handelt. Das Anliegen besteht darin, auch unter Nutzung dieser Gespräche eine kontinuierliche Zusammenarbeit mit kirchenleitenden Kräften zu gewährleisten und vor allem jene kirchliche Amtsträger und Synodale bzw. andere Laienchristen, die auf politisch realistischen Positionen stehen, darin zu bestärken, in unserem Sinne noch wirksamer zu werden.
Wir dürfen nicht zulassen, daß den Anforderungen zuständiger staatlicher Organe an kirchliche Amtsträger, zu einem Gespräch zu erscheinen, nicht Folge geleistet wird bzw. derartige Gespräche von einem Bischof untersagt werden. Das führt zu einer Untergrabung der Staatsautorität.

Dok. 108
Information Nr. 113 / 88

Berlin, den 2.3.1988

Information Nr. 113 / 88 des MfS über einige aktuelle Aspekte der Situation in den Kirchenleitungen der evangelischen Landeskirchen in der DDR. Verteiler: Staats- und Parteispitze bzw. führende Mitarbeiter des MfS[225a]. Vermerk: Streng geheim! Um Rückgabe wird gebeten!

---

224 Vgl. Dok. 106, bes. Anm. 219.
225 Hier abgedruckt als Dok. 106.
225a Einem handschriftlichen Vermerk zufolge erhielten folgende Personen diese Information: „1. Hon, 2. Kre, 3. Jaro, 4. Bell, 5. Gysi, 6. Mittig, 7. HA XX / Ltr., 8. HA XX / 4, 9. La, 10. Tannh / Schorem, 11. Abl.".

Nachfolgend wird über einige dem MfS vorliegende Hinweise zur Lage in den evangelischen Landeskirchen der DDR informiert:

1. Vorliegende interne Hinweise über erste Reaktionen der Bischöfe und kirchenleitender Gremien der evangelischen Landeskirchen in der DDR auf die geführten Gespräche seitens leitender Partei- und Staatsfunktionäre lassen in der Grundtendenz erkennen, daß mehrheitlich der Wille besteht, an der Linie des 6. März 1978[226] festzuhalten und das Verhältnis der Kirche zum Staat auch künftig im Sinne dieser Vereinbarungen zu gestalten.

Mit Ausnahme von Bischof Forck / Evangelische Landeskirche in Berlin-Brandenburg, distanzierten sich kirchenleitende Kräfte anderer Landeskirchen von den Organisatoren, Hintermännern und Teilnehmern der Provokation anläßlich der Kampfdemonstration der Werktätigen am 17. Januar 1988 in der Hauptstadt der DDR. [2] Beachtenswert ist jedoch, daß diese Ereignisse nicht im Zusammenhang gesehen werden mit den fortgesetzten Bestrebungen feindlich-negativer Gruppierungen und Kräfte, unter dem Schutz der Kirche wirksam zu werden, kirchliche Einrichtungen und Veranstaltungen politisch zu mißbrauchen und mit Unterstützung reaktionärer kirchlicher Kräfte staatsfeindliche Handlungen zu initiieren und zu organisieren.

Wiederholt wurde intern geäußert, derartige Vorgänge seien ausschließlich Sache der Kirchenleitung der Evangelischen Kirche in Berlin-Brandenburg. (Beachtenswert sind Feststellungen über zunehmende kritische Äußerungen kirchlicher Amtsträger und Laien gegenüber dem Kurs der Kirchenleitung der Evangelischen Kirche in Berlin-Brandenburg, insbesondere von Bischof Forck[227]. So haben nach Äußerungen von Pfarrer Passauer im Anschluß an einen Gottesdienst am 28. Februar 1988 in der Sophienkirche 60 Gemeindepfarrer aus dem Bereich dieser Landeskirche Forck in einem Brief vorgeworfen, daß er sich zu sehr um Politik und zu wenig um die Gemeinden kümmere. Wie festgestellt wurde, handelt es sich dabei um einen offenen Brief des „Weißenseer Arbeitskreises" an Bischof Forck[228].)

Ähnliche Erscheinungen in anderen Landeskirchen werden zum Teil verharmlost und heruntergespielt. Nach wie vor wird auch das inkonsequente und taktierende Verhalten kirchlicher Amtsträger gegenüber feindlich-negativen Kräften mit dem angeblichen seelsorgerischen Auftrag der Kirchen begründet, sich um alle Menschen zu bemühen, die in „innere und äußere Not" geraten seien, unabhängig davon, wie die jeweilige „Notlage" zustandegekommen sei. [3]

Erhebliche Diskussionen hat unter kirchenleitenden Kräften die in der Gesprächskonzeption „Zu prinzipiellen Fragen der Beziehungen zwischen Staat und Kirche"[229] enthaltene und diesem Personenkreis vorgetragene Einschätzung ausgelöst, wonach sich die Kirche in staatliche Angelegenheiten einmischt und Anliegen erörtert, die ausschließlich in

---

226 Vgl. Dok. 56.
227 Vgl. hierzu auch die Kontroverse zwischen Generalsuperintendent Günter Krusche und Bischof Forck während der Regionalsynode der Berlin-Brandenburgischen Kirche. Während Krusche für eine stärkere Abgrenzung der Kirche von den kritischen Gruppen eintrat, betonte Forck den christlichen Charakter von deren Anliegen. Vgl. *Rein*, Revolution, 91 f.
228 Vgl. Dok. 105, Anm. 216.
229 Vgl. Dok. 106, bes. Anm. 219.

die Kompetenz des Staates, der Parteien oder gesellschaftlichen Organisationen gehören.
Bisherigen Hinweisen zufolge lehnen maßgebliche kirchenleitende
Kräfte diese Wertung ab bzw. versuchen sie abzuschwächen. Teilweise
wird der Versuch unternommen, für die entstandenen Belastungen im
Verhältnis Staat-Kirche den Staat verantwortlich zu machen. So erklärte Bischof Leich auf einer Sitzung des Landeskirchenrates der Evangelisch-Lutherischen Kirche in Thüringen, man müsse den Vorwurf zurückweisen, daß die Kirche die derzeitigen Probleme und Schwierigkeiten verursacht hätte. Sie sei lediglich mit „Folgeerscheinungen von
Defiziten der Gesellschaft" konfrontiert, die sie nicht zu verantworten
habe. Die Verschlechterung im Verhältnis Staat-Kirche resultiere aus
Problemen, über die die Kirche schon seit Jahren reden wolle, wo aber
der Staat Gespräche „verweigere". Ausgehend von dieser durch Bischof Leich vertretenen Grundposition kam auch der Vorstand der
Konferenz Evangelischer Kirchenleitungen in der DDR zu der Feststellung, daß die staatliche Wertung[230] des Inhalts und Verlaufs der 1.
Vollversammlung der „Ökumenischen Versammlung der Christen und
Kirchen in der DDR für Gerechtigkeit, Frieden und Bewahrung der
Schöpfung" (12. - 15. Februar 1988 in Dresden)[231] eine „Fehlinterpretation" darstelle[232]. [4] Eindeutig politisch realistische Standpunkte in
diesen Fragen vertrat bisher nur Bischof Gienke / Greifswald[233].
Relativ einheitlich sind die Positionen kirchenleitender Kräfte zur Problematik der Übersiedlungsersuchenden. Ausgehend von ihren wiederholt bekräftigten Standpunkten, daß der Platz jedes Gemeindemitgliedes hier in diesem Land sei und ein Verlassen der DDR – sofern nicht
dringende humanitäre Gründe vorliegen – nicht akzeptabel sei, werden
die provokatorisch-demonstrativen Aktionen Übersiedlungsersuchender verurteilt. Im Gegensatz zum Verhalten der Kirchenleitung der
Evangelischen Kirche in Berlin-Brandenburg wird die Einrichtung von
besonderen Kontakt- oder Seelsorgestellen bzw. Büros[234] in den Berei-

230 Vgl. die Meldung in epd ZA 31 vom 15.2.1988, 3. Danach rechnete man in kirchlichen Kreisen mit Verstimmungen auf staatlicher Seite nach der offenen Kritik an
     den Verhältnissen in der DDR, wie sie bei der Ökumenischen Versammlung in
     Dresden laut geworden war. Vgl. dazu auch die Erklärung Jarowinskys (vgl. Dok.
     106, Anm. 219) sowie die Berichte von *Hartmann*, Ökumenische Versammlung
     und *Timm*. Wenig später erklärte der CDU-Vorsitzende Gerald Götting in einer
     Rede vor dem Präsidium der DDR-CDU: „Die Freiheit der Religionsausübung ist
     allerdings nicht zu verwechseln mit Versuchen, Grundlagen unserer Gesellschaft
     oder Grundzüge der Staatspolitik in Frage zu stellen" (zit. nach: epd Landesdienst
     Berlin 37 vom 23.2.1988, 2).
231 In Dresden war – wie schon in Görlitz ein halbes Jahr zuvor – Kritik an der Abgrenzungspolitik der DDR-Regierung nach innen geübt worden. Im Anschluß an
     den traditionellen Gedenkgottesdienst war es außerdem zu einer Demonstration
     von Ausreisewilligen gekommen, die durch die Volkspolizei aufgelöst wurde. Vgl.
     Maser, 132 f.; *Rein*, Revolution, 72-84; *Hartmann*, Ökumenische Versammlung
     und *Timm* sowie die in epd-Dok. 21 / 88, 4-52 abgedruckten Dokumente.
232 Die Stellungnahme der Kirchenleitung ist abgedruckt in: epd-Dok. 17 / 88, 1-3.
     Vgl. dazu auch den Bericht Demkes, ebd., 4-9.
233 Vgl. dazu z.B. einen Bericht des ND vom 18.1.1988 über ein Gespräch des stellvertretenden Vorsitzenden des Rates des Bezirkes Rostock, Jürgen Haß, mit Gienke (IM „Orion"). Gienke, der sich bei dem Gespräch für die Spenden des Staates
     zum Aufbau des Greifswalder Domes bedankte und die Friedenspolitik der DDR
     würdigte, wird darin ganz positiv dargestellt.
234 Vgl. den Bericht in epd-Dok. 9 / 88, 78 (Abdruck der epd Information vom
     11.2.1988). Als sich daraufhin Hunderte von Ausreisewilligen vor der Beratungsstelle versammelten, wurde diese bereits zwei Tage später wieder geschlossen. Vgl.

chen anderer Landeskirchen abgelehnt. (Trotz intensiver Einflußnahme seitens zuständiger staatlicher Organe, besonders gegenüber Bischof Forck, hält die Kirchenleitung der Evangelischen Kirche in Berlin-Brandenburg an ihrer in der Erklärung vom 4. Februar 1988[235] enthaltenen Bereitschaft zur Beratung und „seelsorgerischen Begleitung gegenüber ausreisewilligen" DDR-Bürgern fest.) Dennoch besteht weitgehend Übereinstimmung zwischen den kirchenleitenden Kräften, dem Staat immer aufs neue nahezulegen, die Rechtsgrundlagen zum Reiseverkehr für alle DDR-Bürger „durchschaubarer" zu machen und zu veröffentlichen.

2. Wie dem MfS streng intern bekannt wurde, bereitet sich Landesbischof Leich, Vorsitzender der Evangelischen Kirchenleitungen in der DDR, intensiv auf das für den 3. März 1988 vorgesehene Gespräch[236] mit dem Vorsitzenden des Staatsrates der DDR, Genossen Erich Honecker, vor. [5]

Bischof Leich hat mit dem Leiter des Sekretariats des Bundes der Evangelischen Kirchen (BEK) in der DDR, Oberkirchenrat Ziegler / Berlin, Vereinbarungen getroffen, um konzeptionelle Vorstellungen zur grundsätzlichen Fassung seiner Erklärung zu beraten.

Darüber hinaus trifft er am 2. März 1988 mit allen Landesbischöfen und Präsidenten der evangelischen Landeskirchen in der DDR zusammen, um seine Konzeption für das Gespräch mit dem Vorsitzenden des Staatsrates der DDR zu erläutern und zu beraten. Landesbischof Leich behalte es sich vor, in Abhängigkeit vom Gesprächsverlauf in seinen Ausführungen variabel zu sein.

Landesbischof Leich beabsichtige, den Dank für die Gesprächsmöglichkeit auszusprechen und die Gültigkeit der Grundsätze des 6. März 1978 hervorzuheben. Im Anschluß daran wolle er jedoch entsprechend seiner konzeptionellen Vorbereitung bestimmte gesellschaftspolitische Problemfelder ansprechen. Im ersten Teil seines Vortrages will Bischof Leich die Bemühungen und konkreten Schritte der DDR und des Vorsitzenden des Staatsrates der DDR persönlich zur Erhaltung und Sicherung des Friedens, für Abrüstung und für die Dialogbereitschaft würdigen. Die Erhaltung und Sicherung des Friedens sei, so wolle Leich betonen, das entscheidende Bindeglied zwischen Staat und Kirche in der DDR. Leich werde zum Ausdruck bringen, daß im Ergebnis der Entwicklung nach dem Gespräch vom 6. März 1978 bemerkenswerte Fortschritte im Verhältnis zwischen Staat und Kirche in der DDR erreicht worden seien, die es ermöglicht hätten, im Gespräch zu bleiben. [6]

Landesbischof Leich wolle weiter darlegen, daß durch die Dynamik der gesellschaftlichen Entwicklung auch neue gesellschaftliche Probleme entstanden seien, die erörtert und gemeinsam gelöst werden sollten. In diesem Sinne werde kirchlicherseits das Gespräch am 3. März 1988 als Fortsetzung des Gesprächs vom 6. März 1978 verstanden. Leich beabsichtige zu erklären, die Kirche wünsche ein noch kooperativeres Verhältnis zum Staat und erwarte dafür „verstärkt kontinuierliche Signale". Die Kirche verstehe sich nicht als „Oppositionspartei" oder „Instrument der Gegenpropaganda"; sie wolle jedoch einen eigenstän-

die Meldung in: KiS 2 / 14, 1988, 75.
235 Vgl. wiederum epd-Dok. 9 / 88, 78.
236 Vgl. epd-Dok. 12 / 88, 1-8.

digen gesellschaftspolitischen Beitrag in der sozialistischen Gesellschaft leisten. In diesem Sinne betrachte Leich auch bestimmte gesellschaftliche Problemfelder, die im Dialog einer Lösung zugeführt werden könnten. Folgende Komplexe wolle Landesbischof Leich in diesem Zusammenhang ansprechen:
– Fragen der „Rechtssicherheit" für Übersiedlungsersuchende (Die Kirche erkläre sich mit unbegründeten Übersiedlungen aus der DDR grundsätzlich nicht einverstanden; es sei jedoch in Auslegung des Evangeliums ihre Aufgabe, diese Menschen „seelsorgerisch zu begleiten". Die Kirche könne dieses Konfliktpotential nicht beseitigen; dazu bedürfe es gesamtgesellschaftlicher Schritte);
– Erhöhung der „Mündigkeit" der Bürger (Die Bereitschaft zur Mitverantwortung der Bürger sei nur zu erwarten, wenn sich der Bürger in seiner „Mündigkeit" ernst genommen sehe und sie im täglichen Leben „erfahre". [7] „Mündigkeit" erfordere den Abbau der „Administration" und des „Formalismus" im Umgang mit den Bürgern, z.B. im Zusammenhang mit notwendigen Begründungen bei Ablehnungen von Reisen in das Ausland, mit der Bearbeitung von Eingaben und Beschwerden von Bürgern);
– „Offenheit" in der Informations- und Medienpolitik der DDR (Die Bürger seien fähig zur selbständigen Verarbeitung auch belastender Tatbestände. Wünschenswert sei eine verstärkte Präsenz von Medienvertretern der DDR im kirchlichen Raum analog der positiven Erfahrungen aus dem „Lutherjahr" 1983[237] und dem Kirchentag 1987[238] in Berlin mit dem Ziel des Abbaus des „westlichen Medienmonopols");
– Überdenken der „Jugendpolitik" (Jugendliche und Jungerwachsene sollten stärker als Fragende, Suchende und Schwankende gesehen werden, die mehrheitlich nicht von einer feindlichen Grundposition handelten. Die Dialogführung, das Angebot von kompetenten und offenen Gesprächsmöglichkeiten mit diesen Jugendlichen müsse erweitert werden). Landesbischof Leich wolle weiteren streng internen Hinweisen zufolge darüber hinaus auch solche Problemfelder vortragen, die bereits mehrfach angesprochen worden seien, aber bisher aus kirchlicher Sicht keiner befriedigenden Lösung zugeführt worden wären. Das beziehe sich vor allem auf:
– die Durchführung des zugesagten Gesprächs mit zuständigen Vertretern des Ministeriums für Nationale Verteidigung der DDR in Verbindung mit der Erörterung des kirchlicherseits mehrfach formulierten Vorschlages zur Einrichtung eines [8] zivilen Bausoldatendienstes in humanitären Bereichen mit verlängerter Wehrdienstzeit zur Lösung des „gesellschaftlichen Problems" der Wehrdienstverweigerung[239];
– die Einlösung der bereits gegebenen Zusagen zu Gesprächen mit entscheidungskompetenten Vertretern des Ministeriums für Volksbildung, u.a. zur Chancengleichheit in Schule und Ausbildung.
Weiteren streng internen Hinweisen zufolge wird kirchlicherseits über das Gespräch des Vorsitzenden des Staatsrates der DDR am 3. März 1988 der Text einer Presseveröffentlichung[240] vorbereitet. Es wird in

---

237   Der 500. Geburtstag Luthers war 1983 mit Beteiligung des Staates groß gefeiert
        worden. Vgl. besonders Dok. 75.
238   Vgl. Dok. 91, Anm. 34 und die dort angegebenen Hinweise.
239   Vgl. schon Dok. 61.
240   Abgedruckt in: epd-Dok. 12 / 88, 1.

Erwägung gezogen, diesen Text durch Oberkirchenrat Ziegler mit zuständigen staatlichen Vertretern abzustimmen. Im Anschluß an das Grundsatzgespräch ist eine erste Auswertung in einer außerordentlichen Tagung der KKL in Berlin vorgesehen[241].
3. Nach dem MfS weiter intern vorliegenden Hinweisen trat Bischof Forck auf dem sogenannten Friedensseminar „Konkret für den Frieden VI" am 27. Februar 1988 in Cottbus auf und unterstützte dort vorbehaltlos ein von feindlich-negativen Kräften eingebrachtes Positionspapier[242]. Darin wird aufgefordert, die sogenannten alternativen Gruppierungen noch stärker untereinander zu vernetzen und nach Mitteln und Wegen zu suchen, deren Widerstand durch „zeichenhaftes Handeln an die Öffentlichkeit" zu bringen. Des weiteren wird in diesem Papier eine „pluralistische, demokratische und dezentralisierte Organisation des wirtschaftlichen und gesellschaftlichen Lebens" in der DDR sowie eine „Entmilitarisierung des öffentlichen Lebens", eine „Entideologisierung der Bildung" und die „Entbürokratisierung des Umgangs mit den Bürgern" gefordert.
Als weiterer konkreter Ausdruck der Einmischung in ausschließlich staatliche Belange ist die Existenz und Tätigkeit des [9] „Kontaktbüros der Evangelischen Landeskirche, Berlin / Brandenburg", Nöldnerstraße 43, 1134 Berlin zu werten. Entgegen der mit der Bildung des Kontaktbüros seitens der Kirchenleitung vorgesehenen, offensichtlich aber vorgetäuschten Absicht, Übersiedlungsersuchende „seelsorgerisch" zu betreuen, werden durch das Kontaktbüro Handlungen durchgeführt, die mit religiöser Tätigkeit nichts zu tun haben.
So erfolgt durch das Kontaktbüro
– die Registrierung Übersiedlungsersuchender mit Angabe der Personalien und des Zeitpunktes des Erstersuchens auf eigens zu diesem Zweck ausgelegten Listen;
– die Befragung von Übersiedlungsersuchenden zu angeblich erlittenen „Repressalien" und anderweitigen „Benachteiligungen" im Zusammenhang mit deren Übersiedlungsersuchen.
Des weiteren
– werden durch das Kontaktbüro an Übersiedlungsersuchende Verbindungen (Namen, Kontaktadressen) zu staatlich nicht genehmigten sogenannten Arbeitsgruppen Staatsbürgerschaftsrecht der DDR vermittelt; [10]
– wird durch kirchenleitende Kräfte der Evangelischen Kirche in Berlin-Brandenburg geduldet und toleriert, daß derartige Kräfte im Vorraum und Umfeld des Kontaktbüros aktiv gegenüber Übersiedlungsersuchenden tätig werden (u.a. Aufforderungen zur Teilnahme an verbotenen Zusammenschlüssen, illegalen Zusammenkünften, Einbeziehung in konspirative Tätigkeit sowie in Vorbereitung auf weitere öffentlichkeitswirksame feindlich-negative Handlungen – z.B. Kirchenbesetzungen, provokatorisch-demonstrative Aktionen mit feindlichen Losungen usw.).
Nach dem MfS weiter vorliegenden Hinweisen fühlt sich zum Beispiel

---

241 Diese fand vom 11. bis 13.3.1988 in Buckow statt. Die KKL bat die Bürger der DDR in einer Erklärung, das Land nicht zu verlassen. Die Stellungnahme ist auszugsweise abgedruckt in: KiS 2 / 14, 1988, 43 f.
242 Vgl. epd ZA 41 vom 29.2.1988 bzw. epd-Dok. 21 / 88, 59 und 71 sowie *Rein, Revolution*, 90. Rein hebt hervor, daß das Treffen von einem massiven Aufgebot von Sicherheitskräften beobachtet wurde.

der Jugendpfarrer Kasparek, Ullrich aus Jena „zuständig" in Sachen Übersiedlungsersuchende. Er inspiriert und organisiert mit anderen feindlich-negativen Kräften sogenannte Wanderungen Übersiedlungsersuchender in Jena, zu denen sie sich wöchentlich einmal (sonnabends) überwiegend auf dem Holzmarkt in Jena treffen. Mit diesen eindeutig auf Öffentlichkeitswirksamkeit abzielenden provokatorischen Aktivitäten soll massiver Druck auf die staatlichen Organe zur Genehmigung der Übersiedlung ausgeübt werden.

Bei Kasparek handelt es sich um eine Person mit einer feindlichen Einstellung zur sozialistischen Staats- und Gesellschaftsordnung der DDR.

Die Information ist wegen äußerster Quellengefährdung nur zur persönlichen Kenntnisnahme bestimmt.

Dok. 109
Aus einem Referat Mielkes

Auszüge aus einem Referat Mielkes auf der erweiterten Sitzung des Kollegiums des MfS zur Auswertung der Rede, die Honecker aus Anlaß einer Beratung des Sekretariates des ZK der SED mit den 1. Sekretären der Kreisleitungen am 12.2.1988 gehalten hatte, 9.3.1988. GVS-o008 MfS-Nr. 11 / 88.

Auf Grund dieser gesamten Lageentwicklung [Zunahme der Übersiedlungsersuche usw.] wurde die zentrale Entscheidung getroffen, nicht nur gegen die Provokateure vom 17. Januar 1988[243], sondern auch gegen einige ihrer Hintermänner strafprozessuale Maßnahmen durchzuführen. Der Schlag richtete sich also vor allem gegen Mitglieder des Führungskerns, der über Jahre hinweg zu den maßgeblichen Organisatoren politischer Untergrundtätigkeit zählt und engster Kontaktpartner der gegnerischen Kräfte war und von diesen gesteuert wurde.

Mit der zentralen Entscheidung und den darauf basierenden staatlichen Maßnahmen wurden Ziele verfolgt, die ich hier noch einmal kurz darlegen will: [45]

– Allen im Sinne politischer Untergrundtätigkeit wirkenden Kräften wurde unmißverständlich demonstriert, daß wir gegen Feinde des Sozialismus auch mit den Mitteln des sozialistischen Strafrechts vorgehen, daß unser Bemühen, sie mit politischen Mitteln in die Schranken zu weisen, daß unsere dabei gezeigte Toleranz und Geduld auch Grenzen hat und fortgesetzte antisozialistische Handlungen, Rechtsverletzungen, alle Bestrebungen, den Sozialismus aufzuweichen und zu zersetzen, nicht zugelassen werden;

– es wurde nachgewiesen, daß es sich bei solchen Personen wie Krawczyk, Klier, Hirsch, Bohley und Templin – um nur einige zu nennen – um unverbesserliche Feinde des Sozialismus handelt, die durch geheimdienstlich gesteuerte Kräfte aus dem Operationsgebiet angeleitet, instruiert und materiell unterstützt wurden. Damit sollte auch gegenüber den Anhängern und Sympathisanten des sogenannten harten Kerns, aber auch gegenüber den sie offen oder verdeckt unterstützen-

---

243 Gemeint sind hier die Proteste am Rande der Demonstration zum Gedenken an die Ermordung von Karl Liebknecht und Rosa Luxemburg. Vgl. Dok. 105.

den Kirchenkräften deutlich gemacht werden, wo die eigentlichen Drahtzieher und Auftraggeber sitzen. Damit sollte auch all jenen, die immer noch glauben, sich für solche Kräfte, aus welchen Motiven auch immer, innerhalb und außerhalb unseres Landes engagieren zu müssen, verdeutlicht werden: Wer sich mit solchen Leuten einläßt, muß sich somit auch über die Konsequenzen im klaren sein. [46] Mit den Maßnahmen wurde sichtbar gemacht, daß unser Staat nicht gewillt ist, den politischen Mißbrauch der Kirchen, ihre weitere Politisierung gegen den Staat zu tolerieren und die vom Gegner angestrebte Allianz zwischen Kirche, Staatsfeinden und antikommunistischen Kräften in der BRD zuzulassen. Zu den Beweggründen für die Entscheidung, die Inhaftierten aus der Haft zu entlassen und auf eigenen Wunsch und in Übereinstimmung mit den gesetzlichen Regelungen in die BRD ausreisen zu lassen: Die im Rahmen der eingeleiteten Ermittlungsverfahren durchgeführten Untersuchungen erbrachten, über die vorliegenden operativen Erkenntnisse hinaus, weitere eindeutige Beweise über das enge Zusammenwirken geheimdienstlich gesteuerter und politischer Kräfte aus der BRD und Westberlins mit inneren Feinden. Vorliegenden internen Hinweisen zufolge wissen wir, daß dieser Umstand dem Gegner ganz und gar nicht in sein Konzept paßt. Ihm, aber auch kirchenleitenden Kräften in der DDR und den Inhaftierten selbst war bewußt geworden, daß die Beweislage ausgereicht hätte, kurzfristig Prozesse durchzuführen, in denen eine Verurteilung wegen Staatsverbrechen mit Strafmaßen bis zu 12 Jahren möglich gewesen wäre. [47] Es gab deshalb für die Inhaftierten mehr oder weniger nur die Wahl zwischen zwei Möglichkeiten: Entweder langjährige Haftstrafen oder dorthin zu gehen, wo ihre Auftraggeber sitzen. Wie Ihr wißt, wurden Krawczyk, Klier und Hirsch aus der Staatsbürgerschaft der DDR entlassen, während wir uns im Falle der Bohley, Templin und Fischer, die zu diesem Schritt nicht bereit waren, für eine Ausreise mit Reisepaß der DDR, verbunden mit entsprechenden Auflagen, entschieden. Auch hier war also zu entscheiden, wie bei anderen Anlässen ebenfalls, mit welchen Maßnahmen der weiteren Durchsetzung der Politik des Friedens, des Dialogs und der Zusammenarbeit am besten gedient ist.

Uns ist bekannt, daß der Gegner sehr besorgt darüber ist, wie es der DDR gerade im letzten Jahr mit der Dialogpolitik gelungen ist, eine weitere deutliche internationale Aufwertung zu erreichen, während die BRD keine vergleichbaren Wirkungen erzielen konnte. Deshalb unternehmen bestimmte Kreise in der BRD besondere Anstrengungen und nutzen jede Möglichkeit, um die außenpolitische Generallinie der DDR und ihre Wirkungen, eingeschlossen die Ergebnisse der Reise des Genossen Honecker in die BRD, durch fortgesetzte Störaktionen und durch großangelegte Hetz- und Verleumdungskampagnen in Mißkredit zu bringen. [48] Wir wußten und wissen zudem, daß der Gegner jeden geeigneten Anlaß sucht und nutzt, um das internationale Ansehen der DDR zu schädigen. Ich verweise in diesem Zusammenhang nochmals auf das im Juni 1988 in Berlin stattfindende „Treffen für kernwaffenfreie Zonen"[244]. Wir haben uns darauf einzustellen, daß der Gegner und

---

244 An diesem von der DDR-Regierung einberufenen internationalen Treffen vom 20. bis 22.6.1988 nahmen offizielle Vertreter des Kirchenbundes teil, während unabhängige und kirchliche Friedensgruppen nicht eingeladen wurden. Vgl. KiS 4 / 14, 1988, 165 (Chronik).

innere Feinde durch Störaktionen und antisozialistische Aktivitäten versuchen werden, die Bedeutung und internationale Wirkung dieses Treffens herabzuwürdigen. Das gilt es vorbeugend zu verhindern. Durch rechtzeitige Aufklärung derartiger Pläne und Vorhaben, durch politisch-operativ kluge Maßnahmen gilt es, alles zu tun, um den politischen Erfolg zu garantieren.

Bei den politischen Entscheidungen mußte aber auch berücksichtigt werden, daß der Gegner nach wie vor über entsprechende Möglichkeiten verfügt, Kräfte bei sich und bei uns zu mobilisieren, die in diesem Sinne lautstark wirksam werden. Es gab aber auch internationale Reaktionen, darunter auch von Personen aus der westeuropäischen Friedensbewegung, von bestimmten Führungskräften aus Parteien und gesellschaftlichen Organisationen, die unsere Maßnahmen aus unterschiedlichsten Beweggründen heraus nicht verstanden. Mit ihnen müssen und wollen wir aber auch künftig im Interesse der Fortsetzung unserer außenpolitischen Linie zusammenarbeiten. Schließlich durften wir auch nicht übersehen, daß – vor allem ausgelöst durch die Hetztiraden der Westmedien – unter feindlich-negativen, negativ-dekadenten Kräften und zahlreichen politisch Schwankenden ein gewisser Solidarisierungseffekt entstanden war. [49] Er widerspiegelte sich in einer ständig wachsenden Zahl von Teilnehmern der sogenannten Solidaritätsandachten und Fürbittgottesdienste, in zahlreichen Eingaben und sogenannten Protesterklärungen an zentrale Partei- und Staatsorgane (mehr als 800), in ca. 150 Vorkommnissen gegen die staatliche und öffentliche Ordnung, wie das Anbringen von Hetzlosungen und Verbreiten von Hetzblättern sowie provokativ-demonstrativen Handlungen, insbesondere von Übersiedlungsersuchenden. In dieser Situation galt es zu entscheiden, was der kontinuierlichen Fortsetzung unserer Politik bei gleichzeitiger Gewährleistung der staatlichen Sicherheit am meisten dient: Durchführung der Prozesse und den Rechtsverletzungen angemessene hohe Haftstrafen oder Entlassung in die BRD? Zweifellos hätte eine Verurteilung bei inneren Feinden eine nicht weniger nachhaltige und abschreckende Wirkung hinterlassen. Sie hätte andererseits aber die Inhaftierten in eine „Märtyrerrolle" gebracht, den gegnerischen und feindlichen Kräften aller Schattierungen ständigen Stoff geliefert und selbst auch bestimmte kirchenleitende Kräfte und Amtsträger in ihrer oppositionellen Haltung gegenüber dem Staat bestärkt. [50] Die Abwägung dieser Gesichtspunkte führte zu der bekannten politischen Entscheidung. Wir gehen davon aus, daß sie ihre langfristige Wirkung nicht verfehlen wird. Bei allen Entscheidungen, bei allen Maßnahmen gehen wir davon aus, daß es sich bei den genannten Kräften nicht um irgendwelche Personen handelt, mit denen wir einen Dialog führen können, wie es manche gerne sehen würden, sondern daß es sich vielmehr um verschworene Feinde des Sozialismus handelt, die mit allen Mitteln ihre Pläne und Absichten zur Aufweichung und Zersetzung unserer sozialistischen Gesellschaftsordnung und zur Legalisierung ihres Vorgehens durchzusetzen versuchen. Und das können und dürfen wir ihnen niemals gestatten.

Generell kann zunächst eingeschätzt werden, daß die durchgeführten Maßnahmen entscheidend dazu beigetragen haben, den sogenannten harten Kern feindlich-negativer Gruppierungen zu schwächen. Wichtige Verbindungslinien dieser Kräfte in das Operationsgebiet wurden unterbrochen bzw. eingeschränkt. Es gelang, die angestrebte Vernetzung bestehender Gruppierungen aufzuhalten. Die Herstellung und Verbreitung solcher staatsfeindlicher Schriften wie „Grenzfall"[245] konnte zumindest zeitweilig verhindert werden, wobei es jedoch Signale gibt, daß damit – aber wesentlich konspirativer – wieder begonnen werden soll. [51] Die Fortsetzung der in mehreren Kirchen in der Hauptstadt und in anderen Städten der DDR wiederholt durchgeführten sogenannten Solidaritätsveranstaltungen (Teilnehmerzahlen bis zu 2 000 Personen) mit eindeutig politischem Charakter, mit z.T. offenen Angriffen gegen die sozialistische Staats- und Gesellschaftsordnung konnte unterbunden werden. Innerhalb feindlich-negativer Gruppierungen ist teilweise noch eine gewisse Verunsicherung und Ratlosigkeit, auch Enttäuschung über die Haltung der in die BRD ausgereisten Personen zu verzeichnen. Das alles ist zwar positiv zu bewerten, darf jedoch keinesfalls überschätzt werden. Wir müssen dabei folgendes in Rechnung stellen:

Unser Schlag richtete sich zunächst gegen *einige* im wahrsten Sinnes des Wortes exponierte Vertreter politischer Untergrundtätigkeit. Eine Reihe von Führungskräften feindlich-negativer Gruppierungen existiert weiter. Wir müssen darauf eingestellt sein und unsere politisch-operativen Maßnahmen darauf ausrichten, daß sie mit aktiver Hilfe und Unterstützung von außen versuchen werden, sich neu zu formieren und dabei auch die Schlüsselpositionen der Ausgereisten zu übernehmen. Das betrifft besonders die in der Hauptstadt vorhandenen Kräfte. Wir müssen auch damit rechnen, daß dabei Kräfte in Erscheinung treten können, die uns bisher nicht so bekannt waren und die deshalb bisher nicht im Mittelpunkt der operativen Bearbeitung standen. [52]

Gegenwärtig bemühen sich gegnerische Kräfte intensiv um die Herstellung bzw. Vertiefung von Kontakten zu einem ausgewählten Personenkreis, um – wie sie es formulieren – die „Phase der Stagnation" zu überwinden. In diesem Sinne versuchen auch bereits einige der in die BRD ausgereisten Führungskräfte, ihre konkreten Kenntnisse und ihren ehemaligen großen Umgangskreis in der DDR zu nutzen. In der politisch-operativen Arbeit haben wir dem Rechnung zu tragen, daß sowohl die Verbindungslinien zwischen äußeren und inneren Feinden als auch die Zusammenarbeit der Führungskräfte untereinander künftig noch stärker konspiriert werden.

Nach vorliegenden internen Hinweisen werden durch bekannte innere Feinde erste Überlegungen über das weitere taktische Vorgehen in Anpassung an die für sie entstandene Lage angestellt. Es zeichnet sich auch weiterhin eine Forcierung vor allem solcher Aktivitäten ab, die darauf ausgerichtet sind, eine Legalisierung der Gruppierungen und ihrer Handlungen zu erreichen, als Dialogpartner des Staates anerkannt zu werden und von solchen Positionen aus Druck auf die Partei- und Staatsführung auszuüben. Dabei rechnen sie auch weiterhin mit der Unterstützung durch reaktionäre kirchenleitende Kräfte, um unter dem Dach der Kirche und unter Ausnutzung der kirchlichen Möglich-

---

245 Das Informationsheft „Grenzfall" wurde von Mitgliedern der Ost-Berliner „Initiative Frieden und Menschenrechte" herausgegeben. Die Beschlagnahmung des „Grenzfall" war eines der Ziele, das die Behörden bei ihrem Vorgehen gegen die Umweltbibliothek in der Berliner Zionsgemeinde im November 1987 verfolgten. Vgl. Dok. 102-104 sowie *Mitter / Wolle*, 66-69.

keiten wirksam zu werden. [53] Wir wissen, daß es dabei auch eine breite Übereinstimmung mit den evangelischen Kirchen in der DDR hinsichtlich inhaltlicher Forderungen gibt, woraus sich für diese Kräfte Möglichkeiten ergeben, im bestimmten Umfange noch abgestimmter vorzugehen. Im folgenden [komme ich] zu einigen ausgewählten Aspekten der Lage in den Kirchen in der DDR, insbesondere der evangelischen Kirchen. Vorliegende interne Erkenntnisse beweisen, daß besonders den evangelischen Kirchen in der DDR in der Strategie des Gegners ein immer größerer Stellenwert eingeräumt wird und das in mehreren Richtungen: Zum einen ist ihnen eine wichtige Rolle im Rahmen der Verwirklichung des nationalistischen, revanchistischen Grundkonzepts der BRD-Regierung bezüglich des „Offenhaltens der deutschen Frage" zugedacht. Internen Außerungen Bonner Regierungskreise zufolge sollen die evangelischen Kirchen in der DDR zunehmend eine sogenannte Brückenfunktion zwischen Ost und West ausüben.

In der Praxis zeigt sich das unter anderem in einer Vielzahl von Begegnungen und Zusammenkünften von Vertretern kirchenleitender Gremien beider Seiten, in fortgesetzten Aktivitäten, gemeinsame Standpunkte und Positionen zu bedeutsamen gesellschaftlichen und kirchenpolitischen Ereignissen zu erarbeiten und zu veröffentlichen, aber auch in vielfältigen Aktivitäten zur Intensivierung der kirchlichen Partnerschaftsarbeit zwischen Kirchengemeinden bzw. innerkirchlichen Zusammenschlüssen der DDR und der BRD. [54]

Darin ordnen sich auch die besonders in jüngster Zeit festgestellten Bestrebungen von BRD-Kommunalpolitikern ein, die Kirchen – unter Mißbrauch auch entsprechender Abkommen und Vereinbarungen – in die Städtepartnerschaften einzubeziehen und möglichst viele Gelegenheiten für unkontrollierbare persönliche Begegnungen zu schaffen.

Zum anderen betrachten BRD-Regierungskreise die DDR-Kirchen als wichtige Informationsquelle über die innere Lage in der DDR. Die hierbei gewonnenen Erkenntnisse werden von ihnen als sehr bedeutsam für die praktische Gestaltung der sogenannten Deutschlandpolitik erachtet. Seit geraumer Zeit ist eine erhebliche Zunahme von Kontakten führender Politiker der SPD, der CDU / CSU und der FDP zu kirchenleitenden Kräften in der DDR festzustellen. Dabei spielt die SPD, an deren Einflußzuwachs in der BRD wir eigentlich interessiert sind, immer wieder eine besonders unrühmliche Rolle, tritt sie als erste und am schärfsten gegen uns auf. [55]

Solche Gespräche häufen sich besonders bei bedeutsamen gesellschaftlichen oder kirchenpolitischen Ereignissen in der DDR, aber auch, wie gerade in jüngster Zeit, in einer Phase der Belastung der Beziehungen zwischen Staat und Kirche. Es versteht sich von selbst, daß seitens der BRD-Politiker derartige Zusammenkünfte nicht nur zur Abschöpfung von Informationen, sondern auch zur Instruierung und Orientierung ihrer Kontaktpartner in der DDR genutzt werden.

Schließlich verfolgt der Gegner nach wie vor das Ziel, die Kirchen in der DDR in die Rolle einer legalen Opposition gegenüber dem Staat zu drängen.

Vor allem sollen sie ermuntert und darin bestärkt werden, als schützendes Dach für antisozialistische Kräfte zu fungieren und den ihnen vom Staat für die Ausübung religiöser Tätigkeit eingeräumten Freiraum zur aktiven Unterstützung feindlich-negativer Gruppierungen und Kräfte zu nutzen. Forderungen des Staates, den politischen Mißbrauch der Kirchen zu unterbinden, wurden durch kirchliche Amtsträger, besonders durch die Kirchenleitung der Evangelischen Kirche in Berlin-Brandenburg, bewußt negiert[246]. Diese Tatsache und das ständige Lavieren und Taktieren dieser Personenkreise nach allen Seiten haben das Wirken feindlich-negativer Gruppierungen und Kräfte unter dem Dach der Kirche wesentlich begünstigt. [56] Das war und ist verbunden mit einem zunehmenden Abweichen der evangelischen Kirchen vom Grundprinzip einer klaren Trennung von Staat und Kirche. Bereits seit längerer Zeit sind seitens maßgeblicher kirchenleitender Kräfte Bestrebungen im Gange, ein Mitspracherecht in gesellschaftlichen Fragen zu erzwingen und die Kirchen in die Rolle eines „Wächteramtes"[247] gegenüber dem Staat zu drängen. Das führte zu einer wachsenden Politisierung der Tätigkeit der Kirchen, die mit Kirche und Religionsausübung im Sinne des Artikels 39 der Verfassung der DDR[248] nichts mehr zu tun haben [hat]. Die offene Einmischung in staatliche Angelegenheiten hat erheblich zugenommen. Dabei werden die Bestrebungen bestimmter Kreise der evangelischen Kirchen offenkundig, auch die anderen Kirchen und Religionsgemeinschaften auf diese Linie festzulegen. Das alles führte zu einer ernsthaften Belastung des Verhältnisses Staat-Kirche und veranlaßte die Parteiführung, die 1. Sekretäre der Bezirks- und Kreisleitungen der SED zu beauftragen, wirksame politische Maßnahmen einzuleiten, um einem Abgleiten von Teilen der Evangelischen Kirche von den Vereinbarungen des Treffens vom 6. März 1978[249] entgegenzuwirken. [57] Bestandteil dieser Maßnahmen war der Auftrag, durch die zuständigen staatlichen Organe auf der Grundlage einer ihnen übergebenen Gesprächskonzeption und unter Berücksichtigung der konkreten Situation des jeweiligen Bezirkes bzw. Kreises Gespräche mit den kirchenleitenden Kräften aller Ebenen zu führen.

Vorliegende Hinweise über erste Reaktionen der Bischöfe und weiterer kirchenleitender Kräfte auf diese seitens leitender Partei- und Staatsfunktionäre geführten Gespräche lassen folgende Grundtendenzen erkennen: Mehrheitlich wurde von ihnen der Wille bekräftigt, an der Linie des 6. März 1978 festzuhalten und das Verhältnis der Kirche zum Staat auch künftig im Sinne dieser Vereinbarungen zu gestalten. Mit Ausnahme von Bischof Forck / Berlin distanzierten sich die kirchenleitenden Kräfte anderer Landeskirchen von den Organisatoren und Teilnehmern der Provokation anläßlich der Kampfdemonstration der Werktätigen am 17. Januar 1988 in der Hauptstadt der DDR[250].

Bedeutsam für uns ist jedoch die Tatsache, daß von zahlreichen kirchlichen Amtsträgern Erscheinungen des Wirkens feindlich-negativer Kräfte unter dem Dach der Kirche verharmlost und heruntergespielt werden. Das inkonsequente und taktierende Verhalten gegenüber den feindlich-negativen Kräften und die Duldung ihres Wirkens wird mit dem seelsorgerischen Auftrag der Kirchen begründet, für „alle in Not"

---

246 Die Berliner Kirchenleitung hatte sich für die Freilassung der Inhaftierten Mitarbeiter der Umweltbibliothek eingesetzt. Vgl. Dok. 102, Anm. 189.
247 Zur Vorstellung vom Wächteramt der Kirche gegenüber dem Staat vgl. Dok. 80, Anm. 205.
248 Vgl. Dok. 71, Anm. 127.
249 Vgl. Dok. 56.
250 Vgl. Dok. 105, Anm. 218.

IV Dokumente

geratenen Menschen Hilfe und Beistand gewähren zu müssen. [58] Besonders ausgeprägt ist diese Haltung bei Bischof Forck und weiteren Vertretern der Berliner Kirchenleitung. Es ist deshalb auch kein Zufall, daß Forck weiter entsprechende Pläne feindlich-negativer Kräfte unterstützt, sogenannte alternative Gruppen republikweit zu vernetzen und mit öffentlichkeitswirksamen Handlungen in Erscheinung zu treten. Es zeigt sich aber auch, daß zahlreiche kirchliche Amtsträger und Laien mit einem solchen Vorgehen nicht einverstanden sind. Besondere Beachtung verdient aber auch, daß von einem großen Teil kirchenleitender Kräfte die seitens des Staates erfolgte Zurückweisung der Einmischung in staatliche Angelegenheiten nicht akzeptiert oder abgeschwächt wird. Teilweise wird sogar der Versuch unternommen, für die entstandenen Belastungen im Verhältnis Staat-Kirche den Staat verantwortlich zu machen. Mit diesen Haltungen wird objektiv denen in die Hände gearbeitet, die weiter einen Konfrontationskurs verfolgen. Unmittelbar vor dem 10. Jahrestag des bedeutsamen Treffens des Vorsitzenden des Staatsrates der DDR, Genossen Erich Honecker, mit dem Vorstand der Konferenz der Evangelischen Kirchenleitungen (KKL) in der DDR am 6. März 1978 fand nun bekanntlich erneut eine Begegnung mit dem jetzigen Vorsitzenden der KKL, Landesbischof Leich, statt[251]. [59] Die Zielstellung und wesentliche Inhalte dieses Gesprächs sind Euch aus den entsprechenden Veröffentlichungen bekannt. Außerdem ist vorgesehen, daß über die Ergebnisse und die erforderlichen Schlußfolgerungen, vor allem zur Erhöhung des Niveaus der politisch-ideologischen Arbeit sowie zum aktiveren Mitwirken der in der Nationalen Front vereinten Parteien und Massenorganisationen noch eine entsprechende Orientierung an die Bezirks- und Kreisleitungen der Partei erfolgt. In dem Gespräch mit dem Generalsekretär ließ Landesbischof Leich die Bereitschaft der evangelischen Kirchen in der DDR erkennen, sich in ihrer Tätigkeit auch künftig von den Grundsätzen des 6. März 1978 leiten zu lassen. In den Mittelpunkt seiner Ausführungen stellte er jedoch jene bekannten Probleme, die seitens der evangelischen Kirchen als sogenannte Konfliktfelder bezeichnet und – so Leich – Belastungen in das Verhältnis zwischen Staat und Kirche gebracht hätten. [60] In diesem Zusammenhang sprach er die Erwartung aus, daß der Staat Entscheidungen in solchen Fragen herbeiführen sollte wie:
– Einführung eines zivilen Wehrersatzdienstes,
– öffentlich festgestellte Begründungspflicht in Antragsverfahren jeder Art, die das persönliche Leben des Bürgers betreffen,
– Offenlegung des Verfahrens und der Kriterien bei Besuchsreisen,
– frühzeitiger Versuch der Reintegration von „Antragstellern auf Ausbürgerung" im Sinne des Dialogs und bei dessen Scheitern die Angabe einer Mindestwartezeit bis zur „Ausbürgerung",
– deutliche Aussagen über die Chancengleichheit aller Bürger für den Bereich der Volks-, Fach- und Hochschulbildung,
– Verkauf einiger als „seriös" geltender Zeitungen westlicher Herkunft in Zeitungsverkaufsstellen. [61]
Wir müssen uns darüber im klaren sein, daß diese erneut und sehr eindeutig auf politisches Mitspracherecht der Kirchen abzielenden Vorschläge geeignet sind, jene Kräfte zu ermuntern, die ausgehend von ei-

251 Vgl. Dok. 108.

ner feindlich-negativen Grundposition analoge Forderungen erheben und damit versuchen, die Partei- und Staatsführung unter Druck zu setzen. Dabei ist auch zu beachten, daß diese Probleme teilweise bereits vorher Gegenstand von Diskussionen in allen Landeskirchen waren, gegenwärtig in allen kirchlichen Veranstaltungen weiter verbreitet werden und insbesondere von den westlichen Medien eine umfangreiche Propaganda dazu erfolgt. Das kann dazu führen, daß die Reaktionen darauf weiter zunehmen werden.

Ausgehend von der gegenwärtigen und absehbaren Lageentwicklung in den Kirchen kommt es deshalb vor allem auf die Lösung folgender politisch-operativer Aufgaben an: Mit allen geeigneten politisch-operativen Mitteln und unter Nutzung aller Möglichkeiten ist der Differenzierungsprozeß in den evangelischen Kirchen voranzutreiben; sind die Positionen realistischer Kräfte auf allen Kirchenebenen, besonders in den Gemeindekirchenräten und unter den Synodalen, zu festigen und auszubauen. Dabei gilt es, stärker solche Personenkreise einzubeziehen, die sich zunehmend vom politischen Mißbrauch der Kirchen und kirchlichen Räumlichkeiten distanzieren, die bereit sind, im Interesse der Wahrung des religiösen Charakters der Kirchen den staatlichen Erwartungshaltungen zu entsprechen. [62] Alle Diensteinheiten des MfS haben entsprechend ihren Möglichkeiten dazu beizutragen, daß die Sammlung und Profilierung politisch positiver Kräfte und deren Einflußnahme auf die kirchlichen Amtsträger kontinuierlicher und wirksamer als bisher erfolgen, daß ständig mit ihnen gearbeitet wird. Es kommt mehr denn je darauf an, besonders mit Unterstützung solcher Personen wie den Mitgliedern der CDU, des Weißenseer Arbeitskreises[252], des Weimarer Arbeitskreises[253] und der „Sächsischen Bruderschaft"[254], der regionalen Gruppen der „Christlichen Friedenskonferenz"[255] und den Mitarbeitern der theologischen Sektionen an den sechs Universitäten der DDR, die Politisierung der Tätigkeit der Kirchen einzuschränken und alle Dominanz religiöser Themen in den Kirchen und die religiöse Betätigung kirchlicher Gruppen wieder herzustellen.

Wie bereits in der Dienstbesprechung am 25.2.1988[256] angewiesen, haben die Leiter der Bezirksverwaltungen und Kreisdienststellen durch die kontinuierliche Übergabe auswertbarer Erkenntnisse aus ihrem Verantwortungsbereich an die 1. Sekretäre der Bezirks- und Kreisleitungen der SED dazu beizutragen, daß die politisch offensive Arbeit sach- und lagebezogen entsprechend der im Schreiben des Generalsekretärs des ZK der SED vom 18. Februar 1988 und im Beschluß des Sekretariats des ZK der SED vom 14. Oktober 1987 enthaltenen Aufgabe weiter intensiviert wird. [63] In Abstimmung mit den 1. Sekretären der Bezirks- und Kreisleitungen der SED sind gemeinsame differenzierte Maßnahmen zur vorbeugenden Verhinderung des Wirksamwerdens feindlich-negativer Kräfte unter Mißbrauch der Kirchen festzulegen und unter Beachtung der konkreten Lage ständig zu präzisieren. Mit dieser Zielstellung ist es auch erforderlich, die 1. Sekretäre der

---

252 Zur Entstehung des Weißenseer Arbeitskreises vgl. Dok. 38, dann aber auch Dok. 105, Anm. 216.
253 Zur Geschichte des Weimarer Arbeitskreises vgl. Dok. 38.
254 Vgl. Dok. 89, besonders Anm. 22.
255 Vgl. Dok. 36, Anm. 26.
256 Vgl. Dok. 107.

Bezirks- und Kreisleitungen der SED ständig darüber zu informieren, welche kirchlichen Veranstaltungen, Kirchentage, besondere kirchliche Großveranstaltungen, Fürbitt- und Gedenkgottesdienste usw., geplant sind, bei denen die Gefahr besteht, daß sie durch reaktionäre kirchliche und andere feindlich-negative Kräfte zu Angriffen gegen den Staat mißbraucht werden. Auf der Grundlage dieser ständigen Übersicht sind durch die Partei rechtzeitig die erforderlichen Maßnahmen einzuleiten, mit welchen politischen Mitteln bis hin zum Einsatz gesellschaftlicher Kräfte in den Kirchen selbst derartigen Aktivitäten wirksam zu begegnen ist. Durch die Teilnahme und das offensive Auftreten gesellschaftlicher Kräfte ist nachhaltig zu demonstrieren, daß wir das nicht dulden. Soweit in diesen Fällen ein unmittelbarer Einsatz von Mitarbeitern des MfS erforderlich ist, hat dieser nur in gedeckter Form zu erfolgen. Wir tragen die volle Verantwortung für den richtigen Einsatz der operativen Kräfte und Mittel. [64]

Bei konkreten politisch-operativen Maßnahmen gegen einzelne kirchliche Amtsträger ist unbedingt die rechtzeitige Abstimmung mit dem Leiter der Hauptabteilung XX zu gewährleisten. Die Aufklärung der Pläne und Absichten des Gegners, einschließlich führender kirchenpolitischer Kreise der BRD, die Kirchen in der DDR in die Rolle einer legalen Opposition zu drängen und unter ihrem Dach, mit ihrer Unterstützung die feindlichen Pläne und Absichten durchzusetzen, ist weiter zu intensivieren.

Großes Augenmerk müssen wir den Bestrebungen kirchlicher Amtsträger und feindlich-negativer Kräfte widmen, die Arbeit bestehender Ökologiegruppen wieder zu intensivieren, neue derartige Gruppen zu bilden und sie zu profilieren. Wir besitzen interne Erkenntnisse über konkrete Vorhaben einer verstärkten überregionalen Zusammenarbeit, über den Ausbau der Kontakte zu westeuropäischen Umweltschutzorganisationen und zu Gleichgesinnten in anderen sozialistischen Staaten mit der Zielstellung, abgestimmte „grenzüberschreitende Aktionen" durchzuführen. [65] Beispielsweise sollen auf einem geplanten Treffen von Vertretern kirchlicher Umweltgruppen aus der DDR und der BRD Vorstellungen über gemeinsame Aktivitäten in Umweltfragen erörtert werden. Ich verweise auch auf bestimmte Aktivitäten angeblicher Umweltschützer gegen die Sondermüll-Deponie Schöneiche[257] und gegen den Bau des Kernkraftwerkes Stendal[258]. Alle diese Vorhaben und Aktivitäten sind unter ständiger operativer Kontrolle zu halten. Die Absicht derartiger Personenkreise, Umweltprobleme unterschiedlichster Art zum Anlaß zu nehmen für die Initiierung sogenannter Bürgerinitiativen nach westlichem Muster, sind rechtzeitig zu erkennen und mit allen geeigneten Mitteln konsequent zu unterbinden.

Generell ist zu beachten, daß die im Sinne politischer Untergrundtätigkeit wirkenden Kräfte über einige in kirchlichen Einrichtungen etablierte Organisationsstrukturen und Kommunikationslinien verfügen. Wie wir wissen, spielten diese besonders während der Vorgänge um die Zionskirche eine wesentliche Rolle, vor allem bei der Mobilisierung

---

257 Vgl. Dok. 95, Anm. 87.
258 Die Inbetriebnahme des ersten Blockes des nur fünfzig Kilometer von Magdeburg entfernten Kernkraftwerkes Stendal war für 1991 geplant. Vgl. *Wensierski*, Von oben, 74. Schon 1986 forderten 141 Unterzeichner einer Eingabe an den Ministerrat den Stopp des Baus. Die Eingabe ist abgedruckt in: ebd., 95-98, hier: 96.

feindlich-negativer Kräfte. Ihre Funktionsfähigkeit ist nach wie vor im bestimmten Umfange gegeben. [66] Besondere Beachtung verdient, daß sie auf weitere Städte in der DDR ausgeweitet werden sollen, beispielsweise sogenannte Koordinationskreise bzw. -gruppen, Kontaktbüros (analoge Büros bestehen bereits in Leipzig und Dresden) und Umweltbibliotheken. So ist beabsichtigt, in Anlehnung an das Modell der Umweltbibliothek der Berliner Zionskirchgemeinde, weitere derartige Einrichtungen in anderen Orten der Republik zu schaffen.

Bereits auf der Dienstbesprechung am 25.2.1988 habe ich ausführlich über Bestrebungen gesprochen, einen breiten Zusammenschluß von Kräften politischer Untergrundtätigkeit, Übersiedlungsersuchenden und reaktionären Kirchenkreisen zu erreichen. Deshalb möchte ich für die Leiter, die an dieser Dienstbesprechung nicht teilgenommen haben, nur nochmals darauf hinweisen, daß wir gegenwärtig besonders von den ausgesprochen feindlichen Kräften unter den Übersiedlungsersuchenden mit massiven Versuchen konfrontiert sind, alle möglichen Formen von Zusammenschlüssen, von bestimmten Gruppen, z.B. sogenannten Arbeits- und Selbsthilfegruppen, zu schaffen. Durch gezielte Verbreitung von Hinweisen über beabsichtigte Aktivitäten, beispielsweise sogenannte Schweigedemonstrationen und -spaziergänge, Veranstaltungen in kirchlichen, aber auch öffentlichen Gebäuden, soll eine Zusammenführung und gegenseitige Mobilisierung derartiger Personen erreicht werden. [67]

Die Analyse der Aktivitäten von Übersiedlungsersuchenden und von Kräften des politischen Untergrundes zeigt, daß die Feinde wesentlich aktiver, aggressiver und provokatorischer auftreten, daß sie eine weitere Verschärfung der Lage erreichen möchten, weil sie glauben, daß besonders die internationale Situation günstigere Möglichkeiten und Ansatzpunkte für die Durchsetzung ihrer Ziele, für die Ausübung von Druck und für eine internationale Unterstützung ihrer Bestrebungen bieten würde.

Ihr Streben nach Konfrontation, ihre ständigen Versuche, uns zu provozieren und uns zu weitergehenden Maßnahmen direkt herauszufordern, müssen uns Veranlassung sein, jederzeit politisch klug, flexibel und operativ überlegt zu reagieren, alles zur Verwirklichung der Linie der Partei zu tun.

Dok. 110
Referat Mittigs zur Kirchenpolitik

Referat Rudolf Mittigs. Zu aktuellen Aspekten der gegenwärtigen Situation des Verhältnisses Staat-Kirche in der DDR. Anlage zum Protokoll der Kollegiumssitzung am 20.5.1988 (Nr. 714).

Die Situation hat sich insbesondere im Ergebnis des Gesprächs des Vorsitzenden des Staatsrates der DDR, Genossen Erich Honecker, mit dem Vorsitzenden der Konferenz der Evangelischen Kirchenleitungen in der DDR, Landesbischof *Leich*, vom 3.3.1988[259] und nachfolgender intensiver Maßnahmen relativ beruhigt.

259 Vgl. Dok. 108.

Die Kräftepolarisierung innerhalb der Landeskirchen, besonders in der Evangelischen Kirche Berlin / Brandenburg, wurde forciert. Besonders die Frühjahrssynoden zeigen eine weitere Verschiebung zugunsten realistischer Positionen zur Fortsetzung des konstruktiven Verhältnisses der Kirche zum Staat entsprechend der Linie vom 6.3.1978[260]. Selbst Bischof *Forck* konnte seine auf Konfrontation ausgerichteten Positionen nicht durchsetzen. Zunehmende Theologisierung wie auch die Ankündigung, einen Beitrag der Internationalen Konferenz über kernwaffenfreie Zonen zu erbringen[261], sind Hinweise auf einen der Kirche gebührenden inhaltlichen Profilierungsprozeß. Diese Ergebnisse wurden durch eine forcierte gesamtgesellschaftliche Einflußnahme unter Führung der Partei, zu der das MfS einen wesentlichen Beitrag leistete, erreicht. Ein Nachlassen in diesen Anstrengungen darf nicht geduldet werden.

Bei allen realistischen Positionen beharren die Kirchenleitungen unter Berufung auf ihre Christenpflichten – mit unterschiedlichem Nachdruck und in verschiedenen Varianten – auf den bekannten „Problemfeldern", wie
– gesetzliche Regelungen zur Reiseproblematik (Durchschaubarkeit der Entscheidungsfindung), Forderung nach Verwaltungsgerichtsbarkeit, generell zu bestimmten staatlichen Entscheidungen, ihre Überprüfbarkeit mehr oder weniger orientiert an westlichen Mustern;
– Forderungen nach Grundsatzgesprächen mit dem Ministerium für Volksbildung;
– Durchführung des Bausoldatendienstes in ausschließlich nichtmilitärischen Objekten der Volkswirtschaft;
– Forderungen nach Meinungsfreiheit, Mündigkeit, Medienvielfalt[262]. Diese Positionen begünstigen feindlich-negative Aktivitäten reaktionärer kirchenleitender Personen und einzelner Gruppen. Ernstzunehmende Profilierungsversuche mit dem Ziel, durch die Maßnahmen nach dem 17.1.[263] entstandene Verluste auszugleichen, unternehmen insbesondere solche Zusammenschlüsse wie „Kirche von unten"[264], die einzelnen „Arbeitskreise Solidarische Kirche"[265] und der sog. Fortsetzungsausschuß „Konkret für den Frieden"[266]. Besonders die „Solidarische Kirche" versucht, Gruppierungen unter Nutzung kirchlicher Strukturen aufzubauen, die sich einerseits der vor allem inhaltlichen Kontrolle der Kirchenleitungen entziehen, aber sich andererseits des Schutzes der Kirche vor staatlicher Einflußnahme versichern sowie [sich] deren materiellen / räumlichen Möglichkeiten (einschl. zur Publizierung eigener unkontrollierter Pamphlete) bedienen. Neue Initia-

260 Vgl. Dok. 108, Anm. 227.
261 Vgl. Dok. 109, Anm. 244.
262 All diese Probleme hatte Leich in seinem Gespräch mit Honecker angesprochen. Der Text seiner Ansprache ist abgedruckt in: epd-Dok. 12 / 88, 2-5.
263 Gemeint sind die Ereignisse im Zusammenhang mit der Demonstration aus Anlaß des Jahrestages der Ermordung von Karl Liebknecht und Rosa Luxemburg. Vgl. Dok. 105.
264 Vgl. Dok. 100, Anm. 176.
265 Vgl. Dok. 100, Anm. 175.
266 Der Fortsetzungsausschuß „Konkret für Frieden" wurde 1984 im Zusammenhang mit dem dritten Friedensseminar kirchlicher Friedensgruppen unter dem Titel „Konkret für Frieden" geschaffen. Diese Seminare fanden seit 1983 alljährlich im Februar oder März an wechselnden Orten statt. Vgl. *Zander*, Christen, 296-298 und – aus Staatssicherheitsperspektive – *Mitter / Wolle*, 63 f.

toren / Exponenten kommen in das Blickfeld bzw. profilieren sich weiter (*Eppelmann*, Pfarrer Schneider), die z.T. neue, lagebezogene Ideen entwickeln und hartnäckig verfolgen (s. Seminar des Eppelmann „DDR-Bürger suchen Versöhnung mit den Völkern der SU").
Von diesen Kräften innerhalb der evangelischen Kirche gehen in differenzierter Form weiterhin Angriffe gegen die Friedens-, Verteidigungs-, Sicherheits- und Umweltpolitik der DDR aus. Dabei konzentrieren sich feindlich-negative Kräfte gegenwärtig insbesondere auf
– die Erbringung des Nachweises angeblicher Menschenrechtsverletzungen in der DDR; [3]
– die Durchsetzung des „Rechts" auf Wehrdienstverweigerung und die Einführung eines sozialen Friedensdienstes[267];
– die Forderung zum sofortigen Ausstieg der DDR aus der Kernenergie.
Die Kirchenleitungen sind sich zunehmend ihrer Verantwortung gegenüber diesen Kräften bewußt geworden durch das Anwachsen und den verstärkten Einfluß progressiver Kräfte und nehmen überwiegend eine kritische Haltung zur Arbeit dieser Gruppen ein. Ihrerseits wird Einfluß auf eine weitere Theologisierung der Arbeit dieser Gruppen genommen.
Insbesondere in der Evangelischen Kirche Berlin / Brandenburg gibt es aber auch Bestrebungen auf antikommunistischen Positionen stehender Amtsträger, diese Gruppierungen gezielt zu fördern und in ihren reaktionären Kurs einzubinden. Die operative Arbeit ist auf diese veränderte Konstellation entsprechend auszurichten. Die realistischen Kräfte sind zu stärken und die Differenzierungsprozesse zur Disziplinierung feindlich-negativer Kräfte im engen Zusammenwirken mit den Partnern weiter voranzutreiben.
In bezug auf Antragsteller auf Übersiedlung wird außer in humanitären Fällen durch die Kirche in der Regel die Position des Bleibens in der DDR vertreten. In harten Auseinandersetzungen mit den Kirchenleitungen konnte bis auf Ausnahmen (Leipzig) ein sachlicheres Herangehen an diese Problematik (Wegführung von organisierter Zusammenführung von Übersiedlungsersuchenden in den Kirchen zur Einzelbetreuung) erreicht werden. Insgesamt zeigt sich, daß die Kirche auch in der nächsten Zeit mit Fragen der Antragsteller konfrontiert sein wird. Es ist erforderlich, stärker als bisher die Auseinandersetzungen mit solchen kirchlichen Amtsträgern zu führen, die Veranstaltungen zur Organisierung von Übersiedlungsersuchenden durchführen oder dulden bzw. fördern. Gleichzeitig ist die seelsorgerische Tätigkeit gegenüber Übersiedlungsersuchenden zur weiteren Beruhigung, zum Druckabbau bis hin zur Abstandnahme auszunutzen. [4] Mit Beendigung der KSZE-Konferenz[268] und ihren Ergebnissen im humanitären Bereich ist eine erneute Verschärfung der Lage zu erwarten.
Durch im kirchlichen Rahmen etablierte Basisgruppen wurden verstärkt Aktivitäten zur Einführung eines sozialen Friedensdienstes (SOFD) bzw. eines „zivilen Ersatzdienstes" unternommen (Eingaben

267 Vgl. Dok. 61.
268 Gemeint ist hier das Wiener KSZE-Folgetreffen, dessen abschließendes Dokument vom 15.1.1989 datiert. U.a. verpflichteten sich die Teilnehmer in dem Dokument dazu, uneingeschränkte Reisefreiheit zu gewähren. Vgl. Archiv der Gegenwart 1989, 32960.

an Partei und Regierung, das Ministerium für Nationale Verteidigung, staatliche Organe sowie an Kirchenleitungen). Eine Teilnahme an der Konferenz für atomwaffenfreie Zonen wird angestrebt. Es entstanden Gruppierungen, die sich mit Wehrdienstfragen befassen, in fast allen Bezirken der DDR. Nach bisher vorliegenden Erkenntnissen bildeten sich „Regionalgruppen" ehemaliger Bausoldaten[269] (analog kirchlicher Friedenskreise) in bisher 10 Städten der DDR. Sie treten mit politisch-negativen Angriffen gegen die Sicherheits- und Verteidigungspolitik der DDR auf und versuchen, zukünftige Grundwehrpflichtige vom Dienst in den Baueinheiten zu überzeugen. Einzelne feindlich-negative Kräfte proklamieren auch die Totalverweigerung und berufen sich auf die Empfehlung der UNO-Menschenrechtskommission vom März 1987 (Der bestehende „Freundeskreis Totalverweigerer"[270] in der DDR umfaßt ca. 45 Personen). Bestrebungen zur Vernetzung der in der DDR bestehenden Gruppen (Durchführung überregionaler Treffen) sowie zur internationalen Einbindung (Anschreiben westlicher Botschaften mit Forderungen nach Freilassung von Wehrdienstverweigerern) sind unübersehbar.

Im Zusammenhang mit dem 1. Mai[271] hat sich gezeigt, daß mit differenzierten, personenbezogenen operativen Maßnahmen unter Ausschöpfung der rechtlichen Möglichkeiten eine erfolgreiche Bekämpfung organisierter Formen der Wehrdienstverweigerung möglich ist. [5] Operativ in Rechnung zu stellen ist, daß über die Wehrdienstablehnung hinaus oppositionelle Aktivitäten zur Durchsetzung weitergehender politischer Forderungen entwickelt werden (Überwindung gesellschaftlich „erstarrter" Strukturen, Veränderung zwischenmenschlicher Beziehungen usw.). Mit einer weiteren Ausdehnung derartiger Aktivitäten muß gerechnet werden.

In der Diskussion zum Dokument SED-SPD[272] durch evangelische kirchliche Kreise wird von der angeblichen grundsätzlichen Diskrepanz der Außen- und Innenpolitik der DDR ausgegangen[273]. Deshalb wird dieses Dokument als innenpolitisches Instrument zur ideologie- und systemindifferenten Dialogführung betrachtet und als ein geeignetes Mittel angesehen, um mit dem Staat einen ständigen Dialog „zu ungelösten Fragen" (wie z.B. zur Übersiedlungsproblematik, zur Wehrdienstverweigerung und angeblich nicht realisierten Chancengleichheit im Bildungswesen usw.) zu führen. Die Anwendung des Dokumentes als ein Instrumentarium in den Beziehungen zwischen Kirche und Staat wird insbesondere von SPD-Mitgliedern in kirchenleitenden Funktionen (*Schmude, Rau, Eppler*)[274] angeregt und empfoh-

---

269 Vgl. Dok. 59, Anm. 27.
270 In der Berliner Region hatte sich bereits 1986 ein „loser Zusammenschluß" von Totalverweigerern gebildet. 1987 fand erstmals ein zentrales Treffen des Freundeskreises Totalverweigerer statt. Der Freundeskreis propagierte die Verweigerung jeder Art von Wehrdienst, d.h. auch die Verweigerung des Dienstes als Bausoldat. Vgl. die Einschätzung der Staatssicherheit aus dem Jahr 1989, in: *Mitter / Wolle*, 70 f. sowie *Meinel / Wernicke*, 23 f.
271 Der 1. Mai (Tag der Arbeit) wurde in der DDR jeweils mit großen „Demonstrationen" von Staat und Partei gefeiert.
272 Vgl. Dok. 99, Anm. 171.
273 Vgl. v.a. die Diskussion in Görlitz um den Antrag Heino Falckes „Absage an Praxis und Prinzip der Abgrenzung". Vgl. Dok. 97.
274 Jürgen Schmude ist Präsident der Synode der EKD und Erhard Eppler Mitglied des Präsidiums des Deutschen Evangelischen Kirchentages. Dagegen hat Johannes

len. Deren Einreisen und Wirken seit September 1987 in der DDR und nicht zuletzt die vorgesehene Teilnahme von Eppler, Bahr und Schmidt an Kirchentagen im Juni 1988 in der DDR standen und stehen im Zeichen der praktischen Anwendung dieses Dokumentes auf die Beziehungen zwischen Staat und Kirche in der DDR. Die SPD geht davon aus, mit Hilfe des Dokuments als Berufungsgrundlage langfristig günstige Wirkungsmöglichkeiten für die im Rahmen der Kirche agierende innere Opposition zu schaffen. Von diesen Bestrebungen sind die Einreisen führender, besonders in kirchlichen Funktionen gebundener Kräfte der SPD, einschl. ihrer vorgesehenen Teilnahme an Kirchentagen, gekennzeichnet. Die entsprechenden operativen Maßnahmen sind konsequent an den politischen Erfordernissen und Orientierungen der Partei auszurichten.

[6] Ebenso zu beachten ist die Kontaktpolitik der anderen etablierten Parteien der BRD CDU, CSU, FDP, gegenüber den Kirchenleitungen und ihren Repräsentanten (*Forck, Stolpe, Demke, Eppelmann*). Realisiert wird sie vor allem über den „Polittourismus". (s. Treffen *Willms*, Europarlament, *Süßmuth* u.a.) Die ideologische Plattform, die beiden Seiten als Basis dient, ist ihr Selbstverständnis von der „Einheit Deutschlands" und der Notwendigkeit, die Grenzen zu überwinden, „Notwendigkeit innerer Öffnung" und Dialog mit Andersdenkenden / Kritikern des „Systems".

Die Leitung der katholischen Kirche in der DDR, die „Berliner Bischofskonferenz", strebt in jüngster Zeit im Gegensatz zu ihrer bisherigen Praxis eine stärkere Einflußnahme auf die gesellschaftlichen Verhältnisse in der DDR an. Damit wird dem Grundkonzept des Papstes, dem Katholizismus weltweit als entscheidende gesellschaftliche Kraft zum Durchbruch zu verhelfen, verstärkt Rechnung getragen. Dieses Konzept ist objektiv geeignet, oppositionelles Potential unter der Flagge der katholischen Kirche zu mobilisieren. Ausgehend von einer veränderten Haltung der „katholischen Weltkirche" zur Stellung des Laien in der Kirche kommt der leitende katholische Klerus zu der Schlußfolgerung, daß er das Recht und die Pflicht hat, zu politischen Fragen der Gegenwart in unserem Land Stellung zu beziehen. Dies sei auch deshalb nötig geworden, da von den Auseinandersetzungen der jüngsten Zeit auch Katholiken betroffen wurden. Dabei sei nicht beabsichtigt, sich mit der evangelischen Kirche zu solidarisieren oder in der Öffentlichkeit strittige Fragen zu diskutieren, sondern im Gespräch mit den kompetenten Vertretern des Staates auf bestehende Probleme hinzuweisen. [7] Ausdruck hierfür ist die Verbalnote von Kardinal *Meisner*, die am 9.3.1988 der Regierung der DDR zugeleitet wurde und die u.a. folgende Problemfelder anspricht:
– das Genehmigungsverfahren bei Besucherreisen,
– die Zulassungspraxis für Hochschul- und Berufsbildung,
– den zivilen Wehrersatzdienst,
– die Familienzusammenführung und Ausreisepraxis.
In einem Gespräch mit dem Staatssekretär für Kirchenfragen, Genossen *Gysi*, am 25.4.1988, machte Kardinal Meisner deutlich, daß er die gesamtgesellschaftlichen Probleme verstärkt ansprechen werde und bereit sei, interne Lösungen zu akzeptieren sowie mit diesen Problemen

Rau seit einigen Jahren kein besonders Amt innerhalb der evangelischen Kirche inne.

nicht an die Öffentlichkeit zu gehen[275]. Der katholische Klerus be-
fürchtet in offenen Auseinandersetzungen mit dem Staat einen Substanzverlust unter den Gläubigen. Deshalb sind die Bischöfe zum Taktieren bereit. Außerdem besteht der Wunsch der Bischöfe und des Papstes, daß dieser die DDR besucht. Dabei wird versucht, die dafür notwendigen Voraussetzungen zu umgehen, insbesondere die Regelung
der Bistumsgrenzen entsprechend den Staatsgrenzen offen zu lassen.
Bisher ist die Bildung von Gruppierungen analog der evangelischen
Kirche nicht erkennbar. Allerdings liegen beachtenswerte Hinweise
über Zusammenwirken evangelischer und katholischer Gruppen an der
Basis (s. Verbindungsaufnahmen ESG – Kathol. Studentengemeinden)
unter Umgehung der jeweiligen Leitungen vor.
Ausgehend von dieser Situation ist es notwendig, die politisch-operative Arbeit auf der Linie katholische Kirche weiter zu qualifizieren, vor
allem die inoffizielle Basis zu verstärken, um im Sinne unserer Politik
verstärkt Einfluß ausüben zu können und Pläne und Absichten rechtzeitig zu erkennen und vorbeugend zu verhindern.

Dok. 111
Eine Lageeinschätzung aus Leipzig

Lageeinschätzung der BV Leipzig vom Juni 1988[276].

Auch im Bezirk Leipzig hat sich seit dem Januar dieses Jahres eine
neue Lage in Umfang, Formen und den Angriffsrichtungen politischer
Untergrundtätigkeit unter Mißbrauch der Kirche entwickelt.
Bis Ende 1987 war es im wesentlichen gelungen, die Zahl und Wirksamkeit der operativ-relevanten sogenannten Basisgruppen mit ihren
bekannten Forderungen relativ konstant zu halten. Der langfristig realisierte, konzeptionelle IM-Einsatz in diesen Gruppen, die zielstrebige
Bearbeitung der als Organisatoren und Inspiratoren erkannten reaktionären kirchlichen Amtsträger und das abgestimmte Auftreten der
staatlichen Organe gegenüber kirchenleitenden Vertretern, insbesondere ihre kontinuierliche Arbeit mit den beiden Leipziger Superintendenten[277], sicherte, daß es zu keinen schwerwiegenden Belastungen des
Staat-Kirche-Verhältnisses kam und die Staatspolitik in Kirchenfragen
offensiv durchgesetzt werden konnte. [2] Auch der Versuch feindlich-
negativer Kräfte, die Leitung des in der Suptur Leipzig-Ost existierenden „Synodalausschuß" zu übernehmen, konnte unterbunden werden.
(Zur Erläuterung:) Dieser „Synodalausschuß" als eine spezifische Be-

---

275 Sechs Monate später äußerte sich Meisner jedoch sogar über das Gespräch mit
     Gysi in einem Interview mit dem katholischen „St. Hedwigsblatt" vom 16.10.1988.
     Vgl. *Mechtenberg*, Öffnung, 231. Bereits im Februar war ein Brief Meisners an alle
     Priester und Diakone im Ostteil Berlins bekannt geworden, in dem der Bischof
     zur jüngsten Entwicklung in der DDR Stellung nahm. Der Brief ist dokumentiert
     in: epd-Dok. 9 / 88, 64.
276 Die Angaben im Text lassen die Vermutung zu, daß er zwischen dem 20. und dem
     27. Juni 1988 entstanden ist. Am Rand des Textes befinden sich eine Reihe von
     handschriftlichen Notizen und Verbesserungen. Diese werden hier nur dort, wo
     das Gemeinte eindeutig ist, abgedruckt.
277 Johannes Richter (West) und Friedrich Magirius (Ost).

sonderheit bei der Organisierung der sogenannten Basisgruppenarbeit setzt sich sowohl aus Amtsträgern als auch Gruppenvertretern zusammen. Die damit vorhandenen Möglichkeiten der Aufklärung von Plänen und Absichten sowie der Einschränkung öffentlichkeitswirksamer feindlich-negativer Aktivitäten wurde genutzt, ohne die mit diesem Gremium auch angestrebte Entlassung des Superintendenten aus seiner Verantwortung zuzulassen[278].

Nach der Aktion „Falle"[279], insbesondere aber infolge der Ereignisse zur Aktion „Störenfried"[280] kam es vor allem in der Stadt Leipzig zur „Öffnung der Kirche für Übersiedlungsersuchende" und damit
– zu einem sprunghaften Anstieg der Teilnehmer an operativ-relevanten Veranstalungen in Kirchen (teilweise bis zu 1 000 Personen);
– zu einer personellen Verstärkung bestehender sowie zur Bildung einer Reihe neuer sogenannter Basisgruppen, in denen vornehmlich operativ-relevante ÜSE ihre Aktivitäten entfalteten;
– zu neuen Formen ihres abgestimmten Handelns und überörtlichen Zusammenwirkens (Bildung einer zeitweiligen „Koordinierungsgruppe"); zunächst fast tägliche „Friedensgebete" in der ESG; seit Ende Februar, jeden Montag Teilnahme mehrerer 100 Personen[281] *mit einem hohen Anteil ÜSE an den „Friedensgebeten" in der im Stadtzentrum gelegenen Nikolaikirche.* [3]

An der Eskalierung dieser Aktivitäten waren nicht nur bereits bekannte reaktionäre Amtsträger wie die Pfarrer Wonneberger[282] und Führer[283] beteiligt. Auch solche, bisher kaum relevant in Erscheinung getretene Pfarrer wie Jugendpfarrer Kaden und Studentenpfarrer Bartels

---

278 Der Synodalausschuß war 1985 auf Initiative von Superintendent Magirius entstanden. In diesem Ausschuß „Frieden und Gerechtigkeit" arbeiteten zunächst zehn Synodale mit zehn Vertretern von Basisgruppen zusammen. Vgl. *Feydt / Heinze / Schanz,* 123 f.
279 „Falle" war der Deckname für die Aktion gegen die Umweltbibliothek. Vgl. Dok. 101, Anm. 78.
280 „Störenfried" war der Deckname der Aktion gegen die Demonstranten am Rande Liebknecht / Luxemburg-Gedenkveranstaltung. Vgl. auch Dok. 117, Anm. 357.
281 *Sievers,* 146, spricht in seiner „Chronik der Leipziger Friedensgebete" dagegen von „1 000 Personen", die Anfang 1988 häufig in der Nikolaikirche versammelt waren. Zum „Ansturm" der Ausreisewilligen auf die Friedensgebete in dieser Zeit vgl. auch das Gespräch von Rein mit Superintendent Johannes Richter, abgedruckt in: *Rein,* Opposition, 182-187, hier: 183 und zur Übersiedler-Problematik in Leipzig aus Sicht der Staatssicherheit: Stasi intern, 277-292 sowie wiederum zur Bedeutung der Friedensgebete aus Sicht der Stasi *Besier,* Staatssicherheit, 311 f. In einem Leipziger MfS-Bericht über die „Politisch-operativen[n] Probleme und Aufgabenstellungen, die sich aus aktuellen Lagebedingungen ergeben", aus dem Jahr 1988 heißt es: „Am 22. Februar 1988 fand in der Nikolaikirche das sog. montägliche Friedensgebet statt, an dem ca. 300 bis 350 Personen, darunter ein erheblicher Teil Übersiedlungsersuchende, teilnahmen. Der zuständige Superintendent *Magirius* hat dort weitgehend die Positionen vertreten, die ihm auf der Grundlage der zentralen Gesprächskonzeption als staatliche Erwartungshaltung im Verhalten der Kirche zu den Übersiedlungsersuchenden nahegelegt worden war. Im Kern legte er dar, die Kirche könne keine ‚Gruppenseelsorge' für Übersiedlungsersuchende machen, sondern nur noch einzelne Personen seelsorgerisch betreuen. Damit ist ein weiteres Abrücken von bisherigen Positionen erkennbar" (FZ Stalinismus, Dresden, Ordner BV Leipzig). – Zum Beginn der Friedensgebete in Leipzig vgl. auch Dok. 114, Anm. 308.
282 Vgl. Dok. 68, Anm. 97.
283 Der Leipziger Pfarrer Christian Führer hatte am 19.2.1988 „vor ca. 900 Ausreisewilligen über ‚Leben und Bleiben in der DDR'" gesprochen. „Die ‚Antragsteller', so schreibt *Sievers,* 146, „(miß-)verstehen dies als Zeichen der Kirche, daß sie auf dieser Strecke zu helfen bereit ist." Zu Führer (OV „Igel") vgl. die Dok. 136-141.

profilierten sich zu maßgeblichen Organisatoren dieser Feindtätigkeit. Höhepunkt dieser Entwicklung war ein sogenannter „Schweigemarsch" von über 120 Personen, darunter ein hoher Anteil USE, nach dem „Friedensgebet" am 14.03.88 in der Leipziger Innenstadt, zu einem Zeitpunkt also, der durch große internationale Präsenz zur Leipziger Messe gekennzeichnet ist[284]. *Aufgrund der operativen Erkenntnisse, daß damit eine öffentlichkeitswirksame Provokation der Sicherheitsorgane geplant war* und ein Eingreifen von den bereits in den Handlungsräumen anwesenden BRD-Fernsehteams für Hetzsendungen am gleichen Tag in westlichen Medien genutzt werden sollte, wurde das erforderliche taktische Verhalten festgelegt und eine „medienwirksame Dokumentation" vermieden.

Generell galt und gilt es, bei der Bewertung dieser Aktivitäten und in der Bestimmung der zweckmäßigen Maßnahmen der gegnerischen Zielstellung entgegenzuwirken, das gesamte Potential der ev. Kirche mit ihren Einfluß-und Organisationsmöglichkeiten als geschlossene Opposition unter Führung reaktionärer Amtsträger zu formieren. Dementsprechend waren und sind alle Maßnahmen darauf ausgerichtet, keine „Verhärtung der Fronten" zuzulassen, Konfrontationen abzubauen und die Staatspolitik in Kirchenfragen in konstruktiver Arbeit mit verantwortlichen kirchlichen Amtsträgern durchzusetzen, loyale Kräfte zu bestärken, [4] sie und ihre Gemeinden nicht in das „Fahrwasser" feindlich-negativer Pfarrer und deren Zielstellungen drängen zu lassen, gezielt alle Ansatzpunkte für den weiteren Differenzierungsprozeß zu nutzen. Grundsätzlich wird deshalb so verfahren:
– Für alle Aktivitäten in Kirchen und kirchlichen Basisgruppen sind die jeweiligen Amtsträger voll verantwortlich. Verhandlungen staatlicher Organe mit Vertretern der Basisgruppen und damit deren Anerkennung wird nicht zugelassen, schon gar nicht mit Zusammenschlüssen oder „Sprechern" von USE;
– In den Gesprächsführungen wird immer wieder auf die Gefahren hingewiesen, die sich aus einer Belastung des Staat-Kirche-Verhältnisses aufgrund feindlich-negativer Aktivitäten bzw. deren Duldung für die Realisierung kirchlicher Anliegen gegenüber den staatlichen Organen ergeben. Die Palette dieser Anknüpfungspunkte reicht dabei von persönlichen Wünschen (Reisen) über Genehmigung einzelner öffentlicher kirchlicher Veranstaltungen bis zur erbetenen Unterstützung des für Juli 1989 in Leipzig geplanten Kirchentages der Landeskirche Sachsen[285];
– Staatliche Erwartungshaltungen und Zurückweisungen geplanter oder bereits erfolgter negativer Aktivitäten werden auf der Grundlage abgestimmter Gesprächskonzeptionen umgesetzt. In jedem Einzelfall wird entschieden, ob dem verantwortlichen Pfarrer durch die Organe auf Stadtbezirksebene, mit den Superintendenten durch verantwortliche Funktionäre des Rates der Stadt [5] oder mit Vertretern der Landeskirchenleitung Dresden durch den Stellv. Inneres des Vorsitzenden des Rates des Bezirkes Leipzig das Gespräch zu führen ist und welche Form, z.B. offizielle Auseinandersetzung oder vertrauliches „4-

---

284 *Sievers*, ebd., gibt an, daß an diesem Friedensgebet etwa tausend und an der Demonstration ca. dreihundert Menschen teilgenommen haben. An diesem Montag begann die Leipziger Frühjahrsmesse.
285 Vgl. dazu auch Dok. 124.

Augen-Gespräch", als zweckmäßig anzusehen ist. Als Grundsatz gilt, daß staatliche Forderungen nur dann mit Androhungen von Sanktionen zu verbinden sind, wenn diese dann auch durchgesetzt werden können. Gerade in der zugespitzten Situation der letzten Monate hat sich dabei die bereits seit Jahren entwickelte kontinuierliche, wenn notwendig tägliche Abstimmung mit dem Stellv. Inneres bewährt, durch den auch das abgestimmte Auftreten der staatlichen Organe aller Ebenen im Bezirk gewährleistet wird. Parallel dazu ist die angewiesene Abstimmungspflicht mit [der Abteilung] XX zum festen Arbeitsprinzip geworden;

– In verstärktem Maße gilt es, die Einflußnahme auf die Kirchenvorstände zu sichern, insbesondere gegenüber solchen Mitgliedern, die an einer „geordneten Gemeindearbeit" interessiert sind und mit den feindlich-negativen Aktivitäten in ihren Kirchen nicht einverstanden sind, um sie aus einer abwartenden Position zu aktiver Zurückweisung des Mißbrauchs ihrer Kirche zu bewegen. [6]

Zur Unterstützung dieser auf die Zurückdrängung der feindlich-negativen Aktivitäten, insbesondere durch ÜSE-Zusammenschlüsse, gerichteten Anstrengungen erfolgte auch die umfassende Anwendung bewährter operativer Methoden bei der Bekämpfung politischer Untergrundtätigkeit, wie

– gezielte Indiskretionen durch geeignete IM gegenüber kirchenleitenden Amtsträgern über „hinter deren Rücken" geplante Aktivitäten oder persönliche Differenzen zum Verhalten reaktionärer Amtsträger;

– Beschwerden über den Mißbrauch der Kirche;

– Einsatz gesellschaftlicher Kräfte, insbesondere geeigneter FDJ-Kader der KMU Leipzig, in operativ-relevanten Veranstaltungen;

– differenzierte Maßnahmen zu ÜSE, die als Organisatoren feindlich-negativer Aktivitäten in Erscheinung treten.

Dabei wurde sowohl die Anwendung strafrechtlicher Maßnahmen, [die] kurzfristige Realisierung ihrer Übersiedlung zur Störung von ihnen organisierter Aktionen, als auch die kontinuierliche, disziplinierende Einflußnahme durch die Organe für Inneres, VP u.a. praktiziert. Auch die Führung operativer Aussprachen und weiterführender Kontakte durch das MfS mit ausgewählten ÜSE trägt dazu bei, sie zur Einstellung bzw. Einschränkung feindlich-negativer Aktivitäten zu bewegen. Da dies oft mit der in Aussichtstellung einer „wohlwollenden Prüfung" ihres Übersiedlungsersuchens verbunden ist, muß bei der Auswahl dieser Personen besonders sorgfältig vorgegangen werden, wobei die angestrebte Wirkung auch davon [7] abhängig ist, daß zentrale Regelungen zu ÜSE nicht zu kurzfristigen Änderungen bereits getroffener Festlegungen zwingen.

Wichtig erscheint mir, daß gerade die notwendige, langfristige Bearbeitung operativ-relevanter Pfarrer und auch die Arbeit und Einflußnahme auf andere kirchliche Amtsträger auf konzeptioneller Grundlage erfolgt und nicht vorrangig im Reagieren auf Einzelerscheinungen beschränkt bleibt. Grundlage für diese konzeptionelle Arbeit, aber auch für erforderliche kurzfristige Entscheidungen, ist die Gewährleistung einer täglichen, manchmal sogar stündlich aktuellen Lageeinschätzung. Dabei hat sich – neben dem Einsatz von IM in den bearbeiteten Personenkreisen – eine qualifizierte operativ-technische Kontrolle und Dokumentation ebenso bewährt, wie der Einsatz gesellschaftlicher Kräfte, deren umittelbares Reagieren und Sofortinformation, ohne Gefahren für die Konspiration und damit auch zum Schutz der eingesetzten IM, organisiert wurde. Wesentlich für die richtige Lagebeurteilung und die Bestimmung zweckmäßiger Maßnahmen war und ist auch die jederzeit erfolgte Abstimmung mit der HA XX.

Im Ergebnis des dargelegten Vorgehens wurde erreicht:

– Die Zahl der Teilnehmer an den montäglichen „Friedensgebeten" verringerte sich auf die Hälfte;

– Die inhaltlichen Aussagen der „Friedensgebete" wurden zu einem immer größeren Teil von religiösen Bezügen und Themen geprägt; der Aufforderungscharakter zu feindlich-negativem Handeln konnte wesentlich eingeschränkt werden; [8]

– Es kam zu keinen erneuten öffentlichwirksamen Aktivitäten der ÜSE außerhalb der Kirche;

– Der Kirchenvorstand der Nikolaikirche beschloß Anfang dieses Monats, am 27.06.88 „das letzte Friedensgebet vor der Sommerpause" durchzuführen. Das für den 29.08.88 angekündigte erste Gebet nach dieser Pause ist mit der Bemerkung verbunden: „Der Kirchenvorstand empfiehlt, die mehrfach bei uns eingegangenen Äußerungen der Unzufriedenheit über den derzeitigen Zustand der „Friedensgebete" ernsthaft zu prüfen und weiterführende Überlegungen anzustellen[286]."

Diese Entscheidung erfolgte, obwohl bei Pfarrer Führer als Vorsitzenden des Kirchenvorstandes ein hartnäckiges Festhalten an der Bereitstellung der Nikolaikirche für Zusammenkünfte von ÜSE zu verzeichnen ist. Die Differenzen mit Mitgliedern des Kirchenvorstandes wurden zuletzt in der am 20.06.88 erfolgten Gesprächsrunde des zuständigen Stadtbezirksbürgermeisters mit Führer und weiteren Kirchenvorstandsmitgliedern deutlich, in der – gegen die Position des Pfarrers – das Interesse an einer Beendigung der „belastenden Situation" artikuliert wurde. Dies macht erneut deutlich, wie wichtig die Arbeit mit den Kirchenvorständen und einzelnen ihrer Mitglieder in der Zurückdrängung des Einflusses reaktionärer Amtsträger ist. [9] Bei der Bestimmung und Durchsetzung geeigneter Maßnahmen zur Zurückdrängung der feindlich-negativen Aktivitäten wurden aber auch eine Reihe Probleme deutlich, von denen hier auf Grund ihrer grundsätzlichen Bedeutung folgende dargestellt werden sollten:

1. Zu den kirchlichen Amtsträgern, die in Leipzig an der Organisierung und Beibehaltung der „Friedensgebete", insbesondere auch der

---

286 Diese „Überlegungen" führten dann dazu, daß Superintendent Magirius am 15.8.1988 – offenbar als Reaktion auf ein Schreiben des Kirchenvorstandes – in einem Brief an die Gruppen ankündigte, die Nikolaigemeinde wolle das Friedensgebet künftig wieder selbst gestalten. Gegen diese Ankündigungen legten die Gruppen Protest ein. Magirius und Führer warfen vor, sie hätten sich dem Druck des Staates gebeugt. Vgl. *Sievers*, 147. Magirius ging es nach eigener Darstellung darum, daß man sich bei den Friedensgebeten, die zuvor sehr von den Anliegen der Ausreisewilligen bestimmt gewesen waren, „politischer Konkretionen" (*Magirius*, „Selig sind", 96) künftig enthielt. Zum (vorläufigen) Ende dieses Konfliktes heißt es bei *Feydt / Heinze / Schanz*, 124 f.: „Nach Verhandlungen mit dem Kirchenvorstand der Nikolaigemeinde wurde im Herbst 1988 erreicht, daß weiterhin Basisgruppen an der Gestaltung der Gebete beteiligt werden, sie sich aber an eine feststehende Ordnung des Ablaufs zu halten haben und die letzte Verantwortung für das Gesagte bei einem von der Gruppe selbst gewählten kirchlichen Amtsträger liegt. Somit war sichergestellt, daß der politische Charakter der Friedensgebete erhalten blieb, und zugleich, daß ihr christlicher Gehalt als Gottesdienst nicht verloren ging." Zu dem ganzen Konflikt vgl. auch die hier abgedruckten Dokumente zum OV „Trompete" (151 und 152).

sogenannten Nachgespräche für Übersiedlungsersuchende, maßgeblich beteiligt sind, gehören nicht nur bekannte feindlich-negative Kräfte, sondern auch als loyale, an einem konstruktiven Verhältnis zwischen Staat und Kirche interessiert einzuschätzende Pfarrer. Gesicherten operativen Erkenntnissen zufolge ist das Motiv für ihre Aktivitäten in der Auffassung begründet, öffentliche provokative Handlungen zu unterbinden. Diesem Selbstverständnis, damit eine „Ventilfunktion im politischen Sinne" wahrzunehmen, kann nur schwer entgegengewirkt werden, zumal sie auch darauf verweisen, bei Einstellung ihrer eigenen Mitwirkung das Feld ausschließlich reaktionären Amtsträgern überlassen zu müssen. Die objektiv vorhandene Wirkung, daß die „Friedensgebete" und „Nachgespräche" zu einer Organisationsform für ÜSE und damit auch zu einer Belastung des Staat-Kirche-Verhältnisses geworden sind, wird von ihnen nur ungenügend in Rechnung gestellt. [10]

2. Besonders in den letzten Monaten hat sich gezeigt, daß in allen operativ-relevanten Gruppen und Gruppierungen ein relativ kleiner „harter Kern", z.T. auch nur Einzelpersonen, die Organisation feindlicher Aktivitäten sowie das Zusammenwirken untereinander und überörtlich in der Hand hat. Das rechtzeitige Aufklären ihrer Pläne und Absichten durch IM, die in diese Strukturen eindringen, birgt die Gefahr in sich, daß sie selbst zu Organisatoren feindlich-negativer Aktivitäten werden, um das Vertrauen der bearbeiteten Personen zu erringen und zu bewahren.

3. IM, die das Vertrauen der Organisatoren von ÜSE-Zusammenschlüssen errungen haben und für deren langfristige Kontrolle eingesetzt sind, können in der Regel nicht durch eigenes offensives Auftreten geplanten feindlichen Aktivitäten entgegenwirken. Sogenannte taktische Ratschläge zum Unterlassen von Provokationen u.ä. sind oft nur von begrenzter Wirkung. [11]

4. Angesichts der Tatsache, daß – ähnlich wie bei den Treffen „Konkret für den Frieden"[287] – im Leipziger Synodalausschuß jede sogenannte Basisgruppe mit einer Stimme vertreten ist und im 1. Halbjahr ein Zuwachs feindlich-negativer Kräfte im Zusammenhang mit den neu gebildeten Gruppen zu verzeichnen ist, müssen unsere Überlegungen auch stärker dahingehen, wie die Anzahl positiver oder zumindest loyaler Vertreter in diesem Gremium vergrößert und dem Druck reaktionärer Amtsträger und ihres Anhangs – besonders ihres Festhaltens an der Organisierung von ÜSE – entgegengewirkt werden kann. Allein auf die CFK-Vertreter[288] u.ä. loyale Kräfte zu bauen, reicht nicht mehr aus. Die Erfahrung bei erfolgreichen Einschränkungen negativer Aktivitäten bis zur Umwandlung operativ-relevanter Gruppierungen in loyale Personenzusammenschlüsse belegt, daß zwar ihr negatives Wirksamwerden unterbunden werden konnte, aber ein offensives positives Auftreten nicht erfolgt. Demzufolge wollen wir durch den Einsatz weiterer IM erreichen, daß sie selbst als Gruppenvertreter, ggf. unter Neubildung von „Basisgruppen" wirksam werden können und unter Nutzung der „Basisdemokratie" den Prozeß der Zurückdrängung feindlich-negativer Kräfte unterstützen. [12] Bei der weiteren Organisierung der politisch-operativen Arbeit zur Einschränkung re-

287 Vgl. Dok. 110, Anm. 266.
288 Vgl. Dok. 36, Anm. 26.

aktionärer Kirchenkräfte und der erforderlichen Trennung vom Potential der ÜSE sind alle Maßnahmen bereits jetzt mit dem Blick auf den Kirchentag 1989 in Leipzig auszurichten, um zu sichern, daß von ihm keine Störung für das politische Ansehen der DDR im 40. Jahr ihres Bestehens ausgehen. Dabei kann an das Interesse kirchenleitender Kräfte an einem geordneten Verlauf und die dazu erforderliche, von der Landeskirchenleitung erbetene staatliche Unterstützung angeknüpft und dies für den weiteren Differenzierungsprozeß genutzt werden.

Dok. 112
Vorschlag der Hauptabteilung XX

Berlin, 10. August 1988

Verfasser: Hauptabteilung XX. Vorschlag zur Übernahme der politisch-operativen Bearbeitung in der DDR bestehender Religionsgemeinschaften durch das Ministerium für Staatssicherheit. Mit Anlage: Vorschlag Stellenplanungen.

Auf der Grundlage im Jahre 1965 zwischen dem MfS und dem MdI getroffener Festlegungen werden die 31 in der DDR zugelassenen Religionsgemeinschaften durch die Arbeitsrichtung I der Kriminalpolizei, MdI operativ bearbeitet. Die entsprechende Aufgabenstellung ist mit der DA 1 / 74 des Gen. Minister[289] und dem Befehl 0023 / 73 des Ministers des Innern und Chef der DVP grundsätzlich geregelt. Zur Durchführung einheitlicher kirchenpolitischer und spezifischer politisch-operativer Interessen wurden erforderliche Arbeitsbeziehungen zwischen der Hauptabteilung XX und dem MdI hergestellt. Eine ständige Einflußnahme erfolgte durch 2 eingesetzte OibE[290] der Hauptabteilung XX / 4 innerhalb der Arbeitsrichtung I der K zur Organisierung und Durchführung inoffizieller Arbeit in den Religionsgemeinschaften. Auf Grund veränderter objektiver Erfordernisse der Arbeitsrichtung I und damit verbundener Konzentration der Tätigkeit auf die Gebiete allgemeine und Wirtschaftskriminalität kam es zu einem Abbau von Planstellen für Linienmitarbeiter Religionsgemeinschaften in den Dezernaten I und Kommissariaten I, damit verbunden zum Rückgang der operativen Basis und zur festen organisatorischen Einbindung noch tätiger Kräfte in den Bereich allgemeine Kriminalität. [2] (Von ca. 360 ausschließlich auf der Linie Religionsgemeinschaften eingesetzten Mitarbeitern im Jahre 1965 sind gegenwärtig noch 6 Planstellen in 5 Dezernaten I der Bezirke sowie 2 in einem Kommissariat besetzt. In weiteren 9 Dezernaten I und einigen Kommissariaten I werden Aufgaben dieser Linie überwiegend bei offiziellem Anfall und eingeordnet in Gesamtaufgabenstellungen der kriminalpolizeilich-operativen Arbeit wahrgenommen.)

---

289 Die DA 1 / 74 Mielkes datiert vom 5.11.1974 (GVS MfS o008 840 / 74).
290 OibE ist die Abkürzung für „Offiziere im besonderen Einsatz". Ihre Aufgabe war es u.a., in ihrem Arbeitsbereich Einfluß auf sicherheitsrelevante Entscheidungen zu nehmen. Vgl. GVS MfS 9 / 86 vom 17.3.1986 sowie aus die Erläuterungen von *Gauck*, Stasi-Akten, 67 f. und *Wawrzyn*, 46.

Entsprechend der DA 1 / 74 des Genossen Minister erfolgt die Realisierung administrativer Erfordernisse und die Abstimmung zu operativen Maßnahmen zwischen den Dezernaten I und den Abteilungen XX über die Abteilungen VII der Bezirksverwaltungen. Dies führte zunehmend zu Informationsverlusten und erschwert unmittelbares Reagieren bei operativen Vorkommnissen. Sich aus objektiven Prozessen und Erfordernissen der Kriminalitätsbekämpfung an die Arbeitsrichtung I ergebende Anforderungen stehen der notwendigen operativen Kontrolle und der Unterbindung des politischen Mißbrauchs der Religionsgemeinschaften entgegen. Die praktizierte Form der kriminalpolizeilichoperativen Bearbeitung von Religionsgemeinschaften entspricht gegenwärtig und vor allem perspektivisch nicht mehr den politisch-operativen Erfordernissen. Dies ergibt sich vor allem aus nachfolgenden Problem- und Aufgabenstellungen:

– Die wachsende Rolle und die Einbeziehung religiöser Kreise in die weltweiten Klassenauseinandersetzungen und in den Friedenskampf erfordern ein einheitliches und konzeptionelles Vorgehen gegenüber allen Kirchen und Religionsgemeinschaften in der DDR. [3] Die Unterstützung der Staatspolitik in Kirchenfragen gegenüber den Religionsgemeinschaften durch spezifische Mittel und Möglichkeiten des MfS hat an Stellenwert zugenommen. Dies ergibt sich vor allem aus der internationalen Verflechtung der Religionsgemeinschaften und Kirchen im Rahmen der Ökumene und der sich daraus ergebenden Erfordernisse für die Arbeit in und nach dem Operationsgebiet.

– Feststellbar sind zunehmende Versuche des Feindes für die Inspirierung und Organisierung politischer Untergrundtätigkeit und zur Schaffung einer inneren Opposition, in der DDR Kirchen und Religionsgemeinschaften zu mißbrauchen. Dabei kommt den Religionsgemeinschaften in differenziertem Maße, durch Struktur, Glaubensauffassungen und Missionsverständnis bedingt, eine zunehmende operative Bedeutung zu.

– Von 31 in der DDR zugelassenen Religionsgemeinschaften mit insgesamt ca. 248 000 Mitgliedern haben 6 ihre Zentralen im Operationsgebiet. 10 sind international verbreiteten konfessionellen Weltbünden bzw. kirchlichen Zusammenschlüssen mit Sitz im Operationsgebiet angegliedert, die zusammen über 200 Millionen Menschen umfassen. In den letzten Jahren ist eine starke Zunahme der kirchlichen Reisetätigkeit, des Delegationsaustausches, wechselseitiger Kadereinsätze, materieller und finanzieller Verflechtung u.a. grenzüberschreitender Aktivitäten festzustellen. In der Perspektive ist mit einer weiteren Ausweitung dieser Tendenzen und einer verstärkten Einordnung dieser Beziehungen in die gegnerische Kontaktpolitik und Kontakttätigkeit zu rechnen. [4]

– In wachsendem Umfang arbeiten Religionsgemeinschaften im Rahmen nationaler und internationaler ökumenischer Organisationen wie ÖRK[291], KEK[292], Arbeitsgemeinschaft Christlicher Kirchen[293] mit

291 Zum ÖRK vgl. Dok 89, Anm. 16.
292 Die 1959 gegründete Konferenz europäischer Kirchen (KEK) vereinigt 118 evangelische und orthodoxe Kirchen aus ganz Europa.
293 Die Arbeitsgemeinschaft Christlicher Kirchen in der DDR konstituierte sich im April 1970 und setzte die bereits begonnene Arbeit der Arbeitsgemeinschaft in ganz Deutschland für die DDR eigenständig fort. Die katholische und die Russisch-Orthodoxe Kirche gehören der Arbeitsgemeinschaft nur als Beobachterinnen

und beeinflussen zum Teil deren politische Aussagen. Der in der DDR
von der Arbeitsgemeinschaft Christlicher Kirchen, der u.a. 11 Religionsgemeinschaften angehören, getragene konziliare Prozeß[294] gewinnt in den nächsten Jahren wesentlich an Bedeutung. Aussagen zu
„Frieden, Gerechtigkeit und Bewahrung der Schöpfung" können im
erheblichen Maße durch Vertreter der Religionsgemeinschaften mit beeinflußt werden (beispielsweise auf den sogenannten ökumenischen
Vollversammlungen). Dem Versuch reaktionärer und oppositioneller
Kreise in evangelischen Kirchen, die Religionsgemeinschaften zu vereinnahmen, muß konzeptionell und mit geeigneten politisch-operativen
Mitteln entgegengewirkt werden.
– In der ökumenischen Zusammenarbeit, vor allem an der Basis
durch evangelische Landeskirchen ergeben sich Erscheinungen, die in
der Perspektive eine verstärkte Teilnahme von Mitgliedern verschiedener Religionsgemeinschaften an Aktivitäten von Vertretern des politischen Untergrundes nicht ausschließen lassen. Nach bisherigen Feststellungen beschränken sich diese derzeit auf einzelne Personen in Religionsgemeinschaften.
– Im Prozeß der Differenzierung religiöser Kräfte und bei der Bekämpfung politischer Mißbrauchshandlungen spielen progressive
kirchliche Bewegungen, so die Christliche Friedenskonferenz[295], eine
bedeutsame Rolle. Vorhandene Potenzen verschiedener Religionsgemeinschaften bei der Aktivierung dieser Gruppen wurden bisher unzureichend genutzt. [5]
– Seit einigen Jahren verstärken sich Versuche der Einflußnahme klerikaler Organisationen aus dem Operationsgebiet auf religiös-fanati-
sche Personenkreise in Kirchen und Religionsgemeinschaften in der
DDR mit dem Ziel der Schaffung von illegalen Plattformen. In der
Folge derartiger Aktivitäten kam es wiederholt zu Anträgen auf Neu-
zulassungen von Religionsgemeinschaften bei weitestgehender Konspirierung tatsächlicher Kontakte und Verbindungen zu initiierenden Organisationen. In gleicher Weise sind Versuche feindlicher Kräfte einzuordnen, in der DDR personelle Stützpunkte für Sekten wie Hare-
Krishna[296], Bhagwan[297], Vereinigungskirche (Moon-Sekte)[298] usw. zu
schaffen.
– Ein großer Teil der feindlichen Aktivitäten von Ostmissionen (Li-
teraturschleusung unter Mißbrauch der Transitwege über die DDR in
andere sozialistische Länder) erfolgt durch den Mißbrauch von Mitgliedern einiger, vor allem missionarisch orientierter Religionsgemeinschaften. Diese feindlichen Aktivitäten wurden bisher durch das MfS
operativ bearbeitet.
Die weitere Einbeziehung der christlich gebundenen Bevölkerung, einschließlich der Mitglieder und Funktionäre von Religionsgemeinschaften, in die Verwirklichung innen- und außenpolitischer Zielstellungen

an. Vgl. *Henkys*, DDR-Kirchen, 197-201.
294   Vgl. Dok. 95, Anm. 102.
295   Vgl. Dok. 36, Anm. 26.
296   Eigentlich: „Internationale Gesellschaft für Krishna-Bewußtsein". Diese Religions-
      gemeinschaft, in der der indische Gott Krishna verehrt wird, wurde 1966 gegrün-
      det.
297   Religiöse Sekte um den Inder „Bhagwan" Rajneesh Chandra Mohon.
298   Die sog. „Vereinigungskirche" wurde von dem Koreaner San Myung gegründet.
      Dieser versteht sich selbst als „Herr des neuen Zeitalters".

der DDR erfordert vor allem im Hinblick auf objektive Verflechtungserscheinungen zwischen den evangelischen Kirchen, der katholischen Kirche und wesentlichen Religionsgemeinschaften und ihrer zunehmenden Bedeutung eine einheitliche kirchenpolitische Einflußnahme und darin eingeordnet eine einheitliche konzentrierte schwerpunktorientierte politisch-operative Kontrolle und Bearbeitung. Das betrifft insbesondere auch die Durchsetzung der op. Grundprozesse der tschekistischen Arbeit. [6] Dies setzt eine exakte zentrale Koordinierung operativer Prozesse auf der Basis umfassender analytischer Auswertung sowie einheitlicher Speicherführung voraus, womit ein sofortiges Reagieren bei operativen Erfordernissen ermöglicht wird. Dies entspricht auch besser der Forderung nach Wahrnehmung der Federführung durch die Hauptabteilung XX bei der Bekämpfung politischer Untergrundtätigkeit entsprechend der DA 2 / 85 des Genossen Minister[299].

Deshalb wird die Übernahme des Bereiches „Religionsgemeinschaften" im MdI durch das MfS und die vollständige Eingliederung in die Verantwortung der HA XX / 4, in der ein Referat „Religionsgemeinschaften / Sekten" vorhanden ist, vorgeschlagen. Weiterhin wird vorgeschlagen, zur personellen Absicherung dem MfS, HA XX / 4 und BV / Abt. XX / 4, insgesamt 25 Planstellen zur Verfügung zu stellen. (Anlage)

Es wäre zweckmäßig, die noch vorhandenen Mitarbeiter der Arbeitsrichtung I des Bereiches „Religionsgemeinschaften" (bei kaderpolitischer Eignung) durch das MfS zu übernehmen und eine analoge Regelung der Übernahme vorhandener inoffizieller Mitarbeiter zu treffen.

Anlage
Vorschlag Stellenplanungen

Anlage
Vorschlag zur Schaffung von Planstellen in der Fachabteilung HA XX / 4 bzw. in den Fachreferaten der Bezirksverwaltungen HA XX / 4-1

Bezirksverwaltungen
Rostock- 1; Schwerin- 1; Neubrandenburg- 1; Potsdam- 1; Frankfurt / Oder- 1; Cottbus- 1; Magdeburg- 2 (Übernahme von 1 MA möglich); Halle- 2 (Übernahme von 1 MA möglich); Erfurt- 1 (Übernahme von 1 MA möglich); Gera- 1 (Übernahme von 1 MA möglich); Suhl- 1; Dresden- 2 (1 OiBE vorhanden); Leipzig- 2 (Übernahme von 1 MA möglich); Karl-Marx-Stadt- 3; Berlin- 2 (Übernahme von 2 MA möglich).

---

299 Vgl. die in Dok. 87 abgedruckten Auszüge aus dieser Dienstanweisung.

Dok. 113
Rundschreiben Nieblings

Berlin, 17.10.1988

Rundschreiben Nieblings mit eigenhändiger Unterschrift. Absender: Zentrale Koordinationsgruppe, Leiter. Anschrift: Diensteinheiten, Leiter. BdL 220 / 88. Mit Anlage.

Beiliegend wird ein mit der Hauptabteilung XX abgestimmtes Informationsmaterial über Haltungen und Reaktionen kirchenleitender Kräfte in der DDR gegenüber Versuchen des Mißbrauchs kirchlicher Veranstaltungen und Räumlichkeiten durch Übersiedlungsersuchende übersandt.
Die darin wiedergegebenen, überwiegend öffentlich vertretenen Positionen führender kirchlicher Amtsträger sind für die politisch-operative Arbeit zur Unterbindung des anhaltenden Mißbrauch der Kirchen durch Gruppierungen Übersiedlungsersuchender, insbesondere für offensive inoffizielle Maßnahmen zur Verunsicherung und Zersetzung derartiger Gruppierungen nutzbar.
Das Material sollte vor allem für die Instruierung in dieser Richtung eingesetzter Inoffizieller Mitarbeiter genutzt werden. Es kann auch den Leitern zentraler staatlicher Organe, der Kombinate, Betriebe und Einrichtungen sowie differenziert in die Gesprächsführung mit bestimmten Übersiedlungsersuchenden einbezogenen gesellschaftlichen Kräften übergeben werden.
Über die Verwendung des Materials außerhalb des Ministeriums für Staatssicherheit ist ein exakter Nachweis zu führen.
[gez.] Niebling
Generalmajor [2]

Kirchliche Amtsträger befürchten mit Recht, daß sich durch die Organisierung von provokatorischen Auftritten in der Öffentlichkeit unter dem Dach der Kirchen das Verhältnis zwischen Staat und Kirche verschlechtert.
Kirchenleitende Kräfte der evangelischen Kirchen in der DDR haben sich wiederholt öffentlich gegen den Mißbrauch der Kirchen zur Durchsetzung von Übersiedlungsersuchen ausgesprochen. In Bekräftigung des bereits auf der Bundessynode der Evangelischen Kirche im Jahre 1971 in Eisenach angenommenen Grundsatzes: „Wir wollen Kirche sein nicht neben, nicht gegen, sondern wir wollen Kirche im Sozialismus sein"[300] lehnen sie grundsätzlich das Verlassen des Landes durch Bürger der DDR ab, sofern keine echten humanitären Gründe vorliegen.
So erklärte der Vorsitzende des Bundes der Evangelischen Kirchen in der DDR, Landesbischof *Leich*, in einem Interview für die in Hannover erscheinenden „Lutherischen Monatshefte" im Juli 1988[301]: „Wir

---

300 Vgl. Dok. 67, Anm. 72.
301 In: LuMo 8 / 88, 363-367. Korrekt lautet das folgende Zitat so: „Wir bitten unsere Gemeindeglieder, aber auch alle Bürger unseres Landes darum, hier zu bleiben. Wir begründen die Bitte damit, daß jeder, der mit seinen Gaben hier unter uns ist, gebraucht wird, und daß sowohl die Kirche, in ihrer Weise aber auch Staat und Gesellschaft ärmer werden, wenn uns Menschen mit ihren Gaben verlassen." (366).

bitten unsere Gemeindeglieder, aber auch alle Bürger unseres Landes, hierzubleiben. Jeder wird mit seinen Gaben in der DDR gebraucht. Kirche, Staat und Gesellschaft werden ärmer, wenn Menschen mit ihren Gaben sie verlassen." Auch auf den Kirchentagen im Jahre 1988[302] wurde dieser Standpunkt mehrfach bekräftigt. So wurde auf dem 6. Kirchentag der evangelischen Landeskirche Görlitz bedauert, daß viele Menschen in der DDR bei ihrem Entschluß auszureisen, nicht in erster Linie menschliche Verbindungen werteten, sondern materielle Dinge. „Es schmerzt ganz besonders, wenn für Menschen, die uns verlassen, solche Gemeinschaften, solche Freundschaften oft keinerlei Rolle spielen bei ihrem Entschluß", sagte der Superintendent von Zittau Dietrich Mendt[303]. [3] Während des Kirchentages in Erfurt[304] hatte der katholische Bischof *Wanke* unter dem Beifall von über 1 000 Zuhörern erklärt: „Ich halte es für verantwortungslos, wenn Menschen aus rein materiellen Gründen den Weg in ein anderes Land suchen, besonders wenn sie in sehr verantwortlicher Stelle, wie zum Beispiel als Ärzte, tätig sind". Und der Erfurter Propst Falcke sagte vor über 40 000 Teilnehmern, man könne diese Menschen immer wieder nur bitten zu prüfen, ob sie nicht doch in der DDR leben könnten. Der Aufforderung zum Bleiben in der DDR stimmen selbst reaktionäre kirchenleitende Kräfte zu, die das jedoch mit der Absicht verbinden, daß die betreffenden Personen gegen die sozialistischen Verhältnisse in der DDR von innen heraus wirksam werden.
Unrealistisch wären aber Erwartungen, daß die Kirche Übersiedlungsersuchenden völlig ihre Räume bzw. den Zugang zu kirchlichen Veranstaltungen verschließt, da sie sich auf die seelsorgerliche Betreuungspflicht der Kirche gegenüber allen Menschen beruft. Eindeutig verurteilt werden durch leitende kirchliche Kräfte Versuche, kirchliche Veranstaltungen zu Kundgebungen Ausreisewilliger, zu ihrer Formierung und zu politischen Aktivitäten gegen den Staat zu mißbrauchen. Dazu stellte der Konsistorialpräsident der evangelischen Kirche von Berlin-Brandenburg, *Stolpe*, auf der Bundessynode 1988 in Dessau[305] u.a. fest: „Die Kirche ist überfordert und muß widerstehen, wenn kirchliche Veranstaltungen in Ausbürgerungskundgebungen umfunktioniert werden sollen oder gar die Kirche als Schutzschild für erpresserische oder gewaltsame Ausbürgerungsaktionen mißbraucht werden soll."(zitiert in der BRD-Zeitung „Die Welt" vom 11.10.1988) [4]
Und der Generalsuperintendent von Berlin, *Krusche*, warnt vor „aggressiven politischen Aktivitäten von Gruppen, die auf politische Konfrontation angelegt sind. Wenn Gruppen politische Aktivitäten entfalten, die auf politische Konfrontation angelegt sind, kann die Kirche nicht zustimmen. [...] Die Kirche kann für sich nicht einen rechtsfreien Raum beanspruchen." („Die Welt" vom 2.6.1988)
Die mit den Kirchenleitungen abgestimmte Reaktion der zuständigen

---

302 Vgl. dazu auch *Rein*, Revolution, 93-99.
303 Die Rede Mendts ist abgedruckt in: epd-Dok. 39a, 1-5.
304 Der Kirchentag fand vom 10.-12.6.1988 statt. Vgl. epd Landesdienst Berlin 111 vom 13.6.1988. Vgl. siehe auch die Dialogpredigt von Falcke und Grosse, abgedruckt in: epd-Dok. 39a, 9-12.
305 Vgl. dazu auch *Rein*, Revolution, 111-114, der hier die Rede Leichs und die ablehnende Reaktion Honeckers auf die Forderung nach einem Sozialismus mit „menschlichem Antlitz" dokumentiert.

kirchlichen Amtsträger auf mehrere in der jüngsten Vergangenheit erfolgte erpresserische Versuche, durch die „Besetzung" von Kirchen die sofortige Ausreise nach der BRD zu erzwingen, unterstreicht, daß die Kirche nicht gewillt ist, einen solchen Mißbrauch zuzulassen.

So wurde den Erpressern unmißverständlich erklärt, daß die Gründe für die Kirchenbesetzung in keiner Weise akzeptiert werden, die Kirche sich nicht erpressen lasse und keine Vermittlerrolle zwischen Übersiedlungsersuchenden und Staat spiele, da sie keinen Einfluß auf die Entscheidung des Staates habe. Auf die juristischen Folgen von Nötigung und Hausfriedensbruch wurde hingewiesen, ebenso auf die Anzeigeerstattung, wenn durch die Übersiedlungsersuchenden kirchliches Inventar, Kunst- und Kultgegenstände beschädigt würden.

Die betreffenden Personen wurden während ihres erpresserischen Aufenthaltes in Kirchen nicht verpflegt. Ihnen wurde angekündigt, daß im Falle der Fortsetzung der Erpressungsversuche die Übergabe der von ihnen mitgeführten Kleinkinder an staatliche Organe zum Zwecke der gesundheitlichen Betreuung veranlaßt wird. Sie wurden nachdrücklich aufgefordert, die Kirche umgehend zu verlassen bzw. wurden mit einfacher körperlicher Gewalt aus der Kirche entfernt. In keinem dieser Fälle wurde durch die staatlichen Organe den erpresserischen Forderungen nachgegeben und in irgendeiner Weise die Ausreise zugesichert.

[5]
Fortgesetzt entwickeln bestimmte Kräfte unter übersiedlungsersuchenden Bürgern umfangreiche und hartnäckige Aktivitäten, die darauf gerichtet sind, die staatlichen Organe unter Druck zu setzen, ja zu erpressen, in ihren im Interesse des Staates und der gesamten Gesellschaft zu treffenden Entscheidungen zu beeinträchtigen, um die Übersiedlung zu erzwingen.

Zur Erreichung dieses Zieles suchen diese Personen ständig nach Möglichkeiten, um sich gegenseitig zu solidarisieren und zu Gruppen zu formieren, um durch abgestimmtes provokatorisches Auftreten in der Öffentlichkeit die Wirksamkeit ihrer Aktionen zu potenzieren. Zur Durchsetzung ihrer Forderungen versuchen besonders hartnäckige, uneinsichtige Übersiedlungsersuchende immer wieder, Veranstaltungen und Räumlichkeiten der Kirche zur gegenseitigen Inspirierung, Verbindungsaufnahme zu Übersiedlungsersuchenden aus anderen Bezirken sowie Vorbereitung und Abstimmung öffentlichkeitswirksamer Auftritte zu mißbrauchen und nutzen dabei die erklärte Bereitschaft der Kirchen, für alle Menschen da zu sein, schamlos aus.

Verschiedene Geistliche klagen mit Recht darüber, daß die an kirchlichen Veranstaltungen teilnehmenden Übersiedlungsersuchenden meist keinerlei religiöse Motive haben, sondern nur ihre egoistischen Interessen verfolgen und dabei auf die Unterstützung der Kirche hoffen. Häufig sei durch das anmaßende Auftreten Übersiedlungsersuchender und die ständige provokative Diskussion von Ausreiseproblemen keine normale Durchführung von Gottesdiensten mehr möglich.

Dok. 114
Mielkes Rundschreiben Nr. 69 / 88

Berlin, den 20.10.1988

Rundschreiben mit eigenhändiger Unterschrift. Absender: Ministerrat der Deutschen Demokratischen Republik, Ministerium für Staatssicherheit. Betreff: Geplante Zusammenrottung am 24.10.1988 in der Hauptstadt der DDR. VVS-o008 MfS-Nr. 69 / 88. Mit Anlagen: Belehrung.

Geplante Zusammenrottung am 24.10.1988 in der Hauptstadt der DDR

Internen Informationen und ersten Meldungen westlicher Presseorgane zufolge planen die Initiatoren der am 10.10.1988 in der Hauptstadt der DDR aufgelösten Zusammenrottung gegen „staatliche Zensur bei kirchlichen Presseerzeugnissen"[306] (200 Teilnehmer, 78 Zuführungen) am 24.10.1988[307] eine erneute Provokation mit dem Ziel der Druckausübung auf die entsprechenden staatlichen Entscheidungen. Zu diesem Zweck wird zielgerichtet verbreitet, falls am 23.10.1988 festgestellt werde, daß Kirchenzeitungen aufgrund staatlicher Beanstandungen erneut nicht erscheinen dürfen, soll am 24.10.1988, 16.00 Uhr (Treffpunkt Evangelisches Konsistorium an der Grünstraße) in der Hauptstadt der DDR mit erweitertem Teilnehmerkreis eine gleichartige Zusammenrottung organisiert werden, an der neben kirchlichen Amtsträgern bzw. in kirchlicher Ausbildung stehenden Personen vor allem Mitglieder der sogenannten kirchlichen Basisgruppen und im Sinne politischer Untergrundtätigkeit wirkende feindlich-negative Personen auch aus den Bezirken der DDR teilnehmen sollen.

Während des montäglichen „Friedensgebetes" am 17.10.1988 in der Nikolaikirche in Leipzig[308] wurden unter den anwesenden Übersiedlungsersuchenden ebenfalls Termin und Anliegen der vorgenannten Zusammenrottung in individuellen Gesprächen popularisiert und auch Übersiedlungsersuchende zur Teilnahme aufgefordert.

Einer weiteren internen Information zufolge wird in feindlich-negativen Kreisen auch davon gesprochen, daß es zu einer landesweiten gemeinsamen Aktion der evangelischen und der katholischen Kirche kommen kann.

Aufgrund dieser Hinweise ist davon auszugehen, daß das Ziel weiter verfolgt wird, auch unabhängig von den Entscheidungen der staatlichen Organe zum Erscheinen der Kirchenzeitungen – nach dem gegenwärtigen Erkenntnisstand sind keine staatlichen Maßnahmen gegen das Erscheinen vorgesehen –, diese Zusammenrottung in der Hauptstadt (evtl. auch gleichlaufende Aktionen in anderen Städten) durchzuführen

---

306 Gemeint ist ein Schweigemarsch von Lesern der Zeitschrift „Die Kirche", der vom Staatssicherheitsdienst aufgelöst wurde. Vgl. epd Zentralausgabe 196 vom 11.10.1988.
307 Vgl. dazu epd Landesdienst Berlin 201 vom 25.10.1988.
308 Die Friedensgebete am Montag in der Leipziger Nikolai-Kirche konnten bereits auf eine längere Tradition zurückblicken. Es gab die Friedensgebete in Leipzig bereits seit 1982. Damals hatte die Bitte um Frieden und Abrüstung im Mittelpunkt gestanden. Vgl. *Sievers*, 26-28, die Untersuchung von *Feydt / Heinze / Schanz* sowie schon Dok. 111.

und diese spektakulären Angriffe gegen den Staat öffentlichkeitswirksam fortzusetzen.

Zur vorbeugenden Verhinderung dieser geplanten Provokation sind unverzüglich folgende Maßnahmen einzuleiten:

1. Verstärkter Einsatz der IM u.a. operativer Kräfte und Mittel zur weiteren Aufklärung der Pläne, Absichten und Maßnahmen sowie Mittel und Methoden des Gegners sowie feindlich-negativer Kräfte im Innern der DDR, insbesondere westlicher Massenmedien und ihrer in der DDR akkreditierten ständigen Korrespondenten. Entsprechende Erkenntnisse sind unverzüglich den zuständigen Diensteinheiten zu [2] übermitteln.

2. Einsatz geeigneter IM zur zielgerichteten Gewinnung weiterer Informationen zu möglichen Teilnehmern an dieser Zusammenrottung, über deren Vorbereitung, geplanten Verlauf sowie beabsichtigte politische Losungen. Die IM sind so zu instruieren, daß durch ihr Wirksamwerden keine zusätzliche Verbreitung von Angaben über Zeitpunkt und Inhalt der Zusammenrottung erfolgt. Gewonnene Informationen sind unverzüglich der Hauptabteilung XX zu übermitteln.

3. Personen, die an der Zusammenrottung in Berlin oder an anderen gleichartigen Provokationen in anderen Orten der DDR teilnehmen wollen oder die aufgrund vorliegender Erkenntnisse im Verdacht stehen, daran teilnehmen zu wollen, sind nachdrücklich zu belehren und zu verwarnen. Diese Maßnahmen sind durch Kräfte des MfS unverzüglich durchzuführen, um eine Teilnahme wirksam zu unterbinden. Die bei den Provokationen anläßlich der IWF-Tagung bzw. am 7.10 und am 10.10.1988 in der Hauptstadt der DDR angefallenen Personen (Angaben wurden übermittelt) sind ausnahmslos durch Kräfte des MfS bzw. Angehörige der Abt. Inneres (für kirchliche Angestellte) aufzusuchen und zu belehren. (Text der Belehrung siehe Anlage) In gleicher Weise ist bei ausgewählten, in Kirchen in Erscheinung getretenen Übersiedlungsersuchenden zu verfahren. Ergibt sich der dringende Verdacht einer Straftat, ist eine rechtzeitige Konsultation mit der Hauptabteilung IX durchzuführen. Zuführungen sind direkt der Hauptabteilung IX zu melden.

4. Es ist zu gewährleisten, daß die Anreise möglicher Teilnehmer zu dieser Zusammenrottung in die Hauptstadt der DDR durch

– Bindung am Wohnort durch Arbeitsaufgaben oder durch Vorladungen zu staatlichen Stellen,

– gezielte Fahndung und Zurückweisung auf den Verkehrswegen bzw. in Verkehrsmitteln nach Berlin,

– demonstrative und gedeckte Beobachtung sowie operative Kontrolle auszuwählender Personen, erforderlichenfalls Blockierung oder Zuführung, vor allem bei belehrten Personen,

– Beeinflussung durch inoffizielle Kräfte oder Personen des Vertrauens unterbunden wird.

5. Es sind alle offiziellen und inoffiziellen Kontakte zu kirchlichen Amtsträgern zur Schaffung einer Front der Ablehnung gegenüber derartigen politischen Provokationen – auch unter Hinweis auf die staatlichen und kirchlichen Bemühungen zur einvernehmlichen Regelung der Probleme mit der Kirchenpresse zu nutzen. [3]

6. Über die Entwicklung der Lage sowie über politisch-operativ bedeutsame Ergebnisse der eingeleiteten Maßnahmen ist die Lagegruppe

der Hauptabteilung XX fernschriftlich oder telefonisch über WTsch zu informieren.

Besonders bedeutsame Informationen zu feindlich-negativen Plänen, Absichten und Aktivitäten sowie zu Vorkommnissen sind meinem Stellvertreter, Genossen Generalleutnant Neiber[309], zu übermitteln.

[gez.] Mielke
Armeegeneral

Anlage

Ministerrat
der Deutschen Demokratischen Republik
Ministerium für Staatssicherheit
Hauptabteilung Untersuchung

Belehrung
Am heutigen Tag wurde durch den unterzeichnenden Mitarbeiter in Wahrnehmung der Befugnisse des § 20 VP-Gesetz[310] gegenüber dem Bürger [Name], geb. am: [...], wohnhaft: [...], gemäß § 11 Abs. 1 VP-Gesetz die Forderung erhoben, sich nicht an einer unerlaubten Veranstaltung am 24.10.1988 im Stadtgebiet von Berlin sowie an weiteren Handlungen zu beteiligen, die geeignet sind, die öffentliche Ordnung bzw. das Zusammenleben der Bürger zu stören.

Der Bürger wurde darüber belehrt, daß dies eine Weisung im Sinne des § 4 Abs. 6 OWVO[311] darstellt, bei deren Zuwiderhandlung rechtliche Maßnahmen einschließlich einer Zuführung durchgeführt werden können.

Gemäß § 19 VP-Gesetz besteht gegen diese in Wahrnehmung der Befugnisse des VP-Gesetzes erhobenen Forderung das Recht auf Beschwerde.

Kenntnis genommen: Bürger [Unterschrift]

Rat des Bezirkes
Rat des Kreises
Abteilung Innere Angelegenheiten

Belehrung
Am heutigen Tag wurde durch den unterzeichnenden Mitarbeiter der Abteilung Innere Angelegenheiten des Rates [...] gegenüber dem Bürger [Name], geb. am: [...], wohnhaft: [...], zur Gewährleistung von Ordnung und Sicherheit gemäß § 4 Abs. 6 OWVO die Weisung erteilt, sich nicht an einer unerlaubten Veranstaltung am 24.10.1988 im Stadtgebiet von Berlin sowie an weiteren Handlungen zu beteiligen, die geeignet sind, die öffentliche Ordnung bzw. das Zusammenleben der Bürger zu stören.

Der Bürger wurde darüber belehrt, daß bei Zuwiderhandlung rechtliche Maßnahmen einschließlich seiner Zuführung durch die Schutz- und Sicherheitsorgane durchgeführt werden können.

Gegen diese erteilte Weisung besteht die Möglichkeit der Beschwerde.

Kenntnis genommen: Bürger [Unterschrift]

---

309 Generalleutnant Gerhard Neiber war von 1980 bis 1989 Stellvertreter Mielkes.
310 Vgl. Dok. 67, Anm. 74.
311 § 4 Absatz 6 der OWVO in der Form der Verordnung zur Änderung von Ordnungsstrafbestimmungen vom 11.9.1975 (GBl. I, 1975, 654) stellt die Teilnahme an unerlaubten Veranstaltungen unter Strafe.

Dok. 115
Aus einem Referat Mielkes

Auszug aus einem Referat Mielkes zu ausgewählten Fragen der politisch-operativen Arbeit der Kreisdienststellen und deren Führung und Leitung, gehalten auf der zentralen Dienstkonferenz am 26.10.1988 . GVS-o008 MfS-Nr. 41 / 88[312].

Genossen!
Zu einigen Aspekten der Lage in den evangelischen Kirchen in der DDR.
Durch das einheitliche und abgestimmte Vorgehen der zuständigen staatlichen Organe und einbezogenen gesellschaftlichen Kräfte auf der Grundlage entsprechender Beschlüsse der Parteiführung vertiefte sich der innerkirchliche Differenzierungs- und Polarisierungsprozeß erheblich.
Maßgeblich beeinflußt durch die bekannten Vorgänge im Bereich der Evangelischen Kirche in Berlin-Brandenburg und die daraufhin realisierten staatlichen Maßnahmen[313] stößt der Mißbrauch der Kirchen für provokatorisch-demonstrative Aktionen, für die Inszenierung von auf Konfrontation mit dem Staat abzielenden Angriffen und Handlungen innerer Feinde bei kirchlichen Amtsträgern und Synodalen zunehmend auf Widerspruch bis Ablehnung. [103]
In der Praxis zeigt sich das in dem Bemühen einer wachsenden Zahl von Kirchenvertretern, den staatlichen Erwartungshaltungen hinsichtlich der Wahrung des religiösen Charakters von kirchlichen Veranstaltungen zu entsprechen, aber auch in verstärkten innerkirchlichen Auseinandersetzungen bezüglich der Haltung zu im Bereich der Kirchen agierenden Gruppierungen und Gruppen und zum Mißbrauch der Kirchen und kirchlicher Räume.
Dabei sind folgende Grundtendenzen erkennbar:
Auf realistischen Positionen stehende Kirchenvertreter und Laien drängen auf eine stärkere Theologisierung der Arbeit dieser Gruppen. Sie finden jedoch häufig noch nicht die erforderliche Mehrheit in ihren Kirchenleitungen.
Zahlreiche kirchliche Amtsträger beziehen zu dieser Problematik keine klare Position. Sie warten auf entsprechende Orientierungen kirchenleitender Gremien. Ihre diesbezügliche Haltung und ihr Handeln werden wesentlich durch die jeweilige Kräftekonstellation in den Kirchenräten bzw. -leitungen beeinflußt.
Die Führungsorgane der evangelischen Kirchen beziehen dazu noch äußerst widersprüchliche Positionen und verzögern entsprechende Grundsatzdebatten und -entscheidungen. [104]
Sichtbar wird eine gewisse Konzeptionslosigkeit und ein ständiges Taktieren sowohl bei der Erörterung solcher Probleme als auch im praktischen Vorgehen gegenüber diesen Gruppen. Es ist vielfach gekennzeichnet durch Toleranz und Inkonsequenz. Die ganze Widersprüchlichkeit der Entwicklung in den evangelischen Kirchen in der DDR widerspiegelt sich besonders in folgenden Erscheinungen:

---

312 Ein Auszug dieser Rede ist abgedruckt in: *Worst*, 15 f.
313 Gemeint sind an dieser Stelle wiederum die Vorgänge um die Berliner Umweltbibliothek und Liebknecht / Luxemburg-Gedenkdemonstration zu Beginn jenes Jahres. Vgl. Dok. 101-109.

Einerseits wurden unter dem Einfluß progressiver bzw. realistischer Kräfte Bestrebungen zur offenen Konfrontation mit dem Staat abgebaut. In diesem Sinne haben zahlreiche kirchenleitende Kräfte und Amtsträger besonders in letzter Zeit Anstrengungen zur Beruhigung der Lage und zur Versachlichung der Beziehungen zum Staat unternommen.

Andererseits handeln die evangelischen Kirchen in der DDR nach dem von der Konferenz der Evangelischen Kirchenleitungen in der DDR geprägten Grundsatz „kritischer Distanz und kritischer Solidarität" zum Staat. Sie leiten aus der von ihnen selbst entwickelten Formel einer „Kirche im Sozialismus"[314] ein politisches Mitspracherecht in der Gesellschaft ab und intensivieren ihre Versuche zur Erlangung gesellschaftlicher Einflußnahme. D.h., sie setzen ihre Bestrebungen fort, die Kirchen zu einer gesellschaftlichen Kraft zu formieren. [105]

Diese Entwicklung führte und führt zu einer systematischen Politisierung der Arbeit der Kirchen, in deren Folge es zu einem Anwachsen kirchlicher Stellungnahmen zu innenpolitischen Vorgängen, zur Verstärkung von Forderungen gegenüber dem Staat gekommen ist, die teilweise als direkte Einmischung in innerstaatliche Angelegenheiten zu werten sind. Ich erinnere in diesem Zusammenhang vor allem an solche Forderungen, wie sie auch von Kräften politischer Untergrundtätigkeit erhoben werden, wie:

– die Durchsetzung des „Rechts" auf Wehrdienstverweigerung, verbunden mit der Einrichtung eines sogenannten zivilen Ersatzdienstes[315];

– die Aufhebung angeblicher Benachteiligung christlicher Bürger, besonders an den Schulen und während der Ausbildung;

– die Schaffung entsprechender gesetzlicher Regelungen für den Reiseverkehr von DDR-Bürgern in das Ausland, das Recht auf freies Reisen insgesamt.

Bekanntlich ist das nur eine kleine Auswahl aus sogenannten Forderungskatalogen. [106]

Vorliegende interne Erkenntnisse belegen, daß die evangelischen Kirchen die in absehbarer Zeit anstehenden kirchenpolitischen Veranstaltungen und Zusammenkünfte nutzen wollen, um diesen Forderungen noch mehr Nachdruck zu verleihen und einer breiteren Öffentlichkeit, bis hin in die Kirchengemeinden, zugänglich zu machen. Ich erinnere besonders an die Herbstsynoden der Landeskirchen[316] und an die „Friedensdekade 88"[317].

Deutlicher sichtbar wurde dies auf der im September 1988 stattgefundenen V. Synode des Bundes der Evangelischen Kirchen in der DDR in Dessau[318]. Diese Synode befaßte sich mit einer Vielzahl gesellschaftspolitischer Fragen mit zum Teil erheblich zugespitzten kriti-

---

314 Vgl. Dok. 67, Anm. 72.
315 Vgl. dazu die Kontroverse um die Initiative SoFD (Dok. 61).
316 Vgl. die Dokumente von der sächsischen und der provinzsächsischen Synode in: epd-Dok. 52 / 88, 48-66.
317 Die Friedensdekade 1988 fand vom 6. bis 16. November unter dem Motto „Friede den Fernen, Friede den Nahen" statt. Vgl. die Meldung in: KiS 6 / 14, 1988, 253.
318 Während der Synode hatten verschiedene kirchenleitende Persönlichkeiten, unter ihnen auch die Bischöfe Leich, Demke und Hempel, Kritik an der DDR-Innenpolitik geübt. Erich Honecker hatte daraufhin die Ausführungen Leichs am 24.9.1988 als „verantwortungsloses Gerede" bezeichnet (epd-Dok. 43 / 88, 30 und *Rein*, Revolution, 112). Vgl. auch die Texte von der Synode in: epd-Dok. 43 / 88, 1-48.

schen Aussagen über die sogenannten Konfliktfelder zwischen Staat
und Kirche. Obwohl die Kirchenleitung in ihrem Bericht erneut fest-
stellte, daß es zur Politik des 6. März 1978[319] keine verantwortbare
Alternative gibt, widerspiegelte der Gesamtverlauf der Synode, beson-
ders die Diskussionen von Synodalen und die Anträge an die Synode,
sehr deutlich die Bestrebungen der Evangelischen Kirchen in der
DDR, sich unter Berufung auf entsprechende Entwicklungen in der
UdSSR und anderen sozialistischen Staaten zum Wortführer für politische und gesellschaftliche Reformen in der DDR zu erheben. [107]
Dazu kommt noch ein weiterer sehr beachtenswerter Fakt. Wenige
Tage nach Beendigung der Synode stellte ein namhafter Vertreter der
Konferenz der Evangelischen Kirchenleitungen in der DDR öffentlich
die Fähigkeit der SED in Zweifel, gegenwärtig ihrem Führungsanspruch in Staat und Gesellschaft gerecht zu werden[320]. Diese neuen
Erscheinungen in ihrer Gesamtheit betrachtet, bestätigen die zuvor
getroffene Feststellung, daß die evangelischen Kirchen in der DDR,
mit maßgeblicher Unterstützung von äußeren Kräften aus dem Lager
des Gegners, langfristig darauf hinarbeiten, als politischer Machtfaktor
im Staat zu wirken und als solcher auch anerkannt zu werden.
Inhalt und Verlauf der 2. Vollversammlung der „Ökumenischen Versammlung der Christen und Kirchen in der DDR für Gerechtigkeit,
Frieden und Bewahrung der Schöpfung" in Magdeburg machten darüber hinaus deutlich, daß sich besonders solche politisch negativen und
reaktionären kirchlichen Kreise weiter formieren, die unter Nutzung
kirchenpolitischer Veranstaltungen direkte Angriffe gegen das politische System des Sozialismus richten[321].
Besonders drastisch widerspiegelt sich das in den sogenannten Thesen-
papieren der Vollversammlung, in denen unter anderem gefordert wurde, „Überlegungen anzustellen, inwieweit die SED ihren Anspruch zu
Recht erhebt, die einzige wahre Weltanschauung zu besitzen". [108]
Hier wird unverhohlen die führende Rolle der Partei in der Gesellschaft angegriffen und in Frage gestellt. Darüber hinaus werden eine
„Demokratisierung" der Gesellschaft, verbunden mit Reformen in Politik und Wirtschaft, Veränderungen der ökonomischen Struktur sowie
Änderungen des Wahlgesetzes gefordert, wobei kein Zweifel gelassen
wird, welcher Art diese Veränderungen sein sollen.

---

319   Vgl. Dok. 56.
320   Hier wird vielleicht auf die Gastvorlesung angespielt, die Manfred Stolpe am
      21.9.1988 an der Greifswalder Universität gehalten hatte (abgedruckt in: epd-Dok.
      43 / 88, 69-80). Stolpe sagte u.a.: „Die Reformpolitik sollte ihre Ziele deutlicher
      beschreiben und darüber das Gespräch mit den Bürgern eröffnen. Die Reformpo-
      litik sollte ihren Weg, ihren Fortgang, ihre Veränderungen und Korrekturen erken-
      nen lassen, um das Mitdenken der Bürger zu erleichtern. Die führende Rolle der
      Partei kann in der geistigen Führung der Entwicklung, in der überzeugenden Dar-
      stellung von Zielen und Wegen besser verwirklicht werden als durch Administra-
      tion und überproportionale Besetzung von Leitungsfunktionen." (80).
321   Die zweite Vollversammlung fand in der DDR vom 8. bis 11. Oktober 1988 statt.
      Vgl. die in epd-Dok. 52 / 88, 1-47 und epd-Dok. 6 / 88, 1-13 abgedruckten Doku-
      mente sowie die in KiS 6 / 14, 1988, 222-224 abgedruckten Berichte. Vielfach wur-
      de Kritik an der Umweltpolitik der DDR-Regierung geübt. Ein anderer Textent-
      wurf mit der Forderung nach mehr Gerechtigkeit in der DDR selbst konnte in
      Magdeburg nicht verabschiedet werden, sondern wurde erst durch das Präsidium
      am 10.1.1989 endgültig ausformuliert (epd-Dok. 6 / 89, 1-5). Darin wurde u.a. die
      Gängelung der Bevölkerung und das Fehlen von Wahrhaftigkeit im Umgang mit
      den Bürgern beklagt.

Diese Entwicklungen in den Kirchen und unter dem Dach der Kirchen, einschließlich der provokatorischen Handlungen reaktionärer kirchlicher Kreise Anfang Oktober[322], waren erneut Anlaß, seitens des Staates die Kirchenleitungen mit gebotenem Ernst auf ihre Verantwortung zur Bewahrung und Weiterführung des Weges vom 6. März 1978 hinzuweisen.

Für die Unterstützung der Partei bei der Durchsetzung ihrer Politik gegenüber den Kirchen und der Verhinderung bzw. Zurückdrängung des Mißbrauchs der Kirchen durch den Gegner und innere feindlich-negative Kräfte tragen die Kreisdienststellen eine wachsende politische Verantwortung. In Abstimmung mit den Kreisleitungen der Partei und im engen Zusammenwirken mit den zuständigen staatlichen Organen und den gesellschaftlichen Kräften haben sie vor allem mit dafür Sorge zu tragen, daß besonders die Arbeit mit den Gemeindekirchenräten und den im Territorium ansässigen Laiensynodalen intensiviert und dort jene Kräfte gestärkt werden, die sich gegen die zunehmende Politisierung der Kirchen aussprechen und [sich] für die Rückkehr zur Behandlung ausschließlich theologischer Probleme im innerkirchlichen Leben einsetzen. [109]

In der Regel ist das auch der gleiche Personenkreis, der gegen den politischen Mißbrauch der Kirchen durch reaktionäre kirchliche und andere feindlich-negative Kräfte auftritt.

Weitere Anstrengungen sind erforderlich, um die politisch offensive Auseinandersetzung mit solchen kirchlichen Amtsträgern zu führen, die den staatlichen Erwartungshaltungen zur Unterbindung der von feindlich-negativen Kräften ausgehenden Aktivitäten unter Nutzung kirchlicher Möglichkeiten nicht entsprechen.

In Abstimmung mit den jeweiligen Kreisleitungen der Partei ist dazu noch eine gezieltere Auswahl befähigter gesellschaftlicher Kräfte, besonders von politisch erfahrenen Fachkadern, vorzunehmen. Sie sind langfristig und individuell auf einen möglichen Einsatz vorzubereiten, wie ich das bereits in einem anderen Zusammenhang ausführte.

Aus aktuellem Anlaß wiederhole ich vor diesem Kreis die auf der erweiterten Kollegiumssitzung des MfS am 9. März 1988 erhobene Forderung, bei konkreten politisch-operativen Maßnahmen gegen einzelne kirchliche Amtsträger unbedingt die rechtzeitige Abstimmung mit dem Leiter der Hauptabteilung XX zu gewährleisten[323].

Dok. 116
Planorientierung Kienbergs[324] für 1989

Berlin, 1.11.1988

Planorientierung der Hauptabteilung XX für die Jahresplanung 1989 auf der Linie XX der Bezirksverwaltungen. Mit eigenhändiger Unterschrift. GVS-o011 MfS 831 / 88.

---

322 Hier ist vermutlich wiederum die Ökumenische Versammlung gemeint, die Anfang Oktober in Magdeburg stattgefunden hatte.
323 Vgl. Dok. 109.
324 Vgl. Dok. 87, Anm. 3.

1. Grundlegende Entwicklungsziele und Aufgaben der politisch-operativen Arbeit

In weiterer Verwirklichung der Beschlüsse des XI. Parteitages der SED[325], der Zentralen Planvorgabe und weiteren Orientierungen des Genossen Minister und seines Stellvertreters, Genossen Generaloberst Mittig, unter besonderer Beachtung der zentralen Dienstkonferenz vom 26.10.1988[326] sind 1989 auf der Linie XX nachstehende Schwerpunktaufgaben zu lösen:

– Schwerpunktmäßige Bekämpfung aller Versuche des engeren Zusammenschlusses feindlich-negativer Kräfte aus Kreisen der politischen Untergrundtätigkeit, reaktionärer kirchlicher Amtsträger und von Übersiedlungsersuchenden durch Forcierung von Differenzierungsprozessen

– Schaffung von Beweisen für feindlich-negative Pläne, Absichten und Aktivitäten als Grundlage für weitere rechtliche, politische und politisch-operative Maßnahmen

– Konsequente Zurückweisung der Versuche von kirchenleitenden Persönlichkeiten und reaktionären Amtsträgern sowie in theologischer Ausbildung stehenden Personen der evangelischen Kirchen in der DDR, ein politisches Mitspracherecht einzufordern und sich als Wortführer oppositioneller Kräfte und unzufriedener Bevölkerungskreise zu profilieren

– Aufklärung und Bekämpfung feindlich-negativer Kräfte und deren Aktivitäten, in Abstimmung mit feindlichen Stellen im Operationsgebiet und mit westlichen Medien und Presseorganen Druck auf gesellschaftspolitische Entscheidungen in der DDR ausüben zu wollen und entsprechende Aktionen in der Öffentlichkeit zu inszenieren

– Weitere Mobilisierung staatlicher und gesellschaftlicher Kräfte unter Führung der Partei zur direkten, ständigen und offensiven ideologischen Auseinandersetzung mit feindlich-negativen Kräften und deren Auffassungen bei schwerpunktmäßiger Organisierung einer systematischen individuellen Beeinflussung sowie des politisch überzeugenden Auftretens parteiverbundener Experten. Dazu sind den Bezirks- und Kreisleitungen der SED die entsprechenden Informationen zu übergeben

– Enge Zusammenarbeit mit der BKG und Aktivierung der Partner des Zusammenwirkens zur Erhöhung der Wirksamkeit aller Maßnahmen der Zurückdrängung der weiter ansteigenden Delikte des ungesetzlichen Verlassens der DDR und der Übersiedlungsersuchen bei weiterhin besonderer Beachtung des medizinischen Bereiches [3]

– Weiterführung der Maßnahmen der Spionageabwehr und des Geheimnisschutzes in enger Zusammenarbeit mit der Linie II, insbesondere in den Schwerpunktbereichen des Staatsapparates, der Forschung und unter Auslands- und Reisekadern unter besonderer Beachtung der sich erweiternden Beziehungen in das NSW im Rahmen des wissenschaftlichen Austausches und der Städtepartnerschaften sowie unter dem Aspekt der Bedeutung für die Landesverteidigung im Bereich der GST

– Wirksame politisch-operative Sicherung der Vorbereitung und

---

325 Zum XI. Parteitag vgl. auch Dok. 92, Anm. 37 und Dok. 99, Anm. 166.
326 Vgl. Dok. 115.

Durchführung der Volkswahlen am 7.5.1989[327] und der Veranstaltungen zum 40. Jahrestag der DDR[328]

2. *Ziel- und Aufgabenstellungen zur Verhinderung, Aufdeckung und Bekämpfung der politischen Untergrundtätigkeit und anderer subversiver Angriffe des Gegners sowie zur Gewährleistung von Sicherheit und Ordnung im Verantwortungsbereich*

2.1 Bekämpfung verfassungsfeindlicher und anderer operativ bedeutsamer Zusammenschlüsse

Mit dem Ziel der Zersetzung und Zurückdrängung antisozialistischer und oppositioneller Kräfte und ihrer Konzeptionen ist der Einsatz der politisch-operativen Kräfte und Mittel darauf zu konzentrieren, die innere Zerstrittenheit unter feindlich-negativen Personenkreisen zu forcieren, insbesondere durch:

– Verstärkung der Widersprüche zwischen kirchlichen „Basisgruppen" und kirchlichen Amtsträgern über solche Forderungen wie

– Offenlegung der Finanzquellen der Kirchen

– Verzicht auf Zuwendungen westlicher Kirchen

– Abbau kirchlicher Institutionen zugunsten der kirchlichen Gemeinden

– Infragestellung der kirchlichen Hierarchie und deren Privilegien aus der Sicht „basisdemokratischer" Modelle

– Erhöhung der eigenen kirchlichen Leistungen für die „3. Welt"

– Einbringung von Projekten zur Reduzierung der Umweltleistungen und Erprobung eines „alternativen Lebensstils" im kirchlichen Bereich

– Unterstützung jeglicher Bestrebungen zur stärkeren Abgrenzung der Kirchen und der Untergrundkräfte von Übersiedlungsersuchenden (ÜSE), z.B. durch

– Hervorhebung der egoistischen Motive der ÜSE, die eine Integration in Bestrebungen zur gesellschaftlichen Veränderung in der DDR ausschließen

– Betonung der Abenteuerlichkeit und des provokatorischen Charakters des Auftretens von ÜSE und der entsprechenden Folgen der Diskreditierung von mit ihnen gemeinsam handelnden Untergrundkräften und kirchlichen Kreisen

– Diskussion über das erpresserische Vorgehen von ÜSE (z.B. bei Kirchenbesetzungen) und daraus abzuleitenden Konsequenzen

– Eskalation in Vielfalt und kontroverser Ausrichtung politischer Diskussionen innerhalb und zwischen Untergrundgruppierungen bei Zurückdrängung übergreifender konzeptioneller Vorstellungen zugunsten von Detailproblemen sowie von stärkerer Behandlung globaler Probleme auf Kosten der engeren DDR-Problematik, wie z.B.

– Auseinandersetzung mit Ursachen des Hungers in der „3. Welt" und den Praktiken des „Internationalen Währungsfonds"

– Aufgreifen von Problemen der Gentechnologie und utopischer Energie- und Umweltprojekte

– Probleme der gesellschaftlichen Entwicklung in der UdSSR und anderen sozialistischen Ländern

– Fragen des Zusammenlebens mit Ausländern in der DDR sowie

---

327 Gemeint sind die Kommunalwahlen, bei denen dann offenkundig Wahlfälschungen vorgenommen wurden, die zu einer Vielzahl von Protesten führten. Vgl. zunächst *Rein*, Revolution, 135-146.
328 Am 7.10.1989.

der Bewältigung von Antisemitismus und Neonazismus in Geschichte und Gegenwart.

Schwerpunktmäßig ist, erforderlichenfalls unter Anwendung ordnungsrechtlicher Maßnahmen in Abstimmung mit der Hauptabteilung IX und Hauptabteilung XX, durchzusetzen, daß
– Aktionen von feindlich-negativen Kräften auf öffentlichen Straßen und Plätzen vorbeugend verhindert bzw. konsequent unterbunden werden;
– das Entstehen neuer Kommunikationszentren für Untergrundkräfte wie „Umweltbibliotheken" oder „Leseläden" verhindert bzw. die Ausstattung solcher Einrichtungen mit antisozialistischer Literatur und analogen Druckerzeugnissen zum Gegenstand offensiver Auseinandersetzungen mit den verantwortlichen kirchlichen Amtsträgern gemacht wird;
– die Herstellung und Verbreitung neuer periodisch erscheinender Untergrundzeitschriften sofort nach Feststellung durch die zuständigen staatlichen Organe beanstandet und das weitere Erscheinen untersagt wird;
– eine sorgfältige Dokumentation zu allen Pamphleten und Periodika der Untergrundszene erfolgt und deren regelmäßige Einschätzung unter rechtlichen Aspekten sowie aus der Sicht der offensiven ideologischen Auseinandersetzung mit dem jeweiligen Inhalt unter besonderer Beachtung der Grundsätze der sozialistischen Verfassung der DDR gewährleistet wird;
– Vorschläge für einen stärkeren Einsatz der Öffentlichkeitsarbeit des MfS erarbeitet und unterbreitet werden.
In enger Abstimmung mit der Hauptabteilung XX / 4 sind vorrangig Maßnahmen zur Einschränkung der überregionalen Wirksamkeit
– des Seminars „Konkret für den Frieden VII" (24.-26.2.1989 in Greifswald)[329]
– der überregionalen Zusammenschlüsse „Kirche von unten"[330], „Arbeitskreis Solidarische Kirche"[331], „Grünökologischer Umweltbund – Arche"[332]
zu realisieren.
Koordinierte Maßnahmen sind darüber hinaus unter Federführung der Hauptabteilung XX / 4 im Zusammenhang mit „Basisgruppen"-Aktivitäten anläßlich des „Weltumwelttages" (5.6.1989), der sogenannten „Friedenswanderungen" im August 1989 in den Bezirken Schwerin und Neubrandenburg sowie zu der für November 1989 geplanten „Friedenswerkstatt" in der Hauptstadt der DDR durchzuführen.
Bestrebungen zur Entwicklung einer Bewegung von Totalverweigerern und Bausoldaten sind durch vorgangsmäßige Bearbeitung zu bekämpfen. Informationen zu Absichtserklärungen von Personen, den Dienst mit der Waffe in der NVA abzulehnen, sind der Hauptabteilung XX / 4 zur zentralen Auswertung zu übermitteln.
Zur Erhöhung der Wirksamkeit der Bekämpfung politischer Untergrundtätigkeit sind die Erfahrungen des Einsatzes staatlicher und ge-

---

329   Vgl. den Bericht von *Röder*, Glasnost.
330   Vgl. Dok. 100, Anm. 176.
331   Vgl. Dok. 100, Anm. 175.
332   Dabei handelt es sich um einen Zusammenschluß von mehreren kirchlichen Umweltgruppen in der DDR im Frühjahr 1988. Vgl. KiS 4 / 14, 1988, 127 und den Bericht von *Wensierski*, Netzwerk.

sellschaftlicher Kräfte unter Führung der Partei gründlich auszuwerten und zielstrebig zu verallgemeinern, insbesondere durch:
– Organisierung einer ständigen, systematischen und wirksamen individuellen Einflußnahme durch geeignete staatliche oder gesellschaftliche Betreuer bei Personen aus Untergrundzusammenschlüssen, die in Arbeitskollektiven oder gesellschaftlichen Organisationen integriert sind;
– stärkeren Einsatz von Experten verschiedenster Fachgebiete, speziell aus dem Bereich des Umweltschutzes, zur offensiven Auseinandersetzung und Versachlichung der Diskussion in kirchlichen Umweltgruppen und -veranstaltungen (analog auch sog. 2/3-Welt-Gruppen), zum Aufgreifen und Beantworten berechtigter Kritiken und Forderungen sowie zur Einbeziehung derartiger Gruppen in gesellschaftlich nützliche Umweltaktivitäten (bzw. in die solidarische Hilfe für Entwicklungsländer);
– weitere Qualifizierung der Bearbeitung und Beantwortung der Eingaben der Bürger;
– Erhöhung der Rolle demokratisch gewählter Gremien und deren Vertreter, vor allem der Abgeordneten der örtlichen Volksvertretungen zur Entgegennahme, Prüfung und Beantwortung von Beschwerden u.ä.;
– Sicherung eines Übergewichtes progressiver Kräfte und von deren Argumentationsfähigkeit bei staatlichen und gesellschaftlichen Veranstaltungen, die durch feindlich-negative Kräfte mißbraucht werden sollen (Schwerpunkt: Vorbereitung und Durchführung der Kommunalwahlen 1989 sowie des 40. Jahrestages der DDR).
Unter allseitiger Nutzung der Möglichkeiten der politisch-operativen Arbeit und des politisch-operativen Zusammenwirkens mit staatlichen und gesellschaftlichen Kräften ist zu gewährleisten, daß Stimmungen und Reaktionen unter Angehörigen der wissenschaftlichen, medizinischen und kulturell-künstlerischen Intelligenz sowie unter studentischen Personenkreisen sorgfältig erkundet und analysiert werden. Insbesondere sind Versuche in den ersten Ansätzen zu erkennen und vorbeugend zu unterbinden, oppositionelle Strömungen oder Gruppierungen unter demagogischer Berufung auf die Politik der Umgestaltung und Offenheit in der Sowjetunion zu formieren. Der Klärung der Frage „wer ist wer", der tatsächlichen Motive und Ziele der entsprechend in Erscheinung tretenden Personen, ist in diesem Zusammenhang ein besonderer Stellenwert beizumessen.
Den Bezirks- und Kreisleitungen der SED sind die erforderlichen Informationen zur objektiven Einschätzung der Lage zu übergeben. Die politisch-operative Arbeit ist auf die aktive Bearbeitung jener Personen zu konzentrieren, die aus feindlich-negativen Motiven destruktive Diskussionen organisieren und entsprechende Forderungen vorbringen.

2.2 Politisch-operative Arbeit im und nach dem Operationsgebiet
In Abstimmung mit der HA XX / 5 sind konkrete Maßnahmen zur Erweiterung und zum Einsatz der inoffiziellen Basis zur Arbeit im und nach dem Operationsgebiet festzulegen, insbesondere zur
– inoffiziellen Durchdringung der aus der Bearbeitung von Zusammenschlüssen der politischen Untergrundtätigkeit bekannten Verbindungen in das Operationsgebiet;
– Nutzung von Rückverbindungen in den Bezirk zur Bearbeitung

solcher ehemaliger DDR-Bürger, die sich in die Inspirierung und Organisierung politischer Untergrundtätigkeit eingliedern;
– weiteren Aufklärung solcher Organisationen und Einzelpersonen
im Operationsgebiet, wie:
• „Europäisches Netzwerk für den Ost-West-Dialog" und analoge
Westberliner Initiative[n] [7]
• „Initative Freiheit für Andersdenkende" Westberlin
• in den Vorgängen der HA XX / 5 bearbeitete ehemalige bzw. zeitweilig im Operationsgebiet aufhältige DDR-Bürger
• subversiv in die DDR wirkende Mitglieder und Sympathisanten der
BRD-Partei „Die Grünen" und der „Alternativen Liste" Westberlin.
Informanten und Kontaktpersonen der Sendungen „Radio Glasnost –
außer Kontrolle" des Westberliner Senders „Radio 100,6", Hinweise zu
deren Inspirierung, Anleitung, Steuerung und Unterstützung sowie
zum Kurier- und Verbindungssystem sind weiter unter einheitlicher
Anleitung durch die HA XX / 9 zu bearbeiten.
In enger Abstimmung mit der HA XX / 4 sind schwerpunktmäßig Informationen zu erarbeiten zu
– Hintergründen, Inhalten und Absichten, die sich mit den Kontakten politischer Persönlichkeiten der BRD und Westberlins, westlichen
Diplomaten und Jounalisten zu kirchlichen Amtsträgern in der DDR
verbinden;
– subversiven Plänen und Aktivitäten sogenannter Ostmissionen, des
„Brüsewitzzentrums"[333] und des „Evangelischen Pressedienstes"[334].
Insgesamt ist die Einflußnahme auf kirchliche Reisekader und deren
Mitarbeit in internationalen Gremien zu erhöhen. Schwerpunkt bildet
in diesem Zusammenhang die Auswahl geeigneter Vertreter der Kirchen in der DDR für die Europäische Versammlung der Konferenz
Europäischer Kirchen für „Frieden und Gerechtigkeit" vom 15.-
21.5.1989 in Basel, die in Vorbereitung der Ökumenischen Weltversammlung 1990 stattfindet. Zu den Delegierten dieser Veranstaltung
sind *bis zum 15.4.1989* Auskunftsberichte an die HA XX / 4 zu übersenden.
Informationen über Pläne, Absichten und Aktivitäten zur Internationalisierung antisozialistischer Tätigkeit zwischen verschiedenen sozialistischen Ländern oder als Bestandteil „blockübergreifender" Initiativen
sind bei der HA XX / 9 zusammenzuführen. Hierbei sind die gegnerischen Versuche zu beachten,
– unter Mißbrauch des konziliaren Prozesses eine Internationalisierung kirchlicher „Basisgruppen" herbeizuführen,
– ein „grünes" Netzwerk unter der Bezeichnung „Greenway"[335] zu
schaffen. [8]
Alle derartigen Versuche sind weiter durch Aus- bzw. Einreisesperren
und Verhinderung entsprechender Treffen im Gebiet der DDR zu un-

---

333 Vgl. Dok. 53, Anm. 35.
334 Seit Anfang der siebziger Jahre berichtete der westdeutsche evangelische pressedienst (epd) regelmäßig aus Berlin. Bald wurde eine besondere Reihe mit Texten
aus der DDR im Rahmen der epd-Dokumentationen aus der Taufe gehoben, und
seit 1973 erschien als Ergänzung dazu eine eigene Zeitschrift mit dem Titel „Kirche im Sozialismus" (KiS; seit April 1990 „Übergänge"). Vgl. den Rückblick von
Reinhard *Henkys*, Ende.
335 Das Stichwort „Greenway" bezeichnet den Versuch, eine internationale Umweltschutzorganisation in den sozialistischen Staaten zu bilden.

terbinden. Eine Entsendung von IM ist nur in begründeten Ausnahmefällen zu organisieren und bedarf der Bestätigung durch den Leiter der Hauptabteilung XX.

Die sich entwickelnden Beziehungen der DDR zur BRD auf den Gebieten des Wissenschafts- und Kulturaustausches, von Städte- und Hochschulpartnerschaften sind sorgfältig zu analysieren. Durch den Einsatz qualifizierter IM unter den jeweiligen Auslands- und Reisekadern bzw. Partnern in der DDR ist zu gewährleisten, daß politisch-operativ bedeutsame Informationen über die Pläne, Absichten, subversive und Mißbrauchshandlungen der BRD-Seite im erforderlichen Umfang und darüber hinaus im wachsenden Maße Aufklärungsergebnisse zum Nutzen der DDR erarbeitet werden. Über politisch-operativ besonders bedeutsame Feststellungen, Erkenntnisse und Vorschläge für zentrale Entscheidungen sind die jeweils zuständigen Abteilungen der HA XX über die AKG der HA XX informieren.

2.3 Politisch-operative Aufgaben im Bereich der Kirchen und Religionsgemeinschaften

Die politisch-operative Arbeit in den Kirchen und Religionsgemeinschaften ist darauf zu richten, durch Verstärkung von Differenzierungsprozessen Tendenzen der Politisierung und Konfrontation zum sozialistischen Staat entgegenzuwirken. In diesem Zusammenhang sind
– die Thomas-Müntzer-Ehrungen[336] 1989 und der Kirchentag der Evangelischen Landeskirche Sachsens (6.-9.7.1989 in Leipzig)[337] so abzusichern, daß sie vertrauensvolle Staat-Kirche-Beziehungen fördern;
– durch verstärkte politisch-operative Arbeit an der kirchlichen Basis Gegenpositionen zu der durch die 1. und 2. Ökumenische Versammlung (Dresden[338] bzw. Magdeburg[339]) erfolgten Verfälschung des konziliaren Prozesses aufzubauen bzw. zu unterstützen. Dazu ist der Einsatz gesellschaftlicher Kräfte sowie von Angehörigen der Gemeindekirchenräte, die offensiv auftreten und bei Kirchenleitungen schriftlich und mündlich protestieren oder Eingaben verfassen, weiter zu verbessern;
– die Differenzen zwischen evangelischen und katholischen Aussagen zum konziliaren Prozeß zu verstärken und die kleineren Religionsgemeinschaften zu mobilisieren, eigene, die globalen und religiösen Probleme herausstellende Haltungen zu vertreten;
– die 3. Vollversammlung der „Ökumenischen Versammlung der Christen und Kirchen in der DDR für Gerechtigkeit, Frieden und Bewahrung der Schöpfung" (27.-30.4.1989) und die dort zu beschließenden Dokumente[340] progressiv zu beeinflussen; [9]
– progressive innerkirchliche Zusammenschlüsse und Einzelpersonen weiter zu fördern, zu unterstützen und stärker zu aktivieren;

---

336 Thomas Müntzer galt – im Gegensatz zu Luther – in der DDR stets als Idealgestalt eines Christen. Sein 500. Geburtstag sollte 1989 in der DDR wie der Luthers fünf Jahre zuvor groß gefeiert werden. Vgl. dazu die „DDR-Thesen über Müntzer", in: epd-Dok. 9 / 1988, 29-47 und 48-51 sowie *Hahn*, Müntzer und ders., Sperriges Erbe.
337 Vgl. Dok. 124.
338 Vgl. Dok. 108, besonders auch Anm. 230 und 231.
339 Vgl. Dok. 115, Anm. 311.
340 Vgl. dazu den in *Rein*, Revolution, 131-134 abgedruckten Auszug aus dem Text „Mehr Gerechtigkeit in der DDR – unsere Aufgabe, unsere Erwartungen", der zu den Ergebnissen der dritten Sitzungsperiode des konziliaren Prozesses in der DDR gehört.

– durch Erstellung beweiskräftiger Dokumentationen zu Verletzungen von Rechtsnormen und moralischen bzw. ethischen Grundsätzen die notwendigen Grundlagen für eine offensive ideologische Auseinandersetzung, einschließlich Maßnahmen der Öffentlichkeitsarbeit des MfS, zu schaffen.

Schwerpunkte zur Bekämpfung der illegalen Sekte „Zeugen Jehovas" („ZJ")[341] sind die Unterbindung der Einschleusung von Material, die Verhinderung des öffentlichen Wirksamwerdens und die Zersetzung der Organisationsbasis.

Anläßlich des Gedächtnismahls der „ZJ" am 22.3.1989 sind die bewährten Maßnahmen im Vorfeld zu realisieren.

Die Teilnahme von „ZJ" der DDR am Kongreß der „ZJ" im August 1989 in der VR Polen ist zu verhindern.

2.4 Sicherung staatlicher Organe und gesellschaftlicher Organisationen

Zur politisch-operativen Sicherung der abgeschlossenen und in Vorbereitung befindlichen Städtepartnerschaften sind schwerpunktmäßig

– zielgerichtet IM / GMS und andere operative Mittel und Methoden einzusetzen, um aktiv zur Durchsetzung der politischen Zielsetzungen der Städtepartnerschaften beizutragen sowie die Kontaktpartner in der BRD und deren Pläne und Absichten systematisch aufzuklären;

– die zum Einsatz kommenden Kader sicherheitspolitisch zu überprüfen und deren weitere ideologische Entwicklung ständig einzuschätzen;

– alle Informationen über Versuche des feindlichen Mißbrauches der Städtepartnerschaften und andere politisch-operativ bedeutsame Erkenntnisse bei der Hauptabteilung XX zusammenzuführen. [10]

2.5 Sicherung des Bereiches Kultur / Massenmedien

Das politisch-operative Zusammenwirken mit staatlichen und gesellschaftlichen Organen bei der Durchsetzung der Kulturpolitik ist durch stabile Arbeits- und Informationsbeziehungen zu allen Leitungsgremien im Territorium abzusichern. Insbesondere ist darauf einzuwirken, daß die Rolle demokratisch gewählter und arbeitender Vertretungen von Kunst- und Kulturschaffenden, wie Künstlerverbände, Beiräte u.a., weiter erhöht wird, um notwendige ideologische Auseinandersetzungen zu führen, Versuchen des Aufbaus einer „zweiten Kultur" bzw. der Schaffung „unabhängiger" Künstlervereinigungen ("freie Theatergruppen", Selbstverlag, private Galerien, Mißbrauch der Film- und Videotechnik usw.) entgegenzuwirken sowie durch effektive Interessenvertretung im sozialen Bereich, bei der Förderung des Nachwuchses und der unvoreingenommenen Prüfung neuer künstlerischer Projekte begünstigende Bedingungen für gegnerische Zersetzungsversuche zu beseitigen.

Die staatlichen Organe und Einrichtungen auf kulturellem Gebiet sind vorrangig zu unterstützen, ihren Aufgaben bei der Durchsetzung bestehender Gesetze und Ordnungen nachzukommen, vor allem auf den Gebieten

– der Aufklärung und Bestätigung von Auslands- und Reisekadern,

– der Zurückdrängung von Übersiedlungsersuchen,

– des Schutzes von Staatsgeheimnissen,

– des Schutzes des Kulturgutes der DDR.

Im Hinblick auf den 40. Jahrestag der DDR und der BRD sind alle

---

341 Vgl. Dok. 51, Anm. 55.

Versuche der Demonstrierung einer „einheitlichen deutschen Kultur-nation" und andere, die „Wiedervereinigungs"-Konzeption der BRD-Regierung unterstützende Aktivitäten zurückzuweisen.

Schwerpunktmäßig ist zu beachten, daß sich verstärkt nichtstaatliche Organisationen und Einrichtungen, wie z.B. die „Forschungsstelle für unabhängige Literatur und gesellschaftliche Bewegungen Osteuropas" der Universität Bremen, in den Kulturaustausch DDR – BRD einzuschalten versuchen und ihr vordergründiges Interesse auf die Aufwertung von Personen richten, die eine oppositionelle Haltung zur DDR einnehmen.

Durch operative Aufklärung und Dokumentierung der Hintergründe solcher Bestrebungen sind die staatlichen und gesellschaftlichen Kräfte im kulturellen Bereich in die Lage zu versetzen, offensive Positionen dazu zu vertreten.

Die HA XX / 7 führt im I. Quartal 1989 eine Linienberatung durch, auf der weitere Orientierungen gegeben werden. [12]

2.6 Sicherung der Bereiche Hochschulwesen und Volksbildung

Die politisch-operative Lage unter dem Lehrkörper und den Studenten der Universitäten und Hochschulen ist ständig und objektiv einzuschätzen. In diesem Zusammenhang sind vorhandene Lücken in der Verteilung, Anzahl und Qualität der dafür einsetzbaren IM systematisch zu schließen. Insbesondere sind rechtzeitig Hinweise zu erarbeiten und offensiv zu klären, die den Zusammenschluß oppositioneller Kräfte, das Erheben politischer Forderungen und die Erarbeitung antisozialistischer Konzeptionen erkennen lassen. Unter diesem Aspekt ist auch die Ein- und Ausreisetätigkeit im Rahmen der geschlossenen internationalen Abkommen, wissenschaftlicher Tagungen und Kongresse, abgeschlossener oder in Vorbereitung befindlicher Universitätsvereinbarungen sowie der DDR-Aufenthalt von Wissenschaftlern und Studenten aus dem NSW im kommerziellen Interesse der DDR einschließlich der davon ausgehenden ideologischen Wirkungen ständig zu analysieren. Gleichzeitig sind erforderliche Schlußfolgerungen für einen wirksamen Geheimnisschutz, für die Erweiterung und den Einsatz inoffizieller Kräfte sowie die sicherheitspolitische Überprüfung und Bestätigung der Kader in den entsprechenden Schlüsselfunktionen und Schwerpunkten abzuleiten.

In den Mittelpunkt der politisch-operativen Sicherung ausgewählter Forschungsvorhaben sind erneut

– Aufgaben des präzisierten Staatsauftrages „Entwicklung von Basistechnologien der Mikrooptoelektronik" (Komplex „Präzision")

– Aufgaben des Politbürobeschlusses vom 28.10.1985 „Entwicklung fortschrittsbestimmender elektronischer und werkstofftechnischer Schlüsseltechnologien" (Komplex „Heide"),

– Aufgaben im Rahmen der Auftragsforschung für die Schutz- und Sicherheitsorgane,

– Aufgaben aus dem Staatsplan Wissenschaft und Technik und dem Plan der Grundlagenforschung auf den Gebieten der Schlüsseltechnologien

zu stellen. Durch die HA XX / 8 wird im I. Halbjahr 1989 eine Arbeitsberatung auf Linie durchgeführt.

Die politisch-operative Sicherung des Bereiches Volksbildung ist in stärkerem Maße auf die inoffizielle Durchdringung der Erweiterten Oberschulen zu konzentrieren. Dazu sind vorhandene Möglichkeiten der zielgerichteten Nutzung von IM unter den Eltern der Schüler auszubauen. [13]

2.7 Sicherung jugendlicher Personenkreise

Im Interesse der Rechtssicherheit der Bürger der DDR sowie zur strikten Durchsetzung des Kampfes gegen jede Form der Verherrlichung bzw. Propagierung des Faschismus und Rassenhasses sind das entsprechende provozierende und brutale Auftreten von jugendlichen Gruppierungen, wie Skinheads und Heavy-Metal-Fans, bis zum 40. Jahrestag der DDR in der Öffentlichkeit spürbar zurückzudrängen. Bei Bekanntwerden solcher Erscheinungen ist eine sofortige operative Bearbeitung und schnellstmögliche Unterbindung im engen Zusammenwirken mit der DVP unter rigoroser Anwendung aller strafrechtlichen und anderen rechtlichen Bestimmungen zu sichern. Staatliche und gesellschaftliche Organe bzw. Kräfte sind nachdrücklich aufzufordern, die Auseinandersetzung und Erziehungsarbeit mit entsprechend gefährdeten Jugendlichen zu führen.

Ihnen sind dazu fortlaufend Personenhinweise zu negativ-dekadenten Jugendlichen zu übergeben.

Die inoffizielle Arbeit ist weiter darauf zu konzentrieren, Erkenntnisse zur Steuerung und Instruierung feindlich-negativ auftretender Jugendlicher durch Kräfte aus dem Operationsgebiet aufzudecken und zu dokumentieren, die entsprechenden Verbindungen zu personifizieren und zu unterbinden.

In Durchsetzung der dazu ergehenden Befehle und Weisungen sind die jugendpolitischen Höhepunkte 1989:

– Pfingsttreffen der Jugend 1989 (Schwerpunkt: Einflußnahme auf die Auswahl und Bestätigung der Leitungskader)

– XIII. Weltfestspiele der Jugend und Studenten vom 1.7. bis 8.7.1989 in der KDVR[342] (Schwerpunkt: sicherheitspolitische Einflußnahme auf Auswahl und Bestätigung der Mitglieder der Delegation, Kulturkräfte und Touristen, Übersendung von Kurzauskünften zu allen bestätigten Kadern an die HA XX / 2)

– Fackelzug der FDJ am 6.10.1989 in der Hauptstadt der DDR politisch-operativ zu sichern. [14]

In Vorbereitung und Durchführung der Ferienaktion mit der VR Polen sind

– die bewährten Maßnahmen der zurückliegenden Jahre, darunter des Einsatzes von Mitarbeitern des MfS in der VR Polen weiter durchzusetzen;

– noch sorgfältiger die Auswahl der Jugendlichen, Studenten, Touristen, deren Betreuer, Dolmetscher und Gruppenleiter politisch-operativ zu sichern;

– alle Vorkommnisse, Verfehlungen und Rechtsverletzungen von Teilnehmern am Ferienaustausch 1988 mit Schlußfolgerungen für 1989 auszuwerten und gute Erfahrungen zu verallgemeinern.

2.8 Bekämpfung der staatsfeindlichen Hetze

Zur weiteren Effektivierung der Aufklärung und Bekämpfung staatsfeindlicher Hetze und angrenzender Straftatbestände sind

– eine ständige Lageübersicht zum Vorkommnisgeschehen bei schriftlichen feindlich-negativen Äußerungen in den Referaten / Arbeitsgruppen Schriftenfahndung zu gewährleisten;

---

342 Oder: KVDR (Koreanische Volksdemokratische Rpublik).

– die Aufgabenstellungen gemäß Dienstanweisung 2 / 71[343] verstärkt durch EDV-mäßige Erfassung von Straftaten in der ZPDB zu realisieren, wobei vorgesehen ist, einen Mitarbeiter des Referates bzw. der Arbeitsgruppe Schriftenfahndung zur Indexierung spezifischer Informationen in der ZPDB zu qualifizieren (Einweisung erfolgt durch die HA XX / 2 und HA XX / AKG);
– die vorbeugende Arbeit auf Sachverhalte zu konzentrieren, von denen gegenwärtig bedeutsame öffentlichkeitswirksame Handlungen ausgehen (Untergrundkräfte, Übersiedlungsersuchende, Angehörige jugendlicher Gruppierungen). Die Herstellung und Verbreitung nichtgenehmigter Zeitschriften ist besonders zu beachten, vorrangig um die Autorenschaft und Verantwortlichkeit für die Herstellung beweismäßig zu belegen. [15]

2.9 Sicherung des Bereiches Körperkultur, Sport und GST
Im Prozeß der Aufklärung der Sportreisekader nach dem Schwerpunktprinzip ist eine wesentliche Verbesserung der Aufklärungsergebnisse aus dem Privat- und Freizeitbereich sowie über vorhandene Konfliktsituationen zu erreichen. Alle bedeutsamen Hinweise über gegnerische Kontakttätigkeit, Abschöpfungs- und Abwerbungsversuche und zu den dabei anfallenden bzw. verdächtigen Personen aus dem Operationsgebiet sind sorgfältig auszuwerten und der entsprechende Informationsfluß zur HA XX / 3 zu sichern. Sportreisekader, die im Rahmen des Sportkalenders zwischen dem DTSB und dem DSB in der Regel nur einmalig zum Einsatz kommen, sind gründlicher aufzuklären.
Die politische-operative Arbeit im Bereich der fliegerischen und Fallschirmsprungausbildung der GST ist weiter inhaltlich auszugestalten. Dabei bildet die Verbesserung der Einheitlichkeit in der Bewertung von Bestätigungskriterien einen Schwerpunkt. Im I. Halbjahr 1989 werden weitere Orientierungen zur politisch-operativen Arbeit im Bereich GST in einer Linienberatung der HA XX / 3 gegeben.
Die konsequente Durchsetzung der geltenden Weisungen der GST zur vorbeugenden Verhinderung von Vorkommnissen ist mit operatien Mitteln zu unterstützen. Es ist weiter zu garantieren, daß Verweigerer der vormilitärischen Ausbildung der GST, insbesondere Verweigerer der Schießausbildung, in der ZPDB erfaßt werden.
Im März 1989 wird durch die HA XX / 3 eine Linienberatung zur Auswertung der Olympischen Spiele und Aufgabenstellungen, die sich aus dem Politbürobeschluß zur Entwicklung des Leistungssports 1989-1992 ergeben, durchgeführt.

2.10 Sicherung des Bereiches Medizin
Zur vorbeugenden Verhinderung des ungesetzlichen Verlassens der DDR durch Ärzte, insbesondere unter Mißbrauch von Reisen in dringenden Familienangelegenheiten, sind
– die zuständigen staatlichen Leiter zu veranlassen, Stellungnahmen zu Reiseanträgen von Ärzten gründlicher und verantwortungsbewußter zu erarbeiten;
– im operativen Klärungsprozeß „Wer ist wer?" unter Ärzten vor allem zu ermitteln:

---

343 Die Dienstanweisung 2 / 71 vom 26.6.1971 (VVS MfS o008 – 391 / 71) betraf die „Leitung und Organisation der politisch-operativen Bekämpfung staatsfeindlicher Hetze".

• politisch-moralische Einstellung und Ausprägung des Berufsethos (Verantwortung gegenüber den Patienten),
• evtl. dominierende materielle Denk- und Verhaltensweisen, besonders bei jüngeren Ärzten (bis 35 Jahre),
• Intensität der Kontakte und Verbindungen in die BRD und deren Einfluß auf persönliche Entscheidungen des Kaders,
• persönliche und arbeitsbedingte Konfliktsituationen;
– Reisen von Ärztehepaaren nur bei zuverlässigen Angaben über positive politisch-moralische und berufsethische Einstellung zuzustimmen.

Die operativen Maßnahmen zur Zurückdrängung von Übersiedlungsersuchen im medizinischen Bereich sind auf die Verwirklichung der „Konzeptionen zur wirksamen Gestaltung des Zurückdrängungsprozesses von Übersiedlungsersuchen von Ärzten" zu konzentrieren. Erkannte Motive, Ursachen und begünstigende Bedingungen für Übersiedlungsersuchen (Wohnungsfragen, Arbeitskonflikte, Genehmigung privater Niederlassung, Einreisen von Verwandten, Bereitstellung von PKW u.ä.) sind unter Führung der Partei durch Einbeziehung staatlicher und gesellschaftlicher Kräfte zu beseitigen. Bei Inanspruchnahme zentraler Staatsorgane ist die HA XX / 1 zu informieren.

Die operative Bearbeitung von übersiedlungsersuchenden Ärzten hat vorrangig bei solchen Personen zu erfolgen, die
– hartnäckig ihre Übersiedlung betreiben,
– ultimative Forderungen stellen,
– mit anderen Personen abgestimmte Aktivitäten zur erpresserischen Druckausübung entfalten.

Maßnahmen zur Verhinderung und Auflösung von Zusammenschlüssen derartiger Personen sind in Abstimmung mit der BKG zu realisieren. Gleichzeitig sind verstärkt IM unter diesen Personenkreisen zu schaffen bzw. einzusetzen, um rechtzeitig feindlich-negative Pläne und Absichten aufklären zu können. [17]

Über die Schaffung von IM unter übersiedlungsersuchenden Ärzten ist die HA XX / 1 zu informieren, die auch die Koordinierung des überörtlichen Einsatzes übernimmt.

Unter Beachtung der schwieriger werdenden Berufsaussichten für Ärzte in der BRD sind die damit günstiger werdenden Bedingungen für die Rückgewinnung zielstrebiger zu nutzen, wozu die erforderliche Kontrolle der Entwicklung in Frage kommender Mediziner in der BRD zu organisieren und der jeweils günstigste Zeitpunkt solcher Maßnahmen zu bestimmen ist. Zurückgewonnene Ärzte sind in Abstimmung mit den zuständigen Partei- und Staatsorganen zügig in den Arbeitsprozeß wieder einzugliedern.

Die Aufklärung und vorbeugende Verhinderung der Bildung oppositioneller Ärztegruppierungen ist weiter darauf zu richten, durch Integration progressiver Ärzte (auch solche[r] religiöser Herkunft) in die Bezirkskomitees der Bewegung „Internationale Ärzte zur Verhinderung eines Nuklearkrieges" (IPPNW)[344] Möglichkeiten der ideologischen Auseinandersetzung und Beeinflussung zu schaffen. Bei bestehenden Voraussetzungen sind operativ angefallene Personen in die Arbeit der IPPNW einzubeziehen.

3. Leitungsfragen, Analysen und Einschätzungen

344   Zur IPPNW vgl. Dok. 92, Anm. 51.

Innerhalb der Hauptabteilung XX wurden die bisher durch die HA XX / 2 bei der Bekämpfung politischer Untergrundtätigkeit außer den unter jugendlichen Personenkreisen zu lösenden Aufgaben (Federführung bei Frauengruppierungen, Bearbeitung ausgewählter feindlich-negativer Zusammenschlüsse) der HA XX / 9 zugeordnet. Es ist zu prüfen, ob zur Schaffung einheitlicher Anleitungslinien in Abteilungen XX, wo das noch nicht erfolgt ist, eine analoge Konzentration der Vorgangsbearbeitung von Untergrundkräften in Referaten XX / 9 vorgenommen werden kann.

Zur politisch-operativen Sicherung der Städtepartnerschaften wird 1989 eine zentrale Orientierung herausgegeben, in der die Ergebnisse der entsprechenden Überprüfungen im II. Halbjahr 1988 ausgewertet werden.

Durch die AKG der HA XX werden auf Linie 1989 wiederum Stützpunktberatungen im II. Quartal und eine Arbeitsberatung im IV. Quartal durchgeführt.

Über die in der Planorientierung der ZAIG für 1989 vorgegebenen Analysen und Einschätzungen hinausgehend sind 1989 durch die Abteilungen XX als Anlagen zu den monatlichen Lageeinschätzungen kurzgefaßte Einschätzungen zu nachstehenden Themen zu erarbeiten:

– Stand der Bearbeitung von Totalverweigerern und Bausoldaten; *Termin*: 1.4.1989

– Wirksamkeit der Maßnahmen zur Zurückdrängung der Aktivitäten feindlich-negativer Kräfte sogenannter Kommunikationszentren und Umweltbibliotheken sowie des Zusammenschlusses „Die Arche – das grüne Netzwerk der evangelischen Kirche" (BV Berlin auch unter Beachtung des überbezirklichen Wirkens der „Arche"); *Termin*: 1.7.1989

– Stand der Aufklärung und Zurückdrängung feindlich-negativer Aktivitäten bei der Herausbildung der Bewegung „Kirche von unten"; *Termin*: 1.8.1989

– Politisch-ideologische Situation in Personenkreisen der medizinischen Intelligenz, unter besonderer Berücksichtigung der gezielten gegnerischen Einflußnahme und deren Wirkungserscheinungen hinsichtlich der Entwicklung des ungesetzlichen Verlassens der DDR und des Stellens von Übersiedlungsersuchen sowie bei der Herausbildung pazifistischer Zusammenschlüsse unter Ärzten; *Termin*: 1.8.1989

– Stand der Aufklärung und Zurückdrängung feindlich-negativer Aktivitäten bei der Herausbildung des „Arbeitskreises Solidarische Kirche" (AKSK); *Termin*: 1.10.1989

– Wirksamkeit der sogenannten Wehrdienstbeauftragten in den acht Gliedkirchen des BEK in der DDR (nur BV Berlin, Dresden, Erfurt, Halle, Magdeburg, Rostock, Schwerin); *Termin*: 1.10.1989

Die Herausgabe des Informationsbedarfs für diese Anlagen zu den monatlichen Lageeinschätzungen erfolgt bis zum 31.12.1988.

Leiter der HA XX
[gez.] Kienberg
Generalmajor

Dok. 117
Mielkes Rundschreiben Nr. 72 / 88

Berlin, 9.11.1988

Rundschreiben mit eigenhändiger Unterschrift. Absender: Ministerrat der Deutschen Demokratischen Republik, Ministerium für Staatssicherheit, Der Minister. Anschrift: Diensteinheiten, Leiter. VVS-o008 MfS-Nr. 72 / 88. Mit Anlagen: 1. Informationsbedarf zur Erarbeitung von Auskunftsberichten über personelle Zusammenschlüsse. 2. Informationsbedarf zur Erarbeitung von Auskunftsberichten über nichtlizenzierte Druck- und Vervielfältigungserzeugnisse antisozialistischen Inhalts und Charakters.

Im Zusammenhang mit der auf der zentralen Dienstkonferenz zu ausgewählten Fragen der politisch-operativen Arbeit der Kreisdienststellen und deren Führung und Leitung[345] getroffenen Lageeinschätzung zur politischen Untergrundtätigkeit wurde auf die nach wie vor unvermindert anhaltenden Formierungsbestrebungen innerer Feinde sowie auf die Formen, Mittel und Methoden ihres Wirksamwerdens verwiesen.
Für die zuständigen operativen Diensteinheiten – beginnend bei den Kreisdienststellen über die Bezirksverwaltungen bis zum MfS Berlin – ergibt sich daraus die Aufgabe, eine aktuelle umfassende Übersicht über alle in diesem Sinne feindlich-negativ wirkenden personellen Zusammenschlüsse zu erarbeiten. Gleiches trifft zu hinsichtlich der Aufarbeitung von Erkenntnissen über die Herstellung und Verbreitung von nichtlizenzierten Druck- und Vervielfältigungserzeugnissen antisozialistischen Inhalts und Charakters[346], die aktuell von Bedeutung sind für das Wirksamwerden feindlich-negativer Kräfte. Ziel ist es, im Ergebnis der Gesamtanalyse Entscheidungen über das weitere Vorgehen zur wirksamen Zurückdrängung der von diesen Kräften ausgehenden feindlich-negativen Aktivitäten herbeizuführen.
Diese Aufgabenstellung ist wie folgt zu realisieren:
1. Kreisdienststellen und Objektdienststellen, in deren Verantwortungsbereich entsprechende Personenzusammenschlüsse wirken bzw. nichtlizenzierte Druck- und Vervielfältigungserzeugnisse der genannten Art hergestellt bzw. verbreitet werden, haben dazu Auskunftsberichte zu erarbeiten und bis zum 5. Dezember 1988 an den Leiter der Abteilung XX der Bezirksverwaltung zu übersenden.
Die Leiter der Abteilungen XX der Bezirksverwaltungen haben in Wahrnehmung der ihnen gemäß meiner Dienstanweisung Nr. 2 / 85[347] übertragenen Federführung bei der vorbeugenden Verhinderung, Aufdeckung und Bekämpfung politischer Untergrundtätigkeit koordinierend zu wirken sowie Hilfe und Unterstützung zu gewähren. Die den Abteilungen XX der Bezirksverwaltungen zugeleiteten Auskunftsbe-
[2] richte sind auf ihre politisch-operative und sachliche Richtigkeit zu überprüfen und zu vervollständigen.
2. Fachabteilungen in den Bezirksverwaltungen, in deren Verantwortungsbereich entsprechende Personenzusammenschlüsse wirken bzw. nichtlizenzierte Druck- und Vervielfältigungserzeugnisse der genann-

---

345 Vgl. Dok. 115.
346 Vgl. Dok. 67, Anm. 75.
347 Vgl. die hier als Dok. 87 abgedruckten Auszüge dieser DA Mielkes.

ten Art hergestellt bzw. verbreitet werden, haben analog Ziffer 1 zu verfahren.

3. Die Abteilungen XX der Bezirksverwaltungen haben die ihnen zugeleiteten Auskunftsberichte im Original sowie die im eigenen Verantwortungsbereich erarbeiteten bis zum 12. Dezember 1988 an den Leiter der Hauptabteilung XX zu übersenden.

4. Die Leiter der Diensteinheiten haben zu sichern, daß die geforderten Auskunftsberichte inhaltlich exakt nach der Gliederung der Informationsbedarfsvorgaben (siehe Anlagen 1 und 2) erarbeitet werden. Jeder Auskunftsbericht ist in sich als geschlossenes Material zu fertigen. Die Leiter der Diensteinheiten haben zu sichern, daß die erarbeiteten Auskünfte auf dem aktuellsten Stand gehalten sowie neue Erkenntnisse entsprechend der vorliegenden Informationsbedarfsvorgaben analog aufgearbeitet und unter Nutzung der Informationsflußregelungen gemäß meiner Dienstanweisung Nr. 1 / 80[348], Anlage 1 (Rahmenkatalog) an die Hauptabteilung XX übermittelt werden. Die erarbeiteten Auskünfte sind, sofern nicht besondere Erfordernisse gegeben sind, vorerst nicht für die Informationstätigkeit an leitende Partei- und Staatsfunktionäre zu nutzen.

5. Durch die Hauptabteilung XX ist auf der Grundlage aller Auskunftsberichte eine einheitliche Dokumentation für das MfS zu erarbeiten und ständig auf dem aktuellsten Stand zu halten. Auf der Grundlage der erarbeiteten Dokumentation sind mir bis zum 20. Januar 1989 Entscheidungsvorschläge über das diesbezügliche weitere Vorgehen zu unterbreiten.

Anlagen
[gez.] Mielke
Armeegeneral [3]

Anlage 1
Informationsbedarf zur Erarbeitung von Auskunftsberichten über personelle Zusammenschlüsse
(Personelle Zusammenschlüsse im Sinne dieses Informationsbedarfs sind u.a.:
– sogenannte Friedens-, Ökologie-, Menschenrechts-, Frauengruppen, Gruppen „Ärzte für den Frieden"[349];
– sogenannte Zweidrittelwelt- und Initiativgruppen wie „Hoffnung Nikaragua"[350];
– Gruppierungen von Wehrdienstverweigerern und Bausoldaten[351];
– innerkirchliche oppositionelle Zusammenschlüsse und deren Regionalgruppen wie „Kirche von unten"[352], „Solidarische Kirche"[353];
– strukturierte Vorbereitungs- und Koordinierungsgremien zentraler

348 Vgl. Dok. 69, Anm. 116.
349 Die Gruppe „Ärzte für den Frieden", Berlin gehörte zu den Zusammenschlüssen oppositioneller Mediziner in der DDR, die versuchten, in und neben der DDR-Sektion der IPPNW (vgl. Dok. 92, Anm. 51) pazifistische Anliegen in die Öffentlichkeit zu bringen. Zur Einschätzung der Gruppe durch das MfS vgl. *Mitter / Wolle*, 61 f.
350 Zu den IM, die die Staatssicherheit auf die Initiativgruppe „hoffnung nicaragua" ansetzte, gehörte der IMS „Physiker" der BV Leipzig, wie mancher andere IM ein Mitglied der CDU. Vgl. dessen Akte, hier abgedruckt als Dok. 154.
351 Vgl. z.B. Dok. 110, Anm. 270.
352 Vgl. Dok. 100, Anm. 176.
353 Vgl. Dok. 100, Anm. 175.

Veranstaltungen wie „Fortsetzungsausschuß Konkret für den Frieden"[354];
– weitere kirchliche Gruppierungen / Institutionen, deren Tätigkeitsinhalte feindlich-negativ geprägt sind, wie AG „Frieden" der ELLKM und Kirchliches Forschungsheim Wittenberg;
– von oppositionellen Kräften organisierte sogenannte Diskussions- und Lesekreise sowie „Philosophiezirkel"[355].
Nicht aufzunehmen sind z.B. Zusammenschlüsse von Übersiedlungsersuchenden und Gruppierungen homosexueller Personen.)
Gliederung:
1. Genaue Bezeichnung, Struktur des Zusammenschlusses (Art der Einbindung in kirchliche Strukturen; Anzahl von Arbeits- und Untergruppen; Gesamtstärke des Zusammenschlusses);
2. Benennung von Organisatoren / Leiter des Zusammenschlusses sowie der Arbeits- und Untergruppen (jeweils nur Namen, Vornamen der betreffenden Personen);
3. Kurzdarstellung der Herausbildung, Ziel- und Stoßrichtung sowie der sozialen Zusammensetzung des Zusammenschlusses (insbesondere: wann und auf wessen Initiative gebildet; Schwerpunkte der inhaltlichen Ausrichtung – z.B. „Friedens-", „Ökologie-", „Bausoldatenarbeit"; Hinweise auf „Statuten" / Programme sowie deren Inhalt und Verfasser; soziale Zusammensetzung des aktiven Kerns und des gesamten Zusammenschlusses – wenn eine solche Differenzierung möglich bzw. zweckmäßig ist); [4]
4. Wesentliche Formen und Methoden des Vorgehens (z.B. Organisierung regelmäßiger Veranstaltungen; Verfassen / Verbreiten provokatorischer Schriften wie „Eingaben", Protesterklärungen u.a.; Herausgabe nichtlizenzierter Druck- und Vervielfältigungserzeugnisse; Mitwirkung in sogenannten Kommunikationszentren);
5. Kurze Darstellung operativ bedeutsamer Aktivitäten des Zusammenschlusses, besonders seit dem Zeitraum der Aktionen „Falle"[356] und „Störenfried"[357];
6. Hinweise zu Personen im Innern der DDR, die nicht Mitglieder des Zusammenschlusses sind, aber maßgeblich dessen Tätigkeit beeinflussen, fördern bzw. tolerieren;
7. Kontakte und Verbindungen von Mitgliedern des Zusammenschlusses zu Personen im nichtsozialistischen Ausland und Erkenntnisse zum subversiven Zusammenwirken;
8. Kontakte und Verbindungen von Mitgliedern des Zusammenschlusses zu antisozialistischen Kräften in anderen sozialistischen Staaten und Erkenntnisse zum Zusammenwirken;
9. Zusammenfassende Darstellung über bisher mit dem Ziel der Zersetzung / offensiven Beeinflussung eingeleitete politisch-operative Maß-

---

354 Vgl. Dok. 110, Anm. 266.
355 Ein solcher Philosophiekreis hatte sich z.B. um den mecklenburgischen Pfarrer Markus Meckel gebildet. Vgl. das Interview des späteren SPD-Mitbegründers mit Gerhard Rein, abgedruckt in: *Rein, Revolution,* 375-382, hier: 380-382.
356 Die Aktion „Falle" richtete sich gegen die Umweltbibliothek und die dort herausgegebene Zeitschrift „Grenzfall". Sie begann am 25.11.1987. Vgl. Dok. 101.
357 Die Aktion „Störenfried" war die Bezeichnung für die Verhaftungen, die bei der Kundgebung für Rosa Luxemburg und Karl Liebknecht am 17.1.1988 vorgenommen worden waren. Vgl. dazu Mittigs Schreiben vom 18.1.1988 (VVS o008 MfS 6 / 88) bzw. hier Dok. 105.

nahmen und über deren Wirksamkeit (personenbezogene strafrechtliche und Ordnungsstrafmaßnahmen, Beauflagungen, arbeitsrechtliche Maßnahmen; realisierte / geplante Übersiedlungen; Einsatz staatlicher und gesellschaftlicher Kräfte);

10. Vorgesehene Maßnahmen für die weitere politisch-operative Bearbeitung / Kontrolle, insbesondere zur Zersetzung / offensiven Beeinflussung des Zusammenschlusses;

11. Detaillierte Angaben zu den Führungskräften und weiteren operativ bedeutsamen Mitgliedern des Zusammenschlusses, dazu jeweils: Name, Vorname, Geburtsname, Pseudonyme (z.B. bei Publikationen); PKZ / Geburtsdatum; Wohnanschrift; Tätigkeit, Arbeitsstelle, Beruf, Qualifikation; Vorstrafen / realisierte staatliche Maßnahmen (z.B. Reisesperrmaßnahmen, Beauflagungen); Besitz / Nutzung von Druck- und Vervielfältigungstechnik bzw. anderer technischer Geräte wie Computer, Video- und Filmtechnik.

Anlage 2
Informationsbedarf zur Erarbeitung von Auskunftsberichten über nichtlizenzierte Druck- und Vervielfältigungserzeugnisse antisozialistischen Inhalts und Charakters.
Nichtlizenzierte Druck- und Vervielfältigungserzeugnisse im Sinne dieses Informationsbedarfs sind in der DDR hergestellte Schriften, z.T. als Periodika erscheinend, wie
– Informationsblätter (z.B. „Umweltblätter"[358]; „Friedrichsfelder Feuermelder"[359], „Friedensnetz"[360]);
– Dokumentationen (z.B. „Dokumenta zion"[361], „Pechblende"[362]);
– Positionspapiere konzeptionellen Charakters (z.B. *Schorlemmer*-Thesen „Umkehr führt weiter [...]"[363], „Basispapier des Freundeskreises Wehrdienstverweigerer"[364]);
– Aufrufe zur Initiierung / Organisierung von Aktionen (z.B. Aufruf „Eine Mark für Espenhain"[365], „Willenserklärung für eine Volksab-

---

358 Die „Umweltblätter" wurden von der Berliner Umweltbibliothek herausgegeben.
359 Vgl. Dok. 102, Anm. 201.
360 Das „Friedensnetz" wurde von der Arbeitsgruppe „Frieden" der Evangelisch-Lutherischen Landeskirche Mecklenburgs herausgegeben.
361 Unter dem Titel „Dokumenta Zion" veröffentlichte die Dokumentationsgruppe der evangelischen Zions-Kirchengemeinde in Ost-Berlin ein Informationsheft. Vgl. Dok. 104, Anm. 206.
362 „pechblende" ist der Titel einer sechzig-seitigen Studie von Michael Beleites, in der auf die Gefahren des Uranbergbaus (Wismut) hingewiesen wurde. Herausgegeben wurde die als epd-Dok. 40 / 88 abgedruckte Studie vom Kirchlichen Forschungsheim Wittenberg und dem Berliner Arbeitskreis „Ärzte für den Frieden" beim Landespfarrer für Krankenseelsorge der Evangelischen Kirche Berlin-Brandenburg. Vgl. dazu auch *Beleites*.
363 Abgedruckt in: *Rein*, 93-98. Die Thesen wurden zuerst auf dem regionalen Kirchentag in Halle vorgetragen.
364 In diesem Basispapier definierte der Freundeskreis Totalverweigerer in einer Grundsatzerklärung seine konkreten Ziele. „Demzufolge", so heißt es in einem Bericht des MfS, „tritt dieser Zusammenschluß für die uneingeschränkte Anerkennung des ,Menschenrechts auf Wehrdienstverweigerung', für die politische Verweigerung des militärischen Dienstes in allen seinen Formen (Totalverweigerung) und für die Praktizierung gewaltfreier Methoden zur Lösung von Konflikten ein." (zit. nach: *Mitter / Wolle*, 70).
365 Dabei handelte es um eine „als Spendenaktion getarnte Unterschriftenaktion der Ökogruppe Rötha für die Stillegung der Kokerei Espenhain" (*Sievers*, 147). DDR-weit wurden bis zum 16.7.1989 25 000 Unterschriften für den Aufruf gesammelt (Potsdamer Kirche, 16.7.1989). Ein Exemplar des Aufrufes findet sich in

stimmung zum weiteren Umgang mit der Kernenergie"[366], verbunden mit Unterschriftensammlungen)
Gliederung:
1. Genaue Bezeichnung, Angaben über Vermerke – z.B. „nur für innerkirchlichen Gebrauch" / Verfasser / Herausgeber / Redaktionen (nur Namen, Vornamen bzw. Bezeichnung des Zusammenschlusses);
2. Angaben über Herstellungsdatum, Herstellungsorte, zur Herstellung / Vervielfältigung verwendete technische Mittel und deren Eigentümer, Umfang und Auflagenhöhe des Erzeugnisses, Verantwortlichkeiten / Formen der materiellen Sicherstellung (Beschaffung von Papier, Matrizen usw.);
3. Hinweise über die Art und Weise, Umfang sowie Wege der Verbreitung und des Vertriebes (u.a. Verkauf) des Erzeugnisses, erreichte Personenkreise und Wirksamkeit innerhalb der DDR, im Operationsgebiet[367] (Publizierung in westlichen Medien konkret auswerten), im sozialistischen Ausland;
4. Kurze einschätzende Darstellung der erkennbaren antisozialistischen Stoßrichtungen / Inhalte und damit verbundenen Zielstellungen (Darstellung anhand behandelter Themenstellungen, Forderungen, Vorschläge, der dargestellten Aktivitäten feindlich-negativer Kräfte in der DDR / anderen sozialistischen Ländern, der aufgezeigten Mittel und Methoden im feindlich-negativen Wirksamwerden dieser Personen- [6] kreise / Personen);
5. Hinweise über Formen / Methoden der Unterstützung durch Personen aus kirchlichen und nichtkirchlichen Bereichen der DDR, Personen im nichtsozialistischen Ausland, Personen im sozialistischen Ausland;
6. Zusammenfassende Darstellung der bisher eingeleiteten Maßnahmen zur Unterbindung / Einschränkung der Herstellung und Verbreitung dieser Erzeugnisse und über deren Wirksamkeit.
Hinweise über Pläne und Absichten des Unterlaufens bisher wirksamer Maßnahmen (z.B. geplante erneute Herstellung mit neuen Bezeichnungen bzw. anderen Verantwortlichkeiten);
7. Vorgesehene Maßnahmen für die weitere politisch-operative Bearbeitung / Kontrolle in Erscheinung getretener Personen sowie zur künftigen Unterbindung / Einschränkung der Herstellung und Verbreitung dieses Erzeugnisses;
8. Detaillierte Angaben zu den Verfassern / Herausgebern / Mitgliedern von Redaktionskreisen und weiteren aktiv an der Herstellung, Vervielfältigung und Verbreitung beteiligten Personen, dazu jeweils Name, Vorname, Geburtsname, Pseudonyme (z.B. bei Publikationen), PKZ / Geburtsdatum, Wohnanschrift, Tätigkeit, Arbeitsstelle, Beruf, Qualifikation, Vorstrafen / realisierte staatliche Maßnahmen (z.B. Reisesperrmaßnahmen, Beauflagungen).
Sofern zu dem nichtlizenzierten Druck- und Vervielfältigungserzeugnis bereits eine rechtliche Einschätzung vorliegt, ist diese als Anlage beizufügen. Bei Vorliegen von Erkenntnissen über Pläne und Absichten zur

---

der Berliner Umweltbibliothek, Akte „DDR-Opposition 1988". Zur Einschätzung von seiten der Stasi vgl. Stasi intern, 311-323.
366 Vgl. Dok. 95, Anm. 91.
367 Vgl. Dok. 57, Anm. 22.

künftigen Herstellung derartiger Erzeugnisse ist darüber analog dem vorgegebenen Informationsbedarf zu informieren.

Dok. 118
Information Nr. 487 / 88

Berlin, den 28.11.1988

Information Nr. 487 / 88 über Erscheinungen der zunehmenden Behandlung gesellschaftspolitischer Themen und daraus abgeleiteter Forderungen gegenüber dem Staat durch die evangelischen Kirchen in der DDR. Mit Druckvermerk: Streng geheim! Um Rückgabe wird gebeten! Verteiler: Leitende Funktionäre in Partei und Regierung sowie die Spitzen des MfS[368]. Mit Anlage: Inhalte der seitens bestimmter Kräfte in den evangelischen Kirchen in der DDR getroffenen gesellschaftspolitischen Aussagen mit Forderungscharakter gegenüber dem Staat.

Nach dem MfS vorliegenden Erkenntnissen haben bestimmte Kräfte in den evangelischen Kirchen in der DDR ihre Bestrebungen erheblich intensiviert, sich als gesellschaftliche Kraft zu etablieren, mit dem Staat in einen Dialog zu treten über Ziele und Inhalte der politischen Machtausübung und Einfluß auf entsprechende staatliche Entscheidungen zu erlangen.

Auf Tagungen kirchenleitender Gremien und in vielfältigen kirchlichen Veranstaltungen, besonders im Bereich der Evangelischen Kirche in Berlin-Brandenburg, rücken religiöse Probleme bzw. innerkirchliche Fragen immer mehr in den Hintergrund. Stattdessen erfolgt zunehmend, unter Einbeziehung eines immer größeren Personenkreises, die Behandlung gesellschaftspolitischer Themen, verbunden mit Forderungen gegenüber dem Staat. [2]

Darüber hinaus nehmen die von politisch negativen und reaktionären kirchlichen Kreisen im Zusammenwirken mit hinlänglich bekannten feindlich-negativen Kräften unter Mißbrauch von kirchlichen Veranstaltungen vorgetragenen Angriffe gegen das politische System des Sozialismus an Umfang und Schärfe zu, finden damit im Zusammenhang stehende konzeptionelle Überlegungen, Vorstellungen und Forderungen mit steigender Tendenz Aufnahme in entsprechende Dokumente und Beschlüsse der Kirchenleitungen und Synoden.

Gleichzeitig nutzen derartige Personenkreise die Kirchen als Deckmantel für ihre antisozialistischen Aktivitäten, betrachten sie die Kirche als schützendes Dach, unter dem sie sich formieren und ihren Einfluß verstärken können. Darüber hinaus versuchen auch Übersiedlungsersuchende fortgesetzt, die Möglichkeiten der Kirche zur Durchsetzung ihrer Ziele und Interessen zu mißbrauchen.

Darin einzuordnen sind die nachweislich an Umfang und Intensität gewachsenen Bestrebungen führender Kräfte der etablierten Parteien der BRD und Westberlins, kirchliche Amtsträger in der DDR gezielt politisch zu beeinflussen, deren „gewachsenes Selbstbewußtsein" weiter zu

---

368 Einer handschriftlichen Notiz zufolge erhielten folgende Personen bzw. Stellen diese Information: „1. Hon, 2. Sto, 3. Hag, 4. Herr, 5. Jaro, 6. Krenz, 7. Bell, 8. Löffl, 9. Mittig, 10. Neib, 11. XX / L, 12. XX / 4, 13. Carls, 14. Ber. 1, 15. Abl.".

stärken und sie auf einen Kurs der Konfrontation gegen die Politik der SED in Kirchenfragen zu drängen.

Kirchenleitende Personen und Theologen rechtfertigen die wachsende Beschäftigung mit gesellschaftlichen Themen hauptsächlich mit dem Argument, durch die Arbeit an der kirchlichen Basis und durch vielfältige Kontakte mit Christen und Nichtchristen fortgesetzt mit ungelösten Problemen der sozialistischen Staats- und Gesellschaftsordnung der DDR konfrontiert zu werden, die ursächlich bedingt seien durch Unfähigkeit bzw. mangelnde Bereitschaft des Staates, angeblich vorhandene und durch Einflüsse und Wirkungen des Umgestaltungsprozesses in der UdSSR weiter anwachsende Defizite in der gesellschaftlichen Entwicklung der DDR zu beseitigen. [3]

Daraus und aus dem Umstand, daß sich immer mehr Bürger „ratsuchend" an die Kirche wenden, wird das „Recht" der Kirche abgeleitet, sich im Interesse aller „in Not geratenen Menschen" in innerstaatliche Angelegenheiten einzumischen und Druck auszuüben zur Durchsetzung ihrer Forderungen.

Die von bestimmten kirchenleitenden Personen, reaktionären kirchlichen und im Sinne politischer Untergrundtätigkeit wirkenden Kräften erhobene Forderung, die von der Partei- und Staatsführung der UdSSR geprägte Linie eines neuen Denkens und Handelns in den internationalen Beziehungen auf die Innenpolitik der DDR zu übertragen, hatte maßgeblichen Einfluß darauf, daß insbesondere seit dem Jahre 1987 in unterschiedlichsten kirchlichen Bereichen zunehmend gesellschaftspolitische Probleme behandelt wurden.

Damit wurde der Anstoß gegeben für umfangreiche Diskussionen im kirchlichen Bereich zur „Notwendigkeit eines Umdenkungsprozesses" in innenpolitischen Fragen. Das fand seinen Niederschlag auf der 3. ordentlichen Tagung der V. Synode des Bundes der Evangelischen Kirche (BEK) in der DDR (September 1987)[369]. Wesentliche Diskussionsinhalte und die von der Synode bestätigte Beschlußvorlage „Absage an Geist, Logik und Praxis der Abschreckung" ließen erstmalig in dieser Deutlichkeit die Absicht der evangelischen Kirchen in der DDR erkennen, sich in gesamtgesellschaftliche Belange einzumischen und die Rolle eines „Wächteramtes"[370] gegenüber dem Staat einzunehmen. Diese Entwicklungstendenz fand auf der ersten Vollversammlung der „Ökumenischen Versammlung der Christen und Kirchen in der DDR für Gerechtigkeit, Frieden und Bewahrung der Schöpfung" (Februar 1988 in Dresden)[371] seine Fortsetzung. Der Verlauf dieses ökumenischen Treffens entsprach nicht dem eigentlichen Anliegen, Vorschläge zur Lösung globaler Weltprobleme einzubringen.

Es befaßte sich vorrangig mit Themen, die ausschließlich in die Kompetenz des Staates bzw. von Parteien und gesellschaftlichen Organisationen gehören. Ca. 80% der rund 10 000 an die Vollversammlung gerichteten Zuschriften beinhaltete bekannte kirchliche Positionen zu sogenannten Problemfeldern der Kirche gegenüber dem Staat. [4]

In Vorbereitung auf seitens der Kirchenleitung erwartete Gespräche mit Vertretern zentraler Partei- und Staatsorgane erarbeitete und verabschiedete die Konferenz der Evangelischen Kirchenleitungen in der

369 Zu der Synode in Görlitz vgl. Dok. 97.
370 Vgl. Dok. 80, Anm. 205.
371 Vgl. Dok. 108, Besonders Anm. 230 und 231.

DDR (KKL) im Zeitraum Februar / März 1988 ein längerfristig angelegtes Konzept zu Gesprächsinhalten[372], das seinem Wesen nach den Charakter eines umfassenden Forderungskataloges trägt. Die Übergabe dieses Papiers an alle Landeskirchen in Form einer Schnellinformation des BEK und die Weiterverbreitung ihres Inhalts, auch durch seitens kirchenleitender Personen gegenüber westlichen Massenmedien gewährte Interviews, dienten dem Ziel, damit eine breite Öffentlichkeit zu erreichen.

Auf der Grundlage des Materials der KKL, flankiert durch weitere in Umlauf gebrachte „Thesenpapiere", verstärkten sich in der Folgezeit auf allen kirchlichen Ebenen die mehrheitlich unter negativen Aspekten geführten Diskussionen zum Stand der gesellschaftlichen Entwicklung in der DDR, häufig unter Berufung auf sogenannte Negativbeispiele aus dem „Umgang des Staates mit einen Bürgern" und aus dem Alltagsleben.

Die auf der 4. ordentlichen Tagung der V. Synode des BEK (September 1988)[373], insbesondere aber auf der Vollversammlung der „Ökumenischen Versammlung der Christen und Kirchen in der DDR für Gerechtigkeit, Frieden und Bewahrung der Schöpfung" (Oktober 1988)[374] verabschiedeten Beschlüsse und Vorlagen, beinhalten die Gesamtheit aller im Ergebnis der Diskussionen benannten sogenannten gesellschaftlichen Problem- und Konfliktfelder (eine detaillierte Darstellung der kirchlicherseits erhobenen Forderungen gegenüber dem Staat wird als Anlage beigefügt). Sie lassen die eindeutige Absicht der evangelischen Kirchen in der DDR erkennen, sich zum Wortführer für politische und gesellschaftliche Reformen in der DDR, für Veränderungen in der sozialistischen Gesellschaft zu erheben und in diesem Sinne, langfristig angelegt, auf breitere Kreise der Bevölkerung einzuwirken.

In diesem Zusammenhang ist das Bestreben einzelner kirchlicher Amtsträger festzustellen, eine neue Standortbestimmung der evangelischen Kirchen in der DDR vorzunehmen, die darauf hinausläuft, auf längere Sicht von dem Grundprinzip einer klaren Trennung zwischen Staat und Kirche und von dem darauf basierenden Kurs des 6. März 1978[375] abzurücken.

In Ausnutzung dieser Situation sind politisch-negative und reaktionäre kirchliche sowie andere feindlich-negative Kräfte dazu übergegangen, ihre Angriffe gegen die Grundlagen des Sozialismus in breiter Front vorzutragen.

Eine umfassende Analyse vorliegender kircheninterner und anderer schriftlicher Materialien sowie der vielfältigen von den evangelischen Kirchen in der DDR getroffenen gesellschaftspolitischen Aussagen und

---

372 Gemeint ist hier die Klausurtagung der KKL, die vom 11. bis 13.3.1988 in Buckow stattfand. Die Stellungnahme, die im Anschluß an die Tagung von der KKL veröffentlicht wurde, ist abgedruckt in: epd-Dok. 17 / 88, 1-3. In dem Papier wird u.a. beklagt, daß die Gesellschaft „ärmer" werde, „wenn Menschen sich zurückziehen und ausreisen" (2).

373 Der „Beschluß zu Fragen des innergesellschaftlichen Dialogs, den die Synode am 20.9.1988 faßte, ist leicht gekürzt abgedruckt in: *Rein*, Opposition, 202-204. Vgl. auch epd Zentralausgabe 178 (15.9.1988) und 182 (21.9.1988).

374 Vgl. Dok. 115, Anm. 311.

375 Vgl. Dok. 56.

daraus abgeleiteter Ansprüche und Forderungen lassen folgende wesentliche Hauptangriffsrichtungen erkennen:
In teilweise religiös verbrämter Form werden, wie z.B. Pfarrer *Schor-*
lemmer / Wittenberg in seinen 20 Punkten umfassenden „Thesen"[376]
formuliert, die Notwendigkeit einer „Erneuerung unserer Gesellschaft" und „einer Umgestaltung gesellschaftlicher Strukturen" begründet und daraus Forderungen abgeleitet, die sich gegen das politische System des Sozialismus richten.
Unter Bezugnahme auf das angebliche Erfordernis einer „Demokratisierung der Gesellschaft" in der DDR konzentrieren sich zahlreiche
Angriffe gegen die in der DDR praktizierten Formen und Methoden
der Verwirklichung der sozialistischen Demokratie. [6]
Weitere Schwerpunkte in den kirchlicherseits vorgetragenen Angriffen
und Forderungen bilden:
– die Sicherheits- und Verteidigungspolitik der DDR,
– die kommunistische Erziehung der Jugend,
– die Informations- und Medienpolitik,
– die Umwelt und Energiepolitik.
Vorliegenden Erkenntnissen zufolge werden von bestimmten kirchenleitenden Kräften und kirchlichen Amtsträgern, von im kirchlichen
Raum wirkenden feindlich-negativen Kräften zunehmend alle sich ihnen bietenden Möglichkeiten ausgeschöpft und neue Methoden erprobt und praktiziert, um ihre gesellschaftspolitischen Konzeptionen
und Forderungen zu popularisieren und damit eine breite Öffentlichkeitswirksamkeit und Unterstützung zu erreichen.
Sie nutzen dafür alle Formen kirchlicher Veranstaltungen, angefangen
von Synodaltagungen, regionalen Kirchentagen, Konventen, Gottesdiensten, Veranstaltungen der Kirchengemeinden bis hin zu Treffen der
Jungen Gemeinden, offenen Jugendabenden und Zusammenkünften
sogenannter Basisgruppen sowohl regionalen als auch überregionalen
Charakters.
Forderungen werden weiter in Form von Vorlagen, Vorschlägen, Hinweisen und Anträgen an kirchliche Gremien und Foren eingebracht
und finden dort zum Teil in Beschlüssen und als für den innerkirchlichen Gebrauch gekennzeichneten Papieren ihren Niederschlag. Diese
Dokumente werden z.T. bis in die Kirchengemeinden „zur weiteren
Beachtung und Verwendung" verschickt.
Genannte Personenkreise mißbrauchen verstärkt das Eingabenrecht
und nutzen ihre Kontakte zu westlichen Korrespondenten und anderen gegnerischen Kräften, um damit Möglichkeiten einer Verbreitung
ihrer Forderungen in westlichen Massenmedien zu erschließen. [7]
Eine wesentliche Grundlage für die Propagierung gesellschaftspolitischer Konzeptionen und Forderungen bildet die Herstellung und Verbreitung nichtlizenzierter Druck- und Vervielfältigungserzeugnisse antisozialistischen Inhalts und Charakters.
Die Zahl derartiger Materialien, sie erscheinen zum Teil in regelmäßiger Folge, in Form von sogenannten Informationsblättern, Dokumentationen, Positionspapieren, Erklärungen u.ä., hat erheblich zugenommen.
Als Verfasser und Herausgeber fungieren in der Regel hinlänglich bekannte feindlich-negative Gruppierungen. Besonders hervorzuheben

---

376   Vgl. Dok. 117, Anm. 363.

sind dabei solche Schriften wie „*Umweltblätter*" (Herausgeber: Friedens- und Umweltkreis der Zionskirchgemeinde Berlin und die gleichnamige Umweltbibliothek), „Friedrichsfelder Feuermelder" (Herausgeber: Friedenskreis der Kirchengemeinde Berlin-Friedrichsfelde), „Arche Nova" (Herausgeber: der sogenannte Grünökologische Bund Arche / Berlin) und „Friedensnetz" (Herausgeber: Arbeitsgruppe „Frieden" der Evangelisch-Lutherischen Landeskirche Mecklenburgs). Alle diese Druckerzeugnisse werden fast ausschließlich mit kircheneigener Druck- und Vervielfältigungstechnik in kirchlichen Räumen hergestellt. Die Methoden der Vervielfältigung reichen vom Durchschlagverfahren mittels Schreibmaschinen über die Anwendung von Ormig- und Wachsmatrizen bis hin zur Ausnutzung von Computertechnik. Die Mehrzahl trägt den Vermerk „Nur für den innerkirchlichen Gebrauch", hat jedoch mit innerkirchlichen Problemen nichts gemein; ihr Inhalt trägt antisozialistischen Charakter.
Nach vorliegenden Erkenntnissen zählen zu den Hauptmethoden der Verbreitung derartiger Materialien der Postversand, die persönliche Weitergabe bei Zusammenkünften, das Aushängen, Auslegen, die Ausleihe und der Verkauf, z.B. im Rahmen kirchlicher Veranstaltungen, in sogenannten Umweltbibliotheken und Kommunikationszentren, der Einsatz von Kurieren innerhalb der DDR bzw. in das sozialistische [8] Ausland und die Weiterleitung über bevorrechtete Personen in das nichtsozialistische Ausland, vor allem zum Zwecke der Veröffentlichung in westlichen Massenmedien.
(Zu dieser Problematik wird im Ergebnis derzeitig erfolgender Überprüfungsmaßnahmen noch ausführlich informiert.)
Die Information ist wegen Quellengefährdung nur zur persönlichen Kenntnisnahme bestimmt.

Anlage zur Information Nr. 487 / 88
Inhalte des seitens bestimmter Kräfte in den evangelischen Kirchen in der DDR getroffenen gesellschaftspolitischen Aussagen mit Forderungscharakter gegenüber dem Staat
„Notwendigkeit einer Erneuerung unserer Gesellschaft" und einer „Umgestaltung der gesellschaftlichen Strukturen"
– Anerkennung „globaler Verantwortung der Kirchen" durch den Staat
– Überdenken des „Vollkommenheitsanspruchs" der sozialistischen Gesellschaft entsprechend den gegenwärtig funktionierenden „Mustern" in anderen sozialistischen Ländern
– Notwendigkeit „neuen Denkens" in Richtung Veränderung der Macht- und Strukturverhältnisse unter den Bedingungen aktueller Entwicklungen
– Herausführen aus „festgefahrenen, veralteten und sich nicht bewährenden Formen der Machtausübung" in der sozialistischen Gesellschaft
– Orientierung auf eine „Suchbewegung zur Umgestaltung des Sozialismus in unserem Land" mit der Aufforderung zu „Mut und Bereitschaft, entschlossene Schritte zur Umkehr zu gehen"
– Schaffung einer „pluralistischen, demokratischen und dezentralisierten Organisation des gesellschaftlichen und wirtschaftlichen Lebens" in der DDR
– Durchsetzung einer „Politik der kontrollierten Öffnung"; Veränderung der gesellschaftlichen Strukturen in Richtung auf eine „Humani-

sierung der Strukturen"; Abbau des „dogmatischen, bürokratischen
Sozialismus" und Aufbau einer Gesellschaftsordnung im Sinne eines
„schöpferischen Sozialismus" [2]
– Umgestaltung der gesellschaftlichen Rahmenbedingungen mit dem
Ziel des „Abbaus der zementierten Machtverhältnisse"; Abschaffung
des „autoritär-ideologischen Vollkommenheitsanspruchs der zentrali-
sierten Staatsmacht"
– Abgrenzung von einer „vorbehaltlosen Anerkennung der Staats-
theorie der SED"; Praktizieren bestimmter Formen des „neuen Denkens"; Forderung nach Durchführung von politischen Reformen in allen Bereichen von Staat und Gesellschaft
– Aufforderung, Überlegungen anzustellen, inwieweit die SED ihren
Anspruch zu Recht erhebe, die einzige wahre Weltanschauung zu vertreten; Zurückweisung des „Überlegenheitsanspruchs", aus dem sich
eine „Unterwerfung" anderer Parteien und eine „Entmündigung" des
DDR-Bürgers ableite; Abschaffung der „Besserwisserei", des „Allein-
vertretungsanspruchs" und des „Amtsmißbrauchs" der Partei;
– Offenlegung der objektiven Notwendigkeit einer Abgrenzung von
Verantwortlichkeiten des Partei- und Staatsapparates; Beseitigung der
„Vermischung" zentraler Prozesse, die zu einer „Verbürokratisierung
und Lähmung" im gesamten „Amtsapparat" führe;
– Abbau der „zentralistischen" Planung und Leitung der Volkswirt-
schaft der DDR und der damit verbundenen „Bürokratie" (diese seien
im Bereich der Wirtschaft Ursache „fehlender politischer und ökonomischer Partizipation, Mündigkeit und Eigeninitiative" der Bürger)
– Abbau von „immer stärker auftretenden Spannungen zur ökonomischen Produktivität und zum Leistungsprinzip"
– Sichtbarmachung interner Probleme der Wirtschaft der DDR, besonders hinsichtlich des „Zurückbleibens wichtiger ökonomischer
Zweige und Standards hinter westlichen Mustern"; Aufzeigen abre-
chenbarer, machbarer, realer Zielstellungen in der ökonomischen Entwicklung, um „den inneren Frieden" der Bürger „wiederherzustellen"
– Relativierung der ökonomischen Zielstellung wirtschaftlichen
Wachstums und wachsender Konsumbefriedigung, u.a. zugunsten öko-
logischer Zielstellungen; Erweiterung der Hauptaufgabe als Einheit
von Wirtschafts-, Sozial- und Umweltpolitik
– „Offenlegung" der Wirtschafts- und Finanzpolitik sowie der Au-
ßenwirtschaftsbeziehungen der DDR, verbunden mit öffentlichen Dis-
kussionen
– Festlegung geeigneter und durchschaubarer Maßnahmen und Me-
thoden der Leitung und Planung gesellschaftlicher und ökonomischer
Prozesse zur Verbesserung des Leistungs- und Lebensstandards der
Bürger
– Erhöhung der Verantwortung entwicklungsfähiger Fachkader und
Experten in der Wirtschaft bei Chancengleichheit für alle. [4]

Gegen die in der DDR praktizierten Formen und Methoden der Verwirklichung der *Demokratie* gerichtete Forderungen:
– „Generelle Öffnung" der Gesellschaft mit dem Ziel der „Einräu-
mung einer kritischen Partnerschaft" für alle Bürger
– „produktiver Meinungsstreit" in „angstfreier demokratischer
Form" über das Wie von Problemlösungen; freimütiger offener Dialog,
u.a. über die „lokalen Wurzeln" globaler Entwicklungsprobleme

– „Versammlungs- und Meinungsfreiheit" in der DDR
– politisches Mitsprache- und Entscheidungsrecht, Erlangung von Entscheidungsbefugnissen; sinnvolle Mitarbeit der Bürger an gesellschaftlichen Rahmenbedingungen; Schaffung eines Klimas der „Offenheit und Verantwortungsbereitschaft"
– Chancengleichheit für alle Bürger und in allen Bereichen des gesellschaftlichen Lebens
– Demokratisierung gegen „Bürokratismus, Zentralismus und Undurchschaubarkeit" staatlicher Entscheidungen bei Gewährleistung eigenverantwortlicher Mitarbeit der Bürger
– „Dialog und Kooperation in Menschenrechtsfragen auf Regierungsebene und anderen Ebenen"
– Kontinuität in der Durchführung von Sachgesprächen zwischen Staat und Kirche; Anhörung der Probleme und terminliche Festlegungen für abrechenbare Veränderungen [5]
– demokratisches Mitspracherecht in Verfassungsfragen bzw. bei der Festlegung und Gewährleistung von Rechten (und Pflichten) der Bürger
– Änderung des Wahlrechts; Zulassung von erkennbaren Entscheidungsmöglichkeiten zwischen mehreren Kandidaten
– praktizierte Durchsetzung des Artikels 54 der Verfassung, der eine freie und geheime Wahl garantiert
– Überlegungen und Meinungsstreit über Erfordernisse zeitlicher Begrenzungen für die Ausübung von Wahlfunktionen auf zentralen Ebenen
– mehr „Rechtlichkeit" hinsichtlich der Erweiterung individueller Menschenrechte und dazu „unabhängige" gerichtliche Überprüfung staatlicher Entscheidungen
– Stärkung der Rechtssicherheit der Bürger durch „Unabhängigkeit" der Gerichte, Änderung des Strafgesetzbuches, Polizeigesetzes, Paßgesetzes, des Ordnungsstrafrechtes; Schaffung von Verwaltungs- und Verfassungsgerichten
– Einführung einer „gesamteuropäischen Rechtssprechung"
– Erleichterung des Strafvollzugs (Postverkehr, Besuche, Freizeitangebot, religiöse Betätigung, „unabhängige" Beschwerdestellen) [6]

Im Zusammenhang mit der *„Reiseproblematik" erhobene Forderungen:*
– „Öffentlich festgestellte Begründungspflicht in Antragsverfahren jeder Art", die das persönliche Leben des Bürgers betreffen
– Erweiterung der Reisemöglichkeiten „nach Ost und West" bei gleichen Bedingungen für alle Bürger
– Veröffentlichung der geltenden staatlichen Regelungen und Durchführungsbestimmungen zu Regimefragen des Reiseverkehrs; Offenlegen der Verfahren und Kriterien bei Besuchsreisen
– Ausbildung staatlicher „Vernunftseinsichten" bei der Beurteilung und Gewährung von Reisen in dringenden Familienangelegenheiten von Ost nach West
– Gewährleistung der Reisefreiheit für alle Bürger, unabhängig von Verwandtschaftsverhältnissen; Einbeziehung der Kinder in Reisemöglichkeiten
– Schaffung des Rechts auf Einklagung nach Ablehnung von Anträgen (Verwaltungsgerichtsbarkeit)

– Verbesserung des Umgangs staatlicher Organe mit den Bürgern, denen Absagen erteilt werden

Forderungen zur Regelung des Aus- und Einwanderungsproblems
– Stärkere Bemühungen um die Integration der Ausländer
– Beseitigung von Diskriminierung und Erscheinungen der „Ausländerfeindlichkeit"
– Erhöhung des staatlichen Schutzes für Ausländer [7]

Gegen die Sicherheits- und Verteidigungspolitik der DDR gerichtete Forderungen:
– Vornahme einer Gesetzesänderung mit internationalem Beispielcharakter, in der das Recht auf Wehrdienstverweigerung als Menschenrecht deklariert wird (Wehrdienstverweigerung als „deutlichstes Friedenszeugnis"); Einrichtung einer alternativen Form des Friedensdienstes unter der Bezeichnung „sozialer Friedensdienst" (SOFD)[377] oder „ziviler Ersatzdienst";
Einsatz der SOFD-Leistenden in den Bereichen Gesundheits- und Bauwesen; Ablehnung der Vereidigung von SOFD-Leistenden; kein Unterstehen der Militärgerichtsbarkeit
– Einsatz der Bausoldaten in ausschließlich zivilen Objekten
– Abschaffung / Eingrenzung der Geltung des Fahneneides; Recht auf Wehrdienstverweigerung für Reservisten
– Humanisierung des Wehrdienstes; seelsorgerliche Betreuung von Wehrdienstleistungen in den Objekten; Gottesdienstausgang an Sonn- und Feiertagen; [8] straffreie Beurteilung der Befehlsverweigerung in Gewissensnot; Abschaffung der Gesetze zur Dienstverpflichtung von Frauen im Mobilisierungsfall.

Forderungen im Zusammenhang mit der kommunistischen Erziehung der Jugend:
– Chancengleichheit aller Bürger für die Bereiche Volks-, Fach- und Hochschulbildung
– gleiche Bildungs- und Berufschancen, unabhängig von Teilnahme an Jugendweihe, Zugehörigkeit zu Parteien und Massenorganisationen, Glaube und Weltanschauung, Länge und Art des Wehrdienstes
– uneingeschränkte Glaubens- und Religionsfreiheit in Bildungseinrichtungen
– Erziehung zu mündigen Menschen, wobei „Totalitätsanspruch" der marxistisch-leninistischen Weltanschauung und gültiges Erziehungssystem als Ursachen für Anpassung und Verantwortungsscheu benannt werden
– generelle Orientierung des Bildungssystems auf Heranbildung mündiger Bürger; Abbau der Feind-Erziehung und der Feind-Bilder
– Schaffung von alternativen Bildungseinrichtungen; Gewährleistung des kirchlichen Einflusses auf Bildungsinhalte und Lehrpläne
– generelle Überarbeitung der Lehrpläne, Unterrichtshilfen und Schulbücher für Heimatkunde, Geschichte, Staatsbürgerkunde und Deutsch / Literatur an POS und Kindergärten der DDR mit dem Ziel des Abbaus bestimmter verfestigter, dem „Totalitätsanspruch" der marxistisch-leninistischen Weltanschauung und der SED dienender Kriterien [9] (Zurückweisung der angeblich darin enthaltenen „undifferen-

377 Vgl. Dok. 61.

zierten, konfliktlosen Darstellung der DDR-Gesellschaft["] und der Erziehung zur „gedankenlosen Bejahung des Dargebotenen" unter Ausschluß von Wissen und Denken; Überarbeitung des einseitig auf marxistisch-leninistische Sicht begrenzten Geschichtsbildes)
– Erhöhung des Sollwertes „häuslicher Erziehung", Abbau des „Totalitätsanspruchs" gesellschaftlicher Institutionen zur politischen Erziehung junger Menschen
– Forderung nach verstärkter *„Friedenserziehung";* Friedenserziehung zu „Konfliktfähigkeit" bei Überprüfung von Erziehungspraktiken, Sprachgewohnheiten, des kindlichen Spiels, der Fernsehgewohnheiten und existierender Vorteile; Abschaffung der Werbung für Armee und militärische Berufe, der obligatorischen vormilitärischen Ausbildung, des Wehrunterrichts und der Herstellung / Verbreitung von „Kriegsspielzeug"; Entfernung „militärverherrlichender" Inhalte und von Haßerziehung aus allen Bereichen der Volksbildung; Ermöglichung ungehinderter Kontakte und des freien Reisens, Förderung des Schüler- und Jugendaustausches und von Partnerschaften (Schulpartnerschaften) über Systemgrenzen hinweg [10]

Forderungen, die sich gegen die Informations- und Medienpolitik richten:
– Abschaffung des „totalitären" staatlichen und parteilichen „Monopols" über die Medien in der DDR
– ungeschminkte Information über alle Probleme, verbunden mit einem breiten öffentlichen Dialog
– „Herstellung einer Öffentlichkeit", in der alle gesellschaftlichen und Entwicklungsprobleme von Politikern, Fachleuten und Betroffenen ehrlich besprochen werden; „Wiederherstellung von Ehrlichkeit und Wahrhaftigkeit" in der Öffentlichkeit; Abbau von „Schönfärberei" und „gewissenloser Darstellung von Nur-Problemen" in nichtsozialistischen Ländern
– Anerkennung von Dialog und Toleranz in öffentlichen Darstellungen
– größere Durchschaubarkeit der Informationen, Abbau der einseitigen Berichterstattung
– Öffnung der Massenmedien für Diskussionen und Meinungen Andersdenkender
– Veröffentlichung von Sachinformationen und Argumentationshilfen für den gesellschaftlichen Bereich, um die Bürger über ihre Rechte aufzuklären
– Abschaffung der „Pressezensur" und des staatlichen Eingriffs in die Kirchenpresse; Abschaffung der „Bevormundung" kirchlicher Presseorgane durch staatliche Stellen; „Pressefreiheit" für kirchliche Presseerzeugnisse [11]
– uneingeschränkte Einfuhr ausländischer – westlicher – Presseerzeugnisse, zumindest Verkauf einiger als „seriös" geltender Zeitungen westlicher Herkunft in Zeitungsverkaufsstellen
– Aufgabe journalistischer Behinderung durch staatlicher Organe der DDR und „Neuorientierung" der gesamten Medienpolituik in der DDR nach demokratischen Mustern und im Sinne „neuen Denkens"

Gegen die Umwelt- und Energiepolitik gerichtete Forderungen:
– Gewährleistung ausreichender, sachgerechter und ungeschminkter Informationen über ökologische Zusammenhänge und Probleme in der

DDR; öffentlicher Zugang zu Informationen über Umweltprobleme in der DDR
- Darstellung von Umweltschäden in der DDR; Aufhebung von „Vertuschungspraktiken"
- Beseitigung von Ursachen, die zu Umweltschäden führen und öffentliche Rechenschaftslegungen
- Erhöhung der staatlichen Investitionen für Umweltschutzmaßnahmen
- Aufhebung des Datenschutzgesetzes zu Umweltfragen
- Verschärfung der Strafbestimmungen für Gesetzesverletzungen bei Umweltfragen
- Anwendung eines Smogalarmsystems über die Grenzen hinweg [12]
- gesellschaftliche Anerkennung und spürbarere Förderung des Umweltbewußtseins; Ausprägung des Umweltbewußtseins bereits in der Volksbildung; Unterstützung einer allgemeinen intensiven, handlungsorientierten Umwelterziehung
- Schaffung von Voraussetzungen zur Änderung des Lebensstils; Abschaffung des Konsumdenkens
- Information und öffentliche Diskussion zur Energiepolitik
- Herbeiführung eines Volksentscheids zur Kernenergie mit dem Ziel eines baldigen Ausstiegs aus der Kernenergie
- Mitentscheidung der Bürger über den Bau und das Betreiben von Kernkraftwerken / Modernisierung überalteter Kraftwerke
- Abbau von Energieverschwendung in Wirtschaft, Gesellschaft und im privaten Bereich
- Anstreben rascher Fortschritte in der Erforschung und Entwicklung alternativer Energiequellen (Erdwärme, Biogas, Sonnenenergie, Windkraft)

Forderungen nach einer intensiveren Unterstützung der Arbeit der Kirchen durch den Staat:
- Schaffung zusätzlicher Möglichkeiten zur Erhaltung und Instandsetzung kirchlicher Gebäude
- Erhöhung der Auflagen für Bibeln (z.Zt. 80 000 Exemplare pro Jahr) und für kirchliche Losungshefte [13]
- Steuerbefreiung für ein 13. Pfarrergehalt
- Vereinfachung des Antragsverfahrens für Dienstreisen kirchlicher Mitarbeiter in nichtsozialistische Staaten
- Entsendung von kirchlichen Mitarbeitern zur Unterstützung der kirchlichen Arbeit in Entwicklungsländer
- Verbreiterung der Partnerschaftsbeziehungen zu Kirchengemeinden in der BRD; Möglichkeiten der Einbindung kirchlicher Partnerschaftsbeziehungen in die Städtepartnerschaften.

Dok. 119
Aus Handmaterial für die Kreisparteiorganisationen[378] des MfS

Auszug aus Handmaterial zu den Aufgaben der Kreisparteiorganisationen des MfS in Auswertung der 7. Tagung des ZK der SED[379], Dezember 1988. Nr. 181.

– Besonders die *evangelischen Kirchen* sollen in die Rolle einer legalen Opposition gebracht werden
1) als schützendes Dach für antisozialistische Kräfte
2) Nutzung ihres vom Staat eingeräumten Freiraumes zur Unterstützung feindlich-negativer Kräfte
– Reaktionäre kirchliche Kräfte forcieren den *Prozeß der Politisierung der Arbeit der Kirchen* und der demonstrativen Druckausübung gegenüber dem Staat
1) Forderungen nach einem *politischen Mitspracherecht* in der Gesellschaft
2) *Erringung gesellschaftlicher Einflußnahme*
– Anerkennung vom Staat als ernstzunehmender Faktor
– Infolge dieser Bestrebungen kam es zu einem Anwachsen kirchlicher *Stellungnahmen zu innenpolitischen Vorgängen* und zur Verstärkung von Forderungen gegenüber dem Staat (teilweise als direkte Einmischung in innerstaatliche Angelegenheiten zu werten)
1) teilweise besteht Identität mit entsprechenden Forderungen von Kräften der politischen Untergrundtätigkeit
– Von reaktionären Kräften in den evangelischen Kirchen gehen in differenzierter Form weiterhin Angriffe gegen die *Friedens-, Verteidigungs-, Sicherheits- und Umweltpolitik* der DDR aus.
1) Es gibt nachweisbar Versuche zu testen, wieweit man unter den gegenwärtigen Lagebedingungen in der DDR politische und ideologische Feindangriffe organisieren kann, ohne Repressivmaßnahmen ausgesetzt zu sein
– *Massive Angriffe auf die Bildungspolitik* der Partei (Anlaß: Relegierung von 4 Schülern der EOS „Carl von Ossietzky"[380])

Dok. 120
Rundschreiben Mittigs Nr. 82 / 88

Berlin, 30.12.1988

Rundschreiben mit eigenhändiger Unterschrift. Absender: Ministerrat der Deutschen Demokratischen Republik, Ministerium für Staatssicherheit, Stellvertreter des Ministers.

378 Vgl. Dok. 72, Anm. 152.
379 Das 7. ZK-Plenum hat vom 1. bis 2. Dezember 1988 stattgefunden, womit ein terminus post quem für die Entstehung dieses Dokumentes gegeben ist.
380 Einen Monat zuvor waren diese Schüler von der Oberschule entfernt worden, nachdem sie auf faschistische Tendenzen und die Militarisierung der DDR-Gesellschaft hingewiesen hatten. Die Maßnahme der staatlichen Behörden rief innerhalb und außerhalb der DDR scharfe Kritik hervor. Vgl. *Rein*, Revolution, 115-119 und *Kalkbrenner*.

Anschrift: Diensteinheiten, Leiter. Betreff: Bildung des Verbandes der Freidenker in der DDR (VdF). VVS-o008 MfS-Nr. 82 / 88.

Auf der Grundlage eines entsprechendes Beschlusses des Politbüros des ZK der SED ist vorgesehen, einen Verband der Freidenker in der DDR zu bilden[381].
Die Bildung des Verbandes ergibt sich aus der Notwendigkeit, in einer Zeit verstärkter ideologischer Auseinandersetzung zwischen Sozialismus und Imperialismus noch breiter mit vielfältigen Methoden unsere Weltanschauung in alle Schichten der Bevölkerung hineinzutragen, ihnen Ideologie und Politik der Partei zu erläutern und Versuchen reaktionärer kirchlicher Kräfte, ihren religiösen Einfluß zu erweitern, und dem politischen Mißbrauch verfassungsmäßig garantierter Rechte der Kirchen offensiv zu begegnen.
Ziel des Verbandes ist es, eine auf dem wissenschaftlichen Atheismus begründete freigeistige Weltanschauung zu verbreiten. Es soll eine vielseitige praktische und propagandistische Arbeit auf der Grundlage der sozialistischen Ideologie und der Politik der Partei geleistet werden, die im Einklang mit den Wertauffassungen der sozialistischen Gesellschaftsordnung zur Ausprägung des kommunistischen Menschenbildes beiträgt und sich zu Erscheinungen äußert, die der materialistischen Weltanschauung nicht entsprechen. In diesem Sinne ist der Verband den Idealen des Sozialismus, des Humanismus und des Friedens verpflichtet.
Ein wesentliches Anliegen des Verbandes besteht darin, das Verhältnis von Wissenschaft und Religion sowie von Wissen und Glaube bewußt zu machen, religiöse Positionen vom wissenschaftlichen Standpunkt aus sachlich zu kritisieren und die politischen Auseinandersetzungen mit jeder Form des klerikalen Antikommunismus zu führen. [2]
Der Verband wird auch die Aufgabe haben, allen Bürgern in wichtigen individuellen Lebens- und Entscheidungssituationen (Geburt, Namensgebung, Jugendweihe, Hochzeiten, Sterbefälle, Bestattungen) zu helfen.
Er wird mit den anderen gesellschaftlichen Organisationen eng zusammenarbeiten. Mitglied des Verbandes können unabhängig von ihrer Mitgliedschaft in Parteien und Massenorganisationen alle Bürger ab dem vollendeten 13. Lebensjahr werden, soweit sie die Satzungen des Verbandes anerkennen und bereit sind, sich in diesem Sinne zu engagieren.
Der Verband ist eine selbständige Organisation. Er gliedert sich in Zentralvorstand, Bezirks- und Kreisvorstände mit eigenen Geschäftsstellen sowie Gruppen in den Wohngebieten. In seinem Rahmen werden 80 hauptamtliche Mitarbeiter tätig sein, die auf den Zentralvorstand mit Sitz in der Haupstadt der DDR, Berlin, sowie die Bezirksvorstände – je drei Mitarbeiter – entfallen. Die Tätigkeit im Verband soll vorwiegend durch eine breite ehrenamtliche Mitarbeit charakterisiert sein. Der Entwurf der Satzungen soll auf dem 1. Verbandstag beschlossen werden.

---

381 Vgl. dazu die Kommentare von *Hartmann, Planer-Friedrich* und *Neubert / Garstecki*, die zeigen, wie ernst man in kirchlichen Kreisen die Gründung des VdF nahm. Der VdF wurde von vierhundert Delegierten am 7.6.1989 gegründet. Zum Präsidenten wurde Helmut Klein, der ehemalige Rektor der Humboldt-Universität, gewählt. Vgl. auch Dok. 122 und die Meldung in: KiS 4 / 15, 1989, 174.

Die 1. Sekretäre der Bezirksleitungen der SED wurden über den Beschluß des Politbüros, einen Verband der Freidenker in der DDR zu bilden, informiert, mit der Maßgabe, die 1. Sekretäre der Kreisleitungen der Partei davon mündlich in Kenntnis zu setzen.
Den Bezirks- und Kreisleitungen der SED wurde die Aufgabe gestellt, die Bildung und Profilierung der Bezirks- und Kreisvorstände des Verbandes zu unterstützen. Sie haben darauf Einfluß zu nehmen, daß die Arbeit des Verbandes im Sinne der Politik der Partei erfolgt. Für die Vorstände sind geeignete Kader auszuwählen, die in der Lage sind, das politische Grundanliegen des Verbandes durchzusetzen.
Die Leiter aller Diensteinheiten des MfS haben durch den zielgerichteten Einsatz der operativen Kräfte diesen Prozeß der Bildung und Profilierung der Vorstände zu unterstützen. Unter der Federführung der Hauptabteilung XX sowie der Abteilungen XX der Bezirksverwaltungen sind
– die politische Zuverlässigkeit der vorgesehenen Kader zu prüfen,
– die Vorstände und Gruppen rechtzeitig mit geeigneten operativen Kräften zu durchdringen,
– erforderliche Vorbeugungsmaßnahmen zur Verhinderung des politischen Mißbrauchs einzuleiten,
– Versuche der Unterwanderung der Vorstände und Gruppen durch feindlich-negative Kräfte zu verhindern.
Von allen Diensteinheiten ist ständig zu prüfen, welche Möglichkeiten des Verbandes zur Unterstützung des MfS bei der Lösung spezifischer Aufgabenstellungen genutzt werden können.
[gez.] Mittig
Generaloberst

Dok. 121
Aus einer Meinungsäußerung der ZAIG

Berlin, 7. Januar 1989

Meinungsäußerung der ZAIG zum Vorschlag der HA XX zwecks Übernahme der politisch-operativen Bearbeitung in der DDR bestehender Religionsgemeinschaften durch das MfS[382].

Dem Vorschlag der HA XX sollte zugestimmt werden.
In der ZAIG vorliegende Erkenntnisse bestätigen die in diesem Vorschlag enthaltenen Begründungen.
Mit dem Leiter der Hauptabteilung Kader und Schulung wäre zu prüfen, inwieweit die für diese zusätzliche politisch-operative Aufgabenstellung notwendigen Planstellen aus der zentralen Planstellenreserve zur Verfügung gestellt werden könnten. Vor der Herbeiführung einer entsprechenden Entscheidung müßten folgende Maßnahmen realisiert werden:
1. Bestimmung konkreter Ziel- und Aufgabenstellungen für die politisch-operative Arbeit. Herausarbeitung der Schwerpunkte, auf die die politisch-operative Arbeit zu konzentrieren ist. (Welche Religionsge-

---

382 Der Vorschlag der HA XX ist hier abgedruckt als Dok. 112.

meinschaften müßten im Mittelpunkt der politisch-operativen Kontrolle und Bearbeitung stehen?)
Maßnahmen / konkrete Aufgabenstellungen für die auf diesem Arbeitsgebiet zum Einsatz kommenden Mitarbeiter des MfS, einschließlich Regelungen für die Anleitung / Kontrolle der Abteilungen XX der BV durch die HA XX sowie für die entsprechenden Informationsflüsse. Aufgaben für die Gestaltung der Zusammenarbeit mit den Organen des Zusammenwirkens. [2] (Diesbezügliche Festlegungen müßten nach getroffener Entscheidung Bestandteil einer entsprechenden dienstlichen Bestimmung werden.)
2. Überarbeitung der 1. Durchführungsbestimmung zur DA 2 / 79[383] über das politisch-operative Zusammenwirken mit dem Arbeitsgebiet 1 der Kriminalpolizei (Pkt. 3.2.10. dieser DB enthält die Aufgaben des Arbeitsgebietes 1 der K bei der operativen Kontrolle und Bearbeitung von Religionsgemeinschaften).
3. Erforderlich wären entsprechende Vorabstimmungen mit der HA VII im Zusammenhang mit den vorgesehenen Maßnahmen, besonders bezogen zu Problemen der Gestaltung des künftigen Zusammenwirkens mit dem MdI auf diesem Gebiet.
Nach entsprechenden Absprachen mit dem MdI wäre eine Überarbeitung der Weisung des MdI erforderlich (Befehl Nr. 0023 / 80).

Dok. 122
Notiz des Parteisekretariats

Berlin, 16.1.1989

Parteisekretariat: Notiz zur Bildung des Verbandes der Freidenker der DDR (VdF)[384] – Argumentation zur Pressemitteilung im „ND" vom 13.1.1989.

Zielsetzung ist, „[...] die wissenschaftliche, dialektisch-materialistische Weltanschauung unter der Bevölkerung zu verbreiten und alle zu erreichen, die sich um die Klärung philosophischer, weltanschaulicher und ethischer Fragen von einer nichtreligiösen Position aus bemühen."
1. Die Verbandsgründung ist Bestandteil unserer verstärkten Offensive der Ideen des Friedens und des Sozialismus. Die gegenwärtige Situation und künftige Probleme der Systemauseinandersetzung machen erforderlich, das Niveau der politisch-ideologischen Arbeit weiter umfassend zu erhöhen und feste Klassenpositionen auszuprägen.
Der Verband orientiert sich dabei auf nichtreligiöse, konfessionell nicht gebundene Bürger, die nicht Kommunisten, aber Atheisten sind oder zum Atheismus neigen. Das schließt auch schwankende, noch unsichere Menschen ein, die wissenschaftlich begründete und Optimismus vermittelnde Antworten auf ihre Fragen nach dem Sinn des Lebens suchen. Damit schließt der Verband eine echte Lücke im System unserer gesellschaftlichen Organisation, entspricht er einem herangereiften

---

383 Die Dienstanweisung 2 / 79 regelte die Zusammenarbeit von MfS und MdI, bei dem die Zuständigkeit für die Bearbeitung der kleinen Religionsgemeinschaften lag.
384 Vgl. hierzu und im folgenden auch Dok. 120.

Bedürfnis. Es sollen bisher nicht erreichte Kreise erfaßt werden, neue Felder unserer ideologischen Arbeit sind zu erschließen und zu verbreitern. [2]

2. Der Verband soll zugleich auch dem Mißbrauch der Glaubens- und Gewissensfreiheit entgegenwirken.

Die verschiedenen Gegner unserer Innen- und Außenpolitik, auch Kirchenvertreter und manche der über 30 Religionsgemeinschaften versuchen verstärkt, die verfassungsmäßige Trennung von Kirche und Staat auszuhöhlen und zu unterlaufen. Klerikale Kräfte mißbrauchen religiöse Gefühle gläubiger Bürger für antisozialistische Ziele. Im Zentrum stehen [...] Angriffe auf unser sozialistisches Menschenbild, Bestrebungen zur Erhöhung des Einflusses in der Jugend, so zum Wehrdienst, zu Freundschaft, Liebe, Mündigkeit, alternative Vorstellungen zum Freund-Feind-Bild, Selbstdarstellungen als Verfechter der Menschenrechte, Mißbrauch der Parolen von Perestroika und Glasnost, Forderungen nach einer anderen DDR.

Statt der Religionsausübung zu dienen, ihre Aufmerksamkeit den religiösen Belangen zu widmen, sich um das Beten des Vaterunser zu kümmern, mischen sie sich im Widerspruch zur Verfassung und zur Absprache vom 6. März 1978[385] in staatliche Fragen ein, treten sie gegen die Politik des sozialistischen Staates auf. Hier kann und soll der Verband öffentlichkeitswirksame Arbeit leisten. Er wird gegen Versuche auftreten und Stellung beziehen, wo die Trennung von Kirche und Staat unterlaufen wird.

Unser „ND"-Kommentar „Herr Stolpe und der Idealfall" vom 11.1.1989[386] fand sofortige und verleumderische Reaktion westlicher Medien. Behauptungen, die SED würde die Zügel schärfer anziehen, das wäre nur ein vorläufiger Höhepunkt weiterer Maßnahmen u.a. lassen erkennen, daß wir uns auf eine entsprechende Kampagne unserer Gegner einzustellen haben. [3]

3. Das vielleicht diffizilste Problem der weltanschaulichen Wirksamkeit des Verbandes besteht wohl in folgendem:

Der Verband muß seine materialistisch-dialektische Propagandatätigkeit richtig in die Gesamtpolitik unseres Staates einordnen; sein atheistisches Wirken soll nicht nur die christlichen Bürger nicht diskriminieren, sondern darf auch die bewährte Zusammenarbeit von Marxisten-Lenininisten und Christen nicht stören.

Mit anderen Worten: Der Verband stellt negatives Auftreten von Kirchenvertretern unter Kritik, soll aber keine Märtyrer schaffen. Das auferlegt den Genossen in hauptamtlichen Funktionen des Verbandes eine besondere Verantwortung, das verlangt strategisches Denken und taktisches Geschick. Man muß sich aber wohl klar sein, schon vorher: ohne gewisse ideologische Reibungen kann solche Arbeit nicht abgehen.

In diesem Zusammenhang ist zu beachten: Der Verband wird keine Befugnisse bezüglich der Kirchenpolitik haben; das bleibt wie bisher Angelegenheit der zuständigen staatlichen Organe auf zentraler wie auf örtlicher Ebene.

4. Der Verband kann an bestimmte progressive Traditionen der deutschen Friedensbewegung anknüpfen (die Quellen dazu sind spärlich).

---

385 Vgl. Dok. 56.
386 Der Artikel ist abgedruckt in: epd-Dok. 6 / 89, 27.

Proletarische Traditionen gehen bis in die Reaktionsjahre nach der 48er Revolution zurück, wo Freireligiöse Gemeinden entstanden, in denen in kleinen Kreisen mit vertrauten Freunden fortschrittliche politische Auffassungen ausgetauscht wurden (vergleiche hierzu „Geschichte der SED", Bd. 1, z.B. S. 186). Wilhelm Liebknecht war 1881 Mitbegründer des Freidenkerbundes. [4] 1911 konstituierte sich ein Zentralvorstand der proletarischen Freidenkerbewegung. Während der Weimarer Republik wirkte ein Deutscher Freidenkerverband e.V. und es gab auch einen entsprechenden internationalen Verband. Der Faschismus zerschlug alle solche Organisationen.

Konsequenzen:
– Wir knüpfen an diese Tradition an, aber heute gehört das Bekenntnis zum Sozialismus in der DDR und zur SED als der führenden Kraft im Staat dazu.[387];
– Der Verband verbreitet unsere Weltanschauung, aber es gibt verständlicherweise kein Interesse, den atheistischen Charakter des Verbandes überall auf den Märkten auszurufen.
5. Der Verband soll weltanschaulich wirken und praktische Arbeit leisten, indem er interessierten Bürgern auf sozialistische Art Lebenshilfe gewährt. Er soll ihnen in komplizierten Lebenssituationen mit Rat und Tat beistehen. Die Pressemitteilung hat dazu über solche Probleme informiert, wie Beistandsgewährung bei Krankheit, Alter, Partnerwahl, Einsamkeit, Gewissensnot u.a. Das verlangt natürlich eine breite ehrenamtliche Arbeit. Notwendig wird die Kontaktvermittlung zu Ärzten, Pädagogen, Juristen, Psychologen u.a. fachkundigen Vertrauenspersonen, wo bisher vielleicht nur ein Weg zum Pastor gesehen wurde.
[5]
Aufklärungsarbeit des Verbandes ist weiter durch Vorträge, Publikationen, Gesprächsgruppen und in anderen Formen vorgesehen, darunter auch eine vierteljährlich erscheinende Zeitschrift. Bei all dem wird es viele neue Möglichkeiten geben, den Gegensatz von Wissen und Glauben immer wieder deutlich zu machen.
Zur Mitwirkung des Verbandes bei der Förderung der sozialistischen Lebensweise gehört auch die Unterstützung bei der Ausrichtung würdiger weltlicher Feiern, wie sozialistische Namensgebung, sozialistische Eheschließung, Trauerfeiern u.a. Das alles natürlich im Zusammenwirken mit anderen gesellschaftlichen Organisationen und Kräften.
Dabei ist hervorzuheben: Die bewährte Praxis der Vorbereitung und Durchführung der Jugendweihen wird davon nicht berührt.
6. Zur politisch-organisatorischen und Strukturfrage des Verbandes ist zu sagen, daß manches noch in Arbeit ist und vieles noch praktischer Erfahrungen bedarf. Der 1. Verbandstag ist für Juni 1989 vorgesehen. Es wird einen Zentralvorstand geben, weiter Bezirks- und Kreisverbände sowie Mitgliedergruppen, die sich auf territorialer Ebene organisieren, also in Städten, Gemeinden, Wohngebieten, nicht jedoch in Betrieben oder vielleicht gar bewaffneten Organen. Im Februar werden sich Arbeitsausschüsse in den Bezirken (ca. 10-15 Personen) und bis

---

387 In der Präambel der DDR-Verfassung heißt es nach der Änderung von 1974 im 1. Artikel: „Die Deutsche Demokratische Republik ist ein sozialistischer Staat der Arbeiter und Bauern. Sie ist die politische Organisation der Werktätigen in Stadt und Land unter Führung der Arbeiterklasse und ihrer marxistisch-leninistischen Partei."

März in den Kreisen (ca. 10 Personen) konstituieren. In der Zusammensetzung kommt es dabei auf die Repräsentation breitester Kreise an. [6]
An der Satzung des Verbandes wird noch gearbeitet. In der Diskussion sind noch Fragen wie: Wer soll und kann Mitglied werden? Welche Rechte und Pflichten kann es geben? (Aufnahmegebühr, Mitgliedsbeitrag, Symbol u.a.) Das Aufnahmealter ist ab 13. Lebensjahr im Gespräch, Geschäftsstellen sind einzurichten usw.
Verständlich, daß es Aufgabe des Parteikerns im Verband ist, zu sichern, daß nirgends Sammelbecken für Dissidenten entstehen, aber auch, daß nicht religiös Gebundene oder Sektierer das Sagen bekommen.
Abschließend: Die Erfahrungen zeigen die Richtigkeit der Hinweise der Klassiker unserer Theorie und Weltanschauung, daß sich die Reproduktion religiösen Denkens auch noch im Sozialismus vollzieht. Und es handelt sich dabei offensichtlich um einen Prozeß, der länger anhält als wir das früher einmal angenommen haben. Dem Verschwinden der Religion muß also durch die bewußte Gestaltung der objektiven gesellschaftlichen Verhältnisse und auch durch zielstrebiges systematisches und planmäßiges ideologisches Wirken nachgeholfen werden. Besonders in der Jugend ist deshalb der Marxismus-Leninismus intensiver zu verbreiten. Das ist zuletzt wieder beim Treffen Erich Honeckers mit dem Zentralrat der FDJ (ND 23.12.1988) ein zentrales Problem gewesen. Aber auch in mancher Parteiorganisation wird die Frage der Haltung zur Religion sicher noch konsequenter zu stellen sein.

Dok. 123
Information Brünings

Leipzig, 7. April 1989

Schreiben mit eigenhändiger Unterschrift. Absender: BV für Staatssicherheit, Stellv. Aufklärung. 846 / 89. Anschrift: AKG. Betr.: Information über Reaktionen auf Kampfgruppenübung.

Eine zuverlässige Quelle aus dem Bereich der KG-Hundertschaft des Chemieanlagenbaus Leipzig-Grimma berichtete, daß es bei der am 1.4.1989 in Delitzsch stattgefundenen Tagesübung mehrerer Hundertschaften aus dem Bezirk zu teils erheblicher Verwunderung unter den Kämpfern gekommen ist.
Den Ausgangspunkt dafür bildete der verlesene Tagesbefehl zur angenommenen Lage, wonach „in der Stadt Delitzsch kirchliche Kreise die Bevölkerung aufwiegeln und es schon zu Zerstörungen gekommen sei. Die KG-Hundertschaften müssen vorbereitet sein zur Wiederherstellung von Ordnung und Sicherheit durch den Einsatz zum Räumen von Straßen und Plätzen."
Darüber hinaus berichteten Unterführer aus der tags zuvor erhaltenen Schulung, daß man jetzt tatsächlich zu derartigen Einsätzen herangezogen werden kann und dafür an zentraler Stelle bereits Schlagstöcke und Schutzschilde bereitliegen.

Folgende Reaktionen unter den Kämpfern wurden differenziert festgestellt:

1. Vor allem Genossen brachten ihr Unverständnis zum Ausdruck, daß als „Gegner" eindeutig „kirchliche Kreise" und nicht, wie erwartet, „Übersiedlungsersuchende oder andere negativ-feindliche Kräfte" benannt worden sind. Das wurde als krasser politischer Fehler gewertet, der zu einem politischen Skandal führen kann, wenn die Kirche davon erfahren würde.
2. Junge Kämpfer äußerten sich verbreitet dahingehend, daß sie unter einer solchen Maßgabe nicht für die Mitarbeit in der KG geworben wurden. Als „Knüppelgarde" seien die Kampfgruppen nicht gegründet worden und sie möchten auch nicht „auf andere einschlagen". [2]
3. Ältere Kämpfer befürchten eine Austrittsbewegung, wenn die Umfunktionierung als „Ordnungsgruppe" stimmen sollte.
4. Mit dem zusätzlichen Hinweis auf bisher bereits praktizierte artfremd erscheinende Einsätze in Zivil zu Streifengängen und zum Pressefest wurden vereinzelt Meinungen dahingehend geäußert, man sollte einmal in den Satzungen nachlesen, wozu die KG gegründet wurden und welche Aufgaben sie zu erfüllen haben.
[gez.] Brüning
Oberst

Dok. 124
Maßnahmeplan von Hummitzsch[388]

Leipzig, 15.6.1989

Auszug aus einem Rundschreiben. Bezirksverwaltung für Staatssicherheit Leipzig, Der Leiter. Maßnahmeplan zur politisch-operativen Kontrolle der Vorbereitung und Durchführung des Kirchentagkongresses und Kirchentages der Evangelisch-Lutherischen Landeskirche Sachsens vom 6.7.1989 bis 9.7.1989 in Leipzig[389]. VVS-o006 BVfS Lpz-Nr.: 62 / 89.

[...] [2] Entsprechend innerkirchlicher Festlegungen führt die Evangelisch-lutherische Landeskirche Sachsens mit staatlicher Genehmigung in der Zeit vom 6. bis 9.7.1989 einen Kirchentagkongreß und Kirchentag (KTK / KT) unter dem Thema „Was ist der Mensch, daß Du seiner gedenkst?" in Leipzig durch. Angesichts der gegenwärtig komplizierten Entwicklung und Situation in den Staat-Kirche-Beziehungen, sowohl gesamtstaatlich als auch schwerpunktmäßig im Territorium des Bezirkes, ist die Genehmigung zu seiner Durchführung und die Einhaltung der staatlich gegebenen Zusage Ausdruck des Vertrauens staatlicherseits gegenüber der Kirche. Die klare staatliche Erwartungshaltung geht dabei davon aus, daß kirchlicherseits ein störungsfreier Ver-

---

388 Zu Hummitzsch vgl. schon Dok. 49, Anm. 40.
389 Ein Auszug dieses Schreibens ist auch abgedruckt in: Stasi intern, 240 f. Zum Kirchentag / Kirchentagskongreß vgl. auch Dok. 135, Anm. 31 sowie Dok. 149 zum OV „Lukas". Zur Planung von seiten der Staatssicherheit vgl. auch den Auszug aus dem Jahresplan der BV Leipzig, abgedruckt in: Besier, Staatssicherheit, 305-310, hier: 305 f. und zur Durchführung dieser Planungen wiederum Stasi intern, 243-250 sowie Mitter / Wolle, 111 f.

lauf und die Verhinderung des politischen Mißbrauchs des KTK / KT
durch feindliche und reaktionäre kirchliche Kräfte gewährleistet werden.
Durch das Sekretariat der SED-Bezirksleitung Leipzig wurde am
15.3.89 ein Beschluß zur politischen Vorbereitung des KTK / KT gefaßt. Seitens der zuständigen staatlichen Organe wurden der Kirche
– zur Durchführung thematischer Veranstaltungen zum KTK und
von Rahmenveranstaltungen zum KT die Nutzung der Messehallen 1,
2, 3, 5 und 7 sowie der Freiflächen 6.64 und 6.65 auf dem Messegelände;
– die Durchführung der Abschlußveranstaltung (genannt: Hauptversammlung) des Kirchentages auf dem Gelände der Pferderennbahn
Leipzig-Scheibenholz;
– die Einrichtung eines Zeltlagers im „Freundschaftspark"
genehmigt.
Die Durchführung des KTK zu den ausgewählten 13 Kongreßthemen
ist für den Zeitraum vom 6.7. bis 8.7.1989 vorgesehen; seitens der Kirche wird mit ca. 8 000 bis 10 000 Dauerteilnehmern gerechnet. Der
KTK wird in geschlossenen Veranstaltungen in festgelegten Gemeinde-
bzw. Themenzentren (fast alle Gemeinden beider Leipziger Kirchenbezirke, Räumlichkeiten in den Messehallen sowie auch in Privatwoh-
nungen) durchgeführt; an ihnen dürfen nur angemeldete Delegierte
teilnehmen. Zum Kirchentag am 9.7.1989 wird mit bis zu 100 000 Teilnehmern und Besuchern gerechnet. Für die gesamte Zeit des KTK /
KT ist ein umfangreicher thematisches und kulturelles Rahmenpro-
gramm vorbereitet. Das Kirchentagsbüro der Landeskirche wird sich
während des KTK / KT auf dem Messegelände, voraussichtlich Messehalle 2, befinden. Das Pressebüro wird in der Messehalle 7 eingerichtet,
wo auch ab 6.7.89 die täglichen Pressekonferenzen der Leitung des
KTK / KT durchgeführt werden. [3] Zur Gewährleistung der staatlichen Sicherheit im Rahmen der Vorbereitung und Durchführung des
KTK / KT weise ich folgende Aufgabenstellungen und Maßnahmen
für die Diensteinheiten der BV Leipzig an:

1. Grundsätzliche Aufgaben der Führung und Leitung des operativen
Einsatzes
1.1. Alle politisch-operativen Maßnahmen im Zusammenhang mit der
Durchführung des KTK / KT werden im Rahmen eines operativen
Einsatzes in der Zeit vom 5.7.89, 8.00 Uhr bis 10.7.89, 8.00 Uhr unter
der Bezeichnung „Kongreß 89"realisiert. Mit der Leitung des operati-
ven Einsatzes ist mein 1. Stellvertreter, Oberst Eppisch, beauftragt.
1.2. Zur Führung des operativen Einsatzes wird ein operativer Einsatz-
stab (OES) mit folgender Zusammensetzung gebildet:
Leiter des OES: 1. Stellvertreter Oberst Eppisch
Stellvertreter: amt. Leiter der Abteilung XX Major Strenger
Mitglieder: Leiter der HA XX / 4: Oberst Wiegand
Leiter der KD Leipzig-Stadt: Oberst Schmidt
Leiter der Abteilung IX: Oberst Etzold
Leiter der Abteilung II: Oberstleutnant Schönley
Leiter der Abteilung VI: Oberstleutnant Rosse
Leiter der Abteilung VII: Oberstleutnant Schulze
Leiter der Abteilung XVIII: Oberstleutnant Lühr
Leiter der Abteilung XIX: Oberstleutnant Leubold

Leiter der AKG: Oberst Winkler
Leiter der BKG: Oberstleutnant Fischer
Leiter der KD Leipzig-Land: Oberstleutnant Händel
Leiter der AG Aktionen und Einsätze: Hauptmann Klose [4]
1.3. Als Stabsorgan des OES wird eine zeitweilige Lagegruppe zur Vorbereitung und Durchführung des operativen Einsatzes zum KTK / KT geschaffen. Durch die Lagegruppe sind
– die politisch-operativen Aufgabenstellungen zur Kontrolle der Veranstaltungen zum KTK / KT vorzubereiten und zu koordinieren;
– der koordinierte Einsatz operativ-technischer Mittel und weiterer Sicherungsmaßnahmen zu organisieren;
– die abgestimmte operative Bearbeitung der Exponenten der PUT in Verbindung mit der operativen Kontrolle des von PUT-Kräften geplanten „alternativen Begegnungszentrums" im Rahmen des operativen Einsatzes zum KTK / KT zu sichern;
– das Informationsaufkommen zusammenzuführen und die ständige Lageeinschätzung zu gewährleisten (spezifische Informationen, die durch IM anderer BV erarbeitet werden und den Kirchentag nicht unmittelbar betreffen, werden durch die HA XX / 4 mit den zuständigen BV ausgewertet);
– ein Abschlußbericht bis zum 10.7.1989 zu erarbeiten.
Die Lagegruppe wird aus Einsatzkräften der HA XX / 4, Abteilung XX, BKG, AG AuE und AKG gebildet und nimmt ihre Arbeit am 3.7.1989 auf.
1.4. Zur Gewährleistung eines abgestimmten und einheitlichen Handelns und Wahrung der Gesamtinteressen des MfS wird die Mitarbeit
– in der Führungsgruppe der Bezirksleitung der SED durch mich und
– in der AG beim Stellvertreter des Vorsitzenden des RdB für Inneres durch meinen 1. Stellvertreter wahrgenommen.
1.5. Am 22.6.1989 folgt eine zentrale Einsatzberatung zur Koordinierung und Festlegung erforderlicher linienspezifischer politisch-operativer Aufgabenstellungen in Abstimmung mit der HA XX / 4 und unter Teilnahme der zum KTK / KT zum Einsatz kommenden Genossen der anderen BV sowie beauftragter Mitarbeiter von Diensteinheiten der BV Leipzig. Bis zum 19.6.1989 ist in Vorbereitung der zentralen Einsatzberatung durch die Abteilung XX eine Lageeinschätzung für den Leiter des OES zu erarbeiten. [5]

2. Grundsätzliche politisch-operative Aufgabenstellungen für die operativen Diensteinheiten der BV in Vorbereitung und Durchführung des operativen Einsatzes
Die Leiter aller operativen Diensteinheiten haben unter Beachtung der konkreten politisch-operativen Lage im Verantwortungsbereich / Territorium eigenverantwortlich die erforderlichen und geeigneten politisch-operativen Maßnahmen bei der Vorbereitung und Durchführung des KTK / KT festzulegen, einzuleiten und auf folgende Schwerpunkte auszurichten:
– Nutzung der geeigneten politisch-operativen Kräfte, Mittel und Möglichkeiten in Einfluß- und Schlüsselpositionen zur Organisierung des Zusammenwirkens mit staatlichen und gesellschaftlichen Partnern, um auf die inhaltlich-theologische Ausrichtung des KTK / KT Einfluß

zu nehmen, einen störungsfreien Verlauf zu sichern und dessen politischen Mißbrauch zu verhindern.

– Rechtzeitiges Erkennen und Aufklären von Plänen, Vorhaben und Aktivitäten gegnerischer Zentren und Personen im OG sowie feindlich-negativer Kräfte der PUT im Innern der DDR, die auf einen politischen Mißbrauch des KTK / KT ausgerichtet sind. Dazu ist eine zielgerichtete politisch-operative Bearbeitung und Kontrolle der in den festgelegten Schwerpunkt-OV erfaßten Personen und solcher OV / OPK sowie anderer operativ-bedeutsamer Materialien in den Verantwortungsbereichen zu gewährleisten, wo Hinweise auf eine aktive Beteiligung am KTK / KT bzw. auf geplante Störversuche und Mißbrauchshandlungen vorliegen oder von denen bereits in der Vergangenheit feindlich-negative Aktivitäten im Zusammenhang mit kirchlichen Veranstaltungen ausgingen.

– Vorbeugende Aufdeckung und Verhinderung geplanter öffentlicher Provokationen zum KTK / KT durch politisch-operativ zu beachtende Personen und -kreise, vor allem den Kräften der PUT und Antragstellern auf ständige Ausreise unter gleichzeitiger Beachtung einer möglichen Inspirierung durch feindliche Kräfte im OG bzw. eines möglichen Zusammenwirkens mit ihnen, einschließlich westlicher Korrespondenten. Durch die konzentrierte politisch-operative Bearbeitung der Exponenten der PUT ist zu sichern, daß von dem durch diese Kräfte vorbereiteten „alternativen Begegnungszentrum für Basisgruppen" zum KTK / KT keine Störungen der öffentlichen Ordnung und Sicherheit ausgehen und dieses Forum nicht zur öffentlich-demonstrativen Verbreitung und Publizierung ihrer feindlich-negativen Positionen und Zielstellungen mißbraucht wird.

– Vorbereitung und Realisierung des Einsatzes aller linienspezifischen operativen Kräfte und darüber hinaus geeigneten IM / GMS zur inoffiziellen Absicherung aller kirchlichen Veranstaltungen zum KTK / KT einschließlich des geplanten „alternativen Begegnungszentrums für Basisgruppen" sowie der operativen Kontrolle öffentlicher Schwerpunktveranstaltungen und kultureller Rahmenveranstaltungen[390]. [6]

– Herausarbeitung, Zusammenführung und Wertung aller operativ bedeutsamen Informationen und Erkenntnisse aus der innerkirchlichen Vorbereitung des KTK / KT (entsprechend der Schwerpunkte des Informationsbedarfs), die bei der Vorbereitung und Durchführung des politisch-operativen Sicherungseinsatzes zu berücksichtigen sind.

– Gewährleistung einer ständig aktuellen objektiven Lageeinschätzung auf der Grundlage inoffiziell und offiziell erarbeiteter Informationen, insbesondere zum rechtzeitigen Erkennen von Lageveränderungen und sich entwickelnden Schwerpunkten. Dabei sind alle im „Wer ist wer"-Aufklärungsprozeß bekanntwerdenden Informationen gründlich zu überprüfen, um feindlich-negative Angriffe rechtzeitig erkennen und unterbinden zu können.

3. Spezifisch politisch-operative Aufgabenstellungen für die Diensteinheiten der Bezirksverwaltung Leipzig
Abteilung XX

---

390 Vgl. *Sievers*, 15. Angesichts staatlicher Repressalien schränkte die Kirchenleitung die Aktivitäten kirchlicher Basisgruppen ein. Vgl. dazu auch *Rein*, Revolution, 182-185.

– Federführung bei der Planung, Organisierung und Koordinierung der politisch-operativen und operativ-technischen Aufgabenstellungen bei der Vorbereitung und Durchführung des operativen Einsatzes zum KTK / KT in Abstimmung mit der HA XX / 4 und enger Zusammenarbeit mit den anderen beteiligten Diensteinheiten des MfS.

– Herstellung und Gewährleistung der erforderlichen Arbeitsbeziehungen zu den Partnern des Zusammenwirkens, vor allem dem Stellvertreter des Vorsitzenden des RdB für Inneres und dem Sektor Kirchenfragen beim RdB. Während des Einsatzzeitraumes ist eine ständige Erreichbarkeit zu sichern, um mit ihnen ein abgestimmtes und inhaltlich einheitliches Vorgehen auf der Grundlage der Entscheidungen der Führungsgruppe der Bezirksleitung der SED und eine zielgerichtete operative Einflußnahme auf kirchliche Verantwortungsträger und kirchliche Ordnungskräfte zur Durchsetzung und Einhaltung der staatlichen Erwartungshaltungen zu gewährleisten.

– Durch Einflußnahme der HA XX / 4 gegenüber dem Staatssekretariat für Kirchenfragen und im Rahmen der koordinierten operativen Bearbeitung der Landeskirche Sachsen durch die BV Dresden, Leipzig und Karl-Marx-Stadt ist ein einheitliches Vorgehen der zuständigen staatlichen Organe zu gewährleisten und für die Durchführung des KTK / KT zu sichern, daß beauftragte und vorbereitete Vertreter dieser Organe in Leipzig ständig erreichbar sind, stabile Verbindungen zu den Vertretern der Landeskirche haben und aktiv zur Durchsetzung einer abgestimmten Staatspolitik in Kirchenfragen sowie bei Erfordernis zur kurzfristigen Bearbeitung und Klärung von Vorkommnissen zum Einsatz kommen. [7]

– Schaffung der operativen Arbeitsdokumente, auf deren Grundlage der umfassende Einsatz linienspezifischer operativer Kräfte und Mittel sowie ausgewählter, offensiv wirkender gesellschaftlicher Kräfte geplant, vorbereitet und geführt wird. Es ist dabei zu organisieren und zu gewährleisten,daß zu
1) allen 13 KTK-Themen
2) den Schwerpunktveranstaltungen des KTK / KT und zu
3) festgelegten kirchlichen und kulturellen Rahmenveranstaltungen der zielgerichtete Einsatz der Kräfte und Mittel realisiert wird und zu ausgewählten Veranstaltungen gleichzeitig eine tontechnische Dokumentation erfolgt.

– Gewährleistung der weiteren konzentrierten operativen Bearbeitung und Kontrolle der bekannten Kräfte der PUT aus den Schwerpunkt-OV „Juris"[391], „Pleiße"[392] und „Märtyrer" sowie koordinierte operative Bearbeitung weiterer festgelegter feindlich-negativer und reaktionärer kirchlicher Kräfte, um zu sichern, daß rechtzeitig deren Pläne und Vorhaben im Zusammenhang mit der Vorbereitung des KTK / KT, insbesondere schwerpunktmäßig zum geplanten „alternativen Begegnungszentrum"[393], erarbeitet und zur Sicherung dessen störungsfreien Verlaufes die erforderlichen Maßnahmen zur Verhinderung des politischen Mißbrauchs, der Unterbindung öffentlichkeitswirksamer

---

391 Im OV „Juris" wurden nur die Mitglieder des Arbeitskreises „Gerechtigkeit" in Leipzig, Thomas Rudolph, Susanne Krug bzw. später Kathrin Walther, von der Staatssicherheit bearbeitet.

392 Im OV „Pleiße" wurden Michael Arnold und Sabine Schulze bearbeitet. Vgl. Dok. 146, besonders Anm. 77.

393 Vgl. Dok. 144, Anm. 54.

Demonstrativhandlungen bzw. Provokationen sowie zur Durchsetzung der öffentlichen Ordnung und Sicherheit festgelegt und realisiert werden.

– In organisatorischer Verantwortung ist der unter der Leitung der HA XX / 4 stehende, überörtliche Einsatz der linienspezifischen IM aus anderen BV und den KD des Bezirkes zum KTK / KT vorzubereiten und abzusichern.

Dabei ist zu sichern, daß durch den abgestimmten Einsatz der IM das Informationsaufkommen

– aus allen KTK-Themen

– zu den Schwerpunktveranstaltungen des KTK / KT

– zur operativen Kontrolle aller Veranstaltungen im Rahmen des geplanten „alternativen Begegnungszentrums für Basisgruppen"

– zu Personen, die im Rahmen der Bearbeitung der politischen Untergrundtätigkeit bzw. unter kirchlichen Gruppen einen operativen Schwerpunkt bilden

– zu festgelegten kirchlichen und kulturellen Rahmenveranstaltungen

– zum Auftreten geladener ökumenischer Gäste und

– der Arbeit der Medien

abgesichert wird und eine operativ abgestimmte Einflußnahme auf kirchliche Verantwortungsträger sowohl in der Vorbereitung als auch Durchführung des KTK / KT erfolgt. [8]

Entsprechend den Anforderungen der zum Einsatz kommenden Diensteinheiten sind die Bereitstellung notwendiger Treffobjekte und erforderlicher Arbeitsmöglichkeiten für die operativen Mitarbeiter zu gewährleisten sowie die technischen Voraussetzungen für die kurzfristige Dokumentation und Auswertung der Arbeitsergebnisse zu sichern.

Verantwortlich: Leiter der Abteilung XX

KD Leipzig-Stadt

– Herstellung und Gewährleistung stabiler Kontakte zur AG der Stadtleitung der SED und der erforderlichen Arbeitsbeziehungen zu den territorialen staatlichen Organen / Einrichtungen / Partnern des Zusammenwirkens, insbesondere dem VPKA Leipzig, zur Einflußnahme und Durchsetzung einer abgestimmten, einheitlichen politischen und operativen Führung unter Wahrung der Gesamtinteressen des MfS.

– Im engen Zusammenwirken mit der SED-Stadtleitung ist der Einsatz gesellschaftlicher Kräfte zur Durchsetzung der öffentlichen Ordnung und Sicherheit im Territorium, zu Schwerpunktveranstaltungen des KTK / KT und an ausgewählten Veranstaltungsobjekten vorzubereiten und differenziert in Abstimmung mit weiteren Maßnahmen des operativen Einsatzes zum KTK / KT zu realisieren.

– Über die Ratsbereiche Inneres beim Rat der Stadt Leipzig (einschließlich Sektor Kirchenfragen) und den Räten der Stadtbezirke ist zu sichern, daß in der Vorbereitung des KTK / KT in Durchsetzung der Staatspolitik in Kirchenfragen und territorialer Festlegungen zielgerichtet über abgestimmte Gesprächsführungen mit kirchlichen Amtsträgern die staatlichen Erwartungshaltungen umgesetzt und die Einflußnahme zur Sicherung eines störungsfreien Verlaufes und der Verhinderung eines politischen Mißbrauchs des KTK / KT gewährleistet werden. Die kurzfristige Arbeits- und Einsatzfähigkeit dieser Bereiche während des KTK / KT ist zu sichern.

– Im Zusammenwirken mit der DVP sind zu den Schwerpunktveranstaltungsobjekten des KTK / KT, einschließlich des zu erwartenden „alternativen Begegnungszentrums" in der Lukaskirche in Leipzig-Volkmarsdorf, Maßnahmen der Vorfeld- und Tiefensicherung sowie Außenkontrollen vorzubereiten und durchzuführen.

– Kommandierung der linienspezifischen operativen Kräfte und Mitarbeiter des Referates XX / 2 während des operativen Einsatzes zum KTK / KT, entsprechend der Einsatzrichtungen zur Abteilung XX.

– Konzentrierte politisch-operative Bearbeitung der in Schwerpunkt-OV erfaßten Personen der PUT und reaktionärer kirchlicher Kräfte sowie anderer feindlich-negativer Personen. Schwerpunkt bildet die operative Einflußnahme und wirksame Disziplinierung des Pfarrers Wonneberger als kirchlichem Verantwortungsträger für das geplante „alternative Begegnungszentrum".

Verantwortlich: Leiter der KD Leipzig-Stadt [9]

KD Leipzig-Land

– Herstellung und Gewährleistung erforderlicher Arbeitsbeziehungen zu den zuständigen staatlichen Organen und Partnern des Zusammenwirkens, insbesondere dem VP-Amt, um in Vorbereitung und Durchführung des KTK / KT abgestimmte Maßnahmen zur Einflußnahme auf kirchliche Amtsträger zu realisieren und damit einen störungsfreien Verlauf im Verantwortungsbereich und die Verhinderung des politischen Mißbrauchs von Veranstaltungen des KTK / KT zu sichern.

– Die politisch-operative Kontrolle und Bearbeitung bekannter feindlich-negativer Personen des Verantwortungsbereiches und bekanntwerdender operativ relevanter Hinweise erfolgt in Vorbereitung des KTK / KT in Abstimmung mit den Fachreferaten der Abt. XX und während des operativen Einsatzes zum KTK / KT mit der Lagegruppe der Abt. XX.

Verantwortlich: Leiter der KD Leipzig-Land

Abteilung II

– Einleitung erforderlicher politisch-operativer Maßnahmen zur Feststellung und operativen Kontrolle der über den Zeitraum des KTK / KT in Leipzig tätigen und aufhältigen Korrespondenten und bevorrechteten Personen aus nichtsozialistischen Ländern, Westberlin u.a. operativ interessierenden Staaten. Aufklärung deren journalistischer Tätigkeit und Aktivitäten hinsichtlich relevanter Kontakttätigkeit während des KTK / KT.

– Politisch-operative Kontrolle der an den täglichen Pressekonferenzen der Leitung des KTK / KT teilnehmenden NSA-Korrespondenten und Sicherung des notwendigen Informationsaufkommens zu [nicht lesbar] und Berichterstattungen.

– Durchsetzung der Festlegung im Zusammenwirken mit der Lagegruppe, daß westlichen Medienvertretern die Arbeit im Rahmen des KTK nicht gestattet wird und deren Berichterstattung ausschließlich über die festgelegten Pressekonferenzen erfolgen darf. Verstöße sind zu dokumentieren und über die zuständigen staatlichen Organe mit den Verantwortungsträgern der Kirche auszuwerten bzw. zu unterbinden.

Verantwortlich: Leiter der Abteilung II

Abteilung VI

– Einleitung erforderlicher politisch-operativer Maßnahmen zur Sicherung kurzfristiger Aussagefähigkeit zu erfolgten Einreisen gelade-

ner ökumenischer Gäste, Polittouristen und erkannten Gruppeneinreisen zum KTK / KT.
– Operative Kontrolle der in den Leipziger Interhotels untergebrachten ausländischen Gäste und Besucher des KTK / KT sowie leitender kirchlicher Amtsträger der DDR während des Einsatzzeitraumes.
Verantwortlich: Leiter der Abteilung VI

Dok. 125
Aus einem Referat Mielkes

Auszug aus einem Referat Mielkes, gehalten am 29.6.1989, A / 175.

Wir erachten die Vielfalt der Interessen, Meinungen und Institutionen, den Wettstreit der Ideen und Erkenntnisse um die beste Lösung als lebensnotwendig, um alle Potenzen unserer Gesellschaft im Interesse des Sozialismus und unserer Menschen zu erschließen. Das heißt für uns – wie Ihr wißt – aber nicht, feindlichen, oppositionellen Kräften einen Freibrief zu geben, Freiräume zu öffnen.
Wir haben mit dem Mehrparteiensystem große Erfahrungen. Die enge Zusammenarbeit mit den Blockparteien ist Ausdruck unseres Pluralismus. Das heißt für uns aber nicht, damit Oppositionsparteien im Sozialismus zuzulassen bzw. zu schaffen. Uns geht es vielmehr um die Zusammenführung, die Nutzung mannigfaltiger Erfahrungen und Überlegungen aller in der Nationalen Front der DDR[394] tätigen Parteien und Massenorganisationen, um die Einbeziehung der Bürger, ihres engagierten Einsatzes für die Lösung gesellschaftlicher Aufgaben. Damit entziehen wir dem Gegner und inneren Feinden den Boden für ihre Versuche, Mitglieder der befreundeten Parteien und andere an gesellschaftlichen Problemen interessierte Bürger für antisozialistische Machenschaften zu mißbrauchen.
Die SED ist und bleibt in diesem Prozeß die führende Kraft. Die Weiterentwicklung des Sozialismus, diese unumstößliche Grundfrage, ist und bleibt ihr Programm.

Dok. 126
Aus einer Vorlage für das Politbüro

Auszug aus einer Beschlußvorlage für das Politbüro des ZK der SED, September 1989. VVS b 863-0016 / 89.

[...] 2. Die Anzahl der durch die Kirchen angemeldeten Veranstaltungen beträgt gegenwärtig jährlich etwa 8 000 und weist eine leicht rückläufige Tendenz auf. Dabei muß davon ausgegangen werden, daß die Anzahl der Veranstaltungen der Kirchen, die keinen ausschließlich religiösen Charakter tragen und damit gemäß der Veranstaltungsverordnung[395] anmeldepflichtig sind, erheblich größer ist. Es mehren sich die

---

394   Zur Nationalen Front vgl. schon Dok. 6, Anm. 27.

Versuche von Vertretern der Kirchen (bisher ausschließlich der evangelischen Kirchen), die rechtlich festgelegte Pflicht zur Anmeldung von
Veranstaltungen zu umgehen.
Teilweise werden Hinweise staatlicher Organe auf die Anmeldepflicht
bewußt negiert und Personen Auftrittsmöglichkeiten in kircheneigenen
Räumen geschaffen, deren Inhalt eindeutig den Grundsätzen und Zielen der Verfassung sowie den Rechtsvorschriften widersprechen. Da
die Veranstaltungsverordnung vom 30.06.1980 nur unzureichende
Möglichkeiten einer gezielten Einflußnahme auf Mitwirkende bietet,
führte die notwendige staatliche Reaktion in den meisten Fällen nur zu
Auseinandersetzungen mit dem jeweiligen Kirchenvertreter, ohne dem
negativen Treiben anderer Personen, die unter dem Dach der Kirche
agieren, mit der Veranstaltungsverordnung wirksam entgegentreten zu
können.
3. Durch feindliche, oppositionelle und andere negative Kräfte werden
verstärkt Bestrebungen unternommen, unter dem Aspekt der Verwirklichung des abschließenden Dokuments des Wiener KSZE-Treffens[396],
durch Demonstrationen oder andere Zusammenkünfte antisozialistische Konzepte, Plattformen oder Forderungen öffentlich zu propagieren und die staatlichen Organe auf ihre Reaktion zu testen. In einigen
Fällen wurde in provokatorischer Weise versucht, derartige Veranstaltungen an Staatsfeiertagen bzw. im Zusammenhang mit gesellschaftspolitischen Höhepunkten bei der Deutschen Volkspolizei zu beantragen, um damit eine offizielle Erlaubnis der Durchführung zu erwirken.
[...]
Beschlußentwurf [...]
6. Für die Zulassung von Kirchen und Religionsgemeinschaften und
Vereinigungen mit religiösem Charakter ist die Zustimmung des
Staatssekretärs für Kirchenfragen vor der Anmeldebestätigung einzuholen, sofern er gemäß den Bestimmungen der Vereinigungsverordnung[397] nicht selbst zuständig ist.
Verantwortlich: Staatssekretär für Kirchenfragen, Vorsitzende der Räte
der Bezirke und Kreise
7. Für Veranstaltungen der Kirchen und Religionsgemeinschaften mit
überörtlicher Bedeutung, die durch Ausländer ohne Aufenthaltserlaubnis oder -genehmigung durchgeführt werden oder an denen sie mitwirken, ist vor der Erteilung der Zustimmung durch den örtlichen Rat die
Einwilligung des Staatssekretärs für Kirchenfragen einzuholen.
Verantwortlich: Staatssekretär für Kirchenfragen, Vorsitzende der Räte
der Bezirke und Kreise

---

395 Vgl. Dok. 67, Anm. 63.
396 Dieses „abschließende Dokument" des Wiener Folgetreffens vom 15.1.1989 stellt
     „eine wesentliche Fortentwicklung" der KSZE-Akten dar, da darin der verpflich-
     tende Charakter der KSZE-Absprachen zum Schutz der Menschenrechte aus-
     drücklich hervorgehoben wird. Vgl. *Brunner / Klein*, 20.
397 Diese Verordnung vom 6.11.1975 (GBl. I, 723) machte die Gründung privater Ver-
     einigungen von der Anerkennung des Staates abhängig. Vgl. *Randelzhofer*, 88-90.

Dok. 127
Ergänzung zu einer Kanzelabkündigung Hempels[398]

Dresden, am 15.10.1989

Schreiben ohne eigenhändige Unterschriften. Anschrift: An alle Pfarrämter der drei Dresdener Kirchenbezirke.

Das folgende Wort ist im Anschluß an die Verlesung der Kanzelabkündigung des Landesbischofs[399] in den Gottesdiensten am 26.10.1989 zu verlesen. Der Landesbischof hatte bei diesem Wort die Situation im Bereich der ganzen Landeskirche im Blick.

Im Einvernehmen mit dem Landesbischof muß angesichts der Ereignisse in Dresden bei den Auseinandersetzungen zwischen Bürgern und den eingesetzten Kräften der Polizei, der Armee und der Kampfgruppen die Eskalation von Gewalt, die Verletzungen von Menschen und die Zerstörung von Sachwerten beklagt werden[400]. Wir haben uns eindeutig dafür ausgesprochen, der Versuchung zur Gewalt zu widerstehen.

Gerade darum muß aber jetzt auch angesichts der Erfahrungen vieler Menschen, vor allem bei Zuführungen und Verhaftungen, auf Polizeidienststellen und in Strafvollzugseinrichtungen öffentlich benannt werden,

– daß Menschen mit Gummiknüppeln und Schildeinsatz von Polizisten und Sicherheitskräften bedrängt, verletzt, teilweise zu Boden geschlagen wurden und ärztlich behandelt werden mußten;

– daß willkürlich aus der Masse gegriffene Menschen bei Zuführungen auf Mannschaftswagen, in Kasernen und Haftanstalten entwürdigend behandelt und geschlagen wurden;

– daß es provozierende, menschenunwürdige Beschimpfungen und Bedrohungen auch durch Polizisten, Berufssoldaten und Mitarbeiter des Strafvollzugs gab;

– daß Menschen genötigt wurden zu unterschreiben, daß sie keine öffentlichen Veranstaltungen mißbrauchen und an keiner kirchlichen Veranstaltung teilnehmen werden;

– daß Menschen von Mitarbeitern der Staatssicherheit bedrängt wurden, ihr Engagement für Veränderungen in unserem Land zurückzunehmen, und daß durch gezielte Fehlinformationen dieses Engagement diskreditiert wurde.

Dadurch ist schwerer seelischer Schaden entstanden. Der muß heilen.

---

398 Das Schreiben ist auch dokumentiert in: epd-Dok. 47a / 89, 7 f.
399 Die Kanzelabkündigung Hempels ist abgedruckt ebd., 5 f. Hempel forderte in seinem Schreiben zu Gesprächen zwischen den jungen Demonstranten und dem Staat. Außerdem äußerte er sich besorgt über die hohe Zahl der Ausreisenden und regte auch hier zu Gesprächen an. Schließlich forderte Hempel die Christinnen und Christen auf, der Gewaltanwendung entgegenzutreten.
400 In Dresden war es bei Demonstrationen zwischen dem 5. und 8. Oktober zu gewaltsamen Auseinandersetzungen zwischen Demonstranten und der Polizei gekommen. Zahlreiche Demonstranten wurden verletzt oder festgenommen. Die „Gruppe der 20" versuchte schließlich erfolgreich zu vermitteln. Auch Kirchenvertreter wandten sich immer wieder gegen die Gewaltanwendung auf beiden Seiten. Zu den Ereignissen aus Perspektive der Staatssicherheit vgl. *Mitter / Wolle*, 217 und *Bahr*.

Dazu ist es nötig, daß die Tätigkeit der Polizei und der Sicherheitskräfte durchschaubarer und überprüfbar wird. Eine unabhängige Untersuchungskommission mit Vertretern der Rechtsausschüsse der Stadtverordnetenversammlung, des Bezirkstages und der Volkskammer sowie mit bekannten Persönlichkeiten des öffentlichen Lebens und der Kirchen unserer Stadt muß diese Vorkommnisse untersuchen und darüber öffentlich berichten[401].
Für die Dresdner Kirchenbezirke
gez. Bergmann, Scheibner, Ziemer, Heitmann
Für das Landeskirchenamt
i.V. gez. Schlichter
Präsident

Dok. 128
Schnellinformation des Kirchenbundes

Berlin, 19. Oktober 1989

Schnellinformation des Sekretariats des Bundes der Evangelischen Kirchen in der DDR. Absender: Sekretariat. Bund der Evangelischen Kirchen in der Deutschen Demokratischen Republik. 1040 Berlin, Auguststr. 80, Tel. 2895. Anschrift: An die Empfänger der Schnellinformation des Bundes.

Auf Grund einer bereits früher getroffenen Terminverabredung empfing der Stellvertretende Vorsitzende des Staatsrates der DDR und neugewählte Generalsekretär des Zentralkomitees der SED, Egon Krenz, am 19. Oktober 1989 den Vorsitzenden der Konferenz der Evangelischen Kirchenleitungen in der DDR, Landesbischof Dr. Werner Leich, im Schloß Hubertusstock zu einem Gespräch[402]. Über diese Begegnung wird eine Pressemitteilung veröffentlicht, die wir in der Anlage beifügen. Ergänzend dazu teilen wir zur innerkirchlichen Unterrichtung eine Zusammenfassung der Gesprächsbeiträge der kirchlichen Vertreter mit. Der Vorsitzende der Konferenz hob einleitend hervor, daß das heutige Gespräch vor dem Wechsel im Amt des Staatsratsvorsitzenden verabredet worden und inhaltlich durch den Brief der

401 Vgl. den Brief des Landeskirchenamtes an die Vorsitzenden der Räte der Bezirke Dresden, Karl-Marx-Stadt und Leipzig vom 10.10.1989, in dem die Einsetzung einer unabhängigen Kommission zur Untersuchung der Übergriffe der Sicherheitskräfte gefordert wurde (abgedruckt in: epd-Dok., 47a / 89). Am 26.10.1989 wurde dieselbe Forderung auch an den Generalstaatsanwalt der DDR gerichtet (abgedruckt: ebd.). Vgl. hierzu auch den „Sonderbericht des Landeskirchenamtes über die Situation im Gebiet unserer Landeskirche in den letzten Wochen" vom 19.10.1989, abgedruckt in: ebd., 8-13.
402 Egon Krenz hatte erst am Tag zuvor Erich Honecker als Generalsekretär der SED abgelöst. Dieser hatte auf Druck der Parteiführung auf dem Neunten Plenum des ZK der SED seinen Rücktritt erklären müssen. Auf seinen Vorschlag hin wurde Egon Krenz neuer Generalsekretär der Partei. Am 24.10.1989 wurde Krenz auch zum Staatsratsvorsitzenden und zum Vorsitzenden des Nationalen Verteidigungsrates gewählt. Die Wahl von Krenz, der schon lange als designierter Nachfolger Honeckers galt, wurde in der Bevölkerung mit großer Enttäuschung aufgenommen. Zu dem Treffen zwischen Krenz und Leich vgl. auch die in epd-Dok. 47a, 3 f. abgedruckten Artikel aus der „Jungen Welt" (20.10.1989) und dem „Neuen Deuschland" (21.10.1989).

Konferenz an den Vorsitzenden des Staatsrates vom 2.9.1989[403] sowie
die Beschlüsse der Landessynode vom 19.9.1989[404] vorbereitet sei. Die
Vertreter der Kirchen kämen weder als Schmeichler noch als Besser-
wisser. Sie kämen im Wissen um ihre Mitverantwortung für die Wahrung der von Gott gegebenen Würde aller Menschen.
Es gehe gegenwärtig vor allem darum, Hoffnung und Vertrauen wieder
zu gewinnen. Das Vertrauen sei in den letzten Wochen und Monaten
empfindlich gestört worden durch Verweigerung offener und öffentlicher Aussprachen, durch eine wirklichkeitsferne Medienpolitik, vor allem aber durch Gewaltanwendung bei Demonstrationen und das Vorgehen bei Zuführungen vor dem 9.10., das noch restlos aufgeklärt werden müsse[405]. Das schmerzlichste Zeichen des Vertrauensschwundes
sei die Ausreise von tausenden Bürgern.
Nötig seien schnelle Entscheidungen und Zeichen, daß die beabsichtigten Veränderungen tatsächlich verwirklicht würden. Dazu gehöre das
offene und öffentliche Gespräch auch mit den Gruppierungen, die sich
in letzter Zeit gebildet hätten. Dafür sollten Räume zur Verfügung gestellt und neue Plattformen gesucht werden, weil sich die traditionellen
Gesprächsformen für viele als nicht akzeptabel herausgestellt hätten. Je
offener und wahrhaftiger der Dialog sei, desto eher würde der Drang
zu Demonstrationen auf der Straße abnehmen. Die Ausstellung eines
Reisepasses für alle Bürger, ein eindeutiges Wahlverfahren, [eine] weitere Ausgestaltung der Rechtsstaatlichkeit und Weiterentwicklung der
Rechtsordnungen sowie die klare Unterscheidung der Zuständigkeiten
von Partei und Regierung wären solche Zeichen. In der Aufarbeitung
der Ausreiseproblematik sollte die Überlegung mit aufgenommen werden, wie ehemaligen DDR-Bürgern eine unkomplizierte Rückkehr-
möglichkeit eröffnet werden könne.
[3] Die Kirchen hielten nach wie vor ein Gespräch über das Bildungswesen und über den Einsatz von Wehrpflichtigen im Gesundheitswesen und anderen zivilen Bereichen für notwendig.
Die Aufzählung dieser Wünsche solle nicht als Forderungskatalog bes-
serwisserischer Zuschauer verstanden werden. Die Probleme würden
im Wissen um die Mitverantwortung der Kirchen angesprochen. Auch
die Kirche wünsche keine den Frieden in Europa gefährdende Instabi-
lität in unserem Land. Gerade deshalb seien Veränderungen dringend

403 Der Brief an Honecker ist abgedruckt in: epd-Dok. 44 / 89, 37. In dem Brief äuß-
     erte sich die KKL besorgt über die wachsende Zahl von Ausreisewilligen aus der
     DDR und forderte Reformen von der Regierung: „Die Konferenz ist im Blick auf
     diese Situation ratlos. Auch die von der Konferenz erbetenen Reiseerleichterungen
     haben in ihrem bisherigen Umfang nicht dazu geführt, die Zahl der Ausreiseanträ-
     ge zu vermindern. Die Konferenz kann keine kurzfristige Lösung für diese Pro-
     bleme anbieten. Sie sieht eine wesentliche Ursache für Ausreiseanträge darin, daß
     von den Bürgern erwartete und längst überfällige Veränderungen in der Gesell-
     schaft verweigert werden. Sie hält es für unabdingbar und dringlich, in unserem
     Land einen Prozeß in Gang zu setzen, der die mündige Beteiligung der Bürger an
     der Gestaltung unseres gesellschaftlichen Lebens und eine produktive Diskussion
     der anstehenden Aufgaben in der Öffentlichkeit sichert und Vertrauen zur Arbeit
     der staatlichen Organe ermöglicht."
404 Hier ist möglicherweise der Beschluß der Bundessynode, die zu dieser Zeit tagte,
     zum Bericht der KKL gemeint. Der Beschluß, in dem u.a. „ein offener gesamtge-
     sellschaftlicher Dialog" und „eine Öffnung der bisherigen politischen Strukturen"
     gefordert wird ist abgedruckt in: epd-Dok. 43 / 87, 57-60, hier: 60.
405 Hier wird vermutlich v.a. auf die Ereignisse in Dresden angespielt. Vgl. dazu Dok.
     127.

notwendig. Das wurde von den Vertretern der Kirche ausgesprochen
in dem Wissen, daß jeder, der ein so verantwortliches Amt übernehme,
auch Zeit brauche zur Verwirklichung seiner Pläne. Es sei für die Kirchen kein formaler Akt, wenn in den Gottesdiensten für die Verantwortlichen in Staat und Gesellschaft gebetet würde. Die Gebete
schließen den in besonderer Weise ein, der in unserem Land jetzt
höchste Verantwortung übernommen habe.
Das Gespräch verlief in einer aufgeschlossenen Atmosphäre. Die Gastgeber gingen auf alle Fragen ein, ohne schon konkrete Entscheidungen
zu benennen. Das Gespräch gab auch Gelegenheit zu konkreten Überlegungen über Lösungen einzelner Probleme, wie etwa die Regelungen
der Reisemöglichkeiten und die Öffentlichkeitsarbeit.

Anlage
Pressemitteilung
Nicht zur Veröffentlichung
USB.-Nr. 1055 / 89
Nachdem während der Demonstration am 15. Oktober über den
Stadtfunk u.a. Äußerungen der Brüder Schleinitz und Weiß aus Wahren gesendet wurden, hat Superintendent Richter an alle Kirchgemeinden und kirchlichen Einrichtungen des Kirchenbezirkes Leipzig-West
einen Brief gerichtet, in dem es u.a. heißt:
„Ich nehme den Vorgang zum Anlaß, wiederholt darum zu bitten, daß
in ähnlichen künftigen Situationen Brüder und Schwestern, die um
eine Stellungnahme gebeten werden, diese vorher im Konventskreis
und mit mir beraten."
Es liegt auf der Hand, daß derartige Äußerungen von der Bevölkerung
nicht als Meinung eines Einzelnen, sondern als „Stimme der Kirche"
aufgenommen werden. Außerdem besteht die Gefahr, daß sie von
staatlicher Seite auch gegen den Willen derer, die sich äußern, und ohne
ihr Wissen mißbraucht werden, wie dies hier offensichtlich geschehen
ist, denn sie waren – nach unserem Informationsstand – nur für den
Fall gegeben worden, daß die Demonstration gewalttätig eskalieren
würde. Wir möchten deshalb die Bitte von Superintendent Richter aufnehmen, sie zu einer äußerst dringenden Bitte erheben und sie als solche auch den Schwestern und Brüdern im anderen Leipziger Kirchenbezirk ans Herz legen.

Dok. 129
Weisung von Krenz[406]

Weisung des Generalsekretärs der SED, Egon Krenz, vom 8.11.1989. Hefter: „Dorn-
berg", 228.

1. Genosse Friedrich Dickel[407] wird beauftragt, unter Berücksichtigung der Veränderungen, die seit der ablehnenden Entscheidung über
die Anmeldung zur Gründung des „Neuen Forums"[408] eingetreten
sind, neue Entscheidungen nach folgenden Grundsätzen zu treffen:

---

406 Vgl. Dok. 128, Anm. 402.
407 Dickel war Minister des Inneren und Chef der Volkspolizei.
408 Am 10.9.1989 hatten verschiedene DDR-Bürger zur Gründung des „Neuen Fo-

– Von den dafür zuständigen staatlichen Organen können Anmeldungen zur Gründung von Vereinigungen entgegengenommen werden, wenn die Festlegungen der Vereinigungsverordnung[409] erfüllt sind. Sie können bestätigt werden, wenn im Zusammenhang mit den Anmeldungen die Verfassung als Grundlage des politischen Handelns ausdrücklich anerkannt wird.

– Der weitere Prozeß bis zur staatlichen Anerkennung als Vereinigung ist entsprechend der Vereinigungsverordnung zu gestalten. Den Antragstellern sollte angeboten werden, sie im Gründungsprozeß bei der Ausarbeitung der Unterlagen zu beraten.

– Für den Fall, daß verfassungswidrige Ziele in das Statut aufgenommen werden, ist die Anerkennung zu versagen. Bei späteren Änderungen des Statuts, die gegen die Verfassung verstoßen, oder rechtswidrigen Aktivitäten besteht die Möglichkeit des Widerrufs der Anerkennung.

2. Auf die Eingaben von Frau Bohley und Frau Seidel[410], die von Rechtsanwalt Gysi[411] vertreten werden, wird heute reagiert. Ihnen ist ein Gespräch vorzuschlagen, daß seitens der [229] Regierung von Genossen Dr. Mehnert, Leiter der Rechtsabteilung des Ministerrates und Genossen Bendix, Stellvertreter des Leiters der Hauptabteilung Innere Angelegenheiten des MdI, auf der Grundlage der im Punkt 1 festgelegten Grundsätze geführt wird. Über das Gespräch ist eine Pressemitteilung zu veröffentlichen.

3. Die Leitungen und Grundorganisationen der SED nutzen diese Entscheidung, um die Möglichkeit des Dialogs mit allen Bürgern über die Erneuerung des Sozialismus auf der Grundlage der Linie der 10. ZK-Tagung[412] zu verbreitern und zu versachlichen. Die von den Genossen in den Volksvertretungen geführten Gespräche und Aktivitäten mit Vertretern der verschiedenen Bürgerinitiativen sind weiterzuführen. Verantwortlich: 1. Sekretäre der Bezirks- und Kreisleitungen.

4. Über die im Punkt 1. festgelegte Verfahrensweise werden die Vorsitzenden der Räte der Bezirke und der Räte der Kreise vom Vorsitzenden des Ministerrates informiert.

Egon Krenz

---

rums" aufgerufen. Das „Neue Forum" wollte keine Partei sein, sondern im Rahmen der bestehenden Gesetze für eine Reform des sozialistischen Systems in der DDR arbeiten. Vgl. *Schult.* Am 21.9.1989 hatte das DDR-Innenministerium jedoch mitgeteilt, daß der Antrag auf Zulassung des „Neuen Forums" abgelehnt werde. Vgl. *Rein*, Revolution 204 f. und *ders.*, Opposition, 13-33. Diese Ablehnung hatte zu Protesten von seiten der Antragsteller geführt. Vgl. dazu die Stasi-Informationen in: *Mitter / Wolle*, 153; 177 und 184-186; für Leipzig vgl. Stasi intern, 263-275 und für den Bezirk Potsdam: *Meinel / Wernicke*, 126-201.

409   Vgl. Dok. 126, Anm. 397.
410   Beide gehörten zu den Erstunterzeichnerinnen des Gründungsaufrufes des „Neuen Forums".
411   Gemeint ist Gregor Gysi, der Sohn des früheren Staatssekretärs Klaus Gysi, der wenig später zum Vorsitzenden der SED bzw. der PDS gewählt wurde. Gysi hat mehrfach Mitglieder der Bürgerbewegung vor Gericht vertreten.
412   Auf dieser Tagung, die am 8.11.1989 begann, wurde Honecker zum Hauptverantwortlichen für die Krise von Staat und Partei gemacht. Ein neues Politbüro wurde gewählt, und Egon Krenz stellte vor den vor dem ZK-Gebäude demonstrierenden Menschen eine „freie, allgemeine, demokratische und geheime Wahl' in Aussicht" (zit. nach: *Knabe*, 315).

8
Von 1989 bis zur Wiederherstellung der kirchlichen Einheit im Sommer 1991

Dok. 130
Erklärung der Leiter des MfS

Erklärung des Kollegiums des Ministeriums für Staatssicherheit, vom 15. November 1989.

[2]
Liebe Genossinnen und Genossen!
Das Kollegium des Ministeriums für Staatssicherheit[1] wendet sich in einer außerordentlich komplizierten und gefahrvollen Lage mit dieser Erklärung an alle Angehörigen unseres Ministeriums.
Am 17. November 1989 wird der Vorsitzende des Ministerrates der Deutschen Demokratischen Republik, Genosse Hans Modrow[2], in seiner Regierungserklärung vor der Volkskammer einen Vorschlag zur grundsätzlichen Neubestimmung der Aufgaben und zur Reorganisation des Ministerrates, der einzelnen Ministerien und weiterer staatlicher Organe und Einrichtungen unterbreiten[3].
Bezogen auf das Ministerium für Staatssicherheit wird vorgeschlagen, dafür ein *Amt für Nationale Sicherheit* beim Vorsitzenden des Ministerrates der DDR zu schaffen. Damit wird das Ministerium für Staatssicherheit in Zukunft nicht mehr existieren.
Die Notwendigkeit grundlegender Veränderungen der Verantwortung und der Aufgabenstellung des Ministeriums für Staatssicherheit und der Schaffung eines Amtes für Nationale Sicherheit ergibt sich insbesondere:
Erstens aus dem auf der 10. Tagung des Zentralkomitees der SED unterbreiteten Aktionsprogramm der revolutionären Erneuerung des Sozialismus in der DDR[4]. Aus diesem Programm unserer Partei und aus der Beratung der Volkskammer ist ersichtlich, daß die Erneuerung der DDR als sozialistischer Staat unter völlig neuen Bedingungen erfolgen muß. Unsere Arbeit hat konsequent den Interessen des Volkes zu dienen, sozialistischer Rechtsstaatlichkeit und Gesetzlichkeit zu entsprechen. [3]
Die gesamte Tätigkeit unseres Ministeriums war in den zurückliegen-

---

1   Mielke hatte am 13.11.1989 vor der Volkskammer vergeblich versucht, die Methoden des MfS zu rechtfertigen, und sich stattdessen selbst lächerlich gemacht. Dem am 8.11.1989 neu gewählten Politbüro gehörte er bereits nicht mehr an, und am 3.12.1989 wurde Mielke aus der SED ausgeschlossen. Vgl. *Worst*, 23 f. An seiner Stelle übernahm zunächst ein Kollegium die Leitung des MfS.
2   Modrow, zuvor Erster Sekretär der SED im Bezirk Dresden und neuer Hoffnungsträger der Partei, war zwei Tage zuvor mit der Bildung einer neuen Regierung beauftragt worden. Vgl. *Bahrmann / Links*, 103.
3   Tatsächlich erklärte Modrow am 17.11.1989, das MfS solle in ein AfNS unter der Leitung des bisherigen Mielke-Stellvertreters Generalleutnant Schwanitz umgewandelt werden. An eine gründliche Reform der Staatssicherheit dachte Modrow zu diesem Zeitpunkt nicht. Vgl. *Gill / Schröter*, 177 f.
4   Vgl. Dok. 129, Anm. 412.

den 40 Jahren stets auf die Durchsetzung der Politik der Arbeiterklasse und des Arbeiter- und Bauernstaates ausgerichtet. Mit dem nunmehr begonnenen gesellschaftlichen Aufbruch zu einem erneuerten Sozialismus wurde ein Prozeß gravierender Umwälzungen in Gang gesetzt, hat sich das politische Kräfteverhältnis in der DDR grundlegend verändert, entstanden beispielsweise mit der Durchsetzung der parlamentarischen Demokratie und Kontrolle, mit der Reisetätigkeit und dem veränderten Grenzregime[5] gänzlich neue Bedingungen, die auch an das zu schaffende Amt für Nationale Sicherheit völlig neue Anforderungen stellen. Wir stehen vor dem objektiven Erfordernis, die Verantwortung und die Aufgaben des Amtes in die Politik der Erneuerung vorbehaltlos einzuordnen.

Dieser Prozeß muß schrittweise vollzogen werden. Dabei gilt es, alle Angriffe des Gegners und innerer Feinde, vor allem auch gegen das MfS und seine Mitarbeiter zu vereiteln.

Die Parteiführung und die Regierung bringen der Arbeit der Schutz- und Sicherheitsorgane hohe Achtung und Wertschätzung entgegen. Sie betrachten auch in Zukunft die Gewährleistung der staatlichen Sicherheit als eine Grundbedingung für die Existenz und Entwicklung der DDR.

Das Kollegium spricht allen Kollektiven und Angehörigen, die in der gegenwärtigen außerordentlich komplizierten Situation gewissenhaft, mutig und standhaft die übertragenen Aufgaben erfüllen, herzlichen Dank und hohe Anerkennung aus.

Zweitens ergibt sich die Notwendigkeit grundlegender Veränderungen in unserer Arbeit aus der im Aktionsprogramm der SED[6] und aus der mit Gewißheit in der Regierungserklärung geforderten Lösung der außerordentlich komplizierten Probleme der Volkswirtschaft und in anderen gesellschaftlichen Bereichen. Dem haben wir durch radikale Reduzierungen der materiellen und finanziellen Fonds sowie durch die Freisetzung bzw. Umgruppierung von Kadern in erheblichen Größenordnungen zu entsprechen. [4]

Drittens werden die Verantwortlichkeiten und Aufgabenstellungen zur Gewährleistung der staatlichen Sicherheit sowohl durch die neuen und sich weiter entwickelnden politisch-operativen Lagebedingungen als auch durch die inneren Bedingungen, unter denen künftig die operative und fachliche Arbeit zu realisieren ist, maßgeblich beeinflußt.

Es ist davon auszugehen, daß Konsequenzen in dem zu erarbeitenden und durch die Volkskammer zu beschließenden Gesetz über die öffentliche Ordnung und staatliche Sicherheit[7] ihren Niederschlag finden

---

5   Die DDR-Regierung hatte am 9. November die Öffnung der Grenze zur Bundesrepublik zugelassen.

6   Am Abend des 3.11.1989 hatte der neue Staats- und Parteichef Egon Krenz umfassende Reformen angekündigt. Neben dem Rücktritt führender SED-Funktionäre, unter ihnen auch Erich Mielke, hatte Krenz „die Einrichtung eines Verfassungsgerichtshofes, die Reformierung des politischen Systems, Verwaltungsreformen, die Einführung eines zivilen Wehrersatzdienstes, zeitliche Begrenzung bei Wahlfunktionen, eine tiefgreifende Wirtschaftsreform, Demokratisierung der Kaderpolitik und umfangreiche Änderungen in der Bildungspolitik" (*Bahrmann / Links,* 75) in Aussicht gestellt.

7   Ein solches Gesetz ist von der Volkskammer nicht mehr verabschiedet worden. Vielmehr mußte die Regierung Modrow am 12.1.1990 ihren Plan, das MfS bzw. das AfNS in einen Nachrichtendienst und einen Verfassungsschutz umzuwandeln, aufgeben. Vgl. *Worst,* 29-32.

werden. In diesem Gesetz werden auch die Verantwortung, die Aufgaben, Befugnisse und Grundsätze der Arbeitsweise des Amtes für Nationale Sicherheit geregelt werden. Die Erarbeitung des Gesetzes wird unter breiter Mitwirkung sachkundiger Mitarbeiter erfolgen.

Bis zum Erlaß dieses neuen Gesetzes geht es vor allem darum,
- in der täglichen Arbeit überzeugend unter Beweis zu stellen, daß die Tätigkeit aller Diensteinheiten auf die Unterstützung und Sicherheit des Prozesses der Erneuerung der Gesellschaft ausgerichtet ist;
- alle Möglichkeiten zu nutzen, um das inoffizielle Netz im Operationsgebiet und in der DDR zu sichern und das Vertrauen in die Zusammenarbeit zu erhalten und wieder zu festigen;
- die erforderlichen Grundlagen für die Neubestimmung bzw. Präzisierung der Ziele, Aufgabenstellungen, Verantwortlichkeiten und Strukturen für eine wesentliche Erhöhung der Effektivität unserer Arbeit zu schaffen, sowie darauf ausgerichtet
- mit der Zusammenführung von Aufgabenkomplexen und Verantwortlichkeiten im Amt selbst und mit anderen Organen und Einrichtungen, einschließlich der Ausschöpfung aller weiteren Möglichkeiten, finanzielle und materielle Fonds freizusetzen und den objektiv erforderlichen Kaderbestand zu erreichen. [5]

Es ist grundsätzlich davon auszugehen, daß das Amt für Nationale Sicherheit auch zukünftig den mit der Verfassung der DDR übertragenen Auftrag, den Sozialismus zuverlässig zu schützen, zu erfüllen hat[8]. Dabei werden bestimmte Aufgabenkomplexe unsere Arbeit zukünftig maßgeblich bestimmen bzw. noch an Bedeutung gewinnen. Das betrifft das gesamte Gebiet der Aufklärung zur Sicherung des Friedens, zur Gewährleistung der äußeren und inneren Sicherheit sowie zur Stärkung der Volkswirtschaft der DDR.

Das betrifft ebenso das gesamte Gebiet der Abwehr zur Gewährleistung der Sicherheit und des Schutzes der verfassungsmäßigen Grundlagen unseres Staates. Dazu gehören solche Aufgabenkomplexe wie:
- die Aufklärung und Verhinderung verfassungsfeindlicher Aktivitäten;
- die Spionageabwehr in politischen, ökonomischen und militärischen Bereichen;
- die Bekämpfung feindlicher Angriffe gegen die Volkswirtschaft, das Verkehrs-, Post- und Fernmeldewesen, wobei auf diesen Gebieten künftig keine herkömmliche Sicherung von gesellschaftlichen Bereichen bzw. Objekten mehr erfolgen wird.

Das betrifft weiter solche Aufgabenkomplexe wie:
- die Terrorabwehr gegen Personen, Objekte und Sachen;
- die Abwehrarbeit in den bewaffneten Organen;
- die zentrale Führung der Untersuchung, bezogen auf die dem Amt für Nationale Sicherheit obliegenden Aufgaben, und nicht zuletzt
- Aufgaben der Öffentlichkeitsarbeit. [6]

Besonders bezogen auf die Realisierung vorgenannter Komplexe sind im erforderlichen Maße auch Aufgaben der Auswertungs- und Infor-

---

8   Das MfS betrachtete die Artikel 23 und 90 der Verfassung als Grundlage seiner
     Arbeit. In Artikel 23 Abs. 1 heißt es: „Der Schutz des Friedens und des sozialistischen Vaterlandes und seiner Errungenschaften ist Recht und Ehrenpflicht der
     Bürger der Deutschen Demokratischen Republik". Und nach Art. 90 hat die
     Rechtspflege die Aufgabe, die „sozialistische Gesetzlichkeit" und die „Staats- und
     Gesellschaftsordnung" der DDR zu schützen. Vgl. auch Dok. 135.

mationstätigkeit, der zentralen Speicherführung und Auskunftserteilung, des Einsatzes operativ-technischer Mittel und Methoden sowie
Aufgaben der finanziellen, materiell-technischen und kadermäßigen Sicherstellung und der Versorgung zu lösen.

Aus der Neubestimmung der Aufgaben und Verantwortlichkeiten ergibt sich aber auch, daß eine Reihe bisher realisierter Aufgaben künftig
nicht mehr wahrgenommen werden. Durch Zusammenführung von
Aufgaben und eine stärkere Konzentration der Kräfte, Mittel und Methoden ist eine Straffung der Strukturen herbeizuführen. Schließlich
wird es erforderlich sein, bestimmte Aufgabenkomplexe ganz bzw.
teilweise in die Verantwortung anderer Organe und Einrichtungen zu
übertragen.

Das betrifft beispielsweise solche, bisher z.T. mit großem Kräfteaufwand zu realisierenden Aufgaben im Zusammenhang mit der Sicherung von Veranstaltungen, der Sicherung des gesamten Reiseverkehrs,
einschließlich der Organisierung der Paßkontrolle, der Sicherung der
Staatsgrenze sowie der Gewährleistung des Geheimnisschutzes. Daraus
ergibt sich, daß einige Diensteinheiten bzw. Teilbereiche dieser Diensteinheiten aufgelöst werden, verbunden mit einer erheblichen Reduzierung des Kaderbestandes sowie der finanziellen, materiellen und operativ-technischen Mittel und Fonds.

Die mit der Lösung dieser Aufgaben verbundenen Probleme werden
gemeinsam mit den entsprechenden Diensteinheiten, mit den Kollektiven und unter Einbeziehung der Angehörigen beraten. Es geht darum,
alle wesentlichen Schritte weitgehend gemeinsam zu realisieren. [7]

Das betrifft vor allem jene Diensteinheiten, Kollektive und Angehörigen, die von den erforderlichen Veränderungen in besonderem Maße
erfaßt werden. Die zu lösenden Probleme beziehen sich z.B. auf die
Einstellung bzw. wesentliche Einschränkung und Veränderungen der
Tätigkeit auf bestimmten Gebieten, die Einordnung bestimmter Aufgaben in neue Strukturen, die Dokumentierung und Archivierung sowie
die Umsetzung und weitere Nutzbarmachung vorhandener Arbeitsergebnisse, die weitere Nutzung operativer Kräfte, von Mitteln, Methoden und Verfahrensweisen bis hin zu vielen technischen und organisatorischen Fragen. Im Mittelpunkt haben dabei alle Fragen des zukünftigen Einsatzes der Angehörigen, ihrer Um- und auch Freisetzung zu
stehen.

Allen im Zusammenhang mit diesen Veränderungen ausscheidenden
arbeitsfähigen Angehörigen wird die erforderliche Unterstützung gegeben, damit sie möglichst schnell entsprechend ihren Kenntnissen und
Erfahrungen (Schulbildung, berufliche Qualifikation, vor Eintritt in
das MfS ausgeübte Tätigkeit, danach erworbene Sozialkenntnisse, deren Anwendung im zivilen Bereich möglich ist) eine zivilberufliche Tätigkeit aufnehmen zu können.

Um insbesondere in der Übergangszeit auftretende soziale Härten
weitgehend zu mindern bzw. auszuschließen, sind folgende grundsätzliche Festlegungen getroffen worden:

– Die aus dem Dienst ausscheidenden Angehörigen erhalten durch
die Leiter der Diensteinheiten in Zusammenarbeit mit den zuständigen
Kaderorganen sowie den Diensteinheiten, die über die entsprechenden
Verbindungen zu Betrieben, Einrichtungen usw. verfügen, die größtmögliche Unterstützung bei der Lösung solcher Probleme wie Arbeitsplatzbeschaffung, notwendige fachliche Weiterbildung und Umschu

lung, Studienplatzvermittlung bzw. -umlenkung sowie anderer Qualifizierungsmöglichkeiten. [8]
– Hinsichtlich der gegenwärtig genutzten Wohnungen sind keine Änderungen vorgesehen. Sollte sich im Zusammenhang mit der Realisierung der vorgenannten Maßnahmen die Notwendigkeit eines Wohnungswechsels ergeben, werden alle Möglichkeiten genutzt, um die erforderliche Unterstützung zu geben. Das bezieht sich im Rahmen der gegebenen Möglichkeiten auch auf die Lösung weiterer sozialer Probleme.
– Die aus dem Dienst ausscheidenden Angehörigen erhalten entsprechend den Festlegungen in der Besoldungsordnung Übergangsbeihilfen sowie gesonderte Übergangsgebührnisse, soweit sie nicht schon Anspruch auf Alters-, Dienstbeschädigungsvollrente, Invaliden- bzw. Übergangsrente haben. Die Übergangsbeihilfe wird in der Regel auch dann gezahlt, wenn die dafür geforderte Mindestdienstzeit von 10 Jahren noch nicht erreicht ist.
– Die aus dem Dienst ausscheidenden Angehörigen, die Anspruch auf Übergangsrente haben, erhalten diese ab dem Zeitpunkt ihres Ausscheidens entsprechend den in der Versorgungsordnung getroffenen Festlegungen. Sie erhalten alle Unterstützung, damit auch sie eine zivilberufliche Tätigkeit aufnehmen können.
– Liegen gesundheitliche Beeinträchtigungen vor, wird eine Invalidisierung geprüft.
– Bei männlichen Angehörigen mit einem Mindestalter von 58 Jahren sowie bei weiblichen Angehörigen mit einem Mindestalter von 55 Jahren kann die Grundsatzentscheidung vom 1.7.1972 über die Herabsetzung des gesetzlich festgelegten Rentenalters[9] unter bestimmten Bedingungen zur Anwendung kommen. [9]
Zu diesen Grundsätzen werden weitere detaillierte Regelungen getroffen, die bei der Klärung der individuellen Probleme der aus dem Dienst ausscheidenden Angehörigen die Grundlage für entsprechende Entscheidungen bilden.
Für die Lösung der persönlichen Probleme ist auch bedeutsam, daß die Betriebe, Organe und gesellschaftlichen Einrichtungen entsprechend den Festlegungen der Förderungsverordnung vom 25.3.1982[10] verpflichtet sind, Angehörigen, die aus bewaffneten Organen ausscheiden, bei deren Wiedereingliederung in die zivilberufliche Tätigkeit eine umfassende Unterstützung zu geben. Das reicht von der Anrechnung der Dienstzeit auf die Betriebszugehörigkeit und die Gewährung damit verbundener Rechte über die Unterstützung bei der Qualifikation bis hin zur Anerkennung im Ministerium erworbener Qualifikationen für die zivilberufliche Tätigkeit.
Im Zusammenhang mit der Klärung von Fragen zur weiteren sozialen Sicherstellung der ausscheidenden Angehörigen ist auch zu beachten, daß durch den Beitritt zur freiwilligen zusätzlichen Altersversorgung für Mitarbeiter des Staatsapparates bzw. zur freiwilligen Zusatzrenten-

9   Hier liegt vermutlich ein Versehen vor, denn tatsächlich dürfte die Rentenverordnung vom 4.4.1974 gemeint sein. In dieser „Verordnung über die Gewährung und Berechnung von Renten der Sozialversicherung" wurde in § 3 auch der Eintritt von Frauen und Männern in das Rentenalter mit 60 bzw. 65 Jahren geregelt. Vgl. GBl I, 1974, 202 und dazu auch die zweite Rentenverordnung vom 26. Juli 1984 (GBl I, 1984, 281).
10   GBl. I, 256-261.

versicherung der Sozialversicherung Ansprüche der ehemaligen Angehörigen des MfS auf zusätzliche Alters- bzw. Invalidenversorgung unter Anrechnung der Dienstzeiten im MfS und des erzielten Mehrverdienstes erworben werden können.

Zu diesen und anderen Fragen werden die ausscheidenden Genossen individuell beraten, wie auch insgesamt alles unternommen wird, um die vielfältigen Probleme gemeinsam mit den Angehörigen zu lösen.

Die Leiter der Diensteinheiten, die Kaderorgane werden in Zusammenarbeit mit den Parteifunktionären dabei sehr verantwortungsbewußt und sachlich alle notwendigen Maßnahmen beraten, vorbereiten und durchführen. [10]

Das Kollegium ist davon überzeugt, daß die aus dem Dienst ausscheidenden Angehörigen, die in den zurückliegenden Jahren komplizierte Situationen meisterten, auch jetzt mit der erforderlichen Einsicht, Ruhe und Besonnenheit an die Durchsetzung der vorgesehenen Maßnahmen herangehen und bereit sind, die Lösung der Probleme von ihrer Seite aktiv zu unterstützen.

Wir bitten darum, in diesem Sinne auch den Familienangehörigen zu helfen, Verständnis für diese schwierige Entscheidung aufzubringen.

Allen betreffenden Genossinnen und Genossen möchten wir sagen, daß sie in Ehren ausscheiden und wir ihre bisherige Tätigkeit und Einsatzbereitschaft immer zu würdigen wissen. Wir appellieren an jeden, sich der Verpflichtung, die mit der Tätigkeit in unserem Ministerium verbunden war, stets bewußt zu sein.

Genossinnen und Genossen!

In vier Jahrzehnten haben die Angehörigen des Ministeriums für Staatssicherheit ihre Kraft und ihre ganze Persönlichkeit in den Dienst der Partei und der Arbeiter- und Bauern-Macht, in den Dienst des Sozialismus und des Friedens gestellt. Das Kollegium dankt den Aktivisten der ersten Stunde, die den Grundstein für die erfolgreiche Entwicklung unseres Ministeriums gelegt haben.

Unser Dank gilt allen Genossinnen und Genossen, die – gleich an welchem Kampfabschnitt – in all den Jahren treu ihre Pflicht erfüllten. [11]

Gemeinsam haben wir in der Vergangenheit schwierige Bewährungsproben ehrenhaft bestanden. Das Kollegium vertraut darauf, daß wir gemeinsam auch den vor uns liegenden Abschnitt unserer Arbeit meistern werden, so wie das die Parteiführung und die Regierung von uns erwarten. Dem Kollegium ist bewußt, daß die mit der Schaffung des neuen Amtes verbundenen umfangreichen Veränderungen jeden einzelnen zutiefst berühren. Wir kennen viele der sich daraus ergebenden Fragen und Probleme, die in den kommenden Wochen und Monaten zu lösen sind. So schwer es jedem von uns auch fällt – wir alle haben als Kommunisten ein Höchstmaß an Verständnis für die politisch notwendigen Entscheidungen aufzubringen. Der Prozeß der revolutionären Erneuerung verlangt verantwortungsbewußtes Denken und Handeln im Interesse der Gesamtentwicklung der sozialistischen Gesellschaft in unserem Land.

Als Kollegium versichern wir allen Kollektiven und Angehörigen: Alle Schritte und Maßnahmen werden nach gründlicher gemeinsamer Beratung vollzogen. Alles wird unternommen, um die Auswirkungen für die Arbeit und die soziale Sicherstellung der Angehörigen mit größter

Sorgfalt zu prüfen und solche Entscheidungen zu treffen, mit denen den Interessen der Angehörigen weitgehend Rechnung getragen wird.

Dok. 131
Lageeinschätzung Böhms[11]

Lageeinschätzung Böhms für den Bezirk Dresden vom 30.11.1989. Akte 29.

Die im Bezirk vorhandenen 4 Kirchenleitungen von Großkirchen sind in diesem Zusammenhang zu beachten, bilden doch deren Glieder, vor allem Amtsträger im Bereich der evangelischen Kirche, das personelle Potential für die oppositionellen Bewegungen im Bezirk, auch unter dem Gesichtspunkt der weiteren Entwicklung der Sozialdemokratischen Partei in Dresden, SDP[12], deren Basis sich zum Teil aus ehemaligen Basisgruppen der Kirche rekrutiert.
Perspektivisch zu beachten sind Tendenzen des Neofaschismus und Antisemitismus, sowohl in Schmierereien, aber auch in Beschädigungen von Denkmalen, Gräbern und analogen Objekten. Die vorhandene Aggressivität von Teilnehmern an Demonstrationen im Bezirk bildet ein Potential für ein weiteres Ansteigen des Rechtsextremismus, was auch in Terrorismus umschlagen kann.
Zur Zeit werden in 4 OV / 16 OPK derartige Delikte bearbeitet bzw. aufgeklärt. Eine Analyse des IM-Bestandes innerhalb des Bezirksamtes[13] für Nationale Sicherheit[14] Dresden erbrachte, daß ca. 80 bis 85% des bisher vorhandenen IM-Bestandes unter den neuen Lagebedingungen zur weiteren Zusammenarbeit bereit sind und das Erfordernis besteht, dieses Potential zielgerichtet entsprechend den Haupteinsatzrichtungen weiter zu profilieren und auszubauen.
Es ist gelungen, in den neuen Sammlungsbewegungen ca. 80-100 IM sowohl in Führungspositionen als auch als Mitglieder einzubauen, um über diesen Weg die Bearbeitung verfassungsfeindlicher Aktivitäten zu forcieren und vor allem rechtzeitig zu erkennen. Dabei ist zu beachten, daß es bei diesen IM auch zunehmend die Sicherheitslage zu erkennen und zu beachten gilt, um vorbeugend mögliche Dekonspirationen zu vermeiden. Es ist festzustellen, daß in solchen Basisbewegungen, wie SDP und Neues Forum[15], sich Personen etablieren, deren Ziel es ist, systematisch Quellen des Amtes für Nationale Sicherheit zu erkennen und zu offenbaren. Daraus resultierend ist die Schlußfolgerung zu ziehen, daß die Arbeit mit den Quellen einen noch größeren Stellenwert, vor allem hinsichtlich der Einhaltung der Konspiration, der Abstimmung der Aufgabenstellungen, haben wird.

11　Horst Böhm war von 1981 bis 1989 Leiter der BV Dresden.
12　Die Sozialdemokratische Partei (SDP) hatte sich am 7.10.1989 in Schwante im Bezirk Potsdam gegründet. Zum ersten Mal in der Geschichte der DDR konstituierte sich damit eine unabhängige Partei. Vgl. die Stasi-Information, abgedruckt in: *Mitter / Wolle*, 208-213 sowie *Rein*, Opposition, 84-104 (Gründungsurkunde: 89).
13　Analog zum MfS wurden auch die Bezirksverwaltungen in Bezirksämter für Nationale Sicherheit umgewandelt.
14　Vgl. Dok. 130, besonders Anm. 1 und 3.
15　Am 8.11.1989 hatte das Innenministerium seine frühere Entscheidung korrigiert und die Anmeldung des Neuen Forums bestätigt. Die offizielle Gründung des Neuen Forums war nun für den 27.1.1990 vorgesehen. Vgl. *Schult*, 167.

Dok. 132
Entwurf zu Aufgaben und Struktur des AfNS

Vorläufige Grundsätze für Aufgaben und Strukturen des Amtes für Nationale Sicherheit. Berlin, 4. Dezember 1989.

[2]
Grundlage für die Bestimmung der Aufgaben und der diesen zugrundeliegenden Strukturen des Amtes für Nationale Sicherheit bildet die am 29. bzw. 30.11.1989 durch den Vorsitzenden des Nationalen Verteidigungsrates bzw. den Vorsitzenden des Ministerrates bestätigte Konzeption vom 29.11.1989.
In der Konzeption sind Festlegungen über den künftigen möglichen Kaderbestand und damit gleichzeitig über die erforderlichen Kaderreduzierungen getroffen[16].
Im Prozeß der Bestimmung der Aufgaben und der Strukturen des Amtes für Nationale Sicherheit sind die bestätigten Vorgaben zum Kaderbestand als Maximum zu betrachten.
Gemäß der bestätigten Konzeption bestehen die grundsätzlichen Aufgaben und die grundsätzliche Strukturierung des Amtes für Nationale Sicherheit in:
Aufklärung zur Gewährleistung der äußeren und inneren Sicherheit und der Stärkung der DDR. Das betrifft u.a.:
– den Beitrag zur Festigung des Friedens, der internationalen Sicherheit und Zusammenarbeit sowie zur Gewährleistung günstiger außenpolitischer und außenwirtschaftlicher Bedingungen für die DDR;
– die Beschaffung interner politischer, militärischer, wirtschaftlicher Informationen zur Politik imperialistischer Hauptstaaten;
– den Beitrag zur inneren Sicherheit und zum Schutz der verfassungsmäßigen Ordnung der DDR durch die Beschaffung von Informationen über geheimdienstliche und andere subversive Angriffe gegen die DDR. [3]
Spionageabwehr in politischen, ökonomischen und militärischen Bereichen:
– Aufklärung von in Auslandsvertretungen und anderen Einrichtungen tätigen Mitarbeitern der Geheimdienste ausgehenden Aktivitäten, Entlarvung von Agenturen der Geheimdienste in der DDR;
– Spionageabwehr in bewaffneten Organen, einschließlich der Gewährleistung der inneren Sicherheit unter Angehörigen, Zivilbeschäftigten und ehemaligen Angehörigen des Amtes.
Aufklärung und Verhinderung verfassungsfeindlicher Aktivitäten, vor allem neofaschistischer und antisemitischer Handlungen:
– Aufklärung von Kräften, von denen verfassungsfeindliche Aktivitäten ausgehen;
– Verhinderung und Aufklärung neofaschistischer und antisemitischer Handlungen, Aufdeckung und Entlarvung der Inspiratoren, insbesondere von der BRD und Westberlin aus wirkender neofaschistischer Organisationen und Kräfte;
– Aufklärung, beweisrechtliche Dokumentierung und Untersuchung verfassungsfeindlicher Aktivitäten / Handlungen.

---

16 Am 23.11.1989 hatte die Schwanitz die Verkleinerung des MfS um 8 000 Mitarbeiter angekündigt. Vgl. *Worst*, 250.

Abwehr feindlicher Angriffe gegen die Volkswirtschaft, das Verkehrs-, Post- und Fernmeldewesen;
- Verhinderung und Bekämpfung von Sabotage und Diversion sowie von anderen Anschlägen und Angriffen feindlicher Kräfte gegen diese Bereiche;
- Nutzung der Möglichkeiten zur Aufklärung und Bekämpfung schwerer Verbrechen wie Korruption, Schmuggel, Rauschgiftkriminalität u.a. [4]
Abwehr terroristischer Handlungen und anderer Gewaltakte sowie Organisierung des Personenschutzes:
- Terrorabwehr / Personenschutz in bezug auf Persönlichkeiten des In- und Auslandes, einschließlich entsprechender Objekte;
- spezielle Terrorabwehr, internationaler Terrorismus.
Lageeinschätzung, einschließlich Informationstätigkeit an führende Staatsfunktionäre zu den vorgenannten Aufgabenkomplexen.
Observation und Ermittlungstätigkeit.
Untersuchungstätigkeit, bezogen auf die dem Amt obliegenden Aufgaben.
Künftig wird von folgender Grundstruktur ausgegangen:
- Amt für Nationale Sicherheit (Sitz Berlin),
- Bezirksämter für Nationale Sicherheit (in allen Bezirken und der Hauptstadt),
- Außenstellen der Bezirksämter für Nationale Sicherheit (in ausgewählten Kreisen).
Die Grundstruktur des Amtes für Nationale Sicherheit ist:
I. Zentrales Koordinierungsorgan
II. Verwaltung Aufklärung
III. Verwaltung für Verfassungs- und Staatsschutz
IV. Sicherstellung [5]
Gemäß diesen Festlegungen werden die Aufgaben und die Struktureinheiten des Amtes für Nationale Sicherheit wie folgt bestimmt:
1. Zentrales Koordinierungsorgan
1.1. Lage, Auswertung, Information und Führungsdokumente
- Entgegennahme, Bewertung, Überprüfung, Präzisierung der eingehenden Informationen, Weiterleitung an zuständige Empfänger, Nachweisführung;
- Gewährleistung der aktuellen Übersicht und Auskunftsbereitschaft (Lagefim, Rapporte), Erfüllung der Aufgaben der bisherigen Diensthabenden des ZOS und des ODH, des BdL;
- zentrale aktuelle Lageeinschätzung, Erarbeitung von Analysen, Einschätzungen, Berichten entsprechend den Grundrichtungen der Tätigkeit des Amtes als Grundlagen für die Unterstützung der Führung und Leitungstätigkeit des Leiters des Amtes;
- Erarbeitung von Informationen für Empfänger außerhalb des Amtes;
- zentrale Presse- und Funkmedienauswertung (ausgewählte Presseerzeugnisse und Sender der BRD, Westberlins, der DDR) entsprechend dem Informationsbedarf des Leiters / der Stellvertreter des Leiters und der Struktureinheiten des Amtes, Realisierung von Auskunftsersuchen und analytischen Aufgaben;
- Schaffung von Grundlagen für die Auswertungstätigkeit im Amt, Einflußnahme auf deren Funktionsfähigkeit und ständige Qualifizierung;

– Herausarbeitung der sich aus zentralen Dokumenten und der Lage ergebenden Sicherheitserfordernisse, Erarbeitung von Entwürfen für zentrale dienstliche Bestimmungen, Weisungen, Orientierungen, Referate u.a. Materialien (Führungsdokumente), Gestaltung der Grundlagen und des Systems der Planung im Amt; [6]

– Schaffung einer zentralen Bibliothek und Zentralisierung der vorhandenen, für die Erfüllung der Aufgaben des Amtes allgemein nutzbaren Speicher (außer HVA, elektronische Speicher, XII, Speicher für spezielle Aufgaben).

1.2. Kontrollorgan

u.a.

– einheitliche Durchsetzung und Einhaltung der dienstlichen Bestimmungen, Weisungen und Orientierungen in der Verwaltung Verfassungs- und Staatsschutz;

– Wahrung der Verfassungsmäßigkeit in der operativen Arbeit der Diensteinheiten der Verwaltung Verfassungs- und Staatsschutz;

– Mitwirkung bei der Lösung von Aufgaben, die sich aus der Tätigkeit des Leiters des Amtes als Mitglied des Ministerrates sowie für ihn bestehenden Verantwortlichkeiten gegenüber der Volkskammer ergeben;

– Mitwirkung an Kontrollen, an denen sich das Amt gemäß Beschlüssen der Volkskammer oder Festlegungen des Vorsitzenden des Ministerrates zu beteiligen hat;

– Gewährleistung der einheitlichen Führung und Koordinierung der Kontrolltätigkeit im Amt;

– Vorbereitung, Durchführung und Auswertung von Kontrollen zur einheitlichen Gestaltung der operativen Arbeit und deren Führung und Leitung auf den festgelegten Abwehrgebieten;

– Durchführung von Kontrollen zur Kaderarbeit unter Mitwirkung des zentralen Kaderorgans;

– Kontrolltätigkeit zur Verwendung der finanziellen und materiellen Fonds. [7]

1.3. Pressestelle des Amtes

– Einheitliche Führung und Koordinierung der Öffentlichkeitsarbeit des AfNS, besonders der Medienarbeit;

– Zusammenarbeit mit den Medien, dem Presse- und Informationsdienst der Regierung der DDR, der HA Presse beim MfAA sowie den Pressestellen anderer staatlicher Organe, gesellschaftlicher Organisationen und Einrichtungen;

– Unterstützung der Medienarbeit des Leiters des Amtes sowie der Leiter der Bezirksämter für Nationale Sicherheit;

– Unterstützung und Koordinierung der Medienarbeit weiterer leitender Angehöriger des Amtes, Koordinierung der Arbeit der Leiter / Stellvertreter der Bezirksämter mit zentralen Medien der DDR und ausländischen Medien.

1.4. Abteilung Recht, internationale Verbindungen, Zusammenwirken mit anderen Organen

– Realisierung der Außenbeziehungen als offizielles Organ des Amtes für Nationale Sicherheit, einschließlich Zusammenwirken mit anderen Organen;

– Federführung im Rahmen der Mitarbeit des Amtes für Nationale Sicherheit auf dem Gebiet der Gesetzgebung;

– Durchsetzung des sozialistischen Rechts im Amt für Nationale Sicherheit unter Beachtung seiner spezifischen Aufgaben;
– Unterstützung der anderen Struktureinheiten des Amtes für Nationale Sicherheit sowie auch der Mitarbeiter des Amtes in Fragen, die spezifische Rechtsangelegenheiten berühren (Völker-, Staats- und Verwaltungsrecht, Straf- und Ordnungswidrigkeitsrecht, Wirtschaftsrecht, Zivil-, Familien- und Erbrecht); [8]
– Zusammenarbeit mit ausgewählten Rechtsanwälten;
– Eingabenbearbeitung;
– Schaffung rechtlicher Grundlagen für die Zusammenarbeit des Amtes für Nationale Sicherheit mit den Sicherheitsorganen anderer Staaten;
– Zusammenarbeit und Verbindung mit den Sicherheitsorganen anderer Staaten entsprechend der Struktur des AfNS;
– modifizierte Fortführung der internationalen Zusammenarbeit mit den bisherigen Partnern sowie Schaffung der Voraussetzungen für die Zusammenarbeit (u.a. auf Expertenebene) mit weiteren Partnern;
– Neubewertung und -festlegung der Aufgaben und Schwerpunkte der Zusammenarbeit mit den Sicherheitsorganen anderer Staaten;
– Mitwirkung des Amtes an der Erarbeitung von Dokumenten, insbesondere des Ministerrates;
– Nutzung und Einbeziehung von Experten und Spezialisten anderer staatlicher Organe und Einrichtungen für die Tätigkeit des Amtes.
1.5. Mobilmachung
– Vorbereitungsarbeit für einen möglichen kriegerischen Konflikt.
1.6. Büro der Leitung
u.a.
– Ausfertigung, VS- und postmäßige Bearbeitung, Verteilung und Zustellung, Dokumentierung und Nachweisführung von dienstlichen Bestimmungen und Weisungen;
– VS- und Postbearbeitung; [9]
– Aufrechterhaltung eines sicheren und effektiven Postumschlages und Kurierverbindungssytems;
– Abwicklung des Besucherverkehrs im Amt für Nationale Sicherheit;
– Wahrnehmung von Aufgaben der Objektkommandantur des Amtes für Nationale Sicherheit;
– Wahrnehmung von Protokollaufgaben.
1.7. Zentrale Speicherführung und -auskunftserteilung
– Führung und Organisation des Einsatzes moderner Informations- und Kommunikationstechnik / -technologien zur Erfassung, Speicherung, Verarbeitung und rechercheseitigen Nutzung der Informationen der Abwehr, der Informationen zu ausgewählten Informationskomplexen der Aufklärung sowie der kadermäßigen, materiell-technischen und finanziellen Sicherstellung;
– Zentrale Erfassung, Registrierung / Nachweisführung, Speicherführung und Auskunftserteilung zu personenbezogenen Angaben des Amtes (zentrale Führung EDV- und Karteispeicher), Archivierung operativen Schriftgutes;
– Realisierung von Aufgaben zur materiell-technischen, insbesondere hard- und softwareseitigen Sicherstellung der rechnergestützten Informationssysteme.
1.8. Kader / Bildung

- Einstellungen und Sicherheitsprüfungen;
- Grundsatzdokumente Führung der Kaderarbeit;
- Stellenplanüberwachung, Nachweis, Finanzen; [10]
- Aus- und Weiterbildung;
- Führungskader;
- Betreuungstätigkeit;
- Dienstvergehen, Disziplinar;
- Dienstausweisausstellung, -verlängerung.

1.9. Finanzen
- Planung und Bewirtschaftung;
- Soziale Versorgung, Besoldung, Renten;
- Dienstleistungen der Sparkasse.

1.10. Institut soziale und rechtswissenschaftliche Fragen
- Forschung zu Problemen und Prozessen, die für die Arbeit des Amtes bedeutsam sind. [11]

2. *Verfassungs- und Staatsschutz*

2.1 Spionageabwehr
- Ständige aktuelle Lageeinschätzung zur Tätigkeit der zu bearbeitenden feindlichen Geheimdienste;
- Orientierungen zur Vervollkommnung der Spionageabwehr;
- Koordinierung der operativen Arbeit zur Spionageabwehr mit den Struktureinheiten, die eigenständige Aufgaben auf diesem Gebiet zu lösen haben (Aufklärung, Militärabwehr);
- Anwendung spezieller Mittel und Methoden zur Aufdeckung der Verbindungssysteme der Geheimdienste mit Agenturen;
- Bekämpfung von Angriffen der Geheimdienste und Abwehrorgane der BRD, der NATO u.a. feindlicher Geheimdienste durch
• Bearbeitung aller Vorgänge der politischen, ökonomischen und militärischen Spionage (außer Militärabwehr);
• Führung aller IM mit Verbindungen zu diesen Geheimdiensten (außer Aufklärung);
• operative Kontrolle der Mitarbeiter legaler Basen zur Feststellung und Beweisführung einer nachrichtendienstlichen Tätigkeit;
- Bekämpfung der feindlichen Geheimdienste im Operationsgebiet durch
• Bearbeitung von agenturführenden Mitarbeitern mit dem Ziel der Werbung bzw. der Feststellung und Identifizierung ihrer Agenturen; [12]
• Operative Maßnahmen gegen agenturführende Dienststellen mit der Angriffsrichtung DDR;
• Erfolgreiche Beweisführung in der Vorgangsbearbeitung;
- Abwehr von Spionageangriffen gegen Einrichtungen der NVA und WSSG durch
• Bearbeitung aller Vorgänge auf dem Gebiet der Militärspionage durch feindliche Geheimdienste;
• Absicherung festzulegender Schwerpunktobjekte der NVA und der WSSG in Abstimmung mit der Militärabwehr des Amtes für Nationale Sicherheit und des KFS;
• Operative Kontrolle der Tätigkeit der MVM und MI (bei weiterer Klärung zwischen den HA II und VIII);
• Gewährleistung des Schutzes von zentralen Dienstobjekten des Amtes für Nationale Sicherheit;
- Gewährleistung der inneren Sicherheit durch

• Abwehr von Angriffen feindlicher Geheimdienste gegen Mitarbeiter und ehemalige Mitarbeiter des Amtes für Nationale Sicherheit (einschließlich der betreffenden Aufgaben des Bereiches Disziplinar);
• Bearbeitung von Hinweisen auf Verrat oder Doppelagententätigkeit bei inoffiziellen Mitarbeitern des Amtes für Nationale Sicherheit (außer Aufklärung);
– Vorgangsbearbeitung bzw. operative Kontrolle zu Korrespondenten und Journalisten sowie ihren bedeutsamen Kontaktpartnern bei Verdacht der Verbindung zu feindlichen Geheimdiensten bzw. daß sie in deren Blickfeld stehen; [13]
– Zusammenarbeit mit den Sicherheitsorganen anderer sozialistischer Länder zur Realisierung gemeinsamer Aufgaben in der Spionageabwehr.

2.2. Abwehr verfassungsfeindlicher Aktivitäten
– Allseitige Aufklärung von Kräften in Sammlungsbewegungen / Vereinigungen von denen verfassungsfeindliche Aktivitäten ausgehen, vor allem deren politischer Zielstellung, Pläne, Absichten und Aktivitäten, mit dem Ziel der Unterbindung bzw. Neutralisierung und Zurückdrängung ihres Einflusses;
– Herausarbeitung der Inspiratoren, Organisatoren sowie anderer Führungskräfte, von denen verfassungsfeindliche Aktivitäten ausgehen, und deren differenzierte operative Bearbeitung und Kontrolle mit dem Ziel der Unterbindung ihres feindlichen Wirkens bzw. der Neutralisierung und Zurückdrängung ihres Einflusses;
– Beschaffung von Konzeptionen, Programmen, Plattformen u.ä., von Druck- und Vervielfältigungserzeugnissen verfassungsfeindlicher Kräfte in Sammlungsbewegungen / Vereinigungen sowie von Dokumentationen, öffentlichen Erklärungen / Interviews;
– Aufklärung, beweisrechtliche Dokumentierung sowie Einschränkung bzw. Verhinderung des Zusammenwirkens verfassungsfeindlicher Kräfte in Sammlungsbewegungen / Vereinigungen mit äußeren Kräften, insbesondere solchen, die unmittelbar aktivierend und unterstützend wirken;
– Erarbeitung aktueller, offiziell auswertbarer Informationen zur Unterstützung der öffentlichen Auseinandersetzung mit den verfassungsfeindlichen Kräften in Sammlungsbewegungen / Vereinigungen in den Medien der DDR und unter Nutzung anderer Möglichkeiten; [14]
– Nutzung der operativen Möglichkeiten zur Eingrenzung bzw. Verhinderung des Mißbrauchs der Kirchen zur Durchführung verfassungsfeindlicher Aktivitäten durch feindliche Kräfte in Sammlungsbewegungen / Vereinigungen;
– Aufklärung und Bekämpfung extremistischer, neonazistischer und antisemitischer Gruppierungen und Erscheinungen.

2.3. Abwehr feindlicher Angriffe gegen die Volkswirtschaft, das Verkehrs-, Post- und Fernmeldewesen
– Verhinderung und Bekämpfung von Sabotage und Diversion sowie von Anschlägen und Angriffen feindlicher Kräfte gegen diese Bereiche;
– Nutzung der Möglichkeiten zur Aufklärung und Bekämpfung schwerer Verbrechen wie Korruption, Schmuggel, Rauschgiftkriminalität u.a.;
– Aufklärung und vorbeugende Bekämpfung verfassungsfeindlicher Aktivitäten mit dem Ziel der Untergrabung des sozialistischen Wirtschaftssystems.

2.4. Operative Terrorabwehr, internationaler Terrorismus (weitere Abklärung über die Notwendigkeit einer selbständigen Struktureinheit erforderlich)

2.5. Terrorbekämpfung, Personen- und Objektschutz
– Vorbereitung, Training und Gewährleistung der ständigen Einsatzbereitschaft von speziellen Einsatzkräften zur Bekämpfung von Terrorakten;
– Personenschutz zu Persönlichkeiten des In- und Auslandes; [15]
– Schutz der Objekte des Staatsrates, des Ministerrates und der Volkskammer;
– Schutz der Objekte des Amtes für Nationale Sicherheit in Abstimmung mit der Spionageabwehr.

2.6. Militärabwehr
– Spionageabwehr zur Gewährleistung des Schutzes bedeutender militärischer Geheimnisse;
– Aufklärung und vorbeugende Bekämpfung verfassungsfeindlicher Aktivitäten in Form von Extremismus, Neonazismus, Antisemitismus, Untergrabung der Wehrfähigkeit, Vorbereitungen von Hochverratshandlungen;
– Unterstützung bei der Realisierung der Aufgaben zur Gewährleistung der inneren Sicherheit in der NVA und in den Grenztruppen der DDR.

2.7. Abwehr bewaffneter Organe
– Spionageabwehr zur Sicherung bedeutender Geheimnisse;
– Aufklärung und vorbeugende Bekämpfung verfassungsfeindlicher Aktivitäten und Unterstützung bei der Verhinderung von extremistischen, neonazistischen, antisemitischen und die Handlungsfähigkeit untergrabender Erscheinungen in den Organen des MfIA, der Zollverwaltung und Zivilverteidigung;
– Unterstützung bei der Realisierung der Aufgaben zur Gewährleistung der inneren Sicherheit im MfIA, in der Zollverwaltung und in der Zivilverteidigung. [16]

2.8. Observation und Ermittlung
– Observation und Ermittlung in der DDR und im Ausland zur
• konspirativen Kontrolle von Bewegungs- und Handlungsabläufen bei operativ bearbeiteten Personen;
• Feststellung von Treffs und Identifizierung unbekannter Kontaktpersonen;
• Feststellung von Verbindungsaufnahmen;
• Überwachung konspirativer Verstecke;
• Dokumentierung von Handlungsabläufen;
• Beitrag zur Realisierung zu beim Amt für Nationale Sicherheit beantragten Sicherheitsüberprüfungen.

2.9. Untersuchung
– Zentrale Untersuchung der in die Kompetenz des Amtes fallenden Straftaten wie insbesondere
• Verbrechen gegen die Souveränität der DDR, den Frieden, die Menschenrechte und die Menschlichkeit;
• Handlungen gegen Personen, Objekte und Arbeitsmaterial, für deren Schutz das Amt für Nationale Sicherheit zuständig ist, vor allem von Volksvertretungen und ihren Organen sowie von Auslandsvertretungen und ausländischen Repräsentanten;
• Spionage und schwerer Geheimnisverrat;

• Fortsetzung der Tätigkeit von Vereinigungen, die gerichtlich als verfassungsfeindlich eingestuft wurden sowie Wirken in kriminellen Vereinigungen; [17]

• Nazi- und Kriegsverbrechen;

• Verherrlichung von Faschismus und Militarismus sowie Integration in faschistischen, rassistischen und militaristischen Zusammenschlüssen;

• Terror, Diversion sowie Aufwiegelung zu verfassungsfeindlichen Gewaltakten;

• Herbeiführen bedeutender Schäden in der Volkswirtschaft, im Verkehrs-, Post- und Fernmeldewesen;

• Korruption und Amtsmißbrauch bedeutenden Ausmaßes;

• Straftaten gegen die Landesverteidigung, für die die Militärabwehr zuständig ist, und Straftaten gegen die Schutz- und Sicherheitsorgane;

• Menschenhandel und schwerer Fall der Gefährdung der Grenzsicherheit;

• bandenmäßig organisierte Straftaten, insbesondere mit grenzüberschreitender und gewaltorientierter Begehungsweise;

• von Angehörigen des Amtes für Nationale Sicherheit begangene Straftaten.

2.10. Operative Technik

– Realisierung von Aufträgen für operativ-technische Kontrolle und Dokumentation (nachrichten-, fototechnische und elektronische Mittel);

– Einsatz technischer Kontroll- und Sicherungs- sowie von Markierungsmitteln zur Sicherung von Sachen und Objekten sowie zum Schutz von Staatsgeheimnissen;

– Kontrolle des Fernschreib- und Telefaxverkehrs. [18]

3. Sicherstellung

3.1. Koordinierungsorgan

– Planung und Koordinierung der sicherstellenden Aufgaben;

– Herausarbeitung und Realisierung von Grundsatzfragen der Sicherstellung;

– Gewährleistung der spezifischen Aufgaben hinsichtlich Wissenschaft und Technik;

– Gewährleistung des Arbeits- und Umweltschutzes.

3.2. Fernmeldedienst

– Nachrichtenzentrale des Amtes

• Nachrichtenbetriebsdienst (Fernschreib-, Fernsprechdaten);

• technischer Dienst;

• Spezialnachrichtendienst.

– Sonderkabelnetz;

– Geheime Regierungsverbindungen;

– Montagebereich;

– Sicherstellung des Nachrichtenwesens;

– Chiffrierdienst;

– Dekryptierung;

• Realisierung von Aufgaben, die durch [die] ehem. Abt. XI als zentrales Chiffrierorgan der DDR wahrgenommen werden müssen, u.a. [19]

• strategische Planung, Konzeptionen und Grundfragen des Chiffrierwesens;

• Durchsetzung rechtlicher, organisatorischer und technischer Rege-

lungen beim Einsatz von Chiffriertechnik für staatliche Bereiche, die Wirtschaft, die bewaffneten Organe;
• Herstellung und Verteilung erforderlicher Schlüsselmittel, Herausgabe von Vorschriften;
• Bereitstellung kryptologischer Mittel und Methoden zur Gewährleistung der Nachrichtensicherheit für die Aufklärungs- und Abwehrarbeit, einschließlich der IM- und Residenturarbeit;
– Ausstrahlungssicherheit.
Es ist beabsichtigt, eine zentrale Stelle für dieses Problem in dieser Struktureinheit zu schaffen, aus Kräften verschiedener Diensteinheiten (XI, 26, III, N); dazu sind weitere Untersuchungen zu führen und eine entsprechende Konzeption zu erarbeiten.
3.3. Versorgungsdienste
– Materialversorgung;
• Planung / Rechnungsführung;
• Beschaffung;
• Lagerwirtschaft;
– Technische Versorgung;
• Fahrdienst;
• Instandsetzung der Technik; [20]
• Druckerei / Vervielfältigung;
• Waffendienst;
– Bau- und Unterkunftsverwaltung;
• Objektverwaltung;
• bauliche Instandsetzung;
– Soziale Versorgung;
• Verpflegung;
• Wohnungswesen / Feriendienst;
– Medizinischer Dienst;
• ambulante medizinische Versorgung;
• stationäre medizinische Versorgung.
3.4. Operativ-technische Dienste
– Operativ-technische Sicherstellung der Linie OT (Bezirksämter) entsprechend der Hauptaufgaben der Abwehr;
– ausgewählte Aufgaben der Expertise- und Untersuchungstätigkeit für die Vorgangsarbeit und das Untersuchungsorgan;
– Entwicklung chemischer und fotografischer Mittel und Methoden für das Verbindungswesen;
– Entwicklung und Einsatz von Markierungsmitteln;
– Bereitstellung operativer Dokumente;
– Fertigung von Containern und Tarnungen; [21]
– Fotolaborarbeiten / Mikroverfilmung;
– Projektierung, Entwicklung und Instandsetzung operativ-technischer Anlagen;
– rechentechnische Sicherstellung (Hard- und Software) operativer Technik.
3.5. Funkelektronischer Dienst
– Fernmeldeelektronische Aufklärung;
– Funkabwehr;
– Unterstützungsmaßnahmen;
– Technische und operativ-technische Sicherstellung.
3.6. Institut für Spezialgerätebau als nachgeordnete Einrichtung des Amtes

- operativ-technische Sicherstellung der Linien Aufklärung und Abwehr und FLOKA[17] auf den Gebieten
- Elektrotechnik, Elektronik;
- Feinmechanik / Optik;
- wissenschaftlicher Gerätebau;
- wissenschaftlich-technische Vorlaufarbeiten;
- Forschungs- und Entwicklungsarbeit;
- Musterfertigung, Produktion, Service und Reparatur;
- spezieller Anlagenbau; [22]
- materiell-technische Sicherstellung entsprechend der Erzeugnisverantwortung;
- sicherstellende Aufgaben für andere bewaffnete Organe;
- Zusammenarbeit mit Partnern der Volkswirtschaft und Wissenschaftseinrichtungen.

3.7. Spezialhochbau Berlin als nachgeordneter Betrieb des Amtes für Nationale Sicherheit
- Rekonstruktion und Werterhaltung an baulichen Einrichtungen des Amtes für Nationale Sicherheit;
- Bereitstellung von Kapazitäten für die Bauwirtschaft.

3.8. Dienstleistungsbetrieb als nachgeordnete Einrichtung des Amtes für Nationale Sicherheit
- Instandsetzung von Technik und Ausrüstung;
- Realisierung von Dienstleistungsaufgaben;
- Verwaltung des Wohnungsbestandes. [23]

Konsequenzen

Aus der Struktur und der Zuordnung der Aufgabenstellungen ergibt sich:

1. Zusammenführung von Teilen der Hauptabteilung Kader und Schulung als gesondertes Funktionalorgan des Leiters des Amtes für Nationale Sicherheit

2. Zentrales Koordinierungsorgan

In das zentrale Koordinierungsorgan werden bisherige Aufgabenstellungen nachfolgender Diensteinheiten eingeordnet:
- ZAIG, Lageführung und Diensthabendensystem des ZOS und BdL
- Rechtsstelle, Eingabenstelle des BdL, Abt. X
- AGM
- Büro der Leitung
- Abt. XII, ZAIG / Bereich 3, Teil der Abt. XIII
- Kader und Schulung, Finanzen

3. Verfassungs- und Staatsschutz

In den Verfassungs- und Staatsschutz werden bisherige Aufgabenstellungen nachfolgender Diensteinheiten eingeordnet:
- Hauptabteilung I
- Hauptabteilung II, Abt. M
- Hauptabteilung VI, VII
- Hauptabteilung VIII
- Hauptabteilung IX
- Abt. XIV
- Hauptabteilung XVIII, XIX, XX
- Hauptabteilung XXII, PS

17   Richtig: ELOKA (Elektronischer Kampf).

– Abt. 26 – Hauptabteilung I / OT, Hauptabteilung II / 16, Hauptabteilung VIII / 11, AG E
– Kader und Schulung [24]
– Aufgaben der Paßkontrolle und Fahndung werden in die Grenztruppen eingeordnet
– notwendige Aufgaben im Zusammenhang mit dem Besucherverkehr (Westberlin) werden vom Ministerrat übernommen
– noch notwendige Aufgaben des Geheimnisschutzes werden vom Ministerrat übernommen
4. Sicherstellung
In die Sicherstellung werden Aufgaben nachfolgender Diensteinheiten eingeordnet:
– Hauptabteilung III
– Abt. N
– Teile Abt. XI
– VRD
– ZMD
– OTS
– Abt. XIII
– BCD
– ITU
– Kader und Schulung
– SHB
Mit dem Wegfall bisheriger Aufgabenstellungen sowie der Übergabe von Aufgaben und Kadern an andere staatliche Organe werden bestimmte Diensteinheiten aufgelöst.
Soweit [sind] erste grundsätzliche Vorstellungen und Lösungsansätze zur Strukturierung des Amtes und zu den in den einzelnen Struktureinheiten – im wesentlichen gleichzusetzen mit Diensteinheiten – zu lösenden Hauptaufgaben bzw. Hauptrichtungen der Arbeit [vorhanden].
Daraus bereits ersichtlich:
– es geht um eine wesentliche Konzentrierung / Zusammenführung von Aufgaben und Verantwortlichkeiten entsprechend der neuen Aufgabenstellung; [25]
– damit muß eine entsprechende Erhöhung der Effektivität unserer Arbeit, der Senkung des Leistungsaufwandes, der Abstimmungserfordernisse, des Aufwandes für die Organisation unserer Arbeit insgesamt erzielt werden;
– erreicht werden muß eine erhebliche Reduzierung unseres Kaderbestandes (für Amt und Bezirksämter um ca. 50%), des finanziellen und materiell-technischen Aufwandes in Größenordnungen – bis hin zur Freisetzung und zur Verfügungstellung von Objekten für andere Nutzungszwecke – die volkswirtschaftliche Lage, aber auch die nicht länger zu verantwortende Aufblähung unseres Organs zwingen zu konsequentem Handeln (Offenlegung von Zahlen zum Kaderbestand, zu den Mitteln usw. [ist] nur noch eine Frage der Zeit – unterstreicht ebenfalls Notwendigkeit der Maßnahmen);
– die Aufgabenbestimmung und Strukturierung muß auch bestimmten Erfordernissen der Transparenz unseres Organs entsprechen – bis hin zur Erarbeitung von Strukturbeziehungen und auch offiziell verwendbaren / standhaltenden Beschreibungen von Aufgaben in einer nachfolgenden Etappe;

– von entscheidender Bedeutung ist ein neues, den prinzipiell veränderten politischen und operativen Realisierungsbedingungen entsprechendes operatives Handeln zu erreichen, vor allem Erhöhung der Konspiration und Geheimhaltung der Arbeit – als wichtige Voraussetzung auch für größere Transparenz.

Der neue Inhalt unserer Arbeit und das grundsätzlich veränderte Herangehen müssen sich mit in der Realisierung der vorgenannten Forderungen niederschlagen.

Die Verantwortlichkeiten für die gegenwärtigen existierenden Diensteinheiten bleiben bestehen – sichern, daß Aufgaben weiter realisiert werden!

Wie [soll man] auf Grundlage der bisherigen Orientierungen nun zügig, aber gründlich überlegt, unter Einbeziehung möglichst aller brauchbaren Ideen und Vorschläge der Kollektive und Angehörigen weiter vorgehen? [26]

Für weitere Arbeiten zur Bestimmung der Aufgaben und Strukturen der einzelnen „Säulen" im Amt wurden folgende Verantwortliche bestimmt:

– Kader / Bildung – Gen. Möller
– Zentrales Koordinierungsorgan – Gen. Niebling
– Aufklärung – Gen. Großmann
– Verfassung und Staatsschutz – Gen. Engelhardt / Braun
– Sicherstellung – Gen. Schwager

Durch diese Verantwortlichen sind in Zusammenarbeit mit den entsprechenden Leitern und den bereits im Rahmen der Kommissionen tätig gewesenen Gen. Leiter bzw. leitende Mitarbeiter festzulegen, unter deren Verantwortung unter Nutzung der bereits vorhandenen Vorstellungen, für die neuen Struktureinheiten des Amtes die erforderlichen Grundlagen zu erarbeiten sind.

Soweit für *neue* Struktureinheiten aus bisherigen Diensteinheiten kein Leiter bzw. mehrere Leiter [vorhanden] – Prüfung, ob Beauftragung eines geeigneten leitenden Mitarbeiters aus der Diensteinheit mit größtem Aufgabenanteil.

Bei mehreren Diensteinheiten oder Teilen von Diensteinheiten Klarheit schaffen, wer „Hut" auf hat, verantwortlich ist für die Realisierung dieser Aufgaben.

Festlegung dieser Verantwortlichkeiten bedeutet nicht Einsatz dieser Genossen als Leiter dieser neuen Struktureinheiten – dazu werden später Entscheidungen erfolgen. [27]

Unter Leitung dieser Verantwortlichen und in Abstimmung mit Leitern einbezogener Diensteinheiten in allen neuen Struktureinheiten, unverzüglich Bildung von Arbeitsgruppen, weitgehende Herauslösung einzubeziehender Leiter und Mitarbeiter aus täglichen Arbeitsprozessen, die – gestützt auf die Mitarbeit der Kollektive – in konzentrierter Arbeit erforderliche Grundlagen für weitere Entscheidungen erarbeiten.

Bei Zusammenführung / Einordnung von Aufgabengebieten anderer Diensteinheiten – Sicherung der Mitarbeit dazu befähigter, im „Stoff" stehender Mitarbeiter aus diesen Diensteinheiten und den jeweiligen Arbeitsgruppen.

1. Etappe:

Erarbeitung der *inhaltlichen* Aufgabenstellung und Aufgabenkomplexe, des konkreten Arbeitsgegenstandes – insbesondere Sachverhalts-, personen- und objektbezogen sowie hinsichtlich grundsätzlicher Erfordernisse der Zusammenarbeit – und damit der Verantwortung der jeweiligen Struktureinheit sowie des prinzipiellen Kräftebedarfs. Hinsichtlich des Kaderbedarfs sind strengste Maßstäbe anzulegen. In dieser Etappe kommt es besonders darauf an, den *neuen Inhalt* der Aufgaben und Verantwortlichkeiten, die *neuen* Erfordernisse des *Herangehens an die Lösung der Aufgaben, der dabei anzuwendenden Mittel und Methoden, die grundsätzlich veränderten politischen, rechtlichen, operativen, kadermäßigen und sicherstellenden Realisierungsbedingungen* gründlichst zu durchdringen und davon ausgehend das zu bestimmen, wofür die jeweilige Struktureinheit – als Bestandteil der neuen Aufgabenstellung des Amtes – Verantwortung trägt. [28]

Gleichzeitig sind die Probleme / Fragen und Vorschläge zu unterbreiten, die eventuell

– mit dem Wegfall bisheriger Aufgabenstellungen,
– dem Einsatz bestimmter operativer Kräfte und Mittel,
– Fragen des operativen Zusammenwirkens mit anderen Organen und Einrichtungen

einer dringenden Entscheidung bedürfen, weil davon grundsätzliche Fragen der Aufgabenbestimmung, der Strukturierung, des Kaderbedarfs usw. abhängig sind.

Damit sind entscheidende Grundlagen für die gesamte weitere Arbeit und Entwicklung zu schaffen.

Mit dem richtigen *inhaltlichen* Durchdringen, dem Klarwerden darüber, *was* zukünftig *wie* gelöst werden muß, sind zugleich wesentliche Voraussetzungen für weitergehende Schritte zu schaffen.

Termin für *1. Etappe: bis* 20. Dezember 1989.

Notwendig ist, eine gründliche Beratung und Bestätigung dieser Vorschläge auf zentraler Leitungsebene zu sichern.

Gleichlaufend, in Abhängigkeit vom Stand der Arbeiten in der 1. Etappe, sollte möglichst bereits mit herausgearbeitet werden,

– welche in den einbezogenen Diensteinheiten bzw. Struktureinheiten vorhandenen Mitarbeiter sind als Leistungsträger, als Spezialisten bzw. als junge entwicklungsfähige, perspektivvolle und als politisch zuverlässige, standhafte und einsatzbereite Kader einzuschätzen und für die zukünftigen Aufgaben mit vorzusehen; [29]

– von welchen Mitarbeitern sollten wir uns in Anbetracht der notwendigen Reduzierungen des Kaderbestandes, des Wegfalls entsprechender Aufgabenstellungen und der Nichteinsetzbarkeit dieser Mitarbeiter für andere Aufgaben sowie anderer Bedingungen und Haltungen, die eine zukünftige Tätigkeit im Amt nicht zweckmäßig erscheinen lassen, evtl. trennen, wäre eine Tätigkeit außerhalb des Amtes evtl. zweckmäßiger und sinnvoller;

– welche Mitarbeiter mit welchen Voraussetzungen, speziellen Fachkenntnissen u.ä. könnten / sollten evtl. aus anderen Diensteinheiten gewonnen werden, um die insgesamt erforderliche Erhöhung der Qualität des Mitarbeiterbestandes in der jeweiligen Struktureinheit zu gewährleisten bzw.

– welche Mitarbeiter mit welchen Voraussetzungen – im Sinne tatsächlicher Leistungsträger, Spezialisten, junger entwicklungsfähiger Kader – könnten für eine evtl. weitere Tätigkeit im Amt, in anderen Strukturbereichen freigesetzt werden.

Ziel muß es sein, daß wir die behalten und halten, die wir zukünftig weiter benötigen, auf die wir uns in der weiteren Arbeit stützen können und müssen, von deren Zuverlässigkeit und Treue wir überzeugt sind.

Alle Kaderaufgaben sind in ständiger enger Zusammenarbeit mit den Kaderorganen zu lösen – notwendige Kaderaussprachen zu diesen vorgenannten Kategorien sind erst nach Abstimmung mit den Kaderorganen zu führen.

Unberührt davon bleibt die Weiterführung der Maßnahmen zur
– Kadergewinnung für den Zoll, die Paßkontrolle u.a. zentrale Einsatzgebiete; [30]
– Herbeiführungen von Entscheidungen hinsichtlich Invalidisierung / Grundsatzentscheidungen usw.;
– Ausscheiden auf eigenen Wunsch
entsprechend den bisher dazu getroffenen Entscheidungen bzw. gegebenen Orientierungen.

2. Etappe:
Auf der Grundlage der bestätigten Aufgabenstellungen hat dann durch die jeweils Verantwortlichen für die einzelnen Säulen in Zusammenarbeit mit den Arbeitsgruppen in den Struktureinheiten
– die weitere Präzisierung und Konkretisierung der Aufgabenstellung zu erfolgen;
– ist die konkrete Strukturierung und die Umsetzung der Aufgaben in den einzelnen Struktureinheiten vorzunehmen, sind effektive Leitungs- und Organisationsformen festzulegen;
– hat die konkrete Bestimmung des Kräftebedarfs und des Kräfteeinsatzes zu erfolgen – einschließlich der vorzusehenden Leitungskader, selbstverständlich in ständiger Abstimmung mit der HA Kader und Schulung;
– sind die erforderlichen Voraussetzungen für den schrittweisen Übergang zur Organisierung der Arbeit entsprechend den neuen Strukturen zu schaffen.

Wenn jetzt so methodisch dargestellt, dann dennoch Klarheit darüber, daß in allen Phasen intensive Arbeit zur Aufgabenerfüllung gewährleistet sein muß! [31]
Für die unmittelbare Überführung in neue Strukturen, damit verbundene Übergaben von operativen Kräften und Mitteln, Materialübergaben usw. werden noch extra Hinweise erarbeitet, um die unbedingt notwendige Ordnungsmäßigkeit zu sichern.
In dieser Etappe soll nach Möglichkeit und abhängig von der Schaffung der dafür erforderlichen Voraussetzungen auch die Überführung von Aufgaben in andere Organe und Einrichtungen erfolgen.
Die Termine für diese 2. Etappe werden gesondert festgelegt, wobei das grundsätzliche Ziel verfolgt wird, diesen Prozeß möglichst bis Ende April zu einem gewissen Abschluß zu bringen. Natürlich wird es dann auch noch laufende Prozesse geben.

3. Etappe:
Aufteilung der Struktureinheiten auf die weiter nutzbaren Objekte, unvermeidliche Umzüge u.a.m.; zwischenzeitlich werden je nach Erfordernis und Möglichkeit bereits Entscheidungen zum Freizug und zur evtl. Übergabe von Objekten an andere Bedarfsträger unumgänglich werden. [32]
Nächste Schritte:
– Informierung der Mitarbeiter über stattgefundene Dienstbespre-

chung und Grundsätze der zukünftigen Aufgabenstellung des Amtes, der Grundstruktur und der die entsprechenden Diensteinheiten betreffenden Festlegungen zu Aufgabenstellungen, neuen Strukturen und sich daraus ergebenden weiteren Schritten;
– Informierung über Einbeziehung der Mitarbeiter in jetzt folgende Schritte unter Beachtung der zusätzlich auf der jeweiligen Säule noch unverzüglich erfolgenden Festlegungen zum weiteren konkreten Vorgehen;
– Hinweis darauf, daß sich daraus ergebende Kaderfragen gleichlaufend mit der Durchsetzung dieser Festlegungen mit jedem einzelnen Kader individuell beraten, keine übereilten Festlegungen getroffen werden.

Dok. 133
Expertise Kroschels und Wiegands[18]

Berlin, 8.2.1990

Expertise zu Archivunterlagen der ehem. HA XX, die außerhalb lagern.

Das in den Räumen der Häuser
1. 1157 Berlin-Karlshorst, Stühlingstr. 3
2. 1110 Berlin-Pankow, Majakowskiweg 4
gelagerte Archiv beinhaltet:
Zu 1.
Nachlaß des ehem. wissenschaftlichen Mitarbeiters der Staatlichen Archivverwaltung Potsdam: Paul Beckmann, geb. 21.5.1[8]90, gest. 11.11.1979
Auflistung:
– ca. 30 lfd. Meter Aktenordner (mit Originalen und Kopien aus dem Bestand Reichskirchenministerium), ca. 10 000 Karteikarten (A 6), zu Personen, mehrere Tausend Bücher (Kirchenthematik), 28 Jahrgänge „Der SPIEGEL"-Zeitschrift, Presseerzeugnisse, Zeitschriftensammlung, Fachbücher, Handbibliothek, Nachschlagewerke, die für die Nutzung der obengenannten Ordner und Karteikarten genutzt wurden.
Die aufgeführten Materialien dienten den Recherchen in nachstehenden Bereichen aus den Beständen des ehem. Reichskirchenministeriums: [2]
– Auffindung ehem. NS-Befürworter und Kriegsverbrecher, die nach 1945 im kirchlichen Bereich Aufnahme fanden bzw. sich einer öffentlichen Verantwortung entzogen (z.B. Gerstenmaier, Defreggr[19], Hoff, Prof. Grundmann);
– Suche nach NS-Verbrechern, die von 1933-1945 den Kampf in Kirchen u.a. Religionsgemeinschaften führten und besonders aktiv an der Vorbereitung und Durchführung der „Endlösung" der Judenfrage tätig wurden (z.B. Eichmann, Globke, Schmidt, Dresden).
Insgesamt wurden kirchenpolitische Bestände des Reichskirchenmini-

---

18 Joachim Wiegand war von 1977 bis 1989 Leiter der Hauptabteilung XX / 4.
19 Richtig: Defregger. Vgl. schon Dok. 52, Anm. 7.

steriums (Sperrbestände) gesichert, durchgearbeitet und gegen den Mißbrauch zum Schaden des Staates und der Kirche in der DDR geschützt.

Unterstützung bei der Durcharbeitung von Aktenbeständen des Reichskirchenministeriums zu wissenschaftlichen Zwecken erhielten u.a. die Benutzer:
- Prof. Meier[20], Leipzig,
- Prof. Scholder, BRD, und sein Nachfolger
- Dr. Bessier[21], Lehrstuhlleiter der Kirchlichen Hochschule in Westberlin.

Bischof Leich, Altbischof Schönherr, Generalsuperintendent Bransch u.a. äußerten sich in Dankschreiben an die STAV. Eine Reihe von Benutzeranträgen wurde abgelehnt wegen des Verdachts des Mißbrauchs dieser Archivalien.

Eine genaue Übersicht über den Stand der Benutzeranträge und deren Bearbeitung existiert in der STAV. [3]

Zu 2.

Sammlung, Ordnung, Aufbereitung und Kartierung aktueller kirchenpolitischer u.a. Materialien, um auskunftsfähig zu kirchlichen Personen und Organisationen des In- und Auslandes zu sein.

Durch eine kontinuierliche und lückenlose Auswertung aller in der DDR erscheinenden Kirchenzeitungen, des Globus-Anschriftendienstes, der Zeitschriften „Der SPIEGEL" sowie der Monitor-Berichte wurden zu kirchlichen Personen und Einrichtungen des In- und Auslandes rückwirkend bis in die 50er Jahre Materialien gesammelt. Zusätzlich wurden über staatliche Stellen u.a. Quellen weitere offizielle Materialien und Druckerzeugnisse zu kirchenpolitischen Problemen beschafft.

20   Der Leipziger Kirchenhistoriker Meier galt schon frühzeitig als zuverlässiger Nachwuchswissenschaftler. So führte der Mitarbeiter des Staatssekretariats für Kirchenfragen, Wilke, während einer Dienstreise, die ihn am 27. und 28.10.1965 nach Leipzig führte, auch ein „Gespräch mit progressiven Kräften der Theologischen Fakultät" der Karl-Marx-Universität Leipzig: „Mit ihnen wurde beraten, wie in Zukunft die weitere Arbeit an der Fakultät durchgeführt werden soll [...] Es wurde folgendes miteinander [...] vereinbart:
      Die progressiven Kräfte um Prof. Haufe, Moritz, Meier und den FDJ-Sekretär Potschka erarbeiteten einen Plan, wie sie für das Jahr 1966 ihre politischen Aktivitäten verstärken wollen.
      Der sollte drei Bereiche erhalten:
      a) Die Neuberufung von drei Professoren (Meier, Moritz, Amberg) führt zu einer weiteren Verstärkung der progressiven Kräfte im Rat der Fakultät und muß das Ziel haben, dort jetzt endgültig positive Beschlüsse der Erziehungsabeit zu fassen.
      b) Es ist gemeinsam mit der FDJ und der Parteiorganisation der Universität ein umfassendes Programm zu erarbeiten, wie mit vielfältigen Formen und Methoden auf die Studenten Einfluß genommen werden kann (auch an dieser Fakultät zeigt sich, daß im 1. Studienjahr acht Studenten nicht gewählt haben).
      c) Zur Verstärkung der Position dieser Gruppe von Professoren muß besprochen werden, wie sie im Bereich der Kirche ihre Position verstärken können, z.B. Festlegung über bestimmte Publikationen, Auftreten auf kirchlichen Veranstaltungen usw.
      Dieser Plan fand auch Zustimmung und soll unter diesen Freunden weiter diskutiert werden, um ihn dann gemeinsam mit den Organen der Universität und dem Staatssekretariat für das Hoch- und Fachschulwesen zu realisieren [...]". (Aus einem Kurzbericht über die Dienstreise des Kollegen Wilke nach Leipzig am 27. und 28. Oktober 1965. Staatssekretariat für Kirchenfragen, Arbeitsgebiet Ev. Kirche vom 29.10.1965; BA Abt. Potsdam, Best. O-4, 365).
21   Richtig: Besier.

Insgesamt ermöglicht diese Materialsammlung eine relativ aktuelle Übersicht zu Personen, Organisationen und Sachproblemen (speziell kirchliches Ausland). Bei Notwendigkeit und Anforderung konnten Kurzauskünfte gegeben werden, wie z.B. über ökumenische Gäste zu kirchlichen Großveranstaltungen (Kirchentage, Lutherjahr, Katholikentreffen usw.) bzw. Auskunft über neugewählte hochrangige kirchliche Persönlichkeiten. Dabei handelt es sich um ca. 4 000 Aktenordner (= ca. 370 lfd. Meter) mit den dazu gehörenden Karteien zu Organisationen.

Bemerkung
1957 erfolgte durch die Sowjetunion die Rückführung der von den Faschisten im Ausweichquartier Wittenberg gelagerten und von der SU sichergestellten Bestände des Reichskirchenministeriums an den Kultusminister der DDR. In seinem Auftrag wurde durch eine Arbeitsgruppe (bestehend aus dem stellv. Minister des Inneren, dem damaligen Leiter der STAV, Schirdewan[22], und einem Vertreter des ehem. MfS) die Sicherung und Bearbeitung dieser Aktenbestände unter Federführung des MfS beschlossen. [4] In diesem Zusammenhang wurde der ehem. Pfarrer Paul Beckmann beauftragt, die Bearbeitung und Sicherung dieser Aktenbestände durchzuführen. Zu diesem Zweck hatte er sich bis ins hohe Alter ein Archiv (Abschriften und Kopien von Akten des Reichskirchenministeriums), dazu gehörende Karteien, Bibliotheken usw. zusammengetragen und bearbeitet. Seit 1985 ist entsprechend der testamentarischen Verfügung des Verstorbenen bereits ein großer Teil dieser Aktenbestände aus dem Nachlaß in die STAV zurückgeführt worden mit dem Ziel, alle noch vorhandenen Materialien nach Schwerpunkten aufzubereiten und wieder in die Bestände der STAV einzuordnen. Dies hängt mit der seit Jahren geplanten Öffnung der Sperrbestände zusammen und der nicht mehr notwendigen Arbeitsweise der bisherigen Bearbeitung. Die aus dem Privatbesitz stammenden wertvollen Bibeln u.a. Bücher sind der Tochter Jutta Schmidt, Stahnsdorf, zu übergeben. Der persönliche Nachlaß des Vaters von Beckmann, Paul, dem Physiker Prof. Hermann Beckmann, ist bereits in Abstimmung mit der Tochter Jutta Schmidt dem Staatsarchiv Potsdam übergeben worden.

Vorschlag
Nach der am 6.2.1990 durch Vertreter des Bürgerkomitees (die Herren Gill, Merker und Kroschel) sowie des Zentralen Staatsarchivs (Herr Müller) vorgenommenen Besichtigung wird vorgeschlagen, die vorhandenen Unterlagen dem Zentralen Staatsarchiv in Potsdam zuzuführen.

Begründung
Zu 1.: Der Nachlaß besteht zu einem großen Teil aus Schriftgut, das aus dem Bestand Reichskirchenministerium entfremdet oder aus seiner Benutzung in Form von Kopien oder Auszügen entstanden ist. Entsprechend den Rechtsvorschriften über das staatl. Archivwesen der DDR sind diese Unterlagen in der dafür zuständigen [5] Archiveinrichtung, das ist das Zentrale Staatsarchiv, zusammenzuführen. Dabei gehen wir davon aus, daß nach den Rechtsvorschriften ein Nachlaß unteilbar ist.

---

22   Schirdewan war zusammen mit Wollweber 1958 aller Parteifunktionen enthoben worden, weil er die Ablösung Ulbrichts betrieben hatte. Von 1958 bis 1965 leitete er die Staatliche Archivverwaltung in Potsdam.

Zu 2.: Diese Position besteht vollständig aus einer Zeitungsausschnitt-
sammlung (d.h. offenem Druckschriftenmaterial) zu Kirchen und Religionsgemeinschaften der DDR und des Auslandes. Im Interesse einer
schnellen Nutzung dieser in der DDR einmaligen Zusammenstellung
schlagen wir ebenfalls eine Übergabe an das Zentrale Staatsarchiv vor,
da bei einer Übergabe an das Archiv des ehem. AfNS die Benutzungs-
modalitäten z.Z. nicht überschaubar sind.
Generell ist zu beiden Positionen zu sagen, daß die Verarbeitung dieser
Dokumente im Sinne der Aufgabenstellung der Abteilung XX im Objekt Normannenstr. erfolgte und mit der Aktenübergabe dieser Abteilung an das Archiv des ehem. AfNS dort dokumentiert ist. Sollte sich
doch noch vereinzeltes Schriftgut im Sinne dieser Aufgabenstellung in
den Positionen 1 und 2 befinden, so müßten diese zu einem späteren
Zeitraum vom Zentralen Staatsarchiv an das Archiv in der Normannenstr. übergeben werden.
Bürgerkomitee
gez. [Kroschel]
Mit der Auflösung beauftragt:
gez. [Wiegand]

Dok. 134
Müller[23] an Merker[24]

Berlin, den 9.2.1990

Schreiben Müllers an Merker. Abschrift. Ktn. u. Verbleib u. Bitte um Zustimmung.
Betr.: Expertise der ehem. HA XX vom 8.2.90[25].

Der vom Vertreter des ZStA in der gemeinsamen Begehung am
6.2.1990 mit den in der Expertise genannten Teilnehmern bereits geäußerte Standpunkt, den die Expertise im wesentlichen auch widerspiegelt, wird hiermit noch einmal nachhaltig bekräftigt.
Pos. 1 wurde dem Staatlichen Archivwesen / ZStA bisher vom ehemaligen MfS vorenthalten, trotz der testamentarischen Festlegungen des
Nachlasses. Dazu gehört auch die dort befindliche Bibliothek, wobei
wir von späteren Abgrenzungen zu anderen Fachbibliotheken ausgehen. Die Zusammenführung dieses Materials mit dem Bestand Reichskirchenministerium im ZStA erscheint im Sinne der historischen Forschung und aus archivwissenschaftlichen Aspekten zwingend notwendig.
Pos. 2 Im Interesse einer schnellen Nutzung der „Zeitungsausschnitts-
sammlung" unterstützen wir die Übernahme an das ZStA, besonders
unter dem Aspekt, daß das bisherige Staatssekretariat für Kirchenfragen (dessen Aktenüberlieferung sich bereits teilweise im ZStA befin-

---

23   Müller war Mitarbeiter der Staatlichen Archivverwaltung, Zwischenarchiv Nor-
      mannenstraße, und verantwortlich für die Übernahme des MfS-Schriftgutes.
24   Christoph Märker (sic!) war im Bürgerkomitee als Arbeitsgruppenleiter der Chef
      von Kroschel. Kroschel und Märker koordinierten die Auflösung von Schriftgut
      und Inventar des MfS.
25   Vgl. Dok. 133. Dieses Dokument ist von Hand geschrieben.

det) in Kenntnis dieser Sammlung bewußt auf die eigene Anlage einer solchen verzichtet hat. [2] Bei beiden Positionen gehen wir davon aus, dienstliches Schriftgut des ehemaligen Staatssicherheitdienstes, das in den genannten 2 Positionen verstreut auftaucht (wie Stichproben ergeben haben), nach der Übergabe an das ZStA bei der Einarbeitung ordnungsgemäß herausgelöst wird und dieses Material an das Archiv des ehemaligen MfS / AfNS übergeben wird, so daß bei einer Benutzung im ZStA nicht ehemalige MfS-Unterlagen vorgelegt werden.
[gez.] Müller
Abt.Ltr.

Dok. 135
Aus Arbeitsmaterial für inoffizielle Mitarbeiter

Auszüge aus Arbeitsmaterial für inoffizielle Mitarbeiter der Referate 3 der Abteilungen XX / 4[26].

[a]
Fragespiegel zur Erarbeitung einer Personenauskunft für Personen
aus dem Operationsgebiet
1. Zur Person
– kleine Personalien
– Personenbeschreibung (wenn vorhanden, Foto)
– Berufe, Tätigkeit, Arbeitsstelle mit Anschrift
– wurde die Person r-flüchtig[27], wenn ja, wann und aus welchen Motiven
– soziale Herkunft (berufliche Tätigkeit der Eltern, finanzielle Lage, politische Vergangenheit, jetzige politische Haltung)
– Bildungsweg und berufliche Entwicklung (Besuch von Schulen, Universitäten, Lehrverhältnisse, alle bekannten Arbeitsstellen, Wehrdienst / Wehrersatzdienst)
– Familienverhältnisse, Abhängigkeit vom und Haltung zum Ehepartner
– äußeres Erscheinungsbild (Kleidung, Körperpflege, körperliche Mängel, Auftreten)
2. *Einschätzung der jetzigen Tätigkeit*
– Niveau der Allgemeinbildung, Intelligenzgrad
– Qualifikation und ihre Relation zur gegenwärtigen Tätigkeit
– welche Spezialkenntnisse sind vorhanden?
– wie ist die Stellung bzw. das Ansehen im Arbeitsbereich?
(Abhängigkeit, Grad der Selbständigkeit, Abkömmlichkeit, Disponibilität, Leitungsfunktionen)
– welche Verbindungen aus der beruflichen Tätigkeit zu anderen operativ interessanten Personen / Objekten sind bekannt?
– finanzielle Lage (Lohn / Gehalt / Einkommen, Nebeneinnahmen, Relation zu den finanziellen Verpflichtungen)

26 Es handelt sich hier vermutlich um selbst erstelltes Schulungsmaterial, das sich an den verschiedenen IM-Richtlinien orientierte. Solches Schulungsmaterial gab es in vielen Struktureinheiten.
27 Republik-flüchtig.

– berufliche und persönliche Pläne (Karriere, Qualifizierung, Arbeits-
stellenwechsel, Berufswechsel)
3. Einschätzung der Charaktereigenschaften
– Verhaltenseigenschaften, Leistungsverhalten, Willensqualitäten
– Kontaktverhalten, Ausstrahlung, Wirkung als Persönlichkeit, Ein-
flußvermögen
– Entschlußfreudigkeit, Risikobereitschaft, Mut, Hemmungen
– Lebenserfahrung, Lebensweise, Einheit von Wort und Tat, Haltung
zu Kritik und Selbstkritik
– Auffassungsgabe, Aufnahmevermögen, phys. und psych. Bela-
stungsverhalten
– Hobbies und Leidenschaften und deren Rolle im Leben der operativ interessanten Person
(bei allen angesprochenen Fragen auf positive und negative Seiten und
den Grad ihrer Ausprägung eingehen) [2]
4. Einschätzung des Privatlebens
– Lebensstandard / Lebensniveau
– in welchen Kreisen verkehrt die Person?
– wie sind Charakter und Stabilität dieser Beziehungen einzuschätzen?
– welche Freundschaften bzw. welche privaten Beziehungen bestehen
zu anderen Personen?
– welchen Charakter haben diese Beziehungen und welche Motive
liegen ihnen zugrunde?
– sind unter dem Verwandten-, Freundes- und Bekanntenkreis Ge-
heimnisträger, wenn ja wer, aus welchem Bereich?
– Verhältnis zum anderen Geschlecht, Ausprägung
– wie sind persönliche Schwächen und Risiken einzuschätzen (Alko-
hol, Drogen, Schwatzhaftigkeit, nervliche Labilität, sexuelle Abartig-
keiten, Verfehlungen)?
5. Einschätzung der politischen Einstellung
– Haltung zur DDR (Politik der SED, Errungenschaften, Entwicklung)
– Haltung zur UdSSR und zu anderen Ländern der sozialistischen
Staatengemeinschaft
– welche abweichenden oder ablehnenden Meinungen gibt es dazu?
– Einstellung zur Politik der BRD und ihrer Parteien
– Einstellung zum militärischen, politischen und wirtschaftlichen
Kräfteverhältnis in der Welt
– Verhältnis zu politischen Gruppierungen (Extremismus, Terrorsze-
ne, Grüne Listen, Bürgerinitiativen)
– Haltung zum Wehrdienst bzw. zur Wehrdienstverweigerung
– eigene politische Position, wie wird sie vertreten?
– Zugehörigkeit zu Parteien, Organisationen, Gruppierungen, Sym-
pathisant
– politische Beeinflußbarkeit
– weltanschauliche Kenntnis, aus welcher Quelle bezogen, Haltung
zum Marxismus / Leninismus
6. Verbindungen zur DDR
– bestehende und frühere Verbindungen, welcher Art, auf welcher
Grundlage
– Einschätzung der eigenen Verbindung zur operativ interessanten
Person (Initiative, Kontakt, Intensität, Beeinflussung, Perspektive)

– welche Verbindungspersonen ließen sich noch nutzen, wie sind sie einzuschätzen?
– welche eigenen Möglichkeiten für eine weitere gezielte Bearbeitung werden gesehen?

[b]
Ausgangsmaterialien für OV
[1.] bereits verdichtete und überprüfte Ausgangsmaterialien
politisch-operative und strafrechtliche Einschätzung der Ausgangsmaterialien;
– Ziele der feindlichen Handlung
– Bedeutung des angegriffenen Bereichs
– Pläne, Absichten der feindlichen Zentren
– sind im SPB
– ergeben sich neue SP
– Einfluß des Verantwortungsbereiches
– Stellung der Person und ausgehende Schäden
– Verbindungen nach KA
– Mittel und Methoden der Tatausführung
2. Welche Straftatbestände werden möglicherweise verletzt?
– welche objektiven und subjektiven Beweise liegen zu subjektiven und objektiven Anforderungen der Straftatbestände vor
– Entwicklungsstadium
– kann die Person die Straftat begehen
3. Welche operativen Kräfte und Mittel stehen zur Verfügung?
– weitere Speicher
– Sofortmaßnahmen
Eröffnungsbericht
bestätigt: Stellvertreter Operativ
– Ergebnisse der politisch-operativen und strafrechtlichen Einschätzung des Ausgangsmaterials
– Begründung der politisch-operativen sowie strafrechtlichen Voraussetzungen für das Anlegen
– Zielstellung des OV
Politisch-operative Zielstellungen
– durch offensive, konzentrierte und tatbestandsbezogene Bearbeitung die erforderlichen Beweise für den Nachweis des dringenden Verdachts einer Straftat erbringen
– beginnend mit und im Verlauf der Bearbeitung rechtzeitig gesellschaftschädigende Auswirkungen vorbeugend verhindern
– begünstigende Bedingungen feststellen und beseitigen
– Pläne, Absichten feindlicher Zentren aufklären und vorbeugend verhindern [2]
Operativplan
bestätigt: Leiter der KD
– angestrebte zu erreichende Ziele und Etappenziele
– die vor allem zum Nachweis des dringenden Verdachts zu gewinnenden notwendigen Informationen und Beweise sowie die sich daraus ergebenden Maßnahmen
– die dazu legendiert einzusetzenden operativen Kräfte, IM und operativen Mittel
– Einführung und Herauslösen von IM durch Legenden und Kombinationen

- politisch-operative Maßnahmen zur vorbeugenden Schadensverhütung
- effektive Zusammenarbeit mit anderen DE
- Zusammenwirken mit VP und staatlichen Einrichtungen
- evtl. zeitweilig einzusetzende Arbeitsgruppen
- Termine und Verantwortlichkeiten und Kontrolle der Maßnahmen

[c]
Anlage 10
Muster

Ort, den

Verpflichtung
Ich verpflichte mich aus *politischer Überzeugung (Anmerkung 1)* und aus der Erkenntnis der Notwendigkeit des zuverlässigen Schutzes und der weiteren allseitigen Stärkung der entwickelten sozialistischen Gesellschaft in der DDR und der sozialistischen Staatengemeinschaft mit *dem Ministerium für Staatssicherheit inoffiziell zusammenzuarbeiten.* Diese *inoffizielle Zusammenarbeit* richtet sich gegen die subversiven Angriffe des imperialistischen Feindes, insbesondere gegen die imperialistischen Geheimdienste und Zentralen der politisch-ideologischen Diversion sowie feindliche Organisationen und Personen und zur Gewährleistung der staatlichen Sicherheit der DDR, insbesondere der Aufklärung und Bekämpfung feindlich-negativer Personen und Erscheinungen sowie des Kampfes für eine hohe Ordnung und Sicherheit.
Zur *strikten Geheimhaltung* dieser inoffiziellen Zusammenarbeit gegenüber jeder Person, auch meinem engsten Familienangehörigen sowie Verwandten und Bekannten gegenüber, und zur *Einhaltung der Regeln der Konspiration* wurde ich vom Mitarbeiter des MfS *belehrt.*
In der inoffiziellen Zusammenarbeit mit dem MfS werde ich den Decknamen „[Name]" führen und damit Berichte unterschreiben. Ich wurde belehrt, daß ich bei Bruch der Schweigepflicht und bei Verletzung der Regeln der Konspiration zur Verantwortung gezogen werden kann.
Name, Vorname
geb. / Ort
wohnhaft
Anmerkung: 1. Andere *Werbungsunterlagen* beachten, welche entsprechend des Werbungsvorschlages in der schriftlichen Verpflichtung des IM klar dokumentiert werden müssen
- persönliche und materielle Interessiertheit (Interessen-Bedürfnislage)
- Förderung des Wiedergutmachungswillens (kompromentierendes Material [2]
- Verpflichtung ist handschriftlich vom IM zu schreiben
- Ausnahme nach RL 1 / 79[28] – mündliche Verpflichtung
- Die fünf unterstrichenen grundsätzlichen Forderungen müssen in der Verpflichtung beinhaltet sein.
Das Muster ist nur ein Leitfaden und jede Verpflichtung muß differen-

---

28   Vgl. Dok. 81, Anm. 229.

ziert auf die subjektive Persönlichkeit des IM-Kandidaten zugeschnitten sein.

[d]
Verpflichtung
Ich, [Name], bin aus politischer Überzeugung bereit, das MfS zu unterstützen in den komplizierten Aufgaben zum zuverlässigen Schutz unserer gesellschaftlichen Entwicklung, zur Gewährleistung der inneren Sicherheit der DDR und zur Stärkung der sozialistischen Staatengemeinschaft.
Mir ist bekannt, daß imperialistische Geheimdienste, Konzerne, Organisationen alles unternehmen, um den real existierenden Sozialismus in der DDR durch gezielte Aktivitäten zu stören. Dabei werden durch diese Kräfte besonders die noch vorhandenen Widersprüche und schadensbegünstigenden Faktoren ausgenutzt. In der inoffiziellen Zusammenarbeit wird es meine Hauptaufgabe sein, schadensbegünstigende Faktoren zu erkennen und aktiv an der Beseitigung mitzuwirken, entsprechend meiner betrieblichen Möglichkeiten. Meine erarbeiteten Informationen entsprechend des spezifischen Auftrages zu störungsbegünstigenden Faktoren, Mängel und Mißstände in der Einhaltung von Ordnung, Disziplin und technischer Sicherheit, erarbeitete Beweise für subjektive Handlungen u.a.m., werde ich dem mir bekannten Mitarbeiter des MfS in schriftlicher bzw. mündlicher Form mitteilen. Zur Gewährleistung des sicheren Schutzes unserer Republik und des Friedens werde ich all meine Kräfte einsetzen und alle mir bekanntwerdenden Absichten, Pläne sowie Mittel und Methoden des Gegners, dem Mitarbeiter des MfS mitteilen.
Mir ist klar und ich bin darüber belehrt worden, daß ich über die Zusammenarbeit mit dem MfS gegenüber jeder Person, auch Familienangehörigen, größtes Stillschweigen zu wahren habe. Zu den festgelegten Zusammenkünften in konspirativen Objekten werde ich mich entsprechend vorbereiten, pünktlich und planmäßig zu erscheinen.
Schriftliche Berichte werde ich mit dem Decknamen „[Name]" unterschreiben. Ich werde diese Verpflichtung in all ihren Teilen voll einhalten und die Geheimhaltung und Konspiration jederzeit gewährleisten.
Name, Vorname
wohnhaft / i.

[e]
Anlage 11
Muster – GMS-Verpflichtung
Ort, den
Genosse:
geb. am:
wohnh.:
Berufung
Die Organe für Staatssicherheit der DDR stützen sich in ihrem Kampf gegen die Feinde der DDR gemäß Artikel 23 und 90 der Verfassung[29]

---

29 Vgl. Dok. 130, Anm. 8.

in Übereinstimmung mit Artikel 1[30] und 6[31] des Strafgesetzbuches auf die aktive und breite Mitarbeit der Bürger unserer Republik.
In Erkenntnis dessen, daß der Schutz des sozialistischen Vaterlandes und seiner Errungenschaften Recht und Ehrenpflicht der Bürger der DDR ist, sprechen wir ihnen das Vertrauen aus, und nehmen ihre Bereitschaft entgegen, das Ministerium für Staatssicherheit in seiner verantwortungsvollen Arbeit im Kampf gegen den imperialistischen Feind und zur Durchsetzung sicherheitspolitischer Erfordernisse zu unterstützen.
Auf Grund ihres Staatsbewußtseins und ihrer Bereitschaft zum Schutz unserer sozialistischen Errungenschaften berufen wir sie zur Wahrnehmung demokratischer Rechte bei der Ausübung der Schutzfunktion.
Wir erwarten von ihnen eine aktive, vertrauliche und von gegenseitiger Verantwortung getragene Zusammenarbeit zur weiteren Stärkung und Festigung unserer sozialistischen DDR und der sozialistischen Staatengemeinschaft. Zur Einhaltung der Regeln der Geheimhaltung und Konspiration wurde ich belehrt, und ich werde in der inoffiziellen Zusammenarbeit mit dem MfS den Decknamen „[Name]" führen.
Kenntnis genommen:
GMS – Anmerkung:
Diese Berufung des GMS ist vom Mitarbeiter schriftlich vorzubereiten und vom GMS-Kandidaten zu unterschreiben.

[f]
BV für Staatssicherheit Leipzig
Leipzig, 17.08.1989
Kreisdienststelle Leipzig-Stadt
Befehl Nr. K 302 / 89
Der HIM „Gerd Weber", Reg.-Nr. XIII 650 / 77, wird mit einer Prämie in Höhe von 350,- Mark ausgezeichnet.
Begründung:
Der IM „Gerd Weber" zeigte im Rahmen der Aktion „Kongreß"[32] eine hohe Disziplin und Einsatzbereitschaft. Durch eine hohe Trefftätigkeit im Aktionszeitraum erarbeitete der IM mehrere operative spezifische Informationen zum Verlauf des Kirchentages.
Leiter der KD
[gez.] Schmidt
Oberst

[g]
Anlage 12
Muster
Kreisdienststelle Borna
Borna, den

---

30 In Art. 1 StGB über „Schutz und Sicherung der sozialistischen Staatsordnung und der sozialistischen Gesellschaft" heißt es: „Der Kampf gegen alle Erscheinungen der Kriminalität, besonders gegen die verbrecherischen Anschläge auf den Frieden, auf die Souveränität der Deutschen Demokratischen Republik und auf den Arbeiter- und Bauern-Staat, ist gemeinsame Sache der Sozialistischen Gesellschaft, ihres Staates und aller Bürger".
31 Artikel 6 des StGB garantierte das „Recht der Bürger auf Mitgestaltung der Strafrechtspflege".
32 Dies ist der Deckname für den Leipziger Kirchentag 1989. Vgl. Dok. 124.

Bestätigt:
Leiter der Kreisdienststelle
Name
Dienstgrad
Abschlußbericht zum IM (Kategorie) Deckname, Registriernummer
mit F 1 einzureichen
– Darlegung der konkreten Gründe für die zeitweilige Unterbrechung oder Beendigung der Zusammenarbeit mit dem IM:
• fortgesetzte Unehrlichkeit / Unzuverlässigkeit
• Dekonspiration
• Entlarvung Doppelagent / Provokateur
• kategorische Ablehnung der weiteren Zusammenarbeit
• Perspektivlosigkeit / erschöpfte Einsatzmöglichkeiten
• andauernde Krankheit / Invalidität
• persönliche Veränderungen (Heirat, Kinder)
• berufliche Veränderungen (auf jeden Fall eine Übergabe an die zuständig verantwortliche Dienststelle des MfS)
vorher prüfen:
– welche operativen Kräfte, Mittel und Methoden hat der IM kennengelernt (Mitarbeiter, andere IM, KW, operative Dokumente u.a.) und können daraus Gefahren erwachsen und sich negative Auswirkungen zeigen (Schutz anderer IM kritisch prüfen)
Referatsleiter
Name
Dienstgrad
Mitarbeiter
Name
Dienstgrad
[h]
Anlage 13
Muster
Berichte nach den 8-W-Fragen
wann Datum, Uhrzeit des Vorkommnisses, Ereignisses oder der Erscheinung und seit wann der Quelle bekannt;
wo genaue Bestimmung des Ereignis-, Tat- und Fundortes;
wer Angaben zur Person (Name, Vorname, Alter, Tätigkeit, Funktion, Betrieb, bei Ausländern die Staatsangehörigkeit, wohnhaft); wenn Name nicht bekannt, eventuelle Spitznamen u. a. und eine Personenbeschreibung und weitere Hinweise, die zur Personifizierung führen können;
was vorliegender Sachverhalt / Erscheinung, entstandener und zu erwartender Schaden bzw. Auswirkungen;
wie Hergang der Handlung, des Vorkommnisses bzw. der Erscheinung, wie ist die Quelle in Besitz der Information gekommen;
womit Tatmittel und Gegenstände;
warum Ursachen, Motive;
wen ist die Information bzw. Erscheinung / Vorkommnis noch bekannt, wurden schon Maßnahmen veranlaßt oder sind diese beabsichtigt;
Zuverlässigkeitsgrad der Information;
Bearbeitende Dienststelle / Mitarbeiter;
Form der Bearbeitung;
Quelle.

9
Ausgewählte operative Vorgänge und IM-Akten

9.1
OV „Igel"

Dok. 136
Auszug aus dem Jahresplan 1989

Die Schwerpunkte der operativen Bearbeitung des OV „Igel"[1] sind:
– die Herausarbeitung der inspirierenden und organisierenden Rolle des F. insbesondere im Zusammenhang mit dem personellen Zusammenschluß von ÜSE im Arbeitskreis „Hoffnung"[2] und der vorbeugenden Verhinderung öffentlichkeitswirksamer, demonstrativ-provokatorischer Aktivitäten dieses Personenkreises;
– die Forcierung der innerkirchlichen Auseinandersetzungen mit F. und der Unterstützung von Ansatzpunkten einer Versetzung des Verdächtigen innerhalb der Landeskirche;
– die wirksame Unterstützung der Einflußnahme zuständiger staatlicher Organe auf F. durch die Mitwirkung an der konzeptionellen Vorbereitung von Gesprächsführungen.
Die Wirksamkeit der realisierten Maßnahmen ist in einem Sachstand darzustellen und ein weiterführender Operativplan zu erarbeiten.

1 Zur Überwachung von Personen in einem „Operativvorgang" (OV) vgl. die Erläuterungen von *Gill / Schröter*, 131-140 bzw. hier in der Einleitung, 80 f. - Der Leipziger Pfarrer *Christian Führer* (OV „Igel") wurde spätestens seit 1982 in einem OV („Prediger") bearbeitet, wie die Dokumentation von *Sélitrenny / Weichert*, 124-140 zeigt. Im November 1988 meinte IM „Reger", Führer „sei psychisch kaputt [...] [Er] sei mit seinen politischen Ansichten in den eigenen Reihen der Kirche gescheitert. Ausdruck dessen sei, daß er zu vielen Personen in Opposition stehe [...] Veränderungen in der kirchenamtlichen Funktion des Führer seien nach seiner Versetzung in den Wartestand abzusehen. Unsere Quelle schätzt ein, daß Führer möglicherweise von selbst aufgeben wird" (aaO., 139). Im Sommer 1988 hatte Führer tatsächlich eine schwere Niederlage hinnehmen müssen. Voll Zuversicht heißt es in einem Leipziger MfS-Bericht: „Der Kirchenvorstand der Nikolaikirche beschloß Anfang dieses Monats, am 27.6.1988 ,das letzte Friedensgebet vor der Sommerpause' durchzuführen. Das für den 29.8.1988 angekündigte erste Gebet nach dieser Pause ist mit der Bemerkung verbunden: ,Der Kirchenvorstand empfiehlt, die mehrfach bei uns eingegangenen Äußerungen der Unzufriedenheit über den derzeitigen Zustand der *Friedensgebete* ernsthaft zu prüfen und weiterführende Überlegungen anzustellen.' Diese Entscheidung erfolgte, obwohl bei Pfarrer Führer als Vorsitzenden des Kirchenvorstandes ein hartnäckiges Festhalten an der Bereitstellung der Nikolaikirche für Zusammenkünfte von ÜSE zu verzeichnen ist. Die Differenzen mit Mitgliedern des Kirchenvorstandes wurden zuletzt in der am 20.6.88 erfolgten Gesprächsrunde des zuständigen Stadtbezirksbürgermeisters mit Führer und weiteren Kirchenvorstandsmitgliedern deutlich, in der – gegen die Position des Pfarrers – das Interesse an einer Beendigung der ,belastenden Situation' artikuliert wurde. Dies macht erneut deutlich, wie wichtig die Arbeit mit den Kirchenvorständen und einzelnen ihrer Mitglieder in der Zurückdrängung des Einflusses reaktionärer Amtsträger ist" (FZ Stalinismus, Dresden, Ordner BV Leipzig). Doch daß Führer noch nicht am Ende war, geht aus den folgenden Dokumenten hervor. Vgl. auch Dok. 111, bes. Anm. 286.
2 Der AK „Hoffnung" war von Christian Führer im Frühjahr 1988 gegründet worden.

Dok. 137
Operativinformation Nr. 75 / 89 der Abteilung M

Leipzig, 9. Februar 1989

Schreiben mit eigenhändiger Unterschrift. Absender: BV Leipzig, Abteilung M. Anschrift: AKG. Operativinformation 75 / 89.

Im Prozeß unserer Fahndungs- und Auswertungstätigkeit erarbeiteten wir die Postsendung, gerichtet an:
Empfänger: Führer, Christian, 7010 Leipzig, Nikolaikirchhof 3, Pfarrer Ev.-luth. Kirchengemeinde St. Nikolai – St. Johannes
Absender: Dörr, Henry – erf.: MfS – HVA / II / 2, 7024 Leipzig, Seipelweg 18, PKZ: 111062 4 25000 in Leipzig, Elektromonteur / STM Leipzig, Rackwitzer Str., ÜSE nach der BRD seit 10 / 84
Sachverhalt:
Der Absender beabsichtigt, eine nicht genehmigte Umfrage zu dem Thema „Was stört Sie in der DDR?" durchzuführen. Die Ergebnisse und Erkenntnisse aus den Zuschriften der Umfrage, auch anonymer Art, sollen literarisch verwendet werden. Der Absender erhofft sich vom Empfänger, nach einer bisher schon erfolgten Rücksprache, Unterstützung bei seinem Vorhaben.
Maßnahmen:
– Information und Abzug an MfS – HVA / II / 2 – MA 329
(lt. Rücksprache mit HVA sollen zuständige DE informiert werden)
– Information und Abzug an Abt. XX / 4
– Information an BKG
– Information an AKG
Leiter der Abteilung
[gez.] Katsch
Oberstleutnant

Dok. 138
Operativinformation Nr. 3 / 89 der KD Leipzig-Stadt

Leipzig, 11.01.1989

Operativinformation Nr. 3 / 89. Hinweis- und Merkmalskomplex 2. Absender: BV für Staatssicherheit Leipzig, Kreisdienststelle Leipzig-Stadt. Verteiler: Abt. XX / BV Leipzig; AKG / BV Leipzig; KD Leipzig-Stadt / Ref. AuI, Ref. XX / 2.

Durch zielgerichteten IM-Einsatz der KD Leipzig-Stadt zum sog. Friedensgebet (FG)[3] am 9.01.1989, 17.00 Uhr in der Nikolaikirche, konnten folgende Erkenntnisse erarbeitet werden. Am Friedensgebet nahmen ca. 320 Personen teil. Identifiziert wurden:
Superintendent Magirius[4], Friedrich, geb. 26.06.1930, Abt. XII: erf. für

---

3 Zu den Leipziger Friedensgebeten vgl. schon Dok. 83, Anm. 240 und Dok. 111.
4 Bei den folgenden Namen ist jeweils nur der Vorname und der erste Buchstabe des Nachnamens getippt, der volle Nachname ist dagegen handschriftlich ergänzt. Zu Magirius vgl. Dok. 82, Anm. 232.

KD Leipzig-Stadt, Superintendent Richter, Johannes, geb. 04.03.1934, Abt. XII: erf. für KD Leipzig-Stadt, Pfarrer Führer, Christian, geb. 05.03.1943, Abt. XII: erf. für KD Leipzig-Stadt, Schwabe, Uwe, geb. 04.05.1962, Abt. XII: erf. für Abt. XX, BV Leipzig, Rudolph, Thomas, geb. 21.02.1963, Abt. XII: erf. für Abt. XX, BV Leipzig, Oltmanns, Gesine, geb. 06.01.1965, Abt. XII: erf. für Abt. XX, BV Leipzig, Walther, Kathrin, geb. 29.12.1970, Abt. XII: erf. für KD Leipzig-Stadt und Leyser, Lothar, geb. 18.08.1952, tätig im Kombinat Waren des täglichen Bedarfs, VB der Abt. XVIII, BV Leipzig.

Die Eröffnung erfolgte durch den Pfarrer Führer. Führer erklärte, daß der Kirchenvorstand der Nikolaikirche am 08.12.1988 eine Regelung bezüglich der Einbindung der Basisgruppen in die FG beschlossen haben und diese den Basisgruppen zugesandt worden ist[5]. [2] Bisher hätte jedoch keine Basisgruppe auf diese Regelung geantwortet. Führer findet es gut, daß trotz aller Spannungen im Jahre 1988 die Nikolaikirche für alle offen ist. Führer verwies hierbei auch auf die derzeitig gespannte Lage in der ständigen Vertretung der BRD in der DDR[6], ohne näher darauf einzugehen. Das würde jeder verstehen, der weiß, wo wir leben.

Nach einem Lied und der Seligpreisung sprach eine ältere, ca. 180 cm große, grauhaarige Person, Brillenträger, vermutlich Pfarrer Wyak, Manfred, geb. 21.07.1934, Abt. XII: erf. für KD Leipzig-Stadt. Ausgehend von einem Bibelvers meditierte er über die Beziehungen zwischen Allen – Entfernung zwischen Allen, zwischen Menschen und Gott, Kirche und Gemeindegliedern und Mächtigen und dem Volk.

Zu diesen Problemen wurden die Fürbitten hergeleitet. Es wurde dafür gebetet, daß die Mächtigen die Lage durchschauen, die Abrüstung fortgesetzt wird und mehr Gerechtigkeit und Menschenrecht Durchsetzung finden. Zwischen der Regierung und dem Volk tut sich eine Kluft auf, aber es gibt Menschen, die das erkannt haben. Diese Menschen und jene Menschen, welche sich in der Ständigen Vertretung befinden, wurden besonders in die Fürbitte eingeschlossen. Es gälte Mißverständnisse durch Toleranz abzubauen. Probleme gibt es durch äußere Bedingungen, Nachbarn, in der Familie, mit der Gesellschaft. Letzteres ist ein Grund für die, die in den anderen Teil unseres Landes wollen. Weiterhin wurde für diejenigen gebetet, die mit sich selbst und Gott nicht klarkommen.

Nach dem abschließenden Segen, einem Lied und Orgelmusik endete das FG ohne Vorkommnisse. Eine Verteilung von Papieren, Aufrufen o.ä. wurde durch die eingesetzten Quellen nicht festgestellt. Es gab keine Hinweise auf Mißbrauchshandlungen und Aktivitäten in Vorbereitung der Liebknecht-Luxemburg-Ehrung[7].

---

5   Vgl. dazu Dok. 111, bes. Anm. 286.
6   Zu dieser Zeit hielten „neun oder zehn Personen" die Ständige Vertretung der Bundesrepublik in Ost-Berlin besetzt (*Rein*, Revolution, 126 f.). Die Lage war insofern komplizierter und zugleich brisanter als sonst, als sich die Besetzer längere Zeit dem bislang „üblichen Arrangement" widersetzten, das vorsah, „daß die DDR den Besetzern der Ständigen Vertretung in aller Stille durch den DDR-Rechtsanwalt Wolfgang Vogel Straffreiheit und die Bearbeitung ihrer Ausreiseanträge innerhalb der nächsten sechs Monate in Aussicht stellt, wenn sie ohne öffentliches Aufhebens wieder an ihre Wohnorte zurückkehren." (ebd., 127) Schließlich mußten die Besetzer ihren Plan, direkt in die Bundesrepublik auszureisen, aber doch aufgeben und zunächst in ihre Wohnorte zurückkehren.
7   Vgl. Dok. 105 sowie Dok. 139, Anm. 12.

Die Personen Schwabe, Rudolph, Oltmanns und Walther standen während dem gesamten FG im hinteren Mittelgang der Kirche und beobachteten aufmerksam die Anwesenden. Die Quellen schätzen ein, daß wenige Vertreter der Basisgruppen anwesend waren und sich die Teilnehmer am FG überwiegend aus Antragstellern auf ständige Ausreise zusammensetzten. [3] Am sogenannten „Basisgruppenaufsteller" in der Nikolaikirche befindet sich derzeit eine Selbstdarstellung der Untergruppe „Umgestaltung" der Interessengemeinschaft „Leben". Kontaktadresse ist dafür der: Arnold, Michael, Abt. XII: erf. für Abt. XX, BV Leipzig. Durch das Ref. AuI erfolgt die ZPDB-Speicherung des Sachverhaltes zu den für die KD Leipzig-Stadt erfaßten Personen.
Leiter der KD
[gez.] Schmidt
Oberst

Dok. 139
Quartalseinschätzung I / 89

Leipzig, 28.3.1989

Quartalseinschätzung I / 89. Verfasser: BV für Staatssicherheit, Abteilung XX / 4.

1. OV „Igel" – Reg.-Nr. XIII 373 / 87
1 Person (DDR), §§ 214[8], 218[9], 220[10] StGB, eingesetzte IM: IMB „Wilhelm"[11], 2. Operativplan vom 1.8.1988
2. Im Berichtszeitraum trat der Verdächtige selbst nicht mit eigenen feindlich-negativen Aktivitäten in Erscheinung. Erneut war aber zu verzeichnen, daß er persönliches Engagement und Interesse dort einbringt, wo gesellschaftspolitisch-relevante Aktivitäten und Aktionen vorbereitet und realisiert werden. Eigenes öffentliches Handeln mit möglichen persönlichen Konsequenzen wird von ihm dabei bewußt unterlassen. Dies trifft sowohl auf die Ereignisse um den 15.1.89 in Leipzig[12] als auch zur Leipziger Frühjahrsmesse[13] zu. Es war festzu-

---

8   Dieser Paragraph betraf die „Beeinträchtigung staatlicher oder gesellschaftlicher Tätigkeit". Vgl. Dok. 151, Anm. 101.
9   § 218 StGB stellte den „Zusammenschluß zur Verfolgung gesetzwidriger Ziele" unter Strafe. Vgl. Dok. 101, Anm. 180.
10   Vgl. Dok. 65, Anm. 47.
11   Vgl. die hier als Dok. 153 abgedruckte Akte des IMB „Wilhelm".
12   Gemeint sind hier die Ereignisse im Umfeld der Gedenkveranstaltung für Karl Liebknecht und Rosa Luxemburg. Ähnlich wie in Berlin (vgl. Dok. 105) kam es auch in Leipzig zu Protesten. Vgl. hierzu die „Information über Aktivitäten feindlich-negativer Kräfte in Leipzig im Zusammenhang mit dem 70. Geburtstag der Ermordung von Karl Liebknecht und Rosa Luxemburg" vom 16.1.1989, abgedruckt in: *Mitter / Wolle*, 11–14. Danach nahmen am 15.1.1989 in Leipzig „ca. 150-200 Personen" an der Gegenveranstaltung teil, 53 wurden zugeführt (12). *Sievers*, 148 spricht dagegen von ca. achthundert Demonstranten und achtzig Festgenommenen. Vgl. ferner den Bericht der Bezirksleitung der SED Leipzig an Honecker vom 16.1.1989, abgedruckt in: *Mitter / Wolle*, 15 f.
13   Nach *Sievers*, 148 demonstrierten am 13.3.1989 sechshundert der tausend Teilnehmer im Anschluß an das Friedensgebet. Wie im Jahr zuvor (vgl. Dok. 111, Anm. 284) wollten die Demonstranten die Anwesenheit westlicher Journalisten zu Be-

stellen, daß F. jeweils Detailkenntnisse zu den Vorgängen hatte und seinerseits aktiv in die Informations- und Kommunikationsbeziehungen einbezogen war. Aus internen Informationen wird ersichtlich, daß er öffentliche Demonstrationen und Bekundungen als legitimes Kampfmittel ansieht, um gegenüber dem Staat anstehende Probleme anzuzeigen. F. selbst unterließ es jedoch, sich selbst außerhalb der Kirche öffentlich zu äußern. Es ist zu vermuten, daß er damit, aufgrund seiner Erfahrungen vom November 1988[14] und offenstehender Fragen seiner kirchlichen Anstellung, persönliche Konsequenzen für sich ausschließen wollte.

Dagegen mißbrauchte er erneut ein montägliches „Friedensgebet", um dem von ihm betreuten AK von Antragstellern auf ständige Ausreise „Hoffnung" einen öffentlichen Auftritt zu ermöglichen. Am 27.2.89 gestaltete der F. gemeinsam mit drei Mitgliedern dieses Arbeitskreises das „Friedensgebet", das einen offenen politisch-feindlichen Charakter annahm, der eingetretenen Lageberuhigung entgegenwirkte und die Erwartungshaltung der AStA in Hinblick auf die Leipziger Frühjahrsmesse anheizte. Dies zeigte sich dann auch im Vorfeld des Messemontages, indem die Durchführung eines sogenannten Schweigemarsches von AStA erwartet und propagiert wurde.

Der F. selbst engagierte sich persönlich an diesem Tag nur hinsichtlich der organisatorischen Durchführung des „Friedensgebetes" innerhalb der Kirche. Danach verließ er unverzüglich den Vorplatz. Er nahm weder innerhalb noch außerhalb persönlich Einfluß auf die Lageentwicklung. [2]

In der durch staatliche Organe erfolgten Auswertung zum „Friedensgebet" vom 27.2.89 war der F., im Gegensatz zu kirchenleitenden Amtsträgern, uneinsichtig und verteidigte sein Vorgehen. Über ein persönliches Gespräch des Bischof Hempel mit dem F. am 21.3.89 liegen keine inhaltlichen Hinweise vor.

Aus internen Äußerungen des F. wird deutlich, daß er sein persönliches Handeln und Engagement für die Antragsteller als „im Sinne des Staates" sieht und es für ihn unverständlich ist, daß man ihm staatlicherseits dafür bisher nicht gedankt habe. Er meint, entscheidend dafür gewirkt zu haben, daß seit über einem Jahr die Ereignisse begrenzt geblieben seien. Er würde das tun, wo staatliche Organe ihre Verantwortung nicht erfüllen.

Aus dieser Selbstüberschätzung heraus war es für den F. unverständlich, daß die beabsichtigte gemeinsame Reise mit Ehefrau und mit eigenem PKW zu einem Onkel seiner Frau in der BRD, für ihn *abgelehnt* wurde. Er wandte sich deshalb mit *Eingaben* an den *Sektor Kirchenfragen und die DVP* und ging dabei davon aus, daß ihm, wie auch 1988, die Genehmigung noch erteilt wird. Er meint, daß es sich der „Staat" nicht leisten kann, mit ihm in seiner Funktion als Pfarrer einer der wichtigsten Stadtkirchen auf Konfrontation zu gehen. Die Reisege-

---

ginn der Messe für die Demonstration ihrer Anliegen nutzen. Vgl. auch die MfS-"Information über eine provokatorisch-demonstrative Aktion von Anstragstellern auf ständige Ausreise in Leipzig" vom 14.3.1989, abgedruckt in: *Mitter / Wolle*, 28.

14 Mit dieser Bemerkung wird vermutlich auf die Auseinandersetzungen im Kirchenvorstand der Nikolaigemeinde um das Friedensgebet angespielt. Vgl. Dok. 111 bzw. Dok. 136, Anm. 1. Eventuell sind aber auch gesundheitlichen Probleme Führers gemeint. Vgl. Dok. 141.

nehmigung wurde nach seiner Beschwerde auf Einspruch des MfS hin durchgesetzt.
Der F. hat sich im Berichtszeitraum erneut regelmäßig der Arbeit des AK „Hoffnung" gewidmet. Neben thematischen Abenden zu der neuen Reiseverordnung[15] und der Vorbereitung der Kommunalwahlen[16] wird derzeit ein Mal- und Zeichenwettbewerb organisiert, wo F. beabsichtigt, einzelne Arbeiten auch in der Nikolaikirche auszustellen. Es erfolgte der Verkauf und Versand eines selbstgebastelten und erstellten *Wochenkalenders des AK „Hoffnung"*. Die Lesung von Stephan Heym am 17.3.89 in der Nikolaikirche wurde ebenfalls auf Einladung durch Mitglieder des AK vorbereitet und unter Verantwortung von F. vor ca. 2 000 Personen ohne Störungen durchgeführt.
Aus der Kontrolle von Rückverbindungen ehemaliger Antragsteller des AK und aus Informationen aus dem Ak selbst wird deutlich, daß *der F. anstrebt, einen Fortbestand der Verbindungen auch in der BRD zu sichern und als „Freundeskreis Nikolai" in organisatorische Formen zu bringen.* In diesem Sinne nimmt der F. Einfluß auf vor der Ausreise stehende Antragsteller, vor allem die, die schon in Leipzig zum „Leitungskreis" zählten.
Aus den bestehenden NSW-Kontakten des F. ergaben sich keine neuen relevanten Hinweise.
Die Tochter des F. beantragte als Theologiestudentin in Jena eine Jugendtouristreise ins NSW.
3. Operative Kontrolle des F. und des AK „Hoffnung" in Hinblick auf die bevorstehenden gesellschaftspolitischen Höhepunkte. Forcierung der innerkirchlichen Auseinandersetzungen um F.
Im Zusammenhang mit bevorstehenden gesellschaftspolitischen Höhepunkten erfolgt eine Präzisierung des Operativplanes bis 30.04.89.
Oppel
Hauptmann
Leiter der Abteilung
[gez.] Strenger
Major

Dok. 140
Quartalseinschätzung II / 89

Leipzig, 30.6.1989

Quartalseinschätzung II / 89. Verfasser: BV Staatssicherheit, Abteilung XX / 4[17].

1. OV „Igel" – Reg.-Nr. XIII 373 / 87

15   Die neue Reiseverordnung vom 30.11.1988 (GBl. I, 271) war zum 1.1.1989 in Kraft getreten. Sie brachte gewisse Erleichterungen, denn nun konnten Personen schon vom 50. Lebensjahr (früher 60.) an eine Reise in den Westen beantragen. Zur Einschätzung der neuen Verordnung vgl. *Brunner*, Freizügigkeit, 139-141. Am 14. März wurde die Reiseverordnung erneut revidiert; nun durften auch Verwandte zweiten Grades und beide Ehepartner gemeinsam in die Bundesrepublik reisen (GBl. I, 119 vom 28.3.1989).
16   Vgl. Dok. 141, Anm. 27.
17   Ein Teil dieses Dokumentes ist abgedruckt in: *Stasi intern*, 252.

1 DDR-Person, §§ 214[18], 218[19] StGB, eingesetzte IM: IMB „Wilhelm"[20], 2. Operativplan vom 1.8.88, neuer Operativplan: 30.9.89
2. Für den Berichtszeitraum ist zum Verdächtigen einzuschätzen, daß er trotz ständiger mittelbarer Einbeziehung im Rahmen der relevanten Ereignisse im Mai und Juni in der Stadt Leipzig sowie trotz seiner ständigen Präsenz oder Beteiligung zu den montäglichen „Friedensgebeten" erneut nicht selbst mit relevanten, feindlich-negativen Aktivitäten in Erscheinung trat.
Durch die realisierten Kontrollmaßnahmen wurde wiederum belegt, daß der F. durch die Führungskräfte der PUT von der Vorbereitung und den Ergebnissen ihrer Aktivitäten informiert und darüber hinaus auch bei der Beratung ihrer Vorhaben konsultiert wird. Dabei wird ersichtlich, daß der F. sowohl die von der Kirchenleitung vorgegebenen Positionen vertritt und dabei gleichzeitig bemüht ist, die Interessen der bekannten feindlich-negativen Kräfte zu unterstützen. So wählte er gezielt im Ergebnis der Frühjahrstagung der Landessynode den Beschluß Nr. 256 zu den Kommunalwahlen aus und gab ihn während des „Friedensgebetes" zur Kenntnis[21]. Der F. selbst nahm nicht an der Wahl teil.
Im Zusammenhang mit der Eskalation von öffentlichkeitswirksamen Provokationen Anfang Mai bestätigte sich auch, daß der F. direkt in das Informationssystem der operativ bekannten feindlich-negativen Kräfte integriert ist. Er wird sowohl als hinlänglich bekannter Anlaufpunkt als auch zur Informationserfassung und -übermittlung genutzt.
Aus den vorliegenden Hinweisen zum Verhalten des F. im Zusammenhang mit den ständigen Provokationen von Besuchern, vor allem AStA, zu den montäglichen „Friedensgebeten" muß geschlußfolgert werden, daß ihm selbst nicht an einer Beruhigung der Lage gelegen ist. Dabei sind vereinzelte, auf Einlenkung gerichtete Haltungen bzw. Äußerungen des F. als taktierendes Verhalten zu bewerten. In den grundsätzlichen Problemfeldern beharrt er auf den bekannten Positionen und zeigt wenig Kompromißbereitschaft. Vielmehr ist er einer derjenigen, die massiv versuchen, die Ursachen für die Ereignisse in der Stadt Leipzig dem Staat und dessen politischer Führung anzulasten. Dies wird u.a. darin ersichtlich, daß er gemeinsam mit dem von ihm geleiteten Kirchenvorstand alle Bemühungen ablehnte, die „FG" aus der Nikolaikirche zu verlegen. [2] Selbst in einer Sondersitzung des KV am 18.5.89, in der sich der Landesbischof *Hempel* persönlich um eine solche Lösung bemühte, setzte der F. die Fortführung der „FG" in der Nikolaikirche durch. Lediglich einer Umbenennung in „Montagsgebete" stimmte er zu. Bemühungen, um wenigstens eine zeitliche Verlagerung zu erreichen, stellte F. Forderungen nach dem Verzicht auf polizeiliche Präsenz und Maßnahmen entgegen. Das Taktieren des F. wird auch darin erkennbar, daß er im Zusammenhang mit der Teilnahme von Bischof *Hempel* an den „Montagsgebeten" sich persönlich dafür einsetzte, den mittlerweile üblichen demonstrativen Marsch von AStA nach dem Gebet zu unterbinden.
Zum AK „Hoffnung" ist einzuschätzen, daß dieser de facto seine Tä-

18   Vgl. Dok. 139, Anm. 8.
19   Vgl. Dok. 101, Anm. 180.
20   Vgl. Dok. 153.
21   Dies geschah Sievers zufolge am 24.4.1989. Vgl. *Sievers*, 148.

tigkeit Ende April eingestellt hat. Anfänglich drosselte der F. selbst, aufgrund mehrfacher Vorhaltungen staatlicherseits in bezug auf seine Arbeit in diesem AK und den festgestellten öffentlichkeitswirksamen Aktivitäten von AStA im Namen des AK, die Durchführung weiterer Treffen.

Mit der Auflassung und Übersiedlung in die BRD / WB von einer Vielzahl der Mitglieder des AK von März bis Mai 1989 – vor allem aus dem sogenannten Leiterkreis – wurde dieser Prozeß gefördert und die kontinuierliche Weiterarbeit des AK „Hoffnung" empfindlich gestört. Es ist gegenwärtig nicht erkennbar, inwieweit sich die F. um eine Neuformierung des AK bemüht.

Festgestellt wurden und werden jedoch stabile Rückverbindungen ehemaliger Mitglieder dieser AK zum F. und deren weitere Bemühungen, sich in der BRD zu einem geplanten Interessenkreis „St. Nikolai" Leipzig zu formieren.

3. Hinsichtlich des bevorstehenden KTK / KT in Leipzig[22] gibt es keine Hinweise auf konkrete Vorhaben oder Pläne des F. Öffentliche Auftritte des F. sind bisher nicht vorgesehen.

[gez.] Oppel
Hauptmann
Leiter der Abteilung
[gez.] Strenger
Major

Dok. 141

Sachstandsbericht zum OV „Igel"

Leipzig, 2. Oktober 1989

Sachstandsbericht zum OV „Igel" – Reg.-Nr. XIII 373 / 87. Verfasser: BV für Staatssicherheit, Abteilung XX / 4.

Im OV „Igel" wird seit 6 / 87 der
Name, Vorname: *Pfr. Führer, Christian*[23]
geb. am / in: 05.03.1943 in Leipzig
wohnhaft: 7010 Leipzig, *Nikolaikirchhof 3*
Beruf: Pfarrer
Tätigkeit: Pfarramtsleiter
Arbeitsstelle: Ev.-luth. Landeskirche Sachsens / St. Nikolai-St. Johannis Gemeinde Leipzig
Familienstand: verheiratet
Parteizugehörigkeit: ohne
Organisationen: keine
Staatsangehörigkeit: DDR
Vorstrafen: keine
PKZ: 05.03.43.4.27162
gemäß den Par. 214[24], 220[25] StGB bearbeitet. Mit Gründung und Füh-

---

22 Zum Leipziger Kirchentag vgl. Dok. 124.
23 Der Name und der Straßenname sind hier von Hand eingesetzt worden.

rung des AK „Hoffnung" als einem Zusammenschluß von AStA durch
den F. im Frühjahr 1988 wurde die Bearbeitungsrichtung im Sinne des
Par. 218[26] StGB erweitert.
Ausgehend von den im Sachstandsbericht vom 24.6.88 dargelegten Be-
arbeitungsergebnissen ist für den nachfolgenden Bearbeitungszeitraum
folgender erreichter Stand auszuweisen:
Die Position und das Wirken von F. bestätigen zunehmend seine
Schlüsselrolle für die Lageentwicklung in den Staat-Kirche-Beziehungen im Verantwortungsbereich, speziell in der Stadt Leipzig. Dabei ist
nach wie vor festzustellen, daß von ihm persönlich keine gezielten, öffentlichkeitswirksamen Aktivitäten ausgehen. Er unterstützte und för-
derte jedoch durch diese Haltung und sein Auftreten diesbezügliche
Vorhaben feindlich-negativer Kräfte mehrfach. [2]
Dabei muß hervorgehoben werden, daß seine noch bis etwa zum Jah-
resende 1988 teilweise vertretenen realistischen Positionen im Rahmen
innerkirchlicher Positionierungen von ihm zunehmend aufgegeben
wurden und er seit den „Mai-Ereignissen 1989"[27] durchgängig gegen
unsere staatliche und gesellschaftliche Entwicklung gerichtete Positionen vertritt. Diese Positionierung von F. widerspiegelte sich in den
1989 mehrfach geführten Disziplinierungsgesprächen durch staatliche
Organe, aber auch in inoffiziellen Aussagen, wonach er bereit sei, eine
vom Staat gewollte Konfrontation anzunehmen.
Alle 1989 aktiv betriebenen Versuche seiner Disziplinierung blieben
ohne erkennbare Wirkung. Auch die nachträglich durchgesetzten Be-
günstigungen für F. im Rahmen von DFA-Reisen veranlaßten ihn nicht
zu loyaleren Positionen. Vielmehr wertete er dies als „Siege für seine
prinzipiellen Haltungen" und fühlte sich nach der Widerrufung der
durch die VP ausgesprochenen Ablehnung in seiner Auffassung bekräftigt, daß es sich der Staat nicht leisten könne, mit ihm als Pfarrstel-
lenleiter einer der Leipziger Hauptkirchen auf Konfrontation zu gehen. Mit dieser selbstsicheren und zum Teil arroganten Haltung trat er
in den verschiedensten Gesprächen gegenüber staatlichen Organen auf,
zuletzt auch gegenüber dem OBM am 1.9.1989.
Für das Wirken von F. ist dabei insgesamt bedeutsam, daß er die kirchenrechtlichen Aspekte aufgrund seines Vorsitzes im Kirchenvorstand
der Nikolaikirche bewußt beeinflußt und ausnutzt. Ausgehend von
dieser kirchenrechtlichen Absicherung hat er 1989 alle Versuche, die
Lage um die Nikolaikirche sowohl staatlicherseits als auch innerkirchlich zu ändern, scheitern lassen. Der F. entscheidet mit seinem Einfluß
die Haltungen und Entscheidungen des Kirchenvorstandes. Damit
konnte er seinen persönlichen Willen und seine Ziele, die „Montagsgebete" in der Nikolaikirche zu halten, realisieren, ohne sich persönlich
in den Vordergrund bringen zu müssen. Mit Hilfe des Kirchenvorstan-

---

24   Vgl. Dok. 139, Anm. 8.
25   Vgl. Dok. 65, Anm. 47.
26   Vgl. Dok. 101, Anm. 180.
27   Wie in anderen Städten der DDR so kam es auch in Leipzig nach den Kommunal-
     wahlen am 7.5.1989 zu zahlreichen Protesten und Demonstrationen gegen die vor-
     genommenen Wahlfälschungen. Wieder wurden viele Menschen verhaftet, und
     fortan beobachtete eine wachsende Zahl von Sicherheitskräften die Friedensgebete
     in der Nikolaikirche. Zu den Vorgängen in Leipzig vgl. die in Stasi intern, 294-307
     abgedruckten Dokumente. Ab Juni 1989 kam es nur noch in Berlin zu öffentlichen
     Protesten.

des konnte er sich auch gegen Einwände des Bischofs durchsetzen. So sicherte er gleichzeitig sowohl den feindlich-negativen Kräften der PUT als auch den AStA ihre Wirkungsmöglichkeiten zu den „Montagsgebeten" und damit die von ihnen angestrebte wirksame Öffentlichkeit.

Der F. wird sowohl von den Kräften der PUT aber auch von AStA über geplante Vorhaben und erreichte Ergebnisse bzw. eingetretene Konsequenzen unterrichtet. Er wirkt für und in diesen Personenkreisen offensichtlich als Koordinator, als Berater und als Konsultationspunkt für die Informations- und Kommunikationsbeziehungen. Zunehmend wird darüber hinaus erkennbar, daß sich der F. mit der Nikolaikirche in einer „Schutzfunktion" für die oppositionellen Kräfte wähnt und dies mit seinen Handlungen auch demonstriert. [3]

Für die im Bearbeitungszeitraum eingetretene Lageentwicklung, vor allem um die Leipziger Nikolaikirche macht der F. ausschließlich die staatlichen Organe verantwortlich. Diese Auffassung vertritt er sehr offensiv und er unterstellte darüber hinaus bei relevanten Vorkommnissen mit Vorliebe, vor allem gegen das MfS, daß es sich hier um „geschickte Provokateure" handele, die dem Staat mit einer Eskalation der Ereignisse in die „Arme arbeiten würden".

Den stetig wachsenden Zustrom von Besuchern in der Nikolaikirche sieht der F. auch als einen Erfolg seines eigenen Wirkens an. Mit verschiedenen thematisch brisanten bzw. zugkräftigen Veranstaltungen hatte er diese Entwicklung wirksam gefördert, u.a. einer Buchlesung von St. Heym zur Frühjahrsmesse 1989[28]. Der seit über einem Jahr anhaltende stete Besucherstrom zur Nikolaikirche bestärkte den F. dabei nicht unwesentlich darin, seinen Einfluß für eine Fortsetzung der „Montagsgebete" geltend zu machen und bisher erfolgreich zu sichern. Dieses Eintreten von F. für die Durchführung der „Montagsgebete", sowohl öffentlich gegenüber staatlichen Organen als auch innerkirchlich während der Spannungen zwischen Basisgruppen und Kirchenleitung im Herbst 1988 sowie bis hin zur Einflußnahme seitens des Landesbischofs, Dr. Hempel, haben seine Stellung und Anerkennung unter den feindlich-negativen Personenkreisen aufgewertet.

Es muß eingeschätzt werden, daß aus den dargelegten Zusammenhängen heraus eine Beruhigung der Lage um die Nikolaikirche Leipzig nur gemeinsam mit einer wirksamen Disziplinierung von F. erreicht und erhalten werden kann.

Aus der für ihn erlebbaren innerkirchlichen und kirchenrechtlichen Stützung sowie dem ständig wachsenden öffentlichen Zuspruch und Sympathien hat der F. für sich zunehmende Selbstsicherheit und die Auffassung abgeleitet, stellvertretend für diese antisozialistischen Kräfte den staatlichen Erwartungen und Maßnahmen widerstehen zu müssen und können. Damit wirkt er zugleich im Sinne bzw. in voller Übereinstimmung mit seiner eigenen politisch-feindlichen Haltung.

Diese Bewertungen zum F. werden durch folgende sachverhaltsbezogene operative Bearbeitungsergebnisse gestützt: Nach der Sommerpause 1988, in der auf verschiedenste Weise auf kirchliche Amtsträger im Territorium Einfluß genommen wurde, um die Lage zu den montäglichen „Friedensgebeten" zu entspannen, hatte sich der F. mit seinem Kirchenvorstand auf einen Beschluß festgelegt, der ein eigenständiges

---

28 Vgl. Dok. 140.

Agieren der Basisgruppen ausschließen sollte. Damit schloß sich der F. auch den Vorstellungen von Sup. *Magirius* an, und die Durchführung der „Friedensgebete" oblag jeweils einem ordinierten Amtsträger. [4] Wie aus späteren Positionierungen von F. hervorgeht, hatte er versucht, mit diesem Beschluß vor allem die Fortsetzung der montäglichen „Friedensgebete" überhaupt zu sichern. Dies wurde auch deutlich in seinen Auftritten zu nachfolgenden „Friedensgebeten", wo er sich im Zusammenhang mit zunehmenden Mißbrauchshandlungen von Basisgruppenvertretern, vor allem für die Respektierung des KV-Beschlusses und gegen Verstöße dieser Kräfte gegen christliche Moral und Ethik einsetzte. Hinsichtlich der politischen Zielstellungen dieser Aktivitäten erfolgte durch F. trotz gegebener Möglichkeiten nie eine disziplinierende Einflußnahme. Lediglich vereinzelte, formelle Distanzierungen wurden von F. im Nachhinein geäußert, wobei diese wiederum erst durch staatliche oder innerkirchliche Einflußnahme ausgelöst wurden und taktischen Gesichtspunkten unterlagen.

Seine zu diesem Zeitpunkt festzustellende weitestgehende Übereinstimmung mit den Auffassungen und Haltungen der kirchlichen Verantwortungsträger im Territorium zur Art und Weise der Fortführung der „Friedensgebete" wurden von ihm jedoch sukzessiv aufgegeben. Zunehmend lavierte er gegenüber den Basisgruppenvertretern, offensichtlich auch in der Einsicht, daß durch die sich im Zeitraum Oktober / November 1988 verstärkenden Mißbrauchshandlungen die von ihm gewünschte Fortsetzung der Gebete gefährdet war und andererseits die innerkirchlichen Auseinandersetzungen für ihn nicht mehr beherrschbar wurden.

In den Gesprächen mit den Vertretern von Basisgruppen hob er deshalb auch zunehmend hervor, daß diese innerkirchlichen Differenzen den staatlichen Organen in ihren Absichten entgegenkommen. Zunehmend war er auf eine vernehmliche Einigung bedacht, was sich schon darin widerspiegelte, daß entgegen dem gültigen KV-Beschluß während der „Friedensdekade 88" vom 6.-16.11.88 den Basisgruppen eine eigenständige Gestaltung der „Friedensgebete" ermöglicht wurde. Trotz der damit einsetzenden Eskalation von feindlich-negativen Provokationen und Demonstrativhandlungen, mit einem Höhepunkt am 9.11.88 in Form der Verbreitung von Flugblättern und der Durchführung einer nichtgenehmigten Personenbewegung zum Gedenkstein der jüdischen Synagoge in der Gottschedstraße[29], hielt das Abrücken des F. von realistischen Positionen an.

Er distanzierte sich zwar in einer Erklärung am 11.11.88 von diesen Ereignissen öffentlich, jedoch in der nachfolgenden Beratung des KV am 21.11.88 wurde unter seiner wesentlichen Einflußnahme der genannte Beschluß vom 26.8.88 wieder aufgehoben und den Basisgruppen nachfolgend die eigenständige Gestaltung der „Friedensgebete" gesichert[30]. Dieses wurde zwar an Auflagen gebunden, wie z.B. Zusammenarbeit der Gruppen mit einem Amtsträger, jedoch die angestrebte weitere Theologisierung in Inhalte damit erneut unterlaufen. [5]

Es muß dazu eingeschätzt werden, daß der F. offensichtlich die aus seiner Sicht negativen Wirkungen der zurückliegenden innerkirchli-

---

29   An diesem Schweigemarsch beteiligten sich nach Angabe von *Sievers*, 147 zweihundert Menschen.
30   Vgl. Dok. 111, Anm. 286.

chen Querelen erkannte und erfolgreich dafür wirkte, diese abzubauen. Eine Zunahme von gesellschaftspolitisch bezogenen Aussagen zu den „Friedensgebeten" war die Folge. In seinem diesbezüglichen Wirken distanzierte sich bzw. negierte der F. zunehmend auch Haltungen seiner kirchlichen Vorgesetzten und liierte sich wieder stärker mit den operativ bekannten Amtsträgern, wie Pf. *Kaden* und *Wonneberger*[31]. Diese Positionierung von F. wurde folgerichtig auch zu den Januarereignissen in Leipzig deutlich, ohne daß er sich selbst aktiv daran beteiligte. Er wurde gezielt in das aufgebaute Informations- und Kommunikationssystem einbezogen und gab organisatorische Unterstützung bei der Gestaltung von „Fürbittandachten". Aus seiner Haltung heraus, daß er öffentliche Demonstrationen und Bekundungen für „legitime Kampfmittel" hält, engagierte er sich im Rahmen seiner beruflichen Möglichkeiten für eine Unterstützung der damals zeitweilig inhaftierten Personen. Die Einstellung der damaligen EV und die Freilassung der Betreffenden wurde vom F. als Erfolg einer breiten Solidarisierung angesehen und daraus abgeleitet, daß mit beharrlichem Wirken auch Erfolge gegenüber staatlichen Stellen erreichbar wären bzw. seien. Unter gleichen Gesichtspunkten wirkte der F. während der Ereignisse in Vorbereitung und Durchführung des 1. Mai und den nachfolgenden Kommunalwahlen. Es kann davon ausgegangen werden, daß er jederzeit über die aktuellen Erscheinungen und Vorhaben informiert bzw. konsultiert wurde und die beteiligten Personen, sowohl Kräfte der PUT als auch AStA, motivierend und teilweise auch inspirierend beeinflußte. Alle in diesem Zusammenhang aufgetretenen und sich nachfolgend fortsetzenden Konfrontationen, vor allem auch um die Nikolaikirche, wurden und werden durch den F. ursächlich den staatlichen Organen, der politischen Führung und auch den Sicherheitskräften angelastet. Diese Auffassungen vertrat der F. auch öffentlich, u.a. in den unterschiedlichsten Aussprachen bei staatlichen Organen (bis hin zum OBM und Staatsanwalt) oder verschiedenen Schreiben an staatliche Organe bzw. Funktionäre, so auch in einem Brief vom 11.7.89 an den Staatssekretär für Kirchenfragen.
Für das diesbezügliche Auftreten von F. ist davon auszugehen, daß das Einstellen bzw. Ausbleiben strafrechtlicher Konsequenzen gegenüber aktiv wirkenden Kräften der PUT dessen Selbstsicherheit erheblich mitgestärkt hat. Er fühlt sich derzeit auch innerkirchlich nicht angreifbar.
Ausdruck dessen ist u.a. auch, daß er in einer Sondersitzung des KV am 18.5.89 trotz Anwesenheit des Landesbischofs und dessen Bemühungen durchsetzte, daß die KV lediglich eine Umbenennung in „Montagsgebete" vornahm, jedoch die Fortführung in der Nikolaikirche ausdrücklich sanktionierte. F. veranlaßte andererseits den Landesbischof, sich gegenüber den staatlichen Organen wegen des Einsatzes des industriellen Fernsehens vor der Nikolaikirche zu beschweren. [6]
Mit dieser Selbstsicherheit lehnte er auch einen Verzicht auf das „Montagsgebet" zur Aktion „Treffpunkt H / 89"[32] ab und verweigerte die

---

31 Vgl. zu Wonneberger die im folgenden abgedruckten Dokumente zum OV „Lukas" 142-150.
32 Gemeint sind die Maßnahmen der Staatssicherheit zur „Sicherung" der Leipziger Herbstmesse.

Bereitschaft zu weiterem Dialog von Mitgliedern des KV mit dem OBM der Stadt Leipzig.

Die vor allen im September 1989 einsetzende Entwicklung des sprunghaften Anwachsens der Besucherzahlen bis hin zur erstmaligen Überfüllung der Kirche am 25.9.89[33] nimmt er mit Genugtuung auf und sieht dies als Erfolg seines Wirkens mit an.

In seinem eigenen Verhalten sind ständig taktierende Elemente feststellbar. Dies betrifft sowohl den Aufbau seiner eigenen Argumentationen zu aktuellen Erscheinungen als auch sein zurückhaltendes, zum Teil auch ablehnendes Verhalten hinsichtlich öffentlicher Äußerungen gegenüber westlichen Medienvertretern. Es kann als teilweise aufrichtig bewertet werden, daß er mit seinen Ablehnungen glaubt, die Gesprächsmöglichkeiten mit staatlichen Organen nicht zu beeinträchtigen. Andererseits sind seine eigenen Gespräche bei staatlichen Organen von fehlender Kompromißbereitschaft und dem Beharren auf Forderungen bzw. „Vorleistungen" gekennzeichnet.

Im Rahmen des überwiegend theologisch ausgelegten „Kirchentagskongresses / Kirchentages 1989"[34] engagierte sich der F. hingegen kaum.

Für den Bearbeitungszeitraum bedeutsam ist der erreichte Stand bei der Bearbeitung / Zersetzung des AK „Hoffnung". Durch geeignete operative Aufklärungsmaßnahmen konnten zunehmend die Mitglieder, vor allem Führungskräfte, des AK personifiziert, die Zusammentreffen kontrolliert und inhaltliche Erkenntnisse erarbeitet werden.

Durch geeignete Auswertungsmaßnahmen gegenüber kirchlichen Amtsträgern wurde einerseits eine spürbare Verunsicherung des F. bei seinem Wirken im AK erreicht, daß sich im Mai 1989 darin niederschlag, daß er weitere Zusammentreffen des AK unter seiner Verantwortung aussetzte. Mit der gleichzeitig realisierten Übersiedlung erkannter Führungskräfte und Mitgliedern des AK wurde auch dessen Organisiertheit erheblich gestört. Der AK „Hoffnung" ist zur Zeit nicht mehr wirksam. Es kann eingeschätzt werden, daß der F. sich derzeit nicht mehr an der Führung von organisierten Zusammentreffen von AStA beteiligt.

Im Zusammenhang damit ist jedoch festzustellen, daß durch bekannte übersiedelte Mitglieder des AK und auch anderen ehemaligen Antragstellern aktive Rückverbindungen zum F. aufgenommen und unterhalten werden.

Dabei ist zu beachten, daß auf Anregung von F. schon damals in Leipzig aktive Führungskräfte sich gegenwärtig in der BRD bemühen, in einem „Freundeskreis St. Nikolai Leipzig" solche übersiedelten Personen zusammenzuführen.

Es liegen Hinweise vor, wonach bereits jetzt mit [der] Planung eines ersten Treffens in der BRD begonnen wurde, an dem auch der F. teilzunehmen beabsichtigt. [7]

Aus der operativen Kontrolle der darüber hinaus bestehenden NSA-Verbindungen heraus kann eingeschätzt werden, daß diese keine opera-

---

33 *Sievers*, 149 gibt an, daß an diesem Tag dreitausend Menschen in der Kirche gewesen sind, während viertausend draußen warteten. In seiner Predigt rief Pfarrer Wonneberger zur Gewaltlosigkeit auch angesichts der massiven Präsenz der Staatsgewalt auf. Vgl. ebd., 42-45 und den Bericht der Staatssicherheit, abgedruckt in: *Mitter / Wolle*, 174-176.
34 Vgl. Dok. 124.

tive Relevanz im Sinne der Vorgangsbearbeitung aufweisen. Nach wie vor werden auf diese Weise materielle Bedürfnisse abgedeckt. In die Kontakte sind alle Familienmitglieder einbezogen. In Einzelfällen ist auch festgestellt worden, daß seitens des F. und seiner Ehefrau Bekannte in der BRD / WB zur Unterstützung von Anliegen ehemaliger DDR-Bürger mit einbezogen wurden.
Zur familiären Situation des F. ist einzuschätzen, daß er seine gesundheitlichen Probleme von 1988 überwunden hat und wieder uneingeschränkt seiner Tätigkeit nachgehen kann.
Sein Sohn, F., Sebastian, hat 1989 das Abitur erfolgreich abgelegt. Er wird ab Oktober 1989 seinen Bausoldatendienst ableisten und hat für 1991 eine Zulassung für ein Theologiestudium an der KMU Leipzig.
Hinsichtlich der Hinweise auf eine Versetzung des F. in den „Wartestand" als Pfarrer sind keine weitergehenden Erkenntnisse bekannt geworden. Anzeichen für ein Ausscheiden aus dem Pfarramt der Nikolaikirche gibt es derzeit nicht mehr.
[gez.] Oppel (Hauptmann), Referatsleiter
[gez.] Conrad (Major),Leiter der Abteilung
[gez.] Strenger (Major)

9.2
OV „Lukas"

Dok. 142
Einschätzung des Referates XX / 2 der KD Leipzig-Stadt

Leipzig, 04.07.88

Textliche Einschätzung mit eigenhändigen Unterschriften. Verfasser: BV für Staatssicherheit Leipzig, Kreisdienststelle Leipzig-Stadt, Ref. XX / 2. Bestätigt: Leiter der DE, Schmidt, Oberst.

1. OV „Lukas"[35], Reg.Nr. XIII 1145 / 85
Delikt: §§ 215[36] und 220[37] StGB, Prüfung § 106[38] StGB
Bearbeitete Person: *Wonneberger*[39], Christoph, geb. 05.03.44 in Wiesa, wh. 7050 Leipzig, *Juliusstr. 05*, Pfarrer, Ev.-luth. Landeskirche Sachsens, *Lukaskirche* Leipzig-Volkmarsdorf, letzte operative Maßnahme: IM-Einsatz zur Kontrolle des Auftretens des Verdächtigen im Rahmen der sog. Friedensgebete in der Nikolaikirche
IM-Einsatz: IMB „Carl"[40] – Gen. Major Waldhelm – KD Leipzig-Stadt, IMB „Elias"[41], IMS „Frank" – Ref. XX / 2 KD Leipzig-Stadt, anleitende Fachabteilung: Abt. XX BV Leipzig

---

35 Zum OV „Lukas" vgl. auch die in Stasi intern, 253-256 abgedruckten Auszüge aus den Dokumenten.
36 § 215 des StGB wurde von der DDR-Justiz sehr weiterzig ausgelegt und richtete sich gegen das sog. „Rowdytum".
37 Vgl. Dok. 65, Anm. 47.
38 § 106 des StGB betraf die sog. „Staatsfeindliche Hetze". Vgl. Dok. 152, Anm. 116.
39 Die im folgenden kursiv gedruckten Namen sind von Hand eingetragen.
40 Vgl. Dok. 82, Anm. 231.
41 Bei dem IMB „Elias" handelt es sich um Susan Defourny, ein Mitglied der Leipzi-

2. Im Rahmen der Bearbeitung des OV „Lukas" konnten im Berichtszeitraum eine Reihe von Aktivitäten des Verdächtigen festgestellt werden, die sich belastend auf das Verhältnis Staat-Kirche im Verantwortungsbereich auswirkten. Durch die sog. „Menschenrechtsgruppe"[42]
des Verdächtigen wurden Schreiben an staatliche Krankenhäuser und
Feierabendheime verschickt, in denen die Forderung nach der Einführung eines „sozialen Friedensdienstes"[43] als zivile Wehrersatzdienst
aufgestellt wird. Dieser Sachverhalt wurde genutzt, um mit einigen
Mitgliedern der Gruppierung disziplinierende Gespräche durch die zuständigen Abteilungen Innere Angelegenheiten führen zu lassen.
Der Sachverhalt wurde weiterhin für ein Gespräch des Sektors Kirchenfragen des Rates der Stadt Leipzig mit dem Superintendenten des
Kirchenkreises Leipzig-Ost *Magirius*, Friedrich, 26.03.30, Dresden,
Abt. XII: erf. für KD Leipzig-Stadt zur weiteren Diskreditierung des
Verdächtigen im innerkirchlichen Bereich genutzt. Inoffiziell wurde
bekannt, daß sich der Superintendent *Magirius* aufgrund der Probleme
mit dem Verdächtigen im April mit den Kirchenvorstandsmitgliedern
der Lukaskirche auseinandergesetzt hat. [2]
Durch die sog. Menschenrechtsgruppe wurden zum Jugendtag der Ev.
Kirche der Ephorie Borna und zum Jugendtag in Sehlis, Kreis Leipzig-
Land, georrmigte [d.h. über Matrizegerät vervielfältigt] Schreiben mit
der Forderung nach „SoFD" verteilt.
Als außerordentlich provokativ ist die Teilnahme des Verdächtigen an
dem sog. 1. Pleißegedenkmarsch am 05.06.88[44] zu bewerten (siehe
Operativinformation 123 / 88 der KD Leipzig-Stadt). Der Verdächtige
nahm als einziger kirchlicher Amtsträger an dieser Provokation teil
und hatte zur Werbung für diesen „Gedenkmarsch" in seinem Schaukasten ein diesbezügliches Plakat ausgehangen, welches er erst nach
Aufforderung des Landeskirchenamtes Dresden entfernte.
Der Verdächtige gehörte zum Vorbereitungskreis für den „Umwelttag"
in Deutzen, Kreis Borna, welcher am 12.06.88 stattfand[45]. Während
des „Umwelttages" wurden keine operativ-relevanten Handlungen von
Verdächtigen festgestellt.
Wonneberger zählt zu den maßgeblichen Trägern der sog. Friedensgebete[46], montags 17.00 Uhr in der Nikolaikirche, bei denen der überwiegende Teil der Besucher USE sind (siehe Operativinformation 96 /
88, 101 / 88, 120 / 88 und 135 / 88 der KD Leipzig-Stadt).
3. Durch die KD Leipzig-Stadt werden die politisch-operativen Maßnahmen zur Kontrolle des Wirksamwerdens des Verdächtigen fortgesetzt. Ziel dabei ist es, offiziell auswertbare Erkenntnisse zu seinem
Wirken im Sinne der PUT zu erarbeiten, und diese für die Disziplinie-
rungsmaßmahmen durch staatliche Organe und für seine Diskreditierung im innerkirchlichen Bereich zu nutzen.
Weiterhin sollen Absprachen mit der Abt. 26, BV Leipzig geführt wer-

ger Gruppe „Frauen für den Frieden".
42 Zur Einschätzung der Menschenrechtsgruppen durch das MfS im allgemeinen vgl.
    Mitter / Wolle, 62 f.
43 Vgl. Dok. 61.
44 Der Pleiße-Gedenkmarsch richtete sich gegen die Verschmutzung dieses Leipziger
    Flusses. Es beteiligten sich etwa 250 Personen an der Aktion. Vgl. *Sievers*, 146.
45 Vgl. dazu den „Auswertungsbericht" der KD Borna zum Umweltgottesdienst in
    Deutzen, abgedruckt in: Stasi intern, 317-321.
46 Vgl. wiederum zunächst Dok. 83, Anm. 240 sowie Dok. 111.

den, um eine Entscheidung herbeizuführen, ob die Realisierung der Maßnahme 26 / B[47] zu den Gemeinderäumen des Verdächtigen technisch möglich ist. Bei positivem Bescheid der Abt. 26 ist die Urlaubszeit des Verdächtigen und seiner Ehefrau, vom 26.07.-26.08.88, zu nutzen und die Maßnahme zu realisieren.
Referatsleiter XX / 2
[gez.] Otto
Hauptmann
[gez.] Grießbach
Leutnant

Dok. 143
Operativinformation Nr. 46 / 89 des Referates XX / 2 der KD Leipzig-Stadt

Leipzig, 22.02.1989

Operativinformation Nr. 46 / 89, ohne Unterschrift. Sachverhaltskomplex 1. Sachverhaltsart 1.4. Absender: Bezirksverwaltung für Staatssicherheit Leipzig, Kreisdienststelle Leipzig-Stadt, Ref. XX / 2. Verteiler: Abt. XX / BV; AKG / BV; KD Leipzig-Stadt / Ref. AuI, Ref. XX / 2.

Durch einen Hinweis der Abt. M, BV Leipzig wurde bekannt, daß im Postverkehr BRD-DDR eine Paketsendung des Verlages „Wissenschaft und Politik", 5000 Köln 1, Salierring 14-16, Ruf 312878 und 315787 an den Pfarrer *Wonneberger*[48], Christoph, 05.03.1944, Abt. XII: OV „*Lukas*" der KD Leipzig-Stadt gerichtet ist. Die Sendung besteht aus Literatur über Ökologieprobleme in der DDR und Zeitschriften für Fragen der DDR und Deutschlandpolitik. Durch den Verlag ist die Sendung als „unberechnete Belegstücke – ohne Handelswert" deklariert. Durch die KD Leipzig-Stadt wurde veranlaßt, daß die Postsendung eingezogen wird und der KD übergeben wird. Folgende Literatur befindet sich in der Sendung:
– Umweltprobleme und Umweltbewußtsein in der DDR – Herausgegeben von der Redaktion Deutschland Archiv, ISBN 3-8046-8649-4;
– Peter Wensierski – Ökologische Probleme und Kritik an der Industriegesellschaft in der DDR heute, ISBN 3-8046-8721-0;
– Deutschland Archiv – Zeitschrift für Fragen der DDR und Deutschlandpolitik – Heft 1-12 1988, ISSN 0012-1428;
Der Inhalt der genannten Literatur richtet sich massiv gegen alle Bereiche der gesellschaftlichen Entwicklung der DDR.
Über einen IM der Abt. 26 / A[49] der BV Leipzig wurde weiterhin bekannt, daß sich ein Herr Six (ph) bei *Wonneberger* meldet und ein Treffen für den 21.02.1989, 16.30 Uhr bei *Wonneberger* vereinbart. Das Treffen zu dem noch ein Uwe [handschriftlich ergänzt: Schwabel] und

---

47 Dies bedeutete die Installation von Abhöranlagen. Vgl. *Gill / Schröter*, 146.
48 Bei den im folgenden kursiv gedruckten Nachnamen ist jeweils nur der erste Buchstabe getippt, die übrigen Buchstaben sind dagegen von Hand ergänzt worden.
49 Telefonüberwachung.

der *Wagner*, Harald, Abt. XII: OV [durchgestrichen] , „Platon" der
Abt. *XX / BV* Leipzig [2] eingeladen werden sollen, diene neuen Absprachen zum KSZE-Folgetreffen in Wien[50]. *Wonneberger* bemerkt in
diesem Zusammenhang, daß er das Paket des Verlages „Wissenschaft
und Politik", Absender ein Herr Röbekaden (ph.), noch nicht erhalten
hat. Durch die KD Leipzig-Stadt wird die eingezogene Literatur, welche an *Wonneberger* adressiert war, der ZAEG[51], MfS Berlin zur Auswertung angeboten.
Durch das Ref. AuI der KD Leipzig-Stadt erfolgt die Einspeicherung
des Sachverhaltes zum OV „Lukas". Bei Auswertung der Information
ist Quellenschutz zu beachten.
Leiter der DE
Schmidt
Oberst

Dok. 144
Operativinformation Nr. 78 / 89 des Referates XX / 2 der KD Leipzig-Stadt

Leipzig, 11. März 1989

Operativinformation Nr. 78 / 89, Hinweis- und Merkmalskomplex 2., ohne eigenhändi-
ge Unterschrift. Absender: BV für Staatssicherheit Leipzig, Kreisdienststelle Leipzig-
Stadt, XX / 2. Verteiler: 1. Stellv.; Gen. Oberst Eppisch; Abt. XX; KD Leipzig-Stadt,
Leiter, AuI / Ref. XX / 2.

Durch den IM-Vorlauf „Amos"[52] – Reg. Nr. XIII 2124 / 88 des Ref.
XX / 2 der KD Leipzig-Stadt wurden nachfolgende Erkenntnisse zum
Pfarramtsleiter der Markuskirche *Turek*[53], Rolf-Michael, geb.
18.5.1949, Abt. XII erfaßt für KD Leipzig-Stadt im Zusammenhang
mit Versuchen der Installierung eines Kommunikationszentrums
(KOZ) der Leipziger Basisgruppen bekannt[54].

50 Zum Wiener KSZE-Treffen vgl. Dok. 110, Anm. 208 sowie Dok. 126, Anm. 396.
51 Hier handelt es sich vermutlich um einen Tippfehler. Richtig müßte die Abkür-
    zung wahrscheinlich ZAIG (Zentrale Auswertungs- und Informationsgruppe)
    heißen.
52 Bei dem IM-Vorlauf „Amos" handelt es sich um Wolfgang Erler, der von 1983 bis
    1990 Pfarrer in Leipzig-Neustadt-Neuschönefeld war. Erler wird laut Schreiben
    des sächsischen Landeskirchenamtes (OLK Zweynert) an „Hilferufe von drüben"
    (Nr. 53, 3. Quartal 1991) inzwischen mit Wissen der hannoverschen Kirchenlei-
    tung um seine IM-Vergangenheit von dieser als Pfarrer im Angestelltenverhältnis
    beschäftigt. – In einem Vorlauf wurde ein künftiger IM zunächst auf seine Ver-
    wendungsfähigkeit hin überprüft. Diese Phase „reichte von seiner Auswahl bis zur
    Verpflichtung" (*Wawrzyn*, 40; vgl. auch *Gauck*, 55-60).
53 Die im folgenden kursiv gedruckten Namen sind von Hand eingetragen.
54 Das Anliegen, ein gemeinsames Kommunikationszentrum einzurichten, verfolgten
    die Leipziger Basisgruppen bereits seit dem Sommer 1988. Nachdem die Gruppen
    bei der Heilig-Geist-Gemeinde keinen Erfolg gehabt hatten, wandten sie sich mit
    der Bitte um Räumlichkeiten an die Markusgemeinde von Pfarrer Turek. Zu den
    Aktivitäten der Staatssicherheit zur Verhinderung des KOZ vgl. den auf Stasi-Ak-
    ten basierenden Artikel der taz vom 25.2.1991 (Titel: „Wie die Leipziger Stasi ein
    ‚KOZ' verhinderte. Durch indirekten Einfluß über IMs und über direkten Einfluß
    auf die Kirchenleitung verhinderte die Staatssicherheit eine Leipziger ‚Umweltbi-
    bliothek'").

Durch „Amos" wurde mitgeteilt, daß *Turek* zum Landeskirchenamt der Ev.-luth. Landeskirche Sachsens nach Dresden vorgeladen wurde. Dort sei *Turek* heftig wegen der Verletzung der Aufsichtspflicht hinsichtlich der Herstellung von Flugblättern für die Demonstration am 15.1.1989 in Leipzig[55] kritisiert worden. T. sei anhand des StGB der DDR und des Kirchenrechts vorgeworfen worden, mitverantwortlich an diesen Aktivitäten zu sein. Das Gespräch im LKA sei durch den Oberlandeskirchenrat Auerbach geführt worden. Da „Amos" zum Auerbach einschätzt, daß es sich bei diesem, in Gesprächen mit Amtsträgern, um einen unnahbaren und auf Distanz gehenden Partner handelt, erscheint die Reaktion des T. in bezug auf die Durchführung der Veranstaltung „Wahlen"[56] am 28.3.1989 in den Räumen der Markuskirche, sowie die Verbreitung der Zettel bezüglich der „Solidarität" mit den Inhaftierten der „Prager Ereignisse / Januar 1989" am 7.3.1989 anläßlich der „Betroffenheit zu den Ereignissen in Prag / Januar 1989"[57] in der Lukaskirche als Trotzreaktion des T. Die Zettel wurden vermutlich auf Vervielfältigungsmitteln des T. hergestellt und von ihm mit einer innerkichlichen Druckgenehmigungsnummer versehen.

„Amos" schätzt ein, daß es T. nicht möglich ist, in seiner Gemeinde ein „KOZ" analog der Berliner Umweltbibliothek einzurichten. Dazu fehlen T. die Zustimmung seines Kirchenvorstandes (KV) und die geeigneten Räumlichkeiten. Zum KV wird eingeschätzt, daß dort Personen verankert sind, welche eine aktive kirchliche Arbeit betreiben und auch berufliche Stellungen nicht leichtfertig verspielen wollen. [2] „Amos" erklärte sich bereit, ein offensives Gespräch mit Pfarrer T. hinsichtlich seiner Aktivitäten zu führen und mit 3 ihm gut bekannten KV-Mitgliedern der Markuskirche zu sprechen, um diese auf Aktivitäten des T. und zu erwartender Konsequenzen hinzuweisen. Weiterhin wird über „Amos" eine Kontrolle der im Gemeindehaus installierten sogenannten „Gemeindebibliothek" der Markusgemeinde vorgenommen, um KV-Mitglieder über eventuelle Verstöße des Kirchenrechts zu informieren.

„Amos" schätzt ein, daß *Turek* durch den operativ bekannten Pfarrer *Wonneberger*, Christoph, geb. 5.3.1944, Abt. XII: erfaßt für KD Leipzig-Stadt in seinen Aktivitäten beeinflußt wird. Durch seriöse kirchliche Kräfte / Amtsträger / kirchliche Mitarbeiter werde zu *Wonneberger* und der Gemeindehelferin *Moritz*, Brigitte, geb. 29.8.1954, Abt. XII: erfaßt für Abt. XX / BV Leipzig eingeschätzt, daß diese weniger ihre eigentliche Arbeit als kirchliche Mitarbeiter machen, sondern mehr ihren „Hobbys" nachgehen. Durch eine namentlich bekannte Katechetin der Erlöserkirchgemeinde Leipzig-Thonberg wurde [von] ihr [im] Hinblick auf den Bauzustand der Lukaskirche (Heizungsanlage seit Amtsantritt des *Wonneberger* in Leipzig defekt, Missionie-

---

55 Vgl. Dok. 139, Anm. 12.
56 Die Veranstaltung bezog sich auf die Kommunalwahlen am 7.5.1989.
57 An dieser Stelle ist die Demonstration gemeint, die am 15. Januar 1989 zum Gedenken an den Studenten Jan Palach stattfand, der sich 1969 aus Protest gegen den Einmarsch der Truppen des Warschauer Paktes in die Tschechoslowakei selbst verbrannt hatte. Die Demonstration in Prag, an der etwa fünfhundert Menschen teilnahmen, wurde von der Polizei gewaltsam aufgelöst; 91 Personen wurden festgenommen und z.T. unter Anklage gestellt. Auch an den folgenden Tagen ging die Polizei hart gegen Demonstranten vor. Vgl. Archiv der Gegenwart 59, 1989, 32971.

rungsarbeit im und um die Lukaskirche entstehenden Neubaugebiet) geäußert, daß W. faul sei.
Nach Einschätzung von „Amos" führt *Wonneberger* keine regelmäßigen KV-Sitzungen durch, was einen Verstoß gegen das Kirchenrecht bedeutet. Die KV-Mitglieder sind von *Wonneberger* ausgewählt und ihm hörig. Dabei ist zu beachten, daß zwei namentlich bekannte KV-Mitglieder der Lukaskirche nicht mehr im Einzugsbereich der Kirchengemeinde wohnhaft sind.
Bei Auswertung der Information ist auf unbedingten Quellenschutz zu achten. Der IM-Vorlauf wird offensiv zur Beeinflussung des Pfarrer T. und des KV der Markuskirche eingesetzt. Weiterhin erfolgt der Einsatz von „Amos" zur weiteren Aufklärung der Aktivitäten des Pfarrers W. und in Hinblick auf den Kirchentag und Kirchentagskongreß in Leipzig. Durch das Ref. AuI der KD Leipzig-Stadt erfolgt die Einspeicherung des Sachverhaltes.
Leiter der DE
Schmidt
Oberst

Dok. 145
Einschätzung des Referates XX / 2 der KD Leipzig-Stadt

Leipzig, den 28.03.1989

Textliche Einschätzung, mit eigenhändigen Unterschriften. Verfasser: BV für Staatssicherheit Leipzig, Kreisdienststelle Leipzig-Stadt, Ref. XX / 2. Bestätigt: Leiter der KD, Schmidt, Oberst.

1. OV „Lukas" – Rg.-Nr. XIII 1145 / 85
Delikt: §§ 214[58] und 220 StGB, Prüfung § 106 StGB[59]
Zu bearbeitende Personen:
Wonneberger[60], Christoph, geb. 05.03.44 in Wiesa, wh. 7050 Leipzig, *Juliusstr.* 05, Pfarrer, Ev.-luth. Landeskirche Sachsens, Lukaskirche Leipzig-Volkmarsdorf, letzte operative Maßnahme: IM-Einsatz zum Verdächtigen, Fahndungsmaßnahmen zur Aktion „Treffpunkt 89 F"[61] zu Einreisen über die Messesondermeldestelle; IM-Einsatz: IMB „Carl"[62] – Gen. Major Waldhelm, KD Leipzig-Stadt, IMB „Elias"[63] – Ref. XX / 2, KD Leipzig-Stadt, IM-Vorlauf „Amos"[64], Ref. XX / 2, KD Leipzig-Stadt, anleitende Fachabteilung: Abt. XX, BV Leipzig.
2. Von der zu bearbeitenden Person gingen im Berichtszeitraum weitere sich auf das Verhältnis Staat–Kirche belastend auswirkende Aktivitä-

58 Vgl. Dok. 139, Anm. 8.
59 Zu §§ 106 und 220 StGB vgl. Dok. 65, Anm. 47 und Dok. 142, Anm. 38.
60 Die im folgenden kursiv gedruckten Namen sind von Hand vervollständigt worden.
61 Die Aktion „Treffpunkt 89 F" betraf die Maßnahmen der Staatssicherheit zur „Sicherung" der Leipziger Frühjahrsmesse.
62 Vgl. Dok. 82, Anm. 231.
63 Vgl. Dok. 142, Anm. 41.
64 Vgl. Dok. 144, Anm. 52.

re sich auf das Verhältnis Staat–Kirche belastend auswirkende Aktivitäten im Sinne der PUT aus. Zunehmend kristallisiert sich heraus, daß der Verdächtige unter den Vertretern der PUT in den Leipziger „Basisgruppen" die Rolle eines Beraters und Anleiters einnimmt, ohne sich selbst bei feindlich-negativen Veranstaltungen in der Lukaskirche und anderen kirchlichen Objekten in den Mittelpunkt zu rücken. In der Zeit vom 13.-16.01.89 stellte der Verdächtige sein Telefon und Räumlichkeiten des Gemeindehauses für die Organisierung von „Solidaritätsaktionen" und Kontakte mit westlichen Medienvertretern im Zusammenhang mit der Einleitung von Ermittlungsverfahren gegen die Flugblattverteiler und Organisatoren der Demonstrativhandlung am 15.01.89 in der Leipziger Innenstadt[65] zur Verfügung. [2] Eine am 25.01.89 in der Lukaskirche durchgeführte „Andacht" wurde mißbraucht, um Fürbitten für Inhaftierte zu halten und feindliche Papiere in Umlauf zu bringen (siehe Operativinformation 17 / 89 der KD Leipzig-Stadt).
In der Zeit vom 27.-28.01.89 war der Verdächtige Teilnehmer am Basisgruppenvertretertreffen in Karl-Marx-Stadt, ohne dort mit besonderen Aktivitäten in Erscheinung zu treten. Im Februar 1989 sollte der Verdächtige eine BRD-Paketsendung mit feindlich-negativer Literatur erhalten. Durch die KD Leipzig-Stadt wurde veranlaßt, daß die Sendung eingezogen wurde (Operativinformation 46 / 89)[66].
Am 07.03.89 fand in der Lukaskirche eine sog. Andacht „Betroffenheit zu den Ereignissen Prag, Januar 1989"[67] statt. Der Verdächtige stellte dafür zwar seine Kirche zur Verfügung und nahm an der Veranstaltung teil, entwickelte jedoch während der Veranstaltung selbst keine Aktivitäten.
Für weitere „Solidaritätsveranstaltungen" mit den Inhaftierten in der CSSR am 14.03.89 in der kath. Liebfrauenkirche und am 19.03.89[68] in der Markuskirche betrieb Wonneberger mit Plakaten in seinem Schaukasten Werbung. Er war selbst nach Gesprächen durch Superintendent Magirus und durch den Rat des Stadtbezirkes Leipzig-Nordost nicht bereit, diese Plakate zu entfernen.
Der Verdächtige ist regelmäßiger Teilnehmer an den sog. Friedensgebeten in der Nikolaikirche[69].
Im Zeitraum 27.04.-11.05.89 plant der Verdächtige eine private Ausreise zum 75. Geburtstag seines Onkels nach der BRD. Inoffiziell wurde dazu bekannt, daß seine Ehefrau plant, ihn bei dieser Reise zu begleiten. Für Wonneberger ist es die erste BRD-Reise.
3. Die Maßnahmen zur Kontrolle des Verdächtigen mit dem Ziel, offiziell auswertbare Erkenntnisse über sein Wirken im Sinne der PUT zu erarbeiten, bleiben bestehen.
Das Bearbeitungsziel, offizielle Erkenntnisse zur Disziplinierung durch

---

65 Vgl. Dok. 139, Anm. 12.
66 Diese Operativinformation ist hier abgedruckt als Dok. 143.
67 Vgl. Dok. 144, Anm. 57.
68 Am 19.3.1989 fand ein Aktionstag „der Leipziger Gruppen für in der CSSR Verfolgte mit anschließenden Fürbittengebeten in verschiedenen Leipziger Kirchen" statt (*Sievers*, 148).
69 Wonneberger hatte nach Pfarrer Uwe Schreiber die Koordinierung der Friedensgebete übernommen. Vgl. *Magirus*, „Selig sind", 94 und *Feydt / Heinze / Schanz*, 123.

Dazu wird der IM-Vorlauf „Amos" der KD Leipzig-Stadt nach dessen
Werbung zum IMB offensiv eingesetzt. Mit dem IM „Amos" sollen
auch die Aktivitäten des Verdächtigen im Hinblick auf den Kongreß
und Kirchentag der Landeskirche Sachsen in Leipzig kontrolliert wer-
den.
Die Bearbeitung des OV „Lukas" erfolgt in enger Abstimmung und
Koordinierung mit der Bearbeitung von Hauptträgern der AG „Men-
schenrechte" im OV „Julius", Reg.Nr. XIII 1693 / 88 der KD Leipzig-
Stadt.
Referatsleiter XX / 2
[gez.] Otto
Major
[gez.] Grießbach
Oberleutnant

Dok. 146
Einschätzung des Referates XX / 2 der KD Leipzig-Stadt

Leipzig, 26.06.1989

*Textliche Einschätzung mit eigenhändigen Unterschriften. Absender: BV für Staatssi-
cherheit, Leipzig, Kreisdienststelle Leipzig-Stadt, Ref. XX / 2. Bestätigt: Leiter der KD,
Schmidt, Oberst.*

1. OV „Lukas" Reg.-Nr. XIII 1145 / 85
Delikt: §§ 214 und 220 StGB, Prüfung § 106 StGB[70]
Zu bearbeitende Person: *Wonneberger*[71], Christoph, geb. 05.03.44 in
Wiesa, wh. 7050 Leipzig, *Juliusstr.* 05, Pfarrer, Ev.-luth. Landeskirche
Sachsens, Lukaskirche Leipzig-Volkmarsdorf, letzte operative Maßnah-
me: IM-Einsatz zum Verdächtigen, Werbung des IMB „Amos"[72]
IM-Einsatz: IMB „Carl"[73] – Gen. Major Waldhelm, KD Leipzig-Stadt,
IMB „Elias"[74] – IMB „Amos", Ref. XX / 2 KD Leipzig-Stadt, anlei-
tende Fachabteilung: Abt. XX, BV Leipzig
2. Im Berichtszeitraum entwickelte der Verdächtige eine Vielzahl von
Aktivitäten im Sinne der PUT. Zunehmend verdeutlichte sich, daß der
Verdächtige innerhalb der personellen Träger feindlich-negativer sog.
Basisgruppen in Leipzig und überregional die Rolle eines Beraters und
Anleiters einnimmt.
Wonneberger nutzte seine 1. BRD-Reise im Zeitraum 27.4.-11.5.89,

---

70   Vgl. zu diesen Paragraphen des StGB die Hinweise und Erläuterungen in Dok.
     139, Anm. 8 bzw. in Dok. 142 die Anm. 37 und 38.
71   Die im folgenden kursiv gedruckten Namen sind wiederum im Original von Hand
     vervollständigt worden.
72   Vgl. Dok. 144, Anm. 52. „Amos" war, wie ein Vergleich der Dokumente zeigt,
     innerhalb der letzten drei Monate vom IM-Vorlauf zum IMB, einer der höchsten
     IM-Kategorien, aufgestiegen. Zu Funktion und Bedeutung der IMB vgl. die schon
     in der Einleitung, 79 gegebenen Hinweise.
73   Vgl. Dok. 82, Anm. 231.
74   Vgl. Dok. 142, Anm. 41.

Wonneberger nutzte seine 1. BRD-Reise im Zeitraum 27.4.-11.5.89, welche er gemeinsam mit seiner Ehefrau durchführte, um die Kontakte zur BRD-Patengemeinde Langenhagen zu festigen.
Am 17.04.89 wurde durch den Verdächtigen und die unter seiner Leitung stehende sog. Basisgruppe AK „Menschenrechte" das sog. Friedensgebet in der Nikolaikirche gestaltet[75]. Im Rahmen dieses „FG" wurden Angriffe bezüglich des Umweltschutzes, [der] Wehrdienstproblematik und der Menschenrechte vorgebracht. [2]
Der Verdächtige stellte seine Räumlichkeiten und das Telefon der Lukasgemeinde als Kontakt- und Informationsstelle von PUT-Kräften zur Verfügung. Hauptsächlich durch den *Rudolph*, Thomas, geb. 21.02.1963, Abt. XII: erf. für Abt. XX, BV Leipzig, wurde das Telefon des Verdächtigen genutzt, um Informationen über staatliche Maßnahmen bei Provokationen, wie am 26.4.89 gegen den KKW-Bau in Stendal[76], 04.6.89 „Pleißemarsch" in Leipzig[77], 10.6.89 „Straßenmusikfestival" in Leipzig[78] an PUT-Kräfte in der DDR und westliche Massenmedien zu übermitteln. Im Berichtszeitraum stellte der Verdächtige den *Radicke*, Andreas, geb. 13.08.1963, Abt. XII: erf. für KD Leipzig-Stadt, Mitglied der IG „Leben", als Hausmeister der Lukasgemeinde ein.
Wonneberger war Teilnehmer des sog. 4. Konziliaren Tages am 3.6.89 in der Kath. Propsteikirche[79] (siehe Operativinformation 168 / 89 der KD Leipzig-Stadt).
Er nahm am Gottesdienst in Vorbereitung des sog. Pleißegedenkmarsches am 04.6.89 in der Paul-Gerhardt-Kirche teil und beobachtete am 10.6.89 Maßnahmen der Schutz- und Sicherheitsorgane während des sog. Straßenmusikfestivals in der Leipziger Innenstadt.
Durch den IMB „Amos" und den IM-Vorlauf „Simon" des Ref. XX / 2 der KD Leipzig-Stadt wurde inoffiziell bekannt, daß *Wonneberger* seine Kirche im Rahmen des Kongreß- und Kirchentages 1989 in Leipzig für einen sog. „Kirchentag von unten" zur Verfügung stellt. Vermutlich hat *Wonneberger* dazu die Rückendeckung der Landeskirchenleitung. Durch *Wonneberger* wurde dieser „Kirchentag von Unten" bereits in seinem Gemeindeblatt angekündigt.
3. Die Kontroll- und Bearbeitungsmaßnahmen zum Verdächtigen mit dem Ziel, offiziell auswertbare Erkenntnisse über sein Wirken im Sinne der PUT und der Belastung des Verhältnisses Staat-Kirche im Verantwortungsbereich zu erarbeiten, bleibt bestehen. [3]
Offiziell auswertbare Erkenntnisse, besonders im Hinblick auf die Durchführung eines sog. Kirchentages von Unten werden für die Disziplinierung des Verdächtigen durch staatliche Organe und seine Diskreditierung im innerkirchlichen Bereich genutzt.
Die Bearbeitung des Verdächtigen erfolgt in Abstimmung mit der Bearbeitung der Hauptträger des AK „Menschenrechte" – OV „Julius" Reg.-Nr. XIII 1693 / 88 der KD Leipzig-Stadt.

---

75 Bereits am 10.4.1989 war das Friedensgebet erstmals wieder von den Basisgruppen gestaltet worden. Vgl. *Sievers*, 148.
76 Vgl. Dok. 109, Anm. 258.
77 Fast auf den Tag genau ein Jahr zuvor hatte der erste Pleiße-Gedenkmarsch stattgefunden. Vgl. Dok. 142, Anm. 44. Anders als im Jahr zuvor ging die Polizei diesmal energisch gegen die Demonstranten vor. Vgl. *Sievers*, 149.
78 Vgl. dazu die Dok. 151 und 152 zum OV „Trompete".
79 Vgl. Dok. 124.

Referatsleiter XX / 2
[gez.] Otto
Major
[gez.] Grießbach
Oberleutnant

Dok. 147
Operativinformation Nr. 198 / 89 des Referates XX / 2 der KD Leipzig-Stadt

Leipzig, den 3. Juli 1989

Operativinformation Nr. 198 / 89, Sachverhaltskomplex 2, SVA 2.2, ohne eigenhändige
Unterschrift. Absender: BV für Staatssicherheit Leipzig, Kreisdienststelle Leipzig-Stadt,
Ref. XX / 2. Verteiler: Amtl. Leiter der KD Leipzig-Stadt; Oberstleutnent Hillner, Abt.
XX, BV Leipzig; Ref. AuI, KD Leipzig-Stadt; Ref. XX / 2, KD Leipzig-Stadt.

Über eingeleitete inoffizielle Kontrollmaßnahmen der Abt. M, BV
Leipzig wurde bekannt, daß sich das Historische Seminar, – Osteuro-
päische Geschichte – der Johann-Wolfgang-Goethe-Universität, Am
Leonhardsbrunnen 4, PSF 111932, BRD / 6000 Frankfurt am Main 11
Fachbereich Geschichtswissenschaften, Prof. Dr. Dietrich Beyram, an
die „Gemeindebibliothek der Lukaskirche" des *Wonneberger*[80], Christoph, 05.03.1944, Abt. XII: erfaßt für KD Leipzig-Stadt, wendet und
der Beyram mitteilt, „ich stehe in engen Arbeits- und Studiums-Zu-
sammenhang mit hiesigen Studenten, welche das III. Internationale Jugendtreffen in Barcelona (vom 24.07.-31.07.89) organisieren. Zu diesem
Treffen sind Jugendliche aus West- und Osteuropa, aus Algerien, Süd-
afrika und Lateinamerika eingeladen.
Die Zusammenkunft soll dem Austausch unter Jugendlichen verschiedener Länder dienen. Themen sind Bildung, Arbeit und soziale Lage
von Jugendlichen. Ich wäre Ihnen sehr verbunden, wenn Sie die Teilnahme von Herrn Thomas Rudolph und Bernd Oehler unterstützen
könnten." Bei den eingeladenen Personen handelt es sich um *Rudolph*,
Thomas, 21.02.63, Abt. XII: OV der Abt. XX, BV Leipzig und *Oehler*, Bernd, 20.06.60, Abt. XII: erfaßt für Abt. XX, BV Leipzig.
Der Sachverhalt wurde bereits durch Hinweise der Abt. 26 / A, BV
Leipzig und durch Quellen der Abt. XX, BV Leipzig und KD Leipzig-Stadt erarbeitet und die Absicht des *Rudolph* und *Oehler*, am soge-
nannten Jugendtreffen teilzunehmen, ist überprüft. [2]
Durch das Referat AuI der KD Leipzig-Stadt erfolgt die Einspeiche-
rung des Sachverhaltes. Die Information ist nicht offiziell auswertbar.
Leiter der KD
Schmidt
Oberst

80   Die im folgenden kursiv gedruckten Nachnamen sind bis auf den ersten Buchstaben von Hand geschrieben.

Dok. 148
Ergänzungsmeldung des Referates XX / 2 der KD Leipzig-Stadt

Leipzig, den 5. Juli 1989

Ergänzungsmeldung zur Operativinformation 198 / 89[81] der KD Leipzig-Stadt, Ref. XX / 2, ohne eigenhändige Unterschrift. Absender: BV für Staatssicherheit Leipzig, Kreisdienststelle Leipzig-Stadt, Ref. XX / 2. Verteiler: Leiter der KD Leipzig-Stadt; Abt. XX, BV Leipzig; AKG, BV Leipzig; Ref. AuI, KD Leipzig-Stadt; Ref. XX / 2, KD Leipzig-Stadt.

Über eingeleitete inoffizielle Kontrollmaßnahmen der Abteilung M, BV Leipzig wurde ergänzend zur Operativinformation 198 / 89 bekannt, daß sich die Personen Dr. phil Stölting, Rothenburgstraße 45, West-Berlin 1000 41, Abt. XII: nicht überprüft, und Prof. Dr. Wolfgang Klötzer, 6000 Frankfurt Main 1, Karmelitergasse, leitender Archivdirektor, Stadtarchiv Frankfurt / Main, Abt. XII: nicht überprüft, in getrennten Schreiben an die „Gemeindebibliothek der Lukaskirche" des *Wonneberger*[82], Christoph, 05.03.1944, Abt. XII: erfaßt für KD Leipzig-Stadt, wenden und den *Rudolph*, Thomas, 21.02.1963, Abt. XII: erfaßt für Abt. XX, BV Leipzig, sowie *Oehler*, Bernd, 20.06.1960, Abt. XII: erfaßt für Abt. XX, BV Leipzig zum III. Internationalen Jugendtreffen vom 23.07.-31.07.1989 nach Barcelona einladen.
Der Stölting hält für wichtig, „daß auch Jugendliche aus der DDR die Möglichkeit haben, sich an diesem Dialog zu beteiligen." Durch das Ref. AuI der KD Leipzig-Stadt erfolgt die Nachspeicherung des Sachverhaltes. Die Information ist nicht offiziell auswertbar.
Leiter der KD
Schmidt
Oberst

Dok. 149
Einschätzung des Referates XX / 2 der KD Leipzig-Stadt

Leipzig, 2.10.1989

Textliche Einschätzung, mit eigenhändiger Unterschrift. Verfasser: BV für Staatssicherheit, Kreisdienststelle Leipzig-Stadt, Ref. XX / 2. Bestätigt: Leiter der KD, Schmidt, Oberst.

1. OV „Lukas" Reg.-Nr. XIII 1154 / 85
Delikt: §§ 214 und 220 StGB, Prüfung § 106 StGB[83]
Zu bearbeitende Person:

---

81 Vgl. das vorige Dok. 147.
82 Bei den im folgenden kursiv gedruckten Namen sind im Original wiederum jeweils nur die ersten Buchstaben getippt; der Rest wurde von Hand ergänzt.
83 Vgl. wiederum zu diesen Paragraphen des StGB die Hinweise und Erläuterungen in Dok. 139, Anm. 8 bzw. in Dok. 142 die Anm. 37 und 38.

Wonneberger[84], Christoph, 5.3.1944, Wiesa, 7050 Leipzig, *Juliusstr. 05*, Pfarrer, Ev.-luth. Landeskirche Sachsens, Lukaskirche Leipzig-Volkmarsdorf, letzte operative Maßnahme:
– Beschaffung der Untergrundzeitschrift „Forum für Kirche und Menschenrechte"
– IM Einsatz zur sog. „Andacht für die Inhaftierten" am 28.9.1989[85] in der Lukaskirche
IM-Einsatz: IMB „Amos"[86], IMB „Elias"[87], IMB „Wolle", IMB „Christe" IMS[88] „Peter Vogler", GMS „Fuchs"[89], KP „Wolfgang" – Ref. XX / 2, KD Leipzig-Stadt, IMB „Carl"[90], Gen. Major Waldhelm, KD Leipzig-Stadt, anleitende Fachabteilung: Abt. XX, BV Leipzig
2. Im Berichtszeitraum entwickelte der Verdächtige und die unter seiner Anleitung stehende AG „Menschenrechte" – OV „Julius", Reg.-Nr. XIII 1693 / 88 der KD Leipzig-Stadt eine Vielzahl von Aktivitäten, die sich belastend auf das Verhältnis Staat-Kirche auswirkten und teilweise offene Angriffe auf die sozialistische Gesellschaftsordnung in der DDR darstellen.
Im Zeitraum des Kongreß- und Kirchentages der Ev.-Luth. Landeskirche Sachsens 6./9.7.1989 in Leipzig führte der Verdächtige in seiner Gemeinde einen sog. „Statt-Kirchentag" in Form eines „Kirchentages von unten" durch[91]. Damit gab der Verdächtige sog. Basisgruppen die Möglichkeit, sich darzubieten und eine Vielzahl operativ-relevanter Papiere und Untergrundzeitschriften zu verbreiten. [2] Podiumsgespräche, u.a. mit dem Mitglied der Grundwertekommission der SPD, Eppler, und das Interesse der Westmedien an dem sog. „Statt-Kirchentag" nutzte *Wonneberger*, um sich als PUT-Exponent weiter zu profilieren.
Seit September 1989 wird durch die AG „Menschenrechte" in Zusammenarbeit mit den AKG „Gerechtigkeit"[92] eine Untergrundzeitschrift „Forum für Kirche und Menschenrechte" hergestellt und verbreitet. Inoffiziell ist dazu bekannt, daß die Lagerung des Papiers und drucktechnische Fertigung in den Gemeinderäumen des *Wonneberger* erfolgt und der Verdächtige für diese Untergrundzeitschrift seine „innerkirchliche" Druckgenehmigungsnummer zur Verfügung stellt. Es ist geplant, daß diese „Zeitung" 1989 jeweils monatlich herausgegeben wird und ab 1990 noch öfter.
Derzeitig wird bei dem Verdächtigen ein Untergrundmaterial über Ru-

---

84 Im folgenden kursiv gedruckte Namen sind im Original bis auf den ersten Buchstaben wieder von Hand geschrieben.
85 Die erste der Fürbittandachten für die nach dem brutalen Polizeieinsatz vom 11.9.1991 Verhafteten hatte am 18.9.1991 stattgefunden. Vgl. *Sievers*, 149.
86 Vgl. Dok. 144, Anm. 52.
87 Vgl. Dok. 142, Anm. 41.
88 Aufgabe der Inoffiziellen Mitarbeiter Sicherheit (IMS) war es, „Auffassungen, die von der durch die Partei- und Staatsführung vorgegebenen Linie abwichen", aufzuklären oder zu verhindern (*Gill / Schröter*, 101). Zu Funktion und Bedeutung der IMS vgl. darüber hinaus ebd., 101 f.
89 Bei dem GMS oder IM „Fuchs" handelt es sich um den Leipziger Bernhard Bekker. Zu Funktion und Bedeutung der GMS vgl. ebd., 116 f. bzw. hier in der Einleitung, 72.
90 Vgl. Dok. 82, Anm. 231.
91 Vgl. Dok. 124.
92 Zum AK „Gerechtigkeit", der im Dezember 1987 gegründet wurde, vgl. die Dok. 151 und 152 zum OV „Trompete".

mänien erstellt und gefertigt, welches Anfang Oktober 1989 vertrieben werden soll.

Einen massiven Angriff auf die sozialistischen Verhältnisse in der DDR stellt das durch *Wonneberger* und die AG „Menschenrechte" gestaltete sog. „Friedensgebet" am 25.9.1989 in der Nikolaikirche dar[93]. *Wonneberger* produzierte sich vor ca. 2 000 Personen und griff massiv den „Machtapparat" in der DDR, u.a. das MfS, die Landesverteidigung, die Medienpolitik (Vergleiche mit der NS-Zeit) an und gab Proteste zu sog. Menschenrechtsverletzungen in der DDR und CSSR ab. Weiterhin wurde zum „zivilen Ungehorsam" und „gewaltfreien Widerstand" aufgerufen.

Wonneberger, welcher regelmäßig an diesen sog. „Friedensgebeten" teilnimmt, stellte seine Kirche bisher 2mal für sog. „Andachten für die Inhaftierten" zur Verfügung und übernahm auch deren inhaltliche Ausgestaltung. Dabei wurde die Untergrundzeitschrift „Forum für Kirche und Menschenrechte" vertrieben und es wurden Unterschriften für das „Neue Forum"[94] gesammelt. Weitere derartige „Andachten" in der Lukaskirche sind geplant.

3. Das Bearbeitungsziel des OV, offiziell auswertbare Erkenntnisse für sein Wirken im Sinne der PUT und Hinweise zu seinen Plänen und Absichten zu erarbeiten, um vorbeugend Maßnahmen zur Einschränkung von öffentlichkeitswirksamen Aktivitäten einleiten zu können, bleibt bestehen.

Die Untergrundzeitschrift „Forum für Kirche und Menschenrechte" und ein Tonbandmitschnitt des sog. „Friedensgebetes" am 25.9.1989 werden zur strafrechtlichen Prüfung an die Abt. IX, BV Leipzig übergeben. [3]

Ziel ist es, durch die Schaffung offizieller und inoffizieller Beweise zum Wirken des Verdächtigen im Sinne der PUT strafprozessuale Maßnahmen über die Abt. IX, BV Leipzig einzuleiten.

Referatsleiter XX / 2
[gez.] Otto
Major
[gez.] Grießbach
Oberleutnant

Dok. 150
Operativinformation Nr. 318 / 89 des Referates XVIII / 3 der KD Leipzig-Stadt

Leipzig, 23.10.1989

Operativinformation 318 / 89, ohne eigenhändige Unterschrift. Absender: BV für Staatssicherheit Leipzig, Kreisdienststelle Leipzig-Stadt, Ref. XVIII / 3. Verteiler: AKG / BV Leipzig; KD Leipzig-Stadt / Referat AuI, Referat XVIII / 3, XX / 2. Ohne Anlage.

Durch eine zuverlässige inoffizielle Quelle wird seit längerer Zeit ein

93 Vgl. Dok. 141, Anm. 33.
94 Zum „Neuen Forum" vgl. Dok. 129, Anm. 408 sowie Dok. 131, Anm. 15.

enges Verhältnis zu der Benselama, Petra, Abt. XII: erf. Abt. XX / Leipzig, welche in Lebensgemeinschaft mit dem Wonneberger, Johannes lebt, [festgestellt]. Der W. hatte am 12.10.1989 von seinem Bruder ein Manuskript ca. 100 Seiten „Plattformfieber" erhalten. Dieses Manuskript hat die B. am 13.10.1989 weisungsgemäß an eine Heidi oder Heike, welche bei einer Zeitung beschäftigt sein soll, weitergeleitet. Dieses Manuskript hat Wonneberger (Pfarrer) am 10.10.1989 verfaßt. In letzter Zeit ist das Verhältnis zwischen den Brüdern Wonneberger enger geworden. Zum Pfarrer Wonneberger wurde bekannt, daß er für telefonische Kontakte ein Telefon bei einem „Jens" benutzt. Die B. brachte zum Ausdruck, daß ihr Telefon überwacht wird. Am Vormittag des 13.10.1989 erhielt die B. von einer männlichen Person den Auftrag, für einen Angehörigen der Partei der „Grünen" aus der BRD mit Vornamen Rudolf die Einreise in die DDR zu beantragen. Dies soll geschehen unter ihrem Mädchennamen und mit ihrer alten Wohnanschrift 7033 Leipzig, Franz-Flemming-Str. Sollte dieser Antrag abgelehnt werden, wird diese Person als Tourist einreisen. Im Zusammenhang mit den montäglichen Krawallen[95] äußerte die B., daß sie die Absicht habe, die DDR zu verlassen, wenn sich an der politischen Linie in der DDR nichts ändert.

Anlage
Seite 35 Plattformfieber
Leiter der KD
Schmidt
Oberst

9.3
OV „Trompete"

Dok. 151
Einschätzung der Abteilung XX / 9 zur OPK[96] „Trompete"

Leipzig, 30. Mai 1989

Einschätzung zur OPK „Trompete" – Reg.-Nr. XIII 2321 / 88. Verfasser: BV für Staatssicherheit, Abteilung XX / 9; mit eigenhändiger Unterschrift.

Die operative Kontrolle über die Person *Läßig*, Jochen, 04.12.61.4.2634.7 / Schlema, HW 9403 Bockau / Kr. Aue, Sponedel 14

---

95 Seit dem 8.5.1989 war es in Leipzig montags nach dem Friedensgebet regelmäßig zu Demonstrationen gekommen, an denen sich eine immer größer werdende Zahl von Menschen beteiligte. Die Demonstrationen verliefen zum größten Teil gewaltfrei, nur die Polizei griff am 25.9. und am 2.10.1989 brutal ein. Vgl. *Bahrmann / Links*, 7-44; *Sievers*, 42-110. Zu den Montagsdemonstrationen im allgemeinen vgl. auch *Döhnert / Rummel*; *Mühler / Wilsdorf* sowie den Bild- und Dokumentationsband Leipziger Demontagebuch.
96 Zu Funktion und Bedeutung der Operativen Personenkontrolle vgl. *Gill / Schröter*, 127-131, die ebd., 322-345 abgedruckte Richtlinie Nr. 1 / 81 Mielkes über die OPK sowie die hier in der Einleitung, 79 f. gegebenen Hinweise.

b, NW 7010 Leipzig, Schletterstraße 22, z.Z. ohne ARV wurde im Dezember 1988 mit der Zielstellung
– Feststellung und Dokumentierung von Handlungen im Sinne politischer Untergrundtätigkeit;
– Aufklärung des Persönlichkeitsbildes der Kontrollperson;
– Suche nach Möglichkeiten des Einwirkens auf die Kontrollperson zwecks Disziplinierung und Verunsicherung;
– Erfassung, Wertung und Kontrolle von Verbindungen ins OG;
– rechtzeitige Aufdeckung und Verhinderung öffentlichkeitswirksamer demonstrativ-provokatorischer Handlungen
aufgenommen.
1. Der gegenwärtige Maßnahmeplan ist mit der letzten Maßnahme für 30. August 1989 ausgewiesen.
Der letzte Kontrollvermerk des zuständigen Leiters, Gen. OSL Tinneberg, erfolgte am 1.2.1989 im Zusammenhang mit der Nichtrealisierbarkeit des Einsatzes inoffizieller Möglichkeiten der Abt. 26 / B[97] sowie mit der Bestätigung des gültigen Maßnahmeplanes vom 20.4.1989.
2. Im Berichtszeitraum fanden die vorliegenden operativen Anhaltspunkte, die zur Einleitung der operativen Personenkontrolle über den L. führten, erneut die Bestätigung. Der L. gehörte bis zum Ausbrechen offener Auseinandersetzungen zwischen den Führungskräften des AK „Gerechtigkeit" zu diesem operativ-relevanten Zusammenschluß feindlich-negativer Kräfte der PUT unter Leitung des *Rudolph, Thomas* (*OV „Juris" XX / 9*)[98]. [2]
Im Ergebnis dieser Auseinandersetzung trat L. gemeinsam mit weiteren operativ bekannten Gruppenmitgliedern aus dem AK „Gerechtigkeit" aus und gehört seit diesem Zeitraum keiner alternativen kirchlichen Basisgruppe an, fühlte sich aber stets zu den Vertretern der PUT hingezogen, die zumeist in der Folge der montäglichen Friedensgebete[99] mit spontanen feindlich-negativen Aktivitäten mit Öffentlichkeitswirksamkeit in Erscheinung treten.
So gehörte der L. gemeinsam mit weiteren operativ bekannten feindlich-negativen Personen des politischen Untergrundes zu den Verbreitern einer politischen Provokation unter Mißbrauch des 70. Jahrestages der Ermordung von Karl Liebknecht und Rosa Luxemburg[100]. In diesem Zusammenhang wurde er am 12.1.1989 zur Abt. IX zu einer Befragung zugeführt, in deren Ergebnis ein EV mit Haft gem. Par. 214 (1) und (3) StGB[101] gegen ihn eingeleitet wurde. Im Rahmen des gegen L. geführten EV konnte zweifelsfrei der Nachweis seiner Mitwirkung an der Verbreitung von Schriften mit dem Aufruf zur Durchführung eines Schweigemarschs am 15.1.89 16.00 Uhr in der Leipziger Innen-

---

97 Vgl. Dok. 142, Anm. 47.
98 Vgl. hierzu die genauere Darstellung in Dok. 152.
99 Zu den nun schon vielfach erwähnten Friedensgebeten vgl. zunächst Dok. 83, Anm. 240 und Dok. 111.
100 Vgl. Dok. 139, Anm. 12.
101 In Absatz 1 des Paragraphen 214 StGB heißt es: „Wer die Tätigkeit staatlicher Organe durch Gewalt oder Drohungen beeinträchtigt oder in einer die öffentliche Ordnung gefährdenden Weise eine Mißachtung der Gesetze bekundet oder zur Mißachtung der Gesetze auffordert, wird mit Freiheitsstrafe bis zu drei Jahren oder mit Verurteilung auf Bewährung, Haftstrafe, Geldstrafe oder mit öffentlichem Tadel bestraft." Nach Absatz 3 droht demjenigen, der eine Absatz 1 entsprechende Tat ausführt, eine Haftstrafe bis zu fünf Jahren.

stadt erbracht werden. Seine Mitwirkung bezog sich neben der Bereitstellung seiner Wohnung zur Zwischenlagerung dieser Schriften und
zur Führung von Absprachen zwischen den Tatbeteiligten bis hin zur
Teilnahme an der Verteilung der Schriften gemeinsam mit der *Ziegs,
Michaela* (KD Leipzig-Stadt). Nach der eindeutigen Klärung des Sachverhalts wurde das EV nach Par. 148 Abs. 1 (Ziff. 3) StPO[102] und Par.
25 Ziff. 2 StGB[103] eingestellt.
Im Ergebnis dieser strafrechtlichen Maßnahmen des L. konnten durch
die eingesetzten inoffiziellen Kräfte und Mittel keine Informationen
darüber erarbeitet werden, welchem alternativen kirchlichen Zusammenschluß der L. angehört. Es wurde bekannt, daß er beabsichtigt,
sich als freiberuflicher „Liedermacher" zu betätigen, wobei er beabsichtigte, eine Falk-Gruppe zu bilden, der neben seinem Bruder *Läßig,
Hendrik, 7010 Leipzig, Funkenburgstraße 3*, noch die operativ bekannten Personen *Silke Krasulsky* und *Constanze Wolf* angehören. Bisher
hat er jedoch noch keine Genehmigung beantragt.
Zur Bestreitung seines Lebensunterhalts arbeitet der L. zeitweise als
Pauschalreinigungskraft in der Volksbuchhandlung „Max Reimann".
Sein am 1.12.1988 auf eigenen Wunsch unterbrochenes Studium am
Theologischen Seminar Leipzig hat er bisher nicht wieder aufgenommen.
Obwohl L. gegenwärtig nicht konkret einem alternativen kirchlichen
Zusammenschluß zugeordnet werden kann, beteiligt er sich jedoch an
einer Vielzahl von feindlich-negativen Vertretern alternativer kirchlicher Basisgruppen im Zusammenwirken mit AStA initiierten Aktivitäten im kirchlichem Raum sowie an öffentlichkeitswirksamen demonstrativ-provokatorischen Handlungen nach Abschluß der montäglichen
Friedensgebete, wobei im Ergebnis zielgerichteter Beobachtungsmaßnahmen und [...] [3]. Im Zusammenhang mit seiner angekündigten
freiberuflichen Beschäftigung als „Liedermacher" trat der L. während
der Aktion „Treffpunkt 89 / F"[104] mit feindlich-negativen öffentlichkeitswirksamen Aktivitäten in der Innenstadt vor dem Filmtheater
„Capitol" am 11.3.1989, 20.00 Uhr, in Erscheinung. Durch eingesetzte
operative Kräfte der Innenstadtsicherung wurde er der VP zugeführt,
da er im Eingangsbereich des Kinos gemeinsam mit der Silke *Krasulsky*
Lieder vortrug, deren Inhalt sich gegen die gesellschaftlichen Verhältnisse in der DDR richteten.
Im Ergebnis der Zuführung, Überprüfung des Sachverhalts und der
Befragung des L. wurde bei L. ein Textbuch gefunden, in dem sich
weitere Liedtexte mit feindlich-negativem Inhalt befanden. Da der L.
nicht im Besitz einer Spielerlaubnis war, wurde er schriftlich belehrt
und beauflagt, in Zukunft nicht mehr öffentlich aufzutreten. In der
Folge wurde gegen den L. am 11.4.1989 eine Ordnungsstrafe von 150,-
Mark ausgesprochen.
Im Rahmen der operativen Sicherungsmaßnahmen zur Aktion „Treffpunkt 89 / F" wurde der L. aufgrund vorangegangener feindlich-negativer Aktivitäten als Person, von der Gefährdungen der staatlichen und
öffentlichen Ordnung und Sicherheit ausgehen können, durch operati-

---

102 GBl. I, 1975, 62.
103 Danach ist von einer Strafe abzusehen, „wenn die Straftat infolge der Entwicklung
     der sozialistischen Gesellschaftsverhältnisse keine schädlichen Auswirkungen hat."
104 Gemeint ist die Leipziger Frühjahrsmesse 1989.

ve Kräfte der Abt. VIII in Vorbereitung auf beabsichtigte demonstrativ-provokatorische Aktivitäten am 13.3.1989 durch feindlich-negative Vertreter der PUT im Anschluß an das Friedensgebet unter Beobachtung gestellt. In diesem Zusammenhang wurden keine operativ relevanten Aktivitäten des L. festgestellt. An dem im Anschluß an das FG am 13.3.1989 durchgeführten „Schweigemarsch"[105] beteiligte er sich zwar, jedoch ohne eigene Aktivitäten im Rahmen dieser öffentlichkeitswirksamen Provokation zu entwickeln. In Vorbereitung und Durchführung der Aktion „Nelke"[106] und „Symbol 89"[107] wurde L. im Rahmen der eingeleiteten Vorbeugungsmaßnahmen zu einem Disziplinierungsgespräch zur Abt. IX vorgeladen. Dieser Vorladung leistete der L. bisher nicht Folge. Zur vorbeugenden Verhinderung der Teilnahme des L. an geplanten öffentlichkeitswirksamen Provokationen am 1. Mai sowie im Zusammenhang mit den Kommunalwahlen wurden zu L. offensive Beobachtungsmaßnahmen realisiert, in deren Ergebnis keinerlei Aktivitäten des L. festgestellt wurden. Wie andere Exponenten der PUT hat der L. es vorgezogen, unterzutauchen, um sich dem Zugriff der Sicherheitsorgane der DDR zu entziehen.

Inoffiziell wurde zu L. weiter bekannt, daß er sich im Zusammenwirken mit anderen Exponenten der PUT im Verantwortungsbereich an der Vorbereitung geplanter feindlich-negativer Aktivitäten mit Öffentlichkeitswirksamkeit, wie dem „2. Pleiße-Gedenkmarsch" am 4.6.1989[108] und dem sogenannten „Straßenmusikfest – Freiheit mit Musik" am 10.6.1989[109] beteiligt. [4]

Die zu L. vorliegenden operativ bedeutsamen Informationen, insbesondere zu den von ihm ausgehenden feindlich-negativen Aktivitäten konnten durch den zielgerichteten Einsatz der IMB „Maria"[110] Ref. XX / 9, IMB „Fuchs"[111] Ref. XX / 4, IMB „Helmut"[112] Ref. XX / 1 erarbeitet werden.

In Vorbereitung auf die von L. beabsichtigte Teilnahme an operativ-relevanten Aktivitäten werden neben den Vorbeugungsmaßnahmen, die durch die Abt. IX realisiert werden, in Zusammenarbeit mit der KD Leipzig-Stadt weitere Maßnahmen zur Disziplinierung des L. über die Abt. Kultur des Rates der Stadt Leipzig sowie über das Bezirkskabinett und des Stadtkabinett für Kulturarbeit eingeleitet.

[gez.] Queitzsch
Hauptmann

---

105 Vgl. Dok. 139, Anm. 13.
106 Gemeint sind die Veranstaltungen zum 1. Mai 1989.
107 Mit „Symbol 89" sind die Kommunalwahlen 1989 gemeint. Vgl. auch Dok. 141, Anm. 27.
108 Vgl. Dok. 146, Anm. 77.
109 Vgl. hierzu die genauere Darstellung in Dok. 152.
110 IMB „Maria" war die Leipzigerin Doren Penne, geb. Helmstreit.
111 Vgl. Dok. 149, Anm. 89.
112 Bei dem IMB „Helmut" handelt es sich um einen noch nicht enttarnten IM an der Karl-Marx-Universität Leipzig. Zur IM-Kategorie IMB vgl. die Einleitung, 79.

Dok. 152
Vorschlag der Abteilung XX / 9

Leipzig, den 31.Mai 1989

Vorschlag zum Anlegen des Operativvorganges „Trompete". Verfasser: Bezirksverwaltung für Staatssicherheit, Abteilung XX / 9. Mit Paraphe: Bestätigt: 1. Stellvertreter, Eppisch, Oberst.

Es wird vorgeschlagen, im Ergebnis der Klärung vorliegender operativ-bedeutsamer Anhaltspunkte für feindlich-negative, auf Öffentlichkeitswirksamkeit ausgerichtete demonstrativ-provokatorischer Aktivitäten im Sinne politischer Untergrundtätigkeit unter Mißbrauch des rechtlich gesicherten Handlungsraumes der Kirche gemäß RL 1 / 81 in der OPK[113] „Trompete" die operative Weiterbearbeitung des DDR-Bürgers
Name, Vorname: *Läßig, Jochen*[114]
PKZ: 041261 4 26347 / Schlema
wohnhaft: HW: 9403 Bockau, Spanedel 14 b
NW: 7010 Leipzig, Schletterstr. 22
Beruf: ohne erlernten Beruf
Tätigkeit: z.Z. ohne ARV, Pauschalreinigungskraft, ehemaliger Theologiestudent
Arbeitsstelle: z.Z. ohne / Volksbuchhandlung „Max Reimann" Leipzig, 7030 Leipzig, Karl-Liebknecht-Str. 124 / Theologisches Seminar Leipzig, 7010 Leipzig, Paul-List-Str. 17 / 19
Familienstand: geschieden / 1 Kind 1986 geboren
Vorstrafen: keine
Erfassung in Abt. XII: OPK „Trompete" – Reg.Nr. XIII 2321 / 86
im OV auf der Grundlage der RL 1 / 76 vorzunehmen[115]. Es besteht der Verdacht, daß der L. unter Mißbrauch des rechtlich gesicherten Handlungsraumes der Kirche für PUT-Aktivitäten Straftaten gemäß den den §§ 106 Abs. 1 Ziff. 1, 2[116]; 214 Abs. 1, 5[117]; 218 Abs. 1, 3[118] begeht sowie unter Mißbrauch kultureller Veranstaltungen und künstlerischer Ausdrucksmittel gegen gesetzliche Bestimmungen der Veranstaltungsverordnung (VAVO)[119] und der OWVO[120] verstößt.
Zur Person

---

113 Zur OPK und der genannten Richtlinie vgl. Dok. 151, Anm. 96.
114 Vor- und Nachname sind von Hand eingetragen.
115 Vgl. Dok. 136, Anm. 1. Mielkes Richtlinie 1 / 76 zur Entwicklung und Bearbeitung Operativer Vorgänge ist abgedruckt in: *Gill / Schröter*, 346-402.
116 In § 106 (Staatsfeindliche Hetze) heißt es in Absatz 1: „Wer die verfassungsmäßigen Grundlagen des sozialistischen Staats- und Gesellschaftsordnung der Deutschen Demokratischen Republik angreift oder gegen sie aufwiegelt, indem er 1. die gesellschaftlichen Verhältnisse, Repräsentanten oder andere Bürger der Deutschen Demokratischen Republik wegen deren staatlicher oder gesellschaftlicher Tätigkeit diskriminiert; 2. Schriften, Gegenstände oder Symbole zur Diskriminierung der gesellschaftlichen Verhältnisse, von Repräsentanten oder anderen Bürgern herstellt, einführt, verbreitet oder anbringt [...] wird mit Freiheitsstrafe von einem bis zu acht Jahren bestraft."
117 Vgl. Dok. 151, Anm. 101. Nach Absatz 5 ist auch der Versuch zu einer solchen Straftat strafbar.
118 Vgl. Dok. 101, Anm. 180. Nach Absatz 3 ist auch der Versuch strafbar.
119 Vgl. Dok. 67, Anm. 63.
120 Vgl. schon Dok. 67, Anm. 76.

Der L. entstammt einer religiös gebundenen Familie, die sich noch heute in ihrem Wohnort Bockau aktiv an der Arbeit der Kirchgemeinde der dortigen Methodistenkirche[121] beteiligt. Die Eltern des L. sind Mitglieder des Kirchenvorstandes dieser Religionsgemeinschaft. [2] Die Kontrollperson nahm im September 1983 ein Studium an der Sektion Theologie der Martin-Luther-Universität Halle auf.

Im Rahmen der planmäßigen ZV-Ausbildung der Theologiestudenten der MLU im Oktober 1984 weigerte sich der L. gemeinsam mit weiteren Studenten aus seiner pazifistischen Einstellung heraus, die militärische Disziplin zu wahren und erteilte Befehle auszuführen. Sein destruktives provozierendes Verhalten, was sich vor allem durch demonstrative Verletzung der Anzugsordnung, Verweigerung von Befehlen und Lesens der Bibel während Politschulungen zeigte, änderte sich auch nach mehreren Aussprachen und durchgeführten Disziplinierungsmaßnahmen nicht, so daß er als einer der Urheber dieser Provokationen im Verlauf des Studienjahres 1984 exmatrikuliert werden mußte.

Bereits während seines Studiums in Halle konnten durch eingeleitete Kontrollmaßnahmen der Abteilung M operativ bedeutsame Informationen zur Mitarbeit des L. in kirchlichen Friedensgruppen festgestellt werden.

In einem persönlichen Kontakt des L. zu dem BRD-Kontaktpartner *Reinhardt Claus*, Adenauerstr. 71, Ettlingen / BRD, 7505, bringt er seine Sympathie mit Vertretern der Friedensbewegung der BRD zum Ausdruck, die mittels „Blockade der Prominenten"[122] und ähnlichen sogenannten gewaltfreien Aktionen gegen Maßnahmen der Politik ihres Staates vorgingen, und hält dieses in der DDR für nachahmenswert. Er hält das Training gewaltfreier Aktionen in kirchlichen Arbeitsgruppen für geeignet, um damit einen „Umdenkungsprozeß", als einen Prozeß, der nicht nur anderes Denken, sondern auch andere Lebensweisen lehren soll, zu gestalten.

Zur Wirksamkeit der kirchlichen Arbeitsgruppen in der DDR stellte er bereits zu diesem Zeitpunkt dar, daß viel diskutiert und geredet wird und Schriftstücke abgefaßt werden, wobei er deren Bedeutsamkeit daran mißt, wie diese über den kirchlichen Rahmen hinaus innerhalb des Staates Wirkungen erreichen. Als Wirkungsbeispiele führt er dabei an, zu erreichen, daß allgemein die Sympathie für alles Militärische verloren geht, also die Wehrbereitschaft unterlaufen werden kann. Er selbst fühlt sich dafür in einer schlechten Ausgangsposition, weil er selbst den Wehrdienst mit der Waffe in der Hand nicht verweigert hat, aber es von seinem heutigen Standpunkt tun würde.

Der L. ist jedoch trotzdem bestrebt, dazu beizutragen, die Menschen in der DDR zum Umdenken zu bewegen. Darüber hinaus bekannte sich der L. bereits 1984 zur „Grünen Bewegung" im kirchlichen Raum und entwickelte Bestrebungen, sich aktiv zu engagieren, da er darin

---

121 Bei dem Methodismus handelt es sich um eine von John Wesley in England im 18. Jahrhundert begründete Reformbewegung der protestantischen Kirchen. Auch heute noch ist der Methodismus vorwiegend im angelsächsischen Raum verbreitet, aber auch in Deutschland gab es seit dem Beginn des 19. Jahrhunderts methodistische Gemeinden.

122 Gemeint ist vermutlich die Prominenten-Blockade gegen die Stationierung von Mittelstreckenraketen 1983 in Mutlangen. Diese Blockade hatte für große öffentliche Aufmerksamkeit gesorgt.

auch einen unmittelbaren Zusammenhang zu Rüstungsfragen sieht. Als
Möglichkeiten für die Erreichung von Veränderungen der Umweltpolitik auch unter dem Aspekt des Verzichtes auf ökonomischen Fortschritt und soziale Vorteile für den Einzelnen sieht er die Eingabentätigkeit. [3] Bereits während der Studienzeit an der MLU Halle hatte
der L. Kontakt mit dem *Rudolph*[123], Thomas und der *Krug*, Susanne
(OV „Juris"). Beide, der L. und *Rudolph*, traten im Umfeld der bereits
angeführten Ereignisse im ZV-Lager Templin gemeinsam handelnd negativ und provozierend auf und bezogen analoge Standpunkte. Die
Kontrollperson setzte ihr Studium als Theologiestudent gemeinsam
mit *Rudolph* am Theologischen Seminar in Leipzig fort und stand kurz
vor dessen Abschluß, als sie im Dezember 1988 in der Folge von Auseinandersetzungen mit kirchlichen Amtsträgern unter dem Vorwand,
sich verstärkt der Arbeit in alternativen kirchlichen Friedens- und Umweltgruppen zuwenden zu wollen, die Exmatrikulation auf eigenen
Wunsche erwirkte.
Während der Zeit seines Theologiestudiums am Theologischen Seminar Leipzig setzte die Kontrollperson die Mitarbeit in alternativen
kirchlichen Friedens- und Umweltgruppen fort und entwickelte selbst
Bestrebungen, um feindlich-negative Aktivitäten politischer Untergrundtätigkeit unter Mißbrauch der Kirche zu inspirieren und zu organisieren. Unter gegenseitiger Einflußnahme mit *Rudolph* (OV „Juris")
und aus persönlichem Interesse, sich in der alternativen Basisgruppenarbeit zu profilieren, beteiligte sich der L. an der Vorbereitung und
Durchführung von feindlich-negativen Aktivitäten, die geeignet sind,
die Konfrontation zwischen Staat und Kirche zu provozieren und Angriffe gegen die sozialistische Staats- und Gesellschaftsordnung beinhalten.
Offensichtlich gehörte L. zu den Führungskräften der PUT im Verantwortungsbereich, unter deren Einfluß es während der Aktion „Störenfried"[124], „Spinne"[125] und „Falle"[126] im Januar 1988 zur Bildung der
Koordinierungsgruppe „Friedensgebet für die Inhaftierten"[127] kam,
deren Aufgabe vorrangig darin bestand, die Koordinierung von Solida-
risierungs- und Protestaktionen vorzunehmen und seine Weiterführung in der sogenannten „Projektgruppe" sowie dem jetzt angestrebten
„Kommunikationszentrum" (KOZ)[128] erfährt. Der L. trat in diesem
Zusammenhang als Unterzeichner und Mitverfasser von Eingaben und
Protestresolutionen an die Kirchenleitungen, kirchliche Amtsträger
und an staatliche und gesellschaftliche Einrichtungen in Erscheinung.
Zum Sachverhalt
Im Ergebnis der bisherigen Aufklärung und Kontrolle kann eingeschätzt werden, daß die Kontrollperson über ausgeprägte pseudo-pazi-
fistische Haltungen und Einstellungen verfügt, die sich über den Weg
der Teilnahme an der kirchlichen Jugendarbeit in seinem Heimatort
Bockau, sein Theologiestudium an der Martin-Luther-Universität Hal-

---

123 Die im folgenden kursiv gedruckten Namen sind auch im Original hervorgehoben.
124 Vgl. Dok. 111, Anm. 280.
125 Die Aktion „Spinne" richtete sich gegen die Elternbewegung „Schule in Bewe-
     gung", die von der IFM Berlin, dem Friedenskreis Friedrichsfelde und der Um-
     weltbibliothek Berlin unter Mitwirkung der Eltern getragen wurde.
126 Vgl. Dok. 101, Anm. 178.
127 Vgl. Dok. 149, Anm. 85.
128 Vgl. Dok. 144, Anm. 54.

le (Exma 1984) und dem Theologischen Seminar Leipzig (Exma Dezember 1988) sowie seiner Beteiligung an der sogenannten Friedensarbeit in alternativen kirchlichen Basisgruppen weiter festigten und durch den Einfluß feindlich-negativer Inspiratoren / Organisatoren von PUT im Inneren und im OG, mit denen er in Verbindung steht, vertieften. [4]

Aus dieser pseudopazifistischen Einstellung heraus entwickelten sich bei der Kontrollperson feindlich-negative, die sozialistische Gesellschaftsordnung ablehnende politische Grundpositionen, die sich vor allem

– gegen die Friedens- und Verteidigungspolitik der DDR,
– gegen das Bildungs- und Erziehungssystem des sozialistischen Staates,
– gegen den Umweltschutz[129] und
– gegen angebliche Verstöße gegen die Menschenrechte in der DDR

richten.

Im Rahmen der zur Aktion „Störenfried" und „Falle" angewiesenen operativen Maßnahmen wurden Informationen erarbeitet, daß sich unter dem Einfluß feindlich-negativer Führungskräfte der PUT im Verantwortungsbereich eine Reihe sogenannter kirchlicher Basisgruppen neu bildeten sowie bestehende personell verstärkt wurden.

Zu einem der neu entstandenen Zusammenschlüsse gehörte der im Februar 1988 gebildete AK „Gerechtigkeit", dem sich der L. anschloß und in der weiteren Folge als dessen Sprecher in Erscheinung trat.

Im Ergebnis des Einsatzes qualifizierter und zuverlässiger Quellen im Rahmen der vorgenannten Aktionen konnte herausgearbeitet werden, daß der L. zum unmittelbaren Umgangs- und Verbindungskreis des Verdächtigen des OV „Juris" gehörte, selbst als Sprecher des AK als eine der Führungskräfte des AK „Gerechtigkeit" in Erscheinung trat und in alle bedeutsamen Aktivitäten und deren Vorbereitung und Durchführung einbezogen war. Das wird auch darin deutlich, daß L. über alle wesentlichen internen Festlegungen zum Vorgehen und zur Koordinierung der feindlich-negativen Aktivitäten des AK „Gerechtigkeit" mit anderen regional und überregional wirkenden Zusammenschlüssen informiert ist.

Er erhielt neben Informationen zu geplanten feindlich-negativen Aktivitäten Kenntnis über Druck- und Vervielfältigungserzeugnisse, die sowohl auf Initiative des Verdächtigen des OV „Juris" als auch auf der Grundlage eigener Kontakte zu Exponenten der PUT in der „Initiative Frieden und Menschenrechte" Berlin[130] nach Leipzig gebracht wurden und neben anderen Mitgliedern des AK auch durch ihn unter Teilnehmern der montäglichen Friedensgebete sowie zu zentralen Veranstaltungen und Treffen von Vertretern alternativer kirchlicher Basisgruppen verteilt wurden. Dabei handelt es sich um solche operativ-relevante Schriften und Positionspapiere, wie

– z.B. aus dem OG „Osteuropa-Forum", „Ost-West-Diskussionsforum", Tageszeitungen mit entsprechenden Informationen zu Aktivitä-

---

129 Gemeint ist offenbar: gegen die staatliche Umweltschutzpolitik.
130 Zur „Initiative Frieden und Menschenrechte", eine der wichtigsten Oppositionsgruppen in der DDR, vgl. den Bericht von Ralf *Hirsch*, einem Mitglied der Gruppe.

ten oppositioneller Kräfte sowie der „unabhängigen Friedensbewegung" in der DDR
- „Umweltblätter"[131], „Kontext", „Arche-Information" und „Aufrisse" [5] sowie weiteren Vervielfältigungserzeugnissen operativ-relevanter Zusammenschlüsse in Berlin und anderen Städten der DDR.
Aktiv beteiligte sich der L. auch an der Vorbereitung und Durchführung der montäglichen Friedensgebete im Auftrag des AK. Er identifizierte sich mit der Zielstellung, durch die Einbeziehung der Probleme der Übersiedlungsersuchenden die personelle Basis der alternativen Basisgruppen als Ausdruck einer wachsenden Opposition zu verbreitern und auf angebliche Verletzungen der Menschenrechte durch den sozialistischen Staat öffentlich hinzuweisen und dagegen zu protestieren.
Er selbst übernahm im Zusammenhang mit dem Friedensgebet am 11.04.88 die Ausgestaltung des 1. Teiles, wobei er in der Auslegung des Bibeltextes offene Angriffe gegen die politischen Verhältnisse in der DDR formulierte und die Forderung an die Anwesenden erhob, Aktivitäten zur Veränderung der politischen Verhältnisse zu entwickeln und sich gegen die politische Entmündigung zur Wehr zu setzen.
Aufgrund sich distanzierender Meinungen von Christen zum Inhalt des Friedensgebetes, welches vom AK „Gerechtigkeit" unter verantwortlicher Mitwirkung von Pfarrer *Wonneberger* (OV „Lukas")[132] vorbereitet worden war, ließ sich der teilnehmende Oberlandeskirchenrat *Auerbach* in einer internen Auswertung die Rededisposition des L. übergeben, um eine Auswertung im Landeskirchenamt vorzunehmen.
Die von L. in dem von ihm realisierten Gebetsteil formulierten Angriffe auf die politischen Verhältnisse und die Aufforderung, sich dagegen aufzulehnen, wurden neben weiteren, von anderen feindlich-negativen Kräften formulierten Angriffen gegen die gesellschaftlichen Verhältnisse genutzt, um in Gesprächen mit kirchlichen Amtsträgern bei der zuständigen Abteilung Inneres beim Rat des Bezirkes und der Stadt die staatliche Erwartungshaltung zum Ausdruck zu bringen, daß im Interesse des guten Verhältnisses Staat / Kirche derartige Angriffe und Einmischungen in Kompetenzen des Staates unterbunden werden. Dadurch war eine innerkirchliche Auseinandersetzung zwischen Kirchenleitung und alternativen Basisgruppen ausgelöst worden, in deren Ergebnis die „Friedensgebete" in die Verantwortung kirchlicher Amtsträger und Mitarbeiter übertragen wurden[133].
Nach Bekanntgabe dieser Festlegung wurde nach dem 1. „Friedensgebet" am 05.09.88 durch feindlich-negative Kräfte, zu denen auch der L. gehörte, ein „Offener Brief" an den Landesbischof Dr. *Hempel* initiiert und unterzeichnet, in dem sie sich gegen die Handlungsweise der Leipziger Pfarrer, namentlich Superintendent Friedrich *Magirius* (KD Leipzig-Stadt) und Pfarrer *Führer* (OV „Igel" XX / 4)[134] aussprachen, die anordneten, daß die „Friedensgebete" wieder durch die zuständigen Kirchgemeinden gestaltet werden, ohne daß Vertreter von Basisgruppen die Möglichkeit des Einspruchs gehabt hätten. [6]
Während des Verlaufes des Friedensgebetes wurde durch L. sowie an-

131 Vgl. auch Dok. 117, Anm. 358.
132 Vgl. die hier abgedruckten Dok. 142-150 zum OV „Lukas".
133 Vgl. hierzu und im folgenden auch Dok. 111, Anm. 286.
134 Vgl. die hier abgedruckten Dok. 136-141 zum OV „Igel".

dere Mitglieder alternativer Basisgruppen die Verteilung schriftlicher Materialien vorgenommen, wobei es sich um den angeführten „offenen Brief" sowie die Zeitschrift die „Kirche" handelte, in der eine interne Dokumentation zum Gespräch zwischen Gen. Jarowinsky und Bischof Leich[135] abgedruckt war.

Weiterhin wurde eine „Protesterklärung" verteilt, in der u.a. im Namen der Leipziger Basisgruppen die Forderung erhoben wurde, den Beschluß des Kirchenvorstandes „St. Nikolai" rückgängig zu machen und u.a. mehr Demokratie und Meinungsfreiheit gefordert wurde. Der L. konnte jedoch nicht als Verteiler dieser Protesterklärung identifiziert werden.

Insbesondere nach dieser Festlegung durch die kirchenleitenden Amtsträger traten bei L. immer mehr Tendenzen in den Vordergrund, die Bestrebungen nach mehr Öffentlichkeitswirksamkeit, insbesondere durch demonstrativ-provokative Handlungen in der Öffentlichkeit, erkennen ließen. So beteiligte sich der L. am 05.09.88 nach dem Friedensgebet an einem sogenannten Schweigemarsch von der Nikolaikirche zur Thomaskirche Leipzig, bei dem versucht wurde, die Aufmerksamkeit der Öffentlichkeit auf sich zu richten, was jedoch durch das Handeln operativer Einsatzkräfte verhindert wurde.

Im Ergebnis solcher, auf Öffentlichkeitswirksamkeit gerichteter Aktivitäten stellte der L. seine Wohnung mehrfach zu anschließenden Zusammenkünften des AK zur Verfügung, bei denen eine Auswertung hinsichtlich des eigenen Wirksamwerdens sowie der festgesetzten Kräfte der Schutz- und Sicherheitsorgane erfolgte und Festlegungen hinsichtlich des weiteren Vorgehens getroffen wurden.

Seine Fortsetzung fand dies im Auftreten bei Friedensgebeten während der „Friedensdekade 1988" im Zusammenwirken mit den anderen Mitgliedern des AK „Gerechtigkeit". Unter Mißbrauch der Zusammenkünfte in der Nikolaikirche im Rahmen der „Friedensdekade" entwickelte der L. gemeinsam mit den Verdächtigen des OV „Juris" sowie weiteren Mitgliedern des AK verschiedene Aktivitäten zur Verbreitung von Informationen, in denen die sozialistische Staats- und Gesellschaftsordnung angegriffen wurde. Beim Friedensgebet vom 07.11.88, das gemeinsam durch die IG „Leben" und den AK „Gerechtigkeit" gestaltet wurde, trat der L. im Fürbittenteil mit Liedbeiträgen auf, in denen er mehr Gerechtigkeit, Demokratie und Meinungsfreiheit fordert und an die Teilnehmer der Veranstaltung die Aufforderung richtet, beizeiten den Mund aufzumachen und die Wahrheit zu verteidigen.

Am 10.11.88 wurde durch verschiedene Mitglieder des AK „Gerechtigkeit", u.a. dem L., im Zusammenwirken mit USE ein Friedensgebet in der Nikolaikirche gestaltet, was als offene politische Provokation zu werten ist. Der Inhalt und Verlauf dieses Friedensgebetes führte zu massiven innerkirchlichen Auseinandersetzungen mit dem AK „Gerechtigkeit", die durch operative Einflußnahme auf kirchliche Amtsträger forciert wurden. [7]

Diese Auseinandersetzung fand am 21.11.88 im Zusammenhang mit einer von Pfarrer *Führer* anberaumten Beratung des Kirchenvorstandes der Nikolaigemeinde ihre Fortsetzung, bei der es zu massiven Auseinandersetzungen mit den Verdächtigen „Juris" wegen verschiedener provokatorischer Aktivitäten durch Mitglieder des AK, u.a. durch L.,

---

135 Vgl. auch Dok. 106, Anm. 219.

in kirchlichen Veranstaltungen sowie in der Öffentlichkeit gekommen ist. Im Ergebnis dieser Auseinandersetzung führte der *Rudolph* in den Beratungen des AK „Gerechtigkeit" am 23. und 28.11.88 kontroverse Diskussionen vorrangig mit dem L. sowie der *Oltmanns* (OPK „Madonna") und der *Hattenhauer* (XX / 9). Dabei warf er insbesondere dem L. unüberlegte und zum Teil spontane Aktionen vor, mit denen die konzeptionelle Arbeit des AK gefährdet wird und [die] damit der langfristigen Zielstellung seiner Arbeit entgegen stehen. Im Rahmen dieser Auseinandersetzungen, in deren Folge der L. aus dem AK gemeinsam mit der *Oltmanns* und der *Hattenhauer* austrat, traten zu den konzeptionellen Vorstellungen des *Rudolph*, die er vermutlich in Abstimmung mit den Berliner Exponenten der PUT der „Initiative Frieden und Menschenrechte" vertritt, grundsätzliche Meinungsverschiedenheiten auf. Im Ergebnis dieser innerkirchlichen Auseinandersetzungen, die sich bis in die Studieneinrichtung des L. fortsetzten, ließ sich der L. auf eigenen Wunsch vom Theologiestudium am Theologischen Seminar exmatrikulieren.

Er beabsichtigt, sich in der nächsten Zeit als freischaffender Liedermacher zu beschäftigen, um seinen Lebensunterhalt zu bestreiten und entsprechende Zeit zu haben für Aktivitäten in kirchlichen Friedensgruppen.

In diesem Zusammenhang ist eine zunehmende Betätigung des L. als „Liedermacher" innerhalb kirchlicher Veranstaltungen zu beobachten, wo er die Gestaltung musikalisch-politischer Teile mit Liedern übernimmt, deren Textinhalte politisch-negativen Charakter tragen.

Seit Wiederaufnahme der montäglichen Friedensgebete im September 1988 hat der L. seine Absicht erkennen lassen, gemeinsam mit anderen Personen offensiv mit öffentlichkeitswirksamen Handlungen in Erscheinung zu treten, wie z.B. nach dem Friedensgebet vom 24.10.88, wo er gemeinsam mit der *Oltmanns* und anderen bekannten feindlich-negativen Personen angeblich aus Protest gegen die Festlegungen kirchlicher Amtsträger mit selbstgefertigten Plakaten im Vorfeld der Nikolaikirche auftrat[136], in deren Folge er ein Ordnungsstrafverfahren erhielt.

Seit seinem Austritt aus dem AK „Gerechtigkeit" ist der L. keiner konkreten alternativen kirchlichen Basisgruppe zuzuordnen, steht jedoch genau wie die ebenfalls ausgetretenen Gruppenmitglieder *Oltmanns* (OPK „Madonna") und *Hattenhauer* (XX / 9) der IG „Leben" nahe, deren Initiatoren / Organisatoren verstärkt auf öffentlichkeitswirksame Aktivitäten, wie z.B. in Vorbereitung und Durchführung der Kommunalwahlen[137], orientieren. Der L. fühlt sich stets zu den Vertretern der PUT hingezogen, die zumeist in der Folge der montäglichen Friedensgebete mit spontanen feindlich-negativen Aktivitäten mit Öffentlichkeitswirksamkeit in [8] Erscheinung treten. So gehörte er gemeinsam mit weiteren operativ bekannten feindlich-negativen Personen der PUT zu den Inspiratoren / Organisatoren einer politischen Provokation unter Mißbrauch des 70. Jahrestages der Ermordung von

---

136 In der „Chronik der Leipziger Friedensgebete" von *Sievers* heißt es dazu: „Friedenskreis Lindenau-Grünau gestaltet das Friedensgebet: 15 Personen aus Basisgruppen gehen mit Plakaten in den Altarraum und wollen eine nicht abgesprochene Erklärung verlesen: Sup. Magirius lehnt ab; sie wird nach dem Gebet auf dem Nikolaikirchhof vor ca. 450 Personen verlesen." (147).

137 Vgl. Dok. 141, Anm. 27.

Karl Liebknecht[138]. In diesem Zusammenhang wurde der als einer der Urheber dieser Aktion am 12.01.89 der Abt. IX zu einer Befragung zugeführt, in deren Ergebnis ein EV mit Haft gemäß § 214 Abs. 1 und 3 gegen ihn eingeleitet wurde. Im Rahmen des gegen L. geführten Ermittlungsverfahrens konnte zweifelsfrei der Nachweis seiner Mitwirkung an der Vorbereitung von Schriften mit dem Aufruf zur Durchführung eines sogenannten Schweigemarsches am 15.01.89 in der Leipziger Innenstadt erbracht werden.

Seine Mitwirkung bezog sich neben der Bereitstellung seiner Wohnung zur Zwischenlagerung dieser Schriften und zur Führung von Absprachen zwischen den Tatbeteiligten, bis zur eigenen Teilnahme an der Verteilung der Aufrufe, gemeinsam mit der *Ziegs*, Michaela (KD Leipzig-Stadt). Nach der eindeutigen Klärung des Sachverhaltes wurde das EV nach § 148 Abs. 1 (Ziff. 3) StPO und § 25 Ziff. 2 StGB eingestellt[139]. Im Ergebnis dieser strafrechtlichen Maßnahmen sowie weiteren Disziplinierungsmaßnahmen in Vorbereitung und Durchführung der Aktionen „Nelke"[140] und „Symbol 89"[141] durch die Untersuchungsabteilung des MfS ist einzuschätzen, daß der L. keinerlei Bereitschaft zeigte, den Tathergang vom 15.01.89 durch seine Aussagen aufzuklären und sich selbst den Gesetzen der DDR und den allgemeinen Normen des gesellschaftlichen Zusammenlebens unterzuordnen, und [er] entzieht sich vorgesehenen Disziplinierungsmaßnahmen.

So leistete er wiederholt im Rahmen der Aktionen „Nelke" und „Symbol 89" vorgenommenen Vorladungen zu Disziplinierungsgesprächen nicht Folge.

Zur vorbeugenden Verhinderung einer Beteiligung des L. an geplanten öffentlichkeitswirksamen Provokationen am 1. Mai sowie im Zusammenhang mit den Kommunalwahlen wurden offensive Beobachtungsmaßnahmen realisiert, in deren Ergebnis festgestellt wurde, daß der L. es wie andere Exponenten der PUT vorgezogen hat, unterzutauchen, um sich dem Zugriff der Sicherheitsorgane der DDR zu entziehen.

Trotz der mehrfach durch die zuständigen staatlichen Organe gemachten Aufforderung und erteilten Auflagen, sich von den durch feindlich-negative Vertreter alternativer kirchlicher Basisgruppen im Zusammenwirken mit AStA initiierten Aktivitäten im Anschluß an die montäglichen Friedensgebete mit öffentlichkeitswirksamen demonstrativ-provokatorischen Handlungen fernzuhalten, war der L. ständig an den Ereignisorten anwesend und beobachtete gemeinsam mit anderen operativ-bekannten Personen das Geschehen, ohne dabei selbst erkennbare Aktivitäten zu entwickeln.

Auch unter Nutzung seiner angekündigten freiberuflichen Beschäftigung als „Liedermacher" tritt L. zunehmend politisch provozierend auf. Das bezieht sich sowohl auf Textinhalte als auch auf die Mißachtung der Veranstaltungsverordnung und der OWVO. Ohne eine Auftrittsgenehmigung zu beantragen, betätigte sich der L. als sogenannter „Straßenmusiker" und trat [9] während der Aktion „Treffpunkt 89 F"[142] mit feindlich-negativen öffentlichkeitswirksamen Aktivitäten in

---

138 Vgl. Dok. 139, Anm. 12.
139 Vgl. Dok. 151.
140 Vgl. Dok. 151, Anm. 106.
141 Vgl. Dok. 151, Anm. 107.
142 Vgl. Dok. 151, Anm. 104.

der Innenstadt Leipzigs, vor dem Filmtheater „Capitol" am 11.03.89,
20.00 Uhr in Erscheinung, wo er durch eingesetzte operative Kräfte
der Innenstadtsicherung der VP zugeführt wurde, da er im Eingangsbereich des Kinos gemeinsam mit der Silke *Krasulsky* (XX / 4) Lieder
vortrug, deren Inhalt sich gegen die gesellschaftlichen Verhältnisse in
der DDR richtete. Im Ergebnis der Zuführung und Überprüfung des
Sachverhaltes wurde bei L. ein Textbuch gefunden, in dem sich weitere
Liedtexte mit feindlich-negativem Inhalt befanden. Der L. wurde in
diesem Zusammenhang belehrt und beauflagt, in Zukunft ohne Vorlage
einer Spielererlaubnis nicht mehr öffentlich aufzutreten und erhielt ein
erneutes Ordnungsstrafverfahren, dessen Begleichung er jedoch verweigert.
Unter Mißachtung der Beauflagungen setzt der L. diese Aktivitäten
fort und tritt ohne vorliegende Genehmigung in der Öffentlichkeit auf.
Inoffiziell wurde dazu bekannt, daß der L. im Zusammenwirken mit
anderen Exponenten der PUT im Verantwortungsbereich an der Vorbereitung geplanter feindlich-negativer Aktivitäten mit Öffentlichkeitswirksamkeit, wie dem „2. Pleißemarsch" am 04.06.89[143] und dem sogenannten „Straßenmusikfest – Freiheit mit Musik" am 10.06.89 beteiligt
ist. Im Zusammenhang mit dem „Straßenmusikfest" tritt der L. gemeinsam mit weiteren feindlich-negativen Kräften des politischen Untergrundes als Organisator, Einladender und Verbreiter von Druckerzeugnissen dieses „Straßenmusikfestes" auf. Zur Propagierung dieses
Straßenmusikfestes unter Leipziger Personenkreisen, Musikgruppen in
der DDR sowie in Kreisen des politischen Untergrundes wurden bisher unter maßgeblicher Beteiligung von L. sogenannte Basisgruppen-
treffen zu verschiedensten Anlässen genutzt, der Druck und die Vorbereitung von Aufklebern und Handzetteln vorgenommen und zahlreiche Musikgruppen angeschrieben und gleichzeitig gebeten, diese an
weitere ihnen bekannte Formationen zu übermitteln.
Nach Angaben des L. bei einer Vorsprache bei der Abteilung Kultur
des Rates der Stadt, die zur offiziellen Anmeldung des „Straßenmusikfestes" genutzt werden sollte, teilte er mit, daß bisher etwa 15-20
Gruppen und Künstler ihre Teilnahme bestätigt haben. In diesem Zusammenhang konnte herausgearbeitet werden, daß der L. für seine
Einladungsschreiben an Musikgruppen und Künstler mit Kontaktadressen arbeitete, die davon nicht in Kenntnis waren. Als angebliche
Zielstellung des „Straßenmusikfestivals" gab der L. in einer anberaumten Aussprache beim Mitglied des Rates des Bezirkes Leipzig für Kultur, Gen. Geldner, am 24.05.89 an, daß mit der Durchführung dieser
Veranstaltung der Stadt Leipzig ein „interessantes Fluidum" verliehen
und den Bürgern der Stadt „Freude geschenkt" werden soll.
Aus inoffiziell vorliegenden Erkenntnissen geht hervor, daß der L. sowie die anderen Organisatoren des „Straßenmusikfestivals" erneut die
Absicht verfolgen, eingebettet in Auftritte von Gruppen und Künstlern, politische Provokationen auszulösen, die vor allem gegen den
Kernkraftwerksbau gerichtet [10] sein sollen. Während dieser Aussprache verwies der L. darauf, daß er auf jeden Fall mit dem Eingreifen der
Sicherheitskräfte rechnet, was jedoch nicht sehr problematisch sei. Er
erklärte: „Ich bin selbst auch schon zugeführt worden. Dann läßt man

---

143 Vgl. Dok. 146, Anm.77.

uns wieder frei. Wenn wir von einer Stelle weggejagt werden, gehen wir an eine andere und machen weiter." Aus dieser Reaktion und ähnlichen vorher gemachten Äußerungen des L. geht hervor, daß er die Konfrontation mit den Sicherheitskräften einplant und diese provozieren will. Da er fest mit der Ablehnung dieses „Straßenmusikfestivals" rechnet, kündigt er bereits vorher die Mißachtung aller Auflagen der staatlichen Organe an[144].

Aus den bisher vorliegenden Erkenntnissen zur Person des Verdächtigen sowie den von ihm ausgehenden feindlich-negativen Aktivitäten ist abzuleiten, daß der L. aus den bisherigen staatlichen Beauflagungen keinerlei Lehren gezogen hat und unter Mißachtung von Rechtsnormen und der Normen des gesellschaftlichen Zusammenlebens, von einer verfestigten politisch-ablehnenden Haltung gegenüber der sozialistischen Staats- und Gesellschaftsordnung ausgehend, Bestrebungen entwickelt, die auf die Auslösung öffentlichkeitswirksamer demonstrativ-provokatorischer Aktivitäten drängen, um politischen Druck auf den sozialistischen Staat auszuüben und [diesen] vor der Weltöffentlichkeit zu diskriminieren. Die von ihm dabei ausgelösten Aktivitäten stellen eine ständige Gefährdung der öffentlichen und staatlichen Ordnung und Sicherheit dar.

Aus den vorliegenden inoffiziellen und offiziellen Informationen zu L. und den von ihm ausgehenden Handlungen im Zusammenwirken mit anderen feindlich-negativen Kräften des politischen Untergrundes bei der Organisierung / Inspirierung von PUT leitet sich der Verdacht ab, daß der L.:

1. unter Ausnutzung der kirchlichen Basisgruppenarbeit auf Öffentlichkeitswirksamkeit gerichtete feindlich-negative Aktivitäten im Rahmen der Friedensgebete sowie Treffen kirchlicher Basisgruppen sowie darüber hinaus im kulturellen Bereich entwickelt und dabei durch die getroffenen Aussagen, durch Eingaben und Positionspapiere, das Vortragen von Liedern und Texten mit „kritischem" Inhalt in der Öffentlichkeit mit darin enthaltenen Forderungen gegen die verfassungsmäßigen Grundlagen der sozialistischen Staats- und Gesellschaftsordnung aufwiegelt bzw. diese angreift, indem er
– die gesellschaftlichen Verhältnisse diskriminiert;
– Schriften zur Diskriminierung der gesellschaftlichen Verhältnisse selbst herstellt und verbreitet (strafbar gemäß § 106 Abs. 1 Ziff. 1 und 2 StGB);

2. unter Mißbrauch des rechtlich gesicherten Handlungsraumes der Kirche sowie seiner künstlerischen Fähigkeiten Bestrebungen entwickelt, ohne vorherige Beantragung einer Spielgenehmigung als „freiberuflicher Liedermacher" in der Öffentlichkeit aufzutreten und ohne Genehmigung ein sogenanntes „Straßenmusikfestival" in der Innenstadt Leipzigs [11] zu organisieren und damit in einer die öffentliche Ordnung gefährdenden Weise eine Mißachtung der Gesetze bekundet oder zur Mißachtung der Gesetze auffordert (strafbar gem. § 214 Abs. 1);

---

144 Als das Straßenmusikfestival am 11. Juni 1989 trotz des Verbotes stattfand, gingen Polizei und Sicherheitskräfte „teilweise sehr brutal" vor (*Sievers*, 149). „Dieser polizeiliche Zugriff mit vielen ‚Zugeführten' mag wohl die geringste Akzeptanz in der Bevölkerung erfahren haben, wie auch die einsetzende öffentliche Debatte zeigte" (*Döhnert / Rummel*, 148).

3. unter Ausnutzung der ohne Genehmigung beabsichtigten Realisierung öffentlichkeitswirksamer Aktivitäten Bestrebungen entwickelt, den Zusammenschluß von Vertretern alternativer kirchlicher Basisgruppen über die gegenwärtig zersplitterten Strukturen hinaus als politisches Druckpotential gegenüber den Organen des sozialistischen Staates zielgerichtet zu fördern und unter Ausnutzung kultureller Interessen zur Mißachtung sozialistischer Rechtsnormen und Normen des sozialistischen Zusammenlebens aufzufordern. (Strafbar gem. § 218 Abs. 1 StGB).

Die vorliegenden operativ-bedeutsamen Informationen zu L. und den von ihm ausgehenden feindlich-negativen Aktivitäten wurden durch den zielgerichteten Einsatz des IMB „Maria"[145] (XX / 9), IMB „Fuchs"[146] (XX / 4), IM der KD Leipzig-Stadt (wozu eine Präzisierung der einsetzbaren IM erfolgen muß) sowie IM der Abteilung 26 A erarbeitet.

Die bisher genutzten Quellen sind als zuverlässig und ehrlich einzuschätzen und haben auch für die weitere Realisierung der operativen Vorgangsbearbeitung objektive Möglichkeiten zur Erarbeitung operativ-bedeutsamer Informationen zu den vorliegenden Verdachtsmomenten zur Begehung von Straftaten und anderen feindlich-negativen Aktivitäten im Sinne der Organisierung / Inspirierung politischer Untergrundtätigkeit unter Mißbrauch des rechtlich gesicherten Handlungsraumes der Kirche sowie kultureller Möglichkeiten als Ausgangspunkt für öffentlichkeitswirksame provokativ-demonstrative Handlungen.

Neben der operativen Nutzung der bereits genannten Quellen werden Möglichkeiten des Einsatzes von geeigneten IM der eigenen Diensteinheit sowie der KD Leipzig-Stadt geprüft und deren zielgerichteter Einsatz vorbereitet. Darüber hinaus erfolgt die zielgerichtete Weiterführung der Vorbereitung des Einsatzes eines IM der Abteilung 26 / B auf der Grundlage der bestätigten Vorschläge.

Zur Unterstützung der operativen Kontrolle überörtlicher Aktivitäten und Kontakte zu Exponenten der PUT in Berlin, erfolgt die ständige Abstimmung und Koordinierung von Maßnahmen mit der HA XX / 9.

Für die Bearbeitung des OV „Trompete" werden folgende Zielstellungen festgelegt:

– Beweisführung, daß der Verdächtige Straftaten gemäß den ausgewiesenen Strafrechtsnormen des StGB der DDR begeht und weitere Rechtsnormen des sozialistischen Staates wie der OWVO (Ordnungswidrigkeitsverordnung) und die VAVO (Veranstaltungsverordnung) verletzt.

---

145 Vgl. Dok. 151, Anm. 110.
146 Vgl. Dok. 149, Anm. 89.

9.4
IMB „Wilhelm"

Dok. 153
Auszüge aus der IMB-Akte „Wilhelm"

A-6 / 183
BV Leipzig, Abteilung XX (Diensteinheit); *06.08.84* (Datum des Ausfüllens)
Auskunftsbericht: Streng geheim!
(In Blockschrift oder mit Schreibmaschine ausfüllen – keine Abkürzungen verwenden)
A07731; Aufnahmejahr *1972*; [Abbildung eines Paßfotos]; Reg.-Nr.: *XIII 227 / 68*

IM-Art: *IMB*[147]
– Deckname: *„Wilhelm"*
– Datum der Werbung: *30.09.68*
– Pseudopersonalien (auch ehemalige): [kein Eintrag]
– Geworben durch DE / Mitarbeiter: *KD Leipzig-Land / Gerhardt*
Personalien:
– Name: *Petersohn*; Vornamen (Rufname unterstreichen): *Thomas*
– Geburtsname: [kein Eintrag]; weitere Namen: [kein Eintrag]
– Geburtsdatum: *23.02.50*; Geburtsort / Kreis / Staat: *Taucha, Krs. Leipzig*
– Künstlernamen, Spitznamen usw.: [kein Eintrag]
– Geschlecht: *männlich*
– Religiöse Bindung: *keine*
– Personenkennzahl: *230250425034*; Nr. des PA: *XIII 1482466*
Weitere Angaben zur Person lt. Personalausweis:
– Größe: *mittelgroß*; Augenfarbe: *blaugrau*; besondere Kennzeichen: *keine*
– Staatsangehörigkeit: *DDR*; Nationalität: *deutsch*
– Familienstand: *ledig*
– Soziale Herkunft / jetzige soziale Stellung: *Arbeiter / Arbeiter*
– Wohnanschriften (Ort, Straße, Haus-Nr., Zeitraum, auch bei Nebenwohnung):
Geburt-1963: Leipzig O5, Mariannenstr. 86;
1963-1965: Grube – Sigrun, Krs. Perleberg, Kinderheim;
1965-1974: 705 Leipzig, Mariannenstr. 86;
1974-1982: 705 Leipzig, Meißner Str. 36, I. Hinterhaus;
1982-1986: 7010 Leipzig, Münzgasse 7;
1986- : 7010 Leipzig, Windmühlenstr. 37;
Reg.-Nr.: *XIII 227 / 68; A 7731; A-6 / 183*
– Erlernte Berufe: *ohne*
– Berufliche Tätigkeit, auch nebenberufliche Tätigkeit (chronologisch):

---

147 Zum IM-Typ IMB vgl. die Hinweise Einleitung, 79. Das Wirken des IMB „Wilhelm" wird z.B. in den Dokumenten 139 und 140 dokumentiert.

Art der Tätigkeit	Arbeitsstelle	von / bis
Hilfsarbeiter	*Milchhof Leipzig*	*1965 1966*
Bahnunterhaltungs-	*DR, Bahnmeisterei*	*1968 1971*
meisterei	*Connewitz*	
Zugfertigsteller	*DR, Bf. Dresdner Bf.*	*1972 [...]*
Kraftfahrer	*Karl-Marx-Universität,*	*1976 1984*
	Fahrbereitschaft	
Angestellter	*Ev.-luth. Landeskirche Sa.*	*1984*

[großes Paßfoto]

– Schulbildung: *Grundschule;* Abschluß: *8. Klasse;* Abschlußjahr: *1965;*
Volksschule: [kein Eintrag]; Abschluß: [kein Eintrag] Klasse; Abschlußjahr: [kein Eintrag]; Betriebsakademie: [kein Eintrag]; Fachrichtung: [kein Eintrag]; Fachschule (welche): [kein Eintrag]; Fachrichtung (welche): [kein Eintrag]; Abschlußjahr: [kein Eintrag]; Universität / Hochschule (welche): [kein Eintrag]; Fachrichtung (welche): [kein Eintrag]; Abschlußjahr: [kein Eintrag]

Mitgliedschaft:
– Mitglied von Parteien, Organisationen und Verbänden vor und nach 1945:

Bezeichnung	Land	von / bis	Grund für Austritt / Ausschl.
FDJ	*DDR*	*1965 1972*	*(Altersgründe)*
FDGB	*DDR*	*1965 1984*	*(Aufnahme kirchl. Tätigkeit)*
CDU	*DDR*	*1975*	

Besuch von Schulen der Parteien und Massenorg. (Bezeichnung der Schule, wann, Dauer): *keine*
Politisch verfolgt (wann, wo, warum): *nein*
Wahlfunktionen (welche Funktionen, von / bis): *keine*
Vorstrafen: *ja*

Zeitpunkt	Straftat	Strafmaß
13.5.66-11.1.68	*§ 8 Paßgesetz*[148]	*1 Jahr 8 Monate*
13.10.71-10.8.72	*§§ [...] 224 Abs. 1 StGB*[149]	*10 Monate*

Reg.-Nr.: *XIII 227 / 68; A-6 / 183:* A [unleserlich] 7731
Wehrdienst:
– Militärisches Organ (Staat, Waffengattung, Einheit, wo eingesetzt, Dienstzeit, höchster Dienstgr.): *keines*
– Gefangenschaft (welche, wo, von / bis): *nein*
– Reservist (Waffengattung, wo erfaßt, letzter Lehrgang (Jahr), Dienstgr.): *nein; IM ist ausgemustert, steht im Verteidigungsfall zur Verfügung*
– Militärische Spezialausbildung; spezifische militärische Kenntnisse und Fertigkeiten u.ä.: *keine*
– Gesundheitszustand (Gesamtzustand): *befriedigend*
– Wehrtauglichkeit (Stufe): *wehruntauglich*
Spezialkenntnisse:
– Sprachkenntnisse (welche Sprache, Grad der Beherrschung): *keine*

---

148 Vgl. Dok. 26, Anm. 23.
149 In Paragraph 224, Absatz 1 des StGB von 1968 heißt es: „Wer sich eine staatliche Befugnis anmaßt und dadurch die ordnungsgemäße Tätigkeit staatlicher Organe oder die Rechte der Bürger beeinträchtigt, wird mit Freiheitsstrafe bis zu zwei Jahren oder mit Verurteilung auf Bewährung oder mit Geldstrafe bestraft."

– Erlaubnis zum Führen von Fahrzeugen / Kl.: *IV;* Flugerlaubnis /
Kl.: [kein Eintrag]; Seefahrtspatente: [kein Eintrag]
– Sonstige Erlaubnisse / Genehmigungen: *keine*
– Weitere Kenntnisse, Fähigkeiten und Qualifikationen: *keine*

Reg.-Nr. *XIII 227 / 68; A-6 / 183; AQ 7731*

Beurteilung über IM-Art: *IMV*[150]; Deckname: „*Wilhelm*"
*Der IM wurde am 30.9.68 auf der Basis der Überzeugung zur inoffi-
ziellen Zusammenarbeit mit dem MfS durch die KD Leipzig-Land verpflichtet. Die Perspektive seiner Zusammenarbeit mit dem MfS bestand
in der Aufklärung und inoffiziellen Absicherung negativer und gefährdeter Jugendlicher im Stadt- und Landkreis Leipzig. Der IM wurde im
Mai 1973 an die Abteilung XIX zur weiteren Zusammenarbeit übergeben.*
*Während seiner Tätigkeit für die KD Leipzig-Stadt erabeitete der IM
zahlreiche operativ auswertbare Informationen, die zum Teil als
Grundlage für Inhaftierungen negativer Jugendlicher durch die VP
dienten. Durch die Berichte des IM konnten mehrere geplante Grenzdurchbrüche bereits im Stadtgebiet von Leipzig verhindert werden. Des
weiteren wurde der IM eingesetzt, um den Jugendklub Miltitz sowie
Kirchenveranstaltungen in Borsdorf unter Kontrolle zu halten.*
*Der IM zeigte bisher bei der Realisierung seiner Aufträge eine hohe
Einsatzbereitschaft. Er führt seine Aufträge zum größten Teil in seiner
Freizeit durch. Bei der Erfüllung eines Auftrages für unsere DE stellte
der IM 3 Tage seines Urlaubes zur Verfügung. Der IM ist in der Lage,
mit Legenden zu arbeiten. Er besitzt eine sehr gute Auffassungsgabe
und ist in der Lage, schnell Kontakte zu uns interessierenden Personen
herzustellen.*
*Zur Herbstmesse 1969 gab der IM dem MfS eine Falschmeldung. In
der dazu geführten Auseinandersetzung gab der IM an, daß er unser
Organ unbedingt unterstützen will und deshalb eine Information aufgebauscht hat. Der IM zeigte in der Vergangenheit mehrmals Tendenzen zu einem bestimmten übersteigerten Geltungsbedürfnis. Es kann
jedoch eingeschätzt werden, daß der IM in der letzten Zeit reifer geworden ist. [...]*
*Außer der einmaligen Falschinformation des MfS berichtete der IM
ehrlich, was durch mehrere Überprüfungen bestätigt wurde. Auf
Grund seiner umfangreichen Verbindungen zu negativen Personenkreisen und den zahlreich erarbeiteten operativ auswertbaren Informationen wurde der IM am 11.2.71 zum IMV umregistriert. Während seiner
Haftzeit (10 Monate, StVA Leipzig) arbeitete der IM weiter inoffiziell
mit dem MfS zusammen. Dabei erfüllte er die ihm übertragenen Aufträge gewissenhaft und trug durch sein gesamtes Verhalten zur Umer-
ziehung der Strafgefangenen bei.*
*Die Konspiration wurde bisher vom IM eingehalten. Es gibt keinerlei
Hinweise auf eine Verletzung der Konspiration, auch in der Haft nicht.
Der IM ist jederzeit einsatzbereit und übernimmt auch kurzfristig Aufträge, wenn es seine Arbeitszeit gestattet. Er kann bei Notwendigkeit
überörtlich eingesetzt werden.*

---

150 Zu Funktion und Bedeutung vgl. die Erläuterungen und Hinweise in Anm. 52 zu
    Dok. 144.

Gegenwärtig wohnt der IM mit seiner Mutter und seiner Schwester zusammen. Er beabsichtigt, in Zukunft ein eigenes Zimmer zu nehmen. Der IM wird zur Zeit in der VAO „Seminar" unserer DE eingesetzt. Es ist geplant, daß der IMV in der Perspektive in negativen kirchlichen Kreisen eingesetzt wird bzw. seine bereits bestehenden Kontakte in dieser Richtung weiter ausbaut.
Über Spezialkenntnisse verfügt der IM nicht. Es bestehen keine Verbindungen nach WD / WB.
Für seine gute Auftragserfüllung wurde der IM schon mehrfach prämiert. Seit Übernahme von der Abteilung XIX entwickelte der IM eine hohe Einsatzbereitschaft, er konnte wertvolle Informationen im Verantwortungsbereich und im überbezirklichen Einsatz erteilen. Durchgeführte Überprüfungen zeigten, daß der IM nach wie vor ehrlich und zuverlässig mit dem MfS zusammenarbeitet.
23.08.78

Beurteilung über IMB „Wilhelm"
Der IM wurde 1968 für die inoffizielle Zusammenarbeit mit dem MfS auf der Grundlage der Überzeugung gewonnen und bis 1978 durch die DE KD Leipzig-Land und Abt. XIX der BV Leipzig gesteuert. 1978 erfolgte die Übernahme des IM durch die BV Leipzig, Abt. XX / 4 und der Einsatz auf der Linie „Evangelische Kirche".
Unter Nutzung bestehender Kontakte zu kirchlichen Kreisen und kirchlich gebundenen Personen wurde der IM auf Linie Kirche geschult und eingesetzt.
Mit Eigeninitiative und operativer Beweglichkeit verankerte sich der IM im kirchlichen Bereich, erweiterte seinen operativ-relevanten Kontakt und Umgangskreis, der seine Präsenz bei verschiedensten kirchlichen Aktivitäten im Territorium und überörtlich zuverlässig legendierte. Anzuführen sind dabei insbesondere Einsätze des IM zur operativen Kontrolle von Kirchentagen und Kirchentagskongressen, der Schwerpunktveranstaltungen des Verantwortungsbereichs sowie von Tagungen der ev.-luth. Akademie Meißen. Die Informationen der Quelle trugen bedeutsam zur operativen Lageeinschätzung auf Linie bei, waren konkret und erwiesen sich in der Vergleichsarbeit als zutreffend. Im operativen Auftrag des MfS und unter Nutzung operativer Möglichkeiten nahm der IM Mitte 1984 eine Tätigkeit als kirchlicher Mitarbeiter auf. Die gestellten Erwartungshaltungen, wie wirksame Kontrolle eines Schwerpunktobjektes und Sicherung einer operativen Perspektive im kirchlichen Bereich, konnten von ihm voll erfüllt werden. Der IM ist einsatzbereit, berichtet zuverlässig und hat eine hohe Treffdisziplin. Es kann eingeschätzt werden, daß der IM von op.-interessierenden Personen aus dem kirchlichen Bereich als Vertrauensperson angenommen wird. Der IM ist kontaktfreudig und gesprächsfähig, er beherrscht christliche Kultwendungen und nutzt geschickt den Vertrauensvorschuß seiner kirchlichen Tätigkeit aus.
Neben der Erarbeitung von Hinweisen aus dem kirchlichen Bereich trug der IM zur Klärung von Straftaten 1979 und 1986 bei. Insbesondere seinem Einsatz ist es zu verdanken, daß 1986 ein Täter (Raubüberfall) auf frischer Tat durch Kräfte der VP gestellt werden konnte. [...] Die Bindung des IM an das MfS wird als fest eingeschätzt. Durch die inoffizielle Zusammenarbeit wurde seine Persönlichkeit gefestigt, persönliche Probleme jeder Art trägt er offen den Mitarbeitern vor, läßt

sich zu deren Bewältigung beraten und setzt gegebene Hinweise um. *Erreichte gute operative Ergebnisse des IM wurden mit Auszeichnungen, Prämien, Sachgeschenken und Lob anerkannt.* [Name unleserlich] *Leipzig, den 01.10.87*

Reg.Nr.: *XIII 227 / 68; AO7731*
Interessengebiete: *Kfz-Technik, Literatur*
Besitz- und Sozialverhältnisse:
– Produktionsmittel / gewerblicher Besitz (Art): *keine*
Eigentümer / Pächter: [kein Eintrag]
Grundstücke (welche Grundstücke, wo, Größe): *nein*
Kraftfahrzeuge (Art): *PKW „Trabant 601"*
Wasserfahrzeuge (Art): *nein*
Sonstiges Eigentum: *nein*
Politische Einstellung:
Der IM besitzt eine positive Einstellung zur Politik unserer Partei- und Staatsführung. Ihm fehlen jedoch theoretische Kenntnisse des Marxismus-Leninismus.

Operativ interessante Merkmale des IM:
Vorbestraft; Verbindung zu negativen Gruppierungen, Personen; Verbindungen zu kirchlichen Kreisen und Einzelpersonen.
Operativ nutzbare Verbindungen des IM:
– Zu operativ interessanten Personen (Name, Vorname, wohnhaft, op. Merkmal, Art der Verbindung): [durchgestrichene, nicht zu entziffernde Eintragungen]
– Zu operativ interessanten Objekten:

Bezeichnung des Objektes	Ort / Kreis	Art der Verbindung
Nikolaikirche	*7010 Leipzig*	*Arbeitsstelle*
Ev.-luth. Akademie	*8250 Meißen*	*Besuch von Tagungen*

Möglichkeiten des Einsatzes des IM:
– Territorial – DDR: [...] *überbezirklich*
– Territorial – Operationsgebiet (Westdeutschland, Westberlin, kap. Ausland, Nationalstaaten): [kein Eintrag]
– Zeitliche Einsatzmöglichkeiten: [...] *während d. Arbeitszeit; während d. Freizeit; bei Tag; bei Nacht*
– Mögliche Einsatzrichtungen des IM: *Bearbeitung kirchlicher Gruppierungen / Personen*
– Einsatzmöglichkeiten bei besonderen Situationen: [kein Eintrag]
– Fähigkeiten in der operativen Arbeit (welche): *gute Anpassungsfähigkeit / Kontaktfreudigkeit*
– Welche Familienangehörige haben von der inoffiziellen Tätigkeit Kenntnis: *keine*
– Sind Familienangehörige für inoffizielle Tätigkeit nutzbar (wer, in welcher Richtung): *nein*
– Wesentliche Umstände, die die Einsatzmöglichkeiten des IM beeinflussen (welche): *nein*
– In Fahndung des Gegners erfaßt: *unbekannt*
Verhältnis MfS – IM:
– Gründe des IM für Zusammenarbeit mit dem MfS: *Überzeugung*
– Zuverlässigkeit / Ehrlichkeit: *überprüft*
– Verletzung der Konspiration (wann, wo, wie): *keine*

Zutreffendes unterstreichen

Aufrechterhaltung der Verbindung:
- Verbindung wird gewährleistet durch: *ständige Treffvereinbarungen*
- Möglichkeiten der außerplanmäßigen Verbindungsaufnahme zum IM (wo, wie): *Wohnung des IMB (Nachricht im Briefkasten)*
- Losung / Erkennungszeichen: *„Gruß von Ossi"*
- Telefon-Nummern zur Verbindung zum IM bzw. zum op. Mitarbeiter: *s.o. bzw. u. 794 21 68*
- Möglichkeiten der außerplanmäßigen Verbindungsaufnahme zum op. Mitarbeiter (wo, wie): *Telefon 794 21 68*
- Op.-techn. Mittel u. Dokumente: *keine;* (des MfS, Besitz, Kenntnis bzw. Ausbildung erhalten [kein Eintrag], des Gegners: *keine;* Besitz, Kenntnisse bzw. Ausbildung erhalten: [kein Eintrag])
- Andere IM, die Kenntnisse über die Zusammenarbeit des IM mit dem MfS haben:

Deckname	Reg.Nr. – Diensteinheit	wie bekannt
IMK[151] *(KW) „Ingar"*	*XIII / 533 / 72 – XX / 4*	*mit Vornamen*
IMK (KW) „Rosetta"	*XIII / 759 / 86 – XX / 4*	*mit Vornamen*

Der IM hat Kenntnisse über die inoffizielle Zusammenarbeit mit dem MfS oder anderen Organen der DDR von nachfolgenden IM bzw. anderen Personen: [...]

Deckname	Reg.-Nr. – Diensteinheit	wie bekannt
IMK (KW) „Ingar"	*XIII / 533 / 72 – XX / 4*	*mit Vor- und Zuname*
IMK (KW) „Rosetta"	*XIII / 759 / 86 – XX / 4*	*mit Vor- und Zuname*

Kenntnis genommen
[Unterschrift unleserlich]: Leiter der Diensteinheit
[Unterschrift unleserlich], *Oltn.*: Unterschrift des op. Mitarbeiters, der mit dem IM zusammenarbeitet

9.5
IMS „Physiker"

Dok. 154
Auszüge aus der IMS-Akte „Physiker"

Streng geheim!
BV Leipzig, Abt. XX / 4 (Diensteinheit); *15.6.1983* (Datum des Ausfüllens)
Auskunftsbericht: Streng geheim!
Aufnahmejahr 1980 [Abbildung eines Paßfotos]; 008002; Reg.-Nr. XIII 1440 / 82

IM-Art: *IMS*[152]
- Deckname: *„Physiker"*

---

151 Aufgabe der Inoffiziellen Mitarbeiter Konspiration war die Sicherung konspirativer Verbindungen. Meist bedeutete dies, daß sie dem MfS eine konspirative Wohnung oder ein Decktelefon zur Verfügung stellten. Vgl. *Gill / Schröter*, 106.
152 Zum IM-Typ IMS vgl. die Erläuterungen und Hinweise in Anm. 88 zu Dok. 149.

- Datum der Werbung: *19.10.1982* [...]
- Geworben durch DE / Mitarbeiter: *Abt. XX, Major Conrad*
Personalien:
- Name: *Münnich*; Vornamen: *Udo* [...]
- Geburtsdatum *12.2.45*; Geburtsort / Kreis / Staat: *Leipzig*
- Geschlecht: *männlich*
- Religiöse Bindung: *evangelisch*
- Personenkennzahl: *120245425040*; Nr. des PA: *XIII 1787575*
Weitere Angaben zur Person lt. Personalausweis:
- Größe: *mittelgroß*; Augenfarbe: *blaugrau*; besondere Kennzeichen: *Verstümmelung rechte Hand*
- Staatsangehörigkeit: *DDR*; Nationalität: *deutsch*
- Familienstand: *verheiratet*
- Geburtsjahre der Kinder: *'70, '72, '80, '81*
- Soziale Herkunft / jetzige soziale Stellung: *Intelligenz*
Wohnanschriften (Ort, Straße, Haus-Nr., Zeitraum, auch bei Nebenwohnung):
7.3.72: 7033 Leipzig, Rinckartstr. 4
9.10.75: 7033 Leipzig, Will.-Zipperer-Str. 65
22.7.80: Leipzig-Grünau, Alte Salzstr. 64

Wehrdienst:
- Militärisches Organ / Staat: *NVA / DDR* [...]; Dienstzeit: *11 / 70 bis 7 / 71* [...]; *M. diente als Bausoldat in der Dienststelle 2301 Groß-Mohrdorf. Aufgrund eines Unfalles (Gesundheitsschaden von 30 %) wurde er vorzeitig aus der NVA entlassen* [...]
- Gesundheitszustand (Gesamtzustand): *gut* [...]
Spezialkenntnisse: [...]
- Erlaubnis zum Führen von Fahrzeugen / Kl.: *I u. IV* [...]

Beurteilung über IM-Art: *IMS*; Deckname: *„Physiker"*
Der IM wurde im Oktober 1982 auf der Grundlage der Überzeugung geworben. Loser persönlicher Kontakt bestand längere Zeit vorher, in dessen Zusammenhang eine stärkere Gesprächsbereitschaft angestrebt wurde.
Der IM zeigt sich willig und einsatzbereit, wenn es um Probleme der Aufklärung von pol.-negativen Aktivitäten bzw. reaktionären Personen geht, sowie bei Sachverhalten, die zu einer Verschlechterung des Verhältnisses Staat-Kirche führen könnten. Deutlich wird das insbesondere bei der Aufklärung und der positiven Einflußnahme auf die Initiativgruppe „Hoffnung Nikaragua". Vorbehalte, die es auch künftig in der Zusammenarbeit weiter abzubauen gilt, zeigt der IM noch bei Auskünften zu konkreten Personen aus seinem unmittelbaren Umgangskreis. Hier liegen noch Reserven, die, im Zusammenhang mit dem weiteren Ausbau des Vertrauensverhältnisses, künftig allmählich verstärkt genutzt werden können.
Im Zusammenhang mit seiner Tätigkeit im Rahmen der C[FK,] seiner Aktivitäten als kirchlicher Laie (Durchführung von Veranstaltungen im kirchl. Raum, Auftreten bei Friedensseminaren, Zusammenkünften mit Personengruppen aus der BRD) ist eine positive Einflußnahme des M. auf andere Personen gewährleistet. Hinweise auf Dekonspiration liegen nicht vor.
(gez.) Conrad, Major

Interessengebiete: *Entwicklungsprobleme in der „Dritten Welt"*
Besitz- und Sozialverhältnisse: [...]
– Kraftfahrzeuge (Art): *Pkw*
Politische Einstellung:
Der M. steht der Entwicklung unserer sozialistischen Gesellschaft auf-
geschlossen gegenüber, ist jedoch teilweise noch berührt von der Detail-
kritik üblicher Art innerhalb der kirchlichen Gemeinden bzw. der Kir-
che überhaupt. M. ist stark kirchlich gebunden und engagiert sich auch
diesbezüglich. Bei ausgesprochen reaktionären kirchlich gebundenen
Personen gilt er als „linksradikal".
Operativ interessante Merkmale des IM:
– *Der M. führte bereits mehrfach im Auftrag der Kirche Reisen ins*
NSW durch. Daraus resultieren entsprechende Kontakte.
– *Der M. engagiert sich im Rahmen der CFK (Christliche Friedens-*
konferenz)[153]. *Daraus resultiert ein op.-interessierender Kontakt zu*
Prf. Wilms (BRD), welcher in der westdeutschen Friedensbewegung ak-
tiv tätig ist.
– Der M. hat op.-int. Kontakte im kirchlichen Bereich. Er war Syn-
odaler der LK Sachsen. Gegenwärtig ist er Mitglied der Jugendkom-
mission der CFK.

Operativ nutzbare Verbindungen des IM:
– Zu operativ interessanten Personen:

Name, *Prf. Wilms,*	Vorname *Wolf*	wohnhaft *BRD, Neckar- gemünd*	op. Merkmal *BRD-Friedens- bewegung*	Art der Verbindung *persönlich / postalisch*
Pf. Fritzsche		*Leipzig*	*aktiv in Neubau- gebieten*	
Initiativgruppe „Hoffnung Nikaragua"[154]		*Leipzig*	*„Alternative Gruppe" pol.-neg. Aktivitäten*	*pers.* *pers.*

– Zu operativ interessanten Objekten: [kein Eintrag]
Möglichkeiten des Einsatzes des IM:
– Territorial – DDR: innerhalb des [...] *Bezirkes* [...]
– Territorial – Operationsgebiet: [...] *kap. Ausland* [...] *(bei entspre-*
chender Reisetätigkeit)[...]
– Mögliche Einsatzrichtungen des IM: *Aufklärung von Personen im*
Bereich der evangelischen Kirche
– Welche Familienangehörige haben von der inoffiziellen Tätigkeit
Kenntnis: *keine* [...]
– Wesentliche Umstände, die die Einsatzmöglichkeiten des IM beein-
flussen (welche): *keine*
– In der Fahndung des Gegners erfaßt: *keine Hinweise*
Verhältnis MfS – IM:
– Gründe des IM für Zusammenarbeit mit dem MfS: *Humanistische*
Gründe, Verhinderung von Konfrontationen im Verhältnis Staat-Kir-
che
– Zuverlässigkeit / Ehrlichkeit: *ehrlich*
– Verletzung der Konspiration (wann, wo, wie): *keine Hinweise*

153 Vgl. Dok. 36, Anm. 26.
154 Vgl. die Dok. 82 und 83.

Aufrechterhaltung der Verbindung:
– Verbindung wird gewährleistet durch: *Treffs u. telefonische Verbindung*
– Möglichkeiten der außerplanmäßigen Verbindungsaufnahme zum IM: wo: *Arbeitsstelle*; wie: *telefonisch bzw. persönl. Aufsuchen*
– Losung / Erkennungszeichen: *ohne*
– Telefon-Nummern zur Verbindung zum IM bzw. zum op. Mitarbeiter: *565 2542; 794 2163*
– Möglichkeiten der außerplanmäßigen Verbindungsaufnahme zum op. Mitarbeiter: wo: *Dienststelle*; wie: *telefonisch* [...]
– Andere IM, die Kenntnis über die Zusammenarbeit des IM mit dem MfS haben (Deckname, Reg.-Nr., Diensteinheit, wie bekannt): [kein Eintrag]
– Der IM hat Kenntnisse über die inoffizielle Zusammenarbeit mit dem MfS oder anderen Organen der DDR von nachfolgenden IM bzw. anderen Personen (Deckname, Reg.-Nr., Diensteinheit, wie bekannt): [kein Eintrag]

Kenntnis genommen
[Unterschrift unleserlich]: Leiter der Diensteinheit
(gez.) *Conrad, Major*: Unterschrift des op. Mitarbeiters, der mit dem IM zusammenarbeitet

9.6
IMS „Friedrich"

Dok. 155
Auszüge aus der IMS-Akte „Friedrich"

Streng geheim!
KD Leipzig-Stadt (Diensteinheit); [unleserlich] *82* (Datum des Ausfüllens)
Auskunftsbericht: Streng geheim!
Reg.-Nr.: *XIII 155 / 78*

IM-Art: *IMS*[155]
– Deckname: *„Friedrich"*
– Datum der Werbung: *1978*
– Pseudopersonalien (auch ehemalige): [kein Eintrag]
– Geworben durch DE / Mitarbeiter: *Harnisch*; *KD Leipzig-Stadt*
Personalien:
– Name: *Drephal*; Vornamen: *Otto-Ernst* [...]
– Geburtsdatum: *22.6.39*; Geburtsort / Kreis / Staat: *Berlin* [...]
– Geschlecht: *männlich*
– Religiöse Bindung: *kirchlicher Angestellter / Theologe*
– Personenkennzahl: *220639425076*; Nr. des PA: [kein Eintrag]
Weitere Angaben zur Person lt. Personalausweis:
– Größe: *185*; Augenfarbe: *graublau*; besondere Kennzeichen: *keine*
– Staatsangehörigkeit: *DDR*; Nationalität: [kein Eintrag]
– Familienstand: *verheiratet* [...]

155 Vgl. Dok. 149, Anm. 88.

– Soziale Herkunft / jetzige soziale Stellung: *kleinbürgerlich – Theologe –*
evangl.-luth.
– Wohnanschriften (Ort, Straße, Haus-Nr., Zeitraum, auch bei Nebenwohnung): *Berlin – Hauptstadt; 709 Leipzig Ritterstr. 5*
[unleserlich; vielleicht: „Erlernter Beruf: *Theologe*"]
Berufliche Tätigkeit, auch nebenberufliche Tätigkeit (chronologisch):

Art der Tätigkeit	Arbeitsstelle [...]	von / bis
Schüler	*Grund- u. Oberschule in Leipzig*	*1946 / 1957*
Student	*Theologisches Seminar Leipzig*	*1958 / 1964*
Vikar	*Pfarramt Leipzig*	*1964 / 1974*
Ephoralvikar	*Evangl.-luth. Landeskirchenamt Sachsen*	*1975*

Schulbildung:
Oberschule: Abschluß: *12.* Klasse; Abschlußjahr: *1957* [...]
Universität / Hochschule, Fachrichtung (welche): *Theologisches Seminar Leipzig;* Abschlußjahr: *1964*

Mitgliedschaft:
– Mitglied von Parteien, Organisationen und Verbänden vor und nach 1945:
Bezeichnung – Land – von / bis – Grund für – Funktionen von / bis – Austritt / Ausschl.
parteilos – nicht organisiert
Nationale Front DDR 1974 (Arbeitsgruppe Christliche Kreise)[156] [...]
[unleserlich]
Wehrdienst:
– Militärisches Organ (Staat, Waffengattung, Einheit, wo eingesetzt, Dienstzeit, höchster Dienstgr.): *Wehrdienstverweigerer, wurde als Bausoldat gemustert*
– Gesundheitszustand (Gesamtzustand): *gut*
– Wehrtauglichkeit (Stufe): [kein Eintrag]
Spezialkenntnisse:
– Sprachkenntnisse (welche Sprache   Grad der Beherrschung):
                        Latein   unvollkommen
                        Englisch   unvollkommen
– Erlaubnis zum Führen von Fahrzeugen / Kl.: *Klasse 4* [...]
[unleserlich]
Beurteilung über IM-Art: *IMS;* Deckname: *„Friedrich"*
Die Anwerbung des Kandidaten erfolgte 1978 auf der Grundlage der Freiwilligkeit des IMS, wobei sich der IMS aus einer inoffiziellen Zusammenarbeit mit dem MfS mehr Spielraum u. Einflußmöglichkeiten kirchenpolitischer Projekte auf den Thomanerchor sowie die Arbeit unter der Jugend und [den] Schülern erhoffte.
Der Kandidat wurde dem MfS bereits 1967 im Rahmen der operativen Bearbeitung als OV „Revisionist"[157] *in negativer Hinsicht bekannt, indem er [unleserlich] kirchlicher Arbeit mit Jugendlichen Aktivitäten entwickelte, mit welchen er sich zum damaligen Zeitpunkt in Widerspruch zur sozialistischen Kirchenpolitik unseres Staates brachte.*

---

156 Vgl. Dok. 80, Anm. 215.
157 Es handelt sich hier um einen noch unbekannten OV an der Leipziger Universität.

Zwischenzeitlich revidierte der Kandidat grundsätzlich seine ideologische Position und brachte sich selbst damit in eine gewisse Isolierung zu extremen klerikalen, kirchlichen Würdenträgern.
In wesentlichen Fragen besitzt der IMS eine staatsbejahende Grundeinstellung, jedoch nicht unbelastet von einigen subjektiv gefärbten und idealistischen Auffassungen.
Er ist der Überzeugung, daß man als exponierter Geist in der DDR leben und arbeiten kann. Er unterstützt vorbehaltlos die Politik zur Erhaltung des Friedens auf der Grundlage der Staatspolitik der DDR. Extreme klerikale Auffassungen, reaktionäre Kreise der Landeskirche finden bei dem IMS keine Unterstützung.
Der IMS war und ist bereit, das MfS zu unterstützen und auch über kircheninterne Aspekte zu informieren. Andererseits ist er jedoch mißtrauisch und zurückhaltend bei ihn persönlich betreffenden Fragen. Charakterlich ist der IMS ausgeglichen. Seine Darstellungen und Dialoge sind wohl durchdacht. Er verfügt über eine große Allgemeinbildung. An der Konspiration und Geheimhaltung ist der IMS stark interessiert.

Interessengebiete: Theater, Konzertbesuche, Literatur – Philosophie, Autosport
Besitz- und Sozialverhältnisse: [...]
– Kraftfahrzeuge (Art): *PKW Wartburg 353* [4? H?]C 77-67 [...]
Politische Einstellung:
Politisch loyale Position als engagierter progressiver Geistlicher und Theologe. Anerkennt die staatliche Kirchenpolitik der DDR und Rolle zwischen Staat und Kirche.
Distanziert sich von reaktionären klerikalen Kreisen der Landeskirche. Distanziert sich ebenfalls von der Losung „Frieden schaffen ohne Waffen"[158] und den extremen Aktivitäten des „Sozialen Friedensdienstes"[159]. Er befaßt sich mit aktuellen Fragen der Politik der DDR, vor allem der Jugendpolitik sowie Fragen der Erhaltung des Friedens. Er ist nicht frei von subjektiv gefärbten Auffassungen zu wirtschaftlichen Aspekten in der DDR und den sozialistischen Staaten.

[unleserlich];
Operativ interessante Merkmale des IM:
– *Möglichkeiten zu* [der?] *op. Bearbeitung und Kontrolle hauptamtlicher kirchlicher Institutionen u. Ämter im Durchdringungsbereich der Evangl.-luth. Kirche Sachsens sowie personeller Schwerpunkte der Superintendentur und* [des] *Jugendkirchenamtes*
– *Durchdringung der Thomasgemeinde u.* [des] *Thomanerchores*[160]
Operativ nutzbare Verbindungen des IM:
– Zu operativ interessanten Personen:

Name, Vorname	wohnhaft [...]	Art der Verbindung
Superintendent Richter	*Leipzig*	*persönlich*
Superintendent [?]	*Leipzig*	*persönlich + verstorben 1982*
Pfr. Peukert [Peucker?]	*Leipzig*	*persönlich*
Pastorin Pöche	*Leipzig*	*persönlich*

---

158 Zum Berliner Appell „Frieden schaffen ohne Waffen" vgl. Dok 64 und 65.
159 Vgl. Dok. 56
160 Vgl. Dok. 45, bes. Anm. 12.

– Zu operativ interessanten Objekten:

Bezeichnung des Objektes   Ort / Kreis   Art der Verbindung
Landeskirchenamt   *Leipzig*   *Arbeitsstelle*
Jugendkirchenamt   *Leipzig*   *Verbindung*

Möglichkeiten des Einsatzes des IM:
– Territorial – DDR: innerhalb des *Wohngebietes* [...]
– Territorial – Operationsgebiet (Westdeutschland, Westberlin, kap.
Ausland, Nationalstaaten) [kein Eintrag]
– Zeitliche Einsatzmöglichkeiten: [...] *zeitlich begrenzt; während d.
Arbeitszeit; während d. Freizeit* [...]
– Mögliche Einsatzrichtungen des IM: *Bearbeitung der Jungen Ge-
meinde*[161] *u. konfessionell gebundener Jugendlicher; Bearbeitung kleri-
kal kirchlicher Kreise u. Sekten u. Einrichtungen*
– Einsatzmöglichkeiten bei besonderen Situationen: *bedingt vorhan-
den* [...]
– Welche Familienangehörige haben von der inoffiziellen Tätigkeit
Kenntnis: *keine* [...]
– Wesentliche Umstände, die die Einsatzmöglichkeiten des IM beein-
flussen (welche): *Mißtrauen u. persönliche Differenzen* [...]
Verhältnis MfS – IM:
– Gründe des IM für Zusammenarbeit mit dem MfS: *Freiwilligkeit
und Vertrauen*
– Zuverlässigkeit / Ehrlichkeit: [kein Eintrag]
– Verletzung der Konspiration (wann, wo, wie): *Sind nicht bekannt*
[unleserlich]
Aufrechterhaltung der Verbindung:
– Verbindung wird gewährleistet durch: *den operativen Mitarbeiter*
– Möglichkeiten der außerplanmäßigen Verbindungsaufnahme zum
IM (wo, wie): *telefonisch in der Wohnung*
– Losung / Erkennungszeichen: *„Seelsorgebetreuung"*
– Telefon-Nummern zur Verbindung zum IM bzw. zum op. Mitar-
beiter: *IMS-Privattelefon Nr. 200397; op. Mitarbeiter 784 2570*
– Möglichkeiten der außerplanmäßigen Verbindungsaufnahme zum
op. Mitarbeiter (wo, wie): *telefonisch zum op. Mitarbeiter, welcher un-
ter „Wegner" bekannt ist* [...]
– Andere IM, die Kenntnis über die Zusammenarbeit des IM mit
dem MfS haben (Deckname, Reg.-Nr., Diensteinheit, wie bekannt):
entfällt
– Der IM hat Kenntnis über die inoffizielle Zusammenarbeit mit dem
MfS oder anderen Organen der DDR von nachfolgenden IM bzw. anderen Personen (Deckname, Reg.-Nr., Diensteinheit, wie bekannt):
entfällt

Kenntnis genommen
[Unterschrift unleserlich]: Leiter der Diensteinheit:
[Unterschrift unleserlich], *Major*:
Unterschrift des op. Mitarbeiters, der mit dem IM zusammenarbeitet

---

161 Zur Jungen Gemeinde vgl. zunächst die Hinweise in Anm. 93 zu Dok. 20.

10
„Offenheit und Wahrhaftigkeit"
Kirche und Staatssicherheit – Aufarbeitung der Vergangenheit am Beispiel der sächsischen Landeskirche

Dok. 156
Aus einem Rundbrief Bischof Hempels

Dresden, im April 1990

Rundschreiben mit eigenhändiger Unterschrift. Absender: Der Landesbischof der Ev.-Luth. Landeskirche Sachsens. Anschrift: An alle Pfarrer und Pastorinnen der Ev.-Luth. Landeskirche Sachsens mit der Bitte um Weitergabe an die Mitarbeiterinnen, Mitarbeiter und Kirchenvorstände in ihrem Bereich, an die Landessynodalen, an die im Ruhestand lebenden Mitarbeiter, Witwen und Hinterbliebenen.

[...] Es gibt so viele Fragen, die uns seit dem Spätherbst 1989 beschäftigen, und manche sind heute nicht präzis[e] beantwortbar und müssen in ihrer Offenheit ausgehalten werden. Einige Fragen, zu denen sich etwas sagen läßt, greife ich heraus.
Was wird mit denen unter uns, – Pfarrern oder anderen kirchlichen Mitarbeitern –, die vor Herbst 1989 – was wir damals nicht wußten, nun aber wissen – sogenannte „Inoffizielle Mitarbeiter" des Staatssicherheitsdienstes waren? Immer wieder erreicht uns diese Frage, und ich nehme sie in ihrer Ernsthaftigkeit an. Es ist keine Kleinigkeit, wenn z.B. ein Pfarrer dem „Stasi" (mehr oder weniger regelmäßig und mehr oder weniger viel) über seinen Konvent, Superintendenten usw. be- [3] richtet hat. Was für Gründe auch immer den Betreffenden zu solchem Verhalten geführt haben, es steht im klaren Widerspruch zum Ordinationsgelübde[1]. Das dürfen wir nicht auf die leichte Schulter nehmen; das muß bereinigt werden.

---

1   In dem Ordinationsgelübde, das auch auf der Berufungsurkunde jedes sächsischen Pfarrers steht, heißt es: „Ich erkenne als für meine Lehre und Verkündigung verbindlich das Evangelium von Jesus Christus an, wie es in der Heiligen Schrift Alten und Neuen Testaments gegeben und in den Bekenntnisschriften der evangelisch-lutherischen Kirche vornehmlich in der ungeänderten Augsburgischen Konfession von 1530 und im Kleinen Katechismus Martin Luthers bezeugt ist." – In diesem Zusammenhang ist auch auf das Beichtgeheimnis hinzuweisen, das durch die kirchliche Ordnung und insbesondere durch das Pfarrerdienstgesetz (§ 28 Absatz 1 des Pfarrerdienstgesetzes der EKU, § 33 Absatz 1 des Pfarrergesetzes des VELK) geschützt wird. Im Handbuch der Seelsorge heißt es in dem von Ingemar Pettelkau verfaßten Abschnitt über „Seelsorge im kirchlichen Recht" (577-584) dazu erläuternd: „Verletzt ein Pfarrer das Beichtgeheimnis, so wird dies als schwerwiegende Dienstpflichtverletzung in einem Disziplinar- oder Amtszuchtverfahren geahndet. In der Regel kann er dann nicht mehr Pfarrer sein und hat mit der schwersten Disziplinarmaßnahme, der Entfernung aus dem Dienst, zu rechnen. Verletzt ein anderer kirchlicher Mitarbeiter im Verkündigungsdienst das Beichtgeheimnis, so wird ebenfalls ein Disziplinarverfahren nach arbeitsrechtlichen Bestimmungen durchzuführen sein." (579) Daß unter das Beichtgeheimnis nicht nur solche Äußerungen fallen, die von einem Gemeindeglied ausdrücklich als Beichte bezeichnet werden, wird wenig später klargestellt: „Da im seelsorgerlichen

Ich bitte, ja ermahne alle, die es von sich selbst wissen, daß sie hier betroffen sind, daß sie zu ihrem Seelsorger gehen und diese Last in einem Beichtgespräch abzulegen sich ernstlich bemühen. Wer keinen Seelsorger hat, suche sich einen; es sind genug da.

Ausdrücklich möchte ich hinzufügen, daß ich meinerseits für jeden zur Verfügung stehe, der mich diesbezüglich braucht. Ich werde ihn oder sie menschlich behandeln. Ihr wißt, daß ich außerhalb jedes Dienstweges erreichbar bin und daß dann also auch nichts in die Personalakte kommt. - *Einen* Wunsch habe ich allerdings: Daß man mir die Wahrheit sagt und zwar die ganze Wahrheit. Bisher habe ich – leider! – so gut wie nur erlebt, daß niemand von sich aus gekommen ist und daß jeder das aus den „Stasi-Akten" Ersichtliche abgestritten oder bagatellisiert hat[2]. Das ist ein geistlicher Schaden von Belang, nicht weniger schwerwiegend als die Tatsache der Kooperation mit der „Sicherheit" selbst.

Disziplinarisches Vorgehen gegen dem „Stasi" verpflichtet gewesene kirchliche Mitarbeiter halte ich nur in sehr harten Fällen für angemessen; nämlich nur dann, wenn durch eines Mitarbeiters Kooperation mit dem Sicherheitsdienst ein anderer Mitarbeiter real Schaden erlitten hat. Ein *solcher* Fall ist *mir* bisher *nicht bekannt*. Die an der Durchsicht von „Stasi"-Akten offiziell und verantwortlich beteiligten kirchlichen Mitarbeiter berichten - was *für* sie spricht – daß es schwer ist, „Stasi"-Texte juristisch beweiskräftig zu entschlüsseln. Eine perfekte Aufhellung wird nicht immer gelingen. Es paßt auch nicht gut zum Wesen der Kirche, allzulange und allzu tiefbohrend in den nach Metern zu bemessenden Akten-Wänden seine ganze Zeit und Kraft zu verbrauchen.

Gespräch häufig Fehlverhalten von Gemeindegliedern oder Störungen anderer Art im Verhältnis zu Gott und den Menschen zur Sprache kommen, so fällt das so Erfahrene auch dann unter das Beichtgeheimnis, wenn nicht klar ausgesprochen wird, daß das Gemeindeglied im Aussprechen gegenüber dem Seelsorger vor Gott seine Sünden bekennen will, und auch, wenn die Bitte um Vergebung fehlt. Von solchem Wissen ist anderes Wissen aus seelsorgerlichem Gespräch, das vielleicht auch auf anderen Wege hätte erlangt werden können, schwer zu trennen." (579 f.).

2   Z.B. teilte Bischof Hempel am 5.9.1991 auf dem Leipziger Pfarrertag mit, daß Pfarrer Matthias Berger (IMB „Carl") ihm gegenüber seine Stasi-Tätigkeit wiederholt abgestritten habe, „obwohl er (Dr. Hempel) sich bereits seit 1985 (!) sicher gewesen wäre, daß Dr. Berger für das MfS gearbeitet habe. Aber er habe damals Herrn Dr. Berger direkt angesprochen, ob er für das MfS arbeiten würde, und dieser habe ihm sein Wort als Pfarrer gegeben, daß dies nicht der Fall wäre" (zit. aus einem Brief Hans-Ulrich Langners an Gerhard Besier vom 13.9.1991). – Zu Hempels Einschätzung der Entwicklung der DDR in den 60er Jahren vgl. auch den Bericht eines Referenten des Staatssekretärs für Kirchenfragen unter dem 6.9.1965 über eine „Aussprache mit Pfarrer Dr. Hempel", in dem zu lesen ist: „Ausgangspunkt des Gesprächs war es, daß Pfarrer Hempel zu einer Arbeitstagung des Christlichen Weltstudentenbundes im Dezember nach Westdeutschland eingeladen wurde. Im Verlauf des Gespräches erklärte Pfarrer Hempel: Er begrüße die sozialistische Weiterentwicklung unserer Wahlen und meint, daß man jetzt verantwortlich mit entscheiden müsse. – Die Politik in der Bundesrepublik macht eine sehr gefährliche Entwicklung durch, und wir müssen viel dazutun [sic!], um diese Entwicklung aufzuhalten [...]. Die Entwicklung in der DDR zeigt ihm, daß der Weg richtig ist und daß er auch bereit sei, sollte es zu einer Genehmigung seiner Ausreise in die Bundesrepublik kommen, die Friedenspolitik der DDR dort zu vertreten, jede Einmischung des westlichen Staates zurückzuweisen und als Bürger der DDR aufzutreten" (Bundesarchiv, Abt. Potsdam, Best. O-4, 365). – Vgl. in diesem Zusammenhang schließlich die hier als Dok. 71 abgedruckte Rededisposition eines führenden sächsischen MfS-Offiziers.

Diesen letzten Satz kann ich nur sagen, weil ich auf Römer 12,19 vertraue. Dort steht: „[...] es steht geschrieben: ‚Die Rache ist mein; ich will vergelten, spricht der Herr'". Das ist wahr: Gott läßt sich nicht täuschen. Er weiß alles. Seine Vergebung ist lebenswichtig.

Bei dieser Gelegenheit muß ich noch erwähnen, daß ich *nicht* gesagt habe (wie in einigen Zeitungen zu lesen stand[3]), ich wisse von keinem kirchlichen Mitarbeiter, der mit dem Staatssicherheitsdienst zusammengearbeitet hat. Ich erinnere uns alle an den „früheren" Grundsatz: „Nichts, was in der Zeitung über Kirchenleute an Sonderlichem steht, glauben, ehe man nicht bei dem / den Betreffenden rückgefragt hat". [...]

Dok. 157
Offener Brief von Oberlandeskirchenrat Auerbach[4]

Offener Brief[5] von Oberlandeskirchenrat Dieter Auerbach, Gebietsdezernent Leipzig-Stadt, zu den Vorwürfen über die Zusammenarbeit einiger Pfarrer mit der Stasi, April 1991. Mit eigenhändiger Unterschrift.

Die Zeitungen geben keine Ruhe[6]. Immer wieder erscheinen Artikel

3   Vgl. hierzu die Meldung des epd Landesdienstes Berlin 35 vom 19.2.1990, 3 unter der Überschrift „kein Fall bekannt, wo ein Pfarrer für die Stasi tätig gewesen sei". Die Meldung bezieht sich auf einen Vortrag Hempels in Stuttgart vom 15. Februar 1990. – Nachdem von der sächsischen Landeskirche seit nunmehr zwei Jahren keine Initiative zur Aufklärung der Frage, wie viele ihrer Amtsträger und Mitarbeiter Zuträger des MfS waren, ausgegangen war, trat der sächsische Landesbischof Hempel Anfang Oktober 1991 unter dem Druck der Öffentlichkeit die Flucht nach vorne an. In einem Interview (vgl. epd-Landesdienst Ost Nr. 193 vom 9.10.1991, 3-7) kündigte er an, daß Pfarrer, die eine Verpflichtungserklärung als IM unterschrieben hätten, mit einem kirchlichen Disziplinarverfahren rechnen müßten (aaO., 5). Dieses nicht nur aus der Sicht der Bürgerbewegungen in Sachsen begrüßenswerte Vorhaben schränkte er jedoch durch die Bemerkung, daß die Aussagekraft der MfS-Akten ohnehin fragwürdig sei und die Kirche ihre Ämter und Dienststellen ohne staatliche Einflußnahme besetze, sogleich wieder ein (aaO., 5 f.). Zugleich wies Hempel alle Versuche bzw. Angebote von Bürgerkomitees, Journalisten und Historikern entschieden zurück, der Kirche bei der Aufarbeitung ihrer Vergangenheit Hilfestellung zu geben (ebd.; vgl auch ‚Umschau im Morgengrauen'. Bericht des Vorsitzenden der Kirchenleitung zur Herbstsynode 1991, Akten-Nr. D.308.10.91.500).
4   Oberlandeskirchenrat Dieter Auerbach ist seit 1983 im Dresdner Landeskirchenamt tätig und als Gebietsdezernent zuständig für den Bereich Leipzig Stadt.
5   Es handelt sich um einen „Offenen Brief" an die Pfarrer und Pfarrerinnen des Bezirks Leipzig, den Auerbach zunächst vor Pressevertretern vorgetragen hat.
6   Auerbach hat hier vermutlich in erster Linie Artikel wie den schon erwähnten von Klaus *Wolschner* in der taz vom 25.2.1991 (vgl. Dok. 82, Anm. 231) im Auge, in dem die Namen einiger Leipziger IM (Theologen und kirchliche Mitarbeiter) genannt werden. Einen Monat später, am 19.3.1991, druckte dann „die der Bürgerbewegung nahestehende Wochenzeitung ‚die andere'" die ersten zweitausend Namen von Stasi-Mitarbeitern ab (*Worst*, 275). Ende März veröffentlichte die taz eine weitere Liste. Vgl. ebd. – Ende Januar kursierte in der sächsischen Landeskirche ein „schwarzer Brief", der die Überschrift trug: „Bischof Hempel deckt Stasi-Geistlichen in Sachsen". Darin heißt es: „Bischof behielt alle Pfarrer und Theologen im Amt, gefeuert wurde lediglich der Hausmeister der Nikolaikirche. Die Stasi-Verstrickungen der ev. Kirche in der früheren DDR sind im Ausmaß erschreckend, doch die Bischöfe ignorieren die unwiderlegbaren Beweise." Der Brief nennt 13 kirchliche IMs namentlich und gibt an, die Akten weiterer 29 lägen den Sicherheitsbehörden vor.

über die Zusammenarbeit einiger Pfarrer aus Leipzig mit dem ehemaligen Staatssicherheitsdienst der DDR. Manche Leser gewinnen vielleicht den Eindruck, als sei die evangelische Kirche in den Fängen dieser Organisation gewesen.

Seitdem im Dezember 1989 der Staatssicherheitsdienst entmachtet wurde[7] und Bürgerkomitees die Häuser und die Akten zu sichern versuchten, wird das Ausmaß des zerstörerischen Wirkens dieser Organisation nach und nach bekannt und erfüllt uns mit Schrecken und Abscheu.

Obwohl die Akten zum großen Teil versiegelt und dem Zugriff entzogen sind, hat es im Lauf der Zeit immer wieder Gelegenheiten gegeben, daß Befugte und Unbefugte Akten entwendeten, kopierten und vernichteten. Auch Fälschungen sind nicht auszuschließen. So ist in Leipzig eine Kartei abgelichtet und den Medien zur Verfügung gestellt worden, in der auch die Namen von Pfarrern als Mitarbeiter des Staatssicherheitsdienstes vorkommen[8]. Schon die wenigen Sätze aus dieser Kartei zeigen, daß sie ausschließlich vom Staatssicherheitsdienst selbst aufgestellt und geprägt ist. Aber die Tatsache, daß die Namen ordinierter Pfarrer dort erscheinen, hat zu Recht Verwunderung und scharfe Reaktionen hervorgerufen. Da die Kartei selbst wenig aussagekräftig ist, mußten die Überschriften der Zeitungsartikel und Andeutungen im Text für weitere Spannung sorgen. Auch können die Ablichtungen aus dieser Kartei keine Grundlage für disziplinarische Maßnahmen sein. In keinem Fall wird auch nur angedeutet, daß durch Mitarbeiter der Kirche Menschen zu Schaden gekommen sind oder daß Mitarbeiter der Kirche für ihre Dienste bezahlt worden wären. Die regelmäßigen Kontakte zur Staatssicherheit sind aber bereits schlimm genug und keineswegs zu billigen. Während die Mitarbeiter des Ministeriums für Staatssicherheit von einer Zusammenarbeit sprechen, sehen die Kontakte aus der Sicht der beschuldigten Pfarrer ganz anders aus, so sind ihnen „Decknamen" und „konspirative Treffs" nicht bekannt.

Welche Verbindungen gab es zwischen Staat und Kirche in der DDR? Welche staatliche Stellen kümmerten sich um die Kirchenpolitik und um die Lebensäußerungen der Kirchgemeinden und ihrer Mitarbeiter? Es waren im wesentlichen folgende Dienststellen: Das Zentralkomitee der SED, Abt. Kirchenfragen; der Staatssekretär für Kirchenfragen und seine Dienststelle; die Räte der Bezirke und Kreise, Abt. Inneres sowie Abt. Kultur und Druckgenehmigung; die Volkspolizei, Abt. [2] Melde- und Erlaubniswesen; die Nationale Front – Gruppe christliche Kreise; der Friedensrat sowie das Presseamt beim Ministerrat. Dazu das Ministerium für Staatssicherheit[9].

---

7   Am 4. Dezember 1989 besetzten Mitglieder der Bürgerbewegungen in Leipzig die Bezirksverwaltung des AfNS. Vgl. dazu Stasi intern, 21-51. In den folgenden Tagen kam es zu weiteren Besetzungen in fast allen Teilen der DDR, und am 14. Dezember beschloß die Regierung Modrow das AfNS entsprechend den Beschlüssen des Runden Tisches aufzulösen. Vgl. Worst, 23-32 und Gill / Schröter, 177-203.

8   Vgl. Anm. 6. Langner hatte allerdings schon Anfang Oktober Landesbischof Hempel eine Aufstellung von „Pfarrern, Theologieprofessoren, Synodalen und Kirchenvorstehern" ausgehändigt. Vgl. Dok. 158. Und drei Monate später, am 3.1.1991, übergaben drei Mitglieder des Leipziger Bürgerkomitees OKR Auerbach Kopien der Kartei F 217 der BV Leipzig, ebenfalls ohne daß die Landeskirche irgendwelche nach außen sichtbaren Initiativen ergriffen hätte. Vgl. Dok. 161.

9   Zum Einfluß der hier genannten Stellen auf die staatliche Kirchenpolitik vgl. Einleitung, 2 f.

Mit den meisten dieser Dienststellen kam ein kirchlicher Mitarbeiter in Berührung, wenn er engagiert außerhalb der schützenden Kirchenmauern seinen Dienst an den Menschen ausrichtete. Das Ziel des Staates war von Anfang an nicht nur die Überwachung, sondern bewußte Einflußnahme. Dem hat die sächsische Landeskirche, alle ihre Synoden und Kirchenleitungen über 41 Jahre hinweg Widerstand entgegengebracht. Der Einfluß des Staates bei der Besetzung kirchlicher Ämter ist unterblieben. Die Freiheit der Verkündigung blieb unangetastet. In den Gesprächen, die die Superintendenten mit den Vorsitzenden der Kreisräte, die Vertreter des Landeskirchenamtes mit den Räten der Bezirke führten, ist die Trennung von Staat und Kirche, die uneingeschränkte Freiheit der Verkündigung verteidigt worden. Auch ist es dabei geblieben, daß die Kirchenleitung in jedem Fall ihre Mitarbeiter in Schutz genommen hat, wenn sie wegen einer Äußerung kritisiert, in einzelnen Fällen auch zitiert werden. Mir ist kein Fall bekannt, in dem dies nicht so gewesen wäre. Freilich hat es bei diesen Gesprächen auch Demütigungen und Niederlagen gegeben. Meist waren die staatlichen Stellen besser über die Vorgänge in den Kirchengemeinden informiert als die Kirchenleitung. Oft haben alle Gespräche auch zu einer Selbstzensur im Raum der Kirche geführt, deren wir uns jetzt schämen müssen. Die meisten Vertreter des Landeskirchenamtes hatten die furchtbaren Haftstrafen, die in den 50er Jahren an Oppositionellen vollzogen wurden[10], noch in guter Erinnerung und suchten jeden Jugendlichen vor diesem Schicksal zu bewahren.

Es war uns allen bewußt, daß der Staatssicherheitsdienst Zugang zu den Räten der Bezirke und Kreise, zur Volkspolizei und zum Friedensrat und auch zur CDU[11] hatte. Aber es war eine von allen akzeptierte Regel, daß eine Zusammenarbeit mit dem Staatssicherheitsdienst nicht in Frage kommt. Dort, wo solche Dienste offenbar wurden, schaltete sich die Kirchenleitung ein, um ihre Mitarbeiter aus den Fängen dieser Organisation zu befreien. Dies ist oft genug geschehen. Wer ohne Absprache mit der Landeskirche allein Gespräche mit Mitarbeitern des MfS führte, tat dies gegen den Willen der Landeskirche. Er hat auch dann kein Protokoll über diese Kontakte angefertigt. Kontakte mit dem Staatssicherheitsdienst werden damit begründet, daß der kirchliche Mitarbeiter sich für andere Menschen einsetzen wollte. Er übersah dabei, daß er einem ganzen System dienstbar wurde. [3] Die Tragweite einer solchen Kooperation hat er nicht überblickt, in jedem Fall hat ein Pfarrer bei einer solchen Zusammenarbeit im Alleingang gehandelt. Er hat das Vertrauen, das zwischen den Mitarbeitern und in die Mitarbeiter der Kirche besteht, untergraben und die staatlichen Stellen in die Lage versetzt, zusätzliche Informationen benutzen zu können. Mit Hilfe dieser Informationen konnten sie die Verhandlungen besser unterrichtet führen und eventuell ihre „Maßnahmen" planen. Die Hilfe für bedrohte Menschen war durch eine Zusammenarbeit mit dem MfS begrenzt.

Welche Forderungen ergeben sich für die Landeskirche?
– Sie kann die willkürliche Veröffentlichung von einzelnen Ablich-

---

10 Vgl. dazu z.B. die hier abgedruckten Dok. 34 und 41 zu dem bekannten „Fall Schmutzler" sowie darüber hinaus *Fricke*, Opposition, 72-80.
11 Vermutlich war selbst der langjährige Vorsitzende der DDR-CDU Mitarbeiter des MfS. Vgl. Dok. 41, Anm. 70.

tungen aus den Akten des Staatssicherheitsdienstes nicht zur Grundlage von Verfahren machen.
– Sie hat die Gespräche zwischen Pfarrern und Mitarbeitern des Staatssicherheitsdienstes in den Kirchenvorständen offengelegt, um eine gemeinsame Basis des Vertrauens wieder herzustellen.
– Sie gibt jedem Mitarbeiter die Möglichkeit, über seine Absichten, Versuche, Erfolge und Niederlagen Rechenschaft zu legen und dabei auf sich geladene Schuld anzuerkennen.
– Sie hat einen unabhängigen Vertrauensausschuß eingesetzt, der in Chemnitz seine Arbeit aufgenommen hat.
– Die Landessynode hat beschlossen, alle ihre Mitglieder durch die Behörde des Sonderbeauftragten der Bundesregierung auf eine mögliche Mitarbeit im Staatssicherheitsdienst überprüfen zu lassen[12].
Das Vertrauen zwischen den Menschen in unserer Gesellschaft ist in den vergangenen 41 Jahren verletzt und gestört worden. Diese Wunden können nur heilen, wenn wir den Willen zur Wahrhaftigkeit haben. Nicht zuerst ein disziplinarisches Verfahren, sondern das offene Gespräch unter uns wird das Vertrauen zueinander wieder wachsen lassen.
Im Auftrag des Landeskirchenamtes
[gez.] Dieter Auerbach

Dok. 158
Langner[13] an Auerbach

20.05.91

Schreiben mit eigenhändiger Unterschrift. Absender: Hans-Ulrich Langner, 7050 Leipzig, Spitzwegstr. 4.

Sehr geehrter Herr Auerbach,
in Ihrem Brief „Zu den Vorwürfen über die Zusammenarbeit einiger Pfarrer mit der Stasi"[14] fordern Sie am Schluß den Willen zur Wahrhaftigkeit und das offene Gespräch, damit das Vertrauen wieder wachsen kann. Dieser Aufruf ist mir nicht nur Herzensanliegen: Wahrhaftigkeit und Offenheit sind für uns alle lebensnotwendig, sie sind die Grundlage und die Voraussetzung unseres Bekenntnisses: „Gott ist Geist, und die ihn anbeten, die müssen ihn im Geist und in der Wahrheit anbeten." Um diese Wahrheit geht es mir, sie wurde durch Sie mit

12   Den Beschluß, auf den sich Auerbach hier bezieht, hatte die Landessynode der Evangelisch-Lutherischen Landeskirche Sachsens auf ihrer Frühjahrstagung am 19.3.1991 gefaßt. Er lautet: „1. Das Landeskirchenamt wird gebeten, das Nötige zu veranlassen, daß es zu einer Überprüfung der Mitglieder der Landessynode durch die Sonderbehörde der Bundesregierung für den Umgang mit personenbezogenen Daten des MfS kommt. 2. Ziel der Überprüfung soll es sein festzustellen, wie weit es zu einer Mitarbeit bei dem MfS / AfNS mit Verpflichtungserklärung und Entgegennahme materieller Vorteile gekommen ist. 3. Für den Umgang mit den eingehenden Ergebnissen soll der von der Kirchenleitung eingesetzte Vertrauensausschuß dem Präsidium der Landessynode Empfehlungen geben."
13   Hans-Ulrich Langner war Mitglied des Leipziger Bürgerkomitees zur Auflösung des MfS / AfNS.
14   Gemeint ist der hier als Dok. 157 abgedruckte „Offene Brief" Auerbachs.

Ihrem Brief geschädigt, schwer geschädigt. Ich nehme mir das Recht zu diesem Brief, weil ich die Pflicht dazu habe: Ich habe in meinem Kirchenbezirk die Wahl der Landessynode geleitet und bin deshalb durch die Beschlüsse der Landessynode gefordert.

Ich möchte nicht über die Polemik klagen, die Sie gegen die vorbringen, die im Herbst [19]89 nach dem Montagsgebet auf den Ring gingen, die – auch unter Gefahr für Leib und Leben, wie uns erst später richtig bewußt wurde – Anfang Dezember [19]89 begonnen haben, die Strukturen des Ministeriums für Staatssicherheit hier in der Bezirksverwaltung Leipzig zu zerschlagen[15], und damit eine wesentliche Voraussetzung für das Entstehen einer freiheitlich-demokratischen Grundordnung schufen und für ein nun nicht mehr unterdrücktes öffentliches Bekenntnis zu unserem Glauben. Nein, das nicht, um diesen Teil Ihres Briefes geht es mir nicht. Ich will auch keine Klage darüber führen, daß Sie statt einem Wort des Dankes der Kirchenleitung an die Bürgerkomitees – das wohl nicht ganz verfehlt wäre – sich nun in Verdächtigungen ergehen, deren Haltlosigkeit wohl kaum einer so genau kennt wie Sie.

Nein, vor allem ein Wort des Dankes an die Christen und Pfarrer, die uns und unseren Familien in den oft schrecklichen Nöten mit Gebet und Wort und Tat beigestanden haben vor der Wende, in den Wirren der Wende und auch jetzt noch, ohne die wir verzweifeln müßten an der Amtskirche, an die wir uns immer wieder gewendet haben – und die uns allein ließ und uns nun verleumdet.

Sie sagen „Befugte und Unbefugte [...] entwenden, kopieren, vernichten" und schließen auch Fälschungen nicht aus. Was Sie mit dieser Äußerung, mit halben Vermutungen und Andeutungen und dem ungerechtfertigten Konstruieren von Zusammenhängen anrichten – wissen Sie das? Sie schaffen damit eine Grauzone, in der Sie im Hauptteil Ihres Briefes dann alles hineinstoßen können und auch hineinstoßen, was der Amtskirche offenbar mißfällt und was sie nicht wahrhaben will. Aber diesen Stil und diese Vorgehensweise kennen wir noch genau: aus den Zeitungen vor der Wende, aus der Hetze an den Schulen, auch aus ungezählten Akten politischer Prozesse, die wir in der Bezirksverwaltung fanden. Ihrem „semper aliquid haeret" können wir nur Wahrhaftigkeit und Offenheit entgegensetzen.

Und deshalb einige Fakten, damit sich alle selbst ein wahrhaftiges Bild machen können:

1. Bei der Durchsicht der Aktenreste in der Kategorie III, also der Akten, die vom MfS selbst nach der Besetzung eingeordnet worden waren als „Schriftgut, das vom Inhalt oder vom Zu- [2] stand her für eine Auswertung nicht verwendbar ist" (also z.B. Agit-Prop-Broschüren und kleingerissene Papiere), fanden wir Hinweise darauf, daß ein „Amos"[16] (so der Deckname), der beauftragt war, die Entstehung eines Kommunikationszentrums[17] in der Markusgemeinde Leipzig-Reudnitz zu verhindern mittels Verunsicherung des Kirchenvorstandes und offensiver Gespräche mit dem Gemeindepfarrer, daß ein „Carl"[18] (so ein anderer Deckname), der interne Kirchenmitteilungen und Gespräche

15 Vgl. Dok. 157, Anm. 7.
16 Vgl. Dok. 144, Anm. 52.
17 Vgl. Dok. 144, Anm. 54.
18 Vgl. Dok. 82, Anm. 231.

mit den Superintendenten der Stadt brandneu an das MfS weitergab,
jeweils Pfarrer sein mußte. Bis zu dieser Zeit hatte es keiner von uns
für möglich gehalten, daß ein Pfarrer seine Gemeinde und seine Kirche
verraten, sein Ordinationsgelübde brechen könnte.
2. Von diesen (und hier fehlt mir ein zusammenfassendes Substantiv,
also sage ich) Pfarrern, Theologieprofessoren, Synodalen und Kirchenvorstehern, die wir vielleicht nicht einmal lückenlos recherchieren
konnten, habe ich eine Aufstellung Anfang Oktober 1990 an den Landesbischof Dr. Hempel gegeben, mit der Bitte, hier klärende Gespräche
zu führen, da mir helfendes Handeln dringlich geboten schien. Wir
hatten zuvor einen großen Jubel erlebt, als Dr. Peter Zimmermann sagte, er sei „Karl Erb" gewesen[19], den Jubel über einen Verlorenen und
Wiedergefundenen, der wieder Bruder geworden ist. Da erlebten wir
die Kraft und die Herrlichkeit des Evangeliums so unmittelbar, wie es
im Gleichnis genannt wird.
3. Weil das notwendige helfende Gespräch ausblieb, habe ich mich zusammen mit zwei weiteren Mitgliedern des Leipziger Bürgerkomitees
an den Landesbischof gewandt und für Anfang Januar einen Termin
erhalten, den Sie, sehr geehrter Herr Auerbach, dann selbst wahrnah-
men. Dabei habe ich persönlich Ihnen Kopien der Karteien übergeben,
wir haben Sie auf die Dringlichkeit zum Handeln nochmals hingewiesen. Sie spalteten noch ein Haar zwischen „Beauftragter des Landesbischofs und Mitglied des Landeskirchenamtes", da Sie ja beide Funktionen innehatten, Sie müssen sich dieses Gespräches erinnern! Warum
vergessen Sie es in Ihrem Brief? Und wir haben Ihnen auch gesagt, daß
die Personenakten dieser inoffiziellen Mitarbeiter nicht mehr in den
Ordnern seien und zur Zeit nicht auffindbar, vielleicht auch vor dem
4.12.1989[20] vernichtet, daß aber Kopien der Spitzelberichte und der
personenbezogenen Anleitung zum bewußten Zersetzen und Aushor-
chen der Kirche und zum Verunsichern von Pfarrern und Kirchenvorstehern zu einem großen Teil erhalten und sachbezogen gelagert seien
und gewiß auf Antrag bei der Behörde Gauck[21] einzusehen wären.
4. Trotz dieser wiederholten Bitte zum seelsorgerlichen und zum kirchenamtlichen Handeln kam noch im März einer der betreffenden
Pfarrer wiederholt zu mir in die Wohnung und beklagte sich, daß der
Landesbischof trotz seiner, des Pfarrers und inoffiziellen Mitarbeiters
des MfS, mehrfachen Nachfragen keine Zeit für ein persönliches Gespräch hätte[22]. Verstehen Sie denn nicht die Not dieser Menschen, die

19   Zimmermann hatte dieses Eingeständnis im Herbst 1990 vor den Kameras des
     NDR-Magazins „Panorama" gemacht, nachdem Gerüchte über seine Stasi-Mitar-
     beit kursierten. Vgl. „Der SPIEGEL" 52 / 44, 1990, 41-51, hier: 45 und den bereits
     mehrfach erwähnten taz-Artikel vom 25.2.1991 (Dok. 82, Anm. 231). Zimmer-
     mann gehört zu den berühmten „Leipziger Sechs", die sich am 9. Oktober 1989
     mit einem Aufruf zur „Besonnenheit" an die Leipziger Bürger gewandt und so
     möglicherweise ein größeres Blutvergießen verhindert haben. Der Aufruf ist abge-
     druckt in: *Sievers*, 81.
20   Das heißt vor dem „Sturm" auf die BV Leipzig des AfNS.
21   Am 7. Juni 1990 hatte die Volkskammer der DDR die Einsetzung eines parlamen-
     tarischen Sonderausschusses zur Kontrolle der vollständigen Auflösung des MfS /
     AfNS beschlossen. Zum Vorsitzenden dieses Sonderausschusses wurde am
     21.6.1990 der frühere Pfarrer und Volkskammerabgeordnete Joachim Gauck
     („Bündnis 90") gewählt. Vgl. *Gill / Schröter*, 281-291 und *Worst*, 93-96. Seit dem 3.
     Oktober 1990 ist Gauck Sonderbeauftragter der Bundesregierung für die perso-
     nenbezogenen Unterlagen des ehemaligen Staatssicherheitsdienstes.
22   Landesbischof Hempel nahm diese Bemerkung zum Anlaß, sich bei Hans-Ulrich

eine Last loswerden wollen, und unsere Not, die wir keine Erfahrung haben, in solcher Situation ein seelsorgerliches Gespräch zu führen? Erst als dadurch deutlich wurde, daß die Amtskirche keine Aufarbeitung wollte, ist eine Veröffentlichung erfolgt[23]. Jawohl, jetzt geben die Zeitungen keine Ruhe. Denn die Kirchen- [3] leitung hat auf der Synode und in Presseverlautbarungen keinen Zweifel gelassen, daß sie dieses Problem nicht bearbeiten will, daß sie ihre Gemeindeglieder wiederum – wie nach 1945 – sich selbst überlassen will. Nicht zuletzt mit Ihrem Brief ist das deutlich.

Es wäre zu Ihrem Brief noch viel im Detail zu sagen: wo die Unterlagen bei der Behörde Gauck sind, mit denen sich Zahlungen des MfS an kirchliche Mitarbeiter belegen lassen (sie sind noch im Original vorhanden, wie wir es Ihnen sagten); daß die betreffenden kirchlichen Mitarbeiter Decknamen und konspirative Treffs wohl kannten – schließlich erhielten sie eine Telefonnummer, unter der sie ihren Führungsoffizier erreichen konnten, und der Sammelanschluß dieser Telefonnummer stand im Leipziger Telefonbuch; daß das MfS sich massiv in die Besetzung und Umbesetzung kirchlicher Ämter einmischte, die entsprechenden Vorhaben waren immer im Jahresplan der Abteilung XX aufgeführt. Diese Liste würde endlos, aber wir haben Ihnen im Januar dazu einige wichtige Dinge gesagt.

Es geht mir nicht um eine Hetzjagd auf Geistliche und Laien, die gesündigt haben, die ihren Gemeinden und dem Ansehen der Landeskirche schwer schadeten. Es geht mir um die Wahrhaftigkeit in unserer Kirche, um diesen so schrecklich geschundenen Leib Christi[24]. Und es geht mir um die Schmerzen, die auch ich um unserer Kirche willen leide. Es geht um die Folgerungen für unsere Landeskirche, die sich daraus ergeben:

– Die Akten des Staatssicherheitsdienstes müssen in Vervollständigung der Ihnen teilweise übergebenen Unterlagen zur Untersuchung von kirchenrechtlich relevanten Vorgängen und zur Einleitung von Amtszuchtverfahren genutzt werden[25].

– Die genannten Geistlichen müssen bis zu diesem Verfahren beziehungsweise bis zu einer Entscheidung über weitere Lehrbefugnis entsprechend dem Kirchenrecht in den Wartestand versetzt werden, wie es bei weniger spektakulären Fällen, zum Beispiel bei sittlichen Verfehlungen, immer wieder praktiziert wird: Es muß ein einheitliches Dienstrecht angewendet werden.

– Die Landeskirche kann nicht auf die Offenbarung der persönlichen Schuld des Einzelnen warten, weil jeder inoffizielle Mitarbeiter des MfS, der aus der Kirche gegen die Kirche arbeitete, ein Doppelleben führen mußte und immer noch führt, um seine Persönlichkeit nicht völlig zu spalten; ein Eingeständnis dieser Schuld ist immer nur in Ausnahmefällen möglich gewesen.

– Der Chemnitzer Ausschuß[26], dessen Bericht die Kirchenleitung hören oder ablehnen, beherzigen oder relativieren kann, ist eine Fei-

---

Langner am 6.6.1991 danach zu erkundigen, welchem Pfarrer er nach Meinung Langners ein Gespräch verweigert hätte.
23   Vgl. Dok. 157, Anm. 6.
24   Vgl. 1.Kor 12,27; Eph 1,23; 4,12.
25   Vgl. Dok. 156, Anm. 1.
26   Vgl. Dok. 157, Anm. 12.

genblattaktion, die die Kirchenleitung nicht von ihrer Verantwortung
für jeden Christen, für jeden Pfarrer und für jeden Laien befreit.
– Nicht nur die Landessynodalen (die Landessynode wurde ja erst
nach dem Beginn der Zerschlagung des MfS gewählt), die zuvor gewählten Synoden in den Kirchenbezirken und alle kirchlichen Mitarbeiter müssen auf eine mögliche Mitarbeit beim MfS geprüft werden,
soweit sie sich nicht offenbart haben und von ihrem Amt zurücktraten.
Und das muß ohne weiteres Zögern geschehen. Gegenwärtig wird der
Beschluß der Landessynodalen durch die Kirchenleitung dadurch unterlaufen, daß die Synodalen die erforderliche Erklärung als Voraussetzung für die Prüfung durch die Behörde Gauck einfach nicht zugestellt
bekommen.
Mitglieder und Mitarbeiter unserer Landeskirche haben sich mit dem
MfS eingelassen, das steht außer Zweifel, das war nicht nur in Leipzig
so, sie ließen sich auf einen Pakt mit dem Satan ein. Einer hat den
schweren Anfang gemacht und eingestanden, wie er der Versuchung
unterlag, an der Macht zu partizipieren. Dies läßt uns hoffen. Es geht
uns darum, daß wir uns weiter im Dritten Artikel des Glaubensbekenntnisses zu Einer Kirche bekennen können, die wirklich eine Gemeinschaft ist, es geht um unseren Glauben, um unser Bekenntnis und
um unsere Kirche. Und das setzt voraus: Wahrhaftigkeit auch im Auftrag des Landeskirchenamtes, und gerade dort, und Wahrhaftigkeit in
der Gemeinde, und auch gerade dort. Solange das Eingeständnis der
Schuld nicht vorliegt, gibt es keine Vergebung. Wir Laien haben es
leichter: Wir können zu unserem Gemeindepfarrer gehen und beichten,
wer die Kirche verlassen hat, kann vor der Gemeinde und Finsternis
abschwören, und die Gemeinde ist glücklich. Aber um des Evangeliums willen, weil er ebenso Sünder ist wie sein Mitchrist, muß es auch
der Pfarrer tun und der Synodale und der kirchliche Mitarbeiter: Wir
sind doch Brüder.
Diesen Brief gebe ich innerhalb der Bezirkssynode Leipzig-Ost allen
Kirchenvorstehern und allen Pfarrern zur Kenntnis.
Mit freundlichen Grüßen
[gez.] Hans-Ulrich Langner

Dok. 159
Auerbach an Langner

Dresden, am 25. Mai 1991

Schreiben mit eigenhändiger Unterschrift. Absender: Dieter Auerbach, Haydnstraße 23,
8019 Dresden. Anschrift: Herrn Hans-Ulrich Langner, Spitzwegstraße 4, 7050 Leipzig.

Sehr geehrter Herr Langner!
Für Ihren offenen Brief an die Bezirkssynodalen des Kbez. Leipzig-
Ost v. 20.5.[27] danke ich Ihnen, weil er das notwendige Gespräch über
die jüngste Vergangenheit fortsetzt. Freilich sieht der Stil des Schreibens einschließlich der Forderungen eine Antwort meinerseits nicht

27   Vgl. Dok. 158.

vor. Dem Landeskirchenamt, der Landessynode und der Kirchenleitung ist der dringende Wunsch, den ich auch teile, bekannt: Mitarbeiter des Staatssicherheitsdienstes sollten ihre Verflochtenheit offenlegen und wenn sie in der Landeskirche ein Amt bekleideten, dieses zur Verfügung stellen. Dennoch ist meine Antwort nur ein Beitrag zur Klärung und kein Beschluß eines kirchlichen Gremiums.

– Der Artikel, auf den sich Ihr Brief bezieht[28], ist bei einer Pressekonferenz im Landeskirchenamt Vertretern der Presse ausgehändigt worden, auch als Ergänzung der während dieser Konferenz geäußerten Stellungnahme. Ein Vertreter aus Leipzig war damals nicht anwesend, aber ich habe das Schreiben selbst den Superintendenten in Leipzig zugestellt.

– Polemik und Verdächtigungen sind weder Inhalt noch Ziel dieses Artikels. Da ich selbst im Herbst [19]89 fast Woche für Woche „auf den Ring[29] gegangen bin", liegt es mir völlig fern, dagegen zu polemisieren, für das ich selbst eingetreten bin. Ich war sowohl am 8.10.89 auf der Prager Straße[30], als auch am 9.10. in vier Leipziger Kirchen anwesend[31]. Ich gebe Ihnen Recht, daß der Dank an alle diejenigen, die sich für eine freiheitlich-demokratische Grundordnung eingesetzt haben und noch einsetzen, immer wieder ausgesprochen werden muß.

– Mit dem Begriff „Amtskirche" meinen wir die kirchliche Institution: Pfarramt, Bezirkskirchenamt, Landeskirchenamt. Vor Ort wird „Amtskirche" im Pfarramt erkennbar. Dankenswerterweise hat die vielgeschmähte Institution viele Kräfte in den gesellschaftlichen Wandlungsprozeß hineingegeben und auch das Landeskirchenamt war in einem intensiven Kontakt zu den Superintendenten. Es ist mir nicht deutlich, was Sie mit „Verleumdung" und „alleinlassen" eigentlich meinen.

– Da der Artikel zunächst für die Presse verfaßt war, habe ich auf die Quellen der Zeitungsartikel verweisen wollen. Verdächtigungen und versteckte Drohungen entstehen dadurch, daß über Ursprung und Umfang von Informationen nicht genügend Auskunft gegeben wird. Die vertraulichen Mitteilungen, die unser Landesbischof erhalten hat und auch die Auskünfte des Sonderbeauftragten der Bundesregierung

---

28 Gemeint ist, wie bereits erwähnt, der „Offene Brief" Auerbachs vom April 1991, hier abgedruckt als Dok. 157.

29 Gemeint ist der „Ring" um die Leipziger Innenstadt, auf den im Herbst 1989 nach den Friedensgebeten regelmäßig Demonstranten zogen.

30 Am 8. Oktober 1989 hatten erneut in allen größeren Städten der DDR, und zwar besonders in Berlin, Leipzig, Dresden, Halle, Karl-Marx-Stadt und Plauen, Demonstrationen stattgefunden, bei denen es z.T. zu schweren Auseinandersetzungen mit der Polizei gekommen war. Zugleich war an diesem Abend in Dresden auch ein erster Verständigungsversuch zwischen dem Staat und den Demonstranten möglich geworden, als ein größerer Teil der Demonstranten in die Prager Straße gezogen war. In dieser Situation hatte ein Kontakt zwischen den Demonstranten und der Polizei hergestellt werden können, und eine Gruppe von Demonstranten, die spätere „Gruppe der Zwanzig", hatte dann im Rathaus Gespräche mit „staatlichen Vertretern" geführt. Diese Gespräche bildeten die Grundlage für weitere Treffen mit dem Oberbürgermeister und damit auch dafür, daß es nicht mehr zu größeren Auseinandersetzungen zwischen der Polizei und den Demonstranten kam. Vgl. dazu das Gespräch des Dresdner Pfarrers Christof Ziemer mit Gerhard Rein, abgedruckt in: *Rein*, Revolution, 229-237.

31 Gemeint sind die Nikolaikirche, die Reformierte Kirche, die Thomaskirche und die Michaeliskirche. Wegen des zu erwartenden großen Andrangs war das Friedensgebet an diesem Tag auf vier Kirchen verteilt worden. Vgl. *Feydt / Heinze / Schanz*, 128-131 und *Sievers*, 61-95.

sind nicht für die Öffentlichkeit frei- [2] gegeben. – Nun möchte ich
einige Anmerkungen zu Ihren Fakten anfügen.
zu 1. Seit Jahrzehnten hat es für die Landeskirche deutliche Hinweise
gegeben, daß Nachrichten aus Ephoralkonferenzen und Zusammenkünften kirchlicher Mitarbeiter, aber auch aus Synoden und Kirchen-
vorstandssitzungen Mitarbeitern des MfS zur Kenntnis kamen. Falls
kirchliche Mitarbeiter derlei Informationen weitergaben, haben sie gegen ihre Dienstpflicht bzw. das Treuegelöbnis verstoßen. Die meisten
dieser Nachrichten waren für den „innerkirchlichen Dienstgebrauch"
zu verwenden. Der Bruch des Beichtgeheimnisses ist von der Weitergabe von Informationen zu unterscheiden.
zu 2. Nach meiner jetzigen Erkenntnis sind weder aus dem Kreis der
Superintendenten noch aus dem Kollegium des Landeskirchenamtes
durch Informanden [wohl: Informanten] Nachrichten an das MfS weitergegeben worden. Ich weiß um die Versuchlichkeit auch kirchlicher
Mitarbeiter, aber ich bin dankbar, daß unsere Landeskirche nicht kor-
rumpiert worden ist. Ich habe zu den Mitarbeitern und Pfarrern ein
ungebrochenes Vertrauensverhältnis.
Mich bewegt Ihre Freude über das Bekenntnis von Dr. Zimmermann,
der ja kein Pfarrer unserer Landeskirche ist. Ich habe vor seiner Öffnung gehört, daß Jounalisten auf seiner Spur waren. Auch andere Mitarbeiter haben ein wenig von ihrer Verflochtenheit erzählt.
Im übrigen teile ich Ihr Erschrecken: Trotz aller Vermutungen war die
Nennung bestimmter Namen eine erschütternde Erfahrung.
zu 3. Die Kompetenzen des Landesbischofs und des Landeskirchenamtes sind abgegrenzt. Diese Unterschiede sind keine „Haarspalterei",
sondern liegen in der Verfassung unserer Kirche begründet. Ihre Mitteilungen habe ich also nicht verwenden können, weil sie an den Landesbischof gerichtet waren.
zu 4. Auf manche Andeutungen kann ich nicht antworten, weil ich
nicht weiß, auf welches Gesprächsangebot sich Ihre Bemerkung bezieht.
Daß der zu Ende gekommene Staat sich massiv in die Besetzung von
Ämtern einmischen wollte, hat z.B. zur Gründung von kirchlichen
Hochschulen geführt. Bei der Besetzung dieser Dozentenstellen und
bei der Besetzung kirchlicher Ämter haben die Versuche des Staates bis
zuletzt keinen Erfolg gehabt. Das ist auch bei der Besetzung der Lei-
tungsämter – Bischofswahlen und Berufung der Superintendenten –
nachweisbar. Sollten wir darüber nicht dankbar sein?
Der von Ihnen als „Chemnitzer Ausschuß" bezeichnete unabhängige
Untersuchungsausschuß ist von der Kirchenleitung berufen worden[32].
Ich sehe darin keine Feigenblattaktion.
Auch an mir sind die vergangenen Jahrzehnte nicht spurlos vorüberge-
gangen, und auch unsere Landeskirche ist nicht ohne Schläge und Niederlagen durch diese Jahre geführt worden. Die Haltung der Landessynode und der Kirchenleitung hat mir in politischen Dingen sehr oft
Achtung und Respekt abgenötigt. Die überwiegende Zahl kirchlicher
Mitarbeiter hat gegen den Weltanschauungsstaat Widerstand geleistet.
Das Vertrauen unter uns ist nicht gefährdet gewesen. Eine Überprüfung aller kirchlichen Mitarbeiter würde dieses Vertrauen grundsätzlich
hinterfragen.

32   Vgl. Dok. 157, Anm. 12.

Mit freundlichem Gruß
[gez.] Dieter Auerbach

Dok. 160
Gröger an die Kirchenleitung

Leipzig, 3.7.1991

Schreiben mit eigenhändiger Unterschrift. Absender: Ephorie Leipzig-Ost, Konvent IV, Ansprechpartner: Pfarrer Wolfgang Gröger, (Stellv. Vorsitzender), Ossietzkystr. 39, O-7024 Leipzig. Anschrift: An die Kirchenleitung der Ev.-Luth. Landeskirche Sachsens. Überreicht durch: Past. Ingrid Weiß, Leipzig, im Auftrag von Konvent IV für ihre Sitzung am 5.7.1991. Betreff: Zu den Vorwürfen über die Zusammenarbeit einiger Pfarrer mit der Stasi.

Der Konvent IV hat in seiner letzten Zusammenkunft am Donnerstag, dem 27.6.1991, über den Offenen Brief von Herrn Hans-Ulrich Langner, Spitzwegstr. 4, 7050 Leipzig, vom 20.5.1991 an Herrn Oberlandeskirchenrat Auerbach[33] (durchschriftlich an die Mitglieder der Bezirkssynode Leipzig-Ost) beraten.
Dazu möchten wir Ihnen allen in unserer Kirchenleitung schreiben:
1. Als Konvent IV sind wir deswegen betroffen, weil Herr Langner aktives Gemeindemitglied im Konventsbereich ist und unser Vertrauen genießt. Das äußert sich z.b. darin, daß er verschiedene kirchliche Aufgaben auf ephoraler Ebene erfüllt. Herr Langner hat u.a. im kirchlichen Interesse und Auftrag an der Auflösung des ehemaligen MfS / AfNS in offizieller Funktion verantwortlich mitgewirkt.
2. Herr Langner und andere Mitglieder des Bürgerkomitees sind durch Pfarrer unseres Konvents während ihrer Tätigkeit seelsorgerlich begleitet worden. Wir sind [2] mit ihm zutiefst betroffen über grundsätzlichen Vertrauensvorschuß gegenüber Pfarrern und aufgehellter Wahrheit.
3. Auch wir sind enttäuscht darüber, daß unsere kirchenleitenden Gremien (Landesbischof, Kirchenleitung, Synode) die Stasi-Problematik verdrängen. Damit werden wesentliche Versuche, die Vergangenheit aufzuarbeiten, gehemmt.
4. Wir halten eine öffentliche Würdigung der Tätigkeit des Bürgerkomitees durch die Kirchenleitung für dringend nötig, weil die Betreffenden Leib und Leben eingesetzt haben und einsetzen.
5. Wir sind entsetzt darüber, wie unterschiedlich Kirchenrecht angewendet wird. Augenscheinlich wird eine Ehescheidung anders bewertet als der Bruch des Ordinationsgelübdes durch aktennachweisbare inoffizielle Mitarbeit für das ehemalige MfS.
6. Wir sehen, daß der Glaubwürdigkeit unserer Kirche durch offensichtliche kirchenleitende Inaktivität schwerer Schaden zugefügt wird. Da nach unserem Verständnis das Amtszuchtrecht beim Landeskirchenamt liegt, erwarten wir, daß dieses Recht angewendet wird. Kirchenvorstände scheinen uns damit überfordert.

33   Vgl. Dok. 158

7. Im Blick auf die abgeschlossenen Überprüfungen z.B. im Öffentlichen Dienst ist u.E. für den kirchlichen Bereich keine Zeit mehr zu verlieren.
8. Wir erwarten noch vor dem Pfarrertag am 26.9.1991 in Leipzig auf einer gewünschten Sonder-Ephoralkonferenz Klärung der oben angesprochenen Fragen[34].
Angesichts der Dringlichkeit erwarten wir neben OLKR Auerbach weitere Vertreter des LKA zu dieser Konferenz.
i.A. [gez.] W. Gröger, Pfr.

Dok. 161
Rede Langners

Rede von Hans-Ulrich Langner, gehalten auf dem außerordentlichen Pfarrertag in Leipzig, am 5.9.1991[35].

Sehr geehrter Herr Landesbischof, liebe Schwestern und liebe Brüder, ich habe die Möglichkeit erhalten, Ihnen ein Wort zu den Dingen zu sagen, die uns alle so sehr am Herzen liegen, die die Öffentlichkeit bewegten, die uns in den Gemeinden bewegen.
Da ich kein Jurist und kein Theologe bin, kann ich zu diesen Problemen nur aus meiner persönlichen Sicht und aus der Kenntnis der Leipziger Details sprechen. Ich hoffe, daß ich einigen [Personen] Anlaß gegeben habe, die Dinge neu zu überdenken, zu entemotionalisieren und auf ihren rationalen Kern zu bringen. Mir geht es bei meinem Einsatz immer wieder nur um den dritten Artikel unseres Glaubensbekenntnisses, um die Eine Kirche und um die Gemeinschaft derer, die ihr angehören.
Diese Gemeinschaft haben wir in dem unvergeßlichen Herbst '89 erlebt, und ohne diese Gemeinschaft hätten wir diese Zeit wohl nicht

---

34 Vgl. das folgende Dok. 161.
35 Zu diesem Pfarrertag waren fast alle Leipziger Pfarrer gekommen. Außerdem nahmen Landesbischof Hempel, OLKR Auerbach, OKR Zweynert (Jurist), die Superintendenten Magirius und Richter sowie zwei Vertreter des Bürgerkomitees, Langner und Riedel, an dem gut vierstündigen Gespräch teil. – Unter dem Eindruck des Pfarrertages schrieb Johannes Riedel am 7.9.1991 in einem Brief an Hempel: „Wohl alle Beteiligten gingen am Donnerstag, dem 5.9., betroffen und niedergeschlagen aus dem Saal in der Ritterstraße und konnten nicht fassen, daß kein Konsens zustandegekommen war. Die Ratlosigkeit war so groß, daß selbst die Sprache uns versagte. Mir sind die Gespräche alle sehr nachgegangen. Es bleibt aber das Bedürfnis, dennoch unsere Vergangenheit aufzuarbeiten, uns und unsere Schuld der Barmherzigkeit Gottes und des Nächsten auszuliefern." Außerdem teilte er seinem Bischof mit: „Herr Langner wurde in der Nacht vor dem Konvent über zehnmal angerufen mit der Drohung, seine Familie würde es zu fühlen bekommen, wenn er weiter seine Erkenntnisse verbreitete! Auch ich erhielt einen anonymen Drohbrief." Hempel antwortete darauf am 18.9.1991 und wies am Beispiel Berger auf die schwierige Beweislage hin. Außerdem teilte er Riedel mit, in der ZDF-Sendung „Kennzeichen D" Anfang Januar 1991 sei er sich „auch vom ZDF irregeführt und mißbraucht vor[gekommen]. Ich war schriftlich nach Berlin eingeladen zu ‚Kennzeichen D', um ein Interview zu geben über die Lage und die Gefühle der Bürger in den neuen Bundesländern. Als ich hinkam, erfuhr ich, daß Filme über Stasi-Probleme gezeigt werden sollten und daß für mein mir angesagtes Thema max. 10 Min. Zeit sein würden. Ich kam mir auch ‚verschaukelt' vor. So ist das." (FZ Stalinismus, Dresden, Ordner BV Leipzig).

überlebt, nicht überstanden, ohne diese Gemeinschaft würden wir wohl heute kaum frei sein, schwerlich in Freiheit leben. Die Gemeinschaft der Christen ist immer nur das, wofür sie sich einsetzt: Frieden, Gerechtigkeit und die Bewahrung der Schöpfung. Diese Gemeinschaft war immer Belastungen ausgesetzt, das wissen wir aus der älteren Kirchengeschichte, aus der Kirchengeschichte der neueren Zeit, aus der Kirchengeschichte des Dritten Reiches. Aber neu in der Geschichte der Kirche in der ehemaligen DDR ist es, daß Pfarrer und kirchliche Mitarbeiter, daß Kantoren und Professoren, Kirchenvorsteher und Synodale für einen Geheimdienst arbeiteten. Und zwar für einen Geheimdienst, der den größten Teil seines unkontrolliert eingesetzten Potentials darauf verwendete, das eigene Volk zu bespitzeln und zu unterdrücken – und die das um persönlicher Vorteile willen taten.

Wir sollten uns darüber im klaren sein, daß der Sprachgebrauch der Regierung de Maizière, von „informellen" Mitarbeitern zu sprechen, eine Irreführung war, um die Spuren verwischen zu können, die die Regierung Modrow nicht mehr verwischen konnte, die beseitigt werden sollten, als die Mauer geöffnet wurde. Wir haben diese Taktik nicht nur in unserem Karl May gelesen, bis zum Ende Oktober 1990 hat das Staatliche Komitee zur Auflösung des MfS diese Taktik beibehalten; ich schäme mich jetzt, in diesem Komitee mitgearbeitet zu haben.

Es hat keine „informellen" Mitarbeiter gegeben, es gab nur „inoffizielle" Mitarbeiter. Der Unterschied liegt darin, daß die ersteren nur Informationen weitergegeben hätten, worauf sie sich freilich nicht beschränkten. Die inoffiziellen Mitarbeiter des MfS bei der Kirche haben ganz konkret die Sicherheitspolitik der SED innerhalb der Kirche subversiv durchgesetzt. Was über die Abteilung Inneres bei der Stadt, beim Kreis oder beim Bezirk nicht mehr zu machen war, mußte auf diesem Weg durchgesetzt werden: durch Subversion. Wie dies zu erfolgen hatte, wurde im Befehl 1 / 76 des Genossen Minister[36] festgelegt, so, wie es Herr Turek[37] Ihnen soeben erläuterte. Und das galt ausdrücklich auch für – und ich zitiere wörtlich – „[...] Christen, Katholiken und Pfarrer [...]", so sagte es der Genosse Minister in seinem pathetischen Schwachsinn. [2]

Und der Einsatz der IMs ging wesentlich gegen die Kirchen, so wurden Mitarbeiter in allen Ebenen der Kirche IMs. Sie gingen auch im Auftrag des MfS zu den Bausoldaten, als Empfehlung für die Kirchen sozusagen. Sie wurden sogar IMB, also IM im Feindkontakt. Wann war denn dieser Feindkontakt? Als der IMB „Carl"[38] Superintendentur und Jugendpfarramt aushorchte, ein anderer mit dem schönen Namen „Amos"[39] die Entstehung der Umweltbibliothek der Markusgemeinde behinderte? Wenn es also nachgewiesenermaßen im persönlichen Gespräch mit Herrn Magirius, Herrn Gröger, Herrn Turek und Herrn Kaden war, war es dann nicht auch im persönlichen Gespräch mit den Gemeindegliedern? Hatte doch „Amos" „gute Kontakte" zu

36 Vgl. Dok. 152, Anm. 115.
37 Gemeint ist Rolf-Michael Turek, Leipziger Pfarrer und wie Langner Mitglied des Bürgerkomitees.
38 Vgl. Dok. 82, Anm. 231.
39 Vgl. Dok. 144, Anm. 52.

Kirchenvorstehern seiner Nachbargemeinde. Wo soll da noch Vertrauen gedeihen? Deshalb habe ich abschriftlich mit Namen, Decknamen, Registriernummer und in einem Fall abschriftlich mit der Beurteilung des MfS die Mitarbeiter und „besondere Freunde" der Kirche erfaßt und diese Liste Ende September / Anfang Oktober des vergangenen Jahres über Herrn Superintendent Magirius an Sie, Herr Dr. Hempel, gegeben. Aber Sie haben geschwiegen. Darauf haben drei Mitglieder des Bürgerkomitees, Herr Dr. Mühlmann, Herr Riedel und ich, einen Termin bei Ihnen, Herr Landesbischof erbeten, der uns für den 3. Januar 1991 zugesagt wurde und der dann von Ihnen, Herr Auerbach, wahrgenommen wurde, obwohl der Landesbischof im Hause war. Wir haben Ablichtungen aus der Kartei F 217 der Bezirksverwaltung Leipzig des MfS übergeben und noch einmal auf die Dringlichkeit zum Handeln hingewiesen. Aber es geschah wieder nichts. Aber in dieser Kartei – es handelt sich nicht um eine Karteikarte, wie uns hier glauben gemacht werden sollte, sondern um mehrere Blätter eines Schnellhefters – in dieser Kartei sind die Charakteristik des IM und die Ergebnisse seiner Spitzeltätigkeit konzentriert. Aus dieser Kartei geht beispielsweise hervor, daß ein Leipziger Theologieprofessor die „Auszeichnung für 25jährige treue Mitarbeit im Ministerium für Staatssicherheit" erhielt. Dann erschien der Artikel von Herrn Oberlandeskirchenrat Auerbach[40], in dem er uns in die Nähe von Aktenfälschern und Aktenvernichtern brachte, und es folgte mein offener Brief[41], den Sie alle kennen. Wenn Sie diesen Artikel von Herrn Auerbach durchgelesen haben, wissen Sie, wie sehr er mit Schutzbehauptungen, Verdächtigungen und Halbwahrheiten die Wahrheit entstellt. Dieser Stil erinnert zu sehr an die unwiderruflich vergangenen Schreibereien der unwiderruflich untergegangenen DDR.
Und wenn wir jetzt miteinander sprechen, dann können wir nicht nur darüber sprechen, wann die betreffenden Pfarrer in den Wartestand versetzt werden – das „ob" müßte wohl sicher sein – und wann die betreffenden Mitarbeiter entlassen werden – das „ob" regelt hier der Einigungsvertrag.
Wir müssen darüber sprechen, wie die Geistlichen und die Mitarbeiter überprüft werden, denn die dem Landesbischof übermittelten Personendaten sind unvollständig. Es sind nur die zweifelsfreien Mitarbeiter des MfS benannt, da aber bei der damaligen kurzfristigen Kontrolle nur eindeutige Fälle erfaßt werden konnten, müssen alle kirchlichen Mitarbeiter, an welcher Stelle und in welchem Amt auch immer, überprüft werden. Nur die Gleichheit tut dem Kirchengesetz genüge. Denken Sie bitte daran, daß wir hier fünf Pfarrer mit Sicherheit kennen[42], aber weitere mit Ungewißheit und der Hoffnung, daß dort nichts sein möge. Aber die Mitarbeiter [3] und Amtsträger, die von Berlin geführt wurden, sind ja noch gar nicht zur Sprache gekommen, weil sie in den Leipziger Karteien nicht enthalten sind, denn ihre Unterlagen finden sich nur in Berlin. Nach dem Fall des Konsistorialpräsidenten Ham-

---

40 Vgl. Dok. 157.
41 Vgl. Dok. 158.
42 Gemeint sind die Pfarrer Matthias Berger (IMB „Carl"), Otto-Ernst Drephal (IMS „Friedrich") – Drephal ist Theologe, aber nicht ordinierter Pfarrer –, Wolfgang Erler (IM „Amos"), Walahfried Peuker (IM „Prager") und Peter Weiß (IM „Klaus").

mer[43] und dem Fall des Oberkirchenrates Schindler[44] ist eine komplette Überprüfung aller kirchlichen Mitarbeiter notwendig, nur das wendet unsere Not.
Wir müssen aber auch darüber sprechen, warum die Kirchenleitung so lange schwieg und dann vertuschte, eindeutig alles vor sich herschob. Als Sie, Herr Landesbischof Dr. Hempel, meine Liste erhielten, hätten Sie mich zur Rede oder vor Gericht stellen müssen, aber Sie hätten nicht schweigen dürfen.
Wir haben hier in Leipzig wie kaum in einer anderen Stadt erleben dürfen, wie uns Christen in der Nikolaikirche und in anderen Gemeinden Vertrauen entgegengebracht wurde. Vertrauen ist immer ein Vorschuß. Und jetzt müssen wir diesen Vorschuß einlösen. Wie wir die Stasi-Problematik lösen, wird vorbildhaft sein für den Rest unseres Volkes. Wir können uns aus der Verantwortung zum Vorbild nicht lossagen. Die Menschen bei uns haben immer wieder das Gefühl, betrogen zu werden, von den neuen Parteien, von den alten Parteien, von den alten Kadern in den Betrieben, von den alten Gesichtern in den angeblich neuen Verwaltungen. Denken wir bitte an unsere Verantwortung gegenüber allen Menschen in unserem Land, seien sie Christen oder nicht.
Und mit dieser Stasi-Problematik müssen wir nicht nur sehr, sehr gründlich, sondern auch schnell fertig werden. Es ist Eile geboten, denn wir haben unsere Zukunft vor uns, denken wir an die Problemkreise Asylanten, Drogen, Umwelt. Das kann nicht länger warten, sonst eskalieren auch diese Probleme. Wir alle hier sind immer wieder gefordert, denn es geht immer wieder um Frieden, Gerechtigkeit und Bewahrung der Schöpfung[45].

---

43   Gemeint ist Detlef Hammer (OibE „Günter"). Hammer war seit 1990 / 91 Konsistorialpräsident in Magdeburg.
44   Gemeint ist OKR Andreas Schindler, der für Finanz- und Verwaltungsfragen zuständige Dezernent der Landeskirche Anhalt. Nachdem Schindler zugegeben hatte, daß er von 1985 bis 1989 für das MfS tätig gewesen war, wurde er im September „von allen seinen kirchlichen Aufgaben entbunden" (zit. nach: „Unsere Kirche" 37 / 46, vom 12.9.1991).
45   Nachdem sich vor Langner bereits die Pfarrer Gröger und Turek geäußert hatten und nach ihm Pfarrer Kaden das Wort hatte, nahmen schließlich die drei anwesenden Mitglieder der Kirchenleitung Stellung. Zunächst begründete OLKR Auerbach die Haltung des Landeskirchenamtes zur Frage der IM-Tätigkeit von Pfarrern. Er erklärte, Landesbischof Hempel habe den beiden betroffenen Pfarrern Berger (IMB „Carl") und Weiß (IM „Klaus") nahegelegt, um eine Dienstentlassung nachzusuchen, nachdem er im Juni 1991 die Gelegenheit gehabt hätte, seine Akten bei der Gauck-Behörde einzusehen. Pfarrer Weiß habe dieser Aufforderung sofort Folge geleistet, während Pfarrer Berger sich krank gemeldet habe. Der Landesbischof selbst beklagte im Anschluß daran die Entfremdung zwischen der Pfarrerschaft und der Kirchenleitung. „Immerhin gestand er ein, daß es bei den Herren Berger und Weiß einen mehrfachen und schweren Bruch des Ordinationsgelübdes gegeben habe." Er, Hempel, habe bereits seit 1985 den Verdacht gehegt, daß Berger für das MfS gearbeitet habe. „Aber er habe damals Herrn Dr. Berger direkt angesprochen, ob er für das MfS arbeiten würde, und dieser habe ihm sein Wort als Pfarrer gegeben, daß dies nicht der Fall wäre." Schließlich machte OKR Zweynert auf die Probleme, die ein mögliches Amtszuchtverfahren mit sich bringen würde, aufmerksam. – Die hier verwendeten Zitate und Informationen sind dem schon erwähnten Brief Langners an Besier vom 13.9.1991 entnommen.

V
Anhang: Ergänzende Dokumente zu den Jahren 1980-1989

Dok. 162
Information

Berlin, den 30. Juni 1980

Schreiben ohne Absender. Information über ein Zusammentreffen zwischen Staatssekretär Gaus und Schönherr. 30.6.80; Einstufung: Streng geheim! [Verteiler] 1. Min., 2. Mitt, 3. HA XX, 4. Taube, 5. Hachert, 6. Abel.

Nach dem MfS intern vorliegenden Hinweisen suchte am 26.6.1980 der Leiter der Ständigen Vertretung der BRD in der DDR, Staatssekretär *Gaus*, den Vorsitzenden der Konferenz Evangelischer Kirchenleitungen und Bischof der Evangelischen Landeskirche von Berlin-Brandenburg, *Schönherr*, in dessen Wohnung auf.
Das Treffen fand in den späten Abendstunden statt und dauerte 2 1/2 Stunden.
Zum Inhalt der geführten Gespräche wurde folgendes bekannt: [2]
Gaus erklärte eingangs den Wunsch von Bundeskanzler *Schmidt*, mit Bischof *Schönherr* zusammenzutreffen. Er erklärte, daß er selbst zu den größten Befürwortern eines solchen Gespräches gehöre. *Schönherr* habe bei den leitenden Personen von Kirche und Staat in der BRD eine große Autorität. An ihm könne man messen, inwieweit Staat und Bevölkerung in der DDR sich in Übereinstimmung befinden.
Gaus deutete an, daß er mit einem solchem Gespräch seine eigene Position in Fragen DDR-Politik unterstützt sehen möchte.
Gaus entwickelte folgende Komplexe, die für die BRD-Regierung von grundsätzlichem Interesse seien:
1. Was wird seitens der kirchenleitenden Personen in der DDR von einer Begegnung zwischen Bundeskanzler *Schmidt* und dem Vorsitzenden des Staatsrates Erich *Honecker* gehalten?
2. Meinungen und Stimmungen in der DDR-Bevölkerung zu einem solchen Treffen.
3. Wie hoch ist seitens der DDR der Stellenwert der Vertragspolitik zwischen den beiden deutschen Staaten? (*Gaus* sprach sich für den weiteren Ausbau der zweiseitigen Verträge aus und orientierte auf solche Vorhaben und Projekte wie z.B. die zügige Weiterführung der Elektrifizierung der Eisenbahn und andere langfristige Vorhaben, wo auch die BRD effektiven Nutzen hat.)
4. Welche „menschlichen Erleichterungen" könnten im Ergebnis des Treffens erreicht werden? (Nach Meinung von *Gaus* ist dies die wichtigste Frage für *Schmidt*. Einige Resultate bei diesem Problem wären für *Schmidt* als „Wahlhintergrund"[1] außerordentlich wichtig. *Gaus* nannte die Senkung des Reisealters und die Übernahme solcher Reiseregelungen, wie sie in der CSSR und in der VR Polen z.B. praktiziert

---

1   Gemeint sind die Wahlen zum Deutschen Bundestag im Oktober 1980.

werden. [3] Für die BRD wäre des weiteren von Interesse die Ausreise von amnestierten Personen und die Einreise von ehemaligen DDR-Bürgern.)
5. Was könnte *Schmidt* sich an kirchlichen Sehenswürdigkeiten ansehen? *Gaus* wolle das Kloster Bad Doberan oder die Marienkirche in Rostock vorschlagen. Bischof *Schönherr* schlug *Gaus* jedoch die Barlach-Gedenkstätte in Güstrow vor, was *Gaus* sofort akzeptierte.[2]
6. Bundeskanzler *Schmidt* wird bedrängt, im Falle eines Treffens mit Erich *Honecker* einen Kranz auf einem Soldatenfriedhof niederzulegen. Bischof *Schönherr* erhob Bedenken gegen ein solches Vorhaben. Er könne sich denken, daß dies nur im Zusammenhang mit der Kranzniederlegung an einem Mahnmal für die Opfer des Faschismus denkbar wäre.
Das Gespräch zwischen Bundeskanzler *Schmidt* und Bischof *Schönherr* soll am 2.7.1980 abends in der Bonner Wohnung von Prälat *Binder*, Beauftragter der „Evangelischen Kirchen in Deutschland" bei der Bundesregierung, stattfinden.
Staatssekretär *Gaus* bat Bischof *Schönherr*, das stattgefundene Gespräch mit ihm streng vertraulich zu behandeln (einschließlich Gesprächspartner in der BRD). Er selbst sei am 3.7.1980 zur Berichterstattung in das Bundeskanzleramt bestellt.
Die Information ist nur zur persönlichen Kenntnisnahme bestimmt.

Dok. 163
Information der HA I

Berlin, den 10. Januar 1984

Schreiben mit eigenhändiger Unterschrift. Absender: Hauptabteilung I, Abt. Äußere Abwehr. Berlin, 10. Januar 1984, Information über den Einsatz von hauptamtlichen IME in Bausoldateneinheiten. Eigenhändige Unterschrift: Leiter der Abteilung, i.V. Bützow, Major.

Auf der Grundlage des Befehls 11/83 des Ministers für Nationale Verteidigung erfolgte im Jahr 1983 eine Zentralisation und die Neuaufstellung von Baueinheiten. Da mit diesen Maßnahmen auch eine Konzentration von feindlich-negativen Kräften in diesen Einheiten erfolgte, wies der Leiter der Hauptabteilung I an, hauptamtliche IME der Abteilung Äußere Abwehr in Baueinheiten einzuführen. In Durchsetzung dieser Weisung wurden 1983 insgesamt vier hauptamtliche IME in folgenden Baueinheiten eingeführt:
– ein hauptamtlicher IME in die Baueinheit des IBB-40, Standort Brandenburg, KdO LaSK ab 26.5.1983 bis I / 84
– ein hauptamtlicher IME in die Baueinheit-13, Standort US I, Weißwasser-Heide, MB III ab 26.5.1983 bis I / 84
– ein hauptamtlicher IME in die Baueinheit-15, Standort Torgelow-Drögerheide, MB V ab 26.5.1983 bis I / 84

2   Eine offizielle Reise in die DDR unternahm Schmidt im Dezember 1982. Aus diesem Anlaß besuchte er am 13.12. den Güstrower Dom.

– ein hauptamtlicher IME in die Baueinheit-2, Mukran MfNV ab 1.11.1983 bis I / 85.
Zur Zeit werden drei hauptamtliche IME auf ihre Einführung in die Baueinheiten IBB-40, BE-13 und BE-15 ab I / 84 bis II / 85 vorbereitet, außerdem wurden von den Abteilungen MfNV und VM die Einführung von einem hauptamtlichen IME ab I / 84 bis II / 85 angefordert. Bei Realisierung würden sich also neun hauptamtliche IME im entsprechenden Einsatz befinden bzw. würden darauf vorbereitet. In dieser Information sollen erste Erkenntnisse aus den Einsätzen aufgearbeitet werden, die die Notwendigkeit, aber auch die Probleme und Grenzen von operativen Einführungen hauptamtlicher IME aufzeigen sollen. [2]

1. Regimefragen, die bei der Vorbereitung und Durchführung von operativen Einführungen in Baueinheiten zu beachten sind
– Zirka fünf Monate vor der Einberufung wird festgelegt, welche WBK / WKK wieviele Bausoldaten für welche Baueinheiten einzuberufen haben. Für die Baueinheit der Volksmarine werden beispielsweise I / 84 insgesamt 50 Bausoldaten aus den Bezirken Dresden (20), Cottbus (15) und Halle (15) einberufen. Dazu gibt es genaue Aufschlüsselungen, aus welchen Kreisen dieser Bezirke die Einberufungen zu erfolgen haben. II / 84 erfolgen keine Einberufungen zur Baueinheit der VM. Zu den Baueinheiten im Verantwortungsbereich des Kdo. LaSK werden nur solche Wehrpflichtigen als Bausoldat einberufen, die eine Studienzulassung ab 1985 haben, oder Jahrgang 1958. Die Bedingungen für andere Baueinheiten werden zur Zeit geprüft.
– Die Analyse von ca. 200 zur Zeit Dienst als Bausoldat verrichtenden Wehrpflichtigen ergab, daß
– das Durchschnittsalter fast 24 Jahre beträgt;
– die Bausoldaten fast ausschließlich eine gute Allgemeinbildung haben (35% Abitur, 57% 10. Klasse, 5% Hoch- oder Fachschulabschluß, nur 3% haben den Abschluß der 8. Klasse oder darunter);
– der überwiegende Teil religiös gebunden ist (83% evangelisch, 7% katholisch, 5% Sieben-Tages-Adventisten, Zeugen Jehovas und Baptisten, 6% konfessionslos).
Obwohl diese Analyse nur bei einem Teil der Bausoldaten durchgeführt wurde, kann davon ausgegangen werden, daß diese Zahlen in der Tendenz allgemeingültig sind. Ein großer Teil der Bausoldaten hat eine gute theologische Vorbildung, arbeitete vor Einberufung in Einrichtungen der Kirche bzw. beabsichtigt anschließend ein Theologiestudium. Von den Quellen wird übereinstimmend eingeschätzt, daß es nur wenige Bausoldaten gibt, bei denen echtes Glaubensbekenntnis der Grund für den Dienst als Bausoldat ist. Die überwiegende Mehrheit hat eine grundsätzlich feindlich-negative Einstellung zur sozialistischen Staats- und Gesellschaftsordnung bzw. lehnt diese in Teilbereichen ab. Von den analysierten Bausoldaten war[en] ca. 18% vor Einberufung operativ aufgefallen bzw. wurden operativ bearbeitet (§§ 106, 213 StGB), ca. 7% sind Antragsteller, haben ihren Antrag zurückgezogen oder ziehen die Antragstellung in Erwägung. Es wurde herausgearbeitet, daß die Mitarbeit in Kirchengemeinden, Friedenskreisen und Umweltschutzgruppen unter dem Deckmantel der Kirche von den meisten Wehrpflichtigen nur dazu dient, die sogenannten Freiräume der Kirche nutzen zu können, um sich zu organisieren.
– Dementsprechend gilt unter den Bausoldaten als „Roter", wer Sen-

dungen des DDR-Fernsehens oder Rundfunks sieht oder hört oder eine andere als kirchliche Zeitungen liest. [3] In politischen Gesprächen zwischen Bausoldaten wird überwiegend offen antikommunistisches Gedankengut vertreten, aktuelle Informationen werden aus dem Urlaub / Ausgang mitgebracht oder stammen aus heimlich abgehörten Sendungen westlicher Rundfunkstationen.

– Das Auftreten gegenüber militärischen Vorgesetzten ist offen oder versteckt provokatorisch, es wird versucht, diese in Widersprüche zu verwickeln und Zugeständnisse zu erreichen. Ein Teil der Vorgesetzten ist diesen Anforderungen nicht gewachsen. Das trifft vorrangig auf UaZ, aber auch auf Zugführer (in Mukran sind UaZ eingesetzt, die zum Teil die zwei Jahre bis zum Studium ruhig absolvieren wollen, kumpelhaft auftreten, Zugeständnisse machen) und einige Politoffiziere zu. In Mukran soll beispielsweise ein Hauptfeldwebel (UaZ) den Bausoldaten drei Namen von Angehörigen der Kompanie benannt haben, die angeblich mit dem Kompaniechef zusammenarbeiten.

– Ausgeprägt ist das Absicherungsbedürfnis. Die Bausoldaten fühlen sich durch das MfS „bespitzelt" und gehen davon aus, daß sie durch das MfS unter Kontrolle gehalten werden. Deswegen ist man stets auf der Suche nach „Spitzeln", die man an von der Masse abweichenden Charaktereigenschaften und Verhaltensweisen zu erkennen sucht. So wird beispielsweise in Mukran der Sohn eines Pfarrers „verdächtigt", weil er sich selbst kaum an Gesprächen beteiligt, aber aufmerksam zuhört und außerdem als einziger die Zeitschrift „Horizont" liest. Solche „Verdächtigen" werden von anderen Bausoldaten gemieden, aber nicht verstoßen. Um der vermuteten Postüberwachung zu entgehen, werden nur solche Briefe über die Briefkästen in den Dienststellen weitergeleitet, deren Inhalt solchen Postkontrollen entspricht. Andere Briefe werden Bauarbeitern und anderen Personen, zu denen Kontakt besteht, mitgegeben, die diese im zivilen Bereich einwerfen. Auf diese Weise werden Briefkontakte in die BRD und zu Kontaktpartnern in der DDR auch über dritte Personen unterhalten, die als Deckadressen fungieren.

– Die überwiegende Mehrzahl der Bausoldaten wird bereits vor der Einberufung durch die jeweiligen Kirchenvertreter betreut. Diese Betreuung beinhaltet u.a. die Organisation von Zusammentreffen mit entlassenen oder aktiv dienenden Bausoldaten, die Beratung zu rechtlichen Fragen und darauf beruhende Verhaltensweisen, die Einstellung auf den Bausoldatendienst und die Erteilung von Instruktionen für das Verhalten während des Dienstes. Jeder Bausoldat erhält von seiner kirchlichen Einrichtung vor Dienstantritt ein Informationsblatt mit Verhaltensweisen, die durch mündliche Instruktionen ergänzt werden. Von der inhaltlichen Aussage her stimmen diese Informationsblätter bei den einzelnen Glaubensrichtungen überein. Den zukünftigen Bausoldaten wird gesagt, wie sie Kontakt zu welchem Pfarrer aufnehmen sollen, an welchen Rechtsanwalt sie sich wenden können (für Bausoldaten der BE Mukran z.B. ein Rechtsanwalt Schnur in Binz). [4] Die Bausoldaten werden aufgefordert, enge Kontakte zu ihren Heimatkirchengemeinden und zur jeweiligen Gemeinde im Standort zu halten. Pfarrer usw. am Standort suchen engen persönlichen Kontakt zwischen Mitgliedern ihrer Kirchengemeinde und Bausoldaten. So wird auch Unterstützung bei der Beschaffung von Übernachtungsmöglichkeiten für Familienangehörige u.a. Personen, die zu Besuch kommen wollen,

von Urlaubsquartieren usw. gegeben. Bei Gesprächen mit Kirchenvertretern informieren die Bausoldaten über das Baugeschehen, über den täglichen Dienst, besondere Vorkommnisse, Verhaltensweisen von Vorgesetzten usw.
– Die Arbeitseinstellung der Mehrzahl der Bausoldaten entspricht der „Arbeite-langsam-Bewegung". Begünstigt auch durch kumpelhaftes Verhalten von Vorgesetzten gibt es ständig Versuche, sich zu drükken und sowenig Leistung wie möglich zu bringen. Als eine solche Möglichkeit wird eine regelmäßige medizinische Betreuung angesehen. Bei einer Reihe von Bausoldaten wurde festgestellt, daß sie Kenntnisse über spezifische Krankheitsbilder besitzen und diese bei Arztbesuchen nutzen.
– Zwischen den Bausoldaten unterschiedlicher Konfession gibt es in der Regel wenig Widersprüche. Man empfindet sich als Gemeinschaft, interessiert sich für den anderen, sonntägliche Kirchensendungen des DDR-Rundfunks werden bei Möglichkeit zu gemeinsamen Gottesdiensten, Bibellesungen und Diskussionen genutzt. In Kompanien der Baueinheit Mukran bspw. werden zur Zeit von den Bausoldaten sogenannten „Illegale Lagerkomittees" gebildet. Aufgabe soll sein, den schnellen Informationsfluß zwischen den Bausoldaten zu gewährleisten und das einheitliche und geschlossene Auftreten gegen Vorgesetzte, ihre Befehle und Weisungen sowie auf Vorkommnisse und andere Erscheinungen zu organisieren.
– Ausgeprägt sind persönliche Gespräche zwischen den Bausoldaten. Man interessiert sich für die Verhältnisse im Elternhaus, die berufliche Entwicklung und Absichten, den Verbindungskreis (zu anderen Bausoldaten, zu kirchlichen Einrichtungen und Gruppen usw.) und für viele andere Einzelheiten in einem Maße, wie das in der NVA zwischen Soldaten sonst nicht üblich ist. Da viele Bausoldaten aus den gleichen Bezirken kommen, gibt es gemeinsame Bekannte u.a. Außerdem ist das Bestreben deutlich, auf diese Weise die Kontakte zwischen einzelnen Friedenskreisen usw. herzustellen und zu entwickeln.

2. Anforderungen, die sich aus diesen Bedingungen für die Einführung hauptamtlicher IME ergeben
– Unsere hauptamtlichen IME haben ein positives Elternhaus, eine entsprechende Entwicklung und den sich daraus ergebenden Umgangskreis. In ihrem Verwandten- und Bekanntenkreis ist bekannt, daß sie aktiven Wehrdienst als UaZ oder BU bei den GT der DDR versehen. Wehrpflichtige, die den Fahneneid leisteten, kommen für den Dienst als Bausoldat nicht in Frage. Daraus ergibt sich das Erfordernis, durch geeignete Legenden [5] die bisherige Entwicklung dem Einsatz anzupassen, dokumentenmäßig abzusichern (von WKK bis SV-Ausweis und bisherigen Arbeitsstellen) und den IME mit den erforderlichen Regimefragen vertraut zu machen. Das erfordert die Vorbereitung der Einführung über einen längeren Zeitraum. Gegenwärtig wird dazu folgender Weg gewählt: Bereits während des Besuches der Zentralschule werden geeignete IME-Kandidaten ausgewählt und auf Eignung, Zuverlässigkeit und Ehrlichkeit überprüft. Mit dem Zeitpunkt der Versetzung zur Einsatzkompanie werden sie in Abstimmung mit der zuständigen DE der Linie XX / 4 und der territorial zuständigen KD in einem geeigneten Kreis eingesetzt, in dem das WKK mit der Einberufung von Bausoldaten in die vorgesehene Baueinheit beauftragt ist. Neben der Bereitstellung von Wohnraum ist eine geeignete Arbeitsstelle

zu beschaffen. Von den IME, die zur Zeit auf ihren Einsatz vorbereitet
werden, ist beispielsweise einer als Krankenpfleger in einer Nervenkli-
nik, ein anderer als Bühnenarbeiter bei einem Theater beschäftigt. Mit
Unterstützung der zuständigen Linie XX / 4 erfolgt außerdem die
operative Einführung in solche Personenkreise, aus denen Bausoldaten
stammen. Da solche Einführungen auch im Interesse der XX / 4 und
der KD liegen, wird uns bei diesen Maßnahmen jegliche Unterstützung gegeben. Die IME erarbeiteten bereits in dieser Zeit wertvolle
operative Informationen. Außerdem eignen sie sich auf diese Weise er-
foderliche Regimekenntnisse an, schaffen sich operativ geeignete Verbindungen und müssen sich in der inoffiziellen Zusammenarbeit be-
währen. Entsprechend der notwendigen Legende, sich mit den Eltern
überworfen zu haben, muß der persönliche und postalische Kontakt
zu Eltern usw. von Anfang an konspiriert werden. Die Einberufung als
Bausoldat erfolgt dann auf dem offiziellen Weg. Dieser gesamte Prozeß
stellt hohe Ansprüche an die IME und die Führungsoffiziere. Der erforderliche operative Aufwand ergibt sich nicht nur aus den Entfer-
nungen zum Einsatzort und der Bereitstellung / Absicherung von Dokumenten und Legenden, sondern auch aus den Erfordernissen der Erziehung, Befähigung und Überprüfung. Bereits in diesem Stadium
kommen die IME mit ihnen bis dahin völlig unbekannten Problemen
in Berührung, sind vor echte Bewährungsproben gestellt und müssen
deshalb mit der erforderlichen Sachkenntnis und pädagogischem Geschick geführt und entwickelt werden. Bewährt hat sich die aktive Einbeziehung des OM der Diensteinheit, der für die spätere Führung des
IM im Einsatz verantwortlich ist.
– Mit Einberufung versieht der IME dann 18 Monate Dienst in einer
Baueinheit. Bei UaZ ist das bis zur Beendigung seiner Dienstzeit. Dabei wird der IME nicht nur zu Arbeiten eingesetzt, die er bisher nicht
ausführte (in Mukran z.B. ausschließlich Schachtarbeiten), er muß täglich mit Menschen zusammenleben, die andere Lebensauffassungen haben, überwiegend feindlich-negativ eingestellt sind usw. Dazu kommen
die Belastungen durch das tägliche Dienstregime, die Erfordernisse der
Konspiration. [6] Diese Bedingungen sind denen des Einsatzes im
Operationsgebiet ähnlich und erfordern eine verantwortungsbewußte
und einfühlsame Führung. Bereits geringste Anzeichen von Aufwei-
chungserscheinungen müssen erkannt und ausgeräumt werden. Der
IME liest im Einsatz nicht die Zeitung, hört Nachrichten nur aus
Feindsendern und unterliegt er der Beeinflussung von teilweise in der
Arbeit mit Menschen erfahrenen Bausoldaten, darunter ausgebildeten
Theologen. Im Objekt und auf der Baustelle unterliegt der fast unun-
terbrochenen Kontrolle durch Vorgesetzte und andere Bausoldaten.
Das erfordert geeignete Festlegungen im Verbindungswesen. Die Treff-
durchführung am Dienstort ist in der Regel eine Gefährdung für die
Konspiration. Für Treffs ist der Wochenendurlaub am besten geeignet
und sollte gemeinsam durch den Führungsoffizier der auftraggebenden
Diensteinheit und den zuständigen Mitarbeiter der Abt. Äußere Abwehr durchgeführt werden. Ergänzt werden muß das Verbindungswesen durch Einsatz geeigneter DA und unpersönliche Verbindungsmit-
tel wie TBK. Der Einsatz operativ-technischer Mittel muß in jedem
Fall geprüft und festgelegt werden (z.B. Einsatz latenter Schreibmittel).
– Rechtzeitig zu beachten sind die Probleme der Herauslösung. Einerseits schaffen sich die IME ausgezeichnete Möglichkeiten zur ope-

rativen Bearbeitung feindlich-negativer Gruppen und Personen, auch nach Beendigung des Einsatzes, andererseits ergeben sich eine Reihe von Problemen für ihre persönliche weitere Entwicklung. Ein IME liegt beispielsweise mit dem Sohn eines hohen kirchlichen Würdenträgers auf einer Unterkunft, der nach Beendigung der Dienstzeit als Bausoldat ab September 1984 ein Theologiestudium aufnehmen will. An der gleichen Universität und auch ab September 1984 hat der IME einen Studienplatz. Das unterstreicht die Notwendigkeit, die Herauslösung rechtzeitig und gründlich vorzubereiten und die Entscheidungen unter Beachtung der Gesamtinteressen des MfS in jedem Einzelfall langfristig zu prüfen und zu treffen.

3. Schlußfolgerungen

1. Neben den Vorzügen, die die operative Einführung überprüfter und ausgebildeter hauptamtlicher IME in Baueinheiten hat, ergeben sich eine Reihe von Faktoren und Problemen, die zur Dekonspiration führen können. Solche Einführungen erfordern eine qualifizierte operative Arbeit in allen Phasen, stellen hohe Anforderungen an die Führung der IM und die IM selbst. Diese Einführungen lassen sich nicht als Massenaktion realisieren und sind deshalb nicht geeignet, einzige Methode der inoffiziellen Absicherung von Baueinheiten zu werden.

2. Die gegenwärtigen und vorgesehenen Einführungen sind nicht durch die IME-Gruppe der UA-3 zu realisieren, sondern erfolgen zum größten Teil in Verantwortlichkeit der UA-4. [7] Erforderliche Maßnahmen zur operativen Qualifizierung der Zugführer sind 1983 bereits durchgeführt worden und werden 1984 planmäßig weitergeführt. Aus der veränderten Aufgabenstellung der Einsatzkompanie wurden bereits Schlußfolgerungen für die Veränderung der Struktur der Kompanie gezogen. Nach der neu vorgeschlagenen Struktur führt jeder Zugführer 12 hauptamtliche IME in unterschiedlichen Einsatzrichtungen gegenüber der bisherigen Struktur, wo ein Zug bis zu 20 IME besaß.

3. Während des Einsatzes in Baueinheiten sollte die operative Führung des hauptamtlichen IME in Abweichung von den Festlegungen der DA I / 3 / 83 in gemeinsamer Verantwortung der Führungsoffiziere der auftraggebenden Diensteinheit und der Abt. Äußere Abwehr erfolgen.

4. Die in dieser Information erarbeiteten Kenntnisse sind noch unvollständig, die weitere Analysierung der Ergebisse und Erfahrungen auf diesem Gebiet ist dringend erforderlich, die Ergebnisse werden bis 30.11.1984 aufgearbeitet und der Bericht dem Leiter der Hauptabteilung I zu diesem Zeitpunkt zur Bestätigung vorgelegt. Aus jetzigem Erkenntnisstand wird eingeschätzt, daß die Konzentration von feindlich-negativen Kräften in den relativ großen Formationen der Baueinheiten zur Zusammenführung von feindlichen Gruppierungen und Personen führt und damit die Organisierung des Untergrundes fördert. Daraus leiten sich Konsequenzen für die operative Bearbeitung nicht nur für den Verantwortungsbereich der Hauptabteilung I ab.

Leiter der Abteilung
i.V. Bützow
Major

Dok. 164
Operativinformation der KD Leipzig-Stadt

Leipzig, den 1. April 1986

Operativinformation ... / 86, Sachverhaltskomplex 1, SVA 1.4, mit eigenhändiger Unterschrift. Absender: BV für Staatssicherheit, Kreisdienststelle Leipzig-Stadt; Leipzig, 1. April 1986; Verteiler: Stellv. Operativ / Oberst Eppisch; AKG / BV Leipzig; Abt. XX / BV Leipzig; AuI / KD-Stadt; Leiter / KD-Stadt; 2 * Ref. XX / 2 / KD-Stadt. – Information über Maßnahmen der Fortführung des Differenzierungsprozesses innerhalb der evangelischen Kirche in Leipzig, insbesondere zur Disziplinierung des als feindlich-negativ bekannten Pfarrers Wonneberger, Christoph (erfaßt OPK „Lukas" / KD-Stadt).

Initiiert durch die KD Leipzig-Stadt und in Abstimmung mit der Bezirksverwaltung wurde aus gegebenen Anlässen durch den Stellv. des OBM für Inneres, Gen. Sabatowska, mit dem Superintendenten *Magirius* (erfaßt KD-Stadt, weitere Personalien bekannt) am 27.03.86 eine Grundsatzberatung unter o.g. Zielstellung durchgeführt.
Zur Vorbereitung dieser Beratung wurden durch die KD Leipzig-Stadt offiziell auswertbare operative Arbeitsergebnisse zur Person und Aktivitäten des Pfarrers *Wonneberger* den verantwortlichen Genossen des Sektors Staatspolitik in Kirchenfragen des Rates der Stadt Leipzig in Form einer Gesprächskonzeption mündlich erläutert. Zum Verlauf der Grundsatzberatung am 27.03.86 in der Zeit von 09.30 Uhr – ca. 12.00 Uhr wird durch den IM „Claudius" der KD-Stadt nachfolgendes eingeschätzt.
Voranzustellen ist, daß das Gespräch in einer offenen Atmosphäre verlief und es für den IM erkennbar war, daß der Superintendent *Magirius* bemüht war, das bestehende Vertrauensverhältnis zwischen ihm und dem Staatsorgan zu bewahren und weiterzuführen.
So wurde auch von ihm selbst die Person und die Aktivitäten des Pfarrers *Wonneberger* ins Gespräch gebracht. In diesem Zusammenhang führte M. aus, daß ihm die Persönlichkeit des W., die Kompliziertheit seines Charakters und viele Probleme, die es mit W. in der Vergangenheit gab, bekannt seien. Insbesondere bezog sich Magirius dabei auf das Gespräch des Stadtbezirksbürgermeisters Nordost, Gen. Hadrich, mit W. zur Leipziger Frühjahrsmesse 86. Dieses Gespräch war notwendig geworden, da der W. in dem Schaukasten der Lukaskirche einen politisch indifferenten Spruch des Schriftstellers Heinz Kahlau veröffentlicht hatte, der in seiner inhaltlichen Aussage geeignet war, daß Verhältnis der Kirche zum Staat in der Gegenwart zu belasten. W. hatte sich trotz Aufforderung geweigert, diesen Spruch zu entfernen.
[2]
Superintendent *Magirius* erklärte dazu, daß er sich zu diesem Problem mit *Wonneberger* auseinandergesetzt habe, nunmehr sei ja auch dieser Spruch entfernt worden. Es habe auch unterschiedliche Auffassungen in der Kirchengemeinde der Lukaskirche zu diesem Aushang geben.
Nahezu wörtlich hat *Magirius* zum Ausdruck gebracht: „Wie kann man nur so verstört wie *Wonneberger* sein. Solch einen von Kahlau in der Vergangenheit geschriebenen Spruch heute auszuhängen sei völlig absurd, weil damit die gesellschaftspolitische Realität in der DDR, insbesondere das gewachsene Vertrauensverhältnis zwischen Staat und Kirche, verkannt und dargestellt werden."

Seitens des Gen. Sabatowska wurde entsprechend der Gesprächskonzeption zusammenfassend das Verhältnis der staatlichen Organe zu Pfarrer *Wonneberger* dargelegt. Aufgrund der vorliegenden Kenntnisse zur Persönlichkeit des W., seiner vergangenen und gegenwärtig wieder praktizierten Versuche, außerhalb seiner seelsorgerischen Tätigkeit sich zu „profilieren" mit dem erkennbaren Ziel, das Verhältnis Staat-Kirche auf seine Belastbarkeit hin zu testen, wird dem Sup. *Magirius*, der Standpunkt der Staatsorgane mitgeteilt.

Der Rat der Stadt Leipzig ist nicht gewillt, durch *einen* Pfarrer das gute Verhältnis zu kirchenleitenden Amtsträgern, insbesondere auch zu Sup. *Magirius* stören zu lassen. Bei neuerlichen derartigen und ähnlichen Aktivitäten des Pfarrers W. sieht sich der Rat veranlaßt, über das Staatssekretariat Kirchenfragen den Landesbischof Hempel sowie das Landeskirchenamt zu informieren.

Superintendent *Magirius* brachte dazu zum Ausdruck, daß er einerseits dankbar für die Offenheit ihm gegenüber ist und daß er andererseits selbst alles unternehmen wird, um neuerliche Anlässe für Auseinandersetzungen mit W. zu unterbinden. Er gab ferner die Zusicherung, daß er keinerlei Aktivitäten des W. unterstützen wird, die das auch aus seiner Sicht gute Verhältnis zu den staatlichen Organen belasten könnten.

Im weiteren Gesprächsverlauf wurde der Sup. *Magirius* auf zwei weitere Probleme aufmerksam gemacht.

Ihm wurden zunächst Inhalte der Gemeindenachrichten der „Friedenskirche" vorgelegt, speziell mit der Ankündigung für den 08. Juni 1986 – „Mobil ohne Auto"

09.30 Uhr Gottesdienst gemeinsam mit Michaeliskirchgemeinde

10.00 Uhr Ausflug per Fahrrad. [3]

Der Sup. *Magirius* zeigte sich von dieser Ankündigung überrascht, hatte davon keine Kenntnis und äußerte sinngemäß, daß er völlig außer sich sei, daß eine Kirchengemeinde, ein verantwortlicher Gemeindepfarrer am Tag der Volkswahlen „Mobil ohne Auto" zu organisieren gedenkt. Er gab in diesem Zusammenhang die Zusicherung, daß er seinen Einfluß geltend machen wird, damit am 08.06.1986 *keine* Aktion „Mobil ohne Auto" durch die Kirche organisiert wird. Diesbezüglich ließ er erkennen, daß auch der Sup. *Richter* so verfahren wird.

Des weiteren wurde M. auf Aktivitäten des Pfarrers *Erler* im Zusammenhang mit dem geplanten Konzert der Dresdener Tanzsymphoniker in der Heilandkirche hingewiesen. Obwohl es Festlegungen gab, daß diese Veranstaltung nicht öffentlichkeitswirksam angekündigt bzw. annonciert wird, hat Pfarrer E. versucht, wider diese Festlegung zu handeln.

Er habe versucht, bei der Zeitung „Union" ein entsprechendes Inserat zur Vorankündigung dieses Konzertes aufzugeben. Von einer Mitarbeiterin sei dies ihm mit Verweis auf eine Festlegung des Gen. Dr. Reitmann verwehrt worden. Daraufhin hat Pfarrer *Erler* Gen. Dr. Reitmann zu Hause angerufen und sich in äußerst wortreichen Erklärungen gegen diese Festlegungen ausgesprochen.

Der Sup. *Magirius* zeigte sich über diese Information außerordentlich bestürzt und betroffen. Er erklärte nahezu wörtlich, daß er sich für das Verhalten des Pfarrers *Erler* schäme, er dafür um Entschuldigung bittet und er auch noch persönlich Dr. Reitmann um Entschuldigung bitten wird. Er selbst sei ohnehin gegen das Vorhaben eines Konzertes der Dresdener Tanzsymphoniker in der Kirche gewesen.

Abschließend zum Gesprächsverlauf betonte Sup. *Magirius* nochmals, daß er persönlich weiterhin bemüht sein wird, daß das gute Verhältnis Staat-Kirche in Leipzig bestehenbleibt und weiterentwickelt wird. Er dankte ausdrücklich für die Offenheit und Sachlichkeit der Gesprächsführung.

Durch den IM „Claudius" wird eingeschätzt, daß er Sup. *Magirius* so noch nicht erlebt habe. M. sei in seinen Erklärungen weiter als erwartet gegangen.

Maßnahmen:
– Erarbeitung und Dokumentierung möglicher Reaktionen des Pfarrers *Wonneberger*
– Qualifizierung der OPK zum OV „Lukas" mit dem Teilziel der Forcierung des Differenzierungsprozesses innerhalb der Lukaskirchgemeinde

Leiter der DE
Schmidt
Oberst

Dok. 165
Operativinformation Nr. 149 / 87

Leipzig, den 9. Juni 1987

Operativinformation Nr. 149 / 87, Hinweis- und Merkmalskomplex 2, mit eigenhändiger Unterschrift. Absender: BV für Staatssicherheit Leipzig, Kreisdienststelle Leipzig-Stadt, Ref. XX / 2. Leipzig, 9. Juni 1987. Verteiler: 1. Stellvertreter, Gen. Oberst Eppisch; Abt. XX / BV Leipzig; AKG / BV Leipzig – Information an Abt. XX der BV Dresden u. BV Berlin; KD Leipzig-Stadt / AuI 2x, Ref. XX / 2.

Durch einen zuverlässigen und überprüften IMB unserer DE wurden nachfolgende Informationen zu kircheninternen Reaktionen leitender Vertreter der Landeskirche Sachsen im Zusammenhang mit den provokativen Auftritten des politisch-feindlichen, sogenannten „Liedermachers" *Krawczyk* / Berlin im März 1987 in der Leipziger Lukaskirchgemeinde bekannt.

In Auswertung o.g. Veranstaltungen und der erfolgten Eingaben von Bürgern an staatliche Organe und die Landeskirche Sachsen zum Auftreten des K. war es bei einer Zusammenkunft des Vorsitzenden des Rates des Bezirkes, Gen. Opitz, und dem Landesbischof der Landeskirche Sachsen, Dr. Hempel (Dresden), zu einem Gespräch gekommen, in dem staatlicherseits diese Veranstaltungen als ein das Verhältnis Staat / Kirche belastendes Moment dargestellt wurden und die Erwartungshaltung an die Kirchenleitung herangetragen wurde, Einfluß auf die Verhinderung derartiger provokativer Veranstaltungen in kirchlichen Objekten zu nehmen.

Inoffiziell wurde über den IMB „Carl" unserer Diensteinheit bekannt, daß aus o.g. Anlaß am 13.04.1984 in Leipzig ein Gespräch zwischen dem Präsidenten des Landeskirchenamtes, Dr. *Domsch* / Dresden, und dem verantwortlichen Pfarrer der Lukaskirchgemeinde Leipzig, *Wonneberger* (erfaßt OV „Lukas" der KD Leipzig-Stadt), stattgefunden hat. Nach der Darstellung der OV-Person W. gegenüber dem IM unse-

rer Diensteinheit soll der Präsident des Landeskirchenamtes, Dr. D.,
die Bedenken der Kirchenleitung zum Verlauf und Inhalt des Auftritts
des K. dargelegt haben. Pfarrer W. betonte gegenüber dem IM, daß er
dem D. zu verstehen gegeben hat, daß er nicht für die Darbietungen
des Liedermachers K. verantwortlich ist. Obwohl er nicht mit allen
dargebotenen Aussagen des K. konform geht, vertritt W. die Auffassung, daß es sich in den Programmen des K. um gesellschaftliche Problemstellungen handele, die man auch in der Öffentlichkeit diskutieren
sollte. Die Resonanz beim Publikum hätte dies bewiesen und den Erfolg der Veranstaltung ausgemacht. [2]
Gleichzeitig soll der W. dem D. zu verstehen gegeben haben, daß er in
seinem Amt als Präsident des Landeskirchenamtes keinen Einfluß auf
die Gestaltung der Gemeindearbeit einer Kirchgemeinde hat. Pfarrer
W. wertete das Gespräch dahingehend, daß er dem D. die entsprechende „Abfuhr" gegeben hat und er sich nicht in seine Gemeindearbeit
hineinreden ließe. D. soll über den Gesprächsverlauf sehr unbefriedigt
und empört gewesen sein, da er sich in seiner Funktion als nicht geachtet gefühlt habe.
Durch den IMB „Carl" wurde weiterhin bekannt, daß der Pfarrer W.
daraufhin ein Schreiben des Landesbischofs Dr. Hempel mit einer
„Warnung" bekommen hat. Entsprechend eingeleiteter operativer
Kontrollmaßnahmen zum OV-Verdächtigen konnte der Brief des Landesbischofs, Dr. Hempel, an Pfarrer W. gerichtet werden. Er hat nachfolgenden Inhalt:
„Lieber Bruder *Wonneberger*!
Heute ist mir – im Rahmen eines ‚Arbeitstages in der Tauscherstraße' –
unter vielem anderen auch über das Gespräch zwischen Herrn Präsidenten Dr. *Domsch* und Ihnen berichtet worden. Dem Bericht zufolge
(– ich gehe also jetzt davon aus, daß es so ist –) haben Sie sich in bezug
auf den Abend mit Herrn Stephan *Krawczyk* den ernsten Bedenken
der Kirchenleitung nicht öffnen können. (Wenn es anders ist, um so
besser, dann ist mein Brief überflüssig.) Deshalb möchte ich Ihnen
klipp und klar schreiben, daß ich vollkommen mit meiner eigenen
Überzeugung hinter den Darlegungen von Präsident Dr. *Domsch* stehe. Sie werden im Wiederholungsfall mit einer ernsten Auseinandersetzung rechnen müssen, in die ich mich meinerseits einschalten werde.
Wir kennen uns seit langem, Bruder *Wonneberger*, und schätzen beide
die Ehrlichkeit. Deshalb: Das ist eine Warnung.
Mit einem Abend des Inhaltes, wie er mir nachträglich bekannt geworden ist, verlassen Sie Ihren Auftrag als Pfarrer unserer Landeskirche
und stellen damit Ihren Dienst in Frage.
Mit freundlichem Gruß
gez. Hempel
PS / Wenn Sie ein Gespräch für angebracht halten, bitte ich Sie, sich zu
melden. Dann bin ich bereit."
Der Brief ist auf den 6. Mai 1987 datiert.
Gegenüber dem IMB „Carl" wertete der *Wonneberger* den Brief des
Landesbischofs als eine „Kampfansage" gegen seine Person, die er be-
reit ist anzunehmen. [3] W. vertritt die Meinung, daß es sich auch der
Landesbischof nicht leisten könne, ihn wegen der unternommenen Ak-
tivitäten zu belangen. In seiner Einschätzung geht er von bestehenden
Differenzen der kirchlichen Basis und der Landeskirchenleitung aus.
In dem Gespräch mit dem IM war nicht erkennbar, daß der W. in ab-

sehbarer Zeit weitere Veranstaltungen mit dem K. plant. Der IMB „Carl" sieht mehr die Gefahr, daß der W. versuchen wird, andere Kirchgemeinden dahingehend zu inspirieren, analoge Veranstaltungen und Auftritte des K. in Leipzig durchzuführen, um die Reaktionen der Landeskirchenleitung gegen seine Person abzuschwächen.

Es kann operativ gewertet werden, daß durch die eingeleiteten Maßnahmen zur Fortführung des Differenzierungsprozesses im kirchlichen Bereich die Stellung des W. gegenüber der Kirchenleitung, insbesondere zum Landesbischof Dr. Hempel, weiter geschwächt worden ist und dadurch Maßnahmen der weiteren Disziplinierung des W. gegeben sind.

Der Inhalt der Information trägt strengen, internen Charakter. Eine Auswertung der Information ist offiziell nicht möglich, da Dekonspirationsgefahr der Quelle besteht.

Es erfolgt der weitere Einsatz des IMB „Carl".

Leiter der DE
Schmidt
Oberst

Dok. 166
Operativinformation Nr. 194 / 87

Operativinformation Nr. 194 / 87, Hinweis- und Merkmalskomplex 2, mit eigenhändiger Unterschrift. Absender: BV für Staatssicherheit Leipzig, Kreisdienststelle Leipzig-Stadt, Ref. XX / 2. Leipzig, [Datum unleserlich]. Verteiler: 1. Stellvertreter, Gen. Oberst Eppisch; AKG, BV Leipzig; Abt. XX, BV Leipzig; KD Leipzig-Stadt / Ref. AuI, XX / 1, XX / 2.

Durch die Organe des Zusammenwirkens wurde unserer DE nachfolgender Sachverhalt bekannt. In Vorbereitung der Leipziger Herbstmesse 1987 sowie des „Olof-Palme-Friedensmarsches" wurden durch den Rat der Stadt, Sektor Kirchenfragen, am 20.08.87 [mit dem] mit dem Superintendent des Kirchenbezirkes Leipzig-West, *Richter*, Johannes, Abt. XII: erfaßt für KD Leipzig-Stadt, und am 21.08.87 Superintendent des Kirchenbezirkes Leipzig-Ost, *Magirius*, Friedrich, Abt. XII: erfaßt für KD Leipzig-Stadt, Gespräche geführt.

Ziel der Gespräche war es, eine staatliche Erwartungshaltung zu erzielen sowie Standpunkte und Meinungen im Rahmen der o.g. politischen Höhepunkte abzuschöpfen. Superintendent *Richter* brachte zum Ausdruck, daß seitens seiner Ephorie keine Beteiligung am „Olof-Palme-Friedensmarsch" geplant ist. Hier herrsche eine innerkirchliche Arbeitsteilung, d.h., daß kirchliche Friedensgruppen der Ephorie Ost angebunden sind. Zu den kirchlichen Aktivitäten während der Leipziger Herbstmesse 1987 wurde durch *Richter* bekannt, daß am 09.09.87 in der Thomas-Kirche ein Vortrag mit Propst Schröder, Gustav-Adolf-Werk, stattfindet.

Diese Veranstaltung läuft zeitgleich mit dem sogenannten Messemännerabend in der Nikolaikirche. *Richter* drückte aus, daß die Zeitgleichheit beider Veranstaltungen Schuld des Pfarramtes der Nikolaikirche sei, da der Vortragsabend mit Propst Schröder in eine feststehende Veranstaltungsreihe angebunden sei. Superintendent *Richter* wurde über das Nichtstattfinden des Auftrittes des feindlich-negativen sogenannten

Liedermachers [2] *Krawczyk*, Stephan, Abt. XII: OV „Sinus", BV Berlin, siehe Operativinformation 191 / 87 der KD Leipzig-Stadt, in der Pauluskirche in Kenntnis gesetzt. Dabei wurde deutlich, daß *Richter* dieser Mitteilung wenig Interesse entgegenbrachte und er die Meinung vertritt, wenn es in unserer Gesellschaft mehr Meinungsfreiheit gäbe, würde sich der Staat keine „*Krawczyks*" schaffen.

Operativ interessant ist zu bewerten, daß *Richter* den Sektor Kirchenfragen über ein außerordentliches Vorkommnis in der Nikolaikirche informierte. Negativ-dekadente Jugendliche, sogenannte Anhänger des „Clan-Luzifer", hätten am 07.08.87 in der Nikolaikirche das Taufbekken und andere kirchliche Kultgegenstände mit Blut beschmiert und einen „Judenstern" auf einen Teppich in der Kirche geschmiert. Er äußerte die Vermutung, daß diese Jugendlichen in zunehmendem Maße den Staat und die Kirche beschäftigen werden. In dem am 21.07.87 mit dem Superintendent *Magirius* geführten Gespräch brachte dieser zum „Olof-Palme-Friedensmarsch" zum Ausdruck, daß er persönlich sehr angetan ist von der Art und neuen Form der Zusammenarbeit zwischen Staat und Kirche. In seiner Ephorie ist ihm bisher nur ein Versuch einer Beteiligung am o.g. Friedensmarsch bekanntgeworden. Pfarrer *Führer*, Christian, Abt. XII: erf. für Abt. XX / BV Leipzig, sei auf Betreiben junger Leute diesbezüglich an ihn herangetreten. Zuständigkeitshalber habe *Magirius* Pfarrer *Führer* an die Superintendentur Torgau verwiesen.

Zur Problematik des Friedensmarsches äußerte *Magirius*, daß er seiner Verantwortung als Superintendent des Kirchenbezirkes Leipzig Ost gerecht werden will, damit es zu keinen Vorkommnissen kommt, die das Verhältnis Staat-Kirche belasten können. Während der Leipziger Herbstmesse findet am 09.09.87 lediglich der traditionelle sog. „Messemännerabend" des ev.-luth. Männerwerkes zum Thema: „Religion – eine Anfrage an die Kirche" statt. Es referiert Studiendirektor Dr. Linz vom Predigerseminar der Thüringer Landeskirche. [3]

Im Gespräch war ersichtlich, daß *Magirius* die parallel zum „Messemännerabend" verlaufende Veranstaltung in der Thomaskirche nicht bekannt ist. *Magirius* wurde im Gespräch auf das Vorkommnis vom 07.08.87 in der Nikolaikirche hingewiesen. Es war zu erkennen, daß dem *Magirius* dieses Vorkommnis sichtlich unangenehm war. Er erklärte, daß am 07.08.87 gegen 17.30 Uhr dekadente Jugendliche unbemerkt die Kirche betreten hatten. [...] Durch die dekadenten Jugendlichen, Anhänger des sog. „Clan-Luzifer", wurde ein Teil des Altars, das Taufbecken und das Kruzifix mit Blut eines in der Kirche geschlachteten Kaninchens beschmiert. In das Gästebuch der Nikolaikirche sei eingetragen worden: „Clan-Luzifer wird ewig leben – wir kommen wieder". Teppiche in der Kirche wurden mit „Judensternen" beschmiert. Weiter äußerte sich *Magirius* zu diesem Vorkommnis nicht, und es konnte nicht herausgearbeitet werden, ob *Magirius* das Landeskirchenamt der ev.-luth. Landeskirche Sachsens über diesen Sachverhalt in Kenntnis gesetzt hat.

Eine Überprüfung des Sachverhaltes bezüglich des Vorkommnisses in der Nikolaikirche am 07.08.87 ergab, daß am 07.08.87 [...] telefonisch eine Anzeige bei dem VP-Revier Mitte wegen Verunzierens der Nikolaikirche durch unbekannte Personen aufgegeben wurde. Durch das VP-Revier wurde die DHG des VPKA Leipzig zum Einsatz gebracht. Die DHG einigte sich in Absprache mit dem Superintendenten *Magi-*

rius, der keine Anzeige erstatten wollte wegen Geringfügigkeit des Schadens, darauf, daß keine Straftat vorliegt. Seitens der DV erfolgen keine weiteren Maßnahmen zum Sachverhalt.
Leiter der DE
Schmidt
Oberst

Dok. 167
Operativinformation Nr. 247 / 87

Leipzig, den 29. Oktober 1987

Operativinformation Nr. 247 / 87, Hinweis- und Merkmalskomplex 2, mit eigenhändiger Unterschrift. Absender: BV für Staatssicherheit Leipzig, Kreisdienststelle Leipzig-Stadt, Ref. XX / 2. Leipzig, 29.10.87. Verteiler: 1. Stellvertreter, Gen. Oberst Eppisch; Abt. XX, BV Leipzig; AKG, BV Leipzig, KD Leipzig-Stadt, Ref. AuI, Ref. XX / 2 (2x).

Über offizielle Verbindungen der Partner des Zusammenwirkens wurde unserer DE nachfolgender Sachverhalt bekannt. Am 28.10.1987 wurde durch den 1. Stellvertreter für Inneres des SB NO ein Gespräch mit dem Pfarrer der Lukaskirche, *Wonneberger*, Christoph, OV „Lukas" der KD Leipzig-Stadt, mit dem Ziel der Verhinderung des Auftrittes des feindlich-negativen sogenannten Liedermachers *Krawczyk*, Stephan und der *Krawczyk*, geb. Klier, Freya, OV „Sinus", BV Berlin, am 31.10.87 in der Lukaskirche geführt. An Pfarrer *Wonneberger* wurde appelliert, nicht durch den Auftritt des *Krawczyk* und seiner Ehefrau das Verhältnis Staat-Kirche in der Stadt Leipzig zu belasten. *Wonneberger* erklärte dazu, daß ihn dieses Verhältnis nicht interessiert. Die Veranstaltung wird durch ihn nicht abgesagt, da gerade jetzt Solidarität mit *Krawczyk* geübt werden müsse, da *Krawczyk* staatlichen Repressalien ausgesetzt ist. Er werde sich bemühen, neue Möglichkeiten für Auftritte des *Krawczyk* zu schaffen.
Wonneberger wurde gefragt, wie er sich zu einer möglichen Unterschriftensammlung im Rahmen des geplanten Auftrittes des *Krawczyk* stellen würde. *Wonneberger* erklärte dazu, wenn eine Unterschriftensammlung zum Programm des *Krawczyk* gehört, wird diese auch durchgeführt. Die Aufforderung des 1. Stellvertreters für Inneres, die Plakate, welche auf die Veranstaltung des *Krawczyk* hinweisen, zu entfernen, ignorierte *Wonneberger* völlig. Zum Abschluß des Gespräches erklärte *Wonneberger*, daß er die volle Verantwortung für den Auftritt des *Krawczyk* übernimmt. [2]
In diesem Zusammenhang wurde unserer DE weiterhin bekannt, daß der Pfarrer der Emmauskirche, *Kunze*, Martin, Abt. XII: erfaßt für KD Leipzig-Stadt, im Rahmen eines Gespräches dem 1. Stellvertreter für Inneres des Stadtbezirkes Nordost versicherte, daß in seiner Kirche keine Auftritte des *Krawczyk* erfolgen werden. *Kunze* gab dem Rat des Stadtbezirkes Nordost weiterhin zur Kenntnis, daß im Rahmen der Friedensdekade 1987, am 10.11.87, ein Auftritt der kirchlichen Musikgruppe „Portal" unter Leitung des Jugendwartes *Lehnert*, Johannes, Abt. XII: erfaßt für KD Leipzig-Stadt, stattfindet. Ein Programm der Gruppe „Portal" liegt unserer DE vor. Es kann eingeschätzt werden,

daß Auftritte der Gruppe „Portal" bisher ohne operative Relevanz waren.
Durch die KD Leipzig-Stadt werden zum Auftritt des *Krawczyk* am 31.10.1987 in der Lukaskirche politische-operative Kontrollmaßnahmen eingeleitet.
Über den Verlauf der Veranstaltung erfolgt eine Ergänzungsinformation.
Leiter der DE
Schmidt
Oberst

Dok. 168
Operativinformation Nr. 260 / 87

Leipzig, den 14. November 1987

Operativinformation Nr. 260 / 87, Verlauf der Friedensdekade – 13.11.87, mit eigenhändiger Unterschrift. Absender: BV für Staatssicherheit, Kreisdienststelle Stadt, XX / 2. Leipzig, 14. November 1987. Verteiler: Abt. XX; AKG; AuI; XX / 2.

Durch die Organe des Zusammenwirkens unserer DE wurde bekannt, daß am 13.11.87 durch den Sektorenleiter Kirchenfragen des Rates der Stadt Leipzig ein Gespräch mit Superintendent *Magirius*, Friedrich, Abt. XII: erf. f. KD Leipzig-Stadt, geführt wurde. Gegenstand des Gespräches war die durch Pfarrer *Wonneberger*, Christoph, Abt. XII: OV „Lukas" – KD Leipzig-Stadt, geplante Veranstaltung „Der Frieden muß unbewaffnet sein" am 16.11.1987 in der Reformierten Kirche. Dem Superintendenten wurde zur Kenntnis gegeben, daß durch Wonneberger geplant ist, im Rahmen der Veranstaltung Unterschriften für eine Eingabe an den Staatsratsvorsitzenden, Gen. Erich Honecker, zu sammeln. Der Superintendent reagierte darauf sichtlich betroffen und legte dar, daß er nun die Rolle des Wonneberger immer deutlicher erkenne. Wonneberger würde keinerlei politisches Geschick besitzen und durch sein Verhalten Spannungen in das Verhältnis Staat-Kirche hineintragen. Der Superintendent wird Wonnberger eine Unterschriftensammlung untersagen. Da er selbst am 16.11.87 keine Zeit habe, werde er seinen Vertreter, Pfarrer *Wyak*, Manfred, Christuskirche, Abt. XII: erf. f. KD Leipzig-Stadt, zum Besuch der Veranstaltung auffordern. Es kann eingeschätzt werden, daß durch die Gespräche mit Superintendent Magirius und das Aufzeigen der belastenden Rolle des Pfarrers Wonneberger auf das Verhältnis Staat-Kirche der Differenzierungsprozeß im innerkirchlichen Bereich fortgesetzt wurde.
An dem sogenannten Friedensabend der Nikolaikirche am 13.11.87 von 18.00-20.00 Uhr nahmen ca. 400 Personen teil. 90% davon waren Jugendliche zwischen 18 und 25 Jahren. Der Abend war in vier Teile untergliedert, die durch Stundengebete unterbrochen waren. [2] Im 2. [wohl: 1.] Teil fanden in unterschiedlichen Räumen der Kirche statt:
– Auftritt eines Liedermachers Kluge (weitere Angaben nicht bekannt)
– Diskussionsrunde „Friedensfreunde und Staatsgewalt" mit einer Gruppe Jugendlicher aus der BRD (Nähe Tübingen)

– Die Initiativgruppe Hoffnung Nicaragua bot Kaffee und Kuchen zum Kauf an. Der Erlös soll für Nicaragua gespendet werden. Gleichzeitig wurde eine Paketsammlung für Mosambique durchgeführt.
Im 2. Teil fand statt:
– Fortsetzung der Diskussionsrunde unter Leitung der CFK mit den DDR-Bürgern
– Diskussionsrunde „Frauen und Gewalt"
– Auftritt des Liedermachers Jankowski (weitere Angaben nicht bekannt)
Im 3. Teil fand statt:
– Diskussionsrunde „Amnestie – Was nun?"
– Bilderdiskussion „Kerstins Bilder"
– Erziehung wozu – für was?
– Fortsetzung der Diskussionsrunde unter Leitung der CFK

Im 4. Teil zeigte die „Michaelisspielschar" das Pantomimenstück „Drei Tage im Leben von Charly".
Inhaltlich wurde zu den einzelnen Teilen des Friedensabends folgendes bekannt:
In der Diskussionsrunde „Friedensfreunde und Staatsgewalt", in der zunächst die Tübinger Gruppe über ihre Erfahrungen mit der Polizei und den BRD-Gerichten berichtete, konzentrierte sich die Diskussion auf die Frage, wie weit man gehen könne. Der Grundtenor beim Publikum war, daß der Staat die Hand gereicht hat und man mit dem Staat auch weiter reden will. Ein Diskussionsredner berichtete von seiner Aktion auf dem Karl-Marx-Platz mit einem Plakat zur Großkundgebung für die Opfer des Faschismus. Dieser Diskussionsbeitrag wurde durch die Diskussionsleitung nicht unterstützt und geschickt überspielt. In der weiteren Diskussion wurde die Frage des Sinns von Gewalt angesprochen. Durch einen der BRD-Jugendlichen wurde als Antwort das Beispiel von 2 Polizistenmorden in [3] Demonstrationen in der BRD angeführt und daß dafür jetzt die Grünen verantwortlich gemacht werden. Gewalt sei also nutzlos. Viel besser sei, dort, wo zahlenmäßige Überlegenheit besteht, wenn immer zwei Leute einen Polizisten in ablenkende Diskussionen verwickeln. Im 2. Teil der Diskussionsrunde wurde ein englischer Pfarrer vorgestellt. Die Diskussionsrunde wurde durch einen historischen Abriß der CFK eingeleitet. Über die Darstellung, daß die CFK Bausoldaten zu beeinflussen sucht, mit Waffe zu dienen, entwickelte sich eine Diskussion.
Hier trat ein Mathias *Hegewald* (phon.) auf, der selbst, nach seinen Ausführungen, Bausoldat gewesen ist. Er beschrieb, wie schwer der Entschluß, Bausoldat zu werden, für ihn war. Durch den englischen Pfarrer wurde die Frage aufgeworfen, wie der Faschismus hätte bekämpft werden können, ohne daß Christen eine Waffe in der Hand gehabt haben. Insgesamt kann eingeschätzt werden, daß diese Diskussionen keine offenen Angriffe auf die Politik unseres Staates enthielten.
In der Diskussionsrunde „Amnestie – was nun?" berichteten zwei Amnestierte über ihre Schwierigkeiten. Diese seien, nach ihrer Darstellung, vor allem die Probleme in ihren Betrieben bei der Einfügung in die Arbeitskollektive.
Das durch die Spielschar der Michaeliskirche vorgeführte Pantomimenstück handelt davon, wie sich Bürger einer Stadt an eine Bombe gewöhnen. Es war in den USA angesiedelt, aber es wurden kurzzeitig Möglichkeiten suggeriert, daß es natürlich jede andere Stadt sein kön-

ne. Nachdem sich alle Bürger der Stadt an den Anblick der Bombe gewöhnt haben, explodiert diese und alle sterben. Das Pantomimenstück wurde vom Publikum begeistert aufgenommen. Außerhalb des Programmablaufes war in der Kirche eine Ausstellung aufgebaut. Hier wurden zu ca. 50% Fotos vom Olof-Palme-Marsch gezeigt. Diese Fotos waren sowohl Abbildungen der mitgeführten Losungen als auch Bilder von Sicherheitskräften. Weiterhin hing neben dieser Ausstellung eine Art Wandzeitung aus. Sie beeinhaltete einen „offenen Brief" an das Publikum. Sinngemäß wurde hier behauptet, jeder Bürger sei in sich gespalten. Auch der Staat wäre in sich gespalten, und deshalb gebe es kaum Identifikation mit diesem Staat. Diese Aufspaltung hätte verschiedene Phasen. Abgeleitet davon wurde die Bahauptung, der Staat würde seine Bürger einmauern, im Sinne von geistig und körperlich einmauern. Es gäbe keinen freien Meinungsaustausch. [4] In diesem Zusammenhang wird aufgefordert, daß Christen keinen Übersiedlungsantrag stellen sollen. Nur hier könnten sie etwas ändern. Andererseits soll jeder Christ Übersiedlungsersuchenden helfen. Ein neues Denken sei jetzt angebracht. Weiterhin wurde in diesem „offenen Brief" aufgefordert, viele BRD-Kontakte zu knüpfen, um der Einmauerung zu entgehen.
Im Zeitraum von 18.00 – ca. 22.00 Uhr wurde an einem Stand eine Unterschriftensammlung durchgeführt. Der Text dieser Unterschriftensammlung entspricht der in der Laurentiuskirche am 25.10.1987 durchgeführten (Operativinformation 238 / 87).
Die ausgelegten Blätter wurden von ca. 100 bis 150 Personen unterzeichnet.
Von den anwesenden Personen konnten eindeutig identifiziert werden *Wonneberger*, Christoph, OV „Lukas" und *Lux*, Petra, OV „Kind". Die L. äußerte sich der Quelle gegenüber enttäuscht vom Verlauf des Friedensabends.
Ergänzungen zum Inhalt und Personifizierung der Teilnehmer erfolgen noch.
Leiter der KD Leipzig-Stadt
Schmidt
Oberst

Dok. 169
Operativinformation Nr. 268 / 87

Leipzig, den 21. November 1987

Operativinformation Nr. 268 / 87, Hinweis- und Merkmalskomplex 2, mit eigenhändiger Unterschrift. Absender: BV für Staatssicherheit Leipzig, Kreisdienststelle Leipzig-Stadt, XX / 2. Leipzig, 21. November 1987. Verteiler: 1. Stellv. Gen. Oberst Eppisch; Abt. XX / BV Leipzig; AKG / BV Leipzig, AuI / KD Leipzig-Stadt; Ref. XX / 2 / KD Leipzig-Stadt 2x, Gen. Waldhelm.

Am 20.11.1987 wurde durch den 1. Stellvertreter des OBM, Genossen Sabatowska, und den Sektorenleiter Kirchenfragen beim Rat der Stadt Leipzig, in Abstimmung mit der KD Leipzig-Stadt und Koordinierung mit der Abteilung XX / BV Leipzig ein Gespräch mit dem Superinten-

denten des Kirchenbezirkes Leipzig-Ost, *Magirius*, Friedrich, geb.
26.6.1930 Dresden, Abteilung XII erfaßt für KD Leipzig-Stadt, in
Auswertung des Verlaufes der Friedensdekade im Verantwortungsbereich, insbesondere der durch den Pfarrer Wonneberger, Christoph,
geb. 5.3.1944 Wiesa, OV „Lukas" / KD Leipzig-Stadt, am 16.11.1987
in der Reformierten Kirche initiierten Veranstaltung „Der Frieden muß
unbewaffnet sein" (siehe Operativinformation 262 / 87 der KD Leipzig-Stadt), geführt.
Superintendent *Magirius* hatte um dieses Gespräch zur Klärung von
Fragen des Baugeschehens in der Nikolaikirche ersucht. M. äußerte
sich zufrieden über den Verlauf der Friedensdekade. Die Veranstaltung
in der Reformierten Kirche sei jedoch aus dem Rahmen gefallen und
stellt einen Tiefpunkt dar. Besonders peinlich für ihn ist, daß diese Veranstaltung nicht in einer ev.- luth. Kirche stattfand, sondern an die Reformierte Kirche vermittelt wurde und die Leitung der Reformierten
Kirche nicht über den Inhalt der Veranstaltung informiert war. M.
brachte zum Ausdruck, daß man sich bei der „Schwesterkirche" ent-
schuldigen will. M. sei durch den Pfarrer Dr. *Berger*, Matthias, geb.
8.7.1942, Stettin, Vorsitzender des Synodalausschusses, Abteilung XII
erfaßt für KD Leipzig-Stadt, über den Verlauf der Veranstaltung und
die Vorkommnisse informiert worden.
Dr. *Berger* besuchte die Veranstaltung im Auftrag von Superintendent
Magirius.
Das Auftreten von Pfarrer *Wonneberger* und die initiierte Eingabenak-
tion wird von *Magirius* abgelehnt. Er schätzt ein, daß *Wonneberger*
dadurch provozieren will und Reizpunkte im Verhältnis Staat-Kirche
schafft. Mit durch Pfarrer *Wonneberger* organisierten Veranstaltungen
würden ohnehin nur bestimmte Leute angesprochen.
Magirius drückte die Vermutung aus, daß *Wonneberger* in seinen Aktivitäten durch seine Verbindungen nach Berlin unterstützt wird. Mit
Wonneberger sei darüber nicht zu reden, zumal *Wonneberger* den *Magirius* als Gesprächspartner nicht akzeptiert.
Durch den Superintendenten *Magirius* wurde der Landesbischof der
ev.-luth. Landeskirche Sachsens, *Hempel*, Johannes, über die Vorkommnisse in der Reformierten Kirche informiert. Die Vorfälle sind
der Anlaß für einen Besuch des Landesbischofs im Dezember 1987 in
Leipzig, wo sich mit Pfarrer *Wonneberger* auseinandergesetzt werden
soll. *Magirius* gab jedoch zu bedenken, daß man bei *Wonneberger* eine
bewußtseinsmäßige Veränderung herbeiführen und keine administrativen Strafen anwenden will. Falls sich bei Pfarrer *Wonneberger* keine
bewußtseinsmäßige Veränderung vollzieht, dann sei es auch in der Kirche möglich, sich von solchen Leuten zu trennen.
In Abstimmung zwischen der KD Leipzig-Stadt und dem Sektor Kirchenfragen wird ein Gespräch mit dem Pfarrer der Reformierten Kirche, *Sievers*, Hans-Jürgen, geb. 5.4.1943, vorbereitet, um diesen noch
vor dem Besuch des Landesbischofs *Hempel* in Leipzig zu positionie-
ren und ihn aktiv in den Auseinandersetzungsprozeß mit Pfarrer *Wonneberger* einzubeziehen. Der Verlauf und die Wertung der Gespräche
mit Superintendent *Magirius* lassen die Einschätzung zu, daß die durch
die KD Leipzig-Stadt in Abstimmung mit der Abteilung XX eingeleiteten Maßnahmen wesentlich den innerkirchlichen Auseinandersetzungsprozeß mit Pfarrer W. forcierten.
Leiter der DE: Schmidt, Oberst

Dok. 170
Ausarbeitung der BV Berlin

Berlin, den 10. März 1987

Erste Überlegungen zu Prämissen, konzeptionellen Vorstellungen und Problemen eines langfristig angelegten Vorgehens zur Bekämpfung und generellen Zurückdrängung der politischen Untergrundtätigkeit (PUT) unter Mißbrauch kirchlicher Möglichkeiten. Absender: Bezirksverwaltung für Staatssicherheit Berlin, Abteilung XX / 4. Berlin, den 10.03.87. Verfasser: Major Hasse. Ohne Unterschrift.

Prämissen
– Eine Bekämpfung der PUT kann nur unter der Voraussetzung erfolgen, daß insbesondere außenpolitische Friedens- und Abrüstungsinitiativen der sozialistischen Länder, insbesondere der UdSSR und der DDR, dadurch nicht beeinträchtigt werden.
– Im Ergebnis von Maßnahmen der Zurückdrängung der PUT darf das Verhältnis Staat-Kirche nicht ernsthaft belastet werden und sogar eine Konfrontation zwischen beiden Seiten zugelassen werden.
– Die Bekämpfung und Zurückdrängung der PUT ist eine gesamtgesellschaftliche Aufgabe (Partei, staatliche Organe, MfS, andere gesellschaftliche Kräfte), die letztlich effektiv nur dann langfristig zu lösen ist, wenn die Partner des Zusammenwirkens nach einer einheitlichen und auf allen Ebenen abgestimmten Konzeption handeln.
– Der Hauptteil der im Rahmen der PUT anfallenden Personen ist im Alter zwischen 30 und 35 Jahren. Es ist nicht absehbar, daß ein größerer Teil dieses Personenpotentials auf dem Wege der Übersiedlung in die BRD / WB der PUT entzogen werden kann. Aus diesem Grunde müssen Konzeptionen zur Bekämpfung und Zurückdrängung der PUT so angelegt sein, daß sie der Mehrzahl der heutigen im Rahmen der PUT integrierten Personen in einem längerfristig angelegten Prozeß eine persönliche berufliche und gesellschaftliche Perspektive in der DDR bieten müssen.
– Generell ist die Frage zu klären, wie sich die Gesellschaft über einen längeren und letztlich noch nicht absehbaren Zeitraum zur Existenz von Gruppierungen verhält, die relativ offen eine oppositionelle politische Linie unter Mißbrauch kirchlicher Möglichkeiten verfolgt und dabei von feindlichen Kräften im Operationsgebiet stimuliert und unterstützt wird.
Konzeptionelle Vorstellungen und diesbezügliche Probleme
Grundsätze
– Die Erhöhung der Wirksamkeit des Gesamtkomplexes der zur Bekämpfung der PUT eingesetzten staatlichen und operativen Mittel und Methoden erfordert eine detaillierte Abstimmung aller Partner des Zusammenwirkens. Der in der PUT-Richtlinie festgelegte Grundsatz, daß mit der OV-führenden DE alle damit im Zusammenhang stehenden Maßnahmen abzustimmen sind, ist konsequenter durchzusetzen. Bei Nichtbeachtung dieses Punktes können, wie anhand des an die irakische Botschaft gerichteten und angeblich von Eppelmann verfaßten Briefes deutlich wurde, andere langfristig angelegte Zersetzungsmaßnahmen gefährdet werden. [2]
– Unter Beachtung der Prämissen kann gegenwärtig und in absehbarer Zukunft ein breites Vorgehen gegen Exponenten oder Anhänger

der PUT unter Verwendung strafrechtlicher oder anderer gesetzlicher Bestimmungen ausgeschlossen werden. Trotzdem bleibt das Problem, daß im Rahmen der PUT vorsätzlich eine Reihe von strafrechtlichen (insbesondere Zusammenwirken mit westlichen Diplomaten und Korrespondenten sowie Organisationen wegen deren gegen die DDR gerichteter Tätigkeit) oder anderen rechtlichen Bestimmungen (Veranstaltungsverordnung; Anordnung über Druck- und Vervielfältigungen) offensichtlich verletzt und damit sukzessiv ein Ausbau des Spielraumes für politisch negative bzw. feindliche Handlungen angestrebt wird. Diese Gesetzesverletzungen und ihre Duldung untergräbt stetig die staatliche Autorität. Dem muß bei künftig geplanten staatlichen und operativen Maßnahmen deutlich stärker entgegengewirkt werden.
– Der Komplex von politischen, rechtlichen und operativen Maßnahmen zur Bekämpfung PUT muß beinhalten:

a) das differenzierte Vorgehen zur Bekämpfung der Aktivitäten der PUT-Exponenten, bei denen zumeist keine Aussicht besteht, sie selbst in einem langfristig angelegten Prozeß zu einem gesellschaftsgemäßen Verhalten zu veranlassen;
b) das Vorgehen, um die in „Friedens-, „Öko-", „Zweidrittelwelt-" oder anderen Kreisen zusammengeschlossenen Anhänger der PUT spürbar zu reduzieren;
c) die Durchsetzung solcher Maßnahmen, um einen Zulauf von neuen Anhängern der PUT bzw. die Neubildung von entsprechenden neuen Gruppierungen ausschließlich bzw. auf eine Mindestmaß zu reduzieren.

Maßnahmenkomplex
Gestaltung des Verhältnisses zwischen Staat und Kirche
– M.E. sind Überlegungen und auch klare praktisch realisierbare Richtlinien über die Gestaltung des Verhältnisses zwischen Staat und Kirche unter den Bedingungen des Neuen Denkens notwendig. Formal wird zwar das Prinzip der Trennung zwischen Staat und Kirche weiterhin aufrechterhalten, andererseits werden zwischen Staat und Kirche zahlreiche Probleme diskutiert oder z.T. auch verhandelt, die den ausschließlich religiösen Bereich überschreiten. Da insbesondere nach dem erklärten Selbstverständnis der evangelischen Kirchen das christliche Zeugnis alle Bereiche des Lebens und somit auch die Politik berührt, werden die Kirchen auch künftig bei ihren Gesprächen und Verhandlungen mit dem Staat versuchen, außen- und innenpolitische Probleme und Themen auf die Tagesordnung zu setzen. Diese Tendenz wird noch unterstützt, indem insbesondere während einiger Gespräche im Staatssekretariat für Kirchenfragen die Kirchenvertreter z.T. zu bedeutsamen und kritischen gesellschaftspolitischen Problemen und Fragen mit solchen Informationen und Argumentationen vertraut gemacht wurden, die nicht einmal den unmittelbar mit diesen Aufgabenbereich betrauten staatlichen Vertretern bekannt gegeben wurden (z.B. Darlegungen über die seit Februar 1986 geltenden neuen Richtlinien zu Reisen in dringenden Familienangelegenheiten, Auswirkungen zur Havarie in Tschernobyl). Durch diese staatliche Vorgehensweise müssen sich kirchliche Einrichtungen und Gremien, einschließlich der unter dem Dach der Kirche [3] wirkenden Gruppierungen, legitimiert fühlen, über das ganze Spektrum der gesellschaftlichen und politischen Proble-

me zu diskutieren, diesbezügliche Konzeptionen zu entwerfen und damit an die Öffentlichkeit zu treten.

– Es ist der Kirche teilweise gelungen, den Eindruck zu erwecken, als ob in der DDR-Gesellschaft ausschließlich im Rahmen der Kirche über kritische gesellschaftspolitische Fragen oder die Perspektiven der menschlichen Entwicklung nachgedacht und kontrovers debattiert werden könne, ohne in ein vorgegebenes Schema gepreßt zu sein. Diesem Trugbild ist sicherlich die Zuführung eines beträchtlichen Potentials von in der „Friedensbewegung" wirkenden Angehörigen der Intelligenz, die keine religiösen Bindungen oder Motive haben, zu verdanken.

– Die staatliche Einflußnahme auf kirchenleitende Amtsträger mit dem Ziel der Verhinderung bzw. wesentlichen Einschränkung von Wirkungsmöglichkeiten politisch negativer oder feindlicher Kräfte muß inhaltlich langfristiger angelegt und abgestimmter erfolgen. In diesem Zusammenhang sind folgende Probleme zu berücksichtigen:

– Widersprüche im Vorgehen zwischen den verschiedenen staatlichen Ebenen müssen vermieden werden. Da dies mehrfach nicht beachtet wurde, war im Ergebnis in manchen Fällen eine Aufwertung der PUT-Exponenten zu verzeichnen.

– Die konsequente Ignorierung der Aktivitäten der PUT und insbesondere ihrer Exponenten erfordert m.E. neue Überlegungen bei der Führung von Gesprächen staatlicher Stellen mit entsprechenden kirchlichen Gremien in diesem Zusammenhang. Einerseits muß in ihnen nachdrücklich die Unterbindung des politischen Mißbrauchs kirchlicher Veranstaltungen gefordert werden. Auf der anderen Seite dürfen Aktivisten der PUT in diesen Gesprächen nicht dadurch aufgewertet werden, daß der Eindruck entstehen kann, daß die Perspektive des Verhältnisses zwischen Staat und Kirche vordergründig vom weiteren Verhalten dieser PUT-Exponenten abhängt (kam z.T. in den staatlichen Verhandlungen im Zusammenhang mit dem Kirchentag 1987 in Berlin zum Tragen).

– Die staatliche Autorität wurde oftmals dadurch untergraben, daß angedrohte Sanktionen als Reaktion auf die Verletzung geltender rechtlicher Bestimmungen (z.B. Veranstaltungsverordnung, Druck- und Vervielfältigungsgenehmigung, Androhung der Inhaftierung Eppelmanns für den Fall, daß der nicht von selbst einen Ausreiseantrag stellt) nicht realisiert worden sind. Die feindlichen Kräfte sahen sich aus diesem Grunde in ihrer Linie bestätigt, durch die Anwendung der „Salamitaktik" dem Staat immer mehr Handlungsspielraum abringen zu können. Angekündigte staatliche Reaktionen auf kirchliches Fehlverhalten müssen durchsetzbar sein.

– Besonders in den 80er Jahren gab es eine verstärkte Bereitschaft staatlicher Organe, Eingaben und Anliegen, die mit der Ausübung der Religion in keinem Zusammenhang stehen, besonders schnell und zumeist vorteilhaft für den Absender zu entscheiden, wenn sich möglichst kirchlich hohe Amtsträger hinter solche Anliegen stellten (z.B. bei Reisemöglichkeiten in das NSA, bei der Klärung von rechtsangelegenheiten, Wohnungsproblemen u.v.a.m.). Praktisch wurde damit die Kirche in der Ausübung des von ihr beanspruchten „Wächteramtes" sowie ihres Eintretens für die schwachen Glieder oder sogenannten Randgruppen der Gesellschaft bestätigt. Auf diese Weise wurde der Kirche und auch der unter ihrem Dach wirkenden „unabhängigen

Friedensbewegung" ein gewisses Potential an nichtreligiösen Kräften zugeführt. Um diesen Prozeß zu stoppen bzw. umzukehren ist es m.E. wichtig, in der Praxis zu demonstrieren, daß Eingaben oder sonstige [4] Anliegen von Bürgern rechtmäßig bearbeitet und entschieden werden, unabhängig davon, ob sich ein kirchlicher Würdenträger dafür einsetzt oder nicht. Entsprechende kirchliche Einmischungs- oder Vermittlungsversuche sollten konsequenter zurückgewiesen werden.

Vorgehen gegen Gruppierungen und Exponenten der PUT
– Unter Beachtung der vorangestellten Prämissen und Grundsätze ist m.E. bei der überwiegenden Zahl der extremen PUT-Exponenten (Eppelmann, Templin, Hirsch, Grimm, Bohley, Krawczyk, Klier) die weitgehende und konsequente Ignorierung ihrer Aktivitäten die wirksamste Methode ihrer Bekämpfung und Zurückdrängung. In dem Maße, wie durch die Offensive der sozialistischen Länder in der Friedens-, Abrüstungs-, Umwelt- und sonstigen Politik reale Abkommen bzw. Fortschritte und damit Erfolge erzielt werden, wird sich die personelle Basis dieser Exponenten verringern. Ferner wird es dann leichter, ihre Friedensdemagogie zu entlarven und somit ihr innerkirchliches Gewicht deutlich zu verringern. Die konsequente Ignorierung dieser Feindangriffe setzt allerdings eine sehr belastbare Geduldsamkeit der staatlichen Seite, z.B. bei entsprechend aufgemachten und provozierenden Veröffentlichungen in westlichen Medien, voraus. Problematisch bleibt dann in jedem Fall, die Grenze festzulegen, bis zu der man das Wirken dieser Feinde tolerieren kann, zumal zu erwarten ist, daß ihre Handlungen in zunehmendem Maße eskalieren werden. Ferner ist dazu notwendig, daß die entsprechenden Namen in Gesprächen zwischen Staat und Kirche oder bei außenpolitischen Aktivitäten (wie z.B. in Gesprächen mit den Grünen) entweder überhaupt nicht oder nur nach sorgfältigster Überlegung zur Sprache gebracht werden dürften.
– Weitgehende konsequente Ignorierung bedeutet m.E. auch, daß staatliche Einrichtungen oder gesellschaftliche Organisationen zwar prinzipiell einen Dialog mit den extremen PUT-Exponenten zu im Rahmen der feindlichen Tätigkeit vertretenen politischen Positionen ablehnen, diese Personen aber ansonsten nach außen hin im wesentlichen so behandeln, wie das bei Personen mit vergleichbarer beruflicher Stellung üblich ist. Aus diesem Grunde sollten von ihnen verfaßte Eingaben, die berechtigte Anliegen zum Inhalt haben, gemäß der üblichen Praxis beantwortet werden.
– Zu überdenken ist ferner unter dem Aspekt der Ignorierung der PUT-Exponenten die Handhabung der Ablehnung oder Befürwortung von Dienst- oder Privatreisen ins nichtsozialistische Ausland. Es ist einzuschätzen, daß durch relativ kurzzeitige Westaufenthalte, wie sie im Rahmen von Reisen in dringenden Familienangelegenheiten üblich sind, keine wesentliche Erhöhung der Qualität und Quantität der Feindtätigkeit dieses Personenkreises als Folge zu erwarten ist (Kontakte zu feindlichen Kräften aus dem Operationsgebiet werden durch die Einschaltung von bevorrechteten Personen sowieso unterhalten). Zu berücksichtigen sind in diesem Zusammenhang allerdings Versuche von verschiedenen PUT-Exponenten, mit „unabhängigen" bzw. oppositionellen Kräften der CSSR oder Ungarischen Volksrepublik in direkte „Arbeitsbeziehungen" zu treten. M.E. sollten die Reisesperren in diese Länder trotz eventuell gewährter Westreisen beibehalten werden, da [dies] im Falle eines Zusammenschlusses solcher Kräfte mehrerer

sozialistischer Länder ein qualitativ höheres Niveau des feindangriffes darstellt.

– Im falle der Durchsetzung der weitgehenden Ignorierung der PUT-Exponenten muß die Fortsetzung des ungestörten Zusammenwirkens zwischen äußeren und inneren Feinden der DDR unter Einschaltung von in der DDR akkreditierten westlichen Diplomaten und vor allem Korrespondenten kalkuliert werden. Zu [5] prüfen ist, ob unter Ausnutzung der Möglichkeiten des gesamten MfS solche „West-Partner" der „unabhängigen Friedensbewegung" eingeschleust werden können, die operativ kontrollier- oder sogar beeinflußbar sind.

– Inoffizielle Möglichkeiten sind zu nutzen, um insbesondere das Interesse von Führungskräften der Bundespartei Die Grünen zum Zusammenwirken mit Kreisen der PUT in der DDR nachhaltig zu dämpfen. In diesem Zusammenhang sollten die unterschiedlichen Flügel dieser Partei gegeneinander ausgespielt werden.

– Grundsätzlich sind Überlegungen notwendig über die Frage, unter welchen Voraussetzungen oder ob überhaupt staatliche und gesellschaftliche Kräfte mit Exponenten bzw. ausgewählten Gruppierungen der PUT in einen sachlichen Dialog treten können. Dies könnte sich als eine sehr effiziente Maßnahme der Differenzierung exponierter Vertreter der PUT untereinander sowie zur langfristigen und wirksamen personellen Auszehrung der sogenannten unabhängigen Friedensbewegung erweisen. Die durch die sozialistischen Staaten unternommenen vielfältigen Initiativen in der Friedens- und Abrüstungspolitik bieten dafür gute Bedingungen und Möglichkeiten. In diesem Zusammenhang ist insbesondere die Gefahr zu beachten, daß durch derartige Gespräche keine offizielle Anerkennung der „unabhängigen Friedensbewegung" vorgenommen wird. Als Möglichkeit böten sich die Durchführung von Seminaren, anderen Veranstaltungen oder die Realisierung eines konkreten Projektes, beispielsweise auf dem Gebiet des Umweltschutzes, an. Wenn die entsprechende staatliche Stelle oder gesellschaftliche Organisation sich offensiv und persönlich an exponierte oder andere Anhänger von Friedens-, Zweidrittelwelt- oder Umweltkreisen wendet, in der diese Personen integriert sind, wäre m.E. ein solcher Versuch verantwortbar. Wichtig wäre in diesem Zusammenhang aber, daß ein solches Herantreten nicht als eine Reaktion auf vorherige Eingaben dieser Kreise bewertet werden kann.

– Eine wesentliche Zielstellung des Einsatzes aller politischen, rechtlichen und operativen Mittel und Methoden muß die strikte Einbindung von Kreisen der PUT in den Rahmen der offiziellen Struktur der Kirche sein. Solche Versuche, mittels des sogenannten Friedensseminars „Konkret für den Frieden" und des entsprechenden Fortsetzungsausschusses, der „Ökobibliothek", der sogenannten Offenen Gemeinde u.a.m. völlig eigenständige und von der bestehenden kirchlichen Hierarchie nicht oder nur wenig beeinflußbare Strukturen zu entwickeln, müssen konsequenter bekämpft werden. Als entsprechend geeignete Wege sind m.E. nach anzusehen:

– Insbesondere durch die IM in kirchlichen Spitzenfunktionen muß Einfluß auf entscheidende kirchliche Gremien ausgeübt werden, um auszuschließen, daß politisch negative bzw. feindliche Gruppierungen sich zwar unter dem Dach und dem Schutz der Kirchen etablieren können, ansonsten aber ihre inhaltliche und organisatorische Basis vollkommen unabhängig von der Kirche quasi als mehr oder weniger anerkannte Form der „inneren Opposition" bestimmen und festlegen können („Friedensseminar Konkret für den Frieden" einschließlich des diesbezüglichen Fortsetzungsausschusses; „Ökobibliothek"). Im Sinne dieser Zielstellung sollte demzufolge darauf orientiert werden, existierende „Friedens-", „Ökologie-", „Zweidrittelwelt-" und andere Kreise in stärkerem Maße in die konkrete Arbeit existierender kirchlicher Gremien (z.B. Kommission des Bundes oder von einzelnen Landes- und Provinzialkirchen zu integrieren. Auf diese Weise ist eine stärkere theologisch fundierte Arbeit dieser Kreise durchzusetzen und sind solche Personen aus diesen Gruppierungen herauszudrängen, die keine kirchliche Bindung haben. [6]

Ein geeignetes Mittel, um die Unterstützung kirchenleitender Gremien für die „unabhängige Friedensbewegung" zurückzudrängen, könnte auch die Lancierung von sehr weitgehenden Forderungen auf friedens- und abrüstungspolitischem Gebiet an die Partnerkirchen, insbesondere in der BRD und Westberlin sein, wie sie z.t. auch von den „Friedens-" und anderen Gruppierungen aufgeworfen werden. Die Abfassung von gemeinsamen Erklärungen des Bundes der Evangelischen Kirchen in der DDR und der Evangelischen Kirche in Deutschland (BRD) hat mehrfach bewiesen, daß die BRD-Kirche aufgrund ihrer festen Verankerung im politischen System sich schwertut, gegenüber der BRD-Regierung in ihren diesbezüglichen Forderungen auch nur annähernd die Position der DDR-Kirche zu übernehmen. Im Gegenteil, es gab Hinweise, wonach die BRD-Kirche die DDR-Partner auf Mäßigung drängte und dabei u.a. auch die Möglichkeit der Kürzung der finanziellen Unterstützung durchblicken ließ.

– Unter Bezug auf kirchliche Statistiken, die für Berlin auch gerade in den letzten fünf Jahren einen deutlichen Schwund von Kirchensteuerzahlern ausweisen, sollte eine innerkirchliche Diskussion mit entfacht werden, die diesen erheblichen kirchlichen Substanzverlust auch gerade auf den zeitlich parallel verlaufenden Mißbrauch der Kirche durch die „unabhängige Friedensbewegung" zurückführt. U.a. läßt sich dieser Trend an der Eppelmannschen Samaritergemeinde sehr gut darstellen.

– Eine generelle Zielsetzung bleibt die Verhinderung des inhaltlichen, strukturellen und organisatorischen Zusammenschlusses der bisher zumeist einzeln wirkenden Gruppierungen der „unabhängigen Friedensbewegung". In dieser Hinsicht ist die 1986 operativ gesteuerte Spaltung der damaligen „Menschenrechtsgruppe" in besonderer Weise auszunutzen (wie z.B. während des letzten „Friedensseminars" in Leipzig-Connewitz). Durch ein differenziertes staatliches oder gesellschaftliches Umgehen mit einzelnen Kreisen (z.B. auf dem Gebiet des Umweltschutzes bzw. der Solidarität mit Ländern in der Dritten Welt sowie des Kreises „Ärzte für den Frieden") müßten diese Prozesse unterstützt werden. Darüber hinaus sind bestehende persönliche Divergenzen zwischen einzelnen Exponenten der PUT mit dieser Zielstellung zu forcieren.

– Die Durchsetzung von Maßnahmen der operativen Zersetzung gegen exponierte Kräfte der PUT erfolgte bisher fast ausschließlich punktuell, und es gab keine zeitliche Abstimmung im Rahmen des gesamten MfS. Im Ergebnis zeigte sich, daß zwar z.T. deutliche Wirkungen bei einzelnen Exponenten erzielt wurden, aber keine nachhaltigen Einbrüche für die PUT insgesamt erzielt werden konnten. M.E. ist zu

überlegen, wie durch ein auf mehrere entscheidende PUT-Exponenten zeitlich parallel angerichtetes operatives Vorgehen diesen feindlichen Kräften empfindlichere Niederlagen beigebracht werden können.
– Nicht zu unterschätzen ist das Auftreten von künstlerisch Tätigen mit Programmen überwiegend politisch negativer Aussagen in Veranstaltungen, die einen deutlichen inhaltlichen und / oder personellen Bezug zur PUT haben. Bei derartigen Auftritten wird erfahrungsgemäß die größte Öffentlichkeitswirksamkeit erzielt. Durch eine bessere politische Arbeit der zuständigen staatlichen Organe und gesellschaftlichen Einrichtungen mit Künstlern, die zu einer solchen „kritischen" Darstellungsweise tendieren, ist das Abrutschen weiterer entsprechender Talente in Gruppierungen der PUT zu verhindern. [7]

Steuerung des IM-Einsatzes
– Das Potential des auf dem Gebiet der PUT eingesetzten IM-Netzes des gesamten MfS ist quantitativ und qualitativ sehr gut. Im wesentlichen werden alle geplanten feindlichen Aktivitäten rechtzeitig aufgeklärt.
– Künftig muß dieses Potential im verstärkten Maße genutzt werden, um aktiven inhaltlichen, organisatorischen und sonstigen Einfluß auf wichtige PUT-Aktivitäten (z.B. bei der Wahl in für die langfristige Gestaltung der PUT wichtigen Gremien) ausüben zu können. Dazu müssen in Vorbereitung entsprechender Veranstaltungen oder Treffen entsprechende Konzeptionen entworfen und detailliert abgestimmt werden.
– Bisherige Tendenzen des IM-Einsatzes, eine Quelle sollte über möglichst viele Bereiche und unterschiedlichste Gruppierungen der PUT Informationen erarbeiten, müssen abgebaut werden. Dies dient insbesondere der Sicherung der Konspiration der eingesetzten IM. Andererseits werden durch die feste Integration der Quellen in jeweils einer bestimmten Gruppierung bessere Voraussetzungen geschaffen, um vertrauliche Beziehungen zu den entsprechenden Exponenten zu entwickeln und aktiv Maßnahmen der Zersetzung (insbesondere der Durchsetzung von Maßnahmen zur Spaltung und Differenzierung der sogenannten unabhängigen Friedensbewegung) effektiver durchsetzen zu können.
– Es sind Überlegungen anzustellen, ob gerade zur Bekämpfung der exponiertesten Inspiratoren und Organisatoren der PUT mittels ein- oder mehrseitiger geplanter Dekonspirationen von zuverlässigen und langjährig überprüften IM nicht sehr effektiv handelnde und wirksame IM-Gruppen zu schaffen sind.
– Zu prüfen ist, ob durch die Lancierung von zuverlässigen und überprüften IM in führende Positionen ausgewählter Gruppierungen der politischen Untergrundtätigkeit günstige Voraussetzungen geschaffen werden könnten, um auf diese Kreise einen derartigen Einfluß ausüben zu können, daß die Mehrzahl der in ihnen konzentrierten Personen im Rahmen eines längerfristig angelegten Prozesses wieder zu einem gesellschaftsgemäßen Verhalten gewonnen werden können. Besonders geeignet erscheinen in diesem Zusammenhang sogenannte Ökologie- sowie Zweidrittelweltkreise. In ihnen zusammengeschlossene Personen konnten durch die Einflußnahme der IM veranlaßt werden, sich an konkreten staatlichen oder gesellschaftlichen Projekten in einer Form zu beteiligen, die eine direkte oder indirekte Anerkennung der ursprünglich politisch negativen Gruppierungen ausschließen.

– Ein wesentliches Moment für die konkreten Möglichkeiten der Durchführung von politisch-negativen oder feindlichen Aktivitäten stellt die Haltung des für die jeweilige Gemeinde zuständigen Gemeindekirchenrates (GKR) dar. So sind z.b. die Handlungen von Eppelmann oder der in der „Ökobibliothek" konzentrierten Personen nur möglich, weil die zuständigen GKR dies tolerieren oder sogar unterstützen. Wenn der Einsatz von jeweils ca. 5-7 fähigen IM, die sämtlich Mitglied[er] der Kirche sein müssen, auf diese Gemeinde konzentriert wird (lohnt sich vermutlich aber nur in den Gemeinden wie Samariter, wo der Pfarrer die ausschlaggebende und inspirierende Figur der Gruppierung ist), könnte in einem Zeitraum von 5-7 Jahren eine wirksame Veränderung des Kräfteverhältnisses im GKR erreicht werden. Die notwendige IM-Konzentration könnte z.b. durch eine entsprechende Wohnungszuweisung an IM (nach Möglichkeit IM-Ehepaare) in den Einzugsbereich der Gemeinde angestrebt werden. [8]

Der Einsatz der gesellschaftlichen Kräfte
– Der Einsatz der gesellschaftlichen Kräfte sollte weiterhin auf zwei Ebenen durchgeführt werden. Erstens sollte das qualifizierte Auftreten im Rahmen von öffentlichkeitswirksamen Veranstaltungen der PUT und zweitens die langfristig und individuell angelegte Arbeit mit Exponenten und Anhängern der staatlich unabhängigen Friedensbewegung im staatlichen Arbeitsbereich weiterhin praktiziert werden. Die Erhöhung der Effektivität dieser Maßnahmen setzt aber eine bessere abgestimmte inhaltliche und praktische Vorbereitung der in diesem Zusammenhang eingesetzten Kräfte voraus.
– Das Auftreten von gesellschaftlichen Kräften in öffentlichkeitswirksamen Veranstaltungen der PUT erfolgt mit dem Ziel:
– politisch negative bzw. feindliche Aussagen in derartigen Veranstaltungen zurückzuweisen bzw. die Abfassung entsprechender Dokumente im Ergebnis zu unterbinden;
– den demagogischen Mißbrauch des Friedenswillens von Veranstaltungsteilnehmern durch PUT-Exponenten für politisch negative bzw. feindliche Zielstellungen wirksam zu entlarven. Auf diese Weise können auf längere Sicht gerade politisch schwankende Personen von einer aktiven Mitarbeit in diesen Gruppierungen abgehalten werden.
– Die gesellschaftlichen Kräfte auf den Arbeitsstellen der zu betreuenden Anhänger der „unabhängigen Friedensbewegung" erfolgt mit der Zielstellung:
– kontinuierliche Gesprächsmöglichkeiten mit Exponenten oder anderen Anhängern der „unabhängigen Friedensbewegung" zu politischen Themenstellungen zu eröffnen. Auf diese Weise soll ein Rückgewinnungsprozeß angestrebt werden. Den zu Betreuenden muß dabei klar werden, daß im Falle ihres künftigen gesellschaftsgemäßen Verhaltens sie trotz ihrer zeitweiligen Beteiligung an politisch negativen Aktivitäten eine berufliche Entwicklung nehmen können, die ihren Vorstellungen bzw. den realen Möglichkeiten entspricht. In diesen Gesprächen müssen auch klare Positionen zu kritikwürdigen Zuständen in gesellschaftlichen Bereichen bezogen und Möglichkeiten der aktiven Einbeziehung bei ihrer Veränderung, z.B. im Bereich der Arbeitsstelle, geboten werden;
– eine entschiedene Zurückweisung und Entlarvung der unter dem Deckmantel des Eintretens für Frieden und Abrüstung sowie den Umweltschutz durch die „unabhängige Friedensbewegung" verfochtenen

feindlichen politischen Konzeptionen ist insbesondere angesichts der derzeitigen Friedens- und Abrüstungsoffensive der sozialistischen Staaten vorzunehmen. Die Einbeziehung von mehreren Mitgliedern des Arbeitskollektives könnte politisch-ideologische Handlungen der zu Betreuenden beschleunigen;
– den zu Betreuenden eindeutig und offensiv zu verstehen zu geben, daß ihr politisch negatives bzw. feindliches Wirken erkannt ist und sie demzufolge unter besonderer gesellschaftlicher Kontrolle stehen.

Hasse
Major

Dok. 171
Information der BV Dresden

Schreiben der Bezirksverwaltung Dresden über die aktuelle Lageentwicklung der sogenannten Friedens- und Ökologiekreise und alternativer Gruppen im Bezirk. Ohne Datum, ohne Verfasserangabe.

[2] Die aktuelle Lageentwicklung der sogenannten Friedens- und Ökologiekreise sowie alternativer Gruppen ist im Bezirk dadurch gekennzeichnet, daß politisch-negative und andere oppositionelle Kräfte unter dem Deckmantel kirchlicher Aktivitäten versuchen, durch die Formierung einer unabhängigen Friedens- und Ökologiebewegung ihren Einfluß zu erweitern. Dabei werden diese Gruppen von einzelnen kirchlichen Amtsträgern in ihren Aktivitäten unterstützt. Diese Unterstützung zeigt sich vor allem im Zusammenhang mit den Ereignissen in der Zionskirche Berlin und in Dresden darin, daß die Amtsträger Landesjugendpfarrer *Bretschneider*, Superintendent *Ziemer* und Pfarrer *Albrecht* im Hintergrund inspirierend wirken, was sich vor allem in der Unterstützung der Gruppe „Wolfspelz", [und] des Johannstädter Friedenskreises zeigt. Empfehlungen der Kirchenleitung, die Wirksamkeit dieser Gruppen zu begrenzen, erfüllen sie formal, um nach außen hin nicht in Widerspruch zur Kirchenleitung zu geraten.
Neben den genannten Amtsträgern wirken auf Kreisebene in ähnlicher Weise Superintendent *Berger*, Meißen, Pfarrer *Gühne*, Pirna, Pfarrer *Ahlisch*, Zittau und Pfarrer *Philipp*, Meißen.
Landesbischof Dr. *Hempel* ist aus theologischen, innerkirchlichen und politischen Erwägungen heraus gegen die Versuche negativ-feindlicher Kräfte, die Kirche zur Formierung des politischen Untergrundes zu mißbrauchen. Präsident Dr. *Domsch*, OLKR *Fritz*, OLKR *Schlichter*, OLKR *Ihmels*, OKR *Rau*, OKR *Auerbach* und OKR *Schnerrer* vertreten etwa die gleichen Positionen. Ihre Haltung resultiert jedoch weniger aus politischer Einsicht, sondern sie wollen kirchlichen Handlungsraum maximal erhalten und datieren [sic! gemeint: taktieren] deshalb zwischen staatlicher Erwartungshaltung und kirchlichen Gruppierungen. Die überwiegende Mehrheit der Superintendenten und Pfarrer im Bezirk verhält sich loyal und entwickelt auf das eigentliche kirchliche Anliegen bezogene Arbeitsmethoden.
Ausgehend von der aktuellen Lage ist einzuschätzen, daß die Versuche, die kirchlichen und anderen Friedens- und Ökologiekreise miteinander zu vernetzen, nicht entsprechend ihren Vorstellungen im angestrebten

Maße gelungen sind. Das Bestreben dazu ist jedoch weiterhin zu verzeichnen. Bei der Durchsetzung dieses Bestrebens wirken vor allem in Berlin ansässige Organisatoren und Inspiratoren der politischen Untergrundtätigkeit, die Verbindungen in die Gruppen des Bezirkes unterhalten bzw. diese herzustellen versuchen. Bei den Gruppen, wo sich stabile Verbindungen zu diesen Kräften entwickelten, zeigt sich im besonderen Maße, daß sie mit feindlich-negativen Aktivitäten in Erscheinung treten, was durch die Verbreitung der illegalen Zeitschrift „Grenzfall" unterstützt wird. [3] Dabei handelt es sich um die Gruppe „Wolfspelz", den „Johannstädter Friedenskreis", [die] „Ökologiegruppe Zittau" und den ehemaligen „Offenen Friedenskreis Großhennersdorf", der durch die Personen *Schönfelder*, Andreas und Stefan, repräsentiert wird (siehe Anlagen). Die genannten Gruppen traten in der Vergangenheit mit öffentlichkeitswirksamen Aktivitäten in Erscheinung. Ihr Bestreben ist, weitere Mitglieder zu gewinnen und diese zu feindlich-negativen Aktivitäten zu inspirieren. Des weiteren treten sie mit Eingaben an staatliche Organe und Institutionen in Erscheinung bzw. fordern zu derartigen Aktivitäten auf. Die Inspiratoren in der Gruppe „Wolfspelz" und im „Johannstädter Friedenskreis", *Kalex*, Annett und *Pohl*, Johannes, arbeiteten u.a. auch für die illegale Zeitschrift „Grenzfall" Artikel zu, die in dieser abgedruckt wurden.

Bei Zusammenkünften kirchlicher und anderer Friedens- und Ökologiekreise in Dresden und in Meißen („Friedensseminar Meißen") versuchen diese Kräfte Einfluß auf andere Gruppierungen zu gewinnen und eine Vernetzung herbeizuführen. Zum gegenwärtigen Zeitpunkt ist es ihnen noch nicht gelungen, eine einheitliche Plattform für ihr Handeln unter den Gruppen herzustellen. Es ist zu verzeichnen, daß sich insbesondere die Gruppe „Wolfspelz" mehr und mehr von kirchlichen Friedenskreisen isoliert und von dort keine Unterstützung erfährt. So scheiterte u.a. der Versuch, eine illegale Zeitschrift in Dresden herauszugeben.

Die weiteren „Friedens-" und „Ökologiekreise", die kirchlich geprägt sind und zu denen vor allem über das Friedensseminar Meißen untereinander Kontakte bestehen, sind
- Arbeitskreis Ökologie der 3 Dresdener Kirchenbezirke
- Friedenskreis der ev.-luth. Auferstehungskirche Dresden
- Dresdener Friedensgruppe
- Gruppe Friedenskreis Pirna
- Ökumenischer Arbeitskreis Natur und Mensch – Leben für Morgen, Sebnitz / Pirna
- Gruppe Gerechtigkeit und Frieden, Freital
- Gruppe Friedenskreis Weißer Hirsch
- Gruppe Friedenskreis Leubnitz-Neuostra
- Friedensgruppe Löbau
- Friedensgruppe Zittau
- Ökologieausschuß Görlitz
- Arbeitskreis Ökologie Radebeul-Ost.
(Kurzauskunft zu diesen Friedens- und Ökologiekreisen siehe Anlage.) Die Inspiratoren und Organisatoren der Arbeit dieser Gruppen sind Amtsträger oder aktive Laien. Ihnen gemeinsam ist die Tendenz, über die Gemeinden in die nichtkirchliche Öffentlichkeit zu wirken. [4] In der Vergangenheit und in der Gegenwart gingen und gehen von diesen Gruppen öffentlichkeitswirksame Aktivitäten aus, die sich vor allem

darin zeigen, daß sie mit Eingaben, Umweltausstellungen, Foren und Herausgabe von Materialien zum innerkirchlichen Gebrauch in Erscheinung treten. Diese Gruppierungen greifen in ihren Aussagen die Friedens- und Umweltpolitik und andere Teilbereiche der Gesellschaft an. Bei rechtzeitiger staatlicher Einflußnahme auf kirchliche Amtsträger konnten derartige Aktivitäten in der Vergangenheit begrenzt werden. Die Wirksamkeit dieser Gruppen war bisher territorial beschränkt.

Zur weiteren Zurückdrängung der insbesondere von den Gruppen „Wolfspelz", „Johannstädter Friedenskreis", „Ökologiegruppe Zittau" und ehemaliger „Offener Friedenskreis Großhennersdorf" ausgehenden Zielstellungen und Aktivitäten werden folgende Vorschläge unterbreitet:

1. Die in der Information an den 1. Sekretär der SED-Bezirksleitung vom 3.12.1987 gemachten Vorschläge zur Zurückdrängung der Aktivitäten der Gruppe „Wolfspelz" sind weiterzuführen und auf den Personenkreis zu erweitern, der im Nachhinein identifiziert werden konnte (siehe Einschätzung zur Gruppe „Wolfspelz"). Die Auseinandersetzungen zu den Briefunterzeichnern sollten erst nach Eingang und Offizialisierung des Briefes entschieden werden.

2. Die bereits in der Information vom 14.8.1987 vorgeschlagenen Maßnahmen zur Zurückdrängung der vom „Johannstädter Friedenskreis" ausgehenden Aktivitäten sind weiterzuführen. Dabei sind die am 5.12.1987 gegebenen Hinweise zu Pohl, Johannes mit zu berücksichtigen.

3. Zur Einschränkung der Wirksamkeit der Gebrüder Schönfelder wird vorgeschlagen, daß der Stellvertreter des Vorsitzenden für Inneres beim Rat des Kreises Löbau auf der Grundlage einer Gesprächskonzeption, die ihm von der Kreisdienststelle für Staatssicherheit Löbau übergeben wird, mit der Leitung des Katharinenhofes spricht. Des weiteren sollte geprüft werden, welche gesellschaftlichen Kräfte des Territoriums genutzt werden können, um Einfluß, vor allem auf Schönfelder, Andreas auszuüben.

4. Zur Beeinflussung des „Ökologiekreises Zittau" wird vorgeschlagen, daß der 1. Sekretär der Kreisleitung gemeinsam mit dem Leiter der Kreisdienststelle für Staatssicherheit entsprechend den örtlichen Bedingungen Festlegungen zum wirksamen Einsatz gesellschaftlicher Kräfte trifft. [5]

Zur differenzierten Einflußnahme auf die kirchlichen Friedens- und Ökologiekreise werden folgende Vorschläge gemacht:

1. Die Gespräche zwischen dem Staatsapparat und kirchenleitenden Personen sind auf allen Ebenen kontinuierlich weiterzuführen. Dabei ist jede Kampagne zu vermeiden, damit sich kirchenleitende Personen nicht veranlaßt fühlen, sich schützend vor Organisatoren dieser Kreise stellen zu müssen.

2. Mit dem Landesbischof Dr. Hempel sollte ein Gespräch geführt werden, bei dem seine derzeitige politische Haltung eine entsprechende Würdigung findet, um über diesen Weg weitere realistische Kräfte der Kirche zu stärken.

3. An der Aufklärung der Mitglieder einzelner Friedens- und Ökologiekreise ist weiter zu arbeiten, um günstige Möglichkeiten zur differenzierten Einflußnahme durch gesellschaftliche Kräfte festzustellen und die individuelle Arbeit entsprechend durchzuführen.

Dok. 172
Information der BV Dresden

Dresden, den 8. Dezember 1987

Information des Ministeriums für Staatssicherheit, Bezirksverwaltung Dresden über weitere Aktivitäten der unabhängigen „Friedensgruppe Wolfspelz". Empfänger: Gen. Modrow / Witteck zur Weiterleitung an Gen. Fuchs / Nyffenegger / Michel / Gen. Berghofer zur Weiterleitung an Gen. Jörke. [Handschriftlicher Zusatz:] Verteiler: ZAIG Oberst [Name unleserlich]; HA XX; KD Dresden-Stadt. Mit Anlage: Konzeption für ein Gespräch zwischen Stellvertreter des Oberbürgermeisters für Inneres, Genossen Jörke, und dem Superintendenten von Dresden Nord, Bergmann.

[2] Die eingeleiteten politisch-operativen Maßnahmen ergaben, daß auch nach dem 3.12.1987 die Gruppe „Wolfspelz" ihre Bemühungen fortsetzte, in Dresden eine Mahnwache für den Fall vorzubereiten, daß die ultimativen Forderungen zur Einstellung der staatlichen Maßnahmen gegen die Beteiligten an den Vorkommnissen in der Berliner Zionskirche nicht erfüllt würden. Besonders aktiv beteiligten sich dabei die Mitglieder der Gruppe Annett und Roman Kalex sowie Angelos Trupis. Seit der Rückkehr der Kalex und des Trupis aus der Berliner Zionskirche wurde ständig die Verbindung zu den Initiatoren unterhalten, und zur Auswertung der eingehenden Informationen fanden fast täglich Beratungen der aktivsten Gruppenmitglieder statt. Sie verstärkten ihre Bemühungen, für die geplante Mahnwache kirchliche Räume zur Verfügung gestellt zu bekommen, und fertigten eine Übersicht zu Personen, die bereit sind, an einer solchen Mahnwache teilzunehmen[, an]. In den geführten Gesprächen äußerte sich die Annett Kalex unter anderem dahingehend, daß sie eine Mahnwache nicht für das geeignete Mittel hält, um die Forderungen der Gruppe mit der notwendigen Aggressivität in der Öffentlichkeit zu vertreten. Sie erwog erneut die bereits in Berlin geäußerte Absicht, in einen Hungerstreik treten zu wollen.
Nach Bekanntwerden der staatlichen Entscheidung zur Einstellung der strafprozessualen Maßnahmen in Berlin fand am Abend des 4.12.1987 eine „Siegesfeier" statt, an der sich ca. 20 Personen beteiligten. Im Ergebnis der staatlichen Entscheidung wurde die Absicht der Durchführung einer Mahnwache fallengelassen. (Anlage)
Streng vertraulich wurde bekannt, daß durch die Anwesenden ein „Offener Brief" mit dem Inhalt
„Mit Genugtuung nehmen wir die Einstellung der Ermittlungsverfahren, die im Zusammenhang mit der Durchsuchung der Umweltbibliothek Berlin gegen vier unserer Freunde eingeleitet wurden, zur Kenntnis. Wichtig war die breite Solidarität, die die Mahnwache aus der Bevölkerung erfuhr. Diese Erfahrungen bestärkten uns, zur gesellschaftlichen Meinungsbildung beizutragen. Aus der Notwendigkeit des Dialoges für den Fortbestand und die Entwicklung der Gesellschaft fordern wir den Eintritt der Regierung in einen offenen Dialog. Eine weitere Entrechtung der Friedens-, Umwelt- und Menschenrechtsinitiativen verbietet sich dann von selbst. Deshalb erwarten wir eine Legalisierung auch nichtkirchlicher Publikationen dieser Initiative. Das schließt auch die Zeitung ‚Grenzfall' ein. Mit der Rücknahme widerrechtlicher Ent-

scheidungen geben wir uns nicht zufrieden. Wir werden uns für die
Mündigkeit und die Rechte der Bürger in unserem Land einsetzen."
verfaßt wurde. Dieser wurde von insgesamt 20 Teilnehmern unterschrieben und an das Politbüro des ZK der SED adressiert. [3] Von
den Unterzeichnern konnten bisher 13 Personen identifiziert werden.
Es handelt sich dabei um:

Trupis, Angelos, 6.1.1969 in Dresden, wohnhaft: 8030 Dresden, Rankestraße 5, Essenträger, Volkssolidarität Dresden-Nord;
Kalex, geb. Ebischbach, Annett („Johanna"), 8.7.1964 in Dresden,
wohnhaft: 8030 Dresden, Adolfstraße 9, Hausfrau;
Kalex, Roman, 25.8.1964 in Dresden, wohnhaft: 8030 Dresden, Adolfstraße 9, Programmierer, VEB Robotron – Projekt Dresden;
Köhler, André („Mohan"), 24.7.1964 in Dresden, 8010 Dresden, Frei-
berger Straße 9, Programmierer, VEB Robotron – Projekt Dresden;
Ullrich, Michael, 4.6.1967 in Dresden, wohnhaft: 8030 Dresden, Ran-
kestraße 5, Kraftfahrer VEB VTKD, BT 02;
Geyer, Andreas, 16.3.1961, wohnhaft: 8270 Coswig, Straße der Befrei-
ung 90b, beschäftigt: Maschinenarbeiter, VEB Planeta Radebeul;
Wotte, Wieland, 16.9.1967, wohnhaft: 8054 Dresden, Veilchenweg 44,
Facharbeiter für Holzspielzeug, DEFA-Studio für Trickfilme Dresden;
Puschmann, Knut, 25.6.1961, wohnhaft: 8028 Dresden, Braunsdorfer
Str. 26, ohne Arbeitsrechtsverhältnis;
Rosenlöscher, Raul, 9.8.1971, wohnhaft: 8019 Dresden, Müller-Berset-
Straße 1, Schüler, 6. POS Dresden;
Pohl, Ringo, 6.10.1967, wohnhaft: Dresden-Ost, Neukircher Straße 58,
Wirtschaftskaufmann, VEB SM Pirna (Strömungsmaschinenbau); [4]
Schulze, Jens, 4.9.1972, wohnhaft: 8019 Dresden, Stübelallee 15b, Schü-
ler, 54. POS Dresden;
Böhme, Lutz, 8.5.1964, wohnhaft: 8020 Dresden, Robert-Sterl-Straße
29, Essenträger, Volkssolidarität Dresden-Mitte;
Kühnast, geb. Meckert, Wieland, 30.9.1961, HW: 7531 Greifenhain,
Dorfstraße 9, NW: 8060 Dresden, Böhmische Straße 13, Steinmetz,
Staatliche Kunstsammlungen Dresden, Albertinum.

An der weiteren Identifizierung der Unterzeichner wird gearbeitet. Im
Zusammenhang mit den Aktivitäten feindlich-negativer Kräfte in der
Zionskirche Berlin wurde des weiteren auf Veranlassung des Superintendenten Dresden-Mitte, Ziemer, am 5.12.1987, 20.00 Uhr, in der
Martin-Luther-Kirche Dresden eine Zusammenkunft von Vertretern
der „Friedenskreise" und „Basisgruppen", wie bereits am 1.12.1987 beschlossen, durchgeführt. Daran nahmen 22 Personen aus kirchlichen
Gruppen und 4 Mitglieder der Gruppe „Wolfspelz" teil. Superintendent Ziemer ging in seinen Darlegungen auf die Berliner Situation ein.
Er hob hervor, daß mit der Haltung des Staates die bestehende Rechtsordnung in der DDR in eine „Gnadenordnung" verkehrt worden sei.
Es müsse beachtet werden, daß der „Gnadenakt" nicht für immer und
alle Fälle gelten müsse. Man werde diese Sachpunkte beim „Konziliaren Prozeß" beachten. Weiterhin informierte Ziemer, daß geplant war,
im „Grenzfall" abzudrucken, daß die Skinheads und die Punker durch
die Sicherheitsorgane aufeinandergehetzt worden seien. So sei das Vorgehen gegen „Grenzfall" zu erklären.
Während der Zusammenkunft wurde von Teilnehmern der Gedanke
geäußert, anstelle von „Mahnwachen" eine Art „Menschenrechtsbüro"
für ständig einzurichten. In diesem Büro sollen alle Menschenrechts-

verletzungen der DDR registriert werden. Superintendent Ziemer äußerte sich zu diesen Gedanken ablehnend. Die durch die Vertreter der Gruppe „Wolfspelz" geäußerte Absicht, unter dem Schutz der Kirche eine eigene Zeitung in Dresden herauszugeben und ein ständiges „Mahnwachbüro" mit dazugehörigem Telefondienst einzurichten, wurde ebenfalls von den anwesenden kirchlichen Amtsträgern und Vertretern der Gruppen verworfen. [5] Deshalb äußerten sich die Vertreter der Gruppe „Wolfspelz" über die Ergebnisse der Zusammenkunft sehr enttäuscht.

Wie weiter in Erfahrung gebracht werden konnte, beabsichtigt der Roman Kalex, im Zusammenhang mit dem „Welttag für Menschenrechte" am 10.12.1987 einen Vortrag, wahrscheinlich in einem kircheneigenen Raum, zu halten. Angaben zum konkreten Inhalt, zur Zielstellung und zum Teilnehmerkreis liegen noch nicht vor.

Bedeutsam für die Beurteilung der geschilderten Aktivitäten der Gruppe „Wolfspelz" und des Superintendenten Ziemer ist die Tatsache, daß sich seit dem 1.12.1987 ein Aufnahmeteam des ZDF unter Leitung des in der DDR ständig akkreditierten Journalisten Funk in Dresden aufhielt.

Streng vertraulich wurde bekannt, daß dieses Team Verbindungen zur Gruppe „Wolfspelz" und zu Superintendent Ziemer hergestellt hat, um sich über die Situation in Dresden zu informieren. Nach einem Besuch in der Wohnung des Superintendenten am 1.12.1987 kam auch ein Gespräch mit dem Ehepaar Kalex und weiteren Mitgliedern der Gruppe „Wolfspelz" zustande. Am 5.12.1987 wurde das Team vor der Martin-Luther-Kirche mit Außenaufnahmen tätig. Als sie versuchten, Vertreter der Friedenskreise beim Betreten der Kirche aufzunehmen, schritt Superintendent Ziemer dagegen ein. Durch Funk wurde danach auf weitere Aufnahmen verzichtet.

Weiter wurde *streng vertraulich* bekannt, daß sich das ZDF-Team am 6.12.1987 in 8029 Dresden, Hörig-Straße 29 aufhielt. Die Überprüfungen zum Aufsuchen der genannten Anschrift sind noch nicht abgeschlossen.

Das auf der Grundlage der Gesprächskonzeption am 4.12.1987 vom Stellvertreter des Vorsitzenden des Rates des Bezirkes für Inneres, Gen. Fuchs, mit dem Präsidenten des Landeskirchenamtes, Dr. Domsch, geführte Gespräch hatte zur Folge, daß die kirchenleitenden Kräfte in ihrer realistischen Einschätzung der Lage bestärkt wurden und bereit waren, sich von Aktivitäten der Gruppe „Wolfspelz" abzugrenzen. Dr. Domsch sicherte sogar zu, sich dafür einzusetzen, daß diese Gruppe bei geplanten Mahnwachen keine kirchlichen Räume erhält, und bot an, Maßnahmen einzuleiten, falls die Gruppe vor kirchlichen Einrichtungen auf Mahnwache ziehen würde.

Konzeption für ein Gespräch zwischen dem Stellvertreter des Oberbürgermeisters für Inneres, Genossen Jörke, und dem Superintendenten von Dresden Nord, Bergmann
In dem Gespräch sollte davon ausgegangen werden, daß von staatlichen Organen Hinweise vorliegen, daß Mitglieder der Gruppe „Wolfspelz" um die seit längerem bekannten Personen Kalex beabsichtigen, die im Zusammenhang mit den Ereignissen in der Zionskirchengemeinde Berlin entstandene Situation zu mißbrauchen und durch sogenannte solidarische Aktivitäten gegen die staatlichen Festlegungen und

gesetzlichen Bestimmungen zu handeln. Dabei wollen sie gezielt das zur Zeit gute Verhältnis Staat-Kirche belasten.
Es wurde bekannt, daß die Personen um Kalex sogenannte Mahnwachen organisieren, die in kircheneigenen Räumen unter Einbeziehung kirchlicher Gruppen und Gemeinden stattfinden sollen. Kirchliche Amtsträger vertreten dazu differenzierte Positionen.
Da die Gruppe „Wolfspelz" um Kalex in der Vergangenheit mehrfach in kirchlichen Einrichtungen der Superintendentur Dresden-Nord in negativer Weise aktiv wurde, ist damit zu rechnen, daß sie auch jetzt für ihre sogenannten Mahnwachen Räumlichkeiten im Bereich der genannten Superintendentur zu nutzen beabsichtigt. Von Superintendent Bergmann sollte deshalb gefordert werden, sich konsequent dafür einzusetzen, daß für diese Gruppe in seinem Verantwortungsbereich seitens der Kirche keine Unterstützung hinsichtlich der geplanten Vorhaben gewährt wird und kirchliche Räume nicht zur Verfügung gestellt werden. Ebenso sollte das Verlangen ausgesprochen werden, der Gruppe „Wolfspelz" in keiner Weise Unterstützung zu gewähren.

Dok. 173
Information der BV Dresden

Dresden, den 13. Dezember 1987

Information der Bezirksverwaltung Dresden des Ministeriums für Staatssicherheit über Aktivitäten der Gruppe „Wolfspelz", Dresden, im Hinblick auf Kontakte zu Organisatoren und Inspiratoren der politischen Untergrundtätigkeit in der Hauptstadt der DDR, Berlin. Empfänger: Genossen Modrow / Witteck zur Weiterleitung an Gen. Fuchs / Michel / Berghofer. Einstufung: Streng vertraulich! Um Rückgabe wird gebeten! Dresden, 13.12.87.

[2] Der Bezirksverwaltung für Staatssicherheit Dresden wurde *streng vertraulich* bekannt, daß die in Dresden existierende sogenannte unabhängige Friedensgruppe „Wolfspelz" (Information vom 24.12.1986) seit Beginn dieses Jahres die Kontakte zu Organisatoren und Inspiratoren der politischen Untergrundtätigkeit in Berlin verstärkt hat, insbesondere zu den in Berlin existierenden „autonomen Friedenskreisen" und der „Umweltbibliothek" (Nebengelaß der Berliner Zionskirche) sowie zu den Herstellern und Verbreitern der Untergrundzeitschrift „Grenzfall"[3].
Über Aktivitäten der Gruppe „Wolfspelz" in jüngster Vergangenheit anläßlich des Olaf-Palme-Friedensmarsches sowie über die Herstellung und Verbreitung von Flugblättern der „Antinaziliga" wurde bereits informiert.
Im Zusammenhang mit der Einleitung von Ermittlungsverfahren gegen Personen, die am 25.11.1987 in der sogenannten „Umweltbibliothek" in Räumlichkeiten der Berliner Zionskirche bei der Herstellung staatsfeindlicher Schriften festgenommen wurden, konnten auch Aktivitäten von Mitgliedern der Gruppe „Wolfspelz" festgestellt werden.
Eine Übersicht zu den wichtigsten und aktivsten Mitgliedern der

---

3   Zu den Ereignissen in der Zionskirche vgl. Dok. 101-103 und Einleitung, 56 f.

Gruppe „Wolfspelz" mit einer kurzen Darstellung ihrer jüngsten Aktivitäten wird als Anlage beigefügt (Anlage 1).

Im Zusammenhang mit den Kontrollmaßnahmen zu den Verbreitern der Untergrundzeitschrift „Grenzfall" wurde vertraulich bekannt, daß der Leiter des „Ökumenischen Friedenskreises Johannstadt", Johannes Pohl, obwohl nicht zu „Wolfspelz" gehörend, so doch ähnliche feindlich-negative Aktivitäten unternahm. Auch zu Pohl wird eine Kurzauskunft beigefügt (Anlage 2)

Im Ergebnis der Kontrollmaßnahmen zur Gruppe „Wolfspelz" wurde festgestellt, daß sich das Grundstück in 8030 Dresden, Rankestraße 5, zu einem Schwerpunkt entwickelt, da es von der Gruppe „Wolfspelz" als Stützpunkt genutzt und zum anderen als Treffpunkt und Unterschlupf für Punks und Asoziale dient. Von der Gruppe „Wolfspelz" wohnen dort Angelos Trupis, Michael Ullrich und Lars Conrad. Zur Beseitigung der im Gebäude Rankestraße 5 gegebenen begünstigenden Bedingungen für die Existenz des Stützpunktes feindlich-negativer und asozialer Elemente sowie aufgrund des schlechten baulichen Zustandes des Gebäudes und der nicht mehr vorhandenen brandschutzmäßigen Sicherheit ist dessen bauliche Sperrung vorgesehen. Danach ist die Sicherung der Erdgeschoßzone bis zum Abriß des Grundstückes durch Zumauern der Fenster und Türen geplant. [3] Die Realisierung dieser Zielstellung erfolgt durch die zuständigen Organe beim Rat der Stadt Dresden auf der Grundlage des Begehungsprotokolls der Abteilung Feuerwehr des VPKA Dresden.

Dem rechtmäßig im Hause wohnenden Bürger Hausmann wurde am 3.12.1987 vom Rat der Stadt Dresden bereits entsprechender Wohnraum angeboten. Im Zusammenhang mit den von den zuständigen Organen geplanten Maßnahmen zur baupolizeilichen Sperrung und den [zur] Unterbrechung der Energie- und Versorgungsleitungen vorgesehenen Maßnahmen wird es für erforderlich gehalten, daß sich die zuständigen Organe des Rates der Stadt in Verbindung mit den Leitern der Betriebe und Einrichtungen, bei denen die Jugendlichen Arbeitsrechtsverhältnisse unterhalten, kurzfristig um die Beschaffung des notwendigen Wohnraumes bemühen.

Die Jugendlichen, die kein Arbeitsrechtsverhältnis unterhalten, sind durch das Amt für Arbeit beim Rat der Stadt Dresden, in Zusammenarbeit mit der Abteilung Inneres, in den Arbeitsprozeß einzugliedern und Maßnahmen der notwendigen Wohnraumbeschaffung einzuleiten.

Die Haltung kirchenleitender Mitarbeiter der Landeskirche Sachsens zu den Maßnahmen in Berlin und zur Gruppe „Wolfspelz" ist differenziert. Landesbischof Dr. Hempel und Präsident Dr. Domsch sind der Meinung, daß die kirchlichen Reaktionen der vergangenen Woche auf Berlin beschränkt bleiben sollten. Es kann davon ausgegangen werden, daß Landesbischof Dr. Hempel nichts unternehmen wird, um durch eigenes Verhalten die Situation zuzuspitzen. Auch Präsident Domsch hat offenbar kein Interesse, sich offen für die feindlich-negativen Kräfte in Berlin einzusetzen. Beide sind informiert, daß auf Initiative des Superintendenten Ziemer ein Schreiben an den Staatssekretär für Kirchenfragen verfaßt wurde und die Arbeitsgemeinschaft „Frieden" der 3 Dresdener Kirchenbezirke sich mit den zum damaligen Zeitpunkt inhaftierten Personen solidarisiert hat. Oberlandeskirchenrat Fritz wurde am 28.11.1987 vom Genossen Dr. Lewerenz informiert, daß der sogenannte unabhängige Friedenskreis „Wolfspelz" in der Tendenz kirchliche Möglichkeiten mißbrauchen und damit das Staat-Kirche-Verhältnis belasten will.

Dagegen nutzen die Personen Landesjugendpfarrer Bretschneider, Superintendent Ziemer und Pfarrer Albrecht die Situation, indem sie feindlich-negative Kräfte zusammenführen und zu weiteren Handlungen ermutigen. Es liegen Informationen vor, wonach Landesjugendpfarrer Bretschneider Verbindungen zur Gruppe „Wolfspelz" unterhält und Superintendent Ziemer ebenfalls interessiert ist, Informationen aus dieser Gruppe zu erhalten. Ziemer mißbrauchte die Situation, indem er am 29.11.1987 Vertreter aus den bekannten Friedens-, Umwelt- und anderen Gruppen zusammenführte, sie über die Ereignisse in Berlin informierte und zur Solidarität aufrief. [4]

Am 1.12.1987 fand in der Martin-Luther-Kirche Dresden eine Zusammenkunft der Vertreter der Dresdener Friedenskreise in der sogenannten Arbeitsgruppe Frieden unter Leitung von Superintendent Ziemer statt. An ihr nahmen auch drei Vertreter der Gruppe „Wolfspelz" teil. In der Versammlung kam es zu Auseinandersetzungen über die Durchführung von Mahnwachen in Dresden als Solidaritätsaktion für die in Berlin handelnden Gruppen. Es wurde die Forderung erhoben, ab 4.12.1987 in Dresden solche Mahnwachen durchzuführen. Superintendent Ziemer erklärte, daß man erst das Ergebnis der Gespräche mit den Staatsorganen in Berlin abwarten müsse und sich zwecks Beratung am Sonnabend, dem 5.12.1987, erneut in der Martin-Luther-Kirche zusammenfinden wolle. Die Vertreter der Gruppe „Wolfspelz" erklärten, daß sie sich an diese Entscheidung nicht gebunden fühlen und die Durchführung eigenständiger Mahnwachen organisieren werden. Gegenwärtig bemüht sich die Gruppe „Wolfspelz", dafür geeignete kirchliche Räume zu finden. Für den Fall, daß diese nicht zur Verfügung gestellt werden, soll am 4.12.1987 abends eine Mahnwache vor der Kreuzkirche stattfinden. Nach *streng vertraulichen* Hinweisen sind ca. 40 Personen, vor allem Jugendliche, bereit, sich daran zu beteiligen.

Es wird vorgeschlagen, daß der Stellvertreter des Vorsitzenden des Rates des Bezirkes für Inneres, Genosse Fuchs, mit dem Präsidenten des Landeskirchenamtes der Evangelisch-Lutherischen Kirche Sachsens, Dr. Domsch, oder Oberlandeskirchenrat Fritz auf der Grundlage anliegender Gesprächskonzeption spricht, um den Vertretern der Kirchenleitung die Ernsthaftigkeit der Situation vor Augen zu führen. Von ihm sollte erwartet werden, differenziert seinen Einfluß geltend zu machen, disziplinierend auf bestimmte Amtsträger und Organisatoren von Gruppen einzuwirken, um vor allem vorbeugend zu verhindern, daß „unabhängige Gruppen" und andere negativ eingestellte kirchliche Friedensarbeitskreise versuchen, die Situation politisch zu mißbrauchen.

Analog sollte der Stellvertreter des Oberbürgermeisters der Stadt Dresden für Inneres, Genosse Jörke, auf der Grundlage der Gesprächskonzeption mit dem Superintendenten von Dresden-Nord, Bergmann, sprechen. Gegenüber den Vertretern der Kirche sollte die staatliche Erwartung ausgesprochen werden, seitens der Kirche alles zu unternehmen, um Mahnwachen und andere politische Provokationen im Bezirk Dresden zu unterbinden. Es wird des weiteren vorgeschlagen, daß, wenn sichtbar wird, daß die kirchlichen Einflußnahmen nicht ausreichen und Mahnwachen außerhalb kirchlicher Einrichtungen von der Gruppe „Wolfspelz" durchgeführt werden, diese durch volkspolizeili-

che Maßnahmen zu verhindern sind. Festnahmen oder Zuführungen erfolgen nicht, es sei denn, durch die handelnden Personen werden strafbare Handlungen begangen.[5]
Aufgrund der eingetretenen Situation wird vorgeschlagen, daß die Leiter und Parteisekretäre der Betriebe, Einrichtungen und Organisationen, in denen die Mitglieder der Gruppe „Wolfspelz" tätig sind, zum Rat der Stadt, Abteilung Inneres, bestellt werden und durch Mitarbeiter der Bezirksverwaltung für Staatssicherheit Dresden über die eingetretene Situation informiert werden.
Des weiteren wird vorgeschlagen, daß die betreffenden Funktionäre der Betriebe, Einrichtungen und Organisationen VEB Robotron, Verkehrs- und Tiefbaukombinat Dresden, VEB Trinkwasseraufbereitungswerk Halle, Betriebsteil Dresden, Deutsche Reichsbahn, Bahnbetriebswerk Dresden sowie Volkssolidarität Dresden-Nord beauftragt werden, offensive politisch-ideologische Auseinandersetzungen mit den in den Anlagen 1 und 2 aufgeführten Personen zu führen.

Dok. 174
Information Nr. 191 / 87 der BV Dresden

Dresden, den 14. Dezember 1987

Information Nr. 191 / 87 der BV Dresden des Ministeriums für Staatssicherheit, Bezirksverwaltung Dresden, XX / 2. Empfänger: Genosse Modrow. Einstufung: Streng vertraulich! Um Rückgabe wird gebeten. Dresden 14.12.1987.

Zuarbeit für eine Lageeinschätzung und Aufgabenstellung entsprechend den Festlegungen des 1. Sekretärs der SED- Bezirksleitung während der Beratung am 10.12.1987 für die Beratung mit den 1. Sekretären der SED-Kreisleitungen am 17.12.1987.
Es gab in den letzten Monaten, Wochen und Tagen im Bezirk eine Reihe ernstzunehmender Erscheinungen. Solche Vorkommnisse sind:
– provokatorische Aktivitäten von Übersiedlungsersuchenden in Görlitz und Zittau in Form sogenannter Schweigemärsche, um Druck auf die staatlichen Organe zur Genehmigung ihrer Übersiedlungsersuche auszuüben;
– gelungene und vorbeugend verhinderte Grenzdurchbrüche an der Staatsgrenze West mittels Fahrzeugen;
– Verlassen der DDR während Reisen in dringenden Familienangelgenheiten und bei dienstlichen Ausreisen (Ärzte, Angehörige der wissenschaftlich-technischen Intelligenz, mittlere leitende Kader, Arbeiter);
– Flugblattverteilungen in Dresden anläßlich des „Olof-Palme-Friedensmarsches" am 17.9.1987 (ca. 300 Flugblätter mit feindlichem Inhalt am 17.9.1987 (in der Kreuzkirche und auf dem Altmarkt mit Unterschrift „Dresdener Aktive") und Verteilung von Flugblättern (ca. 1 000 mit der Unterschrift „Antinaziliga") nach der Provokation der Skinheads in der Berliner Zionskirche im Oktober und November 1987 (ca. 40 Flugblätter wurden abgegeben);
– Die Aktion der sog. internationalen Umweltschutzorganisation

„Greenpeace" Hamburg am 14.11.1987 auf der Dimitroff-Brücke in Dresden (30 m langes Transparent und Flugblattverteilung);
– massive Versuche der Organisierung von Solidaritätsaktionen der Dresdener Friedensgruppe „Wolfspelz" (ca. 30 Personen) mit den Kräften des Berliner Untergrundes im Zusammenhang mit den staatlichen Maßnahmen gegen die Herausgabe der illegalen Zeitschrift „Grenzfall", die in Räumen der Berliner Zionskirche und der dort installierten Umweltbibliothek gedruckt wurde. (Die in Dresden existierende Gruppe setzt sich zusammen aus Jungerwachsenen und Jugendlichen bis 25 Jahre, darunter intelligente Leute, aber auch arbeitsscheue, asoziale und kriminelle Elemente.)
– Es gibt Versuche der Gruppe „Wolfspelz", aber auch von einzelnen Kräften in den Kreisen Löbau, Meißen und Zittau, im Bezirk eine eigene sog. Umweltbibliothek, ein eigenständiges Informationsbüro, eine eigene Druckerei und eine eigene Zeitschrift zu schaffen. Gezielt wird vor allem gegen die staatliche Friedens-, Verteidigungs- und Sicherheitspolitik und vor allem auch gegen die Umweltpolitik vorgegangen. Dabei gibt es Bestrebungen, auch stärker sich unter das „Dach" und den Schutz kirchlicher Einrichtungen zu stellen und bestehende Verbindungen und Kontakte zu Westmedien zu festigen.

Insgesamt ist einzuschätzen, daß es gelungen ist, bisher geplante Störaktionen im wesentlichen vorbeugend zu verhindern bzw. konsequent zu unterbinden, und die Lage stabil beherrscht wurde. [3]
Die Mitglieder der sog. Gruppe „Wolfspelz" in Dresden und weitere einzelne Mitglieder sog. Friedens- und Ökologiegruppen, die sich zunächst Ende November / Anfang Dezember 1987 mit den negativ-feindlichen Kräften in Berlin solidarisieren, eigene sog. Mahnwachen in Dresdener Kirchen und in der Öffentlichkeit planten, wobei sie auch Überlegungen anstellten, sog. Hungerstreiks durchzuführen, um Druck auf die staatlichen Entscheidungen im Zusammenhang mit den in Berlin eingeleiteten Ermittlungsverfahren zur Aufklärung aller Zusammenhänge bei der Herstellung und Verbreitung der staatsfeindlichen Schrift „Grenzfall" auszuüben, haben auch durch die über den Staatsapparat gegenüber der Kirchenleitung zum Ausdruck gebrachten Erwartungen, alles zu tun, damit es in Dresden nicht zu derartigen demonstrativ-provokatorischen Handlungen kommt, von ihren geplanten Vorhaben zunächst Abstand genommen.
Aber der sog. „harte Kern" feindlich-negativer Kräftegruppierungen, insbesondere Mitglieder der „Initiative Friedens- und Menschenrechte" in Berlin und einzelne Mitglieder der Gruppe „Wolfspelz" in Dresden sind jedoch nach wie vor nicht an einer generellen Normalisierung der Lage interessiert und folgen weiter bedingungslos der von äußeren Feinden vorgebenen Linie und deren konkreten Orientierungen (siehe auch Brief der Gruppe an das Politbüro mit neuesten Forderungen – Brief wurde an ZDF übergeben).
Diesen Kräften geht es – in konfrontativer Absicht gegenüber dem Staat – vor allem darum, weiterführende provokatorisch-demonstrative Handlungen mit dem Ziel des „Ausbaus erreichter Zugeständnisse" zu inszenieren und zu organisieren, einen übergreifenden republikweiten Solidaritätseffekt unter sog. alternativen Gruppen zu erzielen sowie Gleichgesinnte und Sympathisanten zusammenzuführen.
Die überwiegende Mehrheit kirchenleitender Kräfte und Amtsträger in unserem Bezirk sieht die durchgeführten staatlichen Maßnahmen in

Berlin und unsere Maßnahmen in Dresden (6 Personen wurden zugeführt und vorbeugend verwarnt, das Mitglied der Gruppe „Wolfspelz" *Maibaum* wurde wegen krimineller Handlungen – Telefonzelle zerschlagen – inhaftiert) als Reaktion des Staates zur Unterbindung ungesetzlicher Handlungen außerhalb der Kirche stehender Personen an.

Im Ergebnis der ständigen und kontinuierlichen Gespräche des Staatsapparates mit kirchenleitenden Kräften wurde u.a. erreicht, daß die Kirchenleitung keine kirchlichen Räume für geplante Mahnwachen zur Verfügung stellte, und führte auch dazu, daß die während der Friedensdekade im November 1987 im Bezirk geplanten Auftritte des Berliner Liedermachers *Krawczyk* in kirchlichen Einrichtungen nicht zustandekam.

Die langjährige ordentliche Arbeit des Staatsapparates auf Bezirksebene und auch in den meisten Kreisen zahlte sich positiv aus.

Nicht zu übersehen ist aber auch, daß es in der Kirchenleitung und in den Leitungsgremien der verschiedensten kirchlichen Ebenen einzelne Amtsträger gibt, die z.T. hinter dem Rücken der Kirchenleitung Friedens-, Ökologie- und Menschenrechtsgruppen in ihren negativen, gegen den Staat gerichteten Aktivitäten ermuntern und tolerieren. [4]

Generell sollte die gesamte staatliche Arbeit gegenüber den kirchlichen Amtsträgern weiter so geführt werden, daß die realistisch denkenden Kräfte weiter gestärkt werden.

Nicht übersehen werden sollten jedoch auch die Tendenzen der Toleranz und Inkonsequenz in der kirchlichen Leitung selbst bei der Disziplinierung unter dem „Dach" der Kirche wirkender feindlich-negativer Kräfte.

Die als Herausgeber der staatsfeindlichen Schrift „Grenzfall" hinlänglich bekannten hartnäckigen Feinde in Berlin, die auch Verbindung zur Gruppe „Wolfspelz" und zu einigen weiteren Kräften auch in anderen Kreisen des Bezirkes unterhalten, beabsichtigen, unter allen Umständen die Ausgaben Nr. 11 und 12 / 87 dieser staatsfeindlichen Schrift herzustellen und zu verbreiten.

Zentral wurde festgelegt, daß von feindlich-negativen Elementen mit dem Ziel der Eskalierung der Situation inspirierte und organisierte provokatorisch demonstrative Aktivitäten in der Öffentlichkeit, wie sog. Mahnwachen außerhalb kirchlicher Einrichtungen und Grundstücke, Kerzen-, Plakat- und weitere mögliche Solidarisierungsaktionen auf Straßen und dgl. vorbeugend zu verhindern sind.

In bezug auf die Lage unter Friedens-, Ökologie-, Menschenrechts- und anderen alternativen Gruppen kann im Bezirk eingeschätzt werden:

Die in diesen Gruppen vorhandenen feindlich-negativen Kräfte spüren, daß von den Sicherheitsorganen in Berlin feindlich-negative Kräfte enttarnt, ihre Organisation, Verbindungen und materielle Basis aufgedeckt wurden und durch die eingeleiteten staatlichen Maßnahmen ihnen das Betätigungsfeld in Berlin z.T. eingeengt oder genommen wurde. Insbesondere sind sie in Schwierigkeiten geraten bei der Herstellung weiterer Druckerzeugnisse.

Wir müssen davon ausgehen, daß durch eine [unles.] … Verlagerung von Aktivitäten in den Bezirk Dresden die Situation in Berlin „entlastet" werden soll.

Die Kräfte des politischen Untergrundes, wie z.B. die Gruppe „Wolfspelz", aber auch einzelne Kräfte im „Johannstädter Friedenskreis", in

der „Ökologiegruppe Zittaus" und im „Friedenskreis Großhennersdorf" sowie einzelne Kräfte im Arbeitskreis Ökologie der 3 Dresdener
Kirchenbezirke, hoffen und spekulieren auf ein zukünftig noch breiteres Bewegungsfeld. Insbesondere sehen sie große Hoffnungen darin,
daß sie auch von dem öffentlichen Auftreten bestimmter Politiker in
der BRD und durch die westlichen Massenmedien eine flankierende
Unterstützung und eine bestimmte politische Deckung erhalten. (Verlesen des Solidarisierungstelegrammes des Bundestagsabgeordneten der
Grünen, Dr. *Knabe*, in einer kirchlichen Einrichtung in Dresden als
Beispiel.) [4a]
Im Bezirk gibt es darüber hinaus weitere „Friedens- und Ökologiekreise", die im wesentlichen kirchlich geprägt sind, die vor allem über
das Friedensseminar Meißen untereinander rege Kontakte pflegen und
die von kirchlichen Amtsträgern oder aktiven christlichen Laien geleitet und organisiert werden.
Ihnen gemeinsam ist die Tendenz, über die Gemeinden in die nichtkirchliche Öffentlichkeit zu wirken.
Von diesen kirchlichen Gruppen gingen in der Vergangeheit zunehmend solche, auch öffentlichkeitswirksame Aktivitäten aus, wie Eingaben, „Umweltausstellungen" in kirchlichen Einrichtungen, Foren und
Herausgabe von Materialien „zum innerkirchlichen Gebrauch".
Diese kirchlichen Gruppierungen greifen in ihren Aussagen z.T. verbrämt, demagogisch und sehr geschickt die Friedens- und Umweltpolitik u.a. Teilbereiche der Gesellschaft an.
Durch rechtzeitige staatliche Einflußnahme auf kirchliche Amtsträger
konnten derartige Aktivitäten in der Vergangenheit meist begrenzt
werden. Die Wirksamkeit dieser Gruppen war bisher territorial beschränkt.

Es handelt sich um:
– Arbeitskreis Ökologie der drei Dresdener Kirchenbezirke
– Friedenskreis der ev.-luth. Auferstehungskirche Dresden
– Dresdener Friedensgruppe
– Gruppe Friedenskreis Pirna
– Ökumenischer Arbeitskreis Natur und Mensch – Leben für Morgen, Sebnitz / Pirna
– Gruppe Gerechtigkeit und Frieden, Freital
– Gruppe Friedenskreis Weißer Hirsch
– Gruppe Friedenskreis Leubnitz-Neuostra
– Friedensgruppe Löbau
– Friedensgruppe Zittau
– Ökologieausschuß Görlitz
– Arbeitskreis Ökologie Radebeul-Ost [5]

Insbesondere ist bei der Lageeinschätzung davon auszugehen, daß es
drei Problemkreise gibt, die z.T. unterschiedliche Maßnahmen erfordern, aber sicherheitspolitisch natürlich im Zusammenhang gesehen
werden müssen.
Das sind:
1. die Probleme, die sich im Zusammenhang mit der hohen Anzahl
von Übersiedlungsersuchenden im Bezirk ergeben;
2. die vorhandenen Gruppierungen z.T. asozial lebender und kriminell
gefährdeter Jugendlicher, wie Skinheads, Punks, Heavy-Metal und
Grufits, die keine Verbindungen zur Kirche unterhalten;
3. die Friedens- und Ökologiegruppen der Kirche sowie autonome

Gruppen des politischen Untergrundes, die sich in bestimmten Situationen an die Kirche anlehnen.

Vorgeschlagen werden zum weiteren konzeptionellen Vorgehen folgende Festlegungen:

1. Zur vorbeugenden Verhinderung und zur verstärkten Zurückdrängung von Übersiedlungsersuchenden sind die durch den 1. Sekretär der SED-Bezirksleitung Dresden in ausreichendem Maße getroffenen Festlegungen noch konsequenter durchzusetzen, als gesamtstaatliche und gesamtgesellschaftliche Aufgabe zu betrachten, und die Wachsamkeit gegenüber diesen Personenkreisen ist prinzipiell zu erhöhen. Es ist tatsächlich zu sichern, daß die unter Führung der Partei durch die staatlichen Organe, Betriebe und Einrichtungen und durch die gesellschaftlichen Organisationen zu leistende Arbeit noch offensiver und kontinuierlicher erfolgt.

Ansammlungen u.a. demonstrative Handlungen von Übersiedlungsersuchenden sind noch besser vorbeugend zu verhindern und konsequent zu unterbinden. Die Organisatoren und Hintermänner sowie Inspiratoren werden durch die Sicherheitsorgane auf der Grundlage der geltenden Gesetze zur Verantwortung gezogen.

Alle Formen und Methoden des sog. „Gewaltfreien Widerstandes" müssen von allen Schutz- und Sicherheitsorganen, staatlichen Organen, ja von allen Parteiorganisationen ernstgenommen werden.

Manches Negative entsteht sehr schnell, z.T. spontan und aus der Situation geboren, wie es das Vorkommnis am 10.12.1987 in Zittau zeigt, denn die „Idee" zur Durchführung einer „Schweigeversammlung" zum Tag der Menschenrechte am 10.12.1987 wurde erst am 9.12.1987 von einem Antragsteller „geboren" und im Sinne des „Schneeballsystems" zu einem „stillen Protest" funktioniert. [6]

2. Gegenüber Gruppierungen von Jugendlichen, die sich als Gewalttäter und Rowdys kriminell betätigen, wird auch zukünftig unter konsequenter Durchsetzung des sozialistischen Rechts vorgegangen.

Auf die Jugendlichen und ihre Gruppierungen, die kriminell gefährdet sind, z.T. asozial leben, wo es jedoch Ansatzpunkte für eine sinnvolle Einbeziehung in den Arbeitsprozeß und eine entsprechend sinnvolle Freizeitgestaltung gibt, ist auch durch gesellschaftliche Kräfte in den Arbeitskollektiven, in den gesellschaftlichen Organisationen (besonders FDJ), in den Schulen und Lehreinrichtungen bis hin zum Elternhaus verstärkt erzieherisch Einfluß zu nehmen. Dazu sind Führungsbeispiele zu schaffen.

3. Die unter Führung des 1. Sekretärs der SED-Stadtleitung Dresden auf der Grundlage von Informationen der Sicherheitsorgane organisierte Einbeziehung gesellschaftlicher Kräfte zur Auseinandersetzung mit einzelnen Mitgliedern der Gruppe „Wolfspelz" ist zielstrebig fortzusetzen. Über die Ergebnisse sollte der 1. Sekretär der SED-Bezirksleitung Dresden bis zum 31.1.1988 eine Einschätzung vorgelegt erhalten.

Die 1. Sekretäre der SED-Kreisleitungen sollten für ihren Verantwortungsbereich ebenfalls eine Einschätzung der Lage in ihrem Kreis vornehmen.

Die leiter der Kreisdienststellen des MfS und die Leiter der VPKA übergeben dazu den 1. Sekretären der SED-Kreisleitungen entsprechende Informationen, auch über im Kreisgebiet wirkende Kräfte.

Im Ergebnis der Lageeinschätzung ist festzulegen, welche gesellschaftlichen Kräfte auch zur Disziplinierung und Auseinandersetzung mit negativen und kriminell gefährdeten Personen zum Einsatz kommen und wie sie politisch und organisatorisch geführt werden. Dabei ist von folgenden Grundsätzen auszugehen:

– Es ist mit einzelnen Personen individuell und differenziert zu arbeiten, damit es nicht zur staatlichen Anerkennung, in welcher Form auch immer, der kirchlichen Gruppierungen und der autonomen Gruppen des politischen Untergrundes kommt.

– Die Gesprächsführung der Stellvertreter für Inneres und der Mitarbeiter im Bereich Inneres für den Bereich Staatspolitik in Kirchenfragen mit kirchenleitenden Kräften ist auch weiterhin so zu gestalten, daß das sachliche und konstruktive Verhältnis Staat / Kirche gestärkt wird und realistisch denkende und handelnde Kräfte bestärkt werden. Diese kirchlichen Amtsträger sind aber nur kontinuierlich auf ihre Verantwortung für alles, was in ihren Einrichtungen geschieht, hinzuweisen. Dabei sind sie auch sachlich aufzufordern, entsprechend ihrem Hausrecht jegliche Aktionen gegen den Staat in diesen Bereichen zu unterbinden. [7]

Mit Entschiedenheit ist bei Notwendigkeit zu fordern, daß mit dem Artikel 39 der Verfassung der DDR und anderen Gesetzen und Rechtsvorschriften der DDR nicht übereinstimmende Handlungen in kircheneigenen Räumen durch die zuständigen kirchlichen Leitungsgremien und Amtsträger mit gebotener Konsequenz unterbunden werden.

In Abstimmung zwischen den Stellvertretern Inneres der Kreise mit dem Stellvertreter für Inneres des Bezirkes sollten den Kirchenleitungen auch geeignete Vorschläge unterbreitet werden, wie Amtsträger der Kirche mit ihren Arbeitsgruppen (z.B. Ökologiegruppen) in die Lösung bestimmter gesellschaftlich notwendiger Arbeiten einbezogen werden können. Auch sollten Angebote zur Besichtigung der Errungenschaften unseres Staates auf dem Gebiet des Umweltschutzes unter Anwendung der neuesten Erkenntnisse von Wissenschaft und Technik in der sozialistischen Produktion unterbreitet werden.

– Die Auswahl, Instruierung und der Einsatz gesellschaftlicher Kräfte in den Betrieben und Einrichtungen zur positiven Beeinflussung schwankender, irregeleiteter oder auch negativer Kräfte in den Friedens-, Ökologie- und autonomen Gruppen muß mit hoher Sachkunde erfolgen.

Die mit der Führung dieses Prozesses beauftragten Funktionäre werden zur Klärung von Detailfragen und zur Bestimmung auch des taktisch richtigen Vorgehens bei Erfordernis durch Mitarbeiter des MfS informiert.

4. Schon jetzt sind von den staatlichen Organen die kirchlichen Aktivitäten um den 13.2.1988 in Dresden zu beachten.

Mit Zustimmung der Kirchenleitung findet vom 12.-15.2.1988 unter Leitung des Dresdener Sup. *Ziemer* die sog. erste Vollversammlung zum konziliaren Prozeß in der Christuskirche Dresden-Strehlen statt. Etwa 200 Delegierte aus den evangelischen Kirchen, erstmals auch ca. 25 Vertreter der katholischen Kirche und aus den Religionsgemeinschaften, arbeiten an einem Dokument der Christen der DDR zu „Gerechtigkeit, Frieden und Bewahrung der Schöpfung". Die Materialien sollen einer sog. „Nordkonferenz" (Europa) für 1989 bzw. einer späteren Weltkonferenz der Christen zur Verfügung gestellt werden.

Bedeutsam und außerordentlich beachtenswert ist, daß es sich bei den Organisatoren und Delegierten um Amtsträger, aber vor allem um Initiatoren und Organisatoren kirchlicher Friedens-, Ökologie- und Menschenrechtsgruppen handelt.
Die katholische Kirche beginnt nun auch verstärkt, sich diesen Problemen an der Basis zuzuwenden. Schon jetzt muß damit gerechnet werden, daß weitere Vertreter sog. kirchlicher und auch autonomer Alternativgruppen aus der gesamten DDR nach Dresden reisen werden, um Einfluß auf den Inhalt der Vollversammlung zu nehmen. [8]
Auch die Massenmedien aus der BRD werden die Vorbereitung und die Tagung selbst zum Anlaß nehmen, um massiert und entstellt darüber zu berichten.
Die kirchlichen Aktivitäten im Zusammenhang mit dem 13.2.1988 werden darauf ausgerichtet sein, sich öffentlich stärker als in den vergangenen Jahren zu betätigen.

Dok. 175
Aus einem Arbeitsplan der BV Berlin

Berlin, den 19. Dezember 1987

Aus einem Arbeitsplan der Abt. XX der BV Berlin für 1989 vom 19.12.1988, GVS Bln. o0004-247 / 88, S. 29-33.

1.4.6 Sicherung und Unterstützung der Politik der Partei in Kirchenfragen
– Die Durchführung politisch-operativer Maßnahmen, besonders der Einsatz aller inoffiziellen, staatlichen und gesellschaftlichen Kräfte ist weiterhin auf die Sicherung und Durchsetzung der Politik der Partei in Kirchenfragen auszurichten, um die Gestaltung realistischer Beziehungen zwischen Staat und Kirche und den Abbau von Konfrontation zu sichern.
Der Differenzierungsprozeß innerhalb der Kirche ist voranzutreiben, um die Einflußmöglichkeiten realistischer Kräfte in den Kirchen und Religionsgemeinschaften der DDR zu stabilisieren und auszubauen.
Unter Führung der Partei ist durch geeignete Maßnahmen der Einsatz gesellschaftlicher Kräfte zu qualifizieren.
Entsprechend den operativen Schwerpunkten und der operativen Lage wird die Informationstätigkeit an zentrale Partei- und Staatsorgane weiter qualifiziert, um die Einflußnahme des Staatsapparates auf kirchenleitende Personen wirksamer zu gestalten.
1.4.6.1 Synode des Bundes der Evangelischen Kirchen in der DDR
– Einsatz des IMB „Czerni"[4] zur rechtzeitigen Aufklärung der Pläne und Absichten bezüglich der für den 15. September bis 19. September 1989 in Eisenach einberufenen Tagung der Bundessynode
– zur Beeinflussung der Synodaltagung im Sinne einer positiven Gestaltung des Verhältnisses Staat-Kirche
– zur weiteren „Wer ist wer?"-Aufklärung der Bundessynodalen, ins-

4   Zum IMB „Czerni" vgl. v.a. die Anm. 255 und 308 der Einleitung.

besondere der Mitglieder des Synodenpräsidiums und der synodalen Mitglieder der Konferenzen der evangelischen Kirchenleitung.
Termin: laufend
Verantwortlich: Leiter der Abteilung XX / 4 [30]
1.4.6.2 Kirchenleitende Gremien
Durch die Instruierung und Auftragserteilung geeigneter IM ist die Informationsgewinnung aus kirchenleitenden Gremien zu verbessern. Diese IM sind langfristig in das Blickfeld kirchenleitender Amtsträger zu bringen, um Möglichkeiten einer Wahl in kirchlich leitende Positionen oder Gremien zu schaffen.
– Einsatz der IME „Christoph", IMB „Czerni", IMB „Posol", IMS „Barth"[5], IMS „Annemarie", IMS „Bertram", IMS „Günter"
– Qualifizierung des IMS „Barth" zum IMB.
Termin: 30. März
Verantwortlich: Leiter der Abteilung XX / 4
1.4.6.3 Bearbeitung politisch-operativer Schwerpunkte
1.4.6.3.1 Intensivierung und Effektivierung der politisch-operativen Maßnahmen zur Aufklärung und Beeinflussung des „Arbeitskreises Solidarische Kirche"[6]
– Qualifizierung des IM-Einsatzes
– Sicherung der Einflußnahme auf die Vollversammlung des Arbeitskreises anhand vorliegender Konzeptionen der Hauptabteilung XX / 4.
Sicherungsvermerk
Termin: 20. April 1989, 20. September 1989
Verantwortlich: Leiter der Abteilung XX / 4
– Erarbeitung einer Einschätzung zum Stand der Aufklärung und Zurückdrängung
Termin: 10. Oktober 1989
1.4.6.3.2 Die durch feindliche Kräfte angestrebte Entwicklung einer Bewegung der Totalverweigerer und Bausoldaten ist politisch-operativ aufzuklären und durch eine konsequente OV- und OPK-Bearbeitung zurückzudrängen.
– Qualifizierung des IM-Einsatzes
– Erarbeitung einer Einschätzung zum Stand der Bearbeitung von Totalverweigerern und Bausoldaten (siehe Punkt 3.2.2.1) [31]
– Erarbeitung einer Einschätzung zur Wirksamkeit sogenannter Wehrdienstbeauftragter in der Evangelischen Kirche Berlin-Brandenburg.
Termin: 29. September 1989
Verantwortlich: Leiter der Abteilung XX / 4
1.4.6.3.3 Zurückweisung feindlicher Bestrebungen, kirchliche Ausbildungsstätten zur Beeinflussung und Profilierung von künftigen Pfarrern zu nutzen bzw. politisch zu mißbrauchen. Die Gewährleistung einer positiven politischen Einflußnahme auf die Studenten ist dauerhaft und wirksam zu gestalten.
– Koordinierung mit Abteilung XX / 3 und HA XX / 4
– Werbung eines IMS.

---

5   Zu Pfarrer Gottfried Gartenschläger alias IMB „Barth" vgl. Anm. 411 in der Einleitung.
6   Der „Arbeitskreis Solidarische Kirche" konstituierte sich am 3. Mai 1987 in Berlin (Ost) mit dem Ziel, „den Weg der evangelischen Kirchen in der DDR kritisch zu begleiten und zu solidarischer Gemeinschaft beizutragen" (vgl. KiS 13 / 1987, 125).

Termin: 30. September 1989
Verantwortlich: Leiter der Abteilung XX / 4
1.4.6.3.4 Bearbeitung des OV „Sumpf" (Teilvorgang des ZOV „Sumpf")
Die Bekämpfung der verbotenen Organisation „Zeugen Jehovas" erfolgt auf der Grundlage der bestätigten Bearbeitungskonzeption. Die politisch-operativen Maßnahmen sind auf die Verhinderung des öffentlichen Wirksamwerdens und die Zersetzung der Organisationsbasis auszurichten.
– Sachstandsbericht und Operativplan
Termin: 30. März 1989
Verantwortlich: Leiter der Abteilung XX / 4
– Im Vorfeld des „Gedächtnismahles" der „Zeugen Jehovas" am 22.3.1989 sind politisch-operative Maßnahmen zur Verhinderung bzw. Einschränkung der öffentlichen Wirksamkeit einzuleiten.
– Erarbeitung eines Maßnahmeplanes
Termin: 15. Februar 1989
Verantwortlich: Leiter der Abteilung XX / 4 [32]
1.4.6.3.5 Die aus der Aufgabenstellung als Auftragsleiter für die Bezirke Cottbus, Potsdam, Frankfurt (Oder), Neubrandenburg und Rostock resultierenden Verpflichtungen zur Anleitung und Koordinierung von politisch-operativen Maßnahmen sind konsequent zu erfüllen.
Termin: laufend
Verantwortlich: Leiter der Abteilung XX / 4
1.4.6.4 Schwerpunktveranstaltungen 1989
– 24.-26.2.1989, Greifswald, „Konkret für den Frieden VII"[7]
– Vollversammlung der „Kirche von unten", Mai, Oktober 1989
– Vollversammlung des „Arbeitskreises Solidarische Kirche", Mai, Oktober 1989
– Friedensdekade, November 1989[8] (tägliche Berichterstattung zur Lage)
– Thomas-Müntzer-Gedenkversanstaltung, 1989.
Genannte Veranstaltungen sind durch geeignete politisch-operative Maßnahmen abzusichern.
Verantwortlich: Leiter der Abteilung XX / 4
1.4.6.5 Bereich der Katholischen Kirche
Zur weiteren Abgrenzung katholischer Jugendgruppen von sogenannten „Friedenskreisen" der evangelischen Kirche und der Zurückdrängung des politischen Mißbrauchs ökumenischer Beziehungen werden zielgerichtete Maßnahmen der operativen Zersetzung fortgeführt bzw. eingeleitet.
Ersthinweise über Aktivitäten katholischer Jugendlicher im Sinne des Zusammengehens mit politisch-negativen Kreisen der evangelischen „Friedensbewegung" werden zielgerichtet aufgeklärt und gegebenenfalls als OPK-würdiges Ausgangsmaterial qualifiziert.
Termin: laufend
Verantwortlich: Leiter der Abteilung XX / 4

---

7   Vgl. KiS 15 / 1989, 79. Es handelt sich um ein seit 1983 jährlich stattfindendes Treffen kirchlicher Basisgruppen.
8   Die ebenfalls alljährliche Friedensdekade fand 1989 vom 19.-26.11. statt. Vgl. KiS 15 / 1989, 276.

Mit dem Ziel der Aufklärung feindlich-negativer Pläne und Absichten kirchlicher Zentren in der BRD und ihrer Verflechtung mit Parteien und Bundesdienststellen sowie der vorbeugenden Verhinderung des Mißbrauchs katholischer Gremien in der Hauptstadt Berlin werden durchgeführt: [33]

– Einflußnahme und Kontrolle auf die *Kolping-Regionaltagung* in der Hauptstadt im Januar 1989 unter Teilnahme leitender Personenkreise des Deutschen und Internationalen Kolpingwerkes aus der BRD.
Termin: 10. Februar 1989

– Tagungen, Besprechungen und interne Begegnungen mit leitenden kirchlichen Personen aus der BRD und aus Berlin (West) werden für die operative Abschöpfung und zur Festigung von IM-Kontakten genutzt. Es werden Einflußnahmen der politischen Differenzierung vorgenommen.

– Tendenzen der politischen Unterwanderung in der kirchlichen Kontakttätigkeit (personelle Stützpunkte, Partnertreffen, soziale Seminare) werden differenziert eingeschätzt. Besondere Beachtung findet dabei die neue Diözesanleitung Kolping Berlin (West) ab 2. Halbjahr 1989.

– Die Aktivitäten katholischer Hauskreise und Gemeindeseminare, die Tätigkeiten katholischer Akademiker in kirchlich-politischen Bereichen (Ökumenische Versammlung Dresden / Magdeburg) werden kontrolliert und eingeschätzt.
Erscheinungen des Zusammengehens mit evangelischen sogenannten Friedens- und Ökologiekreisen werden vorbeugend beeinflußt.
Einschätzung
Termin: 30. Juni 1989
Verantwortlich: Leiter der Abteilung XX / 4

1.4.6.6 Berichterstattung auf der Dienstbesprechung des Leiters der BV zu Erfordernissen und Möglichkeiten der operativen Sicherung der Politik der Partei gegenüber der Evangelischen Kirche in Berlin-Brandenburg und die Aufgaben der Kreisdienststellen im Zusammenwirken mit den Räten der Stadtbezirke und in Abstimmung mit den SED-Kreisleitungen.
Termin: 25. Mai 1989
Verantwortlich: Leiter der Abteilung XX

Dok. 176
Rückflußinformation der BV Schwerin

Schwerin, 13.3.1989

Rückflußinformation zur Entwicklung der politisch-operativen Lage in ausgewählten Schwerpunktbereichen auf der Linie XX. Absender: Abteilung XX.

Gegen Sicherungsbereiche auf der Linie XX erstmals in Erscheinung getretene feindliche Stellen und Personen aus dem Operationsgebiet
Durch den Kurt-Schumacher-Kreis Berlin e.V., Angerburger Allee 41, 1000 Berlin 15 wurde mit Datum 18.1.1989 allen Bezirksleitungen bzw. Bezirksvorständen der Parteien und Massenorganisationen (SED,

CDU, LDPD, DBD, NDPD, FDGB, FDJ, DFD, DSF, KB) ein offener Brief mit einem „Aufruf zur Vergangenheitsbewältigung, zur Rehabilitation der Opfer stalinistischer Verfolgungsmaßnahmen und zur Offenlegung der historischen Wahrheit in der DDR" zur Kenntnisnahme und Diskussion übersandt. Sowohl das Anschreiben als auch der „Aufruf" sind durch die Vorstandsmitglieder *Gerull*, Heinz und *Kreutzer*, Hermann unterzeichnet. Die Verfasser des Aufrufes berufen sich auf die innenpolitischen Vorgänge in der SU, auf das „neue sowjetische Rechts- und Demokratieempfinden" und fordern die „Vergangenheitsbewältigung und Rehabilitation der Opfer des Stalinismus in Deutschland".

In dem Aufruf, der an das Politbüro der SED, den Staatsrat und den Ministerrat der DDR gerichtet ist, werden die KPD / SED, einzelne Parteifunktionäre und das MfS angegriffen und des „stalinistischen Terrors" bis in die Gegenwart bezichtigt. [2] Mit Datum vom 9.1.1989 richtete der „Kurt-Schumacher-Kreis Berlin e.V." einen Brief an mehrere Polytechnische Oberschulen im Bezirk Schwerin. Darin werden die Pädagogen unter Berufung auf Aussagen von Michail Gorbatschow und mit Hinweis auf materielle, finanzielle und personelle Hilfeleistungen der westlichen Welt für die Erdbebenopfer in Armenien dazu aufgefordert, von der „Erziehung zum Haß gegen den Klassenfeind" abzugehen und sich zum „Neuen Denken" in der Volksbildung zu bekennen.

Mit Poststempel vom 31.12.1988 wurde eine Briefsendung an den Oberbürgermeister der Stadt Schwerin, Dr. Helmut Oder, zum Versand gebracht, deren Inhalt aus
– der „Proklamation" eines Deutschen Reiches in den Grenzen vom 31.12.1937;
– der „Verordnung über die Reichsstellung des Reichsverkehrsministers";
– der „Verordnung über die vorläufige Reichsgewalt" und einer dazugehörigen Anlage (Muster des Verfassungsausweises, Verzeichnis der Obersten Reichsbehörde) bestand. Alle „Dokumente" sind mit dem 30.12.1988 datiert. Die Unterzeichner der „Proklamation", Wolfgang Ebel als Generalbevollmächtigter des Deutschen Reiches und Ruth Korth als Staatssekretärin, streben die „Bildung einer kommissarischen Reichsregierung als Verhandlungs- und Vertragspartner für die Siegermächte zur Wiederherstellung der staatlichen Einheit Deutschlands", einen Friedensvertrag, das Selbstbestimmungsrecht der Deutschen und den Abzug aller fremden Truppen an.

Wie aus der „Verordnung über die vorläufige Reichsgewalt" ersichtlich, soll die „Deutsche Reichsverfassung" vom 11.8.1919 zur Anwendung gebracht werden.

Die o.g. Postsendungen wurden konfisziert. Sollten dennoch in Ihren Sicherungsbereichen derartige Sendungen eingegangen sein, ist darüber und über die Reaktionen der Empfänger entsprechend den Festlegungen der DA 1 / 80 des Genossen Minister zu informieren. [3]

Erkenntnisse über Aktivitäten, Pläne und Absichten sowie Mittel und Methoden feindlich-negativer Kräfte und kirchlicher „Basisgruppen" im Verantwortungsbereich der BV Schwerin unter besonderer Berücksichtigung des Mißbrauchs kirchlicher Gremien und Strukturen und des überregionalen Zusammenwirkens

Die Aktivitäten der inneren feindlich-negativen Kräfte zur Organisierung politischer Untergrundtätigkeit richteten sich in den ersten Monaten des Jahres 1989 insbesondere auf die Vorbereitung und Durchführung langfristig geplanter Veranstaltungen mit überregionaler Beteiligung.

Am 14.1.1989 fand in Güstrow ein *Forum zur Auswertung der Ergebnisse der 2. Vollversammlung* der „Ökumenischen Versammlung der Christen und Kirchen in der DDR für Gerechtigkeit, Frieden und Bewahrung der Schöpfung" statt. Hieran beteiligten sich ca. 150 Personen aus dem Bereich der Evangelisch-Lutherischen Landeskirche Mecklenburgs, darunter die überwiegende Mehrzahl Laienchristen. Von den Delegierten zur „Ökumenischen Vollversammlung" aus dem Verantwortungsbereich der BV Schwerin nahmen *Lietz*, Heiko / Güstrow, OV „Zersetzer", Abt. XX, *Rietzke*, Hans-Jürgen / Schwerin, OV „Bruder", Abt. XX, *Spitza*, Franz-Peter / Schwerin, OPK „Assessor", Abt. XX, *Storrer*, Eva / Güstrow, KK-erfaßt, KD Güstrow an diesem Forum teil, die zugleich für die inhaltliche und organisatorische Vorbereitung und Durchführung desselben verantwortlich zeichneten. Aufgrund der unerwartet hohen Teilnehmerzahl wurden Räumlichkeiten des Güstrower Doms und der Studentengemeinde sowie der Landeskirchlichen Gemeinschaft zur Durchführung der Gruppenarbeit genutzt.

Pastor Rietzke machte grundlegende Ausführungen zum Papier 001 „Theologische Grundlegung, Umkehr zu Gerechtigkeit, Frieden und Bewahrung der Schöpfung". [4] Dazu und zu den Papieren 003 „Mehr Gerechtigkeit in der DDR – unsere Aufgabe, unsere Erwartung", 005 „Orientierung und Hilfen zur Entscheidung in Fragen des Wehrdienstes" wurde in Gruppen die Diskussion geführt.

In dem sich anschließenden Plenum, in dem eine Zusammenfassung der Gruppenarbeit gegeben wurde, war zu verzeichnen, daß zu dem Papier 001 keine politischen Aussagen getroffen wurden und zu den Papieren 003 und 005 Übereinstimmung mit den darin getroffenen Aussagen, wie z.B.

– Aufforderung der Kirche, Totalverweigerer bzw. Bausoldaten und deren Familienangehörige seelsorgerlich zu begleiten bzw. zu betreuen,
– Aufforderung, als Alternative zum Wehrkundeunterricht das Fach Friedensunterricht einzuführen,
– Hilfe und Unterstützung den Ausreisewilligen zu gewähren,
erkennbar war.

Operativ zu beachten ist, daß Heiko Lietz / Güstrow im Ergebnis des Plenums anregte, eine Arbeitsgruppe „Friedensarbeit" zu gründen, die unter seiner Leitung stehen soll. Dieser Vorschlag wurde von etwa 10 Personen, die sich zur Mitarbeit in der genannten Gruppe bereiterklärten, aufgenommen.

Operativ bedeutsam zum Verlauf der Versammlung war, daß jeder Teilnehmer aufgefordert wurde, „Eine Mark für Espenhain" zu spenden sowie mit seiner Unterschrift Solidaritätsbekundungen mit der Bevölkerung Espenhains gegen die Mißachtung des Umweltschutzes auszudrücken.

Insgesamt ist zum Verlauf des Forums zur 2. Vollversammlung aus politisch-operativer Sicht einzuschätzen, daß
– die Teilnehmerzahl weit über den Erwartungen der Organisatoren lag, was auf das große Interesse vieler Laienchristen am „konziliaren

Prozeß" einschließlich der in diesem Rahmen erarbeiteten und zur Verfügung stehenden Arbeitspapiere zurückzuführen ist;
– die Veranstaltung ohne Öffentlichkeitswirksamkeit verlief, und daß es den aus dem Bezirk Rostock angereisten Antragstellern auf ständige Ausreise nicht gelang, dieses Forum für ihre feindlich-negativen Zwecke zu mißbrauchen. [5]
Am 20. und 21.1.1989 fand auf Einladung von Lietz, Heiko die 2. Zusammenkunft des *„Koordinierungskreises für Basisgruppen"* (KOBA) im Rüstzeitheim in Klueß, Krs. Güstrow, statt. Daran nahmen 19 Vertreter von Basisgruppen aus der ELLKMs und der Landeskirche Greifswald teil.
Der am 20.1.89 als Gast anwesende Chefredakteur der „MKZ", Beste, Hermann, sprach zur kirchlichen Pressearbeit und beantwortete damit im Zusammenhang stehende Fragen.
Die Darlegungen des B. bezogen sich auf den Zeitabschnitt September 1987 bis Januar 1989, wobei der Schwerpunkt auf 1988 gelegt wurde. B. sprach von Höhen und Tiefen des „MKZ" und benannte beispielhaft, daß im Jahr 1988 die Bestellungsrate in die Höhe schnellte aufgrund der vielfachen Auseinandersetzungen mit dem Presseamt wegen inhaltlicher Fragen.
Zu den Aufgaben und dem Zweck der „MKZ" legte B. dar, daß sie für die Kirche da sei, und nicht für den Oberkirchenrat, nicht für die Basisgruppen und nicht für ihn selbst, wodurch sie ein breites Spektrum umfaßt, wie Seelsorge, gesellschaftliche Belange und Politik.
B. betonte in diesem Zusammenhang, daß die Arbeiterklasse in der DDR die herrschende Klasse ist, und sie ihren Machtanspruch wahrnimmt, was er konkret verband mit den Einsprüchen des Presseamtes zur „MKZ". Wörtlich führte B. aus: „‚Wir' (Kirche) sind so klein. ‚Die' (Staat) sind so groß.
Das alles", so Beste, „mag resignierend klingen, ist aber nicht zu ändern."
Danach zitierte B. verschiedene Artikel der „MKZ" von 1988, zu denen durch das Presseamt Einspruch erhoben wurde, in ihrer vorherigen Form und dann mit den entsprechenden geforderten inhaltlichen Abänderungen.

Auf im Anschluß gestellte Fragen, wie z.B.
– Ist es sinnvoll, Eingaben an das Presseamt zu schreiben?
– Sollen Eingaben an die Frühjahrstagung der 3. Tagung der XI. Ordentlichen Landessynode gerichtet werden?
antwortete B., daß es in jedem Falle richtig sei, beim Presseamt zu protestieren bzw. Eingaben an dieses zu richten und forderte dazu auf.
Zur Tagung der Frühjahrssynode legte B. dar, daß es gegenwärtig nicht angebracht sei, mit Eingaben zu reagieren, da sich die Lage beruhigt hätte und eine vorsichtige Behandlung der „MKZ" erfolge. [6]
Weitere inhaltliche Schwerpunkte des 1. Beratungstages waren
– Ausführungen von Heidelore Czerny / Wismar über die existentielle Bedrohung des „ÖZU" in Wismar;
– Informationen von Heiko Lietz über das gegen ihn und Georg Heydenreich eingeleitete Ordnungsstrafverfahren wegen Herstellung und Herausgabe staatlich nicht genehmigter Druckerzeugnisse (Friedensnetz) sowie über das mit ihm am 18.1.89 in der KD Güstrow geführte Gespräch;
– Ausführungen von Werner Stolzmann / Greifswald über die

Durchführung von einer Soli-Spenden-Sammlung zugunsten von Guntram Erdmann / Wismar, der wegen seiner gegen das „Sputnik"-Verbot gerichteten Aktivitäten mit einer Ordnungsstrafe von 400,- Mark belegt worden war.

Am 2. Beratungstag tagte der „KOBA" gemeinsam mit der AG „Frieden" der ELLKMs, so daß insgesamt 28 Personen anwesend waren.

Neben den bereits am Vortage behandelten Fragen (siehe oben) wurde über die Existenzberechtigung des „KOBA" diskutiert. Übereinstimmend wurde die Auffassung vertreten, daß die Neubildung des „KOBA" gerechtfertigt gewesen ist, weil die „AGF" nicht basiswirksam genug gearbeitet hat.

Zur Integrierung von Übersiedlungsersuchenden in Basisgruppen wurde nach kontroverser Diskussion die Meinung gebildet, daß man sie in den Gruppen dulden sollte, sie aber das eigentliche Anliegen der jeweiligen Gruppe nicht bestimmen bzw. stören dürfen.

Operativ bedeutsam ist, daß Petra Carlstedt / Rostock aus der „AGF" aus persönlichen Gründen ausgeschieden ist und der für die BV Rostock, Abteilung XX, erfaßte Küster Günter Engel entsprechend dem Wahlergebnis in die „AGF" kooptiert wurde.

Die 3. Zusammenkunft des „KOBA" ist für den 10.3.1989 in Klueß geplant, was insbesondere unter dem Gesichtspunkt der dann unmittelbar bevorstehenden 3. Tagung der XI. Ordentlichen Landessynode von operativer Bedeutung ist.

Eine weitere Zusammenkunft des „KOBA" in Form der Durchführung eines Basisgruppentreffens ist für den Monat Mai 1989 geplant.

Insgesamt ist zum Verlauf der 2. Zusammenkunft des „KOBA" einzuschätzen, daß keine feindlich-negativen Aktivitäten im Ergebnis der Zusammenkunft geplant bzw. in irgendeiner Form angeregt wurden und es zu keinen feindlich-negativen Aussagen und Darlegungen kam, die sich gegen die sozialistische Rechts-, Staats- und Gesellschaftsordnung richteten. [...] [9]

Zusammenfassend führte Siegert zu den Fragestellungen aus, daß
– derzeit eine Reihe von Angeboten bzw. Aufträgen westlicher Medien bei der Umweltbibliothek vorliegen, die zu konkreten Themen und Prozessen berichten wollen. Dieses, so Siegert, kann aber auch schädlich sein, weil sie schon negative Erfahrungen mit den Westmedien gemacht haben und benannte beispielhaft den Auftritt von Vera Wollenberger im „Kennzeichen D" des ZDF, wo der Sachverhalt verfälscht wurde. Die Umweltbibliothek kam deshalb zu dem Schluß, daß man mit westlichen Medien nicht zusammenarbeiten kann;
– die Umweltbibliothek mit „Greenpeace" und der Partei „Die Grünen" zusammenarbeitet, wobei er persönlich von beiden nicht viel hält;
– im Vorfeld der Liebknecht-Luxemburg-Ehrung im Januar in Leipzig eine Reihe von jungen Menschen verhaftet wurde, zu denen Ermittlungsverfahren eingeleitet wurden, weil sie gegen die Streichung des „Sputniks" von der Postzeitungsliste der DDR protestierten sowie eine Demonstration in Leipzig auf dem Markt vorbereitet hatten. Im Zusammenhang mit der Darstellung der Ereignisse in Leipzig forderte Siegert die Anwesenden zu Solidaritätsaktionen auf;
– Christen und Marxisten zusammenarbeiten sollten, „denn alle schlucken doch den gleichen Dreck" (wörtlich), wogegen man etwas unternehmen müßte.

Zum Ende seiner Ausführungen verwies S. auf ein in Wismar beste-

hendes Kommunikationszentrum (ÖZU) der Umweltbibliothek, wohin sich jeder wenden könne. Er regte den Gedanken an, Vertreter der ÖZU Wismar in den PKK einzuladen.
Im Anschluß hieran verkaufte Siegert eine Reihe verschiedener feindlich-negativer Pamphlete / Blätter für insgesamt 80,- Mark.
Danach blieben etwa noch 20 Personen im PKK, die am Abend desselben Tages den Auftritt der Free-Jazz-Band „Geflochten" / Berlin verfolgten. Es kam hier zu keinen Aussagen bzw. Angriffen gegen die sozialistische Staats-, Rechts- und Gesellschaftsordnung der DDR. [10]
Operativ bedeutsam und durch alle Kreisdienststellen der BV Schwerin zu beachten ist der Hinweis, daß in der Zeit vom 13.5. bis 16.5.1989 in Berlin ein kirchliches Jugendtreffen mit der Bezeichnung „Nord-Ost-Jugendtag" geplant ist.
Durch den Veranstalter wird mit ca. 500-600 Teilnehmern aus allen Bezirken der DDR gerechnet.
An eine Jugendgruppe in Schwerin erging die Bitte, den „Simultan-Jugendtag" in der Gemeinde Berlin-Niederschönhausen zu leiten.
Da zum gleichen Zeitpunkt in Berlin das Pfingsttreffen der FDJ stattfindet und die Schweriner Bezirksdelegation traditionsgemäß im Stadtbezirk Pankow Quartier nimmt, ergibt sich daraus die Aufgabenstellung, die Pläne und Absichten kirchlicher Jugendgruppen des eigenen Territoriums zur Teilnahme am o.g. „Nord-Ost-Jugendtag" rechtzeitig ·
aufzuklären und zu verhindern, daß feindlich-negative Kräfte diese Veranstaltung für Störaktionen gegen das Pfingsttreffen der FDJ mißbrauchen. [11]

Politisch-operative Lage im Bereich Kirchen und Religionsgemeinschaften
Am 13. / 14.1.1989 fand in dem Gebäude des Sekretariates des Bundes der Evangelischen Kirchen (BEK) in der DDR, Auguststr. 80, Berlin, 1040, die 121. Tagung der Konferenz der Evangelischen Kirchenleitungen (KKL) statt.
An der Tagung der KKL nahmen mit Ausnahme von Landesbischof *Hempel*, Dresden alle anderen Bischöfe, die Leiter der kirchlichen Verwaltungseinrichtungen der Landeskirchen sowie die synodalen Mitglieder der KKL teil.
Schwerpunkte der Tagungsordnung waren:
– Bericht zur Lage durch den Vorstand der KKL;
– Berichte aus den Landeskirchen;
– Bericht von Oberkirchenrätin *Koenig* / Berlin zur Vietnam-Reise mit Landesbischof *Hempel*;
– Reise- und Übersiedlungsmöglichkeiten (neue Verordnungen);
– Berufungen und Bestätigungen in kirchlichen Funktionen sowie
– weitere innerkirchliche und theologische Fragen.
Breiten Raum nahm innerhalb des Berichtes zur Lage, der von Oberkirchenrat *Ziegler* / Berlin im Auftrag des Vorstandes der KKL vorgetragen wurde, die Behandlung der Problematik der ADN-Meldung „Herr *Stolpe* und der Idealfall" ein.
Ziegler legte dabei die Auffassung des Vorstandes dar, daß die Veröffentlichung dieser ADN-Meldung nur mit den Veröffentlichungen anläßlich der Selbstverbrennung von Pfarrer *Brüsewitz* verglichen werden könne. Es sei seitdem das erste Mal, daß wieder so verfahren werde und man sich dermaßen im Ton vergreife. Noch komplizierter wer-

de die Beurteilung der Angelegenheit dadurch, daß der Staatssekretär für Kirchenfragen, Genosse *Löffler*, wie dieser ihm gegenüber in einem Gespräch ausdrücklich erklärt habe, von *Stolpe* die Zeitung „Die Welt" vom 10.1.1989 erhalten habe und in einem danach miteinander erfolgten Gespräch das von *Stolpe* gegebene Interview sehr gelobt habe. [12] In der dazu geführten Diskussion stellte sich die KKL geschlossen gegen die ADN-Meldung und versicherte Konsistorialpräsident *Stolpe* dabei ihre Unterstützung. Übereinstimmend wurde festgestellt, daß es notwendig sei, dagegen etwas zu unternehmen.

Konsistorialpräsident *Stolpe* erklärte in der Diskussion, daß er seinerseits nichts unternehmen und einfach zur Tagesordnung übergehen werde. Allerdings sei er bereits mehrfach von Westmedien bedrängt worden, zu dieser ADN-Meldung Stellung zu nehmen. Er erläuterte weiterhin, daß die Interviews mit ihm, die in jüngster Zeit veröffentlicht wurden, jedoch von ihm zu unterschiedlichen Zeitpunkten gegeben worden seien. So habe er z.B. das Interview mit der „Welt" bereits im Dezember gegeben, während das ZDF-Interview ganz kurzfristig zustande gekommen sei.

Oberkonsistorialrat *Harder* / Greifswald verwies in der Diskussion besonders auf die Passage der ADN-Meldung, wonach *Stolpe* sich nach der Devise „Hauptsache, es bleibt dabei etwas Schlechtes an der DDR hängen" äußere. Durch den Autor der Meldung seien hier wohl doch die Verdienste *Stolpes* um die Anerkennung der DDR und der Schaffung eines positiven Bildes von ihr im Ausland bis zum heutigen Tag übersehen worden.

In ironisierender Weise äußerte Konsistorialpräsident *Kramer* / Magdeburg, daß man mit *Stolpe* eine „zielgerichtete Blickfeldarbeit gemacht" habe. Er werde „wohl jetzt zum Vorbild und Sprecher für alle Oppositionellen". „Der Artikel sei jedoch ein Rückfall in die Zeit der 50er Jahre", und zwar so, „wie es vor 1954 üblich gewesen" sei.

Landesbischof *Stier* / Schwerin erklärte, daß dieser Artikel die „zur Zeit herrschende antioptimistische Stimmung und Situation in der DDR weiter verstärkt" habe.

Oberkonsistorialrat *Völz* / Görlitz hob hervor und wurde darin durch die übrigen KKL-Mitglieder unterstützt, daß er empört sei über die Formulierung im ersten Satz der Meldung: „... ein Konsistorialpräsident, wie er in Springers ‚Welt' genannt wird ...". Er frage sich, was ein solcher Einschub bedeuten solle. *Stolpe* sei Konsistorialpräsident, daran gebe es nichts zu bestreiten, und staatlicherseits habe es ja auch nie eine Auseindersetzung wegen der kirchlichen Titel gegeben. Im Gegenteil, staatliche Stellen überstürzten sich geradezu im Gebrauch der kirchlichen Titel und Amtsbezeichnungen. Hier würde versucht, den Eindruck zu erwecken, als ob durch die „Welt" oder durch *Stolpe* dieser Präsidententitel zu Unrecht geführt werde. [13]

Oberkirchenrat *Große* / Eisenach vertrat die Auffassung, daß diese Meldung „nach hinten losgehe". Zum einen erfordere sie geradezu die Weitergabe des „Welt"-Interviews, und zum anderen würde die Popularität von *Stolpe* damit steigen und nicht etwa fallen, denn „wer im ND negativ genannt werde, kann es sich als Ehre anrechnen" und nicht etwa zu seinem Schaden.

Im Ergebnis der Diskussion wurde die Auffassung der KKL einmütig bestätigt, daß der Versuch, mit derartigen Mitteln staatlicherseits Kirchenpolitik betreiben zu wollen, entschieden zurückzuweisen ist. Daher wurde eine Protesterklärung der KKL formuliert und einstimmig bestätigt, in der es u.a. heißt, daß die KKL über „die Art und Weise der Meldung befremdet" sei, da die betreffenden „Unterstellungen und Andeutungen ... durch Tatsachen nicht gedeckt" seien und diese „Konsistorialpräsident *Stolpe* offensiv diskreditieren sollen". Betont wird in der Erklärung weiterhin die Haltung, daß „die Kirche von ihrem Auftrag her zu gesellschaftlichen Problemen Stellung nehmen muß". Festgelegt wurde durch die KKL, daß diese Erklärung am 16.1.89 über den Staatssekretär für Kirchenfragen an ADN weitergeleitet wird.

Durch das Staatssekretariat für Kirchenfragen, so informierte Oberkirchenrat *Ziegler* weiterhin, sei das Sekretariat des Bundes offiziell davon in Kenntnis gesetzt worden, daß alle ursprünglich zugesagten Teilnahmen von Vertretern staatlicher und gesellschaftlicher Gremien und Einrichtungen an den sogenannten Hearings zu Themen der Ökumenischen Versammlung und der Ergebnisse der Arbeit ihrer Arbeitsgruppen zurückgezogen seien. Einen Kommentar oder eine Begründung habe es dafür nicht gegeben.

Demgegenüber habe der Staatssekretär für Kirchenfragen, Genosse *Löffler*, die Darstellungen in der Pressemitteilung des Sekretariats des BEK zur letzten Tagung der KKL gelobt. Bedankt habe er sich allerdings nicht für die mit einem kritischen Tenor dort ebenfalls vorhandene Mitteilung der Absage der Sachgespräche. Genosse *Löffler* habe jedoch noch einmal betont, daß er zu dem angebotenen Pressegespräch kommen werde und auf jeden Fall zu allen Themen, mit Ausnahme des IX. Pädagogischen Kongresses, bereit sei.

Oberkonsistorialrat *Harder* / Greifswald verwies in diesem Zusammenhang darauf, daß infolge der Verbreitung der im Auftrag der KKL erarbeiteten Schulbuchanalyse Eingaben an den IX. Pädagogischen Kongreß zu erwarten seien und hier möglicherweise Rückfragen an die KKL bzw. an das Sekretariat des BEK erfolgen können. [14]

Im Blick auf die „nach wie vor laufenden Zensurmaßnahmen des Presseamtes" gegenüber den Kirchenzeitungen hob *Ziegler* besonders hervor, daß das Jahresendinterview mit dem Vorsitzenden der Konferenz der Evangelischen Kirchenleitungen (KKL), LB *Leich*, ebenso zensiert worden sei, wie die Darlegungen im Zusammenhang mit dem Thema der Sondertagung der KKL „Kirche und Gruppen" und dem Votum der KKL zum 40. Jahrestag der Verabschiedung der allgemeinen Erklärung der Menschenrechte.

Durch den Staatssekretär für Kirchenfragen sei mehrfach bei entsprechenden Gelegenheiten in der letzten Zeit die Frage des politischen oder gesellschaftlichen Mandates der Kirche gegenüber kirchenleitenden Amtsträgern angesprochen worden. Grundtenor seiner Ausführungen dazu sei jedesmal die Behauptung gewesen, daß es kein politisches Mandat der Kirche gebe. Einer Aussage von einem gesellschaftlichen Mandat der Kirche könne man gerade noch so zustimmen, weil sie nun mal im gesellschaftlichen Raum existiere. Nach Darstellung von Oberkirchenrat *Ziegler* habe Genosse *Löffler* weiterhin damit argumentiert, daß ein politisches Mandat der Kirche Machtausübung einschließe, diese aber allein beim Staat liege.

Oberkirchenrat *Ziegler* informierte die KKL weiterhin über den Besuch der Mitarbeiter des Staatssekretariates für Kirchenfragen, Dr. *Will* und Dr. *Handel*, vom 5.-7.12.1988 beim Ökumenischen Rat der Kirchen (ÖRK) in Genf. Durch die dortigen DDR-Mitarbeiter, wie z.B. den ehemaligen Leiter der Studienabteilung beim BEK, Dr. *Planer*, Friedrich[9], seien zum Besuch der beiden Mitarbeiter des Staatssekretariates recht umfangreiche und ausführliche Berichte gefertigt worden. In den Gesprächen von Dr. *Will* und Dr. *Handel* habe die Pressepolitik der DDR mehrfach eine Rolle gespielt und sei durch Mitarbeiter des ÖRK aus Lateinamerika und Afrika, in denen Militärdiktaturen an der Macht seien, mit der dort praktizierten Pressepolitik gleichgesetzt worden. Dies sei durch Dr. *Will* und Dr. *Handel* sehr wohl angenommen und verstanden worden.

Im Anschluß daran wies Oberkirchenrat *Ziegler* unter Bezugnahme auf die Problematik *Stolpe* und auf allgemeine kirchenpolitische Entwicklungen, wie sie in den Gesprächen zu allen Sachpunkten und Sachfragen mit dem Staatssekretär für Kirchenfragen und den Mitarbeitern seiner Dienststelle offenkundig werden würden, darauf hin, daß man derzeit „äußerste Wachsamkeit gegenüber Differenzierungsversuchen üben" müsse. [15]

Im Rahmen der Berichte aus den Landeskirchen informierte Bischof Dr. *Forck* / Berlin die KKL über die Entdeckung einer „Abhöranlage" im Arbeitszimmer von Pfarrer *Eppelmann* / Berlin im Dezember 1988. *Forck* teilte weiterhin mit, daß durch Kirchenleitung und Konsistorium die enstprechenden Maßnahmen eingeleitet und Strafanzeige erstattet wurde. Allen KKL-Mitgliedern übergab *Forck* die diesbezügliche schriftliche Mitteilung, die durch die Kirchenleitung der Evangelischen Kirche in Berlin-Brandenburg gefertigt worden war. Auf die Frage hin, ob es sich wirklich um eine „Abhöranlage" gehandelt habe, erklärte *Forck*, daß man Fotos davon Rechtsanwalt *Vogel* vorgelegt habe, der dies mit dem Hinweis, daß es sich um eine mindestens 10 Jahre alte Anlage handeln müsse, bestätigt habe.

Oberkirchenrat *Kirchner* / Eisenach informierte die KKL über die Probleme im Zusammenhang mit der Besetzung der Weimarer Stadtkirche am 4.12.1988 durch Antragsteller auf Übersiedlung und die jetzt am 9. / 10. Januar 1989 erfolgte Verhandlung und Verurteilung der Besetzer. Er übergab dazu an die KKL-Mitglieder eine schriftliche Mitteilung, die vom Landeskirchenrat der Evangelisch-Lutherischen Kirche in Thüringen für die Pfarrer in Thüringen erarbeitet wurde. *Kirchner* erklärte, daß es seitens des Landeskirchenrates keine Möglichkeit gegeben hätte, etwas gegen die Besetzung zu tun, da der zuständige Pfarrer, Superintendent *Reeder* / Weimar, zu spät informiert hätte. Nicht den Tatsachen würde entsprechen, daß Superintendent *Reeder* durch den Landeskirchenrat unter Druck gesetzt worden wäre, um ein Entgegnungsschreiben zum 21. Rundbrief von Landesbischof *Leich* zum Problem zu verfassen. Ihm sei lediglich untersagt worden, etwas über die beiden Pfarrer, die Kenntnis von der geplanten Kirchenbesetzung hatten, zu schreiben bzw. diese überhaupt zu erwähnen. Superintendent *Reeder* habe sich außerdem „dem Gespräch mit dem Landesbischof entzogen". Durch den Landeskirchenrat seien jedoch keinerlei disziplinarische Maßnahmen gegenüber Superintendent *Reeder* beabsichtigt. Auf eine entsprechende Anfrage erklärte *Kirchner*, daß es ihren Informationen zufolge keine körperliche Auseinandersetzung zwischen den Besetzern und Superintendent *Reeder*, sondern „lediglich

---

9   Richtig: Dr. Götz Planer-Friedrich.

kleinere Rangeleien" gegeben habe, „der Superintendent sei nicht ange-griffen worden". Durch den Landeskirchenrat ist beabsichtigt, mit den beiden Pfarrern, die von der geplanten Kirchenbesetzung Kenntnis hatten, Gespräche zu führen und sich von ihrer gezeigten Haltung zu distanzieren. Das Urteil sei nach Wertung von *Kirchner* sehr hart ausge-fallen. Die vorher kirchlicherseits vorgetragene Bitte um ein mildes Urteil sei aufgrund „einer Empfehlung höchster Stellen" nicht berück-sichtigt worden. [16]

Konsistorialpräsident *Kramer* / Magdeburg informierte die KKL über staatliche Maßnahmen im Bezirk Halle gegen die Vervielfältigung und den Vertrieb des Pamphletes „Blattwerk". Die Kirche habe Verständnis dafür, daß der Staat nicht immer nur reden, sondern gegebenenfalls auch handeln müsse. Damit befinde man sich jedoch in der Zwick-mühle, da es einerseits den Druck durch die Gruppen gebe und ande-rerseits der staatliche Druck bestehe und man es nicht beiden Seiten recht machen könne. Die Kirchenleitung der Evangelischen Kirche der Kirchenprovinz Sachsen wolle jedoch auch weiterhin die Angelegen-heit in Halle nicht dramatisieren.

Unverständnis äußerte *Kramer* darüber, daß der Limex-Bau in Halle-Silberhöhe gestoppt worden sei, auch wenn sicherlich Baukapazitäts-gründe dafür ursächlich verantwortlich seien.

Unitätsdirektor *Müller* / Herrenhut teilte der KKL mit, daß die Be-steuerung der Herrenhuter Bruderunität staatlicherseits verändert wor-den sei. Damit habe man der kirchlichen Bitte entsprochen und die Voraussetzung geschaffen, daß der Betrieb jetzt mit Gewinn arbeiten könne.

Oberkirchenrätin *König* / Berlin informierte die KKL über eine ge-meinsame Reise mit Landesbischof *Hempel* 1988 nach Vietnam. Sie hob die deutlich sichtbaren Unterschiede im Entwicklungsstand zwi-schen dem Norden und dem Süden Vietnams hervor und erklärte, daß Vietnam in besonderem Maße allseitiger materieller Unterstützung be-dürfe. Hier sei auch die evangelische Kirche in der DDR gefordert. Übereinstimmung wurde in der KKL dazu erzielt, daß noch in diesem Jahr eine kirchliche Aktion zur Unterstützung Vietnams notwendig sei.

Auf die Haltung der KKL zur neuen Reiseverordnung wird im geson-derten Abschnitt dieser Rückflußinformation eingegangen.

Durch die Konferenz wurde der Beschluß verfaßt, „zur Intensivierung der theologischen Arbeit auf dem Gebiet ‚Kirche und Judentum' und zur Förderung des christlich-jüdischen Gesprächs" einen wissenschaft-lichen Arbeitskreis „Kirche und Judentum" zu bilden. Der Arbeits-kreis soll aus 8 Mitgliedern bestehen, die vom Vorstand der KKL für den Zeitraum von 5 Jahren berufen werden sollen.

Als vorgesehene Aufgabenstellung wurde u.a. festgelegt: [17]
– Mitarbeit bei Planung und Durchführung von Fachtagungen;
– Beratung kirchlicher Leitungsgremien;
– Gesprächspartner für entsprechende Gremien der EKD und der VELKD;
– Unterstützung und Förderung des christlich-jüdischen Dialoges auf internationaler Ebene;
– Förderung der Publizierung von wissenschaftlich-theologischer Li-teratur über das Judentum und den christlich-jüdischen Dialog in der DDR.

Darüber hinaus wurde eine Vielzahl weiterer innerkirchlicher und theologischer Fragen, wie z.b. Stipendienordnung, Prüfungsordnung für Gemeindepädagogen, Geschäftsordnung des Sekretariates des BEK, Pfarrerdienstgesetz, Änderung der Vergütungstabelle für kirchliche Mitarbeiter, Bundesgesetz zur Theologenausbildung etc., behandelt. Aus Gründen strengsten Quellenschutzes ist keine offizielle Auswertung der Information möglich. [18]

Ausgehend von den Erfahrungen bei der Vorbereitung und Durchführung kirchlicher Großveranstaltungen im Jahre 1988 wurde innerhalb der ELLKMs eine „Vorbereitungsgruppe für Großveranstaltungen" gebildet. In der ersten Beratung dieses Gremiums wurden Gedanken geäußert und dokumentiert, die zur Erhöhung der Massenwirksamkeit und Ausstrahlung der Veranstaltungen führen sollen. Dazu gehören
– die „Entreligiösierung" der Veranstaltungen, um auch solche Personenkreise anzusprechen, die noch keine Bindung zur Kirche haben;
– die Wahl geeigneter Veranstaltungsräume bzw. Objekte, wie z.B. Freilichtbühnen und Turnhallen;
– die Einbeziehung eines „Fachberaters" in die Vorbereitungsphase;
– eine langfristige und ansprechende Werbung für die Veranstaltungen.
Bis Ende März 1989 war die Erarbeitung und Verabschiedung eines verbindlichen Dokumentes zur Organisierung und Durchführung kirchlicher Großveranstaltungen vorgesehen. Deren Inhalt muß bei der Konzipierung politisch-operativer Sicherungsmaßnahmen beachtet werden.
Das vom Bezirksvorstand der CDU am 23.1.1989 organisierte Güstrower Schloßgespräch fand unter kirchlichen Amtsträgern wenig Resonanz. Die Landessuperintendenten sagten generell mit Hinweis auf terminliche Schwierigkeiten ab. Die Pastorin *Bräutigam* beantwortete die Einladung der CDU mit der ADN-Meldung über Konsistorialpräsident Stolpe und der Bemerkung „Mein Diskussionsbeitrag".
In der Sekte „Zeugen Jehovas" wurden in den zurückliegenden Monaten übereinstimmende Informationen zur
– verstärkten Werbetätigkeit;
– Intensivierung des Bibelstudiums;
– Einschleusung von Druckerzeugnissen aus der BRD sowie zur
– Beeinflussung von Mitgliedern zur Teilnahme an den in der BRD und WB stattfindenden Bezirkskongressen erarbeitet. [19]
Die Aktivitäten der ZJ-Funktionäre sind insgesamt auf eine Mobilisierung der Mitgliedschaft entsprechend der Forderungen der Zentrale in Selters / Taunus gerichtet. Die Wirksamkeit dieser Aktivitäten konnte erfolgreich mit strafprozessualen und politisch-operativen Maßnahmen gegen einzelne Funktionäre vermindert werden.
In den zurückliegenden Wochen konnte der innerkirchliche Differenzierungs- und Polarisierungsprozeß im Verantwortungsbereich der BV Schwerin durch zielgerichtete Nutzung der Erfolge und Ergebnisse sozialistischer Innen- und Außenpolitik sowie einiger das Staat-Kirche-Verhältnis belastender Aktivitäten kirchlicher Mitarbeiter, Exponenten des politischen Untergrundes und Basisgruppen weiter forciert und positiv beeinflußt werden. Das ist hinsichtlich der bevorstehenden 3. Tagung der XI. Ordentlichen Landessynode von entscheidender Bedeutung.
Einen Schwerpunkt der offensiven Maßnahmen bildete das konzeptio-

nell vorbereitete und am 16.2.1989 durchgeführte Gespräch des leitenden Mitarbeiters für Kirchenfragen des Rates des Bezirkes mit dem Präsidenten des OKR der ELLKMs, Peter *Müller*, zu Problemen, die für die weitere Gestaltung der Staat-Kirche-Beziehungen im Territorium von Bedeutung sind. Zu den Gesprächseinheiten gehörten u.a.
– das gegen Lietz und Heydenreich wegen Herstellung und Verbreitung von Druckerzeugnissen („Friedensnetz") ohne staatliche Genehmigung eingeleitete Ordnungsstrafverfahren;
– die Verletzung zollrechtlicher Bestimmungen durch den Archivar des OKR *Piersig*;
– der Mißbrauch der wöchentlichen Friedensgebete im Dom durch Antragsteller auf ständige Ausreise sowie
– Fragen / Probleme zur Vorbereitung der 3. Tagung der XI. Ordentlichen Landessynode.
Es kann eingeschätzt werden, daß dieses Gespräch zur Verbesserung des Staat-Kirche-Verhältnisses im Territorium, zur Klarstellung der staatlichen Erwartungshaltung und zur Stärkung der loyalen Position des OKR-Präsidenten beigetragen hat. [20]
Im Zusammenhang mit der Vorbereitung des VIII. Schweriner Öko-Seminars ist festzustellen, daß kirchenleitende Amtsträger in Übereinstimmung mit der staatlichen Erwartungshaltung organisierend und reglementierend eingreifen und Festlegungen treffen, die den Mißbrauch kirchlicher Räume für feindlich-negative Aktivitäten und Belastungen des Staat-Kirche-Verhältnisses im Territorium, aber auch einen Mißerfolg der Veranstaltung wegen organisatorischer Pannen vorbeugend verhindern sollen.
So legte z.B. der OKR Dr. Eckart *Schwerin* fest, daß
– LS de Boor mit dem zuständigen Pfarrer der katholischen St.-Andreas-Gemeinde die notwendigen und bisher nicht erfolgten Absprachen bezüglich der Nutzung der Räumlichkeiten dieser Gemeinde für das Öko-Seminar führt;
– Pastor Rietzke das gesamte Öko-Seminar begleitet und an beiden Tagen präsent ist;
– nach dem Seminar mit allen verantwortlichen kirchlichen Amtsträgern und der Beleites ein Gespräch durchgeführt wird, in dem in Auswertung des VIII. Öko-Seminars verbindliche Festlegungen über die Verantwortlichkeiten und notwendige Aktivitäten zur Vorbereitung und Durchführung künftiger Veranstaltungen getroffen werden und über Struktur sowie Arbeitsweise der Öko-Gruppe eine Verständigung erfolgen soll.
Dr. Eckart Schwerin wurde am 4.2.1989 auf der Sitzung der Kirchenleitung der ELLKMs zum „ordentlichen Oberkirchenrat" mit Wirkung vom 1.2.1990 gewählt. Damit erhielt er die Berechtigung, bis zum Jahre 2002 eine leitende Tätigkeit in der ELLKMs auszuüben. Gleichzeitig erfolgte dadurch eine Stabilisierung seiner Position innerhalb der Kirchenleitung, in der er künftig eine beschließende Stimme besitzen wird.
Die Reaktionen auf den erfolgreichen Abschluß des KSZE-Nachfolgetreffens von Wien sind im kirchlichen Bereich überwiegend positiv. In diesem Zusammenhang ist auf den Entwurf einer „Stellungnahme der KKL" zum „Stand der Bemühungen um Sicherheit, Zusammenarbeit und humanitäre Fragen in Europa" zu verweisen, der auf der planmäßigen Tagung der Konferenz der Evangelischen Kirchenleitungen in

der DDR vom 10.-12.3.1989 beraten werden soll. [21] Mit diesem Entwurf wird eine durchgehend zustimmende Haltung zu den Ergebnissen des KSZE-Folgetreffens eingenommen und die weitere Begleitung und Förderung des KSZE-Prozesses durch den BEK in der DDR zugesichert. Die Kirchengemeinden werden gebeten, sich über die Ergebnisse des Wiener Treffens zu informieren und „mit konkreter Sacharbeit an dem europäischen Friedensprozeß teilzunehmen". Die „Bemühungen der Kirchen und Christen, im gesamtgesellschaftlichen Prozeß der DDR in seiner Dialektik von Kontinuität und Wandlung mitzuwirken", werden als ein „notwendiger Beitrag zur Friedenssicherung in Europa" charakterisiert. In dem Entwurf heißt es in diesem Zusammenhang:

„... Je besser es gelingt, in einer ökonomisch und politisch stabilen Deutschen Demokratischen Republik Dialog und Toleranz zu praktizieren, den Streit unterschiedlicher Meinungen zu Einzelfragen konstruktiv zu führen und gemeinsame Lösungen für anstehende Probleme zu finden, um so wirksamer können wir den KSZE-Prozeß unterstützen ..."
Der Staatsführung der DDR wird dafür Dank gesagt, „daß sie den Prozeß der Sicherheit und Entspannung, besonders auch ihre Dialogbemühungen, gefördert hat ..."

Die 1988 realisierten politisch-operativen und polizeilichen Maßnahmen gegen größere rechtswidrige Zusammenkünfte der „Zeugen Jehovas" im Verantwortungsbereich trugen wirksam zur Verhinderung öffentlichkeitswirksamer Aktivitäten und Disziplinierung größerer Kreise von Angehörigen dieser Organisation bei. Bewährt haben sich dabei die konsequent und regelmäßig durchgeführten Disziplinierungs- und Zersetzungsgespräche mit ausgewählten Funktionären der „Zeugen Jehovas".
Inoffiziell wurde erarbeitet, daß die Feindzentrale verstärkte Anstrengungen unternimmt, ihren Einfluß auf die Mitglieder, vor allem aber die Funktionäre der „Zeugen Jehovas", in unserem Verantwortungsbereich weiter zu erhöhen. Erste Wirkungen zeigen sich u.a. in einer Zunahme der Werbetätigkeit und der Durchführung zusätzlicher Zusammenkünfte, und es gibt Bestrebungen einzelner Funktionäre zur zahlenmäßigen Erweiterung der Studiengruppe (bis 12 Mitglieder) und Organisierung von größeren Zusammenkünften (wenigstens zwei Studiengruppen) zur Auswertung von Kreis- und Bezirkskongressen, Dia-Ton-Vorträgen sowie zum Gedächtnismahl. [22]
Für 1989 wurde inoffiziell bekannt, daß die Feindzentrale die „Zeugen Jehovas" darauf orientiert, die Monate Februar und März, in Vorbereitung des Gedächtnismahles, zu verstärkten öffentlichen Werbeaktionen zu nutzen und das Gedächtnismahl selbst, wie bereits festgestellt, im größeren Kreis zu begehen.
Durch die überörtlichen Funktionäre (Gebietsaufseher) des Verantwortungsbereiches wurden bisher noch keine konkreten zusätzlichen Anweisungen herausgegeben.
Auf der Grundlage unserer Erfahrungen und Erkenntnisse über die Durchführung operativer Maßnahmen anläßlich des Gedächtnismahles in den zurückliegenden Jahren wird vorgeschlagen, im Zusammenhang mit dem 22.3.1989 folgende Maßnahmen durchzusetzen:
1. Zielgerichteter IM-Einsatz zur Aufklärung rechtswidriger Aktivitäten der „ZJ" im Vorfeld des Gedächtnismahles und daraus ableitend

Realisierung zielgerichteter Maßnahmen zur vorbeugenden Verhinderung größerer Zusammenkünfte der „ZJ" am 22.3.1989.
2. Bei den laufenden Disziplinierungs- und Zersetzungsgesprächen mit Funktionären und besonders aktiven Angehörigen der „ZJ" muß mit Konsequenz und Nachdruck auf die Unterbindung massen- und öffentlichkeitswirksamer Aktivitäten, wie Werbeaktionen, hingewirkt werden. Um die Wirksamkeit und Breitenwirkung der Gespräche zu erhöhen, sind diese verstärkt vor dem Gedächtnismahl durchzuführen.
3. Durchführung konspirativer Kontroll- und Überwachungsmaßnahmen an bekannten Trefforten und zu bekannten Funktionären der „ZJ" am Tage des Gedächtnismahles (22.3.1989) bzw. im Zeitraum der Vorbereitung.
4. Bei Feststellung öffentlicher Werbeaktivitäten und größerer rechtswidriger Zusammenkünfte von „Zeugen Jehovas" im Vorfeld des Gedächtnismahles werden polizeiliche Maßnahmen auf der Grundlage der Verordnung über die Gründung und Tätigkeit von Vereinigungen vom 6.11.1975 (GBL I, Nr. 44, S. 723) differenziert gegen Organisatoren und Teilnehmer realisiert. Schwerpunkt wird auf die Verhinderung bzw. Unterbindung der Werbeaktivitäten in den Monaten Februar und März gelegt.
Weitere konkrete personen- und sachverhaltsbezogene Aufgabenstellungen wurden den betreffenden Kreisdienststellen per FS zugeschickt.
[23]

Angriffe feindlich-negativer Kräfte auf die Kommunalwahlen
Zum gegenwärtigen Zeitpunkt liegen bereits eine Reihe von Informationen vor, daß feindlich-negative Kräfte des Verantwortungsbereiches und überregionale Kräfte Aktivitäten entwickeln bzw. planen mit dem Ziel, die Veranstaltungen in Vorbereitung und Durchführung der Kommunalwahlen zu stören oder Kandidaten aus den Reihen der „Basisgruppen" vorzuschlagen.
Durch die in Berlin, Hauptstadt der DDR, ansässigen Friedens- und Öko-Gruppen
– Initiativgruppe „Absage an Praxis und Prinzip der Abgrenzung"
– Friedenskreis der Bartholomäus-Gemeinde
– Friedenskreis der Golgatha-Gemeinde
– Projektgruppe Ökologie-Menschenrechte der „Arche"
wurde mit Datum vom 08.01.1989 ein „Brief an Christen in der DDR und ihre Gemeindevertreter zu den Kommunalwahlen 1989" in Umlauf gebracht, in dem, abgeleitet aus den Reden des Generalsekretärs des ZK der SED und des Gen. Werner Kirchhoff auf der 7. Tagung des ZK der SED, die Verfasser dazu aufrufen, daß Friedens- und Umweltgruppen aus ihrer Mitte Kandidaten für die Kommunalwahlen am 7. Mai 1989 aufstellen. Diese Maßnahme zielt darauf ab, die gesetzlichen Möglichkeiten zu nutzen, „um einen Schritt zur Überwindung der inneren Abgrenzung des staatlichen Machtsystems gegen eigenständige Verantwortung der Bürger zu tun".
Die Kandidaten sollen sich bei den zuständigen Mandatsträgern eine Bescheinigung über ihre Wählbarkeit einholen und danach aktiv an Wahlveranstaltungen der Ortsausschüsse der NF teilnehmen. Die Mitwirkung solcher „unabhängiger Abgeordneter" in den Volksvertretungen soll dann auf mehr „Gerechtigkeit, Freiheit und Menschenwürde in der DDR" gerichtet sein und insbesondere auf

– die Offenlegung und Beseitigung von Problemen der Versorgung, der Umweltvergiftung, des baulichen Verfalls, der Sozial- und Gesundheitsfürsorge, des Umgangs mit Ausländern, des Alkoholismus etc.;
– die Aufdeckung und Verfolgung angeblicher Fälle von „Behördenwillkür, Korruption und Begünstigung";
– die Ermöglichung eines „offenen und öffentlichen Dialogs über Weg und Ziel unserer Gesellschaft";
– die Bildung „eigenständiger Interessengruppen und Bürgerinitiativen";
– mehr Initiative der Ausschüsse der örtlichen Volksvertreter „gegenüber" den Räten abzielen. [24]
Der Friedenskreis der Erlösergemeinde Berlin hat einen Aufruf zur Unterstützung der Kommunalwahlen republikweit verbreitet, mit dem die Bürger ermutigt und aufgefordert werden, „bewußter von dem Grundrecht der Mitbestimmung und Mitgestaltung unserer Volksvertretungen Gebrauch zu machen".
Bezugnehmend auf die Aussage Erich Honeckers auf der 7. Tagung des ZK der SED, daß wir nicht nur von Demokratie reden, sondern sie auf sozialistischer Grundlage entfalten, regen die Verfasser des Aufrufes an, „Erich Honecker beim Wort zu nehmen und ihn tatkräftig zu unterstützen".
Zur weiteren Entfaltung der Demokratie sei nach Meinung der Verfasser eine „Diskussion zum Wahlgesetz" erforderlich, zu der konkrete Vorschläge und Anregungen unterbreitet wurden, aus denen unschwer zu erkennen ist, daß Veränderungen des bestehenden Wahlsystems angestrebt werden.
Der Aufruf enthält ferner Aufforderungen zur
– Einsichtnahme in die Wählerlisten und Wahrnehmung des Einspruchsrechts
– Teilnahme an der Wahl auch ohne Wahlbenachrichtigung (z.B. Antragsteller auf ständige AR, Haftentlassene)
– aktiven Teilnahme an Wahlveranstaltungen und der Stimmauszählung
– Befragung des Vorsitzenden der Wahlkommission zur Wahldurchführungsbestimmung
sowie die Anregung, in Vorbereitung künftiger Wahlen zu prüfen, ob auf der Grundlage der Verfassung und der Verordnung über die Gründung und Tätigkeit von Vereinigungen „eine oder mehrere Vereinigungen zu schaffen sind, die in der Lage sind, eigene Kandidaten für Volkskammer- und Kommunalwahlen aufzustellen und zu tragen".
Die im Verantwortungsbereich der BV Schwerin ansässigen Exponenten des politischen Untergrundes, reaktionäre kirchenleitende und kirchliche Amtsträger, Mitglieder von kirchlichen Friedens-, Menschenrechts-, Öko- und anderen Basisgruppen sowie feindlich-negative Kräfte unter den Antragstellern auf ständige Ausreise handeln im wesentlichen in Übereinstimmung mit den o.g. „Anregungen" aus Berlin nach der Devise „Störung der Wahlen durch aktive Teilnahme".
Bereits auf dem unter Leitung von Heiko Lietz Anfang Dezember 1988 in Warin durchgeführten „Menschenrechtsseminar" wurde von den anwesenden PUT-Exponenten als „Wahlstrategie"
– Teilnahme an den Wählerforen und Aufwerfen von „unbequemen Fragen"

– unbedingte Teilnahme an den Wahlen auch dann, wenn keine Wahlbenachrichtigung vorliegt, [25]
– Streichung der von der NF aufgestellten Kandidaten einzeln
– Teilnahme an der öffentlichen Stimmauszählung und Kontrolle des Wahlergebnisses festgelegt.
Besondere Angriffe richten sich gegen den stellv. OB der Stadt Schwerin. Mit Schreiben vom 25.2.1989 meldeten die Personen Dr. *Beier*, Rolf, Wismar; *Blanck*, Manfred, Schwerin; Dr. *Weist*, Sigrid, Schwerin; *Neumann*, Kurt, Warin; *Thiel*, Thomas, Schwerin; *Pein-Kueja* [?], Michael, Leipzig; Dr. *Reiter*, Arthur, Schwerin; *Kuhn*, Winfried, Halle; Dr. *Möller-Titel*, Friedrich, Schwerin; *Schönherr*, Matthias; Halle; Dr. *Zentek*, Klaus, Berlin; *Daske*, Holger, Kreis Wismar beim MdI die beabsichtigte Gründung des Vereins „Pro humanitas" an.
Die Verfasser verweisen darauf, daß sie die Anregung zur beabsichtigten Vereinsgründung durch den Abteilungsleiter für Innere Angelegenheiten beim Rat des Bezirkes Schwerin sowie die Konstituierung des Arbeitsausschusses der „Freidenker" erhalten haben und berufen sich auf gesetzliche Bestimmungen der DDR sowie das von der DDR unterzeichnete abschließende Dokument des Wiener KSZE-Folgetreffens. Die in diesem Schreiben enthaltene Mitteilung des Vereins wird in einer der SVZ und ADN-Bezirksredaktion am 27.2.1989 zugeleiteten „Presseinformation" mit nachfolgendem Wortlaut zusammengefaßt:

Initiative zur Bildung des Vereins „Pro humanitas"
Durch Persönlichkeiten aus den Bereichen der Medizin, der Geisteswissenschaften, durch Juristen und Kulturschaffende wurde am 25.2.1989 die Anmeldung einer beabsichtigten Vereinsgründung des Vereins „Pro humanitas" vorgenommen. Die Antragsteller erklärten einmütig, daß sie mit dieser Antragstellung ein wesentliches soziales und politisches Menschenrecht wahrnehmen. Das Ziel ihrer Initiative bestehe darin, den Antragstellern auf ständige Ausreise für den Zeitraum der Antragstellung Lebenshilfe in komplizierten Lebenssituationen, insbesondere durch psychische und rechtliche Beratung und Unterstützung, zu geben. Der Verein will eine Möglichkeit schaffen, alle Fragen und Probleme des Lebens in vielfältigster Form zu diskutieren und die Frage nach dem Sinn des Lebens und der daraus abzuleitenden Lebenspraxis für den Zeitraum der Antragstellung im Sinne einer optimistischen Lebenshaltung zu klären. [...] Bei der Anmeldung der beabsichtigten Vereinsgründung wird davon ausgegangen, daß die große Zahl der Antragsteller auf ständige Aus- [28] reise und deren territoriale Verteilung eine republikoffene Vereinsgründung und die Gliederung in Bezirkssektionen rechtfertigen.
In einem Anschreiben zu dieser Presseinformation wird den Empfängern in lakonischer Weise mitgeteilt, daß sie „nach Bestätigung aller Formalitäten selbstverständlich zu den dazu erforderlichen Pressekonferenzen" eingeladen werden.
Die Unterzeichnenden des Schreibens an das MdI repräsentieren verschiedene regionale und überregionale Gruppierungen, die ihre Aktivitäten offensichtlich miteinander abstimmen und durch die beabsichtigte Vereinsgründung DDR-weit koordinieren wollen. In diesem Zusammenhang ist zu beachten, daß durch eine um den o.g. Dr. Reiter bestehende Gruppierung von AstA bereits am 17.2.1989 der Schweriner

Stadtkonvent um Bereitstellung kirchlicher Räumlichkeiten zur Durchführung von Zusammenkünften der „Antragsteller" ersucht wurde. Neben den dargestellten Angriffen gegen einen störungsfreien Verlauf der Kommunalwahlen sind in verstärktem Maße auch Zuschriften an die SVZ zu registrieren. So wurde mit Datum vom 26.1.1989 mit dem pseudonymen Absender W. Köhler, 2753 Schwerin, Lessingstraße eine als Leserbrief getarnte Zuschrift an die „SVZ-Lokalredaktion Schwerin" gesandt. Der Verfasser gibt vor, im Auftrag seines Arbeitskollektives zu handeln und führt in 10 Punkten Probleme zur Versorgungslage, des Bereiches Sport, der Dienstleistungen usw. an, wobei er in den einzelnen Punkten zu Angriffen gegen Funktionäre und die gesellschaftlichen Verhältnisse in der DDR übergeht. [29]

Haltung der Kirchen der DDR, kirchenleitender und kirchlicher Amtsträger zur RVO vom 30.11.88
Die Konferenz der Evangelischen Kirchenleitungen der DDR befaßte sich am 13. / 14.1.1989 auf ihrer 121. Tagung mit der RVO vom 30.11.88 und stellte fest, daß mit den Neufestlegungen vielen kirchlichen Forderungen entsprochen wurde, es bliebe aber abzuwarten, wie dazu praktische Handhabungen erfolgen werden. Es wäre aber schon jetzt zu beobachten, daß mit den Festlegungen eine Einschränkung der Reisemöglichkeiten erfolgt sei, da der durch die bisherige Praxis doch recht weite Ermessensspielraum jetzt wegfalle. Der humanitäre Bereich als Begründung für ständige Ausreisen sei zwar erweitert worden, aber für die meisten AStA sei mit dieser Verordnung nichts mehr zu machen, um auf legalem Wege in die BRD zu gelangen. Mit der neuen Verordnung sei deshalb der „Zündstoff" nicht beseitigt, und es könne nach wie vor zu „Handlungen und Demonstrationen" kommen, da absehbar sei, daß auf behördlich legalem Wege nach einer Ablehnung nichts mehr zu machen sei.

Im Gegensatz zu dieser loyalen und realistischen Haltung zur RVO äußerten sich kirchenleitende und kirchliche Amtsträger der ELLKMs ablehnend, indem sie, wie z.B. Landesbischof Stier, von Ehe-, Familien- und Verfassungsfeindlichkeit und Spaltung der Bevölkerung der DDR in Schichten der „Privilegierten" und „Neidvollen" sprechen. Die „Verfassungsfeindlichkeit" wird damit begründet, daß die Reisemöglichkeiten von der Existenz verwandtschaftlicher Beziehungen in das NSA abhängig sind und somit dem Grundsatz der Gleichheit aller Bürger unseres Staates widersprechen.

Die Meinung vieler Pastoren zur Reiseverordnung bringt z.B. Fridolf Heydenreich in seiner Eingabe vom 9.2.1989 an den Staatsrat der DDR zum Ausdruck. In dieser Eingabe, die auch der 3. Tagung der XI. Ordentlichen Landessynode der ELLKMs zugeleitet wurde, heißt es: „Diese Reise-Verordnung, die auf den ersten Blick hin ein Fortschritt zu sein schien und es für einige Bürger durch die jetzt dargelegte Rechtssituation wohl auch nach wie vor ist, wirkt sich durch die Handhabung der Behörden inzwischen als recht verhängnisvoll aus und führt zu starker Verbitterung in großen Teilen der Bevölkerung. Daß die Verwandten des Ehepartners, die vor dem 30.11.88 die Verwandten beider Ehepartner waren, jetzt nach dem 30.11.88 nicht mehr die Verwandten des angeheirateten Ehepartners sein sollen – das ist nicht zu verstehen. Diese so veränderte Auslegung führt zu großem Zorn bei vielen der Betroffenen – einem Zorn, der unserem Land ge-

genwärtig nur schaden kann. Juristisch gesehen ist diese Regelung für viele eine Entgleisung und ein Rückfall in altgermanisches Blutdenken. Juristisch gesehen ist diese Regelung für mich ein Verstoß gegen Geist und Sinn von Artikel 2, Absatz 1 der Verfassung der DDR von 1968:
– Hier wird nicht nach der Meinung der Werktätigen gefragt – geschweige denn die Macht durch sie ausgeübt –, sondern ihnen [30] eine Verordnung um die Ohren geschlagen, deren Auslegung und Handhabung durch die Behörden ihren Zorn weckt.
– Hier steht nicht der Mensch im Mittelpunkt aller Bemühungen, sondern das Interesse einer relativ kleinen Gruppe innerhalb unseres Staates.
– Hier wird das gesellschaftliche System des Sozialismus nicht vervollkommnet, sondern beleidigt.
Der häufig geäußerte Devisenmangel als Grund für die nur begrenzten Reisemöglichkeiten ist m.E. ein sehr fadenscheiniges Argument, da die meisten Westreisenden mehr Devisen bei der Einreise / Rückkehr mitbringen, als sie mit rausgenommen haben. Und über die Intershops kommt der Staat an dieses Geld wieder ran. Also – je mehr Leute reisen, um so mehr Devisen kommen ins Land.
Ich bitte hiermit im Sinne der Verfassung und im Interesse vieler Bürger der DDR um eine Korrektur bei der Anwendung dieser Verordnung durch die Behörden, daß die Verwandten des einen Ehepartners auch die Verwandten des angeheirateten Ehepartners sind, wie es ja vor dem 30.11.88 in der DDR eine Selbstverständlichkeit war, und daß damit auch wieder Eheleute gemeinsam reisen können, wie es ja auch schon mal fast selbstverständlich war für viele. Mit der jetzigen Praxis machen sich unsere Behörden unbeliebt bei den Betroffenen und lächerlich bei denen, die nicht betroffen sind. Beides kann uns aber nur schaden. Deshalb bitte ich um eine schnelle Korrektur bei der Anwendung dieser Verordnung."
Die katholische Kirche nimmt zur Reiseverordnung eine ablehnende Haltung ein. In einem Brief der Berliner Bischofskonferenz vom 12.1.1989 an den Ministerpräsidenten der DDR heißt es diesbezüglich:
„Mit Betroffenheit müssen wir Bischöfe nun erfahren, daß die Verordnung über Reisen von Bürgern nach dem Ausland neben den anerkannten positiven Regelungen eine neue Problemlage schafft. Die erhebliche Einschränkung im Vergleich mit der bisherigen Genehmigungspraxis der zuständigen staatlichen Organe beim Besuch von Verwandten wird zunehmend zu einer Quelle der Erregung, Entmutigung und Resignation. Es ist zu befürchten, daß die Handhabung der Verordnung in der restriktiven Auslegung verwandtschaftlicher Beziehungen, die im Gegensatz steht zu dem bisher üblichen Verfahren, zu neuen Anträgen auf Entlassung aus der Staatsbürgerschaft führen kann. Eine Regelung, die den Menschen dienen möchte, wird auszugehen haben von den gelebten verwandtschaftlichen Beziehungen, wie sie sich in unserem Kulturkreis und in unserer Gesellschaft herausgebildet haben. In diesem Sinne ist es für das allgemeine Bewußtsein eine Selbstverständlichkeit, daß z.B. zu dem Ehegatten des Onkels oder der Tante familiäre und somit verwandtschaftliche Beziehungen bestehen. Eine ausschließlich juristische Sicht familiärer Beziehungen in der Begrifflichkeit, wie sie das Familiengesetzbuch in [31] § 79 verwendet, wird dieser Realität nicht gerecht. Es besteht vielmehr die Gefahr, daß das Positive dieser Verordnung vom 30.11.88 angesichts jüngster Erfahrun-

gen nicht angemessen gewürdigt wird ... Darum ersuche ich Sie im Namen der Mitglieder der Berliner Bischofskonferenz, die getroffene Regelung für die Reisen nach dem Ausland hinsichtlich der zur Antragstellung berechtigenden verwandtschaftlichen Beziehungen einer Überprüfung zu unterziehen mit dem Ziel, im Interesse der Pflege familiärer Beziehungen und aus humanitären Gründen eine Veränderung – im Sinne der Beibehaltung der bisher praktizierten Verfahrensweisen – vorzunehmen."

Auch die Exponenten der politischen Untergrundtätigkeit, Organisatoren der kirchlichen Ökologiebewegung und feindlich-negative Kräfte unter den Antragstellern auf ständige Ausreise äußern sich ablehnend zur neuen Reiseverordnung, wobei im wesentlichen die bereits genannten Argumente der Kirchen und ihrer Amtsträger Verwendung finden und von Unmenschlichkeit, Verletzung der Menschenrechte, Verfassungsfeindlichkeit, Ungesetzlichkeit die Rede ist.

In einem anonymen Brief vom 11.1.89 an die Volkskammer der DDR wird der „Ausreise-Katalog" als ungerecht charakterisiert, „da nur diejenigen ins westliche Ausland reisen dürfen, die Verwandte im Westen haben ... Somit ist wieder mal ein weiterer Schritt getan zur Spaltung der Bevölkerung in bestimmte Gruppen. So wird es keine Ruhe geben, so werden illegale Grenzübertritte, Botschaftsbesetzungen u.a. weiter anhalten und weiter zunehmen ..." Durch den Verfasser dieses Briefes wird gefordert, daß jeder erwachsene DDR-Bürger das Recht erhält, beim Reisebüro eine BRD-Reise zu buchen. Sollte diese Forderung nicht erfüllt werden, wird den „Bonzen der Partei" mit einem schnellen Ende gedroht. Der Verfasser, der den Brief mit „Gruppe Flucht" gezeichnet hat, ist der Meinung, daß es so in der DDR nicht mehr auszuhalten sei. [32] [...]

Leiter der Abteilung
gez. Röbke, Oberstleutnant

Dok. 177
Rückflußinformation der BV Schwerin

Schwerin, 11.4.1989

Rundschreiben der Bezirksverwaltung für Staatssicherheit Schwerin. Absender: 1. Stellvertreter des Leiters der BV; Verteiler: 1. Stellv. des Leiters der BV; Stellvertreter Operativ; Leiter AKG; Leiter aller KD des Bezirkes; Empfänger: Abteilung KD Leiter. Mit Anlage.

Rückflußinformation zur Entwicklung der politisch-operativen Lage in ausgewählten Schwerpunktbereichen auf Linie XX

Anliegend übergebe ich Ihnen die vom Leiter der Abteilung XX erarbeitete Rückflußinformation zur Entwicklung der politisch-operativen Lage in ausgewählten Schwerpunktbereichen auf Linie zur Kenntnisnahme und operativen Auswertung.

Die darin für die Kreisdienststellen enthaltenen Aufgabenstellungen und Orientierungen sind im Prozeß der planmäßigen politisch-operativen Arbeit zu lösen bzw. zu beachten.

gez. Kralisch, Oberst

Abteilung XX

Schwerin, den 11.4.1989

Rückflußinformation zur Entwicklung der politisch-operativen Lage in ausgewählten Schwerpunktbereichen auf Linie XX
Politisch-operative Lage im Bereich Kirchen und Religionsgemeinschaften
Für 1988 war kennzeichnend, daß die Mehrzahl der Christen in der DDR eine positive politische Einstellung besitzt. Dennoch muß eingeschätzt werden, daß es 1988, wie auch in den Jahren zuvor, widersprüchliche Entwicklungen und Tendenzen innerhalb der Kirche gab. In dieser Widersprüchlichkeit spiegelten sich auf spezifische Weise die aktuellen politischen, sozialen und ideologischen Entwicklungen in der Welt wider, von denen auch die Kirchen nicht verschont blieben.
Die Widersprüchlichkeit zeigte sich insbesondere in der Konfrontation feindlich-negativer kirchlicher Kräfte mit realistisch eingestellten Gläubigen der Kirchgemeinden, die die Mehrheit bilden, da die feindlich-negativen Kräfte ihre politischen und ideologischen Vorbehalte gegenüber dem realen Sozialismus in der DDR von der Basis eines nicht ausreichenden Verständnisses für die objektiven Entwicklungsprozesse artikulierten und dabei eine enge ideologische Orientierung an den Kirchen der BRD erkennen ließen.
In einem seit dem 6.3.1978 nicht gekannten Maße gab es 1988 Äußerungen zur gesellschaftlichen Entwicklung in der DDR, deren Inhalt vorwiegend kritisierend gegenüber Partei, Staat und Gesellschaft vorgebracht wurde. Zum Teil gab es offene Verletzungen des staatlichen Trennungsprinzips und Einmischungsversuche in staatliche Belange. Mehrfach kam es zur offenen Diffamierung der sozialistischen Gesellschaftsordnung sowie zu Versuchen der Formierung oppositioneller Kräfte im Innern der DDR. Insbesondere durch die Kirchen wurde die These von einer angeblichen Nichtübereinstimmung der Innen- mit der Außenpolitik propagiert und damit gleichzeitig die Forderung nach innenpolitischen Reformen verbunden. In diesem Zusammenhang gab es Versuche, das kirchliche „Wächteramt" auf alle gesellschaftlichen Bereiche und auch auf Nichtgläubige, insbesondere AstA, auszudehnen.
Im Wirken der feindlich-negativen Kräfte wurde deutlich, daß sie die Kirchen zu einem Sammelbecken für oppositionelle Kräfte umgestalten wollten, das dann als Ausgangsbasis für eine Oppositionspartei ausgenutzt werden soll. Es ist generell einzuschätzen, daß sich die Anzahl der feindlich-negativen Kräfte innerhalb der Kirchen nicht wesentlich erhöht hat. [...][2]
1988 ist es nicht im geplanten Maße gelungen, die loyalen und realistischen Kräfte gegen den politischen Mißbrauch der Kirchen konzentriert und geschlossen zum Einsatz zu bringen. Es zeigte sich vielmehr, daß auch progressive Kräfte das verstärkte Aufgreifen kritischer Positionen als einen konstruktiven Beitrag zur Entwicklung des Staat-Kirche-Verhältnisses betrachteten. In der ELLKMs wurde das Klima stark von den schwankenden und negativen Positionen des Landesbischofs bestimmt. Progressive Kräfte konnten aber ihre Vertreter wieder in kirchenleitende Positionen wählen, und die Laiensynodalen haben ihre weitgehend realistische Haltung zur „Kirche im Sozialismus" in den

Beschlüssen der Synode zum Ausdruck bringen können. Im Zusammenhang mit dem Dargelegten wird auf die während der Linienberatung vom 27.3.1989 formulierte Aufgabenstellung zur analytischen Aufarbeitung der personellen Schwerpunkte der ELLKMs in den jeweiligen Verantwortungsbereichen verwiesen, die die Grundlage für die zu erarbeitenden Perspektivplankonzeptionen für 1990 bilden müssen.

Die *3. Tagung der XI. Ordentlichen Landessynode der ELLKMs* fand in der Zeit vom 16.3.-19.3.1989 in Schwerin statt. Während der Synodaltagung hielten sich die Korrespondenten Bernd *Kubisch* (DPA / BRD) und *Röder* (EPD / BRD) zeitweilig am Tagungsort auf. Politisch-negative Aktivitäten gingen von ihnen nicht aus.

Insgesamt sind Vorbereitung, Verlauf und Ergebnisse der 3. Tagung der XI. Ordentlichen Landessynode der ELLKMs aus politisch-operativer Sicht wie folgt einzuschätzen: Durch die Synode sind keine vordergründigen feindlich-negativen Positionen zu gesellschaftspolitischen Grundfragen bezogen worden, und es kam im Verlauf der Tagung zu keinen öffentlichkeitswirksamen Angriffen auf die sozialistische Staats- und Gesellschaftsordnung.

Zum größten Teil behandelte die Synode innerkirchliche und theologische Fragen. In der Drucksache Nr. 38 bezog die Synode eine klare progressive Haltung zu den Fragen der Abrüstung und zum KSZE-Prozeß insgesamt. Lediglich in einer Passage der Drucksache Nr. 37a wird der DDR unterstellt, daß sie ihre im Zusammenhang mit dem KSZE-Prozeß eingegangenen Verpflichtungen nicht voll erfüllt, da die Reiseverordnung vom 30.11.1988 einen Rückschritt gegenüber der davor geübten Praxis darstelle und kaum Bemühungen zur Veränderung der Bedingungen, die zu Antragstellungen auf ständige Ausreise führen, zu erkennen seien. Im Verlauf der Synodaltagung wurde deutlich, daß sich die loyalen und progressiven Kräfte innerhalb der Synode weiter profilieren konnten, jedoch noch nicht durchgängig geschlossen auftraten.

Der abgestimmte Einsatz inoffizieller Kräfte der BV Schwerin, Rostock und Neubrandenburg trug zum positiven Gesamtverlauf der Synodaltagung bei. [3] Der Landesbischof der ELLKMs trat seit seinem Amtsantritt erstmalig vordergründig mit der Formulierung theologischer Positionen während einer Synodaltagung in Erscheinung. Von operativer Bedeutung ist, daß der Landesbischof forderte, daß die an der kirchlichen Basis wirkenden Gruppen stärker in die Kirche eingebunden werden müssen. Zwiespältige Positionen vertrat der Landesbischof auf Anfrage zu den Wahlen. Er brachte zum Ausdruck, daß sich Pastoren trotz Pfarrerdienstgesetz wählen lassen können, aber damit Konflikte durch eine evtl. Vereinnahmung durch den Staat auftreten können.

Im Ergebnis der Wahlen zur Kirchenleitung der ELLKMs kann eingeschätzt werden, daß die in der Kirchenleitung bereits vorhandenen loyalen und progressiven Positionen, insbesondere durch die Wahl der Synodalen Gabriele *Jenge* / Lützow und Dr. Uwe *Schnell* / Rostock, weiter gestärkt werden könnten. Aufgrund der Wahl der Synodalen Dr. Erhard *Körp* / Laage, Wolfgang *Schnur* / Rostock, Dr. Martin *Kruske* / Teterow und Dr. Jens *Langer* / Rostock als Vertreter der ELLKMs in der Bundessynode ist in der Perspektive zu erwarten, daß seitens der ELLKMs keinerlei feindlich-negative Angriffe in diesem

kirchenleitenden Gremium zu erwarten sind, da durch diese Personen
loyale Auffassungen zur sozialistischen Staats-, Gesellschafts- und
Rechtsordnung und zur Entwicklung des Staat-Kirche-Verhältnisses
vertreten werden.
Die langfristig angelegte Organisierung von positiven Anträgen und
Eingaben an die Synode der ELLKMs trug erneut wesentlich zur progressiven Einflußnahme auf deren inhaltlichen Verlauf und der Orientierung auf innerkirchliche Probleme bei. Besonders wirksam erwiesen
sich die Eingabe der „Christlichen Friedenskonferenz" sowie die aus
dem Verantwortungsbereich der BV Schwerin initiierten Anfragen und
Eingaben, die letztendlich ihren Niederschlag in der positiven Beschlußfassung zum Abrüstungsprozeß fanden.
Die 4. Tagung der XI. Ordentlichen Landessynode der ELLKMs findet in der Zeit vom 26.10.-29.10.1989 in Schwerin statt.
Im Zusammenhang mit der zentral geforderten Organisierung von
progressiven Anträgen und Eingaben aus den Verantwortungsbereich-
chen der Kreisdienststellen an die 3. Synodaltagung kann eingeschätzt
werden, daß eine spürbare Verbesserung bei der Realisierung dieser
Aufgabenstellung eingetreten ist. Dabei sind besonders die KD Stern-
berg, Schwerin und Bützow hervorzuheben. Die KD Hagenow und
Lübz realisierten sie jedoch ungenügend bzw. gar nicht.
In Auswertung des Verlaufes und der Ergebnisse der 3. Synodaltagung
und in Vorbereitung der 4. Tagung der Landessynode der ELLKMs
sind folgende operative Aufgaben zu realisieren:
1. Kontinuierliche Fortführung der Gespräche mit den Synodalen auf
konzeptioneller und abgestimmter Grundlage; [4]
2. Rechtzeitige und qualifizierte Organisierung von Anträgen und Eingaben an die Landessynode, die schwerpunktmäßig einer positiven
Profilierung der Landessynode dienen müssen, nach Abstimmung mit
der Abteilung XX.

Vom 26.-30.4.1989 findet in Dresden die 3. und somit vorerst letzte
Vollversammlung der „Ökumenischen Versammlung für Gerechtigkeit,
Frieden und Bewahrung der Schöpfung" statt, auf der die vorliegenden
12 thematischen Arbeitsdokumente des konziliaren Prozesses in der
DDR beschlußmäßig verabschiedet und damit die Voraussetzungen geschaffen werden sollen, diese inhaltlich in die Europäische Ökumenische Versammlung (15.-21.5.1989 in Basel) einzubringen. Der Verlauf
und die Ergebnisse der ersten beiden Vollversammlungen sowie die
bisherige Vorbereitung der 3. Vollversammlung verdeutlichen, daß die
„Ökumenische Versammlung" durch eine Anzahl hinlänglich bekannter politisch-negativer kirchlicher Kräfte mit Unterstützung einer Vielzahl von Delegierten politisch mißbraucht werden soll, indem
– unter dem Deckmantel der Lösung globaler Weltprobleme innenpolitische Angriffe gegen die Politik von Partei und Regierung vorgetragen,
– durch eine politische Vereinnahmung aller christlichen Kirchen und
Religionsgemeinschaften in der DDR diese hinter den bekannten politisch-negativen Forderungen von Vertretern der Evangelischen Landeskirchen in der DDR gesammelt und
– die Angriffe auf gesellschaftspolitische Bereiche der DDR interna-
tionalisiert werden sollen.
In diesem Zusammenhang wird darauf verwiesen, daß bei den Räten

der Kreise, Abteilung Inneres, ein Argumentationsmaterial für die Gesprächsführung mit kirchlichen Amtsträgern in Vorbereitung der 3. Vollversammlung vorliegt, das die Mitarbeiter auf Linie XX / 4 einsehen und auswerten sollten. Gleichzeitig wird in diesem Zusammenhang nochmals auf die Realisierung der generellen operativen Aufgabenstellung vom 27.3.1989 hingewiesen.

Am 22.3.1989 führte die *Organisation „Zeugen Jehovas"* weltweit ihr Gedächtnismahl durch. Im Vorfeld des Gedächtnismahles wurden im Verantwortungsbereich der BV Schwerin insgesamt 10 Disziplinierungsgespräche mit Funktionären der „ZJ" geführt sowie fünf Ordnungsstrafverfahren wegen aktiver Werbetätigkeit für die „ZJ" realisiert. Die am 22.3.1989 in der Zeit von 16.00 bis 23.00 Uhr durchgeführten operativen Kontrollmaßnahmen zu 21 Stützpunkten ergaben folgende operative Erkenntnisse:
– Es wurden keine massenwirksamen Zusammenkünfte durchgeführt;
– die Teilnehmer der Zusammenkünfte entsprachen nicht den Zusammensetzungen der Studiengruppen;
– das Aufsuchen der Treffstützpunkte erfolgte konspirativ und unter gegenseitiger Absicherung;
– während der Durchführung des Gedächtnismahles kam es zu keinen feindlich-negativen Aktivitäten.
Vertraulich wurde bekannt, daß die Feindzentrale der „ZJ" in der BRD die Funktionäre der „ZJ" in der DDR angewiesen hat, die Teilnahme von ZJ-lern aus der DDR an internationalen Kongressen der „ZJ" in der BRD und der VR Polen zu organisieren.
Es ist sicherzustellen, daß
– Reisen von bekannten ZJ-lern im August 1989 in die VR Polen im Zusammenwirken mit der VP verhindert werden (dabei ist die Gültigkeit der Reisekarten für den Zeitraum 1.3.89-31.8.89 – 1/2 Jahr – zu berücksichtigen);
– den VPKÄ durch die KD Personenaufstellungen von Personen zu übergeben sind, deren Reise in die VR Polen zu verhindern ist;
– über die Ablehnung von Anträgen und die Reaktion darauf periodisch die Abteilung XX informiert wird.
In diesem Zusammenhang ist darauf zu achten, daß bei beantragten Reisen in Drittstaaten die VR Polen nicht als Transitland in Erscheinung tritt. Bei Reisen von ZJ-lern in die BRD ist analog der zurückliegenden Jahre zu verfahren.
Durch die HA XX / 4 wird eingeschätzt, daß die bisher vorliegenden Informationen zur *Evangelisch-ökumenischen Johannesbruderschaft (EJB)* von großer operativer Bedeutsamkeit sind. Aus diesem Grund sind die Rückflußinformation sowie zusammenfassende Informationen zur EJB beigefügt. Aufgrund der Bedeutsamkeit der EJB sind in den jeweiligen Verantwortungsbereichen bekanntgewordene bzw. bekanntwerdende Mitglieder und Sympathisanten der EJB aktiv politisch-operativ zu bearbeiten und die Abteilung XX über die Einleitung der operativen Bearbeitung sowie den Stand der Bearbeitung zu informieren.
In der Zeit vom 7.6.-11.6.1989 findet in Berlin-West der 23. *Deutsche Evangelische Kirchentag (DEKT)* statt. Der Bund der Evangelischen Kirchen in der DDR beabsichtigt, eine größere Anzahl von Delegierten aus den Evangelischen Landeskirchen in der DDR zum DEKT nach Berlin-West zu entsenden und die Kirchentagsarbeit in der DDR

mittels einer Ausstellung darzustellen. Zur langfristigen Planung vorbeugender politisch-operativer Maßnahmen und Verhinderung feindlich-negativer Aktivitäten, zur Aufklärung feindlicher Absichten und Pläne sowie zur Informationsgewinnung macht es sich erforderlich.

– Maßnahmen zur Überprüfung und operativen Kontrolle zu bekanntwerdenden Teilnehmern aus der DDR im jeweiligen Verantwortungsbereich einzuleiten;

– Hinweise zu Plänen und Absichten feindlich-negativer Personen und -gruppen aus der DDR zum Zeitpunkt des DEKT über die Abteilung XX der HA XX / 4 mitzuteilen und

– den IM-Einsatz zum DEKT in Berlin-West über die Abteilung XX mit der HA XX / 4 abzustimmen.

Es wird gebeten, bis zum 29.4.1989 dem Leiter der Abteilung XX zu berichten, welche IM (Deckname) für einen Einsatz zum DEKT in Berlin-West geplant sind.

Erkenntnisse über Aktivitäten, Absichten und Pläne sowie Mittel und Methoden feindlich-negativer Kräfte und kirchlicher „Basisgruppen" im Verantwortungsbereich der BV Schwerin unter besonderer Berücksichtigung des Mißbrauches kirchlicher Gremien und Strukturen und des überregionalen Zusammenwirkens:

In der Zeit vom 10.3. bis 12.3.1989 fand in der katholischen Sankt-Andreas-Kirche Schwerin das „VIII. Schweriner Ökologieseminar" zu dem Thema „Landwirtschaft" statt. Die Vorbereitung und Durchführung dieses republikweiten Seminars von Vertretern kirchlicher Ökologie- und Umweltgruppen erfolgte durch den „Schweriner Ökologiekreis" und stand unter Schirmherrschaft der kirchlichen Amtsträger OKR Dr. Eckart Schwerin / Schwerin, Pastor Hansjürgen Rietzke / Schwerin. Aufgrund des zielgerichteten und koordinierten Einsatzes von IM in Schlüsselpositionen im Prozeß der Vorbereitung und auch während der Durchführung des Seminars konnte erreicht werden, daß die staatlichen Erwartungshaltungen eingehalten wurden und es zu keiner Belastung des Staat-Kirche-Verhältnisses kam.

Während des Seminars wurden folgende theoretische Vorträge gehalten:

– „Einführung in die Thematik Landwirtschaft", Synodale Dr. Berndt *Seite* / Warlow

– „Überblick über die kirchliche Landwirtschaft", Joachim *Nischwitz* / Berlin – Bund der Evangelischen Kirchen in der DDR

– „Alternative Landwirtschaft bzw. biologisch-dynamische Landwirtschaft", Reinhard *Schade* / Marienhöhe

– „Nitrate in der Landwirtschaft", Udo *Zimmermann* / Ludwigslust

– „Gewässerschutz", Uwe *Müller* / Erfurt

– „Schweinemastanlagen", Reinhard *Weidner* / Dittersbach

– „Naturschutz in der Landwirtschaft", Dr. *Martin* / Güstrow.

Insgesamt ist einzuschätzen, daß die Vorträge durch eine hohe Fachspezifik und Wissenschaftlichkeit geprägt waren und lediglich Dr. *Seite* in seinem Einführungsvortrag operativ relevante Aussagen tätigte, indem er u.a. behauptete, daß

– die wirtschaftliche Situation in der Landwirtschaft der DDR stagniere

– sich die Landwirtschaft der DDR immer mehr von ihren Produktionsmitteln entfremde.

Reinhard *Weidner* hob kritisch die Existenz der großen tierischen

Zuchtanlagen (Schweine und Rinder) hervor, da hier die gesetzlichen Umweltschutzbedingungen, insbesondere aufgrund des Gülleaufkommens, nicht eingehalten werden können.

Zum Verlauf des „VIII. Schweriner Ökologieseminars" kann insgesamt eingeschätzt werden, daß
– die verantwortlichen kirchlichen Amtsträger entsprechend ihrer funktionellen Pflichten und den staatlichen Erwartungshaltungen Einfluß ausüb[t]en
– sich die Organisatoren und Referenten um weitestgehend sachliche, realistische und objektive Posititionsbestimmung bemühten
– das Seminar keine Öffentlichkeitswirksamkeit erzielte.

Im Vergleich zu den vorjährigen Seminaren war feststellbar, daß ein breiterer Teilnehmerkreis (zeitweilig bis 160 Personen aus 8 Bezirken) am Seminar teilnahm. Es wurde auch die Tendenz sichtbar, daß während des Seminars eine Vielzahl Druckerzeugnisse mit feindlich-negativem Inhalt zum Verkauf angeboten wurde und das Seminar mit einem Reingewinn von ca. 1 500 Mark für den Veranstalter abgeschlossen werden konnte.

Im Januar 1988 erfolgte die Bildung des sogenannten ökologischen Umweltbundes „Arche". Dieser führt seit Mitte 1988 die Bezeichnung „Grün-ökologisches Netzwerk Arche in den evangelischen Kirchen der DDR" und versucht, einen Führungsanspruch unter bisher existierenden Ökologiegruppen einzunehmen. Begünstigt wurde der Prozeß der Bildung von „Arche" durch die zu diesem Zeitpunkt bestehenden inneren Auseinandersetzungen von „Führungskräften" der sogenannten Umweltbibliothek in Berlin sowie durch die Inaktivität der Arbeit kirchlicher Ökologiegruppen und des für diese Gruppierungen anleitungsmäßig wirkenden kirchlichen Forschungsheimes Wittenberg. [8] Erklärtes Ziel dieses Zusammenschlusses ist es, als Netzwerk zur Koordinierung der Aktivitäten der im Umfeld der evangelischen Kirchen in der DDR bestehenden Umweltgruppen beitragen zu wollen, so u.a. durch eine thematische Unterstützung lokaler ökologischer Aktivitäten sowie durch die Förderung der spezifischen Bildungsarbeit auf diesem Gebiet.

Weiterhin soll mit dem Ausbau dieses Netzwerkes der Informationsaustausch zwischen den Gruppen verbessert und ihrer Meinung nach bestehende organisatorische Probleme und Konzeptionsschwächen überwunden werden. „Arche" versteht sich als eine im Rahmen der Kirche und der Gesellschaft wirkende „basisdemokratische" Organisationsform, deren Arbeitsprinzipien nach den Grundsätzen von Offenheit und Sachlichkeit sowie Bereitschaft und Zusammenarbeit mit allen ökologisch Interessierten gestaltet werden sollten.

Als inhaltliche Schwerpunkte des Tätigwerdens werden u.a. angegeben: „Luftreinhaltung, Waldsterben, Wasser / Grundwasser, Müllbeseitigung, Stadtökologie". Der Prozeß der Bildung von „Arche" fand im engen Informationsaustausch mit gegnerischen Kräften, u.a. in Westberlin mit dem operativ bekannten *Jahn*, statt. Über diese Kräfte erlangten westliche Medienvertreter kontinuierlich Informationen über Aktivitäten der Kräfte um „Arche". Bewußt und gezielt wurden und werden derartige Informationen überhöht, tendenziös bzw. verfälscht dargestellt und fortgesetzt dazu mißbraucht, das Vorhandensein einer breiten kirchlichen Ökologiebewegung in der DDR zu suggerieren bzw. vorzutäuschen. Seitens der Führungskräfte von „Arche" sind Bestrebungen erkennbar, ihre Aktivitäten grenzüberschreitend zu organisieren. So bestehen Kontakte zur Partei „Die Grünen" in der BRD und zur „Alternativen Liste" / Westberlin. Darüber hinaus bestehen Kontakte zu einer Reihe von Umweltorganisationen. „Arche" intensivierte ferner Bestrebungen zur Herstellung und Festigung von Kontakten zu alternativen Umweltschutzorganisationen in den sozialistischen Ländern. So wurde die Mitgliedschaft in der „Fachorganisation" von Umweltschutzorganisationen sozialistischer Länder [...] propagiert. Kontakte bestehen darüber hinaus zum „Polnischen Ökologischen Klub Krakow" (PKZ), zum Jugendökologiezentrum Riga / UdSSR sowie zu den Umweltschutzorganisationen WLTS in Budapest / UVR und „Brontosaurus" / CSSR. An Treffen und Zusammenkünften derartiger Organisationen nahmen Kräfte von „Arche" wiederholt teil.

Die Zusammenkünfte von Personen aus dem Umfeld von „Arche", im wesentlichen aus dem Bereich der Hauptstadt Berlin, finden seit Mitte 1988 wöchentlich mit Teilnehmerstärken von 20-80 Personen in der Andreas-Markus-Kirchgemeinde, 1017 Berlin, Stralauer Platz 32, statt (gemäß einem Beschluß des Gemeindekirchenrates erfolgte die Kündigung per 30.4.1989). Die Position der Kirchenleitung der Evangelischen Kirche in Berlin-Brandenburg bzw. der Konferenz Evangelischer Kirchenleitungen (KKL) in der DDR zu „Arche" ist bisher nicht eindeutig festgelegt. [9] Es kam lediglich zu informativen Gesprächen, die der näheren Positionsbestimmung von „Arche" für die Kirche dienen sollen. Eine konkrete Unterstützung von „Arche" erfolgte bisher nicht.

Die Aktivitäten von „Arche" werden durch eine sogenannte Koordinierungsgruppe geplant und vorbereitet, der neben *Jordan* u.a. solche politisch-negativen Kräfte angehören wie Mathias *Voigt* (Hausmeister der Zionskirchgemeinde) und Andreas *Passarge* (kirchlicher Mitarbeiter). Diese und weitere Führungskräfte leiten die innerhalb von „Arche" wirkenden Projektgruppen (bisher ca. 10) entsprechend den vorgenannten ökologischen Themenstellungen. Insbesondere die Projektgruppe „Ökologie und Menschenrechte" und „Sozialökologische Partnerschaft" grenzen sich von dieser von „Arche" angestrebten ökologischen Ausrichtung ab und greifen vordergründig gesellschafts-relevante Themenstellungen in politisch-negativer Art und Weise auf. Besonders in diesen Projektgruppen ist eine Mitarbeit von Antragstellern auf ständige Ausreise in die BRD / Westberlin festzustellen.

Eine Redaktionsgruppe zeichnet sich verantwortlich für die Herausgabe der nichtlizenzierten Schrift „Arche Nova" – bisher wurden 3 Ausgaben in einer Auflagenhöhe von jeweils ca. 1 000 Exemplaren und einem Umfang von ca. 50-60 Seiten bekannt. Mit dieser Schrift „Arche Nova 3" werden vordergründig die bekannten Standpunkte kirchlicher Umweltgruppen zu ökologischen Themenstellungen aufgegriffen sowie über Umweltprobleme in der DDR und Kontaktangaben, wie Adressen, Projekte usw., informiert. Durch einzelne Projektgruppen werden darüber hinaus unregelmäßig sogenannte Arche-Info-Blätter hergestellt und verbreitet. Zur Herstellung und Vervielfältigung der von „Arche" herausgegebenen Materialien werden in der Regel Druck- und Vervielfältigungsgeräte verschiedener kirchlicher Einrichtungen in Berlin genutzt.

Wesentliche bekanntgewordene Aktivitäten, deren Ausgangspunkt

„Arche" bildete bzw. an denen sich Kräfte von „Arche" führend beteiligten:
– Herstellung und Verbreitung des Videofilms „Bitteres aus Bitterfeld" (gesendet am 29.9.88 im BRD-Fernsehen)
– Durchführung des sogen. 1. Luftseminars in Erfurt und des sogen. Stadt-Bau-Ökologieseminars in Halle im September / Oktober 1988
– Versenden sogen. offener Brief an den Umweltminister des Landes Hessen / BRD *Weimar,* sowie an die Senatoren für Umweltfragen sowie Verkehr und Betriebe im Senat von Westberlin im Zusammenhang mit der Sondermüllverbrennungsanlage Schöneiche / Bezirk Potsdam
– Durchführung des sogen. 5. Berliner Ökologieseminars im Oktober 1988.

Darüber hinaus werden weitere überregionale kirchliche Veranstaltungen, wie Vertretertreffen kirchlicher Umweltgruppen, Friedensseminare, Umweltgottesdienste u.ä. zur Vorstellung und Popularisierung von „Arche" genutzt. Diese Aktivitäten wie auch bereits durchgeführte sogenannte Koordinierungstreffen mit Vertretern kirchlicher Umweltgruppen aus Leipzig und Perleberg / Bezirk Schwerin führten nicht zu dem von Führungskräften der „Arche" angestrebten Organisationsaufbau (Bildung sogen. Regionalvertretungen von „Arche" in den evangelischen Landeskirchen der DDR). So sollte auch die am 18.2.1989 in der evangelischen St. Georgengemeinde in Halle durchgeführte sogenannte 1. Vollversammlung von „Arche" der weiteren Profilierung des „Grün-ökologischen Netzwerkes", zur Wahrnehmung einer Führungsposition bei der Koordinierung und der thematischen Ausrichtung von Ökologiegruppen im kirchlichen Bereich dienen. Der Verlauf dieser „Vollversammlung" war insgesamt von Meinungsverschiedenheiten und Differenzen zwischen den eingeladenen Vertretern kirchlicher Ökologiegruppen und den „Arche"-Kräften gekennzeichnet. Dabei wurde die von „Arche" beanspruchte Führungsposition gegenüber bereits seit mehreren Jahren im Bereich der evangelischen Kirchen tätigen Umweltgruppen sowie ihre beabsichtigte „Vernetzung" durch „Arche" abgelehnt und insbesondere ihre bisherige Arbeitsweise kritisiert. Einzelne Gruppenvertreter erklärten sich bereit, bezüglich eines gemeinsamen Informationsaustausches bzw. im Rahmen einer projektbezogenen Tätigkeit mit „Arche" zusammenzuarbeiten. Eine direkte Eingliederung von Ökologiegruppen in die beabsichtigte Struktur von „Arche" erfolgte nicht. Die überwiegende Mehrheit der vertretenen Umweltgruppen erklärte ihre Bereitschaft, weiterhin mit dem kirchlichen Forschungsheim Wittenberg zusammenzuarbeiten. Die Bildung einer „zentralen Sprechergruppe" von „Arche" wurde wegen nicht vorhandener bzw. nicht arbeitsfähiger „Regionalvertretungen" auf die nächste „Vollversammlung" im Jahre 1990 verlegt. Bis zu diesem Zeitpunkt sollen sogenannte regionale Sprechergruppen gewählt werden, die Vertreter in die zu bildende „zentrale Sprechergruppe" delegieren können.

Neben den bereits genannten Auseinandersetzungen zwischen den bestehenden Ökologiegruppen innerhalb der evangelischen Kirchen in der DDR und „Arche" vollzieht sich gegenwärtig auch innerhalb der „Arche" ein Differenzierungs- und Polarisierungsprozeß. Sachlich agierende Kräfte der „Arche", welche sich auf die in der Gründungserklärung formulierten Arbeitsprinzipien berufen und ökologische Fragen in den Mittelpunkt ihres Wirksamwerdens stellen, beanspruchen zunehmend die Versuche politisch-negativer Kräfte, die Tätigkeit von

„Arche" zu politisieren. Im Ergebnis dieses Polarisierungsprozesses ist das Bemühen einzelner Führungskräfte der „Arche" erkennbar, durch ein konstruktives Auftreten mit Vertretern staatlicher Organe bzw. gesellschaftlicher Einrichtungen einen „sachlichen Dialog zu Umweltfragen" zu gestalten.
Auf der Grundlage der Konzeption der Hauptabteilung XX / 4 vom 26.4.1988 sind in Zusammenarbeit mit den territorial zuständigen operativen Diensteinheiten des MfS und im Zusammenwirken mit den zuständigen staatlichen Organen und gesellschaftlichen Kräften fortgesetzt differenzierte Maßnahmen durchzuführen, um feindlich-negative Aktivitäten des „Grün-ökologischen Netzwerkes Arche" zu unterbinden und insbesondere den beabsichtigten Ausbau fester Organisationsstrukturen vorbeugend zu verhindern sowie Mitglieder und Sympathisanten in entsprechende gesellschaftliche Aktivitäten im Rahmen des Umweltschutzes einzubeziehen. [...]
Trotz der eingeleiteten und zum Teil realisierten operativen Maßnahmen zur Disziplinierung der Herausgeber des „Friedensnetz" wurde die Ausgabe 1 / 89 hergestellt und vertrieben. Die durch den OKR des ELLKMs eingeleiteten Maßnahmen zur inhaltlichen Zensur des „Friedensnetz" haben sich eindeutig als untauglich zur Disziplinierung der Herausgeber erwiesen. Ebenso wie die letzten Ausgaben, die zur Einleitung eines Ordnungsstrafverfahrens führten, enthält die Ausgabe 1 / 89 einen vorwiegend feindlich-negativen Inhalt. Es besteht die operative Notwendigkeit, daß in den jeweiligen Verantwortungsbereichen Maßnahmen zur Feststellung von Beziehern des „Friedensnetz" sowie zur Art und Weise der Zustellung und Verbreitung des „Friedensnetz" eingeleitet und realisiert werden. [...]

Entwicklungstendenzen des Angriffes innerer feindlich-negativer Kräfte
Schwerpunktmäßig stehen die gegenwärtigen Angriffe in einem engen Zusammenhang mit der Wahlvorbereitung. Diese feindlich-negativen Aktivitäten gehen von Aufrufen zur Boykottierung der Wahl bis hin zur Aufforderung zur Teilnahme bei gleichzeitiger Streichung der Kandidaten der Nationalen Front auf den Wahlscheinen. In Schwerin sowie in den Bezirken Magdeburg, Halle, Leipzig und Dresden wurden im Monat März 1989 Handzettel gleicher Art mit gegen die Wahlen gerichtetem negativen Inhalt verbreitet. Dabei wurden u.a. Handzettel mit den Inhalten: „Stell Dir vor, es ist Wahl, und keiner geht hin" und „Freiheit ist immer die Freiheit des Andersdenkenden – R. Luxemburg, Handnotiz" an Häuserwänden, E-Schaltkästen und Pkw's festgestellt. Es ist anzunehmen, daß es insbesondere im Zusammenhang mit der weiteren Wahlvorbereitung zu gleichartigen bzw. ähnlichen feindlich-negativen Handlungen kommen kann. Aus diesem Grunde sind die inoffiziellen Potenzen des MfS sowie zuverlässige Partner des Zusammenwirkens zielgerichtet zur Mitarbeit bei der Verhinderung und Aufklärung derartiger feindlich-negativer Handlungen einzuweisen und einzusetzen. [...]

Bereich befreundete Parteien, gesellschaftliche Organisationen
Der sich im Prozeß der Bildung befindende „Verband der Freidenker der DDR" stellt sich die Aufgabe, auf der Grundlage der dialektisch-materialistischen Weltanschauung Orientierungshilfen für die Ausprägung einer optimistischen Lebenshaltung und bei der Bewältigung ge-

sellschaftlicher und persönlicher Probleme zu geben. Hierzu will der VdF sowohl in theoretischer als auch praktischer Hinsicht Lebenshilfe leisten. Er wendet sich damit an alle jene Menschen, die sich um die Klärung philosophischer, weltanschaulicher und ethischer Fragen von einer nichtreligiösen Position aus bemühen. Der VdF ist kein Instrument des Kampfes gegen die Religion und die Kirche. Er leitet auch die Notwendigkeit seiner Gründung und seiner Tätigkeit nicht aus der Existenz von Religion und Kirche ab, sondern aus objektiven Erfordernissen und Bedürfnissen einer intensiven Hinwendung zu weltanschaulichen und ethischen Fragestellungen unserer Zeit.

Um die politisch-operativen Interessen des MfS sowie ein effektives Wirksamwerden des VdF auf Kreisebene zu sichern, sind durch die territorial zuständigen Diensteinheiten im engen Zusammenwirken mit den Kreisleitungen der SED politisch-operative Maßnahmen im Hinblick auf die Auswahl geeigneter Funktionäre für die VdF auf Kreisebene einzuleiten und zu realisieren. Darüber ist an die Abteilung XX zu berichten.

Aus dem IM-Bestand der operativen Diensteinheiten sind geeignete IM auszuwählen, die wirksam im VdF mitarbeiten und die operativen Interessen des MfS durchsetzen können.

Die auf der Grundlage der Informationsberichte der Kreisdienststellen sowie [auf der Grundlage] der in der Abteilung XX vorliegenden Information zur politisch-operativen Lage in den befreundeten Parteien, unter besonderer Beachtung der Vorbereitung der Wahlen am 7.5.1989, [erstellte Einschätzung] macht deutlich, daß durch den Gegner vielfältige politisch-ideologische Aktivitäten im Hinblick auf ein Eindringen in diese Parteien unternommen werden. Ziel dieser feindlich-negativen Angriffe ist es, die befreundeten Parteien in eine gegen die SED, ihre Bündnispolitik sowie die sozialistische Gesellschaftsordnung als Ganzes gerichtete oppositionelle Haltung zu bringen. Aufgrund der Analyse des IM-Bestandes in den hauptamtlichen Parteiapparat[en] der befreundeten Parteien kann eingeschätzt werden, daß die dort vorhandenen IM zur sicheren Beherrschung der operativen Lage in diesem Bereich als ausreichend anzusehen sind. Der IM-Bestand in den Grundeinheiten bzw. -organisationen ist sehr differenziert zu bewerten. Das betrifft sowohl die zahlenmäßige Stärke, die Dislozierung als auch die Qualifikation der IM. In diesem Zusammenhang muß eingeschätzt werden, daß durch die operativen Diensteinheiten noch nicht alle vorhandenen operativen Möglichkeiten zur Informationsgewinnung ausgeschöpft werden. Aus diesem Grunde macht sich eine Bestandsaufnahme der in der jeweiligen operativen Diensteinheit vorhandenen IM im Hinblick auf ihre Parteizugehörigkeit notwendig. Im Ergebnis der Bestandsaufnahme sind die operativen Schwerpunktbereiche neu zu bestimmen und gegebenenfalls operative Maßnahmen zur Neuwerbung perspektivvoller IM aus dem Mitglieds- [15] bestand der befreundeten Parteien einzuleiten. Gleichzeitig ist es erforderlich, für die IM, die einer der befreundeten Parteien angehören und noch nicht in diesem Zusammenhang operativ genutzt werden, Komplexaufträge zu erarbeiten, um dadurch die Lagebeherrschung qualifiziert zu optimieren. [...]

Orientierung auf geplante PUT-Veranstaltungen
Für den kommenden Zeitraum sind folgende regionale und überregionale PUT-Veranstaltungen in den Prozeß der täglichen politisch-operativen Arbeit einzuordnen: [...]

– 3. Vollversammlung der „Ökumenischen Versammlung für Gerechtigkeit, Frieden und Bewahrung der Schöpfung" in Dresden vom 26.4.-30.4.1989;
– Europäische Ökumenische Versammlung in Basel / Schweiz vom 15.5.-21.5.1989;
– Wehrberatungstag in Güstrow am 27.5.1989;
– Deutscher Evangelischer Kirchentag in Berlin-West vom 7.6.-11.6.1989;
– Ökumenisches Jugendwochenende in Kirch Kogel / Güstrow vom 17.6.-18.6.1989.
Anlage
Leiter der Abteilung
gez. Röbke
Oberstleutnant

Dok. 178
Fernschreiben

Leipzig, den 10. Juli 1989

Fernschreiben Nr. 327 vom 10.7.1989, 22.33 Uhr. Ohne Absender- oder Empfängerangabe. – Information zum Kirchentag der Ev.-Luth. Landeskirche Sachsens vom 6. - 9. Juli 1989.

Mit der von ca. 50 Tausend Teilnehmern besuchten Hauptversammlung auf der Rennbahn im Scheibenholz ging gestern in Leipzig der Kirchentag der Evangelisch-Lutherischen Landeskirche Sachsens zu Ende[10]. Er verlief insgesamt ruhig und ohne nennenswerte Störungen. Zu keiner Zeit war ein direktes offenes Eingreifen der Sicherheitsorgane erforderlich.
Damit hat sich die von Landesbischof Hempel und Kirchentagspräsident Cieslak vertretene Linie der Verständigung und des Ausgleichs bis auf wenige Ausnahmen durchgesetzt. Die von der Kirchenleitung gegebenen Zusagen wurden im wesentlichen eingehalten.
Bereits in der Eröffnungsveranstaltung stellte Landesbischof Hempel klar, daß es beim Kirchentag um ein Fest des Glaubens, um die Behandlung religiöser Themen gehe, und grenzte sich von solchen Gruppen ab, denen es ausschließlich auf gesellschaftskritische oder sozialismusfeindliche Aktionen ankomme. Dieses distanzierte Verhältnis zu den Gruppen hat zu einer starken Polarisierung und intern zu scharfen Auseinandersetzungen zwischen kirchenleitenden und Gruppenvertretern geführt.
Besser als zu den vorangegangenen Kirchentagen wurde auf das Evangelium, die spezifisch religiöse Motivation, den eigentlichen kirchlichen Auftrag orientiert. Das hat auch dazu beigetragen, daß die von bestimmten Kräften in der Kirche und von Gruppen seit Monaten im Zusammenspiel mit westlichen Medien geführte Kampagne gegen unsere Kommunalwahlen, unsere Haltung zu den konterrevolutionären

---

10   Zum Leipziger Kirchentag vgl. *Hartmann*, Kirchentage, 153 f.

Ereignissen in China[11] und zu Umweltfragen keine solche dominante Rolle gespielt hat. [2]

Gleichzeitig wurden von kirchenleitenden Vertretern auf Foren und Diskussionsveranstaltungen und in Pressekonferenzen die bekannten Positionen zu Fragen unserer gesellschaftlichen Entwicklung ausgesprochen, prinzipielle Veränderungen in der sozialistischen Gesellschaft der DDR gefordert und Gespräche auf höchster Ebene verlangt. Verlauf und Ergebnis des Kirchentages beweisen, daß die über Monate geführte intensive Gesprächsführung und differenzierte Einflußnahme auf allen Ebenen Wirkung gezeigt [hat] und die realistischen Kräfte, die sich an der Politik des 6. März 1978, welche erneut mit dem Greifswalder Dombesuch[12] des Staatsratsvorsitzenden bekräftigt wurde, orientieren, gestärkt haben. Positiv traten neben Landesbischof Hempel und weiteren sächsischen Kirchenvertretern vor allem die Altbischöfe Schönherr und Krusche, der Berliner Generalsuperintendent Krusche und Annemarie Schönherr auf. Negativ traten erneut der Dresdener Superintendent Ziemer, der Erfurter Propst Falcke und der Dozent des Theologischen Seminars in Leipzig, Blaschke, in Erscheinung.

In den 13 Arbeitsgruppen des Kirchentagskongresses, die wie abgesprochen vorwiegend intern tagten, wurde eine breite Palette von Fragen erörtert. Aus spezifisch christlicher Motivation wurde versucht, Antworten auf eine verantwortliche Lebensgestaltung von Christen in der sozialistischen Gesellschaft zu geben. Die Kirche müsse aus dem Glauben und dem reformatorischen Erbe heraus in allen Bereichen menschlicher Existenz Verantwortung tragen, dürfe sich aber nicht politisch mißbrauchen lassen. Die DDR brauche alle. Sie verändere sich ständig, und dabei auftretende Entwicklungsprobleme müßten nüchtern, sachlich und differenziert beurteilt werden. Aus der Gesellschaft aussteigen oder die DDR verlassen sei keine vom christlichen Glauben her vertretbare Position. Daneben gab es Forderungen nach einer Umkehr und Umgestaltung der Gesellschaft.

In den Arbeitsgruppen wurden erneut die bekannten problematischen Positionen zu Fragen der Volksbildung, der Rechtssicherheit, des Wehrdienstes, der Informationspolitik und andere angesprochen. Bewährt hat sich, daß Mitglieder der CDU und anderer befreundeter Parteien in größerer Zahl an diesen Diskussionen teilnahmen und über ihre positiven Erfahrungen aus dem sozialistischen Alltag berichten konnten. Für die Einleitungsreferate in den Arbeitsgruppen wurden in der Mehrzahl Referenten gewonnen, die innerkirchlich hohe Autorität genießen und zugleich durch ihre sachlichen und realistischen Positionen bekannt sind.

In den zur Verfügung gestellten Räumen des Messegeländes wurde verschiedenen kirchlichen Werken, Initiativen und auch Gruppen die Möglichkeit eingeräumt, ihre Arbeit unter dem Motto „Glauben heute" in Wort und Bild vorzustellen. Im wesentlichen wurden hier sachliche und realistische Positionen vermittelt, obwohl andererseits auch Materialien verbreitet wurden, die sich gegen unsere Politik richten. Die erreichten Teilnehmerzahlen blieben sowohl was die Tätigkeit der

---

11 Hiermit ist die im Juni 1989 gewaltsam niedergeschlagene Pekinger Demokratiebewegung gemeint.

12 Zum Greifswalder Dombesuch Honeckers vgl. Einleitung, 66.

Arbeitsgruppen als auch die Abschlußversammlung angeht, weit unter den Erwartungen der Veranstalter. Von den etwa 5 000 Dauerteilnehmern am Kongreß war die Hälfte Frauen. Bemerkenswert war der hohe Anteil der jugendlichen Teilnehmer (19 Jahre und jünger = 16%, 20 bis 29 Jahre = 30%, 30 bis 39 Jahre = 18%). Die Ausstrahlung auf das gesellschaftliche Leben in der Stadt Leipzig war gering. Es gab keine Beeinträchtigungen oder Störungen der öffentlichen Ordnung und Sicherheit. Mehr als 200 ökumenische Gäste aus 13 Ländern Europas, den USA, Tansania, Indien und Papua-Neuguinea beteiligten sich am Kirchentag. Aus verschiedenem Anlaß brachten ökumenische Repräsentanten ihre positiven Erlebnisse und Eindrücke über das kirchliche Leben in der DDR und das offenbar gute Verhältnis zwischen Staat und Kirche zum Ausdruck. Der Oberbürgermeister Leipzigs gab für ökumenische Gäste und ausgewählte Kirchenvertreter einen Empfang. Bei dieser Gelegenheit bedankten sich sowohl Bischof Hempel als auch Kirchentagspräsident Cieslak für die Unterstützung der staatlichen Organe.

Die Mehrzahl der BRD-Kirchenvertreter trat auf dem Kirchentag nicht öffentlich in Erscheinung. Der nordelbische Bischof Stoll wandte sich dagegen, die BRD-Vertreter als ökumenische Gäste zu bezeichnen. Bemerkenswert nüchtern, realistisch und sachlich trat Günter Gaus auf. Als sich am Sonnabend nachmittag die Atmosphäre in der Lukaskirche[13] besonders aufgeheizt hatte, wurde der anwesende BRD-Vertreter Eppler von der sächsischen Kirchenleitung gebeten, dort aufzutreten und die vorwiegend negativ eingestellten Personen in der Kirche zu binden. Am Kirchentag nahmen zahlreiche westliche Medienvertreter teil, die intensiv auf das Kirchentagsgeschehen Einfluß zu nehmen versuchten. Ihre teilweise provokatorischen Fragestellungen auf Pressekonferenzen wurden von den kirchenleitenden Vertretern in der Mehrzahl zurückgewiesen. Versuche, gemeinsam mit gegnerischen Kräften Provokationen zu inszenieren, wurden durch das vorausschauende und besonnene Reagieren staatlicher, aber auch kirchenleitender Kräfte zunichte gemacht.

Im Gefolge der intensiv geführten Auseinandersetzung mit der sächsischen Kirchenleitung wurde bereits im Vorfeld des Kirchentages auch Klarheit darüber geschaffen, daß sie gegenüber den bekannten Gruppen die volle Verantwortung trägt und selbst für deren Disziplinierung zu sorgen habe. Es wurde kirchlicherseits entschieden, wenn nötig in der Lukaskirche in Leipzig-Volkmarsdorf (weitab vom Kirchentagsgeschehen und seit längerer Zeit als Zentrum negativer Kräfte bekannt) solche hinlänglich bekannten Gruppen zu konzentrieren und damit eine negative Ausstrahlung auf das Kirchentagsgeschehen oder die Öffentlichkeit auszuschließen. Das hat sich als richtig erwiesen, obwohl der in der Lukaskirche durchgeführte „Statt Kirchentag" zum Schwerpunkt des Wirkens feindlich-negativer Kräfte wurde. Die eingeleiteten Maßnahmen zur Absicherung dieses Objektes haben sich bewährt. Die negativen, gegen unseren Staat und seine Politik gerichteten Aktivitäten blieben auf die Lukaskirche begrenzt.

Die unter Leitung des 2. Sekretärs der Bezirksleitung der SED tätige Führungsgruppe gewährleistete das koordinierte, einheitliche Vorgehen

---

13   Pfarrer an der Lukaskirche in Leipzig war Christoph Wonneberger, OV „Lukas", vgl. Dok. 142-150.

der Partei-, Staats- und Sicherheitsorgane, organisierte und leitete den Einsatz der gesellschaftlichen Kräfte, sicherte eine ständige operative Einflußnahme und eine einheitliche Information. Durch die Stadtparteiorganisation und die mit der Vorbereitung und Absicherung des Kirchentages befaßten Einrichtungen und deren Grundorganisationen der Partei wurde eine umsichtige, disziplinierte, verantwortungsbewußte Arbeit geleistet. Das abgestimmte Vorgehen mit den Bezirken Dresden und Karl-Marx-Stadt hat sich zu jeder Zeit bewährt. Die Sicherheitsorgane gewährleisteten ständig die Ordnung und Gesetzlichkeit und sicherten durch ihr flexibles Handeln die differenzierte Einflußnahme auf die Kirchenvertreter. Von kirchlicher Seite fand die exakte, verläßliche und engagierte Realisierung aller abgeschlossenen Vereinbarungen mit den staatlichen Organen und kommunalen Einrichtungen hohe Anerkennung.

Unter Nutzung des geordneten Abgangs der Masse der Kirchentagsteilnehmer nach der Abschlußveranstaltung versuchte eine Gruppe, sich zu einem Marsch in die Innenstadt zu formieren. Durch entsprechende Maßnahmen der Sicherheitsorgane wurde der überwiegende Teil ohne die Anwendung spezifischer Mittel abgedrängt. Der dann noch verbliebene Kern dieser Gruppe wurde unter Mitwirkung kirchenleitender Kräfte in die nahe gelegene Peters-Kirche geleitet. Diese Personenbewegung und die Maßnahmen der Sicherheitsorgane wurden durch Fernsehteams der BRD aufgenommen.

VI
Strukturskizzen zum Aufbau des MfS und seiner HA XX / 4

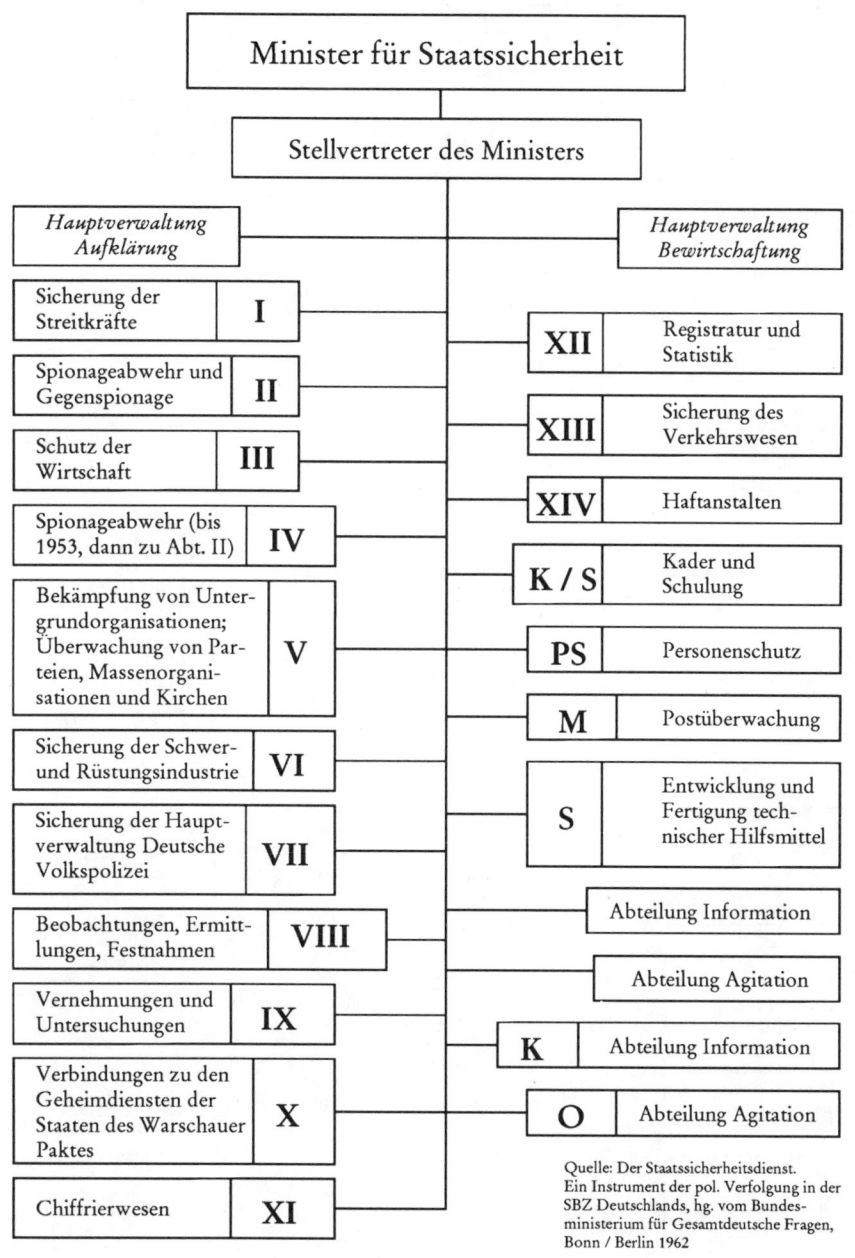

Minister für Staatssicherheit	

Stellvertreter des Ministers

Hauptverwaltung Aufklärung

Hauptverwaltung Bewirtschaftung

Sicherung der Streitkräfte	I
Spionageabwehr und Gegenspionage	II
Schutz der Wirtschaft	III
Spionageabwehr (bis 1953, dann zu Abt. II)	IV
Bekämpfung von Untergrundorganisationen; Überwachung von Parteien, Massenorganisationen und Kirchen	V
Sicherung der Schwer- und Rüstungsindustrie	VI
Sicherung der Hauptverwaltung Deutsche Volkspolizei	VII
Beobachtungen, Ermittlungen, Festnahmen	VIII
Vernehmungen und Untersuchungen	IX
Verbindungen zu den Geheimdiensten der Staaten des Warschauer Paktes	X
Chiffrierwesen	XI

XII	Registratur und Statistik
XIII	Sicherung des Verkehrswesen
XIV	Haftanstalten
K / S	Kader und Schulung
PS	Personenschutz
M	Postüberwachung
S	Entwicklung und Fertigung technischer Hilfsmittel
	Abteilung Information
	Abteilung Agitation
K	Abteilung Information
O	Abteilung Agitation

Quelle: Der Staatssicherheitsdienst.
Ein Instrument der pol. Verfolgung in der
SBZ Deutschlands, hg. vom Bundesministerium für Gesamtdeutsche Fragen,
Bonn / Berlin 1962

Ministerium für Staatssicherheit

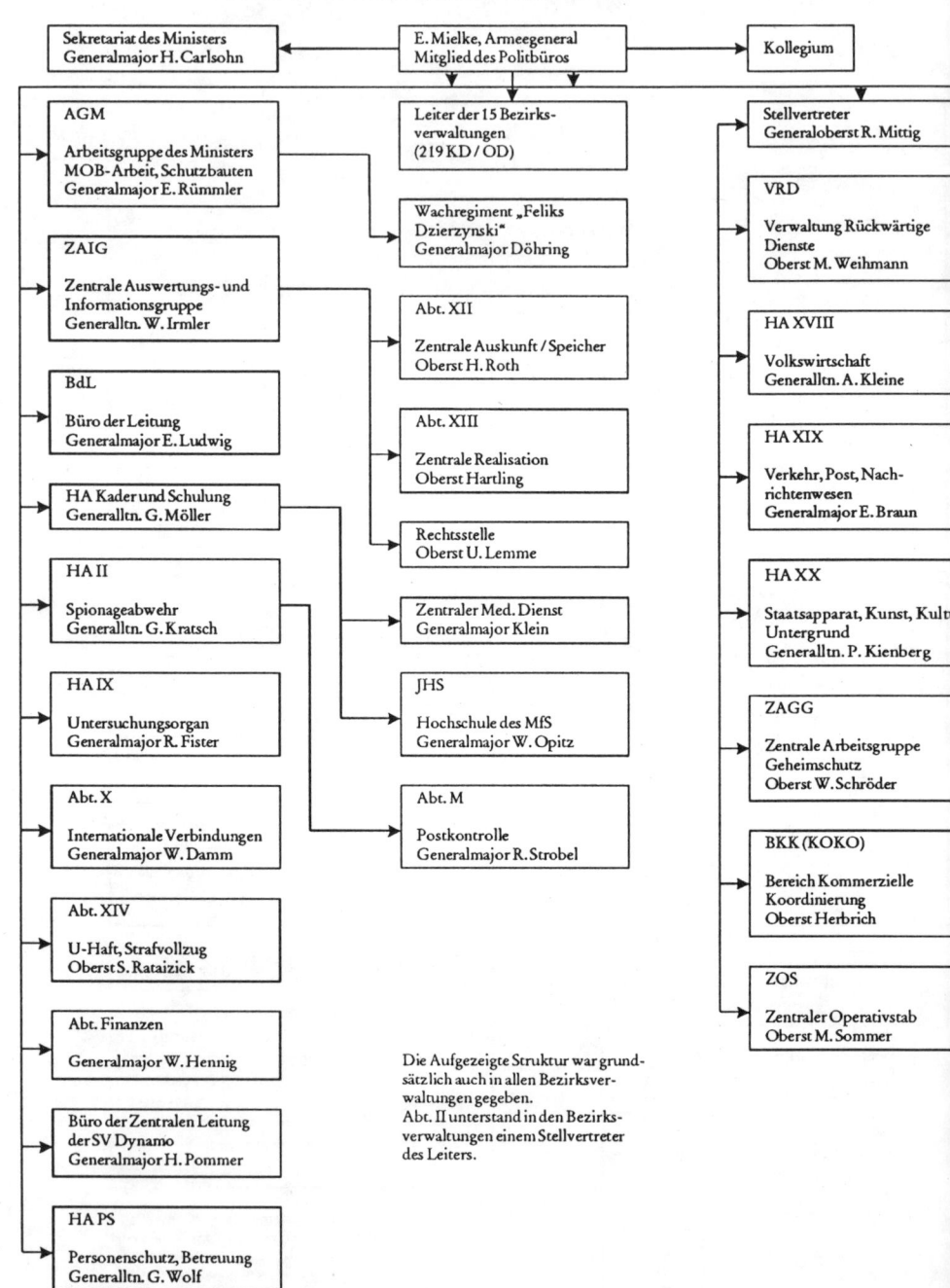

Sekretariat des Ministers
Generalmajor H. Carlsohn

E. Mielke, Armeegeneral
Mitglied des Politbüros

Kollegium

AGM
Arbeitsgruppe des Ministers
MOB-Arbeit, Schutzbauten
Generalmajor E. Rümmler

ZAIG
Zentrale Auswertungs- und
Informationsgruppe
Generalltn. W. Irmler

BdL
Büro der Leitung
Generalmajor E. Ludwig

HA Kader und Schulung
Generalltn. G. Möller

HA II
Spionageabwehr
Generalltn. G. Kratsch

HA IX
Untersuchungsorgan
Generalmajor R. Fister

Abt. X
Internationale Verbindungen
Generalmajor W. Damm

Abt. XIV
U-Haft, Strafvollzug
Oberst S. Rataizick

Abt. Finanzen
Generalmajor W. Hennig

**Büro der Zentralen Leitung
der SV Dynamo**
Generalmajor H. Pommer

HA PS
Personenschutz, Betreuung
Generalltn. G. Wolf

**Leiter der 15 Bezirks-
verwaltungen**
(219 KD / OD)

**Wachregiment „Feliks
Dzierzynski"**
Generalmajor Döhring

Abt. XII
Zentrale Auskunft / Speicher
Oberst H. Roth

Abt. XIII
Zentrale Realisation
Oberst Hartling

Rechtsstelle
Oberst U. Lemme

Zentraler Med. Dienst
Generalmajor Klein

JHS
Hochschule des MfS
Generalmajor W. Opitz

Abt. M
Postkontrolle
Generalmajor R. Strobel

Stellvertreter
Generaloberst R. Mittig

VRD
Verwaltung Rückwärtige
Dienste
Oberst M. Weihmann

HA XVIII
Volkswirtschaft
Generalltn. A. Kleine

HA XIX
Verkehr, Post, Nach-
richtenwesen
Generalmajor E. Braun

HA XX
Staatsapparat, Kunst, Kultur
Untergrund
Generalltn. P. Kienberg

ZAGG
Zentrale Arbeitsgruppe
Geheimschutz
Oberst W. Schröder

BKK (KOKO)
Bereich Kommerzielle
Koordinierung
Oberst Herbrich

ZOS
Zentraler Operativstab
Oberst M. Sommer

Die Aufgezeigte Struktur war grundsätzlich auch in allen Bezirksverwaltungen gegeben.
Abt. II unterstand in den Bezirksverwaltungen einem Stellvertreter
des Leiters.

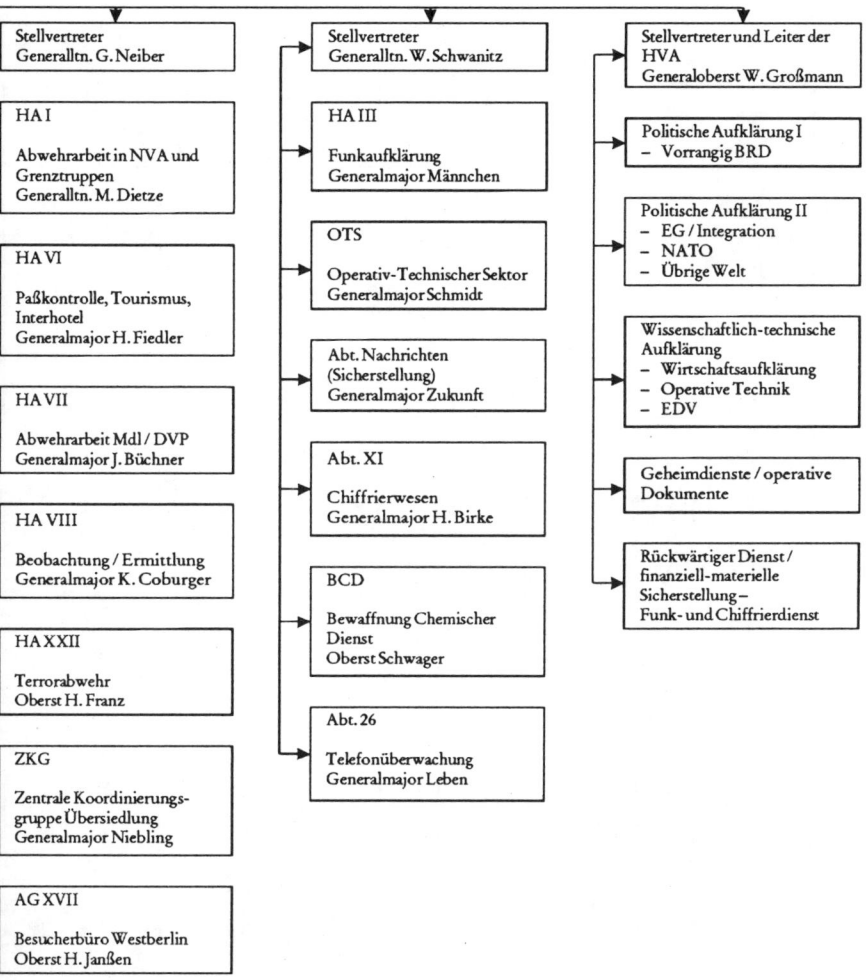

Stellvertreter
Generalltn. G. Neiber

HA I
Abwehrarbeit in NVA und Grenztruppen
Generallin. M. Dietze

HA VI
Paßkontrolle, Tourismus, Interhotel
Generalmajor H. Fiedler

HA VII
Abwehrarbeit Mdl / DVP
Generalmajor J. Büchner

HA VIII
Beobachtung / Ermittlung
Generalmajor K. Coburger

HA XXII
Terrorabwehr
Oberst H. Franz

ZKG
Zentrale Koordinierungsgruppe Übersiedlung
Generalmajor Niebling

AG XVII
Besucherbüro Westberlin
Oberst H. Janßen

Stellvertreter
Generallin. W. Schwanitz

HA III
Funkaufklärung
Generalmajor Männchen

OTS
Operativ-Technischer Sektor
Generalmajor Schmidt

Abt. Nachrichten
(Sicherstellung)
Generalmajor Zukunft

Abt. XI
Chiffrierwesen
Generalmajor H. Birke

BCD
Bewaffnung Chemischer Dienst
Oberst Schwager

Abt. 26
Telefonüberwachung
Generalmajor Leben

Stellvertreter und Leiter der HVA
Generaloberst W. Großmann

Politische Aufklärung I
– Vorrangig BRD

Politische Aufklärung II
– EG / Integration
– NATO
– Übrige Welt

Wissenschaftlich-technische Aufklärung
– Wirtschaftsaufklärung
– Operative Technik
– EDV

Geheimdienste / operative Dokumente

Rückwärtiger Dienst / finanziell-materielle Sicherstellung –
Funk- und Chiffrierdienst

(Quelle: *Bürgerkomitee Leipzig* (Hg.), Stasi intern)

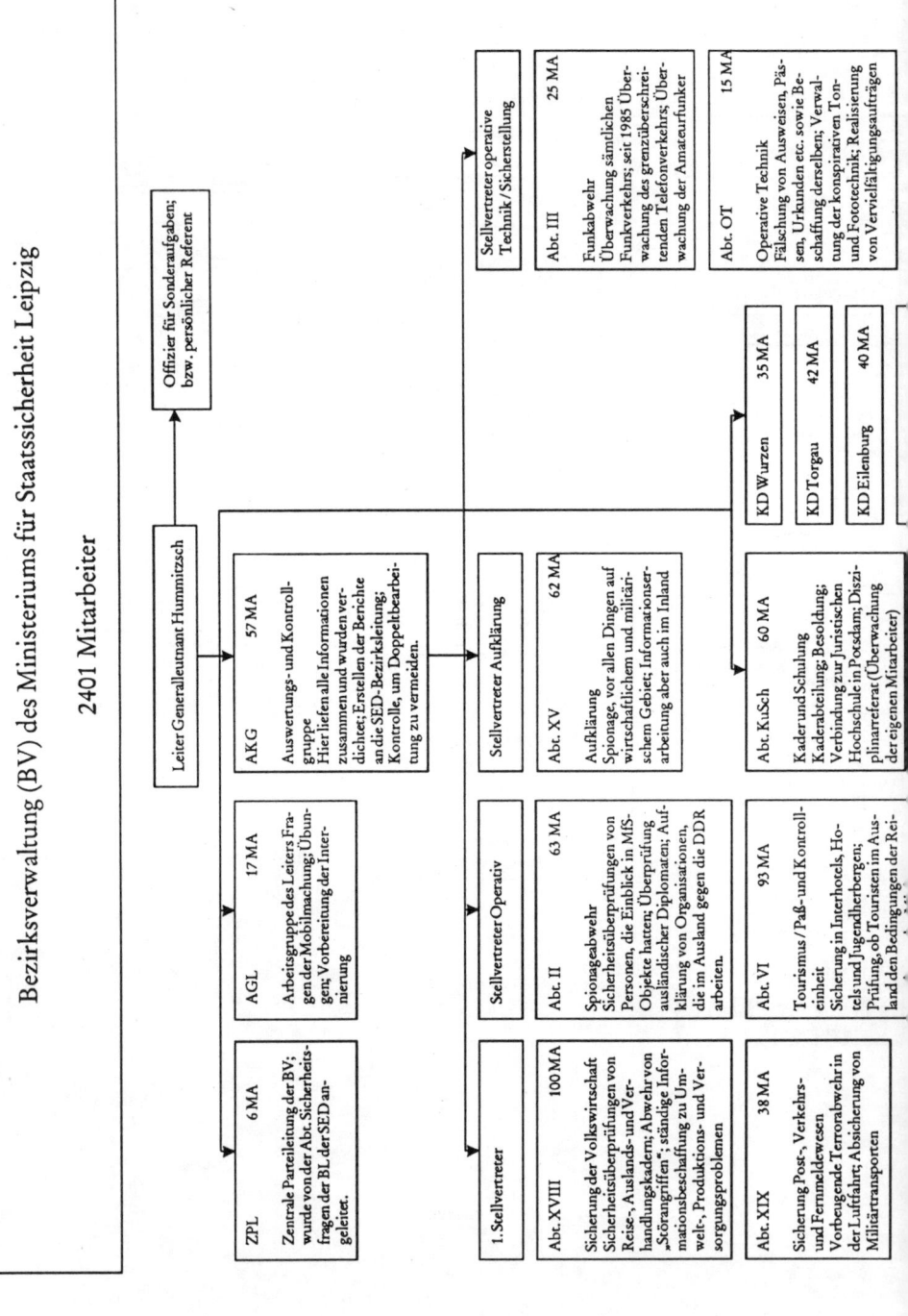

Bezirksverwaltung (BV) des Ministeriums für Staatssicherheit Leipzig

2401 Mitarbeiter

Leiter Generalleutnant Hummitzsch

Offizier für Sonderaufgaben; bzw. persönlicher Referent

ZPL · 6 MA
Zentrale Parteileitung der BV; wurde von der Abt. Sicherheitsfragen der BL der SED angeleitet.

AGL · 17 MA
Arbeitsgruppe des Leiters Fragen der Mobilmachung; Übungen; Vorbereitung der Internierung

AKG · 57 MA
Auswertungs- und Kontrollgruppe Hier liefen alle Informationen zusammen und wurden verdichtet; Erstellen der Berichte an die SED-Bezirksleitung; Kontrolle, um Doppelbearbeitung zu vermeiden.

Stellvertreter operative Technik / Sicherstellung

Abt. III · 25 MA
Funkabwehr Überwachung sämtlichen Funkverkehrs; seit 1985 Überwachung des grenzüberschreitenden Telefonverkehrs; Überwachung der Amateurfunker

Abt. OT · 15 MA
Operative Technik Fälschung von Ausweisen, Pässen, Urkunden etc. sowie Beschaffung derselben; Verwaltung der konspirativen Ton- und Fototechnik; Realisierung von Vervielfältigungsaufträgen

Stellvertreter Aufklärung

Abt. XV · 62 MA
Aufklärung Spionage, vor allen Dingen auf wirtschaftlichem und militärischem Gebiet; Informationserarbeitung aber auch im Inland

Stellvertreter Operativ

Abt. II · 63 MA
Spionageabwehr Sicherheitsüberprüfungen von Personen, die Einblick in MfS-Objekte hatten; Überprüfung ausländischer Diplomaten; Aufklärung von Organisationen, die im Ausland gegen die DDR arbeiten.

Abt. VI · 93 MA
Tourismus / Paß- und Kontrolleinheit Sicherung in Interhotels, Hotels und Jugendherbergen; Prüfung, ob Touristen in Ausland und den Bedingungen der Rei-

1. Stellvertreter

Abt. XVIII · 100 MA
Sicherung der Volkswirtschaft Sicherheitsüberprüfungen von Reise-, Auslands- und Verhandlungskadern; Abwehr von „Störangriffen"; ständige Informationsbeschaffung zu Umwelt-, Produktions- und Versorgungsproblemen

Abt. XIX · 38 MA
Sicherung Post-, Verkehrs- und Fernmeldewesen Vorbeugende Terrorabwehr in der Luftfahrt; Absicherung von Militärtransporten

Abt. KuSch · 60 MA
Kader und Schulung Kaderabteilung; Besoldung; Verbindung zur juristischen Hochschule in Potsdam; Disziplinarreferat (Überwachung der eigenen Mitarbeiter)

KD Wurzen · 35 MA

KD Torgau · 42 MA

KD Eilenburg · 40 MA

Abt. VII — 24 MA
Schutz der VP / Zusammenwirken
Überprüfung des Strafvollzugs; Zusammenarbeit mit der BDVP in Fragen Ordnung und Sicherheit

Abt. VIII — 168 MA
Observation und Ermittlung
Observierung Andersdenkender, bedeutsamer Ausländer, sowie bei Verdacht der Republikflucht und des Terrorismus; Wohngebietsermittlungen bei Anträgen auf Reise ins westliche Ausland, bzw. bei Sicherheitsüberprüfungen Überwachung der Militärmissionen; konspirative Wohnungsdurchsuchungen

Abt. M — 133 MA
Postüberwachung
Kontrolle des Brief-, Paket- und Telegrammverkehrs; Zurückhalten von Sendungen; Entnahme von Wertgegenständen

SR AWK — 4 MA
Sonderreferat Abwehr im Bereich des Wehrkreiskommandos
Militärabwehr; Schutz der militärischen Geheimnisse; Sicherung der militärischen Mobilmachung sowie Überprüfungen des militärischen Nachwuchses

---

gen sowie des gesellschaftlichen Bereiches (Parteien – außer SED – und Organisationen)
Bearbeitung des sogenannten PID / PUT (Politisch-Ideologische Division / Politische Untergrundtätigkeit

AG XXII — 6 MA
Arbeitsgruppe Geheimnisschutz
Sicherheitsüberprüfungen von Geheimnisträgern; Schutz von Staatsgeheimnissen vor Informationsabfluß

AG AuE — 7 MA
Arbeitsgruppe Aktionen und Einsätze
Stabsorgan zur Sicherung von politischen, gesellschaftlichen, kulturellen sowie sportlichen Höhepunkten

SR PS — 7 MA
Sonderreferat Personenschutz
Gewährleistung des Personenschutzes der Mitglieder der ehemaligen Partei- und Staatsführung sowie deren Gäste

BKG — 16 MA
Bezirkskoordinierungsgruppe
Bearbeitung von Antragstellern auf ständig Ausreise (AstA) sowie Republikflucht; Arbeit mit IMs im Ausland

---

Vorgänge zur Ablage; egal ob sie Täter oder Opfer waren

Med. Dienst — 22 MA
Medizinischer Dienst
Das MfS hatte eine eigene medizinische Versorgung; MfS-Angehörigen war es außer in Notfällen verboten, zum normalen Arzt zu gehen

Abt. Finanzen — 13 MA
Finanzen
Die BV hatte eine völlig eigenständige Sparkasse im Haus; sämtliche Geldbewegungen, auch Divisen, liefen über diese Abteilung

Abt. XIV — 50 MA
Untersuchungshaftanstalten
War verantwortlich für die Leitung und Beaufsichtigung in der MfS-eigenen Untersuchungshaftanstalt (Beethovenstraße)

WSE — 170 MA
Wach- und Sicherungseinheit
Angehörige des Wachregimentes „Feliks Dzierzynski" waren zur Sicherung des Gebäude des MfS eingesetzt.

AG XXII — 6 MA
Terrorabwehr
Spezialeinheit; auch Verfolgung anonymer Drohungen; Führen des Zentralen Stimmenspeichers

---

KD Oschatz — 35 MA

KD Delitzsch — 8 MA

KD Borna — 78 MA

KD Döbeln — 51 MA

KD Geithain — 27 MA

KD Altenburg — 62 MA

KD Leipzig-Stadt — 201 MA

KD Leipzig-Land — 81 MA

Abt. IX — 47 MA
Untersuchungsabteilung
Entsprechend § 88 der StPO war diese Abteilung Untersuchungsorgan und wurde bei allen durch das MfS ermittelten hauptsächlich politischen Angelegenheiten tätig

Abt. 26 — 46 MA
Telefonüberwachung
26 / A Telefonüberwachung
26 / B Raumerkundung (Abhören mit Wanzen)
26 / D Video- und Fotoüberwachung
26 / X Abwehr möglicher feindlicher Abhörtechnik in der BV / BK des MfS

Nachrichtenverbindungen

SR BCD — 8 MA
Sonderreferat Biologisch-Chemischer Dienst
Bewaffnung und Schutzausrüstung

Abt. XI — 17 MA
Chiffrierwesen
Kontrollierte und Organisierte DDR-weit das gesamte Chiffrierwesen; Pflege und Wartung der Technik sowie Nachweisführung

Abt. RD — 136 MA
Rückwärtige Dienste

BdL — 28 MA
Büro der Leitung
Verschlußsachen-Stelle der BV; Ausgabe der BV-eigenen Dienstanweisungen; weitere Leitungs- und Koordinierungsaufgaben

(Quelle: *Bürgerkomitee Leipzig* (Hg.), Stasi intern)

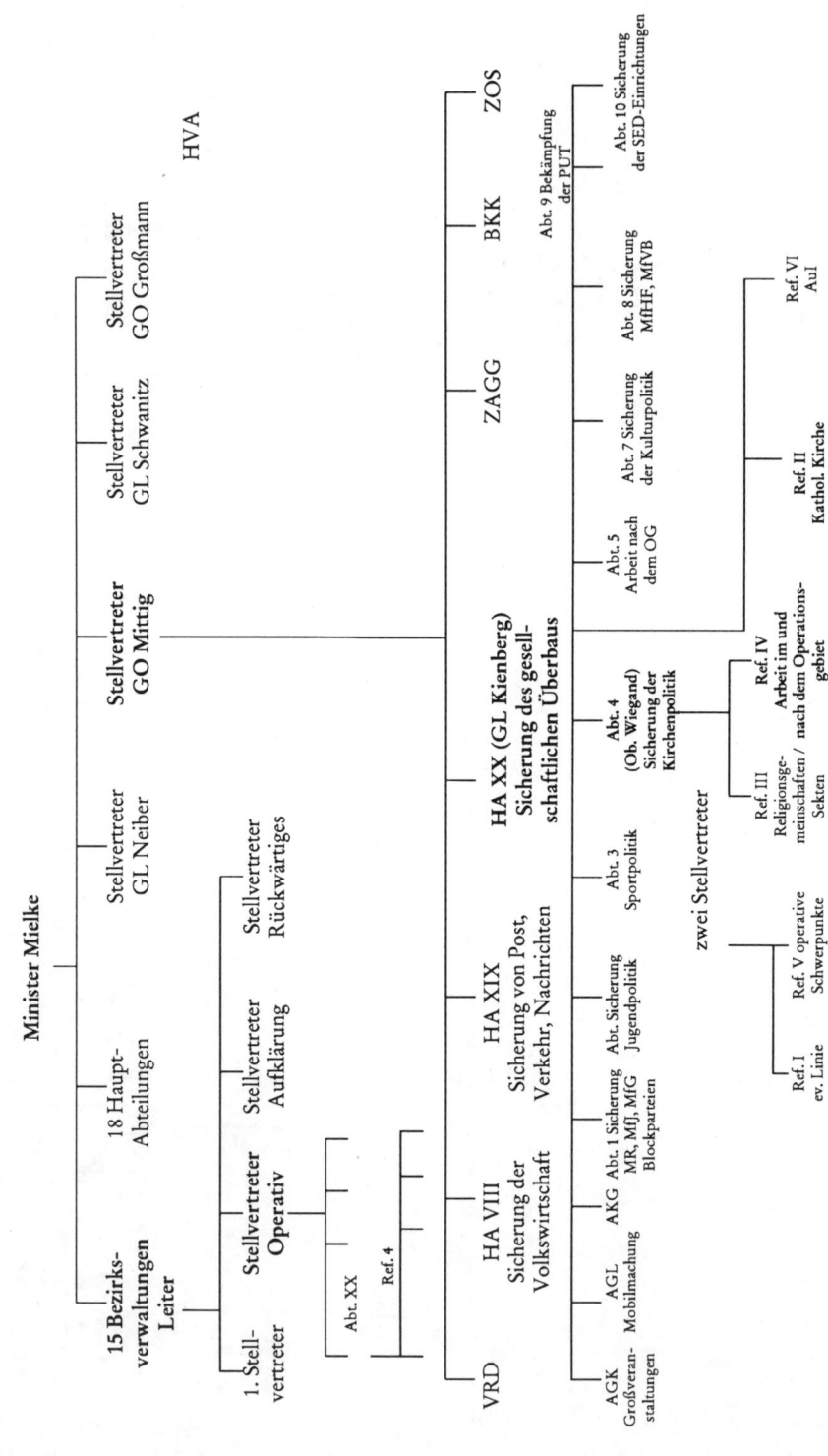

VII
Zeittafel

1945

8. Mai	Bedingungslose Kapitulation Deutschlands
17. Juli - 2. August	Potsdamer Konferenz und Abkommen
21. / 22. August	Erstes Treffen des Reichsbruderrates in Frankfurt / M.
23. August	Katholische Bischöfe bekennen Mitschuld der deutschen Katholiken und danken den Gläubigen für die Treue
25. / 26. August	Tagung des Lutherrates in Treysa
27. - 31. August	Konstituierung der Evangelischen Kirche in Deutschland (EKD) auf einer Kirchenversammlung in Treysa; vorläufige Ordnung und Berufung des Rates der EKD
18. / 19. Oktober	Vorläufiger Rat der EKD verabschiedet „Stuttgarter Schuldbekenntnis"

1946

9. Februar	Ackermann (KPD) formuliert die These eines besonderen deutschen Weges zum Sozialismus
7. März	Gründung der Freien Deutschen Jugend (FDJ)
19. - 22. April	Vereinigung von KPD und SPD zur SED (Gründungsparteitag)
Juli	Schaffung der Deutschen Verwaltung des Inneren in der SBZ
Anfang September	Anordnung kirchlicher Rundfunksendungen durch die Sowjetische Militäradministration (SMAD)
20. Oktober	Landtagswahlen in den 5 Ländern der SBZ, wobei die SED 47,5% der abgegebenen Stimmen erhält (Berlin: 19,8%)

1947

5. / 6. Juni	Kirchenversammlung in Treysa (Treysa II): Beratungen über eine EKD-Grundordnung
6. - 8. Juni	SBZ-Vertreter verlassen die Konferenz der Ministerpräsidenten aller deutschen Länder in München
7. / 8. August	Verabschiedung des „Darmstädter Wort[es]" durch den Bruderrat der EKD
20. - 24. September	II. Parteitag der SED: Einführung der Planwirtschaft

6. / 7. Dezember	Erster Volkskongreß, bestehend aus Delegierten der Parteien und Organisationen der SBZ, mit dem Ziel einer Volksabstimmung für die „demokratische Einheit" Deutschlands und einer Zentralregierung
20. Dezember	Verfügung des Kardinals von Preysing (Berlin), nur die Gesamtheit der deutschen Bischöfe sei berechtigt, sich zu Zeitfragen zu äußern

1948

10. März	Gründung der „Arbeitsgemeinschaft Christlicher Kirchen in Deutschland"
20. März	Londoner Außenministerkonferenz empfiehlt Errichtung eines westdeutschen Staates, die UdSSR verläßt daraufhin den Alliierten Kontrollrat
20. Juni	Währungsreform in den Westzonen
23. Juni	Befehl der SMAD zur Währungsreform in der SBZ
24. Juni	Beginn der Berlin-Blockade
3. Juli	Umwandlung der SED in eine „Partei neuen Typs" mit „eindeutiger Stellungnahme für die Sowjetunion" auf einer Sitzung des SED-Zentralsekretariates Befehl der SMAD zur Bildung der Kasernierten Volkspolizei
10. - 13. Juli	Kirchenversammlung in Eisenach: Verabschiedung der Grundordnung der EKD
23. August	Gründung des ÖRK auf der 1. Weltkirchenkonferenz in Amsterdam
3. Dezember	Inkrafttreten der Grundordnung der EKD
31. Dezember	Inkrafttreten der Verfassung der Vereinigten Evangelisch-Lutherischen Kirche Deutschlands (VELKD), zu der auch die mecklenburgische, die sächsische und die thüringische Landeskirche gehören

1949

1. Januar	Inkrafttreten des 1. Zweijahresplanes der SBZ
9. - 13. Januar	EKD-Synode in Bethel: Dibelius wird zum Ratsvorsitzenden und Heinemann zum Synodalpräses gewählt
25. Januar	Gründung des Rates für gegenseitige Wirtschaftshilfe (RGW)
25. - 28. Januar	1. Parteikonferenz der SED
1. April	Verbot der katholischen Schrift „Petrusblatt" in der SBZ
4. April	Gründung der NATO
12. Mai	Ende der Berlin-Blockade

23. Mai	Verkündung des Grundgesetzes der BRD
30. Mai	Deutscher Volkskongreß billigt Verfassung der DDR, die am 19. März durch den Deutschen Volksrat der SBZ verabschiedet worden war
Juni	Dekret von Papst Pius XII., das das Wählen und Fördern von kommunistischen Parteien untersagt und den Ausschluß von den Sakramenten bei Zuwiderhandlung androht
1. Juni	Hirtenbrief von Dibelius betreffs Internierungen und K 5
15. September	Der am 14. August gewählte Deutsche Bundestag beauftragt eine Koalition von CDU / CSU, FDP und DP unter Bundeskanzler Konrad Adenauer mit der Übernahme der Bundesregierung
23. September	UdSSR im Besitz der Atombombe
7. Oktober	Gründung der DDR und Inkraftsetzung der Verfassung (Artikel 41-48 zu Kirchen; Grundlage bildet die Verfassung von Weimar), Grotewohl wird mit der Regierungsbildung beauftragt, Volkskammerwahlen werden um ein Jahr verschoben
11. Oktober	Wilhelm Pieck wird Präsident der DDR
14. Oktober	Rat der EKD empfiehlt das Wort des Bruderrates „Gebt Gott recht" als Kanzelabkündigung: Kirche steht zwischen Ost und West
16. Dezember	Heinrich Grüber wird Beauftragter der EKD bei der DDR-Regierung

1950

8. Februar	Gründung des Ministeriums für Staatssicherheit (MfS), dessen Minister am 20. Februar Wilhelm Zaisser wird
24. - 27. April	EKD-Synode in Berlin-Weißensee: Deutsche sollen nicht an einem Krieg gegen Deutsche teilnehmen; Wort zur Schuld an Israel
28. April	Erste Gesprächsrunde zwischen Staat und Kirchen, noch mit beiden Konfessionen
25. Juni	Ausbruch des Korea-Krieges
10. Juli	Petition der Zeugen Jehovas gegen die Bildung der „Nationalen Front"
20. - 24. Juli	III. Parteitag der SED: Umwandlung des Parteivorstandes in Zentralkomitee
25. Juli	Walter Ulbricht wird zum Generalsekretär der SED gewählt
29. Juli	Bildung der Ostdeutschen Bischofskon-

	ferenz (später: Berliner Ordinarienkonferenz) auf Weisung des Vatikans
27. August	Rat der EKD spricht sich gegen Remilitarisierung Deutschlands aus
31. August	Rücktritt des Bundesinnenministers Heinemann, da Adenauer ohne Rücksprache mit dem Kabinett die Bereitschaft der Bundesregierung zu einer westdeutschen Einbindung in ein westeuropäisches militärisches Sicherheitssystem erklärt
4. September	Verbot der Zeugen Jehovas in der DDR
29. September	Aufnahme der DDR in den RGW
15. Oktober	Volkskammerwahlen (99,3 % Ja-Stimmen)

1951

15. Februar	Bildung des Bundesgrenzschutzes
1. - 5. April	EKD-Synode in Hamburg: Debatte auch über Wiederbewaffnung
11. - 15. Juli	„Wir sind doch Brüder": Losung des Deutschen Evangelischen Kirchentages in Berlin
1. Oktober	Verweigerung von Aufenthaltsgenehmigungen für im Westen ausgebildete Theologen und Priester

1952

10. März	Stalin-Note schlägt Konferenz über deutschen Friedensvertrag vor: einheitliches, demokratisches Deutschland unter Wahrung militärischer Neutralität
13. Mai	Ablehnung der Stalin-Note durch die Westmächte
26. Mai	Errichtung einer 5 km breiten Sperrzone entlang der Grenze zur BRD
26. / 27. Mai	Unterzeichnung der Westverträge: Deutschland- und EVG-Vertrag, nach denen die BRD Souveränität erlangt und Glied der zu bildenden Europäischen Verteidigungsgemeinschaft wird
5. Juni	Eröffnung des katholischen Priesterseminars in Erfurt
14. / 15. Juni	Verbot des Kirchentages der Jungen Gemeinde in Lübbenau
9. - 12. Juli	2. Parteikonferenz der SED: „Planmäßige Errichtung der Grundlagen des Sozialismus in der DDR"
23. Juli	Abschaffung der 5 Länder, Neugliederung in 14 Bezirke und 217 Kreise
19. - 24. August	Behinderung des Deutschen Katholikentages im Osten Berlins
27. - 31. August	Kirchentag in Stuttgart: keine Ausreisegenehmigung für DDR-Teilnehmer; Er-

	klärung zur Wiederbewaffnung gelingt nicht
6. - 10. Oktober	EKD-Synode in Elbingerode: „Die öffentliche Verantwortung des Christen"

1953

12. Februar	Festnahme des Studentenpfarrers Johannes Hamel (Halle)
2. März	Brieflicher Protest Karl Barths bei Zaisser wegen der Festnahme Hamels
5. März	Tod Stalins
19. März	Billigung des Deutschland- und EVG-Vertrages durch den Bundestag
1. April	Eröffnung einer Kampagne gegen die Jugendarbeit der evangelischen Kirchen durch die FDJ-Zeitung „Junge Welt"
21. April	Evangelische Bischöfe protestieren gegen Behinderung der Kirchenarbeit
28. April	Offener Brief von Dibelius zu Fragen der Jungen Gemeinde
8. Mai	Brief Grübers an Nuschke wegen der Jungen Gemeinde
Ende Mai	UdSSR ernennt Hohen Kommissar in der DDR und spricht sich für milderen Kurs der SED aus
10. Juni	Spitzengespräch zwischen Staatsführung und evangelischen Kirchen, bei dem sich die staatliche Seite verpflichtet, die kirchliche Jugendarbeit nicht mehr zu behindern
11. Juni	DDR-Regierung verkündet „Neuen Kurs"
17. Juni	Volksaufstand in der DDR und Ost-Berlin, dessen Nachwirkungen zur Ablösung Zaissers führen
11. Juli	Gespräch von Kirchenvertretern mit dem Amt für Jugendarbeit wegen der Jungen Gemeinde
17. Juli	Umwandlung des MfS in ein Staatssekretariat für Staatssicherheit im Ministerium des Inneren
12. - 16. August	Kirchentag in Hamburg: Teilnahme von über 10 000 Christen aus der DDR
20. - 22. August	Verzicht der UdSSR auf weitere Reparationsleistungen der DDR ab 1954
20. Oktober	Bildung der 2. Regierung Adenauers

1954

25. Januar - 18. Februar	Berliner Außenministerkonferenz der Vier Mächte, dabei keine Einigung zur Deutschlandfrage
25. März	UdSSR erklärt die DDR für souverän
30. März - 6. April	IV. Parteitag der SED

7. - 11. Juli	„Seid fröhlich in Hoffnung": gesamtdeutscher Kirchentag in Leipzig
17. Oktober	Volkskammerwahlen
23. Oktober	Unterzeichnung der „Pariser Verträge": BRD wird NATO-Mitglied
12. November	Jugendweiheaufruf
30. November	Erklärung der Kirchenleitung von Berlin-Brandenburg über die Unvereinbarkeit von Konfirmation und Jugendweihe
26. Dezember	Hirtenwort der Berliner Ordinarienkonferenz gegen die Jugendweihe

1955

2. Februar	Rat der EKD erklärt, daß die Kirche zu den Verträgen nicht Stellung nehmen kann
6. - 11. März	EKD-Synode in Espelkamp: Heinemann wird nicht wieder zum Präses gewählt
27. März	Erste Jugendweihen in Ost-Berlin
Mai	„Pariser Verträge" treten in Kraft
14. Mai	Unterzeichnung des Warschauer Paktes, dessen Mitglied auch die DDR ist
15. Mai	Beschluß des ZK der SED über Aufstellung bewaffneter Streitkräfte
Dezember	„Ratschlag der EKD": beide deutsche Staaten mögen Gesetze über Wehrersatzdienst verabschieden
14. Dezember	Gespräch Nuschkes mit Mitzenheim, Krummacher, Scharf und Grüber

1956

18. Januar	Beschluß der Volkskammer über die Schaffung einer Nationalen Volksarmee
20. Januar	„Neues Deutschland" wirft Bahnhofsmissionen Spionage vor
10. Februar	Innenminister Maron kritisiert Kooperation der evangelischen Landeskirchen in der DDR mit denen des Westens
14. - 25. Februar	XX. Parteitag der KPdSU: Entstalinisierung
24. - 30. März	3. Parteikonferenz der SED
27. - 29. Juni	Außerordentliche EKD-Synode in Berlin: „Gottes Wort ist nicht gebunden"; keine Erklärung zur Frage der Wehrpflicht
7. Juli	Allgemeine Wehrpflicht in der BRD durch den Bundestag beschlossen
8. - 12. August	„Laßt Euch versöhnen mit Gott!": evangelischer Kirchentag in Frankfurt / M.
17. August	Verbot der KPD in der BRD
29. August - 2. September	Bezeichnung das „fremde Haus" für die DDR durch den Meißener Bischof Spül-

beck, die Katholiken führen ein Dasein „unter der Treppe"

23. Oktober - 24. November	Sowjetische Truppen schlagen einen Volksaufstand in Ungarn nieder
3. Dezember	Gespräch zwischen Grotewohl, Ulbricht und den Bischöfen der sechs DDR-Landeskirchen sowie Grüber

1957

22. Februar	Militärseelsorgevertrag zwischen EKD und BRD in Bonn unterzeichnet
3. - 8. März	EKD-Synode in Berlin-Spandau: Zustimmung zum Militärseelsorgevertrag mit 2/3-Mehrheit
4. März	DDR-Verteidigungsminister Stoph lehnt Verhandlungen mit der EKD über einen gesonderten Militärseelsorgevertrag mit der DDR ab
8. März	Einsetzung des ersten Staatssekretärs für Kirchenfragen: Werner Eggerath (SED), unterstellt dem Vorsitzenden des Ministerrates
April	Absage eines in Erfurt geplanten Kirchentages
Sommer	Staatliche Angriffe gegen Dibelius verstärken sich, Zahl der Verhaftungen steigt
Herbst	Erich Mielke wird Minister des MfS
28. November	Verurteilung Schmutzlers wegen „Boykotthetze" und „Staatsverleumdung"

1958

12. Februar	Anordnung zur Sicherung von Ordnung und Stetigkeit im Erziehungs- und Bildungsprozeß der Schulen („Lange-Erlaß") sorgt für Behinderung des katholischen Religionsunterrichtes und der evangelischen Christenlehre
April	EKD-Synode in Berlin-Weißensee: „Atomdebatte", Aufruf zur Gründung der „Aktion Sühnezeichen" und Begrenzung der Gültigkeit des Militärseelsorgevertrages auf die westlichen Gliedkirchen
17. Mai	Grüber wird wegen des Militärseelsorgevertrages staatlicherseits nicht mehr anerkannt; Grotewohl verweigert Gespräche über Erziehungsfragen mit EKD-Delegation
Juni / Juli	3 Gesprächsrunden zwischen Staat und einer Kirchendelegation, die ausschließlich aus Kirchenvertretern aus der DDR besteht; Beginn einer Klimaverbesserung
1. - 4. Juni	Gründung der Prager Christlichen Frie-

<table>
<tr><td></td><td>denskonferenz (CFK) als Gegenpol zum Ökumenischen Rat der Kirchen</td></tr>
<tr><td>1. Juli</td><td>Gründung des (staatshörigen) Bundes evangelischer Pfarrer in der DDR</td></tr>
<tr><td>10. - 16. Juli</td><td>V. Parteitag der SED</td></tr>
<tr><td>21. Juli</td><td>Kommunique über Gespräche zwischen Kirche und Staat</td></tr>
<tr><td>August</td><td>Beschluß der „Ostkirchenkonferenz", eine Kirchenkanzlei für ihre Gliedkirchen in Berlin zu schaffen</td></tr>
<tr><td>30. September</td><td>Ende der Tätigkeit Grübers</td></tr>
<tr><td>10. November</td><td>Chruschtschow fordert den Abzug der Westmächte aus Berlin</td></tr>
<tr><td>16. November</td><td>Volkskammerwahlen</td></tr>
<tr><td>27. November</td><td>„Berlin-Ultimatum" der UdSSR wird am 31. Dezember von den Westmächten zurückgewiesen</td></tr>
</table>

1959

6. - 9. Januar	Gründung der Konferenz Europäischer Kirchen (KEK)
8. - 13. Februar	EKD-Synode in Berlin-Weißensee: Handreichung „Das Evangelium und das christliche Leben in der DDR"
3. Juni	Volkskammer beschließt LPG-Gesetz
12. - 16. August	Evangelischer Kirchentag in München
20. August	Obrigkeitsschrift von Otto Dibelius erregt heftige Debatten

1960

21. - 26. Februar	EKD-Synode in West-Berlin
14. April	Kollektivierung der Landwirtschaft ist nach DDR-Angaben erfolgreich beendet; Proteste der Kirchen gegen diese Kampagne
8. Juli	Bischof Krummacher (Greifswald) wird für Bischof Dibelius (Berlin) Vorsitzender der Konferenz der evangelischen Bischöfe der Gliedkirchen in der DDR
7. September	DDR-Präsident Pieck stirbt
12. September	Konstituierung des Staatsrates der DDR, dessen Vorsitzender Ulbricht wird
4. Oktober	Programmatische Erklärung Ulbrichts, auch zu Kirchenfragen
November	Hans Seigewasser (SED) wird Staatssekretär für Kirchenfragen

1961

31. Januar	DDR untersagt Tagung der EKD-Synode in Ost-Berlin
9. Februar	Prof. Emil Fuchs (Leipzig) und eine Delegation werden von Ulbricht empfangen
12. - 17. Februar	EKD-Synode in Berlin: Scharf wird zum

	Ratsvorsitzenden gewählt, Betonung der Einheit der EKD
Juli	„Ich bin bei Euch": Der letzte gesamtdeutsche Kirchentag in Berlin findet ausschließlich im Westteil der Stadt statt
13. August	Bau der Mauer in Berlin
16. August	DDR zeigt sich verärgert über ein Telegramm von Scharf, Krummacher, Führ und Figur an Ulbricht, in dem eine breite Ausgabe von Passierscheinen gefordert wird
31. August	Ausbürgerung des Ost-Berliner Präses Scharf anläßlich der Rückkehr von einem dienstlichen Aufenthalt in West-Berlin

1962

24. Januar	Volkskammer verabschiedet Gesetz über die allgemeine Wehrpflicht
21. Februar	Konferenz der evangelischen Kirchenleitungen in der DDR (KKL) gibt sich eine Geschäftsordnung
12. März	Erklärung Stophs an Mitzenheim und Krummacher, die allgemeine Wehrpflicht betreffend
14. März	Beginn der Genfer Abrüstungsverhandlungen
6. Juli	DDR-Regierung erkennt die Wahl Krummachers zum KKL-Vorsitzenden nicht an

1963

15. - 21. Januar	VI. Parteitag der SED
30. Januar	Seigewasser lehnt Bitte um Rückkehrererlaubnis für Scharf eindeutig ab
8. März	Verabschiedung der „Zehn Artikel über Freiheit und Dienst der Kirche" durch die KKL
15. Juli	Egon Bahr (SPD) stellt in der Evangelischen Akademie Tutzing eine neue Konzeption der Deutschlandpolitik vor: „Wandel durch Annäherung"
16. Oktober	Ludwig Erhard wird Bundeskanzler der BRD
20. Oktober	Volkskammerwahlen
26. November	„Sieben Sätze von der Freiheit der Kirche zum Dienen" des Weißenseer Arbeitskreises
17. Dezember	Passierscheinabkommen ermöglicht Westberlinern Verwandtenbesuche zu Weihnachten im Ostteil der Stadt

1964

18. August	Treffen zwischen Ulbricht und Bischof

	Mitzenheim (Eisenach), bei dem die gemeinsame humanistische Grundlage zwischen Christen und Marxisten benutzt wird, eine mögliche Zusammenarbeit herauszustellen
7. September	Schaffung von „Baueinheiten" für den waffenlosen militärischen Dienst, auch auf den Druck der Kirchen hin
9. September	DDR-Regierung ermöglicht Rentnern Besuchsreisen in die BRD
24. September	Vorsitzender des Ministerrates wird Willi Stoph
6. November	Der neue 1. Sekretär der KPdSU, Breshnew, bezeichnet die Existenz zweier deutscher Staaten als Grundlage für Frieden in Europa

1965

Oktober	Rat der EKD veröffentlicht „Ostdenkschrift"
11. November	Veröffentlichung der „Handreichung für die Seelsorge an Wehrpflichtigen" unter dem Titel „Zum Friedensdienst der Kirche"

1966

15. Februar	Wahl von Präses Scharf als Nachfolger von Bischof Dibelius auf der getrennt tagenden Synode von Berlin-Brandenburg; ADN erklärt die Wahl „für die DDR wirkungslos"
9. Mai	Inbetriebnahme des ersten DDR-Atomkraftwerkes
19. Juli	Absage der für 1969 geplanten Vollversammlung des Lutherischen Weltbundes in Weimar durch DDR-Behörden
1. Dezember	Große Koalition in der BRD unter Bundeskanzler Kiesinger

1967

13. - 17. Januar	Generalsuperintendent Albrecht Schönherr (Eberswalde) wird von der evangelischen Kirche in Berlin-Brandenburg zum Verweser des Bischofsamtes für die Ostregion gewählt
20. Februar	Verabschiedung des Gesetzes über die „Staatsbürgerschaft der DDR" in der Volkskammer
1. - 7. April	Tagung der DDR-Mitglieder der EKD-Synode und Bekenntnis zur „Gemeinschaft der Evangelischen Kirche in Deutschland"
17. - 22. April	VII. Parteitag der SED

2. Juli	Volkskammerwahlen
1. Dezember	Beschluß der Volkskammer über Erarbeitung einer sozialistischen DDR-Verfassung

1968

12. Januar	Inkrafttreten eines neuen Strafgesetzbuches
29. Februar	Erklärung des Bischofs Mitzenheim: „Die Staatsgrenzen der DDR bilden auch die Grenze für die kirchlichen Organisationsmöglichkeiten."
6. April	Volksentscheid über eine neue DDR-Verfassung
9. April	Inkrafttreten der neuen DDR-Verfassung
11. April	Beginn der Studentenbewegung in der BRD
30. Mai	Sprengung der Leipziger Universitätskirche trotz zahlreicher Proteste
20. / 21. August	Einmarsch von Truppen des Warschauer Paktes in die CSSR unter NVA-Beteiligung
3. September	Entwurf einer Ordnung des Bundes der Evangelischen Kirchen in der DDR (BEK)
14. September	Auf dem IV. Kongreß der GST wird die vormilitärische Ausbildung für alle Jugendlichen beschlossen
1. Dezember	Gründung der Vereinigten Evangelisch-Lutherischen Kirche (VELK) in der DDR

1969

10. Juni	Verabschiedung der Grundordnung des BEK; Zitat aus Artikel 4: „Der Bund bekennt sich zu der besonderen Gemeinschaft der ganzen evangelischen Christenheit in Deutschland."
10. - 14. September	Tagung der I. BEK-Synode
21. Oktober	Neukonstituierung des Bundestages ergibt eine sozial-liberale Koalition unter Bundeskanzler Willy Brandt

1970

19. März / 21. Mai	Brandt und Stoph treffen sich in Erfurt bzw. Kassel
26. März	Aufnahme von Vier-Mächte-Verhandlungen über Berlin
9. April	Konstituierung der „Arbeitsgemeinschaft Christlicher Kirchen in der DDR", Beobachterstatus erhalten die Katholische Kirche, die Siebenten-Tags-Adventisten und die Quäker

Juli	5. Vollversammlung des Lutherischen Weltbundes, zwei DDR-Vertreter werden in das Exekutivkomitee gewählt
27. November	Beginn der Verhandlungen über den Grundlagenvertrag zwischen BRD und DDR
1. Dezember	Gründung des „Studienreferat[es] Friedensfragen" im Sekretariat des BEK

1971

24. Februar	Aufnahme offizieller Beziehungen durch die Regierung der DDR und den BEK
9. März	Bildung einer Ökumenischen Kommission von seiten der Berliner Ordinarienkonferenz
3. Mai	Nachfolger des zurücktretenden Ulbricht als Erster Sekretär der SED wird Erich Honecker
15. - 19. Juni	VIII. Parteitag der SED
2. - 6. Juli	BEK-Synode in Eisenach: Prägung der Formel „Kirche in der sozialistischen Gesellschaft, nicht neben ihr, nicht gegen sie", daraus später: „Kirche im Sozialismus"
3. September	Viermächteabkommen über Berlin
14. November	Volkskammerwahlen

1972

9. März	Beschluß der Volkskammer über das Gesetz zur Schwangerschaftsunterbrechung; zum einzigen Mal in der Geschichte bis 1989 gibt es Gegenstimmen und Enthaltungen
17. Juli	Einrichtung eines eigenen Bischofsamtes für den Ostteil der Berlin-Brandenburgischen Kirche mittels Kirchengesetz
7. - 13. November	Besetzung des Bischofsamtes durch die Synode mit dem bisherigen Verwalter des Amtes, Schönherr
21. Dezember	Grundlagenvertrag zwischen DDR und BRD (Inkrafttreten: 21. Juni 1973)

1973

21. Februar	Anordnung über die Tätigkeit ausländischer Journalisten mit einengenden Bestimmungen
7. März	Akkreditierung der ersten BRD-Journalisten in der DDR
26. - 29. Mai	BEK-Synode in Schwerin; aus dem Bericht der KKL: „Kirche im Sozialismus wäre die Kirche, die dem christlichen Bürger und der einzelnen Gemeinde hilft, daß sie einen Weg in der sozialisti-

	schen Gesellschaft in der Freiheit und Bindung des Glaubens finden und bemüht sind, das Beste für alle und für das Ganze zu suchen."
28. Juni - 1. Juli	Generalsynode der VELK in der DDR in Dresden
18. September	DDR und BRD werden Mitglieder der UNO
3. Oktober	Stoph wird Staatsratsvorsitzender, Horst Sindermann Vorsitzender des Ministerrates
26. - 28. Oktober	BEK-Synode in Elbingerode
10. November	Gründung der Theologischen Studienabteilung beim BEK

1974

Juni	„... und ihr sollt auch leben": Evangelische Kirchentage in Magdeburg, Stralsund und Frankfurt / O.
26. - 30. Juni	Generalsynode der VELK in der DDR in Güstrow
24. August	Treffen zwischen Kardinal Bengsch (Berlin) und Stoph
13. November	Auflösung des Bundes evangelischer Pfarrer in der DDR

1975

12. - 19. März	Internationales Ökumenisches Seminar zum Thema „Das kirchliche Amt im Kontext von Einheit und Erneuerung" in Eisenach
Mai / Juni	„Unterwegs zur Gemeinde von morgen": Kirchentagskongreß bzw. Kirchentag in Dresden und Görlitz
25. - 29. Juni	Generalsynode der VELK in der DDR in Friedrichsroda
1. August	Unterzeichnung der KSZE-Schlußakte von Helsinki
26. - 30. September	BEK-Synode in Eisenach

1976

18. Januar	Bischof Krusche (Magdeburg) verweist auf Notwendigkeit von Kirchentagstreffen
26. - 28. März	Kirchentagstreffen in Ost-Berlin unter dem Thema „Gottes Wege führen weiter"
10. April	Berliner Ordinarienkonferenz wird auf Anordnung von Papst Paul VI. eine eigene Bischofskonferenz
18. - 22. Mai	IX. Parteitag der SED, auf dem Honeker den Titel Generalsekretär erhält

19. - 23. Mai	Generalsynode der VELK in der DDR in Dresden
11. - 13. Juni	Kirchentag in Rostock: „Gottes Wege führen weiter"
August	Selbstverbrennung des Pfarrers Brüsewitz in Zeitz bewirkt Diskussionen zwischen Kirchenleitungen und Basis und sorgt für außenpolitischen Schaden
17. - 19. September	Kirchentag in Halle: „Gottes Wege führen weiter"
24. - 28. September	BEK-Synode in Greifswald
17. Oktober	Volkskammerwahlen
29. Oktober	Honecker wird Staatsratsvorsitzender, Stoph wird Ministerratsvorsitzender und Sindermann Präsident der Volkskammer
16. November	Ausbürgerung Wolf Biermanns

1977

11. Mai	Grundsatzgespräch zwischen Seigewasser und dem Vorstand der KKL
13. - 17. Mai	BEK-Synode in Görlitz
6. - 10. Juni	Weltkongreß religiöser Repräsentanten für dauerhaften Frieden, Abrüstung und gerechte Beziehungen zwischen den Völkern in Moskau unter Beteiligung von BEK-Vertretern
21. - 25. September	Generalsynode der VELK in der DDR in Neustrelitz
8. Dezember	Gemeinsame Erklärung des Rates der EKD und des BEK zur Entspannung in Europa

1978

6. März	Grundsatzgespräch zwischen Honecker und BEK-Vorstandsmitgliedern zum Verhältnis Staat-Kirche
4. April	Gedenkgottesdienst für Martin Luther King in der Sophienkirche
26. - 28. Mai	Kirchentagskongreß und Kirchentag in Leipzig unter der Losung „Leben heißt ein Ziel haben"
Juni	Evangelische und Katholische Kirche protestieren getrennt und erfolglos gegen die geplante Einführung des Wehrkundeunterrichtes in den Schulen der DDR
22. - 26. September	BEK-Synode in Ost-Berlin

1979

22. Januar - 1. Februar	Pfarrerweiterbildung zum Thema „Erziehung zum Frieden" in Gnadau
28. Januar	„Eisenacher Empfehlungen" zur Bildung einer „Vereinigte[n] Evangelische[n] Kir-

	che in der DDR", die auf vielen folgenden Synoden diskutiert werden
14. April	Weitere Verschärfung der Journalistenverordnung
7. - 10. Juni	Generalsynode der VELK in der DDR in Plauen
24. August	„Wort zum Frieden" von EKD und BEK
17. - 21. September	Kirchliche Friedenswoche der Ost-Berliner Kirchengemeinden unter dem Motto „Frieden für morgen – heute beginnen"
21. - 25. September	BEK-Synode in Dessau
November	Klaus Gysi (SED) wird Staatssekretär für Kirchenfragen

1980

1. Januar	Vereinbarung über Rentenzahlungen an auf Lebenszeit angestellte kirchliche Mitarbeiter mit der Regierung der DDR
6. März	Gespräch über Fragen des Umweltschutzes zwischen Kirche und Staat
17. März	Gespräch zwischen Gysi, Bischof Schönherr und Bischof Lohse (EKD / Hannover)
5. - 8. Juni	Generalsynode der VELK in der DDR in Kühlungsborn
13. Juni	Erste Sitzung des „Martin-Luther-Komitee[s] der DDR"
12. September	„Was kommt nach den Ferien?": Bluesmessen in der Samariter- und Auferstehungskirche, beide Ost-Berlin
19. - 23. September	BEK-Synode in Leipzig
1. Oktober	Inkrafttreten einer neuen Veranstaltungsverordnung
18. / 19. Oktober	Friedensseminar in Königswalde
21. - 24. Oktober	Friedenswoche in der Sophienkirche unter dem Thema „Vertrauen riskieren"
8. - 19. November	Erste Friedensdekade in evangelischen Kirchengemeinden unter der Losung „Frieden schaffen ohne Waffen"

1981

7. Februar	Bischof Schönherr zur Lage der Kirchen: „Die Kirche hat Teil an den Sorgen und Errungenschaften des Staates ... Wir richten uns ein mit dem, was uns geblieben ist."
20. Februar	Gerald Götting, Vorsitzender der DDR-CDU: Kirchen sind keine „gesellschaftlichen Organisationen"
11. - 16. April	X. Parteitag der SED
14. Juni	Volkskammerwahlen
18. - 22. September	BEK-Synode, auf der Schönherr zurück-

	tritt, sein Nachfolger wird Bischof Werner Krusche (Magdeburg)
8. - 18. November	Friedensdekade, unter der Losung „Gerechtigkeit – Abrüstung – Frieden" stehend; die Bewegung schafft sich bald den Aufnäher „Schwerter zu Pflugscharen", über den es zu Auseinandersetzungen zwischen Staat und Kirche, aber auch zwischen Kirchenleitungen und Basisgruppen kommt

1982

25. Januar	„Berliner Appell – Frieden schaffen ohne Waffen" unter Federführung des Pfarrers Rainer Eppelmann wird veröffentlicht
9. - 11. Februar	Festnahme Eppelmanns
13. Februar	Distanzierende Äußerung der Berlin-Brandenburgischen Kirchenleitung zum Appell
13. Februar	Friedensforum in der Dresdener Kreuzkirche anläßlich des Jahrestages der Zerstörung der Stadt
März	FDJ propagiert: „Der Frieden muß verteidigt werden – der Frieden muß bewaffnet sein!"
25. März	Verabschiedung eines neuen Wehrdienstgesetzes in der Volkskammer
23. April	Bluesmesse in der Erlöserkirche zu Berlin-Lichtenberg
17. Mai	Schönherr kritisiert die „einseitigen Berichte" der Westmedien zum Thema „Schwerter zu Pflugscharen"
24. Mai	Erstes Erscheinen der „Weißenseer Blätter", eines Periodikums „Für den innerkirchlichen Gebrauch"
27. Juni	Friedenswerkstatt der Erlöserkirche auf Einladung der Kirchenleitung und des Stadtjugendpfarramtes
2. Juli	Bluesmesse in der Erlöserkirche
1. September	„Willensbekundung" des Friedensrates der DDR der SED übergeben
24. - 29. September	BEK-Synode in Halle
7. - 17. November	Friedensdekade unter dem Thema „Angst – Vertrauen – Frieden"
Dezember	Verhaftung mehrerer Jenaer Bürger und Inhaftierung bis Februar 1983

1983 – Lutherjahr

1. Januar	Hirtenwort der katholischen Bischöfe zum Wehrunterricht
13. Februar	Ökumenisches Friedensgespräch und Veranstaltungsreihe in Dresden aus An-

laß des Jahrestages der Zerstörung der Stadt

März	Zentrales Friedensseminar mit Basisgruppen aus der ganzen DDR in Ost-Berlin
21. April	Wiedereröffnung der Wartburg, dabei Treffen Leich – Honecker
Mai - September	7 Kirchentagstreffen: Erfurt, Rostock, Eisleben, Frankfurt / O., Magdeburg, Dresden, Wittenberg
25. Juni	Bluesmesse unter dem Thema „Wir Protestanten"
30. September	Bluesmesse unter dem Thema „Wagnis für das Leben"
6. - 16. November	Friedensdekade, diesjährig unter dem Motto „Frieden schaffen aus der Kraft der Schwachen"
12. Dezember	Verhaftung von Bärbel Bohley und Ulrike Poppe von der Initiative „Frauen für den Frieden", Inhaftierung bis zum 24. Januar 1984

1984

13. Februar	Ökumenisches Friedensgebet und Fakkelzug von der Kreuz- zur Frauenkirche in Dresden
3. / 4. März	Kirchliche Friedenskreise aus der gesamten DDR treffen sich in Eisenach unter dem Thema „Konkret für den Frieden"
10. April	Scheitern des Planes für eine „Vereinigte Evangelische Kirche in der DDR" durch das Votum der Synode von Berlin-Brandenburg
28. April	Bluesmesse in der Erlöserkirche unter dem Motto „Ein Tag wie jeder andere"
31. Mai	Eröffnung einer ständigen Friedensausstellung in der Ost-Berliner Bartholomäus-Kirche
8. Juli	Friedenswerkstatt in der Erlöserkirche unter dem Thema „Leben – nicht überleben"
21. - 25. September	Tagung der BEK-Synode in Greifswald
11. - 21. November	Friedensdekade, wie immer in der ganzen DDR, diesmal unter dem Motto „Leben gegen den Tod"

1985

11. Februar	Honecker empfängt Leich zu einem Treffen
13. Februar	Ökumenischer Gottesdienst in der Dresdener Kreuzkirche anläßlich des Jahrestages der Zerstörung der Stadt

1. - 3. März	Friedensseminar „Konkret für den Frieden"
19. März	Gemeinsames „Wort zum Frieden" von BEK und EKD
April	Gründung der Friedensbibliothek in der Bartholomäuskirche
13. - 16. Juni	Generalsynode der VELK in der DDR
16. Juni	Bluesmesse in der Erlöserkirche unter dem Thema „Von der Befreiung – zur Befreiung", die am 5. Mai aufgrund der Sicherheitsvorkehrungen für den Jahrestag des Kriegsendes abgesagt worden war
30. Juni	Friedenswerkstatt auf dem Gelände der Erlöserkirche unter dem Thema „Ihr sollt leben"
12. August	Veröffentlichung der Materialsammlung „Leben und Bleiben in der DDR" durch die Theologische Studienabteilung beim BEK
20. - 24. September	BEK-Synode in Dresden
10. - 17. November	„Frieden wächst aus Gerechtigkeit" lautet das Motto der Friedensdekade

1986

31. Januar - 2. Februar	BEK-Synode in Ost-Berlin
13. Februar	Gedenkgottesdienste in Dresden
28. Februar - 2. März	Treffen von Basisgruppen „Frieden konkret"
17. - 21. April	XI. Parteitag der SED
19. / 20. April	Friedensseminar in Meißen
1. Juni	Bluesmesse unter dem Thema „Rückgrat gefragt"
8. Juni	Volkskammerwahlen
29. Juni	Friedenswerkstatt auf dem Gelände der Erlöserkirche
September	Gründung der Umwelt-Bibliothek in der Zionskirche
19. - 23. September	BEK-Synode in Erfurt
9. - 19. November	Friedensdekade unter dem Motto „Friede sei mit Euch", an deren Beginn ein Brief von Generalsuperintendent Krusche bekannt wird, der das Vertrauen zwischen Kirchenleitung und Basisgruppen für erschöpft hält
17. -19. November	Tagung von Basisgruppen unter dem Thema „Frieden wächst aus Gerechtigkeit" in Potsdam

1987

27. Februar - 1. März	Tagung des Seminars „Frieden konkret" in Leipzig
11. / 12. April	Friedensseminar in Meißen
18. - 21. Juni	Generalsynode der VELK in der DDR

24. - 28. Juni	Kirchentag in Ost-Berlin unter der Losung „Ich will bei Euch wohnen"
August	Gemeinsames Papier von SED und SPD: „Streit der Ideologien und die gemeinsame Sicherheit"
1. - 18. September	„Olof-Palme-Friedensmarsch für einen atomwaffenfreien Korridor" mit Beteiligung kirchlicher Gruppen
7. - 11. September	Honecker in der BRD
18. - 22. September	BEK-Synode in Görlitz
22. September / 14. Oktober	Beschluß des Politbüros zur Kursverschärfung
8. - 18. November	Friedensdekade
25. / 26. November	Hausdurchsuchung bei der Umwelt-Bibliothek mit mehreren Festnahmen, auf die mit Mahnwachen reagiert wird, und Beschlagnahmung von Papieren und Vervielfältigungsgeräten

1988

10. Januar	Gründung des Netzwerkes „arche" zur Koordinierung von Umweltaktionen in und bei den evangelischen Kirchen
17. Januar	Festnahmen am Rande der offiziellen Luxemburg / Liebknecht-Demonstration
Februar	Zum Teil befristete Abschiebung führender Mitglieder der IFM
12. - 15. Februar	Ökumenische Versammlung der Kirchen mit den Themen „Gerechtigkeit, Frieden und Bewahrung der Schöpfung" in Dresden
19. Februar	Vorladung von Ziegler und Leich durch Jarowinsky
26. - 28. Februar	„Frieden konkret"-Treffen in Cottbus
3. März	Treffen zwischen Honecker und Leich
6. März	Massive Behinderung von Gottesdienstbesuchern der Sophienkirche
14. März	Während der Leipziger Frühjahrsmesse Demonstration für Reisefreiheit (300 Teilnehmer)
16. - 17. April	Friedensseminar in Meißen
Juni	4 Kirchentage: Görlitz, Erfurt, Rostock und Halle
2. - 5. Juni	Generalsynode der VELK in der DDR: Beschluß, sich aufzulösen und die Funktionen mit dem 1. Januar 1989 dem BEK zu übertragen
26. Juni	Friedenswerkstatt unter dem Thema „Miteinander streiten – solidarisch leben"
13. Juli	Kurt Löffler (SED) wird Staatssekretär für Kirchenfragen
10. August	Versuch von Bischof Leich, in Gesprä-

	chen die staatlichen Zensureingriffe gegen Kirchenzeitungen zu beenden, scheitert offensichtlich
16. - 20. September	BEK-Synode in Dessau
23. - 30. September	Aktionswoche in Ost-Berlin gegen die Tagung des IWF und der Weltbank in West-Berlin
7. Oktober	Mehrere Schüler, die die alljährliche Militärparade zum Staatsgründungsjahrestag kritisieren, werden der Schule verwiesen
8. - 10. Oktober	Ökumenische Versammlung der Kirchen für „Frieden, Gerechtigkeit und Bewahrung der Schöpfung" in Magdeburg
16. Oktober	Aufruf der Berliner Bischofskonferenz an die Katholiken, mit „allen Menschen guten Willens" zusammenzuarbeiten
6. - 16. November	Friedensdekade unter dem Motto „Friede den Fernen – Friede den Nahen"
4. Dezember	Räumung der Weimarer Stadtkirche durch die Volkspolizei auf Veranlassung des zuständigen Superintendenten Hans Reder wird von Kirchenleitung und Öffentlichkeit verurteilt; Reder tritt am 1. März 1989 zurück
14. Dezember	Veröffentlichung einer neuen Reiseverordnung, die weitgehend positiv aufgenommen wird und ab 1. Januar gelten soll
18. Dezember	Pfarrer Eppelmann entdeckt in seinem Arbeitszimmer Abhöranlagen

1989

Januar	Gründung des Freidenkerverbandes in der DDR
12. Januar	Festnahmen im Zusammenhang mit einem Schweigemarsch am 15. Januar zum Gedenken an Luxemburg / Liebknecht in Leipzig
27. Januar	Erstmalige Konferenz von Mitarbeitern des DDR-Umweltministeriums mit Vertretern unabhängiger Umweltgruppen
13. Februar	Ökumenisches Nachtgebet zum Jahrestag der Zerstörung der Stadt in Dresden
24. - 26. Februar	„Frieden konkret"-Treffen in Greifswald
5. März	Bischof Leich spricht sich gegen die Formel „Kirche im Sozialismus" aus, plädiert für „Evangelische Kirche in der DDR"
24. März	Erste ökumenische Prozession in Görlitz mit ca. 1000 Teilnehmern/innen
29. März	Löffler stellt Lockerung der Reiseverordnung in Aussicht
7. Mai	Kommunalwahlen, bei denen Bürger-

	rechtsgruppen Differenzen zwischen in Wahllokalen ausgezählten und als Endergebnis dargestellten Stimmenanteilen feststellen; Folge sind innenpolitische Auseinandersetzungen
8. Mai	500 Menschen demonstrieren in Leipzig gegen die Wahlmanipulation
15. - 21. Mai	Ökumenische Versammlung der Kirchen für „Frieden, Gerechtigkeit und Bewahrung der Schöpfung" in Basel unter Beteiligung von DDR-Vertretern
31. Mai	Nach den Montagsgebeten in der Leipziger Nikolaikirche werden wiederholt und nun öfter Festnahmen vorgenommen
4. Juni	Pleißemarsch in Leipzig, wo es zu Polizeiübergriffen kommt (500 Teilnehmer)
5. / 6. Juni	Festnahmen bei Versuchen, der chinesischen Botschaft ein Protestschreiben anläßlich der Niederschlagung der Studentenbewegung in Peking zu überreichen
6. Juni	BEK äußert sich zu Wahlfälschungen
11. Juni	Wiedereinweihung des Greifswalder Doms in Anwesenheit Honeckers; Kritik an Bischof Gienkes Alleingang bei der Einladung an Honecker und an den hohen Kosten; es folgt ein Briefwechsel Honecker – Gienke und die Absetzung Gienkes auf der Synode der Landeskirche Greifswald vom 3. - 5. November 1989
21. Juni	25 Friedens- und Menschenrechtsgruppen aus der gesamten DDR protestieren gegen die Ereignisse in China
3. Juli	Erklärung des BEK zu den Vorkommnissen in China
6. - 9. Juli	Evangelischer Kirchentag in Leipzig
August	Hunderte von DDR-Bürgern flüchten in bundesdeutsche Vertretungen in Ost-Berlin, Budapest und Prag
August / September	Auftreten der Gruppen „Neues Forum", „Demokratie jetzt" und „Demokratischer Aufbruch"
20. August	Ungarische Grenzsoldaten verhelfen ca. 500 DDR-Bürgern zur Flucht; wenige Tage später genehmigt Ungarn den in der bundesdeutschen Botschaft befindlichen DDR-Bürgern die Ausreise
1. / 2. September	KKL mahnt bei Honecker gesellschaftspolitische Reformen an
4. September	An der Leipziger Montagsdemonstration beteiligen sich auch Menschen, die Reformen in der DDR fordern

11. September	Öffnung der Grenze Ungarns zu Österreich für DDR-Flüchtlinge
15. - 19. September	BEK-Synode in Eisenach: Forderung nach einschneidenden Reformen
16. September	„Brief aus Weimar", in dem sich vier kirchliche Mitarbeiter aus der DDR-CDU für Reformen einsetzen
25. September	Mehrere Tausend Menschen demonstrieren in Leipzig für Reformen und die Zulassung des „Neuen Forum[s]"
Anfang Oktober	Ausreise der Botschaftsflüchtlinge von Prag und Warschau; schwere Zusammenstöße auf dem Dresdener Hauptbahnhof
3. Oktober	Aussetzung des visafreien Verkehrs in die CSSR
6. Oktober	Zukunftswerkstatt in der Erlöserkirche mit der Forderung nach freien Wahlen
7. Oktober	Gewaltsame Auflösung einer Demonstration mit ca. 10 000 Teilnehmern in Ost-Berlin, viele Festnahmen, weitere Demonstrationen in Leipzig, Dresden, Plauen, Jena und Potsdam
	Gründung der Sozialdemokratischen Partei (SDP)
8. Oktober	Erneut Demonstrationen in verschiedenen Städten der DDR
9. Oktober	70 000 Menschen demonstrieren in Leipzig, staatliche Eingriffe bleiben aus
18. Oktober	Honecker wird durch Egon Krenz abgelöst
19. Oktober	Gespräch zwischen Leich und Krenz
23. Oktober	Kritik an der Ämterhäufung durch Krenz; in Leipzig demonstrieren ca. 300 000 Menschen
4. November	Über 500 000 Menschen demonstrieren in Ost-Berlin für eine grundlegende Demokratisierung der DDR
7. November	Rücktritt der DDR-Regierung
9. November	Öffnung der Mauer; damit Reisemöglichkeit für DDR-Bürger
10. November	Lothar de Maizière wird Vorsitzender der Ost-CDU
10. / 11. November	Kirchenleitungen fordern freie und geheime Wahlen
13. November	Hans Modrow (SED) wird Ministerpräsident; ca. 200 000 Menschen auf der Leipziger Montagsdemonstration
15. November	Erstmals Gespräche zwischen Kirchenvertretern und Mitarbeitern des Ministeriums für Volksbildung über die Mitarbeit der Kirchen an einer Bildungsreform
19. - 26. November	Friedensdekade

20. November	Erstmaliger Einsatz von Zivildienstleistenden in der DDR
22. November	Vorschlag des Politbüros an die Blockparteien und die Opposition für Gespräche über ein neues Wahlgesetz und eine Verfassungsreform an einem Runden Tisch; erstmalige Forderung nach Vereinigung mit der BRD auf der Leipziger Montagsdemonstration
24. November	Gründung der Grünen Partei in der DDR
28. November	Bundeskanzler Kohl stellt in Bonn einen 10-Stufen-Plan zur Deutschlandpolitik vor; „Aufruf für unser Land"
1. Dezember	Beschluß der Volkskammer über die Streichung des Führungsanspruches der SED aus der Verfassung
3. Dezember	Rücktritt des Politbüros und des ZK der SED; Ausschluß von Honecker, Stoph, Mielke u.a. aus der SED
4. Dezember	Ein großer Teil der Leipziger Montagsdemonstranten fordert die Vereinigung mit der BRD
6. Dezember	Krenz tritt als Staatsratsvorsitzender zurück; AfNS-Gebäude werden unter Polizeikontrolle gestellt, um die Vernichtung von Aktenmaterial zu verhindern
7. Dezember	Erster Runder Tisch auf Einladung der Kirchen
8. Dezember	Auflösung des AfNS
8. / 9. Dezember	Sonderparteitag der SED: Gregor Gysi wird zum Parteivorsitzenden gewählt
13. Dezember	Treffen zwischen Bischof Leich, Bischof Sterzinsky und Modrow
1990	
15. Januar	Demonstranten stürmen die Zentrale des MfS / AfNS in Ost-Berlin; Bildung des Bürgerkomitees
17. Januar	„Loccumer Erklärung" von BEK und EKD zur jeweiligen Einheit von Staat und Kirche
5. Februar	Acht Vertreter oppositioneller Gruppen und Parteien treten der Regierung Modrow als Minister ohne Geschäftsbereich bei
15. Februar	Mitteilung von Bischof Hempel, kein Fall sei bekannt, in dem ein Pfarrer für die Stasi gearbeitet habe
18. März	Volkskammerwahlen
12. April	de Maizière wird Ministerpräsident
19. / 20. Mai	Friedensseminar in Königswalde
27. - 30. Mai	Arbeitsbeginn einer Kommission von

	BEK und EKD zur Vorbereitung der Zusammenführung der beiden Kirchen-organisationen
1. Juli	Währungsunion
1. / 2. September	BEK streicht DDR aus seinem Namen
21. - 25. September	BEK-Synode in Dresden
3. Oktober	Staatliche Einheit

1991

| Juni | Kirchliche Einheit auf der Synode in Coburg wiederhergestellt |

VIII
Abkürzungen

ABL	Allgemeine Bibel-Lehrvereinigung
Abs.	Absatz
Abt., Abtlg.	Abteilung
adm.-terr.	administrativ-territorial
aej	Arbeitsgemeinschaft Evangelischer Jugend
AfNS	Amt für Nationale Sicherheit
AG	Arbeitsgruppe
AGL	Arbeitsgruppe des Leiters
Agit-Prop	Agitation-Propaganda
AGM	Arbeitsgruppe des Ministers
AI	Auswertung / Information
AK	Arbeitskreis
AKG	Auswertungs- und Kontrollgruppe
AKSK	Arbeitskreis Solidarische Kirche
Anh.	Anhalt
Anm.	Anmerkung
Art.	Artikel
ARV	Abteilung Reiseverkehr
AS	Allgemeine Sachablage
AS, ASF	Aktion Sühnezeichen / Friedensdienste
AStA	Antragsteller Ausreise
AuE	Aktionen und Einsätze
AuI	Aufklärung und Information
Az.	Aktenzeichen
BCD	Bewaffnung / Chemische Dienste
Bd.	Band
BdPB	Büro des Politbüros
BDJ	Bund Deutscher Jugend
BdL	Büro der Leitung
BdVP	Bezirksdirektion der Volkspolizei
BE	Baueinheit
BEK	Bund evangelischer Kirchen in der DDR
Bez.	Bezirk
Bf.	Bahnhof
BGH	Bundesgerichtshof
BGL	Betriebsgewerkschaftsleitung
BK	Bekennende Kirche
BK	Berliner Konferenz europäischer Katholiken
BKG	Bezirkskoordinationsgruppe
BKK	Bereich Kommerzielle Koordinierung
Bl.	Blatt
BS	Bausoldat
BThZ	Berliner Theologische Zeitschrift
BU	Berufsunteroffizier
BV(fS)	Bezirksverwaltung (für Staatssicherheit)

CFK	Christliche Friedenskonferenz

DA	Deckadresse
DA	Dienstanweisung
DAG	Deutsche Angestelltengewerkschaft
DB	Durchführungsbestimmung
DBD	Demokratische Bauernpartei Deutschlands
DCSV	Deutsche Christliche Studenten-Vereinigung
DDP	Deutsche Demokratische Partei
DFA	Dringende Familienangelegenheit
DFD	Demokratischer Frauenbund Deutschlands
DE	Diensteinheit
Dez.	Dezernat
DGB	Deutscher Gewerkschaftsbund
DNVP	Deutsch-Nationale Volkspartei
Dok.	Dokument
DR	Deutsche Reichsbahn
DRK	Deutsches Rotes Kreuz
DS (DAS)	Deutsches Allgemeines Sonntagsblatt
DSB	Deutscher Sportbund
DSF	Deutsch-Sowjetische Freundschaft
DTSB	Deutscher Turn- und Sportbund
DVdI	Deutsche Verwaltung des Inneren
DVP	Deutsche Volkspolizei
DWK	Deutsche Wirtschaftskommission

EK	Eisernes Kreuz
EK	Evangelische Kommentare
EK(i)D	Evangelische Kirche in Deutschland
EKU	Evangelische Kirche der Union
ELKT	Evangelisch-Lutherische Kirche Thüringens
ELLKM	Evangelisch-Lutherische Landeskirche Mecklenburg
ELOKA	Elektronischer Kampf
ena	Evangelischer Nachrichtendienst in der DDR
eno	Evangelischer Nachrichtendienst Ost
epd	Evangelischer Pressedienst
epd-Dok.	Evangelischer Pressedienst - Dokumentation
EOK	Evangelischer Oberkirchenrat
EOS	Erweiterte Oberschule
erf.	erfaßt
ESG	Evangelische Studentengemeinde
ev., evgl., evang.	evangelisch
EV	Ermittlungsverfahren
EVG	Europäische Verteidigungsgemeinschaft
EvTh	Evangelische Theologie
Ex.	Exemplar
Exma	Exmatrikulation
EYCE	Ecumenical Youth Committee in Europe

FAZ	Frankfurter Allgemeine Zeitung (überregionale Tageszeitung)
FDGB	Freier Deutscher Gewerkschaftsbund

FdR(dA)	Für die Richtigkeit (der Abschrift)
FG	Friedensgebet
FK	Freier Konvent
FS	Fernschreiben
FS	Festschrift
FZ	Forschungszentrum
GAW	Gustav-Adolf-Werk
GBl	Gesetzblatt
GDSF	Gesellschaft für Deutsch-Sowjetische Freundschaft
gem.	gemäß
Gen.	Genosse
Gen. Sup. Int.	Generalsuperintendent
GHI	Geheimer Hauptinformator
GI	Geheimer Informator
GKS	Geheime Kommandosache
GL	Generalleutnant
GM	Geheimer Mitarbeiter
GM	Generalmajor
GMH	Gewerkschaftliche Monatshefte
GMS	Gesellschaftlicher Mitarbeiter Sicherheit
GST	Gesellschaft für Sport und Technik
GT	Grenztruppen
GVS	Geheime Verschlußsache
HA	Hauptabteilung
HIM	Hauptamtlicher Inoffizieller Mitarbeiter
HPF	Hauptabteilung Paßkontrolle und Fahndung
Hptm.	Hauptmann
HVA	Hauptverwaltung Aufklärung
HW	Hauptwohnsitz
IBB	Ingenieurbaubataillon
IFM	Initiative Frieden und Menschenrechte
IG	Industriegewerkschaft
IG	Initiativgruppe
IGfM	Internationale Gesellschaft für Menschenrechte
IM	Inoffizieller Mitarbeiter
IMB	Inoffizieller Mitarbeiter zur Bearbeitung im Verdacht der Feindtätigkeit stehender Personen
IMF	Inoffizieller Mitarbeiter mit Feindverbindung
IMK	Inoffizieller Mitarbeiter zur Abdeckung der Konspiration
IMS	Inoffizieller Mitarbeiter zur Sicherung des Verantwortungsbereiches
IMV	Inoffizieller Mitarbeiter zur Vorgangsbearbeitung
Insp.	Inspektor
IOC	International Olympic Committee
IPPNW	International Physicans for the Prevention of Nuclear War
ITU	Institut für technische Untersuchung
IWF	Internationaler Währungsfond

JG	Junge Gemeinde
JHS	Juristische Hochschule
JK	Junge Kirche
K	Kriminalpolizei
KA	Kapitalistisches Ausland
kath.	katholisch
Kb(ez).	Kirchenbezirk
KBS	Kirchliche Bruderschaft Sachsen
KD	Kreisdienststelle
Kdo	Kommando
Kdr.	Kommandeur
KDVR	Koreanische Volksdemokratische Republik
KEK	Konferenz Europäischer Kirchen
KFS	Komitee für Staatssicherheit (KGB)
KG	Kampfgruppe
KGB	Komitet Gossudarstwennoj Besopasnosti (KFS; sowjetischer Geheimdienst)
KiS	„Kirche im Sozialismus"
KJ	Kirchliches Jahrbuch
KJVD	Kommunistischer Jugendverband Deutschlands
KK	Kirchenkampf
KKL	Konferenz der Kirchenleitungen
KKW	Kernkraftwerk
KL	Kirchenleitung
Kl.	Klasse
KMHB	Kriminelle Menschenhändlerbande (Schleuser)
KMU	Karl-Marx-Universität, Leipzig
Kons.	Konsistorium
KOZ	Kommunikationszentrum
KP	Kontaktperson
KPR(B)	Kommunistische Partei Rußlands (Bolschewiken)
KPdSU(B)	Kommunistische Partei der Sowjetunion (Bolschewiken)
KSG	Katholische Studentengemeinde
KSZE	Konferenz für Sicherheit und Zusammenarbeit in Europa
KT	Kirchentag
KTK	Kirchentagskongreß
KuD	Kerygma und Dogma
KV	Kirchenvorstand
KVP	Kasernierte Volkspolizei
KuSch	Kader und Schulung
KW	Konspirative Wohnung
KWV	Kommunale Wohnverwaltung
KZ	Konzentrationslager
KZG	Kirchliche Zeitgeschichte
LaSK	Landstreitkräfte
LBdVP	Landesbehörde der Volkspolizei
LDP(D)	Liberal-Demokratische Partei (Deutschlands)
LK	Landeskirche

LKA	Landeskirchenamt
LKS	Landeskirche Sachsen
LPG	Landwirtschaftliche Produktionsgenossenschaft
LPV	Leipziger Planvorgabe
LThK	Lexikon für Theologie und Kirche
Ltn.	Leutnant
Lu Mo	Lutherische Monatshefte
LWB	Lutherischer Weltbund
MAS	Maschinen-Ausleih-Station
MB	Militärbezirk
MdI	Ministerium des Inneren
MfAA	Ministerium für Auswärtige Angelegenheiten
MfHF	Ministerium für Hoch- und Fachschulwesen
MfIA	Ministerium für Innere Angelegenheiten
MfJ	Ministerium für Justiz
MfNV	Ministerium für Nationale Verteidigung
MfS / M.f.St.	Ministerium für Staatssicherheit
MfVB	Ministerium für Volksbildung
MI	Militärinspektion
Min.	Ministerium
MLU	Martin-Luther-Universität, Halle-Wittenberg
MR	Ministerrat
MVM	Militärverbindungsmission
N	Nachrichtentechnik
NAW	Nationales Aufbauwerk
ND	„Neues Deutschland"
NDPD	National-Demokratische Partei Deutschlands
NKFD	Nationalkomitee Freies Deutschland
NS	Nationalsozialismus
NSA	Nichtsozialistisches Ausland
NSAG	Nichtstrukturelle Arbeitsgruppe
NSW	Nichtsozialistisches Währungssystem
NTS	Narodno-Trudwoj-Sojus (Volksarbeitsbund; russische Emigrantenorganisation)
NVA	Nationale Volksarmee
NVR	Nationaler Verteidigungsrat
NW	Nebenwohnsitz
OBM	Oberbürgermeister
ODH	Operativer Diensthabender
ODH	Offizier des Hauses
ÖRK	Ökumenischer Rat der Kirchen
OES	Operativer Einsatzstab
OG	Operationsgebiet
OiBE	Offizier im besonderen Einsatz
OKR	Oberkirchenrat
OLKR	Oberlandeskirchenrat
OM	Operativer Mitarbeiter
op.	operativ
OPFM	Olof-Palme-Friedensmarsch
OPK	Operative Personenkontrolle

Org.	Organisation
Oltn.	Oberleutnant
OSL	Oberstleutnant
OT	Operative Technik
OTS	Operativ-technischer Sektor
OUN	Organisation Ukrainischer Nationalisten
OV	Operativer Vorgang
OWVO	Ordnungswidrigkeitsverordnung
PA	Personalausweis
Pf(r).	Pfarrer
Pg	Parteigenosse
ph	phonetisch
PID	Politisch-ideologische Diversion
PK	Personenkategorie
PKZ	Personenkennziffer
PM	Paß- und Meldewesen
pol.	polizeilich
pol.-op.	politisch-operativ
POS	Politechnische Oberschule
PS	Personenschutz
PSF	Postfach
PUT	Politische Untergrundtätigkeit
PVAP	Polnische Vereinigte Arbeiterpartei
PZF	Postzollfahndung
R.d.B.	Rat des Bezirkes
Ref.	Referat
RGG	Die Religion in Geschichte und Gegenwart
RL(Rl)	Richtlinie
ROK	Russisch-orthodoxe Kirche
russ.-orth.	russisch-orthodox
S.	Saale
S.	Seite
S. / s.	siehe
Sa.	Sachsen
Sa.-Anh.	Sachsen-Anhalt
SAPD	Sozialistische Arbeiterpartei Deutschlands
SBZ	Sowjetische Besatzungszone
Schl.	Schlesien
SDP	Sozialdemokratische Partei
SED(-KL)	Sozialistische Einheitspartei Deutschlands (Kreisleitung)
SfS	Staatssekretariat für Staatssicherheit
SGL	Schulgewerkschaftsleitung
SHB	Spezialhochbau
SMAD	Sowjetische Militäradministration
SP	Schwerpunkt
SP	Spannungsperiode
SPB	Schwerpunktbereich
SoFD (SOFD)	(Initiative) Sozialer Friedensdienst
soz.	sozialistisch

SSD	Staatssicherheitsdienst
STAV	Staatliche Archivverwaltung
StGB	Strafgesetzbuch
St.Pf.	Studentenpfarrer
StPO	Strafprozeßordnung
StVA	Strafvollzugsanstalt
Sup.	Superintendent
SV	Sozialversicherung
SVA	Sachverhaltsart
taz	die tageszeitung (überregionale Tageszeitung)
TBK	„Toter Briefkasten"
Tgb.	Tagebuch
Thür.	Thüringen
UA	Unterabteilung
ÜSE	Übersiedlungsersuchender
UFJ	Untersuchungsausschuß freier Juristen
UHA	Untersuchungshaftanstalt
US	Unteroffiziersschule
USPD	Unabhängige Sozialdemokratische Partei Deutschlands
VA	Verwaltungsaufgabe
VAO	Vorlaufakte Operativ
VAVO	Veranstaltungsverordnung
VB	Verantwortungsbereich
VdF	Verband der Freidenker
VdgB	Vereinigung der gegenseitigen Bauernhilfe
VEB	Volkseigener Betrieb
VELK(D)	Vereinigte evangelisch-lutherische Kirche (Deutschlands)
Verw.	Verwaltung
VKL	Vorläufige Kirchenleitung
VM	Vertrauliche Mitteilung
VM	Volksmarine
VMA	Vorzimmer Minister Ausgang
VP	Volkspolizei
VPA	Volkspolizeiamt
VPKA	Volkspolizeikreisamt
VPO	Vereinigung politischer Ostflüchtlinge
VPP	Volkspolizeipräsidium
VRD	Verwaltung rückwärtige Dienste
VSH	Verdichtungs-, Such- und Hinweiskartei
VVN	Vereinigung der Verfolgten des Naziregimes
VVS	Vertrauliche Verschlußsache
VZG	Vierteljahreshefte für Zeitgeschichte
WA	Weltanschauung
WAK	Weimarer Arbeitskreis
WAK	Weißenseer Arbeitskreis
WB	Berlin (West)
WBK	Wehrbezirkskommando

WCC	World Council of Churches
WD	Kurzform für Bundesrepublik Deutschland
wh.	wohnhaft
WKK	Wehrkreiskommando
WSSG	Westgruppe der sowjetischen Streitkräfte
WStVO	Wirtschaftsstrafverordnung
WTsch	Abhörsichere Telefonleitung

ZA	Zentralausgabe
ZAGG	Zentrale Arbeitsgruppe Geheimnisschutz
ZAIG	Zentrale Auswertungs- und Informationsgruppe
ZDK	Zentrale Dienstkonferenz
ZdZ	Zeichen der Zeit
ZED	Ziviler Ersatzdienst
ZJ	Zeugen Jehovas
ZMD	Zentraler medizinischer Dienst
ZOS	Zentraler Operativstab
ZOV	Zentraler Operativvorgang
ZPDB	Zentrale Personendatenbank
ZStA	Zentrales Staatsarchiv
ZThK	Zeitschrift für Theologie und Kirche
ZV	Zivilverteidigung

A
Unveröffentlichte Quellen und Studien

1. Bibliothek des Weltrates der Kirchen (WCC), Genf
Bestand Commission of the Churches on International Affairs, CCIA Country Files, Germany, 1946-1986.

2. Bundesarchiv Abteilungen Potsdam
Bestand C-20, Ministerialrat der Regierungskanzlei und Büro des Präsidiums des MR (1956 ff.): 104; 956; 1233; 1234; 1688.
Bestand O-1, Ministerium des Innern:
Abteilung Nr. 7, Deutsche Verwaltung des Innern: 71.
– Kriminalpolizei K 5 (Befehl Nr. 201 der SMAD): 437-447.
Abteilung Nr. 8, Örtliche Räte: 361.
Abteilung Nr. 11, Hauptverwaltung Deutsche Volkspolizei:
– Abteilung Politische Verwaltung: 191-206; 304-306; 321; 322; 352; 353.
– Abteilung Operativstab: 1117; 1120; 1126; 1128; 1129; 1130; 1144; 1147-1370.
– HA Erlaubniswesen: 835-837.
Bestand O-4, Staatssekretär für Kirchenfragen (1956-1986): 27; 31; 33; 46; 49; 55-60; 76; 82; 87; 90-93; 97; 129; 132-136; 158; 161; 166-169; 173-178; 193-198; 202-203; 216-217; 220-221; 224; 233; 236; 239; 241; 249; 255; 261; 264; 267; 280; 281; 284; 285-290; 292; 295; 299; 300; 305-312; 317; 319-320; 322; 324-341; 344; 348; 356; 359; 363-366; 368; 374; 378; 381; 388-390.
Bestand R-2, Regelung des Verhältnisses von Kirche, Staat und Schule (1947 ff.): 258; 349; 350; 646; 697; 731; 870; 1154; 1134; 1301.
Bestand W-Sei / 162.

3. Evangelisches Zentralarchiv (EZA), Berlin
Bestand 4, Kirchenkanzlei der EKD, Berliner Stelle:
KB I 024, Bd. 6, Konferenzen der Landes- und Provinzialkirchen (Kirchl. Ostkonferenz, Konferenz der leitenden Juristen).
KB I 025, Konferenzen der Bischöfe der Landes- und Provinzialkirchen in Deutschland.
KB I 4411, Bde. 2; 3; 4 Jugendweihe.
KB I 5161, Bund Evangelischer Pfarrer in der DDR.

4. FDJ-Zentralarchiv, Berlin-Pankow
Bestand JZJ A, Geschichte der FDJ mit der ESG und Jungen Gemeinde: 3.350; 3.660; 3.661; 3.712; 8.049; 10.847; 11.225; 11.543.

5. Forschungszentrum zu den Verbrechen des Stalinismus in der DDR, Dresden (FZ Stalinismus)
Ordner BV Berlin; BV Leipzig; BV Schwerin u.a.; HVA; BND.

6. Institut für die Geschichte der Arbeiterbewegung, Zentrales Parteiarchiv der SED, Berlin (IfGA, ZPA)
Bestand Kirchenfragen 1946-1962: IV 2 / 14 / 1-12; 16-34; 36-39; 41-70; 74-78; 81; 82; 93; 94; 99-127; 129; 131-215; 222-246.
Bestand Kirchenfragen 1963-1971: IV A2 / 14 / 1-48.
Bestand AG Kirche: IV B2 / 14 / 1-201.
Bestand NL 90 (Grotewohl): FBS 123 / 165 19 / 450-458.

7. *Landesverband Sachsen-Anhalt der PDS, Landesparteiarchiv Halle (LPA Halle)*
Bestand Bezirksleitung der SED Halle, Kirchenfragen: IV / 2 / 14 / 1567-1569; 1573; 1574; 1576; 1580; 1581; IV / A-2 / 14 / 1293-1307; IV / B-2 / 14 / 824-826; IV / C-2 / 14 / o550; o725; IV / D-2 / 14 / 472-478; 580; IV / E-2 / 14 / 578-582; IV / F-2 / 14 / 367-374.
Bestand Bezirksleitung der SED Halle, Wissenschaft, Volksbildung, Kultur: IV / 2 / 9.02 / 1575; 1579.
Bestand Bezirksleitung der SED Halle, Kirche: IV / 2 / 9.02 / 1570.
Bestand Bezirksleitung der SED Halle, Sekretär für Agitation und Propaganda: IV / A-2 / 9 / 01 / 1297.
Bestand Informationsberichte Juli 1956 - Dezember 1969 Bezirksleitung Sekretariat: IV / A-2 / 3 / 53; 74; IV / B-2 / 3 / 95; IV / B-2 / 3 / 168; IV / D-2 / 3 / 229; IV / E-2 / 3 / 079; 080; IV / F-2 / 3 / 069; 079; 091; 159.
Bestand Kreisleitung der SED Dessau: IV / 406 / 254; IV / B-4 / 06 / 205; IV / C-4 / 06 / 155; IV-D4 / 06 / 113.

8. *Umweltbibliothek, Berlin-Prenzlauer Berg*
Ordner DDR-Opposition 1988.

9. *Pressearchiv der Evangelischen Kirche in Berlin-Brandenburg, Konsistorium Berlin, Bachstraße*

10. *Staatliche Archivverwaltung Berlin, Zwischenarchiv Normannenstraße*
10.1 Bestand Mielke, Bde. 370; 371; 372; 373; 393; 407; 415; 715; 749.
10.2 Dokumentenverwaltung des ehemaligen BdL, 100 102; 100 408; 100 483; 100 529; 100 826; 100 847; 100 848; 100 853; 100 969; 101 608; 101 616; 101 567; 102 260; 102 272; 102 894; 103 069; 103 133; 103 322; 103 358; 103 400; 103 462; 103 574.
10.3 Allgemeine Sachablage (AS), 11 / 51; 185 / 56; 212 / 56; 9 / 57; 39 / 58; 180 / 66; 181 / 66; 185 / 66; 212 / 66; 221 / 66; 311 / 66; 335 / 66; 336 / 66; 339 / 66; 361 / 66; 363 / 66; 402 / 66; 454 / 66; 455 / 66.
10.4 Abteilung Information, ZAIG, A / 175; B / 10 / 107; B / 143; B / 146; B / 163; B / 194; B / 211; H / soz. Länder 11; Z 47; Information 143 / 88.

11. *Bürgerkomitee Leipzig, Schriftgut der ehemaligen BV Leipzig des MfS*
11.1 Ablage, #1a; #14; #14 rot; #16; #23; #45; #59 rot.
11.2 Dokumentenverwaltung, Postbücher; 100 182; 400 066; 400 146; 400 251; 400 384; 400 496.
11.3 Unerschlossenes Schriftgut, UHA, Zelle 70: Abt. XX; UHA, Zelle 85: AKG.

12. *Vervielfältigte, maschinenschriftliche Arbeiten über SED- und MfS-Kirchenpolitik*
(Wenn nicht anders vermerkt, handelt es sich im folgenden um Arbeiten, die an der Juristischen Hochschule des MfS in Potsdam entstanden sind; jeweils ein Exemplar lagert bei der Staatlichen Archivverwaltung Berlin, Zwischenarchiv Normannenstraße.)

Albinus, W. / Heilsberg, P.-J. / Bendel, A., Die Entwicklung der Evangelisch-lutherischen Kirche Sachsens und ihre Stellung im kirchenpolitischen Bereich sowie politisch-operative Schlußfolgerungen für die schwerpunktmäßige Bearbeitung, 15.10.1985, VVS JHS o001-325 / 85.
Bartnizek, G. / Grimm, W., Lösungswege zur offensiven Bekämpfung und vorbeugenden Verhinderung von subversiven Aktionen klerikaler Organisationen kapitalistischer Länder, insbesondere sog. christlicher Ostmissionen, welche die Transitwege und die erleichterten Einreisebedingungen in die DDR sowie andere sozialistische Länder mißbrauchen, März 1982, VVS o001-MfS JHS-262 / 82.

Belikat, W., Die politisch-operative Lageeinschätzung zum „Friedensseminar Meißen" und Erfordernisse der politisch-operativen Bearbeitung seiner Organisatoren zur vorbeugenden Verhinderung und Zurückdrängung ihres feindl.-negativen Wirksamwerdens, 15.11.1985, GVS JHS o001-76 / 85.

Bergmann, P., Subversive Bestrebungen im kirchlichen Gruppentourismus aus nichtsoz. Staaten und WB und Methoden ihrer Aufdeckung, 19.10.1984, VVS JHS o001-387 / 84.

Dohle, H., Grundzüge der Kirchenpolitik der SED zwischen 1968 und 1978, Diss.phil. B, Berlin (Ost), Akademie für Gesellschaftswissenschaften beim ZK der SED, 1988 (Institut für die Geschichte der Arbeiterbewegung, Zentrales Parteiarchiv, Berlin, Wilhelm-Pieck-Str.).

Dust, W., Erfahrungen bei der Gewährleistung der operativen Kontrolle sog. mobiler Friedensseminare der Evangelisch-Lutherischen Landeskirche Mecklenburgs im Bezirk Neubrandenburg, 13.6.1987, VVS JHS o001-299 / 87.

Erler, D., Erfahrungen und Vorgehensweisen bei der Einbeziehung von Inoffiziellen Mitarbeitern und gesellschaftlichen Kräften in der politisch-operativen Arbeit zur vorbeugenden Verhinderung des Mißbrauchs der Kirche für politische Untergrundtätigkeit, 28.3.1988, VVS JHS o001-344 / 88.

Exner, Charakteristik wesentlicher kirchlicher bzw. religiöser Organisationen und Einrichtungen, die subversive Handlungen gemäß StGB gegen die DDR durchführen, 1981, VVS JHS o001-892 / 81.

Fencik, J., Probleme der Suche, Auswahl und Gewinnung von jugendlichen Inoffiziellen Mitarbeitern zur politisch-operativen Durchdringung der „Jungen Gemeinde" der evangelischen Kirche sowie Vorbereitung und Einsatz zur inoffiziellen Arbeit unter den Bausoldaten der NVA in Zusammenarbeit mit der HA I, 19.4.1989, VVS JHS o001-333 / 89.

Fiedler, J., Erfahrungen beim Zusammenwirken mit staatlichen und gesellschaftlichen Kräften zur Realisierung wirksamer Zurückdrängungs- und Zersetzungsmaßnahmen gegen feindliche bzw. negative Personenkreise aus dem kirchlichen Bereich am Beispiel sog. Friedenskreise, 25.11.1986, VVS JHS o001-1204 / 86.

Fleischer, F., Analyse des gegnerischen Vorgehens zur Inspirierung und Organisierung politischer Untergrundtätigkeit am Beispiel des Bezirkes Neubrandenburg insbesondere unter Nutzung der Friedenskreise, 22.4.1989, VVS JHS o001-323 / 88.

Hamta, Die politisch-operative Arbeit der KD Quedlinburg zum rechtzeitigen Erkennen und wirksamen Unterbinden von Ursachen des subversiven Mißbrauchs des rechtlich gesicherten Handlungsraumes diakonischer und caritativer Einrichtungen und Ausbildungstätten, dargestellt am Beispiel der Neinstedter Anstalten und der Neinstedter Lindenhofsbrüderschaft, 30.9.1985, VVS JHS o001-355 / 85.

Heinrich, B., Die Kenntnis über die Evangelischen Studentengemeinden der Evangelischen Kirche der Kirchenprovinz Sachsen im Verantwortungsbereich der BV Halle – Voraussetzung für eine wirksame politisch-operative Arbeit, 10.10.1985, VVS JHS o001-310 / 85.

Heise, J. Gedanken zur Geschichte der Kirchenpolitik der SED. Ein Diskussionsbeitrag, Juni 1990 (ungedr. Manuskript).

Ders., Die Politik der SED zur Einbeziehung von Gläubigen in den Aufbau des Sozialismus und in den Kampf um den Frieden (von der Gründung der DDR im Oktober 1949 bis zur 2. Parteikonferenz der SED im Juli 1952), Diss.phil. A, Berlin (Ost), Akademie für Gesellschaftswissenschaften beim ZK der SED, 1982 (Institut für die Geschichte der Arbeiterbewegung, Zentrales Parteiarchiv, Berlin, Wilhelm-Pieck-Str.).

Ders., Das Ringen der SED um die Mitarbeit von Gläubigen und um verfassungsmäßige Staat-Kirche-Beziehungen in der Übergangsperiode vom Kapitalismus zum Sozialismus in der DDR, Diss.phil. B, Berlin (Ost), Akademie für Gesellschaftswissenschaften beim ZK der SED, 1986 (Institut für die Geschichte der Arbeiterbewegung, Zentrales Parteiarchiv, Berlin, Wilhelm-Pieck-Str.).

Hennig, F., Die Vorgehensweise westlicher Journalisten zur Diffamierung der Politik der SED in Kirchenfragen und bei der Inspirierung und Organisierung politischer Untergrundtätigkeit in der DDR, 1989, VVS JHS o0001-279 / 89.

Herbst, U., Untersuchungen zur Entwicklung und Gestaltung der kirchlichen Jugendarbeit des Bundes der evangelischen Kirchen in der DDR, 30.6.1983, VVS JHS o0001-477 / 83.

Hermann, Artur, Die Kenntnis der Evangelisch-Luth. Kirche in Thüringen, Voraussetzung für eine wirksame politisch-operative Arbeit, Februar 1983 VVS o0001 MFS JHS 236 / 83.

Heß, W., Der wesentliche Beitrag der Arbeitskreise „Friedensdienst" bei den Jungmännerwerken des Bundes der Ev. Kirchen in der DDR zur geistigen und ideologischen Vorbereitung eines „sozialen Friedensdienstes", 1982, VVS JHS o0001-1230 / 82.

Ders., Möglichkeiten und Versuche zum Mißbrauch der „Jungen Gemeinde" sowie anderer Strukturen und Arbeitsformen kirchlicher Jugendarbeit für antisozialistische Aktivitäten – dargestellt an Erfahrungen der politisch-operativen Abwehrarbeit im Bereich der Evangelisch-Lutherischen Kirche in Thüringen, vom 20.11.1985, VVS JHS o0001-279 / 85.

Höhn, B., Analyse bestehender Partnerschaftsbeziehungen der evangelischen Kirche im Verantwortungsbereich der Kreisdienststelle Hildburghausen und politisch-operative Schlußfolgerungen zu deren operativer Kontrolle und Bearbeitung, 1.4.1988, VVS JHS o0001-284 / 87.

Holger, H., Der Mißbrauch der 1. Ökumenischen Vollversammlung durch feindlich-negative Kräfte für subversive Angriffe gegen die sozialistische Staats- und Gesellschaftsordnung, 2.6.1988, VVS JHS o0001-416 / 88.

Hungerland, H., Erkenntnisse zu Angriffsrichtungen, Plänen, Absichten und Maßnahmen kirchlicher Zentren, Einrichtungen und Kräfte aus dem Nichtsozialistischen Ausland, insbesondere der BRD, mittels sog. Gesamtdeutscher Aktivitäten politischer Untergrundtätigkeit im Bereich der Evangelisch-Lutherischen Landeskirche Mecklenburg zu inspirieren und organisieren sowie sich daraus ergebende politisch-operative Aufgabenstellungen, 1986, GVS JHS o0001-352 / 86.

Jänisch, D., Das operative Zusammenwirken ausgewählter Kräfte und Mittel des MfS zur Kontrolle und Verhinderung des politischen Mißbrauchs kirchlicher Partnerschaftsarbeit, 22.2.1988, VVS JHS o0001-303 / 88.

Jaschke, P., Höhne, A., Die Kenntnis über die Evangelische Kirche in Berlin-Brandenburg, eine Voraussetzung für die wirksame politisch-operative Arbeit, 5.4.1988, VVS JHS o0001-339 / 88.

Jonak, Die Kenntnis der Evangelischen Kirche der Kirchenprovinz Sachsen – Voraussetzung für eine wirksame politisch-operative Arbeit, Januar 1983, VVS o0001 MfS JHS Nr. 230 / 83.

Kafurke, W., Zur Rolle und zu den Möglichkeiten einer KD im Kampf gegen den Mißbrauch der Kirche durch gegnerische Kräfte sowie zur komplexen Beeinflussung der kirchenpolitischen Lage im Verantwortungsbereich, 10.2.1986, VVS JHS o0001-1225 / 86.

Kleine, R. / Seyfarth, P. / Stark, G. / Thiemig, G. / Ehrhardt, F. / Grimm, W. / Paulitz, G. / Jäger, ID / Wagner, B., Die politisch-operative Bearbeitung von feindlich-negativen Personenzusammenschlüssen, die im Sinne politischer Untergrundtätigkeit wirken, in Operativen Vorgängen, 15.2.1989, VVS o0001 MfS JHS 231 / 89.

Klingebeil, B., Spezifische Anforderungen und Erfahrungen bei der Gewinnung von Inoffiziellen Mitarbeitern aus Kreisen der katholischen Würdenträger, 1.10.1984, VVS JHS o0001-386 / 84.

Könnecke, H.-D., Politisch-operative Lageeinschätzung zum Schwerpunktbereich – offene Jugendarbeit – innerhalb der Jungen Gemeinden der Evangelischen Landeskirche Anhalts im Verantwortungsbereich der KD Roßlau – perspektivische Erfordernisse der rechtzeitigen Aufdeckung, Bekämpfung und vorbeugenden Verhinderung feindlich-negativer Aktivitäten durch den Einsatz von Inoffiziellen Mitarbeitern, 25.6.1986, VVS JHS o001-613 / 86.

Körner, T., Spezifische Anforderungen an die Auswahl und den Einsatz von Inoffiziellen Mitarbeitern, die in feindlich-negative, pseudopazifistische Personenzusammenschlüsse eingeschleust werden sollen, 26.4.1988, VVS JHS o001-411 / 87.

Kullik, H., Zur Anwendung von Maßnahmen der Zersetzung in der operativen Vorgangsarbeit zur Einschränkung und Verhinderung feindlicher Aktivitäten in den Kirchen der DDR, 15.3.1978, VVS JHS o001-279 / 78.

Lehrbuch Strafrecht. Besonderer Teil, 2 Bde., Potsdam 1985, VVS JHS o00140 / 86.

Lesematerial Grundorientierungen: Sektion Politisch-operative Spezialdisziplin, Lehrstuhl VI (Hg.), November 1983, VVS JHS o001-147 / 83.

Lewerenz, G., Das Selbstverständnis evangelischer Landeskirchen in der DDR von „Kirche im Sozialismus", vor allem untersucht und dargestellt am Bund der evangelischen Kirchen in der DDR und an der Evangelisch-Lutherischen Landeskirche Sachsens – eine kritische Analyse, Diss.phil. A, Güstrow, Philosophische Fakultät des Wissenschaftlichen Rates der Pädagogischen Hochschule „Liselotte Herrmann", 1983.

Liebusch, G., Politisch-operative Aufgabenstellung zur effektiven Bearbeitung und Kontrolle der kirchlichen Partnerschaftsbeziehungen zwischen der Evangelischen „Martin-Luther-King"-Gemeinde Hoyerswerda-Neustadt (DDR) und der Ev. Johannesgemeinde Bad Kreuznach (BRD), 15.7.1988, VVS JHS o001-394 / 88.

Linkert, J., Erfahrungen und Probleme bei der langfristigen Entwicklung und des Einsatzes von Inoffiziellen Mitarbeitern unter reaktionären Kirchenkreisen, 4.4.1988, VVS JHS o001-366 / 88.

Mäder, H., Ausgewählte Orientierungen zur op. Sicherung des konzentrierten Einsatzes von Bausoldaten auf der Grundlage einer Sicherungskonzeption, 15.10.1984, GVS JHS o001-63 / 84.

Mäding, K.-D., Die klerikalen politisch-negativen Kräfte in der Evangelischen Landeskirche Greifswald im System der gegnerischen Angriffe gegen die sozialistische Staats- und Gesellschaftsordnung, 10.10.1986, VVS JHS o001-386 / 86.

Mehner, R., Einschätzung der politisch-operativen Lage in den Baueinheiten der HA I / MfNV zur Herausarbeitung von Sicherheitserfordernissen und Aufgabenstellungen für die weitere Qualifizierung der vorbeugenden Verhinderung, Aufdeckung und Bekämpfung der PUT in den Baueinheiten, Mai 1986, VVS JHS o001-706 / 86.

Müller, H.-G., Versuche des Mißbrauchs der ev. Kirche der DDR zur Schaffung einer oppositionellen Bewegung, 16.5.1985, VVS JHS o001-1215 / 87.

Nopirakowski, R., Mittel und Methoden zum Erkennen von operativ bedeutsamen Kontakten aus kirchlichen Partnerschaftsbeziehungen und Vorschläge für ihre differenzierte und vorbeugend wirksame operative Bearbeitung im Rahmen der Bekämpfung politischer Untergrundtätigkeit, 10.6.1986, VVS JHS o001-305 / 86.

Olbert, R., Analyse konkreter Erscheinungsformen der politischen Untergrundtätigkeit im Rahmen der „offenen" und sozialdiakonischen Jugendarbeit der Evangelisch-Lutherischen Landeskirche Mecklenburgs sowie Mittel und Methoden der vorbeugenden Verhinderung und Bekämpfung derartiger relevanter Erscheinungen im Verantwortungsbereich der Linie XX / 4 im Bezirk Schwerin, 31.5.1987, VVS JHS o001-293 / 87.

Osterloh, T., Die Anwendung des Differenzierungsprinzips bei der politisch-operativen Bearbeitung eines „Friedenskreises" im Verantwortungsbereich der BVfS Neubrandenburg, 14.4.1989, VVS o001-272 / 89.

Pfannschmidt, Die Analyse und marxistisch-leninistische Wertung der durch den Leiter des „Evangelischen Einkehrhauses" Bischofsrod erarbeiteten feindlich-negativen theoretischen Konzeption und die Ableitung politisch-operativer Konsequenzen für die weitere operative Bearbeitung, 31.3.1989, VVS JHS o001-317 / 89.

Rottke, P., Die Arbeit einer Kreisdienststelle des MfS mit den Partnern des politisch-operativen Zusammenwirkens zur vorbeugenden Verhinderung, Aufklärung, Bekämpfung der Versuche des Feindes zum Mißbrauch der katholischen Kirche im Eichsfeld für politische Untergrundtätigkeit, 18.8.1986, VVS JHS o001-350 / 86.

Schäfer, A., Erfahrungen bei der Gestaltung des Zusammenwirkens mit gesellschaftlichen Kräften zur vorbeugenden Verhinderung des Mißbrauchs kirchlicher Einrichtungen durch feindlich-negative Kräfte für subversive Zielstellungen gegen die DDR, 1.4.1988, VVS JHS o001-310 / 88.

Scheuer, Erfahrungen der KD Weimar bei Suche, Auswahl und Gewinnung von Inoffiziellen Mitarbeitern in der politisch-operativen Bearbeitung von Versuchen feindlich-negativer Kräfte zur Organisierung politischer Untergrundtätigkeit unter Mißbrauch kirchlicher Handlungsräume, 27.9.1985, VVS JHS o001-373 / 84.

Schlippes / Weißleder W., Kirche und Politik in der BRD – analytische Dokumentation zur Fundierung der politisch-operativen Arbeit des MfS, Mai 1983, VVS o001 MfS JHS 122 / 83.

Schmidt, T., Die Nutzung von Inoffiziellen Mitarbeitern zur zielgerichteten Bearbeitung und Zersetzung von Formierungsbestrebungen feindlich-negativer Personengruppen, die unter Ausnutzung von Handlungsräumen der evangelischen Kirche im Verantwortungsbereich der KD Eisenach politisch-operativ in Erscheinung treten, 31.3.1989, VVS JHS o001-330 / 89.

Schnitzer, E., Die Entwicklung von Inoffiziellen Mitarbeitern unter der studentischen Jugend für den Einsatz in der Evangelischen Studentengemeinde Greifswald und die Gewährleistung ihres gesellschaftlich effektiven Einsatzes zur wirksamen Aufklärung und Bekämpfung von Erscheinungsformen der politischen Untergrundtätigkeit, 18.10.1988, VVS JHS o001-458 / 88.

Schultze, G., Schmelhaus, F., Schlußfolgerungen und Konsequenzen für die erfolgreiche Entwicklung von IM-Vorläufen auf der Linie XX / 4 aus der Ursachenanalyse eingestellter IM-Vorläufe, 15.10.1986, GVS JHS o001-99 / 86.

Schulze, H.-P., Die zielgerichtete Entwicklung und Qualifizierung eines IM bei der Heranführung an den Leiter einer kirchlichen Gruppe mit der Vorbereitung des perspektivischen Einsatzes als hauptamtlicher Mitarbeiter der Kirche zur Verhinderung ihres Mißbrauchs durch den Gegner, 31.1.1986, GVS JHS o001-80 / 85.

Sektion politisch-operative Spezialdisziplin, Lehrstuhl VI, Dokumentation zu einigen wichtigen antikommunistisch-klerikalen Institutionen imperialistischer Staaten Europas, insbesondere der BRD, April 1983, VVS o001 MfS JHS 247 / 83.

Steiniger, Zu einigen Grundfragen und Erfordernissen der Durchsetzung des sozialistischen Rechts bei der Aufdeckung, vorbeugenden Verhinderung und Bekämpfung des Mißbrauchs der Kirchen in der DDR (Staatliche Archivverwaltung Berlin, Zwischenarchiv Normannenstraße, MfS, VVS-Nr. 106 / 84).

Studienmaterial zur Geschichte des Ministeriums für Staatssicherheit Teil I bis VII (Hg. Juristische Hochschule Potsdam), Potsdam 1980, VVS JHS 001-132 / 80.

Tronicke / Weißleder / Roßberg / Steiniger / Stirzel / Ehrhardt / Härtel / Hermann / Jonak / Groch / Schlippes, Grundorientierungen für die politisch-operative Arbeit des MfS zur Aufdeckung, vorbeugenden Verhinderung und Bekämpfung der Versuche des Feindes zum Mißbrauch der Kirchen für die Inspirierung und Organisierung politischer Untergrundtätigkeit und die Schaffung einer antisozialistischen „inneren Opposition" in der DDR, April 1983, VVS o001 JHS 241 / 83.

Völker, M., Praktische Erfahrungen und Erkenntnisse der Vermittlung eines realen und aufgabenbezogenen Feindbildes an Inoffizielle Mitarbeiter. Untersucht und dargestellt an einem Inoffiziellen Mitarbeiter der Linie XX / 4, 21.3.1989, VVS 285 / 89.

Weyhrauch, G., Die Kenntnis des Kirchlichen Forschungsheimes Wittenberg (KFHW) – Voraussetzung für eine wirksame und effektive Koordinierung der politisch-operativen Arbeit zum rechtzeitigen Erkennen und Unterbinden von Versuchen feindlich-negativer Kräfte zur Schaffung einer „Inneren Opposition" bzw. der Organisierung der Politischen Untergrundtätigkeit, 15.1.1986, GVS JHS o001-79 / 85.

Wulf, C.-D., Die klerikalen politisch-negativen Kräfte in der Ev.-Luth. Landeskirche Mecklenburg im System der gegnerischen Angriffe gegen die sozialistische Staats- und Gesellschaftsordnung der DDR, 15.2.1983, VVS JHS o001-275 / 84.

B
Gedruckte Quellen und Darstellungen

Adler, E. / Gutsch, W.-D. / Punge, M. / Romberg, W., Friedensaufgaben der Deutschen in der DDR. Eine Stellungnahme, in: Kirchliches Jahrbuch 1968, 260-265.

Ahrens, W., Hilferufe von drüben. Die DDR vertreibt ihre Kinder. Authentische Berichte, Huglfing 1978.

Arbeitstagung Saarbrücken 1958. Zentralkomitee der Deutschen Katholiken 16.-19. April 1958, Paderborn 1958.

Archiv der Gegenwart, 1986 ff.

Arendt, H., Vita Activa oder Vom tätigen Leben, Stuttgart 1960.

Dies., Organisierte Schuld, in: Die Wandlung 1 (1945 / 46), 333-344.

Dies., Eichmann in Jerusalem. Ein Bericht von der Banalität des Bösen, München (1961) [2]1987.

Badstübner, R., „Beratungen" bei J.W. Stalin. Neue Dokumente, in: Utopie kreativ Nr. 7 / 1991, 99-116.

Ders. u.a., Geschichte der Deutschen Demokratischen Republik, Berlin (Ost) 1984.

Bahr, E., Sieben Tage im Oktober. Aufbruch in Dresden, Leipzig 1990.

Bahrmann, H. / Links, Chr., Wir sind das Volk. Die DDR zwischen 7. Oktober und 17. Dezember 1989. Eine Chronik, Berlin (Ost)-Weimar-Wuppertal 1990.

Baring, A., Der 17. Juni 1953. Mit einem Vorwort von Richard Löwenthal, Köln-Berlin (West) 1965 (Neuauflage Köln 1983).

Barron, J., KGB. Arbeit und Organisation des sowjetichen Geheimdienstes in Ost und West, mit einer ausführlichen Dokumentation und mit einem Bericht von Alexander Solschenizyn, Bern-München 1974.

Barth, W. / Bellmann, R., Die Rechtfertigung der imperialistischen Atomkriegspläne durch den politischen Klerikalismus, in: Einheit 13 (1958), Heft 11, 1564-1576.

Bayer, J., Freiräume für Minderheiten. Portrait der Evangelischen Studentengemeinde in der DDR, in: KiS 1 (1990), 31-34.

Beckmann, J., Kirchliche Zeitgeschichte, in: Kirchliches Jahrbuch, 1950, 1-3.

Beier, P., Lernfähigkeit unter Beweis stellen. Wortlaut eines Briefes an die Pfarrer in der Evangelischen Kirche im Rheinland, in: Übergänge 3 (1990), 97-99.

Beintker, M., Der gesellschaftliche Neuaufbau in den östlichen Bundesländern. Herausforderungen an die Theologie, in: ThLZ 116 (1991), 242-254.

Ders., Die Schuldfrage im Erfahrungsfeld des gesellschaftlichen Umbruchs im östlichen Deutschland. Annäherungen, in: KZG 4 (1991), 445-461.

Beiträge zur Geschichte der Theologischen Fakultät Berlins. Zum 175. Jahrestag der Gründung der Berliner Universität, in: Wissenschaftliche Zeitschrift der Humboldt-Universität zu Berlin. Ges.-wiss. Reihe 34, 1985, Heft 7.

Beleites, M., Untergrund. Ein Konflikt mit der Stasi in der Uran-Provinz, Berlin 1991.

Benjamin, H. u.a., Zur Geschichte der Rechtspflege 1949-1961, Berlin (Ost) 1980.

Bent, A.J. v. d., Der Dialog zwischen Christen und Marxisten. Eine kommentierte Bibliographie 1959-1969, Geneva 1969.

Benz, W., Potsdam 1945. Besatzungsherrschaft und Neuaufbau im Vier-Zonen-Deutschland, München 1986.

Berlin 1958. Bericht über die dritte Tagung der zweiten Synode der Evangelischen Kirche in Deutschland vom 26. bis 30. April 1958, hg. im Auftrage des Rates von der Kirchenkanzlei der Evangelischen Kirche in Deutschland, o.O. und o.J. [Berlin 1958].

Berlin 1960. Bericht über die vierte Tagung der zweiten Synode der Evangelischen Kirche in Deutschland vom 21. bis 26. Februar 1960, hg. im Auftrage des Rates von der Kirchenkanzlei der Evangelischen Kirche in Deutschland, o.O. und o.J. [Berlin 1960].

Berlin 1961. Bericht über die erste Tagung der dritten Synode der Evangelischen Kirche in Deutschland vom 12. bis 16. Februar 1961, hg. im Auftrage des Rates von der Kirchenkanzlei der Evangelischen Kirche in Deutschland, o.O. und o.J. [Berlin 1961].

Berliner Sonntagsblatt, passim.

Besier, G., Die Evangelischen Landeskirchen, in: *Bundesministerium für innerdeutsche Beziehungen* (Hg.), Deutschland in Gegenwart und Zukunft. Der demokratische und soziale Rechtsstaat Bundesrepublik Deutschland, Bonn 1990, 146-158.

Ders., Zur ekklesiologischen Problematik von „Dahlem" (1934) und „Darmstadt" (1947). Historisch-theologische Überlegungen, ausgehend von einer These Klaus Scholders, in: KuD 33 (1987), 178-191.

Ders., Die Haltung des Ökumenischen Rates der Kirchen zur Deutschen Frage, in: BThZ 8 (1992).

Ders., Heinrich Grüber – Pastor, Ökumeniker, Kirchenpolitiker, in: Jahrbuch der Gesellschaft für Niedersächsische Kirchengeschichte 89 (1991), 363-384.

Ders., Art. Kulturkampf, in: TRE XX, 1990, 209-230.

Ders., Soll die Schuld im Erfolg vernarben? Über den Schmerz alter und neuer historischer Wunden, in: KZG 4 (1991), 493-511.

Ders. (Hg.), Staatssicherheit in Kirche und Theologie, in: KZG 4 (1991), 293-312.

Ders. / Sauter, G., Wie Christen ihre Schuld bekennen. Die Stuttgarter Erklärung 1945, Göttingen 1985.

Bickhardt, St. (Hg.), Recht ströme wie Wasser. Christen in der DDR für Absage an Praxis und Prinzip der Abgrenzung. Ein Arbeitsbuch, Berlin 1988.

Bierbaum, M., Art. Meßstipendium, in: LThK, Bd. 7, ²1935, 131.

Birke, A.M., Nation ohne Haus. Deutschland 1945-1961, Berlin (West) 1989.

Blumenwitz, D., Meinungs- und Informationsfreiheit, in: *Brunner* (Hg.), Menschenrechte in der DDR, 49-71.

Bohley, B. u.a., 40 Jahre DDR ... und die Bürger melden sich zu Wort, Frankfurt / M. 1989.

Borgmann, L., Zwischen gestern und morgen. Evangelische Gemeinden in der DDR, Berlin (Ost) ³1970.

Borkenhagen, Fr.H.U., Art. Bundeswehr, in: Lexikon Rüstung, Frieden, Sicherheit, hg. v. D.S. Lutz. Mit einer Einleitung von Egon Bahr, München 1987, 60-64.

Borkowski, D., Für jeden kommt der Tag ... Stationen einer Jugend in der DDR, Berlin (Ost) 1990.

Bräuer, S., Martin Luther in marxistischer Sicht von 1945 bis zum Beginn der achtziger Jahre, Berlin (Ost) ²1983.

Brakelmann, G. (Hg.), Kirche im Krieg. Der deutsche Protestantismus am Beginn des Zweiten Weltkrieges, München 1979.

Bransch, G., Kirche auf dem Wege. Perspektiven der evangelischen Kirche in der sozialistischen Gesellschaft. Versuch einer Einschätzung, Berlin (Ost) 1987.

Brecht, M., Weder leichtfertige Überheblichkeit noch Verzweiflung. Luthers Umgang mit der Schuld. Beobachtungen zu einem aktuellen Thema, in: KZG 4 (1991), 462-475.

Brinkel, W. / Rodejohann, J. (Hgg.): Das SPD-SED-Papier. Der Streit der Ideologien und die gemeinsame Sicherheit, Freiburg 1988.

Brüning, E., Lästige Zeugen? Tonbandgespräche mit Opfern der Stalinzeit, Halle-Leipzig o.J. [1990].

Brunner, G. (Hg.), Menschenrechte in der DDR, Baden-Baden 1989.

Ders., Freizügigkeit, in: *ders.* (Hg.), Menschenrechte in der DDR, 129-152.

Ders. / Klein, E., Internationale Menschenrechtsverpflichtungen, in: *Brunner* (Hg.), Menschenrechte in der DDR, 15-48.

Buch, G., Namen und Daten wichtiger Personen der DDR, Berlin (Ost) ⁴1987.

Bucher, P. (Hg.), Nachkriegsdeutschland 1945-1949, Darmstadt 1990.

Bündnis 2000. Forum für Demokratie, Ökologie und Menschenrechte, 1. Jg., 1991.

Bürgerkomitee Leipzig (Hg.), Stasi intern. Macht und Banalität, Leipzig 1991.

Büscher, W., Unterwegs zur Minderheit. Eine Auswertung konfessionsstatistischer Daten, in: *Henkys* (Hg.), Die evangelischen Kirchen in der DDR, 422-436.

Ders. / Wensierski, P., Null Bock auf DDR. Aussteigerjugend im anderen Deutschland, Reinbek bei Hamburg 1984.

Ders. / Wensierski, P. / Wolschner, K. (Hgg.), Friedensbewegung in der DDR. Texte 1978-1982, Hattingen 1982.

Bull, C., Mit wehendem Talar dem Zeitgeist entgegen, in: die andere 27 / 91 vom 3.7.1991, 8 f.

Bundesministerium für Gesamtdeutsche Fragen (Hg.), Der Staatssicherheitsdienst. Ein Instrument der politischen Verfolgung in der Sowjetischen Besatzungszone Deutschlands, Bonn-Berlin 1962.

Dass. (Hg.), SBZ von 1945 bis 1954. Die Sowjetische Besatzungszone Deutschlands in den Jahren 1945-1954, Bonn 1956.

Dass. (Hg.), Unrecht als System. Dokumente über planmäßige Rechtsverletzungen im sowjetischen Besatzungsgebiet, Berlin 1952.

Bundesministerium für Innerdeutsche Beziehungen (Hg.), DDR-Handbuch, 2 Bde, Köln ³1985.

Buntrock, H.J.: Die Kirche von unten, in: *Kroh* (Hg.), „Freiheit", 181-209.

Burgsmüller, A. / Weth, R. (Hgg.), Die Barmer Theologische Erklärung. Einführung und Dokumentation, Neukirchen-Vluyn ²1984.

Campenhausen, A. v., Die rechtliche Trennung erfolgte nie. Eine Rückkehr der DDR-Kirchen in die EKD wäre möglich, in: LuMo 29 (1990), 387-389.

Caracciolo, L., Der Untergang der Sozialdemokratie in der Sowjetischen Besatzungszone. Otto Grotewohl und die „Einheit der Arbeiterklasse" 1945 / 46, in: VZG 36 (1988), 281-318.

Chronik der Auseinandersetzungen zwischen Staat und Kirche im Bereich der DDR, in: Unterwegs 7 (1953), 149-164.

Chronik der Ereignisse in der DDR, Köln 1989.

Dähn, H., Konfrontation oder Kooperation? Das Verhältnis von Staat und Kirche in der SBZ / DDR 1945-1980. Mit einem Vorwort von Reinhard Henkys, Wiesbaden 1982 (Lit!).

Dahlgren, S., Das Verhältnis von Staat und Kirche in der DDR während der Jahre 1949-1958, Uppsala 1972.

Der [74.] Deutsche Katholikentag, hg. v. Generalsekretariat des Zentralkomi-

tees der Katholiken zur Vorbereitung der Katholikentage, Paderborn o.J.
[1950].
Desel, J., Das Leben und Sterben des Oskar Brüsewitz. Ein Pfarrerschicksal in
der DDR, Berlin (West) 1984.
Deutsches Allgemeines Sonntagsblatt, Hamburg.
Deutschland-Archiv. Zeitschrift für Fragen der DDR und der Deutschlandpo-
litik, Köln.
Dibelius, O., Ein Christ ist immer im Dienst. Erlebnisse und Erfahrungen in
einer Zeitenwende, Stuttgart 1961.
Ders., Obrigkeit? Eine Frage an den 60jährigen Landesbischof [Hanns Lilje],
Berlin 1959.
Dieckmann, Chr., Gott in Berlin und die Folgen. Stadtgefühl und Kirchentag,
in: KiS 4 / 13 (1987), 138-143.
Diedrich, T., Der 17. Juni 1953 in der DDR, Berlin 1991.
Die Deutsche Demokratische Republik im Lichte der Grundrechte und der
Rechtsstaatsidee. Deutsche Sektion der Internationalen Juristen-Kommis-
sion. Arbeitstagung vom 16. / 17. Oktober 1987 in Göttingen, Heidelberg
1989.
Ditfurth, Chr. v., Blockflöten. Wie die CDU ihre realsozialistische Vergangen-
heit verdrängt, Köln 1991.
Dittmann, W. / Zimmermann, W.-D., Otto Dibelius. So habe ich's erlebt.
Selbstzeugnisse, Berlin (West) 1980.
Döhnert, A. / Rummel, P., Die Leipziger Montagsdemonstrationen, in: *Grabner / Heinze / Pollack* (Hgg.), Leipzig im Oktober, 147-158.
Dohle, H. u.a. (Hgg.), Beiträge zur Theorie und Geschichte der Religion und
des Atheismus, Berlin (Ost), Heft 1 (1988) - Heft 6 (1989).
Dohle, H. / Heise, J. / Onnasch, M. (Hgg.), SED und Kirche. Eine Dokumen-
tation grundsätzlicher Entscheidungen zu ihren Beziehungen, 2 Bde, Neu-
kirchen-Vluyn 1992.
Dokumente zur Frage der Obrigkeit. Zur Auseinandersetzung um die Obrigkeitsschrift von Bischof D. Otto Dibelius, Darmstadt [2]1960.
Drescher, H., Fehlschlüsse im Kalten Krieg. Das Fiasko klerikal-antikommuni-
stischer Anfeindungen der DDR in drei Jahrzehnten ihres Bestehens, Ber-
lin (Ost) 1979.
EAK (Hg.), Evangelische Kirche in der DDR. Personen, Daten, Perspektiven.
Informationen des Evangelischen Arbeitskreises der CDU / CSU, Bonn
im September 1990.
Ebert, Th., Soziale Bewegungen in der etablierten Demokratie, in: Gewaltfreie
Aktion 3, 4 / 12 (1980), 1-8.
Ebert, A. / Haberer, J. / Kraft, F. (Hgg.), Räumt die Steine hinweg. DDR
Herbst 1989. Geistliche Reden im politischen Aufbruch, München [2]1990.
Eggenburger, O., Die Kirchen, Sondergruppen und religiösen Vereinigungen.
Ein Handbuch, Zürich [4]1986.
Ehring, K. / Dallwitz, M. (Hgg.), Schwerter zu Pflugscharen. Friedensbewe-
gung in der DDR, Reinbek bei Hamburg 1982.
Eisenfeld, B., Kriegsdienstverweigerung in der DDR – ein Friedensdienst? Ge-
nesis, Befragung, Analyse, Dokumente, Frankfurt / M. 1978.
EKD-Synode Coburg, in: epd-Dokumentation Nr. 31 u. 32 / 1991.
Elitz, E. (Hg.), Sie waren dabei. Ostdeutsche Politik von Bärbel Bohley zu
Lothar de Maizière, Stuttgart 1991.
ena (Evangelischer Nachrichtendienst in der DDR), Berlin (Ost).
eno (Evangelischer Nachrichtendienst Ost), Berlin (Ost).
epd-Dokumentation. Ein Informationsdienst, Frankfurt / M.
epd (Evangelischer Pressedienst. Zentralausgabe), Frankfurt / M.
epd Landesdienst Berlin.
Erlebter Kirchentag. Deutscher Evangelischer Kirchentag Frankfurt 1956, hg.
v. Präsidium des Deutschen Evangelischen Kirchentages, Stuttgart 1956.
Espelkamp 1955. Bericht über die erste Tagung der zweiten Synode der Evangelischen Kirche in Deutschland vom 6.-11. März 1955, Hannover o.J.

Evangelische Kommentare, 1968 ff.

Das Evangelium und das christliche Leben in der DDR. Nur für den inner-kirchlichen Dienstgebrauch. Handreichung, entgegengenommen durch die Synode der EKU im Februar 1959, Witten o.J.

Falcke, H., Mit Gott Schritt halten. Reden und Aufsätze eines Theologen in der DDR aus zwanzig Jahren, Berlin (West) 1986.

Ders., Stellvertretendes Handeln. „Kirche im Sozialismus" am Beispiel der DDR, in: KiS 15 (1989), 232-238.

Ders., Unsere Kirche und ihre Gruppen, in: KiS 11 (1985), 145-152.

Ders., Die unvollendete Befreiung. Die Kirchen, die Umwälzung in der DDR und die Vereinigung Deutschlands, München 1991.

Feiereis, K., Kirche und Marxismus vor Ort – eine Aufgabe für die christliche Philosophie, in: *Muck* (Hg.), Sinngestalten, Innsbruck u.a. 1989, 174-191.

Fenzel, I., Zu einigen Aspekten der Kirchenpolitik der KPD / SED im Verlauf der antifaschistisch-demokratischen Umwälzung in der Sowjetischen Be-satzungszone in Deutschland, in: Beiträge zur Theorie und Geschichte der Religion und des Atheismus, Heft 4, Berlin (Ost) 1989, 41-65.

Feydt, S. / Heinze, Chr. / Schanz, M., Die Leipziger Friedensgebete, in: *Grabner / Heinze / Pollack* (Hgg.), Leipzig im Oktober, 123-135.

Finn, G., Die politischen Häftlinge der Sowjetzone (1960), Köln 1989.

Fischer, A. / Heydemann, G. (Hgg.), Geschichtswissenschaft in der DDR, Bd. 2, Berlin (West) 1990.

Fischer, G., Otto Nuschke. Ein Lebensbild, Berlin (Ost) 1983.

Fischer, M., Obrigkeit, Berlin (West) 1959.

Fischer, P., Kirche und Christen in der DDR, Berlin (West) 1978.

Förster, P. / Roski, G., DDR zwischen Wende und Wahl. Meinungsforscher analysieren den Umbruch, Berlin 1991.

Frankfurter Allgemeine Zeitung, passim.

Frankfurter Rundschau, passim.

Freiburg, A. / Marad, Chr., FDJ. Der sozialistische Jugendverband der DDR, Opladen 1982.

Fricke, K.W., Die DDR-Staatssicherheit. Entwicklung, Strukturen, Aktionsfel-der, Köln [3]1989 (Lit!).

Ders., MfS intern, Köln 1991.

Ders., Opposition und Widerstand in der DDR. Ein politischer Report, Köln 1984.

Ders., Politik und Justiz in der DDR. Zur Geschichte der politischen Verfol-gung 1945-1968. Bericht und Dokumentation, Köln 1979.

Ders., Volkskammer beschloß neues Wehrdienstgesetz, in: Deutschland-Archiv 15 (1982), 458-460.

Frieden in Gerechtigkeit. Dokumentation der Europäischen Ökumenischen Versammlung. Hg. im Auftrag der Konferenz Europäischer Kirchen und des Rates der Europäischen Bischofkonferenzen, Basel-Zürich 1989.

Friedensnobelpreis für 140 000 Ärzte. Dokumente aus der medizinischen Frie-densbewegung. Zusammengestellt von Till Bastian, Reinbek bei Hamburg 1985.

Fuchs, J., „... Und wann kommt der Hammer?" Psychologie, Opposition und Staatssicherheit, Berlin 1991.

Ders., Vernehmungsprotokolle, Reinbek bei Hamburg 1978.

Funke, M. (Hg.), Entscheidung für den Westen. Vom Besatzungsstatus zur Souveränität der Bundesrepublik 1949-1955, Bonn 1988.

Gatow, H.H., Vertuschte SED-Verbrechen. Ein Spur von Blut und Tränen, Berg am See [6]1991.

Gauck, J., Die Stasi-Akten. Das unheimliche Erbe der DDR, Reinbek bei Hamburg 1991.

Gebhard, M. (Hg.), Die Zeugen Jehovas. Eine Dokumentation über die Wach-turmgesellschaft, Leipzig-Jena-Berlin (Ost) 1970.

Geißel, L., Unterhändler der Menschlichkeit. Erinnerungen, Stuttgart 1991.

Gerstenberger, P., Das Friedensengagement der CFK 1978 bis 1985 unter den

Bedingungen der Konfrontations- und Hochrüstungspolitik der aggressivsten Kreise des Imperialismus – politische Programmatik und weltanschaulicher Gehalt, Diss. phil. Berlin (Ost) 1986.

Gesetzblatt der DDR, 1949 ff.

Geschichte der Deutschen Volkspolizei, Bd. 2: 1961-1985, hg. v. Ministerium des Innern, Kommission zur Erforschung und Ausarbeitung der Geschichte der Deutschen Volkspolizei, Berlin (Ost) ²1987.

Gildemeister, J., Der politische Auftrag der Kirche. Kritisches Potential der evangelischen Kirchen in der DDR am Beispiel ihres Friedensengagements 1962 bis 1978, Diplomarbeit am Fachbereich Politische Wissenschaft der FU Berlin, Berlin 1991 (ungedr.).

Gill, D. / Schröter, U., Das Ministerium für Staatssicherheit. Anatomie des Mielke-Imperiums, Berlin 1991.

Ginsburg, J., Wem droht sein Schwert, wen schützt sein Schild heute? Die Methoden des sowjetischen Geheimdienstes werden feiner, in: Das Parlament 41 (1991) vom 19. / 26.7.1991.

Girock, H.-J., Operation geglückt – Patient ...? Zur kirchlichen Wiedervereinigung, in: EK 24 (1991), 165-166.

Glaube und Wissen. Eine protestantische Monatsschrift, Jahrgang 7, 1957.

Goeckel, R.F., The Lutheran Church and the East German State. Political Conflict and Change under Ulbricht and Honecker, Ithaca 1990.

Gorholt, M. / Kunz, N.W. (Hgg.), Deutsche Einheit – Deutsche Linke. Reflexionen der politischen und gesellschaftlichen Entwicklung, Köln 1991.

Grabner, W.-J. / Heinze, Ch. / Pollack, D. (Hgg.), Leipzig im Oktober. Kirchen und alternative Gruppen im Umbruch der DDR. Analysen zur Wende, Berlin (West) 1990.

Gradl, J.B., Anfang unter dem Sowjetstern, Köln 1981.

Gressel, H., Die Jahrestagung in Berlin 30. April bis 4. Mai 1958, in: Versöhnung und Friede. Zeitschrift des Deutschen Versöhnungsbundes 5 (Juli 1958), 21-23.

Grmic, V., Christentum und Sozialismus. Beiträge zu einer weltverantwortlichen Theologie unter besonderer Berücksichtigung der Situation in Slowenien, Klagenfurt 1988.

Grüber, H., Erinnerungen aus sieben Jahrzehnten, Köln-Berlin 1968.

Gysi, K., Gedanken für weitere Forschungen zur Kirchenpolitik der SED, in: Beiträge zur Theorie und Geschichte der Religion und des Atheismus, Heft 5 (1989), 37-41.

Habermas, J., Die nachholende Revolution, Frankfurt / M. 1990.

Hacker, J., Vom „deutschen Volk" zum „Volk der DDR", in: *Bundeszentrale für politische Bildung* (Hg.), Deutsche Verfassungsgeschichte 1849 – 1919 – 1949, Bonn o.J.

Hahn, R., Müntzer ein Sozialrevolutionär? Die SED und die Kirche vor dem 500. Geburtstag Thomas Müntzers, in: KiS 14 (1988), 141-145.

Ders., Ein sperriges Erbe. Kirche und Staat im Jahr des Müntzer-Jubiläums, in: KiS 15 (1989), 204-208.

Hallberg, B., Die Jugendweihe. Zur deutschen Jugendweihetradition, Göttingen ²1979.

Hamel, J., Christenheit unter marxistischer Herrschaft, Berlin (West) 1959.

Hammel, W., Die Ostpolitik Johannes Pauls II. Beziehungen zwischen Kurie und Ostblock, Bern 1984.

Hanisch, G. / Hänisch, G. / Magirius, Fr. / Richter, J. (Hgg.), Dona nobis pacem. Friedens- und Fürbittegebete Herbst '89 in Leipzig, Berlin (Ost) 1990.

Hannemann, B. / Francke, H., Kirchenmitglieder wollen schnelle Einheit. Ergebnisse einer Meinungsumfrage, in: Übergänge 1 (1990), 139-143.

Hartmann, M., Konkurrenz für die Kirche?, in: KiS 15 (1989), 4-6.

Ders., Ökumenische Versammlung, in: KiS 14 (1988), 27 f.

Ders., Kirchentage in Ost und West, in: KiS 15 (1989), 151-154.

Hauschild, W.-D., Konfessionelles Selbsbewußtsein und kirchliche Identitätsangst, in: *Jeziorowski* (Hg.), Kirche im Dialog. 40 Jahre Vereinigte Evangelische Kirche Deutschlands, Hannover 1988, 19-47.

Havemann, R., Fragen, Antworten, Fragen. Aus der Biographie eines deutschen Marxisten, München 1979.

Ders., Ein deutscher Kommunist. Rückblicke und Perspektiven aus der Isolation. Die Fragen an den Autor stellte Manfred Wilke. Mit einem Nachwort von Lucio Lombardo Radice, Reinbek bei Hamburg 1978.

Heber, M. / Lehmann, J. (Hgg.), Keine Gewalt! Der friedliche Weg zur Demokratie. Eine Chronik in Bildern, Berlin (Ost) 1990.

Heckel, M., Die Vereinigung der evangelischen Kirchen in Deutschland, Tübingen 1990.

Heidingsfeld, U.-P., Rücksichtnahme ist erforderlich. Zur Ausgangslage im kirchlichen Vereinigungsprozeß, in: Übergänge 1 (1990), 94-95.

Heidtmann, G. (Hg.), Hat die Kirche geschwiegen? Das öffentliche Wort der Evangelischen Kirche aus den Jahren 1945-1957, Berlin (West) ³1958.

Ders., Kirche im Kampf der Zeit, Berlin (West) ²1954.

Heise, J., Das Gespräch vom 6. März 1978 und seine Perspektiven, in: Beiträge zur Theorie und Geschichte der Religion und des Atheismus, Heft 5 (1989), 71-75.

Ders., Staatskampagne zur Spaltung der Kirche. Vor über 40 Jahren: DDR-Führung wollte evangelischen Bischofssitz verlegen, in: Berliner Zeitung Nr. 236 vom 10.10.1991.

Heitzer, H. (Hg.), DDR-Geschichte in der Übergangsperiode (1945-1961), Berlin (Ost) 1987.

Helbig, G., Zu einigen Fragen jüdischer Identität in der DDR, in: *Lux* (Hg.), „... und Friede auf Erden". FS Christoph Hinz, Berlin 1988, 35-50.

Henkys, R., Der Bund der evangelischen Kirchen in der DDR. Dokumente zu seiner Entstehung ausgewählt und kommentiert, Witten-Berlin (West) 1970.

Ders., Die DDR-Kirchen als ökumenische Partner, in: *ders.* (Hg.), Die evangelischen Kirchen in der DDR, 172-212.

Ders., Am Ende des Übergangs, in: Übergänge 1 (1990), 213 f.

Ders. (Hg.), Die evangelischen Kirchen in der DDR. Beiträge zu einer Bestandsaufnahme, München 1982.

Ders., Gemeinsames Wort der deutschen Protestanten, in: KiS 11 (1985), 45 f.

Ders., Gottes Volk im Sozialismus. Wie Christen in der DDR leben, Berlin (West) 1985.

Ders., Kirche – Staat – Gesellschaft, in: *ders.* (Hg.), Die evangelischen Kirchen in der DDR, 11-61.

Ders., Realutopie der Öffnung, in: KiS 13 (1987), 175f.

Ders., Tribunal ohne Urteil und Strafe. Unserer Nachkriegsgeschichte müssen sich alle Deutschen stellen, in: EK 24 (1991), 582-585.

Ders., Volkskirche im Übergang, in: *ders.* (Hg.), Die evangelischen Kirchen in der DDR, 437-462.

Ders., Weg zu einem neuen Miteinander. Probleme der angestrebten Kircheneinheit, in: KiS 16 (1990), 5-8.

Ders., Zwanzig Jahre Kirchenbund. Politische Lage zwang zur Trennung von der EKD, in: KiS 15 (1989), 91-94.

Henrich, R., Der vormundschaftliche Staat. Mit einem Gespräch zwischen Kurt Masur und Rolf Henrich, Leipzig-Weimar 1990.

Herbert, K., Kirche zwischen Aufbruch und Tradition. Entscheidungsjahre nach 1945, Stuttgart 1989.

Herder-Korrespondenz.

Hermanns, R., Auf der Suche nach Freiräumen. Über die Initiative „Kirchentag von unten", in: KiS 13 (1987), 144-146.

Herms, E., Schuld in der Geschichte. Zum „Historikerstreit", in: ZThK 85 (1988), 349-370.

Herrmann, M., Ein Stück „Glasnost" – um des Friedens willen. Olof-Palme-

Friedensmarsch mit ungewöhnlichen kirchlichen Akzenten, in: KiS 13 (1987), 181-184.

Herrnstadt, R., Das Herrnstadt-Dokument. Das Politbüro der SED und die Geschichte des 17. Juni 1953. Hg., eingel. und bearb. von Nadja Stulz-Herrnstadt, Reinbek bei Hamburg 1990.

Heyen, R., Jugend in der DDR, Auf dem Weg zur sozialistischen Leistungsgesellschaft, Bad Honnef-Darmstadt 1972.

Hickel, H., Sammlung und Sendung. Die Brüdergemeine gestern und heute, hg. auf Veranlassung der Direktion der Evangelischen Brüder-Unität in Herrnhut, Berlin (Ost) 1978.

Hier spricht Dibelius. Eine Dokumentation [Gesamtherstellung: Neues Deutschland], Berlin (Ost) o.J. [1960].

Hildebrandt, J. (Hg.), Bevollmächtigt zum Brückenbau. Heinrich Grüber – Judenfreund und Trümmerpropst. Erinnerungen, Predigten, Berichte, Briefe, Leipzig 1991.

Ders. / Thomas, G. (Hgg.), Unser Glaube mischt sich ein ... Evangelische Kirche in der DDR 1989. Berichte, Fragen, Verdeutlichungen, Berlin (Ost) 1990.

Hilferufe von drüben. Arbeitsgemeinschaft ehemaliger politischer Häftlinge in Deutschland, 1977 ff.

Hirsch, K., Deutschlandpläne. Dokumente und Materialien zur deutschen Frage. Mit einer Einleitung von Dr. Harry Pross, München 1967.

Hirsch, R., Die Initiative Frieden und Menschenrechte, in: *Kroh* (Hg.), „Freiheit", 210-233.

Ders. / Kopelew, L., grenzfall – Vollständiger Nachdruck aller in der DDR 1986-1987 erschienenen Ausgaben, Berlin (West) 1989.

Hodos, G.H., Schauprozesse, Berlin 1990.

Höllen, M., Heinrich Wienken, der „unpolitische" Kirchenpolitiker, Mainz 1981.

Honecker, E., Aus meinem Leben, Berlin (Ost) 1980.

Huber, W., Kirche und Öffentlichkeit, Stuttgart 1973.

Ders. / Tödt, I. (Hgg.), Ethik im Ernstfall. Dietrich Bonhoeffers Stellung zu den Juden und ihre Aktualität, München 1982.

Hüffmeier, W., Kirche als deutsch-deutsche Lerngemeinschaft. Die evangelische Kirche in Deutschland nach ihrer Wiedervereinigung – unerledigte Fragen, in: BThZ 8 (1991), 162-182.

Hüfner, S., Wandel und Beharren in den neuen Ländern. Impressionen von der Technischen Universität Dresden, in: FAZ Nr. 203 vom 2.9.1991, 7.

Hutten, K., Sekten und sonstige Sondergemeinschaften, in: KJ 76 (1949), 357-414.

idea (Informationsdienst der Evangelischen Allianz), Wetzlar.

Ihmels, F., An der Schwelle zu neuer Gemeinsamkeit, in: ZdZ 44 (1990), 295-298.

Israel, J. (Hg.), Zur Freiheit berufen. Die Kirche in der DDR als Schutzraum der Opposition 1981-1989, Berlin 1991.

Itzerott, B., Die Liberal-Demokratische Partei Deutschlands (LDPD), in: *Weber* (Hg.), Parteiensystem, 179-213.

Jacob, G., Der Christ in der sozialistischen Gesellschaft. Theologische Probleme und Folgerungen. Ein Sagorsker Vortrag, Stuttgart 1975.

Ders., Gericht und Gnade. Zum Weg der christlichen Gemeinden in unserem Jahrhundert, Berlin (Ost) 1986.

Ders., Kirche auf Wegen der Erneuerung. Gesammelte Aufsätze aus drei Jahrzehnten, Göttingen 1966.

Jänicke, J., Ich konnte dabei sein. Lebensweg des Johannes Jänicke (1900-1979), Berlin (West) 1984.

Janka, W., Spuren eines Lebens, Berlin 1991.

Janson, C.-H., Totengräber der DDR. Wie Günter Mittag den SED-Staat ruinierte, Düsseldorf-Wien-New York 1991.

Jaspers, K., Die Schuldfrage. Ein Beitrag zur deutschen Frage, Heidelberg 1946.

Johnson, H., China's New Creative Age, New York 1953.

Junge Kirche 1949 ff.

Die Kirche. Evangelische Wochenzeitung. Berliner Ausgabe, Berlin (Ost).

Kaiser, M., Die Beratungen zwischen Staat und Kirche 1958 – ein erster bedeutsamer Schritt auf dem Wege zur Verselbständigung der evangelischen Kirchen in der DDR, in: Beiträge zur Theorie und Geschichte der Religion und des Atheismus, Heft 5 (1989), 54-60.

Kalkbrenner, J., Urteil ohne Prozeß. Margot Honecker gegen Ossietzky-Schüler, Berlin 1990.

Kandler, K.-H., Die Kirchen und das Ende des Sozialismus. Betrachtungen eines Betroffenen, Asendorf 1991.

Keesing's Archiv der Gegenwart, 1948 ff. [fortgesetzt als: Archiv der Gegenwart].

Kellermann, K., Der 17. Juni 1953. Das Ereignis und die Probleme seiner zeitgeschichtlichen Einordnung und Wertung, in: Geschichte in Wissenschaft und Unterrricht 34 (1983), 373-387.

Kirche als Lerngemeinschaft. Dokumente aus der Arbeit des Bundes der Evangelischen Kirchen in der DDR, Berlin (Ost) 1988.

Kirche im Sozialismus. Zeitschrift zu Entwicklungen in der DDR 1 (1974) - 16 (1990).

Kirchenkanzlei der EKD (Hg.), Die Denkschriften der Evangelischen Kirche in Deutschland, Bde. 1 / 1 und 1 / 2, Gütersloh 1978.

Kirchhoff, W., Im Bündnis mit allen Kräften des Volkes, in: Einheit 41 (1986), 531-536.

Kirchliche Bruderschaft Sachsens (Hg.), 1945-1985. Befreite Kirche auf Um- und Abwegen, Dresden 1985.

Kirchliches Jahrbuch, Gütersloh 1949 ff.

Kirchner, H. (Hg.), Freikirchen und konfessionelle Minderheitskirchen. Ein Handbuch. Im Auftrag der Theologischen Studienabteilung beim Bund der Evangelischen Kirchen in der DDR, Berlin (Ost) 1987.

Klatt, G., Das Darmstädter Wort 1947, 1977 und 1987. Zur kirchen- und theologiegeschichtlichen Bedeutung, in: JK 48 (1987), 546-548.

Kleßmann, Chr. (Hg.), Ein Kirchentag der Kontraste. SED-Dokumente zum Leipziger Kirchentag 1954, in: KZG 4 (1991), 533-550.

Ders., Die doppelte Staatsgründung. Deutsche Geschichte 1945-1955, Göttingen ⁴1989.

Ders., Opposition und Dissidenz in der Geschichte der DDR, in: Aus Politik und Zeitgeschehen 5 (1991), 52-62.

Ders., Zwei Staaten, eine Nation. Deutsche Geschichte 1955-1970, Göttingen 1988.

Kliem, W., Kommunisten und Christen gemeinsam im Kampf um den Frieden, in: DZfPh 8-9 (1984), 767-775.

Klump, G., Das rote Kloster. Als Zögling in der Kaderschmiede des Stasi, München 1991.

Knabe, H. (Hg.), Aufbruch in eine andere DDR. Reformer und Oppositionelle zur Zukunft ihres Landes, Reinbek bei Hamburg 1989.

Ders., Politische Opposition in der DDR. Ursprünge, Programmatik, Perspektiven, in: Aus Politik und Zeitgeschichte B. 1-2 / 90, 21-32.

Knauft, W., Katholische Kirche in der DDR. Gemeinden in der Bewährung 1945-1980, Mainz ²1980.

Knopp, G. / Kuhn, E., Die deutsche Einheit. Traum und Wirklichkeit, Erlangen-Bonn-Wien 1990.

Koch, D., Heinemann und die Deutschlandfrage, München 1972.

Koch, H.-G., Neue Erde ohne Himmel. Atheismus und Christentum in der „DDR", Stuttgart 1963.

Ders., Staat und Kirche in der DDR. Zur Entwicklung ihrer Beziehungen von 1945-1974. Darstellung, Quellen, Übersichten, Stuttgart 1975.

Kocka, J., Revolution und Nation 1989. Zur historischen Einordnung der gegenwärtigen Ereignisse, in: Tel Aviver Jahrbuch für deutsche Geschichte 19 (1990), 479-500.

Köhler, G. (Hg.), Pontifex, nicht Partisan. Kirche und Staat in der DDR von 1949 bis 1958. Dokumente aus der Arbeit des Bevollmächtigten des Rates der EKD bei der Regierung der DDR, Stuttgart 1974.

Köhler, L. / Saner, H. (Hgg.), Hannah Arendt – Karl Jaspers. Briefwechsel 1926-1969, München-Zürich [2]1987.

Körner, Ch., 40 Jahre Ringen um Befreiung, in: Neue Stimme 4 (1985), 13-18.

Krenz, E., Wenn Mauern fallen. Die Friedliche Revolution: Vorgeschichte – Ablauf – Auswirkungen, Wien 1990.

Kretzschmar, K., Als die Stalinisten Advent und Weihnachten aus der Schule verbannen wollten, in: Sachsenspiegel vom 21.12. 1990, 17.

Krimm, H., Art. Hilfswerk der Ev. Kirche in Deutschland, in: RGG, Bd. 3, [3]1959, 323-326.

Krippendorf, E., Die Liberal-Demokratische Partei Deutschlands in der Sowjetischen Besatzungszone 1945 / 48. Entstehung – Struktur – Politik, Düsseldorf o.J. [1961].

Krötke, W., Die Kirche und die „friedliche Revolution" in der DDR, in: ZThK 87 (1990), 521-544.

Kroh, F. (Hg.), „Freiheit ist immer Freiheit ..." Die Andersdenkenden in der DDR, Frankfurt / M.-Berlin (West) 1989.

Ders., Havemanns Erben – 1953 bis 1988, in: *ders.*, „Freiheit", 10-58.

Krummacher, Fr.-W., Ruf zur Entscheidung. Predigten, Ansprachen, Aufsätze 1944-1945. Dokumente aus dem Arbeitskreis für biblische Fragen beim Nationalkomitee „Freies Deutschland", Berlin (Ost) 1965.

Krusche, G., Das prophetische Wächteramt. Die zukünftige Rolle der Kirche, in: *Knabe* (Hg.), Aufbruch in eine andere DDR, 98-106.

Ders., Die evangelische Kirche nach der „Wende", in: Ökumenische Rundschau 42 (1991), 165-168.

Krusche, W., Schuld und Vergebung – der Grund christlichen Friedenshandelns, in: *Greschat* (Hg.), Im Zeichen der Schuld, 40 Jahre Stuttgarter Schuldbekenntnis. Eine Dokumentation, Neukirchen-Vluyn 1985, 87-114.

Kühne, M. Die Protokolle der Ostkirchenkonferenz von 1945-1950, Diss. ev. theol. Naumburg 1991.

Kuhrt, E., Wider die Militarisierung der Gesellschaft: Friedensbewegung und Kirche in der DDR, Melle 1984.

Ders. / Löwis, H. v., Griff nach der deutschen Geschichte. Erbeaneignung und Traditionspflege in der DDR, Paderborn-München-Wien-Zürich 1988.

Kukutz, I. / Havemann, K., „Geschützte Quelle". Gespräch mit Monika H. alias Karlin Lenz, Berlin 1990.

Kunze, R., Deckname „Lyrik". Eine Dokumentation, Frankfurt / M. 1990.

Kupisch, K. (Hg.), Karl Barth, „Der Götze wackelt". Zeitkritische Aufsätze, Reden und Briefe von 1930 bis 1960, Berlin 1960.

Der Kurier [Zeitung] 1957.

Lang, J. v., Erich Mielke. Eine deutsche Karriere, Berlin 1991.

Langmaack, G., Evangelischer Kirchenbau im 19. und 20. Jahrhundert. Geschichte – Dokumentation – Synopse, Kassel 1971.

Lapp, P.J., Die „befreundeten Parteien" der SED. DDR-Blockparteien heute, Köln 1988.

Lau, K. / Lau, K. (Hgg.), Deutschland auf dem Weg zur Einheit. Dokumente zur Wiedervereinigung Deutschlands, Braunschweig 1990.

Laufer, J., Das Ministerium für Staatssicherheit und die Wahlfälschungen bei den ersten Wahlen in der DDR, in: Aus Politik und Zeitgeschichte B. 5 / 91, 17-30.

Lehrbuch des Kirchenrechts auf Grund des Codex Juris Canonici, begr. v. E. Erdmann, neu bearb. u. hg. v. K. Mörsdorf, Bd. 1: Einleitung, Allgemeiner Teil und Personenrecht, München-Paderborn-Wien [10]1959, Bd. 2: Sachenrecht, München-Paderborn-Wien [11]1967.

Lehmann, H.G., Chronik der DDR 1945 / 49 bis heute, München 1989.
Leich, W., Der geistliche Auftrag der Kirche Jesu Christi und seine politischen
    Auswirkungen. Gedanken über die friedliche Revolution in der DDR, in:
    Theologische Beiträge 21 (1990), 301-306.
Leif, Th., Die Friedensbewegung zu Beginn der achtziger Jahre. Themen und
    Strategien, in: Aus Politik und Zeitgeschichte B. 26 / 89, 28-40.
Leipziger Bürgerkomitee zur Auflösung des MfS / AfNS (Hg.), Stasi intern.
    Macht und Banalität, Leipzig 1991.
Lent, I., Kirchentage in der DDR im Lutherjahr 1983, in: KJ 110 (1983), 179-
    193.
Leonhard, W., Das kurze Leben der DDR. Berichte und Kommentare aus vier
    Jahrzehnten, Stuttgart 1990.
Ders., Die Revolution entläßt ihre Kinder, München [7]1984.
Lewek, Chr., Gespräch mit Klaus Gysi, in: KZG 3 (1990), 440-468.
Dies. / Stolpe, M. / Garstecki, J. (Hgg.), Menschenrechte in christlicher Verant-
    wortung, Berlin (Ost) 1980.
Liebsch, H., Dresdener Stundenbuch. Protokoll einer Beteiligten im Herbst
    1989, Wuppertal 1991.
Lieser-Triebnigg, E., Recht in der DDR. Einführung und Dokumentation,
    Köln 1985.
Lindemann, W., Antwort auf ein elementares Verlangen. Zur Kontroverse um
    den Loccumer Vereinigungsbeschluß, in: LuMo 29 (1990), 97-99.
Linke, D., Niemand kann zwei Herren dienen. Als Pfarrer in der DDR, Ham-
    burg 1988.
Löser, F., Die unglaubwürdige Gesellschaft. Quo vadis, DDR?, Köln 1984.
Loest, E., Durch die Erde ein Riß. Ein Lebenslauf, München [2]1991.
Ders., Die Stasi war mein Eckermann, oder: Mein Leben mit der Wanze, Göt-
    tingen 1991.
Löwe, H., Einheit oder besondere Gemeinschaft? Auf dem Weg zu einer neu-
    en evangelischen Kirche, in: EK 23 (1990), 268-270.
Loth, W., Ost-West-Konflikt und deutsche Frage. Historische Ortsbestimmun-
    gen, München 1989.
Lotz, G., Moritz Mitzenheim, Berlin (Ost) [2]1969.
Luchterhandt, O., Die Gegenwartslage der evangelischen Kirche in der DDR,
    Tübingen 1982.
Ders., Der verstaatlichte Mensch. Die Grundpflichten des Bürgers in der
    DDR, Köln 1985.
Lutherische Monatshefte, Hannover, 1961 ff.
Maaz, H.-J., Der Gefühlsstau. Ein Psychogramm der DDR, Berlin (West)
    1990.
Mackenbach, W. (Hg.), Das KOR und der „polnische Sommer". Analysen,
    Dokumente, Artikel und Interviews 1976-1981, Hamburg 1982.
Mader, J., Hitlers Spionagegenerale sagen aus, Berlin (Ost) [7]1976.
Magirius, Fr., „Selig sind, die Frieden stiften ..." Friedensgebete in St. Nikolai
    zu Leipzig, in: *Hildebrandt / Thomas* (Hgg.), Unser Glaube mischt sich
    ein, 92-99.
Mampel, S., Die Verfassung der Sowjetischen Besatzungszone Deutschlands.
    Text und Kommentar, Frankfurt / M.-Berlin (West) 1962.
Martin-Luther-Ehrung 1983. Bewahrung und Pflege des progressiven Erbes in
    der Deutschen Demokratischen Republik. Arbeitstag am 29.10.1982, hg.
    vom Organisationskomitee des Martin-Luther-Komitees der DDR, Ber-
    lin-Weimar 1982.
Martin Luther und unsere Zeit. Konstituierung des Martin-Luther-Komitees
    der DDR am 13. Juni 1980 in Berlin, Berlin (Ost) 1980.
Maser, P., Glauben im Sozialismus. Kirchen und Religionsgemeinschaften in
    der DDR, Berlin (West) 1989.
Materialsammlung der Theologischen Studienabteilung des BEK, Leben und
    Bleiben in der DDR, Berlin (Ost) 1985.
Matthies, H. (Hg.), Zwischen Anpassung und Widerstand. Interviews mit Bi-

schöfen und Kommentare zur Situation der evangelischen Kirchen in der DDR, Wiesbaden 1980.

Mechtenberg, Th., Die Friedensverantwortung der evangelischen Kirchen in der DDR, in: *Henkys* (Hg.), Die evangelischen Kirchen in der DDR, 355-399.

Ders., Die Lage der Kirchen in der DDR, München 1985.

Ders., Öffnung für gesellschaftliche Fragen. Zum Hirtenbrief der Berliner Bischofskonferenz, in: KiS 14 (1988), 229-232.

Meckel, U., Die Wahl ist kurz, die Reu ist lang. Notizen zur DDR-Volkskammerwahl am 18. März, in: LuMo 29 (1990), 198-201.

Meier, K., Volkskirchlicher Neuaufbau in der sowjetischen Besatzungszone, in: *Conzemius u.a.* (Hgg.), Die Zeit nach 1945 als Thema kirchlicher Zeitgeschichte. Referate der internationalen Tagung in Hünigen / Bern (Schweiz) 1985, Göttingen 1988, 213-234.

Meinecke, W., Die Kirche in der volksdemokratischen Ordnung der Deutschen Demokratischen Republik, Berlin (Ost) 1962.

Meinel, R. / Wernicke, Th. (Hgg.), Mit tschekistischem Gruß. Berichte der Bezirksverwaltung für Staatssicherheit Potsdam 1989, Potsdam 1990.

Mendt, D., Im Dilemma von Gerechtigkeit, Diskriminierung, Schuld und Vertuschung. Zum Umgang mit der Stasi-Problematik in den Kirchen, in: Die Kirche Nr. 39 vom 29.9.1991.

Menge, M., „Ohne uns läuft nichts mehr". Die Revolution in der DDR, Stuttgart 1990.

Merz, K.-U., Kalter Krieg als antikommunistischer Widerstand. Die Kampftruppe gegen Unmenschlichkeit 1949-1959, München 1987.

Meyer, G. / Schröder, J. (Hgg.), DDR heute. Wandlungstendenzen und Widersprüche einer sozialistischen Industriegesellschaft, Tübingen 1988.

Micewski, A., Kirche, „Solidarnosc" und Kriegszustand in Polen, Mainz-München 1988.

Mielke, E., „Kompromißloser Kampf gegen die Feinde des Friedens und des Sozialismus". Zum 20. Jahrestag des Ministeriums für Staatssicherheit, in: Neues Deutschland vom 8.2.1970.

Mittag, G., Um jeden Preis. Im Spannungsfeld zweier Systeme, Berlin-Weimar 1991.

Mitteilungsblatt des Bundes der Evangelischen Kirchen in der DDR, Berlin (Ost).

Mitter A. / Wolle, St. (Hgg.), Ich liebe euch doch alle! Befehle und Lageberichte des MfS Januar - November 1989, Berlin 1990.

Mitzenheim, M., Politische Diakonie. Reden - Erklärungen - Aufsätze 1946-1966, Berlin (Ost) ²1967.

Modrow, H., Aufbruch und Ende, Hamburg 1991.

Morgenpost, Berlin.

Mühler, K. / Wilsdorf, St.H., Meinungstrends in der Leipziger Montagsdemonstration: Nachbetrachtungen zu einer basisdemokratischen Institution, in: *Grabner / Heinze / Pollack* (Hgg.), Leipzig im Oktober, 159-175.

Müller, G., Friedensdekade 1984, in: KiS 10 (1984), 8.

Müller, K., Staatsgrenzen und evangelische Kirchengrenzen. Gesamtdeutsche Staatseinheit und evangelische Kircheneinheit nach deutschem Recht, Tübingen 1988.

Müller, M., Protestanten. Begegnung mit Zeitgenossen, Halle-Leipzig 1990.

Müller-Enbergs, H., Die Opfer waren die Täter. Walter Ulbricht und die sonderbare Rolle der sogenannten SED-Opposition in den fünfziger Jahren, in: Die ZEIT Nr. 49 vom 30.11.1990, 45 f.

Ders., Der Fall Rudolf Herrnstadt. Tauwetterpolitik vor dem 17. Juni, Berlin 1991.

Müller-Streisand, R. / Müller, H., Stuttgart 1945 und 1975, in: Standpunkt, 1975, 225-228.

Neef, H., Die Nationale Front des demokratischen Deutschland, Berlin (Ost) 1962.

Neubert, E., Die Ekklesiologie des Erich Mielke. Stasi-Dokumente und kirchliche Vergangenheitsbewältigung, in: Übergänge 1, (1990), 70-75.
Ders., Protestantische Aufklärung. Die Bedeutung der informellen Gruppen für die Umgestaltung, in: Übergänge 1 (1990), 144-147.
Ders., Komm, Du Geist der Wahrheit, in: ZdZ 45 (1991), 130-132.
Ders., Recht, Verantwortung und Versöhnung. Zum Stasiproblem der Kirchen, in: Die Kirche vom 25.8.1991, 3; 1.9.1991, 3; 8.9.1991, 3.
Ders. / Garstecki, J., Staat und Freidenker getrennt? Sorgen angesichts der bevorstehenden Verbandsgründung, in: KiS 15 (1989), 49-51.
Die Neue Verfassung der DDR. Mit einem einleitenden Kommentar von D. Müller-Römer, Köln 1974.
Neue Zeit, Berlin (Ost).
Neues Forum Leipzig (Hg.), Jetzt oder nie – Demokratie. Leipziger Herbst '89, Leipzig 1990.
Neues Deutschland, Berliner Ausgabe.
Neumärker, D., Josef L. Hromadka. Theologie und Politik im Kontext des Zeitgeschehens, München-Mainz 1974.
Neumann, Th., Die Maßnahme. Eine Herrschaftsgeschichte der SED, Reinbek bei Hamburg 1991.
Nitsche, H., Zwischen Kreuz und Sowjetstern. Zeugnisse des Kirchenkampfes in der DDR (1945-1981), Aschaffenburg 1983.
N.N., Keine billige Gnade! Staatssicherheitsstrukturen in der Thüringer Kirche, in: telegraph (Berlin) vom 25.7.1991, 9-15.
Noack, A., Die evangelischen Studentengemeinden in der DDR. Ihr Weg in Kirche und Gesellschaft 1945-1985, Merseburg 1984 (hektographiert).
Nowak, K., Christentum in politischer Verantwortung. Zum Protestantismus in der sowjetischen Besatzungszone (1945-1949), in: *J.-Chr. Kaiser / A. Doering-Manteuffel* (Hgg.), Christentum und politische Verantwortung. Kirchen im Nachkriegsdeutschland, Stuttgart-Berlin-Köln 1990, 42-62.
Ders., Die evangelische Kirche im politischen Umbruch der DDR 1989 / 90. Ein Beitrag zum Problem protestantischer Identität, in: Theologische Zeitschrift 47 (1991), 171-182.
Onnasch, M., Konflikte und Kompromiß. Die Haltung der evangelischen Kirchen zu den gesellschaftlichen Veränderungen in der DDR am Anfang der fünfziger Jahre, in: KZG 3 (1990), 152-165.
Ders., Die Situation der Kirchen in der sowjetischen Besatzungszone 1945-1949, in: KZG 2 (1989), 210-220.
Opp, K.-D., DDR '89. Zu den Ursachen einer spontanen Revolution, in: Kölner Zeitschrift für Soziologie und Sozialpsychologie 43 (1991), 302-321.
Ordnung, C., Verantwortung für Frieden und Wohlfahrt der Völker. Die Aktualität des Darmstädter Wortes von 1947, Berlin (Ost) 1987.
Pape, G., Ich war Zeuge Jehovas, Berlin (Ost) 1961.
Pirson, D., Art. Öffentlichkeitsanspruch der Kirche, in: EStL Bd. 2, 3., neubearb. Aufl. 1987, 2278-2284.
Planer-Friedrich, G., Worum geht es den Freidenkern? Hoffnungen und Beruhigungen vor der geplanten Gründung, in: KiS 15 (1989), 45-48.
Plato, A. v., Eine zweite „Entnazifizierung"? Zur Verarbeitung politischer Umwälzungen in Deutschland 1945 und 1989, in: GMH 7 (1991), 415-428.
Pollack, D., Das Ende einer Organisationsgesellschaft. Systemtheoretische Überlegungen zum Umbruch in der DDR, in: Zeitschrift für Soziologie 19 (1990), 292-307.
Ders., Die Legitimität der Freiheit. Politisch alternative Gruppen in der DDR unter dem Dach der Kirche, Frankfurt / M. 1990.
Ders., Selbstverlust durch Engagement. Das Gift wirkt weiter: Später Triumph der Stasi, in: LuMo 5 (1991), 213-215.
Prolingheuer, H., Die Begegnung Evangelischer Theologie mit dem Historisch-Dialektischen Materialismus – Irrweg? Holzweg? Wegerkundung?, in: Weißenseer Blätter 2 / 91, 3-14.

Ders., Kirchenwende oder Wendekirche? Die EKD nach dem 3. November 1989 und ihre Vergangenheit, Bonn 1991.

Przybylski, P., Tatort Politbüro. Die Akte Honecker, Berlin 1991.

Rabe, K.K., Umkehr in die Zukunft. Die Arbeit der Aktion Sühnezeichen / Friedensdienste, Bernheim-Merten 1983.

Rad, G. v., Gottes Wirken in Israel. Vorträge zum Alten Testament, hg. v. O.H. Steck, Neukirchen-Vluyn 1974.

Randelshofer, A., Versammlungs-, Vereinigungs- und Koalitionsfreiheit, in: *Brunner* (Hg.), Menschenrechte in der DDR, Baden-Baden 1989, 73-98.

Rappoport, J., Erinnerungen an den „Ärztefall", in: Sputnik. Sonderheft 1988 / 89, 160-167.

Redaktion Das Andere Blatt (Hg.), „Keine Überraschung zulassen". Berichte und Praktiken der Staatssicherheit in Halle bis Ende November 1989, Halle / S. ²1991.

Rein, G. (Hg.), Deutsches Gespräch. Dialoge und Reden vom Kirchentag in Düsseldorf, Berlin (West) 1985.

Ders. (Hg.), Die Opposition in der DDR. Entwürfe für einen anderen Sozialismus, Berlin (West) 1990.

Ders., Die protestantische Revolution 1987-1990. Ein deutsches Lesebuch, Berlin (West) 1990.

Reitinger, H., Die Rolle der Kirche im politischen Prozeß der DDR 1970-1990, München 1991.

Rendtorff, T., Revolution der kleinen Leute. Politik und Kirche in der DDR, in: EK 22 (1990), 22-25.

Richter, M., Die Ost-CDU 1948-1952. Zwischen Widerstand und Gleichschaltung, Düsseldorf 1991.

Riecker, A. / Schwarz, A. / Schneider, D. (Hgg.), Stasi intim. Gespräche mit ehemaligen MfS-Angehörigen, Leipzig 1990.

Riese, H.-P. (Hg.), Bürgerinitiative für die Menschenrechte. Die tschechoslowakische Opposition zwischen dem „Prager Frühling" und der „Charta '77". Vorwort: Heinrich Böll. Nachwort: Arthur Miller, Köln-Frankfurt / M. 1987.

Riesenberger, D., Geschichte und Geschichtsunterricht in der DDR. Aspekte und Tendenzen, Göttingen 1973.

Rinke, A., Zu Gast in Hannover: Der DDR-Pastor, in: Hannoversche Allgemeine Zeitung, 14.12.1989.

Röder, H.-J., Glasnost in Sachen Kernenergie, in: KiS 15 (1989), 71.

Ders., Hoffnungszeichen für eine mündige Gesellschaft, in: KiS 13 (1987), 176-178.

Ders., Kirche im Sozialismus. Zum Selbstverständnis der Evangelischen Kirchen in der DDR, in: *Henkys* (Hg.), Die evangelischen Kirchen in der DDR, 62-85.

Roer, I., Die Christliche Friedenskonferenz. Ein Ort ökumenischer Friedensarbeit, Prag 1974.

Rogge, J., Luther heute, Duisburg 1983.

Roos, P. (Hg.), Exil. Die Ausbürgerung Wolf Biermanns aus der DDR. Eine Dokumentation. Mit einem Vorwort von Günter Wallraff, Köln 1977.

Rosenthal, R., Bilanz des Dialogs. Wie gehen Kirche und Gruppen mit dem SED / SPD-Dokument um?, in: KiS 15 (1989), 101-104.

Ruys, Bé (Hg.), Stimmen aus der Kirche in der DDR, Zürich 1967.

Saß, V. v. / Suchodoletz, H., „feindlich-negativ". Zur politischen Arbeit einer Stasi-Zentrale, Berlin (Ost) 1990.

Sauter, G., Bekannte Schuld, in: EvTh 50 (1990), 498-511.

Ders., Verhängnis der Theologie? Schuldwahrnehmung und Geschichtsanschauungen im deutschen Protestantismus unseres Jahrhunderts, in: KZG 4 (1991), 475-492.

Schabowski, G., Der Absturz, Berlin 1991.

Ders., Das Politbüro. Ende eines Mythos. Eine Befragung, hg. von F. Sieren und L. Kochne, Reinbek bei Hamburg 1990.

Schack, A. v., Der geistige Kampf in der Koexistenz, in: Außenpolitik 13 (1962), 765-775.

Scharffenorth, E.-A., Die Kirche vor der Bekenntnisfrage – Bonhoeffers Aufruf zur Solidarität mit den Juden, in: *Huber/Tödt* (Hgg.), Ethik im Ernstfall, 184-234.

Schell, M. / Kalinka, W., Stasi und kein Ende. Die Personen und Fakten, Frankfurt / M., – Berlin 1991.

Schilling, F. / Stengel, F., Die theologischen Sektionen im „real-existierenden" Sozialismus der DDR, in: KZG 5 (1992), Heft 1.

Schloz, R., Von der Angst, überrollt zu werden. Die Einheit der evangelischen Kirche – ein Problem?, in: LuMo 29 (1990), 418-424.

Schmutzler, S., Gegen den Strom. Erlebtes aus Leipzig unter Hitler und der Stasi, Göttingen 1992.

Schneider, W. (Hg.), Leipziger Demontagebuch, Leipzig 1990.

Schönherr, Albrecht, Abenteuer der Nachfolge. Reden und Aufsätze 1978-1988, Berlin (West) 1988.

Ders., Die Entstehung der Evangelischen Kirche in der DDR, in: Jahrbuch für Berlin-Brandenburgische Kirchengeschichte 58 (1991), 315-326.

Ders., Horizont und Mitte. Aufsätze, Vorträge, Reden 1953-1977, München 1979.

Ders., Zum Weg der evangelischen Kirchen in der DDR, Berlin (Ost) 1986.

Ders., Wegsuche im sozialistischen Gesellschaftssystem der DDR, in: Kirche als Lerngemeinschaft, Berlin (Ost) 1981.

Schönherr, Annemarie, Komm, heilender Geist ... Was ist eigentlich mit uns passiert? Über die zunehmende Entfremdung in der Vereinigung, in: Die ZEIT Nr. 24 vom 7.6.1991, 79.

Scholder, K., Die Kirchen und das Dritte Reich. Bd. 1: Vorgeschichte und Zeit der Illusionen, Frankfurt / M.-Berlin (West) 1986.

Schollwer, W., Potsdamer Tagebuch 1948-1950. Liberale Politik unter sowjetischer Besatzung, München 1988.

Schorlemmer, F., Träume und Alpträume. Einmischungen 1982-90, Berlin 1990.

Schröder, R., Denken im Zwielicht. Vorträge und Aufsätze aus der Alten DDR, Tübingen 1990.

Schüddekopf, Ch. (Hg.), „Wir sind das Volk!" Flugschriften, Aufrufe und Texte einer deutschen Revolution, Reinbek bei Hamburg 1990.

Schult, R., Offen für alle – das „Neue Forum", in: *Knabe* (Hg.), Aufbruch in eine andere DDR, 163-170.

Schulze, R. (Hg.), Nach der Wende. Wandlungen in Kirche und Gesellschaft. Texte aus der Theologischen Studienabteilung beim Bund der Evangelischen Kirchen in der DDR, Berlin (West) 1990.

Schumann, F., 100 Tage, die die DDR erschütterten, Berlin (Ost) 1990.

Schwarz, H.-P., Adenauer. Der Staatsmann: 1952-1967, Stuttgart 1991.

Schweitzer, W., Kircheneinigung als Lernprozeß der EKD? Was wird aus den „Erfahrungen" der DDR-Kirche?, in: Übergänge 1 (1990), 188-191.

Seidel, J.J., Christen in der DDR. Zur Lage der evangelischen Kirche, Bern o. J. [1986].

Ders., „Neubeginn" in der Kirche? Die evangelischen Landes- und Provinzialkirchen in der SBZ / DDR im gesellschaftspolitischen Kontext der Nachkriegszeit (1945-1953), Göttingen 1989.

Seiffert, W. / Treutwein, N., Die Schalck-Papiere. DDR-Mafia zwischen Ost und West. Die Beweise, München 1991.

Sekretariat des Bundes der Evangelischen Kirchen in der DDR (Hg.), Bleibender Auftrag unter neuen Herausforderungen. Überlegungen zum Weg unserer Kirche in das vereinigte Deutschland, Berlin (Ost) 1990.

Sekretariat des Hauptvorstandes der CDU [Ost] (Hg.), Christliche Existenz im sozialistischen Staat. Zeugnisse zu Weg und Wirken von Christen in der DDR, Berlin (Ost) 1987.

Sélitrenny, R. / Weichert, Th., Das unheimliche Erbe. Die Spionageabteilung der Stasi, Leipzig 1991.
Sievernich, M. SJ., Die neue Schuldfrage. Reflexionen anläßlich des Umbruchs in der DDR, in: Stimmen der Zeit, 1990, 676-686.
Sievers, H.-J., Stundenbuch einer deutschen Revolution. Die Leipziger Kirchen im Oktober 1989, Zollikon-Göttingen ²1991.
Sikkema, R., „De ware schuldigen zitten niet in de archieven". KGB en Stasi op Genèvés Heilige Berg, in: Kerk 3. Jg. Nr. 2 (Februar 1992), 4-9.
Skilling, H.G., Charter 77 and Human Rights in Czechoslovakia, London 1981.
Solberg, R., Kirche in der Anfechtung. Der Konflikt zwischen Staat und Kirche in Mitteldeutschland seit 1945, Berlin-Hamburg 1962.
Sowjetunion 1986/87. Ereignisse, Probleme, Perspektiven, hg. vom Bundesinstitut für ostwissenschaftliche und internationale Studien, München-Wien 1987
Der SPIEGEL, Hamburg.
Spittmann, I. (Hg.), Die SED in Geschichte und Gegenwart, Köln 1987.
Dies. / Helwig, G. (Hgg.), DDR-Lesebuch. Von der SBZ zur DDR 1945-1949, Köln 1989.
Dies. / Fricke, K.W. (Hgg.), 17. Juni 1953. Arbeiteraufstand in der DDR, Köln 1982.
Staatslexikon der Görres-Gesellschaft, 5 Bde, Freiburg-Basel-Wien ⁷1985-1989.
Standpunkt. Evangelische Monatsschrift, Berlin (Ost).
Stappenbeck, Chr., „Tarnorganisation für Kriegshetze und Spionage", in: Utopie kreativ, Heft 1 (September 1990), 66-68.
Staritz, D. (Hg.), Abweichler, Verräter, Staatsfeinde. Opposition in der DDR 1945-1990, München 1991.
Ders., Geschichte der DDR 1949-1985, Frankfurt / M. 1985.
Stasi intern ..., s.o. *Leipziger Bürgerkomitee* ... (Hg.).
„Der Stern", Hamburg.
St. Hedwigsblatt. Katholisches Kirchenblatt im Bistum Berlin. Sonntagsblatt für die katholische Bevölkerung des Bistums Berlin, Leipzig.
Stehle, H., Die Ostpolitik des Vatikan 1917-1975, München 1975.
Stojanov, Chr., „Das Immunsystem" des „real existierenden Sozialismus", in: Aus Politik und Zeitgeschichte B. 19, 36-46.
Stolpe, M., „Kirche im Sozialismus" – Anmerkungen zu Zeugnis und Dienst Evangelischer Kirche in der Deutschen Demokratischen Republik, in: Kirche im Übergang. Festschrift für Nikolaus Becker zum sechzigsten Geburtstag, hg. im Auftrag der Leitung der Evangelischen Kirche im Rheinland von Oberkirchenrat Erhard Krause, Düsseldorf und Landeskirchenrat Dietrich Dehnen, Duisburg, Neuwied-Frankfurt / M. 1989, 115-125.
Ders., Den Menschen Hoffnung geben. Reden, Aufsätze, Interviews aus zwölf Jahren, Berlin 1991.
Ders., Die Zukunft der Deutschen in Europa, in: KZG 3 (1990), 328-335.
Strafgesetzbuch der Deutschen Demokratischen Republik – StGB – und angrenzende Gesetze und Bestimmungen. Textausgabe mit Anmerkungen und Sachregister, hg. v. Ministerium der Justiz, Berlin (Ost) 1969.
Strafrecht der Deutschen Demokratischen Republik. Kommentar zum Strafgesetzbuch, hg. vom Ministerium der Justiz, Akademie für Staats- und Rechtswissenschaft der DDR, Berlin (Ost) ⁴1984.
Der Streit der Ideologien und die gemeinsame Sicherheit. Gemeinsame Erklärung der Grundwertekommission der SPD und der Akademie für Gesellschaftswissenschaften beim ZK der SED vom 27. August 1967, in: Kultur des Streites. Die Gemeinsame Erklärung von SPD und SED. Stellungnahmen und Dokumente, Köln 1988, 8-21.
Stupperich, R., Otto Dibelius. Ein evangelischer Bischof im Umbruch der Zeiten, Göttingen 1989.
Suckut, S., Blockpolitik in der SBZ / DDR 1945-1949, Köln 1986.
Ders., Zum Wandel von Rolle und Funktion der Christlich-Demokratischen

Union Deutschlands (CDUD) im Parteiensystem der SBZ / DDR (1945-1952), in: *Weber* (Hg.), Parteiensystem, 117-178.

Süssmuth, H. (Hg.), Das Luther-Erbe in Deutschland. Vermittlung zwischen Wissenschaft und Öffentlichkeit, Düsseldorf 1985.

Swoboda, J. (Hg.), Die Revolution der Kerzen – Christen in den Umwälzungen der DDR, Wuppertal 1990.

Tetzner, R., Leipziger Ring. Aufzeichnungen eines Montagsdemonstranten, Oktober 1989 bis 1. Mai 1990, Frankfurt / M. 1990.

Thadden, R. v., Luther und die DDR, in: *G. Besier u.a.* (Hgg.), Martin Luther. Theologisch-Pädagogische Entwürfe, Göttingen 1984, 86-93.

Theologische Studienabteilung beim BEK in der DDR, Referat Weltanschauungsfragen (Hg.), Zum Gebrauch des Begriffes „Kirche im Sozialismus" (Informationen und Texte Nr. 15), Berlin 1988.

Thomas, G., Friedensdekade 1984, in: KiS 10 (1984), 7 f.

Timm, S., Ein Schritt zur Weltversammlung. Über die ökumenische Versammlung in Dresden, in: KiS 14 (1988), 55-58.

Tjulpanow, S., Deutschland nach dem Kriege (1945-1949). Erinnerungen eines Offiziers der Sowjetarmee, Berlin (Ost) 1986.

Tödt, H.E., Judendiskriminierung 1933 – der Ernstfall für Bonhoeffers Ethik, in: *Huber/Tödt* (Hgg.), Ethik im Ernstfall, 139-183.

Ulbricht, W., Zur Geschichte der deutschen Arbeiterbewegung, Bd. 4: 1950-1954, Berlin (Ost) 1958.

Ullrich, L., Diaspora konkret. Theologische Aspekte im Blick auf die heutige Situation der Kirche in der DDR, in: Universität Passau. Nachrichten und Berichte. Sonderheft Nr. 8 (Januar 1991), 53-72.

Unabhängiger Untersuchungsausschuß Rostock (Hg.), Arbeitsberichte über die Auflösung der Rostocker Bezirksverwaltung des Ministeriums für Staatssicherheit, Rostock 1990.

Unser Staat. DDR-Zeittafel 1949-1983, hg. v. der Akademie für Staats- und Rechtswissenschaft der DDR, Berlin (Ost) 1984.

Unser Staat. DDR-Zeittafel 1949-1983, hg. v. der Akademie für Staats- und Rechtswissenschaft der DDR, Berlin (Ost) 1989.

Unsere Kirche. Evangelisches Sonntagsblatt für Westfalen und Lippe 46 (1990), passim.

Urban, D. / Weinzen, H.W., Jugend ohne Bekenntnis? 30 Jahre Konfirmation und Jugendweihe im anderen Deutschland 1954-1984, Berlin (West) 1984.

Uschner, M., Die Ostpolitik der SPD. Sieg und Niederlage einer Strategie, Berlin 1991.

Verhandlungen der Berlin-Brandenburgischen Provinzialsynode. Tagung vom 5. - 8. Februar 1951 im Gemeindehaus der Christus-Kirchengemeinde in Berlin-Oberschöneweide, hg. v. Büro der Provinzialsynode Berlin-Brandenburg, Berlin-Charlottenburg, Goethestr. 87, Berlin (West) 1951.

Verhandlungen der Berlin-Brandenburgischen Provinzialsynode. 2. Tagung der dritten Synode vom 7. - 10. Mai 1957 im Kirchsaal von St. Georgen in Berlin C 2 und im Evangelischen Johannesstift in Berlin-Spandau, hg. v. Büro der Provinzialsynode Berlin-Brandenburg, Berlin 1957.

Verner, P., Christen und Marxisten in gemeinsamer Verantwortung, Berlin (Ost) 1971.

Villain, J., Die Revolution verstößt ihre Väter. Aussagen und Gespräche zum Untergang der DDR, Bern 1990.

Visser't Hooft, W.A. (Hg.), Neu-Delhi. Dokumentarbericht über die Dritte Vollversammlung des Ökumenischen Rates der Kirchen, Stuttgart ²1962.

Ders., Ursprung und Entstehung des ÖRK. Mit Dokumenten, Register und historischen Fotos, Frankfurt / M. 1983.

Vogel, J., Kirche und Wiederbewaffnung. Die Haltung der Evangelischen Kirche in Deutschland in den Auseinandersetzungen um die Wiederbewaffnung der Bundesrepublik 1949-1956, Göttingen 1978.

Vogt, L., Die Freie Deutsche Jugend, in: *Weber* (Hg.), Parteiensystem, 387-420.

Volze, A., Kirchliche Transferleistungen in die DDR, in: Deutschland Archiv 24 (1991), 55-66.

Waterkamp, D., Handbuch zum Bildungswesen der DDR, Berlin 1987.

Wawrzyn, L., Der Blaue. Das Spitzelsystem der DDR, Berlin 1990.

Weber, G., Zur Vorgeschichte und Entwicklung des Demokratischen Frauenbundes von 1945 bis 1950, in: *Weber* (Hg.), Parteiensystem, 421-462.

Weber, H., Aufbau und Fall einer Diktatur. Kritische Beiträge zur Geschichte der DDR, Köln 1991.

Ders., Die DDR 1945-1986, München 1988.

Ders. (Hg.), Parteiensystem zwischen Demokratie und Volksdemokratie. Dokumente und Materialien zum Funktionswandel der Parteien und Massenorganisationen in der SBZ / DDR 1945-1950, Köln 1982.

Weiß, J., Wer hat Angst vor der EKD? Zur bevorstehenden Neuvereinigung der deutschen Landeskirchen, in: Übergänge 1 (1990), 181-186.

Weißenseer Blätter. Hg. im Auftrag des Weißenseer Arbeitskreises, Berlin (Ost).

Die Welt, Hamburg.

Wensierski, P., Evangelische Jugendarbeit in der DDR, in: *Henkys*, Die evangelischen Kirchen in der DDR, 243-283.

Ders., Das Grüne Netzwerk „arche". Dachverband kirchlicher Umweltgruppen, in: KiS 15 (1989), 17-19.

Ders., Thesen zur Rolle der Kirchen in der DDR, in: KiS 7 (1981), 23.

Ders., Von oben nach unten wächst gar nichts. Umweltzerstörung und Protest in der DDR, Frankfurt / M. 1986.

Ders. / *Büscher, W.* (Hg.), Beton ist Beton. Zivilisationskritik in der DDR, Hattingen 1981.

Werdin, J. (Hg.), Unter uns: Die Stasi. Berichte des Bürgerkomitees zur Auflösung der Staatssicherheit im Bezirk Frankfurt/Oder – Berlin (Ost) 1990.

Wernet, B., Zur Rolle und Funktion der Vereinigung der gegenseitigen Bauernhilfe (VdgB) und Demokratischen Bauernpartei Deutschlands (DBD) im Parteiensystem der SBZ / DDR (1945-1952), in: *Weber* (Hg.), Parteiensystem, 241-280.

Wilkening, Ch., Staat im Staate. Auskünfte ehemaliger Stasi-Mitarbeiter, Berlin-Weimar 1990.

Winter, F., Staatssicherheit und Kirche, in: ZdZ, Heft 1 (1992), 24-32.

Ders., Öffentlich Schuld bekennen. Schuld und Vergebung vor und nach der „Wende" im Bund der Evangelischen Kirchen in der DDR, in: KZG 4 (1991), 422-445.

Wirth, G., Die Beteiligung der CDU an der Umgestaltung der DDR in den fünfziger Jahren, in: KZG 3 (1990), 125-151.

Wissenschaftlicher Beirat für Geschichtswissenschaft beim Ministerium für Hoch- und Fachhochschulwesen unter Leitung von M. Kossok (Hg.), Geschichte der Deutschen Demokratischen Republik, von einem Autorenkollektiv unter Leitung von R. Badstübner, Berlin (Ost) 1984.

Wolf, St., Einblicke. Geschichte und Verflechtung des MfS in der ehemaligen DDR, Berlin 1990.

Ders., Rolle und Funktion des Ministeriums für Staatssicherheit und seiner Vorläufer bei der Umsetzung der SED-Kirchenpolitik für den Zeitraum bis zum ersten Grundsatzgespräch vom 10. Juni 1953, Theol. Mag.-Schrift Berlin 1991.

Wolle, St., Die Akten der DDR-Archive – Giftmülldeponie oder Fundgrube für den Historiker?, in: GMH 7 (1991), 428-435.

Wolschner, K., Kirche in den Armen der Krake Stasi. Leipzig zum Beispiel, in: taz, 25.2.1991.

Worst, A., Das Ende eines Geheimdienstes. Oder: Wie lebendig ist die Stasi?, Berlin 1991.

Wright, J.R., „Über den Parteien". Die politische Haltung der evangelischen Kirchenführer 1918-1933, Göttingen 1977.

Wuttke, C. / Musiolek, B. (Hgg.), Parteien und politische Bewegungen im letzten Jahr der DDR, Berlin 1991.

Yost, G., The KGB. The Russian Secret Police from the Days of the Czars to the Present, New York-Oxford 1989.

Zander, H., Die Christen und die Friedensbewegung in beiden deutschen Staaten. Beiträge zu einem Vergleich für die Jahre 1978 bis 1987, Berlin (West) 1989.

Ders., Zum Vergleich christlicher Friedensarbeit in der Bundesrepublik und in der DDR (1978-1987), Berlin (West) 1989.

Zeddies, H., Das Lutherjahr in der DDR, in: KJ 110 (1983), 194-214.

Die ZEIT, Hamburg.

Ziegler, M., Zwanzig Jahre waren nicht nur ein Zwischenfall. Gespräch mit dem Leiter des Sekretariats des Bundes der Evangelischen Kirchen, in: Übergänge 1 (1990), 176-179.

Zwahr, H., Ende einer Selbstzerstörung. Leipzig und die Revolution in der DDR, Göttingen 1991.

Zweiter Deutscher Studententag 1952. Berlin, vom 31. April bis 3. Mai, hg. v. Verband Deutscher Studentenschaften, Düsseldorf o.J.

Zwie-Gespräch [Zwiegespräch]. Beiträge zur Aufarbeitung der Stasi-Vergangenheit, hg. v. D. Mechtel / U. Schröter, Hefte 1-4, Berlin 1991.

X
Personenregister mit ausgewählten Biogrammen

Den im folgenden Register genannten Personen werden teilweise Decknamen (in Kursivschrift) zugeordnet, die lediglich das Erfassungsverhältnis durch das MfS kenntlich machen – nicht mehr und nicht weniger. Zu den mit den Decknamen in der Regel verbundenen IM- und OPK- bzw. OV-Bezeichnungen sei auf die Einleitung, S. 75ff.; 79ff. verwiesen, zur Relevanz solcher Bezeichnungen vgl. bes. oben S. 87-89 und 95.

Abel, Karl (geb. 1931): 1956 / 57 Predigerseminar Wittenberg, 1958 Ordination, 1958 Hilfsprediger und Pfarrer in Liebenrode / Kirchenkreis Nordhausen, 1970 Pfarrer und Superintendent in Loburg, 1978 wegen Zusammenlegung mit Kirchenkreis Gommern Superintendent a.D. und Pfarrer daselbst, 1979 Propst der Propstei Halle-Merseburg 355

Abramow: Generalleutnant, 1986 Leiter der V. Verwaltung des KGB der UdSSR 465

Adameit: SED-Funktionär in Geestgottberg (Sachsen-Anhalt), Vorsitzender einer religiösen Sekte namens „Gemeinde Gottes" um 1950 121

Adenauer, Konrad (1876-1967): Studium der Rechte und der Volkswirtschaft in Freiburg (Breisgau), München und Bonn, 1902-1904 Assessor bei der Staatsanwaltschaft beim Landgericht Köln, 1904-1906 Bevollmächtigter Vertreter eines Rechtsanwaltes in Köln, 1906 Eintritt in die Zentrumspartei, 1917-1933 Oberbürgermeister von Köln, 1917-1933 Mitglied des Provinziallandtages und des Provinzialausschusses der Rheinprovinz, 1920-1933 Mitglied und Präsident des preußischen Staatsrats, Vorstandsmitglied des Zentrums, 1933 Entlassung aus allen Ämtern und vorzeitige Pensionierung, 1944 kurzzeitig inhaftiert, 1945 für kurze Zeit Kölner Oberbürgermeister, 1946 Wahl zum Vorsitzenden der CDU in der britischen Zone, 1947 Mitglied des Landtages von Nordrhein-Westfalen, 1948-1949 Präsident des Parlamentarischen Rates, 1949-1963 Bundeskanzler der Bundesrepublik Deutschland, 1950-1966 Bundesvorsitzender der CDU, 1951-1955 zugleich Außenminister, 1966 Ehrenvorsitzender der CDU 121. 171. 193. 206. 208. 214. 222f. 226. 230. 234. 471

Adolph, Roland (geb. 1946): 1977 Ordination, Pfarrer in Struppen (Kb. Pirna), 1985 Pfarrer in Neustadt (Sa.), Mitglied der Bundessynode, 1988 Rektor des Diakonenhauses Moritzburg 50

Ahlisch 760

Albrecht, Ernst (geb. 1930): 1948-1951 Studium der Fächer Philosophie und Theologie in Tübingen, Cornell (USA) und Basel, 1951-1953 Studium der Rechts- und Wirtschaftswissenschaften in Tübingen und Bonn, 1954 Attaché beim Ministerrat der Montanunion, 1958-1970 Hoher Beamter bei der EWG und der EG, zuletzt (1967-1970) Generaldirektor für Wettbewerb, 1970-1990 MdL in Niedersachsen, 1970-1975 Vorsitzender des Landtagsausschusses für Wirtschaft und Verkehr, 1971-1976 Geschäftsführer einer Keksfabrik in Hannover, 1976-1990 Niedersächsischer Ministerpräsident, 1979 Mitglied des CDU-Präsidiums 34

Albrecht, Rudolf (geb. 1942): 1969 Hilfsgeistlicher und Pfarrer in Ziegenhain (Kb. Meißen), 1970 Ordination, 1980 Pfarrer an der Trinitatiskirche in Dresden-Johannstadt 760. 768

Allendorff, Johannes (geb. 1894): Dr. phil., 1923 Priesterweihe, Kaplan in Bernau bei Berlin, 1926 Delegatursekretär in Berlin, 1929 Notar des Bistumskonsistoriums, 1929 Ordinariatssekretär, 1930 Bischöflicher Zeremoniar, 1931 Domvikar, 1933 Pfarrer an der Kirche St. Joseph in Berlin-Tegel, 1936 Pfarrer an St. Peter und Paul in Potsdam, 1959 Geistlicher Rat, 1966

Ruhestand, 1967 Mitarbeiter in der Bibliotheksabteilung der Theologisch-Pädagogischen Akademie Berlin, 1970 Bischöflicher Archivar, 1973 Monsignore 138

Allenstein, W.: Bis 1972 Chef der Rückwärtigen Dienste in der NVA, 1961-1972 Stellvertreter des DDR-Ministers für Nationale Verteidigung, 1963 Beförderung zum Generalleutnant 260

Amberg: 654

Ammer, Heinrich (1909-1976): 1933 / 34 Predigerseminar in Düsseldorf, 1934 Ordination, 1934 Hilfsprediger in Magdeburg, 1936 Pfarrer in Potsdam, 1938 Pfarrer in Emden, 1939-1947 Kriegsdienst und -gefangenschaft, 1947 Pfarrer in Genthin, 1952 Konsistorialrat in Magdeburg, 1954 Leiter der Abteilung „Leitung der Kirche" im Konsistorium, 1958 Oberkonsistorialrat in Magdeburg (Theologischer Dezernent), 1974 Ruhestand, 1974 Beschäftigungsauftrag für Fragen der Grundordnung, Raumordnung und der Leitungsstrukturen im Magdeburger Konsistorium, 1975 Promotion zum Dr. theol. 203

Anderson, Alexander, genannt Sascha (geb. 1953), 1975 *IMV „David Menzer"*, 1981 *IMB*, 1983 *„Fritz Müller"*, 1986 *IMB „Peters"*: Schriftsetzerlehre, Tätigkeit als Schriftsteller, 1986 Ausreise aus der DDR 485

Andler, Erich (1894-1969): Als Schüler Mitglied des CVJM, 1914-1918 Kriegsteilnahme als Soldat und Offizier, Theologiestudium in Greifswald, Halle und Berlin, Sprecher der DCSV, 1925 Ordination in Berlin, 1925 Hilfsprediger in Welzow (Niederlausitz), 1926 Pfarrer in Schönfeld (bei Lübbenau), 1929 Pfarrer in Buckow (Märk. Schweiz), Kreis- und Bezirkspfarrer der BK in Buckow, seit 1934 Mitglied des Bruderrats und des Rats der BK in Brandenburg, mehrmalige Verhaftungen und verschiedene Gerichtsverfahren, Reichsredeverbot, Teilnahme als Höherer Stabsoffizier am Zweiten Weltkrieg, 1945 Theologischer Referent im Konsistorium Berlin-Brandenburg, 1946-1963 Oberkonsistorialrat in Berlin-Brandenburg mit besonderer Zuständigkeit für die Gemeinden in Brandenburg, seit 1947 Sprecher und Seelsorger der Jungen Gemeinden in der SBZ / DDR, 1951 zugleich kommissarischer Pfarrer an der Petrikirche zu Berlin, 1951 Vorsitzender der Jugendkammer Ost der EKD, Chefredakteur der Ostausgabe der Berliner Wochenzeitung „Die Kirche", 1958-1960 Wahrnehmung der Geschäfte des Konsistorialpräsidenten, 1961 Trennung von Frau und Kindern durch den Mauerbau, 1963 Ruhestand und Übersiedlung nach Berlin (West), 1963 Seelsorger im Foyer der Kaiser-Wilhelm-Gedächtniskirche 168

Andreas: Bürgermeister von Geestgottberg, Mitglied der „Gemeinde Gottes" 121

Andropow, Jurij Wladimirowitsch (1914-1984): Techniker, 1961 Mitglied des ZK der KPdSU, 1967-1982 Leiter des KGB, 1973 Mitglied des Politbüros, 1982 Generalsekretär, 1983 Vorsitzender des Präsidiums des Obersten Sowjets 458

Anz, Johannes (geb. 1906): 1931 Ordination, Hilfsprediger an der Pauluskirche in Halle, 1933 Pfarrer in Lebusa, 1934 Mitglied des erweiterten Bruderrates der Provinz Sachsen, Vorsitzender des Bezirksbruderrates Herzberg (Elster), 1946 Konsistorialrat und 1949-1957 Theologischer Oberkonsistorialrat in Magdeburg 203

Arendt, Hannah (1906-1975): Studium der Fächer Philosophie (Hauptfach), Theologie und Griechisch (Nebenfach) in Marburg, Heidelberg und Freiburg, 1928 Promotion zum Dr. phil., 1933 Emigration zunächst nach Frankreich, 1940 USA, freie Schriftstellerin und Verlagslektorin, 1959 Professorin für Politik und Geisteswissenschaften in Princeton, 1963-1967 Professorin in Chicago, 1967 Professorin für politische Philosophie in New York 96

Arnold, Michael (geb. 1964), *OV „Pleiße"*: Studium der Zahnmedizin in Leipzig, 1989 kurzzeitige Verhaftung, Mitbegründer des Neuen Forums, 1990 MdL in Sachsen 622. 667

sters für Staatssicherheit, 1964-1982 Erster Stellvertreter des Ministers 6.
10. 14f. 190. 197. 210. 219-221
Becher, Johannes R. (1891-1958): Studium der Medizin, Literatur und Philosophie in Berlin, München und Jena, 1912 Mitarbeiter an der linksbürgerli-
chen Zeitschrift „Die Aktion", 1918 Mitglied des Spartakusbundes, 1919
Eintritt in die KPD, Mitbegründer und Vorsitzender des Bundes proleta-
risch-revolutionärer Schriftsteller, 1925 Hochverratsprozeß, Amnestie,
1933 Emigration in die Tschechoslowakei, nach Frankreich und in die
UdSSR, 1935-1945 Chefredakteur der Zeitschrift „Internationale Literatur / Deutsche Blätter" in Moskau, Mitarbeit im NKFD, 1945 Rückkehr
nach Berlin, 1945 Präsident des Kulturbundes zur demokratischen Erneuerung Deutschlands, 1954 Kultusminister der DDR   428
Becker, Bernhard (geb. 1946), *IMS „Fuchs"*, Leipzig 688. 693. 704
Becker, Ingeborg (1910-1983): Theologiestudium in Berlin, Bonn, Marburg
und Halle, 1933 Erstes theologisches Examen, 1933-1935 Lehrvikariat in
Quedlinburg und diakonische Tätigkeit in den Neinstedter Anstalten,
1935 Zweites theologisches Examen, Mitarbeit in der BK, 1935 Jugend-
und Frauenarbeit im Burckhardthaus, 1936 Ordination bzw. Einsegnung,
1943-1945 Leiterin der Bibelschule in Lobetal, Reisedienst, 1951 Direkto-
rin des Burckhardthauses Berlin, 1955 Wahl in die Kirchenleitung der Ev.
Kirche in Berlin-Brandenburg, 1964 Ephora des Sprachenkonviktes Berlin
(Ost), bis 1966 Mitglied der regionalen Kirchenleitung Berlin (Ost), 1966
Theologischer Ehrendoktor an der Kirchlichen Hochschule Berlin-Zehlendorf, 1973 Ruhestand 30. 169
Becker, Manfred (geb. 1939): Germanist, Slawist und Pädagoge, seit 1961 Mitarbeiter des Zentralinstituts für Sprachwissenschaft an der Akademie der
Wissenschaften der DDR, 1973-1990 Präses der Synode der Ostregion
von Berlin-Brandenburg, Mitglied der SPD, 1990 Staatssekretär im Me-
dienministerium der DDR, 1990 Mitglied des SPD-Bezirksvorstandes Ber-
lin und des SPD-Parteipräsidiums Ost 59
Beckmann, Hermann: Vater von Paul Beckmann 655
Beckmann, Paul (1890-1979): Ehemaliger Gemeindepfarrer, 1949-1951 Refe-
rent für Kirchenfragen im MdI der DDR, wissenschaftlicher Mitarbeiter
der Staatlichen Archivverwaltung Potsdam 653. 655
Beer, Alfred (geb. 1894): Evangelischer Theologe, 1923 Ordination, 1923 Pfarrer in Grumbach (Kb. Annaberg), 1928 Pfarrer in Glashütte (Sa.), 1948
Pfarrer an der Pauluskirche in Plauen 241
Beier, Rolf: 793
Beintker, Michael (geb. 1947): Professor für Systematische Theologie in Hal-
le 100
Beleites, Michael (geb. 1964), *OV „Entomologe"*: Zoologischer Präparator im
Naturkunde-Museum in Gera 599
Bellmann, Rudi (geb. 1919): Kriegsteilnahme und sowjetische Kriegsgefangen-
schaft, Besuch der Antifa-Schule, NKFD, Abteilungsleiter im Amt für Li-
teratur und Verlagswesen, seit 1955 Mitarbeiter bzw. Stellvertretender Lei-
ter der Arbeitsgruppe Kirchenfragen beim ZK der SED, 1977-1988 Leiter
der Arbeitsgruppe, 1979 Vaterländischer Verdienstorden in Gold, 1989
Auszeichnung mit dem Stern der Völkerfreundschaft in Gold XI. 14.
35f. 62. 339. 525. 601
Bendix: 631
Bengsch, Alfred (1921-1979): 1940 Theologiestudium in Fulda und Erfurt,
Kriegsteilnahme und amerikanische Gefangenschaft bis 1946, 1950 Priesterweihe, 1950-1954 Kaplan an der Herz-Jesu-Kirche in Berlin (Ost),
1954-1957 Assistent und Dozent für Dogmatik und Homiletik am Priesterseminar in Erfurt, 1957 Promotion zum Dr. theol. in München, 1957
Dozent am Priesterkollegium Bernhardinum in Neuzelle, 1959 Regens des
Priesterseminars in Erfurt, 1959-1961 Weihbischof von Berlin und Titularbischof von Tubia, 1961-1979 Bischof von Berlin mit Sitz in Berlin (Ost),
1961-1979 Vorsitzender der Berliner Ordinarien- bzw. Bischofskonferenz,

dent des Council of European National Youth Committees, bis 1966 Chefredakteur der „Jungen Stimme" Stuttgart, 1966-1971 Leiter des Amtes für Öffentlichkeit der Bremischen Evangelischen Kirche, 1971-1977 Schriftführer des Kirchenausschusses der Bremischen Ev. Kirche und Pastor an St. Pauli in Bremen, 1974 Vorsitzender der Kammer der EKD für publizistische Arbeit, seit 1977 Bevollmächtigter des Rates der EKD am Sitz der Bundesrepublik Deutschland, seit 1985 Militärbischof im Nebenamt, zurückgetreten zum Ende 1992 XII. 12. 43. 735

Birkner, Hans Georg (geb. 1922): 1944 Ordination, 1944 Pfarrer in Wilkau-Haßlau / Lutherkirche, 1947 Pfarrer an der Markuskirche zu Zwickau, zugleich in Vielau, 1949 Pfarrer an der Annenkirche zu Dresden mit Dienstleistung beim Jugendpfarramt Dresden, 1960 Pfarrer an der Markuskirche / Dresden, 1968 Superintendent in Löbau, 1987 Ruhestand 241

Birkner, Tietmar (geb. 1934): 1960 Ordination in Dessau-Kochstedt, 1962 Pfarrer in Dessau-Mosigkau, 1966 Pfarrer in Nienburg (Kirchenkreis Bernburg), 1979 zugleich Kreisoberpfarrer 355

Birthler, Marianne (geb. 1948): Katechetin, 1987-1990 Referentin im ev. Stadtjugendpfarramt in Berlin (Ost), 1990 Bildungsministerin in Brandenburg 57

Biskupski, Werner (geb. 1949): 1978 Ordination, 1978 Pfarrer in Riesa-Altstadt, 1983 Studieninspektor am Predigerseminar Lückendorf 352

Bismarck, Otto Eduard Leopold, Fürst von Bismarck seit 1871 (1815-1898): 1832-1835 Studium der Rechtswissenschaften in Göttingen und Berlin, 1836-1839 Referendar in Aachen, 1862 preußischer Ministerpräsident, 1871 Reichskanzler, 1890 Entlassung durch Kaiser Wilhelm II. 486

Blake, Eugene Carson (1906-1985): 1928-1932 Studium reformierter Theologie in Princeton und in Edinburgh, 1932 Hilfspfarrer im Staat New York, 1935 Pfarrer der First Presbyterian Church in Albany (New York), 1940 Pfarrer in Pasadena, 1951-1958 Generalsekretär der Presbyterianischen Kirche in den USA, 1954-1957 Präsident des amerikanischen National Council of Churches, 1954 Wahl in das Exekutivkomitee des ÖRK, Vorsitzender des ökumenischen Ausschusses „Zwischenkirchliche Hilfe, Flüchtlings- und Weltdienst", 1958-1966 Generalsekretär der vereinigten Presbyterianischen Kirche in den USA, Teilnahme an den Weltkirchenkonferenzen von Evanston (1954) und Neu-Delhi (1961), Teilnahme an den Konferenzen für Glaube und Kirchenverfassung („Faith and Order") 1952 in Lund (Schweden) und 1957 in New Haven, 1963 Verhaftung wegen Einsatzes für die Rassenintegration in den USA, 1964 Wahl in das Exekutivkomitee des Reformierten Weltbundes, 1966-1972 Generalsekretär des ÖRK 21

Blanck, Manfred: 793

Blank, Theodor (1905-1972): Tischlerlehre, Modelltischler, 1930-1933 Sekretär des Zentralverbandes der Christlichen Fabrik- und Transportarbeiter, dann arbeitslos, 1936 Studium der Mathematik und Physik in Münster und der Ingenieurwissenschaften an der TH Hannover, 1939-1945 Wehrdienst (zuletzt Oberstleutnant einer Panzerjäger-Einheit), Gefangenschaft, 1945 Mitbegründer der CDU Westfalen und des DGB, bis 1950 im Vorstand der IG Bergbau, MdB seit 1949, 1950 Beauftragter der Bundesregierung für Fragen der alliierten Besatzungstruppen (Dienststelle Blank), 1951 Sicherheitsbeauftragter der Bundesrepublik, Chef der Delegation beim Interimsausschuß für die Organisation der Europäischen Verteidigungsgemeinschaft (EVG), 1955 / 56 Bundesverteidigungsminister, 1957-1965 Bundesminister für Arbeit und Sozialordnung, 1965-1969 Stellvertretender Vorsitzender der CDU / CSU-Fraktion 193

Blaschke, Karlheinz: 808

Blüm, Norbert (geb. 1935): 1950 Mitglied der CDU, Werkzeugmacherlehre, Abendgymnasium, Studium der Philosophie und Germanistik, 1967 Promotion zum Dr. theol., 1968-1975 Hauptgeschäftsführer der CDA, seit

Born, Karl: 136

Borrmann, Walter (geb. 1890): Theologiestudium in Tübingen, Leipzig, Berlin und Königsberg, 1913 Kandidat im Domkandidatenstift Berlin, 1914 Ordination, 1914 Domhilfsprediger und Inspektor des Domkandidatenstifts, 1916 Felddivisionspfarrer, 1918 Oberpfarrer in Lieberose (Kirchenkreis Lübben), 1925 Pfarrer in Königsberg, 1928 Superintendent und Propst in Angermünde, Domherr von Brandenburg, 1945 Mitglied der Kirchenleitung der APU, 1946 Mitglied der Kirchenleitung Berlin-Brandenburg, 1947 Ehrendomherr von Brandenburg 189. 213

Bowlt, D.: Leiter des Instituts für moderne russische Kultur in den USA 459

Braecklein, Ingo (geb. 1906), *IM „Ingo"*: 1927-1930 Theologiestudium in Jena, Tübingen und Marburg, 1930-1933 Vikar in Jena und Hilfsprediger in Esperstedt, 1931 Ordination in Esperstedt, 1933-1938 Hilfspfarrer und Pfarrer in Allendorf, Mitglied des „Wittenberger Bundes", 1939-1945 Soldat und englische Kriegsgefangenschaft, 1948-1950 Pfarrer in Saalfeld, 1949 Leiter des Thüringer Kirchenchorwerkes, 1950-1978 Mitglied der Thüringer Synode, 1950-1959 Superintendent in Weimar, 1953 zusätzlich Verwaltung der Superintendentur Blankenhain, 1959-1970 Oberkirchenrat in Eisenach (u.a. Dezernent für Aus- und Weiterbildung), 1961-1968 Mitglied der EKD-Synode, 1963 Geistlicher Stellvertreter des Landesbischofs, 1967 Vizepräsident der Generalsynode der VELKD, 1968 Präsident der Generalsynode der VELK in der DDR, 1968 Mitglied der Strukturkommission zur Ausarbeitung der Ordnung des BEK, 1968 Teilnahme an der ÖRK-Vollversammlung in Uppsala, 1969 Präses der Synode des BEK, Mitglied des Vorstandes der KKL, Mitglied des Exekutivkomitees des LWB, 1970 Landesbischof der Evangelisch-Lutherischen Kirche in Thüringen, 1970 Theologischer Ehrendoktor in Jena, 1971-1977 Leitender Bischof der VELK in der DDR, 1971 Auszeichnung mit dem „Vaterländischen Verdienstorden in Gold", 1978 Ruhestand, 1991 Leiter des Vertrauensausschusses der Thüringer Kirche zur Aufarbeitung der Stasi-Verstrickungen kirchlicher Mitarbeiter 18. 28-31. 242f. 277. 391

Bräuer, Heinz (geb. 1916): 1944 Ordination, Hilfsprediger und Pfarrer in Fürstenwalde (Spree), 1953 Pfarrer in Stalinstadt (später Eisenhüttenstadt) 354

Bräutigam: 788

Bräutigam, Hans Otto (geb. 1931): 1951-1957 Studium der Rechtswissenschaften in München, Bonn, Paris und Harvard, 1958-1962 Assistent am Max-Planck-Institut für Völkerrecht in Heidelberg, 1962 Eintritt in den diplomatischen Dienst, 1974-1977 Stellvertretender Leiter der Ständigen Vertretung der Bundesrepublik Deutschland in der DDR, 1977-1980 Leiter des Arbeitsstabes Deutschlandpolitik im Bundeskanzleramt, 1980-1982 Auswärtiges Amt, 1982-1988 Leiter der Ständigen Vertretung der Bundesrepublik Deutschland in der DDR, 1989 Leiter der UNO-Vertretung der Bundesrepublik in New York, 1990 Justizminister in Brandenburg 43

Bräutigam, Rainer (geb. 1943): 1971 Ordination, 1979 Studentenpfarrer und Pfarrer in Ilmenau 393

Brama, Martin (geb. 1943), *OV „Skorpione"*: Theologiestudent an der Humboldt-Universität Berlin, Verurteilung zu einer Freiheitsstrafe von 2 Jahren und 6 Monaten 285

Brandt, Willy (geb. 1913) (eigentl. Frahm, Karl Herbert): Schon als Schüler Mitglied der sozialistischen Jugendbewegung, 1930 Mitglied der SPD, 1931 Mitglied der Sozialistischen Arbeiterpartei (SAP), 1933 Emigration nach Norwegen, Studium der Geschichte, Tätigkeit als Journalist, 1938 Ausbürgerung aus Deutschland, 1939 Sekretär der Norwegischen Volkshilfe, 1940 Flucht nach Schweden, 1945 Korrespondent in Deutschland, 1947 Presseattaché der norwegischen Militärmission in Berlin, Wiedereinbürgerung in Deutschland, 1948 Vertreter des SPD-Vorstandes in Berlin und bei den alliierten Kontrollbehörden, 1949-1957 MdB, 1950 Mitglied des Berliner Abgeordnetenhauses, 1955-1957 Präsident des Berliner Abge-

Mitglied des Präsidiums bzw. Politbüros der KPdSU, 1960-1964 Vorsitzender des Präsidiums des Obersten Sowjets (nominelles Staatsoberhaupt), 1964-1982 Erster Sekretär der KPdSU (seit 1966 Generalsekretär), 1976 Marschall der SU, 1977-1982 Vorsitzender des Präsidiums des Obersten Sowjets 313f. 380

Bretschneider, Harald (geb. 1942): Theologiestudium in Leipzig, nach dem Studium Hilfsarbeiter auf einer Großbaustelle, Zimmermannslehre, 1969-1979 Hilfsgeistlicher und Pfarrer in Wittgendorf bei Zittau (Sa.), 1970 Ordination, 1979 Landesjugendpfarrer, zugleich Referent im LKA Dresden, 1991 Leiter der Stadtmission in Dresden 338. 449. 760. 768

Brinkmann, Alfred (1892-1973): 1917 Priesterweihe, 1917 Alumnatssenior in Breslau, 1918 Kaplan in Potsdam, 1919 Kaplan an der Kirche Corpus Christi in Berlin, 1927 Kurator in Berlin-Adlershof, 1928 Titularpfarrer, 1939 Pfarrer an der Herz-Jesu-Kirche in Berlin-Prenzlauer Berg, Päpstlicher Geheimkämmerer 141

Brinksmeier, Bernhard (geb. 1926): 1946 Theologiestudium in Bethel, Marburg und Münster, Erstes theologisches Examen in Münster, Rückkehr in die Kirchenprovinz Sachsen, 1953 Ordination, Pfarrer in Gerstewitz (Kirchenkreis Weißenfels), Gefängnisstrafe wegen „staatsfeindlicher" Predigten, Pfarrer in Teuchern, 1961 Superintendent in Querfurt, 1972 Propst zu Halberstadt und Quedlinburg und zugleich Pfarrer an der St.-Servatii-Gemeinde in Quedlinburg, 1991 Ruhestand 30

Brix, Eckhardt (geb. 1910): 1936 Hilfsprediger, 1946 Pfarrer im Gesamtverband der Berliner Inneren Mission, 1949 Pfarrer in Berlin-Köpenick, 1961 Superintendent im Kirchenkreis Berlin-Stadt I, zugleich Pfarrer an der Bartholomäus-Kirche 203

von Brück, Ulrich (geb. 1914), *IM „Zwinger"*: 1939 Ordination, 1939 Hilfsgeistlicher an der Altstädter Kirche in Erlangen, 1941 Hilfsgeistlicher an der Versöhnungskirche / Dresden, 1942 Hilfsgeistlicher und Pfarrer an der Andreaskirche / Dresden, 1943-1945 Kriegsdienst, 1945 Pfarrer an der Erlöser-Andreas-Kirche / Dresden, 1950 Leiter des Landeskirchlichen Amtes für Innere Mission Radebeul, Bevollmächtiger des Hilfswerks und außerordentliches Mitglied des LKA, seit 1957 Delegierter zu den LWB-Versammlungen, 1959 Aufbau der Aktion „Brot für die Welt", 1961-1969 Mitglied der EKD-Synode, 1965 Oberkirchenrat, Mitglied der Generalsynode der VELKD, des ökumenischen Ausschusses der VELKD, Vorsitzender des Ausschusses für Diakonie und soziale Verantwortung im deutschen Nationalkomitee des LWB, 1968-1980 Oberlandeskirchenrat, Fachdezernent für ökumenische Beziehungen und Gebietsdezernent für Karl-Marx-Stadt, 1969 Stellvertreter des Landesbischofs, 1971 Kandidat für die Wahl des Landesbischofs in Sachsen, bis 1975 Mitglied des Zentralausschusses des ÖRK, Mitglied des Exekutivkomitees des LWB, Bevollmächtigter für „Brot für die Welt" in der DDR, 1980 Ruhestand, Übersiedlung in die Bundesrepublik Deutschland, 1982 Vorstandsvorsitzender der Nieder-Ramstädter Heime (Hessen) 29-31. 259. 447

Brüning: 618

Brüsewitz, Oskar (1929-1976): 1943 Beginn einer Kaufmannslehre, 1944 Kriegseinsatz, sowjetische Kriegsgefangenschaft, 1945 Entlassung aus der Kriegsgefangenschaft in die SBZ, Schuhmacherlehre, 1947 Übersiedlung von Mittweida (Sa.) nach Melle (Krs. Osnabrück), 1951 Schuhmachermeisterprüfung, 1954 Umzug nach Weißenfels (DDR), 1955 selbständiger Handwerksmeister in Markkleeberg bei Leipzig, 1960 Umzug nach Weißensee (Bez. Erfurt), 1964 Besuch der Predigerschule Erfurt, 1969 Probedienst in Rippicha, 1970 Bestellung als Pfarrer, 1970 Pfarrer in Droßdorf (Krs. Zeitz), 1976 Selbstverbrennung 33ff. 296-298. 783

Brüssau, Werner (geb. 1935): Studium der Publizistik, Betriebswirtschaft und Amerikanistik, 1964 Promotion an der FU Berlin, Redakteur beim SFB, Pressereferent der FU Berlin, Mitarbeiter der Bundesgeschäftsstelle der CDU, seit 1974 beim ZDF 528

Brunotte, Heinz (1896-1984): Theologiestudium in Marburg, Tübingen und Göttingen, Kandidat im Predigerseminar Loccum, 1925 Hilfsgeistlicher im Kloster Loccum, 1927 Pfarrer in Hoyershausen (Krs. Alfeld), Geschäftsführer der „Jung-Evangelischen Bewegung" in der hannoverschen Landeskirche, 1935 Teilnehmer des Lutherischen Tages in Hannover, Frühjahr 1936 Berufung zum theologischen Referenten in die Kirchenkanzlei der DEK, Oktober 1936 Ernennung zum Oberkonsistorialrat, September 1939 - Anfang 1940 Einziehung zur Wehrmacht, April 1945 Leiter der Kirchenkanzlei, 1946 Oberlandeskirchenrat im LKA Hannover, 1947-1948 Mitglied des Verfassungsausschusses der EKD, 1949 Präsident der Kirchenkanzlei der EKD (bis 1963) und Präsident des Lutherischen Kirchenamtes der VELKD, 1950 theologischer Ehrendoktor in Göttingen, 1960 Großes Bundesverdienstkreuz mit Stern, 1965 Ruhestand   149. 229
Büttner: Angestellte des „Bundes Evangelischer Pfarrer in der DDR"   248
Bützow: 735. 740
Buhl: 278f.
Bunzel: Jugenddiakon im Kreis Fürstenwalde   354
Burkhardt, Frieder (geb. 1943): 1972 Ordination, 1972 Pfarrer an der Weinbergskirche / Dresden, 1976 Pfarrer in Pfaffroda, 1983-1991 Rektor der Ausbildungsstätte für Gemeindediakonie und Sozialarbeit in Potsdam   355

Caffier, Wolfgang (geb. 1919): Während des Krieges Theologiestudium in Leipzig, 1940 Exmatrikulation wegen jüdischer Mutter, Gasthörer, Beteiligung an Versammlungen der dahlemitischen Richtung innerhalb der BK Sachsens (VKL-Kreis), 1944 Hilfsgeistlicher an den Hoffnungstaler Anstalten Lobetal, 1946 Ordination, 1946 Pfarrer an der Erlöserkirche / Leipzig, 1949 Pfarrer in Liebenau, 1954 Pfarrer in Weixdorf (Kb. Dresden-Land), 1958-1961 Leiter des Bundes evangelischer Pfarrer in der DDR, Abgeordneter des Bezirkstages Dresden, 1967 Ruhestand aus Gesundheitsgründen   247f.
Carlstedt, Petra: 782
Christ, Karsten (geb. 1954): Diakon in Rudolstadt   393
Chruschtschow, Nikita Sergejewitsch (1894-1971): Schlosser, Ingenieur, 1934-1966 Mitglied des ZK der KPdSU, 1939-1952 Mitglied des Politbüros, 1952-1964 des Präsidiums der KPdSU, 1953 Erster Sekretär, 1958 Übernahme der Regierung, 1964 durch das ZK der KPdSU abgesetzt   225
Cieslak, Johannes: 807. 809
von Clairvaux, Bernhard (1090-1153): 1112 Eintritt in ein Kloster bei Dijon, 1115 Abt, Gründer des Klosters zu Clairvaux, brachte den Zisterzienserorden zur Blüte, Heiligsprechung 1174   288
Claus, Reinhardt: 695
Conrad: 677. 711-713
Conrad, Heinz (geb. 1906): 1931 Ordination, 1931 Hilfsprediger, 1932 Pfarrer in Lietzen (Kirchenkreis Müncheberg-Fürstenwalde), 1933 Standortpfarrer in Königsberg, 1935 Heerespfarrer, 1941 Wehrmachtsoberpfarrer, 1946 Pfarrer in Berlin-Rosenthal   139
Conrad, Lars: 767
Cynkiewicz, Rosemarie (geb. 1936): Lehre als Drogistin und Apothekenhelferin, 1960 Theologiestudium an der Humboldt-Universität Berlin, Pfarrerin an der Zachäus-Gemeinde Berlin-Prenzlauer Berg, 1977 Oberkonsistorialrätin im Konsistorium Berlin-Brandenburg (Ost) mit Zuständigkeit u.a. für Ausbildung im Verkündigungsdienst und Jugendfragen, 1978 Mitglied der Bundessynode, 1990 Wahl zum Präses der Bundessynode, 1991 Kodezernentin für den Bereich Arbeitsrecht im Konsistorium Berlin-Brandenburg   91
Czerny, Heidelore: 781

Daske, Holger: 793

Predigerseminar Wittenberg, 1956 Wissenschaftlicher Assistent an der Universität Rostock, 1958 Promotion zum Dr. theol. in Rostock, 1958 Pfarrer in Wegeleben (Kirchenkreis Halberstadt), Habilitation in Rostock, 1964 Pfarrer der EKU und Direktor des Predigerseminars der EKU in Gnadau, Mitglied der Synode des BEK, seit 1969 Mitglied des BEK-Ausschusses für „Kirche und Gesellschaft" (1975-1980 Leiter), 1971 Dozent am Sprachenkonvikt Berlin, 1973 Propst zu Erfurt 31. 41. 55. 64. 77. 91. 512. 513f. 516. 562. 575. 808

Fascher, Erich (1897-1978): Studium der Theologie in Göttingen, Promotion zum Dr. theol. 1924, Habilitation bei Prof. Bauer 1926, ab 1926 Privatdozent in Marburg, Professor für Neues Testament in Jena (1930-1937), Halle (1937-1950) und Greifswald (1950-1954), während des Zweiten Weltkriegs Lazarettseelsorger in Halle, 1945 Mitbegründer und später zeitweilig Vorsitzender des Landesverbandes Sachsen-Anhalt der CDU (Ost), Verleihung des Vaterländischen Verdienstordens in Silber und der Otto-Nuschke-Ehrenzeichen in Gold und Silber, 1954 Ordinarius für Neues Testament an der Sektion Theologie der Humboldt-Universität Berlin, ab 1958 auch Dekan, 1964 Emeritierung 81

Fehlberg, Gothart (geb. 1906): 1932 Hilfsgeistlicher in Sosa (Kb. Stollberg), 1933 Ordination, 1933 Pfarrer in Adorf (Vogtland), 1933 Pfarrer in Oberwiesenthal, 1937 Pfarrer in Kamenz, 1947 Pfarrer an der Peterskirche in Leipzig, 1953 Superintendent des Kb. Karl-Marx-Stadt I und Pfarrer an der dortigen St. Jakobikirche 241

Feist, Manfred (geb. 1930): 1947 Eintritt in die SED, Referent und Oberreferent im DDR-Außenministerium, 1966 Arbeitsgruppen- bzw. Abteilungsleiter im ZK der SED für Auslandsinformation, 1971 Kandidat und seit 1976 Mitglied des ZK der SED, Mitglied des Präsidiums des DDR-Friedensrates und des Weltfriedensrates 54

Felfe, Werner (1928-1988): 1942 Kaufmännische Lehre, 1944 Handelskammerprüfung, 1945 Eintritt in die KPD, 1946-1949 Sachbearbeiter, Abteilungsleiter, Sekretär der SED-Kreisleitung Kamenz, 1949-1950 Instrukteur der SED-Landesleitung Sachsen, 1950-1953 Erster Sekretär der SED-Kreisleitung Flöha, 1953 Besuch der Parteihochschule der SED „Karl Marx", 1954-1963 Kandidat des ZK der SED, 1954-1957 Zweiter Sekretär des Zentralrates der FDJ, 1954-1958 und seit 1971 Mitglied der Volkskammer, Vorsitzender des Jugendausschusses der Volkskammer, 1957-1960 Vorsitzender des Rates des Kreises Zschopau, 1960-1963 Vorsitzender des Rates des Bezirkes Karl-Marx-Stadt, seit 1963 Mitglied des ZK der SED, 1963-1965 Studium an der TU Dresden, Abschluß als Dipl.-Ing. oec., 1965-1966 Stellvertretender Abteilungsleiter im ZK der SED, 1966-1968 Sekretär für Agitprop, 1966-1971 Zweiter Sekretär, 1971-1981 Erster Sekretär der SED-Bezirksleitung Halle, 1973 Kandidat des Politbüros, 1976 Mitglied des SED-Politbüros, 1981 ZK-Sekretär für Landwirtschaft, 1981 Mitglied des Staatsrates 34

Feurich, Annelies (geb. 1923): Seit Sommer 1944 Beteiligung am sächsischen VKL-Kreis, Sekretärin der Kirchlichen Bruderschaft in Sachsen 448

Feurich, Walter (1922-1981): 1940-1944 Theologiestudium in Leipzig, Teilnahme an Treffen des sächsischen VKL-Kreises, seit Herbst 1940 BK-Studentenobmann an der Universität Leipzig, Vertrauensstudent der Leipziger Studentengemeinde, 1944 Kriegsdienst und -gefangenschaft, 1945 Hilfsgeistlicher und Pfarrer an der Trinitatiskirche in Dresden, 1946 Ordination, Pfarrer an der Lukaskirche / Dresden, ab 1947 neben dem Pfarramt Pressestelle des LKA Dresden, ab 1951 Bibliothek des LKA, Vorsitzender der Kirchlichen Bruderschaft Sachsens, 1971 Ruhestand 238. 448

Figur, Fritz (1904-1991): Theologiestudium in Berlin und Tübingen, Hilfsprediger in Gransee, 1930 Stadtvikar, 1930 Ordination, 1930 Pfarrer an der Segenskirche in Berlin, Mitglied des Pfarrernotbundes, Divisionspfarrer im Zweiten Weltkrieg, 1947 Superintendent des Kirchenkreises Berlin-Oberspree und Pfarrer an der Stadtkirche in Berlin-Köpenick, 1955 Vizepräses

Berlin, 1929 Ordination, Hilfsprediger in Worbis (Eichsfeld), 1930 Pfarrer in Berga / Südharz, 1933 Mitglied des Pfarrernotbundes und der BK, Obmann des BK-Bezirksbruderrates Südharz, 1935 Schutzhaft für zehn Tage, 1940-1945 Wehrdienst, währenddessen auch „Hilfsprediger" in Memel, vor allem in der dortigen BK-Gemeinde, 1946 Superintendent in Nordhausen (Harz) und Pfarrer an der dortigen St.-Blasii-Petri-Gemeinde, 1947 zugleich Propst der Propstei Südharz mit Sitz in Nordhausen, 1950 Mitglied der Zentralleitung des Gustav-Adolf-Werkes (1952 Vorsitzender der Hauptgruppe des Gustav-Adolf-Werkes in Halle), seit 1951 Mitglied der EKD-Synode, seit 1955 einer der beiden Vizepräsides der EKD-Synode, 1956 Generalsuperintendent von Berlin, Sprengel II, mit Predigtauftrag an der Erlöserkirche in Berlin-Lichtenberg, 1958 Teilnehmer an dem Staat-Kirche-Gespräch mit Grotewohl, 1962 Theologischer Ehrendoktor in Mainz 209. 218. 221

Führer, Christian (geb. 1943), *OV „Igel"*: 1968 Ordination, 1968 Pfarrer in Lastau (Kb. Grimma), 1980 Pfarrer an der Nikolai-Kirche zu Leipzig 432. 565. 568. 664-677. 698f. 746

Führer, Sebastian: 677

Führer, Ulrich (geb. 1928): 1954 Hilfsprediger und Pfarrer in Altmügeln (Kb. Oschatz), 1955 Ordination, 1960 Pfarrer in Augustusburg, 1971 Anstaltsleiter der Ev.-luth. Heil- und Pflegestätte für Epileptiker in Kleinwachau 241

Funk: 765

Funke, Gotthold (geb. 1901): 1925 Ordination, 1929 Geschäftsführer des Provinzialverbandes für Innere Mission und des Evangelischen Presseverbandes in der Grenzmark Posen (Westpreußen), 1934 Pfarrer in Betsche (Krs. Meseritz), 1937 Missionsinspektor der Berliner Mission, 1944 Pfarrer in Rietdorf (Kirchenkreis Baruth-Dahme), 1945 ebenda und Superintendent in Dahme, 1948 Pfarrer in Dahme und Superintendent, 1967 Ruhestand, 1967 Auftrag zur Versehung des Pfarramtes in Potsdam-Bornstedt 235-237. 239

Furian, Hans-Otto (geb. 1931): Propst in Berlin (Ost) 59. 64

von der Gablentz, Otto Heinrich (1898-1972): Studium in Berlin und Freiburg, 1920 Promotion, 1925-1934 Statistisches Reichsamt Berlin, Abteilungsleiter der Wirtschaftsgruppe Chemische Industrie, 1945 Mitglied des Rates der APU / EKU, Mitglied der Synode von Berlin-Brandenburg, 1948 Leiter der Abteilung Theorie der Politik an der Deutschen Hochschule für Politik in Berlin (später Otto-Suhr-Institut der Freien Universität Berlin), 1949 Habilitation und Privatdozent, 1953 außerordentlicher Professor, 1955 Direktor ebenda, 1959-1966 ordentlicher Professor für Theorie der Politik 139

Gabriel, Martin (geb. 1926): 1957 Ordination, 1957 Hilfsprediger und Pfarrer an der Reformierten Gemeinde in Magdeburg, 1959 zugleich Studentenpfarrer in Magdeburg, 1960 Pfarrer an der Evangelisch-reformierten Kirchengemeinde zu Liebfrauen in Halberstadt, Promotion zum Dr. theol. 355

Gaebler, Rainer (geb. 1938): 1953 Chemie-Facharbeiter in Böhlen, 1956 Studium an der Ingenieur-Schule für Gastechnik in Markkleeberg bei Leipzig, Hochschul-Fernstudium an der Bauakademie in Freiberg (Sa.), seit 1959 Wissenschaftlicher Mitarbeiter an Energiefachmann in Wärme- und Brennstoffinstituten in Leipzig, 1960-1968 Fernstudium an der Bergakademie Freiberg (Fachrichtung Gasfach), 1970 Promotion zum Dr. Ing. an der Bergakademie, 1972 Mitglied der sächsischen Landessynode, 1977 synodales Mitglied der Dresdener Kirchenleitung, 1983-1986 Präsident der sächsischen Landessynode, 1986-1990 Präses der Bundessynode 511

Gähler, Winkelfried (geb. 1922): 1954 Ordination, 1954 Hilfsgeistlicher und Pfarrer in Bannewitz (Kb. Dresden-Land), 1960 Pfarrer in Dresden-

maligen MfS / AfNS, 1990-1991 Mitarbeiter / Referatsleiter beim Sonderbeauftragen der Bundesregierung, Gauck, 1991 Pressesprecher der Gauck-Behörde 655

Gill, Theodor (geb. 1928): 1951 Eintritt in den Dienst der Herrnhuter Brüder-Unität, Pfarrer in Herrnhut, 1960 Direktor der Gnadauer Anstalten, später zusätzlich Übernahme des Predigtamtes in der Brüdergemeinde Gnadau, 1971 Wahl in die Direktion der Brüder-Unität Herrnhut, 1974 Unitätsdirektor in Herrnhut, 1980 Bischof der Brüder-Unität Herrnhut 341. 352

Glaser: 149

Globke, Hans (1898-1973): Teilnahme am Ersten Weltkrieg, Studium der Rechtswissenschaften in Bonn und Köln, Gerichts- und Regierungsassessor, 1925 Vertreter des Polizeipräsidenten in Aachen, 1929-1945 Regierungs- und Oberregierungsrat im Preußischen Innenministerium, 1932-1945 Ministerialrat im Reichsinnenministerium, 1945 Vizepräsident des Landesrechnungshofes Nordrhein-Westfalen, 1949 Eintritt in das Bundeskanzleramt (Ministerialdirektor), 1953-1963 Staatssekretär 643

Gnettner, Reinhard (geb. 1897): 1926 Ordination, 1927 Pfarrer in Tschöplowitz / Groß Neudorf, Kreis Brieg (Bez. Breslau), 1946 kommissarischer Pfarrer in Fürstenberg (Oder) 135

Goebel, Gerhard (geb. 1930): 1957 Ordination, 1957 Hilfsgeistlicher und Pfarrer in Olbersdorf (Kb. Zittau / Sa.), 1972 Superintendent in Dippoldiswalde, 1986 Pfarrer in Riesa-Altstadt 241

Göbel, Hans-Jochen (geb. 1934): 1960 Ordination, 1966 Pfarrer in Booßen / Frankfurt / O., Kreisjugendpfarrer, 1977 Superintendent in Jüterbog 353

Görke, Johanna (geb. 1943): Grafikerin im Bezirk Frankfurt / O. 354

Görz: 141

Goes, Friedrich-Wilhelm (geb. 1898): 1923 Ordination, 1938 Pfarrer an der Stadtkirche in Gera 130f.

Götting, Gerald (geb. 1923), *IM „Göbel"* (Anwerbung für die HVA durch MfS-Oberst Herbert Hentschke, späterer Führungsoffizier Major Kurt Fricke): 1942-1945 Reichsarbeitsdienst und Soldat in der Luftnachrichtentruppe, 1946 Eintritt in die CDU und die FDJ, Arbeit im Kriegsschädenamt in Halle, 1947-1949 Studium der Fächer Philosophie, Alte Sprachen, Germanistik und Geschichte in Halle, 1948 Mitglied des CDU-Landesvorstandes Sachsen-Anhalt, 1948 Wahl in den Hauptvorstand der CDU-Ost, Mitglied des Deutschen Volksrates, 1949-1966 Generalsekretär der Ost-CDU, 1950-1989 Mitglied der Volkskammer, 1950-1989 Mitglied des Präsidiums des Nationalrates der Nationalen Front, 1950-1958 Stellvertretender Präsident der Volkskammer (bis 1954 Vizepräsident), 1955-1989 Mitglied des Präsidiums des Zentralvorstandes der Gesellschaft für Deutsch-Sowjetische Freundschaft, 1955-1989 Angehöriger des Präsidiums des Friedensrates der DDR, 1958-1963 Vorsitzender der CDU-Fraktion, 1960-1989 Stellvertretender Staatsratsvorsitzender der DDR, 1960-1969 Stellvertretender Vorsitzender des Volkskammerausschusses für Nationale Verteidigung, 1963-1976 Stellvertretender Vorsitzender der CDU-Fraktion in der Volkskammer, 1963-1969 Vorsitzender des außenpolitischen Ausschusses der Volkskammer, 1966-1989 Vorsitzender der Ost-CDU, 1969-1976 Präsident der Volkskammer, 1976 Präsident der Liga der Völkerfreundschaft der DDR, 1980-1989 Stellvertretender Präsident der Volkskammer 62. 252. 546

Goetze, Wolf (geb. 1905): Dr. phil., 1943 Ordination, 1943 Dienst in der BK Sachsens, 1946 Pfarrer in Neukirchen (Kb. Stollberg), 1951 Pfarrer in Altmittweida (Kb. Rochlitz), 1961 Pfarrer an der Annenkirche in Dresden und gleichzeitig Dienstleistung außerhalb Sachsens 174

Gohr: 140

Gollwitzer, Helmut (geb. 1908): 1928-1932 Theologisches Studium in München, Erlangen (mehrmals), Jena und Bonn, 1932 Erstes theologisches Examen, Predigerseminar in München, 1933 Schloßprediger und Prinzenerzieher in Ernstbrunn bei Wien, 1936 Ausbildungsauftrag für junge BK-Theologen in Thüringen, 1937 Ausweisung aus Thüringen, Beauftragung mit dem Referat für theologischen Nachwuchs beim Bruderrat der APU, Promotion bei Karl Barth in Basel, de facto Pfarrer an der Jesus-Christus-Kirche in Berlin-Dahlem, 1940 Reichsredeverbot, Ausweisung aus Berlin, Einberufung zur Wehrmacht, 1941-1945 Kriegsteilnahme, 1945-1949 sowjetische Kriegsgefangenschaft, 1950-1957 Professor für Systematische Theologie in Bonn, 1957 Professor für Systematische Theologie in Berlin, 1975 Emeritierung 236f.

Goosmann, Max (geb. 1899): 1923 Ordination, 1923 Pfarrer in Badenfurt (Bras.), 1925 Hilfsprediger, 1925 Geschäftsführer des Evangelischen Preßverbandes für Brandenburg, 1929 Pfarrer in Berlin-Adlershof 140

Gorbatschow, Michail Sergejewitsch (geb. 1931): Seit 1952 Mitglied der KPdSU, Jurastudium, 1955-1962 Funktionär im Komsomol, 1956-1978 hoher Parteifunktionär in Stawropol, 1970 Mitglied des Obersten Sowjets, 1978 Sekretär des ZK der KPdSU, 1979 / 80 Kandidat, Oktober 1980 Mitglied des Politbüros, April 1984 Vorsitzender des Außenpolitischen Ausschusses der KPdSU, 1985-1991 Generalsekretär des ZK der KPdSU, Staatspräsident der UdSSR 48. 68. 458. 489. 779

Goßner, J. Evangelista (1773-1858): Begründer der Goßner-Mission 284

Gotsche, Otto (geb. 1904): Schriftsteller, seit 1918 in der Arbeiterbewegung, Sekretär des Staatsrates der DDR 264

Grell, Brigitte: Promovierte Germanistin, Tätigkeit in einem pädagogischen Beruf, Redaktionelle Mitarbeiterin bei der „Potsdamer Kirche", 1951 Chefredakteurin der „Potsdamer Kirche", Schriftführerin des Weißenseer Arbeitskreises, 1984 Ruhestand 235. 237. 240

Greune, Gerd: 500

Griesbach, Werner (geb. 1912): 1938 Ordination, 1938 Hilfsprediger und Pfarrer in Bramstädt (Hinterpommern), 1945 Pfarrer in Verchen und Sophienhof (Vorpommern), 1951 Karbe (Kirchenkreis Ruppin), 1964 Teltow (Kirchenkreis Teltow) 174

Grießbach: 679. 686

Grimm: 755

Grimm, Peter (geb. 1965), OV „*Robert*": Lagerarbeiter in Ost-Berlin, Mitbegründer der „Initiative Frieden und Menschenrechte" und der SDP 50. 483

Gröger, Wolfgang: 430. 432. 729f. 731

Große, Ludwig (geb. 1933): 1957 Ordination, 1957-1970 Hilfspfarrer und Pfarrer in Tannroda (Kirchenkreis Weimar), seit 1966 Mitglied der Landessynode Thüringen, 1970 Superintendent in Saalfeld (S.), Erster Vorsitzender der Lutherischen Bekenntnisgemeinschaft in Thüringen, seit 1974 Mitglied der Bundessynode, wiederholt synodales Mitglied der KKL, 1988 Oberkirchenrat (Dezernent für Aus- und Weiterbildung), 1991 Mitglied der EKD-Synode 356f. 392f. 505. 507. 575. 784

Großmann: 525

Grotewohl, Otto (1894-1964): 1908-1912 Buchdruckerlehre, 1910 Vorsitzender der Sozialistischen Arbeiterjugend in Braunschweig, 1912 Mitglied der SPD, 1918 Krankenkassenangestellter in Braunschweig, Besuch der Leibniz-Akademie in Hannover und der Hochschule für Politik in Berlin, 1920-1925 Mitglied des Braunschweiger Landtages, 1923 Innen- und Justizminister in Braunschweig, 1925-1933 MdR, 1925-1933 Präsident der Landesversicherungsanstalt Braunschweig, 1925-1933 Vorsitzender des SPD-Landesverbandes Braunschweig, nach 1933 Inhaber eines Lebensmittelgeschäftes, 1937 / 38 Übersiedlung nach Berlin, 1938 / 39 in Haft, 1945 Vorsitzender des Zentralausschusses der SPD in Berlin, 1946-1954 Mitvorsitzender der SED, Mitglied des Zentralsekretariats und des Politbüros der SED, 1946-1950 Abgeordneter des Sächsischen Landtags, Mitglied des Präsidiums des Deutschen Volksrates, 1949-1964 Abgeordneter der Volkskammer, 1949-1964 Vorsitzender des Ministerrates und Stellvertreter

Staatsratsvorsitzender der DDR   9. 13f. 125f. 138. 185. 187. 197. 213f.
243

Grüber, Heinrich (1891-1975): Studium der Fächer Theologie und Philosophie
in Bonn, Berlin und Utrecht, Teilnahme am Ersten Weltkrieg als Metall-
gänger, 1918 Hilfsprediger in Stolberg (Rhld.), 1920 Ordination, 1920
Pfarrer in Dortmund-Brakel, 1925 Pfarrer in den Düsseltaler Anstalten,
1926 Direktor des Ev. Heimes Waldhof-Templin, 1934 Pfarrer in Berlin-
Kaulsdorf und Geistlicher der niederländischen Gemeinde in Berlin, 1938
Gründer und Leiter der Evangelischen Hilfsstelle für nichtarische Christen „Büro Grüber", 1940-1943 Haft in den Konzentrationslagern Sachsenhausen und Dachau, 1945 Bürgermeister von Kaulsdorf, 1945 Propst
zu Berlin mit Sitz an der Marienkirche, nebenamtlich Pfarrer der niederländischen Gemeinde in Berlin, Mitbegründer der Evangelischen Verlags-
anstalt Berlin und 1946 bis 1961 einer ihrer beiden ersten Lizenzträger
und Gesellschafter, Übernahme leitender Aufgaben im Evangelischen
Hilfswerk und in der Flüchtlingsarbeit des Weltkirchenrates, bis 1948 Vorsitzender der VVN, 1949-1958 Bevollmächtigter des Rates der EKD bei
der Regierung der DDR, nach dem Mauerbau 1961 Verbot der weiteren
Predigttätigkeit an der Marienkirche, 1966 Ehrenpräsident der deutsch-is-
raelischen Gesellschaft, 1970 Ehrenbürger von Berlin   12f. 65. 125-128.
187. 212-214. 218. 236f.

Grünbaum, Hartmut (1930-1983): 1957 Ordination, Hilfsprediger und seit
1958 Pfarrer in Premnitz bei Rathenow, 1968 Pfarrer in Rathenow, Syn-
odaler in Berlin-Brandenburg, Mitglied des Kuratoriums der Goßner-Mission in der DDR, 1972 synodales Mitglied der Kirchenleitung Berlin-
Brandenburg, 1974 Generalsuperintendent in Berlin (Ost), 1982 vorzeiti-
ger Ruhestand aus gesundheitlichen Gründen, Betreuung brandenburgi-
scher Theologiestudenten   71. 351

Grünbaum, Kurt (1892-1982): Studium der Rechtswissenschaften in Heidelberg und Kiel, 1922 Rechtsanwalt in Berlin, 1923 juristischer Hilfsarbeiter
im Konsistorium der Mark Brandenburg, 1925 Konsistorialrat in Berlin,
1928 Ministerialrat im preußischen Kultusministerium für Wissenschaft, Kunst
und Volksbildung, 1935 Ministerialrat im Reichskirchenministerium, 1945-
1947 Regierungsdirektor im brandenburgischen Finanzministerium und
Bearbeitung der kirchlichen Angelegenheiten im Volksbildungsministeri-
um, Mitglied der CDU-Ost, 1947 Entlassung und Verhaftung für sechs
Wochen, 1947 Berufung in die Provinzialsynode Berlin-Brandenburg,
1948 Brandenburger Domkurator, 1950 Leiter der Hauptabteilung für die
Verbindung zu den Kirchen in der Regierungskanzlei der DDR, 1952 Entlassung, 1953-1954 Oberkonsistorialrat in Berlin-Brandenburg, zugleich
Mitarbeiter der Kirchenkanzlei der EKD, Mitglied der EKD- und der
EKU-Synode, 1953 Verhaftung (fünf Monate Haft), 1954-1958 Konsistorialpräsident in Magdeburg, 1954 Vizepräsident des Centralausschusses für
die Innere Mission, 1957 Untersuchungshaft, 1958 Verurteilung zu einer
Gefängnisstrafe von zweieinhalb Jahren und einer Geldstrafe von 10 000
Mark durch das Bezirksgericht Magdeburg, Aussetzung der Strafe, Ruhestand, 1958-1961 wiederum Domkurator zu Brandenburg, 1961-1971 Juristischer Referent in der Kirchenkanzlei der EKU, Stiftshauptmann in Hei-
ligengrabe   12

Grützner: 20

Grundmann, Walter (1906-1976): Theologiestudium in Leipzig, Tübingen und
Rostock, Promotion zum Dr. theol., 1932 Ordination, Oberkonsistorialrat
in Dresden, führendes Mitglied der DC, 1936 Lehrstuhlvertreter für Neu-
es Testament in Jena, 1938 ordentlicher Professor in Jena, theologischer
Leiter des Eisenacher „Instituts zur Erforschung des jüdischen Einflusses
auf das deutsche kirchliche Leben", 1945 Amtsenthebung, Mitarbeiter im
Evangelischen Hilfswerk in Waltershausen (Thüringen), 1954 Dozent für
Neues Testament, 1955 Rektor des Katechetenseminars in Eisenach, 1975
Ruhestand   18. 653

tung der Abteilung Wissenschaft und Hochschulen des ZK der SED, 1954 Mitglied des ZK der SED, 1955-1989 Sekretär für Wissenschaft und Kultur im ZK der SED, 1958-1989 Abgeordneter der Volkskammer, Vorsitzender des Ausschusses für Volksbildung, 1959-1963 Kandidat des Politbüros der SED, 1963-1989 Mitglied des Politbüros der SED, 1966 Mitglied des Präsidiums des Forschungsrates, 1976-1989 Mitglied des Staatsrates 56. 61. 601

Hajek, Jiri (geb. 1913): Jurist und Historiker, zunächst Mitglied der Sozialdemokratischen Partei, 1945-1954 Angehöriger der tschechoslowakischen Nationalversammlung, 1948 Mitglied der KP, 1948-1969 Mitglied des ZK, 1955-1958 CSSR-Botschafter in London, 1962 Ständiger Vertreter der CSSR bei der UNO, 1965 Minister für Schulwesen und Kultur, 1968 Außenminister, 1969 Verlust aller Partei- und Staatsämter, 1970 Ausschluß aus der KP, 1977 Mitverfasser der Charta 77   302

Halfmann, Wilhelm (1896-1964): 1914-1919 Kriegsteilnahme und Gefangenschaft, Theologiestudium in Jena, Gießen und Kiel, 1922 / 23 theologische Examina in Kiel, 1923 Ordination, 1923-1926 Studieninspektor in Preetz (Holstein), 1926 Pastor in Schönberg (Holstein), 1933 Pastor in Flensburg, 1936 / 37 Geistlicher Leiter der BK, vorübergehend Oberkonsistorialrat, seit 1945 an der Spitze der schleswig-holsteinischen Kirchenleitung, 1945 Teilnahme an der Kirchenversammlung von Treysa, 1946 Bischof des Sprengels Holstein und Vorsitzender der Kirchenleitung der Ev.-luth. Landeskirche Schleswig-Holsteins, 1948 theologischer Ehrendoktor in Kiel, 1950 Mitglied der Leitung des Theologischen Konvents Augsburgischen Bekenntnisses 149

Hamel, Johannes, Dr. theol. (geb. 1911): 1938 Ordination, 1938 Studentenamtsleiter der BK Halle, 1939 Hilfsprediger in Beckwitz, 1940 Hilfsprediger in Kayna, 1942 Hilfsprediger in Heuckewalde, 1942-1946 Soldat und Kriegsgefangenschaft, Lagerpfarrer in Florenz und Pisa, 1947-1955 Studentenpfarrer in Halle, 1953 Verhaftung für mehrere Monate, 1955-1976 Dozent für Praktische Theologie am Katechetischen Oberseminar in Naumburg, 1976 Ruhestand 30f. 71. 213. 236f. 288

Hammer, Detlef (1950-1991), *OibE „Günter"*, BV Halle, Abt. XX, 1990: Berufsausbildung als Elektriker im Steinkohlenbergwerk Oelsnitz (Erzgebirge) mit gleichzeitigem Abitur, 1969-1973 Jurastudium in Halle, Jugendsynodaler in der Kirchenprovinz Sachsen, Abschluß als Diplom-Jurist, kurze Tätigkeit am Bezirksgericht Karl-Marx-Stadt, 1974 Eintritt in den Dienst der Kirchenprovinz Sachsen (Mitglied des Konsistoriums Magdeburg), Juristischer Dezernent in den Bereichen Ökumene und Diakonie, Gemeindeaufbau sowie Beratung und Begleitung von Strafgefangenen und Ausreiseantragstellern, 1988 juristische Promotion an der Humboldt-Universität Berlin, 1990 Konsistorialpräsident in Magdeburg 732f.

Handel: 786

Harder, Hans-Martin (geb. 1942): Leitendes juristisches Mitglied des Ev. Konsistoriums in Greifswald 64

Harder, Walter (geb. 1897): 1924 Ordination, 1924 Pfarrer in Zachow / Westhavelland, 1929 Pfarrer in Heinrichau (Bez. Breslau), 1939 Wehrmachtspfarrer in Görlitz, 1940 Wehrmachtsoberpfarrer, 1946 Provinzialrat des Hilfswerkes in Magdeburg, 1948 Kirchenrat im Provinzialamt des Hilfswerkes, 1952 Leiter des Amtes des Ev. Hilfswerks Magdeburg, 1958 Übersiedlung in die Bundesrepublik 203

Harm, Helmut (1913-1972): 1934-1945 inhaftiert (u.a. KZ Sachsenhausen), Leiter der Hauptabteilung V / 6, Leiter der Disziplinarabteilung in der HA Kader und Schulung 192

Harnisch: 713

Hartlich: 151

Hartmann, Helmut (geb. 1932): 1958 Ordination, 1958 Hilfsprediger und Pfarrer in Mücheln (Kirchenkreis Geiseltal), 1967 Pfarrer an St.-Andreas-Ni-

ensee (Kirchenkreis Vacha, Krs. Bad Salzungen), 1965 Pfarrer in Geisa und Superintendent des Kirchenkreises Vacha, 1977 Ruhestand 189

Hegewald, M.: 749

Heidecke: 203

Heidig, Heinz (geb. 1950): 1975 Ordination, 1975 Pfarrer in Großnaundorf (Krs. Kamenz), 1987 Pfarrer in Liebstadt (Krs. Pirna) 346. 353

Heidler, Fritz (1908-1988), *IMV „Luther"*: Theologiestudium in Tübingen, Bonn und Leipzig, Vikar in Leipzig, 1936 Ordination, 1936 Gemeindepfarrer in Kitzscher (Kb. Borna), 1947 LKA Dresden, 1949 Leiter der Männerarbeit in den östlichen Gliedkirchen der EKD, 1956 Referent in der östlichen Dienststelle des Luth. Kirchenamtes in Berlin, 1961 Leiter des Luth. Kirchenamtes, 1962 Geschäftsführer des Nationalkomitees des LWB, Mitarbeit in der Arbeitsgemeinschaft für Haushalterschaft und Gemeindeaufbau, 1974 theologische Ehrendoktorwürde am Midland Lutheran College in New York, 1975 Ruhestand 275. 287

Heidtmann, Günter (1912-1970): Theologiestudium in Tübingen, Berlin, Marburg und Bonn, 1938 Ordination, Hilfsprediger in Berlin-Nikolassee und Rheinsberg (Mark), 1938 Pfarrer der Bekennenden Gemeinde in Potsdam, 1945 Pfarrer an der Heiligengeistkirche in Potsdam und Hauptschriftleiter bzw. Redakteur der „Potsdamer Kirche", 1951 Leiter des Seminars für kirchliche Dienste in Berlin, 1951-1954 auch Rundfunkbeauftragter der Ev. Kirche in Berlin-Brandenburg, 1954 Chefredakteur des rheinischen Sonntagsblattes „Der Weg", 1955 Landespressepfarrer der Ev. Kirche im Rheinland in Düsseldorf, Leiter des Landesdienstes epd-Rheinland, Herausgeber und Schriftleiter des Monatsblattes „Kirche in der Zeit", 1961 Stellvertreter Vorsitzender des Gemeinschaftswerks der Evangelischen Presse, 1968 Chefredakteur der „Evangelischen Kommentare" 136

Heinemann, Gustav (1899-1976): Nationalökonom, Jurist und Politiker, 1921 juristische Promotion, 1928 Justitiar und Prokurist der Rheinischen Stahlwerke, 1930 Eintritt in den Christlich-Sozialen Volksdienst, 1933-1939 Lehrauftrag für Berg- und Wirtschaftsrecht an der Universität Köln, ab 1933 führende Mitarbeit in der Bekennenden Kirche, 1934 Teilnahme an der Synode von Barmen, 1936-1949 Vorstandsmitglied der Rheinischen Stahlwerke, 1945-1952 Mitglied der CDU, 1945-1967 Mitglied des Rates der EKD, 1945-1955 Präses der vorläufigen Synode der EKD und der EKD-Synode, 1946-1949 Oberbürgermeister von Essen, 1947-1950 MdL in Nordrhein-Westfalen, 1947 / 48 Justizminister in Nordrhein-Westfalen, 1949 / 50 Bundesinnenminister, 1951 Gründung der Notgemeinschaft für den Frieden Europas, 1952 Gründung der Gesamtdeutschen Volkspartei (GVP), 1957 Eintritt in die SPD, Mitglied des Fraktionsvorstandes der SPD, 1966-1969 Bundesjustizminister, 1969-1974 Bundespräsident 224. 229f. 236f.

Heinemann-Grüder, Curt-Jürgen (geb. 1920): 1938-1947 Wehrmacht, Kriegsteilnahme und französische Kriegsgefangenschaft, 1946 / 47 Beginn des Theologiestudiums in Montpellier, 1948-1952 Fortsetzung des Studiums in Bethel, Heidelberg und an der Kirchlichen Hochschule Berlin, 1951 Übersiedlung in die DDR, 1952 Hilfspfarrer und Pfarrer in Dobbrikow (Krs. Luckenwalde), 1954 Ordination, 1961 Pfarrer in Gramzow (Krs. Angermünde), 1974 Übersiedlung in die Bundesrepublik, 1975 Pfarrer in Niefern bei Pforzheim, 1981 Ruhestand 237

Heinrich, Peter (geb. 1940): 1982-1990 Hauptabteilungsleiter im Staatssekretariat für Kirchenfragen, OiBE im Staatssekretariat für Kirchenfragen 46

Heise, Joachim (geb. 1946): Historiker, Promotion und Habilitation, bis 1989 stellvertretender Direktor des Instituts für Geschichte der deutschen Arbeiterbewegung der Akademie für Gesellschaftswissenschaften des ZK der SED 56

Heisse: Diakon, Jugendwart in Marienberg (Erzgebirge) 346. 355

Heitmann, Steffen (geb. 1944): Wehrdienstverweigerer, Tätigkeit in der kirchlichen Verwaltung, Theologiestudium in Leipzig, 1971 Hilfsgeistlicher bei der Studentengemeinde Dresden, 1972 Ordination, 1972 Pfarrer an der ehemaligen Johanneskirche in Dresden, 1972 zusätzlich Referent im LKA, kirchliche Juristenausbildung, 1978-1980 zudem Betreuung der Absolventenarbeit, 1981 Kirchenamtsrat für das Gebiet Dresden, Leiter des Bezirkskirchenamtes Dresden, 1989 Juristischer Berater der „Gruppe der 20", 1989 / 90 Angehöriger der basisdemokratischen Fraktion in der Stadtverordnetenversammlung Dresden, Mitglied des Dresdener Bürgerkomitees zur Auflösung des MfS, im Frühjahr 1990 Vorsitzender der Arbeitsgruppe „Verfassung" für den Freistaat Sachsen, 1990 Justizminister in Sachsen 628

Helmes, Norbert: Nachfolger Geißels im Diakonischen Werk Stuttgart 12

Hemmann: Rechtsanwalt in Dresden 151

Hempel, Johannes (geb. 1929): Studium der Theologie und Philosophie in Tübingen (dort zunächst Germanistik, Philosophie und Geschichte), Heidelberg, Berlin und Leipzig, Promotion zum Dr. theol. in Leipzig, 1955 Hilfsgeistlicher und Pfarrer in Gersdorf (Kb. Glauchau), 1956 Ordination, 1958 Pfarrer an der Thomaskirche in Leipzig mit Dienstleistung als Studieninspektor am Predigerkolleg St. Pauli, 1963 Studentenpfarrer in Leipzig, 1967 Studiendirektor am Predigerkolleg St. Pauli, 1972 Landesbischof in Sachsen (gewählt im Oktober 1971), 1973-1977 Stellvertretender und 1982-1986 Vorsitzender der KKL, 1975 Mitglied des Zentralausschusses und des Exekutivausschusses des ÖRK, 1981-1986 Leitender Bischof der VELK in der DDR, 1983-1991 einer der Präsidenten des ÖRK, 1983 theologischer Ehrendoktor in Leipzig, 1991 Stellvertretender Ratsvorsitzender der EKD XI. 24. 29. 31. 46. 48f. 56. 66. 340f. 347. 371. 374. 445. 461. 487. 581. 627. 668. 670. 673. 698. 717-719. 720. 724f. 727. 730. 732f. 742-745. 751. 760. 762. 767. 783. 807-809

Hempel, Paul-Friedrich (geb. 1934): 1958 / 59 Predigerseminar Wittenberg, 1960 Ordination, 1960 Hilfsprediger und Pfarrer in Teuchern, 1971 Superintendent in Salzwedel und Pfarrer an der dortigen Marienkirche 354

Hemprich: Jurist, Oberkonsistorialrat in Magdeburg 203f.

Henrich, Rolf (geb. 1944), *OV „Psyche"*: Facharbeiter als Hauer im Steinkohlewerk Zwickau, Studium der Rechtswissenschaft an der Humboldt-Universität Berlin, 1964 Mitglied der SED, Rechtsanwalt in Eisenhüttenstadt, 1979-1989 Parteisekretär des Anwaltskollegiums im Bezirk Frankfurt / O., 1989 Ausschluß aus der SED und Berufsverbot, Mitinitiator des „Neuen Forums", 1990 Mitglied der SPD 42

Herbrich: 281

Herden, Klaus (geb. 1934): Theologiestudium in Jena, 1959 Vikar in Weida und Schöndorf, Krs. Schleiz (Kirchenkreis Neustadt / Orla), 1959 Ordination, 1962 Pfarrer in Schöndorf, 1967 Pfarrer in Weida, Mitglied der Thüringer Landessynode, 1977 Superintendent in Schleiz 356

Hermann: 391

Hermlin, Stephan (geb. 1915), eigentlich Rudolf Leder: Schriftsteller, 1931 Mitglied der Kommunistischen Jugend, 1936 Emigration u.a. nach Spanien (Teilnahme am Bürgerkrieg), Frankreich, England, Palästina und Ägypten, 1945 Rückkehr nach Deutschland, seit 1947 in Berlin (Ost), Mitglied der SED, Vorstandsmitglied des Schriftstellerverbandes der DDR, 1975 Vizepräsident des Internationalen PEN-Clubs 463

Herms, Eilert (geb. 1940): 1962-1968 Studium der Fächer Theologie, Philosophie und Germanistik in Berlin, Tübingen, Mainz und Göttingen, 1970 / 71 Vikar in Oldenburg, 1971 Promotion zum Dr. theol., 1971-1978 wissenschaftlicher Assistent und Privatdozent in Kiel, 1975 Habilitation im Fach Systematische Theologie in Kiel, 1979 Ordentlicher Professor in München, 1985 Professor in Mainz 100

Herntrich, Volkmar Martinus (1908-1958): 1927-1932 Theologiestudium in Tübingen, Berlin und Kiel, 1932 Promotion zum Lic. theol. in Berlin, 1932 / 33 Hilfsprediger in Kiel, 1933 / 34 Pastor in Kiel-Wellingdorf, zugleich Universitätsdozent in Kiel (seit 1932), Mitbegründer des Pfarrernot-

1937-1939 Chefredakteur der Wochenzeitung „Deutsches Volksecho" in New York, 1943 Eintritt in die amerikanische Armee, 1945 Mitbegründer der amerikanischen „Neuen Zeitung" in München, wegen prokommunistischer Haltung Zurückversetzung in die USA, 1952 Übersiedlung in die DDR, freier Schriftsteller in Ost-Berlin, 1979 Ausschluß aus dem DDR-Schriftstellerverband 394. 669. 673

Hiller: 188

Hillner: 686

Himmel, Hermann (geb. 1908): 1938 Ordination, 1938 Hilfsprediger in Schlenzer über Jüterbog, 1942 Pfarrer in Jänickendorf (Krs. Luckenwalde), 1950 Pfarrer in Borgsdorf-Pinnow (Krs. Oranienburg), 1955 Superintendent im Kirchenkreis Berlin-Land und Pfarrer in Berlin-Karlshorst 206

Hinz, Christoph (1928-1991): 1943 Marine-Flakhelfer, Kriegsteilnahme und Gefangenschaft, Theologiestudium in Münster, Berlin-Zehlendorf und Heidelberg, 1952 Erstes theologisches Examen in Halle, Vikar und 1954 Studieninspektor im Sprachenkonvikt Halle (S.), 1956 Zweites theologisches Examen in Magdeburg und Ordination, 1956 Hilfsprediger im Studentenpfarramt Halle, 1958 Studentenpfarrer in Halle, Mitglied der EKD-Synode, 1963 Pfarrer an St. Viti in Merseburg-Altenburg, 1967 Rektor am Pastoralkolleg in Gnadau, 1975 Teilnahme an der ÖRK-Vollversammlung in Nairobi, 1978 Propst zu Magdeburg und Pfarrer an der dortigen Pauluskirche, 1982 theologischer Ehrendoktor der Kirchlichen Hochschule Berlin, 1986 Ruhestand aus gesundheitlichen Gründen, engagierter Förderer der christlich-jüdischen Verständigung in der DDR 238

Hinze: 125

Hirsch, Ralf (geb. 1960), *OV „Blauvogel"*: Schlosserlehre, engagiert in unabhängigen Friedensgruppen Ost-Berlins, Friedhofsarbeiter in der Auferstehungsgemeinde Berlin, 1986 Mitglied in der „Initiative Frieden und Menschenrechte", 1988 Verhaftung mit dem Vorwurf „Landesverrat", Ausbürgerung und Abschiebung nach Berlin (West), dort Arbeit im Landesamt für Zentrale Soziale Aufgaben, 1990 Mitarbeiter im Büro des Regierenden Bürgermeisters Momper mit Zuständigkeit für Ost-West-Kontakte und Oppositionsgruppen in der DDR 50. 56. 483. 493. 525. 527. 531f. 539. 550f. 697. 755

Hitler, Adolf (1889-1945): 1920 Mitglied der NSDAP, 1933-1945 Reichskanzler 129. 176. 214. 229. 469

Ho Chi Minh (1890-1969), eigentlich Nguyen That Thangh: 144

Höcker, Wilhelm (1886-1955): Kaufmann, 1911 Eintritt in die SPD, 1920-1933 MdL in Mecklenburg, 1926 Präsident bzw. Erster Vizepräsident des Landtages, Amtshauptmann im Kreis Güstrow, nach 1933 Tabakwarenhändler, 1944 kurzzeitige Verhaftung, 1945 Präsident der Landesverwaltung Mecklenburg (zuständig für die Abteilung Allgemeine Verwaltung und Finanzen), 1945 / 46 Mitglied des SPD-Landesvorstandes Mecklenburg, 1946 SED, 1946 Landessekretär der SED in Mecklenburg, 1946 Ministerpräsident des Landes Mecklenburg-Vorpommern, 1946-1951 Vorsitzender des Landesausschusses Mecklenburg der Volkssolidarität, 1946 Teilnahme an der Verfassungsdiskussion in der SED, 1947 Ehrenpräsident der DSF Mecklenburg, 1948 Deutsche Wirtschaftskommission, 1948-50 Mitglied des Volksrates bzw. der Volkskammer, 1951 Rücktritt vom Ministerpräsidentenamt, 1954 Mitglied der DDR-Länderkammer 133

Höffner, Joseph (1906-1987): Studium der Fächer Philosophie, Theologie, Volkswirtschaft und Soziologie in Freiburg und Rom (Gregoriana), Promotion zum Dr. rer. pol., Dr. phil. und Dr. theol., 1932 Priesterweihe, 1934-1937 Kaplan in Saarbrücken, 1939 Pfarrer in Kail an der Mosel, 1943-1945 Stadtpfarrer in Trier, 1945 Ordentlicher Professor für Pastoraltheologie am Trierer Priesterseminar, später Professor für christliche Gesellschaftslehre an der neuerrichteten Kath.-Theologischen Fakultät Trier, 1951 Professor in Münster, Gründer und Direktor des dortigen „Instituts für christliche Sozialwissenschaften", Leiter des Sozialreferats im Zentralkomitee der deutschen Katholiken, 1962 Bischof von Münster, 1962-1965 Mitarbeit in der Kommission für die Seminare und Schulen beim Zweiten Vatikanischen Konzil, 1968 Koadjutor des Kölner Kardinals Frings, 1969 Erzbischof von Köln und Kardinal, 1976 Vorsitzender der Deutschen Bischofskonferenz 312

Höhne, Karl (geb. 1911): 1939 Ordination, Pfarrer in Woldenberg (Neumark), 1945 Pfarrer in Motzen (Kirchenkreis Zossen), 1948 Pfarrer an der Verklärungskirche Berlin-Adlershof, 1953 Berlin-Niederschöneweide 140

Höser, Wolfgang (geb. 1926): Kriegsteilnahme und -gefangenschaft, Theologiestudium in Marburg, Bethel und Erlangen, 1951 Fakultätsexamen in Erlangen, 1951 Ordination, 1951 Hilfspfarrer in Udestedt bei Erfurt (Kirchenkreis Vieselbach), 1955 Pfarrer in Udestedt und Jugendpfarrer, 1957 Rektor des Diakonissenmutterhauses für Thüringen in Eisenach, zugleich Vorsitzender der Mutterhauskonferenz in der DDR, Vorsitzender der Hauptversammlung des Diakonischen Werkes, 1979 Oberkirchenrat in Eisenach (Diakoniedezernat), Vertreter des Landesbischofs in Geistlichen Angelegenheiten, Leiter des Diakonischen Werkes in Thüringen, 1991 Ruhestand 393

Höver, Ernst (geb. 1906): 1952 Landesjugendwart für den Bereich Brandenburg, Ev. Jungmännerwerk, 1959 Einsegnung zum Prediger, 1959 Prediger in Reichenwalde (Kirchenkreis Fürstenwalde) 169

Hoff: 653

Hoffmann: 64

Hoffmann, Heinz (1910-1985): 1925-1928 Lehre als Maschinenschlosser, 1926-1930 Funktionär des KJVD, 1930 Eintritt in die KPD, 1933 illegale Parteiarbeit, 1935 Emigration in die UdSSR, Besuch der Leninschule, 1936-1937 Besuch der Frunse-Akademie in Rjasan, 1937 Teilnahme am spanischen Bürgerkrieg, Offizier und Politkommissar, Flucht nach Frankreich, 1939 Rückkehr in die Sowjetunion, 1941-1943 Besuch der Kominternschule, zeitweilig Oberleutnant der Roten Armee und Lehrer in den Lagern Karaganda, Oranki und Krasnogorsk, 1946 Rückkehr nach Deutschland, 1946-1947 Mitarbeiter beim ZK der SED, 1947-1949 Sekretär der SED-Landesleitung Groß-Berlin, 1949 Generalinspekteur der VP und ständiger Vertreter des Leiters der DVdI, 1950-1952 Kandidat des ZK der SED, 1950 Generalinspekteur und Leiter der Hauptverwaltung für Ausbildung, 1950 Abgeordneter der Volkskammer, 1952 Mitglied des ZK der SED, 1952-1955 Generalleutnant der KVP, stellvertretender Minister des Innern und Chef der KVP, 1955-1957 Besuch der Generalstabsakademie in der UdSSR, zeitweilig Vertreter der DDR im Stab des Oberkommandos der Staaten des Warschauer Pakts, Chef des Heeres, dann Chef des Stabes, 1956-1960 Erster Stellvertreter des Ministers für Nationale Verteidigung, 1959 Generaloberst der Nationalen Volksarmee, 1960-1985 Minister für Nationale Verteidigung, 1961 Armeegeneral, 1973-1985 Mitglied des Politbüros der SED 48. 260

Hofmann: 97

Holtz, Traugott (geb. 1931): 1949 Mitglied der CDU, Mitbegründer der FDJ in Greifswald, Theologiestudium in Rostock, Promotion und Habilitation im Fach Neues Testament in Halle, 1964 Dozent an der Humboldt-Universität Berlin, 1965 Professor in Greifswald, Direktor der Greifswalder Sektion Theologie, 1971 Professor in Halle, 1972 Stellvertretender Direktor für Forschung daselbst, Mitglied des Theologischen Ausschusses der EKU, Angehöriger der Synode der Kirchenprovinz Sachsen, dort im Theologischen Ausschuß, 1991 wegen des Verdachtes der Tätigkeit als IM des MfS durch das Magdeburger Wissenschaftsministerium fristlos entlassen 88

Honecker, Erich (geb. 1912): 1922-1926 Mitglied der kommunistischen Kinderbewegung, des Jung-Spartakusbundes und der Roten Jungpioniere, 1926 Mitglied des KJVD, 1927-1929 Dachdeckerlehre, 1929 Eintritt in die KPD, 1930 Teilnahme an einem Jugendkurs der Leninschule Moskau,

kirchenrat und 1978 Oberlandeskirchenrat in Dresden, Stellvertreter des Landesbischofs 56. 760

Immer, Theodor: Reformierter Pfarrer in Hinte über Emden, Leiter der Bruderschaft Nord-West-Deutschland 234

Irmler, Werner (geb. 1930): 1965-1989 Leiter der ZAIG des MfS, 1977 Generalmajor, 1987 Generalleutnant 45. 71. 468. 525

Jacob, Günter (geb. 1906): 1924-1929 Theologiestudium in Tübingen, Marburg und Berlin, 1929 Lic. theol. in Marburg, Vikariat und Predigerseminar in Berlin, 1931 Ordination, Hilfsprediger in Köslin, 1932 Pfarrer in Noßdorf bei Forst / Lausitz, Mitbegründer des Pfarrernotbundes und Mitglied des Provinzial-Bruderrates der BK von Brandenburg, 1935 Verhaftung, 1937 Untersuchungs- und Gestapohaft in Forst, Redeverbot, ständige Polizeiaufsicht und Heimtückeverfahren, Teilnahme an den meisten Bekenntnissynoden (auch Barmen), 1939-1945 Soldat mit dem Dienstgrad eines Unteroffiziers, Juli 1945 Entlassung aus der Kriegsgefangenschaft, 1945 Pfarrer der Kirchlichen Nothilfe in Marburg (Lahn), 1946 Generalsuperintendent der Neumark und der Niederlausitz mit Sitz in Lübben, 1949 Beschränkung der Generalsuperintendentur auf die Niederlausitz mit Verlegung des Dienstsitzes nach Cottbus, Mitglied der EKD-Synode, Mitglied des Exekutivausschusses von „Faith and Order", 1962 Vorsitzender des Kuratoriums der Goßner-Mission in der DDR, 1963-1966 Verwalter des Bischofsamtes im Bereich der Regionalsynode Ost von Berlin-Brandenburg, 1968 Teilnehmer der Weltkirchenkonferenz in Uppsala, 1972 Ruhestand in Fürstenwalde (Spree) 17. 136f. 188. 213. 224. 236f. 245. 256. 264-268. 288

Jaeger, Joachim (geb. 1935): Maschinenschlosserlehre, Ingenieurstudium in Karl-Marx-Stadt, Mitarbeit in der ESG, Theologiestudium in Naumburg und am Sprachenkonvikt Berlin, 1967 Ordination, Pfarrer in Wiederstedt bei Mansfeld, 1973 Studentenpfarrer in Halle, 1977 Pfarrer in Nordhausen-Altendorf und Superintendent im Kirchenkreis Nordhausen, 1981-1985 Mitglied der KKL, 1983 Delegierter bei der Vollversammlung des ÖRK in Vancouver, 1986 Propst der Propstei Südharz bzw. des Sprengels Nordhausen 353. 357

Jänicke, Johannes (1900-1979): Gymnasium zum Grauen Kloster in Berlin, Soldat im Ersten Weltkrieg, Theologiestudium in Berlin und Basel, Theologische Examina in Berlin, Vikar in Berlin, 1925 Ordination, 1925 Stadtvikar in Berlin, 1926 Pfarrer in Luckenwalde, 1929 Pfarrer in Halle (S.), St. Ulrich, 1930-1933 zudem Herausgeber des Kirchenblattes „Mut und Kraft", seit 1934 Mitglied des Pfarrernotbundes und der BK, 1935 Pfarrer in Palmnicken (Ostpreußen), 1940-1943 Leitung des Ostpreußischen Bruderrates, 1943-1945 Kriegsteilnahme in einer Sanitätseinheit, 1947 kommissarischer Pfarrer in Berlin-Schlachtensee, 1948 Direktor des Burckhardthauses in Berlin-Dahlem, 1949 Propst zu Halle und Merseburg, 1955 Bischof der Kirchenprovinz Sachsen und Domprediger in Magdeburg, 1956 theologischer Ehrendoktor in Göttingen, seit 1968 Leiter des Kuratoriums des Ev. Diakonissenhauses Halle, 1969 aus gesundheitlichen Gründen Ruhestand 19. 21. 189. 204. 255. 257. 264-267. 274. 387

Jahn: 71

Jahn, Roland (geb. 1953), OV „Mappe", OV „Opponent", ZOV „Weinberg": Studium der Wirtschaftswissenschaften, 1976 Exmatrikulation wegen Protests gegen die Ausbürgerung Biermanns, Transportarbeiter bei Zeiss-Jena, Mitglied der politischen Gruppierung „Friedensgemeinschaft Jena", 1983 gewaltsame Abschiebung in die Bundesrepublik, Mitglied der AL in Berlin (West), Engagement in der westdeutschen Friedensbewegung, Mitarbeiter im SFB 501f. 504. 525ff. 530ff. 540. 802

Jamin, Erich: Polizei-Inspektor, 1946-1949 Chef der K 5, Leiter der Hauptabteilung VII des MfS 4

Jarowinsky, Werner (1927-1990): Industriekaufmann, seit 1945 Mitglied der

KPD, Jugendfunktionär in Zeitz, Angehöriger der Volkspolizei, Besuch der Arbeiter- und Bauernfakultät Halle, 1948-1951 Studium der Ökonomie in Halle und Berlin (Ost), Promotion zum Dr. rer. oec., Dozent und 1956 Direktor des Forschungsinstituts für den Binnenhandel beim Ministerium für Handel und Versorgung, 1957-1963 Mitarbeiter im Ministerium für Handel und Versorgung, zuletzt als Staatssekretär und Erster Stellvertreter des Ministers, 1963-1984 Mitglied des ZK und Kandidat des Politbüros der SED, 1963-1989 Sekretär des ZK der SED für Handel und Versorgung, 1963-1989 Mitglied der Volkskammer, 1974-1989 Vorsitzender des Volkskammerausschusses für Handel und Versorgung, 1984-1989 Mitglied des Politbüros, seit 1984 als ZK-Sekretär auch zuständig für Kirchenfragen, 1989 / 90 Vorsitzender der SED-PDS-Volkskammerfraktion 46. 55f. 59f. 525. 542. 546. 600. 699

Jaruzelski, Wojciech (geb. 1923): 1947 Mitglied der polnischen Vereinigten Arbeiterpartei, 1956 General, 1964 Mitglied des ZK, 1968-1973 Verteidigungsminister, 1971 Mitglied des Politbüros, 1981-1985 Ministerpräsident, 1981-1989 Erster Sekretär des ZK, 1989-1990 Staatspräsident 321

Jaspers, Karl (1883-1969): Studium der Rechtswissenschaften und der Medizin in Heidelberg, München, Berlin und Göttingen, 1908 Promotion, wissenschaftlicher Assistent an der Psychiatrischen Klinik in Heidelberg, 1913 Privatdozent, 1916 Titularprofessor für Psychologie, 1920 außerordentlicher, 1921 ordentlicher Professor für Philosophie in Heidelberg, Hauptvertreter der Existenzphilosophie, 1937-1945 Lehrverbot durch die Nationalsozialisten, 1948 Professor in Basel 89

Jengen, Gabriele: 798

Jennerjahn, Hartmut: dpa-Korrespondent in Berlin (Ost) 528

Jenninger, Philipp (geb. 1932): Promovierter Jurist, seit 1969 MdB, 1973-1982 Parlamentarischer Geschäftsführer der CDU / CSU-Fraktion, 1982 Staatsminister, 1984 Bundestagspräsident, 1988 Rücktritt 528

Jenssen, Hans-Hinrich: 7. 81

Jentsch, Andreas (geb. 1933): Theologiestudium in Leipzig, 1957 Erstes theologisches Examen, 1957 Verhaftung und Verurteilung zu einer Zuchthausstrafe von eineinhalb Jahren, Predigerseminar Lückendorf, 1960 Ordination, Hilfsgeistlicher im Kb. Leipzig, 1961 Pfarrer an der Annenkirche in Dresden, 1963 Pfarrer in Kamenz, 1968 Referent im LKA Dresden, 1976 Pfarrer an der Versöhnungskirche in Dresden-Striesen 72

Jörke: 763. 765. 768

Johannes Paul II., eigentlich: Karol Wojtyla (geb. 1920): Studium der Literaturwissenschaften, Schauspieler in Krakau, 1942 Theologiestudium, 1946 Priesterweihe, weitere Studien in Rom, Kaplan, Studentenseelsorger, bis 1958 Professor für Theologie in Lublin und Krakau, 1958 Weihbischof von Krakau, 1964 Erzbischof in Krakau, 1967 Ernennung zum Kardinal, 1978 Wahl zum Papst 45. 311ff.

Johnson, Hewlett (1874-1966): Ingenieurstudium, 1898 Mitglied der Vereinigung der britischen Civil-Ingenieure, Theologiestudium in Oxford, 1906 Ordination, 1908 Vikar von St. Margarets in Altricham, 1913-1924 Kaplan unter dem Bischof von Chester, 1924-1931 Dekan in Manchester, Studentenprediger in Cambridge (1921, 1926) und Oxford (1924), radikaler Sozialist, 1931 Dekan von Canterbury, Mitherausgeber der kommunistischen Tageszeitung „Daily Worker", 1951 Verleihung des Stalin-Friedenspreises in Moskau, 1963 Ruhestand 180

Jonak: 387

Jonkowski: 749

Jordan: 803

Jungklaus, Dietrich (geb. 1913): 1937 Ordination, 1938 Hilfsprediger, 1943 Pfarrer in Gerswalde, 1946 Pfarrer in Berlin-Buch, 1953 Pfarrer an der Samariterkirche in Berlin-Friedrichshain und Superintendent daselbst 206

tender Dekan des Dekanats Berlin-Weißensee, 1974 Notar im Bistums-
konsistorium, 1975 Prosynodaler Examinator, 1975 Prosynodaler Richter,
1979 Richter beim Interdiözesan-Offizialat Erfurt, I. Instanz, 1982 Konsistorialrat 141

Klein, Helmut: Rektor der Humboldt-Universität a.D., 1989 Präsident des
VdF in der DDR 612

Klein, Rudolf (geb. 1901): 1928 Ordination, 1928 Pfarrer in Trebatsch (Kirchenkreis Beeskow), Mitarbeit im brandenburgischen Bruderrat, 1947
Pfarrer an der Christuskirche in Berlin-Oberschöneweide 140

Kleinert, Kurt (geb. 1927): Prorektor für Studienangelegenheiten an der Technischen Hochschule für Chemie in Leuna-Merseburg, 1964 / 65 Abteilungsleiter im Volkswirtschaftsrat, 1970-1972 Stellvertretender Staatssekretär und Stellvertretender Leiter der Arbeitsgruppe Staats- und Wirtschafts-
führung beim Ministerrat, 1972-1974 Stellvertretender Leiter des Büros
des Ministerrates, seit 1974 Staatssekretär und Leiter des Sekretariates des
Ministerrates 62

Kleinschmidt, Karl (1902-1978): Theologiestudium in Jena und München, 1927
Ordination, Pfarrer in Weißbach bei Schmölln / Thüringen, 1927 Eintritt
in die SPD, 1930 Pfarrer in Eisenberg / Thüringen, Landesvorsitzender
des Bundes Religiöser Sozialisten in Thüringen, 1933 Mitglied der Thüringer Landessynode, 1933 Entlassung aus dem Pfarrdienst, Schutzhaft, 1934
Übernahme in den Dienst der mecklenburgischen Landeskirche, 1935
Domprediger in Schwerin, 1939 Protest gegen die Ausgliederung von Ju-
denchristen aus der mecklenburgischen Landeskirche, 1939 Einleitung eines Disziplinarverfahrens, 1945 Mitbegründer und Vorsitzender des Kulturbundes zur demokratischen Erneuerung Deutschlands in Mecklenburg,
1946 Eintritt in die SED, Regierungsdirektor der mecklenburgischen Landesregierung, 1947-1949 Vizepräsident des Kulturbundes, Mitglied des
Deutschen Volksrates und bis 1954 der Volkskammer, Mitglied des Ge-
schäftsführenden Ausschusses des Bundes Evangelischer Pfarrer in der
DDR, Mitglied der CFK, 1967 Ruhestand 247

Klewitz: 12

Klier(-Krawczyk), Freya (geb. 1950), OV „Sinus“: Freischaffende Theaterre-
gisseurin in Berlin (Ost), Mitarbeit in der „Kirche von unten“, 1988 Verhaftung, erzwungene Ausreise nach Berlin (West) 56. 485. 539. 550f. 747.
755

Klötzer, Wolfgang: 687

Kloppenburg, Heinz (1903-1986): Zunächst kaufmännische Lehre in der Woll-
branche, Seefahrer, 1925-1930 Theologiestudium in Marburg, Göttingen,
Münster und Bonn, 1930 Erstes theologisches Examen, 1932 Zweites
theologisches Examen und Ordination, Pfarrer in Wilhelmshaven-Hep-
pens, Mitglied der NSDAP, Mitglied der Deutschen Christen, Sommer
1933 Ausschluß aus den DC wegen Parteinahme für von Bodelschwingh,
1934-1945 Leiter der Bekennenden Kirche der Ev.-Luth. Kirche Olden-
burgs, Teilnehmer der Bekenntnissynoden von Barmen, Dahlem, Augsburg und Bad Oeynhausen, 1934 Mitglied des Lutherischen Rates, 1934
Mitglied des Reichsbruderrates, 1936 Mitglied des Rates der DEK, 1937
Versetzung in den einstweiligen Ruhestand, 1937 Reichsredeverbot, Verbot der Vornahme von Amtshandlungen, 1941 Versehung des Pfarramtes
in Wiefelstede, 1942 Vorsitzender der Konferenz der Landesbruderräte,
1945 Geistlicher Oberkirchenrat in Oldenburg und ständiger Vertreter des
Bischofs, 1947-1950 Sekretär in der Flüchtlingsabteilung des ÖRK in
Genf (von der Landeskirche hierfür beurlaubt), 1952 Bischofskandidat in
Oldenburg, 1953 einstweiliger Ruhestand, 1953 Beauftragter der Synode
Dortmund für katechetische und gesellschaftspolitisch-soziologische Fragen (Referent), Vorstandsmitglied der Kirchlichen Bruderschaften der
EKD, Mitbegründer der Konferenz Europäischer Kirchen, einer der Vize-
präsidenten der CFK, Leiter der CFK-Regionalkonferenz Westdeutsch-
land, Teilnehmer der ÖRK-Vollversammlungen in Amsterdam, Evanston

nent), 1971 Konsistorialpräsident in Magdeburg, Mitglied der KKL, Vorsitzender des Rechtsausschusses und des Ausschusses für die Kirchenjuristenausbildung im BEK, 1974-1976 Stellvertretender Vorsitzender des Rates der EKU – Bereich DDR, 1979 Ruhestand 43

Kraußer, Peter: Mitarbeiter des ZR der FDJ, 1988-1989 Leiter der AG Kirchenfragen beim ZK der SED 36. 62f.

Krawczyk, Stephan (geb. 1956), OV „*Sinus*", OV „*Sinus II*": Liedermacher und Brecht-Interpret, 1956 Eintritt in die SED, 1981 Auszeichnung mit dem Preis des Ministers für Kultur im Chanson-Wettbewerb von Frankfurt / O., 1985 Austritt aus der SED, Auftrittsverbot, 1988 Ausbürgerung 56. 59. 67. 485. 514f. 539. 550f. 743-747. 755. 771

Krecker, Kurt (geb. 1897): Zeuge Jehovas, Mitarbeiter im Ministerium für Wirtschaft in Thüringen, 1950 Flucht nach Berlin (West) 154f.

Krenz, Egon (geb. 1937): Gruppen- und Freundschaftsratsvorsitzender der Jungen Pioniere, 1953 Eintritt in die FDJ, 1953-1957 Besuch des Instituts für Lehrerbildung in Putbus, 1955-1989 Mitglied der SED, 1957 Staatsexamen, 1957-1959 Soldat bei der NVA, 1959-1960 Erster Sekretär der FDJ-Kreisleitung Bergen, 1960-1961 Erster Sekretär der FDJ-Bezirksleitung Rostock, 1961-1964 Sekretär des Zentralrates der FDJ, 1964-1967 Besuch der Parteihochschule der KPdSU, Abschluß als Diplom-Gesellschaftswissenschaftler, 1967-1974 Sekretär des Zentralrates der FDJ, 1971-1973 Kandidat des ZK der SED, 1971-1989 Abgeordneter der Volkskammer, 1971-1981 Mitglied des Präsidiums der Volkskammer, 1971-1976 Vorsitzender der FDJ-Fraktion in der Volkskammer, 1971-1974 Vorsitzender der Pionierorganisation „Ernst Thälmann", 1973-1989 Mitglied des ZK der SED, 1974 Erster Sekretär des Zentralrates der FDJ, 1976-1983 Kandidat des Politbüros, 1981 Mitglied des Staatsrates, 1983-1989 Mitglied des Politbüros und ZK-Sekretär für Sicherheit sowie Jugend und Sport, 1989 Generalsekretär des ZK, 1989 Staatsratsvorsitzender, 1989 Vorsitzender des Nationalen Verteidigungsrates 64f. 493. 525. 601. 628. 630f. 633

Kreutzer, Hermann: 779

Kreyssig, Lothar (1898-1986): 1917 / 18 Soldat im Ersten Weltkrieg in Frankreich, Rußland und Serbien, 1919-1922 Studium der Rechts- und Staatswissenschaften in Leipzig, Promotion zum Dr. jur., 1922 Referendar, 1924 Richter, 1926-1936 Landgerichtsrat in Chemnitz, 1934 Mitglied der lutherischen Bekenntnisgemeinde in Flöha, 1934-1936 Mitglied des Landesbruderrates in Dresden, 1936 Leiter der sächsischen Bekenntnissynode, Mitglied der Bekenntnissynode der DEK, 1937 als Amtsgerichtsrat Vormundschaftsrichter in Brandenburg / Havel, Landwirt in Hohen-Ferchesar bei Brandenburg, ordinierter Prediger, 1937-1945 Mitglied des Provinzialbruderrates Brandenburg sowie der Bekenntnissynode der APU, 1941 wegen seines Engagements gegen die Euthanasie Versetzung in den Ruhestand, wehrunwürdig, 1946 / 47 Konsistorialrat in Magdeburg, 1947-1964 Präses der Synode der Kirchenprovinz Sachsen, Mitbegründer und Leiter der Ev. Akademie der Kirchenprovinz Sachsen, Vizepräsident Ost des Deutschen Ev. Kirchentages, 1949-1961 Mitglied des Rates der EKD, 1951 / 52 kommissarischer Leiter der Kirchenkanzlei der EKU, 1952-1970 Präses der Synode der APU, 1957 Gründer der Aktionsgemeinschaft für die Hungernden, 1958 Gründung der Aktion Sühnezeichen, bis 1970 Vorsitzender der Aktion Sühnezeichen in der DDR, 1971 Übersiedlung nach Berlin (West) 284

Kriwath, Herbert: 206

Kroschel: Ingenieur, Vertreter des Bürgerkomitees zur Auflösung des MfS 653. 655f.

Krüger: 198

Krüger, Thomas (geb. 1959): Lehre als Plaste- und Elaste-Verarbeiter in Fürstenwalde, Mitglied im offenen Jugendkreis Havemanns, Grundwehrdienst in Brandenburg, Theologiestudium am Sprachenkonvikt in Berlin, Mitglied der „Kirche von unten" und des Friedenskreises in Pankow, 1989

Studentenpfarrer an der Technischen Hochschule Hannover, 1927-1935
Generalsekretär der DCSV, 1928 Mitglied im Exekutiv-Komitee und 1932
Vizepräsident des Christlichen Studentenweltbundes, 1932 Promotion
zum Dr. theol. in Zürich, 1934 Mitglied des Lutherischen Rats, 1935 Generalsekretär des Luth. Weltkonvents, 1944 Verhaftung, 1945 Oberlandeskirchenrat in Hannover, 1945-1967 Mitglied des Rates der EKD, 1946
Präsident des Zentralausschusses der Inneren Mission, 1947 Landesbischof
der Ev.-luth. Landeskirche Hannovers, 1949 Stellvertretender Vorsitzender
des Rates der EKD, 1950 Abt zu Loccum, 1952-1957 Präsident des LWB,
1955-1969 Leitender Bischof der VELKD, 1971 Ruhestand   15. 229. 254
Linke, Dietmar (geb. 1944), *OV „Kreuz“:* 1963 Theologiestudium in Berlin,
1969 Erstes theologisches Examen, 1969 Vikar in Luckenwalde, 1970 im
Predigerseminar Wittenberg, 1971 Ordination, 1971 Pfarrer in Meinsdorf
(Krs. Jüterbog), 1978 Pfarrer in Neuenhagen bei Berlin, 1983 Ausreise aus
der DDR, 1987 Pfarrer an der Kapernaum-Gemeinde in Berlin-Wed-
ding   351. 353
Linz: 746
Litta, Martin (geb. 1906): 1937 Ordination, 1937 Pfarrer in Forst-Sacro, 1952
Pfarrer in Kolkwitz (Kirchenkreis Cottbus), 1964 Pfarrer an der Bekennt-
niskirche in Berlin-Treptow, 1971 Ruhestand   169
Lobkowicz, Nikolaus (geb. 1931): Philosophiestudium in Erlangen, 1958 Promotion in Fribourg, 1958 Wissenschaftlicher Mitarbeiter der Universität
Fribourg, 1960 Associate Professor in den USA, 1967 Leiter des Geschwi-
ster-Scholl-Instituts für Politische Wissenschaften an der Universität München, seit 1971 Rektor bzw. Präsident der Katholischen Universität Eichstätt, Marxismusforscher   459
Löffler, Kurt (geb. 1932): Leiter der Abteilung Kultur beim Rat des Bezirkes
Erfurt, Mitarbeiter des ZK der SED, Stellvertretender Leiter der Abteilung Kultur beim ZK der SED, 1973-1988 Staatssekretär im Ministerium
für Kultur, 1974 Präsident der „Freundschaftsgesellschaft DDR-Indien“,
1980-1983 Sekretär des staatlichen Lutherkomitees, 1985 Stellvertretender
Vorsitzender und Sekretär des Komitees zum 750. Jahrestag Berlins,
1988 / 89 Staatssekretär für Kirchenfragen, 1991 Direktor für Marketing,
Werbung und Öffentlichkeit im ostdeutschen Sparkassen- und Girover-
band   62f. 601. 784f.
Lösdau: 251
Loewe, Lothar (geb. 1929): Kriegseinsatz, 1948 Abitur, 1949-1954 Reporter,
1953 / 54 Auslandsjournalist in den USA, 1954 Politischer Redakteur,
1961 Rundfunk- und Fernsehkorrespondent der ARD in Washington,
1967 ARD-Fernsehkorrespondent in Moskau, 1971 Fernseh-Sonderkorre-
spondent der ARD für aktuelle Berichterstattung, 1974-1976 Leiter des
DDR-Studios der ARD in Berlin (Ost), 1978-1982 ARD-Fernsehkorrespondent in Washington, 1983-1986 Intendant des SFB, Journalist   35
Löwenthal, Gerhard (geb. 1922): Studium in Berlin, 1945-1954 Tätigkeit beim
RIAS Berlin (seit 1951 stellvertretender Programmdirektor), 1949 Mitbegründer der RIAS-Funkuniversität, 1954-1957 Stellvertretender Programmdirektor beim SFB, 1955-1963 Leiter der Abteilung wissenschaftliche Information bei der OECD in Paris, seit 1963 beim ZDF (bis 1969
Leiter des ZDF-Studios Brüssel, 1969-1987 Chefredakteur des „ZDF-Ma-
gazins“), 1987 Ruhestand   401. 412. 459
Lotz, Gerhard (1911-1981), *IM „Karl“:* Studium der Rechts- und Staatswissenschaften in Frankfurt / M., Göttingen, Leipzig und Königsberg, 1934 Erste juristische Staatsprüfung in Königsberg, Referendar in Königsberg und
Assistent der Rechts- und Staatswissenschaftlichen Fakultät der Alberti-
nusuniversität Königsberg, 1938 Zweite juristische Staatsprüfung in Berlin,
1938 Übertritt in den Dienst der Ev.-luth. Kirche in Thüringen als Assessor, 1942 Kirchenrechtsrat, Kriegsteilnahme und Gefangenschaft, 1946 als
Kirchenrat und ab November Oberkirchenrat als Weltliches Mitglied des
Thüringer Landeskirchenrates, 1946 Eintritt in die CDU-Ost, 1948 Stell-

vertretender Vorsitzender des Landeskirchenrates, Mitglied der EKD-Synode, Mitglied des Weimarer AK, engster Berater Mitzenheims, 1956 Mitglied des CDU-Hauptvorstandes, 1956 Präsidiumsmitglied des Weltfriedensrates, Mitglied der CFK, bis 1976 Mitglied der KKL, 1967-1976 Abgeordneter der Volkskammer, 1969 juristischer Ehrendoktor in Jena, Vizepräsident des Friedensrates der DDR, 1976 Ruhestand, 1976 Orden „Stern der Völkerfreundschaft" in Silber, Verleihung der Johannes-R.-Becher-Medaille in Gold des Kulturbundes der DDR, 1981 Vaterländischer Verdienstorden der DDR in Gold   8f. 18-20. 23f. 213. 242. 244. 264

Lucht, Harro (geb. 1950): Studentenpfarrer in Greifswald   356

Ludwig, Hans: 1966-1969 Leiter der HA XX / 4 des MfS, 1969 Stellv. Leiter der HA XX   19. 278

Lühr: 619

Lust: Leiter der Hauptabteilung VA im MdI   142. 145f.

Luther, Martin (1483-1546): Deutscher Reformator   V. 15. 94. 388. 397. 589. 717

Lux, Petra: 750

Luxemburg, Rosa (1870-1919): 1899 Emigration von Polen nach Zürich, Mitbegründerin der polnischen Sozialdemokratie, Studium der Nationalökonomie, 1905 / 06 Teilnahme an der russ. Revolution, zeitweise Inhaftierung in Warschau, seit 1914 Lehrauftrag an der Parteischule der SPD in Berlin, 1914 Gründerin des Spartakusbundes, 1915-1918 Inhaftierung, 1917 Beitritt zur USPD, 1918 Mitbegründerin der KPD, 1919 Ermordung   59. 515. 539. 550. 560. 598. 666f. 691

Maass, Ekkehard (geb. 1951): Liedersänger in Berlin (Ost)   463

Maaz, Hans-Joachim (geb. 1943): Psychotherapeut und Publizist, 1980 Chefarzt der Psychotherapeutischen Klinik im Ev. Diakoniewerk Halle   65

MacArthur: US-General, Befehlshaber der UNO-Truppen im Koreakrieg   147

Märker, Christoph: EDV-Ingenieur, Mitglied der SPD, Angehöriger des Bürgerkomitees zur Auflösung des MfS, Mitarbeiter im Auswärtigen Amt   655f.

Mager, Reimer (1906-1966): Hilfsarbeiter in einem Eisenwerk in Düsseldorf, Weberlehre in Bocholt (Westfalen), Mitglied der christlichen Gewerkschaften und der Gewerkschaftsjugend, Vertrauensmann des christlichen Textilarbeitervorstandes, 1926 / 27 Besuch der Staatlichen Fachschule für Wirtschaft und Verwaltung in Düsseldorf, Leiter des Evangelischen Jugendbundes in Bocholt, 1927 Gewerkschaftssekretär des Verbandes christlicher Textilarbeiter in Zittau (Sa.), 1930 Mitglied des CSVD, 1931 Landesgeschäftsführer der Gesamtverbandes christlicher Gewerkschaften Deutschlands für den Freistaat Sachsen in Dresden, 1934 Landesgeschäftsführer der Bekennenden Ev.-luth. Kirche Sachsens und Mitglied des Landesbruderrates, Teilnahme am Kirchentag in Ulm und an den Bekenntnissynoden in Barmen, Dahlem, Augsburg und Bad Oeynhausen, zweimal in Schutzhaft, 1937 Kirchenvorsteher an der Himmelfahrtskirche in Dresden-Leuben, Mitglied des Widerstandskreises um Jakob Kaiser, Kriegsteilnahme und Gefangenschaft bis 1946, 1946 Eintritt in die CDU, bis 1948 Stellvertretender Landesvorsitzender der CDU in Sachsen, Teilnehmer der Kirchenversammlungen 1947 in Treysa und 1948 in Eisenach, Mitglied des Präsidiums des Deutschen Evangelischen Kirchentages, seit 1948 Mitglied der sächsischen Landessynode, deren Präsident und Mitglied der Kirchenleitung, seit 1949 Mitglied des Rates der EKD, Vorsitzender der „Kammer für soziale Ordnung" der EKD, 1954 Teilnehmer der Weltkirchenkonferenz in Evanston, 1961 theologischer Ehrendoktor in Hamburg   71. 447

Magirius, Friedrich (geb. 1930): Studium in Berlin-Zehlendorf und Greifswald, Krankenpfleger im Krankenhaus Dresden-Friedrichstadt, Vikar bei der Inneren Mission und in Löbau, 1955 Hilfsgeistlicher und Pfarrer am Diakonenhaus Moritzburg, 1956 Ordination, 1958 Pfarrer in Einsiedel bei Karl-

Marx-Stadt, 1974 Pfarrer an der Kreuzkirche in Dresden, 1974 beurlaubt
als Leiter der Aktion Sühnezeichen in der DDR, 1982 Superintendent von
Leipzig-Ost und Pfarrer an St. Nikolai, seit Juli 1990 zusätzlich Stadtprä-
sident in Leipzig, 1990 Verleihung des Gustav-Heinemann-Preises   IX.
429ff. 564f. 568. 665. 674. 678. 698. 700. 730. 731f. 741-743. 745-747. 751
Maibaum: 801
de Maizière, Clemens, IM „Clemens": Vater von de Maizière, Lothar   17
de Maizière, Lothar (geb. 1940), IM „Czerny" (auch „Czerni") [seit 1981]:
    1956 Eintritt in die Ost-CDU, 1958 Studium des Faches Viola an der Mu-
    sikhochschule in Ost-Berlin, Musiker in verschiedenen Theater- und Kul-
    turorchestern, 1969-1975 Fernstudium der Rechtswissenschaften an der
    Humboldt-Universität Berlin, 1975 Assistent, Rechtsanwalt in Berlin
    (Ost), 1976 Mitglied des Kollegiums der Rechtsanwälte in Ost-Berlin,
    1985 Berufung in die Bundessynode durch die KKL, 1986-1989 Vizeprä-
    ses der Bundessynode, 1987 Wahl zum Stellvertretenden Vorsitzenden des
    Kollegiums der Rechtsanwälte, 1987 Mitarbeit in der Arbeitsgemeinschaft
    „Kirchenfragen" beim Hauptvorstand der CDU, 1989 Wahl zum Vorsit-
    zenden der Ost-CDU, 1989 / 90 Stellvertretender Ministerpräsident der
    DDR und Minister für Kirchenfragen, 1990 Mitglied der Volkskammer,
    Ministerpräsident der DDR, 1990 Stellvertretender Vorsitzender der
    CDU, Vorsitzender der CDU im Land Brandenburg, Vorsitzender der
    CDU-Grundwertekommission, MdB, 1991 Rücktritt von allen Parteiäm-
    tern und Niederlegung des Bundestagsmandates, wieder Rechtsan-
    walt   53. 67. 70. 93. 731
Malenkow, Georgi Maximilianowitsch (1902-1988): 1920 Eintritt in die
    KPdSU, 1938 Persönlicher Sekretär Stalins, 1939 Mitglied und Sekretär
    des ZK der KPdSU, Leiter der Kaderverwaltung, 1941 Kandidat des Polit-
    büros, 1946 Mitglied des Politbüros, 1946 Stellvertretender Ministerpräsi-
    dent, 1952-1953 Erster Parteisekretär, 1952-1955 Ministerpräsident, 1957
    Entfernung aus allen Ämtern wegen „parteifeindlichen" Verhaltens, Kraft-
    werksleiter in Zentralasien, 1968 Pensionär in Moskau   187
Manouri, Karl (geb. 1894): 1922 Hilfsprediger, 1923 Ordination, 1925 Pfarrer
    in Reetz, 1931 Pfarrer an der Friedrichstadt-Kirche (Französ. Dom) in
    Berlin, Präses der Franz.-Ref. Kreissynode, Verwalter der Pfarrstelle an
    der Franz. Kirche in Potsdam   138
Markert, Rolf (geb. 1911): Leiter K 5 des Landeskriminalpolizeiamtes Sachsen,
    1949 Stellvertreter Operativ der Landesverwaltung Sachsen, 1951 / 52 Lei-
    ter der Landesverwaltung Brandenburg, 1952 / 53 Leiter der Abt. IV in
    der BV Berlin, 1954-1981 Leiter der BV Dresden   153
Marshal: 459
Martin: 801
Mascher, Heinz-Wolfram: 8
Matuschkewitz: Sonderinstrukteur in Potsdam   137
Matz, Joachim, „Dr. Metzig": Dr. med., Facharzt für Hals, Nasen, Ohren in
    Bergfelde (bei Berlin), Mitglied der Kirchenleitung Berlin-Brandenburg
    (Ost)   275
Matzke, Wolfgang (geb. 1931): 1957 Ordination, 1968 Direktor der Samariter-
    anstalten und Vorsteher des Diakonissen-Mutterhauses Fürstenwalde,
    1991 Ruhestand aus gesundheitlichen Gründen   354
May, Karl (1842-1912): Zunächst Lehrer, 1875-1877 Redakteur, freier Schrift-
    steller   731
Mechtel, Dieter: 97. 99
Meckel, Markus (geb. 1952), OV „Wanderer": 1971-1978 Theologiestudium in
    Naumburg und Berlin, 1980-1982 Vikar und 1982-1988 Pfarrer in Vippe-
    row / Müritz (Mecklenburg), Leiter einer ökumenischen Bildungsstätte in
    Niederndodeleben bei Magdeburg, Mitbegründer der SDP, Stellvertreten-
    der Vorsitzender der SDP bzw. SPD-Ost, 1990 Amtierender Vorsitzender
    der SPD-Ost, 1990 Mitglied der Volkskammer, DDR-Außenminister, 1990
    MdB   598

Mecklinger, Ludwig (geb. 1919): Studium der Medizin und der Rechtswissenschaften, Facharzt für Sozialhygiene, Diplom-Jurist, Obermedizinalrat, 1952-1955 Stellv. Vorsitzender des DRK in der DDR, 1955-1957 Stellv. Leiter des Gesundheitswesens in der KVP und der NVA, 1958-1964 Kommandeur der militärmedizinischen Sektion der Universität Greifswald, 1964 Professor für Sozialhygiene in Greifswald, 1964-1969 Stellv. Minister für Gesundheitswesen, 1969-1971 Staatssekretär im Ministerium für Gesundheitswesen, 1971-1988 Minister für Gesundheitswesen 62

Medwedjew, Roy Aleksandrowitsch (geb. 1925): Sowjetischer Pädagoge und Historiker, 1960-1971 Forschungsinstitut für Lehrerbildung der Akademie für pädagogische Wissenschaft, 1969 Ausschluß aus der KPdSU wegen Protestes gegen die Rehabilitierung Stalins, seit 1972 freier Schriftsteller, 1990 Mitglied im Kongreß der Volksdeputierten 303

Medwedjew, Schores Aleksandrowitsch (geb. 1925): Sowjetischer Biologe und Schriftsteller, 1963-1970 Direktor des Molekular-radiobiologischen Laboratoriums in Obriensk, 1970 Einweisung in eine psychiatrische Klinik wegen systemkritischer Äußerungen, nach öffentlichen Protesten freigelassen und nach London ausgereist, Aberkennung der sowjetischen Staatsbürgerschaft 303

Meffert: 281

Mehnert: 128

Mehnert: 630

Meier, Kurt (geb. 1927), *IM „Werner" (Anwerbung 1957)*: 1941-1944 Malerlehrling, 1944-1949 Lehrkraft an der Oberschule Thum, 1949-1955 Studium der Theologie in Leipzig, während des Studiums zeitweilig FDJ-Sekretär (Vorsitzender der FDJ-Gruppe an der Leipziger Theologischen Fakultät), Hilfsassistent bei Emil Fuchs, 1955 Aspirant am Institut für Kirchengeschichte, 1960 Promotion, 1961 Dozentur an der Karl-Marx-Universität Leipzig, seit 1961 Mitglied der Arbeitsgruppe „Christliche Kreise" in der Nationalen Front, 1965 Professur mit Lehrauftrag, 1967 Leiter der Abteilung für kirchliche Zeitgeschichte in Leipzig, 1969 Ordentlicher Professor für Kirchengeschichte in Leipzig 7. 81. 654

Meinecke, Werner (geb. 1910): 1937 Hilfsgeistlicher und Pfarrer in Trünzig (Kb. Werdau), 1938 Ordination, 1946 Pfarrer an der Zionskirche in Dresden, 1948 Pfarrer an der Heilandskirche in Dresden-Cotta, Landeskirchenrat, 1957 Ruhestand, Vorstandsmitglied im Bund ev. Pfarrer in der DDR 248

Meinel, Gottfried (geb. 1909): 1937 Ordination, 1937 Pfarrer in Taucha bei Leipzig, 1939 Pfarrer in Liebethal (Kb. Pirna), 1950 in Schönheide (Kb. Schneeberg), 1959 Superintendent in Marienberg (Sa.) und Pfarrer daselbst, 1969 Ruhestand 144f.

Meinel, Johannes (geb. 1934): 1960 Ordination, 1965 Pfarrer in Fürstenwalde (Spree), 1972 Pfarrer in Grünheide bei Berlin, 1984 Übersiedlung in die Bundesrepublik 352. 373

Meinel, Katharina (geb. 1964): Tochter von Johannes Meinel, Schülerin der EOS Berlin-Friedrichshagen, 1984 Übersiedlung in die Bundesrepublik, Studium der Theaterwissenschaften in München 352

Meisner, Joachim (geb. 1933): 1948-1951 Lehre als Bankkaufmann, 1956 kirchliches Abitur in Magdeburg, Beginn der Priesterausbildung in Erfurt, 1961 Pastoraljahr in Neuzelle, 1962 Priesterweihe in Erfurt, 1962-1966 Kaplan in Heiligenstadt (Eichsfeld) und Erfurt, 1966-1975 Rektor der Erfurter Diözesancaritas mit dem Referat „Kirchliche Dienste", Promotion zum Dr. theol., 1975-1980 Titularbischof von Vina und Weihbischof des Apostol. Administrators in Erfurt und Meiningen, 1980-1989 Bischof von Berlin, 1980 Stellvertretender und 1982 Vorsitzender der Berliner Bischofskonferenz, 1983 Ernennung zum Kardinal, 1984 Mitglied der vatikanischen Kommission „Justitia et Pax", seit 1989 Erzbischof von Köln 415. 461. 563f.

Melzer, Reiner (geb. 1939): 1965 Hilfsgeistlicher und Pfarrer in Hirschfelde

Mirle, Friedrich (geb. 1916): 1947 Ordination, Pfarrer in Hermsdorf über Ruh-
land, 1950 Pfarrer in Geierswalde-Tätschwitz (Kirchenkreis Hoyerswerda) 144
Mißlitz, Frank-Herbert (geb. 1960), *OV „Diakon"*: Ausbildung als Stukkateur,
seit 1980 in der Offenen Jugendarbeit leitend tätig, Kriegsdienstverweigerer, Initiator der „Kirche von unten" 525. 529. 533
Mittag, Günter (geb. 1926): Eisenbahner, 1946 Mitglied der SED, leitende
Funktionen bei der IG Eisenbahn, 1951 Mitarbeiter des ZK der SED,
1953 Leiter der Abteilung Verkehrs- und Verbindungswesen beim ZK der
SED, 1958 Promotion an der Hochschule für Verkehrswesen Dresden,
1958 Sekretär der Wirtschaftskommission beim Politbüro des ZK der
SED, 1958 Kandidat und 1962-1989 Mitglied des ZK der SED, 1961 stellvertretender Vorsitzender und Sekretär des Volkswirtschaftsrates der
DDR, 1962-1973 und seit 1976 Sekretär für Wirtschaft des ZK der SED,
1963-1966 Kandidat, 1966-1989 Mitglied des Politbüros, 1963-1989 Mitglied der Volkskammer, 1973-1976 Erster Stellvertreter des Vorsitzenden
des Ministerrates der DDR, 1963-1971 und 1979-1989 Mitglied des Staatsrates, 1963-1972 Mitglied des Bundesvorstandes des FDGB, 1984-1989
Stellvertreter des Vorsitzenden des Staatsrates der DDR 61. 525
Mittig, Rudi (geb. 1925): 1956-1964 Leiter der BV Potsdam des MfS, 1964-
1970 Leiter der HA XVIII, 1970-1989 Stellvertreter des Ministers 54. 58.
83. 296. 313. 332f. 339. 388. 391. 398. 402. 438. 465. 467. 496. 498-500.
518. 522f. 525. 533. 538f. 559. 584. 598. 601. 611. 613
Mitzenheim, Edgar (geb. 1896): 1921 Ordination, 1923 Pfarrer in Eckolstädt
(Kirchenkreis Camburg), 1953 Verurteilung zu einer Zuchthausstrafe von
sechs Jahren wegen Beteiligung am Juni-Aufstand, 1956 Pfarrer im Wartestand, Pfarrverwalter in Bienstedt (Kirchenkreis Sonneborn), 1958 Ruhestand, Übersiedlung in die Bundesrepublik Deutschland 186f.
Mitzenheim, Hartmut (geb. 1921), *IM „Hans Klinger" (Anwerbung 1971)*:
1946-1948 Studium der Rechtswissenschaften in Berlin, Tübingen, Leipzig
und Jena, 1948 Staatsexamen in Jena, 1947 Eintritt in die CDU-Ost, 1949-
1952 Rechtsreferendar in der Thüringer Justizverwaltung, 1950 Mitglied
des Kreistages Eisenach, 1953 Kreiskirchenrat in Gera, Mitglied der CFK,
Mitglied des CDU-Bezirksvorstandes Gera, 1963 Mitglied des Bezirkstages Gera, seit 1969 Mitglied der Bundessynode, Vorsitzender des Rechtsausschusses der Bundessynode, 1973 Oberkirchenrat in Eisenach (Finanzdezernent), 1974 Mitglied des CDU-Bezirksvorstandes Erfurt, 1976 leitender Jurist des Thüringer Landeskirchenrates und juristischer Stellvertreter des Landesbischofs, Mitglied der KKL, Mitglied der Generalsynode
der VELK und Schriftführer, Mitglied des Hauptvorstandes der CDU,
1976-1989 Mitglied der Volkskammer und des dortigen Geschäftsord-
nungsausschusses, stellvertretender Vorsitzender des CFK-Regionalaus-
schusses in der DDR, 1986 Ruhestand, mehrfache Ehrung mit staatlichen
Auszeichnungen (1986 „Stern der Völkerfreundschaft" in Silber) 31. 357
Mitzenheim, Moritz (1891-1977): 1911-1913 Theologiestudium in Leipzig,
Heidelberg, Berlin und Jena, 1914 Erstes theologisches Examen in Meiningen, 1914 Pfarrvikar in Häselrieth und in Graba bei Saalfeld, 1916 Zweites
theologisches Examen in Meiningen, 1916 Pfarrer in Wallendorf (Kirchenkreis Saalfeld), 1917 Pfarrer (Diakonus) in Saalfeld, 1929 Pfarrer an der
Georgenkirche in Eisenach, 1934 Landesobmann der Posaunenchöre Thüringens, 1936 Mitglied der Luther. Bekenntnisgemeinschaft, 1939 wegen
seines Widerstands gegen den nationalkirchlichen Kurs Thüringens als
„Judenfreund" gebrandmarkt, 1943 als Vorsitzender des Thüringer Lan-
desbruderrats Leiter der Bekenntnisgemeinschaft, 1944 kurzzeitig verhaftet, 1945 Vorsitzender des Thüringer Landeskirchenrates mit dem Titel
Landesoberpfarrer, 1945 Verleihung des Bischofstitels, 1947 offizielle Einführung als Landesbischof von Thüringen, berufenes Mitglied der „Thü-

ringer Landesversammlung", 1947 theologischer Ehrendoktor in Jena, 1955-1961 Mitglied des Rates der EKD, nachdem er 1949 auf der EKD-Synode in Bethel die erforderliche Zwei-Drittel-Mehrheit im ersten Wahlgang nicht erreicht und daraufhin verzichtet hatte, 1961 Scheitern einer erneuten Kandidatur für den Rat der EKD, 1961 Vaterländischer Verdienstorden in Gold, 1961 theologischer Ehrendoktor der Humboldt-Universität Berlin, 1964 „Wartburggespräch" mit Walter Ulbricht (Abgrenzung gegenüber westlichen Einflüssen; „gemeinsame humanistische Verantwortung" zwischen Kirche und Staat), 1964 Ehrenmitglied der CDU-Ost, 1970 Ruhestand, 1971 Ehrenmitglied des Bundes ev. Pfarrer in der DDR 6. 9. 13. 18. 20f. 24. 29. 31. 63. 76. 92. 130. 184. 186f. 214. 218. 224. 243f. 253-258. 264f. 266f. 391. 473

Mochalski, Herbert (geb. 1910): 1933 Gründer der Bekennenden Bruderschaft der schlesischen Vikare, 1937 Haft, 1941-1944 „illegaler" Vertreter Niemöllers in Berlin-Dahlem, 1945 Geschäftsführer des Bruderrates der BK, Chefredakteur der „Stimme der Gemeinde", Studentenpfarrer in Darmstadt, Einsatz gegen die Wiederaufrüstung der Bundesrepublik, Mitbegründer der CFK, 1967 Ehrenpromotion an der Ev.-Theologischen Fakultät in Bratislawa, 1971 Wahl zu einem der Vizepräsidenten der CFK 72. 232f.

Modrow, Hans (geb. 1928): 1942 Schlosserlehre, Kriegsdienst und -gefangenschaft, 1949 Mitglied der SED, 1953-1961 Erster Sekretär der FDJ-Bezirksleitung Berlin, 1954-1957 Fernstudium an der Parteihochschule der SED, 1958-1967 Kandidat des ZK der SED, 1967-1989 Mitglied des ZK der SED, 1958-1990 Mitglied der Volkskammer, 1961-1967 Erster Sekretär der SED-Kreisleitung Berlin-Köpenick, 1966 Promotion zum Dr. rer. oec., 1967-1971 Sekretär für Agitation und Propaganda der SED-Bezirksleitung Berlin, 1971-1973 Leiter der Abteilung Agitation des ZK der SED, 1973-1989 Erster Sekretär der SED-Bezirksleitung Dresden, 1989 / 90 Ministerpräsident der DDR, 1990 Ehrenvorsitzender der PDS, 1990 MdB 65. 69. 632f. 720. 731

Möbius, Kurt (geb. 1902): 1930 Ordination, 1930 Hilfsprediger in Bienstedt bei Erfurt, 1931 Pfarrer in Steinach (Thüringen), 1939 Pfarrer in Berlin-Treptow, 1949 Pfarrer in Neu Petershain (Kirchenkreis Senftenberg), Promotion zum Dr. theol. 244

Mohrmann: Molkereileiter in Pernitz, Post Golzow, Krs. Zauch-Belzig, Mitglied der Provinzial-Synode Berlin-Brandenburg 169

Moll, Hugo (geb. 1886): 1911 Ordination, 1911 Hilfsprediger, 1912 Pfarrer in Blüthen (Kirchenkreis Perleberg), 1914 Pfarrer in Buer-Scholven, 1918 Pfarrer in Strasburg (Uckermark), 1925 Pfarrer an der Eliaskirche in Berlin, 1932 Pfarrer an der Georgenkirche in Berlin 138

Molotow, Wjatscheslaw Michailowitsch (1890-1986): 1906 Bolschewik, seit 1912 journalistische Tätigkeit für die Parteizeitung „Prawda", 1921-1957 Mitglied des ZK der KPdSU, 1921-1930 Sekretär des ZK, 1921-1926 Kandidat des Politbüros, 1926-1957 Mitglied des Politbüros bzw. des Präsidiums des ZK, 1930-1941 Vorsitzender des Rates der Volkskommissare (ab 1941 Stellvertretender Vorsitzender), 1939-1949 und 1953-1956 Außenminister der UdSSR, Juni 1957 Enthebung von allen Führungsämtern, zeitweise Ächtung als „Parteifeind", 1959-1960 Botschafter in Ulan Bator (Mongolei), 1960 / 61 Vertreter der UdSSR bei der Internat. Atomenergiebehörde in Wien 187

Moritz, Brigitte (geb. 1954): Gemeindehelferin, Mitglied des Leipziger Stadtparlamentes für das „Bündnis '90" 681

Moritz, Hans (geb. 1926), IM „Martin": 1946 Neulehrer in Markkleeberg bei Leipzig, 1946 Eintritt in die CDU, Mitglied des Zentralrates der FDJ, 1961 Direktor des Religionssoziologischen Instituts der Universität Leipzig, 1965 Professor für Ev. Theologie an der Karl-Marx-Universität Leipzig, seit 1968 Direktor der Leipziger Sektion Theologie, Mitglied des Hauptvorstandes der CDU-Ost, Mitglied des Friedensrates der DDR,

Müller, Manfred (geb. 1903): Studium der Neuphilologie in Tübingen, Berlin und Edinburgh, Promotion zum Dr. phil., 1929 Landeswart der Schülerbibelkreise in Württemberg, 1932 Studienassessor, 1934-1936 Landesjugendwart, 1935 Zweites theologisches Examen in Stuttgart, 1936 Landesjugendpfarrer für Württemberg, 1946-1961 Vorsitzender der Arbeitsgemeinschaft der Ev. Jugend in Deutschland, 1946 OKR, Leiter der Jugendkammer der EKD, Stellvertretender Vorsitzender des Bundesjugendringes 168f. 207

Müller, Otto: BGL-Vorsitzender, Schöffe beim Landgericht Dresden 151

Müller, Peter (geb. 1939): Werkzeugmacherlehre, Besuch der Arbeiter- und Bauern-Fakultät der Humboldt-Universität Berlin, kirchenjuristische Ausbildung in Naumburg, 1970 Konsistorialrat in Berlin-Brandenburg, Vorsitzender der Kommission für kirchliche Jugendarbeit beim BEK, Mitglied der Theologischen Kommission des BEK, 1977 Präsident des Oberkirchenrats in Schwerin 357. 789

Müller, Uwe: 801

Müller-Streisand, Rosemarie: 7

Müller-Titel, Friedrich: 793

Muench, Aloisius (1889-1962): Geboren in Milwaukee (USA), Priesterweihe, Studium der Sozialwissenschaften in den USA und in Fribourg, Promotion, 1926 Rektor des Priesterseminars in Milwaukee, 1935 Bischof des Bistums Fargo in Norddakota, 1946 Apostolischer Visitator in Deutschland, 1951 Apostolischer Nuntius in Deutschland, 1959 Berufung als Kardinal nach Rom 217

Münnich, Udo (geb. 1945), IMS „Physiker" (Anwerbung 1982) 597. 710-713

Müntzer, Thomas (um 1488-1525): Deutscher Theologe und Revolutionär 589

Nagel, Hanns-Ulrich (geb. 1929): 1953 Ordination, 1953 Hilfspfarrer in Großobringen (Kirchenkreis Weimar), 1956 Pfarrer in Oberspier (Kirchenkreis Sondershausen), 1973 Ausbürgerung in die Bundesrepublik Deutschland 6

Natho, Eberhard (geb. 1932): 1954-1958 Theologiestudium in Greifswald, Vikar in Roßlau, 1960 Ordination in Güsten, 1961 Pfarrer in Güsten, 1961-1970 Stadtverordneter in Güsten (zunächst Liste des Kulturbundes, später Liste der CDU), 1970 Wahl in das Präsidium der anhaltinischen Landessynode, 1970 Kirchenpräsident der Ev. Landeskirche Anhalts, 1971 zugleich Pfarrer an der St. Georgkirche in Dessau, Mitglied der KKL und des Rates der EKU, 1971 Auszeichnung mit der „Verdienstmedaille der DDR", 1979 Ratsvorsitzender der EKU, seit 1981 Vorsitzender der ACK in der DDR, 1989 theologischer Ehrendoktor in Halle Xf. 27. 28. 30. 33f. 43. 47-49. 56. 67f. 341. 343. 357. 461. 513

Neher, Siegfried (geb. 1944): 1969 Ordination, 1974 Pfarrer in Sundhausen (Krs. Langensalza), Pfarrer an der Christuskirche in Halle (S.) 355

Nehrkorn, Dieter (geb. 1932): 1958 Anwärter des Predigeramtes in Stolzenhain (Kirchenkreis Herzberg), 1960 Einsegnung bzw. Ordination, 1960 Prediger in Stolzenhain, 1973 Superintendent in Herzberg (Elster) 354

Neiber, Gerhard (geb. 1929): 1953-1961 Abteilungsleiter in der BV Schwerin des MfS, 1961-1980 Leiter der BV Frankfurt / O., 1980-1989 Stellvertreter des Ministers für Staatssicherheit 38. 525. 579. 601

Neubert: 151f.

Neubert, Erhart (geb. 1940): Theologiestudium in Jena, 1964 Ordination, Hilfsprediger und 1967 Pfarrer in Niedersynderstedt (Kirchenkreis Weimar), Studentenpfarrer in Weimar, Mitarbeiter in der Theologischen Studienabteilung des DDR-Kirchenbundes, 1989 Mitbegründer des „Demokratischen Aufbruchs", Studienreferent der Studien- und Begegnungsstätte der EKD in Berlin 94f.

Neukamm, Karl Heinz (geb. 1929): Theologiestudium in Erlangen und Göttingen, 1951 und 1954 theologische Examina, 1951-1956 Vikar in Traunstein / Oberbayern, 1956-1960 Pfarrer in Beerbach / Mittelfranken, 1962-1967 Landesjugendpfarrer der ev.-luth. Kirche in Bayern, 1967-1984 Vorsitzender und Rektor der Rummelsburger Anstalten, 1969-1984 Mitglied der Generalsynode der VELKD, 1972-1985 Mitglied der Synode der EKD, 1984 Präsident des Diakonischen Werkes 93

Neumann, Kurt: 793

Niebling: 574

Niemöller, Martin (1892-1984): 1912-1918 Marineoffizier, zuletzt U-Boot-Kommandant, Landwirtschaftslehre, Studium der Theologie, 1924 Ordination, Geschäftsführer der Inneren Mission in Münster, 1931-1937 Pfarrer in Berlin-Dahlem, 1933 Mitbegründer des Pfarrernotbundes, Mitglied des Reichsbruderrates, 1937 Verhaftung, 1938-1945 Lagerhaft in den KZ Sachsenhausen und Dachau, 1945 Leiter des Außenamtes der EKD und Mitglied des Rates der EKD, 1947-1964 Kirchenpräsident von Hessen und Nassau, 1961-1968 einer der Präsidenten des Weltkirchenrates 7. 125f. 224. 229-233. 249

Nikodim (1929-1979), eigentlich Boris Georgijewitsch Rotow: 1947 Mönch und Diakon, 1949 Priester, 1960 Bischof und Präsident des Außenamtes der ROK, 1963 Metropolit von Leningrad und Nowgorod 29

Nischwitz, Joachim: 801

Noack, Axel (geb. 1949): 1968 Abitur mit gleichzeitigem Facharbeiterbrief als Betriebsschlosser in Halle (S.), 1968 / 69 diakonischer Helfer in Lobetal, 1969-1975 Studium am Katechetischen Oberseminar in Naumburg, 1975-1978 Vikar in Naumburg und Repetent für Kirchengeschichte am Oberseminar, 1978 Studentenpfarrer in Merseburg, seit 1985 Pfarrer in Wolfen (bei Bitterfeld), Mitglied der Synode des BEK, seit 1991 Mitglied des Rates der EKD 55. 67

Nolde, Frederick (1899-1972): Theologiestudium am Muhlenberg-College in Allentown / Pennsylvania (USA), Ordination durch die Vereinigte Lutherische Kirche (USA), 1925-1928 Gemeindepfarrer und gleichzeitig Lehrbeauftragter für religiöse Erziehung am Lutheran Theological Seminary in Philadelphia, seit 1928 wissenschaftliche Tätigkeit, zuletzt Professor an der Universität von Pennsylvania und am Lutheran Theological Seminary, 1943 Dekan der Graduate School des Lutheran Theological Seminary, 1945 Berater der amerikanischen Delegation bei der Gründungsversammlung der Vereinten Nationen in San Francisco, ständiger Mitarbeiter der UN-Kommission für Menschenrechte, seit 1946 Direktor der Kommission für Internationale Angelegenheiten des LWB und des Weltkirchenrates in Genf, 1948 Beigeordneter Generalsekretär des ÖRK, 1969 Ruhestand 10

Norden, Albert (1904-1982): 1918 Mitglied der Freien Sozialistischen Jugend, 1918-1921 Bezirksleiter der Sozialistischen Proletarierjugend bzw. des KJVD im Bezirk Halle / Merseburg, 1920 Eintritt in die KPD, 1921-1923 Tischlerlehre, 1924-1933 Mitarbeiter und Redaktionsmitglied diverser kommunistischer Zeitungen, 1932 in der KPD gemaßregelt, 1933 Emigration nach Frankreich, Sekretär des Aktionsausschusses Deutscher Oppositioneller in Paris und Redakteur der „Weltfront", 1939 / 40 Internierung in Frankreich, 1941 Emigration in die USA, Mitarbeit im Rat für ein demokratisches Deutschland, 1946 Rückkehr nach Deutschland, Mitglied der SED, 1946-1948 Pressechef der DWK, 1947-1949 Chefredakteur von „Deutschlands Stimme", 1949 / 50 Abgeordneter des Deutschen Volksrates und danach der Provisorischen Volkskammer, 1949-1952 Leiter der Hauptabteilung Presse im Amt für Information der DDR, Regierungssprecher, 1952 Professor für Geschichte an der Humboldt-Universität Berlin, 1954 als Staatssekretär Sekretär des Ausschusses für Deutsche Einheit, 1955-1981 Mitglied des ZK der SED und Sekretär für Propaganda, 1958-1981 Mitglied des Politbüros, 1958-1981 Mitglied der Volkskammer, 1958 Mitglied des Präsidiums des Deutschen Friedensrates, 1963 Sekretär

und Leiter der Agitationskommission beim Politbüro der SED, 1976-1981
Mitglied des Staatsrates, 1977 Vizepräsident des Weltfriedensrates 214
Nordt: 278
Noth, Gottfried (1905-1971): Theologiestudium in Leipzig und Erlangen, Besuch des Predigerkollegs St. Pauli in Leipzig, 1930 Lic. theol. in Erlangen,
1930 Ordination, 1930 Hilfsgeistlicher an der Diakonissenanstalt in Dresden, 1932 Pfarrer in Zethau / Erzgebirge (bei Freiberg), 1942 Pfarrer an
der Trinitatiskirche in Dresden, 1945 kommissarischer Oberkirchenrat für
gesamtkirchliche Aufgaben im LKA Dresden, 1950 ständig im LKA (Aus-
bildungsdezernent und Gebietsdezernent für Nordwest-Sachsen), 1953
Landesbischof der Ev.-luth. Landeskirche Sachsens, 1953 Theologischer
Ehrendoktor in Erlangen, 1954-1971 Mitglied des Zentralausschusses des
ÖRK, Teilnehmer der ÖRK-Konferenzen von Evanston und Neu Delhi,
bis 1968 Mitglied des Rates der EKD, Mitglied der Bischofskonferenz, der
Kirchenleitung und des Theologischen Ausschusses der VELKD, 1957
Ehrenpromotion durch die Capitol-University in Columbus / Ohio, 1969
Stellvertretender Vorsitzender der KKL, 1971 Ruhestand 29. 71. 213.
247. 255. 258. 260. 264f. 274
Nuschke, Otto (1883-1957): Journalist und Politiker, 1919 Eintritt in die DDP,
1919 Mitglied der Nationalversammlung, 1921-1933 MdL in Preußen,
nach 1933 Berufsverbot, mehrfach verhaftet, 1945 Mitbegründer der
CDU, 1948 / 49 einer der Vorsitzenden des Deutschen Volksrates, 1949-
1957 Mitglied der Volkskammer, 1949-1957 Stellvertretender Ministerpräsident der DDR, 1949-1957 Leiter des Amtes für Kirchenfragen 1f. 12.
120. 124. 128. 187. 198. 218

Oder, Helmut: 779
Oehler, Bernd (geb. 1960), OV „Krake": 1984-1989 Theologiestudium in Leip-
zig und Berlin, Pfarrer in Borna bei Oschatz 686f.
Okudshawa, Bulat Schalwowitsch (geb. 1924): Russisch-sowjetischer Schrift-
steller, Liedermacher, Verfasser satirischer, unpathetischer Gedichte und
Chansons über Liebe, Gesellschaft und Krieg, 1974 Ausschluß aus der
KPdSU 463
Oltmanns, Gesine (geb. 1965), OPK „Madonna": Verlagsmitarbeiterin, kurz-
zeitige Verhaftung Anfang 1989 666f. 700
Onnasch, Martin (geb. 1944): Dr. theol., Dozent für Kirchengeschichte am Ka-
techetischen Oberseminar Naumburg, 1991 Professor daselbst 14. 19
Opitz, Bernhard (geb. 1936): Arzt, 1978 Leiter des Paul-Gerhard-Stiftes in
Wittenberg als Chefarzt, 1984 Vorsitzender der Konferenz der Landesaus-
schüsse des Evangelischen Kirchentages in der DDR, 1990 Mitglied der
Volkskammer für die Deutsche Forumspartei (DFP) 527
Opitz, Rolf (geb. 1929): 1945 Eintritt in die KPD, 1949 Pressereferent im Ministerium für Volksbildung, 1952 Studium an der Akademie für Staats-
und Rechtswissenschaften, 1955 Stellvertretender Vorsitzender des Rates
des Kreises Görlitz, 1958 Erster Stellvertreter des Vorsitzenden des Rates
des Kreises Riesa, 1959 Vorsitzender des Rates des Kreises Freital, 1962
Erster Stellvertreter des Vorsitzenden des Rates des Bezirkes Dresden,
1969 Stellvertretender Minister, 1971 Stellvertretender Leiter der Instruk-
teurabteilung beim Vorsitzenden des Ministerrates, 1974-1989 Vorsitzender des Rates des Bezirkes Leipzig 39. 49. 743
Oppel: 671. 677
von Ossietzky, Carl (1889-1938): Im Ersten Weltkrieg Entwicklung zum überzeugten Pazifisten, 1919 / 20 Deutsche Friedensgesellschaft, bis 1922 Redakteur an der Berliner Volkszeitung, 1924-1926 Redakteur der Zeitschrift
„Das Tagebuch", 1926-1933 Redakteur der Zeitschrift „Die Weltbühne",
1931 wegen Verrates militärischer Geheimnisse Verurteilung zu einer Gefängnisstrafe von 18 Monaten, 1932 Amnestie, 1933 Gestapo-Haft in den
KZ Sonnenburg, Börgermoor und Papenburg-Esterwegen, 1935 Verleihung des Friedensnobelpreises, 1938 Tod durch Haftfolgen 611

stellte in einer Leipziger Kirchengemeinde, Verlegung des Wohnsitzes nach Hamburg 693. 704

Peterseil, Kurt (geb. 1911): 1938 Ordination, 1939 Pfarrer in Wilmersdorf (Kreis Seelow) 138

Petersohn, Thomas (geb. 1950), *IMB „Wilhelm"* *(Anwerbung 1968)*: Seit 1984 Angestellter bei der Ev.-luth. Landeskirche Sachsens, 1990 Entlassung, juristischer Berater des Christlichen Freundeskreises e.V., Berlin 667. 670. 705-710

Pettelkau, Egon (1906 / 07-1961): Anwalt, 1934 Eintritt in den kirchlichen Dienst (EOK Berlin), Kriegsteilnahme und Gefangenschaft, 1945 Referent und später Mitglied des ev. Konsistoriums in Greifswald, 1957 Oberkonsistorialrat in der Kirchenkanzlei der EKU, 1958 zusätzlich Leiter der Kirchenkanzlei der EKD – Berliner Stelle und der Kirchenkanzlei für die Gliedkirchen in der DDR 64. 218

Pettelkau, Ingemar: Oberkonsistorialrat in Berlin-Brandenburg (Region Ost) 717

Petzold, Ernst, OKR: 93

Petzold, Manfred: Mitglied der FDJ in Potsdam 136

Peucker, Walahfried (geb. 1939), *IM „Prager"* *(Anwerbung 1975)*: 1963 Ordination, 1963 Pfarrer in Ronneburg (Thüringen), 1966 Pfarrer in Zschirla, 1966 Pfarrer in Meerane, 1971 Pfarrer an der Lutherkirche in Leipzig 715. 732

Pfeifer: 251

Philipp, Paul (geb. 1929): 1953 Hilfsgeistlicher und Pfarrer in Jahna, 1954 Ordination, seit 1959 Pfarrer in Meißen / Zscheila, 1981 zugleich Strafvollzugsseelsorger in Waldheim / Zeithain 760

Pieck, Wilhelm (1876-1960): Tätigkeit als Tischler, 1895 Eintritt in die SPD, 1896 Vorsitzender des Holzarbeiterverbandes in Osnabrück, 1906 Parteisekretär der SPD in Bremen, 1910 Sekretär des SPD-Bildungsausschusses in Berlin, 1916 Mitglied des Spartakusbundes, 1916 Soldat, vom Kriegsgericht verurteilt zu eineinhalb Jahren Gefängnis, 1918 Flucht nach Holland, Mitbegründer der KPD, 1919 Mitglied der KPD und des ZK, 1921-1933 MdL in Preußen, 1924-1933 Leiter der „Roten Hilfe" in Deutschland, 1928-1933 MdR, 1928 Mitglied des Exekutivkomitees der Kommunistischen Internationale, 1930 Mitglied des Preußischen Staatsrates, 1933 Emigration nach Frankreich, Übersiedlung in die UdSSR, 1935 Wahl zum Vorsitzenden der KPD, Sekretär der Komintern, 1945 Rückkehr nach Berlin, Vorsitzender der KPD, 1946-1954 einer der beiden SED-Vorsitzenden, 1946-1960 Mitglied des ZK und des Zentralsekretariats bzw. des Politbüros der SED, 1948 / 49 Präsident des Deutschen Volksrates, 1949-1960 Staatspräsident der DDR 16. 134. 257. 265

Piersig: 789

Pietsch, Karl (geb. 1927): 1955 Hilfsgeistlicher und Pfarrer in Berthelsdorf (Kb. Löbau), 1957 Ordination, 1960 Pfarrer in Göda (Kb. Bautzen), Mitglied der CDU und der CFK, seit 1974 Mitglied der Gemeindevertretung Göda, stellvertretender Superintendent 448

Pietz, Reinhold (1921-1976): 1939-1945 Kriegsteilnahme und Gefangenschaft, Theologiestudium in Berlin, 1952 Promotion zum Dr. theol., 1952 Studieninspektor an der Predigerschule Paulinum in Ost-Berlin, 1954 Ordination, 1956 Pfarrer an der St.-Elisabeth-Gemeinde in Ost-Berlin, 1958 Leiter der Predigerschule Paulinum, 1970 Superintendent des Ost-Berliner Kirchenkreises Oberspree, Mitglied der EKU-Regionalsynode Ost, 1972 Präsident der Kirchenkanzlei der EKU – Bereich DDR, Domprediger, Vorsitzender des Domkirchenkollegiums 30

Pilz, Günter (geb. 1936): 1960 Hilfsgeistlicher im Kb. Zittau, 1961 Ordination, 1961 Pfarrer in Mittelherwigsdorf (Kb. Zittau), Mitglied der sächsischen Landessynode und Vorsitzender von deren sozial-ethischem Ausschuß, Mitglied der Synode des BEK, 1988 Superintendent in Flöha 50

Pius XII., eigentlich: Eugenio Pacelli (1876-1958): 1894-1899 Studium an der

motion zum Dr. theol. in Innsbruck, 1912 Priesterweihe, Sekretär bei Kardinal Bettinger in München, 1921 Domprediger in München, 1928 Dom-
kapitular, 1932 Bischof von Eichstätt, 1935 Bischof von Berlin, 1946 Ernennung zum Kardinal, 1950 Vorsitzender der Berliner Ordinarienkonferenz 123. 288
Punge, Manfred, „*Manfred*": Dr., Studienleiter der Ev. Akademie Berlin-Brandenburg 277
Puschmann, Knut: 764

Queitsch: 693

Raasch, Kay: 500. 502
von Rad, Gerhard (1901-1971): Theologiestudium in Erlangen und Tübingen,
1925-1927 Vikar in der bayerischen Landeskirche, 1929 Repetent in Erlan-
gen, 1930 Privatdozent in Leipzig, 1934 Professor für Altes Testament in
Jena, Mitglied der Lutherischen Bekenntnisgemeinschaft Thüringens, 1944
Kriegsdienst und Gefangenschaft, 1945 Wechsel nach Göttingen, 1949
Wechsel nach Heidelberg, 1966 Emeritierung 139
Radatz: 515
Radicke, Andreas (geb. 1963): 685
Rahmel, Max (geb. 1904): 1933 Ordination, 1933 Hilfsprediger in Tarnowke
(Grenzmark), 1935 Pfarrer in Stenberg (Neumark), 1947 Pfarrer in Schön-
feld (Krs. Calau), 1950 Superintendent in Calau 238
Raiser, Ludwig (1904-1980): Studium der Rechts- und Staatswissenschaften in
München, Genf und Berlin, Erstes Staatsexamen, 1927-1930 Assistent am
Kaiser-Wilhelm-Institut für Ausländisches und Internationales Privatrecht
in Berlin-Dahlem, Promotion zum Dr. jur. in Berlin, 1933 Habilitation in
Berlin, Rechtsanwalt, Vorstand einer Versicherungs-AG in Magdeburg,
1942 Ruf an die Universität Straßburg, Wehrmacht, 1943 Militärverwal-
tungsrat im „Wirtschaftsstab Ost" in Berlin, 1945 Professor für Bürgerliches, Handels- und Wirtschaftsrecht in Göttingen, 1948-1950 Rektor in
Göttingen, 1951-1955 Präsident der „Deutschen Forschungsgemein-
schaft", 1955 Professor für Bürgerliches, Handels- und Wirtschaftsrecht in
Tübingen, 1956 Vorsitzender der Kammer für Öffentliche Verantwortung
der EKD, 1958 Berufung in den Deutschen Wissenschaftsrat (1961-1965
Vorsitzender), 1967 Berufung in den Verwaltungsrat der Fa. Krupp, 1967-
1969 Rektor in Tübingen, Mitglied der Kommission der Kirchen für Internationale Angelegenheiten, Teilnahme an den ökumenischen Konferenzen in Genf 1966 und Uppsala 1968, theologischer Ehrendoktor in Kiel,
philosophischer Ehrendoktor in Freiburg, Mitglied der Synode der EKD
und 1970-1973 deren Präses, 1973 Emeritierung, 1974-1979 Präsident der
Europäischen Rektorenkonferenz 223
Ranke, Hans (geb. 1905): Seit 1945 Richter, 1949-1950 Landgerichtsdirektor
und Präsident des Landgerichtes in Berlin (Ost), 1950-1957 Präsident des
Kammergerichts in Berlin (Ost), seit 1957 Stellv. Minister für Justiz, seit
1965 Staatssekretär im Ministerium für Justiz 220f.
Rasch, Martin (geb. 1901): 1926 Ordination, 1926 Pfarrer in der Landesanstalt
Bräunsdorf, 1930 Pfarrer in Reinhardtsdorf (Kb. Pirna), 1939 Pfarrer an
der Markuskirche in Dresden-Pieschen, 1953 Pfarrer in Possendorf (Krs.
Freiberg / Kb. Dippoldiswalde), 1968 Ruhestand 129. 145
Rasenberger, Kurt (geb. 1896): 1927 Ordination, 1928 Pfarrer in Langenfeld,
1937 Pfarrer in Berlin-Oberschöneweide 140f.
Rathenow, Lutz: 325
Rathke, Heinrich (geb. 1928): Marinehelfer, britische Kriegsgefangenschaft,
Landarbeiter in Holstein, Theologiestudium in Kiel, Erlangen und Tübin-
gen, Erstes theologisches Examen in Bayern, 1953 Übersiedlung aus
Bayern in die DDR, Vikar in Althof bei Bad Doberan, Predigerseminar
Blücher, 1954 Ordination, 1955 Pastor in Warnkehagen, 1960 Promotion
zum Dr. theol. in Rostock, 1962 Pastor an der St.-Andreas-Gemeinde in

Scheibner, Wolfgang (geb. 1938): 1964 Hilfsprediger und Pfarrer in Nossen, 1965 Ordination, 1969 Pfarrer an der Annenkirche in Dresden mit Abordnung zum Jugendpfarramt Dresden, 1976 Superintendent im Kb. Dresden-West und Pfarrer an der Auferstehungskirche in Dresden-Plauen 628

Schilling, Walter (geb. 1930), ZOV „Spinne": 1955 Ordination, 1958 Pfarrer in Braunsdorf (Thüringer Wald / Kirchenkreis Rudolstadt), Kreisjugendpfarrer 57. 393. 395

Schindler, Andreas (geb. 1954), IM seit 1985: Studium der Ökonomie, Diplomökonom, Betriebsleiter in Quedlinburg / Harz, 1986-1991 Oberkirchenrat (Finanzdezernent) der anhaltinischen Landeskirche 733

Schirdewan, Karl (geb. 1907): Transportarbeiter, 1923 Mitglied des KJVD, 1925 Eintritt in die KPD, 1927-1928 Sekretär des KJVD in Ostpreußen, 1928 Mitglied des ZK des KJVD, 1934 Verhaftung und Verurteilung zu einer Zuchthausstrafe von drei Jahren wegen Hochverrats, 1938-1945 KZ-Haft in Sachsenhausen, Mauthausen und Flossenbürg, 1945 Mitarbeiter des ZK der KPD, 1946 Auftrag des SED-Parteivorstandes zur Überprüfung des Verhaltens der SED-Mitglieder in der NS-Zeit, 1947 Leiter der Westkommission im SED-Parteivorstand, 1952 Erster Sekretär der SED-Landesleitung Sachsen, 1952 Erster Sekretär der SED-Bezirksleitung Leipzig, 1952 Sekretär im ZK der SED, Auftrag zum Aufbau und zur Kontrolle der Abt. „Leitende Organe der Partei und Massenorganisationen", 1952-1958 Volkskammerabgeordneter, 1953-1958 Mitglied des Politbüros, 1958 Entfernung aus sämtlichen Parteifunktionen wegen „Fraktionstätigkeit", Bestrafung mit einer „strengen Rüge", 1958 Leiter der Staatlichen Archivverwaltung der DDR in Potsdam, 1959 Selbstkritik, 1965 Ruhestand 199. 655

Schlegel, Bert (geb. 1947): Mitarbeiter der Umwelt-Bibliothek Berlin, 1988 Verhaftung und Übersiedlung nach Berlin (West) 57. 524. 528f. 536

Schleinitz, Gottfried (geb. 1938): 1962 Ordination, 162 Hilfsgeistlicher und Pfarrer in Wilkau-Haßlau, 1970 Jugendpfarrer in Leipzig, 1977 Pfarrer an der Gnadenkirche in Leipzig-Wahren, 1980 Studiendirektor am Predigerkolleg St. Pauli Leipzig, 1985 Pfarrer an der Gnadenkirche in Leipzig-Wahren 630

Schlichter, Eberhard (geb. 1938): OLKR im LKA Dresden, 1984 OLKR und Stellvertreter des Präsidenten, 1989 kommissarischer Präsident, 1991 wieder OLKR 628. 760

Schmauch: 81

Schmidt: 743. 745. 747f. 750f.

Schmidt, Alfred (geb. 1912): Promotion zum Dr. theol., 1939 Ordination, 1939 Hilfsprediger in Klosterfelde (Neumark), 1942 Pfarrer in Dissen (bei Cottbus), 1953 Superintendent in Spremberg, Gründer der Ev. Akademie Berlin-Brandenburg und Leiter der Ev. Akademie in Berlin-Brandenburg-Ost mit Sitz in Spremberg, 1958 delegiert nach Japan zum Aufbau der christlichen Akademie-Arbeit, 1968 Generalsekretär des europäischen Leiterkreises der Ev. Akademien und Laien-Institute in Bad Boll, Ruhestand in Berlin (West) 169

Schmidt, Helmut (geb. 1918): 1937-1945 Soldat bei der Wehrmacht, Studium der Staats- und Wirtschaftswissenschaften in Hamburg, 1946 Mitglied der SPD, 1949-1953 leitende Tätigkeit in der Hamburger Wirtschafts- und Verkehrsbehörde, 1953-1962 MdB, Verkehrs- und Verteidigungsexperte, 1958 Mitglied des Parteivorstandes der SPD, 1961-1965 Innensenator von Hamburg, 1965 wieder MdB (bis 1987), 1967 Fraktionsvorsitzender der SPD im Bundestag, 1967 Mitglied des Präsidiums der SPD, 1968-1984 Stellvertretender Vorsitzender der SPD, 1969-1972 Verteidigungsminister, 1972 Wirtschafts- und Finanzminister, Dezember 1972 Finanzminister, 1974-1982 Bundeskanzler, 1982 kurzzeitig auch Außenminister, 1983 Mitherausgeber der Wochenzeitung „Die ZEIT" 43. 563. 734f.

Schmidt, Jutta: 655

Schottstädt, Bruno (geb. 1927): Soldat, dreijährige britische und belgische
    Kriegsgefangenschaft, 1954 Gründer der Goßner-Mission in der DDR,
    1956 Ordination, 1956 Pfarrer und später Leiter der Goßner-Mission für
    das Gebiet der DDR, 1962 Mitarbeiter und 1963 Stellvertretender Direk-
    tor des Ökumenisch-Missionarischen Amtes in der DDR, Mitglied der
    CDU-Ost, 1982 Pfarrer in Berlin-Marzahn-Nord, Mitglied des Friedens-
    rates der DDR   17. 213. 284
Schramm, Martin: 57
Schreiber, Alfred (geb. 1925): 1955 Ordination, 1956 Pfarrer in Floh (Kirchen-
    kreis Schmalkalden), dort Dekan und Kirchenrat 356
Schreiber, Heinz (geb. 1911): 1940 Hilfsprediger in Lütte (Kirchenkreis Belzig)
    und Rehfelde (Kirchenkreis Strausberg), 1942 Ordination, 1945 Pfarrer in
    Ragösen (Kirchenkreis Belzig), 1947 Pfarrer an der Stadtkirche in Havel-
    berg und Diakonus am dortigen Dom, 1950 Pfarrer an der Domkirche in
    Havelberg, Krankenhausseelsorger und Vorsitzender des Kuratoriums der
    Domhospitalstiftung, Mitglied der Berlin-brandenburgischen Provinzial-
    synode 169
Schremm, Georg (geb. 1908): 1936 Ordination, 1938 Pfarrer in Lindenberg bei
    Berlin, 1951 Pfarrer an der Eliaskirche / Berlin, Prenzlauer Berg 209
Schröder: 745
Schröder, Alfred (geb. 1910): 1926 CVJM, Ev. Volkshochschule am Schwie-
    lowsee, Theologiestudium in Berlin, theologische Examina bei der BK, Vi-
    kar bei der Jugendfürsorge, 1938 Ordination, 1938 Pfarrer in Zepernick
    (Kirchenkreis Bernau), 1941 Kriegsteilnahme, 1945 Pfarrer in Berlin-Lich-
    terfelde, zugleich Landesjugend- und Gefängnispfarrer, 1954 ausschließlich
    Landesjugendpfarrer, 1963 Oberkonsistorialrat mit dem Referat „Mission
    und Ökumene" 170
Schröder, Eberhard: 1968 Generalsekretär des Gustav-Adolf-Werkes in der
    DDR 462
Schröder, Fritz (geb. 1915): 1964-1975 Stellvertreter des Ministers für Staatssi-
    cherheit 10. 264
Schröter, Ulrich (geb. 1939): 1966 Ordination, 1969 Dozent für Altes Testa-
    ment und Hebräisch in Naumburg (S.) und zugleich Studentenpfarrer da-
    selbst, seit 1983 Oberkonsistorialrat im Konsistorium von Berlin-Bran-
    denburg (Ausbildungsdezernent), vom zentralen „Runden Tisch" beauf-
    tragt, für die evangelische Kirche die Auflösung des MfS zu überwachen,
    1991 Beauftragter der Ev. Kirche in Berlin-Brandenburg bei den Ländern
    Berlin und Brandenburg 91
Schröter, Waldemar (geb. 1901): Theologiestudium in Halle und Berlin, 1925
    Erstes theologisches Examen, Vikar in Sandersleben (Anhalt), diakonische
    Tätigkeit in Bethel, 1927 Zweites theologisches Examen und Ordination,
    Pfarrer in Rathmannsdorf und Hohenerxleben, 1933 Martinskirche in
    Köthen, 1935 Pfarrer an der Aegidienkirche in Bernburg, Leiter der BK
    im Kreis Bernburg, 1938 für längere Zeit Amtsverlust, 1948 Kreisober-
    pfarrer, 1949 Oberkirchenrat (Personaldezernent), Mitglied der EKD-Syn-
    ode, zugleich Pfarrer an der Petruskirche in Dessau, 1950 Präsident des
    Landeskirchenrats Anhalt 213
Schüler, Paul (geb. 1910): 1936 Studieninspektor, 1937 Ordination, 1938 Pfar-
    rer in Treuenbrietzen, 1949 Superintendent in Cottbus und Pfarrer an der
    dortigen Lutherkirche 136
Schütze: 355
Schütze, Olaf (geb. 1940), OV „Skorpione": Theologiestudent an der Hum-
    boldt-Universität Berlin, 1969 Untersuchungshaft 285
Schult, Reinhard (geb. 1951), OV „Ketzer", OV „Leithammel": Baufacharbei-
    ter, Heizer, Leiter des kirchlichen Friedenskreises Friedrichsfelde, Mitar-
    beit beim „Kirchentag von unten" 57. 525. 532f.
Schultheiß, Christina (geb. 1918): Straßenbau-Obermeisterin in Stadtroda, Jena
    und Eisenberg, später Straßenbaumeisterin in Stadtroda, 1966 Mitglied
    und 1979-1991 Präsidentin der Landessynode Thüringens, Mitglied der

thüringischen Lutherischen Bekenntnisgemeinschaft, 1969 Angehörige der Bundessynode und der VELK-Synode, Mitglied der thüringischen Kirchenleitung und seit 1972 der KKL (für acht Jahre Vorstandsmitglied) 357

Schultze, Harald (geb. 1934): 1963 Ordination, 1963-1967 Pfarrer in Hirschberg (Thüringen), 1967-1972 Dozent am Katechetischen Oberseminar Naumburg, 1972-1985 Oberkonsistorialrat im Ev. Konsistorium Magdeburg, 1985-1991 Dozent am Sprachenkonvikt Berlin, seit 1991 Beauftragter der ev. Kirchen bei Landtag und Landesregierung Sachsen-Anhalt 77

Schulz, Eduard: Redakteur der „Friedenspost" 123

Schulz, Werner: Elektromonteur, Berlin-Niederschöneweide, Mitglied des Jugendausschusses für Berlin-Brandenburg 169

Schulze: Kirchenreferent in Dresden 352

Schulze: 619

Schulze, Jens: 764

Schulze, Siegfried (geb. 1931): 1958 Ordination in Dessau, 1959 Pfarrer an der Kreuzkirche in Dessau, 1976 zugleich Oberkirchenrat in Dessau, stellvertretender Vorsitzender des Landeskirchenrates 30. 47. 357

Schumann, Erich: Pfarrer der Evangelischen Brüder-Unität in Zwickau, 1953 wegen „Boykotthetze" Verurteilung zu einer Zuchthausstrafe von sechs Jahren durch das Bezirksgericht Chemnitz 146ff.

Schwabe, Uwe (geb. 1962), OV „*Leben*": Krankenpfleger 666f. 679

Schwabe, Wolfgang (geb. 1904): Dr. theol., 1929 Ordination, 1929 Pfarrer in Falkenstein (Kb. Auerbach), 1936 an der Nicolaikirche in Aue, 1946 Pfarrer an der Nicolaikirche in Freiberg (Sa.), 1960 Dozent am Missionsseminar (später Theologisches Seminar) in Leipzig und Pfarrer an der Leipziger Michaeliskirche, 1969 Ruhestand, Übersiedlung nach Bayern 126

Schwanitz, Wofgang (geb. 1930): Lehre als Großhandelskaufmann, 1950 Kandidat der SED, 1951 Eintritt in die „bewaffneten Organe", Hilfssachbearbeiter in einer MfS-Kreisdienststelle, verschiedene Funktionen in der BV Berlin (zuletzt Stellvertreter Operativ), 1974 Leiter der BV Berlin, Studium der Rechtswissenschaften, Promotion zum Thema „Jugendkriminalität", 1985 Stellvertreter des Ministers, 1989 Leiter des AfNS 58. 525. 533. 632. 639

Schwartze: 133

Schwarz, Stefan: Landesvorsitzender der Jungen Union in Rheinland-Pfalz 527

Schwarz, Thomas: Stellvertretender Chefredakteur von Radio 100,6 525. 527

Schwelz, Ingomar: AP-Korrespondent in Berlin (Ost) 528

Schwerin, Eckart: Dr. theol., 1970-1983 Sekretär der Kommission des Kirchenbundes der DDR für kirchliche Arbeit mit Kindern und Konfirmanden, 1983 außerordentlicher OKR in Mecklenburg, 1990 OKR daselbst 789. 801

Seelig, Marion: 57

Seelig, Roland: 57

Sefrin, Max (geb. 1913): 1958-1971 Stellvertretender Ministerpräsident der DDR, Mitglied der CDU 254

Seidel, Jutta (geb. 1950), OV „*Balken*": Ärztin, Mitbegründerin des „Neuen Forums" 631

Seidel, Manfred: 93

Seigewasser, Hans (1905-1979): Banklehre, Angestellter in der Verwaltung der Sozialversicherung, Mitglied der Sozialistischen Arbeiterjugend, 1921 Eintritt in die USPD, 1922 SPD-Mitglied, 1928 Reichsleitung der Sozialistischen Arbeiterjugend, 1930 Vorsitzender der Reichsleitung, 1932 Eintritt in die KPD, 1933 Mitglied der Bezirksleitung Berlin der „Roten Hilfe", 1934 Verhaftung, Verurteilung zu einer Zuchthausstrafe von fünf Jahren, Zuchthaus Luckau, bis 1945 Haft in den KZ Sachsenhausen und Mauthausen, 1945 Mitarbeiter im ZK der KPD, 1946-1950 Mitarbeiter des Parteivorstandes bzw. des ZK der SED, 1950 Volkskammerabgeordneter,

Übernahme der Geschäfte und 1946 Präsident des Schweriner Oberkirchenrats, 1959 Ruhestand   133f.

Spengler, Peter (geb. 1936): 1961 Ordination, 1983 Pfarrer in Jena-Lobeda   392f.

Spitza, Franz-Peter: 780

Stachat, Kurt Friedrich (geb. 1892): 1936 Ordination, Hilfsprediger in Hermsdorf, 1937 Pfarrer in Muschaken (Ostpreußen), 1946 Pfarrer in Müncheberg (bis 1947 kommissarisch), 1949 Superintendent von Müncheberg   239

Stade, Martin (geb. 1931): DDR-Schriftsteller, 1979 Ausschluß aus dem Schriftstellerverband der DDR   394

Stalin, Josef Wissarionowitsch (1879-1953): 1888-1894 Besuch der Kirchenschule in Gorr, 1894 Eintritt in das orthodoxe Priesterseminar in Tiflis, 1899 Ausschluß aus dem Seminar, 1901 Mitglied des ersten Parteikomitees der Sozialdemokratischen Arbeiterpartei Rußlands (SDAPR) in Tiflis, 1902 Verhaftung, 1903 Verbannung nach Sibirien, 1904 Flucht, mehrmals verhaftet und verbannt, 1912 Mitglied des ersten bolschewistischen Zentralkomitees, Gründung der „Prawda", 1917 Rückkehr nach Petersburg, seit Oktober 1917 Mitglied des Politbüros, 1917-1923 Volkskommissar für Nationalitätenfragen, 1919-1922 auch Volkskommissar für staatliche Kontrolle bzw. der Arbeiter- und Bauerninspektion, 1922 Generalsekretär des ZK der KPdSU, Mai 1941 Vorsitzender des Rates der Volkskommissare, 1941 Volkskommissar für Verteidigung, 1946 Vorsitzender des Ministerrates   6. 9. 129. 187. 303

Stanislaus (ca. 1030-1079), Stanislaus Szczepanowski: Nationalheiliger Polens, Kanonikus und ab 1072 Bischof von Krakau, 1079 Ermordung, 1253 Heiligsprechung   312

Stappenbeck, Gerhard (geb. 1916): 1945 Ordination, Hilfsprediger in Potsdam, 1945 Pfarrer in Friedland (Niederlausitz), 1953 Superintendent in Forst / Lausitz, 1972 theologischer Dozent für Aus- und Weiterbildung bei der Kirchlichen Erziehungskammer Berlin-Brandenburg   169. 238

Staufenberg, Ludwig: 459

Steffani, Johannes (geb. 1899): Teilnahme am Ersten Weltkrieg, Theologiestudium in Breslau, theologische Examina in Posen, 1924 Ordination durch die Unierte Kirche in Posen, 1925 Pfarrer in Znin, 1928 Pfarrer an der Altstädtischen Kirche in Thorn, 1924 Pfarrer beim Landesverband für Innere Mission und dem Evangelischen Presseverband in Posen, 1936 Leiter des Landesverbandes für Innere Mission in Posen und des Evangelischen Presseverbandes, 1937 Vorsitzender des Deutschen Wohlfahrtsdienstes in Polen, 1941 Superintendent in Posen und Pfarrer an der Posener Christuskirche, 1942 Reichsredeverbot, 1945 Pfarrer an St. Gertraud in Frankfurt / O., zugleich Vorsteher am dortigen Diakonissenhaus Lutherstift, 1945 Leiter der Ausweichstelle der Ev. Kirchenleitung Posen, 1946 Mitglied der Kirchenleitung Berlin-Brandenburg, 1949 Superintendent in Frankfurt / O. und Pfarrer an der Friedenskirche, 1952 Ruhestand, tätig beim Kirchendienst Ost, Berlin und zugleich Schriftleiter der „Posener Stimmen"   169

Stein, Joachim (geb. 1924): 1954 Ordination, Pfarrer in Eichwege (Kirchenkreis Spremberg), 1970 Superintendent in Senftenberg, 1984 Ruhestand   354

Steinhoff, Karl (1892-1981): Juristische Promotion, seit 1923 Mitglied der SPD, 1928-1932 Regierungspräsident Gumbinnen, 1946-1949 Ministerpräsident von Brandenburg, 1949 / 50 Kandidat des Politbüros, 1949-1952 Innenminister der DDR (zurückgetreten), 1949 Professor für Verwaltungsrecht an der Humboldt-Universität Berlin, 1950-1954 Mitglied des ZK der SED   5

Steinlein, Reinhard (geb. 1919): 1943 Ordination, 1944 Pfarrer in Heinersdorf, Gefängnis- und Krankenhausseelsorger, Lagerpfarrer, Leiter der Kreisstelle der Inneren Mission, 1947 Pfarrer in Fürstenwalde, 1953 Konsistorialrat im Konsistorium Berlin-Brandenburg, Vorsitzender des Evangelischen Kinderpflegeverbandes für Brandenburg, 1959-1984 Vorsitzender des

Konfessionskundlichen Arbeits- und Forschungswerkes (Ev. Bund) in der DDR, 1970 Superintendent in Nauen, 1978 Austritt aus der Berlin-brandenburgischen Kirchenleitung und der Provinzialsynode, 1984 Ruhestand   353

Stier, Christoph (geb. 1941): 1959-1964 Theologiestudium in Rostock, 1964-1967 Wissenschaftlicher Assistent in Rostock, Vikariat, 1970 Ordination, 1970 Pastor in Rostock-Lütten-Klein, 1976-1984 mecklenburgischer Landespastor für Weiterbildung und Akademietätigkeit, Mitglied der Synode des BEK, Synodales Mitglied der KKL, 1981 Vorsitzender des Studienausschusses der Theol. Studienabteilung des BEK, 1984 Landesbischof von Mecklenburg   91. 350. 357. 513. 784. 794

Stockmann, Ullrich: 57

Stodtmeister: 282

Stöcker, Adolf (1835-1909): Tätigkeit als Hauslehrer, ab 1863 Pfarrer kleiner Land- und Industriegemeinden, Divisionspfarrer in Metz, 1874-1890 Hof- und Domprediger in Berlin, 1877 zugleich Leiter der Berliner Stadtmission, 1878 Gründer der christlich-sozialen Arbeiterpartei, später Christlich-soziale Partei, 1879-1898 Mitglied des preußischen Abgeordnetenhauses, 1890 Mitbegründer des Ev.-sozialen Kongresses, bis 1896 Mitglied, 1891-1893 und 1898-1908 MdR   139

Stöcker, Friedbert (geb. 1939): 1965 Ordination, 1966 Pfarrer an der Stephanuskirche in Leipzig-Mockau, 1975 Teilabordnung beim BEK, 1976 Laurentiuskirche in Leipzig-Leutzsch, 1977 Pfarrer an der Nathanaelkirche in Leipzig-Lindenau, zugleich Amt für Gemeindedienst in Leipzig, 1980 Leiter der Pressestelle Sachsens und Chefredakteur des Gemeindeblattes „Der Sonntag"   447

Stölting: 687

Stöylen: 29

Stoll: 809

Stolpe, Manfred (geb. 1936), *IM „Sekretär"*: 1955 Studium der Rechtswissenschaften in Jena, 1959 Abschluß als Diplomjurist, 1959 Eintritt in den Dienst der Ev. Kirche von Berlin-Brandenburg, 1962-1969 Juristischer Oberkonsistorialrat im Konsistorium der DDR-Region der Ev. Kirche in Berlin-Brandenburg, 1969-1982 Leiter des Sekretariates des BEK, 1982-1990 Präsident des Konsistoriums Berlin-Brandenburg, 1982 Stellvertr. Vorsitzender der KKL, 1990 Stellvertretender Vorsitzender des Rates der EKU-Bereich DDR, 1990 Eintritt in die SPD, 1990 Ministerpräsident von Brandenburg   IX. XI. 20. 24. 30. 33. 35f. 43. 47. 54. 57-59. 63-65. 91. 93. 349ff. 357. 461. 511. 516. 529. 534. 563. 575. 582. 615. 783-786. 788

Stolte, Konrad (geb. 1903): 1930 Ordination, 1930 Pfarrer in Sperenberg (Kirchenkreis Zossen), 1945 Superintendent des Kirchenkreises Potsdam I und Pfarrer an der dortigen Friedenskirche, Leitender Pfarrer der Frauenhilfe der EKD für den Bereich der östlichen Gliedkirchen   137

Stoltenberg, Gerhard (geb. 1928): 1944 / 45 Kriegsdienst, 1947 Eintritt in die CDU, Studium der Fächer Neuere Geschichte, Sozialwissenschaften und Philosophie in Kiel, 1954 Promotion und 1960 Habilitation in Kiel, 1954 Assistent, 1954-1957 MdL in Schleswig-Holstein, 1955-1961 Bundesvorsitzender der Jungen Union, 1956 Stellvertretender Landesvorsitzender der CDU in Schleswig-Holstein, 1957-1971 MdB, 1960 Privatdozent, 1965 und 1969 / 70 Direktor im Krupp-Konzern, 1965-1969 Bundesminister für wissenschaftliche Forschung, 1969 Stellvertretender Bundesvorsitzender der CDU und Stellvertretender Fraktionsvorsitzender, 1971 MdL in Schleswig-Holstein, 1971-1982 Ministerpräsident von Schleswig-Holstein und Landesvorsitzender der CDU, 1982 Bundesfinanzminister, 1989 Bundesverteidigungsminister   34

Stolzmann, Werner: 782

Stoph, Willi (geb. 1914): 1928-1931 Maurerlehre, 1928 Mitglied des KJVD, 1931 Mitglied der KPD, Tätigkeit als Maurer und Maurerpolier, Fernstudium der Bautechnik, 1935-1937 Militärdienst, im Zweiten Weltkrieg Soldat bei der Wehrmacht, 1945-1947 Leiter der Abteilung Baustoffindustrie und Bauwirtschaft, 1947 / 48 Hauptabteilungsleiter in der Zentralverwaltung Industrie, 1948-1950 Abteilungsleiter für Wirtschaftspolitik beim Parteivorstand bzw. ZK der SED, 1950-1989 Mitglied des ZK der SED, 1950-1989 Mitglied der Volkskammer, 1950-1953 Sekretär des ZK der SED, 1951 / 52 Leiter des Büros für Wirtschaftsfragen beim Ministerpräsidenten der DDR, 1952-1955 Innenminister, 1953-1989 Mitglied des Politbüros des ZK der SED, 1954-1964 Stellvertretender bzw. Erster Stellvertretender Vorsitzender des Ministerrates, 1956-1960 Minister für Nationale Verteidigung, 1956-1959 Generaloberst, seit 1959 Armeegeneral, 1960 Auftrag zur Koordinierung und Kontrolle der Durchführung der Beschlüsse von ZK und Ministerrat, 1963 Mitglied des Staatsrates, 1964-1973 und 1976-1989 Vorsitzender des Ministerrates, 1973-1976 Vorsitzender des Staatsrates (seit 1976 Stellv.) 9. 21. 43. 61. 254ff. 264. 351. 525. 601

Strache, Karl (geb. 1905): Seit 1919 Mitarbeit in der Schülerbibelkreisarbeit, kaufmännische Lehre, 1925 Studium der Zahnmedizin, 1928 Promotion zum Dr. med. dent., Niederlassung als Zahnarzt in Berlin-Lichtenrade, Geschäftsführer der Ev. Jugend, Erster Vorsitzender der Berliner Schülerbibelkreise, Mitglied der Jugendkammern Berlins und der EKD 169. 172

Strauß, Franz-Josef (1915-1988): Altphilologe, 1945 Mitbegründer der CSU, 1946-1949 Landrat in Schongau, seit 1946 Landesvorstandsmitglied der CSU, 1948 / 49 Mitglied des Frankfurter Wirtschaftsrates, 1949-1978 MdB, 1949-1952 Generalsekretär der CSU, 1952-1961 Stellvertretender Vorsitzender der CSU, 1953-1955 Bundesminister für besondere Aufgaben, 1955 / 56 Minister für Atomfragen, 1956-1962 Bundesverteidigungsminister, 1961 Vorsitzender der CSU, 1963-1966 Vorsitzender der CSU-Landesgruppe im Bundestag, 1966-1969 Bundesfinanzminister, 1971-1978 finanzpolitischer Sprecher der CDU / CSU-Fraktion, 1978-1988 Ministerpräsident Bayerns 34. 56

Strenger: 619. 669. 671. 677

Ströbele, Hans-Christian (geb. 1940): Rechtsanwalt, Politiker der Grünen bzw. AL Berlin (West), 1985 MdB 527

Suchan, Franz (1911-1971): Studium der Nationalökonomie und der Rechtswissenschaften in Leipzig, Heidelberg, Hamburg und Berlin, bis 1933 Vorsitzender des Reichsbundes demokratischer Studenten und Stellvertretender Vorsitzender des Deutschen Studentenbundes, 1935 Promotion, 1935 Überwachungsstelle für Papier in Berlin – Devisenbewirtschaftung, 1936 Tätigkeit in der Mineralölindustrie, Wehrdienst und Kriegsgefangenschaft, nach dem Kriegsende Landrat und Oberkreisdirektor in Husum, Landesdirektor und Vertreter Schleswig-Holsteins im Exekutivrat, 1949 Bevollmächtigter Schleswig-Holsteins bei der Verwaltung des Vereinigten Wirtschaftsgebietes und beim Bund, 1950-1957 Mitglied des Direktoriums und 1954 Vizepräsident der Berliner Zentralbank, Berater des Senats von Berlin für Fragen der multilateralen Abkommen, Mitglied der SPD, 1959 Präsident der Landeszentralbank in Berlin und Mitglied des Zentralbankrats der Deutschen Bundesbank, 1959 Mitglied der Kirchenleitung Berlin-Brandenburg, Vorsitzender des Rundfunkrates des SFB, 1964 Vorsitzender des Kuratoriums der Arbeitsgemeinschaft für kirchliche Publizistik 238

Süßmuth, Rita (geb. 1937): 1971 Wissenschaftlicher Beirat im Bundesfamilienministerium, Professorin für Sozialpädagogik, Stellvertretende Leiterin des Instituts für Sozialpädagogik an der Universität Dortmund, 1981 Mitglied der CDU, 1985 Bundesministerin für Familie, Jugend, Frauen und Gesundheit, seit 1987 MdB, seit 1988 Präsidentin des Deutschen Bundestages, 1988 Stellvertretende CDU-Vorsitzende in Niedersachsen 563

Swatek, Arthur (geb. 1932): Seit 1952 hauptamtlicher Funktionär der SED, 1973-1975 Zweiter Sekretär der SED-KL Apolda, 1975-1980 Erster Sekretär der SED-KL Worbis, 1982-1985 Erster Sekretär der SED-KL Nordhausen, 1985-1989 Vorsitzender des Rates des Bezirkes Erfurt 47f.

im ZK der SED, 1958-1963 Kandidat des Politbüros des ZK der SED, 1958 Mitglied des Sekretariats des ZK, seit 1958 Mitglied der Volkskammer, 1959-1971 Erster Sekretär der SED-Bezirksleitung Berlin, 1963-1984 Mitglied des Politbüros des ZK der SED, 1971-1984 Sekretär des ZK der SED für Sicherheitsfragen, 1971 Mitglied des Staatsrates, Vorsitzender des Ausschusses für Nationale Verteidigung, 1981 Stellvertretender Staatsratsvorsitzender 22. 27. 29. 31f. 36. 46. 264. 375

Victor, Gerhard, Dr. (geb. 1939): 1964-1972 Vikar und Pfarrer in Pahren (Kirchenkreis Schleiz), 1964 Ordination, 1972 Pfarrer in Stadtlengsfeld (Kirchenkreis Dermbach / Rhön), 1979 Superintendent in Meiningen, Landesobmann des Thüringer Posaunenwerkes 356

Völz: 784

Völz, Eberhard (geb. 1936): Oberkonsistorialrat in Görlitz, Mitglied der KKL, Mitglied im Rat der EKU-Bereich DDR (mit beratender Stimme) Vorsitzender des Ausschusses für Finanzen und Vermögen im BEK 357

Vogel von Frommannshausen-Schubart, Dietrich (geb. 1923): 1951 Ordination, 1954 Pfarrer in Apolda, 1956 Landesjugendpfarrer in Eisenach, 1962 Superintendent in Greiz, 1970 als Oberkirchenrat Visitator von Süd-Thüringen mit Sitz in Meiningen, Theologisches Mitglied des Landeskirchenrates (zuständig für kirchliche Jugendarbeit und äußere Mission), Mitglied der Landessynode, Vorsitzender der Evangelisch-Lutherischen Mission in Leipzig 356. 393

Vogel, Hans-Jochen (geb. 1926): 1943-1945 Wehrmacht (zuletzt Unteroffizier), 1945 Studium der Rechtswissenschaften in München und Marburg, 1949 und 1951 juristische Staatsprüfungen, 1950 Promotion zum Dr. jur., 1950 Mitglied der SPD, 1952 Assessor und Regierungsrat im bayerischen Justizministerium, 1954 / 55 Amtsgerichtsrat in Traunstein (Oberbayern), 1955 Tätigkeit in der bayerischen Staatskanzlei, 1958 Leitender Rechtsreferent im Stadtrat München, 1960-1972 Oberbürgermeister von München, 1967 Stellvertretender Landesvorsitzender und 1972-1977 Landesvorsitzender der bayerischen SPD, 1970 Mitglied des Bundesvorstandes der SPD, 1972-1981 MdB, 1972 Bundesminister für Raumordnung, Bauwesen und Städtebau, 1974 Bundesjustizminister, 1981 Regierender Bürgermeister von Berlin (West), 1981-1983 Vorsitzender der SPD-Fraktion im Berliner Abgeordnetenhaus, März 1983 Kanzlerkandidat der SPD, seit 1983 MdB, 1983-1991 Vorsitzender der SPD-Bundestagsfraktion, Mai 1984-1987 Stellvertretender SPD-Vorsitzender, 1987-1991 Vorsitzender der SPD 69. 528

Vogel, Heinrich (1902-1989): Theologiestudium in Berlin und Jena, 1927 Pfarrer in Oderberg, 1932 Pfarrer in Dobbrikow, 1933 Mitglied der BK, während des Dritten Reiches mehrfach inhaftiert, 1935 Dozent an der Kirchlichen Hochschule Berlin, 1941 Schreibverbot, 1946 Professor für Systematische Theologie an der Humboldt-Universität und zugleich an der Kirchlichen Hochschule Berlin (dort bis 1972), Mitglied der Synoden der EKD und der EKU, 1967 Emeritierung 209. 212f. 236. 240. 244

Vogel, Konrad (geb. 1931): 1955 Vikar und Prädikant in Woltersdorf (Kirchenkreis Luckenwalde), 1956 Ordination, 1957 Pfarrer in Woltersdorf, Kreiserziehungspfarrer, 1974 Superintendent in Luckau 354

Vogel, Wolfgang: Rechtsanwalt in Berlin (Ost) 58. 666. 786

Voigt, Gerhard (geb. 1926): 1944 Mitglied der NSDAP, 1946-1949 Studium an der Kunsthochschule Burg Giebichenstein in Halle, 1948 Eintritt in die NDPD, 1949 Leiter des Graphischen Ateliers des Verkehrs- und Werbebüros Halle, 1952 freischaffender Grafiker, 1968 Vizepräsident des Verbandes Bildender Künstler, 1978 Professor für Gebrauchsgrafik an der Hochschule für industrielle Formgestaltung Halle – Burg Giebichenstein, Schöpfer des Symbols für die UNO-Abrüstungskonferenz 377

Voigt, Gottfried (geb. 1914): 1934-1938 Theologiestudium in Leipzig, Vikar und Pfarrer der BK, 1940-1945 Kriegsteilnahme, 1942 Promotion zum Lic. theol. in Leipzig, 1942 Ordination, 1945 Studenten- und Gemeinde-

schaft und Kunst, 1953-1957 Sekretär für Kultur und Erziehung im ZK
der SED, 1957 „wegen ungenügender Härte" von dieser Funktion entbunden, 1958-1961 Botschafter in China, 1961-1964 Stellvertretender Außenminister, 1964-1976 Präsident der Liga für Völkerfreundschaft, 1976 Vizepräsident der Liga für Völkerfreundschaft   197
Wanke, Joachim (geb. 1941): Theologische Ausbildung in Erfurt und Neuzelle,
1966 Priesterweihe in Erfurt, 1966 Kaplan in Dingelstedt / Eichsfeld,
1969-1974 Präfekt und Assistent am Priesterseminar in Erfurt, 1974 Lehrbeauftragter, 1975 Dozent und 1980 Professor für Neues Testament am
„Philosophisch-theologischen Studium" in Erfurt, 1980-1985 Weihbischof
in Erfurt und Meiningen, seit 1985 Apostolischer Administrator in Erfurt
und Meiningen, 1989-1990 Vorsitzender der Berliner Bischofskonfe-
renz   575
Warnke, Johannes (geb. 1896): 1914 SPD, 1918 USPD, 1920 KPD, 1920-1924
Zuchthausstrafe wegen Hochverrats, 1926-1933 Politischer Leiter der
KPD-BL Mecklenburg, 1945 / 46 Erster Vizepräsident der Landesverwal-
tung Mecklenburg, 1946-1949 Minister für Innere Verwaltung und Pla-
nung der Landesregierung Mecklenburg, 1950-1952 Staatssekretär im
MdI, 1952-1959 Vorsitzender des Rates des Bezirkes Rostock, 1959-1964
Direktor des Hafenamtes Rostock   128. 142
Weber: 505
Weber, Anton (geb. 1890): Vermessungstechniker, 1911-1948 Dienst bei der
Reichsbahn (zuletzt Techn. Oberinspektor, 1948 amtsenthoben durch die
sowjetische Besatzungsmacht), 1928-1934 Bezirksverordneter von Berlin-
Lichtenberg, 1946-1951 Stadtverordneter von Berlin, 1954 Mitglied des
Abgeordnetenhauses von Berlin (West), Verantwortlicher der West-CDU
für die Ostarbeit, Stellvertretender Landesvorsitzender der CDU in Berlin
(West), bis 1963 Fraktionsgeschäftsführer im Berliner Abgeordneten-
haus   205
Weber, Bernhard (geb. 1911): 1938 Ordination, 1938 Hilfsprediger in Berlin-
Lichterfelde, 1940 Pfarrer in Berlin-Kaulsdorf, 1941 Pfarrer in Poschim
(Krs. Spremberg), 1946 Pfarrer in Wendisch-Sorno (Kirchenkreis Senften-
berg), 1950 Pfarrer in Cottbus, 1956 Superintendent in Fürstenwalde /
Spree   240
Weckerling, Rudolf (geb. 1911): Theologiestudium in Heidelberg, Rostock,
Berlin und Marburg, 1933 Erstes theologisches Examen in Nassau, 1933 /
34 Vikar an der deutschen Botschaftsgemeinde in London, 1934 / 35 Vikar
der BK in Wiesbaden, 1935 Ordination, 1935-1938 Pfarrverweser in Gießen, 1938 Ausweisung aus Hessen, Übernahme der illegalen BK-Bäder-
mission an der Nord- und Ostsee, 1939 illegaler Pfarrer der BK in Esch-
bach / Taunus, 1940 Ausweisung aus Nassau, Verhaftung, Tätigkeitsverbot
wegen „Wehrkraftzersetzung", 1940 Pfarrvikar in Berlin, Atterwasch und
Grano (Niederlausitz), 1941-1945 Teilnahme am Zweiten Weltkrieg, 1945-
1953 Pfarrer an der Melanchthon-Gemeinde in Berlin-Spandau, 1953 / 54
Studentenpfarrer an der Humboldt-Universität und an der TU Berlin,
1954-1964 Studentenpfarrer an der TU Berlin, 1962 / 63 für den Christlichen Studentenweltbund in Liberia, Mitglied der CFK, 1964-1970 Pfarrer
der ev. Gemeinde in Beirut, 1971-1976 Mitarbeiter im Ökumenisch-Mis-
sionarischen Institut Berlin (West), 1976-1981 Pfarrer an der Genezareth-
Kirchengemeinde in Berlin-Neukölln, 1981 Ruhestand   235. 239
Wegener: 278. 292
Weidauer, Walter: Stellvertreter der BV Leipzig des MfS   163. 167
Weidner, Reinhard: 801
Weikert: 1950-1952 Leiter der Verwaltung Sachsen-Anhalt des MfS, Stellver-
treter des Ministers, 1957-1982 Leiter der BV Erfurt   149. 197
Weimar: 804
Weise, Hans (geb. 1917): Bis 1949 Mitarbeiter K 5, 1952 Landesparteischule,
1953-1957 Mitarbeiter Arbeitsgruppe Kirchenfragen im ZK, 1957-1982

scher Studien an der Jesuitenhochschule St. Georgen in Freiburg, 1948 Päpstliche Universität Gregoriana in Rom, 1953 Priesterweihe, 1956 Promotion zum Dr. theol., Kaplan in Speyer, St. Josef, Assistent am Priesterseminar und Hilfspriester in einer Diasporapfarre, Habilitation in München, Privatdozent, 1964 Professor für Fundamentaltheologie an der Philosoph.-Theolog. Hochschule in Eichstätt, 1967 Professor für Dogmatik in Mainz, 1968-1982 Bischof von Speyer, seit Oktober 1982 Erzbischof von München-Freysing, 1985 Kardinal 207

Wichert, Erich (1909-1985): 1929 Eintritt in die KPD, 1934 Verurteilung im Bülowplatz-Prozeß, 1938-1944 inhaftiert im KZ Sachsenhausen, 1954-1957 Leiter der Hauptabteilung Kader und Schulung, bis 1974 Chef der Verwaltung Groß-Berlin 190

Wiebering: 28

Wiegand, Joachim (geb. 1932): Mitarbeiter BV Rostock / Abt. II des MfS, seit 1966 tätig in der HA XX / 4, 1977-1989 Leiter der HA XX / 4 VI. XII. 19. 36. 42. 46. 58. 61. 66. 70. 77. 88. 95. 283. 339. 619. 653-656

Wiesner: 8f.

Wieynk, Christine: 506

Wilke: 654

Wilkens, Erwin (geb. 1914): 1934-1938 Theologiestudium in Münster, Tübingen und Göttingen, 1939-1945 Kriegsteilnahme, 1945 Hilfsgeistlicher in Hannover, 1947 Pfarrer in Vöhrum (Krs. Peine), 1951 Theologischer Referent im Lutherischen Kirchenamt Hannover und Leiter der Pressearbeit der VELKD, 1964 Öffentlichkeitsreferent der EKD, 1974 Vizepräsident der EKD-Kirchenkanzlei, 1980 Ruhestand 225

Will: 785f.

Wilms: 712

Wilms, Dorothee (geb. 1929): 1950-1954 Studium der Fächer Volkswirtschaft, Sozialpolitik und Soziologie in Köln, 1954 Diplom-Volkswirtin, 1955 Mitglied der Geschäftsleitung des Deutschen Industrieinstituts in Köln, 1956 Promotion zur Dr. rer. pol., 1960 nebenamtlich Dozentin an einer Höheren Fachschule für Sozialpädagogik, 1961 Eintritt in die CDU, 1968-1973 Mitglied im Rat der Stadt Grevenbroich, 1974-1976 Stellvertretende Bundesgeschäftsführerin der CDU, 1976 MdB, 1977-1982 Leiterin einer Forschungsstelle beim Institut der Deutschen Wirtschaft in Köln, 1977-1986 Landesvorstand der CDU im Rheinland, 1980 Parlamentarische Geschäftsführerin der CDU, 1982 Bundesministerin für Bildung und Wissenschaft, seit 1986 Mitglied des CDU-Landesvorstandes Nordrhein-Westfalen, 1987-1990 Bundesministerin für innerdeutsche Beziehungen, Mitglied im Zentralkomitee der Deutschen Katholiken 528. 563

Winkler: 619

Winter: Mitarbeiter der K 5 in Sachsen, Stellvertreter Operativ BV Dresden 151f.

Winter, Friedrich (geb. 1927): Theologiestudium in Berlin, Greifswald und Rostock, 1952 Promotion zum Dr. theol. in Rostock, 1954 Studentenpfarrer in Greifswald, 1960 Superintendent in Grimmen, 1964 Dozent für Praktische Theologie am Sprachenkonvikt in Berlin, 1974 Propst in Berlin, 1986 Präsident der Kirchenkanzlei der EKU – Bereich Ost 100f.

Wirschemeier: 134

Wirth, Günter (geb. 1929): 1948 Abitur, 1950 Jugendreferent der Parteileitung der CDU (Ost), 1961-1963 Stellvertretender Chefredakteur der „Neuen Zeit", Mitbegründer der CFK, 1964-1970 Cheflektor des Union-Verlags, 1970-1973 Schriftleiter des „Ev. Pfarrerblatts", 1972 Vizepräsident des Kulturbundes der DDR, 1977 Promotion zum Dr. phil., 1973-1990 Herausgeber des „Standpunkts", 1972-1989 Mitglied des Präsidiums des Hauptvorstands des CDU (Ost), 1973 bzw. 1989 Verleihung des Vaterländischen Verdienstordens der DDR in Silber bzw. Gold, Honorarprofessor für Neue Kirchengeschichte an der Humboldt-Universität Berlin 7f.

Witteck, Günther (geb. 1928): 1945 Eintritt in die KPD, 1960-1963 Amtierender Vorsitzender, Erster Stellvertretender Vorsitzender und Vorsitzender des Rates des Bezirkes Dresden, 1967-1969 Stellvertretender Minister für die Anleitung und Kontrolle der Bezirks- und Kreisräte, 1969-1982 Stellvertretender Leiter der Abteilung Staats- und Rechtsfragen beim ZK der SED, 1982-1989 Vorsitzender des Rates des Bezirkes Dresden 48f.

Wohlgemuth, Karl (geb. 1913): 1940 Ordination, 1940 Hilfsgeistlicher und Pfarrer in Kühnhaide (Kb. Marienberg), 1946 Pfarrer in Pobershau (Kb. Marienberg), 1950 Pfarrer in Olbernhau (Kb. Marienberg), 1957 Superintendent in Plauen, Pfarrer an der Hauptkirche St. Johannis / Plauen, 1972 Vorsitzender der Ev. Allianz in der DDR, 1979 Ruhestand, Übersiedlung in die Bundesrepublik Deutschland 241

Wohllebe, Wolfgang (geb. 1932): Theologiestudium in Leipzig, 1957 Verhaftung und Verurteilung zu einer Zuchthausstrafe von zweieinhalb Jahren, 1960 Hilfsgeistlicher und Pfarrer in Dresden-Bühlau, 1961 Ordination, 1968 Pfarrer in Wurzen, 1989 Pfarrer an der Dietrich-Bonhoeffer-Gemeinde Chemnitz 72

Wolf, Alfred (geb. 1913): 1938 Ordination, 1937 Hilfsgeistlicher und Pfarrer in Schmölln / Thüringen, 1948 Pfarrer in Strohdehne (Brandenburg) 137

Wolf, Constanze: Pflegerin im Altersheim, Anfang 1989 kurzzeitige Verhaftung in Leipzig 692

Wolf, Dietmar: 57

Wolf, Ernst (1902-1971): Theologiestudium in Wien, Rostock, Leipzig und Göttingen, 1925 Privatdozent für Historische Theologie in Rostock, 1930 Tübingen, 1931 Professor für Kirchengeschichte in Bonn, führendes Mitglied der Bekennenden Kirche, 1935 Professor in Halle, 1945 Professor in Göttingen, 1958 Professor für Systematische Theologie in Göttingen, 1969 theologischer Ehrendoktor an der Comenius-Fakultät in Prag 232. 234

Wolf, Wolfgang: 57

Wollenberger, Vera (geb. 1952), ZOV „Berg", OV „Virus": Philosophiestudium, Diplomphilosophin, Lektorin, 1981 Mitbegründerin der ersten Friedens- und Umweltgruppen in der DDR, Ausschluß aus der SED, Berufsverbot, Theologiestudium, Verhaftung im Januar 1988 und Verurteilung zu einer Gefängnisstrafe von sechs Monaten, Aufenthalt in England (Studium in Cambridge), 1989 Rückkehr in die DDR, Mitglied der „Grünen", 1990 Mitglied der Volkskammer, seit 1990 MdB 59. 539f. 782

Wollstadt, Hanns-Joachim (1929-1991): 1947 Theologiestudium in Berlin, Bethel und Heidelberg, Vikar im Martinshof / Rothenburg, 1955 Ordination in Görlitz, 1956 Pfarrer in Jänkendorf / Ullersdorf (Kirchenkreis Niesky), zugleich Kreisjugendpfarrer, 1960 Provinzialpfarrer für „Innere Mission und Hilfswerk" in Görlitz, 1965-1970 Leiter des Diakonischen Werkes im Görlitzer Kirchengebiet, 1965-1979 Vorsteher der Heil- und Pflegeanstalt Martinshof in Rothenburg / Oberlausitz, 1965 Promotion zum Dr. theol. in Leipzig, 1968 Vorsitzender der Brüderhausvorsteherkonferenz in der DDR, 1970-1976 Vizepräses der Synode der EKU (Bereich DDR), 1975 Mitglied des Hauptausschusses des Werkes Innere Mission und Hilfswerk der Ev. Kirchen in der DDR, 1977 kommissarischer Leiter des Diakonischen Werkes des Görlitzer Kirchengebietes, 1979 Bischof der Ev. Kirche des Görlitzer Kirchengebietes, 1982-1984 Vorsitzender des Rates der EKU – Bereich DDR, 1985 Ruhestand aus Gesundheitsgründen 30. 77. 340. 350. 357

Wollweber, Ernst (1898-1967): Schiffsjunge, Matrose, im Ersten Weltkrieg Marinesoldat, 1918 entscheidende Mitwirkung am Matrosenaufstand, 1919 Mitglied der KPD, Parteisekretär (u.a. in Hessen-Waldeck und Schlesien), 1928-1932 MdL in Preußen, 1932 / 33 MdR, 1933 Leitender Kominternfunktionär in Schweden, 1940 Verhaftung, Auslieferung an die SU, 1946-1949 Stellvertretender Leiter bzw. Leiter der Generaldirektion Schiffahrt in der SBZ, 1949-1953 Staatssekretär im Ministerium für Verkehrswesen, 1953-1955 Staatssekretär für Staatssicherheit und Stellvertretender Innenminister, 1954-1958 Mitglied des ZK der SED und Abgeordneter der